国際連合
世界人口予測
1960→2060
2015年改訂版

国際連合 経済社会情報・政策分析局 人口部［編］

第II分冊

原書房

注

本報告書で用いられた名称およびそのなかで提供されている資料は、国、領土、地域の法的
資格、あるいは、それらに存在する機関の法的資格について、また、その国境・境界の決定
について、国連事務局としてのいかなる見解の表明を意味するものではない。
本刊行物は、正式な編集なしで出版された。

ESA/P/WP.241

World Population Prospects The 2015 Revision
Copyright © United Nations 2015 － 日本語翻訳権原書房所有
The Japanese version of the Work is published for and on behalf on the
United Nations by Hara-Shobo Publishing Co., Ltd.
The present Work is an unofficial translation for which the publisher
accepts full responsibility.
（日本語版は、国連のために、国連に代わって出版された。
　本書は非公式な翻訳書であり、翻訳に関する全責任は、
　原書房が負うものである。）

序　文

　第24回目となる国連経済社会局人口部による公式人口推計および予測である本2015年改訂版は、国連人口部による最新の結果を示したものである。2015年改訂版の全結果は、全部で2巻からなる。

　2015年改訂版のなかで本巻は、国連の公式人口推計および予測の男女・年齢別人口を示したものである。1960-2060年の発展段階グループ、主要地域、2015年時点で10万人以上の住民のいる国ごとの男女・年齢別人口が示されている。すべての表のデータは、1960-2015年までの推計値とそれ以降の中位、高位、低位、および出生率一定の予測値である。表には、結果の概要が付いている。

　この巻に加えて、第Ⅰ巻は1960-2060年の発展段階グループ、主要地域、国ごとの人口学的プロフィールと主要な人口学的指標が示されている。

　2015年改訂に関する責任は人口部にある。2015年改訂の準備は人口部と各地域委員会、専門機関、国連の他の関連機関によって行われた。人口部はまた経済社会局統計部の変わらぬ協力にも感謝する。

　2015年改訂の主要なアウトプットは、他の人口情報と同様に、世界的な人口部のウェブサイトwww.unpopulation.org上でアクセスできる。2015年改訂版のさらなる情報に関しては国連経済社会局人口部あてに連絡されたい。

Population Estimates and Projections Section
Population Division, UN Department of Economic and Social Affairs,
2 United Nations Plaza, Rm. DC2-1950, New York, NY 10017 USA,
telephone: + 1-212-963-3179, email: population@un.org

目　　次

付　表

A.2. 国・属領別男女・年齢別人口：推計および中位、
　　高位ならびに低位予測値、1960-2060年 163

CONTENTS

ANNEX TABLES

注　釈

本報告書の表では、以下の記号が使用されている。

　　　（…）は、該当数字なし、あるいはとくに報告がないことを示す。
　　　（-）は、アイテムが適用できないことを示す。
　　　数字の前の（-）は、減少を示す。
　　　（.）は、小数点を表すのに用いられる
　　　年次を表す数字の間の - の使用、例えば、1995-2000は、最初の年次の7月1日から2番
　　　目の年次の7月1日までの全期間を意味する。

　　　表中の数値および割合は、四捨五入をしてあるため必ずしも合計と一致しない。

　本報告書で用いられた名称、およびそのなかで提供されている資料は、国、領土、地域の法
的資格、あるいはそれらに存在する機関の法的資格について、また、その国境・境界の決定に
ついて、国連事務局としてのいかなる見解の表明も意味するものではない。

　「先進」、「発展途上」地域の表記は、統計上の便宜のためにつけられたもので、必ずしも特定
の国、属領、地域が発展段階で到達した段階についての判断を示したものではない。本報告書
中で用いられる「国」は、その固有の属領あるいは領域も含めたものとする。

　先進地域は、ヨーロッパ、北部アメリカ、オーストラリア／ニュージーランドおよび日本の
全地域からなる。

　発展途上地域はアフリカ、アジア（日本を除く）、ラテンアメリカおよびカリブ海、メラネシア、
ミクロネシア、ポリネシアの全地域からなる。

　最貧国グループは以下の国からなる。アフガニスタン、アンゴラ、バングラデシュ、ベニン、ブー
タン、ブルキナファソ、ブルンディ、カンボジア、中央アフリカ共和国、チャド、コモロ、コ
ンゴ民主共和国、ジブチ、赤道ギニア、エリトリア、エチオピア、ガンビア、ギニア、ギニア
ビサウ、ハイチ、キリバス、キルギスタン、レソト、リベリア、マダガスカル、マラウィ、マリ、
モーリタニア、モザンビーク、ミャンマー、ネパール、ニジェール、ルワンダ、サントメ・プ
リンシペ、セネガル、シエラレオネ、ソロモン諸島、ソマリア、南スーダン、スーダン、東ティ
モール、トーゴ、トルクメニスタン、ウガンダ、タンザニア共和国連邦、バヌアツ、イエメン、
ザンビア、の48ヶ国である。

　発展途上地域の中には、これら最貧国を除くその他の発展途上諸国も含まれる。

　「サハラ以南のアフリカ」という表記は、サハラ以南のアフリカに属するスーダンを含む北部
アフリカ以外の、アフリカ全地域を指すものとして使われている。

　国と地域は地理的に、アフリカ、アジア、ヨーロッパ、ラテンアメリカおよびカリブ海、北
部アメリカ、オセアニアの6つの主要地域に分類する。更にこれらの地域は地理的に21の区域
に分類する。

　地域の名称と地理的構成は、「統計を使用するための標準的な国または地域コード」"Standard
country or area codes for statistical use"に準拠している。
　参照URL　http://unstats.un.org/unsd/methods/m49/m49.htm

主要地域および地域別国の分類

アフリカ

東部アフリカ
ブルンディ
コモロ
ジブチ
エリトリア
エチオピア
ケニア
マダガスカル
マラウィ
モーリシャス [1]
マヨット島
モザンビーク
レユニオン
ルワンダ
セイシェル
ソマリア
南スーダン
ウガンダ
タンザニア共和国連邦 [3]
ザンビア
ジンバブエ

中部アフリカ
アンゴラ
カメルーン
中央アフリカ共和国
チャド
コンゴ
コンゴ民主共和国
赤道ギニア
ガボン
サントメ・プリンシペ

北部アフリカ
アルジェリア
エジプト
リビア・アラブ
モロッコ
スーダン
チュニジア
西サハラ

南部アフリカ
ボツワナ
レソト
ナミビア
南アフリカ
スワジランド

西部アフリカ
ベニン
ブルキナファソ
カーボベルデ
コートジボアール
ガンビア
ガーナ
ギニア
ギニア・ビサウ
リベリア
マリ
モーリタニア
ニジェール
ナイジェリア
セントヘレナ [2]*
セネガル
シエラレオネ
トーゴ

アジア

東部アジア
中国 [5]
中国（香港）[6]
中国（マカオ）[8]
北朝鮮
日本
モンゴル
韓国
その他の非特定領域

南・中央アジア [4]
南アジア
カザフスタン
キルギスタン
タジキスタン
トルクメニスタン
ウズベキスタン

中央アジア
アフガニスタン
バングラデシュ
ブータン
インド
イラン・イスラム共和国
モルジブ
ネパール
パキスタン
スリランカ

南東部アジア
ブルネイダルサラーム
カンボジア
インドネシア
ラオス
マレーシア [11]
ミャンマー
フィリピン
シンガポール
タイ
東ティモール
ベトナム

西部アジア
アルメニア
アゼルバイジャン [7]
バーレーン
キプロス [9]
ジョージア [10]
イラク
イスラエル
ヨルダン
クウェート
レバノン
オマーン
カタール
サウジアラビア
パレスチナ自治領 [12]
シリア・アラブ共和国
トルコ
アラブ首長国連邦
イエメン

---

1 アガレガ、ロドリゲスおよびセントブランダンを含む。
2 アセンション島およびトリスタン・ダ・クーナ諸島を含む。
3 ザンジバルを含む。
4 南部アジアおよび中央アジアは、南・中央アジアにまとめられている。
5 統計上の目的により、中国のデータには香港行政特区およびマカオ行政特区、台湾のデータを含んでいない。
6 香港は1997年7月1日をもって、中国香港行政特別区となった。

7 ナゴルノ・カラバフを含む。
8 マカオは1999年12月をもって、中国マカオ行政特別区となった。
9 北キプロスを含む。
10 アブハジアおよび南オセチアを含む。
11 サバおよびサラワクを含む。
12 東エルサレムを含む。

ヨーロッパ

東部ヨーロッパ	北部ヨーロッパ	南部ヨーロッパ	西部ヨーロッパ
ベラルーシ	チャネル諸島 [13]	アルバニア	オーストリア
ブルガリア	デンマーク	アンドラ*	ベルギー
チェコ共和国	エストニア	ボスニア・ヘルツェゴビナ	フランス
ハンガリー	フェロー諸島*	クロアチア	ドイツ
ポーランド	フィンランド [14]	ジブラルタル*	リヒテンシュタイン*
モルドバ共和国 [15]	アイスランド	ギリシャ	ルクセンブルク
ルーマニア	アイルランド	バチカン [16] *	モナコ*
ロシア連邦	マン島*	イタリア	オランダ
スロバキア	ラトビア	マルタ	スイス
ウクライナ [17]	リトアニア	モンテネグロ	
	ノルウェー [18]	ポルトガル	
	スウェーデン	サンマリノ*	
	イギリス [20]	セルビア [19]	
		スロベニア	
		スペイン [21]	
		マケドニア	
		旧ユーゴスラビア [22]	

ラテンアメリカおよびカリブ海

カリブ海

		中央アメリカ	南アメリカ
アンギラ*	ジャマイカ	ベリーズ	アルゼンチン
アンチグア・バーブーダ	マルチニーク	コスタリカ	ボリビア
アルバ	モントセラト*	エルサルバドル	ブラジル
バハマ	プエルトリコ	グアテマラ	チリ
バルバドス	セントキッツ・ネイビス*	ホンジュラス	コロンビア
英領ヴァージン諸島*	セントルシア	メキシコ	エクアドル
オランダカリブ領域*[23]	セントビンセント・	ニカラグア	フォークランド諸島*
ケイマン諸島*	グレナディーン	パナマ	フランス領ギアナ
キューバ	シント・マールテン(蘭領)*		ガイアナ
ドミニカ*	トリニダード・トバゴ		パラグアイ
ドミニカ共和国	タークス・カイコス諸島*		ペルー
グレナダ	米領バージン諸島		スリナム
グアドループ [24]			ウルグアイ
ハイチ			ベネズエラ

北部アメリカ

バーミューダ*
カナダ
グリーンランド*
セントピエール・ミケロン*
アメリカ合衆国

---

13 ゲムジー島およびジャージー島を指す。
14 オーランド諸島を含む。
15 沿ドニエストルを含む。
16 バチカン市国を指す。
17 クリミア半島を含む。
18 スバルバル諸島およびヤン・マイエン島を含む。
19 コソボを含む。
20 連合王国（UK）とも言う。

21 カナリア諸島、セウタおよびメリリャを含む。
22 TFYR Macedoniaとも略される。
23 ボネール島、サバおよびセントエスタチュースを指す。
24 セント・バーソロミュー島およびセント・マーチン島（仏領）を含む。

オセアニア

オーストラリア/ニュージーランド	メラネシア	ミクロネシア	ポリネシア [25]
オーストラリア [26]	フィジー	グアム	米領サモア*
ニュージーランド	ニューカレドニア	キリバス	クック諸島*
	パプアニューギニア	マーシャル諸島*	フランス領ポリネシア
	ソロモン諸島	ミクロネシア連邦	ニウエ*
	バヌアツ	ナウル*	サモア
		北マリアナ諸島*	トケラウ*
		パラオ*	トンガ
			ツバル*
			ワリスおよびフツナ諸島*

サハラ以南のアフリカ

アンゴラ	コートジボワール	ケニア	ニジェール	南スーダン
ベニン	コンゴ民主共和国	レソト	ナイジェリア	スワジランド
ボツワナ	ジブチ	リベリア	レユニオン	トーゴ
ブルキナファソ	赤道ギニア	マダガスカル	ルワンダ	ウガンダ
ブルンディ	エリトリア	マラウィ	セントヘレナ	タンザニア共和国
カメルーン	エチオピア	マリ	サントメ・プリンシペ	連邦
カーボベルデ	ガボン	モーリタニア	セネガル	ザンビア
中央アフリカ共和国	ガンビア	モーリシャス	セイシェル	ジンバブエ
チャド	ガーナ	マヨット島	シエラレオネ	
コモロ	ギニア	モザンビーク	ソマリア	
コンゴ	ギニアビサウ	ナミビア	南アフリカ	

最貧国

アフガニスタン	ジブチ	マダガスカル	ソロモン諸島
アンゴラ	赤道ギニア	マラウィ	ソマリア
バングラデシュ	エリトリア	マリ	南スーダン
ベニン	エチオピア	モーリタニア	スーダン
ブータン	ガンビア	モザンビーク	東ティモール
ブルキナファソ	ギニア	ミャンマー	トーゴ
ブルンディ	ギニア-ビサウ	ネパール	トルクメニスタン
カンボジア	ハイチ	ニジェール	ウガンダ
中央アフリカ共和国	キリバス	ルワンダ	タンザニア共和国連邦
チャド	キルギスタン	サントメ・プリンシペ	バヌアツ
コモロ	レソト	セネガル	イエメン
コンゴ民主共和国	リベリア	シエラレオネ	ザンビア

注：20015年において人口9万人以下の国・属領については*が付されている。

---

25 ピトケアン諸島を含む。
26 クリスマス島、ココス（キーリング）諸島、およびノーフォーク島を含む。

高所得国

アルジェリア
アンゴラ
アルゼンチン
アルバ
オーストラリア
オーストリア
バハマ
バーレーン
バルバドス
ベルギー
ベニン
ブルネイダルサラーム
カナダ
カリブ海
チャネル諸島
チリ
中国 (香港)
中国 (マカオ)
クロアチア
キューバ
キプロス
チェコ共和国
デンマーク
赤道ギニア
エストニア
ヨーロッパ
フィンランド
フランス
フランス領ポリネシア
ドイツ
ギリシャ
ギリシャ
グアム
ハンガリー
アイスランド
アイルランド
アイルランド
イスラエル
イタリア
日本
クウェート
ラトビア
リビア・アラブ
リトアニア
ルクセンブルク
マルタ
中所得国
オランダ
ニューカレドニア
ニュージーランド
北部ヨーロッパ
ノルウェー
オマーン
ポーランド
ポルトガル
プエルトリコ
カタール

韓国
ロシア連邦
ルワンダ
サモア
サウジアラビア
セルビア
シンガポール
シンガポール
スロバキア
スロベニア
スペイン
スウェーデン
スイス
トリニダード・トバゴ
トルクメニスタン
アラブ首長国連邦
イギリス
アメリカ合衆国
米領バージン諸島
ウルグアイ
バヌアツ
オマーン

低所得国

アフガニスタン
ベニン
ブルキナファソ
ブルンディ
カンボジア
中央アフリカ共和国
チャド
コモロ
朝鮮民主主義人民共和国
コンゴ民主共和国
エリトリア
エチオピア
ガンビア
ギニア
ギニアビサウ
ハイチ
リベリア
マダガスカル
マラウィ
マリ
モザンビーク
ネパール
ニジェール
ルワンダ
シエラレオネ
ソマリア
南スーダン
トーゴ
ウガンダ
タンザニア共和国連邦
ジンバブエ

中高所得国

アルバニア
アルジェリア
アルジェリア
アンゴラ
アゼルバイジャン
ベラルーシ
ベリーズ
ボスニア・ヘルツェゴ
　ビナ
ボツワナ
ブラジル
ブルガリア
中国
コロンビア
コスタリカ
キューバ
ジブチ
ドミニカ共和国
エクアドル
フィジー
ガボン
グレナダ
イラン・イスラム共和国
イラク
ジャマイカ
ヨルダン
カザフスタン
レバノン
リビア・アラブ
マレーシア
モルジブ
マルタ
モーリシャス
メキシコ
モンゴル
モンテネグロ
ナミビア
パキスタン
パナマ
パラグアイ
ペルー
ルーマニア
セントルシア
セントビンセント・グレ
　ナディーン
セルビア
南アフリカ
スリナム
タイ
韓国
タイ
トンガ
チュニジア
トルコ
トルクメニスタン
トルクメニスタン

中低所得国

アルメニア
バングラデシュ
ブータン
ボリビア
カーボベルデ
カメルーン
コンゴ
コートジボアール
ジブチ
エジプト
エルサルバドル
ジョージア
ガーナ
グアテマラ
ガイアナ
ホンジュラス
インド
インドネシア
ケニア
キリバス
キルギスタン
ラオス人民民主主義
　共和国
レソト
モーリタニア
ミクロネシア連邦
モロッコ
ミャンマー
ニカラグア
ナイジェリア
パキスタン
パプアニューギニア
フィリピン
モルドバ共和国
サモア
サントメ・プリンシペ
セネガル
ソロモン諸島
スリランカ
パレスチナ自治領
スーダン
スワジランド
シリア・アラブ共和国
タジキスタン
東ティモール
ウクライナ
ウズベキスタン
バヌアツ
ベトナム
イエメン
ザンビア

CLASSIFICATION OF COUNTRIES BY MAJOR AREA AND REGION OF THE WORLD

Africa

Eastern Africa

Burundi
Comoros
Djibouti
Eritrea
Ethiopia
Kenya
Madagascar
Malawi
Mauritius [1]
Mayotte
Mozambique
Réunion
Rwanda
Seychelles
Somalia
South Sudan
Uganda
United Republic of Tanzania [3]
Zambia
Zimbabwe

Middle Africa

Angola
Cameroon
Central African Republic
Chad
Congo
Democratic Republic of
   the Congo
Equatorial Guinea
Gabon
São Tomé and Príncipe

Northern Africa

Algeria
Egypt
Libyan Arab Jamahiriya
Morocco
Sudan
Tunisia
Western Sahara

Southern Africa

Botswana
Lesotho
Namibia
South Africa
Swaziland

Western Africa

Benin
Burkina Faso
Cape Verde
Côte d'Ivoire
Gambia
Ghana
Guinea
Guinea-Bissau
Liberia
Mali
Mauritania
Niger
Nigeria
Saint Helena [2]*
Senegal
Sierra Leone
Togo

Asia

Eastern Asia

China [5]
China, Hong Kong SAR [6]
China, Macao SAR [8]
Democratic People's
   Republic of Korea
Japan
Mongolia
Republic of Korea

South-Central Asia [4]

Central Asia

Kazakhstan
Kyrgyzstan
Tajikistan
Turkmenistan
Uzbekistan

Southern Asia

Afghanistan
Bangladesh
Bhutan
India
Iran (Islamic Republic of)
Maldives
Nepal
Pakistan
Sri Lanka

South-Eastern Asia

Brunei Darussalam
Cambodia
Indonesia
Lao People's Democratic
   Republic
Malaysia [11]
Myanmar
Philippines
Singapore
Thailand
Timor-Leste
Viet Nam

Western Asia

Armenia
Azerbaijan [7]
Bahrain
Cyprus [9]
Georgia [10]
Iraq
Israel
Jordan
Kuwait
Lebanon
Oman
Qatar
Saudi Arabia
State of Palestine [12]
Syrian Arab Republic
Turkey
United Arab Emirates
Yemen

---

1 Including Agalega, Rodrigues, and Saint Brandon.
2 Including Ascension, and Tristan da Cunha.
3 Including Zanzibar.
4 The regions Southern Asia and Central Asia are combined into South-Central Asia.
5 For statistical purposes, the data for China do not include Hong Kong and Macao, Special Administrative Regions (SAR) of China, and Taiwan Province of China.
6 As of 1 July 1997, Hong Kong became a Special Administrative Region (SAR) of China.
7 Including Nagorno-Karabakh.
8 As of 20 December 1999, Macao became a Special Administrative Region (SAR) of China.
9 Refers to the whole country.
10 Including Abkhazia and South Ossetia
11 Including Sabah and Sarawak.
12 Including East Jerusalem.

Europe

Eastern Europe

Belarus
Bulgaria
Czech Republic
Hungary
Poland
Republic of Moldova [15]
Romania
Russian Federation
Slovakia
Ukraine [17]

Northern Europe

Channel Islands [13]
Denmark
Estonia
Faeroe Islands*
Finland [14]
Iceland
Ireland
Isle of Man*
Latvia
Lithuania
Norway [18]
Sweden
United Kingdom of
  Great Britain and
  Northern Ireland [20]

Southern Europe

Albania
Andorra*
Bosnia and Herzegovina
Croatia
Gibraltar*
Greece
Holy See [16] *
Italy
Malta
Montenegro
Portugal
San Marino*
Serbia [19]
Slovenia
Spain [21]
The former Yugoslav
Republic of Macedonia [22]

Western Europe

Austria
Belgium
France
Germany
Liechtenstein*
Luxembourg
Monaco*
Netherlands
Switzerland

Latin America and the Caribbean

Caribbean

Anguilla
Antigua and Barbuda*
Aruba
Bahamas
Barbados
British Virgin Islands*
Caribbean Netherlands*[23]
Cayman Islands*
Cuba
Curaçao
Dominica*
Dominican Republic
Grenada
Guadeloupe [24]

Haiti
Jamaica
Martinique
Montserrat*
Puerto Rico
Saint Kitts and Nevis*
Saint Lucia
Saint Vincent and the
  Grenadines
Sint Maarten (Dutch part)*
Trinidad and Tobago
Turks and Caicos Islands*
United States Virgin Islands

Central America

Belize
Costa Rica
El Salvador
Guatemala
Honduras
Mexico
Nicaragua
Panama

South America

Argentina
Bolivia
Brazil
Chile
Colombia
Ecuador
Falkland Islands (Malvinas) *
French Guiana
Guyana
Paraguay
Peru
Suriname
Uruguay
Venezuela (Bolivarian Rep. of)

Northern America

Bermuda*
Canada
Greenland*
Saint Pierre and Miquelon*
United States of America

---

13 Refers to Guernsey, and Jersey.
14 Including Åland Islands.
15 Including Transnistria.
16 Refers to the Vatican City State.
17 Including Crimea.
18 Including Svalbard and Jan Mayen Islands.
19 Including Kosovo.

20 Also referred to as United Kingdom.
21 Including Canary Islands, Ceuta and Melilla
22 Also referred to as TFYR Macedonia.
23 Refers to Bonaire, Saba and Sint Eustatius.
24 Including Saint-Barthélemy and Saint-Martin (French part).

Oceania

Australia/New Zealand	*Melanesia*	*Micronesia*	*Polynesia* [25]
Australia [26]	Fiji	Guam	American Samoa*
New Zealand	New Caledonia	Kiribati*	Cook Islands*
	Papua New Guinea	Marshall Islands*	French Polynesia
	Solomon Islands	Micronesia (Federated	Niue*
	Vanuatu	States of)	Samoa
		Nauru*	Tokelau*
		Northern Mariana Islands*	Tonga
		Palau*	Tuvalu*
			Wallis and Futuna Islands*

Sub-Saharan Africa

Angola	Côte d'Ivoire	Guinea-Bissau	Niger	South Sudan
Benin	Democratic	Kenya	Nigeria	Swaziland
Botswana	Republic of the	Lesotho	Réunion	Togo
Burkina Faso	Congo	Liberia	Rwanda	Uganda
Burundi	Djibouti	Madagascar	Saint Helena	United Republic of
Cameroon	Equatorial Guinea	Malawi	São Tomé and	Tanzania
Cape Verde	Eritrea	Mali	Príncipe	Zambia
Central African	Ethiopia	Mauritania	Senegal	Zimbabwe
Republic	Gabon	Mauritius	Seychelles	
Chad	Gambia	Mayotte	Sierra Leone	
Comoros	Ghana	Mozambique	Somalia	
Congo	Guinea	Namibia	South Africa	

Least developed countries

Afghanistan	of the Congo	Liberia	Solomon Islands
Angola	Djibouti	Madagascar	Somalia
Bangladesh	Equatorial Guinea	Malawi	South Sudan
Benin	Eritrea	Mali	Sudan
Bhutan	Ethiopia	Mauritania	Timor-Leste
Burkina Faso	Gambia	Mozambique	Togo
Burundi	Guinea	Myanmar	Tuvalu
Cambodia	Guinea-Bissau	Nepal	Uganda
Central African	Haiti	Niger	United Republic of Tanzania
Republic	Kiribati	Rwanda	Vanuatu
Chad	Lao People's Democratic	São Tomé and Príncipe	Yemen
Comoros	Republic	Senegal	Zambia
Democratic Republic	Lesotho	Sierra Leone	

NOTE: Countries with a population of less than 90,000 in 2015 are indicated by an asterisk (*).

25 Including Pitcairn.
26 Including Christmas Island, Cocos (Keeling) Islands, and Norfolk Island.

High-income countries

Andorra
Antigua and Barbuda
Argentina
Aruba
Australia
Austria
Bahamas
Bahrain
Barbados
Belgium
Bermuda
Brunei Darussalam
Canada
Cayman Islands
Channel Islands
Chile
China, Hong Kong SAR
China, Macao SAR
Croatia
Curaçao
Cyprus
Czech Republic
Denmark
Equatorial Guinea
Estonia
Faroe Islands
Finland
France
French Polynesia
Germany
Greece
Greenland
Guam
Hungary
Iceland
Ireland
Isle of Man
Israel
Italy
Japan
Kuwait
Latvia
Liechtenstein
Lithuania
Luxembourg
Malta
Monaco
Netherlands
New Caledonia
New Zealand
Northern Mariana Islands
Norway
Oman
Poland
Portugal
Puerto Rico
Qatar
Republic of Korea

Russian Federation
Saint Kitts and Nevis
San Marino
Saudi Arabia
Seychelles
Singapore
Sint Maarten (Dutch part)
Slovakia
Slovenia
Spain
Sweden
Switzerland
Trinidad and Tobago
Turks and Caicos Islands
United Arab Emirates
United Kingdom
United States of America
United States Virgin Islands
Uruguay
Venezuela (Bolivarian Rep. of)
Other non-specified areas

Low-income countries

Afghanistan
Benin
Burkina Faso
Burundi
Cambodia
Central African Republic
Chad
Comoros
Democratic People's
 Republic of Korea
Democratic Republic of the
 Congo
Eritrea
Ethiopia
Gambia
Guinea
Guinea-Bissau
Haiti
Liberia
Madagascar
Malawi
Mali
Mozambique
Nepal
Niger
Rwanda
Sierra Leone
Somalia
South Sudan
Togo
Uganda
United Republic of Tanzania
Zimbabwe

Upper-middle-income countries

Albania
Algeria
American Samoa
Angola
Azerbaijan
Belarus
Belize
Bosnia and Herzegovina
Botswana
Brazil
Bulgaria
China
Colombia
Costa Rica
Cuba
Dominica
Dominican Republic
Ecuador
Fiji
Gabon
Grenada
Iran (Islamic Republic of)
Iraq
Jamaica
Jordan
Kazakhstan
Lebanon
Libya
Malaysia
Maldives
Marshall Islands
Mauritius
Mexico
Mongolia
Montenegro
Namibia
Palau
Panama
Paraguay
Peru
Romania
Saint Lucia
Saint Vincent and the
 Grenadines
Serbia
South Africa
Suriname
The former Yugoslav
Republic of Macedonia
Thailand
Tonga
Tunisia
Turkey
Turkmenistan
Tuvalu

Lower-middle-income countries

Armenia
Bangladesh
Bhutan
Bolivia (Plurinational State of)
Cabo Verde
Cameroon
Congo
Côte d'Ivoire
Djibouti
Egypt
El Salvador
Georgia
Ghana
Guatemala
Guyana
Honduras
India
Indonesia
Kenya
Kiribati
Kyrgyzstan
Lao People's Democratic
 Republic
Lesotho
Mauritania
Micronesia (Fed. States of)
Morocco
Myanmar
Nicaragua
Nigeria
Pakistan
Papua New Guinea
Philippines
Republic of Moldova
Samoa
Sao Tome and Principe
Senegal
Solomon Islands
Sri Lanka
State of Palestine
Sudan
Swaziland
Syrian Arab Republic
Tajikistan
Timor-Leste
Ukraine
Uzbekistan
Vanuatu
Viet Nam
Yemen
Zambia

要　　約

　今後予想される人口動態の変化を理解することは、持続可能な開発の達成に向けた課題と可能性のみならず、ポスト 2015 年開発アジェンダの策定と取り組みにおいて重要となる。人口予測 2015 年改訂版は、国連経済社会局の人口部による公式人口推計および予測の第 24 回目にあたる。2015 年改訂版は前回の改訂版をベースとして、2010 年度国勢調査からの追加データにくわえ、世界各国で実施された人口と保健に関する各種専門調査により明らかになった結果も加味して構築された。2015 年改訂版が提供する人口統計データおよび各種指標は、世界・地域・国の各レベルにおける人口動向を見通すものとして、そして国連システムにおいて他の様々な主要指標を算出するさいに広く利用されている。

2015年の人口動態

　2015 年改訂版によると世界の人口は 2015 年に 73 億に達し（表 1）、過去 12 年間でおよそ 10 億人増加したことを示している。世界人口の 60％が住んでいるのはアジア（44 億人）、16％がアフリカ（12 億人）、10％がヨーロッパ（7 億 3800 万人）、9％がラテンアメリカ・カリブ海（6 億 3400 万人）、そして残り 5％が北アメリカ（3 億 5800 万人）とオセアニア（3900 万人）となっている。中国（14 億人）およびインド（13 億人）が変わらず最も多くの人口を保ち、この 10 億人を超える両国がそれぞれ世界人口の 19％および 18％を占めている。

表1. 世界および主要地域の人口（中位予測）

Major area	人口（単位：100万人）			
	2015	2030	2050	2100
World	7 349	8 501	9 725	11 213
Africa	1 186	1 679	2 478	4 387
Asia	4 393	4 923	5 267	4 889
Europe	738	734	707	646
Latin America and the Caribbean	634	721	784	721
Northern America	358	396	433	500
Oceania	39	47	57	71

出典： United Nations, Department of Economic and Social Affairs, Population Division (2015).
World Population Prospects: The 2015 Revision. New York: United Nations.

図1. 年齢および性別による世界の人口構成（2015 年）

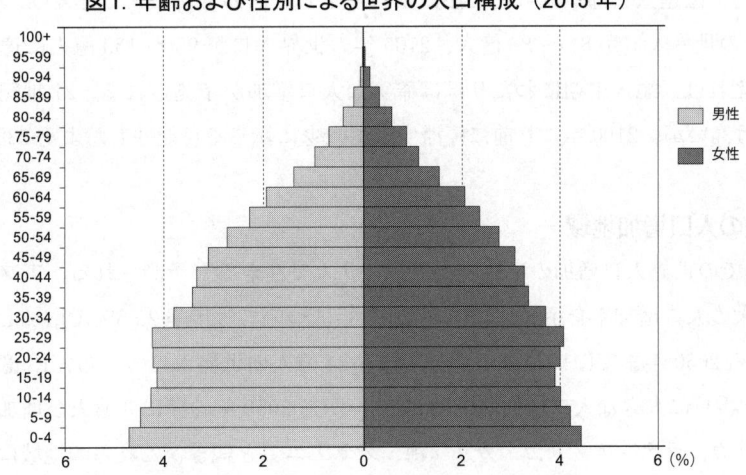

出典： United Nations, Department of Economic and Social Affairs, Population Division (2015).
World Population Prospects: The 2015 Revision. New York: United Nations.

2015 年時点における世界人口の 50.4% が男性、49.6% が女性である（前掲図 1）。世界人口の中位数年齢、つまり人口をその中央で老年と若年とに 2 等分する境界点にあたる年齢は、29.6 歳である。世界人口のおよそ 4 分の 1 （26%）が 15 歳未満であり、15 歳以上 59 歳未満が 62%、60 歳以上が 12% で構成されている。

世界人口増加の予測

　近年その増加スピードが鈍ってはきているものの、世界の人口は増えつづけている。10 年前には年 1.24% の増加率であった。現在では年 1.18%、つまり年間 8300 万人近くが増えている。今後 15 年ほどで 10 億人以上の増加が予測され、世界人口は 2030 年には 85 億人、さらに 2050 年に 97 億人、2100 年までには 112 億人に達すると見込まれている。

図 2. 世界の人口：1950-2015 年推計、2015-2100 年中位予測および 80%・95% 信頼区間

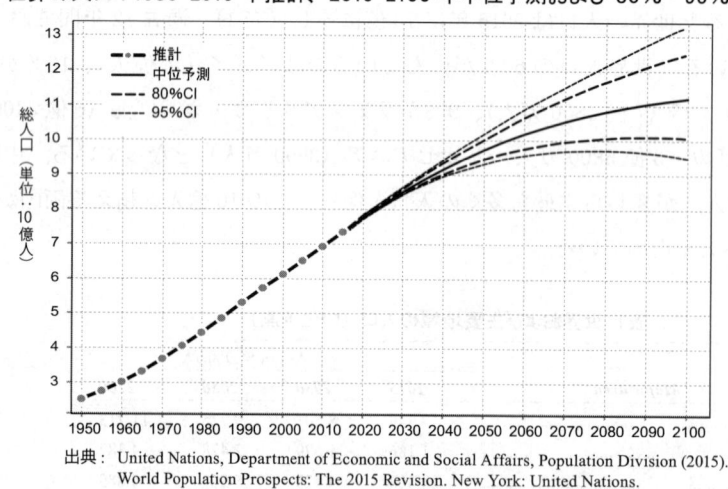

出典： United Nations, Department of Economic and Social Affairs, Population Division (2015).
World Population Prospects: The 2015 Revision. New York: United Nations.

　予測データの性質上、これら最新の人口予測にはある程度の不確実性がともなう。前掲は中位予測に基づいた結果を示しており、大家族志向が強い国々における出生率が低下をはじめる一方で、女性 1 人当たりの出生児数が 2 人を下回る数カ国における出生率がわずかな上昇をはじめると予測されている。また、すべての国について生存率の向上が見込まれている。中位予測の折れ線を囲む範囲は、これら予測値の不確実性を、国連人口部が統計的手法によって示したものである。たとえば、信頼度 95% の予測として 2030 年の世界人口が 84 ～ 86 億人、2100 年の世界人口が 95 ～ 133 億人に達すると言うことができる。言い換えれば、短・中期にわたりほぼ確実な人口増加が予測される。21 世紀の後半にも増加がつづく可能性は高いが、2100 年より前に停滞するか減少に転じる可能性もおよそ 23% ある。

アフリカは最大の人口増加地域

　今後 2050 年までの世界人口増加の半数以上がアフリカで起きると予測される。アフリカは他の主要地域を上回る最大の人口増加率を示し、2010 ～ 2015 年については年率 2.55% で増加している。結果として、2015 年から 2050 年までに加わると予測される 24 億人の世界人口のうち、13 億人がアフリカの人口増となる。2 番目に大きな人口増加地域は 2015 年から 2050 年の間に 9 億人が増加するアジアで、その次に北アメリカ、ラテンアメリカ・カリブ海、オセアニアと続き、これらの地域ははるかに小さな増加数が予測される。2050 年のヨーロッパ人口は、中位推計では 2015 年時よりも小さくなると見込まれる。

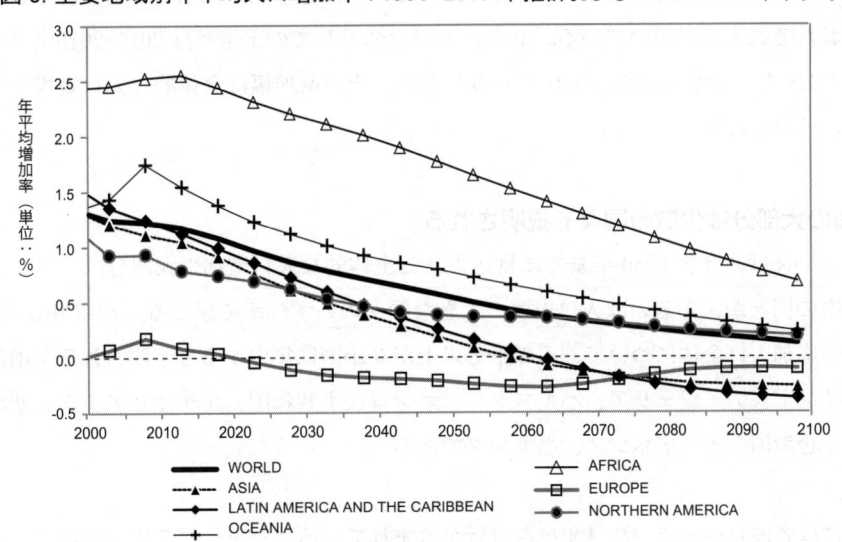

図 3. 主要地域別年平均人口増加率：1950-2015 年推計および 2015-2100 年中位予測

年平均増加率（単位：%）

凡例:
WORLD
ASIA
LATIN AMERICA AND THE CARIBBEAN
OCEANIA
AFRICA
EUROPE
NORTHERN AMERICA

出典： United Nations, Department of Economic and Social Affairs, Population Division (2015).
World Population Prospects: The 2015 Revision. New York: United Nations.

　アフリカの著しい人口増加は、たとえ近い将来に出生率が大きく低下したとしても続くと考えられる。アフリカの出生率は、中位推計では 2010-2015 年の女性 1 人あたり子供 4.7 人から、2045-2050 年に子供 3.1 人、2095-2100 年には子供 2.2 人に低下すると予測されている。2050 年以降には主要地域で大きな人口増が続くのはアフリカのみとなる。その結果、世界人口に占めるアフリカの割合は 2050 年に 25%、2100 年には 39%へと増加し、一方でアジアが占める割合は 2050 年に 54%、2100 年には 44%へと減少する。将来の出生率動向変化に伴う不確実性にかかわらず、現在アフリカにいる大きな若者人口が今後何年かのうちに成人して子供をもつようになることから、この地域が今後数十年にわたり世界の人口規模と構造を決定する中心的存在になるのは確実である。

　国連により最貧国（LDC：後発開発途上国）として認定された 48 か国における人口増加は特に大きく、その内の 27 か国がアフリカにある。最貧国の人口増加率は現在の年 2.4%から低下するとみられるものの、これらの国々の総人口は 2015 年の 9 億 5400 万人から 2050 年には 19 億人へと倍増し、さらに 2100 年には 32 億人に達すると予測される。2015 年から 2100 年までの間、主に最貧国が該当する 33 か国について、少なくとも 3 倍以上の人口増となること可能性が高い。中でも、アンゴラ、ブルンディ、コンゴ民主共和国、マラウィ、マリ、ニジェール、ソマリア、ウガンダ、タンザニア共和国連邦、ザンビアについては 2100 年までに少なくとも 5 倍以上の人口増が見込まれる。最も貧しい国々に人口増加が集中することは、それぞれの政府にとって、貧困や不平等の撲滅、飢餓・栄養不足対策、教育機会と保健医療の拡大、基本的なサービスの提供、そして、誰一人として取り残すことのない持続可能な開発アジェンダに向けた他の側面への取り組みを困難なものにしている。

ヨーロッパは人口減少が見込まれる

　際立って対照的に、世界の 48 の国と地域においては 2015 年から 2050 年にかけて人口が減少すると見込まれる。2050 年までに 15%以上の人口減少が予測される国々として、ボスニア・ヘルツェゴビナ、ブルガリア、クロアチア、日本、ハンガリー、ラトビア、リトアニア、モルドバ共和国、ルーマニア、セルビア、ウクライナが含まれる。現在のところヨーロッパのすべての国が、長期的に人口を維持で

きる人口置換水準（女性1人あたり平均でおよそ子供2.1人）を下回る出生率であり、そのほとんどが過去数十年にわたる低水準が続いている。ヨーロッパ全体としての出生率は2010-2015年の1.6人から2045-2050年に1.8人へと増加が見込まれているものの、その増加幅は全体的な人口規模が縮小する傾向を覆すほどにはならない。

世界人口増加の大部分は少数の国々で説明される

　各国レベルでいえば、今後2050年までに見込まれる全体的な人口増加の大部分は、アフリカを中心とする高出生率の国々か、あるいは人口規模の大きな国々のいずれかで起こる。2015年から2050年にかけての世界の増加人口全体について、その半分以上が9か国に集中すると予測される。増加規模の大きさの順に、インド、ナイジェリア、パキスタン、コンゴ民主共和国、エチオピア、タンザニア共和国連邦、アメリカ合衆国、インドネシア、ウガンダである。

　今回の推計には各国レベルでの注目すべき分析が含まれている。たとえば7年以内にインドの人口が中国を超えると予測される。現在の中国の人口はおよそ13億8000万人であるのに対しインドの人口は13億1000万人で、両国とも2022年までに人口がおよそ14億人に達する見込みである。そこから以降インドの人口は増加を続けて2030年に15億人、2050年には17億人に達するが、一方の中国は2030年代までは変動が少ないまま推移し、その後減少に転じると予測される。

　国別人口を上位10か国で見た場合、アフリカが1か国（ナイジェリア）、アジアが5か国（バングラデシュ、中国、インドネシア、パキスタン）、ラテンアメリカが2か国（ブラジル、メキシコ）、北アメリカが1か国（アメリカ合衆国）、ヨーロッパが1か国（ロシア連邦）となっている。10か国のうち、現在7番目のナイジェリアの人口が最も急速に増加している。結果としてナイジェリアは2050年頃までにはアメリカ合衆国の人口を抜き、世界第3位の人口大国になると予測される。2050年までに、国別人口の上位6か国（中国、インド、インドネシア、ナイジェリア、パキスタン、アメリカ合衆国）が人口30億人を超えると予想される。

世界の将来人口は出生率で大きく左右される

　中位推計による予測人口水準は、出生率が大幅に低下する見通しに基づいた結果である。2015年改訂版の中位推計では、世界の出生率は2010-2015年の女性1人あたり子供2.5人から、2025-2030年に子供2.4人、2095-2100年には子供2.0人に低下すると予測されている。最貧国については2010-2015年の女性1人あたり子供4.3人から、2025-2030年に子供3.5人、2095-2100年には子供2.1人へと出生率が大きく低下すると見込まれている。しかし、高出生率の国々における出生率の予測は大きな不確実性を伴うものであり、ポスト2015開発アジェンダの計画対象期間15年について、あるいは2100年の長期予測ではなおさら非常に不確実なものとなる。「予測よりも遅い」出生率の低下は、以後の全年度にわたる総人口の大幅な増加に結び付く。たとえば、すべての国で中位推計よりも0.5人高い出生率が一貫して続いたと仮定してみると、その場合の2100年人口は166億人となり、中位推計による予測よりも50億人多くなる。

　中位推計で見込まれている出生率の大幅な減少を実現するには、とりわけ最貧国グループにおいて女

性やカップルが希望の家族規模を実現できるよう、リプロダクテイブ・ヘルス教育と家族計画普及への投資が必要である。2015 年時点では、最貧国における近代的な避妊方法の活用率は有配偶者再生産年齢女性のおよそ 34 パーセントで、さらに 22 パーセント以上の同条件の女性が希望するものの近代的な避妊方法へのアクセスができない状況にあると推計されている。

国や地域により出生率に多様性がみられる

ここ数十年ほど、多くの国において家族規模の縮小が大きく進んでいる。世界の各国は現在それぞれの出生率水準に応じておおまかに 3 つのグループに分けられる。今のところ世界の人口の 46% が低出生率の国々、つまり女性 1 人あたりの生涯出産数が平均で 2.1 人を下回る国に住んでいる。低出生率国には全ヨーロッパと北アメリカ、くわえてアジアの 20 か国、ラテンアメリカ・カリブ海地域の 17 か国、オセアニアの 3 か国、アフリカの 1 か国が含まれる。低出生率国で人口規模の大きい順に、中国、アメリカ合衆国、ブラジル、ロシア連邦、日本およびベトナムとなる。

次いで世界の人口の 46% が住んでいるのは、既に相当の出生率低下を経験した中間出生率の国々であり、平均で女性 1 人あたりの生涯出産数は 2.1 〜 5 人である。中間出生率国は多くの地域に分散しており、人口規模の大きさ順としては、インド、インドネシア、パキスタン、バングラデシュ、メキシコおよびフィリピンとなる。

残り 9% の世界人口が住んでいるのが、ほんの限定的な低下しか経験していない高出生率の国々である。これらの国では平均で女性 1 人あたりの生涯出産数が 5 人を上回る。高出生率の 21 カ国は、アフリカが 19 か国、アジアが 2 か国である。人口規模の大きさ順に、ナイジェリア、コンゴ民主共和国、タンザニア共和国連邦、ウガンダおよびアフガニスタンとなる。

若年出産は母親と新生児の双方にとって健康面でも社会的にも深刻な問題を抱えることになる危険性がある。ほとんどの国では 10 代での出産は減少しているものの、いまだ高い若年出産率が懸念される地域も残る。主要地域のなかでも 10 代の出生率（15 〜 19 歳女性 1000 人あたりの出生数）が最も高かったのは、2010-2015 年で 1000 人あたり 98 人のアフリカで、次いで 1000 人あたり 67 人のラテンアメリカ・カリブ海地域となっている。

世界的な平均寿命の伸びがみられる

2015 年改訂版では近年平均寿命が順調に伸びていることが確認された。世界的には 2000-2005 年の 67 歳から 2010-2015 年の 70 歳へと、出生時平均余命が 3 歳伸びている。この間はすべての主要地域で平均寿命の延伸があったが、中でも最も伸びたのはアフリカで、1990 年代の平均寿命の延伸がわずか 2 歳だったのに比べ、2000 年代には 6 歳伸びている。2010-2015 年でアフリカの平均寿命は 60 歳となり、対してアジアは 72 歳、ラテンアメリカ・カリブ海地域が 75 歳、ヨーロッパとオセアニアが 77 歳、北アメリカが 79 歳となっている。

5 歳未満児死亡率は出生時から 5 歳になる日までに死亡する確率を表し、子供の福祉を判断する上で重要な指標の一つである。世界全体では、5 歳未満児の死亡は 2000-2005 年の 1000 人中死亡数 71 から

減少して、2010-2015 年には 1000 人中死亡数 50 と推計されている。減少の絶対数が大きいのは、サハラ以南のアフリカ（1000 人中死亡数 142 から 99 に）および最貧国（1000 人中死亡数 125 から 86 に）である。5 歳未満児死亡率の削減はミレニアム開発目標として掲げられたことで世界的に注目され、過去 10 年ほど多くの国々で迅速な取り組みがなされてきた。サハラ以南のアフリカおよび最貧国グループの大多数において 5 歳未満児死亡率は 2000 年以降早いペースで削減が進んだ。

　世界全体では、出生時平均余命は 2010-2015 年の 70 歳から 2045-2050 年には 77 歳、2095-2100 年には 83 歳に伸びると見込まれている。アフリカは今世紀の終わりまでに 19 歳の平均寿命延伸が予測されており、2045-2050 年に 70 歳、2095-2100 年には 78 歳になる。こういった寿命の延伸は、HIV 感染拡大を防ぐことができるかどうか、そして非伝染性のものも含めて他の感染症対策が成功するかどうかにかかっている。アジアおよびラテンアメリカ・カリブ海地域はいずれも 2095-2100 年までに 13 〜 14 歳、北アメリカおよびオセアニアは 10 〜 11 歳の寿命の延伸が見込まれている。

国際人口移動は増え続ける

　国内移動も国際移動も、出身地と受け入れ地の双方にとって労働市場の不均衡是正を促す契機として経済的および社会的発展に利益をもたらしうる。移住者からの送金が出身国に大きな経済効果をもたらすこともある。全体からみれば国際人口移動が人口変動に及ぼす影響は、出生と死亡による変動に比べてはるかに小さい。しかし一部の国や地域においては、経済的要因による移住もしくは難民の流入といった大きな人口移動を含め、送り出した側も受け入れた側も人口規模への顕著な影響となることがある。

　全体としては、1950 年から 2015 年にかけて、主要地域のヨーロッパ、北アメリカおよびオセアニアが主な受入れ先であり、一方の送り出しはアフリカ、アジア、ラテンアメリカ・カリブ海地域であったが、その数は年々増加の傾向にある。2000 年から 2015 年についてヨーロッパ、北アメリカおよびオセアニアへの純移動は年平均 280 万人を記録した。地域別ではなく所得別に各国をグループ化した場合、高所得の国々への集中はより顕著に示される。2000 年から 2015 年の間に、高所得国グループは低・中所得の国々からの平均 410 万人の純移動を受け入れている。近い将来には高所得国の多くで純移動が人口増加の大きな要因になると予想されている。2015 年から 2050 年までに高所得国グループにおける総出生は総死亡を 2000 万人上回ると予測される一方で、純移動による増加は 9100 万人に達すると見込まれる。つまり中位予測では、高所得国における人口増加の 82% が純移動によるものとなる。

　人々がアフリカ、アジア、ラテンアメリカ・カリブ海地域から、ヨーロッパ、北アメリカ、オセアニアへと移動する流れは、世界的な移動パターンとして半世紀近く続いてきたものの、発展途上国の中での流動も重要となっている。数か国の「グローバル・サウス」の高所得国および中所得国にも、近年になり多くの移住者が集中してきた。

　経済と人口の不均衡が、近い将来も国際人口移動を力強く生み出し続けるだろう。2010 年から 2050 年にかけて国際的な移動者のおもな受入れ国（年間 10 万人以上）と予測されるのは、アメリカ合衆国、カナダ、イギリス、オーストラリア、ドイツ、ロシア連邦、およびイタリアである。年間 10 万人以上の移住が見込まれる国には、インド、バングラデシュ、中国、パキスタン、メキシコが含まれる。

世界の多くの地域は依然若者が多い：人口配当を生かす機会

　多くの地域は依然として若い人口である。アフリカについては、2015 年現在で 15 歳未満の子供が総人口の 41%を占め、15 歳以上 24 歳未満の若者 19%の比率をはるかに上回る。ラテンアメリカ・カリブ海地域およびアジアについては出生率が低下してきており、子供の比率はもう少し低く（それぞれ 24%と 26%）、若者人口も同様である（それぞれ 17%と 16%）。全体としては、2015 年現在これら 3 つの地域に 17 億人の子どもと 11 億人の若者が住んでいる。最貧国グループの国々に若者たちも含め、これらの世代に教育、健康、職業訓練を提供することはポスト 2015 開発アジェンダの中心課題となっている。

　これらの地域の多くの国々における子どもの比率は近い将来に大きく低下するとみられるが、主要生産年齢の人口数および構成比は増加するとみられる。生産年齢人口割合が従属人口割合を上回る国々には「人口ボーナス」活用の機会があり、増加する生産年齢人口を吸収し、子どもと若者への投資がなされるような適切な労働市場と政策施行が実現すれば発展のポテンシャルとなりうる。

世界的に60歳以上人口が急増傾向にある

　出生率の低下と寿命の延伸にともない、一定の年齢を越える人口の割合は高くなる。人口高齢化と呼ばれるこの現象は、世界中の地域で進行している。

　2015 年について 60 歳以上人口は 9 億 1000 万人、世界人口の 12%を占める。60 歳以上人口は年 3.26%で増加している。現在、ヨーロッパの 60 歳以上人口割合（24%）が最も高いものの、他の主要地域でも急速な高齢化が進展しており、2050 年までにはアフリカを除く世界のすべての主要地域について 60 歳以上人口が全体の 4 分の 1 かそれ以上を占めると予測される。世界の 60 歳以上人口は 2030 年には 14 億人、2050 年に 21 億人に達する見通しで、2100 年には 32 億人を超える可能性もある。すでに生存している対象年齢集団を考えれば、短・中期的な老齢人口の増加は確実である。

　人口の高齢化は、多くの国々において退職者あたり労働人口数に決定的な影響を及ぼすことが予測されており、そのことは潜在扶養率(PSR)すなわち 20 ～ 64 歳人口数を 65 歳以上人口数で割った数値に表れる。現在のところ、アフリカは平均で 65 歳以上の高齢者 1 人あたり 20 ～ 64 歳は 12.9 人であるが、アジアの潜在扶養率は 8.0、ラテンアメリカ・カリブ海地域が 7.6、オセアニアが 4.8、ヨーロッパと北アメリカについては 4 かそれ以下である。潜在扶養率 2.1 の日本が世界で最も低くなっているが、ヨーロッパの 7 カ国も潜在扶養率が 3 を下回っている。2050 年までにはアジアの 7 か国、ヨーロッパの 24 か国、ラテンアメリカ・カリブ海地域の 4 か国で潜在扶養率が 2 を下回ることが予想され、そう遠くない将来に多くの国々が直面することになる高齢者福祉・社会保障とともに医療保険システムへの経済的・政治的対応の緊急性が強調される。

2015年改訂版の主要ポイント

1．2015年7月の時点で世界人口は73億人に達した。これは2003年時点より10億人多く、1990年時点から20億人増えたことになる。2015年現在の世界人口について50.4%が男性、49.6%が女性である。同じく5歳未満が9.1%、15歳未満が26.1%、60歳以上が12.3%、80歳以上が1.7%を占める。

2．2016年には世界人口は8300万人増えると見込まれる。たとえ出生率の低下が続くとしても、世界人口は中位予測で2030年には85億人、さらに2050年に97億人、2100年までには112億人に達すると見込まれる。

3．たとえ出生率の低下スピードが速まるとしても、2050年まで人口数増加が続くのは避けられない。可能性80%として、世界人口が2030年に84 ～ 86億人、2050年に94 ～ 100億人、2100年に100 ～ 125億人に達することもあり得る。

4．今後の人口増加は出生率の動向に大きく左右される。出生行動における比較的小さな変化であっても、以後数十年にわたる推計において総人口数の大きな違いとなって表れる。2015年改訂版の中位推計では、世界の出生率は2010-2015年の女性1人あたり子供2.5人から、2025-2030年に子供2.4人、2095-2100年には子供2.0人に低下すると予測している。もしもこの中位推計よりも0.5人高い出生率が一貫して続いたと仮定してみると、その場合の世界人口は2050年に108億人、2100年には166億人となる。逆にもし中位推計より0.5人低い出生率が一貫して続いたと仮定すると、世界人口は2050年に87億人、2100年には73億人となる。

5．近年、世界のほぼ全ての主要地域で出生率は低下してきている。主要地域のなかでも最も出生率が高いアフリカでは、女性1人あたりの合計出生率が2005-2010年の4.9人から、2010-2015年に4.7人に低下した。アジアとオセアニアにおいても同時期にかけて出生率が低下し、アジアで2.3人から2.2人、オセアニアで2.5人から2.4人になった。ラテンアメリカ・カリブ海地域の直近の低下幅はわずかに大きくて2.3人から2.15人、北アメリカでは005-2010年の2.0人が2010-2015年の1.86人に低下している。主要地域のなかで唯一の例外がヨーロッパである。近年になってヨーロッパの出生率は2005-2010年の1.55人から2010-2015年の1.6人へとわずかに回復している。

6．48の最貧国は全体として出生率が高く（2010-2015年は女性1人あたり4.3人）、人口増加が大きい地域であり、年平均増加率2.4%で急増している。この増加は今後数十年のうちに大きく減速すると予想されているものの、2015年現在9億5400万人の最貧国全体の総人口は、2030年までに39%増となり、さらに倍増して2050年には19億人に達すると予測される。

7．出生率の低下により人口増加の進みが緩やかになることは、人口の高齢化をともなう。つまり長期にわたる人口増加率の低迷は、高齢者の割合が増して若者の割合が減る結果になる。2015年現在における15歳未満人口は60歳以上人口の2倍以上多い。しかし2050年までには、世界全体としては15歳

未満人口と60歳以上人口はほぼ同じ数になる。

8. ヨーロッパについては全体の24%がすでに60歳以上の高齢人口で、その比率は2050年に34%、2100年には35%に達すると予測される。他の主要地域においても今後数十年にわたって急激な高齢化が見込まれている。ラテンアメリカ・カリブ海地域は2015年時点では11%に過ぎない60歳以上人口が2050年には26%の比率になる。同じように、アジアについても12%の60歳以上人口比率が2050年には25%に、北アメリカは21%から2050年には28%に、オセアニアは16%から2050年に23%へとシフトが予測されている。アフリカはいずれの主要地域よりも若年人口の比率が高い。そうとはいえ今後35年間は高齢化が進む見通しであり、60歳以上人口の比率が2015年現在の5%から2050年には9%になると予測される。

9. 世界全体としては60歳以上人口の数は2050年までに倍増、2100年には3倍以上になる見込みで、2015年の9億100万人が2050年に21億人、2100年に32億人に達する。2015年から2050年までに予測される高齢人口増加の66%はアジアで、13%がアフリカ、11%がラテンアメリカ・カリブ海地域、残りの10%はその他の地域である。

10. 80歳以上人口の数は2050年までに3倍に増加、2100年には7倍以上になると見込まれる。世界全体としては80歳以上人口の数は2015年の1億2500万人から、2050年に4億3400万人、2100年に9億4400万人に増える。2015年時点においては80歳以上の高齢人口全体の28%がヨーロッパに住んでいるが、その比率はしかし2050年には16%、2100年には6%へと、つまり他の主要地域でもそれぞれに人口の増加と高齢化が進むことにより相対的に低くなる。

11. 当面は世界的にすべての国で高齢化が進むと予測されるが、出生率が依然として高い諸国においては比較的若い人口を保つだろう

12. 中位数年齢は、人口を同数の2つのグループに分ける年齢であり、人口高齢化の1つの指標となる。世界的には、2015年から2050年にかけて中位数年齢は30歳から36歳に上昇し、2100年には42歳になると予測されている。長く低出生率を経験した国や地域ほど中位数年齢は高くなる。2015年時点で中位数年齢が42歳のヨーロッパは最も人口の高齢化が進んでおり、今後さらに2050年には46歳、2100年には47歳にまで引き上がる見込みである。対照的に、最貧国については全体で2015年時点では20歳の中位数年齢は、2050年に26歳、2100年には36歳に上昇すると予測される。

13. アフリカの急激な人口増加は続くと考えられる。2015年から2100年までの間に、アフリカの28か国で人口が2倍以上になると見込まれる。中でも、アンゴラ、ブルンディ、コンゴ民主共和国、マラウィ、マリ、ニジェール、ソマリア、ウガンダ、タンザニア共和国連邦、ザンビアについては2100年までに少なくとも5倍以上の人口増が見込まれる。

14. 世界の48の国と地域については2015年から2050年にかけて人口が減少するとみられる。2050年までに15%以上の人口減少が予測される11か国には、ボスニア・ヘルツェゴビナ、ブルガリア、クロア

チア、日本、ハンガリー、ラトビア、リトアニア、モルドバ共和国、ルーマニア、セルビア、ウクライナが含まれる。

15. 2015年から2050年にかけての世界の増加人口全体について、その半分以上が9か国に集中すると予測される。増加規模の大きさの順に、インド、ナイジェリア、パキスタン、コンゴ民主共和国、エチオピア、タンザニア共和国連邦、アメリカ合衆国、インドネシア、ウガンダである。

16. 2015年改訂版では出生率の低下が、とりわけ近年まで高出生率であった国々を含めて、世界の大半の国で確認された。2015年人口9万人以上の国について、出生率の高い（女性1人あたり子供5人以上）発展途上国の数は2000-2005年の40か国から2010-2015年には21か国へと減った。アフリカを除くとアフガニスタンと東ティモールの2か国のみが、2010-2015年において女性1人あたり出生数が5人以上の国である。2005-2010年の出生率が人口置換水準（女性1人あたり子供2.1人）を上回った126か国のうち、108国について2005-2010年から2010-2015年にかけて出生率が低下している。

17. ますます多くの国について出生率が人口の置き換え水準を下回る傾向にあり、数十年も置き換え水準以下がづづく状況も少なくない。2005-2010年では83か国について出生率が置き換え水準以下であり、その内の25か国については女性1人あたり子供1.5を下回る。近年になって出生率がわずかに上下した国も多い。2010-2015年の出生率が置き換え水準以下にある54か国について、2000-2005年から2010-2015年のどこかの時点でかすかな出生率の上昇がみられたが、その内の21か国では続けて2010-2015年に出生率が低下した。1990-1995年以降のどこかの時点で置き換え水準を上回る出生率を記録した5年期間があったのは、ヨーロッパでは4か国のみである。

18. 2010-2015年について、低出生率国である83か国が世界の人口の46%を占めている。低出生率国を人口規模の大きい順に並べると、中国、アメリカ合衆国、ブラジル、ロシア連邦、日本、ベトナム、ドイツ、イラン・イスラム共和国、タイとなる。

19. 中位予測においては、世界全体では女性1人あたりの合計出生率が2010-2015年の2.5人から、2045-2050年には2.25人、2095-2100年には2.0人に減ると見込まれている。しかしヨーロッパと北アメリカでは2010-2015年から2045-2050年にかけての合計出生率の上昇が見込まれており、ヨーロッパでは女性1人あたり1.6人から1.8人、北アメリカでは女性1人あたり1.86人から1.9人になる。アフリカ、アジア、ラテンアメリカ・カリブ海地域、オセアニアについては2010-2015年から2045-2050年にかけて出生率は低下し、最も大幅な低下はアフリカで起きると予測されている。これにより、世界の主要地域のすべてにおいて、2095-2100年には出生率が置換水準もしくはわずかに置換水準を下回る水準に収束するだろう。

20. 若年出産は母親と新生児の双方にとって健康面でも社会的にも深刻な問題を抱えることになる危険性がある。ほとんどの国では10代での出産は減少しているものの、いまだ高い若年出産が懸念される地域も残る。主要地域のなかでも10代の出生率（15～19歳女性1000人あたりの出生数）が最も高かったのは、2010-2015年で1000人あたり98人のアフリカで、次いで1000人あたり67人のラテンアメ

リカ・カリブ海地域である。

21. 2015年改訂版では近年における平均寿命の大幅な延伸が確認された。世界全体としては、2000-2005年の出生時平均余命について男性68歳、女性69歳であったものが、2010-2015年には男性68歳、女性73歳に伸びている。2010-2015年の出生時平均余命が最も高い水準にあったのは、中国、香港特別行政区（男女計で84歳）、次いで日本、イタリア、スイス、シンガポール、アイスランド、スペイン、オーストラリア、そしてイスラエルである。世界の寿命は2010-2015年に70歳から2045-2050年に77歳、2095-2100年に83歳に伸びると予測される。

22. 近年の出生時平均余命の延伸は最貧国について最も顕著である。2000-2005年の56歳から2010-2015年に62歳へと、平均で6歳伸びた最貧国グループでの延伸は、その他の世界に比べて2倍近い伸びとなる。主要地域や収入グループ間で平均余命がで大きく異なる状況は継続されるものの、2045-2050年までにその格差は大幅に縮小されると予測される。

23. 5歳未満児死亡率は出生時から5歳になる日までに死亡する確率を表し、子供の福祉を判断する上で重要な指標の一つである。ミレニアム発展目標（MDGs）のターゲット4.Aでは、2015年までに5歳未満児死亡率を1990年の水準の3分の1に削減することが掲げられた。2015年までのMDGsターゲット達成には至らないが、近年における5歳未満児死亡率の改善は大きく広範囲に及んできた。2000-2005年から2010-2015年までに156か国で20％以上の削減が進み、アフリカ（57か国中で47か国）をはじめ、アジア（51か国中で43か国）、ヨーロッパ（40か国中で39か国）、ラテンアメリカ・カリブ海地域（38か国中で24か国）、オセアニア（13か国中で8か国）といった広範囲で20％もしくはそれ以上の削減が達成された。2000-2005年から2010-2015年までの間、30％以上削減されたのが86か国、その内で13か国は50％以上の削減が達成されている。

24. HIV／エイズ感染は依然として重要な国際保健問題だが、感染の影響が非常に大きかった国々の大半において抗ウイルス治療が広く施されるようになったことで、この数十年ほどで成人のHIV感染の最盛期を過ぎたといえる。そうとはいえ、感染率がいまだ高い国々における罹病率、死亡率、そして人口成長の停滞といった顕著な影響はなおも続くことになる。そのため、病気の蔓延が最も著しい地域である南アフリカでは、平均余命は1990-1995年の62歳から2000-2005年の52歳に下降し、2010-2015年になってようやく57歳に上昇した。南アフリカの平均余命が1990年代水準に回復するには2030年まで待たねばならないと予測されている。

25. 東ヨーロッパの多くの国が1980年代後半から1990年代にかけて大きく平均寿命の低下を経験した。この地域における平均寿命は2010-2015年までには大きく回復したものの72歳にとどまり、東ヨーロッパは他のヨーロッパ諸国と比較して大幅に低い寿命水準にある。ベラルーシ、モルドバ共和国、ロシア連邦、ウクライナについて、出生時平均余命がヨーロッパで最も低い水準となっている（およそ70 〜 71歳）。

26. 1990年以降、5年区間を2期続けて平均寿命が低下した国が58ある。この58か国には、HIV／エイズ感

染の影響を強く受けた国々、紛争が原因した国々、ソ連崩壊後に死亡率の上昇を経験した国々が含まれる。5年区間のどこかで平均寿命の低下がみられた国の数は劇的に減ってきており、1990-1995年の38か国から2000-2005年には17か国、2010-2015年は2か国になった。

27. 2000年から2015年のにかけて、ヨーロッパ、北アメリカおよびオセアニアへの純移動は年平均280万人を記録した。地域別ではなく所得別に各国をグループ化した場合、高所得の国々への集中はより顕著に示される。2000年から2015年の間に高所得国グループは低・中所得の国々からの平均410万人の純移動を受け入れている。経済と人口の不均衡が、近い将来も国際人口移動を力強く生み出し続けるだろう。直近ではシリア騒乱による流入を含め、数か国が経験した大規模な難民の受け入れもまた純移動水準に大きな影響を残した。

28. すでに出生率が人口置換水準を下回る国や地域については、純移動の獲得によって出生数より上回った死亡数が埋め合わせられなければ、総人口は減り続けるだろう。しかしながら、現水準かそれに近い水準の純国際人口移動数では出生利率低下による人口の消失を完全に補うことはできない。2015年から2050年にかけて、ヨーロッパの自然増加（出生数から死亡数を引いたもの）は6300万人と予測される一方で、ヨーロッパへの国際人口移動は最大でも3100万人と見込まれ、ヨーロッパ人口は全体で3200万人減少することになる。

付　表

（日本語版人名、なし）

A.1. 世界、主要地域、地域、および特別グループ別男女・年齢別人口：

推計および中位、高位ならびに低位予測値、1960-2060年

性・年齢別人口（千人）

年齢	1960 総数	男	女	1965 総数	男	女	1970 総数	男	女	1975 総数	男	女
総数	3 018 344	1 508 854	1 509 490	3 322 495	1 662 959	1 659 536	3 682 488	1 845 146	1 837 341	4 061 399	2 037 628	2 023 771
0-4	430 565	219 839	210 726	477 798	244 113	233 685	522 641	266 514	256 127	543 225	277 630	265 595
5-9	380 319	194 365	185 954	409 020	209 019	200 002	458 298	234 132	224 167	503 753	256 933	246 820
10-14	309 276	157 670	151 606	372 817	190 509	182 307	403 911	206 501	197 409	452 706	231 284	221 422
15-19	257 899	131 774	126 125	303 891	154 711	149 180	367 789	187 728	180 061	398 384	203 447	194 938
20-24	248 413	126 546	121 866	251 897	128 342	123 555	297 557	150 882	146 676	361 883	184 387	177 496
25-29	225 957	115 017	110 939	242 692	123 616	119 077	246 921	125 796	121 125	293 531	148 924	144 607
30-34	208 747	105 685	103 062	219 978	112 118	107 860	237 657	121 093	116 563	243 384	124 013	119 371
35-39	181 632	90 088	91 544	202 499	102 568	99 931	214 330	109 223	105 106	233 137	118 682	114 455
40-44	153 398	76 434	76 964	174 884	86 610	88 273	196 585	99 474	97 111	209 181	106 452	102 729
45-49	147 699	72 386	75 313	145 701	72 173	73 527	168 438	82 987	85 452	190 299	95 864	94 435
50-54	130 210	63 309	66 901	138 601	67 104	71 497	137 799	67 718	70 081	161 058	78 598	82 460
55-59	108 435	51 970	56 465	119 505	56 929	62 576	128 954	61 529	67 424	128 755	62 371	66 384
60-64	85 064	39 505	45 559	95 085	44 261	50 825	107 201	49 830	57 371	116 704	54 457	62 247
65-69	62 665	28 092	34 573	70 256	31 389	38 867	81 023	36 357	44 666	92 385	41 387	50 998
70-74	44 018	18 852	25 166	47 382	20 108	27 274	55 168	23 372	31 796	64 337	27 471	36 866
75-79	25 986	10 535	15 451	29 457	11 780	17 677	32 876	13 081	19 795	38 934	15 409	23 526
80+	18 061	6 785	11 276	21 032	7 608	13 424	25 340	8 929	16 412	29 743	10 319	19 424
80-84	...	...	...	...	...	...	...	...	...	...	...	...
85-89	...	...	...	...	...	...	...	...	...	...	...	...
90-94	...	...	...	...	...	...	...	...	...	...	...	...
95-99	...	...	...	...	...	...	...	...	...	...	...	...
100+	...	...	...	...	...	...	...	...	...	...	...	...

年齢	1980 総数	男	女	1985 総数	男	女	1990 総数	男	女	1995 総数	男	女
総数	4 439 632	2 229 046	2 210 586	4 852 541	2 437 789	2 414 752	5 309 668	2 670 424	2 639 244	5 735 123	2 886 636	2 848 487
0-4	546 894	279 507	267 387	589 594	301 557	288 037	643 187	330 115	313 071	625 930	322 456	303 474
5-9	526 251	269 179	257 071	531 785	271 910	259 875	575 100	294 311	280 789	629 870	323 340	306 530
10-14	498 844	254 641	244 203	521 645	266 816	254 829	527 969	269 946	258 023	572 196	292 772	279 424
15-19	448 501	229 117	219 384	494 845	252 467	242 378	518 073	264 847	253 226	523 934	267 665	256 269
20-24	393 385	200 634	192 751	443 229	225 979	217 250	489 090	249 143	239 947	510 693	260 464	250 229
25-29	356 788	181 627	175 161	388 449	197 828	190 620	437 434	222 647	214 787	482 655	245 244	237 411
30-34	289 353	146 689	142 664	352 516	179 322	173 194	384 012	195 217	188 796	432 936	220 034	212 902
35-39	238 343	121 081	117 263	284 972	144 179	140 793	347 574	176 422	171 152	379 077	192 294	186 783
40-44	227 891	115 643	112 248	233 611	118 335	115 276	279 980	141 193	138 787	341 721	172 898	168 823
45-49	202 679	102 439	100 241	221 469	111 769	109 700	227 741	114 857	112 884	272 975	136 967	136 008
50-54	182 350	90 964	91 386	194 691	97 549	97 142	213 434	106 903	106 531	219 913	110 067	109 846
55-59	151 708	72 949	78 759	172 032	84 633	87 398	184 474	91 355	93 119	202 575	100 215	102 360
60-64	117 509	55 745	61 764	139 023	65 489	73 534	158 626	76 572	82 054	170 627	83 007	87 620
65-69	102 032	46 108	55 924	102 907	47 353	55 554	122 850	56 230	66 619	140 516	65 923	74 593
70-74	74 740	31 892	42 849	83 292	35 887	47 405	84 547	37 413	47 134	102 001	44 808	57 193
75-79	46 702	18 701	28 002	54 722	21 779	32 944	61 981	25 056	36 925	63 417	26 448	36 969
80+	35 662	12 133	23 529	43 760	14 936	28 823	...	...	...	...	...	...
80-84	...	...	...	...	...	...	34 525	12 431	22 093	39 968	14 749	25 219
85-89	...	...	...	...	...	...	14 164	4 505	9 659	17 716	5 613	12 103
90-94	...	...	...	...	...	...	4 032	1 064	2 968	5 274	1 428	3 846
95-99	...	...	...	...	...	...	779	177	602	1 004	220	784
100+	...	...	...	...	...	...	95	19	76	125	24	101

年齢	2000 総数	男	女	2005 総数	男	女	2010 総数	男	女	2015 総数	男	女
総数	6 126 622	3 084 538	3 042 084	6 519 636	3 285 082	3 234 554	6 929 725	3 493 957	3 435 768	7 349 472	3 707 206	3 642 266
0-4	606 188	312 923	293 266	619 273	320 034	299 239	644 517	333 305	311 212	670 928	346 752	324 177
5-9	614 673	316 852	297 821	596 856	308 215	288 641	610 769	315 764	295 004	637 449	329 582	307 867
10-14	626 622	321 707	304 915	612 053	315 483	296 569	594 389	307 077	287 312	607 431	314 040	293 391
15-19	567 926	290 187	277 739	623 739	320 008	303 730	607 434	312 845	294 589	590 069	304 829	285 241
20-24	516 704	263 314	253 390	561 248	286 087	275 160	615 153	314 774	300 380	603 509	310 593	292 915
25-29	503 805	256 376	247 429	510 597	259 411	251 186	556 364	282 833	273 531	609 793	311 657	298 136
30-34	477 194	242 045	235 150	497 190	252 778	244 411	505 392	256 442	248 950	551 085	279 682	271 403
35-39	427 058	216 360	210 698	470 493	238 336	232 157	491 897	249 743	242 153	497 756	251 915	245 841
40-44	372 260	188 021	184 239	419 153	211 766	207 386	463 447	234 237	229 211	485 058	245 532	239 526
45-49	333 783	167 873	165 910	362 325	182 036	180 289	411 688	207 099	204 588	454 043	228 546	225 497
50-54	264 052	131 299	132 753	323 450	161 373	162 077	352 973	176 154	176 819	401 753	200 783	200 970
55-59	209 291	103 457	105 834	252 993	124 605	128 388	310 397	153 518	156 879	339 691	167 871	171 820
60-64	188 069	91 396	96 674	195 628	95 384	100 245	236 261	114 784	121 476	292 727	142 749	149 978
65-69	152 317	72 204	80 113	168 679	80 209	88 470	177 237	84 704	92 533	215 047	102 619	112 428
70-74	117 704	53 071	64 633	129 021	59 218	69 803	144 632	66 699	77 933	153 207	71 183	82 024
75-79	78 010	32 347	45 664	91 023	39 022	52 001	101 111	44 299	56 812	114 652	50 595	64 057
80+	...	...	...	...	...	...	...	...	...	...	...	...
80-84	41 654	16 034	25 620	52 746	20 345	32 401	63 579	25 502	38 077	71 450	29 480	41 969
85-89	21 007	6 898	14 109	22 682	7 909	14 774	30 098	10 578	19 520	37 062	13 715	23 347
90-94	6 808	1 842	4 966	8 454	2 405	6 049	9 653	2 951	6 703	13 389	4 207	9 181
95-99	1 337	303	1 034	1 814	415	1 399	2 415	585	1 830	2 922	778	2 144
100+	160	30	130	220	43	177	319	63	256	451	96	355

性・年齢別人口（千人）

年齢	2015			2020			2025			2030		
	総数	男	女	総数	男	女	総数	男	女	総数	男	女
総数	7 349 472	3 707 206	3 642 266	7 758 157	3 913 434	3 844 722	8 141 661	4 105 529	4 036 132	8 500 766	4 284 260	4 216 506
0-4	670 928	346 752	324 177	677 600	349 704	327 895	673 175	346 893	326 282	672 121	345 837	326 284
5-9	637 449	329 582	307 867	664 283	343 252	321 030	671 930	346 696	325 234	667 926	344 088	323 838
10-14	607 431	314 040	293 391	634 568	328 066	306 502	661 684	341 868	319 816	669 744	345 516	324 229
15-19	590 069	304 829	285 241	604 323	312 362	291 961	631 509	326 409	305 100	658 943	340 312	318 630
20-24	603 509	310 593	292 915	585 832	302 478	283 354	600 051	309 971	290 080	627 343	323 958	303 385
25-29	609 793	311 657	298 136	599 278	308 216	291 062	581 682	300 090	281 592	595 871	307 495	288 376
30-34	551 085	279 682	271 403	604 809	308 649	296 160	594 598	305 343	289 255	577 192	297 354	279 838
35-39	497 756	251 915	245 841	544 642	275 626	269 015	598 538	304 676	293 862	588 723	301 652	287 071
40-44	485 058	245 532	239 526	490 379	247 261	243 118	537 279	270 991	266 288	591 177	300 073	291 105
45-49	454 043	228 546	225 497	476 242	239 959	236 283	481 709	241 786	239 922	528 530	265 537	262 993
50-54	401 753	200 783	200 970	442 924	221 584	221 340	464 984	232 880	232 104	470 698	234 890	235 808
55-59	339 691	167 871	171 820	387 339	191 855	195 484	428 166	212 472	215 694	450 092	223 642	226 449
60-64	292 727	142 749	149 978	320 927	156 546	164 382	367 326	179 778	187 547	407 564	200 085	207 479
65-69	215 047	102 619	112 428	267 875	128 220	139 655	295 012	141 376	153 636	339 529	163 524	176 005
70-74	153 207	71 183	82 024	187 442	87 114	100 328	234 798	109 527	125 271	260 426	121 849	138 577
75-79	114 652	50 595	64 057	123 356	55 093	68 262	152 990	68 509	84 480	193 066	86 899	106 168
80+	...	...	...	...	...	...	...	...	...	...	...	...
80-84	71 450	29 480	41 969	81 851	34 151	47 700	89 822	38 100	51 722	113 476	48 420	65 056
85-89	37 062	13 715	23 347	42 701	16 349	26 352	49 848	19 393	30 455	56 222	22 303	33 919
90-94	13 389	4 207	9 181	16 938	5 644	11 293	20 116	6 944	13 172	24 042	8 474	15 568
95-99	2 922	778	2 144	4 243	1 164	3 079	5 539	1 609	3 930	6 836	2 045	4 792
100+	451	96	355	605	141	465	905	216	689	1 245	309	936

年齢	2035			2040			2045			2050		
	総数	男	女	総数	男	女	総数	男	女	総数	男	女
総数	8 838 908	4 451 994	4 386 914	9 157 234	4 609 834	4 547 400	9 453 892	4 757 575	4 696 317	9 725 148	4 893 447	4 831 701
0-4	678 272	348 601	329 671	687 749	353 121	334 629	695 571	356 823	338 748	698 304	358 053	340 251
5-9	667 353	343 267	324 086	673 999	346 280	327 719	683 927	351 031	332 896	692 165	354 951	337 214
10-14	665 875	342 968	322 908	665 512	342 250	323 262	672 335	345 352	326 983	682 424	350 183	332 240
15-19	667 248	344 073	323 175	663 559	341 618	321 941	663 349	340 983	322 367	670 303	344 154	326 150
20-24	655 035	337 959	317 076	663 451	341 744	321 708	659 976	339 415	320 561	659 946	338 880	321 065
25-29	623 316	321 507	301 809	651 042	335 490	315 552	659 691	339 419	320 272	656 443	337 222	319 221
30-34	591 598	304 871	286 727	619 159	318 954	300 205	647 051	333 043	314 008	655 950	337 121	318 829
35-39	571 825	294 009	277 816	586 428	301 650	284 778	614 135	315 835	298 300	642 222	330 049	312 173
40-44	581 801	297 309	284 493	565 403	290 003	275 400	580 208	297 781	282 427	608 082	312 093	295 988
45-49	582 223	294 454	287 769	573 455	292 101	281 353	557 518	285 074	272 444	572 575	293 041	279 534
50-54	517 124	258 411	258 712	570 606	287 201	283 405	562 480	285 249	277 232	547 140	278 589	268 551
55-59	456 023	225 816	230 207	501 839	248 966	252 873	554 959	277 543	277 416	547 628	276 054	271 574
60-64	429 344	211 148	218 195	435 594	213 534	222 060	480 468	236 105	244 362	532 941	264 278	268 663
65-69	378 602	183 205	195 397	400 173	194 107	206 067	406 876	196 809	210 068	450 288	218 512	231 776
70-74	301 894	142 277	159 617	330 959	160 823	178 136	360 058	171 455	188 603	367 208	174 506	192 702
75-79	216 249	97 903	118 346	253 246	115 795	137 450	287 034	132 545	154 489	307 088	142 608	164 480
80+	...	...	...	...	...	...	...	...	...	...	...	...
80-84	144 394	62 063	82 331	163 993	71 123	92 871	194 729	85 650	109 078	223 491	99 677	123 814
85-89	72 643	29 084	43 559	93 431	37 798	55 633	108 110	44 341	63 769	130 743	54 663	76 080
90-94	28 074	10 090	17 985	37 344	13 573	23 771	48 708	18 016	30 692	57 779	21 797	35 982
95-99	8 398	2 570	5 828	10 230	3 176	7 054	14 087	4 430	9 657	18 753	6 058	12 694
100+	1 618	408	1 209	2 061	528	1 533	2 621	676	1 945	3 676	956	2 720

年齢	2055			2060		
	総数	男	女	総数	男	女
総数	9 968 809	5 016 580	4 952 228	10 184 290	5 126 311	5 057 979
0-4	696 346	356 884	339 462	692 149	354 572	337 577
5-9	695 290	356 393	338 896	693 692	355 417	338 275
10-14	690 791	354 175	336 616	694 066	355 694	338 372
15-19	680 547	349 064	331 483	689 056	353 130	335 925
20-24	667 137	342 203	324 934	677 579	347 223	330 356
25-29	656 609	336 841	319 768	664 002	340 284	323 719
30-34	652 960	335 093	317 867	653 346	334 853	318 493
35-39	651 416	334 325	317 091	648 707	332 482	316 226
40-44	636 341	326 446	309 895	645 817	330 915	314 902
45-49	600 598	307 475	293 122	629 011	321 951	307 060
50-54	562 459	286 753	275 706	590 577	301 276	289 301
55-59	533 090	269 894	263 196	548 687	278 255	270 432
60-64	526 771	263 456	263 315	513 334	257 935	255 399
65-69	501 705	246 062	255 643	497 039	246 049	250 990
70-74	408 354	194 966	213 388	457 787	221 376	236 411
75-79	314 607	146 072	168 535	352 104	164 595	187 509
80+	...	...	...	...	...	...
80-84	241 510	108 679	132 831	248 840	112 219	136 621
85-89	152 607	65 075	87 532	167 097	72 182	94 915
90-94	71 623	27 739	43 884	85 460	34 004	51 456
95-99	22 974	7 625	15 348	29 382	10 094	19 288
100+	5 075	1 358	3 717	6 560	1 805	4 755

性・年齢別人口（千人）

年齢	2015 総数	男	女	2020 総数	男	女	2025 総数	男	女	2030 総数	男	女
総数	7 349 472	3 707 206	3 642 266	7 827 607	3 949 425	3 878 182	8 322 369	4 199 043	4 123 326	8 821 836	4 450 199	4 371 637
0-4	670 928	346 752	324 177	747 050	385 695	361 355	784 855	404 641	380 214	813 295	418 696	394 599
5-9	637 449	329 582	307 867	664 283	343 252	321 030	740 958	382 462	358 496	778 976	401 500	377 476
10-14	607 431	314 040	293 391	634 568	328 066	306 502	661 684	341 868	319 816	738 591	381 183	357 408
15-19	590 069	304 829	285 241	604 323	312 362	291 961	631 509	326 409	305 100	658 943	340 312	318 630
20-24	603 509	310 593	292 915	585 832	302 478	283 354	600 051	309 971	290 080	627 343	323 958	303 385
25-29	609 793	311 657	298 136	599 278	308 216	291 062	581 682	300 090	281 592	595 871	307 495	288 376
30-34	551 085	279 682	271 403	604 809	308 649	296 160	594 598	305 343	289 255	577 192	297 354	279 838
35-39	497 756	251 915	245 841	544 642	275 626	269 015	598 538	304 676	293 862	588 723	301 652	287 071
40-44	485 058	245 532	239 526	490 379	247 261	243 118	537 279	270 991	266 288	591 177	300 073	291 105
45-49	454 043	228 546	225 497	476 242	239 959	236 283	481 709	241 786	239 922	528 530	265 537	262 993
50-54	401 753	200 783	200 970	442 924	221 584	221 340	464 984	232 880	232 104	470 698	234 890	235 808
55-59	339 691	167 871	171 820	387 339	191 855	195 484	428 166	212 472	215 694	450 092	223 642	226 449
60-64	292 727	142 749	149 978	320 927	156 546	164 382	367 326	179 778	187 547	407 564	200 085	207 479
65-69	215 047	102 619	112 428	267 875	128 220	139 655	295 012	141 376	153 636	339 529	163 524	176 005
70-74	153 207	71 183	82 024	187 442	87 114	100 328	234 798	109 527	125 271	260 426	121 849	138 577
75-79	114 652	50 595	64 057	123 356	55 093	68 262	152 990	68 509	84 480	193 066	86 899	106 168
80+	…	…	…	…	…	…	…	…	…	…	…	…
80-84	71 450	29 480	41 969	81 851	34 151	47 700	89 822	38 100	51 722	113 476	48 420	65 056
85-89	37 062	13 715	23 347	42 701	16 349	26 352	49 848	19 393	30 455	56 222	22 303	33 919
90-94	13 389	4 207	9 181	16 938	5 644	11 293	20 116	6 944	13 172	24 042	8 474	15 568
95-99	2 922	778	2 144	4 243	1 164	3 079	5 539	1 609	3 930	6 836	2 045	4 792
100+	451	96	355	605	141	465	905	216	689	1 245	309	936

年齢	2035 総数	男	女	2040 総数	男	女	2045 総数	男	女	2050 総数	男	女
総数	9 306 009	4 693 141	4 612 868	9 789 249	4 935 772	4 853 477	10 286 184	5 186 342	5 099 843	10 801 105	5 447 208	5 353 897
0-4	825 484	424 455	401 029	854 221	438 789	415 432	897 929	460 857	437 071	944 719	484 666	460 053
5-9	807 791	415 732	392 059	820 503	421 751	398 752	849 663	436 302	413 362	893 718	458 549	435 168
10-14	776 653	400 230	376 423	805 628	414 538	391 090	818 524	420 650	397 874	847 831	435 272	412 559
15-19	735 921	379 639	356 281	774 070	398 725	375 345	803 146	413 083	390 062	816 177	419 267	396 910
20-24	655 035	337 959	317 076	731 864	377 147	354 717	770 087	396 271	373 816	799 259	410 679	388 580
25-29	623 316	321 507	301 809	651 042	335 490	315 552	727 793	374 626	353 167	766 076	393 776	372 299
30-34	591 598	304 871	286 727	619 159	318 954	300 205	647 051	333 043	314 008	723 713	372 116	351 597
35-39	571 825	294 009	277 816	586 428	301 650	284 778	614 135	315 835	298 300	642 222	330 049	312 173
40-44	581 801	297 309	284 493	565 403	290 003	275 400	580 208	297 781	282 427	608 082	312 093	295 988
45-49	582 223	294 454	287 769	573 455	292 101	281 353	557 518	285 074	272 444	572 575	293 041	279 534
50-54	517 124	258 411	258 712	570 606	287 201	283 405	562 480	285 249	277 232	547 140	278 589	268 551
55-59	456 023	225 816	230 207	501 839	248 966	252 873	554 959	277 543	277 416	547 628	276 054	271 574
60-64	429 344	211 148	218 195	435 594	213 534	222 060	480 468	236 105	244 362	532 941	264 278	268 663
65-69	378 602	183 205	195 397	400 173	194 107	206 067	406 876	196 809	210 068	450 288	218 512	231 776
70-74	301 894	142 277	159 617	338 959	160 823	178 136	360 058	171 455	188 603	367 208	174 506	192 702
75-79	216 249	97 903	118 346	253 246	115 795	137 450	287 034	132 545	154 489	307 088	142 608	164 480
80+	…	…	…	…	…	…	…	…	…	…	…	…
80-84	144 394	62 063	82 331	163 993	71 123	92 871	194 729	85 650	109 078	223 491	99 677	123 814
85-89	72 643	29 084	43 559	93 431	37 798	55 633	108 110	44 341	63 769	130 743	54 663	76 080
90-94	28 074	10 090	17 985	37 344	13 573	23 771	48 708	18 016	30 692	57 779	21 797	35 982
95-99	8 398	2 570	5 828	10 230	3 176	7 054	14 087	4 430	9 657	18 753	6 058	12 694
100+	1 618	408	1 209	2 061	528	1 533	2 621	676	1 945	3 676	956	2 720

年齢	2055 総数	男	女	2060 総数	男	女
総数	11 328 639	5 715 832	5 612 807	11 859 342	5 986 960	5 872 382
0-4	983 744	504 462	479 282	1 011 806	518 605	493 201
5-9	940 831	482 532	458 299	980 181	502 499	477 681
10-14	891 979	457 571	434 408	939 208	481 609	457 598
15-19	845 621	433 957	411 664	889 869	456 305	433 564
20-24	812 533	417 018	395 515	842 144	431 798	410 346
25-29	795 348	408 280	387 068	808 830	414 744	394 086
30-34	762 076	391 328	370 748	791 463	405 911	385 552
35-39	718 794	369 083	349 711	757 233	388 356	368 876
40-44	636 341	326 446	309 895	712 731	365 390	347 341
45-49	600 598	307 475	293 122	629 011	321 951	307 060
50-54	562 459	286 753	275 706	590 577	301 276	289 301
55-59	533 090	269 894	263 196	548 687	278 255	270 432
60-64	526 771	263 456	263 315	513 334	257 935	255 399
65-69	501 705	246 062	255 643	497 039	246 049	250 990
70-74	408 354	194 966	213 388	457 787	221 376	236 411
75-79	314 607	146 072	168 535	352 104	164 595	187 509
80+	…	…	…	…	…	…
80-84	241 510	108 679	132 831	248 840	112 219	136 621
85-89	152 607	65 075	87 532	167 097	72 182	94 915
90-94	71 623	27 739	43 884	85 460	34 004	51 456
95-99	22 974	7 625	15 348	29 382	10 094	19 288
100+	5 075	1 358	3 717	6 560	1 805	4 755

性・年齢別人口（千人）

年齢	2015 総数	男	女	2020 総数	男	女	2025 総数	男	女	2030 総数	男	女
総数	7 349 472	3 707 206	3 642 266	7 688 595	3 877 387	3 811 208	7 960 813	4 011 943	3 948 869	8 179 515	4 118 229	4 061 286
0-4	670 928	346 752	324 177	608 038	313 657	294 381	561 465	289 130	272 335	530 907	272 956	257 950
5-9	637 449	329 582	307 867	664 283	343 252	321 030	602 792	310 873	291 919	556 847	286 661	270 185
10-14	607 431	314 040	293 391	634 568	328 066	306 502	661 684	341 868	319 816	600 787	309 791	290 995
15-19	590 069	304 829	285 241	604 323	312 362	291 961	631 509	326 409	305 100	658 943	340 312	318 630
20-24	603 509	310 593	292 915	585 832	302 478	283 354	600 051	309 971	290 080	627 343	323 958	303 385
25-29	609 793	311 657	298 136	599 278	308 216	291 062	581 682	300 090	281 592	595 871	307 495	288 376
30-34	551 085	279 682	271 403	604 809	308 649	296 160	594 598	305 343	289 255	577 192	297 354	279 838
35-39	497 756	251 915	245 841	544 642	275 626	269 015	598 538	304 676	293 862	588 723	301 652	287 071
40-44	485 058	245 532	239 526	490 379	247 261	243 118	537 279	270 991	266 288	591 177	300 073	291 105
45-49	454 043	228 546	225 497	476 242	239 959	236 283	481 709	241 786	239 922	528 530	265 537	262 993
50-54	401 753	200 783	200 970	442 924	221 584	221 340	464 984	232 880	232 104	470 698	234 890	235 808
55-59	339 691	167 871	171 820	387 339	191 855	195 484	428 166	212 472	215 694	450 092	223 642	226 449
60-64	292 727	142 749	149 978	320 927	156 546	164 382	367 326	179 778	187 547	407 564	200 085	207 479
65-69	215 047	102 619	112 428	267 875	128 220	139 655	295 012	141 376	153 636	339 529	163 524	176 005
70-74	153 207	71 183	82 024	187 442	87 114	100 328	234 798	109 527	125 271	260 426	121 849	138 577
75-79	114 652	50 595	64 057	123 356	55 093	68 262	152 990	68 509	84 480	193 066	86 899	106 168
80+	…	…	…	…	…	…	…	…	…	…	…	…
80-84	71 450	29 480	41 969	81 851	34 151	47 700	89 822	38 100	51 722	113 476	48 420	65 056
85-89	37 062	13 715	23 347	42 701	16 349	26 352	49 848	19 393	30 455	56 222	22 303	33 919
90-94	13 389	4 207	9 181	16 938	5 644	11 293	20 116	6 944	13 172	24 042	8 474	15 568
95-99	2 922	778	2 144	4 243	1 164	3 079	5 539	1 609	3 930	6 836	2 045	4 792
100+	451	96	355	605	141	465	905	216	689	1 245	309	936

年齢	2035 総数	男	女	2040 総数	男	女	2045 総数	男	女	2050 総数	男	女
総数	8 372 455	4 211 179	4 161 276	8 532 257	4 287 522	4 244 734	8 647 359	4 342 077	4 305 282	8 710 042	4 371 015	4 339 028
0-4	531 888	273 172	258 715	527 671	270 747	256 924	511 961	262 446	249 515	487 053	249 539	237 514
5-9	526 875	270 782	256 093	528 320	271 231	257 089	524 559	269 042	255 517	509 300	260 978	248 322
10-14	555 067	285 689	269 378	525 355	269 942	255 414	526 968	270 475	256 493	523 374	268 370	255 004
15-19	598 466	308 451	290 014	553 018	284 496	268 522	523 513	268 861	254 651	525 250	269 461	255 789
20-24	655 035	337 959	317 076	594 929	306 285	288 644	549 836	282 544	267 292	520 592	267 061	253 531
25-29	623 316	321 507	301 809	651 042	335 490	315 552	591 480	304 158	287 323	546 781	280 652	266 129
30-34	591 598	304 871	286 727	619 159	318 954	300 205	647 051	333 043	314 008	588 078	302 071	286 008
35-39	571 825	294 009	277 816	586 428	301 650	284 778	614 135	315 835	298 300	642 222	330 049	312 173
40-44	581 801	297 309	284 493	565 403	290 003	275 400	580 208	297 781	282 427	608 082	312 093	295 988
45-49	582 223	294 454	287 769	573 455	292 101	281 353	557 518	285 074	272 444	572 575	293 041	279 534
50-54	517 124	258 411	258 712	570 606	287 201	283 405	562 480	285 249	277 232	547 140	278 589	268 551
55-59	456 023	225 816	230 207	501 839	248 966	252 873	554 959	277 543	277 416	547 628	276 054	271 574
60-64	429 344	211 148	218 195	435 594	213 534	222 060	480 468	236 105	244 362	532 941	264 278	268 663
65-69	378 602	183 205	195 397	400 173	194 107	206 067	406 876	196 809	210 068	450 288	218 512	231 776
70-74	301 894	142 277	159 617	338 959	160 823	178 136	360 058	171 455	188 603	367 208	174 506	192 702
75-79	216 249	97 903	118 346	253 246	115 795	137 450	287 034	132 545	154 489	307 088	142 608	164 480
80+	…	…	…	…	…	…	…	…	…	…	…	…
80-84	144 394	62 063	82 331	163 993	71 123	92 871	194 729	85 650	109 078	223 491	99 677	123 814
85-89	72 643	29 084	43 559	93 431	37 798	55 633	108 110	44 341	63 769	130 743	54 663	76 080
90-94	28 074	10 090	17 985	37 344	13 573	23 771	48 708	18 016	30 692	57 779	21 797	35 982
95-99	8 398	2 570	5 828	10 230	3 176	7 054	14 087	4 430	9 657	18 753	6 058	12 694
100+	1 618	408	1 209	2 061	528	1 533	2 621	676	1 945	3 676	956	2 720

年齢	2055 総数	男	女	2060 総数	男	女
総数	8 720 959	4 374 944	4 346 015	8 685 876	4 356 485	4 329 392
0-4	460 215	235 669	224 546	437 373	223 871	213 502
5-9	484 815	248 301	236 514	458 342	234 627	223 714
10-14	508 263	260 389	247 874	483 944	247 798	236 146
15-19	521 820	267 440	254 380	506 873	259 548	247 325
20-24	522 559	267 807	254 752	519 343	265 906	253 437
25-29	517 830	265 382	252 448	519 988	266 240	253 749
30-34	543 815	278 843	264 972	515 188	263 775	251 413
35-39	583 929	299 512	284 417	540 153	276 593	263 560
40-44	636 341	326 446	309 895	578 795	296 386	282 410
45-49	600 598	307 475	293 122	629 011	321 951	307 060
50-54	562 459	286 753	275 706	590 577	301 276	289 301
55-59	533 090	269 894	263 196	548 687	278 255	270 432
60-64	526 771	263 456	263 315	513 334	257 935	255 399
65-69	501 705	246 062	255 643	497 039	246 049	250 990
70-74	408 354	194 966	213 388	457 787	221 376	236 411
75-79	314 607	146 072	168 535	352 104	164 595	187 509
80+	…	…	…	…	…	…
80-84	241 510	108 679	132 831	248 840	112 219	136 621
85-89	152 607	65 075	87 532	167 097	72 182	94 915
90-94	71 623	27 739	43 884	85 460	34 004	51 456
95-99	22 974	7 625	15 348	29 382	10 094	19 288
100+	5 075	1 358	3 717	6 560	1 805	4 755

More developed regions

性・年齢別人口（千人）

年齢	1960 総数	男	女	1965 総数	男	女	1970 総数	男	女	1975 総数	男	女
総数	914 951	439 407	475 544	965 645	465 290	500 356	1 007 682	486 362	521 320	1 047 312	506 379	540 933
0-4	89 259	45 614	43 645	87 953	44 874	43 078	82 938	42 372	40 566	81 135	41 509	39 626
5-9	86 943	44 376	42 568	89 444	45 654	43 790	88 622	45 226	43 396	83 034	42 391	40 644
10-14	82 246	41 953	40 293	86 971	44 400	42 570	89 853	45 953	43 900	88 844	45 348	43 496
15-19	66 924	33 830	33 094	81 966	41 722	40 244	86 630	44 085	42 545	89 727	45 780	43 947
20-24	71 602	35 772	35 829	66 684	33 535	33 149	80 923	40 689	40 234	86 651	43 898	42 753
25-29	66 599	33 332	33 267	71 650	35 906	35 744	66 654	33 621	33 033	81 636	41 215	40 421
30-34	69 696	34 114	35 583	66 382	33 323	33 059	71 424	35 823	35 601	67 083	33 810	33 273
35-39	62 788	29 096	33 692	69 247	33 902	35 345	65 682	32 931	32 751	71 029	35 484	35 545
40-44	48 552	22 453	26 099	62 069	28 721	33 347	68 492	33 500	34 992	65 068	32 504	32 564
45-49	56 344	25 737	30 606	47 562	21 904	25 658	61 206	28 133	33 073	67 262	32 685	34 577
50-54	52 812	24 383	28 429	54 775	24 787	29 988	46 091	21 015	25 076	59 589	27 060	32 529
55-59	45 728	20 856	24 872	50 736	23 013	27 723	52 476	23 315	29 161	44 131	19 745	24 386
60-64	37 530	16 411	21 119	42 325	18 770	23 555	47 152	20 741	26 411	49 004	21 200	27 804
65-69	29 441	12 392	17 050	33 332	13 981	19 351	37 905	16 095	21 810	42 444	17 815	24 629
70-74	22 310	9 081	13 229	24 379	9 709	14 670	27 645	10 877	16 768	31 533	12 576	18 957
75-79	14 687	5 785	8 902	16 585	6 322	10 263	17 993	6 662	11 331	20 753	7 504	13 248
80+	11 489	4 221	7 267	13 586	4 765	8 821	15 996	5 324	10 671	18 389	5 855	12 534
80-84	...	...	...	...	...	...	...	...	...	...	...	...
85-89	...	...	...	...	...	...	...	...	...	...	...	...
90-94	...	...	...	...	...	...	...	...	...	...	...	...
95-99	...	...	...	...	...	...	...	...	...	...	...	...
100+	...	...	...	...	...	...	...	...	...	...	...	...

年齢	1980 総数	男	女	1985 総数	男	女	1990 総数	男	女	1995 総数	男	女
総数	1 081 844	523 428	558 416	1 113 605	539 374	574 230	1 144 463	555 256	589 207	1 169 761	568 268	601 493
0-4	77 934	39 935	37 999	78 126	39 973	38 153	76 801	39 338	37 463	70 462	36 118	34 344
5-9	81 322	41 669	39 653	78 287	40 095	38 192	78 637	40 209	38 428	77 913	39 913	38 000
10-14	84 003	43 102	40 901	81 941	41 995	39 947	79 275	40 571	38 704	80 443	41 151	39 291
15-19	89 832	45 960	43 872	84 709	43 442	41 267	83 184	42 589	40 596	80 843	41 398	39 445
20-24	90 115	45 861	44 254	90 108	45 863	44 245	85 192	43 497	41 696	83 667	42 610	41 057
25-29	86 669	43 768	42 902	90 313	45 783	44 529	89 927	45 548	44 379	85 921	43 619	42 302
30-34	81 609	41 013	40 596	86 870	43 735	43 135	90 619	45 705	44 915	91 251	46 089	45 162
35-39	66 195	33 015	33 180	80 989	40 528	40 460	86 605	43 430	43 176	90 876	45 653	45 223
40-44	70 211	34 813	35 398	65 643	32 589	33 054	80 683	40 231	40 451	86 174	42 967	43 207
45-49	63 591	31 326	32 265	68 899	33 900	34 999	64 664	31 975	32 690	79 287	39 238	40 049
50-54	65 267	31 200	34 067	61 840	30 105	31 735	67 202	32 752	34 450	63 274	30 955	32 319
55-59	57 106	25 377	31 729	62 492	29 313	33 179	59 441	28 485	30 955	64 614	30 942	33 672
60-64	41 492	18 042	23 450	53 588	23 209	30 379	58 902	26 946	31 957	56 131	26 245	29 886
65-69	44 625	18 570	26 056	37 880	15 854	22 025	49 072	20 487	28 585	53 749	23 685	30 064
70-74	35 996	14 198	21 798	38 113	14 949	23 164	32 700	13 005	19 695	42 645	16 956	25 689
75-79	24 454	9 046	15 408	28 019	10 146	17 873	30 327	11 027	19 299	26 429	9 817	16 612
80+	21 421	6 532	14 889	25 788	7 894	17 894	...	...	...	...	...	...
80-84	...	...	...	...	...	...	19 219	6 221	12 998	21 088	6 912	14 176
85-89	...	...	...	...	...	...	8 687	2 493	6 194	10 739	3 018	7 721
90-94	...	...	...	...	...	...	2 694	622	2 072	3 471	837	2 634
95-99	...	...	...	...	...	...	563	113	450	695	130	565
100+	...	...	...	...	...	...	68	12	55	88	15	74

年齢	2000 総数	男	女	2005 総数	男	女	2010 総数	男	女	2015 総数	男	女
総数	1 188 812	578 010	610 802	1 208 920	587 962	620 957	1 233 376	599 955	633 420	1 251 351	609 297	642 054
0-4	65 246	33 446	31 800	65 431	33 522	31 910	68 452	35 060	33 391	68 726	35 252	33 474
5-9	71 564	36 688	34 876	65 956	33 800	32 156	66 087	33 842	32 245	69 214	35 439	33 775
10-14	79 679	40 840	38 839	73 083	37 491	35 591	67 738	34 736	33 002	66 709	34 153	32 555
15-19	81 997	41 970	40 027	81 438	41 780	39 658	75 045	38 499	36 546	68 096	34 929	33 167
20-24	81 598	41 604	39 994	83 915	42 841	41 074	83 336	42 588	40 748	77 525	39 704	37 821
25-29	84 621	42 834	41 787	83 079	42 044	41 035	84 976	43 079	41 897	84 446	42 958	41 488
30-34	86 889	43 941	42 948	85 883	43 250	42 633	84 396	42 481	41 915	86 181	43 508	42 673
35-39	91 409	45 926	45 483	87 624	44 056	43 568	86 460	43 320	43 139	83 787	41 993	41 793
40-44	90 242	45 024	45 218	91 233	45 534	45 699	87 154	43 583	43 571	86 849	43 318	43 530
45-49	85 064	42 055	43 009	89 133	44 088	45 045	90 969	45 082	45 887	85 673	42 624	43 050
50-54	77 856	38 133	39 723	83 257	40 654	42 603	87 642	42 875	44 767	90 042	44 263	45 779
55-59	61 301	29 539	31 761	75 381	36 386	38 995	81 380	39 123	42 257	85 320	41 227	44 093
60-64	61 291	28 657	32 635	58 516	27 628	30 888	71 462	33 949	37 513	77 967	36 781	41 185
65-69	51 727	23 393	28 334	56 817	25 728	31 089	55 578	25 567	30 011	67 114	31 303	35 811
70-74	46 964	19 739	27 225	45 936	19 937	25 999	51 237	22 394	28 843	50 938	22 731	28 208
75-79	34 837	13 018	21 819	38 662	15 337	23 325	38 847	16 058	22 788	43 658	18 237	25 421
80+	...	...	...	...	...	...	...	...	...	...	...	...
80-84	19 061	6 502	12 559	25 534	8 834	16 700	29 463	10 905	18 558	30 499	11 856	18 644
85-89	12 068	3 477	8 592	11 517	3 520	7 997	16 055	5 043	11 013	18 929	6 435	12 494
90-94	4 395	1 035	3 360	5 193	1 279	3 914	5 370	1 424	3 945	7 729	2 157	5 571
95-99	896	176	721	1 194	231	963	1 532	314	1 218	1 683	380	1 303
100+	106	16	90	137	22	115	198	32	166	265	46	220

性・年齢別人口（千人）

年齢	2015 総数	男	女	2020 総数	男	女	2025 総数	男	女	2030 総数	男	女
総数	1 251 351	609 297	642 054	1 266 360	617 163	649 197	1 277 210	622 822	654 388	1 283 920	626 355	657 564
0-4	68 726	35 252	33 474	68 723	35 236	33 487	67 313	34 511	32 802	65 440	33 550	31 889
5-9	69 214	35 439	33 775	69 463	35 618	33 845	69 426	35 582	33 844	68 025	34 861	33 163
10-14	66 709	34 153	32 555	70 109	35 880	34 229	70 321	36 038	34 283	70 291	36 006	34 285
15-19	68 096	34 929	33 167	67 971	34 760	33 211	71 311	36 455	34 856	71 540	36 623	34 917
20-24	77 525	39 704	37 821	69 600	35 613	33 987	69 435	35 427	34 008	72 810	37 142	35 668
25-29	84 446	42 958	41 488	78 935	40 302	38 633	71 024	36 235	34 789	70 910	36 080	34 829
30-34	86 181	43 508	42 673	85 425	43 312	42 112	79 956	40 703	39 253	72 152	36 714	35 438
35-39	83 787	41 993	41 793	86 628	43 587	43 041	85 863	43 396	42 467	80 531	40 888	39 643
40-44	86 849	43 318	43 530	83 749	41 827	41 922	86 558	43 405	43 153	85 850	43 254	42 596
45-49	85 673	42 624	43 050	86 218	42 810	43 408	83 179	41 363	41 816	86 008	42 955	43 053
50-54	90 042	44 263	45 779	84 385	41 711	42 675	84 977	41 929	43 049	82 062	40 564	41 498
55-59	85 320	41 227	44 093	87 632	42 621	45 010	82 405	40 362	42 043	83 083	40 634	42 450
60-64	77 967	36 781	41 185	81 793	38 883	42 910	84 318	40 413	43 905	79 656	38 528	41 127
65-69	67 114	31 303	35 811	73 292	33 799	39 493	77 230	35 965	41 265	79 997	37 640	42 357
70-74	50 938	22 731	28 208	61 527	27 913	33 614	67 227	30 153	37 074	71 260	32 363	38 897
75-79	43 658	18 237	25 421	44 355	19 053	25 302	54 042	23 663	30 379	59 111	25 614	33 496
80+	…	…	…	…	…	…	…	…	…	…	…	…
80-84	30 499	11 856	18 644	34 164	13 489	20 675	35 622	14 545	21 077	43 973	18 361	25 612
85-89	18 929	6 435	12 494	20 204	7 247	12 958	22 968	8 431	14 538	24 813	9 441	15 372
90-94	7 729	2 157	5 571	9 341	2 842	6 499	10 378	3 329	7 049	12 058	3 993	8 065
95-99	1 683	380	1 303	2 519	600	1 919	3 154	819	2 336	3 683	1 002	2 681
100+	265	46	220	327	61	266	501	98	403	670	141	530

年齢	2035 総数	男	女	2040 総数	男	女	2045 総数	男	女	2050 総数	男	女
総数	1 287 051	628 200	658 851	1 287 935	629 268	658 667	1 287 580	630 098	657 482	1 286 422	630 728	655 694
0-4	64 600	33 121	31 479	65 399	33 532	31 867	66 628	34 163	32 465	67 167	34 440	32 727
5-9	66 165	33 908	32 256	65 329	33 481	31 848	66 130	33 893	32 236	67 360	34 525	32 835
10-14	68 897	35 290	33 608	67 041	34 339	32 702	66 209	33 914	32 295	67 011	34 327	32 684
15-19	71 528	36 601	34 927	70 144	35 892	34 252	68 295	34 946	33 349	67 467	34 524	32 943
20-24	73 077	37 332	35 745	73 081	37 322	35 759	71 713	36 624	35 088	69 878	35 689	34 189
25-29	74 322	37 816	36 506	74 603	38 017	36 586	74 627	38 023	36 604	73 280	37 342	35 938
30-34	72 085	36 590	35 496	75 503	38 331	37 173	75 797	38 542	37 256	75 846	38 567	37 279
35-39	72 855	36 990	35 865	72 814	36 886	35 928	76 236	38 631	37 604	76 543	38 852	37 691
40-44	80 676	40 861	39 814	73 129	37 057	36 072	73 120	36 976	36 144	76 543	38 724	37 819
45-49	85 374	42 855	42 519	80 385	40 597	39 787	73 003	36 909	36 094	73 034	36 857	36 177
50-54	84 920	42 175	42 745	84 378	42 136	42 241	79 632	40 056	39 576	72 472	36 523	35 949
55-59	80 330	39 374	40 957	83 219	41 004	42 215	82 794	41 041	41 753	78 371	39 191	39 180
60-64	80 435	38 858	41 577	77 885	37 729	40 157	80 802	39 371	41 431	80 518	39 495	41 022
65-69	76 012	36 182	39 830	76 909	36 577	40 333	74 605	35 597	39 008	77 540	37 241	40 298
70-74	74 277	34 167	40 110	71 115	33 187	37 929	72 149	33 652	38 497	70 139	32 844	37 295
75-79	63 174	27 808	35 366	66 441	29 710	36 732	64 276	29 241	35 035	65 475	29 790	35 685
80+	…	…	…	…	…	…	…	…	…	…	…	…
80-84	48 218	19 989	28 229	52 164	22 057	30 107	55 579	23 947	31 633	54 545	23 966	30 579
85-89	31 231	12 191	19 040	34 444	13 440	21 004	37 918	15 160	22 758	41 176	16 823	24 354
90-94	13 627	4 664	8 963	17 650	6 215	11 434	19 688	6 998	12 689	22 199	8 125	14 073
95-99	4 412	1 247	3 164	5 254	1 524	3 730	7 068	2 113	4 955	8 047	2 453	5 594
100+	836	182	655	1 044	235	809	1 310	300	1 010	1 811	426	1 385

年齢	2055 総数	男	女	2060 総数	男	女
総数	1 284 201	630 820	653 382	1 281 157	630 553	650 604
0-4	66 862	34 286	32 577	66 142	33 916	32 226
5-9	67 863	34 786	33 077	67 522	34 614	32 909
10-14	68 197	34 940	33 258	68 656	35 179	33 477
15-19	68 207	34 910	33 297	69 330	35 492	33 838
20-24	68 977	35 238	33 739	69 638	35 587	34 051
25-29	71 379	36 384	34 995	70 405	35 902	34 504
30-34	74 455	37 876	36 579	72 507	36 901	35 606
35-39	76 570	38 878	37 692	75 159	38 184	36 975
40-44	76 833	38 941	37 892	76 859	38 974	37 885
45-49	76 437	38 596	37 840	76 725	38 814	37 911
50-54	72 543	36 501	36 041	75 933	38 233	37 700
55-59	71 500	35 860	35 640	71 636	35 884	35 752
60-64	76 512	37 938	38 573	70 039	34 882	35 157
65-69	77 413	37 458	39 956	73 942	36 264	37 678
70-74	73 064	34 468	38 596	73 146	34 805	38 341
75-79	63 843	29 192	34 652	66 750	30 793	35 957
80+	…	…	…	…	…	…
80-84	55 934	24 603	31 331	54 818	24 283	30 536
85-89	41 252	17 199	24 053	42 802	17 897	24 905
90-94	24 787	9 286	15 501	25 592	9 778	15 814
95-99	9 373	2 954	6 419	10 878	3 513	7 365
100+	2 200	525	1 674	2 678	659	2 018

More developed regions

性・年齢別人口（千人）

年齢	2015 総数	男	女	2020 総数	男	女	2025 総数	男	女	2030 総数	男	女
総数	1 251 351	609 297	642 054	1 276 440	622 334	654 106	1 302 805	635 951	666 854	1 328 062	648 996	679 066
0-4	68 726	35 252	33 474	78 803	40 407	38 396	82 835	42 473	40 363	84 003	43 072	40 931
5-9	69 214	35 439	33 775	69 463	35 618	33 845	79 498	40 748	38 750	83 537	42 817	40 719
10-14	66 709	34 153	32 555	70 109	35 880	34 229	70 321	36 038	34 283	80 357	41 168	39 189
15-19	68 096	34 929	33 167	67 971	34 760	33 211	71 311	36 455	34 856	71 540	36 623	34 917
20-24	77 525	39 704	37 821	69 600	35 613	33 987	69 435	35 427	34 008	72 810	37 142	35 668
25-29	84 446	42 958	41 488	78 935	40 302	38 633	71 024	36 235	34 789	70 910	36 080	34 829
30-34	86 181	43 508	42 673	85 425	43 312	42 112	79 956	40 703	39 253	72 152	36 714	35 438
35-39	83 787	41 993	41 793	86 628	43 587	43 041	85 863	43 396	42 467	80 531	40 888	39 643
40-44	86 849	43 318	43 530	83 749	41 827	41 922	86 558	43 405	43 153	85 850	43 254	42 596
45-49	85 673	42 624	43 050	86 218	42 810	43 408	83 179	41 363	41 816	86 008	42 955	43 053
50-54	90 042	44 263	45 779	84 385	41 711	42 675	84 977	41 929	43 049	82 062	40 564	41 498
55-59	85 320	41 227	44 093	87 632	42 621	45 010	82 405	40 362	42 043	83 083	40 634	42 450
60-64	77 967	36 781	41 185	81 793	38 883	42 910	84 318	40 413	43 905	79 656	38 528	41 127
65-69	67 114	31 303	35 811	73 292	33 799	39 493	77 230	35 965	41 265	79 997	37 640	42 357
70-74	50 938	22 731	28 208	61 527	27 913	33 614	67 227	30 153	37 074	71 260	32 363	38 897
75-79	43 658	18 237	25 421	44 355	19 053	25 302	54 042	23 663	30 379	59 111	25 614	33 496
80+	…	…	…	…	…	…	…	…	…	…	…	…
80-84	30 499	11 856	18 644	34 164	13 489	20 675	35 622	14 545	21 077	43 973	18 361	25 612
85-89	18 929	6 435	12 494	20 204	7 247	12 958	22 968	8 431	14 538	24 813	9 441	15 372
90-94	7 729	2 157	5 571	9 341	2 842	6 499	10 378	3 329	7 049	12 058	3 993	8 065
95-99	1 683	380	1 303	2 519	600	1 919	3 154	819	2 336	3 683	1 002	2 681
100+	265	46	220	327	61	266	501	98	403	670	141	530

年齢	2035 総数	男	女	2040 総数	男	女	2045 総数	男	女	2050 総数	男	女
総数	1 349 387	660 171	689 216	1 369 273	670 979	698 293	1 390 686	682 963	707 723	1 416 263	697 288	718 975
0-4	82 822	42 468	40 354	84 450	43 304	41 145	88 476	45 370	43 106	94 022	48 215	45 807
5-9	84 717	43 424	41 293	83 540	42 822	40 718	85 170	43 660	41 511	89 197	45 726	43 471
10-14	84 402	43 241	41 160	85 586	43 850	41 736	84 413	43 251	41 162	86 044	44 089	41 955
15-19	81 586	41 759	39 828	85 636	43 835	41 801	86 826	44 448	42 378	85 659	43 853	41 806
20-24	73 077	37 332	35 745	83 121	42 466	40 655	87 180	44 550	42 629	88 382	45 173	43 209
25-29	74 322	37 816	36 506	74 603	38 017	36 586	84 643	43 150	41 493	88 714	45 245	43 469
30-34	72 085	36 590	35 496	75 503	38 331	37 173	75 797	38 542	37 256	85 832	43 674	42 158
35-39	72 855	36 990	35 865	72 814	36 886	35 928	76 236	38 631	37 604	76 543	38 852	37 691
40-44	80 676	40 861	39 814	73 129	37 057	36 072	73 120	36 976	36 144	76 543	38 724	37 819
45-49	85 374	42 855	42 519	80 385	40 597	39 787	73 003	36 909	36 094	73 034	36 857	36 177
50-54	84 920	42 175	42 745	84 378	42 136	42 241	79 632	40 056	39 576	72 472	36 523	35 949
55-59	80 330	39 374	40 957	83 219	41 004	42 215	82 794	41 041	41 753	78 371	39 191	39 180
60-64	80 435	38 858	41 577	77 885	37 729	40 157	80 802	39 371	41 431	80 518	39 495	41 022
65-69	76 012	36 182	39 830	76 909	36 577	40 333	74 605	35 597	39 008	77 540	37 241	40 298
70-74	74 277	34 167	40 110	71 115	33 187	37 929	72 149	33 652	38 497	70 139	32 844	37 295
75-79	63 174	27 808	35 366	66 441	29 710	36 732	64 276	29 241	35 035	65 475	29 790	35 685
80+	…	…	…	…	…	…	…	…	…	…	…	…
80-84	48 218	19 989	28 229	52 164	22 057	30 107	55 579	23 947	31 633	54 545	23 966	30 579
85-89	31 231	12 191	19 040	34 444	13 440	21 004	37 918	15 160	22 758	41 176	16 823	24 354
90-94	13 627	4 664	8 963	17 650	6 215	11 434	19 688	6 998	12 689	22 199	8 125	14 073
95-99	4 412	1 247	3 164	5 254	1 524	3 730	7 068	2 113	4 955	8 047	2 453	5 594
100+	836	182	655	1 044	235	809	1 310	300	1 010	1 811	426	1 385

年齢	2055 総数	男	女	2060 総数	男	女
総数	1 446 261	713 881	732 380	1 479 266	732 073	747 193
0-4	99 249	50 898	48 351	102 422	52 525	49 897
5-9	94 705	48 554	46 151	99 894	51 217	48 676
10-14	90 026	46 136	43 890	95 489	48 941	46 548
15-19	87 229	44 665	42 564	91 146	46 680	44 466
20-24	87 145	44 551	42 594	88 636	45 326	43 310
25-29	89 848	45 844	44 004	88 541	45 192	43 349
30-34	89 849	45 751	44 097	90 933	46 331	44 601
35-39	86 520	43 961	42 559	90 503	46 027	44 476
40-44	76 833	38 941	37 892	86 763	44 026	42 736
45-49	76 437	38 596	37 840	76 725	38 814	37 911
50-54	72 543	36 501	36 041	75 933	38 233	37 700
55-59	71 500	35 860	35 640	71 636	35 884	35 752
60-64	76 512	37 938	38 573	70 039	34 882	35 157
65-69	77 413	37 458	39 956	73 942	36 264	37 678
70-74	73 064	34 468	38 596	73 146	34 805	38 341
75-79	63 843	29 192	34 652	66 750	30 793	35 957
80+	…	…	…	…	…	…
80-84	55 934	24 603	31 331	54 818	24 283	30 536
85-89	41 252	17 199	24 053	42 802	17 897	24 905
90-94	24 787	9 286	15 501	25 592	9 778	15 814
95-99	9 373	2 954	6 419	10 878	3 513	7 365
100+	2 200	525	1 674	2 678	659	2 018

性・年齢別人口（千人）

年齢	2015 総数	男	女	2020 総数	男	女	2025 総数	男	女	2030 総数	男	女
総数	1 251 351	609 297	642 054	1 256 280	611 993	644 288	1 251 616	609 694	641 921	1 239 777	603 715	636 062
0-4	68 726	35 252	33 474	58 643	30 065	28 578	51 790	26 549	25 242	46 876	24 028	22 847
5-9	69 214	35 439	33 775	69 463	35 618	33 845	59 354	30 416	28 938	52 513	26 905	25 608
10-14	66 709	34 153	32 555	70 109	35 880	34 229	70 321	36 038	34 283	60 224	30 843	29 381
15-19	68 096	34 929	33 167	67 971	34 760	33 211	71 311	36 455	34 856	71 540	36 623	34 917
20-24	77 525	39 704	37 821	69 600	35 613	33 987	69 435	35 427	34 008	72 810	37 142	35 668
25-29	84 446	42 958	41 488	78 935	40 302	38 633	71 024	36 235	34 789	70 910	36 080	34 829
30-34	86 181	43 508	42 673	85 425	43 312	42 112	79 956	40 703	39 253	72 152	36 714	35 438
35-39	83 787	41 993	41 793	86 628	43 587	43 041	85 863	43 396	42 467	80 531	40 888	39 643
40-44	86 849	43 318	43 530	83 749	41 827	41 922	86 558	43 405	43 153	85 850	43 254	42 596
45-49	85 673	42 624	43 050	86 218	42 810	43 408	83 179	41 363	41 816	86 008	42 955	43 053
50-54	90 042	44 263	45 779	84 385	41 711	42 675	84 977	41 929	43 049	82 062	40 564	41 498
55-59	85 320	41 227	44 093	87 632	42 621	45 010	82 405	40 362	42 043	83 083	40 634	42 450
60-64	77 967	36 781	41 185	81 793	38 883	42 910	84 318	40 413	43 905	79 656	38 528	41 127
65-69	67 114	31 303	35 811	73 292	33 799	39 493	77 230	35 965	41 265	79 997	37 640	42 357
70-74	50 938	22 731	28 208	61 527	27 913	33 614	67 227	30 153	37 074	71 260	32 363	38 897
75-79	43 658	18 237	25 421	44 355	19 053	25 302	54 042	23 663	30 379	59 111	25 614	33 496
80+	...	...	...	...	...	...	...	...	...	...	...	...
80-84	30 499	11 856	18 644	34 164	13 489	20 675	35 622	14 545	21 077	43 973	18 361	25 612
85-89	18 929	6 435	12 494	20 204	7 247	12 958	22 968	8 431	14 538	24 813	9 441	15 372
90-94	7 729	2 157	5 571	9 341	2 842	6 499	10 378	3 329	7 049	12 058	3 993	8 065
95-99	1 683	380	1 303	2 519	600	1 919	3 154	819	2 336	3 683	1 002	2 681
100+	265	46	220	327	61	266	501	98	403	670	141	530

年齢	2035 総数	男	女	2040 総数	男	女	2045 総数	男	女	2050 総数	男	女
総数	1 224 773	596 259	628 514	1 207 058	587 793	619 265	1 186 470	578 256	608 213	1 162 261	567 082	595 180
0-4	46 436	23 804	22 632	46 752	23 967	22 785	46 315	23 744	22 571	43 998	22 556	21 442
5-9	47 612	24 393	23 220	47 176	24 170	23 006	47 493	24 334	23 159	47 058	24 112	22 946
10-14	53 393	27 338	26 055	48 497	24 829	23 669	48 063	24 607	23 455	48 381	24 772	23 609
15-19	61 470	31 444	30 026	54 652	27 948	26 704	49 764	25 444	24 320	49 333	25 225	24 108
20-24	73 077	37 332	35 745	63 041	32 177	30 864	56 245	28 698	27 547	51 374	26 205	25 168
25-29	74 322	37 816	36 506	74 603	38 017	36 586	64 611	32 896	31 716	57 846	29 439	28 407
30-34	72 085	36 590	35 496	75 503	38 331	37 173	75 797	38 542	37 256	65 860	33 460	32 399
35-39	72 855	36 990	35 865	72 814	36 886	35 928	76 236	38 631	37 604	76 543	38 852	37 691
40-44	80 676	40 861	39 814	73 129	37 057	36 072	73 120	36 976	36 144	76 543	38 724	37 819
45-49	85 374	42 855	42 519	80 385	40 597	39 787	73 003	36 909	36 094	73 034	36 857	36 177
50-54	84 920	42 175	42 745	84 378	42 136	42 241	79 632	40 056	39 576	72 472	36 523	35 949
55-59	80 330	39 374	40 957	83 219	41 004	42 215	82 794	41 041	41 753	78 371	39 191	39 180
60-64	80 435	38 858	41 577	77 885	37 729	40 157	80 802	39 371	41 431	80 518	39 495	41 022
65-69	76 012	36 182	39 830	76 909	36 577	40 333	74 605	35 597	39 008	77 540	37 241	40 298
70-74	74 277	34 167	40 110	71 115	33 187	37 929	72 149	33 652	38 497	70 139	32 844	37 295
75-79	63 174	27 808	35 366	66 441	29 710	36 732	64 276	29 241	35 035	65 475	29 790	35 685
80+	...	...	...	...	...	...	...	...	...	...	...	...
80-84	48 218	19 989	28 229	52 164	22 057	30 107	55 579	23 947	31 633	54 545	23 966	30 579
85-89	31 231	12 191	19 040	34 444	13 440	21 004	37 918	15 160	22 758	41 176	16 823	24 354
90-94	13 627	4 664	8 963	17 650	6 215	11 434	19 688	6 998	12 689	22 199	8 125	14 073
95-99	4 412	1 247	3 164	5 254	1 524	3 730	7 068	2 113	4 955	8 047	2 453	5 594
100+	836	182	655	1 044	235	809	1 310	300	1 010	1 811	426	1 385

年齢	2055 総数	男	女	2060 総数	男	女
総数	1 133 963	553 822	580 141	1 102 810	539 170	563 640
0-4	40 619	20 825	19 794	37 809	19 383	18 426
5-9	44 705	22 908	21 797	41 291	21 160	20 131
10-14	47 902	24 530	23 372	45 506	23 305	22 201
15-19	49 588	25 362	24 227	49 046	25 089	23 957
20-24	50 866	25 955	24 911	51 042	26 054	24 988
25-29	52 910	26 925	25 985	52 326	26 640	25 686
30-34	59 061	30 000	29 061	54 081	27 470	26 610
35-39	66 620	33 796	32 825	59 815	30 342	29 474
40-44	76 833	38 941	37 892	66 956	33 921	33 034
45-49	76 437	38 596	37 840	76 725	38 814	37 911
50-54	72 543	36 501	36 041	75 933	38 233	37 700
55-59	71 500	35 860	35 640	71 636	35 884	35 752
60-64	76 512	37 938	38 573	70 039	34 882	35 157
65-69	77 413	37 458	39 956	73 942	36 264	37 678
70-74	73 064	34 468	38 596	73 146	34 805	38 341
75-79	63 843	29 192	34 652	66 750	30 793	35 957
80+	...	...	...	...	...	...
80-84	55 934	24 603	31 331	54 818	24 283	30 536
85-89	41 252	17 199	24 053	42 802	17 897	24 905
90-94	24 787	9 286	15 501	25 592	9 778	15 814
95-99	9 373	2 954	6 419	10 878	3 513	7 365
100+	2 200	525	1 674	2 678	659	2 018

性・年齢別人口（千人）

年齢	1960			1965			1970			1975		
	総数	男	女	総数	男	女	総数	男	女	総数	男	女
総数	2 103 393	1 069 447	1 033 947	2 356 850	1 197 670	1 159 180	2 674 806	1 358 784	1 316 021	3 014 087	1 531 249	1 482 838
0-4	341 306	174 225	167 082	389 846	199 239	190 607	439 702	224 142	215 560	462 090	236 121	225 969
5-9	293 376	149 990	143 386	319 576	163 365	156 212	369 676	188 905	180 771	420 719	214 542	206 176
10-14	227 030	115 717	111 313	285 846	146 109	139 737	314 058	160 548	153 509	363 862	185 936	177 926
15-19	190 975	97 944	93 031	221 925	112 989	108 936	281 159	143 643	137 515	308 657	157 667	150 991
20-24	176 811	90 774	86 037	185 213	94 807	90 406	216 634	110 193	106 441	275 232	140 489	134 743
25-29	159 358	81 686	77 672	171 043	87 710	83 333	180 267	92 176	88 091	211 895	107 709	104 185
30-34	139 051	71 571	67 479	153 596	78 795	74 801	166 232	85 270	80 962	176 301	90 203	86 098
35-39	118 844	60 992	57 852	133 252	68 666	64 586	148 648	76 293	72 355	162 109	83 199	78 910
40-44	104 845	53 981	50 865	112 815	57 889	54 926	128 093	65 974	62 119	144 112	73 948	70 165
45-49	91 356	46 649	44 707	98 139	50 269	47 869	107 233	54 854	52 379	123 037	63 178	59 858
50-54	77 398	38 926	38 472	83 826	42 317	41 509	91 708	46 703	45 005	101 469	51 538	49 931
55-59	62 707	31 114	31 593	68 769	33 916	34 853	76 478	38 214	38 264	84 624	42 626	41 998
60-64	47 534	23 094	24 441	52 761	25 491	27 270	60 049	29 089	30 960	67 700	33 256	34 444
65-69	33 224	15 701	17 523	36 923	17 408	19 515	43 118	20 261	22 856	49 941	23 573	26 369
70-74	21 708	9 771	11 938	23 004	10 399	12 605	27 524	12 495	15 029	32 804	14 895	17 909
75-79	11 299	4 750	6 549	12 872	5 458	7 414	14 883	6 418	8 464	18 182	7 904	10 277
80+	6 573	2 564	4 009	7 446	2 843	4 602	9 345	3 604	5 740	11 354	4 465	6 890
80-84	...	...	...	...	...	...	...	...	...	...	...	...
85-89	...	...	...	...	...	...	...	...	...	...	...	...
90-94	...	...	...	...	...	...	...	...	...	...	...	...
95-99	...	...	...	...	...	...	...	...	...	...	...	...
100+	...	...	...	...	...	...	...	...	...	...	...	...

年齢	1980			1985			1990			1995		
	総数	男	女	総数	男	女	総数	男	女	総数	男	女
総数	3 357 789	1 705 618	1 652 170	3 738 936	1 898 414	1 840 521	4 165 205	2 115 168	2 050 037	4 565 362	2 318 367	2 246 994
0-4	468 960	239 571	229 389	511 468	261 584	249 884	566 386	290 778	275 608	555 468	286 338	269 130
5-9	444 929	227 510	217 418	453 498	231 815	221 684	496 463	254 102	242 362	551 957	283 427	268 530
10-14	414 841	211 538	203 303	439 704	224 821	214 882	448 694	229 376	219 319	491 753	251 621	240 132
15-19	358 669	183 157	175 512	410 136	209 025	201 111	434 889	222 258	212 630	443 091	226 267	216 825
20-24	303 270	154 773	148 498	353 121	180 115	173 005	403 898	205 647	198 251	427 025	217 854	209 171
25-29	270 118	137 859	132 259	298 136	152 045	146 091	347 508	177 099	170 408	396 734	201 625	195 110
30-34	207 745	105 676	102 069	265 645	135 586	130 059	293 393	149 512	143 881	341 685	173 945	167 740
35-39	172 148	88 066	84 082	203 984	103 651	100 332	260 969	132 992	127 976	288 202	146 641	141 560
40-44	157 680	80 830	76 850	167 968	85 746	82 222	199 297	100 961	98 336	255 547	129 932	125 616
45-49	139 088	71 112	67 976	152 570	77 869	74 701	163 077	82 882	80 195	193 688	97 729	95 959
50-54	117 083	59 764	57 318	132 850	67 444	65 406	146 232	74 151	72 081	156 639	79 112	77 527
55-59	94 602	47 571	47 031	109 540	55 320	54 220	125 034	62 870	62 164	137 961	69 273	68 688
60-64	76 016	37 703	38 314	85 435	42 280	43 155	99 723	49 626	50 097	114 497	56 762	57 735
65-69	57 406	27 538	29 868	65 027	31 498	33 529	73 777	35 743	38 035	86 767	42 238	44 529
70-74	38 744	17 693	21 050	45 179	20 938	24 241	51 847	24 409	27 438	59 356	27 852	31 504
75-79	22 248	9 655	12 594	26 703	11 653	15 070	31 654	14 028	17 626	36 988	16 631	20 357
80+	14 241	5 601	8 640	17 971	7 043	10 929	...	...	...	...	...	...
80-84	...	...	...	...	...	...	15 306	6 210	9 096	18 880	7 837	11 043
85-89	...	...	...	...	...	...	5 477	2 013	3 465	6 977	2 595	4 382
90-94	...	...	...	...	...	...	1 338	442	896	1 803	591	1 212
95-99	...	...	...	...	...	...	216	63	152	308	89	219
100+	...	...	...	...	...	...	27	7	20	36	9	27

年齢	2000			2005			2010			2015		
	総数	男	女	総数	男	女	総数	男	女	総数	男	女
総数	4 937 810	2 506 527	2 431 283	5 310 716	2 697 120	2 613 596	5 696 349	2 894 001	2 802 348	6 098 121	3 097 909	3 000 212
0-4	540 942	279 477	261 465	553 842	286 513	267 329	576 065	298 244	277 821	602 202	311 499	290 703
5-9	543 109	280 164	262 945	530 900	274 415	256 485	544 682	281 922	262 760	568 235	294 143	274 092
10-14	546 942	280 866	266 076	538 970	277 992	260 978	526 651	272 341	254 310	540 722	279 887	260 836
15-19	485 929	248 217	237 712	542 301	278 229	264 072	532 389	274 346	258 043	521 973	269 899	252 074
20-24	435 106	221 710	213 396	477 333	243 246	234 087	531 818	272 186	259 632	525 984	270 889	255 095
25-29	419 183	213 542	205 641	427 518	217 367	210 151	471 388	239 754	231 634	525 347	268 699	256 648
30-34	390 306	198 104	192 201	411 307	209 529	201 779	420 997	213 962	207 035	464 905	236 174	228 731
35-39	335 649	170 434	165 215	382 869	194 279	188 589	405 437	206 423	199 014	413 969	209 921	204 048
40-44	282 018	142 997	139 021	327 920	166 232	161 688	376 293	190 654	185 639	398 209	202 214	195 995
45-49	248 719	125 819	122 901	273 192	137 948	135 244	320 719	162 017	158 702	368 369	185 922	182 447
50-54	186 195	93 165	93 030	240 194	120 720	119 474	265 332	133 280	132 052	311 712	156 520	155 191
55-59	147 990	73 918	74 072	177 612	88 219	89 393	229 017	114 395	114 622	254 371	126 644	127 727
60-64	126 778	62 739	64 039	137 113	67 756	69 357	164 799	80 835	83 963	214 760	105 968	108 792
65-69	100 590	48 811	51 779	111 862	54 481	57 381	121 659	59 137	62 522	147 933	71 316	76 617
70-74	70 740	33 332	37 408	83 084	39 281	43 803	93 395	44 305	49 090	102 269	48 452	53 817
75-79	43 174	19 329	23 845	52 360	23 685	28 676	62 264	28 241	34 024	70 994	32 358	38 636
80+	...	...	...	...	...	...	...	...	...	...	...	...
80-84	22 593	9 532	13 061	27 212	11 511	15 701	34 116	14 596	19 519	40 950	17 625	23 326
85-89	8 939	3 422	5 517	11 165	4 388	6 777	14 043	5 536	8 508	18 133	7 280	10 853
90-94	2 413	807	1 606	3 261	1 126	2 135	4 284	1 526	2 758	5 660	2 050	3 610
95-99	441	127	313	620	184	436	883	271	613	1 239	398	841
100+	54	14	40	83	21	62	121	31	90	185	50	135

性・年齢別人口（千人）

年齢	2015 総数	男	女	2020 総数	男	女	2025 総数	男	女	2030 総数	男	女
総数	6 098 121	3 097 909	3 000 212	6 491 797	3 296 271	3 195 526	6 864 451	3 482 707	3 381 744	7 216 847	3 657 905	3 558 942
0-4	602 202	311 499	290 703	608 877	314 468	294 409	605 862	312 383	293 480	606 681	312 286	294 395
5-9	568 235	294 143	274 092	594 820	307 634	287 186	602 504	311 114	291 390	599 901	309 227	290 675
10-14	540 722	279 887	260 836	564 459	292 186	272 273	591 363	305 830	285 533	599 454	309 510	289 944
15-19	521 973	269 899	252 074	536 352	277 602	258 750	560 198	289 954	270 244	587 402	303 689	283 714
20-24	525 984	270 889	255 095	516 232	266 866	249 367	530 616	274 544	256 071	554 533	286 816	267 717
25-29	525 347	268 699	256 648	520 343	267 914	252 429	510 658	263 855	246 802	524 961	271 415	253 547
30-34	464 905	236 174	228 731	519 384	265 336	254 048	514 643	264 641	250 002	505 040	260 640	244 400
35-39	413 969	209 921	204 048	458 014	232 039	225 975	512 675	261 280	251 395	508 193	260 764	247 428
40-44	398 209	202 214	195 995	406 630	205 434	201 196	450 721	227 585	223 135	505 328	256 819	248 509
45-49	368 369	185 922	182 447	390 024	197 149	192 875	398 530	200 423	198 107	442 522	222 582	219 940
50-54	311 712	156 520	155 191	358 538	179 873	178 665	380 007	190 951	189 055	388 636	194 326	194 309
55-59	254 371	126 644	127 727	299 708	149 234	150 474	345 761	172 110	173 651	367 009	183 009	184 000
60-64	214 760	105 968	108 792	239 134	117 663	121 471	283 008	139 365	143 643	327 908	161 556	166 352
65-69	147 933	71 316	76 617	194 583	94 422	100 162	217 781	105 410	112 371	259 532	125 884	133 648
70-74	102 269	48 452	53 817	125 915	59 201	66 714	167 571	79 373	88 198	189 167	89 486	99 680
75-79	70 994	32 358	38 636	79 001	36 041	42 960	98 947	44 846	54 101	133 956	61 284	72 671
80+	...	...	...	...	...	...	...	...	...	...	...	...
80-84	40 950	17 625	23 326	47 687	20 663	27 025	54 200	23 555	30 645	69 503	30 058	39 445
85-89	18 133	7 280	10 853	22 497	9 102	13 394	26 880	10 963	15 917	31 409	12 862	18 547
90-94	5 660	2 050	3 610	7 597	2 803	4 794	9 738	3 615	6 123	11 984	4 481	7 503
95-99	1 239	398	841	1 723	564	1 160	2 385	790	1 595	3 154	1 043	2 111
100+	185	50	135	279	80	199	404	118	286	574	168	406

年齢	2035 総数	男	女	2040 総数	男	女	2045 総数	男	女	2050 総数	男	女
総数	7 551 857	3 823 793	3 728 063	7 869 299	3 980 567	3 888 733	8 166 312	4 127 477	4 038 835	8 438 726	4 262 719	4 176 007
0-4	613 671	315 480	298 192	622 350	319 588	302 762	628 943	322 660	306 283	631 137	323 613	307 524
5-9	601 189	309 359	291 830	608 670	312 798	295 871	617 797	317 137	300 659	624 805	320 426	304 379
10-14	596 978	307 678	289 300	598 471	307 911	290 560	606 126	311 438	294 688	615 413	315 856	299 556
15-19	595 720	307 472	288 248	593 415	305 726	287 688	595 055	306 037	289 018	602 836	309 629	293 207
20-24	581 958	300 627	281 331	590 370	304 422	285 948	588 264	302 791	285 473	590 068	303 191	286 877
25-29	548 994	283 691	265 303	576 439	297 473	278 966	585 064	301 396	283 668	583 163	299 880	283 283
30-34	519 513	268 281	251 231	543 656	280 623	263 032	571 254	294 501	276 753	580 104	298 554	281 550
35-39	498 970	257 018	241 952	513 614	264 764	248 850	537 899	277 204	260 696	565 679	291 197	274 482
40-44	501 126	256 447	244 678	492 274	252 946	239 328	507 088	260 805	246 284	531 538	273 369	258 169
45-49	496 850	251 600	245 250	493 070	251 504	241 566	484 515	248 165	236 350	499 542	256 184	243 357
50-54	432 203	216 236	215 967	486 228	245 065	241 163	482 848	245 193	237 655	474 668	242 066	232 602
55-59	375 692	186 442	189 250	418 620	207 962	210 658	472 164	236 501	235 663	469 256	236 862	232 394
60-64	348 909	172 290	176 619	357 709	175 805	181 904	399 665	196 734	202 931	452 423	224 783	227 640
65-69	302 590	147 023	155 567	323 264	157 530	165 734	332 271	161 212	171 059	372 748	181 271	191 478
70-74	227 617	108 110	119 506	267 843	127 636	140 207	287 909	137 803	150 106	297 069	141 661	155 407
75-79	153 076	70 096	82 980	186 804	86 086	100 719	222 757	103 304	119 453	241 613	112 818	128 795
80+	...	...	...	...	...	...	...	...	...	...	...	...
80-84	96 176	42 074	54 102	111 829	49 066	62 763	139 149	61 704	77 445	168 947	75 711	93 236
85-89	41 412	16 893	24 519	58 987	24 359	34 628	70 192	29 181	41 011	89 567	37 840	51 727
90-94	14 447	5 426	9 021	19 694	7 357	12 337	29 020	11 017	18 003	35 580	13 672	21 909
95-99	3 986	1 322	2 664	4 976	1 652	3 324	7 019	2 318	4 702	10 706	3 605	7 100
100+	782	227	555	1 017	293	724	1 311	376	935	1 865	531	1 334

年齢	2055 総数	男	女	2060 総数	男	女
総数	8 684 607	4 385 761	4 298 847	8 903 133	4 495 758	4 407 375
0-4	629 484	322 599	306 885	626 006	320 656	305 351
5-9	627 427	321 608	305 819	626 169	320 803	305 366
10-14	622 594	319 236	303 358	625 410	320 515	304 895
15-19	612 341	314 154	298 186	619 726	317 639	302 087
20-24	598 160	306 965	291 196	607 941	311 636	296 305
25-29	585 230	300 457	284 773	593 597	304 382	289 215
30-34	578 505	297 217	281 288	580 839	297 952	282 887
35-39	574 845	295 447	279 399	573 548	294 298	279 251
40-44	559 508	287 505	272 002	568 958	291 941	277 016
45-49	524 161	268 879	255 282	552 286	283 136	269 149
50-54	489 916	250 252	239 664	514 644	263 043	251 601
55-59	461 590	234 034	227 555	477 051	242 371	234 680
60-64	450 260	225 518	224 742	443 295	223 053	220 242
65-69	424 291	208 604	215 687	423 097	209 785	213 312
70-74	335 290	160 498	174 792	384 641	186 572	198 070
75-79	250 764	116 880	133 884	285 354	133 802	151 552
80+	...	...	...	...	...	...
80-84	185 576	84 076	101 500	194 021	87 936	106 085
85-89	111 355	47 876	63 479	124 295	54 285	70 010
90-94	46 835	18 452	28 383	59 868	24 226	35 642
95-99	13 601	4 672	8 929	18 504	6 581	11 923
100+	2 875	833	2 042	3 882	1 146	2 736

Less developed regions

性・年齢別人口（千人）

年齢	2015 総数	男	女	2020 総数	男	女	2025 総数	男	女	2030 総数	男	女
総数	6 098 121	3 097 909	3 000 212	6 551 167	3 327 091	3 224 076	7 019 564	3 563 092	3 456 472	7 493 774	3 801 203	3 692 572
0-4	602 202	311 499	290 703	668 247	345 288	322 959	702 020	362 168	339 852	729 291	375 624	353 668
5-9	568 235	294 143	274 092	594 820	307 634	287 186	661 459	341 714	319 745	695 439	358 682	336 757
10-14	540 722	279 887	260 836	564 459	292 186	272 273	591 363	305 830	285 533	658 234	340 015	318 219
15-19	521 973	269 899	252 074	536 352	277 602	258 750	560 198	289 954	270 244	587 402	303 689	283 714
20-24	525 984	270 889	255 095	516 232	266 866	249 367	530 616	274 544	256 071	554 533	286 816	267 717
25-29	525 347	268 699	256 648	520 343	267 914	252 429	510 658	263 855	246 802	524 961	271 415	253 547
30-34	464 905	236 174	228 731	519 384	265 336	254 048	514 643	264 641	250 002	505 040	260 640	244 400
35-39	413 969	209 921	204 048	458 014	232 039	225 975	512 675	261 280	251 395	508 193	260 764	247 428
40-44	398 209	202 214	195 995	406 630	205 434	201 196	450 721	227 585	223 135	505 328	256 819	248 509
45-49	368 369	185 922	182 447	390 024	197 149	192 875	398 530	200 423	198 107	442 522	222 582	219 940
50-54	311 712	156 520	155 191	358 538	179 873	178 665	380 007	190 951	189 055	388 636	194 326	194 309
55-59	254 371	126 644	127 727	299 708	149 234	150 474	345 761	172 110	173 651	367 009	183 009	184 000
60-64	214 760	105 968	108 792	239 134	117 663	121 471	283 008	139 365	143 643	327 908	161 556	166 352
65-69	147 933	71 316	76 617	194 583	94 422	100 162	217 781	105 410	112 371	259 532	125 884	133 648
70-74	102 269	48 452	53 817	125 915	59 201	66 714	167 571	79 373	88 198	189 167	89 486	99 680
75-79	70 994	32 358	38 636	79 001	36 041	42 960	98 947	44 846	54 101	133 956	61 284	72 671
80+	...	...	...	...	...	...	...	...	...	...	...	...
80-84	40 950	17 625	23 326	47 687	20 663	27 025	54 200	23 555	30 645	69 503	30 058	39 445
85-89	18 133	7 280	10 853	22 497	9 102	13 394	26 880	10 963	15 917	31 409	12 862	18 547
90-94	5 660	2 050	3 610	7 597	2 803	4 794	9 738	3 615	6 123	11 984	4 481	7 503
95-99	1 239	398	841	1 723	564	1 160	2 385	790	1 595	3 154	1 043	2 111
100+	185	50	135	279	80	199	404	118	286	574	168	406

年齢	2035 総数	男	女	2040 総数	男	女	2045 総数	男	女	2050 総数	男	女
総数	7 956 622	4 032 970	3 923 652	8 419 976	4 264 793	4 155 184	8 895 498	4 503 378	4 392 120	9 384 842	4 749 920	4 634 922
0-4	742 662	381 987	360 675	769 771	395 485	374 286	809 453	415 487	393 965	850 696	436 451	414 246
5-9	723 074	372 309	350 766	736 962	378 929	358 033	764 493	392 642	371 851	804 521	412 823	391 697
10-14	692 252	356 989	335 262	720 043	370 688	349 355	734 112	377 400	356 712	761 787	391 183	370 604
15-19	654 334	337 881	316 454	688 434	354 890	333 544	716 320	368 635	347 685	730 518	375 414	355 104
20-24	581 958	300 627	281 331	648 743	334 681	314 062	682 907	351 721	331 186	710 876	365 506	345 371
25-29	548 994	283 691	265 303	576 439	297 473	278 966	643 150	331 476	311 675	677 362	348 531	328 831
30-34	519 513	268 281	251 231	543 656	280 623	263 032	571 254	294 501	276 753	637 881	328 442	309 439
35-39	498 970	257 018	241 952	513 614	264 764	248 850	537 899	277 204	260 696	565 679	291 197	274 482
40-44	501 126	256 447	244 678	492 274	252 946	239 328	507 088	260 805	246 284	531 538	273 369	258 169
45-49	496 850	251 600	245 250	493 070	251 504	241 566	484 515	248 165	236 350	499 542	256 184	243 357
50-54	432 203	216 236	215 967	486 228	245 065	241 163	482 848	245 193	237 655	474 668	242 066	232 602
55-59	375 692	186 442	189 250	418 620	207 962	210 658	472 164	236 501	235 663	469 256	236 862	232 394
60-64	348 909	172 290	176 619	357 709	175 805	181 904	399 665	196 734	202 931	452 423	224 783	227 640
65-69	302 590	147 023	155 567	323 264	157 530	165 734	332 271	161 212	171 059	372 748	181 271	191 478
70-74	227 617	108 110	119 506	267 843	127 636	140 207	287 909	137 803	150 106	297 069	141 661	155 407
75-79	153 076	70 096	82 980	186 804	86 086	100 719	222 757	103 304	119 453	241 613	112 818	128 795
80+	...	...	...	...	...	...	...	...	...	...	...	...
80-84	96 176	42 074	54 102	111 829	49 066	62 763	139 149	61 704	77 445	168 947	75 711	93 236
85-89	41 412	16 893	24 519	58 987	24 359	34 628	70 192	29 181	41 011	89 567	37 840	51 727
90-94	14 447	5 426	9 021	19 694	7 357	12 337	29 020	11 017	18 003	35 580	13 672	21 909
95-99	3 986	1 322	2 664	4 976	1 652	3 324	7 019	2 318	4 702	10 706	3 605	7 100
100+	782	227	555	1 017	293	724	1 311	376	935	1 865	531	1 334

年齢	2055 総数	男	女	2060 総数	男	女
総数	9 882 378	5 001 951	4 880 427	10 380 077	5 254 888	5 125 189
0-4	884 496	453 564	430 931	909 385	466 080	443 304
5-9	846 126	433 978	412 148	880 287	451 282	429 005
10-14	801 953	411 435	390 517	843 718	432 668	411 050
15-19	758 392	389 292	369 100	798 723	409 625	389 098
20-24	725 388	372 467	352 921	753 508	386 472	367 036
25-29	705 500	362 436	343 064	720 289	369 552	350 737
30-34	672 227	345 577	326 651	700 531	359 580	340 951
35-39	632 274	325 122	307 152	666 730	342 329	324 401
40-44	559 508	287 505	272 002	625 968	321 364	304 605
45-49	524 161	268 879	255 282	552 286	283 136	269 149
50-54	489 916	250 252	239 664	514 644	263 043	251 601
55-59	461 590	234 034	227 555	477 051	242 371	234 680
60-64	450 260	225 518	224 742	443 295	223 053	220 242
65-69	424 291	208 604	215 687	423 097	209 785	213 312
70-74	335 290	160 498	174 792	384 641	186 572	198 070
75-79	250 764	116 880	133 884	285 354	133 802	151 552
80+	...	...	...	...	...	...
80-84	185 576	84 076	101 500	194 021	87 936	106 085
85-89	111 355	47 876	63 479	124 295	54 285	70 010
90-94	46 835	18 452	28 383	59 868	24 226	35 642
95-99	13 601	4 672	8 929	18 504	6 581	11 923
100+	2 875	833	2 042	3 882	1 146	2 736

性・年齢別人口（千人）

年齢	2015			2020			2025			2030		
	総数	男	女	総数	男	女	総数	男	女	総数	男	女
総数	6 098 121	3 097 909	3 000 212	6 432 315	3 265 395	3 166 921	6 709 197	3 402 249	3 306 948	6 939 738	3 514 515	3 425 223
0-4	602 202	311 499	290 703	549 395	283 592	265 803	509 675	262 582	247 093	484 031	248 928	235 103
5-9	568 235	294 143	274 092	594 820	307 634	287 186	543 438	280 458	262 980	504 334	259 756	244 578
10-14	540 722	279 887	260 836	564 459	292 186	272 273	591 363	305 830	285 533	540 563	278 949	261 614
15-19	521 973	269 899	252 074	536 352	277 602	258 750	560 198	289 954	270 244	587 402	303 689	283 714
20-24	525 984	270 889	255 095	516 232	266 866	249 367	530 616	274 544	256 071	554 533	286 816	267 717
25-29	525 347	268 699	256 648	520 343	267 914	252 429	510 658	263 855	246 802	524 961	271 415	253 547
30-34	464 905	236 174	228 731	519 384	265 336	254 048	514 643	264 641	250 002	505 040	260 640	244 400
35-39	413 969	209 921	204 048	458 014	232 039	225 975	512 675	261 280	251 395	508 193	260 764	247 428
40-44	398 209	202 214	195 995	406 630	205 434	201 196	450 721	227 585	223 135	505 328	256 819	248 509
45-49	368 369	185 922	182 447	390 024	197 149	192 875	398 530	200 423	198 107	442 522	222 582	219 940
50-54	311 712	156 520	155 191	358 538	179 873	178 665	380 007	190 951	189 055	388 636	194 326	194 309
55-59	254 371	126 644	127 727	299 708	149 234	150 474	345 761	172 110	173 651	367 009	183 009	184 000
60-64	214 760	105 968	108 792	239 134	117 663	121 471	283 008	139 365	143 643	327 908	161 556	166 352
65-69	147 933	71 316	76 617	194 583	94 422	100 162	217 781	105 410	112 371	259 532	125 884	133 648
70-74	102 269	48 452	53 817	125 915	59 201	66 714	167 571	79 373	88 198	189 167	89 486	99 680
75-79	70 994	32 358	38 636	79 001	36 041	42 960	98 947	44 846	54 101	133 956	61 284	72 671
80+	…	…	…	…	…	…	…	…	…	…	…	…
80-84	40 950	17 625	23 326	47 687	20 663	27 025	54 200	23 555	30 645	69 503	30 058	39 445
85-89	18 133	7 280	10 853	22 497	9 102	13 394	26 880	10 963	15 917	31 409	12 862	18 547
90-94	5 660	2 050	3 610	7 597	2 803	4 794	9 738	3 615	6 123	11 984	4 481	7 503
95-99	1 239	398	841	1 723	564	1 160	2 385	790	1 595	3 154	1 043	2 111
100+	185	50	135	279	80	199	404	118	286	574	168	406

年齢	2035			2040			2045			2050		
	総数	男	女	総数	男	女	総数	男	女	総数	男	女
総数	7 147 683	3 614 920	3 532 762	7 325 198	3 699 729	3 625 469	7 460 889	3 763 821	3 697 068	7 547 781	3 803 933	3 743 848
0-4	485 452	249 368	236 083	480 919	246 779	234 139	465 646	238 702	226 944	443 056	226 983	216 072
5-9	479 263	246 389	232 874	481 145	247 061	234 083	477 065	244 707	232 358	462 243	236 867	225 376
10-14	501 674	258 351	243 323	476 858	245 113	231 745	478 906	245 868	233 038	474 993	243 598	231 395
15-19	536 995	277 007	259 988	498 366	256 548	241 818	473 749	243 418	230 331	475 917	244 236	231 681
20-24	581 958	300 627	281 331	531 888	274 107	257 780	493 590	253 846	239 745	469 219	240 856	228 363
25-29	548 994	283 691	265 303	576 439	297 473	278 966	526 869	271 262	255 607	488 935	251 213	237 722
30-34	519 513	268 281	251 231	543 656	280 623	263 032	571 254	294 501	276 753	522 219	268 610	253 608
35-39	498 970	257 018	241 952	513 614	264 764	248 850	537 899	277 204	260 696	565 679	291 197	274 482
40-44	501 126	256 447	244 678	492 274	252 946	239 328	507 088	260 805	246 284	531 538	273 369	258 169
45-49	496 850	251 600	245 250	493 070	251 504	241 566	484 515	248 165	236 350	499 542	256 184	243 357
50-54	432 203	216 236	215 967	486 228	245 065	241 163	482 848	245 193	237 655	474 668	242 066	232 602
55-59	375 692	186 442	189 250	418 620	207 962	210 658	472 164	236 501	235 663	469 256	236 862	232 394
60-64	348 909	172 290	176 619	357 709	175 805	181 904	399 665	196 734	202 931	452 423	224 783	227 640
65-69	302 590	147 023	155 567	323 264	157 530	165 734	332 271	161 212	171 059	372 748	181 271	191 478
70-74	227 617	108 110	119 506	267 843	127 636	140 207	287 909	137 803	150 106	297 069	141 661	155 407
75-79	153 076	70 096	82 980	186 804	86 086	100 719	222 757	103 304	119 453	241 613	112 818	128 795
80+	…	…	…	…	…	…	…	…	…	…	…	…
80-84	96 176	42 074	54 102	111 829	49 066	62 763	139 149	61 704	77 445	168 947	75 711	93 236
85-89	41 412	16 893	24 519	58 987	24 359	34 628	70 192	29 181	41 011	89 567	37 840	51 727
90-94	14 447	5 426	9 021	19 694	7 357	12 337	29 020	11 017	18 003	35 580	13 672	21 909
95-99	3 986	1 322	2 664	4 976	1 652	3 324	7 019	2 318	4 702	10 706	3 605	7 100
100+	782	227	555	1 017	293	724	1 311	376	935	1 865	531	1 334

年齢	2055			2060		
	総数	男	女	総数	男	女
総数	7 586 996	3 821 122	3 765 874	7 583 066	3 817 315	3 765 751
0-4	419 595	214 844	204 751	399 565	204 488	195 077
5-9	440 110	225 393	214 717	417 051	213 468	203 583
10-14	460 361	235 859	224 502	438 438	224 493	213 945
15-19	472 232	242 078	230 154	457 827	234 458	223 368
20-24	471 693	241 852	229 841	468 301	239 852	228 449
25-29	464 920	238 457	226 463	467 663	239 600	228 063
30-34	484 754	248 843	235 911	461 107	236 304	224 803
35-39	517 309	265 716	251 593	480 337	246 251	234 086
40-44	559 508	287 505	272 002	511 840	262 465	249 375
45-49	524 161	268 879	255 282	552 286	283 136	269 149
50-54	489 916	250 252	239 664	514 644	263 043	251 601
55-59	461 590	234 034	227 555	477 051	242 371	234 680
60-64	450 260	225 518	224 742	443 295	223 053	220 242
65-69	424 291	208 604	215 687	423 097	209 785	213 312
70-74	335 290	160 498	174 792	384 641	186 572	198 070
75-79	250 764	116 880	133 884	285 354	133 802	151 552
80+	…	…	…	…	…	…
80-84	185 576	84 076	101 500	194 021	87 936	106 085
85-89	111 355	47 876	63 479	124 295	54 285	70 010
90-94	46 835	18 452	28 383	59 868	24 226	35 642
95-99	13 601	4 672	8 929	18 504	6 581	11 923
100+	2 875	833	2 042	3 882	1 146	2 736

Least developed countries

性・年齢別人口（千人）

年齢	1960			1965			1970			1975		
	総数	男	女	総数	男	女	総数	男	女	総数	男	女
総数	241 073	120 214	120 859	271 724	135 351	136 373	308 870	153 798	155 072	347 329	172 825	174 504
0-4	42 367	21 254	21 113	48 528	24 384	24 144	55 626	27 996	27 630	62 144	31 338	30 806
5-9	32 893	16 445	16 448	38 075	19 083	18 992	44 090	22 139	21 951	50 348	25 299	25 050
10-14	27 514	13 770	13 744	31 798	15 896	15 902	36 924	18 507	18 417	42 440	21 298	21 142
15-19	23 980	12 042	11 938	26 720	13 361	13 359	30 954	15 465	15 489	34 963	17 466	17 497
20-24	20 758	10 412	10 346	23 018	11 516	11 503	25 752	12 831	12 921	28 679	14 216	14 463
25-29	18 061	9 032	9 030	19 763	9 862	9 900	22 028	10 961	11 067	24 316	12 037	12 279
30-34	15 648	7 809	7 839	17 151	8 546	8 605	18 864	9 378	9 486	21 026	10 433	10 593
35-39	13 357	6 672	6 684	14 796	7 360	7 436	16 310	8 102	8 208	17 948	8 900	9 048
40-44	11 339	5 672	5 667	12 548	6 239	6 309	13 981	6 924	7 057	15 434	7 639	7 795
45-49	9 495	4 732	4 763	10 561	5 242	5 319	11 759	5 807	5 952	13 120	6 459	6 661
50-54	7 860	3 903	3 957	8 713	4 297	4 415	9 761	4 799	4 962	10 889	5 332	5 557
55-59	6 316	3 093	3 223	7 034	3 452	3 583	7 864	3 836	4 028	8 835	4 300	4 535
60-64	4 673	2 231	2 442	5 380	2 600	2 781	6 062	2 938	3 124	6 815	3 286	3 530
65-69	3 229	1 521	1 708	3 665	1 722	1 943	4 290	2 042	2 248	4 887	2 335	2 552
70-74	1 983	916	1 067	2 240	1 033	1 207	2 600	1 198	1 402	3 093	1 445	1 648
75-79	1 045	471	573	1 135	508	627	1 320	591	730	1 571	703	868
80+	555	238	316	599	251	348	684	284	400	820	340	480
80-84	…	…	…	…	…	…	…	…	…	…	…	…
85-89	…	…	…	…	…	…	…	…	…	…	…	…
90-94	…	…	…	…	…	…	…	…	…	…	…	…
95-99	…	…	…	…	…	…	…	…	…	…	…	…
100+	…	…	…	…	…	…	…	…	…	…	…	…

年齢	1980			1985			1990			1995		
	総数	男	女	総数	男	女	総数	男	女	総数	男	女
総数	393 172	195 545	197 627	446 546	222 388	224 158	510 058	254 043	256 015	585 189	292 027	293 163
0-4	70 846	35 707	35 139	80 217	40 492	39 725	89 264	45 084	44 180	98 573	49 822	48 751
5-9	56 843	28 676	28 167	65 270	32 879	32 391	74 985	37 838	37 147	84 629	42 727	41 902
10-14	48 432	24 331	24 102	55 000	27 748	27 252	63 706	32 093	31 612	73 996	37 348	36 648
15-19	40 827	20 402	20 425	47 012	23 596	23 416	53 659	27 006	26 654	62 469	31 435	31 034
20-24	33 392	16 545	16 847	39 226	19 552	19 674	45 416	22 635	22 781	52 050	26 113	25 937
25-29	27 146	13 377	13 769	31 832	15 781	16 051	37 673	18 716	18 957	43 949	21 810	22 138
30-34	22 920	11 281	11 638	25 826	12 770	13 057	30 478	15 071	15 407	36 472	18 081	18 391
35-39	19 939	9 835	10 104	21 799	10 736	11 063	24 602	12 105	12 497	29 586	14 630	14 955
40-44	16 913	8 376	8 537	18 737	9 208	9 529	20 704	10 109	10 594	23 805	11 728	12 077
45-49	14 389	7 086	7 303	15 618	7 667	7 951	17 642	8 606	9 036	19 844	9 688	10 156
50-54	12 035	5 892	6 143	13 131	6 393	6 738	14 539	7 078	7 461	16 755	8 159	8 596
55-59	9 853	4 781	5 072	10 788	5 215	5 573	12 022	5 806	6 216	13 531	6 560	6 971
60-64	7 636	3 678	3 959	8 492	4 060	4 432	9 529	4 549	4 979	10 875	5 231	5 644
65-69	5 522	2 623	2 899	6 157	2 911	3 246	7 066	3 329	3 737	8 106	3 828	4 279
70-74	3 549	1 665	1 884	4 015	1 864	2 150	4 667	2 182	2 485	5 494	2 563	2 930
75-79	1 921	872	1 050	2 190	996	1 194	2 599	1 190	1 410	3 148	1 465	1 683
80+	1 007	420	588	1 236	521	715	…	…	…	…	…	…
80-84	…	…	…	…	…	…	1 110	489	621	1 398	630	767
85-89	…	…	…	…	…	…	330	133	197	422	176	246
90-94	…	…	…	…	…	…	60	21	39	79	29	50
95-99	…	…	…	…	…	…	7	2	5	9	3	6
100+	…	…	…	…	…	…	0	0	0	1	0	0

年齢	2000			2005			2010			2015		
	総数	男	女	総数	男	女	総数	男	女	総数	男	女
総数	664 386	331 482	332 904	752 805	375 758	377 047	847 255	422 398	424 857	954 158	476 031	478 127
0-4	109 197	55 250	53 946	120 319	60 889	59 430	130 061	65 880	64 180	139 575	70 746	68 829
5-9	93 884	47 409	46 474	105 038	53 117	51 921	116 527	58 897	57 630	126 751	64 140	62 611
10-14	83 064	41 935	41 129	92 504	46 644	45 861	103 626	52 361	51 265	115 139	58 176	56 963
15-19	72 568	36 481	36 087	81 061	40 777	40 284	90 371	45 438	44 933	101 990	51 486	50 504
20-24	60 404	30 182	30 222	70 189	35 014	35 175	77 724	38 741	38 983	88 385	44 284	44 101
25-29	50 030	24 947	25 083	58 303	28 962	29 341	67 631	33 453	34 178	75 877	37 668	38 209
30-34	42 052	20 837	21 215	48 045	23 971	24 073	55 936	27 666	28 270	65 744	32 461	33 282
35-39	34 830	17 261	17 569	40 161	19 922	20 238	45 907	22 785	23 122	54 023	26 683	27 341
40-44	28 003	13 800	14 203	33 153	16 410	16 743	38 309	18 899	19 410	44 272	21 933	22 339
45-49	22 460	11 006	11 454	26 483	13 003	13 480	31 505	15 499	16 006	36 797	18 094	18 703
50-54	18 567	9 001	9 565	21 117	10 272	10 845	24 977	12 165	12 812	30 039	14 696	15 343
55-59	15 468	7 462	8 006	17 288	8 321	8 968	19 677	9 484	10 194	23 499	11 348	12 151
60-64	12 102	5 791	6 311	13 971	6 684	7 288	15 649	7 445	8 205	17 997	8 554	9 442
65-69	9 266	4 390	4 877	10 386	4 941	5 446	11 994	5 661	6 333	13 656	6 392	7 264
70-74	6 304	2 924	3 380	7 319	3 435	3 884	8 266	3 881	4 386	9 664	4 490	5 174
75-79	3 772	1 726	2 045	4 393	2 029	2 364	5 200	2 395	2 804	5 936	2 728	3 209
80+	…	…	…	…	…	…	…	…	…	…	…	…
80-84	1 734	788	946	2 157	966	1 190	2 650	1 205	1 446	3 152	1 418	1 734
85-89	556	242	314	734	325	409	969	424	545	1 247	554	693
90-94	112	44	68	162	68	94	236	102	134	344	148	196
95-99	13	4	9	21	8	13	36	15	21	63	28	36
100+	1	0	1	2	0	2	3	1	2	8	3	4

性・年齢別人口（千人）

年齢	2015 総数	男	女	2020 総数	男	女	2025 総数	男	女	2030 総数	男	女
総数	954 158	476 031	478 127	1 070 680	534 479	536 201	1 194 702	596 621	598 081	1 325 694	662 189	663 505
0-4	139 575	70 746	68 829	150 099	76 085	74 014	159 829	81 029	78 799	169 370	85 880	83 490
5-9	126 751	64 140	62 611	136 534	69 128	67 406	147 276	74 568	72 707	157 214	79 615	77 598
10-14	115 139	58 176	56 963	125 476	63 474	62 002	135 348	68 501	66 847	146 154	73 970	72 184
15-19	101 990	51 486	50 504	113 611	57 366	56 244	123 980	62 676	61 304	133 920	67 733	66 187
20-24	88 385	44 284	44 101	100 023	50 347	49 676	111 601	56 197	55 404	121 994	61 512	60 482
25-29	75 877	37 668	38 209	86 566	43 225	43 341	98 146	49 243	48 902	109 706	55 077	54 630
30-34	65 744	32 461	33 282	74 157	36 740	37 417	84 799	42 258	42 540	96 343	48 245	48 098
35-39	54 023	26 683	27 341	64 016	31 541	32 476	72 408	35 796	36 612	83 009	41 277	41 732
40-44	44 272	21 933	22 339	52 429	25 832	26 597	62 340	30 639	31 701	70 698	34 863	35 835
45-49	36 797	18 094	18 703	42 755	21 109	21 646	50 802	24 946	25 856	60 605	29 684	30 920
50-54	30 039	14 696	15 343	35 271	17 241	18 030	41 105	20 179	20 926	48 999	23 924	25 075
55-59	23 499	11 348	12 151	28 411	13 783	14 628	33 488	16 233	17 255	39 151	19 063	20 087
60-64	17 997	8 554	9 442	21 585	10 309	11 277	26 254	12 597	13 656	31 102	14 913	16 189
65-69	13 656	6 392	7 264	15 795	7 401	8 394	19 098	8 991	10 107	23 410	11 074	12 336
70-74	9 664	4 490	5 174	11 140	5 128	6 012	12 999	5 981	7 019	15 879	7 341	8 538
75-79	5 936	2 728	3 209	7 045	3 203	3 842	8 232	3 700	4 532	9 697	4 349	5 348
80+	...	...	...	...	...	...	...	...	...	...	...	...
80-84	3 152	1 418	1 734	3 664	1 645	2 019	4 428	1 961	2 467	5 253	2 295	2 958
85-89	1 247	554	693	1 524	671	852	1 814	796	1 019	2 243	966	1 277
90-94	344	148	196	462	201	261	584	253	332	716	307	409
95-99	63	28	36	101	44	57	143	62	81	187	81	107
100+	8	3	4	16	7	9	29	13	16	44	19	25

年齢	2035 総数	男	女	2040 総数	男	女	2045 総数	男	女	2050 総数	男	女
総数	1 462 796	730 722	732 074	1 604 725	801 563	803 161	1 749 973	873 964	876 008	1 896 921	947 098	949 824
0-4	178 518	90 534	87 984	187 053	94 879	92 174	194 692	98 779	95 913	201 445	102 225	99 220
5-9	166 990	84 581	82 409	176 366	89 349	87 017	185 108	93 801	91 307	192 943	97 805	95 138
10-14	156 171	79 052	77 119	166 016	84 048	81 968	175 455	88 846	86 610	184 260	93 328	90 931
15-19	144 790	73 226	71 564	154 848	78 323	76 525	164 727	83 333	81 395	174 201	88 144	86 057
20-24	131 979	66 581	65 397	142 874	72 078	70 796	152 955	77 180	75 776	162 858	82 195	80 663
25-29	120 103	60 384	59 719	130 104	65 450	64 654	141 014	70 946	70 068	151 116	76 050	75 066
30-34	107 880	54 054	53 827	118 267	59 342	58 925	128 278	64 403	63 875	139 202	69 896	69 307
35-39	94 514	47 226	47 288	106 013	53 000	53 013	116 382	58 266	58 116	126 401	63 321	63 080
40-44	81 240	40 297	40 943	92 678	46 195	46 483	104 116	51 926	52 190	114 452	57 164	57 287
45-49	68 899	33 862	35 037	79 338	39 226	40 112	90 669	45 055	45 614	102 012	50 725	51 287
50-54	58 634	28 559	30 075	66 801	32 653	34 148	77 076	37 913	39 163	88 238	43 633	44 605
55-59	46 817	22 672	24 145	56 195	27 152	29 043	64 166	31 122	33 044	74 193	36 223	37 970
60-64	36 515	17 586	18 928	43 834	20 995	22 839	52 830	25 248	27 582	60 505	29 032	31 473
65-69	27 910	13 190	14 720	32 939	15 633	17 306	39 745	18 753	20 992	48 161	22 671	25 490
70-74	19 658	9 133	10 525	23 635	10 967	12 667	28 100	13 086	15 014	34 141	15 797	18 345
75-79	12 023	5 419	6 604	15 103	6 841	8 262	18 375	8 308	10 067	22 054	9 996	12 058
80+	...	...	...	...	...	...	...	...	...	...	...	...
80-84	6 242	2 714	3 528	7 928	3 463	4 465	10 200	4 474	5 726	12 614	5 514	7 101
85-89	2 707	1 145	1 562	3 240	1 358	1 882	4 276	1 799	2 477	5 700	2 404	3 296
90-94	908	380	528	1 109	453	656	1 328	535	793	1 853	748	1 105
95-99	236	100	136	306	125	180	375	150	225	442	174	268
100+	61	26	35	80	34	46	104	43	62	129	51	78

年齢	2055 総数	男	女	2060 総数	男	女
総数	2 044 313	1 020 374	1 023 938	2 190 644	1 093 045	1 097 600
0-4	207 457	105 295	102 162	212 718	107 985	104 733
5-9	199 883	101 353	98 531	206 059	104 515	101 544
10-14	192 140	97 357	94 783	199 145	100 939	98 207
15-19	183 084	92 656	90 428	191 027	96 716	94 312
20-24	172 432	87 063	85 369	181 386	91 610	89 776
25-29	161 035	81 087	79 948	170 663	85 981	84 683
30-34	149 338	75 006	74 333	159 288	80 056	79 232
35-39	137 358	68 821	68 537	147 507	73 934	73 573
40-44	124 448	62 203	62 245	135 388	67 688	67 699
45-49	112 300	55 927	56 373	122 254	60 935	61 319
50-54	99 431	49 210	50 221	109 603	54 335	55 268
55-59	85 093	41 781	43 312	96 057	47 212	48 845
60-64	70 185	33 912	36 274	80 727	39 239	41 488
65-69	55 406	26 188	29 218	64 544	30 730	33 814
70-74	41 712	19 251	22 462	48 285	22 375	25 910
75-79	27 062	12 175	14 886	33 455	15 009	18 446
80+	...	...	...	...	...	...
80-84	15 323	6 700	8 624	19 067	8 259	10 808
85-89	7 213	3 023	4 190	8 889	3 711	5 178
90-94	2 599	1 048	1 551	3 379	1 347	2 032
95-99	660	259	401	980	381	599
100+	152	59	92	223	86	136

Least developed countries

高位予測値

性・年齢別人口（千人）

年齢	2015 総数	男	女	2020 総数	男	女	2025 総数	男	女	2030 総数	男	女
総数	954 158	476 031	478 127	1 080 062	539 240	540 822	1 221 046	609 987	611 059	1 375 738	687 575	688 163
0-4	139 575	70 746	68 829	159 480	80 846	78 635	176 934	89 712	87 223	193 351	98 052	95 298
5-9	126 751	64 140	62 611	136 534	69 128	67 406	156 514	79 252	77 262	174 093	88 174	85 919
10-14	115 139	58 176	56 963	125 476	63 474	62 002	135 348	68 501	66 847	155 339	78 625	76 715
15-19	101 990	51 486	50 504	113 611	57 366	56 244	123 980	62 676	61 304	133 920	67 733	66 187
20-24	88 385	44 284	44 101	100 023	50 347	49 676	111 601	56 197	55 404	121 994	61 512	60 482
25-29	75 877	37 668	38 209	86 566	43 225	43 341	98 146	49 243	48 902	109 706	55 077	54 630
30-34	65 744	32 461	33 282	74 157	36 740	37 417	84 799	42 258	42 540	96 343	48 245	48 098
35-39	54 023	26 683	27 341	64 016	31 541	32 476	72 408	35 796	36 612	83 009	41 277	41 732
40-44	44 272	21 933	22 339	52 429	25 832	26 597	62 340	30 639	31 701	70 698	34 863	35 835
45-49	36 797	18 094	18 703	42 755	21 109	21 646	50 802	24 946	25 856	60 605	29 684	30 920
50-54	30 039	14 696	15 343	35 271	17 241	18 030	41 105	20 179	20 926	48 999	23 924	25 075
55-59	23 499	11 348	12 151	28 411	13 783	14 628	33 488	16 233	17 255	39 151	19 063	20 087
60-64	17 997	8 554	9 442	21 585	10 309	11 277	26 254	12 597	13 656	31 102	14 913	16 189
65-69	13 656	6 392	7 264	15 795	7 401	8 394	19 098	8 991	10 107	23 410	11 074	12 336
70-74	9 664	4 490	5 174	11 140	5 128	6 012	12 999	5 981	7 019	15 879	7 341	8 538
75-79	5 936	2 728	3 209	7 045	3 203	3 842	8 232	3 700	4 532	9 697	4 349	5 348
80+	…	…	…	…	…	…	…	…	…	…	…	…
80-84	3 152	1 418	1 734	3 664	1 645	2 019	4 428	1 961	2 467	5 253	2 295	2 958
85-89	1 247	554	693	1 524	671	852	1 814	796	1 019	2 243	966	1 277
90-94	344	148	196	462	201	261	584	253	332	716	307	409
95-99	63	28	36	101	44	57	143	62	81	187	81	107
100+	8	3	4	16	7	9	29	13	16	44	19	25

年齢	2035 総数	男	女	2040 総数	男	女	2045 総数	男	女	2050 総数	男	女
総数	1 539 788	769 768	770 020	1 714 319	857 130	857 189	1 900 835	950 439	950 395	2 099 510	1 049 775	1 049 735
0-4	205 873	104 421	101 453	220 173	111 694	108 479	236 633	120 076	116 557	254 046	128 938	125 107
5-9	190 695	96 602	94 093	203 448	103 083	100 365	217 939	110 454	107 485	234 567	118 924	115 643
10-14	172 965	87 563	85 402	189 615	96 009	93 606	202 430	102 519	99 911	216 976	109 916	107 060
15-19	153 928	77 854	76 074	171 566	86 790	84 776	188 228	95 236	92 992	201 073	101 757	99 317
20-24	131 979	66 581	65 397	151 949	76 667	75 282	169 567	85 581	83 985	186 219	94 012	92 207
25-29	120 103	60 384	59 719	130 104	65 450	64 654	150 017	75 492	74 525	167 605	84 378	83 227
30-34	107 880	54 054	53 827	118 267	59 342	58 925	128 278	64 403	63 875	148 128	74 397	73 731
35-39	94 514	47 226	47 288	106 013	53 000	53 013	116 382	58 266	58 116	126 401	63 321	63 080
40-44	81 240	40 297	40 943	92 678	46 195	46 483	104 116	51 926	52 190	114 452	57 164	57 287
45-49	68 899	33 862	35 037	79 338	39 226	40 112	90 669	45 055	45 614	102 012	50 725	51 287
50-54	58 634	28 559	30 075	66 801	32 653	34 148	77 076	37 913	39 163	88 238	43 633	44 605
55-59	46 817	22 672	24 145	56 195	27 152	29 043	64 166	31 122	33 044	74 193	36 223	37 970
60-64	36 515	17 586	18 928	43 834	20 995	22 839	52 830	25 248	27 582	60 505	29 032	31 473
65-69	27 910	13 190	14 720	32 939	15 633	17 306	39 745	18 753	20 992	48 161	22 671	25 490
70-74	19 658	9 133	10 525	23 635	10 967	12 667	28 100	13 086	15 014	34 141	15 797	18 345
75-79	12 023	5 419	6 604	15 103	6 841	8 262	18 375	8 308	10 067	22 054	9 996	12 058
80+	…	…	…	…	…	…	…	…	…	…	…	…
80-84	6 242	2 714	3 528	7 928	3 463	4 465	10 200	4 474	5 726	12 614	5 514	7 101
85-89	2 707	1 145	1 562	3 240	1 358	1 882	4 276	1 799	2 477	5 700	2 404	3 296
90-94	908	380	528	1 109	453	656	1 328	535	793	1 853	748	1 105
95-99	236	100	136	306	125	180	375	150	225	442	174	268
100+	61	26	35	80	34	46	104	43	62	129	51	78

年齢	2055 総数	男	女	2060 総数	男	女
総数	2 309 138	1 154 572	1 154 566	2 527 514	1 263 722	1 263 792
0-4	270 811	137 473	133 338	286 167	145 295	140 872
5-9	252 139	127 871	124 267	269 047	136 487	132 560
10-14	233 634	118 401	115 233	251 254	127 372	123 882
15-19	215 685	109 174	106 511	232 388	117 679	114 709
20-24	199 155	100 581	98 574	213 820	108 022	105 798
25-29	184 235	92 805	91 429	197 212	99 392	97 820
30-34	165 696	83 256	82 439	182 313	91 671	90 642
35-39	146 200	73 273	72 927	163 718	82 099	81 619
40-44	124 448	62 203	62 245	144 130	72 082	72 048
45-49	112 300	55 927	56 373	122 254	60 935	61 319
50-54	99 431	49 210	50 221	109 603	54 335	55 268
55-59	85 093	41 781	43 312	96 057	47 212	48 845
60-64	70 185	33 912	36 274	80 727	39 239	41 488
65-69	55 406	26 188	29 218	64 544	30 730	33 814
70-74	41 712	19 251	22 462	48 285	22 375	25 910
75-79	27 062	12 175	14 886	33 455	15 009	18 446
80+	…	…	…	…	…	…
80-84	15 323	6 700	8 624	19 067	8 259	10 808
85-89	7 213	3 023	4 190	8 889	3 711	5 178
90-94	2 599	1 048	1 551	3 379	1 347	2 032
95-99	660	259	401	980	381	599
100+	152	59	92	223	86	136

性・年齢別人口（千人）

年齢	2015 総数	男	女	2020 総数	男	女	2025 総数	男	女	2030 総数	男	女
総数	954 158	476 031	478 127	1 061 188	529 661	531 526	1 168 218	583 184	585 034	1 275 468	636 711	638 757
0-4	139 575	70 746	68 829	140 606	71 267	69 340	142 693	72 332	70 362	145 349	73 686	71 662
5-9	126 751	64 140	62 611	136 534	69 128	67 406	137 927	69 828	68 098	140 305	71 041	69 263
10-14	115 139	58 176	56 963	125 476	63 474	62 002	135 348	68 501	66 847	136 859	69 260	67 600
15-19	101 990	51 486	50 504	113 611	57 366	56 244	123 980	62 676	61 304	133 920	67 733	66 187
20-24	88 385	44 284	44 101	100 023	50 347	49 676	111 601	56 197	55 404	121 994	61 512	60 482
25-29	75 877	37 668	38 209	86 566	43 225	43 341	98 146	49 243	48 902	109 706	55 077	54 630
30-34	65 744	32 461	33 282	74 157	36 740	37 417	84 799	42 258	42 540	96 343	48 245	48 098
35-39	54 023	26 683	27 341	64 016	31 541	32 476	72 408	35 796	36 612	83 009	41 277	41 732
40-44	44 272	21 933	22 339	52 429	25 832	26 597	62 340	30 639	31 701	70 698	34 863	35 835
45-49	36 797	18 094	18 703	42 755	21 109	21 646	50 802	24 946	25 856	60 605	29 684	30 920
50-54	30 039	14 696	15 343	35 271	17 241	18 030	41 105	20 179	20 926	48 999	23 924	25 075
55-59	23 499	11 348	12 151	28 411	13 783	14 628	33 488	16 233	17 255	39 151	19 063	20 087
60-64	17 997	8 554	9 442	21 585	10 309	11 277	26 254	12 597	13 656	31 102	14 913	16 189
65-69	13 656	6 392	7 264	15 795	7 401	8 394	19 098	8 991	10 107	23 410	11 074	12 336
70-74	9 664	4 490	5 174	11 140	5 128	6 012	12 999	5 981	7 019	15 879	7 341	8 538
75-79	5 936	2 728	3 209	7 045	3 203	3 842	8 232	3 700	4 532	9 697	4 349	5 348
80+	…	…	…	…	…	…	…	…	…	…	…	…
80-84	3 152	1 418	1 734	3 664	1 645	2 019	4 428	1 961	2 467	5 253	2 295	2 958
85-89	1 247	554	693	1 524	671	852	1 814	796	1 019	2 243	966	1 277
90-94	344	148	196	462	201	261	584	253	332	716	307	409
95-99	63	28	36	101	44	57	143	62	81	187	81	107
100+	8	3	4	16	7	9	29	13	16	44	19	25

年齢	2035 総数	男	女	2040 総数	男	女	2045 総数	男	女	2050 総数	男	女
総数	1 385 755	691 650	694 105	1 496 142	746 510	749 632	1 603 147	799 540	803 606	1 704 077	849 373	854 705
0-4	151 294	76 714	74 580	154 994	78 604	76 390	155 785	79 025	76 760	154 574	78 425	76 149
5-9	143 245	72 540	70 705	149 414	75 680	73 734	153 329	77 682	75 647	154 333	78 217	76 115
10-14	139 347	70 525	68 822	142 376	72 066	70 310	148 610	75 237	73 373	152 593	77 274	75 319
15-19	135 542	68 543	66 999	138 101	69 841	68 260	141 186	71 409	69 777	147 459	74 598	72 861
20-24	131 979	66 581	65 397	133 689	67 433	66 256	136 315	68 763	67 552	139 456	70 358	69 098
25-29	120 103	60 384	59 719	130 104	65 450	64 654	131 902	66 344	65 558	134 599	67 708	66 891
30-34	107 880	54 054	53 827	118 267	59 342	58 925	128 278	64 403	63 875	130 167	65 339	64 828
35-39	94 514	47 226	47 288	106 013	53 000	53 013	116 382	58 266	58 116	126 401	63 321	63 080
40-44	81 240	40 297	40 943	92 678	46 195	46 483	104 116	51 926	52 190	114 452	57 164	57 287
45-49	68 899	33 862	35 037	79 338	39 226	40 112	90 669	45 055	45 614	102 012	50 725	51 287
50-54	58 634	28 559	30 075	66 801	32 653	34 148	77 076	37 913	39 163	88 238	43 633	44 605
55-59	46 817	22 672	24 145	56 195	27 152	29 043	64 166	31 122	33 044	74 193	36 223	37 970
60-64	36 515	17 586	18 928	43 834	20 995	22 839	52 830	25 248	27 582	60 505	29 032	31 473
65-69	27 910	13 190	14 720	32 939	15 633	17 306	39 745	18 753	20 992	48 161	22 671	25 490
70-74	19 658	9 133	10 525	23 635	10 967	12 667	28 100	13 086	15 014	34 141	15 797	18 345
75-79	12 023	5 419	6 604	15 103	6 841	8 262	18 375	8 308	10 067	22 054	9 996	12 058
80+	…	…	…	…	…	…	…	…	…	…	…	…
80-84	6 242	2 714	3 528	7 928	3 463	4 465	10 200	4 474	5 726	12 614	5 514	7 101
85-89	2 707	1 145	1 562	3 240	1 358	1 882	4 276	1 799	2 477	5 700	2 404	3 296
90-94	908	380	528	1 109	453	656	1 328	535	793	1 853	748	1 105
95-99	236	100	136	306	125	180	375	150	225	442	174	268
100+	61	26	35	80	34	46	104	43	62	129	51	78

年齢	2055 総数	男	女	2060 総数	男	女
総数	1 797 828	895 496	902 331	1 883 682	937 563	946 119
0-4	152 744	77 510	75 234	150 909	76 593	74 316
5-9	153 326	77 729	75 597	151 667	76 910	74 757
10-14	153 652	77 839	75 812	152 719	77 391	75 328
15-19	151 528	76 668	74 859	152 663	77 274	75 389
20-24	145 838	73 609	72 229	149 993	75 726	74 267
25-29	137 796	69 349	68 447	144 242	72 633	71 609
30-34	132 952	66 740	66 211	136 222	68 420	67 802
35-39	128 408	64 315	64 094	131 266	65 755	65 511
40-44	124 448	62 203	62 245	126 538	63 240	63 298
45-49	112 300	55 927	56 373	122 254	60 935	61 319
50-54	99 431	49 210	50 221	109 603	54 335	55 268
55-59	85 093	41 781	43 312	96 057	47 212	48 845
60-64	70 185	33 912	36 274	80 727	39 239	41 488
65-69	55 406	26 188	29 218	64 544	30 730	33 814
70-74	41 712	19 251	22 462	48 285	22 375	25 910
75-79	27 062	12 175	14 886	33 455	15 009	18 446
80+	…	…	…	…	…	…
80-84	15 323	6 700	8 624	19 067	8 259	10 808
85-89	7 213	3 023	4 190	8 889	3 711	5 178
90-94	2 599	1 048	1 551	3 379	1 347	2 032
95-99	660	259	401	980	381	599
100+	152	59	92	223	86	136

Less developed regions, excluding least developed countries

性・年齢別人口（千人）

年齢	1960			1965			1970			1975		
	総数	男	女	総数	男	女	総数	男	女	総数	男	女
総数	1 862 321	949 233	913 088	2 085 126	1 062 319	1 022 807	2 365 936	1 204 986	1 160 949	2 666 758	1 358 423	1 308 334
0-4	298 939	152 971	145 969	341 318	174 855	166 462	384 076	196 146	187 931	399 946	204 783	195 163
5-9	260 482	133 545	126 938	281 501	144 282	137 219	325 586	166 766	158 819	370 370	189 244	181 126
10-14	199 516	101 947	97 569	254 048	130 213	123 835	277 134	142 041	135 093	321 422	164 638	156 784
15-19	166 995	85 903	81 093	195 205	99 628	95 577	250 205	128 178	122 026	273 694	140 201	133 493
20-24	156 053	80 362	75 691	162 194	83 291	78 903	190 883	97 362	93 521	246 553	126 273	120 280
25-29	141 297	72 654	68 643	151 280	77 847	73 432	158 239	81 214	77 024	187 579	95 672	91 906
30-34	123 403	63 763	59 640	136 445	70 249	66 196	147 368	75 892	71 476	155 274	79 769	75 505
35-39	105 487	54 319	51 167	118 456	61 306	57 150	132 337	68 191	64 146	144 161	74 299	69 862
40-44	93 506	48 308	45 198	100 267	51 650	48 617	114 112	59 050	55 062	128 679	66 309	62 370
45-49	81 861	41 917	39 944	87 578	45 027	42 551	95 474	49 047	46 427	109 917	56 720	53 197
50-54	69 538	35 023	34 515	75 113	38 020	37 093	81 947	41 904	40 043	90 580	46 206	44 374
55-59	56 391	28 021	28 370	61 734	30 464	31 270	68 614	34 378	34 236	75 789	38 326	37 462
60-64	42 862	20 862	21 999	47 380	22 891	24 490	53 987	26 151	27 836	60 884	29 970	30 914
65-69	29 994	14 180	15 815	33 258	15 686	17 573	38 828	18 220	20 608	45 054	21 237	23 817
70-74	19 725	8 854	10 870	20 763	9 366	11 398	24 924	11 297	13 626	29 711	13 450	16 261
75-79	10 254	4 278	5 976	11 737	4 951	6 787	13 562	5 828	7 735	16 611	7 201	9 410
80+	6 018	2 326	3 692	6 846	2 592	4 254	8 661	3 321	5 340	10 534	4 124	6 410
80-84	...	...	...	...	...	...	...	...	...	...	...	...
85-89	...	...	...	...	...	...	...	...	...	...	...	...
90-94	...	...	...	...	...	...	...	...	...	...	...	...
95-99	...	...	...	...	...	...	...	...	...	...	...	...
100+	...	...	...	...	...	...	...	...	...	...	...	...

年齢	1980			1985			1990			1995		
	総数	男	女	総数	男	女	総数	男	女	総数	男	女
総数	2 964 617	1 510 074	1 454 543	3 292 390	1 676 026	1 616 364	3 655 147	1 861 126	1 794 021	3 980 173	2 026 341	1 953 832
0-4	398 114	203 864	194 250	431 251	221 092	210 159	477 122	245 694	231 429	456 895	236 517	220 379
5-9	388 086	198 835	189 251	388 229	198 936	189 293	421 478	216 264	205 215	467 328	240 700	226 628
10-14	366 409	187 208	179 201	384 704	197 073	187 630	384 989	197 283	187 706	417 757	214 273	203 484
15-19	317 842	162 755	155 087	363 124	185 429	177 695	381 229	195 253	185 977	380 623	194 832	185 791
20-24	269 878	138 227	131 651	313 894	160 563	153 331	358 481	183 011	175 470	374 976	191 742	183 234
25-29	242 972	124 482	118 490	266 305	136 264	130 040	309 835	158 383	151 452	352 786	179 814	172 971
30-34	184 825	94 395	90 431	239 819	122 817	117 002	262 915	134 441	128 474	305 213	155 864	149 349
35-39	152 209	78 231	73 978	182 185	92 915	89 269	236 367	120 888	115 479	258 616	132 011	126 605
40-44	140 767	72 454	68 313	149 231	76 538	72 693	178 594	90 852	87 742	231 742	118 204	113 538
45-49	124 699	64 026	60 673	136 952	70 202	66 750	145 435	74 277	71 158	173 844	88 041	85 803
50-54	105 048	53 873	51 175	119 719	61 051	58 668	131 692	67 072	64 620	139 884	70 953	68 931
55-59	84 749	42 791	41 959	98 752	50 105	48 647	113 012	57 064	55 948	124 430	62 713	61 717
60-64	68 380	34 025	34 355	76 943	38 220	38 723	90 195	45 077	45 118	103 622	51 531	52 091
65-69	51 884	24 915	26 969	58 870	28 587	30 283	66 711	32 414	34 298	78 660	38 410	40 250
70-74	35 195	16 029	19 166	41 164	19 074	22 090	47 179	22 226	24 953	53 862	25 289	28 574
75-79	20 327	8 783	11 544	24 513	10 637	13 876	29 055	12 839	16 216	33 840	15 166	18 674
80+	13 234	5 181	8 053	16 735	6 522	10 214	...	...	...	...	...	...
80-84	...	...	...	...	...	...	14 196	5 721	8 475	17 482	7 207	10 276
85-89	...	...	...	...	...	...	5 148	1 880	3 268	6 555	2 419	4 135
90-94	...	...	...	...	...	...	1 277	421	857	1 724	562	1 162
95-99	...	...	...	...	...	...	209	61	148	299	87	213
100+	...	...	...	...	...	...	27	7	20	36	9	27

年齢	2000			2005			2010			2015		
	総数	男	女	総数	男	女	総数	男	女	総数	男	女
総数	4 273 424	2 175 045	2 098 379	4 557 911	2 321 362	2 236 549	4 849 094	2 471 604	2 377 491	5 143 963	2 621 877	2 522 086
0-4	431 746	224 227	207 519	433 523	225 624	207 899	446 004	232 364	213 640	462 628	240 753	221 874
5-9	449 226	232 755	216 471	425 862	221 298	204 564	428 155	223 025	205 130	441 484	230 003	211 481
10-14	463 878	238 932	224 946	446 466	231 349	215 117	423 026	219 981	203 045	425 583	221 711	203 873
15-19	413 361	211 736	201 625	461 240	237 452	223 788	442 018	228 908	213 110	419 983	218 413	201 570
20-24	374 702	191 528	183 174	407 144	208 232	198 912	454 093	233 445	220 649	437 598	226 605	210 993
25-29	369 153	188 595	180 559	369 215	188 405	180 810	403 757	206 301	197 456	449 470	231 031	218 439
30-34	348 253	177 267	170 986	363 263	185 557	177 705	365 061	186 295	178 765	399 161	203 713	195 448
35-39	300 819	153 173	147 646	342 708	174 357	168 351	359 530	183 638	175 892	359 945	183 239	176 707
40-44	254 015	129 198	124 817	294 767	149 822	144 945	337 984	171 755	166 229	353 937	180 281	173 656
45-49	226 259	114 812	111 447	246 708	124 944	121 764	289 214	146 519	142 695	331 572	167 828	163 744
50-54	167 628	84 164	83 464	219 076	110 448	108 629	240 355	121 115	119 240	281 672	141 824	139 848
55-59	132 522	66 456	66 066	160 324	79 899	80 425	209 339	104 911	104 428	230 873	115 296	115 576
60-64	114 676	56 948	57 728	123 141	61 072	62 069	149 149	73 391	75 759	196 763	97 414	99 350
65-69	91 324	44 422	46 902	101 476	49 540	51 936	109 664	53 475	56 189	134 277	64 924	69 353
70-74	64 436	30 408	34 028	75 766	35 846	39 920	85 128	40 424	44 704	92 605	43 962	48 643
75-79	39 402	17 603	21 799	47 968	21 656	26 312	57 065	25 845	31 219	65 058	29 630	35 428
80+	...	...	...	...	...	...	...	...	...	...	...	...
80-84	20 859	8 744	12 115	25 055	10 545	14 511	31 465	13 392	18 074	37 798	16 206	21 592
85-89	8 383	3 180	5 203	10 432	4 063	6 368	13 074	5 111	7 963	16 886	6 726	10 160
90-94	2 300	763	1 538	3 099	1 057	2 041	4 047	1 424	2 624	5 316	1 902	3 414
95-99	428	123	305	599	176	423	847	256	592	1 176	370	805
100+	53	13	40	81	20	61	117	30	88	178	47	131

性・年齢別人口（千人）

年齢	2015 総数	男	女	2020 総数	男	女	2025 総数	男	女	2030 総数	男	女
総数	5 143 963	2 621 877	2 522 086	5 421 116	2 761 792	2 659 324	5 669 749	2 886 085	2 783 663	5 891 153	2 995 716	2 895 437
0-4	462 628	240 753	221 874	458 778	238 384	220 394	446 034	231 353	214 680	437 311	226 406	210 905
5-9	441 484	230 003	211 481	458 286	238 506	219 779	455 228	236 546	218 683	442 688	229 611	213 076
10-14	425 583	221 711	203 873	438 983	228 712	210 271	456 015	237 329	218 686	453 299	235 540	217 760
15-19	419 983	218 413	201 570	422 741	220 236	202 506	436 218	227 277	208 940	453 483	235 956	217 527
20-24	437 598	226 605	210 993	416 209	216 519	199 691	419 014	218 347	200 667	432 539	225 303	207 235
25-29	449 470	231 031	218 439	433 776	224 689	209 087	412 512	214 612	197 900	415 255	216 338	198 917
30-34	399 161	203 713	195 448	445 227	228 596	216 631	429 844	222 382	207 462	408 697	212 395	196 302
35-39	359 945	183 239	176 707	393 998	200 499	193 499	440 267	225 484	214 783	425 184	219 487	205 697
40-44	353 937	180 281	173 656	354 201	179 602	174 599	388 381	196 946	191 434	434 630	221 956	212 674
45-49	331 572	167 828	163 744	347 269	176 040	171 229	347 728	175 477	172 251	381 918	192 897	189 020
50-54	281 672	141 824	139 848	323 267	162 632	160 635	338 902	170 772	168 130	339 637	170 402	169 235
55-59	230 873	115 296	115 576	271 297	135 451	135 846	312 273	155 877	156 396	327 858	163 946	163 912
60-64	196 763	97 414	99 350	217 549	107 354	110 195	256 754	126 768	129 986	296 807	146 643	150 163
65-69	134 277	64 924	69 353	178 788	87 020	91 768	198 684	96 419	102 264	236 122	114 810	121 312
70-74	92 605	43 962	48 643	114 775	54 072	60 702	154 572	73 393	81 179	173 288	82 146	91 142
75-79	65 058	29 630	35 428	71 956	32 838	39 118	90 715	41 145	49 570	124 258	56 935	67 324
80+	...	...	...	...	...	...	...	...	...	...	...	...
80-84	37 798	16 206	21 592	44 023	19 017	25 006	49 772	21 594	28 178	64 250	27 763	36 487
85-89	16 886	6 726	10 160	20 973	8 431	12 542	25 065	10 167	14 898	29 166	11 896	17 270
90-94	5 316	1 902	3 414	7 135	2 601	4 533	9 153	3 363	5 791	11 268	4 174	7 094
95-99	1 176	370	805	1 623	520	1 103	2 242	728	1 513	2 966	962	2 004
100+	178	47	131	263	73	190	376	105	270	530	149	381

年齢	2035 総数	男	女	2040 総数	男	女	2045 総数	男	女	2050 総数	男	女
総数	6 089 061	3 093 072	2 995 989	6 264 575	3 179 003	3 085 571	6 416 339	3 253 513	3 162 827	6 541 805	3 315 621	3 226 183
0-4	435 153	224 946	210 208	435 297	224 709	210 588	434 251	223 881	210 370	429 692	221 388	208 304
5-9	434 199	224 778	209 421	432 304	223 450	208 854	432 689	223 336	209 352	431 862	222 621	209 241
10-14	440 807	228 626	212 181	432 455	223 863	208 592	430 671	222 592	208 079	431 153	222 528	208 625
15-19	450 930	234 246	216 684	438 567	227 404	211 163	430 327	222 704	207 623	428 635	221 485	207 150
20-24	449 979	234 046	215 933	447 496	232 344	215 152	435 308	225 611	209 697	427 210	220 996	206 214
25-29	428 891	223 307	205 584	446 335	232 023	214 312	444 050	230 451	213 599	432 047	223 829	208 217
30-34	411 632	214 228	197 405	425 389	221 282	204 107	442 976	230 098	212 877	440 902	228 658	212 244
35-39	404 456	209 792	194 663	407 601	211 764	195 837	421 517	218 937	202 580	439 278	227 876	211 402
40-44	419 885	216 150	203 735	399 596	206 751	192 845	402 972	208 879	194 093	417 086	216 205	200 882
45-49	427 951	217 738	210 213	413 732	212 278	201 454	393 846	203 110	190 736	397 530	205 459	192 071
50-54	373 569	187 678	185 892	419 427	212 412	207 016	405 772	207 280	198 492	386 430	198 433	187 997
55-59	328 875	163 770	165 105	362 425	180 810	181 615	407 998	205 379	202 619	395 063	200 639	194 424
60-64	312 394	154 704	157 691	313 874	154 810	159 065	346 835	171 486	175 349	391 918	195 751	196 167
65-69	274 679	133 832	140 847	290 325	141 897	148 428	292 526	142 459	150 067	324 587	158 600	165 987
70-74	207 958	98 977	108 981	244 209	116 669	127 540	259 809	124 717	135 092	262 927	125 865	137 062
75-79	141 053	64 677	76 376	171 701	79 245	92 456	204 382	94 996	109 386	219 559	102 822	116 737
80+	...	...	...	...	...	...	...	...	...	...	...	...
80-84	89 934	39 360	50 574	103 901	45 603	58 298	128 949	57 230	71 719	156 332	70 197	86 135
85-89	38 705	15 748	22 957	55 747	23 001	32 746	65 916	27 382	38 534	83 867	35 436	48 431
90-94	13 540	5 046	8 493	18 585	6 904	11 681	27 693	10 482	17 210	33 727	12 923	20 804
95-99	3 750	1 222	2 528	4 670	1 526	3 144	6 645	2 168	4 477	10 264	3 432	6 833
100+	720	201	520	937	259	678	1 207	334	873	1 735	479	1 256

年齢	2055 総数	男	女	2060 総数	男	女
総数	6 640 295	3 365 386	3 274 908	6 712 488	3 402 713	3 309 775
0-4	422 026	217 304	204 723	413 288	212 670	200 618
5-9	427 543	220 255	207 289	420 110	216 288	203 822
10-14	430 454	221 879	208 575	426 264	219 577	206 688
15-19	429 257	221 498	207 759	428 698	220 923	207 776
20-24	425 728	219 902	205 826	426 556	220 026	206 529
25-29	424 195	219 369	204 825	422 934	218 401	204 533
30-34	429 167	222 211	206 955	421 551	217 896	203 655
35-39	437 487	226 625	210 862	426 041	220 363	205 678
40-44	435 060	225 302	209 757	433 570	224 253	209 317
45-49	411 861	212 952	198 909	430 031	222 201	207 830
50-54	390 485	201 042	189 443	405 041	208 708	196 333
55-59	376 496	192 253	184 243	380 994	195 159	185 835
60-64	380 075	191 606	188 468	362 568	183 814	178 754
65-69	368 886	182 416	186 470	358 553	179 056	179 498
70-74	293 577	141 247	152 330	336 356	164 196	172 160
75-79	223 702	104 705	118 997	251 900	118 793	133 106
80+	...	...	...	...	...	...
80-84	170 253	77 376	92 877	174 954	79 677	95 277
85-89	104 142	44 853	59 289	115 406	50 573	64 832
90-94	44 236	17 404	26 832	56 489	22 878	33 611
95-99	12 940	4 412	8 528	17 523	6 200	11 324
100+	2 723	773	1 950	3 660	1 060	2 600

Less developed regions, excluding least developed countries

性・年齢別人口（千人）

年齢	2015 総数	男	女	2020 総数	男	女	2025 総数	男	女	2030 総数	男	女
総数	5 143 963	2 621 877	2 522 086	5 471 105	2 787 851	2 683 254	5 798 518	2 953 105	2 845 413	6 118 036	3 113 628	3 004 408
0-4	462 628	240 753	221 874	508 767	264 442	244 324	525 085	272 456	252 629	535 940	277 571	258 369
5-9	441 484	230 003	211 481	458 286	238 506	219 779	504 946	262 462	242 484	521 346	270 508	250 838
10-14	425 583	221 711	203 873	438 983	228 712	210 271	456 015	237 329	218 686	502 895	261 390	241 504
15-19	419 983	218 413	201 570	422 741	220 236	202 506	436 218	227 277	208 940	453 483	235 956	217 527
20-24	437 598	226 605	210 993	416 209	216 519	199 691	419 014	218 347	200 667	432 539	225 303	207 235
25-29	449 470	231 031	218 439	433 776	224 689	209 087	412 512	214 612	197 900	415 255	216 338	198 917
30-34	399 161	203 713	195 448	445 227	228 596	216 631	429 844	222 382	207 462	408 697	212 395	196 302
35-39	359 945	183 239	176 707	393 998	200 499	193 499	440 267	225 484	214 783	425 184	219 487	205 697
40-44	353 937	180 281	173 656	354 201	179 602	174 599	388 381	196 946	191 434	434 630	221 956	212 674
45-49	331 572	167 828	163 744	347 269	176 040	171 229	347 728	175 477	172 251	381 918	192 897	189 020
50-54	281 672	141 824	139 848	323 267	162 632	160 635	338 902	170 772	168 130	339 637	170 402	169 235
55-59	230 873	115 296	115 576	271 297	135 451	135 846	312 273	155 877	156 396	327 858	163 946	163 912
60-64	196 763	97 414	99 350	217 549	107 354	110 195	256 754	126 768	129 986	296 807	146 643	150 163
65-69	134 277	64 924	69 353	178 788	87 020	91 768	198 684	96 419	102 264	236 122	114 810	121 312
70-74	92 605	43 962	48 643	114 775	54 072	60 702	154 572	73 393	81 179	173 288	82 146	91 142
75-79	65 058	29 630	35 428	71 956	32 838	39 118	90 715	41 145	49 570	124 258	56 935	67 324
80+	...	...	...	...	...	...	...	...	...	...	...	...
80-84	37 798	16 206	21 592	44 023	19 017	25 006	49 772	21 594	28 178	64 250	27 763	36 487
85-89	16 886	6 726	10 160	20 973	8 431	12 542	25 065	10 167	14 898	29 166	11 896	17 270
90-94	5 316	1 902	3 414	7 135	2 601	4 533	9 153	3 363	5 791	11 268	4 174	7 094
95-99	1 176	370	805	1 623	520	1 103	2 242	728	1 513	2 966	962	2 004
100+	178	47	131	263	73	190	376	105	270	530	149	381

年齢	2035 総数	男	女	2040 総数	男	女	2045 総数	男	女	2050 総数	男	女
総数	6 416 833	3 263 202	3 153 631	6 705 658	3 407 663	3 297 995	6 994 664	3 552 939	3 441 724	7 285 333	3 700 145	3 585 187
0-4	536 789	277 566	259 222	549 598	283 791	265 807	572 820	295 411	277 409	596 650	307 512	289 138
5-9	532 380	275 706	256 673	533 514	275 846	257 668	546 554	282 188	264 366	569 954	293 899	276 055
10-14	519 287	269 426	249 861	530 428	274 679	255 749	531 681	274 880	256 801	544 811	281 267	263 544
15-19	500 406	260 027	240 379	516 869	268 100	248 769	528 092	273 399	254 693	529 445	273 657	255 788
20-24	449 979	234 046	215 933	496 794	258 014	238 780	513 341	266 140	247 201	524 657	271 494	253 163
25-29	428 891	223 307	205 584	446 335	232 023	214 312	493 133	255 984	237 149	509 757	264 154	245 603
30-34	411 632	214 228	197 405	425 389	221 282	204 107	442 976	230 098	212 877	489 753	254 045	235 708
35-39	404 456	209 792	194 663	407 601	211 764	195 837	421 517	218 937	202 580	439 278	227 876	211 402
40-44	419 885	216 150	203 735	399 596	206 751	192 845	402 972	208 879	194 093	417 086	216 205	200 882
45-49	427 951	217 738	210 213	413 732	212 278	201 454	393 846	203 110	190 736	397 530	205 459	192 071
50-54	373 569	187 678	185 892	419 427	212 412	207 016	405 772	207 280	198 492	386 430	198 433	187 997
55-59	328 875	163 770	165 105	362 425	180 810	181 615	407 998	205 379	202 619	395 063	200 639	194 424
60-64	312 394	154 704	157 691	313 874	154 810	159 065	346 835	171 486	175 349	391 918	195 751	196 167
65-69	274 679	133 832	140 847	290 325	141 897	148 428	292 526	142 459	150 067	324 587	158 600	165 987
70-74	207 958	98 977	108 981	244 209	116 669	127 540	259 809	124 717	135 092	262 927	125 865	137 062
75-79	141 053	64 677	76 376	171 701	79 245	92 456	204 382	94 996	109 386	219 559	102 822	116 737
80+	...	...	...	...	...	...	...	...	...	...	...	...
80-84	89 934	39 360	50 574	103 901	45 603	58 298	128 949	57 230	71 719	156 332	70 197	86 135
85-89	38 705	15 748	22 957	55 747	23 001	32 746	65 916	27 382	38 534	83 867	35 436	48 431
90-94	13 540	5 046	8 493	18 585	6 904	11 681	27 693	10 482	17 210	33 727	12 923	20 804
95-99	3 750	1 222	2 528	4 670	1 526	3 144	6 645	2 168	4 477	10 264	3 432	6 833
100+	720	201	520	937	259	678	1 207	334	873	1 735	479	1 256

年齢	2055 総数	男	女	2060 総数	男	女
総数	7 573 240	3 847 379	3 725 861	7 852 562	3 991 166	3 861 396
0-4	613 685	316 092	297 593	623 218	320 785	302 433
5-9	593 988	306 107	287 881	611 240	314 795	296 445
10-14	568 319	293 035	275 284	592 464	305 296	287 168
15-19	542 707	280 118	262 589	566 334	291 946	274 388
20-24	526 234	271 886	254 348	539 688	278 450	261 238
25-29	521 265	269 631	251 634	523 077	270 159	252 918
30-34	506 532	262 321	244 211	518 217	267 909	250 309
35-39	486 074	251 849	234 225	503 012	260 230	242 781
40-44	435 060	225 302	209 757	481 838	249 281	232 557
45-49	411 861	212 952	198 909	430 031	222 201	207 830
50-54	390 485	201 042	189 443	405 041	208 708	196 333
55-59	376 496	192 253	184 243	380 994	195 159	185 835
60-64	380 075	191 606	188 468	362 568	183 814	178 754
65-69	368 886	182 416	186 470	358 553	179 056	179 498
70-74	293 577	141 247	152 330	336 356	164 196	172 160
75-79	223 702	104 705	118 997	251 900	118 793	133 106
80+	...	...	...	...	...	...
80-84	170 253	77 376	92 877	174 954	79 677	95 277
85-89	104 142	44 853	59 289	115 406	50 573	64 832
90-94	44 236	17 404	26 832	56 832	22 878	33 611
95-99	12 940	4 412	8 528	17 523	6 200	11 324
100+	2 723	773	1 950	3 660	1 060	2 600

性・年齢別人口（千人）

年齢	2015 総数	男	女	2020 総数	男	女	2025 総数	男	女	2030 総数	男	女
総数	5 143 963	2 621 877	2 522 086	5 371 127	2 735 733	2 635 394	5 540 979	2 819 066	2 721 914	5 664 270	2 877 803	2 786 466
0-4	462 628	240 753	221 874	408 789	212 325	196 464	366 982	190 250	176 732	338 682	175 242	163 441
5-9	441 484	230 003	211 481	458 286	238 506	219 779	405 511	210 629	194 882	364 029	188 715	175 315
10-14	425 583	221 711	203 873	438 983	228 712	210 271	456 015	237 329	218 686	403 704	209 689	194 015
15-19	419 983	218 413	201 570	422 741	220 236	202 506	436 218	227 277	208 940	453 483	235 956	217 527
20-24	437 598	226 605	210 993	416 209	216 519	199 691	419 014	218 347	200 667	432 539	225 303	207 235
25-29	449 470	231 031	218 439	433 776	224 689	209 087	412 512	214 612	197 900	415 255	216 338	198 917
30-34	399 161	203 713	195 448	445 227	228 596	216 631	429 844	222 382	207 462	408 697	212 395	196 302
35-39	359 945	183 239	176 707	393 998	200 499	193 499	440 267	225 484	214 783	425 184	219 487	205 697
40-44	353 937	180 281	173 656	354 201	179 602	174 599	388 381	196 946	191 434	434 630	221 956	212 674
45-49	331 572	167 828	163 744	347 269	176 040	171 229	347 728	175 477	172 251	381 918	192 897	189 020
50-54	281 672	141 824	139 848	323 267	162 632	160 635	338 902	170 772	168 130	339 637	170 402	169 235
55-59	230 873	115 296	115 576	271 297	135 451	135 846	312 273	155 877	156 396	327 858	163 946	163 912
60-64	196 763	97 414	99 350	217 549	107 354	110 195	256 754	126 768	129 986	296 807	146 643	150 163
65-69	134 277	64 924	69 353	178 788	87 020	91 768	198 684	96 419	102 264	236 122	114 810	121 312
70-74	92 605	43 962	48 643	114 775	54 072	60 702	154 572	73 393	81 179	173 288	82 146	91 142
75-79	65 058	29 630	35 428	71 956	32 838	39 118	90 715	41 145	49 570	124 258	56 935	67 324
80+	...	...	...	...	...	...	...	...	...	...	...	...
80-84	37 798	16 206	21 592	44 023	19 017	25 006	49 772	21 594	28 178	64 250	27 763	36 487
85-89	16 886	6 726	10 160	20 973	8 431	12 542	25 065	10 167	14 898	29 166	11 896	17 270
90-94	5 316	1 902	3 414	7 135	2 601	4 533	9 153	3 363	5 791	11 268	4 174	7 094
95-99	1 176	370	805	1 623	520	1 103	2 242	728	1 513	2 966	962	2 004
100+	178	47	131	263	73	190	376	105	270	530	149	381

年齢	2035 総数	男	女	2040 総数	男	女	2045 総数	男	女	2050 総数	男	女
総数	5 761 928	2 923 270	2 838 658	5 829 057	2 953 220	2 875 837	5 857 742	2 964 280	2 893 462	5 843 704	2 954 561	2 889 143
0-4	334 157	172 654	161 503	325 924	168 176	157 749	309 861	159 677	150 184	288 481	148 558	139 923
5-9	336 018	173 849	162 169	331 730	171 381	160 349	323 737	167 025	156 712	307 910	158 649	149 261
10-14	362 328	187 826	174 501	334 483	173 047	161 435	330 296	170 631	159 665	322 400	166 324	156 076
15-19	401 453	208 465	192 989	360 265	186 707	173 558	332 563	172 009	160 554	328 458	169 639	158 820
20-24	449 979	234 046	215 933	398 199	206 675	191 524	357 276	185 083	172 193	329 762	170 498	159 265
25-29	428 891	223 307	205 584	446 335	232 023	214 312	394 967	204 918	190 049	354 336	183 505	170 831
30-34	411 632	214 228	197 405	425 389	221 282	204 107	442 976	230 098	212 877	392 051	203 271	188 780
35-39	404 456	209 792	194 663	407 601	211 764	195 837	421 517	218 937	202 580	439 278	227 876	211 402
40-44	419 885	216 150	203 735	399 596	206 751	192 845	402 972	208 879	194 093	417 086	216 205	200 882
45-49	427 951	217 738	210 213	413 732	212 278	201 454	393 846	203 110	190 736	397 530	205 459	192 071
50-54	373 569	187 678	185 892	419 427	212 412	207 016	405 772	207 280	198 492	386 430	198 433	187 997
55-59	328 875	163 770	165 105	362 425	180 810	181 615	407 998	205 379	202 619	395 063	200 639	194 424
60-64	312 394	154 704	157 691	313 874	154 810	159 065	346 835	171 486	175 349	391 918	195 751	196 167
65-69	274 679	133 832	140 847	290 325	141 897	148 428	292 526	142 459	150 067	324 587	158 600	165 987
70-74	207 958	98 977	108 981	244 209	116 669	127 540	259 809	124 717	135 092	262 927	125 865	137 062
75-79	141 053	64 677	76 376	171 701	79 245	92 456	204 382	94 996	109 386	219 559	102 822	116 737
80+	...	...	...	...	...	...	...	...	...	...	...	...
80-84	89 934	39 360	50 574	103 901	45 603	58 298	128 949	57 230	71 719	156 332	70 197	86 135
85-89	38 705	15 748	22 957	55 747	23 001	32 746	65 916	27 382	38 534	83 867	35 436	48 431
90-94	13 540	5 046	8 493	18 585	6 904	11 681	27 693	10 482	17 210	33 727	12 923	20 804
95-99	3 750	1 222	2 528	4 670	1 526	3 144	6 645	2 168	4 477	10 264	3 432	6 833
100+	720	201	520	937	259	678	1 207	334	873	1 735	479	1 256

年齢	2055 総数	男	女	2060 総数	男	女
総数	5 789 168	2 925 625	2 863 543	5 699 384	2 879 752	2 819 632
0-4	266 851	137 334	129 517	248 655	127 895	120 761
5-9	286 784	147 664	139 120	265 384	136 558	128 826
10-14	306 710	158 020	148 690	285 719	147 102	138 617
15-19	320 704	165 410	155 294	305 164	157 185	147 979
20-24	325 855	168 243	157 613	318 308	164 126	154 182
25-29	327 124	169 108	158 016	323 421	166 967	156 454
30-34	351 802	182 102	169 700	324 885	167 884	157 001
35-39	388 901	201 402	187 499	349 071	180 496	168 575
40-44	435 060	225 302	209 757	385 302	199 225	186 077
45-49	411 861	212 952	198 909	430 031	222 201	207 830
50-54	390 485	201 042	189 443	405 041	208 708	196 333
55-59	376 496	192 253	184 243	380 994	195 159	185 835
60-64	380 075	191 606	188 468	362 568	183 814	178 754
65-69	368 886	182 416	186 470	358 553	179 056	179 498
70-74	293 577	141 247	152 330	336 356	164 196	172 160
75-79	223 702	104 705	118 997	251 900	118 793	133 106
80+	...	...	...	...	...	...
80-84	170 253	77 376	92 877	174 954	79 677	95 277
85-89	104 142	44 853	59 289	115 406	50 573	64 832
90-94	44 236	17 404	26 832	56 489	22 878	33 611
95-99	12 940	4 412	8 528	17 523	6 200	11 324
100+	2 723	773	1 950	3 660	1 060	2 600

Less developed regions, excluding China

性・年齢別人口(千人)

年齢	1960 総数	男	女	1965 総数	男	女	1970 総数	男	女	1975 総数	男	女
総数	1 445 203	730 617	714 586	1 633 796	826 172	807 624	1 847 527	934 406	913 120	2 087 822	1 056 165	1 031 657
0-4	243 775	123 994	119 780	275 414	140 163	135 251	303 399	154 438	148 961	333 438	169 876	163 562
5-9	197 165	100 450	96 716	228 823	116 634	112 189	259 561	132 299	127 261	287 591	146 538	141 053
10-14	157 412	79 762	77 650	192 383	98 049	94 334	224 089	114 265	109 824	254 659	129 828	124 831
15-19	136 095	68 890	67 205	153 713	77 842	75 871	188 329	95 944	92 386	219 276	111 716	107 560
20-24	124 353	62 787	61 566	132 038	66 726	65 311	149 550	75 655	73 895	183 247	93 265	89 982
25-29	109 677	55 369	54 308	120 135	60 513	59 622	127 942	64 550	63 392	145 589	73 605	71 984
30-34	95 907	48 729	47 178	105 676	53 367	52 309	116 323	58 636	57 687	124 605	62 924	61 681
35-39	81 296	41 417	39 879	91 935	46 738	45 197	101 868	51 462	50 407	112 939	56 967	55 972
40-44	68 733	35 037	33 696	77 235	39 339	37 895	88 018	44 695	43 323	98 250	49 608	48 642
45-49	59 940	30 454	29 485	64 569	32 824	31 745	73 197	37 146	36 050	84 095	42 536	41 559
50-54	50 620	25 533	25 087	55 408	27 973	27 435	60 175	30 376	29 798	68 934	34 713	34 221
55-59	40 118	20 140	19 977	45 659	22 790	22 869	50 448	25 190	25 258	55 260	27 588	27 672
60-64	31 199	15 303	15 896	34 750	17 186	17 563	39 931	19 633	20 298	44 512	21 897	22 615
65-69	21 260	10 249	11 011	25 271	12 157	13 113	28 551	13 839	14 712	33 137	15 949	17 188
70-74	14 662	6 820	7 841	15 647	7 331	8 316	18 902	8 843	10 059	21 655	10 207	11 448
75-79	7 736	3 489	4 247	9 339	4 168	5 171	10 200	4 584	5 615	12 492	5 624	6 868
80+	5 256	2 192	3 064	5 802	2 369	3 433	7 043	2 850	4 193	8 144	3 324	4 820
80-84	...	...	...	...	...	...	...	...	...	...	...	...
85-89	...	...	...	...	...	...	...	...	...	...	...	...
90-94	...	...	...	...	...	...	...	...	...	...	...	...
95-99	...	...	...	...	...	...	...	...	...	...	...	...
100+	...	...	...	...	...	...	...	...	...	...	...	...

年齢	1980 総数	男	女	1985 総数	男	女	1990 総数	男	女	1995 総数	男	女
総数	2 356 842	1 192 058	1 164 783	2 661 377	1 345 708	1 315 669	2 984 213	1 509 023	1 475 189	3 309 822	1 673 642	1 636 180
0-4	366 688	186 855	179 833	405 890	207 146	198 744	431 822	220 761	211 062	445 289	228 276	217 013
5-9	318 344	162 377	155 966	352 370	179 725	172 645	391 912	200 228	191 684	418 519	214 045	204 473
10-14	282 627	144 032	138 596	313 730	160 024	153 705	347 958	177 512	170 446	387 572	197 971	189 601
15-19	249 937	127 300	122 638	278 418	141 787	136 631	309 330	157 696	151 633	342 759	174 642	168 117
20-24	214 307	109 026	105 282	244 989	124 594	120 395	272 744	138 723	134 020	302 149	153 701	148 447
25-29	178 716	90 924	87 792	209 786	106 649	103 137	239 987	121 924	118 063	266 395	135 197	131 198
30-34	141 976	71 837	70 140	174 938	89 027	85 911	205 671	104 461	101 210	234 930	119 224	115 706
35-39	121 018	61 082	59 937	138 811	70 135	68 676	171 045	86 869	84 175	201 224	102 026	99 198
40-44	109 201	54 978	54 223	117 481	59 129	58 352	134 880	67 883	66 997	166 620	84 398	82 222
45-49	94 157	47 308	46 849	104 961	52 525	52 436	113 408	56 753	56 655	130 266	65 229	65 037
50-54	79 387	39 859	39 528	89 215	44 410	44 804	99 817	49 531	50 285	108 181	53 709	54 472
55-59	63 715	31 720	31 995	73 599	36 476	37 122	83 151	40 915	42 235	93 407	45 814	47 592
60-64	49 087	24 102	24 985	56 919	27 837	29 082	66 286	32 304	33 982	75 421	36 526	38 895
65-69	37 361	17 962	19 399	41 417	19 845	21 573	48 522	23 187	25 334	57 092	27 187	29 906
70-74	25 518	11 915	13 603	29 029	13 513	15 516	32 510	15 126	17 384	38 701	17 958	20 743
75-79	14 689	6 646	8 043	17 499	7 835	9 664	20 182	9 039	11 143	23 058	10 334	12 724
80+	10 113	4 137	5 976	12 324	5 050	7 275	...	...	...	...	...	...
80-84	...	...	...	...	...	...	10 059	4 254	5 805	12 043	5 085	6 959
85-89	...	...	...	...	...	...	3 737	1 455	2 282	4 644	1 798	2 846
90-94	...	...	...	...	...	...	999	344	654	1 279	442	837
95-99	...	...	...	...	...	...	172	52	120	242	73	169
100+	...	...	...	...	...	...	24	6	18	30	8	22

年齢	2000 総数	男	女	2005 総数	男	女	2010 総数	男	女	2015 総数	男	女
総数	3 638 685	1 839 436	1 799 249	3 975 101	2 010 678	1 964 423	4 324 652	2 188 542	2 136 110	4 690 815	2 373 527	2 317 288
0-4	459 253	236 067	223 187	476 676	245 160	231 515	495 974	255 132	240 842	517 642	266 136	251 505
5-9	433 660	222 513	211 147	449 625	231 239	218 386	467 730	240 694	227 037	488 349	251 141	237 208
10-14	413 811	211 675	202 135	429 757	220 477	209 280	445 531	229 253	216 278	463 920	238 738	225 182
15-19	382 061	194 752	187 308	409 652	209 314	200 338	423 586	217 061	206 525	441 143	226 958	214 185
20-24	335 250	170 364	164 886	374 148	190 192	183 956	399 933	203 713	196 220	417 729	213 888	203 841
25-29	294 973	149 800	145 173	328 388	166 480	161 908	368 830	187 103	181 727	394 167	200 611	193 556
30-34	260 769	132 171	128 599	287 929	146 304	141 625	322 524	163 505	159 018	362 983	183 876	179 107
35-39	229 672	116 185	113 486	254 379	128 975	125 404	282 997	143 783	139 214	316 153	159 835	156 318
40-44	195 887	98 894	96 994	223 000	112 606	110 393	248 957	126 037	122 920	276 717	140 116	136 600
45-49	161 011	81 011	80 000	188 175	94 477	93 698	217 081	109 137	107 943	242 367	122 073	120 294
50-54	124 187	61 520	62 667	154 173	76 870	77 303	181 825	90 691	91 133	209 733	104 622	105 111
55-59	101 320	49 639	51 680	117 507	57 672	59 835	145 318	71 917	73 402	173 051	85 357	87 694
60-64	84 989	40 975	44 013	92 906	44 926	47 980	107 618	52 006	55 612	134 924	65 772	69 152
65-69	65 597	31 055	34 542	73 903	34 987	38 916	81 187	38 540	42 647	95 524	45 283	50 240
70-74	46 177	21 348	24 829	53 484	24 667	28 817	60 985	28 104	32 881	67 582	31 248	36 334
75-79	28 106	12 545	15 561	33 934	15 153	18 780	39 754	17 673	22 081	46 082	20 454	25 629
80+	...	...	...	...	...	...	...	...	...	...	...	...
80-84	14 151	5 998	8 153	17 751	7 511	10 240	22 174	9 398	12 777	26 130	11 055	15 075
85-89	5 780	2 239	3 541	7 042	2 763	4 279	9 185	3 606	5 579	11 856	4 694	7 162
90-94	1 658	572	1 086	2 160	750	1 410	2 761	981	1 780	3 795	1 365	2 430
95-99	328	99	229	446	135	311	613	187	426	836	267	568
100+	45	12	33	65	17	48	90	24	66	133	37	97

性・年齢別人口（千人）

年齢	2015			2020			2025			2030		
	総数	男	女	総数	男	女	総数	男	女	総数	男	女
総数	4 690 815	2 373 527	2 317 288	5 057 356	2 557 767	2 499 589	5 417 821	2 738 130	2 679 691	5 769 515	2 913 298	2 856 217
0-4	517 642	266 136	251 505	528 943	271 769	257 175	535 932	275 178	260 754	542 666	278 360	264 305
5-9	488 349	251 141	237 208	510 439	262 371	248 068	522 721	268 497	254 223	530 091	272 087	258 004
10-14	463 920	238 738	225 182	484 705	249 257	235 448	507 104	260 634	246 470	519 774	266 949	252 825
15-19	441 143	226 958	214 185	459 790	236 583	223 208	480 675	247 148	233 527	503 367	258 611	244 756
20-24	417 729	213 888	203 841	435 814	224 146	211 668	454 442	233 732	220 709	475 386	244 210	231 176
25-29	394 167	200 611	193 556	412 634	211 221	201 413	430 683	221 381	209 302	449 199	230 828	218 371
30-34	362 983	183 876	179 107	388 868	197 633	191 235	407 473	208 255	199 218	425 483	218 399	207 084
35-39	316 153	159 835	156 318	356 693	180 086	176 607	382 834	193 964	188 870	401 552	204 678	196 873
40-44	276 717	140 116	136 600	309 515	155 751	153 764	350 061	176 009	174 053	376 236	189 925	186 311
45-49	242 367	122 073	120 294	269 689	135 722	133 967	302 273	151 234	151 039	342 673	171 464	171 209
50-54	209 733	104 622	105 111	234 359	117 095	117 264	261 264	130 460	130 804	293 547	145 814	147 733
55-59	173 051	85 357	87 694	200 151	98 772	101 379	224 262	110 908	113 354	250 598	123 880	126 718
60-64	134 924	65 772	69 152	161 223	78 390	82 833	187 245	91 137	96 107	210 596	102 784	107 812
65-69	95 524	45 283	50 240	120 813	57 779	63 034	145 241	69 285	75 956	169 731	81 129	88 602
70-74	67 582	31 248	36 334	80 351	37 107	43 243	102 589	47 792	54 797	124 444	57 866	66 578
75-79	46 082	20 454	25 629	51 741	23 080	28 661	62 355	27 790	34 566	80 670	36 290	44 379
80+	...	...	...	...	...	...	...	...	...	...	...	...
80-84	26 130	11 055	15 075	30 781	13 013	17 768	35 140	14 948	20 192	43 114	18 347	24 767
85-89	11 856	4 694	7 162	14 389	5 707	8 683	17 282	6 859	10 423	20 145	8 055	12 090
90-94	3 795	1 365	2 430	5 058	1 838	3 221	6 316	2 299	4 017	7 737	2 818	4 919
95-99	836	267	568	1 201	391	810	1 636	535	1 101	2 094	682	1 412
100+	133	37	97	197	58	140	293	87	207	412	121	291

年齢	2035			2040			2045			2050		
	総数	男	女	総数	男	女	総数	男	女	総数	男	女
総数	6 111 914	3 083 192	3 028 722	6 443 373	3 247 094	3 196 279	6 761 090	3 404 065	3 357 025	7 060 907	3 552 331	3 508 576
0-4	550 974	282 382	268 592	559 527	286 555	272 972	566 684	290 056	276 628	570 678	292 083	278 594
5-9	537 275	275 487	261 788	546 064	279 748	266 316	555 057	284 146	270 911	562 622	287 860	274 763
10-14	527 253	270 583	256 669	534 630	274 077	260 553	543 586	278 421	265 165	552 733	282 895	269 838
15-19	516 250	265 021	251 229	523 883	268 732	255 151	531 396	272 296	259 100	540 472	276 702	263 770
20-24	498 291	255 744	242 547	511 250	262 154	249 096	519 058	265 964	253 093	526 721	269 610	257 111
25-29	470 247	241 302	228 945	493 162	252 799	240 363	506 309	259 321	246 988	514 294	263 228	251 066
30-34	444 132	227 905	216 228	465 275	238 434	226 841	488 332	250 018	238 314	501 676	256 651	245 025
35-39	419 809	214 997	204 812	438 587	224 580	214 006	459 856	235 196	224 660	483 081	246 884	236 197
40-44	395 065	200 686	194 379	413 528	211 153	202 375	432 428	220 819	211 608	453 840	231 545	222 296
45-49	368 692	185 229	183 463	387 718	196 137	191 582	406 265	206 643	199 621	425 311	216 431	208 880
50-54	333 461	165 750	167 711	359 351	179 417	179 934	378 460	190 365	188 095	397 075	200 908	196 167
55-59	282 313	138 918	143 395	321 485	158 392	163 093	347 151	171 903	175 247	366 253	182 810	183 443
60-64	236 149	115 275	120 874	266 970	129 794	137 176	305 002	148 559	156 443	330 257	161 778	168 479
65-69	191 911	92 069	99 842	216 251	103 816	112 435	245 674	117 550	128 124	281 942	135 253	146 689
70-74	146 648	68 426	78 222	167 023	78 281	88 742	189 487	88 946	100 540	216 688	101 479	115 209
75-79	99 048	44 518	54 530	118 075	53 308	64 768	135 810	61 678	74 132	155 454	70 793	84 661
80+	...	...	...	...	...	...	...	...	...	...	...	...
80-84	56 738	24 388	32 351	70 804	30 402	40 402	85 717	37 047	48 671	99 822	43 491	56 331
85-89	25 258	10 112	15 145	33 991	13 717	20 274	43 281	17 467	25 814	53 404	21 756	31 648
90-94	9 245	3 393	5 851	11 895	4 358	7 536	16 417	6 052	10 366	21 409	7 906	13 503
95-99	2 613	849	1 764	3 213	1 045	2 168	4 244	1 372	2 872	5 999	1 943	4 056
100+	544	157	387	695	198	497	879	248	631	1 172	326	847

年齢	2055			2060		
	総数	男	女	総数	男	女
総数	7 340 616	3 691 162	3 649 453	7 598 505	3 819 560	3 778 945
0-4	571 906	292 699	279 207	571 907	292 684	279 223
5-9	567 036	290 111	276 925	568 653	290 933	277 720
10-14	560 466	286 696	273 769	565 067	289 042	276 025
15-19	549 826	281 276	268 550	557 751	285 176	272 575
20-24	536 087	274 185	261 902	545 699	278 895	266 804
25-29	522 189	267 032	255 157	531 808	271 747	260 061
30-34	509 921	260 713	249 208	518 053	264 658	253 395
35-39	496 703	253 691	243 012	505 207	257 916	247 291
40-44	477 237	243 362	233 875	491 100	250 328	240 771
45-49	446 864	227 266	219 599	470 396	239 188	231 208
50-54	416 248	210 803	205 445	437 874	221 708	216 165
55-59	384 926	193 388	191 538	404 178	203 354	200 824
60-64	349 351	172 627	176 723	368 030	183 174	184 856
65-69	306 564	148 053	158 511	325 466	158 696	166 770
70-74	250 314	117 692	132 622	273 724	129 743	143 981
75-79	179 401	81 668	97 733	209 026	95 711	113 315
80+	...	...	...	...	...	...
80-84	115 628	50 632	64 996	134 987	59 231	75 757
85-89	63 183	26 056	37 128	74 235	30 854	43 381
90-94	27 051	10 134	16 917	32 594	12 425	20 168
95-99	8 048	2 618	5 431	10 443	3 461	6 981
100+	1 665	459	1 206	2 307	636	1 672

Less developed regions, excluding China

性・年齢別人口（千人）

年齢	2015 総数	男	女	2020 総数	男	女	2025 総数	男	女	2030 総数	男	女
総数	4 690 815	2 373 527	2 317 288	5 104 061	2 581 823	2 522 238	5 542 929	2 802 530	2 740 399	5 996 979	3 030 302	2 966 677
0-4	517 642	266 136	251 505	575 649	295 825	279 824	614 732	315 732	299 000	645 784	331 371	314 413
5-9	488 349	251 141	237 208	510 439	262 371	248 068	569 029	292 344	276 685	608 292	312 323	295 970
10-14	463 920	238 738	225 182	484 705	249 257	235 448	507 104	260 634	246 470	565 919	290 707	275 212
15-19	441 143	226 958	214 185	459 790	236 583	223 208	480 675	247 148	233 527	503 367	258 611	244 756
20-24	417 729	213 888	203 841	435 814	224 146	211 668	454 442	233 732	220 709	475 386	244 210	231 176
25-29	394 167	200 611	193 556	412 634	211 221	201 413	430 683	221 381	209 302	449 199	230 828	218 371
30-34	362 983	183 876	179 107	388 868	197 633	191 235	407 473	208 255	199 218	425 483	218 399	207 084
35-39	316 153	159 835	156 318	356 693	180 086	176 607	382 834	193 964	188 870	401 552	204 678	196 873
40-44	276 717	140 116	136 600	309 515	155 751	153 764	350 061	176 009	174 053	376 236	189 925	186 311
45-49	242 367	122 073	120 294	269 689	135 722	133 967	302 273	151 234	151 039	342 673	171 464	171 209
50-54	209 733	104 622	105 111	234 359	117 095	117 264	261 264	130 460	130 804	293 547	145 814	147 733
55-59	173 051	85 357	87 694	200 151	98 772	101 379	224 262	110 908	113 354	250 598	123 880	126 718
60-64	134 924	65 772	69 152	161 223	78 390	82 833	187 245	91 137	96 107	210 596	102 784	107 812
65-69	95 524	45 283	50 240	120 813	57 779	63 034	145 241	69 285	75 956	169 731	81 129	88 602
70-74	67 582	31 248	36 334	80 351	37 107	43 243	102 589	47 792	54 797	124 444	57 866	66 578
75-79	46 082	20 454	25 629	51 741	23 080	28 661	62 355	27 790	34 566	80 670	36 290	44 379
80+	…	…	…	…	…	…	…	…	…	…	…	…
80-84	26 130	11 055	15 075	30 781	13 013	17 768	35 140	14 948	20 192	43 114	18 347	24 767
85-89	11 856	4 694	7 162	14 389	5 707	8 683	17 282	6 859	10 423	20 145	8 055	12 090
90-94	3 795	1 365	2 430	5 058	1 838	3 221	6 316	2 299	4 017	7 737	2 818	4 919
95-99	836	267	568	1 201	391	810	1 636	535	1 101	2 094	682	1 412
100+	133	37	97	197	58	140	293	87	207	412	121	291

年齢	2035 総数	男	女	2040 総数	男	女	2045 総数	男	女	2050 総数	男	女
総数	6 448 359	3 256 123	3 192 236	6 905 256	3 484 311	3 420 945	7 377 349	3 720 322	3 657 027	7 865 849	3 965 160	3 900 689
0-4	661 062	338 913	322 150	686 413	351 654	334 758	722 980	370 204	352 777	761 886	390 137	371 750
5-9	639 690	328 121	311 569	655 471	335 911	319 560	681 234	348 862	332 372	718 141	367 585	350 556
10-14	605 204	310 682	294 522	636 744	326 545	310 199	652 698	334 421	318 276	678 599	347 439	331 161
15-19	562 241	288 690	273 551	601 593	308 690	292 903	633 217	324 593	308 624	649 291	332 531	316 760
20-24	498 291	255 744	242 547	557 014	285 681	271 333	596 411	305 700	290 711	628 105	321 633	306 471
25-29	470 247	241 302	228 945	493 162	252 799	240 363	551 807	282 680	269 127	591 227	302 699	288 528
30-34	444 132	227 905	216 228	465 275	238 434	226 841	488 332	250 018	238 314	546 888	279 833	267 056
35-39	419 809	214 997	204 812	438 587	224 580	214 006	459 856	235 196	224 660	483 081	246 884	236 197
40-44	395 065	200 686	194 379	413 528	211 153	202 375	432 428	220 819	211 608	453 840	231 545	222 296
45-49	368 692	185 229	183 463	387 718	196 137	191 582	406 265	206 643	199 621	425 311	216 431	208 880
50-54	333 461	165 750	167 711	359 351	179 417	179 934	378 460	190 365	188 095	397 075	200 908	196 167
55-59	282 313	138 918	143 395	321 485	158 392	163 093	347 151	171 903	175 247	366 253	182 810	183 443
60-64	236 149	115 275	120 874	266 970	129 794	137 176	305 002	148 559	156 443	330 257	161 778	168 479
65-69	191 911	92 069	99 842	216 251	103 816	112 435	245 674	117 550	128 124	281 942	135 253	146 689
70-74	146 648	68 426	78 222	167 023	78 281	88 742	189 487	88 946	100 540	216 688	101 479	115 209
75-79	99 048	44 518	54 530	118 075	53 308	64 768	135 810	61 678	74 132	155 454	70 793	84 661
80+	…	…	…	…	…	…	…	…	…	…	…	…
80-84	56 738	24 388	32 351	70 804	30 402	40 402	85 717	37 047	48 671	99 822	43 491	56 331
85-89	25 258	10 112	15 145	33 991	13 717	20 274	43 281	17 467	25 814	53 404	21 756	31 648
90-94	9 245	3 393	5 851	11 895	4 358	7 536	16 417	6 052	10 366	21 409	7 906	13 503
95-99	2 613	849	1 764	3 213	1 045	2 168	4 244	1 372	2 872	5 999	1 943	4 056
100+	544	157	387	695	198	497	879	248	631	1 172	326	847

年齢	2055 総数	男	女	2060 総数	男	女
総数	8 365 411	4 216 469	4 148 942	8 868 316	4 470 144	4 398 171
0-4	794 984	407 083	387 901	820 957	420 360	400 597
5-9	757 401	387 705	369 696	790 852	404 837	386 016
10-14	715 638	366 230	349 409	755 053	386 424	368 629
15-19	675 380	345 636	329 744	712 573	364 502	348 071
20-24	644 469	329 741	314 728	670 784	342 962	327 822
25-29	623 058	318 735	304 324	639 674	326 981	312 693
30-34	586 405	299 907	286 498	618 372	316 023	302 350
35-39	541 594	276 674	264 920	581 184	296 799	284 385
40-44	477 237	243 362	233 875	535 606	273 075	262 530
45-49	446 864	227 266	219 599	470 396	239 188	231 208
50-54	416 248	210 803	205 445	437 874	221 708	216 165
55-59	384 926	193 388	191 538	404 178	203 354	200 824
60-64	349 351	172 627	176 723	368 030	183 174	184 856
65-69	306 564	148 053	158 511	325 466	158 696	166 770
70-74	250 314	117 692	132 622	273 724	129 743	143 981
75-79	179 401	81 668	97 733	209 026	95 711	113 315
80+	…	…	…	…	…	…
80-84	115 628	50 632	64 996	134 987	59 231	75 757
85-89	63 183	26 056	37 128	74 235	30 854	43 381
90-94	27 051	10 134	16 917	32 594	12 425	20 168
95-99	8 048	2 618	5 431	10 443	3 461	6 981
100+	1 665	459	1 206	2 307	636	1 672

性・年齢別人口（千人）

年齢	2015			2020			2025			2030		
	総数	男	女	総数	男	女	総数	男	女	総数	男	女
総数	4 690 815	2 373 527	2 317 288	5 010 539	2 533 654	2 476 885	5 292 572	2 673 659	2 618 914	5 541 869	2 796 202	2 745 667
0-4	517 642	266 136	251 505	482 127	247 656	234 471	457 103	234 610	222 493	439 506	225 329	214 177
5-9	488 349	251 141	237 208	510 439	262 371	248 068	476 301	244 594	231 707	451 861	231 837	220 024
10-14	463 920	238 738	225 182	484 705	249 257	235 448	507 104	260 634	246 470	473 518	243 135	230 384
15-19	441 143	226 958	214 185	459 790	236 583	223 208	480 675	247 148	233 527	503 367	258 611	244 756
20-24	417 729	213 888	203 841	435 814	224 146	211 668	454 442	233 732	220 709	475 386	244 210	231 176
25-29	394 167	200 611	193 556	412 634	211 221	201 413	430 683	221 381	209 302	449 199	230 828	218 371
30-34	362 983	183 876	179 107	388 868	197 633	191 235	407 473	208 255	199 218	425 483	218 399	207 084
35-39	316 153	159 835	156 318	356 693	180 086	176 607	382 834	193 964	188 870	401 552	204 678	196 873
40-44	276 717	140 116	136 600	309 515	155 751	153 764	350 061	176 009	174 053	376 236	189 925	186 311
45-49	242 367	122 073	120 294	269 689	135 722	133 967	302 273	151 234	151 039	342 673	171 464	171 209
50-54	209 733	104 622	105 111	234 359	117 095	117 264	261 264	130 460	130 804	293 547	145 814	147 733
55-59	173 051	85 357	87 694	200 151	98 772	101 379	224 262	110 908	113 354	250 598	123 880	126 718
60-64	134 924	65 772	69 152	161 223	78 390	82 833	187 245	91 137	96 107	210 596	102 784	107 812
65-69	95 524	45 283	50 240	120 813	57 779	63 034	145 241	69 285	75 956	169 731	81 129	88 602
70-74	67 582	31 248	36 334	80 351	37 107	43 243	102 589	47 792	54 797	124 444	57 866	66 578
75-79	46 082	20 454	25 629	51 741	23 080	28 661	62 355	27 790	34 566	80 670	36 290	44 379
80+	...	...	...	...	...	...	...	...	...	...	...	...
80-84	26 130	11 055	15 075	30 781	13 013	17 768	35 140	14 948	20 192	43 114	18 347	24 767
85-89	11 856	4 694	7 162	14 389	5 707	8 683	17 282	6 859	10 423	20 145	8 055	12 090
90-94	3 795	1 365	2 430	5 058	1 838	3 221	6 316	2 299	4 017	7 737	2 818	4 919
95-99	836	267	568	1 201	391	810	1 636	535	1 101	2 094	682	1 412
100+	133	37	97	197	58	140	293	87	207	412	121	291

年齢	2035			2040			2045			2050		
	総数	男	女	総数	男	女	総数	男	女	総数	男	女
総数	5 776 000	2 910 533	2 865 468	5 987 105	3 012 759	2 974 345	6 164 914	3 098 123	3 066 791	6 302 588	3 163 449	3 139 139
0-4	441 597	226 216	215 382	437 727	224 067	213 660	424 880	217 353	207 527	406 079	207 699	198 380
5-9	434 820	222 833	211 987	437 365	223 947	213 418	433 943	222 030	211 913	421 539	215 548	205 991
10-14	449 272	230 470	218 802	432 474	221 587	210 887	435 180	222 782	212 399	431 920	220 945	210 975
15-19	470 149	241 297	228 852	446 143	228 758	217 384	429 534	219 978	209 556	432 357	221 233	211 124
20-24	498 291	255 744	242 547	465 375	238 570	226 805	441 675	226 214	215 461	425 296	217 565	207 732
25-29	470 247	241 302	228 945	493 162	252 799	240 363	460 702	235 906	224 796	437 332	223 742	213 590
30-34	444 132	227 905	216 228	465 275	238 434	226 841	488 332	250 018	238 314	456 355	233 414	222 941
35-39	419 809	214 997	204 812	438 587	224 580	214 006	459 856	235 196	224 660	483 081	246 884	236 197
40-44	395 065	200 686	194 379	413 528	211 153	202 375	432 428	220 819	211 608	453 840	231 545	222 296
45-49	368 692	185 229	183 463	387 718	196 137	191 582	406 265	206 643	199 621	425 311	216 431	208 880
50-54	333 461	165 750	167 711	359 351	179 417	179 934	378 460	190 365	188 095	397 075	200 908	196 167
55-59	282 313	138 918	143 395	321 485	158 392	163 093	347 151	171 903	175 247	366 253	182 810	183 443
60-64	236 149	115 275	120 874	266 970	129 794	137 176	305 002	148 559	156 443	330 257	161 778	168 479
65-69	191 911	92 069	99 842	216 251	103 816	112 435	245 674	117 550	128 124	281 942	135 253	146 689
70-74	146 648	68 426	78 222	167 023	78 281	88 742	189 487	88 946	100 540	216 688	101 479	115 209
75-79	99 048	44 518	54 530	118 075	53 308	64 768	135 810	61 678	74 132	155 454	70 793	84 661
80+	...	...	...	...	...	...	...	...	...	...	...	...
80-84	56 738	24 388	32 351	70 804	30 402	40 402	85 717	37 047	48 671	99 822	43 491	56 331
85-89	25 258	10 112	15 145	33 991	13 717	20 274	43 281	17 467	25 814	53 404	21 756	31 648
90-94	9 245	3 393	5 851	11 895	4 358	7 536	16 417	6 052	10 366	21 409	7 906	13 503
95-99	2 613	849	1 764	3 213	1 045	2 168	4 244	1 372	2 872	5 999	1 943	4 056
100+	544	157	387	695	198	497	879	248	631	1 172	326	847

年齢	2055			2060		
	総数	男	女	総数	男	女
総数	6 400 560	3 209 371	3 191 189	6 461 716	3 237 264	3 224 452
0-4	387 077	197 957	189 120	371 348	189 898	181 450
5-9	403 188	206 136	197 052	384 581	196 604	187 977
10-14	419 702	214 563	205 139	401 556	205 255	196 301
15-19	429 314	219 503	209 810	417 311	213 234	204 077
20-24	428 407	218 987	209 419	425 640	217 406	208 234
25-29	421 280	215 310	205 970	424 640	216 869	207 771
30-34	433 407	221 503	211 904	417 693	213 272	204 421
35-39	451 705	230 653	221 052	429 201	219 018	210 183
40-44	477 237	243 362	233 875	446 486	227 527	218 959
45-49	446 864	227 266	219 599	470 396	239 188	231 208
50-54	416 248	210 803	205 445	437 874	221 708	216 165
55-59	384 926	193 388	191 538	404 178	203 354	200 824
60-64	349 351	172 627	176 723	368 030	183 174	184 856
65-69	306 564	148 053	158 511	325 466	158 696	166 770
70-74	250 314	117 692	132 622	273 724	129 743	143 981
75-79	179 401	81 668	97 733	209 026	95 711	113 315
80+	...	...	...	...	...	...
80-84	115 628	50 632	64 996	134 987	59 231	75 757
85-89	63 183	26 056	37 128	74 235	30 854	43 381
90-94	27 051	10 134	16 917	32 594	12 425	20 168
95-99	8 048	2 618	5 431	10 443	3 461	6 981
100+	1 665	459	1 206	2 307	636	1 672

推計値

性・年齢別人口（千人）

年齢	1960 総数	男	女	1965 総数	男	女	1970 総数	男	女	1975 総数	男	女
総数	912 007	441 486	470 521	969 982	470 991	498 991	1 019 422	495 665	523 757	1 067 978	520 223	547 756
0-4	93 169	47 597	45 572	94 014	47 969	46 046	89 522	45 731	43 791	88 021	45 044	42 977
5-9	89 481	45 662	43 819	94 033	48 039	45 995	94 936	48 444	46 492	89 883	45 894	43 989
10-14	84 233	43 026	41 208	89 268	45 570	43 698	94 462	48 311	46 151	95 280	48 622	46 658
15-19	68 741	34 832	33 909	84 037	42 817	41 220	88 817	45 190	43 626	94 336	48 127	46 209
20-24	70 228	35 194	35 035	68 322	34 424	33 899	82 750	41 688	41 062	89 112	45 230	43 883
25-29	65 921	33 020	32 901	70 378	35 374	35 005	68 315	34 523	33 792	83 561	42 277	41 284
30-34	67 689	33 324	34 365	65 817	33 093	32 723	70 244	35 393	34 851	68 917	34 856	34 061
35-39	61 748	29 029	32 720	67 343	33 208	34 135	65 192	32 784	32 409	69 965	35 154	34 811
40-44	49 088	23 096	25 993	61 072	28 726	32 346	66 560	32 803	33 757	64 609	32 398	32 211
45-49	54 917	25 556	29 361	48 051	22 513	25 538	60 154	28 116	32 038	65 347	32 007	33 340
50-54	51 131	23 911	27 220	53 267	24 570	28 697	46 476	21 581	24 895	58 421	26 999	31 422
55-59	44 162	20 430	23 732	48 994	22 511	26 484	50 884	23 022	27 862	44 376	20 230	24 146
60-64	36 357	16 099	20 258	40 772	18 329	22 443	45 398	20 213	25 185	47 409	20 873	26 535
65-69	28 508	12 163	16 344	32 178	13 655	18 524	36 408	15 655	20 753	40 810	17 335	23 475
70-74	21 487	8 859	12 627	23 528	9 479	14 048	26 642	10 590	16 052	30 259	12 208	18 051
75-79	14 103	5 599	8 503	15 911	6 133	9 779	17 358	6 489	10 870	20 008	7 304	12 705
80+	11 045	4 089	6 955	12 994	4 582	8 413	15 303	5 133	10 170	17 664	5 666	11 998
80-84	...	...	...	...	...	...	...	...	...	...	...	...
85-89	...	...	...	...	...	...	...	...	...	...	...	...
90-94	...	...	...	...	...	...	...	...	...	...	...	...
95-99	...	...	...	...	...	...	...	...	...	...	...	...
100+	...	...	...	...	...	...	...	...	...	...	...	...

年齢	1980 総数	男	女	1985 総数	男	女	1990 総数	男	女	1995 総数	男	女
総数	1 113 605	543 000	570 605	1 158 471	565 697	592 774	1 202 698	588 450	614 248	1 243 808	609 588	634 220
0-4	85 926	44 029	41 897	87 058	44 546	42 512	86 371	44 265	42 105	82 160	42 136	40 024
5-9	88 573	45 373	43 199	86 411	44 258	42 154	87 679	44 839	42 840	87 313	44 751	42 562
10-14	90 883	46 619	44 264	89 367	45 784	43 583	87 444	44 743	42 701	89 454	45 767	43 688
15-19	96 186	49 200	46 987	91 660	47 001	44 659	90 677	46 449	44 228	89 000	45 565	43 436
20-24	95 085	48 492	46 592	96 967	49 422	47 545	92 934	47 633	45 300	91 453	46 682	44 771
25-29	89 477	45 363	44 114	95 855	48 776	47 079	97 558	49 624	47 934	94 282	48 185	46 098
30-34	83 763	42 304	41 459	90 163	45 696	44 467	96 579	49 006	47 573	99 478	50 634	48 844
35-39	68 206	34 200	34 006	83 514	42 068	41 447	89 977	45 448	44 529	97 142	49 171	47 970
40-44	69 238	34 564	34 674	67 745	33 862	33 883	83 049	41 666	41 383	89 653	45 074	44 578
45-49	63 177	31 252	31 924	67 995	33 701	34 294	66 694	33 188	33 505	81 664	40 676	40 989
50-54	63 381	30 549	32 832	61 424	30 057	31 367	66 312	32 563	33 749	65 303	32 170	33 133
55-59	55 990	25 328	30 662	60 675	28 725	31 949	59 074	28 468	30 606	63 938	30 888	33 050
60-64	41 694	18 480	23 214	52 516	23 159	29 357	57 272	26 466	30 806	55 992	26 352	29 640
65-69	43 215	18 306	24 909	38 081	16 254	21 827	48 191	20 503	27 689	52 529	23 421	29 108
70-74	34 595	13 802	20 793	36 947	14 757	22 190	32 891	13 342	19 549	42 088	17 071	25 017
75-79	23 513	8 791	14 722	27 041	9 904	17 137	29 516	10 930	18 586	26 726	10 120	16 606
80+	20 704	6 348	14 355	25 050	7 727	17 324	...	...	...	...	...	...
80-84	...	...	...	...	...	...	18 703	6 116	12 587	20 784	6 926	13 858
85-89	...	...	...	...	...	...	8 492	2 456	6 036	10 604	3 010	7 594
90-94	...	...	...	...	...	...	2 661	619	2 042	3 455	841	2 614
95-99	...	...	...	...	...	...	557	113	444	701	133	567
100+	...	...	...	...	...	...	67	13	55	89	15	74

年齢	2000 総数	男	女	2005 総数	男	女	2010 総数	男	女	2015 総数	男	女
総数	1 280 673	628 101	652 572	1 319 249	647 956	671 294	1 365 643	672 567	693 076	1 401 479	691 583	709 896
0-4	77 743	39 854	37 889	77 764	39 829	37 936	80 384	41 148	39 236	81 412	41 724	39 688
5-9	83 470	42 827	40 643	78 386	40 180	38 206	78 511	40 200	38 311	81 325	41 621	39 704
10-14	89 087	45 672	43 414	84 757	43 480	41 276	80 484	41 277	39 208	79 154	40 532	38 622
15-19	90 738	46 393	44 345	91 508	46 964	44 544	87 271	44 791	42 480	81 004	41 594	39 410
20-24	90 484	46 258	44 226	93 308	47 739	45 570	94 394	48 553	45 841	90 635	46 684	43 951
25-29	93 840	47 827	46 013	93 594	47 696	45 898	97 190	49 870	47 320	97 030	50 165	46 865
30-34	95 951	48 888	47 064	96 200	49 113	47 087	96 961	49 646	47 315	99 591	51 179	48 412
35-39	99 830	50 466	49 364	97 283	49 505	47 778	98 177	50 165	48 011	96 731	49 329	47 401
40-44	96 537	48 558	47 979	99 737	50 189	49 549	97 393	49 455	47 938	98 647	50 151	48 496
45-49	88 536	44 125	44 411	95 022	47 406	47 616	99 552	49 886	49 666	96 011	48 529	47 483
50-54	80 293	39 545	40 749	86 945	42 815	44 130	93 977	46 460	47 517	98 572	49 042	49 530
55-59	63 388	30 743	32 646	77 956	37 849	40 106	84 763	41 172	43 591	91 704	44 836	46 868
60-64	60 924	28 775	32 149	60 827	28 944	31 883	74 353	35 556	38 796	81 403	38 873	42 531
65-69	51 912	23 678	28 234	56 718	26 007	30 710	57 658	26 784	30 874	70 113	32 951	37 162
70-74	46 254	19 716	26 538	46 411	20 361	26 050	51 491	22 827	28 664	53 025	23 929	29 096
75-79	34 673	13 225	21 448	38 537	15 528	23 009	39 568	16 531	23 036	44 220	18 756	25 464
80+	...	...	...	...	...	...	...	...	...	...	...	...
80-84	19 449	6 757	12 692	25 693	9 057	16 636	29 629	11 125	18 504	31 351	12 299	19 052
85-89	12 098	3 539	8 559	11 902	3 698	8 204	16 422	5 234	11 187	19 377	6 656	12 721
90-94	4 439	1 056	3 382	5 316	1 328	3 988	5 645	1 517	4 129	8 067	2 270	5 797
95-99	917	182	735	1 239	243	996	1 607	334	1 273	1 816	413	1 403
100+	110	17	93	146	24	122	213	34	178	290	51	239

性・年齢別人口（千人）

年齢	2015			2020			2025			2030		
	総数	男	女	総数	男	女	総数	男	女	総数	男	女
総数	1 401 479	691 583	709 896	1 431 215	706 722	724 493	1 455 448	718 892	736 556	1 474 557	728 382	746 175
0-4	81 412	41 724	39 688	81 431	41 719	39 712	80 035	41 002	39 032	78 331	40 129	38 202
5-9	81 325	41 621	39 704	82 185	42 108	40 076	82 155	42 076	40 078	80 761	41 360	39 401
10-14	79 154	40 532	38 622	82 267	42 087	40 180	83 074	42 546	40 528	83 040	42 510	40 529
15-19	81 004	41 594	39 410	80 634	41 291	39 343	83 669	42 815	40 854	84 378	43 176	41 202
20-24	90 635	46 684	43 951	83 399	42 974	40 425	82 924	42 613	40 311	85 724	43 915	41 809
25-29	97 030	50 165	46 865	93 416	48 377	45 038	86 083	44 584	41 499	85 384	44 035	41 349
30-34	99 591	51 179	48 412	98 742	51 042	47 700	95 052	49 206	45 846	87 807	45 491	42 316
35-39	96 731	49 329	47 401	99 834	51 006	48 827	98 982	50 892	48 089	95 544	49 266	46 278
40-44	98 647	50 151	48 496	96 177	48 683	47 494	99 326	50 423	48 902	98 648	50 467	48 181
45-49	96 011	48 529	47 483	97 586	49 227	48 359	95 106	47 770	47 337	98 518	49 754	48 764
50-54	98 572	49 042	49 530	94 469	47 380	47 089	95 963	48 013	47 950	93 721	46 737	46 983
55-59	91 704	44 836	46 868	96 085	47 336	48 750	92 329	45 908	46 421	93 850	46 532	47 318
60-64	81 403	38 873	42 531	88 183	42 485	45 697	92 717	45 088	47 629	89 440	43 969	45 471
65-69	70 113	32 951	37 162	76 844	35 951	40 893	83 577	39 527	44 050	88 269	42 222	46 047
70-74	53 025	23 929	29 096	64 521	29 536	34 985	70 858	32 312	38 546	77 476	35 801	41 674
75-79	44 220	18 756	25 464	46 437	20 179	26 258	56 962	25 181	31 781	62 753	27 677	35 076
80+	...	...	...	...	...	...	...	...	...	...	...	...
80-84	31 351	12 299	19 052	35 045	14 030	21 015	37 611	15 510	22 101	46 700	19 666	27 034
85-89	19 377	6 656	12 721	21 099	7 607	13 492	23 980	8 883	15 097	26 523	10 150	16 373
90-94	8 067	2 270	5 797	9 791	2 989	6 801	11 071	3 548	7 523	12 885	4 273	8 612
95-99	1 816	413	1 403	2 703	645	2 058	3 411	883	2 528	4 047	1 094	2 953
100+	290	51	239	368	69	299	563	111	452	761	160	602

年齢	2035			2040			2045			2050		
	総数	男	女	総数	男	女	総数	男	女	総数	男	女
総数	1 488 948	735 532	753 416	1 499 524	741 043	758 481	1 507 184	745 433	761 751	1 512 496	748 874	763 622
0-4	77 450	39 678	37 772	77 896	39 908	37 988	78 810	40 378	38 432	79 245	40 602	38 643
5-9	79 073	40 495	38 578	78 199	40 048	38 151	78 648	40 280	38 369	79 565	40 751	38 814
10-14	81 657	41 800	39 857	79 975	40 939	39 036	79 104	40 494	38 610	79 556	40 727	38 829
15-19	84 361	43 148	41 213	82 987	42 443	40 544	81 314	41 588	39 726	80 450	41 148	39 302
20-24	86 424	44 255	42 169	86 331	44 151	42 180	84 974	43 461	41 513	83 309	42 610	40 699
25-29	88 102	45 251	42 850	88 699	45 500	43 200	88 628	45 415	43 213	87 276	44 725	42 551
30-34	87 118	44 945	42 173	89 844	46 169	43 675	90 461	46 436	44 025	90 413	46 366	44 047
35-39	88 561	45 770	42 791	87 905	45 243	42 662	90 657	46 493	44 164	91 303	46 782	44 521
40-44	95 386	48 963	46 422	88 607	45 638	42 969	87 977	45 127	42 850	90 777	46 423	44 354
45-49	97 844	49 771	48 073	94 842	48 486	46 356	88 195	45 246	42 950	87 644	44 801	42 843
50-54	97 213	48 791	48 422	96 636	48 873	47 762	93 859	47 757	46 103	87 418	44 659	42 760
55-59	91 817	45 414	46 403	95 363	47 508	47 854	94 925	47 688	47 238	92 414	46 759	45 656
60-64	91 057	44 653	46 404	89 246	43 696	45 550	92 822	45 803	47 019	92 538	46 079	46 459
65-69	85 588	41 474	44 113	87 320	42 233	45 087	85 755	41 445	44 311	89 358	43 560	45 797
70-74	82 296	38 551	43 746	80 329	38 212	42 117	82 187	39 050	43 137	80 912	38 456	42 457
75-79	69 099	30 970	38 129	73 992	33 710	40 282	72 882	33 802	39 079	74 874	34 724	40 150
80+	...	...	...	...	...	...	...	...	...	...	...	...
80-84	51 717	21 797	29 920	57 540	24 733	32 807	62 335	27 316	35 019	62 180	27 798	34 382
85-89	33 533	13 157	20 376	37 482	14 807	22 675	42 342	17 128	25 213	46 658	19 295	27 363
90-94	14 821	5 072	9 749	19 251	6 781	12 470	21 867	7 821	14 046	25 252	9 289	15 963
95-99	4 866	1 367	3 499	5 866	1 694	4 172	7 904	2 355	5 549	9 224	2 818	6 406
100+	965	209	756	1 214	272	942	1 537	351	1 186	2 128	501	1 628

年齢	2055			2060		
	総数	男	女	総数	男	女
総数	1 515 279	751 097	764 183	1 515 997	752 397	763 600
0-4	78 903	40 430	38 473	78 146	40 043	38 103
5-9	79 964	40 960	39 004	79 584	40 769	38 815
10-14	80 428	41 179	39 249	80 782	41 366	39 417
15-19	80 836	41 352	39 484	81 641	41 772	39 869
20-24	82 352	42 128	40 225	82 641	42 283	40 358
25-29	85 510	43 825	41 685	84 445	43 286	41 160
30-34	88 991	45 647	43 344	87 149	44 709	42 439
35-39	91 229	46 712	44 518	89 782	45 988	43 794
40-44	91 418	46 719	44 699	91 353	46 664	44 689
45-49	90 451	46 111	44 340	91 104	46 420	44 684
50-54	86 918	44 256	42 662	89 744	45 584	44 159
55-59	86 241	43 846	42 395	85 816	43 498	42 318
60-64	90 380	45 399	44 981	84 570	42 734	41 836
65-69	89 251	43 943	45 308	87 546	43 572	43 974
70-74	84 515	40 558	43 957	84 639	41 077	43 562
75-79	73 967	34 365	39 602	77 547	36 438	41 109
80+	...	...	...	...	...	...
80-84	64 305	28 789	35 516	63 876	28 723	35 153
85-89	47 417	20 019	27 397	49 592	21 015	28 577
90-94	28 547	10 753	17 794	29 826	11 466	18 359
95-99	10 999	3 467	7 531	12 890	4 166	8 724
100+	2 660	641	2 019	3 326	826	2 500

性・年齢別人口（千人）

年齢	2015 総数	男	女	2020 総数	男	女	2025 総数	男	女	2030 総数	男	女
総数	1 401 479	691 583	709 896	1 442 784	712 654	730 130	1 485 033	734 060	750 973	1 525 972	754 739	771 233
0–4	81 412	41 724	39 688	93 000	47 651	45 349	98 060	50 244	47 817	100 181	51 330	48 851
5–9	81 325	41 621	39 704	82 185	42 108	40 076	93 714	48 003	45 711	98 773	50 593	48 180
10–14	79 154	40 532	38 622	82 267	42 087	40 180	83 074	42 546	40 528	94 592	48 433	46 160
15–19	81 004	41 594	39 410	80 634	41 291	39 343	83 669	42 815	40 854	84 378	43 176	41 202
20–24	90 635	46 684	43 951	83 399	42 974	40 425	82 924	42 613	40 311	85 724	43 915	41 809
25–29	97 030	50 165	46 865	93 416	48 377	45 038	86 083	44 584	41 499	85 384	44 035	41 349
30–34	99 591	51 179	48 412	98 742	51 042	47 700	95 052	49 206	45 846	87 807	45 491	42 316
35–39	96 731	49 329	47 401	99 834	51 006	48 827	98 982	50 892	48 089	95 544	49 266	46 278
40–44	98 647	50 151	48 496	96 177	48 683	47 494	99 326	50 423	48 902	98 648	50 467	48 181
45–49	96 011	48 529	47 483	97 586	49 227	48 359	95 106	47 770	47 337	98 518	49 754	48 764
50–54	98 572	49 042	49 530	94 469	47 380	47 089	95 963	48 013	47 950	93 721	46 737	46 983
55–59	91 704	44 836	46 868	96 085	47 336	48 750	92 329	45 908	46 421	93 850	46 532	47 318
60–64	81 403	38 873	42 531	88 183	42 485	45 697	92 717	45 088	47 629	89 440	43 969	45 471
65–69	70 113	32 951	37 162	76 844	35 951	40 893	83 577	39 527	44 050	88 269	42 222	46 047
70–74	53 025	23 929	29 096	64 521	29 536	34 985	70 858	32 312	38 546	77 476	35 801	41 674
75–79	44 220	18 756	25 464	46 437	20 179	26 258	56 962	25 181	31 781	62 753	27 677	35 076
80+	…	…	…	…	…	…	…	…	…	…	…	…
80–84	31 351	12 299	19 052	35 045	14 030	21 015	37 611	15 510	22 101	46 700	19 666	27 034
85–89	19 377	6 656	12 721	21 099	7 607	13 492	23 980	8 883	15 097	26 523	10 150	16 373
90–94	8 067	2 270	5 797	9 791	2 989	6 801	11 071	3 548	7 523	12 885	4 273	8 612
95–99	1 816	413	1 403	2 703	645	2 058	3 411	883	2 528	4 047	1 094	2 953
100+	290	51	239	368	69	299	563	111	452	761	160	602

年齢	2035 総数	男	女	2040 総数	男	女	2045 総数	男	女	2050 総数	男	女
総数	1 561 966	772 960	789 006	1 595 138	790 045	805 092	1 628 547	807 617	820 929	1 665 276	827 139	838 137
0–4	99 088	50 770	48 318	100 551	51 520	49 032	104 654	53 624	51 031	110 801	56 776	54 025
5–9	100 908	51 688	49 221	99 823	51 132	48 691	101 290	51 884	49 406	105 395	53 989	51 406
10–14	99 660	51 028	48 632	101 800	52 125	49 674	100 719	51 573	49 146	102 189	52 327	49 862
15–19	95 903	49 064	46 840	100 975	51 662	49 314	103 122	52 764	50 358	102 050	52 217	49 833
20–24	86 424	44 255	42 169	97 852	50 051	47 801	102 933	52 659	50 274	105 085	53 763	51 322
25–29	88 102	45 251	42 850	88 699	45 500	43 200	100 122	51 296	48 826	105 198	53 897	51 301
30–34	87 118	44 945	42 173	89 844	46 169	43 675	90 461	46 436	44 025	101 877	52 227	49 650
35–39	88 561	45 770	42 791	87 905	45 243	42 662	90 657	46 493	44 164	91 303	46 782	44 521
40–44	95 386	48 963	46 422	88 607	45 638	42 969	87 977	45 127	42 850	90 777	46 423	44 354
45–49	97 844	49 771	48 073	94 842	48 486	46 356	88 195	45 246	42 950	87 644	44 801	42 843
50–54	97 213	48 791	48 422	96 636	48 873	47 762	93 859	47 757	46 103	87 418	44 659	42 760
55–59	91 817	45 414	46 403	95 363	47 508	47 854	94 925	47 688	47 238	92 414	46 759	45 656
60–64	91 057	44 653	46 404	89 246	43 696	45 550	92 822	45 803	47 019	92 538	46 079	46 459
65–69	85 588	41 474	44 113	87 320	42 233	45 087	85 755	41 445	44 311	89 358	43 560	45 797
70–74	82 296	38 551	43 746	80 329	38 212	42 117	82 187	39 050	43 137	80 912	38 456	42 457
75–79	69 099	30 970	38 129	73 992	33 710	40 282	72 882	33 802	39 079	74 874	34 724	40 150
80+	…	…	…	…	…	…	…	…	…	…	…	…
80–84	51 717	21 797	29 920	57 540	24 733	32 807	62 335	27 316	35 019	62 180	27 798	34 382
85–89	33 533	13 157	20 376	37 482	14 807	22 675	42 342	17 128	25 213	46 658	19 295	27 363
90–94	14 821	5 072	9 749	19 251	6 781	12 470	21 867	7 821	14 046	25 252	9 289	15 963
95–99	4 866	1 367	3 499	5 866	1 694	4 172	7 904	2 355	5 549	9 224	2 818	6 406
100+	965	209	756	1 214	272	942	1 537	351	1 186	2 128	501	1 628

年齢	2055 総数	男	女	2060 総数	男	女
総数	1 705 895	848 728	857 167	1 749 148	871 798	877 350
0–4	116 927	59 920	57 007	120 936	61 977	58 959
5–9	111 504	57 125	54 379	117 591	60 250	57 341
10–14	106 249	54 412	51 837	112 311	57 524	54 787
15–19	103 454	52 943	50 512	107 447	54 995	52 451
20–24	103 923	53 177	50 747	105 231	53 854	51 378
25–29	107 245	54 950	52 295	105 980	54 309	51 671
30–34	106 869	54 789	52 080	108 838	55 804	53 034
35–39	102 656	52 548	50 108	107 609	55 097	52 512
40–44	91 418	46 719	44 699	102 733	52 470	50 263
45–49	90 451	46 111	44 340	91 104	46 420	44 684
50–54	86 918	44 256	42 662	89 744	45 584	44 159
55–59	86 241	43 846	42 395	85 816	43 498	42 318
60–64	90 380	45 399	44 981	84 570	42 734	41 836
65–69	89 251	43 943	45 308	87 546	43 572	43 974
70–74	84 515	40 558	43 957	84 639	41 077	43 562
75–79	73 967	34 365	39 602	77 547	36 438	41 109
80+	…	…	…	…	…	…
80–84	64 305	28 789	35 516	63 876	28 723	35 153
85–89	47 417	20 019	27 397	49 592	21 015	28 577
90–94	28 547	10 753	17 794	29 826	11 466	18 359
95–99	10 999	3 467	7 531	12 890	4 166	8 724
100+	2 660	641	2 019	3 326	826	2 500

性・年齢別人口（千人）

年齢	2015			2020			2025			2030		
	総数	男	女	総数	男	女	総数	男	女	総数	男	女
総数	1 401 479	691 583	709 896	1 419 646	700 790	718 856	1 425 862	703 724	722 138	1 423 142	702 025	721 117
0-4	81 412	41 724	39 688	69 862	35 787	34 075	62 009	31 761	30 248	56 481	28 928	27 553
5-9	81 325	41 621	39 704	82 185	42 108	40 076	70 595	36 150	34 445	62 748	32 126	30 623
10-14	79 154	40 532	38 622	82 267	42 087	40 180	83 074	42 546	40 528	71 487	36 588	34 899
15-19	81 004	41 594	39 410	80 634	41 291	39 343	83 669	42 815	40 854	84 378	43 176	41 202
20-24	90 635	46 684	43 951	83 399	42 974	40 425	82 924	42 613	40 311	85 724	43 915	41 809
25-29	97 030	50 165	46 865	93 416	48 377	45 038	86 083	44 584	41 499	85 384	44 035	41 349
30-34	99 591	51 179	48 412	98 742	51 042	47 700	95 052	49 206	45 846	87 807	45 491	42 316
35-39	96 731	49 329	47 401	99 834	51 006	48 827	98 982	50 892	48 089	95 544	49 266	46 278
40-44	98 647	50 151	48 496	96 177	48 683	47 494	99 326	50 423	48 902	98 648	50 467	48 181
45-49	96 011	48 529	47 483	97 586	49 227	48 359	95 106	47 770	47 337	98 518	49 754	48 764
50-54	98 572	49 042	49 530	94 469	47 380	47 089	95 963	48 013	47 950	93 721	46 737	46 983
55-59	91 704	44 836	46 868	96 085	47 336	48 750	92 329	45 908	46 421	93 850	46 532	47 318
60-64	81 403	38 873	42 531	88 183	42 485	45 697	92 717	45 088	47 629	89 440	43 969	45 471
65-69	70 113	32 951	37 162	76 844	35 951	40 893	83 577	39 527	44 050	88 269	42 222	46 047
70-74	53 025	23 929	29 096	64 521	29 536	34 985	70 858	32 312	38 546	77 476	35 801	41 674
75-79	44 220	18 756	25 464	46 437	20 179	26 258	56 962	25 181	31 781	62 753	27 677	35 076
80+	...	...	...	...	...	...	...	...	...	...	...	...
80-84	31 351	12 299	19 052	35 045	14 030	21 015	37 611	15 510	22 101	46 700	19 666	27 034
85-89	19 377	6 656	12 721	21 099	7 607	13 492	23 980	8 883	15 097	26 523	10 150	16 373
90-94	8 067	2 270	5 797	9 791	2 989	6 801	11 071	3 548	7 523	12 885	4 273	8 612
95-99	1 816	413	1 403	2 703	645	2 058	3 411	883	2 528	4 047	1 094	2 953
100+	290	51	239	368	69	299	563	111	452	761	160	602

年齢	2035			2040			2045			2050		
	総数	男	女	総数	男	女	総数	男	女	総数	男	女
総数	1 416 015	698 147	717 868	1 404 522	692 355	712 167	1 388 270	684 503	703 767	1 366 456	674 062	692 394
0-4	55 897	28 630	27 267	55 768	28 566	27 202	54 803	28 073	26 730	51 981	26 628	25 353
5-9	57 239	29 302	27 936	56 659	29 007	27 651	56 533	28 945	27 589	55 571	28 454	27 117
10-14	63 654	32 571	31 082	58 150	29 752	28 398	57 574	29 459	28 115	57 450	29 397	28 053
15-19	72 819	37 232	35 587	64 999	33 224	31 775	59 506	30 412	29 094	58 934	30 122	28 812
20-24	86 424	44 255	42 169	74 810	38 250	36 560	67 016	34 264	32 752	61 533	31 456	30 076
25-29	88 102	45 251	42 850	88 699	45 500	43 200	77 133	39 534	37 600	69 355	35 554	33 801
30-34	87 118	44 945	42 173	89 844	46 169	43 675	90 461	46 436	44 025	78 950	40 506	38 443
35-39	88 561	45 770	42 791	87 905	45 243	42 662	90 657	46 493	44 164	91 303	46 782	44 521
40-44	95 386	48 963	46 422	88 607	45 638	42 969	87 977	45 127	42 850	90 777	46 423	44 354
45-49	97 844	49 771	48 073	94 842	48 486	46 356	88 195	45 246	42 950	87 644	44 801	42 843
50-54	97 213	48 791	48 422	96 636	48 873	47 762	93 859	47 757	46 103	87 418	44 659	42 760
55-59	91 817	45 414	46 403	95 363	47 508	47 854	94 925	47 688	47 238	92 414	46 759	45 656
60-64	91 057	44 653	46 404	89 246	43 696	45 550	92 822	45 803	47 019	92 538	46 079	46 459
65-69	85 588	41 474	44 113	87 320	42 233	45 087	85 755	41 445	44 311	89 358	43 560	45 797
70-74	82 296	38 551	43 746	80 329	38 212	42 117	82 187	39 050	43 137	80 912	38 456	42 457
75-79	69 099	30 970	38 129	73 992	33 710	40 282	72 882	33 802	39 079	74 874	34 724	40 150
80+	...	...	...	...	...	...	...	...	...	...	...	...
80-84	51 717	21 797	29 920	57 540	24 733	32 807	62 335	27 316	35 019	62 180	27 798	34 382
85-89	33 533	13 157	20 376	37 482	14 807	22 675	42 342	17 128	25 213	46 658	19 295	27 363
90-94	14 821	5 072	9 749	19 251	6 781	12 470	21 867	7 821	14 046	25 252	9 289	15 963
95-99	4 866	1 367	3 499	5 866	1 694	4 172	7 904	2 355	5 549	9 224	2 818	6 406
100+	965	209	756	1 214	272	942	1 537	351	1 186	2 128	501	1 628

年齢	2055			2060		
	総数	男	女	総数	男	女
総数	1 338 566	660 591	677 975	1 306 110	644 921	661 189
0-4	48 044	24 613	23 431	44 726	22 913	21 813
5-9	52 714	26 993	25 720	48 740	24 960	23 780
10-14	56 444	28 887	27 557	53 542	27 405	26 137
15-19	58 744	30 031	28 712	57 671	29 489	28 182
20-24	60 865	31 122	29 743	60 576	30 981	29 596
25-29	63 774	32 700	31 074	62 995	32 305	30 690
30-34	71 112	36 504	34 608	65 459	33 615	31 844
35-39	79 803	40 876	38 927	71 955	36 878	35 076
40-44	91 418	46 719	44 699	79 973	40 857	39 115
45-49	90 451	46 111	44 340	91 104	46 420	44 684
50-54	86 918	44 256	42 662	89 744	45 584	44 159
55-59	86 241	43 846	42 395	85 816	43 498	42 318
60-64	90 380	45 399	44 981	84 570	42 734	41 836
65-69	89 251	43 943	45 308	87 546	43 572	43 974
70-74	84 515	40 558	43 957	84 639	41 077	43 562
75-79	73 967	34 365	39 602	77 547	36 438	41 109
80+	...	...	...	...	...	...
80-84	64 305	28 789	35 516	63 876	28 723	35 153
85-89	47 417	20 019	27 397	49 592	21 015	28 577
90-94	28 547	10 753	17 794	29 826	11 466	18 359
95-99	10 999	3 467	7 531	12 890	4 166	8 724
100+	2 660	641	2 019	3 326	826	2 500

Middle-income countries

性・年齢別人口（千人）

年齢	1960 総数	男	女	1965 総数	男	女	1970 総数	男	女	1975 総数	男	女
総数	1 948 061	989 485	958 576	2 175 595	1 104 851	1 070 744	2 463 090	1 250 898	1 212 192	2 767 395	1 405 847	1 361 549
0-4	309 568	158 278	151 290	352 671	180 517	172 153	397 350	202 791	194 558	414 740	212 224	202 516
5-9	269 558	138 069	131 490	290 096	148 511	141 585	335 269	171 598	163 671	381 411	194 733	186 678
10-14	206 649	105 500	101 149	263 045	134 690	128 354	285 363	146 123	139 240	330 314	169 068	161 246
15-19	172 851	88 815	84 036	202 039	103 040	98 999	259 054	132 588	126 465	280 717	143 651	137 066
20-24	164 171	84 411	79 760	167 997	86 182	81 814	197 698	100 724	96 974	253 744	129 705	124 039
25-29	148 167	76 182	71 985	159 068	81 718	77 349	163 765	83 946	79 819	193 736	98 654	95 082
30-34	130 961	67 438	63 524	142 984	73 573	69 411	154 837	79 533	75 304	160 397	82 230	78 167
35-39	111 307	56 876	54 431	125 687	64 762	60 925	138 575	71 310	67 264	151 292	77 721	73 572
40-44	97 056	49 789	47 267	105 817	54 010	51 807	121 137	62 382	58 754	134 654	69 262	65 392
45-49	86 685	43 857	42 827	90 941	46 411	44 530	100 836	51 295	49 541	116 671	59 894	56 777
50-54	74 027	36 982	37 045	79 777	39 862	39 915	85 162	43 192	41 970	95 790	48 351	47 439
55-59	60 228	29 637	30 590	66 028	32 311	33 717	73 095	36 153	36 942	78 852	39 538	39 313
60-64	45 715	22 042	23 673	50 896	24 359	26 537	57 971	27 852	30 119	65 023	31 598	33 425
65-69	32 051	14 989	17 062	35 738	16 698	19 040	41 899	19 483	22 415	48 502	22 670	25 832
70-74	21 214	9 418	11 796	22 391	9 999	12 391	26 864	12 071	14 793	32 119	14 412	17 707
75-79	11 189	4 644	6 544	12 786	5 333	7 453	14 647	6 236	8 411	17 912	7 691	10 222
80+	6 667	2 558	4 109	7 636	2 873	4 763	9 571	3 620	5 951	11 522	4 446	7 077
80-84	...	...	...	...	...	...	...	...	...	...	...	...
85-89	...	...	...	...	...	...	...	...	...	...	...	...
90-94	...	...	...	...	...	...	...	...	...	...	...	...
95-99	...	...	...	...	...	...	...	...	...	...	...	...
100+	...	...	...	...	...	...	...	...	...	...	...	...

年齢	1980 総数	男	女	1985 総数	男	女	1990 総数	男	女	1995 総数	男	女
総数	3 072 828	1 561 105	1 511 723	3 409 109	1 731 322	1 677 787	3 781 822	1 921 307	1 860 514	4 116 838	2 091 505	2 025 332
0-4	416 145	212 920	203 225	451 174	231 124	220 050	498 405	256 395	242 010	477 913	247 087	230 826
5-9	401 149	205 412	195 737	404 764	207 235	197 528	439 862	225 516	214 346	487 702	250 938	236 764
10-14	377 104	192 527	184 577	397 301	203 419	193 882	401 107	205 386	195 722	435 925	223 420	212 505
15-19	326 620	167 118	159 502	373 559	190 605	182 954	393 485	201 387	192 097	396 384	202 755	193 628
20-24	276 273	141 266	135 007	321 882	164 471	157 411	367 783	187 437	180 346	386 369	197 369	189 000
25-29	249 317	127 406	121 910	271 810	138 841	132 968	316 620	161 554	155 066	360 937	183 519	177 419
30-34	190 201	96 835	93 366	245 427	125 326	120 101	267 628	136 522	131 106	311 071	158 379	152 692
35-39	156 860	80 372	76 488	187 049	95 079	91 970	241 618	123 198	118 420	262 885	133 801	129 084
40-44	147 543	75 662	71 881	153 505	78 454	75 051	183 342	92 975	90 367	236 826	120 396	116 430
45-49	130 239	66 748	63 491	143 202	73 112	70 091	149 481	76 094	73 387	178 400	90 093	88 306
50-54	111 381	56 817	54 564	124 815	63 498	61 317	137 609	69 801	67 808	143 672	72 659	71 012
55-59	89 516	44 720	44 795	104 565	52 740	51 825	117 704	59 292	58 412	129 800	65 147	64 652
60-64	71 034	35 051	35 983	81 160	39 878	41 282	95 387	47 373	48 014	107 688	53 438	54 250
65-69	55 330	26 221	29 109	60 951	29 348	31 603	70 208	33 730	36 478	82 937	40 236	42 700
70-74	37 892	17 106	20 786	43 790	20 007	23 783	48 695	22 755	25 940	56 457	26 217	30 241
75-79	21 944	9 391	12 552	26 271	11 286	14 985	30 781	13 400	17 381	34 672	15 442	19 230
80+	14 282	5 532	8 750	17 884	6 899	10 985	...	...	...	...	...	...
80-84	...	...	...	...	...	...	15 088	6 022	9 066	18 276	7 444	10 831
85-89	...	...	...	...	...	...	5 447	1 970	3 477	6 832	2 501	4 331
90-94	...	...	...	...	...	...	1 328	432	896	1 762	570	1 192
95-99	...	...	...	...	...	...	217	62	155	296	85	211
100+	...	...	...	...	...	...	27	7	21	35	9	26

年齢	2000 総数	男	女	2005 総数	男	女	2010 総数	男	女	2015 総数	男	女
総数	4 417 643	2 244 091	2 173 552	4 709 628	2 393 433	2 316 195	5 002 954	2 542 648	2 460 306	5 306 283	2 696 424	2 609 859
0-4	453 785	235 342	218 443	457 675	237 844	219 832	471 181	245 130	226 051	487 765	253 507	234 258
5-9	468 753	242 547	226 205	446 924	231 899	215 025	451 302	234 719	216 583	465 701	242 267	223 434
10-14	483 708	248 909	234 799	465 830	241 087	224 743	443 375	230 217	213 158	448 314	233 185	215 129
15-19	431 265	220 793	210 471	479 781	246 765	233 016	460 072	237 937	222 135	439 601	228 249	211 352
20-24	389 106	198 596	190 510	423 528	216 325	207 202	470 338	241 162	229 176	454 030	234 520	219 510
25-29	378 482	192 928	185 554	381 263	194 019	187 243	416 142	211 728	204 414	463 520	237 079	226 441
30-34	355 164	180 291	174 873	370 823	188 639	182 184	374 202	189 862	184 341	409 636	207 871	201 765
35-39	306 018	155 440	150 578	348 423	176 549	171 874	364 925	185 280	179 645	367 981	186 261	181 720
40-44	257 892	130 771	127 121	299 388	151 706	147 682	342 494	173 172	169 322	358 718	181 663	177 054
45-49	231 021	116 862	114 159	250 497	126 477	124 020	293 057	147 877	145 181	335 410	168 920	166 490
50-54	171 760	86 048	85 712	223 165	112 157	111 008	243 080	122 035	121 046	284 973	142 884	142 090
55-59	135 860	67 966	67 894	163 859	81 481	82 378	213 142	106 402	106 740	232 971	115 875	117 096
60-64	119 303	58 983	60 320	125 699	62 187	63 512	151 676	74 467	77 209	199 799	98 489	101 310
65-69	94 533	45 876	48 656	105 214	51 114	54 100	111 686	54 314	57 372	135 934	65 586	70 348
70-74	67 569	31 671	35 898	77 968	36 804	41 164	87 727	41 462	46 266	93 780	44 415	49 365
75-79	40 987	18 126	22 860	49 813	22 345	27 468	58 268	26 368	31 900	66 561	30 181	36 380
80+	...	...	...	...	...	...	...	...	...	...	...	...
80-84	21 120	8 824	12 296	25 753	10 763	14 990	32 372	13 718	18 654	38 182	16 399	21 783
85-89	8 560	3 224	5 336	10 346	4 041	6 305	13 131	5 137	7 994	17 001	6 789	10 213
90-94	2 297	762	1 535	3 045	1 044	2 001	3 887	1 391	2 496	5 163	1 882	3 281
95-99	411	118	292	563	169	394	792	246	546	1 083	358	725
100+	49	12	37	73	19	54	105	28	77	159	45	114

性・年齢別人口（千人）

年齢	2015 総数	男	女	2020 総数	男	女	2025 総数	男	女	2030 総数	男	女
総数	5 306 283	2 696 424	2 609 859	5 597 099	2 843 214	2 753 884	5 861 087	2 975 273	2 885 814	6 098 849	3 093 208	3 005 641
0-4	487 765	253 507	234 258	485 260	251 819	233 441	473 638	245 354	228 284	465 723	240 815	224 908
5-9	465 701	242 267	223 434	482 748	250 902	231 845	481 103	249 655	231 448	469 737	243 313	226 424
10-14	448 314	233 185	215 129	462 851	240 794	222 058	480 165	249 560	230 605	478 891	248 500	230 390
15-19	439 601	228 249	211 352	444 803	231 330	213 473	459 445	238 984	220 462	477 131	247 933	229 199
20-24	454 030	234 520	219 510	434 335	225 298	209 038	439 648	228 424	211 224	454 633	236 248	218 385
25-29	463 520	237 079	226 441	448 312	231 160	217 152	428 846	222 047	206 799	434 381	225 294	209 086
30-34	409 636	207 871	201 765	458 021	233 822	224 199	443 230	228 114	215 116	423 909	219 090	204 819
35-39	367 981	186 261	181 720	404 145	204 621	199 524	452 718	230 646	222 072	438 111	225 042	213 069
40-44	358 718	181 663	177 054	362 258	182 837	179 421	398 455	201 192	197 262	446 883	227 117	219 766
45-49	335 410	168 920	166 490	351 955	177 560	174 396	355 709	178 853	176 857	391 656	197 041	194 616
50-54	284 973	142 884	142 090	326 789	163 642	163 148	343 366	172 284	171 083	347 217	173 628	173 589
55-59	232 971	115 875	117 096	274 049	136 225	137 824	315 281	156 631	158 651	331 818	165 232	166 587
60-64	199 799	98 489	101 310	218 914	107 559	111 355	258 687	127 119	131 569	299 009	147 002	152 007
65-69	135 934	65 586	70 348	180 884	87 618	93 266	199 185	96 214	102 972	237 064	114 688	122 376
70-74	93 780	44 415	49 365	115 549	54 329	61 220	155 558	73 473	82 085	172 741	81 488	91 253
75-79	66 561	30 181	36 380	72 282	32 938	39 344	90 613	41 033	49 580	124 080	56 539	67 541
80+	...	...	...	...	...	...	...	...	...	...	...	...
80-84	38 182	16 399	21 783	44 507	19 186	25 321	49 407	21 456	27 950	63 431	27 410	36 021
85-89	17 001	6 789	10 213	20 750	8 414	12 336	24 825	10 113	14 712	28 395	11 661	16 734
90-94	5 163	1 882	3 281	6 942	2 581	4 362	8 783	3 304	5 479	10 826	4 086	6 739
95-99	1 083	358	725	1 509	509	1 000	2 088	713	1 375	2 737	935	1 802
100+	159	45	114	235	71	164	338	105	234	478	148	330

年齢	2035 総数	男	女	2040 総数	男	女	2045 総数	男	女	2050 総数	男	女
総数	6 313 888	3 199 322	3 114 566	6 507 385	3 294 498	3 212 887	6 677 875	3 378 639	3 299 236	6 822 476	3 450 517	3 371 960
0-4	464 456	239 806	224 650	465 696	240 128	225 568	465 635	239 801	225 834	461 832	237 691	224 141
5-9	462 096	238 906	223 189	461 137	238 052	223 084	462 664	238 521	224 143	462 867	238 329	224 538
10-14	467 587	242 185	225 402	460 097	237 855	222 242	459 262	237 064	222 198	460 902	237 589	223 313
15-19	476 038	246 961	229 077	464 875	240 722	224 153	457 503	236 457	221 045	456 767	235 721	221 046
20-24	472 559	245 312	227 247	471 635	244 439	227 196	460 651	238 308	222 344	453 434	234 137	219 297
25-29	449 607	233 242	216 365	467 662	242 386	225 276	466 937	241 639	225 298	456 160	235 638	220 522
30-34	429 675	222 469	207 205	445 024	230 500	214 524	463 223	239 739	223 483	462 713	239 129	223 584
35-39	419 075	216 178	202 897	425 037	219 691	205 346	440 531	227 822	212 709	458 895	237 173	221 721
40-44	432 591	221 687	210 904	413 906	213 031	200 875	420 095	216 700	203 395	435 746	224 942	210 803
45-49	439 925	222 862	217 064	426 062	217 678	208 384	407 793	209 271	198 522	414 236	213 113	201 123
50-54	382 823	191 598	191 224	430 882	217 290	213 592	417 563	212 419	205 145	399 827	204 327	195 501
55-59	335 799	166 653	169 146	370 944	184 331	186 613	418 647	209 806	208 842	406 050	205 332	200 719
60-64	315 474	155 542	159 932	319 717	157 108	162 610	354 184	174 370	179 814	401 307	199 482	201 825
65-69	275 867	133 723	142 145	292 270	142 182	150 088	296 967	144 031	152 936	330 394	160 677	169 717
70-74	207 663	98 319	109 344	244 092	116 012	128 080	260 281	124 345	135 936	265 516	126 548	138 968
75-79	139 459	63 637	75 821	170 153	78 120	92 033	202 926	93 848	109 078	218 477	101 829	116 648
80+	...	...	...	...	...	...	...	...	...	...	...	...
80-84	88 753	38 662	50 092	101 525	44 397	57 129	126 452	55 886	70 565	153 853	68 809	85 044
85-89	37 507	15 328	22 179	54 017	22 258	31 759	63 278	26 286	36 992	81 001	34 198	46 803
90-94	12 826	4 872	7 953	17 545	6 609	10 936	26 152	9 962	16 190	31 610	12 207	19 403
95-99	3 462	1 182	2 280	4 271	1 455	2 816	6 058	2 040	4 018	9 361	3 194	6 167
100+	645	198	447	837	254	583	1 070	322	749	1 528	452	1 076

年齢	2055 総数	男	女	2060 総数	男	女
総数	6 940 394	3 510 119	3 430 274	7 031 941	3 557 194	3 474 747
0-4	454 843	233 950	220 893	446 751	229 644	217 106
5-9	459 346	236 367	222 979	452 627	232 764	219 863
10-14	461 227	237 462	223 765	457 854	235 573	222 281
15-19	458 586	236 332	222 254	459 074	236 290	222 784
20-24	452 985	233 572	219 413	455 050	234 319	220 732
25-29	449 210	231 657	217 553	449 038	231 256	217 782
30-34	452 245	233 322	218 923	445 577	229 515	216 061
35-39	458 703	236 766	221 937	448 543	231 153	217 390
40-44	454 313	234 445	219 867	454 421	234 235	220 186
45-49	430 104	221 512	208 592	448 870	231 161	217 709
50-54	406 613	208 407	198 206	422 685	216 958	205 727
55-59	389 056	197 686	191 370	396 242	202 031	194 210
60-64	389 795	195 599	194 196	373 833	188 532	185 301
65-69	376 618	185 264	191 354	366 579	182 140	184 440
70-74	297 327	142 325	155 003	341 839	165 930	175 909
75-79	224 251	104 483	119 769	253 349	118 834	134 514
80+	...	...	...	...	...	...
80-84	167 921	76 019	91 902	173 719	78 801	94 919
85-89	101 224	43 554	57 670	112 449	49 226	63 223
90-94	41 895	16 592	25 304	54 070	22 017	32 053
95-99	11 744	4 096	7 648	16 179	5 843	10 336
100+	2 386	711	1 675	3 193	971	2 222

Middle-income countries

性・年齢別人口（千人）

年齢	2015 総数	男	女	2020 総数	男	女	2025 総数	男	女	2030 総数	男	女
総数	5 306 283	2 696 424	2 609 859	5 648 873	2 870 177	2 778 695	5 994 756	3 044 774	2 949 982	6 334 802	3 215 713	3 119 089
0–4	487 765	253 507	234 258	537 034	278 781	258 252	555 838	288 053	267 785	568 589	294 127	274 461
5–9	465 701	242 267	223 434	482 748	250 902	231 845	532 571	276 457	256 114	551 491	285 776	265 714
10–14	448 314	233 185	215 129	462 851	240 794	222 058	480 165	249 560	230 605	530 224	275 230	254 995
15–19	439 601	228 249	211 352	444 803	231 330	213 473	459 445	238 984	220 462	477 131	247 933	229 199
20–24	454 030	234 520	219 510	434 335	225 298	209 038	439 648	228 424	211 224	454 633	236 248	218 385
25–29	463 520	237 079	226 441	448 312	231 160	217 152	428 846	222 047	206 799	434 381	225 294	209 086
30–34	409 636	207 871	201 765	458 021	233 822	224 199	443 230	228 114	215 116	423 909	219 090	204 819
35–39	367 981	186 261	181 720	404 145	204 621	199 524	452 718	230 646	222 072	438 111	225 042	213 069
40–44	358 718	181 663	177 054	362 258	182 837	179 421	398 455	201 192	197 262	446 883	227 117	219 766
45–49	335 410	168 920	166 490	351 955	177 560	174 396	355 709	178 853	176 857	391 656	197 041	194 616
50–54	284 973	142 884	142 090	326 789	163 642	163 148	343 366	172 284	171 083	347 217	173 628	173 589
55–59	232 971	115 875	117 096	274 049	136 225	137 824	315 281	156 631	158 651	331 818	165 232	166 587
60–64	199 799	98 489	101 310	218 914	107 559	111 355	258 687	127 119	131 569	299 009	147 002	152 007
65–69	135 934	65 586	70 348	180 884	87 618	93 266	199 185	96 214	102 972	237 064	114 688	122 376
70–74	93 780	44 415	49 365	115 549	54 329	61 220	155 558	73 473	82 085	172 741	81 488	91 253
75–79	66 561	30 181	36 380	72 282	32 938	39 344	90 613	41 033	49 580	124 080	56 539	67 541
80+	…	…	…	…	…	…	…	…	…	…	…	…
80–84	38 182	16 399	21 783	44 507	19 186	25 321	49 407	21 456	27 950	63 431	27 410	36 021
85–89	17 001	6 789	10 213	20 750	8 414	12 336	24 825	10 113	14 712	28 395	11 661	16 734
90–94	5 163	1 882	3 281	6 942	2 581	4 362	8 783	3 304	5 479	10 826	4 086	6 739
95–99	1 083	358	725	1 509	509	1 000	2 088	713	1 375	2 737	935	1 802
100+	159	45	114	235	71	164	338	105	234	478	148	330

年齢	2035 総数	男	女	2040 総数	男	女	2045 総数	男	女	2050 総数	男	女
総数	6 655 400	3 376 409	3 278 991	6 968 021	3 533 058	3 434 963	7 283 291	3 691 786	3 591 504	7 602 390	3 853 467	3 748 922
0–4	570 857	294 844	276 013	585 930	302 222	283 708	611 893	315 239	296 655	638 279	328 636	309 643
5–9	564 449	291 947	272 502	567 049	292 830	274 219	582 397	300 348	282 049	608 577	313 473	295 104
10–14	549 141	284 539	264 602	562 216	290 768	271 448	564 949	291 720	273 230	580 402	299 289	281 113
15–19	527 242	273 615	253 627	546 233	282 963	263 270	559 392	289 237	270 155	562 232	290 247	271 985
20–24	472 559	245 312	227 247	522 646	270 973	251 673	541 718	280 367	261 351	554 978	286 703	268 275
25–29	449 607	233 242	216 365	467 662	242 386	225 276	517 718	268 027	249 691	536 879	277 478	259 401
30–34	429 675	222 469	207 205	445 024	230 500	214 524	463 223	239 739	223 483	513 243	265 360	247 883
35–39	419 075	216 178	202 897	425 037	219 691	205 346	440 531	227 822	212 709	458 895	237 173	221 721
40–44	432 591	221 687	210 904	413 906	213 031	200 875	420 095	216 700	203 395	435 746	224 942	210 803
45–49	439 925	222 862	217 064	426 062	217 678	208 384	407 793	209 271	198 522	414 236	213 113	201 123
50–54	382 823	191 598	191 224	430 882	217 290	213 592	417 563	212 419	205 145	399 827	204 327	195 501
55–59	335 799	166 653	169 146	370 944	184 331	186 613	418 647	209 806	208 842	406 050	205 332	200 719
60–64	315 474	155 542	159 932	319 717	157 108	162 610	354 184	174 370	179 814	401 307	199 482	201 825
65–69	275 867	133 723	142 145	292 270	142 182	150 088	296 967	144 031	152 936	330 394	160 677	169 717
70–74	207 663	98 319	109 344	244 092	116 012	128 080	260 281	124 345	135 936	265 516	126 548	138 968
75–79	139 459	63 637	75 821	170 153	78 120	92 033	202 926	93 848	109 078	218 477	101 829	116 648
80+	…	…	…	…	…	…	…	…	…	…	…	…
80–84	88 753	38 662	50 092	101 525	44 397	57 129	126 452	55 886	70 565	153 853	68 809	85 044
85–89	37 507	15 328	22 179	54 017	22 258	31 759	63 278	26 286	36 992	81 001	34 198	46 803
90–94	12 826	4 872	7 953	17 545	6 609	10 936	26 152	9 962	16 190	31 610	12 207	19 403
95–99	3 462	1 182	2 280	4 271	1 455	2 816	6 058	2 040	4 018	9 361	3 194	6 167
100+	645	198	447	837	254	583	1 070	322	749	1 528	452	1 076

年齢	2055 総数	男	女	2060 総数	男	女
総数	7 920 425	4 015 951	3 904 474	8 231 008	4 175 501	4 055 507
0–4	657 451	338 299	319 152	668 902	343 965	324 937
5–9	635 203	326 996	308 207	654 627	336 786	317 841
10–14	606 680	312 466	294 214	633 432	326 049	307 383
15–19	577 852	297 896	279 956	604 269	311 143	293 126
20–24	558 114	287 891	270 223	573 965	295 666	278 299
25–29	550 343	283 965	266 378	553 769	285 327	268 442
30–34	532 588	274 928	257 660	546 266	281 551	264 716
35–39	508 947	262 819	246 127	528 454	272 494	255 960
40–44	454 313	234 445	219 867	504 318	260 076	244 242
45–49	430 104	221 512	208 592	448 870	231 161	217 709
50–54	406 613	208 407	198 206	422 685	216 958	205 727
55–59	389 056	197 686	191 370	396 242	202 031	194 210
60–64	389 795	195 599	194 196	373 833	188 532	185 301
65–69	376 618	185 264	191 354	366 579	182 140	184 440
70–74	297 327	142 325	155 003	341 839	165 930	175 909
75–79	224 251	104 483	119 769	253 349	118 834	134 514
80+	…	…	…	…	…	…
80–84	167 921	76 019	91 902	173 719	78 801	94 919
85–89	101 224	43 554	57 670	112 449	49 226	63 223
90–94	41 895	16 592	25 304	54 070	22 017	32 053
95–99	11 744	4 096	7 648	16 179	5 843	10 336
100+	2 386	711	1 675	3 193	971	2 222

性・年齢別人口（千人）

年齢	2015			2020			2025			2030		
	総数	男	女	総数	男	女	総数	男	女	総数	男	女
総数	5 306 283	2 696 424	2 609 859	5 545 325	2 816 252	2 729 073	5 727 419	2 905 772	2 821 647	5 862 895	2 970 703	2 892 193
0-4	487 765	253 507	234 258	433 486	224 856	208 630	391 438	202 656	188 783	362 857	187 502	175 355
5-9	465 701	242 267	223 434	482 748	250 902	231 845	429 634	222 852	206 782	387 983	200 850	187 133
10-14	448 314	233 185	215 129	462 851	240 794	222 058	480 165	249 560	230 605	427 557	221 771	205 786
15-19	439 601	228 249	211 352	444 803	231 330	213 473	459 445	238 984	220 462	477 131	247 933	229 199
20-24	454 030	234 520	219 510	434 335	225 298	209 038	439 648	228 424	211 224	454 633	236 248	218 385
25-29	463 520	237 079	226 441	448 312	231 160	217 152	428 846	222 047	206 799	434 381	225 294	209 086
30-34	409 636	207 871	201 765	458 021	233 822	224 199	443 230	228 114	215 116	423 909	219 090	204 819
35-39	367 981	186 261	181 720	404 145	204 621	199 524	452 718	230 646	222 072	438 111	225 042	213 069
40-44	358 718	181 663	177 054	362 258	182 837	179 421	398 455	201 192	197 262	446 883	227 117	219 766
45-49	335 410	168 920	166 490	351 955	177 560	174 396	355 709	178 853	176 857	391 656	197 041	194 616
50-54	284 973	142 884	142 090	326 789	163 642	163 148	343 366	172 284	171 083	347 217	173 628	173 589
55-59	232 971	115 875	117 096	274 049	136 225	137 824	315 281	156 631	158 651	331 818	165 232	166 587
60-64	199 799	98 489	101 310	218 914	107 559	111 355	258 687	127 119	131 569	299 009	147 002	152 007
65-69	135 934	65 586	70 348	180 884	87 618	93 266	199 185	96 214	102 972	237 064	114 688	122 376
70-74	93 780	44 415	49 365	115 549	54 329	61 220	155 558	73 473	82 085	172 741	81 488	91 253
75-79	66 561	30 181	36 380	72 282	32 938	39 344	90 613	41 033	49 580	124 080	56 539	67 541
80+	...	...	...	...	...	...	...	...	...	...	...	...
80-84	38 182	16 399	21 783	44 507	19 186	25 321	49 407	21 456	27 950	63 431	27 410	36 021
85-89	17 001	6 789	10 213	20 750	8 414	12 336	24 825	10 113	14 712	28 395	11 661	16 734
90-94	5 163	1 882	3 281	6 942	2 581	4 362	8 783	3 304	5 479	10 826	4 086	6 739
95-99	1 083	358	725	1 509	509	1 000	2 088	713	1 375	2 737	935	1 802
100+	159	45	114	235	71	164	338	105	234	478	148	330

年齢	2035			2040			2045			2050		
	総数	男	女	総数	男	女	総数	男	女	総数	男	女
総数	5 973 087	3 022 600	2 950 486	6 052 743	3 059 031	2 993 711	6 093 487	3 076 349	3 017 138	6 090 689	3 072 404	3 018 285
0-4	358 766	185 133	173 633	350 749	180 764	169 984	334 430	172 137	162 293	312 537	160 755	151 782
5-9	359 742	185 865	173 877	355 931	183 638	172 294	348 200	179 415	168 785	332 164	170 933	161 231
10-14	386 033	199 831	186 202	357 977	184 941	173 036	354 281	182 772	171 509	346 664	178 607	168 057
15-19	424 835	220 308	204 527	383 516	198 481	185 035	355 614	183 678	171 936	352 008	181 558	170 450
20-24	472 559	245 312	227 247	420 624	217 905	202 719	379 584	196 248	183 336	351 891	181 572	170 319
25-29	449 607	233 242	216 365	467 662	242 386	225 276	416 157	215 251	200 906	375 442	193 799	181 643
30-34	429 675	222 469	207 205	445 024	230 500	214 524	463 223	239 739	223 483	412 183	212 899	199 285
35-39	419 075	216 178	202 897	425 037	219 691	205 346	440 531	227 822	212 709	458 895	237 173	221 721
40-44	432 591	221 687	210 904	413 906	213 031	200 875	420 095	216 700	203 395	435 746	224 942	210 803
45-49	439 925	222 862	217 064	426 062	217 678	208 384	407 793	209 271	198 522	414 236	213 113	201 123
50-54	382 823	191 598	191 224	430 882	217 290	213 592	417 563	212 419	205 145	399 827	204 327	195 501
55-59	335 799	166 653	169 146	370 944	184 331	186 613	418 647	209 806	208 842	406 050	205 332	200 719
60-64	315 474	155 542	159 932	319 717	157 108	162 610	354 184	174 370	179 814	401 307	199 482	201 825
65-69	275 867	133 723	142 145	292 270	142 182	150 088	296 967	144 031	152 936	330 394	160 677	169 717
70-74	207 663	98 319	109 344	244 092	116 012	128 080	260 281	124 345	135 936	265 516	126 548	138 968
75-79	139 459	63 637	75 821	170 153	78 120	92 033	202 926	93 848	109 078	218 477	101 829	116 648
80+	...	...	...	...	...	...	...	...	...	...	...	...
80-84	88 753	38 662	50 092	101 525	44 397	57 129	126 452	55 886	70 565	153 853	68 809	85 044
85-89	37 507	15 328	22 179	54 017	22 258	31 759	63 278	26 286	36 992	81 001	34 198	46 803
90-94	12 826	4 872	7 953	17 545	6 609	10 936	26 152	9 962	16 190	31 610	12 207	19 403
95-99	3 462	1 182	2 280	4 271	1 455	2 816	6 058	2 040	4 018	9 361	3 194	6 167
100+	645	198	447	837	254	583	1 070	322	749	1 528	452	1 076

年齢	2055			2060		
	総数	男	女	総数	男	女
総数	6 046 680	3 048 809	2 997 871	5 966 538	3 007 783	2 958 755
0-4	290 532	149 342	141 191	272 111	139 789	132 322
5-9	310 571	159 710	150 861	288 833	148 434	140 399
10-14	330 760	170 195	160 564	309 322	159 050	150 272
15-19	344 572	177 480	167 092	328 843	169 160	159 683
20-24	348 558	179 614	168 945	341 373	175 674	165 699
25-29	348 078	179 349	168 729	345 006	177 544	167 462
30-34	371 903	191 716	180 187	344 887	177 480	167 407
35-39	408 459	210 713	197 747	368 631	189 812	178 820
40-44	454 313	234 445	219 867	404 525	208 395	196 130
45-49	430 104	221 512	208 592	448 870	231 161	217 709
50-54	406 613	208 407	198 206	422 685	216 958	205 727
55-59	389 056	197 686	191 370	396 242	202 031	194 210
60-64	389 795	195 599	194 196	373 833	188 532	185 301
65-69	376 618	185 264	191 354	366 579	182 140	184 440
70-74	297 327	142 325	155 003	341 839	165 930	175 909
75-79	224 251	104 483	119 769	253 349	118 834	134 514
80+	...	...	...	...	...	...
80-84	167 921	76 019	91 902	173 719	78 801	94 919
85-89	101 224	43 554	57 670	112 449	49 226	63 223
90-94	41 895	16 592	25 304	54 070	22 017	32 053
95-99	11 744	4 096	7 648	16 179	5 843	10 336
100+	2 386	711	1 675	3 193	971	2 222

Upper-middle-income countries

性・年齢別人口（千人）

年齢	1960 総数	男	女	1965 総数	男	女	1970 総数	男	女	1975 総数	男	女
総数	1 006 125	511 836	494 289	1 118 524	568 226	550 299	1 275 035	647 249	627 786	1 431 534	726 771	704 763
0-4	155 246	79 477	75 770	179 641	92 138	87 503	207 291	105 708	101 583	205 542	105 259	100 282
5-9	144 445	73 939	70 506	145 923	74 617	71 306	172 662	88 241	84 421	201 802	102 757	99 045
10-14	107 395	55 055	52 340	140 887	71 986	68 901	144 134	73 611	70 524	170 754	87 198	83 556
15-19	86 039	44 779	41 260	104 915	53 665	51 250	139 220	71 060	68 160	142 533	72 693	69 840
20-24	82 172	42 993	39 179	83 619	43 423	40 195	103 143	52 697	50 446	137 377	69 988	67 388
25-29	75 797	39 428	36 369	79 696	41 650	38 046	81 944	42 514	39 430	101 579	51 830	49 750
30-34	66 548	34 481	32 067	73 283	38 136	35 148	77 945	40 701	37 244	80 496	41 731	38 765
35-39	56 673	28 923	27 750	63 984	33 158	30 827	71 414	37 131	34 283	76 465	39 899	36 566
40-44	50 935	26 124	24 811	53 920	27 457	26 464	61 936	32 036	29 900	69 778	36 278	33 500
45-49	45 923	23 263	22 660	47 704	24 258	23 446	51 658	26 214	25 443	60 008	30 961	29 047
50-54	39 526	19 556	19 970	42 119	20 963	21 156	44 960	22 744	22 216	49 387	24 891	24 496
55-59	32 941	15 975	16 966	34 911	16 765	18 146	38 736	19 078	19 658	41 922	20 968	20 954
60-64	24 570	11 633	12 936	27 302	12 716	14 586	30 756	14 446	16 310	34 745	16 777	17 968
65-69	17 676	8 046	9 630	18 671	8 448	10 223	22 520	10 102	12 418	26 001	11 824	14 177
70-74	11 211	4 777	6 434	11 852	5 048	6 804	14 177	6 102	8 075	17 529	7 548	9 981
75-79	6 021	2 325	3 696	6 422	2 506	3 916	7 813	3 155	4 658	9 609	3 936	5 673
80+	3 006	1 060	1 946	3 675	1 293	2 382	4 724	1 707	3 018	6 009	2 232	3 776
80-84	…	…	…	…	…	…	…	…	…	…	…	…
85-89	…	…	…	…	…	…	…	…	…	…	…	…
90-94	…	…	…	…	…	…	…	…	…	…	…	…
95-99	…	…	…	…	…	…	…	…	…	…	…	…
100+	…	…	…	…	…	…	…	…	…	…	…	…

年齢	1980 総数	男	女	1985 総数	男	女	1990 総数	男	女	1995 総数	男	女
総数	1 566 864	795 436	771 429	1 710 717	867 684	843 033	1 880 875	954 068	926 808	2 012 903	1 020 875	992 028
0-4	184 577	94 530	90 047	193 767	99 297	94 470	224 565	115 851	108 714	196 586	102 065	94 521
5-9	201 565	103 131	98 434	182 138	93 186	88 953	191 219	97 912	93 307	221 778	114 307	107 471
10-14	200 110	101 836	98 274	200 287	102 402	97 884	181 178	92 623	88 555	189 912	97 177	92 735
15-19	169 115	86 303	82 812	198 638	100 982	97 657	198 903	101 577	97 326	179 268	91 484	87 785
20-24	140 751	71 706	69 045	167 116	85 087	82 029	196 084	99 439	96 645	195 997	99 811	96 187
25-29	135 625	69 015	66 611	138 913	70 592	68 321	164 972	83 768	81 204	193 383	97 799	95 585
30-34	100 153	51 044	49 109	133 928	68 004	65 924	137 298	69 595	67 703	162 731	82 440	80 290
35-39	79 038	40 932	38 106	98 872	50 244	48 628	132 440	67 121	65 319	135 335	68 454	66 881
40-44	74 934	39 027	35 908	77 826	40 184	37 642	97 459	49 416	48 043	130 339	65 897	64 442
45-49	67 957	35 219	32 738	73 388	38 084	35 304	76 410	39 316	37 095	95 360	48 195	47 165
50-54	57 765	29 645	28 120	65 805	33 893	31 912	71 209	36 750	34 459	74 037	37 893	36 144
55-59	46 644	23 289	23 355	54 880	27 885	26 995	62 890	32 105	30 785	67 914	34 732	33 182
60-64	38 273	18 847	19 426	42 990	21 129	21 861	50 921	25 504	25 417	58 390	29 401	28 989
65-69	30 006	14 111	15 895	33 515	16 097	17 419	38 016	18 286	19 730	45 082	22 071	23 011
70-74	20 641	9 042	11 599	24 256	10 966	13 290	27 483	12 799	14 685	31 195	14 456	16 739
75-79	12 134	4 961	7 173	14 591	6 045	8 546	17 454	7 467	9 986	19 979	8 781	11 198
80+	7 574	2 797	4 777	9 805	3 607	6 198	…	…	…	…	…	…
80-84	…	…	…	…	…	…	8 500	3 238	5 263	10 580	4 201	6 379
85-89	…	…	…	…	…	…	3 044	1 041	2 003	3 889	1 361	2 528
90-94	…	…	…	…	…	…	706	222	483	977	303	674
95-99	…	…	…	…	…	…	109	33	77	155	45	110
100+	…	…	…	…	…	…	13	4	10	18	5	13

年齢	2000 総数	男	女	2005 総数	男	女	2010 総数	男	女	2015 総数	男	女
総数	2 112 612	1 070 886	1 041 726	2 204 280	1 117 639	1 086 641	2 294 244	1 162 785	1 131 459	2 390 125	1 211 217	1 178 907
0-4	166 806	86 986	79 820	161 105	84 125	76 980	165 151	86 483	78 668	172 626	90 319	82 306
5-9	194 812	101 173	93 639	164 879	85 935	78 945	159 957	83 442	76 515	164 782	86 235	78 547
10-14	220 683	113 729	106 953	193 715	100 571	93 144	163 976	85 451	78 526	159 699	83 317	76 382
15-19	188 208	96 077	92 131	219 842	113 200	106 641	192 545	99 886	92 659	163 387	85 123	78 264
20-24	176 193	89 585	86 608	186 624	95 036	91 588	217 767	111 864	105 903	191 382	99 108	92 274
25-29	192 658	97 901	94 757	173 885	88 216	85 669	184 287	93 499	90 788	216 362	110 845	105 517
30-34	191 627	96 812	94 816	190 155	96 527	93 628	171 617	86 784	84 833	183 005	92 585	90 420
35-39	161 281	81 522	79 758	189 549	95 640	93 909	188 055	95 282	92 773	170 120	85 880	84 240
40-44	133 777	67 413	66 364	158 975	80 230	78 745	187 147	94 304	92 843	186 114	94 188	91 926
45-49	128 084	64 468	63 616	131 232	65 921	65 311	156 537	78 734	77 803	184 605	92 795	91 810
50-54	92 546	46 398	46 149	124 802	62 550	62 252	128 118	64 035	64 083	153 612	76 920	76 692
55-59	70 767	35 836	34 931	89 063	44 362	44 701	120 613	60 016	60 597	124 274	61 698	62 576
60-64	63 363	31 971	31 392	66 737	33 467	33 270	84 398	41 584	42 815	114 827	56 559	58 267
65-69	52 240	25 758	26 482	57 397	28 495	28 902	60 847	30 003	30 845	77 199	37 432	39 767
70-74	37 509	17 707	19 802	44 463	21 298	23 165	49 232	23 768	25 464	52 515	25 194	27 321
75-79	23 102	10 128	12 974	28 593	12 834	15 759	34 212	15 617	18 595	38 423	17 715	20 708
80+	…	…	…	…	…	…	…	…	…	…	…	…
80-84	12 378	5 082	7 296	14 897	6 141	8 756	19 032	8 020	11 012	23 039	9 909	13 130
85-89	5 020	1 847	3 172	6 205	2 382	3 823	7 845	3 020	4 825	10 275	4 051	6 224
90-94	1 308	420	888	1 805	605	1 200	2 381	834	1 547	3 131	1 109	2 022
95-99	224	64	159	318	94	224	468	144	324	659	210	449
100+	25	7	18	39	11	28	57	16	42	90	25	65

中位予測値

中高所得国

性・年齢別人口（千人）

年齢	2015 総数	男	女	2020 総数	男	女	2025 総数	男	女	2030 総数	男	女
総数	2 390 125	1 211 217	1 178 907	2 468 631	1 250 613	1 218 019	2 525 476	1 278 620	1 246 856	2 566 850	1 298 607	1 268 243
0-4	172 626	90 319	82 306	165 936	86 620	79 316	153 006	79 647	73 359	144 685	75 154	69 531
5-9	164 782	86 235	78 547	171 735	89 824	81 911	165 149	86 184	78 965	152 392	79 307	73 085
10-14	159 699	83 317	76 382	164 066	85 843	78 223	170 883	89 362	81 522	164 633	85 897	78 736
15-19	163 387	85 123	78 264	158 723	82 770	75 953	162 976	85 245	77 731	170 026	88 882	81 144
20-24	191 382	99 108	92 274	161 963	84 286	77 677	157 234	81 916	75 318	161 705	84 511	77 194
25-29	216 362	110 845	105 517	189 780	98 143	91 637	160 415	83 372	77 043	155 897	81 127	74 770
30-34	183 005	92 585	90 420	214 690	109 832	104 858	188 231	97 225	91 007	159 141	82 613	76 528
35-39	170 120	85 880	84 240	181 259	91 557	89 702	212 809	108 741	104 068	186 684	96 327	90 357
40-44	186 114	94 188	91 926	168 189	84 754	83 435	179 243	90 400	88 843	210 812	107 591	103 221
45-49	184 605	92 795	91 810	183 608	92 699	90 908	165 901	83 415	82 486	177 032	89 108	87 924
50-54	153 612	76 920	76 692	181 129	90 705	90 424	180 298	90 720	89 578	163 067	81 728	81 339
55-59	124 274	61 698	62 576	149 186	74 258	74 929	176 348	87 843	88 505	175 921	88 100	87 821
60-64	114 827	56 559	58 267	118 501	58 272	60 229	142 797	70 465	72 331	169 559	83 831	85 729
65-69	77 199	37 432	39 767	105 963	51 386	54 577	110 037	53 329	56 708	133 528	65 052	68 476
70-74	52 515	25 194	27 321	67 367	31 830	35 538	93 485	44 267	49 218	98 188	46 564	51 624
75-79	38 423	17 715	20 708	41 776	19 206	22 570	54 565	24 774	29 792	77 012	35 155	41 857
80+	...	...	...	...	...	...	...	...	...	...	...	...
80-84	23 039	9 909	13 130	26 537	11 559	14 978	29 663	12 927	16 736	39 761	17 159	22 602
85-89	10 275	4 051	6 224	12 890	5 192	7 698	15 364	6 271	9 093	17 832	7 287	10 545
90-94	3 131	1 109	2 022	4 285	1 546	2 739	5 579	2 047	3 532	6 938	2 571	4 366
95-99	659	210	449	912	292	620	1 293	415	879	1 752	564	1 187
100+	90	25	65	137	39	98	196	55	141	285	79	206

年齢	2035 総数	男	女	2040 総数	男	女	2045 総数	男	女	2050 総数	男	女
総数	2 596 525	1 312 843	1 283 682	2 615 749	1 322 226	1 293 524	2 624 357	1 326 964	1 297 393	2 621 635	1 326 675	1 294 959
0-4	142 407	73 845	68 561	142 560	73 802	68 758	142 040	73 398	68 641	139 607	72 001	67 606
5-9	144 192	74 881	69 311	141 964	73 601	68 364	142 163	73 583	68 580	141 683	73 201	68 483
10-14	151 966	79 070	72 895	143 805	74 666	69 140	141 601	73 399	68 202	141 819	73 391	68 427
15-19	163 929	85 501	78 428	151 306	78 701	72 604	143 176	74 316	68 860	140 992	73 062	67 930
20-24	168 886	88 222	80 664	162 845	84 880	77 965	150 279	78 120	72 159	142 192	73 764	68 428
25-29	160 496	83 799	76 698	167 731	87 548	80 183	161 765	84 259	77 506	149 274	77 549	71 725
30-34	154 795	80 476	74 319	159 455	83 193	76 262	166 754	86 987	79 767	160 878	83 757	77 121
35-39	157 876	81 878	75 998	153 660	79 833	73 827	158 389	82 598	75 791	165 761	86 440	79 321
40-44	185 041	95 383	89 657	156 505	81 094	75 411	152 437	79 152	73 285	157 238	81 966	75 272
45-49	208 572	106 286	102 286	183 172	94 301	88 871	154 966	80 207	74 759	151 062	78 376	72 686
50-54	174 261	87 465	86 796	205 682	104 584	101 098	180 771	92 894	87 877	153 002	79 057	73 944
55-59	159 326	79 498	79 829	170 568	85 277	85 291	201 789	102 294	99 496	177 559	91 005	86 554
60-64	169 688	84 414	85 274	154 053	76 396	77 658	165 375	82 243	83 132	196 272	99 084	97 187
65-69	159 551	78 011	81 540	160 525	79 089	81 436	146 397	71 986	74 411	157 841	77 935	79 906
70-74	120 316	57 500	62 816	145 126	69 798	75 328	147 268	71 563	75 705	135 312	65 750	69 562
75-79	82 219	37 716	44 503	102 232	47 451	54 781	125 082	58 709	66 373	128 610	61 248	67 362
80+	...	...	...	...	...	...	...	...	...	...	...	...
80-84	57 318	24 958	32 360	62 623	27 520	35 103	79 514	35 585	43 929	99 260	45 200	54 059
85-89	24 623	9 983	14 641	36 506	14 987	21 519	41 138	17 152	23 986	53 736	22 992	30 744
90-94	8 399	3 115	5 284	12 025	4 431	7 593	18 466	6 948	11 518	21 630	8 333	13 298
95-99	2 267	734	1 534	2 875	928	1 947	4 283	1 381	2 902	6 842	2 273	4 568
100+	397	109	288	533	146	387	706	192	514	1 065	290	774

年齢	2055 総数	男	女	2060 総数	男	女
総数	2 607 310	1 321 275	1 286 034	2 582 143	1 310 764	1 271 379
0-4	135 433	69 712	65 721	130 564	67 076	63 488
5-9	139 292	71 826	67 466	135 156	69 558	65 598
10-14	141 366	73 024	68 342	139 000	71 663	67 337
15-19	141 248	73 076	68 172	140 830	72 728	68 102
20-24	140 071	72 548	67 523	140 382	72 595	67 787
25-29	141 269	73 245	68 024	139 211	72 068	67 144
30-34	148 486	77 109	71 376	140 554	72 850	67 703
35-39	159 989	83 275	76 713	147 696	76 688	71 008
40-44	164 681	85 856	78 825	159 012	82 756	76 256
45-49	155 932	81 239	74 693	163 433	85 170	78 262
50-54	149 292	77 359	71 933	154 233	80 271	73 961
55-59	150 398	77 528	72 870	146 934	75 991	70 943
60-64	173 046	88 381	84 666	146 770	75 410	71 359
65-69	188 200	94 492	93 707	166 453	84 620	81 832
70-74	146 860	71 815	75 045	176 253	87 848	88 405
75-79	119 507	57 120	62 386	130 913	63 168	67 746
80+	...	...	...	...	...	...
80-84	103 957	48 324	55 633	98 029	45 926	52 103
85-89	68 897	30 262	38 636	73 877	33 340	40 537
90-94	29 285	11 715	17 570	38 773	16 100	22 673
95-99	8 362	2 878	5 484	11 776	4 265	7 511
100+	1 740	492	1 248	2 296	673	1 623

Upper-middle-income countries

性・年齢別人口（千人）

年齢	2015 総数	男	女	2020 総数	男	女	2025 総数	男	女	2030 総数	男	女
総数	2 390 125	1 211 217	1 178 907	2 491 232	1 262 453	1 228 779	2 581 251	1 307 775	1 273 476	2 661 660	1 348 078	1 313 582
0-4	172 626	90 319	82 306	188 537	98 460	90 076	186 238	96 994	89 243	183 829	95 532	88 297
5-9	164 782	86 235	78 547	171 735	89 824	81 911	187 692	97 991	89 701	185 546	96 611	88 936
10-14	159 699	83 317	76 382	164 066	85 843	78 223	170 883	89 362	81 522	187 145	97 687	89 458
15-19	163 387	85 123	78 264	158 723	82 770	75 953	162 976	85 245	77 731	170 026	88 882	81 144
20-24	191 382	99 108	92 274	161 963	84 286	77 677	157 234	81 916	75 318	161 705	84 511	77 194
25-29	216 362	110 845	105 517	189 780	98 143	91 637	160 415	83 372	77 043	155 897	81 127	74 770
30-34	183 005	92 585	90 420	214 690	109 832	104 858	188 231	97 225	91 007	159 141	82 613	76 528
35-39	170 120	85 880	84 240	181 259	91 557	89 702	212 809	108 741	104 068	186 684	96 327	90 357
40-44	186 114	94 188	91 926	168 189	84 754	83 435	179 243	90 400	88 843	210 812	107 591	103 221
45-49	184 605	92 795	91 810	183 608	92 699	90 908	165 901	83 415	82 486	177 032	89 108	87 924
50-54	153 612	76 920	76 692	181 129	90 705	90 424	180 298	90 720	89 578	163 067	81 728	81 339
55-59	124 274	61 698	62 576	149 186	74 258	74 929	176 348	87 843	88 505	175 921	88 100	87 821
60-64	114 827	56 559	58 267	118 501	58 272	60 229	142 797	70 465	72 331	169 559	83 831	85 729
65-69	77 199	37 432	39 767	105 963	51 386	54 577	110 037	53 329	56 708	133 528	65 052	68 476
70-74	52 515	25 194	27 321	67 367	31 830	35 538	93 485	44 267	49 218	98 188	46 564	51 624
75-79	38 423	17 715	20 708	41 776	19 206	22 570	54 565	24 774	29 792	77 012	35 155	41 857
80+	…	…	…	…	…	…	…	…	…	…	…	…
80-84	23 039	9 909	13 130	26 537	11 559	14 978	29 663	12 927	16 736	39 761	17 159	22 602
85-89	10 275	4 051	6 224	12 890	5 192	7 698	15 364	6 271	9 093	17 832	7 287	10 545
90-94	3 131	1 109	2 022	4 285	1 546	2 739	5 579	2 047	3 532	6 938	2 571	4 366
95-99	659	210	449	912	292	620	1 293	415	879	1 752	564	1 187
100+	90	25	65	137	39	98	196	55	141	285	79	206

年齢	2035 総数	男	女	2040 総数	男	女	2045 総数	男	女	2050 総数	男	女
総数	2 730 307	1 382 546	1 347 760	2 792 388	1 414 129	1 378 259	2 851 615	1 445 030	1 406 585	2 908 724	1 475 597	1 433 127
0-4	181 537	94 169	87 368	185 632	96 130	89 502	192 954	99 740	93 214	199 834	103 096	96 738
5-9	183 251	95 211	88 040	181 017	93 882	87 135	185 157	95 868	89 289	192 515	99 497	93 018
10-14	185 079	96 350	88 729	182 820	94 971	87 849	180 613	93 657	86 956	184 773	95 654	89 119
15-19	186 409	97 270	89 138	184 374	95 954	88 421	182 143	94 592	87 551	179 961	93 294	86 667
20-24	168 886	88 222	80 664	185 275	96 616	88 659	183 281	95 328	87 953	181 086	93 992	87 094
25-29	160 496	83 799	76 698	167 731	87 548	80 183	184 133	95 955	88 178	182 191	94 703	87 488
30-34	154 795	80 476	74 319	159 455	83 193	76 262	166 754	86 987	79 767	183 174	95 410	87 764
35-39	157 876	81 878	75 998	153 660	79 833	73 827	158 389	82 598	75 791	165 761	86 440	79 321
40-44	185 041	95 383	89 657	156 505	81 094	75 411	152 437	79 152	73 285	157 238	81 966	75 272
45-49	208 572	106 286	102 286	183 172	94 301	88 871	154 966	80 207	74 759	151 062	78 376	72 686
50-54	174 261	87 465	86 796	205 682	104 584	101 098	180 771	92 894	87 877	153 002	79 057	73 944
55-59	159 326	79 498	79 829	170 568	85 277	85 291	201 789	102 294	99 496	177 559	91 005	86 554
60-64	169 688	84 414	85 274	154 053	76 396	77 658	165 375	82 243	83 132	196 272	99 084	97 187
65-69	159 551	78 011	81 540	160 525	79 089	81 436	146 397	71 986	74 411	157 841	77 935	79 906
70-74	120 316	57 500	62 816	145 126	69 798	75 328	147 268	71 563	75 705	135 312	65 750	69 562
75-79	82 219	37 716	44 503	102 232	47 451	54 781	125 082	58 709	66 373	128 610	61 248	67 362
80+	…	…	…	…	…	…	…	…	…	…	…	…
80-84	57 318	24 958	32 360	62 623	27 520	35 103	79 514	35 585	43 929	99 260	45 200	54 059
85-89	24 623	9 983	14 641	36 506	14 987	21 519	41 138	17 152	23 986	53 736	22 992	30 744
90-94	8 399	3 115	5 284	12 025	4 431	7 593	18 466	6 948	11 518	21 630	8 333	13 298
95-99	2 267	734	1 534	2 875	928	1 947	4 283	1 381	2 902	6 842	2 273	4 568
100+	397	109	288	533	146	387	706	192	514	1 065	290	774

年齢	2055 総数	男	女	2060 総数	男	女
総数	2 962 546	1 505 268	1 457 278	3 011 479	1 532 814	1 478 666
0-4	204 095	105 089	99 007	205 326	105 516	99 810
5-9	199 432	102 873	96 559	203 729	104 886	98 843
10-14	192 156	99 297	92 859	199 094	102 685	96 409
15-19	184 159	95 312	88 847	191 573	98 973	92 600
20-24	178 973	92 737	86 236	183 225	94 788	88 437
25-29	180 070	93 415	86 655	178 027	92 204	85 824
30-34	181 304	94 205	87 099	179 246	92 957	86 289
35-39	182 201	94 880	87 320	180 397	93 718	86 680
40-44	164 681	85 856	78 825	181 123	94 305	86 818
45-49	155 932	81 239	74 693	163 433	85 170	78 262
50-54	149 292	77 359	71 933	154 233	80 271	73 961
55-59	150 398	77 528	72 870	146 934	75 991	70 943
60-64	173 046	88 381	84 666	146 770	75 410	71 359
65-69	188 200	94 492	93 707	166 453	84 620	81 832
70-74	146 860	71 815	75 045	176 253	87 848	88 405
75-79	119 507	57 120	62 386	130 913	63 168	67 746
80+	…	…	…	…	…	…
80-84	103 957	48 324	55 633	98 029	45 926	52 103
85-89	68 897	30 262	38 636	73 877	33 340	40 537
90-94	29 773	11 715	17 570	38 713	16 100	22 673
95-99	8 362	2 878	5 484	11 776	4 265	7 511
100+	1 740	492	1 248	2 296	673	1 623

性・年齢別人口（千人）

年齢	2015			2020			2025			2030		
	総数	男	女	総数	男	女	総数	男	女	総数	男	女
総数	2 390 125	1 211 217	1 178 907	2 446 031	1 238 773	1 207 259	2 469 702	1 249 465	1 220 236	2 472 041	1 249 137	1 222 904
0-4	172 626	90 319	82 306	143 336	74 780	68 556	119 774	62 300	57 474	105 541	54 776	50 765
5-9	164 782	86 235	78 547	171 735	89 824	81 911	142 607	74 377	68 230	119 238	62 004	57 234
10-14	159 699	83 317	76 382	164 066	85 843	78 223	170 883	89 362	81 522	142 121	74 108	68 013
15-19	163 387	85 123	78 264	158 723	82 770	75 953	162 976	85 245	77 731	170 026	88 882	81 144
20-24	191 382	99 108	92 274	161 963	84 286	77 677	157 234	81 916	75 318	161 705	84 511	77 194
25-29	216 362	110 845	105 517	189 780	98 143	91 637	160 415	83 372	77 043	155 897	81 127	74 770
30-34	183 005	92 585	90 420	214 690	109 832	104 858	188 231	97 225	91 007	159 141	82 613	76 528
35-39	170 120	85 880	84 240	181 259	91 557	89 702	212 809	108 741	104 068	186 684	96 327	90 357
40-44	186 114	94 188	91 926	168 189	84 754	83 435	179 243	90 400	88 843	210 812	107 591	103 221
45-49	184 605	92 795	91 810	183 608	92 699	90 908	165 901	83 415	82 486	177 032	89 108	87 924
50-54	153 612	76 920	76 692	181 129	90 705	90 424	180 298	90 720	89 578	163 067	81 728	81 339
55-59	124 274	61 698	62 576	149 186	74 258	74 929	176 348	87 843	88 505	175 921	88 100	87 821
60-64	114 827	56 559	58 267	118 501	58 272	60 229	142 797	70 465	72 331	169 559	83 831	85 729
65-69	77 199	37 432	39 767	105 963	51 386	54 577	110 037	53 329	56 708	133 528	65 052	68 476
70-74	52 515	25 194	27 321	67 367	31 830	35 538	93 485	44 267	49 218	98 188	46 564	51 624
75-79	38 423	17 715	20 708	41 776	19 206	22 570	54 565	24 774	29 792	77 012	35 155	41 857
80+	...	...	...	...	...	...	...	...	...	...	...	...
80-84	23 039	9 909	13 130	26 537	11 559	14 978	29 663	12 927	16 736	39 761	17 159	22 602
85-89	10 275	4 051	6 224	12 890	5 192	7 698	15 364	6 271	9 093	17 832	7 287	10 545
90-94	3 131	1 109	2 022	4 285	1 546	2 739	5 579	2 047	3 532	6 938	2 571	4 366
95-99	659	210	449	912	292	620	1 293	415	879	1 752	564	1 187
100+	90	25	65	137	39	98	196	55	141	285	79	206

年齢	2035			2040			2045			2050		
	総数	男	女	総数	男	女	総数	男	女	総数	男	女
総数	2 463 040	1 243 292	1 219 748	2 441 433	1 231 525	1 209 908	2 404 958	1 212 967	1 191 991	2 352 327	1 186 948	1 165 379
0-4	103 573	53 674	49 899	101 513	52 524	48 989	96 666	49 925	46 741	89 312	46 037	43 275
5-9	105 133	54 550	50 583	103 208	53 472	49 736	101 190	52 345	48 845	96 384	49 768	46 616
10-14	118 853	61 791	57 062	104 791	54 361	50 430	102 885	53 293	49 592	100 885	52 176	48 709
15-19	141 450	73 732	67 718	118 237	61 449	56 788	104 208	54 040	50 169	102 319	52 982	49 337
20-24	168 886	88 222	80 664	140 414	73 143	67 271	117 277	60 912	56 366	103 298	53 535	49 762
25-29	160 496	83 799	76 698	167 731	87 548	80 183	139 397	72 562	66 835	116 357	60 395	55 962
30-34	154 795	80 476	74 319	159 455	83 193	76 262	166 754	86 987	79 767	138 582	72 104	66 478
35-39	157 876	81 878	75 998	153 660	79 833	73 827	158 389	82 598	75 791	165 761	86 440	79 321
40-44	185 041	95 383	89 657	156 505	81 094	75 411	152 437	79 152	73 285	157 238	81 966	75 272
45-49	208 572	106 286	102 286	183 172	94 301	88 871	154 966	80 207	74 759	151 062	78 376	72 686
50-54	174 261	87 465	86 796	205 682	104 584	101 098	180 771	92 894	87 877	153 002	79 057	73 944
55-59	159 326	79 498	79 829	170 568	85 277	85 291	201 789	102 294	99 496	177 559	91 005	86 554
60-64	169 688	84 414	85 274	154 053	76 396	77 658	165 375	82 243	83 132	196 272	99 084	97 187
65-69	159 551	78 011	81 540	160 525	79 089	81 436	146 397	71 986	74 411	157 841	77 935	79 906
70-74	120 316	57 500	62 816	145 126	69 798	75 328	147 268	71 563	75 705	135 312	65 750	69 562
75-79	82 219	37 716	44 503	102 232	47 451	54 781	125 082	58 709	66 373	128 610	61 248	67 362
80+	...	...	...	...	...	...	...	...	...	...	...	...
80-84	57 318	24 958	32 360	62 623	27 520	35 103	79 514	35 585	43 929	99 260	45 200	54 059
85-89	24 623	9 983	14 641	36 506	14 987	21 519	41 138	17 152	23 986	53 736	22 992	30 744
90-94	8 399	3 115	5 284	12 025	4 431	7 593	18 466	6 948	11 518	21 630	8 333	13 298
95-99	2 267	734	1 534	2 875	928	1 947	4 283	1 381	2 902	6 842	2 273	4 568
100+	397	109	288	533	146	387	706	192	514	1 065	290	774

年齢	2055			2060		
	総数	男	女	総数	男	女
総数	2 284 005	1 153 770	1 130 235	2 202 287	1 114 227	1 088 060
0-4	80 939	41 639	39 300	73 380	37 677	35 703
5-9	89 073	45 903	43 170	80 736	41 525	39 211
10-14	96 106	49 613	46 493	88 820	45 762	43 058
15-19	100 355	51 885	48 470	95 612	49 342	46 270
20-24	101 464	52 511	48 954	99 554	51 445	48 109
25-29	102 467	53 074	49 393	100 690	52 083	48 606
30-34	115 667	60 014	55 654	101 861	52 744	49 117
35-39	137 776	71 670	66 106	114 995	59 658	55 336
40-44	164 681	85 856	78 825	136 902	71 207	65 694
45-49	155 932	81 239	74 693	163 433	85 170	78 262
50-54	149 292	77 359	71 933	154 233	80 271	73 961
55-59	150 398	77 528	72 870	146 934	75 991	70 943
60-64	173 046	88 381	84 666	146 770	75 410	71 359
65-69	188 200	94 492	93 707	166 453	84 620	81 832
70-74	146 860	71 815	75 045	176 253	87 848	88 405
75-79	119 507	57 120	62 386	130 913	63 168	67 746
80+	...	...	...	...	...	...
80-84	103 957	48 324	55 633	98 029	45 926	52 103
85-89	68 897	30 262	38 636	73 877	33 340	40 537
90-94	29 285	11 715	17 570	38 773	16 100	22 673
95-99	8 362	2 878	5 484	11 776	4 265	7 511
100+	1 740	492	1 248	2 296	673	1 623

Lower-middle-income countries

性・年齢別人口（千人）

年齢	1960 総数	男	女	1965 総数	男	女	1970 総数	男	女	1975 総数	男	女
総数	941 936	477 649	464 287	1 057 071	536 626	520 446	1 188 054	603 649	584 405	1 335 861	679 076	656 786
0-4	154 321	78 801	75 520	173 030	88 379	84 650	190 058	97 083	92 976	209 198	106 964	102 234
5-9	125 113	64 129	60 984	144 173	73 894	70 279	162 607	83 356	79 251	179 609	91 976	87 633
10-14	99 254	50 445	48 809	122 158	62 704	59 454	141 229	72 513	68 716	159 560	81 869	77 691
15-19	86 812	44 036	42 776	97 125	49 375	47 749	119 833	61 528	58 305	138 184	70 958	67 226
20-24	81 999	41 418	40 581	84 378	42 759	41 619	94 555	48 027	46 528	116 367	59 716	56 651
25-29	72 369	36 754	35 615	79 372	40 069	39 303	81 821	41 432	40 389	92 156	46 824	45 332
30-34	64 413	32 957	31 456	69 700	35 437	34 263	76 892	38 832	38 060	79 901	40 499	39 402
35-39	54 633	27 953	26 681	61 703	31 605	30 098	67 161	34 179	32 981	74 827	37 821	37 006
40-44	46 120	23 665	22 455	51 897	26 554	25 343	59 200	30 346	28 854	64 876	32 984	31 893
45-49	40 762	20 594	20 168	43 237	22 153	21 085	49 178	25 081	24 097	56 663	28 933	27 730
50-54	34 501	17 426	17 075	37 657	18 899	18 759	40 201	20 448	19 754	46 403	23 460	22 942
55-59	27 286	13 662	13 624	31 117	15 547	15 571	34 359	17 075	17 284	36 930	18 570	18 360
60-64	21 145	10 409	10 737	23 594	11 643	11 951	27 215	13 406	13 809	30 278	14 821	15 457
65-69	14 375	6 942	7 432	17 067	8 250	8 817	19 378	9 381	9 997	22 501	10 846	11 655
70-74	10 003	4 641	5 362	10 539	4 951	5 587	12 687	5 969	6 718	14 590	6 864	7 726
75-79	5 168	2 319	2 849	6 364	2 827	3 537	6 835	3 081	3 754	8 304	3 755	4 549
80+	3 661	1 498	2 163	3 961	1 580	2 381	4 846	1 913	2 933	5 514	2 214	3 300
80-84	…	…	…	…	…	…	…	…	…	…	…	…
85-89	…	…	…	…	…	…	…	…	…	…	…	…
90-94	…	…	…	…	…	…	…	…	…	…	…	…
95-99	…	…	…	…	…	…	…	…	…	…	…	…
100+	…	…	…	…	…	…	…	…	…	…	…	…

年齢	1980 総数	男	女	1985 総数	男	女	1990 総数	男	女	1995 総数	男	女
総数	1 505 963	765 669	740 294	1 698 392	863 638	834 754	1 900 946	967 240	933 706	2 103 934	1 070 631	1 033 304
0-4	231 568	118 389	113 178	257 407	131 827	125 580	273 840	140 544	133 296	281 328	145 022	136 306
5-9	199 584	102 281	97 303	222 625	114 050	108 575	248 643	127 604	121 040	265 923	136 631	129 293
10-14	176 994	90 691	86 303	197 015	101 017	95 998	219 929	112 762	107 167	246 013	126 243	119 770
15-19	157 506	80 815	76 690	174 920	89 623	85 297	194 582	99 810	94 771	217 115	111 272	105 844
20-24	135 522	69 561	65 962	154 766	79 384	75 383	171 699	87 998	83 701	190 371	97 558	92 814
25-29	113 691	58 392	55 300	132 896	68 249	64 647	151 648	77 786	73 862	167 554	85 720	81 834
30-34	90 048	45 791	44 257	111 499	57 322	54 177	130 330	66 927	63 403	148 340	75 939	72 401
35-39	77 822	39 440	38 382	88 177	44 835	43 342	109 178	56 077	53 101	127 550	65 347	62 203
40-44	72 609	36 635	35 973	75 679	38 271	37 409	85 883	43 559	42 324	106 487	54 500	51 987
45-49	62 282	31 529	30 753	69 815	35 028	34 787	73 070	36 778	36 292	83 040	41 899	41 141
50-54	53 615	27 172	26 444	59 010	29 605	29 405	66 400	33 051	33 349	69 635	34 766	34 869
55-59	42 871	21 431	21 440	49 686	24 855	24 831	54 814	27 188	27 627	61 886	30 415	31 471
60-64	32 761	16 204	16 557	38 169	18 749	19 421	44 466	21 869	22 597	49 298	24 038	25 261
65-69	25 323	12 109	13 214	27 436	13 251	14 185	32 192	15 444	16 748	37 854	18 165	19 689
70-74	17 251	8 064	9 187	19 533	9 041	10 492	21 211	9 956	11 255	25 263	11 761	13 502
75-79	9 809	4 430	5 380	11 680	5 241	6 439	13 327	5 933	7 395	14 693	6 661	8 032
80+	6 707	2 735	3 973	8 078	3 292	4 786	…	…	…	…	…	…
80-84	…	…	…	…	…	…	6 587	2 784	3 803	7 696	3 243	4 452
85-89	…	…	…	…	…	…	2 403	928	1 474	2 943	1 140	1 803
90-94	…	…	…	…	…	…	622	210	413	785	267	519
95-99	…	…	…	…	…	…	107	29	78	141	40	101
100+	…	…	…	…	…	…	14	3	11	17	4	13

年齢	2000 総数	男	女	2005 総数	男	女	2010 総数	男	女	2015 総数	男	女
総数	2 305 031	1 173 205	1 131 825	2 505 348	1 275 794	1 229 554	2 708 711	1 379 864	1 328 847	2 916 158	1 485 207	1 430 952
0-4	286 979	148 356	138 623	296 570	153 719	142 852	306 030	158 646	147 383	315 140	163 188	151 952
5-9	273 941	141 374	132 567	282 045	145 964	136 081	291 345	151 277	140 068	300 920	156 032	144 888
10-14	263 025	135 180	127 846	272 114	140 510	131 591	279 399	144 766	134 632	288 615	149 867	138 748
15-19	243 057	124 716	118 340	259 939	133 564	126 375	267 528	138 051	129 477	276 214	143 126	133 088
20-24	212 913	109 010	103 903	236 904	121 290	115 614	252 570	129 298	123 273	262 648	135 412	127 237
25-29	185 824	95 027	90 797	207 378	105 804	101 574	231 855	118 229	113 626	247 158	126 234	120 924
30-34	163 537	83 479	80 057	180 668	92 112	88 556	202 585	103 078	99 508	226 631	115 286	111 345
35-39	144 737	73 917	70 820	158 875	80 909	77 966	176 870	89 998	86 871	197 861	100 380	97 481
40-44	124 115	63 358	60 757	140 413	71 477	68 936	155 346	78 868	76 479	172 604	87 476	85 128
45-49	102 937	52 394	50 543	119 265	60 556	58 709	136 520	69 142	67 378	150 805	76 126	74 680
50-54	79 213	39 650	39 563	98 363	49 606	48 756	114 963	58 000	56 963	131 362	65 964	65 398
55-59	65 093	32 131	32 962	74 797	37 119	37 677	92 530	46 386	46 144	108 697	54 177	54 520
60-64	55 940	27 012	28 928	58 962	28 720	30 242	67 278	32 883	34 394	84 972	41 929	43 043
65-69	42 292	20 118	22 174	47 817	22 619	25 198	50 839	24 311	26 528	58 735	28 154	30 581
70-74	30 060	13 964	16 096	33 505	15 506	17 999	38 495	17 694	20 802	41 265	19 221	22 044
75-79	17 885	7 998	9 887	21 220	9 511	11 708	24 056	10 750	13 305	28 138	12 466	15 671
80+	…	…	…	…	…	…	…	…	…	…	…	…
80-84	8 742	3 742	5 000	10 856	4 622	6 234	13 340	5 698	7 642	15 143	6 490	8 653
85-89	3 541	1 377	2 163	4 140	1 659	2 482	5 286	2 117	3 170	6 726	2 738	3 989
90-94	989	342	647	1 239	438	801	1 506	557	949	2 032	773	1 259
95-99	187	54	133	245	74	170	323	102	222	425	148	276
100+	24	5	18	34	8	26	47	12	35	69	20	49

性・年齢別人口（千人）

年齢	2015			2020			2025			2030		
	総数	男	女	総数	男	女	総数	男	女	総数	男	女
総数	2 916 158	1 485 207	1 430 952	3 128 467	1 592 602	1 535 866	3 335 611	1 696 653	1 638 958	3 531 999	1 794 601	1 737 398
0-4	315 140	163 188	151 952	319 323	165 198	154 125	320 632	165 707	154 925	321 038	165 661	155 377
5-9	300 920	156 032	144 888	311 013	161 079	149 934	315 953	163 471	152 482	317 344	164 006	153 339
10-14	288 615	149 867	138 748	298 786	154 950	143 835	309 282	160 199	149 083	314 258	162 603	151 654
15-19	276 214	143 126	133 088	286 080	148 560	137 520	296 469	153 739	142 731	307 106	159 051	148 055
20-24	262 648	135 412	127 237	272 372	141 011	131 361	282 413	146 508	135 906	292 928	151 737	141 191
25-29	247 158	126 234	120 924	258 531	133 016	125 515	268 431	138 675	129 756	278 484	144 168	134 316
30-34	226 631	115 286	111 345	243 331	123 989	119 342	254 999	130 889	124 109	264 768	136 477	128 291
35-39	197 861	100 380	97 481	222 886	113 064	109 823	239 909	121 905	118 003	251 427	128 715	122 712
40-44	172 604	87 476	85 128	194 069	98 083	95 986	219 212	110 793	108 419	236 071	119 525	116 546
45-49	150 805	76 126	74 680	168 348	84 860	83 487	189 808	95 437	94 370	214 625	107 933	106 692
50-54	131 362	65 964	65 398	145 660	72 937	72 723	163 068	81 564	81 504	184 150	91 900	92 250
55-59	108 697	54 177	54 520	124 863	61 968	62 895	138 933	68 788	70 145	155 897	77 132	78 765
60-64	84 972	41 929	43 043	100 413	49 287	51 126	115 890	56 653	59 237	129 449	63 171	66 278
65-69	58 735	28 154	30 581	74 921	36 232	38 689	89 148	42 884	46 264	103 536	49 635	53 900
70-74	41 265	19 221	22 044	48 181	22 500	25 682	62 073	29 205	32 867	74 553	34 924	39 628
75-79	28 138	12 466	15 671	30 507	13 733	16 774	36 047	16 260	19 788	47 067	21 383	25 684
80+	...	...	...	...	...	...	...	...	...	...	...	...
80-84	15 143	6 490	8 653	17 970	7 627	10 343	19 744	8 530	11 214	23 670	10 251	13 419
85-89	6 726	2 738	3 989	7 860	3 222	4 638	9 461	3 842	5 618	10 563	4 374	6 189
90-94	2 032	773	1 259	2 658	1 035	1 623	3 203	1 257	1 946	3 888	1 515	2 373
95-99	425	148	276	597	218	379	794	298	496	985	370	615
100+	69	20	49	98	32	66	142	50	93	193	69	124

年齢	2035			2040			2045			2050		
	総数	男	女	総数	男	女	総数	男	女	総数	男	女
総数	3 717 363	1 886 479	1 830 884	3 891 635	1 972 272	1 919 363	4 053 518	2 051 675	2 001 843	4 200 842	2 123 841	2 077 000
0-4	322 049	165 961	156 089	323 136	166 325	156 811	323 596	166 403	157 193	322 225	165 690	156 535
5-9	317 904	164 025	153 878	319 172	164 451	154 721	320 502	164 938	155 563	321 183	165 128	156 055
10-14	315 622	163 115	152 507	316 291	163 189	153 102	317 661	163 665	153 996	319 084	164 198	154 886
15-19	312 109	161 460	150 649	313 569	162 021	151 548	314 327	162 142	152 186	315 775	162 659	153 116
20-24	303 673	157 090	146 583	308 790	159 559	149 231	310 372	160 188	150 184	311 242	160 373	150 869
25-29	289 111	149 444	139 667	299 931	154 838	145 093	305 173	157 380	147 792	306 886	158 089	148 797
30-34	274 880	141 993	132 887	285 570	147 308	138 262	296 468	152 752	143 716	301 835	155 373	146 463
35-39	261 199	134 300	126 899	271 377	139 858	131 519	282 142	145 224	136 918	293 133	150 733	142 400
40-44	247 550	126 304	121 246	257 401	131 937	125 465	267 658	137 548	130 110	278 507	142 976	135 531
45-49	231 354	116 576	114 778	242 890	123 377	119 513	252 828	129 064	123 763	263 174	134 737	128 437
50-54	208 562	104 134	104 428	225 200	112 705	112 494	236 792	119 525	117 267	246 825	125 269	121 556
55-59	176 473	87 155	89 318	200 376	99 054	101 322	216 858	107 512	109 346	228 491	114 326	114 165
60-64	145 786	71 128	74 658	165 664	80 712	84 952	188 810	92 127	96 682	205 036	100 398	104 638
65-69	116 316	55 711	60 605	131 746	63 094	68 652	150 570	72 045	78 525	172 553	82 742	89 810
70-74	87 348	40 820	46 528	98 967	46 214	52 753	113 013	52 782	60 231	130 204	60 798	69 407
75-79	57 240	25 921	31 318	67 922	30 669	37 253	77 845	35 139	42 705	89 867	40 581	49 287
80+	...	...	...	...	...	...	...	...	...	...	...	...
80-84	31 435	13 703	17 732	38 902	16 877	22 026	46 937	20 301	26 636	54 593	23 608	30 984
85-89	12 884	5 346	7 538	17 511	7 271	10 240	22 140	9 134	13 006	27 265	11 206	16 059
90-94	4 427	1 758	2 669	5 520	2 178	3 343	7 687	3 014	4 672	9 980	3 875	6 105
95-99	1 195	448	747	1 396	527	868	1 775	659	1 116	2 520	920	1 599
100+	248	89	159	304	109	196	365	130	235	463	161	302

年齢	2055			2060		
	総数	男	女	総数	男	女
総数	4 333 084	2 188 844	2 144 240	4 449 798	2 246 430	2 203 368
0-4	319 410	164 238	155 172	316 187	162 569	153 618
5-9	320 054	164 541	155 513	317 472	163 207	154 265
10-14	319 861	164 438	155 422	318 854	163 910	154 943
15-19	317 339	163 256	154 082	318 244	163 562	154 682
20-24	312 913	161 024	151 889	314 668	161 724	152 944
25-29	307 942	158 412	149 529	309 826	159 188	150 638
30-34	303 760	156 213	147 547	305 023	156 665	148 358
35-39	298 715	153 491	145 224	300 847	154 465	146 382
40-44	289 631	148 589	141 042	295 409	151 479	143 930
45-49	274 172	140 273	133 899	285 437	145 991	139 446
50-54	257 321	131 048	126 273	268 452	136 686	131 766
55-59	238 658	120 158	118 500	249 308	126 040	123 267
60-64	216 749	107 218	109 531	227 064	113 122	113 942
65-69	188 418	90 771	97 647	200 126	97 519	102 607
70-74	150 467	70 510	79 958	165 586	78 082	87 504
75-79	104 745	47 362	57 382	122 436	55 667	66 769
80+	...	...	...	...	...	...
80-84	63 964	27 695	36 269	75 690	32 875	42 815
85-89	32 327	13 292	19 035	38 572	15 886	22 686
90-94	12 610	4 876	7 734	15 297	5 916	9 380
95-99	3 382	1 218	2 164	4 403	1 579	2 825
100+	646	219	427	896	297	599

Lower-middle-income countries

性・年齢別人口（千人）

年齢	2015 総数	男	女	2020 総数	男	女	2025 総数	男	女	2030 総数	男	女
総数	2 916 158	1 485 207	1 430 952	3 157 641	1 607 724	1 549 917	3 413 505	1 736 999	1 676 506	3 673 142	1 867 635	1 805 507
0-4	315 140	163 188	151 952	348 497	180 321	168 176	369 600	191 058	178 542	384 760	198 596	186 164
5-9	300 920	156 032	144 888	311 013	161 079	149 934	344 879	178 466	166 413	365 944	189 166	176 779
10-14	288 615	149 867	138 748	298 786	154 950	143 835	309 282	160 199	149 083	343 080	177 543	165 536
15-19	276 214	143 126	133 088	286 080	148 560	137 520	296 469	153 739	142 731	307 106	159 051	148 055
20-24	262 648	135 412	127 237	272 372	141 011	131 361	282 413	146 508	135 906	292 928	151 737	141 191
25-29	247 158	126 234	120 924	258 531	133 016	125 515	268 431	138 675	129 756	278 484	144 168	134 316
30-34	226 631	115 286	111 345	243 331	123 989	119 342	254 999	130 889	124 109	264 768	136 477	128 291
35-39	197 861	100 380	97 481	222 886	113 064	109 823	239 909	121 905	118 003	251 427	128 715	122 712
40-44	172 604	87 476	85 128	194 069	98 083	95 986	219 212	110 793	108 419	236 071	119 525	116 546
45-49	150 805	76 126	74 680	168 348	84 860	83 487	189 808	95 437	94 370	214 625	107 933	106 692
50-54	131 362	65 964	65 398	145 660	72 937	72 723	163 068	81 564	81 504	184 150	91 900	92 250
55-59	108 697	54 177	54 520	124 863	61 968	62 895	138 933	68 788	70 145	155 897	77 132	78 765
60-64	84 972	41 929	43 043	100 413	49 287	51 126	115 890	56 653	59 237	129 449	63 171	66 278
65-69	58 735	28 154	30 581	74 921	36 232	38 689	89 148	42 884	46 264	103 536	49 635	53 900
70-74	41 265	19 221	22 044	48 181	22 500	25 682	62 073	29 205	32 867	74 553	34 924	39 628
75-79	28 138	12 466	15 671	30 507	13 733	16 774	36 047	16 260	19 788	47 067	21 383	25 684
80+	...	...	...	...	...	...	...	...	...	...	...	...
80-84	15 143	6 490	8 653	17 970	7 627	10 343	19 744	8 530	11 214	23 670	10 251	13 419
85-89	6 726	2 738	3 989	7 860	3 222	4 638	9 461	3 842	5 618	10 563	4 374	6 189
90-94	2 032	773	1 259	2 658	1 035	1 623	3 203	1 257	1 946	3 888	1 515	2 373
95-99	425	148	276	597	218	379	794	298	496	985	370	615
100+	69	20	49	98	32	66	142	50	93	193	69	124

年齢	2035 総数	男	女	2040 総数	男	女	2045 総数	男	女	2050 総数	男	女
総数	3 925 093	1 993 863	1 931 231	4 175 633	2 118 930	2 056 704	4 431 675	2 246 756	2 184 920	4 693 666	2 377 871	2 315 795
0-4	389 320	200 674	188 645	400 298	206 092	194 206	418 939	215 498	203 440	438 445	225 540	212 905
5-9	381 198	196 736	184 462	386 032	198 948	187 084	397 240	204 480	192 760	416 062	213 976	202 085
10-14	364 063	188 190	175 873	379 396	195 797	183 599	384 336	198 062	186 274	395 628	203 635	191 994
15-19	340 833	176 344	164 489	361 859	187 009	174 850	377 250	194 645	182 604	382 270	196 953	185 317
20-24	303 673	157 090	146 583	337 371	174 357	163 015	358 437	185 039	173 398	373 891	192 710	181 181
25-29	289 111	149 444	139 667	299 931	154 838	145 093	333 586	172 072	161 513	354 688	182 775	171 913
30-34	274 880	141 993	132 887	285 570	147 308	138 262	296 468	152 752	143 716	330 069	169 950	160 119
35-39	261 199	134 300	126 899	271 377	139 858	131 519	282 142	145 224	136 918	293 133	150 733	142 400
40-44	247 550	126 304	121 246	257 401	131 937	125 465	267 658	137 548	130 110	278 507	142 976	135 531
45-49	231 354	116 576	114 778	242 890	123 377	119 513	252 828	129 064	123 763	263 174	134 737	128 437
50-54	208 562	104 134	104 428	225 200	112 705	112 494	236 792	119 525	117 267	246 825	125 269	121 556
55-59	176 473	87 155	89 318	200 376	99 054	101 322	216 858	107 512	109 346	228 491	114 326	114 165
60-64	145 786	71 128	74 658	165 664	80 712	84 952	188 810	92 127	96 682	205 036	100 398	104 638
65-69	116 316	55 711	60 605	131 746	63 094	68 652	150 570	72 045	78 525	172 553	82 742	89 810
70-74	87 348	40 820	46 528	98 967	46 214	52 753	113 013	52 782	60 231	130 204	60 798	69 407
75-79	57 240	25 921	31 318	67 922	30 669	37 253	77 845	35 139	42 705	89 867	40 581	49 287
80+	...	...	...	...	...	...	...	...	...	...	...	...
80-84	31 435	13 703	17 732	38 902	16 877	22 026	46 937	20 301	26 636	54 593	23 608	30 984
85-89	12 884	5 346	7 538	17 511	7 271	10 240	22 140	9 134	13 006	27 265	11 206	16 059
90-94	4 427	1 758	2 669	5 520	2 178	3 343	7 687	3 014	4 672	9 980	3 875	6 105
95-99	1 195	448	747	1 396	527	868	1 775	659	1 116	2 520	920	1 599
100+	248	89	159	304	109	196	365	130	235	463	161	302

年齢	2055 総数	男	女	2060 総数	男	女
総数	4 957 879	2 510 684	2 447 196	5 219 529	2 642 687	2 576 842
0-4	453 356	233 210	220 145	463 576	238 449	225 127
5-9	435 772	224 123	211 649	450 898	231 900	218 998
10-14	414 525	213 169	201 355	434 338	223 364	210 974
15-19	393 694	202 584	191 109	412 696	212 170	200 526
20-24	379 140	195 154	183 986	390 740	200 879	189 862
25-29	370 273	190 550	179 723	375 741	193 124	182 618
30-34	351 284	180 723	170 561	367 020	188 593	178 427
35-39	326 746	167 939	158 807	348 057	178 776	169 281
40-44	289 631	148 589	141 042	323 195	165 771	157 424
45-49	274 172	140 273	133 899	285 437	145 991	139 446
50-54	257 321	131 048	126 273	268 452	136 686	131 766
55-59	238 658	120 158	118 500	249 308	126 040	123 267
60-64	216 749	107 218	109 531	227 064	113 122	113 942
65-69	188 418	90 771	97 647	200 126	97 519	102 607
70-74	150 467	70 510	79 958	165 586	78 082	87 504
75-79	104 745	47 362	57 382	122 436	55 667	66 769
80+	...	...	...	...	...	...
80-84	63 964	27 695	36 269	75 690	32 875	42 815
85-89	32 327	13 292	19 035	38 572	15 886	22 686
90-94	12 610	4 876	7 734	15 297	5 916	9 380
95-99	3 382	1 218	2 164	4 403	1 579	2 825
100+	646	219	427	896	297	599

性・年齢別人口（千人）

年齢	2015			2020			2025			2030		
	総数	男	女	総数	男	女	総数	男	女	総数	男	女
総数	2 916 158	1 485 207	1 430 952	3 099 294	1 577 479	1 521 815	3 257 717	1 656 307	1 601 411	3 390 855	1 721 566	1 669 289
0-4	315 140	163 188	151 952	290 149	150 076	140 074	271 664	140 356	131 309	257 316	132 726	124 590
5-9	300 920	156 032	144 888	311 013	161 079	149 934	287 027	148 476	138 551	268 745	138 846	129 899
10-14	288 615	149 867	138 748	298 786	154 950	143 835	309 282	160 199	149 083	285 436	147 663	137 772
15-19	276 214	143 126	133 088	286 080	148 560	137 520	296 469	153 739	142 731	307 106	159 051	148 055
20-24	262 648	135 412	127 237	272 372	141 011	131 361	282 413	146 508	135 906	292 928	151 737	141 191
25-29	247 158	126 234	120 924	258 531	133 016	125 515	268 431	138 675	129 756	278 484	144 168	134 316
30-34	226 631	115 286	111 345	243 331	123 989	119 342	254 999	130 889	124 109	264 768	136 477	128 291
35-39	197 861	100 380	97 481	222 886	113 064	109 823	239 909	121 905	118 003	251 427	128 715	122 712
40-44	172 604	87 476	85 128	194 069	98 083	95 986	219 212	110 793	108 419	236 071	119 525	116 546
45-49	150 805	76 126	74 680	168 348	84 860	83 487	189 808	95 437	94 370	214 625	107 933	106 692
50-54	131 362	65 964	65 398	145 660	72 937	72 723	163 068	81 564	81 504	184 150	91 900	92 250
55-59	108 697	54 177	54 520	124 863	61 968	62 895	138 933	68 788	70 145	155 897	77 132	78 765
60-64	84 972	41 929	43 043	100 413	49 287	51 126	115 890	56 653	59 237	129 449	63 171	66 278
65-69	58 735	28 154	30 581	74 921	36 232	38 689	89 148	42 884	46 264	103 536	49 635	53 900
70-74	41 265	19 221	22 044	48 181	22 500	25 682	62 073	29 205	32 867	74 553	34 924	39 628
75-79	28 138	12 466	15 671	30 507	13 733	16 774	36 047	16 260	19 788	47 067	21 383	25 684
80+	...	...	...	...	...	...	...	...	...	...	...	...
80-84	15 143	6 490	8 653	17 970	7 627	10 343	19 744	8 530	11 214	23 670	10 251	13 419
85-89	6 726	2 738	3 989	7 860	3 222	4 638	9 461	3 842	5 618	10 563	4 374	6 189
90-94	2 032	773	1 259	2 658	1 035	1 623	3 203	1 257	1 946	3 888	1 515	2 373
95-99	425	148	276	597	218	379	794	298	496	985	370	615
100+	69	20	49	98	32	66	142	50	93	193	69	124

年齢	2035			2040			2045			2050		
	総数	男	女	総数	男	女	総数	男	女	総数	男	女
総数	3 510 046	1 779 308	1 730 738	3 611 310	1 827 507	1 783 804	3 688 529	1 863 382	1 825 147	3 738 362	1 885 456	1 852 906
0-4	255 193	131 459	123 734	249 236	128 240	120 995	237 764	122 212	115 552	223 225	114 718	108 507
5-9	254 609	131 315	123 294	252 724	130 166	122 558	247 010	127 070	119 940	235 779	121 165	114 614
10-14	267 180	138 040	129 140	253 186	130 580	122 605	251 396	129 479	121 917	245 779	126 431	119 348
15-19	283 385	146 575	136 809	265 279	137 032	128 247	251 405	129 638	121 767	249 689	128 576	121 113
20-24	303 673	157 090	146 583	280 209	144 762	135 448	262 307	135 336	126 971	248 593	128 036	120 557
25-29	289 111	149 444	139 667	299 931	154 838	145 093	276 760	142 689	134 071	259 084	133 403	125 681
30-34	274 880	141 993	132 887	285 570	147 308	138 262	296 468	152 752	143 716	273 601	140 795	132 806
35-39	261 199	134 300	126 899	271 377	139 858	131 519	282 142	145 224	136 918	293 133	150 733	142 400
40-44	247 550	126 304	121 246	257 401	131 937	125 465	267 658	137 548	130 110	278 507	142 976	135 531
45-49	231 354	116 576	114 778	242 890	123 377	119 513	252 828	129 064	123 763	263 174	134 737	128 437
50-54	208 562	104 134	104 428	225 200	112 705	112 494	236 792	119 525	117 267	246 825	125 269	121 556
55-59	176 473	87 155	89 318	200 376	99 054	101 322	216 858	107 512	109 346	228 491	114 326	114 165
60-64	145 786	71 128	74 658	165 664	80 712	84 952	188 810	92 127	96 682	205 036	100 398	104 638
65-69	116 316	55 711	60 605	131 746	63 094	68 652	150 570	72 045	78 525	172 553	82 742	89 810
70-74	87 348	40 820	46 528	98 967	46 214	52 753	113 013	52 782	60 231	130 204	60 798	69 407
75-79	57 240	25 921	31 318	67 922	30 669	37 253	77 845	35 139	42 705	89 867	40 581	49 287
80+	...	...	...	...	...	...	...	...	...	...	...	...
80-84	31 435	13 703	17 732	38 902	16 877	22 026	46 937	20 301	26 636	54 593	23 608	30 984
85-89	12 884	5 346	7 538	17 511	7 271	10 240	22 140	9 134	13 006	27 265	11 206	16 059
90-94	4 427	1 758	2 669	5 520	2 178	3 343	7 687	3 014	4 672	9 980	3 875	6 105
95-99	1 195	448	747	1 396	527	868	1 775	659	1 116	2 520	920	1 599
100+	248	89	159	304	109	196	365	130	235	463	161	302

年齢	2055			2060		
	総数	男	女	総数	男	女
総数	3 762 675	1 895 039	1 867 636	3 764 251	1 893 556	1 870 695
0-4	209 593	107 703	101 891	198 731	102 112	96 619
5-9	221 498	113 807	107 691	208 098	106 910	101 188
10-14	234 654	120 582	114 072	220 502	113 288	107 214
15-19	244 217	125 595	118 622	233 231	119 818	113 413
20-24	247 094	127 103	119 991	241 819	124 229	117 590
25-29	245 610	126 274	119 336	244 317	125 461	118 856
30-34	256 235	131 702	124 533	243 026	124 737	118 289
35-39	270 683	139 042	131 641	253 637	130 153	123 483
40-44	289 631	148 589	141 042	267 623	137 188	130 436
45-49	274 172	140 273	133 899	285 437	145 991	139 446
50-54	257 321	131 048	126 273	268 452	136 686	131 766
55-59	238 658	120 158	118 500	249 308	126 040	123 267
60-64	216 749	107 218	109 531	227 064	113 122	113 942
65-69	188 418	90 771	97 647	200 126	97 519	102 607
70-74	150 467	70 510	79 958	165 586	78 082	87 504
75-79	104 745	47 362	57 382	122 436	55 667	66 769
80+	...	...	...	...	...	...
80-84	63 964	27 695	36 269	75 690	32 875	42 815
85-89	32 327	13 292	19 035	38 572	15 886	22 686
90-94	12 610	4 876	7 734	15 297	5 916	9 380
95-99	3 382	1 218	2 164	4 403	1 579	2 825
100+	646	219	427	896	297	599

Low-income countries

性・年齢別人口（千人）

年齢	1960			1965			1970			1975		
	総数	男	女	総数	男	女	総数	男	女	総数	男	女
総数	157 188	77 348	79 840	175 683	86 510	89 173	198 589	97 898	100 690	224 588	110 851	113 736
0-4	27 647	13 873	13 774	30 907	15 524	15 383	35 552	17 881	17 670	40 272	20 266	20 006
5-9	21 122	10 556	10 567	24 712	12 379	12 333	27 894	13 990	13 904	32 252	16 202	16 050
10-14	18 267	9 080	9 187	20 345	10 169	10 176	23 908	11 978	11 930	26 914	13 495	13 419
15-19	16 210	8 077	8 132	17 689	8 791	8 899	19 770	9 876	9 894	23 165	11 585	11 580
20-24	13 930	6 901	7 029	15 487	7 691	7 796	17 000	8 416	8 584	18 911	9 395	9 516
25-29	11 796	5 780	6 016	13 171	6 488	6 683	14 757	7 286	7 471	16 148	7 951	8 197
30-34	10 032	4 892	5 140	11 108	5 418	5 691	12 500	6 130	6 370	13 996	6 891	7 105
35-39	8 516	4 154	4 362	9 405	4 566	4 839	10 491	5 094	5 398	11 809	5 774	6 035
40-44	7 202	3 524	3 678	7 937	3 846	4 091	8 826	4 258	4 568	9 852	4 759	5 093
45-49	6 051	2 950	3 101	6 660	3 225	3 435	7 390	3 546	3 844	8 223	3 933	4 289
50-54	5 013	2 397	2 617	5 513	2 650	2 863	6 115	2 922	3 193	6 794	3 222	3 572
55-59	4 014	1 887	2 127	4 446	2 089	2 357	4 932	2 334	2 598	5 486	2 583	2 903
60-64	2 969	1 353	1 616	3 390	1 560	1 830	3 799	1 750	2 049	4 235	1 967	2 268
65-69	2 088	933	1 155	2 320	1 028	1 292	2 692	1 207	1 485	3 046	1 370	1 676
70-74	1 303	569	734	1 449	624	826	1 646	704	941	1 939	842	1 097
75-79	685	288	397	750	311	439	859	352	507	1 001	410	591
80+	343	135	208	393	151	243	457	173	284	544	204	340
80-84	…	…	…	…	…	…	…	…	…	…	…	…
85-89	…	…	…	…	…	…	…	…	…	…	…	…
90-94	…	…	…	…	…	…	…	…	…	…	…	…
95-99	…	…	…	…	…	…	…	…	…	…	…	…
100+	…	…	…	…	…	…	…	…	…	…	…	…

年齢	1980			1985			1990			1995		
	総数	男	女	総数	男	女	総数	男	女	総数	男	女
総数	251 638	124 166	127 472	283 235	139 913	143 322	323 227	159 714	163 513	372 372	184 503	187 869
0-4	44 649	22 470	22 179	51 172	25 791	25 381	58 202	29 349	28 852	65 638	33 123	32 516
5-9	36 350	18 304	18 046	40 423	20 322	20 101	47 366	23 859	23 508	54 643	27 544	27 099
10-14	30 658	15 395	15 263	34 791	17 520	17 272	39 228	19 722	19 506	46 617	23 485	23 133
15-19	25 506	12 704	12 802	29 435	14 764	14 670	33 718	16 913	16 806	38 353	19 245	19 108
20-24	21 878	10 798	11 080	24 213	12 002	12 211	28 189	13 981	14 208	32 699	16 327	16 372
25-29	17 879	8 800	9 079	20 641	10 139	10 502	23 082	11 381	11 701	27 253	13 451	13 802
30-34	15 294	7 503	7 791	16 800	8 237	8 563	19 655	9 613	10 041	22 210	10 934	11 276
35-39	13 195	6 468	6 727	14 308	6 982	7 326	15 848	7 711	8 137	18 892	9 243	9 649
40-44	11 038	5 382	5 656	12 275	5 976	6 299	13 485	6 499	6 986	15 111	7 362	7 749
45-49	9 197	4 405	4 793	10 197	4 920	5 277	11 485	5 534	5 951	12 811	6 148	6 663
50-54	7 531	3 570	3 961	8 386	3 961	4 425	9 440	4 503	4 937	10 855	5 197	5 658
55-59	6 151	2 875	3 276	6 736	3 141	3 595	7 634	3 564	4 070	8 768	4 146	4 622
60-64	4 739	2 194	2 545	5 300	2 429	2 871	5 914	2 708	3 206	6 887	3 188	3 700
65-69	3 454	1 566	1 888	3 837	1 733	2 103	4 406	1 977	2 429	5 002	2 243	2 759
70-74	2 228	973	1 256	2 526	1 111	1 416	2 930	1 302	1 627	3 418	1 503	1 915
75-79	1 229	512	717	1 390	581	809	1 661	716	945	1 991	874	1 117
80+	661	248	413	805	304	501	…	…	…	…	…	…
80-84	…	…	…	…	…	…	720	289	431	891	372	518
85-89	…	…	…	…	…	…	218	78	140	272	99	172
90-94	…	…	…	…	…	…	41	13	29	53	17	37
95-99	…	…	…	…	…	…	5	1	3	6	2	5
100+	…	…	…	…	…	…	0	0	0	0	0	0

年齢	2000			2005			2010			2015		
	総数	男	女	総数	男	女	総数	男	女	総数	男	女
総数	425 993	211 207	214 785	488 164	242 419	245 745	558 333	277 375	280 958	638 735	317 747	320 988
0-4	74 435	37 612	36 822	83 588	42 237	41 351	92 696	46 897	45 799	101 504	51 395	50 109
5-9	62 226	31 364	30 862	71 310	36 016	35 294	80 707	40 719	39 988	90 169	45 565	44 604
10-14	53 608	27 014	26 593	61 229	30 796	30 434	70 297	35 465	34 832	79 716	40 198	39 518
15-19	45 728	22 901	22 827	52 220	26 163	26 057	59 860	30 001	29 860	69 237	34 871	34 365
20-24	36 929	18 367	18 561	44 217	21 926	22 291	50 213	24 955	25 258	58 630	29 282	29 348
25-29	31 304	15 534	15 770	35 554	17 606	17 948	42 843	21 145	21 698	49 043	24 316	24 727
30-34	25 885	12 773	13 112	29 974	14 934	15 040	34 036	16 844	17 192	41 673	20 545	21 127
35-39	21 022	10 362	10 660	24 581	12 182	12 399	28 592	14 201	14 390	32 848	16 235	16 613
40-44	17 672	8 613	9 059	19 833	9 776	10 057	23 348	11 508	11 840	27 486	13 620	13 867
45-49	14 097	6 823	7 274	16 643	8 073	8 570	18 882	9 240	9 642	22 406	10 993	11 413
50-54	11 900	5 658	6 242	13 209	6 337	6 872	15 755	7 581	8 174	18 008	8 759	9 249
55-59	9 964	4 710	5 254	11 078	5 225	5 853	12 361	5 879	6 481	14 855	7 080	7 774
60-64	7 774	3 605	4 169	9 024	4 214	4 810	10 132	4 712	5 420	11 392	5 323	6 070
65-69	5 817	2 624	3 193	6 683	3 058	3 626	7 817	3 569	4 248	8 903	4 035	4 868
70-74	3 836	1 664	2 172	4 591	2 030	2 561	5 354	2 383	2 970	6 333	2 807	3 527
75-79	2 317	981	1 336	2 636	1 133	1 503	3 232	1 381	1 851	3 817	1 634	2 183
80+	…	…	…	…	…	…	…	…	…	…	…	…
80-84	1 064	445	619	1 275	515	759	1 549	647	902	1 880	767	1 113
85-89	338	132	207	421	165	256	528	201	327	664	263	401
90-94	68	22	46	88	31	57	114	41	73	150	53	97
95-99	8	2	6	11	3	8	14	5	10	20	6	13
100+	1	0	0	1	0	1	1	0	1	1	0	1

性・年齢別人口（千人）

年齢	2015			2020			2025			2030		
	総数	男	女	総数	男	女	総数	男	女	総数	男	女
総数	638 735	317 747	320 988	726 696	361 964	364 732	821 812	409 750	412 062	923 887	460 980	462 907
0-4	101 504	51 395	50 109	110 665	56 043	54 623	119 259	60 413	58 846	127 821	64 768	63 053
5-9	90 169	45 565	44 604	99 103	50 116	48 988	108 429	54 841	53 588	117 184	59 292	57 893
10-14	79 716	40 198	39 518	89 197	45 056	44 140	98 198	49 636	48 563	107 570	54 381	53 189
15-19	69 237	34 871	34 365	78 639	39 615	39 024	88 142	44 482	43 660	97 186	49 078	48 108
20-24	58 630	29 282	29 348	67 876	34 094	33 782	77 235	38 810	38 425	86 735	43 668	43 067
25-29	49 043	24 316	24 727	57 338	28 573	28 765	66 530	33 347	33 183	75 862	38 042	37 820
30-34	41 673	20 545	21 127	47 844	23 689	24 156	56 101	27 916	28 184	65 251	32 660	32 591
35-39	32 848	16 235	16 613	40 473	19 910	20 562	46 634	23 039	23 594	54 849	27 235	27 614
40-44	27 486	13 620	13 867	31 746	15 650	16 096	39 306	19 285	20 021	45 439	22 390	23 049
45-49	22 406	10 993	11 413	26 495	13 075	13 420	30 695	15 073	15 621	38 163	18 653	19 510
50-54	18 008	8 759	9 249	21 453	10 460	10 993	25 450	12 487	12 964	29 564	14 435	15 129
55-59	14 855	7 080	7 774	17 009	8 198	8 811	20 347	9 834	10 513	24 223	11 785	12 438
60-64	11 392	5 323	6 070	13 673	6 424	7 249	15 732	7 480	8 252	18 913	9 018	9 895
65-69	8 903	4 035	4 868	10 022	4 590	5 431	12 100	5 563	6 537	14 014	6 528	7 487
70-74	6 333	2 807	3 527	7 282	3 206	4 076	8 266	3 687	4 579	10 071	4 495	5 576
75-79	3 817	1 634	2 183	4 575	1 949	2 627	5 335	2 258	3 077	6 131	2 637	3 494
80+	…	…	…	…	…	…	…	…	…	…	…	…
80-84	1 880	767	1 113	2 256	917	1 338	2 755	1 113	1 642	3 280	1 316	1 964
85-89	664	263	401	826	318	508	1 012	386	627	1 269	477	791
90-94	150	53	97	194	71	123	248	88	160	313	109	204
95-99	20	6	13	26	8	18	35	11	24	47	14	32
100+	1	0	1	2	1	2	3	1	2	4	1	3

年齢	2035			2040			2045			2050		
	総数	男	女	総数	男	女	総数	男	女	総数	男	女
総数	1 032 448	515 378	517 070	1 146 566	572 467	574 099	1 264 956	631 621	633 335	1 386 201	692 126	694 074
0-4	136 115	68 990	67 126	143 906	72 957	70 949	150 877	76 517	74 359	156 981	79 635	77 346
5-9	125 937	63 740	62 196	134 413	68 052	66 361	142 362	72 103	70 259	149 484	75 744	73 739
10-14	116 387	58 858	57 528	125 193	63 331	61 862	133 718	67 666	66 052	141 712	71 739	69 974
15-19	106 604	53 840	52 764	115 453	58 329	57 124	124 284	62 811	61 473	132 835	67 157	65 678
20-24	95 806	48 267	47 539	105 243	53 031	52 211	114 107	57 523	56 585	122 956	62 008	60 948
25-29	85 354	42 885	42 469	94 434	47 480	46 954	103 881	52 242	51 640	112 762	56 734	56 027
30-34	74 558	37 332	37 226	84 035	42 155	41 879	93 117	46 742	46 375	102 576	51 501	51 075
35-39	63 959	31 946	32 014	73 235	36 590	36 645	82 688	41 390	41 298	91 770	45 966	45 804
40-44	53 604	26 549	27 055	62 658	31 217	31 440	71 883	35 827	36 056	81 297	40 596	40 701
45-49	44 246	21 722	22 524	52 330	25 828	26 502	61 297	30 441	30 856	70 442	34 999	35 443
50-54	36 896	17 933	18 963	42 882	20 940	21 943	50 838	24 965	25 873	59 664	29 488	30 176
55-59	28 214	13 662	14 552	35 344	17 040	18 304	41 182	19 952	21 230	48 945	23 856	25 089
60-64	22 617	10 862	11 755	26 442	12 645	13 796	33 277	15 848	17 429	38 896	18 623	20 274
65-69	16 953	7 918	9 035	20 395	9 605	10 790	23 973	11 253	12 720	30 359	14 195	16 164
70-74	11 765	5 328	6 437	14 356	6 516	7 840	17 414	7 981	9 433	20 609	9 429	11 180
75-79	7 568	3 240	4 327	8 949	3 897	5 053	11 062	4 823	6 239	13 579	5 988	7 591
80+	…	…	…	…	…	…	…	…	…	…	…	…
80-84	3 839	1 568	2 271	4 825	1 948	2 876	5 814	2 392	3 422	7 320	3 012	4 308
85-89	1 555	579	976	1 869	708	1 161	2 412	896	1 516	2 987	1 131	1 855
90-94	406	138	268	517	172	345	648	218	430	866	283	584
95-99	61	18	43	83	24	59	111	31	80	147	41	106
100+	5	1	4	7	2	5	10	2	8	15	3	12

年齢	2055			2060		
	総数	男	女	総数	男	女
総数	1 509 078	753 392	755 686	1 632 223	814 709	817 514
0-4	162 357	82 381	79 976	167 010	84 761	82 249
5-9	155 733	78 941	76 792	161 236	81 759	79 476
10-14	148 885	75 407	73 479	155 182	78 629	76 553
15-19	140 873	71 252	69 621	148 090	74 942	73 148
20-24	131 550	66 376	65 174	139 636	70 493	69 143
25-29	121 641	61 233	60 407	130 268	65 614	64 653
30-34	111 476	56 000	55 477	120 369	60 502	59 868
35-39	101 232	50 721	50 511	110 131	55 215	54 917
40-44	90 354	45 153	45 201	99 789	49 888	49 901
45-49	79 781	39 721	40 060	88 780	44 240	44 540
50-54	68 675	33 963	34 712	77 887	38 603	39 284
55-59	57 564	28 248	29 316	66 379	32 600	33 779
60-64	46 383	22 354	24 029	54 705	26 558	28 148
65-69	35 643	16 765	18 878	42 707	20 237	22 470
70-74	26 345	12 010	14 335	31 127	14 286	16 841
75-79	16 235	7 160	9 075	21 057	9 258	11 799
80+	…	…	…	…	…	…
80-84	9 150	3 816	5 334	11 113	4 643	6 470
85-89	3 860	1 460	2 400	4 952	1 902	3 051
90-94	1 116	371	744	1 493	496	997
95-99	206	55	151	280	76	204
100+	21	5	17	31	6	25

Low-income countries

性・年齢別人口（千人）

年齢	2015 総数	男	女	2020 総数	男	女	2025 総数	男	女	2030 総数	男	女
総数	638 735	317 747	320 988	732 777	365 046	367 731	839 196	418 559	420 637	957 462	477 992	479 471
0-4	101 504	51 395	50 109	116 747	59 125	57 622	130 670	66 198	64 472	144 222	73 085	71 137
5-9	90 169	45 565	44 604	99 103	50 116	48 988	114 402	57 865	56 538	128 424	64 984	63 441
10-14	79 716	40 198	39 518	89 197	45 056	44 140	98 198	49 636	48 563	113 504	57 384	56 121
15-19	69 237	34 871	34 365	78 639	39 615	39 024	88 142	44 482	43 660	97 186	49 078	48 108
20-24	58 630	29 282	29 348	67 876	34 094	33 782	77 235	38 810	38 425	86 735	43 668	43 067
25-29	49 043	24 316	24 727	57 338	28 573	28 765	66 530	33 347	33 183	75 862	38 042	37 820
30-34	41 673	20 545	21 127	47 844	23 689	24 156	56 101	27 916	28 184	65 251	32 660	32 591
35-39	32 848	16 235	16 613	40 473	19 910	20 562	46 634	23 039	23 594	54 849	27 235	27 614
40-44	27 486	13 620	13 867	31 746	15 650	16 096	39 306	19 285	20 021	45 439	22 390	23 049
45-49	22 406	10 993	11 413	26 495	13 075	13 420	30 695	15 073	15 621	38 163	18 653	19 510
50-54	18 008	8 759	9 249	21 453	10 460	10 993	25 450	12 487	12 964	29 564	14 435	15 129
55-59	14 855	7 080	7 774	17 009	8 198	8 811	20 347	9 834	10 513	24 223	11 785	12 438
60-64	11 392	5 323	6 070	13 673	6 424	7 249	15 732	7 480	8 252	18 913	9 018	9 895
65-69	8 903	4 035	4 868	10 022	4 590	5 431	12 100	5 563	6 537	14 014	6 528	7 487
70-74	6 333	2 807	3 527	7 282	3 206	4 076	8 266	3 687	4 579	10 071	4 495	5 576
75-79	3 817	1 634	2 183	4 575	1 949	2 627	5 335	2 258	3 077	6 131	2 637	3 494
80+	...	...	...	...	...	...	...	...	...	...	...	...
80-84	1 880	767	1 113	2 256	917	1 338	2 755	1 113	1 642	3 280	1 316	1 964
85-89	664	263	401	826	318	508	1 012	386	627	1 269	477	791
90-94	150	53	97	194	71	123	248	88	160	313	109	204
95-99	20	6	13	26	8	18	35	11	24	47	14	32
100+	1	0	1	2	1	2	3	1	2	4	1	3

年齢	2035 総数	男	女	2040 総数	男	女	2045 総数	男	女	2050 総数	男	女
総数	1 084 833	541 915	542 917	1 222 079	610 714	611 365	1 370 142	684 889	685 253	1 529 045	764 458	764 587
0-4	155 229	78 683	76 546	167 422	84 885	82 536	181 055	91 829	89 226	195 301	99 082	96 219
5-9	142 129	71 943	70 187	153 320	77 631	75 689	165 658	83 908	81 750	179 419	90 920	88 499
10-14	127 564	64 516	63 048	141 308	71 490	69 818	152 544	77 200	75 345	164 922	83 495	81 427
15-19	112 505	56 824	55 681	126 574	63 955	62 619	140 326	70 927	69 399	151 585	76 645	74 940
20-24	95 806	48 267	47 539	111 097	55 986	55 110	125 149	63 099	62 050	138 892	70 059	68 834
25-29	85 354	42 885	42 469	94 434	47 480	46 954	109 682	55 165	54 516	123 711	62 256	61 455
30-34	74 558	37 332	37 226	84 035	42 155	41 879	93 117	46 742	46 375	108 320	54 392	53 928
35-39	63 959	31 946	32 014	73 235	36 590	36 645	82 688	41 390	41 298	91 770	45 966	45 804
40-44	53 604	26 549	27 055	62 658	31 217	31 440	71 883	35 827	36 056	81 297	40 596	40 701
45-49	44 246	21 722	22 524	52 330	25 828	26 502	61 297	30 441	30 856	70 442	34 999	35 443
50-54	36 896	17 933	18 963	42 882	20 940	21 943	50 838	24 965	25 873	59 664	29 488	30 176
55-59	28 214	13 662	14 552	35 344	17 040	18 304	41 182	19 952	21 230	48 945	23 856	25 089
60-64	22 617	10 862	11 755	26 442	12 645	13 796	33 277	15 848	17 429	38 896	18 623	20 274
65-69	16 953	7 918	9 035	20 395	9 605	10 790	23 973	11 253	12 720	30 359	14 195	16 164
70-74	11 765	5 328	6 437	14 356	6 516	7 840	17 414	7 981	9 433	20 609	9 429	11 180
75-79	7 568	3 240	4 327	8 949	3 897	5 053	11 062	4 823	6 239	13 579	5 988	7 591
80+	...	...	...	...	...	...	...	...	...	...	...	...
80-84	3 839	1 568	2 271	4 825	1 948	2 876	5 814	2 392	3 422	7 320	3 012	4 308
85-89	1 555	579	976	1 869	708	1 161	2 412	896	1 516	2 987	1 131	1 855
90-94	406	138	268	517	172	345	648	218	430	866	283	584
95-99	61	18	43	83	24	59	111	31	80	147	41	106
100+	5	1	4	7	2	5	10	2	8	15	3	12

年齢	2055 総数	男	女	2060 総数	男	女
総数	1 697 735	848 912	848 822	1 874 408	937 321	937 087
0-4	209 015	106 064	102 951	221 605	112 478	109 127
5-9	193 787	98 240	95 547	207 611	105 285	102 326
10-14	178 723	90 527	88 196	193 126	97 864	95 262
15-19	163 996	82 956	81 040	177 826	90 001	87 826
20-24	150 186	75 793	74 393	162 630	82 116	80 514
25-29	137 455	69 210	68 244	148 770	74 950	73 820
30-34	122 328	61 464	60 864	136 052	68 402	67 650
35-39	106 914	53 576	53 338	120 875	60 617	60 258
40-44	90 354	45 153	45 201	105 401	52 703	52 697
45-49	79 781	39 721	40 060	88 780	44 240	44 540
50-54	68 675	33 963	34 712	77 887	38 603	39 284
55-59	57 564	28 248	29 316	66 379	32 600	33 779
60-64	46 383	22 354	24 029	54 705	26 558	28 148
65-69	35 643	16 765	18 878	42 707	20 237	22 470
70-74	26 345	12 010	14 335	31 127	14 286	16 841
75-79	16 235	7 160	9 075	21 057	9 258	11 799
80+	...	...	...	...	...	...
80-84	9 150	3 816	5 334	11 113	4 643	6 470
85-89	3 860	1 460	2 400	4 952	1 902	3 051
90-94	1 116	371	744	1 493	496	997
95-99	206	55	151	280	76	204
100+	21	5	17	31	6	25

性・年齢別人口（千人）

年齢	2015			2020			2025			2030		
	総数	男	女	総数	男	女	総数	男	女	総数	男	女
総数	638 735	317 747	320 988	720 503	358 825	361 678	804 287	400 869	403 418	890 130	443 875	446 255
0-4	101 504	51 395	50 109	104 473	52 904	51 569	107 818	54 612	53 206	111 379	56 430	54 949
5-9	90 169	45 565	44 604	99 103	50 116	48 988	102 344	51 760	50 584	105 915	53 584	52 331
10-14	79 716	40 198	39 518	89 197	45 056	44 140	98 198	49 636	48 563	101 525	51 322	50 203
15-19	69 237	34 871	34 365	78 639	39 615	39 024	88 142	44 482	43 660	97 186	49 078	48 108
20-24	58 630	29 282	29 348	67 876	34 094	33 782	77 235	38 810	38 425	86 735	43 668	43 067
25-29	49 043	24 316	24 727	57 338	28 573	28 765	66 530	33 347	33 183	75 862	38 042	37 820
30-34	41 673	20 545	21 127	47 844	23 689	24 156	56 101	27 916	28 184	65 251	32 660	32 591
35-39	32 848	16 235	16 613	40 473	19 910	20 562	46 634	23 039	23 594	54 849	27 235	27 614
40-44	27 486	13 620	13 867	31 746	15 650	16 096	39 306	19 285	20 021	45 439	22 390	23 049
45-49	22 406	10 993	11 413	26 495	13 075	13 420	30 695	15 073	15 621	38 163	18 653	19 510
50-54	18 008	8 759	9 249	21 453	10 460	10 993	25 450	12 487	12 964	29 564	14 435	15 129
55-59	14 855	7 080	7 774	17 009	8 198	8 811	20 347	9 834	10 513	24 223	11 785	12 438
60-64	11 392	5 323	6 070	13 673	6 424	7 249	15 732	7 480	8 252	18 913	9 018	9 895
65-69	8 903	4 035	4 868	10 022	4 590	5 431	12 100	5 563	6 537	14 014	6 528	7 487
70-74	6 333	2 807	3 527	7 282	3 206	4 076	8 266	3 687	4 579	10 071	4 495	5 576
75-79	3 817	1 634	2 183	4 575	1 949	2 627	5 335	2 258	3 077	6 131	2 637	3 494
80+	...	...	...	...	...	...	...	...	...	...	...	...
80-84	1 880	767	1 113	2 256	917	1 338	2 755	1 113	1 642	3 280	1 316	1 964
85-89	664	263	401	826	318	508	1 012	386	627	1 269	477	791
90-94	150	53	97	194	71	123	248	88	160	313	109	204
95-99	20	6	13	26	8	18	35	11	24	47	14	32
100+	1	0	1	2	1	2	3	1	2	4	1	3

年齢	2035			2040			2045			2050		
	総数	男	女	総数	男	女	総数	男	女	総数	男	女
総数	979 916	488 764	491 152	1 071 482	534 437	537 045	1 162 045	579 506	582 539	1 249 321	622 822	626 500
0-4	117 035	59 312	57 722	120 967	61 321	59 645	122 550	62 145	60 404	122 368	62 070	60 298
5-9	109 703	55 517	54 186	115 539	58 489	57 050	119 637	60 586	59 051	121 386	61 500	59 885
10-14	105 179	53 185	51 994	109 037	55 151	53 886	114 922	58 147	56 775	119 072	60 270	58 802
15-19	100 594	50 801	49 793	104 302	52 688	51 613	108 202	54 674	53 528	114 117	57 684	56 433
20-24	95 806	48 267	47 539	99 279	50 020	49 259	103 036	51 931	51 105	106 979	53 937	53 042
25-29	85 354	42 885	42 469	94 434	47 480	46 954	97 972	49 262	48 709	101 782	51 198	50 585
30-34	74 558	37 332	37 226	84 035	42 155	41 879	93 117	46 742	46 375	96 723	48 554	48 169
35-39	63 959	31 946	32 014	73 235	36 590	36 645	82 688	41 390	41 298	91 770	45 966	45 804
40-44	53 604	26 549	27 055	62 658	31 217	31 440	71 883	35 827	36 056	81 297	40 596	40 701
45-49	44 246	21 722	22 524	52 330	25 828	26 502	61 297	30 441	30 856	70 442	34 999	35 443
50-54	36 896	17 933	18 963	42 882	20 940	21 943	50 838	24 965	25 873	59 664	29 488	30 176
55-59	28 214	13 662	14 552	35 344	17 040	18 304	41 182	19 952	21 230	48 945	23 856	25 089
60-64	22 617	10 862	11 755	26 442	12 645	13 796	33 277	15 848	17 429	38 896	18 623	20 274
65-69	16 953	7 918	9 035	20 395	9 605	10 790	23 973	11 253	12 720	30 359	14 195	16 164
70-74	11 765	5 328	6 437	14 356	6 516	7 840	17 414	7 981	9 433	20 609	9 429	11 180
75-79	7 568	3 240	4 327	8 949	3 897	5 053	11 062	4 823	6 239	13 579	5 988	7 591
80+	...	...	...	...	...	...	...	...	...	...	...	...
80-84	3 839	1 568	2 271	4 825	1 948	2 876	5 814	2 392	3 422	7 320	3 012	4 308
85-89	1 555	579	976	1 869	708	1 161	2 412	896	1 516	2 987	1 131	1 855
90-94	406	138	268	517	172	345	648	218	430	866	283	584
95-99	61	18	43	83	24	59	111	31	80	147	41	106
100+	5	1	4	7	2	5	10	2	8	15	3	12

年齢	2055			2060		
	総数	男	女	総数	男	女
総数	1 332 141	663 819	668 322	1 409 681	702 065	707 615
0-4	121 484	61 636	59 848	120 391	61 095	59 296
5-9	121 362	61 512	59 850	120 613	61 153	59 459
10-14	120 879	61 215	59 664	120 912	61 257	59 654
15-19	118 317	59 834	58 483	120 179	60 807	59 371
20-24	112 945	56 974	55 971	117 205	59 155	58 050
25-29	105 786	53 236	52 550	111 795	56 293	55 502
30-34	100 595	50 520	50 075	104 647	52 581	52 066
35-39	95 442	47 810	47 631	99 358	49 798	49 560
40-44	90 354	45 153	45 201	94 070	47 019	47 051
45-49	79 781	39 721	40 060	88 780	44 240	44 540
50-54	68 675	33 963	34 712	77 887	38 603	39 284
55-59	57 564	28 248	29 316	66 379	32 600	33 779
60-64	46 383	22 354	24 029	54 705	26 558	28 148
65-69	35 643	16 765	18 878	42 707	20 237	22 470
70-74	26 345	12 010	14 335	31 127	14 286	16 841
75-79	16 235	7 160	9 075	21 057	9 258	11 799
80+	...	...	...	...	...	...
80-84	9 150	3 816	5 334	11 113	4 643	6 470
85-89	3 860	1 460	2 400	4 952	1 902	3 051
90-94	1 116	371	744	1 493	496	997
95-99	206	55	151	280	76	204
100+	21	5	17	31	6	25

性・年齢別人口（千人）

年齢	1960			1965			1970			1975		
	総数	男	女	総数	男	女	総数	男	女	総数	男	女
総数	221 190	109 599	111 592	249 199	123 530	125 669	282 743	140 331	142 413	322 877	160 440	162 437
0-4	38 829	19 516	19 313	44 410	22 330	22 080	50 860	25 584	25 276	58 997	29 695	29 302
5-9	30 266	15 181	15 085	34 807	17 451	17 356	40 167	20 163	20 003	46 345	23 273	23 073
10-14	25 650	12 856	12 794	29 231	14 641	14 591	33 680	16 890	16 790	38 892	19 527	19 365
15-19	22 261	11 138	11 123	24 937	12 501	12 436	28 493	14 275	14 218	32 808	16 446	16 363
20-24	19 081	9 504	9 578	21 398	10 678	10 721	24 079	12 048	12 031	27 494	13 731	13 763
25-29	16 474	8 184	8 289	18 183	9 017	9 165	20 509	10 202	10 306	23 087	11 517	11 569
30-34	14 121	7 026	7 094	15 653	7 757	7 896	17 371	8 604	8 767	19 620	9 755	9 865
35-39	12 056	5 989	6 067	13 355	6 630	6 726	14 886	7 369	7 517	16 547	8 192	8 355
40-44	10 255	5 075	5 180	11 322	5 600	5 722	12 610	6 238	6 371	14 086	6 956	7 130
45-49	8 564	4 197	4 367	9 547	4 684	4 863	10 592	5 199	5 393	11 822	5 812	6 011
50-54	7 108	3 424	3 684	7 848	3 797	4 050	8 793	4 264	4 530	9 787	4 755	5 032
55-59	5 680	2 678	3 002	6 357	3 015	3 342	7 038	3 355	3 682	7 922	3 789	4 133
60-64	4 347	1 992	2 355	4 852	2 246	2 605	5 447	2 538	2 910	6 071	2 845	3 226
65-69	3 076	1 380	1 695	3 439	1 544	1 895	3 857	1 749	2 108	4 379	2 000	2 379
70-74	1 915	839	1 076	2 155	943	1 212	2 425	1 060	1 365	2 769	1 225	1 545
75-79	990	418	572	1 114	470	644	1 263	532	731	1 460	616	843
80+	516	200	316	590	227	364	674	260	414	791	307	484
80-84	…	…	…	…	…	…	…	…	…	…	…	…
85-89	…	…	…	…	…	…	…	…	…	…	…	…
90-94	…	…	…	…	…	…	…	…	…	…	…	…
95-99	…	…	…	…	…	…	…	…	…	…	…	…
100+	…	…	…	…	…	…	…	…	…	…	…	…

年齢	1980			1985			1990			1995		
	総数	男	女	総数	男	女	総数	男	女	総数	男	女
総数	371 058	184 588	186 469	427 049	212 534	214 515	491 498	244 591	246 907	562 978	280 184	282 794
0-4	68 398	34 464	33 934	78 293	39 486	38 807	88 576	44 690	43 886	98 151	49 531	48 620
5-9	54 138	27 239	26 900	63 270	31 826	31 444	72 994	36 766	36 228	82 710	41 667	41 043
10-14	44 739	22 476	22 263	52 685	26 507	26 178	61 765	31 072	30 693	71 357	35 933	35 424
15-19	37 663	18 871	18 792	43 731	21 953	21 778	51 504	25 855	25 648	60 282	30 265	30 017
20-24	31 688	15 778	15 910	36 463	18 206	18 258	42 333	21 098	21 235	49 905	24 917	24 988
25-29	26 561	13 214	13 348	30 457	15 109	15 348	35 136	17 489	17 647	40 865	20 230	20 634
30-34	22 298	11 135	11 163	25 443	12 623	12 820	29 285	14 497	14 788	33 789	16 757	17 033
35-39	18 827	9 359	9 468	21 264	10 585	10 679	24 291	11 991	12 300	28 102	13 872	14 231
40-44	15 708	7 770	7 938	17 866	8 845	9 021	20 222	9 975	10 246	23 165	11 399	11 766
45-49	13 318	6 534	6 784	14 810	7 268	7 542	16 849	8 266	8 583	19 187	9 398	9 789
50-54	10 974	5 353	5 621	12 395	6 013	6 382	13 798	6 696	7 102	15 848	7 702	8 145
55-59	8 934	4 287	4 647	9 997	4 810	5 187	11 337	5 436	5 901	12 709	6 093	6 616
60-64	6 911	3 257	3 654	7 828	3 694	4 134	8 817	4 173	4 644	10 103	4 784	5 319
65-69	4 985	2 293	2 692	5 681	2 623	3 058	6 508	3 014	3 494	7 356	3 416	3 940
70-74	3 214	1 437	1 777	3 690	1 656	2 034	4 298	1 955	2 343	4 940	2 249	2 691
75-79	1 742	747	995	2 019	872	1 147	2 387	1 052	1 335	2 818	1 267	1 550
80+	959	375	584	1 157	458	700	…	…	…	…	…	…
80-84	…	…	…	…	…	…	1 025	428	598	1 232	531	700
85-89	…	…	…	…	…	…	306	115	191	374	145	229
90-94	…	…	…	…	…	…	60	19	41	75	24	50
95-99	…	…	…	…	…	…	7	2	5	9	2	7
100+	…	…	…	…	…	…	1	0	0	1	0	1

年齢	2000			2005			2010			2015		
	総数	男	女	総数	男	女	総数	男	女	総数	男	女
総数	642 172	319 999	322 174	733 322	365 726	367 595	840 390	419 507	420 883	962 287	481 052	481 234
0-4	111 294	56 438	54 856	126 000	63 680	62 319	141 907	71 862	70 045	157 415	79 764	77 651
5-9	92 810	46 859	45 951	105 962	53 690	52 272	121 090	61 132	59 958	137 394	69 516	67 878
10-14	81 047	40 876	40 171	91 023	45 939	45 083	104 161	52 800	51 361	119 202	60 196	59 005
15-19	69 770	34 962	34 807	79 465	40 004	39 461	89 545	45 156	44 389	102 566	51 942	50 623
20-24	58 128	28 963	29 164	67 776	33 810	33 966	77 461	38 855	38 606	87 667	44 093	43 574
25-29	47 748	23 865	23 883	55 782	27 741	28 041	65 557	32 623	32 934	75 405	37 771	37 634
30-34	38 880	19 427	19 453	45 299	22 695	22 604	53 328	26 545	26 783	63 438	31 574	31 865
35-39	32 010	15 948	16 062	36 458	18 231	18 227	42 888	21 465	21 423	51 177	25 468	25 709
40-44	26 339	12 881	13 458	29 859	14 809	15 050	34 349	17 100	17 250	40 888	20 424	20 464
45-49	21 582	10 420	11 162	24 602	11 931	12 670	28 208	13 853	14 355	32 628	16 158	16 469
50-54	17 599	8 375	9 223	20 021	9 558	10 462	23 076	11 073	12 003	26 593	12 954	13 639
55-59	14 376	6 822	7 555	16 122	7 585	8 537	18 487	8 716	9 771	21 459	10 186	11 273
60-64	11 206	5 277	5 929	12 727	5 941	6 786	14 475	6 707	7 768	16 721	7 772	8 949
65-69	8 484	3 970	4 514	9 436	4 367	5 069	10 783	4 941	5 843	12 445	5 663	6 782
70-74	5 595	2 569	3 026	6 553	2 998	3 555	7 412	3 355	4 057	8 511	3 812	4 699
75-79	3 269	1 470	1 800	3 795	1 713	2 082	4 518	1 999	2 519	5 093	2 233	2 860
80+	…	…	…	…	…	…	…	…	…	…	…	…
80-84	1 475	660	815	1 743	748	994	2 272	982	1 290	2 519	1 067	1 452
85-89	455	184	271	565	237	327	700	280	419	943	381	562
90-94	93	32	61	117	42	75	151	57	94	195	70	125
95-99	12	3	9	16	4	11	20	6	14	27	9	18
100+	1	0	1	1	0	1	2	0	1	2	1	2

性・年齢別人口（千人）

年齢	2015 総数	男	女	2020 総数	男	女	2025 総数	男	女	2030 総数	男	女
総数	962 287	481 052	481 234	1 095 658	548 374	547 284	1 240 321	621 358	618 963	1 396 853	700 222	696 632
0-4	157 415	79 764	77 651	171 360	86 862	84 498	185 137	93 898	91 239	199 520	101 212	98 309
5-9	137 394	69 516	67 878	153 050	77 483	75 567	167 241	84 698	82 544	181 253	91 842	89 411
10-14	119 202	60 196	59 005	135 491	68 565	66 925	151 242	76 572	74 671	165 527	83 825	81 701
15-19	102 566	51 942	50 623	117 505	59 287	58 219	133 799	67 649	66 150	149 625	75 686	73 939
20-24	87 667	44 093	43 574	100 516	50 779	49 737	115 351	58 054	57 297	131 616	66 391	65 225
25-29	75 405	37 771	37 634	85 523	42 944	42 578	98 259	49 549	48 710	113 026	56 781	56 244
30-34	63 438	31 574	31 865	73 229	36 668	36 561	83 282	41 792	41 491	95 961	48 348	47 613
35-39	51 177	25 468	25 709	61 188	30 433	30 755	70 890	35 463	35 427	80 933	40 564	40 369
40-44	40 888	20 424	20 464	49 058	24 374	24 683	58 892	29 241	29 651	68 530	34 216	34 314
45-49	32 628	16 158	16 469	39 007	19 402	19 605	47 000	23 266	23 734	56 671	28 035	28 636
50-54	26 593	12 954	13 639	30 858	15 171	15 687	37 040	18 306	18 734	44 843	22 066	22 777
55-59	21 459	10 186	11 273	24 803	11 959	12 845	28 894	14 070	14 825	34 845	17 068	17 777
60-64	16 721	7 772	8 949	19 490	9 123	10 367	22 625	10 762	11 863	26 490	12 733	13 757
65-69	12 445	5 663	6 782	14 464	6 601	7 863	16 962	7 797	9 165	19 805	9 253	10 552
70-74	8 511	3 812	4 699	9 925	4 413	5 512	11 641	5 191	6 450	13 766	6 179	7 587
75-79	5 093	2 233	2 860	5 929	2 571	3 358	7 022	3 020	4 001	8 341	3 596	4 745
80+	…	…	…	…	…	…	…	…	…	…	…	…
80-84	2 519	1 067	1 452	2 884	1 208	1 676	3 421	1 415	2 006	4 137	1 693	2 444
85-89	943	381	562	1 065	422	643	1 245	487	759	1 512	581	931
90-94	195	70	125	277	100	177	318	112	206	382	132	250
95-99	27	9	18	36	11	25	54	16	38	63	18	45
100+	2	1	2	3	1	2	4	1	3	7	2	6

年齢	2035 総数	男	女	2040 総数	男	女	2045 総数	男	女	2050 総数	男	女
総数	1 565 052	784 804	780 248	1 743 673	874 475	869 198	1 930 497	968 092	962 405	2 123 232	1 064 486	1 058 747
0-4	214 036	108 597	105 439	227 767	115 598	112 169	239 952	121 826	118 125	250 596	127 272	123 324
5-9	195 906	99 282	96 624	210 694	106 799	103 895	224 694	113 936	110 757	237 148	120 305	116 843
10-14	179 638	91 010	88 627	194 386	98 491	95 895	209 266	106 049	103 217	223 362	113 230	110 132
15-19	163 985	82 968	81 017	178 156	90 176	87 980	192 954	97 675	95 279	207 885	105 253	102 632
20-24	147 454	74 419	73 036	161 863	81 714	80 149	176 075	88 932	87 142	190 914	96 443	94 470
25-29	129 242	65 074	64 168	145 086	73 090	71 996	159 535	80 394	79 141	173 794	87 624	86 170
30-34	110 670	55 538	55 133	126 846	63 791	63 055	142 694	71 793	70 902	157 191	79 106	78 086
35-39	93 570	47 071	46 499	108 239	54 228	54 011	124 367	62 438	61 929	140 220	70 425	69 795
40-44	78 561	39 292	39 269	91 147	45 748	45 399	105 750	52 863	52 886	121 802	61 015	60 787
45-49	66 215	32 941	33 275	76 192	37 973	38 220	88 671	44 351	44 320	103 152	51 394	51 758
50-54	54 295	26 703	27 592	63 681	31 500	32 181	73 526	36 442	37 084	85 813	42 692	43 121
55-59	42 381	20 677	21 704	51 531	25 130	26 401	60 665	29 760	30 905	70 279	34 553	35 726
60-64	32 117	15 540	16 577	39 273	18 931	20 342	47 984	23 116	24 867	56 736	27 499	29 237
65-69	23 338	11 024	12 314	28 488	13 553	14 935	35 069	16 619	18 450	43 122	20 414	22 708
70-74	16 203	7 393	8 810	19 263	8 890	10 373	23 727	11 031	12 696	29 476	13 645	15 831
75-79	9 984	4 328	5 656	11 889	5 238	6 651	14 307	6 379	7 929	17 848	8 019	9 828
80+	…	…	…	…	…	…	…	…	…	…	…	…
80-84	5 009	2 052	2 956	6 100	2 508	3 592	7 387	3 085	4 302	9 039	3 824	5 215
85-89	1 883	712	1 171	2 341	884	1 457	2 923	1 103	1 820	3 620	1 386	2 234
90-94	478	161	317	618	203	415	797	260	537	1 028	334	695
95-99	79	22	57	102	27	74	139	36	103	187	48	139
100+	9	2	7	11	2	9	15	3	12	21	4	18

年齢	2055 総数	男	女	2060 総数	男	女
総数	2 319 938	1 162 706	1 157 232	2 518 616	1 261 710	1 256 906
0-4	260 112	132 148	127 964	268 628	136 512	132 116
5-9	248 070	125 898	122 172	257 846	130 911	126 935
10-14	235 924	119 651	116 274	246 956	125 295	121 661
15-19	222 051	112 468	109 583	234 692	118 924	115 769
20-24	205 910	104 053	101 857	220 157	111 301	108 856
25-29	188 687	95 157	93 530	203 747	102 787	100 959
30-34	171 499	86 351	85 148	186 432	93 893	92 539
35-39	154 747	77 741	77 005	169 077	84 986	84 091
40-44	137 607	68 965	68 642	152 115	76 260	75 855
45-49	119 055	59 450	59 605	134 745	67 326	67 419
50-54	100 069	49 602	50 467	115 721	57 498	58 223
55-59	82 258	40 604	41 654	96 166	47 307	48 859
60-64	65 995	32 068	33 927	77 509	37 825	39 684
65-69	51 286	24 430	26 857	59 974	28 650	31 324
70-74	36 585	16 908	19 677	43 871	20 403	23 468
75-79	22 474	10 049	12 424	28 280	12 613	15 667
80+	…	…	…	…	…	…
80-84	11 483	4 900	6 583	14 736	6 248	8 487
85-89	4 533	1 763	2 770	5 900	2 314	3 586
90-94	1 313	432	880	1 690	566	1 123
95-99	251	63	188	333	84	248
100+	30	5	25	43	7	36

Sub-Saharan Africa

性・年齢別人口（千人）

年齢	2015 総数	男	女	2020 総数	男	女	2025 総数	男	女	2030 総数	男	女
総数	962 287	481 052	481 234	1 104 712	552 962	551 750	1 265 949	634 344	631 605	1 446 264	725 259	721 006
0-4	157 415	79 764	77 651	180 414	91 450	88 964	201 908	102 401	99 507	223 702	113 474	110 228
5-9	137 394	69 516	67 878	153 050	77 483	75 567	176 097	89 180	86 917	197 707	100 175	97 532
10-14	119 202	60 196	59 005	135 491	68 565	66 925	151 242	76 572	74 671	174 302	88 267	86 035
15-19	102 566	51 942	50 623	117 505	59 287	58 219	133 799	67 649	66 150	149 625	75 686	73 939
20-24	87 667	44 093	43 574	100 516	50 779	49 737	115 351	58 054	57 297	131 616	66 391	65 225
25-29	75 405	37 771	37 634	85 523	42 944	42 578	98 259	49 549	48 710	113 026	56 781	56 244
30-34	63 438	31 574	31 865	73 229	36 668	36 561	83 282	41 792	41 491	95 961	48 348	47 613
35-39	51 177	25 468	25 709	61 188	30 433	30 755	70 890	35 463	35 427	80 933	40 564	40 369
40-44	40 888	20 424	20 464	49 058	24 374	24 683	58 892	29 241	29 651	68 530	34 216	34 314
45-49	32 628	16 158	16 469	39 007	19 402	19 605	47 000	23 266	23 734	56 671	28 035	28 636
50-54	26 593	12 954	13 639	30 858	15 171	15 687	37 040	18 306	18 734	44 843	22 066	22 777
55-59	21 459	10 186	11 273	24 803	11 959	12 845	28 894	14 070	14 825	34 845	17 068	17 777
60-64	16 721	7 772	8 949	19 490	9 123	10 367	22 625	10 762	11 863	26 490	12 733	13 757
65-69	12 445	5 663	6 782	14 464	6 601	7 863	16 962	7 797	9 165	19 805	9 253	10 552
70-74	8 511	3 812	4 699	9 925	4 413	5 512	11 641	5 191	6 450	13 766	6 179	7 587
75-79	5 093	2 233	2 860	5 929	2 571	3 358	7 022	3 020	4 001	8 341	3 596	4 745
80+	...	...	...	...	...	...	...	...	...	...	...	...
80-84	2 519	1 067	1 452	2 884	1 208	1 676	3 421	1 415	2 006	4 137	1 693	2 444
85-89	943	381	562	1 065	422	643	1 245	487	759	1 512	581	931
90-94	195	70	125	277	100	177	318	112	206	382	132	250
95-99	27	9	18	36	11	25	54	16	38	63	18	45
100+	2	1	2	3	1	2	4	1	3	7	2	6

年齢	2035 総数	男	女	2040 総数	男	女	2045 総数	男	女	2050 総数	男	女
総数	1 642 377	823 984	818 394	1 855 678	931 221	924 457	2 087 171	1 047 465	1 039 706	2 336 665	1 172 610	1 164 056
0-4	242 543	123 056	119 488	263 213	133 581	129 631	285 625	145 007	140 618	308 666	156 754	151 912
5-9	219 693	111 332	108 361	238 798	121 039	117 759	259 706	131 684	128 022	282 336	143 221	139 115
10-14	195 962	99 276	96 685	218 011	110 456	107 555	237 203	120 201	117 002	258 191	130 880	127 311
15-19	172 693	87 373	85 320	194 370	98 381	95 989	216 436	109 560	106 876	235 672	119 321	116 351
20-24	147 454	74 419	73 036	170 479	86 066	84 413	192 136	97 048	95 087	214 195	108 210	105 985
25-29	129 242	65 074	64 168	145 086	73 090	71 996	168 044	84 685	83 359	189 676	95 637	94 038
30-34	110 670	55 538	55 133	126 846	63 791	63 055	142 694	71 793	70 902	165 587	83 335	82 252
35-39	93 570	47 071	46 499	108 239	54 228	54 011	124 367	62 438	61 929	140 220	70 425	69 795
40-44	78 561	39 292	39 269	91 147	45 748	45 399	105 750	52 863	52 886	121 802	61 015	60 787
45-49	66 215	32 941	33 275	76 192	37 973	38 220	88 671	44 351	44 320	103 152	51 394	51 758
50-54	54 295	26 703	27 592	63 681	31 500	32 181	73 526	36 442	37 084	85 813	42 692	43 121
55-59	42 381	20 677	21 704	51 531	25 130	26 401	60 665	29 760	30 905	70 279	34 553	35 726
60-64	32 117	15 540	16 577	39 273	18 931	20 342	47 984	23 116	24 867	56 736	27 499	29 237
65-69	23 338	11 024	12 314	28 488	13 553	14 935	35 069	16 619	18 450	43 122	20 414	22 708
70-74	16 203	7 393	8 810	19 263	8 890	10 373	23 727	11 031	12 696	29 476	13 645	15 831
75-79	9 984	4 328	5 656	11 889	5 238	6 651	14 307	6 379	7 929	17 848	8 019	9 828
80+	...	...	...	...	...	...	...	...	...	...	...	...
80-84	5 009	2 052	2 956	6 100	2 508	3 592	7 387	3 085	4 302	9 039	3 824	5 215
85-89	1 883	712	1 171	2 341	884	1 457	2 923	1 103	1 820	3 620	1 386	2 234
90-94	478	161	317	618	203	415	797	260	537	1 028	334	695
95-99	79	22	57	102	27	74	139	36	103	187	48	139
100+	9	2	7	11	2	9	15	3	12	21	4	18

年齢	2055 総数	男	女	2060 総数	男	女
総数	2 602 717	1 305 960	1 296 757	2 883 027	1 446 314	1 436 713
0-4	331 126	168 214	162 913	352 337	179 037	173 299
5-9	305 608	155 088	150 519	328 297	166 668	161 629
10-14	280 907	142 455	138 452	304 266	154 360	149 905
15-19	256 713	130 023	126 690	279 482	141 617	137 865
20-24	233 482	117 992	115 490	254 577	128 708	125 869
25-29	211 734	106 788	104 946	231 066	116 578	114 489
30-34	187 190	94 259	92 932	209 229	105 383	103 846
35-39	163 019	81 903	81 116	184 560	92 777	91 782
40-44	137 607	68 965	68 642	160 249	80 345	79 905
45-49	119 055	59 450	59 605	134 745	67 326	67 419
50-54	100 069	49 602	50 467	115 721	57 498	58 223
55-59	82 258	40 604	41 654	96 166	47 307	48 859
60-64	65 995	32 068	33 927	77 509	37 825	39 684
65-69	51 286	24 430	26 857	59 974	28 650	31 324
70-74	36 585	16 908	19 677	43 871	20 403	23 468
75-79	22 474	10 049	12 424	28 280	12 613	15 667
80+	...	...	...	...	...	...
80-84	11 483	4 900	6 583	14 736	6 248	8 487
85-89	4 533	1 763	2 770	5 900	2 314	3 586
90-94	1 313	432	880	1 690	566	1 123
95-99	251	63	188	333	84	248
100+	30	5	25	43	7	36

性・年齢別人口（千人）

年齢	2015			2020			2025			2030		
	総数	男	女	総数	男	女	総数	男	女	総数	男	女
総数	962 287	481 052	481 234	1 086 604	543 787	542 818	1 214 694	608 372	606 321	1 347 442	675 184	672 258
0-4	157 415	79 764	77 651	162 306	82 275	80 031	168 365	85 395	82 970	175 338	88 949	86 389
5-9	137 394	69 516	67 878	153 050	77 483	75 567	158 386	80 215	78 171	164 800	83 509	81 291
10-14	119 202	60 196	59 005	135 491	68 565	66 925	151 242	76 572	74 671	156 751	79 384	77 367
15-19	102 566	51 942	50 623	117 505	59 287	58 219	133 799	67 649	66 150	149 625	75 686	73 939
20-24	87 667	44 093	43 574	100 516	50 779	49 737	115 351	58 054	57 297	131 616	66 391	65 225
25-29	75 405	37 771	37 634	85 523	42 944	42 578	98 259	49 549	48 710	113 026	56 781	56 244
30-34	63 438	31 574	31 865	73 229	36 668	36 561	83 282	41 792	41 491	95 961	48 348	47 613
35-39	51 177	25 468	25 709	61 188	30 433	30 755	70 890	35 463	35 427	80 933	40 564	40 369
40-44	40 888	20 424	20 464	49 058	24 374	24 683	58 892	29 241	29 651	68 530	34 216	34 314
45-49	32 628	16 158	16 469	39 007	19 402	19 605	47 000	23 266	23 734	56 671	28 035	28 636
50-54	26 593	12 954	13 639	30 858	15 171	15 687	37 040	18 306	18 734	44 843	22 066	22 777
55-59	21 459	10 186	11 273	24 803	11 959	12 845	28 894	14 070	14 825	34 845	17 068	17 777
60-64	16 721	7 772	8 949	19 490	9 123	10 367	22 625	10 762	11 863	26 490	12 733	13 757
65-69	12 445	5 663	6 782	14 464	6 601	7 863	16 962	7 797	9 165	19 805	9 253	10 552
70-74	8 511	3 812	4 699	9 925	4 413	5 512	11 641	5 191	6 450	13 766	6 179	7 587
75-79	5 093	2 233	2 860	5 929	2 571	3 358	7 022	3 020	4 001	8 341	3 596	4 745
80+	…	…	…	…	…	…	…	…	…	…	…	…
80-84	2 519	1 067	1 452	2 884	1 208	1 676	3 421	1 415	2 006	4 137	1 693	2 444
85-89	943	381	562	1 065	422	643	1 245	487	759	1 512	581	931
90-94	195	70	125	277	100	177	318	112	206	382	132	250
95-99	27	9	18	36	11	25	54	16	38	63	18	45
100+	2	1	2	3	1	2	4	1	3	7	2	6

年齢	2035			2040			2045			2050		
	総数	男	女	総数	男	女	総数	男	女	総数	男	女
総数	1 487 909	745 717	742 192	1 632 843	818 324	814 519	1 777 743	890 707	887 036	1 919 003	961 030	957 973
0-4	185 712	94 231	91 481	193 316	98 118	95 197	197 036	100 045	96 991	197 844	100 489	97 354
5-9	172 120	87 232	84 887	182 770	92 650	90 120	190 665	96 687	93 978	194 689	98 773	95 916
10-14	163 313	82 744	80 569	170 762	86 527	84 235	181 509	91 988	89 521	189 511	96 076	93 435
15-19	155 277	78 563	76 714	161 942	81 970	79 972	169 472	85 789	83 682	180 277	91 276	89 001
20-24	147 454	74 419	73 036	153 246	77 362	75 884	160 014	80 817	79 198	167 632	84 677	82 955
25-29	129 242	65 074	64 168	145 086	73 090	71 996	151 026	76 102	74 924	157 912	79 611	78 301
30-34	110 670	55 538	55 133	126 846	63 791	63 055	142 694	71 793	70 902	148 796	74 876	73 919
35-39	93 570	47 071	46 499	108 239	54 228	54 011	124 367	62 438	61 929	140 220	70 425	69 795
40-44	78 561	39 292	39 269	91 147	45 748	45 399	105 750	52 863	52 886	121 802	61 015	60 787
45-49	66 215	32 941	33 275	76 192	37 973	38 220	88 671	44 351	44 320	103 152	51 394	51 758
50-54	54 295	26 703	27 592	63 681	31 500	32 181	73 526	36 442	37 084	85 813	42 692	43 121
55-59	42 381	20 677	21 704	51 531	25 130	26 401	60 665	29 760	30 905	70 279	34 553	35 726
60-64	32 117	15 540	16 577	39 273	18 931	20 342	47 984	23 116	24 867	56 736	27 499	29 237
65-69	23 338	11 024	12 314	28 488	13 553	14 935	35 069	16 619	18 450	43 122	20 414	22 708
70-74	16 203	7 393	8 810	19 263	8 890	10 373	23 727	11 031	12 696	29 476	13 645	15 831
75-79	9 984	4 328	5 656	11 889	5 238	6 651	14 307	6 379	7 929	17 848	8 019	9 828
80+	…	…	…	…	…	…	…	…	…	…	…	…
80-84	5 009	2 052	2 956	6 100	2 508	3 592	7 387	3 085	4 302	9 039	3 824	5 215
85-89	1 883	712	1 171	2 341	884	1 457	2 923	1 103	1 820	3 620	1 386	2 234
90-94	478	161	317	618	203	415	797	260	537	1 028	334	695
95-99	79	22	57	102	27	74	139	36	103	187	48	139
100+	9	2	7	11	2	9	15	3	12	21	4	18

年齢	2055			2060		
	総数	男	女	総数	男	女
総数	2 054 616	1 028 308	1 026 308	2 183 195	1 091 814	1 091 382
0-4	197 414	100 305	97 109	196 554	99 895	96 659
5-9	195 804	99 381	96 422	195 649	99 343	96 306
10-14	193 660	98 223	95 437	194 899	98 892	96 007
15-19	188 363	95 407	92 957	192 610	97 601	95 008
20-24	178 515	90 203	88 312	186 705	94 383	92 323
25-29	165 640	83 526	82 113	176 602	89 085	87 517
30-34	155 808	78 444	77 364	163 635	82 403	81 233
35-39	146 475	73 580	72 895	153 595	77 195	76 400
40-44	137 607	68 965	68 642	143 980	72 175	71 805
45-49	119 055	59 450	59 605	134 745	67 326	67 419
50-54	100 069	49 602	50 467	115 721	57 498	58 223
55-59	82 258	40 604	41 654	96 166	47 307	48 859
60-64	65 995	32 068	33 927	77 509	37 825	39 684
65-69	51 286	24 430	26 857	59 974	28 650	31 324
70-74	36 585	16 908	19 677	43 871	20 403	23 468
75-79	22 474	10 049	12 424	28 280	12 613	15 667
80+	…	…	…	…	…	…
80-84	11 483	4 900	6 583	14 736	6 248	8 487
85-89	4 533	1 763	2 770	5 900	2 314	3 586
90-94	1 313	432	880	1 690	566	1 123
95-99	251	63	188	333	84	248
100+	30	5	25	43	7	36

性・年齢別人口（千人）

年齢	1960 総数	男	女	1965 総数	男	女	1970 総数	男	女	1975 総数	男	女
総数	284 887	141 662	143 225	321 999	160 130	161 870	365 626	182 002	183 623	416 490	207 529	208 962
0-4	50 235	25 354	24 881	57 419	28 992	28 427	65 157	32 898	32 258	74 552	37 646	36 906
5-9	39 216	19 779	19 436	45 384	22 877	22 506	52 337	26 407	25 930	59 812	30 171	29 641
10-14	32 865	16 563	16 302	38 040	19 167	18 874	44 100	22 236	21 864	50 860	25 669	25 191
15-19	27 838	13 961	13 878	31 831	16 033	15 798	37 029	18 660	18 369	42 915	21 632	21 283
20-24	24 163	12 071	12 092	26 669	13 311	13 358	30 600	15 368	15 232	35 466	17 817	17 649
25-29	21 220	10 580	10 640	23 042	11 430	11 611	25 519	12 684	12 836	29 115	14 544	14 572
30-34	18 346	9 138	9 208	20 245	10 051	10 194	22 050	10 918	11 132	24 384	12 080	12 304
35-39	15 566	7 738	7 828	17 434	8 653	8 781	19 309	9 567	9 742	21 103	10 445	10 658
40-44	13 166	6 521	6 645	14 684	7 263	7 420	16 531	8 172	8 359	18 393	9 094	9 300
45-49	11 012	5 405	5 607	12 323	6 055	6 269	13 812	6 780	7 032	15 637	7 691	7 946
50-54	9 259	4 472	4 787	10 152	4 927	5 225	11 419	5 545	5 874	12 864	6 257	6 607
55-59	7 457	3 537	3 921	8 347	3 976	4 371	9 175	4 386	4 789	10 368	4 967	5 400
60-64	5 793	2 678	3 115	6 439	3 000	3 439	7 237	3 384	3 853	8 005	3 764	4 241
65-69	4 098	1 862	2 236	4 659	2 110	2 549	5 207	2 373	2 834	5 909	2 705	3 204
70-74	2 581	1 142	1 438	2 937	1 299	1 638	3 370	1 484	1 886	3 827	1 698	2 129
75-79	1 357	580	776	1 550	659	892	1 783	757	1 027	2 096	889	1 207
80+	715	280	435	844	328	516	991	383	608	1 183	458	725
80-84	...	...	...	...	...	...	...	...	...	...	...	...
85-89	...	...	...	...	...	...	...	...	...	...	...	...
90-94	...	...	...	...	...	...	...	...	...	...	...	...
95-99	...	...	...	...	...	...	...	...	...	...	...	...
100+	...	...	...	...	...	...	...	...	...	...	...	...

年齢	1980 総数	男	女	1985 総数	男	女	1990 総数	男	女	1995 総数	男	女
総数	477 965	238 385	239 580	550 028	274 370	275 658	631 614	315 071	316 543	720 416	359 409	361 008
0-4	86 205	43 565	42 640	98 459	49 787	48 672	110 098	55 694	54 404	119 341	60 364	58 978
5-9	69 014	34 844	34 170	80 514	40 635	39 879	92 677	46 815	45 862	104 011	52 549	51 462
10-14	58 065	29 301	28 764	67 442	34 050	33 393	78 876	39 811	39 065	91 086	46 000	45 086
15-19	49 350	24 841	24 510	56 824	28 633	28 191	65 946	33 203	32 744	77 313	38 950	38 363
20-24	41 258	20 650	20 608	47 705	23 902	23 804	54 900	27 448	27 452	63 982	32 014	31 968
25-29	34 116	17 069	17 047	39 653	19 752	19 902	46 002	22 970	23 031	53 026	26 306	26 720
30-34	28 168	14 078	14 090	32 881	16 399	16 482	38 390	19 088	19 302	44 476	22 144	22 332
35-39	23 510	11 647	11 863	27 149	13 529	13 620	31 729	15 767	15 962	37 164	18 461	18 703
40-44	20 193	9 985	10 208	22 511	11 110	11 401	26 079	12 902	13 177	30 564	15 158	15 406
45-49	17 515	8 608	8 907	19 191	9 420	9 771	21 455	10 505	10 950	25 004	12 300	12 704
50-54	14 620	7 135	7 486	16 441	7 994	8 448	18 047	8 769	9 278	20 346	9 878	10 468
55-59	11 815	5 677	6 138	13 449	6 477	6 972	15 178	7 302	7 876	16 782	8 061	8 722
60-64	9 139	4 316	4 823	10 497	4 963	5 535	12 013	5 703	6 310	13 708	6 520	7 188
65-69	6 658	3 070	3 588	7 645	3 532	4 113	8 875	4 119	4 756	10 212	4 764	5 448
70-74	4 425	1 977	2 448	5 053	2 270	2 783	5 894	2 672	3 221	6 902	3 144	3 758
75-79	2 466	1 057	1 409	2 869	1 234	1 635	3 353	1 468	1 884	3 971	1 766	2 205
80+	1 449	565	884	1 743	683	1 060	...	...	...	...	...	...
80-84	...	...	...	...	...	...	1 514	622	891	1 801	763	1 037
85-89	...	...	...	...	...	...	477	178	300	585	222	363
90-94	...	...	...	...	...	...	99	32	67	124	40	84
95-99	...	...	...	...	...	...	12	3	9	16	4	12
100+	...	...	...	...	...	...	1	0	1	1	0	1

年齢	2000 総数	男	女	2005 総数	男	女	2010 総数	男	女	2015 総数	男	女
総数	814 063	406 406	407 658	920 239	459 591	460 648	1 044 107	521 740	522 367	1 186 178	593 455	592 724
0-4	131 683	66 867	64 816	147 369	74 621	72 748	165 738	84 059	81 679	185 176	93 987	91 188
5-9	113 566	57 465	56 101	125 963	63 915	62 049	142 080	71 871	70 209	160 840	81 511	79 329
10-14	102 142	51 649	50 493	111 594	56 447	55 147	123 972	62 922	61 050	139 963	70 814	69 149
15-19	89 224	44 861	44 364	100 290	50 613	49 677	109 867	55 510	54 357	122 104	61 916	60 188
20-24	74 699	37 351	37 348	86 816	43 443	43 373	97 830	49 163	48 667	107 514	54 163	53 351
25-29	61 324	30 631	30 693	71 858	35 801	36 057	84 028	41 881	42 147	95 196	47 720	47 476
30-34	50 655	25 266	25 390	58 407	29 154	29 253	68 931	34 317	34 614	81 472	40 573	40 899
35-39	42 442	21 201	21 242	47 932	23 886	24 046	55 695	27 768	27 926	66 505	33 092	33 413
40-44	35 223	17 377	17 846	40 090	19 953	20 137	45 606	22 650	22 956	53 492	26 620	26 872
45-49	28 801	14 082	14 718	33 279	16 312	16 967	38 217	18 886	19 330	43 683	21 598	22 085
50-54	23 199	11 152	12 047	27 000	13 090	13 910	31 461	15 290	16 171	36 307	17 812	18 495
55-59	18 667	8 885	9 782	21 487	10 244	11 243	25 145	12 057	13 088	29 479	14 185	15 294
60-64	15 018	7 096	7 922	16 785	7 889	8 896	19 500	9 165	10 335	22 965	10 873	12 092
65-69	11 706	5 489	6 217	12 872	5 977	6 895	14 439	6 657	7 782	16 960	7 834	9 126
70-74	7 965	3 660	4 305	9 235	4 220	5 015	10 300	4 669	5 631	11 588	5 219	6 369
75-79	4 699	2 098	2 601	5 538	2 482	3 056	6 526	2 883	3 644	7 273	3 191	4 082
80+	...	...	...	...	...	...	...	...	...	...	...	...
80-84	2 163	941	1 222	2 613	1 110	1 503	3 359	1 441	1 917	3 793	1 606	2 187
85-89	707	278	429	883	357	525	1 114	444	671	1 475	597	878
90-94	156	52	104	198	68	129	258	95	163	337	124	214
95-99	21	5	16	28	7	21	38	11	26	50	17	34
100+	2	0	1	2	0	2	3	1	3	5	1	3

性・年齢別人口（千人）

年齢	2015			2020			2025			2030		
	総数	男	女	総数	男	女	総数	男	女	総数	男	女
総数	1 186 178	593 455	592 724	1 340 103	671 135	668 969	1 504 213	753 828	750 385	1 679 301	841 917	837 384
0-4	185 176	93 987	91 188	198 789	100 900	97 888	211 978	107 636	104 342	226 209	114 871	111 338
5-9	160 840	81 511	79 329	180 561	91 571	88 990	194 458	98 620	95 838	207 903	105 475	102 428
10-14	139 963	70 814	69 149	158 817	80 494	78 323	178 646	90 599	88 047	192 645	97 692	94 953
15-19	122 104	61 916	60 188	138 111	69 815	68 296	156 981	79 487	77 494	176 883	89 621	87 263
20-24	107 514	54 163	53 351	119 758	60 577	59 182	135 675	68 401	67 274	154 515	78 045	76 470
25-29	95 196	47 720	47 476	105 024	52 804	52 220	117 167	59 129	58 038	133 016	66 910	66 106
30-34	81 472	40 573	40 899	92 776	46 476	46 300	102 548	51 506	51 042	114 642	57 789	56 854
35-39	66 505	33 092	33 413	79 063	39 350	39 713	90 288	45 192	45 095	100 058	50 205	49 853
40-44	53 492	26 620	26 872	64 249	31 924	32 325	76 625	38 079	38 546	87 782	43 864	43 918
45-49	43 683	21 598	22 085	51 443	25 504	25 939	62 001	30 706	31 295	74 193	36 751	37 442
50-54	36 307	17 812	18 495	41 638	20 448	21 190	49 185	24 235	24 950	59 511	29 305	30 206
55-59	29 479	14 185	15 294	34 124	16 575	17 548	39 266	19 099	20 167	46 557	22 734	23 822
60-64	22 965	10 873	12 092	27 025	12 828	14 196	31 418	15 059	16 359	36 311	17 432	18 879
65-69	16 960	7 834	9 126	20 120	9 357	10 763	23 829	11 110	12 719	27 865	13 119	14 746
70-74	11 588	5 219	6 369	13 757	6 207	7 550	16 507	7 502	9 005	19 723	8 981	10 742
75-79	7 273	3 191	4 082	8 289	3 613	4 676	9 990	4 361	5 628	12 187	5 361	6 826
80+	…	…	…	…	…	…	…	…	…	…	…	…
80-84	3 793	1 606	2 187	4 303	1 806	2 497	4 988	2 078	2 911	6 136	2 556	3 580
85-89	1 475	597	878	1 713	685	1 028	1 990	785	1 205	2 355	918	1 437
90-94	337	124	214	469	174	294	562	207	355	672	242	430
95-99	50	17	34	69	23	46	101	34	67	125	41	83
100+	5	1	3	7	2	5	9	3	6	14	4	10

年齢	2035			2040			2045			2050		
	総数	男	女	総数	男	女	総数	男	女	総数	男	女
総数	1 865 922	935 639	930 283	2 063 030	1 034 483	1 028 547	2 267 856	1 137 051	1 130 805	2 477 536	1 241 907	1 235 630
0-4	241 472	122 642	118 830	256 284	130 200	126 084	269 071	136 740	132 331	279 773	142 216	137 557
5-9	222 423	112 847	109 576	237 974	120 758	117 216	253 068	128 461	124 608	266 137	135 147	130 990
10-14	206 198	104 592	101 606	220 820	112 008	108 812	236 469	119 964	116 505	251 664	127 713	123 951
15-19	190 965	96 746	94 219	204 584	103 672	100 912	219 261	111 110	108 151	234 965	119 089	115 876
20-24	174 425	88 166	86 259	188 562	95 310	93 253	202 230	102 252	99 978	216 954	109 706	107 248
25-29	151 803	76 507	75 296	171 714	86 613	85 101	185 902	93 771	92 131	199 625	100 732	98 894
30-34	130 433	65 527	64 907	149 178	75 083	74 096	169 088	85 171	83 917	183 333	92 345	90 988
35-39	112 119	56 443	55 675	127 870	64 149	63 720	146 564	73 660	72 904	166 471	83 730	82 741
40-44	97 549	48 857	48 692	109 569	55 050	54 518	125 253	62 714	62 539	143 867	72 165	71 702
45-49	85 252	42 463	42 789	94 980	47 422	47 558	106 907	53 546	53 361	122 468	61 137	61 331
50-54	71 453	35 199	36 254	82 346	40 797	41 549	91 969	45 684	46 285	103 729	51 696	52 033
55-59	56 557	27 614	28 943	68 152	33 295	34 856	78 779	38 718	40 062	88 209	43 480	44 729
60-64	43 241	20 854	22 387	52 777	25 460	27 317	63 867	30 832	33 035	74 093	35 995	38 099
65-69	32 389	15 276	17 113	38 786	18 386	20 400	47 625	22 588	25 036	57 962	27 513	30 448
70-74	23 255	10 692	12 563	27 242	12 546	14 696	32 867	15 218	17 648	40 695	18 861	21 834
75-79	14 750	6 494	8 256	17 601	7 821	9 781	20 846	9 275	11 571	25 417	11 377	14 039
80+	…	…	…	…	…	…	…	…	…	…	…	…
80-84	7 670	3 220	4 450	9 455	3 965	5 491	11 483	4 854	6 628	13 809	5 846	7 963
85-89	2 977	1 157	1 820	3 850	1 508	2 341	4 870	1 898	2 972	6 058	2 378	3 679
90-94	816	287	528	1 067	372	695	1 443	508	936	1 887	657	1 230
95-99	155	49	105	194	60	134	264	79	185	376	114	262
100+	19	6	13	24	7	17	32	8	23	44	11	33

年齢	2055			2060		
	総数	男	女	総数	男	女
総数	2 689 773	1 347 924	1 341 849	2 902 500	1 454 030	1 448 471
0-4	289 013	146 950	142 062	297 242	151 167	146 075
5-9	277 131	140 778	136 353	286 642	145 656	140 987
10-14	264 847	134 454	130 393	275 956	140 139	135 817
15-19	250 238	126 876	123 362	263 506	133 657	129 850
20-24	232 738	117 725	115 013	248 105	125 553	122 551
25-29	214 422	108 220	106 203	230 285	116 270	114 015
30-34	197 121	99 331	97 790	211 972	106 836	105 136
35-39	180 758	90 914	89 844	194 580	97 906	96 674
40-44	163 716	82 192	81 524	177 994	89 361	88 633
45-49	140 925	70 488	70 437	160 640	80 430	80 210
50-54	119 064	59 152	59 911	137 259	68 339	68 920
55-59	99 695	49 314	50 381	114 677	56 562	58 116
60-64	83 214	40 560	42 653	94 278	46 127	48 150
65-69	67 567	32 286	35 280	76 175	36 538	39 636
70-74	49 938	23 167	26 772	58 600	27 379	31 221
75-79	31 859	14 284	17 574	39 569	17 764	21 805
80+	…	…	…	…	…	…
80-84	17 088	7 286	9 802	21 792	9 315	12 477
85-89	7 438	2 926	4 512	9 390	3 724	5 666
90-94	2 424	851	1 573	3 057	1 076	1 982
95-99	513	153	360	686	206	480
100+	66	17	49	95	24	71

性・年齢別人口（千人）

年齢	2015 総数	男	女	2020 総数	男	女	2025 総数	男	女	2030 総数	男	女
総数	1 186 178	593 455	592 724	1 351 427	676 884	674 542	1 535 858	769 895	765 964	1 739 608	872 530	867 077
0-4	185 176	93 987	91 188	210 112	106 650	103 462	232 511	118 065	114 446	255 294	129 643	125 650
5-9	160 840	81 511	79 329	180 561	91 571	88 990	205 571	104 258	101 313	228 099	115 723	112 375
10-14	139 963	70 814	69 149	158 817	80 494	78 323	178 646	90 599	88 047	203 672	103 285	100 387
15-19	122 104	61 916	60 188	138 111	69 815	68 296	156 981	79 487	77 494	176 883	89 621	87 263
20-24	107 514	54 163	53 351	119 758	60 577	59 182	135 675	68 401	67 274	154 515	78 045	76 470
25-29	95 196	47 720	47 476	105 024	52 804	52 220	117 167	59 129	58 038	133 016	66 910	66 106
30-34	81 472	40 573	40 899	92 776	46 476	46 300	102 548	51 506	51 042	114 642	57 789	56 854
35-39	66 505	33 092	33 413	79 063	39 350	39 713	90 288	45 192	45 095	100 058	50 205	49 853
40-44	53 492	26 620	26 872	64 249	31 924	32 325	76 625	38 079	38 546	87 782	43 864	43 918
45-49	43 683	21 598	22 085	51 443	25 504	25 939	62 001	30 706	31 295	74 193	36 751	37 442
50-54	36 307	17 812	18 495	41 638	20 448	21 190	49 185	24 235	24 950	59 511	29 305	30 206
55-59	29 479	14 185	15 294	34 124	16 575	17 548	39 266	19 099	20 167	46 557	22 734	23 822
60-64	22 965	10 873	12 092	27 025	12 828	14 196	31 418	15 059	16 359	36 311	17 432	18 879
65-69	16 960	7 834	9 126	20 120	9 357	10 763	23 829	11 110	12 719	27 865	13 119	14 746
70-74	11 588	5 219	6 369	13 757	6 207	7 550	16 507	7 502	9 005	19 723	8 981	10 742
75-79	7 273	3 191	4 082	8 289	3 613	4 676	9 990	4 361	5 628	12 187	5 361	6 826
80+	...	...	...	...	...	...	...	...	...	...	...	...
80-84	3 793	1 606	2 187	4 303	1 806	2 497	4 988	2 078	2 911	6 136	2 556	3 580
85-89	1 475	597	878	1 713	685	1 028	1 990	785	1 205	2 355	918	1 437
90-94	337	124	214	469	174	294	562	207	355	672	242	430
95-99	50	17	34	69	23	46	101	34	67	125	41	83
100+	5	1	3	7	2	5	9	3	6	14	4	10

年齢	2035 総数	男	女	2040 総数	男	女	2045 総数	男	女	2050 総数	男	女
総数	1 959 462	983 117	976 345	2 197 531	1 102 742	1 094 789	2 454 783	1 231 906	1 222 877	2 730 670	1 370 347	1 360 324
0-4	275 334	139 843	135 491	298 058	151 426	146 632	322 561	163 926	158 635	347 369	176 580	170 789
5-9	251 090	127 394	123 696	271 412	137 729	133 682	294 386	149 438	144 948	319 119	162 055	157 064
10-14	226 256	114 768	111 487	249 315	126 465	122 851	269 729	136 841	132 889	292 789	148 586	144 203
15-19	201 919	102 300	99 620	224 523	113 783	110 740	247 604	125 482	122 122	268 066	135 875	132 191
20-24	174 425	88 166	86 259	199 418	100 805	98 613	222 006	112 266	109 740	245 084	123 950	121 134
25-29	151 803	76 507	75 296	171 714	86 613	85 101	196 642	99 201	97 441	219 209	110 634	108 575
30-34	130 433	65 527	64 907	149 178	75 083	74 096	169 088	85 171	83 917	193 950	97 707	96 243
35-39	112 119	56 443	55 675	127 870	64 149	63 720	146 564	73 660	72 904	166 471	83 730	82 741
40-44	97 549	48 857	48 692	109 569	55 050	54 518	125 253	62 714	62 539	143 867	72 165	71 702
45-49	85 252	42 463	42 789	94 980	47 422	47 558	106 907	53 546	53 361	122 468	61 137	61 331
50-54	71 453	35 199	36 254	82 346	40 797	41 549	91 969	45 684	46 285	103 729	51 696	52 033
55-59	56 557	27 614	28 943	68 152	33 295	34 856	78 779	38 718	40 062	88 209	43 480	44 729
60-64	43 241	20 854	22 387	52 777	25 460	27 317	63 867	30 832	33 035	74 093	35 995	38 099
65-69	32 389	15 276	17 113	38 786	18 386	20 400	47 625	22 588	25 036	57 962	27 513	30 448
70-74	23 255	10 692	12 563	27 242	12 546	14 696	32 867	15 218	17 648	40 695	18 861	21 834
75-79	14 750	6 494	8 256	17 601	7 821	9 781	20 846	9 275	11 571	25 417	11 377	14 039
80+	...	...	...	...	...	...	...	...	...	...	...	...
80-84	7 670	3 220	4 450	9 455	3 965	5 491	11 483	4 854	6 628	13 809	5 846	7 963
85-89	2 977	1 157	1 820	3 850	1 508	2 341	4 870	1 898	2 972	6 058	2 378	3 679
90-94	816	287	528	1 067	372	695	1 443	508	936	1 887	657	1 230
95-99	155	49	105	194	60	134	264	79	185	376	114	262
100+	19	6	13	24	7	17	32	8	23	44	11	33

年齢	2055 総数	男	女	2060 総数	男	女
総数	3 023 309	1 517 150	1 506 159	3 330 116	1 670 973	1 659 143
0-4	371 183	188 733	182 450	393 525	200 136	193 389
5-9	344 168	174 835	169 333	368 222	187 114	181 108
10-14	317 612	161 245	156 368	342 753	174 064	168 689
15-19	291 186	147 648	143 537	316 067	160 329	155 738
20-24	265 610	134 373	131 237	288 795	146 168	142 627
25-29	242 301	122 317	119 984	262 890	132 761	130 129
30-34	216 501	109 119	107 381	239 584	120 783	118 801
35-39	191 242	96 202	95 040	213 735	107 569	106 166
40-44	163 716	82 192	81 524	188 328	94 565	93 763
45-49	140 925	70 488	70 437	160 640	80 430	80 210
50-54	119 064	59 152	59 911	137 259	68 339	68 920
55-59	99 695	49 314	50 381	114 677	56 562	58 116
60-64	83 214	40 560	42 653	94 278	46 127	48 150
65-69	67 567	32 286	35 280	76 175	36 538	39 636
70-74	49 938	23 167	26 772	58 600	27 379	31 221
75-79	31 859	14 284	17 574	39 569	17 764	21 805
80+	...	...	...	...	...	...
80-84	17 088	7 286	9 802	21 792	9 315	12 477
85-89	7 438	2 926	4 512	9 390	3 724	5 666
90-94	2 424	851	1 573	3 057	1 076	1 982
95-99	513	153	360	686	206	480
100+	66	17	49	95	24	71

性・年齢別人口（千人）

年齢	2015 総数	男	女	2020 総数	男	女	2025 総数	男	女	2030 総数	男	女
総数	1 186 178	593 455	592 724	1 328 780	665 385	663 395	1 472 568	737 762	734 806	1 618 995	811 303	807 692
0-4	185 176	93 987	91 188	187 465	95 151	92 314	191 445	97 207	94 238	197 124	100 098	97 026
5-9	160 840	81 511	79 329	180 561	91 571	88 990	183 346	92 983	90 363	187 708	95 227	92 481
10-14	139 963	70 814	69 149	158 817	80 494	78 323	178 646	90 599	88 047	181 619	92 099	89 520
15-19	122 104	61 916	60 188	138 111	69 815	68 296	156 981	79 487	77 494	176 883	89 621	87 263
20-24	107 514	54 163	53 351	119 758	60 577	59 182	135 675	68 401	67 274	154 515	78 045	76 470
25-29	95 196	47 720	47 476	105 024	52 804	52 220	117 167	59 129	58 038	133 016	66 910	66 106
30-34	81 472	40 573	40 899	92 776	46 476	46 300	102 548	51 506	51 042	114 642	57 789	56 854
35-39	66 505	33 092	33 413	79 063	39 350	39 713	90 288	45 192	45 095	100 058	50 205	49 853
40-44	53 492	26 620	26 872	64 249	31 924	32 325	76 625	38 079	38 546	87 782	43 864	43 918
45-49	43 683	21 598	22 085	51 443	25 504	25 939	62 001	30 706	31 295	74 193	36 751	37 442
50-54	36 307	17 812	18 495	41 638	20 448	21 190	49 185	24 235	24 950	59 511	29 305	30 206
55-59	29 479	14 185	15 294	34 124	16 575	17 548	39 266	19 099	20 167	46 557	22 734	23 822
60-64	22 965	10 873	12 092	27 025	12 828	14 196	31 418	15 059	16 359	36 311	17 432	18 879
65-69	16 960	7 834	9 126	20 120	9 357	10 763	23 829	11 110	12 719	27 865	13 119	14 746
70-74	11 588	5 219	6 369	13 757	6 207	7 550	16 507	7 502	9 005	19 723	8 981	10 742
75-79	7 273	3 191	4 082	8 289	3 613	4 676	9 990	4 361	5 628	12 187	5 361	6 826
80+	...	...	...	...	...	...	...	...	...	...	...	...
80-84	3 793	1 606	2 187	4 303	1 806	2 497	4 988	2 078	2 911	6 136	2 556	3 580
85-89	1 475	597	878	1 713	685	1 028	1 990	785	1 205	2 355	918	1 437
90-94	337	124	214	469	174	294	562	207	355	672	242	430
95-99	50	17	34	69	23	46	101	34	67	125	41	83
100+	5	1	3	7	2	5	9	3	6	14	4	10

年齢	2035 総数	男	女	2040 総数	男	女	2045 総数	男	女	2050 総数	男	女
総数	1 772 593	888 269	884 324	1 929 941	966 941	962 999	2 085 695	1 044 618	1 041 077	2 235 611	1 119 163	1 116 448
0-4	207 822	105 548	102 274	215 714	109 586	106 127	218 948	111 265	107 683	218 655	111 147	107 508
5-9	193 756	98 299	95 457	204 745	103 893	100 852	212 941	108 088	104 853	216 493	109 934	106 559
10-14	186 141	94 416	91 724	192 326	97 552	94 773	203 416	103 193	100 223	211 725	107 441	104 283
15-19	180 011	91 193	88 818	184 645	93 562	91 083	190 917	96 739	94 179	202 071	102 407	99 664
20-24	174 425	88 166	86 259	177 707	89 814	87 893	182 455	92 239	90 217	188 825	95 462	93 363
25-29	151 803	76 507	75 296	171 714	86 613	85 101	175 162	88 341	86 820	180 042	90 829	89 213
30-34	130 433	65 527	64 907	149 178	75 083	74 096	169 088	85 171	83 917	172 715	86 983	85 732
35-39	112 119	56 443	55 675	127 870	64 149	63 720	146 564	73 660	72 904	166 471	83 730	82 741
40-44	97 549	48 857	48 692	109 569	55 050	54 518	125 253	62 714	62 539	143 867	72 165	71 702
45-49	85 252	42 463	42 789	94 980	47 422	47 558	106 907	53 546	53 361	122 468	61 137	61 331
50-54	71 453	35 199	36 254	82 346	40 797	41 549	91 969	45 684	46 285	103 729	51 696	52 033
55-59	56 557	27 614	28 943	68 152	33 295	34 856	78 779	38 718	40 062	88 209	43 480	44 729
60-64	43 241	20 854	22 387	52 777	25 460	27 317	63 867	30 832	33 035	74 093	35 995	38 099
65-69	32 389	15 276	17 113	38 786	18 386	20 400	47 625	22 588	25 036	57 962	27 513	30 448
70-74	23 255	10 692	12 563	27 242	12 546	14 696	32 867	15 218	17 648	40 695	18 861	21 834
75-79	14 750	6 494	8 256	17 601	7 821	9 781	20 846	9 275	11 571	25 417	11 377	14 039
80+	...	...	...	...	...	...	...	...	...	...	...	...
80-84	7 670	3 220	4 450	9 455	3 965	5 491	11 483	4 854	6 628	13 809	5 846	7 963
85-89	2 977	1 157	1 820	3 850	1 508	2 341	4 870	1 898	2 972	6 058	2 378	3 679
90-94	816	287	528	1 067	372	695	1 443	508	936	1 887	657	1 230
95-99	155	49	105	194	60	134	264	79	185	376	114	262
100+	19	6	13	24	7	17	32	8	23	44	11	33

年齢	2055 総数	男	女	2060 総数	男	女
総数	2 377 449	1 189 479	1 187 970	2 509 952	1 254 910	1 255 042
0-4	216 914	110 290	106 624	214 923	109 301	105 622
5-9	216 521	109 987	106 534	215 068	109 283	105 784
10-14	215 408	109 352	106 056	215 566	109 469	106 097
15-19	210 471	106 703	103 768	214 259	108 666	105 593
20-24	200 071	101 180	98 891	208 588	105 534	103 055
25-29	186 543	94 122	92 421	197 884	99 883	98 001
30-34	177 742	89 542	88 200	184 360	92 889	91 471
35-39	170 274	85 626	84 648	175 426	88 243	87 183
40-44	163 716	82 192	81 524	167 661	84 158	83 503
45-49	140 925	70 488	70 437	160 640	80 430	80 210
50-54	119 064	59 152	59 911	137 259	68 339	68 920
55-59	99 695	49 314	50 381	114 677	56 562	58 116
60-64	83 214	40 560	42 653	94 278	46 127	48 150
65-69	67 567	32 286	35 280	76 175	36 538	39 636
70-74	49 938	23 167	26 772	58 600	27 379	31 221
75-79	31 859	14 284	17 574	39 569	17 764	21 805
80+	...	...	...	...	...	...
80-84	17 088	7 286	9 802	21 792	9 315	12 477
85-89	7 438	2 926	4 512	9 390	3 724	5 666
90-94	2 424	851	1 573	3 057	1 076	1 982
95-99	513	153	360	686	206	480
100+	66	17	49	95	24	71

Eastern Africa

性・年齢別人口（千人）

年齢	1960 総数	男	女	1965 総数	男	女	1970 総数	男	女	1975 総数	男	女
総数	84 305	41 767	42 539	96 105	47 608	48 496	110 428	54 709	55 719	127 356	63 108	64 248
0-4	15 460	7 737	7 723	17 902	8 967	8 935	20 686	10 372	10 314	24 111	12 095	12 016
5-9	11 970	5 968	6 002	13 870	6 923	6 948	16 240	8 114	8 127	18 880	9 447	9 432
10-14	9 989	4 993	4 997	11 551	5 758	5 793	13 442	6 706	6 736	15 726	7 853	7 873
15-19	8 392	4 188	4 204	9 704	4 848	4 856	11 264	5 612	5 652	13 089	6 525	6 563
20-24	7 163	3 562	3 601	8 064	4 011	4 053	9 369	4 664	4 705	10 867	5 392	5 475
25-29	6 260	3 109	3 151	6 827	3 378	3 449	7 729	3 825	3 904	8 972	4 445	4 528
30-34	5 309	2 643	2 667	5 947	2 944	3 003	6 522	3 216	3 305	7 374	3 637	3 738
35-39	4 442	2 217	2 225	5 020	2 492	2 528	5 656	2 792	2 864	6 196	3 046	3 150
40-44	3 707	1 852	1 855	4 172	2 074	2 098	4 742	2 345	2 397	5 341	2 626	2 715
45-49	3 080	1 529	1 552	3 453	1 712	1 741	3 907	1 928	1 979	4 440	2 181	2 259
50-54	2 566	1 255	1 311	2 829	1 388	1 441	3 190	1 565	1 625	3 613	1 766	1 847
55-59	2 061	982	1 079	2 302	1 111	1 191	2 555	1 238	1 317	2 887	1 399	1 488
60-64	1 525	697	828	1 777	833	944	2 000	951	1 050	2 229	1 064	1 165
65-69	1 093	490	603	1 230	552	678	1 448	667	781	1 643	769	875
70-74	707	309	398	788	345	443	902	396	506	1 075	486	590
75-79	378	159	219	430	181	248	491	208	283	575	245	330
80+	201	77	124	239	92	147	284	110	174	338	132	205
80-84	...	...	...	...	...	...	...	...	...	...	...	...
85-89	...	...	...	...	...	...	...	...	...	...	...	...
90-94	...	...	...	...	...	...	...	...	...	...	...	...
95-99	...	...	...	...	...	...	...	...	...	...	...	...
100+	...	...	...	...	...	...	...	...	...	...	...	...

年齢	1980 総数	男	女	1985 総数	男	女	1990 総数	男	女	1995 総数	男	女
総数	147 512	73 099	74 412	170 739	84 635	86 104	198 232	98 209	100 023	225 310	111 579	113 730
0-4	28 195	14 158	14 037	32 298	16 232	16 067	37 026	18 622	18 404	40 371	20 306	20 065
5-9	22 099	11 097	11 002	25 972	13 014	12 957	30 152	15 133	15 019	34 272	17 205	17 066
10-14	18 068	9 045	9 023	21 439	10 759	10 680	25 344	12 693	12 651	29 252	14 662	14 591
15-19	15 076	7 509	7 567	17 630	8 818	8 811	20 977	10 513	10 464	24 337	12 139	12 198
20-24	12 603	6 220	6 383	14 592	7 244	7 348	17 095	8 476	8 619	19 951	9 919	10 032
25-29	10 471	5 139	5 332	12 103	5 948	6 155	13 987	6 887	7 100	16 199	7 952	8 247
30-34	8 649	4 263	4 386	10 014	4 900	5 115	11 570	5 638	5 932	13 158	6 445	6 714
35-39	7 078	3 479	3 599	8 228	4 042	4 186	9 522	4 628	4 894	10 854	5 268	5 585
40-44	5 864	2 883	2 981	6 690	3 273	3 417	7 807	3 782	4 025	8 856	4 297	4 559
45-49	5 074	2 474	2 599	5 509	2 688	2 821	6 282	3 046	3 236	7 238	3 478	3 760
50-54	4 116	2 012	2 104	4 707	2 273	2 434	5 115	2 473	2 643	5 800	2 786	3 014
55-59	3 352	1 622	1 730	3 746	1 807	1 938	4 314	2 070	2 244	4 644	2 225	2 419
60-64	2 562	1 232	1 330	2 939	1 401	1 538	3 317	1 581	1 736	3 835	1 834	2 001
65-69	1 898	895	1 003	2 121	1 003	1 118	2 475	1 166	1 309	2 756	1 293	1 463
70-74	1 255	581	674	1 425	658	766	1 657	785	872	1 902	891	1 012
75-79	732	324	408	812	364	448	972	452	520	1 139	548	591
80+	422	169	253	515	210	305	...	...	...	...	...	...
80-84	...	...	...	...	...	...	442	196	246	532	247	285
85-89	...	...	...	...	...	...	143	56	87	171	71	100
90-94	...	...	...	...	...	...	29	10	19	37	13	24
95-99	...	...	...	...	...	...	4	1	3	5	1	3
100+	...	...	...	...	...	...	0	0	0	0	0	0

年齢	2000 総数	男	女	2005 総数	男	女	2010 総数	男	女	2015 総数	男	女
総数	259 373	128 612	130 760	297 636	147 724	149 912	342 743	170 257	172 485	394 477	196 135	198 343
0-4	46 243	23 302	22 941	52 311	26 336	25 975	58 344	29 446	28 898	64 239	32 457	31 782
5-9	38 681	19 415	19 265	44 476	22 374	22 101	50 727	25 484	25 244	56 975	28 704	28 271
10-14	33 795	16 956	16 839	38 008	19 025	18 983	43 876	22 055	21 821	50 126	25 161	24 965
15-19	28 809	14 386	14 422	33 014	16 499	16 515	37 427	18 717	18 710	43 268	21 719	21 548
20-24	23 666	11 770	11 896	27 919	13 858	14 061	32 061	15 942	16 119	36 738	18 315	18 423
25-29	19 024	9 457	9 567	22 621	11 232	11 389	26 861	13 272	13 589	31 256	15 500	15 756
30-34	15 086	7 438	7 648	17 823	8 915	8 908	21 479	10 679	10 801	26 002	12 829	13 173
35-39	12 146	5 955	6 191	13 856	6 863	6 993	16 764	8 392	8 372	20 597	10 225	10 372
40-44	9 951	4 797	5 155	11 079	5 413	5 666	12 973	6 411	6 561	15 973	7 971	8 002
45-49	8 173	3 928	4 245	9 200	4 399	4 801	10 440	5 050	5 389	12 358	6 072	6 286
50-54	6 655	3 165	3 490	7 565	3 589	3 976	8 663	4 103	4 560	9 916	4 757	5 159
55-59	5 303	2 523	2 781	6 141	2 893	3 248	7 068	3 321	3 747	8 161	3 827	4 334
60-64	4 132	1 954	2 178	4 786	2 242	2 543	5 635	2 621	3 014	6 526	3 028	3 498
65-69	3 286	1 546	1 740	3 566	1 668	1 898	4 196	1 936	2 260	4 995	2 285	2 709
70-74	2 150	987	1 164	2 630	1 222	1 408	2 918	1 341	1 577	3 470	1 569	1 901
75-79	1 354	618	735	1 515	703	811	1 911	867	1 044	2 150	964	1 186
80+	...	...	...	...	...	...	...	...	...	...	...	...
80-84	649	300	349	781	344	437	958	438	520	1 166	512	654
85-89	217	95	122	276	121	155	348	145	202	438	192	246
90-94	47	18	29	62	25	37	82	33	49	107	41	66
95-99	6	2	4	8	3	6	11	4	7	15	5	10
100+	0	0	0	1	0	1	1	0	1	1	0	1

性・年齢別人口（千人）

年齢	2015			2020			2025			2030		
	総数	男	女	総数	男	女	総数	男	女	総数	男	女
総数	394 477	196 135	198 343	451 393	224 607	226 786	512 821	255 331	257 489	578 804	288 306	290 498
0–4	64 239	32 457	31 782	69 862	35 302	34 560	75 147	37 979	37 168	80 547	40 721	39 826
5–9	56 975	28 704	28 271	62 953	31 750	31 203	68 697	34 652	34 045	74 093	37 387	36 707
10–14	50 126	25 161	24 965	56 390	28 385	28 005	62 435	31 461	30 974	68 227	34 386	33 840
15–19	43 268	21 719	21 548	49 521	24 825	24 696	55 823	28 066	27 756	61 919	31 165	30 754
20–24	36 738	18 315	18 423	42 556	21 301	21 255	48 795	24 395	24 400	55 108	27 636	27 471
25–29	31 256	15 500	15 756	35 962	17 879	18 083	41 756	20 846	20 911	47 986	23 929	24 056
30–34	26 002	12 829	13 173	30 457	15 075	15 382	35 151	17 442	17 709	40 928	20 390	20 537
35–39	20 597	10 225	10 372	25 185	12 400	12 784	29 629	14 634	14 995	34 318	16 987	17 330
40–44	15 973	7 971	8 002	19 832	9 819	10 013	24 383	11 974	12 409	28 816	14 191	14 626
45–49	12 358	6 072	6 286	15 337	7 622	7 715	19 131	9 437	9 694	23 638	11 564	12 074
50–54	9 916	4 757	5 159	11 797	5 758	6 039	14 696	7 261	7 435	18 413	9 031	9 382
55–59	8 161	3 827	4 334	9 376	4 457	4 919	11 190	5 416	5 774	13 993	6 859	7 135
60–64	6 526	3 028	3 498	7 566	3 505	4 061	8 724	4 098	4 626	10 454	5 001	5 454
65–69	4 995	2 285	2 709	5 813	2 653	3 160	6 776	3 087	3 689	7 855	3 628	4 227
70–74	3 470	1 569	1 901	4 164	1 867	2 297	4 880	2 182	2 699	5 734	2 557	3 177
75–79	2 150	964	1 186	2 586	1 140	1 447	3 139	1 370	1 769	3 720	1 617	2 104
80+	…	…	…	…	…	…	…	…	…	…	…	…
80–84	1 166	512	654	1 333	578	756	1 629	693	936	2 012	845	1 167
85–89	438	192	246	544	228	316	635	262	373	793	320	473
90–94	107	41	66	137	56	82	175	68	107	210	80	130
95–99	15	5	10	21	7	14	27	10	17	35	12	24
100+	1	0	1	2	0	1	3	1	2	3	1	2

年齢	2035			2040			2045			2050		
	総数	男	女	総数	男	女	総数	男	女	総数	男	女
総数	649 067	323 368	325 699	723 008	360 204	362 804	799 709	398 355	401 354	878 236	437 350	440 886
0–4	85 851	43 415	42 436	90 820	45 941	44 879	95 205	48 179	47 026	99 021	50 129	48 892
5–9	79 609	40 189	39 419	85 014	42 937	42 077	90 057	45 508	44 550	94 512	47 788	46 724
10–14	73 667	37 143	36 524	79 217	39 963	39 254	84 647	42 725	41 922	89 713	45 309	44 405
15–19	67 753	34 109	33 643	73 218	36 877	36 341	78 782	39 704	39 079	84 227	42 473	41 754
20–24	61 223	30 740	30 483	67 076	33 691	33 385	72 553	36 463	36 090	78 127	39 295	38 833
25–29	54 295	27 162	27 132	60 422	30 267	30 155	66 289	33 222	33 066	71 781	36 000	35 781
30–34	47 142	23 458	23 684	53 448	26 681	26 766	59 583	29 785	29 798	65 469	32 746	32 722
35–39	40 077	19 914	20 163	46 276	22 966	23 311	52 574	26 177	26 397	58 718	29 281	29 437
40–44	33 493	16 528	16 965	39 228	19 431	19 796	45 400	22 462	22 938	51 682	25 660	26 022
45–49	28 043	13 757	14 286	32 690	16 071	16 619	38 379	18 943	19 436	44 508	21 946	22 562
50–54	22 844	11 111	11 732	27 186	13 262	13 924	31 773	15 536	16 237	37 386	18 359	19 028
55–59	17 600	8 563	9 037	21 915	10 574	11 341	26 159	12 662	13 497	30 654	14 876	15 778
60–64	13 128	6 361	6 768	16 581	7 974	8 607	20 731	9 887	10 844	24 830	11 882	12 947
65–69	9 463	4 450	5 012	11 947	5 692	6 255	15 169	7 171	7 998	19 066	8 937	10 129
70–74	6 700	3 026	3 674	8 132	3 739	4 393	10 344	4 817	5 527	13 232	6 110	7 122
75–79	4 425	1 914	2 511	5 231	2 289	2 942	6 419	2 856	3 563	8 255	3 717	4 537
80+	…	…	…	…	…	…	…	…	…	…	…	…
80–84	2 427	1 012	1 415	2 939	1 215	1 724	3 538	1 474	2 064	4 412	1 866	2 546
85–89	1 006	398	608	1 246	487	760	1 553	596	956	1 918	739	1 180
90–94	271	100	172	357	127	230	461	160	301	597	202	396
95–99	44	14	30	60	18	41	83	24	59	113	32	81
100+	5	1	3	6	1	5	9	2	7	13	3	10

年齢	2055			2060		
	総数	男	女	総数	男	女
総数	957 666	476 756	480 910	1 037 041	516 088	520 954
0–4	102 362	51 842	50 520	105 273	53 333	51 940
5–9	98 392	49 780	48 612	101 790	51 528	50 262
10–14	94 193	47 605	46 588	98 095	49 610	48 485
15–19	89 311	45 069	44 242	93 809	47 375	46 434
20–24	83 589	42 076	41 513	88 692	44 681	44 011
25–29	77 370	38 842	38 528	82 844	41 631	41 213
30–34	70 975	35 533	35 442	76 566	38 377	38 188
35–39	64 609	32 244	32 365	70 109	35 029	35 080
40–44	57 809	28 753	29 056	63 681	31 705	31 975
45–49	50 744	25 115	25 629	56 830	28 184	28 647
50–54	43 435	21 313	22 122	49 592	24 431	25 161
55–59	36 151	17 624	18 527	42 082	20 505	21 577
60–64	29 188	14 010	15 178	34 519	16 650	17 869
65–69	22 942	10 794	12 148	27 085	12 786	14 299
70–74	16 760	7 671	9 089	20 297	9 327	10 970
75–79	10 678	4 763	5 915	13 675	6 042	7 633
80+	…	…	…	…	…	…
80–84	5 768	2 466	3 302	7 582	3 205	4 378
85–89	2 450	955	1 496	3 276	1 288	1 989
90–94	767	258	509	1 010	342	668
95–99	155	42	113	208	55	153
100+	18	4	15	27	5	22

性・年齢別人口（千人）

年齢	2015			2020			2025			2030		
	総数	男	女	総数	男	女	総数	男	女	総数	男	女
総数	394 477	196 135	198 343	455 255	226 559	228 696	523 849	260 902	262 947	600 176	299 100	301 076
0-4	64 239	32 457	31 782	73 724	37 254	36 470	82 373	41 632	40 741	91 004	46 009	44 995
5-9	56 975	28 704	28 271	62 953	31 750	31 203	72 501	36 571	35 930	81 228	40 987	40 241
10-14	50 126	25 161	24 965	56 390	28 385	28 005	62 435	31 461	30 974	72 008	36 292	35 716
15-19	43 268	21 719	21 548	49 521	24 825	24 696	55 823	28 066	27 756	61 919	31 165	30 754
20-24	36 738	18 315	18 423	42 556	21 301	21 255	48 795	24 395	24 400	55 108	27 636	27 471
25-29	31 256	15 500	15 756	35 962	17 879	18 083	41 756	20 846	20 911	47 986	23 929	24 056
30-34	26 002	12 829	13 173	30 457	15 075	15 382	35 151	17 442	17 709	40 928	20 390	20 537
35-39	20 597	10 225	10 372	25 185	12 400	12 784	29 629	14 634	14 995	34 318	16 987	17 330
40-44	15 973	7 971	8 002	19 832	9 819	10 013	24 383	11 974	12 409	28 816	14 191	14 626
45-49	12 358	6 072	6 286	15 337	7 622	7 715	19 131	9 437	9 694	23 638	11 564	12 074
50-54	9 916	4 757	5 159	11 797	5 758	6 039	14 696	7 261	7 435	18 413	9 031	9 382
55-59	8 161	3 827	4 334	9 376	4 457	4 919	11 190	5 416	5 774	13 993	6 859	7 135
60-64	6 526	3 028	3 498	7 566	3 505	4 061	8 724	4 098	4 626	10 454	5 001	5 454
65-69	4 995	2 285	2 709	5 813	2 653	3 160	6 776	3 087	3 689	7 855	3 628	4 227
70-74	3 470	1 569	1 901	4 164	1 867	2 297	4 880	2 182	2 699	5 734	2 557	3 177
75-79	2 150	964	1 186	2 586	1 140	1 447	3 139	1 370	1 769	3 720	1 617	2 104
80+	...	...	...	...	...	...	...	...	...	...	...	...
80-84	1 166	512	654	1 333	578	756	1 629	693	936	2 012	845	1 167
85-89	438	192	246	544	228	316	635	262	373	793	320	473
90-94	107	41	66	137	56	82	175	68	107	210	80	130
95-99	15	5	10	21	7	14	27	10	17	35	12	24
100+	1	0	1	2	0	1	3	1	2	3	1	2

年齢	2035			2040			2045			2050		
	総数	男	女	総数	男	女	総数	男	女	総数	男	女
総数	682 531	340 266	342 264	771 368	384 621	386 747	867 204	432 432	434 772	970 058	483 710	486 348
0-4	98 106	49 614	48 492	105 928	53 585	52 343	114 624	58 008	56 616	123 731	62 641	61 090
5-9	89 957	45 415	44 542	97 163	49 075	48 088	105 054	53 088	51 966	113 807	57 547	56 260
10-14	80 768	40 724	40 044	89 523	45 164	44 359	96 754	48 838	47 916	104 663	52 861	51 802
15-19	71 513	36 003	35 510	80 284	40 437	39 847	89 044	44 877	44 167	96 287	48 557	47 730
20-24	61 223	30 740	30 483	70 806	35 566	35 241	79 570	39 991	39 578	88 323	44 426	43 897
25-29	54 295	27 162	27 132	60 422	30 267	30 155	69 984	35 075	34 908	78 737	39 492	39 245
30-34	47 142	23 458	23 684	53 448	26 681	26 766	59 583	29 785	29 798	69 125	34 577	34 548
35-39	40 077	19 914	20 163	46 276	22 966	23 311	52 574	26 177	26 397	58 718	29 281	29 437
40-44	33 493	16 528	16 965	39 228	19 431	19 796	45 400	22 462	22 938	51 682	25 660	26 022
45-49	28 043	13 757	14 286	32 690	16 071	16 619	38 379	18 943	19 436	44 508	21 946	22 562
50-54	22 844	11 111	11 732	27 186	13 262	13 924	31 773	15 536	16 237	37 386	18 359	19 028
55-59	17 600	8 563	9 037	21 915	10 574	11 341	26 159	12 662	13 497	30 654	14 876	15 778
60-64	13 128	6 361	6 768	16 581	7 974	8 607	20 731	9 887	10 844	24 830	11 882	12 947
65-69	9 463	4 450	5 012	11 947	5 692	6 255	15 169	7 171	7 998	19 066	8 937	10 129
70-74	6 700	3 026	3 674	8 132	3 739	4 393	10 344	4 817	5 527	13 232	6 110	7 122
75-79	4 425	1 914	2 511	5 231	2 289	2 942	6 419	2 856	3 563	8 255	3 717	4 537
80+	...	...	...	...	...	...	...	...	...	...	...	...
80-84	2 427	1 012	1 415	2 939	1 215	1 724	3 538	1 474	2 064	4 412	1 866	2 546
85-89	1 006	398	608	1 246	487	760	1 553	596	956	1 918	739	1 180
90-94	271	100	172	357	127	230	461	160	301	597	202	396
95-99	44	14	30	60	18	41	83	24	59	113	32	81
100+	5	1	3	6	1	5	9	2	7	13	3	10

年齢	2055			2060		
	総数	男	女	総数	男	女
総数	1 079 098	538 072	541 026	1 193 034	594 863	598 171
0-4	132 479	67 098	65 381	140 489	71 179	69 310
5-9	122 963	62 214	60 749	131 757	66 701	65 056
10-14	113 433	57 331	56 102	122 604	62 008	60 596
15-19	104 208	52 589	51 620	112 988	57 064	55 924
20-24	95 577	48 114	47 463	103 507	52 149	51 359
25-29	87 485	43 924	43 561	94 745	47 615	47 129
30-34	77 864	38 986	38 878	86 591	43 407	43 184
35-39	68 222	34 050	34 173	76 923	38 438	38 485
40-44	57 809	28 753	29 056	67 246	33 483	33 763
45-49	50 744	25 115	25 629	56 830	28 184	28 647
50-54	43 435	21 313	22 122	49 592	24 431	25 161
55-59	36 151	17 624	18 527	42 082	20 505	21 577
60-64	29 188	14 010	15 178	34 519	16 650	17 869
65-69	22 942	10 794	12 148	27 085	12 786	14 299
70-74	16 760	7 671	9 089	20 297	9 327	10 970
75-79	10 678	4 763	5 915	13 675	6 042	7 633
80+	...	...	...	...	...	...
80-84	5 768	2 466	3 302	7 582	3 205	4 378
85-89	2 450	955	1 496	3 276	1 288	1 989
90-94	767	258	509	1 010	342	668
95-99	155	42	113	208	55	153
100+	18	4	15	27	5	22

性・年齢別人口（千人）

年齢	2015 総数	男	女	2020 総数	男	女	2025 総数	男	女	2030 総数	男	女
総数	394 477	196 135	198 343	447 531	222 656	224 876	501 792	249 760	252 032	557 431	277 512	279 920
0-4	64 239	32 457	31 782	66 001	33 351	32 650	67 922	34 327	33 595	70 091	35 433	34 657
5-9	56 975	28 704	28 271	62 953	31 750	31 203	64 894	32 734	32 161	66 959	33 786	33 173
10-14	50 126	25 161	24 965	56 390	28 385	28 005	62 435	31 461	30 974	64 446	32 481	31 965
15-19	43 268	21 719	21 548	49 521	24 825	24 696	55 823	28 066	27 756	61 919	31 165	30 754
20-24	36 738	18 315	18 423	42 556	21 301	21 255	48 795	24 395	24 400	55 108	27 636	27 471
25-29	31 256	15 500	15 756	35 962	17 879	18 083	41 756	20 846	20 911	47 986	23 929	24 056
30-34	26 002	12 829	13 173	30 457	15 075	15 382	35 151	17 442	17 709	40 928	20 390	20 537
35-39	20 597	10 225	10 372	25 185	12 400	12 784	29 629	14 634	14 995	34 318	16 987	17 330
40-44	15 973	7 971	8 002	19 832	9 819	10 013	24 383	11 974	12 409	28 816	14 191	14 626
45-49	12 358	6 072	6 286	15 337	7 622	7 715	19 131	9 437	9 694	23 638	11 564	12 074
50-54	9 916	4 757	5 159	11 797	5 758	6 039	14 696	7 261	7 435	18 413	9 031	9 382
55-59	8 161	3 827	4 334	9 376	4 457	4 919	11 190	5 416	5 774	13 993	6 859	7 135
60-64	6 526	3 028	3 498	7 566	3 505	4 061	8 724	4 098	4 626	10 454	5 001	5 454
65-69	4 995	2 285	2 709	5 813	2 653	3 160	6 776	3 087	3 689	7 855	3 628	4 227
70-74	3 470	1 569	1 901	4 164	1 867	2 297	4 880	2 182	2 699	5 734	2 557	3 177
75-79	2 150	964	1 186	2 586	1 140	1 447	3 139	1 370	1 769	3 720	1 617	2 104
80+	...	...	...	...	...	...	...	...	...	...	...	...
80-84	1 166	512	654	1 333	578	756	1 629	693	936	2 012	845	1 167
85-89	438	192	246	544	228	316	635	262	373	793	320	473
90-94	107	41	66	137	56	82	175	68	107	210	80	130
95-99	15	5	10	21	7	14	27	10	17	35	12	24
100+	1	0	1	2	0	1	3	1	2	3	1	2

年齢	2035 総数	男	女	2040 総数	男	女	2045 総数	男	女	2050 総数	男	女
総数	615 677	306 506	309 170	675 143	336 037	339 106	733 924	365 143	368 781	790 507	393 061	397 447
0-4	73 669	37 253	36 417	76 135	38 511	37 625	77 004	38 966	38 038	76 701	38 827	37 874
5-9	69 260	34 964	34 297	72 937	36 836	36 101	75 481	38 140	37 341	76 428	38 642	37 786
10-14	66 567	33 563	33 005	68 911	34 762	34 148	72 613	36 649	35 964	75 183	37 968	37 215
15-19	63 993	32 216	31 777	66 152	33 317	32 835	68 520	34 530	33 990	72 239	36 426	35 813
20-24	61 223	30 740	30 483	63 345	31 816	31 529	65 537	32 935	32 602	67 932	34 164	33 768
25-29	54 295	27 162	27 132	60 422	30 267	30 155	62 594	31 369	31 225	64 825	32 509	32 317
30-34	47 142	23 458	23 684	53 448	26 681	26 766	59 583	29 785	29 798	61 813	30 916	30 897
35-39	40 077	19 914	20 163	46 276	22 966	23 311	52 574	26 177	26 397	58 718	29 281	29 437
40-44	33 493	16 528	16 965	39 228	19 431	19 796	45 400	22 462	22 938	51 682	25 660	26 022
45-49	28 043	13 757	14 286	32 690	16 071	16 619	38 379	18 943	19 436	44 508	21 946	22 562
50-54	22 844	11 111	11 732	27 186	13 262	13 924	31 773	15 536	16 237	37 386	18 359	19 028
55-59	17 600	8 563	9 037	21 915	10 574	11 341	26 159	12 662	13 497	30 654	14 876	15 778
60-64	13 128	6 361	6 768	16 581	7 974	8 607	20 731	9 887	10 844	24 830	11 882	12 947
65-69	9 463	4 450	5 012	11 947	5 692	6 255	15 169	7 171	7 998	19 066	8 937	10 129
70-74	6 700	3 026	3 674	8 132	3 739	4 393	10 344	4 817	5 527	13 232	6 110	7 122
75-79	4 425	1 914	2 511	5 231	2 289	2 942	6 419	2 856	3 563	8 255	3 717	4 537
80+	...	...	...	...	...	...	...	...	...	...	...	...
80-84	2 427	1 012	1 415	2 939	1 215	1 724	3 538	1 474	2 064	4 412	1 866	2 546
85-89	1 006	398	608	1 246	487	760	1 553	596	956	1 918	739	1 180
90-94	271	100	172	357	127	230	461	160	301	597	202	396
95-99	44	14	30	60	18	41	83	24	59	113	32	81
100+	5	1	3	6	1	5	9	2	7	13	3	10

年齢	2055 総数	男	女	2060 総数	男	女
総数	844 045	419 394	424 652	893 997	443 868	450 128
0-4	75 981	38 478	37 503	75 224	38 107	37 117
5-9	76 199	38 549	37 650	75 541	38 237	37 304
10-14	76 159	38 488	37 671	75 958	38 411	37 546
15-19	74 832	37 759	37 072	75 833	38 294	37 539
20-24	71 672	36 074	35 598	74 292	37 423	36 869
25-29	67 255	33 760	33 495	71 015	35 682	35 333
30-34	64 085	32 080	32 005	66 540	33 347	33 193
35-39	60 996	30 438	30 557	63 295	31 620	31 675
40-44	57 809	28 753	29 056	60 115	29 928	30 188
45-49	50 744	25 115	25 629	56 830	28 184	28 647
50-54	43 435	21 313	22 122	49 592	24 431	25 161
55-59	36 151	17 624	18 527	42 082	20 505	21 577
60-64	29 188	14 010	15 178	34 519	16 650	17 869
65-69	22 942	10 794	12 148	27 085	12 786	14 299
70-74	16 760	7 671	9 089	20 297	9 327	10 970
75-79	10 678	4 763	5 915	13 675	6 042	7 633
80+	...	...	...	...	...	...
80-84	5 768	2 466	3 302	7 582	3 205	4 378
85-89	2 450	955	1 496	3 276	1 288	1 989
90-94	767	258	509	1 010	342	668
95-99	155	42	113	208	55	153
100+	18	4	15	27	5	22

Middle Africa

性・年齢別人口（千人）

年齢	1960 総数	男	女	1965 総数	男	女	1970 総数	男	女	1975 総数	男	女
総数	32 216	15 613	16 603	36 107	17 565	18 542	40 846	19 941	20 905	46 383	22 725	23 658
0-4	5 584	2 789	2 795	6 372	3 187	3 185	7 316	3 665	3 651	8 433	4 227	4 205
5-9	4 345	2 160	2 185	4 941	2 462	2 479	5 699	2 845	2 854	6 598	3 299	3 299
10-14	3 659	1 811	1 847	4 167	2 071	2 095	4 757	2 370	2 387	5 492	2 742	2 750
15-19	3 212	1 582	1 629	3 555	1 760	1 795	4 057	2 017	2 040	4 622	2 302	2 319
20-24	2 791	1 365	1 426	3 102	1 524	1 579	3 440	1 698	1 742	3 906	1 937	1 970
25-29	2 407	1 165	1 242	2 673	1 300	1 373	2 981	1 457	1 524	3 288	1 616	1 671
30-34	2 073	996	1 078	2 293	1 106	1 188	2 556	1 239	1 317	2 838	1 383	1 455
35-39	1 771	845	926	1 962	939	1 023	2 182	1 049	1 133	2 424	1 172	1 251
40-44	1 504	714	790	1 663	790	872	1 854	884	970	2 057	986	1 071
45-49	1 265	592	673	1 399	659	740	1 556	733	823	1 734	821	913
50-54	1 049	483	566	1 160	537	624	1 291	600	691	1 437	670	767
55-59	849	382	467	938	425	513	1 045	476	569	1 167	535	631
60-64	662	292	370	728	322	406	812	362	450	909	408	501
65-69	476	206	270	529	229	300	590	256	334	664	291	373
70-74	301	126	175	339	143	196	384	162	222	434	184	250
75-79	166	67	99	180	73	107	208	85	123	241	98	142
80+	102	38	64	105	39	66	117	43	74	139	52	87
80-84	...	...	...	...	...	...	...	...	...	...	...	...
85-89	...	...	...	...	...	...	...	...	...	...	...	...
90-94	...	...	...	...	...	...	...	...	...	...	...	...
95-99	...	...	...	...	...	...	...	...	...	...	...	...
100+	...	...	...	...	...	...	...	...	...	...	...	...

年齢	1980 総数	男	女	1985 総数	男	女	1990 総数	男	女	1995 総数	男	女
総数	53 135	26 119	27 016	61 164	30 163	31 001	70 886	35 035	35 851	83 875	41 532	42 343
0-4	9 781	4 908	4 873	11 464	5 758	5 706	13 395	6 726	6 669	15 796	7 935	7 861
5-9	7 673	3 841	3 833	8 923	4 470	4 453	10 556	5 292	5 264	12 630	6 330	6 300
10-14	6 379	3 190	3 189	7 397	3 702	3 695	8 652	4 334	4 318	10 443	5 234	5 209
15-19	5 353	2 672	2 681	6 201	3 100	3 101	7 223	3 614	3 609	8 619	4 316	4 304
20-24	4 472	2 222	2 250	5 183	2 581	2 602	6 016	3 000	3 016	7 158	3 572	3 586
25-29	3 755	1 854	1 900	4 311	2 134	2 176	4 997	2 480	2 517	5 927	2 946	2 981
30-34	3 149	1 544	1 605	3 606	1 778	1 829	4 141	2 046	2 095	4 901	2 427	2 473
35-39	2 708	1 317	1 391	3 009	1 474	1 535	3 450	1 697	1 752	4 041	1 993	2 048
40-44	2 298	1 109	1 190	2 568	1 246	1 322	2 863	1 398	1 465	3 347	1 641	1 705
45-49	1 935	922	1 013	2 162	1 038	1 124	2 426	1 171	1 255	2 761	1 341	1 420
50-54	1 611	755	856	1 797	849	948	2 019	960	1 058	2 312	1 106	1 206
55-59	1 307	602	705	1 465	680	786	1 645	768	877	1 886	887	999
60-64	1 023	463	560	1 148	522	626	1 297	593	704	1 487	685	802
65-69	750	331	419	847	378	470	960	429	530	1 108	498	609
70-74	495	213	283	564	244	320	644	281	363	747	327	420
75-79	278	114	163	320	133	187	370	155	214	433	183	250
80+	167	63	104	198	76	122	...	...	...	...	...	...
80-84	...	...	...	...	...	...	168	67	101	199	80	119
85-89	...	...	...	...	...	...	54	20	34	65	24	41
90-94	...	...	...	...	...	...	11	4	8	14	4	9
95-99	...	...	...	...	...	...	1	0	1	2	0	1
100+	...	...	...	...	...	...	0	0	0	0	0	0

年齢	2000 総数	男	女	2005 総数	男	女	2010 総数	男	女	2015 総数	男	女
総数	96 113	47 685	48 428	111 913	55 638	56 275	130 598	65 043	65 555	151 952	75 776	76 176
0-4	17 908	9 003	8 906	20 812	10 478	10 334	23 836	12 012	11 823	26 828	13 529	13 298
5-9	14 477	7 262	7 216	16 812	8 440	8 372	19 738	9 924	9 814	22 795	11 471	11 324
10-14	12 144	6 086	6 058	14 150	7 096	7 054	16 476	8 268	8 207	19 400	9 750	9 650
15-19	10 107	5 064	5 043	11 927	5 975	5 952	13 925	6 980	6 945	16 236	8 143	8 094
20-24	8 296	4 145	4 151	9 865	4 933	4 932	11 685	5 840	5 845	13 656	6 829	6 827
25-29	6 837	3 404	3 432	8 026	4 003	4 023	9 602	4 792	4 811	11 394	5 681	5 713
30-34	5 623	2 793	2 829	6 557	3 267	3 290	7 757	3 870	3 888	9 311	4 643	4 668
35-39	4 621	2 286	2 334	5 352	2 660	2 692	6 288	3 135	3 153	7 471	3 726	3 745
40-44	3 789	1 863	1 926	4 376	2 161	2 215	5 102	2 533	2 569	6 019	2 997	3 022
45-49	3 123	1 523	1 600	3 578	1 750	1 828	4 157	2 045	2 113	4 865	2 406	2 458
50-54	2 549	1 228	1 321	2 923	1 414	1 509	3 372	1 638	1 734	3 932	1 922	2 011
55-59	2 096	993	1 104	2 348	1 120	1 228	2 713	1 301	1 412	3 144	1 514	1 630
60-64	1 656	769	887	1 875	877	998	2 119	999	1 120	2 463	1 168	1 295
65-69	1 235	560	675	1 405	643	762	1 608	741	866	1 834	853	981
70-74	840	371	469	959	427	532	1 107	497	610	1 283	581	701
75-79	490	209	281	567	243	323	661	287	374	776	340	435
80+	...	...	...	...	...	...	...	...	...	...	...	...
80-84	228	93	135	267	109	158	317	131	186	378	158	219
85-89	76	29	47	90	34	56	109	42	67	133	52	81
90-94	16	5	11	20	7	13	24	8	16	30	11	20
95-99	2	1	1	3	1	2	3	1	2	4	1	3
100+	0	0	0	0	0	0	0	0	0	0	0	0

性・年齢別人口（千人）

年齢	2015			2020			2025			2030		
	総数	男	女	総数	男	女	総数	男	女	総数	男	女
総数	151 952	75 776	76 176	175 950	87 822	88 128	202 533	101 149	101 384	231 643	115 716	115 928
0-4	26 828	13 529	13 298	29 819	15 041	14 777	32 833	16 568	16 264	35 868	18 104	17 764
5-9	22 795	11 471	11 324	25 816	13 001	12 815	28 844	14 527	14 317	31 903	16 074	15 829
10-14	19 400	9 750	9 650	22 451	11 292	11 159	25 474	12 821	12 654	28 500	14 344	14 156
15-19	16 236	8 143	8 094	19 150	9 616	9 533	22 192	11 152	11 040	25 202	12 672	12 531
20-24	13 656	6 829	6 827	15 953	7 982	7 972	18 846	9 441	9 405	21 864	10 960	10 904
25-29	11 394	5 681	5 713	13 353	6 661	6 692	15 631	7 800	7 831	18 493	9 240	9 254
30-34	9 311	4 643	4 668	11 091	5 524	5 567	13 030	6 491	6 540	15 285	7 614	7 671
35-39	7 471	3 726	3 745	9 009	4 490	4 520	10 766	5 357	5 409	12 686	6 309	6 376
40-44	6 019	2 997	3 022	7 185	3 579	3 606	8 696	4 327	4 369	10 427	5 179	5 249
45-49	4 865	2 406	2 458	5 761	2 860	2 902	6 900	3 427	3 473	8 380	4 157	4 223
50-54	3 932	1 922	2 011	4 618	2 271	2 347	5 487	2 709	2 778	6 593	3 257	3 336
55-59	3 144	1 514	1 630	3 682	1 784	1 897	4 339	2 118	2 222	5 175	2 536	2 639
60-64	2 463	1 168	1 295	2 870	1 367	1 503	3 377	1 620	1 757	3 999	1 932	2 067
65-69	1 834	853	981	2 146	1 004	1 142	2 517	1 183	1 334	2 980	1 411	1 570
70-74	1 283	581	701	1 478	676	802	1 745	803	942	2 065	955	1 110
75-79	776	340	435	911	403	508	1 064	475	589	1 270	571	699
80+	...	...	...	...	...	...	...	...	...	...	...	...
80-84	378	158	219	451	191	260	540	231	308	641	277	363
85-89	133	52	81	163	65	98	198	80	118	242	99	143
90-94	30	11	20	38	14	24	47	17	30	59	22	37
95-99	4	1	3	5	2	4	7	2	5	8	3	6
100+	0	0	0	0	0	0	1	0	0	1	0	0

年齢	2035			2040			2045			2050		
	総数	男	女	総数	男	女	総数	男	女	総数	男	女
総数	263 181	131 465	131 716	296 859	148 250	148 608	332 295	165 878	166 417	369 090	184 141	184 949
0-4	38 780	19 574	19 206	41 479	20 937	20 542	43 880	22 151	21 730	46 029	23 238	22 790
5-9	35 010	17 641	17 369	37 999	19 145	18 854	40 787	20 550	20 237	43 269	21 804	21 465
10-14	31 575	15 896	15 678	34 700	17 470	17 230	37 712	18 983	18 728	40 523	20 399	20 124
15-19	28 230	14 194	14 036	31 309	15 745	15 563	34 440	17 320	17 120	37 461	18 836	18 625
20-24	24 863	12 471	12 393	27 886	13 987	13 899	30 964	15 535	15 429	34 095	17 106	16 989
25-29	21 493	10 746	10 747	24 481	12 247	12 235	27 499	13 757	13 742	30 575	15 300	15 275
30-34	18 126	9 038	9 087	21 110	10 532	10 577	24 089	12 025	12 065	27 102	13 528	13 574
35-39	14 924	7 421	7 503	17 745	8 830	8 914	20 714	10 313	10 402	23 683	11 796	11 888
40-44	12 330	6 119	6 211	14 549	7 218	7 331	17 345	8 611	8 734	20 293	10 079	10 214
45-49	10 086	4 993	5 093	11 963	5 919	6 045	14 155	7 001	7 155	16 916	8 372	8 544
50-54	8 037	3 966	4 071	9 705	4 781	4 924	11 546	5 684	5 861	13 695	6 740	6 955
55-59	6 242	3 061	3 181	7 637	3 742	3 894	9 252	4 526	4 726	11 038	5 396	5 642
60-64	4 791	2 325	2 467	5 805	2 819	2 986	7 131	3 461	3 670	8 672	4 200	4 471
65-69	3 551	1 693	1 858	4 278	2 048	2 230	5 212	2 497	2 714	6 435	3 080	3 355
70-74	2 467	1 149	1 319	2 964	1 389	1 575	3 598	1 693	1 905	4 414	2 078	2 336
75-79	1 522	688	834	1 839	837	1 002	2 233	1 023	1 210	2 738	1 258	1 480
80+	...	...	...	...	...	...	...	...	...	...	...	...
80-84	776	338	437	943	414	530	1 157	510	646	1 424	632	793
85-89	293	121	172	361	151	211	447	188	260	559	236	323
90-94	74	28	46	91	35	56	115	45	70	145	57	89
95-99	11	3	7	14	5	9	17	6	11	22	8	15
100+	1	0	1	1	0	1	1	0	1	2	1	1

年齢	2055			2060		
	総数	男	女	総数	男	女
総数	406 959	202 895	204 065	445 483	221 927	223 556
0-4	48 021	24 248	23 774	49 745	25 128	24 618
5-9	45 496	22 931	22 565	47 556	23 979	23 577
10-14	43 030	21 664	21 366	45 280	22 804	22 477
15-19	40 284	20 255	20 029	42 804	21 526	21 277
20-24	37 122	18 622	18 500	39 955	20 045	19 910
25-29	33 707	16 869	16 839	36 741	18 386	18 355
30-34	30 177	15 068	15 110	33 312	16 635	16 677
35-39	26 692	13 293	13 399	29 765	14 828	14 937
40-44	23 249	11 551	11 698	26 247	13 040	13 207
45-49	19 833	9 820	10 013	22 765	11 276	11 488
50-54	16 404	8 079	8 325	19 273	9 497	9 777
55-59	13 128	6 415	6 712	15 764	7 709	8 055
60-64	10 381	5 024	5 357	12 387	5 991	6 396
65-69	7 863	3 754	4 109	9 458	4 509	4 949
70-74	5 488	2 578	2 910	6 755	3 161	3 594
75-79	3 392	1 557	1 835	4 266	1 948	2 318
80+	...	...	...	...	...	...
80-84	1 771	786	985	2 231	984	1 247
85-89	702	296	406	894	374	520
90-94	186	72	114	242	93	149
95-99	29	10	19	39	13	26
100+	2	1	2	3	1	2

Middle Africa

性・年齢別人口（千人）

年齢	2015 総数	男	女	2020 総数	男	女	2025 総数	男	女	2030 総数	男	女
総数	151 952	75 776	76 176	177 335	88 521	88 815	206 515	103 157	103 358	239 449	119 651	119 798
0-4	26 828	13 529	13 298	31 204	15 740	15 464	35 474	17 902	17 573	39 780	20 079	19 701
5-9	22 795	11 471	11 324	25 816	13 001	12 815	30 184	15 202	14 982	34 472	17 368	17 104
10-14	19 400	9 750	9 650	22 451	11 292	11 159	25 474	12 821	12 654	29 825	15 011	14 814
15-19	16 236	8 143	8 094	19 150	9 616	9 533	22 192	11 152	11 040	25 202	12 672	12 531
20-24	13 656	6 829	6 827	15 953	7 982	7 972	18 846	9 441	9 405	21 864	10 960	10 904
25-29	11 394	5 681	5 713	13 353	6 661	6 692	15 631	7 800	7 831	18 493	9 240	9 254
30-34	9 311	4 643	4 668	11 091	5 524	5 567	13 030	6 491	6 540	15 285	7 614	7 671
35-39	7 471	3 726	3 745	9 009	4 490	4 520	10 766	5 357	5 409	12 686	6 309	6 376
40-44	6 019	2 997	3 022	7 185	3 579	3 606	8 696	4 327	4 369	10 427	5 179	5 249
45-49	4 865	2 406	2 458	5 761	2 860	2 902	6 900	3 427	3 473	8 380	4 157	4 223
50-54	3 932	1 922	2 011	4 618	2 271	2 347	5 487	2 709	2 778	6 593	3 257	3 336
55-59	3 144	1 514	1 630	3 682	1 784	1 897	4 339	2 118	2 222	5 175	2 536	2 639
60-64	2 463	1 168	1 295	2 870	1 367	1 503	3 377	1 620	1 757	3 999	1 932	2 067
65-69	1 834	853	981	2 146	1 004	1 142	2 517	1 183	1 334	2 980	1 411	1 570
70-74	1 283	581	701	1 478	676	802	1 745	803	942	2 065	955	1 110
75-79	776	340	435	911	403	508	1 064	475	589	1 270	571	699
80+	...	...	...	...	...	...	...	...	...	...	...	...
80-84	378	158	219	451	191	260	540	231	308	641	277	363
85-89	133	52	81	163	65	98	198	80	118	242	99	143
90-94	30	11	20	38	14	24	47	17	30	59	22	37
95-99	4	1	3	5	2	4	7	2	5	8	3	6
100+	0	0	0	0	0	0	1	0	0	1	0	0

年齢	2035 総数	男	女	2040 総数	男	女	2045 総数	男	女	2050 総数	男	女
総数	275 590	137 718	137 872	315 122	157 450	157 672	358 235	178 938	179 296	404 907	202 167	202 739
0-4	43 513	21 962	21 550	47 494	23 973	23 521	51 760	26 128	25 632	56 164	28 355	27 809
5-9	38 830	19 566	19 264	42 639	21 482	21 157	46 705	23 531	23 174	51 042	25 720	25 322
10-14	34 118	17 176	16 942	38 488	19 377	19 111	42 319	21 302	21 016	46 405	23 359	23 045
15-19	29 542	14 853	14 689	33 831	17 014	16 818	38 201	19 211	18 990	42 038	21 137	20 901
20-24	24 863	12 471	12 393	29 183	14 637	14 546	33 459	16 786	16 673	37 819	18 974	18 845
25-29	21 493	10 746	10 747	24 481	12 247	12 235	28 778	14 397	14 382	33 039	16 533	16 506
30-34	18 126	9 038	9 087	21 110	10 532	10 577	24 089	12 025	12 065	28 363	14 158	14 205
35-39	14 924	7 421	7 503	17 745	8 830	8 914	20 714	10 313	10 402	23 683	11 796	11 888
40-44	12 330	6 119	6 211	14 549	7 218	7 331	17 345	8 611	8 734	20 293	10 079	10 214
45-49	10 086	4 993	5 093	11 963	5 919	6 045	14 155	7 001	7 155	16 916	8 372	8 544
50-54	8 037	3 966	4 071	9 705	4 781	4 924	11 546	5 684	5 861	13 695	6 740	6 955
55-59	6 242	3 061	3 181	7 637	3 742	3 894	9 252	4 526	4 726	11 038	5 396	5 642
60-64	4 791	2 325	2 467	5 805	2 819	2 986	7 131	3 461	3 670	8 672	4 200	4 471
65-69	3 551	1 693	1 858	4 278	2 048	2 230	5 212	2 497	2 714	6 435	3 080	3 355
70-74	2 467	1 149	1 319	2 964	1 389	1 575	3 598	1 693	1 905	4 414	2 078	2 336
75-79	1 522	688	834	1 839	837	1 002	2 233	1 023	1 210	2 738	1 258	1 480
80+	...	...	...	...	...	...	...	...	...	...	...	...
80-84	776	338	437	943	414	530	1 157	510	646	1 424	632	793
85-89	293	121	172	361	151	211	447	188	260	559	236	323
90-94	74	28	46	91	35	56	115	45	70	145	57	89
95-99	11	3	7	14	5	9	17	6	11	22	8	15
100+	1	0	1	1	0	1	1	0	1	2	1	1

年齢	2055 総数	男	女	2060 総数	男	女
総数	454 969	227 049	227 920	507 995	253 370	254 625
0-4	60 535	30 566	29 969	64 638	32 650	31 987
5-9	55 517	27 982	27 535	59 952	30 229	29 722
10-14	50 762	25 557	25 205	55 256	27 828	27 428
15-19	46 132	23 196	22 937	50 497	25 395	25 102
20-24	41 659	20 898	20 761	45 757	22 956	22 801
25-29	37 390	18 711	18 679	41 232	20 633	20 599
30-34	32 611	16 282	16 328	36 952	18 452	18 500
35-39	27 935	13 912	14 023	32 166	16 024	16 142
40-44	23 249	11 551	11 698	27 469	13 647	13 822
45-49	19 833	9 820	10 013	22 765	11 276	11 488
50-54	16 404	8 079	8 325	19 273	9 497	9 777
55-59	13 128	6 415	6 712	15 764	7 709	8 055
60-64	10 381	5 024	5 357	12 387	5 991	6 396
65-69	7 863	3 754	4 109	9 458	4 509	4 949
70-74	5 488	2 578	2 910	6 755	3 161	3 594
75-79	3 392	1 557	1 835	4 266	1 948	2 318
80+	...	...	...	...	...	...
80-84	1 771	786	985	2 231	984	1 247
85-89	702	296	406	894	374	520
90-94	186	72	114	242	93	149
95-99	29	10	19	39	13	26
100+	2	1	2	3	1	2

性・年齢別人口（千人）

年齢	2015			2020			2025			2030		
	総数	男	女	総数	男	女	総数	男	女	総数	男	女
総数	151 952	75 776	76 176	174 565	87 123	87 442	198 551	99 141	99 410	223 838	111 781	112 057
0-4	26 828	13 529	13 298	28 433	14 343	14 091	30 191	15 235	14 955	31 956	16 130	15 826
5-9	22 795	11 471	11 324	25 816	13 001	12 815	27 504	13 853	13 652	29 334	14 780	14 555
10-14	19 400	9 750	9 650	22 451	11 292	11 159	25 474	12 821	12 654	27 176	13 678	13 498
15-19	16 236	8 143	8 094	19 150	9 616	9 533	22 192	11 152	11 040	25 202	12 672	12 531
20-24	13 656	6 829	6 827	15 953	7 982	7 972	18 846	9 441	9 405	21 864	10 960	10 904
25-29	11 394	5 681	5 713	13 353	6 661	6 692	15 631	7 800	7 831	18 493	9 240	9 254
30-34	9 311	4 643	4 668	11 091	5 524	5 567	13 030	6 491	6 540	15 285	7 614	7 671
35-39	7 471	3 726	3 745	9 009	4 490	4 520	10 766	5 357	5 409	12 686	6 309	6 376
40-44	6 019	2 997	3 022	7 185	3 579	3 606	8 696	4 327	4 369	10 427	5 179	5 249
45-49	4 865	2 406	2 458	5 761	2 860	2 902	6 900	3 427	3 473	8 380	4 157	4 223
50-54	3 932	1 922	2 011	4 618	2 271	2 347	5 487	2 709	2 778	6 593	3 257	3 336
55-59	3 144	1 514	1 630	3 682	1 784	1 897	4 339	2 118	2 222	5 175	2 536	2 639
60-64	2 463	1 168	1 295	2 870	1 367	1 503	3 377	1 620	1 757	3 999	1 932	2 067
65-69	1 834	853	981	2 146	1 004	1 142	2 517	1 183	1 334	2 980	1 411	1 570
70-74	1 283	581	701	1 478	676	802	1 745	803	942	2 065	955	1 110
75-79	776	340	435	911	403	508	1 064	475	589	1 270	571	699
80+	…	…	…	…	…	…	…	…	…	…	…	…
80-84	378	158	219	451	191	260	540	231	308	641	277	363
85-89	133	52	81	163	65	98	198	80	118	242	99	143
90-94	30	11	20	38	14	24	47	17	30	59	22	37
95-99	4	1	3	5	2	4	7	2	5	8	3	6
100+	0	0	0	0	0	0	1	0	0	1	0	0

年齢	2035			2040			2045			2050		
	総数	男	女	総数	男	女	総数	男	女	総数	男	女
総数	250 803	125 227	125 577	278 788	139 148	139 640	306 989	153 137	153 852	334 761	166 866	167 896
0-4	34 078	17 201	16 878	35 625	17 982	17 643	36 445	18 397	18 048	36 755	18 556	18 199
5-9	31 189	15 716	15 473	33 390	16 823	16 567	35 028	17 648	17 380	35 934	18 108	17 827
10-14	29 031	14 616	14 415	30 912	15 563	15 349	33 136	16 680	16 456	34 800	17 518	17 282
15-19	26 917	13 534	13 384	28 786	14 477	14 309	30 679	15 429	15 251	32 914	16 550	16 364
20-24	24 863	12 471	12 393	26 589	13 336	13 253	28 468	14 283	14 186	30 371	15 238	15 133
25-29	21 493	10 746	10 747	24 481	12 247	12 235	26 220	13 117	13 103	28 110	14 067	14 043
30-34	18 126	9 038	9 087	21 110	10 532	10 577	24 089	12 025	12 065	25 841	12 899	12 942
35-39	14 924	7 421	7 503	17 745	8 830	8 914	20 714	10 313	10 402	23 683	11 796	11 888
40-44	12 330	6 119	6 211	14 549	7 218	7 331	17 345	8 611	8 734	20 293	10 079	10 214
45-49	10 086	4 993	5 093	11 963	5 919	6 045	14 155	7 001	7 155	16 916	8 372	8 544
50-54	8 037	3 966	4 071	9 705	4 781	4 924	11 546	5 684	5 861	13 695	6 740	6 955
55-59	6 242	3 061	3 181	7 637	3 742	3 894	9 252	4 526	4 726	11 038	5 396	5 642
60-64	4 791	2 325	2 467	5 805	2 819	2 986	7 131	3 461	3 670	8 672	4 200	4 471
65-69	3 551	1 693	1 858	4 278	2 048	2 230	5 212	2 497	2 714	6 435	3 080	3 355
70-74	2 467	1 149	1 319	2 964	1 389	1 575	3 598	1 693	1 905	4 414	2 078	2 336
75-79	1 522	688	834	1 839	837	1 002	2 233	1 023	1 210	2 738	1 258	1 480
80+	…	…	…	…	…	…	…	…	…	…	…	…
80-84	776	338	437	943	414	530	1 157	510	646	1 424	632	793
85-89	293	121	172	361	151	211	447	188	260	559	236	323
90-94	74	28	46	91	35	56	115	45	70	145	57	89
95-99	11	3	7	14	5	9	17	6	11	22	8	15
100+	1	0	1	1	0	1	1	0	1	2	1	1

年齢	2055			2060		
	総数	男	女	総数	男	女
総数	361 791	180 173	181 617	387 743	192 890	194 853
0-4	36 873	18 619	18 255	36 803	18 590	18 213
5-9	36 327	18 310	18 018	36 514	18 411	18 103
10-14	35 734	17 991	17 743	36 153	18 207	17 946
15-19	34 593	17 394	17 199	35 545	17 876	17 669
20-24	32 615	16 362	16 254	34 310	17 213	17 097
25-29	30 025	15 026	14 999	32 280	16 154	16 126
30-34	27 744	13 853	13 891	29 672	14 817	14 855
35-39	25 450	12 675	12 775	27 365	13 633	13 732
40-44	23 249	11 551	11 698	25 025	12 433	12 592
45-49	19 833	9 820	10 013	22 765	11 276	11 488
50-54	16 404	8 079	8 325	19 273	9 497	9 777
55-59	13 128	6 415	6 712	15 764	7 709	8 055
60-64	10 381	5 024	5 357	12 387	5 991	6 396
65-69	7 863	3 754	4 109	9 458	4 509	4 949
70-74	5 488	2 578	2 910	6 755	3 161	3 594
75-79	3 392	1 557	1 835	4 266	1 948	2 318
80+	…	…	…	…	…	…
80-84	1 771	786	985	2 231	984	1 247
85-89	702	296	406	894	374	520
90-94	186	72	114	242	93	149
95-99	29	10	19	39	13	26
100+	2	1	2	3	1	2

性・年齢別人口（千人）

年齢	1960 総数	男	女	1965 総数	男	女	1970 総数	男	女	1975 総数	男	女
総数	63 697	32 064	31 633	72 801	36 600	36 201	82 883	41 672	41 211	93 613	47 089	46 524
0-4	11 406	5 838	5 568	13 009	6 662	6 347	14 296	7 315	6 982	15 555	7 951	7 604
5-9	8 949	4 598	4 351	10 577	5 427	5 151	12 170	6 244	5 927	13 466	6 898	6 568
10-14	7 215	3 707	3 508	8 809	4 526	4 283	10 420	5 346	5 074	11 968	6 142	5 826
15-19	5 577	2 822	2 755	6 894	3 532	3 362	8 536	4 385	4 151	10 106	5 186	4 920
20-24	5 081	2 567	2 514	5 270	2 633	2 637	6 521	3 320	3 201	7 972	4 087	3 886
25-29	4 747	2 395	2 351	4 859	2 413	2 446	5 011	2 482	2 529	6 029	3 026	3 002
30-34	4 226	2 112	2 113	4 592	2 294	2 298	4 679	2 314	2 365	4 764	2 325	2 440
35-39	3 510	1 749	1 761	4 078	2 023	2 055	4 423	2 198	2 225	4 556	2 253	2 304
40-44	2 911	1 446	1 465	3 361	1 663	1 698	3 922	1 934	1 988	4 307	2 138	2 169
45-49	2 448	1 209	1 239	2 776	1 371	1 405	3 220	1 581	1 639	3 815	1 880	1 935
50-54	2 151	1 048	1 103	2 304	1 129	1 175	2 626	1 282	1 344	3 078	1 502	1 576
55-59	1 777	859	918	1 990	961	1 029	2 137	1 031	1 106	2 445	1 179	1 267
60-64	1 446	686	760	1 588	754	834	1 790	847	943	1 934	919	1 015
65-69	1 022	482	540	1 220	566	654	1 351	625	726	1 530	705	825
70-74	666	303	363	782	356	426	945	424	521	1 058	473	585
75-79	367	162	204	437	189	248	520	225	296	637	273	364
80+	199	80	119	253	101	152	317	122	194	392	152	240
80-84	…	…	…	…	…	…	…	…	…	…	…	…
85-89	…	…	…	…	…	…	…	…	…	…	…	…
90-94	…	…	…	…	…	…	…	…	…	…	…	…
95-99	…	…	…	…	…	…	…	…	…	…	…	…
100+	…	…	…	…	…	…	…	…	…	…	…	…

年齢	1980 総数	男	女	1985 総数	男	女	1990 総数	男	女	1995 総数	男	女
総数	106 908	53 797	53 111	122 978	61 836	61 142	140 117	70 481	69 636	157 438	79 224	78 214
0-4	17 807	9 102	8 705	20 166	10 301	9 865	21 522	11 004	10 518	21 190	10 832	10 358
5-9	14 875	7 605	7 270	17 244	8 809	8 434	19 683	10 049	9 634	21 300	10 882	10 418
10-14	13 326	6 825	6 501	14 757	7 542	7 215	17 111	8 738	8 373	19 729	10 067	9 662
15-19	11 687	5 970	5 718	13 093	6 680	6 413	14 443	7 347	7 096	17 031	8 685	8 346
20-24	9 570	4 872	4 698	11 242	5 696	5 546	12 567	6 350	6 217	14 077	7 097	6 980
25-29	7 555	3 855	3 699	9 197	4 643	4 554	10 866	5 482	5 384	12 162	6 076	6 086
30-34	5 871	2 943	2 928	7 438	3 776	3 662	9 105	4 591	4 514	10 687	5 387	5 299
35-39	4 684	2 288	2 395	5 885	2 944	2 940	7 438	3 776	3 663	9 061	4 589	4 472
40-44	4 485	2 215	2 270	4 645	2 265	2 380	5 857	2 927	2 930	7 400	3 759	3 640
45-49	4 197	2 074	2 123	4 381	2 152	2 230	4 606	2 239	2 367	5 817	2 902	2 916
50-54	3 646	1 782	1 865	4 046	1 980	2 066	4 249	2 072	2 177	4 499	2 176	2 322
55-59	2 881	1 390	1 491	3 452	1 667	1 785	3 841	1 866	1 975	4 073	1 967	2 106
60-64	2 228	1 060	1 169	2 669	1 269	1 400	3 196	1 530	1 666	3 605	1 735	1 869
65-69	1 673	777	896	1 964	909	1 055	2 367	1 105	1 262	2 856	1 348	1 507
70-74	1 211	540	670	1 363	614	749	1 596	717	878	1 962	894	1 068
75-79	723	310	414	851	362	489	965	416	549	1 153	499	655
80+	489	190	300	585	225	360	…	…	…	…	…	…
80-84	…	…	…	…	…	…	488	195	294	569	232	337
85-89	…	…	…	…	…	…	171	62	108	211	77	134
90-94	…	…	…	…	…	…	39	12	26	49	15	34
95-99	…	…	…	…	…	…	5	1	4	7	2	5
100+	…	…	…	…	…	…	0	0	0	1	0	0

年齢	2000 総数	男	女	2005 総数	男	女	2010 総数	男	女	2015 総数	男	女
総数	171 891	86 407	85 484	186 917	93 864	93 053	203 717	102 232	101 484	223 892	112 402	111 489
0-4	20 389	10 429	9 960	21 369	10 941	10 429	23 831	12 197	11 634	27 760	14 223	13 537
5-9	20 757	10 607	10 150	20 001	10 224	9 777	20 990	10 738	10 252	23 447	11 995	11 451
10-14	21 096	10 773	10 322	20 571	10 508	10 063	19 811	10 122	9 689	20 761	10 618	10 143
15-19	19 454	9 898	9 556	20 825	10 610	10 215	20 323	10 355	9 968	19 538	9 973	9 565
20-24	16 571	8 388	8 183	19 040	9 633	9 407	20 369	10 308	10 061	19 847	10 070	9 777
25-29	13 576	6 766	6 809	16 076	8 060	8 016	18 471	9 258	9 213	19 791	9 949	9 842
30-34	11 775	5 839	5 937	13 108	6 458	6 649	15 603	7 772	7 831	18 034	9 000	9 034
35-39	10 433	5 253	5 180	11 474	5 656	5 819	12 807	6 303	6 504	15 328	7 624	7 704
40-44	8 884	4 496	4 387	10 230	5 144	5 086	11 256	5 550	5 706	12 604	6 196	6 408
45-49	7 219	3 663	3 556	8 678	4 380	4 297	10 008	5 033	4 975	11 055	5 440	5 615
50-54	5 601	2 777	2 824	6 979	3 532	3 447	8 385	4 218	4 168	9 714	4 858	4 856
55-59	4 290	2 063	2 227	5 365	2 658	2 706	6 658	3 341	3 317	8 020	3 999	4 021
60-64	3 812	1 819	1 993	4 059	1 948	2 110	5 025	2 458	2 567	6 244	3 101	3 143
65-69	3 222	1 519	1 703	3 436	1 610	1 826	3 656	1 716	1 939	4 515	2 171	2 344
70-74	2 370	1 091	1 279	2 682	1 222	1 460	2 888	1 314	1 574	3 078	1 408	1 670
75-79	1 430	628	802	1 743	769	974	2 009	884	1 125	2 181	959	1 222
80+	…	…	…	…	…	…	…	…	…	…	…	…
80-84	688	281	407	870	361	508	1 087	459	628	1 275	540	735
85-89	252	94	158	318	120	198	415	163	251	532	216	316
90-94	63	20	43	80	26	54	106	37	69	142	53	89
95-99	9	2	7	13	3	9	17	5	12	24	8	15
100+	1	0	1	1	0	1	2	0	1	2	1	2

性・年齢別人口（千人）

年齢	2015			2020			2025			2030		
	総数	男	女	総数	男	女	総数	男	女	総数	男	女
総数	223 892	112 402	111 489	244 445	122 760	121 685	263 892	132 470	131 422	282 448	141 695	140 753
0-4	27 760	14 223	13 537	27 429	14 038	13 391	26 841	13 738	13 103	26 689	13 659	13 030
5-9	23 447	11 995	11 451	27 511	14 089	13 422	27 217	13 923	13 294	26 650	13 633	13 017
10-14	20 761	10 618	10 143	23 326	11 929	11 398	27 404	14 028	13 376	27 119	13 867	13 252
15-19	19 538	9 973	9 565	20 606	10 529	10 077	23 182	11 837	11 345	27 258	13 935	13 324
20-24	19 847	10 070	9 777	19 243	9 798	9 445	20 324	10 347	9 977	22 898	11 654	11 245
25-29	19 791	9 949	9 842	19 501	9 859	9 642	18 908	9 580	9 328	19 990	10 128	9 861
30-34	18 034	9 000	9 034	19 547	9 807	9 740	19 266	9 715	9 551	18 681	9 441	9 240
35-39	15 328	7 624	7 704	17 875	8 917	8 958	19 398	9 729	9 669	19 125	9 642	9 483
40-44	12 604	6 196	6 408	15 192	7 550	7 642	17 733	8 838	8 894	19 253	9 648	9 605
45-49	11 055	5 440	5 615	12 436	6 103	6 334	15 001	7 440	7 561	17 522	8 716	8 806
50-54	9 714	4 858	4 856	10 780	5 277	5 503	12 145	5 929	6 216	14 668	7 239	7 429
55-59	8 020	3 999	4 021	9 320	4 617	4 704	10 372	5 029	5 343	11 712	5 666	6 046
60-64	6 244	3 101	3 143	7 535	3 705	3 829	8 793	4 297	4 496	9 820	4 699	5 121
65-69	4 515	2 171	2 344	5 657	2 756	2 900	6 867	3 313	3 554	8 060	3 866	4 194
70-74	3 078	1 408	1 670	3 832	1 794	2 038	4 866	2 311	2 555	5 957	2 802	3 155
75-79	2 181	959	1 222	2 360	1 043	1 317	2 968	1 341	1 627	3 845	1 765	2 081
80+	...	...	...	...	...	...	...	...	...	...	...	...
80-84	1 275	540	735	1 419	598	821	1 567	663	905	1 999	863	1 136
85-89	532	216	316	648	263	385	744	298	446	843	337	506
90-94	142	53	89	192	75	117	244	94	150	290	109	180
95-99	24	8	15	33	12	21	46	18	29	62	23	39
100+	2	1	2	3	1	2	5	2	3	7	3	4

年齢	2035			2040			2045			2050		
	総数	男	女	総数	男	女	総数	男	女	総数	男	女
総数	300 870	150 835	150 035	319 357	160 009	159 348	337 359	168 959	168 400	354 304	177 421	176 883
0-4	27 436	14 045	13 391	28 518	14 603	13 915	29 119	14 913	14 206	29 177	14 944	14 233
5-9	26 517	13 565	12 952	27 280	13 960	13 320	28 375	14 524	13 850	28 989	14 842	14 147
10-14	26 561	13 582	12 979	26 434	13 517	12 917	27 203	13 915	13 288	28 302	14 483	13 820
15-19	26 980	13 778	13 202	26 428	13 497	12 931	26 307	13 435	12 872	27 080	13 836	13 244
20-24	26 971	13 748	13 223	26 700	13 596	13 104	26 156	13 320	12 836	26 041	13 262	12 778
25-29	22 562	11 433	11 128	26 629	13 523	13 105	26 367	13 377	12 989	25 831	13 107	12 724
30-34	19 763	9 989	9 774	22 332	11 292	11 040	26 393	13 378	13 015	26 141	13 239	12 902
35-39	18 549	9 373	9 176	19 631	9 921	9 710	22 197	11 222	10 975	26 251	13 305	12 946
40-44	18 989	9 566	9 423	18 422	9 303	9 119	19 503	9 850	9 653	22 065	11 150	10 916
45-49	19 037	9 522	9 514	18 787	9 449	9 338	18 236	9 195	9 040	19 316	9 743	9 573
50-54	17 158	8 496	8 662	18 665	9 297	9 368	18 443	9 241	9 201	17 916	9 004	8 913
55-59	14 176	6 937	7 239	16 621	8 165	8 456	18 114	8 957	9 157	17 929	8 926	9 003
60-64	11 124	5 314	5 810	13 504	6 529	6 975	15 883	7 716	8 168	17 358	8 495	8 862
65-69	9 050	4 252	4 798	10 298	4 833	5 465	12 556	5 970	6 586	14 840	7 100	7 741
70-74	7 052	3 299	3 753	7 979	3 657	4 323	9 140	4 187	4 952	11 219	5 216	6 003
75-79	4 766	2 166	2 600	5 712	2 582	3 130	6 539	2 897	3 643	7 569	3 358	4 211
80+	...	...	...	...	...	...	...	...	...	...	...	...
80-84	2 662	1 168	1 493	3 355	1 456	1 899	4 096	1 769	2 326	4 770	2 022	2 748
85-89	1 094	445	649	1 509	624	884	1 946	795	1 152	2 437	992	1 445
90-94	338	126	212	449	168	280	646	247	399	859	323	535
95-99	76	27	49	92	32	60	125	43	82	190	67	123
100+	10	4	6	13	5	8	17	6	11	23	7	15

年齢	2055			2060		
	総数	男	女	総数	男	女
総数	369 835	185 218	184 617	383 884	192 320	191 564
0-4	28 901	14 802	14 099	28 615	14 655	13 959
5-9	29 061	14 880	14 181	28 796	14 744	14 052
10-14	28 923	14 803	14 119	29 000	14 844	14 156
15-19	28 187	14 408	13 779	28 814	14 733	14 081
20-24	26 828	13 672	13 156	27 947	14 252	13 695
25-29	25 735	13 063	12 673	26 539	13 483	13 055
30-34	25 622	12 980	12 643	25 540	12 944	12 596
35-39	26 011	13 173	12 838	25 503	12 920	12 583
40-44	26 109	13 226	12 882	25 880	13 101	12 778
45-49	21 870	11 038	10 832	25 895	13 104	12 790
50-54	18 995	9 551	9 444	21 538	10 841	10 697
55-59	17 437	8 710	8 727	18 511	9 255	9 256
60-64	17 219	8 493	8 726	16 769	8 302	8 467
65-69	16 280	7 856	8 424	16 201	7 888	8 312
70-74	13 353	6 259	7 095	14 730	6 977	7 753
75-79	9 385	4 235	5 150	11 289	5 151	6 138
80+	...	...	...	...	...	...
80-84	5 605	2 386	3 219	7 056	3 067	3 989
85-89	2 905	1 163	1 742	3 490	1 410	2 080
90-94	1 111	418	693	1 368	509	858
95-99	262	90	172	353	122	231
100+	36	12	24	52	17	35

性・年齢別人口（千人）

年齢	2015			2020			2025			2030		
	総数	男	女	総数	男	女	総数	男	女	総数	男	女
総数	223 892	112 402	111 489	246 714	123 922	122 792	269 910	135 550	134 359	293 344	147 272	146 072
0-4	27 760	14 223	13 537	29 698	15 200	14 498	30 602	15 663	14 939	31 591	16 169	15 422
5-9	23 447	11 995	11 451	27 511	14 089	13 422	29 474	15 077	14 396	30 392	15 548	14 844
10-14	20 761	10 618	10 143	23 326	11 929	11 398	27 404	14 028	13 376	29 370	15 018	14 352
15-19	19 538	9 973	9 565	20 606	10 529	10 077	23 182	11 837	11 345	27 258	13 935	13 324
20-24	19 847	10 070	9 777	19 243	9 798	9 445	20 324	10 347	9 977	22 898	11 654	11 245
25-29	19 791	9 949	9 842	19 501	9 859	9 642	18 908	9 580	9 328	19 990	10 128	9 861
30-34	18 034	9 000	9 034	19 547	9 807	9 740	19 266	9 715	9 551	18 681	9 441	9 240
35-39	15 328	7 624	7 704	17 875	8 917	8 958	19 398	9 729	9 669	19 125	9 642	9 483
40-44	12 604	6 196	6 408	15 192	7 550	7 642	17 733	8 838	8 894	19 253	9 648	9 605
45-49	11 055	5 440	5 615	12 436	6 103	6 334	15 001	7 440	7 561	17 522	8 716	8 806
50-54	9 714	4 858	4 856	10 780	5 277	5 503	12 145	5 929	6 216	14 668	7 239	7 429
55-59	8 020	3 999	4 021	9 320	4 617	4 704	10 372	5 029	5 343	11 712	5 666	6 046
60-64	6 244	3 101	3 143	7 535	3 705	3 829	8 793	4 297	4 496	9 820	4 699	5 121
65-69	4 515	2 171	2 344	5 657	2 756	2 900	6 867	3 313	3 554	8 060	3 866	4 194
70-74	3 078	1 408	1 670	3 832	1 794	2 038	4 866	2 311	2 555	5 957	2 802	3 155
75-79	2 181	959	1 222	2 360	1 043	1 317	2 968	1 341	1 627	3 845	1 765	2 081
80+	...	...	...	...	...	...	...	...	...	...	...	...
80-84	1 275	540	735	1 419	598	821	1 567	663	905	1 999	863	1 136
85-89	532	216	316	648	263	385	744	298	446	843	337	506
90-94	142	53	89	192	75	117	244	94	150	290	109	180
95-99	24	8	15	33	12	21	46	18	29	62	23	39
100+	2	1	2	3	1	2	5	2	3	7	3	4

年齢	2035			2040			2045			2050		
	総数	男	女	総数	男	女	総数	男	女	総数	男	女
総数	317 084	159 133	157 951	341 853	171 521	170 332	367 613	184 441	183 171	394 005	197 737	196 268
0-4	32 791	16 788	16 003	34 845	17 845	17 000	36 936	18 919	18 017	38 702	19 826	18 877
5-9	31 397	16 062	15 335	32 613	16 690	15 923	34 680	17 754	16 927	36 783	18 834	17 948
10-14	30 294	15 492	14 802	31 305	16 009	15 296	32 526	16 640	15 887	34 598	17 706	16 892
15-19	29 226	14 926	14 300	30 154	15 402	14 752	31 168	15 921	15 247	32 394	16 555	15 839
20-24	26 971	13 748	13 223	28 939	14 739	14 200	29 870	15 217	14 653	30 888	15 739	15 149
25-29	22 562	11 433	11 128	26 629	13 523	13 105	28 597	14 515	14 082	29 533	14 997	14 536
30-34	19 763	9 989	9 774	22 332	11 292	11 040	26 393	13 378	13 015	28 363	14 372	13 992
35-39	18 549	9 373	9 176	19 631	9 921	9 710	22 197	11 222	10 975	26 251	13 305	12 946
40-44	18 989	9 566	9 423	18 422	9 303	9 119	19 503	9 850	9 653	22 065	11 150	10 916
45-49	19 037	9 522	9 514	18 787	9 449	9 338	18 236	9 195	9 040	19 316	9 743	9 573
50-54	17 158	8 496	8 662	18 665	9 297	9 368	18 443	9 241	9 201	17 916	9 004	8 913
55-59	14 176	6 937	7 239	16 621	8 165	8 456	18 114	8 957	9 157	17 929	8 926	9 003
60-64	11 124	5 314	5 810	13 504	6 529	6 975	15 883	7 716	8 168	17 358	8 495	8 862
65-69	9 050	4 252	4 798	10 298	4 833	5 465	12 556	5 970	6 586	14 840	7 100	7 741
70-74	7 052	3 299	3 753	7 979	3 657	4 323	9 140	4 187	4 952	11 219	5 216	6 003
75-79	4 766	2 166	2 600	5 712	2 582	3 130	6 539	2 897	3 643	7 569	3 358	4 211
80+	...	...	...	...	...	...	...	...	...	...	...	...
80-84	2 662	1 168	1 493	3 355	1 456	1 899	4 096	1 769	2 326	4 770	2 022	2 748
85-89	1 094	445	649	1 509	624	884	1 946	795	1 152	2 437	992	1 445
90-94	338	126	212	449	168	280	646	247	399	859	323	535
95-99	76	27	49	92	32	60	125	43	82	190	67	123
100+	10	4	6	13	5	8	17	6	11	23	7	15

年齢	2055			2060		
	総数	男	女	総数	男	女
総数	420 592	211 190	209 402	447 089	224 659	222 430
0-4	40 057	20 519	19 537	41 188	21 099	20 089
5-9	38 561	19 747	18 814	39 925	20 446	19 479
10-14	36 705	18 789	17 916	38 488	19 704	18 784
15-19	34 472	17 625	16 847	36 585	18 712	17 874
20-24	32 128	16 382	15 746	34 219	17 460	16 758
25-29	30 568	15 530	15 038	31 824	16 183	15 641
30-34	29 310	14 861	14 450	30 355	15 401	14 955
35-39	28 223	14 299	13 923	29 175	14 791	14 384
40-44	26 109	13 226	12 882	28 079	14 221	13 858
45-49	21 870	11 038	10 832	25 895	13 104	12 790
50-54	18 995	9 551	9 444	21 538	10 841	10 697
55-59	17 437	8 710	8 727	18 511	9 255	9 256
60-64	17 219	8 493	8 726	16 769	8 302	8 467
65-69	16 280	7 856	8 424	16 201	7 888	8 312
70-74	13 353	6 259	7 095	14 730	6 977	7 753
75-79	9 385	4 235	5 150	11 289	5 151	6 138
80+	...	...	...	...	...	...
80-84	5 605	2 386	3 219	7 056	3 067	3 989
85-89	2 905	1 163	1 742	3 490	1 410	2 080
90-94	1 111	418	693	1 368	509	858
95-99	262	90	172	353	122	231
100+	36	12	24	52	17	35

性・年齢別人口（千人）

年齢	2015 総数	男	女	2020 総数	男	女	2025 総数	男	女	2030 総数	男	女
総数	223 892	112 402	111 489	242 175	121 599	120 577	257 875	129 390	128 485	271 552	136 119	135 434
0-4	27 760	14 223	13 537	25 159	12 876	12 283	23 081	11 812	11 268	21 786	11 149	10 637
5-9	23 447	11 995	11 451	27 511	14 089	13 422	24 960	12 768	12 192	22 909	11 718	11 190
10-14	20 761	10 618	10 143	23 326	11 929	11 398	27 404	14 028	13 376	24 867	12 715	12 152
15-19	19 538	9 973	9 565	20 606	10 529	10 077	23 182	11 837	11 345	27 258	13 935	13 324
20-24	19 847	10 070	9 777	19 243	9 798	9 445	20 324	10 347	9 977	22 898	11 654	11 245
25-29	19 791	9 949	9 842	19 501	9 859	9 642	18 908	9 580	9 328	19 990	10 128	9 861
30-34	18 034	9 000	9 034	19 547	9 807	9 740	19 266	9 715	9 551	18 681	9 441	9 240
35-39	15 328	7 624	7 704	17 875	8 917	8 958	19 398	9 729	9 669	19 125	9 642	9 483
40-44	12 604	6 196	6 408	15 192	7 550	7 642	17 733	8 838	8 894	19 253	9 648	9 605
45-49	11 055	5 440	5 615	12 436	6 103	6 334	15 001	7 440	7 561	17 522	8 716	8 806
50-54	9 714	4 858	4 856	10 780	5 277	5 503	12 145	5 929	6 216	14 668	7 239	7 429
55-59	8 020	3 999	4 021	9 320	4 617	4 704	10 372	5 029	5 343	11 712	5 666	6 046
60-64	6 244	3 101	3 143	7 535	3 705	3 829	8 793	4 297	4 496	9 820	4 699	5 121
65-69	4 515	2 171	2 344	5 657	2 756	2 900	6 867	3 313	3 554	8 060	3 866	4 194
70-74	3 078	1 408	1 670	3 832	1 794	2 038	4 866	2 311	2 555	5 957	2 802	3 155
75-79	2 181	959	1 222	2 360	1 043	1 317	2 968	1 341	1 627	3 845	1 765	2 081
80+	...	...	...	...	...	...	...	...	...	...	...	...
80-84	1 275	540	735	1 419	598	821	1 567	663	905	1 999	863	1 136
85-89	532	216	316	648	263	385	744	298	446	843	337	506
90-94	142	53	89	192	75	117	244	94	150	290	109	180
95-99	24	8	15	33	12	21	46	18	29	62	23	39
100+	2	1	2	3	1	2	5	2	3	7	3	4

年齢	2035 総数	男	女	2040 総数	男	女	2045 総数	男	女	2050 総数	男	女
総数	284 684	142 551	142 132	297 098	148 617	148 480	307 952	153 911	154 041	316 608	158 133	158 475
0-4	22 110	11 318	10 793	22 398	11 468	10 930	21 912	11 220	10 691	20 811	10 657	10 154
5-9	21 636	11 067	10 569	21 975	11 244	10 732	22 276	11 401	10 875	21 804	11 161	10 643
10-14	22 827	11 672	11 155	21 563	11 025	10 538	21 907	11 205	10 702	22 214	11 365	10 848
15-19	24 734	12 630	12 104	22 703	11 592	11 111	21 446	10 949	10 496	21 794	11 132	10 662
20-24	26 971	13 748	13 223	24 461	12 452	12 009	22 441	11 422	11 019	21 193	10 785	10 407
25-29	22 562	11 433	11 128	26 629	13 523	13 105	24 136	12 239	11 897	22 130	11 218	10 912
30-34	19 763	9 989	9 774	22 332	11 292	11 040	26 393	13 378	13 015	23 919	12 106	11 813
35-39	18 549	9 373	9 176	19 631	9 921	9 710	22 197	11 222	10 975	26 251	13 305	12 946
40-44	18 989	9 566	9 423	18 422	9 303	9 119	19 503	9 850	9 653	22 065	11 150	10 916
45-49	19 037	9 522	9 514	18 787	9 449	9 338	18 236	9 195	9 040	19 316	9 743	9 573
50-54	17 158	8 496	8 662	18 665	9 297	9 368	18 443	9 241	9 201	17 916	9 004	8 913
55-59	14 176	6 937	7 239	16 621	8 165	8 456	18 114	8 957	9 157	17 929	8 926	9 003
60-64	11 124	5 314	5 810	13 504	6 529	6 975	15 883	7 716	8 168	17 358	8 495	8 862
65-69	9 050	4 252	4 798	10 298	4 833	5 465	12 556	5 970	6 586	14 840	7 100	7 741
70-74	7 052	3 299	3 753	7 979	3 657	4 323	9 140	4 187	4 952	11 219	5 216	6 003
75-79	4 766	2 166	2 600	5 712	2 582	3 130	6 539	2 897	3 643	7 569	3 358	4 211
80+	...	...	...	...	...	...	...	...	...	...	...	...
80-84	2 662	1 168	1 493	3 355	1 456	1 899	4 096	1 769	2 326	4 770	2 022	2 748
85-89	1 094	445	649	1 509	624	884	1 946	795	1 152	2 437	992	1 445
90-94	338	126	212	449	168	280	646	247	399	859	323	535
95-99	76	27	49	92	32	60	125	43	82	190	67	123
100+	10	4	6	13	5	8	17	6	11	23	7	15

年齢	2055 総数	男	女	2060 総数	男	女
総数	322 833	161 171	161 662	326 757	163 096	163 661
0-4	19 500	9 985	9 515	18 369	9 406	8 964
5-9	20 718	10 606	10 112	19 418	9 940	9 478
10-14	21 748	11 129	10 619	20 668	10 577	10 091
15-19	22 108	11 297	10 811	21 650	11 065	10 584
20-24	21 555	10 977	10 578	21 883	11 151	10 732
25-29	20 903	10 596	10 308	21 282	10 798	10 484
30-34	21 934	11 099	10 836	20 724	10 487	10 238
35-39	23 799	12 046	11 753	21 831	11 048	10 783
40-44	26 109	13 226	12 882	23 681	11 982	11 698
45-49	21 870	11 038	10 832	25 895	13 104	12 790
50-54	18 995	9 551	9 444	21 538	10 841	10 697
55-59	17 437	8 710	8 727	18 511	9 255	9 256
60-64	17 219	8 493	8 726	16 769	8 302	8 467
65-69	16 280	7 856	8 424	16 201	7 888	8 312
70-74	13 353	6 259	7 095	14 730	6 977	7 753
75-79	9 385	4 235	5 150	11 289	5 151	6 138
80+	...	...	...	...	...	...
80-84	5 605	2 386	3 219	7 056	3 067	3 989
85-89	2 905	1 163	1 742	3 490	1 410	2 080
90-94	1 111	418	693	1 368	509	858
95-99	262	90	172	353	122	231
100+	36	12	24	52	17	35

性・年齢別人口（千人）

年齢	1960			1965			1970			1975		
	総数	男	女	総数	男	女	総数	男	女	総数	男	女
総数	19 724	9 812	9 912	22 417	11 088	11 330	25 454	12 610	12 844	29 093	14 429	14 663
0-4	3 245	1 658	1 587	3 638	1 843	1 795	4 177	2 100	2 077	4 761	2 395	2 367
5-9	2 685	1 384	1 301	3 136	1 583	1 553	3 519	1 778	1 741	4 060	2 035	2 025
10-14	2 207	1 110	1 097	2 683	1 353	1 330	3 103	1 564	1 539	3 487	1 759	1 728
15-19	1 906	949	957	2 173	1 089	1 084	2 653	1 336	1 317	3 074	1 547	1 527
20-24	1 638	809	828	1 861	918	943	2 143	1 074	1 070	2 625	1 321	1 304
25-29	1 446	726	720	1 594	781	813	1 832	905	927	2 121	1 063	1 058
30-34	1 259	645	614	1 405	701	705	1 567	772	795	1 809	897	912
35-39	1 095	549	546	1 215	617	597	1 372	687	684	1 537	760	777
40-44	982	487	495	1 046	519	526	1 168	593	575	1 327	664	662
45-49	829	409	420	924	452	472	987	486	500	1 108	559	550
50-54	696	330	366	761	369	392	848	409	439	913	444	469
55-59	543	251	292	636	296	340	672	318	353	756	356	400
60-64	430	194	237	478	215	263	532	239	293	568	260	308
65-69	324	140	185	358	155	203	370	157	213	417	176	240
70-74	222	91	131	249	102	147	249	99	149	262	103	159
75-79	129	50	79	152	58	94	150	55	95	153	55	98
80+	87	30	57	109	36	73	112	36	76	115	36	79
80-84	…	…	…	…	…	…	…	…	…	…	…	…
85-89	…	…	…	…	…	…	…	…	…	…	…	…
90-94	…	…	…	…	…	…	…	…	…	…	…	…
95-99	…	…	…	…	…	…	…	…	…	…	…	…
100+	…	…	…	…	…	…	…	…	…	…	…	…

年齢	1980			1985			1990			1995		
	総数	男	女	総数	男	女	総数	男	女	総数	男	女
総数	32 997	16 346	16 651	37 489	18 565	18 924	42 049	20 760	21 289	47 375	23 324	24 051
0-4	5 222	2 627	2 596	5 714	2 877	2 836	5 986	3 017	2 970	5 979	3 014	2 965
5-9	4 642	2 328	2 315	5 117	2 565	2 553	5 617	2 821	2 797	5 902	2 966	2 936
10-14	4 026	2 014	2 012	4 608	2 306	2 301	5 074	2 540	2 534	5 582	2 800	2 782
15-19	3 449	1 736	1 713	3 995	1 994	2 001	4 560	2 278	2 283	5 069	2 533	2 536
20-24	3 020	1 515	1 506	3 410	1 708	1 702	3 935	1 952	1 983	4 606	2 286	2 320
25-29	2 566	1 286	1 280	2 978	1 486	1 492	3 344	1 663	1 681	3 987	1 959	2 028
30-34	2 067	1 034	1 034	2 527	1 265	1 261	2 921	1 449	1 472	3 377	1 665	1 712
35-39	1 755	868	887	2 025	1 016	1 009	2 470	1 227	1 243	2 946	1 445	1 500
40-44	1 477	727	750	1 701	845	857	1 958	972	987	2 475	1 211	1 264
45-49	1 256	623	633	1 418	694	725	1 621	793	828	1 963	962	1 000
50-54	1 026	509	517	1 183	576	607	1 325	635	690	1 614	781	833
55-59	817	387	429	930	452	479	1 075	509	565	1 281	602	679
60-64	643	291	351	707	324	383	813	380	433	988	455	532
65-69	448	193	255	519	221	298	581	250	331	696	311	385
70-74	299	116	183	329	130	199	390	153	237	452	182	270
75-79	164	58	107	193	67	126	219	77	142	266	94	172
80+	120	36	84	133	39	94	…	…	…	…	…	…
80-84	…	…	…	…	…	…	109	33	76	126	40	87
85-89	…	…	…	…	…	…	39	10	29	49	12	36
90-94	…	…	…	…	…	…	10	2	8	13	3	10
95-99	…	…	…	…	…	…	2	0	2	2	0	2
100+	…	…	…	…	…	…	0	0	0	0	0	0

年齢	2000			2005			2010			2015		
	総数	男	女	総数	男	女	総数	男	女	総数	男	女
総数	51 451	25 314	26 137	55 274	27 143	28 132	59 067	28 983	30 084	62 634	30 818	31 816
0-4	6 340	3 406	2 934	6 107	3 077	3 030	6 526	3 320	3 207	6 426	3 241	3 185
5-9	6 055	3 128	2 927	6 238	3 344	2 893	6 004	3 018	2 985	6 450	3 274	3 176
10-14	5 929	3 007	2 922	6 078	3 138	2 940	6 176	3 308	2 868	5 933	2 980	2 954
15-19	5 396	2 616	2 780	6 038	3 076	2 962	6 070	3 130	2 940	6 161	3 293	2 868
20-24	4 713	2 236	2 477	5 466	2 660	2 806	6 162	3 149	3 013	6 124	3 153	2 971
25-29	4 396	2 224	2 172	4 544	2 153	2 391	5 436	2 671	2 765	6 138	3 141	2 997
30-34	3 979	2 082	1 897	4 147	2 093	2 054	4 247	2 031	2 217	5 291	2 614	2 676
35-39	3 393	1 726	1 666	3 701	1 926	1 774	3 751	1 880	1 871	4 018	1 934	2 084
40-44	2 810	1 297	1 513	3 145	1 570	1 575	3 338	1 702	1 637	3 480	1 747	1 733
45-49	2 257	970	1 286	2 577	1 164	1 414	2 938	1 420	1 519	3 084	1 564	1 520
50-54	1 647	633	1 013	2 047	863	1 184	2 366	1 040	1 326	2 695	1 286	1 410
55-59	1 391	576	815	1 501	564	936	1 841	747	1 094	2 153	926	1 227
60-64	1 129	501	628	1 203	477	726	1 332	475	857	1 634	639	996
65-69	866	406	460	973	410	563	986	361	626	1 133	379	754
70-74	573	268	305	707	304	403	801	318	483	779	260	519
75-79	330	142	188	494	211	284	544	213	331	566	199	367
80+	…	…	…	…	…	…	…	…	…	…	…	…
80-84	170	76	94	207	78	129	422	162	259	328	111	217
85-89	58	15	43	78	30	48	95	31	64	200	65	135
90-94	16	3	13	20	4	16	26	8	17	33	8	24
95-99	3	0	2	4	1	3	5	1	4	6	1	4
100+	0	0	0	0	0	0	1	0	0	1	0	1

性・年齢別人口（千人）

年齢	2015 総数	男	女	2020 総数	男	女	2025 総数	男	女	2030 総数	男	女
総数	62 634	30 818	31 816	65 484	32 328	33 156	67 897	33 635	34 262	70 116	34 835	35 282
0-4	6 426	3 241	3 185	6 378	3 221	3 157	6 162	3 115	3 047	6 000	3 035	2 965
5-9	6 450	3 274	3 176	6 367	3 207	3 160	6 334	3 195	3 138	6 127	3 095	3 033
10-14	5 933	2 980	2 954	6 379	3 235	3 144	6 327	3 184	3 143	6 311	3 181	3 129
15-19	6 161	3 293	2 868	5 862	2 940	2 922	6 305	3 194	3 111	6 293	3 164	3 129
20-24	6 124	3 153	2 971	6 128	3 271	2 858	5 813	2 912	2 901	6 262	3 169	3 093
25-29	6 138	3 141	2 997	6 033	3 110	2 923	6 021	3 217	2 804	5 718	2 868	2 850
30-34	5 291	2 614	2 676	5 921	3 045	2 876	5 819	3 016	2 803	5 824	3 126	2 698
35-39	4 018	1 934	2 084	4 962	2 468	2 494	5 570	2 885	2 685	5 505	2 872	2 633
40-44	3 480	1 747	1 733	3 688	1 782	1 905	4 572	2 286	2 286	5 177	2 695	2 483
45-49	3 084	1 564	1 520	3 177	1 590	1 587	3 374	1 630	1 745	4 223	2 112	2 111
50-54	2 695	1 286	1 410	2 798	1 404	1 395	2 886	1 432	1 454	3 092	1 483	1 609
55-59	2 153	926	1 227	2 435	1 139	1 296	2 531	1 248	1 283	2 627	1 283	1 343
60-64	1 634	639	996	1 905	791	1 114	2 156	977	1 180	2 252	1 079	1 173
65-69	1 133	379	754	1 388	511	878	1 623	637	987	1 845	794	1 051
70-74	779	260	519	905	276	629	1 115	376	739	1 312	475	838
75-79	566	199	367	565	166	399	669	179	490	830	248	582
80+	...	...	...	...	...	...	...	...	...	...	...	...
80-84	328	111	217	351	106	245	362	91	271	439	100	339
85-89	200	65	135	161	46	115	178	45	134	191	39	152
90-94	33	8	24	72	19	53	60	13	47	69	13	56
95-99	6	1	4	8	1	6	18	3	14	16	2	13
100+	1	0	1	1	0	1	1	0	1	3	0	2

年齢	2035 総数	男	女	2040 総数	男	女	2045 総数	男	女	2050 総数	男	女
総数	72 246	35 967	36 279	74 308	37 044	37 264	76 260	38 041	38 218	78 029	38 914	39 115
0-4	5 921	2 997	2 924	5 862	2 970	2 892	5 764	2 922	2 842	5 616	2 848	2 768
5-9	5 972	3 019	2 953	5 897	2 984	2 914	5 842	2 959	2 883	5 748	2 913	2 834
10-14	6 109	3 084	3 026	5 957	3 010	2 947	5 886	2 977	2 909	5 833	2 953	2 880
15-19	6 292	3 170	3 123	6 097	3 075	3 021	5 949	3 004	2 945	5 880	2 972	2 908
20-24	6 266	3 148	3 118	6 275	3 159	3 116	6 084	3 067	3 017	5 941	2 998	2 943
25-29	6 173	3 127	3 046	6 197	3 116	3 081	6 220	3 133	3 086	6 041	3 047	2 994
30-34	5 551	2 796	2 754	6 017	3 060	2 958	6 070	3 062	3 008	6 115	3 088	3 027
35-39	5 546	2 994	2 552	5 320	2 694	2 626	5 805	2 964	2 841	5 893	2 983	2 911
40-44	5 165	2 706	2 458	5 249	2 843	2 406	5 074	2 577	2 497	5 578	2 854	2 724
45-49	4 832	2 515	2 316	4 865	2 550	2 316	4 985	2 699	2 286	4 854	2 463	2 391
50-54	3 910	1 944	1 966	4 518	2 340	2 178	4 589	2 393	2 196	4 734	2 551	2 183
55-59	2 841	1 343	1 497	3 625	1 779	1 845	4 223	2 162	2 061	4 319	2 228	2 091
60-64	2 356	1 120	1 236	2 572	1 185	1 387	3 310	1 587	1 723	3 885	1 946	1 939
65-69	1 938	886	1 052	2 046	931	1 115	2 258	997	1 261	2 930	1 351	1 579
70-74	1 499	599	900	1 585	678	908	1 690	721	969	1 889	785	1 105
75-79	986	319	667	1 133	408	725	1 207	468	739	1 303	507	796
80+	...	...	...	...	...	...	...	...	...	...	...	...
80-84	551	141	410	663	185	478	768	241	527	826	281	544
85-89	239	44	195	304	64	240	371	85	287	436	113	322
90-94	78	12	66	101	14	87	131	20	110	163	28	135
95-99	19	3	16	22	2	20	30	3	27	40	4	36
100+	3	0	3	4	0	3	4	0	4	6	0	6

年齢	2055 総数	男	女	2060 総数	男	女
総数	79 510	39 610	39 900	80 662	40 114	40 548
0-4	5 447	2 763	2 684	5 298	2 689	2 610
5-9	5 602	2 840	2 761	5 435	2 757	2 678
10-14	5 740	2 909	2 831	5 595	2 837	2 759
15-19	5 830	2 950	2 880	5 738	2 906	2 832
20-24	5 875	2 968	2 907	5 825	2 946	2 879
25-29	5 904	2 981	2 923	5 842	2 953	2 890
30-34	5 952	3 008	2 944	5 825	2 946	2 879
35-39	5 960	3 018	2 941	5 814	2 946	2 868
40-44	5 692	2 886	2 806	5 774	2 929	2 845
45-49	5 361	2 740	2 621	5 490	2 781	2 709
50-54	4 633	2 339	2 293	5 133	2 612	2 521
55-59	4 473	2 386	2 087	4 396	2 197	2 199
60-64	3 997	2 020	1 977	4 156	2 175	1 981
65-69	3 463	1 673	1 789	3 587	1 752	1 835
70-74	2 473	1 077	1 396	2 945	1 350	1 595
75-79	1 477	561	916	1 952	782	1 170
80+	...	...	...	...	...	...
80-84	904	310	593	1 041	349	691
85-89	474	135	339	528	152	376
90-94	194	38	156	215	47	168
95-99	51	6	45	62	8	54
100+	8	0	8	11	1	10

性・年齢別人口（千人）

年齢	2015 総数	男	女	2020 総数	男	女	2025 総数	男	女	2030 総数	男	女
総数	62 634	30 818	31 816	66 153	32 665	33 487	69 647	34 519	35 128	73 237	36 411	36 826
0-4	6 426	3 241	3 185	7 047	3 559	3 488	7 248	3 664	3 584	7 380	3 733	3 647
5-9	6 450	3 274	3 176	6 367	3 207	3 160	6 998	3 530	3 467	7 207	3 640	3 567
10-14	5 933	2 980	2 954	6 379	3 235	3 144	6 327	3 184	3 143	6 972	3 515	3 457
15-19	6 161	3 293	2 868	5 862	2 940	2 922	6 305	3 194	3 111	6 293	3 164	3 129
20-24	6 124	3 153	2 971	6 128	3 271	2 858	5 813	2 912	2 901	6 262	3 169	3 093
25-29	6 138	3 141	2 997	6 033	3 110	2 923	6 021	3 217	2 804	5 718	2 868	2 850
30-34	5 291	2 614	2 676	5 921	3 045	2 876	5 819	3 016	2 803	5 824	3 126	2 698
35-39	4 018	1 934	2 084	4 962	2 468	2 494	5 570	2 885	2 685	5 505	2 872	2 633
40-44	3 480	1 747	1 733	3 688	1 782	1 905	4 572	2 286	2 286	5 177	2 695	2 483
45-49	3 084	1 564	1 520	3 177	1 590	1 587	3 374	1 630	1 745	4 223	2 112	2 111
50-54	2 695	1 286	1 410	2 798	1 404	1 395	2 886	1 432	1 454	3 092	1 483	1 609
55-59	2 153	926	1 227	2 435	1 139	1 296	2 531	1 248	1 283	2 627	1 283	1 343
60-64	1 634	639	996	1 905	791	1 114	2 156	977	1 180	2 252	1 079	1 173
65-69	1 133	379	754	1 388	511	878	1 623	637	987	1 845	794	1 051
70-74	779	260	519	905	276	629	1 115	376	739	1 312	475	838
75-79	566	199	367	565	166	399	669	179	490	830	248	582
80+	…	…	…	…	…	…	…	…	…	…	…	…
80-84	328	111	217	351	106	245	362	91	271	439	100	339
85-89	200	65	135	161	46	115	178	45	134	191	39	152
90-94	33	8	24	72	19	53	60	13	47	69	13	56
95-99	6	1	4	8	1	6	18	3	14	16	2	13
100+	1	0	1	1	0	1	1	0	1	3	0	2

年齢	2035 総数	男	女	2040 総数	男	女	2045 総数	男	女	2050 総数	男	女
総数	76 798	38 268	38 531	80 474	40 161	40 313	84 365	42 141	42 224	88 441	44 183	44 257
0-4	7 366	3 729	3 638	7 493	3 796	3 697	7 729	3 919	3 811	7 964	4 039	3 925
5-9	7 345	3 712	3 632	7 336	3 711	3 624	7 467	3 782	3 686	7 706	3 906	3 800
10-14	7 185	3 627	3 558	7 326	3 702	3 625	7 321	3 703	3 618	7 455	3 775	3 681
15-19	6 951	3 501	3 449	7 169	3 616	3 553	7 313	3 693	3 620	7 312	3 696	3 616
20-24	6 266	3 148	3 118	6 930	3 488	3 442	7 152	3 605	3 546	7 300	3 684	3 616
25-29	6 173	3 127	3 046	6 197	3 116	3 081	6 867	3 460	3 407	7 098	3 580	3 518
30-34	5 551	2 796	2 754	6 017	3 060	2 958	6 070	3 062	3 008	6 751	3 409	3 341
35-39	5 546	2 994	2 552	5 320	2 694	2 626	5 805	2 964	2 841	5 893	2 983	2 911
40-44	5 165	2 706	2 458	5 249	2 843	2 406	5 074	2 577	2 497	5 578	2 854	2 724
45-49	4 832	2 515	2 316	4 865	2 550	2 316	4 985	2 699	2 286	4 854	2 463	2 391
50-54	3 910	1 944	1 966	4 518	2 340	2 178	4 589	2 393	2 196	4 734	2 551	2 183
55-59	2 841	1 343	1 497	3 625	1 779	1 845	4 223	2 162	2 061	4 319	2 228	2 091
60-64	2 356	1 120	1 236	2 572	1 185	1 387	3 310	1 587	1 723	3 885	1 946	1 939
65-69	1 938	886	1 052	2 046	931	1 115	2 258	997	1 261	2 930	1 351	1 579
70-74	1 499	599	900	1 585	678	908	1 690	721	969	1 889	785	1 105
75-79	986	319	667	1 133	408	725	1 207	468	739	1 303	507	796
80+	…	…	…	…	…	…	…	…	…	…	…	…
80-84	551	141	410	663	185	478	768	241	527	826	281	544
85-89	239	44	195	304	64	240	371	85	287	436	113	322
90-94	78	12	66	101	14	87	131	20	110	163	28	135
95-99	19	3	16	22	2	20	30	3	27	40	4	36
100+	3	0	3	4	0	3	4	0	4	6	0	6

年齢	2055 総数	男	女	2060 総数	男	女
総数	92 528	46 204	46 324	96 494	48 138	48 356
0-4	8 119	4 119	4 000	8 209	4 165	4 043
5-9	7 943	4 028	3 915	8 100	4 109	3 991
10-14	7 695	3 900	3 796	7 933	4 022	3 911
15-19	7 448	3 769	3 679	7 689	3 895	3 794
20-24	7 301	3 689	3 612	7 438	3 762	3 676
25-29	7 251	3 661	3 590	7 258	3 668	3 589
30-34	6 992	3 534	3 458	7 152	3 618	3 534
35-39	6 578	3 332	3 246	6 828	3 460	3 368
40-44	5 692	2 886	2 806	6 372	3 233	3 140
45-49	5 361	2 740	2 621	5 490	2 781	2 709
50-54	4 633	2 339	2 293	5 133	2 612	2 521
55-59	4 473	2 386	2 087	4 396	2 197	2 199
60-64	3 997	2 020	1 977	4 156	2 175	1 981
65-69	3 463	1 673	1 789	3 587	1 752	1 835
70-74	2 473	1 077	1 396	2 945	1 350	1 595
75-79	1 477	561	916	1 952	782	1 170
80+	…	…	…	…	…	…
80-84	904	310	593	1 041	349	691
85-89	474	135	339	528	152	376
90-94	194	38	156	215	47	168
95-99	51	6	45	62	8	54
100+	8	0	8	11	1	10

性・年齢別人口（千人）

年齢	2015			2020			2025			2030		
	総数	男	女	総数	男	女	総数	男	女	総数	男	女
総数	62 634	30 818	31 816	64 815	31 990	32 825	66 147	32 751	33 396	66 996	33 258	33 738
0-4	6 426	3 241	3 185	5 709	2 883	2 826	5 076	2 566	2 510	4 621	2 337	2 283
5-9	6 450	3 274	3 176	6 367	3 207	3 160	5 670	2 860	2 810	5 048	2 549	2 498
10-14	5 933	2 980	2 954	6 379	3 235	3 144	6 327	3 184	3 143	5 649	2 848	2 801
15-19	6 161	3 293	2 868	5 862	2 940	2 922	6 305	3 194	3 111	6 293	3 164	3 129
20-24	6 124	3 153	2 971	6 128	3 271	2 858	5 813	2 912	2 901	6 262	3 169	3 093
25-29	6 138	3 141	2 997	6 033	3 110	2 923	6 021	3 217	2 804	5 718	2 868	2 850
30-34	5 291	2 614	2 676	5 921	3 045	2 876	5 819	3 016	2 803	5 824	3 126	2 698
35-39	4 018	1 934	2 084	4 962	2 468	2 494	5 570	2 885	2 685	5 505	2 872	2 633
40-44	3 480	1 747	1 733	3 688	1 782	1 905	4 572	2 286	2 286	5 177	2 695	2 483
45-49	3 084	1 564	1 520	3 177	1 590	1 587	3 374	1 630	1 745	4 223	2 112	2 111
50-54	2 695	1 286	1 410	2 798	1 404	1 395	2 886	1 432	1 454	3 092	1 483	1 609
55-59	2 153	926	1 227	2 435	1 139	1 296	2 531	1 248	1 283	2 627	1 283	1 343
60-64	1 634	639	996	1 905	791	1 114	2 156	977	1 180	2 252	1 079	1 173
65-69	1 133	379	754	1 388	511	878	1 623	637	987	1 845	794	1 051
70-74	779	260	519	905	276	629	1 115	376	739	1 312	475	838
75-79	566	199	367	565	166	399	669	179	490	830	248	582
80+	…	…	…	…	…	…	…	…	…	…	…	…
80-84	328	111	217	351	106	245	362	91	271	439	100	339
85-89	200	65	135	161	46	115	178	45	134	191	39	152
90-94	33	8	24	72	19	53	60	13	47	69	13	56
95-99	6	1	4	8	1	6	18	3	14	16	2	13
100+	1	0	1	1	0	1	1	0	1	3	0	2

年齢	2035			2040			2045			2050		
	総数	男	女	総数	男	女	総数	男	女	総数	男	女
総数	67 705	33 673	34 033	68 226	33 970	34 256	68 442	34 088	34 354	68 272	33 976	34 296
0-4	4 487	2 271	2 216	4 303	2 180	2 123	4 003	2 029	1 974	3 637	1 844	1 792
5-9	4 599	2 325	2 274	4 470	2 261	2 208	4 289	2 172	2 117	3 992	2 023	1 969
10-14	5 033	2 540	2 493	4 588	2 318	2 270	4 461	2 256	2 205	4 283	2 168	2 115
15-19	5 634	2 838	2 796	5 025	2 534	2 490	4 584	2 315	2 269	4 460	2 254	2 206
20-24	6 266	3 148	3 118	5 620	2 829	2 791	5 017	2 529	2 488	4 582	2 312	2 270
25-29	6 173	3 127	3 046	6 197	3 116	3 081	5 572	2 807	2 765	4 984	2 513	2 471
30-34	5 551	2 796	2 754	6 017	3 060	2 958	6 070	3 062	3 008	5 480	2 767	2 713
35-39	5 546	2 994	2 552	5 320	2 694	2 626	5 805	2 964	2 841	5 893	2 983	2 911
40-44	5 165	2 706	2 458	5 249	2 843	2 406	5 074	2 577	2 497	5 578	2 854	2 724
45-49	4 832	2 515	2 316	4 865	2 550	2 316	4 985	2 699	2 286	4 854	2 463	2 391
50-54	3 910	1 944	1 966	4 518	2 340	2 178	4 589	2 393	2 196	4 734	2 551	2 183
55-59	2 841	1 343	1 497	3 625	1 779	1 845	4 223	2 162	2 061	4 319	2 228	2 091
60-64	2 356	1 120	1 236	2 572	1 185	1 387	3 310	1 587	1 723	3 885	1 946	1 939
65-69	1 938	886	1 052	2 046	931	1 115	2 258	997	1 261	2 930	1 351	1 579
70-74	1 499	599	900	1 585	678	908	1 690	721	969	1 889	785	1 105
75-79	986	319	667	1 133	408	725	1 207	468	739	1 303	507	796
80+	…	…	…	…	…	…	…	…	…	…	…	…
80-84	551	141	410	663	185	478	768	241	527	826	281	544
85-89	239	44	195	304	64	240	371	85	287	436	113	322
90-94	78	12	66	101	14	87	131	20	110	163	28	135
95-99	19	3	16	22	2	20	30	3	27	40	4	36
100+	3	0	3	4	0	3	4	0	4	6	0	6

年齢	2055			2060		
	総数	男	女	総数	男	女
総数	67 663	33 611	34 052	66 643	33 009	33 634
0-4	3 295	1 671	1 624	3 033	1 539	1 494
5-9	3 628	1 840	1 788	3 288	1 668	1 620
10-14	3 987	2 020	1 967	3 624	1 837	1 787
15-19	4 283	2 167	2 116	3 988	2 020	1 968
20-24	4 459	2 252	2 207	4 284	2 166	2 117
25-29	4 557	2 300	2 257	4 438	2 243	2 196
30-34	4 913	2 483	2 430	4 498	2 275	2 223
35-39	5 342	2 705	2 636	4 800	2 432	2 368
40-44	5 692	2 886	2 806	5 175	2 625	2 550
45-49	5 361	2 740	2 621	5 490	2 781	2 709
50-54	4 633	2 339	2 293	5 133	2 612	2 521
55-59	4 473	2 386	2 087	4 396	2 197	2 199
60-64	3 997	2 020	1 977	4 156	2 175	1 981
65-69	3 463	1 673	1 789	3 587	1 752	1 835
70-74	2 473	1 077	1 396	2 945	1 350	1 595
75-79	1 477	561	916	1 952	782	1 170
80+	…	…	…	…	…	…
80-84	904	310	593	1 041	349	691
85-89	474	135	339	528	152	376
90-94	194	38	156	215	47	168
95-99	51	6	45	62	8	54
100+	8	0	8	11	1	10

性・年齢別人口（千人）

年齢	1960 総数	男	女	1965 総数	男	女	1970 総数	男	女	1975 総数	男	女
総数	84 946	42 407	42 538	94 570	47 269	47 300	106 015	53 071	52 944	120 045	60 178	59 868
0-4	14 540	7 334	7 207	16 497	8 333	8 164	18 681	9 447	9 234	21 692	10 978	10 714
5-9	11 266	5 669	5 598	12 859	6 483	6 376	14 708	7 426	7 281	16 807	8 491	8 316
10-14	9 795	4 942	4 854	10 831	5 459	5 372	12 378	6 250	6 128	14 186	7 173	7 014
15-19	8 752	4 420	4 332	9 505	4 804	4 701	10 518	5 310	5 208	12 024	6 071	5 953
20-24	7 489	3 767	3 722	8 372	4 225	4 146	9 127	4 612	4 515	10 096	5 081	5 015
25-29	6 360	3 184	3 176	7 089	3 559	3 531	7 967	4 015	3 951	8 706	4 393	4 312
30-34	5 479	2 743	2 736	6 007	3 006	3 001	6 726	3 377	3 349	7 597	3 838	3 760
35-39	4 747	2 378	2 369	5 158	2 581	2 578	5 677	2 841	2 836	6 390	3 214	3 176
40-44	4 062	2 023	2 039	4 442	2 217	2 225	4 845	2 417	2 429	5 361	2 680	2 681
45-49	3 389	1 667	1 723	3 771	1 861	1 910	4 142	2 051	2 091	4 541	2 252	2 289
50-54	2 796	1 355	1 441	3 097	1 504	1 594	3 464	1 689	1 774	3 824	1 876	1 948
55-59	2 227	1 062	1 165	2 481	1 183	1 297	2 766	1 323	1 443	3 112	1 498	1 614
60-64	1 730	809	921	1 869	876	993	2 103	987	1 116	2 365	1 113	1 252
65-69	1 183	545	637	1 323	608	714	1 450	668	781	1 655	764	891
70-74	685	313	373	778	353	425	890	402	487	998	452	546
75-79	317	142	175	352	158	195	414	184	230	490	217	273
80+	127	55	72	138	60	78	161	70	91	199	86	113
80-84	...	...	...	...	...	...	...	...	...	...	...	...
85-89	...	...	...	...	...	...	...	...	...	...	...	...
90-94	...	...	...	...	...	...	...	...	...	...	...	...
95-99	...	...	...	...	...	...	...	...	...	...	...	...
100+	...	...	...	...	...	...	...	...	...	...	...	...

年齢	1980 総数	男	女	1985 総数	男	女	1990 総数	男	女	1995 総数	男	女
総数	137 414	69 023	68 391	157 658	79 171	78 487	180 331	90 586	89 744	206 419	103 749	102 670
0-4	25 200	12 771	12 429	28 817	14 619	14 197	32 169	16 326	15 843	36 004	18 276	17 728
5-9	19 724	9 973	9 750	23 258	11 777	11 481	26 668	13 520	13 148	29 906	15 165	14 741
10-14	16 266	8 228	8 038	19 242	9 740	9 502	22 695	11 505	11 190	26 079	13 237	12 843
15-19	13 784	6 953	6 831	15 906	8 041	7 865	18 743	9 451	9 292	22 257	11 277	10 980
20-24	11 593	5 822	5 771	13 279	6 673	6 606	15 287	7 669	7 617	18 190	9 139	9 051
25-29	9 770	4 934	4 836	11 065	5 541	5 525	12 808	6 459	6 349	14 752	7 374	7 378
30-34	8 433	4 294	4 138	9 296	4 681	4 615	10 653	5 364	5 289	12 354	6 220	6 133
35-39	7 286	3 695	3 591	8 002	4 053	3 949	8 850	4 439	4 411	10 262	5 165	5 097
40-44	6 069	3 052	3 017	6 907	3 481	3 426	7 594	3 824	3 770	8 487	4 249	4 237
45-49	5 053	2 515	2 538	5 720	2 849	2 872	6 520	3 256	3 263	7 225	3 618	3 608
50-54	4 222	2 078	2 144	4 709	2 316	2 393	5 339	2 629	2 710	6 121	3 029	3 092
55-59	3 458	1 676	1 783	3 856	1 871	1 984	4 304	2 088	2 215	4 898	2 379	2 519
60-64	2 683	1 270	1 412	3 034	1 446	1 587	3 389	1 618	1 771	3 794	1 810	1 983
65-69	1 888	873	1 015	2 193	1 021	1 172	2 492	1 168	1 324	2 796	1 314	1 482
70-74	1 165	528	637	1 372	623	749	1 607	736	871	1 839	850	989
75-79	569	252	317	693	307	386	827	368	459	979	442	537
80+	250	107	143	311	133	178	...	...	...	...	...	...
80-84	...	...	...	...	...	...	306	132	174	374	164	210
85-89	...	...	...	...	...	...	70	29	41	89	37	52
90-94	...	...	...	...	...	...	9	4	6	12	4	7
95-99	...	...	...	...	...	...	1	0	0	1	0	1
100+	...	...	...	...	...	...	0	0	0	0	0	0

年齢	2000 総数	男	女	2005 総数	男	女	2010 総数	男	女	2015 総数	男	女
総数	235 235	118 387	116 848	268 498	135 222	133 276	307 982	155 224	152 759	353 224	178 324	174 900
0-4	40 803	20 727	20 076	46 770	23 790	22 980	53 201	27 084	26 117	59 922	30 536	29 386
5-9	33 597	17 054	16 543	38 437	19 532	18 905	44 621	22 707	21 914	51 174	26 066	25 108
10-14	29 178	14 827	14 351	32 787	16 681	16 106	37 633	19 169	18 464	43 742	22 306	21 436
15-19	25 458	12 896	12 562	28 485	14 453	14 032	32 123	16 329	15 794	36 901	18 788	18 114
20-24	21 453	10 812	10 640	24 526	12 359	12 166	27 553	13 924	13 629	31 150	15 796	15 353
25-29	17 491	8 779	8 712	20 592	10 354	10 238	23 658	11 888	11 770	26 617	13 448	13 169
30-34	14 192	7 114	7 078	16 772	8 420	8 352	19 845	9 966	9 878	22 834	11 487	11 347
35-39	11 850	5 980	5 871	13 549	6 781	6 768	16 085	8 058	8 027	19 091	9 582	9 508
40-44	9 789	4 924	4 864	11 258	5 664	5 594	12 936	6 454	6 482	15 416	7 708	7 707
45-49	8 030	3 999	4 031	9 247	4 619	4 628	10 673	5 338	5 334	12 321	6 117	6 205
50-54	6 748	3 349	3 399	7 485	3 692	3 793	8 675	4 293	4 383	10 049	4 990	5 060
55-59	5 586	2 730	2 856	6 132	3 008	3 124	6 865	3 348	3 518	8 001	3 919	4 082
60-64	4 289	2 053	2 236	4 864	2 345	2 519	5 389	2 612	2 777	6 098	2 937	3 161
65-69	3 097	1 458	1 639	3 492	1 647	1 846	3 993	1 902	2 091	4 484	2 146	2 338
70-74	2 032	943	1 088	2 257	1 045	1 212	2 585	1 198	1 387	2 978	1 401	1 578
75-79	1 096	501	595	1 220	556	664	1 402	632	770	1 601	730	871
80+	...	...	...	...	...	...	...	...	...	...	...	...
80-84	428	191	237	488	217	271	576	251	325	646	285	361
85-89	104	45	60	120	52	68	148	62	86	172	72	100
90-94	14	6	9	16	6	10	20	8	12	25	10	15
95-99	1	0	1	1	0	1	1	1	1	2	1	1
100+	0	0	0	0	0	0	0	0	0	0	0	0

性・年齢別人口（千人）

年齢	2015			2020			2025			2030		
	総数	男	女	総数	男	女	総数	男	女	総数	男	女
総数	353 224	178 324	174 900	402 831	203 617	199 214	457 071	231 243	225 828	516 290	261 365	254 925
0-4	59 922	30 536	29 386	65 301	33 297	32 004	70 995	36 235	34 760	77 105	39 351	37 754
5-9	51 174	26 066	25 108	57 914	29 525	28 389	63 366	32 323	31 043	69 130	35 287	33 843
10-14	43 742	22 306	21 436	50 271	25 654	24 618	57 007	29 106	27 901	62 489	31 913	30 575
15-19	36 901	18 788	18 114	42 972	21 905	21 067	49 479	25 237	24 242	56 211	28 685	27 526
20-24	31 150	15 796	15 353	35 878	18 225	17 653	41 897	21 307	20 590	48 383	24 626	23 757
25-29	26 617	13 448	13 169	30 175	15 294	14 881	34 851	17 686	17 165	40 829	20 744	20 084
30-34	22 834	11 487	11 347	25 760	13 024	12 736	29 282	14 843	14 439	33 925	17 218	16 708
35-39	19 091	9 582	9 508	22 031	11 074	10 957	24 925	12 588	12 337	28 424	14 395	14 030
40-44	15 416	7 708	7 707	18 354	9 194	9 160	21 242	10 654	10 588	24 109	12 152	11 957
45-49	12 321	6 117	6 205	14 732	7 330	7 401	17 594	8 772	8 822	20 429	10 202	10 227
50-54	10 049	4 990	5 060	11 645	5 738	5 906	13 972	6 904	7 068	16 744	8 295	8 450
55-59	8 001	3 919	4 082	9 311	4 578	4 733	10 835	5 289	5 546	13 050	6 391	6 660
60-64	6 098	2 937	3 161	7 149	3 460	3 690	8 367	4 067	4 300	9 785	4 721	5 063
65-69	4 484	2 146	2 338	5 117	2 433	2 683	6 047	2 890	3 156	7 125	3 420	3 704
70-74	2 978	1 401	1 578	3 378	1 595	1 784	3 901	1 831	2 070	4 654	2 193	2 461
75-79	1 601	730	871	1 867	862	1 005	2 150	996	1 153	2 520	1 160	1 361
80+	...	...	...	...	...	...	...	...	...	...	...	...
80-84	646	285	361	748	332	416	890	401	490	1 045	471	574
85-89	172	72	100	197	83	113	234	100	134	285	123	163
90-94	25	10	15	30	12	18	35	14	21	43	17	26
95-99	2	1	1	2	1	2	3	1	2	4	1	2
100+	0	0	0	0	0	0	0	0	0	0	0	0

年齢	2035			2040			2045			2050		
	総数	男	女	総数	男	女	総数	男	女	総数	男	女
総数	580 558	294 004	286 553	649 499	328 976	320 522	722 233	365 818	356 415	797 877	404 081	393 796
0-4	83 484	42 611	40 873	89 606	45 751	43 855	95 102	48 575	46 527	99 931	51 057	48 874
5-9	75 316	38 433	36 883	81 784	41 733	40 051	88 007	44 920	43 087	93 619	47 800	45 819
10-14	68 286	34 887	33 399	74 513	38 048	36 464	81 022	41 364	39 658	87 292	44 569	42 723
15-19	61 710	31 496	30 214	67 533	34 478	33 054	73 783	37 647	36 135	80 318	40 972	39 346
20-24	55 102	28 060	27 042	60 626	30 878	29 748	66 473	33 867	32 606	72 750	37 045	35 705
25-29	47 280	24 038	23 242	53 986	27 460	26 526	59 528	30 281	29 246	65 397	33 277	32 120
30-34	39 852	20 245	19 607	46 271	23 517	22 754	52 953	26 921	26 032	58 505	29 743	28 763
35-39	33 023	16 742	16 281	38 898	19 739	19 160	45 274	22 984	22 290	51 925	26 366	25 559
40-44	27 573	13 938	13 635	32 122	16 256	15 865	37 930	19 213	18 717	44 249	22 423	21 826
45-49	23 255	11 676	11 580	26 674	13 433	13 240	31 153	15 709	15 444	36 873	18 612	18 261
50-54	19 504	9 681	9 823	22 273	11 118	11 155	25 619	12 829	12 790	29 997	15 042	14 955
55-59	15 699	7 710	7 989	18 354	9 034	9 320	21 031	10 411	10 620	24 268	12 053	12 216
60-64	11 841	5 734	6 107	14 315	6 953	7 362	16 812	8 182	8 631	19 350	9 470	9 879
65-69	8 386	3 995	4 391	10 217	4 882	5 335	12 430	5 953	6 477	14 690	7 046	7 644
70-74	5 536	2 619	2 918	6 581	3 083	3 498	8 095	3 799	4 295	9 941	4 673	5 268
75-79	3 051	1 408	1 643	3 686	1 704	1 981	4 448	2 031	2 417	5 552	2 537	3 015
80+	...	...	...	...	...	...	...	...	...	...	...	...
80-84	1 255	561	694	1 555	695	860	1 924	859	1 065	2 377	1 045	1 332
85-89	345	148	196	429	183	247	552	234	318	708	299	408
90-94	55	22	33	69	27	42	91	35	55	123	47	75
95-99	5	2	3	6	2	4	8	3	5	12	4	8
100+	0	0	0	0	0	0	1	0	0	1	0	0

年齢	2055			2060		
	総数	男	女	総数	男	女
総数	875 803	443 446	432 358	955 430	483 582	471 848
0-4	104 281	53 295	50 986	108 311	55 362	52 949
5-9	98 580	50 347	48 233	103 065	52 648	50 417
10-14	92 962	47 473	45 489	97 986	50 045	47 941
15-19	86 627	44 194	42 432	92 342	47 116	45 226
20-24	79 325	40 387	38 938	85 685	43 628	42 057
25-29	71 705	36 466	35 239	78 319	39 818	38 502
30-34	64 395	32 742	31 653	70 729	35 934	34 795
35-39	57 486	29 186	28 300	63 389	32 183	31 206
40-44	50 858	25 776	25 082	56 414	28 586	27 828
45-49	43 116	21 774	21 342	49 660	25 085	24 575
50-54	35 597	17 870	17 727	41 722	20 959	20 763
55-59	28 505	14 179	14 327	33 924	16 896	17 028
60-64	22 428	11 013	11 415	26 448	13 010	13 438
65-69	17 019	8 208	8 811	19 843	9 603	10 240
70-74	11 864	5 582	6 282	13 874	6 565	7 309
75-79	6 926	3 168	3 758	8 387	3 841	4 547
80+	...	...	...	...	...	...
80-84	3 040	1 337	1 703	3 881	1 710	2 171
85-89	906	377	530	1 201	500	701
90-94	166	64	102	223	85	139
95-99	17	6	11	24	8	16
100+	1	0	1	2	0	1

性・年齢別人口（千人）

年齢	2015 総数	男	女	2020 総数	男	女	2025 総数	男	女	2030 総数	男	女
総数	353 224	178 324	174 900	405 969	205 217	200 753	465 938	235 766	230 172	533 403	270 097	263 307
0-4	59 922	30 536	29 386	68 439	34 897	33 542	76 813	39 203	37 609	85 539	43 654	41 885
5-9	51 174	26 066	25 108	57 914	29 525	28 389	66 415	33 877	32 537	74 800	38 180	36 620
10-14	43 742	22 306	21 436	50 271	25 654	24 618	57 007	29 106	27 901	65 497	33 449	32 048
15-19	36 901	18 788	18 114	42 972	21 905	21 067	49 479	25 237	24 242	56 211	28 685	27 526
20-24	31 150	15 796	15 353	35 878	18 225	17 653	41 897	21 307	20 590	48 383	24 626	23 757
25-29	26 617	13 448	13 169	30 175	15 294	14 881	34 851	17 686	17 165	40 829	20 744	20 084
30-34	22 834	11 487	11 347	25 760	13 024	12 736	29 282	14 843	14 439	33 925	17 218	16 708
35-39	19 091	9 582	9 508	22 031	11 074	10 957	24 925	12 588	12 337	28 424	14 395	14 030
40-44	15 416	7 708	7 707	18 354	9 194	9 160	21 242	10 654	10 588	24 109	12 152	11 957
45-49	12 321	6 117	6 205	14 732	7 330	7 401	17 594	8 772	8 822	20 429	10 202	10 227
50-54	10 049	4 990	5 060	11 645	5 738	5 906	13 972	6 904	7 068	16 744	8 295	8 450
55-59	8 001	3 919	4 082	9 311	4 578	4 733	10 835	5 289	5 546	13 050	6 391	6 660
60-64	6 098	2 937	3 161	7 149	3 460	3 690	8 367	4 067	4 300	9 785	4 721	5 063
65-69	4 484	2 146	2 338	5 117	2 433	2 683	6 047	2 890	3 156	7 125	3 420	3 704
70-74	2 978	1 401	1 578	3 378	1 595	1 784	3 901	1 831	2 070	4 654	2 193	2 461
75-79	1 601	730	871	1 867	862	1 005	2 150	996	1 153	2 520	1 160	1 361
80+	...	...	...	...	...	...	...	...	...	...	...	...
80-84	646	285	361	748	332	416	890	401	490	1 045	471	574
85-89	172	72	100	197	83	113	234	100	134	285	123	163
90-94	25	10	15	30	12	18	35	14	21	43	17	26
95-99	2	1	1	2	1	2	3	1	2	4	1	2
100+	0	0	0	0	0	0	0	0	0	0	0	0

年齢	2035 総数	男	女	2040 総数	男	女	2045 総数	男	女	2050 総数	男	女
総数	607 458	307 731	299 727	688 713	348 988	339 725	777 367	393 954	383 413	873 260	442 549	430 711
0-4	93 558	47 751	45 808	102 297	52 227	50 070	111 511	56 952	54 559	120 807	61 718	59 089
5-9	83 561	42 638	40 923	91 660	46 770	44 890	100 479	51 283	49 196	109 781	56 048	53 734
10-14	73 891	37 749	36 141	82 674	42 214	40 460	90 809	46 358	44 451	99 668	50 885	48 783
15-19	64 687	33 016	31 671	73 085	37 314	35 771	81 877	41 779	40 098	90 035	45 930	44 105
20-24	55 102	28 060	27 042	63 560	32 375	31 185	71 955	36 665	35 290	80 753	41 127	39 626
25-29	47 280	24 038	23 242	53 986	27 460	26 526	62 416	31 754	30 662	70 802	36 032	34 769
30-34	39 852	20 245	19 607	46 271	23 517	22 754	52 953	26 921	26 032	61 349	31 191	30 158
35-39	33 023	16 742	16 281	38 898	19 739	19 160	45 274	22 984	22 290	51 925	26 366	25 559
40-44	27 573	13 938	13 635	32 112	16 256	15 865	37 930	19 213	18 717	44 249	22 423	21 826
45-49	23 255	11 676	11 580	26 674	13 433	13 240	31 153	15 709	15 444	36 873	18 612	18 261
50-54	19 504	9 681	9 823	22 273	11 118	11 155	25 619	12 829	12 790	29 997	15 042	14 955
55-59	15 699	7 710	7 989	18 354	9 034	9 320	21 031	10 411	10 620	24 268	12 053	12 216
60-64	11 841	5 734	6 107	14 315	6 953	7 362	16 812	8 182	8 631	19 350	9 470	9 879
65-69	8 386	3 995	4 391	10 217	4 882	5 335	12 430	5 953	6 477	14 690	7 046	7 644
70-74	5 536	2 619	2 918	6 581	3 083	3 498	8 095	3 799	4 295	9 941	4 673	5 268
75-79	3 051	1 408	1 643	3 686	1 704	1 981	4 448	2 031	2 417	5 552	2 537	3 015
80+	...	...	...	...	...	...	...	...	...	...	...	...
80-84	1 255	561	694	1 555	695	860	1 924	859	1 065	2 377	1 045	1 332
85-89	345	148	196	429	183	247	552	234	318	708	299	408
90-94	55	22	33	69	27	42	91	35	55	123	47	75
95-99	5	2	3	6	2	4	8	3	5	12	4	8
100+	0	0	0	0	0	0	1	0	0	1	0	0

年齢	2055 総数	男	女	2060 総数	男	女
総数	976 122	494 636	481 487	1 085 504	549 944	535 560
0-4	129 993	66 430	63 563	139 001	71 043	67 958
5-9	119 184	60 865	58 320	128 488	65 629	62 860
10-14	109 016	55 667	53 349	118 473	60 503	57 970
15-19	98 924	50 469	48 455	108 308	55 263	53 045
20-24	88 945	45 292	43 654	97 874	49 841	48 033
25-29	79 607	40 491	39 116	87 832	44 661	43 171
30-34	69 724	35 457	34 267	78 533	39 905	38 628
35-39	60 284	30 610	29 674	68 643	34 856	33 787
40-44	50 858	25 776	25 082	59 162	29 982	29 180
45-49	43 116	21 774	21 342	49 660	25 085	24 575
50-54	35 597	17 870	17 727	41 722	20 959	20 763
55-59	28 505	14 179	14 327	33 924	16 896	17 028
60-64	22 428	11 013	11 415	26 448	13 010	13 438
65-69	17 019	8 208	8 811	19 843	9 603	10 240
70-74	11 864	5 582	6 282	13 874	6 565	7 309
75-79	6 926	3 168	3 758	8 387	3 841	4 547
80+	...	...	...	...	...	...
80-84	3 040	1 337	1 703	3 881	1 710	2 171
85-89	906	377	530	1 201	500	701
90-94	166	64	102	223	85	139
95-99	17	6	11	24	8	16
100+	1	0	1	2	0	1

性・年齢別人口（千人）

年齢	2015 総数	男	女	2020 総数	男	女	2025 総数	男	女	2030 総数	男	女
総数	353 224	178 324	174 900	399 693	202 018	197 675	448 204	226 720	221 484	499 177	252 634	246 543
0-4	59 922	30 536	29 386	62 162	31 697	30 465	65 177	33 267	31 910	68 671	35 048	33 622
5-9	51 174	26 066	25 108	57 914	29 525	28 389	60 317	30 768	29 549	63 459	32 394	31 065
10-14	43 742	22 306	21 436	50 271	25 654	24 618	57 007	29 106	27 901	59 480	30 378	29 103
15-19	36 901	18 788	18 114	42 972	21 905	21 067	49 479	25 237	24 242	56 211	28 685	27 526
20-24	31 150	15 796	15 353	35 878	18 225	17 653	41 897	21 307	20 590	48 383	24 626	23 757
25-29	26 617	13 448	13 169	30 175	15 294	14 881	34 851	17 686	17 165	40 829	20 744	20 084
30-34	22 834	11 487	11 347	25 760	13 024	12 736	29 282	14 843	14 439	33 925	17 218	16 708
35-39	19 091	9 582	9 508	22 031	11 074	10 957	24 925	12 588	12 337	28 424	14 395	14 030
40-44	15 416	7 708	7 707	18 354	9 194	9 160	21 242	10 654	10 588	24 109	12 152	11 957
45-49	12 321	6 117	6 205	14 732	7 330	7 401	17 594	8 772	8 822	20 429	10 202	10 227
50-54	10 049	4 990	5 060	11 645	5 738	5 906	13 972	6 904	7 068	16 744	8 295	8 450
55-59	8 001	3 919	4 082	9 311	4 578	4 733	10 835	5 289	5 546	13 050	6 391	6 660
60-64	6 098	2 937	3 161	7 149	3 460	3 690	8 367	4 067	4 300	9 785	4 721	5 063
65-69	4 484	2 146	2 338	5 117	2 433	2 683	6 047	2 890	3 156	7 125	3 420	3 704
70-74	2 978	1 401	1 578	3 378	1 595	1 784	3 901	1 831	2 070	4 654	2 193	2 461
75-79	1 601	730	871	1 867	862	1 005	2 150	996	1 153	2 520	1 160	1 361
80+	…	…	…	…	…	…	…	…	…	…	…	…
80-84	646	285	361	748	332	416	890	401	490	1 045	471	574
85-89	172	72	100	197	83	113	234	100	134	285	123	163
90-94	25	10	15	30	12	18	35	14	21	43	17	26
95-99	2	1	1	2	1	2	3	1	2	4	1	2
100+	0	0	0	0	0	0	0	0	0	0	0	0

年齢	2035 総数	男	女	2040 総数	男	女	2045 総数	男	女	2050 総数	男	女
総数	553 724	280 312	273 413	610 686	309 169	301 517	668 388	338 339	330 049	725 463	367 127	358 335
0-4	73 477	37 506	35 971	77 252	39 446	37 806	79 585	40 652	38 932	80 751	41 262	39 489
5-9	67 071	34 228	32 843	71 974	36 730	35 244	75 866	38 727	37 140	78 335	40 000	38 335
10-14	62 682	32 026	30 656	66 352	33 883	32 468	71 298	36 403	34 896	75 245	38 422	36 823
15-19	58 733	29 976	28 758	61 980	31 642	30 338	65 688	33 516	32 172	70 664	36 046	34 618
20-24	55 102	28 060	27 042	57 692	29 380	28 312	60 991	31 069	29 922	64 747	32 964	31 784
25-29	47 280	24 038	23 242	53 986	27 460	26 526	56 640	28 809	27 831	59 993	30 522	29 471
30-34	39 852	20 245	19 607	46 271	23 517	22 754	52 953	26 921	26 032	55 662	28 294	27 368
35-39	33 023	16 742	16 281	38 898	19 739	19 160	45 274	22 984	22 290	51 925	26 366	25 559
40-44	27 573	13 938	13 635	32 122	16 256	15 865	37 930	19 213	18 717	44 249	22 423	21 826
45-49	23 255	11 676	11 580	26 674	13 433	13 240	31 153	15 709	15 444	36 873	18 612	18 261
50-54	19 504	9 681	9 823	22 273	11 118	11 155	25 619	12 829	12 790	29 997	15 042	14 955
55-59	15 699	7 710	7 989	18 354	9 034	9 320	21 031	10 411	10 620	24 268	12 053	12 216
60-64	11 841	5 734	6 107	14 315	6 953	7 362	16 812	8 182	8 631	19 350	9 470	9 879
65-69	8 386	3 995	4 391	10 217	4 882	5 335	12 430	5 953	6 477	14 690	7 046	7 644
70-74	5 536	2 619	2 918	6 581	3 083	3 498	8 095	3 799	4 295	9 941	4 673	5 268
75-79	3 051	1 408	1 643	3 686	1 704	1 981	4 448	2 031	2 417	5 552	2 537	3 015
80+	…	…	…	…	…	…	…	…	…	…	…	…
80-84	1 255	561	694	1 555	695	860	1 924	859	1 065	2 377	1 045	1 332
85-89	345	148	196	429	183	247	552	234	318	708	299	408
90-94	55	22	33	69	27	42	91	35	55	123	47	75
95-99	5	2	3	6	2	4	8	3	5	12	4	8
100+	0	0	0	0	0	0	1	0	0	1	0	0

年齢	2055 総数	男	女	2060 総数	男	女
総数	781 118	395 130	385 987	834 813	422 047	412 766
0-4	81 264	41 536	39 728	81 494	41 659	39 835
5-9	79 650	40 684	38 966	80 306	41 027	39 279
10-14	77 780	39 724	38 056	79 164	40 437	38 727
15-19	74 656	38 086	36 570	77 244	39 412	37 832
20-24	69 769	35 515	34 253	73 820	37 580	36 240
25-29	63 803	32 441	31 363	68 869	35 007	33 863
30-34	59 065	30 028	29 038	62 925	31 963	30 962
35-39	54 688	27 762	26 926	58 136	29 511	28 625
40-44	50 858	25 776	25 082	53 665	27 190	26 475
45-49	43 116	21 774	21 342	49 660	25 085	24 575
50-54	35 597	17 870	17 727	41 722	20 959	20 763
55-59	28 505	14 179	14 327	33 924	16 896	17 028
60-64	22 428	11 013	11 415	26 448	13 010	13 438
65-69	17 019	8 208	8 811	19 843	9 603	10 240
70-74	11 864	5 582	6 282	13 874	6 565	7 309
75-79	6 926	3 168	3 758	8 387	3 841	4 547
80+	…	…	…	…	…	…
80-84	3 040	1 337	1 703	3 881	1 710	2 171
85-89	906	377	530	1 201	500	701
90-94	166	64	102	223	85	139
95-99	17	6	11	24	8	16
100+	1	0	1	2	0	1

性・年齢別人口（千人）

年齢	1960 総数	男	女	1965 総数	男	女	1970 総数	男	女	1975 総数	男	女
総数	1 686 698	861 016	825 682	1 874 812	956 648	918 164	2 120 430	1 081 515	1 038 915	2 378 066	1 213 330	1 164 735
0-4	260 841	133 608	127 234	297 098	152 389	144 709	336 908	172 230	164 678	347 397	178 182	169 215
5-9	231 636	118 889	112 747	245 553	126 055	119 497	283 619	145 528	138 091	324 530	166 076	158 454
10-14	179 424	91 742	87 682	225 734	115 854	109 880	241 936	124 230	117 706	279 823	143 616	136 206
15-19	150 998	77 847	73 150	175 701	89 697	86 004	222 629	114 178	108 452	238 327	122 298	116 028
20-24	142 365	73 487	68 879	146 743	75 501	71 242	172 206	87 814	84 393	218 964	112 264	106 699
25-29	130 162	67 145	63 017	138 310	71 387	66 923	143 693	73 902	69 791	169 735	86 636	83 099
30-34	113 683	58 947	54 737	125 894	65 079	60 815	135 133	69 806	65 327	141 526	72 918	68 608
35-39	96 935	49 844	47 092	109 208	56 750	52 458	122 379	63 314	59 065	132 403	68 458	63 946
40-44	86 393	44 615	41 778	92 146	47 409	44 738	105 321	54 730	50 591	119 167	61 665	57 502
45-49	75 994	38 954	37 039	80 849	41 545	39 304	87 870	45 081	42 789	101 618	52 657	48 961
50-54	64 661	32 692	31 969	69 664	35 294	34 370	75 753	38 722	37 032	83 456	42 520	40 936
55-59	52 648	26 299	26 350	57 291	28 379	28 912	63 679	31 949	31 731	70 155	35 471	34 684
60-64	39 757	19 474	20 284	44 040	21 385	22 655	50 100	24 359	25 742	56 636	27 914	28 722
65-69	27 795	13 207	14 589	30 611	14 522	16 089	36 046	16 984	19 062	41 861	19 799	22 063
70-74	18 310	8 224	10 086	19 029	8 607	10 422	22 923	10 426	12 498	27 613	12 533	15 080
75-79	9 512	3 927	5 584	10 732	4 505	6 227	12 392	5 316	7 076	15 280	6 625	8 655
80+	5 583	2 117	3 466	6 208	2 290	3 918	7 841	2 949	4 893	9 576	3 697	5 878
80-84	…	…	…	…	…	…	…	…	…	…	…	…
85-89	…	…	…	…	…	…	…	…	…	…	…	…
90-94	…	…	…	…	…	…	…	…	…	…	…	…
95-99	…	…	…	…	…	…	…	…	…	…	…	…
100+	…	…	…	…	…	…	…	…	…	…	…	…

年齢	1980 総数	男	女	1985 総数	男	女	1990 総数	男	女	1995 総数	男	女
総数	2 625 584	1 339 742	1 285 842	2 897 177	1 478 068	1 419 109	3 202 475	1 634 735	1 567 740	3 474 849	1 774 574	1 700 275
0-4	337 599	173 124	164 475	364 090	186 946	177 144	405 321	209 146	196 174	384 520	199 696	184 824
5-9	337 056	173 072	163 983	328 902	168 877	160 026	355 838	182 965	172 873	397 803	205 392	192 411
10-14	321 006	164 281	156 725	333 971	171 514	162 457	326 347	167 629	158 718	353 250	181 598	171 652
15-19	276 933	142 117	134 815	318 366	162 927	155 439	331 506	170 308	161 197	323 097	165 850	157 247
20-24	235 573	120 943	114 631	274 095	140 635	133 459	315 101	161 334	153 767	326 604	167 700	158 903
25-29	216 136	110 928	105 208	233 047	119 694	113 353	271 019	139 054	131 964	310 806	159 088	151 719
30-34	167 207	85 465	81 742	213 699	109 790	103 908	230 282	118 270	112 011	267 636	137 315	130 321
35-39	138 726	71 487	67 239	165 043	84 312	80 731	210 744	108 171	102 573	227 052	116 494	110 558
40-44	129 289	66 783	62 506	136 005	69 967	66 039	161 893	82 521	79 372	207 133	106 122	101 011
45-49	115 398	59 520	55 877	125 623	64 642	60 981	132 605	67 970	64 635	157 945	80 259	77 686
50-54	97 110	50 040	47 070	110 688	56 724	53 965	120 925	61 872	59 053	127 850	65 180	62 670
55-59	78 139	39 423	38 716	91 272	46 556	44 716	104 683	53 158	51 525	114 587	58 102	56 485
60-64	63 322	31 514	31 807	70 936	35 222	35 713	83 577	42 027	41 550	96 327	48 234	48 093
65-69	48 274	23 214	25 060	54 513	26 483	28 029	61 675	29 973	31 702	73 258	36 027	37 231
70-74	32 751	14 954	17 797	38 395	17 806	20 589	43 911	20 699	23 212	50 150	23 542	26 608
75-79	18 921	8 173	10 749	22 902	9 944	12 957	27 321	12 066	15 255	31 791	14 229	17 562
80+	12 145	4 703	7 442	15 630	6 028	9 602	…	…	…	…	…	…
80-84	…	…	…	…	…	…	13 395	5 372	8 023	16 707	6 841	9 866
85-89	…	…	…	…	…	…	4 915	1 760	3 155	6 345	2 301	4 045
90-94	…	…	…	…	…	…	1 207	382	825	1 678	524	1 155
95-99	…	…	…	…	…	…	188	52	137	279	74	205
100+	…	…	…	…	…	…	21	5	17	29	7	23

年齢	2000 総数	男	女	2005 総数	男	女	2010 総数	男	女	2015 総数	男	女
総数	3 714 470	1 896 485	1 817 985	3 944 670	2 015 857	1 928 813	4 169 860	2 132 586	2 037 274	4 393 296	2 246 986	2 146 310
0-4	356 701	185 852	170 849	354 205	185 256	168 950	360 336	188 675	171 662	367 458	192 216	175 242
5-9	378 590	196 781	181 809	353 074	184 092	168 982	350 780	183 641	167 139	357 773	187 321	170 452
10-14	395 194	204 024	191 170	377 115	195 974	181 141	351 261	183 242	168 019	349 222	182 813	166 409
15-19	350 036	179 834	170 203	393 383	202 971	190 412	372 841	193 599	179 243	348 918	182 081	166 837
20-24	318 928	163 680	155 248	345 264	177 117	168 146	386 405	199 020	187 385	369 538	191 962	177 575
25-29	322 971	165 675	157 296	315 666	161 756	153 910	342 869	175 695	167 174	383 384	197 503	185 881
30-34	307 510	157 048	150 462	319 205	163 841	155 364	312 731	160 251	152 480	339 707	173 920	165 786
35-39	264 452	135 250	129 202	303 772	155 189	148 583	316 662	162 529	154 133	308 814	157 878	150 936
40-44	223 545	114 368	109 177	259 922	132 801	127 120	300 196	153 220	146 976	312 298	159 880	152 419
45-49	202 727	103 469	99 258	217 512	110 887	106 625	255 316	130 093	125 223	294 923	149 984	144 938
50-54	152 822	77 162	75 661	196 810	99 833	96 977	212 267	107 718	104 549	249 051	126 178	122 873
55-59	121 527	61 337	60 190	146 675	73 532	73 142	188 418	95 083	93 335	204 257	102 767	101 490
60-64	105 939	52 959	52 980	113 385	56 633	56 753	136 709	67 718	68 991	177 406	88 455	88 951
65-69	85 205	41 717	43 488	94 080	46 296	47 784	101 383	49 848	51 535	123 448	60 109	63 339
70-74	60 351	28 647	31 704	71 099	33 908	37 191	79 326	38 026	41 300	85 999	41 197	44 802
75-79	37 056	16 492	20 563	45 287	20 586	24 701	54 067	24 698	29 369	61 127	28 110	33 017
80+	…	…	…	…	…	…	…	…	…	…	…	…
80-84	19 886	8 271	11 615	24 018	10 029	13 988	30 176	12 907	17 269	36 420	15 721	20 700
85-89	8 256	3 068	5 188	10 274	3 927	6 346	12 911	4 949	7 963	16 662	6 617	10 045
90-94	2 307	731	1 576	3 218	1 045	2 173	4 160	1 399	2 760	5 457	1 869	3 589
95-99	421	110	311	631	168	463	924	251	673	1 246	362	883
100+	46	10	36	77	16	60	122	26	95	189	44	145

中位予測値

性・年齢別人口（千人）

年齢	2015 総数	男	女	2020 総数	男	女	2025 総数	男	女	2030 総数	男	女
総数	4 393 296	2 246 986	2 146 310	4 598 426	2 350 704	2 247 722	4 774 708	2 438 668	2 336 040	4 922 830	2 511 526	2 411 303
0-4	367 458	192 216	175 242	361 281	188 648	172 633	346 249	180 409	165 840	334 331	173 829	160 502
5-9	357 773	187 321	170 452	364 990	190 932	174 058	359 492	187 713	171 779	344 582	179 533	165 049
10-14	349 222	182 813	166 409	356 271	186 516	169 755	363 666	190 219	173 447	358 454	187 146	171 308
15-19	348 918	182 081	166 837	347 123	181 773	165 350	354 220	185 510	168 711	361 818	189 261	172 557
20-24	369 538	191 962	177 575	346 205	180 817	165 388	344 443	180 520	163 923	351 592	184 171	167 420
25-29	383 384	197 503	185 881	367 142	190 834	176 307	343 919	179 705	164 214	342 101	179 301	162 800
30-34	339 707	173 920	165 786	380 555	195 851	184 704	364 580	189 290	175 290	341 453	178 237	163 216
35-39	308 814	157 878	150 936	335 900	171 447	164 454	376 970	193 491	183 479	361 219	187 101	174 118
40-44	312 298	159 880	152 419	304 396	154 981	149 415	331 703	168 683	163 020	372 756	190 757	182 000
45-49	294 923	149 984	144 938	306 870	156 370	150 500	299 273	151 643	147 630	326 670	165 464	161 206
50-54	249 051	126 178	122 873	287 975	145 599	142 376	299 942	151 950	147 992	292 739	147 479	145 261
55-59	204 257	102 767	101 490	240 283	120 759	119 524	278 631	139 821	138 809	290 627	146 136	144 491
60-64	177 406	88 455	88 951	192 692	95 850	96 841	227 631	113 188	114 443	265 093	131 723	133 370
65-69	123 448	60 109	63 339	161 435	79 177	82 258	176 098	86 192	89 906	209 444	102 621	106 823
70-74	85 999	41 197	44 802	105 961	50 310	55 651	139 770	66 911	72 860	153 610	73 492	80 118
75-79	61 127	28 110	33 017	67 352	31 024	36 328	84 332	38 565	45 767	112 611	52 043	60 568
80+	...	...	...	...	...	...	...	...	...	...	...	...
80-84	36 420	15 721	20 700	41 955	18 283	23 671	47 221	20 664	26 557	60 431	26 327	34 104
85-89	16 662	6 617	10 045	20 728	8 336	12 392	24 413	9 950	14 463	28 253	11 586	16 667
90-94	5 457	1 869	3 589	7 315	2 614	4 701	9 378	3 400	5 977	11 331	4 177	7 153
95-99	1 246	362	883	1 724	512	1 212	2 388	742	1 646	3 158	991	2 167
100+	189	44	145	272	68	204	391	102	289	557	150	407

年齢	2035 総数	男	女	2040 総数	男	女	2045 総数	男	女	2050 総数	男	女
総数	5 045 488	2 571 124	2 474 364	5 143 850	2 618 272	2 525 578	5 218 033	2 653 672	2 564 361	5 266 848	2 676 951	2 589 897
0-4	327 592	170 026	157 566	322 880	167 296	155 584	317 982	164 487	153 495	310 653	160 565	150 089
5-9	332 815	173 028	159 787	326 261	169 320	156 941	321 700	166 668	155 032	316 924	163 922	153 002
10-14	343 547	178 967	164 580	331 874	172 513	159 361	325 390	168 844	156 546	320 883	166 222	154 660
15-19	356 727	186 244	170 483	341 911	178 116	163 795	330 318	171 709	158 610	323 894	168 075	155 819
20-24	359 362	187 983	171 379	354 284	184 938	169 346	339 592	176 888	162 704	328 095	170 537	157 558
25-29	349 359	182 959	166 400	357 115	186 729	170 386	352 167	183 771	168 396	337 595	175 793	161 802
30-34	339 813	177 921	161 892	347 175	181 646	165 529	355 050	185 500	169 550	350 237	182 630	167 607
35-39	338 467	176 318	162 149	336 996	176 106	160 891	344 501	179 936	164 566	352 523	183 894	168 629
40-44	357 248	184 501	172 747	334 873	173 979	160 894	333 596	173 889	159 706	341 291	177 864	163 427
45-49	367 507	187 371	180 136	352 416	181 392	171 024	330 393	171 073	159 321	329 403	171 181	158 222
50-54	319 966	161 204	158 762	360 628	183 006	177 622	345 991	177 287	168 705	324 468	167 261	157 207
55-59	283 855	141 944	141 911	310 801	155 495	155 306	351 203	177 153	174 050	337 172	171 752	165 420
60-64	277 199	138 080	139 119	271 079	134 287	136 792	297 578	147 568	150 010	337 542	168 963	168 579
65-69	245 472	120 342	125 131	257 787	126 779	131 008	252 675	123 622	129 054	278 490	136 506	141 984
70-74	184 419	88 516	95 903	218 231	104 969	113 262	230 735	111 510	119 225	226 955	109 193	117 762
75-79	125 053	57 913	67 140	152 201	70 894	81 306	182 626	85 518	97 108	195 055	92 011	103 044
80+	...	...	...	...	...	...	...	...	...	...	...	...
80-84	81 826	36 142	45 684	92 202	40 920	51 282	114 320	51 276	63 044	139 775	63 295	76 480
85-89	37 065	15 182	21 883	51 043	21 266	29 777	58 595	24 667	33 928	74 383	31 841	42 541
90-94	13 525	5 028	8 497	18 278	6 799	11 480	25 620	9 785	15 835	30 112	11 720	18 392
95-99	3 910	1 250	2 660	4 835	1 555	3 280	6 745	2 179	4 566	9 625	3 236	6 389
100+	762	207	555	979	268	711	1 253	344	910	1 772	487	1 285

年齢	2055 総数	男	女	2060 総数	男	女
総数	5 290 517	2 688 578	2 601 939	5 290 030	2 688 772	2 601 258
0-4	300 926	155 411	145 515	290 371	149 839	140 532
5-9	309 720	160 067	149 653	300 106	154 974	145 132
10-14	316 154	163 507	152 647	309 020	159 690	149 329
15-19	319 508	165 510	153 998	314 881	162 850	152 031
20-24	321 870	167 023	154 847	317 635	164 542	153 093
25-29	326 246	169 556	156 691	320 178	166 135	154 043
30-34	335 861	174 777	161 084	324 687	168 654	156 033
35-39	347 944	181 182	166 762	333 798	173 485	160 313
40-44	349 518	181 979	167 539	345 192	179 441	165 751
45-49	337 358	175 341	162 017	345 830	179 632	166 198
50-54	323 866	167 629	156 236	332 115	172 002	160 113
55-59	316 385	162 167	154 218	316 280	162 853	153 427
60-64	324 495	164 088	160 407	304 774	155 099	149 675
65-69	317 809	157 547	160 263	306 171	153 391	152 779
70-74	251 694	121 528	130 166	289 556	141 863	147 873
75-79	192 940	90 806	102 134	215 769	102 176	113 593
80+	...	...	...	...	...	...
80-84	151 451	69 389	82 062	150 886	69 171	81 715
85-89	93 204	40 559	52 645	102 866	45 519	57 347
90-94	39 339	15 728	23 610	50 720	20 802	29 918
95-99	11 648	4 044	7 604	15 689	5 663	10 026
100+	2 582	741	1 842	3 326	991	2 336

性・年齢別人口（千人）

年齢	2015 総数	男	女	2020 総数	男	女	2025 総数	男	女	2030 総数	男	女
総数	4 393 296	2 246 986	2 146 310	4 640 835	2 372 897	2 267 938	4 883 252	2 495 368	2 387 884	5 112 816	2 610 608	2 502 208
0-4	367 458	192 216	175 242	403 690	210 840	192 849	412 568	215 012	197 556	416 107	216 388	199 719
5-9	357 773	187 321	170 452	364 990	190 932	174 058	401 717	209 809	191 908	410 648	214 004	196 644
10-14	349 222	182 813	166 409	356 271	186 516	169 755	363 666	190 219	173 447	400 599	209 198	191 401
15-19	348 918	182 081	166 837	347 123	181 773	165 350	354 220	185 510	168 711	361 818	189 261	172 557
20-24	369 538	191 962	177 575	346 205	180 817	165 388	344 443	180 520	163 923	351 592	184 171	167 420
25-29	383 384	197 503	185 881	367 142	190 834	176 307	343 919	179 705	164 214	342 101	179 301	162 800
30-34	339 707	173 920	165 786	380 555	195 851	184 704	364 580	189 290	175 290	341 453	178 237	163 216
35-39	308 814	157 878	150 936	335 900	171 447	164 454	376 970	193 491	183 479	361 219	187 101	174 118
40-44	312 298	159 880	152 419	304 396	154 981	149 415	331 703	168 683	163 020	372 756	190 757	182 000
45-49	294 923	149 984	144 938	306 870	156 370	150 500	299 273	151 643	147 630	326 670	165 464	161 206
50-54	249 051	126 178	122 873	287 975	145 599	142 376	299 942	151 950	147 992	292 739	147 479	145 261
55-59	204 257	102 767	101 490	240 283	120 759	119 524	278 631	139 821	138 809	290 627	146 136	144 491
60-64	177 406	88 455	88 951	192 692	95 850	96 841	227 631	113 188	114 443	265 093	131 723	133 370
65-69	123 448	60 109	63 339	161 435	79 177	82 258	176 098	86 192	89 906	209 444	102 621	106 823
70-74	85 999	41 197	44 802	105 961	50 310	55 651	139 770	66 911	72 860	153 610	73 492	80 118
75-79	61 127	28 110	33 017	67 352	31 024	36 328	84 332	38 565	45 767	112 611	52 043	60 568
80+	…	…	…	…	…	…	…	…	…	…	…	…
80-84	36 420	15 721	20 700	41 955	18 283	23 671	47 221	20 664	26 557	60 431	26 327	34 104
85-89	16 662	6 617	10 045	20 728	8 336	12 392	24 413	9 950	14 463	28 253	11 586	16 667
90-94	5 457	1 869	3 589	7 315	2 614	4 701	9 378	3 400	5 977	11 331	4 177	7 153
95-99	1 246	362	883	1 724	512	1 212	2 388	742	1 646	3 158	991	2 167
100+	189	44	145	272	68	204	391	102	289	557	150	407

年齢	2035 総数	男	女	2040 総数	男	女	2045 総数	男	女	2050 総数	男	女
総数	5 317 953	2 713 025	2 604 928	5 507 736	2 807 531	2 700 205	5 692 144	2 899 915	2 792 229	5 873 168	2 991 461	2 881 708
0-4	410 539	213 103	197 436	414 915	215 005	199 911	429 028	221 956	207 072	443 947	229 486	214 461
5-9	414 317	215 443	198 874	408 963	212 267	196 697	413 495	214 249	199 247	427 713	221 255	206 458
10-14	409 499	213 373	196 126	413 249	214 373	198 394	407 976	211 724	196 251	412 561	213 736	198 825
15-19	398 790	208 247	190 543	407 744	212 451	195 293	411 558	213 970	197 588	406 353	210 880	195 474
20-24	359 362	187 983	171 379	396 224	206 864	189 360	405 244	211 110	194 134	409 125	212 667	196 458
25-29	349 359	182 959	166 400	357 115	186 729	170 386	393 961	205 602	188 359	403 031	209 874	193 157
30-34	339 813	177 921	161 892	347 175	181 646	165 529	355 050	185 500	169 550	391 871	204 357	187 515
35-39	338 467	176 318	162 149	336 996	176 106	160 891	344 501	179 936	164 566	352 523	183 894	168 629
40-44	357 248	184 501	172 747	334 873	173 979	160 894	333 596	173 889	159 706	341 291	177 864	163 427
45-49	367 507	187 371	180 136	352 416	181 392	171 024	330 393	171 073	159 321	329 403	171 181	158 222
50-54	319 966	161 204	158 762	360 628	183 006	177 622	345 991	177 287	168 705	324 468	167 261	157 207
55-59	283 855	141 944	141 911	310 801	155 495	155 306	351 203	177 153	174 050	337 172	171 752	165 420
60-64	277 199	138 080	139 119	271 079	134 287	136 792	297 578	147 568	150 010	337 542	168 963	168 579
65-69	245 472	120 342	125 131	257 787	126 779	131 008	252 675	123 622	129 054	278 490	136 506	141 984
70-74	184 419	88 516	95 903	218 231	104 969	113 262	230 735	111 510	119 225	226 955	109 193	117 762
75-79	125 053	57 913	67 140	152 201	70 894	81 306	182 626	85 518	97 108	195 055	92 011	103 044
80+	…	…	…	…	…	…	…	…	…	…	…	…
80-84	81 826	36 142	45 684	92 202	40 920	51 282	114 320	51 276	63 044	139 775	63 295	76 480
85-89	37 065	15 182	21 883	51 043	21 266	29 777	58 595	24 667	33 928	74 383	31 841	42 541
90-94	13 525	5 028	8 497	18 278	6 799	11 480	25 620	9 785	15 835	30 112	11 720	18 392
95-99	3 910	1 250	2 660	4 835	1 555	3 280	6 745	2 179	4 566	9 625	3 236	6 389
100+	762	207	555	979	268	711	1 253	344	910	1 772	487	1 285

年齢	2055 総数	男	女	2060 総数	男	女
総数	6 047 189	3 080 626	2 966 563	6 209 069	3 164 445	3 044 624
0-4	452 668	233 797	218 871	454 493	234 539	219 955
5-9	442 743	228 845	213 898	451 577	233 215	218 361
10-14	426 817	220 767	206 050	441 906	228 390	213 516
15-19	411 059	212 947	198 112	425 404	220 027	205 377
20-24	404 134	209 705	194 429	408 988	211 856	197 132
25-29	407 028	211 526	195 503	402 211	208 670	193 542
30-34	401 061	208 706	192 355	405 201	210 452	194 748
35-39	389 391	202 788	186 603	398 724	207 238	191 486
40-44	349 518	181 979	167 539	386 404	200 898	185 506
45-49	337 358	175 341	162 017	345 830	179 632	166 198
50-54	323 866	167 629	156 236	332 115	172 002	160 113
55-59	316 385	162 167	154 218	316 280	162 853	153 427
60-64	324 495	164 088	160 407	304 774	155 099	149 675
65-69	317 809	157 547	160 263	306 171	153 391	152 779
70-74	251 694	121 528	130 166	289 735	141 863	147 873
75-79	192 940	90 806	102 134	215 769	102 176	113 593
80+	…	…	…	…	…	…
80-84	151 451	69 389	82 062	150 886	69 171	81 715
85-89	93 204	40 559	52 645	102 866	45 519	57 347
90-94	39 339	15 728	23 610	50 720	20 802	29 918
95-99	11 648	4 044	7 604	15 689	5 663	10 026
100+	2 582	741	1 842	3 326	991	2 336

性・年齢別人口（千人）

年齢	2015			2020			2025			2030		
	総数	男	女	総数	男	女	総数	男	女	総数	男	女
総数	4 393 296	2 246 986	2 146 310	4 555 907	2 328 455	2 227 451	4 666 024	2 381 897	2 284 128	4 732 662	2 412 352	2 320 310
0-4	367 458	192 216	175 242	318 762	166 399	152 363	279 901	145 790	134 110	252 514	131 248	121 266
5-9	357 773	187 321	170 452	364 990	190 932	174 058	317 156	165 560	151 596	278 487	145 047	133 439
10-14	349 222	182 813	166 409	356 271	186 516	169 755	363 666	190 219	173 447	316 199	165 039	151 160
15-19	348 918	182 081	166 837	347 123	181 773	165 350	354 220	185 510	168 711	361 818	189 261	172 557
20-24	369 538	191 962	177 575	346 205	180 817	165 388	344 443	180 520	163 923	351 592	184 171	167 420
25-29	383 384	197 503	185 881	367 142	190 834	176 307	343 919	179 705	164 214	342 101	179 301	162 800
30-34	339 707	173 920	165 786	380 555	195 851	184 704	364 580	189 290	175 290	341 453	178 237	163 216
35-39	308 814	157 878	150 936	335 900	171 447	164 454	376 970	193 491	183 479	361 219	187 101	174 118
40-44	312 298	159 880	152 419	304 396	154 981	149 415	331 703	168 683	163 020	372 756	190 757	182 000
45-49	294 923	149 984	144 938	306 870	156 370	150 500	299 273	151 643	147 630	326 670	165 464	161 206
50-54	249 051	126 178	122 873	287 975	145 599	142 376	299 942	151 950	147 992	292 739	147 479	145 261
55-59	204 257	102 767	101 490	240 283	120 759	119 524	278 631	139 821	138 809	290 627	146 136	144 491
60-64	177 406	88 455	88 951	192 692	95 850	96 841	227 631	113 188	114 443	265 093	131 723	133 370
65-69	123 448	60 109	63 339	161 435	79 177	82 258	176 098	86 192	89 906	209 444	102 621	106 823
70-74	85 999	41 197	44 802	105 961	50 310	55 651	139 770	66 911	72 860	153 610	73 492	80 118
75-79	61 127	28 110	33 017	67 352	31 024	36 328	84 332	38 565	45 767	112 611	52 043	60 568
80+	...	...	...	...	...	...	...	...	...	...	...	...
80-84	36 420	15 721	20 700	41 955	18 283	23 671	47 221	20 664	26 557	60 431	26 327	34 104
85-89	16 662	6 617	10 045	20 728	8 336	12 392	24 413	9 950	14 463	28 253	11 586	16 667
90-94	5 457	1 869	3 589	7 315	2 614	4 701	9 378	3 400	5 977	11 331	4 177	7 153
95-99	1 246	362	883	1 724	512	1 212	2 388	742	1 646	3 158	991	2 167
100+	189	44	145	272	68	204	391	102	289	557	150	407

年齢	2035			2040			2045			2050		
	総数	男	女	総数	男	女	総数	男	女	総数	男	女
総数	4 773 201	2 429 316	2 343 885	4 784 055	2 431 136	2 352 919	4 759 867	2 415 690	2 344 176	4 698 178	2 381 930	2 316 247
0-4	245 002	127 134	117 868	234 759	121 618	113 141	218 802	113 164	105 639	199 095	102 887	96 208
5-9	251 272	130 592	120 680	243 916	126 557	117 358	233 809	121 112	112 697	217 973	112 721	105 252
10-14	277 565	144 546	133 019	250 458	130 149	120 309	243 160	126 148	117 013	233 103	120 730	112 373
15-19	314 553	164 185	150 368	276 048	143 765	132 283	249 039	129 426	119 612	241 791	125 454	116 336
20-24	359 362	187 983	171 379	312 233	162 956	149 277	273 911	142 652	131 259	247 025	128 387	118 638
25-29	349 359	182 959	166 400	357 115	186 729	170 386	310 263	161 884	148 379	272 131	141 697	130 434
30-34	339 813	177 921	161 892	347 175	181 646	165 529	355 050	185 500	169 550	308 494	160 848	147 646
35-39	338 467	176 318	162 149	336 996	176 106	160 891	344 501	179 936	164 566	352 523	183 894	168 629
40-44	357 248	184 501	172 747	334 873	173 979	160 894	333 596	173 889	159 706	341 291	177 864	163 427
45-49	367 507	187 371	180 136	352 416	181 392	171 024	330 393	171 073	159 321	329 403	171 181	158 222
50-54	319 966	161 204	158 762	360 628	183 006	177 622	345 991	177 287	168 705	324 468	167 261	157 207
55-59	283 855	141 944	141 911	310 801	155 495	155 306	351 203	177 153	174 050	337 172	171 752	165 420
60-64	277 199	138 080	139 119	271 079	134 287	136 792	297 578	147 568	150 010	337 542	168 963	168 579
65-69	245 472	120 342	125 131	257 787	126 779	131 008	252 675	123 622	129 054	278 490	136 506	141 984
70-74	184 419	88 516	95 903	218 231	104 969	113 262	230 735	111 510	119 225	226 955	109 193	117 762
75-79	125 053	57 913	67 140	152 201	70 894	81 306	182 626	85 518	97 108	195 055	92 011	103 044
80+	...	...	...	...	...	...	...	...	...	...	...	...
80-84	81 826	36 142	45 684	92 202	40 920	51 282	114 320	51 276	63 044	139 775	63 295	76 480
85-89	37 065	15 182	21 883	51 043	21 266	29 777	58 595	24 667	33 928	74 383	31 841	42 541
90-94	13 525	5 028	8 497	18 278	6 799	11 480	25 620	9 785	15 835	30 112	11 720	18 392
95-99	3 910	1 250	2 660	4 835	1 555	3 280	6 745	2 179	4 566	9 625	3 236	6 389
100+	762	207	555	979	268	711	1 253	344	910	1 772	487	1 285

年齢	2055			2060		
	総数	男	女	総数	男	女
総数	4 602 000	2 331 779	2 270 221	4 476 473	2 267 609	2 208 864
0-4	179 750	92 818	86 932	163 674	84 455	79 219
5-9	198 391	102 512	95 879	179 149	92 498	86 651
10-14	217 317	112 370	104 946	197 804	102 200	95 604
15-19	231 851	120 091	111 760	216 169	111 787	104 381
20-24	239 960	124 523	115 437	230 166	119 241	110 926
25-29	245 424	127 565	117 859	238 499	123 783	114 716
30-34	270 631	140 833	129 798	244 134	126 836	117 297
35-39	306 389	159 521	146 867	268 844	139 717	129 126
40-44	349 518	181 979	167 539	303 872	157 930	145 942
45-49	337 358	175 341	162 017	345 830	179 632	166 198
50-54	323 866	167 629	156 236	332 115	172 002	160 113
55-59	316 385	162 167	154 218	316 280	162 853	153 427
60-64	324 495	164 088	160 407	304 774	155 099	149 675
65-69	317 809	157 547	160 263	306 171	153 391	152 779
70-74	251 694	121 528	130 166	289 735	141 863	147 873
75-79	192 940	90 806	102 134	215 769	102 176	113 593
80+	...	...	...	...	...	...
80-84	151 451	69 389	82 062	150 886	69 171	81 715
85-89	93 204	40 559	52 645	102 866	45 519	57 347
90-94	39 339	15 728	23 610	50 720	20 802	29 918
95-99	11 648	4 044	7 604	15 689	5 663	10 026
100+	2 582	741	1 842	3 326	991	2 336

性・年齢別人口（千人）

年齢	1960			1965			1970			1975		
	総数	男	女	総数	男	女	総数	男	女	総数	男	女
総数	788 145	402 525	385 620	862 443	439 907	422 535	978 113	498 429	479 684	1 089 536	555 510	534 026
0-4	111 028	57 121	53 907	128 805	66 426	62 379	152 173	77 840	74 333	145 466	74 878	70 588
5-9	110 329	56 735	53 594	105 023	54 019	51 004	124 765	64 112	60 653	149 023	76 160	72 863
10-14	84 821	43 720	41 101	107 191	55 032	52 158	104 270	53 591	50 679	123 841	63 613	60 228
15-19	68 003	35 682	32 322	83 039	42 643	40 396	106 165	54 401	51 764	103 387	53 072	50 315
20-24	64 387	33 929	30 459	65 919	34 453	31 466	81 627	41 807	39 820	105 246	53 899	51 347
25-29	60 717	31 723	28 994	62 733	33 047	29 686	65 017	33 924	31 094	80 880	41 420	39 460
30-34	52 886	27 569	25 318	58 934	30 880	28 054	61 779	32 551	29 229	64 480	33 676	30 804
35-39	45 530	23 214	22 316	50 981	26 639	24 342	57 749	30 262	27 488	60 988	32 131	28 857
40-44	42 755	22 005	20 750	43 363	22 105	21 259	49 541	25 886	23 654	56 709	29 700	27 009
45-49	37 671	19 160	18 511	40 004	20 397	19 607	41 721	21 199	20 523	48 297	25 167	23 130
50-54	32 216	16 023	16 192	34 388	17 153	17 235	37 790	19 170	18 620	39 976	20 176	19 800
55-59	27 193	13 213	13 980	28 196	13 550	14 646	31 685	15 644	16 041	35 340	17 709	17 630
60-64	20 071	9 576	10 495	22 155	10 271	11 884	24 803	11 626	13 177	28 510	13 760	14 750
65-69	14 708	6 714	7 994	14 824	6 710	8 115	18 197	8 073	10 124	21 011	9 496	11 515
70-74	9 004	3 794	5 210	9 495	3 998	5 497	11 214	4 774	6 440	14 190	5 995	8 195
75-79	4 717	1 708	3 009	4 850	1 815	3 036	6 212	2 445	3 767	7 613	3 051	4 562
80+	2 107	639	1 468	2 541	770	1 772	3 404	1 125	2 279	4 580	1 609	2 972
80-84	...	...	...	...	...	...	...	...	...	...	...	...
85-89	...	...	...	...	...	...	...	...	...	...	...	...
90-94	...	...	...	...	...	...	...	...	...	...	...	...
95-99	...	...	...	...	...	...	...	...	...	...	...	...
100+	...	...	...	...	...	...	...	...	...	...	...	...

年齢	1980			1985			1990			1995		
	総数	男	女	総数	男	女	総数	男	女	総数	男	女
総数	1 173 372	598 466	574 906	1 258 750	641 919	616 830	1 368 592	698 498	670 094	1 448 738	739 843	708 895
0-4	116 394	59 969	56 425	118 948	61 306	57 642	146 517	76 192	70 325	121 921	64 124	57 797
5-9	143 634	73 878	69 756	115 405	59 419	55 986	118 002	60 778	57 224	145 336	75 522	69 814
10-14	148 097	75 653	72 444	143 072	73 566	69 507	115 027	59 193	55 834	117 548	60 507	57 041
15-19	123 058	63 180	59 878	147 486	75 318	72 168	142 582	73 269	69 313	114 569	58 925	55 644
20-24	102 745	52 719	50 026	122 379	62 779	59 600	146 748	74 884	71 864	141 686	72 746	68 940
25-29	104 577	53 513	51 063	102 114	52 307	49 807	121 645	62 311	59 335	145 760	74 244	71 516
30-34	80 309	41 160	39 149	103 917	53 194	50 723	101 477	51 970	49 506	120 852	61 865	58 988
35-39	63 844	33 333	30 511	79 723	40 834	38 890	103 091	52 731	50 361	100 695	51 511	49 183
40-44	60 129	31 652	28 477	63 077	32 892	30 185	78 823	40 314	38 510	101 995	52 086	49 909
45-49	55 605	29 045	26 559	59 090	31 025	28 065	62 083	32 295	29 788	77 703	39 656	38 047
50-54	46 797	24 270	22 527	54 042	28 095	25 946	57 640	30 136	27 504	60 658	31 432	29 226
55-59	38 061	19 029	19 032	44 755	23 008	21 748	51 961	26 795	25 165	55 505	28 791	26 715
60-64	32 535	16 044	16 491	35 319	17 384	17 935	41 840	21 221	20 619	48 728	24 792	23 936
65-69	24 874	11 676	13 198	28 788	13 833	14 955	31 581	15 210	16 371	37 550	18 603	18 946
70-74	16 835	7 301	9 534	20 400	9 181	11 219	23 947	11 133	12 815	26 372	12 183	14 189
75-79	9 913	3 947	5 966	12 113	4 938	7 175	14 984	6 344	8 641	17 807	7 745	10 062
80+	5 966	2 097	3 869	8 119	2 840	5 279	...	...	...	...	...	...
80-84	...	...	...	...	...	...	7 305	2 686	4 619	9 441	3 652	5 789
85-89	...	...	...	...	...	...	2 649	846	1 804	3 557	1 173	2 383
90-94	...	...	...	...	...	...	598	169	429	909	251	658
95-99	...	...	...	...	...	...	83	21	62	135	32	103
100+	...	...	...	...	...	...	6	1	5	11	2	9

年齢	2000			2005			2010			2015		
	総数	男	女	総数	男	女	総数	男	女	総数	男	女
総数	1 496 284	764 089	732 195	1 536 540	785 068	751 472	1 575 320	805 215	770 106	1 612 287	824 700	787 587
0-4	92 909	49 192	43 716	87 620	46 731	40 889	89 750	48 068	41 682	94 202	50 314	43 888
5-9	121 221	63 741	57 480	92 319	48 873	43 446	87 117	46 448	40 669	89 545	47 956	41 589
10-14	144 987	75 301	69 686	120 687	63 424	57 263	92 473	48 934	43 539	86 970	46 369	40 601
15-19	117 205	60 312	56 893	145 052	75 303	69 749	120 627	63 396	57 231	92 234	48 811	43 423
20-24	113 903	58 585	55 318	116 405	59 872	56 534	144 113	74 785	69 328	120 170	63 154	57 016
25-29	140 612	72 038	68 574	113 270	58 089	55 182	115 779	59 407	56 372	143 484	74 432	69 052
30-34	144 812	73 650	71 161	139 618	71 442	68 175	112 400	57 521	54 879	115 181	59 066	56 115
35-39	120 033	61 338	58 695	143 851	73 046	70 805	138 808	70 911	67 897	111 744	57 143	54 601
40-44	99 740	50 955	48 785	118 832	60 622	58 210	142 649	72 315	70 334	137 802	70 325	67 477
45-49	100 568	51 250	49 317	98 119	50 033	48 086	117 480	59 817	57 663	141 203	71 470	69 734
50-54	75 956	38 590	37 366	98 908	50 259	48 649	96 750	49 174	47 576	115 653	58 721	56 933
55-59	58 525	30 071	28 454	73 780	37 271	36 508	96 142	48 607	47 536	94 300	47 691	46 609
60-64	52 284	26 779	25 504	55 772	28 385	27 386	70 309	35 205	35 104	91 909	46 066	45 842
65-69	44 042	21 905	22 136	47 789	24 062	23 727	51 513	25 781	25 731	64 911	31 974	32 936
70-74	31 713	15 079	16 634	37 900	18 275	19 625	41 644	20 359	21 285	44 932	21 859	23 074
75-79	19 991	8 639	11 352	24 725	11 120	13 606	29 880	13 655	16 226	33 089	15 409	17 681
80+	...	...	...	...	...	...	...	...	...	...	...	...
80-84	11 401	4 553	6 848	13 388	5 353	8 035	17 031	7 117	9 914	20 830	8 895	11 934
85-89	4 807	1 674	3 132	6 118	2 224	3 894	7 590	2 750	4 839	9 855	3 771	6 085
90-94	1 327	379	948	1 965	587	1 378	2 603	810	1 794	3 357	1 050	2 308
95-99	229	52	177	379	89	290	589	142	448	798	203	595
100+	21	4	17	41	7	34	72	13	59	116	22	94

性・年齢別人口（千人）

年齢	2015 総数	男	女	2020 総数	男	女	2025 総数	男	女	2030 総数	男	女
総数	1 612 287	824 700	787 587	1 639 673	838 857	800 816	1 651 108	844 476	806 632	1 650 198	843 630	806 568
0-4	94 202	50 314	43 888	89 415	47 569	41 845	79 160	41 945	37 215	73 043	38 563	34 480
5-9	89 545	47 956	41 589	94 021	50 213	43 808	89 265	47 486	41 779	79 043	41 881	37 162
10-14	86 970	46 369	40 601	89 414	47 883	41 531	93 901	50 146	43 755	89 165	47 431	41 734
15-19	92 234	48 811	43 423	86 764	46 256	40 508	89 219	47 777	41 442	93 714	50 046	43 669
20-24	120 170	63 154	57 016	91 881	48 616	43 265	86 440	46 078	40 362	88 910	47 608	41 302
25-29	143 484	74 432	69 052	119 669	62 864	56 806	91 488	48 392	43 096	86 084	45 878	40 207
30-34	115 181	59 066	56 115	142 838	74 051	68 788	119 155	62 563	56 592	91 101	48 169	42 932
35-39	111 744	57 143	54 601	114 570	58 708	55 862	142 162	73 656	68 505	118 629	62 258	56 371
40-44	137 802	70 325	67 477	110 999	56 706	54 293	113 872	58 303	55 569	141 385	73 210	68 174
45-49	141 203	71 470	69 734	136 534	69 578	66 956	110 061	56 156	53 905	112 994	57 795	55 199
50-54	115 653	58 721	56 933	139 209	70 282	68 927	134 778	68 530	66 247	108 771	55 394	53 377
55-59	94 300	47 691	46 609	112 986	57 114	55 873	136 275	68 531	67 744	132 202	66 997	65 205
60-64	91 909	46 066	45 842	90 498	45 404	45 094	108 828	54 624	54 204	131 702	65 828	65 874
65-69	64 911	31 974	32 936	85 334	42 159	43 175	84 583	41 875	42 708	102 356	50 791	51 566
70-74	44 932	21 859	23 074	57 258	27 489	29 768	75 876	36 641	39 236	76 051	36 880	39 171
75-79	33 089	15 409	17 681	36 427	16 939	19 488	47 166	21 735	25 431	63 229	29 434	33 795
80+	...	...	...	...	...	...	...	...	...	...	...	...
80-84	20 830	8 895	11 934	23 641	10 330	13 311	26 717	11 705	15 012	35 348	15 424	19 925
85-89	9 855	3 771	6 085	12 412	4 871	7 541	14 491	5 840	8 651	16 937	6 863	10 074
90-94	3 357	1 050	2 308	4 544	1 515	3 030	5 896	2 025	3 871	7 120	2 521	4 599
95-99	798	203	595	1 092	278	814	1 538	421	1 117	2 066	583	1 483
100+	116	22	94	167	34	133	237	48	189	345	75	270

年齢	2035 総数	男	女	2040 総数	男	女	2045 総数	男	女	2050 総数	男	女
総数	1 640 321	838 321	801 999	1 622 927	829 468	793 459	1 598 308	817 475	780 833	1 566 759	802 449	764 310
0-4	71 424	37 580	33 843	71 171	37 322	33 849	70 404	36 788	33 616	68 541	35 681	32 860
5-9	72 946	38 511	34 435	71 338	37 536	33 802	71 094	37 283	33 811	70 335	36 754	33 581
10-14	78 962	41 838	37 125	72 878	38 475	34 403	71 278	37 505	33 774	71 040	37 255	33 785
15-19	88 994	47 340	41 654	78 809	41 758	37 052	72 737	38 402	34 335	71 144	37 436	33 708
20-24	93 414	49 884	43 531	88 715	47 191	41 524	78 555	41 624	36 931	72 499	38 279	34 220
25-29	88 571	47 419	41 152	93 088	49 704	43 384	88 414	47 028	41 386	78 285	41 481	36 804
30-34	85 740	45 682	40 057	88 245	47 236	41 008	92 775	49 532	43 244	88 132	46 876	41 256
35-39	90 715	47 949	42 766	85 401	45 492	39 909	87 927	47 060	40 866	92 472	49 367	43 105
40-44	118 030	61 916	56 114	90 287	47 706	42 580	85 030	45 285	39 745	87 580	46 871	40 709
45-49	140 394	72 645	67 749	117 273	61 485	55 788	89 753	47 405	42 348	84 572	45 031	39 541
50-54	111 780	57 087	54 693	139 022	71 856	67 166	116 230	60 887	55 342	89 029	46 992	42 036
55-59	106 879	54 276	52 603	110 007	56 053	53 954	137 013	70 702	66 312	114 718	60 020	54 698
60-64	128 177	64 618	63 559	103 958	52 561	51 397	107 277	54 471	52 806	133 937	68 943	64 994
65-69	124 520	61 620	62 900	121 897	60 934	60 963	99 420	49 924	49 496	103 049	52 043	51 005
70-74	92 851	45 254	47 598	113 936	55 514	58 422	112 597	55 576	57 021	92 668	46 062	46 606
75-79	64 345	30 182	34 163	79 638	37 706	41 932	99 018	47 094	51 923	99 301	48 051	51 249
80+	...	...	...	...	...	...	...	...	...	...	...	...
80-84	47 969	21 267	26 702	49 853	22 372	27 481	62 876	28 686	34 191	79 620	36 720	42 900
85-89	22 925	9 308	13 616	31 545	13 127	18 418	33 685	14 302	19 383	43 529	18 951	24 577
90-94	8 625	3 084	5 541	11 988	4 330	7 658	16 743	6 309	10 434	18 480	7 185	11 295
95-99	2 578	754	1 824	3 248	963	2 285	4 654	1 415	3 240	6 619	2 152	4 467
100+	483	109	374	631	147	484	828	197	631	1 211	299	912

年齢	2055 総数	男	女	2060 総数	男	女
総数	1 528 656	784 590	744 066	1 484 794	764 024	720 771
0-4	65 583	34 012	31 571	61 981	32 021	29 959
5-9	68 481	35 652	32 829	65 530	33 987	31 543
10-14	70 287	36 730	33 558	68 439	35 631	32 807
15-19	70 915	37 192	33 723	70 172	36 671	33 500
20-24	70 925	37 323	33 601	70 711	37 088	33 623
25-29	72 257	38 152	34 105	70 703	37 208	33 495
30-34	78 045	41 354	36 691	72 046	38 043	34 004
35-39	87 868	46 736	41 132	77 824	41 239	36 585
40-44	92 145	49 193	42 952	87 586	46 590	40 996
45-49	87 155	46 640	40 515	91 742	48 980	42 762
50-54	83 955	44 686	39 269	86 581	46 325	40 255
55-59	87 990	46 400	41 590	83 070	44 188	38 882
60-64	112 420	58 710	53 710	86 414	45 504	40 910
65-69	129 167	66 247	62 920	108 843	56 689	52 154
70-74	96 718	48 472	48 246	121 910	62 203	59 707
75-79	82 856	40 548	42 308	87 325	43 246	44 079
80+	...	...	...	...	...	...
80-84	81 504	38 474	43 030	69 269	33 231	36 038
85-89	56 434	25 068	31 367	59 303	27 131	32 172
90-94	24 579	9 934	14 645	32 741	13 669	19 071
95-99	7 587	2 588	4 999	10 395	3 748	6 647
100+	1 784	480	1 305	2 212	631	1 580

性・年齢別人口（千人）

年齢	2015			2020			2025			2030		
	総数	男	女	総数	男	女	総数	男	女	総数	男	女
総数	1 612 287	824 700	787 587	1 653 896	846 421	807 475	1 685 025	862 472	822 553	1 706 387	873 381	833 006
0-4	94 202	50 314	43 888	103 638	55 134	48 504	98 874	52 388	46 486	95 351	50 338	45 013
5-9	89 545	47 956	41 589	94 021	50 213	43 808	103 469	55 039	48 429	98 734	52 311	46 422
10-14	86 970	46 369	40 601	89 414	47 883	41 531	93 901	50 146	43 755	103 356	54 977	48 378
15-19	92 234	48 811	43 423	86 764	46 256	40 508	89 219	47 777	41 442	93 714	50 046	43 669
20-24	120 170	63 154	57 016	91 881	48 616	43 265	86 440	46 078	40 362	88 910	47 608	41 302
25-29	143 484	74 432	69 052	119 669	62 864	56 806	91 488	48 392	43 096	86 084	45 878	40 207
30-34	115 181	59 066	56 115	142 838	74 051	68 788	119 155	62 563	56 592	91 101	48 169	42 932
35-39	111 744	57 143	54 601	114 570	58 708	55 862	142 162	73 656	68 505	118 629	62 258	56 371
40-44	137 802	70 325	67 477	110 999	56 706	54 293	113 872	58 303	55 569	141 385	73 210	68 174
45-49	141 203	71 470	69 734	136 534	69 578	66 956	110 061	56 156	53 905	112 994	57 795	55 199
50-54	115 653	58 721	56 933	139 209	70 282	68 927	134 778	68 530	66 247	108 771	55 394	53 377
55-59	94 300	47 691	46 609	112 986	57 114	55 873	136 275	68 531	67 744	132 202	66 997	65 205
60-64	91 909	46 066	45 842	90 498	45 404	45 094	108 828	54 624	54 204	131 702	65 828	65 874
65-69	64 911	31 974	32 936	85 334	42 159	43 175	84 583	41 875	42 708	102 356	50 791	51 566
70-74	44 932	21 859	23 074	57 258	27 489	29 768	75 876	36 641	39 236	76 051	36 880	39 171
75-79	33 089	15 409	17 681	36 427	16 939	19 488	47 166	21 735	25 431	63 229	29 434	33 795
80+	…	…	…	…	…	…	…	…	…	…	…	…
80-84	20 830	8 895	11 934	23 641	10 330	13 311	26 717	11 705	15 012	35 348	15 424	19 925
85-89	9 855	3 771	6 085	12 412	4 871	7 541	14 491	5 840	8 651	16 937	6 863	10 074
90-94	3 357	1 050	2 308	4 544	1 515	3 030	5 896	2 025	3 871	7 120	2 521	4 599
95-99	798	203	595	1 092	278	814	1 538	421	1 117	2 066	583	1 483
100+	116	22	94	167	34	133	237	48	189	345	75	270

年齢	2035			2040			2045			2050		
	総数	男	女	総数	男	女	総数	男	女	総数	男	女
総数	1 718 037	879 395	838 641	1 723 704	882 634	841 070	1 726 009	884 709	841 300	1 726 119	886 162	839 957
0-4	93 000	48 931	44 069	94 297	49 450	44 847	97 416	50 905	46 511	100 316	52 224	48 092
5-9	95 231	50 273	44 958	92 897	48 877	44 020	94 203	49 402	44 801	97 330	50 862	46 468
10-14	98 638	52 259	46 378	95 149	50 230	44 919	92 824	48 839	43 985	94 138	49 369	44 769
15-19	103 172	54 879	48 293	98 470	52 171	46 299	94 993	50 148	44 844	92 677	48 764	43 914
20-24	93 414	49 884	43 531	102 876	54 720	48 156	98 194	52 025	46 169	94 733	50 012	44 721
25-29	88 571	47 419	41 152	93 088	49 704	43 384	102 553	54 544	48 009	97 897	51 866	46 031
30-34	85 740	45 682	40 057	88 245	47 236	41 008	92 775	49 532	43 244	102 246	54 377	47 868
35-39	90 715	47 949	42 766	85 401	45 492	39 909	87 927	47 060	40 866	92 472	49 367	43 105
40-44	118 030	61 916	56 114	90 287	47 706	42 580	85 030	45 285	39 745	87 580	46 871	40 709
45-49	140 394	72 645	67 749	117 273	61 485	55 788	89 753	47 405	42 348	84 572	45 031	39 541
50-54	111 780	57 087	54 693	139 022	71 856	67 166	116 230	60 887	55 342	89 029	46 992	42 036
55-59	106 879	54 276	52 603	110 007	56 053	53 954	137 013	70 702	66 312	114 718	60 020	54 698
60-64	128 177	64 618	63 559	103 958	52 561	51 397	107 277	54 471	52 806	133 937	68 943	64 994
65-69	124 520	61 620	62 900	121 897	60 934	60 963	99 420	49 924	49 496	103 049	52 043	51 005
70-74	92 851	45 254	47 598	113 936	55 514	58 422	112 597	55 576	57 021	92 668	46 062	46 606
75-79	64 345	30 182	34 163	79 638	37 706	41 932	99 018	47 094	51 923	99 301	48 051	51 249
80+	…	…	…	…	…	…	…	…	…	…	…	…
80-84	47 969	21 267	26 702	49 853	22 372	27 481	62 876	28 686	34 191	79 620	36 720	42 900
85-89	22 925	9 308	13 616	31 545	13 127	18 418	33 685	14 302	19 383	43 529	18 951	24 577
90-94	8 625	3 084	5 541	11 988	4 330	7 658	16 743	6 309	10 434	18 480	7 185	11 295
95-99	2 578	754	1 824	3 248	963	2 285	4 654	1 415	3 240	6 619	2 152	4 467
100+	483	109	374	631	147	484	828	197	631	1 211	299	912

年齢	2055			2060		
	総数	男	女	総数	男	女
総数	1 724 047	886 986	837 061	1 719 171	886 559	832 612
0-4	101 760	52 774	48 986	101 154	52 259	48 894
5-9	100 238	52 187	48 051	101 690	52 741	48 949
10-14	97 270	50 833	46 438	100 184	52 161	48 024
15-19	94 001	49 299	44 702	97 143	50 768	46 375
20-24	92 440	48 641	43 799	93 780	49 185	44 594
25-29	94 465	49 871	44 594	92 195	48 513	43 682
30-34	97 626	51 721	45 904	94 222	49 744	44 478
35-39	101 952	54 221	47 731	97 368	51 587	45 781
40-44	92 145	49 193	42 952	101 632	54 055	47 577
45-49	87 155	46 640	40 515	91 742	48 980	42 762
50-54	83 955	44 686	39 269	86 581	46 325	40 255
55-59	87 990	46 400	41 590	83 070	44 188	38 882
60-64	112 420	58 710	53 710	86 414	45 504	40 910
65-69	129 167	66 247	62 920	108 843	56 689	52 154
70-74	96 718	48 472	48 246	121 910	62 203	59 707
75-79	82 856	40 548	42 308	87 325	43 246	44 079
80+	…	…	…	…	…	…
80-84	81 504	38 474	43 030	69 269	33 231	36 038
85-89	56 434	25 068	31 367	59 303	27 131	32 172
90-94	24 579	9 934	14 645	32 741	13 669	19 071
95-99	7 587	2 588	4 999	10 395	3 748	6 647
100+	1 784	480	1 305	2 212	631	1 580

性・年齢別人口（千人）

年齢	2015			2020			2025			2030		
	総数	男	女	総数	男	女	総数	男	女	総数	男	女
総数	1 612 287	824 700	787 587	1 625 450	831 292	794 158	1 617 191	826 480	790 711	1 594 009	813 879	780 129
0-4	94 202	50 314	43 888	75 191	40 005	35 187	59 447	31 502	27 944	50 736	26 789	23 947
5-9	89 545	47 956	41 589	94 021	50 213	43 808	75 062	39 933	35 129	59 352	31 451	27 901
10-14	86 970	46 369	40 601	89 414	47 883	41 531	93 901	50 146	43 755	74 974	39 885	35 089
15-19	92 234	48 811	43 423	86 764	46 256	40 508	89 219	47 777	41 442	93 714	50 046	43 669
20-24	120 170	63 154	57 016	91 881	48 616	43 265	86 440	46 078	40 362	88 910	47 608	41 302
25-29	143 484	74 432	69 052	119 669	62 864	56 806	91 488	48 392	43 096	86 084	45 878	40 207
30-34	115 181	59 066	56 115	142 838	74 051	68 788	119 155	62 563	56 592	91 101	48 169	42 932
35-39	111 744	57 143	54 601	114 570	58 708	55 862	142 162	73 656	68 505	118 629	62 258	56 371
40-44	137 802	70 325	67 477	110 999	56 706	54 293	113 872	58 303	55 569	141 385	73 210	68 174
45-49	141 203	71 470	69 734	136 534	69 578	66 956	110 061	56 156	53 905	112 994	57 795	55 199
50-54	115 653	58 721	56 933	139 209	70 282	68 927	134 778	68 530	66 247	108 771	55 394	53 377
55-59	94 300	47 691	46 609	112 986	57 114	55 873	136 275	68 531	67 744	132 202	66 997	65 205
60-64	91 909	46 066	45 842	90 498	45 404	45 094	108 828	54 624	54 204	131 702	65 828	65 874
65-69	64 911	31 974	32 936	85 334	42 159	43 175	84 583	41 875	42 708	102 356	50 791	51 566
70-74	44 932	21 859	23 074	57 258	27 489	29 768	75 876	36 641	39 236	76 051	36 880	39 171
75-79	33 089	15 409	17 681	36 427	16 939	19 488	47 166	21 735	25 431	63 229	29 434	33 795
80+	...	...	...	...	...	...	...	...	...	...	...	...
80-84	20 830	8 895	11 934	23 641	10 330	13 311	26 717	11 705	15 012	35 348	15 424	19 925
85-89	9 855	3 771	6 085	12 412	4 871	7 541	14 491	5 840	8 651	16 937	6 863	10 074
90-94	3 357	1 050	2 308	4 544	1 515	3 030	5 896	2 025	3 871	7 120	2 521	4 599
95-99	798	203	595	1 092	278	814	1 538	421	1 117	2 066	583	1 483
100+	116	22	94	167	34	133	237	48	189	345	75	270

年齢	2035			2040			2045			2050		
	総数	男	女	総数	男	女	総数	男	女	総数	男	女
総数	1 562 667	797 280	765 387	1 523 155	776 831	746 324	1 474 508	752 285	722 223	1 416 645	723 563	693 082
0-4	49 909	26 262	23 647	48 986	25 689	23 298	46 289	24 186	22 103	42 114	21 923	20 191
5-9	50 660	26 749	23 912	49 842	26 228	23 615	48 926	25 658	23 268	46 235	24 159	22 076
10-14	59 287	31 416	27 871	50 608	26 721	23 887	49 795	26 203	23 592	48 883	25 636	23 247
15-19	74 815	39 801	35 014	59 149	31 344	27 804	50 481	26 656	23 825	49 673	26 141	23 532
20-24	93 414	49 884	43 531	74 554	39 663	34 892	58 916	31 223	27 693	50 264	26 545	23 719
25-29	88 571	47 419	41 152	93 088	49 704	43 384	74 276	39 513	34 763	58 673	31 096	27 578
30-34	85 740	45 682	40 057	88 245	47 236	41 008	92 775	49 532	43 244	74 019	39 375	34 644
35-39	90 715	47 949	42 766	85 401	45 492	39 909	87 927	47 060	40 866	92 472	49 367	43 105
40-44	118 030	61 916	56 114	90 287	47 706	42 580	85 030	45 285	39 745	87 580	46 871	40 709
45-49	140 394	72 645	67 749	117 273	61 485	55 788	89 753	47 405	42 348	84 572	45 031	39 541
50-54	111 780	57 087	54 693	139 022	71 856	67 166	116 230	60 887	55 342	89 029	46 992	42 036
55-59	106 879	54 276	52 603	110 007	56 053	53 954	137 013	70 702	66 312	114 718	60 020	54 698
60-64	128 177	64 618	63 559	103 958	52 561	51 397	107 277	54 471	52 806	133 937	68 943	64 994
65-69	124 520	61 620	62 900	121 897	60 934	60 963	99 420	49 924	49 496	103 049	52 043	51 005
70-74	92 851	45 254	47 598	113 936	55 514	58 422	112 597	55 576	57 021	92 668	46 062	46 606
75-79	64 345	30 182	34 163	79 638	37 706	41 932	99 018	47 094	51 923	99 301	48 051	51 249
80+	...	...	...	...	...	...	...	...	...	...	...	...
80-84	47 969	21 267	26 702	49 853	22 372	27 481	62 876	28 686	34 191	79 620	36 720	42 900
85-89	22 925	9 308	13 616	31 545	13 127	18 418	33 685	14 302	19 383	43 529	18 951	24 577
90-94	8 625	3 084	5 541	11 988	4 330	7 658	16 743	6 309	10 434	18 480	7 185	11 295
95-99	2 578	754	1 824	3 248	963	2 285	4 654	1 415	3 240	6 619	2 152	4 467
100+	483	109	374	631	147	484	828	197	631	1 211	299	912

年齢	2055			2060		
	総数	男	女	総数	男	女
総数	1 350 250	691 034	659 215	1 276 997	655 286	621 711
0-4	37 148	19 265	17 883	32 411	16 745	15 667
5-9	42 068	21 901	20 168	37 109	19 247	17 862
10-14	46 198	24 141	22 057	42 036	21 885	20 151
15-19	48 770	25 579	23 191	46 093	24 088	22 005
20-24	49 472	26 038	23 433	48 582	25 484	23 098
25-29	50 050	26 434	23 616	49 273	25 937	23 337
30-34	58 464	30 986	27 478	49 870	26 341	23 529
35-39	73 784	39 251	34 533	58 279	30 891	27 389
40-44	92 145	49 193	42 952	73 539	39 124	34 415
45-49	87 155	46 640	40 515	91 742	48 980	42 762
50-54	83 955	44 686	39 269	86 581	46 325	40 255
55-59	87 990	46 400	41 590	83 070	44 188	38 882
60-64	112 420	58 710	53 710	86 414	45 504	40 910
65-69	129 167	66 247	62 920	108 843	56 689	52 154
70-74	96 718	48 472	48 246	121 910	62 203	59 707
75-79	82 856	40 548	42 308	87 325	43 246	44 079
80+	...	...	...	...	...	...
80-84	81 504	38 474	43 030	69 269	33 231	36 038
85-89	56 434	25 068	31 367	59 303	27 131	32 172
90-94	24 579	9 934	14 645	32 741	13 669	19 071
95-99	7 587	2 588	4 999	10 395	3 748	6 647
100+	1 784	480	1 305	2 212	631	1 580

South-Central Asia

性・年齢別人口（千人）

年齢	1960			1965			1970			1975		
	総数	男	女	総数	男	女	総数	男	女	総数	男	女
総数	618 559	319 125	299 434	690 968	356 618	334 351	774 758	399 874	374 885	869 960	449 007	420 952
0-4	101 162	51 891	49 271	113 113	58 002	55 111	123 714	63 442	60 272	135 508	69 606	65 902
5-9	82 668	42 701	39 967	94 181	48 624	45 557	105 857	54 600	51 257	116 395	59 987	56 408
10-14	65 509	33 466	32 043	80 535	41 692	38 843	92 064	47 627	44 437	103 757	53 606	50 151
15-19	57 553	29 475	28 078	63 947	32 691	31 256	79 032	40 953	38 079	89 968	46 582	43 386
20-24	54 013	27 555	26 458	55 883	28 609	27 275	62 454	31 952	30 501	76 885	39 887	36 998
25-29	47 788	24 545	23 242	52 171	26 633	25 538	54 357	27 872	26 485	61 208	31 410	29 798
30-34	42 328	22 114	20 215	45 905	23 650	22 255	50 560	25 883	24 677	53 259	27 413	25 846
35-39	36 280	19 064	17 215	40 342	21 162	19 180	44 209	22 853	21 356	49 215	25 271	23 944
40-44	30 965	16 328	14 637	34 228	18 060	16 168	38 527	20 253	18 274	42 677	22 086	20 591
45-49	26 560	13 927	12 634	28 785	15 219	13 566	32 246	17 017	15 229	36 758	19 286	17 472
50-54	22 427	11 757	10 669	24 205	12 681	11 524	26 588	14 019	12 569	30 288	15 893	14 396
55-59	17 426	9 167	8 259	19 888	10 380	9 508	21 778	11 337	10 441	24 273	12 705	11 568
60-64	13 582	7 017	6 566	14 753	7 709	7 045	17 086	8 846	8 241	18 973	9 794	9 178
65-69	8 722	4 522	4 200	10 684	5 478	5 206	11 818	6 119	5 699	13 896	7 119	6 777
70-74	6 225	3 089	3 136	6 200	3 167	3 033	7 751	3 917	3 833	8 747	4 466	4 281
75-79	3 028	1 482	1 546	3 835	1 851	1 984	3 914	1 951	1 964	4 997	2 472	2 525
80+	2 323	1 024	1 298	2 313	1 011	1 301	2 802	1 233	1 570	3 157	1 425	1 732
80-84	…	…	…	…	…	…	…	…	…	…	…	…
85-89	…	…	…	…	…	…	…	…	…	…	…	…
90-94	…	…	…	…	…	…	…	…	…	…	…	…
95-99	…	…	…	…	…	…	…	…	…	…	…	…
100+	…	…	…	…	…	…	…	…	…	…	…	…

年齢	1980			1985			1990			1995		
	総数	男	女	総数	男	女	総数	男	女	総数	男	女
総数	980 320	505 610	474 710	1 105 478	569 724	535 754	1 239 666	638 484	601 181	1 372 574	707 128	665 446
0-4	150 413	77 212	73 201	168 896	86 852	82 044	180 307	92 928	87 380	183 281	95 126	88 155
5-9	128 876	66 504	62 372	144 031	74 229	69 802	162 786	84 004	78 783	175 087	90 504	84 583
10-14	114 624	59 151	55 473	126 975	65 594	61 380	142 468	73 508	68 960	161 131	83 224	77 907
15-19	102 522	53 030	49 493	113 256	58 498	54 758	125 715	64 989	60 726	140 518	72 516	68 002
20-24	88 701	46 028	42 673	101 025	52 326	48 699	111 388	57 565	53 823	123 142	63 704	59 438
25-29	75 471	39 283	36 188	87 190	45 376	41 814	99 135	51 355	47 780	109 138	56 472	52 665
30-34	59 917	30 804	29 112	73 991	38 616	35 375	85 557	44 529	41 028	97 149	50 355	46 794
35-39	51 841	26 693	25 149	58 590	30 140	28 450	72 507	37 818	34 689	83 691	43 529	40 162
40-44	47 728	24 481	23 247	50 301	25 851	24 450	57 130	29 338	27 792	70 639	36 754	33 885
45-49	40 831	21 064	19 767	45 685	23 308	22 377	48 551	24 851	23 700	55 125	28 184	26 942
50-54	34 621	18 068	16 554	38 474	19 692	18 782	43 337	21 953	21 385	46 182	23 470	22 711
55-59	27 814	14 477	13 337	31 818	16 428	15 390	35 587	18 035	17 552	40 312	20 212	20 100
60-64	21 299	11 018	10 281	24 460	12 559	11 901	28 191	14 359	13 831	31 854	15 923	15 931
65-69	15 577	7 921	7 656	17 530	8 912	8 618	20 304	10 248	10 057	23 778	11 888	11 890
70-74	10 414	5 233	5 181	11 714	5 831	5 884	13 301	6 637	6 663	15 730	7 777	7 952
75-79	5 743	2 857	2 885	6 862	3 368	3 494	7 795	3 805	3 990	9 080	4 435	4 646
80+	3 928	1 787	2 141	4 680	2 144	2 536	…	…	…	…	…	…
80-84	…	…	…	…	…	…	3 771	1 786	1 986	4 465	2 091	2 374
85-89	…	…	…	…	…	…	1 380	608	772	1 709	749	960
90-94	…	…	…	…	…	…	380	147	233	465	183	282
95-99	…	…	…	…	…	…	66	21	44	89	29	60
100+	…	…	…	…	…	…	10	2	7	11	3	8

年齢	2000			2005			2010			2015		
	総数	男	女	総数	男	女	総数	男	女	総数	男	女
総数	1 507 050	776 228	730 822	1 639 167	844 602	794 565	1 765 129	908 324	856 805	1 890 288	971 969	918 319
0-4	185 951	96 939	89 012	187 399	98 040	89 359	189 701	99 118	90 583	187 693	98 008	89 685
5-9	178 940	93 084	85 856	181 692	94 885	86 807	184 492	96 591	87 901	187 412	97 956	89 455
10-14	173 373	89 649	83 724	177 107	92 135	84 972	180 315	94 197	86 118	183 159	95 915	87 244
15-19	159 366	82 316	77 049	171 822	88 759	83 063	174 970	90 970	84 001	178 681	93 401	85 280
20-24	138 305	71 350	66 955	157 108	80 953	76 156	168 506	86 756	81 749	172 689	89 697	82 992
25-29	120 934	62 467	58 467	135 823	69 877	65 947	153 926	78 878	75 048	166 187	85 263	80 924
30-34	107 138	55 318	51 820	118 689	61 252	57 437	133 151	68 135	65 017	151 595	77 378	74 217
35-39	95 198	49 214	45 983	105 386	54 397	50 989	116 155	59 690	56 465	130 844	66 729	64 116
40-44	81 658	42 318	39 341	93 323	48 172	45 151	102 787	52 839	49 948	113 790	58 277	55 514
45-49	68 473	35 440	33 033	79 266	40 915	38 352	90 398	46 369	44 029	100 080	51 165	48 916
50-54	52 759	26 771	25 988	65 584	33 705	31 880	75 894	38 813	37 082	87 286	44 406	42 881
55-59	43 283	21 768	21 515	49 551	24 888	24 663	61 788	31 397	30 391	72 069	36 455	35 614
60-64	36 409	17 986	18 423	39 369	19 581	19 789	45 184	22 407	22 777	56 998	28 578	28 420
65-69	27 221	13 346	13 875	31 412	15 319	16 093	34 072	16 717	17 355	39 560	19 355	20 205
70-74	18 748	9 170	9 578	21 816	10 536	11 281	25 154	12 088	13 067	27 759	13 399	14 359
75-79	11 053	5 343	5 710	13 442	6 456	6 986	15 720	7 459	8 261	18 481	8 680	9 801
80+	…	…	…	…	…	…	…	…	…	…	…	…
80-84	5 398	2 542	2 855	6 795	3 180	3 615	8 340	3 893	4 448	10 040	4 641	5 399
85-89	2 117	926	1 191	2 647	1 183	1 463	3 377	1 513	1 864	4 324	1 959	2 365
90-94	600	238	362	767	311	455	979	415	565	1 330	580	750
95-99	112	38	73	149	54	95	194	74	120	274	114	160
100+	14	4	11	19	6	13	26	8	17	38	14	24

性・年齢別人口（千人）

年齢	2015			2020			2025			2030		
	総数	男	女	総数	男	女	総数	男	女	総数	男	女
総数	1 890 288	971 969	918 319	2 012 032	1 033 864	978 168	2 124 700	1 090 732	1 033 968	2 226 204	1 141 485	1 084 719
0-4	187 693	98 008	89 685	187 477	97 835	89 641	183 818	95 830	87 988	179 081	93 214	85 867
5-9	187 412	97 956	89 455	185 834	97 072	88 762	185 890	97 033	88 857	182 468	95 144	87 324
10-14	183 159	95 915	87 244	186 454	97 455	88 999	184 990	96 628	88 362	185 123	96 626	88 496
15-19	178 681	93 401	85 280	181 821	95 269	86 552	185 206	96 852	88 353	183 820	96 057	87 764
20-24	172 689	89 697	82 992	176 594	92 315	84 280	179 859	94 240	85 619	183 335	95 853	87 482
25-29	166 187	85 263	80 924	170 475	88 404	82 071	174 518	91 090	83 428	177 881	93 048	84 833
30-34	151 595	77 378	74 217	164 052	83 968	80 084	168 473	87 175	81 298	172 603	89 889	82 714
35-39	130 844	66 729	64 116	149 426	76 024	73 403	161 942	82 640	79 303	166 440	85 868	80 572
40-44	113 790	58 277	55 514	128 603	65 304	63 299	147 137	74 561	72 576	159 636	81 143	78 493
45-49	100 080	51 165	48 916	111 190	56 629	54 561	125 938	63 613	62 325	144 321	72 756	71 565
50-54	87 286	44 406	42 881	96 893	49 155	47 738	107 901	54 548	53 352	122 478	61 417	61 060
55-59	72 069	36 455	35 614	83 210	41 892	41 319	92 657	46 534	46 123	103 465	51 797	51 669
60-64	56 998	28 578	28 420	66 765	33 361	33 404	77 433	38 506	38 927	86 614	42 992	43 622
65-69	39 560	19 355	20 205	50 417	24 916	25 501	59 452	29 263	30 189	69 444	34 035	35 408
70-74	27 759	13 399	14 359	32 584	15 651	16 932	41 911	20 302	21 609	49 925	24 106	25 819
75-79	18 481	8 680	9 801	20 678	9 755	10 923	24 578	11 516	13 062	32 009	15 128	16 881
80+	…	…	…	…	…	…	…	…	…	…	…	…
80-84	10 040	4 641	5 399	11 996	5 479	6 516	13 638	6 255	7 383	16 463	7 500	8 963
85-89	4 324	1 959	2 365	5 347	2 405	2 942	6 503	2 889	3 614	7 529	3 360	4 169
90-94	1 330	580	750	1 765	782	983	2 232	983	1 249	2 758	1 197	1 561
95-99	274	114	160	392	169	222	535	235	300	686	299	388
100+	38	14	24	59	25	35	90	39	51	128	56	71

年齢	2035			2040			2045			2050		
	総数	男	女	総数	男	女	総数	男	女	総数	男	女
総数	2 316 048	1 185 972	1 130 076	2 393 790	1 223 892	1 169 898	2 459 650	1 255 633	1 204 016	2 512 459	1 280 791	1 231 668
0-4	174 355	90 590	83 765	170 002	88 168	81 833	166 320	86 119	80 201	161 838	83 800	78 038
5-9	177 934	92 627	85 306	173 350	90 073	83 276	169 111	87 709	81 401	165 518	85 703	79 814
10-14	181 781	94 776	87 006	177 301	92 287	85 013	172 763	89 760	83 004	168 558	87 414	81 144
15-19	184 038	96 090	87 948	180 746	94 267	86 480	176 314	91 806	84 508	171 813	89 299	82 513
20-24	182 088	95 117	86 970	182 365	95 184	87 182	179 143	93 401	85 742	174 770	90 977	83 794
25-29	181 475	94 714	86 762	180 308	94 026	86 282	180 655	94 136	86 519	177 503	92 399	85 104
30-34	176 076	91 899	84 178	179 727	93 601	86 126	178 646	92 971	85 675	179 058	93 127	85 931
35-39	170 675	88 631	82 044	174 221	90 689	83 532	177 944	92 444	85 500	176 962	91 885	85 077
40-44	164 229	84 411	79 819	168 538	87 221	81 317	172 177	89 343	82 833	175 986	91 163	84 823
45-49	156 796	79 304	77 492	161 458	82 607	78 851	165 862	85 480	80 382	169 615	87 679	81 936
50-54	140 650	70 413	70 237	153 036	76 896	76 140	157 794	80 248	77 546	162 318	83 194	79 124
55-59	117 797	58 515	59 282	135 623	67 285	68 338	147 872	73 671	74 201	152 747	77 070	75 677
60-64	97 127	48 075	49 052	111 059	54 550	56 508	128 370	63 002	65 368	140 400	69 226	71 174
65-69	78 207	38 291	39 916	88 258	43 080	45 178	101 575	49 209	52 367	118 093	57 183	60 910
70-74	58 899	28 344	30 555	66 999	32 203	34 796	76 306	36 562	39 744	88 624	42 147	46 477
75-79	38 644	18 223	20 421	46 251	21 706	24 544	53 326	25 000	28 326	61 479	28 722	32 757
80+	…	…	…	…	…	…	…	…	…	…	…	…
80-84	21 742	9 994	11 747	26 749	12 231	14 518	32 604	14 819	17 786	38 239	17 350	20 889
85-89	9 249	4 098	5 151	12 448	5 531	6 916	15 661	6 900	8 762	19 512	8 521	10 992
90-94	3 258	1 419	1 839	4 092	1 754	2 339	5 601	2 391	3 210	7 240	3 046	4 194
95-99	860	367	492	1 043	441	602	1 334	550	784	1 838	748	1 090
100+	169	73	95	216	91	125	270	111	159	346	138	208

年齢	2055			2060		
	総数	男	女	総数	男	女
総数	2 552 024	1 299 619	1 252 405	2 577 995	1 311 932	1 266 063
0-4	156 470	81 024	75 446	150 902	78 142	72 760
5-9	161 128	83 433	77 696	155 843	80 699	75 144
10-14	164 989	85 425	79 564	160 646	83 179	77 467
15-19	167 691	86 988	80 703	164 186	85 032	79 154
20-24	170 414	88 558	81 856	166 395	86 304	80 091
25-29	173 227	90 061	83 166	168 991	87 718	81 272
30-34	176 036	91 476	84 559	171 885	89 224	82 661
35-39	177 522	92 143	85 379	174 636	90 589	84 047
40-44	175 155	90 722	84 434	175 855	91 081	84 774
45-49	173 586	89 617	83 969	172 943	89 310	83 634
50-54	166 264	85 529	80 735	170 403	87 590	82 813
55-59	157 459	80 141	77 318	161 644	82 632	79 012
60-64	145 495	72 725	72 770	150 471	75 941	74 530
65-69	129 853	63 223	66 630	135 203	66 809	68 394
70-74	103 976	49 480	54 496	115 195	55 182	60 013
75-79	72 339	33 582	38 757	85 892	39 961	45 932
80+	…	…	…	…	…	…
80-84	44 815	20 277	24 538	53 603	24 132	29 471
85-89	23 397	10 196	13 201	27 967	12 156	15 810
90-94	9 283	3 859	5 424	11 427	4 731	6 696
95-99	2 459	979	1 480	3 266	1 278	1 988
100+	466	182	284	641	243	398

性・年齢別人口（千人）

年齢	2015			2020			2025			2030		
	総数	男	女	総数	男	女	総数	男	女	総数	男	女
総数	1 890 288	971 969	918 319	2 031 483	1 044 014	987 469	2 176 223	1 117 602	1 058 621	2 318 585	1 189 622	1 128 963
0-4	187 693	98 008	89 685	206 927	107 985	98 942	216 019	112 615	103 404	220 166	114 597	105 569
5-9	187 412	97 956	89 455	185 834	97 072	88 762	205 211	107 118	98 093	214 490	111 839	102 651
10-14	183 159	95 915	87 244	186 454	97 455	88 999	184 990	96 628	88 362	204 396	106 685	97 711
15-19	178 681	93 401	85 280	181 821	95 269	86 552	185 206	96 852	88 353	183 820	96 057	87 764
20-24	172 689	89 697	82 992	176 594	92 315	84 280	179 859	94 240	85 619	183 335	95 853	87 482
25-29	166 187	85 263	80 924	170 475	88 404	82 071	174 518	91 090	83 428	177 881	93 048	84 833
30-34	151 595	77 378	74 217	164 052	83 968	80 084	168 473	87 175	81 298	172 603	89 889	82 714
35-39	130 844	66 729	64 116	149 426	76 024	73 403	161 942	82 640	79 303	166 440	85 868	80 572
40-44	113 790	58 277	55 514	128 603	65 304	63 299	147 137	74 561	72 576	159 636	81 143	78 493
45-49	100 080	51 165	48 916	111 190	56 629	54 561	125 938	63 613	62 325	144 321	72 756	71 565
50-54	87 286	44 406	42 881	96 893	49 155	47 738	107 901	54 548	53 352	122 478	61 417	61 060
55-59	72 069	36 455	35 614	83 210	41 892	41 319	92 657	46 534	46 123	103 465	51 797	51 669
60-64	56 998	28 578	28 420	66 765	33 361	33 404	77 433	38 506	38 927	86 614	42 992	43 622
65-69	39 560	19 355	20 205	50 417	24 916	25 501	59 452	29 263	30 189	69 444	34 035	35 408
70-74	27 759	13 399	14 359	32 584	15 651	16 932	41 911	20 302	21 609	49 925	24 106	25 819
75-79	18 481	8 680	9 801	20 678	9 755	10 923	24 578	11 516	13 062	32 009	15 128	16 881
80+	...	...	...	...	...	...	...	...	...	...	...	...
80-84	10 040	4 641	5 399	11 996	5 479	6 516	13 638	6 255	7 383	16 463	7 500	8 963
85-89	4 324	1 959	2 365	5 347	2 405	2 942	6 503	2 889	3 614	7 529	3 360	4 169
90-94	1 330	580	750	1 765	782	983	2 232	983	1 249	2 758	1 197	1 561
95-99	274	114	160	392	169	222	535	235	300	686	299	388
100+	38	14	24	59	25	35	90	39	51	128	56	71

年齢	2035			2040			2045			2050		
	総数	男	女	総数	男	女	総数	男	女	総数	男	女
総数	2 450 213	1 255 810	1 194 403	2 574 909	1 318 063	1 256 846	2 698 775	1 379 808	1 318 967	2 821 859	1 441 303	1 380 556
0-4	216 451	112 457	103 994	217 353	112 720	104 633	224 849	116 421	108 428	232 805	120 545	112 260
5-9	218 825	113 912	104 913	215 273	111 852	103 421	216 293	112 174	104 119	223 864	115 912	107 952
10-14	213 733	111 431	102 302	218 111	113 526	104 585	214 612	111 496	103 116	215 665	111 837	103 829
15-19	203 264	106 122	97 142	212 626	110 880	101 745	217 041	112 997	104 045	213 583	110 990	102 593
20-24	182 088	95 117	86 970	201 519	105 171	96 348	210 913	109 948	100 965	215 368	112 089	103 280
25-29	181 475	94 714	86 762	180 308	94 026	86 282	199 722	104 069	95 654	209 141	108 862	100 279
30-34	176 076	91 899	84 178	179 727	93 601	86 126	178 646	92 971	85 675	198 032	102 997	95 034
35-39	170 675	88 631	82 044	174 221	90 689	83 532	177 944	92 444	85 500	176 962	91 885	85 077
40-44	164 229	84 411	79 819	168 538	87 221	81 317	172 177	89 343	82 833	175 986	91 163	84 823
45-49	156 796	79 304	77 492	161 458	82 607	78 851	165 862	85 480	80 382	169 615	87 679	81 936
50-54	140 650	70 413	70 237	153 036	76 896	76 140	157 794	80 248	77 546	162 318	83 194	79 124
55-59	117 797	58 515	59 282	135 623	67 285	68 338	147 872	73 671	74 201	152 747	77 070	75 677
60-64	97 127	48 075	49 052	111 059	54 550	56 508	128 370	63 002	65 368	140 400	69 226	71 174
65-69	78 207	38 291	39 916	88 258	43 080	45 178	101 575	49 209	52 367	118 093	57 183	60 910
70-74	58 899	28 344	30 555	66 999	32 203	34 796	76 306	36 562	39 744	88 624	42 147	46 477
75-79	38 644	18 223	20 421	46 251	21 706	24 544	53 326	25 000	28 326	61 479	28 722	32 757
80+	...	...	...	...	...	...	...	...	...	...	...	...
80-84	21 742	9 994	11 747	26 749	12 231	14 518	32 604	14 819	17 786	38 239	17 350	20 889
85-89	9 249	4 098	5 151	12 448	5 531	6 916	15 661	6 900	8 762	19 512	8 521	10 992
90-94	3 258	1 419	1 839	4 092	1 754	2 339	5 601	2 391	3 210	7 240	3 046	4 194
95-99	860	367	492	1 043	441	602	1 334	550	784	1 838	748	1 090
100+	169	73	95	216	91	125	270	111	159	346	138	208

年齢	2055			2060		
	総数	男	女	総数	男	女
総数	2 940 565	1 501 036	1 439 529	3 050 787	1 556 869	1 493 918
0-4	236 497	122 460	114 037	236 271	122 342	113 929
5-9	231 902	120 078	111 824	235 677	122 035	113 642
10-14	223 253	115 587	107 666	231 330	119 773	111 556
15-19	214 718	111 364	103 354	222 360	115 142	107 218
20-24	212 064	110 176	101 888	213 299	110 605	102 693
25-29	213 671	111 076	102 595	210 496	109 246	101 251
30-34	207 531	107 846	99 685	212 162	110 131	102 032
35-39	196 383	101 938	94 445	205 962	106 847	99 114
40-44	175 155	90 722	84 434	194 575	100 784	93 791
45-49	173 586	89 617	83 969	172 943	89 310	83 634
50-54	166 264	85 529	80 735	170 403	87 590	82 813
55-59	157 459	80 141	77 318	161 644	82 632	79 012
60-64	145 495	72 725	72 770	150 471	75 941	74 530
65-69	129 853	63 223	66 630	135 203	66 809	68 394
70-74	103 976	49 480	54 496	115 195	55 182	60 013
75-79	72 339	33 582	38 757	85 892	39 961	45 932
80+	...	...	...	...	...	...
80-84	44 815	20 277	24 538	53 603	24 132	29 471
85-89	23 397	10 196	13 201	27 967	12 156	15 810
90-94	9 283	3 859	5 424	11 427	4 731	6 696
95-99	2 459	979	1 480	3 266	1 278	1 988
100+	466	182	284	641	243	398

性・年齢別人口（千人）

年齢	2015			2020			2025			2030		
	総数	男	女	総数	男	女	総数	男	女	総数	男	女
総数	1 890 288	971 969	918 319	1 992 581	1 023 714	968 868	2 073 176	1 063 861	1 009 316	2 133 823	1 093 348	1 040 475
0-4	187 693	98 008	89 685	168 026	87 686	80 340	151 616	79 044	72 572	137 995	71 831	66 164
5-9	187 412	97 956	89 455	185 834	97 072	88 762	166 568	86 948	79 620	150 445	78 449	71 997
10-14	183 159	95 915	87 244	186 454	97 455	88 999	184 990	96 628	88 362	165 849	86 568	79 282
15-19	178 681	93 401	85 280	181 821	95 269	86 552	185 206	96 852	88 353	183 820	96 057	87 764
20-24	172 689	89 697	82 992	176 594	92 315	84 280	179 859	94 240	85 619	183 335	95 853	87 482
25-29	166 187	85 263	80 924	170 475	88 404	82 071	174 518	91 090	83 428	177 881	93 048	84 833
30-34	151 595	77 378	74 217	164 052	83 968	80 084	168 473	87 175	81 298	172 603	89 889	82 714
35-39	130 844	66 729	64 116	149 426	76 024	73 403	161 942	82 640	79 303	166 440	85 868	80 572
40-44	113 790	58 277	55 514	128 603	65 304	63 299	147 137	74 561	72 576	159 636	81 143	78 493
45-49	100 080	51 165	48 916	111 190	56 629	54 561	125 938	63 613	62 325	144 321	72 756	71 565
50-54	87 286	44 406	42 881	96 893	49 155	47 738	107 901	54 548	53 352	122 478	61 417	61 060
55-59	72 069	36 455	35 614	83 210	41 892	41 319	92 657	46 534	46 123	103 465	51 797	51 669
60-64	56 998	28 578	28 420	66 765	33 361	33 404	77 433	38 506	38 927	86 614	42 992	43 622
65-69	39 560	19 355	20 205	50 417	24 916	25 501	59 452	29 263	30 189	69 444	34 035	35 408
70-74	27 759	13 399	14 359	32 584	15 651	16 932	41 911	20 302	21 609	49 925	24 106	25 819
75-79	18 481	8 680	9 801	20 678	9 755	10 923	24 578	11 516	13 062	32 009	15 128	16 881
80+	...	...	...	...	...	...	...	...	...	...	...	...
80-84	10 040	4 641	5 399	11 996	5 479	6 516	13 638	6 255	7 383	16 463	7 500	8 963
85-89	4 324	1 959	2 365	5 347	2 405	2 942	6 503	2 889	3 614	7 529	3 360	4 169
90-94	1 330	580	750	1 765	782	983	2 232	983	1 249	2 758	1 197	1 561
95-99	274	114	160	392	169	222	535	235	300	686	299	388
100+	38	14	24	59	25	35	90	39	51	128	56	71

年齢	2035			2040			2045			2050		
	総数	男	女	総数	男	女	総数	男	女	総数	男	女
総数	2 182 093	1 116 242	1 065 851	2 215 075	1 130 966	1 084 108	2 229 641	1 136 179	1 093 462	2 224 225	1 131 238	1 092 987
0-4	132 469	68 831	63 637	124 846	64 754	60 092	114 511	59 295	55 216	102 946	53 307	49 639
5-9	137 042	71 343	65 699	131 635	68 403	63 233	124 116	64 378	59 739	113 871	58 964	54 908
10-14	149 829	78 120	71 709	136 490	71 048	65 441	131 122	68 130	62 992	123 635	64 123	59 512
15-19	164 812	86 059	78 753	148 866	77 653	71 214	135 587	70 616	64 971	130 250	67 716	62 534
20-24	182 088	95 117	86 970	163 211	85 196	78 016	147 373	76 854	70 520	134 172	69 865	64 308
25-29	181 475	94 714	86 762	180 308	94 026	86 282	161 587	84 203	77 383	145 865	75 936	69 928
30-34	176 076	91 899	84 178	179 727	93 601	86 126	178 646	92 971	85 675	160 085	83 257	76 828
35-39	170 675	88 631	82 044	174 221	90 689	83 532	177 944	92 444	85 500	176 962	91 885	85 077
40-44	164 229	84 411	79 819	168 538	87 221	81 317	172 177	89 343	82 833	175 986	91 163	84 823
45-49	156 796	79 304	77 492	161 458	82 607	78 851	165 862	85 480	80 382	169 615	87 679	81 936
50-54	140 650	70 413	70 237	153 036	76 896	76 140	157 794	80 248	77 546	162 318	83 194	79 124
55-59	117 797	58 515	59 282	135 623	67 285	68 338	147 872	73 671	74 201	152 747	77 070	75 677
60-64	97 127	48 075	49 052	111 059	54 550	56 508	128 370	63 002	65 368	140 400	69 226	71 174
65-69	78 207	38 291	39 916	88 258	43 080	45 178	101 575	49 209	52 367	118 093	57 183	60 910
70-74	58 899	28 344	30 555	66 999	32 203	34 796	76 306	36 562	39 744	88 624	42 147	46 477
75-79	38 644	18 223	20 421	46 251	21 706	24 544	53 326	25 000	28 326	61 479	28 722	32 757
80+	...	...	...	...	...	...	...	...	...	...	...	...
80-84	21 742	9 994	11 747	26 749	12 231	14 518	32 604	14 819	17 786	38 239	17 350	20 889
85-89	9 249	4 098	5 151	12 448	5 531	6 916	15 661	6 900	8 762	19 512	8 521	10 992
90-94	3 258	1 419	1 839	4 092	1 754	2 339	5 601	2 391	3 210	7 240	3 046	4 194
95-99	860	367	492	1 043	441	602	1 334	550	784	1 838	748	1 090
100+	169	73	95	216	91	125	270	111	159	346	138	208

年齢	2055			2060		
	総数	男	女	総数	男	女
総数	2 200 961	1 117 606	1 083 354	2 162 089	1 096 443	1 065 646
0-4	92 799	48 055	44 744	85 010	44 023	40 986
5-9	102 398	53 023	49 375	92 327	47 811	44 517
10-14	113 416	58 727	54 690	101 991	52 812	49 179
15-19	122 845	63 741	59 103	112 693	58 380	54 313
20-24	128 972	67 047	61 924	121 667	63 129	58 539
25-29	132 783	69 047	63 736	127 692	66 297	61 394
30-34	144 540	75 107	69 433	131 608	68 317	63 291
35-39	158 660	82 348	76 313	143 311	74 331	68 980
40-44	175 155	90 722	84 434	157 135	81 379	75 756
45-49	173 586	89 617	83 969	172 943	89 310	83 634
50-54	166 264	85 529	80 735	170 403	87 590	82 813
55-59	157 459	80 141	77 318	161 644	82 632	79 012
60-64	145 495	72 725	72 770	150 471	75 941	74 530
65-69	129 853	63 223	66 630	135 203	66 809	68 394
70-74	103 976	49 480	54 496	115 195	55 182	60 013
75-79	72 339	33 582	38 757	85 892	39 961	45 932
80+	...	...	...	...	...	...
80-84	44 815	20 277	24 538	53 603	24 132	29 471
85-89	23 397	10 196	13 201	27 967	12 156	15 810
90-94	9 283	3 859	5 424	11 427	4 731	6 696
95-99	2 459	979	1 480	3 266	1 278	1 988
100+	466	182	284	641	243	398

Central Asia

性・年齢別人口（千人）

年齢	1960 総数	男	女	1965 総数	男	女	1970 総数	男	女	1975 総数	男	女
総数	24 616	11 869	12 747	29 096	14 082	15 013	33 156	16 076	17 079	37 349	18 199	19 150
0-4	3 863	1 977	1 886	4 922	2 506	2 416	4 749	2 405	2 345	5 278	2 673	2 604
5-9	2 915	1 472	1 443	4 182	2 133	2 049	4 921	2 500	2 421	4 780	2 413	2 366
10-14	2 098	1 033	1 066	3 103	1 564	1 539	4 239	2 159	2 080	4 860	2 471	2 390
15-19	1 766	898	868	2 113	1 041	1 073	3 145	1 583	1 562	4 187	2 133	2 053
20-24	2 553	1 310	1 243	1 774	900	874	2 135	1 049	1 086	3 250	1 638	1 612
25-29	1 885	964	921	2 524	1 289	1 235	1 788	903	885	2 200	1 104	1 096
30-34	2 002	990	1 012	1 870	950	920	2 522	1 280	1 242	1 750	885	864
35-39	1 230	527	703	1 964	961	1 003	1 869	943	926	2 431	1 228	1 203
40-44	907	375	532	1 209	513	697	1 944	942	1 002	1 773	888	886
45-49	1 157	461	696	885	360	525	1 189	496	693	1 845	875	970
50-54	1 084	457	627	1 097	426	671	857	340	517	1 197	467	730
55-59	1 003	423	581	1 002	407	594	1 035	389	647	825	310	515
60-64	718	326	392	890	359	531	915	357	558	928	343	586
65-69	514	249	265	608	262	346	778	298	480	770	287	483
70-74	458	213	244	405	184	221	495	200	295	610	228	381
75-79	271	118	153	318	137	182	293	123	170	342	133	208
80+	191	78	113	229	91	138	282	109	172	324	123	201
80-84	…	…	…	…	…	…	…	…	…	…	…	…
85-89	…	…	…	…	…	…	…	…	…	…	…	…
90-94	…	…	…	…	…	…	…	…	…	…	…	…
95-99	…	…	…	…	…	…	…	…	…	…	…	…
100+	…	…	…	…	…	…	…	…	…	…	…	…

年齢	1980 総数	男	女	1985 総数	男	女	1990 総数	男	女	1995 総数	男	女
総数	41 277	20 132	21 145	45 738	22 373	23 365	50 405	24 732	25 673	53 178	26 171	27 007
0-4	5 674	2 869	2 805	6 516	3 306	3 210	7 309	3 713	3 596	6 719	3 439	3 280
5-9	5 174	2 614	2 560	5 529	2 793	2 737	6 295	3 181	3 113	7 020	3 562	3 457
10-14	4 725	2 386	2 339	5 103	2 576	2 527	5 437	2 743	2 694	6 053	3 059	2 994
15-19	4 693	2 377	2 316	4 555	2 296	2 259	4 885	2 472	2 413	5 169	2 604	2 566
20-24	4 069	2 043	2 026	4 607	2 323	2 284	4 329	2 170	2 159	4 612	2 322	2 290
25-29	3 179	1 585	1 593	3 990	1 994	1 996	4 408	2 185	2 223	4 050	2 019	2 031
30-34	2 263	1 130	1 133	3 076	1 526	1 549	3 894	1 938	1 956	4 110	2 025	2 085
35-39	1 560	787	773	2 160	1 070	1 090	2 974	1 469	1 504	3 611	1 783	1 829
40-44	2 352	1 172	1 180	1 494	750	744	2 063	1 015	1 049	2 761	1 348	1 413
45-49	1 680	831	848	2 225	1 093	1 133	1 422	709	713	1 878	911	967
50-54	1 770	828	942	1 587	767	820	2 087	1 009	1 078	1 272	623	649
55-59	1 148	443	705	1 651	753	899	1 465	692	773	1 873	885	987
60-64	760	272	488	1 031	385	646	1 484	656	828	1 259	580	679
65-69	790	277	513	657	223	434	881	316	565	1 242	530	712
70-74	612	219	393	642	212	429	528	169	359	690	235	455
75-79	455	161	294	448	150	298	465	144	321	369	110	259
80+	375	137	238	467	156	311	…	…	…	…	…	…
80-84	…	…	…	…	…	…	252	80	171	283	80	203
85-89	…	…	…	…	…	…	158	48	110	130	37	93
90-94	…	…	…	…	…	…	52	16	36	62	17	45
95-99	…	…	…	…	…	…	14	4	10	14	4	10
100+	…	…	…	…	…	…	3	1	2	3	1	2

年齢	2000 総数	男	女	2005 総数	男	女	2010 総数	男	女	2015 総数	男	女
総数	55 117	27 082	28 035	58 043	28 496	29 547	62 139	30 503	31 636	67 314	33 088	34 226
0-4	5 782	2 960	2 822	5 637	2 882	2 755	6 567	3 360	3 207	7 627	3 909	3 718
5-9	6 563	3 356	3 208	5 724	2 924	2 800	5 540	2 830	2 709	6 498	3 333	3 165
10-14	6 843	3 471	3 372	6 508	3 322	3 186	5 703	2 912	2 791	5 446	2 781	2 665
15-19	5 829	2 940	2 888	6 736	3 395	3 341	6 549	3 329	3 220	5 646	2 882	2 764
20-24	4 893	2 447	2 446	5 661	2 833	2 829	6 716	3 359	3 357	6 451	3 268	3 183
25-29	4 373	2 173	2 200	4 722	2 344	2 379	5 497	2 731	2 766	6 656	3 313	3 343
30-34	3 838	1 891	1 947	4 216	2 077	2 139	4 569	2 250	2 320	5 346	2 647	2 699
35-39	3 862	1 881	1 981	3 762	1 836	1 926	4 096	2 000	2 095	4 445	2 173	2 272
40-44	3 340	1 621	1 719	3 727	1 799	1 928	3 643	1 759	1 884	3 997	1 937	2 060
45-49	2 540	1 210	1 329	3 192	1 531	1 661	3 644	1 740	1 904	3 513	1 676	1 837
50-54	1 682	794	888	2 336	1 096	1 241	2 995	1 413	1 582	3 565	1 678	1 887
55-59	1 121	531	590	1 542	709	834	2 146	982	1 164	2 811	1 301	1 511
60-64	1 606	727	879	1 003	460	543	1 350	600	750	2 004	887	1 118
65-69	1 017	445	572	1 321	574	748	875	384	491	1 099	470	629
70-74	945	381	564	823	340	482	1 067	438	629	757	311	446
75-79	476	150	326	663	253	409	576	222	353	806	308	498
80+	…	…	…	…	…	…	…	…	…	…	…	…
80-84	205	55	150	301	85	216	405	145	260	380	141	239
85-89	139	34	106	103	24	79	148	36	112	200	63	137
90-94	47	12	35	51	11	40	37	8	30	55	12	43
95-99	15	4	11	12	3	9	12	2	10	10	2	8
100+	2	1	2	3	1	2	2	0	2	2	0	2

性・年齢別人口（千人）

年齢	2015			2020			2025			2030		
	総数	男	女	総数	男	女	総数	男	女	総数	男	女
総数	67 314	33 088	34 226	71 872	35 321	36 551	75 692	37 163	38 529	78 827	38 645	40 182
0-4	7 627	3 909	3 718	7 308	3 738	3 569	6 774	3 466	3 308	6 349	3 249	3 100
5-9	6 498	3 333	3 165	7 555	3 868	3 687	7 242	3 701	3 541	6 714	3 432	3 282
10-14	5 446	2 781	2 665	6 458	3 310	3 148	7 514	3 845	3 669	7 203	3 679	3 524
15-19	5 646	2 882	2 764	5 388	2 751	2 638	6 399	3 279	3 120	7 453	3 813	3 640
20-24	6 451	3 268	3 183	5 545	2 828	2 717	5 290	2 698	2 592	6 297	3 224	3 073
25-29	6 656	3 313	3 343	6 320	3 195	3 125	5 423	2 761	2 662	5 171	2 633	2 538
30-34	5 346	2 647	2 699	6 525	3 236	3 290	6 197	3 122	3 074	5 310	2 696	2 614
35-39	4 445	2 173	2 272	5 233	2 576	2 657	6 402	3 158	3 244	6 081	3 049	3 032
40-44	3 997	1 937	2 060	4 339	2 104	2 235	5 119	2 501	2 618	6 273	3 072	3 201
45-49	3 513	1 676	1 837	3 878	1 858	2 020	4 217	2 023	2 194	4 983	2 410	2 573
50-54	3 565	1 678	1 887	3 372	1 583	1 789	3 729	1 759	1 970	4 061	1 919	2 142
55-59	2 811	1 301	1 511	3 362	1 546	1 816	3 186	1 462	1 724	3 530	1 628	1 902
60-64	2 004	887	1 118	2 574	1 152	1 422	3 087	1 373	1 714	2 933	1 302	1 631
65-69	1 099	470	629	1 764	744	1 020	2 273	971	1 302	2 736	1 161	1 575
70-74	757	311	446	906	362	543	1 464	577	887	1 894	757	1 137
75-79	806	308	498	559	210	349	676	247	429	1 103	395	707
80+	…	…	…	…	…	…	…	…	…	…	…	…
80-84	380	141	239	503	172	330	353	119	234	434	141	293
85-89	200	63	137	189	62	127	253	76	178	181	53	128
90-94	55	12	43	75	21	54	72	20	51	97	25	72
95-99	10	2	8	15	3	12	21	5	16	20	5	15
100+	2	0	2	2	0	2	3	1	3	4	1	3

年齢	2035			2040			2045			2050		
	総数	男	女	総数	男	女	総数	男	女	総数	男	女
総数	81 616	39 949	41 668	84 263	41 194	43 070	86 690	42 344	44 346	88 664	43 280	45 384
0-4	6 330	3 240	3 090	6 553	3 355	3 198	6 686	3 424	3 262	6 541	3 350	3 191
5-9	6 295	3 219	3 077	6 279	3 211	3 068	6 504	3 327	3 177	6 640	3 397	3 242
10-14	6 679	3 412	3 267	6 262	3 200	3 062	6 247	3 193	3 054	6 472	3 309	3 163
15-19	7 144	3 648	3 496	6 621	3 382	3 239	6 206	3 171	3 035	6 192	3 165	3 027
20-24	7 349	3 756	3 593	7 043	3 593	3 449	6 524	3 330	3 194	6 111	3 121	2 991
25-29	6 174	3 156	3 018	7 223	3 686	3 537	6 921	3 526	3 395	6 406	3 266	3 140
30-34	5 062	2 571	2 491	6 061	3 090	2 971	7 105	3 617	3 488	6 808	3 461	3 347
35-39	5 209	2 633	2 576	4 967	2 512	2 455	5 958	3 026	2 932	6 997	3 549	3 448
40-44	5 962	2 970	2 992	5 109	2 566	2 542	4 873	2 451	2 423	5 855	2 958	2 897
45-49	6 117	2 967	3 150	5 819	2 873	2 946	4 988	2 485	2 503	4 763	2 376	2 387
50-54	4 807	2 292	2 515	5 913	2 829	3 084	5 630	2 744	2 886	4 832	2 378	2 454
55-59	3 851	1 780	2 071	4 568	2 133	2 435	5 631	2 640	2 992	5 370	2 567	2 803
60-64	3 258	1 454	1 803	3 563	1 595	1 968	4 238	1 918	2 320	5 242	2 383	2 858
65-69	2 607	1 104	1 503	2 905	1 238	1 667	3 188	1 363	1 825	3 805	1 646	2 159
70-74	2 292	908	1 384	2 192	867	1 325	2 454	977	1 477	2 706	1 081	1 625
75-79	1 436	523	914	1 751	630	1 120	1 687	606	1 081	1 902	687	1 215
80+	…	…	…	…	…	…	…	…	…	…	…	…
80-84	715	227	489	943	303	639	1 161	368	794	1 133	357	776
85-89	227	64	163	378	103	275	506	139	367	632	169	463
90-94	70	18	52	90	22	68	152	35	117	207	48	159
95-99	27	6	21	20	4	15	26	5	20	43	9	35
100+	4	1	3	6	1	4	5	1	4	6	1	4

年齢	2055			2060		
	総数	男	女	総数	男	女
総数	90 064	43 933	46 131	90 944	44 331	46 612
0-4	6 218	3 186	3 032	5 931	3 039	2 891
5-9	6 498	3 326	3 172	6 179	3 164	3 015
10-14	6 610	3 381	3 229	6 471	3 311	3 160
15-19	6 420	3 282	3 138	6 560	3 355	3 205
20-24	6 102	3 117	2 985	6 334	3 237	3 097
25-29	6 002	3 061	2 940	5 998	3 061	2 937
30-34	6 303	3 207	3 096	5 906	3 007	2 899
35-39	6 709	3 400	3 309	6 214	3 152	3 061
40-44	6 888	3 477	3 411	6 610	3 335	3 275
45-49	5 733	2 875	2 858	6 755	3 387	3 369
50-54	4 620	2 278	2 342	5 571	2 763	2 808
55-59	4 617	2 231	2 386	4 422	2 143	2 280
60-64	5 009	2 326	2 683	4 318	2 031	2 288
65-69	4 727	2 056	2 670	4 532	2 017	2 514
70-74	3 246	1 315	1 931	4 057	1 655	2 402
75-79	2 113	767	1 346	2 554	943	1 611
80+	…	…	…	…	…	…
80-84	1 291	409	882	1 450	462	988
85-89	627	167	460	724	193	530
90-94	263	58	205	266	58	208
95-99	60	12	48	78	15	63
100+	9	2	7	13	2	10

性・年齢別人口（千人）

年齢	2015			2020			2025			2030		
	総数	男	女	総数	男	女	総数	男	女	総数	男	女
総数	67 314	33 088	34 226	72 592	35 689	36 903	77 529	38 102	39 427	82 026	40 281	41 746
0–4	7 627	3 909	3 718	8 028	4 107	3 921	7 895	4 039	3 855	7 720	3 951	3 769
5–9	6 498	3 333	3 165	7 555	3 868	3 687	7 958	4 067	3 891	7 829	4 002	3 827
10–14	5 446	2 781	2 665	6 458	3 310	3 148	7 514	3 845	3 669	7 917	4 044	3 873
15–19	5 646	2 882	2 764	5 388	2 751	2 638	6 399	3 279	3 120	7 453	3 813	3 640
20–24	6 451	3 268	3 183	5 545	2 828	2 717	5 290	2 698	2 592	6 297	3 224	3 073
25–29	6 656	3 313	3 343	6 320	3 195	3 125	5 423	2 761	2 662	5 171	2 633	2 538
30–34	5 346	2 647	2 699	6 525	3 236	3 290	6 197	3 122	3 074	5 310	2 696	2 614
35–39	4 445	2 173	2 272	5 233	2 576	2 657	6 402	3 158	3 244	6 081	3 049	3 032
40–44	3 997	1 937	2 060	4 339	2 104	2 235	5 119	2 501	2 618	6 273	3 072	3 201
45–49	3 513	1 676	1 837	3 878	1 858	2 020	4 217	2 023	2 194	4 983	2 410	2 573
50–54	3 565	1 678	1 887	3 372	1 583	1 789	3 729	1 759	1 970	4 061	1 919	2 142
55–59	2 811	1 301	1 511	3 362	1 546	1 816	3 186	1 462	1 724	3 530	1 628	1 902
60–64	2 004	887	1 118	2 574	1 152	1 422	3 087	1 373	1 714	2 933	1 302	1 631
65–69	1 099	470	629	1 764	744	1 020	2 273	971	1 302	2 736	1 161	1 575
70–74	757	311	446	906	362	543	1 464	577	887	1 894	757	1 137
75–79	806	308	498	559	210	349	676	247	429	1 103	395	707
80+	...	...	...	...	...	...	...	...	...	...	...	...
80–84	380	141	239	503	172	330	353	119	234	434	141	293
85–89	200	63	137	189	62	127	253	76	178	181	53	128
90–94	55	12	43	75	21	54	72	20	51	97	25	72
95–99	10	2	8	15	3	12	21	5	16	20	5	15
100+	2	0	2	2	0	2	3	1	3	4	1	3

年齢	2035			2040			2045			2050		
	総数	男	女	総数	男	女	総数	男	女	総数	男	女
総数	86 239	42 312	43 927	90 543	44 403	46 140	95 009	46 595	48 414	99 428	48 778	50 650
0–4	7 765	3 974	3 791	8 224	4 210	4 014	8 746	4 478	4 268	9 014	4 617	4 397
5–9	7 659	3 916	3 743	7 708	3 942	3 766	8 168	4 178	3 990	8 692	4 447	4 244
10–14	7 790	3 980	3 810	7 622	3 895	3 727	7 672	3 921	3 751	8 133	4 158	3 975
15–19	7 856	4 011	3 845	7 731	3 948	3 782	7 564	3 864	3 700	7 615	3 892	3 724
20–24	7 349	3 756	3 593	7 753	3 955	3 797	7 629	3 894	3 736	7 464	3 811	3 654
25–29	6 174	3 156	3 018	7 223	3 686	3 537	7 627	3 885	3 742	7 506	3 825	3 681
30–34	5 062	2 571	2 491	6 061	3 090	2 971	7 105	3 617	3 488	7 509	3 817	3 692
35–39	5 209	2 633	2 576	4 967	2 512	2 455	5 958	3 026	2 932	6 997	3 549	3 448
40–44	5 962	2 970	2 992	5 109	2 566	2 542	4 873	2 451	2 423	5 855	2 958	2 897
45–49	6 117	2 967	3 150	5 819	2 873	2 946	4 988	2 485	2 503	4 763	2 376	2 387
50–54	4 807	2 292	2 515	5 913	2 829	3 084	5 630	2 744	2 886	4 832	2 378	2 454
55–59	3 851	1 780	2 071	4 568	2 133	2 435	5 631	2 640	2 992	5 370	2 567	2 803
60–64	3 258	1 454	1 803	3 563	1 595	1 968	4 238	1 918	2 320	5 242	2 383	2 858
65–69	2 607	1 104	1 503	2 905	1 238	1 667	3 188	1 363	1 825	3 805	1 646	2 159
70–74	2 292	908	1 384	2 192	867	1 325	2 454	977	1 477	2 706	1 081	1 625
75–79	1 436	523	914	1 751	630	1 120	1 687	606	1 081	1 902	687	1 215
80+	...	...	...	...	...	...	...	...	...	...	...	...
80–84	715	227	489	943	303	639	1 161	368	794	1 133	357	776
85–89	227	64	163	378	103	275	506	139	367	632	169	463
90–94	70	18	52	90	22	68	152	35	117	207	48	159
95–99	27	6	21	20	4	15	26	5	20	43	9	35
100+	4	1	3	6	1	4	5	1	4	6	1	4

年齢	2055			2060		
	総数	男	女	総数	男	女
総数	103 588	50 839	52 749	107 452	52 758	54 693
0–4	9 017	4 619	4 397	8 966	4 595	4 371
5–9	8 963	4 588	4 375	8 969	4 593	4 377
10–14	8 658	4 428	4 230	8 931	4 569	4 362
15–19	8 078	4 130	3 949	8 605	4 400	4 205
20–24	7 520	3 841	3 680	7 987	4 081	3 907
25–29	7 349	3 747	3 601	7 411	3 780	3 630
30–34	7 396	3 762	3 634	7 246	3 688	3 558
35–39	7 405	3 752	3 653	7 298	3 701	3 597
40–44	6 888	3 477	3 411	7 298	3 681	3 617
45–49	5 733	2 875	2 858	6 755	3 387	3 369
50–54	4 620	2 278	2 342	5 571	2 763	2 808
55–59	4 617	2 231	2 386	4 422	2 143	2 280
60–64	5 009	2 326	2 683	4 318	2 031	2 288
65–69	4 727	2 056	2 670	4 532	2 017	2 514
70–74	3 246	1 315	1 931	4 057	1 655	2 402
75–79	2 113	767	1 346	2 554	943	1 611
80+	...	...	...	...	...	...
80–84	1 291	409	882	1 450	462	988
85–89	627	167	460	724	193	530
90–94	263	58	205	266	58	208
95–99	60	12	48	78	15	63
100+	9	2	7	13	2	10

性・年齢別人口（千人）

年齢	2015			2020			2025			2030		
	総数	男	女	総数	男	女	総数	男	女	総数	男	女
総数	67 314	33 088	34 226	71 151	34 952	36 199	73 855	36 223	37 632	75 628	37 009	38 619
0-4	7 627	3 909	3 718	6 588	3 370	3 218	5 653	2 892	2 760	4 978	2 548	2 431
5-9	6 498	3 333	3 165	7 555	3 868	3 687	6 526	3 335	3 191	5 600	2 863	2 737
10-14	5 446	2 781	2 665	6 458	3 310	3 148	7 514	3 845	3 669	6 489	3 314	3 175
15-19	5 646	2 882	2 764	5 388	2 751	2 638	6 399	3 279	3 120	7 453	3 813	3 640
20-24	6 451	3 268	3 183	5 545	2 828	2 717	5 290	2 698	2 592	6 297	3 224	3 073
25-29	6 656	3 313	3 343	6 320	3 195	3 125	5 423	2 761	2 662	5 171	2 633	2 538
30-34	5 346	2 647	2 699	6 525	3 236	3 290	6 197	3 122	3 074	5 310	2 696	2 614
35-39	4 445	2 173	2 272	5 233	2 576	2 657	6 402	3 158	3 244	6 081	3 049	3 032
40-44	3 997	1 937	2 060	4 339	2 104	2 235	5 119	2 501	2 618	6 273	3 072	3 201
45-49	3 513	1 676	1 837	3 878	1 858	2 020	4 217	2 023	2 194	4 983	2 410	2 573
50-54	3 565	1 678	1 887	3 372	1 583	1 789	3 729	1 759	1 970	4 061	1 919	2 142
55-59	2 811	1 301	1 511	3 362	1 546	1 816	3 186	1 462	1 724	3 530	1 628	1 902
60-64	2 004	887	1 118	2 574	1 152	1 422	3 087	1 373	1 714	2 933	1 302	1 631
65-69	1 099	470	629	1 764	744	1 020	2 273	971	1 302	2 736	1 161	1 575
70-74	757	311	446	906	362	543	1 464	577	887	1 894	757	1 137
75-79	806	308	498	559	210	349	676	247	429	1 103	395	707
80+	…	…	…	…	…	…	…	…	…	…	…	…
80-84	380	141	239	503	172	330	353	119	234	434	141	293
85-89	200	63	137	189	62	127	253	76	178	181	53	128
90-94	55	12	43	75	21	54	72	20	51	97	25	72
95-99	10	2	8	15	3	12	21	5	16	20	5	15
100+	2	0	2	2	0	2	3	1	3	4	1	3

年齢	2035			2040			2045			2050		
	総数	男	女	総数	男	女	総数	男	女	総数	男	女
総数	77 000	37 589	39 411	78 050	38 018	40 032	78 620	38 221	40 399	78 498	38 087	40 411
0-4	4 901	2 508	2 392	4 941	2 529	2 411	4 810	2 463	2 347	4 416	2 262	2 154
5-9	4 932	2 522	2 410	4 857	2 484	2 373	4 899	2 506	2 393	4 770	2 441	2 329
10-14	5 567	2 844	2 723	4 901	2 505	2 397	4 828	2 468	2 360	4 871	2 490	2 380
15-19	6 432	3 284	3 147	5 512	2 816	2 696	4 849	2 478	2 371	4 776	2 441	2 335
20-24	7 349	3 756	3 593	6 333	3 232	3 102	5 418	2 766	2 652	4 758	2 430	2 328
25-29	6 174	3 156	3 018	7 223	3 686	3 537	6 215	3 167	3 048	5 306	2 706	2 600
30-34	5 062	2 571	2 491	6 061	3 090	2 971	7 105	3 617	3 488	6 106	3 105	3 001
35-39	5 209	2 633	2 576	4 967	2 512	2 455	5 958	3 026	2 932	6 997	3 549	3 448
40-44	5 962	2 970	2 992	5 109	2 566	2 542	4 873	2 451	2 423	5 855	2 958	2 897
45-49	6 117	2 967	3 150	5 819	2 873	2 946	4 988	2 485	2 503	4 763	2 376	2 387
50-54	4 807	2 292	2 515	5 913	2 829	3 084	5 630	2 744	2 886	4 832	2 378	2 454
55-59	3 851	1 780	2 071	4 568	2 133	2 435	5 631	2 640	2 992	5 370	2 567	2 803
60-64	3 258	1 454	1 803	3 563	1 595	1 968	4 238	1 918	2 320	5 242	2 383	2 858
65-69	2 607	1 104	1 503	2 905	1 238	1 667	3 188	1 363	1 825	3 805	1 646	2 159
70-74	2 292	908	1 384	2 192	867	1 325	2 454	977	1 477	2 706	1 081	1 625
75-79	1 436	523	914	1 751	630	1 120	1 687	606	1 081	1 902	687	1 215
80+	…	…	…	…	…	…	…	…	…	…	…	…
80-84	715	227	489	943	303	639	1 161	368	794	1 133	357	776
85-89	227	64	163	378	103	275	506	139	367	632	169	463
90-94	70	18	52	90	22	68	152	35	117	207	48	159
95-99	27	6	21	20	4	15	26	5	20	43	9	35
100+	4	1	3	6	1	4	5	1	4	6	1	4

年齢	2055			2060		
	総数	男	女	総数	男	女
総数	77 640	37 589	40 051	76 166	36 789	39 376
0-4	3 924	2 010	1 913	3 527	1 808	1 720
5-9	4 381	2 243	2 139	3 893	1 993	1 899
10-14	4 744	2 426	2 318	4 357	2 230	2 128
15-19	4 821	2 465	2 356	4 698	2 403	2 295
20-24	4 690	2 397	2 293	4 740	2 423	2 317
25-29	4 654	2 375	2 279	4 592	2 345	2 248
30-34	5 209	2 652	2 558	4 567	2 327	2 240
35-39	6 014	3 048	2 966	5 129	2 603	2 526
40-44	6 888	3 477	3 411	5 922	2 988	2 934
45-49	5 733	2 875	2 858	6 755	3 387	3 369
50-54	4 620	2 278	2 342	5 571	2 763	2 808
55-59	4 617	2 231	2 386	4 422	2 143	2 280
60-64	5 009	2 326	2 683	4 318	2 031	2 288
65-69	4 727	2 056	2 670	4 532	2 017	2 514
70-74	3 246	1 315	1 931	4 057	1 655	2 402
75-79	2 113	767	1 346	2 554	943	1 611
80+	…	…	…	…	…	…
80-84	1 291	409	882	1 450	462	988
85-89	627	167	460	724	193	530
90-94	263	58	205	266	58	208
95-99	60	12	48	78	15	63
100+	9	2	7	13	2	10

性・年齢別人口（千人）

年齢	1960 総数	男	女	1965 総数	男	女	1970 総数	男	女	1975 総数	男	女
総数	593 943	307 256	286 687	661 873	342 535	319 337	741 603	383 798	357 805	832 611	430 808	401 803
0-4	97 299	49 914	47 385	108 191	55 496	52 695	118 965	61 037	57 928	130 230	66 933	63 297
5-9	79 753	41 229	38 524	89 999	46 491	43 508	100 936	52 100	48 836	111 616	57 574	54 042
10-14	63 410	32 434	30 977	77 432	40 128	37 305	87 825	45 468	42 357	98 897	51 135	47 762
15-19	55 787	28 577	27 210	61 834	31 650	30 183	75 888	39 370	36 518	85 781	44 449	41 333
20-24	51 460	26 246	25 215	54 109	27 709	26 400	60 319	30 903	29 416	73 635	38 249	35 386
25-29	45 903	23 582	22 321	49 647	25 344	24 303	52 569	26 969	25 601	59 008	30 306	28 702
30-34	40 326	21 124	19 202	44 035	22 700	21 335	48 038	24 603	23 435	51 509	26 527	24 982
35-39	35 050	18 537	16 512	38 378	20 201	18 177	42 340	21 910	20 430	46 784	24 043	22 740
40-44	30 058	15 953	14 105	33 018	17 547	15 471	36 583	19 311	17 271	40 903	21 198	19 705
45-49	25 403	13 466	11 938	27 900	14 859	13 041	31 057	16 521	14 536	34 912	18 411	16 502
50-54	21 342	11 300	10 042	23 108	12 254	10 853	25 731	13 680	12 052	29 091	15 426	13 666
55-59	16 423	8 744	7 678	18 887	9 973	8 914	20 743	10 949	9 794	23 448	12 395	11 053
60-64	12 864	6 691	6 173	13 864	7 350	6 514	16 172	8 489	7 683	18 044	9 452	8 593
65-69	8 209	4 274	3 935	10 076	5 216	4 860	11 040	5 821	5 219	13 126	6 832	6 294
70-74	5 768	2 876	2 892	5 795	2 983	2 812	7 256	3 717	3 538	8 138	4 238	3 900
75-79	2 757	1 364	1 393	3 517	1 714	1 803	3 621	1 828	1 794	4 655	2 338	2 317
80+	2 131	946	1 185	2 084	921	1 163	2 521	1 123	1 398	2 833	1 302	1 530
80-84	...	...	...	...	...	...	...	...	...	...	...	...
85-89	...	...	...	...	...	...	...	...	...	...	...	...
90-94	...	...	...	...	...	...	...	...	...	...	...	...
95-99	...	...	...	...	...	...	...	...	...	...	...	...
100+	...	...	...	...	...	...	...	...	...	...	...	...

年齢	1980 総数	男	女	1985 総数	男	女	1990 総数	男	女	1995 総数	男	女
総数	939 043	485 478	453 565	1 059 740	547 351	512 389	1 189 261	613 752	575 508	1 319 396	680 956	638 440
0-4	144 739	74 342	70 397	162 381	83 546	78 834	172 998	89 215	83 784	176 562	91 687	84 875
5-9	123 702	63 890	59 812	138 502	71 436	67 065	156 491	80 822	75 669	168 067	86 941	81 125
10-14	109 899	56 765	53 134	121 872	63 019	58 854	137 031	70 765	66 266	155 077	80 165	74 912
15-19	97 829	50 652	47 177	108 701	56 202	52 499	120 829	62 517	58 313	135 349	69 912	65 437
20-24	84 633	43 985	40 647	96 418	50 003	46 415	107 059	55 395	51 664	118 530	61 381	57 148
25-29	72 293	37 698	34 595	83 200	43 382	39 818	94 727	49 170	45 557	105 088	54 453	50 635
30-34	57 654	29 675	27 979	70 916	37 089	33 826	81 663	42 590	39 072	93 039	48 330	44 709
35-39	50 282	25 906	24 376	56 430	29 070	27 360	69 533	36 348	33 185	80 080	41 746	38 334
40-44	45 376	23 309	22 067	48 807	25 101	23 705	55 066	28 323	26 743	67 878	35 406	32 472
45-49	39 151	20 232	18 919	43 460	22 215	21 245	47 128	24 141	22 987	53 248	27 273	25 975
50-54	32 852	17 240	15 612	36 887	18 925	17 962	41 250	20 943	20 307	44 910	22 847	22 062
55-59	26 666	14 034	12 632	30 167	15 675	14 491	34 123	17 343	16 779	38 439	19 327	19 112
60-64	20 539	10 746	9 793	23 429	12 174	11 255	26 706	13 703	13 003	30 595	15 344	15 251
65-69	14 786	7 644	7 142	16 872	8 688	8 184	19 424	9 932	9 492	22 536	11 358	11 178
70-74	9 802	5 014	4 788	11 073	5 618	5 454	12 773	6 468	6 305	15 040	7 543	7 497
75-79	5 288	2 697	2 591	6 414	3 218	3 196	7 330	3 661	3 669	8 711	4 325	4 386
80+	3 553	1 650	1 903	4 214	1 989	2 225	...	...	...	...	...	...
80-84	...	...	...	...	...	...	3 520	1 705	1 815	4 182	2 012	2 171
85-89	...	...	...	...	...	...	1 222	560	662	1 579	712	867
90-94	...	...	...	...	...	...	328	131	197	403	166	237
95-99	...	...	...	...	...	...	52	18	34	75	25	49
100+	...	...	...	...	...	...	7	2	5	8	2	6

年齢	2000 総数	男	女	2005 総数	男	女	2010 総数	男	女	2015 総数	男	女
総数	1 451 933	749 146	702 786	1 581 124	816 106	765 018	1 702 991	877 821	825 170	1 822 974	938 881	884 093
0-4	180 169	93 979	86 190	181 762	95 158	86 604	183 134	95 758	87 376	180 066	94 099	85 966
5-9	172 377	89 728	82 649	175 967	91 961	84 007	178 952	93 761	85 192	180 914	94 624	86 290
10-14	166 530	86 178	80 351	170 599	88 813	81 786	174 612	91 285	83 327	177 713	93 134	84 579
15-19	153 537	79 376	74 161	165 086	85 364	79 723	168 421	87 640	80 781	173 035	90 519	82 516
20-24	133 412	68 903	64 509	151 447	78 120	73 327	161 790	83 397	78 392	166 238	86 429	79 809
25-29	116 562	60 294	56 267	131 101	67 533	63 568	148 429	76 146	72 283	159 531	81 950	77 581
30-34	103 300	53 427	49 873	114 473	59 175	55 298	128 582	65 885	62 697	146 249	74 732	71 517
35-39	91 336	47 334	44 002	101 624	52 562	49 062	112 060	57 690	54 370	126 400	64 556	61 844
40-44	78 318	40 697	37 622	89 596	46 374	43 223	99 144	51 080	48 064	109 793	56 340	53 453
45-49	65 934	34 230	31 704	76 074	39 383	36 690	86 753	44 629	42 124	96 568	49 489	47 079
50-54	51 077	25 977	25 100	63 248	32 609	30 639	72 899	37 399	35 500	83 721	42 728	40 993
55-59	42 162	21 237	20 925	48 009	24 179	23 830	59 642	30 414	29 227	69 258	35 155	34 103
60-64	34 803	17 260	17 544	38 366	19 120	19 246	43 834	21 806	22 028	54 993	27 691	27 302
65-69	26 204	12 900	13 304	30 091	14 746	15 346	33 197	16 333	16 863	38 461	18 885	19 576
70-74	17 803	8 789	9 014	20 994	10 195	10 799	24 088	11 650	12 438	27 002	13 089	13 913
75-79	10 577	5 193	5 384	12 779	6 203	6 576	15 144	7 237	7 908	17 675	8 372	9 303
80+	...	...	...	...	...	...	...	...	...	...	...	...
80-84	5 193	2 487	2 705	6 494	3 095	3 399	7 935	3 748	4 188	9 660	4 500	5 160
85-89	1 978	892	1 085	2 544	1 160	1 385	3 229	1 477	1 752	4 124	1 896	2 229
90-94	553	227	327	715	301	415	942	407	535	1 275	569	706
95-99	97	35	62	138	51	86	182	71	111	264	112	152
100+	12	3	9	16	5	11	23	8	15	35	14	22

性・年齢別人口（千人）

年齢	2015			2020			2025			2030		
	総数	男	女	総数	男	女	総数	男	女	総数	男	女
総数	1 822 974	938 881	884 093	1 940 160	998 543	941 617	2 049 008	1 053 569	995 439	2 147 377	1 102 840	1 044 537
0-4	180 066	94 099	85 966	180 169	94 097	86 072	177 044	92 364	84 680	172 731	89 965	82 767
5-9	180 914	94 624	86 290	178 279	93 203	85 076	178 648	93 332	85 316	175 753	91 712	84 042
10-14	177 713	93 134	84 579	179 996	94 145	85 851	177 476	92 783	84 692	177 919	92 947	84 972
15-19	173 035	90 519	82 516	176 433	92 518	83 914	178 807	93 573	85 234	176 367	92 244	84 123
20-24	166 238	86 429	79 809	171 049	89 486	81 563	174 570	91 542	83 027	177 038	92 629	84 409
25-29	159 531	81 950	77 581	164 155	85 209	78 945	169 095	88 329	80 766	172 710	90 415	82 295
30-34	146 249	74 732	71 517	157 527	80 732	76 795	162 276	84 053	78 223	167 292	87 193	80 099
35-39	126 400	64 556	61 844	144 193	73 447	70 746	155 541	79 482	76 059	160 359	82 819	77 540
40-44	109 793	56 340	53 453	124 264	63 200	61 064	142 019	72 060	69 958	153 363	78 071	75 292
45-49	96 568	49 489	47 079	107 312	54 771	52 541	121 721	61 590	60 131	139 338	70 346	68 992
50-54	83 721	42 728	40 993	93 521	47 572	45 949	104 171	52 789	51 382	118 417	59 499	58 918
55-59	69 258	35 155	34 103	79 848	40 346	39 503	89 471	45 072	44 399	99 935	50 168	49 767
60-64	54 993	27 691	27 302	64 191	32 209	31 982	74 346	37 133	37 213	83 681	41 690	41 991
65-69	38 461	18 885	19 576	48 653	24 172	24 482	57 179	28 292	28 887	66 707	32 874	33 833
70-74	27 002	13 089	13 913	31 678	15 289	16 389	40 447	19 725	20 722	48 031	23 349	24 682
75-79	17 675	8 372	9 303	20 119	9 544	10 574	23 902	11 269	12 633	30 906	14 732	16 173
80+	…	…	…	…	…	…	…	…	…	…	…	…
80-84	9 660	4 500	5 160	11 493	5 307	6 186	13 285	6 136	7 149	16 029	7 359	8 670
85-89	4 124	1 896	2 229	5 158	2 344	2 814	6 249	2 813	3 437	7 348	3 307	4 041
90-94	1 275	569	706	1 690	761	929	2 160	963	1 197	2 661	1 171	1 489
95-99	264	112	152	377	167	210	514	230	284	667	294	373
100+	35	14	22	57	24	33	87	39	48	123	55	68

年齢	2035			2040			2045			2050		
	総数	男	女	総数	男	女	総数	男	女	総数	男	女
総数	2 234 432	1 146 023	1 088 409	2 309 527	1 182 699	1 126 828	2 372 960	1 213 289	1 159 671	2 423 795	1 237 512	1 186 283
0-4	168 026	87 350	80 675	163 449	84 814	78 635	159 634	82 695	76 939	155 298	80 450	74 848
5-9	171 638	89 409	82 230	167 071	86 862	80 209	162 607	84 382	78 225	158 878	82 306	76 572
10-14	175 103	91 364	83 739	171 039	89 088	81 951	166 517	86 567	79 950	162 086	84 105	77 981
15-19	176 894	92 442	84 452	174 125	90 884	83 240	170 108	88 635	81 472	165 621	86 135	79 486
20-24	174 738	91 361	83 377	175 322	91 590	83 732	172 620	90 071	82 548	168 659	87 856	80 803
25-29	175 301	91 558	83 743	173 085	90 340	82 745	173 734	90 610	83 124	171 097	89 134	81 963
30-34	171 014	89 328	81 686	173 667	90 511	83 155	171 541	89 354	82 186	172 251	89 667	82 584
35-39	165 466	85 998	79 467	169 254	88 177	81 077	171 986	89 418	82 568	169 965	88 335	81 630
40-44	158 267	81 440	76 827	163 430	84 655	78 775	167 303	86 893	80 411	170 131	88 205	81 926
45-49	150 679	76 337	74 342	155 640	79 734	75 906	160 874	82 995	77 879	164 852	85 303	79 549
50-54	135 843	68 121	67 721	147 123	74 067	73 056	152 163	77 504	74 659	157 486	80 816	76 670
55-59	113 946	56 734	57 211	131 055	65 152	65 902	142 241	71 032	71 209	147 377	74 503	72 874
60-64	93 870	46 621	47 249	107 496	52 955	54 541	124 132	61 084	63 048	135 159	66 843	68 316
65-69	75 600	37 187	38 413	85 353	41 842	43 511	98 387	47 846	50 542	114 288	55 537	58 751
70-74	56 608	27 436	29 172	64 807	31 336	33 471	73 853	35 585	38 267	85 918	41 065	44 853
75-79	37 208	17 700	19 508	44 500	21 076	23 424	51 639	24 394	27 245	59 577	28 034	31 543
80+	…	…	…	…	…	…	…	…	…	…	…	…
80-84	21 026	9 768	11 259	25 806	11 928	13 878	31 443	14 451	16 992	37 106	16 993	20 113
85-89	9 022	4 035	4 988	12 070	5 429	6 642	15 155	6 760	8 395	18 880	8 351	10 529
90-94	3 187	1 401	1 786	4 002	1 732	2 271	5 449	2 356	3 093	7 033	2 998	4 034
95-99	833	361	472	1 024	437	587	1 308	545	764	1 795	739	1 055
100+	164	72	92	211	90	121	266	110	155	341	137	204

年齢	2055			2060		
	総数	男	女	総数	男	女
総数	2 461 960	1 255 687	1 206 274	2 487 052	1 267 601	1 219 451
0-4	150 252	77 838	72 414	144 971	75 102	69 869
5-9	154 630	80 106	74 524	149 664	77 534	72 129
10-14	158 379	82 045	76 335	154 176	79 868	74 307
15-19	161 270	83 705	77 565	157 626	81 677	75 949
20-24	164 312	85 441	78 871	160 061	83 067	76 994
25-29	167 225	87 000	80 225	162 993	84 657	78 335
30-34	169 733	88 270	81 463	165 979	86 216	79 763
35-39	170 813	88 743	82 069	168 423	87 437	80 986
40-44	168 267	87 245	81 022	169 245	87 747	81 498
45-49	167 853	86 742	81 111	166 188	85 923	80 265
50-54	161 645	83 252	78 393	164 832	84 827	80 005
55-59	152 842	77 910	74 932	157 222	80 489	76 733
60-64	140 486	70 399	70 087	146 153	73 910	72 242
65-69	125 126	61 167	63 959	130 671	64 791	65 880
70-74	100 730	48 165	52 565	111 137	53 527	57 611
75-79	70 226	32 814	37 411	83 338	39 017	44 320
80+	…	…	…	…	…	…
80-84	43 524	19 868	23 656	52 153	23 670	28 484
85-89	22 770	10 029	12 741	27 243	11 963	15 280
90-94	9 020	3 800	5 220	11 161	4 672	6 489
95-99	2 399	967	1 431	3 189	1 263	1 925
100+	457	180	277	628	240	388

性・年齢別人口（千人）

年齢	2015 総数	男	女	2020 総数	男	女	2025 総数	男	女	2030 総数	男	女
総数	1 822 974	938 881	884 093	1 958 891	1 008 325	950 566	2 098 694	1 079 500	1 019 194	2 236 559	1 149 341	1 087 217
0-4	180 066	94 099	85 966	198 899	103 878	95 021	208 125	108 576	99 549	212 446	110 646	101 800
5-9	180 914	94 624	86 290	178 279	93 203	85 076	197 254	103 051	94 203	206 661	107 837	98 824
10-14	177 713	93 134	84 579	179 996	94 145	85 851	177 476	92 783	84 692	196 479	102 641	93 837
15-19	173 035	90 519	82 516	176 433	92 518	83 914	178 807	93 573	85 234	176 367	92 244	84 123
20-24	166 238	86 429	79 809	171 049	89 486	81 563	174 570	91 542	83 027	177 038	92 629	84 409
25-29	159 531	81 950	77 581	164 155	85 209	78 945	169 095	88 329	80 766	172 710	90 415	82 295
30-34	146 249	74 732	71 517	157 527	80 732	76 795	162 276	84 053	78 223	167 292	87 193	80 099
35-39	126 400	64 556	61 844	144 193	73 447	70 746	155 541	79 482	76 059	160 359	82 819	77 540
40-44	109 793	56 340	53 453	124 264	63 200	61 064	142 019	72 060	69 958	153 363	78 071	75 292
45-49	96 568	49 489	47 079	107 312	54 771	52 541	121 721	61 590	60 131	139 338	70 346	68 992
50-54	83 721	42 728	40 993	93 521	47 572	45 949	104 171	52 789	51 382	118 417	59 499	58 918
55-59	69 258	35 155	34 103	79 848	40 346	39 503	89 471	45 072	44 399	99 935	50 168	49 767
60-64	54 993	27 691	27 302	64 191	32 209	31 982	74 346	37 133	37 213	83 681	41 690	41 991
65-69	38 461	18 885	19 576	48 653	24 172	24 482	57 179	28 292	28 887	66 707	32 874	33 833
70-74	27 002	13 089	13 913	31 678	15 289	16 389	40 447	19 725	20 722	48 031	23 349	24 682
75-79	17 675	8 372	9 303	20 119	9 544	10 574	23 902	11 269	12 633	30 906	14 732	16 173
80+	…	…	…	…	…	…	…	…	…	…	…	…
80-84	9 660	4 500	5 160	11 493	5 307	6 186	13 285	6 136	7 149	16 029	7 359	8 670
85-89	4 124	1 896	2 229	5 158	2 344	2 814	6 249	2 813	3 437	7 348	3 307	4 041
90-94	1 275	569	706	1 690	761	929	2 160	963	1 197	2 661	1 171	1 489
95-99	264	112	152	377	167	210	514	230	284	667	294	373
100+	35	14	22	57	24	33	87	39	48	123	55	68

年齢	2035 総数	男	女	2040 総数	男	女	2045 総数	男	女	2050 総数	男	女
総数	2 363 974	1 213 498	1 150 475	2 484 366	1 273 660	1 210 706	2 603 766	1 333 213	1 270 553	2 722 432	1 392 525	1 329 907
0-4	208 686	108 482	100 204	209 129	108 510	100 619	216 103	111 943	104 160	223 791	115 928	107 863
5-9	211 166	109 996	101 170	207 565	107 910	99 655	208 124	107 996	100 129	215 173	111 465	103 708
10-14	205 943	107 451	98 491	210 489	109 632	100 858	206 940	107 575	99 365	207 532	107 678	99 854
15-19	195 408	102 110	93 297	204 895	106 932	97 963	209 477	109 132	100 345	205 968	107 099	98 870
20-24	174 738	91 361	83 377	193 767	101 216	92 551	203 284	106 055	97 229	207 904	108 278	99 626
25-29	175 301	91 558	83 743	173 085	90 340	82 745	192 096	100 184	91 912	201 635	105 036	96 598
30-34	171 014	89 328	81 686	173 667	90 511	83 155	171 541	89 354	82 186	190 523	99 181	91 342
35-39	165 466	85 998	79 467	169 254	88 177	81 077	171 986	89 418	82 568	169 965	88 335	81 630
40-44	158 267	81 440	76 827	163 430	84 655	78 775	167 303	86 893	80 411	170 131	88 205	81 926
45-49	150 679	76 337	74 342	155 640	79 734	75 906	160 874	82 995	77 879	164 852	85 303	79 549
50-54	135 843	68 121	67 721	147 123	74 067	73 056	152 163	77 504	74 659	157 486	80 816	76 670
55-59	113 946	56 734	57 211	131 055	65 152	65 902	142 241	71 032	71 209	147 377	74 503	72 874
60-64	93 870	46 621	47 249	107 496	52 955	54 541	124 132	61 084	63 048	135 159	66 843	68 316
65-69	75 600	37 187	38 413	85 353	41 842	43 511	98 387	47 846	50 542	114 288	55 537	58 751
70-74	56 608	27 436	29 172	64 807	31 336	33 471	73 853	35 585	38 267	85 918	41 065	44 853
75-79	37 208	17 700	19 508	44 500	21 076	23 424	51 639	24 394	27 245	59 577	28 034	31 543
80+	…	…	…	…	…	…	…	…	…	…	…	…
80-84	21 026	9 768	11 259	25 806	11 928	13 878	31 443	14 451	16 992	37 106	16 993	20 113
85-89	9 022	4 035	4 988	12 070	5 429	6 642	15 155	6 760	8 395	18 880	8 351	10 529
90-94	3 187	1 401	1 786	4 002	1 732	2 271	5 449	2 356	3 093	7 033	2 998	4 034
95-99	833	361	472	1 024	437	587	1 308	545	764	1 795	739	1 055
100+	164	72	92	211	90	121	266	110	155	341	137	204

年齢	2055 総数	男	女	2060 総数	男	女
総数	2 836 977	1 450 197	1 386 781	2 943 336	1 504 111	1 439 225
0-4	227 480	117 841	109 640	227 305	117 747	109 557
5-9	222 939	115 490	107 448	226 708	117 442	109 265
10-14	214 595	111 159	103 436	222 399	115 204	107 195
15-19	206 640	107 234	99 405	213 755	110 742	103 014
20-24	204 544	106 335	98 208	205 311	106 525	98 787
25-29	206 322	107 329	98 994	203 086	105 465	97 620
30-34	200 135	104 084	96 051	204 917	106 443	98 474
35-39	188 978	98 187	90 792	198 663	103 146	95 518
40-44	168 267	87 245	81 022	187 278	97 103	90 174
45-49	167 853	86 742	81 111	166 188	85 923	80 265
50-54	161 645	83 252	78 393	164 832	84 827	80 005
55-59	152 842	77 910	74 932	157 222	80 489	76 733
60-64	140 486	70 399	70 087	146 153	73 910	72 242
65-69	125 126	61 167	63 959	130 671	64 791	65 880
70-74	100 730	48 165	52 565	111 137	53 527	57 611
75-79	70 226	32 814	37 411	83 338	39 017	44 320
80+	…	…	…	…	…	…
80-84	43 524	19 868	23 656	52 153	23 670	28 484
85-89	22 770	10 029	12 741	27 243	11 963	15 280
90-94	9 020	3 800	5 220	11 161	4 672	6 489
95-99	2 399	967	1 431	3 189	1 263	1 925
100+	457	180	277	628	240	388

性・年齢別人口（千人）

年齢	2015 総数	男	女	2020 総数	男	女	2025 総数	男	女	2030 総数	男	女
総数	1 822 974	938 881	884 093	1 921 430	988 762	932 668	1 999 321	1 027 638	971 684	2 058 195	1 056 339	1 001 856
0-4	180 066	94 099	85 966	161 438	84 316	77 123	145 963	76 152	69 812	133 017	69 283	63 734
5-9	180 914	94 624	86 290	178 279	93 203	85 076	160 042	83 612	76 430	144 846	75 586	69 259
10-14	177 713	93 134	84 579	179 996	94 145	85 851	177 476	92 783	84 692	159 360	83 253	76 107
15-19	173 035	90 519	82 516	176 433	92 518	83 914	178 807	93 573	85 234	176 367	92 244	84 123
20-24	166 238	86 429	79 809	171 049	89 486	81 563	174 570	91 542	83 027	177 038	92 629	84 409
25-29	159 531	81 950	77 581	164 155	85 209	78 945	169 095	88 329	80 766	172 710	90 415	82 295
30-34	146 249	74 732	71 517	157 527	80 732	76 795	162 276	84 053	78 223	167 292	87 193	80 099
35-39	126 400	64 556	61 844	144 193	73 447	70 746	155 541	79 482	76 059	160 359	82 819	77 540
40-44	109 793	56 340	53 453	124 264	63 200	61 064	142 019	72 060	69 958	153 363	78 071	75 292
45-49	96 568	49 489	47 079	107 312	54 771	52 541	121 721	61 590	60 131	139 338	70 346	68 992
50-54	83 721	42 728	40 993	93 521	47 572	45 949	104 171	52 789	51 382	118 417	59 499	58 918
55-59	69 258	35 155	34 103	79 848	40 346	39 503	89 471	45 072	44 399	99 935	50 168	49 767
60-64	54 993	27 691	27 302	64 191	32 209	31 982	74 346	37 133	37 213	83 681	41 690	41 991
65-69	38 461	18 885	19 576	48 653	24 172	24 482	57 179	28 292	28 887	66 707	32 874	33 833
70-74	27 002	13 089	13 913	31 678	15 289	16 389	40 447	19 725	20 722	48 031	23 349	24 682
75-79	17 675	8 372	9 303	20 119	9 544	10 574	23 902	11 269	12 633	30 906	14 732	16 173
80+	…	…	…	…	…	…	…	…	…	…	…	…
80-84	9 660	4 500	5 160	11 493	5 307	6 186	13 285	6 136	7 149	16 029	7 359	8 670
85-89	4 124	1 896	2 229	5 158	2 344	2 814	6 249	2 813	3 437	7 348	3 307	4 041
90-94	1 275	569	706	1 690	761	929	2 160	963	1 197	2 661	1 171	1 489
95-99	264	112	152	377	167	210	514	230	284	667	294	373
100+	35	14	22	57	24	33	87	39	48	123	55	68

年齢	2035 総数	男	女	2040 総数	男	女	2045 総数	男	女	2050 総数	男	女
総数	2 105 093	1 078 653	1 026 440	2 137 025	1 092 948	1 044 077	2 151 020	1 097 957	1 053 063	2 145 727	1 093 151	1 052 576
0-4	127 568	66 323	61 245	119 905	62 225	57 680	109 702	56 833	52 869	98 529	51 044	47 485
5-9	132 111	68 821	63 289	126 778	65 919	60 860	119 217	61 871	57 346	109 101	56 522	52 578
10-14	144 262	75 276	68 986	131 588	68 544	63 044	126 294	65 663	60 632	118 765	61 633	57 132
15-19	158 381	82 775	75 606	143 354	74 837	68 517	130 738	68 138	62 600	125 474	65 274	60 200
20-24	174 738	91 361	83 377	156 878	81 964	74 914	141 955	74 088	67 867	129 414	67 434	61 980
25-29	175 301	91 558	83 743	173 085	90 340	82 745	155 372	81 037	74 336	140 559	73 231	67 328
30-34	171 014	89 328	81 686	173 667	90 511	83 155	171 541	89 354	82 186	153 979	80 152	73 826
35-39	165 466	85 998	79 467	169 254	88 177	81 077	171 986	89 418	82 568	169 965	88 335	81 630
40-44	158 267	81 440	76 827	163 430	84 655	78 775	167 303	86 893	80 411	170 131	88 205	81 926
45-49	150 679	76 337	74 342	155 640	79 734	75 906	160 874	82 995	77 879	164 852	85 303	79 549
50-54	135 843	68 121	67 721	147 123	74 067	73 056	152 163	77 504	74 659	157 486	80 816	76 670
55-59	113 946	56 734	57 211	131 055	65 152	65 902	142 241	71 032	71 209	147 377	74 503	72 874
60-64	93 870	46 621	47 249	107 496	52 955	54 541	124 132	61 084	63 048	135 159	66 843	68 316
65-69	75 600	37 187	38 413	85 353	41 842	43 511	98 387	47 846	50 542	114 288	55 537	58 751
70-74	56 608	27 436	29 172	64 807	31 336	33 471	73 853	35 585	38 267	85 918	41 065	44 853
75-79	37 208	17 700	19 508	44 500	21 076	23 424	51 639	24 394	27 245	59 577	28 034	31 543
80+	…	…	…	…	…	…	…	…	…	…	…	…
80-84	21 026	9 768	11 259	25 806	11 928	13 878	31 443	14 451	16 992	37 106	16 993	20 113
85-89	9 022	4 035	4 988	12 070	5 429	6 642	15 155	6 760	8 395	18 880	8 351	10 529
90-94	3 187	1 401	1 786	4 002	1 732	2 271	5 449	2 356	3 093	7 033	2 998	4 034
95-99	833	361	472	1 024	437	587	1 308	545	764	1 795	739	1 055
100+	164	72	92	211	90	121	266	110	155	341	137	204

年齢	2055 総数	男	女	2060 総数	男	女
総数	2 123 321	1 080 017	1 043 304	2 085 923	1 059 654	1 026 269
0-4	88 875	46 045	42 830	81 482	42 216	39 267
5-9	98 017	50 780	47 237	88 435	45 817	42 617
10-14	108 672	56 300	52 372	97 634	50 583	47 051
15-19	118 023	61 276	56 747	107 995	55 977	52 018
20-24	124 282	64 651	59 631	116 927	60 706	56 222
25-29	128 128	66 671	61 457	123 099	63 953	59 147
30-34	139 331	72 455	66 876	127 041	65 990	61 051
35-39	152 647	79 300	73 347	138 182	71 728	66 454
40-44	168 267	87 245	81 022	151 212	78 391	72 822
45-49	167 853	86 742	81 111	166 188	85 923	80 265
50-54	161 645	83 252	78 393	164 832	84 827	80 005
55-59	152 842	77 910	74 932	157 222	80 489	76 733
60-64	140 486	70 399	70 087	146 153	73 910	72 242
65-69	125 126	61 167	63 959	130 671	64 791	65 880
70-74	100 730	48 165	52 565	111 137	53 527	57 611
75-79	70 226	32 814	37 411	83 338	39 017	44 320
80+	…	…	…	…	…	…
80-84	43 524	19 868	23 656	52 153	23 670	28 484
85-89	22 770	10 029	12 741	27 243	11 963	15 280
90-94	9 020	3 800	5 220	11 161	4 672	6 489
95-99	2 399	967	1 431	3 189	1 263	1 925
100+	457	180	277	628	240	388

性・年齢別人口（千人）

年齢	1960			1965			1970			1975		
	総数	男	女	総数	男	女	総数	男	女	総数	男	女
総数	213 838	106 411	107 427	245 876	122 450	123 426	281 521	140 262	141 259	319 721	159 279	160 441
0-4	37 415	18 945	18 471	42 546	21 580	20 965	47 011	23 850	23 161	50 499	25 632	24 867
5-9	29 394	14 824	14 570	35 765	18 091	17 674	40 983	20 751	20 232	45 588	23 081	22 507
10-14	22 242	11 060	11 182	28 917	14 571	14 346	35 190	17 770	17 420	40 360	20 398	19 961
15-19	19 606	9 721	9 885	21 942	10 905	11 037	28 478	14 332	14 146	34 731	17 498	17 233
20-24	18 350	9 104	9 246	19 208	9 515	9 693	21 493	10 672	10 822	28 056	14 086	13 971
25-29	16 475	8 198	8 277	17 894	8 864	9 030	18 723	9 264	9 459	21 081	10 442	10 639
30-34	14 028	7 030	6 998	16 006	7 951	8 055	17 403	8 607	8 796	18 265	9 015	9 250
35-39	11 716	5 894	5 823	13 555	6 775	6 780	15 493	7 675	7 818	16 902	8 333	8 570
40-44	9 982	5 003	4 979	11 240	5 625	5 615	13 040	6 488	6 552	14 941	7 363	7 578
45-49	8 917	4 463	4 453	9 491	4 717	4 774	10 721	5 324	5 397	12 453	6 145	6 308
50-54	7 536	3 737	3 799	8 367	4 140	4 227	8 926	4 388	4 538	10 088	4 952	5 136
55-59	6 015	2 939	3 077	6 915	3 379	3 536	7 703	3 758	3 945	8 205	3 972	4 233
60-64	4 496	2 148	2 348	5 328	2 548	2 781	6 146	2 942	3 204	6 825	3 249	3 576
65-69	3 289	1 495	1 794	3 749	1 733	2 016	4 479	2 071	2 408	5 130	2 368	2 762
70-74	2 233	979	1 255	2 498	1 085	1 413	2 889	1 273	1 615	3 398	1 495	1 903
75-79	1 307	546	761	1 474	606	868	1 682	682	1 000	1 910	789	1 121
80+	835	326	509	982	366	616	1 160	415	746	1 290	463	827
80-84	...	...	...	...	...	...	...	...	...	...	...	...
85-89	...	...	...	...	...	...	...	...	...	...	...	...
90-94	...	...	...	...	...	...	...	...	...	...	...	...
95-99	...	...	...	...	...	...	...	...	...	...	...	...
100+	...	...	...	...	...	...	...	...	...	...	...	...

年齢	1980			1985			1990			1995		
	総数	男	女	総数	男	女	総数	男	女	総数	男	女
総数	358 106	178 323	179 783	401 712	200 085	201 627	445 665	222 338	223 327	486 881	242 676	244 205
0-4	52 701	26 758	25 944	56 089	28 527	27 561	56 873	29 000	27 873	57 035	29 077	27 959
5-9	49 033	24 843	24 190	51 806	26 268	25 538	55 205	28 087	27 119	56 231	28 591	27 640
10-14	44 908	22 698	22 210	48 568	24 586	23 982	51 432	26 096	25 336	54 958	27 890	27 069
15-19	39 654	19 989	19 664	44 396	22 418	21 978	48 068	24 339	23 730	50 916	25 754	25 163
20-24	33 940	17 043	16 897	38 984	19 616	19 368	43 623	22 007	21 616	46 976	23 682	23 294
25-29	27 254	13 628	13 626	33 347	16 685	16 663	38 360	19 261	19 099	42 479	21 318	21 161
30-34	20 356	10 037	10 318	26 794	13 334	13 461	32 947	16 439	16 508	37 526	18 752	18 775
35-39	17 602	8 650	8 952	19 945	9 789	10 156	26 455	13 134	13 321	32 281	16 059	16 223
40-44	16 248	7 972	8 276	17 169	8 391	8 778	19 582	9 585	9 997	25 868	12 825	13 043
45-49	14 267	6 982	7 285	15 732	7 663	8 070	16 720	8 132	8 588	19 006	9 276	9 729
50-54	11 740	5 735	6 005	13 640	6 612	7 028	15 118	7 307	7 811	16 008	7 724	8 284
55-59	9 321	4 510	4 811	11 007	5 307	5 700	12 874	6 173	6 701	14 216	6 777	7 439
60-64	7 340	3 477	3 863	8 456	4 012	4 444	10 102	4 790	5 313	11 775	5 533	6 243
65-69	5 800	2 674	3 126	6 315	2 906	3 409	7 367	3 404	3 963	8 828	4 066	4 761
70-74	4 017	1 778	2 239	4 616	2 045	2 571	5 084	2 254	2 830	5 993	2 660	3 333
75-79	2 351	976	1 375	2 843	1 191	1 651	3 322	1 397	1 924	3 703	1 555	2 149
80+	1 573	572	1 001	2 005	736	1 269	...	...	...	...	...	...
80-84	...	...	...	...	...	...	1 706	662	1 044	2 024	787	1 236
85-89	...	...	...	...	...	...	631	217	414	784	275	509
90-94	...	...	...	...	...	...	164	47	116	225	66	159
95-99	...	...	...	...	...	...	29	7	22	43	10	33
100+	...	...	...	...	...	...	4	1	3	6	1	5

年齢	2000			2005			2010			2015		
	総数	男	女	総数	男	女	総数	男	女	総数	男	女
総数	526 179	262 028	264 150	563 157	280 534	282 623	596 708	297 955	298 753	633 490	316 148	317 341
0-4	54 715	27 893	26 822	55 546	28 374	27 172	55 358	28 401	26 958	57 817	29 666	28 150
5-9	56 416	28 726	27 690	56 058	28 562	27 497	55 519	28 479	27 041	55 071	28 230	26 842
10-14	56 002	28 460	27 542	57 307	29 178	28 128	55 507	28 356	27 150	55 263	28 331	26 932
15-19	54 528	27 633	26 895	55 707	28 299	27 408	55 200	27 992	27 208	55 040	28 087	26 953
20-24	49 531	24 978	24 552	52 417	26 407	26 010	51 917	26 055	25 863	54 397	27 520	26 877
25-29	45 786	22 933	22 853	48 558	24 333	24 226	51 963	26 016	25 947	51 117	25 574	25 542
30-34	41 950	20 899	21 051	44 766	22 364	22 402	47 636	23 885	23 752	51 285	25 614	25 671
35-39	37 395	18 589	18 805	40 859	20 336	20 523	44 721	22 443	22 278	46 924	23 477	23 448
40-44	32 139	15 936	16 203	36 108	17 908	18 200	40 857	20 414	20 442	43 994	22 020	21 974
45-49	25 475	12 621	12 854	30 509	15 021	15 487	35 885	17 794	18 091	39 992	19 890	20 101
50-54	18 329	8 917	9 412	24 517	11 980	12 537	30 282	14 950	15 331	34 742	17 083	17 659
55-59	15 069	7 201	7 868	17 850	8 679	9 171	23 015	11 394	11 621	28 839	14 042	14 797
60-64	13 043	6 106	6 937	13 890	6 551	7 339	16 087	7 637	8 450	21 351	10 354	10 996
65-69	10 379	4 729	5 650	11 074	5 066	6 008	11 830	5 475	6 355	14 303	6 586	7 717
70-74	7 282	3 211	4 071	8 342	3 662	4 680	9 253	4 046	5 207	9 844	4 366	5 478
75-79	4 472	1 859	2 613	5 177	2 166	3 011	6 125	2 542	3 583	6 970	2 883	4 087
80+	...	...	...	...	...	...	...	...	...	...	...	...
80-84	2 344	895	1 449	2 858	1 113	1 744	3 517	1 388	2 129	3 965	1 535	2 429
85-89	966	339	627	1 148	399	749	1 447	515	932	1 811	657	1 153
90-94	286	86	200	367	112	255	452	140	312	590	188	402
95-99	64	15	49	84	21	63	115	29	85	145	39	106
100+	9	2	8	15	3	12	21	4	17	31	6	25

性・年齢別人口（千人）

年齢	2015 総数	男	女	2020 総数	男	女	2025 総数	男	女	2030 総数	男	女
総数	633 490	316 148	317 341	667 627	332 859	334 768	698 154	347 592	350 561	724 848	360 250	364 598
0-4	57 817	29 666	28 150	56 733	29 074	27 659	55 308	28 306	27 002	54 077	27 638	26 439
5-9	55 071	28 230	26 842	57 558	29 510	28 048	56 510	28 938	27 572	55 117	28 188	26 930
10-14	55 263	28 331	26 932	54 835	28 093	26 741	57 329	29 378	27 951	56 301	28 817	27 484
15-19	55 040	28 087	26 953	54 825	28 079	26 745	54 430	27 860	26 570	56 939	29 153	27 786
20-24	54 397	27 520	26 877	54 289	27 645	26 645	54 132	27 668	26 463	53 771	27 469	26 302
25-29	51 117	25 574	25 542	53 684	27 084	26 600	53 633	27 240	26 393	53 507	27 282	26 225
30-34	51 285	25 614	25 671	50 596	25 249	25 347	53 194	26 771	26 422	53 173	26 945	26 227
35-39	46 924	23 477	23 448	50 690	25 257	25 433	50 061	24 924	25 137	52 672	26 450	26 222
40-44	43 994	22 020	21 974	46 226	23 063	23 163	49 998	24 845	25 154	49 430	24 544	24 885
45-49	39 992	19 890	20 101	43 118	21 486	21 633	45 364	22 535	22 829	49 135	24 313	24 822
50-54	34 742	17 083	17 659	38 781	19 133	19 648	41 884	20 709	21 175	44 141	21 762	22 379
55-59	28 839	14 042	14 797	33 170	16 094	17 077	37 106	18 072	19 034	40 171	19 617	20 554
60-64	21 351	10 354	10 996	26 864	12 819	14 045	31 001	14 749	16 252	34 784	16 622	18 162
65-69	14 303	6 586	7 717	19 102	8 995	10 107	24 167	11 202	12 965	28 023	12 962	15 061
70-74	9 844	4 366	5 478	12 023	5 313	6 710	16 189	7 323	8 865	20 641	9 196	11 444
75-79	6 970	2 883	4 087	7 482	3 143	4 339	9 264	3 884	5 380	12 634	5 425	7 209
80+	...	...	...	...	...	...	...	...	...	...	...	...
80-84	3 965	1 535	2 429	4 548	1 760	2 787	4 932	1 940	2 992	6 229	2 452	3 777
85-89	1 811	657	1 153	2 117	755	1 361	2 434	872	1 562	2 673	973	1 700
90-94	590	188	402	750	244	506	911	292	619	1 045	339	706
95-99	145	39	106	196	53	142	249	70	180	314	86	228
100+	31	6	25	41	9	32	56	12	43	72	16	56

年齢	2035 総数	男	女	2040 総数	男	女	2045 総数	男	女	2050 総数	男	女
総数	747 730	370 942	376 789	766 623	379 661	386 962	781 401	386 434	394 967	792 139	391 376	400 763
0-4	53 252	27 218	26 034	52 553	26 863	25 690	51 677	26 417	25 260	50 585	25 864	24 721
5-9	53 913	27 534	26 379	53 111	27 127	25 984	52 431	26 782	25 649	51 572	26 347	25 225
10-14	54 924	28 076	26 849	53 734	27 429	26 304	52 942	27 028	25 914	52 272	26 689	25 583
15-19	55 931	28 603	27 327	54 571	27 872	26 699	53 395	27 235	26 160	52 616	26 841	25 775
20-24	56 295	28 770	27 524	55 313	28 237	27 075	53 978	27 522	26 456	52 825	26 900	25 925
25-29	53 177	27 102	26 076	55 716	28 411	27 305	54 765	27 898	26 867	53 460	27 203	26 257
30-34	53 081	27 008	26 073	52 784	26 846	25 937	55 340	28 166	27 174	54 423	27 676	26 748
35-39	52 689	26 647	26 042	52 634	26 731	25 903	52 376	26 593	25 783	54 953	27 926	27 027
40-44	52 056	26 074	25 982	52 114	26 295	25 818	52 104	26 407	25 697	51 893	26 298	25 595
45-49	48 638	24 052	24 585	51 274	25 582	25 692	51 379	25 831	25 548	51 423	25 975	25 448
50-54	47 902	23 531	24 371	47 491	23 319	24 172	50 133	24 844	25 289	50 292	25 124	25 168
55-59	42 431	20 668	21 763	46 163	22 415	23 748	45 864	22 268	23 596	48 504	23 781	24 723
60-64	37 778	18 112	19 666	40 018	19 144	20 873	43 691	20 851	22 840	43 548	20 795	22 752
65-69	31 567	14 677	16 890	34 422	16 068	18 353	36 614	17 064	19 549	40 175	18 700	21 475
70-74	24 088	10 722	13 366	27 267	12 210	15 057	29 903	13 458	16 445	31 990	14 388	17 601
75-79	16 278	6 890	9 388	19 151	8 112	11 039	21 825	9 310	12 515	24 124	10 358	13 765
80+	...	...	...	...	...	...	...	...	...	...	...	...
80-84	8 661	3 489	5 172	11 309	4 497	6 812	13 450	5 366	8 084	15 461	6 224	9 237
85-89	3 461	1 267	2 195	4 948	1 847	3 100	6 571	2 429	4 142	7 913	2 951	4 962
90-94	1 160	382	777	1 545	515	1 030	2 290	776	1 514	3 098	1 047	2 051
95-99	356	100	256	399	114	285	548	159	389	843	249	595
100+	93	21	73	109	24	84	124	28	96	168	39	130

年齢	2055 総数	男	女	2060 総数	男	女
総数	799 171	394 651	404 519	803 096	396 562	406 534
0-4	49 308	25 215	24 093	48 067	24 586	23 481
5-9	50 496	25 803	24 693	49 233	25 164	24 070
10-14	51 427	26 262	25 165	50 364	25 726	24 638
15-19	51 969	26 516	25 453	51 146	26 102	25 044
20-24	52 084	26 530	25 554	51 475	26 227	25 248
25-29	52 346	26 606	25 740	51 644	26 260	25 384
30-34	53 154	27 004	26 150	52 073	26 428	25 645
35-39	54 077	27 460	26 617	52 847	26 814	26 033
40-44	54 493	27 644	26 849	53 667	27 209	26 458
45-49	51 269	25 901	25 367	53 897	27 264	26 633
50-54	50 401	25 306	25 095	50 329	25 285	25 043
55-59	48 724	24 092	24 632	48 921	24 327	24 594
60-64	46 170	22 279	23 891	46 461	22 623	23 838
65-69	40 239	18 763	21 476	42 821	20 199	22 621
70-74	35 352	15 907	19 445	35 671	16 109	19 562
75-79	26 013	11 178	14 835	29 046	12 521	16 524
80+	...	...	...	...	...	...
80-84	17 272	7 013	10 259	18 828	7 670	11 158
85-89	9 180	3 466	5 713	10 392	3 971	6 421
90-94	3 774	1 299	2 475	4 413	1 547	2 866
95-99	1 162	346	816	1 430	439	992
100+	260	62	198	371	89	282

性・年齢別人口（千人）

年齢	2015 総数	男	女	2020 総数	男	女	2025 総数	男	女	2030 総数	男	女
総数	633 490	316 148	317 341	673 853	336 052	337 801	714 518	355 973	358 544	753 973	375 149	378 824
0-4	57 817	29 666	28 150	62 959	32 267	30 692	65 471	33 510	31 962	66 886	34 185	32 701
5-9	55 071	28 230	26 842	57 558	29 510	28 048	62 711	32 116	30 595	65 245	33 369	31 875
10-14	55 263	28 331	26 932	54 835	28 093	26 741	57 329	29 378	27 951	62 489	31 987	30 502
15-19	55 040	28 087	26 953	54 825	28 079	26 745	54 430	27 860	26 570	56 939	29 153	27 786
20-24	54 397	27 520	26 877	54 289	27 645	26 645	54 132	27 668	26 463	53 771	27 469	26 302
25-29	51 117	25 574	25 542	53 684	27 084	26 600	53 633	27 240	26 393	53 507	27 282	26 225
30-34	51 285	25 614	25 671	50 596	25 249	25 347	53 194	26 771	26 422	53 173	26 945	26 227
35-39	46 924	23 477	23 448	50 690	25 257	25 433	50 061	24 924	25 137	52 672	26 450	26 222
40-44	43 994	22 020	21 974	46 226	23 063	23 163	49 998	24 845	25 154	49 430	24 544	24 885
45-49	39 992	19 890	20 101	43 118	21 486	21 633	45 364	22 535	22 829	49 135	24 313	24 822
50-54	34 742	17 083	17 659	38 781	19 133	19 648	41 884	20 709	21 175	44 141	21 762	22 379
55-59	28 839	14 042	14 797	33 170	16 094	17 077	37 106	18 072	19 034	40 171	19 617	20 554
60-64	21 351	10 354	10 996	26 864	12 819	14 045	31 001	14 749	16 252	34 784	16 622	18 162
65-69	14 303	6 586	7 717	19 102	8 995	10 107	24 167	11 202	12 965	28 023	12 962	15 061
70-74	9 844	4 366	5 478	12 023	5 313	6 710	16 189	7 323	8 865	20 641	9 196	11 444
75-79	6 970	2 883	4 087	7 482	3 143	4 339	9 264	3 884	5 380	12 634	5 425	7 209
80+	…	…	…	…	…	…	…	…	…	…	…	…
80-84	3 965	1 535	2 429	4 548	1 760	2 787	4 932	1 940	2 992	6 229	2 452	3 777
85-89	1 811	657	1 153	2 117	755	1 361	2 434	872	1 562	2 673	973	1 700
90-94	590	188	402	750	244	506	911	292	619	1 045	339	706
95-99	145	39	106	196	53	142	249	70	180	314	86	228
100+	31	6	25	41	9	32	56	12	43	72	16	56

年齢	2035 総数	男	女	2040 総数	男	女	2045 総数	男	女	2050 総数	男	女
総数	790 067	392 587	397 480	823 593	408 773	414 820	855 514	424 288	431 226	886 598	439 603	446 995
0-4	66 539	34 010	32 529	67 294	34 399	32 896	68 967	35 257	33 710	71 126	36 367	34 759
5-9	66 683	34 058	32 626	66 360	33 896	32 464	67 136	34 295	32 841	68 825	35 163	33 662
10-14	65 032	33 246	31 787	66 481	33 939	32 542	66 171	33 785	32 386	66 957	34 190	32 767
15-19	62 102	31 763	30 340	64 655	33 027	31 629	66 116	33 727	32 389	65 820	33 581	32 239
20-24	56 295	28 770	27 524	61 460	31 380	30 080	64 027	32 652	31 375	65 505	33 363	32 141
25-29	53 177	27 102	26 076	55 716	28 411	27 305	60 884	31 021	29 863	63 467	32 303	31 164
30-34	53 081	27 008	26 073	52 784	26 846	25 937	55 340	28 166	27 174	60 513	30 778	29 735
35-39	52 689	26 647	26 042	52 634	26 731	25 903	52 376	26 593	25 783	54 953	27 926	27 027
40-44	52 056	26 074	25 982	52 114	26 295	25 818	52 104	26 407	25 697	51 893	26 298	25 595
45-49	48 638	24 052	24 585	51 274	25 582	25 692	51 379	25 831	25 548	51 423	25 975	25 448
50-54	47 902	23 531	24 371	47 491	23 319	24 172	50 133	24 844	25 289	50 292	25 124	25 168
55-59	42 431	20 668	21 763	46 163	22 415	23 748	45 864	22 268	23 596	48 504	23 781	24 723
60-64	37 778	18 112	19 666	40 018	19 144	20 873	43 691	20 851	22 840	43 548	20 795	22 752
65-69	31 567	14 677	16 890	34 422	16 068	18 353	36 614	17 064	19 549	40 175	18 700	21 475
70-74	24 088	10 722	13 366	27 267	12 210	15 057	29 903	13 458	16 445	31 990	14 388	17 601
75-79	16 278	6 890	9 388	19 151	8 112	11 039	21 825	9 310	12 515	24 124	10 358	13 765
80+	…	…	…	…	…	…	…	…	…	…	…	…
80-84	8 661	3 489	5 172	11 309	4 497	6 812	13 450	5 366	8 084	15 461	6 224	9 237
85-89	3 461	1 267	2 195	4 948	1 847	3 100	6 571	2 429	4 142	7 913	2 951	4 962
90-94	1 160	382	777	1 545	515	1 030	2 290	776	1 514	3 098	1 047	2 051
95-99	356	100	256	399	114	285	548	159	389	843	249	595
100+	93	21	73	109	24	84	124	28	96	168	39	130

年齢	2055 総数	男	女	2060 総数	男	女
総数	917 103	454 842	462 261	946 948	469 960	476 988
0-4	73 032	37 348	35 684	74 302	38 006	36 296
5-9	70 998	36 282	34 716	72 918	37 272	35 646
10-14	68 658	35 065	33 593	70 844	36 191	34 652
15-19	66 629	34 000	32 629	68 352	34 887	33 464
20-24	65 250	33 243	32 007	66 096	33 684	32 412
25-29	64 979	33 036	31 943	64 765	32 941	31 824
30-34	63 116	32 073	31 043	64 655	32 824	31 831
35-39	60 132	30 539	29 592	62 759	31 850	30 909
40-44	54 493	27 644	26 849	59 678	30 260	29 418
45-49	51 269	25 901	25 367	53 897	27 264	26 633
50-54	50 401	25 306	25 095	50 329	25 285	25 043
55-59	48 724	24 092	24 632	48 921	24 327	24 594
60-64	46 170	22 279	23 891	46 461	22 623	23 838
65-69	40 239	18 763	21 476	42 821	20 199	22 621
70-74	35 352	15 907	19 445	35 671	16 109	19 562
75-79	26 013	11 178	14 835	29 046	12 521	16 524
80+	…	…	…	…	…	…
80-84	17 272	7 013	10 259	18 828	7 670	11 158
85-89	9 180	3 466	5 713	10 392	3 971	6 421
90-94	3 774	1 299	2 475	4 413	1 547	2 866
95-99	1 162	346	816	1 430	439	992
100+	260	62	198	371	89	282

性・年齢別人口（千人）

年齢	2015			2020			2025			2030		
	総数	男	女	総数	男	女	総数	男	女	総数	男	女
総数	633 490	316 148	317 341	661 290	329 610	331 680	681 649	339 139	342 509	695 542	345 258	350 284
0-4	57 817	29 666	28 150	50 396	25 825	24 571	45 115	23 088	22 027	41 226	21 069	20 157
5-9	55 071	28 230	26 842	57 558	29 510	28 048	50 199	25 704	24 495	44 960	22 991	21 969
10-14	55 263	28 331	26 932	54 835	28 093	26 741	57 329	29 378	27 951	50 003	25 591	24 412
15-19	55 040	28 087	26 953	54 825	28 079	26 745	54 430	27 860	26 570	56 939	29 153	27 786
20-24	54 397	27 520	26 877	54 289	27 645	26 645	54 132	27 668	26 463	53 771	27 469	26 302
25-29	51 117	25 574	25 542	53 684	27 084	26 600	53 633	27 240	26 393	53 507	27 282	26 225
30-34	51 285	25 614	25 671	50 596	25 249	25 347	53 194	26 771	26 422	53 173	26 945	26 227
35-39	46 924	23 477	23 448	50 690	25 257	25 433	50 061	24 924	25 137	52 672	26 450	26 222
40-44	43 994	22 020	21 974	46 226	23 063	23 163	49 998	24 845	25 154	49 430	24 544	24 885
45-49	39 992	19 890	20 101	43 118	21 486	21 633	45 364	22 535	22 829	49 135	24 313	24 822
50-54	34 742	17 083	17 659	38 781	19 133	19 648	41 884	20 709	21 175	44 141	21 762	22 379
55-59	28 839	14 042	14 797	33 170	16 094	17 077	37 106	18 072	19 034	40 171	19 617	20 554
60-64	21 351	10 354	10 996	26 864	12 819	14 045	31 001	14 749	16 252	34 784	16 622	18 162
65-69	14 303	6 586	7 717	19 102	8 995	10 107	24 167	11 202	12 965	28 023	12 962	15 061
70-74	9 844	4 366	5 478	12 023	5 313	6 710	16 189	7 323	8 865	20 641	9 196	11 444
75-79	6 970	2 883	4 087	7 482	3 143	4 339	9 264	3 884	5 380	12 634	5 425	7 209
80+	…	…	…	…	…	…	…	…	…	…	…	…
80-84	3 965	1 535	2 429	4 548	1 760	2 787	4 932	1 940	2 992	6 229	2 452	3 777
85-89	1 811	657	1 153	2 117	755	1 361	2 434	872	1 562	2 673	973	1 700
90-94	590	188	402	750	244	506	911	292	619	1 045	339	706
95-99	145	39	106	196	53	142	249	70	180	314	86	228
100+	31	6	25	41	9	32	56	12	43	72	16	56

年齢	2035			2040			2045			2050		
	総数	男	女	総数	男	女	総数	男	女	総数	男	女
総数	705 266	349 232	356 034	710 094	350 775	359 319	709 353	349 636	359 717	702 800	345 768	357 032
0-4	40 018	20 453	19 565	38 382	19 618	18 764	36 011	18 408	17 603	33 102	16 924	16 178
5-9	41 103	20 990	20 113	39 913	20 384	19 529	38 294	19 559	18 735	35 940	18 359	17 581
10-14	44 787	22 891	21 896	40 945	20 899	20 046	39 765	20 298	19 466	38 155	19 479	18 676
15-19	49 649	25 387	24 261	44 456	22 702	21 754	40 633	20 721	19 912	39 464	20 128	19 336
20-24	56 295	28 770	27 524	49 055	25 038	24 017	43 900	22 378	21 522	40 104	20 416	19 688
25-29	53 177	27 102	26 076	55 716	28 411	27 305	48 536	24 719	23 817	43 423	22 088	21 335
30-34	53 081	27 008	26 073	52 784	26 846	25 937	55 340	28 166	27 174	48 225	24 518	23 707
35-39	52 689	26 647	26 042	52 634	26 731	25 903	52 376	26 593	25 783	54 953	27 926	27 027
40-44	52 056	26 074	25 982	52 114	26 295	25 818	52 104	26 407	25 697	51 893	26 298	25 595
45-49	48 638	24 052	24 585	51 274	25 582	25 692	51 379	25 831	25 548	51 423	25 975	25 448
50-54	47 902	23 531	24 371	47 491	23 319	24 172	50 133	24 844	25 289	50 292	25 124	25 168
55-59	42 431	20 668	21 763	46 163	22 415	23 748	45 864	22 268	23 596	48 504	23 781	24 723
60-64	37 778	18 112	19 666	40 018	19 144	20 873	43 691	20 851	22 840	43 548	20 795	22 752
65-69	31 567	14 677	16 890	34 422	16 068	18 353	36 614	17 064	19 549	40 175	18 700	21 475
70-74	24 088	10 722	13 366	27 267	12 210	15 057	29 903	13 458	16 445	31 990	14 388	17 601
75-79	16 278	6 890	9 388	19 151	8 112	11 039	21 825	9 310	12 515	24 124	10 358	13 765
80+	…	…	…	…	…	…	…	…	…	…	…	…
80-84	8 661	3 489	5 172	11 309	4 497	6 812	13 450	5 366	8 084	15 461	6 224	9 237
85-89	3 461	1 267	2 195	4 948	1 847	3 100	6 571	2 429	4 142	7 913	2 951	4 962
90-94	1 160	382	777	1 545	515	1 030	2 290	776	1 514	3 098	1 047	2 051
95-99	356	100	256	399	114	285	548	159	389	843	249	595
100+	93	21	73	109	24	84	124	28	96	168	39	130

年齢	2055			2060		
	総数	男	女	総数	男	女
総数	690 871	339 386	351 485	674 628	331 029	343 599
0-4	30 104	15 394	14 711	27 598	14 115	13 482
5-9	33 046	16 884	16 162	30 062	15 363	14 699
10-14	35 814	18 286	17 528	32 933	16 819	16 114
15-19	37 876	19 321	18 555	35 557	18 141	17 415
20-24	38 971	19 844	19 127	37 419	19 059	18 360
25-29	39 674	20 155	19 518	38 575	19 605	18 969
30-34	43 162	21 919	21 243	39 451	20 012	19 438
35-39	47 914	24 326	23 588	42 907	21 764	21 143
40-44	54 493	27 644	26 849	47 549	24 105	23 444
45-49	51 269	25 901	25 367	53 897	27 264	26 633
50-54	50 401	25 306	25 095	50 329	25 285	25 043
55-59	48 724	24 092	24 632	48 921	24 327	24 594
60-64	46 170	22 279	23 891	46 461	22 623	23 838
65-69	40 239	18 763	21 476	42 821	20 199	22 621
70-74	35 352	15 907	19 445	35 671	16 109	19 562
75-79	26 013	11 178	14 835	29 046	12 521	16 524
80+	…	…	…	…	…	…
80-84	17 272	7 013	10 259	18 828	7 670	11 158
85-89	9 180	3 466	5 713	10 392	3 971	6 421
90-94	3 774	1 299	2 475	4 413	1 547	2 866
95-99	1 162	346	816	1 430	439	992
100+	260	62	198	371	89	282

性・年齢別人口（千人）

年齢	1960 総数	男	女	1965 総数	男	女	1970 総数	男	女	1975 総数	男	女
総数	66 156	32 955	33 200	75 524	37 673	37 852	86 037	42 951	43 087	98 849	49 533	49 316
0-4	11 235	5 651	5 585	12 635	6 381	6 254	14 010	7 098	6 912	15 925	8 067	7 858
5-9	9 244	4 629	4 616	10 583	5 321	5 262	12 015	6 066	5 949	13 524	6 848	6 676
10-14	6 852	3 496	3 356	9 091	4 558	4 533	10 411	5 242	5 169	11 865	5 999	5 866
15-19	5 835	2 970	2 866	6 773	3 459	3 314	8 954	4 491	4 463	10 242	5 147	5 095
20-24	5 615	2 899	2 716	5 733	2 924	2 809	6 632	3 383	3 249	8 776	4 393	4 383
25-29	5 182	2 679	2 504	5 511	2 842	2 669	5 595	2 843	2 753	6 566	3 364	3 202
30-34	4 440	2 234	2 206	5 049	2 598	2 451	5 390	2 766	2 625	5 522	2 814	2 708
35-39	3 410	1 672	1 738	4 330	2 174	2 156	4 927	2 524	2 403	5 298	2 723	2 575
40-44	2 691	1 279	1 412	3 316	1 620	1 696	4 214	2 102	2 112	4 841	2 516	2 324
45-49	2 846	1 404	1 441	2 569	1 212	1 357	3 181	1 540	1 640	4 110	2 060	2 050
50-54	2 482	1 174	1 308	2 704	1 320	1 384	2 449	1 144	1 305	3 104	1 500	1 605
55-59	2 014	980	1 034	2 291	1 070	1 222	2 513	1 210	1 304	2 337	1 085	1 252
60-64	1 609	733	875	1 803	859	945	2 065	945	1 119	2 328	1 111	1 217
65-69	1 076	476	600	1 354	602	753	1 552	721	832	1 824	815	1 009
70-74	847	362	485	836	358	478	1 070	461	609	1 278	577	701
75-79	459	191	268	572	233	339	584	239	345	761	313	447
80+	318	127	190	372	143	229	474	176	298	549	201	348
80-84	...	...	...	...	...	...	...	...	...	...	...	...
85-89	...	...	...	...	...	...	...	...	...	...	...	...
90-94	...	...	...	...	...	...	...	...	...	...	...	...
95-99	...	...	...	...	...	...	...	...	...	...	...	...
100+	...	...	...	...	...	...	...	...	...	...	...	...

年齢	1980 総数	男	女	1985 総数	男	女	1990 総数	男	女	1995 総数	男	女
総数	113 786	57 343	56 443	131 237	66 340	64 897	148 552	75 414	73 138	166 656	84 927	81 729
0-4	18 091	9 186	8 905	20 157	10 261	9 896	21 623	11 027	10 596	22 283	11 370	10 913
5-9	15 512	7 847	7 665	17 660	8 960	8 700	19 845	10 097	9 747	21 150	10 775	10 374
10-14	13 377	6 779	6 598	15 356	7 769	7 587	17 420	8 831	8 589	19 613	9 978	9 635
15-19	11 699	5 918	5 781	13 228	6 694	6 534	15 140	7 712	7 429	17 093	8 655	8 438
20-24	10 187	5 153	5 034	11 706	5 914	5 792	13 342	6 878	6 464	14 800	7 569	7 231
25-29	8 834	4 503	4 330	10 395	5 325	5 070	11 879	6 127	5 751	13 430	7 053	6 377
30-34	6 626	3 464	3 162	8 996	4 647	4 349	10 301	5 333	4 969	12 109	6 344	5 765
35-39	5 438	2 812	2 626	6 784	3 549	3 236	8 691	4 488	4 202	10 385	5 396	4 990
40-44	5 184	2 677	2 506	5 459	2 833	2 626	6 358	3 286	3 073	8 631	4 457	4 175
45-49	4 696	2 429	2 266	5 116	2 647	2 469	5 252	2 692	2 560	6 112	3 143	2 969
50-54	3 952	1 967	1 984	4 533	2 325	2 209	4 830	2 477	2 352	5 002	2 553	2 449
55-59	2 944	1 407	1 537	3 692	1 814	1 878	4 260	2 154	2 106	4 554	2 322	2 231
60-64	2 147	975	1 172	2 701	1 267	1 433	3 444	1 657	1 787	3 970	1 986	1 984
65-69	2 023	943	1 080	1 879	832	1 048	2 423	1 111	1 311	3 103	1 469	1 633
70-74	1 485	642	843	1 664	749	916	1 579	675	904	2 056	922	1 134
75-79	915	392	523	1 084	447	637	1 221	520	700	1 201	495	706
80+	678	247	431	826	308	518	...	...	...	...	...	...
80-84	...	...	...	...	...	...	613	238	375	777	310	467
85-89	...	...	...	...	...	...	254	89	165	296	103	192
90-94	...	...	...	...	...	...	65	18	47	79	23	56
95-99	...	...	...	...	...	...	10	2	8	12	3	9
100+	...	...	...	...	...	...	1	0	1	1	0	1

年齢	2000 総数	男	女	2005 総数	男	女	2010 総数	男	女	2015 総数	男	女
総数	184 957	94 139	90 818	205 806	105 653	100 153	232 703	121 092	111 610	257 231	134 169	123 063
0-4	23 127	11 828	11 299	23 640	12 111	11 529	25 527	13 089	12 439	27 747	14 227	13 519
5-9	22 013	11 229	10 783	23 005	11 773	11 232	23 652	12 123	11 529	25 745	13 179	12 566
10-14	20 832	10 613	10 219	22 014	11 236	10 778	22 966	11 754	11 212	23 829	12 199	11 630
15-19	18 937	9 573	9 364	20 802	10 611	10 191	22 044	11 241	10 803	22 963	11 782	11 181
20-24	17 189	8 766	8 423	19 333	9 886	9 447	21 869	11 424	10 445	22 281	11 591	10 691
25-29	15 639	8 238	7 401	18 014	9 458	8 556	21 200	11 394	9 806	22 597	12 234	10 363
30-34	13 610	7 180	6 430	16 133	8 783	7 350	19 543	10 710	8 833	21 645	11 862	9 783
35-39	11 827	6 108	5 718	13 676	7 409	6 267	16 978	9 485	7 493	19 302	10 530	8 771
40-44	10 008	5 160	4 848	11 658	6 099	5 559	13 904	7 653	6 251	16 712	9 258	7 453
45-49	8 211	4 158	4 054	9 617	4 918	4 699	11 553	6 113	5 440	13 647	7 460	6 187
50-54	5 778	2 884	2 895	7 800	3 889	3 911	9 341	4 781	4 560	11 369	5 968	5 401
55-59	4 650	2 298	2 352	5 494	2 694	2 799	7 473	3 686	3 787	9 049	4 578	4 471
60-64	4 204	2 087	2 117	4 354	2 116	2 239	5 128	2 469	2 659	7 149	3 456	3 692
65-69	3 564	1 737	1 827	3 805	1 849	1 955	3 969	1 874	2 095	4 674	2 193	2 481
70-74	2 608	1 187	1 421	3 040	1 435	1 605	3 275	1 533	1 742	3 464	1 573	1 891
75-79	1 540	652	888	1 943	844	1 099	2 341	1 042	1 299	2 587	1 139	1 449
80+	...	...	...	...	...	...	...	...	...	...	...	...
80-84	744	281	463	977	383	594	1 288	509	779	1 586	649	937
85-89	366	128	238	361	120	240	498	170	328	672	231	441
90-94	94	28	66	120	35	85	126	35	90	181	52	129
95-99	15	4	11	18	5	14	26	6	19	29	7	22
100+	1	0	1	2	0	1	2	1	2	4	1	3

性・年齢別人口（千人）

年齢	2015 総数	男	女	2020 総数	男	女	2025 総数	男	女	2030 総数	男	女
総数	257 231	134 169	123 063	279 094	145 125	133 969	300 747	155 868	144 879	321 580	166 161	155 418
0-4	27 747	14 227	13 519	27 657	14 169	13 488	27 963	14 328	13 635	28 130	14 414	13 716
5-9	25 745	13 179	12 566	27 577	14 137	13 440	27 827	14 256	13 571	27 954	14 320	13 634
10-14	23 829	12 199	11 630	25 568	13 085	12 483	27 446	14 066	13 380	27 866	14 272	13 594
15-19	22 963	11 782	11 181	23 714	12 169	11 545	25 366	13 021	12 345	27 344	14 006	13 338
20-24	22 281	11 591	10 691	23 440	12 242	11 198	24 012	12 533	11 479	25 576	13 241	12 335
25-29	22 597	12 234	10 363	23 314	12 483	10 831	24 281	12 985	11 296	24 629	13 093	11 535
30-34	21 645	11 862	9 783	23 069	12 584	10 485	23 758	12 781	10 977	24 577	13 233	11 343
35-39	19 302	10 530	8 771	21 214	11 457	9 756	22 804	12 271	10 533	23 477	12 525	10 952
40-44	16 712	9 258	7 453	18 568	9 908	8 660	20 695	10 974	9 721	22 306	11 859	10 447
45-49	13 647	7 460	6 187	16 028	8 677	7 350	17 910	9 339	8 571	20 220	10 601	9 620
50-54	11 369	5 968	5 401	13 092	7 031	6 062	15 380	8 163	7 217	17 349	8 906	8 444
55-59	9 049	4 578	4 471	10 916	5 661	5 256	12 593	6 685	5 908	14 789	7 725	7 063
60-64	7 149	3 456	3 692	8 565	4 267	4 298	10 369	5 309	5 060	11 993	6 280	5 713
65-69	4 674	2 193	2 481	6 581	3 107	3 474	7 896	3 852	4 044	9 621	4 833	4 788
70-74	3 464	1 573	1 891	4 097	1 857	2 241	5 794	2 645	3 149	6 994	3 310	3 684
75-79	2 587	1 139	1 449	2 766	1 188	1 577	3 324	1 430	1 894	4 739	2 056	2 683
80+	…	…	…	…	…	…	…	…	…	…	…	…
80-84	1 586	649	937	1 771	714	1 057	1 934	764	1 169	2 391	952	1 439
85-89	672	231	441	853	304	549	985	349	636	1 113	389	724
90-94	181	52	129	255	73	182	339	101	238	408	121	287
95-99	29	7	22	44	11	33	66	16	50	91	23	69
100+	4	1	3	5	1	4	8	2	6	12	3	9

年齢	2035 総数	男	女	2040 総数	男	女	2045 総数	男	女	2050 総数	男	女
総数	341 389	175 889	165 500	360 511	185 250	175 260	378 674	194 129	184 545	395 491	202 334	193 157
0-4	28 561	14 637	13 924	29 155	14 944	14 211	29 582	15 164	14 418	29 689	15 220	14 469
5-9	28 022	14 355	13 667	28 462	14 584	13 879	29 065	14 895	14 170	29 499	15 119	14 381
10-14	27 879	14 278	13 601	27 962	14 320	13 641	28 406	14 551	13 855	29 012	14 864	14 148
15-19	27 765	14 211	13 554	27 785	14 220	13 565	27 873	14 265	13 607	28 321	14 499	13 823
20-24	27 565	14 211	13 354	27 891	14 326	13 565	27 916	14 341	13 575	28 002	14 382	13 620
25-29	26 136	13 725	12 411	28 004	14 588	13 415	28 333	14 708	13 625	28 348	14 710	13 638
30-34	24 916	13 333	11 584	26 420	13 963	12 457	28 289	14 831	13 459	28 623	14 951	13 672
35-39	24 388	13 092	11 297	24 740	13 194	11 546	26 254	13 838	12 416	28 136	14 716	13 420
40-44	22 933	12 101	10 832	23 935	12 756	11 178	24 285	12 854	11 431	25 832	13 532	12 300
45-49	21 679	11 369	10 310	22 411	11 718	10 693	23 398	12 355	11 043	23 793	12 496	11 297
50-54	19 634	10 173	9 461	21 080	10 935	10 145	21 835	11 307	10 528	22 829	11 950	10 879
55-59	16 748	8 486	8 263	19 009	9 743	9 266	20 453	10 512	9 941	21 203	10 881	10 322
60-64	14 116	7 275	6 841	16 044	8 031	8 013	18 240	9 244	8 996	19 657	9 999	9 658
65-69	11 178	5 754	5 424	13 210	6 696	6 513	15 067	7 425	7 642	17 173	8 579	8 594
70-74	8 581	4 197	4 384	10 029	5 041	4 988	11 928	5 914	6 015	13 674	6 596	7 078
75-79	5 787	2 618	3 169	7 161	3 370	3 791	8 457	4 113	4 344	10 152	4 880	5 272
80+	…	…	…	…	…	…	…	…	…	…	…	…
80-84	3 455	1 392	2 063	4 291	1 820	2 471	5 389	2 405	2 984	6 455	3 001	3 454
85-89	1 429	508	922	2 103	761	1 342	2 678	1 035	1 642	3 429	1 419	2 010
90-94	483	143	340	653	199	453	987	309	677	1 294	442	852
95-99	116	29	87	145	36	108	209	55	154	325	88	237
100+	17	4	13	23	5	18	30	7	23	46	11	35

年齢	2055 総数	男	女	2060 総数	男	女
総数	410 666	209 717	200 949	424 144	216 254	207 890
0-4	29 565	15 160	14 405	29 422	15 091	14 331
5-9	29 615	15 179	14 435	29 500	15 124	14 375
10-14	29 451	15 091	14 361	29 571	15 154	14 417
15-19	28 933	14 815	14 118	29 378	15 045	14 333
20-24	28 446	14 611	13 835	29 053	14 923	14 130
25-29	28 416	14 736	13 680	28 841	14 948	13 892
30-34	28 627	14 943	13 683	28 683	14 960	13 723
35-39	28 477	14 842	13 635	28 491	14 843	13 648
40-44	27 723	14 420	13 304	28 084	14 561	13 523
45-49	25 348	13 183	12 165	27 247	14 078	13 169
50-54	23 245	12 108	11 137	24 803	12 801	12 002
55-59	22 210	11 533	10 677	22 645	11 706	10 938
60-64	20 410	10 374	10 036	21 429	11 032	10 397
65-69	18 551	9 314	9 237	19 304	9 694	9 610
70-74	15 648	7 669	7 979	16 960	8 369	8 591
75-79	11 732	5 498	6 234	13 506	6 448	7 058
80+	…	…	…	…	…	…
80-84	7 860	3 624	4 235	9 186	4 138	5 048
85-89	4 193	1 830	2 363	5 204	2 260	2 944
90-94	1 702	637	1 065	2 139	855	1 284
95-99	440	131	309	597	198	399
100+	73	18	55	103	27	76

性・年齢別人口（千人）

年齢	2015 総数	男	女	2020 総数	男	女	2025 総数	男	女	2030 総数	男	女
総数	257 231	134 169	123 063	281 603	146 410	135 193	307 486	159 320	148 166	333 871	172 456	161 415
0-4	27 747	14 227	13 519	30 166	15 454	14 712	32 203	16 500	15 703	33 703	17 269	16 435
5-9	25 745	13 179	12 566	27 577	14 137	13 440	30 326	15 535	14 790	32 179	16 484	15 695
10-14	23 829	12 199	11 630	25 568	13 085	12 483	27 446	14 066	13 380	30 359	15 548	14 810
15-19	22 963	11 782	11 181	23 714	12 169	11 545	25 366	13 021	12 345	27 344	14 006	13 338
20-24	22 281	11 591	10 691	23 440	12 242	11 198	24 012	12 533	11 479	25 576	13 241	12 335
25-29	22 597	12 234	10 363	23 314	12 483	10 831	24 281	12 985	11 296	24 629	13 093	11 535
30-34	21 645	11 862	9 783	23 069	12 584	10 485	23 758	12 781	10 977	24 577	13 233	11 343
35-39	19 302	10 530	8 771	21 214	11 457	9 756	22 804	12 271	10 533	23 477	12 525	10 952
40-44	16 712	9 258	7 453	18 568	9 908	8 660	20 695	10 974	9 721	22 306	11 859	10 447
45-49	13 647	7 460	6 187	16 028	8 677	7 350	17 910	9 339	8 571	20 220	10 601	9 620
50-54	11 369	5 968	5 401	13 092	7 031	6 062	15 380	8 163	7 217	17 349	8 906	8 444
55-59	9 049	4 578	4 471	10 916	5 661	5 256	12 593	6 685	5 908	14 789	7 725	7 063
60-64	7 149	3 456	3 692	8 565	4 267	4 298	10 369	5 309	5 060	11 993	6 280	5 713
65-69	4 674	2 193	2 481	6 581	3 107	3 474	7 896	3 852	4 044	9 621	4 833	4 788
70-74	3 464	1 573	1 891	4 097	1 857	2 241	5 794	2 645	3 149	6 994	3 310	3 684
75-79	2 587	1 139	1 449	2 766	1 188	1 577	3 324	1 430	1 894	4 739	2 056	2 683
80+	...	...	...	...	...	...	...	...	...	...	...	...
80-84	1 586	649	937	1 771	714	1 057	1 934	764	1 169	2 391	952	1 439
85-89	672	231	441	853	304	549	985	349	636	1 113	389	724
90-94	181	52	129	255	73	182	339	101	238	408	121	287
95-99	29	7	22	44	11	33	66	16	50	91	23	69
100+	4	1	3	5	1	4	8	2	6	12	3	9

年齢	2035 総数	男	女	2040 総数	男	女	2045 総数	男	女	2050 総数	男	女
総数	359 637	185 233	174 404	385 531	198 061	187 470	411 847	211 110	200 736	438 591	224 392	214 199
0-4	34 549	17 705	16 844	35 972	18 436	17 535	37 796	19 373	18 423	39 699	20 349	19 350
5-9	33 577	17 200	16 377	34 433	17 642	16 791	35 864	18 377	17 486	37 694	19 317	18 377
10-14	32 096	16 437	15 659	33 507	17 160	16 347	34 368	17 604	16 764	35 801	18 341	17 460
15-19	30 252	15 484	14 768	31 993	16 373	15 620	33 407	17 098	16 309	34 272	17 545	16 728
20-24	27 565	14 211	13 354	30 369	15 593	14 776	32 110	16 484	15 626	33 520	17 203	16 317
25-29	26 136	13 725	12 411	28 004	14 588	13 415	30 802	15 969	14 833	32 526	16 843	15 683
30-34	24 916	13 333	11 584	26 420	13 963	12 457	28 289	14 831	13 459	31 081	16 204	14 877
35-39	24 388	13 092	11 297	24 740	13 194	11 546	26 254	13 838	12 416	28 136	14 716	13 420
40-44	22 933	12 101	10 832	23 935	12 756	11 178	24 285	12 854	11 431	25 832	13 532	12 300
45-49	21 679	11 369	10 310	22 411	11 718	10 693	23 398	12 355	11 043	23 793	12 496	11 297
50-54	19 634	10 173	9 461	21 080	10 935	10 145	21 835	11 307	10 528	22 829	11 950	10 879
55-59	16 748	8 486	8 263	19 009	9 743	9 266	20 453	10 512	9 941	21 203	10 881	10 322
60-64	14 116	7 275	6 841	16 044	8 031	8 013	18 240	9 244	8 996	19 657	9 999	9 658
65-69	11 178	5 754	5 424	13 210	6 696	6 513	15 067	7 425	7 642	17 173	8 579	8 594
70-74	8 581	4 197	4 384	10 029	5 041	4 988	11 928	5 914	6 015	13 674	6 596	7 078
75-79	5 787	2 618	3 169	7 161	3 370	3 791	8 457	4 113	4 344	10 152	4 880	5 272
80+	...	...	...	...	...	...	...	...	...	...	...	...
80-84	3 455	1 392	2 063	4 291	1 820	2 471	5 389	2 405	2 984	6 455	3 001	3 454
85-89	1 429	508	922	2 103	761	1 342	2 678	1 035	1 642	3 429	1 419	2 010
90-94	483	143	340	653	199	453	987	309	677	1 294	442	852
95-99	116	29	87	145	36	108	209	55	154	325	88	237
100+	17	4	13	23	5	18	30	7	23	46	11	35

年齢	2055 総数	男	女	2060 総数	男	女
総数	465 474	237 762	227 712	492 162	251 056	241 106
0-4	41 380	21 215	20 165	42 767	21 931	20 835
5-9	39 604	20 297	19 307	41 292	21 167	20 125
10-14	37 635	19 283	18 353	39 549	20 265	19 284
15-19	35 711	18 285	17 426	37 549	19 229	18 320
20-24	34 381	17 646	16 735	35 813	18 381	17 433
25-29	33 914	17 544	16 370	34 755	17 970	16 786
30-34	32 789	17 065	15 723	34 161	17 754	16 407
35-39	30 924	16 089	14 836	32 635	16 954	15 681
40-44	27 723	14 420	13 304	30 518	15 799	14 719
45-49	25 348	13 183	12 165	27 247	14 078	13 169
50-54	23 245	12 108	11 137	24 803	12 801	12 002
55-59	22 210	11 533	10 677	22 645	11 706	10 938
60-64	20 410	10 374	10 036	21 429	11 032	10 397
65-69	18 551	9 314	9 237	19 304	9 694	9 610
70-74	15 648	7 669	7 979	16 960	8 369	8 591
75-79	11 732	5 498	6 234	13 506	6 448	7 058
80+	...	...	...	...	...	...
80-84	7 860	3 624	4 235	9 186	4 138	5 048
85-89	4 193	1 830	2 363	5 204	2 260	2 944
90-94	1 702	637	1 065	2 139	855	1 284
95-99	440	131	309	597	198	399
100+	73	18	55	103	27	76

性・年齢別人口（千人）

年齢	2015 総数	男	女	2020 総数	男	女	2025 総数	男	女	2030 総数	男	女
総数	257 231	134 169	123 063	276 585	143 840	132 746	294 008	152 417	141 591	309 289	159 867	149 422
0-4	27 747	14 227	13 519	25 148	12 884	12 264	23 723	12 156	11 567	22 557	11 559	10 998
5-9	25 745	13 179	12 566	27 577	14 137	13 440	25 328	12 976	12 352	23 729	12 157	11 572
10-14	23 829	12 199	11 630	25 568	13 085	12 483	27 446	14 066	13 380	25 372	12 995	12 377
15-19	22 963	11 782	11 181	23 714	12 169	11 545	25 366	13 021	12 345	27 344	14 006	13 338
20-24	22 281	11 591	10 691	23 440	12 242	11 198	24 012	12 533	11 479	25 576	13 241	12 335
25-29	22 597	12 234	10 363	23 314	12 483	10 831	24 281	12 985	11 296	24 629	13 093	11 535
30-34	21 645	11 862	9 783	23 069	12 584	10 485	23 758	12 781	10 977	24 577	13 233	11 343
35-39	19 302	10 530	8 771	21 214	11 457	9 756	22 804	12 271	10 533	23 477	12 525	10 952
40-44	16 712	9 258	7 453	18 568	9 908	8 660	20 695	10 974	9 721	22 306	11 859	10 447
45-49	13 647	7 460	6 187	16 028	8 677	7 350	17 910	9 339	8 571	20 220	10 601	9 620
50-54	11 369	5 968	5 401	13 092	7 031	6 062	15 380	8 163	7 217	17 349	8 906	8 444
55-59	9 049	4 578	4 471	10 916	5 661	5 256	12 593	6 685	5 908	14 789	7 725	7 063
60-64	7 149	3 456	3 692	8 565	4 267	4 298	10 369	5 309	5 060	11 993	6 280	5 713
65-69	4 674	2 193	2 481	6 581	3 107	3 474	7 896	3 852	4 044	9 621	4 833	4 788
70-74	3 464	1 573	1 891	4 097	1 857	2 241	5 794	2 645	3 149	6 994	3 310	3 684
75-79	2 587	1 139	1 449	2 766	1 188	1 577	3 324	1 430	1 894	4 739	2 056	2 683
80+	…	…	…	…	…	…	…	…	…	…	…	…
80-84	1 586	649	937	1 771	714	1 057	1 934	764	1 169	2 391	952	1 439
85-89	672	231	441	853	304	549	985	349	636	1 113	389	724
90-94	181	52	129	255	73	182	339	101	238	408	121	287
95-99	29	7	22	44	11	33	66	16	50	91	23	69
100+	4	1	3	5	1	4	8	2	6	12	3	9

年齢	2035 総数	男	女	2040 総数	男	女	2045 総数	男	女	2050 総数	男	女
総数	323 175	166 562	156 614	335 732	172 564	163 168	346 366	177 591	168 774	354 508	181 362	173 147
0-4	22 607	11 587	11 019	22 545	11 557	10 988	21 991	11 275	10 717	20 933	10 733	10 200
5-9	22 467	11 510	10 956	22 525	11 543	10 982	22 472	11 518	10 955	21 927	11 239	10 687
10-14	23 662	12 119	11 543	22 416	11 481	10 935	22 479	11 516	10 963	22 429	11 492	10 937
15-19	25 277	12 938	12 339	23 577	12 066	11 511	22 338	11 433	10 905	22 404	11 470	10 934
20-24	27 565	14 211	13 354	25 412	13 059	12 353	23 722	12 197	11 525	22 484	11 561	10 923
25-29	26 136	13 725	12 411	28 004	14 588	13 415	25 864	13 448	12 416	24 170	12 577	11 592
30-34	24 916	13 333	11 584	26 420	13 963	12 457	28 289	14 831	13 459	26 164	13 697	12 467
35-39	24 388	13 092	11 297	24 740	13 194	11 546	26 254	13 838	12 416	28 136	14 716	13 420
40-44	22 933	12 101	10 832	23 935	12 756	11 178	24 285	12 854	11 431	25 832	13 532	12 300
45-49	21 679	11 369	10 310	22 411	11 718	10 693	23 398	12 355	11 043	23 793	12 496	11 297
50-54	19 634	10 173	9 461	21 080	10 935	10 145	21 835	11 307	10 528	22 829	11 950	10 879
55-59	16 748	8 486	8 263	19 009	9 743	9 266	20 453	10 512	9 941	21 203	10 881	10 322
60-64	14 116	7 275	6 841	16 044	8 031	8 013	18 240	9 244	8 996	19 657	9 999	9 658
65-69	11 178	5 754	5 424	13 210	6 696	6 513	15 067	7 425	7 642	17 173	8 579	8 594
70-74	8 581	4 197	4 384	10 029	5 041	4 988	11 928	5 914	6 015	13 674	6 596	7 078
75-79	5 787	2 618	3 169	7 161	3 370	3 791	8 457	4 113	4 344	10 152	4 880	5 272
80+	…	…	…	…	…	…	…	…	…	…	…	…
80-84	3 455	1 392	2 063	4 291	1 820	2 471	5 389	2 405	2 984	6 455	3 001	3 454
85-89	1 429	508	922	2 103	761	1 342	2 678	1 035	1 642	3 429	1 419	2 010
90-94	483	143	340	653	199	453	987	309	677	1 294	442	852
95-99	116	29	87	145	36	108	209	55	154	325	88	237
100+	17	4	13	23	5	18	30	7	23	46	11	35

年齢	2055 総数	男	女	2060 総数	男	女
総数	359 919	183 753	176 167	362 758	184 851	177 907
0-4	19 699	10 103	9 595	18 655	9 571	9 083
5-9	20 878	10 703	10 174	19 651	10 078	9 574
10-14	21 889	11 217	10 672	20 844	10 683	10 161
15-19	22 361	11 450	10 911	21 826	11 178	10 648
20-24	22 546	11 594	10 952	22 498	11 570	10 928
25-29	22 918	11 929	10 989	22 960	11 945	11 015
30-34	24 465	12 821	11 644	23 205	12 166	11 039
35-39	26 029	13 596	12 433	24 347	12 732	11 615
40-44	27 723	14 420	13 304	25 650	13 322	12 328
45-49	25 348	13 183	12 165	27 247	14 078	13 169
50-54	23 245	12 108	11 137	24 803	12 801	12 002
55-59	22 210	11 533	10 677	22 645	11 706	10 938
60-64	20 410	10 374	10 036	21 429	11 032	10 397
65-69	18 551	9 314	9 237	19 304	9 694	9 610
70-74	15 648	7 669	7 979	16 960	8 369	8 591
75-79	11 732	5 498	6 234	13 506	6 448	7 058
80+	…	…	…	…	…	…
80-84	7 860	3 624	4 235	9 186	4 138	5 048
85-89	4 193	1 830	2 363	5 204	2 260	2 944
90-94	1 702	637	1 065	2 139	855	1 284
95-99	440	131	309	597	198	399
100+	73	18	55	103	27	76

性・年齢別人口（千人）

年齢	1960 総数	男	女	1965 総数	男	女	1970 総数	男	女	1975 総数	男	女
総数	605 619	286 215	319 404	635 118	301 958	333 161	657 221	313 667	343 555	677 318	324 112	353 206
0-4	57 143	29 215	27 929	56 327	28 826	27 501	52 931	27 045	25 885	51 385	26 279	25 106
5-9	55 091	28 121	26 970	57 076	29 138	27 938	56 215	28 727	27 488	52 846	26 994	25 853
10-14	51 010	25 999	25 012	54 938	28 058	26 880	57 042	29 185	27 857	56 118	28 696	27 421
15-19	41 637	21 050	20 587	50 833	25 939	24 894	54 494	27 798	26 696	56 738	28 988	27 750
20-24	49 799	24 933	24 866	41 391	20 945	20 445	50 235	25 569	24 666	54 258	27 565	26 693
25-29	45 008	22 469	22 539	49 390	24 750	24 640	40 843	20 653	20 190	50 083	25 418	24 665
30-34	47 661	23 097	24 564	44 503	22 243	22 260	48 698	24 362	24 336	40 735	20 555	20 181
35-39	41 786	18 891	22 896	47 201	22 871	24 330	43 740	21 860	21 879	48 310	24 048	24 262
40-44	29 728	13 307	16 421	41 239	18 614	22 626	46 536	22 519	24 017	43 153	21 438	21 715
45-49	38 516	17 025	21 492	29 077	12 963	16 114	40 582	18 153	22 429	45 582	21 894	23 689
50-54	36 787	16 542	20 244	37 547	16 414	21 133	28 066	12 356	15 710	39 565	17 461	22 104
55-59	32 344	14 229	18 115	35 307	15 581	19 727	36 023	15 461	20 562	26 916	11 616	15 300
60-64	25 973	10 896	15 077	30 147	12 887	17 260	33 000	14 116	18 884	33 628	14 038	19 590
65-69	20 014	7 962	12 051	23 115	9 284	13 832	26 913	11 004	15 909	29 518	12 040	17 478
70-74	15 313	5 914	9 400	16 563	6 254	10 310	19 130	7 215	11 915	22 398	8 572	13 826
75-79	10 005	3 792	6 213	11 303	4 081	7 222	12 098	4 249	7 849	14 140	4 894	9 246
80+	7 803	2 774	5 030	9 161	3 112	6 049	10 675	3 394	7 281	11 947	3 618	8 329
80-84	...	...	...	...	...	...	...	...	...	...	...	...
85-89	...	...	...	...	...	...	...	...	...	...	...	...
90-94	...	...	...	...	...	...	...	...	...	...	...	...
95-99	...	...	...	...	...	...	...	...	...	...	...	...
100+	...	...	...	...	...	...	...	...	...	...	...	...

年齢	1980 総数	男	女	1985 総数	男	女	1990 総数	男	女	1995 総数	男	女
総数	693 859	332 758	361 101	707 899	340 051	367 848	721 086	347 356	373 730	727 778	350 901	376 878
0-4	49 672	25 399	24 273	49 542	25 344	24 198	47 959	24 567	23 392	41 448	21 265	20 183
5-9	51 078	26 109	24 969	49 630	25 351	24 279	49 584	25 341	24 243	48 507	24 844	23 663
10-14	52 891	27 018	25 872	51 137	26 140	24 997	49 855	25 446	24 409	50 232	25 678	24 555
15-19	56 289	28 759	27 529	53 001	27 067	25 934	51 482	26 287	25 195	50 203	25 604	24 600
20-24	56 749	28 964	27 785	56 312	28 643	27 669	53 097	27 044	26 054	51 612	26 245	25 366
25-29	54 005	27 374	26 631	56 574	28 708	27 867	56 107	28 426	27 681	53 392	27 075	26 317
30-34	49 749	25 152	24 597	53 716	27 118	26 598	56 368	28 472	27 897	56 291	28 397	27 895
35-39	40 357	20 263	20 094	49 214	24 741	24 473	53 419	26 833	26 585	56 248	28 222	28 026
40-44	47 643	23 548	24 095	39 799	19 852	19 947	48 671	24 344	24 327	52 936	26 373	26 563
45-49	42 256	20 787	21 469	46 556	22 778	23 778	39 138	19 415	19 723	47 779	23 641	24 138
50-54	44 216	20 943	23 273	40 877	19 819	21 058	45 198	21 863	23 335	38 027	18 592	19 435
55-59	37 858	16 383	21 475	42 121	19 507	22 614	39 107	18 616	20 491	43 152	20 411	22 741
60-64	25 190	10 542	14 648	35 327	14 827	20 500	39 429	17 727	21 702	36 581	16 878	19 703
65-69	30 253	12 064	18 189	22 728	9 108	13 621	32 035	12 909	19 126	35 538	15 264	20 274
70-74	24 868	9 490	15 378	25 641	9 585	16 057	19 405	7 340	12 065	27 545	10 469	17 075
75-79	16 869	5 882	10 987	18 964	6 601	12 363	20 012	6 877	13 135	15 346	5 365	9 981
80+	13 919	4 081	9 838	16 758	4 861	11 897	...	...	...	...	...	...
80-84	...	...	...	...	...	...	12 753	3 954	8 798	13 704	4 225	9 479
85-89	...	...	...	...	...	...	5 564	1 485	4 079	6 783	1 822	4 960
90-94	...	...	...	...	...	...	1 593	353	1 240	2 059	460	1 599
95-99	...	...	...	...	...	...	282	53	229	361	66	295
100+	...	...	...	...	...	...	29	5	24	35	6	29

年齢	2000 総数	男	女	2005 総数	男	女	2010 総数	男	女	2015 総数	男	女
総数	726 407	350 268	376 140	729 007	351 438	377 569	735 395	354 425	380 970	738 442	356 167	382 275
0-4	36 771	18 871	17 900	36 611	18 788	17 824	39 219	20 122	19 097	39 951	20 524	19 427
5-9	41 501	21 278	20 224	37 121	19 036	18 085	36 710	18 825	17 884	39 393	20 198	19 196
10-14	48 918	25 057	23 861	42 083	21 573	20 510	37 461	19 202	18 259	36 896	18 914	17 982
15-19	50 541	25 810	24 731	49 522	25 327	24 195	43 104	22 066	21 038	37 495	19 212	18 283
20-24	50 220	25 505	24 715	51 408	26 174	25 233	50 577	25 775	24 802	43 620	22 262	21 358
25-29	51 505	26 025	25 480	51 058	25 799	25 259	52 019	26 352	25 667	51 076	25 905	25 171
30-34	53 339	26 897	26 443	52 119	26 210	25 909	51 706	25 976	25 730	52 105	26 281	25 824
35-39	55 944	28 042	27 902	53 629	26 877	26 752	52 223	26 111	26 112	51 520	25 737	25 783
40-44	55 522	27 607	27 915	55 703	27 701	28 001	52 973	26 353	26 620	51 985	25 845	26 140
45-49	51 863	25 536	26 327	54 532	26 799	27 733	55 521	27 341	28 180	52 147	25 768	26 380
50-54	46 375	22 612	23 763	50 331	24 355	25 975	53 195	25 746	27 449	54 472	26 544	27 928
55-59	36 557	17 521	19 036	44 494	21 280	23 214	48 910	23 180	25 729	51 269	24 422	26 847
60-64	40 419	18 537	21 883	34 450	16 073	18 378	41 432	19 408	22 025	46 711	21 596	25 115
65-69	33 239	14 719	18 520	36 951	16 260	20 691	32 422	14 604	17 818	38 275	17 482	20 793
70-74	30 538	12 381	18 157	29 014	12 217	16 797	32 870	13 829	19 041	29 346	12 718	16 628
75-79	21 943	7 771	14 172	24 535	9 285	15 250	24 044	9 561	14 483	27 601	11 011	16 590
80+	...	...	...	...	...	...	...	...	...	...	...	...
80-84	10 663	3 407	7 256	15 685	5 111	10 573	18 079	6 343	11 736	18 336	6 816	11 520
85-89	7 461	2 018	5 443	6 097	1 749	4 348	9 413	2 789	6 624	11 089	3 585	7 504
90-94	2 570	582	1 988	2 980	695	2 285	2 635	667	1 968	4 281	1 153	3 128
95-99	473	86	386	624	119	505	794	160	634	753	172	582
100+	44	7	37	61	10	51	88	15	73	121	22	98

性・年齢別人口（千人）

年齢	2015			2020			2025			2030		
	総数	男	女	総数	男	女	総数	男	女	総数	男	女
総数	738 442	356 167	382 275	739 725	357 252	382 473	738 090	356 779	381 311	733 929	354 975	378 954
0-4	39 951	20 524	19 427	38 956	19 998	18 958	37 132	19 060	18 072	35 241	18 089	17 152
5-9	39 393	20 198	19 196	40 115	20 607	19 508	39 103	20 069	19 034	37 286	19 135	18 151
10-14	36 896	18 914	17 982	39 516	20 258	19 257	40 220	20 656	19 564	39 212	20 121	19 091
15-19	37 495	19 212	18 283	37 255	19 087	18 168	39 837	20 411	19 426	40 554	20 816	19 738
20-24	43 620	22 262	21 358	38 089	19 484	18 605	37 829	19 350	18 479	40 440	20 688	19 751
25-29	51 076	25 905	25 171	44 217	22 513	21 705	38 704	19 754	18 950	38 483	19 643	18 840
30-34	52 105	26 281	25 824	51 401	25 983	25 418	44 599	22 642	21 957	39 172	19 946	19 226
35-39	51 520	25 737	25 783	52 127	26 185	25 943	51 418	25 889	25 529	44 746	22 645	22 101
40-44	51 985	25 845	26 140	51 292	25 505	25 787	51 878	25 940	25 938	51 208	25 673	25 534
45-49	52 147	25 768	26 380	51 425	25 412	26 014	50 753	25 088	25 664	51 359	25 535	25 824
50-54	54 472	26 544	27 928	51 191	25 083	26 108	50 490	24 738	25 753	49 874	24 453	25 421
55-59	51 269	24 422	26 847	52 769	25 361	27 407	49 790	24 114	25 676	49 135	23 792	25 342
60-64	46 711	21 596	25 115	48 812	22 765	26 047	50 460	23 798	26 662	47 879	22 824	25 056
65-69	38 275	17 482	20 793	43 486	19 519	23 967	45 695	20 746	24 949	47 508	21 875	25 633
70-74	29 346	12 718	16 628	34 702	15 311	19 391	39 398	17 058	22 340	41 711	18 328	23 383
75-79	27 601	11 011	16 590	25 139	10 420	14 719	30 013	12 696	17 317	34 052	14 126	19 926
80+	…	…	…	…	…	…	…	…	…	…	…	…
80-84	18 336	6 816	11 520	21 001	7 878	13 122	19 694	7 744	11 951	23 867	9 601	14 266
85-89	11 089	3 585	7 504	11 646	4 016	7 630	13 546	4 754	8 792	13 232	4 890	8 342
90-94	4 281	1 153	3 128	5 149	1 526	3 622	5 670	1 791	3 879	6 748	2 190	4 557
95-99	753	172	582	1 300	313	987	1 619	429	1 189	1 894	530	1 364
100+	121	22	98	136	28	108	242	51	190	329	75	254

年齢	2035			2040			2045			2050		
	総数	男	女	総数	男	女	総数	男	女	総数	男	女
総数	728 037	352 324	375 712	721 355	349 453	371 902	714 355	346 634	367 722	706 793	343 634	363 158
0-4	34 408	17 662	16 746	34 947	17 939	17 008	35 776	18 365	17 411	35 826	18 391	17 436
5-9	35 406	18 170	17 236	34 576	17 745	16 831	35 116	18 022	17 094	35 946	18 448	17 498
10-14	37 403	19 191	18 212	35 527	18 229	17 298	34 698	17 804	16 894	35 239	18 082	17 157
15-19	39 563	20 290	19 273	37 761	19 365	18 397	35 889	18 405	17 484	35 064	17 983	17 081
20-24	41 186	21 108	20 078	40 208	20 592	19 616	38 417	19 675	18 742	36 555	18 723	17 832
25-29	41 124	20 996	20 128	41 875	21 420	20 455	40 911	20 914	19 997	39 135	20 010	19 126
30-34	38 989	19 857	19 133	41 628	21 209	20 419	42 381	21 635	20 746	41 436	21 145	20 291
35-39	39 423	20 023	19 400	39 255	19 946	19 309	41 888	21 296	20 593	42 644	21 724	20 919
40-44	44 687	22 538	22 149	39 463	19 990	19 474	39 314	19 926	19 388	41 940	21 272	20 668
45-49	50 739	25 303	25 436	44 391	22 294	22 097	39 293	19 837	19 456	39 167	19 790	19 377
50-54	50 508	24 915	25 594	49 946	24 723	25 223	43 827	21 879	21 948	38 895	19 542	19 353
55-59	48 590	23 555	25 035	49 252	24 028	25 223	48 760	23 884	24 877	42 946	21 255	21 690
60-64	47 276	22 525	24 751	46 812	22 338	24 475	47 500	22 816	24 683	47 093	22 723	24 369
65-69	45 400	21 207	24 193	44 854	20 931	23 923	44 481	20 796	23 685	45 191	21 272	23 919
70-74	43 690	19 536	24 154	42 133	19 192	22 941	41 658	18 945	22 713	41 388	18 865	22 523
75-79	36 436	15 398	21 039	38 565	16 647	21 918	37 658	16 631	21 027	37 288	16 431	20 856
80+	…	…	…	…	…	…	…	…	…	…	…	…
80-84	27 092	10 700	16 392	29 447	11 892	17 555	31 654	13 103	18 550	31 450	13 367	18 083
85-89	16 413	6 212	10 201	18 687	6 974	11 714	20 787	7 952	12 835	22 870	8 989	13 881
90-94	6 956	2 368	4 588	8 934	3 108	5 826	10 265	3 547	6 718	11 797	4 179	7 618
95-99	2 330	673	1 656	2 557	765	1 793	3 446	1 045	2 400	4 043	1 226	2 817
100+	417	98	319	536	129	406	637	155	481	882	217	665

年齢	2055			2060		
	総数	男	女	総数	男	女
総数	698 296	340 177	358 120	689 029	336 423	352 606
0-4	35 084	18 010	17 074	34 117	17 514	16 604
5-9	35 988	18 470	17 518	35 237	18 086	17 152
10-14	36 062	18 505	17 557	36 098	18 524	17 573
15-19	35 587	18 253	17 333	36 391	18 667	17 724
20-24	35 700	18 289	17 411	36 188	18 542	17 646
25-29	37 247	19 050	18 197	36 360	18 602	17 758
30-34	39 649	20 242	19 408	37 746	19 279	18 467
35-39	41 701	21 243	20 458	39 916	20 347	19 570
40-44	42 684	21 697	20 987	41 752	21 228	20 525
45-49	41 774	21 125	20 648	42 511	21 547	20 964
50-54	38 797	19 516	19 281	41 382	20 836	20 545
55-59	38 237	19 078	19 159	38 179	19 079	19 100
60-64	41 681	20 376	21 304	37 279	18 416	18 863
65-69	44 882	21 235	23 646	39 986	19 238	20 747
70-74	42 119	19 333	22 787	41 941	19 374	22 568
75-79	37 151	16 419	20 731	37 926	16 894	21 032
80+	…	…	…	…	…	…
80-84	31 254	13 256	17 998	31 296	13 337	17 959
85-89	23 300	9 412	13 888	23 342	9 427	13 915
90-94	13 437	4 891	8 546	14 179	5 296	8 883
95-99	4 862	1 507	3 355	5 805	1 847	3 959
100+	1 102	269	833	1 396	345	1 051

性・年齢別人口（千人）

年齢	2015			2020			2025			2030		
	総数	男	女	総数	男	女	総数	男	女	総数	男	女
総数	738 442	356 167	382 275	745 677	360 309	385 368	752 929	364 399	388 531	759 103	367 900	391 202
0-4	39 951	20 524	19 427	44 908	23 054	21 853	46 024	23 626	22 398	45 585	23 401	22 184
5-9	39 393	20 198	19 196	40 115	20 607	19 508	45 050	23 122	21 927	46 172	23 697	22 475
10-14	36 896	18 914	17 982	39 516	20 258	19 257	40 220	20 656	19 564	45 156	23 172	21 983
15-19	37 495	19 212	18 283	37 255	19 087	18 168	39 837	20 411	19 426	40 554	20 816	19 738
20-24	43 620	22 262	21 358	38 089	19 484	18 605	37 829	19 350	18 479	40 440	20 688	19 751
25-29	51 076	25 905	25 171	44 217	22 513	21 705	38 704	19 754	18 950	38 483	19 643	18 840
30-34	52 105	26 281	25 824	51 401	25 983	25 418	44 599	22 642	21 957	39 172	19 946	19 226
35-39	51 520	25 737	25 783	52 127	26 185	25 943	51 418	25 889	25 529	44 746	22 645	22 101
40-44	51 985	25 845	26 140	51 292	25 505	25 787	51 878	25 940	25 938	51 208	25 673	25 534
45-49	52 147	25 768	26 380	51 425	25 412	26 014	50 753	25 088	25 664	51 359	25 535	25 824
50-54	54 472	26 544	27 928	51 191	25 083	26 108	50 490	24 738	25 753	49 874	24 453	25 421
55-59	51 269	24 422	26 847	52 769	25 361	27 407	49 790	24 114	25 676	49 135	23 792	25 342
60-64	46 711	21 596	25 115	48 812	22 765	26 047	50 460	23 798	26 662	47 879	22 824	25 056
65-69	38 275	17 482	20 793	43 486	19 519	23 967	45 695	20 746	24 949	47 508	21 875	25 633
70-74	29 346	12 718	16 628	34 702	15 311	19 391	39 398	17 058	22 340	41 711	18 328	23 383
75-79	27 601	11 011	16 590	25 139	10 420	14 719	30 013	12 696	17 317	34 052	14 126	19 926
80+	...	...	...	...	...	...	...	...	...	...	...	...
80-84	18 336	6 816	11 520	21 001	7 878	13 122	19 694	7 744	11 951	23 867	9 601	14 266
85-89	11 089	3 585	7 504	11 646	4 016	7 630	13 546	4 754	8 792	13 232	4 890	8 342
90-94	4 281	1 153	3 128	5 149	1 526	3 622	5 670	1 791	3 879	6 748	2 190	4 557
95-99	753	172	582	1 300	313	987	1 619	429	1 189	1 894	530	1 364
100+	121	22	98	136	28	108	242	51	190	329	75	254

年齢	2035			2040			2045			2050		
	総数	男	女	総数	男	女	総数	男	女	総数	男	女
総数	763 207	370 381	392 826	766 980	372 875	394 106	771 988	376 213	395 775	779 095	380 733	398 362
0-4	44 422	22 805	21 618	45 432	23 323	22 109	47 834	24 556	23 278	50 572	25 962	24 610
5-9	45 744	23 478	22 266	44 584	22 884	21 701	45 595	23 403	22 192	47 996	24 636	23 361
10-14	46 284	23 750	22 534	45 859	23 533	22 325	44 702	22 940	21 761	45 713	23 460	22 253
15-19	45 501	23 338	22 164	46 634	23 919	22 715	46 213	23 705	22 508	45 061	23 115	21 946
20-24	41 186	21 108	20 078	46 135	23 631	22 503	47 274	24 218	23 056	46 863	24 011	22 852
25-29	41 124	20 996	20 128	41 875	21 420	20 455	46 822	23 942	22 879	47 972	24 538	23 434
30-34	38 989	19 857	19 133	41 628	21 209	20 419	42 381	21 635	20 746	47 326	24 158	23 167
35-39	39 423	20 023	19 400	39 255	19 946	19 309	41 888	21 296	20 593	42 644	21 724	20 919
40-44	44 687	22 538	22 149	39 463	19 990	19 474	39 314	19 926	19 388	41 940	21 272	20 668
45-49	50 739	25 303	25 436	44 391	22 294	22 097	39 293	19 837	19 456	39 167	19 790	19 377
50-54	50 508	24 915	25 594	49 946	24 723	25 223	43 827	21 879	21 948	38 895	19 542	19 353
55-59	48 590	23 555	25 035	49 252	24 028	25 223	48 760	23 884	24 877	42 946	21 255	21 690
60-64	47 276	22 525	24 751	46 812	22 338	24 475	47 500	22 816	24 683	47 093	22 723	24 369
65-69	45 400	21 207	24 193	44 854	20 931	23 923	44 481	20 796	23 685	45 191	21 272	23 919
70-74	43 690	19 536	24 154	42 133	19 192	22 941	41 658	18 945	22 713	41 388	18 865	22 523
75-79	36 436	15 398	21 039	38 565	16 647	21 918	37 658	16 631	21 027	37 288	16 431	20 856
80+	...	...	...	...	...	...	...	...	...	...	...	...
80-84	27 092	10 700	16 392	29 447	11 892	17 555	31 654	13 103	18 550	31 450	13 367	18 083
85-89	16 413	6 212	10 201	18 687	6 974	11 714	20 787	7 952	12 835	22 870	8 989	13 881
90-94	6 956	2 368	4 588	8 934	3 108	5 826	10 265	3 547	6 718	11 797	4 179	7 618
95-99	2 330	673	1 656	2 557	765	1 793	3 446	1 045	2 400	4 043	1 226	2 817
100+	417	98	319	536	129	406	637	155	481	882	217	665

年齢	2055			2060		
	総数	男	女	総数	男	女
総数	788 097	386 242	401 855	798 193	392 406	405 787
0-4	52 692	27 051	25 641	53 633	27 535	26 098
5-9	50 725	26 037	24 688	52 836	27 121	25 714
10-14	48 108	24 690	23 418	50 829	26 087	24 742
15-19	46 054	23 627	22 427	48 429	24 847	23 582
20-24	45 682	23 411	22 272	46 642	23 906	22 736
25-29	47 534	24 323	23 211	46 323	23 710	22 613
30-34	48 459	24 751	23 708	48 004	24 532	23 472
35-39	47 565	24 238	23 326	48 691	24 832	23 859
40-44	42 684	21 697	20 987	47 583	24 200	23 383
45-49	41 774	21 125	20 648	42 511	21 547	20 964
50-54	38 797	19 516	19 281	41 382	20 836	20 545
55-59	38 237	19 078	19 159	38 179	19 079	19 100
60-64	41 681	20 376	21 304	37 279	18 416	18 863
65-69	44 882	21 235	23 646	39 986	19 238	20 748
70-74	42 119	19 333	22 787	41 941	19 374	22 568
75-79	37 151	16 419	20 731	37 926	16 894	21 032
80+	...	...	...	...	...	...
80-84	31 254	13 256	17 998	31 296	13 337	17 959
85-89	23 300	9 412	13 888	23 342	9 427	13 915
90-94	13 437	4 891	8 546	14 179	5 296	8 883
95-99	4 862	1 507	3 355	5 805	1 847	3 959
100+	1 102	269	833	1 396	345	1 051

性・年齢別人口（千人）

年齢	2015			2020			2025			2030		
	総数	男	女	総数	男	女	総数	男	女	総数	男	女
総数	738 442	356 167	382 275	733 773	354 196	379 577	723 251	349 159	374 091	708 756	342 050	366 706
0-4	39 951	20 524	19 427	33 004	16 941	16 062	28 240	14 494	13 746	24 897	12 778	12 119
5-9	39 393	20 198	19 196	40 115	20 607	19 508	33 155	17 015	16 140	28 401	14 573	13 828
10-14	36 896	18 914	17 982	39 516	20 258	19 257	40 220	20 656	19 564	33 269	17 070	16 199
15-19	37 495	19 212	18 283	37 255	19 087	18 168	39 837	20 411	19 426	40 554	20 816	19 738
20-24	43 620	22 262	21 358	38 089	19 484	18 605	37 829	19 350	18 479	40 440	20 688	19 751
25-29	51 076	25 905	25 171	44 217	22 513	21 705	38 704	19 754	18 950	38 483	19 643	18 840
30-34	52 105	26 281	25 824	51 401	25 983	25 418	44 599	22 642	21 957	39 172	19 946	19 226
35-39	51 520	25 737	25 783	52 127	26 185	25 943	51 418	25 889	25 529	44 746	22 645	22 101
40-44	51 985	25 845	26 140	51 292	25 505	25 787	51 878	25 940	25 938	51 208	25 673	25 534
45-49	52 147	25 768	26 380	51 425	25 412	26 014	50 753	25 088	25 664	51 359	25 535	25 824
50-54	54 472	26 544	27 928	51 191	25 083	26 108	50 490	24 738	25 753	49 874	24 453	25 421
55-59	51 269	24 422	26 847	52 769	25 361	27 407	49 790	24 114	25 676	49 135	23 792	25 342
60-64	46 711	21 596	25 115	48 812	22 765	26 047	50 460	23 798	26 662	47 879	22 824	25 056
65-69	38 275	17 482	20 793	43 486	19 519	23 967	45 695	20 746	24 949	47 508	21 875	25 633
70-74	29 346	12 718	16 628	34 702	15 311	19 391	39 398	17 058	22 340	41 711	18 328	23 383
75-79	27 601	11 011	16 590	25 139	10 420	14 719	30 013	12 696	17 317	34 052	14 126	19 926
80+	...	...	...	...	...	...	...	...	...	...	...	...
80-84	18 336	6 816	11 520	21 001	7 878	13 122	19 694	7 744	11 951	23 867	9 601	14 266
85-89	11 089	3 585	7 504	11 646	4 016	7 630	13 546	4 754	8 792	13 232	4 890	8 342
90-94	4 281	1 153	3 128	5 149	1 526	3 622	5 670	1 791	3 879	6 748	2 190	4 557
95-99	753	172	582	1 300	313	987	1 619	429	1 189	1 894	530	1 364
100+	121	22	98	136	28	108	242	51	190	329	75	254

年齢	2035			2040			2045			2050		
	総数	男	女	総数	男	女	総数	男	女	総数	男	女
総数	692 905	334 287	358 618	676 009	326 175	349 834	657 879	317 648	340 231	637 735	308 202	329 533
0-4	24 432	12 539	11 892	24 702	12 678	12 024	24 597	12 625	11 973	23 169	11 891	11 278
5-9	25 069	12 863	12 207	24 606	12 626	11 981	24 878	12 765	12 112	24 773	12 712	12 062
10-14	28 522	14 632	13 891	25 194	12 924	12 270	24 733	12 688	12 045	25 004	12 828	12 177
15-19	33 626	17 242	16 383	28 888	14 810	14 078	25 565	13 106	12 459	25 106	12 871	12 235
20-24	41 186	21 108	20 078	34 282	17 552	16 729	29 559	15 131	14 428	26 246	13 434	12 812
25-29	41 124	20 996	20 128	41 875	21 420	20 455	35 000	17 886	17 114	30 298	15 481	14 817
30-34	38 989	19 857	19 133	41 628	21 209	20 419	42 381	21 635	20 746	35 546	18 132	17 414
35-39	39 423	20 023	19 400	39 255	19 946	19 309	41 888	21 296	20 593	42 644	21 724	20 919
40-44	44 687	22 538	22 149	39 463	19 990	19 474	39 314	19 926	19 388	41 940	21 272	20 668
45-49	50 739	25 303	25 436	44 391	22 294	22 097	39 293	19 837	19 456	39 167	19 790	19 377
50-54	50 508	24 915	25 594	49 946	24 723	25 223	43 827	21 879	21 948	38 895	19 542	19 353
55-59	48 590	23 555	25 035	49 252	24 028	25 223	48 760	23 884	24 877	42 946	21 255	21 690
60-64	47 276	22 525	24 751	46 812	22 338	24 475	47 500	22 816	24 683	47 093	22 723	24 369
65-69	45 400	21 207	24 193	44 854	20 931	23 923	44 481	20 796	23 685	45 191	21 272	23 919
70-74	43 690	19 536	24 154	42 133	19 192	22 941	41 658	18 945	22 713	41 388	18 865	22 523
75-79	36 436	15 398	21 039	38 565	16 647	21 918	37 658	16 631	21 027	37 288	16 431	20 856
80+	...	...	...	...	...	...	...	...	...	...	...	...
80-84	27 092	10 700	16 392	29 447	11 892	17 555	31 654	13 103	18 550	31 450	13 367	18 083
85-89	16 413	6 212	10 201	18 687	6 974	11 714	20 787	7 952	12 835	22 870	8 989	13 881
90-94	6 956	2 368	4 588	8 934	3 108	5 826	10 265	3 547	6 718	11 797	4 179	7 618
95-99	2 330	673	1 656	2 557	765	1 793	3 446	1 045	2 400	4 043	1 226	2 817
100+	417	98	319	536	129	406	637	155	481	882	217	665

年齢	2055			2060		
	総数	男	女	総数	男	女
総数	615 191	297 549	317 642	590 985	286 149	304 835
0-4	20 930	10 742	10 188	19 029	9 767	9 263
5-9	23 337	11 975	11 362	21 091	10 822	10 268
10-14	24 894	12 772	12 122	23 452	12 032	11 420
15-19	25 359	13 003	12 356	25 230	12 938	12 292
20-24	25 755	13 186	12 569	25 974	13 301	12 673
25-29	26 961	13 777	13 184	26 434	13 513	12 922
30-34	30 840	15 732	15 107	27 488	14 025	13 462
35-39	35 837	18 248	17 589	31 142	15 861	15 281
40-44	42 684	21 697	20 987	35 922	18 255	17 667
45-49	41 774	21 125	20 648	42 511	21 547	20 964
50-54	38 797	19 516	19 281	41 382	20 836	20 545
55-59	38 237	19 078	19 159	38 179	19 079	19 100
60-64	41 681	20 376	21 304	37 279	18 416	18 863
65-69	44 882	21 235	23 646	39 986	19 238	20 748
70-74	42 119	19 333	22 787	41 941	19 374	22 568
75-79	37 151	16 419	20 731	37 926	16 894	21 032
80+	...	...	...	...	...	...
80-84	31 254	13 256	17 998	31 296	13 337	17 959
85-89	23 300	9 412	13 888	23 342	9 427	13 915
90-94	13 437	4 891	8 546	14 179	5 296	8 883
95-99	4 862	1 507	3 355	5 805	1 847	3 959
100+	1 102	269	833	1 396	345	1 051

性・年齢別人口（千人）

年齢	1960			1965			1970			1975		
	総数	男	女	総数	男	女	総数	男	女	総数	男	女
総数	253 630	116 739	136 891	267 164	123 959	143 205	276 396	128 926	147 471	285 657	133 712	151 945
0-4	26 815	13 690	13 125	23 519	12 027	11 492	20 934	10 660	10 274	22 468	11 444	11 024
5-9	26 311	13 409	12 902	26 730	13 611	13 119	23 541	12 006	11 535	20 777	10 562	10 215
10-14	21 949	11 153	10 796	26 100	13 319	12 781	26 671	13 640	13 031	23 310	11 902	11 408
15-19	16 141	8 107	8 035	21 827	11 131	10 696	25 817	13 176	12 640	26 240	13 415	12 825
20-24	23 705	11 800	11 905	15 992	8 039	7 953	21 529	10 953	10 576	25 449	12 910	12 539
25-29	20 037	9 952	10 084	23 401	11 608	11 793	15 700	7 845	7 855	21 278	10 760	10 518
30-34	22 763	10 829	11 933	19 666	9 745	9 921	22 971	11 319	11 651	15 531	7 713	7 818
35-39	17 097	7 249	9 848	22 383	10 587	11 796	19 146	9 471	9 675	22 635	11 057	11 578
40-44	11 573	4 778	6 795	16 804	7 067	9 738	21 902	10 342	11 560	18 731	9 167	9 563
45-49	15 660	6 325	9 334	11 262	4 610	6 652	16 522	6 828	9 693	21 321	9 956	11 365
50-54	14 098	5 804	8 294	15 249	6 041	9 208	10 824	4 332	6 492	16 112	6 512	9 600
55-59	11 730	4 517	7 213	13 541	5 420	8 121	14 678	5 671	9 007	10 366	4 018	6 348
60-64	8 917	3 337	5 580	10 913	4 065	6 849	12 672	4 869	7 803	13 628	5 099	8 529
65-69	6 645	2 402	4 242	7 904	2 822	5 082	9 721	3 448	6 273	11 273	4 081	7 191
70-74	4 905	1 679	3 226	5 451	1 874	3 577	6 458	2 163	4 295	8 017	2 637	5 381
75-79	3 059	1 024	2 035	3 614	1 154	2 460	3 891	1 255	2 636	4 687	1 434	3 253
80+	2 226	685	1 541	2 808	840	1 967	3 420	946	2 475	3 833	1 046	2 787
80-84	...	...	...	...	...	...	...	...	...	...	...	...
85-89	...	...	...	...	...	...	...	...	...	...	...	...
90-94	...	...	...	...	...	...	...	...	...	...	...	...
95-99	...	...	...	...	...	...	...	...	...	...	...	...
100+	...	...	...	...	...	...	...	...	...	...	...	...

年齢	1980			1985			1990			1995		
	総数	男	女	総数	男	女	総数	男	女	総数	男	女
総数	295 042	138 717	156 325	303 699	143 303	160 396	310 027	146 931	163 096	309 569	146 777	162 792
0-4	23 612	12 025	11 587	24 268	12 374	11 894	23 097	11 814	11 283	17 577	9 015	8 562
5-9	22 240	11 322	10 918	23 612	12 012	11 600	24 155	12 307	11 848	23 337	11 939	11 398
10-14	20 657	10 500	10 157	22 235	11 334	10 901	23 610	12 001	11 609	24 381	12 432	11 949
15-19	23 211	11 836	11 375	20 668	10 521	10 147	22 300	11 360	10 940	23 598	12 001	11 597
20-24	26 111	13 340	12 771	23 185	11 766	11 419	20 528	10 451	10 077	22 097	11 234	10 863
25-29	25 275	12 783	12 492	25 994	13 177	12 817	22 866	11 554	11 312	20 431	10 351	10 080
30-34	21 089	10 605	10 484	25 055	12 598	12 457	25 633	12 908	12 725	22 712	11 386	11 327
35-39	15 267	7 527	7 740	20 723	10 337	10 386	24 689	12 333	12 357	25 290	12 593	12 697
40-44	22 160	10 709	11 451	14 948	7 301	7 648	20 313	10 045	10 267	24 167	11 905	12 262
45-49	18 191	8 773	9 418	21 459	10 209	11 250	14 510	7 007	7 503	19 644	9 523	10 121
50-54	20 518	9 393	11 125	17 414	8 214	9 200	20 594	9 613	10 981	13 855	6 509	7 345
55-59	15 284	6 006	9 278	19 326	8 560	10 767	16 443	7 525	8 919	19 255	8 663	10 592
60-64	9 607	3 564	6 044	14 051	5 282	8 769	17 751	7 533	10 218	14 959	6 514	8 445
65-69	12 100	4 274	7 826	8 477	2 953	5 524	12 420	4 402	8 018	15 465	6 124	9 341
70-74	9 363	3 136	6 226	9 997	3 249	6 749	7 013	2 257	4 756	10 184	3 307	6 877
75-79	5 932	1 762	4 171	6 902	2 075	4 827	7 490	2 189	5 301	5 228	1 507	3 720
80+	4 424	1 160	3 264	5 384	1 343	4 041	...	...	...	...	...	...
80-84	...	...	...	...	...	...	4 403	1 155	3 248	4 717	1 209	3 509
85-89	...	...	...	...	...	...	1 692	379	1 314	2 047	454	1 593
90-94	...	...	...	...	...	...	428	83	345	534	97	437
95-99	...	...	...	...	...	...	79	13	66	82	13	69
100+	...	...	...	...	...	...	10	1	9	9	1	8

年齢	2000			2005			2010			2015		
	総数	男	女	総数	男	女	総数	男	女	総数	男	女
総数	303 789	143 759	160 030	297 482	140 238	157 244	294 591	138 533	156 059	292 943	137 872	155 071
0-4	13 972	7 168	6 804	13 932	7 149	6 782	15 821	8 118	7 703	16 976	8 726	8 250
5-9	17 567	9 001	8 566	14 035	7 199	6 836	13 774	7 066	6 708	15 802	8 101	7 701
10-14	23 573	12 058	11 515	17 664	9 053	8 611	13 920	7 135	6 785	13 763	7 060	6 703
15-19	24 558	12 518	12 039	23 557	12 034	11 523	18 085	9 269	8 817	13 715	7 032	6 682
20-24	23 368	11 852	11 516	24 487	12 466	12 021	23 798	12 134	11 664	18 104	9 278	8 826
25-29	21 673	10 941	10 732	23 116	11 657	11 459	23 884	12 118	11 766	23 828	12 118	11 710
30-34	20 170	10 136	10 034	21 398	10 719	10 679	22 728	11 356	11 371	23 604	11 930	11 674
35-39	22 355	11 088	11 267	19 854	9 857	9 998	21 084	10 470	10 614	22 400	11 107	11 293
40-44	24 650	12 078	12 572	21 824	10 667	11 156	19 027	9 328	9 699	20 819	10 255	10 564
45-49	23 341	11 258	12 084	23 730	11 374	12 356	21 671	10 413	11 258	18 334	8 875	9 459
50-54	18 708	8 816	9 892	22 152	10 343	11 809	22 707	10 588	12 119	21 068	9 929	11 139
55-59	13 033	5 881	7 151	17 492	7 939	9 553	21 366	9 612	11 755	21 439	9 709	11 730
60-64	17 503	7 459	10 043	11 779	5 015	6 764	15 229	6 629	8 600	20 102	8 647	11 455
65-69	13 037	5 301	7 736	15 313	6 038	9 275	10 943	4 333	6 610	13 235	5 472	7 762
70-74	12 620	4 564	8 056	10 674	3 968	6 705	12 992	4 714	8 278	9 500	3 467	6 033
75-79	7 520	2 199	5 320	9 346	3 025	6 322	8 166	2 739	5 427	10 205	3 351	6 854
80+	...	...	...	...	...	...	...	...	...	...	...	...
80-84	3 231	830	2 401	4 767	1 237	3 530	6 287	1 824	4 463	5 725	1 714	4 011
85-89	2 181	479	1 702	1 541	346	1 195	2 413	556	1 858	3 316	874	2 442
90-94	625	115	510	695	131	564	534	104	430	879	198	681
95-99	96	14	81	118	19	99	147	25	122	113	25	89
100+	8	1	7	10	1	8	14	2	12	17	4	13

性・年齢別人口（千人）

年齢	2015			2020			2025			2030		
	総数	男	女	総数	男	女	総数	男	女	総数	男	女
総数	292 943	137 872	155 071	289 796	136 373	153 423	284 929	133 979	150 950	278 596	130 843	147 753
0-4	16 976	8 726	8 250	16 174	8 300	7 875	14 723	7 556	7 167	13 251	6 801	6 450
5-9	15 802	8 101	7 701	16 969	8 720	8 250	16 164	8 292	7 872	14 717	7 551	7 166
10-14	13 763	7 060	6 703	15 798	8 096	7 702	16 960	8 712	8 248	16 156	8 286	7 871
15-19	13 715	7 032	6 682	13 805	7 079	6 726	15 812	8 100	7 712	16 979	8 718	8 261
20-24	18 104	9 278	8 826	13 709	7 019	6 691	13 787	7 058	6 729	15 809	8 086	7 723
25-29	23 828	12 118	11 710	18 032	9 209	8 823	13 662	6 973	6 690	13 761	7 024	6 737
30-34	23 604	11 930	11 674	23 628	11 946	11 682	17 894	9 092	8 802	13 592	6 906	6 686
35-39	22 400	11 107	11 293	23 308	11 689	11 619	23 325	11 708	11 618	17 704	8 939	8 765
40-44	20 819	10 255	10 564	22 044	10 830	11 214	22 924	11 395	11 529	22 962	11 430	11 532
45-49	18 334	8 875	9 459	20 329	9 887	10 442	21 544	10 459	11 085	22 421	11 020	11 401
50-54	21 068	9 929	11 139	17 695	8 405	9 291	19 644	9 384	10 260	20 862	9 959	10 903
55-59	21 439	9 709	11 730	19 958	9 136	10 822	16 824	7 780	9 044	18 720	8 719	10 001
60-64	20 102	8 647	11 455	19 830	8 606	11 225	18 491	8 117	10 374	15 672	6 977	8 695
65-69	13 235	5 472	7 762	18 049	7 324	10 725	17 867	7 324	10 543	16 692	6 927	9 766
70-74	9 500	3 467	6 033	11 374	4 369	7 005	15 560	5 857	9 703	15 475	5 895	9 580
75-79	10 205	3 351	6 854	7 543	2 502	5 042	9 114	3 194	5 920	12 518	4 290	8 227
80+	...	...	...	...	...	...	...	...	...	...	...	...
80-84	5 725	1 714	4 011	6 992	2 046	4 946	5 278	1 570	3 708	6 478	2 045	4 433
85-89	3 316	874	2 442	3 107	843	2 263	3 833	1 010	2 823	2 986	803	2 183
90-94	879	198	681	1 232	316	917	1 203	312	891	1 500	376	1 124
95-99	113	25	89	202	49	153	289	78	211	299	80	219
100+	17	4	13	16	4	11	29	8	21	43	13	30

年齢	2035			2040			2045			2050		
	総数	男	女	総数	男	女	総数	男	女	総数	男	女
総数	271 397	127 341	144 056	264 321	124 093	140 228	257 838	121 332	136 506	251 756	118 827	132 929
0-4	12 597	6 465	6 131	13 026	6 686	6 340	13 691	7 028	6 663	13 718	7 042	6 676
5-9	13 248	6 797	6 450	12 595	6 463	6 132	13 024	6 684	6 341	13 689	7 025	6 664
10-14	14 712	7 546	7 166	13 245	6 794	6 450	12 593	6 460	6 132	13 023	6 681	6 341
15-19	16 179	8 294	7 885	14 738	7 558	7 181	13 275	6 808	6 467	12 626	6 476	6 149
20-24	16 974	8 704	8 271	16 182	8 286	7 896	14 750	7 555	7 194	13 294	6 812	6 482
25-29	15 778	8 048	7 729	16 942	8 666	8 276	16 160	8 257	7 903	14 741	7 537	7 204
30-34	13 696	6 963	6 733	15 706	7 983	7 723	16 868	8 600	8 268	16 103	8 204	7 899
35-39	13 476	6 811	6 666	13 589	6 875	6 715	15 591	7 890	7 701	16 751	8 507	8 244
40-44	17 465	8 754	8 711	13 325	6 692	6 633	13 447	6 764	6 684	15 437	7 772	7 665
45-49	22 482	11 073	11 409	17 138	8 510	8 628	13 105	6 527	6 578	13 238	6 608	6 630
50-54	21 735	10 513	11 222	21 824	10 587	11 237	16 679	8 171	8 508	12 786	6 292	6 494
55-59	19 935	9 293	10 642	20 797	9 833	10 964	20 919	9 928	10 990	16 036	7 702	8 334
60-64	17 490	7 855	9 635	18 694	8 421	10 273	19 532	8 932	10 600	19 685	9 045	10 640
65-69	14 244	6 026	8 219	15 957	6 825	9 132	17 132	7 368	9 764	17 929	7 835	10 094
70-74	14 488	5 589	8 899	12 474	4 940	7 534	14 042	5 638	8 404	15 164	6 142	9 022
75-79	12 534	4 356	8 179	11 772	4 143	7 629	10 265	3 745	6 520	11 636	4 316	7 320
80+	...	...	...	...	...	...	...	...	...	...	...	...
80-84	8 950	2 756	6 194	9 063	2 837	6 226	8 556	2 709	5 846	7 596	2 522	5 073
85-89	3 763	1 076	2 687	5 249	1 462	3 787	5 409	1 534	3 876	5 150	1 475	3 675
90-94	1 227	312	916	1 614	434	1 180	2 279	597	1 682	2 410	642	1 767
95-99	375	96	279	330	84	246	461	121	340	660	170	490
100+	49	14	35	61	17	44	60	16	44	86	23	63

年齢	2055			2060		
	総数	男	女	総数	男	女
総数	245 675	116 284	129 392	239 381	113 641	125 740
0-4	13 092	6 721	6 372	12 304	6 316	5 988
5-9	13 716	7 039	6 677	13 091	6 719	6 372
10-14	13 688	7 023	6 665	13 715	7 037	6 677
15-19	13 054	6 696	6 357	13 716	7 037	6 679
20-24	12 646	6 482	6 164	13 073	6 702	6 371
25-29	13 294	6 801	6 493	12 650	6 474	6 176
30-34	14 701	7 498	7 203	13 267	6 772	6 494
35-39	16 005	8 127	7 878	14 622	7 436	7 187
40-44	16 593	8 388	8 206	15 867	8 023	7 844
45-49	15 211	7 606	7 606	16 359	8 216	8 143
50-54	12 934	6 384	6 550	14 880	7 363	7 517
55-59	12 332	5 961	6 371	12 497	6 066	6 431
60-64	15 152	7 066	8 086	11 704	5 511	6 193
65-69	18 114	7 963	10 151	14 024	6 287	7 737
70-74	15 902	6 549	9 353	16 129	6 699	9 430
75-79	12 669	4 761	7 909	13 341	5 108	8 232
80+	...	...	...	...	...	...
80-84	8 705	2 950	5 755	9 604	3 318	6 285
85-89	4 696	1 424	3 272	5 480	1 704	3 777
90-94	2 324	625	1 699	2 205	628	1 577
95-99	722	188	534	707	186	521
100+	124	32	92	146	38	108

高位予測値

性・年齢別人口（千人）

年齢	2015			2020			2025			2030		
	総数	男	女	総数	男	女	総数	男	女	総数	男	女
総数	292 943	137 872	155 071	292 322	137 670	154 652	291 044	137 118	153 927	288 651	136 003	152 647
0-4	16 976	8 726	8 250	18 701	9 596	9 105	18 315	9 400	8 915	17 197	8 827	8 371
5-9	15 802	8 101	7 701	16 969	8 720	8 250	18 688	9 587	9 101	18 304	9 392	8 912
10-14	13 763	7 060	6 703	15 798	8 096	7 702	16 960	8 712	8 248	18 677	9 579	9 098
15-19	13 715	7 032	6 682	13 805	7 079	6 726	15 812	8 100	7 712	16 979	8 718	8 261
20-24	18 104	9 278	8 826	13 709	7 019	6 691	13 787	7 058	6 729	15 809	8 086	7 723
25-29	23 828	12 118	11 710	18 032	9 209	8 823	13 662	6 973	6 690	13 761	7 024	6 737
30-34	23 604	11 930	11 674	23 628	11 946	11 682	17 894	9 092	8 802	13 592	6 906	6 686
35-39	22 400	11 107	11 293	23 308	11 689	11 619	23 325	11 708	11 618	17 704	8 939	8 765
40-44	20 819	10 255	10 564	22 044	10 830	11 214	22 924	11 395	11 529	22 962	11 430	11 532
45-49	18 334	8 875	9 459	20 329	9 887	10 442	21 544	10 459	11 085	22 421	11 020	11 401
50-54	21 068	9 929	11 139	17 695	8 405	9 291	19 644	9 384	10 260	20 862	9 959	10 903
55-59	21 439	9 709	11 730	19 958	9 136	10 822	16 824	7 780	9 044	18 720	8 719	10 001
60-64	20 102	8 647	11 455	19 830	8 606	11 225	18 491	8 117	10 374	15 672	6 977	8 695
65-69	13 235	5 472	7 762	18 049	7 324	10 725	17 867	7 324	10 543	16 692	6 927	9 766
70-74	9 500	3 467	6 033	11 374	4 369	7 005	15 560	5 857	9 703	15 475	5 895	9 580
75-79	10 205	3 351	6 854	7 543	2 502	5 042	9 114	3 194	5 920	12 518	4 290	8 227
80+	...	...	...	...	...	...	...	...	...	...	...	...
80-84	5 725	1 714	4 011	6 992	2 046	4 946	5 278	1 570	3 708	6 478	2 045	4 433
85-89	3 316	874	2 442	3 107	843	2 263	3 833	1 010	2 823	2 986	803	2 183
90-94	879	198	681	1 232	316	917	1 203	312	891	1 500	376	1 124
95-99	113	25	89	202	49	153	289	78	211	299	80	219
100+	17	4	13	16	4	11	29	8	21	43	13	30

年齢	2035			2040			2045			2050		
	総数	男	女	総数	男	女	総数	男	女	総数	男	女
総数	285 163	134 405	150 757	282 059	133 193	148 866	280 307	132 855	147 452	280 056	133 334	146 723
0-4	16 320	8 377	7 943	17 019	8 736	8 283	18 456	9 474	8 982	19 603	10 063	9 540
5-9	17 189	8 820	8 369	16 314	8 372	7 942	17 013	8 731	8 282	18 449	9 469	8 981
10-14	18 296	9 385	8 911	17 183	8 815	8 368	16 309	8 367	7 941	17 009	8 727	8 282
15-19	18 696	9 585	9 111	18 317	9 393	8 924	17 208	8 826	8 382	16 337	8 380	7 957
20-24	16 974	8 704	8 271	18 691	9 571	9 120	18 318	9 384	8 935	17 216	8 822	8 394
25-29	15 778	8 048	7 729	16 942	8 666	8 276	18 658	9 533	9 124	18 295	9 354	8 940
30-34	13 696	6 963	6 733	15 706	7 983	7 723	16 868	8 600	8 268	18 584	9 469	9 115
35-39	13 476	6 811	6 666	13 589	6 875	6 715	15 591	7 890	7 701	16 751	8 507	8 244
40-44	17 465	8 754	8 711	13 325	6 692	6 633	13 447	6 764	6 684	15 437	7 772	7 665
45-49	22 482	11 073	11 409	17 138	8 510	8 628	13 105	6 527	6 578	13 238	6 608	6 630
50-54	21 735	10 513	11 222	21 824	10 587	11 237	16 679	8 171	8 508	12 786	6 292	6 494
55-59	19 935	9 293	10 642	20 797	9 833	10 964	20 919	9 928	10 990	16 036	7 702	8 334
60-64	17 490	7 855	9 635	18 694	8 421	10 273	19 532	8 932	10 600	19 685	9 045	10 640
65-69	14 244	6 026	8 219	15 957	6 825	9 132	17 132	7 368	9 764	17 929	7 835	10 094
70-74	14 488	5 589	8 899	12 474	4 940	7 534	14 042	5 638	8 404	15 164	6 142	9 022
75-79	12 534	4 356	8 179	11 772	4 143	7 629	10 265	3 745	6 520	11 636	4 316	7 320
80+	...	...	...	...	...	...	...	...	...	...	...	...
80-84	8 950	2 756	6 194	9 063	2 837	6 226	8 556	2 709	5 846	7 596	2 522	5 073
85-89	3 763	1 076	2 687	5 249	1 462	3 787	5 409	1 534	3 876	5 150	1 475	3 675
90-94	1 227	312	916	1 614	434	1 180	2 279	597	1 682	2 410	642	1 767
95-99	375	96	279	330	84	246	461	121	340	660	170	490
100+	49	14	35	61	17	44	60	16	44	86	23	63

年齢	2055			2060		
	総数	男	女	総数	男	女
総数	280 770	134 265	146 505	281 732	135 328	146 404
0-4	19 965	10 249	9 716	19 671	10 099	9 572
5-9	19 596	10 057	9 538	19 958	10 244	9 714
10-14	18 444	9 464	8 980	19 590	10 053	9 537
15-19	17 035	8 739	8 296	18 468	9 475	8 993
20-24	16 349	8 380	7 969	17 045	8 738	8 307
25-29	17 202	8 801	8 401	16 339	8 363	7 976
30-34	18 234	9 301	8 933	17 153	8 757	8 396
35-39	18 466	9 377	9 089	18 128	9 219	8 909
40-44	16 593	8 388	8 206	18 303	9 255	9 048
45-49	15 211	7 606	7 606	16 359	8 216	8 143
50-54	12 934	6 384	6 550	14 880	7 363	7 517
55-59	12 332	5 961	6 371	12 497	6 066	6 431
60-64	15 152	7 066	8 086	11 704	5 511	6 193
65-69	18 114	7 963	10 151	14 024	6 287	7 737
70-74	15 902	6 549	9 353	16 129	6 699	9 430
75-79	12 669	4 761	7 909	13 341	5 108	8 232
80+	...	...	...	...	...	...
80-84	8 705	2 950	5 755	9 604	3 318	6 285
85-89	4 696	1 424	3 272	5 480	1 704	3 777
90-94	2 324	625	1 699	2 205	628	1 577
95-99	722	188	534	707	186	521
100+	124	32	92	146	38	108

性・年齢別人口（千人）

年齢	2015 総数	男	女	2020 総数	男	女	2025 総数	男	女	2030 総数	男	女
総数	292 943	137 872	155 071	287 269	135 076	152 193	278 814	130 841	147 973	268 542	125 683	142 859
0-4	16 976	8 726	8 250	13 648	7 003	6 645	11 132	5 712	5 419	9 305	4 775	4 530
5-9	15 802	8 101	7 701	16 969	8 720	8 250	13 641	6 997	6 644	11 129	5 710	5 420
10-14	13 763	7 060	6 703	15 798	8 096	7 702	16 960	8 712	8 248	13 636	6 992	6 643
15-19	13 715	7 032	6 682	13 805	7 079	6 726	15 812	8 100	7 712	16 979	8 718	8 261
20-24	18 104	9 278	8 826	13 709	7 019	6 691	13 787	7 058	6 729	15 809	8 086	7 723
25-29	23 828	12 118	11 710	18 032	9 209	8 823	13 662	6 973	6 690	13 761	7 024	6 737
30-34	23 604	11 930	11 674	23 628	11 946	11 682	17 894	9 092	8 802	13 592	6 906	6 686
35-39	22 400	11 107	11 293	23 308	11 689	11 619	23 325	11 708	11 618	17 704	8 939	8 765
40-44	20 819	10 255	10 564	22 044	10 830	11 214	22 924	11 395	11 529	22 962	11 430	11 532
45-49	18 334	8 875	9 459	20 329	9 887	10 442	21 544	10 459	11 085	22 421	11 020	11 401
50-54	21 068	9 929	11 139	17 695	8 405	9 291	19 644	9 384	10 260	20 862	9 959	10 903
55-59	21 439	9 709	11 730	19 958	9 136	10 822	16 824	7 780	9 044	18 720	8 719	10 001
60-64	20 102	8 647	11 455	19 830	8 606	11 225	18 491	8 117	10 374	15 672	6 977	8 695
65-69	13 235	5 472	7 762	18 049	7 324	10 725	17 867	7 324	10 543	16 692	6 927	9 766
70-74	9 500	3 467	6 033	11 374	4 369	7 005	15 560	5 857	9 703	15 475	5 895	9 580
75-79	10 205	3 351	6 854	7 543	2 502	5 042	9 114	3 194	5 920	12 518	4 290	8 227
80+	...	...	...	...	...	...	...	...	...	...	...	...
80-84	5 725	1 714	4 011	6 992	2 046	4 946	5 278	1 570	3 708	6 478	2 045	4 433
85-89	3 316	874	2 442	3 107	843	2 263	3 833	1 010	2 823	2 986	803	2 183
90-94	879	198	681	1 232	316	917	1 203	312	891	1 500	376	1 124
95-99	113	25	89	202	49	153	289	78	211	299	80	219
100+	17	4	13	16	4	11	29	8	21	43	13	30

年齢	2035 総数	男	女	2040 総数	男	女	2045 総数	男	女	2050 総数	男	女
総数	257 654	120 289	137 365	246 723	115 065	131 658	235 907	110 085	125 822	224 896	105 060	119 837
0-4	8 896	4 566	4 331	9 150	4 696	4 454	9 324	4 786	4 539	8 736	4 484	4 252
5-9	9 306	4 775	4 532	8 898	4 566	4 333	9 153	4 696	4 456	9 327	4 786	4 541
10-14	11 128	5 707	5 420	9 307	4 773	4 533	8 900	4 565	4 335	9 154	4 696	4 458
15-19	13 662	7 004	6 658	11 159	5 722	5 437	9 342	4 791	4 551	8 937	4 584	4 353
20-24	16 974	8 704	8 271	13 673	7 001	6 672	11 181	5 727	5 454	9 371	4 802	4 570
25-29	15 778	8 048	7 729	16 942	8 666	8 276	13 663	6 980	6 682	11 187	5 720	5 468
30-34	13 696	6 963	6 733	15 706	7 983	7 723	16 868	8 600	8 268	13 621	6 939	6 682
35-39	13 476	6 811	6 666	13 589	6 875	6 715	15 591	7 890	7 701	16 751	8 507	8 244
40-44	17 465	8 754	8 711	13 325	6 692	6 633	13 447	6 764	6 684	15 437	7 772	7 665
45-49	22 482	11 073	11 409	17 138	8 510	8 628	13 105	6 527	6 578	13 238	6 608	6 630
50-54	21 735	10 513	11 222	21 824	10 587	11 237	16 679	8 171	8 508	12 786	6 292	6 494
55-59	19 935	9 293	10 642	20 797	9 833	10 964	20 919	9 928	10 990	16 036	7 702	8 334
60-64	17 490	7 855	9 635	18 694	8 421	10 273	19 532	8 932	10 600	19 685	9 045	10 640
65-69	14 244	6 026	8 219	15 957	6 825	9 132	17 132	7 368	9 764	17 929	7 835	10 094
70-74	14 488	5 589	8 899	12 474	4 940	7 534	14 042	5 638	8 404	15 164	6 142	9 022
75-79	12 534	4 356	8 179	11 772	4 143	7 629	10 265	3 745	6 520	11 636	4 316	7 320
80+	...	...	...	...	...	...	...	...	...	...	...	...
80-84	8 950	2 756	6 194	9 063	2 837	6 226	8 556	2 709	5 846	7 596	2 522	5 073
85-89	3 763	1 076	2 687	5 249	1 462	3 787	5 409	1 534	3 876	5 150	1 475	3 675
90-94	1 227	312	916	1 614	434	1 180	2 279	597	1 682	2 410	642	1 767
95-99	375	96	279	330	84	246	461	121	340	660	170	490
100+	49	14	35	61	17	44	60	16	44	86	23	63

年齢	2055 総数	男	女	2060 総数	男	女
総数	213 440	99 770	113 669	201 626	94 313	107 313
0-4	7 639	3 921	3 718	6 676	3 427	3 250
5-9	8 739	4 484	4 254	7 643	3 922	3 721
10-14	9 328	4 786	4 543	8 740	4 484	4 256
15-19	9 190	4 714	4 476	9 362	4 802	4 559
20-24	8 966	4 596	4 371	9 217	4 725	4 492
25-29	9 387	4 802	4 585	8 983	4 597	4 386
30-34	11 168	5 696	5 472	9 380	4 788	4 592
35-39	13 544	6 877	6 667	11 116	5 652	5 464
40-44	16 593	8 388	8 206	13 432	6 791	6 641
45-49	15 211	7 606	7 606	16 359	8 216	8 143
50-54	12 934	6 384	6 550	14 880	7 363	7 517
55-59	12 332	5 961	6 371	12 497	6 066	6 431
60-64	15 152	7 066	8 086	11 704	5 511	6 193
65-69	18 114	7 963	10 151	14 024	6 287	7 737
70-74	15 902	6 549	9 353	16 129	6 699	9 430
75-79	12 669	4 761	7 909	13 341	5 108	8 232
80+	...	...	...	...	...	...
80-84	8 705	2 950	5 755	9 604	3 318	6 285
85-89	4 696	1 424	3 272	5 480	1 704	3 777
90-94	2 324	625	1 699	2 205	628	1 577
95-99	722	188	534	707	186	521
100+	124	32	92	146	38	108

性・年齢別人口（千人）

年齢	1960 総数	男	女	1965 総数	男	女	1970 総数	男	女	1975 総数	男	女
総数	81 790	39 590	42 199	84 839	41 224	43 614	87 305	42 475	44 830	88 957	43 333	45 624
0-4	6 580	3 375	3 205	7 343	3 757	3 586	7 183	3 672	3 511	6 373	3 270	3 103
5-9	6 231	3 192	3 040	6 561	3 372	3 189	7 288	3 727	3 562	7 121	3 651	3 470
10-14	6 912	3 535	3 377	6 243	3 203	3 040	6 552	3 370	3 182	7 286	3 735	3 551
15-19	5 941	3 006	2 935	6 857	3 501	3 356	6 262	3 204	3 057	6 589	3 373	3 216
20-24	5 319	2 654	2 664	5 870	2 962	2 908	6 850	3 475	3 375	6 319	3 220	3 099
25-29	5 166	2 592	2 573	5 351	2 699	2 652	5 815	2 951	2 864	6 841	3 473	3 368
30-34	5 389	2 669	2 720	5 152	2 596	2 556	5 297	2 682	2 615	5 769	2 929	2 841
35-39	5 770	2 823	2 947	5 382	2 669	2 713	5 095	2 562	2 534	5 250	2 650	2 600
40-44	5 187	2 532	2 655	5 725	2 796	2 929	5 314	2 627	2 687	5 032	2 523	2 510
45-49	5 604	2 718	2 886	5 081	2 476	2 605	5 620	2 732	2 888	5 218	2 570	2 648
50-54	5 465	2 653	2 812	5 457	2 637	2 821	4 920	2 377	2 543	5 467	2 639	2 828
55-59	4 942	2 348	2 595	5 245	2 512	2 733	5 212	2 483	2 729	4 708	2 243	2 465
60-64	4 111	1 832	2 279	4 596	2 122	2 474	4 882	2 275	2 606	4 865	2 260	2 604
65-69	3 321	1 410	1 912	3 641	1 550	2 091	4 083	1 799	2 285	4 358	1 947	2 412
70-74	2 581	1 039	1 542	2 741	1 098	1 643	3 020	1 197	1 824	3 407	1 401	2 006
75-79	1 767	681	1 086	1 914	711	1 203	2 030	744	1 286	2 260	812	1 447
80+	1 503	531	972	1 679	563	1 116	1 880	598	1 282	2 094	638	1 456
80-84	...	...	...	...	...	...	...	...	...	...	...	...
85-89	...	...	...	...	...	...	...	...	...	...	...	...
90-94	...	...	...	...	...	...	...	...	...	...	...	...
95-99	...	...	...	...	...	...	...	...	...	...	...	...
100+	...	...	...	...	...	...	...	...	...	...	...	...

年齢	1980 総数	男	女	1985 総数	男	女	1990 総数	男	女	1995 総数	男	女
総数	89 833	43 742	46 091	90 644	44 091	46 553	92 040	44 778	47 263	93 153	45 323	47 831
0-4	5 698	2 921	2 777	5 865	3 004	2 862	6 193	3 169	3 024	6 125	3 137	2 988
5-9	6 348	3 255	3 093	5 706	2 924	2 783	5 916	3 026	2 890	6 201	3 173	3 028
10-14	7 133	3 658	3 475	6 342	3 248	3 094	5 746	2 941	2 805	5 937	3 035	2 902
15-19	7 349	3 760	3 589	7 141	3 652	3 489	6 378	3 263	3 116	5 739	2 920	2 819
20-24	6 643	3 386	3 258	7 377	3 740	3 637	7 141	3 623	3 518	6 384	3 229	3 155
25-29	6 285	3 187	3 098	6 570	3 320	3 250	7 339	3 696	3 643	7 118	3 578	3 540
30-34	6 789	3 435	3 354	6 212	3 137	3 075	6 559	3 291	3 268	7 265	3 634	3 631
35-39	5 727	2 894	2 832	6 735	3 387	3 348	6 201	3 110	3 091	6 525	3 256	3 269
40-44	5 199	2 610	2 588	5 660	2 849	2 810	6 683	3 351	3 332	6 149	3 069	3 080
45-49	4 958	2 471	2 487	5 107	2 549	2 558	5 601	2 805	2 796	6 595	3 291	3 304
50-54	5 079	2 482	2 597	4 835	2 390	2 445	4 986	2 472	2 514	5 475	2 723	2 752
55-59	5 232	2 490	2 742	4 880	2 355	2 526	4 669	2 283	2 386	4 834	2 372	2 463
60-64	4 401	2 046	2 355	4 906	2 284	2 622	4 600	2 172	2 428	4 419	2 122	2 296
65-69	4 372	1 952	2 421	3 977	1 783	2 194	4 455	2 009	2 446	4 208	1 932	2 276
70-74	3 673	1 539	2 134	3 721	1 565	2 155	3 427	1 456	1 971	3 871	1 661	2 210
75-79	2 587	964	1 624	2 835	1 081	1 754	2 928	1 133	1 796	2 740	1 081	1 658
80+	2 361	695	1 667	2 776	823	1 953	...	...	...	...	...	...
80-84	...	...	...	...	...	...	1 935	651	1 285	2 039	704	1 334
85-89	...	...	...	...	...	...	925	253	671	1 080	309	771
90-94	...	...	...	...	...	...	294	63	232	370	82	288
95-99	...	...	...	...	...	...	58	10	48	73	12	61
100+	...	...	...	...	...	...	7	1	6	8	1	7

年齢	2000 総数	男	女	2005 総数	男	女	2010 総数	男	女	2015 総数	男	女
総数	94 397	46 015	48 383	96 239	47 089	49 149	99 682	48 939	50 743	102 358	50 432	51 926
0-4	5 601	2 872	2 729	5 497	2 816	2 681	6 176	3 163	3 013	6 273	3 216	3 057
5-9	6 133	3 142	2 990	5 621	2 879	2 742	5 529	2 830	2 699	6 224	3 188	3 036
10-14	6 229	3 192	3 037	6 180	3 171	3 009	5 776	2 959	2 817	5 549	2 840	2 709
15-19	5 935	3 027	2 908	6 337	3 255	3 082	6 472	3 297	3 175	5 880	3 015	2 866
20-24	5 836	2 938	2 898	6 219	3 163	3 057	6 715	3 412	3 303	6 724	3 423	3 300
25-29	6 517	3 260	3 256	6 123	3 071	3 052	6 657	3 349	3 307	6 900	3 504	3 396
30-34	7 208	3 603	3 605	6 691	3 342	3 350	6 410	3 225	3 185	6 773	3 410	3 363
35-39	7 260	3 619	3 640	7 279	3 637	3 642	6 780	3 382	3 397	6 485	3 260	3 225
40-44	6 516	3 246	3 270	7 267	3 616	3 650	7 334	3 652	3 683	6 779	3 376	3 403
45-49	6 096	3 032	3 065	6 457	3 209	3 248	7 283	3 616	3 667	7 363	3 659	3 704
50-54	6 486	3 220	3 266	5 982	2 961	3 020	6 391	3 170	3 221	7 184	3 553	3 631
55-59	5 327	2 627	2 700	6 289	3 101	3 188	5 796	2 856	2 940	6 256	3 083	3 173
60-64	4 627	2 238	2 389	5 099	2 483	2 616	6 169	3 017	3 153	5 586	2 724	2 861
65-69	4 102	1 921	2 181	4 320	2 044	2 276	4 759	2 286	2 474	5 925	2 862	3 063
70-74	3 701	1 633	2 067	3 673	1 664	2 010	3 888	1 797	2 092	4 353	2 044	2 310
75-79	3 138	1 263	1 875	3 083	1 291	1 792	3 108	1 357	1 751	3 345	1 494	1 852
80+	...	...	...	...	...	...	...	...	...	...	...	...
80-84	1 982	714	1 268	2 316	860	1 455	2 287	896	1 391	2 422	1 002	1 420
85-89	1 165	348	818	1 184	379	805	1 448	488	960	1 466	527	939
90-94	437	102	335	495	126	370	544	154	390	688	208	480
95-99	91	16	76	113	21	92	142	31	111	161	39	121
100+	10	1	9	13	2	11	18	3	15	21	4	17

性・年齢別人口（千人）

年齢	2015			2020			2025			2030		
	総数	男	女	総数	男	女	総数	男	女	総数	男	女
総数	102 358	50 432	51 926	105 207	51 954	53 253	107 840	53 354	54 487	110 126	54 572	55 554
0-4	6 273	3 216	3 057	6 352	3 255	3 097	6 339	3 248	3 091	6 194	3 174	3 020
5-9	6 224	3 188	3 036	6 329	3 244	3 085	6 404	3 281	3 123	6 391	3 274	3 117
10-14	5 549	2 840	2 709	6 281	3 216	3 065	6 381	3 270	3 111	6 456	3 307	3 149
15-19	5 880	3 015	2 866	5 695	2 911	2 783	6 418	3 284	3 134	6 518	3 337	3 181
20-24	6 724	3 423	3 300	6 112	3 127	2 985	5 915	3 019	2 897	6 638	3 391	3 247
25-29	6 900	3 504	3 396	6 952	3 533	3 419	6 330	3 232	3 098	6 134	3 125	3 009
30-34	6 773	3 410	3 363	7 070	3 585	3 485	7 112	3 609	3 503	6 493	3 311	3 182
35-39	6 485	3 260	3 225	6 877	3 457	3 420	7 167	3 628	3 538	7 211	3 655	3 557
40-44	6 779	3 376	3 403	6 535	3 279	3 256	6 923	3 475	3 449	7 215	3 647	3 567
45-49	7 363	3 659	3 704	6 775	3 366	3 409	6 535	3 272	3 263	6 925	3 470	3 456
50-54	7 184	3 553	3 631	7 301	3 617	3 685	6 726	3 332	3 394	6 496	3 245	3 251
55-59	6 256	3 083	3 173	7 059	3 473	3 586	7 189	3 546	3 642	6 634	3 275	3 359
60-64	5 586	2 724	2 861	6 075	2 970	3 105	6 872	3 358	3 513	7 019	3 443	3 575
65-69	5 925	2 862	3 063	5 322	2 563	2 759	5 812	2 810	3 002	6 600	3 196	3 404
70-74	4 353	2 044	2 310	5 482	2 599	2 883	4 953	2 346	2 607	5 440	2 593	2 847
75-79	3 345	1 494	1 852	3 809	1 735	2 074	4 857	2 245	2 611	4 425	2 049	2 376
80+	…	…	…	…	…	…	…	…	…	…	…	…
80-84	2 422	1 002	1 420	2 636	1 120	1 516	3 057	1 335	1 722	3 969	1 770	2 199
85-89	1 466	527	939	1 590	609	981	1 777	706	1 071	2 117	872	1 244
90-94	688	208	480	719	233	485	807	282	525	935	343	592
95-99	161	39	121	211	56	155	230	66	164	271	85	186
100+	21	4	17	27	6	21	38	9	29	44	11	34

年齢	2035			2040			2045			2050		
	総数	男	女	総数	男	女	総数	男	女	総数	男	女
総数	112 110	55 646	56 464	113 973	56 673	57 300	115 809	57 697	58 112	117 563	58 680	58 883
0-4	6 140	3 147	2 994	6 288	3 222	3 065	6 488	3 325	3 163	6 594	3 379	3 215
5-9	6 246	3 200	3 046	6 193	3 173	3 020	6 340	3 248	3 092	6 540	3 351	3 189
10-14	6 444	3 300	3 143	6 298	3 226	3 072	6 245	3 199	3 046	6 393	3 275	3 118
15-19	6 594	3 375	3 219	6 581	3 368	3 213	6 437	3 294	3 142	6 384	3 267	3 116
20-24	6 739	3 445	3 294	6 816	3 483	3 333	6 804	3 477	3 327	6 660	3 403	3 256
25-29	6 857	3 497	3 360	6 959	3 552	3 407	7 036	3 591	3 445	7 025	3 585	3 440
30-34	6 300	3 206	3 094	7 022	3 577	3 445	7 125	3 633	3 492	7 203	3 672	3 531
35-39	6 597	3 360	3 237	6 406	3 256	3 150	7 127	3 627	3 500	7 231	3 683	3 548
40-44	7 262	3 676	3 586	6 653	3 384	3 269	6 465	3 282	3 182	7 185	3 653	3 532
45-49	7 219	3 644	3 575	7 270	3 675	3 595	6 668	3 388	3 280	6 483	3 288	3 195
50-54	6 889	3 445	3 444	7 184	3 620	3 564	7 241	3 655	3 586	6 649	3 374	3 275
55-59	6 418	3 197	3 222	6 813	3 399	3 415	7 113	3 576	3 536	7 175	3 615	3 560
60-64	6 493	3 190	3 303	6 296	3 123	3 173	6 695	3 328	3 367	6 998	3 508	3 490
65-69	6 770	3 297	3 473	6 282	3 067	3 215	6 109	3 014	3 095	6 512	3 221	3 291
70-74	6 214	2 973	3 241	6 409	3 090	3 319	5 971	2 889	3 082	5 830	2 853	2 977
75-79	4 903	2 293	2 611	5 645	2 656	2 989	5 868	2 789	3 080	5 498	2 624	2 874
80+	…	…	…	…	…	…	…	…	…	…	…	…
80-84	3 666	1 644	2 022	4 114	1 870	2 244	4 791	2 197	2 594	5 037	2 338	2 699
85-89	2 822	1 195	1 627	2 656	1 137	1 519	3 037	1 322	1 715	3 597	1 584	2 013
90-94	1 154	442	712	1 593	629	964	1 541	617	924	1 809	738	1 071
95-99	329	109	221	425	147	279	614	218	396	617	223	395
100+	55	15	40	71	20	51	96	28	67	143	43	99

年齢	2055			2060		
	総数	男	女	総数	男	女
総数	119 102	59 553	59 550	120 416	60 314	60 102
0-4	6 592	3 379	3 213	6 539	3 352	3 187
5-9	6 644	3 405	3 239	6 639	3 403	3 237
10-14	6 590	3 376	3 214	6 691	3 429	3 263
15-19	6 524	3 340	3 184	6 715	3 439	3 276
20-24	6 596	3 372	3 224	6 725	3 440	3 285
25-29	6 870	3 507	3 363	6 795	3 471	3 325
30-34	7 184	3 664	3 520	7 021	3 582	3 439
35-39	7 304	3 721	3 583	7 280	3 710	3 570
40-44	7 286	3 709	3 578	7 356	3 745	3 611
45-49	7 200	3 658	3 542	7 301	3 713	3 588
50-54	6 468	3 277	3 191	7 182	3 645	3 537
55-59	6 597	3 342	3 255	6 422	3 249	3 173
60-64	7 069	3 552	3 517	6 510	3 291	3 219
65-69	6 819	3 403	3 417	6 903	3 454	3 449
70-74	6 235	3 061	3 173	6 548	3 245	3 303
75-79	5 399	2 609	2 790	5 804	2 817	2 987
80+	…	…	…	…	…	…
80-84	4 761	2 222	2 539	4 720	2 234	2 486
85-89	3 848	1 718	2 130	3 691	1 660	2 030
90-94	2 201	911	1 290	2 415	1 015	1 400
95-99	755	278	477	957	358	599
100+	160	49	111	202	63	139

Northern Europe

性・年齢別人口（千人）

年齢	2015			2020			2025			2030		
	総数	男	女	総数	男	女	総数	男	女	総数	男	女
総数	102 358	50 432	51 926	106 041	52 381	53 660	110 006	54 464	55 542	113 915	56 515	57 401
0-4	6 273	3 216	3 057	7 186	3 683	3 503	7 671	3 931	3 740	7 819	4 007	3 812
5-9	6 224	3 188	3 036	6 329	3 244	3 085	7 237	3 708	3 529	7 723	3 957	3 766
10-14	5 549	2 840	2 709	6 281	3 216	3 065	6 381	3 270	3 111	7 289	3 734	3 555
15-19	5 880	3 015	2 866	5 695	2 911	2 783	6 418	3 284	3 134	6 518	3 337	3 181
20-24	6 724	3 423	3 300	6 112	3 127	2 985	5 915	3 019	2 897	6 638	3 391	3 247
25-29	6 900	3 504	3 396	6 952	3 533	3 419	6 330	3 232	3 098	6 134	3 125	3 009
30-34	6 773	3 410	3 363	7 070	3 585	3 485	7 112	3 609	3 503	6 493	3 311	3 182
35-39	6 485	3 260	3 225	6 877	3 457	3 420	7 167	3 628	3 538	7 211	3 655	3 557
40-44	6 779	3 376	3 403	6 535	3 279	3 256	6 923	3 475	3 449	7 215	3 647	3 567
45-49	7 363	3 659	3 704	6 775	3 366	3 409	6 535	3 272	3 263	6 925	3 470	3 456
50-54	7 184	3 553	3 631	7 301	3 617	3 685	6 726	3 332	3 394	6 496	3 245	3 251
55-59	6 256	3 083	3 173	7 059	3 473	3 586	7 189	3 546	3 642	6 634	3 275	3 359
60-64	5 586	2 724	2 861	6 075	2 970	3 105	6 872	3 358	3 513	7 019	3 443	3 575
65-69	5 925	2 862	3 063	5 322	2 563	2 759	5 812	2 810	3 002	6 600	3 196	3 404
70-74	4 353	2 044	2 310	5 482	2 599	2 883	4 953	2 346	2 607	5 440	2 593	2 847
75-79	3 345	1 494	1 852	3 809	1 735	2 074	4 857	2 245	2 611	4 425	2 049	2 376
80+	…	…	…	…	…	…	…	…	…	…	…	…
80-84	2 422	1 002	1 420	2 636	1 120	1 516	3 057	1 335	1 722	3 969	1 770	2 199
85-89	1 466	527	939	1 590	609	981	1 777	706	1 071	2 117	872	1 244
90-94	688	208	480	719	233	485	807	282	525	935	343	592
95-99	161	39	121	211	56	155	230	66	164	271	85	186
100+	21	4	17	27	6	21	38	9	29	44	11	34

年齢	2035			2040			2045			2050		
	総数	男	女	総数	男	女	総数	男	女	総数	男	女
総数	117 515	58 417	59 098	121 103	60 328	60 775	124 959	62 387	62 572	129 221	64 656	64 566
0-4	7 758	3 976	3 782	8 015	4 108	3 907	8 513	4 363	4 150	9 110	4 669	4 440
5-9	7 870	4 032	3 838	7 810	4 002	3 808	8 067	4 134	3 933	8 565	4 389	4 176
10-14	7 774	3 983	3 792	7 922	4 058	3 864	7 862	4 028	3 834	8 119	4 160	3 959
15-19	7 426	3 801	3 625	7 912	4 050	3 861	8 059	4 126	3 933	8 000	4 096	3 904
20-24	6 739	3 445	3 294	7 647	3 909	3 738	8 132	4 158	3 975	8 281	4 234	4 047
25-29	6 857	3 497	3 360	6 959	3 552	3 407	7 866	4 016	3 850	8 352	4 265	4 087
30-34	6 300	3 206	3 094	7 022	3 577	3 445	7 125	3 633	3 492	8 031	4 096	3 935
35-39	6 597	3 360	3 237	6 406	3 256	3 150	7 127	3 627	3 500	7 231	3 683	3 548
40-44	7 262	3 676	3 586	6 653	3 384	3 269	6 465	3 282	3 182	7 185	3 653	3 532
45-49	7 219	3 644	3 575	7 270	3 675	3 595	6 668	3 388	3 280	6 483	3 288	3 195
50-54	6 889	3 445	3 444	7 184	3 620	3 564	7 241	3 655	3 586	6 649	3 374	3 275
55-59	6 418	3 197	3 222	6 813	3 399	3 415	7 113	3 576	3 536	7 175	3 615	3 560
60-64	6 493	3 190	3 303	6 296	3 123	3 173	6 695	3 328	3 367	6 998	3 508	3 490
65-69	6 770	3 297	3 473	6 282	3 067	3 215	6 109	3 014	3 095	6 512	3 221	3 291
70-74	6 214	2 973	3 241	6 409	3 090	3 319	5 971	2 889	3 082	5 830	2 853	2 977
75-79	4 903	2 293	2 611	5 645	2 656	2 989	5 868	2 789	3 080	5 498	2 624	2 874
80+	…	…	…	…	…	…	…	…	…	…	…	…
80-84	3 666	1 644	2 022	4 114	1 870	2 244	4 791	2 197	2 594	5 037	2 338	2 699
85-89	2 822	1 195	1 627	2 656	1 137	1 519	3 037	1 322	1 715	3 597	1 584	2 013
90-94	1 154	442	712	1 593	629	964	1 541	617	924	1 809	738	1 071
95-99	329	109	221	425	147	279	614	218	396	617	223	395
100+	55	15	40	71	20	51	96	28	67	143	43	99

年齢	2055			2060		
	総数	男	女	総数	男	女
総数	133 782	67 077	66 705	138 471	69 568	68 903
0-4	9 623	4 933	4 690	9 928	5 090	4 838
5-9	9 159	4 694	4 465	9 670	4 957	4 713
10-14	8 614	4 414	4 200	9 206	4 718	4 488
15-19	8 249	4 225	4 025	8 738	4 476	4 262
20-24	8 210	4 200	4 011	8 449	4 323	4 126
25-29	8 489	4 337	4 152	8 408	4 297	4 111
30-34	8 508	4 342	4 166	8 637	4 409	4 228
35-39	8 130	4 144	3 987	8 601	4 386	4 215
40-44	7 286	3 709	3 578	8 180	4 166	4 014
45-49	7 200	3 658	3 542	7 301	3 713	3 588
50-54	6 468	3 277	3 191	7 182	3 645	3 537
55-59	6 597	3 342	3 255	6 422	3 249	3 173
60-64	7 069	3 552	3 517	6 510	3 291	3 219
65-69	6 819	3 403	3 417	6 903	3 454	3 449
70-74	6 235	3 061	3 173	6 548	3 245	3 303
75-79	5 399	2 609	2 790	5 804	2 817	2 987
80+	…	…	…	…	…	…
80-84	4 761	2 222	2 539	4 720	2 234	2 486
85-89	3 848	1 718	2 130	3 691	1 660	2 030
90-94	2 201	911	1 290	2 415	1 015	1 400
95-99	755	278	477	957	358	599
100+	160	49	111	202	63	139

性・年齢別人口（千人）

年齢	2015			2020			2025			2030		
	総数	男	女	総数	男	女	総数	男	女	総数	男	女
総数	102 358	50 432	51 926	104 374	51 526	52 847	105 675	52 244	53 432	106 337	52 630	53 708
0-4	6 273	3 216	3 057	5 519	2 828	2 691	5 008	2 566	2 442	4 569	2 341	2 228
5-9	6 224	3 188	3 036	6 329	3 244	3 085	5 571	2 854	2 717	5 060	2 592	2 468
10-14	5 549	2 840	2 709	6 281	3 216	3 065	6 381	3 270	3 111	5 623	2 880	2 744
15-19	5 880	3 015	2 866	5 695	2 911	2 783	6 418	3 284	3 134	6 518	3 337	3 181
20-24	6 724	3 423	3 300	6 112	3 127	2 985	5 915	3 019	2 897	6 638	3 391	3 247
25-29	6 900	3 504	3 396	6 952	3 533	3 419	6 330	3 232	3 098	6 134	3 125	3 009
30-34	6 773	3 410	3 363	7 070	3 585	3 485	7 112	3 609	3 503	6 493	3 311	3 182
35-39	6 485	3 260	3 225	6 877	3 457	3 420	7 167	3 628	3 538	7 211	3 655	3 557
40-44	6 779	3 376	3 403	6 535	3 279	3 256	6 923	3 475	3 449	7 215	3 647	3 567
45-49	7 363	3 659	3 704	6 775	3 366	3 409	6 535	3 272	3 263	6 925	3 470	3 456
50-54	7 184	3 553	3 631	7 301	3 617	3 685	6 726	3 332	3 394	6 496	3 245	3 251
55-59	6 256	3 083	3 173	7 059	3 473	3 586	7 189	3 546	3 642	6 634	3 275	3 359
60-64	5 586	2 724	2 861	6 075	2 970	3 105	6 872	3 358	3 513	7 019	3 443	3 575
65-69	5 925	2 862	3 063	5 322	2 563	2 759	5 812	2 810	3 002	6 600	3 196	3 404
70-74	4 353	2 044	2 310	5 482	2 599	2 883	4 953	2 346	2 607	5 440	2 593	2 847
75-79	3 345	1 494	1 852	3 809	1 735	2 074	4 857	2 245	2 611	4 425	2 049	2 376
80+	...	...	...	...	...	...	...	...	...	...	...	...
80-84	2 422	1 002	1 420	2 636	1 120	1 516	3 057	1 335	1 722	3 969	1 770	2 199
85-89	1 466	527	939	1 590	609	981	1 777	706	1 071	2 117	872	1 244
90-94	688	208	480	719	233	485	807	282	525	935	343	592
95-99	161	39	121	211	56	155	230	66	164	271	85	186
100+	21	4	17	27	6	21	38	9	29	44	11	34

年齢	2035			2040			2045			2050		
	総数	男	女	総数	男	女	総数	男	女	総数	男	女
総数	106 709	52 877	53 832	106 882	53 037	53 845	106 835	53 096	53 739	106 412	52 964	53 448
0-4	4 526	2 319	2 207	4 595	2 354	2 241	4 600	2 357	2 243	4 410	2 260	2 151
5-9	4 622	2 367	2 255	4 580	2 345	2 234	4 648	2 381	2 267	4 653	2 383	2 270
10-14	5 113	2 618	2 495	4 675	2 393	2 281	4 633	2 372	2 261	4 701	2 407	2 294
15-19	5 761	2 948	2 813	5 251	2 687	2 565	4 814	2 462	2 352	4 772	2 441	2 331
20-24	6 739	3 445	3 294	5 984	3 057	2 927	5 475	2 796	2 679	5 039	2 573	2 466
25-29	6 857	3 497	3 360	6 959	3 552	3 407	6 206	3 165	3 040	5 698	2 906	2 792
30-34	6 300	3 206	3 094	7 022	3 577	3 445	7 125	3 633	3 492	6 374	3 248	3 126
35-39	6 597	3 360	3 237	6 406	3 256	3 150	7 127	3 627	3 500	7 231	3 683	3 548
40-44	7 262	3 676	3 586	6 653	3 384	3 269	6 465	3 282	3 182	7 185	3 653	3 532
45-49	7 219	3 644	3 575	7 270	3 675	3 595	6 668	3 388	3 280	6 483	3 288	3 195
50-54	6 889	3 445	3 444	7 184	3 620	3 564	7 241	3 655	3 586	6 649	3 374	3 275
55-59	6 418	3 197	3 222	6 813	3 399	3 415	7 113	3 576	3 536	7 175	3 615	3 560
60-64	6 493	3 190	3 303	6 296	3 123	3 173	6 695	3 328	3 367	6 998	3 508	3 490
65-69	6 770	3 297	3 473	6 282	3 067	3 215	6 109	3 014	3 095	6 512	3 221	3 291
70-74	6 214	2 973	3 241	6 409	3 090	3 319	5 971	2 889	3 082	5 830	2 853	2 977
75-79	4 903	2 293	2 611	5 645	2 656	2 989	5 868	2 789	3 080	5 498	2 624	2 874
80+	...	...	...	...	...	...	...	...	...	...	...	...
80-84	3 666	1 644	2 022	4 114	1 870	2 244	4 791	2 197	2 594	5 037	2 338	2 699
85-89	2 822	1 195	1 627	2 656	1 137	1 519	3 037	1 322	1 715	3 597	1 584	2 013
90-94	1 154	442	712	1 593	629	964	1 541	617	924	1 809	738	1 071
95-99	329	109	221	425	147	279	614	218	396	617	223	395
100+	55	15	40	71	20	51	96	28	67	143	43	99

年齢	2055			2060		
	総数	男	女	総数	男	女
総数	105 478	52 570	52 908	104 122	51 964	52 158
0-4	4 109	2 105	2 003	3 856	1 976	1 880
5-9	4 461	2 285	2 176	4 157	2 130	2 027
10-14	4 704	2 409	2 294	4 509	2 310	2 199
15-19	4 833	2 473	2 360	4 829	2 472	2 357
20-24	4 986	2 547	2 439	5 036	2 574	2 462
25-29	5 251	2 678	2 573	5 187	2 647	2 540
30-34	5 859	2 986	2 874	5 404	2 754	2 650
35-39	6 477	3 298	3 179	5 958	3 034	2 924
40-44	7 286	3 709	3 578	6 532	3 323	3 209
45-49	7 200	3 658	3 542	7 301	3 713	3 588
50-54	6 468	3 277	3 191	7 182	3 645	3 537
55-59	6 597	3 342	3 255	6 422	3 249	3 173
60-64	7 069	3 552	3 517	6 510	3 291	3 219
65-69	6 819	3 403	3 417	6 903	3 454	3 449
70-74	6 235	3 061	3 173	6 548	3 245	3 303
75-79	5 399	2 609	2 790	5 804	2 817	2 987
80+	...	...	...	...	...	...
80-84	4 761	2 222	2 539	4 720	2 234	2 486
85-89	3 848	1 718	2 130	3 691	1 660	2 030
90-94	2 201	911	1 290	2 415	1 015	1 400
95-99	755	278	477	957	358	599
100+	160	49	111	202	63	139

Southern Europe

推計値

性・年齢別人口（千人）

年齢	1960 総数	男	女	1965 総数	男	女	1970 総数	男	女	1975 総数	男	女
総数	117 879	57 357	60 522	123 015	59 935	63 079	127 617	62 279	65 338	133 259	65 144	68 114
0-4	11 044	5 654	5 390	11 687	5 992	5 695	11 513	5 900	5 613	11 336	5 823	5 513
5-9	10 579	5 406	5 173	10 960	5 600	5 360	11 535	5 907	5 629	11 492	5 891	5 601
10-14	10 550	5 379	5 171	10 426	5 315	5 111	10 867	5 553	5 314	11 556	5 909	5 647
15-19	9 130	4 618	4 512	10 261	5 208	5 053	10 211	5 184	5 027	10 774	5 486	5 288
20-24	9 431	4 712	4 719	8 749	4 395	4 354	9 823	4 960	4 863	10 028	5 079	4 949
25-29	9 461	4 672	4 788	9 072	4 494	4 578	8 259	4 114	4 145	9 662	4 847	4 815
30-34	9 091	4 456	4 636	9 192	4 514	4 677	8 693	4 284	4 408	8 214	4 084	4 131
35-39	8 302	3 956	4 346	8 886	4 351	4 536	8 976	4 414	4 562	8 677	4 279	4 398
40-44	6 059	2 866	3 193	8 107	3 855	4 253	8 732	4 288	4 444	8 931	4 391	4 539
45-49	7 173	3 414	3 758	5 891	2 777	3 114	7 922	3 762	4 160	8 615	4 222	4 393
50-54	6 730	3 253	3 477	6 936	3 285	3 651	5 699	2 669	3 030	7 754	3 665	4 089
55-59	5 790	2 737	3 053	6 428	3 073	3 355	6 641	3 115	3 526	5 506	2 555	2 950
60-64	4 703	2 120	2 583	5 414	2 510	2 904	6 044	2 833	3 211	6 257	2 872	3 385
65-69	3 661	1 575	2 087	4 201	1 839	2 362	4 915	2 208	2 708	5 447	2 468	2 979
70-74	2 861	1 202	1 659	3 029	1 254	1 774	3 552	1 484	2 067	4 130	1 763	2 367
75-79	1 857	773	1 085	2 096	839	1 257	2 237	880	1 357	2 640	1 032	1 608
80+	1 457	563	894	1 682	635	1 046	1 997	722	1 275	2 239	777	1 462
80-84	…	…	…	…	…	…	…	…	…	…	…	…
85-89	…	…	…	…	…	…	…	…	…	…	…	…
90-94	…	…	…	…	…	…	…	…	…	…	…	…
95-99	…	…	…	…	…	…	…	…	…	…	…	…
100+	…	…	…	…	…	…	…	…	…	…	…	…

年齢	1980 総数	男	女	1985 総数	男	女	1990 総数	男	女	1995 総数	男	女
総数	138 495	67 732	70 764	141 762	69 392	72 370	143 404	70 153	73 250	144 147	70 377	73 770
0-4	10 475	5 387	5 088	9 210	4 741	4 470	8 188	4 211	3 977	7 556	3 888	3 669
5-9	11 324	5 816	5 508	10 449	5 369	5 081	9 106	4 677	4 429	8 107	4 167	3 940
10-14	11 612	5 952	5 660	11 374	5 830	5 544	10 480	5 370	5 109	9 115	4 678	4 437
15-19	11 613	5 925	5 689	11 594	5 930	5 664	11 413	5 835	5 577	10 467	5 356	5 111
20-24	10 678	5 405	5 273	11 517	5 858	5 659	11 503	5 855	5 648	11 271	5 738	5 533
25-29	9 892	4 981	4 911	10 597	5 340	5 257	11 327	5 727	5 600	11 315	5 722	5 593
30-34	9 617	4 809	4 808	9 891	4 972	4 919	10 497	5 273	5 223	11 196	5 625	5 571
35-39	8 257	4 101	4 156	9 611	4 808	4 802	9 823	4 924	4 899	10 404	5 199	5 205
40-44	8 707	4 296	4 411	8 234	4 086	4 148	9 514	4 747	4 767	9 742	4 860	4 882
45-49	8 879	4 352	4 528	8 642	4 259	4 384	8 098	4 012	4 086	9 401	4 664	4 737
50-54	8 483	4 126	4 357	8 714	4 245	4 469	8 432	4 131	4 301	7 945	3 904	4 040
55-59	7 516	3 508	4 008	8 181	3 934	4 247	8 401	4 054	4 347	8 203	3 970	4 233
60-64	5 238	2 380	2 858	7 106	3 249	3 857	7 818	3 686	4 132	8 049	3 810	4 239
65-69	5 732	2 542	3 190	4 859	2 144	2 715	6 586	2 919	3 667	7 253	3 317	3 936
70-74	4 663	2 008	2 655	4 954	2 097	2 857	4 214	1 778	2 437	5 822	2 467	3 356
75-79	3 149	1 247	1 902	3 614	1 447	2 167	3 967	1 573	2 394	3 447	1 364	2 082
80+	2 661	899	1 761	3 217	1 083	2 134	…	…	…	…	…	…
80-84	…	…	…	…	…	…	2 533	928	1 604	2 881	1 039	1 841
85-89	…	…	…	…	…	…	1 117	350	768	1 448	469	979
90-94	…	…	…	…	…	…	329	88	240	441	120	321
95-99	…	…	…	…	…	…	54	13	41	78	19	59
100+	…	…	…	…	…	…	5	1	4	7	2	5

年齢	2000 総数	男	女	2005 総数	男	女	2010 総数	男	女	2015 総数	男	女
総数	145 058	70 868	74 190	149 735	73 302	76 433	153 360	75 041	78 319	152 348	74 282	78 066
0-4	7 232	3 720	3 512	7 413	3 812	3 601	7 600	3 907	3 693	6 991	3 600	3 391
5-9	7 544	3 876	3 668	7 381	3 790	3 591	7 522	3 863	3 658	7 581	3 898	3 683
10-14	8 146	4 186	3 960	7 766	3 987	3 779	7 538	3 869	3 670	7 526	3 866	3 660
15-19	9 109	4 674	4 436	8 377	4 299	4 078	7 895	4 057	3 839	7 527	3 857	3 670
20-24	10 401	5 311	5 090	9 424	4 822	4 602	8 537	4 381	4 156	7 937	4 049	3 887
25-29	11 198	5 682	5 516	10 908	5 563	5 345	9 759	4 982	4 777	8 448	4 289	4 159
30-34	11 308	5 703	5 606	11 834	6 017	5 817	11 375	5 786	5 590	9 609	4 850	4 758
35-39	11 235	5 636	5 599	11 836	5 974	5 863	12 202	6 187	6 015	11 144	5 611	5 533
40-44	10 406	5 197	5 209	11 600	5 811	5 788	12 030	6 047	5 983	12 020	6 042	5 979
45-49	9 681	4 821	4 860	10 585	5 277	5 308	11 690	5 820	5 870	11 833	5 900	5 932
50-54	9 266	4 575	4 691	9 691	4 798	4 894	10 580	5 225	5 355	11 491	5 669	5 822
55-59	7 765	3 780	3 985	9 184	4 494	4 690	9 600	4 690	4 910	10 326	5 042	5 284
60-64	7 910	3 767	4 143	7 615	3 657	3 958	9 035	4 344	4 691	9 275	4 463	4 812
65-69	7 567	3 492	4 075	7 549	3 520	4 029	7 365	3 456	3 909	8 631	4 068	4 564
70-74	6 499	2 858	3 641	6 914	3 083	3 831	7 003	3 164	3 839	6 811	3 107	3 704
75-79	4 835	1 931	2 904	5 510	2 291	3 219	6 012	2 557	3 455	6 134	2 652	3 483
80+	…	…	…	…	…	…	…	…	…	…	…	…
80-84	2 533	921	1 612	3 658	1 348	2 311	4 308	1 666	2 641	4 770	1 910	2 860
85-89	1 704	545	1 159	1 569	513	1 056	2 338	775	1 563	2 844	998	1 846
90-94	600	168	432	747	207	541	732	210	522	1 169	342	827
95-99	110	26	84	159	38	120	216	52	164	240	59	181
100+	10	2	8	15	3	12	24	5	19	40	8	32

性・年齢別人口（千人）

年齢	2015			2020			2025			2030		
	総数	男	女	総数	男	女	総数	男	女	総数	男	女
総数	152 348	74 282	78 066	151 798	74 075	77 723	150 771	73 644	77 127	149 455	73 056	76 399
0-4	6 991	3 600	3 391	6 560	3 378	3 182	6 222	3 204	3 019	6 070	3 125	2 945
5-9	7 581	3 898	3 683	7 017	3 613	3 405	6 591	3 393	3 198	6 256	3 220	3 036
10-14	7 526	3 866	3 660	7 594	3 904	3 690	7 033	3 620	3 413	6 609	3 402	3 207
15-19	7 527	3 857	3 670	7 564	3 882	3 683	7 564	3 927	3 718	7 091	3 647	3 444
20-24	7 937	4 049	3 887	7 615	3 892	3 723	7 677	3 932	3 746	7 772	3 984	3 787
25-29	8 448	4 289	4 159	8 044	4 093	3 951	7 749	3 952	3 797	7 827	4 000	3 827
30-34	9 609	4 850	4 758	8 533	4 324	4 209	8 151	4 141	4 010	7 870	4 007	3 863
35-39	11 144	5 611	5 533	9 655	4 867	4 789	8 598	4 352	4 246	8 227	4 175	4 052
40-44	12 020	6 042	5 979	11 146	5 604	5 542	9 676	4 871	4 804	8 631	4 364	4 267
45-49	11 833	5 900	5 932	11 967	6 003	5 965	11 111	5 577	5 534	9 659	4 856	4 804
50-54	11 491	5 669	5 822	11 716	5 822	5 894	11 865	5 933	5 932	11 029	5 521	5 508
55-59	10 326	5 042	5 284	11 292	5 536	5 756	11 536	5 702	5 834	11 700	5 823	5 877
60-64	9 275	4 463	4 812	10 037	4 849	5 188	11 010	5 349	5 662	11 276	5 529	5 748
65-69	8 631	4 068	4 564	8 862	4 191	4 670	9 640	4 588	5 053	10 618	5 090	5 528
70-74	6 811	3 107	3 704	8 034	3 690	4 344	8 292	3 831	4 461	9 085	4 234	4 851
75-79	6 134	2 652	3 483	6 044	2 652	3 391	7 185	3 185	4 000	7 471	3 340	4 131
80+	…	…	…	…	…	…	…	…	…	…	…	…
80-84	4 770	1 910	2 860	4 939	2 012	2 927	4 961	2 061	2 900	5 968	2 513	3 455
85-89	2 844	998	1 846	3 243	1 188	2 054	3 451	1 293	2 158	3 560	1 364	2 195
90-94	1 169	342	827	1 474	459	1 015	1 744	568	1 176	1 931	644	1 287
95-99	240	59	181	410	104	306	541	145	395	670	187	483
100+	40	8	32	52	11	41	93	20	72	133	30	103

年齢	2035			2040			2045			2050		
	総数	男	女	総数	男	女	総数	男	女	総数	男	女
総数	148 048	72 405	75 642	146 395	71 628	74 768	144 394	70 680	73 714	141 941	69 517	72 424
0-4	6 064	3 122	2 942	6 118	3 149	2 968	6 114	3 148	2 967	5 991	3 084	2 907
5-9	6 112	3 146	2 966	6 107	3 143	2 964	6 160	3 170	2 990	6 157	3 169	2 988
10-14	6 279	3 231	3 048	6 135	3 157	2 978	6 130	3 154	2 976	6 184	3 182	3 002
15-19	6 680	3 435	3 245	6 352	3 266	3 086	6 208	3 192	3 017	6 203	3 189	3 014
20-24	7 247	3 719	3 528	6 839	3 509	3 330	6 512	3 341	3 172	6 369	3 267	3 102
25-29	7 956	4 070	3 886	7 435	3 807	3 628	7 028	3 598	3 430	6 702	3 430	3 272
30-34	7 977	4 070	3 906	8 108	4 142	3 966	7 588	3 880	3 708	7 183	3 672	3 511
35-39	7 968	4 053	3 915	8 077	4 118	3 960	8 210	4 190	4 019	7 692	3 930	3 763
40-44	8 277	4 197	4 080	8 022	4 077	3 945	8 133	4 143	3 990	8 267	4 217	4 050
45-49	8 633	4 360	4 274	8 286	4 197	4 089	8 036	4 081	3 955	8 150	4 149	4 002
50-54	9 604	4 817	4 787	8 594	4 331	4 263	8 256	4 174	4 082	8 013	4 063	3 950
55-59	10 894	5 430	5 464	9 499	4 746	4 753	8 511	4 275	4 236	8 186	4 127	4 059
60-64	11 461	5 663	5 798	10 691	5 294	5 397	9 336	4 637	4 700	8 379	4 186	4 193
65-69	10 912	5 287	5 625	11 121	5 437	5 685	10 398	5 098	5 300	9 099	4 478	4 621
70-74	10 062	4 734	5 329	10 388	4 948	5 440	10 626	5 114	5 512	9 968	4 818	5 150
75-79	8 268	3 739	4 530	9 232	4 225	5 007	9 594	4 456	5 139	9 871	4 641	5 230
80+	…	…	…	…	…	…	…	…	…	…	…	…
80-84	6 275	2 671	3 604	7 048	3 044	4 004	7 966	3 492	4 474	8 367	3 733	4 634
85-89	4 360	1 698	2 662	4 661	1 839	2 822	5 347	2 147	3 200	6 161	2 519	3 642
90-94	2 060	702	1 358	2 593	898	1 694	2 839	998	1 842	3 357	1 202	2 155
95-99	781	222	559	868	250	618	1 136	332	804	1 289	381	909
100+	176	40	136	222	51	171	263	60	202	352	81	270

年齢	2055			2060		
	総数	男	女	総数	男	女
総数	139 004	68 127	70 878	135 727	66 598	69 129
0-4	5 816	2 994	2 822	5 687	2 928	2 759
5-9	6 031	3 104	2 927	5 855	3 013	2 841
10-14	6 179	3 180	3 000	6 053	3 114	2 938
15-19	6 253	3 215	3 038	6 245	3 211	3 034
20-24	6 356	3 261	3 096	6 398	3 283	3 115
25-29	6 550	3 352	3 198	6 528	3 342	3 186
30-34	6 850	3 501	3 349	6 690	3 419	3 271
35-39	7 283	3 720	3 563	6 945	3 547	3 398
40-44	7 749	3 956	3 792	7 338	3 746	3 591
45-49	8 284	4 223	4 062	7 768	3 963	3 804
50-54	8 130	4 133	3 997	8 267	4 209	4 058
55-59	7 953	4 022	3 931	8 076	4 096	3 980
60-64	8 073	4 050	4 022	7 853	3 954	3 898
65-69	8 182	4 055	4 128	7 901	3 936	3 965
70-74	8 747	4 249	4 498	7 886	3 861	4 025
75-79	9 305	4 400	4 905	8 197	3 902	4 295
80+	…	…	…	…	…	…
80-84	8 686	3 934	4 752	8 252	3 767	4 485
85-89	6 580	2 747	3 832	6 925	2 945	3 980
90-94	3 981	1 456	2 525	4 358	1 633	2 724
95-99	1 588	477	1 111	1 960	603	1 357
100+	429	99	331	549	127	422

性・年齢別人口（千人）

年齢	2015			2020			2025			2030		
	総数	男	女	総数	男	女	総数	男	女	総数	男	女
総数	152 348	74 282	78 066	152 938	74 662	78 276	153 588	75 094	78 493	154 256	75 529	78 728
0-4	6 991	3 600	3 391	7 699	3 965	3 734	7 900	4 067	3 832	8 056	4 148	3 908
5-9	7 581	3 898	3 683	7 017	3 613	3 405	7 730	3 980	3 750	7 933	4 084	3 849
10-14	7 526	3 866	3 660	7 594	3 904	3 690	7 033	3 620	3 413	7 748	3 988	3 759
15-19	7 527	3 857	3 670	7 564	3 882	3 683	7 644	3 927	3 718	7 091	3 647	3 444
20-24	7 937	4 049	3 887	7 615	3 892	3 723	7 677	3 932	3 746	7 772	3 984	3 787
25-29	8 448	4 289	4 159	8 044	4 093	3 951	7 749	3 952	3 797	7 827	4 000	3 827
30-34	9 609	4 850	4 758	8 533	4 324	4 209	8 151	4 141	4 010	7 870	4 007	3 863
35-39	11 144	5 611	5 533	9 655	4 867	4 789	8 598	4 352	4 246	8 227	4 175	4 052
40-44	12 020	6 042	5 979	11 146	5 604	5 542	9 676	4 871	4 804	8 631	4 364	4 267
45-49	11 833	5 900	5 932	11 967	6 003	5 965	11 111	5 577	5 534	9 659	4 856	4 804
50-54	11 491	5 669	5 822	11 716	5 822	5 894	11 865	5 933	5 932	11 029	5 521	5 508
55-59	10 326	5 042	5 284	11 292	5 536	5 756	11 536	5 702	5 834	11 700	5 823	5 877
60-64	9 275	4 463	4 812	10 037	4 849	5 188	11 010	5 349	5 662	11 276	5 529	5 748
65-69	8 631	4 068	4 564	8 862	4 191	4 670	9 640	4 588	5 053	10 618	5 090	5 528
70-74	6 811	3 107	3 704	8 034	3 690	4 344	8 292	3 831	4 461	9 085	4 234	4 851
75-79	6 134	2 652	3 483	6 044	2 652	3 391	7 185	3 185	4 000	7 471	3 340	4 131
80+	...	...	...	...	...	...	...	...	...	...	...	...
80-84	4 770	1 910	2 860	4 939	2 012	2 927	4 961	2 061	2 900	5 968	2 513	3 455
85-89	2 844	998	1 846	3 243	1 188	2 054	3 451	1 293	2 158	3 560	1 364	2 195
90-94	1 169	342	827	1 474	459	1 015	1 744	568	1 176	1 931	644	1 287
95-99	240	59	181	410	104	306	541	145	395	670	187	483
100+	40	8	32	52	11	41	93	20	72	133	30	103

年齢	2035			2040			2045			2050		
	総数	男	女	総数	男	女	総数	男	女	総数	男	女
総数	154 792	75 878	78 914	155 132	76 126	79 006	155 309	76 299	79 009	155 400	76 445	78 955
0-4	8 009	4 124	3 886	8 113	4 177	3 936	8 297	4 272	4 026	8 542	4 397	4 145
5-9	8 097	4 168	3 929	8 051	4 144	3 907	8 155	4 198	3 957	8 339	4 292	4 047
10-14	7 956	4 095	3 861	8 120	4 179	3 941	8 074	4 155	3 919	8 178	4 209	3 969
15-19	7 818	4 021	3 797	8 027	4 128	3 899	8 192	4 213	3 979	8 146	4 189	3 957
20-24	7 247	3 719	3 528	7 976	4 094	3 882	8 186	4 202	3 984	8 351	4 287	4 064
25-29	7 956	4 070	3 886	7 435	3 807	3 628	8 164	4 182	3 981	8 374	4 290	4 084
30-34	7 977	4 070	3 906	8 108	4 142	3 966	7 588	3 880	3 708	8 317	4 255	4 062
35-39	7 968	4 053	3 915	8 077	4 118	3 960	8 210	4 190	4 019	7 692	3 930	3 763
40-44	8 277	4 197	4 080	8 022	4 077	3 945	8 133	4 143	3 990	8 267	4 217	4 050
45-49	8 633	4 360	4 274	8 286	4 197	4 089	8 036	4 081	3 955	8 150	4 149	4 002
50-54	9 604	4 817	4 787	8 594	4 331	4 263	8 256	4 174	4 082	8 013	4 063	3 950
55-59	10 894	5 430	5 464	9 499	4 746	4 753	8 511	4 275	4 236	8 186	4 127	4 059
60-64	11 461	5 663	5 798	10 691	5 294	5 397	9 336	4 637	4 700	8 379	4 186	4 193
65-69	10 912	5 287	5 625	11 121	5 437	5 685	10 398	5 098	5 300	9 099	4 478	4 621
70-74	10 062	4 734	5 329	10 388	4 948	5 440	10 626	5 114	5 512	9 968	4 818	5 150
75-79	8 268	3 739	4 530	9 232	4 225	5 007	9 594	4 456	5 139	9 871	4 641	5 230
80+	...	...	...	...	...	...	...	...	...	...	...	...
80-84	6 275	2 671	3 604	7 048	3 044	4 004	7 966	3 492	4 474	8 367	3 733	4 634
85-89	4 360	1 698	2 662	4 661	1 839	2 822	5 347	2 147	3 200	6 161	2 519	3 642
90-94	2 060	702	1 358	2 593	898	1 694	2 839	998	1 842	3 357	1 202	2 155
95-99	781	222	559	868	250	618	1 136	332	804	1 289	381	909
100+	176	40	136	222	51	171	263	60	202	352	81	270

年齢	2055			2060		
	総数	男	女	総数	男	女
総数	155 487	76 610	78 877	155 632	76 841	78 791
0-4	8 849	4 555	4 293	9 122	4 696	4 426
5-9	8 582	4 417	4 165	8 886	4 574	4 312
10-14	8 361	4 303	4 058	8 602	4 427	4 175
15-19	8 247	4 241	4 006	8 426	4 333	4 093
20-24	8 298	4 260	4 038	8 391	4 308	4 082
25-29	8 530	4 371	4 159	8 467	4 340	4 128
30-34	8 520	4 360	4 160	8 668	4 437	4 231
35-39	8 415	4 302	4 113	8 613	4 404	4 209
40-44	7 749	3 956	3 792	8 467	4 327	4 141
45-49	8 284	4 223	4 062	7 768	3 963	3 804
50-54	8 130	4 133	3 997	8 267	4 209	4 058
55-59	7 953	4 022	3 931	8 076	4 096	3 980
60-64	8 073	4 050	4 022	7 853	3 954	3 898
65-69	8 182	4 055	4 128	7 901	3 936	3 965
70-74	8 747	4 249	4 498	7 886	3 861	4 025
75-79	9 305	4 400	4 905	8 197	3 902	4 295
80+	...	...	...	...	...	...
80-84	8 686	3 934	4 752	8 252	3 767	4 485
85-89	6 580	2 747	3 832	6 925	2 945	3 980
90-94	3 981	1 456	2 524	4 358	1 633	2 724
95-99	1 588	477	1 111	1 960	603	1 357
100+	429	99	331	549	127	422

性・年齢別人口（千人）

年齢	2015			2020			2025			2030		
	総数	男	女	総数	男	女	総数	男	女	総数	男	女
総数	152 348	74 282	78 066	150 659	73 488	77 171	147 955	72 194	75 761	144 654	70 584	74 070
0-4	6 991	3 600	3 391	5 421	2 791	2 629	4 545	2 340	2 205	4 085	2 103	1 982
5-9	7 581	3 898	3 683	7 017	3 613	3 405	5 452	2 807	2 645	4 579	2 357	2 222
10-14	7 526	3 866	3 660	7 594	3 904	3 690	7 033	3 620	3 413	5 471	2 816	2 655
15-19	7 527	3 857	3 670	7 564	3 882	3 683	7 644	3 927	3 718	7 091	3 647	3 444
20-24	7 937	4 049	3 887	7 615	3 892	3 723	7 677	3 932	3 746	7 772	3 984	3 787
25-29	8 448	4 289	4 159	8 044	4 093	3 951	7 749	3 952	3 797	7 827	4 000	3 827
30-34	9 609	4 850	4 758	8 533	4 324	4 209	8 151	4 141	4 010	7 870	4 007	3 863
35-39	11 144	5 611	5 533	9 655	4 867	4 789	8 598	4 352	4 246	8 227	4 175	4 052
40-44	12 020	6 042	5 979	11 146	5 604	5 542	9 676	4 871	4 804	8 631	4 364	4 267
45-49	11 833	5 900	5 932	11 967	6 003	5 965	11 111	5 577	5 534	9 659	4 856	4 804
50-54	11 491	5 669	5 822	11 716	5 822	5 894	11 865	5 933	5 932	11 029	5 521	5 508
55-59	10 326	5 042	5 284	11 292	5 536	5 756	11 536	5 702	5 834	11 700	5 823	5 877
60-64	9 275	4 463	4 812	10 037	4 849	5 188	11 010	5 349	5 662	11 276	5 529	5 748
65-69	8 631	4 068	4 564	8 862	4 191	4 670	9 640	4 588	5 053	10 618	5 090	5 528
70-74	6 811	3 107	3 704	8 034	3 690	4 344	8 292	3 831	4 461	9 085	4 234	4 851
75-79	6 134	2 652	3 483	6 044	2 652	3 391	7 185	3 185	4 000	7 471	3 340	4 131
80+	…	…	…	…	…	…	…	…	…	…	…	…
80-84	4 770	1 910	2 860	4 939	2 012	2 927	4 961	2 061	2 900	5 968	2 513	3 455
85-89	2 844	998	1 846	3 243	1 188	2 054	3 451	1 293	2 158	3 560	1 364	2 195
90-94	1 169	342	827	1 474	459	1 015	1 744	568	1 176	1 931	644	1 287
95-99	240	59	181	410	104	306	541	145	395	670	187	483
100+	40	8	32	52	11	41	93	20	72	133	30	103

年齢	2035			2040			2045			2050		
	総数	男	女	総数	男	女	総数	男	女	総数	男	女
総数	141 310	68 936	72 374	137 707	67 154	70 553	133 674	65 162	68 512	129 025	62 869	66 156
0-4	4 126	2 124	2 002	4 164	2 143	2 021	4 078	2 099	1 979	3 788	1 950	1 838
5-9	4 127	2 124	2 003	4 168	2 145	2 023	4 207	2 165	2 042	4 121	2 121	2 000
10-14	4 603	2 368	2 235	4 151	2 136	2 016	4 192	2 157	2 036	4 231	2 177	2 054
15-19	5 542	2 849	2 693	4 676	2 403	2 273	4 225	2 170	2 055	4 266	2 192	2 075
20-24	7 247	3 719	3 528	5 703	2 924	2 778	4 838	2 479	2 359	4 387	2 247	2 140
25-29	7 956	4 070	3 886	7 435	3 807	3 628	5 893	3 014	2 879	5 030	2 570	2 460
30-34	7 977	4 070	3 906	8 108	4 142	3 966	7 588	3 880	3 708	6 049	3 089	2 960
35-39	7 968	4 053	3 915	8 077	4 118	3 960	8 210	4 190	4 019	7 692	3 930	3 763
40-44	8 277	4 197	4 080	8 022	4 077	3 945	8 133	4 143	3 990	8 267	4 217	4 050
45-49	8 633	4 360	4 274	8 286	4 197	4 089	8 036	4 081	3 955	8 150	4 149	4 002
50-54	9 604	4 817	4 787	8 594	4 331	4 263	8 256	4 174	4 082	8 013	4 063	3 950
55-59	10 894	5 430	5 464	9 499	4 746	4 753	8 511	4 275	4 236	8 186	4 127	4 059
60-64	11 461	5 663	5 798	10 691	5 294	5 397	9 336	4 637	4 700	8 379	4 186	4 193
65-69	10 912	5 287	5 625	11 121	5 437	5 685	10 398	5 098	5 300	9 099	4 478	4 621
70-74	10 062	4 734	5 329	10 388	4 948	5 440	10 626	5 114	5 512	9 968	4 818	5 150
75-79	8 268	3 739	4 530	9 232	4 225	5 007	9 594	4 456	5 139	9 871	4 641	5 230
80+	…	…	…	…	…	…	…	…	…	…	…	…
80-84	6 275	2 671	3 604	7 048	3 044	4 004	7 966	3 492	4 474	8 367	3 733	4 634
85-89	4 360	1 698	2 662	4 661	1 839	2 822	5 347	2 147	3 200	6 161	2 519	3 642
90-94	2 060	702	1 358	2 593	898	1 694	2 839	998	1 842	3 357	1 202	2 155
95-99	781	222	559	868	250	618	1 136	332	804	1 289	381	909
100+	176	40	136	222	51	171	263	60	202	352	81	270

年齢	2055			2060		
	総数	男	女	総数	男	女
総数	123 666	60 233	63 433	117 774	57 359	60 414
0-4	3 385	1 742	1 643	3 061	1 575	1 485
5-9	3 829	1 970	1 859	3 424	1 762	1 662
10-14	4 144	2 132	2 012	3 850	1 981	1 870
15-19	4 301	2 210	2 092	4 211	2 163	2 047
20-24	4 421	2 264	2 156	4 448	2 279	2 169
25-29	4 570	2 334	2 236	4 594	2 347	2 247
30-34	5 179	2 642	2 537	4 712	2 402	2 310
35-39	6 151	3 138	3 013	5 277	2 689	2 588
40-44	7 749	3 956	3 792	6 208	3 166	3 042
45-49	8 284	4 223	4 062	7 768	3 963	3 804
50-54	8 130	4 133	3 997	8 267	4 209	4 058
55-59	7 953	4 022	3 931	8 076	4 096	3 980
60-64	8 073	4 050	4 022	7 853	3 954	3 898
65-69	8 182	4 055	4 128	7 901	3 936	3 965
70-74	8 747	4 249	4 498	7 886	3 861	4 025
75-79	9 305	4 400	4 905	8 197	3 902	4 295
80+	…	…	…	…	…	…
80-84	8 686	3 934	4 752	8 252	3 767	4 485
85-89	6 580	2 747	3 832	6 925	2 945	3 980
90-94	3 981	1 456	2 524	4 358	1 633	2 724
95-99	1 588	477	1 111	1 960	603	1 357
100+	429	99	331	549	127	422

性・年齢別人口（千人）

年齢	1960 総数	男	女	1965 総数	男	女	1970 総数	男	女	1975 総数	男	女
総数	152 320	72 528	79 791	160 100	76 838	83 262	165 903	79 987	85 916	169 445	81 922	87 523
0-4	12 704	6 495	6 209	13 778	7 049	6 728	13 300	6 813	6 488	11 208	5 741	5 466
5-9	11 969	6 115	5 854	12 824	6 555	6 270	13 851	7 088	6 762	13 456	6 890	6 566
10-14	11 600	5 932	5 668	12 168	6 221	5 947	12 952	6 622	6 330	13 966	7 150	6 816
15-19	10 424	5 319	5 105	11 888	6 099	5 789	12 205	6 233	5 972	13 134	6 714	6 421
20-24	11 344	5 766	5 577	10 781	5 550	5 230	12 033	6 180	5 852	12 462	6 356	6 105
25-29	10 345	5 252	5 093	11 566	5 949	5 617	11 069	5 742	5 327	12 303	6 339	5 964
30-34	10 419	5 143	5 275	10 494	5 388	5 106	11 738	6 076	5 661	11 221	5 830	5 391
35-39	10 618	4 863	5 755	10 550	5 265	5 285	10 522	5 413	5 109	11 747	6 062	5 685
40-44	6 910	3 132	3 778	10 603	4 896	5 707	10 588	5 261	5 327	10 459	5 356	5 102
45-49	10 080	4 567	5 513	6 844	3 100	3 744	10 518	4 830	5 688	10 429	5 146	5 283
50-54	10 494	4 832	5 662	9 905	4 451	5 453	6 623	2 977	3 646	10 231	4 645	5 587
55-59	9 881	4 626	5 255	10 093	4 576	5 518	9 491	4 192	5 300	6 335	2 799	3 536
60-64	8 242	3 607	4 635	9 223	4 190	5 033	9 402	4 139	5 264	8 878	3 806	5 072
65-69	6 386	2 576	3 810	7 370	3 073	4 297	8 194	3 550	4 644	8 439	3 544	4 896
70-74	4 966	1 994	2 973	5 342	2 027	3 315	6 100	2 372	3 728	6 843	2 771	4 072
75-79	3 321	1 314	2 007	3 679	1 377	2 302	3 940	1 371	2 570	4 553	1 615	2 938
80+	2 618	994	1 623	2 992	1 073	1 920	3 377	1 128	2 249	3 782	1 158	2 623
80-84	…	…	…	…	…	…	…	…	…	…	…	…
85-89	…	…	…	…	…	…	…	…	…	…	…	…
90-94	…	…	…	…	…	…	…	…	…	…	…	…
95-99	…	…	…	…	…	…	…	…	…	…	…	…
100+	…	…	…	…	…	…	…	…	…	…	…	…

年齢	1980 総数	男	女	1985 総数	男	女	1990 総数	男	女	1995 総数	男	女
総数	170 489	82 568	87 921	171 794	83 265	88 529	175 615	85 494	90 121	180 909	88 424	92 485
0-4	9 888	5 066	4 822	10 199	5 226	4 973	10 481	5 373	5 108	10 190	5 225	4 965
5-9	11 166	5 716	5 449	9 862	5 047	4 815	10 408	5 332	5 076	10 862	5 565	5 297
10-14	13 489	6 909	6 580	11 187	5 728	5 458	10 019	5 133	4 886	10 799	5 532	5 266
15-19	14 115	7 238	6 877	13 599	6 964	6 635	11 391	5 829	5 562	10 400	5 327	5 073
20-24	13 317	6 834	6 483	14 233	7 278	6 954	13 925	7 114	6 812	11 859	6 045	5 815
25-29	12 553	6 423	6 130	13 414	6 870	6 543	14 575	7 449	7 126	14 527	7 424	7 104
30-34	12 254	6 302	5 951	12 558	6 411	6 147	13 680	7 000	6 680	15 119	7 752	7 367
35-39	11 106	5 741	5 365	12 145	6 208	5 937	12 705	6 466	6 239	14 029	7 173	6 856
40-44	11 578	5 933	5 645	10 957	5 616	5 340	12 161	6 201	5 960	12 878	6 539	6 339
45-49	10 228	5 192	5 036	11 348	5 762	5 586	10 929	5 590	5 339	12 140	6 163	5 976
50-54	10 136	4 942	5 195	9 915	4 971	4 945	11 185	5 647	5 539	10 752	5 455	5 297
55-59	9 827	4 379	5 447	9 734	4 659	5 075	9 593	4 753	4 840	10 860	5 407	5 453
60-64	5 943	2 552	3 391	9 264	4 012	5 252	9 260	4 336	4 924	9 156	4 432	4 723
65-69	8 049	3 297	4 752	5 416	2 228	3 189	8 574	3 579	4 995	8 612	3 890	4 722
70-74	7 168	2 807	4 361	6 970	2 674	4 296	4 751	1 849	2 902	7 667	3 034	4 633
75-79	5 200	1 910	3 290	5 614	1 998	3 615	5 626	1 982	3 644	3 932	1 413	2 519
80+	4 473	1 327	3 146	5 380	1 612	3 769	…	…	…	…	…	…
80-84	…	…	…	…	…	…	3 882	1 221	2 661	4 067	1 273	2 795
85-89	…	…	…	…	…	…	1 830	504	1 326	2 208	590	1 618
90-94	…	…	…	…	…	…	541	119	422	714	160	554
95-99	…	…	…	…	…	…	90	17	74	127	22	105
100+	…	…	…	…	…	…	8	2	6	11	2	9

年齢	2000 総数	男	女	2005 総数	男	女	2010 総数	男	女	2015 総数	男	女
総数	183 163	89 626	93 537	185 552	90 808	94 743	187 762	91 912	95 849	190 794	93 581	97 212
0-4	9 966	5 112	4 855	9 770	5 011	4 759	9 622	4 934	4 688	9 711	4 983	4 729
5-9	10 257	5 258	4 999	10 084	5 168	4 915	9 886	5 066	4 820	9 786	5 010	4 775
10-14	10 970	5 620	5 350	10 472	5 362	5 110	10 226	5 239	4 988	10 058	5 148	4 910
15-19	10 939	5 591	5 347	11 251	5 740	5 511	10 651	5 444	5 208	10 373	5 308	5 065
20-24	10 615	5 403	5 212	11 277	5 723	5 553	11 527	5 848	5 679	10 856	5 511	5 345
25-29	12 118	6 142	5 976	10 911	5 508	5 403	11 720	5 903	5 817	11 899	5 993	5 906
30-34	14 653	7 455	7 197	12 196	6 132	6 064	11 194	5 610	5 584	12 118	6 090	6 028
35-39	15 095	7 700	7 395	14 659	7 409	7 249	12 157	6 072	6 085	11 491	5 759	5 732
40-44	13 949	7 086	6 863	15 013	7 606	7 407	14 581	7 326	7 255	12 367	6 173	6 194
45-49	12 745	6 426	6 319	13 760	6 939	6 821	14 877	7 493	7 384	14 617	7 334	7 284
50-54	11 915	6 000	5 915	12 506	6 253	6 252	13 518	6 763	6 755	14 729	7 393	7 336
55-59	10 433	5 232	5 201	11 530	5 746	5 784	12 147	6 023	6 125	13 247	6 587	6 660
60-64	10 380	5 072	5 308	9 957	4 918	5 039	10 999	5 418	5 581	11 748	5 761	5 988
65-69	8 532	4 005	4 527	9 769	4 658	5 111	9 355	4 529	4 826	10 485	5 080	5 404
70-74	7 719	3 326	4 392	7 753	3 502	4 251	8 986	4 154	4 831	8 682	4 101	4 581
75-79	6 450	2 378	4 073	6 596	2 678	3 918	6 758	2 908	3 850	7 917	3 515	4 402
80+	…	…	…	…	…	…	…	…	…	…	…	…
80-84	2 917	942	1 976	4 943	1 666	3 277	5 197	1 957	3 241	5 419	2 189	3 230
85-89	2 411	647	1 764	1 804	511	1 292	3 214	970	2 244	3 463	1 186	2 277
90-94	908	197	710	1 042	232	810	825	200	625	1 545	405	1 140
95-99	175	31	145	235	40	194	289	52	236	239	48	191
100+	16	2	14	23	3	20	33	5	28	43	6	37

性・年齢別人口（千人）

年齢	2015 総数	男	女	2020 総数	男	女	2025 総数	男	女	2030 総数	男	女
総数	190 794	93 581	97 212	192 924	94 851	98 073	194 549	95 802	98 747	195 751	96 503	99 248
0-4	9 711	4 983	4 729	9 869	5 065	4 804	9 847	5 052	4 795	9 725	4 989	4 736
5-9	9 786	5 010	4 775	9 799	5 031	4 769	9 944	5 103	4 841	9 922	5 089	4 832
10-14	10 058	5 148	4 910	9 843	5 042	4 801	9 846	5 054	4 792	9 990	5 126	4 864
15-19	10 373	5 308	5 065	10 191	5 216	4 976	9 962	5 101	4 861	9 966	5 114	4 852
20-24	10 856	5 511	5 345	10 653	5 447	5 206	10 449	5 341	5 108	10 221	5 227	4 994
25-29	11 899	5 993	5 906	11 190	5 678	5 512	10 963	5 598	5 365	10 760	5 493	5 267
30-34	12 118	6 090	6 028	12 171	6 129	6 042	11 443	5 800	5 643	11 217	5 721	5 496
35-39	11 491	5 759	5 732	12 288	6 172	6 115	12 328	6 202	6 126	11 604	5 876	5 727
40-44	12 367	6 173	6 194	11 567	5 792	5 775	12 355	6 199	6 156	12 400	6 232	6 168
45-49	14 617	7 334	7 284	12 354	6 156	6 198	11 562	5 780	5 782	12 353	6 190	6 163
50-54	14 729	7 393	7 336	14 478	7 240	7 239	12 256	6 088	6 167	11 486	5 728	5 759
55-59	13 247	6 587	6 660	14 460	7 215	7 245	14 241	7 085	7 156	12 081	5 975	6 106
60-64	11 748	5 761	5 988	12 869	6 341	6 528	14 087	6 974	7 113	13 912	6 875	7 037
65-69	10 485	5 080	5 404	11 253	5 441	5 813	12 376	6 024	6 352	13 598	6 662	6 936
70-74	8 682	4 101	4 581	9 812	4 653	5 160	10 593	5 024	5 569	11 711	5 606	6 105
75-79	7 917	3 515	4 402	7 743	3 531	4 212	8 857	4 072	4 786	9 638	4 446	5 192
80+	...	...	...	...	...	...	...	...	...	...	...	...
80-84	5 419	2 189	3 230	6 435	2 701	3 734	6 398	2 777	3 621	7 452	3 274	4 178
85-89	3 463	1 186	2 277	3 706	1 375	2 331	4 484	1 745	2 740	4 569	1 850	2 719
90-94	1 545	405	1 140	1 723	518	1 206	1 916	628	1 288	2 382	827	1 554
95-99	239	48	191	478	104	374	559	140	419	654	179	475
100+	43	6	37	41	7	35	83	15	68	109	21	87

年齢	2035 総数	男	女	2040 総数	男	女	2045 総数	男	女	2050 総数	男	女
総数	196 482	96 931	99 550	196 666	97 060	99 606	196 314	96 925	99 390	195 533	96 611	98 922
0-4	9 607	4 928	4 678	9 516	4 882	4 634	9 484	4 865	4 619	9 523	4 885	4 638
5-9	9 801	5 027	4 773	9 682	4 966	4 716	9 592	4 920	4 672	9 560	4 903	4 656
10-14	9 969	5 113	4 856	9 848	5 051	4 797	9 730	4 991	4 739	9 640	4 944	4 696
15-19	10 110	5 186	4 925	10 089	5 173	4 916	9 969	5 111	4 858	9 851	5 051	4 800
20-24	10 226	5 241	4 985	10 371	5 314	5 057	10 351	5 302	5 050	10 232	5 241	4 991
25-29	10 534	5 381	5 153	10 540	5 395	5 145	10 686	5 469	5 218	10 667	5 457	5 210
30-34	11 017	5 618	5 399	10 792	5 507	5 285	10 799	5 522	5 277	10 947	5 597	5 350
35-39	11 381	5 799	5 581	11 183	5 698	5 485	10 961	5 588	5 373	10 969	5 605	5 365
40-44	11 682	5 911	5 772	11 463	5 836	5 627	11 269	5 737	5 532	11 050	5 629	5 421
45-49	12 405	6 227	6 178	11 697	5 912	5 785	11 484	5 841	5 643	11 295	5 745	5 550
50-54	12 281	6 141	6 141	12 343	6 185	6 158	11 651	5 879	5 772	11 448	5 814	5 634
55-59	11 343	5 634	5 708	12 142	6 051	6 091	12 218	6 104	6 114	11 548	5 812	5 736
60-64	11 832	5 817	6 015	11 132	5 500	5 632	11 937	5 920	6 017	12 031	5 984	6 046
65-69	13 474	6 598	6 877	11 495	5 603	5 892	10 842	5 316	5 526	11 651	5 738	5 913
70-74	12 926	6 240	6 685	12 862	6 214	6 648	11 018	5 304	5 715	10 426	5 053	5 373
75-79	10 730	5 010	5 720	11 916	5 623	6 293	11 930	5 642	6 288	10 284	4 851	5 433
80+	...	...	...	...	...	...	...	...	...	...	...	...
80-84	8 202	3 629	4 573	9 222	4 142	5 080	10 341	4 705	5 636	10 450	4 773	5 677
85-89	5 468	2 243	3 225	6 121	2 536	3 585	6 993	2 950	4 044	7 961	3 411	4 551
90-94	2 514	912	1 602	3 135	1 147	1 988	3 605	1 335	2 270	4 222	1 596	2 625
95-99	844	247	597	933	284	649	1 234	374	861	1 476	453	1 023
100+	136	29	108	182	41	141	218	51	167	302	69	233

年齢	2055 総数	男	女	2060 総数	男	女
総数	194 514	96 213	98 301	193 506	95 870	97 635
0-4	9 584	4 916	4 667	9 588	4 918	4 669
5-9	9 596	4 922	4 674	9 652	4 951	4 701
10-14	9 605	4 927	4 679	9 639	4 944	4 695
15-19	9 755	5 002	4 754	9 715	4 981	4 734
20-24	10 101	5 174	4 927	9 992	5 118	4 874
25-29	10 533	5 389	5 144	10 387	5 315	5 072
30-34	10 916	5 579	5 336	10 768	5 505	5 263
35-39	11 109	5 675	5 434	11 070	5 654	5 416
40-44	11 055	5 644	5 411	11 191	5 714	5 478
45-49	11 078	5 639	5 439	11 083	5 655	5 429
50-54	11 265	5 722	5 543	11 053	5 619	5 434
55-59	11 356	5 753	5 603	11 184	5 668	5 516
60-64	11 387	5 708	5 679	11 212	5 660	5 552
65-69	11 767	5 815	5 951	11 158	5 561	5 597
70-74	11 236	5 474	5 762	11 379	5 568	5 811
75-79	9 777	4 649	5 128	10 585	5 067	5 518
80+	...	...	...	...	...	...
80-84	9 101	4 150	4 951	8 720	4 017	4 703
85-89	8 176	3 522	4 654	7 245	3 118	4 127
90-94	4 932	1 899	3 033	5 201	2 020	3 182
95-99	1 797	564	1 233	2 183	701	1 482
100+	389	89	299	499	117	382

性・年齢別人口（千人）

年齢	2015 総数	男	女	2020 総数	男	女	2025 総数	男	女	2030 総数	男	女
総数	190 794	93 581	97 212	194 376	95 596	98 780	198 291	97 723	100 569	202 280	99 854	102 427
0-4	9 711	4 983	4 729	11 321	5 810	5 511	12 138	6 227	5 911	12 513	6 420	6 093
5-9	9 786	5 010	4 775	9 799	5 031	4 769	11 395	5 848	5 548	12 212	6 264	5 947
10-14	10 058	5 148	4 910	9 843	5 042	4 801	9 846	5 054	4 792	11 442	5 871	5 571
15-19	10 373	5 308	5 065	10 191	5 216	4 976	9 962	5 101	4 861	9 966	5 114	4 852
20-24	10 856	5 511	5 345	10 653	5 447	5 206	10 449	5 341	5 108	10 221	5 227	4 994
25-29	11 899	5 993	5 906	11 190	5 678	5 512	10 963	5 598	5 365	10 760	5 493	5 267
30-34	12 118	6 090	6 028	12 171	6 129	6 042	11 443	5 800	5 643	11 217	5 721	5 496
35-39	11 491	5 759	5 732	12 288	6 172	6 115	12 328	6 202	6 126	11 604	5 876	5 727
40-44	12 367	6 173	6 194	11 567	5 792	5 775	12 355	6 199	6 156	12 400	6 232	6 168
45-49	14 617	7 334	7 284	12 354	6 156	6 198	11 562	5 780	5 782	12 353	6 190	6 163
50-54	14 729	7 393	7 336	14 478	7 240	7 239	12 256	6 088	6 167	11 486	5 728	5 759
55-59	13 247	6 587	6 660	14 460	7 215	7 245	14 241	7 085	7 156	12 081	5 975	6 106
60-64	11 748	5 761	5 988	12 869	6 341	6 528	14 087	6 974	7 113	13 912	6 875	7 037
65-69	10 485	5 080	5 404	11 253	5 441	5 813	12 376	6 024	6 352	13 598	6 662	6 936
70-74	8 682	4 101	4 581	9 812	4 653	5 160	10 593	5 024	5 569	11 711	5 606	6 105
75-79	7 917	3 515	4 402	7 743	3 531	4 212	8 857	4 072	4 786	9 638	4 446	5 192
80+	...	...	...	...	...	...	...	...	...	...	...	...
80-84	5 419	2 189	3 230	6 435	2 701	3 734	6 398	2 777	3 621	7 452	3 274	4 178
85-89	3 463	1 186	2 277	3 706	1 375	2 331	4 484	1 745	2 740	4 569	1 850	2 719
90-94	1 545	405	1 140	1 723	518	1 206	1 916	628	1 288	2 382	827	1 554
95-99	239	48	191	478	104	374	559	140	419	654	179	475
100+	43	6	37	41	7	35	83	15	68	109	21	87

年齢	2035 総数	男	女	2040 総数	男	女	2045 総数	男	女	2050 総数	男	女
総数	205 737	101 681	104 056	208 687	103 228	105 459	211 414	104 672	106 742	214 417	106 299	108 118
0-4	12 335	6 328	6 007	12 285	6 303	5 983	12 568	6 448	6 121	13 317	6 832	6 485
5-9	12 587	6 457	6 130	12 410	6 366	6 044	12 360	6 340	6 020	12 643	6 486	6 158
10-14	12 258	6 288	5 970	12 634	6 481	6 153	12 457	6 390	6 067	12 408	6 365	6 043
15-19	11 561	5 930	5 631	12 378	6 347	6 031	12 754	6 540	6 214	12 577	6 450	6 128
20-24	10 226	5 241	4 985	11 820	6 057	5 763	12 637	6 474	6 163	13 015	6 668	6 346
25-29	10 534	5 381	5 153	10 540	5 395	5 145	12 134	6 211	5 923	12 952	6 628	6 323
30-34	11 017	5 618	5 399	10 792	5 507	5 285	10 799	5 522	5 277	12 393	6 338	6 055
35-39	11 381	5 799	5 581	11 183	5 698	5 485	10 961	5 588	5 373	10 969	5 605	5 365
40-44	11 682	5 911	5 772	11 463	5 836	5 627	11 269	5 737	5 532	11 050	5 629	5 421
45-49	12 405	6 227	6 178	11 697	5 912	5 785	11 484	5 841	5 643	11 295	5 745	5 550
50-54	12 281	6 141	6 141	12 343	6 185	6 158	11 651	5 879	5 772	11 448	5 814	5 634
55-59	11 343	5 634	5 708	12 142	6 051	6 091	12 218	6 104	6 114	11 548	5 812	5 736
60-64	11 832	5 817	6 015	11 132	5 500	5 632	11 937	5 920	6 017	12 031	5 984	6 046
65-69	13 474	6 598	6 877	11 495	5 603	5 892	10 842	5 316	5 526	11 651	5 738	5 913
70-74	12 926	6 240	6 685	12 862	6 214	6 648	11 018	5 304	5 715	10 426	5 053	5 373
75-79	10 730	5 010	5 720	11 916	5 623	6 293	11 930	5 642	6 288	10 284	4 851	5 433
80+	...	...	...	...	...	...	...	...	...	...	...	...
80-84	8 202	3 629	4 573	9 222	4 142	5 080	10 341	4 705	5 636	10 450	4 773	5 677
85-89	5 468	2 243	3 225	6 121	2 536	3 585	6 993	2 950	4 044	7 961	3 411	4 551
90-94	2 514	912	1 602	3 135	1 147	1 988	3 605	1 335	2 270	4 222	1 596	2 625
95-99	844	247	597	933	284	649	1 234	374	861	1 476	453	1 023
100+	136	29	108	182	41	141	218	51	167	302	69	233

年齢	2055 総数	男	女	2060 総数	男	女
総数	218 058	108 290	109 767	222 358	110 670	111 689
0-4	14 254	7 313	6 941	14 912	7 651	7 262
5-9	13 389	6 868	6 521	14 322	7 347	6 975
10-14	12 688	6 508	6 180	13 431	6 890	6 542
15-19	12 522	6 421	6 101	12 797	6 562	6 235
20-24	12 825	6 571	6 254	12 758	6 537	6 221
25-29	13 313	6 815	6 498	13 109	6 710	6 398
30-34	13 197	6 749	6 448	13 546	6 929	6 617
35-39	12 553	6 415	6 138	13 348	6 822	6 526
40-44	11 055	5 644	5 411	12 632	6 452	6 180
45-49	11 078	5 639	5 439	11 083	5 655	5 429
50-54	11 265	5 722	5 543	11 053	5 619	5 434
55-59	11 356	5 753	5 603	11 184	5 668	5 516
60-64	11 387	5 708	5 679	11 212	5 660	5 552
65-69	11 767	5 815	5 951	11 158	5 561	5 597
70-74	11 236	5 474	5 762	11 379	5 568	5 811
75-79	9 777	4 649	5 128	10 585	5 067	5 518
80+	...	...	...	...	...	...
80-84	9 101	4 150	4 951	8 720	4 017	4 703
85-89	8 176	3 522	4 654	7 245	3 118	4 127
90-94	4 932	1 899	3 033	5 201	2 020	3 182
95-99	1 797	564	1 233	2 183	701	1 482
100+	389	89	299	499	117	382

性・年齢別人口（千人）

年齢	2015			2020			2025			2030		
	総数	男	女	総数	男	女	総数	男	女	総数	男	女
総数	190 794	93 581	97 212	191 472	94 105	97 366	190 806	93 881	96 925	189 222	93 153	96 070
0-4	9 711	4 983	4 729	8 416	4 320	4 097	7 556	3 876	3 680	6 938	3 559	3 379
5-9	9 786	5 010	4 775	9 799	5 031	4 769	8 492	4 358	4 134	7 632	3 914	3 718
10-14	10 058	5 148	4 910	9 843	5 042	4 801	9 846	5 054	4 792	8 539	4 382	4 157
15-19	10 373	5 308	5 065	10 191	5 216	4 976	9 962	5 101	4 861	9 966	5 114	4 852
20-24	10 856	5 511	5 345	10 653	5 447	5 206	10 449	5 341	5 108	10 221	5 227	4 994
25-29	11 899	5 993	5 906	11 190	5 678	5 512	10 963	5 598	5 365	10 760	5 493	5 267
30-34	12 118	6 090	6 028	12 171	6 129	6 042	11 443	5 800	5 643	11 217	5 721	5 496
35-39	11 491	5 759	5 732	12 288	6 172	6 115	12 328	6 202	6 126	11 604	5 876	5 727
40-44	12 367	6 173	6 194	11 567	5 792	5 775	12 355	6 199	6 156	12 400	6 232	6 168
45-49	14 617	7 334	7 284	12 354	6 156	6 198	11 562	5 780	5 782	12 353	6 190	6 163
50-54	14 729	7 393	7 336	14 478	7 240	7 239	12 256	6 088	6 167	11 486	5 728	5 759
55-59	13 247	6 587	6 660	14 460	7 215	7 245	14 241	7 085	7 156	12 081	5 975	6 106
60-64	11 748	5 761	5 988	12 869	6 341	6 528	14 087	6 974	7 113	13 912	6 875	7 037
65-69	10 485	5 080	5 404	11 253	5 441	5 813	12 376	6 024	6 352	13 598	6 662	6 936
70-74	8 682	4 101	4 581	9 812	4 653	5 160	10 593	5 024	5 569	11 711	5 606	6 105
75-79	7 917	3 515	4 402	7 743	3 531	4 212	8 857	4 072	4 786	9 638	4 446	5 192
80+	...	...	...	...	...	...	...	...	...	...	...	...
80-84	5 419	2 189	3 230	6 435	2 701	3 734	6 398	2 777	3 621	7 452	3 274	4 178
85-89	3 463	1 186	2 277	3 706	1 375	2 331	4 484	1 745	2 740	4 569	1 850	2 719
90-94	1 545	405	1 140	1 723	518	1 206	1 916	628	1 288	2 382	827	1 554
95-99	239	48	191	478	104	374	559	140	419	654	179	475
100+	43	6	37	41	7	35	83	15	68	109	21	87

年齢	2035			2040			2045			2050		
	総数	男	女	総数	男	女	総数	男	女	総数	男	女
総数	187 232	92 185	95 047	184 697	90 919	93 779	181 463	89 305	92 158	177 401	87 310	90 092
0-4	6 883	3 531	3 353	6 793	3 485	3 309	6 595	3 383	3 212	6 235	3 198	3 037
5-9	7 014	3 597	3 417	6 960	3 569	3 390	6 870	3 523	3 347	6 672	3 422	3 250
10-14	7 679	3 938	3 741	7 062	3 622	3 440	7 008	3 594	3 414	6 919	3 548	3 371
15-19	8 660	4 442	4 218	7 801	3 999	3 802	7 184	3 682	3 502	7 131	3 655	3 476
20-24	10 226	5 241	4 985	8 922	4 570	4 352	8 065	4 129	3 936	7 449	3 813	3 636
25-29	10 534	5 381	5 153	10 540	5 395	5 145	9 239	4 726	4 512	8 383	4 286	4 097
30-34	11 017	5 618	5 399	10 792	5 507	5 285	10 799	5 522	5 277	9 501	4 856	4 645
35-39	11 381	5 799	5 581	11 183	5 698	5 485	10 961	5 588	5 373	10 969	5 605	5 365
40-44	11 682	5 911	5 772	11 463	5 836	5 627	11 269	5 737	5 532	11 050	5 629	5 421
45-49	12 405	6 227	6 178	11 697	5 912	5 785	11 484	5 841	5 643	11 295	5 745	5 550
50-54	12 281	6 141	6 141	12 343	6 185	6 158	11 651	5 879	5 772	11 448	5 814	5 634
55-59	11 343	5 634	5 708	12 142	6 051	6 091	12 218	6 104	6 114	11 548	5 812	5 736
60-64	11 832	5 817	6 015	11 132	5 500	5 632	11 937	5 920	6 017	12 031	5 984	6 046
65-69	13 474	6 598	6 877	11 495	5 603	5 892	10 842	5 316	5 526	11 651	5 738	5 913
70-74	12 926	6 240	6 685	12 862	6 214	6 648	11 018	5 304	5 715	10 426	5 053	5 373
75-79	10 730	5 010	5 720	11 916	5 623	6 293	11 930	5 642	6 288	10 284	4 851	5 433
80+	...	...	...	...	...	...	...	...	...	...	...	...
80-84	8 202	3 629	4 573	9 222	4 142	5 080	10 341	4 705	5 636	10 450	4 773	5 677
85-89	5 468	2 243	3 225	6 121	2 536	3 585	6 993	2 950	4 044	7 961	3 411	4 551
90-94	2 514	912	1 602	3 135	1 147	1 988	3 605	1 335	2 270	4 222	1 596	2 625
95-99	844	247	597	933	284	649	1 234	374	861	1 476	453	1 023
100+	136	29	108	182	41	141	218	51	167	302	69	233

年齢	2055			2060		
	総数	男	女	総数	男	女
総数	172 608	84 977	87 631	167 463	82 513	84 950
0-4	5 797	2 973	2 824	5 436	2 788	2 648
5-9	6 308	3 235	3 073	5 867	3 009	2 858
10-14	6 718	3 445	3 273	6 352	3 257	3 095
15-19	7 035	3 606	3 429	6 829	3 500	3 328
20-24	7 382	3 779	3 603	7 274	3 724	3 550
25-29	7 753	3 963	3 789	7 670	3 922	3 749
30-34	8 634	4 410	4 224	7 991	4 081	3 910
35-39	9 665	4 935	4 730	8 791	4 486	4 305
40-44	11 055	5 644	5 411	9 750	4 975	4 775
45-49	11 078	5 639	5 439	11 083	5 655	5 429
50-54	11 265	5 722	5 543	11 053	5 619	5 434
55-59	11 356	5 753	5 603	11 184	5 668	5 516
60-64	11 387	5 708	5 679	11 212	5 660	5 552
65-69	11 767	5 815	5 951	11 158	5 561	5 597
70-74	11 236	5 474	5 762	11 379	5 568	5 811
75-79	9 777	4 649	5 128	10 585	5 067	5 518
80+	...	...	...	...	...	...
80-84	9 101	4 150	4 951	8 720	4 017	4 703
85-89	8 176	3 522	4 654	7 245	3 118	4 127
90-94	4 932	1 899	3 033	5 201	2 020	3 182
95-99	1 797	564	1 233	2 183	701	1 482
100+	389	89	299	499	117	382

性・年齢別人口（千人）

年齢	1960 総数	男	女	1965 総数	男	女	1970 総数	男	女	1975 総数	男	女
総数	221 190	110 528	110 662	253 874	126 824	127 050	288 494	144 074	144 420	325 812	162 546	163 266
0-4	37 443	18 953	18 491	42 834	21 685	21 148	45 870	23 231	22 639	49 263	24 967	24 296
5-9	31 302	15 807	15 495	35 915	18 133	17 782	41 346	20 868	20 478	44 577	22 500	22 077
10-14	25 289	12 792	12 497	30 826	15 539	15 286	35 438	17 861	17 577	40 826	20 561	20 264
15-19	21 048	10 608	10 440	24 779	12 498	12 281	30 252	15 214	15 038	34 815	17 495	17 320
20-24	18 266	9 166	9 100	20 477	10 289	10 188	24 102	12 118	11 984	29 477	14 767	14 710
25-29	15 865	7 887	7 978	17 732	8 880	8 852	19 826	9 940	9 886	23 411	11 736	11 675
30-34	14 246	7 069	7 177	15 404	7 648	7 755	17 179	8 598	8 581	19 278	9 644	9 634
35-39	12 110	6 013	6 096	13 828	6 854	6 974	14 936	7 410	7 526	16 726	8 352	8 375
40-44	10 063	4 995	5 069	11 691	5 797	5 894	13 363	6 612	6 751	14 494	7 166	7 328
45-49	8 989	4 452	4 537	9 659	4 777	4 881	11 229	5 547	5 681	12 891	6 346	6 545
50-54	7 534	3 725	3 809	8 503	4 184	4 319	9 165	4 502	4 663	10 703	5 245	5 458
55-59	6 129	3 021	3 108	7 003	3 425	3 579	7 929	3 858	4 071	8 579	4 163	4 416
60-64	4 832	2 335	2 497	5 526	2 680	2 846	6 347	3 053	3 294	7 212	3 448	3 765
65-69	3 441	1 632	1 810	4 145	1 959	2 186	4 785	2 270	2 514	5 521	2 591	2 931
70-74	2 340	1 078	1 262	2 743	1 262	1 481	3 325	1 527	1 798	3 871	1 779	2 092
75-79	1 362	608	754	1 657	734	923	1 960	868	1 092	2 405	1 059	1 346
80+	928	387	542	1 153	481	673	1 443	598	845	1 761	727	1 034
80-84	...	...	...	...	...	...	...	...	...	...	...	...
85-89	...	...	...	...	...	...	...	...	...	...	...	...
90-94	...	...	...	...	...	...	...	...	...	...	...	...
95-99	...	...	...	...	...	...	...	...	...	...	...	...
100+	...	...	...	...	...	...	...	...	...	...	...	...

年齢	1980 総数	男	女	1985 総数	男	女	1990 総数	男	女	1995 総数	男	女
総数	365 035	181 842	183 193	405 906	201 939	203 967	446 889	221 990	224 899	487 326	241 691	245 635
0-4	52 737	26 766	25 971	55 409	28 170	27 239	56 433	28 734	27 699	56 512	28 786	27 726
5-9	48 120	24 338	23 782	51 762	26 237	25 525	54 524	27 685	26 839	55 734	28 346	27 389
10-14	43 997	22 174	21 823	47 567	24 009	23 557	51 163	25 876	25 287	54 013	27 396	26 617
15-19	40 037	20 104	19 934	43 208	21 697	21 512	46 693	23 482	23 211	50 421	25 432	24 989
20-24	33 754	16 871	16 883	38 921	19 437	19 484	41 998	20 974	21 024	45 610	22 808	22 801
25-29	28 533	14 217	14 316	32 750	16 289	16 461	37 973	18 855	19 119	41 013	20 337	20 676
30-34	22 723	11 339	11 384	27 754	13 770	13 984	32 012	15 826	16 186	37 130	18 311	18 819
35-39	18 765	9 346	9 420	22 123	10 999	11 124	27 144	13 398	13 746	31 326	15 387	15 938
40-44	16 250	8 071	8 178	18 249	9 046	9 203	21 588	10 683	10 905	26 515	13 006	13 509
45-49	13 998	6 877	7 121	15 720	7 757	7 964	17 710	8 721	8 989	20 980	10 306	10 674
50-54	12 316	6 006	6 310	13 400	6 521	6 879	15 091	7 373	7 718	17 061	8 320	8 740
55-59	10 053	4 862	5 192	11 602	5 577	6 024	12 663	6 072	6 591	14 311	6 897	7 414
60-64	7 844	3 733	4 112	9 221	4 367	4 854	10 683	5 027	5 656	11 724	5 514	6 211
65-69	6 327	2 942	3 385	6 910	3 192	3 718	8 170	3 754	4 415	9 524	4 357	5 167
70-74	4 510	2 041	2 469	5 203	2 323	2 880	5 730	2 540	3 190	6 865	3 034	3 831
75-79	2 845	1 250	1 595	3 362	1 443	1 919	3 927	1 660	2 267	4 410	1 852	2 558
80+	2 227	906	1 320	2 744	1 105	1 639	...	...	...	...	...	...
80-84	...	...	...	...	...	...	2 164	868	1 296	2 608	1 030	1 578
85-89	...	...	...	...	...	...	896	345	552	1 128	418	710
90-94	...	...	...	...	...	...	268	97	171	354	126	228
95-99	...	...	...	...	...	...	51	18	33	77	26	51
100+	...	...	...	...	...	...	8	3	5	11	4	7

年齢	2000 総数	男	女	2005 総数	男	女	2010 総数	男	女	2015 総数	男	女
総数	526 890	260 999	265 891	563 826	279 063	284 763	599 823	296 659	303 164	634 387	313 509	320 878
0-4	57 234	29 146	28 089	56 665	28 888	27 777	54 081	27 603	26 478	53 496	27 307	26 189
5-9	55 908	28 451	27 457	56 597	28 826	27 770	56 208	28 651	27 557	53 735	27 415	26 320
10-14	55 216	28 065	27 152	55 260	28 128	27 131	56 218	28 632	27 586	55 937	28 506	27 430
15-19	53 293	26 913	26 380	54 315	27 556	26 759	54 743	27 827	26 917	55 797	28 379	27 417
20-24	49 108	24 581	24 527	51 979	26 128	25 851	53 510	27 041	26 468	54 071	27 391	26 681
25-29	43 976	21 842	22 134	47 724	23 760	23 963	51 116	25 568	25 549	52 765	26 548	26 217
30-34	40 259	19 893	20 366	42 809	21 144	21 666	46 949	23 256	23 692	50 402	25 092	25 310
35-39	36 319	17 801	18 517	39 318	19 310	20 007	42 131	20 704	21 427	46 291	22 824	23 467
40-44	30 587	14 942	15 645	35 451	17 272	18 179	38 628	18 877	19 750	41 470	20 287	21 183
45-49	25 786	12 572	13 213	29 733	14 423	15 311	34 680	16 799	17 880	37 875	18 414	19 461
50-54	20 257	9 880	10 377	24 928	12 054	12 874	28 895	13 910	14 986	33 794	16 254	17 540
55-59	16 249	7 844	8 405	19 315	9 320	9 995	23 920	11 443	12 476	27 831	13 263	14 568
60-64	13 344	6 327	7 017	15 219	7 242	7 978	18 223	8 665	9 558	22 662	10 691	11 971
65-69	10 597	4 870	5 727	12 138	5 638	6 500	13 949	6 502	7 446	16 801	7 833	8 968
70-74	8 182	3 623	4 560	9 211	4 102	5 109	10 640	4 797	5 843	12 335	5 590	6 745
75-79	5 462	2 308	3 154	6 661	2 809	3 852	7 541	3 220	4 321	8 822	3 822	5 001
80+	...	...	...	...	...	...	...	...	...	...	...	...
80-84	3 066	1 214	1 852	3 902	1 552	2 350	4 884	1 941	2 944	5 642	2 274	3 369
85-89	1 446	526	919	1 777	647	1 131	2 401	876	1 525	3 098	1 130	1 968
90-94	475	160	315	643	210	433	850	275	576	1 200	388	812
95-99	109	35	74	154	46	108	221	63	158	308	86	222
100+	17	5	12	26	8	19	35	10	26	52	13	39

性・年齢別人口（千人）

年齢	2015 総数	男	女	2020 総数	男	女	2025 総数	男	女	2030 総数	男	女
総数	634 387	313 509	320 878	666 502	329 141	337 361	695 584	343 272	352 313	721 067	355 641	365 426
0-4	53 496	27 307	26 189	52 507	26 814	25 693	51 075	26 098	24 977	49 376	25 242	24 135
5-9	53 735	27 415	26 320	53 216	27 152	26 064	52 273	26 685	25 588	50 875	25 988	24 886
10-14	55 937	28 506	27 430	53 495	27 284	26 210	53 008	27 038	25 970	52 084	26 581	25 503
15-19	55 797	28 379	27 417	55 551	28 278	27 273	53 156	27 084	26 072	52 693	26 851	25 842
20-24	54 071	27 391	26 681	55 172	27 977	27 195	54 991	27 917	27 074	52 644	26 756	25 889
25-29	52 765	26 548	26 217	53 372	26 928	26 443	54 532	27 554	26 978	54 395	27 524	26 871
30-34	50 402	25 092	25 310	52 090	26 099	25 991	52 752	26 517	26 236	53 948	27 167	26 781
35-39	46 291	22 824	23 467	49 749	24 663	25 086	51 480	25 697	25 783	52 181	26 142	26 039
40-44	41 470	20 287	21 183	45 628	22 399	23 229	49 100	24 245	24 855	50 863	25 301	25 562
45-49	37 875	18 414	19 461	40 733	19 825	20 908	44 883	21 930	22 953	48 359	23 779	24 580
50-54	33 794	16 254	17 540	36 983	17 862	19 121	39 849	19 278	20 570	43 979	21 372	22 607
55-59	27 831	13 263	14 568	32 653	15 560	17 092	35 836	17 165	18 671	38 710	18 589	20 121
60-64	22 662	10 691	11 971	26 471	12 452	14 020	31 181	14 683	16 498	34 350	16 281	18 068
65-69	16 801	7 833	8 968	21 028	9 742	11 287	24 704	11 425	13 279	29 258	13 569	15 689
70-74	12 335	5 590	6 745	14 994	6 809	8 185	18 927	8 555	10 372	22 406	10 130	12 276
75-79	8 822	3 822	5 001	10 361	4 525	5 836	12 736	5 581	7 155	16 256	7 106	9 150
80+	...	...	...									
80-84	5 642	2 274	3 369	6 710	2 751	3 959	8 005	3 315	4 690	9 982	4 156	5 826
85-89	3 098	1 130	1 968	3 668	1 361	2 306	4 441	1 677	2 764	5 403	2 065	3 338
90-94	1 200	388	812	1 593	516	1 078	1 930	633	1 296	2 383	794	1 589
95-99	308	86	222	449	125	324	607	167	440	753	208	545
100+	52	13	39	80	20	60	120	28	91	168	39	130

年齢	2035 総数	男	女	2040 総数	男	女	2045 総数	男	女	2050 総数	男	女
総数	742 747	366 195	376 552	760 484	374 921	385 563	774 305	381 885	392 420	784 247	387 118	397 129
0-4	47 697	24 392	23 305	46 164	23 614	22 550	44 780	22 910	21 870	43 509	22 262	21 247
5-9	49 203	25 148	24 055	47 542	24 309	23 233	46 024	23 540	22 484	44 650	22 842	21 808
10-14	50 702	25 893	24 808	49 039	25 058	23 980	47 384	24 223	23 161	45 871	23 457	22 414
15-19	51 792	26 409	25 384	50 423	25 731	24 692	48 772	24 904	23 868	47 128	24 077	23 052
20-24	52 221	26 551	25 669	51 347	26 130	25 216	50 003	25 473	24 530	48 374	24 664	23 710
25-29	52 106	26 408	25 698	51 718	26 233	25 485	50 876	25 839	25 037	49 563	25 206	24 357
30-34	53 861	27 175	26 685	51 622	26 100	25 523	51 270	25 954	25 317	50 462	25 586	24 876
35-39	53 418	26 823	26 595	53 374	26 866	26 508	51 188	25 829	25 358	50 872	25 712	25 160
40-44	51 611	25 780	25 831	52 885	26 490	26 395	52 888	26 568	26 320	50 758	25 573	25 185
45-49	50 164	24 865	25 299	50 962	25 381	25 581	52 279	26 123	26 155	52 334	26 239	26 096
50-54	47 462	23 229	24 233	49 316	24 349	24 967	50 175	24 909	25 266	51 541	25 686	25 855
55-59	42 817	20 671	22 146	46 307	22 535	23 772	48 219	23 695	24 524	49 153	24 305	24 848
60-64	37 230	17 712	19 517	41 304	19 776	21 528	44 801	21 647	23 154	46 783	22 852	23 931
65-69	32 392	15 147	17 245	35 271	16 581	18 690	39 295	18 617	20 678	42 787	20 487	22 300
70-74	26 725	12 141	14 584	29 786	13 676	16 110	32 643	15 102	17 541	36 568	17 082	19 486
75-79	19 435	8 516	10 918	23 401	10 334	13 067	26 322	11 790	14 533	29 094	13 171	15 924
80+	...	...	...	...	...	...						
80-84	12 923	5 382	7 542	15 654	6 556	9 099	19 096	8 095	11 002	21 742	9 392	12 349
85-89	6 854	2 637	4 218	9 037	3 490	5 547	11 140	4 348	6 792	13 822	5 493	8 328
90-94	2 968	1 002	1 966	3 840	1 307	2 533	5 181	1 780	3 401	6 525	2 280	4 245
95-99	948	264	684	1 213	342	870	1 604	457	1 147	2 221	643	1 578
100+	217	49	168	279	63	217	365	82	283	489	111	378

年齢	2055 総数	男	女	2060 総数	男	女
総数	790 450	390 685	399 765	792 959	392 516	400 443
0-4	42 245	21 617	20 628	40 997	20 979	20 018
5-9	43 391	22 200	21 190	42 136	21 560	20 576
10-14	44 508	22 765	21 743	43 257	22 128	21 129
15-19	45 632	23 321	22 311	44 285	22 638	21 647
20-24	46 761	23 857	22 904	45 293	23 121	22 172
25-29	47 973	24 425	23 548	46 395	23 643	22 752
30-34	49 189	24 982	24 207	47 635	24 227	23 408
35-39	50 103	25 373	24 730	48 867	24 794	24 072
40-44	50 485	25 485	25 000	49 754	25 172	24 582
45-49	50 272	25 289	24 983	50 044	25 231	24 813
50-54	51 660	25 844	25 816	49 678	24 946	24 732
55-59	50 580	25 124	25 456	50 776	25 331	25 445
60-64	47 810	23 522	24 288	49 309	24 386	24 923
65-69	44 848	21 739	23 108	45 979	22 472	23 508
70-74	40 024	18 932	21 092	42 149	20 216	21 933
75-79	32 833	15 045	17 788	36 171	16 818	19 353
80+	...	...	...	...	...	...
80-84	24 308	10 660	13 649	27 683	12 320	15 362
85-89	15 996	6 526	9 469	18 137	7 548	10 590
90-94	8 274	2 969	5 305	9 766	3 628	6 138
95-99	2 869	850	2 019	3 728	1 142	2 586
100+	688	159	529	921	216	705

性・年齢別人口（千人）

年齢	2015 総数	男	女	2020 総数	男	女	2025 総数	男	女	2030 総数	男	女
総数	634 387	313 509	320 878	672 904	332 410	340 494	712 371	351 847	360 525	750 821	370 843	379 978
0-4	53 496	27 307	26 189	58 909	30 084	28 826	61 480	31 415	30 065	62 381	31 890	30 490
5-9	53 735	27 415	26 320	53 216	27 152	26 064	58 655	29 943	28 712	61 252	31 289	29 962
10-14	55 937	28 506	27 430	53 495	27 284	26 210	53 008	27 038	25 970	58 457	29 833	28 624
15-19	55 797	28 379	27 417	55 551	28 278	27 273	53 156	27 084	26 072	52 693	26 851	25 842
20-24	54 071	27 391	26 681	55 172	27 977	27 195	54 991	27 917	27 074	52 644	26 756	25 889
25-29	52 765	26 548	26 217	53 372	26 928	26 443	54 532	27 554	26 978	54 395	27 524	26 871
30-34	50 402	25 092	25 310	52 090	26 099	25 991	52 752	26 517	26 236	53 948	27 167	26 781
35-39	46 291	22 824	23 467	49 749	24 663	25 086	51 480	25 697	25 783	52 181	26 142	26 039
40-44	41 470	20 287	21 183	45 628	22 399	23 229	49 100	24 245	24 855	50 863	25 301	25 562
45-49	37 875	18 414	19 461	40 733	19 825	20 908	44 883	21 930	22 953	48 359	23 779	24 580
50-54	33 794	16 254	17 540	36 983	17 862	19 121	39 849	19 278	20 570	43 979	21 372	22 607
55-59	27 831	13 263	14 568	32 653	15 560	17 092	35 836	17 165	18 671	38 710	18 589	20 121
60-64	22 662	10 691	11 971	26 471	12 452	14 020	31 181	14 683	16 498	34 350	16 281	18 068
65-69	16 801	7 833	8 968	21 028	9 742	11 287	24 704	11 425	13 279	29 258	13 569	15 689
70-74	12 335	5 590	6 745	14 994	6 809	8 185	18 927	8 555	10 372	22 406	10 130	12 276
75-79	8 822	3 822	5 001	10 361	4 525	5 836	12 736	5 581	7 155	16 256	7 106	9 150
80+	...	...	...	...	...	...	...	...	...	...	...	...
80-84	5 642	2 274	3 369	6 710	2 751	3 959	8 005	3 315	4 690	9 982	4 156	5 826
85-89	3 098	1 130	1 968	3 668	1 361	2 306	4 441	1 677	2 764	5 403	2 065	3 338
90-94	1 200	388	812	1 593	516	1 078	1 930	633	1 296	2 383	794	1 589
95-99	308	86	222	449	125	324	607	167	440	753	208	545
100+	52	13	39	80	20	60	120	28	91	168	39	130

年齢	2035 総数	男	女	2040 総数	男	女	2045 総数	男	女	2050 総数	男	女
総数	785 793	388 191	397 603	818 179	404 400	413 779	849 043	420 066	428 977	878 924	435 476	443 447
0-4	61 044	31 218	29 826	60 893	31 149	29 744	61 938	31 689	30 249	63 603	32 544	31 059
5-9	62 177	31 780	30 397	60 862	31 120	29 742	60 725	31 060	29 665	61 781	31 606	30 175
10-14	61 066	31 187	29 879	61 998	31 681	30 317	60 691	31 027	29 664	60 560	30 970	29 590
15-19	58 153	29 653	28 500	60 770	31 013	29 758	61 713	31 515	30 198	60 418	30 869	29 549
20-24	52 221	26 551	25 669	57 686	29 359	28 328	60 319	30 731	29 587	61 280	31 249	30 031
25-29	52 106	26 408	25 698	51 718	26 233	25 485	57 191	29 048	28 142	59 842	30 437	29 405
30-34	53 861	27 175	26 685	51 622	26 100	25 523	51 270	25 954	25 317	56 750	28 777	27 973
35-39	53 418	26 823	26 595	53 374	26 866	26 508	51 188	25 829	25 358	50 872	25 712	25 160
40-44	51 611	25 780	25 831	52 885	26 490	26 395	52 888	26 568	26 320	50 758	25 573	25 185
45-49	50 164	24 865	25 299	50 962	25 381	25 581	52 279	26 123	26 155	52 334	26 239	26 096
50-54	47 462	23 229	24 233	49 316	24 349	24 967	50 175	24 909	25 266	51 541	25 686	25 855
55-59	42 817	20 671	22 146	46 307	22 535	23 772	48 219	23 695	24 524	49 153	24 305	24 848
60-64	37 230	17 712	19 517	41 304	19 776	21 528	44 801	21 647	23 154	46 783	22 852	23 931
65-69	32 392	15 147	17 245	35 271	16 581	18 690	39 295	18 617	20 678	42 787	20 487	22 300
70-74	26 725	12 141	14 584	29 786	13 676	16 110	32 643	15 102	17 541	36 568	17 082	19 486
75-79	19 435	8 516	10 918	23 401	10 334	13 067	26 322	11 790	14 533	29 094	13 171	15 924
80+	...	...	...	...	...	...	...	...	...	...	...	...
80-84	12 923	5 382	7 542	15 654	6 556	9 099	19 096	8 095	11 002	21 742	9 392	12 349
85-89	6 854	2 637	4 218	9 037	3 490	5 547	11 140	4 348	6 792	13 822	5 493	8 328
90-94	2 968	1 002	1 966	3 840	1 307	2 533	5 181	1 780	3 401	6 525	2 280	4 245
95-99	948	264	684	1 213	342	870	1 604	457	1 147	2 221	643	1 578
100+	217	49	168	279	63	217	365	82	283	489	111	378

年齢	2055 総数	男	女	2060 総数	男	女
総数	907 769	450 599	457 170	934 967	465 032	469 935
0-4	65 085	33 305	31 780	65 931	33 740	32 192
5-9	63 455	32 467	30 989	64 946	33 232	31 714
10-14	61 625	31 521	30 104	63 308	32 386	30 921
15-19	60 305	30 823	29 482	61 385	31 383	30 001
20-24	60 020	30 627	29 393	59 935	30 601	29 334
25-29	60 839	30 981	29 858	59 616	30 386	29 230
30-34	59 430	30 187	29 243	60 458	30 753	29 705
35-39	56 363	28 545	27 818	59 066	29 973	29 094
40-44	50 485	25 485	25 000	55 981	28 324	27 657
45-49	50 272	25 289	24 983	50 044	25 231	24 813
50-54	51 660	25 844	25 816	49 678	24 946	24 732
55-59	50 580	25 124	25 456	50 776	25 331	25 445
60-64	47 810	23 522	24 288	49 309	24 386	24 923
65-69	44 848	21 739	23 108	45 979	22 472	23 508
70-74	40 024	18 932	21 092	42 149	20 216	21 933
75-79	32 833	15 045	17 788	36 171	16 818	19 353
80+	...	...	...	...	...	...
80-84	24 308	10 660	13 649	27 683	12 320	15 362
85-89	15 996	6 526	9 469	18 137	7 548	10 590
90-94	8 274	2 969	5 305	9 766	3 628	6 138
95-99	2 869	850	2 019	3 728	1 142	2 586
100+	688	159	529	921	216	705

性・年齢別人口（千人）

年齢	2015			2020			2025			2030		
	総数	男	女	総数	男	女	総数	男	女	総数	男	女
総数	634 387	313 509	320 878	660 100	325 871	334 229	678 797	334 696	344 101	691 312	340 438	350 874
0-4	53 496	27 307	26 189	46 105	23 544	22 561	40 670	20 781	19 889	36 372	18 593	17 779
5-9	53 735	27 415	26 320	53 216	27 152	26 064	45 891	23 427	22 464	40 498	20 687	19 811
10-14	55 937	28 506	27 430	53 495	27 284	26 210	53 008	27 038	25 970	45 711	23 328	22 383
15-19	55 797	28 379	27 417	55 551	28 278	27 273	53 156	27 084	26 072	52 693	26 851	25 842
20-24	54 071	27 391	26 681	55 172	27 977	27 195	54 991	27 917	27 074	52 644	26 756	25 889
25-29	52 765	26 548	26 217	53 372	26 928	26 443	54 532	27 554	26 978	54 395	27 524	26 871
30-34	50 402	25 092	25 310	52 090	26 099	25 991	52 752	26 517	26 236	53 948	27 167	26 781
35-39	46 291	22 824	23 467	49 749	24 663	25 086	51 480	25 697	25 783	52 181	26 142	26 039
40-44	41 470	20 287	21 183	45 628	22 399	23 229	49 100	24 245	24 855	50 863	25 301	25 562
45-49	37 875	18 414	19 461	40 733	19 825	20 908	44 883	21 930	22 953	48 359	23 779	24 580
50-54	33 794	16 254	17 540	36 983	17 862	19 121	39 849	19 278	20 570	43 979	21 372	22 607
55-59	27 831	13 263	14 568	32 653	15 560	17 092	35 836	17 165	18 671	38 710	18 589	20 121
60-64	22 662	10 691	11 971	26 471	12 452	14 020	31 181	14 683	16 498	34 350	16 281	18 068
65-69	16 801	7 833	8 968	21 028	9 742	11 287	24 704	11 425	13 279	29 258	13 569	15 689
70-74	12 335	5 590	6 745	14 994	6 809	8 185	18 927	8 555	10 372	22 406	10 130	12 276
75-79	8 822	3 822	5 001	10 361	4 525	5 836	12 736	5 581	7 155	16 256	7 106	9 150
80+	...	...	...	...	...	...	...	...	...	...	...	...
80-84	5 642	2 274	3 369	6 710	2 751	3 959	8 005	3 315	4 690	9 982	4 156	5 826
85-89	3 098	1 130	1 968	3 668	1 361	2 306	4 441	1 677	2 764	5 403	2 065	3 338
90-94	1 200	388	812	1 593	516	1 078	1 930	633	1 296	2 383	794	1 589
95-99	308	86	222	449	125	324	607	167	440	753	208	545
100+	52	13	39	80	20	60	120	28	91	168	39	130

年齢	2035			2040			2045			2050		
	総数	男	女	総数	男	女	総数	男	女	総数	男	女
総数	699 903	344 303	355 600	703 879	345 999	357 880	702 716	345 315	357 401	696 204	342 154	354 050
0-4	34 551	17 669	16 883	32 323	16 533	15 789	29 682	15 185	14 497	26 903	13 765	13 138
5-9	36 230	18 517	17 713	34 424	17 601	16 823	32 208	16 473	15 735	29 578	15 131	14 447
10-14	40 338	20 600	19 738	36 079	18 435	17 644	34 279	17 523	16 756	32 067	16 397	15 670
15-19	45 431	23 164	22 267	40 077	20 449	19 627	35 832	18 294	17 538	34 040	17 388	16 653
20-24	52 221	26 551	25 669	45 007	22 902	22 105	39 687	20 214	19 473	35 468	18 078	17 389
25-29	52 106	26 408	25 698	51 718	26 233	25 485	44 562	22 630	21 932	39 284	19 974	19 310
30-34	53 861	27 175	26 685	51 622	26 100	25 523	51 270	25 954	25 317	44 174	22 396	21 778
35-39	53 418	26 823	26 595	53 374	26 866	26 508	51 188	25 829	25 358	50 872	25 712	25 160
40-44	51 611	25 780	25 831	52 885	26 490	26 395	52 888	26 568	26 320	50 758	25 573	25 185
45-49	50 164	24 865	25 299	50 962	25 381	25 581	52 279	26 123	26 155	52 334	26 239	26 096
50-54	47 462	23 229	24 233	49 316	24 349	24 967	50 175	24 909	25 266	51 541	25 686	25 855
55-59	42 817	20 671	22 146	46 307	22 535	23 772	48 219	23 695	24 524	49 153	24 305	24 848
60-64	37 230	17 712	19 517	41 304	19 776	21 528	44 801	21 647	23 154	46 783	22 852	23 931
65-69	32 392	15 147	17 245	35 271	16 581	18 690	39 295	18 617	20 678	42 787	20 487	22 300
70-74	26 725	12 141	14 584	29 786	13 676	16 110	32 643	15 102	17 541	36 568	17 082	19 486
75-79	19 435	8 516	10 918	23 401	10 334	13 067	26 322	11 790	14 533	29 094	13 171	15 924
80+	...	...	...	...	...	...	...	...	...	...	...	...
80-84	12 923	5 382	7 542	15 654	6 556	9 099	19 096	8 095	11 002	21 742	9 392	12 349
85-89	6 854	2 637	4 218	9 037	3 490	5 547	11 140	4 348	6 792	13 822	5 493	8 328
90-94	2 968	1 002	1 966	3 840	1 307	2 533	5 181	1 780	3 401	6 525	2 280	4 245
95-99	948	264	684	1 213	342	870	1 604	457	1 147	2 221	643	1 578
100+	217	49	168	279	63	217	365	82	283	489	111	378

年齢	2055			2060		
	総数	男	女	総数	男	女
総数	684 637	336 657	347 980	668 510	328 985	339 526
0-4	24 285	12 426	11 859	22 128	11 323	10 805
5-9	26 810	13 716	13 093	24 201	12 383	11 818
10-14	29 447	15 060	14 387	26 687	13 651	13 037
15-19	31 845	16 272	15 573	29 240	14 944	14 296
20-24	33 703	17 190	16 513	31 534	16 092	15 442
25-29	35 108	17 869	17 238	33 374	17 002	16 372
30-34	38 948	19 777	19 171	34 812	17 700	17 112
35-39	43 844	22 201	21 643	38 667	19 616	19 051
40-44	50 485	25 485	25 000	43 528	22 021	21 507
45-49	50 272	25 289	24 983	50 044	25 231	24 813
50-54	51 660	25 844	25 816	49 678	24 946	24 732
55-59	50 580	25 124	25 456	50 776	25 331	25 445
60-64	47 810	23 522	24 288	49 309	24 386	24 923
65-69	44 848	21 739	23 108	45 979	22 472	23 508
70-74	40 024	18 932	21 092	42 149	20 216	21 933
75-79	32 833	15 045	17 788	36 171	16 818	19 353
80+	...	...	...	...	...	...
80-84	24 308	10 660	13 649	27 683	12 320	15 362
85-89	15 996	6 526	9 469	18 137	7 548	10 590
90-94	8 274	2 969	5 305	9 766	3 628	6 138
95-99	2 869	850	2 019	3 728	1 142	2 586
100+	688	159	529	921	216	705

Caribbean

性・年齢別人口（千人）

年齢	1960 総数	男	女	1965 総数	男	女	1970 総数	男	女	1975 総数	男	女
総数	20 724	10 348	10 376	23 088	11 502	11 586	25 306	12 634	12 672	27 629	13 775	13 854
0-4	3 233	1 639	1 594	3 793	1 922	1 870	3 808	1 935	1 873	3 763	1 912	1 851
5-9	2 810	1 421	1 389	3 061	1 547	1 514	3 645	1 847	1 799	3 710	1 882	1 828
10-14	2 335	1 178	1 157	2 698	1 353	1 346	2 989	1 508	1 481	3 568	1 802	1 767
15-19	2 012	1 004	1 008	2 168	1 075	1 093	2 548	1 271	1 278	2 868	1 437	1 431
20-24	1 732	848	884	1 858	915	943	2 001	983	1 018	2 398	1 186	1 212
25-29	1 466	712	754	1 629	794	835	1 708	840	868	1 886	923	964
30-34	1 283	623	660	1 402	681	721	1 516	746	771	1 631	802	829
35-39	1 151	562	589	1 235	603	632	1 317	646	671	1 457	716	741
40-44	1 022	508	514	1 089	536	552	1 154	569	586	1 260	618	642
45-49	933	467	466	972	484	488	1 018	503	515	1 102	542	560
50-54	786	399	387	865	434	431	902	449	453	960	473	487
55-59	644	333	311	731	369	363	803	400	403	840	415	424
60-64	474	243	231	590	300	290	675	337	338	734	363	371
65-69	333	166	167	410	208	202	526	266	260	593	292	301
70-74	252	126	126	274	134	139	333	168	166	430	213	217
75-79	149	72	77	180	89	92	194	93	101	242	117	125
80+	110	48	62	132	59	74	167	74	93	186	81	104
80-84	…	…	…	…	…	…	…	…	…	…	…	…
85-89	…	…	…	…	…	…	…	…	…	…	…	…
90-94	…	…	…	…	…	…	…	…	…	…	…	…
95-99	…	…	…	…	…	…	…	…	…	…	…	…
100+	…	…	…	…	…	…	…	…	…	…	…	…

年齢	1980 総数	男	女	1985 総数	男	女	1990 総数	男	女	1995 総数	男	女
総数	29 748	14 827	14 922	31 920	15 901	16 019	34 198	17 012	17 185	36 375	18 078	18 297
0-4	3 569	1 815	1 754	3 838	1 955	1 883	3 985	2 032	1 953	3 948	2 015	1 933
5-9	3 662	1 861	1 801	3 474	1 765	1 709	3 736	1 900	1 836	3 904	1 987	1 917
10-14	3 631	1 839	1 791	3 612	1 828	1 784	3 415	1 726	1 688	3 667	1 855	1 812
15-19	3 427	1 722	1 705	3 517	1 768	1 749	3 487	1 753	1 733	3 313	1 665	1 648
20-24	2 647	1 313	1 334	3 209	1 596	1 612	3 293	1 641	1 652	3 294	1 642	1 652
25-29	2 253	1 108	1 145	2 480	1 226	1 254	3 048	1 510	1 538	3 122	1 545	1 576
30-34	1 822	894	928	2 156	1 061	1 095	2 381	1 175	1 206	2 925	1 443	1 482
35-39	1 595	786	808	1 729	851	878	2 078	1 023	1 055	2 306	1 139	1 167
40-44	1 421	699	721	1 529	757	772	1 690	833	857	2 017	996	1 021
45-49	1 214	596	617	1 367	674	694	1 481	734	747	1 640	809	831
50-54	1 050	515	535	1 156	569	587	1 310	644	666	1 438	711	727
55-59	906	444	462	996	487	509	1 098	536	562	1 253	613	640
60-64	784	384	400	840	409	431	930	449	480	1 031	499	533
65-69	669	326	343	706	342	364	769	368	401	844	403	441
70-74	503	244	259	560	267	292	601	284	317	659	309	351
75-79	330	161	169	395	186	209	446	206	240	475	217	258
80+	266	117	149	355	159	196	…	…	…	…	…	…
80-84	…	…	…	…	…	…	275	123	153	317	138	178
85-89	…	…	…	…	…	…	125	55	70	155	65	89
90-94	…	…	…	…	…	…	42	17	25	54	23	31
95-99	…	…	…	…	…	…	7	3	4	13	5	8
100+	…	…	…	…	…	…	1	1	1	2	1	1

年齢	2000 総数	男	女	2005 総数	男	女	2010 総数	男	女	2015 総数	男	女
総数	38 314	19 015	19 299	40 028	19 850	20 178	41 621	20 636	20 985	43 199	21 406	21 794
0-4	3 849	1 965	1 884	3 752	1 916	1 836	3 678	1 878	1 800	3 593	1 836	1 757
5-9	3 876	1 976	1 900	3 783	1 931	1 852	3 680	1 880	1 800	3 618	1 847	1 771
10-14	3 848	1 952	1 896	3 791	1 932	1 859	3 701	1 891	1 810	3 620	1 849	1 771
15-19	3 539	1 781	1 758	3 740	1 896	1 844	3 688	1 874	1 814	3 620	1 843	1 777
20-24	3 098	1 540	1 558	3 367	1 683	1 685	3 568	1 797	1 771	3 555	1 796	1 760
25-29	3 116	1 540	1 576	2 940	1 455	1 485	3 218	1 599	1 620	3 443	1 727	1 716
30-34	3 013	1 486	1 527	2 990	1 471	1 519	2 819	1 386	1 433	3 105	1 534	1 571
35-39	2 843	1 401	1 443	2 928	1 438	1 490	2 905	1 425	1 480	2 734	1 339	1 396
40-44	2 229	1 101	1 128	2 754	1 353	1 400	2 841	1 395	1 446	2 823	1 385	1 439
45-49	1 951	962	989	2 145	1 051	1 095	2 667	1 311	1 355	2 758	1 354	1 403
50-54	1 589	782	808	1 897	929	968	2 081	1 018	1 064	2 596	1 272	1 324
55-59	1 365	670	695	1 498	731	767	1 791	872	919	1 988	966	1 022
60-64	1 178	569	608	1 279	621	657	1 420	687	733	1 704	823	882
65-69	944	448	495	1 069	510	559	1 160	557	604	1 304	622	682
70-74	733	342	391	814	378	435	929	433	496	1 018	477	541
75-79	526	239	287	587	266	321	660	297	362	766	347	420
80+	…	…	…	…	…	…	…	…	…	…	…	…
80-84	343	150	192	377	163	215	431	187	244	495	213	281
85-89	184	75	108	203	84	119	239	96	143	279	113	166
90-94	70	28	42	86	33	53	104	40	65	127	47	80
95-99	18	7	11	24	9	15	33	12	22	42	14	28
100+	3	1	2	5	2	3	7	2	4	9	3	6

性・年齢別人口（千人）

年齢	2015 総数	男	女	2020 総数	男	女	2025 総数	男	女	2030 総数	男	女
総数	43 199	21 406	21 794	44 552	22 053	22 499	45 729	22 614	23 115	46 700	23 074	23 626
0-4	3 593	1 836	1 757	3 518	1 797	1 721	3 391	1 733	1 659	3 263	1 667	1 596
5-9	3 618	1 847	1 771	3 542	1 809	1 733	3 474	1 774	1 701	3 354	1 712	1 641
10-14	3 620	1 849	1 771	3 558	1 815	1 744	3 492	1 781	1 711	3 431	1 749	1 682
15-19	3 620	1 843	1 777	3 531	1 796	1 734	3 480	1 768	1 712	3 421	1 739	1 683
20-24	3 555	1 796	1 760	3 482	1 763	1 720	3 408	1 724	1 684	3 368	1 701	1 667
25-29	3 443	1 727	1 716	3 418	1 719	1 698	3 358	1 694	1 665	3 294	1 660	1 634
30-34	3 105	1 534	1 571	3 328	1 663	1 664	3 312	1 661	1 651	3 260	1 640	1 621
35-39	2 734	1 339	1 396	3 011	1 483	1 528	3 239	1 615	1 623	3 229	1 616	1 612
40-44	2 823	1 385	1 439	2 657	1 298	1 359	2 934	1 443	1 491	3 165	1 577	1 588
45-49	2 758	1 354	1 403	2 748	1 344	1 404	2 587	1 260	1 326	2 862	1 404	1 458
50-54	2 596	1 272	1 324	2 683	1 312	1 371	2 678	1 304	1 374	2 520	1 223	1 297
55-59	1 988	966	1 022	2 495	1 215	1 280	2 586	1 257	1 329	2 586	1 252	1 333
60-64	1 704	823	882	1 887	908	979	2 377	1 147	1 230	2 471	1 191	1 280
65-69	1 304	622	682	1 572	748	824	1 748	829	919	2 216	1 056	1 160
70-74	1 018	477	541	1 155	539	616	1 400	652	748	1 566	728	838
75-79	766	347	420	845	384	461	969	439	530	1 184	537	648
80+	...	...	...	...	...	...	...	...	...	...	...	...
80-84	495	213	281	579	251	329	646	281	364	751	327	425
85-89	279	113	166	327	132	195	388	158	230	439	180	259
90-94	127	47	80	152	56	95	180	67	114	219	81	137
95-99	42	14	28	53	17	35	64	21	43	78	26	52
100+	9	3	6	13	4	9	17	5	12	22	6	16

年齢	2035 総数	男	女	2040 総数	男	女	2045 総数	男	女	2050 総数	男	女
総数	47 441	23 423	24 017	47 923	23 648	24 275	48 146	23 748	24 398	48 100	23 720	24 380
0-4	3 140	1 606	1 535	3 028	1 549	1 479	2 919	1 494	1 425	2 806	1 436	1 370
5-9	3 230	1 650	1 581	3 111	1 590	1 521	3 001	1 535	1 466	2 894	1 481	1 414
10-14	3 315	1 690	1 625	3 194	1 628	1 565	3 076	1 569	1 506	2 967	1 515	1 452
15-19	3 366	1 710	1 657	3 252	1 652	1 601	3 133	1 591	1 542	3 017	1 533	1 484
20-24	3 317	1 676	1 641	3 265	1 649	1 616	3 154	1 592	1 561	3 037	1 534	1 504
25-29	3 261	1 641	1 620	3 213	1 618	1 595	3 164	1 593	1 572	3 057	1 538	1 519
30-34	3 203	1 610	1 593	3 173	1 593	1 580	3 129	1 572	1 557	3 083	1 548	1 534
35-39	3 183	1 598	1 585	3 129	1 571	1 558	3 101	1 555	1 547	3 060	1 536	1 525
40-44	3 160	1 580	1 579	3 117	1 564	1 553	3 066	1 538	1 528	3 041	1 524	1 517
45-49	3 094	1 538	1 556	3 091	1 543	1 549	3 052	1 528	1 524	3 005	1 505	1 500
50-54	2 792	1 364	1 427	3 023	1 498	1 526	3 024	1 505	1 519	2 988	1 492	1 496
55-59	2 432	1 173	1 259	2 697	1 310	1 387	2 927	1 443	1 485	2 932	1 452	1 480
60-64	2 475	1 190	1 286	2 327	1 113	1 214	2 582	1 244	1 338	2 810	1 375	1 435
65-69	2 312	1 102	1 210	2 321	1 104	1 218	2 179	1 031	1 149	2 420	1 153	1 268
70-74	2 002	938	1 064	2 099	984	1 114	2 114	990	1 124	1 980	921	1 059
75-79	1 334	604	730	1 725	790	935	1 820	836	984	1 841	845	996
80+	...	...	...	...	...	...	...	...	...	...	...	...
80-84	928	405	523	1 054	460	594	1 385	614	771	1 473	657	817
85-89	520	214	307	651	269	382	747	310	437	1 001	424	577
90-94	252	95	157	305	116	189	388	149	240	451	174	278
95-99	96	32	64	114	38	75	141	48	93	183	63	120
100+	28	8	20	35	10	25	42	12	30	53	15	38

年齢	2055 総数	男	女	2060 総数	男	女
総数	47 818	23 580	24 238	47 334	23 347	23 988
0-4	2 692	1 379	1 314	2 580	1 321	1 259
5-9	2 784	1 425	1 359	2 672	1 368	1 304
10-14	2 863	1 462	1 401	2 755	1 407	1 347
15-19	2 912	1 481	1 431	2 811	1 430	1 381
20-24	2 927	1 479	1 448	2 827	1 430	1 397
25-29	2 947	1 483	1 463	2 842	1 432	1 410
30-34	2 981	1 497	1 484	2 875	1 445	1 431
35-39	3 019	1 514	1 504	2 921	1 466	1 455
40-44	3 004	1 507	1 497	2 966	1 488	1 478
45-49	2 983	1 493	1 491	2 950	1 478	1 472
50-54	2 944	1 471	1 473	2 926	1 461	1 465
55-59	2 901	1 442	1 458	2 862	1 424	1 438
60-64	2 820	1 387	1 433	2 795	1 381	1 414
65-69	2 645	1 281	1 365	2 662	1 296	1 366
70-74	2 201	1 031	1 170	2 420	1 155	1 266
75-79	1 716	781	936	1 911	875	1 036
80+	...	...	...	...	...	...
80-84	1 498	668	830	1 389	613	776
85-89	1 077	460	617	1 103	472	631
90-94	620	245	375	676	270	406
95-99	216	75	141	304	109	196
100+	69	20	49	85	25	60

Caribbean

性・年齢別人口（千人）

年齢	2015 総数	男	女	2020 総数	男	女	2025 総数	男	女	2030 総数	男	女
総数	43 199	21 406	21 794	44 955	22 259	22 696	46 777	23 150	23 627	48 548	24 018	24 530
0-4	3 593	1 836	1 757	3 921	2 003	1 918	4 039	2 064	1 975	4 068	2 079	1 989
5-9	3 618	1 847	1 771	3 542	1 809	1 733	3 875	1 978	1 896	3 997	2 041	1 956
10-14	3 620	1 849	1 771	3 558	1 815	1 744	3 492	1 781	1 711	3 831	1 953	1 878
15-19	3 620	1 843	1 777	3 531	1 796	1 734	3 480	1 768	1 712	3 421	1 739	1 683
20-24	3 555	1 796	1 760	3 482	1 763	1 720	3 408	1 724	1 684	3 368	1 701	1 667
25-29	3 443	1 727	1 716	3 418	1 719	1 698	3 358	1 694	1 665	3 294	1 660	1 634
30-34	3 105	1 534	1 571	3 328	1 663	1 664	3 312	1 661	1 651	3 260	1 640	1 621
35-39	2 734	1 339	1 396	3 011	1 483	1 528	3 239	1 615	1 623	3 229	1 616	1 612
40-44	2 823	1 385	1 439	2 657	1 298	1 359	2 934	1 443	1 491	3 165	1 577	1 588
45-49	2 758	1 354	1 403	2 748	1 344	1 404	2 587	1 260	1 326	2 862	1 404	1 458
50-54	2 596	1 272	1 324	2 683	1 312	1 371	2 678	1 304	1 374	2 520	1 223	1 297
55-59	1 988	966	1 022	2 495	1 215	1 280	2 586	1 257	1 329	2 586	1 252	1 333
60-64	1 704	823	882	1 887	908	979	2 377	1 147	1 230	2 471	1 191	1 280
65-69	1 304	622	682	1 572	748	824	1 748	829	919	2 216	1 056	1 160
70-74	1 018	477	541	1 155	539	616	1 400	652	748	1 566	728	838
75-79	766	347	420	845	384	461	969	439	530	1 184	537	648
80+	…	…	…	…	…	…	…	…	…	…	…	…
80-84	495	213	281	579	251	329	646	281	364	751	327	425
85-89	279	113	166	327	132	195	388	158	230	439	180	259
90-94	127	47	80	152	56	95	180	67	114	219	81	137
95-99	42	14	28	53	17	35	64	21	43	78	26	52
100+	9	3	6	13	4	9	17	5	12	22	6	16

年齢	2035 総数	男	女	2040 総数	男	女	2045 総数	男	女	2050 総数	男	女
総数	50 102	24 783	25 319	51 478	25 464	26 014	52 741	26 095	26 646	53 918	26 691	27 228
0-4	3 962	2 026	1 936	3 930	2 011	1 920	3 972	2 033	1 939	4 046	2 071	1 975
5-9	4 031	2 058	1 972	3 929	2 008	1 921	3 900	1 994	1 906	3 944	2 018	1 926
10-14	3 957	2 018	1 940	3 992	2 036	1 956	3 892	1 986	1 905	3 864	1 973	1 891
15-19	3 764	1 913	1 852	3 892	1 978	1 914	3 929	1 998	1 932	3 831	1 949	1 882
20-24	3 317	1 676	1 641	3 661	1 850	1 810	3 791	1 917	1 874	3 830	1 938	1 892
25-29	3 261	1 641	1 620	3 213	1 618	1 595	3 558	1 793	1 765	3 691	1 861	1 830
30-34	3 203	1 610	1 593	3 173	1 593	1 580	3 129	1 572	1 557	3 474	1 747	1 727
35-39	3 183	1 598	1 585	3 129	1 571	1 558	3 101	1 555	1 547	3 060	1 536	1 525
40-44	3 160	1 580	1 579	3 117	1 564	1 553	3 066	1 538	1 528	3 041	1 524	1 517
45-49	3 094	1 538	1 556	3 091	1 543	1 549	3 052	1 528	1 524	3 005	1 505	1 500
50-54	2 792	1 364	1 427	3 023	1 498	1 526	3 024	1 505	1 519	2 988	1 492	1 496
55-59	2 432	1 173	1 259	2 697	1 310	1 387	2 927	1 443	1 485	2 932	1 452	1 480
60-64	2 475	1 190	1 286	2 327	1 113	1 214	2 582	1 244	1 338	2 810	1 375	1 435
65-69	2 312	1 102	1 210	2 321	1 104	1 218	2 179	1 031	1 149	2 420	1 153	1 268
70-74	2 002	938	1 064	2 099	984	1 114	2 114	990	1 124	1 980	921	1 059
75-79	1 334	604	730	1 725	790	935	1 820	836	984	1 841	845	996
80+	…	…	…	…	…	…	…	…	…	…	…	…
80-84	928	405	523	1 054	460	594	1 385	614	771	1 473	657	817
85-89	520	214	307	651	269	382	747	310	437	1 001	424	577
90-94	252	95	157	305	116	189	388	149	240	451	174	278
95-99	96	32	64	114	38	75	141	48	93	183	63	120
100+	28	8	20	35	10	25	42	12	30	53	15	38

年齢	2055 総数	男	女	2060 総数	男	女
総数	55 029	27 261	27 768	56 058	27 799	28 259
0-4	4 106	2 102	2 004	4 121	2 110	2 011
5-9	4 019	2 057	1 963	4 082	2 089	1 992
10-14	3 911	1 998	1 913	3 988	2 039	1 950
15-19	3 807	1 938	1 869	3 856	1 965	1 892
20-24	3 738	1 893	1 845	3 719	1 885	1 834
25-29	3 735	1 885	1 851	3 649	1 843	1 806
30-34	3 611	1 817	1 794	3 660	1 843	1 816
35-39	3 407	1 711	1 696	3 547	1 783	1 764
40-44	3 004	1 507	1 497	3 352	1 683	1 669
45-49	2 983	1 493	1 491	2 950	1 478	1 472
50-54	2 944	1 471	1 473	2 926	1 461	1 465
55-59	2 901	1 442	1 458	2 862	1 424	1 438
60-64	2 820	1 387	1 433	2 795	1 381	1 414
65-69	2 645	1 281	1 365	2 662	1 296	1 366
70-74	2 201	1 031	1 170	2 420	1 155	1 266
75-79	1 716	781	936	1 911	875	1 036
80+	…	…	…	…	…	…
80-84	1 498	668	830	1 389	613	776
85-89	1 077	460	617	1 103	472	631
90-94	620	245	375	676	270	406
95-99	216	75	141	304	109	196
100+	69	20	49	85	25	60

性・年齢別人口（千人）

年齢	2015			2020			2025			2030		
	総数	男	女	総数	男	女	総数	男	女	総数	男	女
総数	43 199	21 406	21 794	44 149	21 847	22 302	44 681	22 079	22 602	44 853	22 131	22 722
0-4	3 593	1 836	1 757	3 115	1 591	1 524	2 744	1 402	1 342	2 459	1 256	1 203
5-9	3 618	1 847	1 771	3 542	1 809	1 733	3 074	1 569	1 505	2 710	1 383	1 327
10-14	3 620	1 849	1 771	3 558	1 815	1 744	3 492	1 781	1 711	3 032	1 545	1 487
15-19	3 620	1 843	1 777	3 531	1 796	1 734	3 480	1 768	1 712	3 421	1 739	1 683
20-24	3 555	1 796	1 760	3 482	1 763	1 720	3 408	1 724	1 684	3 368	1 701	1 667
25-29	3 443	1 727	1 716	3 418	1 719	1 698	3 358	1 694	1 665	3 294	1 660	1 634
30-34	3 105	1 534	1 571	3 328	1 663	1 664	3 312	1 661	1 651	3 260	1 640	1 621
35-39	2 734	1 339	1 396	3 011	1 483	1 528	3 239	1 615	1 623	3 229	1 616	1 612
40-44	2 823	1 385	1 439	2 657	1 298	1 359	2 934	1 443	1 491	3 165	1 577	1 588
45-49	2 758	1 354	1 403	2 748	1 344	1 404	2 587	1 260	1 326	2 862	1 404	1 458
50-54	2 596	1 272	1 324	2 683	1 312	1 371	2 678	1 304	1 374	2 520	1 223	1 297
55-59	1 988	966	1 022	2 495	1 215	1 280	2 586	1 257	1 329	2 586	1 252	1 333
60-64	1 704	823	882	1 887	908	979	2 377	1 147	1 230	2 471	1 191	1 280
65-69	1 304	622	682	1 572	748	824	1 748	829	919	2 216	1 056	1 160
70-74	1 018	477	541	1 155	539	616	1 400	652	748	1 566	728	838
75-79	766	347	420	845	384	461	969	439	530	1 184	537	648
80+	…	…	…	…	…	…	…	…	…	…	…	…
80-84	495	213	281	579	251	329	646	281	364	751	327	425
85-89	279	113	166	327	132	195	388	158	230	439	180	259
90-94	127	47	80	152	56	95	180	67	114	219	81	137
95-99	42	14	28	53	17	35	64	21	43	78	26	52
100+	9	3	6	13	4	9	17	5	12	22	6	16

年齢	2035			2040			2045			2050		
	総数	男	女	総数	男	女	総数	男	女	総数	男	女
総数	44 789	22 069	22 720	44 427	21 862	22 565	43 727	21 492	22 235	42 664	20 945	21 719
0-4	2 329	1 191	1 138	2 173	1 112	1 061	1 984	1 015	968	1 773	907	865
5-9	2 430	1 241	1 189	2 303	1 177	1 126	2 150	1 099	1 050	1 962	1 004	958
10-14	2 673	1 362	1 311	2 396	1 221	1 175	2 270	1 158	1 112	2 118	1 081	1 037
15-19	2 968	1 507	1 462	2 612	1 325	1 287	2 337	1 185	1 152	2 213	1 123	1 090
20-24	3 317	1 676	1 641	2 868	1 447	1 422	2 516	1 268	1 249	2 244	1 130	1 115
25-29	3 261	1 641	1 620	3 213	1 618	1 595	2 771	1 392	1 378	2 423	1 216	1 207
30-34	3 203	1 610	1 593	3 173	1 593	1 580	3 129	1 572	1 557	2 691	1 350	1 342
35-39	3 183	1 598	1 585	3 129	1 571	1 558	3 101	1 555	1 547	3 060	1 536	1 525
40-44	3 160	1 580	1 579	3 117	1 564	1 553	3 066	1 538	1 528	3 041	1 524	1 517
45-49	3 094	1 538	1 556	3 091	1 543	1 549	3 052	1 528	1 524	3 005	1 505	1 500
50-54	2 792	1 364	1 427	3 023	1 498	1 526	3 024	1 505	1 519	2 988	1 492	1 496
55-59	2 432	1 173	1 259	2 697	1 310	1 387	2 927	1 443	1 485	2 932	1 452	1 480
60-64	2 475	1 190	1 286	2 327	1 113	1 214	2 582	1 244	1 338	2 810	1 375	1 435
65-69	2 312	1 102	1 210	2 321	1 104	1 218	2 179	1 031	1 149	2 420	1 153	1 268
70-74	2 002	938	1 064	2 099	984	1 114	2 114	990	1 124	1 980	921	1 059
75-79	1 334	604	730	1 725	790	935	1 820	836	984	1 841	845	996
80+	…	…	…	…	…	…	…	…	…	…	…	…
80-84	928	405	523	1 054	460	594	1 385	614	771	1 473	657	817
85-89	520	214	307	651	269	382	747	310	437	1 001	424	577
90-94	252	95	157	305	116	189	388	149	240	451	174	278
95-99	96	32	64	114	38	75	141	48	93	183	63	120
100+	28	8	20	35	10	25	42	12	30	53	15	38

年齢	2055			2060		
	総数	男	女	総数	男	女
総数	41 284	20 245	21 039	39 653	19 427	20 225
0-4	1 573	806	768	1 408	721	687
5-9	1 754	898	856	1 556	797	760
10-14	1 933	987	946	1 727	882	845
15-19	2 065	1 048	1 016	1 883	956	927
20-24	2 126	1 071	1 055	1 983	999	983
25-29	2 158	1 082	1 076	2 045	1 026	1 019
30-34	2 350	1 177	1 173	2 091	1 046	1 045
35-39	2 630	1 318	1 313	2 295	1 149	1 147
40-44	3 004	1 507	1 497	2 581	1 293	1 288
45-49	2 983	1 493	1 491	2 950	1 478	1 472
50-54	2 944	1 471	1 473	2 926	1 461	1 465
55-59	2 901	1 442	1 458	2 862	1 424	1 438
60-64	2 820	1 387	1 433	2 795	1 381	1 414
65-69	2 645	1 281	1 365	2 662	1 296	1 366
70-74	2 201	1 031	1 170	2 420	1 155	1 266
75-79	1 716	781	936	1 911	875	1 036
80+	…	…	…	…	…	…
80-84	1 498	668	830	1 389	613	776
85-89	1 077	460	617	1 103	472	631
90-94	620	245	375	676	270	406
95-99	216	75	141	304	109	196
100+	69	20	49	85	25	60

性・年齢別人口（千人）

年齢	1960 総数	男	女	1965 総数	男	女	1970 総数	男	女	1975 総数	男	女
総数	51 400	25 664	25 735	59 975	29 965	30 009	69 702	34 838	34 864	81 138	40 542	40 596
0–4	9 663	4 892	4 771	11 030	5 587	5 443	12 646	6 415	6 231	14 820	7 525	7 294
5–9	7 888	3 993	3 895	9 223	4 665	4 558	10 586	5 355	5 230	12 218	6 188	6 030
10–14	6 009	3 070	2 940	7 739	3 910	3 830	9 036	4 557	4 478	10 352	5 218	5 134
15–19	5 015	2 546	2 469	5 861	2 983	2 877	7 527	3 785	3 742	8 748	4 389	4 360
20–24	4 081	2 062	2 019	4 833	2 443	2 389	5 607	2 838	2 769	7 175	3 583	3 592
25–29	3 619	1 772	1 847	3 918	1 978	1 940	4 607	2 325	2 283	5 310	2 679	2 631
30–34	3 134	1 525	1 609	3 485	1 706	1 779	3 748	1 893	1 855	4 396	2 215	2 181
35–39	2 649	1 291	1 358	3 031	1 474	1 558	3 364	1 647	1 717	3 620	1 828	1 792
40–44	2 034	991	1 043	2 554	1 240	1 314	2 923	1 418	1 505	3 253	1 587	1 666
45–49	1 828	888	940	1 947	943	1 003	2 448	1 183	1 265	2 811	1 356	1 456
50–54	1 503	728	775	1 730	834	896	1 845	888	957	2 330	1 116	1 213
55–59	1 297	631	666	1 397	670	727	1 612	769	842	1 726	821	905
60–64	999	485	514	1 170	563	607	1 265	600	665	1 468	691	777
65–69	701	337	365	862	413	449	1 016	482	534	1 108	516	591
70–74	478	225	252	567	268	299	703	331	372	837	389	448
75–79	290	135	155	352	163	189	423	196	227	531	245	286
80+	212	95	117	274	124	150	347	156	191	435	194	241
80–84	...	...	...	...	...	...	...	...	...	...	...	...
85–89	...	...	...	...	...	...	...	...	...	...	...	...
90–94	...	...	...	...	...	...	...	...	...	...	...	...
95–99	...	...	...	...	...	...	...	...	...	...	...	...
100+	...	...	...	...	...	...	...	...	...	...	...	...

年齢	1980 総数	男	女	1985 総数	男	女	1990 総数	男	女	1995 総数	男	女
総数	92 425	46 148	46 277	103 422	51 531	51 891	114 823	57 102	57 721	127 032	63 035	63 998
0–4	15 254	7 752	7 501	15 535	7 904	7 630	16 136	8 223	7 913	16 812	8 557	8 255
5–9	14 424	7 314	7 110	14 885	7 550	7 335	15 168	7 702	7 467	15 845	8 057	7 788
10–14	11 932	6 023	5 909	14 079	7 108	6 972	14 491	7 315	7 176	14 865	7 536	7 329
15–19	9 976	5 003	4 972	11 467	5 744	5 723	13 544	6 788	6 755	14 076	7 077	7 000
20–24	8 275	4 122	4 153	9 397	4 662	4 735	10 798	5 360	5 438	13 006	6 466	6 540
25–29	6 769	3 366	3 403	7 785	3 849	3 936	8 989	4 424	4 565	10 422	5 120	5 302
30–34	5 039	2 537	2 502	6 434	3 184	3 251	7 514	3 681	3 833	8 708	4 243	4 466
35–39	4 241	2 134	2 107	4 861	2 441	2 419	6 266	3 085	3 180	7 310	3 548	3 762
40–44	3 502	1 760	1 741	4 108	2 057	2 051	4 723	2 368	2 355	6 103	2 979	3 124
45–49	3 135	1 519	1 616	3 379	1 688	1 692	3 990	1 988	2 003	4 582	2 278	2 304
50–54	2 684	1 282	1 402	3 002	1 441	1 561	3 252	1 610	1 642	3 844	1 896	1 947
55–59	2 188	1 036	1 152	2 533	1 195	1 337	2 850	1 353	1 498	3 093	1 514	1 579
60–64	1 581	741	840	2 018	941	1 077	2 354	1 094	1 259	2 659	1 243	1 416
65–69	1 296	599	698	1 408	647	761	1 815	830	985	2 130	972	1 158
70–74	924	421	503	1 096	494	602	1 204	540	664	1 567	700	867
75–79	644	292	352	723	320	403	870	380	489	969	422	547
80+	561	247	314	713	307	406	...	...	...	...	...	...
80–84	...	...	...	...	...	...	503	214	290	615	258	357
85–89	...	...	...	...	...	...	247	102	144	287	115	171
90–94	...	...	...	...	...	...	84	34	50	108	42	66
95–99	...	...	...	...	...	...	20	8	12	27	10	17
100+	...	...	...	...	...	...	4	1	2	5	2	3

年齢	2000 総数	男	女	2005 総数	男	女	2010 総数	男	女	2015 総数	男	女
総数	138 780	68 783	69 997	148 989	73 843	75 146	161 117	79 873	81 244	172 740	85 638	87 102
0–4	17 198	8 734	8 464	16 838	8 576	8 261	16 466	8 414	8 052	16 406	8 379	8 027
5–9	16 562	8 417	8 145	16 950	8 617	8 332	16 708	8 511	8 197	16 353	8 355	7 999
10–14	15 539	7 898	7 642	16 216	8 249	7 967	16 826	8 552	8 274	16 594	8 450	8 143
15–19	14 542	7 295	7 247	15 008	7 607	7 401	16 019	8 133	7 886	16 635	8 441	8 194
20–24	13 415	6 640	6 774	13 831	6 898	6 933	14 739	7 437	7 301	15 755	7 969	7 786
25–29	12 051	5 937	6 114	12 706	6 249	6 457	13 559	6 724	6 835	14 469	7 266	7 203
30–34	10 271	5 066	5 205	11 487	5 621	5 866	12 473	6 098	6 375	13 323	6 571	6 753
35–39	8 442	4 086	4 356	9 869	4 837	5 032	11 292	5 498	5 794	12 271	5 968	6 303
40–44	7 096	3 434	3 662	8 138	3 914	4 224	9 694	4 729	4 965	11 103	5 379	5 724
45–49	5 915	2 882	3 033	6 834	3 287	3 548	7 969	3 812	4 157	9 501	4 612	4 889
50–54	4 416	2 193	2 223	5 676	2 747	2 928	6 654	3 180	3 474	7 765	3 693	4 072
55–59	3 673	1 808	1 865	4 194	2 069	2 125	5 470	2 628	2 842	6 421	3 048	3 373
60–64	2 888	1 399	1 489	3 434	1 676	1 758	3 974	1 943	2 031	5 195	2 475	2 720
65–69	2 419	1 113	1 306	2 627	1 256	1 371	3 169	1 528	1 641	3 677	1 778	1 899
70–74	1 857	829	1 028	2 111	951	1 160	2 326	1 094	1 233	2 820	1 339	1 481
75–79	1 280	557	724	1 524	661	862	1 756	772	984	1 949	895	1 054
80+	...	...	...	...	...	...	...	...	...	...	...	...
80–84	696	292	405	930	388	543	1 146	481	665	1 338	568	770
85–89	354	141	213	409	162	247	599	239	360	754	302	453
90–94	125	47	78	159	59	100	210	78	131	317	119	199
95–99	34	12	22	40	14	27	59	20	39	81	28	53
100+	6	2	4	8	3	6	9	3	6	14	4	9

性・年齢別人口（千人）

年齢	2015			2020			2025			2030		
	総数	男	女	総数	男	女	総数	男	女	総数	男	女
総数	172 740	85 638	87 102	183 824	91 134	92 690	194 120	96 236	97 884	203 401	100 833	102 568
0-4	16 406	8 379	8 027	16 198	8 274	7 924	15 792	8 071	7 722	15 233	7 788	7 445
5-9	16 353	8 355	7 999	16 308	8 327	7 981	16 115	8 231	7 884	15 722	8 034	7 688
10-14	16 594	8 450	8 143	16 248	8 298	7 949	16 213	8 277	7 937	16 029	8 185	7 844
15-19	16 635	8 441	8 194	16 420	8 350	8 070	16 090	8 208	7 883	16 069	8 194	7 875
20-24	15 755	7 969	7 786	16 389	8 289	8 100	16 196	8 213	7 983	15 884	8 083	7 802
25-29	14 469	7 266	7 203	15 497	7 805	7 692	16 149	8 137	8 011	15 975	8 074	7 900
30-34	13 323	6 571	6 753	14 243	7 118	7 125	15 282	7 665	7 617	15 946	8 006	7 940
35-39	12 271	5 968	6 303	13 128	6 444	6 684	14 055	6 997	7 059	15 101	7 548	7 553
40-44	11 103	5 379	5 724	12 084	5 851	6 233	12 945	6 329	6 616	13 878	6 884	6 993
45-49	9 501	4 612	4 889	10 903	5 258	5 645	11 885	5 730	6 155	12 749	6 210	6 538
50-54	7 765	3 693	4 072	9 280	4 482	4 798	10 670	5 122	5 549	11 651	5 594	6 057
55-59	6 421	3 048	3 373	7 515	3 552	3 963	9 005	4 325	4 680	10 380	4 957	5 423
60-64	5 195	2 475	2 720	6 124	2 884	3 240	7 194	3 376	3 819	8 650	4 127	4 523
65-69	3 677	1 778	1 899	4 839	2 281	2 558	5 736	2 674	3 062	6 772	3 148	3 624
70-74	2 820	1 339	1 481	3 299	1 573	1 727	4 378	2 034	2 344	5 226	2 403	2 823
75-79	1 949	895	1 054	2 390	1 110	1 279	2 824	1 318	1 507	3 786	1 722	2 063
80+	...	...	...	...	...	...	...	...	...	...	...	...
80-84	1 338	568	770	1 505	670	836	1 871	842	1 029	2 238	1 011	1 226
85-89	754	302	453	897	364	534	1 024	434	589	1 292	555	737
90-94	317	119	199	409	153	256	495	187	308	572	226	346
95-99	81	28	53	126	43	83	166	56	109	203	69	134
100+	14	4	9	21	7	14	34	11	24	48	14	34

年齢	2035			2040			2045			2050		
	総数	男	女	総数	男	女	総数	男	女	総数	男	女
総数	211 556	104 885	106 671	218 534	108 379	110 155	224 330	111 334	112 996	228 925	113 743	115 182
0-4	14 655	7 496	7 160	14 129	7 228	6 901	13 668	6 994	6 674	13 257	6 785	6 472
5-9	15 172	7 757	7 415	14 598	7 467	7 131	14 074	7 201	6 873	13 615	6 968	6 647
10-14	15 641	7 991	7 650	15 093	7 715	7 378	14 520	7 425	7 095	13 997	7 160	6 837
15-19	15 892	8 107	7 785	15 507	7 915	7 592	14 961	7 640	7 320	14 390	7 352	7 038
20-24	15 874	8 077	7 797	15 702	7 994	7 708	15 321	7 806	7 515	14 780	7 535	7 245
25-29	15 678	7 956	7 722	15 675	7 956	7 718	15 510	7 880	7 630	15 137	7 698	7 438
30-34	15 787	7 955	7 832	15 501	7 846	7 655	15 508	7 855	7 653	15 351	7 785	7 566
35-39	15 774	7 896	7 878	15 628	7 856	7 773	15 356	7 757	7 599	15 373	7 774	7 599
40-44	14 927	7 439	7 488	15 609	7 794	7 794	15 477	7 764	7 713	15 219	7 675	7 543
45-49	13 684	6 768	6 916	14 737	7 325	7 411	15 426	7 687	7 739	15 310	7 667	7 642
50-54	12 516	6 075	6 441	13 455	6 635	6 820	14 510	7 195	7 315	15 209	7 563	7 645
55-59	11 358	5 429	5 929	12 226	5 912	6 314	13 168	6 473	6 695	14 226	7 036	7 190
60-64	10 002	4 748	5 254	10 977	5 220	5 758	11 849	5 704	6 144	12 795	6 267	6 528
65-69	8 180	3 870	4 310	9 501	4 477	5 024	10 471	4 948	5 523	11 344	5 433	5 911
70-74	6 211	2 850	3 361	7 550	3 532	4 018	8 825	4 119	4 706	9 778	4 583	5 195
75-79	4 562	2 056	2 506	5 472	2 466	3 006	6 710	3 092	3 618	7 906	3 642	4 263
80+	...	...	...	...	...	...	...	...	...	...	...	...
80-84	3 040	1 341	1 699	3 711	1 625	2 086	4 507	1 981	2 527	5 589	2 521	3 068
85-89	1 568	677	891	2 168	914	1 254	2 693	1 132	1 561	3 321	1 407	1 914
90-94	736	294	441	909	366	543	1 286	508	778	1 631	646	985
95-99	238	85	153	313	113	200	395	144	251	574	206	368
100+	61	18	43	74	22	51	97	30	67	125	39	86

年齢	2055			2060		
	総数	男	女	総数	男	女
総数	232 308	115 597	116 711	234 443	116 851	117 592
0-4	12 844	6 574	6 270	12 422	6 358	6 064
5-9	13 207	6 760	6 447	12 796	6 550	6 246
10-14	13 541	6 928	6 613	13 136	6 722	6 414
15-19	13 873	7 090	6 783	13 424	6 862	6 562
20-24	14 220	7 254	6 966	13 714	6 999	6 715
25-29	14 608	7 436	7 172	14 061	7 164	6 897
30-34	14 992	7 613	7 378	14 476	7 360	7 116
35-39	15 229	7 714	7 516	14 882	7 550	7 332
40-44	15 248	7 701	7 547	15 117	7 650	7 467
45-49	15 069	7 590	7 479	15 111	7 625	7 487
50-54	15 112	7 557	7 556	14 891	7 491	7 399
55-59	14 936	7 412	7 524	14 863	7 420	7 444
60-64	13 856	6 832	7 024	14 579	7 216	7 362
65-69	12 292	5 995	6 297	13 353	6 560	6 793
70-74	10 646	5 064	5 582	11 588	5 618	5 969
75-79	8 824	4 090	4 734	9 667	4 553	5 114
80+	...	...	...	...	...	...
80-84	6 656	3 010	3 645	7 496	3 417	4 079
85-89	4 177	1 826	2 351	5 039	2 214	2 826
90-94	2 049	822	1 227	2 622	1 091	1 531
95-99	746	270	476	958	353	605
100+	181	57	125	245	77	168

性・年齢別人口（千人）

年齢	2015			2020			2025			2030		
	総数	男	女	総数	男	女	総数	男	女	総数	男	女
総数	172 740	85 638	87 102	185 649	92 067	93 582	198 964	98 711	100 253	212 076	105 266	106 810
0-4	16 406	8 379	8 027	18 023	9 206	8 816	18 817	9 617	9 200	19 075	9 753	9 322
5-9	16 353	8 355	7 999	16 308	8 327	7 981	17 934	9 160	8 774	18 738	9 576	9 163
10-14	16 594	8 450	8 143	16 248	8 298	7 949	16 213	8 277	7 937	17 846	9 112	8 733
15-19	16 635	8 441	8 194	16 420	8 350	8 070	16 090	8 208	7 883	16 069	8 194	7 875
20-24	15 755	7 969	7 786	16 389	8 289	8 100	16 196	8 213	7 983	15 884	8 083	7 802
25-29	14 469	7 266	7 203	15 497	7 805	7 692	16 149	8 137	8 011	15 975	8 074	7 900
30-34	13 323	6 571	6 753	14 243	7 118	7 125	15 282	7 665	7 617	15 946	8 006	7 940
35-39	12 271	5 968	6 303	13 128	6 444	6 684	14 055	6 997	7 059	15 101	7 548	7 553
40-44	11 103	5 379	5 724	12 084	5 851	6 233	12 945	6 329	6 616	13 878	6 884	6 993
45-49	9 501	4 612	4 889	10 903	5 258	5 645	11 885	5 730	6 155	12 749	6 210	6 538
50-54	7 765	3 693	4 072	9 280	4 482	4 798	10 670	5 122	5 549	11 651	5 594	6 057
55-59	6 421	3 048	3 373	7 515	3 552	3 963	9 005	4 325	4 680	10 380	4 957	5 423
60-64	5 195	2 475	2 720	6 124	2 884	3 240	7 194	3 376	3 819	8 650	4 127	4 523
65-69	3 677	1 778	1 899	4 839	2 281	2 558	5 736	2 674	3 062	6 772	3 148	3 624
70-74	2 820	1 339	1 481	3 299	1 573	1 727	4 378	2 034	2 344	5 226	2 403	2 823
75-79	1 949	895	1 054	2 390	1 110	1 279	2 824	1 318	1 507	3 786	1 722	2 063
80+	...	...	...	...	...	...	...	...	...	...	...	...
80-84	1 338	568	770	1 505	670	836	1 871	842	1 029	2 238	1 011	1 226
85-89	754	302	453	897	364	534	1 024	434	589	1 292	555	737
90-94	317	119	199	409	153	256	495	187	308	572	226	346
95-99	81	28	53	126	43	83	166	56	109	203	69	134
100+	14	4	9	21	7	14	34	11	24	48	14	34

年齢	2035			2040			2045			2050		
	総数	男	女	総数	男	女	総数	男	女	総数	男	女
総数	224 196	111 346	112 850	235 577	117 090	118 487	246 543	122 687	123 856	257 212	128 198	129 014
0-4	18 637	9 533	9 104	18 554	9 493	9 061	18 870	9 656	9 214	19 375	9 916	9 459
5-9	19 004	9 716	9 288	18 571	9 499	9 072	18 491	9 461	9 030	18 808	9 625	9 183
10-14	18 654	9 530	9 124	18 921	9 672	9 249	18 489	9 455	9 034	18 410	9 417	8 993
15-19	17 705	9 032	8 673	18 515	9 451	9 064	18 783	9 593	9 190	18 354	9 379	8 975
20-24	15 874	8 077	7 797	17 510	8 916	8 594	18 322	9 337	8 985	18 594	9 482	9 112
25-29	15 678	7 956	7 722	15 675	7 956	7 718	17 311	8 797	8 515	18 127	9 222	8 906
30-34	15 787	7 955	7 832	15 501	7 846	7 655	15 508	7 855	7 653	17 146	8 697	8 449
35-39	15 774	7 896	7 878	15 628	7 856	7 773	15 356	7 757	7 599	15 373	7 774	7 599
40-44	14 927	7 439	7 488	15 609	7 794	7 814	15 477	7 764	7 713	15 219	7 675	7 543
45-49	13 684	6 768	6 916	14 737	7 325	7 411	15 426	7 687	7 739	15 310	7 667	7 642
50-54	12 516	6 075	6 441	13 455	6 635	6 820	14 510	7 195	7 315	15 209	7 563	7 645
55-59	11 358	5 429	5 929	12 226	5 912	6 314	13 168	6 473	6 695	14 226	7 036	7 190
60-64	10 002	4 748	5 254	10 977	5 220	5 758	11 849	5 704	6 144	12 795	6 267	6 528
65-69	8 180	3 870	4 310	9 501	4 477	5 024	10 471	4 948	5 523	11 344	5 433	5 911
70-74	6 211	2 850	3 361	7 550	3 532	4 018	8 825	4 119	4 706	9 778	4 583	5 195
75-79	4 562	2 056	2 506	5 472	2 466	3 006	6 710	3 092	3 618	7 906	3 642	4 263
80+	...	...	...	...	...	...	...	...	...	...	...	...
80-84	3 040	1 341	1 699	3 711	1 625	2 086	4 507	1 981	2 527	5 589	2 521	3 068
85-89	1 568	677	891	2 168	914	1 254	2 693	1 132	1 561	3 321	1 407	1 914
90-94	736	294	441	909	366	543	1 286	508	778	1 631	646	985
95-99	238	85	153	313	113	200	395	144	251	574	206	368
100+	61	18	43	74	22	51	97	30	67	125	39	86

年齢	2055			2060		
	総数	男	女	総数	男	女
総数	267 472	133 565	133 907	277 076	138 633	138 442
0-4	19 777	10 123	9 654	19 961	10 218	9 743
5-9	19 316	9 886	9 430	19 720	10 094	9 626
10-14	18 730	9 583	9 147	19 241	9 846	9 395
15-19	18 281	9 345	8 937	18 608	9 514	9 094
20-24	18 176	9 275	8 901	18 114	9 248	8 866
25-29	18 411	9 376	9 036	18 007	9 178	8 829
30-34	17 972	9 130	8 842	18 267	9 292	8 975
35-39	17 016	8 620	8 395	17 850	9 059	8 791
40-44	15 248	7 701	7 547	16 894	8 551	8 343
45-49	15 069	7 590	7 479	15 111	7 625	7 487
50-54	15 112	7 557	7 556	14 891	7 491	7 399
55-59	14 936	7 412	7 524	14 863	7 420	7 444
60-64	13 856	6 832	7 024	14 579	7 216	7 362
65-69	12 292	5 995	6 297	13 353	6 560	6 793
70-74	10 646	5 064	5 582	11 588	5 618	5 969
75-79	8 824	4 090	4 734	9 667	4 553	5 114
80+	...	...	...	...	...	...
80-84	6 656	3 010	3 645	7 496	3 417	4 079
85-89	4 177	1 826	2 351	5 039	2 214	2 826
90-94	2 049	822	1 227	2 622	1 091	1 531
95-99	746	270	476	958	353	605
100+	181	57	125	245	77	168

性・年齢別人口（千人）

年齢	2015			2020			2025			2030		
	総数	男	女	総数	男	女	総数	男	女	総数	男	女
総数	172 740	85 638	87 102	181 999	90 202	91 797	189 275	93 760	95 515	194 725	96 399	98 326
0-4	16 406	8 379	8 027	14 373	7 342	7 031	12 767	6 524	6 243	11 391	5 824	5 568
5-9	16 353	8 355	7 999	16 308	8 327	7 981	14 295	7 302	6 994	12 705	6 493	6 212
10-14	16 594	8 450	8 143	16 248	8 298	7 949	16 213	8 277	7 937	14 212	7 257	6 955
15-19	16 635	8 441	8 194	16 420	8 350	8 070	16 090	8 208	7 883	16 069	8 194	7 875
20-24	15 755	7 969	7 786	16 389	8 289	8 100	16 196	8 213	7 983	15 884	8 083	7 802
25-29	14 469	7 266	7 203	15 497	7 805	7 692	16 149	8 137	8 011	15 975	8 074	7 900
30-34	13 323	6 571	6 753	14 243	7 118	7 125	15 282	7 665	7 617	15 946	8 006	7 940
35-39	12 271	5 968	6 303	13 128	6 444	6 684	14 055	6 997	7 059	15 101	7 548	7 553
40-44	11 103	5 379	5 724	12 084	5 851	6 233	12 945	6 329	6 616	13 878	6 884	6 993
45-49	9 501	4 612	4 889	10 903	5 258	5 645	11 885	5 730	6 155	12 749	6 210	6 538
50-54	7 765	3 693	4 072	9 280	4 482	4 798	10 670	5 122	5 549	11 651	5 594	6 057
55-59	6 421	3 048	3 373	7 515	3 552	3 963	9 005	4 325	4 680	10 380	4 957	5 423
60-64	5 195	2 475	2 720	6 124	2 884	3 240	7 194	3 376	3 819	8 650	4 127	4 523
65-69	3 677	1 778	1 899	4 839	2 281	2 558	5 736	2 674	3 062	6 772	3 148	3 624
70-74	2 820	1 339	1 481	3 299	1 573	1 727	4 378	2 034	2 344	5 226	2 403	2 823
75-79	1 949	895	1 054	2 390	1 110	1 279	2 824	1 318	1 507	3 786	1 722	2 063
80+	...	...	...	...	...	...	...	...	...	...	...	...
80-84	1 338	568	770	1 505	670	836	1 871	842	1 029	2 238	1 011	1 226
85-89	754	302	453	897	364	534	1 024	434	589	1 292	555	737
90-94	317	119	199	409	153	256	495	187	308	572	226	346
95-99	81	28	53	126	43	83	166	56	109	203	69	134
100+	14	4	9	21	7	14	34	11	24	48	14	34

年齢	2035			2040			2045			2050		
	総数	男	女	総数	男	女	総数	男	女	総数	男	女
総数	198 971	98 453	100 518	201 804	99 828	101 976	203 052	100 460	102 592	202 634	100 309	102 325
0-4	10 729	5 488	5 242	9 962	5 096	4 866	9 088	4 650	4 438	8 202	4 197	4 005
5-9	11 339	5 798	5 542	10 680	5 463	5 217	9 915	5 073	4 842	9 043	4 628	4 415
10-14	12 628	6 452	6 176	11 265	5 758	5 507	10 606	5 424	5 182	9 841	5 034	4 807
15-19	14 078	7 181	6 897	12 499	6 379	6 120	11 138	5 687	5 451	10 481	5 354	5 127
20-24	15 874	8 077	7 797	13 893	7 072	6 821	12 321	6 275	6 045	10 966	5 588	5 378
25-29	15 678	7 956	7 722	15 675	7 956	7 718	13 708	6 963	6 745	12 146	6 174	5 971
30-34	15 787	7 955	7 832	15 501	7 846	7 655	15 508	7 855	7 653	13 557	6 874	6 683
35-39	15 774	7 896	7 878	15 628	7 856	7 773	15 356	7 757	7 599	15 373	7 774	7 599
40-44	14 927	7 439	7 488	15 609	7 794	7 814	15 477	7 764	7 713	15 219	7 675	7 543
45-49	13 684	6 768	6 916	14 737	7 325	7 411	15 426	7 687	7 739	15 310	7 667	7 642
50-54	12 516	6 075	6 441	13 455	6 635	6 820	14 510	7 195	7 315	15 209	7 563	7 645
55-59	11 358	5 429	5 929	12 226	5 912	6 314	13 168	6 473	6 695	14 226	7 036	7 190
60-64	10 002	4 748	5 254	10 977	5 220	5 758	11 849	5 704	6 144	12 795	6 267	6 528
65-69	8 180	3 870	4 310	9 501	4 477	5 024	10 471	4 948	5 523	11 344	5 433	5 911
70-74	6 211	2 850	3 361	7 550	3 532	4 018	8 825	4 119	4 706	9 778	4 583	5 195
75-79	4 562	2 056	2 506	5 472	2 466	3 006	6 710	3 092	3 618	7 906	3 642	4 263
80+	...	...	...	...	...	...	...	...	...	...	...	...
80-84	3 040	1 341	1 699	3 711	1 625	2 086	4 507	1 981	2 527	5 589	2 521	3 068
85-89	1 568	677	891	2 168	914	1 254	2 693	1 132	1 561	3 321	1 407	1 914
90-94	736	294	441	909	366	543	1 286	508	778	1 631	646	985
95-99	238	85	153	313	113	200	395	144	251	574	206	368
100+	61	18	43	74	22	51	97	30	67	125	39	86

年齢	2055			2060		
	総数	男	女	総数	男	女
総数	200 618	99 407	101 211	197 117	97 784	99 333
0-4	7 391	3 783	3 608	6 719	3 439	3 280
5-9	8 160	4 177	3 983	7 351	3 763	3 588
10-14	8 972	4 590	4 382	8 093	4 141	3 952
15-19	9 722	4 967	4 755	8 860	4 528	4 333
20-24	10 319	5 261	5 058	9 571	4 881	4 690
25-29	10 805	5 497	5 309	10 170	5 178	4 993
30-34	12 012	6 097	5 915	10 686	5 429	5 256
35-39	13 443	6 807	6 636	11 914	6 042	5 872
40-44	15 248	7 701	7 547	13 340	6 749	6 591
45-49	15 069	7 590	7 479	15 111	7 625	7 487
50-54	15 112	7 557	7 556	14 891	7 491	7 399
55-59	14 936	7 412	7 524	14 863	7 420	7 444
60-64	13 856	6 832	7 024	14 579	7 216	7 362
65-69	12 292	5 995	6 297	13 353	6 560	6 793
70-74	10 646	5 064	5 582	11 588	5 618	5 969
75-79	8 824	4 090	4 734	9 667	4 553	5 114
80+	...	...	...	...	...	...
80-84	6 656	3 010	3 645	7 496	3 417	4 079
85-89	4 177	1 826	2 351	5 039	2 214	2 826
90-94	2 049	822	1 227	2 622	1 091	1 531
95-99	746	270	476	958	353	605
100+	181	57	125	245	77	168

性・年齢別人口（千人）

年齢	1960 総数	男	女	1965 総数	男	女	1970 総数	男	女	1975 総数	男	女
総数	149 066	74 516	74 550	170 811	85 357	85 455	193 486	96 602	96 885	217 046	108 230	108 816
0-4	24 547	12 422	12 125	28 011	14 176	13 835	29 416	14 881	14 535	30 680	15 530	15 150
5-9	20 604	10 394	10 210	23 631	11 921	11 710	27 115	13 666	13 450	28 649	14 430	14 218
10-14	16 946	8 545	8 400	20 388	10 277	10 111	23 414	11 796	11 617	26 905	13 542	13 363
15-19	14 021	7 058	6 963	16 750	8 439	8 311	20 177	10 158	10 019	23 199	11 669	11 530
20-24	12 454	6 256	6 198	13 786	6 930	6 856	16 494	8 297	8 197	19 905	9 998	9 906
25-29	10 781	5 404	5 377	12 185	6 108	6 076	13 510	6 775	6 735	16 214	8 134	8 080
30-34	9 830	4 921	4 908	10 516	5 261	5 255	11 914	5 959	5 955	13 251	6 626	6 625
35-39	8 310	4 161	4 149	9 562	4 778	4 784	10 254	5 117	5 138	11 649	5 808	5 842
40-44	7 008	3 496	3 512	8 048	4 020	4 028	9 286	4 626	4 660	9 982	4 962	5 020
45-49	6 228	3 097	3 132	6 740	3 350	3 390	7 763	3 861	3 902	8 978	4 448	4 530
50-54	5 245	2 598	2 647	5 907	2 916	2 992	6 417	3 165	3 252	7 414	3 656	3 758
55-59	4 188	2 058	2 130	4 875	2 386	2 489	5 514	2 688	2 826	6 013	2 927	3 086
60-64	3 359	1 607	1 752	3 766	1 817	1 949	4 406	2 116	2 291	5 010	2 393	2 617
65-69	2 407	1 128	1 278	2 873	1 338	1 535	3 243	1 523	1 721	3 820	1 782	2 038
70-74	1 610	726	883	1 903	859	1 043	2 290	1 028	1 261	2 605	1 177	1 428
75-79	923	401	522	1 124	482	642	1 343	579	764	1 632	698	935
80+	607	244	363	747	298	449	928	368	560	1 141	451	689
80-84	...	...	...	...	...	...	...	...	...	...	...	...
85-89	...	...	...	...	...	...	...	...	...	...	...	...
90-94	...	...	...	...	...	...	...	...	...	...	...	...
95-99	...	...	...	...	...	...	...	...	...	...	...	...
100+	...	...	...	...	...	...	...	...	...	...	...	...

年齢	1980 総数	男	女	1985 総数	男	女	1990 総数	男	女	1995 総数	男	女
総数	242 862	120 867	121 995	270 565	134 507	136 057	297 869	147 876	149 993	323 919	160 578	163 340
0-4	33 914	17 198	16 716	36 037	18 311	17 725	36 312	18 479	17 834	35 752	18 214	17 538
5-9	30 034	15 164	14 871	33 403	16 921	16 482	35 619	18 083	17 536	35 986	18 302	17 684
10-14	28 433	14 311	14 122	29 875	15 074	14 802	33 257	16 835	16 422	35 481	18 005	17 475
15-19	26 634	13 378	13 256	28 224	14 184	14 040	29 662	14 941	14 722	33 032	16 690	16 342
20-24	22 833	11 437	11 396	26 315	13 180	13 136	27 907	13 974	13 934	29 310	14 700	14 610
25-29	19 511	9 743	9 768	22 485	11 214	11 271	25 936	12 921	13 015	27 470	13 672	13 798
30-34	15 861	7 908	7 953	19 164	9 525	9 639	22 118	10 970	11 148	25 497	12 625	12 872
35-39	12 929	6 425	6 504	15 533	7 706	7 827	18 800	9 290	9 511	21 710	10 701	11 009
40-44	11 327	5 612	5 716	12 613	6 232	6 380	15 175	7 481	7 693	18 396	9 031	9 365
45-49	9 649	4 761	4 888	10 974	5 395	5 578	12 238	5 999	6 239	14 757	7 219	7 538
50-54	8 582	4 209	4 373	9 243	4 512	4 731	10 528	5 118	5 410	11 779	5 713	6 066
55-59	6 959	3 381	3 578	8 073	3 895	4 178	8 714	4 184	4 531	9 964	4 769	5 195
60-64	5 479	2 608	2 872	6 363	3 018	3 345	7 400	3 483	3 916	8 034	3 772	4 262
65-69	4 362	2 017	2 344	4 795	2 203	2 592	5 586	2 556	3 030	6 550	2 982	3 568
70-74	3 083	1 376	1 707	3 547	1 561	1 986	3 925	1 715	2 209	4 638	2 025	2 613
75-79	1 871	797	1 074	2 244	937	1 307	2 611	1 074	1 538	2 966	1 214	1 752
80+	1 400	543	857	1 676	638	1 037	...	...	...	...	...	...
80-84	...	...	...	...	...	...	1 385	532	853	1 676	633	1 043
85-89	...	...	...	...	...	...	524	187	337	687	238	450
90-94	...	...	...	...	...	...	142	46	96	192	61	131
95-99	...	...	...	...	...	...	25	7	17	37	11	27
100+	...	...	...	...	...	...	3	1	2	5	1	3

年齢	2000 総数	男	女	2005 総数	男	女	2010 総数	男	女	2015 総数	男	女
総数	349 796	173 201	176 595	374 809	185 371	189 439	397 085	196 150	200 935	418 447	206 465	211 982
0-4	36 187	18 447	17 740	36 075	18 396	17 680	33 937	17 312	16 626	33 498	17 093	16 405
5-9	35 470	18 058	17 412	35 864	18 278	17 586	35 819	18 259	17 560	33 764	17 214	16 550
10-14	35 829	18 215	17 614	35 252	17 947	17 306	35 692	18 189	17 502	35 723	18 207	17 516
15-19	35 212	17 837	17 375	35 567	18 053	17 514	35 036	17 820	17 216	35 542	18 096	17 446
20-24	32 596	16 401	16 195	34 781	17 547	17 234	35 202	17 807	17 396	34 762	17 626	17 135
25-29	28 809	14 366	14 444	32 078	16 057	16 021	34 339	17 245	17 094	34 853	17 556	17 297
30-34	26 975	13 341	13 634	28 332	14 052	14 280	31 657	15 772	15 885	33 974	16 988	16 986
35-39	25 033	12 314	12 719	26 521	13 035	13 485	27 934	13 781	14 153	31 285	15 517	15 768
40-44	21 262	10 407	10 855	24 559	12 005	12 554	26 092	12 754	13 339	27 544	13 523	14 020
45-49	17 919	8 729	9 191	20 754	10 085	10 668	24 044	11 676	12 368	25 616	12 447	13 169
50-54	14 252	6 905	7 347	17 356	8 378	8 978	20 160	9 712	10 448	23 433	11 289	12 144
55-59	11 211	5 366	5 845	13 623	6 519	7 103	16 658	7 943	8 715	19 422	9 250	10 173
60-64	9 278	4 358	4 919	10 507	4 944	5 563	12 830	6 036	6 794	15 763	7 394	8 370
65-69	7 235	3 308	3 926	8 442	3 872	4 571	9 620	4 418	5 202	11 819	5 432	6 387
70-74	5 593	2 451	3 142	6 286	2 772	3 514	7 385	3 270	4 114	8 498	3 774	4 723
75-79	3 655	1 512	2 143	4 551	1 882	2 668	5 125	2 150	2 975	6 107	2 580	3 527
80+	...	...	...	...	...	...	...	...	...	...	...	...
80-84	2 027	772	1 255	2 595	1 002	1 592	3 307	1 273	2 034	3 810	1 492	2 317
85-89	908	310	598	1 165	400	765	1 563	541	1 022	2 065	715	1 349
90-94	280	85	195	398	118	280	537	157	380	756	223	533
95-99	58	16	42	90	24	66	129	31	98	185	44	142
100+	8	2	6	13	3	10	19	4	15	30	6	24

性・年齢別人口（千人）

年齢	2015 総数	男	女	2020 総数	男	女	2025 総数	男	女	2030 総数	男	女
総数	418 447	206 465	211 982	438 126	215 953	222 173	455 735	224 422	231 314	470 966	231 734	239 232
0-4	33 498	17 093	16 405	32 792	16 743	16 049	31 892	16 295	15 597	30 880	15 786	15 094
5-9	33 764	17 214	16 550	33 366	17 016	16 350	32 684	16 680	16 004	31 800	16 242	15 557
10-14	35 723	18 207	17 516	33 689	17 172	16 517	33 302	16 980	16 322	32 624	16 647	15 977
15-19	35 542	18 096	17 446	35 600	18 131	17 469	33 586	17 109	16 477	33 203	16 919	16 284
20-24	34 762	17 626	17 135	35 301	17 925	17 376	35 387	17 979	17 407	33 392	16 972	16 420
25-29	34 853	17 556	17 297	34 456	17 404	17 052	35 025	17 723	17 302	35 126	17 789	17 336
30-34	33 974	16 988	16 986	34 520	17 318	17 202	34 159	17 190	16 968	34 742	17 521	17 221
35-39	31 285	15 517	15 768	33 611	16 736	16 875	34 187	17 085	17 101	33 851	16 978	16 874
40-44	27 544	13 523	14 020	30 887	15 250	15 637	33 220	16 473	16 748	33 821	16 840	16 981
45-49	25 616	12 447	13 169	27 082	13 223	13 859	30 412	14 939	15 472	32 748	16 165	16 583
50-54	23 433	11 289	12 144	25 020	12 068	12 952	26 500	12 852	13 648	29 808	14 555	15 253
55-59	19 422	9 250	10 173	22 643	10 793	11 850	24 244	11 582	12 662	25 744	12 380	13 365
60-64	15 763	7 394	8 370	18 461	8 660	9 801	21 609	10 160	11 449	23 229	10 963	12 266
65-69	11 819	5 432	6 387	14 618	6 712	7 905	17 220	7 922	9 298	20 270	9 365	10 905
70-74	8 498	3 774	4 723	10 540	4 697	5 842	13 149	5 868	7 281	15 615	6 999	8 616
75-79	6 107	2 580	3 527	7 126	3 030	4 096	8 942	3 824	5 118	11 286	4 847	6 439
80+	...	...	...	...	...	...	...	...	...	...	...	...
80-84	3 810	1 492	2 317	4 625	1 831	2 794	5 488	2 192	3 296	6 993	2 818	4 175
85-89	2 065	715	1 349	2 444	866	1 578	3 030	1 085	1 944	3 672	1 330	2 342
90-94	756	223	533	1 032	306	726	1 255	380	875	1 592	486	1 105
95-99	185	44	142	270	64	205	378	89	288	472	113	359
100+	30	6	24	45	9	37	68	13	55	98	18	81

年齢	2035 総数	男	女	2040 総数	男	女	2045 総数	男	女	2050 総数	男	女
総数	483 750	237 886	245 864	494 027	242 894	251 133	501 829	246 803	255 026	507 223	249 656	257 567
0-4	29 901	15 290	14 611	29 007	14 837	14 171	28 193	14 422	13 771	27 446	14 041	13 405
5-9	30 801	15 742	15 059	29 833	15 252	14 581	28 948	14 804	14 144	28 141	14 394	13 747
10-14	31 745	16 212	15 533	30 752	15 715	15 037	29 788	15 229	14 560	28 907	14 783	14 124
15-19	32 534	16 592	15 942	31 664	16 164	15 500	30 679	15 673	15 006	29 722	15 191	14 530
20-24	33 030	16 799	16 232	32 380	16 488	15 893	31 528	16 074	15 454	30 557	15 595	14 962
25-29	33 168	16 811	16 356	32 830	16 658	16 171	32 202	16 367	15 836	31 370	15 969	15 400
30-34	34 871	17 610	17 261	32 948	16 661	16 288	32 634	16 527	16 107	32 028	16 253	15 775
35-39	34 461	17 329	17 132	34 617	17 439	17 178	32 730	16 518	16 212	32 439	16 403	16 036
40-44	33 524	16 761	16 763	34 160	17 133	17 027	34 345	17 266	17 080	32 498	16 373	16 125
45-49	33 386	16 560	16 826	33 134	16 513	16 621	33 801	16 908	16 892	34 020	17 066	16 954
50-54	32 154	15 789	16 365	32 837	16 217	16 621	32 641	16 209	16 432	33 344	16 630	16 714
55-59	29 027	14 069	14 959	31 384	15 313	16 071	32 124	15 779	16 345	31 996	15 817	16 178
60-64	24 752	11 774	12 978	28 000	13 443	14 557	30 370	14 698	15 671	31 178	15 210	15 968
65-69	21 901	10 175	11 726	23 449	11 000	12 449	26 645	12 639	14 006	29 023	13 902	15 121
70-74	18 512	8 353	10 159	20 138	9 159	10 978	21 704	9 994	11 711	24 810	11 578	13 231
75-79	13 539	5 856	7 683	16 205	7 079	9 126	17 793	7 862	9 931	19 348	8 683	10 664
80+	...	...	...	...	...	...	...	...	...	...	...	...
80-84	8 955	3 636	5 320	10 889	4 470	6 419	13 204	5 500	7 704	14 679	6 214	8 465
85-89	4 766	1 746	3 020	6 218	2 307	3 911	7 700	2 906	4 794	9 499	3 662	5 838
90-94	1 980	613	1 368	2 626	825	1 801	3 507	1 124	2 383	4 443	1 460	2 982
95-99	613	147	466	786	191	594	1 068	265	803	1 464	374	1 090
100+	129	23	106	171	30	141	226	40	186	311	56	255

年齢	2055 総数	男	女	2060 総数	男	女
総数	510 325	251 509	258 816	511 183	252 319	258 864
0-4	26 709	13 664	13 044	25 995	13 300	12 695
5-9	27 400	14 016	13 384	26 668	13 642	13 026
10-14	28 104	14 374	13 729	27 366	13 999	13 368
15-19	28 847	14 750	14 097	28 050	14 345	13 704
20-24	29 614	15 125	14 490	28 752	14 692	14 060
25-29	30 419	15 506	14 913	29 492	15 047	14 445
30-34	31 216	15 872	15 345	30 283	15 421	14 862
35-39	31 855	16 145	15 710	31 063	15 778	15 285
40-44	32 232	16 277	15 956	31 671	16 035	15 637
45-49	32 220	16 206	16 014	31 983	16 129	15 854
50-54	33 604	16 817	16 787	31 861	15 994	15 867
55-59	32 743	16 270	16 474	33 050	16 487	16 563
60-64	31 135	15 303	15 832	31 935	15 789	16 146
65-69	29 910	14 464	15 447	29 965	14 616	15 349
70-74	27 177	12 838	14 339	28 140	13 442	14 698
75-79	22 293	10 175	12 118	24 593	11 389	13 203
80+	...	...	...	...	...	...
80-84	16 154	6 981	9 174	18 798	8 291	10 507
85-89	10 741	4 240	6 501	11 994	4 861	7 133
90-94	5 605	1 901	3 704	6 468	2 267	4 201
95-99	1 907	505	1 402	2 465	681	1 785
100+	437	81	356	590	114	476

South America

性・年齢別人口（千人）

年齢	2015			2020			2025			2030		
	総数	男	女	総数	男	女	総数	男	女	総数	男	女
総数	418 447	206 465	211 982	442 300	218 085	224 216	466 630	229 986	236 644	490 197	241 559	248 638
0-4	33 498	17 093	16 405	36 966	18 874	18 092	38 625	19 735	18 890	39 239	20 059	19 179
5-9	33 764	17 214	16 550	33 366	17 016	16 350	36 846	18 805	18 041	38 516	19 673	18 843
10-14	35 723	18 207	17 516	33 689	17 172	16 517	33 302	16 980	16 322	36 781	18 768	18 013
15-19	35 542	18 096	17 446	35 600	18 131	17 469	33 586	17 109	16 477	33 203	16 919	16 284
20-24	34 762	17 626	17 135	35 301	17 925	17 376	35 387	17 979	17 407	33 392	16 972	16 420
25-29	34 853	17 556	17 297	34 456	17 404	17 052	35 025	17 723	17 302	35 126	17 789	17 336
30-34	33 974	16 988	16 986	34 520	17 318	17 202	34 159	17 190	16 968	34 742	17 521	17 221
35-39	31 285	15 517	15 768	33 611	16 736	16 875	34 187	17 085	17 101	33 851	16 978	16 874
40-44	27 544	13 523	14 020	30 887	15 250	15 637	33 220	16 473	16 748	33 821	16 840	16 981
45-49	25 616	12 447	13 169	27 082	13 223	13 859	30 412	14 939	15 472	32 748	16 165	16 583
50-54	23 433	11 289	12 144	25 020	12 068	12 952	26 500	12 852	13 648	29 808	14 555	15 253
55-59	19 422	9 250	10 173	22 643	10 793	11 850	24 244	11 582	12 662	25 744	12 380	13 365
60-64	15 763	7 394	8 370	18 461	8 660	9 801	21 609	10 160	11 449	23 229	10 963	12 266
65-69	11 819	5 432	6 387	14 618	6 712	7 905	17 220	7 922	9 298	20 270	9 365	10 905
70-74	8 498	3 774	4 723	10 540	4 697	5 842	13 149	5 868	7 281	15 615	6 999	8 616
75-79	6 107	2 580	3 527	7 126	3 030	4 096	8 942	3 824	5 118	11 286	4 847	6 439
80+	…	…	…	…	…	…	…	…	…	…	…	…
80-84	3 810	1 492	2 317	4 625	1 831	2 794	5 488	2 192	3 296	6 993	2 818	4 175
85-89	2 065	715	1 349	2 444	866	1 578	3 030	1 085	1 944	3 672	1 330	2 342
90-94	756	223	533	1 032	306	726	1 255	380	875	1 592	486	1 105
95-99	185	44	142	270	64	205	378	89	288	472	113	359
100+	30	6	24	45	9	37	68	13	55	98	18	81

年齢	2035			2040			2045			2050		
	総数	男	女	総数	男	女	総数	男	女	総数	男	女
総数	511 495	252 062	259 433	531 124	261 847	269 277	549 759	271 285	278 474	567 794	280 588	287 206
0-4	38 445	19 660	18 786	38 408	19 646	18 763	39 097	20 000	19 096	40 182	20 557	19 625
5-9	39 142	20 005	19 137	38 362	19 613	18 748	38 334	19 605	18 730	39 029	19 963	19 066
10-14	38 454	19 639	18 815	39 085	19 974	19 111	38 310	19 585	18 725	38 286	19 579	18 707
15-19	36 684	18 708	17 976	38 363	19 583	18 779	39 000	19 924	19 077	38 233	19 541	18 692
20-24	33 030	16 799	16 232	36 516	18 593	17 923	38 206	19 478	18 728	38 857	19 829	19 028
25-29	33 168	16 811	16 356	32 830	16 658	16 171	36 321	18 459	17 862	38 024	19 355	18 669
30-34	34 871	17 610	17 261	32 948	16 661	16 288	32 634	16 527	16 107	36 130	18 333	17 797
35-39	34 461	17 329	17 132	34 617	17 439	17 178	32 730	16 518	16 212	32 439	16 403	16 036
40-44	33 524	16 761	16 763	34 160	17 133	17 027	34 345	17 266	17 080	32 498	16 373	16 125
45-49	33 386	16 560	16 826	33 134	16 513	16 621	33 801	16 908	16 892	34 020	17 066	16 954
50-54	32 154	15 789	16 365	32 837	16 217	16 621	32 641	16 209	16 432	33 344	16 630	16 714
55-59	29 027	14 069	14 959	31 384	15 313	16 071	32 124	15 779	16 345	31 996	15 817	16 178
60-64	24 752	11 774	12 978	28 000	13 443	14 557	30 370	14 698	15 671	31 178	15 210	15 968
65-69	21 901	10 175	11 726	23 449	11 000	12 449	26 645	12 639	14 006	29 023	13 902	15 121
70-74	18 512	8 353	10 159	20 138	9 159	10 978	21 704	9 994	11 711	24 810	11 578	13 231
75-79	13 539	5 856	7 683	16 205	7 079	9 126	17 793	7 862	9 931	19 348	8 683	10 664
80+	…	…	…	…	…	…	…	…	…	…	…	…
80-84	8 955	3 636	5 320	10 889	4 470	6 419	13 204	5 500	7 704	14 679	6 214	8 465
85-89	4 766	1 746	3 020	6 218	2 307	3 911	7 700	2 906	4 794	9 499	3 662	5 838
90-94	1 980	613	1 368	2 626	825	1 801	3 507	1 124	2 383	4 443	1 460	2 982
95-99	613	147	466	786	191	594	1 068	265	803	1 464	374	1 090
100+	129	23	106	171	30	141	226	40	186	311	56	255

年齢	2055			2060		
	総数	男	女	総数	男	女
総数	585 268	289 774	295 494	601 833	298 599	303 234
0-4	41 202	21 080	20 122	41 850	21 412	20 438
5-9	40 120	20 524	19 597	41 144	21 049	20 095
10-14	38 985	19 940	19 045	40 079	20 502	19 577
15-19	38 216	19 540	18 676	38 920	19 904	19 016
20-24	38 106	19 460	18 647	38 102	19 468	18 634
25-29	38 692	19 721	18 972	37 961	19 365	18 595
30-34	37 847	19 240	18 607	38 531	19 618	18 913
35-39	35 940	18 213	17 727	37 669	19 130	18 539
40-44	32 232	16 277	15 956	35 735	18 090	17 645
45-49	32 220	16 206	16 014	31 983	16 129	15 854
50-54	33 604	16 817	16 787	31 861	15 994	15 867
55-59	32 743	16 270	16 474	33 050	16 487	16 563
60-64	31 135	15 303	15 832	31 935	15 789	16 146
65-69	29 910	14 464	15 447	29 965	14 616	15 349
70-74	27 177	12 838	14 339	28 140	13 442	14 698
75-79	22 293	10 175	12 118	24 593	11 389	13 203
80+	…	…	…	…	…	…
80-84	16 154	6 981	9 174	18 798	8 291	10 507
85-89	10 741	4 240	6 501	11 994	4 861	7 133
90-94	5 605	1 901	3 704	6 468	2 267	4 201
95-99	1 907	505	1 402	2 465	681	1 785
100+	437	81	356	590	114	476

性・年齢別人口（千人）

年齢	2015			2020			2025			2030		
	総数	男	女	総数	男	女	総数	男	女	総数	男	女
総数	418 447	206 465	211 982	433 952	213 822	220 130	444 841	218 857	225 984	451 734	221 909	229 825
0-4	33 498	17 093	16 405	28 618	14 612	14 006	25 159	12 855	12 305	22 521	11 513	11 009
5-9	33 764	17 214	16 550	33 366	17 016	16 350	28 522	14 556	13 966	25 084	12 811	12 272
10-14	35 723	18 207	17 516	33 689	17 172	16 517	33 302	16 980	16 322	28 467	14 525	13 941
15-19	35 542	18 096	17 446	35 600	18 131	17 469	33 586	17 109	16 477	33 203	16 919	16 284
20-24	34 762	17 626	17 135	35 301	17 925	17 376	35 387	17 979	17 407	33 392	16 972	16 420
25-29	34 853	17 556	17 297	34 456	17 404	17 052	35 025	17 723	17 302	35 126	17 789	17 336
30-34	33 974	16 988	16 986	34 520	17 318	17 202	34 159	17 190	16 968	34 742	17 521	17 221
35-39	31 285	15 517	15 768	33 611	16 736	16 875	34 187	17 085	17 101	33 851	16 978	16 874
40-44	27 544	13 523	14 020	30 887	15 250	15 637	33 220	16 473	16 748	33 821	16 840	16 981
45-49	25 616	12 447	13 169	27 082	13 223	13 859	30 412	14 939	15 472	32 748	16 165	16 583
50-54	23 433	11 289	12 144	25 020	12 068	12 952	26 500	12 852	13 648	29 808	14 555	15 253
55-59	19 422	9 250	10 173	22 643	10 793	11 850	24 244	11 582	12 662	25 744	12 380	13 365
60-64	15 763	7 394	8 370	18 461	8 660	9 801	21 609	10 160	11 449	23 229	10 963	12 266
65-69	11 819	5 432	6 387	14 618	6 712	7 905	17 220	7 922	9 298	20 270	9 365	10 905
70-74	8 498	3 774	4 723	10 540	4 697	5 842	13 149	5 868	7 281	15 615	6 999	8 616
75-79	6 107	2 580	3 527	7 126	3 030	4 096	8 942	3 824	5 118	11 286	4 847	6 439
80+	…	…	…	…	…	…	…	…	…	…	…	…
80-84	3 810	1 492	2 317	4 625	1 831	2 794	5 488	2 192	3 296	6 993	2 818	4 175
85-89	2 065	715	1 349	2 444	866	1 578	3 030	1 085	1 944	3 672	1 330	2 342
90-94	756	223	533	1 032	306	726	1 255	380	875	1 592	486	1 105
95-99	185	44	142	270	64	205	378	89	288	472	113	359
100+	30	6	24	45	9	37	68	13	55	98	18	81

年齢	2035			2040			2045			2050		
	総数	男	女	総数	男	女	総数	男	女	総数	男	女
総数	456 143	223 781	232 362	457 648	224 309	233 339	455 938	223 364	232 574	450 906	220 900	230 006
0-4	21 493	10 990	10 503	20 187	10 325	9 862	18 611	9 520	9 091	16 928	8 660	8 268
5-9	22 460	11 478	10 982	21 441	10 961	10 479	20 143	10 301	9 842	18 573	9 499	9 074
10-14	25 036	12 786	12 250	22 419	11 456	10 962	21 403	10 941	10 461	20 108	10 283	9 825
15-19	28 384	14 476	13 908	24 966	12 745	12 221	22 357	11 422	10 935	21 346	10 911	10 435
20-24	33 030	16 799	16 232	28 245	14 383	13 862	24 849	12 671	12 179	22 258	11 361	10 896
25-29	33 168	16 811	16 356	32 830	16 658	16 171	28 084	14 275	13 809	24 715	12 584	12 131
30-34	34 871	17 610	17 261	32 948	16 661	16 288	32 634	16 527	16 107	27 926	14 173	13 753
35-39	34 461	17 329	17 132	34 617	17 439	17 178	32 730	16 518	16 212	32 439	16 403	16 036
40-44	33 524	16 761	16 763	34 160	17 133	17 027	34 345	17 266	17 080	32 498	16 373	16 125
45-49	33 386	16 560	16 826	33 134	16 513	16 621	33 801	16 908	16 892	34 020	17 066	16 954
50-54	32 154	15 789	16 365	32 837	16 217	16 621	32 641	16 209	16 432	33 344	16 630	16 714
55-59	29 027	14 069	14 959	31 384	15 313	16 071	32 124	15 779	16 345	31 996	15 817	16 178
60-64	24 752	11 774	12 978	28 000	13 443	14 557	30 370	14 698	15 671	31 178	15 210	15 968
65-69	21 901	10 175	11 726	23 449	11 000	12 449	26 645	12 639	14 006	29 023	13 902	15 121
70-74	18 512	8 353	10 159	20 138	9 159	10 978	21 704	9 994	11 711	24 810	11 578	13 231
75-79	13 539	5 856	7 683	16 205	7 079	9 126	17 793	7 862	9 931	19 348	8 683	10 664
80+	…	…	…	…	…	…	…	…	…	…	…	…
80-84	8 955	3 636	5 320	10 889	4 470	6 419	13 204	5 500	7 704	14 679	6 214	8 465
85-89	4 766	1 746	3 020	6 218	2 307	3 911	7 700	2 906	4 794	9 499	3 662	5 838
90-94	1 980	613	1 368	2 626	825	1 801	3 507	1 124	2 383	4 443	1 460	2 982
95-99	613	147	466	786	191	594	1 068	265	803	1 464	374	1 090
100+	129	23	106	171	30	141	226	40	186	311	56	255

年齢	2055			2060		
	総数	男	女	総数	男	女
総数	442 735	217 005	225 729	431 740	211 773	219 967
0-4	15 320	7 838	7 483	14 001	7 163	6 838
5-9	16 896	8 642	8 254	15 293	7 823	7 470
10-14	18 542	9 483	9 058	16 868	8 628	8 240
15-19	20 058	10 256	9 801	18 497	9 461	9 036
20-24	21 258	10 859	10 400	19 981	10 212	9 769
25-29	22 145	11 291	10 854	21 159	10 798	10 361
30-34	24 585	12 503	12 082	22 035	11 225	10 811
35-39	27 771	14 076	13 694	24 458	12 426	12 032
40-44	32 232	16 277	15 956	27 607	13 979	13 628
45-49	32 220	16 206	16 014	31 983	16 129	15 854
50-54	33 604	16 817	16 787	31 861	15 994	15 867
55-59	32 743	16 270	16 474	33 050	16 487	16 563
60-64	31 135	15 303	15 832	31 935	15 789	16 146
65-69	29 910	14 464	15 447	29 965	14 616	15 349
70-74	27 177	12 838	14 339	28 140	13 442	14 698
75-79	22 293	10 175	12 118	24 593	11 389	13 203
80+	…	…	…	…	…	…
80-84	16 154	6 981	9 174	18 798	8 291	10 507
85-89	10 741	4 240	6 501	11 994	4 861	7 133
90-94	5 605	1 901	3 704	6 468	2 267	4 201
95-99	1 907	505	1 402	2 465	681	1 785
100+	437	81	356	590	114	476

性・年齢別人口（千人）

年齢	1960			1965			1970			1975		
	総数	男	女	総数	男	女	総数	男	女	総数	男	女
総数	204 167	101 419	102 748	219 189	108 544	110 646	231 029	113 945	117 084	242 215	119 278	122 937
0-4	22 981	11 726	11 255	22 053	11 162	10 891	19 562	9 976	9 586	18 259	9 342	8 917
5-9	21 340	10 884	10 456	23 157	11 825	11 332	22 650	11 510	11 140	19 791	10 067	9 725
10-14	19 100	9 761	9 338	21 509	10 987	10 522	23 356	11 947	11 409	22 911	11 628	11 283
15-19	15 109	7 656	7 453	19 131	9 717	9 415	21 581	10 960	10 621	23 570	12 002	11 568
20-24	12 724	6 324	6 400	15 307	7 621	7 686	18 701	9 136	9 564	21 887	11 043	10 844
25-29	12 666	6 396	6 271	13 073	6 577	6 495	15 647	7 899	7 749	19 460	9 711	9 749
30-34	13 706	6 854	6 852	12 869	6 544	6 326	13 387	6 784	6 603	16 040	8 085	7 955
35-39	14 149	7 042	7 107	13 711	6 857	6 854	12 866	6 503	6 363	13 367	6 747	6 620
40-44	13 098	6 512	6 586	14 037	6 971	7 067	13 677	6 840	6 837	12 862	6 514	6 348
45-49	12 281	6 085	6 196	12 859	6 360	6 499	13 845	6 863	6 982	13 445	6 692	6 753
50-54	11 203	5 480	5 723	11 860	5 842	6 018	12 481	6 135	6 346	13 412	6 579	6 833
55-59	9 225	4 564	4 661	10 830	5 199	5 631	11 313	5 459	5 854	11 870	5 725	6 145
60-64	8 179	3 867	4 311	8 353	4 022	4 331	9 835	4 587	5 248	10 445	4 917	5 528
65-69	6 882	3 232	3 650	7 257	3 300	3 957	7 552	3 477	4 075	8 972	3 969	5 003
70-74	5 135	2 342	2 793	5 755	2 537	3 218	6 035	2 556	3 479	6 189	2 696	3 494
75-79	3 533	1 534	1 999	3 969	1 702	2 268	4 386	1 791	2 595	4 729	1 831	2 898
80+	2 854	1 159	1 696	3 459	1 322	2 137	4 155	1 522	2 633	5 006	1 731	3 276
80-84	...	...	...	...	...	...	...	...	...	...	...	...
85-89	...	...	...	...	...	...	...	...	...	...	...	...
90-94	...	...	...	...	...	...	...	...	...	...	...	...
95-99	...	...	...	...	...	...	...	...	...	...	...	...
100+	...	...	...	...	...	...	...	...	...	...	...	...

年齢	1980			1985			1990			1995		
	総数	男	女	総数	男	女	総数	男	女	総数	男	女
総数	254 217	124 782	129 436	266 658	130 876	135 782	280 633	137 758	142 875	295 700	145 528	150 171
0-4	18 446	9 506	8 940	19 727	10 094	9 633	20 873	10 688	10 184	21 442	10 973	10 469
5-9	18 624	9 607	9 016	18 717	9 650	9 067	20 075	10 271	9 804	21 294	10 914	10 380
10-14	20 668	10 730	9 938	19 129	9 873	9 256	19 422	10 001	9 421	21 177	10 849	10 328
15-19	23 725	12 189	11 536	21 209	10 998	10 211	20 016	10 323	9 693	20 560	10 630	9 930
20-24	24 050	12 189	11 861	24 025	12 255	11 770	21 752	11 207	10 545	20 459	10 464	9 995
25-29	22 160	11 112	11 048	24 391	12 360	12 031	24 121	12 229	11 892	22 167	11 308	10 859
30-34	19 771	9 774	9 997	22 575	11 297	11 278	24 853	12 504	12 348	25 138	12 735	12 403
35-39	15 577	7 617	7 960	19 676	9 701	9 975	22 611	11 288	11 324	25 151	12 662	12 489
40-44	13 318	6 641	6 677	15 631	7 635	7 996	19 961	9 835	10 126	22 623	11 264	11 359
45-49	12 437	6 091	6 345	13 187	6 561	6 626	15 420	7 521	7 899	19 492	9 562	9 930
50-54	13 006	6 285	6 721	12 230	5 950	6 280	13 003	6 427	6 575	15 244	7 391	7 853
55-59	12 846	6 106	6 740	12 550	5 988	6 562	11 818	5 688	6 129	12 608	6 170	6 438
60-64	11 209	5 253	5 956	12 098	5 649	6 449	11 933	5 593	6 340	11 306	5 373	5 933
65-69	9 823	4 492	5 331	10 378	4 696	5 682	11 227	5 063	6 164	11 068	5 066	6 002
70-74	7 679	3 205	4 474	8 400	3 639	4 761	8 966	3 876	5 090	9 772	4 269	5 502
75-79	5 270	2 204	3 066	6 224	2 392	3 833	6 887	2 787	4 101	7 380	3 017	4 363
80+	5 611	1 779	3 831	6 511	2 139	4 371	...	...	...	...	...	...
80-84	...	...	...	...	...	...	4 418	1 511	2 906	4 800	1 761	3 038
85-89	...	...	...	...	...	...	2 186	700	1 486	2 710	798	1 912
90-94	...	...	...	...	...	...	824	191	633	1 005	265	739
95-99	...	...	...	...	...	...	236	49	187	259	47	211
100+	...	...	...	...	...	...	35	7	28	47	8	39

年齢	2000			2005			2010			2015		
	総数	男	女	総数	男	女	総数	男	女	総数	男	女
総数	313 724	154 828	158 896	328 524	162 427	166 098	344 129	170 282	173 847	357 838	177 383	180 455
0-4	21 049	10 766	10 283	21 622	11 039	10 583	22 067	11 261	10 806	21 651	11 070	10 581
5-9	22 407	11 479	10 928	21 334	10 916	10 417	22 134	11 306	10 828	22 588	11 530	11 058
10-14	22 598	11 597	11 001	23 269	11 947	11 322	22 656	11 623	11 033	22 501	11 494	11 007
15-19	22 387	11 518	10 869	23 634	12 208	11 427	24 075	12 395	11 681	22 844	11 736	11 108
20-24	21 466	11 041	10 425	23 253	11 937	11 317	24 020	12 325	11 695	25 791	13 286	12 504
25-29	21 610	10 991	10 619	21 964	11 126	10 837	23 606	11 953	11 652	24 449	12 502	11 947
30-34	23 160	11 810	11 350	22 161	11 191	10 970	22 604	11 407	11 196	24 566	12 391	12 175
35-39	25 582	12 901	12 681	23 521	11 916	11 605	22 601	11 344	11 257	22 118	11 134	10 984
40-44	25 243	12 660	12 584	25 638	12 862	12 776	23 675	11 956	11 719	23 147	11 576	11 571
45-49	22 677	11 251	11 426	25 118	12 544	12 575	25 594	12 798	12 796	23 056	11 610	11 447
50-54	19 632	9 599	10 033	22 487	11 098	11 389	25 034	12 437	12 598	25 771	12 821	12 949
55-59	14 949	7 190	7 759	19 299	9 362	9 936	22 157	10 839	11 318	24 767	12 204	12 563
60-64	12 253	5 927	6 326	14 498	6 902	7 596	18 740	9 001	9 739	21 196	10 259	10 938
65-69	10 658	4 961	5 696	11 609	5 531	6 079	13 816	6 487	7 330	17 966	8 573	9 394
70-74	9 845	4 370	5 475	9 640	4 377	5 262	10 552	4 920	5 632	12 805	5 907	6 898
75-79	8 206	3 398	4 808	8 304	3 543	4 761	8 223	3 610	4 613	9 010	4 074	4 936
80+	...	...	...	...	...	...	...	...	...	...	...	...
80-84	5 501	2 061	3 440	6 033	2 340	3 692	6 527	2 633	3 894	6 680	2 809	3 871
85-89	2 927	940	1 987	3 415	1 150	2 265	3 934	1 401	2 533	4 368	1 639	2 729
90-94	1 228	298	930	1 320	361	959	1 637	481	1 156	1 954	621	1 333
95-99	298	63	235	355	70	285	410	93	317	530	133	397
100+	49	7	42	52	8	43	66	10	56	80	15	65

性・年齢別人口（千人）

年齢	2015			2020			2025			2030		
	総数	男	女	総数	男	女	総数	男	女	総数	男	女
総数	357 838	177 383	180 455	371 269	184 101	187 167	384 274	190 559	193 715	396 278	196 507	199 771
0-4	21 651	11 070	10 581	22 692	11 605	11 087	23 306	11 921	11 386	23 486	12 014	11 472
5-9	22 588	11 530	11 058	22 135	11 308	10 827	23 169	11 840	11 329	23 784	12 156	11 628
10-14	22 501	11 494	11 007	23 266	11 864	11 402	22 804	11 638	11 166	23 839	12 170	11 669
15-19	22 844	11 736	11 108	23 275	11 866	11 409	24 030	12 232	11 798	23 571	12 008	11 563
20-24	25 791	13 286	12 504	23 598	12 077	11 521	24 021	12 206	11 816	24 781	12 575	12 206
25-29	24 449	12 502	11 947	26 459	13 570	12 888	24 273	12 370	11 903	24 704	12 506	12 199
30-34	24 566	12 391	12 175	24 984	12 727	12 257	26 987	13 794	13 193	24 822	12 609	12 213
35-39	22 118	11 134	10 984	24 911	12 533	12 378	25 332	12 873	12 460	27 338	13 943	13 395
40-44	23 147	11 576	11 571	22 281	11 193	11 088	25 063	12 588	12 475	25 497	12 936	12 561
45-49	23 056	11 610	11 447	23 112	11 530	11 581	22 274	11 166	11 107	25 049	12 559	12 490
50-54	25 771	12 821	12 949	22 813	11 441	11 372	22 899	11 385	11 513	22 106	11 050	11 056
55-59	24 767	12 204	12 563	25 205	12 457	12 748	22 372	11 155	11 218	22 502	11 132	11 371
60-64	21 196	10 259	10 938	23 911	11 664	12 248	24 406	11 954	12 452	21 734	10 750	10 983
65-69	17 966	8 573	9 394	20 108	9 603	10 505	22 765	10 972	11 792	23 324	11 304	12 021
70-74	12 805	5 907	6 898	16 549	7 758	8 791	18 620	8 749	9 870	21 184	10 064	11 120
75-79	9 010	4 074	4 936	11 215	5 037	6 177	14 601	6 679	7 922	16 550	7 604	8 945
80+	...	...	...	...	...	...	...	...	...	...	...	...
80-84	6 680	2 809	3 871	7 221	3 133	4 089	9 091	3 925	5 167	11 960	5 274	6 686
85-89	4 368	1 639	2 729	4 550	1 787	2 763	4 994	2 030	2 965	6 391	2 591	3 800
90-94	1 954	621	1 333	2 225	748	1 477	2 368	835	1 534	2 657	973	1 684
95-99	530	133	397	651	177	475	763	218	544	835	251	584
100+	80	15	65	106	22	84	135	30	105	164	38	127

年齢	2035			2040			2045			2050		
	総数	男	女	総数	男	女	総数	男	女	総数	男	女
総数	406 905	201 809	205 096	416 364	206 647	209 717	424 930	211 151	213 779	433 114	215 556	217 557
0-4	23 575	12 061	11 514	23 866	12 211	11 655	24 251	12 409	11 842	24 739	12 660	12 080
5-9	23 965	12 250	11 715	24 055	12 298	11 757	24 346	12 448	11 898	24 732	12 646	12 086
10-14	24 454	12 487	11 968	24 636	12 581	12 055	24 728	12 630	12 098	25 019	12 780	12 239
15-19	24 607	12 541	12 066	25 224	12 859	12 365	25 407	12 955	12 453	25 500	13 004	12 496
20-24	24 330	12 357	11 972	25 369	12 893	12 476	25 990	13 214	12 776	26 177	13 313	12 864
25-29	25 471	12 881	12 590	25 029	12 670	12 359	26 072	13 209	12 863	26 698	13 534	13 164
30-34	25 261	12 751	12 510	26 034	13 131	12 902	25 601	12 928	12 674	26 649	13 470	13 179
35-39	25 194	12 773	12 421	25 642	12 922	12 720	26 422	13 308	13 114	26 000	13 111	12 889
40-44	27 505	14 009	13 496	25 388	12 857	12 531	25 845	13 013	12 832	26 634	13 405	13 229
45-49	25 499	12 918	12 581	27 512	13 996	13 516	25 430	12 866	12 564	25 900	13 032	12 868
50-54	24 871	12 440	12 431	25 346	12 815	12 531	27 365	13 899	13 466	25 332	12 800	12 531
55-59	21 771	10 836	10 935	24 523	12 222	12 301	25 031	12 618	12 413	27 054	13 707	13 348
60-64	21 919	10 768	11 151	21 268	10 524	10 744	24 001	11 903	12 099	24 548	12 321	12 226
65-69	20 851	10 219	10 633	21 108	10 287	10 820	20 553	10 101	10 452	23 252	11 463	11 788
70-74	21 814	10 437	11 377	19 604	9 503	10 101	19 939	9 626	10 314	19 499	9 504	9 995
75-79	18 961	8 828	10 133	19 674	9 251	10 423	17 802	8 499	9 303	18 219	8 678	9 542
80+	...	...	...	...	...	...	...	...	...	...	...	...
80-84	13 695	6 084	7 612	15 865	7 171	8 694	16 633	7 617	9 016	15 188	7 082	8 106
85-89	8 531	3 548	4 983	9 933	4 185	5 748	11 687	5 034	6 653	12 432	5 449	6 983
90-94	3 480	1 275	2 205	4 759	1 803	2 956	5 675	2 192	3 484	6 827	2 713	4 115
95-99	963	302	662	1 306	412	894	1 844	606	1 238	2 269	765	1 504
100+	188	45	143	223	56	168	307	78	229	445	118	327

年齢	2055			2060		
	総数	男	女	総数	男	女
総数	441 089	219 878	221 211	449 146	224 236	224 910
0-4	25 224	12 908	12 316	25 552	13 077	12 475
5-9	25 196	12 885	12 311	25 657	13 122	12 535
10-14	25 371	12 962	12 409	25 802	13 184	12 618
15-19	25 754	13 136	12 617	26 067	13 300	12 768
20-24	26 233	13 346	12 887	26 449	13 461	12 988
25-29	26 852	13 619	13 233	26 874	13 637	13 237
30-34	27 247	13 783	13 464	27 374	13 857	13 518
35-39	27 028	13 645	13 383	27 607	13 950	13 657
40-44	26 206	13 207	12 999	27 223	13 737	13 486
45-49	26 687	13 425	13 262	26 264	13 231	13 034
50-54	25 810	12 973	12 837	26 602	13 371	13 231
55-59	25 080	12 645	12 434	25 574	12 831	12 743
60-64	26 566	13 408	13 157	24 671	12 398	12 274
65-69	23 834	11 900	11 933	25 844	12 983	12 860
70-74	22 128	10 828	11 300	22 754	11 285	11 469
75-79	17 912	8 623	9 289	20 426	9 882	10 544
80+	...	...	...	...	...	...
80-84	15 670	7 300	8 370	15 529	7 324	8 205
85-89	11 490	5 140	6 350	12 004	5 376	6 628
90-94	7 412	3 006	4 407	6 984	2 901	4 082
95-99	2 809	978	1 831	3 140	1 120	2 020
100+	580	158	422	747	210	538

性・年齢別人口（千人）

年齢	2015			2020			2025			2030		
	総数	男	女	総数	男	女	総数	男	女	総数	男	女
総数	357 838	177 383	180 455	374 278	185 641	188 637	392 216	194 623	197 593	410 408	203 738	206 670
0-4	21 651	11 070	10 581	25 702	13 145	12 557	28 241	14 446	13 795	29 678	15 183	14 495
5-9	22 588	11 530	11 058	22 135	11 308	10 827	26 176	13 379	12 798	28 716	14 680	14 036
10-14	22 501	11 494	11 007	23 266	11 864	11 402	22 804	11 638	11 166	26 845	13 708	13 137
15-19	22 844	11 736	11 108	23 275	11 866	11 409	24 030	12 232	11 798	23 571	12 008	11 563
20-24	25 791	13 286	12 504	23 598	12 077	11 521	24 021	12 206	11 816	24 781	12 575	12 206
25-29	24 449	12 502	11 947	26 459	13 570	12 888	24 273	12 370	11 903	24 704	12 506	12 199
30-34	24 566	12 391	12 175	24 984	12 727	12 257	26 987	13 794	13 193	24 822	12 609	12 213
35-39	22 118	11 134	10 984	24 911	12 533	12 378	25 332	12 873	12 460	27 338	13 943	13 395
40-44	23 147	11 576	11 571	22 281	11 193	11 088	25 063	12 588	12 475	25 497	12 936	12 561
45-49	23 056	11 610	11 447	23 112	11 530	11 581	22 274	11 166	11 107	25 049	12 559	12 490
50-54	25 771	12 821	12 949	22 813	11 441	11 372	22 899	11 385	11 513	22 106	11 050	11 056
55-59	24 767	12 204	12 563	25 205	12 457	12 748	22 372	11 155	11 218	22 502	11 132	11 371
60-64	21 196	10 259	10 938	23 911	11 664	12 248	24 406	11 954	12 452	21 734	10 750	10 983
65-69	17 966	8 573	9 394	20 108	9 603	10 505	22 765	10 972	11 792	23 324	11 304	12 021
70-74	12 805	5 907	6 898	16 549	7 758	8 791	18 620	8 749	9 870	21 184	10 064	11 120
75-79	9 010	4 074	4 936	11 215	5 037	6 177	14 601	6 679	7 922	16 550	7 604	8 945
80+	...	...	...	...	...	...	...	...	...	...	...	...
80-84	6 680	2 809	3 871	7 221	3 133	4 089	9 091	3 925	5 167	11 960	5 274	6 686
85-89	4 368	1 639	2 729	4 550	1 787	2 763	4 994	2 030	2 965	6 391	2 591	3 800
90-94	1 954	621	1 333	2 225	748	1 477	2 368	835	1 534	2 657	973	1 684
95-99	530	133	397	651	177	475	763	218	544	835	251	584
100+	80	15	65	106	22	84	135	30	105	164	38	127

年齢	2035			2040			2045			2050		
	総数	男	女	総数	男	女	総数	男	女	総数	男	女
総数	427 261	212 226	215 035	443 265	220 413	222 852	459 368	228 772	230 596	476 931	237 975	238 956
0-4	29 810	15 252	14 557	30 425	15 568	14 856	31 813	16 280	15 533	34 155	17 480	16 675
5-9	30 154	15 417	14 736	30 286	15 487	14 799	30 902	15 804	15 098	32 291	16 516	15 775
10-14	29 384	15 009	14 375	30 823	15 747	15 075	30 956	15 818	15 138	31 573	16 135	15 438
15-19	27 610	14 077	13 533	30 150	15 379	14 771	31 590	16 118	15 471	31 725	16 190	15 535
20-24	24 330	12 357	11 972	28 367	14 426	13 941	30 908	15 729	15 179	32 350	16 470	15 880
25-29	25 471	12 881	12 590	25 029	12 670	12 359	29 063	14 737	14 326	31 606	16 042	15 563
30-34	25 261	12 751	12 510	26 034	13 131	12 902	25 601	12 928	12 674	29 632	14 993	14 639
35-39	25 194	12 773	12 421	25 642	12 922	12 720	26 422	13 308	13 114	26 000	13 111	12 889
40-44	27 505	14 009	13 496	25 388	12 857	12 531	25 845	13 013	12 832	26 634	13 405	13 229
45-49	25 499	12 918	12 581	27 512	13 996	13 516	25 430	12 866	12 564	25 900	13 032	12 868
50-54	24 871	12 440	12 431	25 346	12 815	12 531	27 365	13 899	13 466	25 332	12 800	12 531
55-59	21 771	10 836	10 935	24 523	12 222	12 301	25 031	12 618	12 413	27 054	13 707	13 348
60-64	21 919	10 768	11 151	21 268	10 524	10 744	24 001	11 903	12 099	24 548	12 321	12 226
65-69	20 851	10 219	10 633	21 108	10 287	10 820	20 553	10 101	10 452	23 252	11 463	11 788
70-74	21 814	10 437	11 377	19 604	9 503	10 101	19 939	9 626	10 314	19 499	9 504	9 995
75-79	18 961	8 828	10 133	19 674	9 251	10 423	17 802	8 499	9 303	18 219	8 678	9 542
80+	...	...	...	...	...	...	...	...	...	...	...	...
80-84	13 695	6 084	7 612	15 865	7 171	8 694	16 633	7 617	9 016	15 188	7 082	8 106
85-89	8 531	3 548	4 983	9 933	4 185	5 748	11 687	5 034	6 653	12 432	5 449	6 983
90-94	3 480	1 275	2 205	4 759	1 803	2 956	5 675	2 192	3 484	6 827	2 713	4 115
95-99	963	302	662	1 306	412	894	1 844	606	1 238	2 269	765	1 504
100+	188	45	143	223	56	168	307	78	229	445	118	327

年齢	2055			2060		
	総数	男	女	総数	男	女
総数	496 369	248 160	248 209	517 420	259 166	258 255
0-4	36 738	18 803	17 935	38 612	19 763	18 849
5-9	34 608	17 704	16 904	37 165	19 014	18 152
10-14	32 928	16 830	16 097	35 211	18 001	17 210
15-19	32 304	16 489	15 815	33 620	17 165	16 454
20-24	32 450	16 526	15 924	32 991	16 808	16 183
25-29	33 013	16 768	16 245	33 080	16 810	16 270
30-34	32 144	16 285	15 859	33 523	16 999	16 525
35-39	30 002	15 163	14 839	32 491	16 444	16 047
40-44	26 206	13 207	12 999	30 188	15 250	14 938
45-49	26 687	13 425	13 262	26 264	13 231	13 034
50-54	25 810	12 973	12 837	26 602	13 371	13 231
55-59	25 080	12 645	12 434	25 574	12 831	12 743
60-64	26 566	13 408	13 157	24 671	12 398	12 274
65-69	23 834	11 900	11 933	25 844	12 983	12 860
70-74	22 128	10 828	11 300	22 754	11 285	11 469
75-79	17 912	8 623	9 289	20 426	9 882	10 544
80+	...	...	...	...	...	...
80-84	15 670	7 300	8 370	15 529	7 324	8 205
85-89	11 490	5 140	6 350	12 004	5 376	6 628
90-94	7 412	3 006	4 407	6 984	2 901	4 083
95-99	2 809	978	1 831	3 140	1 120	2 020
100+	580	158	422	747	210	538

性・年齢別人口（千人）

年齢	2015 総数	男	女	2020 総数	男	女	2025 総数	男	女	2030 総数	男	女
総数	357 838	177 383	180 455	368 259	182 561	185 698	376 332	186 495	189 837	382 148	189 276	192 872
0-4	21 651	11 070	10 581	19 683	10 065	9 618	18 371	9 395	8 976	17 293	8 844	8 449
5-9	22 588	11 530	11 058	22 135	11 308	10 827	20 162	10 302	9 861	18 852	9 632	9 220
10-14	22 501	11 494	11 007	23 266	11 864	11 402	22 804	11 638	11 166	20 834	10 633	10 201
15-19	22 844	11 736	11 108	23 275	11 866	11 409	24 030	12 232	11 798	23 571	12 008	11 563
20-24	25 791	13 286	12 504	23 598	12 077	11 521	24 021	12 206	11 816	24 781	12 575	12 206
25-29	24 449	12 502	11 947	26 459	13 570	12 888	24 273	12 370	11 903	24 704	12 506	12 199
30-34	24 566	12 391	12 175	24 984	12 727	12 257	26 987	13 794	13 193	24 822	12 609	12 213
35-39	22 118	11 134	10 984	24 911	12 533	12 378	25 332	12 873	12 460	27 338	13 943	13 395
40-44	23 147	11 576	11 571	22 281	11 193	11 088	25 063	12 588	12 475	25 497	12 936	12 561
45-49	23 056	11 610	11 447	23 112	11 530	11 581	22 274	11 166	11 107	25 049	12 559	12 490
50-54	25 771	12 821	12 949	22 813	11 441	11 372	22 899	11 385	11 513	22 106	11 050	11 056
55-59	24 767	12 204	12 563	25 205	12 457	12 748	22 372	11 155	11 218	22 502	11 132	11 371
60-64	21 196	10 259	10 938	23 911	11 664	12 248	24 406	11 954	12 452	21 734	10 750	10 983
65-69	17 966	8 573	9 394	20 108	9 603	10 505	22 765	10 972	11 792	23 324	11 304	12 021
70-74	12 805	5 907	6 898	16 549	7 758	8 791	18 620	8 749	9 870	21 184	10 064	11 120
75-79	9 010	4 074	4 936	11 215	5 037	6 177	14 601	6 679	7 922	16 550	7 604	8 945
80+	...	...	...	...	...	...	...	...	...	...	...	...
80-84	6 680	2 809	3 871	7 221	3 133	4 089	9 091	3 925	5 167	11 960	5 274	6 686
85-89	4 368	1 639	2 729	4 550	1 787	2 763	4 994	2 030	2 965	6 391	2 591	3 800
90-94	1 954	621	1 333	2 225	748	1 477	2 368	835	1 534	2 657	973	1 684
95-99	530	133	397	651	177	475	763	218	544	835	251	584
100+	80	15	65	106	22	84	135	30	105	164	38	127

年齢	2035 総数	男	女	2040 総数	男	女	2045 総数	男	女	2050 総数	男	女
総数	386 564	191 399	195 165	389 607	192 954	196 652	391 145	193 864	197 281	391 183	194 104	197 080
0-4	17 356	8 878	8 478	17 434	8 918	8 516	17 198	8 798	8 400	16 558	8 471	8 087
5-9	17 776	9 083	8 693	17 839	9 116	8 723	17 918	9 157	8 760	17 683	9 038	8 645
10-14	19 525	9 964	9 560	18 449	9 415	9 034	18 514	9 449	9 065	18 593	9 491	9 102
15-19	21 604	11 005	10 599	20 298	10 339	9 959	19 225	9 791	9 434	19 290	9 826	9 464
20-24	24 330	12 357	11 972	22 372	11 361	11 011	21 072	10 699	10 373	20 004	10 156	9 848
25-29	25 471	12 881	12 590	25 029	12 670	12 359	23 082	11 682	11 400	21 790	11 026	10 764
30-34	25 261	12 751	12 510	26 034	13 131	12 902	25 601	12 928	12 674	23 666	11 947	11 718
35-39	25 194	12 773	12 421	25 642	12 922	12 720	26 422	13 308	13 114	26 000	13 111	12 889
40-44	27 505	14 009	13 496	25 388	12 857	12 531	25 845	13 013	12 832	26 634	13 405	13 229
45-49	25 499	12 918	12 581	27 512	13 996	13 516	25 430	12 866	12 564	25 900	13 032	12 868
50-54	24 871	12 440	12 431	25 346	12 815	12 531	27 365	13 899	13 466	25 332	12 800	12 531
55-59	21 771	10 836	10 935	24 523	12 222	12 301	25 031	12 618	12 413	27 054	13 707	13 348
60-64	21 919	10 768	11 151	21 268	10 524	10 744	24 001	11 903	12 099	24 548	12 321	12 226
65-69	20 851	10 219	10 633	21 108	10 287	10 820	20 553	10 101	10 452	23 252	11 463	11 788
70-74	21 814	10 437	11 377	19 604	9 503	10 101	19 939	9 626	10 314	19 499	9 504	9 995
75-79	18 961	8 828	10 133	19 674	9 251	10 423	17 802	8 499	9 303	18 219	8 678	9 542
80+	...	...	...	...	...	...	...	...	...	...	...	...
80-84	13 695	6 084	7 612	15 865	7 171	8 694	16 633	7 617	9 016	15 188	7 082	8 106
85-89	8 531	3 548	4 983	9 933	4 185	5 748	11 687	5 034	6 653	12 432	5 449	6 983
90-94	3 480	1 275	2 205	4 759	1 803	2 956	5 675	2 192	3 484	6 827	2 713	4 115
95-99	963	302	662	1 306	412	894	1 844	606	1 238	2 269	765	1 504
100+	188	45	143	223	56	168	307	78	229	445	118	327

年齢	2055 総数	男	女	2060 総数	男	女
総数	389 753	193 615	196 138	387 493	192 696	194 796
0-4	15 770	8 068	7 702	15 171	7 762	7 409
5-9	17 019	8 699	8 320	16 207	8 284	7 923
10-14	18 325	9 355	8 970	17 627	8 999	8 628
15-19	19 331	9 849	9 482	19 024	9 694	9 330
20-24	20 032	10 173	9 858	20 034	10 179	9 856
25-29	20 690	10 469	10 221	20 684	10 472	10 212
30-34	22 350	11 282	11 068	21 225	10 715	10 511
35-39	24 053	12 127	11 926	22 723	11 456	11 267
40-44	26 206	13 207	12 999	24 259	12 225	12 034
45-49	26 687	13 425	13 262	26 264	13 231	13 034
50-54	25 810	12 973	12 837	26 602	13 371	13 231
55-59	25 080	12 645	12 434	25 574	12 831	12 743
60-64	26 566	13 408	13 157	24 671	12 398	12 274
65-69	23 834	11 900	11 933	25 844	12 983	12 860
70-74	22 128	10 828	11 300	22 754	11 285	11 469
75-79	17 912	8 623	9 289	20 426	9 882	10 544
80+	...	...	...	...	...	...
80-84	15 670	7 300	8 370	15 529	7 324	8 205
85-89	11 490	5 140	6 350	12 004	5 376	6 628
90-94	7 412	3 006	4 407	6 984	2 901	4 082
95-99	2 809	978	1 831	3 140	1 120	2 020
100+	580	158	422	747	210	538

性・年齢別人口（千人）

年齢	1960 総数	男	女	1965 総数	男	女	1970 総数	男	女	1975 総数	男	女
総数	15 784	8 012	7 771	17 502	8 856	8 646	19 688	9 943	9 745	21 498	10 833	10 665
0-4	1 921	984	937	2 066	1 059	1 007	2 213	1 133	1 080	2 369	1 214	1 156
5-9	1 735	885	850	1 937	990	947	2 131	1 091	1 040	2 197	1 126	1 071
10-14	1 589	813	776	1 769	904	865	2 040	1 043	997	2 169	1 113	1 056
15-19	1 269	651	617	1 616	828	788	1 804	919	885	2 021	1 031	989
20-24	1 095	566	529	1 311	675	636	1 714	877	836	1 832	930	902
25-29	1 035	541	495	1 145	591	555	1 393	719	674	1 726	879	848
30-34	1 104	580	524	1 063	553	510	1 210	625	584	1 421	732	689
35-39	1 085	560	525	1 118	584	534	1 100	569	531	1 228	633	595
40-44	948	483	465	1 086	558	528	1 156	602	554	1 112	575	536
45-49	907	465	442	934	473	461	1 102	563	538	1 125	583	542
50-54	766	397	369	875	444	431	916	459	457	1 057	536	521
55-59	631	321	310	727	371	356	834	416	418	868	429	439
60-64	531	255	276	580	287	294	681	331	350	777	376	402
65-69	434	197	237	468	214	254	519	248	272	604	285	320
70-74	339	152	187	355	149	206	384	164	220	438	194	245
75-79	217	93	124	246	100	146	257	99	157	284	110	174
80+	177	69	108	208	77	131	235	83	152	269	88	182
80-84	...	...	...	...	...	...	...	...	...	...	...	...
85-89	...	...	...	...	...	...	...	...	...	...	...	...
90-94	...	...	...	...	...	...	...	...	...	...	...	...
95-99	...	...	...	...	...	...	...	...	...	...	...	...
100+	...	...	...	...	...	...	...	...	...	...	...	...

年齢	1980 総数	男	女	1985 総数	男	女	1990 総数	男	女	1995 総数	男	女
総数	22 972	11 538	11 434	24 873	12 485	12 388	26 971	13 514	13 457	29 054	14 533	14 520
0-4	2 236	1 148	1 088	2 366	1 215	1 152	2 504	1 286	1 217	2 667	1 372	1 295
5-9	2 360	1 208	1 151	2 260	1 161	1 100	2 402	1 233	1 169	2 521	1 295	1 226
10-14	2 217	1 136	1 082	2 399	1 229	1 170	2 307	1 185	1 122	2 438	1 251	1 187
15-19	2 167	1 107	1 060	2 237	1 144	1 092	2 430	1 244	1 187	2 340	1 200	1 140
20-24	2 001	1 017	984	2 170	1 105	1 064	2 240	1 137	1 103	2 427	1 232	1 194
25-29	1 838	927	911	2 034	1 027	1 007	2 213	1 113	1 100	2 251	1 130	1 121
30-34	1 735	880	855	1 891	948	943	2 108	1 057	1 051	2 264	1 132	1 132
35-39	1 408	721	687	1 767	898	869	1 926	965	961	2 137	1 068	1 068
40-44	1 199	615	584	1 416	725	690	1 789	908	881	1 950	976	974
45-49	1 077	555	522	1 190	611	579	1 414	725	689	1 775	899	876
50-54	1 082	556	526	1 053	541	512	1 170	598	572	1 385	705	679
55-59	998	498	499	1 038	527	511	1 026	519	507	1 136	574	561
60-64	805	387	418	944	461	483	991	495	497	981	489	492
65-69	697	325	371	733	341	392	869	412	457	916	445	471
70-74	508	225	283	601	266	335	641	286	355	768	350	418
75-79	332	135	197	400	164	236	481	198	282	519	218	302
80+	312	98	214	375	120	254	...	...	...	...	...	...
80-84	...	...	...	...	...	...	282	103	179	349	129	220
85-89	...	...	...	...	...	...	126	38	87	165	52	113
90-94	...	...	...	...	...	...	42	10	32	54	13	40
95-99	...	...	...	...	...	...	9	2	8	12	2	9
100+	...	...	...	...	...	...	1	0	1	2	0	1

年齢	2000 総数	男	女	2005 総数	男	女	2010 総数	男	女	2015 総数	男	女
総数	31 068	15 553	15 514	33 369	16 707	16 663	36 411	18 265	18 146	39 331	19 707	19 624
0-4	2 750	1 421	1 329	2 800	1 442	1 358	3 075	1 585	1 490	3 196	1 647	1 549
5-9	2 701	1 398	1 303	2 768	1 430	1 338	2 856	1 471	1 386	3 119	1 608	1 511
10-14	2 553	1 315	1 238	2 733	1 414	1 318	2 821	1 457	1 364	2 913	1 499	1 414
15-19	2 445	1 252	1 193	2 595	1 333	1 261	2 802	1 449	1 354	2 911	1 505	1 407
20-24	2 283	1 157	1 126	2 528	1 288	1 240	2 812	1 449	1 363	2 974	1 529	1 445
25-29	2 419	1 211	1 208	2 328	1 168	1 159	2 727	1 385	1 342	2 923	1 479	1 444
30-34	2 271	1 132	1 139	2 489	1 239	1 250	2 472	1 234	1 238	2 834	1 424	1 410
35-39	2 319	1 165	1 154	2 322	1 158	1 164	2 585	1 287	1 298	2 507	1 249	1 258
40-44	2 140	1 068	1 073	2 350	1 177	1 173	2 371	1 181	1 190	2 666	1 324	1 342
45-49	1 930	962	967	2 150	1 071	1 079	2 360	1 181	1 179	2 359	1 172	1 186
50-54	1 766	894	872	1 894	943	951	2 120	1 054	1 066	2 359	1 174	1 185
55-59	1 342	680	662	1 724	867	857	1 848	915	932	2 089	1 030	1 058
60-64	1 095	550	545	1 290	646	644	1 656	828	829	1 786	876	911
65-69	912	448	465	1 029	507	521	1 227	606	621	1 598	789	808
70-74	823	390	432	822	394	428	944	458	486	1 134	551	583
75-79	645	280	365	697	318	379	711	328	383	818	387	431
80+	...	...	...	...	...	...	...	...	...	...	...	...
80-84	375	140	235	496	202	295	553	237	316	578	255	323
85-89	211	68	143	236	78	158	325	121	204	370	146	224
90-94	72	19	53	96	26	70	113	33	80	159	53	106
95-99	15	3	12	21	4	16	29	7	22	34	8	25
100+	2	0	2	2	0	2	3	1	3	4	1	4

性・年齢別人口（千人）

年齢	2015			2020			2025			2030		
	総数	男	女	総数	男	女	総数	男	女	総数	男	女
総数	39 331	19 707	19 624	42 131	21 101	21 030	44 791	22 423	22 368	47 361	23 695	23 667
0-4	3 196	1 647	1 549	3 374	1 739	1 636	3 434	1 770	1 665	3 479	1 793	1 686
5-9	3 119	1 608	1 511	3 265	1 682	1 584	3 435	1 769	1 666	3 496	1 801	1 695
10-14	2 913	1 499	1 414	3 203	1 648	1 555	3 340	1 718	1 622	3 510	1 805	1 704
15-19	2 911	1 505	1 407	3 008	1 542	1 465	3 285	1 686	1 600	3 423	1 756	1 668
20-24	2 974	1 529	1 445	3 009	1 546	1 463	3 092	1 578	1 514	3 371	1 722	1 649
25-29	2 923	1 479	1 444	3 065	1 566	1 499	3 086	1 578	1 509	3 172	1 611	1 561
30-34	2 834	1 424	1 410	3 002	1 513	1 489	3 132	1 594	1 538	3 155	1 607	1 548
35-39	2 507	1 249	1 258	2 891	1 449	1 442	3 050	1 534	1 517	3 181	1 616	1 566
40-44	2 666	1 324	1 342	2 533	1 260	1 273	2 910	1 456	1 454	3 071	1 542	1 529
45-49	2 359	1 172	1 186	2 659	1 317	1 341	2 525	1 253	1 272	2 901	1 449	1 452
50-54	2 359	1 174	1 185	2 324	1 151	1 173	2 619	1 293	1 326	2 488	1 230	1 258
55-59	2 089	1 030	1 058	2 306	1 142	1 164	2 272	1 119	1 152	2 561	1 258	1 303
60-64	1 786	876	911	2 017	987	1 030	2 231	1 097	1 134	2 198	1 075	1 123
65-69	1 598	789	808	1 696	822	874	1 921	930	991	2 130	1 036	1 093
70-74	1 134	551	583	1 478	718	760	1 575	751	824	1 791	854	936
75-79	818	387	431	1 000	474	527	1 318	626	692	1 411	659	752
80+	...	...	...	...	...	...	...	...	...	...	...	...
80-84	578	255	323	662	300	362	822	375	448	1 099	504	595
85-89	370	146	224	396	163	233	464	197	266	589	253	336
90-94	159	53	106	188	67	121	208	78	131	252	98	154
95-99	34	8	25	50	14	35	62	19	43	72	24	49
100+	4	1	4	6	1	4	8	2	6	11	3	9

年齢	2035			2040			2045			2050		
	総数	男	女	総数	男	女	総数	男	女	総数	男	女
総数	49 809	24 902	24 907	52 150	26 058	26 092	54 413	27 182	27 230	56 609	28 280	28 329
0-4	3 527	1 818	1 709	3 608	1 860	1 748	3 711	1 913	1 799	3 802	1 960	1 843
5-9	3 541	1 824	1 717	3 590	1 850	1 741	3 672	1 892	1 780	3 776	1 945	1 831
10-14	3 571	1 837	1 734	3 617	1 861	1 756	3 666	1 886	1 780	3 748	1 929	1 819
15-19	3 594	1 843	1 750	3 655	1 875	1 780	3 701	1 899	1 802	3 751	1 925	1 826
20-24	3 511	1 793	1 718	3 682	1 881	1 801	3 744	1 913	1 831	3 791	1 937	1 853
25-29	3 452	1 755	1 697	3 591	1 826	1 765	3 763	1 915	1 848	3 826	1 947	1 879
30-34	3 241	1 640	1 601	3 521	1 785	1 737	3 662	1 856	1 806	3 834	1 945	1 889
35-39	3 205	1 628	1 576	3 291	1 662	1 629	3 572	1 807	1 765	3 713	1 878	1 834
40-44	3 202	1 624	1 578	3 225	1 636	1 589	3 312	1 670	1 642	3 592	1 815	1 778
45-49	3 062	1 535	1 528	3 193	1 616	1 577	3 216	1 629	1 587	3 303	1 663	1 641
50-54	2 863	1 426	1 437	3 024	1 511	1 513	3 154	1 592	1 562	3 176	1 604	1 572
55-59	2 433	1 197	1 236	2 804	1 390	1 414	2 966	1 476	1 490	3 093	1 555	1 538
60-64	2 479	1 209	1 270	2 354	1 149	1 205	2 721	1 339	1 381	2 882	1 425	1 457
65-69	2 098	1 015	1 083	2 367	1 142	1 225	2 247	1 085	1 162	2 606	1 270	1 336
70-74	1 991	956	1 036	1 962	936	1 026	2 216	1 054	1 162	2 103	1 001	1 102
75-79	1 614	755	860	1 804	849	955	1 779	833	946	2 015	941	1 074
80+	...	...	...	...	...	...	...	...	...	...	...	...
80-84	1 187	536	651	1 370	620	750	1 542	705	838	1 528	695	833
85-89	803	349	455	881	376	505	1 032	443	589	1 179	512	667
90-94	330	130	200	465	184	281	524	204	319	630	248	382
95-99	92	31	61	126	43	83	185	64	121	218	74	144
100+	14	4	11	19	5	14	28	8	20	43	12	31

年齢	2055			2060		
	総数	男	女	総数	男	女
総数	58 684	29 340	29 344	60 626	30 334	30 292
0-4	3 854	1 988	1 866	3 868	1 995	1 873
5-9	3 864	1 992	1 872	3 912	2 019	1 893
10-14	3 849	1 982	1 866	3 933	2 028	1 906
15-19	3 829	1 967	1 861	3 925	2 019	1 906
20-24	3 836	1 964	1 872	3 909	2 004	1 905
25-29	3 868	1 972	1 896	3 910	1 996	1 913
30-34	3 893	1 978	1 915	3 932	2 001	1 931
35-39	3 882	1 968	1 915	3 939	2 000	1 939
40-44	3 732	1 887	1 845	3 900	1 976	1 925
45-49	3 582	1 807	1 775	3 722	1 880	1 843
50-54	3 263	1 638	1 625	3 541	1 782	1 759
55-59	3 113	1 565	1 548	3 200	1 599	1 601
60-64	3 006	1 501	1 504	3 023	1 509	1 513
65-69	2 766	1 354	1 412	2 885	1 427	1 458
70-74	2 450	1 179	1 271	2 608	1 261	1 347
75-79	1 912	893	1 019	2 243	1 061	1 182
80+	...	...	...	...	...	...
80-84	1 739	789	950	1 654	752	902
85-89	1 179	511	668	1 358	589	770
90-94	737	294	443	754	301	453
95-99	273	93	180	333	115	218
100+	56	15	41	75	20	55

性・年齢別人口（千人）

年齢	2015			2020			2025			2030		
	総数	男	女	総数	男	女	総数	男	女	総数	男	女
総数	39 331	19 707	19 624	42 486	21 283	21 203	45 742	22 912	22 830	49 081	24 579	24 501
0–4	3 196	1 647	1 549	3 730	1 922	1 808	4 031	2 077	1 954	4 250	2 190	2 060
5–9	3 119	1 608	1 511	3 265	1 682	1 584	3 789	1 951	1 838	4 090	2 107	1 984
10–14	2 913	1 499	1 414	3 203	1 648	1 555	3 340	1 718	1 622	3 863	1 987	1 876
15–19	2 911	1 505	1 407	3 008	1 542	1 465	3 285	1 686	1 600	3 423	1 756	1 668
20–24	2 974	1 529	1 445	3 009	1 546	1 463	3 092	1 578	1 514	3 371	1 722	1 649
25–29	2 923	1 479	1 444	3 065	1 566	1 499	3 086	1 578	1 509	3 172	1 611	1 561
30–34	2 834	1 424	1 410	3 002	1 513	1 489	3 132	1 594	1 538	3 155	1 607	1 548
35–39	2 507	1 249	1 258	2 891	1 449	1 442	3 050	1 534	1 517	3 181	1 616	1 566
40–44	2 666	1 324	1 342	2 533	1 260	1 273	2 910	1 456	1 454	3 071	1 542	1 529
45–49	2 359	1 172	1 186	2 659	1 317	1 341	2 525	1 253	1 272	2 901	1 449	1 452
50–54	2 359	1 174	1 185	2 324	1 151	1 173	2 619	1 293	1 326	2 488	1 230	1 258
55–59	2 089	1 030	1 058	2 306	1 142	1 164	2 272	1 119	1 152	2 561	1 258	1 303
60–64	1 786	876	911	2 017	987	1 030	2 231	1 097	1 134	2 198	1 075	1 123
65–69	1 598	789	808	1 696	822	874	1 921	930	991	2 130	1 036	1 093
70–74	1 134	551	583	1 478	718	760	1 575	751	824	1 791	854	936
75–79	818	387	431	1 000	474	527	1 318	626	692	1 411	659	752
80+	…	…	…	…	…	…	…	…	…	…	…	…
80–84	578	255	323	662	300	362	822	375	448	1 099	504	595
85–89	370	146	224	396	163	233	464	197	266	589	253	336
90–94	159	53	106	188	67	121	208	78	131	252	98	154
95–99	34	8	25	50	14	35	62	19	43	72	24	49
100+	4	1	4	6	1	4	8	2	6	11	3	9

年齢	2035			2040			2045			2050		
	総数	男	女	総数	男	女	総数	男	女	総数	男	女
総数	52 332	26 201	26 132	55 558	27 811	27 747	58 858	29 470	29 389	62 317	31 217	31 100
0–4	4 334	2 233	2 101	4 497	2 317	2 180	4 755	2 450	2 305	5 073	2 614	2 459
5–9	4 310	2 220	2 090	4 395	2 264	2 131	4 559	2 348	2 210	4 817	2 481	2 336
10–14	4 165	2 143	2 023	4 385	2 256	2 129	4 470	2 300	2 170	4 634	2 385	2 250
15–19	3 947	2 025	1 922	4 249	2 181	2 068	4 469	2 294	2 175	4 554	2 338	2 216
20–24	3 511	1 793	1 718	4 034	2 062	1 972	4 336	2 218	2 119	4 556	2 331	2 225
25–29	3 452	1 755	1 697	3 591	1 826	1 765	4 115	2 095	2 019	4 417	2 251	2 166
30–34	3 241	1 640	1 601	3 521	1 785	1 737	3 662	1 856	1 806	4 184	2 125	2 060
35–39	3 205	1 628	1 576	3 291	1 662	1 629	3 572	1 807	1 765	3 713	1 878	1 834
40–44	3 202	1 624	1 578	3 225	1 636	1 589	3 312	1 670	1 642	3 592	1 815	1 778
45–49	3 062	1 535	1 528	3 193	1 616	1 577	3 216	1 629	1 587	3 303	1 663	1 641
50–54	2 863	1 426	1 437	3 024	1 511	1 513	3 154	1 592	1 562	3 176	1 604	1 572
55–59	2 433	1 197	1 236	2 804	1 390	1 414	2 966	1 476	1 490	3 093	1 555	1 538
60–64	2 479	1 209	1 270	2 354	1 149	1 205	2 721	1 339	1 381	2 882	1 425	1 457
65–69	2 098	1 015	1 083	2 367	1 142	1 225	2 247	1 085	1 162	2 606	1 270	1 336
70–74	1 991	956	1 036	1 962	936	1 026	2 216	1 054	1 162	2 103	1 001	1 102
75–79	1 614	755	860	1 804	849	955	1 779	833	946	2 015	941	1 074
80+	…	…	…	…	…	…	…	…	…	…	…	…
80–84	1 187	536	651	1 370	620	750	1 542	705	838	1 528	695	833
85–89	803	349	455	881	376	505	1 032	443	589	1 179	512	667
90–94	330	130	200	465	184	281	524	204	319	630	248	382
95–99	92	31	61	126	43	83	185	64	121	218	74	144
100+	14	4	11	19	5	14	28	8	20	43	12	31

年齢	2055			2060		
	総数	男	女	総数	男	女
総数	65 906	33 055	32 851	69 578	34 939	34 639
0–4	5 379	2 773	2 605	5 612	2 893	2 719
5–9	5 132	2 645	2 487	5 435	2 803	2 632
10–14	4 889	2 518	2 371	5 200	2 680	2 520
15–19	4 714	2 423	2 291	4 965	2 554	2 411
20–24	4 637	2 376	2 262	4 793	2 458	2 334
25–29	4 632	2 364	2 268	4 709	2 407	2 302
30–34	4 482	2 280	2 202	4 694	2 392	2 301
35–39	4 231	2 147	2 085	4 526	2 301	2 225
40–44	3 732	1 887	1 845	4 248	2 154	2 094
45–49	3 582	1 807	1 775	3 722	1 880	1 843
50–54	3 263	1 638	1 625	3 541	1 782	1 759
55–59	3 113	1 565	1 548	3 200	1 599	1 601
60–64	3 006	1 501	1 504	3 023	1 509	1 513
65–69	2 766	1 354	1 412	2 885	1 427	1 458
70–74	2 450	1 179	1 271	2 608	1 261	1 347
75–79	1 912	893	1 019	2 243	1 061	1 182
80+	…	…	…	…	…	…
80–84	1 739	789	950	1 654	752	902
85–89	1 179	511	668	1 358	589	770
90–94	737	294	443	754	301	453
95–99	273	93	180	333	115	218
100+	56	15	41	75	20	55

低位予測値   オセアニア

性・年齢別人口（千人）

年齢	2015 総数	男	女	2020 総数	男	女	2025 総数	男	女	2030 総数	男	女
総数	39 331	19 707	19 624	41 776	20 918	20 858	43 841	21 934	21 907	45 642	22 810	22 832
0-4	3 196	1 647	1 549	3 019	1 556	1 463	2 838	1 463	1 375	2 708	1 396	1 312
5-9	3 119	1 608	1 511	3 265	1 682	1 584	3 080	1 587	1 494	2 901	1 495	1 406
10-14	2 913	1 499	1 414	3 203	1 648	1 555	3 340	1 718	1 622	3 156	1 623	1 533
15-19	2 911	1 505	1 407	3 008	1 542	1 465	3 285	1 686	1 600	3 423	1 756	1 668
20-24	2 974	1 529	1 445	3 009	1 546	1 463	3 092	1 578	1 514	3 371	1 722	1 649
25-29	2 923	1 479	1 444	3 065	1 566	1 499	3 086	1 578	1 509	3 172	1 611	1 561
30-34	2 834	1 424	1 410	3 002	1 513	1 489	3 132	1 594	1 538	3 155	1 607	1 548
35-39	2 507	1 249	1 258	2 891	1 449	1 442	3 050	1 534	1 517	3 181	1 616	1 566
40-44	2 666	1 324	1 342	2 533	1 260	1 273	2 910	1 456	1 454	3 071	1 542	1 529
45-49	2 359	1 172	1 186	2 659	1 317	1 341	2 525	1 253	1 272	2 901	1 449	1 452
50-54	2 359	1 174	1 185	2 324	1 151	1 173	2 619	1 293	1 326	2 488	1 230	1 258
55-59	2 089	1 030	1 058	2 306	1 142	1 164	2 272	1 119	1 152	2 561	1 258	1 303
60-64	1 786	876	911	2 017	987	1 030	2 231	1 097	1 134	2 198	1 075	1 123
65-69	1 598	789	808	1 696	822	874	1 921	930	991	2 130	1 036	1 093
70-74	1 134	551	583	1 478	718	760	1 575	751	824	1 791	854	936
75-79	818	387	431	1 000	474	527	1 318	626	692	1 411	659	752
80+	…	…	…	…	…	…	…	…	…	…	…	…
80-84	578	255	323	662	300	362	822	375	448	1 099	504	595
85-89	370	146	224	396	163	233	464	197	266	589	253	336
90-94	159	53	106	188	67	121	208	78	131	252	98	154
95-99	34	8	25	50	14	35	62	19	43	72	24	49
100+	4	1	4	6	1	4	8	2	6	11	3	9

年齢	2035 総数	男	女	2040 総数	男	女	2045 総数	男	女	2050 総数	男	女
総数	47 289	23 606	23 683	48 766	24 317	24 449	50 056	24 941	25 115	51 132	25 462	25 670
0-4	2 724	1 405	1 320	2 740	1 413	1 327	2 733	1 409	1 324	2 674	1 379	1 295
5-9	2 772	1 428	1 344	2 789	1 437	1 352	2 805	1 446	1 360	2 799	1 443	1 357
10-14	2 977	1 531	1 445	2 848	1 466	1 383	2 866	1 475	1 391	2 882	1 483	1 399
15-19	3 240	1 662	1 579	3 062	1 570	1 492	2 934	1 505	1 430	2 952	1 514	1 438
20-24	3 511	1 793	1 718	3 329	1 700	1 629	3 152	1 609	1 543	3 025	1 544	1 481
25-29	3 452	1 755	1 697	3 591	1 826	1 765	3 411	1 734	1 677	3 235	1 644	1 591
30-34	3 241	1 640	1 601	3 521	1 785	1 737	3 662	1 856	1 806	3 483	1 765	1 718
35-39	3 205	1 628	1 576	3 291	1 662	1 629	3 572	1 807	1 765	3 713	1 878	1 834
40-44	3 202	1 624	1 578	3 225	1 636	1 589	3 312	1 670	1 642	3 592	1 815	1 778
45-49	3 062	1 535	1 528	3 193	1 616	1 577	3 216	1 629	1 587	3 303	1 663	1 641
50-54	2 863	1 426	1 437	3 024	1 511	1 513	3 154	1 592	1 562	3 176	1 604	1 572
55-59	2 433	1 197	1 236	2 804	1 390	1 414	2 966	1 476	1 490	3 093	1 555	1 538
60-64	2 479	1 209	1 270	2 354	1 149	1 205	2 721	1 339	1 381	2 882	1 425	1 457
65-69	2 098	1 015	1 083	2 367	1 142	1 225	2 247	1 085	1 162	2 606	1 270	1 336
70-74	1 991	956	1 036	1 962	936	1 026	2 216	1 054	1 162	2 103	1 001	1 102
75-79	1 614	755	860	1 804	849	955	1 779	833	946	2 015	941	1 074
80+	…	…	…	…	…	…	…	…	…	…	…	…
80-84	1 187	536	651	1 370	620	750	1 542	705	838	1 528	695	833
85-89	803	349	455	881	376	505	1 032	443	589	1 179	512	667
90-94	330	130	200	465	184	281	524	204	319	630	248	382
95-99	92	31	61	126	43	83	185	64	121	218	74	144
100+	14	4	11	19	5	14	28	8	20	43	12	31

年齢	2055 総数	男	女	2060 総数	男	女
総数	51 928	25 864	26 064	52 464	26 135	26 328
0-4	2 565	1 324	1 241	2 449	1 264	1 185
5-9	2 737	1 412	1 325	2 626	1 357	1 270
10-14	2 873	1 480	1 393	2 807	1 448	1 359
15-19	2 964	1 523	1 442	2 950	1 517	1 433
20-24	3 038	1 553	1 485	3 046	1 560	1 486
25-29	3 104	1 579	1 525	3 113	1 587	1 526
30-34	3 304	1 676	1 629	3 170	1 610	1 560
35-39	3 533	1 789	1 744	3 352	1 698	1 654
40-44	3 732	1 887	1 845	3 553	1 798	1 755
45-49	3 582	1 807	1 775	3 722	1 880	1 843
50-54	3 263	1 638	1 625	3 541	1 782	1 759
55-59	3 113	1 565	1 548	3 200	1 599	1 601
60-64	3 006	1 501	1 504	3 023	1 509	1 513
65-69	2 766	1 354	1 412	2 885	1 427	1 458
70-74	2 450	1 179	1 271	2 608	1 261	1 347
75-79	1 912	893	1 019	2 243	1 061	1 182
80+	…	…	…	…	…	…
80-84	1 739	789	950	1 654	752	902
85-89	1 179	511	668	1 358	589	770
90-94	737	294	443	754	301	453
95-99	273	93	180	333	115	218
100+	56	15	41	75	20	55

  145

Australia/New Zealand

推計値

性・年齢別人口（千人）

年齢	1960 総数	男	女	1965 総数	男	女	1970 総数	男	女	1975 総数	男	女
総数	12 664	6 392	6 272	13 996	7 044	6 952	15 724	7 899	7 826	16 976	8 505	8 471
0-4	1 383	708	675	1 466	751	715	1 544	789	755	1 578	806	772
5-9	1 286	656	629	1 428	730	697	1 561	800	761	1 556	796	760
10-14	1 218	623	594	1 328	680	648	1 538	786	752	1 605	824	781
15-19	951	488	464	1 257	644	613	1 376	700	675	1 533	782	751
20-24	823	423	400	1 005	516	489	1 367	698	668	1 421	721	701
25-29	802	417	384	887	455	432	1 102	569	534	1 399	712	687
30-34	901	471	431	840	435	405	962	495	467	1 143	588	555
35-39	911	466	444	928	482	446	888	457	431	992	508	484
40-44	804	406	398	925	472	453	978	506	472	912	470	442
45-49	787	402	385	802	403	399	953	485	468	961	496	465
50-54	672	348	324	769	389	380	797	397	400	922	466	457
55-59	560	284	276	646	329	317	743	369	374	764	375	389
60-64	477	227	250	523	258	265	615	298	317	701	337	364
65-69	403	181	222	428	194	234	475	226	249	553	259	294
70-74	317	141	176	334	139	194	356	150	206	407	179	228
75-79	203	86	117	233	95	139	244	93	150	267	102	164
80+	167	65	103	199	73	126	226	79	146	260	83	176
80-84	…	…	…	…	…	…	…	…	…	…	…	…
85-89	…	…	…	…	…	…	…	…	…	…	…	…
90-94	…	…	…	…	…	…	…	…	…	…	…	…
95-99	…	…	…	…	…	…	…	…	…	…	…	…
100+	…	…	…	…	…	…	…	…	…	…	…	…

年齢	1980 総数	男	女	1985 総数	男	女	1990 総数	男	女	1995 総数	男	女
総数	17 855	8 908	8 947	19 059	9 503	9 556	20 494	10 198	10 296	21 800	10 829	10 971
0-4	1 391	711	680	1 450	743	707	1 539	789	750	1 601	822	779
5-9	1 597	815	782	1 435	735	700	1 517	778	739	1 584	812	772
10-14	1 582	808	774	1 641	839	803	1 500	769	731	1 562	801	761
15-19	1 619	826	793	1 614	824	790	1 692	863	828	1 548	792	756
20-24	1 538	781	757	1 638	834	804	1 640	829	812	1 712	866	846
25-29	1 449	730	719	1 582	797	784	1 702	852	849	1 668	832	836
30-34	1 419	718	700	1 510	755	755	1 672	835	837	1 765	879	887
35-39	1 141	582	559	1 461	741	719	1 559	779	780	1 714	853	860
40-44	976	498	479	1 159	592	567	1 496	758	738	1 596	796	799
45-49	892	457	434	981	502	480	1 172	600	572	1 496	757	739
50-54	932	477	455	881	451	430	978	498	479	1 161	591	570
55-59	879	437	442	905	458	447	875	441	433	963	486	477
60-64	718	343	375	844	411	434	878	438	440	850	424	426
65-69	638	297	341	665	308	357	790	374	416	825	401	424
70-74	472	208	263	557	246	311	591	263	328	710	323	387
75-79	312	126	186	377	154	223	452	186	266	486	204	282
80+	300	93	207	360	115	245	…	…	…	…	…	…
80-84	…	…	…	…	…	…	269	98	171	333	123	211
85-89	…	…	…	…	…	…	121	37	84	159	50	109
90-94	…	…	…	…	…	…	41	9	31	52	13	39
95-99	…	…	…	…	…	…	9	2	8	11	2	9
100+	…	…	…	…	…	…	1	0	1	2	0	1

年齢	2000 総数	男	女	2005 総数	男	女	2010 総数	男	女	2015 総数	男	女
総数	22 965	11 425	11 541	24 409	12 142	12 267	26 532	13 231	13 301	28 497	14 189	14 308
0-4	1 568	810	758	1 559	799	759	1 772	910	862	1 855	952	902
5-9	1 663	863	800	1 624	838	786	1 644	843	801	1 834	942	892
10-14	1 629	839	789	1 721	893	828	1 693	874	819	1 708	876	833
15-19	1 587	812	775	1 699	873	826	1 810	939	871	1 796	928	867
20-24	1 517	765	753	1 704	868	836	1 943	1 005	938	2 002	1 030	972
25-29	1 723	857	867	1 587	792	795	1 926	977	948	2 078	1 047	1 030
30-34	1 705	844	861	1 814	896	918	1 748	866	882	2 055	1 028	1 027
35-39	1 837	920	916	1 770	876	893	1 925	951	974	1 803	891	911
40-44	1 735	863	872	1 879	939	940	1 839	909	929	2 027	999	1 027
45-49	1 595	794	801	1 758	873	885	1 913	955	958	1 847	913	934
50-54	1 506	764	743	1 579	785	794	1 754	870	884	1 936	962	974
55-59	1 140	579	561	1 486	749	738	1 559	773	786	1 750	863	887
60-64	945	475	469	1 113	559	555	1 447	726	721	1 529	752	777
65-69	806	397	409	904	448	456	1 078	535	543	1 420	706	714
70-74	756	360	396	741	357	384	847	413	433	1 017	498	519
75-79	606	264	342	651	298	353	654	304	350	749	358	391
80+	…	…	…	…	…	…	…	…	…	…	…	…
80-84	356	132	223	473	193	281	524	225	299	544	241	302
85-89	204	66	139	228	76	152	314	117	197	356	141	215
90-94	70	18	52	94	25	69	110	32	78	155	52	104
95-99	15	3	12	20	4	16	28	6	22	33	8	25
100+	2	0	2	2	0	2	3	1	3	4	1	3

性・年齢別人口（千人）

年齢	2015 総数	男	女	2020 総数	男	女	2025 総数	男	女	2030 総数	男	女
総数	28 497	14 189	14 308	30 327	15 092	15 235	32 007	15 920	16 087	33 585	16 691	16 894
0-4	1 855	952	902	1 992	1 023	969	2 002	1 028	974	1 997	1 026	971
5-9	1 834	942	892	1 940	995	944	2 067	1 061	1 006	2 077	1 066	1 011
10-14	1 708	876	833	1 925	986	939	2 021	1 035	986	2 149	1 101	1 048
15-19	1 796	928	867	1 815	926	890	2 020	1 031	989	2 116	1 080	1 036
20-24	2 002	1 030	972	1 913	981	932	1 919	972	947	2 124	1 077	1 046
25-29	2 078	1 047	1 030	2 115	1 079	1 036	2 013	1 025	989	2 020	1 017	1 004
30-34	2 055	1 028	1 027	2 177	1 091	1 085	2 203	1 118	1 085	2 102	1 064	1 038
35-39	1 803	891	911	2 130	1 063	1 068	2 244	1 122	1 122	2 271	1 150	1 121
40-44	2 027	999	1 027	1 849	913	936	2 170	1 081	1 089	2 284	1 141	1 143
45-49	1 847	913	934	2 042	1 006	1 037	1 864	919	944	2 184	1 087	1 097
50-54	1 936	962	974	1 838	906	931	2 032	999	1 033	1 857	915	942
55-59	1 750	863	887	1 912	947	965	1 817	894	924	2 012	987	1 025
60-64	1 529	752	777	1 713	840	873	1 875	925	950	1 786	875	911
65-69	1 420	706	714	1 476	720	757	1 659	808	851	1 821	893	929
70-74	1 017	498	519	1 338	656	681	1 399	674	725	1 579	761	818
75-79	749	358	391	917	439	478	1 217	585	632	1 282	606	676
80+	…	…	…	…	…	…	…	…	…	…	…	…
80-84	544	241	302	620	284	336	770	355	416	1 035	480	555
85-89	356	141	215	379	157	222	443	190	253	562	244	318
90-94	155	52	104	183	65	118	202	76	126	244	96	148
95-99	33	8	25	49	14	35	61	19	42	71	23	48
100+	4	1	3	5	1	4	8	2	6	11	3	8

年齢	2035 総数	男	女	2040 総数	男	女	2045 総数	男	女	2050 総数	男	女
総数	35 046	17 402	17 644	36 427	18 076	18 352	37 774	18 740	19 033	39 104	19 404	19 699
0-4	2 006	1 030	976	2 062	1 059	1 003	2 152	1 105	1 047	2 235	1 148	1 087
5-9	2 073	1 064	1 009	2 082	1 069	1 013	2 138	1 097	1 040	2 228	1 144	1 084
10-14	2 159	1 106	1 053	2 154	1 104	1 051	2 164	1 109	1 055	2 219	1 137	1 082
15-19	2 244	1 145	1 098	2 254	1 151	1 103	2 249	1 148	1 101	2 259	1 153	1 106
20-24	2 220	1 126	1 094	2 348	1 192	1 156	2 359	1 198	1 161	2 354	1 196	1 159
25-29	2 225	1 122	1 103	2 321	1 171	1 151	2 449	1 237	1 213	2 460	1 242	1 218
30-34	2 109	1 057	1 053	2 314	1 162	1 152	2 411	1 211	1 200	2 539	1 277	1 262
35-39	2 171	1 096	1 075	2 179	1 089	1 090	2 383	1 194	1 189	2 480	1 244	1 237
40-44	2 312	1 169	1 143	2 213	1 117	1 096	2 221	1 109	1 112	2 426	1 215	1 211
45-49	2 299	1 148	1 151	2 327	1 176	1 151	2 230	1 124	1 105	2 239	1 118	1 121
50-54	2 176	1 082	1 094	2 291	1 143	1 149	2 321	1 172	1 149	2 225	1 121	1 104
55-59	1 841	905	936	2 158	1 071	1 087	2 274	1 132	1 142	2 305	1 162	1 143
60-64	1 979	968	1 012	1 814	889	925	2 129	1 054	1 075	2 246	1 116	1 131
65-69	1 739	847	892	1 932	940	993	1 775	866	909	2 087	1 028	1 058
70-74	1 740	844	895	1 668	805	863	1 859	896	962	1 712	829	884
75-79	1 457	690	767	1 614	771	844	1 556	740	816	1 743	828	915
80+	…	…	…	…	…	…	…	…	…	…	…	…
80-84	1 103	504	599	1 266	580	686	1 416	656	760	1 377	636	741
85-89	770	337	432	836	361	475	975	423	552	1 108	487	620
90-94	320	127	193	451	180	271	505	199	306	605	240	365
95-99	89	31	59	123	42	81	181	63	118	212	72	140
100+	14	4	10	19	5	14	27	8	20	42	12	31

年齢	2055 総数	男	女	2060 総数	男	女
総数	40 363	20 056	20 307	41 542	20 671	20 872
0-4	2 282	1 174	1 108	2 294	1 180	1 114
5-9	2 308	1 186	1 122	2 351	1 210	1 141
10-14	2 306	1 183	1 122	2 381	1 224	1 157
15-19	2 309	1 181	1 128	2 391	1 225	1 166
20-24	2 358	1 200	1 158	2 404	1 226	1 178
25-29	2 451	1 240	1 210	2 450	1 242	1 207
30-34	2 545	1 283	1 263	2 531	1 278	1 253
35-39	2 605	1 310	1 296	2 608	1 314	1 294
40-44	2 521	1 264	1 257	2 644	1 329	1 314
45-49	2 442	1 223	1 219	2 536	1 272	1 264
50-54	2 235	1 115	1 120	2 438	1 220	1 218
55-59	2 212	1 113	1 099	2 223	1 108	1 115
60-64	2 279	1 146	1 133	2 190	1 099	1 090
65-69	2 205	1 091	1 114	2 240	1 123	1 118
70-74	2 018	987	1 031	2 138	1 051	1 088
75-79	1 613	770	843	1 910	922	988
80+	…	…	…	…	…	…
80-84	1 554	719	836	1 450	675	776
85-89	1 093	480	613	1 253	552	701
90-94	705	284	421	715	288	427
95-99	265	91	174	322	112	210
100+	55	15	40	73	20	53

性・年齢別人口（千人）

年齢	2015			2020			2025			2030		
	総数	男	女	総数	男	女	総数	男	女	総数	男	女
総数	28 497	14 189	14 308	30 580	15 222	15 358	32 676	16 263	16 413	34 779	17 304	17 475
0-4	1 855	952	902	2 244	1 152	1 092	2 418	1 242	1 176	2 523	1 296	1 227
5-9	1 834	942	892	1 940	995	944	2 320	1 191	1 129	2 494	1 280	1 214
10-14	1 708	876	833	1 925	986	939	2 021	1 035	986	2 401	1 230	1 171
15-19	1 796	928	867	1 815	926	890	2 020	1 031	989	2 116	1 080	1 036
20-24	2 002	1 030	972	1 913	981	932	1 919	972	947	2 124	1 077	1 046
25-29	2 078	1 047	1 030	2 115	1 079	1 036	2 013	1 025	989	2 020	1 017	1 004
30-34	2 055	1 028	1 027	2 177	1 091	1 085	2 203	1 118	1 085	2 102	1 064	1 038
35-39	1 803	891	911	2 130	1 063	1 068	2 244	1 122	1 122	2 271	1 150	1 121
40-44	2 027	999	1 027	1 849	913	936	2 170	1 081	1 089	2 284	1 141	1 143
45-49	1 847	913	934	2 042	1 006	1 037	1 864	919	944	2 184	1 087	1 097
50-54	1 936	962	974	1 838	906	931	2 032	999	1 033	1 857	915	942
55-59	1 750	863	887	1 912	947	965	1 817	894	924	2 012	987	1 025
60-64	1 529	752	777	1 713	840	873	1 875	925	950	1 786	875	911
65-69	1 420	706	714	1 476	720	757	1 659	808	851	1 821	893	929
70-74	1 017	498	519	1 338	656	681	1 399	674	725	1 579	761	818
75-79	749	358	391	917	439	478	1 217	585	632	1 282	606	676
80+	…	…	…	…	…	…	…	…	…	…	…	…
80-84	544	241	302	620	284	336	770	355	416	1 035	480	555
85-89	356	141	215	379	157	222	443	190	253	562	244	318
90-94	155	52	104	183	65	118	202	76	126	244	96	148
95-99	33	8	25	49	14	35	61	19	42	71	23	48
100+	4	1	3	5	1	4	8	2	6	11	3	8

年齢	2035			2040			2045			2050		
	総数	男	女	総数	男	女	総数	男	女	総数	男	女
総数	36 777	18 291	18 486	38 736	19 260	19 475	40 747	20 266	20 480	42 885	21 345	21 540
0-4	2 544	1 306	1 237	2 640	1 356	1 284	2 818	1 447	1 371	3 046	1 564	1 482
5-9	2 598	1 334	1 265	2 619	1 344	1 275	2 715	1 394	1 322	2 894	1 486	1 409
10-14	2 575	1 319	1 255	2 680	1 373	1 306	2 701	1 384	1 316	2 797	1 434	1 363
15-19	2 496	1 275	1 221	2 670	1 364	1 306	2 775	1 418	1 357	2 796	1 429	1 367
20-24	2 220	1 126	1 094	2 600	1 321	1 279	2 774	1 411	1 363	2 879	1 465	1 414
25-29	2 225	1 122	1 103	2 321	1 171	1 151	2 701	1 366	1 335	2 875	1 455	1 420
30-34	2 109	1 057	1 053	2 314	1 162	1 152	2 411	1 211	1 200	2 790	1 406	1 385
35-39	2 171	1 096	1 075	2 179	1 089	1 090	2 383	1 194	1 189	2 480	1 244	1 237
40-44	2 312	1 169	1 143	2 213	1 117	1 096	2 221	1 109	1 112	2 426	1 215	1 211
45-49	2 299	1 148	1 151	2 327	1 176	1 151	2 230	1 124	1 105	2 239	1 118	1 121
50-54	2 176	1 082	1 094	2 291	1 143	1 149	2 321	1 172	1 149	2 225	1 121	1 104
55-59	1 841	905	936	2 158	1 071	1 087	2 274	1 132	1 142	2 305	1 162	1 143
60-64	1 979	968	1 012	1 814	889	925	2 129	1 054	1 075	2 246	1 116	1 131
65-69	1 739	847	892	1 932	940	993	1 775	866	909	2 087	1 028	1 058
70-74	1 740	844	895	1 668	805	863	1 859	896	962	1 712	829	884
75-79	1 457	690	767	1 614	771	844	1 556	740	816	1 743	828	915
80+	…	…	…	…	…	…	…	…	…	…	…	…
80-84	1 103	504	599	1 266	580	686	1 416	656	760	1 377	636	741
85-89	770	337	432	836	361	475	975	423	552	1 108	487	620
90-94	320	127	193	451	180	271	505	199	306	605	240	365
95-99	89	31	59	123	42	81	181	63	118	212	72	140
100+	14	4	10	19	5	14	27	8	20	42	12	31

年齢	2055			2060		
	総数	男	女	総数	男	女
総数	45 120	22 497	22 623	47 415	23 684	23 731
0-4	3 261	1 676	1 585	3 412	1 754	1 659
5-9	3 118	1 602	1 516	3 329	1 712	1 617
10-14	2 971	1 525	1 446	3 191	1 639	1 551
15-19	2 887	1 478	1 409	3 057	1 567	1 490
20-24	2 895	1 475	1 419	2 981	1 522	1 459
25-29	2 975	1 509	1 466	2 985	1 517	1 468
30-34	2 960	1 495	1 465	3 055	1 547	1 508
35-39	2 856	1 438	1 418	3 022	1 526	1 496
40-44	2 521	1 264	1 257	2 894	1 457	1 436
45-49	2 442	1 223	1 219	2 536	1 272	1 264
50-54	2 235	1 115	1 120	2 438	1 220	1 218
55-59	2 212	1 113	1 099	2 223	1 108	1 115
60-64	2 279	1 146	1 133	2 190	1 099	1 090
65-69	2 205	1 091	1 114	2 240	1 123	1 118
70-74	2 018	987	1 031	2 138	1 051	1 088
75-79	1 613	770	843	1 910	922	988
80+	…	…	…	…	…	…
80-84	1 554	719	836	1 450	675	776
85-89	1 093	480	613	1 253	552	701
90-94	705	284	421	715	288	427
95-99	265	91	174	322	112	210
100+	55	15	40	73	20	53

性・年齢別人口（千人）

年齢	2015			2020			2025			2030		
	総数	男	女	総数	男	女	総数	男	女	総数	男	女
総数	28 497	14 189	14 308	30 075	14 963	15 112	31 338	15 576	15 762	32 390	16 078	16 312
0-4	1 855	952	902	1 739	893	846	1 585	814	771	1 471	756	715
5-9	1 834	942	892	1 940	995	944	1 815	932	883	1 661	853	809
10-14	1 708	876	833	1 925	986	939	2 021	1 035	986	1 896	971	925
15-19	1 796	928	867	1 815	926	890	2 020	1 031	989	2 116	1 080	1 036
20-24	2 002	1 030	972	1 913	981	932	1 919	972	947	2 124	1 077	1 046
25-29	2 078	1 047	1 030	2 115	1 079	1 036	2 013	1 025	989	2 020	1 017	1 004
30-34	2 055	1 028	1 027	2 177	1 091	1 085	2 203	1 118	1 085	2 102	1 064	1 038
35-39	1 803	891	911	2 130	1 063	1 068	2 244	1 122	1 122	2 271	1 150	1 121
40-44	2 027	999	1 027	1 849	913	936	2 170	1 081	1 089	2 284	1 141	1 143
45-49	1 847	913	934	2 042	1 006	1 037	1 864	919	944	2 184	1 087	1 097
50-54	1 936	962	974	1 838	906	931	2 032	999	1 033	1 857	915	942
55-59	1 750	863	887	1 912	947	965	1 817	894	924	2 012	987	1 025
60-64	1 529	752	777	1 713	840	873	1 875	925	950	1 786	875	911
65-69	1 420	706	714	1 476	720	757	1 659	808	851	1 821	893	929
70-74	1 017	498	519	1 338	656	681	1 399	674	725	1 579	761	818
75-79	749	358	391	917	439	478	1 217	585	632	1 282	606	676
80+	…	…	…	…	…	…	…	…	…	…	…	…
80-84	544	241	302	620	284	336	770	355	416	1 035	480	555
85-89	356	141	215	379	157	222	443	190	253	562	244	318
90-94	155	52	104	183	65	118	202	76	126	244	96	148
95-99	33	8	25	49	14	35	61	19	42	71	23	48
100+	4	1	3	5	1	4	8	2	6	11	3	8

年齢	2035			2040			2045			2050		
	総数	男	女	総数	男	女	総数	男	女	総数	男	女
総数	33 316	16 514	16 802	34 132	16 898	17 234	34 852	17 241	17 611	35 465	17 537	17 928
0-4	1 471	756	715	1 495	768	727	1 524	783	741	1 516	779	737
5-9	1 547	794	753	1 547	794	753	1 571	806	765	1 601	822	779
10-14	1 743	892	850	1 629	834	795	1 628	834	795	1 653	846	806
15-19	1 991	1 016	976	1 838	937	901	1 724	879	845	1 724	879	845
20-24	2 220	1 126	1 094	2 096	1 063	1 033	1 943	984	959	1 830	926	903
25-29	2 225	1 122	1 103	2 321	1 171	1 151	2 198	1 108	1 090	2 045	1 029	1 016
30-34	2 109	1 057	1 053	2 314	1 162	1 152	2 411	1 211	1 200	2 288	1 148	1 140
35-39	2 171	1 096	1 075	2 179	1 089	1 090	2 383	1 194	1 189	2 480	1 244	1 237
40-44	2 312	1 169	1 143	2 213	1 117	1 096	2 221	1 109	1 112	2 426	1 215	1 211
45-49	2 299	1 148	1 151	2 327	1 176	1 151	2 230	1 124	1 105	2 239	1 118	1 121
50-54	2 176	1 082	1 094	2 291	1 143	1 149	2 321	1 172	1 149	2 225	1 121	1 104
55-59	1 841	905	936	2 158	1 071	1 087	2 274	1 132	1 142	2 305	1 162	1 143
60-64	1 979	968	1 012	1 814	889	925	2 129	1 054	1 075	2 246	1 116	1 131
65-69	1 739	847	892	1 932	940	993	1 775	866	909	2 087	1 028	1 058
70-74	1 740	844	895	1 668	805	863	1 859	896	962	1 712	829	884
75-79	1 457	690	767	1 614	771	844	1 556	740	816	1 743	828	915
80+	…	…	…	…	…	…	…	…	…	…	…	…
80-84	1 103	504	599	1 266	580	686	1 416	656	760	1 377	636	741
85-89	770	337	432	836	361	475	975	423	552	1 108	487	620
90-94	320	127	193	451	180	271	505	199	306	605	240	365
95-99	89	31	59	123	42	81	181	63	118	212	72	140
100+	14	4	10	19	5	14	27	8	20	42	12	31

年齢	2055			2060		
	総数	男	女	総数	男	女
総数	35 906	17 769	18 137	36 189	17 924	18 265
0-4	1 462	753	709	1 394	718	676
5-9	1 589	817	771	1 531	789	742
10-14	1 678	861	817	1 662	855	807
15-19	1 743	891	852	1 764	903	861
20-24	1 824	926	898	1 838	936	902
25-29	1 926	971	955	1 916	969	947
30-34	2 131	1 070	1 061	2 008	1 010	998
35-39	2 354	1 181	1 173	2 194	1 102	1 093
40-44	2 521	1 264	1 257	2 393	1 201	1 192
45-49	2 442	1 223	1 219	2 536	1 272	1 264
50-54	2 235	1 115	1 120	2 438	1 220	1 218
55-59	2 212	1 113	1 099	2 223	1 108	1 115
60-64	2 279	1 146	1 133	2 190	1 099	1 090
65-69	2 205	1 091	1 114	2 240	1 123	1 118
70-74	2 018	987	1 031	2 138	1 051	1 088
75-79	1 613	770	843	1 910	922	988
80+	…	…	…	…	…	…
80-84	1 554	719	836	1 450	675	776
85-89	1 108	480	613	1 253	552	701
90-94	705	284	421	715	288	427
95-99	265	91	174	322	112	210
100+	55	15	40	73	20	53

性・年齢別人口（千人）

年齢	1960 総数	男	女	1965 総数	男	女	1970 総数	男	女	1975 総数	男	女
総数	2 620	1 361	1 259	2 927	1 513	1 414	3 306	1 706	1 600	3 808	1 961	1 847
0-4	446	228	218	493	253	241	556	286	270	680	351	329
5-9	373	190	183	419	214	205	466	239	228	533	274	259
10-14	312	160	153	366	186	180	413	211	202	464	238	227
15-19	269	139	130	304	156	149	359	183	176	407	208	199
20-24	231	121	110	259	134	124	294	151	143	347	176	171
25-29	199	106	93	219	116	104	248	129	119	282	144	138
30-34	170	92	79	188	100	88	210	111	99	238	124	114
35-39	146	78	68	159	86	74	178	95	83	200	106	94
40-44	123	66	57	135	72	63	149	80	69	168	90	79
45-49	101	54	48	112	59	53	124	66	58	138	74	64
50-54	80	42	38	89	46	43	100	52	48	112	59	53
55-59	61	31	29	68	35	33	76	39	37	87	45	42
60-64	46	24	22	48	24	24	55	28	27	63	32	31
65-69	26	13	12	33	17	17	36	17	19	42	21	22
70-74	18	9	9	17	8	9	23	11	12	25	11	14
75-79	12	6	6	10	5	5	10	5	5	14	6	7
80+	8	4	4	7	3	4	7	3	4	7	3	4
80-84	...	...	...	...	...	...	...	...	...	...	...	...
85-89	...	...	...	...	...	...	...	...	...	...	...	...
90-94	...	...	...	...	...	...	...	...	...	...	...	...
95-99	...	...	...	...	...	...	...	...	...	...	...	...
100+	...	...	...	...	...	...	...	...	...	...	...	...

年齢	1980 総数	男	女	1985 総数	男	女	1990 総数	男	女	1995 総数	男	女
総数	4 339	2 231	2 108	4 944	2 533	2 412	5 514	2 818	2 696	6 208	3 167	3 041
0-4	730	377	353	792	408	384	830	428	402	926	478	448
5-9	657	339	318	715	369	346	765	394	372	807	416	391
10-14	531	273	258	653	337	316	700	360	340	757	389	369
15-19	456	233	223	519	267	253	638	328	310	691	355	336
20-24	391	199	192	446	227	219	503	258	245	625	321	304
25-29	332	168	164	383	194	189	430	218	211	492	252	241
30-34	271	139	132	322	163	159	367	186	181	418	212	205
35-39	228	119	109	261	133	128	307	156	152	355	180	175
40-44	189	100	89	218	113	104	247	126	121	296	149	147
45-49	156	83	73	178	94	84	204	105	99	236	119	116
50-54	125	66	59	144	75	68	162	84	78	189	96	93
55-59	98	51	47	111	57	53	126	65	62	145	74	71
60-64	72	36	36	82	41	41	93	47	46	108	54	54
65-69	48	23	25	56	27	29	64	31	33	74	35	38
70-74	29	14	16	35	16	19	40	18	22	46	21	26
75-79	16	7	9	19	8	11	22	9	13	26	11	15
80+	9	4	5	11	4	7	...	...	...	...	...	...
80-84	...	...	...	...	...	...	10	4	6	12	5	7
85-89	...	...	...	...	...	...	3	1	2	4	1	3
90-94	...	...	...	...	...	...	1	0	0	1	0	1
95-99	...	...	...	...	...	...	0	0	0	0	0	0
100+	...	...	...	...	...	...	0	0	0	0	0	0

年齢	2000 総数	男	女	2005 総数	男	女	2010 総数	男	女	2015 総数	男	女
総数	6 993	3 565	3 428	7 816	3 984	3 832	8 716	4 444	4 273	9 623	4 904	4 719
0-4	1 047	541	506	1 113	576	537	1 182	613	569	1 220	632	588
5-9	908	468	440	1 015	525	490	1 090	565	525	1 167	605	562
10-14	799	411	388	888	458	430	1 007	521	486	1 085	562	523
15-19	748	384	364	781	401	380	878	451	427	998	515	482
20-24	677	347	329	728	372	356	771	394	377	866	444	422
25-29	607	311	296	657	336	322	715	365	351	755	386	370
30-34	476	243	233	591	302	289	646	330	316	700	357	344
35-39	403	204	198	468	238	229	581	297	284	631	322	309
40-44	341	172	169	397	201	196	455	232	223	564	288	276
45-49	280	140	140	331	166	165	380	191	188	438	222	216
50-54	219	109	109	266	132	133	309	154	155	359	179	180
55-59	171	86	85	201	99	102	243	119	124	285	140	145
60-64	125	62	63	150	74	76	177	85	91	216	103	113
65-69	87	41	46	103	49	54	125	59	66	148	69	79
70-74	54	24	30	65	29	36	80	36	44	97	43	54
75-79	30	12	18	36	15	21	46	19	26	55	23	32
80+	...	...	...	...	...	...	...	...	...	...	...	...
80-84	15	6	9	17	7	11	22	9	13	26	10	16
85-89	5	2	3	6	2	4	8	3	5	10	3	6
90-94	1	0	1	1	0	1	2	1	1	2	1	2
95-99	0	0	0	0	0	0	0	0	0	0	0	0
100+	0	0	0	0	0	0	0	0	0	0	0	0

中位予測値

メラネシア

性・年齢別人口（千人）

年齢	2015			2020			2025			2030		
	総数	男	女	総数	男	女	総数	男	女	総数	男	女
総数	9 623	4 904	4 719	10 542	5 369	5 173	11 476	5 842	5 634	12 419	6 318	6 101
0-4	1 220	632	588	1 264	655	609	1 315	682	634	1 364	707	657
5-9	1 167	605	562	1 206	625	581	1 251	648	603	1 302	675	628
10-14	1 085	562	523	1 162	602	560	1 201	622	579	1 246	645	601
15-19	998	515	482	1 076	556	519	1 153	597	556	1 192	617	576
20-24	866	444	422	985	508	477	1 063	549	514	1 141	589	551
25-29	755	386	370	851	436	415	969	499	470	1 047	540	507
30-34	700	357	344	740	378	363	835	428	407	953	491	463
35-39	631	322	309	685	348	337	726	370	356	820	419	400
40-44	564	288	276	614	312	301	668	339	329	708	360	348
45-49	438	222	216	544	276	268	593	300	293	647	327	320
50-54	359	179	180	415	208	207	517	260	257	566	284	282
55-59	285	140	145	333	163	169	386	190	195	482	239	243
60-64	216	103	113	254	122	132	298	143	155	347	167	180
65-69	148	69	79	182	83	98	216	99	117	255	117	138
70-74	97	43	54	115	50	65	143	62	81	171	74	97
75-79	55	23	32	68	28	40	81	33	49	102	40	61
80+	…	…	…	…	…	…	…	…	…	…	…	…
80-84	26	10	16	32	12	20	41	15	25	50	18	32
85-89	10	3	6	12	4	8	15	5	10	19	6	13
90-94	2	1	2	3	1	2	4	1	3	5	1	4
95-99	0	0	0	1	0	0	1	0	1	1	0	1
100+	0	0	0	0	0	0	0	0	0	0	0	0

年齢	2035			2040			2045			2050		
	総数	男	女	総数	男	女	総数	男	女	総数	男	女
総数	13 358	6 791	6 567	14 275	7 252	7 023	15 157	7 695	7 462	15 996	8 114	7 881
0-4	1 404	727	676	1 431	741	689	1 446	750	697	1 458	756	702
5-9	1 352	701	652	1 392	721	671	1 420	736	684	1 436	744	692
10-14	1 298	672	625	1 347	698	649	1 388	719	669	1 416	733	682
15-19	1 238	640	597	1 290	667	622	1 340	693	646	1 380	714	666
20-24	1 181	610	571	1 226	634	593	1 278	661	618	1 329	687	642
25-29	1 125	581	544	1 165	602	564	1 211	625	586	1 264	653	611
30-34	1 031	532	500	1 109	572	537	1 150	593	557	1 196	617	579
35-39	937	482	455	1 015	523	492	1 093	563	530	1 135	584	550
40-44	802	409	393	918	471	447	996	512	484	1 074	552	522
45-49	688	348	340	780	396	384	894	457	437	972	497	474
50-54	618	309	309	659	331	328	748	377	371	860	436	424
55-59	529	262	267	580	286	294	620	307	313	706	351	355
60-64	435	210	225	479	231	248	528	254	273	566	274	292
65-69	298	138	160	375	174	201	415	193	223	460	213	247
70-74	204	88	115	239	104	135	303	133	170	338	148	190
75-79	124	49	74	149	60	89	176	71	105	224	91	133
80+	…	…	…	…	…	…	…	…	…	…	…	…
80-84	63	23	40	78	28	50	95	35	61	114	42	72
85-89	24	8	17	32	10	22	40	13	27	50	16	34
90-94	7	2	5	9	2	7	12	3	9	16	4	11
95-99	1	0	1	2	0	1	2	0	2	3	1	3
100+	0	0	0	0	0	0	0	0	0	0	0	0

年齢	2055			2060		
	総数	男	女	総数	男	女
総数	16 789	8 511	8 279	17 534	8 881	8 653
0-4	1 465	760	706	1 470	762	708
5-9	1 448	751	698	1 457	755	702
10-14	1 432	742	690	1 445	749	696
15-19	1 408	729	679	1 426	738	688
20-24	1 370	708	662	1 399	723	676
25-29	1 315	679	636	1 357	701	656
30-34	1 249	645	605	1 301	671	630
35-39	1 181	609	573	1 235	637	599
40-44	1 116	574	542	1 163	598	565
45-49	1 049	538	512	1 092	559	533
50-54	937	476	461	1 014	516	498
55-59	814	407	406	888	446	442
60-64	647	315	333	748	367	382
65-69	496	231	265	569	267	302
70-74	377	165	211	409	181	228
75-79	253	103	150	285	116	169
80+	…	…	…	…	…	…
80-84	146	54	92	167	62	105
85-89	60	20	41	78	26	52
90-94	20	6	15	25	7	18
95-99	4	1	3	6	1	4
100+	1	0	0	1	0	1

Melanesia

高位予測値

性・年齢別人口（千人）

年齢	2015 総数	男	女	2020 総数	男	女	2025 総数	男	女	2030 総数	男	女
総数	9 623	4 904	4 719	10 634	5 417	5 217	11 729	5 973	5 756	12 892	6 563	6 329
0-4	1 220	632	588	1 356	703	653	1 477	766	712	1 586	822	764
5-9	1 167	605	562	1 206	625	581	1 342	695	647	1 463	758	705
10-14	1 085	562	523	1 162	602	560	1 201	622	579	1 337	692	644
15-19	998	515	482	1 076	556	519	1 153	597	556	1 192	617	576
20-24	866	444	422	985	508	477	1 063	549	514	1 141	589	551
25-29	755	386	370	851	436	415	969	499	470	1 047	540	507
30-34	700	357	344	740	378	363	835	428	407	953	491	463
35-39	631	322	309	685	348	337	726	370	356	820	419	400
40-44	564	288	276	614	312	301	668	339	329	708	360	348
45-49	438	222	216	544	276	268	593	300	293	647	327	320
50-54	359	179	180	415	208	207	517	260	257	566	284	282
55-59	285	140	145	333	163	169	386	190	195	482	239	243
60-64	216	103	113	254	122	132	298	143	155	347	167	180
65-69	148	69	79	182	83	98	216	99	117	255	117	138
70-74	97	43	54	115	50	65	143	62	81	171	74	97
75-79	55	23	32	68	28	40	81	33	49	102	40	61
80+	...	...	...	...	...	...	...	...	...	...	...	...
80-84	26	10	16	32	12	20	41	15	25	50	18	32
85-89	10	3	6	12	4	8	15	5	10	19	6	13
90-94	2	1	2	3	1	2	4	1	3	5	1	4
95-99	0	0	0	1	0	0	1	0	1	1	0	1
100+	0	0	0	0	0	0	0	0	0	0	0	0

年齢	2035 総数	男	女	2040 総数	男	女	2045 総数	男	女	2050 総数	男	女
総数	14 074	7 162	6 912	15 273	7 769	7 504	16 497	8 388	8 109	17 754	9 024	8 730
0-4	1 649	854	794	1 716	889	827	1 793	929	864	1 881	975	906
5-9	1 572	815	758	1 636	847	788	1 703	883	821	1 781	923	858
10-14	1 458	755	703	1 567	812	755	1 631	845	786	1 698	880	819
15-19	1 328	687	641	1 449	750	699	1 558	806	752	1 622	840	783
20-24	1 181	610	571	1 316	680	636	1 437	743	694	1 547	799	747
25-29	1 125	581	544	1 165	602	564	1 301	671	629	1 422	734	688
30-34	1 031	532	500	1 109	572	537	1 150	593	557	1 285	663	622
35-39	937	482	455	1 015	523	492	1 093	563	530	1 135	584	550
40-44	802	409	393	918	471	447	996	512	484	1 074	552	522
45-49	688	348	340	780	396	384	894	457	437	972	497	474
50-54	618	309	309	659	331	328	748	377	371	860	436	424
55-59	529	262	267	580	286	294	620	307	313	706	351	355
60-64	435	210	225	479	231	248	528	254	273	566	274	292
65-69	298	138	160	375	174	201	415	193	223	460	213	247
70-74	204	88	115	239	104	135	303	133	170	338	148	190
75-79	124	49	74	149	60	89	176	71	105	224	91	133
80+	...	...	...	...	...	...	...	...	...	...	...	...
80-84	63	23	40	78	28	50	95	35	61	114	42	72
85-89	24	8	17	32	10	22	40	13	27	50	16	34
90-94	7	2	5	9	2	7	12	3	9	16	4	11
95-99	1	0	1	2	0	1	2	0	2	3	1	3
100+	0	0	0	0	0	0	0	0	0	0	0	0

年齢	2055 総数	男	女	2060 総数	男	女
総数	19 042	9 676	9 366	20 351	10 338	10 013
0-4	1 967	1 020	948	2 045	1 060	985
5-9	1 870	969	901	1 957	1 014	942
10-14	1 777	921	856	1 865	967	899
15-19	1 690	875	816	1 769	916	853
20-24	1 611	833	778	1 680	868	811
25-29	1 531	791	741	1 597	825	772
30-34	1 406	725	681	1 516	782	734
35-39	1 269	654	615	1 391	717	674
40-44	1 116	574	542	1 250	643	607
45-49	1 049	538	512	1 092	559	533
50-54	937	476	461	1 014	516	498
55-59	814	407	406	888	446	442
60-64	647	315	333	748	367	382
65-69	496	231	265	569	267	302
70-74	377	165	211	409	181	228
75-79	253	103	150	285	116	169
80+	...	...	...	...	...	...
80-84	146	54	92	167	62	105
85-89	60	20	41	78	26	52
90-94	20	6	15	25	7	18
95-99	4	1	3	6	1	4
100+	1	0	0	1	0	1

性・年齢別人口（千人）

年齢	2015			2020			2025			2030		
	総数	男	女	総数	男	女	総数	男	女	総数	男	女
総数	9 623	4 904	4 719	10 450	5 322	5 129	11 223	5 711	5 512	11 946	6 073	5 873
0-4	1 220	632	588	1 173	608	565	1 153	598	556	1 142	592	550
5-9	1 167	605	562	1 206	625	581	1 160	601	559	1 142	592	550
10-14	1 085	562	523	1 162	602	560	1 201	622	579	1 155	598	557
15-19	998	515	482	1 076	556	519	1 153	597	556	1 192	617	576
20-24	866	444	422	985	508	477	1 063	549	514	1 141	589	551
25-29	755	386	370	851	436	415	969	499	470	1 047	540	507
30-34	700	357	344	740	378	363	835	428	407	953	491	463
35-39	631	322	309	685	348	337	726	370	356	820	419	400
40-44	564	288	276	614	312	301	668	339	329	708	360	348
45-49	438	222	216	544	276	268	593	300	293	647	327	320
50-54	359	179	180	415	208	207	517	260	257	566	284	282
55-59	285	140	145	333	163	169	386	190	195	482	239	243
60-64	216	103	113	254	122	132	298	143	155	347	167	180
65-69	148	69	79	182	83	98	216	99	117	255	117	138
70-74	97	43	54	115	50	65	143	62	81	171	74	97
75-79	55	23	32	68	28	40	81	33	49	102	40	61
80+	…	…	…	…	…	…	…	…	…	…	…	…
80-84	26	10	16	32	12	20	41	15	25	50	18	32
85-89	10	3	6	12	4	8	15	5	10	19	6	13
90-94	2	1	2	3	1	2	4	1	3	5	1	4
95-99	0	0	0	1	0	0	1	0	1	1	0	1
100+	0	0	0	0	0	0	0	0	0	0	0	0

年齢	2035			2040			2045			2050		
	総数	男	女	総数	男	女	総数	男	女	総数	男	女
総数	12 643	6 421	6 222	13 288	6 741	6 546	13 851	7 019	6 832	14 318	7 247	7 072
0-4	1 160	601	559	1 154	598	556	1 124	582	541	1 080	560	520
5-9	1 132	587	545	1 150	596	554	1 145	593	552	1 115	578	537
10-14	1 137	589	548	1 128	584	543	1 146	594	552	1 142	592	550
15-19	1 147	594	554	1 130	585	545	1 121	580	541	1 139	590	550
20-24	1 181	610	571	1 136	587	549	1 119	579	541	1 111	574	537
25-29	1 125	581	544	1 165	602	564	1 122	579	543	1 106	571	535
30-34	1 031	532	500	1 109	572	537	1 150	593	557	1 108	571	536
35-39	937	482	455	1 015	523	492	1 093	563	530	1 135	584	550
40-44	802	409	393	918	471	447	996	512	484	1 074	552	522
45-49	688	348	340	780	396	384	894	457	437	972	497	474
50-54	618	309	309	659	331	328	748	377	371	860	436	424
55-59	529	262	267	580	286	294	620	307	313	706	351	355
60-64	435	210	225	479	231	248	528	254	273	566	274	292
65-69	298	138	160	375	174	201	415	193	223	460	213	247
70-74	204	88	115	239	104	135	303	133	170	338	148	190
75-79	124	49	74	149	60	89	176	71	105	224	91	133
80+	…	…	…	…	…	…	…	…	…	…	…	…
80-84	63	23	40	78	28	50	95	35	61	114	42	72
85-89	24	8	17	32	10	22	40	13	27	50	16	34
90-94	7	2	5	9	2	7	12	3	9	16	4	11
95-99	1	0	1	2	0	1	2	0	2	3	1	3
100+	0	0	0	0	0	0	0	0	0	0	0	0

年齢	2055			2060		
	総数	男	女	総数	男	女
総数	14 688	7 423	7 264	14 963	7 551	7 412
0-4	1 034	536	498	991	514	477
5-9	1 073	556	517	1 027	533	495
10-14	1 112	576	536	1 070	555	515
15-19	1 135	588	548	1 106	573	533
20-24	1 130	584	546	1 127	582	544
25-29	1 098	567	531	1 118	578	541
30-34	1 093	564	529	1 086	560	526
35-39	1 094	564	530	1 080	557	523
40-44	1 116	574	542	1 077	554	523
45-49	1 049	538	512	1 092	559	533
50-54	937	476	461	1 014	516	498
55-59	814	407	406	888	446	442
60-64	647	315	333	748	367	382
65-69	496	231	265	569	267	302
70-74	377	165	211	409	181	228
75-79	253	103	150	285	116	169
80+	…	…	…	…	…	…
80-84	146	54	92	167	62	105
85-89	60	20	41	78	26	52
90-94	20	6	15	25	7	18
95-99	4	1	3	6	1	4
100+	1	0	0	1	0	1

Micronesia

性・年齢別人口（千人）

年齢	1960 総数	男	女	1965 総数	男	女	1970 総数	男	女	1975 総数	男	女
総数	191	102	89	218	116	103	248	130	118	272	141	131
0-4	33	17	16	37	19	18	39	20	19	41	21	20
5-9	28	14	14	32	16	16	36	19	18	38	20	19
10-14	22	11	11	27	14	13	32	16	16	34	18	17
15-19	17	9	8	21	11	10	26	13	13	30	15	14
20-24	17	10	7	19	11	8	24	13	10	27	14	12
25-29	14	8	6	15	8	7	17	9	8	20	10	10
30-34	14	8	6	15	8	6	15	8	7	16	8	8
35-39	12	7	5	13	7	6	13	7	6	13	7	6
40-44	9	5	4	11	6	5	12	7	5	12	6	5
45-49	7	4	3	8	5	4	10	6	5	10	6	5
50-54	5	3	2	6	3	3	7	4	3	9	5	5
55-59	4	2	2	5	2	2	5	3	3	7	4	3
60-64	3	2	2	3	2	2	4	2	2	5	3	2
65-69	2	1	1	3	1	1	3	1	2	4	2	2
70-74	2	1	1	2	1	1	2	1	1	2	1	1
75-79	1	0	0	1	1	1	1	1	1	2	1	1
80+	1	0	0	1	0	0	1	0	1	1	0	1
80-84	...	...	...	...	...	...	...	...	...	...	...	...
85-89	...	...	...	...	...	...	...	...	...	...	...	...
90-94	...	...	...	...	...	...	...	...	...	...	...	...
95-99	...	...	...	...	...	...	...	...	...	...	...	...
100+	...	...	...	...	...	...	...	...	...	...	...	...

年齢	1980 総数	男	女	1985 総数	男	女	1990 総数	男	女	1995 総数	男	女
総数	304	155	148	357	184	173	415	215	200	467	238	228
0-4	46	23	22	52	27	25	58	30	28	63	32	31
5-9	41	21	20	45	23	22	51	26	25	56	29	27
10-14	37	19	18	40	21	20	44	23	21	51	26	25
15-19	33	17	16	38	19	19	40	21	19	43	22	21
20-24	29	15	14	35	18	17	40	21	19	39	19	19
25-29	25	12	13	31	16	15	37	19	18	41	20	21
30-34	21	11	10	27	14	13	34	17	16	39	20	20
35-39	15	8	7	21	11	10	29	15	13	35	18	17
40-44	12	6	6	16	9	7	22	12	10	28	15	13
45-49	11	6	5	12	7	6	16	9	7	21	12	10
50-54	10	5	5	11	6	5	13	7	6	14	8	7
55-59	9	4	4	9	5	4	10	5	5	11	6	6
60-64	6	3	3	7	4	4	9	4	4	10	5	5
65-69	4	2	2	5	3	3	6	3	3	7	4	4
70-74	3	1	1	3	2	2	4	2	2	5	2	3
75-79	2	1	1	2	1	1	2	1	1	3	1	2
80+	1	1	1	2	1	1	...	...	...	...	...	...
80-84	...	...	...	...	...	...	1	0	1	1	1	1
85-89	...	...	...	...	...	...	0	0	0	1	0	0
90-94	...	...	...	...	...	...	0	0	0	0	0	0
95-99	...	...	...	...	...	...	0	0	0	0	0	0
100+	...	...	...	...	...	...	0	0	0	0	0	0

年齢	2000 総数	男	女	2005 総数	男	女	2010 総数	男	女	2015 総数	男	女
総数	497	249	248	503	253	250	502	254	248	526	266	260
0-4	60	31	29	55	28	27	53	27	26	52	27	25
5-9	55	28	27	56	29	27	52	27	25	52	27	25
10-14	53	27	26	52	27	25	53	27	26	52	27	25
15-19	48	24	24	49	25	24	48	24	23	52	27	25
20-24	40	19	21	42	21	21	43	22	21	45	23	22
25-29	40	19	22	37	17	20	38	19	19	40	21	19
30-34	42	20	22	38	18	20	33	16	18	35	18	18
35-39	39	19	19	38	19	19	34	16	18	31	14	17
40-44	32	16	15	34	17	17	33	17	16	32	15	17
45-49	26	14	12	28	15	13	30	16	14	32	16	16
50-54	20	10	9	23	12	11	25	13	12	29	15	14
55-59	13	6	6	17	9	8	21	11	10	24	12	11
60-64	10	5	5	11	5	5	15	8	7	19	10	9
65-69	8	4	4	8	4	4	9	4	5	14	7	7
70-74	5	2	3	6	3	4	7	3	4	8	4	4
75-79	3	2	2	4	2	2	5	2	3	6	2	3
80+	...	...	...	...	...	...	...	...	...	...	...	...
80-84	2	1	1	2	1	1	2	1	1	3	1	2
85-89	1	0	0	1	0	1	1	0	1	1	0	1
90-94	0	0	0	0	0	0	0	0	0	0	0	0
95-99	0	0	0	0	0	0	0	0	0	0	0	0
100+	0	0	0	0	0	0	0	0	0	0	0	0

性・年齢別人口（千人）

年齢	2015			2020			2025			2030		
	総数	男	女	総数	男	女	総数	男	女	総数	男	女
総数	526	266	260	552	279	274	579	292	287	607	305	301
0-4	52	27	25	51	26	25	52	26	25	52	27	26
5-9	52	27	25	51	26	25	51	26	25	51	26	25
10-14	52	27	25	52	27	25	51	26	25	51	26	25
15-19	52	27	25	51	26	25	51	26	25	50	26	24
20-24	45	23	22	50	26	24	49	25	24	49	25	24
25-29	40	21	19	43	22	21	48	25	23	48	25	23
30-34	35	18	18	38	20	18	41	21	20	46	24	22
35-39	31	14	17	34	17	17	37	19	18	40	20	20
40-44	32	15	17	30	14	16	33	16	16	36	18	17
45-49	32	16	16	31	15	16	29	13	16	32	16	16
50-54	29	15	14	31	16	15	30	14	16	28	13	15
55-59	24	12	11	28	14	13	30	15	15	29	14	15
60-64	19	10	9	22	11	11	26	14	13	28	14	14
65-69	14	7	7	18	9	9	20	10	10	24	12	12
70-74	8	4	4	12	6	6	15	8	8	18	9	9
75-79	6	2	3	6	3	3	10	4	5	13	6	7
80+	...	...	...	...	...	...	...	...	...	...	...	...
80-84	3	1	2	4	2	2	4	2	3	7	3	4
85-89	1	0	1	2	1	1	2	1	1	3	1	2
90-94	0	0	0	0	0	0	1	0	1	1	0	1
95-99	0	0	0	0	0	0	0	0	0	0	0	0
100+	0	0	0	0	0	0	0	0	0	0	0	0

年齢	2035			2040			2045			2050		
	総数	男	女	総数	男	女	総数	男	女	総数	男	女
総数	632	317	314	655	328	326	674	338	336	690	346	345
0-4	53	27	26	52	27	26	51	26	25	50	26	25
5-9	52	26	25	52	27	25	52	26	25	51	26	25
10-14	51	26	25	51	26	25	52	26	25	51	26	25
15-19	50	25	24	50	26	25	51	26	25	51	26	25
20-24	49	25	24	48	25	24	49	25	24	49	25	24
25-29	48	25	23	47	24	23	47	24	23	47	24	23
30-34	46	24	22	47	24	23	46	23	22	46	23	22
35-39	45	23	22	45	23	22	45	23	22	45	23	22
40-44	39	20	19	44	23	21	44	23	21	45	23	22
45-49	35	18	17	38	19	19	43	22	21	43	22	21
50-54	31	15	16	34	17	17	37	19	18	43	22	21
55-59	27	12	15	30	15	15	33	17	16	36	18	18
60-64	28	13	15	26	12	14	29	14	15	32	16	16
65-69	27	13	13	26	12	14	25	11	14	27	13	14
70-74	22	11	11	24	12	12	24	11	13	23	10	13
75-79	15	7	8	18	9	10	21	10	11	21	9	12
80+	...	...	...	...	...	...	...	...	...	...	...	...
80-84	9	4	5	11	5	6	14	7	8	16	7	9
85-89	4	2	3	6	2	3	7	3	4	9	4	5
90-94	1	0	1	2	1	1	3	1	2	4	2	2
95-99	0	0	0	0	0	0	1	0	1	1	0	1
100+	0	0	0	0	0	0	0	0	0	0	0	0

年齢	2055			2060		
	総数	男	女	総数	男	女
総数	704	352	352	716	358	358
0-4	49	25	24	48	25	24
5-9	50	25	24	49	25	24
10-14	51	26	25	49	25	24
15-19	51	26	25	50	26	25
20-24	50	25	24	50	25	24
25-29	48	24	24	48	25	24
30-34	46	23	23	47	24	23
35-39	45	23	22	45	23	22
40-44	44	22	21	44	22	21
45-49	44	22	21	43	22	21
50-54	43	22	21	43	22	21
55-59	41	21	20	42	21	20
60-64	35	17	17	40	20	20
65-69	30	15	15	33	16	17
70-74	25	12	13	27	13	14
75-79	20	8	11	21	10	12
80+	...	...	...	...	...	...
80-84	17	7	10	16	6	9
85-89	11	5	6	12	5	7
90-94	5	2	3	6	3	4
95-99	2	1	1	2	1	1
100+	0	0	0	1	0	0

Micronesia

性・年齢別人口（千人）

年齢	2015			2020			2025			2030		
	総数	男	女	総数	男	女	総数	男	女	総数	男	女
総数	526	266	260	557	281	276	592	299	294	630	317	313
0-4	52	27	25	56	29	27	60	31	29	63	32	31
5-9	52	27	25	51	26	25	56	28	27	59	30	29
10-14	52	27	25	52	27	25	51	26	25	55	28	27
15-19	52	27	25	51	26	25	51	26	25	50	26	24
20-24	45	23	22	50	26	24	49	25	24	49	25	24
25-29	40	21	19	43	22	21	48	25	23	48	25	23
30-34	35	18	18	38	20	18	41	21	20	46	24	22
35-39	31	14	17	34	17	17	37	19	18	40	20	20
40-44	32	15	17	30	14	16	33	16	16	36	18	17
45-49	32	16	16	31	15	16	29	13	16	32	16	16
50-54	29	15	14	31	16	15	30	14	16	28	13	15
55-59	24	12	11	28	14	13	30	15	15	29	14	15
60-64	19	10	9	22	11	11	26	14	13	28	14	14
65-69	14	7	7	18	9	9	20	10	10	24	12	12
70-74	8	4	4	12	6	6	15	8	8	18	9	9
75-79	6	2	3	6	3	3	10	4	5	13	6	7
80+	...	...	...	...	...	...	...	...	...	...	...	...
80-84	3	1	2	4	2	2	4	2	3	7	3	4
85-89	1	0	1	2	1	1	2	1	1	3	1	2
90-94	0	0	0	0	0	0	1	0	1	1	0	1
95-99	0	0	0	0	0	0	0	0	0	0	0	0
100+	0	0	0	0	0	0	0	0	0	0	0	0

年齢	2035			2040			2045			2050		
	総数	男	女	総数	男	女	総数	男	女	総数	男	女
総数	666	335	331	701	352	349	734	368	366	767	385	382
0-4	64	32	31	64	33	31	65	33	32	67	34	33
5-9	62	32	30	63	32	31	64	32	31	65	33	32
10-14	59	30	29	62	32	30	63	32	31	63	32	31
15-19	55	28	27	58	30	29	61	31	30	62	32	30
20-24	49	25	24	53	27	26	57	29	28	60	30	29
25-29	48	25	23	47	24	23	52	26	25	55	28	27
30-34	46	24	22	47	24	23	46	23	22	50	26	25
35-39	45	23	22	45	23	22	45	23	22	45	23	22
40-44	39	20	19	44	23	21	44	23	21	45	23	22
45-49	35	18	17	38	19	19	43	22	21	43	22	21
50-54	31	15	16	34	17	17	37	19	18	43	22	21
55-59	27	12	15	30	15	15	33	17	16	36	18	18
60-64	28	13	15	26	12	14	29	14	15	32	16	16
65-69	27	13	13	26	12	14	25	11	14	27	13	14
70-74	22	11	11	24	12	12	24	11	13	23	10	13
75-79	15	7	8	18	9	10	21	10	11	21	9	12
80+	...	...	...	...	...	...	...	...	...	...	...	...
80-84	9	4	5	11	5	6	14	7	8	16	7	9
85-89	4	2	3	6	2	3	7	3	4	9	4	5
90-94	1	0	1	2	1	1	3	1	2	4	2	2
95-99	0	0	0	0	0	0	1	0	1	1	0	1
100+	0	0	0	0	0	0	0	0	0	0	0	0

年齢	2055			2060		
	総数	男	女	総数	男	女
総数	801	402	399	835	419	416
0-4	69	35	34	71	36	35
5-9	66	34	33	69	35	34
10-14	64	33	32	66	34	32
15-19	63	32	31	64	33	31
20-24	61	31	30	61	31	30
25-29	58	30	29	59	30	29
30-34	54	27	27	57	29	28
35-39	49	25	24	53	27	26
40-44	44	22	21	48	25	24
45-49	44	22	21	43	22	21
50-54	43	22	21	43	22	21
55-59	41	21	20	42	21	20
60-64	35	17	17	40	20	20
65-69	30	15	15	33	16	17
70-74	25	12	13	27	13	14
75-79	20	8	11	21	10	12
80+	...	...	...	...	...	...
80-84	17	7	10	16	6	9
85-89	11	5	6	12	5	7
90-94	5	2	3	6	3	4
95-99	2	1	1	2	1	1
100+	0	0	0	1	0	0

性・年齢別人口（千人）

年齢	2015			2020			2025			2030		
	総数	男	女	総数	男	女	総数	男	女	総数	男	女
総数	526	266	260	548	276	271	567	285	281	583	293	290
0-4	52	27	25	47	24	23	44	22	21	42	21	20
5-9	52	27	25	51	26	25	46	24	22	43	22	21
10-14	52	27	25	52	27	25	51	26	25	46	23	22
15-19	52	27	25	51	26	25	51	26	25	50	26	24
20-24	45	23	22	50	26	24	49	25	24	49	25	24
25-29	40	21	19	43	22	21	48	25	23	48	25	23
30-34	35	18	18	38	20	18	41	21	20	46	24	22
35-39	31	14	17	34	17	17	37	19	18	40	20	20
40-44	32	15	17	30	14	16	33	16	16	36	18	17
45-49	32	16	16	31	15	16	29	13	16	32	16	16
50-54	29	15	14	31	16	15	30	14	16	28	13	15
55-59	24	12	11	28	14	13	30	15	15	29	14	15
60-64	19	10	9	22	11	11	26	14	13	28	14	14
65-69	14	7	7	18	9	9	20	10	10	24	12	12
70-74	8	4	4	12	6	6	15	8	8	18	9	9
75-79	6	2	3	6	3	3	10	4	5	13	6	7
80+	…	…	…	…	…	…	…	…	…	…	…	…
80-84	3	1	2	4	2	2	4	2	3	7	3	4
85-89	1	0	1	2	1	1	2	1	1	3	1	2
90-94	0	0	0	0	0	0	1	0	1	1	0	1
95-99	0	0	0	0	0	0	0	0	0	0	0	0
100+	0	0	0	0	0	0	0	0	0	0	0	0

年齢	2035			2040			2045			2050		
	総数	男	女	総数	男	女	総数	男	女	総数	男	女
総数	598	300	298	609	305	304	616	308	308	618	308	309
0-4	42	21	20	41	21	20	39	20	19	35	18	17
5-9	41	21	20	41	21	20	40	21	20	38	19	19
10-14	43	22	21	41	21	20	41	21	20	40	20	20
15-19	45	23	22	42	22	21	40	21	20	40	20	20
20-24	49	25	24	44	22	21	41	21	20	39	20	19
25-29	48	25	23	47	24	23	42	21	21	39	20	19
30-34	46	24	22	47	24	23	46	23	22	41	21	20
35-39	45	23	22	45	23	22	45	23	22	45	23	22
40-44	39	20	19	44	23	21	44	23	21	45	23	22
45-49	35	18	17	38	19	19	43	22	21	43	22	21
50-54	31	15	16	34	17	17	37	19	18	43	22	21
55-59	27	12	15	30	15	15	33	17	16	36	18	18
60-64	28	13	15	26	12	14	29	14	15	32	16	16
65-69	27	13	13	26	12	14	25	11	14	27	13	14
70-74	22	11	11	24	12	12	24	11	13	23	10	13
75-79	15	7	8	18	9	10	21	10	11	21	9	12
80+	…	…	…	…	…	…	…	…	…	…	…	…
80-84	9	4	5	11	5	6	14	7	8	16	7	9
85-89	4	2	3	6	2	3	7	3	4	9	4	5
90-94	1	0	1	2	1	1	3	1	2	4	2	2
95-99	0	0	0	0	0	0	1	0	1	1	0	1
100+	0	0	0	0	0	0	0	0	0	0	0	0

年齢	2055			2060		
	総数	男	女	総数	男	女
総数	615	307	308	608	303	305
0-4	32	16	16	30	15	15
5-9	35	18	17	32	16	16
10-14	38	19	19	35	18	17
15-19	39	20	19	37	19	18
20-24	39	20	19	38	19	19
25-29	38	19	18	38	19	18
30-34	38	19	19	36	19	18
35-39	40	20	20	37	19	18
40-44	44	22	21	39	20	19
45-49	44	22	21	43	22	21
50-54	43	22	21	43	22	21
55-59	41	21	20	42	21	20
60-64	35	17	17	40	20	20
65-69	30	15	15	33	16	17
70-74	25	12	13	27	13	14
75-79	20	8	11	21	10	12
80+	…	…	…	…	…	…
80-84	17	7	10	16	6	9
85-89	11	5	6	12	5	7
90-94	5	2	3	6	3	4
95-99	2	1	1	2	1	1
100+	0	0	0	1	0	0

Polynesia

性・年齢別人口（千人）

年齢	1960			1965			1970			1975		
	総数	男	女	総数	男	女	総数	男	女	総数	男	女
総数	308	157	151	360	183	177	410	209	201	443	226	217
0-4	58	30	28	70	36	34	74	38	36	69	36	34
5-9	49	25	24	57	29	28	68	34	33	70	36	34
10-14	37	19	18	47	24	23	56	29	28	65	33	32
15-19	31	16	15	34	17	17	44	22	21	51	27	25
20-24	25	13	13	28	14	14	29	15	15	37	19	18
25-29	21	10	11	24	12	12	26	13	13	25	12	13
30-34	18	9	9	21	10	10	23	12	11	24	12	12
35-39	16	8	8	18	9	9	20	10	10	22	11	11
40-44	12	6	6	15	8	8	17	9	8	19	10	10
45-49	11	6	5	12	6	6	14	7	7	16	8	8
50-54	9	5	4	11	5	5	12	6	6	13	7	7
55-59	7	4	3	8	4	4	9	5	4	10	5	5
60-64	5	3	3	6	3	3	7	3	3	8	4	4
65-69	3	2	2	4	2	2	5	3	2	6	3	3
70-74	3	1	1	3	1	1	3	2	2	4	2	2
75-79	1	1	1	2	1	1	2	1	1	2	1	1
80+	1	0	0	1	0	1	1	1	1	1	1	1
80-84	…	…	…	…	…	…	…	…	…	…	…	…
85-89	…	…	…	…	…	…	…	…	…	…	…	…
90-94	…	…	…	…	…	…	…	…	…	…	…	…
95-99	…	…	…	…	…	…	…	…	…	…	…	…
100+	…	…	…	…	…	…	…	…	…	…	…	…

年齢	1980			1985			1990			1995		
	総数	男	女	総数	男	女	総数	男	女	総数	男	女
総数	475	243	231	513	265	248	548	283	265	579	299	281
0-4	69	36	33	72	37	35	77	40	37	77	40	37
5-9	65	34	31	65	34	31	68	36	33	74	38	35
10-14	68	35	32	65	34	31	63	33	30	68	35	33
15-19	59	30	29	65	34	31	61	32	29	58	31	27
20-24	43	22	21	51	27	24	57	30	27	52	27	25
25-29	32	16	16	38	19	18	45	24	21	50	26	24
30-34	25	12	13	33	16	16	35	18	17	42	22	20
35-39	24	12	12	24	13	12	31	15	15	33	17	16
40-44	21	11	10	23	12	11	23	12	11	30	15	15
45-49	18	9	9	18	9	9	22	11	11	22	11	11
50-54	15	8	7	17	9	8	17	9	8	20	10	10
55-59	12	6	6	13	7	7	15	8	8	16	8	8
60-64	9	5	4	11	6	5	12	6	6	13	6	7
65-69	7	3	3	7	3	3	9	5	5	10	5	5
70-74	4	2	2	6	3	3	5	3	3	7	3	4
75-79	3	1	1	3	1	1	4	2	2	4	2	2
80+	2	1	1	2	1	1	…	…	…	…	…	…
80-84	…	…	…	…	…	…	2	1	1	2	1	1
85-89	…	…	…	…	…	…	1	0	0	1	0	0
90-94	…	…	…	…	…	…	0	0	0	0	0	0
95-99	…	…	…	…	…	…	0	0	0	0	0	0
100+	…	…	…	…	…	…	0	0	0	0	0	0

年齢	2000			2005			2010			2015		
	総数	男	女	総数	男	女	総数	男	女	総数	男	女
総数	612	315	298	641	328	313	660	337	324	684	348	336
0-4	75	39	36	74	38	36	68	35	33	69	36	34
5-9	75	39	36	72	37	35	70	36	34	66	34	32
10-14	72	37	34	71	37	34	69	36	33	69	35	33
15-19	62	32	30	66	34	32	67	35	32	66	34	32
20-24	49	26	23	53	27	26	55	28	27	61	32	29
25-29	48	24	23	46	23	22	48	24	24	50	26	24
30-34	48	25	23	46	23	23	45	23	22	44	22	22
35-39	41	21	20	46	24	22	45	23	22	42	21	21
40-44	33	17	16	40	20	19	44	23	21	43	22	21
45-49	29	15	14	33	17	16	37	19	18	42	22	20
50-54	21	11	10	27	14	13	32	16	15	35	18	17
55-59	18	9	9	19	10	10	25	12	12	30	15	15
60-64	15	8	7	16	8	8	18	9	9	23	11	11
65-69	11	6	6	13	6	6	14	7	7	16	8	8
70-74	8	4	4	9	4	5	11	5	6	12	6	6
75-79	5	2	3	6	3	3	7	3	4	8	4	5
80+	…	…	…	…	…	…	…	…	…	…	…	…
80-84	2	1	1	3	1	2	4	2	3	5	2	3
85-89	1	0	1	1	0	1	2	1	1	2	1	2
90-94	0	0	0	0	0	0	0	0	0	1	0	1
95-99	0	0	0	0	0	0	0	0	0	0	0	0
100+	0	0	0	0	0	0	0	0	0	0	0	0

中位予測値

ポリネシア

性・年齢別人口（千人）

年齢	2015			2020			2025			2030		
	総数	男	女	総数	男	女	総数	男	女	総数	男	女
総数	684	348	336	710	361	349	729	370	359	751	380	370
0-4	69	36	34	67	34	32	66	34	32	65	34	32
5-9	66	34	32	68	35	33	65	34	32	65	33	31
10-14	69	35	33	65	34	31	67	35	33	65	33	31
15-19	66	34	32	66	34	32	62	32	30	65	33	31
20-24	61	32	29	61	32	29	61	31	29	58	30	28
25-29	50	26	24	57	29	27	56	29	27	57	29	27
30-34	44	22	22	47	24	23	53	27	26	53	28	26
35-39	42	21	21	42	21	21	44	23	21	51	26	24
40-44	43	22	21	40	20	20	40	20	20	42	22	21
45-49	42	22	20	41	21	20	39	20	19	39	19	19
50-54	35	18	17	40	21	20	40	20	20	38	19	19
55-59	30	15	15	34	17	17	39	20	19	38	19	19
60-64	23	11	11	28	14	14	32	16	16	37	18	18
65-69	16	8	8	20	10	11	25	12	13	29	14	15
70-74	12	6	6	13	6	7	18	8	10	22	11	12
75-79	8	4	5	10	4	5	11	5	6	15	6	8
80+	…	…	…	…	…	…	…	…	…	…	…	…
80-84	5	2	3	6	3	3	7	3	4	8	3	5
85-89	2	1	2	3	1	2	3	1	2	4	2	3
90-94	1	0	1	1	0	1	1	0	1	2	1	1
95-99	0	0	0	0	0	0	0	0	0	0	0	0
100+	0	0	0	0	0	0	0	0	0	0	0	0

年齢	2035			2040			2045			2050		
	総数	男	女	総数	男	女	総数	男	女	総数	男	女
総数	774	392	382	793	402	392	808	410	399	819	416	404
0-4	65	33	31	64	33	31	61	32	30	59	30	29
5-9	64	33	31	64	33	31	63	32	30	61	31	29
10-14	64	33	31	64	33	31	63	33	31	62	32	30
15-19	63	32	30	62	32	30	62	32	30	61	32	30
20-24	61	32	30	59	31	29	58	30	28	58	30	28
25-29	54	28	26	58	30	28	56	29	27	55	28	26
30-34	54	28	26	51	27	25	55	29	27	53	28	25
35-39	51	27	25	52	27	25	50	26	24	53	28	26
40-44	49	26	24	50	26	24	50	26	24	48	25	23
45-49	41	21	20	48	25	23	48	25	23	49	25	24
50-54	37	19	19	40	20	20	47	24	23	47	24	23
55-59	36	18	18	36	18	18	39	20	19	46	23	22
60-64	36	18	18	35	17	18	35	17	18	37	19	19
65-69	34	17	17	34	17	17	33	16	17	33	16	17
70-74	26	12	14	31	15	16	31	15	16	30	14	16
75-79	19	8	10	22	10	12	26	12	14	27	12	14
80+	…	…	…	…	…	…	…	…	…	…	…	…
80-84	11	5	6	14	6	8	17	8	10	21	9	12
85-89	5	2	3	7	3	4	10	4	6	12	5	7
90-94	2	1	1	3	1	2	4	1	3	5	2	3
95-99	1	0	0	1	0	1	1	0	1	1	0	1
100+	0	0	0	0	0	0	0	0	0	0	0	0

年齢	2055			2060		
	総数	男	女	総数	男	女
総数	827	420	407	833	424	409
0-4	57	29	28	56	29	27
5-9	58	30	28	56	29	27
10-14	60	31	29	58	30	28
15-19	60	31	29	58	30	28
20-24	58	30	28	57	29	27
25-29	55	28	26	55	28	26
30-34	52	27	25	53	27	25
35-39	51	27	25	51	26	24
40-44	52	27	25	50	26	24
45-49	47	25	22	51	26	24
50-54	48	25	23	46	24	22
55-59	46	24	22	47	24	23
60-64	44	23	22	45	23	22
65-69	36	18	18	42	21	21
70-74	30	14	16	33	16	17
75-79	26	12	14	27	13	14
80+	…	…	…	…	…	…
80-84	22	10	12	22	10	12
85-89	15	6	9	16	7	9
90-94	7	2	4	9	3	5
95-99	2	1	1	3	1	2
100+	0	0	0	1	0	0

Polynesia

性・年齢別人口（千人）

年齢	2015			2020			2025			2030		
	総数	男	女	総数	男	女	総数	男	女	総数	男	女
総数	684	348	336	716	364	352	745	378	367	780	395	384
0-4	69	36	34	73	38	35	76	39	37	78	40	38
5-9	66	34	32	68	35	33	72	37	35	74	38	36
10-14	69	35	33	65	34	31	67	35	33	71	36	34
15-19	66	34	32	66	34	32	62	32	30	65	33	31
20-24	61	32	29	61	32	29	61	31	29	58	30	28
25-29	50	26	24	57	29	27	56	29	27	57	29	27
30-34	44	22	22	47	24	23	53	27	26	53	28	26
35-39	42	21	21	42	21	21	44	23	21	51	26	24
40-44	43	22	21	40	20	20	40	20	20	42	22	21
45-49	42	22	20	41	21	20	39	20	19	39	19	19
50-54	35	18	17	40	21	20	40	20	20	38	19	19
55-59	30	15	15	34	17	17	39	20	19	38	19	19
60-64	23	11	11	28	14	14	32	16	16	37	18	18
65-69	16	8	8	20	10	11	25	12	13	29	14	15
70-74	12	6	6	13	6	7	18	8	10	22	11	12
75-79	8	4	5	10	4	5	11	5	6	15	6	8
80+	…	…	…	…	…	…	…	…	…	…	…	…
80-84	5	2	3	6	3	3	7	3	4	8	3	5
85-89	2	1	2	3	1	2	3	1	2	4	2	3
90-94	1	0	1	1	0	1	1	0	1	2	1	1
95-99	0	0	0	0	0	0	0	0	0	0	0	0
100+	0	0	0	0	0	0	0	0	0	0	0	0

年齢	2035			2040			2045			2050		
	総数	男	女	総数	男	女	総数	男	女	総数	男	女
総数	815	413	402	849	430	419	881	447	434	911	463	448
0-4	78	40	38	78	40	38	78	40	38	79	41	38
5-9	77	40	37	77	40	37	77	40	37	77	40	37
10-14	74	38	36	76	39	37	76	39	37	76	39	37
15-19	69	35	33	72	37	35	74	38	36	74	38	36
20-24	61	32	30	65	34	31	68	35	33	71	37	34
25-29	54	28	26	58	30	28	62	32	30	65	34	31
30-34	54	28	26	51	27	25	55	29	27	59	31	28
35-39	51	27	25	52	27	25	50	26	24	53	28	26
40-44	49	26	24	50	26	24	50	26	24	48	25	23
45-49	41	21	20	48	25	23	48	25	23	49	25	24
50-54	37	19	19	40	20	20	47	24	23	47	24	23
55-59	36	18	18	36	18	18	39	20	19	46	23	22
60-64	36	18	18	35	17	18	35	17	18	37	19	19
65-69	34	17	17	34	17	17	33	16	17	33	16	17
70-74	26	12	14	31	15	16	31	15	16	30	14	16
75-79	19	8	10	22	10	12	26	12	14	27	12	14
80+	…	…	…	…	…	…	…	…	…	…	…	…
80-84	11	5	6	14	6	8	17	8	10	21	9	12
85-89	5	2	3	7	3	4	10	4	6	12	5	7
90-94	2	1	1	3	1	2	4	1	3	5	2	3
95-99	1	0	0	1	0	1	1	0	1	1	0	1
100+	0	0	0	0	0	0	0	0	0	0	0	0

年齢	2055			2060		
	総数	男	女	総数	男	女
総数	943	480	463	977	498	479
0-4	81	42	39	83	43	40
5-9	78	40	38	80	41	39
10-14	76	39	37	78	40	38
15-19	74	38	36	75	39	36
20-24	71	37	34	71	37	34
25-29	67	35	33	68	35	33
30-34	62	32	30	65	34	31
35-39	57	30	28	61	31	29
40-44	52	27	25	56	29	27
45-49	47	25	22	51	26	24
50-54	48	25	23	46	24	22
55-59	46	24	22	47	24	23
60-64	44	23	22	45	23	22
65-69	36	18	18	42	21	21
70-74	30	14	16	33	16	17
75-79	26	12	14	27	13	14
80+	…	…	…	…	…	…
80-84	22	10	12	22	10	12
85-89	15	6	9	16	7	9
90-94	7	2	4	9	3	5
95-99	2	1	1	3	1	2
100+	0	0	0	1	0	0

性・年齢別人口（千人）

年齢	2015			2020			2025			2030		
	総数	男	女	総数	男	女	総数	男	女	総数	男	女
総数	684	348	336	704	357	346	713	361	351	722	366	356
0-4	69	36	34	61	31	29	56	29	27	53	27	25
5-9	66	34	32	68	35	33	59	31	29	55	28	26
10-14	69	35	33	65	34	31	67	35	33	59	30	28
15-19	66	34	32	66	34	32	62	32	30	65	33	31
20-24	61	32	29	61	32	29	61	31	29	58	30	28
25-29	50	26	24	57	29	27	56	29	27	57	29	27
30-34	44	22	22	47	24	23	53	27	26	53	28	26
35-39	42	21	21	42	21	21	44	23	21	51	26	24
40-44	43	22	21	40	20	20	40	20	20	42	22	21
45-49	42	22	20	41	21	20	39	20	19	39	19	19
50-54	35	18	17	40	21	20	40	20	20	38	19	19
55-59	30	15	15	34	17	17	39	20	19	38	19	19
60-64	23	11	11	28	14	14	32	16	16	37	18	18
65-69	16	8	8	20	10	11	25	12	13	29	14	15
70-74	12	6	6	13	6	7	18	8	10	22	11	12
75-79	8	4	5	10	4	5	11	5	6	15	6	8
80+	…	…	…	…	…	…	…	…	…	…	…	…
80-84	5	2	3	6	3	3	7	3	4	8	3	5
85-89	2	1	2	3	1	2	3	1	2	4	2	3
90-94	1	0	1	1	0	1	1	0	1	2	1	1
95-99	0	0	0	0	0	0	0	0	0	0	0	0
100+	0	0	0	0	0	0	0	0	0	0	0	0

年齢	2035			2040			2045			2050		
	総数	男	女	総数	男	女	総数	男	女	総数	男	女
総数	732	370	362	738	373	365	738	373	364	731	371	361
0-4	52	27	25	50	26	24	46	24	22	42	21	20
5-9	52	27	25	51	26	25	49	25	24	45	23	22
10-14	54	28	26	51	26	25	50	26	24	48	25	23
15-19	57	29	27	52	27	25	49	25	24	48	25	23
20-24	61	32	30	53	27	26	48	25	23	45	24	22
25-29	54	28	26	58	30	28	50	26	24	45	23	22
30-34	54	28	26	51	27	25	55	29	27	47	24	23
35-39	51	27	25	52	27	25	50	26	24	53	28	26
40-44	49	26	24	50	26	24	50	26	24	48	25	23
45-49	41	21	20	48	25	23	48	25	23	49	25	24
50-54	37	19	19	40	20	20	47	24	23	47	24	23
55-59	36	18	18	36	18	18	39	20	19	46	23	22
60-64	36	18	18	35	17	18	35	17	18	37	19	19
65-69	34	17	17	34	17	17	33	16	17	33	16	17
70-74	26	12	14	31	15	16	31	15	16	30	14	16
75-79	19	8	10	22	10	12	26	12	14	27	12	14
80+	…	…	…	…	…	…	…	…	…	…	…	…
80-84	11	5	6	14	6	8	17	8	10	21	9	12
85-89	5	2	3	7	3	4	10	4	6	12	5	7
90-94	2	1	1	3	1	2	4	1	3	5	2	3
95-99	1	0	0	1	0	1	1	0	1	1	0	1
100+	0	0	0	0	0	0	0	0	0	0	0	0

年齢	2055			2060		
	総数	男	女	総数	男	女
総数	720	365	355	704	358	346
0-4	37	19	18	34	18	16
5-9	41	21	20	36	19	18
10-14	45	23	22	40	21	19
15-19	46	24	22	43	22	21
20-24	45	23	22	43	22	21
25-29	42	22	20	42	22	20
30-34	43	22	20	40	21	19
35-39	45	24	22	41	21	20
40-44	52	27	25	44	23	21
45-49	47	25	22	51	26	24
50-54	48	25	23	46	24	22
55-59	46	24	22	47	24	23
60-64	44	23	22	45	23	22
65-69	36	18	18	42	21	21
70-74	30	14	16	33	16	17
75-79	26	12	14	27	13	14
80+	…	…	…	…	…	…
80-84	22	10	12	22	10	12
85-89	15	6	9	16	7	9
90-94	7	2	4	9	3	5
95-99	2	1	1	3	1	2
100+	0	0	0	1	0	0

A.2. 国・属領別男女・年齢別人口：
推計および中位、高位ならびに低位予測値、1960-2060年

性・年齢別人口（千人）

年齢	1960			1965			1970			1975		
	総数	男	女	総数	男	女	総数	男	女	総数	男	女
総数	8 995	4 650	4 345	9 935	5 096	4 839	11 121	5 674	5 447	12 583	6 398	6 185
0-4	1 538	780	758	1 760	894	866	2 023	1 029	994	2 323	1 183	1 140
5-9	1 185	601	585	1 363	692	671	1 577	802	775	1 832	933	899
10-14	1 070	524	546	1 143	581	563	1 318	671	648	1 530	780	750
15-19	922	476	446	1 030	505	525	1 104	561	543	1 277	650	627
20-24	798	416	382	874	451	424	981	480	501	1 056	536	520
25-29	687	361	326	750	389	360	825	424	401	930	454	476
30-34	595	319	275	640	335	304	702	364	339	777	398	379
35-39	499	268	231	548	293	255	594	310	284	656	338	318
40-44	417	223	194	455	241	213	503	266	237	549	284	265
45-49	346	183	163	374	197	178	412	216	196	459	240	219
50-54	282	148	134	304	158	146	332	171	161	368	190	179
55-59	230	122	107	240	123	117	262	133	128	289	146	142
60-64	174	93	81	185	97	88	196	99	97	216	108	108
65-69	124	67	57	129	67	62	139	71	68	150	74	76
70-74	75	41	35	81	43	38	86	44	42	95	47	48
75-79	37	20	17	40	21	19	45	23	22	49	24	25
80+	16	8	7	19	10	9	22	11	11	25	12	13
80-84	...	...	...	...	...	...	...	...	...	...	...	...
85-89	...	...	...	...	...	...	...	...	...	...	...	...
90-94	...	...	...	...	...	...	...	...	...	...	...	...
95-99	...	...	...	...	...	...	...	...	...	...	...	...
100+	...	...	...	...	...	...	...	...	...	...	...	...

年齢	1980			1985			1990			1995		
	総数	男	女	総数	男	女	総数	男	女	総数	男	女
総数	13 211	6 721	6 490	11 630	5 945	5 686	12 068	6 180	5 888	16 773	8 682	8 090
0-4	2 475	1 264	1 212	2 247	1 151	1 095	2 340	1 199	1 141	3 259	1 677	1 582
5-9	1 960	1 002	958	1 792	923	869	1 893	975	918	2 601	1 352	1 250
10-14	1 635	836	799	1 463	755	708	1 568	812	756	2 156	1 126	1 031
15-19	1 365	698	667	1 204	622	583	1 267	658	609	1 786	936	849
20-24	1 134	579	555	993	512	481	1 027	532	494	1 445	757	688
25-29	936	476	460	835	430	405	839	434	405	1 173	613	560
30-34	820	400	420	704	361	343	711	367	344	958	500	458
35-39	669	343	326	611	297	314	604	311	293	797	415	382
40-44	553	283	269	464	238	226	520	252	269	663	343	320
45-49	454	232	222	360	181	179	377	192	185	567	278	290
50-54	375	194	182	281	139	142	279	138	141	424	218	206
55-59	296	150	146	234	119	116	207	100	108	318	160	158
60-64	220	109	110	186	92	93	170	84	85	235	117	118
65-69	152	74	77	126	61	65	130	63	67	176	89	88
70-74	94	45	48	75	36	39	79	37	42	118	57	60
75-79	49	24	25	38	18	20	39	18	21	62	29	33
80+	24	12	13	18	9	9	...	...	...	...	...	...
80-84	...	...	...	...	...	...	14	7	7	26	12	14
85-89	...	...	...	...	...	...	4	2	2	6	3	3
90-94	...	...	...	...	...	...	1	0	0	1	0	0
95-99	...	...	...	...	...	...	0	0	0	0	0	0
100+	...	...	...	...	...	...	0	0	0	0	0	0

年齢	2000			2005			2010			2015		
	総数	男	女	総数	男	女	総数	男	女	総数	男	女
総数	19 702	10 147	9 555	24 400	12 616	11 784	27 962	14 368	13 595	32 527	16 774	15 753
0-4	3 938	2 012	1 926	4 658	2 397	2 261	5 011	2 564	2 447	4 950	2 538	2 412
5-9	3 096	1 590	1 505	3 859	1 983	1 876	4 501	2 311	2 189	4 903	2 510	2 393
10-14	2 534	1 316	1 218	3 096	1 593	1 504	3 795	1 949	1 846	4 472	2 298	2 174
15-19	2 078	1 086	992	2 618	1 356	1 262	2 959	1 526	1 433	3 833	1 972	1 861
20-24	1 687	885	802	2 223	1 161	1 063	2 400	1 242	1 158	3 052	1 586	1 466
25-29	1 361	710	651	1 790	951	839	2 050	1 056	994	2 460	1 292	1 168
30-34	1 110	577	533	1 407	747	659	1 683	881	802	2 062	1 078	984
35-39	908	472	437	1 125	593	532	1 333	700	633	1 673	884	788
40-44	753	390	363	905	474	431	1 068	558	510	1 312	693	620
45-49	620	318	302	741	384	356	854	443	411	1 040	544	496
50-54	522	252	270	605	311	294	686	351	335	823	428	396
55-59	380	192	187	496	239	257	549	278	271	646	329	317
60-64	275	136	139	347	174	173	438	207	231	497	248	248
65-69	191	92	99	240	117	123	288	140	147	376	175	201
70-74	131	64	67	150	71	79	183	87	96	226	108	118
75-79	76	36	40	87	41	46	101	46	54	124	57	67
80+	...	...	...	...	...	...	...	...	...	...	...	...
80-84	32	14	17	40	18	22	46	21	25	55	24	31
85-89	9	4	5	12	5	7	15	6	9	18	8	10
90-94	2	1	1	2	1	1	3	1	2	4	1	2
95-99	0	0	0	0	0	0	0	0	0	0	0	0
100+	0	0	0	0	0	0	0	0	0	0	0	0

性・年齢別人口（千人）

年齢	2015			2020			2025			2030		
	総数	男	女	総数	男	女	総数	男	女	総数	男	女
総数	32 527	16 774	15 753	36 443	18 762	17 681	40 197	20 662	19 535	43 852	22 508	21 344
0-4	4 950	2 538	2 412	5 037	2 583	2 454	5 028	2 579	2 450	5 027	2 578	2 449
5-9	4 903	2 510	2 393	4 847	2 486	2 361	4 947	2 536	2 410	4 952	2 539	2 413
10-14	4 472	2 298	2 174	4 863	2 490	2 374	4 810	2 467	2 344	4 913	2 519	2 394
15-19	3 833	1 972	1 861	4 400	2 265	2 135	4 781	2 453	2 328	4 732	2 432	2 301
20-24	3 052	1 586	1 466	3 724	1 919	1 805	4 269	2 202	2 066	4 651	2 390	2 261
25-29	2 460	1 292	1 168	2 963	1 537	1 426	3 617	1 860	1 757	4 160	2 142	2 018
30-34	2 062	1 078	984	2 399	1 257	1 142	2 892	1 495	1 396	3 541	1 816	1 725
35-39	1 673	884	788	2 011	1 048	962	2 342	1 224	1 119	2 831	1 461	1 371
40-44	1 312	693	620	1 625	857	768	1 957	1 018	939	2 286	1 191	1 095
45-49	1 040	544	496	1 265	665	600	1 570	825	745	1 896	983	914
50-54	823	428	396	988	513	475	1 205	630	575	1 501	784	717
55-59	646	329	317	766	394	372	923	475	448	1 129	585	545
60-64	497	248	248	583	293	290	694	352	342	840	426	414
65-69	376	175	201	425	208	217	501	247	255	600	298	302
70-74	226	108	118	296	134	162	336	160	176	399	191	208
75-79	124	57	67	155	71	83	205	89	116	234	108	127
80+	…	…	…	…	…	…	…	…	…	…	…	…
80-84	55	24	31	68	30	38	86	38	48	115	48	67
85-89	18	8	10	22	9	13	27	11	16	35	15	20
90-94	4	1	2	5	2	3	5	2	3	7	3	4
95-99	0	0	0	1	0	0	1	0	0	1	0	1
100+	0	0	0	0	0	0	0	0	0	0	0	0

年齢	2035			2040			2045			2050		
	総数	男	女	総数	男	女	総数	男	女	総数	男	女
総数	47 362	24 273	23 089	50 602	25 890	24 712	53 487	27 318	26 170	55 955	28 522	27 433
0-4	5 000	2 565	2 435	4 874	2 500	2 374	4 686	2 404	2 283	4 470	2 292	2 178
5-9	4 962	2 544	2 418	4 944	2 535	2 409	4 826	2 474	2 352	4 645	2 381	2 264
10-14	4 921	2 523	2 399	4 934	2 529	2 405	4 918	2 521	2 397	4 803	2 461	2 342
15-19	4 838	2 485	2 353	4 849	2 490	2 359	4 864	2 498	2 366	4 851	2 491	2 360
20-24	4 607	2 371	2 236	4 716	2 426	2 290	4 731	2 433	2 298	4 749	2 442	2 307
25-29	4 543	2 330	2 213	4 504	2 314	2 191	4 616	2 370	2 246	4 635	2 379	2 256
30-34	4 082	2 097	1 986	4 466	2 285	2 181	4 433	2 271	2 162	4 548	2 329	2 219
35-39	3 476	1 779	1 697	4 014	2 058	1 956	4 398	2 246	2 152	4 370	2 234	2 135
40-44	2 770	1 426	1 344	3 407	1 740	1 667	3 941	2 017	1 925	4 324	2 204	2 120
45-49	2 220	1 153	1 067	2 696	1 384	1 312	3 323	1 692	1 631	3 851	1 965	1 886
50-54	1 818	937	881	2 134	1 103	1 031	2 597	1 326	1 271	3 208	1 626	1 582
55-59	1 412	731	681	1 715	876	839	2 018	1 034	985	2 463	1 247	1 217
60-64	1 031	526	505	1 294	660	633	1 577	794	783	1 861	940	921
65-69	729	362	367	900	450	450	1 134	567	567	1 388	685	703
70-74	481	232	248	588	284	303	729	355	374	923	449	473
75-79	281	130	151	340	159	181	418	195	223	522	246	276
80+	…	…	…	…	…	…	…	…	…	…	…	…
80-84	133	59	74	160	71	89	196	88	108	243	109	134
85-89	47	19	29	55	23	32	66	28	39	82	35	47
90-94	9	3	6	12	4	8	14	6	9	18	7	11
95-99	1	0	1	1	0	1	2	1	1	2	1	1
100+	0	0	0	0	0	0	0	0	0	0	0	0

年齢	2055			2060		
	総数	男	女	総数	男	女
総数	57 998	29 501	28 497	59 619	30 256	29 363
0-4	4 272	2 191	2 081	4 101	2 103	1 998
5-9	4 435	2 273	2 162	4 242	2 174	2 067
10-14	4 625	2 370	2 255	4 417	2 263	2 154
15-19	4 740	2 433	2 307	4 567	2 344	2 223
20-24	4 743	2 438	2 304	4 639	2 384	2 255
25-29	4 659	2 391	2 268	4 659	2 391	2 269
30-34	4 571	2 340	2 231	4 600	2 355	2 245
35-39	4 488	2 294	2 194	4 516	2 308	2 208
40-44	4 301	2 196	2 106	4 424	2 257	2 167
45-49	4 231	2 151	2 080	4 215	2 146	2 069
50-54	3 725	1 892	1 833	4 101	2 075	2 026
55-59	3 050	1 532	1 518	3 550	1 788	1 763
60-64	2 279	1 137	1 142	2 831	1 402	1 429
65-69	1 644	814	831	2 022	988	1 034
70-74	1 136	545	591	1 354	652	702
75-79	665	313	352	826	382	444
80+	…	…	…	…	…	…
80-84	305	138	168	393	177	216
85-89	102	43	59	131	56	75
90-94	22	9	13	28	11	17
95-99	3	1	2	3	1	2
100+	0	0	0	0	0	0

性・年齢別人口（千人）

年齢	2015			2020			2025			2030		
	総数	男	女	総数	男	女	総数	男	女	総数	男	女
総数	32 527	16 774	15 753	36 739	18 914	17 826	41 059	21 104	19 955	45 538	23 372	22 166
0-4	4 950	2 538	2 412	5 334	2 735	2 599	5 599	2 871	2 728	5 861	3 006	2 855
5-9	4 903	2 510	2 393	4 847	2 486	2 361	5 239	2 686	2 552	5 514	2 827	2 687
10-14	4 472	2 298	2 174	4 863	2 490	2 374	4 810	2 467	2 344	5 203	2 667	2 536
15-19	3 833	1 972	1 861	4 400	2 265	2 135	4 781	2 453	2 328	4 732	2 432	2 301
20-24	3 052	1 586	1 466	3 724	1 919	1 805	4 269	2 202	2 066	4 651	2 390	2 261
25-29	2 460	1 292	1 168	2 963	1 537	1 426	3 617	1 860	1 757	4 160	2 142	2 018
30-34	2 062	1 078	984	2 399	1 257	1 142	2 892	1 495	1 396	3 541	1 816	1 725
35-39	1 673	884	788	2 011	1 048	962	2 342	1 224	1 119	2 831	1 461	1 371
40-44	1 312	693	620	1 625	857	768	1 957	1 018	939	2 286	1 191	1 095
45-49	1 040	544	496	1 265	665	600	1 570	825	745	1 896	983	914
50-54	823	428	396	988	513	475	1 205	630	575	1 501	784	717
55-59	646	329	317	766	394	372	923	475	448	1 129	585	545
60-64	497	248	248	583	293	290	694	352	342	840	426	414
65-69	376	175	201	425	208	217	501	247	255	600	298	302
70-74	226	108	118	296	134	162	336	160	176	399	191	208
75-79	124	57	67	155	71	83	205	89	116	234	108	127
80+	…	…	…	…	…	…	…	…	…	…	…	…
80-84	55	24	31	68	30	38	86	38	48	115	48	67
85-89	18	8	10	22	9	13	27	11	16	35	15	20
90-94	4	1	2	5	2	3	5	2	3	7	3	4
95-99	0	0	0	1	0	0	1	0	0	1	0	1
100+	0	0	0	0	0	0	0	0	0	0	0	0

年齢	2035			2040			2045			2050		
	総数	男	女	総数	男	女	総数	男	女	総数	男	女
総数	49 982	25 616	24 366	54 286	27 778	26 508	58 418	29 845	28 574	62 358	31 802	30 556
0-4	5 948	3 051	2 897	5 957	3 055	2 902	5 957	3 055	2 902	5 972	3 062	2 910
5-9	5 786	2 967	2 819	5 881	3 016	2 866	5 899	3 024	2 875	5 906	3 028	2 879
10-14	5 481	2 810	2 671	5 754	2 950	2 805	5 852	3 000	2 852	5 872	3 009	2 863
15-19	5 126	2 633	2 494	5 406	2 776	2 630	5 681	2 916	2 764	5 781	2 967	2 814
20-24	4 607	2 371	2 236	5 002	2 572	2 430	5 284	2 716	2 568	5 560	2 857	2 703
25-29	4 543	2 330	2 213	4 504	2 314	2 191	4 900	2 515	2 385	5 183	2 659	2 524
30-34	4 082	2 097	1 986	4 466	2 285	2 181	4 433	2 271	2 162	4 829	2 472	2 357
35-39	3 476	1 779	1 697	4 014	2 058	1 956	4 398	2 246	2 152	4 370	2 234	2 135
40-44	2 770	1 426	1 344	3 407	1 740	1 667	3 941	2 017	1 925	4 324	2 204	2 120
45-49	2 220	1 153	1 067	2 696	1 384	1 312	3 323	1 692	1 631	3 851	1 965	1 886
50-54	1 818	937	881	2 134	1 103	1 031	2 597	1 326	1 271	3 208	1 626	1 582
55-59	1 412	731	681	1 715	876	839	2 018	1 034	985	2 463	1 247	1 217
60-64	1 031	526	505	1 294	660	633	1 577	794	783	1 861	940	921
65-69	729	362	367	900	450	450	1 134	567	567	1 388	685	703
70-74	481	232	248	588	284	303	729	355	374	923	449	473
75-79	281	130	151	340	159	181	418	195	223	522	246	276
80+	…	…	…	…	…	…	…	…	…	…	…	…
80-84	133	59	74	160	71	89	196	88	108	243	109	134
85-89	47	19	29	55	23	32	66	28	39	82	35	47
90-94	9	3	6	12	4	8	14	6	9	18	7	11
95-99	1	0	1	1	0	1	2	1	1	2	1	1
100+	0	0	0	0	0	0	0	0	0	0	0	0

年齢	2055			2060		
	総数	男	女	総数	男	女
総数	66 105	33 652	32 453	69 630	35 381	34 249
0-4	6 013	3 084	2 929	6 049	3 103	2 947
5-9	5 927	3 038	2 889	5 973	3 062	2 911
10-14	5 882	3 014	2 868	5 905	3 025	2 879
15-19	5 806	2 979	2 827	5 820	2 985	2 834
20-24	5 667	2 911	2 756	5 699	2 926	2 773
25-29	5 464	2 803	2 662	5 577	2 860	2 717
30-34	5 115	2 618	2 497	5 399	2 763	2 636
35-39	4 766	2 436	2 331	5 055	2 582	2 472
40-44	4 301	2 196	2 106	4 698	2 397	2 301
45-49	4 231	2 151	2 080	4 215	2 146	2 069
50-54	3 725	1 892	1 833	4 101	2 075	2 026
55-59	3 050	1 532	1 518	3 550	1 788	1 763
60-64	2 279	1 137	1 142	2 831	1 402	1 429
65-69	1 644	814	831	2 022	988	1 034
70-74	1 136	545	591	1 354	652	702
75-79	665	313	352	826	382	444
80+	…	…	…	…	…	…
80-84	305	138	168	393	177	216
85-89	102	43	59	131	56	75
90-94	22	9	13	28	11	17
95-99	3	1	2	3	1	2
100+	0	0	0	0	0	0

性・年齢別人口（千人）

年齢	2015			2020			2025			2030		
	総数	男	女	総数	男	女	総数	男	女	総数	男	女
総数	32 527	16 774	15 753	36 146	18 610	17 536	39 334	20 220	19 114	42 165	21 643	20 522
0-4	4 950	2 538	2 412	4 740	2 431	2 310	4 458	2 286	2 172	4 193	2 151	2 043
5-9	4 903	2 510	2 393	4 847	2 486	2 361	4 655	2 387	2 268	4 389	2 251	2 139
10-14	4 472	2 298	2 174	4 863	2 490	2 374	4 810	2 467	2 344	4 623	2 370	2 253
15-19	3 833	1 972	1 861	4 400	2 265	2 135	4 781	2 453	2 328	4 732	2 432	2 301
20-24	3 052	1 586	1 466	3 724	1 919	1 805	4 269	2 202	2 066	4 651	2 390	2 261
25-29	2 460	1 292	1 168	2 963	1 537	1 426	3 617	1 860	1 757	4 160	2 142	2 018
30-34	2 062	1 078	984	2 399	1 257	1 142	2 892	1 495	1 396	3 541	1 816	1 725
35-39	1 673	884	788	2 011	1 048	962	2 342	1 224	1 119	2 831	1 461	1 371
40-44	1 312	693	620	1 625	857	768	1 957	1 018	939	2 286	1 191	1 095
45-49	1 040	544	496	1 265	665	600	1 570	825	745	1 896	983	914
50-54	823	428	396	988	513	475	1 205	630	575	1 501	784	717
55-59	646	329	317	766	394	372	923	475	448	1 129	585	545
60-64	497	248	248	583	293	290	694	352	342	840	426	414
65-69	376	175	201	425	208	217	501	247	255	600	298	302
70-74	226	108	118	296	134	162	336	160	176	399	191	208
75-79	124	57	67	155	71	83	205	89	116	234	108	127
80+	…	…	…	…	…	…	…	…	…	…	…	…
80-84	55	24	31	68	30	38	86	38	48	115	48	67
85-89	18	8	10	22	9	13	27	11	16	35	15	20
90-94	4	1	2	5	2	3	5	2	3	7	3	4
95-99	0	0	0	1	0	0	1	0	0	1	0	1
100+	0	0	0	0	0	0	0	0	0	0	0	0

年齢	2035			2040			2045			2050		
	総数	男	女	総数	男	女	総数	男	女	総数	男	女
総数	44 746	22 932	21 814	46 947	24 017	22 931	48 667	24 848	23 819	49 828	25 384	24 444
0-4	4 056	2 081	1 976	3 817	1 958	1 860	3 497	1 793	1 703	3 135	1 608	1 527
5-9	4 138	2 122	2 016	4 009	2 056	1 953	3 778	1 937	1 841	3 465	1 776	1 689
10-14	4 362	2 236	2 126	4 114	2 109	2 005	3 988	2 044	1 943	3 759	1 926	1 832
15-19	4 549	2 337	2 212	4 292	2 205	2 087	4 048	2 080	1 968	3 924	2 016	1 908
20-24	4 607	2 371	2 236	4 430	2 280	2 150	4 178	2 150	2 028	3 938	2 027	1 911
25-29	4 543	2 330	2 213	4 504	2 314	2 191	4 333	2 225	2 108	4 087	2 099	1 988
30-34	4 082	2 097	1 986	4 466	2 285	2 181	4 433	2 271	2 162	4 267	2 185	2 082
35-39	3 476	1 779	1 697	4 014	2 058	1 956	4 398	2 246	2 152	4 370	2 234	2 135
40-44	2 770	1 426	1 344	3 407	1 740	1 667	3 941	2 017	1 925	4 324	2 204	2 120
45-49	2 220	1 153	1 067	2 696	1 384	1 312	3 323	1 692	1 631	3 851	1 965	1 886
50-54	1 818	937	881	2 134	1 103	1 031	2 597	1 326	1 271	3 208	1 626	1 582
55-59	1 412	731	681	1 715	876	839	2 018	1 034	985	2 463	1 247	1 217
60-64	1 031	526	505	1 294	660	633	1 577	794	783	1 861	940	921
65-69	729	362	367	900	450	450	1 134	567	567	1 388	685	703
70-74	481	232	248	588	284	303	729	355	374	923	449	473
75-79	281	130	151	340	159	181	418	195	223	522	246	276
80+	…	…	…	…	…	…	…	…	…	…	…	…
80-84	133	59	74	160	71	89	196	88	108	243	109	134
85-89	47	19	29	55	23	32	66	28	39	82	35	47
90-94	9	3	6	12	4	8	14	6	9	18	7	11
95-99	1	0	1	1	0	1	2	1	1	2	1	1
100+	0	0	0	0	0	0	0	0	0	0	0	0

年齢	2055			2060		
	総数	男	女	総数	男	女
総数	50 432	25 627	24 805	50 512	25 595	24 917
0-4	2 797	1 434	1 362	2 516	1 291	1 226
5-9	3 109	1 593	1 515	2 776	1 423	1 353
10-14	3 448	1 767	1 681	3 094	1 585	1 509
15-19	3 700	1 901	1 799	3 394	1 743	1 650
20-24	3 822	1 967	1 855	3 605	1 855	1 750
25-29	3 854	1 980	1 875	3 744	1 923	1 821
30-34	4 027	2 062	1 965	3 801	1 947	1 854
35-39	4 210	2 152	2 058	3 977	2 033	1 945
40-44	4 301	2 196	2 106	4 149	2 117	2 032
45-49	4 231	2 151	2 080	4 215	2 146	2 069
50-54	3 725	1 892	1 833	4 101	2 075	2 026
55-59	3 050	1 532	1 518	3 550	1 788	1 763
60-64	2 279	1 137	1 142	2 831	1 402	1 429
65-69	1 644	814	831	2 022	988	1 034
70-74	1 136	545	591	1 354	652	702
75-79	665	313	352	826	382	444
80+	…	…	…	…	…	…
80-84	305	138	168	393	177	216
85-89	102	43	59	131	56	75
90-94	22	9	13	28	11	17
95-99	3	1	2	3	1	2
100+	0	0	0	0	0	0

Albania

性・年齢別人口（千人）

年齢	1960			1965			1970			1975		
	総数	男	女	総数	男	女	総数	男	女	総数	男	女
総数	1 636	842	794	1 896	976	920	2 151	1 107	1 043	2 411	1 240	1 171
0-4	273	140	133	310	159	151	312	160	152	325	167	158
5-9	214	109	105	265	136	130	304	155	148	308	158	150
10-14	170	89	82	213	109	104	264	135	129	302	155	147
15-19	155	83	73	170	88	82	212	108	104	263	134	129
20-24	144	77	67	154	82	72	169	88	81	210	107	103
25-29	118	64	54	143	77	66	153	81	72	167	87	80
30-34	104	56	48	117	63	54	141	76	66	151	80	71
35-39	81	40	41	103	55	47	116	63	53	140	75	65
40-44	74	38	36	80	40	40	101	55	47	114	62	52
45-49	67	34	32	73	38	35	79	39	40	100	54	46
50-54	59	29	30	65	34	32	71	37	35	77	38	39
55-59	45	23	22	57	28	29	63	32	31	69	35	33
60-64	43	20	22	43	21	21	54	26	28	59	30	29
65-69	29	13	16	39	19	21	39	19	20	49	23	25
70-74	27	12	15	25	11	14	33	15	18	33	16	17
75-79	18	8	10	21	9	12	19	8	11	25	11	14
80+	15	7	9	19	8	10	21	9	12	19	8	11
80-84	…	…	…	…	…	…	…	…	…	…	…	…
85-89	…	…	…	…	…	…	…	…	…	…	…	…
90-94	…	…	…	…	…	…	…	…	…	…	…	…
95-99	…	…	…	…	…	…	…	…	…	…	…	…
100+	…	…	…	…	…	…	…	…	…	…	…	…

年齢	1980			1985			1990			1995		
	総数	男	女	総数	男	女	総数	男	女	総数	男	女
総数	2 681	1 379	1 302	2 967	1 523	1 444	3 281	1 681	1 601	3 107	1 529	1 577
0-4	335	173	162	355	183	172	388	200	188	334	172	162
5-9	322	165	156	332	172	161	353	182	171	353	180	173
10-14	307	158	149	321	165	156	331	171	160	327	167	160
15-19	301	154	147	306	157	149	320	164	156	296	150	146
20-24	262	134	128	300	153	147	305	156	149	259	125	134
25-29	209	107	102	260	132	127	298	152	146	229	106	123
30-34	166	86	80	207	106	102	258	131	127	233	109	124
35-39	150	79	70	165	85	79	206	105	101	211	100	111
40-44	138	74	64	148	79	70	163	84	79	173	83	91
45-49	113	61	52	136	73	64	147	78	69	141	69	72
50-54	97	52	45	110	60	51	134	71	63	131	67	64
55-59	75	37	38	94	50	44	107	57	50	121	62	59
60-64	65	33	32	71	34	37	90	47	43	96	49	47
65-69	54	27	27	59	29	30	65	31	35	79	39	39
70-74	41	19	22	46	22	24	51	24	27	53	23	30
75-79	24	11	13	31	14	18	35	16	20	37	16	21
80+	22	9	13	24	10	14	…	…	…	…	…	…
80-84	…	…	…	…	…	…	20	8	12	21	8	13
85-89	…	…	…	…	…	…	7	3	4	8	3	6
90-94	…	…	…	…	…	…	2	1	1	2	1	1
95-99	…	…	…	…	…	…	0	0	0	0	0	0
100+	…	…	…	…	…	…	0	0	0	0	0	0

年齢	2000			2005			2010			2015		
	総数	男	女	総数	男	女	総数	男	女	総数	男	女
総数	3 122	1 578	1 544	3 082	1 549	1 533	2 902	1 463	1 439	2 897	1 437	1 460
0-4	279	144	134	213	110	103	159	82	76	185	96	89
5-9	327	169	159	273	141	131	198	103	95	155	81	75
10-14	339	172	167	325	167	158	265	136	128	196	102	94
15-19	288	142	146	323	162	161	288	151	137	258	132	126
20-24	239	115	124	247	118	129	251	134	117	272	141	132
25-29	217	104	113	188	89	99	190	96	94	231	120	110
30-34	215	104	112	189	91	97	164	78	86	174	84	90
35-39	232	116	116	206	100	106	180	87	93	154	69	85
40-44	215	112	103	223	110	113	192	93	99	173	81	92
45-49	177	94	83	206	106	101	210	104	107	186	89	97
50-54	141	76	65	171	90	82	197	99	98	205	100	105
55-59	122	67	56	137	73	63	163	82	81	191	95	97
60-64	109	58	51	117	63	54	127	65	62	156	77	79
65-69	84	44	40	101	53	48	109	56	53	118	59	59
70-74	64	32	32	73	37	36	93	46	46	96	48	49
75-79	37	16	22	50	23	27	62	31	32	76	36	40
80+	…	…	…	…	…	…	…	…	…	…	…	…
80-84	23	9	14	25	9	16	36	15	20	43	19	24
85-89	10	3	6	12	4	8	13	4	9	19	7	12
90-94	2	1	2	3	1	2	4	1	3	5	1	4
95-99	0	0	0	0	0	0	1	0	1	1	0	1
100+	0	0	0	0	0	0	0	0	0	0	0	0

性・年齢別人口（千人）

年齢	2015			2020			2025			2030		
	総数	男	女	総数	男	女	総数	男	女	総数	男	女
総数	2 897	1 437	1 460	2 935	1 453	1 482	2 960	1 463	1 496	2 954	1 459	1 495
0-4	185	96	89	197	102	95	191	99	92	169	87	82
5-9	155	81	75	183	95	88	194	101	94	189	98	91
10-14	196	102	94	154	80	74	182	94	87	193	100	93
15-19	258	132	126	193	100	93	151	78	72	178	93	86
20-24	272	141	132	250	128	122	185	96	88	143	75	68
25-29	231	120	110	262	135	126	239	123	117	175	91	83
30-34	174	84	90	222	116	106	253	131	122	231	119	112
35-39	154	69	85	168	81	87	216	113	103	246	127	119
40-44	173	81	92	150	67	82	164	79	85	211	110	101
45-49	186	89	97	169	79	90	146	65	81	160	77	83
50-54	205	100	105	183	87	96	166	77	89	143	64	79
55-59	191	95	97	200	97	103	179	85	94	162	75	87
60-64	156	77	79	185	91	94	194	93	101	173	81	92
65-69	118	59	59	147	71	75	175	84	91	184	87	97
70-74	96	48	49	106	51	55	133	63	70	160	76	85
75-79	76	36	40	80	38	42	90	41	48	114	52	62
80+	...	...	...	...	...	...	...	...	...	...	...	...
80-84	43	19	24	54	23	31	59	25	33	68	29	39
85-89	19	7	12	25	9	15	32	12	20	36	14	22
90-94	5	1	4	8	2	6	10	3	7	14	4	10
95-99	1	0	1	1	0	1	2	0	2	3	1	2
100+	0	0	0	0	0	0	0	0	0	0	0	0

年齢	2035			2040			2045			2050		
	総数	男	女	総数	男	女	総数	男	女	総数	男	女
総数	2 915	1 440	1 476	2 855	1 411	1 444	2 785	1 380	1 405	2 710	1 348	1 362
0-4	146	75	71	133	68	65	131	67	64	132	68	64
5-9	167	86	81	144	74	70	130	67	63	128	66	63
10-14	188	97	91	166	86	80	142	73	69	129	66	63
15-19	190	99	91	184	95	89	162	84	78	139	72	67
20-24	170	89	82	182	95	87	176	92	85	155	80	74
25-29	133	70	63	161	84	77	172	90	82	167	87	80
30-34	167	87	79	125	66	59	152	80	73	164	86	78
35-39	225	115	109	160	84	76	119	63	56	146	77	70
40-44	242	125	117	220	113	107	156	82	74	115	60	54
45-49	207	108	99	238	123	115	217	111	105	153	80	73
50-54	157	75	82	204	106	98	235	121	113	213	110	104
55-59	140	62	78	154	74	80	201	104	96	231	119	112
60-64	158	72	85	136	60	76	150	71	79	196	102	94
65-69	166	77	89	151	69	83	131	57	74	145	69	77
70-74	170	79	92	154	70	84	142	64	78	124	54	70
75-79	139	63	76	150	67	83	137	61	76	128	56	72
80+	...	...	...	...	...	...	...	...	...	...	...	...
80-84	88	37	51	110	47	62	121	52	69	112	48	64
85-89	43	16	26	57	22	35	74	29	45	83	33	50
90-94	16	5	11	20	7	14	29	9	19	38	13	25
95-99	4	1	3	5	1	4	6	2	5	10	3	7
100+	0	0	0	1	0	1	1	0	1	1	0	1

年齢	2055			2060		
	総数	男	女	総数	男	女
総数	2 634	1 317	1 317	2 554	1 284	1 270
0-4	129	66	63	119	61	58
5-9	130	67	63	127	65	62
10-14	127	65	62	129	66	63
15-19	126	65	61	124	64	60
20-24	132	68	63	119	62	57
25-29	145	76	70	123	64	59
30-34	159	83	76	138	72	66
35-39	158	83	75	154	80	73
40-44	142	75	68	154	81	73
45-49	112	59	53	140	73	66
50-54	150	79	72	110	58	52
55-59	210	108	103	148	78	71
60-64	227	117	110	207	106	101
65-69	190	98	92	220	113	108
70-74	138	64	73	181	93	88
75-79	113	48	65	126	58	68
80+	...	...	...	...	...	...
80-84	106	45	61	95	39	56
85-89	80	32	48	77	31	46
90-94	45	16	29	44	16	28
95-99	13	4	10	17	5	12
100+	2	0	2	3	1	2

性・年齢別人口（千人）

年齢	2015			2020			2025			2030		
	総数	男	女	総数	男	女	総数	男	女	総数	男	女
総数	2 897	1 437	1 460	2 963	1 468	1 496	3 031	1 500	1 531	3 073	1 521	1 553
0-4	185	96	89	225	117	108	235	122	113	218	112	105
5-9	155	81	75	183	95	88	222	115	107	233	120	112
10-14	196	102	94	154	80	74	182	94	87	221	115	106
15-19	258	132	126	193	100	93	151	78	72	178	93	86
20-24	272	141	132	250	128	122	185	96	88	143	75	68
25-29	231	120	110	262	135	126	239	123	117	175	91	83
30-34	174	84	90	222	116	106	253	131	122	231	119	112
35-39	154	69	85	168	81	87	216	113	103	246	127	119
40-44	173	81	92	150	67	82	164	79	85	211	110	101
45-49	186	89	97	169	79	90	146	65	81	160	77	83
50-54	205	100	105	183	87	96	166	77	89	143	64	79
55-59	191	95	97	200	97	103	179	85	94	162	75	87
60-64	156	77	79	185	91	94	194	93	101	173	81	92
65-69	118	59	59	147	71	75	175	84	91	184	87	97
70-74	96	48	49	106	51	55	133	63	70	160	76	85
75-79	76	36	40	80	38	42	90	41	48	114	52	62
80+	...	...	...	...	...	...	...	...	...	...	...	...
80-84	43	19	24	54	23	31	59	25	33	68	29	39
85-89	19	7	12	25	9	15	32	12	20	36	14	22
90-94	5	1	4	8	2	6	10	3	7	14	4	10
95-99	1	0	1	1	0	1	2	0	2	3	1	2
100+	0	0	0	0	0	0	0	0	0	0	0	0

年齢	2035			2040			2045			2050		
	総数	男	女	総数	男	女	総数	男	女	総数	男	女
総数	3 078	1 523	1 554	3 061	1 517	1 543	3 042	1 512	1 530	3 031	1 513	1 518
0-4	189	97	91	176	90	86	182	93	89	197	101	96
5-9	215	111	104	186	96	90	174	89	84	180	92	88
10-14	231	120	112	214	111	104	185	95	90	172	89	84
15-19	218	113	105	228	118	110	211	109	102	182	94	88
20-24	170	89	82	210	109	101	220	114	106	203	105	98
25-29	133	70	63	161	84	77	200	104	96	210	109	101
30-34	167	87	79	125	66	59	152	80	73	192	100	91
35-39	225	115	109	160	84	76	119	63	56	146	77	70
40-44	242	125	117	220	113	107	156	82	74	115	60	54
45-49	207	108	99	238	123	115	217	111	105	153	80	73
50-54	157	75	82	204	106	98	235	121	113	213	110	104
55-59	140	62	78	154	74	80	201	104	96	231	119	112
60-64	158	72	85	136	60	76	150	71	79	196	102	94
65-69	166	77	89	151	69	83	131	57	74	145	69	77
70-74	170	79	92	154	70	84	142	64	78	124	54	70
75-79	139	63	76	150	67	83	137	61	76	128	56	72
80+	...	...	...	...	...	...	...	...	...	...	...	...
80-84	88	37	51	110	47	62	121	52	69	112	48	64
85-89	43	16	26	57	22	35	74	29	45	83	33	50
90-94	16	5	11	20	7	14	29	9	19	38	13	25
95-99	4	1	3	5	1	4	6	2	5	10	3	7
100+	0	0	0	1	0	1	1	0	1	1	0	1

年齢	2055			2060		
	総数	男	女	総数	男	女
総数	3 031	1 521	1 510	3 030	1 529	1 502
0-4	204	105	100	199	102	97
5-9	194	100	95	202	104	99
10-14	179	92	87	193	99	94
15-19	169	87	82	176	90	86
20-24	174	90	84	162	84	78
25-29	194	101	93	165	86	80
30-34	202	105	97	186	97	89
35-39	186	97	89	197	103	94
40-44	142	75	68	182	95	87
45-49	112	59	53	140	73	66
50-54	150	79	72	110	58	52
55-59	210	108	103	148	78	71
60-64	227	117	110	207	106	101
65-69	190	98	92	220	113	108
70-74	138	64	73	181	93	88
75-79	113	48	65	126	58	68
80+	...	...	...	...	...	...
80-84	106	45	61	95	39	56
85-89	80	32	48	77	31	46
90-94	45	16	29	44	16	28
95-99	13	4	10	17	5	12
100+	2	0	2	3	1	2

性・年齢別人口（千人）

年齢	2015			2020			2025			2030		
	総数	男	女	総数	男	女	総数	男	女	総数	男	女
総数	2 897	1 437	1 460	2 907	1 439	1 469	2 888	1 426	1 462	2 834	1 397	1 437
0-4	185	96	89	169	88	81	148	76	71	121	62	59
5-9	155	81	75	183	95	88	167	86	80	145	75	70
10-14	196	102	94	154	80	74	182	94	87	165	86	80
15-19	258	132	126	193	100	93	151	78	72	178	93	86
20-24	272	141	132	250	128	122	185	96	88	143	75	68
25-29	231	120	110	262	135	126	239	123	117	175	91	83
30-34	174	84	90	222	116	106	253	131	122	231	119	112
35-39	154	69	85	168	81	87	216	113	103	246	127	119
40-44	173	81	92	150	67	82	164	79	85	211	110	101
45-49	186	89	97	169	79	90	146	65	81	160	77	83
50-54	205	100	105	183	87	96	166	77	89	143	64	79
55-59	191	95	97	200	97	103	179	85	94	162	75	87
60-64	156	77	79	185	91	94	194	93	101	173	81	92
65-69	118	59	59	147	71	75	175	84	91	184	87	97
70-74	96	48	49	106	51	55	133	63	70	160	76	85
75-79	76	36	40	80	38	42	90	41	48	114	52	62
80+	...	...	...	...	...	...	...	...	...	...	...	...
80-84	43	19	24	54	23	31	59	25	33	68	29	39
85-89	19	7	12	25	9	15	32	12	20	36	14	22
90-94	5	1	4	8	2	6	10	3	7	14	4	10
95-99	1	0	1	1	0	1	2	0	2	3	1	2
100+	0	0	0	0	0	0	0	0	0	0	0	0

年齢	2035			2040			2045			2050		
	総数	男	女	総数	男	女	総数	男	女	総数	男	女
総数	2 753	1 356	1 397	2 652	1 307	1 346	2 537	1 252	1 285	2 410	1 194	1 216
0-4	104	53	50	92	47	45	85	44	42	79	41	39
5-9	119	61	57	101	52	49	90	46	44	83	43	40
10-14	144	75	69	117	61	57	100	52	49	88	45	43
15-19	162	84	78	141	73	68	114	59	55	97	50	47
20-24	170	89	82	154	80	74	133	69	64	106	55	51
25-29	133	70	63	161	84	77	144	76	69	123	65	59
30-34	167	87	79	125	66	59	152	80	73	136	71	65
35-39	225	115	109	160	84	76	119	63	56	146	77	70
40-44	242	125	117	220	113	107	156	82	74	115	60	54
45-49	207	108	99	238	123	115	217	111	105	153	80	73
50-54	157	75	82	204	106	98	235	121	113	213	110	104
55-59	140	62	78	154	74	80	201	104	96	231	119	112
60-64	158	72	85	136	60	76	150	71	79	196	102	94
65-69	166	77	89	151	69	83	131	57	74	145	69	77
70-74	170	79	92	154	70	84	142	64	78	124	54	70
75-79	139	63	76	150	67	83	137	61	76	128	56	72
80+	...	...	...	...	...	...	...	...	...	...	...	...
80-84	88	37	51	110	47	62	121	52	69	112	48	64
85-89	43	16	26	57	22	35	74	29	45	83	33	50
90-94	16	5	11	20	7	14	29	9	19	38	13	25
95-99	4	1	3	5	1	4	6	2	5	10	3	7
100+	0	0	0	1	0	1	1	0	1	1	0	1

年齢	2055			2060		
	総数	男	女	総数	男	女
総数	2 275	1 133	1 143	2 135	1 069	1 066
0-4	70	36	34	59	30	29
5-9	77	40	38	68	35	33
10-14	82	42	40	76	39	37
15-19	85	44	41	79	41	38
20-24	89	47	43	78	41	38
25-29	97	51	46	81	42	39
30-34	116	61	55	90	47	43
35-39	130	69	62	110	58	52
40-44	142	75	68	127	67	60
45-49	112	59	53	140	73	66
50-54	150	79	72	110	58	52
55-59	210	108	103	148	78	71
60-64	227	117	110	207	106	101
65-69	190	98	92	220	113	108
70-74	138	64	73	181	93	88
75-79	113	48	65	126	58	68
80+	...	...	...	...	...	...
80-84	106	45	61	95	39	56
85-89	80	32	48	77	31	46
90-94	45	16	29	44	16	28
95-99	13	4	10	17	5	12
100+	2	0	2	3	1	2

性・年齢別人口（千人）

年齢	1960			1965			1970			1975		
	総数	男	女	総数	男	女	総数	男	女	総数	男	女
総数	11 125	5 598	5 527	12 627	6 341	6 286	14 550	7 315	7 235	16 709	8 411	8 298
0-4	2 082	1 060	1 022	2 398	1 223	1 175	2 693	1 374	1 319	3 086	1 574	1 512
5-9	1 665	849	816	1 915	977	938	2 240	1 145	1 096	2 527	1 292	1 235
10-14	1 208	617	590	1 632	833	799	1 885	963	922	2 195	1 123	1 073
15-19	1 059	536	523	1 145	585	561	1 599	816	783	1 834	936	897
20-24	930	470	460	944	473	471	1 088	553	535	1 528	778	749
25-29	807	412	395	836	416	420	883	440	443	1 012	513	499
30-34	654	321	333	756	382	374	795	395	401	813	403	411
35-39	510	251	259	619	302	317	724	365	359	745	368	378
40-44	476	231	245	482	235	246	590	287	303	686	345	341
45-49	404	195	209	448	215	232	457	222	235	555	267	287
50-54	390	187	203	376	179	197	420	200	220	423	203	220
55-59	300	149	150	358	169	188	346	163	183	390	184	205
60-64	281	137	144	265	130	135	318	148	170	315	147	167
65-69	160	83	77	233	111	121	221	107	114	269	123	146
70-74	111	55	55	119	61	58	175	82	93	169	80	89
75-79	57	29	28	68	33	35	74	37	37	113	51	62
80+	31	15	16	34	16	17	41	19	22	49	23	26
80-84	...	...	...	...	...	...	...	...	...	...	...	...
85-89	...	...	...	...	...	...	...	...	...	...	...	...
90-94	...	...	...	...	...	...	...	...	...	...	...	...
95-99	...	...	...	...	...	...	...	...	...	...	...	...
100+	...	...	...	...	...	...	...	...	...	...	...	...

年齢	1980			1985			1990			1995		
	総数	男	女	総数	男	女	総数	男	女	総数	男	女
総数	19 338	9 745	9 592	22 566	11 389	11 177	25 912	13 117	12 795	28 904	14 639	14 265
0-4	3 528	1 802	1 726	3 894	1 987	1 907	3 994	2 040	1 954	3 734	1 906	1 828
5-9	2 933	1 498	1 435	3 433	1 753	1 681	3 826	1 952	1 874	3 937	2 010	1 927
10-14	2 487	1 272	1 215	2 910	1 485	1 424	3 409	1 740	1 669	3 803	1 939	1 864
15-19	2 148	1 099	1 049	2 467	1 261	1 206	2 889	1 474	1 415	3 383	1 723	1 660
20-24	1 766	901	865	2 109	1 078	1 031	2 441	1 246	1 195	2 842	1 438	1 403
25-29	1 458	742	716	1 715	875	840	2 068	1 056	1 012	2 380	1 204	1 176
30-34	958	484	474	1 421	723	698	1 666	851	815	2 012	1 026	986
35-39	768	376	392	936	472	465	1 381	704	676	1 624	832	793
40-44	706	343	363	747	365	382	908	457	451	1 347	687	661
45-49	649	322	326	684	331	353	723	352	371	882	443	439
50-54	520	248	272	622	307	315	659	317	341	697	338	359
55-59	396	189	206	494	235	260	600	297	303	636	307	328
60-64	356	167	189	368	175	193	473	228	245	571	285	286
65-69	270	124	146	313	144	169	336	161	175	431	209	223
70-74	210	94	116	218	98	120	264	122	142	287	139	148
75-79	113	52	61	147	63	83	159	70	89	197	91	106
80+	73	32	41	87	38	50	...	...	...	...	...	...
80-84	...	...	...	...	...	...	85	36	50	97	43	54
85-89	...	...	...	...	...	...	25	11	15	36	15	21
90-94	...	...	...	...	...	...	5	2	3	6	2	4
95-99	...	...	...	...	...	...	0	0	0	1	0	0
100+	...	...	...	...	...	...	0	0	0	0	0	0

年齢	2000			2005			2010			2015		
	総数	男	女	総数	男	女	総数	男	女	総数	男	女
総数	31 184	15 803	15 381	33 268	16 809	16 459	36 036	18 151	17 885	39 667	19 958	19 709
0-4	3 088	1 577	1 511	2 962	1 508	1 453	3 845	1 955	1 890	4 590	2 334	2 256
5-9	3 686	1 881	1 805	3 048	1 556	1 493	2 926	1 488	1 438	3 817	1 938	1 879
10-14	3 913	1 998	1 916	3 662	1 869	1 793	3 028	1 543	1 484	2 913	1 480	1 434
15-19	3 777	1 923	1 854	3 890	1 985	1 906	3 631	1 846	1 785	3 010	1 534	1 476
20-24	3 316	1 682	1 633	3 748	1 905	1 842	3 837	1 944	1 892	3 585	1 816	1 769
25-29	2 740	1 386	1 355	3 236	1 637	1 599	3 653	1 843	1 809	3 759	1 891	1 867
30-34	2 290	1 159	1 131	2 626	1 319	1 308	3 093	1 554	1 539	3 582	1 797	1 785
35-39	1 944	989	955	2 208	1 108	1 100	2 505	1 251	1 254	3 046	1 524	1 522
40-44	1 576	807	770	1 886	952	935	2 134	1 065	1 070	2 465	1 227	1 238
45-49	1 310	667	643	1 530	780	750	1 825	914	911	2 097	1 043	1 054
50-54	852	426	426	1 271	647	624	1 474	747	727	1 783	890	893
55-59	696	342	354	840	420	420	1 243	632	612	1 446	733	713
60-64	643	315	328	699	343	356	842	421	421	1 217	622	595
65-69	553	275	278	618	295	323	677	326	351	799	399	400
70-74	387	187	200	490	235	255	563	265	299	609	289	320
75-79	226	108	118	309	144	166	410	196	215	470	216	254
80+	...	...	...	...	...	...	...	...	...	...	...	...
80-84	129	58	71	155	70	84	226	105	121	299	140	159
85-89	46	20	26	69	29	40	90	41	49	132	61	71
90-94	11	4	6	17	7	10	29	13	16	38	18	20
95-99	1	0	1	3	1	2	5	2	3	8	4	4
100+	0	0	0	0	0	0	0	0	0	1	0	0

性・年齢別人口（千人）

年齢	2015			2020			2025			2030		
	総数	男	女	総数	男	女	総数	男	女	総数	男	女
総数	39 667	19 958	19 709	43 008	21 615	21 393	45 865	23 024	22 841	48 274	24 205	24 069
0-4	4 590	2 334	2 256	4 318	2 197	2 121	3 949	2 012	1 937	3 625	1 848	1 777
5-9	3 817	1 938	1 879	4 566	2 318	2 248	4 299	2 185	2 114	3 935	2 003	1 932
10-14	2 913	1 480	1 434	3 805	1 930	1 875	4 554	2 310	2 244	4 290	2 179	2 111
15-19	3 010	1 534	1 476	2 901	1 472	1 429	3 792	1 921	1 871	4 541	2 302	2 239
20-24	3 585	1 816	1 769	2 990	1 521	1 469	2 883	1 461	1 422	3 772	1 909	1 863
25-29	3 759	1 891	1 867	3 557	1 798	1 759	2 967	1 507	1 460	2 862	1 448	1 414
30-34	3 582	1 797	1 785	3 728	1 872	1 856	3 530	1 781	1 749	2 945	1 493	1 452
35-39	3 046	1 524	1 522	3 550	1 777	1 773	3 697	1 853	1 845	3 503	1 764	1 738
40-44	2 465	1 227	1 238	3 013	1 504	1 509	3 515	1 756	1 759	3 664	1 833	1 831
45-49	2 097	1 043	1 054	2 430	1 206	1 224	2 973	1 480	1 493	3 473	1 731	1 742
50-54	1 783	890	893	2 056	1 018	1 037	2 386	1 180	1 206	2 924	1 451	1 473
55-59	1 446	733	713	1 734	860	874	2 003	986	1 016	2 329	1 145	1 184
60-64	1 217	622	595	1 387	697	690	1 668	820	848	1 931	943	989
65-69	799	399	400	1 142	577	565	1 306	648	657	1 576	766	811
70-74	609	289	320	721	355	366	1 035	515	521	1 191	582	609
75-79	470	216	254	513	238	275	612	294	318	886	430	456
80+	...	...	...	...	...	...	...	...	...	...	...	...
80-84	299	140	159	349	157	192	385	174	211	465	217	248
85-89	132	61	71	179	83	96	212	94	118	239	105	134
90-94	38	18	20	57	27	30	80	37	42	97	43	54
95-99	8	4	4	11	6	5	17	8	8	24	11	12
100+	1	0	0	1	1	1	2	1	1	3	2	1

年齢	2035			2040			2045			2050		
	総数	男	女	総数	男	女	総数	男	女	総数	男	女
総数	50 424	25 253	25 171	52 496	26 266	26 231	54 546	27 277	27 268	56 461	28 236	28 225
0-4	3 511	1 792	1 719	3 606	1 842	1 764	3 775	1 930	1 845	3 843	1 966	1 877
5-9	3 613	1 841	1 772	3 501	1 786	1 715	3 597	1 837	1 760	3 767	1 925	1 842
10-14	3 927	1 998	1 929	3 607	1 837	1 770	3 496	1 783	1 713	3 592	1 834	1 758
15-19	4 278	2 172	2 106	3 917	1 992	1 925	3 599	1 832	1 766	3 488	1 778	1 710
20-24	4 520	2 289	2 232	4 260	2 160	2 099	3 901	1 982	1 918	3 584	1 824	1 760
25-29	3 749	1 895	1 855	4 496	2 274	2 222	4 238	2 148	2 091	3 882	1 971	1 911
30-34	2 842	1 435	1 406	3 727	1 882	1 846	4 474	2 261	2 213	4 218	2 136	2 082
35-39	2 923	1 480	1 443	2 823	1 424	1 398	3 706	1 870	1 837	4 452	2 249	2 204
40-44	3 474	1 748	1 727	2 901	1 467	1 434	2 803	1 413	1 390	3 684	1 857	1 827
45-49	3 625	1 810	1 815	3 440	1 728	1 712	2 875	1 452	1 422	2 780	1 401	1 380
50-54	3 421	1 700	1 721	3 574	1 780	1 794	3 397	1 702	1 694	2 842	1 433	1 409
55-59	2 860	1 412	1 448	3 351	1 658	1 693	3 508	1 740	1 768	3 339	1 668	1 671
60-64	2 252	1 098	1 153	2 772	1 359	1 414	3 257	1 601	1 656	3 418	1 686	1 732
65-69	1 833	884	948	2 144	1 035	1 110	2 650	1 286	1 364	3 124	1 523	1 602
70-74	1 446	691	755	1 691	803	887	1 989	946	1 043	2 471	1 184	1 287
75-79	1 028	490	538	1 260	588	672	1 485	690	795	1 761	821	940
80+	...	...	...	...	...	...	...	...	...	...	...	...
80-84	682	322	361	803	371	432	997	451	546	1 191	538	654
85-89	294	133	161	440	200	240	529	236	293	671	292	379
90-94	112	48	64	141	62	79	217	95	122	269	115	154
95-99	30	13	16	35	15	20	46	20	27	73	31	43
100+	5	2	2	6	3	3	7	3	4	10	4	6

年齢	2055			2060		
	総数	男	女	総数	男	女
総数	58 041	29 046	28 995	59 183	29 653	29 530
0-4	3 712	1 900	1 812	3 486	1 784	1 701
5-9	3 836	1 962	1 874	3 705	1 896	1 809
10-14	3 763	1 923	1 840	3 832	1 960	1 872
15-19	3 585	1 830	1 755	3 756	1 919	1 837
20-24	3 475	1 771	1 704	3 573	1 824	1 750
25-29	3 568	1 815	1 753	3 460	1 763	1 697
30-34	3 865	1 962	1 903	3 553	1 807	1 746
35-39	4 200	2 126	2 074	3 849	1 954	1 896
40-44	4 429	2 236	2 193	4 181	2 116	2 065
45-49	3 658	1 843	1 815	4 402	2 222	2 180
50-54	2 752	1 384	1 367	3 625	1 825	1 800
55-59	2 798	1 408	1 390	2 714	1 363	1 351
60-64	3 261	1 622	1 640	2 739	1 373	1 366
65-69	3 290	1 611	1 679	3 150	1 557	1 593
70-74	2 929	1 412	1 517	3 101	1 505	1 595
75-79	2 206	1 039	1 167	2 636	1 253	1 383
80+	...	...	...	...	...	...
80-84	1 432	651	781	1 818	839	979
85-89	819	358	461	1 006	445	561
90-94	352	147	205	444	187	257
95-99	95	38	56	130	52	78
100+	16	6	9	22	8	13

Algeria

性・年齢別人口（千人）

年齢	2015			2020			2025			2030		
	総数	男	女	総数	男	女	総数	男	女	総数	男	女
総数	39 667	19 958	19 709	43 420	21 825	21 595	46 932	23 568	23 365	50 142	25 156	24 986
0-4	4 590	2 334	2 256	4 730	2 407	2 323	4 606	2 347	2 259	4 428	2 258	2 170
5-9	3 817	1 938	1 879	4 566	2 318	2 248	4 710	2 394	2 316	4 589	2 336	2 253
10-14	2 913	1 480	1 434	3 805	1 930	1 875	4 554	2 310	2 244	4 700	2 387	2 313
15-19	3 010	1 534	1 476	2 901	1 472	1 429	3 792	1 921	1 871	4 541	2 302	2 239
20-24	3 585	1 816	1 769	2 990	1 521	1 469	2 883	1 461	1 422	3 772	1 909	1 863
25-29	3 759	1 891	1 867	3 557	1 798	1 759	2 967	1 507	1 460	2 862	1 448	1 414
30-34	3 582	1 797	1 785	3 728	1 872	1 856	3 530	1 781	1 749	2 945	1 493	1 452
35-39	3 046	1 524	1 522	3 550	1 777	1 773	3 697	1 853	1 845	3 503	1 764	1 738
40-44	2 465	1 227	1 238	3 013	1 504	1 509	3 515	1 756	1 759	3 664	1 833	1 831
45-49	2 097	1 043	1 054	2 430	1 206	1 224	2 973	1 480	1 493	3 473	1 731	1 742
50-54	1 783	890	893	2 056	1 018	1 037	2 386	1 180	1 206	2 924	1 451	1 473
55-59	1 446	733	713	1 734	860	874	2 003	986	1 016	2 329	1 145	1 184
60-64	1 217	622	595	1 387	697	690	1 668	820	848	1 931	943	989
65-69	799	399	400	1 142	577	565	1 306	648	657	1 576	766	811
70-74	609	289	320	721	355	366	1 035	515	521	1 191	582	609
75-79	470	216	254	513	238	275	612	294	318	886	430	456
80+	...	...	...	...	...	...	...	...	...	...	...	...
80-84	299	140	159	349	157	192	385	174	211	465	217	248
85-89	132	61	71	179	83	96	212	94	118	239	105	134
90-94	38	18	20	57	27	30	80	37	42	97	43	54
95-99	8	4	4	11	6	5	17	8	8	24	11	12
100+	1	0	0	1	1	1	2	1	1	3	2	1

年齢	2035			2040			2045			2050		
	総数	男	女	総数	男	女	総数	男	女	総数	男	女
総数	53 110	26 621	26 489	56 104	28 104	28 000	59 273	29 687	29 586	62 541	31 336	31 205
0-4	4 334	2 212	2 122	4 533	2 316	2 217	4 901	2 506	2 395	5 204	2 662	2 542
5-9	4 414	2 249	2 165	4 322	2 205	2 117	4 522	2 309	2 213	4 891	2 500	2 391
10-14	4 580	2 330	2 250	4 407	2 245	2 162	4 316	2 201	2 115	4 516	2 306	2 210
15-19	4 687	2 379	2 308	4 569	2 323	2 246	4 397	2 239	2 158	4 307	2 196	2 111
20-24	4 520	2 289	2 232	4 668	2 367	2 300	4 551	2 313	2 239	4 381	2 229	2 152
25-29	3 749	1 895	1 855	4 496	2 274	2 222	4 646	2 354	2 292	4 531	2 301	2 230
30-34	2 842	1 435	1 406	3 727	1 882	1 846	4 474	2 261	2 213	4 625	2 342	2 283
35-39	2 923	1 480	1 443	2 823	1 424	1 398	3 706	1 870	1 837	4 452	2 249	2 204
40-44	3 474	1 748	1 727	2 901	1 467	1 434	2 803	1 413	1 390	3 684	1 857	1 827
45-49	3 625	1 810	1 815	3 440	1 728	1 712	2 875	1 452	1 422	2 780	1 401	1 380
50-54	3 421	1 700	1 721	3 574	1 780	1 794	3 397	1 702	1 694	2 842	1 433	1 409
55-59	2 860	1 412	1 448	3 351	1 658	1 693	3 508	1 740	1 768	3 339	1 668	1 671
60-64	2 252	1 098	1 153	2 772	1 359	1 414	3 257	1 601	1 656	3 418	1 686	1 732
65-69	1 833	884	948	2 144	1 035	1 110	2 650	1 286	1 364	3 124	1 523	1 602
70-74	1 446	691	755	1 691	803	887	1 989	946	1 043	2 471	1 184	1 287
75-79	1 028	490	538	1 260	588	672	1 485	690	795	1 761	821	940
80+	...	...	...	...	...	...	...	...	...	...	...	...
80-84	682	322	361	803	371	432	997	451	546	1 191	538	654
85-89	294	133	161	440	200	240	529	236	293	671	292	379
90-94	112	48	64	141	62	79	217	95	122	269	115	154
95-99	30	13	16	35	15	20	46	20	27	73	31	43
100+	5	2	2	6	3	3	7	3	4	10	4	6

年齢	2055			2060		
	総数	男	女	総数	男	女
総数	65 681	32 944	32 737	68 536	34 427	34 109
0-4	5 281	2 703	2 578	5 210	2 667	2 543
5-9	5 195	2 657	2 538	5 273	2 699	2 575
10-14	4 886	2 497	2 389	5 190	2 654	2 536
15-19	4 508	2 301	2 207	4 878	2 493	2 386
20-24	4 293	2 188	2 105	4 495	2 294	2 201
25-29	4 363	2 219	2 144	4 277	2 179	2 098
30-34	4 512	2 291	2 222	4 347	2 210	2 136
35-39	4 605	2 331	2 274	4 495	2 281	2 214
40-44	4 429	2 236	2 193	4 584	2 320	2 264
45-49	3 658	1 843	1 815	4 402	2 222	2 180
50-54	2 752	1 384	1 367	3 625	1 825	1 800
55-59	2 798	1 408	1 390	2 714	1 363	1 351
60-64	3 261	1 622	1 640	2 739	1 373	1 366
65-69	3 290	1 611	1 679	3 150	1 557	1 593
70-74	2 929	1 412	1 517	3 101	1 505	1 595
75-79	2 206	1 039	1 167	2 636	1 253	1 383
80+	...	...	...	...	...	...
80-84	1 432	651	781	1 818	839	979
85-89	819	358	461	1 006	445	561
90-94	352	147	205	444	187	257
95-99	95	38	56	130	52	78
100+	16	6	9	22	8	13

性・年齢別人口（千人）

年齢	2015			2020			2025			2030		
	総数	男	女	総数	男	女	総数	男	女	総数	男	女
総数	39 667	19 958	19 709	42 595	21 405	21 190	44 797	22 481	22 317	46 407	23 254	23 153
0-4	4 590	2 334	2 256	3 905	1 987	1 918	3 293	1 678	1 615	2 822	1 439	1 383
5-9	3 817	1 938	1 879	4 566	2 318	2 248	3 888	1 976	1 912	3 280	1 670	1 610
10-14	2 913	1 480	1 434	3 805	1 930	1 875	4 554	2 310	2 244	3 879	1 970	1 909
15-19	3 010	1 534	1 476	2 901	1 472	1 429	3 792	1 921	1 871	4 541	2 302	2 239
20-24	3 585	1 816	1 769	2 990	1 521	1 469	2 883	1 461	1 422	3 772	1 909	1 863
25-29	3 759	1 891	1 867	3 557	1 798	1 759	2 967	1 507	1 460	2 862	1 448	1 414
30-34	3 582	1 797	1 785	3 728	1 872	1 856	3 530	1 781	1 749	2 945	1 493	1 452
35-39	3 046	1 524	1 522	3 550	1 777	1 773	3 697	1 853	1 845	3 503	1 764	1 738
40-44	2 465	1 227	1 238	3 013	1 504	1 509	3 515	1 756	1 759	3 664	1 833	1 831
45-49	2 097	1 043	1 054	2 430	1 206	1 224	2 973	1 480	1 493	3 473	1 731	1 742
50-54	1 783	890	893	2 056	1 018	1 037	2 386	1 180	1 206	2 924	1 451	1 473
55-59	1 446	733	713	1 734	860	874	2 003	986	1 016	2 329	1 145	1 184
60-64	1 217	622	595	1 387	697	690	1 668	820	848	1 931	943	989
65-69	799	399	400	1 142	577	565	1 306	648	657	1 576	766	811
70-74	609	289	320	721	355	366	1 035	515	521	1 191	582	609
75-79	470	216	254	513	238	275	612	294	318	886	430	456
80+	…	…	…	…	…	…	…	…	…	…	…	…
80-84	299	140	159	349	157	192	385	174	211	465	217	248
85-89	132	61	71	179	83	96	212	94	118	239	105	134
90-94	38	18	20	57	27	30	80	37	42	97	43	54
95-99	8	4	4	11	6	5	17	8	8	24	11	12
100+	1	0	0	1	1	1	2	1	1	3	2	1

年齢	2035			2040			2045			2050		
	総数	男	女	総数	男	女	総数	男	女	総数	男	女
総数	47 739	23 886	23 853	48 911	24 439	24 472	49 914	24 916	24 997	50 631	25 263	25 368
0-4	2 690	1 373	1 317	2 700	1 379	1 321	2 723	1 392	1 331	2 637	1 349	1 288
5-9	2 813	1 433	1 379	2 682	1 368	1 314	2 693	1 375	1 318	2 716	1 388	1 328
10-14	3 274	1 665	1 608	2 807	1 430	1 377	2 677	1 365	1 312	2 689	1 373	1 316
15-19	3 868	1 964	1 905	3 265	1 660	1 605	2 800	1 426	1 374	2 671	1 362	1 309
20-24	4 520	2 289	2 232	3 851	1 953	1 898	3 250	1 652	1 598	2 787	1 418	1 369
25-29	3 749	1 895	1 855	4 496	2 274	2 222	3 831	1 941	1 890	3 233	1 642	1 591
30-34	2 842	1 435	1 406	3 727	1 882	1 846	4 474	2 261	2 213	3 812	1 931	1 882
35-39	2 923	1 480	1 443	2 823	1 424	1 398	3 706	1 870	1 837	4 452	2 249	2 204
40-44	3 474	1 748	1 727	2 901	1 467	1 434	2 803	1 413	1 390	3 684	1 857	1 827
45-49	3 625	1 810	1 815	3 440	1 728	1 712	2 875	1 452	1 422	2 780	1 401	1 380
50-54	3 421	1 700	1 721	3 574	1 780	1 794	3 397	1 702	1 694	2 842	1 433	1 409
55-59	2 860	1 412	1 448	3 351	1 658	1 693	3 508	1 740	1 768	3 339	1 668	1 671
60-64	2 252	1 098	1 153	2 772	1 359	1 414	3 257	1 601	1 656	3 418	1 686	1 732
65-69	1 833	884	948	2 144	1 035	1 110	2 650	1 286	1 364	3 124	1 523	1 602
70-74	1 446	691	755	1 691	803	887	1 989	946	1 043	2 471	1 184	1 287
75-79	1 028	490	538	1 260	588	672	1 485	690	795	1 761	821	940
80+	…	…	…	…	…	…	…	…	…	…	…	…
80-84	682	322	361	803	371	432	997	451	546	1 191	538	654
85-89	294	133	161	440	200	240	529	236	293	671	292	379
90-94	112	48	64	141	62	79	217	95	122	269	115	154
95-99	30	13	16	35	15	20	46	20	27	73	31	43
100+	5	2	2	6	3	3	7	3	4	10	4	6

年齢	2055			2060		
	総数	男	女	総数	男	女
総数	50 900	25 403	25 497	50 667	25 307	25 360
0-4	2 392	1 224	1 168	2 100	1 075	1 025
5-9	2 631	1 346	1 285	2 387	1 222	1 165
10-14	2 713	1 386	1 326	2 628	1 344	1 284
15-19	2 683	1 370	1 313	2 707	1 383	1 324
20-24	2 659	1 355	1 304	2 672	1 364	1 308
25-29	2 772	1 410	1 362	2 646	1 348	1 298
30-34	3 217	1 633	1 584	2 759	1 403	1 356
35-39	3 795	1 921	1 874	3 204	1 626	1 577
40-44	4 429	2 236	2 193	3 777	1 912	1 865
45-49	3 658	1 843	1 815	4 402	2 222	2 180
50-54	2 752	1 384	1 367	3 625	1 825	1 800
55-59	2 798	1 408	1 390	2 714	1 363	1 351
60-64	3 261	1 622	1 640	2 739	1 373	1 366
65-69	3 290	1 611	1 679	3 150	1 557	1 593
70-74	2 929	1 412	1 517	3 101	1 505	1 595
75-79	2 206	1 039	1 167	2 636	1 253	1 383
80+	…	…	…	…	…	…
80-84	1 432	651	781	1 818	839	979
85-89	819	358	461	1 006	445	561
90-94	352	147	205	444	187	257
95-99	95	38	56	130	52	78
100+	16	6	9	22	8	13

性・年齢別人口（千人）

年齢	1960			1965			1970			1975		
	総数	男	女	総数	男	女	総数	男	女	総数	男	女
総数	5 271	2 583	2 687	5 765	2 827	2 938	6 301	3 092	3 209	7 107	3 492	3 616
0-4	1 011	503	509	1 103	549	554	1 209	603	606	1 383	689	693
5-9	761	376	385	841	417	424	921	457	464	1 045	519	525
10-14	563	279	284	701	346	355	770	381	389	868	431	437
15-19	501	248	252	531	263	267	657	324	333	739	365	373
20-24	443	219	223	467	231	236	491	243	248	624	307	317
25-29	384	190	195	409	202	208	429	211	218	463	228	235
30-34	333	163	170	353	173	180	374	184	190	402	197	205
35-39	286	140	146	304	149	155	320	157	163	348	171	177
40-44	243	119	125	258	126	132	273	133	140	296	145	151
45-49	204	99	106	217	105	112	230	111	119	249	121	129
50-54	168	80	88	179	85	94	190	91	100	207	99	108
55-59	133	62	71	143	67	76	153	71	81	167	78	89
60-64	101	46	55	108	49	59	116	53	63	128	59	69
65-69	70	31	39	75	33	42	81	36	45	91	41	50
70-74	39	17	22	46	20	26	50	21	28	56	24	32
75-79	20	8	12	21	8	12	25	10	14	28	12	17
80+	10	4	6	10	4	6	11	4	7	14	5	9
80-84	...	...	...	...	...	...	...	...	...	...	...	...
85-89	...	...	...	...	...	...	...	...	...	...	...	...
90-94	...	...	...	...	...	...	...	...	...	...	...	...
95-99	...	...	...	...	...	...	...	...	...	...	...	...
100+	...	...	...	...	...	...	...	...	...	...	...	...

年齢	1980			1985			1990			1995		
	総数	男	女	総数	男	女	総数	男	女	総数	男	女
総数	8 212	4 040	4 172	9 745	4 801	4 944	11 128	5 479	5 649	13 043	6 420	6 622
0-4	1 634	816	818	1 941	971	970	2 215	1 103	1 111	2 581	1 286	1 295
5-9	1 223	608	615	1 487	741	746	1 703	847	855	1 999	991	1 008
10-14	998	496	502	1 199	597	603	1 402	698	704	1 649	820	828
15-19	845	419	425	996	495	500	1 150	571	578	1 380	687	694
20-24	714	352	362	837	414	423	948	470	478	1 124	557	567
25-29	598	293	305	702	345	357	791	390	401	919	454	466
30-34	441	217	224	585	286	299	660	323	337	763	374	388
35-39	381	187	195	429	211	219	547	266	281	633	309	324
40-44	327	160	167	368	179	188	398	194	204	521	253	269
45-49	275	134	142	313	152	161	338	164	175	377	182	194
50-54	229	110	119	260	125	135	284	136	148	315	151	165
55-59	185	87	98	211	99	111	230	109	121	258	122	136
60-64	143	66	77	164	76	88	179	83	96	201	93	108
65-69	102	46	56	118	54	64	130	59	71	146	66	80
70-74	65	28	36	75	33	42	84	37	47	95	42	53
75-79	33	14	19	40	17	23	45	19	26	52	22	30
80+	17	6	11	21	8	13	...	...	...	...	...	...
80-84	...	...	...	...	...	...	18	7	11	21	8	13
85-89	...	...	...	...	...	...	5	2	3	6	2	4
90-94	...	...	...	...	...	...	1	0	1	1	0	1
95-99	...	...	...	...	...	...	0	0	0	0	0	0
100+	...	...	...	...	...	...	0	0	0	0	0	0

年齢	2000			2005			2010			2015		
	総数	男	女	総数	男	女	総数	男	女	総数	男	女
総数	15 059	7 427	7 631	17 913	8 857	9 056	21 220	10 513	10 707	25 022	12 416	12 606
0-4	2 986	1 495	1 490	3 560	1 788	1 772	4 162	2 092	2 070	4 718	2 373	2 345
5-9	2 311	1 149	1 162	2 784	1 392	1 392	3 337	1 673	1 664	3 935	1 974	1 961
10-14	1 905	945	960	2 263	1 125	1 138	2 719	1 359	1 360	3 271	1 639	1 632
15-19	1 593	792	801	1 885	935	951	2 230	1 108	1 122	2 684	1 340	1 343
20-24	1 325	658	667	1 567	778	790	1 848	914	934	2 190	1 086	1 104
25-29	1 068	528	540	1 291	640	651	1 523	754	769	1 801	889	912
30-34	866	427	439	1 031	510	521	1 244	617	628	1 475	730	745
35-39	715	350	365	830	409	421	986	488	498	1 197	593	604
40-44	591	287	304	682	333	349	789	388	401	943	466	477
45-49	484	233	251	561	271	291	646	314	332	751	368	383
50-54	346	165	180	456	217	239	528	252	276	609	293	316
55-59	283	134	150	320	151	169	422	198	223	490	231	259
60-64	223	104	119	254	118	136	287	134	153	380	176	204
65-69	163	74	89	189	87	102	216	99	117	246	113	133
70-74	107	47	59	126	56	69	147	66	81	169	76	93
75-79	59	25	34	71	30	40	84	36	48	99	43	56
80+	...	...	...	...	...	...	...	...	...	...	...	...
80-84	25	10	15	31	13	18	38	16	22	46	19	27
85-89	8	3	5	10	4	6	12	5	8	15	6	9
90-94	1	0	1	2	1	1	3	1	2	3	1	2
95-99	0	0	0	0	0	0	0	0	0	0	0	0
100+	0	0	0	0	0	0	0	0	0	0	0	0

性・年齢別人口（千人）

年齢	2015			2020			2025			2030		
	総数	男	女	総数	男	女	総数	男	女	総数	男	女
総数	25 022	12 416	12 606	29 245	14 530	14 716	34 016	16 915	17 100	39 351	19 581	19 770
0-4	4 718	2 373	2 345	5 310	2 673	2 637	5 946	2 994	2 951	6 606	3 328	3 278
5-9	3 935	1 974	1 961	4 476	2 246	2 229	5 074	2 549	2 526	5 720	2 874	2 845
10-14	3 271	1 639	1 632	3 850	1 930	1 920	4 391	2 202	2 189	4 991	2 505	2 486
15-19	2 684	1 340	1 343	3 219	1 612	1 608	3 796	1 901	1 895	4 335	2 172	2 163
20-24	2 190	1 086	1 104	2 629	1 310	1 319	3 159	1 578	1 581	3 731	1 864	1 867
25-29	1 801	889	912	2 131	1 054	1 077	2 564	1 274	1 290	3 088	1 538	1 550
30-34	1 475	730	745	1 743	859	884	2 068	1 021	1 047	2 494	1 237	1 257
35-39	1 197	593	604	1 418	702	717	1 680	828	853	2 000	986	1 014
40-44	943	466	477	1 144	566	578	1 359	671	688	1 615	794	821
45-49	751	368	383	896	441	455	1 090	537	553	1 298	638	660
50-54	609	293	316	707	344	364	846	413	433	1 032	505	527
55-59	490	231	259	565	269	296	658	317	341	790	382	408
60-64	380	176	204	442	206	236	512	241	271	599	285	314
65-69	246	113	133	326	149	177	382	176	207	446	207	239
70-74	169	76	93	194	87	106	260	117	144	308	139	169
75-79	99	43	56	116	51	65	135	59	76	184	80	104
80+	…	…	…	…	…	…	…	…	…	…	…	…
80-84	46	19	27	55	23	32	66	28	38	78	33	45
85-89	15	6	9	19	7	11	23	9	14	28	11	17
90-94	3	1	2	4	1	3	5	2	3	7	3	4
95-99	0	0	0	1	0	0	1	0	0	1	0	1
100+	0	0	0	0	0	0	0	0	0	0	0	0

年齢	2035			2040			2045			2050		
	総数	男	女	総数	男	女	総数	男	女	総数	男	女
総数	45 230	22 515	22 715	51 581	25 680	25 901	58 349	29 049	29 301	65 473	32 588	32 886
0-4	7 245	3 651	3 594	7 822	3 943	3 879	8 355	4 212	4 143	8 843	4 459	4 384
5-9	6 394	3 214	3 179	7 049	3 545	3 504	7 647	3 846	3 801	8 200	4 125	4 075
10-14	5 638	2 831	2 808	6 316	3 172	3 144	6 977	3 505	3 472	7 580	3 809	3 772
15-19	4 934	2 473	2 461	5 581	2 799	2 783	6 260	3 140	3 120	6 921	3 472	3 449
20-24	4 268	2 133	2 135	4 865	2 433	2 432	5 511	2 757	2 754	6 188	3 096	3 091
25-29	3 654	1 821	1 833	4 189	2 088	2 101	4 783	2 386	2 397	5 427	2 708	2 719
30-34	3 011	1 497	1 514	3 572	1 776	1 796	4 103	2 041	2 062	4 694	2 336	2 358
35-39	2 420	1 198	1 222	2 930	1 453	1 476	3 484	1 729	1 755	4 011	1 991	2 020
40-44	1 930	949	981	2 342	1 157	1 186	2 844	1 407	1 437	3 390	1 678	1 712
45-49	1 549	758	791	1 856	909	947	2 261	1 112	1 149	2 752	1 356	1 396
50-54	1 234	603	631	1 477	719	759	1 777	865	912	2 171	1 061	1 110
55-59	968	469	498	1 162	563	599	1 397	674	723	1 686	814	873
60-64	723	346	377	890	427	463	1 074	515	560	1 297	619	679
65-69	525	246	279	639	301	337	791	374	417	960	454	507
70-74	363	165	198	432	199	233	529	245	284	662	307	354
75-79	221	97	124	264	117	147	318	143	175	394	178	216
80+	…	…	…	…	…	…	…	…	…	…	…	…
80-84	109	46	63	133	56	77	161	69	92	197	85	112
85-89	35	14	21	49	20	30	61	25	37	76	31	45
90-94	8	3	5	11	4	7	15	6	10	20	7	12
95-99	1	0	1	2	1	1	2	1	1	3	1	2
100+	0	0	0	0	0	0	0	0	0	0	0	0

年齢	2055			2060		
	総数	男	女	総数	男	女
総数	72 905	36 275	36 630	80 565	40 069	40 496
0-4	9 305	4 693	4 612	9 718	4 903	4 816
5-9	8 710	4 382	4 328	9 191	4 626	4 565
10-14	8 141	4 091	4 050	8 657	4 351	4 306
15-19	7 527	3 776	3 751	8 090	4 059	4 031
20-24	6 850	3 428	3 421	7 456	3 732	3 724
25-29	6 102	3 046	3 056	6 764	3 377	3 387
30-34	5 335	2 656	2 679	6 009	2 993	3 016
35-39	4 598	2 284	2 314	5 237	2 602	2 635
40-44	3 913	1 937	1 975	4 496	2 228	2 268
45-49	3 290	1 622	1 668	3 805	1 878	1 928
50-54	2 650	1 299	1 352	3 176	1 558	1 618
55-59	2 067	1 002	1 065	2 530	1 230	1 300
60-64	1 573	751	822	1 935	928	1 007
65-69	1 166	548	618	1 421	669	753
70-74	809	375	434	990	457	533
75-79	498	225	273	615	278	337
80+	…	…	…	…	…	…
80-84	248	108	140	318	139	179
85-89	94	39	55	121	50	71
90-94	25	10	15	31	12	19
95-99	4	1	2	5	2	3
100+	0	0	0	0	0	0

性・年齢別人口（千人）

年齢	2015			2020			2025			2030		
	総数	男	女	総数	男	女	総数	男	女	総数	男	女
総数	25 022	12 416	12 606	29 475	14 645	14 830	34 677	17 248	17 429	40 656	20 238	20 418
0-4	4 718	2 373	2 345	5 539	2 788	2 751	6 388	3 217	3 171	7 270	3 662	3 607
5-9	3 935	1 974	1 961	4 476	2 246	2 229	5 294	2 659	2 635	6 145	3 088	3 057
10-14	3 271	1 639	1 632	3 850	1 930	1 920	4 391	2 202	2 189	5 206	2 613	2 594
15-19	2 684	1 340	1 343	3 219	1 612	1 608	3 796	1 901	1 895	4 335	2 172	2 163
20-24	2 190	1 086	1 104	2 629	1 310	1 319	3 159	1 578	1 581	3 731	1 864	1 867
25-29	1 801	889	912	2 131	1 054	1 077	2 564	1 274	1 290	3 088	1 538	1 550
30-34	1 475	730	745	1 743	859	884	2 068	1 021	1 047	2 494	1 237	1 257
35-39	1 197	593	604	1 418	702	717	1 680	828	853	2 000	986	1 014
40-44	943	466	477	1 144	566	578	1 359	671	688	1 615	794	821
45-49	751	368	383	896	441	455	1 090	537	553	1 298	638	660
50-54	609	293	316	707	344	364	846	413	433	1 032	505	527
55-59	490	231	259	565	269	296	658	317	341	790	382	408
60-64	380	176	204	442	206	236	512	241	271	599	285	314
65-69	246	113	133	326	149	177	382	176	207	446	207	239
70-74	169	76	93	194	87	106	260	117	144	308	139	169
75-79	99	43	56	116	51	65	135	59	76	184	80	104
80+	...	...	...	...	...	...	...	...	...	...	...	...
80-84	46	19	27	55	23	32	66	28	38	78	33	45
85-89	15	6	9	19	7	11	23	9	14	28	11	17
90-94	3	1	2	4	1	3	5	2	3	7	3	4
95-99	0	0	0	1	0	0	1	0	0	1	0	1
100+	0	0	0	0	0	0	0	0	0	0	0	0

年齢	2035			2040			2045			2050		
	総数	男	女	総数	男	女	総数	男	女	総数	男	女
総数	47 321	23 567	23 754	54 694	27 246	27 449	62 833	31 302	31 531	71 750	35 741	36 009
0-4	8 061	4 062	3 999	8 881	4 477	4 405	9 771	4 926	4 845	10 695	5 393	5 302
5-9	7 036	3 537	3 499	7 844	3 944	3 899	8 682	4 367	4 315	9 590	4 824	4 766
10-14	6 058	3 041	3 016	6 951	3 491	3 460	7 763	3 900	3 863	8 607	4 324	4 283
15-19	5 147	2 580	2 567	5 997	3 007	2 990	6 888	3 455	3 433	7 702	3 864	3 838
20-24	4 268	2 133	2 135	5 075	2 538	2 537	5 921	2 962	2 959	6 810	3 407	3 402
25-29	3 654	1 821	1 833	4 189	2 088	2 101	4 989	2 489	2 501	5 830	2 909	2 921
30-34	3 011	1 497	1 514	3 572	1 776	1 796	4 103	2 041	2 062	4 897	2 437	2 459
35-39	2 420	1 198	1 222	2 930	1 453	1 476	3 484	1 729	1 755	4 011	1 991	2 020
40-44	1 930	949	981	2 342	1 157	1 186	2 844	1 407	1 437	3 390	1 678	1 712
45-49	1 549	758	791	1 856	909	947	2 261	1 112	1 149	2 752	1 356	1 396
50-54	1 234	603	631	1 477	719	759	1 777	865	912	2 171	1 061	1 110
55-59	968	469	498	1 162	563	599	1 397	674	723	1 686	814	873
60-64	723	346	377	890	427	463	1 074	515	560	1 297	619	679
65-69	525	246	279	639	301	337	791	374	417	960	454	507
70-74	363	165	198	432	199	233	529	245	284	662	307	354
75-79	221	97	124	264	117	147	318	143	175	394	178	216
80+	...	...	...	...	...	...	...	...	...	...	...	...
80-84	109	46	63	133	56	77	161	69	92	197	85	112
85-89	35	14	21	49	20	30	61	25	37	76	31	45
90-94	8	3	5	11	4	7	15	6	10	20	7	12
95-99	1	0	1	2	1	1	2	1	1	3	1	2
100+	0	0	0	0	0	0	0	0	0	0	0	0

年齢	2055			2060		
	総数	男	女	総数	男	女
総数	81 416	40 549	40 866	91 749	45 685	46 064
0-4	11 611	5 856	5 756	12 479	6 295	6 184
5-9	10 534	5 300	5 234	11 469	5 773	5 697
10-14	9 521	4 784	4 737	10 470	5 262	5 208
15-19	8 546	4 288	4 259	9 461	4 747	4 714
20-24	7 622	3 815	3 807	8 466	4 238	4 228
25-29	6 715	3 352	3 364	7 526	3 757	3 769
30-34	5 732	2 854	2 878	6 613	3 294	3 319
35-39	4 797	2 383	2 414	5 626	2 796	2 831
40-44	3 913	1 937	1 975	4 690	2 324	2 366
45-49	3 290	1 622	1 668	3 805	1 878	1 928
50-54	2 650	1 299	1 352	3 176	1 558	1 618
55-59	2 067	1 002	1 065	2 530	1 230	1 300
60-64	1 573	751	822	1 935	928	1 007
65-69	1 166	548	618	1 421	669	753
70-74	809	375	434	990	457	533
75-79	498	225	273	615	278	337
80+	...	...	...	...	...	...
80-84	248	108	140	318	139	179
85-89	94	39	55	121	50	71
90-94	25	10	15	31	12	19
95-99	4	1	2	5	2	3
100+	0	0	0	0	0	0

性・年齢別人口（千人）

年齢	2015			2020			2025			2030		
	総数	男	女	総数	男	女	総数	男	女	総数	男	女
総数	25 022	12 416	12 606	29 016	14 414	14 602	33 354	16 583	16 772	38 047	18 925	19 122
0-4	4 718	2 373	2 345	5 080	2 557	2 523	5 503	2 771	2 732	5 943	2 994	2 949
5-9	3 935	1 974	1 961	4 476	2 246	2 229	4 855	2 439	2 417	5 294	2 660	2 634
10-14	3 271	1 639	1 632	3 850	1 930	1 920	4 391	2 202	2 189	4 775	2 396	2 379
15-19	2 684	1 340	1 343	3 219	1 612	1 608	3 796	1 901	1 895	4 335	2 172	2 163
20-24	2 190	1 086	1 104	2 629	1 310	1 319	3 159	1 578	1 581	3 731	1 864	1 867
25-29	1 801	889	912	2 131	1 054	1 077	2 564	1 274	1 290	3 088	1 538	1 550
30-34	1 475	730	745	1 743	859	884	2 068	1 021	1 047	2 494	1 237	1 257
35-39	1 197	593	604	1 418	702	717	1 680	828	853	2 000	986	1 014
40-44	943	466	477	1 144	566	578	1 359	671	688	1 615	794	821
45-49	751	368	383	896	441	455	1 090	537	553	1 298	638	660
50-54	609	293	316	707	344	364	846	413	433	1 032	505	527
55-59	490	231	259	565	269	296	658	317	341	790	382	408
60-64	380	176	204	442	206	236	512	241	271	599	285	314
65-69	246	113	133	326	149	177	382	176	207	446	207	239
70-74	169	76	93	194	87	106	260	117	144	308	139	169
75-79	99	43	56	116	51	65	135	59	76	184	80	104
80+	…	…	…	…	…	…	…	…	…	…	…	…
80-84	46	19	27	55	23	32	66	28	38	78	33	45
85-89	15	6	9	19	7	11	23	9	14	28	11	17
90-94	3	1	2	4	1	3	5	2	3	7	3	4
95-99	0	0	0	1	0	0	1	0	0	1	0	1
100+	0	0	0	0	0	0	0	0	0	0	0	0

年齢	2035			2040			2045			2050		
	総数	男	女	総数	男	女	総数	男	女	総数	男	女
総数	43 144	21 466	21 678	48 502	24 132	24 370	53 979	26 852	27 127	59 462	29 568	29 894
0-4	6 434	3 242	3 192	6 792	3 424	3 369	7 018	3 538	3 480	7 145	3 603	3 543
5-9	5 751	2 891	2 860	6 260	3 148	3 112	6 640	3 340	3 300	6 888	3 465	3 423
10-14	5 219	2 620	2 599	5 682	2 854	2 828	6 196	3 113	3 083	6 582	3 307	3 275
15-19	4 721	2 366	2 355	5 166	2 590	2 576	5 631	2 824	2 807	6 147	3 083	3 063
20-24	4 268	2 133	2 135	4 655	2 328	2 327	5 101	2 552	2 549	5 566	2 785	2 781
25-29	3 654	1 821	1 833	4 189	2 088	2 101	4 576	2 283	2 294	5 023	2 506	2 517
30-34	3 011	1 497	1 514	3 572	1 776	1 796	4 103	2 041	2 062	4 491	2 235	2 256
35-39	2 420	1 198	1 222	2 930	1 453	1 476	3 484	1 729	1 755	4 011	1 991	2 020
40-44	1 930	949	981	2 342	1 157	1 186	2 844	1 407	1 437	3 390	1 678	1 712
45-49	1 549	758	791	1 856	909	947	2 261	1 112	1 149	2 752	1 356	1 396
50-54	1 234	603	631	1 477	719	759	1 777	865	912	2 171	1 061	1 110
55-59	968	469	498	1 162	563	599	1 397	674	723	1 686	814	873
60-64	723	346	377	890	427	463	1 074	515	560	1 297	619	679
65-69	525	246	279	639	301	337	791	374	417	960	454	507
70-74	363	165	198	432	199	233	529	245	284	662	307	354
75-79	221	97	124	264	117	147	318	143	175	394	178	216
80+	…	…	…	…	…	…	…	…	…	…	…	…
80-84	109	46	63	133	56	77	161	69	92	197	85	112
85-89	35	14	21	49	20	30	61	25	37	76	31	45
90-94	8	3	5	11	4	7	15	6	10	20	7	12
95-99	1	0	1	2	1	1	2	1	1	3	1	2
100+	0	0	0	0	0	0	0	0	0	0	0	0

年齢	2055			2060		
	総数	男	女	総数	男	女
総数	64 899	32 254	32 645	70 229	34 881	35 349
0-4	7 241	3 652	3 589	7 305	3 685	3 620
5-9	7 038	3 541	3 497	7 153	3 600	3 553
10-14	6 838	3 436	3 402	6 995	3 515	3 479
15-19	6 536	3 279	3 257	6 795	3 409	3 386
20-24	6 083	3 044	3 038	6 474	3 241	3 233
25-29	5 489	2 740	2 749	6 006	2 999	3 008
30-34	4 938	2 459	2 479	5 405	2 692	2 713
35-39	4 400	2 185	2 214	4 847	2 408	2 439
40-44	3 913	1 937	1 975	4 301	2 131	2 170
45-49	3 290	1 622	1 668	3 805	1 878	1 928
50-54	2 650	1 299	1 352	3 176	1 558	1 618
55-59	2 067	1 002	1 065	2 530	1 230	1 300
60-64	1 573	751	822	1 935	928	1 007
65-69	1 166	548	618	1 421	669	753
70-74	809	375	434	990	457	533
75-79	498	225	273	615	278	337
80+	…	…	…	…	…	…
80-84	248	108	140	318	139	179
85-89	94	39	55	121	50	71
90-94	25	10	15	31	12	19
95-99	4	1	2	5	2	3
100+	0	0	0	0	0	0

Argentina

性・年齢別人口（千人）

年齢	1960			1965			1970			1975		
	総数	男	女	総数	男	女	総数	男	女	総数	男	女
総数	20 619	10 471	10 148	22 283	11 244	11 039	23 973	12 022	11 951	26 067	13 004	13 063
0-4	2 254	1 145	1 109	2 336	1 186	1 150	2 457	1 247	1 210	2 797	1 420	1 377
5-9	2 132	1 082	1 051	2 238	1 136	1 101	2 321	1 178	1 144	2 457	1 246	1 211
10-14	1 949	991	958	2 138	1 084	1 054	2 244	1 139	1 105	2 346	1 189	1 157
15-19	1 745	884	861	1 958	996	963	2 149	1 089	1 060	2 281	1 156	1 124
20-24	1 624	822	802	1 753	887	866	1 968	999	968	2 186	1 106	1 080
25-29	1 607	813	793	1 627	823	805	1 757	888	869	1 995	1 011	983
30-34	1 596	808	788	1 601	809	792	1 623	819	804	1 768	892	877
35-39	1 464	743	721	1 583	800	783	1 588	800	787	1 621	816	805
40-44	1 297	657	640	1 444	730	713	1 559	784	775	1 573	789	783
45-49	1 194	608	586	1 268	638	630	1 410	708	702	1 529	763	766
50-54	1 054	544	510	1 150	578	572	1 222	607	615	1 364	675	688
55-59	875	458	417	993	503	490	1 084	534	551	1 158	563	595
60-64	677	350	326	797	405	392	907	445	463	998	476	522
65-69	494	255	240	589	292	297	696	339	358	800	375	425
70-74	338	168	170	401	196	206	483	227	256	576	265	311
75-79	191	90	101	248	115	132	297	136	161	360	158	202
80+	127	51	76	159	65	94	207	84	123	259	103	157
80-84	...	...	...	...	...	...	...	...	...	...	...	...
85-89	...	...	...	...	...	...	...	...	...	...	...	...
90-94	...	...	...	...	...	...	...	...	...	...	...	...
95-99	...	...	...	...	...	...	...	...	...	...	...	...
100+	...	...	...	...	...	...	...	...	...	...	...	...

年齢	1980			1985			1990			1995		
	総数	男	女	総数	男	女	総数	男	女	総数	男	女
総数	28 106	13 861	14 245	30 389	14 939	15 449	32 730	16 047	16 683	34 995	17 143	17 852
0-4	3 317	1 679	1 638	3 278	1 664	1 613	3 415	1 734	1 680	3 518	1 789	1 729
5-9	2 767	1 399	1 369	3 311	1 674	1 637	3 274	1 661	1 613	3 405	1 729	1 676
10-14	2 439	1 233	1 207	2 788	1 404	1 384	3 331	1 679	1 651	3 273	1 660	1 613
15-19	2 313	1 161	1 152	2 467	1 241	1 225	2 806	1 408	1 398	3 326	1 675	1 651
20-24	2 228	1 111	1 118	2 333	1 167	1 166	2 484	1 245	1 239	2 799	1 401	1 398
25-29	2 125	1 052	1 073	2 236	1 112	1 124	2 348	1 169	1 179	2 475	1 238	1 237
30-34	1 944	968	977	2 116	1 046	1 071	2 241	1 111	1 130	2 336	1 161	1 175
35-39	1 725	857	869	1 925	956	969	2 104	1 036	1 068	2 224	1 100	1 124
40-44	1 582	786	795	1 700	841	859	1 899	939	959	2 079	1 020	1 059
45-49	1 527	757	770	1 546	763	783	1 664	818	847	1 863	916	947
50-54	1 471	723	748	1 476	723	754	1 496	730	766	1 615	785	830
55-59	1 292	627	665	1 398	674	724	1 405	674	730	1 429	685	744
60-64	1 068	503	564	1 198	564	634	1 300	608	692	1 312	612	700
65-69	886	404	482	956	431	524	1 075	485	590	1 174	527	647
70-74	666	294	371	745	320	425	809	344	465	920	391	529
75-79	433	186	248	509	208	300	575	228	347	634	248	386
80+	324	123	201	408	150	258	...	...	...	...	...	...
80-84	...	...	...	...	...	...	329	121	209	384	135	248
85-89	...	...	...	...	...	...	133	45	88	169	54	115
90-94	...	...	...	...	...	...	35	11	25	50	15	35
95-99	...	...	...	...	...	...	6	2	4	9	2	7
100+	...	...	...	...	...	...	1	0	0	1	0	1

年齢	2000			2005			2010			2015		
	総数	男	女	総数	男	女	総数	男	女	総数	男	女
総数	37 057	18 131	18 926	39 145	19 149	19 997	41 223	20 163	21 060	43 417	21 245	22 172
0-4	3 472	1 765	1 707	3 595	1 829	1 766	3 644	1 854	1 790	3 718	1 892	1 826
5-9	3 505	1 781	1 724	3 458	1 758	1 701	3 581	1 822	1 760	3 638	1 850	1 788
10-14	3 394	1 721	1 672	3 484	1 771	1 713	3 439	1 749	1 691	3 582	1 821	1 761
15-19	3 256	1 649	1 607	3 372	1 709	1 663	3 464	1 760	1 704	3 438	1 747	1 691
20-24	3 299	1 657	1 642	3 232	1 634	1 598	3 349	1 695	1 654	3 457	1 754	1 703
25-29	2 771	1 382	1 389	3 271	1 639	1 632	3 205	1 617	1 588	3 336	1 685	1 651
30-34	2 449	1 220	1 229	2 745	1 366	1 379	3 243	1 621	1 622	3 189	1 605	1 584
35-39	2 309	1 142	1 167	2 423	1 203	1 220	2 718	1 349	1 370	3 222	1 607	1 615
40-44	2 192	1 078	1 114	2 278	1 122	1 156	2 393	1 184	1 209	2 693	1 332	1 361
45-49	2 039	994	1 045	2 152	1 053	1 100	2 240	1 098	1 143	2 360	1 162	1 198
50-54	1 811	882	929	1 984	959	1 026	2 100	1 018	1 082	2 193	1 066	1 127
55-59	1 548	741	807	1 738	834	903	1 913	911	1 001	2 031	972	1 059
60-64	1 340	627	714	1 455	680	775	1 642	771	871	1 815	847	968
65-69	1 191	535	656	1 221	550	670	1 333	602	730	1 513	688	825
70-74	1 015	430	584	1 035	440	595	1 065	456	610	1 173	504	669
75-79	734	287	446	816	319	497	838	329	509	874	346	527
80+	...	...	...	...	...	...	...	...	...	...	...	...
80-84	438	152	286	517	179	338	589	204	385	617	216	401
85-89	210	64	146	251	74	177	314	91	222	368	108	260
90-94	69	19	51	93	23	70	117	27	90	153	35	118
95-99	14	4	11	23	5	18	29	5	24	40	7	33
100+	2	0	1	3	1	3	4	1	4	6	1	5

性・年齢別人口（千人）

年齢	2015			2020			2025			2030		
	総数	男	女	総数	男	女	総数	男	女	総数	男	女
総数	43 417	21 245	22 172	45 517	22 287	23 229	47 500	23 277	24 223	49 365	24 212	25 153
0-4	3 718	1 892	1 826	3 702	1 885	1 817	3 668	1 869	1 799	3 634	1 852	1 782
5-9	3 638	1 850	1 788	3 713	1 889	1 824	3 698	1 883	1 815	3 664	1 867	1 797
10-14	3 582	1 821	1 761	3 638	1 850	1 788	3 712	1 888	1 824	3 697	1 882	1 815
15-19	3 438	1 747	1 691	3 580	1 819	1 761	3 636	1 848	1 788	3 710	1 886	1 824
20-24	3 457	1 754	1 703	3 431	1 741	1 690	3 573	1 813	1 759	3 629	1 842	1 787
25-29	3 336	1 685	1 651	3 444	1 743	1 701	3 419	1 732	1 687	3 562	1 805	1 757
30-34	3 189	1 605	1 584	3 320	1 673	1 647	3 429	1 732	1 697	3 405	1 722	1 683
35-39	3 222	1 607	1 615	3 169	1 591	1 578	3 301	1 660	1 641	3 410	1 720	1 690
40-44	2 693	1 332	1 361	3 193	1 588	1 605	3 143	1 574	1 569	3 276	1 644	1 632
45-49	2 360	1 162	1 198	2 658	1 308	1 349	3 154	1 562	1 592	3 107	1 551	1 556
50-54	2 193	1 066	1 127	2 312	1 130	1 182	2 608	1 275	1 332	3 099	1 526	1 573
55-59	2 031	972	1 059	2 125	1 021	1 104	2 246	1 086	1 160	2 538	1 230	1 309
60-64	1 815	847	968	1 934	908	1 026	2 031	959	1 072	2 154	1 026	1 128
65-69	1 513	688	825	1 682	762	920	1 802	824	978	1 902	877	1 025
70-74	1 173	504	669	1 343	584	759	1 506	654	851	1 625	716	910
75-79	874	346	527	974	390	584	1 128	459	668	1 278	523	755
80+	…	…	…	…	…	…	…	…	…	…	…	…
80-84	617	216	401	654	233	421	740	268	472	869	322	547
85-89	368	108	260	395	118	277	426	130	296	491	154	337
90-94	153	35	118	185	43	142	203	48	155	224	55	169
95-99	40	7	33	54	9	45	67	11	55	75	13	62
100+	6	1	5	9	1	8	13	2	11	16	2	14

年齢	2035			2040			2045			2050		
	総数	男	女	総数	男	女	総数	男	女	総数	男	女
総数	51 099	25 086	26 013	52 699	25 902	26 797	54 153	26 657	27 496	55 445	27 338	28 107
0-4	3 598	1 834	1 764	3 562	1 816	1 746	3 517	1 793	1 724	3 465	1 767	1 699
5-9	3 631	1 850	1 781	3 595	1 832	1 763	3 559	1 814	1 745	3 514	1 791	1 723
10-14	3 663	1 866	1 797	3 630	1 849	1 780	3 594	1 832	1 763	3 559	1 814	1 745
15-19	3 694	1 880	1 815	3 661	1 864	1 797	3 628	1 848	1 780	3 593	1 831	1 762
20-24	3 703	1 881	1 822	3 689	1 876	1 813	3 656	1 861	1 796	3 625	1 845	1 779
25-29	3 619	1 834	1 784	3 694	1 874	1 820	3 681	1 870	1 811	3 650	1 856	1 794
30-34	3 548	1 795	1 753	3 607	1 826	1 780	3 684	1 867	1 817	3 672	1 864	1 808
35-39	3 388	1 711	1 678	3 533	1 785	1 747	3 593	1 818	1 775	3 671	1 859	1 812
40-44	3 387	1 705	1 682	3 367	1 698	1 670	3 513	1 773	1 740	3 575	1 807	1 768
45-49	3 242	1 622	1 620	3 355	1 685	1 670	3 339	1 680	1 659	3 487	1 757	1 729
50-54	3 057	1 518	1 539	3 195	1 592	1 603	3 311	1 657	1 654	3 300	1 656	1 644
55-59	3 023	1 477	1 547	2 989	1 474	1 515	3 130	1 551	1 580	3 251	1 619	1 632
60-64	2 443	1 168	1 275	2 919	1 409	1 510	2 896	1 415	1 481	3 041	1 494	1 547
65-69	2 027	945	1 082	2 311	1 085	1 226	2 776	1 320	1 456	2 766	1 333	1 432
70-74	1 728	770	958	1 856	840	1 016	2 131	975	1 156	2 576	1 198	1 378
75-79	1 394	582	813	1 498	636	862	1 625	706	920	1 885	832	1 053
80+	…	…	…	…	…	…	…	…	…	…	…	…
80-84	1 000	375	625	1 106	426	679	1 205	478	727	1 324	541	783
85-89	586	190	397	687	227	460	773	266	507	857	307	550
90-94	263	67	197	321	85	236	385	106	279	442	128	314
95-99	85	15	69	102	19	83	128	25	102	157	33	124
100+	19	2	17	23	3	20	28	4	24	35	5	31

年齢	2055			2060		
	総数	男	女	総数	男	女
総数	56 556	27 931	28 624	57 470	28 425	29 046
0-4	3 403	1 735	1 668	3 341	1 703	1 638
5-9	3 463	1 765	1 698	3 401	1 734	1 667
10-14	3 514	1 791	1 723	3 463	1 765	1 698
15-19	3 558	1 813	1 745	3 514	1 791	1 723
20-24	3 590	1 828	1 762	3 555	1 811	1 744
25-29	3 619	1 841	1 778	3 585	1 825	1 760
30-34	3 642	1 851	1 791	3 612	1 837	1 775
35-39	3 660	1 857	1 804	3 632	1 845	1 787
40-44	3 655	1 850	1 805	3 646	1 848	1 797
45-49	3 551	1 792	1 758	3 632	1 836	1 796
50-54	3 449	1 735	1 715	3 516	1 772	1 744
55-59	3 245	1 622	1 623	3 397	1 703	1 695
60-64	3 166	1 566	1 600	3 168	1 574	1 594
65-69	2 916	1 417	1 499	3 047	1 493	1 554
70-74	2 582	1 222	1 360	2 738	1 309	1 429
75-79	2 299	1 036	1 262	2 322	1 069	1 253
80+	…	…	…	…	…	…
80-84	1 556	651	905	1 919	825	1 094
85-89	957	357	600	1 143	440	702
90-94	500	153	347	571	185	386
95-99	185	42	143	215	52	163
100+	45	7	38	55	9	46

性・年齢別人口（千人）

年齢	2015			2020			2025			2030		
	総数	男	女	総数	男	女	総数	男	女	総数	男	女
総数	43 417	21 245	22 172	45 925	22 495	23 430	48 575	23 825	24 750	51 291	25 193	26 098
0-4	3 718	1 892	1 826	4 110	2 093	2 017	4 336	2 209	2 127	4 487	2 287	2 200
5-9	3 638	1 850	1 788	3 713	1 889	1 824	4 105	2 090	2 015	4 331	2 206	2 125
10-14	3 582	1 821	1 761	3 638	1 850	1 788	3 712	1 888	1 824	4 104	2 089	2 015
15-19	3 438	1 747	1 691	3 580	1 819	1 761	3 636	1 848	1 788	3 710	1 886	1 824
20-24	3 457	1 754	1 703	3 431	1 741	1 690	3 573	1 813	1 759	3 629	1 842	1 787
25-29	3 336	1 685	1 651	3 444	1 743	1 701	3 419	1 732	1 687	3 562	1 805	1 757
30-34	3 189	1 605	1 584	3 320	1 673	1 647	3 429	1 732	1 697	3 405	1 722	1 683
35-39	3 222	1 607	1 615	3 169	1 591	1 578	3 301	1 660	1 641	3 410	1 720	1 690
40-44	2 693	1 332	1 361	3 193	1 588	1 605	3 143	1 574	1 569	3 276	1 644	1 632
45-49	2 360	1 162	1 198	2 658	1 308	1 349	3 154	1 562	1 592	3 107	1 551	1 556
50-54	2 193	1 066	1 127	2 312	1 130	1 182	2 608	1 275	1 332	3 099	1 526	1 573
55-59	2 031	972	1 059	2 125	1 021	1 104	2 246	1 086	1 160	2 538	1 230	1 309
60-64	1 815	847	968	1 934	908	1 026	2 031	959	1 072	2 154	1 026	1 128
65-69	1 513	688	825	1 682	762	920	1 802	824	978	1 902	877	1 025
70-74	1 173	504	669	1 343	584	759	1 506	654	851	1 625	716	910
75-79	874	346	527	974	390	584	1 128	459	668	1 278	523	755
80+	…	…	…	…	…	…	…	…	…	…	…	…
80-84	617	216	401	654	233	421	740	268	472	869	322	547
85-89	368	108	260	395	118	277	426	130	296	491	154	337
90-94	153	35	118	185	43	142	203	48	155	224	55	169
95-99	40	7	33	54	9	45	67	11	55	75	13	62
100+	6	1	5	9	1	8	13	2	11	16	2	14

年齢	2035			2040			2045			2050		
	総数	男	女	総数	男	女	総数	男	女	総数	男	女
総数	53 926	26 526	27 400	56 539	27 858	28 680	59 168	29 212	29 956	61 833	30 592	31 241
0-4	4 500	2 294	2 206	4 578	2 334	2 245	4 697	2 394	2 302	4 845	2 470	2 375
5-9	4 482	2 284	2 198	4 496	2 292	2 205	4 575	2 332	2 243	4 693	2 392	2 301
10-14	4 329	2 205	2 124	4 481	2 283	2 198	4 495	2 291	2 204	4 574	2 331	2 243
15-19	4 101	2 087	2 014	4 327	2 203	2 123	4 479	2 281	2 197	4 493	2 290	2 204
20-24	3 703	1 881	1 822	4 094	2 082	2 013	4 321	2 199	2 122	4 473	2 278	2 196
25-29	3 619	1 834	1 784	3 694	1 874	1 820	4 085	2 075	2 010	4 313	2 193	2 120
30-34	3 548	1 795	1 753	3 607	1 826	1 780	3 684	1 867	1 817	4 075	2 068	2 007
35-39	3 388	1 711	1 678	3 533	1 785	1 747	3 593	1 818	1 775	3 671	1 859	1 812
40-44	3 387	1 705	1 682	3 367	1 698	1 670	3 513	1 773	1 740	3 575	1 807	1 768
45-49	3 242	1 622	1 620	3 355	1 685	1 670	3 339	1 680	1 659	3 487	1 757	1 729
50-54	3 057	1 518	1 539	3 195	1 592	1 603	3 311	1 657	1 654	3 300	1 656	1 644
55-59	3 023	1 477	1 547	2 989	1 474	1 515	3 130	1 551	1 580	3 251	1 619	1 632
60-64	2 443	1 168	1 275	2 919	1 409	1 510	2 896	1 415	1 481	3 041	1 494	1 547
65-69	2 027	945	1 082	2 311	1 085	1 226	2 776	1 320	1 456	2 766	1 333	1 432
70-74	1 728	770	958	1 856	840	1 016	2 131	975	1 156	2 576	1 198	1 378
75-79	1 394	582	813	1 498	636	862	1 625	706	920	1 885	832	1 053
80+	…	…	…	…	…	…	…	…	…	…	…	…
80-84	1 000	375	625	1 106	426	679	1 205	478	727	1 324	541	783
85-89	586	190	397	687	227	460	773	266	507	857	307	550
90-94	263	67	197	321	85	236	385	106	279	442	128	314
95-99	85	15	69	102	19	83	128	25	102	157	33	124
100+	19	2	17	23	3	20	28	4	24	35	5	31

年齢	2055			2060		
	総数	男	女	総数	男	女
総数	64 532	31 994	32 538	67 228	33 395	33 833
0-4	5 000	2 549	2 451	5 133	2 617	2 516
5-9	4 841	2 468	2 374	4 997	2 547	2 450
10-14	4 692	2 392	2 301	4 841	2 468	2 373
15-19	4 572	2 330	2 242	4 691	2 391	2 300
20-24	4 489	2 286	2 203	4 568	2 327	2 241
25-29	4 466	2 272	2 194	4 482	2 282	2 201
30-34	4 303	2 187	2 116	4 457	2 266	2 190
35-39	4 063	2 061	2 002	4 291	2 180	2 111
40-44	3 655	1 850	1 805	4 046	2 051	1 995
45-49	3 551	1 792	1 758	3 632	1 836	1 796
50-54	3 449	1 735	1 715	3 516	1 772	1 744
55-59	3 245	1 622	1 623	3 397	1 703	1 695
60-64	3 166	1 566	1 600	3 168	1 574	1 594
65-69	2 916	1 417	1 499	3 047	1 493	1 554
70-74	2 582	1 222	1 360	2 738	1 309	1 429
75-79	2 299	1 036	1 262	2 322	1 069	1 253
80+	…	…	…	…	…	…
80-84	1 556	651	905	1 919	825	1 094
85-89	957	357	600	1 143	440	702
90-94	500	153	347	571	185	386
95-99	185	42	143	215	52	163
100+	45	7	38	55	9	46

性・年齢別人口（千人）

年齢	2015			2020			2025			2030		
	総数	男	女	総数	男	女	総数	男	女	総数	男	女
総数	43 417	21 245	22 172	45 109	22 080	23 029	46 425	22 730	23 695	47 438	23 231	24 208
0-4	3 718	1 892	1 826	3 295	1 677	1 617	3 000	1 529	1 472	2 782	1 418	1 364
5-9	3 638	1 850	1 788	3 713	1 889	1 824	3 291	1 675	1 615	2 997	1 527	1 470
10-14	3 582	1 821	1 761	3 638	1 850	1 788	3 712	1 888	1 824	3 290	1 675	1 615
15-19	3 438	1 747	1 691	3 580	1 819	1 761	3 636	1 848	1 788	3 710	1 886	1 824
20-24	3 457	1 754	1 703	3 431	1 741	1 690	3 573	1 813	1 759	3 629	1 842	1 787
25-29	3 336	1 685	1 651	3 444	1 743	1 701	3 419	1 732	1 687	3 562	1 805	1 757
30-34	3 189	1 605	1 584	3 320	1 673	1 647	3 429	1 732	1 697	3 405	1 722	1 683
35-39	3 222	1 607	1 615	3 169	1 591	1 578	3 301	1 660	1 641	3 410	1 720	1 690
40-44	2 693	1 332	1 361	3 193	1 588	1 605	3 143	1 574	1 569	3 276	1 644	1 632
45-49	2 360	1 162	1 198	2 658	1 308	1 349	3 154	1 562	1 592	3 107	1 551	1 556
50-54	2 193	1 066	1 127	2 312	1 130	1 182	2 608	1 275	1 332	3 099	1 526	1 573
55-59	2 031	972	1 059	2 125	1 021	1 104	2 246	1 086	1 160	2 538	1 230	1 309
60-64	1 815	847	968	1 934	908	1 026	2 031	959	1 072	2 154	1 026	1 128
65-69	1 513	688	825	1 682	762	920	1 802	824	978	1 902	877	1 025
70-74	1 173	504	669	1 343	584	759	1 506	654	851	1 625	716	910
75-79	874	346	527	974	390	584	1 128	459	668	1 278	523	755
80+	…	…	…	…	…	…	…	…	…	…	…	…
80-84	617	216	401	654	233	421	740	268	472	869	322	547
85-89	368	108	260	395	118	277	426	130	296	491	154	337
90-94	153	35	118	185	43	142	203	48	155	224	55	169
95-99	40	7	33	54	9	45	67	11	55	75	13	62
100+	6	1	5	9	1	8	13	2	11	16	2	14

年齢	2035			2040			2045			2050		
	総数	男	女	総数	男	女	総数	男	女	総数	男	女
総数	48 286	23 653	24 633	48 926	23 980	24 946	49 321	24 195	25 126	49 441	24 280	25 161
0-4	2 709	1 381	1 328	2 599	1 325	1 274	2 454	1 251	1 203	2 286	1 166	1 121
5-9	2 779	1 416	1 363	2 707	1 379	1 327	2 597	1 324	1 273	2 453	1 250	1 202
10-14	2 997	1 526	1 470	2 779	1 416	1 363	2 707	1 379	1 327	2 598	1 324	1 274
15-19	3 288	1 673	1 615	2 995	1 525	1 470	2 778	1 415	1 363	2 706	1 379	1 327
20-24	3 703	1 881	1 822	3 283	1 669	1 614	2 992	1 523	1 469	2 776	1 413	1 363
25-29	3 619	1 834	1 784	3 694	1 874	1 820	3 277	1 664	1 612	2 987	1 519	1 468
30-34	3 548	1 795	1 753	3 607	1 826	1 780	3 684	1 867	1 817	3 268	1 659	1 609
35-39	3 388	1 711	1 678	3 533	1 785	1 747	3 593	1 818	1 775	3 671	1 859	1 812
40-44	3 387	1 705	1 682	3 367	1 698	1 670	3 513	1 773	1 740	3 575	1 807	1 768
45-49	3 242	1 622	1 620	3 355	1 685	1 670	3 339	1 680	1 659	3 487	1 757	1 729
50-54	3 057	1 518	1 539	3 195	1 592	1 603	3 311	1 657	1 654	3 300	1 656	1 644
55-59	3 023	1 477	1 547	2 989	1 474	1 515	3 130	1 551	1 580	3 251	1 619	1 632
60-64	2 443	1 168	1 275	2 919	1 409	1 510	2 896	1 415	1 481	3 041	1 494	1 547
65-69	2 027	945	1 082	2 311	1 085	1 226	2 776	1 320	1 456	2 766	1 333	1 432
70-74	1 728	770	958	1 856	840	1 016	2 131	975	1 156	2 576	1 198	1 378
75-79	1 394	582	813	1 498	636	862	1 625	706	920	1 885	832	1 053
80+	…	…	…	…	…	…	…	…	…	…	…	…
80-84	1 000	375	625	1 106	426	679	1 205	478	727	1 324	541	783
85-89	586	190	397	687	227	460	773	266	507	857	307	550
90-94	263	67	197	321	85	236	385	106	279	442	128	314
95-99	85	15	69	102	19	83	128	25	102	157	33	124
100+	19	2	17	23	3	20	28	4	24	35	5	31

年齢	2055			2060		
	総数	男	女	総数	男	女
総数	49 260	24 216	25 044	48 784	24 001	24 783
0-4	2 103	1 072	1 031	1 940	989	951
5-9	2 285	1 165	1 120	2 102	1 071	1 031
10-14	2 453	1 250	1 203	2 286	1 165	1 121
15-19	2 598	1 324	1 274	2 453	1 250	1 203
20-24	2 704	1 377	1 327	2 596	1 323	1 274
25-29	2 772	1 410	1 362	2 701	1 375	1 326
30-34	2 980	1 514	1 466	2 766	1 407	1 360
35-39	3 258	1 653	1 605	2 972	1 510	1 462
40-44	3 655	1 850	1 805	3 245	1 645	1 600
45-49	3 551	1 792	1 758	3 632	1 836	1 796
50-54	3 449	1 735	1 715	3 516	1 772	1 744
55-59	3 245	1 622	1 623	3 397	1 703	1 695
60-64	3 166	1 566	1 600	3 168	1 574	1 594
65-69	2 916	1 417	1 499	3 047	1 493	1 554
70-74	2 582	1 222	1 360	2 738	1 309	1 429
75-79	2 299	1 036	1 262	2 322	1 069	1 253
80+	…	…	…	…	…	…
80-84	1 556	651	905	1 919	825	1 094
85-89	957	357	600	1 143	440	702
90-94	500	153	347	571	185	386
95-99	185	42	143	215	52	163
100+	45	7	38	55	9	46

性・年齢別人口（千人）

年齢	1960 総数	男	女	1965 総数	男	女	1970 総数	男	女	1975 総数	男	女
総数	1 867	901	966	2 205	1 072	1 133	2 518	1 230	1 288	2 826	1 379	1 447
0-4	317	163	153	346	178	168	292	150	142	301	154	148
5-9	242	124	118	324	167	157	358	184	174	306	156	149
10-14	159	77	82	249	127	121	337	174	163	364	187	177
15-19	117	55	62	164	80	85	259	132	126	342	173	169
20-24	201	98	103	122	57	64	171	83	88	269	133	136
25-29	158	80	78	204	100	105	127	60	67	178	87	91
30-34	165	83	82	163	82	81	210	102	108	132	63	69
35-39	84	38	46	167	84	84	168	84	84	213	104	109
40-44	50	21	30	86	38	47	171	85	86	169	85	84
45-49	76	31	45	51	21	30	88	39	49	171	84	87
50-54	74	32	42	76	30	45	52	21	31	92	39	53
55-59	64	27	37	72	30	42	75	30	45	54	21	33
60-64	42	20	22	60	25	36	70	29	41	72	28	43
65-69	33	16	17	38	17	21	56	22	34	63	25	38
70-74	39	17	22	28	13	15	33	14	19	46	18	28
75-79	26	10	15	30	12	17	22	10	12	25	11	15
80+	21	8	13	24	9	15	29	11	18	30	11	18
80-84	…	…	…	…	…	…	…	…	…	…	…	…
85-89	…	…	…	…	…	…	…	…	…	…	…	…
90-94	…	…	…	…	…	…	…	…	…	…	…	…
95-99	…	…	…	…	…	…	…	…	…	…	…	…
100+	…	…	…	…	…	…	…	…	…	…	…	…

年齢	1980 総数	男	女	1985 総数	男	女	1990 総数	男	女	1995 総数	男	女
総数	3 096	1 509	1 587	3 339	1 633	1 706	3 545	1 719	1 825	3 223	1 528	1 695
0-4	331	169	162	378	193	184	389	198	191	289	149	141
5-9	304	155	149	324	166	158	369	187	182	344	174	170
10-14	307	157	150	305	155	149	318	161	157	317	158	159
15-19	362	184	178	301	154	147	278	144	134	261	127	135
20-24	354	175	179	346	172	174	283	141	142	217	106	110
25-29	262	127	135	336	165	171	336	162	174	217	103	115
30-34	181	88	93	257	124	132	328	159	169	276	127	149
35-39	120	58	62	175	85	90	251	120	131	277	129	147
40-44	207	100	107	117	56	61	170	81	89	212	98	114
45-49	165	82	83	202	98	104	114	54	60	140	65	75
50-54	172	84	88	162	80	83	196	93	103	93	43	51
55-59	95	40	55	166	80	86	157	75	82	176	81	95
60-64	53	20	33	89	37	52	156	72	84	134	63	72
65-69	64	24	39	47	17	30	79	32	48	134	59	74
70-74	53	21	32	54	20	34	39	13	26	63	24	40
75-79	37	14	23	41	15	25	40	14	26	29	9	20
80+	31	12	19	39	14	24	…	…	…	…	…	…
80-84	…	…	…	…	…	…	23	8	15	26	8	17
85-89	…	…	…	…	…	…	12	4	8	12	4	8
90-94	…	…	…	…	…	…	4	1	2	5	1	3
95-99	…	…	…	…	…	…	1	0	1	1	0	1
100+	…	…	…	…	…	…	0	0	0	0	0	0

年齢	2000 総数	男	女	2005 総数	男	女	2010 総数	男	女	2015 総数	男	女
総数	3 076	1 445	1 631	3 015	1 479	1 536	2 963	1 523	1 440	3 018	1 400	1 618
0-4	197	105	92	199	111	88	216	124	92	207	107	101
5-9	272	140	132	198	108	90	193	112	81	189	97	91
10-14	326	165	161	263	141	123	199	112	88	159	83	75
15-19	298	147	150	311	162	149	255	142	113	179	90	89
20-24	240	113	126	277	142	136	295	159	136	257	120	137
25-29	193	91	102	225	110	115	257	136	121	283	132	151
30-34	189	86	103	183	90	94	210	107	103	253	120	133
35-39	249	112	138	185	87	98	174	88	86	202	94	109
40-44	251	114	137	235	109	126	180	88	92	170	78	93
45-49	192	87	106	230	108	122	221	107	114	171	77	94
50-54	123	56	67	172	80	92	207	101	107	235	106	129
55-59	81	35	45	109	50	59	150	72	78	220	98	122
60-64	158	70	88	77	34	43	94	44	50	166	71	95
65-69	113	51	62	133	59	74	72	32	39	96	42	54
70-74	109	46	63	92	41	51	105	47	58	51	20	31
75-79	47	17	31	75	31	44	68	30	39	93	35	57
80+	…	…	…	…	…	…	…	…	…	…	…	…
80-84	18	5	13	32	10	22	42	17	25	55	20	36
85-89	14	4	10	10	3	8	19	5	14	23	8	15
90-94	5	1	3	6	2	4	5	1	4	8	2	6
95-99	1	0	1	2	0	1	2	0	2	1	0	1
100+	0	0	0	0	0	0	0	0	0	0	0	0

性・年齢別人口（千人）

年齢	2015 総数	男	女	2020 総数	男	女	2025 総数	男	女	2030 総数	男	女
総数	3 018	1 400	1 618	3 038	1 409	1 629	3 029	1 403	1 625	2 993	1 385	1 607
0-4	207	107	101	187	99	88	161	85	76	139	73	66
5-9	189	97	91	206	106	100	187	99	88	160	85	76
10-14	159	83	75	188	97	91	206	106	100	186	99	88
15-19	179	90	89	156	81	74	185	95	90	203	104	99
20-24	257	120	137	173	86	87	150	78	72	180	91	88
25-29	283	132	151	252	117	135	168	83	85	145	75	71
30-34	253	120	133	278	129	150	247	114	134	164	80	84
35-39	202	94	109	249	118	132	275	126	149	244	111	132
40-44	170	78	93	199	91	107	246	115	130	271	123	147
45-49	171	77	94	167	76	91	195	89	106	241	112	129
50-54	235	106	129	166	74	93	163	73	90	190	86	105
55-59	220	98	122	226	100	126	160	70	91	157	69	88
60-64	166	71	95	207	90	118	214	92	122	152	65	88
65-69	96	42	54	152	63	89	190	79	111	198	82	115
70-74	51	20	31	83	34	49	133	52	81	168	67	101
75-79	93	35	57	41	15	26	67	25	42	109	39	70
80+	…	…	…	…	…	…	…	…	…	…	…	…
80-84	55	20	36	64	22	42	29	9	19	48	16	32
85-89	23	8	15	31	9	22	37	10	26	17	5	12
90-94	8	2	6	9	2	7	13	3	10	16	3	13
95-99	1	0	1	2	0	2	3	0	2	4	1	3
100+	0	0	0	0	0	0	0	0	0	1	0	0

年齢	2035 総数	男	女	2040 総数	男	女	2045 総数	男	女	2050 総数	男	女
総数	2 940	1 359	1 581	2 879	1 331	1 548	2 809	1 301	1 509	2 729	1 267	1 462
0-4	130	68	62	132	69	63	135	70	65	128	66	62
5-9	138	73	66	129	68	62	132	69	63	134	69	65
10-14	160	84	76	138	72	65	129	67	61	131	68	63
15-19	183	97	86	157	82	74	135	71	64	126	65	60
20-24	197	100	97	178	93	85	152	79	73	130	67	63
25-29	175	88	87	192	97	95	173	90	83	147	76	71
30-34	141	72	69	171	85	85	188	94	94	169	87	82
35-39	161	78	83	138	70	68	167	83	84	185	92	93
40-44	240	109	131	158	76	82	136	68	68	165	81	83
45-49	267	121	146	237	107	130	156	74	81	133	66	67
50-54	236	109	128	261	117	144	232	104	129	153	72	80
55-59	185	82	103	229	104	125	254	113	142	227	100	126
60-64	150	64	85	176	77	100	220	98	122	245	107	138
65-69	141	58	83	140	58	81	165	70	95	207	90	117
70-74	176	70	106	127	50	77	126	51	76	150	61	89
75-79	139	51	87	147	55	92	107	40	67	108	41	67
80+	…	…	…	…	…	…	…	…	…	…	…	…
80-84	79	26	54	103	34	69	111	37	73	82	28	54
85-89	29	8	20	49	13	35	64	19	46	71	21	50
90-94	8	2	6	13	3	10	23	5	18	31	7	24
95-99	5	1	4	2	0	2	4	1	4	8	1	7
100+	1	0	1	1	0	1	1	0	1	1	0	1

年齢	2055 総数	男	女	2060 総数	男	女
総数	2 638	1 230	1 408	2 542	1 190	1 352
0-4	116	60	56	106	55	51
5-9	128	66	62	116	60	56
10-14	134	69	64	127	66	62
15-19	128	67	62	131	68	63
20-24	121	62	59	124	64	60
25-29	125	64	61	116	59	57
30-34	143	73	70	122	62	60
35-39	166	85	81	140	71	69
40-44	182	90	92	164	84	80
45-49	162	80	83	180	89	91
50-54	131	65	66	160	78	82
55-59	149	70	79	128	63	65
60-64	219	95	123	144	67	77
65-69	232	99	133	208	89	119
70-74	189	80	109	213	89	125
75-79	129	50	79	164	67	98
80+	…	…	…	…	…	…
80-84	83	29	54	102	37	65
85-89	53	16	37	55	17	38
90-94	35	8	27	27	7	21
95-99	11	2	9	13	2	11
100+	2	0	2	3	0	2

Armenia

性・年齢別人口（千人）

年齢	2015 総数	男	女	2020 総数	男	女	2025 総数	男	女	2030 総数	男	女
総数	3 018	1 400	1 618	3 069	1 425	1 644	3 103	1 443	1 660	3 113	1 449	1 664
0-4	207	107	101	219	116	103	204	108	97	185	97	88
5-9	189	97	91	206	106	100	218	115	102	204	107	96
10-14	159	83	75	188	97	91	206	106	100	217	115	102
15-19	179	90	89	156	81	74	185	95	90	203	104	99
20-24	257	120	137	173	86	87	150	78	72	180	91	88
25-29	283	132	151	252	117	135	168	83	85	145	75	71
30-34	253	120	133	278	129	150	247	114	134	164	80	84
35-39	202	94	109	249	118	132	275	126	149	244	111	132
40-44	170	78	93	199	91	107	246	115	130	271	123	147
45-49	171	77	94	167	76	91	195	89	106	241	112	129
50-54	235	106	129	166	74	93	163	73	90	190	86	105
55-59	220	98	122	226	100	126	160	70	91	157	69	88
60-64	166	71	95	207	90	118	214	92	122	152	65	88
65-69	96	42	54	152	63	89	190	79	111	198	82	115
70-74	51	20	31	83	34	49	133	52	81	168	67	101
75-79	93	35	57	41	15	26	67	25	42	109	39	70
80+	...	...	...	...	...	...	...	...	...	...	...	...
80-84	55	20	36	64	22	42	29	9	19	48	16	32
85-89	23	8	15	31	9	22	37	10	26	17	5	12
90-94	8	2	6	9	2	7	13	3	10	16	3	13
95-99	1	0	1	2	0	2	3	0	2	4	1	3
100+	0	0	0	0	0	0	0	0	0	1	0	0

年齢	2035 総数	男	女	2040 総数	男	女	2045 総数	男	女	2050 総数	男	女
総数	3 103	1 445	1 658	3 089	1 441	1 648	3 075	1 440	1 635	3 061	1 440	1 620
0-4	173	90	82	179	93	86	191	99	92	195	100	94
5-9	184	97	87	172	90	82	179	93	86	190	99	92
10-14	203	107	96	184	97	87	171	90	82	178	93	85
15-19	214	113	101	200	105	95	181	95	86	168	88	81
20-24	197	100	97	209	110	99	195	102	93	176	91	84
25-29	175	88	87	192	97	95	204	106	98	189	98	91
30-34	141	72	69	171	85	85	188	94	94	200	103	96
35-39	161	78	83	138	70	68	167	83	84	185	92	93
40-44	240	109	131	158	76	82	136	68	68	165	81	83
45-49	267	121	146	237	107	130	156	74	81	133	66	67
50-54	236	109	128	261	117	144	232	104	129	153	72	80
55-59	185	82	103	229	104	125	254	113	142	227	100	126
60-64	150	64	85	176	77	100	220	98	122	245	107	138
65-69	141	58	83	140	58	81	165	70	95	207	90	117
70-74	176	70	106	127	50	77	126	51	76	150	61	89
75-79	139	51	87	147	55	92	107	40	67	108	41	67
80+	...	...	...	...	...	...	...	...	...	...	...	...
80-84	79	26	54	103	34	69	111	37	73	82	28	54
85-89	29	8	20	49	13	35	64	19	46	71	21	50
90-94	8	2	6	13	3	10	23	5	18	31	7	24
95-99	5	1	4	2	0	2	4	1	4	8	1	7
100+	1	0	1	1	0	1	1	0	1	1	0	1

年齢	2055 総数	男	女	2060 総数	男	女
総数	3 043	1 441	1 602	3 022	1 440	1 582
0-4	190	98	92	182	94	88
5-9	194	100	94	189	98	92
10-14	190	98	91	193	100	94
15-19	175	91	84	187	97	90
20-24	164	84	79	171	88	83
25-29	171	88	83	159	82	77
30-34	186	96	90	167	86	82
35-39	197	101	95	183	94	89
40-44	182	90	92	194	100	95
45-49	162	80	83	180	89	91
50-54	131	65	66	160	78	82
55-59	149	70	79	128	63	65
60-64	219	95	123	144	67	77
65-69	232	99	133	208	89	119
70-74	189	80	109	213	89	125
75-79	129	50	79	164	67	98
80+	...	...	...	...	...	...
80-84	83	29	54	102	37	65
85-89	53	16	37	55	17	38
90-94	35	8	27	27	7	21
95-99	11	2	9	13	2	11
100+	2	0	2	3	0	2

性・年齢別人口（千人）

年齢	2015			2020			2025			2030		
	総数	男	女	総数	男	女	総数	男	女	総数	男	女
総数	3 018	1 400	1 618	3 007	1 392	1 615	2 954	1 364	1 590	2 872	1 322	1 550
0-4	207	107	101	156	83	73	118	62	56	93	49	44
5-9	189	97	91	206	106	100	155	82	73	117	62	55
10-14	159	83	75	188	97	91	206	106	100	155	82	73
15-19	179	90	89	156	81	74	185	95	90	203	104	99
20-24	257	120	137	173	86	87	150	78	72	180	91	88
25-29	283	132	151	252	117	135	168	83	85	145	75	71
30-34	253	120	133	278	129	150	247	114	134	164	80	84
35-39	202	94	109	249	118	132	275	126	149	244	111	132
40-44	170	78	93	199	91	107	246	115	130	271	123	147
45-49	171	77	94	167	76	91	195	89	106	241	112	129
50-54	235	106	129	166	74	93	163	73	90	190	86	105
55-59	220	98	122	226	100	126	160	70	91	157	69	88
60-64	166	71	95	207	90	118	214	92	122	152	65	88
65-69	96	42	54	152	63	89	190	79	111	198	82	115
70-74	51	20	31	83	34	49	133	52	81	168	67	101
75-79	93	35	57	41	15	26	67	25	42	109	39	70
80+	…	…	…	…	…	…	…	…	…	…	…	…
80-84	55	20	36	64	22	42	29	9	19	48	16	32
85-89	23	8	15	31	9	22	37	10	26	17	5	12
90-94	8	2	6	9	2	7	13	3	10	16	3	13
95-99	1	0	1	2	0	2	3	0	2	4	1	3
100+	0	0	0	0	0	0	0	0	0	1	0	0

年齢	2035			2040			2045			2050		
	総数	男	女	総数	男	女	総数	男	女	総数	男	女
総数	2 777	1 274	1 503	2 672	1 222	1 449	2 553	1 167	1 386	2 419	1 105	1 313
0-4	87	46	42	88	46	42	85	44	41	74	38	36
5-9	93	49	44	87	45	41	87	45	42	85	44	41
10-14	117	62	55	92	48	44	86	45	41	87	45	42
15-19	152	80	72	114	60	54	89	47	43	83	43	40
20-24	197	100	97	147	77	70	109	56	52	84	43	41
25-29	175	88	87	192	97	95	142	73	68	104	53	51
30-34	141	72	69	171	85	85	188	94	94	138	71	67
35-39	161	78	83	138	70	68	167	83	84	185	92	93
40-44	240	109	131	158	76	82	136	68	68	165	81	83
45-49	267	121	146	237	107	130	156	74	81	133	66	67
50-54	236	109	128	261	117	144	232	104	129	153	72	80
55-59	185	82	103	229	104	125	254	113	142	227	100	126
60-64	150	64	85	176	77	100	220	98	122	245	107	138
65-69	141	58	83	140	58	81	165	70	95	207	90	117
70-74	176	70	106	127	50	77	126	51	76	150	61	89
75-79	139	51	87	147	55	92	107	40	67	108	41	67
80+	…	…	…	…	…	…	…	…	…	…	…	…
80-84	79	26	54	103	34	69	111	37	73	82	28	54
85-89	29	8	20	49	13	35	64	19	46	71	21	50
90-94	8	2	6	13	3	10	23	5	18	31	7	24
95-99	5	1	4	2	0	2	4	1	4	8	1	7
100+	1	0	1	1	0	1	1	0	1	1	0	1

年齢	2055			2060		
	総数	男	女	総数	男	女
総数	2 273	1 040	1 233	2 121	972	1 150
0-4	60	31	29	50	26	24
5-9	74	38	36	60	31	29
10-14	84	44	40	73	38	35
15-19	84	43	41	81	42	40
20-24	78	40	38	79	40	39
25-29	79	40	39	74	37	37
30-34	100	51	49	76	38	38
35-39	135	69	66	98	49	49
40-44	182	90	92	133	67	65
45-49	162	80	83	180	89	91
50-54	131	65	66	160	78	82
55-59	149	70	79	128	63	65
60-64	219	95	123	144	67	77
65-69	232	99	133	208	89	119
70-74	189	80	109	213	89	125
75-79	129	50	79	164	67	98
80+	…	…	…	…	…	…
80-84	83	29	54	102	37	65
85-89	53	16	37	55	17	38
90-94	35	8	27	27	7	21
95-99	11	2	9	13	2	11
100+	2	0	2	3	0	2

性・年齢別人口（千人）

年齢	1960 総数	男	女	1965 総数	男	女	1970 総数	男	女	1975 総数	男	女
総数	54	27	28	57	28	29	59	29	30	61	30	31
0-4	9	4	4	8	4	4	7	4	3	6	3	3
5-9	8	4	4	8	4	4	8	4	4	6	3	3
10-14	7	3	3	7	4	4	7	4	4	7	4	3
15-19	5	3	3	6	3	3	7	3	3	7	3	3
20-24	4	2	2	5	2	2	5	3	3	6	3	3
25-29	4	2	2	4	2	2	4	2	2	5	2	3
30-34	3	1	2	4	2	2	4	2	2	5	2	2
35-39	3	1	1	3	1	2	3	2	2	4	2	2
40-44	3	1	1	3	1	1	3	1	1	3	2	2
45-49	2	1	1	2	1	1	2	1	1	3	1	1
50-54	2	1	1	2	1	1	2	1	1	2	1	1
55-59	1	1	1	2	1	1	2	1	1	2	1	1
60-64	1	0	1	1	1	1	2	1	1	2	1	1
65-69	1	0	0	1	0	0	1	1	1	2	1	1
70-74	0	0	0	0	0	0	1	0	0	1	0	1
75-79	0	0	0	0	0	0	0	0	0	1	0	0
80+	0	0	0	0	0	0	0	0	0	0	0	0
80-84	…	…	…	…	…	…	…	…	…	…	…	…
85-89	…	…	…	…	…	…	…	…	…	…	…	…
90-94	…	…	…	…	…	…	…	…	…	…	…	…
95-99	…	…	…	…	…	…	…	…	…	…	…	…
100+	…	…	…	…	…	…	…	…	…	…	…	…

年齢	1980 総数	男	女	1985 総数	男	女	1990 総数	男	女	1995 総数	男	女
総数	60	29	31	63	31	32	62	31	31	80	40	41
0-4	5	3	3	6	3	3	5	3	2	7	3	3
5-9	5	2	2	5	2	2	5	3	2	6	3	3
10-14	6	3	3	4	2	2	5	2	2	6	3	3
15-19	7	4	3	6	3	3	4	2	2	5	3	3
20-24	6	3	3	7	3	3	4	2	2	5	3	3
25-29	5	2	3	6	3	3	5	3	3	7	4	3
30-34	5	2	3	5	3	3	6	3	3	8	4	4
35-39	4	2	2	5	2	3	6	3	3	8	4	4
40-44	4	2	2	4	2	2	4	2	2	7	3	3
45-49	3	2	2	3	2	2	3	2	2	5	3	3
50-54	2	1	1	3	1	2	3	2	2	4	2	2
55-59	2	1	1	2	1	1	3	1	1	4	2	2
60-64	2	1	1	2	1	1	2	1	1	3	1	1
65-69	2	1	1	2	1	1	1	1	1	2	1	1
70-74	1	1	1	1	1	1	1	1	1	1	1	1
75-79	1	0	0	1	0	1	1	0	1	1	0	1
80+	1	0	0	1	0	0	…	…	…	…	…	…
80-84	…	…	…	…	…	…	1	0	0	1	0	0
85-89	…	…	…	…	…	…	0	0	0	0	0	0
90-94	…	…	…	…	…	…	0	0	0	0	0	0
95-99	…	…	…	…	…	…	0	0	0	0	0	0
100+	…	…	…	…	…	…	0	0	0	0	0	0

年齢	2000 総数	男	女	2005 総数	男	女	2010 総数	男	女	2015 総数	男	女
総数	91	44	47	100	48	52	102	48	53	104	49	55
0-4	7	4	3	6	3	3	7	3	3	5	3	3
5-9	7	4	4	7	4	4	7	4	3	7	3	3
10-14	7	3	3	8	4	4	7	4	4	7	4	4
15-19	6	3	3	7	3	3	7	4	4	8	4	4
20-24	5	2	3	6	3	3	5	3	3	7	4	4
25-29	6	3	3	6	3	3	6	3	3	5	3	3
30-34	8	4	4	7	3	4	7	3	4	6	3	3
35-39	9	4	5	9	4	5	7	3	4	7	3	4
40-44	8	4	4	10	5	5	8	4	4	8	3	4
45-49	7	3	4	9	4	5	9	4	5	8	4	4
50-54	5	3	3	7	3	4	8	4	4	9	4	5
55-59	4	2	2	5	3	3	7	3	4	8	4	4
60-64	4	2	2	4	2	2	5	2	3	7	3	4
65-69	3	1	1	3	2	2	4	2	2	5	2	3
70-74	2	1	1	2	1	1	3	1	2	3	1	2
75-79	1	1	1	1	1	1	2	1	1	2	1	1
80+	…	…	…	…	…	…	…	…	…	…	…	…
80-84	1	0	1	1	0	0	1	0	1	1	1	1
85-89	0	0	0	0	0	0	0	0	0	1	0	0
90-94	0	0	0	0	0	0	0	0	0	0	0	0
95-99	0	0	0	0	0	0	0	0	0	0	0	0
100+	0	0	0	0	0	0	0	0	0	0	0	0

性・年齢別人口（千人）

年齢	2015			2020			2025			2030		
	総数	男	女	総数	男	女	総数	男	女	総数	男	女
総数	104	49	55	105	50	55	106	50	56	107	51	57
0-4	5	3	3	5	3	3	6	3	3	6	3	3
5-9	7	3	3	5	3	3	5	3	3	6	3	3
10-14	7	4	4	7	3	3	5	3	3	5	3	3
15-19	8	4	4	7	4	4	7	3	3	5	3	3
20-24	7	4	4	8	4	4	7	4	4	7	3	3
25-29	5	3	3	7	4	4	8	4	4	7	4	4
30-34	6	3	3	5	3	3	8	4	4	8	4	4
35-39	7	3	4	6	3	3	6	3	3	8	4	4
40-44	8	3	4	7	3	4	6	3	3	8	4	4
45-49	8	4	4	8	3	4	7	3	4	6	3	3
50-54	9	4	5	8	4	4	7	3	4	7	3	4
55-59	8	4	4	9	4	5	8	4	4	7	3	4
60-64	7	3	4	8	4	4	9	4	5	8	3	4
65-69	5	2	3	6	3	3	7	3	4	8	4	5
70-74	3	1	2	4	2	2	5	2	3	6	3	4
75-79	2	1	1	3	1	2	3	1	2	4	2	3
80+	…	…	…	…	…	…	…	…	…	…	…	…
80-84	1	1	1	2	1	1	2	1	1	2	1	2
85-89	1	0	0	1	0	0	1	0	1	1	0	1
90-94	0	0	0	0	0	0	0	0	0	0	0	0
95-99	0	0	0	0	0	0	0	0	0	0	0	0
100+	0	0	0	0	0	0	0	0	0	0	0	0

年齢	2035			2040			2045			2050		
	総数	男	女	総数	男	女	総数	男	女	総数	男	女
総数	107	51	56	106	50	56	104	49	55	102	48	53
0-4	6	3	3	5	3	3	5	3	2	5	2	2
5-9	6	3	3	6	3	3	5	3	3	5	3	2
10-14	6	3	3	6	3	3	6	3	3	5	3	3
15-19	5	3	3	6	3	3	6	3	3	6	3	3
20-24	5	3	3	5	3	3	6	3	3	6	3	3
25-29	7	3	3	5	3	3	5	3	3	6	3	3
30-34	7	4	4	7	3	3	5	3	3	5	3	3
35-39	8	4	4	7	4	4	7	3	3	5	3	3
40-44	8	4	4	8	4	4	7	4	4	7	3	3
45-49	6	3	3	8	4	4	8	4	4	7	4	3
50-54	6	3	3	6	3	3	8	4	4	8	4	4
55-59	7	3	4	6	3	3	5	3	3	7	4	4
60-64	7	3	4	6	3	4	6	2	3	5	3	3
65-69	7	3	4	7	3	4	6	3	3	5	2	3
70-74	7	3	4	6	3	4	6	3	3	5	2	3
75-79	5	2	3	6	2	4	5	2	3	5	2	3
80+	…	…	…	…	…	…	…	…	…	…	…	…
80-84	3	1	2	4	1	2	5	2	3	4	2	3
85-89	1	0	1	2	1	1	2	1	2	3	1	2
90-94	0	0	0	1	0	0	1	0	1	1	0	1
95-99	0	0	0	0	0	0	0	0	0	0	0	0
100+	0	0	0	0	0	0	0	0	0	0	0	0

年齢	2055			2060		
	総数	男	女	総数	男	女
総数	99	48	52	98	47	50
0-4	5	2	2	5	2	2
5-9	5	2	2	5	2	2
10-14	5	3	2	5	2	2
15-19	5	3	3	5	3	2
20-24	6	3	3	5	3	3
25-29	6	3	3	6	3	3
30-34	6	3	3	6	3	3
35-39	5	3	3	6	3	3
40-44	5	3	3	5	3	3
45-49	7	3	3	5	3	3
50-54	7	4	4	7	3	3
55-59	8	4	4	7	4	4
60-64	7	4	4	7	4	4
65-69	5	2	3	7	3	3
70-74	5	2	3	5	2	2
75-79	5	2	3	4	2	2
80+	…	…	…	…	…	…
80-84	4	2	2	4	1	2
85-89	3	1	2	3	1	2
90-94	1	0	1	1	0	1
95-99	0	0	0	0	0	0
100+	0	0	0	0	0	0

性・年齢別人口（千人）

年齢	2015			2020			2025			2030		
	総数	男	女	総数	男	女	総数	男	女	総数	男	女
総数	104	49	55	106	50	56	109	51	57	111	53	58
0-4	5	3	3	6	3	3	7	4	3	8	4	4
5-9	7	3	3	5	3	3	6	3	3	7	4	3
10-14	7	4	4	7	3	3	5	3	3	6	3	3
15-19	8	4	4	7	4	4	7	3	3	5	3	3
20-24	7	4	4	8	4	4	7	4	4	7	3	3
25-29	5	3	3	7	4	4	8	4	4	7	4	4
30-34	6	3	3	5	3	3	8	4	4	8	4	4
35-39	7	3	4	6	3	3	6	3	3	8	4	4
40-44	8	3	4	7	3	4	6	3	3	6	3	3
45-49	8	4	4	8	4	4	7	3	4	6	3	3
50-54	9	4	5	8	4	4	7	3	4	7	3	4
55-59	8	4	4	9	4	5	8	4	4	7	3	4
60-64	7	3	4	8	4	4	9	4	5	8	3	4
65-69	5	2	3	6	3	3	7	3	4	8	4	5
70-74	3	1	2	4	2	2	5	2	3	6	3	4
75-79	2	1	1	3	1	2	3	1	2	4	2	3
80+	…	…	…	…	…	…	…	…	…	…	…	…
80-84	1	1	1	2	1	1	2	1	1	2	1	2
85-89	1	0	0	1	0	0	1	0	1	1	0	1
90-94	0	0	0	0	0	0	0	0	0	0	0	0
95-99	0	0	0	0	0	0	0	0	0	0	0	0
100+	0	0	0	0	0	0	0	0	0	0	0	0

年齢	2035			2040			2045			2050		
	総数	男	女	総数	男	女	総数	男	女	総数	男	女
総数	113	53	59	113	54	59	113	54	59	113	54	59
0-4	7	4	4	7	4	3	7	3	3	7	4	3
5-9	8	4	4	7	4	4	7	4	3	7	3	3
10-14	7	4	3	8	4	4	7	4	4	7	4	3
15-19	6	3	3	7	4	3	8	4	4	7	4	4
20-24	5	3	3	6	3	3	7	4	3	8	4	4
25-29	7	3	3	5	3	3	6	3	3	7	4	3
30-34	7	4	4	7	3	3	5	3	3	6	3	3
35-39	8	4	4	7	4	4	7	3	3	5	3	3
40-44	8	4	4	8	4	4	7	3	4	7	3	4
45-49	6	3	3	8	4	4	8	4	4	8	4	4
50-54	6	3	3	6	3	3	8	4	4	8	4	4
55-59	7	3	4	6	3	3	5	3	3	7	4	4
60-64	7	3	4	6	3	4	6	2	3	5	3	3
65-69	7	3	4	7	3	4	6	3	3	5	2	3
70-74	7	3	4	6	3	4	6	3	3	5	2	3
75-79	5	2	3	6	2	4	5	2	3	5	2	3
80+	…	…	…	…	…	…	…	…	…	…	…	…
80-84	3	1	2	4	1	2	5	2	3	4	2	3
85-89	1	0	1	2	1	1	2	1	2	3	1	2
90-94	0	0	0	1	0	0	1	0	1	1	0	1
95-99	0	0	0	0	0	0	0	0	0	0	0	0
100+	0	0	0	0	0	0	0	0	0	0	0	0

年齢	2055			2060		
	総数	男	女	総数	男	女
総数	113	55	58	115	56	59
0-4	7	4	4	8	4	4
5-9	7	4	3	7	4	4
10-14	7	3	3	7	4	3
15-19	7	4	3	7	3	3
20-24	7	4	4	7	4	3
25-29	8	4	4	7	4	4
30-34	7	4	3	8	4	4
35-39	6	3	3	7	4	3
40-44	5	3	3	6	3	3
45-49	7	3	3	5	3	3
50-54	7	4	4	7	3	3
55-59	8	4	4	7	4	4
60-64	7	4	4	7	4	4
65-69	5	2	3	7	3	3
70-74	5	2	3	5	2	2
75-79	5	2	3	4	2	2
80+	…	…	…	…	…	…
80-84	4	2	2	4	1	2
85-89	3	1	2	3	1	2
90-94	1	0	1	1	0	1
95-99	0	0	0	0	0	0
100+	0	0	0	0	0	0

性・年齢別人口（千人）

年齢	2015			2020			2025			2030		
	総数	男	女	総数	男	女	総数	男	女	総数	男	女
総数	104	49	55	105	50	55	104	49	55	103	49	55
0-4	5	3	3	4	2	2	4	2	2	4	2	2
5-9	7	3	3	5	3	3	4	2	2	4	2	2
10-14	7	4	4	7	3	3	5	3	3	4	2	2
15-19	8	4	4	7	4	4	7	3	3	5	3	3
20-24	7	4	4	8	4	4	7	4	4	7	3	3
25-29	5	3	3	7	4	4	8	4	4	7	4	4
30-34	6	3	3	5	3	3	8	4	4	8	4	4
35-39	7	3	4	6	3	3	6	3	3	8	4	4
40-44	8	3	4	7	3	4	6	3	3	6	3	3
45-49	8	4	4	8	3	4	7	3	4	6	3	3
50-54	9	4	5	8	4	4	7	3	4	7	3	4
55-59	8	4	4	9	4	5	8	4	4	7	3	4
60-64	7	3	4	8	4	4	9	4	5	8	3	4
65-69	5	2	3	6	3	3	7	3	4	8	4	5
70-74	3	1	2	4	2	2	5	2	3	6	3	4
75-79	2	1	1	3	1	2	3	1	2	4	2	3
80+	…	…	…	…	…	…	…	…	…	…	…	…
80-84	1	1	1	2	1	1	2	1	1	2	1	2
85-89	1	0	0	1	0	0	1	0	1	1	0	1
90-94	0	0	0	0	0	0	0	0	0	0	0	0
95-99	0	0	0	0	0	0	0	0	0	0	0	0
100+	0	0	0	0	0	0	0	0	0	0	0	0

年齢	2035			2040			2045			2050		
	総数	男	女	総数	男	女	総数	男	女	総数	男	女
総数	101	48	54	99	46	52	95	45	50	91	43	48
0-4	4	2	2	4	2	2	3	2	2	3	1	1
5-9	4	2	2	4	2	2	4	2	2	3	2	2
10-14	4	2	2	4	2	2	4	2	2	4	2	2
15-19	5	2	2	4	2	2	4	2	2	4	2	2
20-24	5	3	3	5	2	2	4	2	2	4	2	2
25-29	7	3	3	5	3	3	5	2	2	4	2	2
30-34	7	4	4	7	3	3	5	3	3	5	2	2
35-39	8	4	4	7	4	4	7	3	3	5	3	3
40-44	8	4	4	8	4	4	7	4	4	7	3	3
45-49	6	3	3	8	4	4	8	4	4	7	4	4
50-54	6	3	3	6	3	3	8	4	4	8	4	4
55-59	7	3	4	6	3	3	5	3	3	7	4	4
60-64	7	3	4	6	3	4	6	2	3	5	3	3
65-69	7	3	4	7	3	4	6	3	3	5	2	3
70-74	7	3	4	6	3	4	6	3	3	5	2	3
75-79	5	2	3	6	2	4	5	2	3	5	2	3
80+	…	…	…	…	…	…	…	…	…	…	…	…
80-84	3	1	2	4	1	2	5	2	3	4	2	3
85-89	1	0	1	2	1	1	2	1	2	3	1	2
90-94	0	0	0	1	0	0	1	0	1	1	0	1
95-99	0	0	0	0	0	0	0	0	0	0	0	0
100+	0	0	0	0	0	0	0	0	0	0	0	0

年齢	2055			2060		
	総数	男	女	総数	男	女
総数	87	41	45	82	40	43
0-4	3	1	1	3	1	1
5-9	3	1	1	3	1	1
10-14	3	2	2	3	1	1
15-19	4	2	2	3	2	2
20-24	4	2	2	4	2	2
25-29	4	2	2	4	2	2
30-34	4	2	2	4	2	2
35-39	5	2	2	4	2	2
40-44	5	3	3	5	2	2
45-49	7	3	3	5	3	3
50-54	7	4	4	7	3	3
55-59	8	4	4	7	4	4
60-64	7	4	4	7	4	4
65-69	5	2	3	7	3	3
70-74	5	2	3	5	2	2
75-79	5	2	3	4	2	2
80+	…	…	…	…	…	…
80-84	4	2	2	4	1	2
85-89	3	1	2	3	1	2
90-94	1	0	1	1	0	1
95-99	0	0	0	0	0	0
100+	0	0	0	0	0	0

Australia

性・年齢別人口（千人）

年齢	1960			1965			1970			1975		
	総数	男	女	総数	男	女	総数	男	女	総数	男	女
総数	10 292	5 200	5 092	11 368	5 726	5 642	12 905	6 490	6 415	13 893	6 967	6 926
0-4	1 094	561	534	1 163	596	567	1 247	638	609	1 276	652	624
5-9	1 032	527	505	1 135	581	553	1 257	644	613	1 252	642	611
10-14	981	502	478	1 067	545	522	1 243	636	607	1 287	662	625
15-19	768	394	375	1 014	520	494	1 114	566	548	1 235	630	605
20-24	671	346	325	818	420	398	1 136	581	556	1 165	589	576
25-29	656	342	313	723	372	351	919	477	443	1 157	590	567
30-34	743	389	355	692	359	333	798	413	386	944	487	457
35-39	757	388	368	766	398	368	740	381	359	825	424	401
40-44	661	335	326	767	392	375	818	424	394	756	390	366
45-49	648	332	316	659	332	327	797	406	391	802	414	388
50-54	548	285	263	633	321	312	658	329	329	766	387	379
55-59	457	232	225	527	269	258	613	305	307	632	312	321
60-64	392	186	206	426	210	216	502	243	260	577	278	299
65-69	334	150	184	350	158	192	387	185	203	452	212	240
70-74	259	115	144	277	116	160	291	122	169	332	146	186
75-79	160	67	93	192	79	114	201	77	124	219	84	136
80+	132	50	83	161	58	103	183	64	119	215	69	147
80-84	...	...	...	...	...	...	...	...	...	...	...	...
85-89	...	...	...	...	...	...	...	...	...	...	...	...
90-94	...	...	...	...	...	...	...	...	...	...	...	...
95-99	...	...	...	...	...	...	...	...	...	...	...	...
100+	...	...	...	...	...	...	...	...	...	...	...	...

年齢	1980			1985			1990			1995		
	総数	男	女	総数	男	女	総数	男	女	総数	男	女
総数	14 708	7 344	7 365	15 791	7 885	7 906	17 097	8 526	8 571	18 125	9 018	9 107
0-4	1 135	581	554	1 198	614	584	1 262	647	615	1 305	669	635
5-9	1 301	665	637	1 179	605	575	1 263	648	615	1 298	665	633
10-14	1 279	654	625	1 344	688	656	1 241	637	604	1 299	666	633
15-19	1 306	666	640	1 311	670	641	1 398	715	683	1 277	655	622
20-24	1 270	645	626	1 347	685	662	1 366	692	674	1 427	724	703
25-29	1 211	611	599	1 320	667	653	1 422	715	707	1 388	696	692
30-34	1 183	601	582	1 255	629	626	1 398	701	697	1 464	731	733
35-39	950	485	465	1 226	624	603	1 316	658	658	1 429	713	716
40-44	811	415	396	970	497	473	1 260	640	619	1 338	669	670
45-49	743	381	362	818	420	398	985	505	480	1 255	637	618
50-54	776	397	379	736	377	360	822	421	402	974	497	477
55-59	734	365	369	757	384	373	729	369	360	804	407	397
60-64	595	284	311	707	344	363	738	367	371	712	355	357
65-69	527	245	282	551	256	295	663	314	348	691	336	355
70-74	386	170	216	463	204	259	493	220	273	594	271	323
75-79	255	103	152	310	127	184	376	155	221	406	171	235
80+	247	76	171	297	94	203	...	...	...	...	...	...
80-84	...	...	...	...	...	...	222	81	141	278	103	175
85-89	...	...	...	...	...	...	101	30	70	132	42	91
90-94	...	...	...	...	...	...	34	8	26	44	11	33
95-99	...	...	...	...	...	...	8	1	7	9	2	8
100+	...	...	...	...	...	...	1	0	1	1	0	1

年齢	2000			2005			2010			2015		
	総数	男	女	総数	男	女	総数	男	女	総数	男	女
総数	19 107	9 531	9 576	20 274	10 117	10 157	22 163	11 086	11 077	23 969	11 976	11 993
0-4	1 285	664	620	1 274	654	620	1 460	749	710	1 546	794	752
5-9	1 361	707	654	1 332	688	643	1 357	696	661	1 523	783	740
10-14	1 337	690	647	1 407	731	675	1 396	722	674	1 413	724	689
15-19	1 311	671	639	1 393	718	676	1 488	774	715	1 487	770	717
20-24	1 264	639	626	1 416	723	693	1 627	843	784	1 680	867	813
25-29	1 455	727	728	1 331	667	664	1 638	835	804	1 794	909	885
30-34	1 412	704	708	1 520	756	764	1 478	737	741	1 777	895	882
35-39	1 527	770	757	1 461	729	732	1 623	807	816	1 540	766	774
40-44	1 443	719	723	1 560	785	775	1 529	762	767	1 710	849	860
45-49	1 337	666	671	1 455	725	731	1 587	797	790	1 541	766	775
50-54	1 269	645	623	1 327	660	667	1 465	729	736	1 608	805	804
55-59	954	486	468	1 248	631	617	1 307	649	658	1 463	724	739
60-64	792	400	392	932	469	463	1 215	612	604	1 281	631	650
65-69	675	333	342	757	377	381	905	450	454	1 190	594	596
70-74	635	303	332	621	300	321	706	346	360	853	419	434
75-79	512	223	288	549	252	297	551	256	295	633	303	330
80+	...	...	...	...	...	...	...	...	...	...	...	...
80-84	295	110	185	402	164	238	442	190	252	465	206	259
85-89	171	55	116	190	63	127	268	100	168	301	119	182
90-94	59	15	43	79	21	58	93	27	66	133	44	88
95-99	12	2	10	17	4	13	24	5	19	28	7	21
100+	2	0	1	2	0	2	3	0	2	4	1	3

性・年齢別人口（千人）

年齢	2015			2020			2025			2030		
	総数	男	女	総数	男	女	総数	男	女	総数	男	女
総数	23 969	11 976	11 993	25 598	12 780	12 818	27 084	13 512	13 572	28 482	14 194	14 287
0-4	1 546	794	752	1 691	869	823	1 698	872	826	1 690	868	822
5-9	1 523	783	740	1 627	835	792	1 762	905	858	1 769	908	861
10-14	1 413	724	689	1 609	825	784	1 703	872	830	1 839	942	897
15-19	1 487	770	717	1 515	772	742	1 699	867	832	1 793	915	878
20-24	1 680	867	813	1 600	821	779	1 614	818	796	1 798	913	886
25-29	1 794	909	885	1 786	914	872	1 694	863	831	1 708	860	849
30-34	1 777	895	882	1 885	950	935	1 867	951	916	1 776	900	876
35-39	1 540	766	774	1 848	928	920	1 947	979	968	1 929	980	949
40-44	1 710	849	860	1 582	786	796	1 883	944	939	1 983	996	987
45-49	1 541	766	775	1 724	855	869	1 596	792	804	1 896	950	946
50-54	1 608	805	804	1 534	761	773	1 716	850	866	1 589	788	802
55-59	1 463	724	739	1 588	792	796	1 516	750	766	1 698	839	859
60-64	1 281	631	650	1 432	705	727	1 557	773	784	1 489	734	755
65-69	1 190	594	596	1 236	604	633	1 387	677	710	1 512	745	766
70-74	853	419	434	1 121	551	569	1 171	565	606	1 320	637	682
75-79	633	303	330	769	369	400	1 020	491	528	1 074	508	566
80+	…	…	…	…	…	…	…	…	…	…	…	…
80-84	465	206	259	524	240	284	646	298	348	868	403	465
85-89	301	119	182	325	134	191	375	161	213	472	205	267
90-94	133	44	88	155	55	100	174	65	109	207	81	126
95-99	28	7	21	42	12	30	52	16	36	62	20	42
100+	4	1	3	5	1	4	7	2	6	10	3	7

年齢	2035			2040			2045			2050		
	総数	男	女	総数	男	女	総数	男	女	総数	男	女
総数	29 785	14 827	14 958	31 032	15 433	15 599	32 264	16 040	16 225	33 496	16 652	16 844
0-4	1 700	873	827	1 756	902	854	1 845	948	898	1 928	990	938
5-9	1 761	904	857	1 771	909	862	1 827	938	889	1 917	984	933
10-14	1 845	945	900	1 838	942	896	1 847	947	901	1 904	975	928
15-19	1 928	984	944	1 935	988	947	1 928	984	943	1 938	989	948
20-24	1 892	960	932	2 028	1 030	998	2 035	1 033	1 001	2 028	1 030	998
25-29	1 893	955	938	1 987	1 002	984	2 123	1 072	1 050	2 130	1 076	1 054
30-34	1 790	897	893	1 975	992	983	2 069	1 040	1 029	2 205	1 110	1 095
35-39	1 839	930	909	1 854	927	927	2 038	1 022	1 016	2 132	1 070	1 062
40-44	1 966	997	969	1 876	948	929	1 892	946	946	2 076	1 041	1 036
45-49	1 996	1 002	995	1 980	1 004	976	1 892	955	937	1 908	953	955
50-54	1 889	945	944	1 989	997	992	1 975	1 000	975	1 888	952	936
55-59	1 575	779	796	1 872	935	938	1 974	987	986	1 961	991	969
60-64	1 670	822	848	1 551	765	787	1 847	919	927	1 949	972	976
65-69	1 450	710	740	1 629	797	832	1 517	744	773	1 809	896	913
70-74	1 444	705	739	1 390	674	716	1 567	760	807	1 463	712	752
75-79	1 218	577	640	1 340	643	697	1 297	619	678	1 470	702	767
80+	…	…	…	…	…	…	…	…	…	…	…	…
80-84	924	422	502	1 058	485	573	1 175	546	629	1 148	532	616
85-89	646	283	363	701	302	399	816	354	462	920	405	515
90-94	270	107	163	380	151	229	425	166	258	508	201	308
95-99	77	26	51	104	36	69	154	53	101	180	61	120
100+	13	3	9	17	5	12	24	6	17	37	10	27

年齢	2055			2060		
	総数	男	女	総数	男	女
総数	34 673	17 255	17 419	35 780	17 823	17 957
0-4	1 976	1 016	960	1 990	1 024	967
5-9	1 996	1 026	970	2 041	1 050	990
10-14	1 989	1 021	968	2 065	1 061	1 004
15-19	1 989	1 018	971	2 070	1 061	1 009
20-24	2 032	1 035	998	2 079	1 061	1 019
25-29	2 118	1 072	1 046	2 118	1 075	1 043
30-34	2 208	1 113	1 095	2 192	1 107	1 084
35-39	2 265	1 140	1 126	2 265	1 141	1 124
40-44	2 169	1 088	1 080	2 300	1 157	1 143
45-49	2 091	1 048	1 043	2 183	1 095	1 087
50-54	1 905	951	954	2 087	1 045	1 042
55-59	1 876	945	931	1 894	944	950
60-64	1 938	977	961	1 856	933	923
65-69	1 912	950	962	1 904	956	948
70-74	1 749	860	889	1 854	914	940
75-79	1 378	661	718	1 655	803	852
80+	…	…	…	…	…	…
80-84	1 311	609	702	1 239	578	661
85-89	912	401	511	1 057	467	590
90-94	587	236	351	598	240	358
95-99	224	76	148	270	93	177
100+	47	13	35	63	17	46

性・年齢別人口（千人）

年齢	2015			2020			2025			2030		
	総数	男	女	総数	男	女	総数	男	女	総数	男	女
総数	23 969	11 976	11 993	25 813	12 890	12 923	27 654	13 804	13 850	29 497	14 715	14 782
0-4	1 546	794	752	1 906	979	927	2 052	1 054	998	2 136	1 097	1 039
5-9	1 523	783	740	1 627	835	792	1 978	1 015	963	2 123	1 090	1 033
10-14	1 413	724	689	1 609	825	784	1 703	872	830	2 054	1 052	1 001
15-19	1 487	770	717	1 515	772	742	1 699	867	832	1 793	915	878
20-24	1 680	867	813	1 600	821	779	1 614	818	796	1 798	913	886
25-29	1 794	909	885	1 786	914	872	1 694	863	831	1 708	860	849
30-34	1 777	895	882	1 885	950	935	1 867	951	916	1 776	900	876
35-39	1 540	766	774	1 848	928	920	1 947	979	968	1 929	980	949
40-44	1 710	849	860	1 582	786	796	1 883	944	939	1 983	996	987
45-49	1 541	766	775	1 724	855	869	1 596	792	804	1 896	950	946
50-54	1 608	805	804	1 534	761	773	1 716	850	866	1 589	788	802
55-59	1 463	724	739	1 588	792	796	1 516	750	766	1 698	839	859
60-64	1 281	631	650	1 432	705	727	1 557	773	784	1 489	734	755
65-69	1 190	594	596	1 236	604	633	1 387	677	710	1 512	745	766
70-74	853	419	434	1 121	551	569	1 171	565	606	1 320	637	682
75-79	633	303	330	769	369	400	1 020	491	528	1 074	508	566
80+	...	...	...	...	...	...	...	...	...	...	...	...
80-84	465	206	259	524	240	284	646	298	348	868	403	465
85-89	301	119	182	325	134	191	375	161	213	472	205	267
90-94	133	44	88	155	55	100	174	65	109	207	81	126
95-99	28	7	21	42	12	30	52	16	36	62	20	42
100+	4	1	3	5	1	4	7	2	6	10	3	7

年齢	2035			2040			2045			2050		
	総数	男	女	総数	男	女	総数	男	女	総数	男	女
総数	31 255	15 582	15 673	32 992	16 439	16 553	34 790	17 336	17 454	36 713	18 303	18 410
0-4	2 155	1 107	1 048	2 246	1 154	1 093	2 412	1 239	1 173	2 620	1 346	1 275
5-9	2 207	1 133	1 074	2 226	1 143	1 084	2 318	1 190	1 128	2 483	1 275	1 208
10-14	2 199	1 127	1 072	2 283	1 170	1 113	2 303	1 180	1 122	2 394	1 227	1 167
15-19	2 143	1 095	1 049	2 289	1 170	1 119	2 373	1 213	1 160	2 393	1 223	1 170
20-24	1 892	960	932	2 243	1 140	1 103	2 388	1 215	1 173	2 473	1 258	1 214
25-29	1 893	955	938	1 987	1 002	984	2 337	1 182	1 155	2 483	1 257	1 226
30-34	1 790	897	893	1 975	992	983	2 069	1 040	1 029	2 419	1 220	1 199
35-39	1 839	930	909	1 854	927	927	2 038	1 022	1 016	2 132	1 070	1 062
40-44	1 966	997	969	1 876	948	929	1 892	946	946	2 076	1 041	1 036
45-49	1 996	1 002	995	1 980	1 004	976	1 892	955	937	1 908	953	955
50-54	1 889	945	944	1 989	997	992	1 975	1 000	975	1 888	952	936
55-59	1 575	779	796	1 872	935	938	1 974	987	986	1 961	991	969
60-64	1 670	822	848	1 551	765	787	1 847	919	927	1 949	972	976
65-69	1 450	710	740	1 629	797	832	1 517	744	773	1 809	896	913
70-74	1 444	705	739	1 390	674	716	1 567	760	807	1 463	712	752
75-79	1 218	577	640	1 340	643	697	1 297	619	678	1 470	702	767
80+	...	...	...	...	...	...	...	...	...	...	...	...
80-84	924	422	502	1 058	485	573	1 175	546	629	1 148	532	616
85-89	646	283	363	701	302	399	816	354	462	920	405	515
90-94	270	107	163	380	151	229	425	166	258	508	201	308
95-99	77	26	51	104	36	69	154	53	101	180	61	120
100+	13	3	9	17	5	12	24	6	17	37	10	27

年齢	2055			2060		
	総数	男	女	総数	男	女
総数	38 725	19 334	19 391	40 788	20 393	20 395
0-4	2 814	1 447	1 368	2 949	1 516	1 433
5-9	2 688	1 381	1 307	2 879	1 480	1 398
10-14	2 556	1 312	1 244	2 757	1 416	1 340
15-19	2 479	1 269	1 210	2 637	1 352	1 285
20-24	2 487	1 268	1 219	2 569	1 312	1 257
25-29	2 562	1 300	1 262	2 572	1 308	1 264
30-34	2 560	1 294	1 266	2 636	1 335	1 301
35-39	2 479	1 249	1 230	2 617	1 322	1 295
40-44	2 169	1 088	1 080	2 513	1 266	1 247
45-49	2 091	1 048	1 043	2 183	1 095	1 087
50-54	1 905	951	954	2 087	1 045	1 042
55-59	1 876	945	931	1 894	944	950
60-64	1 938	977	961	1 856	933	923
65-69	1 912	950	962	1 904	956	948
70-74	1 749	860	889	1 854	914	940
75-79	1 378	661	718	1 655	803	852
80+	...	...	...	...	...	...
80-84	1 311	609	702	1 239	578	661
85-89	912	401	511	1 057	467	590
90-94	587	236	351	598	240	358
95-99	224	76	148	270	93	177
100+	47	13	35	63	17	46

性・年齢別人口（千人）

年齢	2015 総数	男	女	2020 総数	男	女	2025 総数	男	女	2030 総数	男	女
総数	23 969	11 976	11 993	25 382	12 669	12 713	26 515	13 219	13 295	27 466	13 673	13 793
0-4	1 546	794	752	1 476	758	718	1 343	690	653	1 244	639	605
5-9	1 523	783	740	1 627	835	792	1 547	794	753	1 415	726	688
10-14	1 413	724	689	1 609	825	784	1 703	872	830	1 624	832	792
15-19	1 487	770	717	1 515	772	742	1 699	867	832	1 793	915	878
20-24	1 680	867	813	1 600	821	779	1 614	818	796	1 798	913	886
25-29	1 794	909	885	1 786	914	872	1 694	863	831	1 708	860	849
30-34	1 777	895	882	1 885	950	935	1 867	951	916	1 776	900	876
35-39	1 540	766	774	1 848	928	920	1 947	979	968	1 929	980	949
40-44	1 710	849	860	1 582	786	796	1 883	944	939	1 983	996	987
45-49	1 541	766	775	1 724	855	869	1 596	792	804	1 896	950	946
50-54	1 608	805	804	1 534	761	773	1 716	850	866	1 589	788	802
55-59	1 463	724	739	1 588	792	796	1 516	750	766	1 698	839	859
60-64	1 281	631	650	1 432	705	727	1 557	773	784	1 489	734	755
65-69	1 190	594	596	1 236	604	633	1 387	677	710	1 512	745	766
70-74	853	419	434	1 121	551	569	1 171	565	606	1 320	637	682
75-79	633	303	330	769	369	400	1 020	491	528	1 074	508	566
80+	...	...	...	...	...	...	...	...	...	...	...	...
80-84	465	206	259	524	240	284	646	298	348	868	403	465
85-89	301	119	182	325	134	191	375	161	213	472	205	267
90-94	133	44	88	155	55	100	174	65	109	207	81	126
95-99	28	7	21	42	12	30	52	16	36	62	20	42
100+	4	1	3	5	1	4	7	2	6	10	3	7

年齢	2035 総数	男	女	2040 総数	男	女	2045 総数	男	女	2050 総数	男	女
総数	28 316	14 073	14 243	29 083	14 433	14 650	29 780	14 765	15 015	30 398	15 062	15 336
0-4	1 246	640	606	1 274	655	620	1 310	673	637	1 312	674	638
5-9	1 316	675	640	1 317	676	641	1 346	691	655	1 381	709	672
10-14	1 491	764	727	1 392	713	679	1 394	714	680	1 422	728	694
15-19	1 714	874	839	1 581	806	775	1 482	756	727	1 484	757	728
20-24	1 892	960	932	1 813	920	894	1 681	852	829	1 583	802	781
25-29	1 893	955	938	1 987	1 002	984	1 908	962	946	1 776	895	882
30-34	1 790	897	893	1 975	992	983	2 069	1 040	1 029	1 991	1 000	991
35-39	1 839	930	909	1 854	927	927	2 038	1 022	1 016	2 132	1 070	1 062
40-44	1 966	997	969	1 876	948	929	1 892	946	946	2 076	1 041	1 036
45-49	1 996	1 002	995	1 980	1 004	976	1 892	955	937	1 908	953	955
50-54	1 889	945	944	1 989	997	992	1 975	1 000	975	1 888	952	936
55-59	1 575	779	796	1 872	935	938	1 974	987	986	1 961	991	969
60-64	1 670	822	848	1 551	765	787	1 847	919	927	1 949	972	976
65-69	1 450	710	740	1 629	797	832	1 517	744	773	1 809	896	913
70-74	1 444	705	739	1 390	674	716	1 567	760	807	1 463	712	752
75-79	1 218	577	640	1 340	643	697	1 297	619	678	1 470	702	767
80+	...	...	...	...	...	...	...	...	...	...	...	...
80-84	924	422	502	1 058	485	573	1 175	546	629	1 148	532	616
85-89	646	283	363	701	302	399	816	354	462	920	405	515
90-94	270	107	163	380	151	229	425	166	258	508	201	308
95-99	77	26	51	104	36	69	154	53	101	180	61	120
100+	13	3	9	17	5	12	24	6	17	37	10	27

年齢	2055 総数	男	女	2060 総数	男	女
総数	30 872	15 304	15 568	31 208	15 477	15 731
0-4	1 272	655	617	1 217	626	590
5-9	1 380	710	670	1 337	689	648
10-14	1 454	746	708	1 449	745	704
15-19	1 508	771	737	1 535	786	749
20-24	1 579	802	777	1 598	814	785
25-29	1 673	844	829	1 665	842	823
30-34	1 855	932	923	1 748	880	868
35-39	2 051	1 030	1 021	1 913	961	952
40-44	2 169	1 088	1 080	2 086	1 048	1 039
45-49	2 091	1 048	1 043	2 183	1 095	1 087
50-54	1 905	951	954	2 087	1 045	1 042
55-59	1 876	945	931	1 894	944	950
60-64	1 938	977	961	1 856	933	923
65-69	1 912	950	962	1 904	956	948
70-74	1 749	860	889	1 854	914	940
75-79	1 378	661	718	1 655	803	852
80+	...	...	...	...	...	...
80-84	1 311	609	702	1 239	578	661
85-89	912	401	511	1 057	467	590
90-94	587	236	351	598	240	358
95-99	224	76	148	270	93	177
100+	47	13	35	63	17	46

性・年齢別人口（千人）

年齢	1960			1965			1970			1975		
	総数	男	女	総数	男	女	総数	男	女	総数	男	女
総数	7 066	3 292	3 774	7 299	3 414	3 885	7 510	3 528	3 982	7 628	3 598	4 031
0-4	580	296	284	646	330	316	622	318	304	508	260	248
5-9	484	247	238	578	295	283	645	330	316	624	319	305
10-14	505	258	247	484	246	237	578	295	283	646	330	316
15-19	552	280	272	505	258	247	485	247	239	581	296	285
20-24	484	245	239	551	279	272	510	259	251	495	250	244
25-29	428	218	210	484	244	239	557	281	276	522	264	258
30-34	462	225	237	427	217	210	488	246	242	567	285	282
35-39	492	209	283	460	224	236	429	217	212	494	248	246
40-44	329	140	189	487	206	281	458	222	236	430	217	213
45-49	472	206	266	324	137	187	481	203	278	453	218	235
50-54	507	227	280	459	199	260	317	133	184	470	196	274
55-59	493	226	267	484	213	271	440	188	252	305	126	179
60-64	419	181	238	455	202	253	449	192	258	412	171	241
65-69	324	130	194	370	152	218	401	169	232	400	162	238
70-74	248	96	152	265	99	166	301	115	186	330	128	201
75-79	164	63	102	179	64	115	191	65	126	219	75	144
80+	122	44	78	140	48	92	156	49	107	172	51	122
80-84	...	...	...	...	...	...	...	...	...	...	...	...
85-89	...	...	...	...	...	...	...	...	...	...	...	...
90-94	...	...	...	...	...	...	...	...	...	...	...	...
95-99	...	...	...	...	...	...	...	...	...	...	...	...
100+	...	...	...	...	...	...	...	...	...	...	...	...

年齢	1980			1985			1990			1995		
	総数	男	女	総数	男	女	総数	男	女	総数	男	女
総数	7 597	3 595	4 002	7 601	3 613	3 987	7 707	3 686	4 020	7 973	3 848	4 125
0-4	430	220	210	441	226	215	428	220	209	472	242	230
5-9	507	259	248	430	220	210	445	228	217	465	238	226
10-14	623	318	305	507	259	248	432	221	211	477	244	233
15-19	644	328	316	622	318	305	513	262	251	459	234	225
20-24	579	293	285	643	327	317	637	324	313	552	279	273
25-29	493	249	244	579	293	286	662	335	327	691	352	340
30-34	520	262	258	493	248	245	594	299	295	710	363	347
35-39	563	282	281	518	261	257	503	252	250	622	316	306
40-44	488	244	244	558	279	279	522	262	260	508	256	252
45-49	422	211	211	481	239	242	555	276	279	500	251	249
50-54	441	210	231	411	204	208	473	233	240	520	258	263
55-59	451	185	266	423	198	225	398	194	204	431	210	221
60-64	286	115	171	424	169	255	401	183	218	360	172	189
65-69	371	147	224	261	100	160	391	150	241	371	162	209
70-74	336	127	209	318	118	200	228	83	145	350	125	225
75-79	245	86	159	257	88	169	253	86	166	181	60	121
80+	199	57	142	234	68	167	...	...	...	...	...	...
80-84	...	...	...	...	...	...	172	53	119	177	54	123
85-89	...	...	...	...	...	...	77	21	57	95	25	70
90-94	...	...	...	...	...	...	20	4	16	28	6	21
95-99	...	...	...	...	...	...	3	1	2	4	1	3
100+	...	...	...	...	...	...	0	0	0	0	0	0

年齢	2000			2005			2010			2015		
	総数	男	女	総数	男	女	総数	男	女	総数	男	女
総数	8 051	3 907	4 144	8 235	4 002	4 233	8 392	4 089	4 303	8 545	4 196	4 348
0-4	416	213	202	398	204	194	390	200	190	404	207	197
5-9	474	243	231	431	221	210	406	208	198	397	203	193
10-14	466	239	227	488	250	238	439	225	214	413	210	203
15-19	481	246	235	490	251	240	503	257	246	460	235	226
20-24	467	238	230	522	264	257	519	263	256	541	278	263
25-29	562	284	278	507	255	252	554	279	276	555	285	270
30-34	699	355	344	584	292	292	528	264	264	576	293	283
35-39	714	364	350	705	356	349	593	295	298	540	267	273
40-44	622	316	306	709	360	349	708	356	352	606	295	311
45-49	505	253	251	615	309	306	707	357	350	711	357	354
50-54	492	245	247	495	245	250	609	304	306	690	353	337
55-59	506	248	258	478	235	243	486	238	248	587	295	293
60-64	413	198	215	486	234	252	460	222	238	461	222	238
65-69	336	155	181	388	181	206	461	217	244	431	205	226
70-74	331	138	193	304	135	169	356	162	194	427	200	227
75-79	292	97	195	283	111	172	264	112	152	313	138	175
80+	...	...	...	...	...	...	...	...	...	...	...	...
80-84	132	39	93	224	68	156	221	80	140	211	85	127
85-89	100	27	74	80	21	59	141	39	103	145	49	97
90-94	36	8	28	41	9	31	35	8	27	64	15	49
95-99	6	1	5	8	2	7	10	2	8	9	2	8
100+	0	0	0	1	0	1	1	0	1	1	0	1

性・年齢別人口（千人）

年齢	2015			2020			2025			2030		
	総数	男	女	総数	男	女	総数	男	女	総数	男	女
総数	8 545	4 196	4 348	8 656	4 262	4 393	8 763	4 323	4 440	8 844	4 369	4 475
0-4	404	207	197	420	216	205	426	219	207	419	215	204
5-9	397	203	193	408	209	199	424	218	207	430	221	210
10-14	413	210	203	399	204	195	410	210	200	427	219	208
15-19	460	235	226	420	213	206	405	207	198	417	213	203
20-24	541	278	263	475	241	234	434	220	214	420	214	206
25-29	555	285	270	559	287	272	493	250	243	453	229	224
30-34	576	293	283	570	292	278	574	294	280	508	258	251
35-39	540	267	273	586	298	288	580	297	283	584	299	285
40-44	606	295	311	546	270	276	592	300	291	586	300	286
45-49	711	357	354	607	296	311	548	271	277	594	301	292
50-54	690	353	337	706	354	353	604	294	311	546	269	276
55-59	587	295	293	679	345	333	697	347	349	597	289	308
60-64	461	222	238	571	284	287	662	334	328	681	337	344
65-69	431	205	226	440	209	231	547	269	279	637	318	319
70-74	427	200	227	402	187	215	413	193	220	517	250	267
75-79	313	138	175	383	173	209	364	165	199	377	172	206
80+	…	…	…	…	…	…	…	…	…	…	…	…
80-84	211	85	127	255	107	148	317	137	180	306	133	173
85-89	145	49	97	142	52	90	177	69	108	226	91	135
90-94	64	15	49	69	20	48	71	23	47	92	32	60
95-99	9	2	8	18	4	15	21	5	16	23	6	16
100+	1	0	1	2	0	1	3	0	3	4	1	3

年齢	2035			2040			2045			2050		
	総数	男	女	総数	男	女	総数	男	女	総数	男	女
総数	8 886	4 393	4 493	8 894	4 399	4 496	8 880	4 392	4 488	8 846	4 374	4 471
0-4	403	207	196	391	201	190	392	201	191	401	206	195
5-9	423	217	206	407	209	198	395	203	192	396	203	193
10-14	433	222	211	425	218	207	409	210	199	398	204	194
15-19	433	222	211	439	225	214	432	221	210	416	213	203
20-24	432	221	211	448	229	219	454	232	222	447	228	218
25-29	438	223	215	450	229	221	466	238	229	472	241	232
30-34	468	237	232	454	231	223	465	237	228	482	245	236
35-39	519	263	256	479	242	237	465	236	229	476	242	234
40-44	590	302	288	525	266	259	485	245	240	471	239	232
45-49	588	301	287	593	303	290	528	267	261	489	247	242
50-54	592	300	292	587	300	287	592	302	290	528	267	261
55-59	540	266	274	587	296	290	582	297	285	588	300	288
60-64	586	282	304	531	260	271	577	290	287	574	292	283
65-69	658	323	335	568	271	297	517	251	266	563	281	282
70-74	605	298	307	628	304	324	544	256	288	497	239	258
75-79	475	225	251	559	270	289	584	277	307	509	236	274
80+	…	…	…	…	…	…	…	…	…	…	…	…
80-84	322	141	181	409	186	223	487	227	260	513	236	278
85-89	223	91	132	239	98	141	310	133	177	374	165	210
90-94	121	44	77	124	46	79	138	51	87	184	71	113
95-99	31	9	22	44	13	30	47	14	33	55	17	38
100+	5	1	4	7	2	5	10	2	8	12	3	9

年齢	2055			2060		
	総数	男	女	総数	男	女
総数	8 788	4 347	4 441	8 716	4 316	4 400
0-4	410	210	199	411	211	200
5-9	405	208	197	414	212	201
10-14	398	204	194	407	209	198
15-19	404	207	197	404	207	197
20-24	430	220	210	417	213	204
25-29	464	237	227	447	228	219
30-34	487	248	239	478	244	235
35-39	492	251	242	497	253	244
40-44	483	246	237	498	254	245
45-49	475	241	234	486	247	239
50-54	489	247	242	475	241	234
55-59	525	265	260	487	245	242
60-64	580	295	286	519	261	258
65-69	561	283	278	568	287	281
70-74	543	268	274	543	271	271
75-79	467	221	247	513	250	263
80+	…	…	…	…	…	…
80-84	452	202	250	418	192	226
85-89	402	175	228	360	153	208
90-94	229	91	138	254	100	154
95-99	77	25	52	100	33	66
100+	15	3	11	21	5	16

性・年齢別人口（千人）

年齢	2015			2020			2025			2030		
	総数	男	女	総数	男	女	総数	男	女	総数	男	女
総数	8 545	4 196	4 348	8 724	4 297	4 427	8 939	4 413	4 525	9 148	4 525	4 623
0-4	404	207	197	488	251	238	533	274	260	547	281	266
5-9	397	203	193	408	209	199	493	253	240	538	276	262
10-14	413	210	203	399	204	195	410	210	200	495	254	241
15-19	460	235	226	420	213	206	405	207	198	417	213	203
20-24	541	278	263	475	241	234	434	220	214	420	214	206
25-29	555	285	270	559	287	272	493	250	243	453	229	224
30-34	576	293	283	570	292	278	574	294	280	508	258	251
35-39	540	267	273	586	298	288	580	297	283	584	299	285
40-44	606	295	311	546	270	276	592	300	291	586	300	286
45-49	711	357	354	607	296	311	548	271	277	594	301	292
50-54	690	353	337	706	354	353	604	294	311	546	269	276
55-59	587	295	293	679	345	333	697	347	349	597	289	308
60-64	461	222	238	571	284	287	662	334	328	681	337	344
65-69	431	205	226	440	209	231	547	269	279	637	318	319
70-74	427	200	227	402	187	215	413	193	220	517	250	267
75-79	313	138	175	383	173	209	364	165	199	377	172	206
80+	…	…	…	…	…	…	…	…	…	…	…	…
80-84	211	85	127	255	107	148	317	137	180	306	133	173
85-89	145	49	97	142	52	90	177	69	108	226	91	135
90-94	64	15	49	69	20	48	71	23	47	92	32	60
95-99	9	2	8	18	4	15	21	5	16	23	6	16
100+	1	0	1	2	0	1	3	0	3	4	1	3

年齢	2035			2040			2045			2050		
	総数	男	女	総数	男	女	総数	男	女	総数	男	女
総数	9 311	4 611	4 700	9 439	4 678	4 760	9 556	4 739	4 817	9 686	4 805	4 880
0-4	524	269	255	510	262	248	524	269	255	566	290	275
5-9	551	283	268	528	271	257	515	264	251	528	271	257
10-14	540	277	263	554	284	270	531	272	258	517	265	252
15-19	501	257	244	546	280	266	560	287	273	537	275	262
20-24	432	221	211	516	264	252	561	287	274	575	294	281
25-29	438	223	215	450	229	221	534	273	262	579	296	284
30-34	468	237	232	454	231	223	465	237	228	550	280	270
35-39	519	263	256	479	242	237	465	236	229	476	242	234
40-44	590	302	288	525	266	259	485	245	240	471	239	232
45-49	588	301	287	593	303	290	528	267	261	489	247	242
50-54	592	300	292	587	300	287	592	302	290	528	267	261
55-59	540	266	274	587	296	290	582	297	285	588	300	288
60-64	586	282	304	531	260	271	577	290	287	574	292	283
65-69	658	323	335	568	271	297	517	251	266	563	281	282
70-74	605	298	307	628	304	324	544	256	288	497	239	258
75-79	475	225	251	559	270	289	584	277	307	509	236	274
80+	…	…	…	…	…	…	…	…	…	…	…	…
80-84	322	141	181	409	186	223	487	227	260	513	236	278
85-89	223	91	132	239	98	141	310	133	177	374	165	210
90-94	121	44	77	124	46	79	138	51	87	184	71	113
95-99	31	9	22	44	13	30	47	14	33	55	17	38
100+	5	1	4	7	2	5	10	2	8	12	3	9

年齢	2055			2060		
	総数	男	女	総数	男	女
総数	9 833	4 883	4 950	9 995	4 972	5 023
0-4	615	316	299	646	332	314
5-9	570	292	277	619	318	301
10-14	530	272	258	572	293	278
15-19	523	268	255	536	275	261
20-24	551	282	269	536	274	262
25-29	592	302	290	568	290	278
30-34	594	303	291	606	309	297
35-39	560	285	275	604	308	296
40-44	483	246	237	566	288	278
45-49	475	241	234	486	247	239
50-54	489	247	242	475	241	234
55-59	525	265	260	487	245	242
60-64	580	295	286	519	261	258
65-69	561	283	278	568	287	281
70-74	543	268	274	543	271	271
75-79	467	221	247	513	250	263
80+	…	…	…	…	…	…
80-84	452	202	250	418	192	226
85-89	402	175	228	360	153	208
90-94	229	91	138	254	100	154
95-99	77	25	52	100	33	66
100+	15	3	11	21	5	16

性・年齢別人口（千人）

年齢	2015			2020			2025			2030		
	総数	男	女	総数	男	女	総数	男	女	総数	男	女
総数	8 545	4 196	4 348	8 587	4 227	4 360	8 587	4 233	4 354	8 540	4 213	4 327
0-4	404	207	197	352	181	171	319	164	155	290	149	141
5-9	397	203	193	408	209	199	356	183	173	323	166	157
10-14	413	210	203	399	204	195	410	210	200	358	184	175
15-19	460	235	226	420	213	206	405	207	198	417	213	203
20-24	541	278	263	475	241	234	434	220	214	420	214	206
25-29	555	285	270	559	287	272	493	250	243	453	229	224
30-34	576	293	283	570	292	278	574	294	280	508	258	251
35-39	540	267	273	586	298	288	580	297	283	584	299	285
40-44	606	295	311	546	270	276	592	300	291	586	300	286
45-49	711	357	354	607	296	311	548	271	277	594	301	292
50-54	690	353	337	706	354	353	604	294	311	546	269	276
55-59	587	295	293	679	345	333	697	347	349	597	289	308
60-64	461	222	238	571	284	287	662	334	328	681	337	344
65-69	431	205	226	440	209	231	547	269	279	637	318	319
70-74	427	200	227	402	187	215	413	193	220	517	250	267
75-79	313	138	175	383	173	209	364	165	199	377	172	206
80+	…	…	…	…	…	…	…	…	…	…	…	…
80-84	211	85	127	255	107	148	317	137	180	306	133	173
85-89	145	49	97	142	52	90	177	69	108	226	91	135
90-94	64	15	49	69	20	48	71	23	47	92	32	60
95-99	9	2	8	18	4	15	21	5	16	23	6	16
100+	1	0	1	2	0	1	3	0	3	4	1	3

年齢	2035			2040			2045			2050		
	総数	男	女	総数	男	女	総数	男	女	総数	男	女
総数	8 462	4 175	4 287	8 352	4 121	4 232	8 215	4 050	4 164	8 038	3 960	4 078
0-4	282	145	137	274	140	133	268	137	130	259	133	126
5-9	295	151	143	286	147	139	278	143	135	272	140	133
10-14	326	167	159	297	152	145	289	148	141	280	144	137
15-19	365	187	178	332	170	162	303	155	148	295	151	144
20-24	432	221	211	380	194	186	347	177	170	318	163	156
25-29	438	223	215	450	229	221	398	203	195	366	186	179
30-34	468	237	232	454	231	223	465	237	228	414	211	203
35-39	519	263	256	479	242	237	465	236	229	476	242	234
40-44	590	302	288	525	266	259	485	245	240	471	239	232
45-49	588	301	287	593	303	290	528	267	261	489	247	242
50-54	592	300	292	587	300	287	592	302	290	528	267	261
55-59	540	266	274	587	296	290	582	297	285	588	300	288
60-64	586	282	304	531	260	271	577	290	287	574	292	283
65-69	658	323	335	568	271	297	517	251	266	563	281	282
70-74	605	298	307	628	304	324	544	256	288	497	239	258
75-79	475	225	251	559	270	289	584	277	307	509	236	274
80+	…	…	…	…	…	…	…	…	…	…	…	…
80-84	322	141	181	409	186	223	487	227	260	513	236	278
85-89	223	91	132	239	98	141	310	133	177	374	165	210
90-94	121	44	77	124	46	79	138	51	87	184	71	113
95-99	31	9	22	44	13	30	47	14	33	55	17	38
100+	5	1	4	7	2	5	10	2	8	12	3	9

年齢	2055			2060		
	総数	男	女	総数	男	女
総数	7 815	3 847	3 967	7 562	3 724	3 838
0-4	244	125	119	229	118	112
5-9	263	135	128	248	127	121
10-14	274	141	134	265	136	129
15-19	286	147	140	280	143	137
20-24	309	158	151	300	153	147
25-29	336	171	165	326	166	160
30-34	380	193	187	350	178	172
35-39	424	216	208	390	198	192
40-44	483	246	237	430	219	212
45-49	475	241	234	486	247	239
50-54	489	247	242	475	241	234
55-59	525	265	260	487	245	242
60-64	580	295	286	519	261	258
65-69	561	283	278	568	287	281
70-74	543	268	274	543	271	271
75-79	467	221	247	513	250	263
80+	…	…	…	…	…	…
80-84	452	202	250	418	192	226
85-89	402	175	228	360	153	208
90-94	229	91	138	254	100	154
95-99	77	25	52	100	33	66
100+	15	3	11	21	5	16

性・年齢別人口（千人）

年齢	1960 総数	男	女	1965 総数	男	女	1970 総数	男	女	1975 総数	男	女
総数	3 898	1 865	2 032	4 580	2 212	2 367	5 178	2 516	2 662	5 694	2 780	2 914
0-4	727	375	352	838	430	408	754	384	370	698	355	343
5-9	477	249	228	714	370	344	825	424	401	760	386	374
10-14	300	149	151	476	249	228	713	369	343	824	426	398
15-19	238	114	124	299	149	150	475	248	227	692	356	335
20-24	412	200	213	237	113	124	298	148	150	467	239	228
25-29	343	175	168	408	197	212	235	111	124	298	147	152
30-34	301	153	148	339	172	167	404	194	210	234	113	121
35-39	172	76	97	297	150	147	335	169	166	399	193	206
40-44	122	49	73	169	73	96	291	145	145	322	163	159
45-49	171	67	104	118	46	72	164	70	94	281	138	143
50-54	155	62	93	163	62	101	113	43	70	165	66	99
55-59	132	51	81	144	56	88	153	57	97	109	40	70
60-64	96	42	54	119	44	75	131	49	82	129	48	81
65-69	70	32	38	83	34	49	104	37	68	111	39	72
70-74	86	36	50	57	25	32	69	27	42	80	28	52
75-79	53	21	32	64	25	39	43	18	26	53	18	34
80+	42	16	26	55	19	36	70	24	46	71	25	46
80-84	...	...	...	...	...	...	...	...	...	...	...	...
85-89	...	...	...	...	...	...	...	...	...	...	...	...
90-94	...	...	...	...	...	...	...	...	...	...	...	...
95-99	...	...	...	...	...	...	...	...	...	...	...	...
100+	...	...	...	...	...	...	...	...	...	...	...	...

年齢	1980 総数	男	女	1985 総数	男	女	1990 総数	男	女	1995 総数	男	女
総数	6 164	3 005	3 159	6 674	3 254	3 420	7 217	3 535	3 681	7 771	3 803	3 967
0-4	705	359	346	807	414	393	941	485	456	896	460	436
5-9	676	343	333	698	356	342	818	420	399	930	477	453
10-14	746	379	366	678	346	333	708	362	346	811	413	398
15-19	806	414	392	723	368	356	701	366	335	688	345	343
20-24	685	346	339	757	375	382	682	329	353	672	341	331
25-29	454	224	230	641	315	326	698	334	364	664	313	352
30-34	308	150	157	446	220	226	582	284	298	702	334	368
35-39	211	102	109	301	147	154	429	211	218	589	287	301
40-44	384	184	200	208	101	108	264	129	136	423	208	215
45-49	314	157	157	374	178	196	268	129	139	245	119	126
50-54	278	135	144	305	149	156	327	155	171	239	113	125
55-59	163	65	98	263	124	139	272	129	143	300	140	161
60-64	103	35	68	148	58	90	224	100	124	247	114	133
65-69	107	38	69	90	30	61	117	44	73	188	82	107
70-74	89	30	59	89	30	59	81	27	54	85	31	54
75-79	59	19	40	66	21	45	66	22	45	48	15	33
80+	75	24	51	78	22	56	...	...	...	...	...	...
80-84	...	...	...	...	...	...	3	2	0	33	9	24
85-89	...	...	...	...	...	...	23	6	17	1	1	0
90-94	...	...	...	...	...	...	8	2	6	7	2	6
95-99	...	...	...	...	...	...	2	0	2	2	0	1
100+	...	...	...	...	...	...	1	0	1	0	0	0

年齢	2000 総数	男	女	2005 総数	男	女	2010 総数	男	女	2015 総数	男	女
総数	8 118	3 966	4 151	8 563	4 218	4 345	9 100	4 510	4 590	9 754	4 856	4 898
0-4	699	369	330	613	327	285	712	379	333	930	505	425
5-9	888	455	433	713	377	336	629	337	292	619	328	290
10-14	936	478	458	902	465	437	728	388	340	589	312	277
15-19	803	406	397	945	477	468	912	465	448	706	376	331
20-24	655	317	338	823	406	417	966	478	488	909	465	445
25-29	623	297	326	670	328	342	839	418	421	962	470	492
30-34	643	293	350	623	302	321	671	333	338	873	435	438
35-39	722	347	374	649	299	350	631	309	322	638	314	324
40-44	605	298	306	721	355	366	652	308	344	640	313	328
45-49	413	203	210	590	285	305	708	342	366	620	291	329
50-54	217	105	112	385	188	196	559	268	291	756	365	391
55-59	196	92	105	210	98	111	371	177	194	531	252	279
60-64	264	119	145	169	77	92	183	83	100	431	202	229
65-69	214	96	118	225	99	127	143	63	80	132	59	74
70-74	147	62	85	181	79	103	193	82	111	138	58	80
75-79	55	19	36	90	38	52	118	50	67	156	62	95
80+	...	...	...	...	...	...	...	...	...	...	...	...
80-84	22	6	16	39	14	25	62	24	38	84	38	47
85-89	15	4	12	10	2	7	19	5	14	31	10	20
90-94	0	0	0	5	1	4	3	1	3	7	2	5
95-99	1	0	1	0	0	0	1	0	1	1	0	1
100+	0	0	0	0	0	0	0	0	0	0	0	0

性・年齢別人口（千人）

年齢	2015			2020			2025			2030		
	総数	男	女	総数	男	女	総数	男	女	総数	男	女
総数	9 754	4 856	4 898	10 241	5 098	5 143	10 547	5 244	5 303	10 727	5 322	5 405
0-4	930	505	425	865	456	408	725	382	344	648	340	309
5-9	619	328	290	924	501	423	859	453	406	721	379	342
10-14	589	312	277	617	327	290	922	500	422	857	452	406
15-19	706	376	331	584	308	276	612	324	288	917	496	420
20-24	909	465	445	697	370	328	576	303	273	604	319	285
25-29	962	470	492	899	458	441	688	364	325	567	297	270
30-34	873	435	438	952	463	489	890	452	439	680	358	322
35-39	638	314	324	864	428	435	943	456	487	881	445	436
40-44	640	313	328	630	309	322	853	421	432	932	449	483
45-49	620	291	329	630	305	324	620	301	318	840	412	428
50-54	756	365	391	604	281	323	614	295	319	605	291	314
55-59	531	252	279	724	344	380	580	265	315	589	278	311
60-64	431	202	229	496	230	266	678	314	363	543	242	301
65-69	132	59	74	386	175	211	446	199	246	611	273	337
70-74	138	58	80	110	47	64	324	140	184	375	160	216
75-79	156	62	95	103	40	63	83	33	50	245	98	147
80+	...	...	...	...	...	...	...	...	...	...	...	...
80-84	84	38	47	100	35	65	66	23	43	54	19	35
85-89	31	10	20	41	16	25	51	15	36	34	10	24
90-94	7	2	5	11	3	8	15	5	10	19	4	14
95-99	1	0	1	1	0	1	2	1	2	3	1	2
100+	0	0	0	0	0	0	0	0	0	0	0	0

年齢	2035			2040			2045			2050		
	総数	男	女	総数	男	女	総数	男	女	総数	男	女
総数	10 860	5 374	5 486	10 961	5 412	5 550	11 001	5 424	5 577	10 963	5 403	5 560
0-4	665	347	318	701	364	336	691	358	334	651	335	316
5-9	645	338	307	661	345	316	697	362	335	689	356	332
10-14	720	378	341	643	337	307	660	344	316	696	361	335
15-19	852	448	404	715	375	340	639	334	305	655	341	314
20-24	908	490	417	843	443	401	706	369	337	630	328	302
25-29	595	313	282	898	484	414	834	437	398	698	364	334
30-34	560	292	268	588	308	280	890	478	412	826	431	395
35-39	673	353	320	553	287	266	581	303	278	881	472	409
40-44	871	438	433	665	347	318	546	283	264	574	298	276
45-49	918	439	479	858	429	429	655	340	315	538	277	261
50-54	820	398	422	897	425	473	839	416	424	640	329	311
55-59	581	275	306	789	377	412	865	403	462	810	395	414
60-64	553	254	298	546	252	294	744	347	397	818	372	445
65-69	491	211	281	501	222	279	497	221	275	679	306	373
70-74	516	219	297	418	170	248	428	180	248	427	181	246
75-79	286	112	174	396	155	241	325	121	204	335	130	205
80+	...	...	...	...	...	...	...	...	...	...	...	...
80-84	161	57	104	190	65	124	266	92	174	222	73	149
85-89	28	8	20	85	25	60	102	29	73	145	42	104
90-94	13	3	10	11	2	8	33	7	25	40	9	31
95-99	4	1	4	3	1	2	3	0	2	8	1	7
100+	0	0	0	1	0	0	0	0	0	0	0	0

年齢	2055			2060		
	総数	男	女	総数	男	女
総数	10 872	5 357	5 514	10 749	5 297	5 451
0-4	615	317	298	597	308	289
5-9	649	334	315	613	316	297
10-14	687	355	332	647	333	314
15-19	691	358	333	683	352	330
20-24	647	336	312	684	354	330
25-29	622	323	299	640	331	309
30-34	690	359	332	616	318	297
35-39	818	425	393	684	354	330
40-44	872	465	407	811	420	391
45-49	566	292	274	861	457	404
50-54	527	269	258	555	284	270
55-59	618	314	304	510	257	253
60-64	767	366	400	586	292	294
65-69	750	330	420	705	327	378
70-74	588	253	335	654	275	379
75-79	338	133	205	469	187	282
80+	...	...	...	...	...	...
80-84	231	80	152	236	82	154
85-89	124	34	90	131	37	93
90-94	59	13	46	51	11	41
95-99	10	2	9	15	2	13
100+	1	0	1	2	0	1

Azerbaijan

性・年齢別人口（千人）

年齢	2015			2020			2025			2030		
	総数	男	女	総数	男	女	総数	男	女	総数	男	女
総数	9 754	4 856	4 898	10 338	5 149	5 189	10 780	5 367	5 413	11 114	5 526	5 588
0-4	930	505	425	962	508	454	861	453	408	804	421	383
5-9	619	328	290	924	501	423	956	504	452	856	450	406
10-14	589	312	277	617	327	290	922	500	422	954	503	451
15-19	706	376	331	584	308	276	612	324	288	917	496	420
20-24	909	465	445	697	370	328	576	303	273	604	319	285
25-29	962	470	492	899	458	441	688	364	325	567	297	270
30-34	873	435	438	952	463	489	890	452	439	680	358	322
35-39	638	314	324	864	428	435	943	456	487	881	445	436
40-44	640	313	328	630	309	322	853	421	432	932	449	483
45-49	620	291	329	630	305	324	620	301	318	840	412	428
50-54	756	365	391	604	281	323	614	295	319	605	291	314
55-59	531	252	279	724	344	380	580	265	315	589	278	311
60-64	431	202	229	496	230	266	678	314	363	543	242	301
65-69	132	59	74	386	175	211	446	199	246	611	273	337
70-74	138	58	80	110	47	64	324	140	184	375	160	216
75-79	156	62	95	103	40	63	83	33	50	245	98	147
80+	…	…	…	…	…	…	…	…	…	…	…	…
80-84	84	38	47	100	35	65	66	23	43	54	19	35
85-89	31	10	20	41	16	25	51	15	36	34	10	24
90-94	7	2	5	11	3	8	15	5	10	19	4	14
95-99	1	0	1	1	0	1	2	1	2	3	1	2
100+	0	0	0	0	0	0	0	0	0	0	0	0

年齢	2035			2040			2045			2050		
	総数	男	女	総数	男	女	総数	男	女	総数	男	女
総数	11 419	5 667	5 752	11 738	5 818	5 920	12 041	5 967	6 075	12 300	6 097	6 203
0-4	838	437	401	920	478	442	957	495	462	950	489	461
5-9	800	419	381	834	435	399	916	476	440	953	493	460
10-14	854	449	405	798	417	380	832	434	398	914	474	439
15-19	949	499	450	849	445	403	793	414	379	827	431	397
20-24	908	490	417	940	493	447	840	440	400	784	409	376
25-29	595	313	282	898	484	414	930	487	443	831	434	397
30-34	560	292	268	588	308	280	890	478	412	922	481	441
35-39	673	353	320	553	287	266	581	303	278	881	472	409
40-44	871	438	433	665	347	318	546	283	264	574	298	276
45-49	918	439	479	858	429	429	655	340	315	538	277	261
50-54	820	398	422	897	425	473	839	416	424	640	329	311
55-59	581	275	306	789	377	412	865	403	462	810	395	414
60-64	553	254	298	546	252	294	744	347	397	818	372	445
65-69	491	211	281	501	222	279	497	221	275	679	306	373
70-74	516	219	297	418	170	248	428	180	248	427	181	246
75-79	286	112	174	396	155	241	325	121	204	335	130	205
80+	…	…	…	…	…	…	…	…	…	…	…	…
80-84	161	57	104	190	65	124	266	92	174	222	73	149
85-89	28	8	20	85	25	60	102	29	73	145	42	104
90-94	13	3	10	11	2	8	33	7	25	40	9	31
95-99	4	1	4	3	1	2	3	0	2	8	1	7
100+	0	0	0	1	0	0	0	0	0	0	0	0

年齢	2055			2060		
	総数	男	女	総数	男	女
総数	12 532	6 218	6 314	12 762	6 339	6 423
0-4	942	485	457	954	492	462
5-9	947	487	459	939	483	455
10-14	952	492	460	945	486	459
15-19	909	471	438	947	489	458
20-24	819	425	394	901	466	435
25-29	776	403	373	811	420	391
30-34	823	428	395	769	398	371
35-39	914	475	438	816	423	393
40-44	872	465	407	905	469	436
45-49	566	292	274	861	457	404
50-54	527	269	258	555	284	270
55-59	618	314	304	510	257	253
60-64	767	366	400	586	292	294
65-69	750	330	420	705	327	378
70-74	588	253	335	654	275	379
75-79	338	133	205	469	187	282
80+	…	…	…	…	…	…
80-84	231	80	152	236	82	154
85-89	124	34	90	131	37	93
90-94	59	13	46	51	11	41
95-99	10	2	9	15	2	13
100+	1	0	1	2	0	1

性・年齢別人口（千人）

年齢	2015			2020			2025			2030		
	総数	男	女	総数	男	女	総数	男	女	総数	男	女
総数	9 754	4 856	4 898	10 143	5 046	5 097	10 315	5 122	5 193	10 340	5 119	5 221
0-4	930	505	425	767	405	362	590	311	280	493	258	235
5-9	619	328	290	924	501	423	762	402	361	587	308	278
10-14	589	312	277	617	327	290	922	500	422	761	401	360
15-19	706	376	331	584	308	276	612	324	288	917	496	420
20-24	909	465	445	697	370	328	576	303	273	604	319	285
25-29	962	470	492	899	458	441	688	364	325	567	297	270
30-34	873	435	438	952	463	489	890	452	439	680	358	322
35-39	638	314	324	864	428	435	943	456	487	881	445	436
40-44	640	313	328	630	309	322	853	421	432	932	449	483
45-49	620	291	329	630	305	324	620	301	318	840	412	428
50-54	756	365	391	604	281	323	614	295	319	605	291	314
55-59	531	252	279	724	344	380	580	265	315	589	278	311
60-64	431	202	229	496	230	266	678	314	363	543	242	301
65-69	132	59	74	386	175	211	446	199	246	611	273	337
70-74	138	58	80	110	47	64	324	140	184	375	160	216
75-79	156	62	95	103	40	63	83	33	50	245	98	147
80+	…	…	…	…	…	…	…	…	…	…	…	…
80-84	84	38	47	100	35	65	66	23	43	54	19	35
85-89	31	10	20	41	16	25	51	15	36	34	10	24
90-94	7	2	5	11	3	8	15	5	10	19	4	14
95-99	1	0	1	1	0	1	2	1	2	3	1	2
100+	0	0	0	0	0	0	0	0	0	0	0	0

年齢	2035			2040			2045			2050		
	総数	男	女	総数	男	女	総数	男	女	総数	男	女
総数	10 305	5 083	5 222	10 206	5 017	5 189	10 018	4 912	5 106	9 737	4 765	4 972
0-4	495	258	237	499	259	240	462	239	223	406	209	197
5-9	490	257	233	493	257	236	497	258	239	460	238	222
10-14	585	308	278	489	256	233	491	256	235	495	257	238
15-19	756	398	358	581	305	276	484	253	231	487	253	234
20-24	908	490	417	747	392	355	572	299	273	476	248	229
25-29	595	313	282	898	484	414	738	386	352	564	294	270
30-34	560	292	268	588	308	280	890	478	412	730	381	350
35-39	673	353	320	553	287	266	581	303	278	881	472	409
40-44	871	438	433	665	347	318	546	283	264	574	298	276
45-49	918	439	479	858	429	429	655	340	315	538	277	261
50-54	820	398	422	897	425	473	839	416	424	640	329	311
55-59	581	275	306	789	377	412	865	403	462	810	395	414
60-64	553	254	298	546	252	294	744	347	397	818	372	445
65-69	491	211	281	501	222	279	497	221	275	679	306	373
70-74	516	219	297	418	170	248	428	180	248	427	181	246
75-79	286	112	174	396	155	241	325	121	204	335	130	205
80+	…	…	…	…	…	…	…	…	…	…	…	…
80-84	161	57	104	190	65	124	266	92	174	222	73	149
85-89	28	8	20	85	25	60	102	29	73	145	42	104
90-94	13	3	10	11	2	8	33	7	25	40	9	31
95-99	4	1	4	3	1	2	3	0	2	8	1	7
100+	0	0	0	1	0	0	0	0	0	0	0	0

年齢	2055			2060		
	総数	男	女	総数	男	女
総数	9 392	4 590	4 802	9 005	4 394	4 610
0-4	359	185	174	328	169	159
5-9	404	208	196	357	184	173
10-14	459	237	222	403	207	196
15-19	491	254	237	455	235	220
20-24	479	248	231	484	250	234
25-29	469	243	226	472	244	229
30-34	557	289	268	463	239	224
35-39	723	376	348	552	285	267
40-44	872	465	407	716	370	346
45-49	566	292	274	861	457	404
50-54	527	269	258	555	284	270
55-59	618	314	304	510	257	253
60-64	767	366	400	586	292	294
65-69	750	330	420	705	327	378
70-74	588	253	335	654	275	379
75-79	338	133	205	469	187	282
80+	…	…	…	…	…	…
80-84	231	80	152	236	82	154
85-89	124	34	90	131	37	93
90-94	59	13	46	51	11	41
95-99	10	2	9	15	2	13
100+	1	0	1	2	0	1

Bahamas

性・年齢別人口（千人）

年齢	1960 総数	男	女	1965 総数	男	女	1970 総数	男	女	1975 総数	男	女
総数	110	52	57	140	68	72	169	84	85	189	93	96
0-4	17	9	9	23	11	11	23	12	11	25	13	12
5-9	16	8	8	21	11	11	27	14	13	25	13	13
10-14	13	7	7	17	8	8	21	11	11	26	13	13
15-19	10	5	5	13	6	7	16	8	8	19	10	10
20-24	9	4	5	11	5	5	13	6	7	16	8	8
25-29	8	3	4	11	5	5	12	6	6	15	7	8
30-34	7	3	4	9	4	5	12	6	6	13	6	6
35-39	6	3	3	8	4	4	10	5	5	11	5	6
40-44	5	3	3	7	3	3	8	4	4	9	4	5
45-49	5	2	3	6	3	3	7	3	3	7	4	4
50-54	4	2	2	5	3	3	6	3	3	6	3	3
55-59	3	1	2	4	2	2	5	2	3	5	2	3
60-64	2	1	1	3	1	1	3	2	2	4	2	2
65-69	2	1	1	2	1	1	2	1	1	3	1	2
70-74	1	0	1	1	1	1	2	1	1	2	1	1
75-79	1	0	0	1	0	0	1	0	1	1	0	1
80+	1	0	0	1	0	0	1	0	1	1	0	1
80-84	...	...	...	...	...	...	...	...	...	...	...	...
85-89	...	...	...	...	...	...	...	...	...	...	...	...
90-94	...	...	...	...	...	...	...	...	...	...	...	...
95-99	...	...	...	...	...	...	...	...	...	...	...	...
100+	...	...	...	...	...	...	...	...	...	...	...	...

年齢	1980 総数	男	女	1985 総数	男	女	1990 総数	男	女	1995 総数	男	女
総数	211	105	106	235	116	118	256	127	129	280	138	142
0-4	25	13	12	30	15	15	28	14	14	31	16	15
5-9	27	14	13	26	13	13	29	15	14	28	14	14
10-14	26	13	13	27	14	13	25	13	12	29	15	14
15-19	27	14	13	25	13	13	27	14	13	26	13	13
20-24	21	11	11	26	13	13	25	13	12	27	14	13
25-29	17	8	9	21	11	11	26	13	13	25	12	12
30-34	14	7	7	17	8	9	21	10	10	25	13	13
35-39	11	6	6	14	7	7	17	8	8	20	10	10
40-44	10	5	5	11	5	6	13	6	7	16	8	9
45-49	8	4	4	10	5	5	11	5	6	13	6	7
50-54	7	3	3	8	3	4	9	4	5	11	5	6
55-59	5	2	3	6	3	3	7	3	4	9	4	5
60-64	4	2	2	5	2	2	6	3	3	7	3	4
65-69	4	2	2	4	2	2	4	2	2	5	2	3
70-74	2	1	1	3	1	2	3	1	2	3	1	2
75-79	1	1	1	2	1	1	2	1	1	2	1	1
80+	1	0	1	1	0	1	...	...	...	...	...	...
80-84	...	...	...	...	...	...	1	0	1	1	0	1
85-89	...	...	...	...	...	...	0	0	0	1	0	0
90-94	...	...	...	...	...	...	0	0	0	0	0	0
95-99	...	...	...	...	...	...	0	0	0	0	0	0
100+	...	...	...	...	...	...	0	0	0	0	0	0

年齢	2000 総数	男	女	2005 総数	男	女	2010 総数	男	女	2015 総数	男	女
総数	298	145	153	329	161	169	361	176	184	388	190	198
0-4	28	14	14	27	14	13	27	14	13	29	15	14
5-9	31	15	15	28	14	14	25	13	12	27	14	13
10-14	29	14	14	29	15	15	30	15	15	25	13	12
15-19	28	14	14	30	15	15	33	16	16	31	15	15
20-24	23	12	12	27	14	14	31	16	16	34	17	17
25-29	26	13	13	28	14	14	31	15	15	33	16	16
30-34	24	12	12	25	12	13	26	13	13	32	16	16
35-39	25	12	13	27	13	14	28	14	14	27	13	13
40-44	21	10	11	24	11	12	26	13	13	29	14	15
45-49	17	8	9	22	10	11	27	13	14	26	13	13
50-54	13	6	7	17	8	9	22	10	12	26	13	14
55-59	10	5	5	14	6	7	17	8	9	21	10	11
60-64	8	4	4	11	5	6	13	6	7	17	8	9
65-69	6	3	3	8	3	4	9	4	5	12	5	7
70-74	4	2	2	6	2	3	7	3	4	8	4	4
75-79	3	1	2	4	1	2	4	2	3	6	2	4
80+	...	...	...	...	...	...	...	...	...	...	...	...
80-84	2	1	1	2	1	1	2	1	2	3	1	2
85-89	1	0	0	1	0	1	1	0	1	2	0	1
90-94	0	0	0	0	0	0	0	0	0	1	0	0
95-99	0	0	0	0	0	0	0	0	0	0	0	0
100+	0	0	0	0	0	0	0	0	0	0	0	0

性・年齢別人口（千人）

年齢	2015			2020			2025			2030		
	総数	男	女	総数	男	女	総数	男	女	総数	男	女
総数	388	190	198	410	201	209	429	210	219	446	219	227
0-4	29	15	14	29	15	14	29	15	14	28	14	14
5-9	27	14	13	29	15	14	29	15	14	29	15	14
10-14	25	13	12	27	14	13	29	15	14	29	15	14
15-19	31	15	15	25	13	12	28	14	14	30	15	15
20-24	34	17	17	31	16	16	26	13	13	29	15	14
25-29	33	16	16	35	18	17	32	16	16	27	14	13
30-34	32	16	16	33	16	17	35	18	18	33	16	16
35-39	27	13	13	32	16	16	33	16	17	35	18	18
40-44	29	14	15	27	13	13	31	16	16	33	16	17
45-49	26	13	13	28	14	14	26	13	13	31	15	16
50-54	26	13	14	26	12	13	28	13	14	26	13	13
55-59	21	10	11	25	12	13	25	12	13	27	13	14
60-64	17	8	9	20	9	11	24	11	13	24	11	13
65-69	12	5	7	15	7	9	19	9	10	23	11	12
70-74	8	4	5	11	5	6	14	6	8	17	8	10
75-79	6	2	4	7	3	4	9	4	5	12	5	7
80+	…	…	…	…	…	…	…	…	…	…	…	…
80-84	3	1	2	5	2	3	6	2	3	7	3	4
85-89	2	0	1	2	1	2	3	1	2	4	1	2
90-94	1	0	0	1	0	1	1	0	1	2	0	1
95-99	0	0	0	0	0	0	0	0	0	0	0	0
100+	0	0	0	0	0	0	0	0	0	0	0	0

年齢	2035			2040			2045			2050		
	総数	男	女	総数	男	女	総数	男	女	総数	男	女
総数	460	225	234	471	231	240	480	236	244	489	240	248
0-4	27	14	13	26	13	13	26	14	13	27	14	13
5-9	28	14	14	27	14	13	26	13	13	27	14	13
10-14	29	15	14	28	14	14	27	14	13	26	14	13
15-19	30	15	15	29	15	14	29	15	14	27	14	13
20-24	31	16	15	31	16	15	30	16	15	29	15	14
25-29	29	15	14	31	16	15	32	16	15	31	16	15
30-34	28	14	14	30	15	15	32	16	16	32	16	16
35-39	33	16	16	28	14	14	30	15	15	32	16	16
40-44	35	18	18	33	16	16	28	14	14	30	15	15
45-49	33	16	17	35	17	18	32	16	16	28	14	14
50-54	31	15	16	32	16	16	34	17	17	32	16	16
55-59	25	12	13	30	14	15	31	15	16	34	17	17
60-64	26	12	13	24	12	13	29	14	15	30	15	16
65-69	23	11	12	24	12	13	23	11	12	28	13	14
70-74	21	10	12	21	10	11	23	11	12	22	10	11
75-79	15	7	9	19	8	10	18	8	10	20	9	11
80+	…	…	…	…	…	…	…	…	…	…	…	…
80-84	10	4	6	12	5	7	15	6	9	15	7	9
85-89	5	2	3	7	3	4	9	3	5	11	4	7
90-94	2	1	1	3	1	2	4	1	3	5	2	3
95-99	1	0	0	1	0	1	1	0	1	1	0	1
100+	0	0	0	0	0	0	0	0	0	0	0	0

年齢	2055			2060		
	総数	男	女	総数	男	女
総数	495	244	251	500	247	253
0-4	27	14	13	26	14	13
5-9	27	14	13	27	14	13
10-14	27	14	13	27	14	13
15-19	27	14	13	27	14	13
20-24	28	15	14	28	14	13
25-29	30	15	15	29	15	14
30-34	32	16	16	31	16	15
35-39	32	16	16	32	16	16
40-44	32	16	16	32	16	16
45-49	30	15	15	32	16	16
50-54	27	14	14	30	15	15
55-59	31	15	16	27	13	14
60-64	33	16	17	31	15	16
65-69	29	14	15	32	15	16
70-74	26	12	14	27	13	14
75-79	19	9	11	23	11	13
80+	…	…	…	…	…	…
80-84	17	7	10	16	7	9
85-89	11	4	7	12	5	7
90-94	6	2	4	6	2	4
95-99	2	0	1	3	1	2
100+	0	0	0	0	0	0

性・年齢別人口（千人）

年齢	2015			2020			2025			2030		
	総数	男	女	総数	男	女	総数	男	女	総数	男	女
総数	388	190	198	414	203	211	439	216	224	464	228	236
0-4	29	15	14	33	17	16	35	18	17	36	18	17
5-9	27	14	13	29	15	14	33	17	16	35	18	17
10-14	25	13	12	27	14	13	29	15	14	33	17	16
15-19	31	15	15	25	13	12	28	14	14	30	15	15
20-24	34	17	17	31	16	16	26	13	13	29	15	14
25-29	33	16	16	35	18	17	32	16	16	27	14	13
30-34	32	16	16	33	16	17	35	18	18	33	16	16
35-39	27	13	13	32	16	16	33	16	17	35	18	18
40-44	29	14	15	27	13	13	31	16	16	33	16	17
45-49	26	13	13	28	14	14	26	13	13	31	15	16
50-54	26	13	14	26	12	13	28	13	14	26	13	13
55-59	21	10	11	25	12	13	25	12	13	27	13	14
60-64	17	8	9	20	9	11	24	11	13	24	11	13
65-69	12	5	7	15	7	9	19	9	10	23	11	12
70-74	8	4	5	11	5	6	14	6	8	17	8	10
75-79	6	2	4	7	3	4	9	4	5	12	5	7
80+	…	…	…	…	…	…	…	…	…	…	…	…
80-84	3	1	2	5	2	3	6	2	3	7	3	4
85-89	2	0	1	2	1	2	3	1	2	4	1	2
90-94	1	0	0	1	0	1	1	0	1	2	0	1
95-99	0	0	0	0	0	0	0	0	0	0	0	0
100+	0	0	0	0	0	0	0	0	0	0	0	0

年齢	2035			2040			2045			2050		
	総数	男	女	総数	男	女	総数	男	女	総数	男	女
総数	485	239	247	504	248	256	523	258	265	542	268	274
0-4	34	18	17	34	18	17	36	18	17	38	20	19
5-9	36	18	17	34	18	17	34	18	17	36	18	17
10-14	35	18	17	36	18	17	35	18	17	34	18	17
15-19	34	17	16	36	18	17	36	19	18	35	18	17
20-24	31	16	15	35	18	17	37	19	18	37	19	18
25-29	29	15	14	31	16	15	35	18	17	38	19	18
30-34	28	14	14	30	15	15	32	16	16	36	18	18
35-39	33	16	16	28	14	14	30	15	15	32	16	16
40-44	35	18	18	33	16	16	28	14	14	30	15	15
45-49	33	16	17	35	17	18	32	16	16	28	14	14
50-54	31	15	16	32	16	16	34	17	17	32	16	16
55-59	25	12	13	30	14	15	31	15	16	34	17	17
60-64	26	12	13	24	12	13	29	14	15	30	15	16
65-69	23	11	12	24	12	13	23	11	12	28	13	14
70-74	21	10	12	21	10	11	23	11	12	22	10	11
75-79	15	7	9	19	8	10	18	8	10	20	9	11
80+	…	…	…	…	…	…	…	…	…	…	…	…
80-84	10	4	6	12	5	7	15	6	9	15	7	9
85-89	5	2	3	7	3	4	9	3	5	11	4	7
90-94	2	1	1	3	1	2	4	1	3	5	2	3
95-99	1	0	0	1	0	1	1	0	1	1	0	1
100+	0	0	0	0	0	0	0	0	0	0	0	0

年齢	2055			2060		
	総数	男	女	総数	男	女
総数	562	278	284	581	289	292
0-4	40	21	20	41	21	20
5-9	38	20	19	40	21	20
10-14	36	18	17	38	20	19
15-19	35	18	17	36	19	18
20-24	36	18	18	36	18	17
25-29	38	19	19	37	19	18
30-34	38	19	19	38	20	19
35-39	36	18	18	38	19	19
40-44	32	16	16	36	18	18
45-49	30	15	15	32	16	16
50-54	27	14	14	30	15	15
55-59	31	15	16	27	13	14
60-64	33	16	17	31	15	16
65-69	29	14	15	32	15	16
70-74	26	12	14	27	13	14
75-79	19	9	11	23	11	13
80+	…	…	…	…	…	…
80-84	17	7	10	16	7	9
85-89	11	4	7	12	5	7
90-94	6	2	4	6	2	4
95-99	2	0	1	3	1	2
100+	0	0	0	0	0	0

性・年齢別人口（千人）

年齢	2015			2020			2025			2030		
	総数	男	女	総数	男	女	総数	男	女	総数	男	女
総数	388	190	198	406	199	207	419	205	214	428	209	219
0-4	29	15	14	25	13	12	22	12	11	20	10	10
5-9	27	14	13	29	15	14	25	13	12	23	12	11
10-14	25	13	12	27	14	13	29	15	14	25	13	12
15-19	31	15	15	25	13	12	28	14	14	30	15	15
20-24	34	17	17	31	16	16	26	13	13	29	15	14
25-29	33	16	16	35	18	17	32	16	16	27	14	13
30-34	32	16	16	33	16	17	35	18	18	33	16	16
35-39	27	13	13	32	16	16	33	16	17	35	18	18
40-44	29	14	15	27	13	13	31	16	16	33	16	17
45-49	26	13	13	28	14	14	26	13	13	31	15	16
50-54	26	13	14	26	12	13	28	13	14	26	13	13
55-59	21	10	11	25	12	13	25	12	13	27	13	14
60-64	17	8	9	20	9	11	24	11	13	24	11	13
65-69	12	5	7	15	7	9	19	9	10	23	11	12
70-74	8	4	5	11	5	6	14	6	8	17	8	10
75-79	6	2	4	7	3	4	9	4	5	12	5	7
80+	…	…	…	…	…	…	…	…	…	…	…	…
80-84	3	1	2	5	2	3	6	2	3	7	3	4
85-89	2	0	1	2	1	2	3	1	2	4	1	2
90-94	1	0	0	1	0	1	1	0	1	2	0	1
95-99	0	0	0	0	0	0	0	0	0	0	0	0
100+	0	0	0	0	0	0	0	0	0	0	0	0

年齢	2035			2040			2045			2050		
	総数	男	女	総数	男	女	総数	男	女	総数	男	女
総数	434	212	222	438	214	224	439	215	224	438	214	223
0-4	19	10	9	18	9	9	18	9	9	17	9	8
5-9	20	10	10	19	10	9	19	10	9	18	9	9
10-14	23	12	11	20	10	10	19	10	9	19	10	9
15-19	26	13	13	23	12	11	21	11	10	20	10	10
20-24	31	16	15	27	14	13	24	12	12	22	11	11
25-29	29	15	14	31	16	15	28	14	14	25	13	12
30-34	28	14	14	30	15	15	32	16	16	28	14	14
35-39	33	16	16	28	14	14	30	15	15	32	16	16
40-44	35	18	18	33	16	16	28	14	14	30	15	15
45-49	33	16	17	35	17	18	32	16	16	28	14	14
50-54	31	15	16	32	16	16	34	17	17	32	16	16
55-59	25	12	13	30	14	15	31	15	16	34	17	17
60-64	26	12	13	24	12	13	29	14	15	30	15	16
65-69	23	11	12	24	12	13	23	11	12	28	13	14
70-74	21	10	12	21	10	11	23	11	12	22	10	11
75-79	15	7	9	19	8	10	18	8	10	20	9	11
80+	…	…	…	…	…	…	…	…	…	…	…	…
80-84	10	4	6	12	5	7	15	6	9	15	7	9
85-89	5	2	3	7	3	4	9	3	5	11	4	7
90-94	2	1	1	3	1	2	4	1	3	5	2	3
95-99	1	0	0	1	0	1	1	0	1	1	0	1
100+	0	0	0	0	0	0	0	0	0	0	0	0

年齢	2055			2060		
	総数	男	女	総数	男	女
総数	433	212	221	427	210	217
0-4	16	8	8	15	8	7
5-9	17	9	8	16	8	8
10-14	18	9	9	16	8	9
15-19	19	10	9	19	10	9
20-24	21	11	10	20	10	10
25-29	23	12	11	22	11	11
30-34	26	13	13	23	12	11
35-39	29	14	14	26	13	13
40-44	32	16	16	29	14	14
45-49	30	15	15	32	16	16
50-54	27	14	14	30	15	15
55-59	31	15	16	27	13	14
60-64	33	16	17	31	15	16
65-69	29	14	15	32	15	16
70-74	26	12	14	27	13	14
75-79	19	9	11	23	11	13
80+	…	…	…	…	…	…
80-84	17	7	10	16	7	9
85-89	11	4	7	12	5	7
90-94	6	2	4	6	2	4
95-99	2	0	1	3	1	2
100+	0	0	0	0	0	0

Bahrain

性・年齢別人口（千人）

年齢	1960 総数	男	女	1965 総数	男	女	1970 総数	男	女	1975 総数	男	女
総数	163	87	75	187	102	85	213	115	98	267	149	118
0-4	28	14	14	32	16	16	36	18	18	40	20	20
5-9	21	10	11	30	15	15	31	15	15	35	18	17
10-14	19	9	9	26	14	13	29	15	15	30	15	15
15-19	15	8	8	16	9	7	22	12	10	32	18	15
20-24	13	7	6	18	10	8	16	9	6	29	18	11
25-29	14	8	6	16	10	6	16	9	7	21	13	7
30-34	13	7	5	13	7	5	13	8	6	18	11	7
35-39	10	6	4	11	6	4	12	7	5	15	9	6
40-44	8	5	3	8	4	3	10	6	4	13	7	5
45-49	6	4	3	6	4	2	8	5	3	10	6	4
50-54	5	3	2	4	3	2	7	4	3	8	5	3
55-59	4	2	2	3	1	1	4	2	2	6	4	3
60-64	3	1	1	2	1	1	3	2	1	4	2	2
65-69	2	1	1	1	1	1	2	1	1	3	2	1
70-74	2	1	1	1	0	0	2	1	1	2	1	1
75-79	1	0	0	1	0	0	1	0	0	1	1	1
80+	0	0	0	1	0	0	1	0	0	1	0	0
80-84	...	...	...	...	...	...	...	...	...	...	...	...
85-89	...	...	...	...	...	...	...	...	...	...	...	...
90-94	...	...	...	...	...	...	...	...	...	...	...	...
95-99	...	...	...	...	...	...	...	...	...	...	...	...
100+	...	...	...	...	...	...	...	...	...	...	...	...

年齢	1980 総数	男	女	1985 総数	男	女	1990 総数	男	女	1995 総数	男	女
総数	360	210	150	419	240	180	496	286	210	564	325	239
0-4	50	25	24	59	30	28	66	34	32	61	31	30
5-9	40	20	19	45	23	22	53	27	26	57	29	28
10-14	35	18	17	37	19	18	43	22	21	52	27	25
15-19	36	18	18	30	15	15	37	19	18	42	21	20
20-24	44	27	17	37	20	17	44	24	20	52	28	24
25-29	44	31	13	51	30	20	59	35	23	64	39	25
30-34	30	21	9	49	32	18	62	40	22	67	43	24
35-39	21	14	6	39	26	12	48	32	15	57	37	20
40-44	17	11	6	23	16	7	27	19	8	38	26	12
45-49	13	7	6	13	8	5	17	10	6	25	16	9
50-54	10	6	4	11	7	4	13	8	6	16	10	6
55-59	8	4	3	8	5	4	9	5	4	11	6	4
60-64	6	3	2	6	3	3	8	4	4	8	4	4
65-69	3	2	1	4	2	2	5	3	2	6	3	2
70-74	2	1	1	3	1	1	3	1	1	4	2	2
75-79	1	1	1	3	2	1	2	1	1	2	1	1
80+	1	0	0	1	1	1	...	...	...	...	...	...
80-84	...	...	...	...	...	...	1	1	0	1	0	0
85-89	...	...	...	...	...	...	0	0	0	1	0	0
90-94	...	...	...	...	...	...	0	0	0	0	0	0
95-99	...	...	...	...	...	...	0	0	0	0	0	0
100+	...	...	...	...	...	...	0	0	0	0	0	0

年齢	2000 総数	男	女	2005 総数	男	女	2010 総数	男	女	2015 総数	男	女
総数	667	381	286	867	521	346	1 261	787	474	1 377	854	524
0-4	72	37	35	81	41	39	89	45	44	109	56	53
5-9	74	38	37	82	42	40	83	43	41	100	51	49
10-14	58	30	28	69	35	35	76	39	37	87	44	43
15-19	49	25	24	60	33	27	74	39	35	89	49	40
20-24	59	33	26	87	55	32	116	70	46	120	78	43
25-29	68	41	27	99	65	34	179	122	57	173	120	53
30-34	71	45	27	95	61	34	168	118	50	174	119	55
35-39	66	40	26	87	58	29	140	94	46	133	88	45
40-44	54	34	20	74	50	24	116	78	38	122	83	39
45-49	37	25	12	55	36	20	81	53	28	94	60	34
50-54	20	14	6	31	19	12	61	39	22	72	44	27
55-59	12	7	5	16	10	6	34	22	12	50	32	18
60-64	9	5	5	11	5	5	18	12	6	20	11	9
65-69	6	3	3	8	4	4	11	5	5	14	8	6
70-74	5	2	3	5	3	2	8	4	4	9	4	4
75-79	3	1	1	4	2	2	4	2	2	6	3	3
80+	...	...	...	...	...	...	...	...	...	...	...	...
80-84	1	1	1	2	1	1	2	1	1	3	1	1
85-89	1	0	0	1	0	0	1	0	0	1	1	1
90-94	0	0	0	0	0	0	0	0	0	0	0	0
95-99	0	0	0	0	0	0	0	0	0	0	0	0
100+	0	0	0	0	0	0	0	0	0	0	0	0

性・年齢別人口（千人）

年齢	2015			2020			2025			2030		
	総数	男	女	総数	男	女	総数	男	女	総数	男	女
総数	1 377	854	524	1 486	921	565	1 571	968	603	1 642	1 005	637
0-4	109	56	53	93	47	46	87	44	43	84	43	41
5-9	100	51	49	108	56	53	93	47	46	87	44	43
10-14	87	44	43	100	51	49	108	56	53	93	47	46
15-19	89	49	40	88	45	43	100	52	49	108	56	53
20-24	120	78	43	119	79	41	109	65	44	121	72	49
25-29	173	120	53	177	132	45	158	116	43	138	92	46
30-34	174	119	55	194	140	54	182	137	46	169	125	44
35-39	133	88	45	161	106	55	177	123	54	172	126	46
40-44	122	83	39	118	73	44	152	98	55	156	102	54
45-49	94	60	34	104	66	39	108	64	44	141	87	54
50-54	72	44	27	77	44	33	95	57	38	103	60	43
55-59	50	32	18	60	34	27	71	38	32	91	53	37
60-64	20	11	9	44	26	17	56	30	26	67	36	31
65-69	14	8	6	17	9	8	40	24	16	52	28	24
70-74	9	4	4	12	7	5	15	8	7	35	21	14
75-79	6	3	3	7	3	4	10	6	4	12	6	6
80+	...	...	...	...	...	...	...	...	...	...	...	...
80-84	3	1	1	4	2	2	5	2	2	7	4	3
85-89	1	1	1	1	1	1	2	1	1	3	1	1
90-94	0	0	0	1	0	0	0	0	0	1	0	1
95-99	0	0	0	0	0	0	0	0	0	0	0	0
100+	0	0	0	0	0	0	0	0	0	0	0	0

年齢	2035			2040			2045			2050		
	総数	男	女	総数	男	女	総数	男	女	総数	男	女
総数	1 705	1 038	667	1 759	1 065	694	1 797	1 081	715	1 822	1 091	731
0-4	84	43	41	83	42	41	82	42	40	80	41	39
5-9	84	43	41	83	42	41	83	42	41	82	42	40
10-14	87	44	43	84	43	41	83	42	41	83	42	41
15-19	93	47	46	87	44	43	84	43	41	84	43	41
20-24	127	73	54	106	60	46	101	57	44	98	56	42
25-29	148	97	51	148	93	55	128	80	48	122	77	45
30-34	149	102	47	159	106	52	159	103	57	138	88	49
35-39	169	125	44	150	103	47	158	106	53	157	100	57
40-44	161	116	45	162	118	44	140	93	47	150	98	52
45-49	140	87	53	150	105	45	147	104	43	130	84	46
50-54	128	75	53	128	76	52	139	95	44	135	93	42
55-59	96	54	42	120	68	52	123	72	52	131	87	43
60-64	87	50	36	92	51	41	116	65	51	119	68	50
65-69	63	33	30	81	47	34	87	48	39	110	61	49
70-74	47	25	22	57	30	27	74	43	31	80	44	36
75-79	29	17	12	39	21	18	48	25	23	63	36	27
80+	...	...	...	...	...	...	...	...	...	...	...	...
80-84	9	4	4	21	12	9	29	15	14	36	18	18
85-89	4	2	2	5	2	3	12	7	6	18	9	9
90-94	1	0	1	2	1	1	2	1	1	6	3	3
95-99	0	0	0	0	0	0	0	0	0	1	1	0
100+	0	0	0	0	0	0	0	0	0	0	0	0

年齢	2055			2060		
	総数	男	女	総数	男	女
総数	1 834	1 093	741	1 834	1 089	745
0-4	78	40	38	76	39	37
5-9	80	41	39	78	40	38
10-14	82	42	40	80	41	39
15-19	83	42	41	82	42	40
20-24	96	55	42	95	54	42
25-29	118	75	44	116	73	43
30-34	132	85	47	127	82	45
35-39	135	86	50	130	83	47
40-44	149	93	56	128	79	49
45-49	141	89	51	140	85	56
50-54	119	74	45	130	80	51
55-59	128	86	42	112	68	45
60-64	126	84	42	124	83	41
65-69	113	65	48	121	80	41
70-74	102	57	45	105	60	45
75-79	69	38	31	89	49	39
80+	...	...	...	...	...	...
80-84	48	27	21	54	29	25
85-89	23	11	12	32	17	14
90-94	8	4	5	11	5	6
95-99	2	1	1	3	1	2
100+	0	0	0	0	0	0

Bahrain

性・年齢別人口（千人）

年齢	2015 総数	男	女	2020 総数	男	女	2025 総数	男	女	2030 総数	男	女
総数	1 377	854	524	1 498	927	571	1 601	983	618	1 695	1 032	663
0-4	109	56	53	105	53	51	106	54	52	108	55	53
5-9	100	51	49	108	56	53	104	53	51	106	54	52
10-14	87	44	43	100	51	49	108	56	53	104	53	51
15-19	89	49	40	88	45	43	100	52	49	108	56	53
20-24	120	78	43	119	79	41	109	65	44	121	72	49
25-29	173	120	53	177	132	45	158	116	43	138	92	46
30-34	174	119	55	194	140	54	182	137	46	169	125	44
35-39	133	88	45	161	106	55	177	123	54	172	126	46
40-44	122	83	39	118	73	44	152	98	55	156	102	54
45-49	94	60	34	104	66	39	108	64	44	141	87	54
50-54	72	44	27	77	44	33	95	57	38	103	60	43
55-59	50	32	18	60	34	27	71	38	32	91	53	37
60-64	20	11	9	44	26	17	56	30	26	67	36	31
65-69	14	8	6	17	9	8	40	24	16	52	28	24
70-74	9	4	4	12	7	5	15	8	7	35	21	14
75-79	6	3	3	7	3	4	10	6	4	12	6	6
80+	…	…	…	…	…	…	…	…	…	…	…	…
80-84	3	1	1	4	2	2	5	2	2	7	4	3
85-89	1	1	1	1	1	1	2	1	1	3	1	1
90-94	0	0	0	1	0	0	0	0	0	1	0	1
95-99	0	0	0	0	0	0	0	0	0	0	0	0
100+	0	0	0	0	0	0	0	0	0	0	0	0

年齢	2035 総数	男	女	2040 総数	男	女	2045 総数	男	女	2050 総数	男	女
総数	1 783	1 077	706	1 863	1 118	745	1 931	1 150	781	1 991	1 177	814
0-4	108	55	53	110	56	54	112	57	55	115	59	57
5-9	108	55	53	108	55	53	109	56	54	112	57	55
10-14	106	54	52	108	55	53	108	55	53	109	56	54
15-19	104	53	51	106	54	52	108	55	53	108	55	53
20-24	127	73	54	118	66	52	119	67	53	121	68	54
25-29	148	97	51	148	93	55	139	86	54	141	86	55
30-34	149	102	47	159	106	52	159	103	57	149	94	55
35-39	169	125	44	150	103	47	158	106	53	157	100	57
40-44	161	116	45	162	118	44	140	93	47	150	98	52
45-49	140	87	53	150	105	45	147	104	43	130	84	46
50-54	128	75	53	128	76	52	139	95	44	135	93	42
55-59	96	54	42	120	68	52	123	72	52	131	87	43
60-64	87	50	36	92	51	41	116	65	51	119	68	50
65-69	63	33	30	81	47	34	87	48	39	110	61	49
70-74	47	25	22	57	30	27	74	43	31	80	44	36
75-79	29	17	12	39	21	18	48	25	23	63	36	27
80+	…	…	…	…	…	…	…	…	…	…	…	…
80-84	9	4	4	21	12	9	29	15	14	36	18	18
85-89	4	2	2	5	2	3	12	7	6	18	9	9
90-94	1	0	1	2	1	1	2	1	1	6	3	3
95-99	0	0	0	0	0	0	0	0	0	1	0	0
100+	0	0	0	0	0	0	0	0	0	0	0	0

年齢	2055 総数	男	女	2060 総数	男	女
総数	2 043	1 200	843	2 086	1 218	869
0-4	118	60	58	120	61	59
5-9	115	59	57	118	60	58
10-14	112	57	55	115	59	56
15-19	110	56	54	112	57	55
20-24	121	67	54	122	67	54
25-29	142	86	55	140	85	55
30-34	150	95	56	151	94	57
35-39	147	92	55	148	92	56
40-44	149	93	56	139	85	55
45-49	141	89	51	140	85	56
50-54	119	74	45	130	80	51
55-59	128	86	42	112	68	45
60-64	126	84	42	124	83	41
65-69	113	65	48	121	80	41
70-74	102	57	45	105	60	45
75-79	69	38	31	89	49	39
80+	…	…	…	…	…	…
80-84	48	27	21	54	29	25
85-89	23	11	12	32	17	14
90-94	8	4	5	11	5	6
95-99	2	1	1	3	1	2
100+	0	0	0	0	0	0

性・年齢別人口（千人）

年齢	2015			2020			2025			2030		
	総数	男	女	総数	男	女	総数	男	女	総数	男	女
総数	1 377	854	524	1 474	915	560	1 540	952	588	1 588	978	610
0-4	109	56	53	81	41	40	69	35	34	61	31	30
5-9	100	51	49	108	56	53	81	41	40	69	35	34
10-14	87	44	43	100	51	49	108	56	53	81	41	40
15-19	89	49	40	88	45	43	100	52	49	108	56	53
20-24	120	78	43	119	79	41	109	65	44	121	72	49
25-29	173	120	53	177	132	45	158	116	43	138	92	46
30-34	174	119	55	194	140	54	182	137	46	169	125	44
35-39	133	88	45	161	106	55	177	123	54	172	126	46
40-44	122	83	39	118	73	44	152	98	55	156	102	54
45-49	94	60	34	104	66	39	108	64	44	141	87	54
50-54	72	44	27	77	44	33	95	57	38	103	60	43
55-59	50	32	18	60	34	27	71	38	32	91	53	37
60-64	20	11	9	44	26	17	56	30	26	67	36	31
65-69	14	8	6	17	9	8	40	24	16	52	28	24
70-74	9	4	4	12	7	5	15	8	7	35	21	14
75-79	6	3	3	7	3	4	10	6	4	12	6	6
80+	…	…	…	…	…	…	…	…	…	…	…	…
80-84	3	1	1	4	2	2	5	2	2	7	4	3
85-89	1	1	1	1	1	1	2	1	1	3	1	1
90-94	0	0	0	1	0	0	0	0	0	1	0	1
95-99	0	0	0	0	0	0	0	0	0	0	0	0
100+	0	0	0	0	0	0	0	0	0	0	0	0

年齢	2035			2040			2045			2050		
	総数	男	女	総数	男	女	総数	男	女	総数	男	女
総数	1 627	998	629	1 655	1 013	643	1 666	1 015	651	1 661	1 009	652
0-4	59	30	29	58	29	28	55	28	27	51	26	25
5-9	61	31	30	59	30	29	58	29	28	54	28	27
10-14	68	35	34	61	31	30	59	30	29	58	29	28
15-19	81	41	40	69	35	34	61	31	30	59	30	29
20-24	127	73	54	94	54	41	82	48	35	74	44	31
25-29	148	97	51	148	93	55	116	74	42	104	68	36
30-34	149	102	47	159	106	52	159	103	57	126	82	44
35-39	169	125	44	150	103	47	158	106	53	157	100	57
40-44	161	116	45	162	118	44	140	93	47	150	98	52
45-49	140	87	53	150	105	45	147	104	43	130	84	46
50-54	128	75	53	128	76	52	139	95	44	135	93	42
55-59	96	54	42	120	68	52	123	72	52	131	87	43
60-64	87	50	36	92	51	41	116	65	51	119	68	50
65-69	63	33	30	81	47	34	87	48	39	110	61	49
70-74	47	25	22	57	30	27	74	43	31	80	44	36
75-79	29	17	12	39	21	18	48	25	23	63	36	27
80+	…	…	…	…	…	…	…	…	…	…	…	…
80-84	9	4	4	21	12	9	29	15	14	36	18	18
85-89	4	2	2	5	2	3	12	7	6	18	9	9
90-94	1	0	1	2	1	1	2	1	1	6	3	3
95-99	0	0	0	0	0	0	0	0	0	1	0	0
100+	0	0	0	0	0	0	0	0	0	0	0	0

年齢	2055			2060		
	総数	男	女	総数	男	女
総数	1 641	995	646	1 608	974	634
0-4	46	24	23	42	22	21
5-9	50	26	25	46	24	23
10-14	54	28	27	50	26	25
15-19	58	29	28	55	28	27
20-24	72	42	30	70	41	29
25-29	95	63	32	92	60	32
30-34	113	76	38	104	70	34
35-39	124	80	44	111	73	38
40-44	149	93	56	116	73	43
45-49	141	89	51	140	85	56
50-54	119	74	45	130	80	51
55-59	128	86	42	112	68	45
60-64	126	84	42	124	83	41
65-69	113	65	48	121	80	41
70-74	102	57	45	105	60	45
75-79	69	38	31	89	49	39
80+	…	…	…	…	…	…
80-84	48	27	21	54	29	25
85-89	23	11	12	32	17	14
90-94	8	4	5	11	5	6
95-99	2	1	1	3	1	2
100+	0	0	0	0	0	0

Bangladesh

性・年齢別人口（千人）

年齢	1960 総数	男	女	1965 総数	男	女	1970 総数	男	女	1975 総数	男	女
総数	48 201	24 912	23 288	55 835	28 716	27 119	65 049	33 345	31 704	71 247	36 382	34 865
0-4	8 480	4 288	4 192	10 234	5 185	5 050	11 998	6 085	5 912	12 364	6 317	6 047
5-9	6 224	3 150	3 074	7 838	3 976	3 862	9 534	4 845	4 689	10 728	5 432	5 295
10-14	5 468	2 789	2 679	6 087	3 078	3 009	7 680	3 895	3 785	9 047	4 589	4 458
15-19	4 828	2 477	2 351	5 366	2 728	2 638	5 977	3 019	2 958	6 617	3 326	3 290
20-24	4 231	2 193	2 038	4 715	2 408	2 307	5 247	2 662	2 585	4 766	2 365	2 400
25-29	3 675	1 909	1 766	4 130	2 132	1 998	4 611	2 350	2 261	4 857	2 446	2 411
30-34	3 151	1 624	1 527	3 591	1 861	1 730	4 046	2 086	1 960	4 538	2 313	2 225
35-39	2 718	1 410	1 309	3 073	1 582	1 491	3 511	1 818	1 693	3 969	2 047	1 922
40-44	2 305	1 214	1 091	2 633	1 365	1 268	2 986	1 536	1 449	3 421	1 772	1 649
45-49	1 939	1 039	901	2 211	1 164	1 047	2 535	1 313	1 221	2 879	1 481	1 397
50-54	1 600	884	716	1 837	984	853	2 104	1 108	997	2 414	1 251	1 163
55-59	1 314	719	595	1 489	823	666	1 719	921	798	1 968	1 037	932
60-64	973	523	450	1 149	630	518	1 315	729	586	1 527	820	707
65-69	637	344	293	761	411	350	915	504	411	1 067	593	474
70-74	355	190	165	432	235	197	530	288	242	653	361	293
75-79	191	102	88	190	103	88	241	132	109	306	166	140
80+	112	59	53	97	51	46	99	52	47	128	67	61
80-84	...	...	...	...	...	...	...	...	...	...	...	...
85-89	...	...	...	...	...	...	...	...	...	...	...	...
90-94	...	...	...	...	...	...	...	...	...	...	...	...
95-99	...	...	...	...	...	...	...	...	...	...	...	...
100+	...	...	...	...	...	...	...	...	...	...	...	...

年齢	1980 総数	男	女	1985 総数	男	女	1990 総数	男	女	1995 総数	男	女
総数	81 364	41 493	39 872	93 015	47 572	45 443	105 983	54 175	51 808	118 428	60 475	57 953
0-4	14 247	7 236	7 012	15 692	7 984	7 708	16 430	8 366	8 064	16 578	8 452	8 126
5-9	11 670	5 974	5 697	13 560	6 902	6 658	15 032	7 664	7 369	15 893	8 101	7 792
10-14	10 571	5 353	5 218	11 520	5 897	5 623	13 409	6 825	6 584	14 829	7 563	7 266
15-19	8 965	4 547	4 417	10 484	5 309	5 175	11 435	5 853	5 582	13 129	6 666	6 464
20-24	6 508	3 289	3 219	8 831	4 502	4 329	10 382	5 262	5 121	11 134	5 678	5 456
25-29	4 482	2 241	2 241	6 376	3 296	3 080	8 689	4 434	4 255	10 151	5 144	5 007
30-34	4 499	2 238	2 261	4 423	2 297	2 126	6 261	3 243	3 018	8 515	4 357	4 158
35-39	4 405	2 217	2 188	4 510	2 288	2 222	4 371	2 276	2 095	6 151	3 196	2 955
40-44	3 843	1 987	1 856	4 252	2 146	2 106	4 413	2 241	2 172	4 282	2 236	2 046
45-49	3 173	1 652	1 521	3 509	1 806	1 703	4 101	2 072	2 029	4 266	2 181	2 085
50-54	2 640	1 366	1 275	2 863	1 483	1 380	3 347	1 725	1 622	3 916	1 984	1 931
55-59	2 186	1 139	1 047	2 354	1 212	1 143	2 689	1 394	1 295	3 153	1 620	1 533
60-64	1 692	898	794	1 854	961	893	2 120	1 091	1 029	2 448	1 261	1 188
65-69	1 198	648	550	1 313	693	620	1 546	799	746	1 808	920	888
70-74	743	415	329	831	446	385	979	515	465	1 192	608	584
75-79	376	207	169	430	238	192	514	274	240	638	330	307
80+	167	87	80	212	112	100	...	...	...	...	...	...
80-84	...	...	...	...	...	...	202	110	92	259	135	124
85-89	...	...	...	...	...	...	54	28	26	72	37	35
90-94	...	...	...	...	...	...	8	4	4	12	6	6
95-99	...	...	...	...	...	...	1	0	0	1	0	1
100+	...	...	...	...	...	...	0	0	0	0	0	0

年齢	2000 総数	男	女	2005 総数	男	女	2010 総数	男	女	2015 総数	男	女
総数	131 281	67 000	64 280	142 930	72 793	70 137	151 617	76 666	74 951	160 996	81 277	79 719
0-4	16 779	8 560	8 219	16 682	8 514	8 168	15 782	8 057	7 725	15 331	7 829	7 503
5-9	16 184	8 255	7 929	16 506	8 421	8 085	16 501	8 420	8 081	15 668	7 996	7 672
10-14	15 707	8 011	7 696	16 084	8 204	7 880	16 428	8 379	8 048	16 409	8 377	8 032
15-19	14 629	7 464	7 165	15 453	7 890	7 563	15 661	7 977	7 684	16 121	8 242	7 879
20-24	12 913	6 540	6 372	14 255	7 230	7 025	14 764	7 403	7 361	15 228	7 711	7 517
25-29	10 918	5 551	5 366	12 657	6 333	6 324	13 789	6 806	6 982	14 463	7 165	7 299
30-34	9 965	5 048	4 917	10 653	5 384	5 269	12 191	6 001	6 191	13 477	6 617	6 860
35-39	8 335	4 266	4 068	9 684	4 893	4 790	10 182	5 090	5 092	11 863	5 827	6 036
40-44	6 009	3 124	2 885	8 089	4 141	3 948	9 303	4 678	4 625	9 913	4 954	4 959
45-49	4 162	2 177	1 984	5 723	2 986	2 737	7 620	3 895	3 725	8 970	4 517	4 454
50-54	4 080	2 089	1 991	3 922	2 052	1 870	5 336	2 769	2 567	7 286	3 712	3 574
55-59	3 694	1 870	1 824	3 828	1 953	1 875	3 612	1 875	1 736	5 031	2 596	2 435
60-64	2 888	1 478	1 409	3 315	1 679	1 636	3 343	1 699	1 644	3 228	1 675	1 553
65-69	2 139	1 097	1 042	2 460	1 265	1 195	2 751	1 396	1 356	2 855	1 454	1 401
70-74	1 467	744	723	1 706	879	827	1 928	995	933	2 193	1 114	1 079
75-79	868	442	426	1 084	546	538	1 268	647	620	1 439	734	705
80+	...	...	...	...	...	...	...	...	...	...	...	...
80-84	395	204	190	565	286	279	731	364	367	882	443	439
85-89	123	64	59	205	106	99	314	158	156	433	213	220
90-94	25	13	12	50	26	24	94	48	46	160	79	81
95-99	3	1	1	7	4	4	18	9	9	39	19	20
100+	0	0	0	1	0	1	2	1	1	6	3	3

性・年齢別人口（千人）

年齢	2015			2020			2025			2030		
	総数	男	女	総数	男	女	総数	男	女	総数	男	女
総数	160 996	81 277	79 719	170 467	85 939	84 527	179 063	90 134	88 930	186 460	93 712	92 748
0-4	15 331	7 829	7 503	15 007	7 663	7 344	14 410	7 360	7 051	13 640	6 969	6 671
5-9	15 668	7 996	7 672	15 246	7 781	7 465	14 939	7 625	7 314	14 355	7 329	7 026
10-14	16 409	8 377	8 032	15 599	7 962	7 637	15 185	7 752	7 433	14 884	7 599	7 285
15-19	16 121	8 242	7 879	16 181	8 274	7 906	15 381	7 865	7 516	14 977	7 660	7 317
20-24	15 228	7 711	7 517	15 799	8 045	7 754	15 869	8 083	7 786	15 082	7 681	7 401
25-29	14 463	7 165	7 299	15 002	7 533	7 469	15 578	7 870	7 708	15 656	7 913	7 743
30-34	13 477	6 617	6 860	14 224	7 019	7 205	14 769	7 390	7 379	15 350	7 730	7 621
35-39	11 863	5 827	6 036	13 218	6 479	6 740	13 970	6 882	7 088	14 520	7 255	7 265
40-44	9 913	4 954	4 959	11 637	5 710	5 927	12 990	6 360	6 630	13 745	6 764	6 981
45-49	8 970	4 517	4 454	9 639	4 817	4 823	11 354	5 567	5 788	12 704	6 213	6 491
50-54	7 286	3 712	3 574	8 664	4 343	4 321	9 337	4 645	4 692	11 036	5 385	5 651
55-59	5 031	2 596	2 435	6 955	3 520	3 434	8 311	4 138	4 173	8 985	4 441	4 544
60-64	3 228	1 675	1 553	4 605	2 369	2 236	6 440	3 245	3 195	7 750	3 840	3 910
65-69	2 855	1 454	1 401	2 812	1 461	1 351	4 088	2 098	1 989	5 793	2 908	2 885
70-74	2 193	1 114	1 079	2 331	1 188	1 142	2 333	1 212	1 121	3 450	1 767	1 683
75-79	1 439	734	705	1 676	843	832	1 820	917	903	1 853	951	902
80+	…	…	…	…	…	…	…	…	…	…	…	…
80-84	882	443	439	1 025	516	509	1 224	606	618	1 355	671	684
85-89	433	213	220	539	268	271	646	320	326	791	384	407
90-94	160	79	81	228	110	118	293	142	151	361	174	187
95-99	39	19	20	68	33	36	101	47	54	133	62	71
100+	6	3	3	13	6	7	25	12	13	39	18	22

年齢	2035			2040			2045			2050		
	総数	男	女	総数	男	女	総数	男	女	総数	男	女
総数	192 500	96 603	95 897	197 134	98 793	98 341	200 381	100 304	100 076	202 209	101 133	101 076
0-4	12 838	6 559	6 279	12 168	6 217	5 951	11 604	5 930	5 674	11 106	5 676	5 430
5-9	13 594	6 943	6 651	12 799	6 537	6 262	12 135	6 198	5 937	11 575	5 913	5 662
10-14	14 305	7 305	7 000	13 548	6 922	6 626	12 756	6 518	6 238	12 095	6 181	5 914
15-19	14 686	7 511	7 175	14 111	7 220	6 891	13 357	6 839	6 518	12 568	6 436	6 132
20-24	14 692	7 485	7 207	14 405	7 339	7 066	13 834	7 050	6 784	13 084	6 671	6 413
25-29	14 882	7 521	7 361	14 497	7 328	7 169	14 213	7 184	7 029	13 646	6 897	6 748
30-34	15 439	7 780	7 659	14 671	7 391	7 280	14 291	7 201	7 090	14 010	7 059	6 951
35-39	15 111	7 599	7 511	15 203	7 652	7 551	14 443	7 269	7 174	14 068	7 082	6 986
40-44	14 302	7 139	7 163	14 894	7 485	7 409	14 992	7 541	7 451	14 242	7 164	7 078
45-49	13 466	6 620	6 846	14 024	6 996	7 029	14 619	7 343	7 276	14 723	7 403	7 320
50-54	12 379	6 026	6 353	13 140	6 432	6 708	13 701	6 809	6 892	14 298	7 157	7 141
55-59	10 656	5 166	5 490	11 980	5 797	6 183	12 740	6 203	6 537	13 304	6 580	6 724
60-64	8 421	4 142	4 279	10 034	4 842	5 192	11 324	5 456	5 868	12 078	5 858	6 220
65-69	7 032	3 469	3 563	7 686	3 765	3 921	9 215	4 429	4 787	10 451	5 017	5 434
70-74	4 953	2 477	2 475	6 070	2 984	3 086	6 688	3 266	3 422	8 079	3 872	4 207
75-79	2 777	1 405	1 372	4 034	1 994	2 040	4 997	2 429	2 568	5 557	2 686	2 870
80+	…	…	…	…	…	…	…	…	…	…	…	…
80-84	1 400	706	694	2 126	1 057	1 069	3 127	1 520	1 608	3 916	1 872	2 044
85-89	893	433	460	938	463	474	1 447	705	742	2 159	1 027	1 131
90-94	452	213	239	519	244	276	554	265	289	868	409	459
95-99	168	78	90	214	97	118	251	112	138	271	124	147
100+	55	24	30	71	31	40	93	39	53	113	47	65

年齢	2055			2060		
	総数	男	女	総数	男	女
総数	202 703	101 330	101 373	201 942	100 947	100 995
0-4	10 617	5 427	5 189	10 157	5 194	4 963
5-9	11 080	5 661	5 419	10 594	5 415	5 179
10-14	11 515	5 887	5 628	11 025	5 637	5 387
15-19	11 932	6 101	5 831	11 362	5 812	5 550
20-24	12 343	6 298	6 045	11 721	5 972	5 749
25-29	12 875	6 524	6 352	12 148	6 160	5 988
30-34	13 453	6 771	6 682	12 696	6 405	6 290
35-39	13 817	6 952	6 865	13 272	6 671	6 601
40-44	13 864	6 979	6 885	13 626	6 856	6 770
45-49	14 008	7 043	6 964	13 646	6 868	6 778
50-54	14 420	7 230	7 190	13 730	6 887	6 843
55-59	13 892	6 928	6 964	14 032	7 012	7 020
60-64	12 655	6 240	6 415	13 253	6 594	6 659
65-69	11 210	5 419	5 791	11 796	5 803	5 993
70-74	9 229	4 421	4 808	9 968	4 813	5 155
75-79	6 769	3 215	3 554	7 805	3 710	4 095
80+	…	…	…	…	…	…
80-84	4 403	2 095	2 308	5 423	2 538	2 886
85-89	2 744	1 285	1 459	3 130	1 459	1 671
90-94	1 318	606	712	1 702	770	933
95-99	433	195	238	669	293	376
100+	127	54	74	188	79	110

Bangladesh

性・年齢別人口（千人）

年齢	2015 総数	男	女	2020 総数	男	女	2025 総数	男	女	2030 総数	男	女
総数	160 996	81 277	79 719	172 274	86 862	85 412	183 826	92 566	91 260	194 910	98 027	96 883
0-4	15 331	7 829	7 503	16 814	8 586	8 228	17 374	8 873	8 500	17 343	8 861	8 482
5-9	15 668	7 996	7 672	15 246	7 781	7 465	16 738	8 543	8 195	17 307	8 836	8 471
10-14	16 409	8 377	8 032	15 599	7 962	7 637	15 185	7 752	7 433	16 679	8 515	8 164
15-19	16 121	8 242	7 879	16 181	8 274	7 906	15 381	7 865	7 516	14 977	7 660	7 317
20-24	15 228	7 711	7 517	15 799	8 045	7 754	15 869	8 083	7 786	15 082	7 681	7 401
25-29	14 463	7 165	7 299	15 002	7 533	7 469	15 578	7 870	7 708	15 656	7 913	7 743
30-34	13 477	6 617	6 860	14 224	7 019	7 205	14 769	7 390	7 379	15 350	7 730	7 621
35-39	11 863	5 827	6 036	13 218	6 479	6 740	13 970	6 882	7 088	14 520	7 255	7 265
40-44	9 913	4 954	4 959	11 637	5 710	5 927	12 990	6 360	6 630	13 745	6 764	6 981
45-49	8 970	4 517	4 454	9 639	4 817	4 823	11 354	5 567	5 788	12 704	6 213	6 491
50-54	7 286	3 712	3 574	8 664	4 343	4 321	9 337	4 645	4 692	11 036	5 385	5 651
55-59	5 031	2 596	2 435	6 955	3 520	3 434	8 311	4 138	4 173	8 985	4 441	4 544
60-64	3 228	1 675	1 553	4 605	2 369	2 236	6 440	3 245	3 195	7 750	3 840	3 910
65-69	2 855	1 454	1 401	2 812	1 461	1 351	4 088	2 098	1 989	5 793	2 908	2 885
70-74	2 193	1 114	1 079	2 331	1 188	1 142	2 333	1 212	1 121	3 450	1 767	1 683
75-79	1 439	734	705	1 676	843	832	1 820	917	903	1 853	951	902
80+	…	…	…	…	…	…	…	…	…	…	…	…
80-84	882	443	439	1 025	516	509	1 224	606	618	1 355	671	684
85-89	433	213	220	539	268	271	646	320	326	791	384	407
90-94	160	79	81	228	110	118	293	142	151	361	174	187
95-99	39	19	20	68	33	36	101	47	54	133	62	71
100+	6	3	3	13	6	7	25	12	13	39	18	22

年齢	2035 総数	男	女	2040 総数	男	女	2045 総数	男	女	2050 総数	男	女
総数	204 741	102 853	101 888	213 675	107 238	106 437	222 049	111 367	110 682	229 813	115 226	114 587
0-4	16 652	8 508	8 144	16 497	8 429	8 068	16 770	8 569	8 200	17 090	8 735	8 356
5-9	17 284	8 828	8 456	16 601	8 478	8 122	16 452	8 403	8 049	16 727	8 545	8 182
10-14	17 251	8 809	8 442	17 231	8 803	8 428	16 552	8 456	8 096	16 405	8 382	8 023
15-19	16 477	8 425	8 052	17 051	8 720	8 331	17 033	8 715	8 318	16 357	8 370	7 987
20-24	14 692	7 485	7 207	16 192	8 250	7 942	16 767	8 546	8 221	16 752	8 543	8 209
25-29	14 882	7 521	7 361	14 497	7 328	7 169	15 994	8 091	7 903	16 571	8 389	8 182
30-34	15 439	7 780	7 659	14 671	7 391	7 280	14 291	7 201	7 090	15 786	7 964	7 822
35-39	15 111	7 599	7 511	15 203	7 652	7 551	14 443	7 269	7 174	14 068	7 082	6 986
40-44	14 302	7 139	7 163	14 894	7 485	7 409	14 992	7 541	7 451	14 242	7 164	7 078
45-49	13 466	6 620	6 846	14 024	6 996	7 029	14 619	7 343	7 276	14 723	7 403	7 320
50-54	12 379	6 026	6 353	13 140	6 432	6 708	13 701	6 809	6 892	14 298	7 157	7 141
55-59	10 656	5 166	5 490	11 980	5 797	6 183	12 740	6 203	6 537	13 304	6 580	6 724
60-64	8 421	4 142	4 279	10 034	4 842	5 192	11 324	5 456	5 868	12 078	5 858	6 220
65-69	7 032	3 469	3 563	7 686	3 765	3 921	9 215	4 429	4 787	10 451	5 017	5 434
70-74	4 953	2 477	2 475	6 070	2 984	3 086	6 688	3 266	3 422	8 079	3 872	4 207
75-79	2 777	1 405	1 372	4 034	1 994	2 040	4 997	2 429	2 568	5 557	2 686	2 870
80+	…	…	…	…	…	…	…	…	…	…	…	…
80-84	1 400	706	694	2 126	1 057	1 069	3 127	1 520	1 608	3 916	1 872	2 044
85-89	893	433	460	938	463	474	1 447	705	742	2 159	1 027	1 131
90-94	452	213	239	519	244	276	554	265	289	868	409	459
95-99	168	78	90	214	97	118	251	112	138	271	124	147
100+	55	24	30	71	31	40	93	39	53	113	47	65

年齢	2055 総数	男	女	2060 総数	男	女
総数	236 815	118 746	118 069	242 951	121 885	121 066
0-4	17 187	8 786	8 401	17 133	8 761	8 371
5-9	17 051	8 712	8 339	17 151	8 766	8 385
10-14	16 660	8 515	8 145	16 988	8 684	8 304
15-19	16 235	8 298	7 937	16 500	8 436	8 064
20-24	16 124	8 228	7 896	16 015	8 164	7 851
25-29	16 534	8 390	8 144	15 919	8 084	7 835
30-34	16 369	8 257	8 112	16 343	8 265	8 077
35-39	15 585	7 852	7 733	16 176	8 150	8 026
40-44	13 864	6 979	6 885	15 384	7 750	7 634
45-49	14 008	7 043	6 964	13 646	6 868	6 778
50-54	14 420	7 230	7 190	13 730	6 887	6 843
55-59	13 892	6 928	6 964	14 032	7 012	7 020
60-64	12 655	6 240	6 415	13 253	6 594	6 659
65-69	11 210	5 419	5 791	11 796	5 803	5 993
70-74	9 229	4 421	4 808	9 968	4 813	5 155
75-79	6 769	3 215	3 554	7 805	3 710	4 095
80+	…	…	…	…	…	…
80-84	4 403	2 095	2 308	5 423	2 538	2 886
85-89	2 744	1 285	1 459	3 130	1 459	1 671
90-94	1 318	606	712	1 702	770	933
95-99	433	195	238	669	293	376
100+	127	54	74	188	79	110

性・年齢別人口（千人）

年齢	2015			2020			2025			2030		
	総数	男	女	総数	男	女	総数	男	女	総数	男	女
総数	160 996	81 277	79 719	168 659	85 016	83 643	174 301	87 702	86 599	178 010	89 397	88 613
0-4	15 331	7 829	7 503	13 199	6 740	6 459	11 447	5 846	5 601	9 938	5 078	4 860
5-9	15 668	7 996	7 672	15 246	7 781	7 465	13 140	6 706	6 433	11 403	5 822	5 582
10-14	16 409	8 377	8 032	15 599	7 962	7 637	15 185	7 752	7 433	13 088	6 683	6 406
15-19	16 121	8 242	7 879	16 181	8 274	7 906	15 381	7 865	7 516	14 977	7 660	7 317
20-24	15 228	7 711	7 517	15 799	8 045	7 754	15 869	8 083	7 786	15 082	7 681	7 401
25-29	14 463	7 165	7 299	15 002	7 533	7 469	15 578	7 870	7 708	15 656	7 913	7 743
30-34	13 477	6 617	6 860	14 224	7 019	7 205	14 769	7 390	7 379	15 350	7 730	7 621
35-39	11 863	5 827	6 036	13 218	6 479	6 740	13 970	6 882	7 088	14 520	7 255	7 265
40-44	9 913	4 954	4 959	11 637	5 710	5 927	12 990	6 360	6 630	13 745	6 764	6 981
45-49	8 970	4 517	4 454	9 639	4 817	4 823	11 354	5 567	5 788	12 704	6 213	6 491
50-54	7 286	3 712	3 574	8 664	4 343	4 321	9 337	4 645	4 692	11 036	5 385	5 651
55-59	5 031	2 596	2 435	6 955	3 520	3 434	8 311	4 138	4 173	8 985	4 441	4 544
60-64	3 228	1 675	1 553	4 605	2 369	2 236	6 440	3 245	3 195	7 750	3 840	3 910
65-69	2 855	1 454	1 401	2 812	1 461	1 351	4 088	2 098	1 989	5 793	2 908	2 885
70-74	2 193	1 114	1 079	2 331	1 188	1 142	2 333	1 212	1 121	3 450	1 767	1 683
75-79	1 439	734	705	1 676	843	832	1 820	917	903	1 853	951	902
80+	…	…	…	…	…	…	…	…	…	…	…	…
80-84	882	443	439	1 025	516	509	1 224	606	618	1 355	671	684
85-89	433	213	220	539	268	271	646	320	326	791	384	407
90-94	160	79	81	228	110	118	293	142	151	361	174	187
95-99	39	19	20	68	33	36	101	47	54	133	62	71
100+	6	3	3	13	6	7	25	12	13	39	18	22

年齢	2035			2040			2045			2050		
	総数	男	女	総数	男	女	総数	男	女	総数	男	女
総数	180 336	90 392	89 944	181 021	90 566	90 455	179 924	89 861	90 063	177 042	88 285	88 757
0-4	9 102	4 650	4 452	8 190	4 185	4 006	7 224	3 692	3 532	6 349	3 245	3 104
5-9	9 904	5 058	4 846	9 074	4 634	4 440	8 168	4 172	3 996	7 206	3 681	3 525
10-14	11 359	5 802	5 557	9 864	5 041	4 823	9 037	4 619	4 419	8 134	4 158	3 976
15-19	12 894	6 597	6 297	11 170	5 720	5 451	9 680	4 962	4 718	8 856	4 541	4 315
20-24	14 692	7 485	7 207	12 618	6 428	6 190	10 901	5 554	5 347	9 416	4 799	4 616
25-29	14 882	7 521	7 361	14 497	7 328	7 169	12 432	6 276	6 156	10 721	5 406	5 315
30-34	15 439	7 780	7 659	14 671	7 391	7 280	14 291	7 201	7 090	12 235	6 155	6 080
35-39	15 111	7 599	7 511	15 203	7 652	7 551	14 443	7 269	7 174	14 068	7 082	6 986
40-44	14 302	7 139	7 163	14 894	7 485	7 409	14 992	7 541	7 451	14 242	7 164	7 078
45-49	13 466	6 620	6 846	14 024	6 996	7 029	14 619	7 343	7 276	14 723	7 403	7 320
50-54	12 379	6 026	6 353	13 140	6 432	6 708	13 701	6 809	6 892	14 298	7 157	7 141
55-59	10 656	5 166	5 490	11 980	5 797	6 183	12 740	6 203	6 537	13 304	6 580	6 724
60-64	8 421	4 142	4 279	10 034	4 842	5 192	11 324	5 456	5 868	12 078	5 858	6 220
65-69	7 032	3 469	3 563	7 686	3 765	3 921	9 215	4 429	4 787	10 451	5 017	5 434
70-74	4 953	2 477	2 475	6 070	2 984	3 086	6 688	3 266	3 422	8 079	3 872	4 207
75-79	2 777	1 405	1 372	4 034	1 994	2 040	4 997	2 429	2 568	5 557	2 686	2 870
80+	…	…	…	…	…	…	…	…	…	…	…	…
80-84	1 400	706	694	2 126	1 057	1 069	3 127	1 520	1 608	3 916	1 872	2 044
85-89	893	433	460	938	463	474	1 447	705	742	2 159	1 027	1 131
90-94	452	213	239	519	244	276	554	265	289	868	409	459
95-99	168	78	90	214	97	118	251	112	138	271	124	147
100+	55	24	30	71	31	40	93	39	53	113	47	65

年齢	2055			2060		
	総数	男	女	総数	男	女
総数	172 608	85 967	86 642	166 841	83 028	83 813
0-4	5 632	2 879	2 753	5 077	2 596	2 481
5-9	6 334	3 236	3 098	5 620	2 873	2 748
10-14	7 152	3 658	3 494	6 285	3 216	3 069
15-19	7 977	4 082	3 895	7 005	3 587	3 418
20-24	8 639	4 408	4 231	7 774	3 957	3 817
25-29	9 217	4 657	4 560	8 453	4 275	4 178
30-34	10 538	5 285	5 253	9 048	4 546	4 503
35-39	12 049	6 052	5 997	10 368	5 192	5 177
40-44	13 864	6 979	6 885	11 868	5 962	5 906
45-49	14 008	7 043	6 964	13 646	6 868	6 778
50-54	14 420	7 230	7 190	13 730	6 887	6 843
55-59	13 892	6 928	6 964	14 032	7 012	7 020
60-64	12 655	6 240	6 415	13 253	6 594	6 659
65-69	11 210	5 419	5 791	11 796	5 803	5 993
70-74	9 229	4 421	4 808	9 968	4 813	5 155
75-79	6 769	3 215	3 554	7 805	3 710	4 095
80+	…	…	…	…	…	…
80-84	4 403	2 095	2 308	5 423	2 538	2 886
85-89	2 744	1 285	1 459	3 130	1 459	1 671
90-94	1 318	606	712	1 702	770	933
95-99	433	195	238	669	293	376
100+	127	54	74	188	79	110

Barbados

性・年齢別人口（千人）

年齢	1960 総数	男	女	1965 総数	男	女	1970 総数	男	女	1975 総数	男	女
総数	231	103	127	235	108	127	239	112	127	246	118	128
0-4	32	16	16	32	16	16	26	13	13	22	11	11
5-9	29	14	15	31	15	16	32	16	16	25	12	12
10-14	27	13	14	28	14	14	31	15	15	31	16	15
15-19	20	9	11	24	12	12	26	13	13	28	13	15
20-24	16	7	9	15	7	8	20	10	10	24	12	11
25-29	14	6	8	12	6	7	12	6	6	17	8	9
30-34	13	6	8	11	5	7	11	5	6	13	6	7
35-39	12	5	7	12	5	7	10	4	6	11	5	5
40-44	13	6	7	11	5	6	11	5	6	10	4	6
45-49	12	5	6	12	5	6	10	4	6	12	5	6
50-54	11	5	6	11	5	6	11	5	6	10	4	6
55-59	10	5	6	10	5	5	10	5	6	10	5	5
60-64	8	3	5	9	4	5	9	4	5	9	5	5
65-69	6	2	5	6	2	4	8	3	5	11	5	6
70-74	4	1	3	5	1	4	5	2	3	7	3	4
75-79	3	1	2	3	1	2	3	1	2	4	1	3
80+	2	1	2	3	1	2	3	1	2	3	1	2
80-84	...	...	...	...	...	...	...	...	...	...	...	...
85-89	...	...	...	...	...	...	...	...	...	...	...	...
90-94	...	...	...	...	...	...	...	...	...	...	...	...
95-99	...	...	...	...	...	...	...	...	...	...	...	...
100+	...	...	...	...	...	...	...	...	...	...	...	...

年齢	1980 総数	男	女	1985 総数	男	女	1990 総数	男	女	1995 総数	男	女
総数	252	120	133	256	122	134	260	125	135	265	127	137
0-4	22	11	11	21	11	10	21	10	10	20	10	10
5-9	26	13	13	22	11	11	21	11	10	20	10	10
10-14	27	13	13	26	13	13	21	11	10	21	10	10
15-19	28	14	14	26	13	13	25	13	13	20	10	10
20-24	26	13	13	27	14	14	25	13	12	23	12	12
25-29	21	10	11	25	12	13	26	13	13	23	11	12
30-34	16	8	8	20	10	10	24	12	12	24	12	12
35-39	11	5	6	16	8	8	19	10	10	23	11	12
40-44	10	5	6	11	5	6	15	7	8	19	9	10
45-49	9	4	5	10	4	5	10	5	6	15	7	8
50-54	10	4	6	9	4	5	9	4	5	10	5	6
55-59	9	4	5	9	4	5	8	4	5	9	4	5
60-64	9	4	5	8	3	5	9	4	5	9	4	5
65-69	9	4	5	8	3	5	7	3	4	9	4	5
70-74	8	3	4	8	3	4	7	3	4	7	3	4
75-79	5	2	3	6	2	3	6	2	4	6	2	4
80+	4	1	3	5	2	4	...	...	...	...	...	...
80-84	...	...	...	...	...	...	4	1	2	5	2	3
85-89	...	...	...	...	...	...	2	0	1	2	1	1
90-94	...	...	...	...	...	...	0	0	0	0	0	0
95-99	...	...	...	...	...	...	0	0	0	0	0	0
100+	...	...	...	...	...	...	0	0	0	0	0	0

年齢	2000 総数	男	女	2005 総数	男	女	2010 総数	男	女	2015 総数	男	女
総数	270	130	140	274	132	142	280	134	145	284	136	148
0-4	19	10	9	18	9	9	18	9	9	17	9	9
5-9	20	10	10	19	10	9	19	10	9	19	10	9
10-14	20	10	10	20	10	10	19	10	9	19	10	9
15-19	20	10	10	19	10	10	19	10	10	18	9	9
20-24	19	10	10	20	10	10	18	9	9	18	9	9
25-29	21	11	11	19	10	10	19	10	10	18	9	9
30-34	21	10	11	21	10	11	19	9	10	19	9	10
35-39	23	11	12	21	10	11	21	10	11	19	9	10
40-44	22	10	11	22	11	12	20	10	11	20	10	11
45-49	18	9	9	21	10	11	21	10	11	20	9	10
50-54	15	7	8	17	8	9	20	9	11	21	10	11
55-59	10	5	6	14	7	7	17	8	9	19	9	10
60-64	10	4	5	10	5	6	14	6	7	16	7	9
65-69	9	4	5	9	4	5	10	5	6	13	6	7
70-74	8	3	5	8	3	5	9	4	5	10	4	5
75-79	6	2	4	7	3	4	7	3	4	8	3	4
80+	...	...	...	...	...	...	...	...	...	...	...	...
80-84	5	2	3	5	2	3	6	2	3	6	2	4
85-89	2	1	2	2	1	2	2	1	2	3	1	2
90-94	1	0	0	1	0	1	1	0	1	1	0	1
95-99	0	0	0	0	0	0	0	0	0	0	0	0
100+	0	0	0	0	0	0	0	0	0	0	0	0

性・年齢別人口（千人）

年齢	2015			2020			2025			2030		
	総数	男	女	総数	男	女	総数	男	女	総数	男	女
総数	284	136	148	288	138	150	290	138	152	290	138	152
0-4	17	9	9	17	9	8	17	8	8	16	8	8
5-9	19	10	9	18	9	9	18	9	9	17	9	9
10-14	19	10	9	19	10	9	18	9	9	18	9	9
15-19	18	9	9	19	9	9	18	9	9	18	9	9
20-24	18	9	9	18	9	9	18	9	9	17	9	9
25-29	18	9	9	18	9	9	17	8	9	17	9	9
30-34	19	9	10	18	9	9	18	9	9	17	8	9
35-39	19	9	10	19	9	10	18	8	9	17	8	9
40-44	20	10	11	18	9	10	19	9	10	17	8	9
45-49	20	9	10	20	9	10	18	9	9	18	8	10
50-54	21	10	11	19	9	10	19	9	10	17	8	9
55-59	19	9	10	20	9	11	18	9	10	19	9	10
60-64	16	7	9	19	9	10	19	9	10	18	8	10
65-69	13	6	7	16	7	8	18	8	10	19	9	10
70-74	10	4	5	12	6	7	15	7	8	17	8	9
75-79	8	3	4	8	4	5	11	5	6	13	5	7
80+	...	...	...	...	...	...	...	...	...	...	...	...
80-84	6	2	4	6	3	4	7	3	4	9	4	5
85-89	3	1	2	3	1	2	3	1	2	4	1	3
90-94	1	0	1	1	0	1	1	0	1	1	0	1
95-99	0	0	0	0	0	0	0	0	0	0	0	0
100+	0	0	0	0	0	0	0	0	0	0	0	0

年齢	2035			2040			2045			2050		
	総数	男	女	総数	男	女	総数	男	女	総数	男	女
総数	290	138	152	288	137	151	285	135	150	282	134	148
0-4	16	8	8	16	8	8	16	8	8	15	8	8
5-9	17	9	8	17	9	8	17	8	8	16	8	8
10-14	18	9	9	17	9	8	17	9	8	17	8	8
15-19	17	9	9	17	9	8	17	8	8	16	8	8
20-24	17	9	8	17	8	8	16	8	8	16	8	8
25-29	17	8	9	17	8	8	16	8	8	16	8	8
30-34	17	9	9	17	8	9	17	8	8	16	8	8
35-39	17	8	9	17	8	9	17	8	9	16	8	8
40-44	17	8	9	17	8	9	17	8	9	16	8	8
45-49	17	8	9	17	8	9	16	8	8	16	8	8
50-54	17	8	9	16	8	9	16	8	9	16	7	8
55-59	17	8	9	17	8	9	16	7	9	16	7	9
60-64	18	8	10	16	8	9	17	8	9	16	7	9
65-69	18	8	9	18	8	10	16	8	9	16	8	9
70-74	18	8	10	17	8	9	17	8	9	16	7	8
75-79	15	6	8	16	7	9	15	7	8	15	7	8
80+	...	...	...	...	...	...	...	...	...	...	...	...
80-84	10	4	6	12	5	7	13	5	8	12	5	7
85-89	5	2	3	6	2	4	7	3	5	8	3	5
90-94	2	0	1	2	1	1	3	1	2	3	1	2
95-99	0	0	0	0	0	0	1	0	0	1	0	1
100+	0	0	0	0	0	0	0	0	0	0	0	0

年齢	2055			2060		
	総数	男	女	総数	男	女
総数	278	133	145	275	132	143
0-4	15	8	7	15	8	7
5-9	16	8	8	16	8	8
10-14	16	8	8	16	8	8
15-19	16	8	8	16	8	8
20-24	16	8	8	16	8	8
25-29	16	8	8	16	8	8
30-34	16	8	8	16	8	8
35-39	16	8	8	16	8	8
40-44	16	8	8	16	8	8
45-49	16	8	8	16	8	8
50-54	16	8	8	16	8	8
55-59	15	7	8	16	8	8
60-64	16	7	8	15	7	8
65-69	15	7	8	16	7	8
70-74	16	7	9	15	7	8
75-79	14	6	8	15	7	8
80+	...	...	...	...	...	...
80-84	13	5	7	12	5	7
85-89	8	3	5	9	3	5
90-94	4	1	3	4	1	3
95-99	1	0	1	1	0	1
100+	0	0	0	0	0	0

Barbados

性・年齢別人口（千人）

年齢	2015 総数	男	女	2020 総数	男	女	2025 総数	男	女	2030 総数	男	女
総数	284	136	148	290	139	151	296	141	154	301	143	157
0-4	17	9	9	19	10	10	20	10	10	21	11	10
5-9	19	10	9	18	9	9	20	10	10	21	11	10
10-14	19	10	9	19	10	9	18	9	9	20	10	10
15-19	18	9	9	19	9	9	18	9	9	18	9	9
20-24	18	9	9	18	9	9	18	9	9	17	9	9
25-29	18	9	9	18	9	9	17	8	9	17	9	9
30-34	19	9	10	18	9	9	18	9	9	17	8	9
35-39	19	9	10	19	9	10	18	9	9	17	8	9
40-44	20	10	11	18	9	10	19	9	10	17	8	9
45-49	20	9	10	20	9	10	18	9	9	18	8	10
50-54	21	10	11	19	9	10	19	9	10	17	8	9
55-59	19	9	10	20	9	11	18	9	10	19	9	10
60-64	16	7	9	19	9	10	19	9	10	18	8	10
65-69	13	6	7	16	7	8	18	8	10	19	9	10
70-74	10	4	5	12	6	7	15	7	8	17	8	9
75-79	8	3	4	8	4	5	11	5	6	13	5	7
80+	…	…	…	…	…	…	…	…	…	…	…	…
80-84	6	2	4	6	3	4	7	3	4	9	4	5
85-89	3	1	2	3	1	2	3	1	2	4	1	3
90-94	1	0	1	1	0	1	1	0	1	1	0	1
95-99	0	0	0	0	0	0	0	0	0	0	0	0
100+	0	0	0	0	0	0	0	0	0	0	0	0

年齢	2035 総数	男	女	2040 総数	男	女	2045 総数	男	女	2050 総数	男	女
総数	304	145	159	307	146	161	309	148	161	312	150	163
0-4	20	10	10	20	10	10	21	11	10	22	11	11
5-9	21	11	11	21	11	10	21	11	10	21	11	10
10-14	21	11	10	22	11	11	21	11	10	21	11	10
15-19	20	10	10	21	11	10	21	11	10	21	11	10
20-24	17	9	8	19	10	9	20	10	10	20	10	10
25-29	17	8	9	17	8	8	19	9	9	20	10	10
30-34	17	9	9	17	8	9	17	8	8	19	9	9
35-39	17	8	9	17	8	9	17	8	9	16	8	8
40-44	17	8	9	17	8	9	17	8	9	16	8	8
45-49	17	8	9	17	8	9	16	8	8	16	8	8
50-54	17	8	9	16	8	9	16	8	9	16	7	8
55-59	17	8	9	17	8	9	16	7	9	16	7	9
60-64	18	8	10	16	8	9	17	8	9	16	7	8
65-69	18	8	9	18	8	10	16	8	9	16	8	9
70-74	18	8	10	17	8	9	17	8	9	16	7	8
75-79	15	6	8	16	7	9	15	7	8	15	7	8
80+	…	…	…	…	…	…	…	…	…	…	…	…
80-84	10	4	6	12	5	7	13	5	8	12	5	7
85-89	5	2	3	6	2	4	7	3	5	8	3	5
90-94	2	0	1	2	1	1	3	1	2	3	1	2
95-99	0	0	0	0	0	0	1	0	0	1	0	1
100+	0	0	0	0	0	0	0	0	0	0	0	0

年齢	2055 総数	男	女	2060 総数	男	女
総数	317	152	164	322	156	166
0-4	23	12	11	23	12	12
5-9	22	11	11	23	12	11
10-14	21	11	11	22	11	11
15-19	21	11	10	21	11	10
20-24	20	10	10	20	10	10
25-29	20	10	10	20	10	10
30-34	20	10	10	20	10	10
35-39	18	9	9	19	10	10
40-44	16	8	8	18	9	9
45-49	16	8	8	16	8	8
50-54	16	8	8	16	8	8
55-59	15	7	8	16	8	8
60-64	16	7	8	15	7	8
65-69	15	7	8	16	7	8
70-74	16	7	9	15	7	8
75-79	14	6	8	15	7	8
80+	…	…	…	…	…	…
80-84	13	5	7	12	5	7
85-89	8	3	5	9	3	5
90-94	4	1	3	4	1	3
95-99	1	0	1	1	0	1
100+	0	0	0	0	0	0

性・年齢別人口（千人）

年齢	2015 総数	男	女	2020 総数	男	女	2025 総数	男	女	2030 総数	男	女
総数	284	136	148	285	136	149	284	135	149	280	133	147
0-4	17	9	9	15	7	7	13	7	6	12	6	6
5-9	19	10	9	18	9	9	16	8	8	14	7	7
10-14	19	10	9	19	10	9	18	9	9	16	8	8
15-19	18	9	9	19	9	9	18	9	9	18	9	9
20-24	18	9	9	18	9	9	18	9	9	17	9	9
25-29	18	9	9	18	9	9	17	8	9	17	9	9
30-34	19	9	10	18	9	9	18	9	9	17	8	9
35-39	19	9	10	19	9	10	18	8	9	17	8	9
40-44	20	10	11	18	9	10	19	9	10	17	8	9
45-49	20	9	10	20	9	10	18	9	9	18	8	10
50-54	21	10	11	19	9	10	19	9	10	17	8	9
55-59	19	9	10	20	9	11	18	9	10	19	9	10
60-64	16	7	9	19	9	10	19	9	10	18	8	10
65-69	13	6	7	16	7	8	18	8	10	19	9	10
70-74	10	4	5	12	6	7	15	7	8	17	8	9
75-79	8	3	4	8	4	5	11	5	6	13	5	7
80+	...	...	...	...	...	...	...	...	...	...	...	...
80-84	6	2	4	6	3	4	7	3	4	9	4	5
85-89	3	1	2	3	1	2	3	1	2	4	1	3
90-94	1	0	1	1	0	1	1	0	1	1	0	1
95-99	0	0	0	0	0	0	0	0	0	0	0	0
100+	0	0	0	0	0	0	0	0	0	0	0	0

年齢	2035 総数	男	女	2040 総数	男	女	2045 総数	男	女	2050 総数	男	女
総数	275	130	145	269	127	142	261	123	138	253	119	133
0-4	12	6	6	11	6	6	11	6	5	10	5	5
5-9	13	6	6	12	6	6	12	6	6	12	6	6
10-14	14	7	7	13	7	6	12	6	6	12	6	6
15-19	15	8	7	13	7	7	12	6	6	12	6	6
20-24	17	9	8	14	7	7	13	6	6	12	6	6
25-29	17	8	9	17	8	8	14	7	7	13	6	6
30-34	17	9	9	17	8	9	17	8	8	14	7	7
35-39	17	8	9	17	8	9	17	8	9	16	8	8
40-44	17	8	9	17	8	9	17	8	9	16	8	8
45-49	17	8	9	17	8	9	16	8	8	16	8	8
50-54	17	8	9	16	8	9	16	8	9	16	7	8
55-59	17	8	9	17	8	9	16	7	9	16	7	9
60-64	18	8	10	16	8	9	17	8	9	16	7	8
65-69	18	8	9	18	8	10	16	8	9	16	8	9
70-74	18	8	10	17	8	9	17	8	9	16	7	8
75-79	15	6	8	16	7	9	15	7	8	15	7	8
80+	...	...	...	...	...	...	...	...	...	...	...	...
80-84	10	4	6	12	5	7	13	5	8	12	5	7
85-89	5	2	3	6	2	4	7	3	5	8	3	5
90-94	2	0	1	2	1	1	3	1	2	3	1	2
95-99	0	0	0	0	0	0	1	0	0	1	0	1
100+	0	0	0	0	0	0	0	0	0	0	0	0

年齢	2055 総数	男	女	2060 総数	男	女
総数	243	115	128	234	111	123
0-4	9	5	4	8	4	4
5-9	11	5	5	10	5	5
10-14	12	6	6	11	5	5
15-19	12	6	6	11	6	6
20-24	12	6	6	11	6	6
25-29	11	6	6	11	6	6
30-34	12	6	6	11	6	6
35-39	14	7	7	12	6	6
40-44	16	8	8	14	7	7
45-49	16	8	8	16	8	8
50-54	16	8	8	16	8	8
55-59	15	7	8	16	8	8
60-64	16	7	8	15	7	8
65-69	15	7	8	16	7	8
70-74	16	7	9	15	7	8
75-79	14	6	8	15	7	8
80+	...	...	...	...	...	...
80-84	13	5	7	12	5	7
85-89	8	3	5	9	3	5
90-94	4	1	3	4	1	3
95-99	1	0	1	1	0	1
100+	0	0	0	0	0	0

Belarus

性・年齢別人口（千人）

年齢	1960 総数	男	女	1965 総数	男	女	1970 総数	男	女	1975 総数	男	女
総数	8 190	3 703	4 487	8 607	3 931	4 676	9 039	4 157	4 882	9 366	4 333	5 033
0-4	970	498	472	913	468	445	748	382	366	746	380	366
5-9	787	406	381	953	489	464	917	470	447	746	380	366
10-14	606	307	300	774	399	375	958	491	467	900	463	437
15-19	521	258	263	595	301	294	778	400	377	906	468	439
20-24	753	363	390	508	251	257	596	301	296	736	375	361
25-29	715	345	370	736	353	383	509	250	259	599	300	299
30-34	718	326	392	697	334	362	735	351	384	514	253	261
35-39	520	210	310	698	314	384	694	330	363	730	347	384
40-44	328	129	199	503	201	302	691	308	383	681	322	359
45-49	471	176	295	313	121	192	494	194	300	679	300	379
50-54	442	179	263	445	162	283	303	115	189	496	188	309
55-59	395	153	242	410	160	249	425	149	276	298	109	189
60-64	278	110	167	357	132	226	381	142	238	398	139	259
65-69	231	91	140	242	91	151	321	112	209	349	121	228
70-74	202	72	131	188	70	119	203	71	132	264	89	175
75-79	137	46	90	148	48	100	142	48	94	156	51	104
80+	114	33	81	127	37	90	145	41	104	166	48	118
80-84	...	...	...	...	...	...	...	...	...	...	...	...
85-89	...	...	...	...	...	...	...	...	...	...	...	...
90-94	...	...	...	...	...	...	...	...	...	...	...	...
95-99	...	...	...	...	...	...	...	...	...	...	...	...
100+	...	...	...	...	...	...	...	...	...	...	...	...

年齢	1980 総数	男	女	1985 総数	男	女	1990 総数	男	女	1995 総数	男	女
総数	9 654	4 489	5 165	9 991	4 664	5 327	10 232	4 800	5 432	10 160	4 765	5 395
0-4	742	379	363	810	412	398	787	404	383	601	308	292
5-9	731	373	358	741	378	364	812	413	399	788	403	385
10-14	733	373	360	729	373	356	742	377	366	810	410	400
15-19	853	438	415	731	365	365	728	366	362	738	372	366
20-24	860	439	421	830	420	410	687	341	346	708	355	352
25-29	744	376	369	861	437	424	824	415	409	675	333	342
30-34	637	319	318	749	377	372	868	437	430	816	407	409
35-39	486	238	248	629	312	316	746	373	373	852	425	428
40-44	719	340	378	479	233	246	616	303	313	725	357	368
45-49	652	305	347	699	328	371	465	224	242	590	284	306
50-54	676	298	378	628	287	341	669	308	361	439	205	235
55-59	495	183	312	649	277	372	594	263	330	619	274	345
60-64	289	102	187	461	164	297	603	248	355	537	226	311
65-69	351	116	235	259	86	173	410	139	271	525	201	324
70-74	297	97	201	298	91	207	217	67	150	338	105	234
75-79	208	63	145	225	67	158	227	63	164	161	45	116
80+	182	52	130	213	56	157	...	...	...	...	...	...
80-84	...	...	...	...	...	...	142	41	101	142	38	104
85-89	...	...	...	...	...	...	70	15	55	67	14	52
90-94	...	...	...	...	...	...	20	4	17	24	3	21
95-99	...	...	...	...	...	...	5	1	4	5	1	4
100+	...	...	...	...	...	...	1	0	0	1	0	1

年齢	2000 総数	男	女	2005 総数	男	女	2010 総数	男	女	2015 総数	男	女
総数	9 952	4 673	5 279	9 641	4 502	5 139	9 492	4 414	5 078	9 496	4 414	5 082
0-4	461	237	224	449	231	218	509	262	247	586	302	284
5-9	596	306	290	459	236	223	441	227	215	497	255	242
10-14	782	401	381	597	307	290	459	236	223	442	227	215
15-19	800	408	392	763	392	371	607	313	294	437	225	212
20-24	717	364	353	767	390	377	770	395	374	634	325	308
25-29	691	345	346	696	350	346	755	383	372	793	406	387
30-34	686	341	345	677	334	343	684	341	343	746	377	369
35-39	802	397	405	672	329	343	664	324	340	669	331	338
40-44	833	409	424	781	381	400	655	315	339	648	312	336
45-49	698	336	362	801	385	416	754	360	395	622	294	328
50-54	565	265	300	664	310	355	764	355	409	763	357	406
55-59	410	183	227	528	238	290	623	277	346	731	328	403
60-64	569	237	332	368	154	214	482	205	277	600	250	349
65-69	465	181	284	492	188	304	322	123	199	377	149	227
70-74	432	150	282	376	130	246	410	140	270	285	96	188
75-79	251	68	183	318	96	222	283	85	198	322	96	226
80+	...	...	...	...	...	...	...	...	...	...	...	...
80-84	110	29	81	163	40	123	215	59	156	203	52	151
85-89	59	12	47	47	9	38	76	14	62	111	26	85
90-94	19	3	16	17	2	15	15	2	13	27	4	23
95-99	4	0	4	3	0	3	4	0	3	3	0	3
100+	1	0	0	0	0	0	0	0	0	0	0	0

性・年齢別人口（千人）

年齢	2015 総数	男	女	2020 総数	男	女	2025 総数	男	女	2030 総数	男	女
総数	9 496	4 414	5 082	9 365	4 348	5 016	9 194	4 263	4 931	8 977	4 152	4 826
0-4	586	302	284	546	281	265	497	256	241	441	227	214
5-9	497	255	242	586	302	284	545	280	265	497	255	241
10-14	442	227	215	497	255	242	586	301	284	545	280	265
15-19	437	225	212	443	227	216	497	255	242	586	301	284
20-24	634	325	308	437	225	213	443	227	216	498	255	243
25-29	793	406	387	631	323	308	437	224	213	443	226	217
30-34	746	377	369	786	401	386	627	319	308	434	222	213
35-39	669	331	338	736	369	367	777	393	383	620	314	306
40-44	648	312	336	656	320	336	722	358	364	763	382	380
45-49	622	294	328	630	298	332	638	307	331	704	344	360
50-54	763	357	406	597	275	322	606	280	326	615	289	326
55-59	731	328	403	717	323	394	563	250	313	572	256	317
60-64	600	250	349	667	282	384	656	280	377	517	218	300
65-69	377	149	227	529	203	326	590	230	360	582	229	353
70-74	285	96	188	317	113	204	448	154	294	502	176	326
75-79	322	96	226	221	65	156	247	77	170	352	105	247
80+	…	…	…	…	…	…	…	…	…	…	…	…
80-84	203	52	151	215	54	161	150	37	113	169	45	124
85-89	111	26	85	107	23	84	116	25	91	82	17	65
90-94	27	4	23	40	8	32	40	8	33	45	8	36
95-99	3	0	3	6	1	5	9	2	7	9	2	8
100+	0	0	0	0	0	0	1	0	1	1	0	1

年齢	2035 総数	男	女	2040 総数	男	女	2045 総数	男	女	2050 総数	男	女
総数	8 740	4 033	4 707	8 513	3 929	4 584	8 311	3 846	4 464	8 125	3 778	4 347
0-4	418	215	203	437	225	212	465	239	226	469	241	228
5-9	441	227	214	418	215	203	437	225	212	465	239	226
10-14	496	255	241	441	227	214	418	215	203	437	225	212
15-19	545	280	265	497	255	241	442	227	215	419	215	203
20-24	586	301	285	546	280	266	498	256	242	443	227	215
25-29	497	254	243	586	300	285	546	280	266	498	255	243
30-34	441	224	217	495	252	243	583	298	285	544	278	266
35-39	430	218	212	437	221	216	491	249	242	579	295	284
40-44	610	306	304	424	214	211	431	217	214	485	245	240
45-49	745	368	376	597	296	301	416	207	208	423	210	212
50-54	679	325	354	720	349	370	578	281	296	403	198	205
55-59	582	265	317	644	300	345	684	323	361	551	261	289
60-64	527	223	304	538	233	305	597	265	332	636	288	348
65-69	461	179	282	472	185	287	483	194	288	538	223	315
70-74	498	177	321	397	139	257	408	145	263	420	154	265
75-79	398	122	276	397	123	274	319	99	221	332	105	227
80+	…	…	…	…	…	…	…	…	…	…	…	…
80-84	245	62	183	280	73	206	283	75	207	231	62	169
85-89	95	21	73	140	31	109	162	37	126	167	39	129
90-94	33	6	27	38	8	31	58	11	47	69	14	55
95-99	11	2	9	8	1	7	10	2	8	16	3	13
100+	1	0	1	2	0	1	1	0	1	2	0	1

年齢	2055 総数	男	女	2060 総数	男	女
総数	7 942	3 712	4 230	7 757	3 645	4 112
0-4	445	229	216	415	213	201
5-9	469	241	228	445	229	216
10-14	465	239	226	469	241	228
15-19	438	225	213	466	240	226
20-24	420	216	204	439	225	213
25-29	443	227	216	420	215	205
30-34	496	254	242	442	226	216
35-39	540	275	265	493	251	242
40-44	572	290	282	534	270	263
45-49	476	238	238	562	282	280
50-54	411	201	209	463	228	235
55-59	385	184	201	394	189	205
60-64	514	235	279	361	167	194
65-69	576	246	331	468	202	266
70-74	471	180	291	507	201	307
75-79	344	113	231	389	135	254
80+	…	…	…	…	…	…
80-84	243	67	176	255	74	180
85-89	139	33	107	149	36	113
90-94	74	15	58	63	13	49
95-99	19	4	15	21	4	17
100+	2	1	2	3	1	2

性・年齢別人口（千人）

年齢	2015			2020			2025			2030		
	総数	男	女	総数	男	女	総数	男	女	総数	男	女
総数	9 496	4 414	5 082	9 447	4 391	5 057	9 394	4 366	5 028	9 305	4 320	4 985
0-4	586	302	284	628	323	305	614	316	298	569	293	276
5-9	497	255	242	586	302	284	628	323	305	614	316	298
10-14	442	227	215	497	255	242	586	301	284	628	323	305
15-19	437	225	212	443	227	216	497	255	242	586	301	284
20-24	634	325	308	437	225	213	443	227	216	498	255	243
25-29	793	406	387	631	323	308	437	224	213	443	226	217
30-34	746	377	369	786	401	386	627	319	308	434	222	213
35-39	669	331	338	736	369	367	777	393	383	620	314	306
40-44	648	312	336	656	320	336	722	358	364	763	382	380
45-49	622	294	328	630	298	332	638	307	331	704	344	360
50-54	763	357	406	597	275	322	606	280	326	615	289	326
55-59	731	328	403	717	323	394	563	250	313	572	256	317
60-64	600	250	349	667	282	384	656	280	377	517	218	300
65-69	377	149	227	529	203	326	590	230	360	582	229	353
70-74	285	96	188	317	113	204	448	154	294	502	176	326
75-79	322	96	226	221	65	156	247	77	170	352	105	247
80+	…	…	…	…	…	…	…	…	…	…	…	…
80-84	203	52	151	215	54	161	150	37	113	169	45	124
85-89	111	26	85	107	23	84	116	25	91	82	17	65
90-94	27	4	23	40	8	32	40	8	33	45	8	36
95-99	3	0	3	6	1	5	9	2	7	9	2	8
100+	0	0	0	0	0	0	1	0	1	1	0	1

年齢	2035			2040			2045			2050		
	総数	男	女	総数	男	女	総数	男	女	総数	男	女
総数	9 187	4 263	4 924	9 090	4 226	4 865	9 047	4 225	4 822	9 060	4 259	4 801
0-4	538	277	261	568	292	276	626	322	304	669	344	325
5-9	569	292	276	538	277	261	568	292	276	625	322	304
10-14	613	315	298	568	292	276	538	276	261	568	292	276
15-19	628	323	305	614	316	298	569	292	276	538	277	261
20-24	586	301	285	628	323	306	615	316	299	570	293	277
25-29	497	254	243	586	300	285	628	322	306	614	315	299
30-34	441	224	217	495	252	243	583	298	285	626	320	306
35-39	430	218	212	437	221	216	491	249	242	579	295	284
40-44	610	306	304	424	214	211	431	217	214	485	245	240
45-49	745	368	376	597	296	301	416	207	208	423	210	212
50-54	679	325	354	720	349	370	578	281	296	403	198	205
55-59	582	265	317	644	300	345	684	323	361	551	261	289
60-64	527	223	304	538	233	305	597	265	332	636	288	348
65-69	461	179	282	472	185	287	483	194	288	538	223	315
70-74	498	177	321	397	139	257	408	145	263	420	154	265
75-79	398	122	276	397	123	274	319	99	221	332	105	227
80+	…	…	…	…	…	…	…	…	…	…	…	…
80-84	245	62	183	280	73	206	283	75	207	231	62	169
85-89	95	21	73	140	31	109	162	37	126	167	39	129
90-94	33	6	27	38	8	31	58	11	47	69	14	55
95-99	11	2	9	8	1	7	10	2	8	16	3	13
100+	1	0	1	2	0	1	1	0	1	2	0	1

年齢	2055			2060		
	総数	男	女	総数	男	女
総数	9 106	4 310	4 796	9 162	4 366	4 796
0-4	677	348	328	660	339	320
5-9	668	344	325	676	348	328
10-14	625	322	304	668	344	324
15-19	568	292	276	626	322	304
20-24	539	277	262	569	292	277
25-29	570	292	277	539	277	262
30-34	612	313	299	568	291	277
35-39	621	316	305	608	310	298
40-44	572	290	282	614	311	303
45-49	476	238	238	562	282	280
50-54	411	201	209	463	228	235
55-59	385	184	201	394	189	205
60-64	514	235	279	361	167	194
65-69	576	246	331	468	202	266
70-74	471	180	291	507	201	307
75-79	344	113	231	389	135	254
80+	…	…	…	…	…	…
80-84	243	67	176	255	74	180
85-89	139	33	107	149	36	113
90-94	74	15	58	63	13	49
95-99	19	4	15	21	4	17
100+	2	1	2	3	1	2

性・年齢別人口（千人）

年齢	2015			2020			2025			2030		
	総数	男	女	総数	男	女	総数	男	女	総数	男	女
総数	9 496	4 414	5 082	9 282	4 306	4 976	8 994	4 160	4 834	8 650	3 984	4 666
0-4	586	302	284	463	238	225	379	195	184	314	161	152
5-9	497	255	242	586	302	284	462	238	225	379	195	184
10-14	442	227	215	497	255	242	586	301	284	462	238	225
15-19	437	225	212	443	227	216	497	255	242	586	301	284
20-24	634	325	308	437	225	213	443	227	216	498	255	243
25-29	793	406	387	631	323	308	437	224	213	443	226	217
30-34	746	377	369	786	401	386	627	319	308	434	222	213
35-39	669	331	338	736	369	367	777	393	383	620	314	306
40-44	648	312	336	656	320	336	722	358	364	763	382	380
45-49	622	294	328	630	298	332	638	307	331	704	344	360
50-54	763	357	406	597	275	322	606	280	326	615	289	326
55-59	731	328	403	717	323	394	563	250	313	572	256	317
60-64	600	250	349	667	282	384	656	280	377	517	218	300
65-69	377	149	227	529	203	326	590	230	360	582	229	353
70-74	285	96	188	317	113	204	448	154	294	502	176	326
75-79	322	96	226	221	65	156	247	77	170	352	105	247
80+	…	…	…	…	…	…	…	…	…	…	…	…
80-84	203	52	151	215	54	161	150	37	113	169	45	124
85-89	111	26	85	107	23	84	116	25	91	82	17	65
90-94	27	4	23	40	8	32	40	8	33	45	8	36
95-99	3	0	3	6	1	5	9	2	7	9	2	8
100+	0	0	0	0	0	0	1	0	1	1	0	1

年齢	2035			2040			2045			2050		
	総数	男	女	総数	男	女	総数	男	女	総数	男	女
総数	8 293	3 803	4 490	7 940	3 634	4 306	7 592	3 476	4 115	7 238	3 322	3 916
0-4	299	154	145	310	159	150	319	164	155	300	154	145
5-9	314	161	152	299	154	145	310	159	151	319	164	155
10-14	379	195	184	314	161	152	299	154	145	310	159	151
15-19	463	238	225	380	195	185	315	162	153	299	154	146
20-24	586	301	285	464	238	226	381	196	185	316	162	154
25-29	497	254	243	586	300	285	464	238	226	381	196	186
30-34	441	224	217	495	252	243	583	298	285	462	236	226
35-39	430	218	212	437	221	216	491	249	242	579	295	284
40-44	610	306	304	424	214	211	431	217	214	485	245	240
45-49	745	368	376	597	296	301	416	207	208	423	210	212
50-54	679	325	354	720	349	370	578	281	296	403	198	205
55-59	582	265	317	644	300	345	684	323	361	551	261	289
60-64	527	223	304	538	233	305	597	265	332	636	288	348
65-69	461	179	282	472	185	287	483	194	288	538	223	315
70-74	498	177	321	397	139	257	408	145	263	420	154	265
75-79	398	122	276	397	123	274	319	99	221	332	105	227
80+	…	…	…	…	…	…	…	…	…	…	…	…
80-84	245	62	183	280	73	206	283	75	207	231	62	169
85-89	95	21	73	140	31	109	162	37	126	167	39	129
90-94	33	6	27	38	8	31	58	11	47	69	14	55
95-99	11	2	9	8	1	7	10	2	8	16	3	13
100+	1	0	1	2	0	1	1	0	1	2	0	1

年齢	2055			2060		
	総数	男	女	総数	男	女
総数	6 873	3 164	3 710	6 504	3 002	3 502
0-4	261	134	127	227	117	110
5-9	300	154	145	261	134	127
10-14	319	164	155	300	154	146
15-19	311	160	151	319	164	155
20-24	301	154	146	312	160	152
25-29	317	162	154	301	155	147
30-34	381	195	186	316	162	154
35-39	459	234	225	378	193	185
40-44	572	290	282	454	230	224
45-49	476	238	238	562	282	280
50-54	411	201	209	463	228	235
55-59	385	184	201	394	189	205
60-64	514	235	279	361	167	194
65-69	576	246	331	468	202	266
70-74	471	180	291	507	201	307
75-79	344	113	231	389	135	254
80+	…	…	…	…	…	…
80-84	243	67	176	255	74	180
85-89	139	33	107	149	36	113
90-94	74	15	58	63	13	49
95-99	19	4	15	21	4	17
100+	2	1	2	3	1	2

性・年齢別人口（千人）

年齢	1960 総数	男	女	1965 総数	男	女	1970 総数	男	女	1975 総数	男	女
総数	9 141	4 477	4 664	9 440	4 621	4 820	9 664	4 729	4 935	9 769	4 775	4 994
0-4	754	385	368	778	399	379	714	365	348	649	332	316
5-9	714	364	349	765	391	374	787	402	385	714	365	349
10-14	715	365	351	721	368	353	778	397	381	796	407	390
15-19	545	277	268	720	368	353	722	369	354	790	404	386
20-24	567	285	283	558	284	274	731	373	358	729	373	356
25-29	628	314	314	579	291	288	570	291	279	733	375	358
30-34	649	326	323	632	316	316	588	296	291	567	288	279
35-39	703	353	350	643	321	322	640	321	318	582	292	290
40-44	452	224	227	698	347	350	641	320	321	631	316	315
45-49	585	290	295	438	217	221	687	340	347	627	311	316
50-54	621	304	318	572	281	292	422	207	215	666	327	339
55-59	594	286	308	589	282	307	547	263	284	404	195	208
60-64	517	238	278	543	254	289	541	251	290	509	238	271
65-69	402	176	227	459	202	257	478	213	266	478	211	267
70-74	305	131	175	329	136	193	376	155	221	395	163	232
75-79	215	91	125	223	90	133	236	90	146	276	104	173
80+	173	69	104	193	74	119	205	75	130	224	76	148
80-84	…	…	…	…	…	…	…	…	…	…	…	…
85-89	…	…	…	…	…	…	…	…	…	…	…	…
90-94	…	…	…	…	…	…	…	…	…	…	…	…
95-99	…	…	…	…	…	…	…	…	…	…	…	…
100+	…	…	…	…	…	…	…	…	…	…	…	…

年齢	1980 総数	男	女	1985 総数	男	女	1990 総数	男	女	1995 総数	男	女
総数	9 856	4 815	5 041	9 893	4 832	5 062	9 978	4 879	5 100	10 162	4 971	5 191
0-4	604	309	294	593	304	289	594	305	289	607	311	297
5-9	652	334	318	604	309	295	603	309	294	611	313	298
10-14	716	367	349	650	333	317	605	309	296	609	312	297
15-19	801	409	392	721	369	352	651	333	318	609	311	298
20-24	793	405	389	806	410	395	726	370	355	664	338	327
25-29	741	379	362	792	404	388	809	411	397	744	378	366
30-34	739	378	361	735	376	359	790	402	388	819	417	403
35-39	562	285	276	727	371	356	733	373	360	792	402	390
40-44	577	289	288	554	280	274	724	368	356	730	370	360
45-49	620	309	311	571	285	286	549	277	272	716	363	353
50-54	610	299	311	605	300	305	558	278	281	538	270	268
55-59	638	309	329	584	283	302	582	284	297	541	266	275
60-64	377	177	200	598	282	316	554	262	292	555	266	289
65-69	459	205	255	343	155	188	549	250	299	514	236	278
70-74	400	164	236	392	163	229	296	126	170	484	209	275
75-79	299	111	188	309	115	195	309	117	192	241	94	147
80+	266	85	181	310	95	214	…	…	…	…	…	…
80-84	…	…	…	…	…	…	209	67	142	222	74	148
85-89	…	…	…	…	…	…	103	28	75	119	32	87
90-94	…	…	…	…	…	…	31	7	24	40	9	31
95-99	…	…	…	…	…	…	5	1	4	7	1	6
100+	…	…	…	…	…	…	0	0	0	1	0	0

年齢	2000 総数	男	女	2005 総数	男	女	2010 総数	男	女	2015 総数	男	女
総数	10 268	5 020	5 248	10 561	5 170	5 392	10 930	5 356	5 574	11 299	5 559	5 740
0-4	574	293	281	583	298	284	634	325	310	653	334	319
5-9	616	315	301	585	299	287	597	305	291	651	333	318
10-14	613	314	299	630	322	308	603	308	295	610	312	298
15-19	610	311	298	628	320	307	653	333	320	621	317	304
20-24	629	317	311	645	325	320	668	337	331	691	351	340
25-29	685	346	339	667	334	333	697	347	350	714	359	354
30-34	746	379	367	715	361	354	708	353	354	735	367	367
35-39	814	412	401	784	398	386	745	377	368	738	370	368
40-44	787	397	390	833	421	412	797	405	393	766	388	378
45-49	720	363	357	784	394	390	828	418	411	811	412	399
50-54	700	353	347	710	356	354	775	388	388	825	415	410
55-59	520	258	262	684	341	342	694	345	349	759	377	382
60-64	518	250	267	502	246	256	652	322	331	666	328	338
65-69	517	242	276	488	230	257	465	223	242	618	299	318
70-74	457	200	257	469	210	258	447	204	242	430	200	229
75-79	401	160	241	387	159	228	411	176	236	390	171	219
80+	…	…	…	…	…	…	…	…	…	…	…	…
80-84	176	61	115	301	109	192	304	115	189	325	129	196
85-89	128	36	92	105	32	73	189	61	128	197	67	130
90-94	48	10	37	52	12	40	46	12	34	87	24	63
95-99	9	2	8	11	2	9	13	2	11	12	3	10
100+	1	0	1	1	0	1	1	0	1	2	0	1

性・年齢別人口（千人）

年齢	2015			2020			2025			2030		
	総数	男	女	総数	男	女	総数	男	女	総数	男	女
総数	11 299	5 559	5 740	11 634	5 771	5 863	11 837	5 882	5 955	12 019	5 979	6 039
0-4	653	334	319	666	343	323	651	333	318	637	326	311
5-9	651	333	318	677	350	327	678	349	329	663	339	324
10-14	610	312	298	670	345	325	686	354	332	687	353	334
15-19	621	317	304	629	324	306	680	349	330	696	359	337
20-24	691	351	340	648	332	315	643	329	314	693	355	338
25-29	714	359	354	725	372	353	664	340	324	660	337	323
30-34	735	367	367	743	378	365	739	378	361	679	347	332
35-39	738	370	368	755	380	374	752	382	370	748	383	366
40-44	766	388	378	749	378	372	759	382	377	757	384	373
45-49	811	412	399	770	391	379	749	377	372	759	381	377
50-54	825	415	410	808	410	397	764	388	377	744	374	370
55-59	759	377	382	811	407	404	794	402	392	753	381	372
60-64	666	328	338	737	364	374	789	393	396	774	390	385
65-69	618	299	318	636	309	327	707	345	362	759	375	385
70-74	430	200	229	576	273	302	597	285	312	667	320	347
75-79	390	171	219	382	172	210	517	238	279	541	251	290
80+	…	…	…	…	…	…	…	…	…	…	…	…
80-84	325	129	196	315	130	185	314	134	180	431	190	241
85-89	197	67	130	217	78	138	215	82	134	220	88	133
90-94	87	24	63	94	28	66	107	34	73	111	38	74
95-99	12	3	10	25	6	19	28	7	21	34	9	25
100+	2	0	1	2	0	2	4	1	3	5	1	4

年齢	2035			2040			2045			2050		
	総数	男	女	総数	男	女	総数	男	女	総数	男	女
総数	12 177	6 062	6 115	12 315	6 132	6 183	12 432	6 192	6 240	12 527	6 241	6 286
0-4	636	325	310	650	333	317	667	342	325	675	346	329
5-9	649	332	317	648	331	316	662	339	323	679	348	331
10-14	672	344	328	659	337	322	657	336	321	671	343	328
15-19	696	357	339	682	348	334	668	341	327	667	340	326
20-24	710	364	345	710	363	347	696	354	342	682	347	335
25-29	710	363	347	726	372	355	727	371	356	713	362	351
30-34	674	343	331	725	369	355	741	379	362	742	378	364
35-39	688	351	337	684	348	336	734	374	360	751	383	368
40-44	753	385	368	693	353	340	689	350	339	740	376	363
45-49	757	384	373	754	385	369	695	354	341	691	351	340
50-54	755	379	376	754	382	372	751	383	368	693	353	340
55-59	735	368	366	746	374	372	746	378	369	744	379	365
60-64	736	370	366	720	360	361	733	366	367	734	370	364
65-69	748	373	375	714	357	357	700	347	353	714	354	360
70-74	720	351	369	713	351	361	683	337	345	672	330	342
75-79	609	286	324	662	316	347	659	319	340	635	308	327
80+	…	…	…	…	…	…	…	…	…	…	…	…
80-84	457	204	253	521	235	285	572	263	308	574	269	305
85-89	309	127	182	335	140	195	388	165	223	434	189	245
90-94	118	42	76	171	63	108	191	72	119	228	88	141
95-99	37	11	27	42	12	29	63	20	44	74	23	50
100+	6	1	5	8	2	6	9	2	7	14	3	11

年齢	2055			2060		
	総数	男	女	総数	男	女
総数	12 597	6 279	6 319	12 652	6 309	6 343
0-4	673	345	328	667	342	326
5-9	686	351	335	684	350	334
10-14	688	352	336	695	355	339
15-19	680	347	333	697	356	341
20-24	680	346	334	693	353	340
25-29	698	354	344	695	353	342
30-34	727	368	359	712	361	351
35-39	751	382	369	736	373	363
40-44	756	386	370	756	385	372
45-49	741	377	364	758	387	371
50-54	690	350	339	740	376	364
55-59	688	350	338	685	348	337
60-64	733	372	361	679	344	335
65-69	717	360	357	718	363	355
70-74	687	338	349	692	344	348
75-79	628	303	325	646	312	333
80+	…	…	…	…	…	…
80-84	558	262	295	556	261	296
85-89	442	196	246	436	195	242
90-94	262	103	159	274	110	164
95-99	92	30	62	110	37	74
100+	18	4	13	24	6	18

Belgium

高位予測値

性・年齢別人口（千人）

年齢	2015			2020			2025			2030		
	総数	男	女	総数	男	女	総数	男	女	総数	男	女
総数	11 299	5 559	5 740	11 723	5 817	5 907	12 065	5 999	6 067	12 418	6 184	6 234
0-4	653	334	319	755	388	366	791	405	386	808	413	394
5-9	651	333	318	677	350	327	766	394	372	803	411	392
10-14	610	312	298	670	345	325	686	354	332	776	399	377
15-19	621	317	304	629	324	306	680	349	330	696	359	337
20-24	691	351	340	648	332	315	643	329	314	693	355	338
25-29	714	359	354	725	372	353	664	340	324	660	337	323
30-34	735	367	367	743	378	365	739	378	361	679	347	332
35-39	738	370	368	755	380	374	752	382	370	748	383	366
40-44	766	388	378	749	378	372	759	382	377	757	384	373
45-49	811	412	399	770	391	379	749	377	372	759	381	377
50-54	825	415	410	808	410	397	764	388	377	744	374	370
55-59	759	377	382	811	407	404	794	402	392	753	381	372
60-64	666	328	338	737	364	374	789	393	396	774	390	385
65-69	618	299	318	636	309	327	707	345	362	759	375	385
70-74	430	200	229	576	273	302	597	285	312	667	320	347
75-79	390	171	219	382	172	210	517	238	279	541	251	290
80+	...	...	...	...	...	...	...	...	...	...	...	...
80-84	325	129	196	315	130	185	314	134	180	431	190	241
85-89	197	67	130	217	78	138	215	82	134	220	88	133
90-94	87	24	63	94	28	66	107	34	73	111	38	74
95-99	12	3	10	25	6	19	28	7	21	34	9	25
100+	2	0	1	2	0	2	4	1	3	5	1	4

年齢	2035			2040			2045			2050		
	総数	男	女	総数	男	女	総数	男	女	総数	男	女
総数	12 746	6 353	6 393	13 065	6 516	6 549	13 392	6 684	6 709	13 749	6 867	6 882
0-4	806	413	393	831	425	405	878	450	429	937	480	457
5-9	819	419	400	817	418	399	843	431	411	890	456	434
10-14	812	415	397	829	424	405	827	423	404	852	436	416
15-19	785	403	382	822	420	402	838	428	410	836	427	409
20-24	710	364	345	799	409	390	835	425	410	852	434	418
25-29	710	363	347	726	372	355	816	416	400	852	433	419
30-34	674	343	331	725	369	355	741	379	362	831	423	407
35-39	688	351	337	684	348	336	734	374	360	751	383	368
40-44	753	385	368	693	353	340	689	350	339	740	376	363
45-49	757	384	373	754	385	369	695	354	341	691	351	340
50-54	755	379	376	754	382	372	751	383	368	693	353	340
55-59	735	368	366	746	374	372	746	378	369	744	379	365
60-64	736	370	366	720	360	361	733	366	367	734	370	364
65-69	748	373	375	714	357	357	700	347	353	714	354	360
70-74	720	351	369	713	351	361	683	337	345	672	330	342
75-79	609	286	324	662	316	347	659	319	340	635	308	327
80+	...	...	...	...	...	...	...	...	...	...	...	...
80-84	457	204	253	521	235	285	572	263	308	574	269	305
85-89	309	127	182	335	140	195	388	165	223	434	189	245
90-94	118	42	76	171	63	108	191	72	119	228	88	141
95-99	37	11	27	42	12	29	63	20	44	74	23	50
100+	6	1	5	8	2	6	9	2	7	14	3	11

年齢	2055			2060		
	総数	男	女	総数	男	女
総数	14 134	7 065	7 069	14 540	7 276	7 264
0-4	989	506	482	1 019	522	497
5-9	948	486	463	999	512	488
10-14	899	460	439	957	490	467
15-19	861	440	421	908	464	444
20-24	849	433	417	874	445	428
25-29	868	441	427	865	440	425
30-34	866	440	427	881	447	434
35-39	840	428	412	875	444	431
40-44	756	386	370	844	430	415
45-49	741	377	364	758	387	371
50-54	690	350	339	740	376	364
55-59	688	350	338	685	348	337
60-64	733	372	361	679	344	335
65-69	717	360	357	718	363	355
70-74	687	338	349	692	344	348
75-79	628	303	325	646	312	333
80+	...	...	...	...	...	...
80-84	558	262	295	556	261	296
85-89	442	196	246	436	195	242
90-94	262	103	159	274	110	164
95-99	92	30	62	110	37	74
100+	18	4	13	24	6	18

性・年齢別人口（千人）

年齢	2015			2020			2025			2030		
	総数	男	女	総数	男	女	総数	男	女	総数	男	女
総数	11 299	5 559	5 740	11 545	5 726	5 820	11 608	5 765	5 843	11 620	5 775	5 845
0-4	653	334	319	577	297	280	511	262	250	467	239	228
5-9	651	333	318	677	350	327	589	303	285	523	268	256
10-14	610	312	298	670	345	325	686	354	332	598	308	290
15-19	621	317	304	629	324	306	680	349	330	696	359	337
20-24	691	351	340	648	332	315	643	329	314	693	355	338
25-29	714	359	354	725	372	353	664	340	324	660	337	323
30-34	735	367	367	743	378	365	739	378	361	679	347	332
35-39	738	370	368	755	380	374	752	382	370	748	383	366
40-44	766	388	378	749	378	372	759	382	377	757	384	373
45-49	811	412	399	770	391	379	749	377	372	759	381	377
50-54	825	415	410	808	410	397	764	388	377	744	374	370
55-59	759	377	382	811	407	404	794	402	392	753	381	372
60-64	666	328	338	737	364	374	789	393	396	774	390	385
65-69	618	299	318	636	309	327	707	345	362	759	375	385
70-74	430	200	229	576	273	302	597	285	312	667	320	347
75-79	390	171	219	382	172	210	517	238	279	541	251	290
80+	…	…	…	…	…	…	…	…	…	…	…	…
80-84	325	129	196	315	130	185	314	134	180	431	190	241
85-89	197	67	130	217	78	138	215	82	134	220	88	133
90-94	87	24	63	94	28	66	107	34	73	111	38	74
95-99	12	3	10	25	6	19	28	7	21	34	9	25
100+	2	0	1	2	0	2	4	1	3	5	1	4

年齢	2035			2040			2045			2050		
	総数	男	女	総数	男	女	総数	男	女	総数	男	女
総数	11 609	5 771	5 838	11 570	5 751	5 819	11 490	5 710	5 781	11 359	5 643	5 716
0-4	466	239	227	473	242	231	470	241	230	448	229	219
5-9	479	245	234	478	245	233	485	248	237	482	247	236
10-14	533	272	260	488	250	239	487	249	238	494	253	241
15-19	607	312	296	542	277	266	498	254	244	497	254	244
20-24	710	364	345	621	318	304	556	283	274	512	260	252
25-29	710	363	347	726	372	355	638	325	313	574	290	283
30-34	674	343	331	725	369	355	741	379	362	653	333	321
35-39	688	351	337	684	348	336	734	374	360	751	383	368
40-44	753	385	368	693	353	340	689	350	339	740	376	363
45-49	757	384	373	754	385	369	695	354	341	691	351	340
50-54	755	379	376	754	382	372	751	383	368	693	353	340
55-59	735	368	366	746	374	372	746	378	369	744	379	365
60-64	736	370	366	720	360	361	733	366	367	734	370	364
65-69	748	373	375	714	357	357	700	347	353	714	354	360
70-74	720	351	369	713	351	361	683	337	345	672	330	342
75-79	609	286	324	662	316	347	659	319	340	635	308	327
80+	…	…	…	…	…	…	…	…	…	…	…	…
80-84	457	204	253	521	235	285	572	263	308	574	269	305
85-89	309	127	182	335	140	195	388	165	223	434	189	245
90-94	118	42	76	171	63	108	191	72	119	228	88	141
95-99	37	11	27	42	12	29	63	20	44	74	23	50
100+	6	1	5	8	2	6	9	2	7	14	3	11

年齢	2055			2060		
	総数	男	女	総数	男	女
総数	11 173	5 549	5 624	10 951	5 438	5 513
0-4	416	213	203	390	199	190
5-9	459	235	224	427	218	208
10-14	491	251	240	468	239	229
15-19	503	257	247	500	255	245
20-24	511	259	251	516	262	254
25-29	529	268	261	526	266	260
30-34	588	297	291	542	274	268
35-39	663	337	326	597	302	295
40-44	756	386	370	668	340	328
45-49	741	377	364	758	387	371
50-54	690	350	339	740	376	364
55-59	688	350	338	685	348	337
60-64	733	372	361	679	344	335
65-69	717	360	357	718	363	355
70-74	687	338	349	692	344	348
75-79	628	303	325	646	312	333
80+	…	…	…	…	…	…
80-84	558	262	295	556	261	296
85-89	442	196	246	436	195	242
90-94	262	103	159	274	110	164
95-99	92	30	62	110	37	74
100+	18	4	13	24	6	18

性・年齢別人口（千人）

年齢	1960 総数	男	女	1965 総数	男	女	1970 総数	男	女	1975 総数	男	女
総数	92	45	47	106	53	54	122	61	61	133	66	67
0-4	18	9	9	19	10	10	22	11	11	24	12	12
5-9	14	7	7	17	9	9	19	10	9	21	10	10
10-14	10	5	5	13	7	7	17	8	8	19	9	9
15-19	8	4	4	10	5	5	13	7	7	16	8	8
20-24	7	3	4	7	4	4	10	5	5	12	6	6
25-29	6	3	3	6	3	3	7	3	3	8	4	4
30-34	6	3	3	6	3	3	6	3	3	5	3	3
35-39	5	2	2	5	3	3	5	2	3	5	2	2
40-44	4	2	2	4	2	2	5	2	3	4	2	2
45-49	4	2	2	4	2	2	4	2	2	4	2	2
50-54	3	2	2	4	2	2	3	2	2	4	2	2
55-59	3	1	1	3	2	2	3	2	2	3	1	2
60-64	2	1	1	2	1	1	3	1	1	3	1	2
65-69	2	1	1	2	1	1	2	1	1	2	1	1
70-74	1	1	1	1	1	1	1	1	1	2	1	1
75-79	1	0	0	1	0	0	1	0	1	1	1	1
80+	0	0	0	1	0	0	1	0	0	1	0	1
80-84	...	...	...	...	...	...	...	...	...	...	...	...
85-89	...	...	...	...	...	...	...	...	...	...	...	...
90-94	...	...	...	...	...	...	...	...	...	...	...	...
95-99	...	...	...	...	...	...	...	...	...	...	...	...
100+	...	...	...	...	...	...	...	...	...	...	...	...

年齢	1980 総数	男	女	1985 総数	男	女	1990 総数	男	女	1995 総数	男	女
総数	144	73	71	165	83	82	188	95	93	207	104	103
0-4	24	12	12	29	14	14	30	15	15	32	16	16
5-9	23	11	11	23	12	12	28	14	14	29	15	14
10-14	20	10	10	22	11	11	24	12	12	28	14	14
15-19	18	9	9	19	10	10	21	11	10	22	11	11
20-24	12	6	6	17	9	9	18	9	9	18	9	9
25-29	9	4	4	12	6	6	16	8	8	15	7	7
30-34	7	3	3	9	4	4	11	6	5	15	8	8
35-39	5	3	3	6	3	3	9	4	4	11	6	5
40-44	5	3	2	5	2	2	6	3	3	9	4	4
45-49	5	2	2	5	2	2	5	2	2	6	3	3
50-54	4	2	2	4	2	2	5	2	2	5	2	2
55-59	3	2	2	4	2	2	4	2	2	4	2	2
60-64	3	1	1	3	1	1	4	2	2	4	2	2
65-69	2	1	1	2	1	1	3	1	1	3	2	2
70-74	2	1	1	2	1	1	2	1	1	2	1	1
75-79	1	1	1	1	1	1	1	1	1	2	1	1
80+	1	1	1	1	1	1	...	...	...	...	...	...
80-84	...	...	...	...	...	...	1	0	1	1	1	1
85-89	...	...	...	...	...	...	0	0	0	1	0	0
90-94	...	...	...	...	...	...	0	0	0	0	0	0
95-99	...	...	...	...	...	...	0	0	0	0	0	0
100+	...	...	...	...	...	...	0	0	0	0	0	0

年齢	2000 総数	男	女	2005 総数	男	女	2010 総数	男	女	2015 総数	男	女
総数	247	125	123	283	142	141	322	161	161	359	179	180
0-4	37	19	18	38	19	19	38	19	19	39	20	19
5-9	34	17	17	38	19	19	39	20	19	38	19	19
10-14	30	15	15	34	17	17	38	19	19	39	20	20
15-19	27	14	14	30	15	15	34	17	17	38	19	19
20-24	23	12	11	27	14	14	31	15	16	36	18	18
25-29	21	11	11	23	12	12	27	13	14	32	16	16
30-34	17	9	9	23	11	11	23	11	12	28	13	14
35-39	14	7	7	19	10	10	21	10	11	23	11	12
40-44	11	6	5	15	7	7	18	9	9	21	10	11
45-49	8	4	4	10	5	5	15	8	7	18	9	9
50-54	6	3	3	7	4	4	11	6	6	15	7	7
55-59	4	2	2	5	3	3	8	4	4	11	6	5
60-64	4	2	2	4	2	2	6	3	3	8	4	4
65-69	3	2	2	3	2	2	4	2	2	5	3	3
70-74	3	1	1	3	1	1	3	2	2	3	2	2
75-79	2	1	1	2	1	1	2	1	1	2	1	1
80+	...	...	...	...	...	...	...	...	...	...	...	...
80-84	1	0	1	1	0	0	2	1	1	1	1	1
85-89	1	0	0	0	0	0	0	0	0	1	0	0
90-94	0	0	0	0	0	0	0	0	0	0	0	0
95-99	0	0	0	0	0	0	0	0	0	0	0	0
100+	0	0	0	0	0	0	0	0	0	0	0	0

性・年齢別人口（千人）

年齢	2015			2020			2025			2030		
	総数	男	女	総数	男	女	総数	男	女	総数	男	女
総数	359	179	180	398	198	200	436	216	220	472	233	239
0-4	39	20	19	42	21	21	43	22	21	43	22	21
5-9	38	19	19	40	20	20	42	21	21	43	22	21
10-14	39	20	20	38	19	19	40	20	20	42	21	21
15-19	38	19	19	40	20	20	38	19	19	40	20	20
20-24	36	18	18	39	20	20	41	20	20	39	20	19
25-29	32	16	16	37	18	18	40	20	20	42	21	21
30-34	28	13	14	32	16	17	37	18	19	41	20	21
35-39	23	11	12	28	13	14	33	16	17	37	18	19
40-44	21	10	11	23	11	12	28	13	14	33	16	17
45-49	18	9	9	21	10	11	23	11	12	28	13	14
50-54	15	7	7	17	9	9	20	10	11	22	11	12
55-59	11	6	5	14	7	7	17	8	9	20	9	10
60-64	8	4	4	10	5	5	13	6	7	16	7	8
65-69	5	3	3	7	3	4	9	4	5	12	6	6
70-74	3	2	2	4	2	2	6	3	3	8	3	4
75-79	2	1	1	3	1	1	3	1	2	4	2	2
80+	...	...	...	...	...	...	...	...	...	...	...	...
80-84	1	1	1	1	1	1	2	1	1	2	1	1
85-89	1	0	0	1	0	0	1	0	0	1	0	0
90-94	0	0	0	0	0	0	0	0	0	0	0	0
95-99	0	0	0	0	0	0	0	0	0	0	0	0
100+	0	0	0	0	0	0	0	0	0	0	0	0

年齢	2035			2040			2045			2050		
	総数	男	女	総数	男	女	総数	男	女	総数	男	女
総数	505	249	256	535	263	272	563	276	287	588	288	300
0-4	42	21	21	42	21	21	41	21	20	41	21	20
5-9	43	22	21	42	21	21	42	21	21	42	21	21
10-14	43	22	21	43	22	21	42	21	21	42	21	21
15-19	43	21	21	44	22	22	44	22	22	43	22	21
20-24	41	21	20	43	22	22	45	22	22	45	22	22
25-29	40	20	20	42	21	21	44	22	22	45	23	23
30-34	42	21	21	41	20	20	42	21	21	45	22	22
35-39	41	20	21	42	21	21	41	20	20	42	21	21
40-44	37	18	19	41	20	21	42	21	21	41	20	20
45-49	32	16	17	37	18	19	40	20	21	42	21	21
50-54	27	13	14	31	15	16	36	18	19	40	19	20
55-59	22	10	11	26	12	14	30	14	16	35	17	18
60-64	18	9	10	20	9	11	24	11	13	29	13	15
65-69	14	6	8	17	7	9	18	8	10	22	10	12
70-74	10	4	5	12	5	7	14	6	8	16	7	9
75-79	6	2	3	7	3	4	9	4	5	11	4	7
80+	...	...	...	...	...	...	...	...	...	...	...	...
80-84	3	1	2	4	1	2	5	2	3	6	2	4
85-89	1	0	1	1	0	1	2	1	1	2	1	2
90-94	0	0	0	0	0	0	0	0	0	1	0	0
95-99	0	0	0	0	0	0	0	0	0	0	0	0
100+	0	0	0	0	0	0	0	0	0	0	0	0

年齢	2055			2060		
	総数	男	女	総数	男	女
総数	610	298	312	629	307	322
0-4	41	21	20	40	21	20
5-9	42	21	20	41	21	20
10-14	42	21	21	42	21	21
15-19	42	21	21	42	21	21
20-24	44	22	22	43	22	21
25-29	45	23	23	45	22	22
30-34	46	23	23	46	23	23
35-39	45	22	22	46	23	23
40-44	42	21	21	45	22	22
45-49	40	20	20	42	21	21
50-54	41	20	21	40	20	20
55-59	38	18	20	40	19	20
60-64	33	15	17	36	17	19
65-69	26	12	14	30	14	16
70-74	19	8	11	23	10	13
75-79	12	5	8	15	6	9
80+	...	...	...	...	...	...
80-84	7	3	5	8	3	5
85-89	3	1	2	4	1	3
90-94	1	0	1	1	0	1
95-99	0	0	0	0	0	0
100+	0	0	0	0	0	0

性・年齢別人口（千人）

年齢	2015			2020			2025			2030		
	総数	男	女	総数	男	女	総数	男	女	総数	男	女
総数	359	179	180	402	200	202	448	222	226	493	244	249
0-4	39	20	19	46	23	23	51	26	25	53	27	26
5-9	38	19	19	40	20	20	46	23	23	51	26	25
10-14	39	20	20	38	19	19	40	20	20	46	23	23
15-19	38	19	19	40	20	20	38	19	19	40	20	20
20-24	36	18	18	39	20	20	41	20	20	39	20	19
25-29	32	16	16	37	18	18	40	20	20	42	21	21
30-34	28	13	14	32	16	17	37	18	19	41	20	21
35-39	23	11	12	28	13	14	33	16	17	37	18	19
40-44	21	10	11	23	11	12	28	13	14	33	16	17
45-49	18	9	9	21	10	11	23	11	12	28	13	14
50-54	15	7	7	17	9	9	20	10	11	22	11	12
55-59	11	6	5	14	7	7	17	8	9	20	9	10
60-64	8	4	4	10	5	5	13	6	7	16	7	8
65-69	5	3	3	7	3	4	9	4	5	12	6	6
70-74	3	2	2	4	2	2	6	3	3	8	3	4
75-79	2	1	1	3	1	1	3	1	2	4	2	2
80+	...	...	...	...	...	...	...	...	...	...	...	...
80-84	1	1	1	1	1	1	2	1	1	2	1	1
85-89	1	0	0	1	0	0	1	0	0	1	0	0
90-94	0	0	0	0	0	0	0	0	0	0	0	0
95-99	0	0	0	0	0	0	0	0	0	0	0	0
100+	0	0	0	0	0	0	0	0	0	0	0	0

年齢	2035			2040			2045			2050		
	総数	男	女	総数	男	女	総数	男	女	総数	男	女
総数	536	265	272	578	285	294	620	305	315	662	325	337
0-4	53	27	26	53	27	26	56	28	27	59	30	29
5-9	53	27	26	53	27	26	53	27	26	56	28	27
10-14	51	26	25	53	27	26	53	27	26	53	27	26
15-19	47	24	23	51	26	25	53	27	26	53	27	26
20-24	41	21	20	48	24	24	52	26	26	54	27	27
25-29	40	20	20	42	21	21	48	24	24	53	26	26
30-34	42	21	21	41	20	20	42	21	21	49	24	24
35-39	41	20	21	42	21	21	41	20	20	42	21	21
40-44	37	18	19	41	20	21	42	21	21	41	20	20
45-49	32	16	17	37	18	19	40	20	21	42	21	21
50-54	27	13	14	31	15	16	36	18	19	40	19	20
55-59	22	10	11	26	12	14	30	14	16	35	17	18
60-64	18	9	10	20	9	11	24	11	13	29	13	15
65-69	14	6	8	17	7	9	18	8	10	22	10	12
70-74	10	4	5	12	5	7	14	6	8	16	7	9
75-79	6	2	3	7	3	4	9	4	5	11	4	7
80+	...	...	...	...	...	...	...	...	...	...	...	...
80-84	3	1	2	4	1	2	5	2	3	6	2	4
85-89	1	0	1	1	0	1	2	1	1	2	1	2
90-94	0	0	0	0	0	0	0	0	0	1	0	0
95-99	0	0	0	0	0	0	0	0	0	0	0	0
100+	0	0	0	0	0	0	0	0	0	0	0	0

年齢	2055			2060		
	総数	男	女	総数	男	女
総数	704	345	359	744	365	379
0-4	61	31	30	62	32	31
5-9	59	30	29	61	31	30
10-14	56	28	27	59	30	29
15-19	54	27	27	56	28	28
20-24	54	27	27	55	28	27
25-29	55	28	27	55	28	27
30-34	53	27	27	55	28	28
35-39	49	24	24	53	27	27
40-44	42	21	21	49	24	24
45-49	40	20	20	42	21	21
50-54	41	20	21	40	20	20
55-59	38	18	20	40	19	20
60-64	33	15	17	36	17	19
65-69	26	12	14	30	14	16
70-74	19	8	11	23	10	13
75-79	12	5	8	15	6	9
80+	...	...	...	...	...	...
80-84	7	3	5	8	3	5
85-89	3	1	2	4	1	3
90-94	1	0	1	1	0	1
95-99	0	0	0	0	0	0
100+	0	0	0	0	0	0

性・年齢別人口（千人）

年齢	2015			2020			2025			2030		
	総数	男	女	総数	男	女	総数	男	女	総数	男	女
総数	359	179	180	394	196	198	424	210	214	450	222	228
0-4	39	20	19	38	19	19	36	18	18	33	17	16
5-9	38	19	19	40	20	20	38	19	19	36	18	18
10-14	39	20	20	38	19	19	40	20	20	38	19	19
15-19	38	19	19	40	20	20	38	19	19	40	20	20
20-24	36	18	18	39	20	20	41	20	20	39	20	19
25-29	32	16	16	37	18	18	40	20	20	42	21	21
30-34	28	13	14	32	16	17	37	18	19	41	20	21
35-39	23	11	12	28	13	14	33	16	17	37	18	19
40-44	21	10	11	23	11	12	28	13	14	33	16	17
45-49	18	9	9	21	10	11	23	11	12	28	13	14
50-54	15	7	7	17	9	9	20	10	11	22	11	12
55-59	11	6	5	14	7	7	17	8	9	20	9	10
60-64	8	4	4	10	5	5	13	6	7	16	7	8
65-69	5	3	3	7	3	4	9	4	5	12	6	6
70-74	3	2	2	4	2	2	6	3	3	8	3	4
75-79	2	1	1	3	1	1	3	1	2	4	2	2
80+	…	…	…	…	…	…	…	…	…	…	…	…
80-84	1	1	1	1	1	1	2	1	1	2	1	1
85-89	1	0	0	1	0	0	1	0	0	1	0	0
90-94	0	0	0	0	0	0	0	0	0	0	0	0
95-99	0	0	0	0	0	0	0	0	0	0	0	0
100+	0	0	0	0	0	0	0	0	0	0	0	0

年齢	2035			2040			2045			2050		
	総数	男	女	総数	男	女	総数	男	女	総数	男	女
総数	473	233	241	493	241	251	508	248	260	519	252	266
0-4	32	16	16	31	15	15	29	15	14	27	14	13
5-9	33	17	17	32	16	16	31	16	15	29	15	14
10-14	36	18	18	33	17	17	32	16	16	31	16	15
15-19	38	19	19	36	18	18	34	17	17	33	17	16
20-24	41	21	20	39	20	19	37	19	19	35	18	17
25-29	40	20	20	42	21	21	40	20	20	38	19	19
30-34	42	21	21	41	20	20	42	21	21	41	20	20
35-39	41	20	21	42	21	21	41	20	20	42	21	21
40-44	37	18	19	41	20	21	42	21	21	41	20	20
45-49	32	16	17	37	18	19	40	20	21	42	21	21
50-54	27	13	14	31	15	16	36	18	19	40	19	20
55-59	22	10	11	26	12	14	30	14	16	35	17	18
60-64	18	9	10	20	9	11	24	11	13	29	13	15
65-69	14	6	8	17	7	9	18	8	10	22	10	12
70-74	10	4	5	12	5	7	14	6	8	16	7	9
75-79	6	2	3	7	3	4	9	4	5	11	4	7
80+	…	…	…	…	…	…	…	…	…	…	…	…
80-84	3	1	2	4	1	2	5	2	3	6	2	4
85-89	1	0	1	1	0	1	2	1	1	2	1	2
90-94	0	0	0	0	0	0	0	0	0	1	0	0
95-99	0	0	0	0	0	0	0	0	0	0	0	0
100+	0	0	0	0	0	0	0	0	0	0	0	0

年齢	2055			2060		
	総数	男	女	総数	男	女
総数	525	255	270	527	255	272
0-4	25	13	12	23	12	12
5-9	27	14	13	25	13	12
10-14	29	15	14	27	14	13
15-19	31	16	15	29	15	15
20-24	34	17	17	32	16	16
25-29	36	18	18	34	17	17
30-34	39	19	19	36	18	18
35-39	41	20	20	39	19	19
40-44	42	21	21	41	20	20
45-49	40	20	20	42	21	21
50-54	41	20	21	40	20	20
55-59	38	18	20	40	19	20
60-64	33	15	17	36	17	19
65-69	26	12	14	30	14	16
70-74	19	8	11	23	10	13
75-79	12	5	8	15	6	9
80+	…	…	…	…	…	…
80-84	7	3	5	8	3	5
85-89	3	1	2	4	1	3
90-94	1	0	1	1	0	1
95-99	0	0	0	0	0	0
100+	0	0	0	0	0	0

性・年齢別人口（千人）

年齢	1960			1965			1970			1975		
	総数	男	女	総数	男	女	総数	男	女	総数	男	女
総数	2 432	1 157	1 275	2 632	1 260	1 372	2 908	1 397	1 510	3 263	1 567	1 696
0-4	383	191	192	442	221	221	508	254	255	584	290	295
5-9	298	148	149	341	170	171	398	198	200	463	229	234
10-14	256	120	136	287	143	143	330	165	165	387	193	194
15-19	242	115	128	247	116	131	278	139	139	321	160	161
20-24	199	93	106	229	108	121	234	109	125	265	132	133
25-29	166	77	89	184	86	99	214	100	114	220	102	119
30-34	143	66	77	153	70	83	172	79	93	201	93	108
35-39	130	61	69	133	61	71	143	65	78	162	74	88
40-44	120	56	64	120	56	64	124	57	67	135	60	74
45-49	110	52	58	110	51	59	112	51	61	116	52	64
50-54	101	48	53	100	47	53	101	46	55	103	47	57
55-59	89	41	47	90	42	48	90	42	48	92	41	51
60-64	74	32	41	75	34	40	77	35	41	78	35	43
65-69	55	25	30	57	25	32	59	27	32	62	28	34
70-74	36	16	20	37	17	20	39	17	22	42	18	23
75-79	20	9	10	19	9	10	20	9	11	22	9	13
80+	11	5	6	9	5	5	9	4	5	10	4	6
80-84	…	…	…	…	…	…	…	…	…	…	…	…
85-89	…	…	…	…	…	…	…	…	…	…	…	…
90-94	…	…	…	…	…	…	…	…	…	…	…	…
95-99	…	…	…	…	…	…	…	…	…	…	…	…
100+	…	…	…	…	…	…	…	…	…	…	…	…

年齢	1980			1985			1990			1995		
	総数	男	女	総数	男	女	総数	男	女	総数	男	女
総数	3 718	1 786	1 932	4 287	2 063	2 224	5 001	2 417	2 584	5 986	2 928	3 058
0-4	680	338	342	795	397	399	930	465	464	1 090	546	544
5-9	539	265	274	633	312	321	748	371	377	885	441	445
10-14	452	223	229	527	259	269	623	307	316	740	367	373
15-19	378	188	190	443	219	225	519	254	265	623	308	315
20-24	308	153	155	366	181	185	433	213	220	527	260	266
25-29	252	124	128	296	146	150	355	175	181	444	222	223
30-34	209	95	114	242	118	123	287	141	146	365	182	183
35-39	191	88	104	201	91	110	234	114	120	293	146	147
40-44	154	69	85	183	83	100	193	87	107	236	116	120
45-49	127	56	71	146	65	81	175	79	97	192	87	105
50-54	108	48	60	119	52	67	138	60	78	171	77	94
55-59	94	42	53	99	43	56	110	47	63	132	57	74
60-64	80	35	45	83	36	48	89	37	51	102	43	59
65-69	64	28	36	66	28	38	70	29	41	77	32	45
70-74	45	19	25	47	20	27	50	21	30	55	23	33
75-79	25	10	14	27	11	16	30	12	18	33	13	20
80+	12	5	7	14	5	9	…	…	…	…	…	…
80-84	…	…	…	…	…	…	13	5	8	15	6	9
85-89	…	…	…	…	…	…	3	1	2	4	1	3
90-94	…	…	…	…	…	…	0	0	0	1	0	0
95-99	…	…	…	…	…	…	0	0	0	0	0	0
100+	…	…	…	…	…	…	0	0	0	0	0	0

年齢	2000			2005			2010			2015		
	総数	男	女	総数	男	女	総数	男	女	総数	男	女
総数	6 949	3 408	3 541	8 182	4 048	4 134	9 510	4 731	4 778	10 880	5 426	5 454
0-4	1 245	626	620	1 418	715	703	1 573	796	777	1 708	864	844
5-9	1 040	518	521	1 198	600	598	1 371	690	681	1 524	770	754
10-14	872	434	438	1 027	512	514	1 185	594	591	1 355	683	673
15-19	729	361	368	868	433	435	1 019	509	510	1 172	588	585
20-24	606	299	308	730	364	366	861	431	430	1 002	500	502
25-29	509	250	259	612	304	308	726	363	363	843	421	422
30-34	429	213	216	513	255	258	607	303	304	710	355	355
35-39	352	175	177	429	215	214	507	253	254	592	295	297
40-44	281	139	142	349	174	174	421	211	210	493	245	248
45-49	225	110	115	276	137	139	339	169	170	407	203	204
50-54	182	81	100	218	106	111	265	131	134	324	161	164
55-59	159	70	89	172	77	95	205	99	106	249	121	127
60-64	118	51	68	145	63	81	157	69	88	186	89	98
65-69	86	36	51	102	43	59	125	54	71	135	58	77
70-74	59	24	35	67	27	40	80	33	47	98	41	57
75-79	35	14	21	38	15	23	44	17	27	53	21	31
80+	…	…	…	…	…	…	…	…	…	…	…	…
80-84	16	6	10	17	7	11	19	7	12	22	8	14
85-89	5	2	3	5	2	3	6	2	4	6	2	4
90-94	1	0	0	1	0	1	1	0	1	1	0	1
95-99	0	0	0	0	0	0	0	0	0	0	0	0
100+	0	0	0	0	0	0	0	0	0	0	0	0

性・年齢別人口（千人）

年齢	2015			2020			2025			2030		
	総数	男	女	総数	男	女	総数	男	女	総数	男	女
総数	10 880	5 426	5 454	12 361	6 175	6 186	13 937	6 971	6 966	15 593	7 804	7 789
0-4	1 708	864	844	1 852	937	915	1 987	1 006	982	2 113	1 070	1 043
5-9	1 524	770	754	1 658	838	821	1 803	911	892	1 939	980	959
10-14	1 355	683	673	1 508	762	746	1 643	830	812	1 787	903	884
15-19	1 172	588	585	1 342	676	666	1 494	755	739	1 629	823	806
20-24	1 002	500	502	1 154	578	576	1 323	666	657	1 474	745	730
25-29	843	421	422	983	490	493	1 134	568	566	1 301	655	647
30-34	710	355	355	826	412	414	964	480	484	1 114	557	557
35-39	592	295	297	694	346	347	809	403	406	945	470	475
40-44	493	245	248	577	287	290	677	337	340	790	393	397
45-49	407	203	204	477	236	241	560	277	282	657	326	331
50-54	324	161	164	390	193	197	458	225	233	538	265	273
55-59	249	121	127	305	150	156	367	180	187	433	211	222
60-64	186	89	98	227	109	118	279	135	144	337	163	174
65-69	135	58	77	161	75	86	197	93	104	243	115	128
70-74	98	41	57	106	45	62	127	58	69	156	72	84
75-79	53	21	31	65	26	38	71	29	42	86	38	48
80+	…	…	…	…	…	…	…	…	…	…	…	…
80-84	22	8	14	26	10	16	33	13	20	37	14	23
85-89	6	2	4	7	3	5	9	3	6	11	4	7
90-94	1	0	1	1	0	1	1	0	1	2	1	1
95-99	0	0	0	0	0	0	0	0	0	0	0	0
100+	0	0	0	0	0	0	0	0	0	0	0	0

年齢	2035			2040			2045			2050		
	総数	男	女	総数	男	女	総数	男	女	総数	男	女
総数	17 306	8 663	8 643	19 050	9 536	9 514	20 803	10 411	10 392	22 549	11 281	11 268
0-4	2 223	1 126	1 097	2 315	1 172	1 143	2 393	1 212	1 180	2 462	1 247	1 214
5-9	2 065	1 044	1 021	2 177	1 100	1 076	2 271	1 148	1 123	2 351	1 189	1 162
10-14	1 923	972	951	2 049	1 036	1 014	2 162	1 093	1 069	2 256	1 140	1 116
15-19	1 773	896	877	1 909	964	944	2 036	1 028	1 007	2 148	1 085	1 063
20-24	1 609	812	796	1 753	885	868	1 888	953	935	2 015	1 017	998
25-29	1 452	733	719	1 586	800	786	1 729	872	858	1 865	940	925
30-34	1 280	643	637	1 430	721	709	1 563	787	775	1 706	859	847
35-39	1 094	546	547	1 258	631	626	1 406	708	698	1 539	774	765
40-44	924	459	465	1 071	534	537	1 233	618	615	1 380	693	687
45-49	768	381	388	900	445	455	1 044	518	525	1 203	601	603
50-54	633	312	321	741	365	376	869	427	442	1 009	498	511
55-59	509	248	261	600	293	307	704	343	361	827	402	424
60-64	398	191	207	469	225	244	554	267	288	651	313	338
65-69	294	140	155	349	164	184	412	194	218	488	231	258
70-74	194	90	104	236	109	127	281	129	152	334	154	180
75-79	107	48	59	133	60	74	163	73	90	196	87	109
80+	…	…	…	…	…	…	…	…	…	…	…	…
80-84	45	19	26	56	24	32	71	31	41	88	38	51
85-89	13	5	8	16	6	10	20	8	12	26	11	16
90-94	2	1	2	3	1	2	3	1	2	4	2	3
95-99	0	0	0	0	0	0	0	0	0	0	0	0
100+	0	0	0	0	0	0	0	0	0	0	0	0

年齢	2055			2060		
	総数	男	女	総数	男	女
総数	24 270	12 138	12 133	25 946	12 969	12 977
0-4	2 520	1 277	1 243	2 567	1 301	1 265
5-9	2 422	1 225	1 197	2 483	1 256	1 227
10-14	2 337	1 181	1 155	2 409	1 218	1 191
15-19	2 243	1 133	1 110	2 324	1 174	1 149
20-24	2 128	1 074	1 054	2 223	1 122	1 101
25-29	1 992	1 004	988	2 105	1 061	1 044
30-34	1 841	927	914	1 968	991	977
35-39	1 681	846	836	1 816	913	903
40-44	1 512	759	753	1 653	830	823
45-49	1 348	675	673	1 478	740	739
50-54	1 165	578	587	1 306	650	656
55-59	961	470	491	1 111	546	565
60-64	766	368	398	893	431	462
65-69	576	272	304	680	320	359
70-74	397	183	214	470	217	254
75-79	235	104	130	281	125	156
80+	…	…	…	…	…	…
80-84	107	46	62	130	55	75
85-89	33	13	20	41	16	25
90-94	6	2	4	8	3	5
95-99	1	0	0	1	0	0
100+	0	0	0	0	0	0

性・年齢別人口（千人）

年齢	2015			2020			2025			2030		
	総数	男	女	総数	男	女	総数	男	女	総数	男	女
総数	10 880	5 426	5 454	12 464	6 227	6 236	14 229	7 118	7 110	16 154	8 088	8 066
0-4	1 708	864	844	1 955	989	966	2 179	1 103	1 076	2 388	1 209	1 179
5-9	1 524	770	754	1 658	838	821	1 903	961	942	2 126	1 074	1 052
10-14	1 355	683	673	1 508	762	746	1 643	830	812	1 886	953	933
15-19	1 172	588	585	1 342	676	666	1 494	755	739	1 629	823	806
20-24	1 002	500	502	1 154	578	576	1 323	666	657	1 474	745	730
25-29	843	421	422	983	490	493	1 134	568	566	1 301	655	647
30-34	710	355	355	826	412	414	964	480	484	1 114	557	557
35-39	592	295	297	694	346	347	809	403	406	945	470	475
40-44	493	245	248	577	287	290	677	337	340	790	393	397
45-49	407	203	204	477	236	241	560	277	282	657	326	331
50-54	324	161	164	390	193	197	458	225	233	538	265	273
55-59	249	121	127	305	150	156	367	180	187	433	211	222
60-64	186	89	98	227	109	118	279	135	144	337	163	174
65-69	135	58	77	161	75	86	197	93	104	243	115	128
70-74	98	41	57	106	45	62	127	58	69	156	72	84
75-79	53	21	31	65	26	38	71	29	42	86	38	48
80+	…	…	…	…	…	…	…	…	…	…	…	…
80-84	22	8	14	26	10	16	33	13	20	37	14	23
85-89	6	2	4	7	3	5	9	3	6	11	4	7
90-94	1	0	1	1	0	1	1	0	1	2	1	1
95-99	0	0	0	0	0	0	0	0	0	0	0	0
100+	0	0	0	0	0	0	0	0	0	0	0	0

年齢	2035			2040			2045			2050		
	総数	男	女	総数	男	女	総数	男	女	総数	男	女
総数	18 177	9 104	9 073	20 294	10 165	10 130	22 524	11 281	11 243	24 874	12 456	12 418
0-4	2 541	1 287	1 254	2 700	1 367	1 332	2 883	1 460	1 422	3 085	1 563	1 522
5-9	2 334	1 180	1 154	2 488	1 258	1 230	2 648	1 339	1 309	2 832	1 432	1 400
10-14	2 108	1 065	1 043	2 316	1 171	1 146	2 471	1 249	1 222	2 631	1 330	1 301
15-19	1 872	946	926	2 093	1 057	1 035	2 301	1 162	1 138	2 455	1 241	1 215
20-24	1 609	812	796	1 850	934	916	2 071	1 045	1 026	2 278	1 150	1 128
25-29	1 452	733	719	1 586	800	786	1 826	920	905	2 045	1 031	1 014
30-34	1 280	643	637	1 430	721	709	1 563	787	775	1 801	907	894
35-39	1 094	546	547	1 258	631	626	1 406	708	698	1 539	774	765
40-44	924	459	465	1 071	534	537	1 233	618	615	1 380	693	687
45-49	768	381	388	900	445	455	1 044	518	525	1 203	601	603
50-54	633	312	321	741	365	376	869	427	442	1 009	498	511
55-59	509	248	261	600	293	307	704	343	361	827	402	424
60-64	398	191	207	469	225	244	554	267	288	651	313	338
65-69	294	140	155	349	164	184	412	194	218	488	231	258
70-74	194	90	104	236	109	127	281	129	152	334	154	180
75-79	107	48	59	133	60	74	163	73	90	196	87	109
80+	…	…	…	…	…	…	…	…	…	…	…	…
80-84	45	19	26	56	24	32	71	31	41	88	38	51
85-89	13	5	8	16	6	10	20	8	12	26	11	16
90-94	2	1	2	3	1	2	3	1	2	4	2	3
95-99	0	0	0	0	0	0	0	0	0	0	0	0
100+	0	0	0	0	0	0	0	0	0	0	0	0

年齢	2055			2060		
	総数	男	女	総数	男	女
総数	27 329	13 684	13 645	29 854	14 944	14 910
0-4	3 277	1 661	1 616	3 445	1 747	1 698
5-9	3 035	1 535	1 500	3 230	1 634	1 596
10-14	2 815	1 423	1 392	3 019	1 526	1 493
15-19	2 616	1 322	1 294	2 800	1 415	1 385
20-24	2 433	1 228	1 205	2 593	1 309	1 285
25-29	2 252	1 135	1 117	2 406	1 213	1 194
30-34	2 019	1 017	1 003	2 225	1 120	1 105
35-39	1 775	893	882	1 992	1 001	991
40-44	1 512	759	753	1 745	876	869
45-49	1 348	675	673	1 478	740	739
50-54	1 165	578	587	1 306	650	656
55-59	961	470	491	1 111	546	565
60-64	766	368	398	893	431	462
65-69	576	272	304	680	320	359
70-74	397	183	214	470	217	254
75-79	235	104	130	281	125	156
80+	…	…	…	…	…	…
80-84	107	46	62	130	55	75
85-89	33	13	20	41	16	25
90-94	6	2	4	8	3	5
95-99	1	0	0	1	0	0
100+	0	0	0	0	0	0

性・年齢別人口（千人）

年齢	2015			2020			2025			2030		
	総数	男	女	総数	男	女	総数	男	女	総数	男	女
総数	10 880	5 426	5 454	12 258	6 123	6 135	13 645	6 823	6 822	15 032	7 520	7 512
0-4	1 708	864	844	1 749	885	864	1 796	909	887	1 838	930	907
5-9	1 524	770	754	1 658	838	821	1 703	860	843	1 752	885	867
10-14	1 355	683	673	1 508	762	746	1 643	830	812	1 688	853	835
15-19	1 172	588	585	1 342	676	666	1 494	755	739	1 629	823	806
20-24	1 002	500	502	1 154	578	576	1 323	666	657	1 474	745	730
25-29	843	421	422	983	490	493	1 134	568	566	1 301	655	647
30-34	710	355	355	826	412	414	964	480	484	1 114	557	557
35-39	592	295	297	694	346	347	809	403	406	945	470	475
40-44	493	245	248	577	287	290	677	337	340	790	393	397
45-49	407	203	204	477	236	241	560	277	282	657	326	331
50-54	324	161	164	390	193	197	458	225	233	538	265	273
55-59	249	121	127	305	150	156	367	180	187	433	211	222
60-64	186	89	98	227	109	118	279	135	144	337	163	174
65-69	135	58	77	161	75	86	197	93	104	243	115	128
70-74	98	41	57	106	45	62	127	58	69	156	72	84
75-79	53	21	31	65	26	38	71	29	42	86	38	48
80+	...	...	...	...	...	...	...	...	...	...	...	...
80-84	22	8	14	26	10	16	33	13	20	37	14	23
85-89	6	2	4	7	3	5	9	3	6	11	4	7
90-94	1	0	1	1	0	1	1	0	1	2	1	1
95-99	0	0	0	0	0	0	0	0	0	0	0	0
100+	0	0	0	0	0	0	0	0	0	0	0	0

年齢	2035			2040			2045			2050		
	総数	男	女	総数	男	女	総数	男	女	総数	男	女
総数	16 437	8 224	8 213	17 817	8 912	8 905	19 124	9 562	9 562	20 325	10 156	10 169
0-4	1 907	966	941	1 940	983	958	1 932	979	953	1 898	962	936
5-9	1 796	908	888	1 867	944	923	1 903	962	941	1 898	960	938
10-14	1 737	878	860	1 783	901	882	1 854	937	917	1 891	956	935
15-19	1 674	846	828	1 725	871	853	1 770	894	876	1 842	931	912
20-24	1 609	812	796	1 655	835	820	1 706	861	845	1 753	884	868
25-29	1 452	733	719	1 586	800	786	1 633	823	810	1 685	849	836
30-34	1 280	643	637	1 430	721	709	1 563	787	775	1 611	811	800
35-39	1 094	546	547	1 258	631	626	1 406	708	698	1 539	774	765
40-44	924	459	465	1 071	534	537	1 233	618	615	1 380	693	687
45-49	768	381	388	900	445	455	1 044	518	525	1 203	601	603
50-54	633	312	321	741	365	376	869	427	442	1 009	498	511
55-59	509	248	261	600	293	307	704	343	361	827	402	424
60-64	398	191	207	469	225	244	554	267	288	651	313	338
65-69	294	140	155	349	164	184	412	194	218	488	231	258
70-74	194	90	104	236	109	127	281	129	152	334	154	180
75-79	107	48	59	133	60	74	163	73	90	196	87	109
80+	...	...	...	...	...	...	...	...	...	...	...	...
80-84	45	19	26	56	24	32	71	31	41	88	38	51
85-89	13	5	8	16	6	10	20	8	12	26	11	16
90-94	2	1	2	3	1	2	3	1	2	4	2	3
95-99	0	0	0	0	0	0	0	0	0	0	0	0
100+	0	0	0	0	0	0	0	0	0	0	0	0

年齢	2055			2060		
	総数	男	女	総数	男	女
総数	21 405	10 690	10 716	22 359	11 157	11 202
0-4	1 856	941	916	1 817	921	896
5-9	1 868	945	923	1 829	925	904
10-14	1 887	954	933	1 858	939	918
15-19	1 880	950	930	1 877	948	928
20-24	1 825	921	904	1 863	940	923
25-29	1 732	873	859	1 805	910	895
30-34	1 663	837	826	1 711	861	850
35-39	1 588	798	789	1 641	825	816
40-44	1 512	759	753	1 561	783	778
45-49	1 348	675	673	1 478	740	739
50-54	1 165	578	587	1 306	650	656
55-59	961	470	491	1 111	546	565
60-64	766	368	398	893	431	462
65-69	576	272	304	680	320	359
70-74	397	183	214	470	217	254
75-79	235	104	130	281	125	156
80+	...	...	...	...	...	...
80-84	107	46	62	130	55	75
85-89	33	13	20	41	16	25
90-94	6	2	4	8	3	5
95-99	1	0	0	1	0	0
100+	0	0	0	0	0	0

性・年齢別人口（千人）

年齢	1960			1965			1970			1975		
	総数	男	女	総数	男	女	総数	男	女	総数	男	女
総数	224	114	110	253	128	124	291	148	143	349	180	169
0-4	38	19	19	44	22	22	51	26	26	62	31	31
5-9	28	14	14	34	17	17	40	20	20	47	24	23
10-14	27	14	13	27	13	13	33	16	16	39	19	19
15-19	23	12	11	26	13	13	26	13	13	33	17	16
20-24	20	11	10	23	12	11	26	14	13	28	15	14
25-29	18	9	9	20	10	10	23	12	11	29	16	13
30-34	16	8	8	18	9	9	20	11	10	25	14	11
35-39	13	7	6	15	8	7	18	9	8	21	11	10
40-44	11	5	5	12	6	6	15	8	7	18	9	8
45-49	9	4	4	10	5	5	12	6	6	14	8	7
50-54	7	3	3	8	4	4	9	5	4	11	6	5
55-59	5	3	3	6	3	3	7	3	3	8	4	4
60-64	4	2	2	4	2	2	5	2	2	6	3	3
65-69	3	1	1	3	1	1	3	2	2	4	2	2
70-74	2	1	1	2	1	1	2	1	1	2	1	1
75-79	1	0	0	1	0	0	1	0	1	1	1	1
80+	0	0	0	0	0	0	1	0	0	1	0	0
80-84	…	…	…	…	…	…	…	…	…	…	…	…
85-89	…	…	…	…	…	…	…	…	…	…	…	…
90-94	…	…	…	…	…	…	…	…	…	…	…	…
95-99	…	…	…	…	…	…	…	…	…	…	…	…
100+	…	…	…	…	…	…	…	…	…	…	…	…

年齢	1980			1985			1990			1995		
	総数	男	女	総数	男	女	総数	男	女	総数	男	女
総数	413	215	198	469	243	226	536	277	258	509	262	247
0-4	73	37	36	81	41	40	90	46	44	80	40	39
5-9	57	29	28	68	34	34	76	39	38	78	39	39
10-14	46	23	23	56	28	28	67	34	33	66	33	33
15-19	38	20	19	45	23	22	55	28	27	55	28	27
20-24	34	18	16	37	19	18	44	22	22	43	22	21
25-29	30	16	14	33	17	16	37	19	18	37	19	18
30-34	30	16	13	29	16	13	32	17	15	29	15	14
35-39	25	14	11	28	16	13	28	15	13	26	14	13
40-44	21	11	9	24	13	11	27	15	12	21	11	10
45-49	17	9	8	19	11	9	22	12	10	18	10	8
50-54	13	7	6	16	8	7	18	10	8	16	9	7
55-59	10	5	5	12	6	6	14	8	6	13	7	6
60-64	7	4	3	9	5	4	10	6	5	11	6	5
65-69	5	3	2	6	3	3	7	4	3	8	4	4
70-74	3	2	1	4	2	2	5	2	2	5	3	2
75-79	2	1	1	2	1	1	2	1	1	3	1	1
80+	1	0	0	1	1	1	…	…	…	…	…	…
80-84	…	…	…	…	…	…	1	1	1	1	1	1
85-89	…	…	…	…	…	…	0	0	0	0	0	0
90-94	…	…	…	…	…	…	0	0	0	0	0	0
95-99	…	…	…	…	…	…	0	0	0	0	0	0
100+	…	…	…	…	…	…	0	0	0	0	0	0

年齢	2000			2005			2010			2015		
	総数	男	女	総数	男	女	総数	男	女	総数	男	女
総数	564	290	274	651	347	304	720	386	334	775	416	359
0-4	75	38	37	72	36	35	72	37	35	66	34	32
5-9	77	39	38	74	38	37	71	36	35	72	36	35
10-14	77	39	38	76	39	38	74	37	36	71	36	35
15-19	65	33	32	77	39	38	76	39	38	74	37	36
20-24	54	27	27	74	42	32	79	41	38	78	40	38
25-29	42	21	21	61	34	27	76	45	32	80	42	38
30-34	36	18	18	45	24	21	62	35	27	77	45	32
35-39	28	14	13	40	22	17	46	25	21	62	36	26
40-44	25	13	12	30	16	14	40	23	17	46	25	20
45-49	20	11	9	27	15	12	30	16	13	39	23	17
50-54	17	10	7	20	11	9	27	15	12	29	16	13
55-59	14	8	6	17	10	7	19	10	9	25	14	11
60-64	12	7	5	13	8	6	16	9	7	18	10	8
65-69	9	5	4	10	6	5	12	7	5	14	8	6
70-74	6	3	3	8	4	3	9	5	4	10	6	4
75-79	4	2	2	5	3	2	6	3	3	7	4	3
80+	…	…	…	…	…	…	…	…	…	…	…	…
80-84	2	1	1	2	1	1	3	2	2	4	2	2
85-89	1	0	0	1	0	0	1	1	1	2	1	1
90-94	0	0	0	0	0	0	0	0	0	0	0	0
95-99	0	0	0	0	0	0	0	0	0	0	0	0
100+	0	0	0	0	0	0	0	0	0	0	0	0

性・年齢別人口（千人）

年齢	2015			2020			2025			2030		
	総数	男	女	総数	男	女	総数	男	女	総数	男	女
総数	775	416	359	817	437	381	855	454	400	886	469	417
0-4	66	34	32	65	33	32	63	32	31	59	30	29
5-9	72	36	35	65	33	32	65	33	32	62	32	31
10-14	71	36	35	71	36	35	65	33	32	65	33	32
15-19	74	37	36	70	36	35	71	36	35	65	33	32
20-24	78	40	38	73	37	36	70	35	35	70	36	35
25-29	80	42	38	77	39	37	73	37	36	69	35	34
30-34	77	45	32	79	42	37	76	39	37	72	36	36
35-39	62	36	26	76	44	31	78	41	37	75	38	37
40-44	46	25	20	61	35	26	74	43	31	77	40	36
45-49	39	23	17	44	24	20	59	34	25	72	42	30
50-54	29	16	13	38	22	16	43	24	19	57	33	24
55-59	25	14	11	27	15	12	36	21	15	41	23	18
60-64	18	10	8	24	13	10	26	14	11	34	19	14
65-69	14	8	6	16	9	7	22	12	9	24	13	10
70-74	10	6	4	12	7	5	14	8	6	19	11	8
75-79	7	4	3	8	5	4	10	6	4	12	7	5
80+	...	...	...	...	...	...	...	...	...	...	...	...
80-84	4	2	2	5	3	2	6	4	3	8	5	3
85-89	2	1	1	3	1	1	3	2	1	4	2	2
90-94	1	0	0	1	1	1	1	1	1	2	1	1
95-99	0	0	0	0	0	0	0	0	0	1	0	0
100+	0	0	0	0	0	0	0	0	0	0	0	0

年齢	2035			2040			2045			2050		
	総数	男	女	総数	男	女	総数	男	女	総数	男	女
総数	911	479	431	929	487	442	942	492	451	950	494	456
0-4	55	28	27	52	27	26	50	25	25	49	25	24
5-9	58	30	29	55	28	27	52	26	26	50	25	25
10-14	62	31	31	58	30	29	55	28	27	52	26	25
15-19	65	33	32	62	31	30	58	29	29	54	28	27
20-24	65	33	32	64	33	32	61	31	30	58	29	28
25-29	70	35	35	64	32	32	64	32	32	61	31	30
30-34	69	35	34	69	35	34	64	32	31	63	32	31
35-39	71	36	35	68	34	34	68	34	34	63	32	31
40-44	74	38	36	70	35	35	67	34	33	67	34	34
45-49	75	39	36	72	37	35	68	34	34	66	33	33
50-54	70	41	29	73	38	35	70	36	34	67	33	33
55-59	55	31	23	67	39	28	70	37	33	67	34	33
60-64	39	21	17	52	30	22	64	37	26	67	35	32
65-69	31	18	13	36	20	16	48	28	20	60	35	24
70-74	21	12	9	28	16	12	32	18	14	44	25	18
75-79	16	9	7	18	10	8	24	14	10	28	16	12
80+	...	...	...	...	...	...	...	...	...	...	...	...
80-84	9	5	4	12	7	5	14	8	6	19	11	8
85-89	5	3	2	6	3	3	8	5	4	10	5	4
90-94	2	1	1	3	2	1	3	2	2	5	3	2
95-99	1	0	0	1	0	1	1	1	1	2	1	1
100+	0	0	0	0	0	0	0	0	0	0	0	0

年齢	2055			2060		
	総数	男	女	総数	男	女
総数	952	492	460	948	488	460
0-4	47	24	23	45	23	22
5-9	48	25	24	47	24	23
10-14	50	25	24	48	25	24
15-19	52	26	25	50	25	24
20-24	54	28	27	51	26	25
25-29	57	29	28	54	27	27
30-34	61	31	30	57	29	28
35-39	63	32	31	60	30	30
40-44	62	31	31	62	31	31
45-49	66	33	33	61	31	30
50-54	64	32	32	65	32	32
55-59	64	32	32	62	31	31
60-64	64	33	32	62	31	31
65-69	62	33	29	61	31	30
70-74	54	32	22	57	30	27
75-79	38	22	16	48	28	19
80+	...	...	...	...	...	...
80-84	22	12	10	31	18	13
85-89	13	8	6	16	9	7
90-94	6	3	3	8	4	4
95-99	2	1	1	3	1	1
100+	1	0	0	1	0	1

Bhutan

性・年齢別人口（千人）

年齢	2015			2020			2025			2030		
	総数	男	女	総数	男	女	総数	男	女	総数	男	女
総数	775	416	359	826	441	385	877	466	411	926	489	437
0-4	66	34	32	74	38	36	77	39	38	76	39	37
5-9	72	36	35	65	33	32	74	37	36	76	39	37
10-14	71	36	35	71	36	35	65	33	32	73	37	36
15-19	74	37	36	70	36	35	71	36	35	65	33	32
20-24	78	40	38	73	37	36	70	35	35	70	36	35
25-29	80	42	38	77	39	37	73	37	36	69	35	34
30-34	77	45	32	79	42	37	76	39	37	72	36	36
35-39	62	36	26	76	44	31	78	41	37	75	38	37
40-44	46	25	20	61	35	26	74	43	31	77	40	36
45-49	39	23	17	44	24	20	59	34	25	72	42	30
50-54	29	16	13	38	22	16	43	24	19	57	33	24
55-59	25	14	11	27	15	12	36	21	15	41	23	18
60-64	18	10	8	24	13	10	26	14	11	34	19	14
65-69	14	8	6	16	9	7	22	12	9	24	13	10
70-74	10	6	4	12	7	5	14	8	6	19	11	8
75-79	7	4	3	8	5	4	10	6	4	12	7	5
80+	…	…	…	…	…	…	…	…	…	…	…	…
80-84	4	2	2	5	3	2	6	4	3	8	5	3
85-89	2	1	1	3	1	1	3	2	1	4	2	2
90-94	1	0	0	1	1	1	1	1	1	2	1	1
95-99	0	0	0	0	0	0	0	0	0	1	0	0
100+	0	0	0	0	0	0	0	0	0	0	0	0

年齢	2035			2040			2045			2050		
	総数	男	女	総数	男	女	総数	男	女	総数	男	女
総数	967	508	459	1 003	525	479	1 036	539	497	1 067	553	514
0-4	72	37	35	70	35	34	70	36	34	72	37	35
5-9	76	38	37	72	37	35	69	35	34	70	35	34
10-14	76	38	37	75	38	37	72	36	35	69	35	34
15-19	73	37	36	76	38	37	75	38	37	71	36	35
20-24	65	33	32	73	37	36	75	38	37	75	38	37
25-29	70	35	35	64	32	32	72	37	36	75	38	37
30-34	69	35	34	69	35	34	64	32	31	72	36	35
35-39	71	36	35	68	34	34	68	34	34	63	32	31
40-44	74	38	36	70	35	35	67	34	33	67	34	34
45-49	75	39	36	72	37	35	68	34	34	66	33	33
50-54	70	41	29	73	38	35	70	36	34	67	33	33
55-59	55	31	23	67	39	28	70	37	33	67	34	33
60-64	39	21	17	52	30	22	64	37	26	67	35	32
65-69	31	18	13	36	20	16	48	28	20	60	35	24
70-74	21	12	9	28	16	12	32	18	14	44	25	18
75-79	16	9	7	18	10	8	24	14	10	28	16	12
80+	…	…	…	…	…	…	…	…	…	…	…	…
80-84	9	5	4	12	7	5	14	8	6	19	11	8
85-89	5	3	2	6	3	3	8	5	4	10	5	4
90-94	2	1	1	3	2	1	3	2	2	5	3	2
95-99	1	0	0	1	0	1	1	1	1	2	1	1
100+	0	0	0	0	0	0	0	0	0	0	0	0

年齢	2055			2060		
	総数	男	女	総数	男	女
総数	1 096	565	530	1 120	576	545
0-4	75	38	37	75	38	37
5-9	72	37	35	74	38	37
10-14	69	35	34	72	37	35
15-19	69	35	34	69	35	34
20-24	71	36	35	69	35	34
25-29	74	38	37	71	36	35
30-34	74	38	37	74	37	36
35-39	71	36	35	74	37	36
40-44	62	31	31	70	35	35
45-49	66	33	33	61	31	30
50-54	64	32	32	65	32	32
55-59	64	32	32	62	31	31
60-64	64	33	32	62	31	31
65-69	62	33	29	61	31	30
70-74	54	32	22	57	30	27
75-79	38	22	16	48	28	19
80+	…	…	…	…	…	…
80-84	22	12	10	31	18	13
85-89	13	8	6	16	9	7
90-94	6	3	3	8	4	4
95-99	2	1	1	3	1	1
100+	1	0	0	1	0	1

性・年齢別人口（千人）

年齢	2015 総数	男	女	2020 総数	男	女	2025 総数	男	女	2030 総数	男	女
総数	775	416	359	809	432	376	832	443	389	846	449	398
0-4	66	34	32	57	29	28	49	25	24	41	21	20
5-9	72	36	35	65	33	32	57	29	28	48	25	24
10-14	71	36	35	71	36	35	65	33	32	56	29	28
15-19	74	37	36	70	36	35	71	36	35	65	33	32
20-24	78	40	38	73	37	36	70	35	35	70	36	35
25-29	80	42	38	77	39	37	73	37	36	69	35	34
30-34	77	45	32	79	42	37	76	39	37	72	36	36
35-39	62	36	26	76	44	31	78	41	37	75	38	37
40-44	46	25	20	61	35	26	74	43	31	77	40	36
45-49	39	23	17	44	24	20	59	34	25	72	42	30
50-54	29	16	13	38	22	16	43	24	19	57	33	24
55-59	25	14	11	27	15	12	36	21	15	41	23	18
60-64	18	10	8	24	13	10	26	14	11	34	19	14
65-69	14	8	6	16	9	7	22	12	9	24	13	10
70-74	10	6	4	12	7	5	14	8	6	19	11	8
75-79	7	4	3	8	5	4	10	6	4	12	7	5
80+	…	…	…	…	…	…	…	…	…	…	…	…
80-84	4	2	2	5	3	2	6	4	3	8	5	3
85-89	2	1	1	3	1	1	3	2	1	4	2	2
90-94	1	0	0	1	1	1	1	1	1	2	1	1
95-99	0	0	0	0	0	0	0	0	0	1	0	0
100+	0	0	0	0	0	0	0	0	0	0	0	0

年齢	2035 総数	男	女	2040 総数	男	女	2045 総数	男	女	2050 総数	男	女
総数	854	451	403	856	450	406	852	446	406	840	438	402
0-4	38	19	19	35	18	17	32	16	16	29	15	14
5-9	41	21	20	38	19	19	35	18	17	32	16	16
10-14	48	24	24	41	21	20	38	19	19	35	18	17
15-19	56	28	28	48	24	24	41	21	20	38	19	19
20-24	65	33	32	56	28	28	48	24	24	41	21	20
25-29	70	35	35	64	32	32	56	28	27	47	24	23
30-34	69	35	34	69	35	34	64	32	31	55	28	27
35-39	71	36	35	68	34	34	68	34	34	63	32	31
40-44	74	38	36	70	35	35	67	34	33	67	34	34
45-49	75	39	36	72	37	35	68	34	34	66	33	33
50-54	70	41	29	73	38	35	70	36	34	67	33	33
55-59	55	31	23	67	39	28	70	37	33	67	34	33
60-64	39	21	17	52	30	22	64	37	26	67	35	32
65-69	31	18	13	36	20	16	48	28	20	60	35	24
70-74	21	12	9	28	16	12	32	18	14	44	25	18
75-79	16	9	7	18	10	8	24	14	10	28	16	12
80+	…	…	…	…	…	…	…	…	…	…	…	…
80-84	9	5	4	12	7	5	14	8	6	19	11	8
85-89	5	3	2	6	3	3	8	5	4	10	5	4
90-94	2	1	1	3	2	1	3	2	2	5	3	2
95-99	1	0	0	1	0	1	1	1	1	2	1	1
100+	0	0	0	0	0	0	0	0	0	0	0	0

年齢	2055 総数	男	女	2060 総数	男	女
総数	821	426	395	795	411	384
0-4	26	13	13	23	12	11
5-9	29	15	14	26	13	13
10-14	32	16	16	29	15	14
15-19	35	18	17	32	16	16
20-24	38	19	18	35	18	17
25-29	40	20	20	37	19	18
30-34	47	24	23	40	20	20
35-39	55	28	27	47	24	23
40-44	62	31	31	54	27	27
45-49	66	33	33	61	31	30
50-54	64	32	32	65	32	32
55-59	64	32	32	62	31	31
60-64	64	33	32	62	31	31
65-69	62	33	29	61	31	30
70-74	54	32	22	57	30	27
75-79	38	22	16	48	28	19
80+	…	…	…	…	…	…
80-84	22	12	10	31	18	13
85-89	13	8	6	16	9	7
90-94	6	3	3	8	4	4
95-99	2	1	1	3	1	1
100+	1	0	0	1	0	1

Bolivia (Plurinational State of)

性・年齢別人口（千人）

年齢	1960			1965			1970			1975		
	総数	男	女	総数	男	女	総数	男	女	総数	男	女
総数	3 693	1 830	1 864	4 071	2 022	2 049	4 506	2 243	2 262	5 009	2 500	2 509
0-4	625	314	311	679	341	337	744	375	369	825	416	409
5-9	519	260	260	565	283	282	621	311	310	690	346	344
10-14	419	212	207	504	253	252	550	276	274	606	304	302
15-19	374	190	184	403	205	199	487	244	243	531	267	265
20-24	298	151	147	353	180	173	382	194	188	463	232	231
25-29	259	130	128	278	141	137	332	169	163	359	182	176
30-34	231	116	116	242	122	120	261	133	129	313	160	153
35-39	189	94	96	218	109	109	228	115	113	246	125	121
40-44	159	77	82	177	87	90	204	102	102	214	108	106
45-49	145	68	76	148	71	77	165	81	84	190	95	96
50-54	122	56	65	134	63	71	137	65	72	153	74	78
55-59	101	46	55	111	51	60	122	57	66	125	59	66
60-64	83	38	45	89	40	49	99	45	55	109	50	60
65-69	71	32	38	70	31	38	75	33	42	83	37	46
70-74	52	24	28	52	24	28	51	23	29	56	25	31
75-79	30	14	16	31	14	17	30	14	17	30	13	17
80+	17	8	9	16	7	9	16	7	9	16	7	9
80-84	...	...	...	...	...	...	...	...	...	...	...	...
85-89	...	...	...	...	...	...	...	...	...	...	...	...
90-94	...	...	...	...	...	...	...	...	...	...	...	...
95-99	...	...	...	...	...	...	...	...	...	...	...	...
100+	...	...	...	...	...	...	...	...	...	...	...	...

年齢	1980			1985			1990			1995		
	総数	男	女	総数	男	女	総数	男	女	総数	男	女
総数	5 590	2 795	2 795	6 212	3 111	3 101	6 856	3 437	3 419	7 567	3 794	3 773
0-4	922	466	456	995	504	491	1 045	530	515	1 102	560	542
5-9	771	388	384	867	437	430	941	475	466	996	504	492
10-14	673	338	335	751	378	373	844	426	418	921	465	456
15-19	584	293	291	646	325	321	720	363	357	816	412	404
20-24	503	252	250	548	275	273	605	304	301	683	344	340
25-29	434	217	217	467	234	233	508	255	253	569	285	284
30-34	336	171	165	405	203	202	435	218	217	479	240	239
35-39	294	150	144	314	160	154	379	190	189	411	206	206
40-44	230	117	113	274	140	134	292	148	144	358	179	180
45-49	199	100	99	213	108	105	255	130	125	275	139	136
50-54	176	87	89	184	92	93	198	99	99	239	121	119
55-59	141	68	73	165	81	84	174	86	89	188	93	95
60-64	114	53	61	132	62	69	156	75	81	165	80	85
65-69	95	43	52	103	47	56	122	57	65	143	68	75
70-74	65	29	36	78	35	43	89	40	48	105	48	56
75-79	35	15	19	44	19	25	56	25	31	66	30	37
80+	18	8	10	25	11	14	...	...	...	...	...	...
80-84	...	...	...	...	...	...	28	12	15	36	16	20
85-89	...	...	...	...	...	...	7	3	4	11	5	6
90-94	...	...	...	...	...	...	1	0	0	2	1	1
95-99	...	...	...	...	...	...	0	0	0	0	0	0
100+	...	...	...	...	...	...	0	0	0	0	0	0

年齢	2000			2005			2010			2015		
	総数	男	女	総数	男	女	総数	男	女	総数	男	女
総数	8 340	4 181	4 158	9 125	4 575	4 550	9 918	4 970	4 948	10 725	5 371	5 354
0-4	1 160	590	570	1 184	603	581	1 189	606	583	1 186	605	581
5-9	1 058	536	522	1 120	569	552	1 149	584	565	1 160	590	570
10-14	977	494	483	1 038	526	512	1 102	559	542	1 134	576	558
15-19	895	452	443	950	481	470	1 013	514	500	1 082	549	533
20-24	782	393	388	859	433	426	917	463	454	986	498	488
25-29	650	325	324	746	374	371	825	414	411	889	447	442
30-34	542	270	271	620	310	310	717	359	359	801	401	400
35-39	457	228	229	518	258	260	597	297	300	697	347	350
40-44	392	195	197	436	217	219	498	247	251	579	287	292
45-49	340	169	171	373	185	188	417	206	211	480	237	243
50-54	260	130	129	323	159	164	356	175	181	401	197	204
55-59	228	114	114	248	124	125	310	152	158	342	168	174
60-64	178	88	91	217	107	110	238	117	120	295	143	152
65-69	153	73	79	168	81	86	204	100	104	222	109	114
70-74	124	58	66	136	64	72	151	72	79	184	89	95
75-79	81	37	44	100	46	54	113	52	61	128	60	68
80+	...	...	...	...	...	...	...	...	...	...	...	...
80-84	45	20	25	58	26	32	75	33	42	88	39	49
85-89	16	7	9	23	10	13	34	14	20	48	20	28
90-94	3	1	2	6	2	4	11	4	7	18	7	11
95-99	0	0	0	1	0	1	2	1	1	4	1	3
100+	0	0	0	0	0	0	0	0	0	0	0	0

性・年齢別人口（千人）

年齢	2015 総数	男	女	2020 総数	男	女	2025 総数	男	女	2030 総数	男	女
総数	10 725	5 371	5 354	11 548	5 779	5 769	12 370	6 185	6 185	13 177	6 583	6 594
0-4	1 186	605	581	1 218	622	596	1 236	632	604	1 239	634	606
5-9	1 160	590	570	1 162	592	570	1 199	612	587	1 220	623	597
10-14	1 134	576	558	1 147	583	563	1 151	586	565	1 189	607	583
15-19	1 082	549	533	1 117	567	550	1 133	576	557	1 139	580	559
20-24	986	498	488	1 059	536	523	1 098	556	542	1 116	566	550
25-29	889	447	442	962	484	478	1 038	523	515	1 080	545	535
30-34	801	401	400	868	435	433	944	473	470	1 021	513	508
35-39	697	347	350	782	390	392	851	424	426	928	463	464
40-44	579	287	292	679	337	342	765	379	385	834	414	420
45-49	480	237	243	561	277	284	661	326	334	747	369	378
50-54	401	197	204	463	227	236	543	266	276	641	315	326
55-59	342	168	174	385	189	197	446	217	228	523	255	268
60-64	295	143	152	325	158	167	366	177	189	423	205	219
65-69	222	109	114	274	132	142	301	145	157	340	163	177
70-74	184	89	95	200	96	104	245	116	129	270	127	143
75-79	128	60	68	155	73	82	168	79	90	207	95	112
80+	…	…	…	…	…	…	…	…	…	…	…	…
80-84	88	39	49	99	45	55	120	54	65	130	59	72
85-89	48	20	28	57	24	33	65	28	37	79	34	45
90-94	18	7	11	26	10	16	31	11	19	35	13	22
95-99	4	1	3	7	2	5	11	3	7	13	4	9
100+	0	0	0	1	0	1	1	0	1	2	0	2

年齢	2035 総数	男	女	2040 総数	男	女	2045 総数	男	女	2050 総数	男	女
総数	13 952	6 965	6 987	14 679	7 322	7 357	15 352	7 653	7 699	15 963	7 954	8 009
0-4	1 232	630	602	1 218	623	595	1 202	615	587	1 184	606	578
5-9	1 226	626	599	1 220	624	596	1 208	618	590	1 193	611	583
10-14	1 212	619	593	1 219	623	596	1 214	620	593	1 202	615	587
15-19	1 180	601	578	1 203	614	589	1 210	618	592	1 205	616	590
20-24	1 125	571	554	1 166	593	573	1 190	606	584	1 197	610	587
25-29	1 101	556	544	1 110	562	548	1 152	585	567	1 176	598	578
30-34	1 065	536	529	1 086	548	539	1 097	554	543	1 138	576	562
35-39	1 006	504	502	1 050	527	523	1 072	539	533	1 083	546	538
40-44	912	454	458	990	494	496	1 034	517	517	1 057	530	527
45-49	816	404	413	893	443	451	971	483	489	1 016	506	510
50-54	726	357	370	796	392	404	872	430	442	950	470	480
55-59	619	302	317	703	343	360	771	377	394	847	415	432
60-64	498	240	257	590	285	305	672	325	347	739	358	381
65-69	394	188	206	464	221	243	552	264	289	631	301	329
70-74	305	143	162	355	166	189	420	197	224	502	236	267
75-79	229	105	124	260	119	142	305	139	166	363	165	198
80+	…	…	…	…	…	…	…	…	…	…	…	…
80-84	161	71	90	179	79	101	205	90	115	242	105	136
85-89	87	37	50	108	45	64	122	50	72	140	57	83
90-94	43	16	27	48	18	30	60	21	38	68	24	44
95-99	14	4	10	18	5	12	20	6	14	25	7	18
100+	2	1	2	3	1	2	4	1	3	4	1	3

年齢	2055 総数	男	女	2060 総数	男	女
総数	16 507	8 222	8 285	16 978	8 455	8 523
0-4	1 162	595	567	1 138	583	555
5-9	1 176	602	574	1 155	591	564
10-14	1 188	608	580	1 172	600	572
15-19	1 194	610	584	1 181	604	577
20-24	1 194	609	585	1 184	604	579
25-29	1 184	603	582	1 182	602	580
30-34	1 163	590	573	1 173	596	577
35-39	1 126	569	557	1 152	583	568
40-44	1 069	537	532	1 113	561	551
45-49	1 040	520	521	1 054	528	526
50-54	995	494	501	1 021	508	512
55-59	924	455	469	970	479	491
60-64	814	396	418	890	435	455
65-69	696	334	362	769	370	399
70-74	576	271	305	639	301	337
75-79	436	199	237	502	230	273
80+	…	…	…	…	…	…
80-84	289	126	163	350	153	197
85-89	167	68	99	201	82	119
90-94	79	28	51	95	33	61
95-99	28	8	21	33	9	24
100+	5	1	4	6	1	5

Bolivia (Plurinational State of)

性・年齢別人口（千人）

年齢	2015 総数	男	女	2020 総数	男	女	2025 総数	男	女	2030 総数	男	女
総数	10 725	5 371	5 354	11 656	5 834	5 822	12 663	6 335	6 328	13 713	6 857	6 856
0-4	1 186	605	581	1 326	677	648	1 423	728	695	1 486	760	726
5-9	1 160	590	570	1 162	592	570	1 305	666	639	1 404	717	687
10-14	1 134	576	558	1 147	583	563	1 151	586	565	1 295	661	634
15-19	1 082	549	533	1 117	567	550	1 133	576	557	1 139	580	559
20-24	986	498	488	1 059	536	523	1 098	556	542	1 116	566	550
25-29	889	447	442	962	484	478	1 038	523	515	1 080	545	535
30-34	801	401	400	868	435	433	944	473	470	1 021	513	508
35-39	697	347	350	782	390	392	851	424	426	928	463	464
40-44	579	287	292	679	337	342	765	379	385	834	414	420
45-49	480	237	243	561	277	284	661	326	334	747	369	378
50-54	401	197	204	463	227	236	543	266	276	641	315	326
55-59	342	168	174	385	189	197	446	217	228	523	255	268
60-64	295	143	152	325	158	167	366	177	189	423	205	219
65-69	222	109	114	274	132	142	301	145	157	340	163	177
70-74	184	89	95	200	96	104	245	116	129	270	127	143
75-79	128	60	68	155	73	82	168	79	90	207	95	112
80+	...	...	...	...	...	...	...	...	...	...	...	...
80-84	88	39	49	99	45	55	120	54	65	130	59	72
85-89	48	20	28	57	24	33	65	28	37	79	34	45
90-94	18	7	11	26	10	16	31	11	19	35	13	22
95-99	4	1	3	7	2	5	11	3	7	13	4	9
100+	0	0	0	1	0	1	1	0	1	2	0	2

年齢	2035 総数	男	女	2040 総数	男	女	2045 総数	男	女	2050 総数	男	女
総数	14 751	7 373	7 378	15 779	7 884	7 895	16 814	8 400	8 414	17 861	8 923	8 938
0-4	1 498	766	732	1 523	779	744	1 570	804	766	1 626	832	793
5-9	1 470	751	719	1 484	759	725	1 511	773	738	1 559	798	761
10-14	1 395	713	683	1 462	747	715	1 477	755	722	1 505	769	735
15-19	1 285	655	630	1 385	707	678	1 452	742	711	1 467	750	718
20-24	1 125	571	554	1 271	647	624	1 371	699	673	1 439	733	705
25-29	1 101	556	544	1 110	562	548	1 255	637	618	1 356	689	667
30-34	1 065	536	529	1 086	548	539	1 097	554	543	1 241	629	613
35-39	1 006	504	502	1 050	527	523	1 072	539	533	1 083	546	538
40-44	912	454	458	990	494	496	1 034	517	517	1 057	530	527
45-49	816	404	413	893	443	451	971	483	489	1 016	506	510
50-54	726	357	370	796	392	404	872	430	442	950	470	480
55-59	619	302	317	703	343	360	771	377	394	847	415	432
60-64	498	240	257	590	285	305	672	325	347	739	358	381
65-69	394	188	206	464	221	243	552	264	289	631	301	329
70-74	305	143	162	355	166	189	420	197	224	502	236	267
75-79	229	105	124	260	119	142	305	139	166	363	165	198
80+	...	...	...	...	...	...	...	...	...	...	...	...
80-84	161	71	90	179	79	101	205	90	115	242	105	136
85-89	87	37	50	108	45	64	122	50	72	140	57	83
90-94	43	16	27	48	18	30	60	21	38	68	24	44
95-99	14	4	10	18	5	12	20	6	14	25	7	18
100+	2	1	2	3	1	2	4	1	3	4	1	3

年齢	2055 総数	男	女	2060 総数	男	女
総数	18 906	9 446	9 459	19 934	9 964	9 970
0-4	1 672	856	816	1 705	873	832
5-9	1 616	827	789	1 663	851	811
10-14	1 553	795	758	1 610	824	786
15-19	1 496	765	731	1 545	790	755
20-24	1 455	742	713	1 484	758	726
25-29	1 425	725	700	1 441	734	707
30-34	1 343	681	661	1 412	717	695
35-39	1 228	620	607	1 330	673	656
40-44	1 069	537	532	1 214	612	602
45-49	1 040	520	521	1 054	528	526
50-54	995	494	501	1 021	508	512
55-59	924	455	469	970	479	491
60-64	814	396	418	890	435	455
65-69	696	334	362	769	370	399
70-74	576	271	305	639	301	337
75-79	436	199	237	502	230	273
80+	...	...	...	...	...	...
80-84	289	126	163	350	153	197
85-89	167	68	99	201	82	119
90-94	79	28	51	95	33	61
95-99	28	8	21	33	9	24
100+	5	1	4	6	1	5

性・年齢別人口（千人）

年齢	2015			2020			2025			2030		
	総数	男	女	総数	男	女	総数	男	女	総数	男	女
総数	10 725	5 371	5 354	11 441	5 724	5 717	12 078	6 036	6 042	12 640	6 309	6 331
0-4	1 186	605	581	1 111	567	543	1 050	537	513	993	508	485
5-9	1 160	590	570	1 162	592	570	1 093	558	535	1 036	529	507
10-14	1 134	576	558	1 147	583	563	1 151	586	565	1 084	553	531
15-19	1 082	549	533	1 117	567	550	1 133	576	557	1 139	580	559
20-24	986	498	488	1 059	536	523	1 098	556	542	1 116	566	550
25-29	889	447	442	962	484	478	1 038	523	515	1 080	545	535
30-34	801	401	400	868	435	433	944	473	470	1 021	513	508
35-39	697	347	350	782	390	392	851	424	426	928	463	464
40-44	579	287	292	679	337	342	765	379	385	834	414	420
45-49	480	237	243	561	277	284	661	326	334	747	369	378
50-54	401	197	204	463	227	236	543	266	276	641	315	326
55-59	342	168	174	385	189	197	446	217	228	523	255	268
60-64	295	143	152	325	158	167	366	177	189	423	205	219
65-69	222	109	114	274	132	142	301	145	157	340	163	177
70-74	184	89	95	200	96	104	245	116	129	270	127	143
75-79	128	60	68	155	73	82	168	79	90	207	95	112
80+	…	…	…	…	…	…	…	…	…	…	…	…
80-84	88	39	49	99	45	55	120	54	65	130	59	72
85-89	48	20	28	57	24	33	65	28	37	79	34	45
90-94	18	7	11	26	10	16	31	11	19	35	13	22
95-99	4	1	3	7	2	5	11	3	7	13	4	9
100+	0	0	0	1	0	1	1	0	1	2	0	2

年齢	2035			2040			2045			2050		
	総数	男	女	総数	男	女	総数	男	女	総数	男	女
総数	13 157	6 558	6 598	13 596	6 769	6 827	13 941	6 933	7 009	14 180	7 043	7 137
0-4	969	495	473	927	474	453	869	445	424	804	412	393
5-9	982	502	480	959	490	469	919	470	449	862	441	421
10-14	1 029	526	503	975	498	477	954	487	466	914	467	446
15-19	1 074	548	527	1 020	521	499	967	494	473	946	483	463
20-24	1 125	571	554	1 062	540	521	1 008	514	494	956	487	469
25-29	1 101	556	544	1 110	562	548	1 048	532	516	995	506	489
30-34	1 065	536	529	1 086	548	539	1 097	554	543	1 035	524	511
35-39	1 006	504	502	1 050	527	523	1 072	539	533	1 083	546	538
40-44	912	454	458	990	494	496	1 034	517	517	1 057	530	527
45-49	816	404	413	893	443	451	971	483	489	1 016	506	510
50-54	726	357	370	796	392	404	872	430	442	950	470	480
55-59	619	302	317	703	343	360	771	377	394	847	415	432
60-64	498	240	257	590	285	305	672	325	347	739	358	381
65-69	394	188	206	464	221	243	552	264	289	631	301	329
70-74	305	143	162	355	166	189	420	197	224	502	236	267
75-79	229	105	124	260	119	142	305	139	166	363	165	198
80+	…	…	…	…	…	…	…	…	…	…	…	…
80-84	161	71	90	179	79	101	205	90	115	242	105	136
85-89	87	37	50	108	45	64	122	50	72	140	57	83
90-94	43	16	27	48	18	30	60	21	38	68	24	44
95-99	14	4	10	18	5	12	20	6	14	25	7	18
100+	2	1	2	3	1	2	4	1	3	4	1	3

年齢	2055			2060		
	総数	男	女	総数	男	女
総数	14 312	7 101	7 211	14 341	7 110	7 232
0-4	741	380	362	687	352	335
5-9	799	409	390	737	377	360
10-14	858	439	419	795	407	388
15-19	907	463	443	851	435	416
20-24	935	477	458	897	458	439
25-29	944	481	464	925	471	454
30-34	984	499	485	934	475	460
35-39	1 023	517	506	974	493	480
40-44	1 069	537	532	1 011	510	501
45-49	1 040	520	521	1 054	528	526
50-54	995	494	501	1 021	508	512
55-59	924	455	469	970	479	491
60-64	814	396	418	890	435	455
65-69	696	334	362	769	370	399
70-74	576	271	305	639	301	337
75-79	436	199	237	502	230	273
80+	…	…	…	…	…	…
80-84	289	126	163	350	153	197
85-89	167	68	99	201	82	119
90-94	79	28	51	95	33	61
95-99	28	8	21	33	9	24
100+	5	1	4	6	1	5

Bosnia and Herzegovina

推計値

性・年齢別人口（千人）

年齢	1960 総数	男	女	1965 総数	男	女	1970 総数	男	女	1975 総数	男	女
総数	3 215	1 577	1 638	3 525	1 737	1 788	3 746	1 851	1 894	3 972	1 967	2 004
0-4	430	221	209	459	236	223	422	217	205	408	210	198
5-9	414	213	201	422	217	205	451	232	219	416	214	202
10-14	370	188	182	412	212	200	419	215	203	448	230	218
15-19	271	134	137	365	185	180	404	208	196	413	212	200
20-24	329	165	164	262	130	132	348	177	171	390	201	189
25-29	300	149	151	317	159	158	241	119	122	332	168	163
30-34	255	126	129	290	143	146	299	149	149	227	112	115
35-39	171	73	98	246	121	125	275	136	139	287	143	144
40-44	106	44	62	164	69	95	235	115	120	266	130	135
45-49	127	56	71	101	41	60	155	65	91	226	110	116
50-54	136	67	69	120	53	68	94	37	57	148	61	87
55-59	110	55	55	127	61	65	111	48	64	87	34	54
60-64	84	39	45	98	48	51	114	54	60	101	42	59
65-69	47	21	26	71	32	39	83	39	44	98	45	53
70-74	33	14	20	36	16	20	55	24	31	66	30	36
75-79	16	7	9	22	8	13	24	10	14	38	16	22
80+	14	5	9	13	5	8	16	6	10	20	7	12
80-84	...	...	...	...	...	...	...	...	...	...	...	...
85-89	...	...	...	...	...	...	...	...	...	...	...	...
90-94	...	...	...	...	...	...	...	...	...	...	...	...
95-99	...	...	...	...	...	...	...	...	...	...	...	...
100+	...	...	...	...	...	...	...	...	...	...	...	...

年齢	1980 総数	男	女	1985 総数	男	女	1990 総数	男	女	1995 総数	男	女
総数	4 145	2 055	2 089	4 370	2 170	2 200	4 527	2 262	2 265	3 879	1 933	1 946
0-4	361	186	175	385	198	187	357	184	173	239	123	116
5-9	403	208	195	358	184	174	383	197	186	294	151	142
10-14	414	213	201	401	207	194	357	184	173	319	164	155
15-19	442	227	215	411	211	199	390	202	188	291	150	142
20-24	399	206	194	435	224	212	388	204	185	305	157	148
25-29	374	193	181	392	201	190	415	217	198	287	149	137
30-34	318	161	157	367	189	178	378	196	183	329	172	158
35-39	217	107	110	312	158	154	356	182	173	316	163	154
40-44	278	138	140	212	104	108	299	151	148	304	155	149
45-49	257	125	132	271	134	138	205	100	105	260	130	130
50-54	217	104	113	248	120	129	269	131	137	171	82	89
55-59	139	56	84	206	97	108	244	117	127	226	109	117
60-64	80	30	50	129	50	79	197	92	105	200	93	107
65-69	89	36	53	71	26	45	119	45	74	156	71	85
70-74	79	35	45	73	28	45	61	21	39	88	32	57
75-79	47	20	27	57	24	34	54	20	34	39	13	26
80+	31	11	20	42	16	26	...	...	...	...	...	...
80-84	...	...	...	...	...	...	36	14	22	30	10	20
85-89	...	...	...	...	...	...	14	5	9	16	6	10
90-94	...	...	...	...	...	...	4	1	3	5	2	3
95-99	...	...	...	...	...	...	1	0	0	1	0	1
100+	...	...	...	...	...	...	0	0	0	0	0	0

年齢	2000 総数	男	女	2005 総数	男	女	2010 総数	男	女	2015 総数	男	女
総数	3 793	1 891	1 902	3 833	1 910	1 924	3 835	1 910	1 926	3 810	1 896	1 914
0-4	218	112	105	166	86	81	176	91	85	172	89	84
5-9	226	116	109	220	114	107	166	86	81	176	91	85
10-14	284	147	138	228	118	111	220	114	107	166	85	80
15-19	306	157	149	286	147	139	228	117	111	220	113	107
20-24	268	138	130	308	158	150	285	147	138	227	117	110
25-29	277	143	134	272	140	132	307	158	150	284	146	138
30-34	266	139	127	281	145	137	271	139	132	306	157	149
35-39	318	165	153	269	140	129	280	144	136	270	138	132
40-44	306	157	149	317	164	153	267	138	129	278	143	136
45-49	293	149	145	303	155	149	313	162	152	264	136	127
50-54	248	123	125	288	145	143	297	151	147	307	158	150
55-59	160	76	84	240	117	123	278	138	140	288	144	143
60-64	207	97	109	151	70	81	227	109	118	264	129	135
65-69	176	79	96	188	86	102	138	63	76	209	98	111
70-74	128	56	72	151	65	85	162	72	91	120	52	68
75-79	66	22	43	100	41	59	118	48	70	129	54	75
80+	...	...	...	...	...	...	...	...	...	...	...	...
80-84	24	7	17	44	14	31	67	25	42	82	31	51
85-89	15	5	10	13	3	10	24	7	17	37	13	24
90-94	6	2	4	6	2	4	5	1	4	10	2	7
95-99	1	0	1	1	0	1	1	0	1	1	0	1
100+	0	0	0	0	0	0	0	0	0	0	0	0

性・年齢別人口（千人）

年齢	2015			2020			2025			2030		
	総数	男	女	総数	男	女	総数	男	女	総数	男	女
総数	3 810	1 896	1 914	3 758	1 870	1 889	3 681	1 830	1 851	3 584	1 780	1 804
0-4	172	89	84	159	81	77	143	73	70	131	67	64
5-9	176	91	85	172	89	83	158	81	77	142	73	69
10-14	166	85	80	176	91	85	172	89	83	158	81	77
15-19	220	113	107	166	85	80	175	90	85	172	88	83
20-24	227	117	110	219	113	106	165	85	80	175	90	85
25-29	284	146	138	226	116	110	218	112	106	164	84	80
30-34	306	157	149	283	145	137	225	116	109	217	112	106
35-39	270	138	132	304	156	149	281	144	137	224	115	109
40-44	278	143	136	268	137	131	302	154	148	279	143	136
45-49	264	136	127	275	140	135	265	135	130	299	152	147
50-54	307	158	150	259	133	126	270	137	133	261	132	129
55-59	288	144	143	298	151	147	252	128	124	263	133	131
60-64	264	129	135	274	135	139	285	143	142	241	121	120
65-69	209	98	111	244	117	127	255	123	131	266	131	135
70-74	120	52	68	183	83	100	216	100	116	228	107	120
75-79	129	54	75	97	40	57	150	65	85	179	80	99
80+	…	…	…	…	…	…	…	…	…	…	…	…
80-84	82	31	51	91	35	56	70	27	43	110	45	65
85-89	37	13	24	46	16	30	53	19	34	42	15	27
90-94	10	2	7	15	5	11	20	6	14	24	7	16
95-99	1	0	1	3	1	2	4	1	3	6	2	4
100+	0	0	0	0	0	0	0	0	0	1	0	1

年齢	2035			2040			2045			2050		
	総数	男	女	総数	男	女	総数	男	女	総数	男	女
総数	3 469	1 721	1 748	3 340	1 656	1 684	3 206	1 590	1 616	3 069	1 523	1 545
0-4	122	62	59	118	61	58	118	60	58	115	59	56
5-9	131	67	64	122	62	59	118	60	58	118	60	57
10-14	142	73	69	131	67	64	122	62	59	118	60	58
15-19	158	81	77	142	73	69	131	67	64	121	62	59
20-24	171	88	83	157	81	77	141	72	69	130	67	64
25-29	174	89	84	170	88	83	157	80	76	141	72	69
30-34	163	84	79	173	89	84	170	87	82	156	80	76
35-39	216	111	105	162	83	79	172	89	84	169	87	82
40-44	223	114	108	215	110	105	162	83	79	172	88	83
45-49	277	142	135	221	113	108	213	109	104	160	82	78
50-54	295	149	145	273	139	134	218	111	107	211	108	103
55-59	255	128	126	289	145	143	268	136	132	214	109	105
60-64	254	126	127	246	123	123	280	140	140	260	131	129
65-69	227	112	114	240	118	122	234	115	118	267	132	135
70-74	240	115	124	206	100	106	220	106	113	216	105	111
75-79	191	87	104	204	95	109	177	84	94	191	90	101
80+	…	…	…	…	…	…	…	…	…	…	…	…
80-84	134	57	78	146	63	83	158	71	87	140	64	76
85-89	68	25	43	85	33	52	95	38	56	105	44	61
90-94	20	6	13	32	11	22	42	15	27	48	18	30
95-99	7	2	5	6	2	5	11	3	8	14	4	10
100+	1	0	1	2	0	1	1	0	1	2	1	2

年齢	2055			2060		
	総数	男	女	総数	男	女
総数	2 931	1 457	1 473	2 793	1 392	1 401
0-4	109	56	53	103	53	50
5-9	115	59	56	109	56	53
10-14	118	60	57	115	59	56
15-19	118	60	57	117	60	57
20-24	121	62	59	117	60	57
25-29	130	66	63	120	62	59
30-34	140	72	68	129	66	63
35-39	155	80	76	140	71	68
40-44	168	86	82	155	79	75
45-49	170	87	83	167	86	81
50-54	159	81	78	169	87	82
55-59	208	106	102	156	80	77
60-64	209	106	103	203	103	100
65-69	249	125	125	201	101	100
70-74	248	121	126	233	116	118
75-79	190	91	99	221	107	114
80+	…	…	…	…	…	…
80-84	154	70	83	155	72	83
85-89	95	41	54	107	47	60
90-94	55	21	34	51	21	31
95-99	17	6	12	20	7	13
100+	3	1	2	4	1	3

Bosnia and Herzegovina

高位予測値

性・年齢別人口（千人）

年齢	2015			2020			2025			2030		
	総数	男	女	総数	男	女	総数	男	女	総数	男	女
総数	3 810	1 896	1 914	3 790	1 886	1 904	3 759	1 870	1 889	3 713	1 846	1 867
0-4	172	89	84	191	98	93	189	97	92	182	93	89
5-9	176	91	85	172	89	83	191	98	93	189	97	92
10-14	166	85	80	176	91	85	172	89	83	190	98	93
15-19	220	113	107	166	85	80	175	90	85	172	88	83
20-24	227	117	110	219	113	106	165	85	80	175	90	85
25-29	284	146	138	226	116	110	218	112	106	164	84	80
30-34	306	157	149	283	145	137	225	116	109	217	112	106
35-39	270	138	132	304	156	149	281	144	137	224	115	109
40-44	278	143	136	268	137	131	302	154	148	279	143	136
45-49	264	136	127	275	140	135	265	135	130	299	152	147
50-54	307	158	150	259	133	126	270	137	133	261	132	129
55-59	288	144	143	298	151	147	252	128	124	263	133	131
60-64	264	129	135	274	135	139	285	143	142	241	121	120
65-69	209	98	111	244	117	127	255	123	131	266	131	135
70-74	120	52	68	183	83	100	216	100	116	228	107	120
75-79	129	54	75	97	40	57	150	65	85	179	80	99
80+	…	…	…	…	…	…	…	…	…	…	…	…
80-84	82	31	51	91	35	56	70	27	43	110	45	65
85-89	37	13	24	46	16	30	53	19	34	42	15	27
90-94	10	2	7	15	5	11	20	6	14	24	7	16
95-99	1	0	1	3	1	2	4	1	3	6	2	4
100+	0	0	0	0	0	0	0	0	0	1	0	1

年齢	2035			2040			2045			2050		
	総数	男	女	総数	男	女	総数	男	女	総数	男	女
総数	3 643	1 810	1 833	3 558	1 768	1 791	3 472	1 726	1 746	3 396	1 691	1 705
0-4	167	86	82	161	83	79	166	85	81	176	90	86
5-9	182	93	89	167	85	81	161	83	79	166	85	81
10-14	189	97	92	182	93	89	167	85	81	161	82	79
15-19	190	98	92	188	96	92	182	93	89	166	85	81
20-24	171	88	83	189	97	92	188	96	92	181	93	88
25-29	174	89	84	170	88	83	189	97	92	187	96	91
30-34	163	84	79	173	89	84	170	87	82	188	96	92
35-39	216	111	105	162	83	79	172	89	84	169	87	82
40-44	223	114	108	215	110	105	162	83	79	172	88	83
45-49	277	142	135	221	113	108	213	109	104	160	82	78
50-54	295	149	145	273	139	134	218	111	107	211	108	103
55-59	255	128	126	289	145	143	268	136	132	214	109	105
60-64	254	126	127	246	123	123	280	140	140	260	131	129
65-69	227	112	114	240	118	122	234	115	118	267	132	135
70-74	240	115	124	206	100	106	220	106	113	216	105	111
75-79	191	87	104	204	95	109	177	84	94	191	90	101
80+	…	…	…	…	…	…	…	…	…	…	…	…
80-84	134	57	78	146	63	83	158	71	87	140	64	76
85-89	68	25	43	85	33	52	95	38	56	105	44	61
90-94	20	6	13	32	11	22	42	15	27	48	18	30
95-99	7	2	5	6	2	5	11	3	8	14	4	10
100+	1	0	1	2	0	1	1	0	1	2	1	2

年齢	2055			2060		
	総数	男	女	総数	男	女
総数	3 331	1 662	1 669	3 271	1 637	1 634
0-4	183	93	89	182	93	89
5-9	176	90	86	182	93	89
10-14	166	85	81	176	90	86
15-19	161	82	79	166	85	81
20-24	166	85	81	160	82	78
25-29	180	92	88	165	85	81
30-34	186	95	91	180	92	88
35-39	187	96	91	186	95	91
40-44	168	86	82	186	96	91
45-49	170	87	83	167	86	81
50-54	159	81	78	169	87	82
55-59	208	106	102	156	80	77
60-64	209	106	103	203	103	100
65-69	249	125	125	201	101	100
70-74	248	121	126	233	116	118
75-79	190	91	99	221	107	114
80+	…	…	…	…	…	…
80-84	154	70	83	155	72	83
85-89	95	41	54	107	47	60
90-94	55	21	34	51	21	31
95-99	17	6	12	20	7	13
100+	3	1	2	4	1	3

性・年齢別人口（千人）

年齢	2015			2020			2025			2030		
	総数	男	女	総数	男	女	総数	男	女	総数	男	女
総数	3 810	1 896	1 914	3 726	1 853	1 873	3 602	1 789	1 813	3 454	1 713	1 741
0-4	172	89	84	126	65	61	96	49	47	81	41	39
5-9	176	91	85	172	89	83	126	65	61	96	49	47
10-14	166	85	80	176	91	85	172	89	83	126	65	61
15-19	220	113	107	166	85	80	175	90	85	172	88	83
20-24	227	117	110	219	113	106	165	85	80	175	90	85
25-29	284	146	138	226	116	110	218	112	106	164	84	80
30-34	306	157	149	283	145	137	225	116	109	217	112	106
35-39	270	138	132	304	156	149	281	144	137	224	115	109
40-44	278	143	136	268	137	131	302	154	148	279	143	136
45-49	264	136	127	275	140	135	265	135	130	299	152	147
50-54	307	158	150	259	133	126	270	137	133	261	132	129
55-59	288	144	143	298	151	147	252	128	124	263	133	131
60-64	264	129	135	274	135	139	285	143	142	241	121	120
65-69	209	98	111	244	117	127	255	123	131	266	131	135
70-74	120	52	68	183	83	100	216	100	116	228	107	120
75-79	129	54	75	97	40	57	150	65	85	179	80	99
80+	…	…	…	…	…	…	…	…	…	…	…	…
80-84	82	31	51	91	35	56	70	27	43	110	45	65
85-89	37	13	24	46	16	30	53	19	34	42	15	27
90-94	10	2	7	15	5	11	20	6	14	24	7	16
95-99	1	0	1	3	1	2	4	1	3	6	2	4
100+	0	0	0	0	0	0	0	0	0	1	0	1

年齢	2035			2040			2045			2050		
	総数	男	女	総数	男	女	総数	男	女	総数	男	女
総数	3 294	1 631	1 663	3 123	1 545	1 578	2 945	1 456	1 489	2 758	1 364	1 394
0-4	77	39	37	76	39	37	74	38	36	65	34	32
5-9	80	41	39	77	39	37	75	39	37	73	38	36
10-14	96	49	47	80	41	39	76	39	37	75	39	37
15-19	126	65	61	96	49	47	80	41	39	76	39	37
20-24	171	88	83	125	64	61	95	49	46	80	41	39
25-29	174	89	84	170	88	83	124	64	61	95	48	46
30-34	163	84	79	173	89	84	170	87	82	124	64	60
35-39	216	111	105	162	83	79	172	89	84	169	87	82
40-44	223	114	108	215	110	105	162	83	79	172	88	83
45-49	277	142	135	221	113	108	213	109	104	160	82	78
50-54	295	149	145	273	139	134	218	111	107	211	108	103
55-59	255	128	126	289	145	143	268	136	132	214	109	105
60-64	254	126	127	246	123	123	280	140	140	260	131	129
65-69	227	112	114	240	118	122	234	115	118	267	132	135
70-74	240	115	124	206	100	106	220	106	113	216	105	111
75-79	191	87	104	204	95	109	177	84	94	191	90	101
80+	…	…	…	…	…	…	…	…	…	…	…	…
80-84	134	57	78	146	63	83	158	71	87	140	64	76
85-89	68	25	43	85	33	52	95	38	56	105	44	61
90-94	20	6	13	32	11	22	42	15	27	48	18	30
95-99	7	2	5	6	2	5	11	3	8	14	4	10
100+	1	0	1	2	0	1	1	0	1	2	1	2

年齢	2055			2060		
	総数	男	女	総数	男	女
総数	2 566	1 271	1 295	2 372	1 176	1 195
0-4	54	28	27	46	24	23
5-9	65	33	32	54	28	27
10-14	73	38	36	65	33	32
15-19	75	38	37	73	37	36
20-24	76	39	37	75	38	36
25-29	79	40	39	75	39	37
30-34	94	48	46	79	40	38
35-39	123	63	60	94	48	46
40-44	168	86	82	123	63	60
45-49	170	87	83	167	86	81
50-54	159	81	78	169	87	82
55-59	208	106	102	156	80	77
60-64	209	106	103	203	103	100
65-69	249	125	125	201	101	100
70-74	248	121	126	233	116	118
75-79	190	91	99	221	107	114
80+	…	…	…	…	…	…
80-84	154	70	83	155	72	83
85-89	95	41	54	107	47	60
90-94	55	21	34	51	21	31
95-99	17	6	12	20	7	13
100+	3	1	2	4	1	3

性・年齢別人口（千人）

年齢	1960			1965			1970			1975		
	総数	男	女	総数	男	女	総数	男	女	総数	男	女
総数	524	251	273	596	284	312	693	333	360	822	398	424
0–4	100	50	50	113	57	56	130	65	65	154	77	77
5–9	82	41	41	95	47	48	108	54	54	126	63	63
10–14	57	29	28	80	40	40	94	47	47	107	53	53
15–19	52	26	26	55	28	28	79	39	40	93	46	46
20–24	46	22	24	48	23	25	53	26	27	78	39	39
25–29	38	18	20	42	19	22	46	22	24	52	26	27
30–34	30	14	16	34	15	19	40	18	21	45	21	23
35–39	28	13	15	27	12	15	32	14	18	39	18	21
40–44	20	9	11	25	11	14	25	11	14	31	14	18
45–49	15	7	8	19	8	10	24	11	13	24	10	14
50–54	13	6	7	14	6	8	17	8	10	23	10	13
55–59	13	6	8	12	5	7	12	5	7	16	7	9
60–64	9	4	6	11	5	7	10	4	6	11	5	6
65–69	8	3	5	8	3	5	9	4	6	9	4	5
70–74	6	2	4	6	2	4	6	2	4	7	3	4
75–79	4	1	2	4	1	3	4	1	3	4	1	3
80+	2	1	2	3	1	2	3	1	2	3	1	2
80–84	…	…	…	…	…	…	…	…	…	…	…	…
85–89	…	…	…	…	…	…	…	…	…	…	…	…
90–94	…	…	…	…	…	…	…	…	…	…	…	…
95–99	…	…	…	…	…	…	…	…	…	…	…	…
100+	…	…	…	…	…	…	…	…	…	…	…	…

年齢	1980			1985			1990			1995		
	総数	男	女	総数	男	女	総数	男	女	総数	男	女
総数	996	487	509	1 183	582	601	1 380	681	699	1 576	781	795
0–4	187	94	93	215	108	107	223	112	111	222	112	110
5–9	151	76	75	184	92	92	211	106	105	221	111	110
10–14	125	63	63	150	75	75	183	92	91	211	106	105
15–19	107	53	53	124	62	62	149	75	74	183	92	91
20–24	94	47	47	106	53	53	124	62	62	150	75	75
25–29	79	39	40	92	46	46	105	53	53	125	62	62
30–34	54	27	27	78	39	39	92	46	46	105	53	52
35–39	46	22	24	53	26	27	77	38	39	91	45	45
40–44	39	18	21	44	21	23	52	26	26	75	37	38
45–49	31	14	17	38	17	20	43	21	23	50	25	26
50–54	24	10	13	30	13	17	36	16	20	41	20	22
55–59	21	9	12	22	9	13	28	12	16	34	15	19
60–64	15	6	8	19	8	11	20	8	12	26	11	15
65–69	9	4	6	13	5	7	17	7	10	18	7	10
70–74	7	3	4	8	3	4	10	4	6	14	5	8
75–79	5	2	3	5	2	3	5	2	3	7	3	4
80+	3	1	2	4	1	3	…	…	…	…	…	…
80–84	…	…	…	…	…	…	3	1	2	3	1	2
85–89	…	…	…	…	…	…	1	0	1	1	0	1
90–94	…	…	…	…	…	…	0	0	0	0	0	0
95–99	…	…	…	…	…	…	0	0	0	0	0	0
100+	…	…	…	…	…	…	0	0	0	0	0	0

年齢	2000			2005			2010			2015		
	総数	男	女	総数	男	女	総数	男	女	総数	男	女
総数	1 737	864	872	1 864	930	934	2 048	1 023	1 025	2 262	1 130	1 132
0–4	223	112	110	223	112	110	238	120	118	266	134	132
5–9	220	111	109	220	111	109	221	112	110	237	119	117
10–14	220	111	110	219	110	109	220	111	109	221	111	110
15–19	211	106	105	220	111	110	219	110	109	220	111	109
20–24	184	92	91	211	106	105	221	111	110	221	111	110
25–29	148	75	73	179	91	88	210	106	104	222	112	110
30–34	119	60	59	137	70	67	175	89	86	209	105	104
35–39	98	49	49	106	54	52	132	67	65	171	87	84
40–44	83	41	41	85	42	42	101	51	50	127	65	63
45–49	68	34	35	72	35	37	80	40	41	96	48	48
50–54	45	22	23	60	29	31	68	33	35	76	37	39
55–59	37	18	20	40	19	21	56	27	29	64	31	33
60–64	30	13	17	33	15	17	37	18	19	51	24	27
65–69	22	9	13	25	11	14	29	13	16	32	15	17
70–74	14	5	9	17	7	10	21	9	12	23	10	13
75–79	9	4	6	10	4	6	12	5	8	15	6	9
80+	…	…	…	…	…	…	…	…	…	…	…	…
80–84	4	1	3	5	2	3	6	2	4	7	3	5
85–89	1	0	1	2	1	1	2	1	1	2	1	2
90–94	0	0	0	0	0	0	0	0	0	1	0	0
95–99	0	0	0	0	0	0	0	0	0	0	0	0
100+	0	0	0	0	0	0	0	0	0	0	0	0

性・年齢別人口（千人）

年齢	2015			2020			2025			2030		
	総数	男	女	総数	男	女	総数	男	女	総数	男	女
総数	2 262	1 130	1 132	2 460	1 229	1 231	2 646	1 321	1 325	2 817	1 406	1 411
0-4	266	134	132	266	134	131	259	131	128	251	127	124
5-9	237	119	117	265	134	131	265	134	131	259	131	128
10-14	221	111	110	236	119	117	265	134	131	265	134	131
15-19	220	111	109	221	111	110	236	119	117	265	134	131
20-24	221	111	110	221	111	110	222	112	110	237	119	118
25-29	222	112	110	221	111	110	221	111	110	222	112	110
30-34	209	105	104	220	111	109	219	111	109	220	111	109
35-39	171	87	84	204	103	101	216	109	107	216	109	107
40-44	127	65	63	164	83	81	198	99	98	210	106	105
45-49	96	48	48	121	61	60	158	79	78	191	96	95
50-54	76	37	39	90	45	46	114	57	57	150	75	75
55-59	64	31	33	71	34	37	84	41	43	107	53	55
60-64	51	24	27	58	27	31	65	31	34	77	37	40
65-69	32	15	17	45	21	24	51	23	28	58	26	31
70-74	23	10	13	27	12	15	37	16	21	43	19	24
75-79	15	6	9	17	7	10	20	8	11	28	12	16
80+	…	…	…	…	…	…	…	…	…	…	…	…
80-84	7	3	5	9	3	6	11	4	6	12	5	7
85-89	2	1	2	3	1	2	4	1	3	5	2	3
90-94	1	0	0	1	0	0	1	0	1	1	0	1
95-99	0	0	0	0	0	0	0	0	0	0	0	0
100+	0	0	0	0	0	0	0	0	0	0	0	0

年齢	2035			2040			2045			2050		
	総数	男	女	総数	男	女	総数	男	女	総数	男	女
総数	2 976	1 485	1 492	3 126	1 559	1 567	3 265	1 627	1 638	3 389	1 688	1 701
0-4	249	126	123	249	126	123	249	126	123	245	124	121
5-9	251	127	124	248	126	123	249	126	123	249	126	123
10-14	258	131	128	251	127	124	248	126	123	249	126	123
15-19	265	134	131	259	131	128	251	127	124	249	126	123
20-24	266	134	132	266	134	132	260	131	129	253	128	125
25-29	237	120	118	266	135	132	267	135	132	261	132	129
30-34	221	112	109	236	119	117	265	134	131	266	135	131
35-39	216	109	107	218	110	107	233	118	115	262	133	129
40-44	210	106	104	211	107	105	213	108	105	228	115	113
45-49	204	102	102	205	103	102	206	104	102	208	105	103
50-54	183	91	92	197	98	99	198	99	99	200	100	99
55-59	142	70	72	174	86	88	188	93	95	190	94	96
60-64	99	48	51	132	64	68	163	79	84	177	86	91
65-69	69	32	37	88	41	47	119	56	63	148	70	78
70-74	48	21	27	58	26	32	75	34	41	102	46	55
75-79	32	13	19	37	15	21	44	19	26	58	25	33
80+	…	…	…	…	…	…	…	…	…	…	…	…
80-84	18	7	11	21	8	13	24	9	15	30	12	18
85-89	6	2	4	9	3	6	10	4	7	12	4	8
90-94	2	0	1	2	1	1	3	1	2	4	1	3
95-99	0	0	0	0	0	0	0	0	0	1	0	0
100+	0	0	0	0	0	0	0	0	0	0	0	0

年齢	2055			2060		
	総数	男	女	総数	男	女
総数	3 492	1 738	1 754	3 573	1 777	1 796
0-4	239	121	118	232	118	114
5-9	245	124	121	239	121	118
10-14	249	126	123	245	124	121
15-19	249	126	123	249	126	123
20-24	250	126	124	251	127	124
25-29	254	128	125	251	127	124
30-34	260	132	128	253	128	125
35-39	263	133	129	257	131	127
40-44	257	130	127	258	131	127
45-49	223	113	110	252	127	124
50-54	202	102	100	217	109	108
55-59	192	96	96	195	97	97
60-64	179	88	92	182	89	93
65-69	162	77	85	165	79	86
70-74	129	59	70	142	65	77
75-79	80	35	45	103	45	58
80+	…	…	…	…	…	…
80-84	39	16	24	55	22	33
85-89	16	5	10	21	7	14
90-94	4	1	3	6	2	4
95-99	1	0	1	1	0	1
100+	0	0	0	0	0	0

性・年齢別人口（千人）

年齢	2015			2020			2025			2030		
	総数	男	女	総数	男	女	総数	男	女	総数	男	女
総数	2 262	1 130	1 132	2 485	1 241	1 244	2 712	1 355	1 358	2 936	1 466	1 470
0-4	266	134	132	290	147	144	301	152	149	305	154	151
5-9	237	119	117	265	134	131	290	146	143	300	152	148
10-14	221	111	110	236	119	117	265	134	131	289	146	143
15-19	220	111	109	221	111	110	236	119	117	265	134	131
20-24	221	111	110	221	111	110	222	112	110	237	119	118
25-29	222	112	110	221	111	110	221	111	110	222	112	110
30-34	209	105	104	220	111	109	219	111	109	220	111	109
35-39	171	87	84	204	103	101	216	109	107	216	109	107
40-44	127	65	63	164	83	81	198	99	98	210	106	105
45-49	96	48	48	121	61	60	158	79	78	191	96	95
50-54	76	37	39	90	45	46	114	57	57	150	75	75
55-59	64	31	33	71	34	37	84	41	43	107	53	55
60-64	51	24	27	58	27	31	65	31	34	77	37	40
65-69	32	15	17	45	21	24	51	23	28	58	26	31
70-74	23	10	13	27	12	15	37	16	21	43	19	24
75-79	15	6	9	17	7	10	20	8	11	28	12	16
80+	…	…	…	…	…	…	…	…	…	…	…	…
80-84	7	3	5	9	3	6	11	4	6	12	5	7
85-89	2	1	2	3	1	2	4	1	3	5	2	3
90-94	1	0	0	1	0	0	1	0	1	1	0	1
95-99	0	0	0	0	0	0	0	0	0	0	0	0
100+	0	0	0	0	0	0	0	0	0	0	0	0

年齢	2035			2040			2045			2050		
	総数	男	女	総数	男	女	総数	男	女	総数	男	女
総数	3 152	1 573	1 578	3 365	1 679	1 685	3 579	1 786	1 793	3 793	1 892	1 900
0-4	305	154	151	313	158	154	325	164	160	337	170	166
5-9	305	154	151	304	154	150	312	158	154	325	164	160
10-14	300	151	148	304	154	151	304	154	150	312	158	154
15-19	290	146	143	300	152	148	305	154	151	305	154	151
20-24	266	134	132	291	147	144	301	152	149	306	154	151
25-29	237	120	118	266	135	132	291	147	144	301	152	149
30-34	221	112	109	236	119	117	265	134	131	290	147	143
35-39	216	109	107	218	110	107	233	118	115	262	133	129
40-44	210	106	104	211	107	105	213	108	105	228	115	113
45-49	204	102	102	205	103	102	206	104	102	208	105	103
50-54	183	91	92	197	98	99	198	99	99	200	100	99
55-59	142	70	72	174	86	88	188	93	95	190	94	96
60-64	99	48	51	132	64	68	163	79	84	177	86	91
65-69	69	32	37	88	41	47	119	56	63	148	70	78
70-74	48	21	27	58	26	32	75	34	41	102	46	55
75-79	32	13	19	37	15	21	44	19	26	58	25	33
80+	…	…	…	…	…	…	…	…	…	…	…	…
80-84	18	7	11	21	8	13	24	9	15	30	12	18
85-89	6	2	4	9	3	6	10	4	7	12	4	8
90-94	2	0	1	2	1	1	3	1	2	4	1	3
95-99	0	0	0	0	0	0	0	0	0	1	0	0
100+	0	0	0	0	0	0	0	0	0	0	0	0

年齢	2055			2060		
	総数	男	女	総数	男	女
総数	3 999	1 995	2 005	4 194	2 091	2 103
0-4	345	175	170	349	177	172
5-9	336	170	166	344	175	170
10-14	324	164	160	336	170	166
15-19	312	158	154	325	164	160
20-24	306	155	151	313	159	155
25-29	306	155	151	306	155	151
30-34	300	152	148	305	155	150
35-39	286	145	141	297	151	146
40-44	257	130	127	281	143	139
45-49	223	113	110	252	127	124
50-54	202	102	100	217	109	108
55-59	192	96	96	195	97	97
60-64	179	88	92	182	89	93
65-69	162	77	85	165	79	86
70-74	129	59	70	142	65	77
75-79	80	35	45	103	45	58
80+	…	…	…	…	…	…
80-84	39	16	24	55	22	33
85-89	16	5	10	21	7	14
90-94	4	1	3	6	2	4
95-99	1	0	1	1	0	1
100+	0	0	0	0	0	0

性・年齢別人口（千人）

年齢	2015			2020			2025			2030		
	総数	男	女	総数	男	女	総数	男	女	総数	男	女
総数	2 262	1 130	1 132	2 435	1 216	1 219	2 580	1 288	1 292	2 697	1 345	1 352
0-4	266	134	132	241	122	119	218	110	108	198	100	98
5-9	237	119	117	265	134	131	240	121	119	217	110	107
10-14	221	111	110	236	119	117	265	134	131	240	121	119
15-19	220	111	109	221	111	110	236	119	117	265	134	131
20-24	221	111	110	221	111	110	222	112	110	237	119	118
25-29	222	112	110	221	111	110	221	111	110	222	112	110
30-34	209	105	104	220	111	109	219	111	109	220	111	109
35-39	171	87	84	204	103	101	216	109	107	216	109	107
40-44	127	65	63	164	83	81	198	99	98	210	106	105
45-49	96	48	48	121	61	60	158	79	78	191	96	95
50-54	76	37	39	90	45	46	114	57	57	150	75	75
55-59	64	31	33	71	34	37	84	41	43	107	53	55
60-64	51	24	27	58	27	31	65	31	34	77	37	40
65-69	32	15	17	45	21	24	51	23	28	58	26	31
70-74	23	10	13	27	12	15	37	16	21	43	19	24
75-79	15	6	9	17	7	10	20	8	11	28	12	16
80+	…	…	…	…	…	…	…	…	…	…	…	…
80-84	7	3	5	9	3	6	11	4	6	12	5	7
85-89	2	1	2	3	1	2	4	1	3	5	2	3
90-94	1	0	0	1	0	0	1	0	1	1	0	1
95-99	0	0	0	0	0	0	0	0	0	0	0	0
100+	0	0	0	0	0	0	0	0	0	0	0	0

年齢	2035			2040			2045			2050		
	総数	男	女	総数	男	女	総数	男	女	総数	男	女
総数	2 801	1 396	1 405	2 890	1 439	1 451	2 959	1 473	1 487	3 005	1 494	1 511
0-4	192	97	95	187	95	93	179	90	88	166	84	82
5-9	198	100	98	192	97	95	188	95	93	179	90	88
10-14	217	110	107	198	100	98	192	97	95	188	95	93
15-19	240	121	119	218	110	108	198	100	98	193	98	95
20-24	266	134	132	242	122	120	219	111	108	200	101	99
25-29	237	120	118	266	135	132	242	123	120	220	111	109
30-34	221	112	109	236	119	117	265	134	131	242	122	119
35-39	216	109	107	218	110	107	233	118	115	262	133	129
40-44	210	106	104	211	107	105	213	108	105	228	115	113
45-49	204	102	102	205	103	102	206	104	102	208	105	103
50-54	183	91	92	197	98	99	198	99	99	200	100	99
55-59	142	70	72	174	86	88	188	93	95	190	94	96
60-64	99	48	51	132	64	68	163	79	84	177	86	91
65-69	69	32	37	88	41	47	119	56	63	148	70	78
70-74	48	21	27	58	26	32	75	34	41	102	46	55
75-79	32	13	19	37	15	21	44	19	26	58	25	33
80+	…	…	…	…	…	…	…	…	…	…	…	…
80-84	18	7	11	21	8	13	24	9	15	30	12	18
85-89	6	2	4	9	3	6	10	4	7	12	4	8
90-94	2	0	1	2	1	1	3	1	2	4	1	3
95-99	0	0	0	0	0	0	0	0	0	1	0	0
100+	0	0	0	0	0	0	0	0	0	0	0	0

年齢	2055			2060		
	総数	男	女	総数	男	女
総数	3 022	1 500	1 522	3 013	1 493	1 520
0-4	152	77	75	139	70	68
5-9	166	84	82	152	77	75
10-14	179	90	88	166	84	82
15-19	188	95	93	179	91	89
20-24	194	98	96	190	96	94
25-29	201	102	99	196	99	97
30-34	220	111	108	201	102	99
35-39	239	121	118	218	111	107
40-44	257	130	127	235	119	116
45-49	223	113	110	252	127	124
50-54	202	102	100	217	109	108
55-59	192	96	96	195	97	97
60-64	179	88	92	182	89	93
65-69	162	77	85	165	79	86
70-74	129	59	70	142	65	77
75-79	80	35	45	103	45	58
80+	…	…	…	…	…	…
80-84	39	16	24	55	22	33
85-89	16	5	10	21	7	14
90-94	4	1	3	6	2	4
95-99	1	0	1	1	0	1
100+	0	0	0	0	0	0

Brazil

性・年齢別人口（千人）

年齢	1960			1965			1970			1975		
	総数	男	女	総数	男	女	総数	男	女	総数	男	女
総数	72 494	36 096	36 398	84 130	41 931	42 199	95 982	47 823	48 160	108 431	53 968	54 463
0-4	12 549	6 335	6 215	14 468	7 300	7 168	14 811	7 463	7 348	15 548	7 842	7 706
5-9	10 408	5 232	5 176	12 062	6 060	6 002	13 997	7 015	6 983	14 427	7 222	7 205
10-14	8 472	4 253	4 219	10 319	5 184	5 135	11 982	6 014	5 969	13 928	6 973	6 955
15-19	6 887	3 454	3 433	8 401	4 216	4 185	10 250	5 146	5 105	11 919	5 976	5 943
20-24	6 298	3 157	3 141	6 800	3 409	3 391	8 316	4 169	4 148	10 166	5 094	5 072
25-29	5 239	2 624	2 615	6 186	3 099	3 088	6 704	3 355	3 349	8 218	4 108	4 110
30-34	4 806	2 407	2 399	5 121	2 563	2 558	6 073	3 036	3 037	6 600	3 292	3 308
35-39	3 911	1 958	1 953	4 675	2 339	2 336	5 005	2 500	2 505	5 954	2 966	2 988
40-44	3 223	1 606	1 617	3 783	1 893	1 890	4 545	2 270	2 275	4 881	2 429	2 452
45-49	2 826	1 400	1 426	3 093	1 539	1 554	3 650	1 822	1 828	4 398	2 186	2 212
50-54	2 325	1 139	1 186	2 671	1 317	1 354	2 941	1 456	1 486	3 484	1 726	1 758
55-59	1 797	861	936	2 150	1 044	1 106	2 487	1 215	1 272	2 751	1 346	1 405
60-64	1 477	683	794	1 607	759	848	1 937	927	1 010	2 252	1 081	1 171
65-69	1 011	455	556	1 254	566	688	1 376	635	740	1 668	778	890
70-74	659	283	377	793	344	449	992	433	559	1 094	487	607
75-79	375	158	217	457	185	272	554	229	325	697	289	408
80+	230	91	139	290	114	176	362	139	222	446	173	273
80-84	…	…	…	…	…	…	…	…	…	…	…	…
85-89	…	…	…	…	…	…	…	…	…	…	…	…
90-94	…	…	…	…	…	…	…	…	…	…	…	…
95-99	…	…	…	…	…	…	…	…	…	…	…	…
100+	…	…	…	…	…	…	…	…	…	…	…	…

年齢	1980			1985			1990			1995		
	総数	男	女	総数	男	女	総数	男	女	総数	男	女
総数	122 200	60 765	61 435	136 836	67 974	68 862	150 393	74 585	75 808	162 755	80 546	82 209
0-4	17 251	8 733	8 518	18 534	9 412	9 121	17 853	9 087	8 766	16 940	8 637	8 303
5-9	15 256	7 671	7 585	17 033	8 617	8 416	18 371	9 324	9 046	17 741	9 025	8 716
10-14	14 365	7 187	7 177	15 199	7 641	7 557	16 978	8 587	8 391	18 324	9 296	9 028
15-19	13 857	6 931	6 926	14 294	7 146	7 148	15 128	7 597	7 532	16 906	8 537	8 369
20-24	11 824	5 917	5 907	13 749	6 860	6 888	14 182	7 066	7 115	15 010	7 508	7 502
25-29	10 050	5 020	5 029	11 691	5 828	5 863	13 592	6 748	6 844	14 022	6 945	7 077
30-34	8 094	4 031	4 063	9 901	4 923	4 978	11 520	5 709	5 812	13 402	6 608	6 794
35-39	6 473	3 215	3 258	7 941	3 934	4 008	9 721	4 802	4 919	11 325	5 571	5 753
40-44	5 807	2 878	2 929	6 315	3 116	3 199	7 756	3 813	3 943	9 512	4 661	4 850
45-49	4 721	2 333	2 387	5 617	2 760	2 857	6 116	2 990	3 127	7 530	3 666	3 864
50-54	4 197	2 065	2 131	4 506	2 200	2 305	5 368	2 603	2 765	5 863	2 828	3 036
55-59	3 256	1 589	1 667	3 922	1 896	2 027	4 217	2 019	2 198	5 045	2 400	2 645
60-64	2 488	1 189	1 298	2 944	1 398	1 546	3 552	1 668	1 885	3 842	1 789	2 053
65-69	1 934	897	1 037	2 135	979	1 156	2 533	1 152	1 381	3 087	1 391	1 696
70-74	1 320	585	735	1 530	667	863	1 697	731	967	2 049	878	1 171
75-79	762	316	446	918	373	545	1 075	429	646	1 231	488	743
80+	545	206	339	609	224	385	…	…	…	…	…	…
80-84	…	…	…	…	…	…	521	191	330	644	232	413
85-89	…	…	…	…	…	…	170	57	113	228	73	155
90-94	…	…	…	…	…	…	38	11	26	48	13	35
95-99	…	…	…	…	…	…	4	1	3	6	1	5
100+	…	…	…	…	…	…	0	0	0	0	0	0

年齢	2000			2005			2010			2015		
	総数	男	女	総数	男	女	総数	男	女	総数	男	女
総数	175 786	86 860	88 926	188 479	93 001	95 479	198 614	97 830	100 785	207 848	102 201	105 647
0-4	17 624	8 987	8 636	17 513	8 933	8 580	15 457	7 886	7 571	15 032	7 671	7 361
5-9	16 844	8 581	8 263	17 536	8 935	8 601	17 443	8 891	8 552	15 408	7 855	7 552
10-14	17 707	9 004	8 703	16 818	8 564	8 253	17 511	8 919	8 592	17 423	8 877	8 545
15-19	18 248	9 241	9 007	17 643	8 956	8 687	16 765	8 524	8 241	17 464	8 883	8 581
20-24	16 769	8 429	8 340	18 114	9 132	8 981	17 528	8 862	8 666	16 669	8 445	8 224
25-29	14 848	7 381	7 468	16 611	8 303	8 308	17 964	9 012	8 952	17 400	8 758	8 642
30-34	13 844	6 811	7 033	14 688	7 258	7 430	16 456	8 184	8 272	17 816	8 897	8 918
35-39	13 196	6 460	6 736	13 662	6 679	6 983	14 520	7 136	7 384	16 287	8 060	8 228
40-44	11 100	5 418	5 682	12 968	6 303	6 665	13 453	6 534	6 919	14 320	6 996	7 324
45-49	9 255	4 492	4 762	10 835	5 242	5 593	12 690	6 118	6 572	13 193	6 361	6 832
50-54	7 250	3 487	3 762	8 949	4 297	4 653	10 510	5 033	5 477	12 344	5 895	6 449
55-59	5 555	2 636	2 919	6 913	3 277	3 636	8 566	4 056	4 510	10 099	4 774	5 325
60-64	4 667	2 172	2 495	5 190	2 416	2 774	6 490	3 020	3 470	8 087	3 763	4 324
65-69	3 433	1 552	1 882	4 233	1 921	2 313	4 738	2 152	2 586	5 972	2 714	3 257
70-74	2 616	1 130	1 485	2 974	1 298	1 676	3 697	1 620	2 077	4 185	1 839	2 347
75-79	1 597	647	950	2 106	870	1 236	2 421	1 009	1 412	3 062	1 283	1 778
80+	…	…	…	…	…	…	…	…	…	…	…	…
80-84	818	303	515	1 124	430	695	1 520	590	930	1 796	705	1 092
85-89	327	105	222	455	151	304	656	224	431	929	325	605
90-94	78	21	57	128	34	94	191	53	139	297	85	212
95-99	10	2	8	19	4	15	34	7	27	57	12	45
100+	1	0	1	1	0	1	3	0	2	6	1	5

性・年齢別人口（千人）

年齢	2015 総数	男	女	2020 総数	男	女	2025 総数	男	女	2030 総数	男	女
総数	207 848	102 201	105 647	215 997	106 037	109 960	222 976	109 298	113 679	228 663	111 937	116 726
0-4	15 032	7 671	7 361	14 529	7 421	7 108	13 996	7 155	6 840	13 400	6 856	6 544
5-9	15 408	7 855	7 552	14 995	7 648	7 347	14 500	7 403	7 097	13 972	7 142	6 830
10-14	17 423	8 877	8 545	15 392	7 845	7 547	14 981	7 639	7 342	14 488	7 396	7 093
15-19	17 464	8 883	8 581	17 387	8 850	8 537	15 365	7 824	7 540	14 958	7 622	7 336
20-24	16 669	8 445	8 224	17 378	8 812	8 567	17 311	8 787	8 524	15 305	7 775	7 530
25-29	17 400	8 758	8 642	16 562	8 357	8 205	17 277	8 729	8 548	17 220	8 713	8 507
30-34	17 816	8 897	8 918	17 269	8 656	8 613	16 449	8 269	8 180	17 171	8 646	8 525
35-39	16 287	8 060	8 228	17 647	8 772	8 875	17 121	8 546	8 575	16 321	8 174	8 147
40-44	14 320	6 996	7 324	16 080	7 914	8 167	17 442	8 627	8 815	16 940	8 418	8 522
45-49	13 193	6 361	6 832	14 066	6 825	7 240	15 819	7 737	8 081	17 184	8 453	8 731
50-54	12 344	5 895	6 449	12 863	6 147	6 716	13 744	6 616	7 127	15 488	7 523	7 966
55-59	10 099	4 774	5 325	11 904	5 617	6 286	12 444	5 883	6 561	13 335	6 358	6 977
60-64	8 087	3 763	4 324	9 583	4 457	5 126	11 349	5 277	6 072	11 915	5 558	6 356
65-69	5 972	2 714	3 257	7 495	3 412	4 082	8 941	4 076	4 865	10 654	4 864	5 790
70-74	4 185	1 839	2 347	5 332	2 350	2 982	6 756	2 988	3 768	8 129	3 608	4 521
75-79	3 062	1 283	1 778	3 518	1 483	2 035	4 543	1 924	2 619	5 825	2 481	3 344
80+	…	…	…	…	…	…	…	…	…	…	…	…
80-84	1 796	705	1 092	2 321	917	1 404	2 718	1 080	1 638	3 570	1 428	2 142
85-89	929	325	605	1 134	402	732	1 505	537	968	1 806	648	1 157
90-94	297	85	212	438	129	310	555	165	390	761	227	534
95-99	57	12	45	93	20	73	144	32	112	190	42	148
100+	6	1	5	11	2	9	19	3	16	31	4	26

年齢	2035 総数	男	女	2040 総数	男	女	2045 総数	男	女	2050 総数	男	女
総数	233 006	113 952	119 054	236 015	115 376	120 639	237 744	116 251	121 494	238 270	116 618	121 652
0-4	12 833	6 568	6 265	12 320	6 308	6 012	11 884	6 085	5 799	11 523	5 900	5 623
5-9	13 380	6 845	6 535	12 817	6 559	6 257	12 306	6 300	6 006	11 872	6 078	5 794
10-14	13 961	7 135	6 826	13 371	6 840	6 531	12 809	6 555	6 254	12 300	6 297	6 004
15-19	14 467	7 380	7 087	13 943	7 122	6 822	13 356	6 829	6 527	12 797	6 546	6 251
20-24	14 905	7 579	7 326	14 423	7 345	7 078	13 907	7 093	6 814	13 327	6 806	6 521
25-29	15 233	7 717	7 516	14 845	7 531	7 314	14 373	7 305	7 067	13 866	7 061	6 805
30-34	17 125	8 640	8 485	15 161	7 663	7 498	14 784	7 486	7 298	14 322	7 268	7 053
35-39	17 051	8 559	8 493	17 022	8 566	8 456	15 081	7 607	7 474	14 716	7 439	7 277
40-44	16 167	8 067	8 100	16 910	8 462	8 448	16 898	8 483	8 415	14 985	7 544	7 441
45-49	16 715	8 268	8 447	15 976	7 942	8 034	16 733	8 349	8 385	16 743	8 385	8 357
50-54	16 860	8 245	8 615	16 432	8 088	8 344	15 735	7 791	7 944	16 509	8 211	8 299
55-59	15 070	7 260	7 811	16 449	7 988	8 461	16 073	7 867	8 206	15 428	7 603	7 824
60-64	12 819	6 042	6 777	14 541	6 936	7 605	15 928	7 672	8 256	15 615	7 590	8 025
65-69	11 247	5 162	6 085	12 163	5 653	6 511	13 866	6 535	7 330	15 257	7 275	7 982
70-74	9 761	4 349	5 412	10 381	4 663	5 718	11 304	5 156	6 147	12 967	6 016	6 952
75-79	7 086	3 036	4 049	8 597	3 711	4 886	9 233	4 033	5 200	10 145	4 517	5 629
80+	…	…	…	…	…	…	…	…	…	…	…	…
80-84	4 648	1 874	2 774	5 737	2 337	3 400	7 060	2 911	4 149	7 683	3 222	4 462
85-89	2 423	877	1 546	3 221	1 182	2 039	4 058	1 515	2 543	5 092	1 939	3 153
90-94	940	282	658	1 298	395	903	1 774	553	1 222	2 297	736	1 561
95-99	270	60	211	346	77	269	495	113	382	701	166	534
100+	43	6	37	63	9	54	85	12	73	125	18	106

年齢	2055 総数	男	女	2060 総数	男	女
総数	237 686	116 519	121 167	236 014	115 910	120 103
0-4	11 201	5 736	5 466	10 900	5 582	5 318
5-9	11 513	5 895	5 618	11 193	5 731	5 462
10-14	11 867	6 075	5 792	11 509	5 892	5 616
15-19	12 290	6 290	6 001	11 858	6 070	5 789
20-24	12 773	6 528	6 245	12 269	6 274	5 996
25-29	13 292	6 780	6 513	12 744	6 506	6 238
30-34	13 823	7 031	6 792	13 256	6 754	6 502
35-39	14 265	7 230	7 035	13 774	6 998	6 776
40-44	14 634	7 386	7 247	14 193	7 185	7 008
45-49	14 862	7 468	7 394	14 526	7 320	7 205
50-54	16 541	8 263	8 278	14 701	7 371	7 330
55-59	16 218	8 035	8 183	16 276	8 105	8 172
60-64	15 030	7 365	7 665	15 837	7 808	8 029
65-69	15 017	7 239	7 779	14 502	7 054	7 448
70-74	14 351	6 751	7 599	14 190	6 759	7 431
75-79	11 735	5 331	6 403	13 074	6 036	7 037
80+	…	…	…	…	…	…
80-84	8 546	3 671	4 875	9 983	4 391	5 592
85-89	5 646	2 203	3 442	6 374	2 563	3 811
90-94	2 960	979	1 981	3 355	1 148	2 207
95-99	938	233	705	1 245	323	922
100+	183	28	155	257	42	215

性・年齢別人口（千人）

年齢	2015 総数	男	女	2020 総数	男	女	2025 総数	男	女	2030 総数	男	女
総数	207 848	102 201	105 647	218 080	107 101	110 979	228 365	112 051	116 314	238 075	116 748	121 327
0-4	15 032	7 671	7 361	16 612	8 485	8 127	17 306	8 848	8 458	17 431	8 919	8 512
5-9	15 408	7 855	7 552	14 995	7 648	7 347	16 578	8 464	8 114	17 277	8 831	8 446
10-14	17 423	8 877	8 545	15 392	7 845	7 547	14 981	7 639	7 342	16 565	8 456	8 109
15-19	17 464	8 883	8 581	17 387	8 850	8 537	15 365	7 824	7 540	14 958	7 622	7 336
20-24	16 669	8 445	8 224	17 378	8 812	8 567	17 311	8 787	8 524	15 305	7 775	7 530
25-29	17 400	8 758	8 642	16 562	8 357	8 205	17 277	8 729	8 548	17 220	8 713	8 507
30-34	17 816	8 897	8 918	17 269	8 656	8 613	16 449	8 269	8 180	17 171	8 646	8 525
35-39	16 287	8 060	8 228	17 647	8 772	8 875	17 121	8 546	8 575	16 321	8 174	8 147
40-44	14 320	6 996	7 324	16 080	7 914	8 167	17 442	8 627	8 815	16 940	8 418	8 522
45-49	13 193	6 361	6 832	14 066	6 825	7 240	15 819	7 737	8 081	17 184	8 453	8 731
50-54	12 344	5 895	6 449	12 863	6 147	6 716	13 744	6 616	7 127	15 488	7 523	7 966
55-59	10 099	4 774	5 325	11 904	5 617	6 286	12 444	5 883	6 561	13 335	6 358	6 977
60-64	8 087	3 763	4 324	9 583	4 457	5 126	11 349	5 277	6 072	11 915	5 558	6 356
65-69	5 972	2 714	3 257	7 495	3 412	4 082	8 941	4 076	4 865	10 654	4 864	5 790
70-74	4 185	1 839	2 347	5 332	2 350	2 982	6 756	2 988	3 768	8 129	3 608	4 521
75-79	3 062	1 283	1 778	3 518	1 483	2 035	4 543	1 924	2 619	5 825	2 481	3 344
80+	…	…	…	…	…	…	…	…	…	…	…	…
80-84	1 796	705	1 092	2 321	917	1 404	2 718	1 080	1 638	3 570	1 428	2 142
85-89	929	325	605	1 134	402	732	1 505	537	968	1 806	648	1 157
90-94	297	85	212	438	129	310	555	165	390	761	227	534
95-99	57	12	45	93	20	73	144	32	112	190	42	148
100+	6	1	5	11	2	9	19	3	16	31	4	26

年齢	2035 総数	男	女	2040 総数	男	女	2045 総数	男	女	2050 総数	男	女
総数	246 460	120 831	125 629	253 867	124 503	129 364	260 654	127 962	132 692	267 034	131 319	135 715
0-4	16 887	8 643	8 243	16 737	8 569	8 168	16 969	8 688	8 280	17 416	8 917	8 498
5-9	17 405	8 904	8 501	16 865	8 631	8 234	16 719	8 559	8 160	16 952	8 679	8 273
10-14	17 263	8 822	8 441	17 393	8 897	8 496	16 855	8 625	8 230	16 710	8 554	8 156
15-19	16 540	8 437	8 103	17 241	8 806	8 435	17 374	8 883	8 491	16 839	8 614	8 225
20-24	14 905	7 579	7 326	16 490	8 397	8 093	17 196	8 771	8 426	17 335	8 853	8 482
25-29	15 233	7 717	7 516	14 845	7 531	7 314	16 432	8 352	8 080	17 145	8 731	8 414
30-34	17 125	8 640	8 485	15 161	7 663	7 498	14 784	7 486	7 298	16 374	8 310	8 064
35-39	17 051	8 559	8 493	17 022	8 566	8 456	15 081	7 607	7 474	14 716	7 439	7 277
40-44	16 167	8 067	8 100	16 910	8 462	8 448	16 898	8 483	8 415	14 985	7 544	7 441
45-49	16 715	8 268	8 447	15 976	7 942	8 034	16 733	8 349	8 385	16 743	8 385	8 357
50-54	16 860	8 245	8 615	16 432	8 088	8 344	15 735	7 791	7 944	16 509	8 211	8 299
55-59	15 070	7 260	7 811	16 449	7 988	8 461	16 073	7 867	8 206	15 428	7 603	7 824
60-64	12 819	6 042	6 777	14 541	6 936	7 605	15 928	7 672	8 256	15 615	7 590	8 025
65-69	11 247	5 162	6 085	12 163	5 653	6 511	13 866	6 535	7 330	15 257	7 275	7 982
70-74	9 761	4 349	5 412	10 381	4 663	5 718	11 304	5 156	6 147	12 967	6 016	6 952
75-79	7 086	3 036	4 049	8 597	3 711	4 886	9 233	4 033	5 200	10 145	4 517	5 629
80+	…	…	…	…	…	…	…	…	…	…	…	…
80-84	4 648	1 874	2 774	5 737	2 337	3 400	7 060	2 911	4 149	7 683	3 222	4 462
85-89	2 423	877	1 546	3 221	1 182	2 039	4 058	1 515	2 543	5 092	1 939	3 153
90-94	940	282	658	1 298	395	903	1 774	553	1 222	2 297	736	1 561
95-99	270	60	211	346	77	269	495	113	382	701	166	534
100+	43	6	37	63	9	54	85	12	73	125	18	106

年齢	2055 総数	男	女	2060 総数	男	女
総数	273 048	134 589	138 458	278 519	137 629	140 890
0-4	17 848	9 139	8 709	18 106	9 272	8 834
5-9	17 400	8 909	8 491	17 834	9 132	8 702
10-14	16 945	8 675	8 270	17 393	8 905	8 488
15-19	16 696	8 545	8 152	16 932	8 666	8 266
20-24	16 807	8 589	8 218	16 668	8 523	8 145
25-29	17 290	8 819	8 471	16 768	8 560	8 208
30-34	17 092	8 693	8 398	17 243	8 786	8 457
35-39	16 308	8 266	8 043	17 031	8 653	8 378
40-44	14 634	7 386	7 247	16 227	8 214	8 013
45-49	14 862	7 468	7 394	14 526	7 320	7 205
50-54	16 541	8 263	8 278	14 701	7 371	7 330
55-59	16 218	8 035	8 183	16 276	8 105	8 172
60-64	15 030	7 365	7 665	15 837	7 808	8 029
65-69	15 017	7 239	7 779	14 502	7 054	7 448
70-74	14 351	6 751	7 599	14 190	6 759	7 431
75-79	11 735	5 331	6 403	13 074	6 036	7 037
80+	…	…	…	…	…	…
80-84	8 546	3 671	4 875	9 983	4 391	5 592
85-89	5 646	2 203	3 442	6 374	2 563	3 811
90-94	2 960	979	1 981	3 355	1 148	2 207
95-99	938	233	705	1 245	323	922
100+	183	28	155	257	42	215

性・年齢別人口（千人）

年齢	2015			2020			2025			2030		
	総数	男	女	総数	男	女	総数	男	女	総数	男	女
総数	207 848	102 201	105 647	213 914	104 974	108 941	217 588	106 544	111 044	219 251	107 125	112 126
0-4	15 032	7 671	7 361	12 446	6 357	6 089	10 685	5 463	5 222	9 369	4 794	4 575
5-9	15 408	7 855	7 552	14 995	7 648	7 347	12 421	6 342	6 079	10 667	5 452	5 215
10-14	17 423	8 877	8 545	15 392	7 845	7 547	14 981	7 639	7 342	12 412	6 336	6 076
15-19	17 464	8 883	8 581	17 387	8 850	8 537	15 365	7 824	7 540	14 958	7 622	7 336
20-24	16 669	8 445	8 224	17 378	8 812	8 567	17 311	8 787	8 524	15 305	7 775	7 530
25-29	17 400	8 758	8 642	16 562	8 357	8 205	17 277	8 729	8 548	17 220	8 713	8 507
30-34	17 816	8 897	8 918	17 269	8 656	8 613	16 449	8 269	8 180	17 171	8 646	8 525
35-39	16 287	8 060	8 228	17 647	8 772	8 875	17 121	8 546	8 575	16 321	8 174	8 147
40-44	14 320	6 996	7 324	16 080	7 914	8 167	17 442	8 627	8 815	16 940	8 418	8 522
45-49	13 193	6 361	6 832	14 066	6 825	7 240	15 819	7 737	8 081	17 184	8 453	8 731
50-54	12 344	5 895	6 449	12 863	6 147	6 716	13 744	6 616	7 127	15 488	7 523	7 966
55-59	10 099	4 774	5 325	11 904	5 617	6 286	12 444	5 883	6 561	13 335	6 358	6 977
60-64	8 087	3 763	4 324	9 583	4 457	5 126	11 349	5 277	6 072	11 915	5 558	6 356
65-69	5 972	2 714	3 257	7 495	3 412	4 082	8 941	4 076	4 865	10 654	4 864	5 790
70-74	4 185	1 839	2 347	5 332	2 350	2 982	6 756	2 988	3 768	8 129	3 608	4 521
75-79	3 062	1 283	1 778	3 518	1 483	2 035	4 543	1 924	2 619	5 825	2 481	3 344
80+	…	…	…	…	…	…	…	…	…	…	…	…
80-84	1 796	705	1 092	2 321	917	1 404	2 718	1 080	1 638	3 570	1 428	2 142
85-89	929	325	605	1 134	402	732	1 505	537	968	1 806	648	1 157
90-94	297	85	212	438	129	310	555	165	390	761	227	534
95-99	57	12	45	93	20	73	144	32	112	190	42	148
100+	6	1	5	11	2	9	19	3	16	31	4	26

年齢	2035			2040			2045			2050		
	総数	男	女	総数	男	女	総数	男	女	総数	男	女
総数	219 632	107 114	112 518	218 562	106 452	112 109	215 930	105 100	110 830	211 728	103 054	108 674
0-4	8 859	4 534	4 324	8 222	4 210	4 013	7 495	3 837	3 657	6 758	3 461	3 298
5-9	9 355	4 786	4 569	8 847	4 528	4 319	8 213	4 205	4 008	7 488	3 834	3 654
10-14	10 659	5 447	5 212	9 349	4 782	4 567	8 842	4 525	4 318	8 209	4 202	4 007
15-19	12 393	6 322	6 071	10 646	5 437	5 208	9 339	4 775	4 564	8 834	4 519	4 315
20-24	14 905	7 579	7 326	12 356	6 292	6 064	10 618	5 416	5 203	9 319	4 759	4 560
25-29	15 233	7 717	7 516	14 845	7 531	7 314	12 313	6 259	6 055	10 587	5 392	5 195
30-34	17 125	8 640	8 485	15 161	7 663	7 498	14 784	7 486	7 298	12 270	6 227	6 043
35-39	17 051	8 559	8 493	17 022	8 566	8 456	15 081	7 607	7 474	14 716	7 439	7 277
40-44	16 167	8 067	8 100	16 910	8 462	8 448	16 898	8 483	8 415	14 985	7 544	7 441
45-49	16 715	8 268	8 447	15 976	7 942	8 034	16 733	8 349	8 385	16 743	8 385	8 357
50-54	16 860	8 245	8 615	16 432	8 088	8 344	15 735	7 791	7 944	16 509	8 211	8 299
55-59	15 070	7 260	7 811	16 449	7 988	8 461	16 073	7 867	8 206	15 428	7 603	7 824
60-64	12 819	6 042	6 777	14 541	6 936	7 605	15 928	7 672	8 256	15 615	7 590	8 025
65-69	11 247	5 162	6 085	12 163	5 653	6 511	13 866	6 535	7 330	15 257	7 275	7 982
70-74	9 761	4 349	5 412	10 381	4 663	5 718	11 304	5 156	6 147	12 967	6 016	6 952
75-79	7 086	3 036	4 049	8 597	3 711	4 886	9 233	4 033	5 200	10 145	4 517	5 629
80+	…	…	…	…	…	…	…	…	…	…	…	…
80-84	4 648	1 874	2 774	5 737	2 337	3 400	7 060	2 911	4 149	7 683	3 222	4 462
85-89	2 423	877	1 546	3 221	1 182	2 039	4 058	1 515	2 543	5 092	1 939	3 153
90-94	940	282	658	1 298	395	903	1 774	553	1 222	2 297	736	1 561
95-99	270	60	211	346	77	269	495	113	382	701	166	534
100+	43	6	37	63	9	54	85	12	73	125	18	106

年齢	2055			2060		
	総数	男	女	総数	男	女
総数	206 078	100 370	105 709	199 125	97 067	102 058
0-4	6 089	3 118	2 971	5 560	2 847	2 713
5-9	6 753	3 457	3 295	6 084	3 115	2 969
10-14	7 484	3 832	3 653	6 750	3 456	3 294
15-19	8 203	4 198	4 005	7 479	3 828	3 651
20-24	8 818	4 506	4 311	8 189	4 188	4 002
25-29	9 295	4 741	4 554	8 798	4 491	4 306
30-34	10 554	5 368	5 186	9 270	4 723	4 546
35-39	12 221	6 194	6 027	10 517	5 344	5 173
40-44	14 634	7 386	7 247	12 160	6 155	6 004
45-49	14 862	7 468	7 394	14 526	7 320	7 205
50-54	16 541	8 263	8 278	14 701	7 371	7 330
55-59	16 218	8 035	8 183	16 276	8 105	8 172
60-64	15 030	7 365	7 665	15 837	7 808	8 029
65-69	15 017	7 239	7 779	14 502	7 054	7 448
70-74	14 351	6 751	7 599	14 190	6 759	7 431
75-79	11 735	5 331	6 403	13 074	6 036	7 037
80+	…	…	…	…	…	…
80-84	8 546	3 671	4 875	9 983	4 391	5 592
85-89	5 646	2 203	3 442	6 374	2 563	3 811
90-94	2 960	979	1 981	3 355	1 148	2 207
95-99	938	233	705	1 245	323	922
100+	183	28	155	257	42	215

性・年齢別人口（千人）

年齢	1960			1965			1970			1975		
	総数	男	女	総数	男	女	総数	男	女	総数	男	女
総数	82	42	40	103	53	50	130	67	63	161	83	78
0-4	16	8	8	19	10	9	21	11	10	25	13	12
5-9	13	6	6	16	8	8	19	10	9	21	11	10
10-14	7	4	3	13	7	6	16	8	8	19	10	9
15-19	6	3	3	7	4	3	13	7	7	17	9	8
20-24	6	3	3	7	3	3	9	4	4	15	8	7
25-29	6	3	3	7	4	3	8	4	4	10	5	5
30-34	6	3	3	7	4	3	8	4	4	10	5	5
35-39	5	3	2	6	3	3	8	4	4	10	5	5
40-44	4	2	2	5	3	2	7	4	3	9	5	4
45-49	3	2	2	4	2	2	6	3	3	7	4	3
50-54	3	1	1	3	2	2	4	2	2	6	3	3
55-59	2	1	1	3	1	1	3	2	2	4	2	2
60-64	2	1	1	2	1	1	3	1	1	3	2	2
65-69	1	1	1	2	1	1	2	1	1	2	1	1
70-74	1	0	1	1	1	1	1	1	1	2	1	1
75-79	1	0	0	1	0	0	1	0	0	1	1	1
80+	0	0	0	0	0	0	1	0	0	1	0	0
80-84	…	…	…	…	…	…	…	…	…	…	…	…
85-89	…	…	…	…	…	…	…	…	…	…	…	…
90-94	…	…	…	…	…	…	…	…	…	…	…	…
95-99	…	…	…	…	…	…	…	…	…	…	…	…
100+	…	…	…	…	…	…	…	…	…	…	…	…

年齢	1980			1985			1990			1995		
	総数	男	女	総数	男	女	総数	男	女	総数	男	女
総数	193	103	90	223	118	105	257	136	121	295	155	140
0-4	29	15	14	31	16	15	34	18	16	37	19	18
5-9	24	13	12	29	15	14	29	15	14	32	17	15
10-14	21	11	11	25	13	12	26	13	12	28	14	14
15-19	20	11	10	21	11	11	23	12	11	27	14	13
20-24	23	12	10	21	11	10	26	13	13	28	14	14
25-29	20	11	9	23	12	11	27	14	13	33	16	17
30-34	14	8	6	20	11	9	27	14	12	27	14	13
35-39	10	6	4	14	8	7	21	12	9	26	14	11
40-44	8	4	4	10	6	4	14	8	6	20	11	9
45-49	7	3	3	8	4	4	8	5	4	13	7	5
50-54	5	3	2	7	3	3	7	4	3	7	4	3
55-59	4	2	2	5	3	2	5	2	3	5	3	2
60-64	3	2	1	4	2	2	4	2	2	5	2	2
65-69	2	1	1	2	1	1	3	1	1	3	2	1
70-74	2	1	1	2	1	1	2	1	1	2	1	1
75-79	1	1	0	1	1	1	1	1	1	1	1	1
80+	1	0	0	1	0	0	…	…	…	…	…	…
80-84	…	…	…	…	…	…	1	0	0	1	0	0
85-89	…	…	…	…	…	…	0	0	0	0	0	0
90-94	…	…	…	…	…	…	0	0	0	0	0	0
95-99	…	…	…	…	…	…	0	0	0	0	0	0
100+	…	…	…	…	…	…	0	0	0	0	0	0

年齢	2000			2005			2010			2015		
	総数	男	女	総数	男	女	総数	男	女	総数	男	女
総数	331	168	162	362	186	176	393	203	190	423	218	205
0-4	34	18	17	32	17	16	30	16	15	34	17	16
5-9	35	18	17	34	18	17	34	17	16	30	16	15
10-14	32	17	15	34	18	16	35	18	17	34	17	16
15-19	28	14	14	31	16	15	35	18	17	36	19	17
20-24	33	15	17	35	18	18	38	20	18	35	18	17
25-29	36	18	18	37	19	18	39	21	18	38	20	18
30-34	34	17	17	35	18	17	37	19	18	39	21	19
35-39	29	15	14	31	16	15	34	17	16	37	19	18
40-44	24	13	11	27	14	13	30	15	15	34	17	16
45-49	17	9	8	21	11	10	25	13	12	30	15	15
50-54	11	6	5	15	8	7	20	10	9	24	13	12
55-59	6	3	3	10	5	5	14	7	7	19	10	9
60-64	5	2	3	7	3	3	9	4	4	14	7	7
65-69	4	2	2	4	2	2	5	3	2	8	4	4
70-74	2	1	1	3	1	1	4	2	2	5	2	2
75-79	1	1	1	2	1	1	3	1	1	3	1	2
80+	…	…	…	…	…	…	…	…	…	…	…	…
80-84	1	0	0	1	1	1	1	1	1	2	1	1
85-89	0	0	0	0	0	0	1	0	0	1	0	0
90-94	0	0	0	0	0	0	0	0	0	0	0	0
95-99	0	0	0	0	0	0	0	0	0	0	0	0
100+	0	0	0	0	0	0	0	0	0	0	0	0

性・年齢別人口（千人）

年齢	2015			2020			2025			2030		
	総数	男	女	総数	男	女	総数	男	女	総数	男	女
総数	423	218	205	450	232	219	475	244	231	496	254	242
0-4	34	17	16	32	17	16	31	16	15	29	15	14
5-9	30	16	15	34	17	16	32	17	16	31	16	15
10-14	34	17	16	30	16	15	34	17	16	32	17	16
15-19	36	19	17	34	17	16	31	16	15	34	17	17
20-24	35	18	17	36	19	17	34	17	17	31	16	17
25-29	38	20	18	36	18	17	36	19	17	34	18	17
30-34	39	21	19	39	20	19	36	18	17	36	19	18
35-39	37	19	18	39	21	19	39	20	19	36	18	17
40-44	34	17	16	37	19	18	39	21	19	39	20	19
45-49	30	15	15	34	17	16	37	19	18	39	21	19
50-54	24	13	12	30	15	15	33	17	16	37	19	18
55-59	19	10	9	24	12	12	29	15	14	33	17	16
60-64	14	7	7	19	10	9	23	12	11	29	14	14
65-69	8	4	4	13	6	6	18	9	9	22	11	11
70-74	5	2	2	7	3	4	12	6	6	17	8	8
75-79	3	1	2	4	2	2	6	3	3	10	5	5
80+	…	…	…	…	…	…	…	…	…	…	…	…
80-84	2	1	1	2	1	1	3	1	2	5	2	3
85-89	1	0	0	1	0	1	1	1	1	2	1	1
90-94	0	0	0	0	0	0	0	0	0	1	0	0
95-99	0	0	0	0	0	0	0	0	0	0	0	0
100+	0	0	0	0	0	0	0	0	0	0	0	0

年齢	2035			2040			2045			2050		
	総数	男	女	総数	男	女	総数	男	女	総数	男	女
総数	513	263	251	528	270	258	539	275	264	546	279	268
0-4	28	14	14	27	14	13	27	14	13	27	14	13
5-9	29	15	14	28	14	14	27	14	13	27	14	13
10-14	31	16	15	29	15	14	28	14	14	27	14	13
15-19	33	17	16	31	16	15	29	15	14	28	14	14
20-24	34	18	17	33	17	16	31	16	15	30	15	14
25-29	31	16	15	35	18	17	33	17	16	32	16	15
30-34	35	18	17	31	16	15	35	18	17	33	17	16
35-39	37	19	18	35	18	17	31	16	15	35	18	17
40-44	36	18	18	37	19	18	35	18	17	32	16	15
45-49	39	20	19	36	18	18	37	19	18	35	18	17
50-54	39	21	19	38	20	18	36	18	17	36	19	18
55-59	36	19	17	39	20	18	38	20	18	35	18	17
60-64	32	16	16	36	18	17	38	20	18	38	20	18
65-69	28	14	14	31	16	15	35	18	17	37	19	18
70-74	21	11	10	26	13	13	30	15	15	33	17	16
75-79	15	7	7	19	9	9	23	11	12	27	13	14
80+	…	…	…	…	…	…	…	…	…	…	…	…
80-84	8	4	4	12	6	6	15	7	8	19	9	10
85-89	3	1	2	5	2	3	8	4	4	10	5	5
90-94	1	0	0	1	1	1	2	1	1	4	2	2
95-99	0	0	0	0	0	0	0	0	0	1	0	1
100+	0	0	0	0	0	0	0	0	0	0	0	0

年齢	2055			2060		
	総数	男	女	総数	男	女
総数	549	280	269	549	280	269
0-4	26	13	13	25	13	12
5-9	27	14	13	26	13	13
10-14	27	14	13	27	14	13
15-19	28	14	13	27	14	13
20-24	28	15	14	28	14	14
25-29	30	15	15	29	15	14
30-34	32	16	15	30	15	15
35-39	34	17	16	32	16	16
40-44	35	18	17	34	17	16
45-49	32	16	15	35	18	17
50-54	35	18	17	32	16	15
55-59	36	19	17	35	18	17
60-64	35	18	17	36	19	17
65-69	37	19	18	34	18	17
70-74	36	19	17	36	18	17
75-79	30	15	15	33	17	16
80+	…	…	…	…	…	…
80-84	23	11	12	26	13	13
85-89	13	6	7	16	8	9
90-94	5	2	3	7	3	4
95-99	1	0	1	2	1	1
100+	0	0	0	0	0	0

Brunei Darussalam

性・年齢別人口（千人）

年齢	2015 総数	男	女	2020 総数	男	女	2025 総数	男	女	2030 総数	男	女
総数	423	218	205	455	234	221	486	250	237	516	264	251
0-4	34	17	16	37	19	18	38	19	18	38	19	18
5-9	30	16	15	34	17	16	37	19	18	38	19	18
10-14	34	17	16	30	16	15	34	17	16	37	19	18
15-19	36	19	17	34	17	16	31	16	15	34	17	17
20-24	35	18	17	36	19	17	34	17	17	31	16	15
25-29	38	20	18	36	18	17	36	19	17	34	18	17
30-34	39	21	19	39	20	19	36	18	17	36	19	18
35-39	37	19	18	39	21	19	39	20	19	36	18	17
40-44	34	17	16	37	19	18	39	21	19	39	20	19
45-49	30	15	15	34	17	16	37	19	18	39	21	19
50-54	24	13	12	30	15	15	33	17	16	37	19	18
55-59	19	10	9	24	12	12	29	15	14	33	17	16
60-64	14	7	7	19	10	9	23	12	11	29	14	14
65-69	8	4	4	13	6	6	18	9	9	22	11	11
70-74	5	2	2	7	3	4	12	6	6	17	8	8
75-79	3	1	2	4	2	2	6	3	3	10	5	5
80+	...	...	...	...	...	...	...	...	...	...	...	...
80-84	2	1	1	2	1	1	3	1	2	5	2	3
85-89	1	0	0	1	0	1	1	1	1	2	1	1
90-94	0	0	0	0	0	0	0	0	0	1	0	0
95-99	0	0	0	0	0	0	0	0	0	0	0	0
100+	0	0	0	0	0	0	0	0	0	0	0	0

年齢	2035 総数	男	女	2040 総数	男	女	2045 総数	男	女	2050 総数	男	女
総数	542	277	264	565	289	276	586	300	287	606	310	297
0-4	36	19	18	36	19	18	38	19	18	39	20	19
5-9	38	19	18	36	19	18	36	19	18	38	19	18
10-14	38	19	18	38	19	18	36	19	18	36	19	18
15-19	37	19	18	38	19	18	38	19	18	36	19	18
20-24	34	18	17	37	19	18	38	20	19	38	20	19
25-29	31	16	15	35	18	17	38	19	18	38	20	19
30-34	35	18	17	31	16	15	35	18	17	38	19	18
35-39	37	19	18	35	18	17	31	16	15	35	18	17
40-44	36	18	18	37	19	18	35	18	17	32	16	15
45-49	39	20	19	36	18	18	37	19	18	35	18	17
50-54	39	21	19	38	20	18	36	18	17	36	19	18
55-59	36	19	17	39	20	18	38	20	18	35	18	17
60-64	32	16	16	36	18	17	38	20	18	38	20	18
65-69	28	14	14	31	16	15	35	18	17	37	19	18
70-74	21	11	10	26	13	13	30	15	15	33	17	16
75-79	15	7	7	19	9	9	23	11	12	27	13	14
80+	...	...	...	...	...	...	...	...	...	...	...	...
80-84	8	4	4	12	6	6	15	7	8	19	9	10
85-89	3	1	2	5	2	3	8	4	4	10	5	5
90-94	1	0	0	1	1	1	2	1	1	4	2	2
95-99	0	0	0	0	0	0	0	0	0	1	0	1
100+	0	0	0	0	0	0	0	0	0	0	0	0

年齢	2055 総数	男	女	2060 総数	男	女
総数	624	319	306	639	326	313
0-4	41	21	20	41	21	20
5-9	39	20	19	41	21	20
10-14	38	19	18	40	20	19
15-19	36	19	18	38	19	18
20-24	37	19	18	37	19	18
25-29	38	20	19	37	19	18
30-34	39	20	19	39	20	19
35-39	38	19	19	39	20	19
40-44	35	18	17	38	20	19
45-49	32	16	15	35	18	17
50-54	35	18	17	32	16	15
55-59	36	19	17	35	18	17
60-64	35	18	17	36	19	17
65-69	37	19	18	34	18	17
70-74	36	19	17	36	18	17
75-79	30	15	15	33	17	16
80+	...	...	...	...	...	...
80-84	23	11	12	26	13	13
85-89	13	6	7	16	8	9
90-94	5	2	3	7	3	4
95-99	1	0	1	2	1	1
100+	0	0	0	0	0	0

性・年齢別人口（千人）

年齢	2015			2020			2025			2030		
	総数	男	女	総数	男	女	総数	男	女	総数	男	女
総数	423	218	205	446	229	217	463	238	226	476	244	232
0-4	34	17	16	28	14	14	24	12	12	21	11	10
5-9	30	16	15	34	17	16	28	14	14	24	12	12
10-14	34	17	16	30	16	15	34	17	16	28	14	14
15-19	36	19	17	34	17	16	31	16	15	34	17	17
20-24	35	18	17	36	19	17	34	17	17	31	16	15
25-29	38	20	18	36	18	17	36	19	17	34	18	17
30-34	39	21	19	39	20	19	36	18	17	36	19	18
35-39	37	19	18	39	21	19	39	20	19	36	18	17
40-44	34	17	16	37	19	18	39	21	19	39	20	19
45-49	30	15	15	34	17	16	37	19	18	39	21	19
50-54	24	13	12	30	15	15	33	17	16	37	19	18
55-59	19	10	9	24	12	12	29	15	14	33	17	16
60-64	14	7	7	19	10	9	23	12	11	29	14	14
65-69	8	4	4	13	6	6	18	9	9	22	11	11
70-74	5	2	2	7	3	4	12	6	6	17	8	8
75-79	3	1	2	4	2	2	6	3	3	10	5	5
80+	…	…	…	…	…	…	…	…	…	…	…	…
80-84	2	1	1	2	1	1	3	1	2	5	2	3
85-89	1	0	0	1	0	1	1	1	1	2	1	1
90-94	0	0	0	0	0	0	0	0	0	1	0	0
95-99	0	0	0	0	0	0	0	0	0	0	0	0
100+	0	0	0	0	0	0	0	0	0	0	0	0

年齢	2035			2040			2045			2050		
	総数	男	女	総数	男	女	総数	男	女	総数	男	女
総数	485	248	237	491	251	240	493	252	241	490	250	240
0-4	20	10	10	19	10	9	18	9	9	16	8	8
5-9	21	11	10	20	10	10	19	10	9	18	9	9
10-14	24	12	12	21	11	10	20	10	10	19	10	9
15-19	28	14	14	24	12	12	21	11	10	20	10	10
20-24	34	18	17	29	15	14	24	12	12	21	11	10
25-29	31	16	15	35	18	17	29	15	14	25	13	12
30-34	35	18	17	31	16	15	35	18	17	29	15	14
35-39	37	19	18	35	18	17	31	16	15	35	18	17
40-44	36	18	18	37	19	18	35	18	17	32	16	15
45-49	39	20	19	36	18	18	37	19	18	35	18	17
50-54	39	21	19	38	20	18	36	18	17	36	19	18
55-59	36	19	17	39	20	18	38	20	18	35	18	17
60-64	32	16	16	36	18	17	38	20	18	38	20	18
65-69	28	14	14	31	16	15	35	18	17	37	19	18
70-74	21	11	10	26	13	13	30	15	15	33	17	16
75-79	15	7	7	19	9	9	23	11	12	27	13	14
80+	…	…	…	…	…	…	…	…	…	…	…	…
80-84	8	4	4	12	6	6	15	7	8	19	9	10
85-89	3	1	2	5	2	3	8	4	4	10	5	5
90-94	1	0	0	1	1	1	2	1	1	4	2	2
95-99	0	0	0	0	0	0	0	0	0	1	0	1
100+	0	0	0	0	0	0	0	0	0	0	0	0

年齢	2055			2060		
	総数	男	女	総数	男	女
総数	482	245	236	469	239	230
0-4	14	7	7	13	7	6
5-9	16	8	8	15	7	7
10-14	18	9	9	16	8	8
15-19	19	10	9	18	9	9
20-24	20	10	10	19	10	9
25-29	22	11	10	20	10	10
30-34	25	13	12	22	11	11
35-39	29	15	14	25	13	12
40-44	35	18	17	29	15	14
45-49	32	16	15	35	18	17
50-54	35	18	17	32	16	15
55-59	36	19	17	35	18	17
60-64	35	18	17	36	19	17
65-69	37	19	18	34	18	17
70-74	36	19	17	36	18	17
75-79	30	15	15	33	17	16
80+	…	…	…	…	…	…
80-84	23	11	12	26	13	13
85-89	13	6	7	16	8	9
90-94	5	2	3	7	3	4
95-99	1	0	1	2	1	1
100+	0	0	0	0	0	0

Bulgaria

推計値

年齢	1960 総数	男	女	1965 総数	男	女	1970 総数	男	女	1975 総数	男	女
総数	7 866	3 929	3 937	8 207	4 103	4 103	8 495	4 248	4 247	8 727	4 359	4 368
0-4	660	338	323	642	330	313	646	331	315	677	348	329
5-9	688	351	337	656	335	321	633	324	308	637	327	310
10-14	703	358	345	687	351	337	660	337	323	628	322	306
15-19	591	300	291	695	353	342	680	347	333	649	331	317
20-24	579	291	289	584	295	289	688	349	339	667	338	329
25-29	657	330	327	576	289	287	575	289	286	680	344	336
30-34	663	334	329	654	329	325	574	288	286	570	286	284
35-39	650	324	325	658	331	326	649	327	322	568	284	284
40-44	394	197	197	644	321	323	650	327	323	639	321	318
45-49	506	256	250	388	193	194	634	315	318	636	319	317
50-54	480	242	238	494	249	244	377	188	190	613	304	309
55-59	401	200	200	463	231	232	475	238	237	362	177	186
60-64	307	147	160	377	185	192	436	213	222	447	220	227
65-69	214	97	117	275	130	145	337	162	175	387	185	201
70-74	176	75	101	177	78	99	229	105	124	278	128	150
75-79	119	54	65	129	54	75	129	55	74	163	72	91
80+	80	37	43	109	48	60	124	52	72	125	51	74
80-84	…	…	…	…	…	…	…	…	…	…	…	…
85-89	…	…	…	…	…	…	…	…	…	…	…	…
90-94	…	…	…	…	…	…	…	…	…	…	…	…
95-99	…	…	…	…	…	…	…	…	…	…	…	…
100+	…	…	…	…	…	…	…	…	…	…	…	…

年齢	1980 総数	男	女	1985 総数	男	女	1990 総数	男	女	1995 総数	男	女
総数	8 865	4 418	4 447	8 960	4 446	4 514	8 821	4 349	4 472	8 358	4 093	4 265
0-4	677	347	330	606	311	295	557	285	272	419	215	204
5-9	660	339	321	673	345	328	585	301	285	521	267	254
10-14	624	321	303	658	338	320	650	333	317	556	286	270
15-19	622	319	303	615	316	300	641	328	313	614	315	299
20-24	632	323	309	609	311	299	588	300	288	595	303	292
25-29	652	328	324	629	319	310	583	294	288	553	281	272
30-34	669	336	333	648	325	323	609	306	304	549	276	273
35-39	562	282	281	665	333	332	630	314	315	573	286	287
40-44	558	278	280	555	277	278	646	321	325	593	294	300
45-49	624	312	312	546	271	276	535	265	270	611	301	311
50-54	612	305	308	606	300	306	523	256	267	503	245	258
55-59	582	285	297	585	286	299	573	278	295	485	232	253
60-64	336	160	176	546	259	286	541	258	284	523	247	276
65-69	398	190	208	297	138	159	484	221	263	474	217	257
70-74	315	146	169	327	150	178	245	109	135	395	171	224
75-79	200	88	112	227	100	128	236	102	135	178	74	103
80+	143	60	83	168	69	99	…	…	…	…	…	…
80-84	…	…	…	…	…	…	133	54	79	142	56	86
85-89	…	…	…	…	…	…	49	19	30	59	22	36
90-94	…	…	…	…	…	…	12	5	7	14	5	9
95-99	…	…	…	…	…	…	2	1	1	2	1	1
100+	…	…	…	…	…	…	0	0	0	0	0	0

年齢	2000 総数	男	女	2005 総数	男	女	2010 総数	男	女	2015 総数	男	女
総数	8 001	3 898	4 102	7 683	3 740	3 942	7 407	3 606	3 801	7 150	3 473	3 676
0-4	330	169	160	317	163	154	359	184	175	337	173	164
5-9	407	209	198	331	170	160	318	164	154	357	183	174
10-14	517	265	252	401	205	195	325	167	158	317	163	154
15-19	544	280	265	502	257	245	386	198	188	319	164	155
20-24	589	302	287	536	277	259	493	254	239	375	193	182
25-29	572	292	281	554	286	268	501	261	240	482	248	234
30-34	538	273	265	550	281	269	532	275	257	492	255	236
35-39	536	269	267	535	273	262	547	281	265	524	270	253
40-44	558	278	280	516	260	255	515	265	251	538	276	262
45-49	573	282	291	536	266	270	495	250	245	504	257	247
50-54	586	284	302	558	274	285	523	259	264	480	239	240
55-59	476	226	250	555	264	292	530	254	276	499	242	257
60-64	447	207	240	454	209	245	528	243	286	494	229	265
65-69	463	209	254	408	181	227	416	183	233	478	210	269
70-74	391	169	222	391	167	225	349	146	203	359	149	210
75-79	288	116	173	292	117	175	299	118	181	276	107	169
80+	…	…	…	…	…	…	…	…	…	…	…	…
80-84	107	41	66	179	66	113	187	69	119	198	72	126
85-89	60	22	38	48	17	31	85	29	56	92	31	61
90-94	15	5	10	17	6	11	15	5	10	26	9	17
95-99	2	1	1	2	1	2	3	1	2	2	1	2
100+	0	0	0	0	0	0	0	0	0	0	0	0

性・年齢別人口（千人）

年齢	2015			2020			2025			2030		
	総数	男	女	総数	男	女	総数	男	女	総数	男	女
総数	7 150	3 473	3 676	6 884	3 340	3 544	6 603	3 202	3 402	6 300	3 054	3 247
0-4	337	173	164	327	168	159	302	155	147	273	140	133
5-9	357	183	174	335	172	163	325	167	158	300	154	146
10-14	317	163	154	356	182	173	334	171	162	324	166	157
15-19	319	164	155	311	160	150	350	179	170	328	169	159
20-24	375	193	182	308	159	149	300	155	145	339	174	165
25-29	482	248	234	365	187	177	298	153	144	290	150	140
30-34	492	255	236	474	244	230	356	183	174	290	149	141
35-39	524	270	253	484	251	233	466	239	227	350	179	171
40-44	538	276	262	515	265	250	477	246	230	459	235	224
45-49	504	257	247	527	269	258	505	259	247	467	240	227
50-54	480	239	240	489	247	242	512	258	254	491	249	242
55-59	499	242	257	458	224	234	468	232	236	491	243	248
60-64	494	229	265	467	219	247	430	204	226	440	212	228
65-69	478	210	269	449	199	250	426	192	234	394	180	214
70-74	359	149	210	416	172	244	392	165	228	374	160	214
75-79	276	107	169	286	110	176	334	129	205	318	125	193
80+	…	…	…	…	…	…	…	…	…	…	…	…
80-84	198	72	126	186	67	119	196	70	126	232	82	149
85-89	92	31	61	100	34	66	95	32	64	103	34	69
90-94	26	9	17	29	10	19	33	10	22	32	10	22
95-99	2	1	2	4	2	3	5	2	3	6	2	4
100+	0	0	0	0	0	0	0	0	0	0	0	0

年齢	2035			2040			2045			2050		
	総数	男	女	総数	男	女	総数	男	女	総数	男	女
総数	5 989	2 904	3 085	5 691	2 762	2 929	5 415	2 630	2 785	5 154	2 505	2 648
0-4	257	132	125	257	132	125	258	133	125	250	128	121
5-9	272	140	132	255	131	124	255	131	124	256	132	124
10-14	299	154	145	270	139	131	254	131	123	254	131	123
15-19	318	163	154	293	151	142	264	136	128	248	128	120
20-24	317	163	154	307	158	149	283	146	137	254	131	123
25-29	329	169	160	307	158	149	297	153	144	273	141	132
30-34	282	146	137	321	165	156	299	154	145	289	149	140
35-39	283	146	138	276	142	134	315	161	154	293	151	143
40-44	344	175	168	278	143	136	271	139	132	309	158	151
45-49	450	229	221	337	171	166	273	139	134	266	136	130
50-54	455	232	223	439	221	217	329	165	163	266	135	131
55-59	472	235	237	438	220	218	424	211	213	318	158	160
60-64	464	224	240	447	217	230	416	204	212	404	197	207
65-69	405	188	217	428	200	228	415	195	219	388	185	203
70-74	347	151	197	359	159	200	382	171	211	372	168	204
75-79	305	122	183	286	117	169	298	125	173	320	135	184
80+	…	…	…	…	…	…	…	…	…	…	…	…
80-84	223	81	142	217	81	136	206	78	128	218	85	133
85-89	124	41	84	122	41	82	122	41	80	118	41	77
90-94	36	11	25	45	13	31	46	14	32	47	15	33
95-99	6	2	4	7	2	5	9	3	7	10	3	7
100+	1	0	0	1	0	0	1	0	1	1	0	1

年齢	2055			2060		
	総数	男	女	総数	男	女
総数	4 898	2 384	2 513	4 645	2 266	2 379
0-4	235	121	114	219	113	106
5-9	248	128	120	234	120	113
10-14	255	131	124	247	127	120
15-19	248	128	120	250	129	121
20-24	239	123	115	239	123	116
25-29	245	126	118	230	119	111
30-34	265	137	129	238	123	115
35-39	284	146	138	260	134	126
40-44	288	148	141	279	143	136
45-49	304	155	149	284	145	139
50-54	260	132	128	298	151	147
55-59	258	129	129	252	127	125
60-64	304	148	155	247	121	125
65-69	378	179	199	285	136	149
70-74	350	161	189	343	157	186
75-79	314	135	179	297	130	167
80+	…	…	…	…	…	…
80-84	237	94	143	236	95	140
85-89	128	46	82	142	52	90
90-94	47	15	33	53	17	36
95-99	11	3	8	11	3	8
100+	1	0	1	1	0	1

Bulgaria

性・年齢別人口（千人）

年齢	2015			2020			2025			2030		
	総数	男	女	総数	男	女	総数	男	女	総数	男	女
総数	7 150	3 473	3 676	6 936	3 367	3 569	6 728	3 266	3 462	6 506	3 159	3 347
0-4	337	173	164	378	195	184	375	193	182	354	182	172
5-9	357	183	174	335	172	163	377	194	183	374	192	181
10-14	317	163	154	356	182	173	334	171	162	375	193	182
15-19	319	164	155	311	160	150	350	179	170	328	169	159
20-24	375	193	182	308	159	149	300	155	145	339	174	165
25-29	482	248	234	365	187	177	298	153	144	290	150	140
30-34	492	255	236	474	244	230	356	183	174	290	149	141
35-39	524	270	253	484	251	233	466	239	227	350	179	171
40-44	538	276	262	515	265	250	477	246	230	459	235	224
45-49	504	257	247	527	269	258	505	259	247	467	240	227
50-54	480	239	240	489	247	242	512	258	254	491	249	242
55-59	499	242	257	458	224	234	468	232	236	491	243	248
60-64	494	229	265	467	219	247	430	204	226	440	212	228
65-69	478	210	269	449	199	250	426	192	234	394	180	214
70-74	359	149	210	416	172	244	392	165	228	374	160	214
75-79	276	107	169	286	110	176	334	129	205	318	125	193
80+	...	...	...	...	...	...	...	...	...	...	...	...
80-84	198	72	126	186	67	119	196	70	126	232	82	149
85-89	92	31	61	100	34	66	95	32	64	103	34	69
90-94	26	9	17	29	10	19	33	10	22	32	10	22
95-99	2	1	2	4	2	3	5	2	3	6	2	4
100+	0	0	0	0	0	0	0	0	0	0	0	0

年齢	2035			2040			2045			2050		
	総数	男	女	総数	男	女	総数	男	女	総数	男	女
総数	6 271	3 049	3 222	6 052	2 947	3 105	5 867	2 863	3 005	5 718	2 795	2 923
0-4	333	171	162	336	173	163	349	180	170	362	186	176
5-9	352	181	171	331	170	161	335	172	163	348	179	169
10-14	372	191	181	351	181	171	330	170	160	333	172	162
15-19	369	190	179	366	188	178	345	178	167	324	167	157
20-24	317	163	154	359	185	174	356	183	172	335	172	162
25-29	329	169	160	307	158	149	348	179	169	346	178	168
30-34	282	146	137	321	165	156	299	154	145	340	175	165
35-39	283	146	138	276	142	134	315	161	154	293	151	143
40-44	344	175	168	278	143	136	271	139	132	309	158	151
45-49	450	229	221	337	171	166	273	139	134	266	136	130
50-54	455	232	223	439	221	217	329	165	163	266	135	131
55-59	472	235	237	438	220	218	424	211	213	318	158	160
60-64	464	224	240	447	217	230	416	204	212	404	197	207
65-69	405	188	217	428	200	228	415	195	219	388	185	203
70-74	347	151	197	359	159	200	382	171	211	372	168	204
75-79	305	122	183	286	117	169	298	125	173	320	135	184
80+	...	...	...	...	...	...	...	...	...	...	...	...
80-84	223	81	142	217	81	136	206	78	128	218	85	133
85-89	124	41	84	122	41	82	122	41	80	118	41	77
90-94	36	11	25	45	13	31	46	14	32	47	15	33
95-99	6	2	4	7	2	5	9	3	7	10	3	7
100+	1	0	0	1	0	0	1	0	1	1	0	1

年齢	2055			2060		
	総数	男	女	総数	男	女
総数	5 593	2 742	2 852	5 482	2 696	2 786
0-4	368	189	178	362	186	176
5-9	360	185	175	366	188	178
10-14	347	178	168	359	185	174
15-19	328	169	159	341	176	166
20-24	314	162	152	319	164	154
25-29	325	168	158	305	158	148
30-34	338	174	164	318	164	154
35-39	335	172	163	333	171	161
40-44	288	148	141	330	169	161
45-49	304	155	149	284	145	139
50-54	260	132	128	298	151	147
55-59	258	129	129	252	127	125
60-64	304	148	155	247	121	125
65-69	378	179	199	285	136	149
70-74	350	161	189	343	157	186
75-79	314	135	179	297	130	167
80+	...	...	...	...	...	...
80-84	237	94	143	236	95	140
85-89	128	46	82	142	52	90
90-94	47	15	33	53	17	36
95-99	11	3	8	11	3	8
100+	1	0	1	1	0	1

性・年齢別人口（千人）

年齢	2015 総数	男	女	2020 総数	男	女	2025 総数	男	女	2030 総数	男	女
総数	7 150	3 473	3 676	6 833	3 314	3 519	6 478	3 137	3 341	6 094	2 948	3 147
0-4	337	173	164	275	141	134	228	117	111	192	99	93
5-9	357	183	174	335	172	163	273	141	133	227	117	110
10-14	317	163	154	356	182	173	334	171	162	272	140	132
15-19	319	164	155	311	160	150	350	179	170	328	169	159
20-24	375	193	182	308	159	149	300	155	145	339	174	165
25-29	482	248	234	365	187	177	298	153	144	290	150	140
30-34	492	255	236	474	244	230	356	183	174	290	149	141
35-39	524	270	253	484	251	233	466	239	227	350	179	171
40-44	538	276	262	515	265	250	477	246	230	459	235	224
45-49	504	257	247	527	269	258	505	259	247	467	240	227
50-54	480	239	240	489	247	242	512	258	254	491	249	242
55-59	499	242	257	458	224	234	468	232	236	491	243	248
60-64	494	229	265	467	219	247	430	204	226	440	212	228
65-69	478	210	269	449	199	250	426	192	234	394	180	214
70-74	359	149	210	416	172	244	392	165	228	374	160	214
75-79	276	107	169	286	110	176	334	129	205	318	125	193
80+	…	…	…	…	…	…	…	…	…	…	…	…
80-84	198	72	126	186	67	119	196	70	126	232	82	149
85-89	92	31	61	100	34	66	95	32	64	103	34	69
90-94	26	9	17	29	10	19	33	10	22	32	10	22
95-99	2	1	2	4	2	3	5	2	3	6	2	4
100+	0	0	0	0	0	0	0	0	0	0	0	0

年齢	2035 総数	男	女	2040 総数	男	女	2045 総数	男	女	2050 総数	男	女
総数	5 708	2 759	2 949	5 333	2 578	2 755	4 975	2 404	2 571	4 620	2 231	2 389
0-4	181	93	88	180	93	87	174	90	85	156	80	76
5-9	191	98	93	180	93	87	178	92	87	173	89	84
10-14	225	116	109	189	97	92	179	92	87	177	91	86
15-19	266	137	129	220	113	106	184	95	89	173	89	84
20-24	317	163	154	256	132	124	209	108	101	174	90	84
25-29	329	169	160	307	158	149	246	127	119	200	103	96
30-34	282	146	137	321	165	156	299	154	145	238	123	115
35-39	283	146	138	276	142	134	315	161	154	293	151	143
40-44	344	175	168	278	143	136	271	139	132	309	158	151
45-49	450	229	221	337	171	166	273	139	134	266	136	130
50-54	455	232	223	439	221	217	329	165	163	266	135	131
55-59	472	235	237	438	220	218	424	211	213	318	158	160
60-64	464	224	240	447	217	230	416	204	212	404	197	207
65-69	405	188	217	428	200	228	415	195	219	388	185	203
70-74	347	151	197	359	159	200	382	171	211	372	168	204
75-79	305	122	183	286	117	169	298	125	173	320	135	184
80+	…	…	…	…	…	…	…	…	…	…	…	…
80-84	223	81	142	217	81	136	206	78	128	218	85	133
85-89	124	41	84	122	41	82	122	41	80	118	41	77
90-94	36	11	25	45	13	31	46	14	32	47	15	33
95-99	6	2	4	7	2	5	9	3	7	10	3	7
100+	1	0	0	1	0	0	1	0	1	1	0	1

年齢	2055 総数	男	女	2060 総数	男	女
総数	4 262	2 058	2 204	3 903	1 885	2 018
0-4	132	68	64	112	58	54
5-9	154	79	75	130	67	63
10-14	172	88	83	153	79	74
15-19	172	89	83	167	86	81
20-24	163	85	79	163	84	79
25-29	164	85	79	155	80	75
30-34	193	100	93	158	82	76
35-39	233	120	113	188	97	91
40-44	288	148	141	229	118	111
45-49	304	155	149	284	145	139
50-54	260	132	128	298	151	147
55-59	258	129	129	252	127	125
60-64	304	148	155	247	121	125
65-69	378	179	199	285	136	149
70-74	350	161	189	343	157	186
75-79	314	135	179	297	130	167
80+	…	…	…	…	…	…
80-84	237	94	143	236	95	140
85-89	128	46	82	142	52	90
90-94	47	15	33	53	17	36
95-99	11	3	8	11	3	8
100+	1	0	1	1	0	1

性・年齢別人口（千人）

年齢	1960			1965			1970			1975		
	総数	男	女	総数	男	女	総数	男	女	総数	男	女
総数	4 829	2 458	2 371	5 175	2 600	2 574	5 625	2 800	2 825	6 155	3 039	3 116
0-4	806	408	397	881	446	434	987	500	487	1 100	558	542
5-9	631	320	311	701	355	345	775	393	382	874	443	431
10-14	559	288	271	603	306	297	673	342	331	748	379	368
15-19	506	260	246	532	273	259	577	292	285	645	326	319
20-24	428	218	210	460	233	228	487	246	241	529	263	266
25-29	356	178	178	377	187	190	410	202	208	433	213	220
30-34	309	154	155	313	152	161	335	162	173	363	174	189
35-39	275	138	137	274	133	141	279	132	147	299	140	159
40-44	242	123	119	246	121	125	247	117	130	251	115	135
45-49	207	106	102	217	107	109	222	107	116	223	103	120
50-54	169	87	83	184	91	93	194	94	100	200	93	106
55-59	133	69	64	146	73	73	161	78	83	171	80	91
60-64	95	50	45	109	55	54	122	59	63	136	64	72
65-69	62	33	29	71	36	35	83	40	42	94	44	50
70-74	33	18	15	39	20	19	46	23	24	56	26	30
75-79	14	8	6	16	8	8	20	10	10	25	12	13
80+	3	2	2	5	3	2	7	3	3	9	4	5
80-84	...	...	...	...	...	...	...	...	...	...	...	...
85-89	...	...	...	...	...	...	...	...	...	...	...	...
90-94	...	...	...	...	...	...	...	...	...	...	...	...
95-99	...	...	...	...	...	...	...	...	...	...	...	...
100+	...	...	...	...	...	...	...	...	...	...	...	...

年齢	1980			1985			1990			1995		
	総数	男	女	総数	男	女	総数	男	女	総数	男	女
総数	6 823	3 345	3 478	7 728	3 776	3 952	8 811	4 306	4 505	10 090	4 943	5 147
0-4	1 278	649	630	1 476	750	726	1 663	845	818	1 891	961	930
5-9	984	499	485	1 167	592	575	1 358	689	668	1 534	779	755
10-14	848	430	418	963	488	475	1 143	580	563	1 329	675	654
15-19	717	362	355	821	415	406	936	474	463	1 115	565	550
20-24	591	293	297	668	332	335	774	387	387	890	447	444
25-29	467	225	242	533	258	275	614	300	315	723	356	367
30-34	381	181	200	418	195	223	488	230	257	571	274	297
35-39	323	149	173	344	158	185	384	174	209	454	211	244
40-44	268	121	146	294	132	162	317	142	175	358	159	198
45-49	226	101	125	245	108	138	272	119	153	295	129	166
50-54	201	90	111	207	89	118	226	96	129	252	108	144
55-59	177	80	97	181	78	103	188	79	109	206	86	120
60-64	146	66	80	155	68	87	159	67	92	165	67	98
65-69	108	49	59	120	53	67	128	55	74	131	54	78
70-74	66	30	36	80	35	45	89	38	51	95	39	55
75-79	31	14	17	40	18	23	49	21	28	54	22	32
80+	12	5	7	17	7	10	...	...	...	...	...	...
80-84	...	...	...	...	...	...	18	8	11	22	9	13
85-89	...	...	...	...	...	...	4	2	2	5	2	3
90-94	...	...	...	...	...	...	0	0	0	1	0	0
95-99	...	...	...	...	...	...	0	0	0	0	0	0
100+	...	...	...	...	...	...	0	0	0	0	0	0

年齢	2000			2005			2010			2015		
	総数	男	女	総数	男	女	総数	男	女	総数	男	女
総数	11 608	5 702	5 906	13 422	6 622	6 800	15 632	7 737	7 895	18 106	8 984	9 121
0-4	2 172	1 104	1 068	2 486	1 265	1 222	2 857	1 444	1 413	3 144	1 589	1 555
5-9	1 756	891	864	2 033	1 033	1 000	2 383	1 206	1 177	2 757	1 387	1 370
10-14	1 501	762	739	1 722	875	847	2 000	1 017	982	2 350	1 191	1 159
15-19	1 298	658	640	1 470	746	724	1 691	859	832	1 969	1 002	967
20-24	1 065	536	529	1 248	630	618	1 421	719	702	1 642	832	810
25-29	837	415	422	1 012	505	507	1 194	600	595	1 367	688	679
30-34	678	329	348	792	389	403	966	479	487	1 147	573	574
35-39	536	253	282	641	309	333	756	369	387	927	457	469
40-44	426	194	232	506	237	270	611	292	319	724	351	373
45-49	334	146	189	401	180	221	480	222	258	583	276	307
50-54	274	117	156	312	134	178	377	167	210	454	208	246
55-59	230	96	134	251	105	145	288	121	167	350	153	197
60-64	181	73	108	203	83	121	224	92	131	259	107	152
65-69	136	54	82	150	59	91	171	68	103	190	77	113
70-74	97	38	59	101	39	62	114	44	70	131	51	80
75-79	57	23	35	59	23	37	64	24	40	73	27	45
80+	...	...	...	...	...	...	...	...	...	...	...	...
80-84	24	9	15	26	10	16	28	10	18	30	11	19
85-89	6	2	4	7	3	4	8	3	5	9	3	6
90-94	1	0	1	1	0	1	1	0	1	1	0	1
95-99	0	0	0	0	0	0	0	0	0	0	0	0
100+	0	0	0	0	0	0	0	0	0	0	0	0

性・年齢別人口（千人）

年齢	2015			2020			2025			2030		
	総数	男	女	総数	男	女	総数	男	女	総数	男	女
総数	18 106	8 984	9 121	20 861	10 374	10 487	23 903	11 908	11 995	27 244	13 593	13 652
0-4	3 144	1 589	1 555	3 460	1 750	1 710	3 791	1 919	1 872	4 143	2 099	2 043
5-9	2 757	1 387	1 370	3 048	1 534	1 514	3 368	1 696	1 671	3 703	1 868	1 835
10-14	2 350	1 191	1 159	2 723	1 371	1 352	3 015	1 518	1 497	3 336	1 682	1 655
15-19	1 969	1 002	967	2 318	1 175	1 144	2 691	1 355	1 336	2 984	1 502	1 482
20-24	1 642	832	810	1 919	974	945	2 268	1 147	1 121	2 640	1 326	1 313
25-29	1 367	688	679	1 587	801	786	1 863	943	921	2 210	1 114	1 096
30-34	1 147	573	574	1 320	662	658	1 539	774	765	1 813	914	899
35-39	927	457	469	1 107	551	556	1 278	639	640	1 496	750	746
40-44	724	351	373	893	438	454	1 070	530	540	1 240	617	623
45-49	583	276	307	694	334	360	859	419	440	1 034	510	524
50-54	454	208	246	553	260	294	662	316	346	822	398	424
55-59	350	153	197	424	191	232	519	241	278	623	294	329
60-64	259	107	152	316	136	180	385	171	214	474	216	257
65-69	190	77	113	221	90	131	272	115	157	333	145	188
70-74	131	51	80	146	58	88	172	68	104	214	88	126
75-79	73	27	45	85	32	52	96	37	59	115	44	71
80+	…	…	…	…	…	…	…	…	…	…	…	…
80-84	30	11	19	35	13	22	42	15	27	49	18	31
85-89	9	3	6	10	3	6	11	4	7	14	5	9
90-94	1	0	1	2	0	1	2	1	1	2	1	1
95-99	0	0	0	0	0	0	0	0	0	0	0	0
100+	0	0	0	0	0	0	0	0	0	0	0	0

年齢	2035			2040			2045			2050		
	総数	男	女	総数	男	女	総数	男	女	総数	男	女
総数	30 859	15 414	15 445	34 695	17 345	17 350	38 689	19 350	19 338	42 789	21 404	21 385
0-4	4 484	2 274	2 209	4 785	2 429	2 356	5 046	2 564	2 482	5 273	2 682	2 591
5-9	4 059	2 050	2 009	4 405	2 228	2 177	4 712	2 385	2 326	4 979	2 524	2 455
10-14	3 673	1 853	1 819	4 030	2 036	1 994	4 378	2 214	2 164	4 686	2 372	2 314
15-19	3 306	1 665	1 640	3 643	1 837	1 806	4 001	2 020	1 981	4 349	2 197	2 151
20-24	2 933	1 474	1 459	3 256	1 637	1 619	3 593	1 808	1 785	3 951	1 990	1 961
25-29	2 581	1 293	1 288	2 875	1 440	1 435	3 198	1 603	1 595	3 535	1 773	1 762
30-34	2 158	1 085	1 073	2 528	1 263	1 265	2 821	1 409	1 412	3 143	1 570	1 573
35-39	1 769	889	879	2 112	1 059	1 053	2 479	1 235	1 244	2 771	1 380	1 391
40-44	1 456	727	728	1 726	865	861	2 065	1 032	1 033	2 429	1 206	1 223
45-49	1 202	595	606	1 414	703	711	1 680	839	842	2 015	1 002	1 012
50-54	993	486	507	1 157	569	588	1 365	674	690	1 625	806	819
55-59	777	372	404	941	456	485	1 099	535	563	1 299	636	663
60-64	571	266	305	715	338	377	869	415	453	1 017	489	528
65-69	412	185	227	499	228	271	628	292	336	766	360	406
70-74	264	113	151	329	144	185	401	179	222	508	231	277
75-79	144	58	87	180	75	106	227	97	130	280	121	158
80+	…	…	…	…	…	…	…	…	…	…	…	…
80-84	59	22	37	76	29	47	96	38	58	123	50	73
85-89	17	6	11	21	7	14	27	10	17	35	13	22
90-94	3	1	2	3	1	2	4	1	3	6	2	4
95-99	0	0	0	0	0	0	0	0	0	1	0	0
100+	0	0	0	0	0	0	0	0	0	0	0	0

年齢	2055			2060		
	総数	男	女	総数	男	女
総数	46 978	23 498	23 481	51 221	25 613	25 608
0-4	5 491	2 795	2 696	5 689	2 898	2 791
5-9	5 212	2 645	2 567	5 436	2 762	2 674
10-14	4 954	2 511	2 444	5 190	2 633	2 557
15-19	4 658	2 356	2 302	4 928	2 495	2 433
20-24	4 300	2 168	2 132	4 611	2 327	2 284
25-29	3 893	1 955	1 939	4 244	2 133	2 111
30-34	3 480	1 741	1 740	3 840	1 922	1 917
35-39	3 092	1 540	1 552	3 430	1 710	1 719
40-44	2 720	1 350	1 370	3 040	1 510	1 530
45-49	2 374	1 174	1 200	2 662	1 316	1 347
50-54	1 952	965	987	2 304	1 132	1 172
55-59	1 550	761	789	1 866	914	953
60-64	1 207	582	624	1 444	700	745
65-69	901	426	476	1 074	509	565
70-74	625	287	338	741	341	400
75-79	358	158	201	446	198	249
80+	…	…	…	…	…	…
80-84	155	64	90	202	85	117
85-89	47	18	29	61	24	37
90-94	8	3	5	11	4	7
95-99	1	0	1	1	0	1
100+	0	0	0	0	0	0

Burkina Faso

性・年齢別人口（千人）

年齢	2015 総数	男	女	2020 総数	男	女	2025 総数	男	女	2030 総数	男	女
総数	18 106	8 984	9 121	21 026	10 458	10 568	24 377	12 148	12 229	28 173	14 062	14 111
0-4	3 144	1 589	1 555	3 625	1 834	1 792	4 104	2 078	2 026	4 605	2 334	2 271
5-9	2 757	1 387	1 370	3 048	1 534	1 514	3 529	1 778	1 751	4 009	2 023	1 987
10-14	2 350	1 191	1 159	2 723	1 371	1 352	3 015	1 518	1 497	3 496	1 762	1 734
15-19	1 969	1 002	967	2 318	1 175	1 144	2 691	1 355	1 336	2 984	1 502	1 482
20-24	1 642	832	810	1 919	974	945	2 268	1 147	1 121	2 640	1 326	1 313
25-29	1 367	688	679	1 587	801	786	1 863	943	921	2 210	1 114	1 096
30-34	1 147	573	574	1 320	662	658	1 539	774	765	1 813	914	899
35-39	927	457	469	1 107	551	556	1 278	639	640	1 496	750	746
40-44	724	351	373	893	438	454	1 070	530	540	1 240	617	623
45-49	583	276	307	694	334	360	859	419	440	1 034	510	524
50-54	454	208	246	553	260	294	662	316	346	822	398	424
55-59	350	153	197	424	191	232	519	241	278	623	294	329
60-64	259	107	152	316	136	180	385	171	214	474	216	257
65-69	190	77	113	221	90	131	272	115	157	333	145	188
70-74	131	51	80	146	58	88	172	68	104	214	88	126
75-79	73	27	45	85	32	52	96	37	59	115	44	71
80+	…	…	…	…	…	…	…	…	…	…	…	…
80-84	30	11	19	35	13	22	42	15	27	49	18	31
85-89	9	3	6	10	3	6	11	4	7	14	5	9
90-94	1	0	1	2	0	1	2	1	1	2	1	1
95-99	0	0	0	0	0	0	0	0	0	0	0	0
100+	0	0	0	0	0	0	0	0	0	0	0	0

年齢	2035 総数	男	女	2040 総数	男	女	2045 総数	男	女	2050 総数	男	女
総数	32 332	16 159	16 173	36 852	18 436	18 416	41 734	20 892	20 842	46 975	23 525	23 451
0-4	5 040	2 557	2 484	5 485	2 784	2 700	5 954	3 025	2 929	6 440	3 275	3 164
5-9	4 513	2 279	2 233	4 952	2 505	2 448	5 401	2 734	2 667	5 875	2 978	2 897
10-14	3 977	2 007	1 970	4 481	2 264	2 217	4 922	2 489	2 433	5 372	2 719	2 653
15-19	3 464	1 745	1 719	3 945	1 990	1 955	4 449	2 246	2 203	4 890	2 471	2 419
20-24	2 933	1 474	1 459	3 413	1 716	1 697	3 893	1 959	1 933	4 396	2 214	2 181
25-29	2 581	1 293	1 288	2 875	1 440	1 435	3 353	1 681	1 672	3 831	1 922	1 909
30-34	2 158	1 085	1 073	2 528	1 263	1 265	2 821	1 409	1 412	3 297	1 648	1 649
35-39	1 769	889	879	2 112	1 059	1 053	2 479	1 235	1 244	2 771	1 380	1 391
40-44	1 456	727	728	1 726	865	861	2 065	1 032	1 033	2 429	1 206	1 223
45-49	1 202	595	606	1 414	703	711	1 680	839	842	2 015	1 002	1 012
50-54	993	486	507	1 157	569	588	1 365	674	690	1 625	806	819
55-59	777	372	404	941	456	485	1 099	535	563	1 299	636	663
60-64	571	266	305	715	338	377	869	415	453	1 017	489	528
65-69	412	185	227	499	228	271	628	292	336	766	360	406
70-74	264	113	151	329	144	185	401	179	222	508	231	277
75-79	144	58	87	180	75	106	227	97	130	280	121	158
80+	…	…	…	…	…	…	…	…	…	…	…	…
80-84	59	22	37	76	29	47	96	38	58	123	50	73
85-89	17	6	11	21	7	14	27	10	17	35	13	22
90-94	3	1	2	3	1	2	4	1	3	6	2	4
95-99	0	0	0	0	0	0	0	0	0	1	0	0
100+	0	0	0	0	0	0	0	0	0	0	0	0

年齢	2055 総数	男	女	2060 総数	男	女
総数	52 577	26 335	26 242	58 498	29 302	29 196
0-4	6 935	3 530	3 405	7 407	3 774	3 633
5-9	6 366	3 231	3 135	6 867	3 489	3 378
10-14	5 847	2 963	2 884	6 339	3 216	3 123
15-19	5 341	2 701	2 640	5 817	2 946	2 871
20-24	4 838	2 439	2 398	5 290	2 670	2 620
25-29	4 334	2 177	2 157	4 777	2 402	2 375
30-34	3 774	1 888	1 886	4 277	2 142	2 135
35-39	3 244	1 617	1 627	3 720	1 856	1 864
40-44	2 720	1 350	1 370	3 190	1 585	1 605
45-49	2 374	1 174	1 200	2 662	1 316	1 347
50-54	1 952	965	987	2 304	1 132	1 172
55-59	1 550	761	789	1 866	914	953
60-64	1 207	582	624	1 444	700	745
65-69	901	426	476	1 074	509	565
70-74	625	287	338	741	341	400
75-79	358	158	201	446	198	249
80+	…	…	…	…	…	…
80-84	155	64	90	202	85	117
85-89	47	18	29	61	24	37
90-94	8	3	5	11	4	7
95-99	1	0	1	1	0	1
100+	0	0	0	0	0	0

性・年齢別人口（千人）

年齢	2015			2020			2025			2030		
	総数	男	女	総数	男	女	総数	男	女	総数	男	女
総数	18 106	8 984	9 121	20 695	10 290	10 405	23 429	11 669	11 760	26 316	13 123	13 192
0-4	3 144	1 589	1 555	3 295	1 666	1 628	3 478	1 761	1 717	3 680	1 865	1 815
5-9	2 757	1 387	1 370	3 048	1 534	1 514	3 207	1 615	1 591	3 397	1 714	1 683
10-14	2 350	1 191	1 159	2 723	1 371	1 352	3 015	1 518	1 497	3 177	1 601	1 576
15-19	1 969	1 002	967	2 318	1 175	1 144	2 691	1 355	1 336	2 984	1 502	1 482
20-24	1 642	832	810	1 919	974	945	2 268	1 147	1 121	2 640	1 326	1 313
25-29	1 367	688	679	1 587	801	786	1 863	943	921	2 210	1 114	1 096
30-34	1 147	573	574	1 320	662	658	1 539	774	765	1 813	914	899
35-39	927	457	469	1 107	551	556	1 278	639	640	1 496	750	746
40-44	724	351	373	893	438	454	1 070	530	540	1 240	617	623
45-49	583	276	307	694	334	360	859	419	440	1 034	510	524
50-54	454	208	246	553	260	294	662	316	346	822	398	424
55-59	350	153	197	424	191	232	519	241	278	623	294	329
60-64	259	107	152	316	136	180	385	171	214	474	216	257
65-69	190	77	113	221	90	131	272	115	157	333	145	188
70-74	131	51	80	146	58	88	172	68	104	214	88	126
75-79	73	27	45	85	32	52	96	37	59	115	44	71
80+	...	...	...	...	...	...	...	...	...	...	...	...
80-84	30	11	19	35	13	22	42	15	27	49	18	31
85-89	9	3	6	10	3	6	11	4	7	14	5	9
90-94	1	0	1	2	0	1	2	1	1	2	1	1
95-99	0	0	0	0	0	0	0	0	0	0	0	0
100+	0	0	0	0	0	0	0	0	0	0	0	0

年齢	2035			2040			2045			2050		
	総数	男	女	総数	男	女	総数	男	女	総数	男	女
総数	29 389	14 671	14 718	32 559	16 264	16 295	35 714	17 844	17 869	38 770	19 369	19 401
0-4	3 931	1 994	1 937	4 103	2 083	2 020	4 187	2 128	2 060	4 205	2 139	2 066
5-9	3 605	1 821	1 784	3 861	1 953	1 909	4 040	2 045	1 995	4 131	2 094	2 037
10-14	3 369	1 700	1 669	3 579	1 808	1 771	3 837	1 940	1 897	4 017	2 033	1 984
15-19	3 147	1 585	1 562	3 341	1 685	1 656	3 552	1 793	1 759	3 811	1 925	1 885
20-24	2 933	1 474	1 459	3 099	1 558	1 541	3 293	1 657	1 636	3 506	1 765	1 741
25-29	2 581	1 293	1 288	2 875	1 440	1 435	3 042	1 524	1 518	3 238	1 624	1 614
30-34	2 158	1 085	1 073	2 528	1 263	1 265	2 821	1 409	1 412	2 989	1 493	1 496
35-39	1 769	889	879	2 112	1 059	1 053	2 479	1 235	1 244	2 771	1 380	1 391
40-44	1 456	727	728	1 726	865	861	2 065	1 032	1 033	2 429	1 206	1 223
45-49	1 202	595	606	1 414	703	711	1 680	839	842	2 015	1 002	1 012
50-54	993	486	507	1 157	569	588	1 365	674	690	1 625	806	819
55-59	777	372	404	941	456	485	1 099	535	563	1 299	636	663
60-64	571	266	305	715	338	377	869	415	453	1 017	489	528
65-69	412	185	227	499	228	271	628	292	336	766	360	406
70-74	264	113	151	329	144	185	401	179	222	508	231	277
75-79	144	58	87	180	75	106	227	97	130	280	121	158
80+	...	...	...	...	...	...	...	...	...	...	...	...
80-84	59	22	37	76	29	47	96	38	58	123	50	73
85-89	17	6	11	21	7	14	27	10	17	35	13	22
90-94	3	1	2	3	1	2	4	1	3	6	2	4
95-99	0	0	0	0	0	0	0	0	0	1	0	0
100+	0	0	0	0	0	0	0	0	0	0	0	0

年齢	2055			2060		
	総数	男	女	総数	男	女
総数	41 704	20 826	20 878	44 491	22 202	22 289
0-4	4 205	2 141	2 064	4 196	2 138	2 058
5-9	4 155	2 109	2 046	4 162	2 115	2 047
10-14	4 110	2 083	2 027	4 137	2 099	2 038
15-19	3 992	2 019	1 973	4 087	2 069	2 018
20-24	3 766	1 898	1 868	3 949	1 992	1 957
25-29	3 452	1 732	1 720	3 714	1 866	1 848
30-34	3 187	1 593	1 594	3 402	1 702	1 700
35-39	2 940	1 464	1 476	3 139	1 564	1 575
40-44	2 720	1 350	1 370	2 890	1 434	1 456
45-49	2 374	1 174	1 200	2 662	1 316	1 347
50-54	1 952	965	987	2 304	1 132	1 172
55-59	1 550	761	789	1 866	914	953
60-64	1 207	582	624	1 444	700	745
65-69	901	426	476	1 074	509	565
70-74	625	287	338	741	341	400
75-79	358	158	201	446	198	249
80+	...	...	...	...	...	...
80-84	155	64	90	202	85	117
85-89	47	18	29	61	24	37
90-94	8	3	5	11	4	7
95-99	1	0	1	1	0	1
100+	0	0	0	0	0	0

Burundi

性・年齢別人口（千人）

推計値

年齢	1960			1965			1970			1975		
	総数	男	女	総数	男	女	総数	男	女	総数	男	女
総数	2 787	1 345	1 442	3 079	1 492	1 587	3 457	1 680	1 777	3 677	1 783	1 894
0-4	508	254	254	566	283	283	633	317	316	665	333	332
5-9	404	201	203	442	220	222	503	251	253	528	263	265
10-14	302	148	154	378	188	190	431	214	217	471	233	238
15-19	266	130	137	285	139	146	369	182	187	409	200	209
20-24	233	113	120	250	121	129	269	131	139	336	164	172
25-29	204	98	106	217	105	113	234	113	121	232	111	122
30-34	177	84	92	189	91	99	202	97	105	199	94	106
35-39	153	72	80	163	78	86	175	84	92	173	81	91
40-44	130	61	69	140	66	74	150	71	79	150	70	79
45-49	110	51	59	118	55	63	128	60	68	125	59	67
50-54	90	41	49	98	45	53	106	49	57	108	50	58
55-59	72	33	40	79	36	43	86	39	47	90	41	49
60-64	55	24	31	61	27	34	67	30	37	71	32	39
65-69	37	16	21	43	19	25	48	21	27	53	24	29
70-74	24	10	14	26	11	15	31	13	18	35	16	20
75-79	14	6	8	14	6	8	15	6	9	22	10	12
80+	8	3	5	8	3	5	9	3	6	11	5	7
80-84	...	...	...	...	...	...	...	...	...	...	...	...
85-89	...	...	...	...	...	...	...	...	...	...	...	...
90-94	...	...	...	...	...	...	...	...	...	...	...	...
95-99	...	...	...	...	...	...	...	...	...	...	...	...
100+	...	...	...	...	...	...	...	...	...	...	...	...

年齢	1980			1985			1990			1995		
	総数	男	女	総数	男	女	総数	男	女	総数	男	女
総数	4 127	2 001	2 126	4 774	2 322	2 452	5 613	2 755	2 858	6 239	3 054	3 185
0-4	782	390	392	961	482	480	1 137	570	567	1 192	598	594
5-9	561	278	283	700	348	352	877	439	438	1 036	518	518
10-14	488	243	245	527	261	267	670	334	336	847	423	423
15-19	448	221	227	466	230	236	514	255	259	639	317	321
20-24	401	195	206	430	210	220	456	226	231	461	226	235
25-29	330	159	171	387	187	200	417	205	212	394	191	203
30-34	222	105	117	316	152	164	373	182	191	362	174	188
35-39	183	86	97	209	99	110	301	147	155	329	158	172
40-44	157	73	84	171	80	91	198	95	103	268	128	140
45-49	136	63	73	145	67	78	161	75	85	175	82	93
50-54	113	52	61	125	58	68	135	63	73	142	65	77
55-59	95	43	52	102	46	56	115	53	62	119	54	65
60-64	77	34	43	83	37	46	91	41	50	98	44	54
65-69	58	26	32	64	28	36	70	31	39	74	32	42
70-74	39	17	22	44	19	25	49	21	28	52	22	30
75-79	22	10	13	26	11	15	29	12	17	31	13	18
80+	14	6	8	17	7	10	...	...	...	...	...	...
80-84	...	...	...	...	...	...	14	6	8	14	6	9
85-89	...	...	...	...	...	...	4	2	3	5	2	3
90-94	...	...	...	...	...	...	1	0	1	1	0	1
95-99	...	...	...	...	...	...	0	0	0	0	0	0
100+	...	...	...	...	...	...	0	0	0	0	0	0

年齢	2000			2005			2010			2015		
	総数	男	女	総数	男	女	総数	男	女	総数	男	女
総数	6 767	3 336	3 431	7 934	3 920	4 014	9 461	4 667	4 794	11 179	5 524	5 655
0-4	1 219	611	608	1 380	692	688	1 722	863	859	2 062	1 037	1 025
5-9	1 096	545	550	1 152	573	579	1 317	653	663	1 652	825	826
10-14	988	491	497	1 067	527	540	1 122	553	569	1 295	642	653
15-19	789	393	396	966	476	490	1 056	515	541	1 108	546	563
20-24	558	275	283	778	384	393	959	462	497	1 043	507	535
25-29	388	188	199	562	278	284	769	377	393	944	454	490
30-34	338	165	174	400	196	204	562	282	280	754	369	385
35-39	312	154	158	348	171	177	411	203	207	547	275	273
40-44	288	142	145	313	156	157	362	179	184	397	196	201
45-49	230	114	116	283	141	142	316	158	157	348	171	178
50-54	147	71	76	220	110	110	279	140	139	300	150	151
55-59	120	56	63	139	68	71	210	105	105	261	130	131
60-64	99	45	53	109	51	58	130	64	66	192	95	97
65-69	80	36	44	85	39	46	96	45	51	113	54	58
70-74	57	26	32	64	29	35	68	31	37	77	36	41
75-79	36	15	21	40	18	22	45	20	25	48	21	27
80+	...	...	...	...	...	...	...	...	...	...	...	...
80-84	16	6	10	21	8	12	24	11	13	26	11	15
85-89	5	2	4	6	2	4	9	3	6	10	4	6
90-94	1	0	1	1	0	1	2	1	1	2	1	2
95-99	0	0	0	0	0	0	0	0	0	0	0	0
100+	0	0	0	0	0	0	0	0	0	0	0	0

性・年齢別人口（千人）

年齢	2015 総数	男	女	2020 総数	男	女	2025 総数	男	女	2030 総数	男	女
総数	11 179	5 524	5 655	13 126	6 492	6 635	15 177	7 507	7 669	17 357	8 586	8 771
0-4	2 062	1 037	1 025	2 342	1 177	1 165	2 490	1 252	1 238	2 654	1 335	1 319
5-9	1 652	825	826	1 986	996	990	2 266	1 136	1 130	2 419	1 212	1 207
10-14	1 295	642	653	1 627	812	815	1 960	982	978	2 241	1 122	1 119
15-19	1 108	546	563	1 278	633	645	1 607	801	806	1 940	971	969
20-24	1 043	507	535	1 091	536	556	1 258	621	637	1 584	787	797
25-29	944	454	490	1 024	497	528	1 072	524	547	1 237	608	628
30-34	754	369	385	925	444	481	1 004	485	518	1 052	513	539
35-39	547	275	273	735	359	376	903	432	471	983	474	509
40-44	397	196	201	529	265	264	713	347	366	880	420	460
45-49	348	171	178	382	188	194	510	255	256	691	335	355
50-54	300	150	151	332	162	170	364	178	186	489	243	247
55-59	261	130	131	282	139	143	312	151	162	344	167	177
60-64	192	95	97	239	117	122	259	126	133	288	137	151
65-69	113	54	58	167	82	86	209	101	108	228	110	119
70-74	77	36	41	91	43	48	136	65	71	172	81	90
75-79	48	21	27	54	25	30	65	30	35	98	46	53
80+	...	...	...	...	...	...	...	...	...	...	...	...
80-84	26	11	15	28	12	16	32	14	18	39	17	22
85-89	10	4	6	11	5	6	12	5	7	14	6	8
90-94	2	1	2	3	1	2	3	1	2	4	1	2
95-99	0	0	0	0	0	0	0	0	0	0	0	0
100+	0	0	0	0	0	0	0	0	0	0	0	0

年齢	2035 総数	男	女	2040 総数	男	女	2045 総数	男	女	2050 総数	男	女
総数	19 777	9 782	9 995	22 505	11 132	11 373	25 505	12 617	12 888	28 668	14 182	14 486
0-4	2 928	1 474	1 455	3 280	1 651	1 629	3 602	1 814	1 788	3 824	1 927	1 897
5-9	2 591	1 299	1 292	2 871	1 440	1 431	3 228	1 620	1 608	3 556	1 786	1 770
10-14	2 397	1 199	1 198	2 570	1 287	1 283	2 852	1 429	1 423	3 209	1 609	1 601
15-19	2 221	1 110	1 111	2 378	1 188	1 190	2 553	1 276	1 276	2 835	1 418	1 417
20-24	1 915	955	960	2 196	1 095	1 101	2 354	1 173	1 181	2 529	1 261	1 268
25-29	1 560	773	787	1 889	939	949	2 169	1 078	1 091	2 328	1 156	1 172
30-34	1 216	597	619	1 537	759	778	1 863	924	939	2 142	1 062	1 081
35-39	1 032	502	530	1 196	585	611	1 514	745	768	1 838	909	929
40-44	960	462	499	1 011	490	521	1 174	572	601	1 488	731	758
45-49	855	406	449	936	448	488	987	477	510	1 148	558	590
50-54	665	321	344	826	390	436	906	431	475	958	460	498
55-59	464	228	236	633	303	330	789	370	419	868	410	458
60-64	319	153	166	432	210	222	592	280	312	740	343	397
65-69	256	120	136	285	135	151	388	186	202	534	249	285
70-74	189	89	100	214	98	115	240	111	129	329	154	174
75-79	126	58	68	141	65	76	161	72	89	182	82	100
80+	...	...	...	...	...	...	...	...	...	...	...	...
80-84	60	27	33	78	35	43	88	39	49	102	44	58
85-89	18	7	10	28	12	16	37	16	21	42	18	24
90-94	4	2	3	5	2	3	9	3	5	12	5	7
95-99	1	0	0	1	0	1	1	0	1	2	1	1
100+	0	0	0	0	0	0	0	0	0	0	0	0

年齢	2055 総数	男	女	2060 総数	男	女
総数	31 911	15 788	16 123	35 235	17 435	17 801
0-4	3 979	2 007	1 973	4 150	2 094	2 056
5-9	3 783	1 902	1 881	3 944	1 985	1 959
10-14	3 539	1 776	1 763	3 767	1 892	1 875
15-19	3 192	1 598	1 594	3 522	1 765	1 757
20-24	2 811	1 402	1 408	3 168	1 582	1 586
25-29	2 504	1 245	1 259	2 785	1 385	1 399
30-34	2 302	1 140	1 162	2 478	1 229	1 250
35-39	2 116	1 045	1 071	2 276	1 124	1 152
40-44	1 810	892	918	2 086	1 028	1 058
45-49	1 459	714	745	1 777	873	904
50-54	1 116	540	576	1 420	691	729
55-59	920	439	481	1 074	515	559
60-64	817	382	435	869	410	459
65-69	672	306	365	745	342	402
70-74	456	208	248	577	258	320
75-79	252	115	137	354	157	197
80+	...	...	...	...	...	...
80-84	118	51	67	165	73	93
85-89	50	21	29	59	24	35
90-94	14	5	8	17	6	11
95-99	2	1	1	3	1	2
100+	0	0	0	0	0	0

性・年齢別人口（千人）

年齢	2015			2020			2025			2030		
	総数	男	女	総数	男	女	総数	男	女	総数	男	女
総数	11 179	5 524	5 655	13 230	6 544	6 686	15 466	7 653	7 813	17 911	8 864	9 047
0-4	2 062	1 037	1 025	2 446	1 229	1 216	2 680	1 347	1 333	2 925	1 471	1 454
5-9	1 652	825	826	1 986	996	990	2 366	1 186	1 180	2 603	1 304	1 299
10-14	1 295	642	653	1 627	812	815	1 960	982	978	2 340	1 171	1 168
15-19	1 108	546	563	1 278	633	645	1 607	801	806	1 940	971	969
20-24	1 043	507	535	1 091	536	556	1 258	621	637	1 584	787	797
25-29	944	454	490	1 024	497	528	1 072	524	547	1 237	608	628
30-34	754	369	385	925	444	481	1 004	485	518	1 052	513	539
35-39	547	275	273	735	359	376	903	432	471	983	474	509
40-44	397	196	201	529	265	264	713	347	366	880	420	460
45-49	348	171	178	382	188	194	510	255	256	691	335	355
50-54	300	150	151	332	162	170	364	178	186	489	243	247
55-59	261	130	131	282	139	143	312	151	162	344	167	177
60-64	192	95	97	239	117	122	259	126	133	288	137	151
65-69	113	54	58	167	82	86	209	101	108	228	110	119
70-74	77	36	41	91	43	48	136	65	71	172	81	90
75-79	48	21	27	54	25	30	65	30	35	98	46	53
80+	…	…	…	…	…	…	…	…	…	…	…	…
80-84	26	11	15	28	12	16	32	14	18	39	17	22
85-89	10	4	6	11	5	6	12	5	7	14	6	8
90-94	2	1	2	3	1	2	3	1	2	4	1	2
95-99	0	0	0	0	0	0	0	0	0	1	0	0
100+	0	0	0	0	0	0	0	0	0	0	0	0

年齢	2035			2040			2045			2050		
	総数	男	女	総数	男	女	総数	男	女	総数	男	女
総数	20 646	10 218	10 428	23 780	11 772	12 009	27 334	13 534	13 800	31 234	15 469	15 765
0-4	3 253	1 637	1 616	3 697	1 861	1 836	4 170	2 100	2 070	4 578	2 307	2 271
5-9	2 855	1 432	1 424	3 189	1 599	1 589	3 638	1 826	1 812	4 117	2 068	2 049
10-14	2 579	1 290	1 289	2 833	1 418	1 414	3 167	1 587	1 581	3 617	1 813	1 804
15-19	2 319	1 159	1 160	2 559	1 279	1 280	2 814	1 407	1 407	3 148	1 575	1 573
20-24	1 915	955	960	2 293	1 143	1 150	2 533	1 262	1 271	2 788	1 390	1 398
25-29	1 560	773	787	1 889	939	949	2 264	1 125	1 139	2 505	1 244	1 261
30-34	1 216	597	619	1 537	759	778	1 863	924	939	2 237	1 108	1 128
35-39	1 032	502	530	1 196	585	611	1 514	745	768	1 838	909	929
40-44	960	462	499	1 011	490	521	1 174	572	601	1 488	731	758
45-49	855	406	449	936	448	488	987	477	510	1 148	558	590
50-54	665	321	344	826	390	436	906	431	475	958	460	498
55-59	464	228	236	633	303	330	789	370	419	868	410	458
60-64	319	153	166	432	210	222	592	280	312	740	343	397
65-69	256	120	136	285	135	151	388	186	202	534	249	285
70-74	189	89	100	214	98	115	240	111	129	329	154	174
75-79	126	58	68	141	65	76	161	72	89	182	82	100
80+	…	…	…	…	…	…	…	…	…	…	…	…
80-84	60	27	33	78	35	43	88	39	49	102	44	58
85-89	18	7	10	28	12	16	37	16	21	42	18	24
90-94	4	2	3	5	2	3	9	3	5	12	5	7
95-99	1	0	0	1	0	1	1	0	1	2	1	1
100+	0	0	0	0	0	0	0	0	0	0	0	0

年齢	2055			2060		
	総数	男	女	総数	男	女
総数	35 395	17 535	17 860	39 809	19 728	20 081
0-4	4 918	2 480	2 438	5 267	2 658	2 609
5-9	4 529	2 277	2 252	4 874	2 453	2 421
10-14	4 097	2 056	2 041	4 510	2 265	2 245
15-19	3 598	1 801	1 797	4 077	2 043	2 034
20-24	3 122	1 558	1 564	3 570	1 783	1 787
25-29	2 759	1 372	1 388	3 093	1 539	1 554
30-34	2 477	1 227	1 250	2 731	1 354	1 377
35-39	2 209	1 091	1 118	2 449	1 210	1 239
40-44	1 810	892	918	2 178	1 073	1 105
45-49	1 459	714	745	1 777	873	904
50-54	1 116	540	576	1 420	691	729
55-59	920	439	481	1 074	515	559
60-64	817	382	435	869	410	459
65-69	672	306	365	745	342	402
70-74	456	208	248	577	258	320
75-79	252	115	137	354	157	197
80+	…	…	…	…	…	…
80-84	118	51	67	165	73	93
85-89	50	21	29	59	24	35
90-94	14	5	8	17	6	11
95-99	2	1	1	3	1	2
100+	0	0	0	0	0	0

性・年齢別人口（千人）

年齢	2015 総数	男	女	2020 総数	男	女	2025 総数	男	女	2030 総数	男	女
総数	11 179	5 524	5 655	13 023	6 440	6 583	14 887	7 362	7 525	16 803	8 308	8 495
0-4	2 062	1 037	1 025	2 239	1 125	1 113	2 301	1 157	1 144	2 383	1 199	1 184
5-9	1 652	825	826	1 986	996	990	2 166	1 086	1 080	2 236	1 120	1 116
10-14	1 295	642	653	1 627	812	815	1 960	982	978	2 142	1 072	1 070
15-19	1 108	546	563	1 278	633	645	1 607	801	806	1 940	971	969
20-24	1 043	507	535	1 091	536	556	1 258	621	637	1 584	787	797
25-29	944	454	490	1 024	497	528	1 072	524	547	1 237	608	628
30-34	754	369	385	925	444	481	1 004	485	518	1 052	513	539
35-39	547	275	273	735	359	376	903	432	471	983	474	509
40-44	397	196	201	529	265	264	713	347	366	880	420	460
45-49	348	171	178	382	188	194	510	255	256	691	335	355
50-54	300	150	151	332	162	170	364	178	186	489	243	247
55-59	261	130	131	282	139	143	312	151	162	344	167	177
60-64	192	95	97	239	117	122	259	126	133	288	137	151
65-69	113	54	58	167	82	86	209	101	108	228	110	119
70-74	77	36	41	91	43	48	136	65	71	172	81	90
75-79	48	21	27	54	25	30	65	30	35	98	46	53
80+	…	…	…	…	…	…	…	…	…	…	…	…
80-84	26	11	15	28	12	16	32	14	18	39	17	22
85-89	10	4	6	11	5	6	12	5	7	14	6	8
90-94	2	1	2	3	1	2	3	1	2	4	1	2
95-99	0	0	0	0	0	0	0	0	0	1	0	0
100+	0	0	0	0	0	0	0	0	0	0	0	0

年齢	2035 総数	男	女	2040 総数	男	女	2045 総数	男	女	2050 総数	男	女
総数	18 908	9 347	9 562	21 237	10 496	10 741	23 707	11 716	11 992	26 190	12 940	13 250
0-4	2 605	1 311	1 294	2 869	1 445	1 425	3 059	1 541	1 518	3 126	1 575	1 551
5-9	2 326	1 166	1 160	2 553	1 281	1 273	2 823	1 417	1 406	3 020	1 517	1 503
10-14	2 215	1 108	1 107	2 308	1 155	1 152	2 536	1 271	1 266	2 808	1 407	1 400
15-19	2 123	1 061	1 062	2 198	1 098	1 100	2 292	1 146	1 146	2 521	1 261	1 260
20-24	1 915	955	960	2 099	1 046	1 053	2 176	1 084	1 092	2 271	1 132	1 139
25-29	1 560	773	787	1 889	939	949	2 073	1 030	1 043	2 152	1 069	1 083
30-34	1 216	597	619	1 537	759	778	1 863	924	939	2 048	1 015	1 033
35-39	1 032	502	530	1 196	585	611	1 514	745	768	1 838	909	929
40-44	960	462	499	1 011	490	521	1 174	572	601	1 488	731	758
45-49	855	406	449	936	448	488	987	477	510	1 148	558	590
50-54	665	321	344	826	390	436	906	431	475	958	460	498
55-59	464	228	236	633	303	330	789	370	419	868	410	458
60-64	319	153	166	432	210	222	592	280	312	740	343	397
65-69	256	120	136	285	135	151	388	186	202	534	249	285
70-74	189	89	100	214	98	115	240	111	129	329	154	174
75-79	126	58	68	141	65	76	161	72	89	182	82	100
80+	…	…	…	…	…	…	…	…	…	…	…	…
80-84	60	27	33	78	35	43	88	39	49	102	44	58
85-89	18	7	10	28	12	16	37	16	21	42	18	24
90-94	4	2	3	5	2	3	9	3	5	12	5	7
95-99	1	0	0	1	0	1	1	0	1	2	1	1
100+	0	0	0	0	0	0	0	0	0	0	0	0

年齢	2055 総数	男	女	2060 総数	男	女
総数	28 608	14 132	14 475	30 970	15 296	15 674
0-4	3 132	1 580	1 553	3 163	1 596	1 567
5-9	3 092	1 555	1 538	3 104	1 563	1 542
10-14	3 006	1 508	1 498	3 079	1 547	1 533
15-19	2 793	1 398	1 395	2 991	1 499	1 492
20-24	2 500	1 247	1 253	2 771	1 384	1 388
25-29	2 248	1 118	1 131	2 477	1 233	1 245
30-34	2 128	1 054	1 074	2 226	1 104	1 122
35-39	2 023	999	1 023	2 104	1 039	1 065
40-44	1 810	892	918	1 994	983	1 012
45-49	1 459	714	745	1 777	873	904
50-54	1 116	540	576	1 420	691	729
55-59	920	439	481	1 074	515	559
60-64	817	382	435	869	410	459
65-69	672	306	365	745	342	402
70-74	456	208	248	577	258	320
75-79	252	115	137	354	157	197
80+	…	…	…	…	…	…
80-84	118	51	67	165	73	93
85-89	50	21	29	59	24	35
90-94	14	5	8	17	6	11
95-99	2	1	1	3	1	2
100+	0	0	0	0	0	0

性・年齢別人口（千人）

年齢	1960 総数	男	女	1965 総数	男	女	1970 総数	男	女	1975 総数	男	女
総数	5 722	2 856	2 866	6 467	3 223	3 244	7 022	3 494	3 528	7 552	3 736	3 816
0-4	1 067	538	530	1 177	593	584	1 214	612	602	1 257	633	624
5-9	896	450	446	993	499	495	1 063	533	530	1 098	550	548
10-14	654	326	328	856	427	429	922	460	462	978	485	493
15-19	550	275	276	624	310	314	793	394	400	845	416	429
20-24	477	240	237	521	260	261	572	283	289	726	357	370
25-29	412	210	202	450	227	223	476	237	238	522	257	265
30-34	353	180	173	387	197	189	409	207	202	433	215	218
35-39	300	153	147	330	168	162	350	178	172	371	186	185
40-44	254	128	125	280	142	138	298	152	146	319	162	157
45-49	212	106	106	235	118	117	252	127	125	270	137	134
50-54	171	84	88	192	94	97	207	103	104	224	111	113
55-59	133	63	70	150	72	79	164	79	85	178	86	92
60-64	98	45	53	111	51	60	122	56	66	134	62	72
65-69	67	29	38	76	33	43	84	36	48	92	40	52
70-74	42	17	25	47	19	28	52	21	31	57	23	34
75-79	22	8	13	25	10	16	27	10	17	30	11	19
80+	14	5	9	15	5	10	17	6	11	18	6	12
80-84	...	...	...	...	...	...	...	...	...	...	...	...
85-89	...	...	...	...	...	...	...	...	...	...	...	...
90-94	...	...	...	...	...	...	...	...	...	...	...	...
95-99	...	...	...	...	...	...	...	...	...	...	...	...
100+	...	...	...	...	...	...	...	...	...	...	...	...

年齢	1980 総数	男	女	1985 総数	男	女	1990 総数	男	女	1995 総数	男	女
総数	6 718	3 161	3 558	7 743	3 699	4 044	9 009	4 351	4 658	10 694	5 192	5 503
0-4	896	439	457	1 504	760	744	1 733	875	858	1 772	895	878
5-9	983	490	493	843	414	429	1 450	733	717	1 733	873	859
10-14	881	423	458	937	467	470	807	396	410	1 465	739	727
15-19	734	328	406	839	402	437	900	448	452	827	405	421
20-24	635	282	353	695	310	385	803	384	419	914	454	460
25-29	563	256	307	602	269	333	665	297	368	811	387	424
30-34	407	185	222	530	241	289	573	256	317	669	298	371
35-39	343	161	182	382	174	208	504	229	275	572	254	318
40-44	305	152	153	321	151	170	361	164	196	500	226	274
45-49	264	134	130	284	142	142	301	141	160	357	162	195
50-54	219	108	111	242	123	120	263	131	132	295	137	157
55-59	175	82	93	196	96	100	219	110	109	252	124	129
60-64	131	56	74	150	69	81	170	81	89	202	99	103
65-69	88	34	54	104	44	61	121	54	68	147	68	79
70-74	53	17	36	64	24	40	77	31	46	96	41	55
75-79	27	7	19	32	10	22	40	14	26	54	21	33
80+	14	3	11	18	4	14	...	...	...	...	...	...
80-84	...	...	...	...	...	...	17	5	12	21	7	14
85-89	...	...	...	...	...	...	5	1	4	6	2	5
90-94	...	...	...	...	...	...	1	0	1	1	0	1
95-99	...	...	...	...	...	...	0	0	0	0	0	0
100+	...	...	...	...	...	...	0	0	0	0	0	0

年齢	2000 総数	男	女	2005 総数	男	女	2010 総数	男	女	2015 総数	男	女
総数	12 198	5 928	6 270	13 320	6 465	6 855	14 364	6 997	7 366	15 578	7 598	7 980
0-4	1 581	798	782	1 537	776	761	1 678	861	817	1 772	904	868
5-9	1 748	889	859	1 598	815	783	1 507	761	746	1 661	851	809
10-14	1 745	889	856	1 802	918	884	1 601	819	782	1 491	751	740
15-19	1 630	815	815	1 605	817	787	1 679	866	813	1 573	802	771
20-24	776	375	401	1 597	789	808	1 323	654	669	1 636	839	797
25-29	922	452	470	730	351	379	1 733	851	883	1 282	628	654
30-34	832	401	430	871	421	450	676	324	352	1 690	823	867
35-39	715	329	385	820	391	429	858	414	443	651	308	343
40-44	545	232	313	715	327	389	789	375	415	830	397	433
45-49	486	212	274	535	220	315	714	332	383	763	359	404
50-54	342	149	193	468	197	271	515	207	308	687	316	371
55-59	277	122	155	334	142	192	446	185	261	490	195	295
60-64	224	102	123	257	109	148	308	129	179	411	168	244
65-69	172	77	95	195	85	111	224	92	132	270	110	160
70-74	110	48	62	138	58	79	157	65	92	182	73	109
75-79	60	25	35	74	31	43	97	39	58	111	45	66
80+	...	...	...	...	...	...	...	...	...	...	...	...
80-84	25	10	15	32	13	20	42	16	25	56	22	34
85-89	8	2	6	10	4	6	13	5	9	18	7	11
90-94	2	0	1	2	1	1	3	1	2	4	1	3
95-99	0	0	0	0	0	0	0	0	0	0	0	0
100+	0	0	0	0	0	0	0	0	0	0	0	0

性・年齢別人口（千人）

年齢	2015 総数	男	女	2020 総数	男	女	2025 総数	男	女	2030 総数	男	女
総数	15 578	7 598	7 980	16 809	8 208	8 602	17 944	8 769	9 174	18 991	9 286	9 705
0-4	1 772	904	868	1 807	923	883	1 734	890	845	1 675	858	817
5-9	1 661	851	809	1 758	896	862	1 796	918	879	1 726	885	841
10-14	1 491	751	740	1 647	843	804	1 747	889	858	1 787	912	875
15-19	1 573	802	771	1 466	736	730	1 624	828	795	1 725	875	850
20-24	1 636	839	797	1 534	777	758	1 430	712	718	1 588	805	783
25-29	1 282	628	654	1 596	813	783	1 497	752	745	1 394	689	706
30-34	1 690	823	867	1 248	605	642	1 562	790	772	1 465	730	735
35-39	651	308	343	1 653	799	854	1 220	586	633	1 532	769	763
40-44	830	397	433	630	294	335	1 619	777	843	1 194	569	625
45-49	763	359	404	805	382	424	611	283	329	1 586	755	830
50-54	687	316	371	737	343	394	781	367	414	594	272	322
55-59	490	195	295	657	299	358	708	326	382	754	350	403
60-64	411	168	244	455	177	278	614	274	340	667	302	365
65-69	270	110	160	364	144	220	408	154	254	557	243	314
70-74	182	73	109	222	88	134	305	116	188	349	127	222
75-79	111	45	66	132	51	81	165	63	102	235	86	149
80+	...	...	...	...	...	...	...	...	...	...	...	...
80-84	56	22	34	66	26	41	82	30	52	108	39	69
85-89	18	7	11	25	9	16	32	12	20	42	14	28
90-94	4	1	3	6	2	4	8	3	6	12	4	8
95-99	0	0	0	1	0	1	1	0	1	2	1	1
100+	0	0	0	0	0	0	0	0	0	0	0	0

年齢	2035 総数	男	女	2040 総数	男	女	2045 総数	男	女	2050 総数	男	女
総数	19 988	9 779	10 208	20 939	10 253	10 686	21 806	10 686	11 119	22 545	11 056	11 489
0-4	1 666	853	812	1 673	858	816	1 648	844	804	1 587	813	774
5-9	1 668	854	814	1 660	850	810	1 668	855	813	1 643	842	801
10-14	1 718	880	838	1 661	850	811	1 654	846	807	1 662	851	811
15-19	1 766	898	867	1 698	867	830	1 641	837	804	1 634	834	800
20-24	1 689	852	837	1 731	876	855	1 663	845	819	1 608	816	792
25-29	1 552	781	771	1 654	828	825	1 696	852	843	1 630	822	807
30-34	1 364	668	696	1 522	760	761	1 624	808	816	1 667	833	834
35-39	1 438	712	726	1 339	651	688	1 496	743	753	1 599	791	808
40-44	1 504	750	754	1 412	694	718	1 316	636	680	1 473	727	746
45-49	1 170	554	616	1 476	732	745	1 388	679	710	1 295	622	673
50-54	1 551	734	817	1 145	538	606	1 449	714	734	1 364	664	700
55-59	574	260	314	1 508	708	800	1 116	521	595	1 416	694	721
60-64	715	328	387	548	245	303	1 447	672	775	1 074	497	578
65-69	612	271	341	662	297	364	511	224	287	1 360	623	737
70-74	484	205	279	540	233	307	591	260	331	461	198	263
75-79	277	97	180	393	161	232	446	187	259	497	213	284
80+	...	...	...	...	...	...	...	...	...	...	...	...
80-84	161	56	105	197	65	132	286	112	174	333	134	199
85-89	59	20	39	92	30	63	118	36	82	176	64	112
90-94	17	5	11	25	7	17	41	12	29	55	15	40
95-99	3	1	2	4	1	3	7	2	5	12	3	9
100+	0	0	0	0	0	0	1	0	1	1	0	1

年齢	2055 総数	男	女	2060 総数	男	女
総数	23 158	11 365	11 793	23 656	11 621	12 035
0-4	1 520	779	741	1 473	755	718
5-9	1 582	811	771	1 516	777	739
10-14	1 638	839	799	1 578	808	770
15-19	1 644	840	804	1 621	828	793
20-24	1 602	814	789	1 614	820	794
25-29	1 576	795	782	1 573	794	779
30-34	1 602	804	798	1 551	778	773
35-39	1 643	817	826	1 581	790	791
40-44	1 577	776	800	1 622	803	819
45-49	1 452	714	738	1 556	763	793
50-54	1 274	609	664	1 431	701	730
55-59	1 336	647	689	1 249	595	654
60-64	1 368	666	702	1 294	623	672
65-69	1 015	464	552	1 299	626	673
70-74	1 240	558	681	933	420	513
75-79	394	165	228	1 072	474	598
80+	...	...	...	...	...	...
80-84	380	156	223	307	125	182
85-89	212	80	132	249	96	152
90-94	85	28	57	106	36	70
95-99	17	4	13	28	8	20
100+	2	0	2	3	1	3

Cambodia

性・年齢別人口（千人）

年齢	2015			2020			2025			2030		
	総数	男	女	総数	男	女	総数	男	女	総数	男	女
総数	15 578	7 598	7 980	16 927	8 268	8 659	18 336	8 970	9 366	19 727	9 663	10 064
0-4	1 772	904	868	1 925	984	941	2 009	1 030	978	2 021	1 035	986
5-9	1 661	851	809	1 758	896	862	1 914	978	936	2 000	1 025	974
10-14	1 491	751	740	1 647	843	804	1 747	889	858	1 904	972	933
15-19	1 573	802	771	1 466	736	730	1 624	828	795	1 725	875	850
20-24	1 636	839	797	1 534	777	758	1 430	712	718	1 588	805	783
25-29	1 282	628	654	1 596	813	783	1 497	752	745	1 394	689	706
30-34	1 690	823	867	1 248	605	642	1 562	790	772	1 465	730	735
35-39	651	308	343	1 653	799	854	1 220	586	633	1 532	769	763
40-44	830	397	433	630	294	335	1 619	777	843	1 194	569	625
45-49	763	359	404	805	382	424	611	283	329	1 586	755	830
50-54	687	316	371	737	343	394	781	367	414	594	272	322
55-59	490	195	295	657	299	358	708	326	382	754	350	403
60-64	411	168	244	455	177	278	614	274	340	667	302	365
65-69	270	110	160	364	144	220	408	154	254	557	243	314
70-74	182	73	109	222	88	134	305	116	188	349	127	222
75-79	111	45	66	132	51	81	165	63	102	235	86	149
80+	...	...	...	...	...	...	...	...	...	...	...	...
80-84	56	22	34	66	26	41	82	30	52	108	39	69
85-89	18	7	11	25	9	16	32	12	20	42	14	28
90-94	4	1	3	6	2	4	8	3	6	12	4	8
95-99	0	0	0	1	0	1	1	0	1	2	1	1
100+	0	0	0	0	0	0	0	0	0	0	0	0

年齢	2035			2040			2045			2050		
	総数	男	女	総数	男	女	総数	男	女	総数	男	女
総数	21 057	10 327	10 730	22 378	10 990	11 388	23 720	11 666	12 054	25 069	12 348	12 721
0-4	2 001	1 025	976	2 045	1 049	997	2 126	1 089	1 037	2 200	1 128	1 073
5-9	2 013	1 031	982	1 994	1 022	973	2 039	1 045	994	2 120	1 086	1 034
10-14	1 991	1 020	971	2 005	1 026	979	1 987	1 017	970	2 033	1 041	992
15-19	1 883	958	925	1 970	1 006	963	1 985	1 013	972	1 967	1 005	963
20-24	1 689	852	837	1 847	935	912	1 935	984	951	1 950	990	960
25-29	1 552	781	771	1 654	828	825	1 812	912	901	1 900	961	939
30-34	1 364	668	696	1 522	760	761	1 624	808	816	1 782	891	891
35-39	1 438	712	726	1 339	651	688	1 496	743	753	1 599	791	808
40-44	1 504	750	754	1 412	694	718	1 316	636	680	1 473	727	746
45-49	1 170	554	616	1 476	732	745	1 388	679	710	1 295	622	673
50-54	1 551	734	817	1 145	538	606	1 449	714	734	1 364	664	700
55-59	574	260	314	1 508	708	800	1 116	521	595	1 416	694	721
60-64	715	328	387	548	245	303	1 447	672	775	1 074	497	578
65-69	612	271	341	662	297	364	511	224	287	1 360	623	737
70-74	484	205	279	540	233	307	591	260	331	461	198	263
75-79	277	97	180	393	161	232	446	187	259	497	213	284
80+	...	...	...	...	...	...	...	...	...	...	...	...
80-84	161	56	105	197	65	132	286	112	174	333	134	199
85-89	59	20	39	92	30	63	118	36	82	176	64	112
90-94	17	5	11	25	7	17	41	12	29	55	15	40
95-99	3	1	2	4	1	3	7	2	5	12	3	9
100+	0	0	0	0	0	0	1	0	1	1	0	1

年齢	2055			2060		
	総数	男	女	総数	男	女
総数	26 387	13 017	13 370	27 640	13 659	13 981
0-4	2 231	1 143	1 087	2 236	1 146	1 090
5-9	2 195	1 125	1 070	2 226	1 141	1 085
10-14	2 114	1 083	1 032	2 190	1 122	1 068
15-19	2 014	1 029	985	2 096	1 071	1 025
20-24	1 935	984	951	1 984	1 010	974
25-29	1 918	969	949	1 905	963	941
30-34	1 872	942	930	1 891	951	940
35-39	1 758	875	883	1 849	926	923
40-44	1 577	776	800	1 736	861	876
45-49	1 452	714	738	1 556	763	793
50-54	1 274	609	664	1 431	701	730
55-59	1 336	647	689	1 249	595	654
60-64	1 368	666	702	1 294	623	672
65-69	1 015	464	552	1 299	626	673
70-74	1 240	558	681	933	420	513
75-79	394	165	228	1 072	474	598
80+	...	...	...	...	...	...
80-84	380	156	223	307	125	182
85-89	212	80	132	249	96	152
90-94	85	28	57	106	36	70
95-99	17	4	13	28	8	20
100+	2	0	2	3	1	3

性・年齢別人口（千人）

年齢	2015			2020			2025			2030		
	総数	男	女	総数	男	女	総数	男	女	総数	男	女
総数	15 578	7 598	7 980	16 580	8 090	8 489	17 411	8 497	8 914	18 074	8 816	9 257
0-4	1 772	904	868	1 577	806	771	1 430	734	697	1 289	660	629
5-9	1 661	851	809	1 758	896	862	1 568	801	767	1 423	730	693
10-14	1 491	751	740	1 647	843	804	1 747	889	858	1 559	796	764
15-19	1 573	802	771	1 466	736	730	1 624	828	795	1 725	875	850
20-24	1 636	839	797	1 534	777	758	1 430	712	718	1 588	805	783
25-29	1 282	628	654	1 596	813	783	1 497	752	745	1 394	689	706
30-34	1 690	823	867	1 248	605	642	1 562	790	772	1 465	730	735
35-39	651	308	343	1 653	799	854	1 220	586	633	1 532	769	763
40-44	830	397	433	630	294	335	1 619	777	843	1 194	569	625
45-49	763	359	404	805	382	424	611	283	329	1 586	755	830
50-54	687	316	371	737	343	394	781	367	414	594	272	322
55-59	490	195	295	657	299	358	708	326	382	754	350	403
60-64	411	168	244	455	177	278	614	274	340	667	302	365
65-69	270	110	160	364	144	220	408	154	254	557	243	314
70-74	182	73	109	222	88	134	305	116	188	349	127	222
75-79	111	45	66	132	51	81	165	63	102	235	86	149
80+	…	…	…	…	…	…	…	…	…	…	…	…
80-84	56	22	34	66	26	41	82	30	52	108	39	69
85-89	18	7	11	25	9	16	32	12	20	42	14	28
90-94	4	1	3	6	2	4	8	3	6	12	4	8
95-99	0	0	0	1	0	1	1	0	1	2	1	1
100+	0	0	0	0	0	0	0	0	0	0	0	0

年齢	2035			2040			2045			2050		
	総数	男	女	総数	男	女	総数	男	女	総数	男	女
総数	18 650	9 095	9 555	19 138	9 332	9 807	19 495	9 504	9 991	19 677	9 589	10 088
0-4	1 243	637	606	1 207	619	588	1 134	581	553	1 024	525	499
5-9	1 283	657	626	1 238	634	604	1 202	616	586	1 130	579	551
10-14	1 416	725	691	1 277	653	624	1 233	631	602	1 197	613	584
15-19	1 538	782	756	1 396	713	683	1 258	641	617	1 214	619	595
20-24	1 689	852	837	1 504	760	744	1 363	691	672	1 225	620	605
25-29	1 552	781	771	1 654	828	825	1 470	738	733	1 330	669	661
30-34	1 364	668	696	1 522	760	761	1 624	808	816	1 442	719	723
35-39	1 438	712	726	1 339	651	688	1 496	743	753	1 599	791	808
40-44	1 504	750	754	1 412	694	718	1 316	636	680	1 473	727	746
45-49	1 170	554	616	1 476	732	745	1 388	679	710	1 295	622	673
50-54	1 551	734	817	1 145	538	606	1 449	714	734	1 364	664	700
55-59	574	260	314	1 508	708	800	1 116	521	595	1 416	694	721
60-64	715	328	387	548	245	303	1 447	672	775	1 074	497	578
65-69	612	271	341	662	297	364	511	224	287	1 360	623	737
70-74	484	205	279	540	233	307	591	260	331	461	198	263
75-79	277	97	180	393	161	232	446	187	259	497	213	284
80+	…	…	…	…	…	…	…	…	…	…	…	…
80-84	161	56	105	197	65	132	286	112	174	333	134	199
85-89	59	20	39	92	30	63	118	36	82	176	64	112
90-94	17	5	11	25	7	17	41	12	29	55	15	40
95-99	3	1	2	4	1	3	7	2	5	12	3	9
100+	0	0	0	0	0	0	1	0	1	1	0	1

年齢	2055			2060		
	総数	男	女	総数	男	女
総数	19 686	9 589	10 097	19 542	9 517	10 025
0-4	910	466	443	823	422	401
5-9	1 020	523	497	906	464	442
10-14	1 125	576	549	1 016	521	496
15-19	1 179	602	577	1 109	566	543
20-24	1 183	599	584	1 150	583	567
25-29	1 195	600	595	1 155	580	574
30-34	1 304	652	652	1 171	584	587
35-39	1 420	703	716	1 284	638	645
40-44	1 577	776	800	1 401	691	710
45-49	1 452	714	738	1 556	763	793
50-54	1 274	609	664	1 431	701	730
55-59	1 336	647	689	1 249	595	654
60-64	1 368	666	702	1 294	623	672
65-69	1 015	464	552	1 299	626	673
70-74	1 240	558	681	933	420	513
75-79	394	165	228	1 072	474	598
80+	…	…	…	…	…	…
80-84	380	156	223	307	125	182
85-89	212	80	132	249	96	152
90-94	85	28	57	106	36	70
95-99	17	4	13	28	8	20
100+	2	0	2	3	1	3

Cameroon

性・年齢別人口（千人）

年齢	1960 総数	男	女	1965 総数	男	女	1970 総数	男	女	1975 総数	男	女
総数	5 361	2 636	2 726	5 988	2 949	3 039	6 771	3 342	3 429	7 740	3 826	3 915
0-4	863	432	431	1 011	507	504	1 187	596	591	1 390	698	692
5-9	686	343	343	775	388	387	918	460	458	1 091	547	544
10-14	598	297	300	662	331	331	750	375	375	892	447	445
15-19	527	262	265	582	289	292	646	322	323	734	367	367
20-24	464	230	234	510	253	257	564	280	284	627	313	315
25-29	407	201	206	445	220	226	491	242	249	545	269	276
30-34	356	175	181	389	192	198	427	210	217	473	233	240
35-39	309	151	157	338	166	172	372	183	189	410	201	209
40-44	266	130	136	292	143	149	321	157	164	354	173	181
45-49	227	110	117	249	121	128	274	133	141	303	148	156
50-54	190	91	99	209	100	109	231	111	120	256	123	133
55-59	156	73	82	172	81	90	190	90	100	212	101	111
60-64	122	56	65	135	63	72	150	70	80	168	79	89
65-69	88	40	48	99	45	54	111	51	60	125	57	68
70-74	57	25	32	64	29	36	73	33	41	84	38	46
75-79	30	13	17	35	15	20	41	18	23	48	21	27
80+	16	6	10	19	8	12	24	9	14	29	12	17
80-84	…	…	…	…	…	…	…	…	…	…	…	…
85-89	…	…	…	…	…	…	…	…	…	…	…	…
90-94	…	…	…	…	…	…	…	…	…	…	…	…
95-99	…	…	…	…	…	…	…	…	…	…	…	…
100+	…	…	…	…	…	…	…	…	…	…	…	…

年齢	1980 総数	男	女	1985 総数	男	女	1990 総数	男	女	1995 総数	男	女
総数	8 932	4 422	4 510	10 381	5 148	5 233	12 070	5 995	6 075	13 930	6 928	7 002
0-4	1 635	822	813	1 960	987	973	2 258	1 137	1 121	2 508	1 264	1 244
5-9	1 293	648	645	1 528	767	761	1 840	925	915	2 130	1 071	1 059
10-14	1 063	533	530	1 258	630	628	1 488	747	741	1 794	902	893
15-19	874	438	436	1 038	520	518	1 230	616	614	1 455	730	725
20-24	714	356	358	849	424	425	1 009	504	505	1 195	597	598
25-29	607	302	306	690	343	347	821	409	412	976	486	490
30-34	526	259	267	586	290	296	666	330	336	790	393	398
35-39	455	223	231	505	248	257	563	278	285	638	316	322
40-44	392	192	200	434	213	222	483	237	246	536	264	272
45-49	336	164	172	372	181	190	413	201	211	457	223	234
50-54	285	137	147	315	152	163	349	169	180	386	187	199
55-59	236	112	123	262	125	137	291	139	151	321	154	167
60-64	188	89	100	210	99	111	234	111	124	260	123	137
65-69	141	65	76	159	74	85	178	83	96	199	93	106
70-74	96	43	53	109	49	60	124	56	67	139	63	76
75-79	56	24	31	64	28	36	74	33	41	84	37	47
80+	35	14	21	42	17	25	…	…	…	…	…	…
80-84	…	…	…	…	…	…	35	15	20	41	17	23
85-89	…	…	…	…	…	…	12	5	7	14	6	8
90-94	…	…	…	…	…	…	3	1	2	3	1	2
95-99	…	…	…	…	…	…	0	0	0	0	0	0
100+	…	…	…	…	…	…	0	0	0	0	0	0

年齢	2000 総数	男	女	2005 総数	男	女	2010 総数	男	女	2015 総数	男	女
総数	15 928	7 934	7 994	18 127	9 045	9 082	20 591	10 288	10 302	23 344	11 672	11 672
0-4	2 758	1 391	1 367	3 102	1 564	1 538	3 436	1 732	1 703	3 738	1 884	1 854
5-9	2 373	1 194	1 179	2 613	1 316	1 298	2 949	1 485	1 465	3 294	1 657	1 637
10-14	2 080	1 045	1 035	2 318	1 166	1 152	2 554	1 285	1 269	2 895	1 456	1 438
15-19	1 758	883	875	2 038	1 024	1 014	2 272	1 142	1 130	2 510	1 262	1 248
20-24	1 416	709	707	1 711	858	853	1 987	996	992	2 223	1 115	1 108
25-29	1 152	575	578	1 362	682	681	1 652	827	825	1 930	966	965
30-34	932	464	468	1 093	546	546	1 299	651	648	1 588	796	792
35-39	749	372	377	872	436	437	1 027	515	512	1 232	619	613
40-44	601	297	304	696	345	350	813	406	407	964	484	480
45-49	503	247	256	557	274	283	647	321	327	761	380	382
50-54	425	206	219	463	226	237	515	252	263	603	297	306
55-59	354	170	184	387	186	201	424	205	218	475	231	244
60-64	287	136	151	315	150	165	346	165	181	382	183	199
65-69	221	103	118	244	114	130	269	126	143	298	140	158
70-74	156	71	85	173	79	94	192	88	104	214	99	116
75-79	95	42	53	107	48	59	120	53	66	135	60	74
80+	…	…	…	…	…	…	…	…	…	…	…	…
80-84	47	20	27	53	23	30	60	26	34	69	30	39
85-89	17	7	10	19	8	11	22	9	13	25	10	15
90-94	4	1	2	4	2	3	5	2	3	6	2	4
95-99	0	0	0	1	0	0	1	0	0	1	0	1
100+	0	0	0	0	0	0	0	0	0	0	0	0

性・年齢別人口（千人）

年齢	2015			2020			2025			2030		
	総数	男	女	総数	男	女	総数	男	女	総数	男	女
総数	23 344	11 672	11 672	26 333	13 173	13 160	29 530	14 776	14 754	32 947	16 483	16 464
0-4	3 738	1 884	1 854	3 994	2 013	1 981	4 247	2 142	2 105	4 495	2 268	2 228
5-9	3 294	1 657	1 637	3 609	1 817	1 792	3 876	1 950	1 926	4 142	2 085	2 057
10-14	2 895	1 456	1 438	3 247	1 632	1 614	3 565	1 793	1 772	3 835	1 927	1 908
15-19	2 510	1 262	1 248	2 856	1 435	1 420	3 209	1 612	1 597	3 527	1 772	1 755
20-24	2 223	1 115	1 108	2 463	1 235	1 228	2 808	1 408	1 400	3 161	1 583	1 577
25-29	1 930	966	965	2 167	1 085	1 082	2 407	1 205	1 202	2 752	1 377	1 376
30-34	1 588	796	792	1 866	934	932	2 102	1 052	1 050	2 345	1 173	1 172
35-39	1 232	619	613	1 517	761	755	1 791	897	894	2 031	1 016	1 014
40-44	964	484	480	1 164	585	578	1 442	724	717	1 716	860	857
45-49	761	380	382	907	455	452	1 101	553	547	1 375	690	685
50-54	603	297	306	711	353	358	852	425	426	1 041	521	520
55-59	475	231	244	559	273	285	663	327	336	799	396	403
60-64	382	183	199	431	208	224	510	247	263	609	297	312
65-69	298	140	158	332	157	175	378	179	198	450	215	235
70-74	214	99	116	241	111	129	271	126	145	311	145	166
75-79	135	60	74	153	69	84	174	79	96	199	90	108
80+	…	…	…	…	…	…	…	…	…	…	…	…
80-84	69	30	39	79	34	45	91	40	52	106	46	60
85-89	25	10	15	30	12	18	35	14	21	41	17	24
90-94	6	2	4	7	3	5	9	3	5	11	4	7
95-99	1	0	1	1	0	1	1	0	1	2	1	1
100+	0	0	0	0	0	0	0	0	0	0	0	0

年齢	2035			2040			2045			2050		
	総数	男	女	総数	男	女	総数	男	女	総数	男	女
総数	36 577	18 290	18 287	40 398	20 186	20 212	44 346	22 139	22 207	48 362	24 120	24 242
0-4	4 742	2 392	2 350	4 987	2 516	2 471	5 186	2 617	2 569	5 357	2 705	2 652
5-9	4 406	2 218	2 188	4 662	2 347	2 315	4 921	2 477	2 443	5 127	2 583	2 544
10-14	4 105	2 064	2 041	4 372	2 199	2 174	4 631	2 329	2 302	4 892	2 461	2 431
15-19	3 799	1 907	1 892	4 072	2 045	2 027	4 341	2 180	2 160	4 601	2 311	2 290
20-24	3 479	1 743	1 736	3 753	1 879	1 874	4 027	2 017	2 010	4 297	2 153	2 144
25-29	3 105	1 552	1 553	3 424	1 711	1 713	3 701	1 848	1 853	3 977	1 987	1 990
30-34	2 691	1 344	1 347	3 046	1 520	1 526	3 367	1 679	1 687	3 646	1 817	1 829
35-39	2 278	1 138	1 140	2 626	1 310	1 316	2 983	1 486	1 498	3 307	1 646	1 661
40-44	1 960	980	980	2 211	1 103	1 108	2 560	1 275	1 285	2 918	1 450	1 468
45-49	1 648	824	824	1 893	944	948	2 145	1 068	1 077	2 493	1 238	1 255
50-54	1 310	654	656	1 580	786	793	1 822	905	917	2 073	1 027	1 046
55-59	982	488	494	1 243	617	626	1 505	744	761	1 743	860	883
60-64	739	363	376	914	450	464	1 162	571	591	1 414	692	722
65-69	541	261	281	661	320	341	822	399	423	1 052	510	542
70-74	374	176	198	454	215	239	558	266	293	700	334	366
75-79	231	105	126	281	129	152	345	159	185	428	199	229
80+	…	…	…	…	…	…	…	…	…	…	…	…
80-84	123	54	69	145	64	81	179	80	99	222	100	123
85-89	49	21	29	58	24	33	69	29	40	87	37	50
90-94	13	5	8	15	6	9	19	7	11	23	9	14
95-99	2	1	1	2	1	2	3	1	2	4	1	2
100+	0	0	0	0	0	0	0	0	0	0	0	0

年齢	2055			2060		
	総数	男	女	総数	男	女
総数	52 405	26 110	26 295	56 430	28 084	28 346
0-4	5 504	2 781	2 723	5 639	2 851	2 789
5-9	5 306	2 676	2 631	5 461	2 756	2 705
10-14	5 101	2 568	2 533	5 284	2 662	2 621
15-19	4 864	2 444	2 420	5 074	2 552	2 523
20-24	4 559	2 285	2 275	4 824	2 419	2 405
25-29	4 248	2 123	2 125	4 513	2 256	2 257
30-34	3 926	1 958	1 968	4 200	2 095	2 105
35-39	3 591	1 786	1 805	3 874	1 927	1 946
40-44	3 245	1 612	1 633	3 531	1 752	1 779
45-49	2 852	1 413	1 438	3 178	1 574	1 604
50-54	2 418	1 195	1 223	2 772	1 367	1 405
55-59	1 989	979	1 011	2 326	1 142	1 185
60-64	1 644	803	841	1 882	916	966
65-69	1 287	621	666	1 503	723	780
70-74	902	429	473	1 112	525	586
75-79	543	252	291	707	327	380
80+	…	…	…	…	…	…
80-84	280	126	154	361	161	200
85-89	111	47	63	143	61	82
90-94	29	12	18	38	15	24
95-99	5	2	3	6	2	4
100+	0	0	0	1	0	0

Cameroon

性・年齢別人口（千人）

年齢	2015 総数	男	女	2020 総数	男	女	2025 総数	男	女	2030 総数	男	女
総数	23 344	11 672	11 672	26 557	13 286	13 271	30 159	15 094	15 066	34 150	17 089	17 061
0-4	3 738	1 884	1 854	4 218	2 126	2 092	4 658	2 350	2 309	5 081	2 563	2 518
5-9	3 294	1 657	1 637	3 609	1 817	1 792	4 094	2 059	2 035	4 544	2 287	2 257
10-14	2 895	1 456	1 438	3 247	1 632	1 614	3 565	1 793	1 772	4 051	2 036	2 015
15-19	2 510	1 262	1 248	2 856	1 435	1 420	3 209	1 612	1 597	3 527	1 772	1 755
20-24	2 223	1 115	1 108	2 463	1 235	1 228	2 808	1 408	1 400	3 161	1 583	1 577
25-29	1 930	966	965	2 167	1 085	1 082	2 407	1 205	1 202	2 752	1 377	1 376
30-34	1 588	796	792	1 866	934	932	2 102	1 052	1 050	2 345	1 173	1 172
35-39	1 232	619	613	1 517	761	755	1 791	897	894	2 031	1 016	1 014
40-44	964	484	480	1 164	585	578	1 442	724	717	1 716	860	857
45-49	761	380	382	907	455	452	1 101	553	547	1 375	690	685
50-54	603	297	306	711	353	358	852	425	426	1 041	521	520
55-59	475	231	244	559	273	285	663	327	336	799	396	403
60-64	382	183	199	431	208	224	510	247	263	609	297	312
65-69	298	140	158	332	157	175	378	179	198	450	215	235
70-74	214	99	116	241	111	129	271	126	145	311	145	166
75-79	135	60	74	153	69	84	174	79	96	199	90	108
80+	…	…	…	…	…	…	…	…	…	…	…	…
80-84	69	30	39	79	34	45	91	40	52	106	46	60
85-89	25	10	15	30	12	18	35	14	21	41	17	24
90-94	6	2	4	7	3	5	9	3	5	11	4	7
95-99	1	0	1	1	0	1	1	0	1	2	1	1
100+	0	0	0	0	0	0	0	0	0	0	0	0

年齢	2035 総数	男	女	2040 総数	男	女	2045 総数	男	女	2050 総数	男	女
総数	38 444	19 230	19 214	43 069	21 530	21 539	48 033	23 994	24 040	53 331	26 620	26 712
0-4	5 421	2 735	2 686	5 812	2 932	2 879	6 226	3 142	3 084	6 671	3 368	3 303
5-9	4 981	2 507	2 474	5 331	2 683	2 647	5 735	2 887	2 847	6 156	3 101	3 055
10-14	4 503	2 264	2 239	4 943	2 486	2 457	5 296	2 663	2 633	5 702	2 869	2 834
15-19	4 014	2 015	1 999	4 467	2 244	2 224	4 908	2 465	2 443	5 262	2 643	2 619
20-24	3 479	1 743	1 736	3 965	1 985	1 980	4 419	2 214	2 205	4 859	2 434	2 424
25-29	3 105	1 552	1 553	3 424	1 711	1 713	3 910	1 953	1 957	4 364	2 181	2 183
30-34	2 691	1 344	1 347	3 046	1 520	1 526	3 367	1 679	1 687	3 853	1 920	1 933
35-39	2 278	1 138	1 140	2 626	1 310	1 316	2 983	1 486	1 498	3 307	1 646	1 661
40-44	1 960	980	980	2 211	1 103	1 108	2 560	1 275	1 285	2 918	1 450	1 468
45-49	1 648	824	824	1 893	944	948	2 145	1 068	1 077	2 493	1 238	1 255
50-54	1 310	654	656	1 580	786	793	1 822	905	917	2 073	1 027	1 046
55-59	982	488	494	1 243	617	626	1 505	744	761	1 743	860	883
60-64	739	363	376	914	450	464	1 162	571	591	1 414	692	722
65-69	541	261	281	661	320	341	822	399	423	1 052	510	542
70-74	374	176	198	454	215	239	558	266	293	700	334	366
75-79	231	105	126	281	129	152	345	159	185	428	199	229
80+	…	…	…	…	…	…	…	…	…	…	…	…
80-84	123	54	69	145	64	81	179	80	99	222	100	123
85-89	49	21	29	58	24	33	69	29	40	87	37	50
90-94	13	5	8	15	6	9	19	7	11	23	9	14
95-99	2	1	1	2	1	2	3	1	2	4	1	2
100+	0	0	0	0	0	0	0	0	0	0	0	0

年齢	2055 総数	男	女	2060 総数	男	女
総数	58 938	29 395	29 543	64 793	32 290	32 503
0-4	7 107	3 591	3 516	7 516	3 799	3 717
5-9	6 608	3 332	3 276	7 052	3 559	3 493
10-14	6 126	3 084	3 042	6 581	3 316	3 265
15-19	5 670	2 849	2 821	6 095	3 065	3 030
20-24	5 215	2 613	2 602	5 624	2 820	2 804
25-29	4 805	2 401	2 403	5 163	2 581	2 582
30-34	4 309	2 149	2 160	4 750	2 369	2 381
35-39	3 794	1 887	1 908	4 251	2 115	2 136
40-44	3 245	1 612	1 633	3 731	1 851	1 880
45-49	2 852	1 413	1 438	3 178	1 574	1 604
50-54	2 418	1 195	1 223	2 772	1 367	1 405
55-59	1 989	979	1 011	2 326	1 142	1 185
60-64	1 644	803	841	1 882	916	966
65-69	1 287	621	666	1 503	723	780
70-74	902	429	473	1 112	525	586
75-79	543	252	291	707	327	380
80+	…	…	…	…	…	…
80-84	280	126	154	361	161	200
85-89	111	47	63	143	61	82
90-94	29	12	18	38	15	24
95-99	5	2	3	6	2	4
100+	0	0	0	1	0	0

性・年齢別人口（千人）

年齢	2015			2020			2025			2030		
	総数	男	女	総数	男	女	総数	男	女	総数	男	女
総数	23 344	11 672	11 672	26 109	13 060	13 048	28 901	14 459	14 441	31 744	15 877	15 867
0-4	3 738	1 884	1 854	3 770	1 900	1 870	3 836	1 935	1 901	3 910	1 972	1 937
5-9	3 294	1 657	1 637	3 609	1 817	1 792	3 658	1 840	1 818	3 740	1 882	1 858
10-14	2 895	1 456	1 438	3 247	1 632	1 614	3 565	1 793	1 772	3 619	1 819	1 800
15-19	2 510	1 262	1 248	2 856	1 435	1 420	3 209	1 612	1 597	3 527	1 772	1 755
20-24	2 223	1 115	1 108	2 463	1 235	1 228	2 808	1 408	1 400	3 161	1 583	1 577
25-29	1 930	966	965	2 167	1 085	1 082	2 407	1 205	1 202	2 752	1 377	1 376
30-34	1 588	796	792	1 866	934	932	2 102	1 052	1 050	2 345	1 173	1 172
35-39	1 232	619	613	1 517	761	755	1 791	897	894	2 031	1 016	1 014
40-44	964	484	480	1 164	585	578	1 442	724	717	1 716	860	857
45-49	761	380	382	907	455	452	1 101	553	547	1 375	690	685
50-54	603	297	306	711	353	358	852	425	426	1 041	521	520
55-59	475	231	244	559	273	285	663	327	336	799	396	403
60-64	382	183	199	431	208	224	510	247	263	609	297	312
65-69	298	140	158	332	157	175	378	179	198	450	215	235
70-74	214	99	116	241	111	129	271	126	145	311	145	166
75-79	135	60	74	153	69	84	174	79	96	199	90	108
80+	…	…	…	…	…	…	…	…	…	…	…	…
80-84	69	30	39	79	34	45	91	40	52	106	46	60
85-89	25	10	15	30	12	18	35	14	21	41	17	24
90-94	6	2	4	7	3	5	9	3	5	11	4	7
95-99	1	0	1	1	0	1	1	0	1	2	1	1
100+	0	0	0	0	0	0	0	0	0	0	0	0

年齢	2035			2040			2045			2050		
	総数	男	女	総数	男	女	総数	男	女	総数	男	女
総数	34 714	17 352	17 362	37 753	18 855	18 898	40 745	20 328	20 417	43 598	21 725	21 873
0-4	4 067	2 052	2 015	4 185	2 111	2 073	4 206	2 123	2 084	4 164	2 103	2 062
5-9	3 831	1 929	1 903	3 998	2 012	1 985	4 128	2 078	2 049	4 158	2 094	2 063
10-14	3 706	1 864	1 843	3 802	1 912	1 890	3 971	1 997	1 974	4 103	2 064	2 039
15-19	3 585	1 800	1 785	3 676	1 846	1 830	3 773	1 895	1 878	3 944	1 981	1 963
20-24	3 479	1 743	1 736	3 541	1 773	1 768	3 635	1 821	1 814	3 735	1 871	1 863
25-29	3 105	1 552	1 553	3 424	1 711	1 713	3 492	1 744	1 748	3 590	1 794	1 796
30-34	2 691	1 344	1 347	3 046	1 520	1 526	3 367	1 679	1 687	3 440	1 715	1 726
35-39	2 278	1 138	1 140	2 626	1 310	1 316	2 983	1 486	1 498	3 307	1 646	1 661
40-44	1 960	980	980	2 211	1 103	1 108	2 560	1 275	1 285	2 918	1 450	1 468
45-49	1 648	824	824	1 893	944	948	2 145	1 068	1 077	2 493	1 238	1 255
50-54	1 310	654	656	1 580	786	793	1 822	905	917	2 073	1 027	1 046
55-59	982	488	494	1 243	617	626	1 505	744	761	1 743	860	883
60-64	739	363	376	914	450	464	1 162	571	591	1 414	692	722
65-69	541	261	281	661	320	341	822	399	423	1 052	510	542
70-74	374	176	198	454	215	239	558	266	293	700	334	366
75-79	231	105	126	281	129	152	345	159	185	428	199	229
80+	…	…	…	…	…	…	…	…	…	…	…	…
80-84	123	54	69	145	64	81	179	80	99	222	100	123
85-89	49	21	29	58	24	33	69	29	40	87	37	50
90-94	13	5	8	15	6	9	19	7	11	23	9	14
95-99	2	1	1	2	1	2	3	1	2	4	1	2
100+	0	0	0	0	0	0	0	0	0	0	0	0

年齢	2055			2060		
	総数	男	女	総数	男	女
総数	46 268	23 024	23 244	48 729	24 212	24 517
0-4	4 094	2 068	2 025	4 029	2 037	1 993
5-9	4 124	2 079	2 044	4 060	2 049	2 011
10-14	4 136	2 082	2 054	4 105	2 069	2 037
15-19	4 079	2 050	2 029	4 114	2 069	2 045
20-24	3 908	1 958	1 950	4 045	2 028	2 017
25-29	3 692	1 846	1 847	3 868	1 934	1 934
30-34	3 544	1 767	1 777	3 650	1 820	1 829
35-39	3 388	1 685	1 703	3 496	1 739	1 756
40-44	3 245	1 612	1 633	3 332	1 653	1 679
45-49	2 852	1 413	1 438	3 178	1 574	1 604
50-54	2 418	1 195	1 223	2 772	1 367	1 405
55-59	1 989	979	1 011	2 326	1 142	1 185
60-64	1 644	803	841	1 882	916	966
65-69	1 287	621	666	1 503	723	780
70-74	902	429	473	1 112	525	586
75-79	543	252	291	707	327	380
80+	…	…	…	…	…	…
80-84	280	126	154	361	161	200
85-89	111	47	63	143	61	82
90-94	29	12	18	38	15	24
95-99	5	2	3	6	2	4
100+	0	0	0	1	0	0

Canada

性・年齢別人口（千人）

年齢	1960 総数	男	女	1965 総数	男	女	1970 総数	男	女	1975 総数	男	女
総数	17 909	9 058	8 851	19 694	9 902	9 791	21 439	10 751	10 688	23 141	11 582	11 559
0-4	2 224	1 138	1 087	2 248	1 153	1 095	1 882	963	919	1 770	908	862
5-9	2 034	1 039	995	2 259	1 154	1 106	2 288	1 171	1 117	1 942	994	948
10-14	1 783	911	872	2 045	1 044	1 001	2 290	1 170	1 120	2 344	1 199	1 145
15-19	1 380	702	678	1 777	902	875	2 080	1 056	1 025	2 350	1 197	1 153
20-24	1 178	587	591	1 393	694	699	1 858	935	924	2 182	1 099	1 083
25-29	1 216	619	597	1 214	606	608	1 528	773	755	2 001	1 017	983
30-34	1 273	643	630	1 241	630	611	1 292	656	637	1 609	821	788
35-39	1 248	620	628	1 283	646	637	1 272	651	622	1 322	674	648
40-44	1 104	554	550	1 233	612	622	1 276	646	630	1 289	659	630
45-49	994	507	487	1 073	536	537	1 222	606	616	1 263	636	627
50-54	839	432	407	966	489	478	1 044	517	527	1 214	595	619
55-59	692	355	337	795	403	391	938	466	471	1 000	487	513
60-64	571	286	285	645	322	324	757	373	384	896	434	462
65-69	481	238	243	522	251	270	602	287	315	703	332	371
70-74	398	195	202	419	197	222	450	204	247	524	238	286
75-79	267	131	136	297	139	158	324	141	183	355	148	207
80+	229	102	126	283	124	159	335	139	196	378	144	234
80-84	...	...	...	...	...	...	...	...	...	...	...	...
85-89	...	...	...	...	...	...	...	...	...	...	...	...
90-94	...	...	...	...	...	...	...	...	...	...	...	...
95-99	...	...	...	...	...	...	...	...	...	...	...	...
100+	...	...	...	...	...	...	...	...	...	...	...	...

年齢	1980 総数	男	女	1985 総数	男	女	1990 総数	男	女	1995 総数	男	女
総数	24 516	12 210	12 306	25 848	12 835	13 013	27 662	13 716	13 947	29 299	14 503	14 797
0-4	1 792	919	873	1 846	947	899	1 929	988	941	1 985	1 017	968
5-9	1 812	930	882	1 817	932	885	1 921	986	936	1 992	1 020	972
10-14	1 977	1 013	964	1 840	942	898	1 877	963	914	1 997	1 025	972
15-19	2 410	1 230	1 180	2 028	1 041	987	1 936	994	942	1 982	1 019	963
20-24	2 425	1 223	1 202	2 491	1 270	1 220	2 127	1 082	1 045	2 010	1 023	988
25-29	2 200	1 103	1 097	2 443	1 231	1 212	2 566	1 299	1 267	2 190	1 106	1 084
30-34	2 024	1 026	998	2 223	1 111	1 112	2 534	1 274	1 261	2 617	1 321	1 296
35-39	1 603	817	786	2 017	1 021	996	2 282	1 139	1 142	2 572	1 288	1 284
40-44	1 330	677	653	1 597	810	787	2 059	1 038	1 020	2 304	1 147	1 157
45-49	1 269	645	624	1 307	660	647	1 601	808	792	2 063	1 034	1 028
50-54	1 241	619	622	1 251	628	622	1 304	656	649	1 585	792	794
55-59	1 174	565	609	1 218	598	620	1 238	617	621	1 296	642	653
60-64	955	452	503	1 127	529	597	1 182	571	611	1 208	594	615
65-69	830	385	444	893	406	486	1 071	489	581	1 112	524	588
70-74	616	274	342	730	321	409	802	350	452	955	420	536
75-79	421	176	245	500	206	295	606	249	358	662	271	391
80+	436	154	281	522	180	341	...	...	...	...	...	...
80-84	...	...	...	...	...	...	360	133	227	441	163	278
85-89	...	...	...	...	...	...	180	58	122	221	70	151
90-94	...	...	...	...	...	...	67	18	50	83	22	61
95-99	...	...	...	...	...	...	17	4	13	20	4	16
100+	...	...	...	...	...	...	2	1	2	3	1	2

年齢	2000 総数	男	女	2005 総数	男	女	2010 総数	男	女	2015 総数	男	女
総数	30 702	15 204	15 498	32 256	15 986	16 270	34 126	16 927	17 200	35 940	17 826	18 114
0-4	1 792	917	875	1 715	881	834	1 881	965	916	1 942	995	947
5-9	2 037	1 043	994	1 864	955	909	1 804	929	875	1 947	997	951
10-14	2 056	1 054	1 003	2 121	1 085	1 036	1 936	992	944	1 851	952	899
15-19	2 096	1 077	1 018	2 177	1 120	1 057	2 227	1 140	1 087	2 115	1 088	1 027
20-24	2 071	1 060	1 011	2 223	1 133	1 090	2 367	1 216	1 151	2 493	1 272	1 221
25-29	2 076	1 052	1 024	2 162	1 095	1 067	2 397	1 214	1 184	2 450	1 230	1 220
30-34	2 265	1 142	1 123	2 183	1 100	1 083	2 302	1 151	1 151	2 526	1 260	1 266
35-39	2 677	1 349	1 328	2 356	1 189	1 166	2 293	1 152	1 141	2 386	1 187	1 199
40-44	2 603	1 301	1 302	2 747	1 384	1 363	2 419	1 219	1 201	2 344	1 170	1 174
45-49	2 313	1 148	1 165	2 621	1 310	1 311	2 792	1 405	1 387	2 423	1 215	1 208
50-54	2 048	1 024	1 024	2 312	1 146	1 166	2 618	1 306	1 312	2 814	1 415	1 399
55-59	1 559	774	785	2 013	996	1 017	2 288	1 128	1 160	2 628	1 315	1 313
60-64	1 257	615	641	1 533	754	780	1 970	966	1 005	2 222	1 099	1 122
65-69	1 143	550	593	1 199	577	623	1 471	713	757	1 932	943	989
70-74	1 005	459	546	1 044	488	556	1 106	521	585	1 373	652	721
75-79	804	334	470	864	377	487	915	413	502	987	451	535
80+	...	...	...	...	...	...	...	...	...	...	...	...
80-84	500	186	314	632	245	387	708	294	414	740	318	422
85-89	273	88	185	324	107	216	423	148	275	490	187	303
90-94	100	26	74	131	35	95	160	45	115	218	66	152
95-99	24	5	19	30	6	24	42	9	33	53	12	41
100+	3	1	3	4	1	3	6	1	5	8	1	6

性・年齢別人口（千人）

年齢	2015			2020			2025			2030		
	総数	男	女	総数	男	女	総数	男	女	総数	男	女
総数	35 940	17 826	18 114	37 600	18 668	18 932	39 066	19 411	19 655	40 390	20 078	20 312
0-4	1 942	995	947	2 013	1 033	979	2 017	1 036	981	2 012	1 033	979
5-9	1 947	997	951	2 033	1 042	991	2 095	1 076	1 019	2 100	1 078	1 021
10-14	1 851	952	899	2 056	1 051	1 004	2 132	1 092	1 040	2 194	1 126	1 068
15-19	2 115	1 088	1 027	1 979	1 014	965	2 172	1 108	1 064	2 248	1 148	1 100
20-24	2 493	1 272	1 221	2 251	1 152	1 099	2 103	1 072	1 031	2 296	1 166	1 130
25-29	2 450	1 230	1 220	2 620	1 330	1 290	2 367	1 205	1 162	2 219	1 126	1 094
30-34	2 526	1 260	1 266	2 555	1 279	1 276	2 715	1 374	1 341	2 463	1 250	1 214
35-39	2 386	1 187	1 199	2 605	1 298	1 307	2 627	1 314	1 314	2 788	1 409	1 379
40-44	2 344	1 170	1 174	2 442	1 215	1 227	2 655	1 323	1 332	2 678	1 339	1 339
45-49	2 423	1 215	1 208	2 376	1 186	1 190	2 470	1 229	1 242	2 684	1 338	1 347
50-54	2 814	1 415	1 399	2 430	1 216	1 214	2 383	1 187	1 196	2 479	1 231	1 248
55-59	2 628	1 315	1 313	2 790	1 397	1 392	2 414	1 204	1 210	2 371	1 178	1 193
60-64	2 222	1 099	1 122	2 576	1 281	1 295	2 739	1 365	1 373	2 377	1 181	1 197
65-69	1 932	943	989	2 141	1 050	1 091	2 490	1 230	1 260	2 655	1 316	1 339
70-74	1 373	652	721	1 811	872	939	2 019	979	1 040	2 359	1 154	1 205
75-79	987	451	535	1 233	573	661	1 640	775	865	1 842	879	963
80+	…	…	…	…	…	…	…	…	…	…	…	…
80-84	740	318	422	820	361	459	1 038	466	572	1 396	640	756
85-89	490	187	303	524	209	315	593	245	348	765	324	441
90-94	218	66	152	260	88	172	287	103	184	335	125	210
95-99	53	12	41	75	19	56	93	27	67	107	33	75
100+	8	1	6	10	2	9	15	3	12	20	5	16

年齢	2035			2040			2045			2050		
	総数	男	女	総数	男	女	総数	男	女	総数	男	女
総数	41 518	20 638	20 879	42 479	21 115	21 364	43 340	21 543	21 797	44 136	21 944	22 192
0-4	1 993	1 024	970	2 029	1 042	987	2 111	1 084	1 027	2 189	1 124	1 065
5-9	2 095	1 076	1 019	2 076	1 066	1 010	2 112	1 085	1 027	2 193	1 127	1 067
10-14	2 198	1 128	1 070	2 193	1 126	1 068	2 175	1 116	1 059	2 210	1 134	1 076
15-19	2 311	1 182	1 128	2 315	1 185	1 130	2 310	1 183	1 128	2 292	1 173	1 119
20-24	2 373	1 207	1 166	2 435	1 241	1 194	2 440	1 244	1 197	2 436	1 241	1 194
25-29	2 413	1 220	1 193	2 490	1 260	1 229	2 552	1 295	1 257	2 558	1 298	1 260
30-34	2 316	1 171	1 145	2 510	1 265	1 245	2 587	1 306	1 281	2 650	1 341	1 309
35-39	2 537	1 285	1 252	2 391	1 207	1 184	2 585	1 302	1 283	2 662	1 343	1 319
40-44	2 839	1 435	1 404	2 590	1 312	1 278	2 445	1 235	1 210	2 639	1 329	1 309
45-49	2 708	1 354	1 354	2 869	1 450	1 419	2 622	1 329	1 294	2 479	1 252	1 227
50-54	2 693	1 340	1 352	2 718	1 358	1 360	2 880	1 454	1 426	2 636	1 334	1 302
55-59	2 468	1 223	1 245	2 682	1 332	1 350	2 710	1 352	1 359	2 873	1 448	1 425
60-64	2 340	1 158	1 182	2 439	1 205	1 234	2 653	1 314	1 339	2 684	1 335	1 350
65-69	2 313	1 142	1 170	2 282	1 124	1 158	2 384	1 172	1 212	2 598	1 281	1 317
70-74	2 527	1 241	1 285	2 210	1 083	1 127	2 189	1 070	1 118	2 294	1 120	1 174
75-79	2 167	1 044	1 122	2 334	1 131	1 203	2 054	994	1 060	2 044	988	1 057
80+	…	…	…	…	…	…	…	…	…	…	…	…
80-84	1 584	735	849	1 879	882	997	2 042	966	1 077	1 812	856	956
85-89	1 046	454	592	1 205	531	674	1 451	649	802	1 598	721	877
90-94	443	170	273	621	246	375	734	295	438	904	370	534
95-99	130	41	89	178	59	120	259	88	171	317	110	207
100+	25	6	19	31	8	24	44	12	33	67	18	49

年齢	2055			2060		
	総数	男	女	総数	男	女
総数	44 853	22 315	22 538	45 534	22 678	22 857
0-4	2 236	1 148	1 088	2 257	1 159	1 098
5-9	2 267	1 165	1 103	2 310	1 187	1 124
10-14	2 287	1 174	1 113	2 356	1 209	1 147
15-19	2 322	1 189	1 133	2 393	1 225	1 167
20-24	2 411	1 229	1 182	2 434	1 242	1 193
25-29	2 547	1 293	1 254	2 517	1 278	1 239
30-34	2 650	1 341	1 309	2 635	1 334	1 301
35-39	2 721	1 376	1 346	2 718	1 375	1 343
40-44	2 713	1 369	1 344	2 770	1 400	1 369
45-49	2 671	1 345	1 325	2 743	1 384	1 359
50-54	2 493	1 258	1 235	2 684	1 351	1 333
55-59	2 632	1 330	1 302	2 492	1 256	1 236
60-64	2 847	1 431	1 416	2 612	1 317	1 295
65-69	2 633	1 304	1 329	2 796	1 401	1 395
70-74	2 506	1 228	1 278	2 546	1 254	1 293
75-79	2 152	1 039	1 113	2 361	1 145	1 216
80+	…	…	…	…	…	…
80-84	1 818	858	959	1 927	911	1 016
85-89	1 437	649	788	1 459	660	799
90-94	1 018	421	596	936	389	546
95-99	404	143	261	471	169	302
100+	88	24	64	118	33	85

性・年齢別人口（千人）

年齢	2015 総数	男	女	2020 総数	男	女	2025 総数	男	女	2030 総数	男	女
総数	35 940	17 826	18 114	37 908	18 826	19 082	39 874	19 826	20 048	41 813	20 809	21 004
0-4	1 942	995	947	2 322	1 192	1 130	2 517	1 292	1 225	2 627	1 349	1 278
5-9	1 947	997	951	2 033	1 042	991	2 404	1 234	1 170	2 599	1 335	1 264
10-14	1 851	952	899	2 056	1 051	1 004	2 132	1 092	1 040	2 502	1 284	1 218
15-19	2 115	1 088	1 027	1 979	1 014	965	2 172	1 108	1 064	2 248	1 148	1 100
20-24	2 493	1 272	1 221	2 251	1 152	1 099	2 103	1 072	1 031	2 296	1 166	1 130
25-29	2 450	1 230	1 220	2 620	1 330	1 290	2 367	1 205	1 162	2 219	1 126	1 094
30-34	2 526	1 260	1 266	2 555	1 279	1 276	2 715	1 374	1 341	2 463	1 250	1 214
35-39	2 386	1 187	1 199	2 605	1 298	1 307	2 627	1 314	1 314	2 788	1 409	1 379
40-44	2 344	1 170	1 174	2 442	1 215	1 227	2 655	1 323	1 332	2 678	1 339	1 339
45-49	2 423	1 215	1 208	2 376	1 186	1 190	2 470	1 229	1 242	2 684	1 338	1 347
50-54	2 814	1 415	1 399	2 430	1 216	1 214	2 383	1 187	1 196	2 479	1 231	1 248
55-59	2 628	1 315	1 313	2 790	1 397	1 392	2 414	1 204	1 210	2 371	1 178	1 193
60-64	2 222	1 099	1 122	2 576	1 281	1 295	2 739	1 365	1 373	2 377	1 181	1 197
65-69	1 932	943	989	2 141	1 050	1 091	2 490	1 230	1 260	2 655	1 316	1 339
70-74	1 373	652	721	1 811	872	939	2 019	979	1 040	2 359	1 154	1 205
75-79	987	451	535	1 233	573	661	1 640	775	865	1 842	879	963
80+	…	…	…	…	…	…	…	…	…	…	…	…
80-84	740	318	422	820	361	459	1 038	466	572	1 396	640	756
85-89	490	187	303	524	209	315	593	245	348	765	324	441
90-94	218	66	152	260	88	172	287	103	184	335	125	210
95-99	53	12	41	75	19	56	93	27	67	107	33	75
100+	8	1	6	10	2	9	15	3	12	20	5	16

年齢	2035 総数	男	女	2040 総数	男	女	2045 総数	男	女	2050 総数	男	女
総数	43 544	21 679	21 865	45 129	22 475	22 654	46 699	23 268	23 431	48 362	24 113	24 248
0-4	2 597	1 334	1 264	2 654	1 363	1 291	2 821	1 449	1 372	3 058	1 570	1 488
5-9	2 709	1 391	1 318	2 680	1 376	1 303	2 737	1 406	1 331	2 904	1 491	1 412
10-14	2 698	1 385	1 313	2 808	1 441	1 366	2 778	1 426	1 352	2 835	1 455	1 380
15-19	2 619	1 341	1 278	2 814	1 441	1 373	2 924	1 498	1 426	2 895	1 483	1 412
20-24	2 373	1 207	1 166	2 743	1 399	1 344	2 939	1 500	1 439	3 049	1 556	1 493
25-29	2 413	1 220	1 193	2 490	1 260	1 229	2 860	1 453	1 407	3 056	1 553	1 502
30-34	2 316	1 171	1 145	2 510	1 265	1 245	2 587	1 306	1 281	2 957	1 498	1 459
35-39	2 537	1 285	1 252	2 391	1 207	1 184	2 585	1 302	1 283	2 662	1 343	1 319
40-44	2 839	1 435	1 404	2 590	1 312	1 278	2 445	1 235	1 210	2 639	1 329	1 309
45-49	2 708	1 354	1 354	2 869	1 450	1 419	2 622	1 329	1 294	2 479	1 252	1 227
50-54	2 693	1 340	1 352	2 718	1 358	1 360	2 880	1 454	1 426	2 636	1 334	1 302
55-59	2 468	1 223	1 245	2 682	1 332	1 350	2 710	1 352	1 359	2 873	1 448	1 425
60-64	2 340	1 158	1 182	2 439	1 205	1 234	2 653	1 314	1 339	2 684	1 335	1 350
65-69	2 313	1 142	1 170	2 282	1 124	1 158	2 384	1 172	1 212	2 598	1 281	1 317
70-74	2 527	1 241	1 285	2 210	1 083	1 127	2 189	1 070	1 118	2 294	1 120	1 174
75-79	2 167	1 044	1 122	2 334	1 131	1 203	2 054	994	1 060	2 044	988	1 057
80+	…	…	…	…	…	…	…	…	…	…	…	…
80-84	1 584	735	849	1 879	882	997	2 042	966	1 077	1 812	856	956
85-89	1 046	454	592	1 205	531	674	1 451	649	802	1 598	721	877
90-94	443	170	273	621	246	375	734	295	438	904	370	534
95-99	130	41	89	178	59	120	259	88	171	317	110	207
100+	25	6	19	31	8	24	44	12	33	67	18	49

年齢	2055 総数	男	女	2060 総数	男	女
総数	50 133	25 026	25 107	52 012	26 003	26 009
0-4	3 293	1 691	1 602	3 458	1 776	1 682
5-9	3 136	1 611	1 525	3 367	1 729	1 638
10-14	2 997	1 539	1 459	3 225	1 656	1 569
15-19	2 946	1 509	1 437	3 102	1 590	1 513
20-24	3 014	1 539	1 475	3 059	1 562	1 497
25-29	3 160	1 607	1 552	3 119	1 587	1 532
30-34	3 148	1 597	1 551	3 247	1 648	1 599
35-39	3 028	1 533	1 495	3 215	1 629	1 585
40-44	2 713	1 369	1 344	3 076	1 557	1 519
45-49	2 671	1 345	1 325	2 743	1 384	1 359
50-54	2 493	1 258	1 235	2 684	1 351	1 333
55-59	2 632	1 330	1 302	2 492	1 256	1 236
60-64	2 847	1 431	1 416	2 612	1 317	1 295
65-69	2 633	1 304	1 329	2 796	1 401	1 395
70-74	2 506	1 228	1 278	2 546	1 254	1 293
75-79	2 152	1 039	1 113	2 361	1 145	1 216
80+	…	…	…	…	…	…
80-84	1 818	858	959	1 927	911	1 016
85-89	1 437	649	788	1 459	660	799
90-94	1 018	421	596	936	389	546
95-99	404	143	261	471	169	302
100+	88	24	64	118	33	85

性・年齢別人口（千人）

年齢	2015			2020			2025			2030		
	総数	男	女	総数	男	女	総数	男	女	総数	男	女
総数	35 940	17 826	18 114	37 291	18 509	18 782	38 257	18 996	19 261	38 968	19 348	19 620
0-4	1 942	995	947	1 704	875	829	1 517	779	738	1 398	718	680
5-9	1 947	997	951	2 033	1 042	991	1 787	917	869	1 600	822	778
10-14	1 851	952	899	2 056	1 051	1 004	2 132	1 092	1 040	1 885	967	918
15-19	2 115	1 088	1 027	1 979	1 014	965	2 172	1 108	1 064	2 248	1 148	1 100
20-24	2 493	1 272	1 221	2 251	1 152	1 099	2 103	1 072	1 031	2 296	1 166	1 130
25-29	2 450	1 230	1 220	2 620	1 330	1 290	2 367	1 205	1 162	2 219	1 126	1 094
30-34	2 526	1 260	1 266	2 555	1 279	1 276	2 715	1 374	1 341	2 463	1 250	1 214
35-39	2 386	1 187	1 199	2 605	1 298	1 307	2 627	1 314	1 314	2 788	1 409	1 379
40-44	2 344	1 170	1 174	2 442	1 215	1 227	2 655	1 323	1 332	2 678	1 339	1 339
45-49	2 423	1 215	1 208	2 376	1 186	1 190	2 470	1 229	1 242	2 684	1 338	1 347
50-54	2 814	1 415	1 399	2 430	1 216	1 214	2 383	1 187	1 196	2 479	1 231	1 248
55-59	2 628	1 315	1 313	2 790	1 397	1 392	2 414	1 204	1 210	2 371	1 178	1 193
60-64	2 222	1 099	1 122	2 576	1 281	1 295	2 739	1 365	1 373	2 377	1 181	1 197
65-69	1 932	943	989	2 141	1 050	1 091	2 490	1 230	1 260	2 655	1 316	1 339
70-74	1 373	652	721	1 811	872	939	2 019	979	1 040	2 359	1 154	1 205
75-79	987	451	535	1 233	573	661	1 640	775	865	1 842	879	963
80+	...	...	...	...	...	...	...	...	...	...	...	...
80-84	740	318	422	820	361	459	1 038	466	572	1 396	640	756
85-89	490	187	303	524	209	315	593	245	348	765	324	441
90-94	218	66	152	260	88	172	287	103	184	335	125	210
95-99	53	12	41	75	19	56	93	27	67	107	33	75
100+	8	1	6	10	2	9	15	3	12	20	5	16

年齢	2035			2040			2045			2050		
	総数	男	女	総数	男	女	総数	男	女	総数	男	女
総数	39 493	19 599	19 894	39 840	19 760	20 080	40 035	19 846	20 189	40 072	19 858	20 214
0-4	1 391	714	677	1 414	726	688	1 443	741	702	1 428	733	695
5-9	1 480	760	720	1 474	757	717	1 497	769	728	1 526	784	742
10-14	1 699	872	827	1 579	810	769	1 573	807	766	1 596	819	777
15-19	2 002	1 024	978	1 816	929	887	1 697	867	829	1 690	864	826
20-24	2 373	1 207	1 166	2 127	1 083	1 044	1 942	988	954	1 822	927	896
25-29	2 413	1 220	1 193	2 490	1 260	1 229	2 245	1 137	1 108	2 060	1 042	1 017
30-34	2 316	1 171	1 145	2 510	1 265	1 245	2 587	1 306	1 281	2 343	1 183	1 160
35-39	2 537	1 285	1 252	2 391	1 207	1 184	2 585	1 302	1 283	2 662	1 343	1 319
40-44	2 839	1 435	1 404	2 590	1 312	1 278	2 445	1 235	1 210	2 639	1 329	1 309
45-49	2 708	1 354	1 354	2 869	1 450	1 419	2 622	1 329	1 294	2 479	1 252	1 227
50-54	2 693	1 340	1 352	2 718	1 358	1 360	2 880	1 454	1 426	2 636	1 334	1 302
55-59	2 468	1 223	1 245	2 682	1 332	1 350	2 710	1 352	1 359	2 873	1 448	1 425
60-64	2 340	1 158	1 182	2 439	1 205	1 234	2 653	1 314	1 339	2 684	1 335	1 350
65-69	2 313	1 142	1 170	2 282	1 124	1 158	2 384	1 172	1 212	2 598	1 281	1 317
70-74	2 527	1 241	1 285	2 210	1 083	1 127	2 189	1 070	1 118	2 294	1 120	1 174
75-79	2 167	1 044	1 122	2 334	1 131	1 203	2 054	994	1 060	2 044	988	1 057
80+	...	...	...	...	...	...	...	...	...	...	...	...
80-84	1 584	735	849	1 879	882	997	2 042	966	1 077	1 812	856	956
85-89	1 046	454	592	1 205	531	674	1 451	649	802	1 598	721	877
90-94	443	170	273	621	246	375	734	295	438	904	370	534
95-99	130	41	89	178	59	120	259	88	171	317	110	207
100+	25	6	19	31	8	24	44	12	33	67	18	49

年齢	2055			2060		
	総数	男	女	総数	男	女
総数	39 926	19 786	20 140	39 663	19 664	19 999
0-4	1 369	703	666	1 309	672	637
5-9	1 507	774	733	1 443	741	702
10-14	1 620	831	788	1 596	819	777
15-19	1 708	873	834	1 725	883	843
20-24	1 810	920	889	1 821	927	894
25-29	1 935	979	956	1 916	970	946
30-34	2 153	1 086	1 067	2 023	1 020	1 003
35-39	2 414	1 218	1 196	2 221	1 120	1 102
40-44	2 713	1 369	1 344	2 464	1 243	1 220
45-49	2 671	1 345	1 325	2 743	1 384	1 359
50-54	2 493	1 258	1 235	2 684	1 351	1 333
55-59	2 632	1 330	1 302	2 492	1 256	1 236
60-64	2 847	1 431	1 416	2 612	1 317	1 295
65-69	2 633	1 304	1 329	2 796	1 401	1 395
70-74	2 506	1 228	1 278	2 546	1 254	1 293
75-79	2 152	1 039	1 113	2 361	1 145	1 216
80+	...	...	...	...	...	...
80-84	1 818	858	959	1 927	911	1 016
85-89	1 437	649	788	1 459	660	799
90-94	1 018	421	596	936	389	546
95-99	404	143	261	471	169	302
100+	88	24	64	118	33	85

Cabo Verde

推計値

年齢	1960 総数	男	女	1965 総数	男	女	1970 総数	男	女	1975 総数	男	女
総数	202	95	107	231	110	122	270	129	141	273	128	144
0-4	37	19	19	44	22	22	49	25	24	47	23	23
5-9	32	16	16	35	17	18	46	22	23	43	22	22
10-14	16	8	8	31	15	15	36	18	19	42	20	22
15-19	14	7	8	16	8	8	30	15	15	31	14	17
20-24	17	7	9	14	6	7	15	7	8	24	12	12
25-29	15	7	9	16	7	9	12	6	7	11	5	6
30-34	13	6	7	15	6	8	15	7	8	9	4	5
35-39	8	4	4	13	6	7	14	6	8	12	5	7
40-44	8	4	4	7	3	4	12	5	7	12	5	7
45-49	9	4	5	8	4	4	7	3	4	11	5	6
50-54	10	5	5	8	4	5	7	3	4	6	3	3
55-59	6	3	3	9	4	5	8	3	4	6	3	3
60-64	5	2	3	6	3	3	8	4	4	7	3	4
65-69	3	1	2	4	2	2	5	2	3	7	3	4
70-74	3	1	2	2	1	1	3	1	2	3	1	2
75-79	2	1	1	2	1	1	1	1	1	2	1	1
80+	2	1	1	2	1	1	2	1	1	1	0	1
80-84	…	…	…	…	…	…	…	…	…	…	…	…
85-89	…	…	…	…	…	…	…	…	…	…	…	…
90-94	…	…	…	…	…	…	…	…	…	…	…	…
95-99	…	…	…	…	…	…	…	…	…	…	…	…
100+	…	…	…	…	…	…	…	…	…	…	…	…

年齢	1980 総数	男	女	1985 総数	男	女	1990 総数	男	女	1995 総数	男	女
総数	286	132	153	314	147	167	341	162	179	389	187	202
0-4	49	25	24	57	29	28	63	32	31	64	32	31
5-9	43	22	21	45	23	22	52	26	26	62	31	30
10-14	43	21	21	40	20	20	41	21	20	52	26	26
15-19	40	19	22	39	20	20	36	19	18	40	20	20
20-24	24	9	15	36	16	20	32	15	16	34	17	16
25-29	17	7	10	20	7	13	28	12	16	30	14	15
30-34	8	4	4	15	6	9	17	7	11	27	12	15
35-39	7	3	4	7	3	4	14	6	8	17	7	10
40-44	10	4	6	6	3	4	7	3	4	15	6	8
45-49	10	4	6	10	4	6	7	3	4	7	3	4
50-54	9	4	5	10	4	6	10	4	6	7	2	4
55-59	5	2	3	9	4	5	9	4	5	10	4	6
60-64	5	2	3	5	2	3	8	4	5	9	4	5
65-69	5	2	3	5	2	3	5	2	3	8	3	4
70-74	5	2	3	4	2	3	4	2	2	4	2	2
75-79	2	1	1	4	1	2	3	1	2	3	1	2
80+	1	1	1	2	1	1	…	…	…	…	…	…
80-84	…	…	…	…	…	…	2	1	1	2	1	1
85-89	…	…	…	…	…	…	1	0	0	1	0	1
90-94	…	…	…	…	…	…	0	0	0	0	0	0
95-99	…	…	…	…	…	…	0	0	0	0	0	0
100+	…	…	…	…	…	…	0	0	0	0	0	0

年齢	2000 総数	男	女	2005 総数	男	女	2010 総数	男	女	2015 総数	男	女
総数	439	212	227	474	232	242	490	241	249	521	257	264
0-4	63	32	31	55	28	27	52	26	26	54	27	26
5-9	65	33	32	60	30	30	50	25	24	51	26	25
10-14	63	32	31	64	32	31	55	28	27	49	25	24
15-19	51	26	25	62	31	31	60	30	30	54	27	27
20-24	37	18	19	49	25	24	56	29	27	58	28	29
25-29	30	15	15	34	18	17	47	25	22	54	28	26
30-34	27	13	14	28	15	14	34	18	16	45	24	21
35-39	26	11	15	26	13	14	27	14	14	33	17	16
40-44	17	7	10	25	11	14	25	12	13	26	13	13
45-49	14	6	8	16	6	10	23	10	13	24	11	13
50-54	7	3	4	13	6	7	16	6	10	23	10	13
55-59	7	2	5	7	3	4	12	5	7	15	6	9
60-64	10	4	6	7	3	4	6	3	3	11	5	6
65-69	9	4	5	10	4	6	7	3	4	5	2	3
70-74	7	3	4	9	4	5	9	4	5	6	2	4
75-79	3	2	2	6	2	3	7	3	4	7	3	4
80+	…	…	…	…	…	…	…	…	…	…	…	…
80-84	2	1	1	2	1	1	4	1	2	4	2	3
85-89	1	0	0	1	0	0	1	0	1	2	1	1
90-94	0	0	0	0	0	0	0	0	0	0	0	0
95-99	0	0	0	0	0	0	0	0	0	0	0	0
100+	0	0	0	0	0	0	0	0	0	0	0	0

性・年齢別人口（千人）

年齢	2015			2020			2025			2030		
	総数	男	女	総数	男	女	総数	男	女	総数	男	女
総数	521	257	264	553	273	279	585	290	295	614	305	309
0-4	54	27	26	53	27	26	50	26	25	47	24	23
5-9	51	26	25	53	27	26	53	27	26	50	25	25
10-14	49	25	24	51	26	25	53	27	26	53	27	26
15-19	54	27	27	49	25	24	51	26	25	52	27	26
20-24	58	28	29	53	27	26	48	24	23	50	25	23
25-29	54	28	26	56	28	28	51	26	26	47	24	23
30-34	45	24	21	52	27	26	55	27	28	51	25	25
35-39	33	17	16	43	23	20	51	26	25	54	27	27
40-44	26	13	13	32	17	15	43	23	20	51	26	25
45-49	24	11	13	26	13	13	31	16	15	42	22	20
50-54	23	10	13	23	11	13	25	13	12	31	16	15
55-59	15	6	9	22	9	13	22	10	12	24	12	12
60-64	11	5	6	14	6	9	21	8	12	21	10	12
65-69	5	2	3	10	4	6	13	5	8	19	8	11
70-74	6	2	4	4	2	3	9	3	5	12	4	7
75-79	7	3	4	4	2	3	3	1	2	7	3	4
80+	…	…	…	…	…	…	…	…	…	…	…	…
80-84	4	2	3	4	2	3	3	1	2	2	1	1
85-89	2	1	1	2	1	1	2	1	1	2	0	1
90-94	0	0	0	1	0	0	1	0	0	1	0	1
95-99	0	0	0	0	0	0	0	0	0	0	0	0
100+	0	0	0	0	0	0	0	0	0	0	0	0

年齢	2035			2040			2045			2050		
	総数	男	女	総数	男	女	総数	男	女	総数	男	女
総数	642	320	323	667	332	335	689	344	345	707	353	354
0-4	45	23	22	44	22	22	43	22	21	42	21	20
5-9	47	24	23	45	23	22	44	22	22	43	22	21
10-14	50	25	25	47	24	23	45	23	22	44	22	22
15-19	52	26	26	50	25	24	47	24	23	45	23	22
20-24	52	26	26	52	26	26	49	25	24	47	24	23
25-29	49	25	24	51	26	25	51	26	25	49	25	24
30-34	46	23	23	48	24	24	51	26	25	51	26	25
35-39	50	25	25	46	23	22	48	24	24	50	26	25
40-44	53	26	27	50	25	25	45	23	22	48	24	24
45-49	50	26	25	53	26	27	49	25	24	45	23	22
50-54	41	22	19	49	25	24	52	26	27	49	24	24
55-59	30	15	14	40	21	19	48	25	24	51	25	26
60-64	23	11	12	29	15	14	39	20	19	47	24	23
65-69	20	9	11	22	11	11	27	14	13	37	19	18
70-74	17	7	10	18	8	10	20	9	10	25	12	12
75-79	10	3	6	14	5	9	15	6	9	17	8	9
80+	…	…	…	…	…	…	…	…	…	…	…	…
80-84	5	2	3	7	2	5	10	4	7	11	4	7
85-89	1	0	1	3	1	2	4	1	3	6	2	4
90-94	1	0	0	1	0	0	1	0	1	2	0	1
95-99	0	0	0	0	0	0	0	0	0	0	0	0
100+	0	0	0	0	0	0	0	0	0	0	0	0

年齢	2055			2060		
	総数	男	女	総数	男	女
総数	721	360	360	730	365	365
0-4	40	20	20	39	20	19
5-9	41	21	20	40	20	20
10-14	43	22	21	41	21	20
15-19	44	22	22	43	22	21
20-24	45	23	22	43	22	21
25-29	46	23	23	44	22	22
30-34	49	25	24	46	23	23
35-39	51	26	25	48	25	24
40-44	50	25	25	50	26	25
45-49	47	24	23	50	25	25
50-54	44	23	22	47	24	23
55-59	48	24	24	44	22	22
60-64	50	24	26	47	23	23
65-69	45	22	22	48	23	25
70-74	34	17	17	41	20	21
75-79	21	10	11	29	15	15
80+	…	…	…	…	…	…
80-84	13	6	7	17	8	9
85-89	7	3	5	8	3	5
90-94	3	1	2	3	1	2
95-99	1	0	0	1	0	1
100+	0	0	0	0	0	0

Cabo Verde

性・年齢別人口（千人）

年齢	2015 総数	2015 男	2015 女	2020 総数	2020 男	2020 女	2025 総数	2025 男	2025 女	2030 総数	2030 男	2030 女
総数	521	257	264	559	277	282	601	298	303	643	320	323
0-4	54	27	26	59	30	29	60	31	30	60	30	29
5-9	51	26	25	53	27	26	59	30	29	60	30	30
10-14	49	25	24	51	26	25	53	27	26	59	30	29
15-19	54	27	27	49	25	24	51	26	25	52	27	26
20-24	58	28	29	53	27	26	48	24	23	50	25	25
25-29	54	28	26	56	28	28	51	26	26	47	24	23
30-34	45	24	21	52	27	26	55	27	28	51	25	25
35-39	33	17	16	43	23	20	51	26	25	54	27	27
40-44	26	13	13	32	17	15	43	23	20	51	26	25
45-49	24	11	13	26	13	13	31	16	15	42	22	20
50-54	23	10	13	23	11	13	25	13	12	31	16	15
55-59	15	6	9	22	9	13	22	10	12	24	12	12
60-64	11	5	6	14	6	9	21	8	12	21	10	12
65-69	5	2	3	10	4	6	13	5	8	19	8	11
70-74	6	2	4	4	2	3	9	3	5	12	4	7
75-79	7	3	4	4	2	3	3	1	2	7	3	4
80+	…	…	…	…	…	…	…	…	…	…	…	…
80-84	4	2	3	4	2	3	3	1	2	2	1	1
85-89	2	1	1	2	1	1	2	1	1	2	0	1
90-94	0	0	0	1	0	0	1	0	0	1	0	1
95-99	0	0	0	0	0	0	0	0	0	0	0	0
100+	0	0	0	0	0	0	0	0	0	0	0	0

年齢	2035 総数	2035 男	2035 女	2040 総数	2040 男	2040 女	2045 総数	2045 男	2045 女	2050 総数	2050 男	2050 女
総数	683	340	343	722	360	362	761	380	381	799	400	399
0-4	58	29	29	58	30	29	60	30	30	62	31	30
5-9	59	30	29	58	29	28	58	30	29	60	30	29
10-14	60	30	29	59	30	29	58	29	28	58	30	29
15-19	58	30	29	60	30	29	59	30	29	58	29	28
20-24	52	26	26	58	29	29	59	30	29	59	30	29
25-29	49	25	24	51	26	25	57	29	28	59	30	29
30-34	46	23	23	48	24	24	51	26	25	57	29	28
35-39	50	25	25	46	23	22	48	24	24	50	26	25
40-44	53	26	27	50	25	25	45	23	22	48	24	24
45-49	50	26	25	53	26	27	49	25	24	45	23	22
50-54	41	22	19	49	25	24	52	26	27	49	24	24
55-59	30	15	14	40	21	19	48	25	24	51	25	26
60-64	23	11	12	29	15	14	39	20	19	47	24	23
65-69	20	9	11	22	11	11	27	14	13	37	19	18
70-74	17	7	10	18	8	10	20	9	10	25	12	12
75-79	10	3	6	14	5	9	15	6	9	17	8	9
80+	…	…	…	…	…	…	…	…	…	…	…	…
80-84	5	2	3	7	2	5	10	4	7	11	4	7
85-89	1	0	1	3	1	2	4	1	3	6	2	4
90-94	1	0	0	1	0	0	1	0	1	2	0	1
95-99	0	0	0	0	0	0	0	0	0	0	0	0
100+	0	0	0	0	0	0	0	0	0	0	0	0

年齢	2055 総数	2055 男	2055 女	2060 総数	2060 男	2060 女
総数	835	418	417	868	435	433
0-4	62	32	31	63	32	31
5-9	61	31	30	62	32	31
10-14	60	30	29	61	31	30
15-19	58	29	29	60	30	29
20-24	57	29	28	58	29	28
25-29	58	30	29	57	29	28
30-34	58	30	29	58	29	29
35-39	57	29	28	58	29	29
40-44	50	25	25	56	29	28
45-49	47	24	23	50	25	25
50-54	44	23	22	47	24	23
55-59	48	24	24	44	22	22
60-64	50	24	26	47	23	23
65-69	45	22	22	48	23	25
70-74	34	17	17	41	20	21
75-79	21	10	11	29	15	15
80+	…	…	…	…	…	…
80-84	13	6	7	17	8	9
85-89	7	3	5	8	3	5
90-94	3	1	2	3	1	2
95-99	1	0	0	1	0	1
100+	0	0	0	0	0	0

性・年齢別人口（千人）

年齢	2015			2020			2025			2030		
	総数	男	女	総数	男	女	総数	男	女	総数	男	女
総数	521	257	264	547	270	276	569	282	287	586	291	295
0-4	54	27	26	47	24	23	40	21	20	35	18	17
5-9	51	26	25	53	27	26	47	24	23	40	20	20
10-14	49	25	24	51	26	25	53	27	26	46	24	23
15-19	54	27	27	49	25	24	51	26	25	52	27	26
20-24	58	28	29	53	27	26	48	24	23	50	25	25
25-29	54	28	26	56	28	28	51	26	26	47	24	23
30-34	45	24	21	52	27	26	55	27	28	51	25	25
35-39	33	17	16	43	23	20	51	26	25	54	27	27
40-44	26	13	13	32	17	15	43	23	20	51	26	25
45-49	24	11	13	26	13	13	31	16	15	42	22	20
50-54	23	10	13	23	11	13	25	13	12	31	16	15
55-59	15	6	9	22	9	13	22	10	12	24	12	12
60-64	11	5	6	14	6	9	21	8	12	21	10	12
65-69	5	2	3	10	4	6	13	5	8	19	8	11
70-74	6	2	4	4	2	3	9	3	5	12	4	7
75-79	7	3	4	4	2	3	3	1	2	7	3	4
80+	…	…	…	…	…	…	…	…	…	…	…	…
80-84	4	2	3	4	2	3	3	1	2	2	1	1
85-89	2	1	1	2	1	1	2	1	1	2	0	1
90-94	0	0	0	1	0	0	1	0	0	1	0	1
95-99	0	0	0	0	0	0	0	0	0	0	0	0
100+	0	0	0	0	0	0	0	0	0	0	0	0

年齢	2035			2040			2045			2050		
	総数	男	女	総数	男	女	総数	男	女	総数	男	女
総数	602	299	303	613	305	308	620	309	311	622	310	312
0-4	33	17	16	31	15	15	28	14	14	25	13	12
5-9	35	18	17	33	17	16	30	15	15	28	14	14
10-14	40	20	20	35	18	17	33	17	16	30	15	15
15-19	46	23	23	40	20	20	35	18	17	32	16	16
20-24	52	26	26	46	23	23	39	20	19	34	17	17
25-29	49	25	24	51	26	25	45	23	22	39	20	19
30-34	46	23	23	48	24	24	51	26	25	45	23	22
35-39	50	25	25	46	23	22	48	24	24	50	26	25
40-44	53	26	27	50	25	25	45	23	22	48	24	24
45-49	50	26	25	53	26	27	49	25	24	45	23	22
50-54	41	22	19	49	25	24	52	26	27	49	24	24
55-59	30	15	14	40	21	19	48	25	24	51	25	26
60-64	23	11	12	29	15	14	39	20	19	47	24	23
65-69	20	9	11	22	11	11	27	14	13	37	19	18
70-74	17	7	10	18	8	10	20	9	10	25	12	12
75-79	10	3	6	14	5	9	15	6	9	17	8	9
80+	…	…	…	…	…	…	…	…	…	…	…	…
80-84	5	2	3	7	2	5	10	4	7	11	4	7
85-89	1	0	1	3	1	2	4	1	3	6	2	4
90-94	1	0	0	1	0	0	1	0	1	2	0	1
95-99	0	0	0	0	0	0	0	0	0	0	0	0
100+	0	0	0	0	0	0	0	0	0	0	0	0

年齢	2055			2060		
	総数	男	女	総数	男	女
総数	618	308	310	609	304	306
0-4	23	11	11	20	10	10
5-9	25	13	12	23	11	11
10-14	28	14	14	25	13	12
15-19	30	15	15	28	14	14
20-24	32	16	16	30	15	15
25-29	34	17	17	32	16	16
30-34	39	20	19	34	17	17
35-39	45	23	22	39	20	19
40-44	50	25	25	44	22	22
45-49	47	24	23	50	25	25
50-54	44	23	22	47	24	23
55-59	48	24	24	44	22	22
60-64	50	24	26	47	23	23
65-69	45	22	22	48	23	25
70-74	34	17	17	41	20	21
75-79	21	10	11	29	15	15
80+	…	…	…	…	…	…
80-84	13	6	7	17	8	9
85-89	7	3	5	8	3	5
90-94	3	1	2	3	1	2
95-99	1	0	0	1	0	1
100+	0	0	0	0	0	0

Central African Republic

性・年齢別人口（千人）

年齢	1960 総数	男	女	1965 総数	男	女	1970 総数	男	女	1975 総数	男	女
総数	1 504	739	764	1 649	810	838	1 829	899	930	2 017	991	1 026
0-4	239	119	120	269	134	135	302	151	151	338	169	169
5-9	182	90	92	209	104	106	239	119	120	272	135	137
10-14	154	76	77	175	87	88	202	100	102	231	114	116
15-19	140	70	71	149	74	75	170	84	86	195	97	98
20-24	126	63	64	137	68	69	146	72	74	162	80	82
25-29	114	56	58	123	60	62	133	66	67	137	67	69
30-34	102	50	52	110	54	56	119	58	60	125	61	63
35-39	89	44	45	97	48	50	105	52	54	111	54	57
40-44	76	38	38	84	41	43	92	45	47	98	48	50
45-49	68	33	34	71	35	36	79	38	40	86	42	44
50-54	59	28	30	62	30	32	66	32	34	72	35	38
55-59	49	23	26	52	25	27	56	27	29	59	28	31
60-64	40	19	21	42	20	22	45	21	24	48	23	26
65-69	28	13	15	32	15	17	34	15	18	37	17	20
70-74	19	9	11	20	9	11	23	10	13	25	11	14
75-79	11	5	6	11	5	6	12	5	7	14	6	8
80+	6	2	4	6	3	4	7	3	4	8	3	5
80-84	…	…	…	…	…	…	…	…	…	…	…	…
85-89	…	…	…	…	…	…	…	…	…	…	…	…
90-94	…	…	…	…	…	…	…	…	…	…	…	…
95-99	…	…	…	…	…	…	…	…	…	…	…	…
100+	…	…	…	…	…	…	…	…	…	…	…	…

年齢	1980 総数	男	女	1985 総数	男	女	1990 総数	男	女	1995 総数	男	女
総数	2 274	1 117	1 157	2 627	1 291	1 337	2 938	1 443	1 495	3 336	1 638	1 698
0-4	385	192	192	448	224	224	502	251	251	544	272	272
5-9	311	155	157	360	179	181	416	207	210	469	233	236
10-14	265	131	133	304	151	153	350	174	176	407	202	205
15-19	226	112	114	262	130	132	296	147	149	346	171	174
20-24	190	94	96	226	111	114	249	123	126	293	145	148
25-29	156	77	79	191	94	97	211	104	107	246	121	125
30-34	132	65	67	157	77	80	178	87	91	206	101	105
35-39	119	58	61	131	64	67	146	71	75	172	84	88
40-44	106	52	54	117	57	60	122	59	62	141	68	73
45-49	93	45	48	102	50	53	109	53	56	117	56	60
50-54	80	39	42	88	43	46	95	46	49	103	49	54
55-59	66	31	35	75	35	39	80	38	42	88	42	46
60-64	52	25	27	59	28	32	66	31	35	72	34	38
65-69	40	19	22	44	21	24	50	23	27	56	26	30
70-74	28	12	15	31	14	17	34	15	18	38	17	21
75-79	16	7	9	19	8	10	21	9	12	23	10	13
80+	10	4	6	12	5	7	…	…	…	…	…	…
80-84	…	…	…	…	…	…	10	4	6	11	5	6
85-89	…	…	…	…	…	…	3	1	2	4	1	2
90-94	…	…	…	…	…	…	1	0	0	1	0	1
95-99	…	…	…	…	…	…	0	0	0	0	0	0
100+	…	…	…	…	…	…	0	0	0	0	0	0

年齢	2000 総数	男	女	2005 総数	男	女	2010 総数	男	女	2015 総数	男	女
総数	3 726	1 831	1 895	4 056	1 995	2 060	4 445	2 189	2 256	4 900	2 415	2 485
0-4	605	302	302	640	320	320	656	328	328	708	354	354
5-9	507	252	255	561	279	282	599	298	301	621	309	312
10-14	458	227	231	492	244	248	546	271	275	585	290	295
15-19	400	198	202	445	221	225	482	239	243	535	265	270
20-24	338	167	171	382	189	193	435	215	220	471	233	239
25-29	281	139	142	312	155	157	368	182	186	423	208	214
30-34	231	114	116	252	126	126	293	146	147	352	174	178
35-39	190	93	97	201	101	101	229	116	113	274	138	136
40-44	159	77	82	167	82	85	182	91	91	212	107	104
45-49	131	63	68	143	68	75	153	74	79	168	84	84
50-54	108	52	57	119	56	63	132	62	70	142	68	74
55-59	94	45	50	98	46	52	109	51	59	122	56	65
60-64	78	36	42	83	39	44	87	40	47	98	45	53
65-69	61	28	33	65	30	35	70	32	38	75	34	41
70-74	43	19	24	46	21	26	50	22	28	55	24	31
75-79	26	11	15	28	12	16	31	13	18	34	15	20
80+	…	…	…	…	…	…	…	…	…	…	…	…
80-84	12	5	7	14	6	8	15	6	9	17	7	10
85-89	4	2	3	5	2	3	5	2	3	6	2	4
90-94	1	0	1	1	0	1	1	0	1	1	0	1
95-99	0	0	0	0	0	0	0	0	0	0	0	0
100+	0	0	0	0	0	0	0	0	0	0	0	0

性・年齢別人口（千人）

年齢	2015 総数	男	女	2020 総数	男	女	2025 総数	男	女	2030 総数	男	女
総数	4 900	2 415	2 485	5 409	2 666	2 743	5 942	2 929	3 013	6 490	3 198	3 293
0-4	708	354	354	750	376	374	776	389	387	790	396	394
5-9	621	309	312	675	336	339	720	359	361	751	375	376
10-14	585	290	295	609	302	307	664	330	334	710	353	357
15-19	535	265	270	574	284	290	600	297	303	656	326	331
20-24	471	233	239	525	259	266	564	278	286	590	291	299
25-29	423	208	214	460	226	234	513	252	261	553	272	281
30-34	352	174	178	409	202	208	447	220	227	500	246	255
35-39	274	138	136	337	167	170	395	194	201	434	213	221
40-44	212	107	104	260	131	129	323	159	163	381	187	194
45-49	168	84	84	199	101	98	247	124	123	310	152	157
50-54	142	68	74	158	78	80	188	95	94	235	117	118
55-59	122	56	65	132	62	69	147	72	75	177	88	89
60-64	98	45	53	110	50	60	120	56	64	135	65	70
65-69	75	34	41	85	38	47	96	43	53	105	48	57
70-74	55	24	31	59	26	33	68	30	38	78	34	44
75-79	34	15	20	38	16	22	42	18	24	49	21	28
80+	…	…	…	…	…	…	…	…	…	…	…	…
80-84	17	7	10	19	8	11	22	9	13	25	10	15
85-89	6	2	4	7	3	4	8	3	5	10	4	6
90-94	1	0	1	2	1	1	2	1	1	2	1	2
95-99	0	0	0	0	0	0	0	0	0	0	0	0
100+	0	0	0	0	0	0	0	0	0	0	0	0

年齢	2035 総数	男	女	2040 総数	男	女	2045 総数	男	女	2050 総数	男	女
総数	7 051	3 472	3 579	7 623	3 751	3 872	8 204	4 033	4 171	8 782	4 313	4 469
0-4	803	403	400	817	411	407	833	419	414	844	425	419
5-9	769	384	385	787	393	393	805	402	402	823	413	411
10-14	742	370	372	762	380	382	781	390	391	800	400	401
15-19	703	349	354	736	366	370	757	377	380	777	387	390
20-24	648	320	328	695	344	351	729	361	368	751	372	378
25-29	580	286	295	638	315	324	687	339	348	721	356	365
30-34	541	266	276	570	280	291	629	309	320	679	334	345
35-39	487	239	249	530	259	271	561	274	286	621	304	317
40-44	420	206	215	475	232	243	519	253	266	551	269	283
45-49	368	179	188	408	199	210	463	225	238	508	246	261
50-54	297	145	152	354	171	183	395	191	204	449	217	232
55-59	222	109	113	282	136	146	338	162	176	378	181	197
60-64	163	80	83	206	100	106	264	126	138	317	151	167
65-69	119	57	63	145	70	75	185	89	97	238	112	126
70-74	87	39	48	99	46	53	122	58	64	157	74	84
75-79	57	24	33	64	28	36	75	34	41	93	43	50
80+	…	…	…	…	…	…	…	…	…	…	…	…
80-84	29	12	18	35	14	21	40	17	24	48	21	27
85-89	11	4	7	14	5	8	17	6	10	20	8	12
90-94	3	1	2	3	1	2	4	1	3	5	2	4
95-99	0	0	0	1	0	0	1	0	0	1	0	1
100+	0	0	0	0	0	0	0	0	0	0	0	0

年齢	2055 総数	男	女	2060 総数	男	女
総数	9 343	4 583	4 760	9 874	4 837	5 036
0-4	848	427	421	846	427	420
5-9	836	420	416	842	423	419
10-14	820	410	409	833	418	415
15-19	796	397	399	816	408	408
20-24	771	383	388	791	393	398
25-29	744	368	376	765	379	386
30-34	714	352	362	737	364	374
35-39	671	329	342	707	347	360
40-44	612	298	313	662	323	339
45-49	541	262	278	601	292	309
50-54	494	238	255	527	254	273
55-59	432	207	225	476	228	248
60-64	357	169	188	409	194	216
65-69	289	135	154	327	152	175
70-74	204	94	111	250	114	137
75-79	122	55	67	161	71	90
80+	…	…	…	…	…	…
80-84	61	27	34	81	35	46
85-89	24	10	14	31	13	19
90-94	7	2	4	8	3	5
95-99	1	0	1	1	0	1
100+	0	0	0	0	0	0

Central African Republic

性・年齢別人口（千人）

年齢	2015			2020			2025			2030		
	総数	男	女	総数	男	女	総数	男	女	総数	男	女
総数	4 900	2 415	2 485	5 455	2 689	2 766	6 071	2 993	3 078	6 734	3 320	3 415
0-4	708	354	354	796	399	397	860	431	429	908	455	453
5-9	621	309	312	675	336	339	765	381	384	832	415	417
10-14	585	290	295	609	302	307	664	330	334	755	375	379
15-19	535	265	270	574	284	290	600	297	303	656	326	331
20-24	471	233	239	525	259	266	564	278	286	590	291	299
25-29	423	208	214	460	226	234	513	252	261	553	272	281
30-34	352	174	178	409	202	208	447	220	227	500	246	255
35-39	274	138	136	337	167	170	395	194	201	434	213	221
40-44	212	107	104	260	131	129	323	159	163	381	187	194
45-49	168	84	84	199	101	98	247	124	123	310	152	157
50-54	142	68	74	158	78	80	188	95	94	235	117	118
55-59	122	56	65	132	62	69	147	72	75	177	88	89
60-64	98	45	53	110	50	60	120	56	64	135	65	70
65-69	75	34	41	85	38	47	96	43	53	105	48	57
70-74	55	24	31	59	26	33	68	30	38	78	34	44
75-79	34	15	20	38	16	22	42	18	24	49	21	28
80+	...	...	...	...	...	...	...	...	...	...	...	...
80-84	17	7	10	19	8	11	22	9	13	25	10	15
85-89	6	2	4	7	3	4	8	3	5	10	4	6
90-94	1	0	1	2	1	1	2	1	1	2	1	2
95-99	0	0	0	0	0	0	0	0	0	0	0	0
100+	0	0	0	0	0	0	0	0	0	0	0	0

年齢	2035			2040			2045			2050		
	総数	男	女	総数	男	女	総数	男	女	総数	男	女
総数	7 424	3 658	3 766	8 151	4 014	4 136	8 924	4 393	4 532	9 741	4 792	4 949
0-4	937	470	466	977	491	486	1 032	519	513	1 089	548	541
5-9	884	441	442	918	459	459	962	481	481	1 020	511	509
10-14	823	410	413	876	437	439	911	455	457	956	478	479
15-19	747	371	376	817	406	410	870	433	437	906	451	455
20-24	648	320	328	738	365	373	808	401	408	862	428	435
25-29	580	286	295	638	315	324	729	360	370	800	395	405
30-34	541	266	276	570	280	291	629	309	320	721	354	367
35-39	487	239	249	530	259	271	561	274	286	621	304	317
40-44	420	206	215	475	232	243	519	253	266	551	269	283
45-49	368	179	188	408	199	210	463	225	238	508	246	261
50-54	297	145	152	354	171	183	395	191	204	449	217	232
55-59	222	109	113	282	136	146	338	162	176	378	181	197
60-64	163	80	83	206	100	106	264	126	138	317	151	167
65-69	119	57	63	145	70	75	185	89	97	238	112	126
70-74	87	39	48	99	46	53	122	58	64	157	74	84
75-79	57	24	33	64	28	36	75	34	41	93	43	50
80+	...	...	...	...	...	...	...	...	...	...	...	...
80-84	29	12	18	35	14	21	40	17	24	48	21	27
85-89	11	4	7	14	5	8	17	6	10	20	8	12
90-94	3	1	2	3	1	2	4	1	3	5	2	4
95-99	0	0	0	1	0	0	1	0	0	1	0	1
100+	0	0	0	0	0	0	0	0	0	0	0	0

年齢	2055			2060		
	総数	男	女	総数	男	女
総数	10 586	5 204	5 382	11 441	5 620	5 820
0-4	1 140	574	566	1 179	595	585
5-9	1 079	542	537	1 132	569	563
10-14	1 015	508	507	1 075	539	536
15-19	952	475	477	1 011	505	506
20-24	899	447	453	945	470	475
25-29	855	423	432	892	442	450
30-34	792	390	402	847	418	429
35-39	712	349	363	783	385	399
40-44	612	298	313	703	343	360
45-49	541	262	278	601	292	309
50-54	494	238	255	527	254	273
55-59	432	207	225	476	228	248
60-64	357	169	188	409	194	216
65-69	289	135	154	327	152	175
70-74	204	94	111	250	114	137
75-79	122	55	67	161	71	90
80+	...	...	...	...	...	...
80-84	61	27	34	81	35	46
85-89	24	10	14	31	13	19
90-94	7	2	4	8	3	5
95-99	1	0	1	1	0	1
100+	0	0	0	0	0	0

性・年齢別人口（千人）

年齢	2015			2020			2025			2030		
	総数	男	女	総数	男	女	総数	男	女	総数	男	女
総数	4 900	2 415	2 485	5 362	2 643	2 719	5 812	2 864	2 949	6 246	3 075	3 171
0-4	708	354	354	703	352	351	691	346	344	672	337	335
5-9	621	309	312	675	336	339	675	336	339	669	334	335
10-14	585	290	295	609	302	307	664	330	334	666	331	335
15-19	535	265	270	574	284	290	600	297	303	656	326	331
20-24	471	233	239	525	259	266	564	278	286	590	291	299
25-29	423	208	214	460	226	234	513	252	261	553	272	281
30-34	352	174	178	409	202	208	447	220	227	500	246	255
35-39	274	138	136	337	167	170	395	194	201	434	213	221
40-44	212	107	104	260	131	129	323	159	163	381	187	194
45-49	168	84	84	199	101	98	247	124	123	310	152	157
50-54	142	68	74	158	78	80	188	95	94	235	117	118
55-59	122	56	65	132	62	69	147	72	75	177	88	89
60-64	98	45	53	110	50	60	120	56	64	135	65	70
65-69	75	34	41	85	38	47	96	43	53	105	48	57
70-74	55	24	31	59	26	33	68	30	38	78	34	44
75-79	34	15	20	38	16	22	42	18	24	49	21	28
80+	…	…	…	…	…	…	…	…	…	…	…	…
80-84	17	7	10	19	8	11	22	9	13	25	10	15
85-89	6	2	4	7	3	4	8	3	5	10	4	6
90-94	1	0	1	2	1	1	2	1	1	2	1	2
95-99	0	0	0	0	0	0	0	0	0	0	0	0
100+	0	0	0	0	0	0	0	0	0	0	0	0

年齢	2035			2040			2045			2050		
	総数	男	女	総数	男	女	総数	男	女	総数	男	女
総数	6 678	3 286	3 393	7 102	3 490	3 611	7 503	3 683	3 820	7 868	3 857	4 012
0-4	670	336	334	663	333	330	648	326	322	625	314	310
5-9	654	327	328	657	328	328	653	326	326	641	321	320
10-14	661	329	332	648	323	325	652	325	327	649	324	325
15-19	660	327	332	656	326	330	644	321	324	649	323	325
20-24	648	320	328	652	323	330	650	322	328	639	317	322
25-29	580	286	295	638	315	324	644	318	327	643	318	325
30-34	541	266	276	570	280	291	629	309	320	637	313	324
35-39	487	239	249	530	259	271	561	274	286	621	304	317
40-44	420	206	215	475	232	243	519	253	266	551	269	283
45-49	368	179	188	408	199	210	463	225	238	508	246	261
50-54	297	145	152	354	171	183	395	191	204	449	217	232
55-59	222	109	113	282	136	146	338	162	176	378	181	197
60-64	163	80	83	206	100	106	264	126	138	317	151	167
65-69	119	57	63	145	70	75	185	89	97	238	112	126
70-74	87	39	48	99	46	53	122	58	64	157	74	84
75-79	57	24	33	64	28	36	75	34	41	93	43	50
80+	…	…	…	…	…	…	…	…	…	…	…	…
80-84	29	12	18	35	14	21	40	17	24	48	21	27
85-89	11	4	7	14	5	8	17	6	10	20	8	12
90-94	3	1	2	3	1	2	4	1	3	5	2	4
95-99	0	0	0	1	0	0	1	0	0	1	0	1
100+	0	0	0	0	0	0	0	0	0	0	0	0

年齢	2055			2060		
	総数	男	女	総数	男	女
総数	8 186	4 005	4 180	8 447	4 125	4 322
0-4	597	301	296	568	287	282
5-9	619	311	308	593	298	295
10-14	638	319	319	617	309	307
15-19	646	322	324	635	318	318
20-24	644	320	324	642	319	323
25-29	633	313	320	639	317	323
30-34	637	314	323	628	310	318
35-39	629	308	321	630	309	321
40-44	612	298	313	621	303	318
45-49	541	262	278	601	292	309
50-54	494	238	255	527	254	273
55-59	432	207	225	476	228	248
60-64	357	169	188	409	194	216
65-69	289	135	154	327	152	175
70-74	204	94	111	250	114	137
75-79	122	55	67	161	71	90
80+	…	…	…	…	…	…
80-84	61	27	34	81	35	46
85-89	24	10	14	31	13	19
90-94	7	2	4	8	3	5
95-99	1	0	1	1	0	1
100+	0	0	0	0	0	0

Chad

性・年齢別人口（千人）

年齢	1960 総数	男	女	1965 総数	男	女	1970 総数	男	女	1975 総数	男	女
総数	3 003	1 467	1 535	3 311	1 618	1 693	3 645	1 786	1 859	4 089	2 010	2 079
0-4	513	254	259	566	282	284	633	317	316	751	377	374
5-9	406	198	208	450	222	229	496	246	250	563	281	281
10-14	311	156	155	388	189	199	427	210	217	472	235	238
15-19	280	141	138	301	151	150	373	182	191	411	202	209
20-24	248	124	124	268	135	133	286	143	143	356	173	183
25-29	218	107	111	236	118	119	254	127	127	271	135	136
30-34	192	94	99	206	101	106	222	110	112	240	120	120
35-39	171	83	88	181	88	93	193	94	99	209	104	105
40-44	149	73	76	160	77	83	168	82	87	180	88	92
45-49	128	62	66	138	67	71	147	71	77	156	75	81
50-54	109	51	58	116	55	61	125	60	65	134	64	71
55-59	91	43	48	97	45	52	103	48	55	111	53	59
60-64	74	33	40	77	35	42	82	37	45	88	41	47
65-69	50	23	28	58	26	33	61	28	33	66	29	36
70-74	35	15	20	35	15	20	41	18	23	44	19	24
75-79	19	8	11	20	8	12	21	9	12	25	10	15
80+	11	4	6	11	4	7	12	5	8	13	5	8
80-84	…	…	…	…	…	…	…	…	…	…	…	…
85-89	…	…	…	…	…	…	…	…	…	…	…	…
90-94	…	…	…	…	…	…	…	…	…	…	…	…
95-99	…	…	…	…	…	…	…	…	…	…	…	…
100+	…	…	…	…	…	…	…	…	…	…	…	…

年齢	1980 総数	男	女	1985 総数	男	女	1990 総数	男	女	1995 総数	男	女
総数	4 513	2 227	2 286	5 093	2 521	2 572	5 958	2 958	3 000	7 002	3 482	3 520
0-4	859	432	427	990	498	492	1 178	593	585	1 409	709	700
5-9	653	328	325	761	383	379	910	458	452	1 086	547	539
10-14	522	261	261	615	309	306	739	372	368	883	445	439
15-19	442	219	222	495	248	247	602	303	299	722	363	359
20-24	382	188	194	417	207	210	481	240	241	584	293	291
25-29	329	159	170	358	175	183	402	199	203	463	231	232
30-34	249	124	125	308	149	159	344	168	176	384	190	195
35-39	219	110	110	231	115	116	294	142	152	327	160	167
40-44	190	94	96	203	101	102	220	109	111	278	134	145
45-49	162	78	84	174	86	88	191	95	96	207	102	105
50-54	138	66	72	147	70	76	162	79	83	178	88	91
55-59	117	55	62	123	58	65	134	64	70	148	72	76
60-64	93	44	50	100	46	54	108	50	58	118	56	63
65-69	69	32	38	75	35	40	83	38	45	90	41	49
70-74	47	20	26	50	23	28	56	26	31	63	28	35
75-79	26	11	15	29	12	16	32	14	18	37	16	20
80+	16	6	10	18	7	11	…	…	…	…	…	…
80-84	…	…	…	…	…	…	15	6	9	17	7	10
85-89	…	…	…	…	…	…	5	2	3	5	2	3
90-94	…	…	…	…	…	…	1	0	1	1	0	1
95-99	…	…	…	…	…	…	0	0	0	0	0	0
100+	…	…	…	…	…	…	0	0	0	0	0	0

年齢	2000 総数	男	女	2005 総数	男	女	2010 総数	男	女	2015 総数	男	女
総数	8 343	4 156	4 188	10 068	5 025	5 042	11 896	5 950	5 947	14 037	7 028	7 010
0-4	1 688	849	838	2 013	1 014	998	2 314	1 168	1 146	2 632	1 328	1 304
5-9	1 320	664	656	1 610	810	800	1 894	955	939	2 200	1 110	1 091
10-14	1 067	537	530	1 318	662	655	1 580	795	785	1 866	941	925
15-19	873	440	434	1 071	539	532	1 299	653	646	1 562	786	776
20-24	709	356	353	870	437	433	1 050	528	522	1 279	642	637
25-29	567	284	283	698	350	348	845	424	421	1 026	514	511
30-34	446	222	223	551	277	274	670	337	333	818	411	407
35-39	367	181	186	429	214	215	523	263	259	641	323	318
40-44	311	151	160	352	173	179	405	202	203	497	250	247
45-49	264	126	138	299	144	155	333	163	170	385	191	194
50-54	195	95	100	252	119	133	281	134	147	315	153	162
55-59	165	80	85	183	88	95	233	109	124	262	124	138
60-64	133	63	69	150	72	78	165	79	86	211	98	114
65-69	100	46	54	114	54	60	127	60	67	141	67	75
70-74	69	31	38	79	36	43	89	41	48	100	47	54
75-79	42	18	24	47	21	26	53	23	30	61	27	33
80+	…	…	…	…	…	…	…	…	…	…	…	…
80-84	19	8	11	23	10	13	25	11	15	29	12	17
85-89	6	3	4	8	3	5	9	3	5	10	4	6
90-94	1	0	1	2	1	1	2	1	1	2	1	1
95-99	0	0	0	0	0	0	0	0	0	0	0	0
100+	0	0	0	0	0	0	0	0	0	0	0	0

性・年齢別人口（千人）

年齢	2015 総数	男	女	2020 総数	男	女	2025 総数	男	女	2030 総数	男	女
総数	14 037	7 028	7 010	16 431	8 232	8 199	19 075	9 562	9 513	21 946	11 004	10 942
0-4	2 632	1 328	1 304	2 966	1 498	1 468	3 294	1 665	1 629	3 603	1 823	1 780
5-9	2 200	1 110	1 091	2 518	1 270	1 248	2 846	1 437	1 409	3 172	1 603	1 569
10-14	1 866	941	925	2 162	1 090	1 072	2 476	1 249	1 227	2 801	1 413	1 387
15-19	1 562	786	776	1 842	928	914	2 134	1 076	1 059	2 444	1 232	1 212
20-24	1 279	642	637	1 535	771	765	1 810	910	900	2 098	1 054	1 044
25-29	1 026	514	511	1 248	625	623	1 498	750	748	1 768	886	882
30-34	818	411	407	992	497	494	1 208	604	604	1 452	726	726
35-39	641	323	318	782	393	389	950	476	474	1 159	579	580
40-44	497	250	247	609	306	303	745	373	371	907	453	453
45-49	385	191	194	472	236	236	579	290	290	709	354	356
50-54	315	153	162	363	179	185	446	222	225	549	272	277
55-59	262	124	138	293	141	152	339	165	174	418	206	212
60-64	211	98	114	237	111	126	266	127	140	309	149	160
65-69	141	67	75	182	83	99	205	95	110	231	109	122
70-74	100	47	54	112	52	60	144	65	80	163	75	89
75-79	61	27	33	69	31	38	77	35	42	101	44	56
80+	...	...	...	...	...	...	...	...	...	...	...	...
80-84	29	12	17	34	15	19	39	17	22	44	19	24
85-89	10	4	6	12	5	7	14	6	8	16	7	9
90-94	2	1	1	3	1	2	3	1	2	4	1	2
95-99	0	0	0	0	0	0	0	0	0	0	0	0
100+	0	0	0	0	0	0	0	0	0	0	0	0

年齢	2035 総数	男	女	2040 総数	男	女	2045 総数	男	女	2050 総数	男	女
総数	25 010	12 540	12 470	28 247	14 159	14 088	31 631	15 847	15 783	35 131	17 592	17 539
0-4	3 877	1 960	1 918	4 132	2 087	2 045	4 357	2 201	2 157	4 561	2 304	2 257
5-9	3 480	1 759	1 721	3 757	1 897	1 860	4 017	2 026	1 990	4 250	2 144	2 106
10-14	3 125	1 578	1 546	3 432	1 734	1 698	3 710	1 872	1 838	3 972	2 003	1 969
15-19	2 767	1 395	1 371	3 089	1 559	1 530	3 396	1 715	1 682	3 676	1 854	1 822
20-24	2 405	1 209	1 196	2 725	1 371	1 354	3 046	1 534	1 512	3 353	1 690	1 664
25-29	2 051	1 028	1 023	2 355	1 181	1 174	2 673	1 341	1 332	2 993	1 504	1 489
30-34	1 716	859	857	1 996	999	997	2 297	1 150	1 147	2 613	1 310	1 303
35-39	1 397	698	699	1 657	828	829	1 933	966	967	2 231	1 116	1 115
40-44	1 109	553	556	1 341	668	673	1 596	796	800	1 868	932	936
45-49	866	431	435	1 062	527	535	1 288	639	650	1 537	763	774
50-54	674	333	340	824	407	417	1 014	500	514	1 233	608	626
55-59	515	253	261	633	311	322	777	381	396	958	468	490
60-64	381	186	195	471	230	241	581	283	298	716	347	368
65-69	268	128	140	332	160	172	413	199	214	511	246	266
70-74	185	86	99	216	102	114	269	128	141	336	159	177
75-79	114	51	63	130	59	71	153	70	83	192	89	103
80+	...	...	...	...	...	...	...	...	...	...	...	...
80-84	57	24	33	66	28	37	75	33	42	89	40	50
85-89	18	7	11	24	10	14	28	11	16	32	13	19
90-94	4	2	3	5	2	3	7	2	4	8	3	5
95-99	1	0	0	1	0	0	1	0	1	1	0	1
100+	0	0	0	0	0	0	0	0	0	0	0	0

年齢	2055 総数	男	女	2060 総数	男	女
総数	38 718	19 374	19 344	42 355	21 177	21 179
0-4	4 740	2 394	2 346	4 895	2 473	2 422
5-9	4 462	2 251	2 211	4 652	2 346	2 305
10-14	4 208	2 121	2 087	4 425	2 231	2 194
15-19	3 939	1 985	1 954	4 178	2 104	2 073
20-24	3 633	1 829	1 805	3 899	1 961	1 938
25-29	3 301	1 660	1 641	3 583	1 800	1 784
30-34	2 933	1 472	1 461	3 242	1 628	1 615
35-39	2 546	1 275	1 271	2 866	1 436	1 430
40-44	2 163	1 079	1 083	2 476	1 236	1 239
45-49	1 805	896	908	2 096	1 042	1 054
50-54	1 476	728	747	1 737	858	879
55-59	1 169	571	597	1 402	687	715
60-64	886	429	457	1 084	525	559
65-69	633	303	330	786	375	411
70-74	419	198	221	521	245	276
75-79	243	112	131	305	140	165
80+	...	...	...	...	...	...
80-84	114	51	63	145	64	81
85-89	39	16	23	50	21	29
90-94	9	3	6	11	4	7
95-99	1	0	1	2	0	1
100+	0	0	0	0	0	0

性・年齢別人口（千人）

年齢	2015			2020			2025			2030		
	総数	男	女	総数	男	女	総数	男	女	総数	男	女
総数	14 037	7 028	7 010	16 559	8 297	8 262	19 445	9 749	9 696	22 675	11 373	11 303
0-4	2 632	1 328	1 304	3 093	1 562	1 531	3 542	1 790	1 751	3 974	2 010	1 964
5-9	2 200	1 110	1 091	2 518	1 270	1 248	2 968	1 498	1 470	3 410	1 723	1 687
10-14	1 866	941	925	2 162	1 090	1 072	2 476	1 249	1 227	2 920	1 474	1 446
15-19	1 562	786	776	1 842	928	914	2 134	1 076	1 059	2 444	1 232	1 212
20-24	1 279	642	637	1 535	771	765	1 810	910	900	2 098	1 054	1 044
25-29	1 026	514	511	1 248	625	623	1 498	750	748	1 768	886	882
30-34	818	411	407	992	497	494	1 208	604	604	1 452	726	726
35-39	641	323	318	782	393	389	950	476	474	1 159	579	580
40-44	497	250	247	609	306	303	745	373	371	907	453	453
45-49	385	191	194	472	236	236	579	290	290	709	354	356
50-54	315	153	162	363	179	185	446	222	225	549	272	277
55-59	262	124	138	293	141	152	339	165	174	418	206	212
60-64	211	98	114	237	111	126	266	127	140	309	149	160
65-69	141	67	75	182	83	99	205	95	110	231	109	122
70-74	100	47	54	112	52	60	144	65	80	163	75	89
75-79	61	27	33	69	31	38	77	35	42	101	44	56
80+	…	…	…	…	…	…	…	…	…	…	…	…
80-84	29	12	17	34	15	19	39	17	22	44	19	24
85-89	10	4	6	12	5	7	14	6	8	16	7	9
90-94	2	1	1	3	1	2	3	1	2	4	1	2
95-99	0	0	0	0	0	0	0	0	0	0	0	0
100+	0	0	0	0	0	0	0	0	0	0	0	0

年齢	2035			2040			2045			2050		
	総数	男	女	総数	男	女	総数	男	女	総数	男	女
総数	26 167	13 124	13 043	29 948	15 017	14 931	34 056	17 071	16 985	38 499	19 290	19 208
0-4	4 324	2 186	2 139	4 701	2 374	2 327	5 114	2 583	2 531	5 545	2 801	2 744
5-9	3 838	1 940	1 898	4 190	2 115	2 074	4 569	2 305	2 264	4 987	2 515	2 471
10-14	3 359	1 697	1 662	3 784	1 912	1 872	4 137	2 088	2 049	4 518	2 278	2 240
15-19	2 885	1 455	1 430	3 320	1 676	1 644	3 745	1 891	1 854	4 098	2 067	2 031
20-24	2 405	1 209	1 196	2 841	1 429	1 412	3 274	1 649	1 625	3 697	1 863	1 834
25-29	2 051	1 028	1 023	2 355	1 181	1 174	2 787	1 398	1 388	3 217	1 616	1 600
30-34	1 716	859	857	1 996	999	997	2 297	1 150	1 147	2 724	1 365	1 359
35-39	1 397	698	699	1 657	828	829	1 933	966	967	2 231	1 116	1 115
40-44	1 109	553	556	1 341	668	673	1 596	796	800	1 868	932	936
45-49	866	431	435	1 062	527	535	1 288	639	650	1 537	763	774
50-54	674	333	340	824	407	417	1 014	500	514	1 233	608	626
55-59	515	253	261	633	311	322	777	381	396	958	468	490
60-64	381	186	195	471	230	241	581	283	298	716	347	368
65-69	268	128	140	332	160	172	413	199	214	511	246	266
70-74	185	86	99	216	102	114	269	128	141	336	159	177
75-79	114	51	63	130	59	71	153	70	83	192	89	103
80+	…	…	…	…	…	…	…	…	…	…	…	…
80-84	57	24	33	66	28	37	75	33	42	89	40	50
85-89	18	7	11	24	10	14	28	11	16	32	13	19
90-94	4	2	3	5	2	3	7	2	4	8	3	5
95-99	1	0	0	1	0	0	1	0	1	1	0	1
100+	0	0	0	0	0	0	0	0	0	0	0	0

年齢	2055			2060		
	総数	男	女	総数	男	女
総数	43 246	21 656	21 590	48 251	24 148	24 104
0-4	5 954	3 007	2 947	6 327	3 196	3 130
5-9	5 425	2 737	2 688	5 842	2 947	2 895
10-14	4 938	2 489	2 448	5 379	2 712	2 667
15-19	4 480	2 257	2 223	4 901	2 469	2 432
20-24	4 051	2 039	2 012	4 434	2 230	2 204
25-29	3 639	1 829	1 809	3 994	2 006	1 988
30-34	3 152	1 582	1 570	3 574	1 794	1 780
35-39	2 654	1 329	1 326	3 080	1 543	1 537
40-44	2 163	1 079	1 083	2 581	1 289	1 292
45-49	1 805	896	908	2 096	1 042	1 054
50-54	1 476	728	747	1 737	858	879
55-59	1 169	571	597	1 402	687	715
60-64	886	429	457	1 084	525	559
65-69	633	303	330	786	375	411
70-74	419	198	221	521	245	276
75-79	243	112	131	305	140	165
80+	…	…	…	…	…	…
80-84	114	51	63	145	64	81
85-89	39	16	23	50	21	29
90-94	9	3	6	11	4	7
95-99	1	0	1	2	0	1
100+	0	0	0	0	0	0

性・年齢別人口（千人）

年齢	2015			2020			2025			2030		
	総数	男	女	総数	男	女	総数	男	女	総数	男	女
総数	14 037	7 028	7 010	16 304	8 168	8 136	18 705	9 375	9 330	21 217	10 636	10 582
0-4	2 632	1 328	1 304	2 838	1 433	1 405	3 046	1 540	1 506	3 232	1 635	1 597
5-9	2 200	1 110	1 091	2 518	1 270	1 248	2 724	1 375	1 349	2 934	1 483	1 451
10-14	1 866	941	925	2 162	1 090	1 072	2 476	1 249	1 227	2 681	1 353	1 328
15-19	1 562	786	776	1 842	928	914	2 134	1 076	1 059	2 444	1 232	1 212
20-24	1 279	642	637	1 535	771	765	1 810	910	900	2 098	1 054	1 044
25-29	1 026	514	511	1 248	625	623	1 498	750	748	1 768	886	882
30-34	818	411	407	992	497	494	1 208	604	604	1 452	726	726
35-39	641	323	318	782	393	389	950	476	474	1 159	579	580
40-44	497	250	247	609	306	303	745	373	371	907	453	453
45-49	385	191	194	472	236	236	579	290	290	709	354	356
50-54	315	153	162	363	179	185	446	222	225	549	272	277
55-59	262	124	138	293	141	152	339	165	174	418	206	212
60-64	211	98	114	237	111	126	266	127	140	309	149	160
65-69	141	67	75	182	83	99	205	95	110	231	109	122
70-74	100	47	54	112	52	60	144	65	80	163	75	89
75-79	61	27	33	69	31	38	77	35	42	101	44	56
80+	…	…	…	…	…	…	…	…	…	…	…	…
80-84	29	12	17	34	15	19	39	17	22	44	19	24
85-89	10	4	6	12	5	7	14	6	8	16	7	9
90-94	2	1	1	3	1	2	3	1	2	4	1	2
95-99	0	0	0	0	0	0	0	0	0	0	0	0
100+	0	0	0	0	0	0	0	0	0	0	0	0

年齢	2035			2040			2045			2050		
	総数	男	女	総数	男	女	総数	男	女	総数	男	女
総数	23 856	11 956	11 899	26 561	13 307	13 254	29 261	14 652	14 609	31 900	15 963	15 937
0-4	3 432	1 735	1 698	3 576	1 806	1 770	3 642	1 839	1 803	3 659	1 848	1 811
5-9	3 122	1 578	1 544	3 327	1 680	1 647	3 477	1 754	1 723	3 553	1 792	1 761
10-14	2 891	1 460	1 430	3 080	1 556	1 524	3 286	1 658	1 628	3 439	1 734	1 705
15-19	2 649	1 336	1 313	2 858	1 443	1 415	3 048	1 539	1 509	3 255	1 642	1 614
20-24	2 405	1 209	1 196	2 609	1 312	1 296	2 819	1 420	1 399	3 010	1 517	1 493
25-29	2 051	1 028	1 023	2 355	1 181	1 174	2 559	1 284	1 275	2 770	1 392	1 378
30-34	1 716	859	857	1 996	999	997	2 297	1 150	1 147	2 502	1 254	1 248
35-39	1 397	698	699	1 657	828	829	1 933	966	967	2 231	1 116	1 115
40-44	1 109	553	556	1 341	668	673	1 596	796	800	1 868	932	936
45-49	866	431	435	1 062	527	535	1 288	639	650	1 537	763	774
50-54	674	333	340	824	407	417	1 014	500	514	1 233	608	626
55-59	515	253	261	633	311	322	777	381	396	958	468	490
60-64	381	186	195	471	230	241	581	283	298	716	347	368
65-69	268	128	140	332	160	172	413	199	214	511	246	266
70-74	185	86	99	216	102	114	269	128	141	336	159	177
75-79	114	51	63	130	59	71	153	70	83	192	89	103
80+	…	…	…	…	…	…	…	…	…	…	…	…
80-84	57	24	33	66	28	37	75	33	42	89	40	50
85-89	18	7	11	24	10	14	28	11	16	32	13	19
90-94	4	2	3	5	2	3	7	2	4	8	3	5
95-99	1	0	0	1	0	0	1	0	1	1	0	1
100+	0	0	0	0	0	0	0	0	0	0	0	0

年齢	2055			2060		
	総数	男	女	総数	男	女
総数	34 454	17 225	17 229	36 901	18 429	18 472
0-4	3 656	1 847	1 809	3 644	1 841	1 803
5-9	3 581	1 806	1 774	3 589	1 810	1 778
10-14	3 518	1 774	1 745	3 551	1 790	1 761
15-19	3 411	1 718	1 692	3 493	1 760	1 734
20-24	3 218	1 620	1 599	3 376	1 698	1 679
25-29	2 963	1 490	1 473	3 174	1 594	1 580
30-34	2 715	1 362	1 352	2 911	1 461	1 449
35-39	2 438	1 220	1 217	2 653	1 329	1 323
40-44	2 163	1 079	1 083	2 371	1 184	1 187
45-49	1 805	896	908	2 096	1 042	1 054
50-54	1 476	728	747	1 737	858	879
55-59	1 169	571	597	1 402	687	715
60-64	886	429	457	1 084	525	559
65-69	633	303	330	786	375	411
70-74	419	198	221	521	245	276
75-79	243	112	131	305	140	165
80+	…	…	…	…	…	…
80-84	114	51	63	145	64	81
85-89	39	16	23	50	21	29
90-94	9	3	6	11	4	7
95-99	1	0	1	2	0	1
100+	0	0	0	0	0	0

Channel Islands

性・年齢別人口（千人）

年齢	1960 総数	男	女	1965 総数	男	女	1970 総数	男	女	1975 総数	男	女
総数	109	53	56	115	56	59	121	59	62	126	61	65
0-4	8	4	4	8	4	4	9	4	4	7	4	4
5-9	7	4	3	8	4	4	9	5	5	9	4	4
10-14	8	4	4	8	4	4	8	4	4	9	5	5
15-19	6	3	3	7	3	4	7	4	4	9	5	5
20-24	8	4	4	9	4	4	10	5	5	10	5	5
25-29	7	4	4	8	4	4	8	4	4	11	6	5
30-34	7	3	4	7	4	4	8	4	4	8	4	4
35-39	7	4	4	7	4	4	7	4	4	8	4	4
40-44	7	3	4	7	3	4	7	4	4	8	4	4
45-49	8	4	4	8	4	4	8	4	4	7	4	4
50-54	8	4	4	7	4	4	7	3	4	8	4	4
55-59	7	3	4	7	3	4	8	4	4	6	3	3
60-64	6	3	3	7	3	4	7	3	4	7	3	4
65-69	5	2	3	6	2	3	6	3	3	6	3	3
70-74	4	2	2	4	2	3	5	2	3	5	2	3
75-79	3	1	2	3	1	2	3	1	2	3	1	2
80+	3	1	2	3	1	2	3	1	2	3	1	2
80-84	...	...	...	...	...	...	...	...	...	...	...	...
85-89	...	...	...	...	...	...	...	...	...	...	...	...
90-94	...	...	...	...	...	...	...	...	...	...	...	...
95-99	...	...	...	...	...	...	...	...	...	...	...	...
100+	...	...	...	...	...	...	...	...	...	...	...	...

年齢	1980 総数	男	女	1985 総数	男	女	1990 総数	男	女	1995 総数	男	女
総数	128	62	66	134	65	69	141	68	72	144	70	74
0-4	7	3	3	7	4	3	8	4	4	8	4	4
5-9	8	4	4	7	4	3	7	4	4	8	4	4
10-14	9	5	4	8	4	4	7	4	4	8	4	4
15-19	10	5	5	10	5	5	9	4	4	8	4	4
20-24	10	5	5	12	6	6	13	6	7	10	5	5
25-29	10	5	5	11	6	6	13	6	7	13	6	7
30-34	10	5	5	10	5	5	11	6	6	13	6	6
35-39	8	4	4	11	5	5	10	5	5	11	6	6
40-44	8	4	4	8	4	4	11	5	5	10	5	5
45-49	8	4	4	8	4	4	8	4	4	11	6	6
50-54	7	4	4	8	4	4	8	4	4	8	4	4
55-59	7	3	4	7	3	4	7	4	4	8	4	4
60-64	6	3	3	7	3	4	7	3	3	7	3	3
65-69	6	3	3	6	3	3	6	3	3	6	3	3
70-74	5	2	3	6	2	3	5	2	3	5	2	3
75-79	4	1	2	4	2	3	4	2	3	4	2	2
80+	4	1	3	4	1	3	...	...	...	...	...	...
80-84	...	...	...	...	...	...	3	1	2	3	1	2
85-89	...	...	...	...	...	...	1	0	1	2	0	1
90-94	...	...	...	...	...	...	0	0	0	1	0	0
95-99	...	...	...	...	...	...	0	0	0	0	0	0
100+	...	...	...	...	...	...	0	0	0	0	0	0

年齢	2000 総数	男	女	2005 総数	男	女	2010 総数	男	女	2015 総数	男	女
総数	149	73	76	154	76	78	160	79	81	164	81	83
0-4	8	4	4	8	4	4	8	4	4	8	4	4
5-9	8	4	4	8	4	4	8	4	4	8	4	4
10-14	9	5	4	9	4	4	8	4	4	8	4	4
15-19	8	4	4	9	4	4	9	5	4	9	5	4
20-24	9	4	5	10	5	5	10	5	5	10	5	5
25-29	11	5	5	11	5	5	11	5	5	10	5	5
30-34	13	6	7	12	6	6	11	6	5	11	6	5
35-39	13	6	7	12	6	6	12	6	6	12	6	6
40-44	12	6	6	12	6	6	13	7	6	12	6	6
45-49	10	5	5	12	6	6	13	7	6	13	7	6
50-54	11	6	6	11	6	6	12	6	6	13	7	6
55-59	8	4	4	9	4	4	11	5	6	12	6	6
60-64	7	4	4	9	4	4	9	5	4	10	5	5
65-69	6	3	3	6	3	3	7	3	4	9	5	4
70-74	5	2	3	6	3	3	6	3	3	7	3	4
75-79	4	2	3	5	2	3	5	2	3	5	2	3
80+	...	...	...	...	...	...	...	...	...	...	...	...
80-84	3	1	2	3	1	2	4	2	2	4	2	2
85-89	2	1	1	2	1	1	2	1	1	2	1	1
90-94	1	0	0	1	0	1	1	0	1	1	0	1
95-99	0	0	0	0	0	0	0	0	0	0	0	0
100+	0	0	0	0	0	0	0	0	0	0	0	0

性・年齢別人口（千人）

年齢	2015			2020			2025			2030		
	総数	男	女	総数	男	女	総数	男	女	総数	男	女
総数	164	81	83	167	83	84	171	85	86	174	86	88
0-4	8	4	4	8	4	4	8	4	4	8	4	4
5-9	8	4	4	8	4	4	8	4	4	8	4	4
10-14	8	4	4	8	4	4	8	4	4	8	4	4
15-19	9	5	4	8	4	4	9	4	4	8	4	4
20-24	10	5	5	9	5	5	9	5	5	9	5	4
25-29	10	5	5	10	5	5	10	5	5	10	5	5
30-34	11	6	5	11	6	5	11	6	5	11	5	5
35-39	12	6	6	11	6	6	11	6	5	11	6	6
40-44	12	6	6	12	6	6	12	6	6	11	6	5
45-49	13	7	6	12	6	6	12	6	6	12	6	6
50-54	13	7	6	13	7	6	12	6	6	12	6	6
55-59	12	6	6	13	7	6	13	7	6	12	6	6
60-64	10	5	6	11	6	6	13	6	6	13	6	6
65-69	9	5	4	10	5	5	11	5	6	12	6	6
70-74	7	3	4	8	4	4	9	4	5	10	5	5
75-79	5	2	3	6	3	3	7	4	4	8	4	5
80+	…	…	…	…	…	…	…	…	…	…	…	…
80-84	4	2	2	4	2	2	5	2	3	6	3	3
85-89	2	1	1	2	1	1	3	1	2	3	1	2
90-94	1	0	1	1	0	1	1	0	1	1	1	1
95-99	0	0	0	0	0	0	0	0	0	0	0	0
100+	0	0	0	0	0	0	0	0	0	0	0	0

年齢	2035			2040			2045			2050		
	総数	男	女	総数	男	女	総数	男	女	総数	男	女
総数	177	88	89	179	89	90	180	90	90	181	90	90
0-4	8	4	4	8	4	4	8	4	4	8	4	4
5-9	8	4	4	8	4	4	8	4	4	8	4	4
10-14	8	4	4	8	4	4	8	4	4	8	4	4
15-19	8	4	4	8	4	4	9	4	4	9	4	4
20-24	9	5	4	9	5	4	9	5	4	9	5	4
25-29	10	5	5	10	5	5	10	5	5	10	5	5
30-34	10	5	5	10	5	5	10	5	5	10	5	5
35-39	11	6	5	11	5	5	11	5	5	11	5	5
40-44	11	6	6	11	6	5	11	5	5	11	6	5
45-49	11	6	5	12	6	6	11	6	5	11	5	6
50-54	12	6	6	11	6	5	12	6	6	11	6	5
55-59	12	6	6	12	6	6	11	6	5	12	6	6
60-64	12	6	6	12	6	6	12	6	6	11	6	5
65-69	12	6	6	12	5	6	11	5	6	11	6	6
70-74	11	6	6	12	6	6	11	5	6	11	5	6
75-79	9	4	5	10	5	5	11	5	5	10	5	5
80+	…	…	…	…	…	…	…	…	…	…	…	…
80-84	7	3	4	8	3	4	9	4	4	9	4	5
85-89	4	2	2	5	2	3	5	2	3	6	3	3
90-94	2	1	1	2	1	1	3	1	2	3	1	2
95-99	1	0	0	1	0	0	1	0	1	1	0	1
100+	0	0	0	0	0	0	0	0	0	0	0	0

年齢	2055			2060		
	総数	男	女	総数	男	女
総数	181	91	90	181	91	90
0-4	8	4	4	8	4	4
5-9	8	4	4	8	4	4
10-14	8	4	4	8	4	4
15-19	9	4	4	9	4	4
20-24	9	5	5	9	5	5
25-29	10	5	5	10	5	5
30-34	10	5	5	10	5	5
35-39	11	5	5	11	5	5
40-44	11	5	5	11	5	5
45-49	11	6	5	11	6	5
50-54	11	5	6	11	6	5
55-59	11	6	5	11	5	6
60-64	11	6	6	11	6	5
65-69	11	6	5	11	6	6
70-74	11	5	5	11	5	5
75-79	10	5	5	10	5	5
80+	…	…	…	…	…	…
80-84	9	4	5	9	4	5
85-89	7	3	4	7	3	4
90-94	4	2	2	4	2	2
95-99	1	0	1	2	1	1
100+	0	0	0	0	0	0

Channel Islands

性・年齢別人口（千人）

年齢	2015 総数	男	女	2020 総数	男	女	2025 総数	男	女	2030 総数	男	女
総数	164	81	83	169	84	85	174	87	88	180	89	90
0-4	8	4	4	9	5	4	10	5	5	11	5	5
5-9	8	4	4	8	4	4	9	5	4	10	5	5
10-14	8	4	4	8	4	4	8	4	4	9	5	5
15-19	9	5	4	8	4	4	9	4	4	8	4	4
20-24	10	5	5	9	5	5	9	5	5	9	5	4
25-29	10	5	5	10	5	5	10	5	5	10	5	5
30-34	11	6	5	11	6	5	11	6	5	11	5	5
35-39	12	6	6	11	6	6	11	6	5	11	6	6
40-44	12	6	6	12	6	6	12	6	6	11	6	5
45-49	13	7	6	12	6	6	12	6	6	12	6	6
50-54	13	7	6	13	7	6	12	6	6	12	6	6
55-59	12	6	6	13	7	6	13	7	6	12	6	6
60-64	10	5	6	11	6	6	13	6	6	13	6	6
65-69	9	5	4	10	5	5	11	5	6	12	6	6
70-74	7	3	4	8	4	4	9	4	5	10	5	5
75-79	5	2	3	6	3	3	7	4	4	8	4	5
80+	…	…	…	…	…	…	…	…	…	…	…	…
80-84	4	2	2	4	2	2	5	2	3	6	3	3
85-89	2	1	1	2	1	1	3	1	2	3	1	2
90-94	1	0	1	1	0	1	1	0	1	1	1	1
95-99	0	0	0	0	0	0	0	0	0	0	0	0
100+	0	0	0	0	0	0	0	0	0	0	0	0

年齢	2035 総数	男	女	2040 総数	男	女	2045 総数	男	女	2050 総数	男	女
総数	185	92	93	190	95	95	194	97	97	198	99	99
0-4	11	5	5	11	5	5	11	6	5	12	6	6
5-9	11	5	5	11	5	5	11	6	5	11	6	5
10-14	10	5	5	11	5	5	11	6	5	11	6	5
15-19	10	5	5	10	5	5	11	6	5	11	6	5
20-24	9	5	4	10	5	5	11	6	5	12	6	6
25-29	10	5	5	10	5	5	11	6	5	12	6	6
30-34	10	5	5	10	5	5	10	5	5	12	6	6
35-39	11	6	5	11	5	5	11	5	5	11	6	5
40-44	11	6	6	11	6	5	11	5	5	11	6	5
45-49	11	6	5	12	6	6	11	6	5	11	5	6
50-54	12	6	6	11	6	5	12	6	6	11	6	5
55-59	12	6	6	12	6	6	11	6	5	12	6	6
60-64	12	6	6	12	6	6	12	6	6	11	6	5
65-69	12	6	6	12	5	6	11	6	6	11	6	6
70-74	11	6	6	12	6	6	11	5	6	11	5	6
75-79	9	4	5	10	5	5	11	5	5	10	5	5
80+	…	…	…	…	…	…	…	…	…	…	…	…
80-84	7	3	4	8	3	4	9	4	4	9	4	5
85-89	4	2	2	5	2	3	5	2	3	6	3	3
90-94	2	1	1	2	1	1	3	1	2	3	1	2
95-99	1	0	0	1	0	0	1	0	1	1	0	1
100+	0	0	0	0	0	0	0	0	0	0	0	0

年齢	2055 総数	男	女	2060 総数	男	女
総数	203	102	101	207	104	103
0-4	12	6	6	13	7	6
5-9	12	6	6	13	6	6
10-14	11	6	5	12	6	6
15-19	11	6	5	11	6	6
20-24	12	6	6	12	6	6
25-29	12	6	6	12	6	6
30-34	12	6	6	13	7	6
35-39	12	6	6	13	6	6
40-44	11	5	5	12	6	6
45-49	11	6	5	11	6	5
50-54	11	5	6	11	6	5
55-59	11	6	5	11	5	6
60-64	11	6	6	11	6	5
65-69	11	6	5	11	6	6
70-74	11	5	5	11	5	5
75-79	10	5	5	10	5	5
80+	…	…	…	…	…	…
80-84	9	4	5	9	4	5
85-89	7	3	4	7	3	4
90-94	4	2	2	4	2	2
95-99	1	0	1	2	1	1
100+	0	0	0	0	0	0

性・年齢別人口（千人）

年齢	2015			2020			2025			2030		
	総数	男	女	総数	男	女	総数	男	女	総数	男	女
総数	164	81	83	166	82	84	168	83	85	168	84	85
0-4	8	4	4	7	3	3	6	3	3	5	3	3
5-9	8	4	4	8	4	4	7	3	3	6	3	3
10-14	8	4	4	8	4	4	8	4	4	7	3	3
15-19	9	5	4	8	4	4	9	4	4	8	4	4
20-24	10	5	5	9	5	5	9	5	5	9	5	4
25-29	10	5	5	10	5	5	10	5	5	10	5	5
30-34	11	6	5	11	6	5	11	6	5	11	5	5
35-39	12	6	6	11	6	6	11	6	5	11	6	6
40-44	12	6	6	12	6	6	12	6	6	11	6	5
45-49	13	7	6	12	6	6	12	6	6	12	6	6
50-54	13	7	6	13	7	6	12	6	6	12	6	6
55-59	12	6	6	13	7	6	13	7	6	12	6	6
60-64	10	5	6	11	6	6	13	6	6	13	6	6
65-69	9	5	4	10	5	5	11	5	6	12	6	6
70-74	7	3	4	8	4	4	9	4	5	10	5	5
75-79	5	2	3	6	3	3	7	4	4	8	4	5
80+	…	…	…	…	…	…	…	…	…	…	…	…
80-84	4	2	2	4	2	2	5	2	3	6	3	3
85-89	2	1	1	2	1	1	3	1	2	3	1	2
90-94	1	0	1	1	0	1	1	0	1	1	1	1
95-99	0	0	0	0	0	0	0	0	0	0	0	0
100+	0	0	0	0	0	0	0	0	0	0	0	0

年齢	2035			2040			2045			2050		
	総数	男	女	総数	男	女	総数	男	女	総数	男	女
総数	168	84	85	168	83	84	166	83	84	164	82	82
0-4	6	3	3	6	3	3	5	3	3	5	3	3
5-9	6	3	3	6	3	3	6	3	3	6	3	3
10-14	6	3	3	6	3	3	6	3	3	6	3	3
15-19	7	4	3	6	3	3	6	3	3	6	3	3
20-24	9	5	4	8	4	4	7	4	3	7	3	3
25-29	10	5	5	10	5	5	8	4	4	8	4	4
30-34	10	5	5	10	5	5	10	5	5	9	5	4
35-39	11	6	5	11	5	5	11	5	5	11	5	5
40-44	11	6	6	11	6	5	11	5	5	11	6	5
45-49	11	6	5	12	6	6	11	6	5	11	5	6
50-54	12	6	6	11	6	5	12	6	6	11	6	5
55-59	12	6	6	12	6	6	11	6	5	12	6	6
60-64	12	6	6	12	6	6	12	6	6	11	6	5
65-69	12	6	6	12	5	6	11	6	6	11	6	6
70-74	11	6	6	12	6	6	11	5	6	11	5	6
75-79	9	4	5	10	5	5	11	5	5	10	5	5
80+	…	…	…	…	…	…	…	…	…	…	…	…
80-84	7	3	4	8	3	4	9	4	4	9	4	5
85-89	4	2	2	5	2	3	5	2	3	6	3	3
90-94	2	1	1	2	1	1	3	1	2	3	1	2
95-99	1	0	0	1	0	0	1	0	1	1	0	1
100+	0	0	0	0	0	0	0	0	0	0	0	0

年齢	2055			2060		
	総数	男	女	総数	男	女
総数	161	81	81	158	79	79
0-4	5	2	2	5	2	2
5-9	5	3	3	5	3	2
10-14	6	3	3	5	3	3
15-19	6	3	3	6	3	3
20-24	7	3	3	7	3	3
25-29	7	4	4	7	4	4
30-34	8	4	4	8	4	4
35-39	9	5	5	9	4	4
40-44	11	5	5	9	5	5
45-49	11	6	5	11	6	5
50-54	11	5	6	11	6	5
55-59	11	6	5	11	5	6
60-64	11	6	6	11	6	5
65-69	11	6	5	11	6	6
70-74	11	5	5	11	5	5
75-79	10	5	5	10	5	5
80+	…	…	…	…	…	…
80-84	9	4	5	9	4	5
85-89	7	3	4	7	3	4
90-94	4	2	2	4	2	2
95-99	1	0	1	2	1	1
100+	0	0	0	0	0	0

Chile

性・年齢別人口（千人）

年齢	1960 総数	男	女	1965 総数	男	女	1970 総数	男	女	1975 総数	男	女
総数	7 696	3 801	3 894	8 612	4 250	4 362	9 562	4 715	4 847	10 421	5 136	5 284
0-4	1 161	586	575	1 259	637	622	1 319	666	653	1 253	633	620
5-9	998	502	496	1 122	565	557	1 227	619	608	1 297	654	643
10-14	832	421	410	989	496	493	1 113	560	553	1 219	615	604
15-19	732	368	363	823	416	406	979	491	488	1 103	554	549
20-24	605	303	303	719	361	358	809	408	401	964	482	482
25-29	554	275	280	592	294	298	703	351	352	792	398	394
30-34	502	247	255	540	266	274	577	285	292	686	340	346
35-39	431	211	220	488	239	250	526	257	269	561	275	286
40-44	385	187	197	417	202	214	473	229	244	510	247	263
45-49	342	166	176	369	178	191	401	193	208	456	219	237
50-54	311	150	161	324	155	169	351	167	184	382	181	201
55-59	255	122	134	289	137	152	302	142	160	328	154	175
60-64	210	99	111	230	107	123	262	121	140	275	126	148
65-69	162	74	87	181	83	99	200	90	109	228	102	125
70-74	107	47	59	130	58	73	147	65	82	163	71	92
75-79	62	26	36	78	33	45	96	40	55	108	46	63
80+	49	19	31	62	24	38	78	30	47	96	38	59
80-84	...	...	...	...	...	...	...	...	...	...	...	...
85-89	...	...	...	...	...	...	...	...	...	...	...	...
90-94	...	...	...	...	...	...	...	...	...	...	...	...
95-99	...	...	...	...	...	...	...	...	...	...	...	...
100+	...	...	...	...	...	...	...	...	...	...	...	...

年齢	1980 総数	男	女	1985 総数	男	女	1990 総数	男	女	1995 総数	男	女
総数	11 234	5 537	5 697	12 109	5 969	6 139	13 141	6 479	6 663	14 194	7 000	7 194
0-4	1 214	613	601	1 269	640	629	1 388	702	686	1 361	690	671
5-9	1 237	625	613	1 203	607	596	1 262	637	625	1 383	699	684
10-14	1 289	650	639	1 231	622	610	1 200	606	595	1 263	637	626
15-19	1 209	610	599	1 280	645	635	1 229	620	609	1 202	606	596
20-24	1 088	546	541	1 196	603	593	1 276	642	634	1 230	619	611
25-29	946	472	474	1 072	537	535	1 189	598	592	1 276	640	636
30-34	775	388	387	931	463	468	1 065	532	533	1 188	595	594
35-39	671	331	340	762	379	383	923	457	466	1 062	528	534
40-44	547	266	281	657	322	335	752	372	380	918	452	465
45-49	494	237	257	532	256	276	644	314	331	744	367	377
50-54	437	207	230	476	226	250	517	247	270	633	306	326
55-59	360	168	192	415	194	221	455	213	242	501	237	264
60-64	301	138	163	333	153	180	388	178	210	432	200	232
65-69	242	108	134	268	120	148	300	134	166	356	160	196
70-74	188	82	106	202	88	114	228	99	129	262	113	148
75-79	122	51	71	143	60	83	158	66	92	184	76	108
80+	116	45	71	137	53	84	...	...	...	...	...	...
80-84	...	...	...	...	...	...	99	39	60	113	44	69
85-89	...	...	...	...	...	...	47	17	29	59	21	38
90-94	...	...	...	...	...	...	17	6	11	21	7	15
95-99	...	...	...	...	...	...	4	1	3	5	1	4
100+	...	...	...	...	...	...	1	0	0	1	0	1

年齢	2000 総数	男	女	2005 総数	男	女	2010 総数	男	女	2015 総数	男	女
総数	15 170	7 483	7 687	16 097	7 940	8 157	17 015	8 392	8 623	17 948	8 855	9 093
0-4	1 287	654	633	1 228	625	603	1 193	607	586	1 170	596	575
5-9	1 358	688	670	1 286	653	633	1 231	626	605	1 200	610	590
10-14	1 384	699	685	1 362	690	672	1 296	658	637	1 246	634	612
15-19	1 265	637	628	1 393	704	688	1 379	702	678	1 322	677	645
20-24	1 205	606	599	1 276	644	633	1 415	720	696	1 415	726	689
25-29	1 232	618	614	1 215	611	604	1 299	658	641	1 451	742	709
30-34	1 276	637	639	1 239	621	619	1 233	621	612	1 328	675	653
35-39	1 187	592	595	1 280	638	642	1 250	626	625	1 253	631	622
40-44	1 058	525	534	1 186	590	596	1 284	639	645	1 262	631	631
45-49	910	447	463	1 053	520	532	1 184	587	597	1 287	639	648
50-54	733	360	373	899	439	460	1 042	512	530	1 177	580	596
55-59	617	297	320	715	347	368	878	423	455	1 021	494	526
60-64	480	225	255	590	279	311	684	324	360	843	396	447
65-69	402	183	219	446	204	243	549	250	299	640	292	348
70-74	316	138	178	359	157	202	400	174	226	497	215	282
75-79	216	89	127	265	109	155	305	126	180	346	141	205
80+	...	...	...	...	...	...	...	...	...	...	...	...
80-84	136	52	84	164	62	102	206	78	128	243	91	152
85-89	71	25	46	90	31	59	114	40	74	149	53	97
90-94	29	9	20	38	11	26	52	16	35	69	22	47
95-99	7	2	6	11	3	8	16	4	12	24	7	17
100+	1	0	1	2	0	2	3	1	3	6	1	4

性・年齢別人口（千人）

年齢	2015			2020			2025			2030		
	総数	男	女	総数	男	女	総数	男	女	総数	男	女
総数	17 948	8 855	9 093	18 842	9 305	9 537	19 639	9 709	9 930	20 250	10 021	10 229
0-4	1 170	596	575	1 160	591	569	1 142	582	560	1 111	566	545
5-9	1 200	610	590	1 178	599	579	1 167	594	573	1 145	583	562
10-14	1 246	634	612	1 216	619	596	1 192	607	585	1 173	597	576
15-19	1 322	677	645	1 274	654	620	1 239	636	603	1 203	614	588
20-24	1 415	726	689	1 359	702	657	1 306	676	630	1 253	645	608
25-29	1 451	742	709	1 453	751	702	1 392	723	668	1 320	684	635
30-34	1 328	675	653	1 481	760	721	1 478	766	713	1 402	729	673
35-39	1 253	631	622	1 349	686	663	1 498	769	729	1 484	768	716
40-44	1 262	631	631	1 266	638	628	1 359	691	669	1 500	769	731
45-49	1 287	639	648	1 267	633	634	1 270	639	631	1 357	688	668
50-54	1 177	580	596	1 280	633	648	1 261	627	634	1 261	633	629
55-59	1 021	494	526	1 155	563	592	1 259	616	643	1 242	614	628
60-64	843	396	447	985	467	518	1 120	536	583	1 227	594	633
65-69	640	292	348	795	362	434	937	433	504	1 075	507	568
70-74	497	215	282	586	256	330	737	324	413	879	397	482
75-79	346	141	205	437	180	257	523	219	304	668	284	384
80+	…	…	…	…	…	…	…	…	…	…	…	…
80-84	243	91	152	282	106	176	365	140	224	445	177	268
85-89	149	53	97	182	64	118	215	76	139	283	102	181
90-94	69	22	47	94	31	64	118	38	80	143	46	97
95-99	24	7	17	34	10	24	47	14	34	61	17	44
100+	6	1	4	9	2	7	13	3	10	19	5	14

年齢	2035			2040			2045			2050		
	総数	男	女	総数	男	女	総数	男	女	総数	男	女
総数	20 751	10 276	10 475	21 142	10 476	10 665	21 423	10 620	10 803	21 601	10 712	10 889
0-4	1 073	547	526	1 045	532	513	1 024	522	502	1 011	515	496
5-9	1 113	567	546	1 076	548	528	1 048	534	514	1 028	523	504
10-14	1 151	586	564	1 120	571	549	1 083	552	531	1 055	538	517
15-19	1 183	605	579	1 161	594	568	1 130	578	552	1 094	559	534
20-24	1 217	624	593	1 198	615	583	1 176	604	572	1 145	588	557
25-29	1 268	655	613	1 231	634	598	1 213	624	589	1 191	614	578
30-34	1 331	691	640	1 279	661	618	1 243	641	603	1 225	632	593
35-39	1 409	732	676	1 338	694	643	1 287	665	621	1 252	645	606
40-44	1 487	769	718	1 412	734	678	1 342	696	645	1 291	668	624
45-49	1 498	767	731	1 485	767	718	1 411	733	678	1 342	696	646
50-54	1 349	682	666	1 489	761	728	1 478	762	716	1 405	728	677
55-59	1 244	620	624	1 332	670	662	1 472	748	724	1 462	750	712
60-64	1 213	593	620	1 217	601	616	1 305	651	655	1 445	729	717
65-69	1 182	564	619	1 172	565	607	1 179	574	605	1 268	624	643
70-74	1 014	468	546	1 121	524	597	1 115	528	587	1 126	539	587
75-79	803	352	451	932	419	513	1 036	473	564	1 037	479	558
80+	…	…	…	…	…	…	…	…	…	…	…	…
80-84	575	234	342	698	293	405	818	353	465	917	402	515
85-89	350	131	219	458	175	283	563	222	340	667	271	396
90-94	191	63	128	240	82	159	320	111	209	399	143	255
95-99	76	21	54	104	30	74	133	39	94	181	54	127
100+	26	6	20	33	8	26	46	11	35	61	14	47

年齢	2055			2060		
	総数	男	女	総数	男	女
総数	21 677	10 754	10 923	21 662	10 752	10 910
0-4	998	508	489	981	500	481
5-9	1 014	516	497	1 001	510	491
10-14	1 034	527	507	1 020	520	500
15-19	1 065	545	520	1 044	534	510
20-24	1 108	569	539	1 079	554	524
25-29	1 160	598	562	1 122	579	543
30-34	1 203	621	582	1 171	605	566
35-39	1 233	636	597	1 211	625	586
40-44	1 256	648	609	1 238	638	599
45-49	1 292	668	624	1 257	648	609
50-54	1 337	692	645	1 288	664	624
55-59	1 392	718	674	1 326	683	642
60-64	1 438	732	706	1 370	702	669
65-69	1 407	701	706	1 402	707	696
70-74	1 215	589	626	1 354	665	688
75-79	1 052	492	560	1 141	541	600
80+	…	…	…	…	…	…
80-84	925	412	513	945	427	518
85-89	756	313	442	769	324	445
90-94	479	177	301	550	208	342
95-99	230	71	158	281	90	191
100+	84	20	64	111	27	85

Chile

性・年齢別人口（千人）

年齢	2015			2020			2025			2030		
	総数	男	女	総数	男	女	総数	男	女	総数	男	女
総数	17 948	8 855	9 093	19 010	9 391	9 619	20 073	9 930	10 143	21 010	10 408	10 602
0-4	1 170	596	575	1 327	676	651	1 410	718	692	1 437	732	705
5-9	1 200	610	590	1 178	599	579	1 334	679	655	1 412	719	693
10-14	1 246	634	612	1 216	619	596	1 192	607	585	1 340	682	657
15-19	1 322	677	645	1 274	654	620	1 239	636	603	1 203	614	588
20-24	1 415	726	689	1 359	702	657	1 306	676	630	1 253	645	608
25-29	1 451	742	709	1 453	751	702	1 392	723	668	1 320	684	635
30-34	1 328	675	653	1 481	760	721	1 478	766	713	1 402	729	673
35-39	1 253	631	622	1 349	686	663	1 498	769	729	1 484	768	716
40-44	1 262	631	631	1 266	638	628	1 359	691	669	1 500	769	731
45-49	1 287	639	648	1 267	633	634	1 270	639	631	1 357	688	668
50-54	1 177	580	596	1 280	633	648	1 261	627	634	1 261	633	629
55-59	1 021	494	526	1 155	563	592	1 259	616	643	1 242	614	628
60-64	843	396	447	985	467	518	1 120	536	583	1 227	594	633
65-69	640	292	348	795	362	434	937	433	504	1 075	507	568
70-74	497	215	282	586	256	330	737	324	413	879	397	482
75-79	346	141	205	437	180	257	523	219	304	668	284	384
80+	…	…	…	…	…	…	…	…	…	…	…	…
80-84	243	91	152	282	106	176	365	140	224	445	177	268
85-89	149	53	97	182	64	118	215	76	139	283	102	181
90-94	69	22	47	94	31	64	118	38	80	143	46	97
95-99	24	7	17	34	10	24	47	14	34	61	17	44
100+	6	1	4	9	2	7	13	3	10	19	5	14

年齢	2035			2040			2045			2050		
	総数	男	女	総数	男	女	総数	男	女	総数	男	女
総数	21 835	10 828	11 006	22 571	11 204	11 366	23 249	11 550	11 698	23 899	11 882	12 016
0-4	1 398	712	686	1 391	709	682	1 422	725	698	1 485	757	728
5-9	1 439	733	706	1 400	713	687	1 394	710	684	1 425	726	699
10-14	1 418	722	695	1 445	736	709	1 406	717	690	1 400	714	687
15-19	1 350	689	661	1 428	730	698	1 456	744	712	1 417	724	693
20-24	1 217	624	593	1 364	699	665	1 443	740	703	1 471	754	717
25-29	1 268	655	613	1 231	634	598	1 379	709	670	1 457	749	708
30-34	1 331	691	640	1 279	661	618	1 243	641	603	1 391	716	675
35-39	1 409	732	676	1 338	694	643	1 287	665	621	1 252	645	606
40-44	1 487	769	718	1 412	734	678	1 342	696	645	1 291	668	624
45-49	1 498	767	731	1 485	767	718	1 411	733	678	1 342	696	646
50-54	1 349	682	666	1 489	761	728	1 478	762	716	1 405	728	677
55-59	1 244	620	624	1 332	670	662	1 472	748	724	1 462	750	712
60-64	1 213	593	620	1 217	601	616	1 305	651	655	1 445	729	717
65-69	1 182	564	619	1 172	565	607	1 179	574	605	1 268	624	643
70-74	1 014	468	546	1 121	524	597	1 115	528	587	1 126	539	587
75-79	803	352	451	932	419	513	1 036	473	564	1 037	479	558
80+	…	…	…	…	…	…	…	…	…	…	…	…
80-84	575	234	342	698	293	405	818	353	465	917	402	515
85-89	350	131	219	458	175	283	563	222	340	667	271	396
90-94	191	63	128	240	82	159	320	111	209	399	143	255
95-99	76	21	54	104	30	74	133	39	94	181	54	127
100+	26	6	20	33	8	26	46	11	35	61	14	47

年齢	2055			2060		
	総数	男	女	総数	男	女
総数	24 525	12 204	12 320	25 113	12 509	12 604
0-4	1 549	790	760	1 588	809	779
5-9	1 487	758	730	1 552	791	761
10-14	1 431	730	702	1 493	761	732
15-19	1 410	721	690	1 441	736	705
20-24	1 431	734	697	1 424	730	694
25-29	1 485	763	722	1 445	743	702
30-34	1 469	756	713	1 496	770	726
35-39	1 399	720	679	1 476	760	716
40-44	1 256	648	609	1 403	722	681
45-49	1 292	668	624	1 257	648	609
50-54	1 337	692	645	1 288	664	624
55-59	1 392	718	674	1 326	683	642
60-64	1 438	732	706	1 370	702	669
65-69	1 407	701	706	1 402	707	696
70-74	1 215	589	626	1 354	665	688
75-79	1 052	492	560	1 141	541	600
80+	…	…	…	…	…	…
80-84	925	412	513	945	427	518
85-89	756	313	442	769	324	445
90-94	479	177	301	550	208	342
95-99	230	71	158	281	90	191
100+	84	20	64	111	27	85

性・年齢別人口（千人）

年齢	2015			2020			2025			2030		
	総数	男	女	総数	男	女	総数	男	女	総数	男	女
総数	17 948	8 855	9 093	18 675	9 220	9 455	19 204	9 488	9 717	19 490	9 633	9 856
0-4	1 170	596	575	993	506	487	875	446	429	784	400	385
5-9	1 200	610	590	1 178	599	579	1 000	509	491	878	447	431
10-14	1 246	634	612	1 216	619	596	1 192	607	585	1 006	512	494
15-19	1 322	677	645	1 274	654	620	1 239	636	603	1 203	614	588
20-24	1 415	726	689	1 359	702	657	1 306	676	630	1 253	645	608
25-29	1 451	742	709	1 453	751	702	1 392	723	668	1 320	684	635
30-34	1 328	675	653	1 481	760	721	1 478	766	713	1 402	729	673
35-39	1 253	631	622	1 349	686	663	1 498	769	729	1 484	768	716
40-44	1 262	631	631	1 266	638	628	1 359	691	669	1 500	769	731
45-49	1 287	639	648	1 267	633	634	1 270	639	631	1 357	688	668
50-54	1 177	580	596	1 280	633	648	1 261	627	634	1 261	633	629
55-59	1 021	494	526	1 155	563	592	1 259	616	643	1 242	614	628
60-64	843	396	447	985	467	518	1 120	536	583	1 227	594	633
65-69	640	292	348	795	362	434	937	433	504	1 075	507	568
70-74	497	215	282	586	256	330	737	324	413	879	397	482
75-79	346	141	205	437	180	257	523	219	304	668	284	384
80+	...	...	...	...	...	...	...	...	...	...	...	...
80-84	243	91	152	282	106	176	365	140	224	445	177	268
85-89	149	53	97	182	64	118	215	76	139	283	102	181
90-94	69	22	47	94	31	64	118	38	80	143	46	97
95-99	24	7	17	34	10	24	47	14	34	61	17	44
100+	6	1	4	9	2	7	13	3	10	19	5	14

年齢	2035			2040			2045			2050		
	総数	男	女	総数	男	女	総数	男	女	総数	男	女
総数	19 671	9 726	9 945	19 735	9 760	9 975	19 665	9 725	9 940	19 452	9 618	9 834
0-4	753	384	369	717	365	352	672	342	329	618	315	303
5-9	787	401	387	756	385	371	721	367	354	675	344	331
10-14	884	450	433	794	405	389	763	389	374	727	371	357
15-19	1 017	520	497	895	458	437	805	412	393	774	397	377
20-24	1 217	624	593	1 031	530	502	910	468	441	820	423	397
25-29	1 268	655	613	1 231	634	598	1 047	540	507	925	479	447
30-34	1 331	691	640	1 279	661	618	1 243	641	603	1 059	547	512
35-39	1 409	732	676	1 338	694	643	1 287	665	621	1 252	645	606
40-44	1 487	769	718	1 412	734	678	1 342	696	645	1 291	668	624
45-49	1 498	767	731	1 485	767	718	1 411	733	678	1 342	696	646
50-54	1 349	682	666	1 489	761	728	1 478	762	716	1 405	728	677
55-59	1 244	620	624	1 332	670	662	1 472	748	724	1 462	750	712
60-64	1 213	593	620	1 217	601	616	1 305	651	655	1 445	729	717
65-69	1 182	564	619	1 172	565	607	1 179	574	605	1 268	624	643
70-74	1 014	468	546	1 121	524	597	1 115	528	587	1 126	539	587
75-79	803	352	451	932	419	513	1 036	473	564	1 037	479	558
80+	...	...	...	...	...	...	...	...	...	...	...	...
80-84	575	234	342	698	293	405	818	353	465	917	402	515
85-89	350	131	219	458	175	283	563	222	340	667	271	396
90-94	191	63	128	240	82	159	320	111	209	399	143	255
95-99	76	21	54	104	30	74	133	39	94	181	54	127
100+	26	6	20	33	8	26	46	11	35	61	14	47

年齢	2055			2060		
	総数	男	女	総数	男	女
総数	19 098	9 441	9 657	18 626	9 206	9 420
0-4	565	288	277	522	266	256
5-9	622	317	305	569	289	279
10-14	682	348	334	628	320	308
15-19	738	378	360	692	355	337
20-24	789	407	382	752	388	364
25-29	835	433	402	803	416	387
30-34	938	486	452	847	440	407
35-39	1 067	552	515	946	491	455
40-44	1 256	648	609	1 072	554	518
45-49	1 292	668	624	1 257	648	609
50-54	1 337	692	645	1 288	664	624
55-59	1 392	718	674	1 326	683	642
60-64	1 438	732	706	1 370	702	669
65-69	1 407	701	706	1 402	707	696
70-74	1 215	589	626	1 354	665	688
75-79	1 052	492	560	1 141	541	600
80+	...	...	...	...	...	...
80-84	925	412	513	945	427	518
85-89	756	313	442	769	324	445
90-94	479	177	301	550	208	342
95-99	230	71	158	281	90	191
100+	84	20	64	111	27	85

China

性・年齢別人口（千人）

年齢	1960			1965			1970			1975		
	総数	男	女	総数	男	女	総数	男	女	総数	男	女
総数	644 450	331 786	312 664	706 591	362 987	343 604	808 511	414 619	393 892	905 580	464 366	441 214
0-4	95 133	48 998	46 135	111 937	57 793	54 144	133 928	68 481	65 446	126 398	65 086	61 312
5-9	94 251	48 531	45 720	88 401	45 521	42 880	107 475	55 251	52 224	130 637	66 726	63 911
10-14	68 108	35 172	32 937	91 459	47 025	44 433	87 451	44 988	42 463	106 537	54 743	51 794
15-19	53 591	28 388	25 204	66 435	34 227	32 208	90 615	46 557	44 058	86 867	44 663	42 204
20-24	51 463	27 517	23 946	52 040	27 514	24 525	65 593	33 770	31 824	89 845	46 131	43 715
25-29	48 651	25 790	22 862	49 791	26 622	23 169	51 205	27 054	24 152	64 868	33 372	31 496
30-34	42 188	22 344	19 844	46 838	24 871	21 967	48 797	26 070	22 727	50 542	26 688	23 854
35-39	36 711	19 124	17 586	40 305	21 382	18 923	45 667	24 235	21 432	48 043	25 655	22 389
40-44	35 362	18 524	16 838	34 647	18 021	16 626	38 984	20 655	18 329	44 755	23 741	21 014
45-49	30 806	15 865	14 941	32 813	17 025	15 788	33 132	17 191	15 941	37 871	20 022	17 849
50-54	26 322	13 154	13 168	27 843	14 033	13 810	30 858	15 951	14 907	31 686	16 338	15 347
55-59	22 247	10 805	11 443	22 661	10 895	11 766	25 471	12 722	12 749	28 738	14 692	14 046
60-64	16 093	7 681	8 412	17 698	8 155	9 543	19 730	9 262	10 467	22 683	11 092	11 591
65-69	11 796	5 381	6 415	11 439	5 158	6 281	14 299	6 301	7 998	16 464	7 463	9 001
70-74	6 938	2 909	4 029	7 222	3 016	4 206	8 462	3 589	4 873	10 941	4 600	6 341
75-79	3 506	1 242	2 264	3 462	1 266	2 195	4 592	1 803	2 789	5 567	2 236	3 331
80+	1 283	363	920	1 601	461	1 140	2 251	738	1 513	3 137	1 118	2 019
80-84	…	…	…	…	…	…	…	…	…	…	…	…
85-89	…	…	…	…	…	…	…	…	…	…	…	…
90-94	…	…	…	…	…	…	…	…	…	…	…	…
95-99	…	…	…	…	…	…	…	…	…	…	…	…
100+	…	…	…	…	…	…	…	…	…	…	…	…

年齢	1980			1985			1990			1995		
	総数	男	女	総数	男	女	総数	男	女	総数	男	女
総数	977 837	501 509	476 328	1 052 622	539 755	512 867	1 154 606	592 506	562 099	1 227 841	630 561	597 281
0-4	99 827	51 454	48 373	103 203	53 210	49 992	132 564	68 971	63 594	108 168	57 013	51 155
5-9	124 317	63 968	60 349	98 687	50 829	47 857	102 169	52 638	49 530	131 434	68 337	63 097
10-14	129 795	66 264	63 531	123 703	63 626	60 077	98 279	50 594	47 684	101 815	52 430	49 385
15-19	106 045	54 471	51 574	129 293	65 986	63 307	123 272	63 381	59 891	97 896	50 373	47 524
20-24	86 350	44 387	41 963	105 498	54 173	51 326	128 685	65 652	63 033	122 599	62 998	59 601
25-29	89 180	45 781	43 399	85 798	44 089	41 709	104 878	53 831	51 047	127 858	65 183	62 675
30-34	64 269	33 054	31 215	88 504	45 422	43 082	85 199	43 763	41 437	104 106	53 394	50 712
35-39	49 975	26 379	23 597	63 659	32 725	30 934	87 752	45 008	42 744	84 464	43 342	41 122
40-44	47 345	25 265	22 080	49 338	26 017	23 321	62 927	32 305	30 622	86 774	44 437	42 337
45-49	43 845	23 218	20 627	46 487	24 762	21 724	48 541	25 547	22 994	61 946	31 739	30 207
50-54	36 634	19 294	17 340	42 574	22 461	20 112	45 322	24 061	21 261	47 349	24 833	22 516
55-59	30 029	15 366	14 663	34 919	18 257	16 662	40 855	21 407	19 448	43 496	22 923	20 572
60-64	26 292	13 255	13 037	27 718	13 994	13 724	32 484	16 783	15 701	38 099	19 725	18 374
65-69	19 551	9 319	10 232	23 029	11 343	11 686	24 531	12 158	12 373	28 798	14 567	14 231
70-74	12 959	5 659	7 300	15 732	7 215	8 517	18 850	9 031	9 820	20 033	9 563	10 469
75-79	7 408	2 950	4 458	8 995	3 708	5 287	11 149	4 834	6 315	13 553	6 115	7 439
80+	4 017	1 427	2 590	5 486	1 936	3 550	…	…	…	…	…	…
80-84	…	…	…	…	…	…	5 098	1 898	3 201	6 636	2 662	3 975
85-89	…	…	…	…	…	…	1 682	538	1 143	2 250	767	1 483
90-94	…	…	…	…	…	…	324	93	230	500	142	358
95-99	…	…	…	…	…	…	42	11	31	62	15	46
100+	…	…	…	…	…	…	3	1	3	5	1	4

年齢	2000			2005			2010			2015		
	総数	男	女	総数	男	女	総数	男	女	総数	男	女
総数	1 269 975	652 374	617 600	1 305 601	671 410	634 191	1 340 969	690 256	650 712	1 376 049	708 977	667 072
0-4	79 848	42 453	37 395	75 722	40 598	35 124	78 847	42 464	36 383	83 186	44 648	38 538
5-9	107 407	56 587	50 820	79 427	42 216	37 211	75 444	40 442	35 002	78 637	42 351	36 286
10-14	131 066	68 121	62 945	107 135	56 434	50 700	79 238	42 111	37 127	75 292	40 361	34 931
15-19	101 485	52 241	49 244	130 575	67 846	62 729	106 717	56 202	50 516	78 930	41 955	36 975
20-24	97 412	50 098	47 314	100 782	51 842	48 940	129 818	67 422	62 396	106 139	55 904	50 235
25-29	121 898	62 596	59 302	96 636	49 651	46 985	100 027	51 413	48 614	129 086	67 024	62 062
30-34	127 034	64 710	62 324	120 975	62 050	58 925	95 880	49 209	46 671	99 375	51 054	48 320
35-39	103 311	52 935	50 376	125 994	64 088	61 906	120 032	61 488	58 544	95 219	48 840	46 379
40-44	83 618	42 850	40 768	102 261	52 313	49 948	124 828	63 410	61 428	119 092	60 954	58 138
45-49	85 552	43 727	41 825	82 517	42 218	40 299	101 018	51 596	49 421	123 525	62 659	60 866
50-54	60 548	30 907	29 641	83 919	42 801	41 118	81 067	41 380	39 686	99 395	50 642	48 753
55-59	45 564	23 720	21 845	58 689	29 838	28 851	81 601	41 443	40 159	78 933	40 116	38 817
60-64	40 769	21 259	19 510	43 150	22 306	20 844	55 866	28 181	27 684	77 810	39 208	38 602
65-69	34 074	17 287	16 787	37 004	19 029	17 975	39 452	20 101	19 352	51 161	25 429	25 733
70-74	23 782	11 565	12 217	28 771	14 200	14 571	31 539	15 793	15 746	33 752	16 761	16 992
75-79	14 557	6 524	8 033	17 763	8 200	9 563	21 801	10 231	11 571	24 156	11 563	12 594
80+	…	…	…	…	…	…	…	…	…	…	…	…
80-84	8 173	3 410	4 764	9 105	3 827	5 278	11 441	4 951	6 489	14 260	6 316	7 944
85-89	3 043	1 134	1 909	3 954	1 551	2 403	4 626	1 825	2 802	5 939	2 428	3 511
90-94	719	223	496	1 045	353	692	1 438	512	926	1 742	633	1 109
95-99	105	26	79	162	45	117	251	77	174	371	119	252
100+	9	2	7	16	3	13	28	7	21	48	12	36

性・年齢別人口（千人）

年齢	2015			2020			2025			2030		
	総数	男	女	総数	男	女	総数	男	女	総数	男	女
総数	1 376 049	708 977	667 072	1 402 848	722 988	679 860	1 414 872	729 025	685 847	1 415 545	729 078	686 468
0-4	83 186	44 648	38 538	78 634	42 027	36 608	68 697	36 568	32 130	62 799	33 300	29 500
5-9	78 637	42 351	36 286	83 003	44 547	38 455	78 480	41 942	36 538	68 573	36 501	32 072
10-14	75 292	40 361	34 931	78 503	42 277	36 226	82 878	44 479	38 399	78 374	41 884	36 489
15-19	78 930	41 955	36 975	75 034	40 223	34 811	78 255	42 145	36 109	82 636	44 351	38 285
20-24	106 139	55 904	50 235	78 489	41 719	36 770	74 617	40 001	34 615	77 848	41 930	35 917
25-29	129 086	67 024	62 062	105 566	55 583	49 983	78 017	41 461	36 556	74 176	39 763	34 414
30-34	99 375	51 054	48 320	128 404	66 632	61 772	105 009	55 268	49 741	77 581	41 220	36 361
35-39	95 219	48 840	46 379	98 770	50 711	48 060	127 723	66 245	61 478	104 473	54 966	49 506
40-44	119 092	60 954	58 138	94 527	48 446	46 082	98 115	50 341	47 774	126 975	65 826	61 149
45-49	123 525	62 659	60 866	117 953	60 298	57 655	93 687	47 966	45 721	97 322	49 896	47 426
50-54	99 395	50 642	48 753	121 735	61 612	60 124	116 389	59 383	57 005	92 548	47 310	45 237
55-59	78 933	40 116	38 817	97 026	49 241	47 784	119 099	60 067	59 032	114 095	58 047	56 049
60-64	77 810	39 208	38 602	75 597	38 151	37 446	93 303	47 054	46 248	114 974	57 677	57 298
65-69	51 161	25 429	25 733	71 841	35 718	36 123	70 327	35 068	35 259	87 437	43 643	43 794
70-74	33 752	16 761	16 992	44 410	21 547	22 863	63 188	30 739	32 449	62 649	30 648	32 001
75-79	24 156	11 563	12 594	26 440	12 584	13 856	35 567	16 586	18 982	51 679	24 259	27 420
80+	...	...	...	...	...	...	...	...	...	...	...	...
80-84	14 260	6 316	7 944	16 298	7 386	8 912	18 392	8 312	10 080	25 538	11 334	14 204
85-89	5 939	2 428	3 511	7 717	3 228	4 489	9 163	3 924	5 238	10 776	4 599	6 177
90-94	1 742	633	1 109	2 352	883	1 469	3 198	1 226	1 973	3 989	1 561	2 428
95-99	371	119	252	475	154	320	671	223	448	962	324	638
100+	48	12	36	73	20	54	98	27	71	140	39	101

年齢	2035			2040			2045			2050		
	総数	男	女	総数	男	女	総数	男	女	総数	男	女
総数	1 408 316	725 178	683 138	1 394 715	718 273	676 442	1 374 657	708 535	666 122	1 348 056	695 893	652 163
0-4	61 531	32 498	29 033	61 741	32 477	29 264	61 220	32 070	29 150	59 408	30 989	28 419
5-9	62 693	33 244	29 449	61 436	32 449	28 987	61 653	32 433	29 220	61 139	32 030	29 109
10-14	68 485	36 454	32 031	62 617	33 204	29 413	61 367	32 414	28 953	61 589	32 401	29 188
15-19	78 146	41 766	36 380	68 274	36 346	31 929	62 417	33 102	29 315	61 173	32 315	28 857
20-24	82 236	44 142	38 095	77 765	41 568	36 198	67 916	36 162	31 754	62 073	32 927	29 146
25-29	77 418	41 699	35 719	81 818	43 919	37 899	77 370	41 360	36 010	67 549	35 972	31 577
30-34	73 775	39 543	34 232	77 031	41 490	35 541	81 442	43 718	37 724	77 022	41 178	35 844
35-39	77 177	40 997	36 179	73 410	39 345	34 064	76 681	41 303	35 379	81 104	43 541	37 563
40-44	103 895	54 646	49 248	76 761	40 771	35 990	73 041	39 148	33 893	76 331	41 119	35 212
45-49	126 052	65 312	60 740	103 195	54 261	48 934	76 273	40 507	35 766	72 615	38 921	33 694
50-54	96 240	49 282	46 957	124 790	64 603	60 187	102 249	53 735	48 514	75 630	40 155	35 475
55-59	90 877	46 349	44 529	94 667	48 390	46 277	122 952	63 571	59 381	100 889	52 978	47 912
60-64	110 498	55 967	54 531	88 290	44 870	43 421	92 245	47 027	45 217	120 142	62 004	58 138
65-69	108 424	53 911	54 514	104 826	52 713	52 113	84 225	42 568	41 657	88 458	44 914	43 544
70-74	78 743	38 655	40 087	98 687	48 383	50 304	96 344	47 920	48 425	78 119	39 154	38 965
75-79	52 154	24 719	27 435	66 702	31 861	34 841	84 992	40 754	44 238	84 242	41 178	43 064
80+	...	...	...	...	...	...	...	...	...	...	...	...
80-84	38 086	17 087	20 999	39 430	17 954	21 476	51 687	23 889	27 798	67 424	31 482	35 943
85-89	15 518	6 509	9 009	23 969	10 201	13 767	25 677	11 183	14 494	34 791	15 499	19 292
90-94	4 906	1 911	2 995	7 399	2 835	4 564	11 944	4 692	7 252	13 360	5 429	7 932
95-99	1 256	430	827	1 624	552	1 072	2 580	869	1 711	4 376	1 530	2 845
100+	206	58	148	282	81	201	382	110	273	620	178	442

年齢	2055			2060		
	総数	男	女	総数	男	女
総数	1 315 148	680 526	634 622	1 276 757	662 561	614 196
0-4	56 519	29 355	27 164	53 050	27 432	25 618
5-9	59 336	30 954	28 382	56 455	29 324	27 130
10-14	61 081	32 001	29 080	59 284	30 929	28 355
15-19	61 408	32 310	29 098	60 912	31 916	28 995
20-24	60 852	32 153	28 699	61 107	32 158	28 949
25-29	61 739	32 756	28 983	60 540	31 995	28 546
30-34	67 244	35 815	31 429	61 465	32 617	28 848
35-39	76 724	41 025	35 699	66 989	35 687	31 302
40-44	80 773	43 372	37 402	76 435	40 881	35 554
45-49	75 932	40 910	35 021	80 394	43 179	37 214
50-54	72 062	38 624	33 438	75 412	40 638	34 775
55-59	74 722	39 658	35 064	71 283	38 205	33 079
60-64	98 832	51 841	46 991	73 355	38 913	34 442
65-69	115 758	59 585	56 173	95 608	50 075	45 533
70-74	82 730	41 765	40 966	109 029	55 914	53 115
75-79	69 267	34 277	34 990	74 238	37 139	37 099
80+	...	...	...	...	...	...
80-84	68 267	32 720	35 548	57 183	27 900	29 283
85-89	46 818	21 251	25 567	48 702	22 864	25 839
90-94	18 863	7 940	10 923	26 346	11 424	14 922
95-99	5 131	1 886	3 245	7 567	2 926	4 641
100+	1 088	327	761	1 405	446	959

性・年齢別人口（千人）

年齢	2015			2020			2025			2030		
	総数	男	女	総数	男	女	総数	男	女	総数	男	女
総数	1 376 049	708 977	667 072	1 415 221	729 600	685 621	1 444 158	744 639	699 519	1 463 798	754 747	709 051
0–4	83 186	44 648	38 538	91 007	48 639	42 368	85 628	45 579	40 049	81 800	43 374	38 426
5–9	78 637	42 351	36 286	83 003	44 547	38 455	90 835	48 544	42 291	85 483	45 501	39 982
10–14	75 292	40 361	34 931	78 503	42 277	36 226	82 878	44 479	38 399	90 717	48 480	42 237
15–19	78 930	41 955	36 975	75 034	40 223	34 811	78 255	42 145	36 109	82 636	44 351	38 285
20–24	106 139	55 904	50 235	78 489	41 719	36 770	74 617	40 001	34 615	77 848	41 930	35 917
25–29	129 086	67 024	62 062	105 566	55 583	49 983	78 017	41 461	36 556	74 176	39 763	34 414
30–34	99 375	51 054	48 320	128 404	66 632	61 772	105 009	55 268	49 741	77 581	41 220	36 361
35–39	95 219	48 840	46 379	98 770	50 711	48 060	127 723	66 245	61 478	104 473	54 966	49 506
40–44	119 092	60 954	58 138	94 527	48 446	46 082	98 115	50 341	47 774	126 975	65 826	61 149
45–49	123 525	62 659	60 866	117 953	60 298	57 655	93 687	47 966	45 721	97 322	49 896	47 426
50–54	99 395	50 642	48 753	121 735	61 612	60 124	116 389	59 383	57 005	92 548	47 310	45 237
55–59	78 933	40 116	38 817	97 026	49 241	47 784	119 099	60 067	59 032	114 095	58 047	56 049
60–64	77 810	39 208	38 602	75 597	38 151	37 446	93 303	47 054	46 248	114 974	57 677	57 298
65–69	51 161	25 429	25 733	71 841	35 718	36 123	70 327	35 068	35 259	87 437	43 643	43 794
70–74	33 752	16 761	16 992	44 410	21 547	22 863	63 188	30 739	32 449	62 649	30 648	32 001
75–79	24 156	11 563	12 594	26 440	12 584	13 856	35 567	16 586	18 982	51 679	24 259	27 420
80+	...	...	...	...	...	...	...	...	...	...	...	...
80–84	14 260	6 316	7 944	16 298	7 386	8 912	18 392	8 312	10 080	25 538	11 334	14 204
85–89	5 939	2 428	3 511	7 717	3 228	4 489	9 163	3 924	5 238	10 776	4 599	6 177
90–94	1 742	633	1 109	2 352	883	1 469	3 198	1 226	1 973	3 989	1 561	2 428
95–99	371	119	252	475	154	320	671	223	448	962	324	638
100+	48	12	36	73	20	54	98	27	71	140	39	101

年齢	2035			2040			2045			2050		
	総数	男	女	総数	男	女	総数	男	女	総数	男	女
総数	1 474 983	760 572	714 412	1 481 463	764 228	717 236	1 485 150	766 926	718 225	1 486 323	768 769	717 555
0–4	79 991	42 247	37 744	81 881	43 071	38 810	85 044	44 549	40 495	87 285	45 529	41 755
5–9	81 673	43 307	38 366	79 878	42 189	37 690	81 778	43 019	38 759	84 946	44 501	40 445
10–14	85 381	45 446	39 934	81 584	43 260	38 324	79 798	42 147	37 650	81 703	42 981	38 722
15–19	90 478	48 355	42 123	85 157	45 331	39 826	81 371	43 151	38 220	79 593	42 043	37 550
20–24	82 236	44 142	38 095	90 082	48 148	41 934	84 780	45 136	39 644	81 008	42 966	38 043
25–29	77 418	41 699	35 719	81 818	43 919	37 899	89 667	47 929	41 738	84 389	44 933	39 456
30–34	73 775	39 543	34 232	77 031	41 490	35 541	81 442	43 718	37 724	89 296	47 734	41 562
35–39	77 177	40 997	36 179	73 410	39 345	34 064	76 681	41 303	35 379	81 104	43 541	37 563
40–44	103 895	54 646	49 248	76 761	40 771	35 990	73 041	39 148	33 893	76 331	41 119	35 212
45–49	126 052	65 312	60 740	103 195	54 261	48 934	76 273	40 507	35 766	72 615	38 921	33 694
50–54	96 240	49 282	46 957	124 790	64 603	60 187	102 249	53 735	48 514	75 630	40 155	35 475
55–59	90 877	46 349	44 529	94 667	48 390	46 277	122 952	63 571	59 381	100 889	52 978	47 912
60–64	110 498	55 967	54 531	88 290	44 870	43 421	92 245	47 027	45 217	120 142	62 004	58 138
65–69	108 424	53 911	54 514	104 826	52 713	52 113	84 225	42 568	41 657	88 458	44 914	43 544
70–74	78 743	38 655	40 087	98 687	48 383	50 304	96 344	47 920	48 425	78 119	39 154	38 965
75–79	52 154	24 719	27 435	66 702	31 861	34 841	84 992	40 754	44 238	84 242	41 178	43 064
80+	...	...	...	...	...	...	...	...	...	...	...	...
80–84	38 086	17 087	20 999	39 430	17 954	21 476	51 687	23 889	27 798	67 424	31 482	35 943
85–89	15 518	6 509	9 009	23 969	10 201	13 767	25 677	11 183	14 494	34 791	15 499	19 292
90–94	4 906	1 911	2 995	7 399	2 835	4 564	11 944	4 692	7 252	13 360	5 429	7 932
95–99	1 256	430	827	1 624	552	1 072	2 580	869	1 711	4 376	1 530	2 845
100+	206	58	148	282	81	201	382	110	273	620	178	442

年齢	2055			2060		
	総数	男	女	総数	男	女
総数	1 484 602	769 598	715 004	1 479 643	768 922	710 721
0–4	87 837	45 620	42 217	86 647	44 804	41 843
5–9	87 196	45 487	41 709	87 756	45 582	42 174
10–14	84 878	44 467	40 411	87 133	45 456	41 677
15–19	81 511	42 884	38 627	84 697	44 376	40 321
20–24	79 256	41 872	37 384	81 194	42 724	38 470
25–29	80 650	42 781	37 869	78 924	41 703	37 221
30–34	84 057	44 761	39 295	80 349	42 628	37 720
35–39	88 972	47 568	41 404	83 770	44 617	39 153
40–44	80 773	43 372	37 402	88 651	47 408	41 243
45–49	75 932	40 910	35 021	80 394	43 179	37 214
50–54	72 062	38 624	33 438	75 412	40 638	34 775
55–59	74 722	39 658	35 064	71 283	38 205	33 079
60–64	98 832	51 841	46 991	73 355	38 913	34 442
65–69	115 758	59 585	56 173	95 608	50 075	45 533
70–74	82 730	41 765	40 966	109 029	55 914	53 115
75–79	69 267	34 277	34 990	74 238	37 139	37 099
80+	...	...	...	...	...	...
80–84	68 267	32 720	35 548	57 183	27 900	29 283
85–89	46 818	21 251	25 567	48 702	22 864	25 839
90–94	18 863	7 940	10 923	26 346	11 424	14 922
95–99	5 131	1 886	3 245	7 567	2 926	4 641
100+	1 088	327	761	1 405	446	959

性・年齢別人口（千人）

年齢	2015 総数	男	女	2020 総数	男	女	2025 総数	男	女	2030 総数	男	女
総数	1 376 049	708 977	667 072	1 390 475	716 375	674 100	1 385 587	713 412	672 175	1 367 292	703 408	663 884
0-4	83 186	44 648	38 538	66 261	35 414	30 847	51 767	27 556	24 211	43 799	23 225	20 574
5-9	78 637	42 351	36 286	83 003	44 547	38 455	66 125	35 340	30 785	51 663	27 501	24 162
10-14	75 292	40 361	34 931	78 503	42 277	36 226	82 878	44 479	38 399	66 031	35 289	30 742
15-19	78 930	41 955	36 975	75 034	40 223	34 811	78 255	42 145	36 109	82 636	44 351	38 285
20-24	106 139	55 904	50 235	78 489	41 719	36 770	74 617	40 001	34 615	77 848	41 930	35 917
25-29	129 086	67 024	62 062	105 566	55 583	49 983	78 017	41 461	36 556	74 176	39 763	34 414
30-34	99 375	51 054	48 320	128 404	66 632	61 772	105 009	55 268	49 741	77 581	41 220	36 361
35-39	95 219	48 840	46 379	98 770	50 711	48 060	127 723	66 245	61 478	104 473	54 966	49 506
40-44	119 092	60 954	58 138	94 527	48 446	46 082	98 115	50 341	47 774	126 975	65 826	61 149
45-49	123 525	62 659	60 866	117 953	60 298	57 655	93 687	47 966	45 721	97 322	49 896	47 426
50-54	99 395	50 642	48 753	121 735	61 612	60 124	116 389	59 383	57 005	92 548	47 310	45 237
55-59	78 933	40 116	38 817	97 026	49 241	47 784	119 099	60 067	59 032	114 095	58 047	56 049
60-64	77 810	39 208	38 602	75 597	38 151	37 446	93 303	47 054	46 248	114 974	57 677	57 298
65-69	51 161	25 429	25 733	71 841	35 718	36 123	70 327	35 068	35 259	87 437	43 643	43 794
70-74	33 752	16 761	16 992	44 410	21 547	22 863	63 188	30 739	32 449	62 649	30 648	32 001
75-79	24 156	11 563	12 594	26 440	12 584	13 856	35 567	16 586	18 982	51 679	24 259	27 420
80+	…	…	…	…	…	…	…	…	…	…	…	…
80-84	14 260	6 316	7 944	16 298	7 386	8 912	18 392	8 312	10 080	25 538	11 334	14 204
85-89	5 939	2 428	3 511	7 717	3 228	4 489	9 163	3 924	5 238	10 776	4 599	6 177
90-94	1 742	633	1 109	2 352	883	1 469	3 198	1 226	1 973	3 989	1 561	2 428
95-99	371	119	252	475	154	320	671	223	448	962	324	638
100+	48	12	36	73	20	54	98	27	71	140	39	101

年齢	2035 総数	男	女	2040 総数	男	女	2045 総数	男	女	2050 総数	男	女
総数	1 341 708	689 816	651 892	1 308 925	672 823	636 102	1 267 824	652 065	615 760	1 218 251	627 442	590 809
0-4	43 131	22 781	20 350	42 501	22 357	20 143	40 099	21 007	19 092	36 335	18 954	17 381
5-9	43 713	23 180	20 532	43 052	22 740	20 312	42 427	22 320	20 107	40 032	20 973	19 059
10-14	51 589	27 462	24 127	43 650	23 148	20 502	42 995	22 711	20 284	42 374	22 294	20 080
15-19	65 814	35 177	30 638	51 392	27 361	24 031	43 463	23 053	20 410	42 812	22 619	20 193
20-24	82 236	44 142	38 095	65 449	34 988	30 461	51 052	27 188	23 865	43 138	22 888	20 250
25-29	77 418	41 699	35 719	81 818	43 919	37 899	65 074	34 792	30 282	50 709	27 011	23 698
30-34	73 775	39 543	34 232	77 031	41 490	35 541	81 442	43 718	37 724	64 748	34 622	30 126
35-39	77 177	40 997	36 179	73 410	39 345	34 064	76 681	41 303	35 379	81 104	43 541	37 563
40-44	103 895	54 646	49 248	76 761	40 771	35 990	73 041	39 148	33 893	76 331	41 119	35 212
45-49	126 052	65 312	60 740	103 195	54 261	48 934	76 273	40 507	35 766	72 615	38 921	33 694
50-54	96 240	49 282	46 957	124 790	64 603	60 187	102 249	53 735	48 514	75 630	40 155	35 475
55-59	90 877	46 349	44 529	94 667	48 390	46 277	122 952	63 571	59 381	100 889	52 978	47 912
60-64	110 498	55 967	54 531	88 290	44 870	43 421	92 245	47 027	45 217	120 142	62 004	58 138
65-69	108 424	53 911	54 514	104 826	52 713	52 113	84 225	42 568	41 657	88 458	44 914	43 544
70-74	78 743	38 655	40 087	98 687	48 383	50 304	96 344	47 920	48 425	78 119	39 154	38 965
75-79	52 154	24 719	27 435	66 702	31 861	34 841	84 992	40 754	44 238	84 242	41 178	43 064
80+	…	…	…	…	…	…	…	…	…	…	…	…
80-84	38 086	17 087	20 999	39 430	17 954	21 476	51 687	23 889	27 798	67 424	31 482	35 943
85-89	15 518	6 509	9 009	23 969	10 201	13 767	25 677	11 183	14 494	34 791	15 499	19 292
90-94	4 906	1 911	2 995	7 399	2 835	4 564	11 944	4 692	7 252	13 360	5 429	7 932
95-99	1 256	430	827	1 624	552	1 072	2 580	869	1 711	4 376	1 530	2 845
100+	206	58	148	282	81	201	382	110	273	620	178	442

年齢	2055 総数	男	女	2060 総数	男	女
総数	1 160 889	599 375	561 514	1 097 309	568 384	528 925
0-4	31 940	16 590	15 350	27 703	14 326	13 377
5-9	36 276	18 925	17 350	31 888	16 565	15 323
10-14	39 984	20 950	19 035	36 233	18 904	17 329
15-19	42 203	22 207	19 995	39 824	20 869	18 955
20-24	42 507	22 465	20 042	41 916	22 063	19 853
25-29	42 827	22 730	20 097	42 216	22 317	19 898
30-34	50 431	26 869	23 562	42 580	22 605	19 975
35-39	64 476	34 483	29 993	50 208	26 757	23 451
40-44	80 773	43 372	37 402	64 219	34 355	29 864
45-49	75 932	40 910	35 021	80 394	43 179	37 214
50-54	72 062	38 624	33 438	75 412	40 638	34 775
55-59	74 722	39 658	35 064	71 283	38 205	33 079
60-64	98 832	51 841	46 991	73 355	38 913	34 442
65-69	115 758	59 585	56 173	95 608	50 075	45 533
70-74	82 730	41 765	40 966	109 029	55 914	53 115
75-79	69 267	34 277	34 990	74 238	37 139	37 099
80+	…	…	…	…	…	…
80-84	68 267	32 720	35 548	57 183	27 900	29 283
85-89	46 818	21 251	25 567	48 702	22 864	25 839
90-94	18 863	7 940	10 923	26 346	11 424	14 922
95-99	5 131	1 886	3 245	7 567	2 926	4 641
100+	1 088	327	761	1 405	446	959

性・年齢別人口(千人)

年齢	1960 総数	男	女	1965 総数	男	女	1970 総数	男	女	1975 総数	男	女
総数	3 076	1 578	1 498	3 802	1 949	1 853	3 958	2 013	1 945	4 355	2 248	2 107
0-4	492	253	239	547	283	264	430	221	209	403	208	195
5-9	419	217	202	516	267	249	530	274	255	430	221	209
10-14	346	183	163	444	232	212	508	264	244	539	274	264
15-19	161	88	73	345	185	160	431	226	205	526	272	254
20-24	195	105	89	203	114	89	349	184	165	435	229	206
25-29	249	134	115	250	138	112	193	105	88	322	174	148
30-34	259	138	120	288	154	134	220	119	101	210	120	91
35-39	232	122	110	274	143	131	251	132	119	222	124	97
40-44	200	106	94	244	126	118	248	126	122	257	139	118
45-49	165	86	80	202	104	98	219	112	107	249	132	117
50-54	122	60	63	166	83	84	178	89	89	213	112	101
55-59	86	37	49	118	53	65	149	73	76	182	94	88
60-64	63	23	39	85	33	52	98	42	56	141	68	73
65-69	40	13	27	56	19	38	78	28	50	103	44	59
70-74	26	8	18	35	10	25	41	11	30	63	22	42
75-79	12	3	9	19	5	14	27	7	20	42	13	29
80+	8	2	7	9	2	7	9	1	7	19	4	15
80-84	...	...	...	...	...	...	...	...	...	...	...	...
85-89	...	...	...	...	...	...	...	...	...	...	...	...
90-94	...	...	...	...	...	...	...	...	...	...	...	...
95-99	...	...	...	...	...	...	...	...	...	...	...	...
100+	...	...	...	...	...	...	...	...	...	...	...	...

年齢	1980 総数	男	女	1985 総数	男	女	1990 総数	男	女	1995 総数	男	女
総数	5 054	2 640	2 414	5 415	2 804	2 611	5 794	2 962	2 832	6 144	3 074	3 070
0-4	409	211	198	423	219	204	381	197	184	378	197	181
5-9	422	216	205	409	212	197	435	226	209	385	198	187
10-14	453	233	220	425	221	203	428	223	205	431	221	210
15-19	608	321	287	456	236	220	437	230	208	421	219	203
20-24	630	350	280	584	299	285	488	248	240	451	225	226
25-29	485	263	222	606	314	292	622	312	310	539	251	287
30-34	368	202	166	490	258	232	619	315	303	655	312	342
35-39	224	128	97	394	213	180	496	256	240	637	317	319
40-44	255	139	115	236	132	104	389	207	182	507	258	248
45-49	262	139	123	263	146	117	237	129	108	399	213	186
50-54	252	129	122	264	142	122	260	140	120	241	133	107
55-59	218	111	108	251	132	119	263	140	124	256	138	118
60-64	173	84	89	202	102	99	235	120	115	255	132	123
65-69	134	62	72	164	80	84	191	93	98	222	109	112
70-74	81	31	50	117	52	65	139	64	75	165	76	89
75-79	48	14	35	74	28	46	96	40	56	109	43	66
80+	34	8	26	57	16	41	...	...	...	...	...	...
80-84	...	...	...	...	...	...	48	16	32	54	21	33
85-89	...	...	...	...	...	...	23	6	17	30	9	21
90-94	...	...	...	...	...	...	6	1	5	11	2	8
95-99	...	...	...	...	...	...	1	0	1	2	0	2
100+	...	...	...	...	...	...	0	0	0	0	0	0

年齢	2000 総数	男	女	2005 総数	男	女	2010 総数	男	女	2015 総数	男	女
総数	6 784	3 304	3 479	6 842	3 270	3 572	6 994	3 281	3 713	7 288	3 422	3 866
0-4	316	163	153	206	107	99	241	125	116	368	190	178
5-9	410	212	198	329	170	160	256	132	124	245	127	118
10-14	441	226	215	433	222	211	346	179	168	259	134	125
15-19	459	235	224	442	225	218	427	218	208	362	186	175
20-24	444	228	216	474	225	248	455	222	233	454	232	222
25-29	509	237	272	496	223	274	528	228	299	482	235	246
30-34	602	264	338	550	242	308	550	228	322	547	238	309
35-39	701	319	382	580	250	330	565	237	328	563	235	328
40-44	668	321	347	694	320	374	591	254	337	573	241	332
45-49	544	267	277	662	329	332	653	301	352	594	255	339
50-54	413	212	202	516	256	260	615	302	313	651	299	352
55-59	270	144	126	406	208	199	493	246	248	609	298	311
60-64	259	134	124	222	117	105	370	187	183	484	238	245
65-69	255	128	127	242	126	117	235	122	113	357	177	179
70-74	208	99	109	229	112	117	230	116	114	221	112	109
75-79	146	64	81	189	75	114	202	93	109	205	100	106
80+	...	...	...	...	...	...	...	...	...	...	...	...
80-84	86	35	51	88	36	52	134	57	77	165	71	94
85-89	34	12	22	59	22	37	60	22	39	97	37	59
90-94	14	4	11	19	6	13	32	10	23	36	11	25
95-99	3	1	3	6	1	4	7	2	6	14	3	11
100+	0	0	0	1	0	1	1	0	1	2	0	2

性・年齢別人口（千人）

年齢	2015 総数	男	女	2020 総数	男	女	2025 総数	男	女	2030 総数	男	女
総数	7 288	3 422	3 866	7 557	3 549	4 008	7 781	3 652	4 129	7 951	3 727	4 224
0-4	368	190	178	372	192	180	357	184	173	336	173	163
5-9	245	127	118	371	191	180	376	194	182	361	186	175
10-14	259	134	125	248	129	119	374	193	181	379	195	184
15-19	362	186	175	274	142	133	264	137	127	390	201	189
20-24	454	232	222	390	200	189	302	156	147	292	151	141
25-29	482	235	246	481	245	236	416	213	203	329	169	160
30-34	547	238	309	501	245	256	501	255	246	436	223	213
35-39	563	235	328	560	245	316	515	252	263	514	262	252
40-44	573	241	332	571	239	332	568	248	320	523	256	267
45-49	594	255	339	577	242	334	575	240	334	572	250	322
50-54	651	299	352	593	255	339	577	242	335	575	240	335
55-59	609	298	311	645	295	350	589	252	338	573	239	334
60-64	484	238	245	598	290	308	635	288	347	581	246	335
65-69	357	177	179	468	227	241	580	277	303	618	276	342
70-74	221	112	109	337	164	173	444	211	233	552	259	294
75-79	205	100	106	199	97	101	305	144	162	405	187	218
80+	…	…	…	…	…	…	…	…	…	…	…	…
80-84	165	71	94	170	78	92	166	77	89	258	115	143
85-89	97	37	59	122	48	73	127	54	73	127	55	72
90-94	36	11	25	60	20	39	77	27	50	82	31	51
95-99	14	3	11	16	4	12	28	8	20	38	11	27
100+	2	0	2	4	1	3	6	1	5	9	2	7

年齢	2035 総数	男	女	2040 総数	男	女	2045 総数	男	女	2050 総数	男	女
総数	8 058	3 770	4 288	8 107	3 786	4 322	8 131	3 794	4 337	8 148	3 809	4 338
0-4	311	160	151	296	153	144	318	164	154	357	184	173
5-9	340	175	165	315	162	153	300	155	146	322	166	156
10-14	364	187	176	343	177	166	318	164	154	303	156	147
15-19	394	203	191	379	195	184	359	185	174	334	172	162
20-24	418	215	203	422	217	205	407	209	198	387	199	188
25-29	319	164	155	445	228	217	449	230	219	434	222	212
30-34	349	179	170	339	174	165	465	238	227	469	240	229
35-39	450	230	220	363	186	177	353	181	172	478	245	234
40-44	523	266	257	458	234	224	372	190	182	362	185	176
45-49	527	258	270	527	268	259	463	236	227	377	192	185
50-54	573	250	323	528	258	271	528	268	261	465	237	228
55-59	572	238	334	571	248	322	526	256	271	527	266	261
60-64	566	235	331	566	234	332	565	244	321	521	252	270
65-69	567	237	330	554	227	327	555	227	328	554	237	317
70-74	591	259	332	545	224	322	535	215	320	537	215	321
75-79	508	231	277	547	233	315	508	202	306	501	195	305
80+	…	…	…	…	…	…	…	…	…	…	…	…
80-84	346	152	195	438	189	249	477	193	284	448	169	278
85-89	200	83	117	273	111	162	350	141	209	388	146	242
90-94	84	33	51	136	51	86	190	70	120	249	91	158
95-99	41	13	28	44	14	29	73	23	50	106	33	73
100+	14	3	11	17	4	13	19	5	14	30	7	23

年齢	2055 総数	男	女	2060 総数	男	女
総数	8 142	3 826	4 317	8 109	3 838	4 271
0-4	374	193	181	370	191	179
5-9	360	186	175	378	195	183
10-14	325	167	157	363	187	176
15-19	318	164	154	339	174	164
20-24	360	185	175	343	176	167
25-29	412	211	201	385	197	188
30-34	453	232	221	431	220	210
35-39	482	247	236	466	238	227
40-44	487	249	238	490	250	240
45-49	367	187	179	491	250	240
50-54	379	193	186	369	188	180
55-59	464	235	229	379	192	187
60-64	522	262	260	461	232	228
65-69	512	245	267	513	256	258
70-74	537	226	311	497	234	262
75-79	505	197	308	507	208	299
80+	…	…	…	…	…	…
80-84	444	165	279	451	168	283
85-89	369	130	239	371	129	242
90-94	282	96	186	275	87	187
95-99	142	44	98	167	48	119
100+	46	11	35	66	16	50

性・年齢別人口（千人）

年齢	2015			2020			2025			2030		
	総数	男	女	総数	男	女	総数	男	女	総数	男	女
総数	7 288	3 422	3 866	7 627	3 585	4 042	7 952	3 740	4 212	8 235	3 873	4 362
0-4	368	190	178	442	228	214	458	236	222	450	232	218
5-9	245	127	118	371	191	180	446	230	216	462	238	224
10-14	259	134	125	248	129	119	374	193	181	449	231	217
15-19	362	186	175	274	142	133	264	137	127	390	201	189
20-24	454	232	222	390	200	189	302	156	147	292	151	141
25-29	482	235	246	481	245	236	416	213	203	329	169	160
30-34	547	238	309	501	245	256	501	255	246	436	223	213
35-39	563	235	328	560	245	316	515	252	263	514	262	252
40-44	573	241	332	571	239	332	568	248	320	523	256	267
45-49	594	255	339	577	242	334	575	240	334	572	250	322
50-54	651	299	352	593	255	339	577	242	335	575	240	335
55-59	609	298	311	645	295	350	589	252	338	573	239	334
60-64	484	238	245	598	290	308	635	288	347	581	246	335
65-69	357	177	179	468	227	241	580	277	303	618	276	342
70-74	221	112	109	337	164	173	444	211	233	552	259	294
75-79	205	100	106	199	97	101	305	144	162	405	187	218
80+	…	…	…	…	…	…	…	…	…	…	…	…
80-84	165	71	94	170	78	92	166	77	89	258	115	143
85-89	97	37	59	122	48	73	127	54	73	127	55	72
90-94	36	11	25	60	20	39	77	27	50	82	31	51
95-99	14	3	11	16	4	12	28	8	20	38	11	27
100+	2	0	2	4	1	3	6	1	5	9	2	7

年齢	2035			2040			2045			2050		
	総数	男	女	総数	男	女	総数	男	女	総数	男	女
総数	8 443	3 969	4 474	8 587	4 033	4 554	8 719	4 098	4 622	8 880	4 187	4 693
0-4	412	213	200	392	202	190	426	220	206	500	258	242
5-9	454	234	220	416	214	201	396	204	192	430	222	208
10-14	465	240	225	457	235	221	419	216	203	399	205	193
15-19	464	239	225	480	247	233	472	243	229	435	224	211
20-24	418	215	203	492	253	239	508	261	247	500	257	243
25-29	319	164	155	445	228	217	519	266	253	535	274	260
30-34	349	179	170	339	174	165	465	238	227	539	276	263
35-39	450	230	220	363	186	177	353	181	172	478	245	234
40-44	523	266	257	458	234	224	372	190	182	362	185	176
45-49	527	258	270	527	268	259	463	236	227	377	192	185
50-54	573	250	323	528	258	271	528	268	261	465	237	228
55-59	572	238	334	571	248	322	526	256	271	527	266	261
60-64	566	235	331	566	234	332	565	244	321	521	252	270
65-69	567	237	330	554	227	327	555	227	328	554	237	317
70-74	591	259	332	545	224	322	535	215	320	537	215	321
75-79	508	231	277	547	233	315	508	202	306	501	195	305
80+	…	…	…	…	…	…	…	…	…	…	…	…
80-84	346	152	195	438	189	249	477	193	284	448	169	278
85-89	200	83	117	273	111	162	350	141	209	388	146	242
90-94	84	33	51	136	51	86	190	70	120	249	91	158
95-99	41	13	28	44	14	29	73	23	50	106	33	73
100+	14	3	11	17	4	13	19	5	14	30	7	23

年齢	2055			2060		
	総数	男	女	総数	男	女
総数	9 059	4 298	4 760	9 234	4 419	4 815
0-4	559	288	271	579	299	280
5-9	504	260	244	563	290	272
10-14	433	223	210	507	261	246
15-19	413	213	201	447	230	217
20-24	461	237	224	439	225	213
25-29	525	270	256	485	249	236
30-34	554	284	270	544	279	265
35-39	552	282	269	566	290	276
40-44	487	249	238	559	286	273
45-49	367	187	179	491	250	240
50-54	379	193	186	369	188	180
55-59	464	235	229	379	192	187
60-64	522	262	260	461	232	228
65-69	512	245	267	513	256	258
70-74	537	226	311	497	234	262
75-79	505	197	308	507	208	299
80+	…	…	…	…	…	…
80-84	444	165	279	451	168	283
85-89	369	130	239	371	129	242
90-94	282	96	186	275	87	187
95-99	142	44	98	167	48	119
100+	46	11	35	66	16	50

性・年齢別人口（千人）

年齢	2015			2020			2025			2030		
	総数	男	女	総数	男	女	総数	男	女	総数	男	女
総数	7 288	3 422	3 866	7 487	3 513	3 975	7 610	3 564	4 047	7 667	3 580	4 087
0-4	368	190	178	302	156	146	256	132	124	223	115	108
5-9	245	127	118	371	191	180	306	158	148	260	134	126
10-14	259	134	125	248	129	119	374	193	181	309	159	150
15-19	362	186	175	274	142	133	264	137	127	390	201	189
20-24	454	232	222	390	200	189	302	156	147	292	151	141
25-29	482	235	246	481	245	236	416	213	203	329	169	160
30-34	547	238	309	501	245	256	501	255	246	436	223	213
35-39	563	235	328	560	245	316	515	252	263	514	262	252
40-44	573	241	332	571	239	332	568	248	320	523	256	267
45-49	594	255	339	577	242	334	575	240	334	572	250	322
50-54	651	299	352	593	255	339	577	242	335	575	240	335
55-59	609	298	311	645	295	350	589	252	338	573	239	334
60-64	484	238	245	598	290	308	635	288	347	581	246	335
65-69	357	177	179	468	227	241	580	277	303	618	276	342
70-74	221	112	109	337	164	173	444	211	233	552	259	294
75-79	205	100	106	199	97	101	305	144	162	405	187	218
80+	...	...	...	...	...	...	...	...	...	...	...	...
80-84	165	71	94	170	78	92	166	77	89	258	115	143
85-89	97	37	59	122	48	73	127	54	73	127	55	72
90-94	36	11	25	60	20	39	77	27	50	82	31	51
95-99	14	3	11	16	4	12	28	8	20	38	11	27
100+	2	0	2	4	1	3	6	1	5	9	2	7

年齢	2035			2040			2045			2050		
	総数	男	女	総数	男	女	総数	男	女	総数	男	女
総数	7 673	3 571	4 102	7 628	3 538	4 090	7 549	3 494	4 055	7 440	3 444	3 996
0-4	210	108	102	202	104	98	215	111	104	230	119	112
5-9	227	117	110	214	110	104	206	106	100	219	113	106
10-14	263	135	127	230	118	112	217	112	105	209	108	102
15-19	325	167	158	278	143	135	246	126	119	233	120	113
20-24	418	215	203	353	181	172	306	157	149	274	140	133
25-29	319	164	155	445	228	217	379	194	185	333	171	163
30-34	349	179	170	339	174	165	465	238	227	400	204	195
35-39	450	230	220	363	186	177	353	181	172	478	245	234
40-44	523	266	257	458	234	224	372	190	182	362	185	176
45-49	527	258	270	527	268	259	463	236	227	377	192	185
50-54	573	250	323	528	258	271	528	268	261	465	237	228
55-59	572	238	334	571	248	322	526	256	271	527	266	261
60-64	566	235	331	566	234	332	565	244	321	521	252	270
65-69	567	237	330	554	227	327	555	227	328	554	237	317
70-74	591	259	332	545	224	322	535	215	320	537	215	321
75-79	508	231	277	547	233	315	508	202	306	501	195	305
80+	...	...	...	...	...	...	...	...	...	...	...	...
80-84	346	152	195	438	189	249	477	193	284	448	169	278
85-89	200	83	117	273	111	162	350	141	209	388	146	242
90-94	84	33	51	136	51	86	190	70	120	249	91	158
95-99	41	13	28	44	14	29	73	23	50	106	33	73
100+	14	3	11	17	4	13	19	5	14	30	7	23

年齢	2055			2060		
	総数	男	女	総数	男	女
総数	7 285	3 383	3 902	7 090	3 312	3 777
0-4	224	116	109	207	107	101
5-9	234	121	113	228	117	110
10-14	222	114	108	237	122	115
15-19	224	115	109	236	121	115
20-24	260	133	127	250	128	122
25-29	299	153	146	284	145	139
30-34	353	180	172	318	162	155
35-39	413	211	202	365	186	179
40-44	487	249	238	421	215	206
45-49	367	187	179	491	250	240
50-54	379	193	186	369	188	180
55-59	464	235	229	379	192	187
60-64	522	262	260	461	232	228
65-69	512	245	267	513	256	258
70-74	537	226	311	497	234	262
75-79	505	197	308	507	208	299
80+	...	...	...	...	...	...
80-84	444	165	279	451	168	283
85-89	369	130	239	371	129	242
90-94	282	96	186	275	87	187
95-99	142	44	98	167	48	119
100+	46	11	35	66	16	50

性・年齢別人口（千人）

年齢	1960 総数	男	女	1965 総数	男	女	1970 総数	男	女	1975 総数	男	女
総数	171	83	89	207	102	105	251	127	124	248	126	122
0-4	22	12	11	29	15	14	24	13	11	23	12	11
5-9	19	10	9	28	15	13	32	17	16	21	11	10
10-14	23	12	11	26	14	12	40	21	19	30	15	15
15-19	11	6	5	23	12	10	35	18	17	36	19	17
20-24	9	5	4	10	6	5	22	12	10	29	15	13
25-29	10	5	5	9	5	4	10	5	4	21	12	9
30-34	12	5	7	11	6	5	10	5	5	10	6	5
35-39	11	5	5	13	6	7	12	6	6	9	5	4
40-44	10	5	5	11	6	6	14	7	8	11	6	5
45-49	9	5	4	10	5	5	11	6	6	13	6	7
50-54	9	4	5	8	4	3	9	5	4	10	5	5
55-59	7	3	4	8	3	5	7	4	3	9	4	5
60-64	8	2	6	6	2	3	8	3	4	7	4	3
65-69	6	1	5	7	2	6	5	2	3	7	3	4
70-74	3	1	2	5	1	4	6	2	5	4	2	3
75-79	2	1	1	2	1	1	3	1	3	5	1	4
80+	1	0	1	1	0	1	1	0	1	2	1	2
80-84	...	...	...	...	...	...	...	...	...	...	...	...
85-89	...	...	...	...	...	...	...	...	...	...	...	...
90-94	...	...	...	...	...	...	...	...	...	...	...	...
95-99	...	...	...	...	...	...	...	...	...	...	...	...
100+	...	...	...	...	...	...	...	...	...	...	...	...

年齢	1980 総数	男	女	1985 総数	男	女	1990 総数	男	女	1995 総数	男	女
総数	246	125	121	296	147	149	360	175	185	398	193	205
0-4	20	11	10	33	17	16	38	20	18	33	17	16
5-9	19	10	9	20	10	9	30	15	15	39	20	19
10-14	22	11	11	22	11	11	23	12	11	30	16	15
15-19	27	14	14	27	12	15	25	12	13	25	12	13
20-24	33	17	16	33	15	18	33	13	20	28	12	16
25-29	24	13	11	38	19	19	40	17	23	36	14	22
30-34	20	12	8	28	15	13	45	22	23	42	18	24
35-39	11	7	5	22	13	10	32	17	15	46	23	23
40-44	9	5	4	12	7	5	25	14	11	32	17	15
45-49	10	5	5	9	5	4	13	8	6	25	14	11
50-54	12	5	7	10	5	5	10	6	4	13	8	6
55-59	9	4	5	12	5	7	10	5	5	9	6	4
60-64	9	4	5	9	4	5	12	5	7	10	5	5
65-69	6	3	3	8	3	4	9	4	5	11	5	6
70-74	7	2	4	5	2	3	7	3	4	8	3	4
75-79	4	1	2	5	2	3	4	2	2	6	2	3
80+	5	1	4	4	1	3	...	...	...	...	...	...
80-84	...	...	...	...	...	...	3	1	2	3	1	2
85-89	...	...	...	...	...	...	1	0	1	2	0	1
90-94	...	...	...	...	...	...	0	0	0	0	0	0
95-99	...	...	...	...	...	...	0	0	0	0	0	0
100+	...	...	...	...	...	...	0	0	0	0	0	0

年齢	2000 総数	男	女	2005 総数	男	女	2010 総数	男	女	2015 総数	男	女
総数	432	209	223	468	224	244	535	257	278	588	283	305
0-4	24	13	12	21	11	10	22	11	11	33	17	16
5-9	34	18	17	26	13	12	19	10	9	23	12	11
10-14	40	21	19	34	18	16	27	14	13	20	10	10
15-19	34	16	17	37	19	19	38	19	19	30	16	15
20-24	29	13	16	38	17	21	52	25	28	45	23	22
25-29	31	13	18	40	18	22	53	25	28	59	28	31
30-34	38	15	23	38	17	21	41	20	22	58	28	30
35-39	43	19	24	45	20	25	45	20	24	45	21	23
40-44	46	23	23	46	21	24	45	19	26	47	21	25
45-49	32	17	15	42	21	22	50	22	27	46	20	26
50-54	25	14	11	33	17	16	45	22	23	50	23	28
55-59	13	8	6	21	11	10	35	18	17	45	22	23
60-64	9	5	4	15	8	7	24	12	11	34	17	17
65-69	9	5	5	11	5	6	13	7	6	23	12	11
70-74	10	4	6	9	4	5	9	4	4	12	6	6
75-79	6	3	4	7	3	4	7	3	4	8	4	4
80+	...	...	...	...	...	...	...	...	...	...	...	...
80-84	4	1	3	5	2	3	6	2	4	6	2	3
85-89	1	1	1	2	1	1	3	1	2	4	1	2
90-94	1	0	0	0	0	0	1	0	1	1	0	1
95-99	0	0	0	0	0	0	0	0	0	0	0	0
100+	0	0	0	0	0	0	0	0	0	0	0	0

性・年齢別人口（千人）

年齢	2015			2020			2025			2030		
	総数	男	女	総数	男	女	総数	男	女	総数	男	女
総数	588	283	305	634	306	328	679	328	350	720	348	371
0-4	33	17	16	37	19	18	38	20	19	37	19	18
5-9	23	12	11	34	17	17	38	19	18	39	20	19
10-14	20	10	10	23	12	11	35	18	17	38	20	19
15-19	30	16	15	23	12	11	26	13	13	37	19	18
20-24	45	23	22	35	18	17	27	14	13	31	16	15
25-29	59	28	31	49	25	25	39	20	19	32	16	16
30-34	58	28	30	62	30	32	53	26	26	43	22	21
35-39	45	21	23	60	29	31	64	31	34	55	28	27
40-44	47	21	25	46	22	24	61	29	32	66	31	34
45-49	46	20	26	48	22	26	47	23	24	62	30	33
50-54	50	23	28	46	20	26	48	22	26	47	23	25
55-59	45	22	23	50	22	28	46	20	26	48	22	26
60-64	34	17	17	44	22	22	49	22	27	46	20	26
65-69	23	12	11	33	16	16	43	21	22	48	21	27
70-74	12	6	6	21	11	11	31	15	16	41	19	21
75-79	8	4	4	10	5	5	19	9	10	28	13	14
80+	…	…	…	…	…	…	…	…	…	…	…	…
80-84	6	2	3	6	3	3	8	4	4	15	7	8
85-89	4	1	2	3	1	2	4	2	2	5	2	3
90-94	1	0	1	2	0	1	2	1	1	2	1	1
95-99	0	0	0	0	0	0	0	0	0	0	0	0
100+	0	0	0	0	0	0	0	0	0	0	0	0

年齢	2035			2040			2045			2050		
	総数	男	女	総数	男	女	総数	男	女	総数	男	女
総数	754	365	389	784	380	404	811	394	418	838	408	430
0-4	35	18	17	36	18	18	39	20	19	43	22	21
5-9	38	19	18	36	18	18	37	19	18	39	20	19
10-14	39	20	19	38	20	19	36	19	18	37	19	18
15-19	41	21	20	42	21	21	41	21	20	39	20	19
20-24	42	21	21	46	23	22	47	24	23	45	23	22
25-29	35	18	17	46	24	23	50	25	25	51	26	25
30-34	35	18	17	39	20	19	50	25	25	53	27	26
35-39	45	23	22	38	19	18	41	21	20	52	26	26
40-44	56	28	28	47	24	23	39	20	19	42	22	21
45-49	66	32	35	57	29	29	47	24	23	40	20	20
50-54	63	30	33	67	32	35	58	29	29	48	24	24
55-59	47	23	25	63	30	33	67	32	35	58	29	29
60-64	47	22	26	47	22	25	62	29	33	66	31	35
65-69	45	19	26	46	21	26	46	22	24	61	29	32
70-74	46	20	26	43	18	25	45	20	25	45	21	24
75-79	37	17	20	42	18	24	40	16	23	42	18	23
80+	…	…	…	…	…	…	…	…	…	…	…	…
80-84	23	11	12	30	14	17	35	15	21	34	14	20
85-89	10	5	6	16	7	9	22	10	12	26	10	16
90-94	3	1	2	5	2	3	9	4	5	13	5	7
95-99	1	0	0	1	0	1	2	1	1	3	1	2
100+	0	0	0	0	0	0	0	0	0	0	0	0

年齢	2055			2060		
	総数	男	女	総数	男	女
総数	863	422	441	886	436	450
0-4	46	23	22	47	24	23
5-9	43	22	21	46	24	23
10-14	40	20	20	44	22	21
15-19	39	20	19	42	22	21
20-24	43	22	21	44	22	21
25-29	50	25	24	48	24	23
30-34	54	28	27	53	27	26
35-39	56	28	27	56	29	28
40-44	53	27	26	57	29	28
45-49	43	22	21	54	27	27
50-54	41	21	20	44	22	22
55-59	48	24	24	41	21	20
60-64	58	29	29	48	24	24
65-69	65	31	35	57	28	29
70-74	59	28	32	64	30	34
75-79	42	19	22	56	25	30
80+	…	…	…	…	…	…
80-84	36	15	21	36	16	20
85-89	26	10	16	28	11	16
90-94	15	6	10	16	6	10
95-99	5	2	3	6	2	4
100+	1	0	0	1	0	1

China, Macao SAR

性・年齢別人口（千人）

年齢	2015 総数	男	女	2020 総数	男	女	2025 総数	男	女	2030 総数	男	女
総数	588	283	305	640	309	331	695	337	359	748	363	385
0-4	33	17	16	44	22	21	48	25	24	49	25	24
5-9	23	12	11	34	17	17	44	23	22	49	25	24
10-14	20	10	10	23	12	11	35	18	17	45	23	22
15-19	30	16	15	23	12	11	26	13	13	37	19	18
20-24	45	23	22	35	18	17	27	14	13	31	16	15
25-29	59	28	31	49	25	25	39	20	19	32	16	16
30-34	58	28	30	62	30	32	53	26	26	43	22	21
35-39	45	21	23	60	29	31	64	31	34	55	28	27
40-44	47	21	25	46	22	24	61	29	32	66	31	34
45-49	46	20	26	48	22	26	47	23	24	62	30	33
50-54	50	23	28	46	20	26	48	22	26	47	23	25
55-59	45	22	23	50	22	28	46	20	26	48	22	26
60-64	34	17	17	44	22	22	49	22	27	46	20	26
65-69	23	12	11	33	16	16	43	21	22	48	21	27
70-74	12	6	6	21	11	11	31	15	16	41	19	21
75-79	8	4	4	10	5	5	19	9	10	28	13	14
80+	…	…	…	…	…	…	…	…	…	…	…	…
80-84	6	2	3	6	3	3	8	4	4	15	7	8
85-89	4	1	2	3	1	2	4	2	2	5	2	3
90-94	1	0	1	2	0	1	2	1	1	2	1	1
95-99	0	0	0	0	0	0	0	0	0	0	0	0
100+	0	0	0	0	0	0	0	0	0	0	0	0

年齢	2035 総数	男	女	2040 総数	男	女	2045 総数	男	女	2050 総数	男	女
総数	793	385	408	834	405	428	874	426	448	918	449	469
0-4	46	23	22	47	24	23	52	27	25	60	30	29
5-9	49	25	24	46	24	23	47	24	23	53	27	26
10-14	49	25	24	50	25	24	47	24	23	48	24	23
15-19	48	24	23	52	27	25	52	27	26	50	25	24
20-24	42	21	21	52	27	26	57	29	28	57	29	28
25-29	35	18	17	46	24	23	57	29	28	61	31	30
30-34	35	18	17	39	20	19	50	25	25	60	31	30
35-39	45	23	22	38	19	18	41	21	20	52	26	26
40-44	56	28	28	47	24	23	39	20	19	42	22	21
45-49	66	32	35	57	29	29	47	24	23	40	20	20
50-54	63	30	33	67	32	35	58	29	29	48	24	24
55-59	47	23	25	63	30	33	67	32	35	58	29	29
60-64	47	22	26	47	22	25	62	29	33	66	31	35
65-69	45	19	26	46	21	26	46	22	24	61	29	32
70-74	46	20	26	43	18	25	45	20	25	45	21	24
75-79	37	17	20	42	18	24	40	16	23	42	18	23
80+	…	…	…	…	…	…	…	…	…	…	…	…
80-84	23	11	12	30	14	17	35	15	21	34	14	20
85-89	10	5	6	16	7	9	22	10	12	26	10	16
90-94	3	1	2	5	2	3	9	4	5	13	5	7
95-99	1	0	0	1	0	1	2	1	1	3	1	2
100+	0	0	0	0	0	0	0	0	0	0	0	0

年齢	2055 総数	男	女	2060 総数	男	女
総数	963	474	490	1 009	499	510
0-4	66	34	32	70	36	34
5-9	60	31	29	67	34	33
10-14	53	27	26	61	31	30
15-19	50	26	25	56	28	27
20-24	54	27	26	55	28	27
25-29	61	31	30	58	30	28
30-34	64	33	32	64	33	32
35-39	62	32	31	67	34	33
40-44	53	27	26	64	32	31
45-49	43	22	21	54	27	27
50-54	41	21	20	44	22	22
55-59	48	24	24	41	21	20
60-64	58	29	29	48	24	24
65-69	65	31	35	57	28	29
70-74	59	28	32	64	30	34
75-79	42	19	22	56	25	30
80+	…	…	…	…	…	…
80-84	36	15	21	36	16	20
85-89	26	10	16	28	11	16
90-94	15	6	10	16	6	10
95-99	5	2	3	6	2	4
100+	1	0	0	1	0	1

中国（マカオ）

性・年齢別人口（千人）

年齢	2015 総数	男	女	2020 総数	男	女	2025 総数	男	女	2030 総数	男	女
総数	588	283	305	627	302	324	662	320	342	691	334	358
0-4	33	17	16	31	16	15	28	14	14	26	13	12
5-9	23	12	11	34	17	17	31	16	15	29	15	14
10-14	20	10	10	23	12	11	35	18	17	32	16	16
15-19	30	16	15	23	12	11	26	13	13	37	19	18
20-24	45	23	22	35	18	17	27	14	13	31	16	15
25-29	59	28	31	49	25	25	39	20	19	32	16	16
30-34	58	28	30	62	30	32	53	26	26	43	22	21
35-39	45	21	23	60	29	31	64	31	34	55	28	27
40-44	47	21	25	46	22	24	61	29	32	66	31	34
45-49	46	20	26	48	22	26	47	23	24	62	30	33
50-54	50	23	28	46	20	26	48	22	26	47	23	25
55-59	45	22	23	50	22	28	46	20	26	48	22	26
60-64	34	17	17	44	22	22	49	22	27	46	20	26
65-69	23	12	11	33	16	16	43	21	22	48	21	27
70-74	12	6	6	21	11	11	31	15	16	41	19	21
75-79	8	4	4	10	5	5	19	9	10	28	13	14
80+	…	…	…	…	…	…	…	…	…	…	…	…
80-84	6	2	3	6	3	3	8	4	4	15	7	8
85-89	4	1	2	3	1	2	4	2	2	5	2	3
90-94	1	0	1	2	0	1	2	1	1	2	1	1
95-99	0	0	0	0	0	0	0	0	0	0	0	0
100+	0	0	0	0	0	0	0	0	0	0	0	0

年齢	2035 総数	男	女	2040 総数	男	女	2045 総数	男	女	2050 総数	男	女
総数	716	345	370	735	355	380	750	362	387	762	369	393
0-4	25	13	12	25	13	12	27	14	13	28	14	14
5-9	26	13	13	25	13	12	26	13	13	27	14	13
10-14	29	15	14	27	14	13	26	13	13	26	13	13
15-19	34	17	17	32	16	16	29	15	14	29	15	14
20-24	42	21	21	39	20	19	37	19	18	34	17	17
25-29	35	18	17	46	24	23	43	22	21	41	21	20
30-34	35	18	17	39	20	19	50	25	25	47	24	23
35-39	45	23	22	38	19	18	41	21	20	52	26	26
40-44	56	28	28	47	24	23	39	20	19	42	22	21
45-49	66	32	35	57	29	29	47	24	23	40	20	20
50-54	63	30	33	67	32	35	58	29	29	48	24	24
55-59	47	23	25	63	30	33	67	32	35	58	29	29
60-64	47	22	26	47	22	25	62	29	33	66	31	35
65-69	45	19	26	46	21	26	46	22	24	61	29	32
70-74	46	20	26	43	18	25	45	21	25	45	21	24
75-79	37	17	20	42	18	24	40	16	23	42	18	23
80+	…	…	…	…	…	…	…	…	…	…	…	…
80-84	23	11	12	30	14	17	35	15	21	34	14	20
85-89	10	5	6	16	7	9	22	10	12	26	10	16
90-94	3	1	2	5	2	3	9	4	5	13	5	7
95-99	1	0	0	1	0	1	2	1	1	3	1	2
100+	0	0	0	0	0	0	0	0	0	0	0	0

年齢	2055 総数	男	女	2060 総数	男	女
総数	770	375	395	774	379	396
0-4	29	15	14	28	14	14
5-9	29	15	14	29	15	14
10-14	28	14	14	29	15	14
15-19	29	15	14	30	15	15
20-24	33	17	16	33	17	16
25-29	38	19	19	37	19	18
30-34	44	22	22	41	21	20
35-39	49	25	24	46	23	23
40-44	53	27	26	50	26	25
45-49	43	22	21	54	27	27
50-54	41	21	20	44	22	22
55-59	48	24	24	41	21	20
60-64	58	29	29	48	24	24
65-69	65	31	35	57	28	29
70-74	59	28	32	64	30	34
75-79	42	19	22	56	25	30
80+	…	…	…	…	…	…
80-84	36	15	21	36	16	20
85-89	26	10	16	28	11	16
90-94	15	6	10	16	6	10
95-99	5	2	3	6	2	4
100+	1	0	0	1	0	1

Colombia

性・年齢別人口（千人）

年齢	1960			1965			1970			1975		
	総数	男	女	総数	男	女	総数	男	女	総数	男	女
総数	16 480	8 186	8 294	19 144	9 518	9 626	22 061	10 979	11 082	24 757	12 322	12 435
0-4	3 052	1 550	1 503	3 515	1 786	1 729	3 829	1 947	1 882	3 665	1 863	1 802
5-9	2 558	1 294	1 264	2 944	1 493	1 451	3 410	1 731	1 679	3 730	1 894	1 836
10-14	2 044	1 029	1 015	2 515	1 271	1 244	2 900	1 469	1 431	3 366	1 707	1 659
15-19	1 572	789	783	1 995	1 002	993	2 463	1 242	1 220	2 848	1 440	1 408
20-24	1 296	646	649	1 511	754	756	1 928	964	964	2 393	1 202	1 192
25-29	1 106	547	559	1 231	609	622	1 441	714	728	1 854	920	934
30-34	951	468	483	1 046	512	534	1 167	571	596	1 375	675	700
35-39	834	409	425	900	438	462	992	481	511	1 112	540	572
40-44	689	337	352	791	385	406	856	414	442	947	456	490
45-49	612	298	314	653	317	336	753	364	389	816	392	424
50-54	515	250	265	577	278	298	617	297	320	713	342	371
55-59	413	199	213	476	228	248	535	255	279	573	273	300
60-64	317	147	170	370	176	194	428	202	226	482	227	256
65-69	226	101	125	269	122	148	316	147	169	367	169	198
70-74	150	64	86	177	77	100	213	93	119	251	113	138
75-79	89	36	52	103	43	60	123	52	72	150	63	87
80+	58	23	35	72	28	44	90	36	54	113	45	68
80-84	...	...	...	...	...	...	...	...	...	...	...	...
85-89	...	...	...	...	...	...	...	...	...	...	...	...
90-94	...	...	...	...	...	...	...	...	...	...	...	...
95-99	...	...	...	...	...	...	...	...	...	...	...	...
100+	...	...	...	...	...	...	...	...	...	...	...	...

年齢	1980			1985			1990			1995		
	総数	男	女	総数	男	女	総数	男	女	総数	男	女
総数	27 738	13 811	13 927	31 012	15 424	15 587	34 272	17 021	17 251	37 442	18 547	18 894
0-4	3 986	2 030	1 956	4 282	2 182	2 100	4 341	2 214	2 126	4 351	2 221	2 130
5-9	3 586	1 822	1 764	3 925	1 996	1 929	4 230	2 154	2 077	4 299	2 191	2 108
10-14	3 689	1 872	1 817	3 553	1 803	1 750	3 894	1 979	1 915	4 203	2 139	2 063
15-19	3 313	1 677	1 635	3 638	1 842	1 796	3 503	1 773	1 730	3 841	1 945	1 897
20-24	2 775	1 397	1 378	3 239	1 631	1 608	3 559	1 790	1 769	3 418	1 713	1 706
25-29	2 313	1 153	1 160	2 693	1 344	1 349	3 149	1 570	1 580	3 458	1 716	1 742
30-34	1 782	877	906	2 238	1 105	1 134	2 613	1 290	1 323	3 060	1 506	1 554
35-39	1 317	641	676	1 722	839	883	2 172	1 061	1 111	2 539	1 239	1 301
40-44	1 065	513	552	1 271	613	658	1 671	807	864	2 112	1 021	1 091
45-49	906	434	472	1 026	491	535	1 230	589	641	1 623	777	846
50-54	777	371	406	868	412	456	987	468	519	1 187	563	623
55-59	667	317	350	733	346	387	823	387	436	939	441	498
60-64	522	245	276	614	287	327	679	316	363	766	355	411
65-69	419	193	226	460	211	249	547	251	296	609	278	331
70-74	297	133	164	346	154	192	385	172	213	463	207	256
75-79	181	79	102	223	96	127	265	114	151	298	129	169
80+	142	57	85	178	71	107	...	...	...	...	...	...
80-84	...	...	...	...	...	...	145	59	86	175	71	103
85-89	...	...	...	...	...	...	58	22	36	74	28	46
90-94	...	...	...	...	...	...	17	6	11	22	8	15
95-99	...	...	...	...	...	...	4	1	2	5	1	3
100+	...	...	...	...	...	...	1	0	0	1	0	1

年齢	2000			2005			2010			2015		
	総数	男	女	総数	男	女	総数	男	女	総数	男	女
総数	40 404	19 981	20 423	43 286	21 376	21 910	45 918	22 641	23 277	48 229	23 744	24 485
0-4	4 152	2 119	2 033	4 113	2 100	2 013	3 929	2 006	1 923	3 738	1 909	1 829
5-9	4 314	2 201	2 114	4 120	2 102	2 018	4 087	2 086	2 001	3 905	1 993	1 912
10-14	4 275	2 178	2 096	4 293	2 190	2 104	4 103	2 093	2 010	4 070	2 077	1 993
15-19	4 155	2 109	2 047	4 233	2 152	2 082	4 259	2 168	2 091	4 070	2 073	1 997
20-24	3 765	1 890	1 875	4 085	2 058	2 027	4 171	2 107	2 064	4 198	2 125	2 073
25-29	3 334	1 652	1 682	3 687	1 833	1 854	4 007	1 999	2 007	4 094	2 050	2 044
30-34	3 377	1 658	1 719	3 265	1 603	1 662	3 614	1 780	1 834	3 933	1 945	1 988
35-39	2 989	1 457	1 532	3 310	1 611	1 698	3 206	1 562	1 644	3 553	1 737	1 816
40-44	2 480	1 199	1 281	2 929	1 416	1 513	3 254	1 574	1 680	3 154	1 527	1 627
45-49	2 060	988	1 072	2 426	1 165	1 261	2 874	1 382	1 492	3 196	1 538	1 658
50-54	1 573	748	825	2 003	955	1 048	2 365	1 129	1 237	2 807	1 341	1 465
55-59	1 135	534	601	1 510	712	798	1 931	912	1 018	2 285	1 082	1 203
60-64	879	408	471	1 068	497	571	1 427	665	763	1 831	856	975
65-69	694	316	377	802	366	436	979	448	531	1 315	603	712
70-74	522	233	289	601	268	333	700	312	388	862	386	477
75-79	365	158	207	419	181	238	487	210	277	574	248	327
80+	...	...	...	...	...	...	...	...	...	...	...	...
80-84	203	84	119	255	106	150	302	125	178	358	148	211
85-89	94	36	58	114	44	70	155	60	95	188	73	115
90-94	30	10	20	40	14	26	53	19	34	75	27	48
95-99	7	2	5	9	3	7	13	4	9	18	6	12
100+	1	0	1	2	0	1	2	1	1	3	1	2

性・年齢別人口（千人）

年齢	2015			2020			2025			2030		
	総数	男	女	総数	男	女	総数	男	女	総数	男	女
総数	48 229	23 744	24 485	50 229	24 690	25 539	51 878	25 461	26 416	53 175	26 061	27 114
0-4	3 738	1 909	1 829	3 581	1 829	1 751	3 402	1 739	1 663	3 247	1 660	1 587
5-9	3 905	1 993	1 912	3 717	1 897	1 820	3 562	1 819	1 743	3 386	1 730	1 656
10-14	4 070	2 077	1 993	3 888	1 984	1 904	3 700	1 888	1 812	3 547	1 811	1 735
15-19	4 070	2 073	1 997	4 039	2 058	1 980	3 858	1 966	1 892	3 673	1 873	1 800
20-24	4 198	2 125	2 073	4 013	2 033	1 980	3 986	2 022	1 964	3 810	1 934	1 876
25-29	4 094	2 050	2 044	4 124	2 070	2 054	3 945	1 984	1 962	3 922	1 976	1 946
30-34	3 933	1 945	1 988	4 021	1 996	2 025	4 055	2 019	2 035	3 882	1 939	1 944
35-39	3 553	1 737	1 816	3 869	1 900	1 969	3 960	1 953	2 007	3 997	1 979	2 018
40-44	3 154	1 527	1 627	3 499	1 701	1 798	3 814	1 863	1 951	3 907	1 918	1 989
45-49	3 196	1 538	1 658	3 100	1 494	1 607	3 443	1 666	1 778	3 758	1 827	1 930
50-54	2 807	1 341	1 465	3 126	1 496	1 630	3 036	1 455	1 581	3 376	1 625	1 751
55-59	2 285	1 082	1 203	2 717	1 289	1 428	3 032	1 441	1 592	2 950	1 404	1 546
60-64	1 831	856	975	2 175	1 019	1 156	2 594	1 218	1 376	2 904	1 366	1 537
65-69	1 315	603	712	1 696	781	915	2 024	935	1 089	2 424	1 123	1 301
70-74	862	386	477	1 167	524	643	1 515	683	832	1 819	823	996
75-79	574	248	327	715	310	405	977	425	552	1 279	560	720
80+	…	…	…	…	…	…	…	…	…	…	…	…
80-84	358	148	211	429	177	252	541	224	317	747	311	436
85-89	188	73	115	228	88	140	277	107	170	354	137	217
90-94	75	27	48	94	34	61	116	41	75	143	51	93
95-99	18	6	12	26	9	18	34	11	23	42	13	29
100+	3	1	2	4	1	3	6	2	4	8	2	6

年齢	2035			2040			2045			2050		
	総数	男	女	総数	男	女	総数	男	女	総数	男	女
総数	54 125	26 492	27 633	54 723	26 758	27 965	54 983	26 873	28 110	54 927	26 850	28 077
0-4	3 111	1 592	1 519	2 990	1 530	1 460	2 879	1 474	1 405	2 770	1 418	1 352
5-9	3 233	1 653	1 580	3 099	1 586	1 513	2 978	1 524	1 454	2 869	1 468	1 400
10-14	3 371	1 723	1 648	3 219	1 646	1 573	3 085	1 579	1 507	2 965	1 517	1 448
15-19	3 521	1 796	1 724	3 347	1 709	1 638	3 196	1 633	1 563	3 063	1 566	1 496
20-24	3 629	1 843	1 785	3 480	1 770	1 710	3 309	1 685	1 624	3 161	1 612	1 549
25-29	3 753	1 893	1 859	3 577	1 808	1 769	3 433	1 739	1 694	3 266	1 658	1 608
30-34	3 864	1 935	1 929	3 700	1 857	1 843	3 529	1 776	1 753	3 390	1 711	1 679
35-39	3 830	1 902	1 927	3 815	1 902	1 913	3 656	1 828	1 828	3 489	1 750	1 739
40-44	3 946	1 946	2 001	3 785	1 873	1 912	3 773	1 875	1 898	3 618	1 804	1 814
45-49	3 853	1 883	1 969	3 895	1 913	1 982	3 739	1 844	1 894	3 731	1 849	1 882
50-54	3 689	1 786	1 904	3 787	1 844	1 944	3 834	1 876	1 957	3 684	1 812	1 872
55-59	3 287	1 572	1 715	3 598	1 732	1 867	3 700	1 792	1 908	3 753	1 829	1 924
60-64	2 833	1 336	1 497	3 164	1 500	1 664	3 473	1 659	1 815	3 581	1 723	1 859
65-69	2 725	1 265	1 460	2 669	1 243	1 427	2 994	1 403	1 591	3 300	1 559	1 740
70-74	2 193	995	1 197	2 480	1 129	1 351	2 444	1 117	1 326	2 757	1 271	1 486
75-79	1 550	680	870	1 885	831	1 054	2 150	952	1 198	2 137	952	1 185
80+	…	…	…	…	…	…	…	…	…	…	…	…
80-84	991	414	577	1 214	509	705	1 494	630	864	1 724	732	992
85-89	497	193	304	669	260	408	832	325	507	1 039	409	630
90-94	186	65	121	266	93	173	364	127	237	462	162	300
95-99	53	16	37	70	21	49	102	30	72	143	42	101
100+	11	3	8	14	3	10	18	4	14	27	6	20

年齢	2055			2060		
	総数	男	女	総数	男	女
総数	54 615	26 723	27 892	54 073	26 500	27 573
0-4	2 671	1 368	1 303	2 580	1 321	1 259
5-9	2 760	1 413	1 347	2 663	1 363	1 299
10-14	2 856	1 462	1 394	2 749	1 407	1 341
15-19	2 945	1 506	1 438	2 837	1 452	1 385
20-24	3 031	1 548	1 484	2 916	1 490	1 426
25-29	3 122	1 588	1 535	2 997	1 527	1 470
30-34	3 228	1 633	1 594	3 088	1 567	1 522
35-39	3 354	1 689	1 666	3 196	1 614	1 582
40-44	3 456	1 730	1 726	3 325	1 671	1 654
45-49	3 581	1 782	1 799	3 424	1 711	1 713
50-54	3 681	1 820	1 861	3 537	1 757	1 781
55-59	3 613	1 770	1 843	3 616	1 782	1 834
60-64	3 642	1 764	1 878	3 515	1 714	1 801
65-69	3 416	1 629	1 788	3 487	1 676	1 811
70-74	3 057	1 424	1 633	3 183	1 498	1 684
75-79	2 432	1 095	1 337	2 719	1 240	1 478
80+	…	…	…	…	…	…
80-84	1 735	744	991	1 998	869	1 129
85-89	1 219	485	734	1 246	503	743
90-94	589	209	380	704	254	451
95-99	186	55	131	243	73	170
100+	38	9	29	52	12	40

Colombia

性・年齢別人口（千人）

年齢	2015			2020			2025			2030		
	総数	男	女	総数	男	女	総数	男	女	総数	男	女
総数	48 229	23 744	24 485	50 718	24 940	25 778	53 146	26 109	27 037	55 401	27 198	28 202
0-4	3 738	1 909	1 829	4 070	2 079	1 991	4 182	2 138	2 045	4 207	2 151	2 056
5-9	3 905	1 993	1 912	3 717	1 897	1 820	4 050	2 068	1 982	4 164	2 128	2 036
10-14	4 070	2 077	1 993	3 888	1 984	1 904	3 700	1 888	1 812	4 033	2 060	1 974
15-19	4 070	2 073	1 997	4 039	2 058	1 980	3 858	1 966	1 892	3 673	1 873	1 800
20-24	4 198	2 125	2 073	4 013	2 033	1 980	3 986	2 022	1 964	3 810	1 934	1 876
25-29	4 094	2 050	2 044	4 124	2 070	2 054	3 945	1 984	1 962	3 922	1 976	1 946
30-34	3 933	1 945	1 988	4 021	1 996	2 025	4 055	2 019	2 035	3 882	1 939	1 944
35-39	3 553	1 737	1 816	3 869	1 900	1 969	3 960	1 953	2 007	3 997	1 979	2 018
40-44	3 154	1 527	1 627	3 499	1 701	1 798	3 814	1 863	1 951	3 907	1 918	1 989
45-49	3 196	1 538	1 658	3 100	1 494	1 607	3 443	1 666	1 778	3 758	1 827	1 930
50-54	2 807	1 341	1 465	3 126	1 496	1 630	3 036	1 455	1 581	3 376	1 625	1 751
55-59	2 285	1 082	1 203	2 717	1 289	1 428	3 032	1 441	1 592	2 950	1 404	1 546
60-64	1 831	856	975	2 175	1 019	1 156	2 594	1 218	1 376	2 904	1 366	1 537
65-69	1 315	603	712	1 696	781	915	2 024	935	1 089	2 424	1 123	1 301
70-74	862	386	477	1 167	524	643	1 515	683	832	1 819	823	996
75-79	574	248	327	715	310	405	977	425	552	1 279	560	720
80+	…	…	…	…	…	…	…	…	…	…	…	…
80-84	358	148	211	429	177	252	541	224	317	747	311	436
85-89	188	73	115	228	88	140	277	107	170	354	137	217
90-94	75	27	48	94	34	61	116	41	75	143	51	93
95-99	18	6	12	26	9	18	34	11	23	42	13	29
100+	3	1	2	4	1	3	6	2	4	8	2	6

年齢	2035			2040			2045			2050		
	総数	男	女	総数	男	女	総数	男	女	総数	男	女
総数	57 300	28 115	29 185	58 908	28 897	30 012	60 328	29 602	30 725	61 618	30 265	31 353
0-4	4 066	2 080	1 986	4 008	2 051	1 957	4 049	2 073	1 977	4 132	2 115	2 016
5-9	4 191	2 143	2 048	4 051	2 073	1 978	3 994	2 044	1 950	4 037	2 066	1 971
10-14	4 148	2 120	2 029	4 176	2 135	2 041	4 036	2 065	1 971	3 980	2 037	1 943
15-19	4 007	2 044	1 962	4 122	2 105	2 018	4 151	2 121	2 030	4 013	2 052	1 961
20-24	3 629	1 843	1 785	3 963	2 016	1 948	4 081	2 078	2 003	4 112	2 096	2 016
25-29	3 753	1 893	1 859	3 577	1 808	1 769	3 913	1 982	1 931	4 033	2 047	1 987
30-34	3 864	1 935	1 929	3 700	1 857	1 843	3 529	1 776	1 753	3 866	1 951	1 915
35-39	3 830	1 902	1 927	3 815	1 902	1 913	3 656	1 828	1 828	3 489	1 750	1 739
40-44	3 946	1 946	2 001	3 785	1 873	1 912	3 773	1 875	1 898	3 618	1 804	1 814
45-49	3 853	1 883	1 969	3 895	1 913	1 982	3 739	1 844	1 894	3 731	1 849	1 882
50-54	3 689	1 786	1 904	3 787	1 844	1 944	3 834	1 876	1 957	3 684	1 812	1 872
55-59	3 287	1 572	1 715	3 598	1 732	1 867	3 700	1 792	1 908	3 753	1 829	1 924
60-64	2 833	1 336	1 497	3 164	1 500	1 664	3 473	1 659	1 815	3 581	1 723	1 859
65-69	2 725	1 265	1 460	2 669	1 243	1 427	2 994	1 403	1 591	3 300	1 559	1 740
70-74	2 193	995	1 197	2 480	1 129	1 351	2 444	1 117	1 326	2 757	1 271	1 486
75-79	1 550	680	870	1 885	831	1 054	2 150	952	1 198	2 137	952	1 185
80+	…	…	…	…	…	…	…	…	…	…	…	…
80-84	991	414	577	1 214	509	705	1 494	630	864	1 724	732	992
85-89	497	193	304	669	260	408	832	325	507	1 039	409	630
90-94	186	65	121	266	93	173	364	127	237	462	162	300
95-99	53	16	37	70	21	49	102	30	72	143	42	101
100+	11	3	8	14	3	10	18	4	14	27	6	20

年齢	2055			2060		
	総数	男	女	総数	男	女
総数	62 830	30 913	31 916	63 944	31 534	32 410
0-4	4 215	2 158	2 057	4 259	2 181	2 078
5-9	4 120	2 109	2 011	4 205	2 153	2 052
10-14	4 024	2 060	1 964	4 108	2 103	2 005
15-19	3 958	2 025	1 933	4 003	2 048	1 955
20-24	3 978	2 030	1 947	3 926	2 006	1 921
25-29	4 069	2 068	2 000	3 939	2 006	1 933
30-34	3 991	2 019	1 972	4 030	2 044	1 986
35-39	3 829	1 927	1 902	3 956	1 997	1 959
40-44	3 456	1 730	1 726	3 796	1 907	1 889
45-49	3 581	1 782	1 799	3 424	1 711	1 713
50-54	3 681	1 820	1 861	3 537	1 757	1 781
55-59	3 613	1 770	1 843	3 616	1 782	1 834
60-64	3 642	1 764	1 878	3 515	1 714	1 801
65-69	3 416	1 629	1 788	3 487	1 676	1 811
70-74	3 057	1 424	1 633	3 183	1 498	1 684
75-79	2 432	1 095	1 337	2 719	1 240	1 478
80+	…	…	…	…	…	…
80-84	1 735	744	991	1 998	869	1 129
85-89	1 219	485	734	1 246	503	743
90-94	589	209	380	704	254	451
95-99	186	55	131	243	73	170
100+	38	9	29	52	12	40

性・年齢別人口（千人）

年齢	2015			2020			2025			2030		
	総数	男	女	総数	男	女	総数	男	女	総数	男	女
総数	48 229	23 744	24 485	49 740	24 440	25 299	50 609	24 813	25 796	50 950	24 924	26 026
0-4	3 738	1 909	1 829	3 091	1 579	1 512	2 621	1 340	1 281	2 287	1 169	1 117
5-9	3 905	1 993	1 912	3 717	1 897	1 820	3 075	1 570	1 504	2 608	1 333	1 275
10-14	4 070	2 077	1 993	3 888	1 984	1 904	3 700	1 888	1 812	3 060	1 563	1 497
15-19	4 070	2 073	1 997	4 039	2 058	1 980	3 858	1 966	1 892	3 673	1 873	1 800
20-24	4 198	2 125	2 073	4 013	2 033	1 980	3 986	2 022	1 964	3 810	1 934	1 876
25-29	4 094	2 050	2 044	4 124	2 070	2 054	3 945	1 984	1 962	3 922	1 976	1 946
30-34	3 933	1 945	1 988	4 021	1 996	2 025	4 055	2 019	2 035	3 882	1 939	1 944
35-39	3 553	1 737	1 816	3 869	1 900	1 969	3 960	1 953	2 007	3 997	1 979	2 018
40-44	3 154	1 527	1 627	3 499	1 701	1 798	3 814	1 863	1 951	3 907	1 918	1 989
45-49	3 196	1 538	1 658	3 100	1 494	1 607	3 443	1 666	1 778	3 758	1 827	1 930
50-54	2 807	1 341	1 465	3 126	1 496	1 630	3 036	1 455	1 581	3 376	1 625	1 751
55-59	2 285	1 082	1 203	2 717	1 289	1 428	3 032	1 441	1 592	2 950	1 404	1 546
60-64	1 831	856	975	2 175	1 019	1 156	2 594	1 218	1 376	2 904	1 366	1 537
65-69	1 315	603	712	1 696	781	915	2 024	935	1 089	2 424	1 123	1 301
70-74	862	386	477	1 167	524	643	1 515	683	832	1 819	823	996
75-79	574	248	327	715	310	405	977	425	552	1 279	560	720
80+	...	...	...	...	...	...	...	...	...	...	...	...
80-84	358	148	211	429	177	252	541	224	317	747	311	436
85-89	188	73	115	228	88	140	277	107	170	354	137	217
90-94	75	27	48	94	34	61	116	41	75	143	51	93
95-99	18	6	12	26	9	18	34	11	23	42	13	29
100+	3	1	2	4	1	3	6	2	4	8	2	6

年齢	2035			2040			2045			2050		
	総数	男	女	総数	男	女	総数	男	女	総数	男	女
総数	50 959	24 874	26 085	50 600	24 652	25 948	49 843	24 249	25 594	48 687	23 666	25 021
0-4	2 166	1 108	1 058	2 026	1 037	989	1 850	947	903	1 653	846	807
5-9	2 275	1 164	1 112	2 156	1 103	1 053	2 016	1 032	984	1 841	943	899
10-14	2 594	1 326	1 268	2 262	1 157	1 105	2 143	1 097	1 046	2 004	1 026	978
15-19	3 035	1 549	1 486	2 571	1 313	1 258	2 241	1 145	1 095	2 123	1 086	1 037
20-24	3 629	1 843	1 785	2 997	1 525	1 472	2 537	1 292	1 245	2 210	1 127	1 083
25-29	3 753	1 893	1 859	3 577	1 808	1 769	2 953	1 496	1 457	2 499	1 268	1 230
30-34	3 864	1 935	1 929	3 700	1 857	1 843	3 529	1 776	1 753	2 913	1 470	1 443
35-39	3 830	1 902	1 927	3 815	1 902	1 913	3 656	1 828	1 828	3 489	1 750	1 739
40-44	3 946	1 946	2 001	3 785	1 873	1 912	3 773	1 875	1 898	3 618	1 804	1 814
45-49	3 853	1 883	1 969	3 895	1 913	1 982	3 739	1 844	1 894	3 731	1 849	1 882
50-54	3 689	1 786	1 904	3 787	1 844	1 944	3 834	1 876	1 957	3 684	1 812	1 872
55-59	3 287	1 572	1 715	3 598	1 732	1 867	3 700	1 792	1 908	3 753	1 829	1 924
60-64	2 833	1 336	1 497	3 164	1 500	1 664	3 473	1 659	1 815	3 581	1 723	1 859
65-69	2 725	1 265	1 460	2 669	1 243	1 427	2 994	1 403	1 591	3 300	1 559	1 740
70-74	2 193	995	1 197	2 480	1 129	1 351	2 444	1 117	1 326	2 757	1 271	1 486
75-79	1 550	680	870	1 885	831	1 054	2 150	952	1 198	2 137	952	1 185
80+	...	...	...	...	...	...	...	...	...	...	...	...
80-84	991	414	577	1 214	509	705	1 494	630	864	1 724	732	992
85-89	497	193	304	669	260	408	832	325	507	1 039	409	630
90-94	186	65	121	266	93	173	364	127	237	462	162	300
95-99	53	16	37	70	21	49	102	30	72	143	42	101
100+	11	3	8	14	3	10	18	4	14	27	6	20

年齢	2055			2060		
	総数	男	女	総数	男	女
総数	47 195	22 939	24 255	45 422	22 091	23 331
0-4	1 472	754	719	1 327	679	647
5-9	1 646	843	803	1 466	751	715
10-14	1 830	937	893	1 635	837	798
15-19	1 985	1 016	969	1 812	928	884
20-24	2 094	1 070	1 025	1 959	1 001	958
25-29	2 176	1 107	1 069	2 064	1 052	1 012
30-34	2 464	1 247	1 217	2 146	1 089	1 057
35-39	2 880	1 450	1 430	2 437	1 231	1 206
40-44	3 456	1 730	1 726	2 854	1 434	1 419
45-49	3 581	1 782	1 799	3 424	1 711	1 713
50-54	3 681	1 820	1 861	3 537	1 757	1 781
55-59	3 613	1 770	1 843	3 616	1 782	1 834
60-64	3 642	1 764	1 878	3 515	1 714	1 801
65-69	3 416	1 629	1 788	3 487	1 676	1 811
70-74	3 057	1 424	1 633	3 183	1 498	1 684
75-79	2 432	1 095	1 337	2 719	1 240	1 478
80+	...	...	...	...	...	...
80-84	1 735	744	991	1 998	869	1 129
85-89	1 219	485	734	1 246	503	743
90-94	589	209	380	704	254	451
95-99	186	55	131	243	73	170
100+	38	9	29	52	12	40

性・年齢別人口（千人）

年齢	1960			1965			1970			1975		
	総数	男	女	総数	男	女	総数	男	女	総数	男	女
総数	189	94	95	205	102	103	228	114	115	256	128	128
0-4	34	17	17	37	19	18	41	21	20	46	23	23
5-9	26	13	13	30	15	15	34	17	17	37	19	19
10-14	19	10	9	24	12	12	29	14	14	32	16	16
15-19	18	9	9	18	9	9	23	12	11	27	14	14
20-24	16	8	8	16	8	8	17	9	8	22	11	11
25-29	14	7	7	15	7	7	15	8	8	16	8	8
30-34	12	6	6	13	6	6	14	7	7	14	7	7
35-39	11	5	6	11	6	6	12	6	6	13	6	6
40-44	10	5	5	10	5	5	10	5	5	11	5	6
45-49	8	4	4	9	4	4	9	4	5	9	5	5
50-54	7	3	3	7	3	4	8	4	4	8	4	4
55-59	5	2	3	6	3	3	6	3	3	7	3	4
60-64	4	2	2	4	2	2	5	2	3	5	2	3
65-69	3	1	1	3	1	2	3	1	2	4	2	2
70-74	2	1	1	2	1	1	2	1	1	2	1	1
75-79	1	0	1	1	0	1	1	0	1	1	0	1
80+	1	0	0	1	0	0	1	0	0	1	0	0
80-84	...	...	...	...	...	...	...	...	...	...	...	...
85-89	...	...	...	...	...	...	...	...	...	...	...	...
90-94	...	...	...	...	...	...	...	...	...	...	...	...
95-99	...	...	...	...	...	...	...	...	...	...	...	...
100+	...	...	...	...	...	...	...	...	...	...	...	...

年齢	1980			1985			1990			1995		
	総数	男	女	総数	男	女	総数	男	女	総数	男	女
総数	309	154	154	358	179	179	415	208	207	480	241	239
0-4	57	29	28	68	34	33	76	39	37	82	42	40
5-9	45	23	22	54	27	27	64	33	32	73	37	36
10-14	38	19	19	44	22	22	52	27	26	63	32	31
15-19	33	17	16	37	19	18	43	22	21	52	26	26
20-24	28	14	14	32	16	16	36	18	18	42	21	21
25-29	22	11	11	27	13	13	31	15	15	35	18	17
30-34	16	8	8	21	11	10	26	13	13	30	15	15
35-39	14	7	7	15	8	7	20	10	10	25	12	12
40-44	13	6	6	13	7	7	14	7	7	19	10	10
45-49	11	5	5	12	6	6	13	6	6	14	7	7
50-54	9	4	5	10	5	5	11	5	6	12	6	6
55-59	8	4	4	8	4	4	9	4	5	10	5	5
60-64	6	3	3	7	3	4	7	3	4	8	4	4
65-69	4	2	2	5	2	3	5	2	3	6	3	3
70-74	3	1	2	3	1	2	4	2	2	4	2	2
75-79	1	1	1	2	1	1	2	1	1	3	1	1
80+	1	0	1	1	0	1	...	...	...	...	...	...
80-84	...	...	...	...	...	...	1	0	1	1	0	1
85-89	...	...	...	...	...	...	0	0	0	0	0	0
90-94	...	...	...	...	...	...	0	0	0	0	0	0
95-99	...	...	...	...	...	...	0	0	0	0	0	0
100+	...	...	...	...	...	...	0	0	0	0	0	0

年齢	2000			2005			2010			2015		
	総数	男	女	総数	男	女	総数	男	女	総数	男	女
総数	548	276	272	619	312	307	699	352	346	788	398	391
0-4	90	46	44	98	50	48	109	55	53	119	61	59
5-9	79	40	39	86	44	42	95	48	47	105	54	52
10-14	72	37	35	77	39	38	84	43	41	93	47	46
15-19	62	31	31	70	36	35	75	38	37	82	42	41
20-24	50	25	25	60	30	30	68	35	34	74	37	36
25-29	40	20	20	48	24	24	58	29	29	66	34	33
30-34	34	17	17	39	20	19	47	24	23	57	29	28
35-39	29	14	14	33	16	16	38	19	19	45	23	23
40-44	24	12	12	27	14	14	31	16	16	36	18	18
45-49	18	9	9	23	11	11	26	13	13	30	15	15
50-54	13	6	6	17	9	9	21	10	11	25	12	12
55-59	11	5	6	12	6	6	16	8	8	20	10	10
60-64	9	4	5	10	5	5	10	5	5	14	7	7
65-69	7	3	4	8	4	4	8	4	4	9	4	5
70-74	5	2	3	5	2	3	6	3	3	6	3	4
75-79	3	1	2	3	1	2	3	1	2	4	2	2
80+	...	...	...	...	...	...	...	...	...	...	...	...
80-84	1	1	1	1	1	1	2	1	1	2	1	1
85-89	0	0	0	1	0	0	1	0	0	1	0	0
90-94	0	0	0	0	0	0	0	0	0	0	0	0
95-99	0	0	0	0	0	0	0	0	0	0	0	0
100+	0	0	0	0	0	0	0	0	0	0	0	0

中位予測値

コモロ

性・年齢別人口（千人）

年齢	2015			2020			2025			2030		
	総数	男	女	総数	男	女	総数	男	女	総数	男	女
総数	788	398	391	883	446	438	981	495	486	1 081	545	536
0-4	119	61	59	126	64	62	131	67	64	136	69	67
5-9	105	54	52	116	59	57	123	63	60	128	65	63
10-14	93	47	46	104	53	51	114	58	56	121	62	60
15-19	82	42	41	91	46	45	102	52	50	113	57	55
20-24	74	37	36	81	41	40	89	45	44	100	51	49
25-29	66	34	33	72	36	35	79	40	39	88	44	43
30-34	57	29	28	65	33	32	70	36	35	77	39	38
35-39	45	23	23	55	28	27	63	32	31	69	35	34
40-44	36	18	18	44	22	22	53	27	27	61	31	30
45-49	30	15	15	35	17	17	42	21	21	52	26	26
50-54	25	12	12	28	14	14	33	16	17	40	20	20
55-59	20	10	10	23	11	12	26	13	13	31	15	16
60-64	14	7	7	18	9	9	21	10	11	24	12	12
65-69	9	4	5	12	6	6	15	7	8	18	9	9
70-74	6	3	4	7	3	4	10	4	5	12	6	7
75-79	4	2	2	4	2	2	5	2	3	7	3	4
80+	…	…	…	…	…	…	…	…	…	…	…	…
80-84	2	1	1	2	1	1	2	1	1	3	1	2
85-89	1	0	0	1	0	0	1	0	1	1	0	1
90-94	0	0	0	0	0	0	0	0	0	0	0	0
95-99	0	0	0	0	0	0	0	0	0	0	0	0
100+	0	0	0	0	0	0	0	0	0	0	0	0

年齢	2035			2040			2045			2050		
	総数	男	女	総数	男	女	総数	男	女	総数	男	女
総数	1 184	597	587	1 290	650	640	1 397	703	693	1 502	756	746
0-4	142	72	70	148	75	73	153	78	75	156	80	77
5-9	134	68	66	140	71	69	146	74	72	151	77	74
10-14	127	64	62	132	67	65	138	70	68	145	74	71
15-19	120	61	59	125	64	62	131	66	64	137	70	67
20-24	111	56	55	118	60	58	124	63	61	129	66	64
25-29	98	50	48	109	55	54	116	59	57	122	62	60
30-34	86	44	42	97	49	48	108	54	53	115	58	57
35-39	76	38	37	84	43	42	95	48	47	106	54	52
40-44	67	34	33	74	37	37	83	42	41	93	47	46
45-49	59	30	30	65	33	32	72	36	36	81	41	40
50-54	49	25	25	57	29	29	63	31	31	69	35	35
55-59	38	19	19	47	23	24	54	27	27	59	29	30
60-64	28	14	15	35	17	18	43	21	22	50	24	26
65-69	21	10	11	25	12	13	31	15	16	38	18	20
70-74	14	7	8	17	8	9	20	9	11	25	12	14
75-79	9	4	5	10	5	6	12	5	7	15	6	8
80+	…	…	…	…	…	…	…	…	…	…	…	…
80-84	4	2	2	5	2	3	6	3	4	7	3	4
85-89	1	0	1	2	1	1	2	1	1	3	1	2
90-94	0	0	0	0	0	0	0	0	0	1	0	0
95-99	0	0	0	0	0	0	0	0	0	0	0	0
100+	0	0	0	0	0	0	0	0	0	0	0	0

年齢	2055			2060		
	総数	男	女	総数	男	女
総数	1 605	807	799	1 705	856	849
0-4	159	81	78	160	82	78
5-9	155	79	76	157	80	77
10-14	150	76	74	154	78	75
15-19	143	73	70	149	76	73
20-24	135	69	67	142	72	70
25-29	128	65	63	134	68	66
30-34	120	61	59	126	64	62
35-39	113	57	56	119	60	59
40-44	104	53	52	111	56	55
45-49	91	46	45	102	51	51
50-54	78	39	39	88	44	44
55-59	66	33	33	75	37	38
60-64	55	27	28	62	30	32
65-69	45	21	23	49	24	26
70-74	32	15	17	37	17	20
75-79	19	8	10	24	10	13
80+	…	…	…	…	…	…
80-84	9	4	5	11	5	7
85-89	3	1	2	4	2	3
90-94	1	0	0	1	0	1
95-99	0	0	0	0	0	0
100+	0	0	0	0	0	0

性・年齢別人口（千人）

年齢	2015			2020			2025			2030		
	総数	男	女	総数	男	女	総数	男	女	総数	男	女
総数	788	398	391	891	449	441	1 002	505	496	1 121	565	555
0-4	119	61	59	133	68	65	144	74	71	155	79	76
5-9	105	54	52	116	59	57	130	66	64	142	72	70
10-14	93	47	46	104	53	51	114	58	56	129	65	63
15-19	82	42	41	91	46	45	102	52	50	113	57	55
20-24	74	37	36	81	41	40	89	45	44	100	51	49
25-29	66	34	33	72	36	35	79	40	39	88	44	43
30-34	57	29	28	65	33	32	70	36	35	77	39	38
35-39	45	23	23	55	28	27	63	32	31	69	35	34
40-44	36	18	18	44	22	22	53	27	27	61	31	30
45-49	30	15	15	35	17	17	42	21	21	52	26	26
50-54	25	12	12	28	14	14	33	16	17	40	20	20
55-59	20	10	10	23	11	12	26	13	13	31	15	16
60-64	14	7	7	18	9	9	21	10	11	24	12	12
65-69	9	4	5	12	6	6	15	7	8	18	9	9
70-74	6	3	4	7	3	4	10	4	5	12	6	7
75-79	4	2	2	4	2	2	5	2	3	7	3	4
80+	...	...	...	...	...	...	...	...	...	...	...	...
80-84	2	1	1	2	1	1	2	1	1	3	1	2
85-89	1	0	0	1	0	0	1	0	1	1	0	1
90-94	0	0	0	0	0	0	0	0	0	0	0	0
95-99	0	0	0	0	0	0	0	0	0	0	0	0
100+	0	0	0	0	0	0	0	0	0	0	0	0

年齢	2035			2040			2045			2050		
	総数	男	女	総数	男	女	総数	男	女	総数	男	女
総数	1 245	628	617	1 376	694	682	1 515	763	751	1 660	836	824
0-4	163	83	80	174	89	85	185	94	91	197	100	96
5-9	152	78	75	161	82	79	172	87	84	183	93	90
10-14	140	71	69	151	77	74	160	81	78	170	87	84
15-19	127	65	62	138	70	68	149	76	73	158	80	78
20-24	111	56	55	125	64	62	137	69	67	148	75	73
25-29	98	50	48	109	55	54	123	63	61	135	68	67
30-34	86	44	42	97	49	48	108	54	53	122	62	60
35-39	76	38	37	84	43	42	95	48	47	106	54	52
40-44	67	34	33	74	37	37	83	42	41	93	47	46
45-49	59	30	30	65	33	32	72	36	36	81	41	40
50-54	49	25	25	57	29	29	63	31	31	69	35	35
55-59	38	19	19	47	23	24	54	27	27	59	29	30
60-64	28	14	15	35	17	18	43	21	22	50	24	26
65-69	21	10	11	25	12	13	31	15	16	38	18	20
70-74	14	7	8	17	8	9	20	9	11	25	12	14
75-79	9	4	5	10	5	6	12	5	7	15	6	8
80+	...	...	...	...	...	...	...	...	...	...	...	...
80-84	4	2	2	5	2	3	6	3	4	7	3	4
85-89	1	0	1	2	1	1	2	1	1	3	1	2
90-94	0	0	0	0	0	0	0	0	0	1	0	0
95-99	0	0	0	0	0	0	0	0	0	0	0	0
100+	0	0	0	0	0	0	0	0	0	0	0	0

年齢	2055			2060		
	総数	男	女	総数	男	女
総数	1 812	912	900	1 967	989	978
0-4	208	106	102	217	111	106
5-9	195	99	96	206	105	101
10-14	182	93	89	194	99	95
15-19	169	86	83	181	92	89
20-24	157	79	77	167	85	82
25-29	146	74	72	155	79	76
30-34	133	68	66	144	73	71
35-39	120	61	59	132	67	65
40-44	104	53	52	118	60	59
45-49	91	46	45	102	51	51
50-54	78	39	39	88	44	44
55-59	66	33	33	75	37	38
60-64	55	27	28	62	30	32
65-69	45	21	23	49	24	26
70-74	32	15	17	37	17	20
75-79	19	8	10	24	10	13
80+	...	...	...	...	...	...
80-84	9	4	5	11	5	7
85-89	3	1	2	4	2	3
90-94	1	0	0	1	0	1
95-99	0	0	0	0	0	0
100+	0	0	0	0	0	0

性・年齢別人口（千人）

年齢	2015			2020			2025			2030		
	総数	男	女	総数	男	女	総数	男	女	総数	男	女
総数	788	398	391	876	442	434	960	484	476	1 042	525	517
0-4	119	61	59	118	60	58	117	60	58	117	60	57
5-9	105	54	52	116	59	57	116	59	57	115	59	56
10-14	93	47	46	104	53	51	114	58	56	114	58	56
15-19	82	42	41	91	46	45	102	52	50	113	57	55
20-24	74	37	36	81	41	40	89	45	44	100	51	49
25-29	66	34	33	72	36	35	79	40	39	88	44	43
30-34	57	29	28	65	33	32	70	36	35	77	39	38
35-39	45	23	23	55	28	27	63	32	31	69	35	34
40-44	36	18	18	44	22	22	53	27	27	61	31	30
45-49	30	15	15	35	17	17	42	21	21	52	26	26
50-54	25	12	12	28	14	14	33	16	17	40	20	20
55-59	20	10	10	23	11	12	26	13	13	31	15	16
60-64	14	7	7	18	9	9	21	10	11	24	12	12
65-69	9	4	5	12	6	6	15	7	8	18	9	9
70-74	6	3	4	7	3	4	10	4	5	12	6	7
75-79	4	2	2	4	2	2	5	2	3	7	3	4
80+	…	…	…	…	…	…	…	…	…	…	…	…
80-84	2	1	1	2	1	1	2	1	1	3	1	2
85-89	1	0	0	1	0	0	1	0	1	1	0	1
90-94	0	0	0	0	0	0	0	0	0	0	0	0
95-99	0	0	0	0	0	0	0	0	0	0	0	0
100+	0	0	0	0	0	0	0	0	0	0	0	0

年齢	2035			2040			2045			2050		
	総数	男	女	総数	男	女	総数	男	女	総数	男	女
総数	1 124	566	558	1 205	607	598	1 281	645	637	1 351	679	672
0-4	121	61	59	123	63	60	123	63	60	120	61	59
5-9	115	59	56	119	60	58	121	62	59	121	62	59
10-14	113	58	56	114	58	56	117	60	58	120	61	59
15-19	112	57	55	112	57	55	112	57	55	116	59	57
20-24	111	56	55	111	56	54	110	56	54	111	56	55
25-29	98	50	48	109	55	54	109	55	54	109	55	54
30-34	86	44	42	97	49	48	108	54	53	107	54	53
35-39	76	38	37	84	43	42	95	48	47	106	54	52
40-44	67	34	33	74	37	37	83	42	41	93	47	46
45-49	59	30	30	65	33	32	72	36	36	81	41	40
50-54	49	25	25	57	29	29	63	31	31	69	35	35
55-59	38	19	19	47	23	24	54	27	27	59	29	30
60-64	28	14	15	35	17	18	43	21	22	50	24	26
65-69	21	10	11	25	12	13	31	15	16	38	18	20
70-74	14	7	8	17	8	9	20	9	11	25	12	14
75-79	9	4	5	10	5	6	12	5	7	15	6	8
80+	…	…	…	…	…	…	…	…	…	…	…	…
80-84	4	2	2	5	2	3	6	3	4	7	3	4
85-89	1	0	1	2	1	1	2	1	1	3	1	2
90-94	0	0	0	0	0	0	0	0	0	1	0	0
95-99	0	0	0	0	0	0	0	0	0	0	0	0
100+	0	0	0	0	0	0	0	0	0	0	0	0

年齢	2055			2060		
	総数	男	女	総数	男	女
総数	1 412	708	703	1 464	733	731
0-4	116	59	57	112	57	55
5-9	118	60	58	114	58	56
10-14	120	61	59	117	60	58
15-19	118	60	58	119	60	58
20-24	115	58	56	117	60	58
25-29	109	55	54	113	57	56
30-34	107	54	53	108	55	53
35-39	106	54	52	106	54	52
40-44	104	53	52	104	53	52
45-49	91	46	45	102	51	51
50-54	78	39	39	88	44	44
55-59	66	33	33	75	37	38
60-64	55	27	28	62	30	32
65-69	45	21	23	49	24	26
70-74	32	15	17	37	17	20
75-79	19	8	10	24	10	13
80+	…	…	…	…	…	…
80-84	9	4	5	11	5	7
85-89	3	1	2	4	2	3
90-94	1	0	0	1	0	1
95-99	0	0	0	0	0	0
100+	0	0	0	0	0	0

Congo

性・年齢別人口（千人）

年齢	1960 総数	男	女	1965 総数	男	女	1970 総数	男	女	1975 総数	男	女
総数	1 014	501	513	1 158	573	585	1 335	662	673	1 556	773	783
0-4	171	86	85	201	101	100	236	119	117	279	141	139
5-9	135	68	67	159	80	79	189	95	94	224	113	111
10-14	113	56	57	132	67	66	156	78	77	186	93	92
15-19	98	49	49	111	55	55	130	65	64	154	77	76
20-24	86	43	43	96	47	48	108	54	54	128	64	64
25-29	75	37	38	83	41	42	93	46	47	107	53	54
30-34	65	32	33	73	36	37	81	40	41	92	45	46
35-39	57	28	29	63	31	32	70	35	36	79	39	40
40-44	49	24	25	54	27	28	61	30	31	68	33	35
45-49	41	20	21	46	23	24	52	25	27	58	29	30
50-54	35	17	18	39	19	20	44	21	23	49	24	25
55-59	29	14	15	32	15	17	36	17	19	41	20	21
60-64	22	11	12	25	12	13	29	14	15	33	15	17
65-69	17	8	9	19	9	10	22	10	12	25	11	13
70-74	11	5	6	13	6	7	15	7	8	17	8	9
75-79	6	3	3	7	3	4	9	4	5	10	4	6
80+	4	1	2	4	2	3	6	2	3	7	3	4
80-84	...	...	...	...	...	...	...	...	...	...	...	...
85-89	...	...	...	...	...	...	...	...	...	...	...	...
90-94	...	...	...	...	...	...	...	...	...	...	...	...
95-99	...	...	...	...	...	...	...	...	...	...	...	...
100+	...	...	...	...	...	...	...	...	...	...	...	...

年齢	1980 総数	男	女	1985 総数	男	女	1990 総数	男	女	1995 総数	男	女
総数	1 802	896	905	2 084	1 038	1 046	2 386	1 190	1 197	2 721	1 357	1 364
0-4	324	163	160	358	181	178	393	198	195	437	220	217
5-9	266	134	132	310	156	154	344	173	171	378	190	188
10-14	220	111	109	262	132	130	305	154	151	339	171	168
15-19	182	92	91	217	109	108	258	130	128	302	152	150
20-24	149	75	74	179	90	89	213	107	106	255	128	127
25-29	124	62	62	146	73	73	174	87	87	209	105	104
30-34	103	51	52	121	60	60	141	71	71	168	84	84
35-39	88	43	45	100	49	51	116	58	58	135	67	68
40-44	76	37	39	85	42	43	96	47	49	111	55	56
45-49	65	32	33	73	36	37	82	40	42	92	45	47
50-54	55	27	28	62	30	32	69	34	36	78	38	40
55-59	46	22	24	52	25	27	58	28	30	65	31	34
60-64	37	17	19	42	20	22	47	22	25	53	25	28
65-69	28	13	15	32	15	17	36	17	19	41	19	22
70-74	19	9	11	22	10	12	26	12	14	29	13	16
75-79	12	5	7	14	6	8	16	7	9	18	8	10
80+	8	3	5	10	4	6	...	...	...	...	...	...
80-84	...	...	...	...	...	...	8	3	4	9	4	5
85-89	...	...	...	...	...	...	3	1	2	3	1	2
90-94	...	...	...	...	...	...	1	0	0	1	0	0
95-99	...	...	...	...	...	...	0	0	0	0	0	0
100+	...	...	...	...	...	...	0	0	0	0	0	0

年齢	2000 総数	男	女	2005 総数	男	女	2010 総数	男	女	2015 総数	男	女
総数	3 109	1 552	1 557	3 503	1 750	1 753	4 066	2 033	2 033	4 620	2 311	2 309
0-4	505	255	251	578	291	287	674	340	334	759	383	376
5-9	419	210	208	482	242	240	562	283	280	656	330	326
10-14	371	187	185	410	206	204	476	239	237	554	278	276
15-19	336	169	167	364	183	181	407	204	203	466	234	232
20-24	301	151	150	326	164	163	365	183	182	391	196	195
25-29	252	126	125	288	144	143	327	164	163	346	173	173
30-34	201	102	100	235	119	116	284	143	141	309	155	154
35-39	159	80	79	184	94	91	228	116	112	266	134	132
40-44	127	63	64	145	73	72	177	90	87	213	108	105
45-49	105	52	54	118	58	60	140	70	70	166	84	82
50-54	87	42	45	98	48	51	113	55	58	131	65	66
55-59	73	35	38	81	39	42	93	45	48	106	51	55
60-64	59	28	31	66	31	35	75	36	39	86	41	45
65-69	46	21	24	51	24	27	58	27	31	66	31	35
70-74	33	15	18	36	17	20	42	19	23	48	22	26
75-79	20	9	11	23	10	13	26	12	15	31	14	17
80+	...	...	...	...	...	...	...	...	...	...	...	...
80-84	10	4	6	12	5	7	14	6	8	16	7	9
85-89	4	2	2	4	2	3	5	2	3	6	3	4
90-94	1	0	1	1	0	1	1	0	1	2	1	1
95-99	0	0	0	0	0	0	0	0	0	0	0	0
100+	0	0	0	0	0	0	0	0	0	0	0	0

性・年齢別人口（千人）

年齢	2015 総数	男	女	2020 総数	男	女	2025 総数	男	女	2030 総数	男	女
総数	4 620	2 311	2 309	5 263	2 634	2 630	5 983	2 994	2 989	6 790	3 397	3 392
0-4	759	383	376	812	410	402	884	446	438	975	492	483
5-9	656	330	326	745	375	370	800	403	397	874	440	434
10-14	554	278	276	650	327	323	739	372	367	795	400	395
15-19	466	234	232	547	274	272	643	323	320	734	369	365
20-24	391	196	195	456	228	228	539	270	269	636	319	317
25-29	346	173	173	381	191	190	447	224	224	531	265	265
30-34	309	155	154	335	168	167	372	186	186	439	219	220
35-39	266	134	132	297	149	148	326	163	163	364	182	182
40-44	213	108	105	256	129	127	288	145	144	319	159	159
45-49	166	84	82	205	103	101	247	124	123	281	141	140
50-54	131	65	66	159	80	79	197	99	98	239	120	120
55-59	106	51	55	125	61	63	151	75	76	188	94	94
60-64	86	41	45	99	47	51	117	57	60	142	70	72
65-69	66	31	35	77	36	41	89	42	47	105	51	55
70-74	48	22	26	56	25	30	65	30	35	76	35	40
75-79	31	14	17	36	16	20	42	19	23	50	22	27
80+	…	…	…	…	…	…	…	…	…	…	…	…
80-84	16	7	9	19	8	11	23	10	13	27	12	15
85-89	6	3	4	8	3	4	9	4	5	11	5	6
90-94	2	1	1	2	1	1	2	1	1	3	1	2
95-99	0	0	0	0	0	0	0	0	0	0	0	0
100+	0	0	0	0	0	0	0	0	0	0	0	0

年齢	2035 総数	男	女	2040 総数	男	女	2045 総数	男	女	2050 総数	男	女
総数	7 681	3 843	3 838	8 647	4 324	4 323	9 668	4 832	4 835	10 732	5 360	5 371
0-4	1 073	542	531	1 162	587	575	1 236	625	611	1 303	659	644
5-9	965	487	479	1 064	537	527	1 154	583	571	1 229	621	608
10-14	869	438	432	961	484	477	1 060	535	525	1 150	581	570
15-19	790	397	393	864	435	430	956	482	475	1 056	532	524
20-24	726	364	362	783	393	390	857	430	427	949	477	472
25-29	628	314	314	718	359	358	775	388	387	849	425	424
30-34	522	261	262	619	309	310	709	355	355	767	383	384
35-39	432	215	216	515	256	258	611	305	307	702	350	352
40-44	357	178	179	424	211	213	507	252	255	603	300	303
45-49	311	155	156	350	174	176	416	207	210	499	247	251
50-54	273	136	137	303	150	152	341	169	172	407	201	206
55-59	230	114	116	262	130	133	292	144	148	330	162	167
60-64	177	88	90	217	107	110	249	122	127	278	136	142
65-69	129	63	66	162	79	83	199	97	103	229	111	119
70-74	90	43	48	111	53	58	141	67	74	174	83	92
75-79	58	27	32	71	32	38	88	41	47	112	52	60
80+	…	…	…	…	…	…	…	…	…	…	…	…
80-84	32	14	18	39	17	22	48	21	27	60	27	33
85-89	13	6	8	16	7	10	20	8	12	25	10	15
90-94	4	1	2	5	2	3	6	2	4	7	3	5
95-99	1	0	0	1	0	1	1	0	1	1	0	1
100+	0	0	0	0	0	0	0	0	0	0	0	0

年齢	2055 総数	男	女	2060 総数	男	女
総数	11 837	5 909	5 928	12 979	6 475	6 503
0-4	1 374	695	679	1 445	731	714
5-9	1 296	655	641	1 367	691	676
10-14	1 225	619	606	1 292	653	639
15-19	1 146	578	568	1 220	616	605
20-24	1 048	527	521	1 139	573	565
25-29	941	472	469	1 040	522	518
30-34	842	421	421	933	467	466
35-39	759	379	381	834	416	418
40-44	693	345	348	751	374	377
45-49	594	295	299	684	339	344
50-54	488	241	247	582	288	294
55-59	394	194	200	473	232	241
60-64	315	153	161	377	183	193
65-69	257	124	134	292	140	152
70-74	202	95	107	228	107	121
75-79	141	65	76	164	75	89
80+	…	…	…	…	…	…
80-84	78	34	44	99	43	56
85-89	33	13	19	44	18	26
90-94	10	4	6	13	5	8
95-99	2	1	1	2	1	2
100+	0	0	0	0	0	0

Congo

性・年齢別人口（千人）

年齢	2015			2020			2025			2030		
	総数	男	女	総数	男	女	総数	男	女	総数	男	女
総数	4 620	2 311	2 309	5 307	2 656	2 651	6 107	3 057	3 051	7 032	3 519	3 512
0-4	759	383	376	856	432	424	965	487	478	1 094	552	542
5-9	656	330	326	745	375	370	843	425	418	954	481	473
10-14	554	278	276	650	327	323	739	372	367	838	422	416
15-19	466	234	232	547	274	272	643	323	320	734	369	365
20-24	391	196	195	456	228	228	539	270	269	636	319	317
25-29	346	173	173	381	191	190	447	224	224	531	265	265
30-34	309	155	154	335	168	167	372	186	186	439	219	220
35-39	266	134	132	297	149	148	326	163	163	364	182	182
40-44	213	108	105	256	129	127	288	145	144	319	159	159
45-49	166	84	82	205	103	101	247	124	123	281	141	140
50-54	131	65	66	159	80	79	197	99	98	239	120	120
55-59	106	51	55	125	61	63	151	75	76	188	94	94
60-64	86	41	45	99	47	51	117	57	60	142	70	72
65-69	66	31	35	77	36	41	89	42	47	105	51	55
70-74	48	22	26	56	25	30	65	30	35	76	35	40
75-79	31	14	17	36	16	20	42	19	23	50	22	27
80+	…	…	…	…	…	…	…	…	…	…	…	…
80-84	16	7	9	19	8	11	23	10	13	27	12	15
85-89	6	3	4	8	3	4	9	4	5	11	5	6
90-94	2	1	1	2	1	1	2	1	1	3	1	2
95-99	0	0	0	0	0	0	0	0	0	0	0	0
100+	0	0	0	0	0	0	0	0	0	0	0	0

年齢	2035			2040			2045			2050		
	総数	男	女	総数	男	女	総数	男	女	総数	男	女
総数	8 065	4 036	4 029	9 212	4 609	4 602	10 470	5 237	5 233	11 841	5 920	5 921
0-4	1 217	615	602	1 345	680	665	1 477	747	730	1 615	816	798
5-9	1 083	546	537	1 207	609	598	1 336	675	661	1 468	742	727
10-14	949	478	471	1 079	544	535	1 202	606	596	1 332	672	659
15-19	833	419	414	944	475	469	1 073	540	533	1 197	603	594
20-24	726	364	362	825	414	411	936	470	466	1 065	535	530
25-29	628	314	314	718	359	358	816	409	408	928	465	463
30-34	522	261	262	619	309	310	709	355	355	808	404	404
35-39	432	215	216	515	256	258	611	305	307	702	350	352
40-44	357	178	179	424	211	213	507	252	255	603	300	303
45-49	311	155	156	350	174	176	416	207	210	499	247	251
50-54	273	136	137	303	150	152	341	169	172	407	201	206
55-59	230	114	116	262	130	133	292	144	148	330	162	167
60-64	177	88	90	217	107	110	249	122	127	278	136	142
65-69	129	63	66	162	79	83	199	97	103	229	111	119
70-74	90	43	48	111	53	58	141	67	74	174	83	92
75-79	58	27	32	71	32	38	88	41	47	112	52	60
80+	…	…	…	…	…	…	…	…	…	…	…	…
80-84	32	14	18	39	17	22	48	21	27	60	27	33
85-89	13	6	8	16	7	10	20	8	12	25	10	15
90-94	4	1	2	5	2	3	6	2	4	7	3	5
95-99	1	0	0	1	0	1	1	0	1	1	0	1
100+	0	0	0	0	0	0	0	0	0	0	0	0

年齢	2055			2060		
	総数	男	女	総数	男	女
総数	13 325	6 660	6 666	14 917	7 453	7 464
0-4	1 758	890	869	1 902	963	940
5-9	1 606	811	794	1 749	885	865
10-14	1 464	739	725	1 601	809	792
15-19	1 327	669	657	1 459	736	723
20-24	1 189	598	591	1 318	664	654
25-29	1 056	530	527	1 180	592	587
30-34	919	460	459	1 047	524	523
35-39	800	399	401	911	454	456
40-44	693	345	348	791	394	397
45-49	594	295	299	684	339	344
50-54	488	241	247	582	288	294
55-59	394	194	200	473	232	241
60-64	315	153	161	377	183	193
65-69	257	124	134	292	140	152
70-74	202	95	107	228	107	121
75-79	141	65	76	164	75	89
80+	…	…	…	…	…	…
80-84	78	34	44	99	43	56
85-89	33	13	19	44	18	26
90-94	10	4	6	13	5	8
95-99	2	1	1	2	1	2
100+	0	0	0	0	0	0

性・年齢別人口（千人）

年齢	2015			2020			2025			2030		
	総数	男	女	総数	男	女	総数	男	女	総数	男	女
総数	4 620	2 311	2 309	5 220	2 611	2 608	5 859	2 931	2 928	6 547	3 275	3 272
0-4	759	383	376	768	388	380	803	405	398	856	432	424
5-9	656	330	326	745	375	370	757	381	376	794	400	394
10-14	554	278	276	650	327	323	739	372	367	752	379	374
15-19	466	234	232	547	274	272	643	323	320	734	369	365
20-24	391	196	195	456	228	228	539	270	269	636	319	317
25-29	346	173	173	381	191	190	447	224	224	531	265	265
30-34	309	155	154	335	168	167	372	186	186	439	219	220
35-39	266	134	132	297	149	148	326	163	163	364	182	182
40-44	213	108	105	256	129	127	288	145	144	319	159	159
45-49	166	84	82	205	103	101	247	124	123	281	141	140
50-54	131	65	66	159	80	79	197	99	98	239	120	120
55-59	106	51	55	125	61	63	151	75	76	188	94	94
60-64	86	41	45	99	47	51	117	57	60	142	70	72
65-69	66	31	35	77	36	41	89	42	47	105	51	55
70-74	48	22	26	56	25	30	65	30	35	76	35	40
75-79	31	14	17	36	16	20	42	19	23	50	22	27
80+	…	…	…	…	…	…	…	…	…	…	…	…
80-84	16	7	9	19	8	11	23	10	13	27	12	15
85-89	6	3	4	8	3	4	9	4	5	11	5	6
90-94	2	1	1	2	1	1	2	1	1	3	1	2
95-99	0	0	0	0	0	0	0	0	0	0	0	0
100+	0	0	0	0	0	0	0	0	0	0	0	0

年齢	2035			2040			2045			2050		
	総数	男	女	総数	男	女	総数	男	女	総数	男	女
総数	7 298	3 650	3 649	8 089	4 043	4 046	8 887	4 439	4 449	9 674	4 827	4 847
0-4	930	470	460	985	498	487	1 011	511	500	1 021	517	505
5-9	847	427	420	923	466	457	978	494	484	1 004	507	497
10-14	790	398	392	844	425	419	919	464	456	975	492	483
15-19	747	376	372	785	395	390	840	423	417	915	461	454
20-24	726	364	362	740	372	369	779	391	388	833	419	415
25-29	628	314	314	718	359	358	733	367	366	771	386	385
30-34	522	261	262	619	309	310	709	355	355	725	363	363
35-39	432	215	216	515	256	258	611	305	307	702	350	352
40-44	357	178	179	424	211	213	507	252	255	603	300	303
45-49	311	155	156	350	174	176	416	207	210	499	247	251
50-54	273	136	137	303	150	152	341	169	172	407	201	206
55-59	230	114	116	262	130	133	292	144	148	330	162	167
60-64	177	88	90	217	107	110	249	122	127	278	136	142
65-69	129	63	66	162	79	83	199	97	103	229	111	119
70-74	90	43	48	111	53	58	141	67	74	174	83	92
75-79	58	27	32	71	32	38	88	41	47	112	52	60
80+	…	…	…	…	…	…	…	…	…	…	…	…
80-84	32	14	18	39	17	22	48	21	27	60	27	33
85-89	13	6	8	16	7	10	20	8	12	25	10	15
90-94	4	1	2	5	2	3	6	2	4	7	3	5
95-99	1	0	0	1	0	1	1	0	1	1	0	1
100+	0	0	0	0	0	0	0	0	0	0	0	0

年齢	2055			2060		
	総数	男	女	総数	男	女
総数	10 446	5 208	5 239	11 202	5 580	5 623
0-4	1 035	524	512	1 052	532	519
5-9	1 016	513	502	1 030	521	509
10-14	1 001	506	496	1 013	512	501
15-19	971	490	481	998	503	494
20-24	909	457	452	964	486	479
25-29	826	414	412	901	453	449
30-34	764	382	382	819	410	409
35-39	718	358	360	757	378	379
40-44	693	345	348	710	354	357
45-49	594	295	299	684	339	344
50-54	488	241	247	582	288	294
55-59	394	194	200	473	232	241
60-64	315	153	161	377	183	193
65-69	257	124	134	292	140	152
70-74	202	95	107	228	107	121
75-79	141	65	76	164	75	89
80+	…	…	…	…	…	…
80-84	78	34	44	99	43	56
85-89	33	13	19	44	18	26
90-94	10	4	6	13	5	8
95-99	2	1	1	2	1	2
100+	0	0	0	0	0	0

Costa Rica

性・年齢別人口（千人）

年齢	1960 総数	男	女	1965 総数	男	女	1970 総数	男	女	1975 総数	男	女
総数	1 333	678	655	1 590	808	782	1 849	938	911	2 097	1 063	1 035
0-4	244	124	120	286	145	140	290	147	143	277	140	137
5-9	185	94	91	238	121	117	280	142	138	287	145	142
10-14	167	86	82	185	94	91	237	120	117	280	142	138
15-19	132	67	64	168	86	82	185	94	91	238	121	117
20-24	111	56	55	132	67	65	168	86	82	186	94	92
25-29	95	48	47	111	56	55	132	67	65	169	86	83
30-34	83	42	41	95	48	47	111	56	55	133	68	65
35-39	69	35	34	83	42	41	95	48	47	111	56	55
40-44	57	29	28	68	35	34	82	41	41	95	48	47
45-49	51	26	25	56	29	27	67	34	33	82	41	41
50-54	42	22	20	49	25	24	55	28	27	66	33	33
55-59	33	17	16	40	20	19	47	24	23	52	27	26
60-64	24	12	12	30	15	15	37	19	18	44	22	22
65-69	17	9	9	21	11	10	27	13	13	33	17	16
70-74	12	6	6	14	7	7	17	9	9	22	11	11
75-79	7	3	4	9	4	4	10	5	5	13	6	7
80+	4	2	2	6	3	3	8	4	4	10	5	5
80-84	...	...	...	...	...	...	...	...	...	...	...	...
85-89	...	...	...	...	...	...	...	...	...	...	...	...
90-94	...	...	...	...	...	...	...	...	...	...	...	...
95-99	...	...	...	...	...	...	...	...	...	...	...	...
100+	...	...	...	...	...	...	...	...	...	...	...	...

年齢	1980 総数	男	女	1985 総数	男	女	1990 総数	男	女	1995 総数	男	女
総数	2 389	1 208	1 181	2 730	1 378	1 352	3 096	1 560	1 536	3 511	1 766	1 745
0-4	320	163	157	369	188	180	400	204	196	406	207	198
5-9	276	140	136	319	162	156	368	188	180	401	205	196
10-14	287	145	142	276	140	136	319	163	157	372	190	182
15-19	282	143	139	289	146	143	278	141	137	327	166	161
20-24	240	122	118	284	144	140	290	147	144	287	145	142
25-29	188	95	93	241	122	119	285	144	141	300	150	149
30-34	170	86	83	189	95	94	242	122	120	293	147	146
35-39	134	68	66	171	87	84	190	96	95	249	125	124
40-44	111	56	55	134	68	66	171	86	84	195	97	97
45-49	94	47	47	111	56	55	133	67	66	173	87	86
50-54	80	40	40	93	46	46	109	55	55	133	67	66
55-59	63	32	32	77	38	39	90	45	45	107	53	54
60-64	49	25	24	60	29	30	73	36	38	86	42	44
65-69	39	20	20	44	22	23	55	26	28	68	33	35
70-74	28	13	14	34	16	18	39	18	20	48	23	26
75-79	17	8	9	22	10	12	27	12	15	32	14	17
80+	13	6	7	18	8	10	...	...	...	...	...	...
80-84	...	...	...	...	...	...	16	7	9	20	9	11
85-89	...	...	...	...	...	...	7	3	4	9	4	6
90-94	...	...	...	...	...	...	2	1	1	3	1	2
95-99	...	...	...	...	...	...	0	0	0	1	0	0
100+	...	...	...	...	...	...	0	0	0	0	0	0

年齢	2000 総数	男	女	2005 総数	男	女	2010 総数	男	女	2015 総数	男	女
総数	3 925	1 970	1 955	4 248	2 130	2 118	4 545	2 277	2 268	4 808	2 406	2 402
0-4	394	201	193	361	185	176	361	185	176	350	179	171
5-9	407	208	199	394	201	193	361	185	176	360	184	176
10-14	406	207	199	409	209	200	396	202	194	362	185	177
15-19	382	195	188	410	209	201	412	210	202	397	203	194
20-24	339	172	167	387	197	190	413	210	203	413	210	202
25-29	300	150	150	344	174	170	390	197	192	414	210	204
30-34	311	155	156	304	151	152	346	174	172	390	197	193
35-39	302	151	151	314	156	158	306	152	154	346	174	173
40-44	255	127	128	303	151	153	314	155	159	305	151	154
45-49	198	99	100	255	127	128	302	149	152	312	154	158
50-54	173	87	86	196	97	99	252	125	127	298	147	151
55-59	131	65	66	170	84	85	192	95	98	246	121	125
60-64	104	51	53	126	62	64	163	81	83	185	90	95
65-69	81	39	42	97	47	50	119	58	61	154	75	79
70-74	61	28	32	73	34	38	88	42	46	108	52	57
75-79	40	18	22	51	23	28	62	28	34	76	35	41
80+	...	...	...	...	...	...	...	...	...	...	...	...
80-84	24	10	13	31	13	17	40	17	22	49	21	27
85-89	12	5	7	15	6	9	20	8	12	27	11	16
90-94	5	2	3	6	2	4	8	3	5	11	4	7
95-99	1	0	1	1	0	1	2	1	1	3	1	2
100+	0	0	0	0	0	0	0	0	0	0	0	0

性・年齢別人口（千人）

年齢	2015 総数	男	女	2020 総数	男	女	2025 総数	男	女	2030 総数	男	女
総数	4 808	2 406	2 402	5 044	2 521	2 522	5 246	2 621	2 625	5 413	2 703	2 710
0-4	350	179	171	341	174	166	326	167	159	313	160	153
5-9	360	184	176	350	179	171	340	174	166	326	167	159
10-14	362	185	177	361	185	176	351	179	171	341	174	167
15-19	397	203	194	363	185	177	362	185	177	351	180	172
20-24	413	210	202	398	203	195	364	186	178	363	185	177
25-29	414	210	204	413	210	203	399	203	196	364	186	179
30-34	390	197	193	414	210	205	414	210	204	399	203	196
35-39	346	174	173	390	197	193	414	209	205	413	209	204
40-44	305	151	154	345	173	173	389	196	193	413	208	204
45-49	312	154	158	303	150	153	343	171	172	386	194	193
50-54	298	147	151	308	151	157	300	147	152	340	169	171
55-59	246	121	125	292	143	149	302	148	155	295	144	150
60-64	185	90	95	238	116	122	283	138	145	294	143	151
65-69	154	75	79	176	85	91	227	110	118	271	131	140
70-74	108	52	57	142	68	74	163	77	85	211	101	111
75-79	76	35	41	94	44	50	125	58	66	145	67	77
80+	…	…	…	…	…	…	…	…	…	…	…	…
80-84	49	21	27	61	27	34	76	34	42	102	46	56
85-89	27	11	16	34	14	20	43	18	24	55	24	31
90-94	11	4	7	15	6	9	19	8	11	25	10	15
95-99	3	1	2	4	1	3	6	2	4	8	3	5
100+	0	0	0	1	0	0	1	0	1	1	0	1

年齢	2035 総数	男	女	2040 総数	男	女	2045 総数	男	女	2050 総数	男	女
総数	5 548	2 770	2 777	5 650	2 822	2 828	5 721	2 859	2 861	5 759	2 881	2 878
0-4	301	154	147	291	149	142	284	146	139	278	142	135
5-9	312	160	153	301	154	147	291	149	142	284	145	139
10-14	326	167	159	313	160	153	301	154	147	292	149	142
15-19	341	174	167	327	167	160	313	160	153	302	155	147
20-24	352	180	172	342	175	167	327	167	160	314	161	153
25-29	363	185	178	352	180	172	342	175	168	328	167	161
30-34	364	185	179	363	185	178	352	180	173	343	175	168
35-39	398	202	196	364	185	179	363	185	178	352	180	173
40-44	412	208	203	397	201	196	363	184	179	362	184	178
45-49	410	207	204	410	207	203	395	200	195	362	184	178
50-54	383	192	191	406	204	202	406	205	201	392	198	194
55-59	334	166	168	377	188	189	401	201	200	401	202	199
60-64	287	140	147	327	161	165	369	184	185	393	197	196
65-69	282	136	146	277	134	142	316	155	160	357	177	180
70-74	253	121	132	266	127	139	262	126	136	299	146	153
75-79	189	89	101	229	108	121	242	114	128	239	114	126
80+	…	…	…	…	…	…	…	…	…	…	…	…
80-84	120	54	66	159	73	86	194	90	105	207	96	111
85-89	75	33	42	89	39	50	120	53	67	148	66	82
90-94	32	13	19	45	19	26	55	23	32	75	32	43
95-99	10	4	6	14	5	9	20	8	12	24	9	15
100+	2	1	1	3	1	2	4	1	2	5	2	4

年齢	2055 総数	男	女	2060 総数	男	女
総数	5 766	2 887	2 879	5 746	2 880	2 866
0-4	271	139	132	263	135	128
5-9	277	142	135	271	139	132
10-14	285	146	139	278	142	136
15-19	292	150	143	285	146	139
20-24	303	155	148	293	150	143
25-29	315	161	154	303	155	148
30-34	328	168	161	315	161	154
35-39	343	175	168	329	168	161
40-44	352	179	173	343	174	168
45-49	361	184	178	351	178	172
50-54	359	182	177	359	182	177
55-59	388	196	192	356	180	176
60-64	394	198	196	381	192	189
65-69	382	190	191	383	192	191
70-74	340	168	173	364	181	184
75-79	275	133	142	314	153	161
80+	…	…	…	…	…	…
80-84	207	96	110	239	114	126
85-89	160	72	88	161	73	88
90-94	94	40	54	103	44	59
95-99	34	13	21	44	17	27
100+	7	2	5	10	3	7

性・年齢別人口（千人）

年齢	2015			2020			2025			2030		
	総数	男	女	総数	男	女	総数	男	女	総数	男	女
総数	4 808	2 406	2 402	5 092	2 546	2 546	5 371	2 685	2 686	5 631	2 815	2 817
0-4	350	179	171	389	199	190	403	206	197	406	208	198
5-9	360	184	176	350	179	171	388	199	190	402	206	197
10-14	362	185	177	361	185	176	351	179	171	389	199	190
15-19	397	203	194	363	185	177	362	185	177	351	180	172
20-24	413	210	202	398	203	195	364	186	178	363	185	177
25-29	414	210	204	413	210	203	399	203	196	364	186	179
30-34	390	197	193	414	210	205	414	210	204	399	203	196
35-39	346	174	173	390	197	193	414	209	205	413	209	204
40-44	305	151	154	345	173	173	389	196	193	413	208	204
45-49	312	154	158	303	150	153	343	171	172	386	194	193
50-54	298	147	151	308	151	157	300	147	152	340	169	171
55-59	246	121	125	292	143	149	302	148	155	295	144	150
60-64	185	90	95	238	116	122	283	138	145	294	143	151
65-69	154	75	79	176	85	91	227	110	118	271	131	140
70-74	108	52	57	142	68	74	163	77	85	211	101	111
75-79	76	35	41	94	44	50	125	58	66	145	67	77
80+	...	...	...	...	...	...	...	...	...	...	...	...
80-84	49	21	27	61	27	34	76	34	42	102	46	56
85-89	27	11	16	34	14	20	43	18	24	55	24	31
90-94	11	4	7	15	6	9	19	8	11	25	10	15
95-99	3	1	2	4	1	3	6	2	4	8	3	5
100+	0	0	0	1	0	0	1	0	1	1	0	1

年齢	2035			2040			2045			2050		
	総数	男	女	総数	男	女	総数	男	女	総数	男	女
総数	5 859	2 930	2 930	6 062	3 033	3 029	6 247	3 129	3 119	6 419	3 219	3 200
0-4	395	202	193	392	201	191	399	205	195	411	211	201
5-9	406	208	198	394	202	193	392	201	191	399	204	195
10-14	403	206	197	406	208	198	395	202	193	393	201	192
15-19	389	199	190	403	206	197	407	208	199	395	202	193
20-24	352	180	172	390	199	191	404	206	197	407	208	199
25-29	363	185	178	352	180	172	390	199	191	404	206	198
30-34	364	185	179	363	185	178	352	180	173	391	199	191
35-39	398	202	196	364	185	179	363	185	178	352	180	173
40-44	412	208	203	397	201	196	363	184	179	362	184	178
45-49	410	207	204	410	207	203	395	200	195	362	184	178
50-54	383	192	191	406	204	202	406	205	201	392	198	194
55-59	334	166	168	377	188	189	401	201	200	401	202	199
60-64	287	140	147	327	161	165	369	184	185	393	197	196
65-69	282	136	146	277	134	142	316	155	160	357	177	180
70-74	253	121	132	266	127	139	262	126	136	299	146	153
75-79	189	89	101	229	108	121	242	114	128	239	114	126
80+	...	...	...	...	...	...	...	...	...	...	...	...
80-84	120	54	66	159	73	86	194	90	105	207	96	111
85-89	75	33	42	89	39	50	120	53	67	148	66	82
90-94	32	13	19	45	19	26	55	23	32	75	32	43
95-99	10	4	6	14	5	9	20	8	12	24	9	15
100+	2	1	1	3	1	2	4	1	2	5	2	4

年齢	2055			2060		
	総数	男	女	総数	男	女
総数	6 578	3 303	3 276	6 725	3 380	3 344
0-4	424	217	207	432	221	210
5-9	411	210	201	424	217	207
10-14	400	205	195	411	211	201
15-19	393	201	192	400	205	195
20-24	396	203	193	394	201	192
25-29	408	208	199	396	203	194
30-34	404	206	198	408	208	200
35-39	391	199	192	404	206	198
40-44	352	179	173	390	199	191
45-49	361	184	178	351	178	172
50-54	359	182	177	359	182	177
55-59	388	196	192	356	180	176
60-64	394	198	196	381	192	189
65-69	382	190	191	383	192	191
70-74	340	168	173	364	181	184
75-79	275	133	142	314	153	161
80+	...	...	...	...	...	...
80-84	207	96	110	239	114	126
85-89	160	72	88	161	73	88
90-94	94	40	54	103	44	59
95-99	34	13	21	44	17	27
100+	7	2	5	10	3	7

性・年齢別人口（千人）

年齢	2015			2020			2025			2030		
	総数	男	女	総数	男	女	総数	男	女	総数	男	女
総数	4 808	2 406	2 402	4 995	2 497	2 499	5 121	2 557	2 564	5 195	2 592	2 604
0-4	350	179	171	292	150	143	249	128	122	219	112	107
5-9	360	184	176	350	179	171	292	149	143	249	128	122
10-14	362	185	177	361	185	176	351	179	171	293	150	143
15-19	397	203	194	363	185	177	362	185	177	351	180	172
20-24	413	210	202	398	203	195	364	186	178	363	185	177
25-29	414	210	204	413	210	203	399	203	196	364	186	179
30-34	390	197	193	414	210	205	414	210	204	399	203	196
35-39	346	174	173	390	197	193	414	209	205	413	209	204
40-44	305	151	154	345	173	173	389	196	193	413	208	204
45-49	312	154	158	303	150	153	343	171	172	386	194	193
50-54	298	147	151	308	151	157	300	147	152	340	169	171
55-59	246	121	125	292	143	149	302	148	155	295	144	150
60-64	185	90	95	238	116	122	283	138	145	294	143	151
65-69	154	75	79	176	85	91	227	110	118	271	131	140
70-74	108	52	57	142	68	74	163	77	85	211	101	111
75-79	76	35	41	94	44	50	125	58	66	145	67	77
80+	…	…	…	…	…	…	…	…	…	…	…	…
80-84	49	21	27	61	27	34	76	34	42	102	46	56
85-89	27	11	16	34	14	20	43	18	24	55	24	31
90-94	11	4	7	15	6	9	19	8	11	25	10	15
95-99	3	1	2	4	1	3	6	2	4	8	3	5
100+	0	0	0	1	0	0	1	0	1	1	0	1

年齢	2035			2040			2045			2050		
	総数	男	女	総数	男	女	総数	男	女	総数	男	女
総数	5 238	2 612	2 626	5 246	2 615	2 630	5 216	2 601	2 615	5 145	2 567	2 578
0-4	209	107	102	197	101	96	183	94	89	168	86	82
5-9	219	112	107	209	107	102	197	101	96	183	94	89
10-14	250	128	122	219	112	107	209	107	102	197	101	96
15-19	293	150	143	250	128	122	220	113	108	210	107	103
20-24	352	180	172	294	150	144	251	128	123	221	113	108
25-29	363	185	178	352	180	172	294	150	144	252	129	123
30-34	364	185	179	363	185	178	352	180	173	295	150	145
35-39	398	202	196	364	185	179	363	185	178	352	180	173
40-44	412	208	203	397	201	196	363	184	179	362	184	178
45-49	410	207	204	410	207	203	395	200	195	362	184	178
50-54	383	192	191	406	204	202	406	205	201	392	198	194
55-59	334	166	168	377	188	189	401	201	200	401	202	199
60-64	287	140	147	327	161	165	369	184	185	393	197	196
65-69	282	136	146	277	134	142	316	155	160	357	177	180
70-74	253	121	132	266	127	139	262	126	136	299	146	153
75-79	189	89	101	229	108	121	242	114	128	239	114	126
80+	…	…	…	…	…	…	…	…	…	…	…	…
80-84	120	54	66	159	73	86	194	90	105	207	96	111
85-89	75	33	42	89	39	50	120	53	67	148	66	82
90-94	32	13	19	45	19	26	55	23	32	75	32	43
95-99	10	4	6	14	5	9	20	8	12	24	9	15
100+	2	1	1	3	1	2	4	1	2	5	2	4

年齢	2055			2060		
	総数	男	女	総数	男	女
総数	5 033	2 512	2 521	4 888	2 441	2 447
0-4	151	77	74	137	70	67
5-9	168	86	82	151	77	74
10-14	184	94	90	168	86	82
15-19	198	101	97	184	94	90
20-24	211	108	103	199	102	97
25-29	222	113	108	212	108	103
30-34	253	129	124	222	114	109
35-39	295	150	145	253	129	124
40-44	352	179	173	295	150	145
45-49	361	184	178	351	178	172
50-54	359	182	177	359	182	177
55-59	388	196	192	356	180	176
60-64	394	198	196	381	192	189
65-69	382	190	191	383	192	191
70-74	340	168	173	364	181	184
75-79	275	133	142	314	153	161
80+	…	…	…	…	…	…
80-84	207	96	110	239	114	126
85-89	160	72	88	161	73	88
90-94	94	40	54	103	44	59
95-99	34	13	21	44	17	27
100+	7	2	5	10	3	7

Côte d'Ivoire

性・年齢別人口（千人）

年齢	1960 総数	男	女	1965 総数	男	女	1970 総数	男	女	1975 総数	男	女
総数	3 475	1 775	1 700	4 220	2 172	2 047	5 242	2 720	2 522	6 606	3 446	3 160
0-4	630	315	314	804	403	402	1 022	512	510	1 290	645	645
5-9	441	221	220	568	285	283	739	370	369	956	478	478
10-14	374	192	183	426	214	212	550	276	274	722	362	360
15-19	346	178	168	385	200	185	447	228	219	582	297	284
20-24	322	168	154	374	197	177	432	231	201	513	272	241
25-29	285	150	136	346	184	161	415	225	190	492	271	221
30-34	242	127	115	300	161	139	372	204	169	455	253	203
35-39	201	105	95	249	133	116	314	172	142	395	220	175
40-44	164	86	78	201	107	94	254	138	115	324	180	144
45-49	133	69	64	161	85	76	201	108	92	256	141	115
50-54	106	54	52	128	66	61	157	83	73	198	108	90
55-59	83	41	42	99	50	49	120	63	57	150	80	70
60-64	61	30	32	73	36	37	89	45	44	110	58	53
65-69	42	20	22	51	25	26	62	31	31	76	39	37
70-74	25	12	14	31	15	16	38	19	20	48	24	24
75-79	13	6	7	16	7	9	20	9	10	26	12	13
80+	6	3	4	8	4	5	11	5	6	15	7	8
80-84	...	...	...	...	...	...	...	...	...	...	...	...
85-89	...	...	...	...	...	...	...	...	...	...	...	...
90-94	...	...	...	...	...	...	...	...	...	...	...	...
95-99	...	...	...	...	...	...	...	...	...	...	...	...
100+	...	...	...	...	...	...	...	...	...	...	...	...

年齢	1980 総数	男	女	1985 総数	男	女	1990 総数	男	女	1995 総数	男	女
総数	8 266	4 319	3 946	10 158	5 306	4 852	12 166	6 329	5 837	14 404	7 468	6 936
0-4	1 599	801	798	1 872	938	934	2 157	1 081	1 075	2 487	1 247	1 239
5-9	1 221	609	612	1 525	762	763	1 789	895	895	2 058	1 030	1 028
10-14	937	469	468	1 199	598	601	1 497	748	749	1 748	873	874
15-19	753	383	370	967	490	477	1 214	610	604	1 508	758	750
20-24	650	342	308	821	428	393	1 010	518	491	1 258	640	617
25-29	576	314	263	712	384	329	860	454	406	1 049	546	503
30-34	534	300	235	619	343	276	737	402	336	884	472	411
35-39	478	270	209	557	316	241	630	352	278	745	410	336
40-44	404	228	176	487	276	210	556	317	239	626	352	275
45-49	325	182	143	403	228	175	478	272	206	543	310	233
50-54	251	139	112	318	178	139	389	220	169	458	260	198
55-59	189	103	86	239	132	107	300	167	132	364	205	159
60-64	138	74	64	174	95	79	219	120	98	271	150	121
65-69	96	50	46	120	64	56	150	81	69	186	101	85
70-74	60	31	30	76	39	37	95	50	45	117	62	55
75-79	33	16	17	42	21	21	52	27	26	64	33	31
80+	20	9	10	26	12	13	...	...	...	...	...	...
80-84	...	...	...	...	...	...	23	11	12	28	14	14
85-89	...	...	...	...	...	...	8	4	4	9	4	5
90-94	...	...	...	...	...	...	2	1	1	2	1	1
95-99	...	...	...	...	...	...	0	0	0	0	0	0
100+	...	...	...	...	...	...	0	0	0	0	0	0

年齢	2000 総数	男	女	2005 総数	男	女	2010 総数	男	女	2015 総数	男	女
総数	16 518	8 533	7 984	18 133	9 306	8 827	20 132	10 279	9 853	22 702	11 546	11 155
0-4	2 846	1 428	1 418	3 076	1 544	1 532	3 298	1 657	1 641	3 667	1 845	1 822
5-9	2 352	1 181	1 171	2 678	1 345	1 334	2 920	1 467	1 453	3 157	1 587	1 570
10-14	1 979	994	985	2 239	1 128	1 111	2 570	1 294	1 276	2 819	1 420	1 399
15-19	1 718	863	855	1 876	944	932	2 153	1 086	1 067	2 510	1 266	1 244
20-24	1 491	754	737	1 580	793	787	1 770	891	879	2 094	1 056	1 038
25-29	1 240	635	605	1 355	684	671	1 476	740	736	1 711	860	851
30-34	1 027	538	489	1 127	577	550	1 265	638	627	1 420	712	708
35-39	856	461	395	935	491	444	1 050	538	512	1 210	611	598
40-44	714	394	320	778	419	359	868	456	412	996	511	485
45-49	592	333	259	646	355	291	718	385	333	816	427	389
50-54	505	287	218	531	296	235	590	322	267	666	356	311
55-59	415	234	180	443	250	193	474	262	212	535	290	245
60-64	316	177	139	349	195	153	380	213	167	413	227	186
65-69	219	121	98	248	137	110	281	156	125	311	173	138
70-74	135	73	62	152	83	69	178	98	80	206	114	92
75-79	71	38	33	78	42	36	93	50	42	111	60	51
80+	...	...	...	...	...	...	...	...	...	...	...	...
80-84	30	15	15	31	16	15	36	19	17	45	24	21
85-89	9	4	5	9	4	5	10	5	5	12	6	6
90-94	2	1	1	2	1	1	2	1	1	2	1	1
95-99	0	0	0	0	0	0	0	0	0	0	0	0
100+	0	0	0	0	0	0	0	0	0	0	0	0

性・年齢別人口（千人）

年齢	2015			2020			2025			2030		
	総数	男	女	総数	男	女	総数	男	女	総数	男	女
総数	22 702	11 546	11 155	25 566	12 958	12 607	28 717	14 517	14 200	32 143	16 214	15 928
0-4	3 667	1 845	1 822	4 050	2 041	2 009	4 396	2 220	2 176	4 718	2 382	2 336
5-9	3 157	1 587	1 570	3 530	1 778	1 752	3 919	1 977	1 942	4 273	2 159	2 114
10-14	2 819	1 420	1 399	3 058	1 541	1 517	3 435	1 733	1 702	3 829	1 934	1 895
15-19	2 510	1 266	1 244	2 756	1 389	1 367	2 998	1 511	1 487	3 376	1 704	1 672
20-24	2 094	1 056	1 038	2 441	1 229	1 211	2 687	1 352	1 335	2 933	1 476	1 457
25-29	1 711	860	851	2 024	1 018	1 005	2 365	1 188	1 177	2 614	1 312	1 302
30-34	1 420	712	708	1 646	827	819	1 953	981	972	2 292	1 149	1 143
35-39	1 210	611	598	1 359	682	677	1 581	793	787	1 883	946	938
40-44	996	511	485	1 149	580	569	1 296	649	647	1 515	759	755
45-49	816	427	389	939	480	459	1 088	547	541	1 233	616	618
50-54	666	356	311	760	395	365	879	446	433	1 024	512	512
55-59	535	290	245	608	322	286	697	360	337	811	409	402
60-64	413	227	186	470	253	217	538	283	255	621	319	302
65-69	311	173	138	341	186	155	392	210	182	452	236	216
70-74	206	114	92	231	127	104	257	139	118	298	158	140
75-79	111	60	51	130	71	59	148	81	68	167	89	78
80+	…	…	…	…	…	…	…	…	…	…	…	…
80-84	45	24	21	54	29	26	65	35	31	75	40	35
85-89	12	6	6	15	8	7	19	10	9	23	12	11
90-94	2	1	1	3	1	1	3	2	2	4	2	2
95-99	0	0	0	0	0	0	0	0	0	0	0	0
100+	0	0	0	0	0	0	0	0	0	0	0	0

年齢	2035			2040			2045			2050		
	総数	男	女	総数	男	女	総数	男	女	総数	男	女
総数	35 857	18 059	17 798	39 882	20 061	19 821	44 204	22 214	21 990	48 797	24 503	24 294
0-4	5 049	2 549	2 499	5 408	2 732	2 675	5 759	2 911	2 848	6 094	3 082	3 012
5-9	4 604	2 325	2 279	4 946	2 498	2 449	5 316	2 686	2 631	5 680	2 870	2 810
10-14	4 190	2 119	2 071	4 530	2 289	2 241	4 881	2 466	2 415	5 261	2 658	2 603
15-19	3 773	1 906	1 867	4 139	2 093	2 046	4 484	2 266	2 219	4 842	2 445	2 396
20-24	3 313	1 670	1 643	3 714	1 874	1 840	4 084	2 063	2 021	4 436	2 239	2 197
25-29	2 864	1 439	1 426	3 247	1 633	1 613	3 651	1 839	1 812	4 027	2 031	1 996
30-34	2 543	1 275	1 268	2 798	1 404	1 394	3 183	1 600	1 583	3 591	1 807	1 784
35-39	2 220	1 113	1 107	2 474	1 240	1 234	2 732	1 370	1 362	3 120	1 567	1 553
40-44	1 814	910	904	2 148	1 075	1 072	2 404	1 203	1 200	2 665	1 335	1 330
45-49	1 449	724	725	1 743	872	871	2 073	1 035	1 038	2 330	1 163	1 167
50-54	1 167	580	587	1 377	685	692	1 664	828	836	1 988	988	1 000
55-59	950	472	478	1 089	537	552	1 292	638	654	1 569	775	794
60-64	728	365	363	859	424	436	991	485	507	1 183	579	604
65-69	527	268	259	623	309	314	742	362	380	863	417	446
70-74	348	180	168	411	207	204	492	240	252	592	284	308
75-79	197	103	94	234	118	115	280	138	143	340	162	178
80+	…	…	…	…	…	…	…	…	…	…	…	…
80-84	87	45	42	104	53	51	126	62	65	155	73	81
85-89	27	14	13	32	16	16	40	19	21	49	23	27
90-94	5	2	3	6	3	3	8	3	4	10	4	5
95-99	1	0	0	1	0	0	1	0	0	1	0	1
100+	0	0	0	0	0	0	0	0	0	0	0	0

年齢	2055			2060		
	総数	男	女	総数	男	女
総数	53 643	26 917	26 726	58 717	29 439	29 278
0-4	6 437	3 259	3 177	6 767	3 430	3 337
5-9	6 030	3 048	2 982	6 384	3 232	3 152
10-14	5 634	2 847	2 788	5 992	3 028	2 963
15-19	5 227	2 639	2 587	5 605	2 830	2 775
20-24	4 799	2 420	2 379	5 189	2 616	2 572
25-29	4 385	2 208	2 176	4 752	2 391	2 361
30-34	3 971	2 000	1 972	4 333	2 178	2 155
35-39	3 530	1 774	1 756	3 914	1 967	1 947
40-44	3 052	1 530	1 522	3 463	1 737	1 727
45-49	2 592	1 294	1 298	2 977	1 487	1 490
50-54	2 243	1 114	1 129	2 504	1 243	1 260
55-59	1 883	929	954	2 133	1 051	1 082
60-64	1 445	707	738	1 743	851	893
65-69	1 037	501	536	1 277	616	661
70-74	695	330	365	846	401	446
75-79	416	194	221	498	229	268
80+	…	…	…	…	…	…
80-84	192	88	104	241	108	133
85-89	62	28	34	81	35	46
90-94	13	5	7	17	7	10
95-99	1	1	1	2	1	1
100+	0	0	0	0	0	0

Côte d'Ivoire

性・年齢別人口（千人）

年齢	2015			2020			2025			2030		
	総数	男	女	総数	男	女	総数	男	女	総数	男	女
総数	22 702	11 546	11 155	25 778	13 065	12 713	29 316	14 819	14 497	33 287	16 792	16 495
0-4	3 667	1 845	1 822	4 263	2 148	2 114	4 790	2 419	2 371	5 279	2 665	2 614
5-9	3 157	1 587	1 570	3 530	1 778	1 752	4 125	2 081	2 044	4 655	2 352	2 303
10-14	2 819	1 420	1 399	3 058	1 541	1 517	3 435	1 733	1 702	4 030	2 035	1 994
15-19	2 510	1 266	1 244	2 756	1 389	1 367	2 998	1 511	1 487	3 376	1 704	1 672
20-24	2 094	1 056	1 038	2 441	1 229	1 211	2 687	1 352	1 335	2 933	1 476	1 457
25-29	1 711	860	851	2 024	1 018	1 005	2 365	1 188	1 177	2 614	1 312	1 302
30-34	1 420	712	708	1 646	827	819	1 953	981	972	2 292	1 149	1 143
35-39	1 210	611	598	1 359	682	677	1 581	793	787	1 883	946	938
40-44	996	511	485	1 149	580	569	1 296	649	647	1 515	759	755
45-49	816	427	389	939	480	459	1 088	547	541	1 233	616	618
50-54	666	356	311	760	395	365	879	446	433	1 024	512	512
55-59	535	290	245	608	322	286	697	360	337	811	409	402
60-64	413	227	186	470	253	217	538	283	255	621	319	302
65-69	311	173	138	341	186	155	392	210	182	452	236	216
70-74	206	114	92	231	127	104	257	139	118	298	158	140
75-79	111	60	51	130	71	59	148	81	68	167	89	78
80+	...	...	...	...	...	...	...	...	...	...	...	...
80-84	45	24	21	54	29	26	65	35	31	75	40	35
85-89	12	6	6	15	8	7	19	10	9	23	12	11
90-94	2	1	1	3	1	1	3	2	2	4	2	2
95-99	0	0	0	0	0	0	0	0	0	0	0	0
100+	0	0	0	0	0	0	0	0	0	0	0	0

年齢	2035			2040			2045			2050		
	総数	男	女	総数	男	女	総数	男	女	総数	男	女
総数	37 646	18 962	18 683	42 496	21 382	21 114	47 899	24 080	23 818	53 859	27 060	26 800
0-4	5 717	2 887	2 830	6 264	3 165	3 099	6 877	3 477	3 401	7 508	3 797	3 711
5-9	5 152	2 601	2 551	5 601	2 828	2 773	6 158	3 111	3 047	6 783	3 428	3 356
10-14	4 565	2 308	2 256	5 069	2 561	2 508	5 527	2 792	2 735	6 094	3 079	3 015
15-19	3 971	2 006	1 965	4 509	2 280	2 229	5 017	2 535	2 482	5 482	2 769	2 714
20-24	3 313	1 670	1 643	3 908	1 972	1 936	4 449	2 247	2 201	4 963	2 504	2 458
25-29	2 864	1 439	1 426	3 247	1 633	1 613	3 841	1 935	1 906	4 386	2 212	2 174
30-34	2 543	1 275	1 268	2 798	1 404	1 394	3 183	1 600	1 583	3 778	1 901	1 877
35-39	2 220	1 113	1 107	2 474	1 240	1 234	2 732	1 370	1 362	3 120	1 567	1 553
40-44	1 814	910	904	2 148	1 075	1 072	2 404	1 203	1 200	2 665	1 335	1 330
45-49	1 449	724	725	1 743	872	871	2 073	1 035	1 038	2 330	1 163	1 167
50-54	1 167	580	587	1 377	685	692	1 664	828	836	1 988	988	1 000
55-59	950	472	478	1 089	537	552	1 292	638	654	1 569	775	794
60-64	728	365	363	859	424	436	991	485	507	1 183	579	604
65-69	527	268	259	623	309	314	742	362	380	863	417	446
70-74	348	180	168	411	207	204	492	240	252	592	284	308
75-79	197	103	94	234	118	115	280	138	143	340	162	178
80+	...	...	...	...	...	...	...	...	...	...	...	...
80-84	87	45	42	104	53	51	126	62	65	155	73	81
85-89	27	14	13	32	16	16	40	19	21	49	23	27
90-94	5	2	3	6	3	3	8	3	4	10	4	5
95-99	1	0	0	1	0	0	1	0	0	1	0	1
100+	0	0	0	0	0	0	0	0	0	0	0	0

年齢	2055			2060		
	総数	男	女	総数	男	女
総数	60 379	30 319	30 061	67 461	33 856	33 605
0-4	8 162	4 133	4 029	8 834	4 478	4 356
5-9	7 428	3 755	3 673	8 095	4 098	3 997
10-14	6 728	3 399	3 329	7 381	3 730	3 651
15-19	6 054	3 057	2 997	6 693	3 379	3 313
20-24	5 433	2 740	2 693	6 009	3 029	2 979
25-29	4 904	2 470	2 435	5 379	2 707	2 672
30-34	4 325	2 177	2 148	4 846	2 436	2 410
35-39	3 714	1 866	1 848	4 262	2 142	2 120
40-44	3 052	1 530	1 522	3 644	1 827	1 817
45-49	2 592	1 294	1 298	2 977	1 487	1 490
50-54	2 243	1 114	1 129	2 504	1 243	1 260
55-59	1 883	929	954	2 133	1 051	1 082
60-64	1 445	707	738	1 743	851	893
65-69	1 037	501	536	1 277	616	661
70-74	695	330	365	846	401	446
75-79	416	194	221	498	229	268
80+	...	...	...	...	...	...
80-84	192	88	104	241	108	133
85-89	62	28	34	81	35	46
90-94	13	5	7	17	7	10
95-99	1	1	1	2	1	1
100+	0	0	0	0	0	0

性・年齢別人口（千人）

年齢	2015			2020			2025			2030		
	総数	男	女	総数	男	女	総数	男	女	総数	男	女
総数	22 702	11 546	11 155	25 353	12 851	12 502	28 118	14 214	13 904	30 999	15 637	15 362
0-4	3 667	1 845	1 822	3 838	1 934	1 904	4 003	2 021	1 981	4 157	2 098	2 058
5-9	3 157	1 587	1 570	3 530	1 778	1 752	3 714	1 873	1 840	3 891	1 966	1 925
10-14	2 819	1 420	1 399	3 058	1 541	1 517	3 435	1 733	1 702	3 628	1 833	1 796
15-19	2 510	1 266	1 244	2 756	1 389	1 367	2 998	1 511	1 487	3 376	1 704	1 672
20-24	2 094	1 056	1 038	2 441	1 229	1 211	2 687	1 352	1 335	2 933	1 476	1 457
25-29	1 711	860	851	2 024	1 018	1 005	2 365	1 188	1 177	2 614	1 312	1 302
30-34	1 420	712	708	1 646	827	819	1 953	981	972	2 292	1 149	1 143
35-39	1 210	611	598	1 359	682	677	1 581	793	787	1 883	946	938
40-44	996	511	485	1 149	580	569	1 296	649	647	1 515	759	755
45-49	816	427	389	939	480	459	1 088	547	541	1 233	616	618
50-54	666	356	311	760	395	365	879	446	433	1 024	512	512
55-59	535	290	245	608	322	286	697	360	337	811	409	402
60-64	413	227	186	470	253	217	538	283	255	621	319	302
65-69	311	173	138	341	186	155	392	210	182	452	236	216
70-74	206	114	92	231	127	104	257	139	118	298	158	140
75-79	111	60	51	130	71	59	148	81	68	167	89	78
80+	...	...	...	...	...	...	...	...	...	...	...	...
80-84	45	24	21	54	29	26	65	35	31	75	40	35
85-89	12	6	6	15	8	7	19	10	9	23	12	11
90-94	2	1	1	3	1	1	3	2	2	4	2	2
95-99	0	0	0	0	0	0	0	0	0	0	0	0
100+	0	0	0	0	0	0	0	0	0	0	0	0

年齢	2035			2040			2045			2050		
	総数	男	女	総数	男	女	総数	男	女	総数	男	女
総数	34 075	17 159	16 916	37 307	18 760	18 546	40 624	20 406	20 219	43 980	22 070	21 910
0-4	4 387	2 215	2 172	4 583	2 316	2 267	4 717	2 384	2 332	4 814	2 434	2 379
5-9	4 056	2 048	2 008	4 298	2 170	2 128	4 506	2 276	2 230	4 653	2 351	2 302
10-14	3 815	1 929	1 886	3 991	2 016	1 975	4 242	2 143	2 099	4 459	2 253	2 206
15-19	3 576	1 806	1 769	3 769	1 906	1 863	3 951	1 996	1 955	4 208	2 125	2 083
20-24	3 313	1 670	1 643	3 520	1 776	1 744	3 720	1 879	1 840	3 910	1 973	1 936
25-29	2 864	1 439	1 426	3 247	1 633	1 613	3 460	1 743	1 717	3 668	1 850	1 818
30-34	2 543	1 275	1 268	2 798	1 404	1 394	3 183	1 600	1 583	3 404	1 713	1 691
35-39	2 220	1 113	1 107	2 474	1 240	1 234	2 732	1 370	1 362	3 120	1 567	1 553
40-44	1 814	910	904	2 148	1 075	1 072	2 404	1 203	1 200	2 665	1 335	1 330
45-49	1 449	724	725	1 743	872	871	2 073	1 035	1 038	2 330	1 163	1 167
50-54	1 167	580	587	1 377	685	692	1 664	828	836	1 988	988	1 000
55-59	950	472	478	1 089	537	552	1 292	638	654	1 569	775	794
60-64	728	365	363	859	424	436	991	485	507	1 183	579	604
65-69	527	268	259	623	309	314	742	362	380	863	417	446
70-74	348	180	168	411	207	204	492	240	252	592	284	308
75-79	197	103	94	234	118	115	280	138	143	340	162	178
80+	...	...	...	...	...	...	...	...	...	...	...	...
80-84	87	45	42	104	53	51	126	62	65	155	73	81
85-89	27	14	13	32	16	16	40	19	21	49	23	27
90-94	5	2	3	6	3	3	8	3	4	10	4	5
95-99	1	0	0	1	0	0	1	0	1	1	0	1
100+	0	0	0	0	0	0	0	0	0	0	0	0

年齢	2055			2060		
	総数	男	女	総数	男	女
総数	47 351	23 739	23 612	50 701	25 391	25 310
0-4	4 912	2 487	2 425	4 988	2 528	2 460
5-9	4 763	2 408	2 355	4 872	2 466	2 406
10-14	4 615	2 332	2 283	4 733	2 392	2 341
15-19	4 431	2 237	2 193	4 592	2 319	2 273
20-24	4 171	2 104	2 068	4 399	2 218	2 181
25-29	3 865	1 947	1 918	4 131	2 079	2 052
30-34	3 618	1 822	1 796	3 820	1 920	1 899
35-39	3 346	1 681	1 665	3 565	1 792	1 773
40-44	3 052	1 530	1 522	3 283	1 646	1 637
45-49	2 592	1 294	1 298	2 977	1 487	1 490
50-54	2 243	1 114	1 129	2 504	1 243	1 260
55-59	1 883	929	954	2 133	1 051	1 082
60-64	1 445	707	738	1 743	851	893
65-69	1 037	501	536	1 277	616	661
70-74	695	330	365	846	401	446
75-79	416	194	221	498	229	268
80+	...	...	...	...	...	...
80-84	192	88	104	241	108	133
85-89	62	28	34	81	35	46
90-94	13	5	7	17	7	10
95-99	1	1	1	2	1	1
100+	0	0	0	0	0	0

性・年齢別人口(千人)

年齢	1960			1965			1970			1975		
	総数	男	女	総数	男	女	総数	男	女	総数	男	女
総数	4 193	2 013	2 179	4 329	2 090	2 239	4 423	2 140	2 283	4 501	2 182	2 319
0-4	373	191	181	346	178	169	314	161	153	326	167	159
5-9	397	204	193	371	191	180	344	176	167	315	161	154
10-14	383	194	189	397	204	193	371	191	180	344	175	169
15-19	296	149	147	377	192	185	396	203	193	368	188	180
20-24	340	173	167	287	146	141	369	189	180	385	199	187
25-29	361	182	179	336	172	165	276	142	134	351	181	170
30-34	348	171	176	360	182	178	332	170	162	263	134	129
35-39	297	129	167	344	169	175	358	181	177	327	165	162
40-44	191	85	106	289	125	164	338	165	173	353	177	176
45-49	241	110	132	184	81	103	280	119	160	329	159	170
50-54	267	125	142	234	105	129	175	76	99	269	113	156
55-59	226	106	121	254	117	137	222	98	125	167	72	96
60-64	180	81	100	207	94	113	234	105	130	210	91	118
65-69	115	47	69	156	67	89	180	78	102	209	90	118
70-74	83	32	52	91	35	56	123	49	74	144	60	84
75-79	51	20	31	56	20	37	64	22	41	85	32	54
80+	41	14	26	40	13	26	46	14	32	54	16	38
80-84	...	...	...	...	...	...	...	...	...	...	...	...
85-89	...	...	...	...	...	...	...	...	...	...	...	...
90-94	...	...	...	...	...	...	...	...	...	...	...	...
95-99	...	...	...	...	...	...	...	...	...	...	...	...
100+	...	...	...	...	...	...	...	...	...	...	...	...

年齢	1980			1985			1990			1995		
	総数	男	女	総数	男	女	総数	男	女	総数	男	女
総数	4 598	2 227	2 371	4 716	2 282	2 434	4 776	2 316	2 461	4 617	2 233	2 384
0-4	324	166	158	323	166	157	293	151	142	243	125	118
5-9	328	168	160	326	167	159	324	166	157	289	148	140
10-14	316	161	155	332	170	162	328	168	160	320	164	155
15-19	345	175	170	321	163	157	334	171	163	317	163	154
20-24	368	187	181	350	177	173	323	164	159	308	158	150
25-29	381	197	184	372	189	184	354	178	175	293	148	145
30-34	342	177	166	384	198	186	374	189	185	332	165	167
35-39	259	130	128	344	177	167	383	197	186	356	179	177
40-44	328	164	164	259	130	129	341	174	167	366	187	179
45-49	347	173	175	325	161	164	255	127	128	326	165	161
50-54	316	151	165	337	165	172	316	155	161	242	118	123
55-59	255	104	151	302	140	161	320	154	166	298	143	155
60-64	154	64	90	238	93	145	280	126	154	296	137	159
65-69	188	78	110	137	54	84	215	80	135	249	106	143
70-74	173	70	103	154	59	95	115	42	73	180	62	118
75-79	102	39	63	123	45	79	113	40	73	86	29	58
80+	70	23	48	88	28	60	...	...	...	...	...	...
80-84	...	...	...	...	...	...	75	24	50	71	22	49
85-89	...	...	...	...	...	...	27	8	19	36	11	25
90-94	...	...	...	...	...	...	7	2	5	9	3	6
95-99	...	...	...	...	...	...	1	0	1	1	0	1
100+	...	...	...	...	...	...	0	0	0	0	0	0

年齢	2000			2005			2010			2015		
	総数	男	女	総数	男	女	総数	男	女	総数	男	女
総数	4 428	2 132	2 296	4 378	2 108	2 270	4 316	2 081	2 236	4 240	2 045	2 195
0-4	242	125	118	206	106	100	218	112	106	207	107	101
5-9	241	123	117	242	124	118	207	107	101	217	112	106
10-14	284	145	139	240	123	117	242	124	118	207	106	101
15-19	302	154	148	283	145	139	238	121	116	241	124	117
20-24	296	151	145	301	153	147	272	139	133	234	120	114
25-29	299	151	148	294	149	145	293	149	144	267	136	131
30-34	292	146	146	298	150	147	296	150	146	289	147	142
35-39	327	163	164	290	145	145	295	149	146	293	148	144
40-44	339	170	169	324	161	163	282	141	141	292	147	145
45-49	335	169	165	333	166	168	313	155	158	278	138	140
50-54	291	144	147	326	163	163	320	158	162	307	151	156
55-59	217	102	115	280	136	144	313	154	159	309	151	159
60-64	274	126	148	205	94	111	270	127	143	297	143	154
65-69	260	114	146	249	110	140	196	86	110	249	113	136
70-74	201	80	121	222	92	131	221	92	129	172	72	100
75-79	130	41	89	156	57	99	175	67	109	178	69	109
80+	...	...	...	...	...	...	...	...	...	...	...	...
80-84	50	15	35	87	24	62	105	35	70	123	42	81
85-89	34	10	25	26	7	19	47	11	35	59	17	42
90-94	12	3	9	12	3	9	10	2	8	19	4	15
95-99	2	1	1	3	1	2	3	1	2	3	1	2
100+	0	0	0	0	0	0	0	0	0	1	0	0

性・年齢別人口（千人）

年齢	2015 総数	男	女	2020 総数	男	女	2025 総数	男	女	2030 総数	男	女
総数	4 240	2 045	2 195	4 162	2 011	2 152	4 072	1 971	2 102	3 977	1 928	2 049
0-4	207	107	101	192	99	93	179	92	87	171	88	83
5-9	217	112	106	207	106	101	192	99	93	179	92	87
10-14	207	106	101	217	112	106	207	106	101	192	98	93
15-19	241	124	117	206	106	100	217	111	105	207	106	100
20-24	234	120	114	240	123	117	206	106	100	216	111	105
25-29	267	136	131	233	119	114	239	122	117	205	105	100
30-34	289	147	142	266	135	131	232	118	114	238	122	116
35-39	293	148	144	287	146	141	265	135	130	231	118	113
40-44	292	147	145	291	147	144	286	145	141	263	134	130
45-49	278	138	140	288	145	144	288	145	143	283	143	140
50-54	307	151	156	273	135	138	283	141	142	283	142	141
55-59	309	151	159	298	144	153	266	130	136	277	137	140
60-64	297	143	154	295	141	154	286	136	150	256	123	133
65-69	249	113	136	276	129	147	276	128	148	269	125	144
70-74	172	72	100	221	95	125	247	111	137	250	112	138
75-79	178	69	109	141	55	86	184	75	109	208	88	120
80+	…	…	…	…	…	…	…	…	…	…	…	…
80-84	123	42	81	128	45	83	104	37	67	138	52	86
85-89	59	17	42	72	22	50	77	24	53	64	20	44
90-94	19	4	15	26	6	19	32	9	24	36	10	26
95-99	3	1	2	6	1	5	8	2	6	10	2	8
100+	1	0	0	1	0	0	1	0	1	2	0	1

年齢	2035 総数	男	女	2040 総数	男	女	2045 総数	男	女	2050 総数	男	女
総数	3 876	1 883	1 993	3 771	1 836	1 935	3 664	1 790	1 874	3 554	1 743	1 811
0-4	166	85	80	162	83	79	159	82	77	154	79	75
5-9	171	88	83	165	85	80	162	83	78	159	82	77
10-14	179	92	87	171	88	83	165	85	80	161	83	78
15-19	191	98	93	179	92	87	171	88	83	165	85	80
20-24	206	106	100	191	98	93	178	91	87	170	87	83
25-29	215	110	105	205	105	100	190	97	92	177	91	86
30-34	204	104	99	214	110	104	204	105	99	189	97	92
35-39	237	121	116	203	104	99	213	109	104	204	104	99
40-44	230	117	113	236	120	115	202	103	99	213	109	104
45-49	261	132	129	228	116	112	234	119	115	201	103	98
50-54	279	140	139	258	130	128	225	114	111	232	118	114
55-59	277	138	139	274	137	137	253	127	126	222	112	110
60-64	267	130	137	269	132	137	266	132	134	247	123	124
65-69	242	114	128	254	122	133	257	124	132	255	125	131
70-74	245	111	135	223	102	121	236	110	125	240	114	126
75-79	214	91	122	212	92	121	195	86	109	209	95	114
80+	…	…	…	…	…	…	…	…	…	…	…	…
80-84	159	63	96	167	67	100	169	69	100	158	67	91
85-89	88	30	58	104	38	67	112	41	70	116	44	72
90-94	31	9	23	44	13	31	54	17	37	60	20	40
95-99	12	3	9	11	3	8	16	4	12	20	6	15
100+	2	0	2	3	1	2	3	1	2	4	1	3

年齢	2055 総数	男	女	2060 総数	男	女
総数	3 444	1 696	1 748	3 333	1 647	1 686
0-4	147	76	71	141	73	69
5-9	154	79	75	147	76	71
10-14	159	82	77	154	79	75
15-19	161	83	78	158	81	77
20-24	164	85	80	161	83	78
25-29	169	87	82	164	84	80
30-34	177	91	86	169	87	82
35-39	188	97	92	176	90	86
40-44	203	104	99	188	96	91
45-49	211	108	103	202	103	98
50-54	199	101	98	209	107	102
55-59	228	116	113	196	100	97
60-64	217	108	108	224	113	111
65-69	238	117	121	209	104	106
70-74	240	115	124	224	109	116
75-79	214	99	115	216	101	114
80+	…	…	…	…	…	…
80-84	171	74	96	178	79	98
85-89	111	44	67	123	50	72
90-94	64	22	42	63	23	40
95-99	23	7	16	26	8	18
100+	5	1	4	6	2	5

Croatia

性・年齢別人口（千人）

年齢	2015			2020			2025			2030		
	総数	男	女	総数	男	女	総数	男	女	総数	男	女
総数	4 240	2 045	2 195	4 195	2 028	2 167	4 153	2 013	2 141	4 114	1 999	2 116
0-4	207	107	101	224	115	109	228	117	111	228	117	111
5-9	217	112	106	207	106	101	224	115	109	228	117	111
10-14	207	106	101	217	112	106	207	106	101	224	115	109
15-19	241	124	117	206	106	100	217	111	105	207	106	100
20-24	234	120	114	240	123	117	206	106	100	216	111	105
25-29	267	136	131	233	119	114	239	122	117	205	105	100
30-34	289	147	142	266	135	131	232	118	114	238	122	116
35-39	293	148	144	287	146	141	265	135	130	231	118	113
40-44	292	147	145	291	147	144	286	145	141	263	134	130
45-49	278	138	140	288	145	144	288	145	143	283	143	140
50-54	307	151	156	273	135	138	283	141	142	283	142	141
55-59	309	151	159	298	144	153	266	130	136	277	137	140
60-64	297	143	154	295	141	154	286	136	150	256	123	133
65-69	249	113	136	276	129	147	276	128	148	269	125	144
70-74	172	72	100	221	95	125	247	111	137	250	112	138
75-79	178	69	109	141	55	86	184	75	109	208	88	120
80+	…	…	…	…	…	…	…	…	…	…	…	…
80-84	123	42	81	128	45	83	104	37	67	138	52	86
85-89	59	17	42	72	22	50	77	24	53	64	20	44
90-94	19	4	15	26	6	19	32	9	24	36	10	26
95-99	3	1	2	6	1	5	8	2	6	10	2	8
100+	1	0	0	1	0	0	1	0	1	2	0	1

年齢	2035			2040			2045			2050		
	総数	男	女	総数	男	女	総数	男	女	総数	男	女
総数	4 068	1 981	2 086	4 016	1 962	2 054	3 966	1 945	2 021	3 927	1 935	1 992
0-4	220	113	107	215	111	105	217	112	105	224	115	109
5-9	228	117	111	219	113	107	215	111	104	217	111	105
10-14	227	117	110	228	117	111	219	113	106	215	110	104
15-19	224	115	109	227	117	110	227	117	110	219	113	106
20-24	206	106	100	223	115	108	226	116	110	227	116	110
25-29	215	110	105	205	105	100	222	114	108	226	116	110
30-34	204	104	99	214	110	104	204	105	99	221	114	108
35-39	237	121	116	203	104	99	213	109	104	204	104	99
40-44	230	117	113	236	120	115	202	103	99	213	109	104
45-49	261	132	129	228	116	112	234	119	115	201	103	98
50-54	279	140	139	258	130	128	225	114	111	232	118	114
55-59	277	138	139	274	137	137	253	127	126	222	112	110
60-64	267	130	137	269	132	137	266	132	134	247	123	124
65-69	242	114	128	254	122	133	257	124	132	255	125	131
70-74	245	111	135	223	102	121	236	110	125	240	114	126
75-79	214	91	122	212	92	121	195	86	109	209	95	114
80+	…	…	…	…	…	…	…	…	…	…	…	…
80-84	159	63	96	167	67	100	169	69	100	158	67	91
85-89	88	30	58	104	38	67	112	41	70	116	44	72
90-94	31	9	23	44	13	31	54	17	37	60	20	40
95-99	12	3	9	11	3	8	16	4	12	20	6	15
100+	2	0	2	3	1	2	3	1	2	4	1	3

年齢	2055			2060		
	総数	男	女	総数	男	女
総数	3 900	1 930	1 970	3 883	1 929	1 953
0-4	231	119	112	235	121	114
5-9	223	115	108	231	119	112
10-14	217	111	105	223	115	108
15-19	214	110	104	216	111	105
20-24	218	112	106	214	110	104
25-29	226	116	110	218	112	106
30-34	225	115	109	225	116	110
35-39	221	113	107	224	115	109
40-44	203	104	99	220	113	107
45-49	211	108	103	202	103	98
50-54	199	101	98	209	107	102
55-59	228	116	113	196	100	97
60-64	217	108	108	224	113	111
65-69	238	117	121	209	104	106
70-74	240	115	124	224	109	116
75-79	214	99	115	216	101	114
80+	…	…	…	…	…	…
80-84	171	74	96	178	79	98
85-89	111	44	67	123	50	72
90-94	64	22	42	63	23	40
95-99	23	7	16	26	8	18
100+	5	1	4	6	2	5

性・年齢別人口（千人）

年齢	2015			2020			2025			2030		
	総数	男	女	総数	男	女	総数	男	女	総数	男	女
総数	4 240	2 045	2 195	4 130	1 994	2 136	3 991	1 929	2 062	3 839	1 857	1 982
0-4	207	107	101	159	82	77	131	67	63	114	59	56
5-9	217	112	106	207	106	101	159	82	77	131	67	63
10-14	207	106	101	217	112	106	207	106	101	159	82	77
15-19	241	124	117	206	106	100	217	111	105	207	106	100
20-24	234	120	114	240	123	117	206	106	100	216	111	105
25-29	267	136	131	233	119	114	239	122	117	205	105	100
30-34	289	147	142	266	135	131	232	118	114	238	122	116
35-39	293	148	144	287	146	141	265	135	130	231	118	113
40-44	292	147	145	291	147	144	286	145	141	263	134	130
45-49	278	138	140	288	145	144	288	145	143	283	143	140
50-54	307	151	156	273	135	138	283	141	142	283	142	141
55-59	309	151	159	298	144	153	266	130	136	277	137	140
60-64	297	143	154	295	141	154	286	136	150	256	123	133
65-69	249	113	136	276	129	147	276	128	148	269	125	144
70-74	172	72	100	221	95	125	247	111	137	250	112	138
75-79	178	69	109	141	55	86	184	75	109	208	88	120
80+	…	…	…	…	…	…	…	…	…	…	…	…
80-84	123	42	81	128	45	83	104	37	67	138	52	86
85-89	59	17	42	72	22	50	77	24	53	64	20	44
90-94	19	4	15	26	6	19	32	9	24	36	10	26
95-99	3	1	2	6	1	5	8	2	6	10	2	8
100+	1	0	0	1	0	0	1	0	1	2	0	1

年齢	2035			2040			2045			2050		
	総数	男	女	総数	男	女	総数	男	女	総数	男	女
総数	3 685	1 784	1 900	3 527	1 711	1 817	3 366	1 637	1 729	3 198	1 560	1 638
0-4	112	57	54	109	56	53	105	54	51	95	49	46
5-9	114	59	56	112	57	54	109	56	53	105	54	51
10-14	130	67	63	114	59	55	111	57	54	109	56	53
15-19	159	82	77	130	67	63	114	59	55	111	57	54
20-24	206	106	100	158	81	77	130	67	63	113	58	55
25-29	215	110	105	205	105	100	157	81	77	129	66	63
30-34	204	104	99	214	110	104	204	105	99	157	81	76
35-39	237	121	116	203	104	99	213	109	104	204	104	99
40-44	230	117	113	236	120	115	202	103	99	213	109	104
45-49	261	132	129	228	116	112	234	119	115	201	103	98
50-54	279	140	139	258	130	128	225	114	111	232	118	114
55-59	277	138	139	274	137	137	253	127	126	222	112	110
60-64	267	130	137	269	132	137	266	132	134	247	123	124
65-69	242	114	128	254	122	133	257	124	132	255	125	131
70-74	245	111	135	223	102	121	236	110	125	240	114	126
75-79	214	91	122	212	92	121	195	86	109	209	95	114
80+	…	…	…	…	…	…	…	…	…	…	…	…
80-84	159	63	96	167	67	100	169	69	100	158	67	91
85-89	88	30	58	104	38	67	112	41	70	116	44	72
90-94	31	9	23	44	13	31	54	17	37	60	20	40
95-99	12	3	9	11	3	8	16	4	12	20	6	15
100+	2	0	2	3	1	2	3	1	2	4	1	3

年齢	2055			2060		
	総数	男	女	総数	男	女
総数	3 022	1 479	1 543	2 841	1 394	1 447
0-4	81	42	40	71	37	35
5-9	95	49	46	81	42	39
10-14	105	54	51	95	49	46
15-19	109	56	53	105	54	51
20-24	111	57	54	108	56	53
25-29	113	58	55	110	57	54
30-34	128	66	62	112	58	55
35-39	156	80	76	128	66	62
40-44	203	104	99	156	80	76
45-49	211	108	103	202	103	98
50-54	199	101	98	209	107	102
55-59	228	116	113	196	100	97
60-64	217	108	108	224	113	111
65-69	238	117	121	209	104	106
70-74	240	115	124	224	109	116
75-79	214	99	115	216	101	114
80+	…	…	…	…	…	…
80-84	171	74	96	178	79	98
85-89	111	44	67	123	50	72
90-94	64	22	42	63	23	40
95-99	23	7	16	26	8	18
100+	5	1	4	6	2	5

Cuba

性・年齢別人口（千人）

年齢	1960			1965			1970			1975		
	総数	男	女	総数	男	女	総数	男	女	総数	男	女
総数	7 141	3 648	3 493	7 952	4 047	3 905	8 715	4 431	4 284	9 438	4 785	4 653
0-4	890	453	437	1 231	628	604	1 223	625	598	1 135	581	555
5-9	870	441	428	865	440	425	1 206	615	591	1 205	616	590
10-14	744	380	364	853	433	420	847	431	416	1 192	607	584
15-19	697	355	343	720	367	353	825	418	407	825	418	407
20-24	638	323	315	667	338	328	685	349	336	797	403	394
25-29	545	274	271	606	306	300	632	322	310	658	335	323
30-34	480	240	240	515	259	256	573	290	283	606	308	298
35-39	423	211	213	452	226	226	483	243	240	548	277	271
40-44	386	194	192	397	197	200	423	212	211	460	232	229
45-49	362	182	180	362	181	181	372	185	187	403	201	201
50-54	318	165	153	338	170	169	338	169	169	352	174	177
55-59	270	146	124	298	153	145	318	159	160	321	159	161
60-64	185	103	82	251	135	116	280	143	137	300	148	152
65-69	128	71	58	166	91	75	227	121	106	254	128	126
70-74	108	59	49	106	57	49	139	75	64	194	101	93
75-79	59	33	26	77	41	35	79	42	37	108	57	51
80+	37	20	18	48	25	23	65	33	32	79	39	40
80-84	...	...	...	...	...	...	...	...	...	...	...	...
85-89	...	...	...	...	...	...	...	...	...	...	...	...
90-94	...	...	...	...	...	...	...	...	...	...	...	...
95-99	...	...	...	...	...	...	...	...	...	...	...	...
100+	...	...	...	...	...	...	...	...	...	...	...	...

年齢	1980			1985			1990			1995		
	総数	男	女	総数	男	女	総数	男	女	総数	男	女
総数	9 835	4 977	4 858	10 083	5 082	5 001	10 582	5 332	5 251	10 906	5 490	5 416
0-4	803	412	391	784	401	383	896	460	436	810	417	394
5-9	1 121	573	548	784	401	383	777	398	379	886	455	431
10-14	1 193	609	584	1 103	563	540	779	399	380	763	388	375
15-19	1 172	596	575	1 162	591	571	1 093	558	535	762	388	373
20-24	801	406	395	1 133	574	558	1 147	584	564	1 070	545	525
25-29	773	391	383	764	386	378	1 117	567	551	1 123	570	553
30-34	636	324	312	738	371	367	751	379	372	1 096	555	541
35-39	584	297	288	603	306	298	725	365	360	735	372	363
40-44	528	267	261	555	281	274	591	300	291	710	358	352
45-49	442	222	220	501	252	249	541	274	268	576	293	284
50-54	384	191	192	416	208	208	485	243	242	524	265	259
55-59	335	164	170	363	179	184	400	198	202	466	233	234
60-64	302	149	154	316	154	162	344	168	176	378	185	192
65-69	273	133	140	277	134	142	290	139	151	314	151	163
70-74	221	109	112	239	114	125	242	115	127	253	119	134
75-79	156	79	77	179	86	93	194	90	104	196	90	106
80+	113	56	57	166	80	86	...	...	...	...	...	...
80-84	...	...	...	...	...	...	127	58	69	137	61	77
85-89	...	...	...	...	...	...	62	29	33	72	31	40
90-94	...	...	...	...	...	...	18	8	10	26	12	15
95-99	...	...	...	...	...	...	4	2	2	5	2	3
100+	...	...	...	...	...	...	1	0	0	1	0	0

年齢	2000			2005			2010			2015		
	総数	男	女	総数	男	女	総数	男	女	総数	男	女
総数	11 117	5 584	5 533	11 261	5 662	5 599	11 308	5 686	5 622	11 390	5 722	5 668
0-4	749	384	365	682	351	331	619	319	301	588	302	286
5-9	802	412	390	739	380	360	669	345	325	614	316	298
10-14	873	446	427	774	401	373	706	366	340	656	339	317
15-19	742	377	365	847	435	413	743	386	357	692	359	333
20-24	731	372	359	720	367	354	820	421	398	731	380	351
25-29	1 039	529	511	710	362	348	695	354	340	808	415	393
30-34	1 098	556	542	1 021	519	502	689	352	337	685	349	336
35-39	1 074	542	532	1 081	547	534	1 002	509	493	680	347	333
40-44	718	361	357	1 057	532	525	1 063	536	527	991	502	489
45-49	692	347	345	703	352	351	1 038	521	517	1 048	527	521
50-54	558	282	277	674	336	337	685	342	343	1 018	508	509
55-59	503	253	251	538	270	269	652	323	328	665	330	335
60-64	441	218	223	478	238	240	513	255	258	623	307	317
65-69	347	168	179	409	199	209	445	218	226	479	235	244
70-74	277	130	147	309	147	162	366	175	191	400	193	207
75-79	209	95	114	231	105	125	261	120	140	311	145	166
80+	...	...	...	...	...	...	...	...	...	...	...	...
80-84	142	62	80	153	67	87	177	78	100	203	90	113
85-89	80	33	47	84	35	49	103	42	61	120	50	71
90-94	32	13	19	36	14	22	46	17	28	57	21	36
95-99	8	4	5	10	4	6	15	5	9	19	6	13
100+	1	1	1	2	1	1	3	1	2	3	1	2

性・年齢別人口（千人）

年齢	2015 総数	男	女	2020 総数	男	女	2025 総数	男	女	2030 総数	男	女
総数	11 390	5 722	5 668	11 366	5 705	5 661	11 319	5 678	5 641	11 237	5 635	5 602
0-4	588	302	286	543	279	264	513	263	249	489	251	238
5-9	614	316	298	581	298	282	538	276	262	510	262	248
10-14	656	339	317	596	308	288	570	293	276	532	273	258
15-19	692	359	333	638	330	308	585	302	283	563	290	273
20-24	731	380	351	677	351	325	628	325	303	579	299	280
25-29	808	415	393	716	372	344	667	346	321	622	322	301
30-34	685	349	336	795	408	386	707	368	340	661	343	318
35-39	680	347	333	674	343	331	787	404	383	702	365	337
40-44	991	502	489	670	341	329	666	339	328	780	400	380
45-49	1 048	527	521	976	493	483	661	336	325	659	334	324
50-54	1 018	508	509	1 028	515	513	960	484	476	651	330	321
55-59	665	330	335	990	492	498	1 003	501	502	939	472	467
60-64	623	307	317	638	314	324	954	472	482	970	482	488
65-69	479	235	244	585	285	300	602	294	308	905	444	461
70-74	400	193	207	434	210	224	535	257	278	554	267	287
75-79	311	145	166	344	162	182	377	178	199	469	221	248
80+	…	…	…	…	…	…	…	…	…	…	…	…
80-84	203	90	113	245	110	135	275	125	150	306	140	166
85-89	120	50	71	140	59	82	173	73	100	198	86	112
90-94	57	21	36	69	26	43	81	31	50	103	40	63
95-99	19	6	13	24	8	16	30	10	20	36	12	24
100+	3	1	2	5	2	4	7	2	5	10	3	7

年齢	2035 総数	男	女	2040 総数	男	女	2045 総数	男	女	2050 総数	男	女
総数	11 103	5 569	5 534	10 909	5 475	5 433	10 654	5 352	5 302	10 339	5 200	5 139
0-4	466	239	227	446	229	217	429	221	209	414	213	201
5-9	487	250	237	464	238	226	444	228	216	427	220	208
10-14	505	259	245	482	248	234	459	236	223	440	226	214
15-19	527	271	256	500	257	243	477	245	232	455	234	221
20-24	558	287	271	522	268	254	496	255	241	473	243	230
25-29	574	296	278	554	285	269	518	266	252	491	252	239
30-34	618	319	299	570	294	276	550	283	267	514	264	250
35-39	657	341	316	613	317	297	566	292	274	546	281	265
40-44	696	362	335	652	338	314	609	314	295	562	290	272
45-49	772	395	377	690	358	332	646	335	311	603	311	292
50-54	649	329	320	762	390	372	681	353	328	638	331	308
55-59	637	322	315	637	322	315	749	383	366	670	347	323
60-64	910	455	454	619	312	307	620	313	307	730	373	358
65-69	924	457	468	870	434	437	594	299	295	597	301	296
70-74	839	408	431	862	423	439	816	405	412	560	280	280
75-79	492	234	258	751	361	390	778	378	400	742	365	377
80+	…	…	…	…	…	…	…	…	…	…	…	…
80-84	387	178	210	411	191	220	636	300	336	665	318	347
85-89	225	99	126	289	128	162	313	140	172	491	224	266
90-94	121	49	72	140	58	83	185	77	108	204	87	117
95-99	47	16	31	57	21	36	68	25	43	92	35	57
100+	12	3	9	16	5	12	21	6	14	25	8	17

年齢	2055 総数	男	女	2060 総数	男	女
総数	9 972	5 021	4 951	9 573	4 827	4 746
0-4	400	205	194	386	198	188
5-9	412	212	200	398	204	194
10-14	423	217	206	408	210	199
15-19	436	224	212	419	215	204
20-24	451	231	219	432	222	210
25-29	469	241	228	447	229	217
30-34	488	250	237	465	239	226
35-39	510	262	248	484	249	236
40-44	542	279	263	507	260	246
45-49	557	287	270	538	276	261
50-54	597	308	289	551	284	267
55-59	628	325	303	588	303	285
60-64	654	339	316	615	318	297
65-69	705	359	346	633	327	306
70-74	565	283	281	669	340	329
75-79	512	254	257	519	259	260
80+	…	…	…	…	…	…
80-84	640	310	330	446	218	227
85-89	520	242	279	507	239	268
90-94	326	141	184	352	155	196
95-99	104	40	63	169	67	102
100+	34	11	23	41	13	28

Cuba

性・年齢別人口（千人）

年齢	2015			2020			2025			2030		
	総数	男	女	総数	男	女	総数	男	女	総数	男	女
総数	11 390	5 722	5 668	11 452	5 749	5 703	11 537	5 790	5 747	11 610	5 827	5 783
0-4	588	302	286	629	323	306	644	331	313	643	331	313
5-9	614	316	298	581	298	282	625	321	304	641	329	312
10-14	656	339	317	596	308	288	570	293	276	618	318	300
15-19	692	359	333	638	330	308	585	302	283	563	290	273
20-24	731	380	351	677	351	325	628	325	303	579	299	280
25-29	808	415	393	716	372	344	667	346	321	622	322	301
30-34	685	349	336	795	408	386	707	368	340	661	343	318
35-39	680	347	333	674	343	331	787	404	383	702	365	337
40-44	991	502	489	670	341	329	666	339	328	780	400	380
45-49	1 048	527	521	976	493	483	661	336	325	659	334	324
50-54	1 018	508	509	1 028	515	513	960	484	476	651	330	321
55-59	665	330	335	990	492	498	1 003	501	502	939	472	467
60-64	623	307	317	638	314	324	954	472	482	970	482	488
65-69	479	235	244	585	285	300	602	294	308	905	444	461
70-74	400	193	207	434	210	224	535	257	278	554	267	287
75-79	311	145	166	344	162	182	377	178	199	469	221	248
80+	…	…	…	…	…	…	…	…	…	…	…	…
80-84	203	90	113	245	110	135	275	125	150	306	140	166
85-89	120	50	71	140	59	82	173	73	100	198	86	112
90-94	57	21	36	69	26	43	81	31	50	103	40	63
95-99	19	6	13	24	8	16	30	10	20	36	12	24
100+	3	1	2	5	2	4	7	2	5	10	3	7

年齢	2035			2040			2045			2050		
	総数	男	女	総数	男	女	総数	男	女	総数	男	女
総数	11 626	5 838	5 788	11 590	5 825	5 765	11 515	5 795	5 721	11 411	5 750	5 661
0-4	616	317	300	605	311	294	610	313	297	626	322	304
5-9	641	329	312	614	315	299	603	310	293	608	312	296
10-14	636	327	309	636	327	309	609	313	296	598	307	291
15-19	613	315	298	631	324	307	632	324	307	605	311	294
20-24	558	287	271	609	313	296	627	322	305	627	322	305
25-29	574	296	278	554	285	269	604	310	294	622	319	303
30-34	618	319	299	570	294	276	550	283	267	600	308	292
35-39	657	341	316	613	317	297	566	292	274	546	281	265
40-44	696	362	335	652	338	314	609	314	295	562	290	272
45-49	772	395	377	690	358	332	646	335	311	603	311	292
50-54	649	329	320	762	390	372	681	353	328	638	331	308
55-59	637	322	315	637	322	315	749	383	366	670	347	323
60-64	910	455	454	619	312	307	620	313	307	730	373	358
65-69	924	457	468	870	434	437	594	299	295	597	301	296
70-74	839	408	431	862	423	439	816	405	412	560	280	280
75-79	492	234	258	751	361	390	778	378	400	742	365	377
80+	…	…	…	…	…	…	…	…	…	…	…	…
80-84	387	178	210	411	191	220	636	300	336	665	318	347
85-89	225	99	126	289	128	162	313	140	172	491	224	266
90-94	121	49	72	140	58	83	185	77	108	204	87	117
95-99	47	16	31	57	21	36	68	25	43	92	35	57
100+	12	3	9	16	5	12	21	6	14	25	8	17

年齢	2055			2060		
	総数	男	女	総数	男	女
総数	11 285	5 695	5 590	11 149	5 636	5 513
0-4	643	330	312	649	333	316
5-9	624	320	303	641	329	312
10-14	604	310	294	620	318	301
15-19	594	305	289	600	308	292
20-24	600	308	292	590	303	287
25-29	623	320	303	596	306	290
30-34	618	317	301	619	318	301
35-39	596	306	290	615	315	299
40-44	542	279	263	592	304	288
45-49	557	287	270	538	276	261
50-54	597	308	289	551	284	267
55-59	628	325	303	588	303	285
60-64	654	339	316	615	318	297
65-69	705	359	346	633	327	306
70-74	565	283	281	669	340	329
75-79	512	254	257	519	259	260
80+	…	…	…	…	…	…
80-84	640	310	330	446	218	227
85-89	520	242	279	507	239	268
90-94	326	141	184	352	155	196
95-99	104	40	63	169	67	102
100+	34	11	23	41	13	28

性・年齢別人口（千人）

年齢	2015			2020			2025			2030		
	総数	男	女	総数	男	女	総数	男	女	総数	男	女
総数	11 390	5 722	5 668	11 279	5 660	5 619	11 101	5 566	5 535	10 864	5 444	5 420
0-4	588	302	286	456	234	222	381	196	185	334	172	162
5-9	614	316	298	581	298	282	451	232	220	378	194	184
10-14	656	339	317	596	308	288	570	293	276	445	229	216
15-19	692	359	333	638	330	308	585	302	283	563	290	273
20-24	731	380	351	677	351	325	628	325	303	579	299	280
25-29	808	415	393	716	372	344	667	346	321	622	322	301
30-34	685	349	336	795	408	386	707	368	340	661	343	318
35-39	680	347	333	674	343	331	787	404	383	702	365	337
40-44	991	502	489	670	341	329	666	339	328	780	400	380
45-49	1 048	527	521	976	493	483	661	336	325	659	334	324
50-54	1 018	508	509	1 028	515	513	960	484	476	651	330	321
55-59	665	330	335	990	492	498	1 003	501	502	939	472	467
60-64	623	307	317	638	314	324	954	472	482	970	482	488
65-69	479	235	244	585	285	300	602	294	308	905	444	461
70-74	400	193	207	434	210	224	535	257	278	554	267	287
75-79	311	145	166	344	162	182	377	178	199	469	221	248
80+	…	…	…	…	…	…	…	…	…	…	…	…
80-84	203	90	113	245	110	135	275	125	150	306	140	166
85-89	120	50	71	140	59	82	173	73	100	198	86	112
90-94	57	21	36	69	26	43	81	31	50	103	40	63
95-99	19	6	13	24	8	16	30	10	20	36	12	24
100+	3	1	2	5	2	4	7	2	5	10	3	7

年齢	2035			2040			2045			2050		
	総数	男	女	総数	男	女	総数	男	女	総数	男	女
総数	10 583	5 302	5 281	10 240	5 132	5 108	9 828	4 928	4 900	9 342	4 688	4 654
0-4	318	163	155	298	153	145	272	140	132	242	124	118
5-9	332	170	161	316	162	154	296	152	144	270	139	131
10-14	373	192	181	327	168	159	311	160	151	291	150	142
15-19	440	226	214	369	190	179	323	166	157	307	158	149
20-24	558	287	271	436	224	212	365	187	177	319	164	155
25-29	574	296	278	554	285	269	431	222	210	360	185	175
30-34	618	319	299	570	294	276	550	283	267	428	220	208
35-39	657	341	316	613	317	297	566	292	274	546	281	265
40-44	696	362	335	652	338	314	609	314	295	562	290	272
45-49	772	395	377	690	358	332	646	335	311	603	311	292
50-54	649	329	320	762	390	372	681	353	328	638	331	308
55-59	637	322	315	637	322	315	749	383	366	670	347	323
60-64	910	455	454	619	312	307	620	313	307	730	373	358
65-69	924	457	468	870	434	437	594	299	295	597	301	296
70-74	839	408	431	862	423	439	816	405	412	560	280	280
75-79	492	234	258	751	361	390	778	378	400	742	365	377
80+	…	…	…	…	…	…	…	…	…	…	…	…
80-84	387	178	210	411	191	220	636	300	336	665	318	347
85-89	225	99	126	289	128	162	313	140	172	491	224	266
90-94	121	49	72	140	58	83	185	77	108	204	87	117
95-99	47	16	31	57	21	36	68	25	43	92	35	57
100+	12	3	9	16	5	12	21	6	14	25	8	17

年齢	2055			2060		
	総数	男	女	総数	男	女
総数	8 790	4 414	4 376	8 199	4 122	4 078
0-4	214	110	104	191	98	93
5-9	241	124	117	212	109	103
10-14	266	136	129	237	122	115
15-19	287	147	140	262	134	127
20-24	303	156	147	283	145	138
25-29	315	162	153	300	154	146
30-34	357	183	174	312	160	152
35-39	424	218	206	354	182	172
40-44	542	279	263	421	216	205
45-49	557	287	270	538	276	261
50-54	597	308	289	551	284	267
55-59	628	325	303	588	303	285
60-64	654	339	316	615	318	297
65-69	705	359	346	633	327	306
70-74	565	283	281	669	340	329
75-79	512	254	257	519	259	260
80+	…	…	…	…	…	…
80-84	640	310	330	446	218	227
85-89	520	242	279	507	239	268
90-94	326	141	184	352	155	196
95-99	104	40	63	169	67	102
100+	34	11	23	41	13	28

Cyprus

推計値

性・年齢別人口（千人）

年齢	1960 総数	男	女	1965 総数	男	女	1970 総数	男	女	1975 総数	男	女
総数	573	282	291	581	285	296	614	303	310	650	324	325
0-4	75	38	37	69	35	34	59	31	28	59	31	29
5-9	68	35	33	66	33	32	64	33	31	60	31	29
10-14	67	34	33	65	33	32	67	35	33	61	31	30
15-19	48	23	24	59	30	29	58	29	28	60	31	29
20-24	47	23	24	47	23	23	51	25	25	61	31	29
25-29	38	18	20	40	19	21	42	20	21	51	26	25
30-34	37	17	20	36	17	19	38	18	19	45	22	23
35-39	31	15	15	33	15	18	35	16	18	41	20	21
40-44	32	15	17	31	15	16	33	15	17	36	17	19
45-49	28	14	14	26	13	13	29	14	15	32	16	16
50-54	28	13	15	28	14	15	26	13	13	29	14	15
55-59	19	10	9	23	11	12	26	12	14	27	13	14
60-64	21	9	11	21	10	11	24	12	12	25	12	13
65-69	11	6	5	13	6	7	21	10	11	22	10	11
70-74	12	6	6	13	6	7	17	8	9	18	8	9
75-79	7	3	4	7	3	4	12	5	7	12	5	7
80+	4	2	2	5	2	3	11	5	6	12	5	6
80-84	…	…	…	…	…	…	…	…	…	…	…	…
85-89	…	…	…	…	…	…	…	…	…	…	…	…
90-94	…	…	…	…	…	…	…	…	…	…	…	…
95-99	…	…	…	…	…	…	…	…	…	…	…	…
100+	…	…	…	…	…	…	…	…	…	…	…	…

年齢	1980 総数	男	女	1985 総数	男	女	1990 総数	男	女	1995 総数	男	女
総数	685	345	340	704	355	348	767	389	378	855	432	424
0-4	60	31	29	64	33	31	70	36	34	72	37	35
5-9	54	28	26	56	29	27	66	34	32	70	36	34
10-14	57	29	28	55	28	27	59	30	29	67	35	33
15-19	61	31	29	58	30	28	57	30	28	64	33	31
20-24	70	37	33	68	36	32	68	37	32	72	38	34
25-29	61	32	29	61	32	29	64	34	30	69	36	33
30-34	52	26	26	56	28	27	62	32	30	67	34	33
35-39	47	24	23	49	25	24	55	28	27	64	33	31
40-44	39	19	20	42	21	21	49	25	24	58	29	28
45-49	34	17	18	37	18	19	43	22	22	52	26	26
50-54	32	15	17	33	16	17	37	18	19	44	22	22
55-59	28	13	14	29	14	15	32	16	17	37	18	19
60-64	26	12	13	25	12	13	28	13	15	32	15	17
65-69	22	10	12	23	11	12	25	12	13	28	13	15
70-74	18	8	10	20	9	11	20	9	11	22	10	12
75-79	12	5	7	13	6	7	15	7	8	16	7	9
80+	12	5	7	13	6	7	…	…	…	…	…	…
80-84	…	…	…	…	…	…	11	5	6	13	6	7
85-89	…	…	…	…	…	…	4	2	2	5	2	3
90-94	…	…	…	…	…	…	1	0	1	1	1	1
95-99	…	…	…	…	…	…	0	0	0	0	0	0
100+	…	…	…	…	…	…	0	0	0	0	0	0

年齢	2000 総数	男	女	2005 総数	男	女	2010 総数	男	女	2015 総数	男	女
総数	943	475	468	1 033	522	510	1 104	563	540	1 165	594	571
0-4	68	35	33	62	32	30	64	33	31	66	34	32
5-9	73	37	35	69	36	34	63	32	30	64	33	31
10-14	70	36	34	75	38	36	70	36	34	63	33	31
15-19	77	40	37	78	41	37	84	44	40	76	39	37
20-24	83	44	39	98	53	45	94	50	44	98	51	47
25-29	75	39	37	89	47	42	102	55	48	95	51	44
30-34	70	35	35	78	40	38	90	48	42	104	55	48
35-39	69	35	34	73	36	37	80	41	39	91	48	43
40-44	67	34	33	74	37	36	74	38	37	81	42	39
45-49	59	29	29	69	34	35	72	37	35	75	38	37
50-54	53	27	26	61	31	30	70	35	35	73	37	36
55-59	46	23	23	54	26	27	61	31	30	70	35	35
60-64	36	18	19	43	21	22	52	25	27	60	30	30
65-69	31	14	16	37	17	19	42	20	22	50	24	26
70-74	25	11	14	28	13	15	33	16	17	38	18	21
75-79	18	8	10	21	9	12	24	11	13	28	13	15
80+	…	…	…	…	…	…	…	…	…	…	…	…
80-84	13	6	7	14	6	8	17	7	10	19	8	11
85-89	7	3	4	7	3	4	8	3	5	10	4	6
90-94	2	1	1	3	1	2	3	1	2	3	1	2
95-99	0	0	0	0	0	0	1	0	0	1	0	1
100+	0	0	0	0	0	0	0	0	0	0	0	0

性・年齢別人口（千人）

年齢	2015			2020			2025			2030		
	総数	男	女	総数	男	女	総数	男	女	総数	男	女
総数	1 165	594	571	1 218	621	597	1 262	644	618	1 300	664	637
0-4	66	34	32	65	34	31	64	33	31	63	32	30
5-9	64	33	31	66	34	32	65	34	32	64	33	31
10-14	63	33	31	65	33	31	67	34	32	66	34	32
15-19	76	39	37	68	35	33	69	36	33	71	37	34
20-24	98	51	47	88	45	43	78	40	38	79	41	38
25-29	95	51	44	99	52	47	89	46	43	79	41	38
30-34	104	55	48	96	51	45	100	52	48	90	46	43
35-39	91	48	43	105	56	49	97	52	45	101	53	48
40-44	81	42	39	92	49	43	106	56	49	98	52	46
45-49	75	38	37	82	42	40	93	49	44	106	57	50
50-54	73	37	36	76	38	37	82	42	40	93	49	44
55-59	70	35	35	73	37	36	75	38	37	82	42	40
60-64	60	30	30	68	34	34	71	36	35	74	37	37
65-69	50	24	26	57	28	29	66	32	33	69	35	34
70-74	38	18	21	46	22	24	53	26	27	61	30	31
75-79	28	13	15	33	15	18	40	18	22	47	22	25
80+	…	…	…	…	…	…	…	…	…	…	…	…
80-84	19	8	11	22	10	13	26	11	15	32	14	18
85-89	10	4	6	11	4	7	14	5	9	17	7	10
90-94	3	1	2	4	1	3	5	2	4	7	2	4
95-99	1	0	1	1	0	1	1	0	1	2	0	1
100+	0	0	0	0	0	0	0	0	0	0	0	0

年齢	2035			2040			2045			2050		
	総数	男	女	総数	男	女	総数	男	女	総数	男	女
総数	1 332	681	652	1 359	695	664	1 383	708	675	1 402	718	684
0-4	61	32	30	61	31	29	62	32	30	63	33	31
5-9	63	33	31	61	32	30	61	31	30	62	32	30
10-14	65	34	31	64	33	31	62	32	30	62	32	30
15-19	70	36	34	69	36	34	68	35	33	66	34	32
20-24	81	42	39	80	41	39	79	41	38	78	40	38
25-29	80	41	38	81	42	39	81	42	39	80	41	39
30-34	80	41	39	81	42	39	82	43	40	82	42	40
35-39	91	47	44	81	42	39	82	42	39	84	43	40
40-44	102	53	49	92	47	44	82	42	40	83	43	40
45-49	99	52	46	102	53	49	92	47	45	83	43	40
50-54	106	57	50	99	53	46	103	54	49	93	48	45
55-59	93	49	44	106	56	50	99	52	46	102	53	49
60-64	81	41	39	92	48	43	105	55	49	98	52	46
65-69	72	36	36	78	40	38	89	47	42	102	54	48
70-74	65	32	33	68	33	34	75	38	37	85	44	41
75-79	55	26	29	58	28	30	62	30	32	68	34	34
80+	…	…	…	…	…	…	…	…	…	…	…	…
80-84	38	17	21	46	21	24	49	23	26	53	25	28
85-89	22	9	13	26	11	15	32	14	18	35	16	19
90-94	9	3	6	11	4	7	14	5	9	18	7	11
95-99	2	1	2	3	1	2	4	1	3	5	2	4
100+	0	0	0	0	0	0	1	0	0	1	0	1

年齢	2055			2060		
	総数	男	女	総数	男	女
総数	1 416	725	691	1 425	728	696
0-4	64	33	31	64	33	31
5-9	63	33	31	64	33	31
10-14	63	32	30	64	33	31
15-19	66	34	32	67	34	32
20-24	76	39	37	74	38	36
25-29	79	41	38	76	39	37
30-34	81	42	39	80	41	39
35-39	83	43	40	82	42	40
40-44	84	44	41	84	43	41
45-49	83	43	40	85	44	41
50-54	83	43	40	84	43	40
55-59	93	48	45	83	43	40
60-64	101	53	49	92	47	45
65-69	95	50	45	99	51	48
70-74	98	51	47	92	48	44
75-79	78	40	38	91	47	44
80+	…	…	…	…	…	…
80-84	59	29	30	68	34	34
85-89	39	18	21	44	21	23
90-94	20	8	12	23	9	13
95-99	7	2	5	8	3	5
100+	1	0	1	2	0	1

性・年齢別人口（千人）

年齢	2015			2020			2025			2030		
	総数	男	女	総数	男	女	総数	男	女	総数	男	女
総数	1 165	594	571	1 230	627	602	1 291	659	632	1 351	690	661
0-4	66	34	32	76	39	37	82	42	40	84	44	41
5-9	64	33	31	66	34	32	77	40	37	82	43	40
10-14	63	33	31	65	33	31	67	34	32	77	40	37
15-19	76	39	37	68	35	33	69	36	33	71	37	34
20-24	98	51	47	88	45	43	78	40	38	79	41	38
25-29	95	51	44	99	52	47	89	46	43	79	41	38
30-34	104	55	48	96	51	45	100	52	48	90	46	43
35-39	91	48	43	105	56	49	97	52	45	101	53	48
40-44	81	42	39	92	49	43	106	56	49	98	52	46
45-49	75	38	37	82	42	40	93	49	44	106	57	50
50-54	73	37	36	76	38	37	82	42	40	93	49	44
55-59	70	35	35	73	37	36	75	38	37	82	42	40
60-64	60	30	30	68	34	34	71	36	35	74	37	37
65-69	50	24	26	57	28	29	66	32	33	69	35	34
70-74	38	18	21	46	22	24	53	26	27	61	30	31
75-79	28	13	15	33	15	18	40	18	22	47	22	25
80+	…	…	…	…	…	…	…	…	…	…	…	…
80-84	19	8	11	22	10	13	26	11	15	32	14	18
85-89	10	4	6	11	4	7	14	5	9	17	7	10
90-94	3	1	2	4	1	3	5	2	4	7	2	4
95-99	1	0	1	1	0	1	1	0	1	2	0	1
100+	0	0	0	0	0	0	0	0	0	0	0	0

年齢	2035			2040			2045			2050		
	総数	男	女	総数	男	女	総数	男	女	総数	男	女
総数	1 403	717	686	1 451	742	708	1 497	767	730	1 546	792	754
0-4	81	42	39	81	42	39	85	44	41	92	48	45
5-9	85	44	41	82	42	39	81	42	39	86	44	41
10-14	83	43	40	85	44	41	82	42	40	82	42	40
15-19	82	42	39	87	45	42	89	46	43	86	45	42
20-24	81	42	39	91	47	44	97	50	47	99	51	48
25-29	80	41	38	81	42	39	92	48	45	98	51	47
30-34	80	41	39	81	42	39	82	43	40	93	48	45
35-39	91	47	44	81	42	39	82	42	39	84	43	40
40-44	102	53	49	92	47	44	82	42	40	83	43	40
45-49	99	52	46	102	53	49	92	47	45	83	43	40
50-54	106	57	50	99	53	46	103	54	49	93	48	45
55-59	93	49	44	106	56	50	99	52	46	102	53	49
60-64	81	41	39	92	48	43	105	55	49	98	52	46
65-69	72	36	36	78	40	38	89	47	42	102	54	48
70-74	65	32	33	68	33	34	75	38	37	85	44	41
75-79	55	26	29	58	28	30	62	30	32	68	34	34
80+	…	…	…	…	…	…	…	…	…	…	…	…
80-84	38	17	21	46	21	24	49	23	26	53	25	28
85-89	22	9	13	26	11	15	32	14	18	35	16	19
90-94	9	3	6	11	4	7	14	5	9	18	7	11
95-99	2	1	2	3	1	2	4	1	3	5	2	4
100+	0	0	0	0	0	0	1	0	0	1	0	1

年齢	2055			2060		
	総数	男	女	総数	男	女
総数	1 595	817	778	1 643	841	802
0-4	99	51	48	103	53	50
5-9	93	48	45	99	51	48
10-14	86	44	42	93	48	45
15-19	86	44	42	90	46	44
20-24	96	49	46	95	49	46
25-29	100	52	48	97	50	47
30-34	99	51	48	101	52	49
35-39	94	49	46	100	51	48
40-44	84	44	41	95	49	46
45-49	83	43	40	85	44	41
50-54	83	43	40	84	43	40
55-59	93	48	45	83	43	40
60-64	101	53	49	92	47	45
65-69	95	50	45	99	51	48
70-74	98	51	47	92	48	44
75-79	78	40	38	91	47	44
80+	…	…	…	…	…	…
80-84	59	29	30	68	34	34
85-89	39	18	21	44	21	23
90-94	20	8	12	23	9	13
95-99	7	2	5	8	3	5
100+	1	0	1	2	0	1

性・年齢別人口（千人）

年齢	2015			2020			2025			2030		
	総数	男	女	総数	男	女	総数	男	女	総数	男	女
総数	1 165	594	571	1 207	616	591	1 233	629	604	1 250	638	612
0-4	66	34	32	54	28	26	46	24	22	42	21	20
5-9	64	33	31	66	34	32	54	28	26	47	24	23
10-14	63	33	31	65	33	31	67	34	32	55	28	26
15-19	76	39	37	68	35	33	69	36	33	71	37	34
20-24	98	51	47	88	45	43	78	40	38	79	41	38
25-29	95	51	44	99	52	47	89	46	43	79	41	38
30-34	104	55	48	96	51	45	100	52	48	90	46	43
35-39	91	48	43	105	56	49	97	52	45	101	53	48
40-44	81	42	39	92	49	43	106	56	49	98	52	46
45-49	75	38	37	82	42	40	93	49	44	106	57	50
50-54	73	37	36	76	38	37	82	42	40	93	49	44
55-59	70	35	35	73	37	36	75	38	37	82	42	40
60-64	60	30	30	68	34	34	71	36	35	74	37	37
65-69	50	24	26	57	28	29	66	32	33	69	35	34
70-74	38	18	21	46	22	24	53	26	27	61	30	31
75-79	28	13	15	33	15	18	40	18	22	47	22	25
80+	...	...	...	...	...	...	...	...	...	...	...	...
80-84	19	8	11	22	10	13	26	11	15	32	14	18
85-89	10	4	6	11	4	7	14	5	9	17	7	10
90-94	3	1	2	4	1	3	5	2	4	7	2	4
95-99	1	0	1	1	0	1	1	0	1	2	0	1
100+	0	0	0	0	0	0	0	0	0	0	0	0

年齢	2035			2040			2045			2050		
	総数	男	女	総数	男	女	総数	男	女	総数	男	女
総数	1 262	644	617	1 268	648	620	1 270	649	621	1 265	647	618
0-4	41	21	20	41	21	20	40	21	20	39	20	19
5-9	42	22	20	41	21	20	41	21	20	41	21	20
10-14	47	24	23	42	22	21	42	21	20	41	21	20
15-19	59	30	29	51	27	25	47	24	23	46	24	22
20-24	81	42	39	69	35	33	61	32	30	56	29	27
25-29	80	41	38	81	42	39	70	36	34	62	32	30
30-34	80	41	39	81	42	39	82	43	40	71	36	34
35-39	91	47	44	81	42	39	82	42	39	84	43	40
40-44	102	53	49	92	47	44	82	42	40	83	43	40
45-49	99	52	46	102	53	49	92	47	45	83	43	40
50-54	106	57	50	99	53	46	103	54	49	93	48	45
55-59	93	49	44	106	56	50	99	52	46	102	53	49
60-64	81	41	39	92	48	43	105	55	49	98	52	46
65-69	72	36	36	78	40	38	89	47	42	102	54	48
70-74	65	32	33	68	33	34	75	38	37	85	44	41
75-79	55	26	29	58	28	30	62	30	32	68	34	34
80+	...	...	...	...	...	...	...	...	...	...	...	...
80-84	38	17	21	46	21	24	49	23	26	53	25	28
85-89	22	9	13	26	11	15	32	14	18	35	16	19
90-94	9	3	6	11	4	7	14	5	9	18	7	11
95-99	2	1	2	3	1	2	4	1	3	5	2	4
100+	0	0	0	0	0	0	1	0	0	1	0	1

年齢	2055			2060		
	総数	男	女	総数	男	女
総数	1 251	640	612	1 230	628	602
0-4	36	19	17	34	18	17
5-9	39	20	19	36	19	18
10-14	41	21	20	39	20	19
15-19	46	23	22	45	23	22
20-24	55	28	27	54	28	27
25-29	57	30	28	56	29	27
30-34	63	33	31	58	30	28
35-39	72	37	35	64	33	31
40-44	84	44	41	72	37	35
45-49	83	43	40	85	44	41
50-54	83	43	40	84	43	40
55-59	93	48	45	83	43	40
60-64	101	53	49	92	47	45
65-69	95	50	45	99	51	48
70-74	98	51	47	92	48	44
75-79	78	40	38	91	47	44
80+	...	...	...	...	...	...
80-84	59	29	30	68	34	34
85-89	39	18	21	44	21	23
90-94	20	8	12	23	9	13
95-99	7	2	5	8	3	5
100+	1	0	1	2	0	1

Czech Republic

性・年齢別人口（千人）

年齢	1960 総数	男	女	1965 総数	男	女	1970 総数	男	女	1975 総数	男	女
総数	9 579	4 658	4 920	9 801	4 772	5 029	9 811	4 749	5 063	10 058	4 870	5 189
0-4	726	372	354	690	354	336	684	350	334	845	433	412
5-9	852	436	417	724	371	353	681	349	332	682	349	333
10-14	885	451	434	851	435	416	718	368	351	680	348	332
15-19	722	366	355	883	449	433	846	432	414	717	367	350
20-24	550	277	273	722	367	355	875	444	431	843	429	414
25-29	618	311	307	553	280	273	712	360	352	872	442	430
30-34	674	335	339	621	314	306	538	269	269	710	358	352
35-39	758	370	388	673	335	338	600	300	300	535	266	268
40-44	394	191	203	751	365	386	647	318	329	593	295	298
45-49	697	340	357	387	187	200	719	345	374	635	310	325
50-54	689	335	355	678	328	350	364	173	192	696	330	366
55-59	623	296	326	657	314	343	638	302	336	346	161	185
60-64	497	219	278	574	265	309	599	276	323	587	269	318
65-69	359	150	209	435	182	253	496	216	280	521	227	294
70-74	257	103	154	290	113	177	346	132	214	394	157	237
75-79	164	64	100	182	67	115	201	70	131	240	81	158
80+	114	43	71	132	47	85	147	47	100	162	48	114
80-84	…	…	…	…	…	…	…	…	…	…	…	…
85-89	…	…	…	…	…	…	…	…	…	…	…	…
90-94	…	…	…	…	…	…	…	…	…	…	…	…
95-99	…	…	…	…	…	…	…	…	…	…	…	…
100+	…	…	…	…	…	…	…	…	…	…	…	…

年齢	1980 総数	男	女	1985 総数	男	女	1990 総数	男	女	1995 総数	男	女
総数	10 338	5 012	5 325	10 316	5 006	5 309	10 324	5 012	5 312	10 336	5 022	5 314
0-4	893	458	435	691	355	337	647	332	315	593	304	288
5-9	843	432	411	890	456	434	689	353	336	647	332	315
10-14	681	349	333	842	431	411	889	455	434	689	353	336
15-19	679	347	332	679	348	331	841	430	411	889	455	434
20-24	716	365	351	672	343	329	678	346	331	843	430	413
25-29	841	427	414	703	357	346	670	342	328	681	347	334
30-34	869	439	430	823	416	407	701	355	346	672	342	330
35-39	705	354	351	849	427	421	816	411	405	700	353	346
40-44	529	263	267	690	345	345	836	419	417	810	406	404
45-49	582	287	295	518	255	263	676	336	340	821	408	413
50-54	615	296	319	564	274	289	503	244	259	656	321	334
55-59	661	306	355	583	274	309	536	254	282	480	228	252
60-64	319	143	176	606	270	336	536	241	294	496	227	269
65-69	515	224	291	278	118	160	531	223	308	474	202	272
70-74	419	169	251	414	166	248	227	89	138	439	171	269
75-79	276	99	178	293	106	188	298	108	190	168	59	108
80+	192	54	138	221	63	157	…	…	…	…	…	…
80-84	…	…	…	…	…	…	170	54	117	182	58	124
85-89	…	…	…	…	…	…	64	17	48	77	21	56
90-94	…	…	…	…	…	…	14	3	11	18	4	14
95-99	…	…	…	…	…	…	2	0	1	2	0	2
100+	…	…	…	…	…	…	0	0	0	0	0	0

年齢	2000 総数	男	女	2005 総数	男	女	2010 総数	男	女	2015 総数	男	女
総数	10 263	4 992	5 271	10 231	4 982	5 249	10 507	5 155	5 351	10 543	5 180	5 363
0-4	447	229	217	467	240	227	568	291	276	538	276	262
5-9	593	304	289	448	230	218	479	246	233	569	292	277
10-14	647	332	315	593	305	289	451	232	219	479	246	233
15-19	691	354	337	650	333	317	606	310	295	453	232	220
20-24	893	457	437	697	356	341	691	356	335	609	312	297
25-29	848	432	416	899	459	440	743	384	359	695	357	337
30-34	686	349	337	852	434	418	921	474	447	745	385	361
35-39	674	342	332	688	349	339	869	447	422	921	473	448
40-44	697	351	346	672	340	332	704	361	343	867	445	422
45-49	799	398	401	689	345	344	681	346	335	699	357	342
50-54	801	394	407	781	385	396	687	343	344	670	338	332
55-59	629	302	326	771	373	398	760	370	389	669	331	338
60-64	449	207	242	593	278	315	731	346	385	724	346	378
65-69	446	195	251	410	181	229	549	249	300	678	311	367
70-74	402	160	241	387	160	227	369	156	213	490	213	278
75-79	337	120	217	318	118	200	321	125	196	309	123	186
80+	…	…	…	…	…	…	…	…	…	…	…	…
80-84	109	35	74	227	73	154	227	77	149	237	85	152
85-89	89	25	64	56	16	40	125	36	89	134	42	92
90-94	24	6	18	29	7	22	20	5	15	52	14	38
95-99	3	1	3	4	1	4	6	1	5	5	1	4
100+	0	0	0	0	0	0	0	0	0	1	0	1

性・年齢別人口（千人）

年齢	2015			2020			2025			2030		
	総数	男	女	総数	男	女	総数	男	女	総数	男	女
総数	10 543	5 180	5 363	10 573	5 201	5 372	10 550	5 193	5 356	10 461	5 154	5 307
0-4	538	276	262	530	272	258	500	257	243	462	237	224
5-9	569	292	277	540	278	263	532	273	259	502	258	244
10-14	479	246	233	570	292	277	542	278	263	534	274	259
15-19	453	232	220	483	248	235	573	294	279	545	280	265
20-24	609	312	297	461	236	225	491	251	240	582	298	284
25-29	695	357	337	619	316	303	471	241	230	501	256	245
30-34	745	385	361	702	361	342	627	320	307	480	245	235
35-39	921	473	448	750	386	363	707	363	345	632	322	310
40-44	867	445	422	921	472	449	751	386	364	709	363	346
45-49	699	357	342	862	441	421	916	469	448	748	384	364
50-54	670	338	332	690	351	339	851	434	417	906	462	444
55-59	669	331	338	654	327	327	675	341	334	834	422	412
60-64	724	346	378	641	311	329	629	310	319	651	324	327
65-69	678	311	367	676	314	361	601	285	316	593	287	307
70-74	490	213	278	610	269	341	613	275	338	549	253	296
75-79	309	123	186	416	170	245	524	219	304	532	228	303
80+	...	...	...	...	...	...	...	...	...	...	...	...
80-84	237	85	152	232	86	147	318	122	197	407	160	247
85-89	134	42	92	144	48	96	145	49	96	204	72	131
90-94	52	14	38	58	18	41	65	21	44	68	22	46
95-99	5	1	4	14	4	10	17	5	12	20	6	13
100+	1	0	1	1	0	1	2	1	2	3	1	2

年齢	2035			2040			2045			2050		
	総数	男	女	総数	男	女	総数	男	女	総数	男	女
総数	10 328	5 096	5 232	10 194	5 042	5 152	10 077	4 998	5 079	9 965	4 953	5 012
0-4	445	229	216	465	239	226	487	251	237	488	251	237
5-9	464	238	226	447	230	217	468	240	227	490	252	238
10-14	503	259	245	465	239	226	449	230	218	469	241	228
15-19	537	276	261	507	260	247	469	241	228	452	232	220
20-24	553	284	270	546	280	266	515	264	251	478	245	233
25-29	592	303	289	564	288	275	556	285	272	526	269	257
30-34	510	260	250	601	307	294	573	293	280	565	289	276
35-39	486	248	238	516	263	253	606	309	297	578	295	283
40-44	634	323	312	488	249	240	519	264	255	609	311	299
45-49	707	361	346	633	322	312	489	249	240	519	264	255
50-54	741	379	362	701	358	344	629	319	310	486	247	239
55-59	890	451	439	729	371	358	691	351	340	621	314	307
60-64	807	404	403	864	434	430	710	359	351	675	340	334
65-69	617	302	315	769	379	390	827	410	417	682	341	341
70-74	546	257	289	572	274	299	718	347	371	776	378	398
75-79	481	213	269	483	220	264	511	237	274	646	304	342
80+	...	...	...	...	...	...	...	...	...	...	...	...
80-84	421	170	250	387	162	224	394	171	222	422	188	233
85-89	268	98	169	283	108	175	266	106	160	276	115	162
90-94	99	33	66	135	47	88	148	54	94	143	54	89
95-99	21	7	15	33	11	22	47	16	31	53	19	34
100+	4	1	2	4	1	3	7	2	4	10	4	7

年齢	2055			2060		
	総数	男	女	総数	男	女
総数	9 835	4 894	4 941	9 672	4 817	4 855
0-4	475	244	231	456	235	222
5-9	491	252	238	477	245	232
10-14	491	252	239	492	253	239
15-19	473	243	230	495	254	241
20-24	461	236	224	481	246	234
25-29	488	250	238	470	241	230
30-34	535	273	261	496	254	242
35-39	571	292	279	540	276	264
40-44	581	297	285	573	293	281
45-49	609	310	299	581	297	285
50-54	517	262	254	606	308	298
55-59	481	244	237	511	259	252
60-64	608	305	302	471	238	234
65-69	650	325	326	588	293	295
70-74	643	316	327	616	303	313
75-79	703	334	369	587	282	304
80+	...	...	...	...	...	...
80-84	539	245	294	593	273	320
85-89	302	129	173	393	171	222
90-94	153	60	93	172	70	102
95-99	54	20	34	60	23	37
100+	13	4	8	14	5	9

Czech Republic

高位予測値

性・年齢別人口（千人）

年齢	2015 総数	男	女	2020 総数	男	女	2025 総数	男	女	2030 総数	男	女
総数	10 543	5 180	5 363	10 659	5 245	5 414	10 760	5 301	5 458	10 810	5 334	5 477
0-4	538	276	262	616	316	299	624	321	303	601	309	292
5-9	569	292	277	540	278	263	618	318	301	626	322	304
10-14	479	246	233	570	292	277	542	278	263	619	318	301
15-19	453	232	220	483	248	235	573	294	279	545	280	265
20-24	609	312	297	461	236	225	491	251	240	582	298	284
25-29	695	357	337	619	316	303	471	241	230	501	256	245
30-34	745	385	361	702	361	342	627	320	307	480	245	235
35-39	921	473	448	750	386	363	707	363	345	632	322	310
40-44	867	445	422	921	472	449	751	386	364	709	363	346
45-49	699	357	342	862	441	421	916	469	448	748	384	364
50-54	670	338	332	690	351	339	851	434	417	906	462	444
55-59	669	331	338	654	327	327	675	341	334	834	422	412
60-64	724	346	378	641	311	329	629	310	319	651	324	327
65-69	678	311	367	676	314	361	601	285	316	593	287	307
70-74	490	213	278	610	269	341	613	275	338	549	253	296
75-79	309	123	186	416	170	245	524	219	304	532	228	303
80+	…	…	…	…	…	…	…	…	…	…	…	…
80-84	237	85	152	232	86	147	318	122	197	407	160	247
85-89	134	42	92	144	48	96	145	49	96	204	72	131
90-94	52	14	38	58	18	41	65	21	44	68	22	46
95-99	5	1	4	14	4	10	17	5	12	20	6	13
100+	1	0	1	1	0	1	2	1	2	3	1	2

年齢	2035 総数	男	女	2040 総数	男	女	2045 総数	男	女	2050 総数	男	女
総数	10 808	5 343	5 465	10 813	5 360	5 453	10 856	5 398	5 458	10 940	5 454	5 486
0-4	576	296	280	605	311	294	647	333	315	685	352	333
5-9	603	310	293	579	297	281	607	312	295	650	334	316
10-14	627	322	305	604	310	294	580	298	282	609	313	296
15-19	623	320	303	631	324	307	608	312	296	584	300	284
20-24	553	284	270	631	324	308	639	328	312	616	316	300
25-29	592	303	289	564	288	275	642	329	313	650	333	317
30-34	510	260	250	601	307	294	573	293	280	650	333	318
35-39	486	248	238	516	263	253	606	309	297	578	295	283
40-44	634	323	312	488	249	240	519	264	255	609	311	299
45-49	707	361	346	633	322	312	489	249	240	519	264	255
50-54	741	379	362	701	358	344	629	319	310	486	247	239
55-59	890	451	439	729	371	358	691	351	340	621	314	307
60-64	807	404	403	864	434	430	710	359	351	675	340	334
65-69	617	302	315	769	379	390	827	410	417	682	341	341
70-74	546	257	289	572	274	299	718	347	371	776	378	398
75-79	481	213	269	483	220	264	511	237	274	646	304	342
80+	…	…	…	…	…	…	…	…	…	…	…	…
80-84	421	170	250	387	162	224	394	171	222	422	188	233
85-89	268	98	169	283	108	175	266	106	160	276	115	162
90-94	99	33	66	135	47	88	148	54	94	143	54	89
95-99	21	7	15	33	11	22	47	16	31	53	19	34
100+	4	1	2	4	1	3	7	2	4	10	4	7

年齢	2055 総数	男	女	2060 総数	男	女
総数	11 048	5 517	5 531	11 148	5 575	5 573
0-4	714	367	347	720	370	350
5-9	687	353	334	716	368	348
10-14	651	335	317	688	354	334
15-19	612	314	298	654	336	318
20-24	592	303	288	620	318	302
25-29	626	321	306	601	308	293
30-34	658	337	321	634	325	310
35-39	656	335	321	663	339	324
40-44	581	297	285	658	336	322
45-49	609	310	299	581	297	285
50-54	517	262	254	606	308	298
55-59	481	244	237	511	259	252
60-64	608	305	302	471	238	234
65-69	650	325	326	588	293	295
70-74	643	316	327	616	303	313
75-79	703	334	369	587	282	304
80+	…	…	…	…	…	…
80-84	539	245	294	593	273	320
85-89	302	129	173	393	171	222
90-94	153	60	93	172	70	102
95-99	54	20	34	60	23	37
100+	13	4	8	14	5	9

性・年齢別人口（千人）

年齢	2015			2020			2025			2030		
	総数	男	女	総数	男	女	総数	男	女	総数	男	女
総数	10 543	5 180	5 363	10 487	5 157	5 330	10 340	5 085	5 254	10 112	4 975	5 137
0-4	538	276	262	444	228	216	375	193	182	323	166	157
5-9	569	292	277	540	278	263	446	229	217	378	194	184
10-14	479	246	233	570	292	277	542	278	263	448	230	218
15-19	453	232	220	483	248	235	573	294	279	545	280	265
20-24	609	312	297	461	236	225	491	251	240	582	298	284
25-29	695	357	337	619	316	303	471	241	230	501	256	245
30-34	745	385	361	702	361	342	627	320	307	480	245	235
35-39	921	473	448	750	386	363	707	363	345	632	322	310
40-44	867	445	422	921	472	449	751	386	364	709	363	346
45-49	699	357	342	862	441	421	916	469	448	748	384	364
50-54	670	338	332	690	351	339	851	434	417	906	462	444
55-59	669	331	338	654	327	327	675	341	334	834	422	412
60-64	724	346	378	641	311	329	629	310	319	651	324	327
65-69	678	311	367	676	314	361	601	285	316	593	287	307
70-74	490	213	278	610	269	341	613	275	338	549	253	296
75-79	309	123	186	416	170	245	524	219	304	532	228	303
80+	…	…	…	…	…	…	…	…	…	…	…	…
80-84	237	85	152	232	86	147	318	122	197	407	160	247
85-89	134	42	92	144	48	96	145	49	96	204	72	131
90-94	52	14	38	58	18	41	65	21	44	68	22	46
95-99	5	1	4	14	4	10	17	5	12	20	6	13
100+	1	0	1	1	0	1	2	1	2	3	1	2

年齢	2035			2040			2045			2050		
	総数	男	女	総数	男	女	総数	男	女	総数	男	女
総数	9 848	4 849	4 998	9 577	4 725	4 852	9 311	4 604	4 707	9 029	4 472	4 557
0-4	314	161	153	328	169	160	337	173	164	318	163	155
5-9	325	167	158	316	163	154	331	170	161	340	175	165
10-14	379	195	184	327	168	159	318	163	154	332	171	162
15-19	451	232	220	383	196	186	330	170	161	321	165	156
20-24	553	284	270	460	236	224	392	201	191	339	174	166
25-29	592	303	289	564	288	275	471	241	230	402	206	197
30-34	510	260	250	601	307	294	573	293	280	480	245	235
35-39	486	248	238	516	263	253	606	309	297	578	295	283
40-44	634	323	312	488	249	240	519	264	255	609	311	299
45-49	707	361	346	633	322	312	489	249	240	519	264	255
50-54	741	379	362	701	358	344	629	319	310	486	247	239
55-59	890	451	439	729	371	358	691	351	340	621	314	307
60-64	807	404	403	864	434	430	710	359	351	675	340	334
65-69	617	302	315	769	379	390	827	410	417	682	341	341
70-74	546	257	289	572	274	299	718	347	371	776	378	398
75-79	481	213	269	483	220	264	511	237	274	646	304	342
80+	…	…	…	…	…	…	…	…	…	…	…	…
80-84	421	170	250	387	162	224	394	171	222	422	188	233
85-89	268	98	169	283	108	175	266	106	160	276	115	162
90-94	99	33	66	135	47	88	148	54	94	143	54	89
95-99	21	7	15	33	11	22	47	16	31	53	19	34
100+	4	1	2	4	1	3	7	2	4	10	4	7

年齢	2055			2060		
	総数	男	女	総数	男	女
総数	8 707	4 315	4 393	8 342	4 134	4 208
0-4	283	146	138	252	130	123
5-9	320	165	156	285	147	139
10-14	341	175	166	322	165	156
15-19	336	172	163	344	177	168
20-24	330	169	161	344	176	168
25-29	350	179	171	340	174	166
30-34	411	210	201	358	183	175
35-39	485	248	238	417	213	204
40-44	581	297	285	488	249	239
45-49	609	310	299	581	297	285
50-54	517	262	254	606	308	298
55-59	481	244	237	511	259	252
60-64	608	305	302	471	238	234
65-69	650	325	326	588	293	295
70-74	643	316	327	616	303	313
75-79	703	334	369	587	282	304
80+	…	…	…	…	…	…
80-84	539	245	294	593	273	320
85-89	302	129	173	393	171	222
90-94	153	60	93	172	70	102
95-99	54	20	34	60	23	37
100+	13	4	8	14	5	9

性・年齢別人口（千人）

年齢	1960			1965			1970			1975		
	総数	男	女	総数	男	女	総数	男	女	総数	男	女
総数	11 424	5 279	6 145	12 548	5 856	6 692	14 410	6 813	7 597	16 275	7 773	8 502
0-4	1 946	980	965	1 765	892	873	2 421	1 230	1 191	2 374	1 210	1 164
5-9	990	484	506	1 875	942	933	1 724	870	854	2 384	1 210	1 174
10-14	1 375	671	704	969	474	496	1 849	928	920	1 708	861	846
15-19	1 442	708	734	1 345	658	688	955	467	488	1 830	919	911
20-24	1 320	636	683	1 395	686	709	1 315	643	672	940	460	480
25-29	931	406	525	1 267	610	657	1 355	665	690	1 289	629	660
30-34	697	276	420	891	387	504	1 228	589	638	1 326	649	677
35-39	567	226	341	666	262	404	862	372	490	1 198	573	626
40-44	479	208	271	542	213	329	644	251	393	840	360	480
45-49	417	198	219	455	196	260	522	203	318	625	242	383
50-54	355	151	204	393	184	209	435	184	250	503	194	309
55-59	304	124	180	324	134	190	364	167	197	408	170	238
60-64	236	93	143	256	99	158	280	110	170	320	141	180
65-69	173	61	112	182	63	119	204	70	134	230	82	148
70-74	107	33	74	123	35	88	134	39	96	156	45	111
75-79	61	17	44	64	15	48	78	17	60	89	20	69
80+	25	7	19	34	7	27	41	7	34	53	8	45
80-84	...	...	...	...	...	...	...	...	...	...	...	...
85-89	...	...	...	...	...	...	...	...	...	...	...	...
90-94	...	...	...	...	...	...	...	...	...	...	...	...
95-99	...	...	...	...	...	...	...	...	...	...	...	...
100+	...	...	...	...	...	...	...	...	...	...	...	...

年齢	1980			1985			1990			1995		
	総数	男	女	総数	男	女	総数	男	女	総数	男	女
総数	17 372	8 343	9 029	18 778	9 073	9 705	20 194	9 809	10 385	21 764	10 608	11 156
0-4	1 586	810	776	1 904	973	931	1 950	997	952	2 076	1 061	1 015
5-9	2 349	1 196	1 152	1 573	803	770	1 891	966	924	1 930	986	943
10-14	2 368	1 202	1 166	2 336	1 190	1 146	1 566	799	767	1 886	964	923
15-19	1 695	855	840	2 354	1 195	1 159	2 325	1 184	1 141	1 561	797	765
20-24	1 809	908	901	1 680	847	833	2 336	1 185	1 151	2 315	1 178	1 137
25-29	927	452	474	1 788	896	892	1 664	838	826	2 323	1 177	1 147
30-34	1 268	618	651	914	446	469	1 769	885	884	1 653	831	822
35-39	1 302	635	667	1 250	607	643	903	439	464	1 755	876	879
40-44	1 175	559	616	1 281	622	658	1 232	596	636	895	434	461
45-49	821	350	471	1 151	545	606	1 258	609	649	1 217	587	630
50-54	607	233	374	799	339	461	1 124	530	594	1 236	595	641
55-59	478	181	297	580	219	361	766	320	446	1 087	507	581
60-64	367	147	220	435	158	276	532	193	338	715	289	426
65-69	267	107	160	312	114	198	376	126	250	473	159	314
70-74	180	55	126	211	74	137	252	81	171	317	93	224
75-79	107	25	83	127	31	95	149	43	106	190	50	140
80+	67	10	57	84	13	71	...	...	...	...	...	...
80-84	...	...	...	...	...	...	72	13	59	91	20	71
85-89	...	...	...	...	...	...	25	3	22	33	4	29
90-94	...	...	...	...	...	...	5	0	5	7	1	7
95-99	...	...	...	...	...	...	1	0	1	1	0	1
100+	...	...	...	...	...	...	0	0	0	0	0	0

年齢	2000			2005			2010			2015		
	総数	男	女	総数	男	女	総数	男	女	総数	男	女
総数	22 840	11 132	11 708	23 813	11 624	12 189	24 501	11 970	12 531	25 155	12 300	12 856
0-4	1 983	1 016	967	1 887	964	923	1 719	878	841	1 747	893	854
5-9	2 040	1 041	999	1 969	1 008	960	1 874	957	918	1 710	873	836
10-14	1 920	979	941	2 031	1 036	995	1 960	1 004	956	1 868	953	915
15-19	1 875	956	919	1 910	974	936	2 021	1 031	990	1 953	1 000	953
20-24	1 545	787	759	1 860	948	912	1 896	966	930	2 009	1 024	985
25-29	2 284	1 158	1 126	1 530	777	753	1 842	937	905	1 881	956	925
30-34	2 288	1 153	1 135	2 258	1 142	1 116	1 513	767	746	1 826	927	899
35-39	1 625	812	813	2 258	1 135	1 123	2 230	1 124	1 106	1 497	757	740
40-44	1 722	854	868	1 601	797	804	2 226	1 115	1 111	2 203	1 107	1 095
45-49	875	421	454	1 690	834	855	1 572	779	793	2 191	1 093	1 098
50-54	1 181	564	617	853	408	445	1 649	810	840	1 538	758	780
55-59	1 173	554	619	1 129	532	597	817	385	432	1 584	768	816
60-64	977	435	542	1 067	486	580	1 030	469	561	750	342	407
65-69	603	219	384	833	342	491	912	385	527	889	376	513
70-74	377	106	271	486	153	333	668	241	427	739	277	462
75-79	222	51	171	270	61	209	348	89	258	481	144	337
80+	...	...	...	...	...	...	...	...	...	...	...	...
80-84	105	20	85	128	21	106	156	26	131	205	40	165
85-89	36	5	31	43	6	38	54	6	47	68	8	60
90-94	8	1	8	9	1	8	11	1	10	15	1	14
95-99	1	0	1	1	0	1	1	0	1	2	0	2
100+	0	0	0	0	0	0	0	0	0	0	0	0

性・年齢別人口（千人）

年齢	2015			2020			2025			2030		
	総数	男	女	総数	男	女	総数	男	女	総数	男	女
総数	25 155	12 300	12 856	25 763	12 608	13 155	26 292	12 875	13 417	26 701	13 073	13 628
0-4	1 747	893	854	1 771	905	866	1 767	903	864	1 709	874	835
5-9	1 710	873	836	1 740	889	851	1 764	901	863	1 761	900	861
10-14	1 868	953	915	1 705	871	834	1 736	887	849	1 761	900	862
15-19	1 953	1 000	953	1 862	950	912	1 700	868	832	1 732	884	848
20-24	2 009	1 024	985	1 943	994	949	1 854	945	909	1 695	865	830
25-29	1 881	956	925	1 996	1 016	980	1 933	987	945	1 846	940	906
30-34	1 826	927	899	1 867	947	919	1 983	1 008	976	1 922	981	941
35-39	1 497	757	740	1 809	916	893	1 853	938	914	1 971	1 000	971
40-44	2 203	1 107	1 095	1 481	747	734	1 793	906	887	1 838	929	909
45-49	2 191	1 093	1 098	2 172	1 088	1 084	1 463	735	728	1 773	893	880
50-54	1 538	758	780	2 148	1 067	1 082	2 134	1 064	1 070	1 440	721	719
55-59	1 584	768	816	1 483	723	760	2 078	1 021	1 057	2 070	1 023	1 048
60-64	750	342	407	1 463	689	774	1 378	654	724	1 942	931	1 011
65-69	889	376	513	654	279	375	1 286	569	717	1 221	547	675
70-74	739	277	462	730	276	454	543	208	335	1 077	432	645
75-79	481	144	337	540	170	369	542	174	368	409	134	274
80+	…	…	…	…	…	…	…	…	…	…	…	…
80-84	205	40	165	287	67	220	328	81	246	336	86	250
85-89	68	8	60	91	13	78	130	23	107	152	29	124
90-94	15	1	14	20	2	18	27	3	24	39	5	34
95-99	2	0	2	2	0	2	3	0	3	5	0	4
100+	0	0	0	0	0	0	0	0	0	0	0	0

年齢	2035			2040			2045			2050		
	総数	男	女	総数	男	女	総数	男	女	総数	男	女
総数	26 943	13 172	13 771	27 030	13 186	13 844	27 007	13 158	13 849	26 907	13 115	13 792
0-4	1 617	827	790	1 546	791	755	1 527	781	746	1 531	784	748
5-9	1 705	872	834	1 614	825	789	1 544	790	755	1 525	780	745
10-14	1 759	899	860	1 703	870	833	1 613	824	788	1 543	789	754
15-19	1 758	898	860	1 756	897	859	1 701	869	832	1 611	824	788
20-24	1 727	882	846	1 754	895	859	1 753	895	858	1 699	868	831
25-29	1 688	861	828	1 722	878	844	1 750	893	857	1 750	893	857
30-34	1 838	935	903	1 682	857	826	1 717	875	842	1 746	890	856
35-39	1 912	974	938	1 830	930	900	1 676	853	823	1 712	872	840
40-44	1 958	991	966	1 901	967	934	1 821	924	897	1 670	849	821
45-49	1 821	918	903	1 942	981	961	1 888	958	929	1 810	917	893
50-54	1 749	878	871	1 799	904	895	1 921	968	953	1 870	947	923
55-59	1 401	696	706	1 706	850	857	1 759	878	881	1 883	943	940
60-64	1 946	939	1 007	1 324	643	680	1 620	792	828	1 679	824	855
65-69	1 736	788	947	1 753	806	947	1 202	559	643	1 483	697	787
70-74	1 034	422	611	1 483	620	864	1 513	644	869	1 049	455	594
75-79	821	286	535	799	286	512	1 162	430	732	1 203	459	744
80+	…	…	…	…	…	…	…	…	…	…	…	…
80-84	259	69	190	528	151	377	523	156	367	776	243	533
85-89	160	31	129	126	26	100	263	60	204	268	64	203
90-94	47	7	41	51	8	44	42	7	35	90	16	74
95-99	7	1	6	9	1	8	10	1	9	8	1	7
100+	0	0	0	1	0	1	1	0	1	1	0	1

年齢	2055			2060		
	総数	男	女	総数	男	女
総数	26 756	13 068	13 688	26 582	13 022	13 560
0-4	1 517	776	740	1 477	756	721
5-9	1 530	783	747	1 516	776	740
10-14	1 525	780	745	1 529	782	747
15-19	1 542	788	754	1 524	779	744
20-24	1 610	823	787	1 541	788	753
25-29	1 696	866	830	1 608	821	786
30-34	1 747	891	855	1 694	865	829
35-39	1 742	888	854	1 743	889	854
40-44	1 706	868	838	1 737	885	852
45-49	1 661	843	818	1 699	864	835
50-54	1 795	908	888	1 650	836	813
55-59	1 838	926	912	1 769	890	878
60-64	1 806	891	915	1 770	881	889
65-69	1 549	734	815	1 679	803	876
70-74	1 307	577	730	1 379	618	761
75-79	846	332	513	1 070	432	638
80+	…	…	…	…	…	…
80-84	820	268	552	588	201	387
85-89	407	104	303	441	120	320
90-94	94	18	76	148	31	116
95-99	19	3	16	20	3	17
100+	1	0	1	2	0	2

Dem. People's Republic of Korea

高位予測値

性・年齢別人口（千人）

年齢	2015 総数	男	女	2020 総数	男	女	2025 総数	男	女	2030 総数	男	女
総数	25 155	12 300	12 856	25 991	12 725	13 267	26 892	13 182	13 710	27 757	13 613	14 144
0-4	1 747	893	854	1 999	1 022	977	2 139	1 093	1 046	2 166	1 107	1 059
5-9	1 710	873	836	1 740	889	851	1 992	1 018	974	2 133	1 090	1 043
10-14	1 868	953	915	1 705	871	834	1 736	887	849	1 988	1 016	973
15-19	1 953	1 000	953	1 862	950	912	1 700	868	832	1 732	884	848
20-24	2 009	1 024	985	1 943	994	949	1 854	945	909	1 695	865	830
25-29	1 881	956	925	1 996	1 016	980	1 933	987	945	1 846	940	906
30-34	1 826	927	899	1 867	947	919	1 983	1 008	976	1 922	981	941
35-39	1 497	757	740	1 809	916	893	1 853	938	914	1 971	1 000	971
40-44	2 203	1 107	1 095	1 481	747	734	1 793	906	887	1 838	929	909
45-49	2 191	1 093	1 098	2 172	1 088	1 084	1 463	735	728	1 773	893	880
50-54	1 538	758	780	2 148	1 067	1 082	2 134	1 064	1 070	1 440	721	719
55-59	1 584	768	816	1 483	723	760	2 078	1 021	1 057	2 070	1 023	1 048
60-64	750	342	407	1 463	689	774	1 378	654	724	1 942	931	1 011
65-69	889	376	513	654	279	375	1 286	569	717	1 221	547	675
70-74	739	277	462	730	276	454	543	208	335	1 077	432	645
75-79	481	144	337	540	170	369	542	174	368	409	134	274
80+	…	…	…	…	…	…	…	…	…	…	…	…
80-84	205	40	165	287	67	220	328	81	246	336	86	250
85-89	68	8	60	91	13	78	130	23	107	152	29	124
90-94	15	1	14	20	2	18	27	3	24	39	5	34
95-99	2	0	2	2	0	2	3	0	3	5	0	4
100+	0	0	0	0	0	0	0	0	0	0	0	0

年齢	2035 総数	男	女	2040 総数	男	女	2045 総数	男	女	2050 総数	男	女
総数	28 434	13 934	14 500	28 959	14 172	14 787	29 454	14 408	15 046	30 022	14 707	15 315
0-4	2 055	1 051	1 004	1 986	1 016	970	2 048	1 048	1 000	2 203	1 127	1 076
5-9	2 161	1 105	1 057	2 051	1 048	1 003	1 984	1 014	969	2 046	1 046	999
10-14	2 129	1 088	1 042	2 159	1 103	1 056	2 049	1 047	1 002	1 982	1 013	969
15-19	1 985	1 014	971	2 126	1 086	1 040	2 156	1 102	1 054	2 047	1 046	1 001
20-24	1 727	882	846	1 981	1 011	970	2 123	1 084	1 039	2 153	1 100	1 053
25-29	1 688	861	828	1 722	878	844	1 976	1 008	968	2 119	1 081	1 037
30-34	1 838	935	903	1 682	857	826	1 717	875	842	1 971	1 005	966
35-39	1 912	974	938	1 830	930	900	1 676	853	823	1 712	872	840
40-44	1 958	991	966	1 901	967	934	1 821	924	897	1 670	849	821
45-49	1 821	918	903	1 942	981	961	1 888	958	929	1 810	917	893
50-54	1 749	878	871	1 799	904	895	1 921	968	953	1 870	947	923
55-59	1 401	696	706	1 706	850	857	1 759	878	881	1 883	943	940
60-64	1 946	939	1 007	1 324	643	680	1 620	792	828	1 679	824	855
65-69	1 736	788	947	1 753	806	947	1 202	559	643	1 483	697	787
70-74	1 034	422	611	1 483	620	864	1 513	644	869	1 049	455	594
75-79	821	286	535	799	286	512	1 162	430	732	1 203	459	744
80+	…	…	…	…	…	…	…	…	…	…	…	…
80-84	259	69	190	528	151	377	523	156	367	776	243	533
85-89	160	31	129	126	26	100	263	60	204	268	64	203
90-94	47	7	41	51	8	44	42	7	35	90	16	74
95-99	7	1	6	9	1	8	10	1	9	8	1	7
100+	0	0	0	1	0	1	1	0	1	1	0	1

年齢	2055 総数	男	女	2060 総数	男	女
総数	30 674	15 071	15 603	31 369	15 470	15 900
0-4	2 324	1 190	1 135	2 349	1 203	1 147
5-9	2 201	1 126	1 075	2 323	1 189	1 134
10-14	2 044	1 046	999	2 200	1 126	1 074
15-19	1 981	1 013	968	2 043	1 045	998
20-24	2 045	1 045	1 000	1 979	1 012	967
25-29	2 150	1 098	1 052	2 043	1 044	999
30-34	2 115	1 079	1 036	2 147	1 096	1 051
35-39	1 966	1 002	964	2 111	1 076	1 034
40-44	1 706	868	838	1 961	999	962
45-49	1 661	843	818	1 699	864	835
50-54	1 795	908	888	1 650	836	813
55-59	1 838	926	912	1 769	890	878
60-64	1 806	891	915	1 770	881	889
65-69	1 549	734	815	1 679	803	876
70-74	1 307	577	730	1 379	618	761
75-79	846	332	513	1 070	432	638
80+	…	…	…	…	…	…
80-84	820	268	552	588	201	387
85-89	407	104	303	441	120	320
90-94	94	18	76	148	31	116
95-99	19	3	16	20	3	17
100+	1	0	1	2	0	2

性・年齢別人口（千人）

年齢	2015			2020			2025			2030		
	総数	男	女	総数	男	女	総数	男	女	総数	男	女
総数	25 155	12 300	12 856	25 534	12 491	13 043	25 692	12 569	13 123	25 645	12 534	13 112
0-4	1 747	893	854	1 542	788	754	1 394	713	682	1 252	640	612
5-9	1 710	873	836	1 740	889	851	1 537	785	751	1 390	710	680
10-14	1 868	953	915	1 705	871	834	1 736	887	849	1 534	783	750
15-19	1 953	1 000	953	1 862	950	912	1 700	868	832	1 732	884	848
20-24	2 009	1 024	985	1 943	994	949	1 854	945	909	1 695	865	830
25-29	1 881	956	925	1 996	1 016	980	1 933	987	945	1 846	940	906
30-34	1 826	927	899	1 867	947	919	1 983	1 008	976	1 922	981	941
35-39	1 497	757	740	1 809	916	893	1 853	938	914	1 971	1 000	971
40-44	2 203	1 107	1 095	1 481	747	734	1 793	906	887	1 838	929	909
45-49	2 191	1 093	1 098	2 172	1 088	1 084	1 463	735	728	1 773	893	880
50-54	1 538	758	780	2 148	1 067	1 082	2 134	1 064	1 070	1 440	721	719
55-59	1 584	768	816	1 483	723	760	2 078	1 021	1 057	2 070	1 023	1 048
60-64	750	342	407	1 463	689	774	1 378	654	724	1 942	931	1 011
65-69	889	376	513	654	279	375	1 286	569	717	1 221	547	675
70-74	739	277	462	730	276	454	543	208	335	1 077	432	645
75-79	481	144	337	540	170	369	542	174	368	409	134	274
80+	…	…	…	…	…	…	…	…	…	…	…	…
80-84	205	40	165	287	67	220	328	81	246	336	86	250
85-89	68	8	60	91	13	78	130	23	107	152	29	124
90-94	15	1	14	20	2	18	27	3	24	39	5	34
95-99	2	0	2	2	0	2	3	0	3	5	0	4
100+	0	0	0	0	0	0	0	0	0	0	0	0

年齢	2035			2040			2045			2050		
	総数	男	女	総数	男	女	総数	男	女	総数	男	女
総数	25 452	12 410	13 042	25 109	12 205	12 905	24 612	11 933	12 678	23 952	11 604	12 347
0-4	1 180	603	577	1 114	570	544	1 050	537	513	968	495	472
5-9	1 249	639	611	1 178	602	576	1 112	569	544	1 049	537	512
10-14	1 388	709	679	1 248	638	610	1 177	601	575	1 112	568	543
15-19	1 531	782	749	1 386	708	678	1 247	637	610	1 176	601	575
20-24	1 727	882	846	1 528	780	748	1 384	707	677	1 245	636	609
25-29	1 688	861	828	1 722	878	844	1 524	777	746	1 381	705	676
30-34	1 838	935	903	1 682	857	826	1 717	875	842	1 520	775	745
35-39	1 912	974	938	1 830	930	900	1 676	853	823	1 712	872	840
40-44	1 958	991	966	1 901	967	934	1 821	924	897	1 670	849	821
45-49	1 821	918	903	1 942	981	961	1 888	958	929	1 810	917	893
50-54	1 749	878	871	1 799	904	895	1 921	968	953	1 870	947	923
55-59	1 401	696	706	1 706	850	857	1 759	878	881	1 883	943	940
60-64	1 946	939	1 007	1 324	643	680	1 620	792	828	1 679	824	855
65-69	1 736	788	947	1 753	806	947	1 202	559	643	1 483	697	787
70-74	1 034	422	611	1 483	620	864	1 513	644	869	1 049	455	594
75-79	821	286	535	799	286	512	1 162	430	732	1 203	459	744
80+	…	…	…	…	…	…	…	…	…	…	…	…
80-84	259	69	190	528	151	377	523	156	367	776	243	533
85-89	160	31	129	126	26	100	263	60	204	268	64	203
90-94	47	7	41	51	8	44	42	7	35	90	16	74
95-99	7	1	6	9	1	8	10	1	9	8	1	7
100+	0	0	0	1	0	1	1	0	1	1	0	1

年齢	2055			2060		
	総数	男	女	総数	男	女
総数	23 165	11 232	11 932	22 323	10 845	11 478
0-4	878	449	428	805	412	393
5-9	967	495	472	877	449	428
10-14	1 048	536	512	966	494	472
15-19	1 111	568	543	1 048	536	512
20-24	1 174	600	574	1 110	567	542
25-29	1 243	635	608	1 173	599	574
30-34	1 378	703	675	1 241	634	608
35-39	1 517	773	744	1 376	702	674
40-44	1 706	868	838	1 513	770	742
45-49	1 661	843	818	1 699	864	835
50-54	1 795	908	888	1 650	836	813
55-59	1 838	926	912	1 769	890	878
60-64	1 806	891	915	1 770	881	889
65-69	1 549	734	815	1 679	803	876
70-74	1 307	577	730	1 379	618	761
75-79	846	332	513	1 070	432	638
80+	…	…	…	…	…	…
80-84	820	268	552	588	201	387
85-89	407	104	303	441	120	320
90-94	94	18	76	148	31	116
95-99	19	3	16	20	3	17
100+	1	0	1	2	0	2

Democratic Republic of the Congo

性・年齢別人口（千人）

年齢	1960			1965			1970			1975		
	総数	男	女	総数	男	女	総数	男	女	総数	男	女
総数	15 248	7 284	7 965	17 370	8 362	9 008	20 010	9 698	10 312	22 902	11 164	11 739
0-4	2 678	1 340	1 338	3 098	1 552	1 547	3 602	1 806	1 797	4 139	2 077	2 062
5-9	2 087	1 041	1 046	2 411	1 204	1 206	2 824	1 412	1 412	3 274	1 639	1 635
10-14	1 847	910	938	2 026	1 011	1 015	2 358	1 178	1 180	2 737	1 369	1 368
15-19	1 599	779	820	1 810	891	918	1 998	997	1 001	2 303	1 150	1 152
20-24	1 357	652	705	1 556	756	800	1 773	871	902	1 939	965	974
25-29	1 145	543	603	1 311	627	684	1 514	733	782	1 710	836	874
30-34	966	451	514	1 102	521	581	1 271	607	664	1 455	702	753
35-39	807	372	434	924	431	493	1 062	501	561	1 215	579	636
40-44	673	307	366	766	352	413	884	412	473	1 009	475	534
45-49	556	248	307	634	287	347	727	332	395	833	385	448
50-54	451	198	253	516	228	288	594	266	328	676	306	370
55-59	359	152	207	409	177	232	472	206	267	540	239	302
60-64	276	115	161	313	130	183	360	153	207	414	178	236
65-69	202	82	120	225	92	133	258	105	153	297	124	173
70-74	125	49	76	147	58	89	167	66	100	192	77	115
75-79	70	26	44	77	29	48	92	35	57	106	41	65
80+	50	18	33	48	16	31	52	18	34	62	22	40
80-84	…	…	…	…	…	…	…	…	…	…	…	…
85-89	…	…	…	…	…	…	…	…	…	…	…	…
90-94	…	…	…	…	…	…	…	…	…	…	…	…
95-99	…	…	…	…	…	…	…	…	…	…	…	…
100+	…	…	…	…	…	…	…	…	…	…	…	…

年齢	1980			1985			1990			1995		
	総数	男	女	総数	男	女	総数	男	女	総数	男	女
総数	26 357	12 909	13 448	29 986	14 748	15 238	34 963	17 255	17 707	42 184	20 880	21 304
0-4	4 780	2 400	2 380	5 565	2 796	2 769	6 605	3 320	3 285	8 044	4 047	3 998
5-9	3 788	1 898	1 890	4 319	2 165	2 154	5 149	2 584	2 565	6 332	3 179	3 153
10-14	3 186	1 595	1 591	3 621	1 815	1 807	4 212	2 112	2 100	5 180	2 599	2 581
15-19	2 683	1 342	1 342	3 066	1 534	1 532	3 552	1 779	1 773	4 260	2 135	2 125
20-24	2 243	1 118	1 125	2 566	1 280	1 286	2 989	1 492	1 497	3 570	1 784	1 786
25-29	1 878	931	947	2 133	1 059	1 074	2 488	1 236	1 252	2 989	1 486	1 502
30-34	1 650	805	845	1 779	880	899	2 061	1 021	1 041	2 480	1 229	1 251
35-39	1 397	673	724	1 557	758	798	1 713	846	867	2 047	1 012	1 035
40-44	1 159	551	608	1 310	629	680	1 489	723	765	1 690	833	858
45-49	954	446	508	1 078	510	569	1 243	594	649	1 458	705	753
50-54	779	357	422	877	407	471	1 011	474	538	1 204	571	633
55-59	619	277	342	701	317	384	806	370	437	960	445	515
60-64	477	208	269	538	237	301	623	278	345	741	335	406
65-69	344	145	199	391	167	223	451	196	255	541	238	303
70-74	223	91	132	256	106	150	298	125	173	357	152	205
75-79	123	48	76	142	56	86	168	67	100	203	83	120
80+	73	26	47	86	31	55	…	…	…	…	…	…
80-84	…	…	…	…	…	…	74	28	46	92	35	56
85-89	…	…	…	…	…	…	23	8	15	29	10	19
90-94	…	…	…	…	…	…	5	1	3	6	2	4
95-99	…	…	…	…	…	…	1	0	0	1	0	1
100+	…	…	…	…	…	…	0	0	0	0	0	0

年齢	2000			2005			2010			2015		
	総数	男	女	総数	男	女	総数	男	女	総数	男	女
総数	48 049	23 834	24 215	56 090	27 878	28 212	65 939	32 833	33 106	77 267	38 533	38 734
0-4	9 072	4 562	4 510	10 600	5 339	5 261	12 237	6 172	6 065	13 876	7 005	6 870
5-9	7 285	3 661	3 625	8 475	4 256	4 218	10 085	5 074	5 011	11 740	5 916	5 824
10-14	6 030	3 028	3 003	7 091	3 562	3 529	8 318	4 176	4 142	9 922	4 990	4 932
15-19	4 960	2 488	2 472	5 894	2 958	2 936	6 979	3 504	3 475	8 199	4 114	4 085
20-24	4 054	2 026	2 027	4 820	2 412	2 408	5 770	2 889	2 882	6 846	3 429	3 417
25-29	3 380	1 683	1 697	3 920	1 953	1 967	4 699	2 344	2 355	5 639	2 814	2 824
30-34	2 821	1 400	1 421	3 260	1 619	1 641	3 813	1 895	1 918	4 583	2 281	2 302
35-39	2 331	1 153	1 178	2 710	1 342	1 368	3 161	1 567	1 594	3 709	1 840	1 869
40-44	1 912	943	969	2 227	1 099	1 128	2 615	1 292	1 323	3 060	1 514	1 546
45-49	1 567	768	799	1 813	890	923	2 134	1 050	1 085	2 516	1 239	1 277
50-54	1 336	640	696	1 469	715	755	1 719	838	881	2 032	993	1 038
55-59	1 081	507	574	1 229	584	646	1 368	660	709	1 609	779	831
60-64	834	382	453	964	447	518	1 113	522	590	1 247	595	652
65-69	608	271	337	704	317	387	829	379	450	966	448	518
70-74	404	174	230	469	205	264	557	247	310	665	299	366
75-79	229	95	135	270	113	157	324	138	186	393	170	223
80+	…	…	…	…	…	…	…	…	…	…	…	…
80-84	104	41	64	124	49	75	152	61	90	187	77	110
85-89	34	12	22	41	15	26	51	19	32	64	25	40
90-94	7	2	5	9	3	6	11	4	7	14	5	9
95-99	1	0	1	1	0	1	1	0	1	2	0	1
100+	0	0	0	0	0	0	0	0	0	0	0	0

性・年齢別人口（千人）

年齢	2015			2020			2025			2030		
	総数	男	女	総数	男	女	総数	男	女	総数	男	女
総数	77 267	38 533	38 734	90 169	45 015	45 154	104 536	52 222	52 314	120 304	60 119	60 185
0-4	13 876	7 005	6 870	15 568	7 861	7 707	17 247	8 711	8 537	18 943	9 567	9 376
5-9	11 740	5 916	5 824	13 403	6 759	6 644	15 114	7 622	7 492	16 811	8 479	8 333
10-14	9 922	4 990	4 932	11 587	5 836	5 751	13 251	6 679	6 572	14 957	7 539	7 419
15-19	8 199	4 114	4 085	9 806	4 928	4 878	11 466	5 770	5 696	13 120	6 607	6 513
20-24	6 846	3 429	3 417	8 066	4 037	4 028	9 661	4 844	4 817	11 305	5 675	5 629
25-29	5 639	2 814	2 824	6 711	3 352	3 359	7 921	3 953	3 968	9 497	4 748	4 749
30-34	4 583	2 281	2 302	5 518	2 748	2 770	6 580	3 279	3 301	7 776	3 872	3 904
35-39	3 709	1 840	1 869	4 474	2 222	2 252	5 399	2 683	2 716	6 448	3 206	3 242
40-44	3 060	1 514	1 546	3 605	1 785	1 820	4 360	2 161	2 199	5 270	2 613	2 657
45-49	2 516	1 239	1 277	2 957	1 458	1 499	3 492	1 723	1 769	4 232	2 091	2 141
50-54	2 032	993	1 038	2 406	1 178	1 227	2 836	1 391	1 445	3 358	1 649	1 709
55-59	1 609	779	831	1 912	928	984	2 272	1 105	1 167	2 687	1 309	1 378
60-64	1 247	595	652	1 476	707	769	1 762	847	915	2 103	1 013	1 090
65-69	966	448	518	1 091	514	577	1 300	615	685	1 562	741	821
70-74	665	299	366	783	357	426	893	414	479	1 073	499	573
75-79	393	170	223	476	209	266	567	253	314	655	297	357
80+	…	…	…	…	…	…	…	…	…	…	…	…
80-84	187	77	110	230	97	134	284	121	163	344	149	195
85-89	64	25	40	81	32	49	102	41	61	128	52	76
90-94	14	5	9	18	6	12	24	9	15	31	11	19
95-99	2	0	1	2	1	2	3	1	2	4	1	3
100+	0	0	0	0	0	0	0	0	0	0	0	0

年齢	2035			2040			2045			2050		
	総数	男	女	総数	男	女	総数	男	女	総数	男	女
総数	137 444	68 686	68 759	155 794	77 842	77 952	175 145	87 480	87 665	195 277	97 483	97 794
0-4	20 567	10 386	10 180	22 068	11 145	10 923	23 409	11 823	11 587	24 606	12 427	12 179
5-9	18 544	9 351	9 193	20 210	10 189	10 021	21 757	10 969	10 788	23 139	11 666	11 473
10-14	16 663	8 398	8 266	18 406	9 274	9 132	20 084	10 116	9 967	21 642	10 901	10 741
15-19	14 827	7 465	7 361	16 535	8 324	8 211	18 281	9 201	9 080	19 963	10 044	9 919
20-24	12 953	6 507	6 446	14 656	7 362	7 295	16 363	8 218	8 145	18 109	9 092	9 017
25-29	11 131	5 573	5 559	12 773	6 399	6 374	14 472	7 249	7 223	16 176	8 102	8 074
30-34	9 341	4 659	4 682	10 965	5 476	5 489	12 601	6 297	6 304	14 295	7 142	7 152
35-39	7 635	3 793	3 842	9 187	4 571	4 616	10 803	5 381	5 421	12 431	6 196	6 235
40-44	6 308	3 129	3 179	7 484	3 709	3 775	9 023	4 478	4 544	10 626	5 280	5 346
45-49	5 128	2 535	2 593	6 152	3 043	3 109	7 315	3 615	3 700	8 834	4 373	4 461
50-54	4 080	2 006	2 073	4 957	2 439	2 517	5 960	2 935	3 025	7 101	3 494	3 607
55-59	3 192	1 557	1 635	3 891	1 901	1 990	4 740	2 318	2 423	5 714	2 795	2 919
60-64	2 498	1 205	1 293	2 980	1 440	1 540	3 645	1 764	1 881	4 456	2 158	2 298
65-69	1 875	891	984	2 239	1 067	1 173	2 685	1 280	1 404	3 300	1 576	1 724
70-74	1 300	607	693	1 572	736	837	1 891	886	1 005	2 283	1 070	1 213
75-79	796	363	433	975	446	529	1 192	546	646	1 448	663	785
80+	…	…	…	…	…	…	…	…	…	…	…	…
80-84	403	178	225	498	221	277	617	275	343	765	340	425
85-89	159	66	93	189	80	109	237	101	136	300	128	172
90-94	39	15	24	50	19	30	60	24	36	77	31	46
95-99	6	2	4	7	2	5	9	3	6	11	4	7
100+	0	0	0	1	0	0	1	0	1	1	0	1

年齢	2055			2060		
	総数	男	女	総数	男	女
総数	216 046	107 777	108 269	237 217	118 243	118 974
0-4	25 728	12 994	12 735	26 678	13 479	13 199
5-9	24 373	12 289	12 085	25 524	12 874	12 651
10-14	23 035	11 603	11 432	24 278	12 231	12 047
15-19	21 527	10 831	10 696	22 925	11 535	11 390
20-24	19 793	9 935	9 858	21 361	10 723	10 639
25-29	17 922	8 974	8 948	19 608	9 817	9 791
30-34	15 997	7 992	8 005	17 742	8 863	8 880
35-39	14 121	7 037	7 084	15 821	7 884	7 937
40-44	12 246	6 089	6 157	13 929	6 924	7 005
45-49	10 421	5 164	5 257	12 028	5 963	6 065
50-54	8 592	4 234	4 358	10 154	5 009	5 146
55-59	6 824	3 335	3 489	8 277	4 050	4 227
60-64	5 389	2 611	2 778	6 458	3 124	3 334
65-69	4 052	1 935	2 117	4 926	2 350	2 575
70-74	2 825	1 325	1 500	3 496	1 636	1 860
75-79	1 764	807	957	2 210	1 008	1 202
80+	…	…	…	…	…	…
80-84	942	418	524	1 169	515	655
85-89	378	161	217	478	200	278
90-94	100	39	60	130	50	80
95-99	15	5	10	20	7	13
100+	1	0	1	2	0	1

性・年齢別人口（千人）

年齢	2015			2020			2025			2030		
	総数	男	女	総数	男	女	総数	男	女	総数	男	女
総数	77 267	38 533	38 734	90 857	45 362	45 495	106 530	53 229	53 301	124 246	62 108	62 138
0-4	13 876	7 005	6 870	16 256	8 208	8 047	18 574	9 381	9 194	20 930	10 571	10 359
5-9	11 740	5 916	5 824	13 403	6 759	6 644	15 781	7 959	7 823	18 105	9 131	8 974
10-14	9 922	4 990	4 932	11 587	5 836	5 751	13 251	6 679	6 572	15 618	7 871	7 747
15-19	8 199	4 114	4 085	9 806	4 928	4 878	11 466	5 770	5 696	13 120	6 607	6 513
20-24	6 846	3 429	3 417	8 066	4 037	4 028	9 661	4 844	4 817	11 305	5 675	5 629
25-29	5 639	2 814	2 824	6 711	3 352	3 359	7 921	3 953	3 968	9 497	4 748	4 749
30-34	4 583	2 281	2 302	5 518	2 748	2 770	6 580	3 279	3 301	7 776	3 872	3 904
35-39	3 709	1 840	1 869	4 474	2 222	2 252	5 399	2 683	2 716	6 448	3 206	3 242
40-44	3 060	1 514	1 546	3 605	1 785	1 820	4 360	2 161	2 199	5 270	2 613	2 657
45-49	2 516	1 239	1 277	2 957	1 458	1 499	3 492	1 723	1 769	4 232	2 091	2 141
50-54	2 032	993	1 038	2 406	1 178	1 227	2 836	1 391	1 445	3 358	1 649	1 709
55-59	1 609	779	831	1 912	928	984	2 272	1 105	1 167	2 687	1 309	1 378
60-64	1 247	595	652	1 476	707	769	1 762	847	915	2 103	1 013	1 090
65-69	966	448	518	1 091	514	577	1 300	615	685	1 562	741	821
70-74	665	299	366	783	357	426	893	414	479	1 073	499	573
75-79	393	170	223	476	209	266	567	253	314	655	297	357
80+	…	…	…	…	…	…	…	…	…	…	…	…
80-84	187	77	110	230	97	134	284	121	163	344	149	195
85-89	64	25	40	81	32	49	102	41	61	128	52	76
90-94	14	5	9	18	6	12	24	9	15	31	11	19
95-99	2	0	1	2	1	2	3	1	2	4	1	3
100+	0	0	0	0	0	0	0	0	0	0	0	0

年齢	2035			2040			2045			2050		
	総数	男	女	総数	男	女	総数	男	女	総数	男	女
総数	143 764	71 874	71 891	165 171	82 569	82 602	188 545	94 231	94 313	213 850	106 836	107 014
0-4	23 002	11 616	11 386	25 196	12 725	12 471	27 521	13 899	13 622	29 892	15 096	14 795
5-9	20 491	10 332	10 158	22 604	11 396	11 208	24 842	12 524	12 318	27 205	13 716	13 489
10-14	17 947	9 044	8 902	20 339	10 247	10 091	22 464	11 315	11 148	24 712	12 448	12 264
15-19	15 482	7 795	7 687	17 809	8 966	8 843	20 202	10 167	10 034	22 330	11 235	11 095
20-24	12 953	6 507	6 446	15 304	7 687	7 617	17 625	8 851	8 773	20 012	10 047	9 965
25-29	11 131	5 573	5 559	12 773	6 399	6 374	15 112	7 570	7 542	17 424	8 727	8 697
30-34	9 341	4 659	4 682	10 965	5 476	5 489	12 601	6 297	6 304	14 927	7 459	7 469
35-39	7 635	3 793	3 842	9 187	4 571	4 616	10 803	5 381	5 421	12 431	6 196	6 235
40-44	6 308	3 129	3 179	7 484	3 709	3 775	9 023	4 478	4 544	10 626	5 280	5 346
45-49	5 128	2 535	2 593	6 152	3 043	3 109	7 315	3 615	3 700	8 834	4 373	4 461
50-54	4 080	2 006	2 073	4 957	2 439	2 517	5 960	2 935	3 025	7 101	3 494	3 607
55-59	3 192	1 557	1 635	3 891	1 901	1 990	4 740	2 318	2 423	5 714	2 795	2 919
60-64	2 498	1 205	1 293	2 980	1 440	1 540	3 645	1 764	1 881	4 456	2 158	2 298
65-69	1 875	891	984	2 239	1 067	1 173	2 685	1 280	1 404	3 300	1 576	1 724
70-74	1 300	607	693	1 572	736	837	1 891	886	1 005	2 283	1 070	1 213
75-79	796	363	433	975	446	529	1 192	546	646	1 448	663	785
80+	…	…	…	…	…	…	…	…	…	…	…	…
80-84	403	178	225	498	221	277	617	275	343	765	340	425
85-89	159	66	93	189	80	109	237	101	136	300	128	172
90-94	39	15	24	50	19	30	60	24	36	77	31	46
95-99	6	2	4	7	2	5	9	3	6	11	4	7
100+	0	0	0	1	0	0	1	0	1	1	0	1

年齢	2055			2060		
	総数	男	女	総数	男	女
総数	241 025	120 350	120 674	269 862	134 670	135 192
0-4	32 274	16 299	15 974	34 515	17 438	17 077
5-9	29 612	14 930	14 682	32 019	16 150	15 870
10-14	27 084	13 643	13 442	29 498	14 861	14 637
15-19	24 582	12 368	12 214	26 957	13 563	13 393
20-24	22 141	11 113	11 028	24 393	12 245	12 149
25-29	19 806	9 917	9 889	21 934	10 982	10 953
30-34	17 231	8 609	8 623	19 608	9 795	9 813
35-39	14 746	7 349	7 397	17 042	8 492	8 549
40-44	12 246	6 089	6 157	14 546	7 231	7 315
45-49	10 421	5 164	5 257	12 028	5 963	6 065
50-54	8 592	4 234	4 358	10 154	5 009	5 146
55-59	6 824	3 335	3 489	8 277	4 050	4 227
60-64	5 389	2 611	2 778	6 458	3 124	3 334
65-69	4 052	1 935	2 117	4 926	2 350	2 575
70-74	2 825	1 325	1 500	3 496	1 636	1 860
75-79	1 764	807	957	2 210	1 008	1 202
80+	…	…	…	…	…	…
80-84	942	418	524	1 169	515	655
85-89	378	161	217	478	200	278
90-94	100	39	60	130	50	80
95-99	15	5	10	20	7	13
100+	1	0	1	2	0	1

性・年齢別人口（千人）

年齢	2015			2020			2025			2030		
	総数	男	女	総数	男	女	総数	男	女	総数	男	女
総数	77 267	38 533	38 734	89 482	44 668	44 814	102 542	51 216	51 326	116 362	58 130	58 232
0-4	13 876	7 005	6 870	14 881	7 514	7 367	15 921	8 040	7 880	16 956	8 564	8 392
5-9	11 740	5 916	5 824	13 403	6 759	6 644	14 447	7 286	7 161	15 517	7 826	7 692
10-14	9 922	4 990	4 932	11 587	5 836	5 751	13 251	6 679	6 572	14 297	7 206	7 091
15-19	8 199	4 114	4 085	9 806	4 928	4 878	11 466	5 770	5 696	13 120	6 607	6 513
20-24	6 846	3 429	3 417	8 066	4 037	4 028	9 661	4 844	4 817	11 305	5 675	5 629
25-29	5 639	2 814	2 824	6 711	3 352	3 359	7 921	3 953	3 968	9 497	4 748	4 749
30-34	4 583	2 281	2 302	5 518	2 748	2 770	6 580	3 279	3 301	7 776	3 872	3 904
35-39	3 709	1 840	1 869	4 474	2 222	2 252	5 399	2 683	2 716	6 448	3 206	3 242
40-44	3 060	1 514	1 546	3 605	1 785	1 820	4 360	2 161	2 199	5 270	2 613	2 657
45-49	2 516	1 239	1 277	2 957	1 458	1 499	3 492	1 723	1 769	4 232	2 091	2 141
50-54	2 032	993	1 038	2 406	1 178	1 227	2 836	1 391	1 445	3 358	1 649	1 709
55-59	1 609	779	831	1 912	928	984	2 272	1 105	1 167	2 687	1 309	1 378
60-64	1 247	595	652	1 476	707	769	1 762	847	915	2 103	1 013	1 090
65-69	966	448	518	1 091	514	577	1 300	615	685	1 562	741	821
70-74	665	299	366	783	357	426	893	414	479	1 073	499	573
75-79	393	170	223	476	209	266	567	253	314	655	297	357
80+	…	…	…	…	…	…	…	…	…	…	…	…
80-84	187	77	110	230	97	134	284	121	163	344	149	195
85-89	64	25	40	81	32	49	102	41	61	128	52	76
90-94	14	5	9	18	6	12	24	9	15	31	11	19
95-99	2	0	1	2	1	2	3	1	2	4	1	3
100+	0	0	0	0	0	0	0	0	0	0	0	0

年齢	2035			2040			2045			2050		
	総数	男	女	総数	男	女	総数	男	女	総数	男	女
総数	131 141	65 506	65 635	146 518	73 165	73 353	162 072	80 892	81 179	177 461	88 511	88 950
0-4	18 148	9 165	8 983	19 025	9 608	9 417	19 524	9 860	9 663	19 753	9 976	9 777
5-9	16 598	8 369	8 228	17 832	8 990	8 842	18 756	9 456	9 300	19 297	9 729	9 568
10-14	15 380	7 751	7 629	16 473	8 300	8 173	17 720	8 926	8 794	18 655	9 397	9 258
15-19	14 171	7 135	7 036	15 261	7 683	7 578	16 360	8 234	8 126	17 612	8 861	8 751
20-24	12 953	6 507	6 446	14 008	7 036	6 972	15 102	7 584	7 517	16 205	8 136	8 069
25-29	11 131	5 573	5 559	12 773	6 399	6 374	13 832	6 928	6 903	14 929	7 477	7 452
30-34	9 341	4 659	4 682	10 965	5 476	5 489	12 601	6 297	6 304	13 662	6 826	6 836
35-39	7 635	3 793	3 842	9 187	4 571	4 616	10 803	5 381	5 421	12 431	6 196	6 235
40-44	6 308	3 129	3 179	7 484	3 709	3 775	9 023	4 478	4 544	10 626	5 280	5 346
45-49	5 128	2 535	2 593	6 152	3 043	3 109	7 315	3 615	3 700	8 834	4 373	4 461
50-54	4 080	2 006	2 073	4 957	2 439	2 517	5 960	2 935	3 025	7 101	3 494	3 607
55-59	3 192	1 557	1 635	3 891	1 901	1 990	4 740	2 318	2 423	5 714	2 795	2 919
60-64	2 498	1 205	1 293	2 980	1 440	1 540	3 645	1 764	1 881	4 456	2 158	2 298
65-69	1 875	891	984	2 239	1 067	1 173	2 685	1 280	1 404	3 300	1 576	1 724
70-74	1 300	607	693	1 572	736	837	1 891	886	1 005	2 283	1 070	1 213
75-79	796	363	433	975	446	529	1 192	546	646	1 448	663	785
80+	…	…	…	…	…	…	…	…	…	…	…	…
80-84	403	178	225	498	221	277	617	275	343	765	340	425
85-89	159	66	93	189	80	109	237	101	136	300	128	172
90-94	39	15	24	50	19	30	60	24	36	77	31	46
95-99	6	2	4	7	2	5	9	3	6	11	4	7
100+	0	0	0	1	0	0	1	0	1	1	0	1

年齢	2055			2060		
	総数	男	女	総数	男	女
総数	192 512	95 933	96 579	207 013	103 047	103 966
0-4	19 876	10 038	9 838	19 846	10 027	9 819
5-9	19 565	9 865	9 701	19 717	9 944	9 772
10-14	19 209	9 676	9 533	19 488	9 818	9 670
15-19	18 555	9 335	9 219	19 116	9 619	9 498
20-24	17 462	8 765	8 697	18 411	9 242	9 169
25-29	16 037	8 030	8 007	17 298	8 660	8 637
30-34	14 763	7 376	7 387	15 876	7 931	7 946
35-39	13 496	6 726	6 770	14 600	7 275	7 324
40-44	12 246	6 089	6 157	13 312	6 618	6 695
45-49	10 421	5 164	5 257	12 028	5 963	6 065
50-54	8 592	4 234	4 358	10 154	5 009	5 146
55-59	6 824	3 335	3 489	8 277	4 050	4 227
60-64	5 389	2 611	2 778	6 458	3 124	3 334
65-69	4 052	1 935	2 117	4 926	2 350	2 575
70-74	2 825	1 325	1 500	3 496	1 636	1 860
75-79	1 764	807	957	2 210	1 008	1 202
80+	…	…	…	…	…	…
80-84	942	418	524	1 169	515	655
85-89	378	161	217	478	200	278
90-94	100	39	60	130	50	80
95-99	15	5	10	20	7	13
100+	1	0	1	2	0	1

性・年齢別人口（千人）

年齢	1960			1965			1970			1975		
	総数	男	女	総数	男	女	総数	男	女	総数	男	女
総数	4 581	2 273	2 308	4 760	2 361	2 399	4 930	2 449	2 481	5 061	2 508	2 553
0-4	367	189	178	392	201	192	387	199	188	361	185	177
5-9	371	191	180	368	189	179	392	201	192	388	200	189
10-14	417	213	204	371	191	180	368	189	179	393	201	192
15-19	381	195	186	415	213	203	373	192	180	370	190	179
20-24	303	153	150	376	192	184	416	214	202	375	193	182
25-29	278	139	140	301	152	149	375	193	183	416	214	202
30-34	287	142	145	279	139	140	302	153	149	375	192	183
35-39	312	154	158	286	142	144	279	140	139	301	153	149
40-44	300	149	151	310	153	157	285	142	143	277	138	139
45-49	306	151	154	296	146	149	306	151	155	281	139	142
50-54	292	144	149	298	147	151	289	142	146	298	146	152
55-59	258	125	133	281	137	144	287	140	147	277	135	142
60-64	224	106	118	242	115	127	264	126	138	270	129	140
65-69	180	84	96	202	93	109	218	100	118	239	110	129
70-74	137	63	74	152	68	83	170	75	95	186	81	105
75-79	94	43	51	103	46	57	115	49	66	131	54	78
80+	75	34	41	88	38	49	103	42	60	123	47	76
80-84	…	…	…	…	…	…	…	…	…	…	…	…
85-89	…	…	…	…	…	…	…	…	…	…	…	…
90-94	…	…	…	…	…	…	…	…	…	…	…	…
95-99	…	…	…	…	…	…	…	…	…	…	…	…
100+	…	…	…	…	…	…	…	…	…	…	…	…

年齢	1980			1985			1990			1995		
	総数	男	女	総数	男	女	総数	男	女	総数	男	女
総数	5 123	2 531	2 593	5 113	2 520	2 593	5 140	2 535	2 606	5 233	2 584	2 649
0-4	313	160	153	264	134	130	291	150	141	338	174	165
5-9	364	186	178	313	160	153	268	136	131	297	153	144
10-14	390	200	189	364	186	178	316	162	154	273	139	134
15-19	396	202	193	392	202	190	367	188	179	321	165	157
20-24	372	191	181	398	204	194	396	204	192	375	191	184
25-29	374	192	181	371	191	180	401	206	195	403	207	196
30-34	413	212	202	371	191	181	372	191	181	405	208	197
35-39	373	191	182	410	210	201	370	189	181	374	192	183
40-44	299	151	148	369	188	181	407	207	200	370	189	181
45-49	272	136	137	294	148	146	363	185	179	403	204	198
50-54	273	135	139	265	131	134	287	143	143	357	180	176
55-59	286	139	147	262	128	134	254	125	129	277	138	139
60-64	260	124	135	268	127	140	245	118	128	240	116	124
65-69	244	113	131	235	109	126	242	112	131	224	104	119
70-74	204	89	115	210	92	118	202	89	113	209	92	117
75-79	145	58	87	161	64	97	166	67	99	160	65	95
80+	146	52	94	168	56	112	…	…	…	…	…	…
80-84	…	…	…	…	…	…	112	40	73	116	42	74
85-89	…	…	…	…	…	…	56	17	39	63	19	44
90-94	…	…	…	…	…	…	20	5	15	23	6	17
95-99	…	…	…	…	…	…	4	1	3	5	1	4
100+	…	…	…	…	…	…	0	0	0	1	0	1

年齢	2000			2005			2010			2015		
	総数	男	女	総数	男	女	総数	男	女	総数	男	女
総数	5 338	2 640	2 698	5 418	2 682	2 735	5 551	2 753	2 798	5 669	2 814	2 855
0-4	338	174	165	326	166	159	326	167	159	295	151	144
5-9	344	177	168	341	175	166	328	168	161	332	171	162
10-14	303	156	147	348	178	169	343	176	167	330	168	161
15-19	279	142	137	309	159	150	353	181	172	358	184	174
20-24	332	169	164	291	147	144	331	169	162	385	196	189
25-29	384	194	190	339	170	168	311	156	155	344	175	169
30-34	408	209	199	384	193	191	347	174	173	312	157	155
35-39	408	209	200	408	208	200	388	195	193	357	178	178
40-44	375	191	184	407	207	200	409	208	201	379	189	189
45-49	367	186	180	371	188	183	405	205	200	430	217	212
50-54	396	200	196	360	182	178	366	185	181	391	197	195
55-59	346	174	172	384	193	191	350	176	174	356	177	178
60-64	264	129	134	330	164	166	368	183	186	326	161	165
65-69	219	104	115	245	118	126	309	152	158	378	186	192
70-74	194	88	106	193	89	104	221	104	117	272	131	141
75-79	167	69	98	158	68	90	162	72	90	188	86	102
80+	…	…	…	…	…	…	…	…	…	…	…	…
80-84	114	42	72	121	46	75	119	48	71	119	51	69
85-89	66	21	45	67	22	45	73	25	49	74	27	47
90-94	26	7	20	29	7	21	30	8	22	33	9	24
95-99	6	1	5	8	1	6	9	2	7	9	2	7
100+	1	0	1	1	0	1	1	0	1	0	0	0

性・年齢別人口（千人）

年齢	2015			2020			2025			2030		
	総数	男	女	総数	男	女	総数	男	女	総数	男	女
総数	5 669	2 814	2 855	5 776	2 868	2 908	5 892	2 925	2 967	6 003	2 980	3 023
0-4	295	151	144	308	158	150	330	169	161	344	176	167
5-9	332	171	162	297	152	145	310	159	151	333	171	162
10-14	330	168	161	336	173	164	301	154	147	314	161	153
15-19	358	184	174	339	173	166	345	177	169	310	158	152
20-24	385	196	189	372	190	182	352	179	174	359	183	176
25-29	344	175	169	398	202	197	385	196	190	366	184	182
30-34	312	157	155	353	179	174	408	206	202	395	200	195
35-39	357	178	178	317	159	158	359	182	177	413	208	205
40-44	379	189	189	360	180	180	320	160	160	362	183	179
45-49	430	217	212	378	189	189	360	179	180	320	160	160
50-54	391	197	195	425	214	211	374	186	188	356	177	179
55-59	356	177	178	383	192	192	417	209	208	368	183	186
60-64	326	161	165	346	171	175	374	186	188	408	204	204
65-69	378	186	192	310	151	159	331	162	169	359	177	182
70-74	272	131	141	348	169	180	288	138	149	309	150	159
75-79	188	86	102	236	111	126	306	145	161	256	121	135
80+	…	…	…	…	…	…	…	…	…	…	…	…
80-84	119	51	69	146	64	82	187	84	103	246	112	133
85-89	74	27	47	77	30	47	96	39	58	126	53	73
90-94	33	9	24	35	11	24	37	13	25	49	17	31
95-99	9	2	7	9	2	7	10	2	8	11	3	8
100+	0	0	0	1	0	1	1	0	1	1	0	1

年齢	2035			2040			2045			2050		
	総数	男	女	総数	男	女	総数	男	女	総数	男	女
総数	6 097	3 027	3 069	6 173	3 068	3 105	6 237	3 104	3 133	6 299	3 139	3 161
0-4	344	176	167	337	173	164	332	170	162	333	171	162
5-9	346	178	169	346	177	168	340	174	165	334	172	163
10-14	337	173	164	350	180	171	350	180	170	344	176	167
15-19	323	165	158	346	177	169	359	184	175	359	184	175
20-24	324	165	159	337	171	165	359	183	176	373	190	183
25-29	373	189	184	337	170	167	350	177	173	373	189	184
30-34	375	188	187	382	193	189	347	175	172	360	181	178
35-39	400	202	198	381	191	190	387	195	192	352	177	175
40-44	416	209	207	403	203	200	384	192	192	391	197	194
45-49	362	183	179	416	209	207	403	203	200	385	192	192
50-54	318	159	159	359	181	178	413	207	206	401	202	199
55-59	351	174	177	314	156	158	356	179	177	409	205	204
60-64	361	178	183	346	171	175	310	154	156	351	176	175
65-69	393	195	198	350	172	178	336	165	171	302	150	153
70-74	337	165	173	371	183	188	332	162	170	320	157	164
75-79	277	132	145	305	147	158	338	165	173	305	148	157
80+	…	…	…	…	…	…	…	…	…	…	…	…
80-84	209	96	113	229	107	123	256	121	135	288	138	150
85-89	170	73	97	148	64	84	166	73	92	189	85	104
90-94	65	24	41	91	35	56	82	32	50	95	39	56
95-99	15	4	11	22	7	15	32	10	21	30	10	20
100+	2	0	1	2	1	2	4	1	3	6	1	4

年齢	2055			2060		
	総数	男	女	総数	男	女
総数	6 363	3 176	3 187	6 430	3 215	3 215
0-4	343	176	167	352	181	171
5-9	335	172	163	345	177	168
10-14	338	174	165	339	174	165
15-19	352	181	172	346	178	169
20-24	372	190	182	365	187	178
25-29	386	196	190	384	196	188
30-34	382	193	189	394	200	194
35-39	365	184	181	387	196	191
40-44	356	179	177	368	186	183
45-49	391	197	194	356	179	177
50-54	383	191	191	390	196	194
55-59	398	200	198	380	190	190
60-64	404	202	202	393	198	196
65-69	343	172	171	395	197	198
70-74	289	142	147	329	164	165
75-79	296	144	152	269	131	137
80+	…	…	…	…	…	…
80-84	262	124	137	256	122	134
85-89	215	99	117	199	91	108
90-94	111	46	65	130	55	75
95-99	36	13	23	44	16	28
100+	6	2	5	8	2	6

Denmark

性・年齢別人口（千人）

年齢	2015			2020			2025			2030		
	総数	男	女	総数	男	女	総数	男	女	総数	男	女
総数	5 669	2 814	2 855	5 819	2 890	2 929	6 008	2 985	3 023	6 214	3 088	3 126
0-4	295	151	144	351	180	171	404	207	197	438	225	213
5-9	332	171	162	297	152	145	353	181	172	406	208	198
10-14	330	168	161	336	173	164	301	154	147	357	183	174
15-19	358	184	174	339	173	166	345	177	169	310	158	152
20-24	385	196	189	372	190	182	352	179	174	359	183	176
25-29	344	175	169	398	202	197	385	196	190	366	184	182
30-34	312	157	155	353	179	174	408	206	202	395	200	195
35-39	357	178	178	317	159	158	359	182	177	413	208	205
40-44	379	189	189	360	180	180	320	160	160	362	183	179
45-49	430	217	212	378	189	189	360	179	180	320	160	160
50-54	391	197	195	425	214	211	374	186	188	356	177	179
55-59	356	177	178	383	192	192	417	209	208	368	183	186
60-64	326	161	165	346	171	175	374	186	188	408	204	204
65-69	378	186	192	310	151	159	331	162	169	359	177	182
70-74	272	131	141	348	169	180	288	138	149	309	150	159
75-79	188	86	102	236	111	126	306	145	161	256	121	135
80+	...	...	...	...	...	...	...	...	...	...	...	...
80-84	119	51	69	146	64	82	187	84	103	246	112	133
85-89	74	27	47	77	30	47	96	39	58	126	53	73
90-94	33	9	24	35	11	24	37	13	25	49	17	31
95-99	9	2	7	9	2	7	10	2	8	11	3	8
100+	0	0	0	1	0	1	1	0	1	1	0	1

年齢	2035			2040			2045			2050		
	総数	男	女	総数	男	女	総数	男	女	総数	男	女
総数	6 402	3 184	3 218	6 572	3 273	3 299	6 739	3 362	3 377	6 930	3 462	3 468
0-4	437	225	213	432	222	210	436	224	212	462	237	225
5-9	441	226	215	440	226	214	434	223	211	438	225	213
10-14	410	210	200	445	228	217	444	228	216	438	225	213
15-19	366	187	179	419	214	204	454	232	221	453	232	221
20-24	324	165	159	380	193	186	433	221	212	467	238	229
25-29	373	189	184	337	170	167	393	199	194	446	226	220
30-34	375	188	187	382	193	189	347	175	172	403	203	199
35-39	400	202	198	381	191	190	387	195	192	352	177	175
40-44	416	209	207	403	203	200	384	192	192	391	197	194
45-49	362	183	179	416	209	207	403	203	200	385	192	192
50-54	318	159	159	359	181	178	413	207	206	401	202	199
55-59	351	174	177	314	156	158	356	179	177	409	205	204
60-64	361	178	183	346	171	175	310	154	156	351	176	175
65-69	393	195	198	350	172	178	336	165	171	302	150	153
70-74	337	165	173	371	183	188	332	162	170	320	157	164
75-79	277	132	145	305	147	158	338	165	173	305	148	157
80+	...	...	...	...	...	...	...	...	...	...	...	...
80-84	209	96	113	229	107	123	256	121	135	288	138	150
85-89	170	73	97	148	64	84	166	73	92	189	85	104
90-94	65	24	41	91	35	56	82	32	50	95	39	56
95-99	15	4	11	22	7	15	32	10	21	30	10	20
100+	2	0	1	2	1	2	4	1	3	6	1	4

年齢	2055			2060		
	総数	男	女	総数	男	女
総数	7 154	3 582	3 572	7 406	3 716	3 690
0-4	503	258	245	538	276	262
5-9	464	238	226	505	260	246
10-14	442	227	215	467	240	227
15-19	447	229	218	450	231	219
20-24	466	238	228	459	235	224
25-29	480	244	236	478	244	234
30-34	455	231	224	488	248	240
35-39	408	206	202	460	233	227
40-44	356	179	177	411	208	204
45-49	391	197	194	356	179	177
50-54	383	191	191	390	196	194
55-59	398	200	198	380	190	190
60-64	404	202	202	393	198	196
65-69	343	172	171	395	197	198
70-74	289	142	147	329	164	165
75-79	296	144	152	269	131	137
80+	...	...	...	...	...	...
80-84	262	124	137	256	122	134
85-89	215	99	117	199	91	108
90-94	111	46	65	130	55	75
95-99	36	13	23	44	16	28
100+	6	2	5	8	2	6

性・年齢別人口（千人）

年齢	2015			2020			2025			2030		
	総数	男	女	総数	男	女	総数	男	女	総数	男	女
総数	5 669	2 814	2 855	5 732	2 846	2 887	5 775	2 865	2 910	5 792	2 872	2 921
0-4	295	151	144	264	136	129	257	132	125	249	128	121
5-9	332	171	162	297	152	145	267	137	130	259	133	126
10-14	330	168	161	336	173	164	301	154	147	271	139	132
15-19	358	184	174	339	173	166	345	177	169	310	158	152
20-24	385	196	189	372	190	182	352	179	174	359	183	176
25-29	344	175	169	398	202	197	385	196	190	366	184	182
30-34	312	157	155	353	179	174	408	206	202	395	200	195
35-39	357	178	178	317	159	158	359	182	177	413	208	205
40-44	379	189	189	360	180	180	320	160	160	362	183	179
45-49	430	217	212	378	189	189	360	179	180	320	160	160
50-54	391	197	195	425	214	211	374	186	188	356	177	179
55-59	356	177	178	383	192	192	417	209	208	368	183	186
60-64	326	161	165	346	171	175	374	186	188	408	204	204
65-69	378	186	192	310	151	159	331	162	169	359	177	182
70-74	272	131	141	348	169	180	288	138	149	309	150	159
75-79	188	86	102	236	111	126	306	145	161	256	121	135
80+	...	...	...	...	...	...	...	...	...	...	...	...
80-84	119	51	69	146	64	82	187	84	103	246	112	133
85-89	74	27	47	77	30	47	96	39	58	126	53	73
90-94	33	9	24	35	11	24	37	13	25	49	17	31
95-99	9	2	7	9	2	7	10	2	8	11	3	8
100+	0	0	0	1	0	1	1	0	1	1	0	1

年齢	2035			2040			2045			2050		
	総数	男	女	総数	男	女	総数	男	女	総数	男	女
総数	5 792	2 871	2 921	5 775	2 864	2 911	5 742	2 850	2 892	5 693	2 827	2 865
0-4	250	128	122	244	125	119	234	120	114	221	114	108
5-9	252	129	123	252	129	123	247	127	120	237	121	115
10-14	263	135	128	256	131	125	256	131	125	251	129	122
15-19	280	143	137	272	139	133	265	135	129	265	136	130
20-24	324	165	159	294	149	144	286	145	141	279	142	137
25-29	373	189	184	337	170	167	307	155	152	300	151	149
30-34	375	188	187	382	193	189	347	175	172	317	159	158
35-39	400	202	198	381	191	190	387	195	192	352	177	175
40-44	416	209	207	403	203	200	384	192	192	391	197	194
45-49	362	183	179	416	209	207	403	203	200	385	192	192
50-54	318	159	159	359	181	178	413	207	206	401	202	199
55-59	351	174	177	314	156	158	356	179	177	409	205	204
60-64	361	178	183	346	171	175	310	154	156	351	176	175
65-69	393	195	198	350	172	178	336	165	171	302	150	153
70-74	337	165	173	371	183	188	332	162	170	320	157	164
75-79	277	132	145	305	147	158	338	165	173	305	148	157
80+	...	...	...	...	...	...	...	...	...	...	...	...
80-84	209	96	113	229	107	123	256	121	135	288	138	150
85-89	170	73	97	148	64	84	166	73	92	189	85	104
90-94	65	24	41	91	35	56	82	32	50	95	39	56
95-99	15	4	11	22	7	15	32	10	21	30	10	20
100+	2	0	1	2	1	2	4	1	3	6	1	4

年齢	2055			2060		
	総数	男	女	総数	男	女
総数	5 626	2 797	2 828	5 546	2 761	2 785
0-4	211	109	103	205	105	100
5-9	224	115	109	213	110	104
10-14	241	124	117	228	117	111
15-19	259	133	126	249	128	121
20-24	278	142	136	272	139	133
25-29	292	148	144	291	148	143
30-34	309	156	153	300	152	148
35-39	322	162	160	314	158	156
40-44	356	179	177	325	164	162
45-49	391	197	194	356	179	177
50-54	383	191	191	390	196	194
55-59	398	200	198	380	190	190
60-64	404	202	202	393	198	196
65-69	343	172	171	395	197	198
70-74	289	142	147	329	164	165
75-79	296	144	152	269	131	137
80+	...	...	...	...	...	...
80-84	262	124	137	256	122	134
85-89	215	99	117	199	91	108
90-94	111	46	65	130	55	75
95-99	36	13	23	44	16	28
100+	6	2	5	8	2	6

性・年齢別人口（千人）

年齢	1960			1965			1970			1975		
	総数	男	女	総数	男	女	総数	男	女	総数	男	女
総数	84	42	42	115	57	58	160	79	80	224	112	112
0-4	14	7	7	22	11	11	31	16	15	44	22	22
5-9	11	5	5	16	8	8	24	12	12	34	17	17
10-14	11	6	6	13	6	6	18	9	9	27	14	14
15-19	9	5	5	13	7	6	15	8	7	21	11	11
20-24	8	4	4	11	5	5	15	8	7	18	9	9
25-29	6	3	3	9	4	4	12	6	6	17	9	9
30-34	5	3	3	7	4	4	10	5	5	14	7	7
35-39	4	2	2	6	3	3	8	4	4	11	6	6
40-44	4	2	2	5	2	3	7	3	3	9	5	5
45-49	3	1	2	4	2	2	6	3	3	8	4	4
50-54	2	1	1	3	2	2	4	2	2	6	3	3
55-59	2	1	1	3	1	1	3	2	2	5	2	3
60-64	1	1	1	2	1	1	3	1	1	4	2	2
65-69	1	0	1	1	1	1	2	1	1	3	1	1
70-74	1	0	0	1	0	0	1	1	1	2	1	1
75-79	0	0	0	0	0	0	1	0	0	1	0	0
80+	0	0	0	0	0	0	0	0	0	0	0	0
80-84	…	…	…	…	…	…	…	…	…	…	…	…
85-89	…	…	…	…	…	…	…	…	…	…	…	…
90-94	…	…	…	…	…	…	…	…	…	…	…	…
95-99	…	…	…	…	…	…	…	…	…	…	…	…
100+	…	…	…	…	…	…	…	…	…	…	…	…

年齢	1980			1985			1990			1995		
	総数	男	女	総数	男	女	総数	男	女	総数	男	女
総数	359	181	178	423	213	210	588	296	292	661	332	329
0-4	68	34	33	71	36	35	107	54	53	108	55	53
5-9	53	27	26	66	33	33	81	41	40	101	51	50
10-14	46	24	22	53	27	26	76	38	38	78	39	39
15-19	41	22	19	47	24	23	62	31	31	73	37	36
20-24	32	17	15	41	22	20	54	28	26	59	30	30
25-29	23	11	12	32	16	15	47	25	23	52	26	25
30-34	22	11	11	23	11	12	37	19	18	45	23	21
35-39	18	9	9	22	11	11	27	13	14	35	18	17
40-44	14	7	7	17	9	9	25	12	13	26	12	13
45-49	12	6	6	14	7	7	20	10	10	23	12	12
50-54	9	5	5	11	5	6	16	8	8	18	9	9
55-59	7	3	4	9	4	5	12	6	6	14	7	7
60-64	5	3	3	7	3	4	9	4	5	11	5	6
65-69	4	2	2	5	2	3	7	3	4	8	4	4
70-74	2	1	1	3	1	2	4	2	2	5	2	3
75-79	1	1	1	2	1	1	2	1	1	3	1	2
80+	1	0	0	1	0	1	…	…	…	…	…	…
80-84	…	…	…	…	…	…	1	0	1	1	1	1
85-89	…	…	…	…	…	…	0	0	0	0	0	0
90-94	…	…	…	…	…	…	0	0	0	0	0	0
95-99	…	…	…	…	…	…	0	0	0	0	0	0
100+	…	…	…	…	…	…	0	0	0	0	0	0

年齢	2000			2005			2010			2015		
	総数	男	女	総数	男	女	総数	男	女	総数	男	女
総数	723	363	359	778	391	387	831	417	413	888	446	442
0-4	101	51	50	100	51	49	99	50	49	102	52	50
5-9	101	51	50	95	48	47	94	48	46	96	49	47
10-14	97	49	48	98	49	48	91	46	45	93	47	46
15-19	75	38	37	94	47	47	94	48	47	89	45	44
20-24	70	35	35	72	36	36	91	46	45	90	45	45
25-29	57	28	28	67	34	34	69	35	34	86	43	43
30-34	49	25	24	54	27	27	64	32	32	65	33	33
35-39	42	22	20	46	23	23	51	25	25	61	31	30
40-44	33	17	16	40	21	19	43	22	21	48	24	24
45-49	24	12	12	30	15	15	37	19	18	41	21	20
50-54	22	11	11	22	11	11	28	14	14	35	18	17
55-59	17	8	9	20	10	10	20	10	11	26	13	13
60-64	13	6	7	15	7	8	18	9	9	18	9	10
65-69	9	4	5	11	5	6	13	6	7	16	7	8
70-74	6	3	3	7	3	4	9	4	5	11	5	6
75-79	4	2	2	4	2	2	5	2	3	6	3	3
80+	…	…	…	…	…	…	…	…	…	…	…	…
80-84	2	1	1	2	1	1	3	1	1	3	1	2
85-89	1	0	0	1	0	0	1	0	1	1	0	1
90-94	0	0	0	0	0	0	0	0	0	0	0	0
95-99	0	0	0	0	0	0	0	0	0	0	0	0
100+	0	0	0	0	0	0	0	0	0	0	0	0

性・年齢別人口（千人）

年齢	2015			2020			2025			2030		
	総数	男	女	総数	男	女	総数	男	女	総数	男	女
総数	888	446	442	947	475	472	1 003	503	500	1 054	528	526
0-4	102	52	50	102	51	50	100	51	49	97	49	48
5-9	96	49	47	100	50	49	99	50	49	98	50	49
10-14	93	47	46	95	48	47	98	50	49	98	50	49
15-19	89	45	44	90	46	45	93	47	46	97	49	48
20-24	90	45	45	85	43	42	88	44	43	90	46	45
25-29	86	43	43	86	44	43	82	42	41	85	43	42
30-34	65	33	33	83	42	41	84	42	42	80	40	40
35-39	61	31	30	63	31	31	80	40	40	81	41	40
40-44	48	24	24	58	29	29	60	30	30	77	39	39
45-49	41	21	20	46	23	23	56	28	28	58	29	29
50-54	35	18	17	39	20	19	44	22	22	54	27	27
55-59	26	13	13	33	17	16	37	18	18	41	20	21
60-64	18	9	10	24	12	12	30	15	15	34	17	17
65-69	16	7	8	16	8	9	21	10	11	27	13	14
70-74	11	5	6	13	6	7	13	6	7	18	8	9
75-79	6	3	3	8	4	4	9	4	5	10	4	6
80+	…	…	…	…	…	…	…	…	…	…	…	…
80-84	3	1	2	4	2	2	5	2	3	6	3	3
85-89	1	0	1	1	1	1	2	1	1	2	1	1
90-94	0	0	0	0	0	0	0	0	0	1	0	0
95-99	0	0	0	0	0	0	0	0	0	0	0	0
100+	0	0	0	0	0	0	0	0	0	0	0	0

年齢	2035			2040			2045			2050		
	総数	男	女	総数	男	女	総数	男	女	総数	男	女
総数	1 097	549	548	1 133	566	567	1 163	580	583	1 186	590	596
0-4	93	47	46	91	46	45	89	45	44	87	44	43
5-9	95	48	47	92	46	45	89	45	44	87	44	43
10-14	97	49	48	95	48	47	91	46	45	88	45	44
15-19	96	49	48	96	48	47	93	47	46	89	45	44
20-24	94	47	46	94	47	46	93	47	46	90	46	45
25-29	87	44	43	91	46	45	91	46	45	90	45	45
30-34	82	41	41	85	43	42	89	45	44	89	45	44
35-39	77	39	38	80	40	40	83	41	41	86	43	43
40-44	78	39	39	75	38	37	78	39	39	80	40	40
45-49	75	37	37	76	38	38	73	36	36	75	37	38
50-54	56	27	28	72	36	36	73	36	37	70	35	35
55-59	51	25	26	53	26	27	68	34	35	69	34	35
60-64	38	19	20	47	23	24	49	24	25	64	31	33
65-69	30	15	16	34	16	18	42	20	22	44	21	23
70-74	22	11	11	25	12	13	29	13	15	36	17	19
75-79	13	6	7	17	8	9	19	9	10	22	10	12
80+	…	…	…	…	…	…	…	…	…	…	…	…
80-84	6	3	4	8	4	4	10	5	6	12	5	7
85-89	3	1	2	3	1	2	4	2	2	5	2	3
90-94	1	0	0	1	0	1	1	0	1	1	0	1
95-99	0	0	0	0	0	0	0	0	0	0	0	0
100+	0	0	0	0	0	0	0	0	0	0	0	0

年齢	2055			2060		
	総数	男	女	総数	男	女
総数	1 203	597	605	1 212	601	611
0-4	84	43	42	81	41	40
5-9	86	43	42	83	42	41
10-14	87	44	43	85	43	42
15-19	87	44	43	86	43	42
20-24	87	44	43	85	43	42
25-29	88	44	44	85	43	42
30-34	88	44	44	86	43	43
35-39	87	43	43	86	43	43
40-44	84	42	42	85	42	42
45-49	78	39	39	82	41	41
50-54	72	36	37	75	37	38
55-59	67	33	34	69	34	35
60-64	65	32	33	62	30	32
65-69	57	27	30	59	28	31
70-74	37	17	20	49	23	26
75-79	27	12	15	28	13	16
80+	…	…	…	…	…	…
80-84	14	6	8	17	8	10
85-89	6	2	3	7	3	4
90-94	2	1	1	2	1	1
95-99	0	0	0	0	0	0
100+	0	0	0	0	0	0

Djibouti

性・年齢別人口（千人）

年齢	2015			2020			2025			2030		
	総数	男	女	総数	男	女	総数	男	女	総数	男	女
総数	888	446	442	955	479	476	1 026	515	512	1 096	549	547
0-4	102	52	50	110	56	54	115	58	57	116	59	57
5-9	96	49	47	100	50	49	108	54	53	113	57	56
10-14	93	47	46	95	48	47	98	50	49	106	54	53
15-19	89	45	44	90	46	45	93	47	46	97	49	48
20-24	90	45	45	85	43	42	88	44	43	90	46	45
25-29	86	43	43	86	44	43	82	42	41	85	43	42
30-34	65	33	33	83	42	41	84	42	42	80	40	40
35-39	61	31	30	63	31	31	80	40	40	81	41	40
40-44	48	24	24	58	29	29	60	30	30	77	39	39
45-49	41	21	20	46	23	23	56	28	28	58	29	29
50-54	35	18	17	39	20	19	44	22	22	54	27	27
55-59	26	13	13	33	17	16	37	18	18	41	20	21
60-64	18	9	10	24	12	12	30	15	15	34	17	17
65-69	16	7	8	16	8	9	21	10	11	27	13	14
70-74	11	5	6	13	6	7	13	6	7	18	8	9
75-79	6	3	3	8	4	4	9	4	5	10	4	6
80+	…	…	…	…	…	…	…	…	…	…	…	…
80-84	3	1	2	4	2	2	5	2	3	6	3	3
85-89	1	0	1	1	1	1	2	1	1	2	1	1
90-94	0	0	0	0	0	0	0	0	0	1	0	0
95-99	0	0	0	0	0	0	0	0	0	0	0	0
100+	0	0	0	0	0	0	0	0	0	0	0	0

年齢	2035			2040			2045			2050		
	総数	男	女	総数	男	女	総数	男	女	総数	男	女
総数	1 158	579	578	1 214	607	607	1 267	633	635	1 318	657	661
0-4	113	57	56	112	57	55	113	57	55	115	58	57
5-9	114	58	56	111	56	55	110	56	54	111	56	55
10-14	112	56	55	113	57	56	110	56	55	109	55	54
15-19	105	53	52	110	55	54	112	56	55	109	55	54
20-24	94	47	46	102	51	51	107	54	53	109	55	54
25-29	87	44	43	91	46	45	99	50	49	104	52	52
30-34	82	41	41	85	43	42	89	45	44	97	49	48
35-39	77	39	38	80	40	40	83	41	41	86	43	43
40-44	78	39	39	75	38	37	78	39	39	80	40	40
45-49	75	37	37	76	38	38	73	36	36	75	37	38
50-54	56	27	28	72	36	36	73	36	37	70	35	35
55-59	51	25	26	53	26	27	68	34	35	69	34	35
60-64	38	19	20	47	23	24	49	24	25	64	31	33
65-69	30	15	16	34	16	18	42	20	22	44	21	23
70-74	22	11	11	25	12	13	29	13	15	36	17	19
75-79	13	6	7	17	8	9	19	9	10	22	10	12
80+	…	…	…	…	…	…	…	…	…	…	…	…
80-84	6	3	4	8	4	4	10	5	6	12	5	7
85-89	3	1	2	3	1	2	4	2	2	5	2	3
90-94	1	0	0	1	0	1	1	0	1	1	0	1
95-99	0	0	0	0	0	0	0	0	0	0	0	0
100+	0	0	0	0	0	0	0	0	0	0	0	0

年齢	2055			2060		
	総数	男	女	総数	男	女
総数	1 367	680	687	1 413	702	711
0-4	118	60	58	119	61	59
5-9	113	57	56	116	59	57
10-14	110	56	54	113	57	56
15-19	107	54	53	109	55	54
20-24	106	54	53	105	53	52
25-29	106	53	53	104	52	52
30-34	102	51	51	104	52	52
35-39	94	47	47	100	50	50
40-44	84	42	42	92	46	46
45-49	78	39	39	82	41	41
50-54	72	36	37	75	37	38
55-59	67	33	34	69	34	35
60-64	65	32	33	62	30	32
65-69	57	27	30	59	28	31
70-74	37	17	20	49	23	26
75-79	27	12	15	28	13	16
80+	…	…	…	…	…	…
80-84	14	6	8	17	8	10
85-89	6	2	3	7	3	4
90-94	2	1	1	2	1	1
95-99	0	0	0	0	0	0
100+	0	0	0	0	0	0

性・年齢別人口（千人）

年齢	2015			2020			2025			2030		
	総数	男	女	総数	男	女	総数	男	女	総数	男	女
総数	888	446	442	938	471	467	980	491	489	1 012	507	505
0-4	102	52	50	93	47	46	86	43	42	78	40	39
5-9	96	49	47	100	50	49	91	46	45	84	42	41
10-14	93	47	46	95	48	47	98	50	49	90	45	44
15-19	89	45	44	90	46	45	93	47	46	97	49	48
20-24	90	45	45	85	43	42	88	44	43	90	46	45
25-29	86	43	43	86	44	43	82	42	41	85	43	42
30-34	65	33	33	83	42	41	84	42	42	80	40	40
35-39	61	31	30	63	31	31	80	40	40	81	41	40
40-44	48	24	24	58	29	29	60	30	30	77	39	39
45-49	41	21	20	46	23	23	56	28	28	58	29	29
50-54	35	18	17	39	20	19	44	22	22	54	27	27
55-59	26	13	13	33	17	16	37	18	18	41	20	21
60-64	18	9	10	24	12	12	30	15	15	34	17	17
65-69	16	7	8	16	8	9	21	10	11	27	13	14
70-74	11	5	6	13	6	7	13	6	7	18	8	9
75-79	6	3	3	8	4	4	9	4	5	10	4	6
80+	…	…	…	…	…	…	…	…	…	…	…	…
80-84	3	1	2	4	2	2	5	2	3	6	3	3
85-89	1	0	1	1	1	1	2	1	1	2	1	1
90-94	0	0	0	0	0	0	0	0	0	1	0	0
95-99	0	0	0	0	0	0	0	0	0	0	0	0
100+	0	0	0	0	0	0	0	0	0	0	0	0

年齢	2035			2040			2045			2050		
	総数	男	女	総数	男	女	総数	男	女	総数	男	女
総数	1 036	518	518	1 052	525	527	1 060	528	532	1 059	526	533
0-4	74	37	36	70	35	34	66	34	33	62	31	30
5-9	77	39	38	72	37	36	69	35	34	65	33	32
10-14	83	42	41	76	38	38	72	36	35	68	34	34
15-19	88	45	44	81	41	40	74	38	37	70	36	35
20-24	94	47	46	86	43	42	79	40	39	72	36	36
25-29	87	44	43	91	46	45	83	42	41	76	38	38
30-34	82	41	41	85	43	42	89	45	44	81	41	40
35-39	77	39	38	80	40	40	83	41	41	86	43	43
40-44	78	39	39	75	38	37	78	39	39	80	40	40
45-49	75	37	37	76	38	38	73	36	36	75	37	38
50-54	56	27	28	72	36	36	73	36	37	70	35	35
55-59	51	25	26	53	26	27	68	34	35	69	34	35
60-64	38	19	20	47	23	24	49	24	25	64	31	33
65-69	30	15	16	34	16	18	42	20	22	44	21	23
70-74	22	11	11	25	12	13	29	13	15	36	17	19
75-79	13	6	7	17	8	9	19	9	10	22	10	12
80+	…	…	…	…	…	…	…	…	…	…	…	…
80-84	6	3	4	8	4	4	10	5	6	12	5	7
85-89	3	1	2	3	1	2	4	2	2	5	2	3
90-94	1	0	0	1	0	1	1	0	1	1	0	1
95-99	0	0	0	0	0	0	0	0	0	0	0	0
100+	0	0	0	0	0	0	0	0	0	0	0	0

年齢	2055			2060		
	総数	男	女	総数	男	女
総数	1 048	519	529	1 028	508	520
0-4	56	28	27	50	25	25
5-9	61	31	30	55	28	27
10-14	65	33	32	60	30	30
15-19	67	34	33	64	32	31
20-24	68	34	34	65	33	32
25-29	70	35	35	66	33	33
30-34	74	37	37	68	34	34
35-39	79	39	39	73	36	36
40-44	84	42	42	77	38	38
45-49	78	39	39	82	41	41
50-54	72	36	37	75	37	38
55-59	67	33	34	69	34	35
60-64	65	32	33	62	30	32
65-69	57	27	30	59	28	31
70-74	37	17	20	49	23	26
75-79	27	12	15	28	13	16
80+	…	…	…	…	…	…
80-84	14	6	8	17	8	10
85-89	6	2	3	7	3	4
90-94	2	1	1	2	1	1
95-99	0	0	0	0	0	0
100+	0	0	0	0	0	0

Dominican Republic

性・年齢別人口（千人）

年齢	1960 総数	男	女	1965 総数	男	女	1970 総数	男	女	1975 総数	男	女
総数	3 294	1 668	1 626	3 879	1 961	1 918	4 503	2 274	2 229	5 150	2 598	2 552
0-4	671	341	331	754	383	372	807	409	397	847	430	417
5-9	526	266	259	637	323	314	724	367	357	784	397	386
10-14	391	196	195	509	255	254	619	310	309	706	354	352
15-19	304	150	154	372	183	189	485	240	245	593	293	299
20-24	272	132	140	287	140	147	352	172	180	458	225	233
25-29	238	117	121	262	128	134	275	135	140	337	165	172
30-34	200	100	99	231	115	116	255	126	129	268	133	135
35-39	164	84	80	195	100	95	227	115	112	251	126	125
40-44	132	70	62	160	84	77	191	99	92	222	114	108
45-49	106	57	49	128	69	60	156	82	74	185	97	89
50-54	85	46	39	102	55	47	123	66	57	150	79	70
55-59	68	37	31	80	43	37	96	52	44	116	62	54
60-64	52	28	24	61	33	28	73	39	34	88	47	41
65-69	38	20	18	44	23	21	53	28	25	63	33	30
70-74	25	13	12	29	15	14	35	18	17	42	22	20
75-79	14	7	7	17	8	8	20	10	10	25	12	12
80+	9	4	5	11	5	6	13	6	7	17	8	9
80-84	...	...	...	...	...	...	...	...	...	...	...	...
85-89	...	...	...	...	...	...	...	...	...	...	...	...
90-94	...	...	...	...	...	...	...	...	...	...	...	...
95-99	...	...	...	...	...	...	...	...	...	...	...	...
100+	...	...	...	...	...	...	...	...	...	...	...	...

年齢	1980 総数	男	女	1985 総数	男	女	1990 総数	男	女	1995 総数	男	女
総数	5 809	2 928	2 881	6 489	3 268	3 220	7 184	3 614	3 569	7 892	3 964	3 929
0-4	885	450	435	947	482	466	988	503	485	1 027	523	504
5-9	831	421	409	872	443	429	936	476	461	978	497	481
10-14	766	384	382	812	407	405	855	430	426	920	464	457
15-19	678	337	341	735	365	371	782	388	394	827	412	415
20-24	561	277	285	641	317	324	696	344	352	744	367	376
25-29	436	214	221	529	261	268	605	299	306	659	325	334
30-34	326	161	164	414	206	208	503	250	253	575	284	291
35-39	262	131	130	316	158	158	398	200	198	482	241	241
40-44	246	125	121	256	130	126	307	155	152	384	194	190
45-49	216	112	104	240	122	117	249	127	122	299	151	148
50-54	178	93	84	208	108	100	231	118	113	240	122	118
55-59	141	75	66	167	88	80	196	102	95	219	112	107
60-64	106	57	49	129	68	61	154	80	74	182	93	89
65-69	76	40	36	93	49	44	115	60	55	138	71	68
70-74	51	26	25	63	33	30	78	40	38	97	49	48
75-79	31	15	15	38	19	19	48	24	24	61	31	31
80+	20	9	11	27	13	15	...	...	...	...	...	...
80-84	...	...	...	...	...	...	26	13	13	35	17	18
85-89	...	...	...	...	...	...	11	5	6	17	8	9
90-94	...	...	...	...	...	...	3	1	2	6	3	3
95-99	...	...	...	...	...	...	1	0	0	1	1	1
100+	...	...	...	...	...	...	0	0	0	0	0	0

年齢	2000 総数	男	女	2005 総数	男	女	2010 総数	男	女	2015 総数	男	女
総数	8 563	4 291	4 271	9 238	4 620	4 618	9 898	4 941	4 957	10 528	5 246	5 282
0-4	1 020	520	500	1 054	537	517	1 066	544	522	1 062	542	520
5-9	1 018	518	500	1 013	515	497	1 047	533	514	1 059	540	520
10-14	963	487	476	1 003	509	494	998	507	492	1 033	524	508
15-19	894	447	447	939	472	467	979	495	485	975	492	482
20-24	790	391	399	858	426	432	903	451	452	943	474	470
25-29	706	347	358	752	370	382	820	405	415	865	431	435
30-34	626	308	318	671	329	342	717	352	366	785	387	399
35-39	551	273	278	599	295	304	644	316	328	690	338	352
40-44	464	233	232	529	263	266	577	285	293	622	305	317
45-49	371	187	184	448	224	224	512	253	258	559	275	284
50-54	288	145	143	358	179	179	433	215	218	496	244	252
55-59	229	115	113	275	137	138	343	170	173	415	204	211
60-64	204	103	101	214	107	107	258	127	131	322	158	164
65-69	164	82	81	184	91	93	194	95	99	235	114	121
70-74	118	59	59	141	69	72	160	78	82	170	81	88
75-79	77	38	39	95	46	49	114	55	60	131	62	69
80+	...	...	...	...	...	...	...	...	...	...	...	...
80-84	45	21	23	57	27	30	70	33	37	86	39	46
85-89	23	11	12	29	14	16	37	17	20	47	21	26
90-94	10	5	5	13	6	7	17	7	9	21	9	12
95-99	3	1	2	5	2	2	6	3	3	8	3	5
100+	1	0	0	1	1	1	2	1	1	3	1	2

性・年齢別人口（千人）

年齢	2015			2020			2025			2030		
	総数	男	女	総数	男	女	総数	男	女	総数	男	女
総数	10 528	5 246	5 282	11 107	5 525	5 581	11 626	5 775	5 851	12 087	5 996	6 091
0-4	1 062	542	520	1 037	529	507	1 006	514	492	975	498	477
5-9	1 059	540	520	1 056	538	518	1 031	526	505	1 001	511	490
10-14	1 033	524	508	1 045	531	514	1 043	530	512	1 018	518	500
15-19	975	492	482	1 009	510	499	1 023	518	505	1 021	517	504
20-24	943	474	470	939	472	468	975	490	485	990	499	492
25-29	865	431	435	906	453	453	903	452	451	941	472	469
30-34	785	387	399	830	412	419	872	435	437	871	435	437
35-39	690	338	352	758	373	385	803	399	405	846	422	424
40-44	622	305	317	669	328	340	736	363	373	782	388	394
45-49	559	275	284	604	296	309	650	318	332	718	353	365
50-54	496	244	252	543	265	278	588	286	302	634	308	325
55-59	415	204	211	477	233	244	523	254	270	567	274	294
60-64	322	158	164	392	191	201	452	218	234	497	238	259
65-69	235	114	121	296	143	153	361	173	188	418	198	220
70-74	170	81	88	207	98	109	262	123	138	321	150	171
75-79	131	62	69	140	65	75	172	79	93	219	100	119
80+	…	…	…	…	…	…	…	…	…	…	…	…
80-84	86	39	46	99	45	54	107	48	59	132	58	74
85-89	47	21	26	58	26	32	67	29	38	73	31	42
90-94	21	9	12	27	12	15	34	14	20	39	16	23
95-99	8	3	5	10	4	6	13	5	8	16	7	10
100+	3	1	2	4	2	2	5	2	3	6	2	4

年齢	2035			2040			2045			2050		
	総数	男	女	総数	男	女	総数	男	女	総数	男	女
総数	12 491	6 189	6 302	12 819	6 345	6 474	13 069	6 465	6 604	13 238	6 547	6 691
0-4	944	482	461	907	464	443	869	445	424	830	425	405
5-9	971	496	475	939	480	459	903	462	441	865	442	423
10-14	990	504	486	959	489	470	928	473	455	892	455	437
15-19	999	506	492	970	492	478	940	477	463	909	462	447
20-24	991	500	491	970	489	480	942	476	466	912	461	451
25-29	959	481	477	961	483	477	940	473	466	913	460	452
30-34	911	456	456	930	466	464	932	468	464	912	459	453
35-39	848	423	425	888	444	444	907	455	452	911	458	452
40-44	826	412	414	828	414	415	869	435	434	889	447	442
45-49	764	378	386	808	402	406	812	404	407	853	426	426
50-54	700	342	358	747	368	379	791	392	399	795	395	400
55-59	613	296	317	679	329	349	725	355	370	770	379	390
60-64	540	258	282	585	279	306	650	312	338	696	338	359
65-69	461	217	244	504	237	267	548	258	290	610	289	321
70-74	374	173	200	415	192	223	455	210	246	497	230	268
75-79	271	123	148	317	143	174	355	159	195	392	176	216
80+	…	…	…	…	…	…	…	…	…	…	…	…
80-84	169	74	95	211	92	119	249	108	141	281	121	160
85-89	91	38	53	117	49	68	147	61	86	175	72	103
90-94	43	17	26	54	21	32	70	27	43	88	34	54
95-99	19	7	12	21	8	13	26	10	17	35	13	22
100+	8	3	5	10	3	6	11	4	7	13	4	9

年齢	2055			2060		
	総数	男	女	総数	男	女
総数	13 339	6 598	6 741	13 377	6 622	6 755
0-4	794	406	387	761	389	371
5-9	827	423	404	790	404	386
10-14	855	436	419	817	417	400
15-19	874	444	430	838	426	412
20-24	883	447	436	850	431	419
25-29	885	447	438	857	434	424
30-34	887	447	440	861	435	426
35-39	892	450	442	869	439	430
40-44	894	450	443	876	443	434
45-49	874	438	435	879	443	437
50-54	837	417	420	859	430	429
55-59	775	383	392	817	406	412
60-64	741	362	379	748	367	381
65-69	656	314	342	701	339	362
70-74	557	260	297	602	284	318
75-79	431	194	237	486	221	265
80+	…	…	…	…	…	…
80-84	313	135	178	347	151	196
85-89	199	82	118	224	92	132
90-94	106	40	65	121	46	75
95-99	44	16	28	52	19	34
100+	17	6	11	21	7	14

性・年齢別人口（千人）

年齢	2015			2020			2025			2030		
	総数	男	女	総数	男	女	総数	男	女	総数	男	女
総数	10 528	5 246	5 282	11 216	5 581	5 635	11 915	5 922	5 992	12 605	6 260	6 345
0-4	1 062	542	520	1 146	585	561	1 186	606	580	1 205	616	589
5-9	1 059	540	520	1 056	538	518	1 140	581	559	1 181	602	578
10-14	1 033	524	508	1 045	531	514	1 043	530	512	1 127	573	553
15-19	975	492	482	1 009	510	499	1 023	518	505	1 021	517	504
20-24	943	474	470	939	472	468	975	490	485	990	499	492
25-29	865	431	435	906	453	453	903	452	451	941	472	469
30-34	785	387	399	830	412	419	872	435	437	871	435	437
35-39	690	338	352	758	373	385	803	399	405	846	422	424
40-44	622	305	317	669	328	340	736	363	373	782	388	394
45-49	559	275	284	604	296	309	650	318	332	718	353	365
50-54	496	244	252	543	265	278	588	286	302	634	308	325
55-59	415	204	211	477	233	244	523	254	270	567	274	294
60-64	322	158	164	392	191	201	452	218	234	497	238	259
65-69	235	114	121	296	143	153	361	173	188	418	198	220
70-74	170	81	88	207	98	109	262	123	138	321	150	171
75-79	131	62	69	140	65	75	172	79	93	219	100	119
80+	...	...	...	...	...	...	...	...	...	...	...	...
80-84	86	39	46	99	45	54	107	48	59	132	58	74
85-89	47	21	26	58	26	32	67	29	38	73	31	42
90-94	21	9	12	27	12	15	34	14	20	39	16	23
95-99	8	3	5	10	4	6	13	5	8	16	7	10
100+	3	1	2	4	2	2	5	2	3	6	2	4

年齢	2035			2040			2045			2050		
	総数	男	女	総数	男	女	総数	男	女	総数	男	女
総数	13 253	6 578	6 675	13 860	6 877	6 983	14 438	7 164	7 274	14 987	7 440	7 547
0-4	1 188	608	581	1 188	608	580	1 200	614	586	1 214	621	593
5-9	1 200	613	587	1 184	605	579	1 183	605	578	1 195	611	584
10-14	1 169	595	573	1 188	606	582	1 172	598	574	1 172	598	574
15-19	1 107	562	546	1 149	584	566	1 169	594	575	1 153	586	567
20-24	991	500	491	1 078	544	533	1 120	567	553	1 140	577	562
25-29	959	481	477	961	483	477	1 047	528	519	1 090	550	539
30-34	911	456	456	930	466	464	932	468	464	1 019	513	506
35-39	848	423	425	888	444	444	907	455	452	911	458	452
40-44	826	412	414	828	414	415	869	435	434	889	447	442
45-49	764	378	386	808	402	406	812	404	407	853	426	426
50-54	700	342	358	747	368	379	791	392	399	795	395	400
55-59	613	296	317	679	329	349	725	355	370	770	379	390
60-64	540	258	282	585	279	306	650	312	338	696	338	359
65-69	461	217	244	504	237	267	548	258	290	610	289	321
70-74	374	173	200	415	192	223	455	210	246	497	230	268
75-79	271	123	148	317	143	174	355	159	195	392	176	216
80+	...	...	...	...	...	...	...	...	...	...	...	...
80-84	169	74	95	211	92	119	249	108	141	281	121	160
85-89	91	38	53	117	49	68	147	61	86	175	72	103
90-94	43	17	26	54	21	32	70	27	43	88	34	54
95-99	19	7	12	21	8	13	26	10	17	35	13	22
100+	8	3	5	10	3	6	11	4	7	13	4	9

年齢	2055			2060		
	総数	男	女	総数	男	女
総数	15 512	7 707	7 804	16 010	7 966	8 044
0-4	1 224	626	597	1 227	628	599
5-9	1 210	619	591	1 219	624	595
10-14	1 185	605	580	1 199	613	587
15-19	1 154	587	566	1 168	595	573
20-24	1 126	571	555	1 128	573	555
25-29	1 111	562	549	1 099	557	542
30-34	1 063	536	527	1 086	549	537
35-39	998	503	495	1 043	527	516
40-44	894	450	443	981	496	486
45-49	874	438	435	879	443	437
50-54	837	417	420	859	430	429
55-59	775	383	392	817	406	412
60-64	741	362	379	748	367	381
65-69	656	314	342	701	339	362
70-74	557	260	297	602	284	318
75-79	431	194	237	486	221	265
80+	...	...	...	...	...	...
80-84	313	135	178	347	151	196
85-89	199	82	118	224	92	132
90-94	106	40	65	121	46	75
95-99	44	16	28	52	19	34
100+	17	6	11	21	7	14

性・年齢別人口（千人）

年齢	2015			2020			2025			2030		
	総数	男	女	総数	男	女	総数	男	女	総数	男	女
総数	10 528	5 246	5 282	10 997	5 470	5 528	11 338	5 628	5 710	11 569	5 731	5 838
0-4	1 062	542	520	927	473	454	827	422	404	746	381	365
5-9	1 059	540	520	1 056	538	518	922	470	452	822	419	403
10-14	1 033	524	508	1 045	531	514	1 043	530	512	909	462	447
15-19	975	492	482	1 009	510	499	1 023	518	505	1 021	517	504
20-24	943	474	470	939	472	468	975	490	485	990	499	492
25-29	865	431	435	906	453	453	903	452	451	941	472	469
30-34	785	387	399	830	412	419	872	435	437	871	435	437
35-39	690	338	352	758	373	385	803	399	405	846	422	424
40-44	622	305	317	669	328	340	736	363	373	782	388	394
45-49	559	275	284	604	296	309	650	318	332	718	353	365
50-54	496	244	252	543	265	278	588	286	302	634	308	325
55-59	415	204	211	477	233	244	523	254	270	567	274	294
60-64	322	158	164	392	191	201	452	218	234	497	238	259
65-69	235	114	121	296	143	153	361	173	188	418	198	220
70-74	170	81	88	207	98	109	262	123	138	321	150	171
75-79	131	62	69	140	65	75	172	79	93	219	100	119
80+	…	…	…	…	…	…	…	…	…	…	…	…
80-84	86	39	46	99	45	54	107	48	59	132	58	74
85-89	47	21	26	58	26	32	67	29	38	73	31	42
90-94	21	9	12	27	12	15	34	14	20	39	16	23
95-99	8	3	5	10	4	6	13	5	8	16	7	10
100+	3	1	2	4	2	2	5	2	3	6	2	4

年齢	2035			2040			2045			2050		
	総数	男	女	総数	男	女	総数	男	女	総数	男	女
総数	11 734	5 802	5 932	11 803	5 826	5 977	11 767	5 800	5 967	11 623	5 722	5 901
0-4	703	360	344	646	331	316	580	297	283	514	263	251
5-9	741	379	363	699	357	342	642	328	314	577	295	282
10-14	810	412	398	730	372	359	688	351	338	631	322	310
15-19	890	451	439	792	401	390	712	361	351	670	340	330
20-24	991	500	491	862	435	427	764	385	379	685	345	339
25-29	959	481	477	961	483	477	832	419	413	736	371	365
30-34	911	456	456	930	466	464	932	468	464	806	405	401
35-39	848	423	425	888	444	444	907	455	452	911	458	452
40-44	826	412	414	828	414	415	869	435	434	889	447	442
45-49	764	378	386	808	402	406	812	404	407	853	426	426
50-54	700	342	358	747	368	379	791	392	399	795	395	400
55-59	613	296	317	679	329	349	725	355	370	770	379	390
60-64	540	258	282	585	279	306	650	312	338	696	338	359
65-69	461	217	244	504	237	267	548	258	290	610	289	321
70-74	374	173	200	415	192	223	455	210	246	497	230	268
75-79	271	123	148	317	143	174	355	159	195	392	176	216
80+	…	…	…	…	…	…	…	…	…	…	…	…
80-84	169	74	95	211	92	119	249	108	141	281	121	160
85-89	91	38	53	117	49	68	147	61	86	175	72	103
90-94	43	17	26	54	21	32	70	27	43	88	34	54
95-99	19	7	12	21	8	13	26	10	17	35	13	22
100+	8	3	5	10	3	6	11	4	7	13	4	9

年齢	2055			2060		
	総数	男	女	総数	男	女
総数	11 392	5 604	5 787	11 086	5 453	5 633
0-4	457	234	223	410	210	200
5-9	511	261	250	454	232	222
10-14	567	289	278	501	255	246
15-19	614	312	303	550	279	271
20-24	645	325	319	590	298	292
25-29	658	332	327	620	313	307
30-34	711	358	353	636	321	316
35-39	786	396	390	694	350	344
40-44	894	450	443	772	390	382
45-49	874	438	435	879	443	437
50-54	837	417	420	859	430	429
55-59	775	383	392	817	406	412
60-64	741	362	379	748	367	381
65-69	656	314	342	701	339	362
70-74	557	260	297	602	284	318
75-79	431	194	237	486	221	265
80+	…	…	…	…	…	…
80-84	313	135	178	347	151	196
85-89	199	82	118	224	92	132
90-94	106	40	65	121	46	75
95-99	44	16	28	52	19	34
100+	17	6	11	21	7	14

Ecuador

性・年齢別人口（千人）

年齢	1960 総数	男	女	1965 総数	男	女	1970 総数	男	女	1975 総数	男	女
総数	4 546	2 272	2 273	5 250	2 631	2 619	6 073	3 048	3 024	6 987	3 511	3 476
0-4	807	409	398	918	465	453	1 045	530	514	1 148	583	565
5-9	667	337	330	768	389	379	879	445	434	1 007	510	497
10-14	499	252	246	659	333	326	760	384	375	871	441	430
15-19	440	222	218	493	249	244	652	329	323	753	381	373
20-24	367	185	182	433	218	214	486	246	241	645	325	319
25-29	314	158	156	359	181	178	424	214	210	479	241	237
30-34	267	134	133	305	153	152	350	176	174	416	209	206
35-39	224	112	112	258	129	129	297	149	148	342	172	170
40-44	193	96	97	216	108	108	250	125	125	288	144	144
45-49	177	88	89	185	92	93	208	104	104	242	121	121
50-54	147	72	75	169	83	85	177	88	89	199	99	100
55-59	126	61	65	137	67	70	158	78	81	166	82	84
60-64	105	50	55	115	55	60	126	61	65	145	71	74
65-69	85	40	45	91	43	48	100	47	53	110	52	57
70-74	63	28	35	69	32	37	74	34	39	81	38	43
75-79	40	17	23	45	20	25	49	22	27	53	24	29
80+	25	10	15	32	13	19	38	16	22	43	18	25
80-84	...	...	...	...	...	...	...	...	...	...	...	...
85-89	...	...	...	...	...	...	...	...	...	...	...	...
90-94	...	...	...	...	...	...	...	...	...	...	...	...
95-99	...	...	...	...	...	...	...	...	...	...	...	...
100+	...	...	...	...	...	...	...	...	...	...	...	...

年齢	1980 総数	男	女	1985 総数	男	女	1990 総数	男	女	1995 総数	男	女
総数	7 976	4 010	3 966	9 046	4 547	4 499	10 218	5 134	5 084	11 441	5 743	5 697
0-4	1 224	622	602	1 312	667	645	1 417	721	696	1 480	754	726
5-9	1 115	566	550	1 199	608	591	1 295	658	637	1 405	714	690
10-14	999	506	493	1 108	562	547	1 193	605	588	1 290	655	635
15-19	865	437	427	993	503	490	1 102	558	544	1 187	601	586
20-24	745	376	369	856	432	424	984	497	487	1 092	551	541
25-29	635	320	315	735	370	365	845	426	420	971	488	483
30-34	470	236	233	624	313	311	723	363	360	832	417	415
35-39	406	204	202	459	230	229	612	306	306	710	355	356
40-44	333	167	166	397	198	198	449	224	225	600	298	301
45-49	280	139	140	323	161	162	386	192	194	438	217	221
50-54	232	115	117	270	134	136	313	155	158	375	185	190
55-59	189	93	95	221	109	112	258	127	131	300	147	153
60-64	153	75	79	175	86	90	207	101	106	242	118	124
65-69	128	62	67	137	66	71	159	76	82	189	91	98
70-74	91	42	48	108	51	57	117	55	61	137	65	72
75-79	60	27	33	69	31	37	84	39	45	94	43	51
80+	50	21	28	60	26	34	...	...	...	...	...	...
80-84	...	...	...	...	...	...	46	20	26	59	26	33
85-89	...	...	...	...	...	...	21	9	12	27	12	16
90-94	...	...	...	...	...	...	6	3	4	10	4	6
95-99	...	...	...	...	...	...	1	1	1	2	1	1
100+	...	...	...	...	...	...	0	0	0	0	0	0

年齢	2000 総数	男	女	2005 総数	男	女	2010 総数	男	女	2015 総数	男	女
総数	12 629	6 331	6 297	13 735	6 879	6 857	14 935	7 472	7 462	16 144	8 071	8 073
0-4	1 519	774	745	1 518	774	743	1 574	805	770	1 610	824	786
5-9	1 469	748	721	1 509	769	740	1 510	770	740	1 568	801	767
10-14	1 399	711	688	1 463	744	719	1 505	766	739	1 507	768	738
15-19	1 283	651	632	1 391	706	685	1 456	740	716	1 499	762	736
20-24	1 171	591	580	1 261	637	624	1 376	696	680	1 442	730	712
25-29	1 069	537	532	1 138	572	566	1 241	624	617	1 356	683	673
30-34	945	473	472	1 031	515	516	1 116	558	558	1 220	610	610
35-39	807	402	405	910	453	457	1 010	502	508	1 097	545	551
40-44	690	343	347	779	386	393	891	441	450	993	491	501
45-49	582	288	294	668	330	338	763	376	387	875	431	444
50-54	423	209	215	563	277	287	651	319	331	745	365	380
55-59	358	175	183	405	198	207	544	265	279	630	307	323
60-64	282	137	145	338	164	174	386	187	199	520	251	269
65-69	222	106	116	260	125	136	316	151	165	363	174	189
70-74	165	78	88	197	93	105	235	110	124	287	135	152
75-79	113	52	61	139	64	75	167	76	91	200	92	108
80+	...	...	...	...	...	...	...	...	...	...	...	...
80-84	70	31	39	87	39	48	106	47	59	128	57	72
85-89	39	17	22	47	20	27	57	24	33	69	29	40
90-94	16	7	9	22	10	13	23	10	14	27	11	16
95-99	5	2	3	7	3	4	7	3	4	7	3	4
100+	1	0	0	1	1	1	1	1	1	1	1	1

性・年齢別人口（千人）

年齢	2015			2020			2025			2030		
	総数	男	女	総数	男	女	総数	男	女	総数	男	女
総数	16 144	8 071	8 073	17 338	8 662	8 676	18 483	9 229	9 254	19 563	9 764	9 799
0-4	1 610	824	786	1 618	827	791	1 604	820	784	1 583	810	773
5-9	1 568	801	767	1 605	821	784	1 613	824	789	1 600	818	782
10-14	1 507	768	738	1 565	799	765	1 602	819	783	1 611	823	788
15-19	1 499	762	736	1 501	765	736	1 560	796	764	1 597	816	781
20-24	1 442	730	712	1 486	754	732	1 490	757	733	1 550	789	761
25-29	1 356	683	673	1 424	718	706	1 471	743	728	1 477	748	729
30-34	1 220	610	610	1 337	670	667	1 407	707	701	1 456	733	723
35-39	1 097	545	551	1 202	598	603	1 321	659	662	1 393	697	696
40-44	993	491	501	1 080	535	545	1 186	588	598	1 306	650	656
45-49	875	431	444	976	481	495	1 064	525	539	1 170	579	592
50-54	745	365	380	856	420	437	958	470	488	1 046	514	532
55-59	630	307	323	724	353	371	834	407	428	935	456	479
60-64	520	251	269	605	293	312	698	338	360	806	390	415
65-69	363	174	189	491	235	256	574	275	299	664	319	345
70-74	287	135	152	332	157	175	453	214	239	532	251	280
75-79	200	92	108	248	114	134	289	133	156	397	183	214
80+	…	…	…	…	…	…	…	…	…	…	…	…
80-84	128	57	72	157	70	88	197	87	110	233	104	129
85-89	69	29	40	86	36	50	107	45	62	136	57	79
90-94	27	11	16	35	14	21	44	18	26	56	22	34
95-99	7	3	4	8	3	5	11	4	7	14	5	9
100+	1	1	1	1	0	1	1	1	1	2	1	1

年齢	2035			2040			2045			2050		
	総数	男	女	総数	男	女	総数	男	女	総数	男	女
総数	20 568	10 263	10 305	21 484	10 720	10 763	22 300	11 132	11 168	23 013	11 498	11 514
0-4	1 558	797	761	1 532	784	748	1 500	768	732	1 465	750	715
5-9	1 579	808	772	1 555	796	760	1 529	782	747	1 497	766	731
10-14	1 597	816	781	1 577	807	771	1 554	795	759	1 528	782	746
15-19	1 607	820	787	1 594	814	780	1 575	805	770	1 551	793	758
20-24	1 589	810	779	1 599	815	784	1 588	810	778	1 569	801	768
25-29	1 539	781	757	1 579	803	776	1 590	809	781	1 579	804	775
30-34	1 465	740	725	1 527	774	754	1 568	796	772	1 581	803	778
35-39	1 443	724	719	1 453	732	721	1 516	767	750	1 558	790	768
40-44	1 379	688	691	1 430	716	714	1 442	725	717	1 506	760	745
45-49	1 290	640	650	1 365	679	685	1 417	708	709	1 429	718	712
50-54	1 152	568	585	1 272	629	643	1 347	669	678	1 400	699	702
55-59	1 023	500	523	1 129	554	575	1 249	616	633	1 325	656	668
60-64	906	440	466	993	484	510	1 099	537	562	1 219	599	620
65-69	770	370	400	868	418	450	956	462	493	1 061	516	545
70-74	618	293	325	720	342	378	816	389	427	903	433	470
75-79	471	218	253	551	256	295	648	302	345	740	348	392
80+	…	…	…	…	…	…	…	…	…	…	…	…
80-84	323	144	179	388	174	214	459	207	252	546	248	297
85-89	163	69	94	231	98	133	281	120	161	339	146	192
90-94	73	29	44	90	35	54	130	51	79	162	65	97
95-99	19	7	12	25	9	16	32	11	21	48	17	31
100+	3	1	2	4	1	2	5	2	3	7	2	5

年齢	2055			2060		
	総数	男	女	総数	男	女
総数	23 614	11 813	11 801	24 108	12 077	12 031
0-4	1 427	731	697	1 390	712	678
5-9	1 463	749	714	1 425	730	696
10-14	1 496	766	730	1 462	748	714
15-19	1 525	780	745	1 494	765	730
20-24	1 546	790	756	1 521	778	743
25-29	1 562	796	765	1 540	786	754
30-34	1 571	799	772	1 554	792	762
35-39	1 571	797	774	1 563	794	768
40-44	1 548	784	764	1 562	792	770
45-49	1 494	753	740	1 537	778	759
50-54	1 414	709	705	1 479	745	734
55-59	1 379	687	692	1 395	698	696
60-64	1 296	640	655	1 351	672	680
65-69	1 180	578	602	1 257	620	638
70-74	1 007	486	520	1 124	547	577
75-79	824	390	433	924	442	482
80+	…	…	…	…	…	…
80-84	630	290	340	708	329	379
85-89	409	179	230	479	213	266
90-94	200	82	118	247	103	144
95-99	63	23	40	80	30	50
100+	10	3	7	14	5	10

Ecuador

性・年齢別人口（千人）

年齢	2015			2020			2025			2030		
	総数	男	女	総数	男	女	総数	男	女	総数	男	女
総数	16 144	8 071	8 073	17 504	8 747	8 757	18 925	9 455	9 470	20 362	10 172	10 190
0-4	1 610	824	786	1 784	912	872	1 881	962	919	1 941	993	948
5-9	1 568	801	767	1 605	821	784	1 778	909	870	1 876	959	917
10-14	1 507	768	738	1 565	799	765	1 602	819	783	1 775	907	869
15-19	1 499	762	736	1 501	765	736	1 560	796	764	1 597	816	781
20-24	1 442	730	712	1 486	754	732	1 490	757	733	1 550	789	761
25-29	1 356	683	673	1 424	718	706	1 471	743	728	1 477	748	729
30-34	1 220	610	610	1 337	670	667	1 407	707	701	1 456	733	723
35-39	1 097	545	551	1 202	598	603	1 321	659	662	1 393	697	696
40-44	993	491	501	1 080	535	545	1 186	588	598	1 306	650	656
45-49	875	431	444	976	481	495	1 064	525	539	1 170	579	592
50-54	745	365	380	856	420	437	958	470	488	1 046	514	532
55-59	630	307	323	724	353	371	834	407	428	935	456	479
60-64	520	251	269	605	293	312	698	338	360	806	390	415
65-69	363	174	189	491	235	256	574	275	299	664	319	345
70-74	287	135	152	332	157	175	453	214	239	532	251	280
75-79	200	92	108	248	114	134	289	133	156	397	183	214
80+	…	…	…	…	…	…	…	…	…	…	…	…
80-84	128	57	72	157	70	88	197	87	110	233	104	129
85-89	69	29	40	86	36	50	107	45	62	136	57	79
90-94	27	11	16	35	14	21	44	18	26	56	22	34
95-99	7	3	4	8	3	5	11	4	7	14	5	9
100+	1	1	1	1	0	1	1	1	1	2	1	1

年齢	2035			2040			2045			2050		
	総数	男	女	総数	男	女	総数	男	女	総数	男	女
総数	21 748	10 866	10 882	23 101	11 548	11 554	24 439	12 226	12 213	25 765	12 905	12 860
0-4	1 941	993	948	1 971	1 009	962	2 024	1 036	988	2 083	1 066	1 017
5-9	1 937	990	946	1 937	991	946	1 968	1 007	961	2 021	1 034	987
10-14	1 873	957	916	1 934	989	945	1 935	990	945	1 966	1 006	960
15-19	1 771	904	867	1 869	955	914	1 931	987	944	1 932	988	944
20-24	1 589	810	779	1 763	899	865	1 862	950	912	1 924	982	942
25-29	1 539	781	757	1 579	803	776	1 753	892	861	1 853	944	909
30-34	1 465	740	725	1 527	774	754	1 568	796	772	1 743	885	858
35-39	1 443	724	719	1 453	732	721	1 516	767	750	1 558	790	768
40-44	1 379	688	691	1 430	716	714	1 442	725	717	1 506	760	745
45-49	1 290	640	650	1 365	679	685	1 417	708	709	1 429	718	712
50-54	1 152	568	585	1 272	629	643	1 347	669	678	1 400	699	702
55-59	1 023	500	523	1 129	554	575	1 249	616	633	1 325	656	668
60-64	906	440	466	993	484	510	1 099	537	562	1 219	599	620
65-69	770	370	400	868	418	450	956	462	493	1 061	516	545
70-74	618	293	325	720	342	378	816	389	427	903	433	470
75-79	471	218	253	551	256	295	648	302	345	740	348	392
80+	…	…	…	…	…	…	…	…	…	…	…	…
80-84	323	144	179	388	174	214	459	207	252	546	248	297
85-89	163	69	94	231	98	133	281	120	161	339	146	192
90-94	73	29	44	90	35	54	130	51	79	162	65	97
95-99	19	7	12	25	9	16	32	11	21	48	17	31
100+	3	1	2	4	1	2	5	2	3	7	2	5

年齢	2055			2060		
	総数	男	女	総数	男	女
総数	27 063	13 576	13 487	28 323	14 231	14 092
0-4	2 130	1 090	1 039	2 163	1 107	1 055
5-9	2 080	1 065	1 015	2 127	1 089	1 038
10-14	2 019	1 033	986	2 079	1 064	1 015
15-19	1 964	1 005	959	2 017	1 032	985
20-24	1 926	984	942	1 958	1 001	957
25-29	1 916	977	939	1 919	980	939
30-34	1 843	938	905	1 907	971	935
35-39	1 733	879	854	1 834	932	902
40-44	1 548	784	764	1 723	874	850
45-49	1 494	753	740	1 537	778	759
50-54	1 414	709	705	1 479	745	734
55-59	1 379	687	692	1 395	698	696
60-64	1 296	640	655	1 351	672	680
65-69	1 180	578	602	1 257	620	638
70-74	1 007	486	520	1 124	547	577
75-79	824	390	433	924	442	482
80+	…	…	…	…	…	…
80-84	630	290	340	708	329	379
85-89	409	179	230	479	213	266
90-94	200	82	118	247	103	144
95-99	63	23	40	80	30	50
100+	10	3	7	14	5	10

性・年齢別人口（千人）

年齢	2015			2020			2025			2030		
	総数	男	女	総数	男	女	総数	男	女	総数	男	女
総数	16 144	8 071	8 073	17 173	8 578	8 595	18 041	9 003	9 038	18 764	9 355	9 409
0-4	1 610	824	786	1 453	742	710	1 327	679	648	1 225	627	598
5-9	1 568	801	767	1 605	821	784	1 448	740	708	1 324	677	647
10-14	1 507	768	738	1 565	799	765	1 602	819	783	1 446	738	707
15-19	1 499	762	736	1 501	765	736	1 560	796	764	1 597	816	781
20-24	1 442	730	712	1 486	754	732	1 490	757	733	1 550	789	761
25-29	1 356	683	673	1 424	718	706	1 471	743	728	1 477	748	729
30-34	1 220	610	610	1 337	670	667	1 407	707	701	1 456	733	723
35-39	1 097	545	551	1 202	598	603	1 321	659	662	1 393	697	696
40-44	993	491	501	1 080	535	545	1 186	588	598	1 306	650	656
45-49	875	431	444	976	481	495	1 064	525	539	1 170	579	592
50-54	745	365	380	856	420	437	958	470	488	1 046	514	532
55-59	630	307	323	724	353	371	834	407	428	935	456	479
60-64	520	251	269	605	293	312	698	338	360	806	390	415
65-69	363	174	189	491	235	256	574	275	299	664	319	345
70-74	287	135	152	332	157	175	453	214	239	532	251	280
75-79	200	92	108	248	114	134	289	133	156	397	183	214
80+	…	…	…	…	…	…	…	…	…	…	…	…
80-84	128	57	72	157	70	88	197	87	110	233	104	129
85-89	69	29	40	86	36	50	107	45	62	136	57	79
90-94	27	11	16	35	14	21	44	18	26	56	22	34
95-99	7	3	4	8	3	5	11	4	7	14	5	9
100+	1	1	1	1	0	1	1	1	1	2	1	1

年齢	2035			2040			2045			2050		
	総数	男	女	総数	男	女	総数	男	女	総数	男	女
総数	19 393	9 662	9 731	19 897	9 909	9 988	20 250	10 085	10 166	20 447	10 187	10 260
0-4	1 181	604	577	1 117	572	545	1 034	529	504	945	484	461
5-9	1 222	625	597	1 179	603	576	1 115	571	544	1 032	528	504
10-14	1 322	675	646	1 221	624	596	1 177	602	575	1 114	570	544
15-19	1 442	736	706	1 319	674	645	1 218	623	596	1 176	601	574
20-24	1 589	810	779	1 436	732	704	1 313	670	643	1 214	620	594
25-29	1 539	781	757	1 579	803	776	1 427	726	701	1 306	665	641
30-34	1 465	740	725	1 527	774	754	1 568	796	772	1 418	720	698
35-39	1 443	724	719	1 453	732	721	1 516	767	750	1 558	790	768
40-44	1 379	688	691	1 430	716	714	1 442	725	717	1 506	760	745
45-49	1 290	640	650	1 365	679	685	1 417	708	709	1 429	718	712
50-54	1 152	568	585	1 272	629	643	1 347	669	678	1 400	699	702
55-59	1 023	500	523	1 129	554	575	1 249	616	633	1 325	656	668
60-64	906	440	466	993	484	510	1 099	537	562	1 219	599	620
65-69	770	370	400	868	418	450	956	462	493	1 061	516	545
70-74	618	293	325	720	342	378	816	389	427	903	433	470
75-79	471	218	253	551	256	295	648	302	345	740	348	392
80+	…	…	…	…	…	…	…	…	…	…	…	…
80-84	323	144	179	388	174	214	459	207	252	546	248	297
85-89	163	69	94	231	98	133	281	120	161	339	146	192
90-94	73	29	44	90	35	54	130	51	79	162	65	97
95-99	19	7	12	25	9	16	32	11	21	48	17	31
100+	3	1	2	4	1	2	5	2	3	7	2	5

年齢	2055			2060		
	総数	男	女	総数	男	女
総数	20 489	10 216	10 273	20 391	10 178	10 213
0-4	862	441	421	792	405	387
5-9	944	483	461	861	441	420
10-14	1 031	528	503	943	483	460
15-19	1 112	569	543	1 030	527	503
20-24	1 171	599	573	1 109	567	542
25-29	1 208	616	592	1 166	595	571
30-34	1 298	661	638	1 201	612	589
35-39	1 410	715	695	1 291	656	635
40-44	1 548	784	764	1 401	710	691
45-49	1 494	753	740	1 537	778	759
50-54	1 414	709	705	1 479	745	734
55-59	1 379	687	692	1 395	698	696
60-64	1 296	640	655	1 351	672	680
65-69	1 180	578	602	1 257	620	638
70-74	1 007	486	520	1 124	547	577
75-79	824	390	433	924	442	482
80+	…	…	…	…	…	…
80-84	630	290	340	708	329	379
85-89	409	179	230	479	213	266
90-94	200	82	118	247	103	144
95-99	63	23	40	80	30	50
100+	10	3	7	14	5	10

Egypt

性・年齢別人口（千人）

年齢	1960 総数	男	女	1965 総数	男	女	1970 総数	男	女	1975 総数	男	女
総数	27 072	13 710	13 362	30 873	15 649	15 224	34 809	17 621	17 187	38 624	19 517	19 108
0-4	4 585	2 380	2 204	5 069	2 623	2 446	5 480	2 828	2 652	5 760	2 966	2 794
5-9	3 545	1 864	1 680	4 225	2 204	2 020	4 724	2 452	2 271	5 135	2 656	2 479
10-14	3 170	1 648	1 522	3 508	1 843	1 664	4 184	2 181	2 003	4 679	2 427	2 252
15-19	2 168	1 106	1 062	3 138	1 629	1 508	3 464	1 817	1 647	4 075	2 124	1 951
20-24	2 063	1 051	1 012	2 137	1 088	1 049	3 071	1 587	1 483	3 200	1 671	1 529
25-29	2 028	1 029	999	2 027	1 028	999	2 066	1 042	1 024	2 821	1 423	1 398
30-34	1 852	934	918	1 990	1 005	984	1 960	986	975	1 994	980	1 014
35-39	1 600	801	799	1 812	910	903	1 928	967	962	1 955	982	973
40-44	1 373	685	688	1 561	777	784	1 756	874	882	1 919	960	958
45-49	1 173	582	591	1 332	659	673	1 506	741	765	1 747	871	876
50-54	989	482	507	1 119	547	572	1 266	616	650	1 462	715	746
55-59	810	387	423	924	441	483	1 043	499	544	1 180	563	617
60-64	646	301	344	737	343	394	840	390	450	943	440	503
65-69	483	218	265	558	252	306	638	286	351	725	325	400
70-74	320	138	182	384	165	219	443	190	254	508	217	290
75-79	175	71	104	221	88	133	265	106	160	308	124	184
80+	94	34	60	131	46	85	173	58	115	216	73	143
80-84	...	...	...	...	...	...	...	...	...	...	...	...
85-89	...	...	...	...	...	...	...	...	...	...	...	...
90-94	...	...	...	...	...	...	...	...	...	...	...	...
95-99	...	...	...	...	...	...	...	...	...	...	...	...
100+	...	...	...	...	...	...	...	...	...	...	...	...

年齢	1980 総数	男	女	1985 総数	男	女	1990 総数	男	女	1995 総数	男	女
総数	43 370	21 877	21 493	49 374	24 789	24 585	56 397	28 295	28 102	62 435	31 396	31 038
0-4	6 759	3 474	3 285	7 941	4 078	3 863	8 863	4 551	4 311	8 248	4 235	4 013
5-9	5 496	2 833	2 663	6 525	3 355	3 171	7 764	3 986	3 779	8 716	4 474	4 242
10-14	5 093	2 632	2 461	5 453	2 809	2 644	6 487	3 333	3 155	7 727	3 963	3 764
15-19	4 554	2 334	2 220	4 963	2 539	2 423	5 275	2 685	2 590	6 409	3 291	3 117
20-24	3 776	1 936	1 839	4 305	2 158	2 147	4 671	2 353	2 318	5 057	2 546	2 511
25-29	2 954	1 530	1 423	3 575	1 790	1 785	4 151	2 070	2 080	4 447	2 209	2 239
30-34	2 760	1 386	1 374	2 933	1 496	1 437	3 618	1 809	1 809	4 089	2 053	2 036
35-39	2 002	990	1 012	2 820	1 410	1 409	3 023	1 539	1 484	3 614	1 830	1 783
40-44	1 968	991	977	2 013	992	1 020	2 858	1 425	1 433	2 996	1 538	1 458
45-49	1 900	948	952	1 920	959	961	2 042	1 001	1 040	2 806	1 406	1 400
50-54	1 678	828	850	1 816	893	923	1 868	922	946	1 958	957	1 001
55-59	1 359	653	706	1 572	761	810	1 696	820	876	1 747	848	899
60-64	1 066	496	570	1 242	582	660	1 435	680	755	1 551	733	818
65-69	814	366	448	929	417	512	1 084	492	592	1 255	576	678
70-74	579	248	331	657	282	375	750	322	428	877	381	496
75-79	354	142	211	409	164	245	464	187	277	532	215	317
80+	258	89	169	301	104	198	...	...	...	...	...	...
80-84	...	...	...	...	...	...	237	86	150	270	100	170
85-89	...	...	...	...	...	...	88	28	60	104	33	71
90-94	...	...	...	...	...	...	21	6	16	27	7	20
95-99	...	...	...	...	...	...	3	1	3	4	1	3
100+	...	...	...	...	...	...	0	0	0	0	0	0

年齢	2000 総数	男	女	2005 総数	男	女	2010 総数	男	女	2015 総数	男	女
総数	68 335	34 354	33 981	74 942	37 762	37 180	82 041	41 405	40 636	91 508	46 240	45 268
0-4	7 985	4 102	3 883	8 734	4 500	4 235	9 633	4 963	4 670	12 116	6 246	5 870
5-9	8 166	4 191	3 975	7 923	4 068	3 855	8 675	4 467	4 208	9 579	4 934	4 645
10-14	8 680	4 452	4 228	8 136	4 173	3 963	7 895	4 051	3 844	8 649	4 451	4 198
15-19	7 691	3 939	3 751	8 648	4 433	4 216	8 099	4 148	3 952	7 862	4 028	3 834
20-24	6 325	3 225	3 099	7 640	3 907	3 733	8 523	4 350	4 173	7 981	4 069	3 912
25-29	4 935	2 444	2 491	6 248	3 179	3 069	7 461	3 790	3 671	8 346	4 234	4 112
30-34	4 374	2 153	2 221	4 877	2 413	2 464	6 147	3 118	3 029	7 355	3 728	3 628
35-39	4 063	2 045	2 018	4 353	2 150	2 203	4 850	2 412	2 438	6 123	3 113	3 010
40-44	3 584	1 820	1 764	4 041	2 044	1 997	4 331	2 157	2 175	4 852	2 418	2 434
45-49	2 943	1 514	1 430	3 533	1 798	1 736	3 989	2 030	1 959	4 304	2 144	2 160
50-54	2 693	1 341	1 352	2 833	1 448	1 385	3 412	1 730	1 682	3 873	1 957	1 916
55-59	1 833	881	952	2 527	1 239	1 288	2 670	1 345	1 325	3 229	1 613	1 616
60-64	1 598	759	839	1 678	789	889	2 323	1 116	1 207	2 461	1 216	1 245
65-69	1 357	622	735	1 398	644	754	1 473	671	802	2 045	956	1 089
70-74	1 017	447	570	1 101	483	618	1 137	502	635	1 203	528	675
75-79	624	255	369	724	301	423	786	326	460	815	342	473
80+	...	...	...	...	...	...	...	...	...	...	...	...
80-84	310	115	195	365	138	227	424	163	261	463	180	283
85-89	119	38	81	138	45	93	162	54	108	190	66	124
90-94	32	8	24	37	9	27	43	11	31	51	14	37
95-99	5	1	5	7	1	5	8	1	6	9	2	7
100+	1	0	0	1	0	1	1	0	1	1	0	1

性・年齢別人口（千人）

年齢	2015			2020			2025			2030		
	総数	男	女	総数	男	女	総数	男	女	総数	男	女
総数	91 508	46 240	45 268	100 518	50 799	49 719	108 939	55 033	53 906	117 102	59 117	57 985
0-4	12 116	6 246	5 870	11 845	6 091	5 755	11 477	5 902	5 575	11 506	5 917	5 589
5-9	9 579	4 934	4 645	12 062	6 216	5 845	11 797	6 064	5 733	11 434	5 878	5 556
10-14	8 649	4 451	4 198	9 555	4 919	4 635	12 035	6 200	5 835	11 773	6 050	5 723
15-19	7 862	4 028	3 834	8 618	4 429	4 189	9 523	4 897	4 626	12 000	6 175	5 825
20-24	7 981	4 069	3 912	7 749	3 953	3 796	8 503	4 353	4 150	9 407	4 820	4 588
25-29	8 346	4 234	4 112	7 812	3 958	3 854	7 582	3 843	3 739	8 335	4 242	4 093
30-34	7 355	3 728	3 628	8 241	4 171	4 070	7 712	3 898	3 814	7 485	3 785	3 700
35-39	6 123	3 113	3 010	7 329	3 720	3 608	8 211	4 161	4 050	7 687	3 892	3 795
40-44	4 852	2 418	2 434	6 119	3 114	3 005	7 316	3 716	3 600	8 195	4 155	4 040
45-49	4 304	2 144	2 160	4 823	2 403	2 419	6 074	3 088	2 986	7 261	3 683	3 578
50-54	3 873	1 957	1 916	4 188	2 071	2 117	4 701	2 327	2 374	5 928	2 994	2 934
55-59	3 229	1 613	1 616	3 678	1 831	1 846	3 993	1 947	2 046	4 497	2 196	2 301
60-64	2 461	1 216	1 245	2 990	1 465	1 525	3 424	1 673	1 750	3 737	1 789	1 948
65-69	2 045	956	1 089	2 177	1 047	1 130	2 669	1 273	1 395	3 080	1 467	1 613
70-74	1 203	528	675	1 684	757	926	1 814	841	973	2 251	1 035	1 215
75-79	815	342	473	874	364	510	1 248	533	715	1 368	603	765
80+	…	…	…	…	…	…	…	…	…	…	…	…
80-84	463	180	283	490	193	297	541	210	331	792	315	477
85-89	190	66	124	213	75	138	234	83	151	267	93	174
90-94	51	14	37	61	18	43	72	21	51	81	24	57
95-99	9	2	7	11	2	8	13	3	10	16	4	12
100+	1	0	1	1	0	1	1	0	1	2	0	1

年齢	2035			2040			2045			2050		
	総数	男	女	総数	男	女	総数	男	女	総数	男	女
総数	125 589	63 357	62 232	134 428	67 772	66 656	143 064	72 086	70 978	151 111	76 115	74 996
0-4	12 168	6 258	5 911	12 904	6 636	6 268	13 092	6 734	6 358	12 916	6 644	6 272
5-9	11 468	5 896	5 572	12 132	6 238	5 894	12 869	6 617	6 251	13 059	6 716	6 343
10-14	11 412	5 865	5 547	11 447	5 884	5 563	12 111	6 226	5 886	12 849	6 606	6 243
15-19	11 740	6 026	5 714	11 381	5 843	5 538	11 418	5 863	5 555	12 082	6 205	5 877
20-24	11 880	6 095	5 785	11 622	5 948	5 674	11 266	5 767	5 499	11 304	5 788	5 516
25-29	9 238	4 708	4 530	11 704	5 979	5 725	11 450	5 835	5 615	11 098	5 657	5 441
30-34	8 237	4 183	4 053	9 138	4 649	4 490	11 598	5 916	5 682	11 349	5 775	5 574
35-39	7 464	3 782	3 683	8 215	4 179	4 036	9 116	4 644	4 472	11 568	5 908	5 661
40-44	7 679	3 890	3 789	7 461	3 784	3 678	8 211	4 181	4 030	9 110	4 645	4 465
45-49	8 135	4 119	4 016	7 632	3 864	3 769	7 424	3 764	3 661	8 173	4 161	4 012
50-54	7 098	3 578	3 519	7 966	4 011	3 955	7 490	3 773	3 717	7 301	3 686	3 614
55-59	5 690	2 839	2 851	6 835	3 407	3 427	7 694	3 835	3 860	7 256	3 623	3 634
60-64	4 229	2 030	2 199	5 374	2 639	2 734	6 484	3 185	3 299	7 331	3 606	3 726
65-69	3 389	1 582	1 807	3 861	1 810	2 051	4 937	2 372	2 565	5 997	2 888	3 109
70-74	2 628	1 208	1 420	2 922	1 318	1 605	3 363	1 525	1 838	4 340	2 024	2 316
75-79	1 728	756	972	2 049	897	1 152	2 316	995	1 321	2 705	1 172	1 533
80+	…	…	…	…	…	…	…	…	…	…	…	…
80-84	888	365	523	1 148	468	680	1 392	568	824	1 609	646	963
85-89	402	143	259	462	170	292	615	224	391	767	281	486
90-94	96	28	69	150	44	106	177	54	124	244	74	171
95-99	19	4	14	23	5	18	37	8	29	45	11	35
100+	2	0	2	3	0	2	3	1	3	6	1	5

年齢	2055			2060		
	総数	男	女	総数	男	女
総数	158 493	79 816	78 677	165 322	83 253	82 069
0-4	12 702	6 534	6 168	12 649	6 507	6 142
5-9	12 885	6 627	6 258	12 673	6 519	6 155
10-14	13 041	6 705	6 335	12 868	6 617	6 251
15-19	12 821	6 586	6 235	13 014	6 687	6 327
20-24	11 974	6 134	5 840	12 718	6 519	6 199
25-29	11 146	5 684	5 461	11 823	6 036	5 787
30-34	11 004	5 602	5 402	11 058	5 634	5 424
35-39	11 324	5 770	5 554	10 984	5 600	5 384
40-44	11 552	5 902	5 649	11 311	5 768	5 543
45-49	9 069	4 624	4 445	11 495	5 872	5 623
50-54	8 049	4 084	3 965	8 943	4 547	4 396
55-59	7 092	3 553	3 540	7 840	3 950	3 889
60-64	6 940	3 423	3 517	6 808	3 373	3 435
65-69	6 822	3 293	3 528	6 493	3 150	3 344
70-74	5 319	2 491	2 828	6 101	2 871	3 230
75-79	3 537	1 582	1 955	4 392	1 979	2 413
80+	…	…	…	…	…	…
80-84	1 917	779	1 138	2 553	1 076	1 476
85-89	912	329	583	1 115	409	706
90-94	315	96	219	387	117	270
95-99	65	15	50	86	20	66
100+	7	1	6	11	2	9

Egypt

性・年齢別人口（千人）

年齢	2015 総数	男	女	2020 総数	男	女	2025 総数	男	女	2030 総数	男	女
総数	91 508	46 240	45 268	101 455	51 281	50 174	111 417	56 307	55 110	121 616	61 438	60 178
0-4	12 116	6 246	5 870	12 782	6 572	6 210	13 020	6 695	6 325	13 548	6 967	6 581
5-9	9 579	4 934	4 645	12 062	6 216	5 845	12 732	6 545	6 187	12 974	6 670	6 304
10-14	8 649	4 451	4 198	9 555	4 919	4 635	12 035	6 200	5 835	12 706	6 529	6 177
15-19	7 862	4 028	3 834	8 618	4 429	4 189	9 523	4 897	4 626	12 000	6 175	5 825
20-24	7 981	4 069	3 912	7 749	3 953	3 796	8 503	4 353	4 150	9 407	4 820	4 588
25-29	8 346	4 234	4 112	7 812	3 958	3 854	7 582	3 843	3 739	8 335	4 242	4 093
30-34	7 355	3 728	3 628	8 241	4 171	4 070	7 712	3 898	3 814	7 485	3 785	3 700
35-39	6 123	3 113	3 010	7 329	3 720	3 608	8 211	4 161	4 050	7 687	3 892	3 795
40-44	4 852	2 418	2 434	6 119	3 114	3 005	7 316	3 716	3 600	8 195	4 155	4 040
45-49	4 304	2 144	2 160	4 823	2 403	2 419	6 074	3 088	2 986	7 261	3 683	3 578
50-54	3 873	1 957	1 916	4 188	2 071	2 117	4 701	2 327	2 374	5 928	2 994	2 934
55-59	3 229	1 613	1 616	3 678	1 831	1 846	3 993	1 947	2 046	4 497	2 196	2 301
60-64	2 461	1 216	1 245	2 990	1 465	1 525	3 424	1 673	1 750	3 737	1 789	1 948
65-69	2 045	956	1 089	2 177	1 047	1 130	2 669	1 273	1 395	3 080	1 467	1 613
70-74	1 203	528	675	1 684	757	926	1 814	841	973	2 251	1 035	1 215
75-79	815	342	473	874	364	510	1 248	533	715	1 368	603	765
80+	...	...	...	...	...	...	...	...	...	...	...	...
80-84	463	180	283	490	193	297	541	210	331	792	315	477
85-89	190	66	124	213	75	138	234	83	151	267	93	174
90-94	51	14	37	61	18	43	72	21	51	81	24	57
95-99	9	2	7	11	2	8	13	3	10	16	4	12
100+	1	0	1	1	0	1	1	0	1	2	0	1

年齢	2035 総数	男	女	2040 総数	男	女	2045 総数	男	女	2050 総数	男	女
総数	132 410	66 863	65 547	144 120	72 754	71 366	156 370	78 925	77 445	168 768	85 190	83 579
0-4	14 484	7 448	7 035	15 786	8 118	7 667	16 724	8 602	8 122	17 290	8 894	8 396
5-9	13 505	6 943	6 561	14 442	7 426	7 016	15 745	8 097	7 649	16 685	8 581	8 104
10-14	12 950	6 655	6 294	13 481	6 929	6 552	14 420	7 412	7 007	15 723	8 083	7 639
15-19	12 672	6 505	6 167	12 917	6 632	6 285	13 449	6 906	6 543	14 388	7 390	6 998
20-24	11 880	6 095	5 785	12 552	6 425	6 127	12 798	6 553	6 245	13 332	6 829	6 503
25-29	9 238	4 708	4 530	11 704	5 979	5 725	12 377	6 310	6 067	12 626	6 440	6 185
30-34	8 237	4 183	4 053	9 138	4 649	4 490	11 598	5 916	5 682	12 272	6 248	6 024
35-39	7 464	3 782	3 683	8 215	4 179	4 036	9 116	4 644	4 472	11 568	5 908	5 661
40-44	7 679	3 890	3 789	7 461	3 784	3 678	8 211	4 181	4 030	9 110	4 645	4 465
45-49	8 135	4 119	4 016	7 632	3 864	3 769	7 424	3 764	3 661	8 173	4 161	4 012
50-54	7 098	3 578	3 519	7 966	4 011	3 955	7 490	3 773	3 717	7 301	3 686	3 614
55-59	5 690	2 839	2 851	6 835	3 407	3 427	7 694	3 835	3 860	7 256	3 623	3 634
60-64	4 229	2 030	2 199	5 374	2 639	2 734	6 484	3 185	3 299	7 331	3 606	3 726
65-69	3 389	1 582	1 807	3 861	1 810	2 051	4 937	2 372	2 565	5 997	2 888	3 109
70-74	2 628	1 208	1 420	2 922	1 318	1 605	3 363	1 525	1 838	4 340	2 024	2 316
75-79	1 728	756	972	2 049	897	1 152	2 316	995	1 321	2 705	1 172	1 533
80+	...	...	...	...	...	...	...	...	...	...	...	...
80-84	888	365	523	1 148	468	680	1 392	568	824	1 609	646	963
85-89	402	143	259	462	170	292	615	224	391	767	281	486
90-94	96	28	69	150	44	106	177	54	124	244	74	171
95-99	19	4	14	23	5	18	37	8	29	45	11	35
100+	2	0	2	3	0	2	3	1	3	6	1	5

年齢	2055 総数	男	女	2060 総数	男	女
総数	181 168	91 468	89 700	193 648	97 808	95 840
0-4	17 750	9 131	8 620	18 341	9 435	8 906
5-9	17 253	8 874	8 379	17 714	9 111	8 603
10-14	16 663	8 568	8 095	17 232	8 861	8 371
15-19	15 692	8 062	7 630	16 633	8 547	8 086
20-24	14 276	7 316	6 959	15 584	7 991	7 593
25-29	13 168	6 722	6 446	14 119	7 215	6 904
30-34	12 527	6 383	6 144	13 075	6 668	6 407
35-39	12 243	6 241	6 003	12 501	6 377	6 124
40-44	11 552	5 902	5 649	12 226	6 236	5 990
45-49	9 069	4 624	4 445	11 495	5 872	5 623
50-54	8 049	4 084	3 965	8 943	4 547	4 396
55-59	7 092	3 553	3 540	7 840	3 950	3 889
60-64	6 940	3 423	3 517	6 808	3 373	3 435
65-69	6 822	3 293	3 528	6 493	3 150	3 344
70-74	5 319	2 491	2 828	6 101	2 871	3 230
75-79	3 537	1 582	1 955	4 392	1 979	2 413
80+	...	...	...	...	...	...
80-84	1 917	779	1 138	2 553	1 076	1 476
85-89	912	329	583	1 115	409	706
90-94	315	96	219	387	117	270
95-99	65	15	50	86	20	66
100+	7	1	6	11	2	9

性・年齢別人口（千人）

年齢	2015			2020			2025			2030		
	総数	男	女	総数	男	女	総数	男	女	総数	男	女
総数	91 508	46 240	45 268	99 581	50 317	49 264	106 461	53 759	52 702	112 588	56 797	55 791
0-4	12 116	6 246	5 870	10 908	5 609	5 299	9 933	5 108	4 825	9 465	4 867	4 598
5-9	9 579	4 934	4 645	12 062	6 216	5 845	10 863	5 584	5 279	9 895	5 087	4 808
10-14	8 649	4 451	4 198	9 555	4 919	4 635	12 035	6 200	5 835	10 840	5 570	5 270
15-19	7 862	4 028	3 834	8 618	4 429	4 189	9 523	4 897	4 626	12 000	6 175	5 825
20-24	7 981	4 069	3 912	7 749	3 953	3 796	8 503	4 353	4 150	9 407	4 820	4 587
25-29	8 346	4 234	4 112	7 812	3 958	3 854	7 582	3 843	3 739	8 335	4 242	4 093
30-34	7 355	3 728	3 628	8 241	4 171	4 070	7 712	3 898	3 814	7 485	3 785	3 700
35-39	6 123	3 113	3 010	7 329	3 720	3 608	8 211	4 161	4 050	7 687	3 892	3 795
40-44	4 852	2 418	2 434	6 119	3 114	3 005	7 316	3 716	3 600	8 195	4 155	4 040
45-49	4 304	2 144	2 160	4 823	2 403	2 419	6 074	3 088	2 986	7 261	3 683	3 578
50-54	3 873	1 957	1 916	4 188	2 071	2 117	4 701	2 327	2 374	5 928	2 994	2 934
55-59	3 229	1 613	1 616	3 678	1 831	1 846	3 993	1 947	2 046	4 497	2 196	2 301
60-64	2 461	1 216	1 245	2 990	1 465	1 525	3 424	1 673	1 750	3 737	1 789	1 948
65-69	2 045	956	1 089	2 177	1 047	1 130	2 669	1 273	1 395	3 080	1 467	1 613
70-74	1 203	528	675	1 684	757	926	1 814	841	973	2 251	1 035	1 215
75-79	815	342	473	874	364	510	1 248	533	715	1 368	603	765
80+	…	…	…	…	…	…	…	…	…	…	…	…
80-84	463	180	283	490	193	297	541	210	331	792	315	477
85-89	190	66	124	213	75	138	234	83	151	267	93	174
90-94	51	14	37	61	18	43	72	21	51	81	24	57
95-99	9	2	7	11	2	8	13	3	10	16	4	12
100+	1	0	1	1	0	1	1	0	1	2	0	1

年齢	2035			2040			2045			2050		
	総数	男	女	総数	男	女	総数	男	女	総数	男	女
総数	118 783	59 858	58 925	124 875	62 862	62 013	130 226	65 488	64 738	134 498	67 578	66 920
0-4	9 869	5 075	4 794	10 144	5 217	4 927	9 792	5 037	4 755	9 118	4 690	4 428
5-9	9 431	4 849	4 582	9 837	5 058	4 779	10 114	5 201	4 913	9 764	5 022	4 742
10-14	9 874	5 075	4 799	9 413	4 838	4 575	9 819	5 047	4 772	10 097	5 191	4 906
15-19	10 809	5 548	5 261	9 846	5 054	4 791	9 386	4 819	4 567	9 793	5 029	4 764
20-24	11 880	6 095	5 785	10 693	5 471	5 222	9 734	4 981	4 754	9 277	4 747	4 530
25-29	9 238	4 708	4 530	11 704	5 979	5 725	10 524	5 360	5 164	9 570	4 873	4 697
30-34	8 237	4 183	4 053	9 138	4 649	4 490	11 598	5 916	5 682	10 426	5 302	5 123
35-39	7 464	3 782	3 683	8 215	4 179	4 036	9 116	4 644	4 472	11 568	5 908	5 661
40-44	7 679	3 890	3 789	7 461	3 784	3 678	8 211	4 181	4 030	9 110	4 645	4 465
45-49	8 135	4 119	4 016	7 632	3 864	3 769	7 424	3 764	3 661	8 173	4 161	4 012
50-54	7 098	3 578	3 519	7 966	4 011	3 955	7 490	3 773	3 717	7 301	3 686	3 614
55-59	5 690	2 839	2 851	6 835	3 407	3 427	7 694	3 835	3 860	7 256	3 623	3 634
60-64	4 229	2 030	2 199	5 374	2 639	2 734	6 484	3 185	3 299	7 331	3 606	3 726
65-69	3 389	1 582	1 807	3 861	1 810	2 051	4 937	2 372	2 565	5 997	2 888	3 109
70-74	2 628	1 208	1 420	2 922	1 318	1 605	3 363	1 525	1 838	4 340	2 024	2 316
75-79	1 728	756	972	2 049	897	1 152	2 316	995	1 321	2 705	1 172	1 533
80+	…	…	…	…	…	…	…	…	…	…	…	…
80-84	888	365	523	1 148	468	680	1 392	568	824	1 609	646	963
85-89	402	143	259	462	170	292	615	224	391	767	281	486
90-94	96	28	69	150	44	106	177	54	124	244	74	171
95-99	19	4	14	23	5	18	37	8	29	45	11	35
100+	2	0	2	3	0	2	3	1	3	6	1	5

年齢	2055			2060		
	総数	男	女	総数	男	女
総数	137 683	69 123	68 560	139 936	70 210	69 726
0-4	8 475	4 360	4 115	8 034	4 133	3 901
5-9	9 093	4 677	4 416	8 452	4 348	4 105
10-14	9 748	5 013	4 736	9 079	4 669	4 410
15-19	10 072	5 173	4 899	9 725	4 996	4 729
20-24	9 689	4 961	4 728	9 974	5 109	4 865
25-29	9 123	4 647	4 477	9 543	4 866	4 677
30-34	9 481	4 822	4 660	9 042	4 600	4 442
35-39	10 404	5 299	5 105	9 466	4 822	4 644
40-44	11 552	5 902	5 649	10 396	5 300	5 096
45-49	9 069	4 624	4 445	11 495	5 872	5 623
50-54	8 049	4 084	3 965	8 943	4 547	4 396
55-59	7 092	3 553	3 540	7 840	3 950	3 889
60-64	6 940	3 423	3 517	6 808	3 373	3 435
65-69	6 822	3 293	3 528	6 493	3 150	3 344
70-74	5 319	2 491	2 828	6 101	2 871	3 230
75-79	3 537	1 582	1 955	4 392	1 979	2 413
80+	…	…	…	…	…	…
80-84	1 917	779	1 138	2 553	1 076	1 476
85-89	912	329	583	1 115	409	706
90-94	315	96	219	387	117	270
95-99	65	15	50	86	20	66
100+	7	1	6	11	2	9

El Salvador

性・年齢別人口（千人）

年齢	1960			1965			1970			1975		
	総数	男	女	総数	男	女	総数	男	女	総数	男	女
総数	2 763	1 362	1 401	3 198	1 585	1 613	3 669	1 825	1 844	4 148	2 057	2 090
0-4	511	258	253	588	297	290	649	328	320	710	360	350
5-9	407	205	201	478	241	237	555	280	275	613	308	304
10-14	322	162	160	400	201	198	470	236	234	534	267	267
15-19	272	134	138	313	156	157	388	194	194	444	221	223
20-24	234	114	120	262	128	134	299	148	152	362	179	183
25-29	198	96	103	228	112	115	252	124	128	281	138	144
30-34	164	80	84	193	95	98	220	110	110	241	118	123
35-39	144	70	74	157	77	80	185	92	93	212	106	106
40-44	119	58	61	137	67	70	149	74	75	178	89	90
45-49	98	48	50	113	55	58	129	63	66	143	70	72
50-54	82	40	42	92	44	47	104	51	54	122	59	63
55-59	67	32	35	75	36	39	84	41	43	97	47	50
60-64	53	25	28	59	28	31	67	32	35	75	36	40
65-69	39	18	21	44	21	24	50	24	27	57	27	31
70-74	27	12	15	30	13	16	34	15	19	40	18	22
75-79	16	7	9	18	8	10	20	9	11	24	10	13
80+	11	4	7	12	5	7	14	5	8	16	6	10
80-84	…	…	…	…	…	…	…	…	…	…	…	…
85-89	…	…	…	…	…	…	…	…	…	…	…	…
90-94	…	…	…	…	…	…	…	…	…	…	…	…
95-99	…	…	…	…	…	…	…	…	…	…	…	…
100+	…	…	…	…	…	…	…	…	…	…	…	…

年齢	1980			1985			1990			1995		
	総数	男	女	総数	男	女	総数	男	女	総数	男	女
総数	4 578	2 257	2 320	4 921	2 412	2 509	5 252	2 563	2 689	5 589	2 713	2 875
0-4	754	382	372	750	380	369	744	379	366	755	385	370
5-9	670	338	332	708	358	350	700	354	345	705	359	346
10-14	578	289	289	626	313	313	652	327	324	641	322	319
15-19	489	242	246	521	256	265	565	279	286	583	289	294
20-24	400	196	204	432	209	223	468	226	242	505	245	260
25-29	329	159	170	355	169	186	393	186	208	430	202	228
30-34	261	125	137	299	141	158	329	154	175	372	172	200
35-39	229	110	119	243	115	129	282	131	151	316	145	171
40-44	202	100	103	216	103	113	232	108	123	273	125	148
45-49	170	83	86	192	94	98	207	98	109	225	103	121
50-54	134	66	69	160	79	82	184	89	94	199	93	106
55-59	113	54	59	125	61	64	151	74	78	174	84	90
60-64	88	42	46	103	49	54	116	56	60	140	67	73
65-69	66	30	35	77	36	41	92	43	49	104	49	55
70-74	46	21	25	54	24	30	65	29	35	78	35	42
75-79	28	12	16	34	15	20	41	18	23	49	22	28
80+	20	8	12	25	10	15	…	…	…	…	…	…
80-84	…	…	…	…	…	…	21	9	13	26	11	15
85-89	…	…	…	…	…	…	8	3	5	10	4	6
90-94	…	…	…	…	…	…	2	1	1	2	1	2
95-99	…	…	…	…	…	…	0	0	0	0	0	0
100+	…	…	…	…	…	…	0	0	0	0	0	0

年齢	2000			2005			2010			2015		
	総数	男	女	総数	男	女	総数	男	女	総数	男	女
総数	5 812	2 799	3 013	5 947	2 837	3 111	6 038	2 854	3 184	6 127	2 875	3 251
0-4	716	366	350	624	319	305	559	286	273	520	266	254
5-9	724	369	355	697	356	341	608	310	297	545	279	267
10-14	656	332	325	696	353	343	677	345	332	591	301	290
15-19	577	285	292	607	301	306	651	325	326	639	321	319
20-24	518	249	269	516	246	270	548	262	286	602	292	310
25-29	453	212	241	461	212	249	462	211	251	502	232	270
30-34	394	180	214	410	185	225	421	188	233	428	190	238
35-39	346	157	189	363	163	201	382	169	213	396	174	223
40-44	296	133	162	321	143	178	339	149	190	360	157	203
45-49	255	115	140	274	121	152	299	131	168	319	138	181
50-54	210	95	115	236	105	132	255	111	144	282	122	160
55-59	185	85	100	193	86	107	219	95	124	239	102	136
60-64	159	75	84	168	76	92	176	77	99	202	86	116
65-69	125	59	66	141	66	76	150	66	83	159	68	91
70-74	88	41	48	107	49	58	123	56	67	132	57	75
75-79	60	27	34	70	31	39	88	40	48	102	45	57
80+	…	…	…	…	…	…	…	…	…	…	…	…
80-84	32	13	19	41	18	24	51	22	29	65	28	37
85-89	13	5	8	17	7	10	24	10	14	30	13	18
90-94	3	1	2	5	2	3	7	3	4	10	4	7
95-99	0	0	0	1	0	0	1	0	1	2	1	1
100+	0	0	0	0	0	0	0	0	0	0	0	0

性・年齢別人口（千人）

年齢	2015			2020			2025			2030		
	総数	男	女	総数	男	女	総数	男	女	総数	男	女
総数	6 127	2 875	3 251	6 231	2 910	3 321	6 329	2 947	3 382	6 408	2 980	3 428
0-4	520	266	254	511	261	249	485	248	237	448	229	219
5-9	545	279	267	508	260	248	501	256	244	476	244	232
10-14	591	301	290	531	271	260	496	254	242	490	251	239
15-19	639	321	319	560	282	278	505	255	250	474	241	234
20-24	602	292	310	598	293	305	525	260	266	477	237	239
25-29	502	232	270	562	266	296	565	272	293	498	242	256
30-34	428	190	238	473	214	259	536	250	286	542	258	284
35-39	396	174	223	406	178	229	453	203	251	518	239	279
40-44	360	157	203	377	163	214	389	168	221	438	194	244
45-49	319	138	181	342	147	195	361	154	207	375	160	215
50-54	282	122	160	303	130	174	327	139	188	348	147	201
55-59	239	102	136	266	113	153	288	121	167	313	131	182
60-64	202	86	116	222	94	129	250	104	146	273	113	160
65-69	159	68	91	185	77	107	205	84	120	232	95	137
70-74	132	57	75	141	59	82	166	68	98	185	75	111
75-79	102	45	57	111	47	64	120	49	71	142	56	86
80+	...	...	...	...	...	...	...	...	...	...	...	...
80-84	65	28	37	77	33	44	85	34	51	93	36	57
85-89	30	13	18	40	17	24	48	20	29	55	21	34
90-94	10	4	7	14	5	9	19	7	12	23	8	15
95-99	2	1	1	3	1	2	4	1	3	6	2	4
100+	0	0	0	0	0	0	1	0	0	1	0	1

年齢	2035			2040			2045			2050		
	総数	男	女	総数	男	女	総数	男	女	総数	男	女
総数	6 464	3 007	3 457	6 476	3 015	3 461	6 450	3 008	3 443	6 390	2 987	3 403
0-4	411	211	201	380	195	185	356	183	174	338	173	165
5-9	441	226	215	405	207	197	374	192	182	350	179	171
10-14	468	240	228	433	222	211	396	203	193	365	187	178
15-19	472	241	232	450	230	221	415	212	203	379	193	185
20-24	451	227	224	450	227	223	428	216	211	393	199	194
25-29	454	224	231	430	214	216	429	215	214	408	205	203
30-34	480	231	248	437	214	224	413	204	209	413	206	207
35-39	527	249	278	466	223	243	424	206	218	401	197	204
40-44	504	231	273	513	241	272	453	216	237	413	200	213
45-49	425	186	238	490	223	267	500	233	267	442	210	232
50-54	363	153	209	412	179	233	477	215	262	487	226	261
55-59	334	139	195	350	146	204	398	171	227	462	207	255
60-64	298	123	175	319	131	188	335	138	197	382	163	220
65-69	255	104	151	280	113	167	301	122	179	317	129	188
70-74	211	84	127	234	93	141	258	102	156	279	110	168
75-79	161	63	98	185	72	113	206	79	127	229	88	141
80+	...	...	...	...	...	...	...	...	...	...	...	...
80-84	112	42	70	128	48	80	149	55	94	167	62	106
85-89	61	22	39	75	26	48	87	30	57	103	35	67
90-94	27	9	18	31	10	21	39	12	27	46	14	32
95-99	8	2	5	9	2	7	11	3	8	14	3	11
100+	1	0	1	2	0	1	2	0	2	2	0	2

年齢	2055			2060		
	総数	男	女	総数	男	女
総数	6 302	2 955	3 346	6 183	2 912	3 271
0-4	319	163	156	299	153	146
5-9	332	170	162	313	161	153
10-14	341	175	166	324	166	158
15-19	348	178	170	326	167	159
20-24	358	182	176	329	167	162
25-29	375	188	186	341	172	169
30-34	393	196	197	361	181	180
35-39	402	199	202	383	191	192
40-44	391	192	199	392	194	198
45-49	403	194	208	382	187	195
50-54	431	203	228	393	189	204
55-59	474	218	256	420	197	223
60-64	446	198	248	458	209	249
65-69	364	153	211	426	187	239
70-74	295	118	178	340	141	200
75-79	249	96	153	266	103	162
80+	...	...	...	...	...	...
80-84	188	69	119	207	77	130
85-89	117	40	77	134	46	88
90-94	56	17	39	65	19	45
95-99	17	4	13	21	5	16
100+	3	1	3	4	1	3

El Salvador

性・年齢別人口（千人）

年齢	2015			2020			2025			2030		
	総数	男	女	総数	男	女	総数	男	女	総数	男	女
総数	6 127	2 875	3 251	6 299	2 945	3 354	6 506	3 038	3 469	6 715	3 137	3 578
0-4	520	266	254	579	296	283	593	304	290	578	296	282
5-9	545	279	267	508	260	248	569	291	278	585	300	286
10-14	591	301	290	531	271	260	496	254	242	559	286	273
15-19	639	321	319	560	282	278	505	255	250	474	241	234
20-24	602	292	310	598	293	305	525	260	266	477	237	239
25-29	502	232	270	562	266	296	565	272	293	498	242	256
30-34	428	190	238	473	214	259	536	250	286	542	258	284
35-39	396	174	223	406	178	229	453	203	251	518	239	279
40-44	360	157	203	377	163	214	389	168	221	438	194	244
45-49	319	138	181	342	147	195	361	154	207	375	160	215
50-54	282	122	160	303	130	174	327	139	188	348	147	201
55-59	239	102	136	266	113	153	288	121	167	313	131	182
60-64	202	86	116	222	94	129	250	104	146	273	113	160
65-69	159	68	91	185	77	107	205	84	120	232	95	137
70-74	132	57	75	141	59	82	166	68	98	185	75	111
75-79	102	45	57	111	47	64	120	49	71	142	56	86
80+	…	…	…	…	…	…	…	…	…	…	…	…
80-84	65	28	37	77	33	44	85	34	51	93	36	57
85-89	30	13	18	40	17	24	48	20	29	55	21	34
90-94	10	4	7	14	5	9	19	7	12	23	8	15
95-99	2	1	1	3	1	2	4	1	3	6	2	4
100+	0	0	0	0	0	0	1	0	0	1	0	1

年齢	2035			2040			2045			2050		
	総数	男	女	総数	男	女	総数	男	女	総数	男	女
総数	6 898	3 229	3 669	7 046	3 307	3 740	7 176	3 378	3 797	7 295	3 449	3 846
0-4	539	276	263	517	264	252	513	263	250	520	266	254
5-9	571	293	279	532	273	259	510	261	249	507	260	247
10-14	576	295	281	562	288	274	523	268	255	501	257	244
15-19	541	275	265	558	285	273	545	278	267	506	258	247
20-24	451	227	224	518	261	256	536	271	264	522	265	257
25-29	454	224	231	430	214	216	496	249	248	515	259	256
30-34	480	231	248	437	214	224	413	204	209	480	239	241
35-39	527	249	278	466	223	243	424	206	218	401	197	204
40-44	504	231	273	513	241	272	453	216	237	413	200	213
45-49	425	186	238	490	223	267	500	233	267	442	210	232
50-54	363	153	209	412	179	233	477	215	262	487	226	261
55-59	334	139	195	350	146	204	398	171	227	462	207	255
60-64	298	123	175	319	131	188	335	138	197	382	163	220
65-69	255	104	151	280	113	167	301	122	179	317	129	188
70-74	211	84	127	234	93	141	258	102	156	279	110	168
75-79	161	63	98	185	72	113	206	79	127	229	88	141
80+	…	…	…	…	…	…	…	…	…	…	…	…
80-84	112	42	70	128	48	80	149	55	94	167	62	106
85-89	61	22	39	75	26	48	87	30	57	103	35	67
90-94	27	9	18	31	10	21	39	12	27	46	14	32
95-99	8	2	5	9	2	7	11	3	8	14	3	11
100+	1	0	1	2	0	1	2	0	2	2	0	2

年齢	2055			2060		
	総数	男	女	総数	男	女
総数	7 407	3 519	3 888	7 503	3 585	3 918
0-4	523	268	255	516	264	252
5-9	514	263	250	517	265	252
10-14	498	255	243	505	259	246
15-19	484	248	237	482	247	236
20-24	485	246	239	465	236	228
25-29	503	254	249	467	236	231
30-34	499	250	249	489	246	243
35-39	468	233	235	488	244	244
40-44	391	192	199	458	227	231
45-49	403	194	208	382	187	195
50-54	431	203	228	393	189	204
55-59	474	218	256	420	197	223
60-64	446	198	248	458	209	249
65-69	364	153	211	426	187	239
70-74	295	118	178	340	141	200
75-79	249	96	153	266	103	162
80+	…	…	…	…	…	…
80-84	188	69	119	207	77	130
85-89	117	40	77	134	46	88
90-94	56	17	39	65	19	45
95-99	17	4	13	21	5	16
100+	3	1	3	4	1	3

性・年齢別人口（千人）

年齢	2015			2020			2025			2030		
	総数	男	女	総数	男	女	総数	男	女	総数	男	女
総数	6 127	2 875	3 251	6 162	2 875	3 287	6 152	2 856	3 295	6 101	2 823	3 278
0-4	520	266	254	442	226	216	376	192	183	318	163	155
5-9	545	279	267	508	260	248	432	221	211	368	188	179
10-14	591	301	290	531	271	260	496	254	242	422	216	206
15-19	639	321	319	560	282	278	505	255	250	474	241	234
20-24	602	292	310	598	293	305	525	260	266	477	237	239
25-29	502	232	270	562	266	296	565	272	293	498	242	256
30-34	428	190	238	473	214	259	536	250	286	542	258	284
35-39	396	174	223	406	178	229	453	203	251	518	239	279
40-44	360	157	203	377	163	214	389	168	221	438	194	244
45-49	319	138	181	342	147	195	361	154	207	375	160	215
50-54	282	122	160	303	130	174	327	139	188	348	147	201
55-59	239	102	136	266	113	153	288	121	167	313	131	182
60-64	202	86	116	222	94	129	250	104	146	273	113	160
65-69	159	68	91	185	77	107	205	84	120	232	95	137
70-74	132	57	75	141	59	82	166	68	98	185	75	111
75-79	102	45	57	111	47	64	120	49	71	142	56	86
80+	…	…	…	…	…	…	…	…	…	…	…	…
80-84	65	28	37	77	33	44	85	34	51	93	36	57
85-89	30	13	18	40	17	24	48	20	29	55	21	34
90-94	10	4	7	14	5	9	19	7	12	23	8	15
95-99	2	1	1	3	1	2	4	1	3	6	2	4
100+	0	0	0	0	0	0	1	0	0	1	0	1

年齢	2035			2040			2045			2050		
	総数	男	女	総数	男	女	総数	男	女	総数	男	女
総数	6 032	2 786	3 246	5 919	2 730	3 188	5 761	2 656	3 105	5 558	2 562	2 995
0-4	286	146	140	254	130	124	222	114	108	193	99	94
5-9	311	160	152	280	143	136	247	127	120	216	111	105
10-14	359	184	175	303	155	147	271	139	132	238	122	116
15-19	404	206	198	342	174	168	285	146	140	254	130	124
20-24	451	227	224	382	192	189	320	161	159	264	133	131
25-29	454	224	231	430	214	216	362	180	181	301	150	150
30-34	480	231	248	437	214	224	413	204	209	346	172	174
35-39	527	249	278	466	223	243	424	206	218	401	197	204
40-44	504	231	273	513	241	272	453	216	237	413	200	213
45-49	425	186	238	490	223	267	500	233	267	442	210	232
50-54	363	153	209	412	179	233	477	215	262	487	226	261
55-59	334	139	195	350	146	204	398	171	227	462	207	255
60-64	298	123	175	319	131	188	335	138	197	382	163	220
65-69	255	104	151	280	113	167	301	122	179	317	129	188
70-74	211	84	127	234	93	141	258	102	156	279	110	168
75-79	161	63	98	185	72	113	206	79	127	229	88	141
80+	…	…	…	…	…	…	…	…	…	…	…	…
80-84	112	42	70	128	48	80	149	55	94	167	62	106
85-89	61	22	39	75	26	48	87	30	57	103	35	67
90-94	27	9	18	31	10	21	39	12	27	46	14	32
95-99	8	2	5	9	2	7	11	3	8	14	3	11
100+	1	0	1	2	0	1	2	0	2	2	0	2

年齢	2055			2060		
	総数	男	女	総数	男	女
総数	5 318	2 454	2 864	5 046	2 333	2 713
0-4	165	85	81	142	73	69
5-9	187	96	91	160	82	78
10-14	208	107	101	179	92	87
15-19	222	114	109	192	98	94
20-24	234	118	116	204	103	101
25-29	246	123	123	217	109	108
30-34	287	143	144	234	116	117
35-39	335	166	169	277	138	139
40-44	391	192	199	327	161	165
45-49	403	194	208	382	187	195
50-54	431	203	228	393	189	204
55-59	474	218	256	420	197	223
60-64	446	198	248	458	209	249
65-69	364	153	211	426	187	239
70-74	295	118	178	340	141	200
75-79	249	96	153	266	103	162
80+	…	…	…	…	…	…
80-84	188	69	119	207	77	130
85-89	117	40	77	134	46	88
90-94	56	17	39	65	19	45
95-99	17	4	13	21	5	16
100+	3	1	3	4	1	3

Equatorial Guinea

性・年齢別人口（千人）

年齢	1960 総数	男	女	1965 総数	男	女	1970 総数	男	女	1975 総数	男	女
総数	252	123	129	269	132	138	291	142	148	238	116	122
0-4	38	19	19	41	20	20	45	22	23	37	18	18
5-9	31	15	16	33	16	17	36	18	18	37	19	19
10-14	25	12	13	29	15	15	32	16	16	33	16	16
15-19	23	11	12	24	12	12	29	14	14	26	13	13
20-24	21	10	10	22	11	11	23	11	12	17	9	8
25-29	19	9	10	20	10	10	21	10	11	9	4	5
30-34	17	8	9	18	9	9	19	9	10	9	4	5
35-39	15	7	8	16	8	8	17	8	9	10	5	5
40-44	14	7	7	14	7	7	15	7	8	11	5	6
45-49	12	6	6	13	6	6	13	6	7	11	5	6
50-54	10	5	5	11	5	6	12	6	6	10	5	5
55-59	9	4	5	9	4	5	10	5	5	9	4	5
60-64	7	3	4	7	3	4	8	4	4	7	3	4
65-69	6	3	3	6	3	3	6	3	3	6	2	3
70-74	4	2	2	4	2	2	4	2	2	4	2	2
75-79	2	1	1	2	1	1	2	1	1	2	1	1
80+	1	0	1	1	1	1	1	1	1	1	0	1
80-84	...	...	...	...	...	...	...	...	...	...	...	...
85-89	...	...	...	...	...	...	...	...	...	...	...	...
90-94	...	...	...	...	...	...	...	...	...	...	...	...
95-99	...	...	...	...	...	...	...	...	...	...	...	...
100+	...	...	...	...	...	...	...	...	...	...	...	...

年齢	1980 総数	男	女	1985 総数	男	女	1990 総数	男	女	1995 総数	男	女
総数	221	107	113	314	160	154	377	193	185	448	229	219
0-4	30	15	15	48	24	24	69	35	35	80	40	40
5-9	32	16	16	29	15	15	45	22	22	65	33	32
10-14	35	18	18	32	16	16	29	14	14	44	22	22
15-19	30	15	15	39	19	19	32	16	16	29	15	15
20-24	21	10	10	39	20	19	40	20	20	34	17	17
25-29	11	5	5	32	17	15	40	21	19	41	21	20
30-34	4	2	2	21	11	9	34	18	16	41	22	20
35-39	5	2	3	11	6	5	22	12	10	34	18	16
40-44	7	3	4	10	5	5	12	7	5	22	12	10
45-49	9	4	5	10	5	5	10	5	5	12	7	5
50-54	9	4	5	10	5	5	10	5	5	10	5	5
55-59	8	4	5	9	5	5	10	5	5	9	5	5
60-64	7	3	4	8	4	4	9	4	4	9	4	4
65-69	6	3	3	7	3	4	7	3	4	7	3	4
70-74	4	2	2	5	2	3	5	2	3	5	2	3
75-79	2	1	1	3	1	2	3	1	2	3	2	2
80+	1	1	1	2	1	1	...	...	...	...	...	...
80-84	...	...	...	...	...	...	1	1	1	2	1	1
85-89	...	...	...	...	...	...	0	0	0	1	0	0
90-94	...	...	...	...	...	...	0	0	0	0	0	0
95-99	...	...	...	...	...	...	0	0	0	0	0	0
100+	...	...	...	...	...	...	0	0	0	0	0	0

年齢	2000 総数	男	女	2005 総数	男	女	2010 総数	男	女	2015 総数	男	女
総数	531	272	259	626	321	305	729	374	355	845	433	412
0-4	88	44	44	98	50	49	113	57	56	128	65	64
5-9	76	38	38	85	43	42	95	48	47	110	55	55
10-14	64	32	32	75	37	37	84	42	42	94	47	47
15-19	44	22	22	65	32	32	75	38	37	84	42	42
20-24	32	16	16	47	24	23	66	33	33	77	39	38
25-29	36	19	18	35	18	17	50	25	24	68	35	34
30-34	43	22	21	39	20	19	37	20	18	51	27	25
35-39	42	22	20	44	23	21	39	21	19	38	20	18
40-44	34	18	16	42	22	20	43	23	21	39	21	18
45-49	22	12	10	34	18	15	41	22	19	42	22	20
50-54	12	7	5	21	12	9	32	18	15	40	21	19
55-59	10	5	4	12	7	5	20	11	9	31	17	14
60-64	9	4	4	9	5	4	11	6	5	19	10	8
65-69	8	4	4	8	4	4	8	4	4	10	5	4
70-74	6	3	3	6	3	3	6	3	3	7	3	3
75-79	4	2	2	4	2	2	4	2	2	4	2	2
80+	...	...	...	...	...	...	...	...	...	...	...	...
80-84	2	1	1	2	1	1	2	1	1	3	1	1
85-89	1	0	0	1	0	0	1	0	1	1	0	1
90-94	0	0	0	0	0	0	0	0	0	0	0	0
95-99	0	0	0	0	0	0	0	0	0	0	0	0
100+	0	0	0	0	0	0	0	0	0	0	0	0

性・年齢別人口（千人）

年齢	2015			2020			2025			2030		
	総数	男	女	総数	男	女	総数	男	女	総数	男	女
総数	845	433	412	971	497	474	1 102	563	539	1 238	631	607
0-4	128	65	64	141	71	70	151	76	75	159	80	79
5-9	110	55	55	125	63	62	138	70	69	149	75	74
10-14	94	47	47	109	55	54	124	62	62	138	69	68
15-19	84	42	42	94	47	47	109	55	54	124	62	62
20-24	77	39	38	85	43	42	95	48	47	110	56	55
25-29	68	35	34	79	40	39	87	44	43	97	49	48
30-34	51	27	25	69	36	34	80	41	39	88	45	43
35-39	38	20	18	51	27	24	69	36	33	79	41	38
40-44	39	21	18	38	20	18	51	27	24	68	35	33
45-49	42	22	20	39	20	18	37	20	17	50	26	23
50-54	40	21	19	41	21	20	37	20	18	36	19	17
55-59	31	17	14	38	20	18	39	20	19	36	19	17
60-64	19	10	8	29	15	13	35	18	17	37	19	18
65-69	10	5	4	17	9	8	25	13	12	31	16	15
70-74	7	3	3	8	4	4	14	7	6	21	11	10
75-79	4	2	2	5	2	2	6	3	3	10	5	5
80+	...	...	...	...	...	...	...	...	...	...	...	...
80-84	3	1	1	3	1	1	3	1	1	4	2	2
85-89	1	0	1	1	1	1	1	1	1	1	1	1
90-94	0	0	0	0	0	0	0	0	0	0	0	0
95-99	0	0	0	0	0	0	0	0	0	0	0	0
100+	0	0	0	0	0	0	0	0	0	0	0	0

年齢	2035			2040			2045			2050		
	総数	男	女	総数	男	女	総数	男	女	総数	男	女
総数	1 378	700	677	1 521	772	749	1 667	844	823	1 816	918	898
0-4	166	84	82	174	88	86	181	91	90	186	94	92
5-9	157	79	78	165	83	82	173	87	86	180	91	89
10-14	148	74	74	156	79	78	165	83	82	172	87	86
15-19	138	69	68	148	75	74	157	79	78	165	83	82
20-24	125	63	62	139	70	69	150	75	75	158	80	79
25-29	112	57	55	127	64	63	141	71	70	152	77	75
30-34	98	50	48	113	58	56	128	65	63	142	72	70
35-39	88	45	43	98	50	48	113	58	55	128	65	63
40-44	78	40	38	87	45	42	97	50	47	112	57	55
45-49	67	35	32	77	40	37	86	44	42	96	49	47
50-54	48	25	23	65	34	31	75	39	36	84	43	41
55-59	35	18	16	46	24	22	62	32	30	72	37	35
60-64	33	17	16	33	17	15	44	23	21	59	30	29
65-69	33	17	16	30	16	15	30	15	14	40	20	20
70-74	26	13	13	28	14	14	26	13	13	26	13	13
75-79	16	8	8	20	10	10	21	10	11	20	10	10
80+	...	...	...	...	...	...	...	...	...	...	...	...
80-84	6	3	3	10	5	5	13	6	7	14	7	7
85-89	2	1	1	3	2	2	5	2	3	7	3	4
90-94	0	0	0	1	0	0	1	0	1	2	1	1
95-99	0	0	0	0	0	0	0	0	0	0	0	0
100+	0	0	0	0	0	0	0	0	0	0	0	0

年齢	2055			2060		
	総数	男	女	総数	男	女
総数	1 966	992	974	2 113	1 064	1 049
0-4	189	96	94	192	97	95
5-9	185	93	92	189	95	94
10-14	180	90	89	185	93	92
15-19	173	87	86	180	91	90
20-24	167	84	83	175	88	87
25-29	161	81	80	169	85	84
30-34	153	77	76	162	82	80
35-39	142	72	70	153	77	76
40-44	127	65	63	141	72	70
45-49	111	56	54	126	64	62
50-54	94	48	46	109	55	53
55-59	81	41	40	91	46	45
60-64	69	35	34	78	39	39
65-69	54	27	27	64	32	32
70-74	35	17	17	48	23	24
75-79	20	10	10	28	13	14
80+	...	...	...	...	...	...
80-84	14	6	7	14	7	7
85-89	7	3	4	7	3	4
90-94	2	1	1	3	1	2
95-99	0	0	0	1	0	0
100+	0	0	0	0	0	0

性・年齢別人口（千人）

年齢	2015			2020			2025			2030		
	総数	男	女	総数	男	女	総数	男	女	総数	男	女
総数	845	433	412	979	501	478	1 125	574	550	1 281	653	629
0-4	128	65	64	149	75	74	166	84	82	180	91	89
5-9	110	55	55	125	63	62	146	74	73	163	82	81
10-14	94	47	47	109	55	54	124	62	62	145	73	72
15-19	84	42	42	94	47	47	109	55	54	124	62	62
20-24	77	39	38	85	43	42	95	48	47	110	56	55
25-29	68	35	34	79	40	39	87	44	43	97	49	48
30-34	51	27	25	69	36	34	80	41	39	88	45	43
35-39	38	20	18	51	27	24	69	36	33	79	41	38
40-44	39	21	18	38	20	18	51	27	24	68	35	33
45-49	42	22	20	39	20	18	37	20	17	50	26	23
50-54	40	21	19	41	21	20	37	20	18	36	19	17
55-59	31	17	14	38	20	18	39	20	19	36	19	17
60-64	19	10	8	29	15	13	35	18	17	37	19	18
65-69	10	5	4	17	9	8	25	13	12	31	16	15
70-74	7	3	3	8	4	4	14	7	6	21	11	10
75-79	4	2	2	5	2	2	6	3	3	10	5	5
80+	...	...	...	...	...	...	...	...	...	...	...	...
80-84	3	1	1	3	1	1	3	1	1	4	2	2
85-89	1	0	1	1	1	1	1	1	1	1	1	1
90-94	0	0	0	0	0	0	0	0	0	0	0	0
95-99	0	0	0	0	0	0	0	0	0	0	0	0
100+	0	0	0	0	0	0	0	0	0	0	0	0

年齢	2035			2040			2045			2050		
	総数	男	女	総数	男	女	総数	男	女	総数	男	女
総数	1 445	735	711	1 619	821	798	1 805	914	892	2 004	1 013	992
0-4	192	97	95	205	104	102	221	111	109	237	119	117
5-9	178	89	88	190	96	94	204	103	101	220	111	109
10-14	162	82	81	177	89	88	189	95	94	203	102	101
15-19	145	73	72	162	82	81	177	89	88	190	95	94
20-24	125	63	62	147	74	73	164	82	82	179	90	89
25-29	112	57	55	127	64	63	149	75	74	166	84	82
30-34	98	50	48	113	58	56	128	65	63	150	76	74
35-39	88	45	43	98	50	48	113	58	55	128	65	63
40-44	78	40	38	87	45	42	97	50	47	112	57	55
45-49	67	35	32	77	40	37	86	44	42	96	49	47
50-54	48	25	23	65	34	31	75	39	36	84	43	41
55-59	35	18	16	46	24	22	62	32	30	72	37	35
60-64	33	17	16	33	17	15	44	23	21	59	30	29
65-69	33	17	16	30	16	15	30	15	14	40	20	20
70-74	26	13	13	28	14	14	26	13	13	26	13	13
75-79	16	8	8	20	10	10	21	10	11	20	10	10
80+	...	...	...	...	...	...	...	...	...	...	...	...
80-84	6	3	3	10	5	5	13	6	7	14	7	7
85-89	2	1	1	3	2	2	5	2	3	7	3	4
90-94	0	0	0	1	0	0	1	0	1	2	1	1
95-99	0	0	0	0	0	0	0	0	0	0	0	0
100+	0	0	0	0	0	0	0	0	0	0	0	0

年齢	2055			2060		
	総数	男	女	総数	男	女
総数	2 213	1 116	1 097	2 429	1 222	1 206
0-4	250	126	124	262	132	130
5-9	236	119	117	250	126	124
10-14	219	110	109	235	119	117
15-19	204	102	101	220	111	109
20-24	191	96	95	205	103	102
25-29	181	91	90	193	97	96
30-34	167	84	83	182	92	90
35-39	149	76	74	167	84	82
40-44	127	65	63	148	75	73
45-49	111	56	54	126	64	62
50-54	94	48	46	109	55	53
55-59	81	41	40	91	46	45
60-64	69	35	34	78	39	39
65-69	54	27	27	64	32	32
70-74	35	17	17	48	23	24
75-79	20	10	10	28	13	14
80+	...	...	...	...	...	...
80-84	14	6	7	14	7	7
85-89	7	3	4	7	3	4
90-94	2	1	1	3	1	2
95-99	0	0	0	1	0	0
100+	0	0	0	0	0	0

性・年齢別人口（千人）

年齢	2015			2020			2025			2030		
	総数	男	女	総数	男	女	総数	男	女	総数	男	女
総数	845	433	412	963	493	470	1 080	552	528	1 195	609	586
0-4	128	65	64	134	67	66	136	69	68	137	69	68
5-9	110	55	55	125	63	62	131	66	65	134	68	67
10-14	94	47	47	109	55	54	124	62	62	130	65	65
15-19	84	42	42	94	47	47	109	55	54	124	62	62
20-24	77	39	38	85	43	42	95	48	47	110	56	55
25-29	68	35	34	79	40	39	87	44	43	97	49	48
30-34	51	27	25	69	36	34	80	41	39	88	45	43
35-39	38	20	18	51	27	24	69	36	33	79	41	38
40-44	39	21	18	38	20	18	51	27	24	68	35	33
45-49	42	22	20	39	20	18	37	20	17	50	26	23
50-54	40	21	19	41	21	20	37	20	18	36	19	17
55-59	31	17	14	38	20	18	39	20	19	36	19	17
60-64	19	10	8	29	15	13	35	18	17	37	19	18
65-69	10	5	4	17	9	8	25	13	12	31	16	15
70-74	7	3	3	8	4	4	14	7	6	21	11	10
75-79	4	2	2	5	2	2	6	3	3	10	5	5
80+	…	…	…	…	…	…	…	…	…	…	…	…
80-84	3	1	1	3	1	1	3	1	1	4	2	2
85-89	1	0	1	1	1	1	1	1	1	1	1	1
90-94	0	0	0	0	0	0	0	0	0	0	0	0
95-99	0	0	0	0	0	0	0	0	0	0	0	0
100+	0	0	0	0	0	0	0	0	0	0	0	0

年齢	2035			2040			2045			2050		
	総数	男	女	総数	男	女	総数	男	女	総数	男	女
総数	1 310	666	643	1 423	723	701	1 533	777	756	1 638	828	809
0-4	141	71	70	143	72	71	143	72	71	140	71	70
5-9	136	68	68	140	71	70	143	72	71	143	72	71
10-14	134	67	66	136	68	67	140	70	70	142	72	71
15-19	130	66	65	134	67	67	136	68	68	141	71	70
20-24	125	63	62	132	66	65	136	68	68	138	69	69
25-29	112	57	55	127	64	63	134	68	66	138	70	68
30-34	98	50	48	113	58	56	128	65	63	135	69	67
35-39	88	45	43	98	50	48	113	58	55	128	65	63
40-44	78	40	38	87	45	42	97	50	47	112	57	55
45-49	67	35	32	77	40	37	86	44	42	96	49	47
50-54	48	25	23	65	34	31	75	39	36	84	43	41
55-59	35	18	16	46	24	22	62	32	30	72	37	35
60-64	33	17	16	33	17	15	44	23	21	59	30	29
65-69	33	17	16	30	16	15	30	15	14	40	20	20
70-74	26	13	13	28	14	14	26	13	13	26	13	13
75-79	16	8	8	20	10	10	21	10	11	20	10	10
80+	…	…	…	…	…	…	…	…	…	…	…	…
80-84	6	3	3	10	5	5	13	6	7	14	7	7
85-89	2	1	1	3	2	2	5	2	3	7	3	4
90-94	0	0	0	1	0	0	1	0	1	2	1	1
95-99	0	0	0	0	0	0	0	0	0	0	0	0
100+	0	0	0	0	0	0	0	0	0	0	0	0

年齢	2055			2060		
	総数	男	女	総数	男	女
総数	1 735	876	859	1 824	919	906
0-4	136	69	68	132	67	65
5-9	140	71	70	136	69	68
10-14	142	72	71	140	71	70
15-19	143	72	71	143	72	71
20-24	142	72	71	145	73	72
25-29	140	71	70	145	73	72
30-34	140	71	69	142	72	70
35-39	135	69	67	140	71	69
40-44	127	65	63	134	68	66
45-49	111	56	54	126	64	62
50-54	94	48	46	109	55	53
55-59	81	41	40	91	46	45
60-64	69	35	34	78	39	39
65-69	54	27	27	64	32	32
70-74	35	17	17	48	23	24
75-79	20	10	10	28	13	14
80+	…	…	…	…	…	…
80-84	14	6	7	14	7	7
85-89	7	3	4	7	3	4
90-94	2	1	1	3	1	2
95-99	0	0	0	1	0	0
100+	0	0	0	0	0	0

性・年齢別人口(千人)

年齢	1960 総数	男	女	1965 総数	男	女	1970 総数	男	女	1975 総数	男	女
総数	1 408	696	712	1 589	786	803	1 805	892	913	2 070	1 023	1 047
0-4	248	125	124	283	142	141	327	163	164	379	190	189
5-9	198	99	99	229	114	114	263	131	132	306	152	154
10-14	189	95	94	193	96	97	223	111	112	257	127	129
15-19	156	79	77	185	93	92	189	94	95	219	109	110
20-24	129	65	64	150	76	75	178	90	88	183	91	92
25-29	108	54	54	123	62	61	143	72	71	171	86	85
30-34	88	44	44	102	51	51	117	59	58	136	69	67
35-39	72	36	36	83	41	41	95	48	48	110	55	54
40-44	58	28	30	67	33	34	76	38	38	88	44	44
45-49	46	22	24	52	25	27	60	29	31	69	34	35
50-54	35	16	19	40	19	22	46	21	24	53	25	28
55-59	27	12	15	30	13	16	33	15	18	38	17	21
60-64	20	9	12	21	9	12	23	10	13	26	11	15
65-69	14	6	9	14	6	9	15	6	9	17	7	10
70-74	10	4	6	9	3	6	9	3	6	10	3	6
75-79	5	2	3	5	2	3	5	2	3	5	2	3
80+	3	1	2	3	1	2	3	1	2	3	1	2
80-84	...	...	...	...	...	...	...	...	...	...	...	...
85-89	...	...	...	...	...	...	...	...	...	...	...	...
90-94	...	...	...	...	...	...	...	...	...	...	...	...
95-99	...	...	...	...	...	...	...	...	...	...	...	...
100+	...	...	...	...	...	...	...	...	...	...	...	...

年齢	1980 総数	男	女	1985 総数	男	女	1990 総数	男	女	1995 総数	男	女
総数	2 384	1 180	1 204	2 756	1 367	1 390	3 139	1 558	1 581	3 164	1 571	1 593
0-4	440	222	218	514	260	254	576	292	284	551	280	271
5-9	358	179	179	417	210	207	490	247	243	546	275	270
10-14	300	148	152	351	174	176	408	205	203	474	238	236
15-19	252	125	127	294	145	149	339	168	171	358	178	180
20-24	212	106	107	245	121	123	277	137	141	252	124	129
25-29	176	88	88	204	102	102	227	113	115	194	95	99
30-34	162	82	80	168	84	84	189	94	95	163	81	83
35-39	128	65	64	153	77	76	154	77	78	143	71	71
40-44	102	51	51	119	60	59	140	70	70	121	60	61
45-49	80	39	41	92	45	47	107	53	54	114	57	57
50-54	61	29	32	70	34	37	81	39	42	86	42	44
55-59	44	20	24	51	24	27	59	28	32	63	30	34
60-64	30	13	17	35	15	20	40	18	23	44	20	25
65-69	19	8	11	22	9	13	26	10	15	28	11	16
70-74	11	4	7	12	4	8	14	5	9	15	6	10
75-79	5	2	4	6	2	4	7	2	5	7	2	5
80+	3	1	2	3	1	3	...	...	...	...	...	...
80-84	...	...	...	...	...	...	3	1	2	2	0	2
85-89	...	...	...	...	...	...	1	0	1	1	0	1
90-94	...	...	...	...	...	...	0	0	0	0	0	0
95-99	...	...	...	...	...	...	0	0	0	0	0	0
100+	...	...	...	...	...	...	0	0	0	0	0	0

年齢	2000 総数	男	女	2005 総数	男	女	2010 総数	男	女	2015 総数	男	女
総数	3 535	1 758	1 777	4 191	2 090	2 101	4 690	2 344	2 346	5 228	2 619	2 609
0-4	560	285	274	675	345	330	781	399	382	815	416	398
5-9	535	271	264	552	281	271	660	337	323	768	392	376
10-14	538	271	267	533	270	263	545	277	268	654	334	320
15-19	461	231	230	546	275	271	512	258	253	524	266	258
20-24	338	168	170	477	239	238	509	256	253	476	240	236
25-29	233	114	119	351	175	176	439	220	219	473	237	236
30-34	178	87	91	242	118	123	322	160	162	411	206	205
35-39	151	74	76	183	89	94	220	108	112	300	149	151
40-44	132	66	66	151	74	77	166	81	85	204	100	104
45-49	111	55	56	129	64	66	138	67	70	153	74	79
50-54	102	50	52	106	51	55	117	57	60	126	61	65
55-59	75	36	39	94	45	49	93	44	49	105	50	55
60-64	53	24	29	66	30	35	80	37	43	81	37	44
65-69	34	14	20	43	18	24	52	23	29	65	29	36
70-74	19	7	12	25	10	15	31	12	19	39	16	23
75-79	9	3	6	13	4	8	16	6	11	21	7	13
80+	...	...	...	...	...	...	...	...	...	...	...	...
80-84	3	1	3	5	2	4	6	2	5	9	3	6
85-89	1	0	1	1	0	1	2	1	2	3	1	2
90-94	0	0	0	0	0	0	0	0	0	1	0	1
95-99	0	0	0	0	0	0	0	0	0	0	0	0
100+	0	0	0	0	0	0	0	0	0	0	0	0

性・年齢別人口（千人）

年齢	2015			2020			2025			2030		
	総数	男	女	総数	男	女	総数	男	女	総数	男	女
総数	5 228	2 619	2 609	5 892	2 957	2 935	6 585	3 310	3 275	7 311	3 679	3 632
0-4	815	416	398	842	431	412	868	444	424	911	467	445
5-9	768	392	376	806	412	395	836	427	409	862	441	421
10-14	654	334	320	764	390	374	803	410	393	833	426	408
15-19	524	266	258	646	329	317	758	386	371	797	407	391
20-24	476	240	236	511	259	252	636	324	312	747	381	367
25-29	473	237	236	463	233	230	501	254	247	625	318	307
30-34	411	206	205	460	231	229	453	228	225	492	249	243
35-39	300	149	151	399	200	199	450	226	224	444	223	221
40-44	204	100	104	290	144	146	389	194	194	440	221	220
45-49	153	74	79	195	95	100	280	138	141	377	188	189
50-54	126	61	65	145	69	75	186	90	96	268	132	136
55-59	105	50	55	116	55	61	134	64	71	174	83	91
60-64	81	37	44	93	43	50	104	48	56	121	56	65
65-69	65	29	36	68	30	38	78	35	43	89	39	49
70-74	39	16	23	50	21	29	52	22	31	62	26	36
75-79	21	7	13	27	10	17	35	13	22	37	14	23
80+	…	…	…	…	…	…	…	…	…	…	…	…
80-84	9	3	6	12	4	8	16	5	10	21	7	14
85-89	3	1	2	4	1	3	6	2	4	8	2	5
90-94	1	0	1	1	0	1	1	0	1	2	0	2
95-99	0	0	0	0	0	0	0	0	0	0	0	0
100+	0	0	0	0	0	0	0	0	0	0	0	0

年齢	2035			2040			2045			2050		
	総数	男	女	総数	男	女	総数	男	女	総数	男	女
総数	8 077	4 067	4 009	8 870	4 469	4 402	9 660	4 866	4 795	10 421	5 246	5 175
0-4	967	495	472	1 016	520	495	1 039	532	507	1 043	534	508
5-9	906	464	442	963	493	470	1 012	518	494	1 035	530	505
10-14	860	439	420	904	463	441	961	492	469	1 010	517	493
15-19	827	422	405	854	436	418	899	460	439	956	489	467
20-24	787	401	386	818	417	401	845	432	414	890	455	435
25-29	737	375	362	777	396	382	808	412	396	836	426	409
30-34	616	313	303	728	370	357	768	391	377	799	407	392
35-39	483	245	239	607	308	299	718	365	353	759	386	373
40-44	435	219	217	474	240	235	597	303	294	708	360	349
45-49	429	214	215	425	212	212	464	234	230	585	296	289
50-54	362	179	183	414	205	209	411	204	207	450	225	225
55-59	252	122	130	343	167	176	393	192	201	392	192	199
60-64	158	73	85	231	109	121	315	150	165	363	174	189
65-69	105	46	58	137	61	76	202	92	110	279	128	151
70-74	71	30	41	85	35	49	112	47	65	167	72	95
75-79	44	17	27	52	20	32	62	24	39	84	33	52
80+	…	…	…	…	…	…	…	…	…	…	…	…
80-84	23	8	15	28	10	18	33	11	21	41	14	27
85-89	10	3	7	11	3	8	14	4	10	17	5	12
90-94	3	1	2	4	1	3	4	1	3	6	2	4
95-99	1	0	0	1	0	1	1	0	1	1	0	1
100+	0	0	0	0	0	0	0	0	0	0	0	0

年齢	2055			2060		
	総数	男	女	総数	男	女
総数	11 150	5 609	5 541	11 845	5 954	5 891
0-4	1 046	536	510	1 054	540	514
5-9	1 040	533	507	1 043	534	509
10-14	1 033	529	504	1 038	532	506
15-19	1 005	514	491	1 029	527	502
20-24	947	484	463	996	510	487
25-29	881	450	431	938	479	459
30-34	827	422	405	872	445	427
35-39	791	403	388	819	417	402
40-44	749	381	369	781	397	384
45-49	695	352	343	737	373	364
50-54	569	286	283	677	341	336
55-59	430	213	217	546	272	275
60-64	364	175	189	403	195	207
65-69	324	150	174	328	153	175
70-74	234	102	132	275	121	154
75-79	128	51	77	181	74	107
80+	…	…	…	…	…	…
80-84	56	20	36	86	31	55
85-89	22	7	15	31	10	21
90-94	7	2	5	9	2	7
95-99	2	0	1	2	0	2
100+	0	0	0	0	0	0

Eritrea

性・年齢別人口（千人）

年齢	2015			2020			2025			2030		
	総数	男	女	総数	男	女	総数	男	女	総数	男	女
総数	5 228	2 619	2 609	5 944	2 984	2 960	6 732	3 385	3 347	7 590	3 822	3 768
0-4	815	416	398	895	458	437	962	492	470	1 045	535	510
5-9	768	392	376	806	412	395	888	454	434	956	489	467
10-14	654	334	320	764	390	374	803	410	393	885	452	433
15-19	524	266	258	646	329	317	758	386	371	797	407	391
20-24	476	240	236	511	259	252	636	324	312	747	381	367
25-29	473	237	236	463	233	230	501	254	247	625	318	307
30-34	411	206	205	460	231	229	453	228	225	492	249	243
35-39	300	149	151	399	200	199	450	226	224	444	223	221
40-44	204	100	104	290	144	146	389	194	194	440	221	220
45-49	153	74	79	195	95	100	280	138	141	377	188	189
50-54	126	61	65	145	69	75	186	90	96	268	132	136
55-59	105	50	55	116	55	61	134	64	71	174	83	91
60-64	81	37	44	93	43	50	104	48	56	121	56	65
65-69	65	29	36	68	30	38	78	35	43	89	39	49
70-74	39	16	23	50	21	29	52	22	31	62	26	36
75-79	21	7	13	27	10	17	35	13	22	37	14	23
80+	…	…	…	…	…	…	…	…	…	…	…	…
80-84	9	3	6	12	4	8	16	5	10	21	7	14
85-89	3	1	2	4	1	3	6	2	4	8	2	5
90-94	1	0	1	1	0	1	1	0	1	2	0	2
95-99	0	0	0	0	0	0	0	0	0	0	0	0
100+	0	0	0	0	0	0	0	0	0	0	0	0

年齢	2035			2040			2045			2050		
	総数	男	女	総数	男	女	総数	男	女	総数	男	女
総数	8 510	4 289	4 221	9 489	4 785	4 704	10 508	5 300	5 209	11 555	5 826	5 729
0-4	1 122	575	547	1 202	616	586	1 270	651	619	1 330	681	648
5-9	1 039	532	507	1 117	572	545	1 197	613	584	1 266	648	618
10-14	953	487	466	1 037	531	506	1 115	571	544	1 195	612	583
15-19	879	449	430	948	484	464	1 032	528	504	1 109	568	542
20-24	787	401	386	870	444	426	938	479	459	1 022	522	500
25-29	737	375	362	777	396	382	860	438	422	928	474	455
30-34	616	313	303	728	370	357	768	391	377	851	433	417
35-39	483	245	239	607	308	299	718	365	353	759	386	373
40-44	435	219	217	474	240	235	597	303	294	708	360	349
45-49	429	214	215	425	212	212	464	234	230	585	296	289
50-54	362	179	183	414	205	209	411	204	207	450	225	225
55-59	252	122	130	343	167	176	393	192	201	392	192	199
60-64	158	73	85	231	109	121	315	150	165	363	174	189
65-69	105	46	58	137	61	76	202	92	110	279	128	151
70-74	71	30	41	85	35	49	112	47	65	167	72	95
75-79	44	17	27	52	20	32	62	24	39	84	33	52
80+	…	…	…	…	…	…	…	…	…	…	…	…
80-84	23	8	15	28	10	18	33	11	21	41	14	27
85-89	10	3	7	11	3	8	14	4	10	17	5	12
90-94	3	1	2	4	1	3	4	1	3	6	2	4
95-99	1	0	0	1	0	1	1	0	1	1	0	1
100+	0	0	0	0	0	0	0	0	0	0	0	0

年齢	2055			2060		
	総数	男	女	総数	男	女
総数	12 626	6 364	6 262	13 718	6 912	6 805
0-4	1 392	713	679	1 454	745	709
5-9	1 326	679	647	1 388	711	677
10-14	1 264	647	617	1 324	678	646
15-19	1 190	609	581	1 259	644	614
20-24	1 100	563	538	1 181	604	577
25-29	1 013	517	495	1 091	558	533
30-34	919	469	451	1 004	512	491
35-39	842	429	413	910	464	447
40-44	749	381	369	832	423	409
45-49	695	352	343	737	373	364
50-54	569	286	283	677	341	336
55-59	430	213	217	546	272	275
60-64	364	175	189	403	195	207
65-69	324	150	174	328	153	175
70-74	234	102	132	275	121	154
75-79	128	51	77	181	74	107
80+	…	…	…	…	…	…
80-84	56	20	36	86	31	55
85-89	22	7	15	31	10	21
90-94	7	2	5	9	2	7
95-99	2	0	1	2	0	2
100+	0	0	0	0	0	0

低位予測値   エリトリア

性・年齢別人口（千人）

年齢	2015			2020			2025			2030		
	総数	男	女	総数	男	女	総数	男	女	総数	男	女
総数	5 228	2 619	2 609	5 839	2 930	2 909	6 439	3 235	3 204	7 031	3 536	3 496
0-4	815	416	398	790	404	386	774	396	378	777	398	379
5-9	768	392	376	806	412	395	784	401	383	769	393	376
10-14	654	334	320	764	390	374	803	410	393	781	399	382
15-19	524	266	258	646	329	317	758	386	371	797	407	391
20-24	476	240	236	511	259	252	636	324	312	747	381	367
25-29	473	237	236	463	233	230	501	254	247	625	318	307
30-34	411	206	205	460	231	229	453	228	225	492	249	243
35-39	300	149	151	399	200	199	450	226	224	444	223	221
40-44	204	100	104	290	144	146	389	194	194	440	221	220
45-49	153	74	79	195	95	100	280	138	141	377	188	189
50-54	126	61	65	145	69	75	186	90	96	268	132	136
55-59	105	50	55	116	55	61	134	64	71	174	83	91
60-64	81	37	44	93	43	50	104	48	56	121	56	65
65-69	65	29	36	68	30	38	78	35	43	89	39	49
70-74	39	16	23	50	21	29	52	22	31	62	26	36
75-79	21	7	13	27	10	17	35	13	22	37	14	23
80+	…	…	…	…	…	…	…	…	…	…	…	…
80-84	9	3	6	12	4	8	16	5	10	21	7	14
85-89	3	1	2	4	1	3	6	2	4	8	2	5
90-94	1	0	1	1	0	1	1	0	1	2	0	2
95-99	0	0	0	0	0	0	0	0	0	0	0	0
100+	0	0	0	0	0	0	0	0	0	0	0	0

年齢	2035			2040			2045			2050		
	総数	男	女	総数	男	女	総数	男	女	総数	男	女
総数	7 644	3 846	3 798	8 257	4 155	4 102	8 831	4 441	4 390	9 336	4 691	4 645
0-4	813	416	397	834	427	407	821	421	401	784	402	383
5-9	773	396	377	809	414	395	831	425	405	818	419	399
10-14	766	392	375	771	395	377	808	413	394	829	424	404
15-19	776	396	380	761	389	372	766	392	374	803	411	392
20-24	787	401	386	766	391	375	752	384	368	757	387	370
25-29	737	375	362	777	396	382	757	386	371	743	379	364
30-34	616	313	303	728	370	357	768	391	377	748	381	367
35-39	483	245	239	607	308	299	718	365	353	759	386	373
40-44	435	219	217	474	240	235	597	303	294	708	360	349
45-49	429	214	215	425	212	212	464	234	230	585	296	289
50-54	362	179	183	414	205	209	411	204	207	450	225	225
55-59	252	122	130	343	167	176	393	192	201	392	192	199
60-64	158	73	85	231	109	121	315	150	165	363	174	189
65-69	105	46	58	137	61	76	202	92	110	279	128	151
70-74	71	30	41	85	35	49	112	47	65	167	72	95
75-79	44	17	27	52	20	32	62	24	39	84	33	52
80+	…	…	…	…	…	…	…	…	…	…	…	…
80-84	23	8	15	28	10	18	33	11	21	41	14	27
85-89	10	3	7	11	3	8	14	4	10	17	5	12
90-94	3	1	2	4	1	3	4	1	3	6	2	4
95-99	1	0	0	1	0	1	1	0	1	1	0	1
100+	0	0	0	0	0	0	0	0	0	0	0	0

年齢	2055			2060		
	総数	男	女	総数	男	女
総数	9 767	4 901	4 866	10 130	5 076	5 053
0-4	746	382	364	717	367	350
5-9	782	400	381	744	381	363
10-14	817	418	399	780	400	381
15-19	824	422	402	812	416	396
20-24	794	406	388	816	417	399
25-29	749	382	366	786	402	384
30-34	735	375	360	741	378	363
35-39	740	377	363	727	371	357
40-44	749	381	369	731	372	359
45-49	695	352	343	737	373	364
50-54	569	286	283	677	341	336
55-59	430	213	217	546	272	275
60-64	364	175	189	403	195	207
65-69	324	150	174	328	153	175
70-74	234	102	132	275	121	154
75-79	128	51	77	181	74	107
80+	…	…	…	…	…	…
80-84	56	20	36	86	31	55
85-89	22	7	15	31	10	21
90-94	7	2	5	9	2	7
95-99	2	0	1	2	0	2
100+	0	0	0	0	0	0

性・年齢別人口（千人）

年齢	1960			1965			1970			1975		
	総数	男	女	総数	男	女	総数	男	女	総数	男	女
総数	1 217	537	680	1 290	581	709	1 360	622	738	1 422	655	767
0-4	95	49	46	98	50	47	97	50	48	107	55	52
5-9	95	49	46	98	50	48	101	52	49	99	50	49
10-14	91	47	44	97	50	47	101	52	49	101	52	49
15-19	82	41	40	97	51	46	101	52	48	108	56	52
20-24	100	50	50	88	44	43	103	54	49	110	57	53
25-29	100	48	51	106	53	53	93	47	46	106	54	52
30-34	104	47	57	102	50	52	111	55	56	93	46	47
35-39	83	33	51	105	48	57	103	50	53	111	54	56
40-44	60	25	35	84	33	50	106	49	57	102	49	53
45-49	76	31	45	59	24	35	83	33	50	103	47	56
50-54	75	30	45	75	30	45	58	24	34	81	32	50
55-59	70	27	42	73	29	45	74	29	45	56	22	33
60-64	58	21	38	66	25	41	69	26	44	69	26	43
65-69	47	15	32	53	18	35	60	21	39	63	22	41
70-74	37	12	25	39	12	27	44	14	31	51	16	34
75-79	25	7	18	28	8	20	29	8	21	33	9	24
80+	20	5	15	23	6	17	26	6	20	30	7	23
80-84	...	...	...	...	...	...	...	...	...	...	...	...
85-89	...	...	...	...	...	...	...	...	...	...	...	...
90-94	...	...	...	...	...	...	...	...	...	...	...	...
95-99	...	...	...	...	...	...	...	...	...	...	...	...
100+	...	...	...	...	...	...	...	...	...	...	...	...

年齢	1980			1985			1990			1995		
	総数	男	女	総数	男	女	総数	男	女	総数	男	女
総数	1 474	683	792	1 522	708	814	1 565	732	833	1 433	663	770
0-4	109	55	53	116	59	57	119	61	58	80	41	39
5-9	109	56	54	110	56	54	117	59	58	109	56	53
10-14	101	51	49	110	56	54	111	57	54	107	54	52
15-19	104	53	50	104	54	50	109	56	53	99	51	48
20-24	114	59	54	110	56	54	106	56	51	98	50	49
25-29	117	59	57	118	60	58	115	58	57	93	46	47
30-34	107	53	54	116	58	58	120	59	60	101	50	51
35-39	92	45	47	106	52	54	115	56	59	105	51	54
40-44	109	52	57	91	44	47	104	50	54	102	49	53
45-49	99	47	53	106	50	56	88	42	46	94	44	50
50-54	99	44	55	96	44	52	102	47	55	80	37	43
55-59	78	29	49	94	41	54	90	40	50	91	40	51
60-64	52	20	32	72	26	46	87	36	51	80	34	46
65-69	62	22	40	46	17	30	64	22	43	74	28	46
70-74	52	17	35	52	17	35	39	13	26	52	16	36
75-79	38	11	27	39	11	28	39	12	28	28	8	20
80+	32	7	25	37	9	28	...	...	...	...	...	...
80-84	...	...	...	...	...	...	25	6	19	25	6	19
85-89	...	...	...	...	...	...	11	2	9	12	3	9
90-94	...	...	...	...	...	...	3	0	3	3	1	3
95-99	...	...	...	...	...	...	1	0	0	1	0	0
100+	...	...	...	...	...	...	0	0	0	0	0	0

年齢	2000			2005			2010			2015		
	総数	男	女	総数	男	女	総数	男	女	総数	男	女
総数	1 399	653	747	1 356	630	726	1 332	620	712	1 313	614	698
0-4	61	32	30	66	34	32	78	40	38	72	37	35
5-9	80	41	39	60	31	29	65	33	32	77	40	37
10-14	105	54	50	79	41	38	59	30	29	62	32	30
15-19	102	53	50	103	53	50	78	40	38	55	28	27
20-24	98	51	48	99	51	48	101	52	49	80	41	38
25-29	100	51	49	95	49	46	96	49	47	98	51	47
30-34	92	46	46	98	49	48	92	47	45	92	47	45
35-39	101	50	51	89	44	45	95	48	47	88	45	43
40-44	103	50	53	97	47	50	86	43	44	94	48	46
45-49	98	46	51	98	47	51	93	45	48	81	40	41
50-54	88	40	48	93	43	50	93	44	50	91	44	47
55-59	76	34	42	82	36	46	88	39	48	90	41	48
60-64	85	36	49	70	29	40	76	32	44	85	37	48
65-69	71	28	43	75	29	46	63	25	38	65	27	39
70-74	63	22	41	60	21	38	66	23	42	59	22	37
75-79	40	11	30	49	15	34	48	15	33	54	17	37
80+	...	...	...	...	...	...	...	...	...	...	...	...
80-84	19	5	14	28	6	21	35	9	26	38	11	28
85-89	13	3	10	10	2	8	16	3	13	22	5	17
90-94	4	1	3	5	1	4	4	1	3	7	1	6
95-99	1	0	1	1	0	1	1	0	1	1	0	1
100+	0	0	0	0	0	0	0	0	0	0	0	0

性・年齢別人口（千人）

年齢	2015			2020			2025			2030		
	総数	男	女	総数	男	女	総数	男	女	総数	男	女
総数	1 313	614	698	1 295	609	686	1 272	602	670	1 243	592	651
0-4	72	37	35	70	36	34	65	34	32	59	30	28
5-9	77	40	37	72	37	35	69	36	34	65	33	32
10-14	62	32	30	77	40	37	71	36	35	69	35	34
15-19	55	28	27	62	32	30	76	39	37	71	36	35
20-24	80	41	38	55	28	27	61	31	30	75	39	37
25-29	98	51	47	79	41	38	54	28	26	60	31	30
30-34	92	47	45	97	50	47	78	40	38	53	27	26
35-39	88	45	43	90	46	44	96	49	47	77	40	37
40-44	94	48	46	87	44	43	89	46	44	95	49	46
45-49	81	40	41	92	47	46	86	43	42	88	45	43
50-54	91	44	47	79	39	40	90	45	45	83	42	41
55-59	90	41	48	88	42	46	76	37	40	87	43	44
60-64	85	37	48	85	38	47	83	39	45	73	34	38
65-69	65	27	39	78	32	46	79	34	45	78	35	43
70-74	59	22	37	58	22	36	70	27	43	71	29	42
75-79	54	17	37	50	17	33	50	17	32	60	22	39
80+	…	…	…	…	…	…	…	…	…	…	…	…
80-84	38	11	28	41	12	29	38	12	26	39	12	26
85-89	22	5	17	24	6	18	26	7	20	25	7	18
90-94	7	1	6	10	2	8	11	2	9	13	3	10
95-99	1	0	1	2	0	2	3	1	2	3	1	3
100+	0	0	0	0	0	0	0	0	0	0	0	0

年齢	2035			2040			2045			2050		
	総数	男	女	総数	男	女	総数	男	女	総数	男	女
総数	1 212	580	632	1 183	569	614	1 156	559	596	1 129	550	579
0-4	55	29	27	57	29	28	59	31	29	59	30	28
5-9	58	30	28	55	28	27	57	29	28	59	30	29
10-14	64	33	31	58	30	28	55	28	27	57	29	27
15-19	69	35	33	64	33	31	57	29	28	54	28	26
20-24	70	36	34	68	35	33	64	33	31	57	29	28
25-29	75	38	36	69	35	34	67	35	33	63	32	31
30-34	60	30	29	74	38	36	69	35	34	66	34	32
35-39	52	27	26	59	30	29	73	38	35	68	35	33
40-44	76	39	37	52	26	25	58	30	28	72	37	35
45-49	93	48	46	75	38	36	51	26	25	57	29	28
50-54	86	43	42	91	46	45	73	37	36	50	25	24
55-59	81	40	41	83	42	42	89	45	44	71	36	35
60-64	83	40	43	78	38	40	80	40	41	86	43	43
65-69	68	31	37	78	37	41	73	35	38	76	37	39
70-74	71	30	41	62	27	35	72	33	39	68	32	36
75-79	61	24	38	62	25	37	55	23	32	64	28	36
80+	…	…	…	…	…	…	…	…	…	…	…	…
80-84	48	16	32	49	17	32	49	19	31	44	17	27
85-89	25	7	18	32	9	22	33	11	23	34	12	23
90-94	12	3	9	13	3	10	17	4	12	18	5	13
95-99	4	1	3	4	1	3	4	1	3	6	1	4
100+	1	0	0	1	0	1	1	0	1	1	0	1

年齢	2055			2060		
	総数	男	女	総数	男	女
総数	1 101	538	563	1 072	526	546
0-4	56	29	27	52	27	25
5-9	58	30	28	55	28	27
10-14	59	30	29	58	30	28
15-19	56	29	27	58	30	28
20-24	54	28	26	56	29	27
25-29	56	29	27	53	27	26
30-34	62	32	30	56	28	27
35-39	66	34	32	61	31	30
40-44	67	34	33	65	33	32
45-49	71	37	35	66	34	33
50-54	56	28	28	70	36	34
55-59	49	25	24	55	28	27
60-64	69	35	34	47	24	24
65-69	82	40	42	66	33	33
70-74	71	33	37	77	37	40
75-79	61	27	33	64	29	35
80+	…	…	…	…	…	…
80-84	52	22	31	50	21	29
85-89	31	11	20	37	14	23
90-94	19	6	13	17	6	12
95-99	6	1	5	7	2	5
100+	1	0	1	1	0	1

性・年齢別人口（千人）

年齢	2015			2020			2025			2030		
	総数	男	女	総数	男	女	総数	男	女	総数	男	女
総数	1 313	614	698	1 306	615	691	1 298	616	683	1 286	614	672
0-4	72	37	35	80	41	39	81	41	39	75	39	37
5-9	77	40	37	72	37	35	80	41	39	80	41	39
10-14	62	32	30	77	40	37	71	36	35	80	41	39
15-19	55	28	27	62	32	30	76	39	37	71	36	35
20-24	80	41	38	55	28	27	61	31	30	75	39	37
25-29	98	51	47	79	41	38	54	28	26	60	31	30
30-34	92	47	45	97	50	47	78	40	38	53	27	26
35-39	88	45	43	90	46	44	96	49	47	77	40	37
40-44	94	48	46	87	44	43	89	46	44	95	49	46
45-49	81	40	41	92	47	46	86	43	42	88	45	43
50-54	91	44	47	79	39	40	90	45	45	83	42	41
55-59	90	41	48	88	42	46	76	37	40	87	43	44
60-64	85	37	48	85	38	47	83	39	45	73	34	38
65-69	65	27	39	78	32	46	79	34	45	78	35	43
70-74	59	22	37	58	22	36	70	27	43	71	29	42
75-79	54	17	37	50	17	33	50	17	32	60	22	39
80+	…	…	…	…	…	…	…	…	…	…	…	…
80-84	38	11	28	41	12	29	38	12	26	39	12	26
85-89	22	5	17	24	6	18	26	7	20	25	7	18
90-94	7	1	6	10	2	8	11	2	9	13	3	10
95-99	1	0	1	2	0	2	3	0	2	3	1	3
100+	0	0	0	0	0	0	0	0	0	0	0	0

年齢	2035			2040			2045			2050		
	総数	男	女	総数	男	女	総数	男	女	総数	男	女
総数	1 271	610	660	1 258	608	650	1 251	608	643	1 248	611	637
0-4	71	37	35	74	38	36	79	41	38	83	43	40
5-9	75	39	36	71	36	34	74	38	36	79	41	38
10-14	80	41	39	75	38	36	71	36	34	73	38	36
15-19	79	41	38	79	41	39	74	38	36	70	36	34
20-24	70	36	34	78	40	38	79	40	38	74	38	36
25-29	75	38	36	69	35	34	78	40	38	78	40	38
30-34	60	30	29	74	38	36	69	35	34	77	39	37
35-39	52	27	26	59	30	29	73	38	35	68	35	33
40-44	76	39	37	52	26	25	58	30	28	72	37	35
45-49	93	48	46	75	38	36	51	26	25	57	29	28
50-54	86	43	42	91	46	45	73	37	36	50	25	24
55-59	81	40	41	83	42	42	89	45	44	71	36	35
60-64	83	40	43	78	38	40	80	40	41	86	43	43
65-69	68	31	37	78	37	41	73	35	38	76	37	39
70-74	71	30	41	62	27	35	72	33	39	68	32	36
75-79	61	24	38	62	25	37	55	23	32	64	28	36
80+	…	…	…	…	…	…	…	…	…	…	…	…
80-84	48	16	32	49	17	32	49	19	31	44	17	27
85-89	25	7	18	32	9	22	33	11	23	34	12	23
90-94	12	3	9	13	3	10	17	4	12	18	5	13
95-99	4	1	3	4	1	3	4	1	3	6	1	4
100+	1	0	0	1	0	1	1	0	1	1	0	1

年齢	2055			2060		
	総数	男	女	総数	男	女
総数	1 249	614	635	1 251	618	633
0-4	84	43	41	84	43	41
5-9	83	42	40	84	43	41
10-14	78	40	38	82	42	40
15-19	73	38	35	78	40	38
20-24	70	36	34	72	37	35
25-29	73	37	36	69	35	34
30-34	77	40	38	72	37	35
35-39	76	39	37	77	39	37
40-44	67	34	33	75	39	37
45-49	71	37	35	66	34	33
50-54	56	28	28	70	36	34
55-59	49	25	24	55	28	27
60-64	69	35	34	47	24	24
65-69	82	40	42	66	33	33
70-74	71	33	37	77	37	40
75-79	61	27	33	64	29	35
80+	…	…	…	…	…	…
80-84	52	22	31	50	21	29
85-89	31	11	20	37	14	23
90-94	19	6	13	17	6	12
95-99	6	1	5	7	2	5
100+	1	0	1	1	0	1

性・年齢別人口（千人）

年齢	2015			2020			2025			2030		
	総数	男	女	総数	男	女	総数	男	女	総数	男	女
総数	1 313	614	698	1 285	604	681	1 246	589	657	1 201	570	631
0-4	72	37	35	59	30	29	50	26	24	42	21	20
5-9	77	40	37	72	37	35	59	30	29	50	25	24
10-14	62	32	30	77	40	37	71	36	35	58	30	28
15-19	55	28	27	62	32	30	76	39	37	71	36	35
20-24	80	41	38	55	28	27	61	31	30	75	39	37
25-29	98	51	47	79	41	38	54	28	26	60	31	30
30-34	92	47	45	97	50	47	78	40	38	53	27	26
35-39	88	45	43	90	46	44	96	49	47	77	40	37
40-44	94	48	46	87	44	43	89	46	44	95	49	46
45-49	81	40	41	92	47	46	86	43	42	88	45	43
50-54	91	44	47	79	39	40	90	45	45	83	42	41
55-59	90	41	48	88	42	46	76	37	40	87	43	44
60-64	85	37	48	85	38	47	83	39	45	73	34	38
65-69	65	27	39	78	32	46	79	34	45	78	35	43
70-74	59	22	37	58	22	36	70	27	43	71	29	42
75-79	54	17	37	50	17	33	50	17	32	60	22	39
80+	…	…	…	…	…	…	…	…	…	…	…	…
80-84	38	11	28	41	12	29	38	12	26	39	12	26
85-89	22	5	17	24	6	18	26	7	20	25	7	18
90-94	7	1	6	10	2	8	11	2	9	13	3	10
95-99	1	0	1	2	0	2	3	0	2	3	1	3
100+	0	0	0	0	0	0	0	0	0	0	0	0

年齢	2035			2040			2045			2050		
	総数	男	女	総数	男	女	総数	男	女	総数	男	女
総数	1 154	550	603	1 108	531	577	1 063	512	551	1 015	491	524
0-4	40	20	19	41	21	20	41	21	20	38	19	18
5-9	41	21	20	39	20	19	40	21	20	41	21	20
10-14	49	25	24	41	21	20	39	20	19	40	21	19
15-19	58	30	28	49	25	24	41	21	20	39	20	19
20-24	70	36	34	57	30	28	48	25	23	40	21	19
25-29	75	38	36	69	35	34	57	29	28	48	24	23
30-34	60	30	29	74	38	36	69	35	34	56	29	27
35-39	52	27	26	59	30	29	73	38	35	68	35	33
40-44	76	39	37	52	26	25	58	30	28	72	37	35
45-49	93	48	46	75	38	36	51	26	25	57	29	28
50-54	86	43	42	91	46	45	73	37	36	50	25	24
55-59	81	40	41	83	42	42	89	45	44	71	36	35
60-64	83	40	43	78	38	40	80	40	41	86	43	43
65-69	68	31	37	78	37	41	73	35	38	76	37	39
70-74	71	30	41	62	27	35	72	33	39	68	32	36
75-79	61	24	38	62	25	37	55	23	32	64	28	36
80+	…	…	…	…	…	…	…	…	…	…	…	…
80-84	48	16	32	49	17	32	49	19	31	44	17	27
85-89	25	7	18	32	9	22	33	11	23	34	12	23
90-94	12	3	9	13	3	10	17	4	12	18	5	13
95-99	4	1	3	4	1	3	4	1	3	6	1	4
100+	1	0	0	1	0	1	1	0	1	1	0	1

年齢	2055			2060		
	総数	男	女	総数	男	女
総数	965	468	496	912	443	468
0-4	33	17	16	28	15	14
5-9	38	19	18	33	17	16
10-14	40	21	20	37	19	18
15-19	40	20	19	40	20	19
20-24	38	20	19	39	20	19
25-29	39	20	19	38	19	18
30-34	47	24	23	39	20	19
35-39	55	28	27	46	24	23
40-44	67	34	33	55	28	27
45-49	71	37	35	66	34	33
50-54	56	28	28	70	36	34
55-59	49	25	24	55	28	27
60-64	69	35	34	47	24	24
65-69	82	40	42	66	33	33
70-74	71	33	37	77	37	40
75-79	61	27	33	64	29	35
80+	…	…	…	…	…	…
80-84	52	22	31	50	21	29
85-89	31	11	20	37	14	23
90-94	19	6	13	17	6	12
95-99	6	1	5	7	2	5
100+	1	0	1	1	0	1

性・年齢別人口（千人）

年齢	1960 総数	男	女	1965 総数	男	女	1970 総数	男	女	1975 総数	男	女
総数	22 151	11 011	11 140	25 014	12 440	12 574	28 415	14 139	14 276	32 569	16 214	16 354
0-4	3 876	1 944	1 932	4 508	2 264	2 244	5 159	2 595	2 565	6 069	3 051	3 018
5-9	3 043	1 521	1 522	3 432	1 717	1 715	4 034	2 021	2 013	4 654	2 339	2 315
10-14	2 707	1 367	1 340	2 922	1 460	1 462	3 304	1 653	1 651	3 890	1 949	1 941
15-19	2 321	1 170	1 150	2 626	1 326	1 300	2 838	1 418	1 420	3 213	1 607	1 606
20-24	1 968	988	980	2 235	1 124	1 111	2 533	1 276	1 258	2 742	1 367	1 376
25-29	1 666	835	831	1 881	940	941	2 141	1 072	1 070	2 432	1 219	1 212
30-34	1 408	704	704	1 586	792	793	1 795	894	900	2 048	1 022	1 025
35-39	1 186	592	594	1 332	664	667	1 505	751	754	1 707	849	858
40-44	989	493	496	1 113	553	559	1 254	624	630	1 421	707	714
45-49	823	409	414	919	454	464	1 039	513	526	1 174	580	594
50-54	675	331	344	753	370	383	846	414	432	959	469	490
55-59	540	259	282	603	292	312	678	328	349	764	369	395
60-64	364	158	205	463	218	245	521	248	273	589	281	307
65-69	266	113	153	291	124	167	374	173	201	425	199	226
70-74	174	72	102	190	79	111	211	88	123	274	124	150
75-79	95	37	58	104	41	62	116	46	70	131	53	78
80+	50	18	32	58	21	37	66	24	42	77	28	49
80-84	…	…	…	…	…	…	…	…	…	…	…	…
85-89	…	…	…	…	…	…	…	…	…	…	…	…
90-94	…	…	…	…	…	…	…	…	…	…	…	…
95-99	…	…	…	…	…	…	…	…	…	…	…	…
100+	…	…	…	…	…	…	…	…	…	…	…	…

年齢	1980 総数	男	女	1985 総数	男	女	1990 総数	男	女	1995 総数	男	女
総数	35 240	17 541	17 699	40 776	20 298	20 478	48 057	23 966	24 091	57 237	28 536	28 701
0-4	6 705	3 377	3 329	7 737	3 896	3 840	9 133	4 609	4 523	10 613	5 361	5 252
5-9	5 154	2 623	2 531	6 054	3 039	3 015	7 222	3 638	3 583	8 678	4 384	4 294
10-14	4 031	2 033	1 998	5 019	2 550	2 469	5 893	2 956	2 937	7 394	3 729	3 666
15-19	3 343	1 660	1 683	3 978	2 005	1 973	4 909	2 495	2 415	5 837	2 920	2 917
20-24	2 856	1 386	1 469	3 285	1 629	1 656	3 943	1 954	1 989	4 836	2 449	2 387
25-29	2 489	1 205	1 284	2 774	1 346	1 429	3 239	1 596	1 642	3 907	1 903	2 004
30-34	2 239	1 113	1 125	2 401	1 163	1 238	2 744	1 323	1 420	3 179	1 533	1 647
35-39	1 890	942	949	2 143	1 065	1 078	2 338	1 140	1 198	2 752	1 311	1 441
40-44	1 528	770	758	1 794	892	903	2 088	1 017	1 071	2 300	1 127	1 173
45-49	1 316	647	670	1 442	721	721	1 705	845	860	2 010	969	1 041
50-54	1 023	510	513	1 220	594	626	1 355	675	680	1 628	801	827
55-59	887	432	455	932	458	474	1 142	562	580	1 270	629	641
60-64	655	320	334	771	369	401	832	407	425	1 068	537	532
65-69	506	242	265	535	257	278	657	316	340	705	337	368
70-74	317	151	166	369	172	197	438	224	214	525	258	267
75-79	201	91	110	197	90	106	267	136	131	328	183	145
80+	98	39	60	124	51	73	…	…	…	…	…	…
80-84	…	…	…	…	…	…	111	55	57	157	85	72
85-89	…	…	…	…	…	…	34	14	20	41	19	22
90-94	…	…	…	…	…	…	6	2	4	8	3	5
95-99	…	…	…	…	…	…	1	0	0	1	0	1
100+	…	…	…	…	…	…	0	0	0	0	0	0

年齢	2000 総数	男	女	2005 総数	男	女	2010 総数	男	女	2015 総数	男	女
総数	66 444	33 129	33 314	76 608	38 217	38 392	87 562	43 697	43 865	99 391	49 608	49 783
0-4	12 405	6 277	6 128	13 468	6 819	6 649	13 914	7 050	6 864	14 602	7 401	7 201
5-9	10 039	5 061	4 978	11 983	6 056	5 927	13 112	6 625	6 487	13 612	6 883	6 729
10-14	8 449	4 258	4 191	9 921	4 999	4 923	11 888	6 009	5 879	12 974	6 549	6 425
15-19	7 220	3 620	3 600	8 169	4 110	4 059	9 845	4 977	4 869	11 751	5 932	5 819
20-24	5 669	2 828	2 841	6 888	3 434	3 455	7 810	3 913	3 897	9 704	4 890	4 814
25-29	4 683	2 367	2 317	5 433	2 699	2 734	6 624	3 274	3 351	7 677	3 833	3 844
30-34	3 739	1 827	1 911	4 501	2 278	2 223	5 194	2 581	2 613	6 493	3 201	3 293
35-39	3 002	1 452	1 550	3 569	1 745	1 824	4 341	2 192	2 149	5 061	2 510	2 551
40-44	2 577	1 225	1 352	2 824	1 360	1 464	3 432	1 678	1 754	4 202	2 117	2 086
45-49	2 128	1 038	1 089	2 427	1 149	1 278	2 723	1 293	1 430	3 308	1 611	1 697
50-54	1 860	891	969	1 988	964	1 023	2 319	1 086	1 233	2 606	1 230	1 377
55-59	1 487	726	762	1 718	816	902	1 880	903	977	2 196	1 019	1 176
60-64	1 130	554	576	1 344	649	695	1 589	744	844	1 742	828	915
65-69	904	447	456	975	471	504	1 186	566	620	1 413	652	761
70-74	547	257	290	720	350	370	802	382	419	984	461	523
75-79	354	170	185	384	176	209	524	249	275	592	276	316
80+	…	…	…	…	…	…	…	…	…	…	…	…
80-84	177	96	81	203	94	109	265	125	140	321	148	173
85-89	62	32	30	73	38	35	90	40	50	121	55	66
90-94	11	4	6	17	8	9	21	10	11	27	11	16
95-99	1	0	1	2	1	1	3	1	2	4	2	2
100+	0	0	0	0	0	0	0	0	0	0	0	0

性・年齢別人口（千人）

年齢	2015			2020			2025			2030		
	総数	男	女	総数	男	女	総数	男	女	総数	男	女
総数	99 391	49 608	49 783	111 971	55 886	56 085	125 044	62 411	62 632	138 297	69 029	69 268
0-4	14 602	7 401	7 201	15 397	7 805	7 593	16 016	8 119	7 897	16 366	8 302	8 064
5-9	13 612	6 883	6 729	14 363	7 264	7 099	15 203	7 689	7 514	15 856	8 024	7 832
10-14	12 974	6 549	6 425	13 506	6 822	6 684	14 277	7 213	7 064	15 130	7 646	7 484
15-19	11 751	5 932	5 819	12 851	6 478	6 373	13 405	6 762	6 643	14 190	7 160	7 030
20-24	9 704	4 890	4 814	11 599	5 837	5 762	12 705	6 385	6 320	13 274	6 678	6 597
25-29	7 677	3 833	3 844	9 560	4 801	4 758	11 445	5 741	5 704	12 556	6 292	6 264
30-34	6 493	3 201	3 293	7 553	3 760	3 793	9 424	4 720	4 704	11 302	5 655	5 647
35-39	5 061	2 510	2 551	6 371	3 132	3 240	7 435	3 691	3 744	9 295	4 643	4 652
40-44	4 202	2 117	2 086	4 937	2 442	2 495	6 246	3 062	3 184	7 311	3 620	3 691
45-49	3 308	1 611	1 697	4 075	2 046	2 029	4 811	2 373	2 438	6 113	2 988	3 125
50-54	2 606	1 230	1 377	3 181	1 541	1 641	3 935	1 966	1 968	4 667	2 291	2 376
55-59	2 196	1 019	1 176	2 479	1 160	1 319	3 038	1 461	1 578	3 773	1 873	1 901
60-64	1 742	828	915	2 048	940	1 108	2 324	1 076	1 248	2 862	1 361	1 501
65-69	1 413	652	761	1 561	731	830	1 849	836	1 013	2 112	963	1 150
70-74	984	461	523	1 186	538	648	1 323	608	715	1 582	701	881
75-79	592	276	316	739	338	400	903	400	503	1 021	457	564
80+	…	…	…	…	…	…	…	…	…	…	…	…
80-84	321	148	173	370	168	203	470	209	261	586	251	336
85-89	121	55	66	150	67	84	178	77	101	232	98	133
90-94	27	11	16	38	16	22	48	20	28	59	24	35
95-99	4	2	2	5	2	3	7	3	4	9	3	6
100+	0	0	0	0	0	0	1	0	0	1	0	1

年齢	2035			2040			2045			2050		
	総数	男	女	総数	男	女	総数	男	女	総数	男	女
総数	151 431	75 575	75 856	164 270	81 955	82 315	176 663	88 094	88 569	188 455	93 910	94 545
0-4	16 455	8 352	8 102	16 447	8 352	8 096	16 390	8 327	8 063	16 275	8 273	8 002
5-9	16 239	8 227	8 012	16 353	8 292	8 061	16 357	8 299	8 058	16 309	8 280	8 028
10-14	15 794	7 987	7 807	16 186	8 195	7 991	16 305	8 263	8 042	16 314	8 273	8 041
15-19	15 052	7 597	7 455	15 723	7 942	7 781	16 120	8 153	7 967	16 244	8 225	8 020
20-24	14 069	7 081	6 989	14 938	7 521	7 417	15 614	7 869	7 745	16 017	8 084	7 933
25-29	13 139	6 591	6 547	13 942	6 998	6 944	14 814	7 441	7 373	15 496	7 793	7 703
30-34	12 419	6 208	6 211	13 011	6 512	6 500	13 819	6 921	6 897	14 695	7 366	7 329
35-39	11 165	5 572	5 593	12 285	6 126	6 160	12 884	6 433	6 451	13 696	6 845	6 851
40-44	9 158	4 563	4 595	11 018	5 485	5 533	12 138	6 039	6 099	12 744	6 350	6 394
45-49	7 175	3 542	3 633	9 004	4 473	4 531	10 849	5 386	5 462	11 968	5 939	6 028
50-54	5 951	2 895	3 056	7 002	3 440	3 562	8 804	4 354	4 450	10 626	5 253	5 373
55-59	4 493	2 190	2 303	5 749	2 777	2 973	6 782	3 308	3 474	8 546	4 198	4 348
60-64	3 569	1 753	1 817	4 269	2 059	2 210	5 483	2 619	2 864	6 489	3 131	3 357
65-69	2 617	1 224	1 392	3 281	1 585	1 696	3 948	1 872	2 076	5 097	2 393	2 704
70-74	1 825	814	1 012	2 281	1 042	1 238	2 882	1 360	1 522	3 496	1 617	1 879
75-79	1 241	533	708	1 452	625	826	1 838	810	1 028	2 350	1 068	1 281
80+	…	…	…	…	…	…	…	…	…	…	…	…
80-84	678	291	387	844	345	499	1 009	411	599	1 303	541	762
85-89	299	120	179	357	142	215	461	173	288	569	210	359
90-94	80	31	49	109	39	70	136	47	89	185	59	126
95-99	12	4	8	18	6	12	26	7	18	34	9	25
100+	1	0	1	1	0	1	2	1	2	4	1	3

年齢	2055			2060		
	総数	男	女	総数	男	女
総数	199 466	99 314	100 151	209 459	104 187	105 272
0-4	16 066	8 170	7 896	15 731	8 004	7 727
5-9	16 203	8 232	7 970	16 002	8 136	7 866
10-14	16 270	8 258	8 012	16 168	8 212	7 955
15-19	16 258	8 238	8 020	16 219	8 226	7 993
20-24	16 149	8 161	7 988	16 169	8 179	7 990
25-29	15 906	8 012	7 894	16 045	8 094	7 951
30-34	15 382	7 721	7 661	15 798	7 945	7 853
35-39	14 576	7 292	7 283	15 267	7 650	7 617
40-44	13 559	6 764	6 795	14 442	7 213	7 229
45-49	12 580	6 254	6 326	13 398	6 669	6 729
50-54	11 740	5 802	5 938	12 358	6 119	6 238
55-59	10 336	5 077	5 260	11 442	5 619	5 822
60-64	8 201	3 987	4 214	9 946	4 836	5 110
65-69	6 060	2 876	3 184	7 691	3 679	4 013
70-74	4 550	2 084	2 466	5 446	2 522	2 923
75-79	2 887	1 286	1 601	3 801	1 676	2 124
80+	…	…	…	…	…	…
80-84	1 695	727	968	2 122	891	1 231
85-89	756	285	471	1 009	393	615
90-94	239	75	164	330	105	224
95-99	50	12	38	68	16	52
100+	5	1	4	8	1	7

性・年齢別人口（千人）

年齢	2015			2020			2025			2030		
	総数	男	女	総数	男	女	総数	男	女	総数	男	女
総数	99 391	49 608	49 783	112 936	56 376	56 560	127 830	63 823	64 007	143 690	71 761	71 929
0-4	14 602	7 401	7 201	16 362	8 294	8 069	17 849	9 049	8 801	18 995	9 636	9 359
5-9	13 612	6 883	6 729	14 363	7 264	7 099	16 156	8 171	7 985	17 672	8 943	8 728
10-14	12 974	6 549	6 425	13 506	6 822	6 684	14 277	7 213	7 064	16 078	8 125	7 954
15-19	11 751	5 932	5 819	12 851	6 478	6 373	13 405	6 762	6 643	14 190	7 160	7 030
20-24	9 704	4 890	4 814	11 599	5 837	5 762	12 705	6 385	6 320	13 274	6 678	6 597
25-29	7 677	3 833	3 844	9 560	4 801	4 758	11 445	5 741	5 704	12 556	6 292	6 264
30-34	6 493	3 201	3 293	7 553	3 760	3 793	9 424	4 720	4 704	11 302	5 655	5 647
35-39	5 061	2 510	2 551	6 371	3 132	3 240	7 435	3 691	3 744	9 295	4 643	4 652
40-44	4 202	2 117	2 086	4 937	2 442	2 495	6 246	3 062	3 184	7 311	3 620	3 691
45-49	3 308	1 611	1 697	4 075	2 046	2 029	4 811	2 373	2 438	6 113	2 988	3 125
50-54	2 606	1 230	1 377	3 181	1 541	1 641	3 935	1 966	1 968	4 667	2 291	2 376
55-59	2 196	1 019	1 176	2 479	1 160	1 319	3 038	1 461	1 578	3 773	1 873	1 901
60-64	1 742	828	915	2 048	940	1 108	2 324	1 076	1 248	2 862	1 361	1 501
65-69	1 413	652	761	1 561	731	830	1 849	836	1 013	2 112	963	1 150
70-74	984	461	523	1 186	538	648	1 323	608	715	1 582	701	881
75-79	592	276	316	739	338	400	903	400	503	1 021	457	564
80+	...	...	...	...	...	...	...	...	...	...	...	...
80-84	321	148	173	370	168	203	470	209	261	586	251	336
85-89	121	55	66	150	67	84	178	77	101	232	98	133
90-94	27	11	16	38	16	22	48	20	28	59	24	35
95-99	4	2	2	5	2	3	7	3	4	9	3	6
100+	0	0	0	0	0	0	1	0	0	1	0	1

年齢	2035			2040			2045			2050		
	総数	男	女	総数	男	女	総数	男	女	総数	男	女
総数	159 746	79 787	79 959	175 965	87 879	88 086	192 456	96 094	96 362	209 259	104 448	104 811
0-4	19 409	9 852	9 557	19 867	10 088	9 778	20 543	10 437	10 106	21 359	10 857	10 502
5-9	18 848	9 549	9 299	19 289	9 781	9 508	19 757	10 024	9 733	20 442	10 379	10 063
10-14	17 603	8 901	8 701	18 787	9 512	9 275	19 233	9 747	9 486	19 705	9 993	9 712
15-19	15 996	8 073	7 922	17 524	8 852	8 673	18 712	9 464	9 248	19 162	9 702	9 460
20-24	14 069	7 081	6 989	15 875	7 993	7 882	17 404	8 771	8 633	18 594	9 385	9 209
25-29	13 139	6 591	6 547	13 942	6 998	6 944	15 745	7 909	7 836	17 274	8 687	8 586
30-34	12 419	6 208	6 211	13 011	6 512	6 500	13 819	6 921	6 897	15 618	7 830	7 789
35-39	11 165	5 572	5 593	12 285	6 126	6 160	12 884	6 433	6 451	13 696	6 845	6 851
40-44	9 158	4 563	4 595	11 018	5 485	5 533	12 138	6 039	6 099	12 744	6 350	6 394
45-49	7 175	3 542	3 633	9 004	4 473	4 531	10 849	5 386	5 462	11 968	5 939	6 028
50-54	5 951	2 895	3 056	7 002	3 440	3 562	8 804	4 354	4 450	10 626	5 253	5 373
55-59	4 493	2 190	2 303	5 749	2 777	2 973	6 782	3 308	3 474	8 546	4 198	4 348
60-64	3 569	1 753	1 817	4 269	2 059	2 210	5 483	2 619	2 864	6 489	3 131	3 357
65-69	2 617	1 224	1 392	3 281	1 585	1 696	3 948	1 872	2 076	5 097	2 393	2 704
70-74	1 825	814	1 012	2 281	1 042	1 238	2 882	1 360	1 522	3 496	1 617	1 879
75-79	1 241	533	708	1 452	625	826	1 838	810	1 028	2 350	1 068	1 281
80+	...	...	...	...	...	...	...	...	...	...	...	...
80-84	678	291	387	844	345	499	1 009	411	599	1 303	541	762
85-89	299	120	179	357	142	215	461	173	288	569	210	359
90-94	80	31	49	109	39	70	136	47	89	185	59	126
95-99	12	4	8	18	6	12	26	7	18	34	9	25
100+	1	0	1	1	0	1	2	1	2	4	1	3

年齢	2055			2060		
	総数	男	女	総数	男	女
総数	226 179	112 848	113 331	242 816	121 089	121 727
0-4	22 068	11 223	10 845	22 491	11 443	11 048
5-9	21 264	10 804	10 460	21 980	11 175	10 805
10-14	20 393	10 350	10 043	21 218	10 778	10 440
15-19	19 639	9 952	9 688	20 331	10 311	10 020
20-24	19 051	9 628	9 423	19 535	9 882	9 653
25-29	18 466	9 303	9 164	18 931	9 550	9 381
30-34	17 147	8 608	8 539	18 342	9 225	9 117
35-39	15 492	7 751	7 741	17 020	8 529	8 491
40-44	13 559	6 764	6 795	15 350	7 667	7 683
45-49	12 580	6 254	6 326	13 398	6 669	6 729
50-54	11 740	5 802	5 938	12 358	6 119	6 238
55-59	10 336	5 077	5 260	11 442	5 619	5 822
60-64	8 201	3 987	4 214	9 946	4 836	5 110
65-69	6 060	2 876	3 184	7 691	3 679	4 013
70-74	4 550	2 084	2 466	5 446	2 522	2 923
75-79	2 887	1 286	1 601	3 801	1 676	2 124
80+	...	...	...	...	...	...
80-84	1 695	727	968	2 122	891	1 231
85-89	756	285	471	1 009	393	615
90-94	239	75	164	330	105	224
95-99	50	12	38	68	16	52
100+	5	1	4	8	1	7

性・年齢別人口（千人）

年齢	2015			2020			2025			2030		
	総数	男	女	総数	男	女	総数	男	女	総数	男	女
総数	99 391	49 608	49 783	111 006	55 397	55 609	122 257	61 000	61 257	132 904	66 297	66 607
0-4	14 602	7 401	7 201	14 432	7 315	7 117	14 182	7 190	6 993	13 736	6 968	6 768
5-9	13 612	6 883	6 729	14 363	7 264	7 099	14 251	7 208	7 043	14 041	7 106	6 935
10-14	12 974	6 549	6 425	13 506	6 822	6 684	14 277	7 213	7 064	14 182	7 166	7 015
15-19	11 751	5 932	5 819	12 851	6 478	6 373	13 405	6 762	6 643	14 190	7 160	7 030
20-24	9 704	4 890	4 814	11 599	5 837	5 762	12 705	6 385	6 320	13 274	6 678	6 597
25-29	7 677	3 833	3 844	9 560	4 801	4 758	11 445	5 741	5 704	12 556	6 292	6 264
30-34	6 493	3 201	3 293	7 553	3 760	3 793	9 424	4 720	4 704	11 302	5 655	5 647
35-39	5 061	2 510	2 551	6 371	3 132	3 240	7 435	3 691	3 744	9 295	4 643	4 652
40-44	4 202	2 117	2 086	4 937	2 442	2 495	6 246	3 062	3 184	7 311	3 620	3 691
45-49	3 308	1 611	1 697	4 075	2 046	2 029	4 811	2 373	2 438	6 113	2 988	3 125
50-54	2 606	1 230	1 377	3 181	1 541	1 641	3 935	1 966	1 968	4 667	2 291	2 376
55-59	2 196	1 019	1 176	2 479	1 160	1 319	3 038	1 461	1 578	3 773	1 873	1 901
60-64	1 742	828	915	2 048	940	1 108	2 324	1 076	1 248	2 862	1 361	1 501
65-69	1 413	652	761	1 561	731	830	1 849	836	1 013	2 112	963	1 150
70-74	984	461	523	1 186	538	648	1 323	608	715	1 582	701	881
75-79	592	276	316	739	338	400	903	400	503	1 021	457	564
80+	…	…	…	…	…	…	…	…	…	…	…	…
80-84	321	148	173	370	168	203	470	209	261	586	251	336
85-89	121	55	66	150	67	84	178	77	101	232	98	133
90-94	27	11	16	38	16	22	48	20	28	59	24	35
95-99	4	2	2	5	2	3	7	3	4	9	3	6
100+	0	0	0	0	0	0	1	0	0	1	0	1

年齢	2035			2040			2045			2050		
	総数	男	女	総数	男	女	総数	男	女	総数	男	女
総数	143 127	71 368	71 759	152 670	76 080	76 591	161 229	80 277	80 952	168 555	83 830	84 725
0-4	13 512	6 859	6 653	13 111	6 658	6 454	12 502	6 351	6 150	11 738	5 966	5 771
5-9	13 630	6 905	6 724	13 428	6 809	6 619	13 039	6 616	6 423	12 439	6 316	6 124
10-14	13 986	7 072	6 913	13 585	6 878	6 707	13 389	6 785	6 604	13 004	6 595	6 410
15-19	14 108	7 121	6 987	13 922	7 032	6 890	13 529	6 842	6 687	13 338	6 753	6 585
20-24	14 069	7 081	6 989	14 000	7 049	6 952	13 824	6 967	6 858	13 440	6 783	6 657
25-29	13 139	6 591	6 547	13 942	6 998	6 944	13 884	6 974	6 911	13 718	6 898	6 820
30-34	12 419	6 208	6 211	13 011	6 512	6 500	13 819	6 921	6 897	13 772	6 903	6 868
35-39	11 165	5 572	5 593	12 285	6 126	6 160	12 884	6 433	6 451	13 696	6 845	6 851
40-44	9 158	4 563	4 595	11 018	5 485	5 533	12 138	6 039	6 099	12 744	6 350	6 394
45-49	7 175	3 542	3 633	9 004	4 473	4 531	10 849	5 386	5 462	11 968	5 939	6 028
50-54	5 951	2 895	3 056	7 002	3 440	3 562	8 804	4 354	4 450	10 626	5 253	5 373
55-59	4 493	2 190	2 303	5 749	2 777	2 973	6 782	3 308	3 474	8 546	4 198	4 348
60-64	3 569	1 753	1 817	4 269	2 059	2 210	5 483	2 619	2 864	6 489	3 131	3 357
65-69	2 617	1 224	1 392	3 281	1 585	1 696	3 948	1 872	2 076	5 097	2 393	2 704
70-74	1 825	814	1 012	2 281	1 042	1 238	2 882	1 360	1 522	3 496	1 617	1 879
75-79	1 241	533	708	1 452	625	826	1 838	810	1 028	2 350	1 068	1 281
80+	…	…	…	…	…	…	…	…	…	…	…	…
80-84	678	291	387	844	345	499	1 009	411	599	1 303	541	762
85-89	299	120	179	357	142	215	461	173	288	569	210	359
90-94	80	31	49	109	39	70	136	47	89	185	59	126
95-99	12	4	8	18	6	12	26	7	18	34	9	25
100+	1	0	1	1	0	1	2	1	2	4	1	3

年齢	2055			2060		
	総数	男	女	総数	男	女
総数	174 515	86 676	87 839	179 023	88 769	90 254
0-4	10 927	5 557	5 370	10 136	5 157	4 979
5-9	11 685	5 937	5 748	10 882	5 533	5 349
10-14	12 410	6 298	6 111	11 659	5 922	5 737
15-19	12 959	6 566	6 393	12 369	6 273	6 096
20-24	13 257	6 699	6 558	12 886	6 518	6 368
25-29	13 345	6 721	6 623	13 170	6 643	6 527
30-34	13 616	6 834	6 782	13 253	6 664	6 589
35-39	13 659	6 834	6 826	13 514	6 771	6 743
40-44	13 559	6 764	6 795	13 534	6 759	6 775
45-49	12 580	6 254	6 326	13 398	6 669	6 729
50-54	11 740	5 802	5 938	12 358	6 119	6 238
55-59	10 336	5 077	5 260	11 442	5 619	5 822
60-64	8 201	3 987	4 214	9 946	4 836	5 110
65-69	6 060	2 876	3 184	7 691	3 679	4 013
70-74	4 550	2 084	2 466	5 446	2 522	2 923
75-79	2 887	1 286	1 601	3 801	1 676	2 124
80+	…	…	…	…	…	…
80-84	1 695	727	968	2 122	891	1 231
85-89	756	285	471	1 009	393	615
90-94	239	75	164	330	105	224
95-99	50	12	38	68	16	52
100+	5	1	4	8	1	7

性・年齢別人口（千人）

年齢	1960 総数	男	女	1965 総数	男	女	1970 総数	男	女	1975 総数	男	女
総数	393	203	191	464	237	227	521	265	256	577	292	285
0-4	77	40	38	82	42	40	79	40	39	81	42	40
5-9	61	31	30	74	38	36	76	39	38	74	37	36
10-14	51	26	25	62	31	30	73	37	36	77	39	38
15-19	41	20	21	51	26	25	60	30	30	72	37	36
20-24	33	16	17	41	20	21	49	25	24	58	29	29
25-29	27	14	13	33	16	17	40	20	20	46	23	23
30-34	23	12	11	27	14	13	32	16	16	37	18	19
35-39	19	10	9	22	12	11	26	13	13	30	15	15
40-44	17	9	8	19	10	9	21	11	10	25	13	13
45-49	13	7	6	16	9	8	18	9	9	21	11	10
50-54	9	5	4	13	7	6	16	8	7	17	9	8
55-59	7	4	3	9	5	4	12	6	5	14	7	7
60-64	5	3	2	6	3	3	8	4	4	10	5	5
65-69	3	2	1	5	3	2	5	3	3	6	3	3
70-74	3	2	1	3	1	1	4	2	2	4	2	2
75-79	2	1	1	2	1	1	2	1	1	2	1	1
80+	1	1	0	1	1	0	1	1	1	1	1	1
80-84	...	...	...	...	...	...	...	...	...	...	...	...
85-89	...	...	...	...	...	...	...	...	...	...	...	...
90-94	...	...	...	...	...	...	...	...	...	...	...	...
95-99	...	...	...	...	...	...	...	...	...	...	...	...
100+	...	...	...	...	...	...	...	...	...	...	...	...

年齢	1980 総数	男	女	1985 総数	男	女	1990 総数	男	女	1995 総数	男	女
総数	635	322	314	712	361	351	729	370	359	775	394	381
0-4	92	47	45	105	54	51	100	51	49	99	51	48
5-9	79	40	38	93	48	45	96	49	46	92	48	45
10-14	78	40	38	80	41	39	85	43	41	92	47	45
15-19	76	38	37	73	37	36	73	37	36	82	42	40
20-24	65	33	33	74	37	37	66	34	33	69	35	34
25-29	52	26	26	66	33	33	66	33	33	63	32	31
30-34	43	21	21	50	25	25	58	29	29	61	31	30
35-39	35	17	18	40	20	20	43	22	21	54	27	27
40-44	29	15	14	33	17	16	36	18	18	42	21	20
45-49	24	12	12	27	14	13	30	15	15	34	17	17
50-54	19	10	9	22	11	11	24	12	12	28	14	14
55-59	15	8	7	17	9	8	18	9	9	21	10	11
60-64	12	6	6	12	6	6	13	7	6	15	7	8
65-69	7	4	4	9	5	4	9	5	4	10	5	5
70-74	5	2	2	6	3	3	6	3	3	6	3	3
75-79	3	1	1	3	2	2	4	2	2	4	2	2
80+	2	1	1	2	1	1	...	...	...	...	...	...
80-84	...	...	...	...	...	...	2	1	1	2	1	1
85-89	...	...	...	...	...	...	0	0	0	1	0	0
90-94	...	...	...	...	...	...	0	0	0	0	0	0
95-99	...	...	...	...	...	...	0	0	0	0	0	0
100+	...	...	...	...	...	...	0	0	0	0	0	0

年齢	2000 総数	男	女	2005 総数	男	女	2010 総数	男	女	2015 総数	男	女
総数	811	412	399	822	419	403	860	439	421	892	454	439
0-4	98	51	48	89	46	43	90	46	43	88	45	43
5-9	96	50	47	82	42	39	81	42	39	88	45	43
10-14	90	46	43	80	41	39	79	41	38	80	42	39
15-19	89	46	43	77	40	38	81	42	40	77	39	37
20-24	77	40	38	78	40	38	77	40	37	77	39	37
25-29	62	32	30	69	35	34	76	39	37	71	37	34
30-34	55	28	27	57	29	28	66	34	32	71	37	35
35-39	55	28	27	55	28	27	56	29	27	62	32	30
40-44	49	25	24	58	29	29	53	27	26	52	27	26
45-49	38	19	19	52	26	25	53	27	26	50	25	25
50-54	31	16	16	38	19	18	46	23	23	50	25	25
55-59	25	12	13	30	15	15	34	17	17	42	21	21
60-64	18	9	9	23	11	12	26	13	13	31	15	16
65-69	13	6	7	16	8	8	19	9	10	23	11	12
70-74	8	4	4	10	5	5	12	5	6	15	7	8
75-79	4	2	2	5	2	3	7	3	4	8	4	5
80+	...	...	...	...	...	...	...	...	...	...	...	...
80-84	2	1	1	2	1	1	3	1	2	4	2	2
85-89	1	0	0	1	0	1	1	0	1	1	0	1
90-94	0	0	0	0	0	0	0	0	0	0	0	0
95-99	0	0	0	0	0	0	0	0	0	0	0	0
100+	0	0	0	0	0	0	0	0	0	0	0	0

性・年齢別人口（千人）

年齢	2015			2020			2025			2030		
	総数	男	女	総数	男	女	総数	男	女	総数	男	女
総数	892	454	439	915	464	452	931	470	461	940	473	467
0-4	88	45	43	83	42	40	78	40	38	75	39	36
5-9	88	45	43	87	44	42	81	42	39	77	39	37
10-14	80	42	39	87	45	42	86	44	42	80	41	39
15-19	77	39	37	78	41	38	85	44	41	84	43	41
20-24	77	39	37	72	37	35	74	38	36	81	42	39
25-29	71	37	34	71	36	35	66	34	32	68	35	33
30-34	71	37	35	66	34	32	66	34	32	61	32	30
35-39	62	32	30	67	34	33	62	32	30	62	32	30
40-44	52	27	26	59	30	29	64	33	31	59	30	29
45-49	50	25	25	50	25	24	56	29	28	61	31	30
50-54	50	25	25	47	24	24	47	24	23	54	27	27
55-59	42	21	21	47	23	24	44	22	22	44	22	22
60-64	31	15	16	38	19	20	42	20	22	40	19	21
65-69	23	11	12	26	12	14	34	16	18	37	17	20
70-74	15	7	8	18	8	10	22	10	12	28	12	15
75-79	8	4	5	11	5	6	13	6	8	16	7	9
80+	…	…	…	…	…	…	…	…	…	…	…	…
80-84	4	2	2	5	2	3	7	3	4	9	3	5
85-89	1	0	1	2	1	1	2	1	2	3	1	2
90-94	0	0	0	0	0	0	1	0	0	1	0	1
95-99	0	0	0	0	0	0	0	0	0	0	0	0
100+	0	0	0	0	0	0	0	0	0	0	0	0

年齢	2035			2040			2045			2050		
	総数	男	女	総数	男	女	総数	男	女	総数	男	女
総数	944	473	471	943	471	471	936	467	469	924	461	463
0-4	73	37	35	70	36	34	66	34	32	62	32	30
5-9	74	38	36	71	37	35	68	35	33	65	33	31
10-14	76	39	37	73	38	35	71	36	34	68	35	33
15-19	78	40	38	74	38	36	71	37	34	69	35	33
20-24	79	41	39	74	38	36	69	36	34	67	34	32
25-29	75	39	36	74	38	36	68	35	33	64	33	31
30-34	63	33	30	70	36	34	69	35	33	63	33	31
35-39	58	30	28	59	31	29	66	34	32	65	33	32
40-44	59	30	29	55	28	26	56	29	27	63	33	31
45-49	56	29	28	57	29	28	52	27	25	54	28	26
50-54	58	29	29	54	27	27	54	27	27	50	25	24
55-59	50	25	25	55	27	28	51	25	26	51	26	26
60-64	40	20	21	47	22	24	51	25	26	47	23	24
65-69	36	16	19	36	17	19	42	19	22	46	22	25
70-74	31	13	18	30	13	17	31	14	17	36	16	20
75-79	21	8	12	24	10	14	24	9	14	24	10	14
80+	…	…	…	…	…	…	…	…	…	…	…	…
80-84	10	4	7	14	5	9	16	6	10	16	6	10
85-89	4	1	3	6	2	4	8	2	5	9	3	6
90-94	1	0	1	2	0	1	2	1	2	3	1	2
95-99	0	0	0	0	0	0	0	0	0	1	0	1
100+	0	0	0	0	0	0	0	0	0	0	0	0

年齢	2055			2060		
	総数	男	女	総数	男	女
総数	908	453	456	890	443	447
0-4	58	30	28	55	28	27
5-9	61	31	30	57	29	28
10-14	64	33	31	60	31	29
15-19	66	34	32	62	32	30
20-24	64	33	31	62	32	30
25-29	61	32	30	59	31	29
30-34	59	31	29	57	29	28
35-39	60	31	29	56	29	27
40-44	62	32	30	57	29	28
45-49	61	31	30	60	31	29
50-54	52	27	25	59	30	29
55-59	47	24	24	50	25	24
60-64	48	24	25	45	22	23
65-69	43	21	23	44	21	23
70-74	40	18	22	38	17	21
75-79	29	12	17	33	14	19
80+	…	…	…	…	…	…
80-84	17	6	11	21	8	13
85-89	9	3	7	10	3	7
90-94	4	1	3	4	1	3
95-99	1	0	1	1	0	1
100+	0	0	0	0	0	0

性・年齢別人口（千人）

年齢	2015			2020			2025			2030		
	総数	男	女	総数	男	女	総数	男	女	総数	男	女
総数	892	454	439	924	468	456	953	481	472	978	493	486
0-4	88	45	43	91	47	44	91	47	44	92	47	45
5-9	88	45	43	87	44	42	90	46	43	90	46	44
10-14	80	42	39	87	45	42	86	44	42	89	46	43
15-19	77	39	37	78	41	38	85	44	41	84	43	41
20-24	77	39	37	72	37	35	74	38	36	81	42	39
25-29	71	37	34	71	36	35	66	34	32	68	35	33
30-34	71	37	35	66	34	32	66	34	32	61	32	30
35-39	62	32	30	67	34	33	62	32	30	62	32	30
40-44	52	27	26	59	30	29	64	33	31	59	30	29
45-49	50	25	25	50	25	24	56	29	28	61	31	30
50-54	50	25	25	47	24	24	47	24	23	54	27	27
55-59	42	21	21	47	23	24	44	22	22	44	22	22
60-64	31	15	16	38	19	20	42	20	22	40	19	21
65-69	23	11	12	26	12	14	34	16	18	37	17	20
70-74	15	7	8	18	8	10	22	10	12	28	12	15
75-79	8	4	5	11	5	6	13	6	8	16	7	9
80+	...	...	...	...	...	...	...	...	...	...	...	...
80-84	4	2	2	5	2	3	7	3	4	9	3	5
85-89	1	0	1	2	1	1	2	1	2	3	1	2
90-94	0	0	0	0	0	0	1	0	0	1	0	1
95-99	0	0	0	0	0	0	0	0	0	0	0	0
100+	0	0	0	0	0	0	0	0	0	0	0	0

年齢	2035			2040			2045			2050		
	総数	男	女	総数	男	女	総数	男	女	総数	男	女
総数	1 000	502	498	1 018	510	508	1 034	517	516	1 047	524	523
0-4	90	46	44	89	46	43	89	46	43	88	45	43
5-9	90	47	44	89	46	43	88	45	43	87	45	42
10-14	89	46	43	90	46	43	88	45	43	87	45	42
15-19	87	45	42	87	45	42	88	45	43	86	44	42
20-24	79	41	39	82	42	40	83	42	40	83	43	40
25-29	75	39	36	74	38	36	77	39	37	77	40	37
30-34	63	33	30	70	36	34	69	35	33	72	37	35
35-39	58	30	28	59	31	29	66	34	32	65	33	32
40-44	59	30	29	55	28	26	56	29	27	63	33	31
45-49	56	29	28	57	29	28	52	27	25	54	28	26
50-54	58	29	29	54	27	27	54	27	27	50	25	24
55-59	50	25	25	55	27	28	51	25	26	51	26	26
60-64	40	20	21	47	22	24	51	25	26	47	23	24
65-69	36	16	19	36	17	19	42	19	22	46	22	25
70-74	31	13	18	30	13	17	31	14	17	36	16	20
75-79	21	8	12	24	10	14	24	9	14	24	10	14
80+	...	...	...	...	...	...	...	...	...	...	...	...
80-84	10	4	7	14	5	9	16	6	10	16	6	10
85-89	4	1	3	6	2	4	8	2	5	9	3	6
90-94	1	0	1	2	0	1	2	1	2	3	1	2
95-99	0	0	0	0	0	0	0	0	0	1	0	1
100+	0	0	0	0	0	0	0	0	0	0	0	0

年齢	2055			2060		
	総数	男	女	総数	男	女
総数	1 061	531	530	1 074	538	536
0-4	87	45	42	87	45	42
5-9	87	45	42	86	44	42
10-14	87	45	42	86	44	42
15-19	85	44	41	85	44	41
20-24	82	42	40	81	42	39
25-29	78	40	38	77	40	37
30-34	72	37	35	73	38	36
35-39	68	35	33	69	35	33
40-44	62	32	30	65	34	32
45-49	61	31	30	60	31	29
50-54	52	27	25	59	30	29
55-59	47	24	24	50	25	24
60-64	48	24	25	45	22	23
65-69	43	21	23	44	21	23
70-74	40	18	22	38	17	21
75-79	29	12	17	33	14	19
80+	...	...	...	...	...	...
80-84	17	6	11	21	8	13
85-89	9	3	7	10	3	7
90-94	4	1	3	4	1	3
95-99	1	0	1	1	0	1
100+	0	0	0	0	0	0

性・年齢別人口（千人）

年齢	2015			2020			2025			2030		
	総数	男	女	総数	男	女	総数	男	女	総数	男	女
総数	892	454	439	907	459	448	909	459	450	902	453	449
0-4	88	45	43	74	38	36	65	33	31	58	30	28
5-9	88	45	43	87	44	42	73	37	35	63	33	31
10-14	80	42	39	87	45	42	86	44	42	72	37	35
15-19	77	39	37	78	41	38	85	44	41	84	43	41
20-24	77	39	37	72	37	35	74	38	36	81	42	39
25-29	71	37	34	71	36	35	66	34	32	68	35	33
30-34	71	37	35	66	34	32	66	34	32	61	32	30
35-39	62	32	30	67	34	33	62	32	30	62	32	30
40-44	52	27	26	59	30	29	64	33	31	59	30	29
45-49	50	25	25	50	25	24	56	29	28	61	31	30
50-54	50	25	25	47	24	24	47	24	23	54	27	27
55-59	42	21	21	47	23	24	44	22	22	44	22	22
60-64	31	15	16	38	19	20	42	20	22	40	19	21
65-69	23	11	12	26	12	14	34	16	18	37	17	20
70-74	15	7	8	18	8	10	22	10	12	28	12	15
75-79	8	4	5	11	5	6	13	6	8	16	7	9
80+	…	…	…	…	…	…	…	…	…	…	…	…
80-84	4	2	2	5	2	3	7	3	4	9	3	5
85-89	1	0	1	2	1	1	2	1	2	3	1	2
90-94	0	0	0	0	0	0	1	0	0	1	0	1
95-99	0	0	0	0	0	0	0	0	0	0	0	0
100+	0	0	0	0	0	0	0	0	0	0	0	0

年齢	2035			2040			2045			2050		
	総数	男	女	総数	男	女	総数	男	女	総数	男	女
総数	888	445	444	869	433	435	842	419	423	808	401	407
0-4	55	29	27	51	26	25	46	24	22	40	21	20
5-9	57	29	28	54	28	26	50	26	24	44	23	22
10-14	62	32	30	56	29	27	53	27	26	49	25	24
15-19	70	36	34	61	31	29	54	28	26	51	27	25
20-24	79	41	39	66	34	32	56	29	27	50	26	24
25-29	75	39	36	74	38	36	60	31	29	51	26	25
30-34	63	33	30	70	36	34	69	35	33	55	28	27
35-39	58	30	28	59	31	29	66	34	32	65	33	32
40-44	59	30	29	55	28	26	56	29	27	63	33	31
45-49	56	29	28	57	29	28	52	27	25	54	28	26
50-54	58	29	29	54	27	27	54	27	27	50	25	24
55-59	50	25	25	55	27	28	51	25	26	51	26	26
60-64	40	20	21	47	22	24	51	25	26	47	23	24
65-69	36	16	19	36	17	19	42	19	22	46	22	25
70-74	31	13	18	30	13	17	31	14	17	36	16	20
75-79	21	8	12	24	10	14	24	9	14	24	10	14
80+	…	…	…	…	…	…	…	…	…	…	…	…
80-84	10	4	7	14	5	9	16	6	10	16	6	10
85-89	4	1	3	6	2	4	8	2	5	9	3	6
90-94	1	0	1	2	0	1	2	1	2	3	1	2
95-99	0	0	0	0	0	0	0	0	0	1	0	1
100+	0	0	0	0	0	0	0	0	0	0	0	0

年齢	2055			2060		
	総数	男	女	総数	男	女
総数	770	381	388	727	360	368
0-4	35	18	17	30	16	15
5-9	39	20	19	34	17	16
10-14	44	23	21	38	20	19
15-19	47	24	23	42	22	20
20-24	47	24	23	43	22	21
25-29	45	23	22	42	22	20
30-34	46	24	22	40	21	19
35-39	52	27	25	43	22	21
40-44	62	32	30	49	25	24
45-49	61	31	30	60	31	29
50-54	52	27	25	59	30	29
55-59	47	24	24	50	25	24
60-64	48	24	25	45	22	23
65-69	43	21	23	44	21	23
70-74	40	18	22	38	17	21
75-79	29	12	17	33	14	19
80+	…	…	…	…	…	…
80-84	17	6	11	21	8	13
85-89	9	3	7	10	3	7
90-94	4	1	3	4	1	3
95-99	1	0	1	1	0	1
100+	0	0	0	0	0	0

Finland

性・年齢別人口（千人）

年齢	1960 総数	男	女	1965 総数	男	女	1970 総数	男	女	1975 総数	男	女
総数	4 430	2 134	2 297	4 565	2 204	2 361	4 607	2 225	2 382	4 711	2 278	2 434
0-4	413	211	202	393	200	193	348	177	170	302	155	148
5-9	443	226	217	406	207	199	384	196	188	350	179	172
10-14	491	250	241	440	224	216	402	205	197	385	196	188
15-19	357	181	175	482	246	236	426	218	208	399	204	195
20-24	315	160	155	342	174	167	447	230	217	420	215	205
25-29	292	149	143	299	153	146	319	163	156	451	232	219
30-34	308	155	154	281	143	138	291	147	144	323	165	157
35-39	294	139	155	302	151	151	278	140	137	291	148	144
40-44	253	116	137	288	135	153	294	146	148	275	139	136
45-49	276	128	148	246	112	134	279	130	149	289	142	147
50-54	267	123	144	266	121	144	236	105	131	270	123	147
55-59	220	99	121	252	113	138	250	111	139	224	97	127
60-64	176	75	102	201	87	114	231	99	131	232	98	133
65-69	129	52	77	153	61	92	176	71	104	204	82	122
70-74	95	35	60	103	39	64	123	45	78	144	54	90
75-79	58	20	38	66	23	43	72	25	47	90	30	60
80+	41	13	28	46	14	32	52	16	36	62	18	44
80-84	...	...	...	...	...	...	...	...	...	...	...	...
85-89	...	...	...	...	...	...	...	...	...	...	...	...
90-94	...	...	...	...	...	...	...	...	...	...	...	...
95-99	...	...	...	...	...	...	...	...	...	...	...	...
100+	...	...	...	...	...	...	...	...	...	...	...	...

年齢	1980 総数	男	女	1985 総数	男	女	1990 総数	男	女	1995 総数	男	女
総数	4 779	2 311	2 469	4 902	2 374	2 529	4 987	2 420	2 567	5 108	2 487	2 621
0-4	320	164	156	325	166	159	311	159	152	326	166	160
5-9	300	153	146	324	166	158	327	167	160	315	161	154
10-14	351	179	172	302	155	148	325	166	159	330	169	161
15-19	382	195	187	351	179	172	302	155	148	327	167	160
20-24	384	197	187	378	193	185	349	178	171	304	155	149
25-29	407	209	198	385	197	188	377	193	185	352	180	173
30-34	442	228	214	409	210	199	385	197	188	381	195	186
35-39	318	163	155	442	228	215	408	209	199	387	197	190
40-44	287	145	142	316	161	155	439	225	214	407	207	200
45-49	270	135	135	283	142	141	311	158	154	434	221	213
50-54	280	136	144	263	130	133	277	137	139	306	153	152
55-59	258	115	143	269	128	141	254	123	131	269	132	138
60-64	209	87	122	243	104	138	254	117	137	242	115	128
65-69	208	83	125	190	75	115	222	91	131	235	104	131
70-74	171	64	108	178	66	112	164	60	104	195	75	120
75-79	109	36	73	133	44	89	140	47	93	133	44	88
80+	84	24	61	111	30	81	...	...	...	...	...	...
80-84	...	...	...	...	...	...	91	27	64	98	29	69
85-89	...	...	...	...	...	...	38	9	29	49	12	36
90-94	...	...	...	...	...	...	11	2	8	14	3	11
95-99	...	...	...	...	...	...	2	0	1	2	0	2
100+	...	...	...	...	...	...	0	0	0	0	0	0

年齢	2000 総数	男	女	2005 総数	男	女	2010 総数	男	女	2015 総数	男	女
総数	5 176	2 526	2 650	5 246	2 567	2 679	5 368	2 634	2 734	5 503	2 709	2 794
0-4	294	150	144	284	145	139	300	153	147	304	156	148
5-9	328	167	161	296	151	145	287	147	140	307	157	150
10-14	317	162	155	330	168	162	300	153	147	288	147	140
15-19	332	170	162	319	163	156	336	171	165	304	155	149
20-24	328	167	160	334	171	163	323	165	158	349	178	170
25-29	305	156	149	331	169	162	346	178	168	337	173	164
30-34	352	180	173	308	157	150	342	175	166	355	183	172
35-39	380	193	186	353	179	173	306	157	150	356	183	173
40-44	385	195	189	378	192	186	357	181	176	300	153	146
45-49	402	203	199	381	192	189	378	191	187	364	184	180
50-54	426	215	211	395	198	197	376	188	188	374	188	187
55-59	297	147	150	415	207	208	385	191	194	370	183	187
60-64	258	124	134	285	139	146	412	202	209	369	181	188
65-69	226	104	123	244	114	130	260	124	136	408	196	211
70-74	210	88	122	206	91	116	227	103	125	240	110	129
75-79	162	57	105	179	70	109	180	75	105	197	85	112
80+	...	...	...	...	...	...	...	...	...	...	...	...
80-84	96	28	68	124	39	84	141	51	91	146	56	90
85-89	56	14	41	57	15	43	79	22	57	92	30	63
90-94	19	4	15	22	5	18	26	6	20	36	9	27
95-99	3	1	3	4	1	4	6	1	5	7	1	6
100+	0	0	0	0	0	0	1	0	0	1	0	1

性・年齢別人口（千人）

年齢	2015			2020			2025			2030		
	総数	男	女	総数	男	女	総数	男	女	総数	男	女
総数	5 503	2 709	2 794	5 585	2 756	2 829	5 656	2 797	2 858	5 706	2 827	2 879
0-4	304	156	148	300	153	147	299	153	146	293	149	143
5-9	307	157	150	308	158	150	304	155	149	303	155	148
10-14	288	147	140	312	160	152	313	161	153	309	158	151
15-19	304	155	149	294	151	143	318	163	155	319	164	155
20-24	349	178	170	311	159	152	301	155	146	325	167	158
25-29	337	173	164	356	182	173	318	164	155	308	159	149
30-34	355	183	172	343	176	167	362	186	176	325	168	157
35-39	356	183	173	359	185	174	347	179	169	366	188	178
40-44	300	153	146	358	184	174	361	186	175	350	180	170
45-49	364	184	180	300	153	147	358	183	175	361	185	176
50-54	374	188	187	361	182	180	299	151	147	356	181	175
55-59	370	183	187	367	183	185	356	177	178	295	148	146
60-64	369	181	188	358	175	184	357	176	182	347	171	175
65-69	408	196	211	352	169	182	344	165	178	344	167	177
70-74	240	110	129	380	178	201	330	155	174	324	153	171
75-79	197	85	112	213	94	119	341	155	186	299	137	162
80+	…	…	…	…	…	…	…	…	…	…	…	…
80-84	146	56	90	159	65	94	175	74	102	285	123	161
85-89	92	30	63	98	34	64	110	41	69	124	48	76
90-94	36	9	27	44	13	32	49	15	34	57	19	38
95-99	7	1	6	10	2	8	13	3	10	15	4	11
100+	1	0	1	1	0	1	1	0	1	2	0	2

年齢	2035			2040			2045			2050		
	総数	男	女	総数	男	女	総数	男	女	総数	男	女
総数	5 732	2 843	2 888	5 739	2 852	2 887	5 742	2 860	2 882	5 752	2 872	2 880
0-4	288	147	141	290	148	142	295	150	144	297	151	145
5-9	297	151	145	292	149	143	294	150	144	299	153	146
10-14	308	157	150	302	154	147	297	152	145	299	153	146
15-19	315	161	154	314	161	153	308	158	150	303	155	148
20-24	326	168	158	322	166	156	321	165	156	315	162	153
25-29	332	172	161	334	173	161	330	170	159	328	170	159
30-34	314	163	151	339	176	163	340	177	163	336	174	162
35-39	329	170	159	319	166	153	343	178	165	345	179	165
40-44	368	189	179	332	171	161	322	167	155	346	179	167
45-49	351	179	171	369	189	180	333	171	162	323	167	156
50-54	360	184	176	349	178	171	368	188	180	332	170	162
55-59	352	178	174	356	181	175	346	176	170	365	186	179
60-64	288	144	144	345	173	171	349	176	173	340	172	169
65-69	335	164	171	279	138	141	335	167	168	340	170	170
70-74	326	156	170	319	153	165	267	130	137	321	158	163
75-79	296	136	160	300	140	160	295	139	156	248	118	130
80+	…	…	…	…	…	…	…	…	…	…	…	…
80-84	253	111	142	253	111	142	259	116	143	257	116	141
85-89	205	83	122	186	76	110	189	78	112	197	82	114
90-94	67	23	43	114	41	72	106	39	67	112	41	71
95-99	19	6	13	23	7	16	42	13	29	41	13	28
100+	3	1	2	3	1	3	5	1	3	8	2	6

年齢	2055			2060		
	総数	男	女	総数	男	女
総数	5 766	2 883	2 883	5 783	2 894	2 889
0-4	295	151	145	293	149	143
5-9	300	153	147	299	152	147
10-14	303	155	149	305	155	149
15-19	305	156	149	309	158	151
20-24	310	159	151	311	160	152
25-29	322	166	156	317	163	154
30-34	335	173	161	328	169	158
35-39	340	177	164	339	175	163
40-44	348	181	167	343	178	166
45-49	347	180	168	349	181	168
50-54	323	167	156	347	179	168
55-59	330	168	162	321	165	156
60-64	359	182	178	325	165	160
65-69	332	166	166	351	176	175
70-74	327	161	165	320	158	162
75-79	300	144	155	307	149	158
80+	…	…	…	…	…	…
80-84	218	100	118	265	123	142
85-89	198	84	114	170	73	97
90-94	119	45	74	123	47	76
95-99	45	14	31	50	16	34
100+	9	2	7	11	3	8

Finland

高位予測値

性・年齢別人口（千人）

年齢	2015 総数	男	女	2020 総数	男	女	2025 総数	男	女	2030 総数	男	女
総数	5 503	2 709	2 794	5 627	2 778	2 849	5 764	2 853	2 911	5 895	2 923	2 971
0-4	304	156	148	342	175	167	365	186	179	373	191	183
5-9	307	157	150	308	158	150	346	177	169	369	188	181
10-14	288	147	140	312	160	152	313	161	153	351	179	172
15-19	304	155	149	294	151	143	318	163	155	319	164	155
20-24	349	178	170	311	159	152	301	155	146	325	167	158
25-29	337	173	164	356	182	173	318	164	155	308	159	149
30-34	355	183	172	343	176	167	362	186	176	325	168	157
35-39	356	183	173	359	185	174	347	179	169	366	188	178
40-44	300	153	146	358	184	174	361	186	175	350	180	170
45-49	364	184	180	300	153	147	358	183	175	361	185	176
50-54	374	188	187	361	182	180	299	151	147	356	181	175
55-59	370	183	187	367	183	185	356	177	178	295	148	146
60-64	369	181	188	358	175	184	357	176	182	347	171	175
65-69	408	196	211	352	169	182	344	165	178	344	167	177
70-74	240	110	129	380	178	201	330	155	174	324	153	171
75-79	197	85	112	213	94	119	341	155	186	299	137	162
80+	…	…	…	…	…	…	…	…	…	…	…	…
80-84	146	56	90	159	65	94	175	74	102	285	123	161
85-89	92	30	63	98	34	64	110	41	69	124	48	76
90-94	36	9	27	44	13	32	49	15	34	57	19	38
95-99	7	1	6	10	2	8	13	3	10	15	4	11
100+	1	0	1	1	0	1	1	0	1	2	0	2

年齢	2035 総数	男	女	2040 総数	男	女	2045 総数	男	女	2050 総数	男	女
総数	5 999	2 981	3 019	6 090	3 032	3 058	6 189	3 089	3 100	6 317	3 161	3 156
0-4	368	188	180	373	191	183	391	200	191	415	212	203
5-9	377	193	185	372	190	182	377	193	185	395	202	193
10-14	374	191	183	382	195	187	377	192	184	382	195	187
15-19	357	183	174	380	195	185	388	199	189	383	196	187
20-24	326	168	158	364	187	177	387	199	188	395	203	192
25-29	332	172	161	334	173	161	371	192	180	394	203	191
30-34	314	163	151	339	176	163	340	177	163	378	196	182
35-39	329	170	159	319	166	153	343	178	165	345	179	165
40-44	368	189	179	332	171	161	322	167	155	346	179	167
45-49	351	179	171	369	189	180	333	171	162	323	167	156
50-54	360	184	176	349	178	171	368	188	180	332	170	162
55-59	352	178	174	356	181	175	346	176	170	365	186	179
60-64	288	144	144	345	173	171	349	176	173	340	172	169
65-69	335	164	171	279	138	141	335	167	168	340	170	170
70-74	326	156	170	319	153	165	267	130	137	321	158	163
75-79	296	136	160	300	140	160	295	139	156	248	118	130
80+	…	…	…	…	…	…	…	…	…	…	…	…
80-84	253	111	142	253	111	142	259	116	143	257	116	141
85-89	205	83	122	186	76	110	189	78	112	197	82	114
90-94	67	23	43	114	41	72	106	39	67	112	41	71
95-99	19	6	13	23	7	16	42	13	29	41	13	28
100+	3	1	2	3	1	3	5	1	3	8	2	6

年齢	2055 総数	男	女	2060 総数	男	女
総数	6 473	3 244	3 229	6 650	3 337	3 312
0-4	438	224	214	452	231	221
5-9	419	214	205	442	225	216
10-14	400	204	196	423	216	207
15-19	388	198	189	405	207	198
20-24	389	200	189	394	202	192
25-29	402	207	195	396	204	192
30-34	400	207	194	408	210	198
35-39	382	198	184	404	209	196
40-44	348	181	167	385	199	186
45-49	347	180	168	349	181	168
50-54	323	167	156	347	179	168
55-59	330	168	162	321	165	156
60-64	359	182	178	325	165	160
65-69	332	166	166	351	176	175
70-74	327	161	165	320	158	162
75-79	300	144	155	307	149	158
80+	…	…	…	…	…	…
80-84	218	100	118	265	123	142
85-89	198	84	114	170	73	97
90-94	119	45	74	123	47	76
95-99	45	14	31	50	16	34
100+	9	2	7	11	3	8

性・年齢別人口（千人）

年齢	2015 総数	男	女	2020 総数	男	女	2025 総数	男	女	2030 総数	男	女
総数	5 503	2 709	2 794	5 543	2 735	2 808	5 547	2 742	2 806	5 517	2 730	2 787
0-4	304	156	148	258	132	126	232	119	114	212	108	104
5-9	307	157	150	308	158	150	262	134	128	237	121	116
10-14	288	147	140	312	160	152	313	161	153	267	136	131
15-19	304	155	149	294	151	143	318	163	155	319	164	155
20-24	349	178	170	311	159	152	301	155	146	325	167	158
25-29	337	173	164	356	182	173	318	164	155	308	159	149
30-34	355	183	172	343	176	167	362	186	176	325	168	157
35-39	356	183	173	359	185	174	347	179	169	366	188	178
40-44	300	153	146	358	184	174	361	186	175	350	180	170
45-49	364	184	180	300	153	147	358	183	175	361	185	176
50-54	374	188	187	361	182	180	299	151	147	356	181	175
55-59	370	183	187	367	183	185	356	177	178	295	148	146
60-64	369	181	188	358	175	184	357	176	182	347	171	175
65-69	408	196	211	352	169	182	344	165	178	344	167	177
70-74	240	110	129	380	178	201	330	155	174	324	153	171
75-79	197	85	112	213	94	119	341	155	186	299	137	162
80+	…	…	…	…	…	…	…	…	…	…	…	…
80-84	146	56	90	159	65	94	175	74	102	285	123	161
85-89	92	30	63	98	34	64	110	41	69	124	48	76
90-94	36	9	27	44	13	32	49	15	34	57	19	38
95-99	7	1	6	10	2	8	13	3	10	15	4	11
100+	1	0	1	1	0	1	1	0	1	2	0	2

年齢	2035 総数	男	女	2040 総数	男	女	2045 総数	男	女	2050 総数	男	女
総数	5 464	2 707	2 757	5 390	2 674	2 716	5 305	2 636	2 668	5 212	2 596	2 616
0-4	209	107	102	209	107	102	205	105	101	195	99	95
5-9	216	110	106	213	109	104	213	109	104	210	107	103
10-14	241	123	118	221	113	108	218	111	107	218	111	107
15-19	273	140	133	248	127	121	227	117	111	224	115	109
20-24	326	168	158	280	144	136	255	131	123	234	121	113
25-29	332	172	161	334	173	161	288	149	139	262	136	126
30-34	314	163	151	339	176	163	340	177	163	294	153	141
35-39	329	170	159	319	166	153	343	178	165	345	179	165
40-44	368	189	179	332	171	161	322	167	155	346	179	167
45-49	351	179	171	369	189	180	333	171	162	323	167	156
50-54	360	184	176	349	178	171	368	188	180	332	170	162
55-59	352	178	174	356	181	175	346	176	170	365	186	179
60-64	288	144	144	345	173	171	349	176	173	340	172	169
65-69	335	164	171	279	138	141	335	167	168	340	170	170
70-74	326	156	170	319	153	165	267	130	137	321	158	163
75-79	296	136	160	300	140	160	295	139	156	248	118	130
80+	…	…	…	…	…	…	…	…	…	…	…	…
80-84	253	111	142	253	111	142	259	116	143	257	116	141
85-89	205	83	122	186	76	110	189	78	112	197	82	114
90-94	67	23	43	114	41	72	106	39	67	112	41	71
95-99	19	6	13	23	7	16	42	13	29	41	13	28
100+	3	1	2	3	1	3	5	1	3	8	2	6

年齢	2055 総数	男	女	2060 総数	男	女
総数	5 111	2 548	2 563	5 004	2 496	2 508
0-4	180	92	88	168	86	82
5-9	198	101	97	183	93	90
10-14	214	109	105	203	103	100
15-19	224	114	109	220	112	108
20-24	231	119	112	230	118	112
25-29	242	125	117	238	123	115
30-34	269	140	129	248	128	119
35-39	299	155	144	273	142	131
40-44	348	181	167	302	156	145
45-49	347	180	168	349	181	168
50-54	323	167	156	347	179	168
55-59	330	168	162	321	165	156
60-64	359	182	178	325	165	160
65-69	332	166	166	351	176	175
70-74	327	161	165	320	158	162
75-79	300	144	155	307	149	158
80+	…	…	…	…	…	…
80-84	218	100	118	265	123	142
85-89	198	84	114	170	73	97
90-94	119	45	74	123	47	76
95-99	45	14	31	50	16	34
100+	9	2	7	11	3	8

France

性・年齢別人口（千人）

年齢	1960 総数	男	女	1965 総数	男	女	1970 総数	男	女	1975 総数	男	女
総数	45 866	22 309	23 557	48 952	23 947	25 006	50 844	24 986	25 858	53 011	26 139	26 871
0-4	3 964	2 023	1 941	4 249	2 171	2 078	4 166	2 132	2 034	4 117	2 107	2 010
5-9	3 989	2 036	1 953	4 094	2 091	2 003	4 277	2 191	2 086	4 195	2 147	2 048
10-14	4 094	2 094	2 000	4 122	2 111	2 011	4 143	2 121	2 022	4 307	2 207	2 100
15-19	2 744	1 406	1 338	4 210	2 166	2 044	4 141	2 120	2 020	4 216	2 159	2 057
20-24	2 887	1 470	1 417	2 880	1 497	1 383	4 217	2 172	2 045	4 257	2 183	2 074
25-29	3 225	1 657	1 569	3 030	1 559	1 471	2 913	1 529	1 385	4 351	2 257	2 094
30-34	3 252	1 661	1 591	3 340	1 717	1 623	3 070	1 593	1 477	3 009	1 596	1 413
35-39	3 534	1 778	1 756	3 334	1 702	1 633	3 353	1 727	1 627	3 102	1 611	1 491
40-44	1 833	920	912	3 554	1 785	1 770	3 326	1 697	1 629	3 350	1 713	1 637
45-49	2 920	1 442	1 478	1 848	923	925	3 509	1 756	1 753	3 283	1 659	1 625
50-54	2 949	1 445	1 504	2 887	1 410	1 477	1 798	890	908	3 412	1 683	1 728
55-59	2 807	1 360	1 447	2 854	1 371	1 483	2 756	1 322	1 434	1 722	837	885
60-64	2 353	1 047	1 305	2 647	1 240	1 407	2 653	1 235	1 418	2 582	1 203	1 379
65-69	1 833	716	1 117	2 140	908	1 232	2 362	1 052	1 310	2 405	1 069	1 335
70-74	1 503	572	931	1 576	577	999	1 799	710	1 089	2 021	845	1 176
75-79	1 060	378	682	1 153	403	750	1 202	399	803	1 397	505	891
80+	919	303	616	1 033	318	715	1 160	341	818	1 286	359	927
80-84	…	…	…	…	…	…	…	…	…	…	…	…
85-89	…	…	…	…	…	…	…	…	…	…	…	…
90-94	…	…	…	…	…	…	…	…	…	…	…	…
95-99	…	…	…	…	…	…	…	…	…	…	…	…
100+	…	…	…	…	…	…	…	…	…	…	…	…

年齢	1980 総数	男	女	1985 総数	男	女	1990 総数	男	女	1995 総数	男	女
総数	54 053	26 644	27 409	55 380	27 233	28 147	56 943	27 960	28 983	58 224	28 533	29 691
0-4	3 642	1 864	1 778	3 803	1 947	1 855	3 786	1 939	1 847	3 628	1 858	1 770
5-9	4 113	2 104	2 009	3 644	1 866	1 778	3 833	1 962	1 871	3 818	1 954	1 865
10-14	4 192	2 144	2 047	4 161	2 132	2 029	3 689	1 889	1 801	3 882	1 986	1 896
15-19	4 298	2 200	2 098	4 262	2 179	2 083	4 212	2 152	2 060	3 723	1 905	1 818
20-24	4 203	2 145	2 057	4 336	2 202	2 133	4 313	2 194	2 119	4 198	2 130	2 068
25-29	4 268	2 184	2 084	4 216	2 137	2 080	4 376	2 216	2 160	4 294	2 168	2 126
30-34	4 366	2 263	2 103	4 263	2 168	2 095	4 264	2 147	2 117	4 388	2 207	2 182
35-39	3 006	1 591	1 415	4 345	2 230	2 115	4 290	2 163	2 127	4 266	2 126	2 140
40-44	3 075	1 590	1 485	2 976	1 559	1 417	4 325	2 204	2 122	4 270	2 138	2 133
45-49	3 291	1 670	1 620	3 012	1 545	1 468	2 941	1 528	1 412	4 276	2 165	2 111
50-54	3 189	1 591	1 598	3 193	1 600	1 594	2 946	1 494	1 451	2 883	1 486	1 397
55-59	3 269	1 583	1 686	3 061	1 497	1 564	3 080	1 518	1 562	2 858	1 430	1 428
60-64	1 618	764	854	3 077	1 449	1 628	2 904	1 385	1 519	2 944	1 418	1 525
65-69	2 351	1 048	1 303	1 483	672	811	2 854	1 295	1 559	2 716	1 252	1 463
70-74	2 076	864	1 212	2 072	868	1 204	1 323	568	754	2 581	1 117	1 464
75-79	1 588	604	985	1 680	639	1 041	1 718	665	1 053	1 127	452	675
80+	1 509	435	1 074	1 795	543	1 252	…	…	…	…	…	…
80-84	…	…	…	…	…	…	1 217	412	805	1 300	453	847
85-89	…	…	…	…	…	…	630	180	451	743	216	527
90-94	…	…	…	…	…	…	202	44	158	272	63	209
95-99	…	…	…	…	…	…	37	6	31	53	9	44
100+	…	…	…	…	…	…	3	1	3	5	1	4

年齢	2000 総数	男	女	2005 総数	男	女	2010 総数	男	女	2015 総数	男	女
総数	59 387	29 048	30 339	61 242	29 885	31 357	62 961	30 676	32 285	64 395	31 342	33 054
0-4	3 674	1 882	1 791	3 839	1 967	1 872	3 926	2 011	1 916	3 927	2 012	1 914
5-9	3 642	1 865	1 777	3 722	1 906	1 816	3 890	1 991	1 899	3 987	2 035	1 951
10-14	3 844	1 966	1 878	3 738	1 913	1 825	3 804	1 945	1 858	3 989	2 038	1 951
15-19	3 891	1 978	1 913	3 938	2 006	1 932	3 787	1 933	1 854	3 803	1 944	1 859
20-24	3 716	1 886	1 830	3 927	1 980	1 947	3 961	2 012	1 949	3 653	1 836	1 817
25-29	4 194	2 115	2 079	3 759	1 884	1 875	3 956	1 981	1 975	3 902	1 942	1 961
30-34	4 289	2 152	2 137	4 236	2 114	2 122	3 796	1 884	1 912	3 992	1 982	2 010
35-39	4 377	2 190	2 187	4 312	2 147	2 165	4 257	2 107	2 150	3 873	1 923	1 950
40-44	4 238	2 100	2 138	4 381	2 177	2 203	4 316	2 136	2 180	4 336	2 150	2 186
45-49	4 219	2 098	2 121	4 211	2 074	2 137	4 365	2 160	2 205	4 302	2 123	2 179
50-54	4 194	2 106	2 088	4 160	2 052	2 108	4 160	2 037	2 123	4 308	2 119	2 190
55-59	2 803	1 428	1 375	4 107	2 038	2 068	4 061	1 982	2 079	4 075	1 977	2 098
60-64	2 745	1 348	1 397	2 727	1 366	1 362	3 963	1 938	2 026	3 936	1 896	2 040
65-69	2 767	1 293	1 473	2 621	1 255	1 366	2 595	1 273	1 322	3 791	1 821	1 970
70-74	2 470	1 088	1 381	2 562	1 151	1 410	2 436	1 131	1 305	2 432	1 164	1 268
75-79	2 219	899	1 320	2 172	902	1 269	2 276	975	1 302	2 193	980	1 213
80+	…	…	…	…	…	…	…	…	…	…	…	…
80-84	874	317	556	1 768	656	1 112	1 771	681	1 090	1 892	761	1 131
85-89	821	246	575	574	183	391	1 217	399	817	1 251	436	815
90-94	333	78	255	384	94	290	289	76	213	638	180	458
95-99	74	13	61	95	17	78	120	23	98	95	20	75
100+	7	1	6	10	2	9	15	2	13	20	3	17

性・年齢別人口（千人）

年齢	2015			2020			2025			2030		
	総数	男	女	総数	男	女	総数	男	女	総数	男	女
総数	64 395	31 342	33 054	65 720	32 044	33 676	66 896	32 661	34 234	68 007	33 222	34 785
0-4	3 927	2 012	1 914	3 881	1 989	1 892	3 842	1 969	1 873	3 870	1 984	1 886
5-9	3 987	2 035	1 951	3 943	2 020	1 922	3 897	1 997	1 900	3 858	1 977	1 881
10-14	3 989	2 038	1 951	3 995	2 039	1 955	3 951	2 024	1 927	3 906	2 002	1 904
15-19	3 803	1 944	1 859	4 013	2 049	1 964	4 018	2 050	1 968	3 975	2 035	1 940
20-24	3 653	1 836	1 817	3 858	1 969	1 889	4 068	2 074	1 994	4 074	2 076	1 998
25-29	3 902	1 942	1 961	3 721	1 867	1 853	3 926	2 000	1 925	4 136	2 106	2 031
30-34	3 992	1 982	2 010	3 957	1 967	1 990	3 777	1 893	1 883	3 982	2 027	1 955
35-39	3 873	1 923	1 950	4 025	1 996	2 028	3 991	1 982	2 009	3 812	1 910	1 902
40-44	4 336	2 150	2 186	3 883	1 926	1 957	4 036	2 000	2 036	4 004	1 987	2 017
45-49	4 302	2 123	2 179	4 318	2 136	2 182	3 873	1 917	1 956	4 027	1 992	2 035
50-54	4 308	2 119	2 190	4 252	2 089	2 163	4 273	2 106	2 168	3 839	1 894	1 945
55-59	4 075	1 977	2 098	4 220	2 059	2 162	4 174	2 036	2 138	4 203	2 058	2 145
60-64	3 936	1 896	2 040	3 956	1 898	2 059	4 109	1 984	2 125	4 074	1 969	2 105
65-69	3 791	1 821	1 970	3 780	1 794	1 987	3 813	1 804	2 009	3 972	1 894	2 078
70-74	2 432	1 164	1 268	3 574	1 680	1 894	3 581	1 666	1 915	3 628	1 685	1 943
75-79	2 193	980	1 213	2 209	1 023	1 186	3 271	1 490	1 781	3 299	1 489	1 810
80+	…	…	…	…	…	…	…	…	…	…	…	…
80-84	1 892	761	1 131	1 848	782	1 067	1 881	828	1 053	2 815	1 220	1 595
85-89	1 251	436	816	1 369	503	866	1 360	528	832	1 406	570	836
90-94	638	180	458	681	205	476	768	245	523	784	264	519
95-99	95	20	75	220	50	169	245	60	186	289	74	215
100+	20	3	17	19	3	16	42	7	35	54	10	44

年齢	2035			2040			2045			2050		
	総数	男	女	総数	男	女	総数	男	女	総数	男	女
総数	69 049	33 731	35 318	69 931	34 163	35 768	70 613	34 523	36 091	71 137	34 830	36 307
0-4	3 945	2 022	1 923	3 992	2 046	1 946	3 982	2 041	1 941	3 947	2 023	1 924
5-9	3 886	1 992	1 894	3 962	2 030	1 931	4 009	2 054	1 954	3 998	2 049	1 949
10-14	3 867	1 981	1 885	3 895	1 996	1 899	3 970	2 035	1 936	4 017	2 059	1 959
15-19	3 930	2 013	1 917	3 891	1 993	1 898	3 920	2 007	1 912	3 995	2 046	1 949
20-24	4 031	2 061	1 970	3 987	2 039	1 948	3 948	2 019	1 929	3 977	2 034	1 943
25-29	4 143	2 108	2 035	4 101	2 094	2 007	4 057	2 072	1 985	4 019	2 053	1 966
30-34	4 193	2 132	2 061	4 201	2 135	2 066	4 159	2 122	2 038	4 116	2 100	2 016
35-39	4 018	2 043	1 975	4 229	2 149	2 080	4 238	2 153	2 085	4 197	2 140	2 058
40-44	3 828	1 916	1 912	4 034	2 050	1 984	4 246	2 156	2 090	4 256	2 161	2 096
45-49	3 998	1 981	2 017	3 825	1 912	1 913	4 032	2 047	1 986	4 245	2 153	2 092
50-54	3 996	1 971	2 025	3 971	1 963	2 009	3 803	1 897	1 906	4 012	2 032	1 980
55-59	3 783	1 856	1 927	3 943	1 935	2 008	3 924	1 931	1 994	3 764	1 869	1 894
60-64	4 111	1 996	2 115	3 708	1 805	1 903	3 873	1 887	1 986	3 860	1 887	1 974
65-69	3 950	1 887	2 063	3 996	1 920	2 076	3 613	1 741	1 872	3 781	1 825	1 956
70-74	3 793	1 777	2 015	3 784	1 778	2 006	3 840	1 817	2 023	3 482	1 654	1 828
75-79	3 361	1 517	1 844	3 531	1 610	1 921	3 540	1 621	1 918	3 607	1 665	1 942
80+	…	…	…	…	…	…	…	…	…	…	…	…
80-84	2 867	1 233	1 634	2 946	1 269	1 678	3 119	1 360	1 759	3 149	1 381	1 768
85-89	2 142	855	1 287	2 216	878	1 338	2 310	918	1 393	2 476	997	1 479
90-94	831	293	538	1 302	451	851	1 383	475	908	1 476	508	968
95-99	307	83	225	339	95	244	555	152	403	614	165	449
100+	68	13	55	78	15	63	90	18	73	147	29	118

年齢	2055			2060		
	総数	男	女	総数	男	女
総数	71 602	35 120	36 481	72 061	35 415	36 646
0-4	3 929	2 014	1 915	3 936	2 017	1 918
5-9	3 963	2 031	1 932	3 944	2 021	1 923
10-14	4 007	2 053	1 953	3 971	2 035	1 936
15-19	4 041	2 070	1 971	4 029	2 064	1 965
20-24	4 050	2 072	1 978	4 093	2 094	1 999
25-29	4 045	2 066	1 979	4 114	2 102	2 012
30-34	4 075	2 080	1 995	4 098	2 092	2 006
35-39	4 153	2 118	2 035	4 110	2 097	2 014
40-44	4 215	2 148	2 068	4 170	2 126	2 045
45-49	4 256	2 159	2 098	4 216	2 146	2 070
50-54	4 226	2 139	2 086	4 239	2 146	2 093
55-59	3 974	2 005	1 969	4 189	2 114	2 075
60-64	3 708	1 831	1 877	3 920	1 967	1 953
65-69	3 777	1 830	1 947	3 634	1 780	1 854
70-74	3 654	1 740	1 914	3 659	1 750	1 908
75-79	3 284	1 524	1 760	3 460	1 612	1 848
80+	…	…	…	…	…	…
80-84	3 231	1 431	1 801	2 962	1 321	1 641
85-89	2 532	1 028	1 504	2 631	1 081	1 549
90-94	1 618	566	1 053	1 693	598	1 095
95-99	682	183	499	776	212	564
100+	182	34	148	217	40	177

France

高位予測値

性・年齢別人口（千人）

年齢	2015			2020			2025			2030		
	総数	男	女	総数	男	女	総数	男	女	総数	男	女
総数	64 395	31 342	33 054	66 206	32 293	33 913	68 155	33 307	34 848	70 242	34 368	35 874
0-4	3 927	2 012	1 914	4 367	2 239	2 129	4 615	2 366	2 249	4 846	2 484	2 362
5-9	3 987	2 035	1 951	3 943	2 020	1 922	4 383	2 247	2 137	4 631	2 374	2 257
10-14	3 989	2 038	1 951	3 995	2 039	1 955	3 951	2 024	1 927	4 392	2 251	2 141
15-19	3 803	1 944	1 859	4 013	2 049	1 964	4 018	2 050	1 968	3 975	2 035	1 940
20-24	3 653	1 836	1 817	3 858	1 969	1 889	4 068	2 074	1 994	4 074	2 076	1 998
25-29	3 902	1 942	1 961	3 721	1 867	1 853	3 926	2 000	1 925	4 136	2 106	2 031
30-34	3 992	1 982	2 010	3 957	1 967	1 990	3 777	1 893	1 883	3 982	2 027	1 955
35-39	3 873	1 923	1 950	4 025	1 996	2 028	3 991	1 982	2 009	3 812	1 910	1 902
40-44	4 336	2 150	2 186	3 883	1 926	1 957	4 036	2 000	2 036	4 004	1 987	2 017
45-49	4 302	2 123	2 179	4 318	2 136	2 182	3 873	1 917	1 956	4 027	1 992	2 035
50-54	4 308	2 119	2 190	4 252	2 089	2 163	4 273	2 106	2 168	3 839	1 894	1 945
55-59	4 075	1 977	2 098	4 220	2 059	2 162	4 174	2 036	2 138	4 203	2 058	2 145
60-64	3 936	1 896	2 040	3 956	1 898	2 059	4 109	1 984	2 125	4 074	1 969	2 105
65-69	3 791	1 821	1 970	3 780	1 794	1 987	3 813	1 804	2 009	3 972	1 894	2 078
70-74	2 432	1 164	1 268	3 574	1 680	1 894	3 581	1 666	1 915	3 628	1 685	1 943
75-79	2 193	980	1 213	2 209	1 023	1 186	3 271	1 490	1 781	3 299	1 489	1 810
80+	…	…	…	…	…	…	…	…	…	…	…	…
80-84	1 892	761	1 131	1 848	782	1 067	1 881	828	1 053	2 815	1 220	1 595
85-89	1 251	436	816	1 369	503	866	1 360	528	832	1 406	570	836
90-94	638	180	458	681	205	476	768	245	523	784	264	519
95-99	95	20	75	220	50	169	245	60	186	289	74	215
100+	20	3	17	19	3	16	42	7	35	54	10	44

年齢	2035			2040			2045			2050		
	総数	男	女	総数	男	女	総数	男	女	総数	男	女
総数	72 286	35 390	36 896	74 229	36 366	37 863	76 123	37 346	38 777	78 136	38 416	39 719
0-4	4 949	2 537	2 412	5 054	2 591	2 463	5 196	2 663	2 533	5 440	2 789	2 652
5-9	4 862	2 492	2 370	4 965	2 545	2 420	5 070	2 599	2 472	5 212	2 671	2 541
10-14	4 639	2 378	2 262	4 870	2 496	2 374	4 973	2 549	2 424	5 079	2 603	2 476
15-19	4 416	2 262	2 154	4 663	2 389	2 275	4 894	2 507	2 387	4 997	2 560	2 438
20-24	4 031	2 061	1 970	4 472	2 288	2 184	4 720	2 415	2 305	4 951	2 533	2 418
25-29	4 143	2 108	2 035	4 101	2 094	2 007	4 542	2 320	2 222	4 790	2 448	2 342
30-34	4 193	2 132	2 061	4 201	2 135	2 066	4 159	2 122	2 038	4 600	2 348	2 252
35-39	4 018	2 043	1 975	4 229	2 149	2 080	4 238	2 153	2 085	4 197	2 140	2 058
40-44	3 828	1 916	1 912	4 034	2 050	1 984	4 246	2 156	2 090	4 256	2 161	2 096
45-49	3 998	1 981	2 017	3 825	1 912	1 913	4 032	2 047	1 986	4 245	2 153	2 092
50-54	3 996	1 971	2 025	3 971	1 963	2 009	3 803	1 897	1 906	4 012	2 032	1 980
55-59	3 783	1 856	1 927	3 943	1 935	2 008	3 924	1 931	1 994	3 764	1 869	1 894
60-64	4 111	1 996	2 115	3 708	1 805	1 903	3 873	1 887	1 986	3 860	1 887	1 974
65-69	3 950	1 887	2 063	3 996	1 920	2 076	3 613	1 741	1 872	3 781	1 825	1 956
70-74	3 793	1 777	2 015	3 784	1 778	2 006	3 840	1 817	2 023	3 482	1 654	1 828
75-79	3 361	1 517	1 844	3 531	1 610	1 921	3 540	1 621	1 918	3 607	1 665	1 942
80+	…	…	…	…	…	…	…	…	…	…	…	…
80-84	2 867	1 233	1 634	2 946	1 269	1 678	3 119	1 360	1 759	3 149	1 381	1 768
85-89	2 142	855	1 287	2 216	878	1 338	2 310	918	1 393	2 476	997	1 479
90-94	831	293	538	1 302	451	851	1 383	475	908	1 476	508	968
95-99	307	83	225	339	95	244	555	152	403	614	165	449
100+	68	13	55	78	15	63	90	18	73	147	29	118

年齢	2055			2060		
	総数	男	女	総数	男	女
総数	80 405	39 631	40 774	82 907	40 972	41 935
0-4	5 737	2 941	2 796	5 984	3 068	2 917
5-9	5 456	2 796	2 659	5 752	2 948	2 804
10-14	5 220	2 675	2 545	5 463	2 800	2 663
15-19	5 102	2 614	2 488	5 242	2 686	2 557
20-24	5 052	2 585	2 467	5 153	2 637	2 516
25-29	5 018	2 565	2 453	5 115	2 615	2 500
30-34	4 845	2 474	2 371	5 070	2 589	2 480
35-39	4 635	2 365	2 271	4 879	2 490	2 389
40-44	4 215	2 148	2 068	4 652	2 372	2 280
45-49	4 256	2 159	2 098	4 216	2 146	2 070
50-54	4 226	2 139	2 086	4 239	2 146	2 093
55-59	3 974	2 005	1 969	4 189	2 114	2 075
60-64	3 708	1 831	1 877	3 920	1 967	1 953
65-69	3 777	1 830	1 947	3 634	1 780	1 854
70-74	3 654	1 740	1 914	3 659	1 750	1 908
75-79	3 284	1 524	1 760	3 460	1 612	1 848
80+	…	…	…	…	…	…
80-84	3 231	1 431	1 801	2 962	1 321	1 641
85-89	2 532	1 028	1 504	2 631	1 081	1 549
90-94	1 618	566	1 053	1 693	598	1 095
95-99	682	183	499	776	212	564
100+	182	34	148	217	40	177

性・年齢別人口（千人）

年齢	2015			2020			2025			2030		
	総数	男	女	総数	男	女	総数	男	女	総数	男	女
総数	64 395	31 342	33 054	65 234	31 795	33 439	65 637	32 016	33 621	65 773	32 077	33 696
0-4	3 927	2 012	1 914	3 395	1 740	1 655	3 069	1 573	1 496	2 894	1 483	1 411
5-9	3 987	2 035	1 951	3 943	2 020	1 922	3 411	1 748	1 663	3 085	1 581	1 504
10-14	3 989	2 038	1 951	3 995	2 039	1 955	3 951	2 024	1 927	3 420	1 753	1 667
15-19	3 803	1 944	1 859	4 013	2 049	1 964	4 018	2 050	1 968	3 975	2 035	1 940
20-24	3 653	1 836	1 817	3 858	1 969	1 889	4 068	2 074	1 994	4 074	2 076	1 998
25-29	3 902	1 942	1 961	3 721	1 867	1 853	3 926	2 000	1 925	4 136	2 106	2 031
30-34	3 992	1 982	2 010	3 957	1 967	1 990	3 777	1 893	1 883	3 982	2 027	1 955
35-39	3 873	1 923	1 950	4 025	1 996	2 028	3 991	1 982	2 009	3 812	1 910	1 902
40-44	4 336	2 150	2 186	3 883	1 926	1 957	4 036	2 000	2 036	4 004	1 987	2 017
45-49	4 302	2 123	2 179	4 318	2 136	2 182	3 873	1 917	1 956	4 027	1 992	2 035
50-54	4 308	2 119	2 190	4 252	2 089	2 163	4 273	2 106	2 168	3 839	1 894	1 945
55-59	4 075	1 977	2 098	4 220	2 059	2 162	4 174	2 036	2 138	4 203	2 058	2 145
60-64	3 936	1 896	2 040	3 956	1 898	2 059	4 109	1 984	2 125	4 074	1 969	2 105
65-69	3 791	1 821	1 970	3 780	1 794	1 987	3 813	1 804	2 009	3 972	1 894	2 078
70-74	2 432	1 164	1 268	3 574	1 680	1 894	3 581	1 666	1 915	3 628	1 685	1 943
75-79	2 193	980	1 213	2 209	1 023	1 186	3 271	1 490	1 781	3 299	1 489	1 810
80+	...	...	...	...	...	...	...	...	...	...	...	...
80-84	1 892	761	1 131	1 848	782	1 067	1 881	828	1 053	2 815	1 220	1 595
85-89	1 251	436	816	1 369	503	866	1 360	528	832	1 406	570	836
90-94	638	180	458	681	205	476	768	245	523	784	264	519
95-99	95	20	75	220	50	169	245	60	186	289	74	215
100+	20	3	17	19	3	16	42	7	35	54	10	44

年齢	2035			2040			2045			2050		
	総数	男	女	総数	男	女	総数	男	女	総数	男	女
総数	65 814	32 073	33 742	65 657	31 972	33 685	65 210	31 753	33 457	64 443	31 400	33 044
0-4	2 944	1 509	1 435	2 951	1 513	1 438	2 851	1 461	1 389	2 654	1 360	1 294
5-9	2 911	1 492	1 419	2 961	1 518	1 444	2 968	1 521	1 447	2 867	1 470	1 398
10-14	3 094	1 585	1 509	2 920	1 496	1 424	2 970	1 522	1 448	2 977	1 525	1 451
15-19	3 445	1 764	1 681	3 119	1 597	1 522	2 945	1 508	1 437	2 995	1 534	1 462
20-24	4 031	2 061	1 970	3 502	1 791	1 711	3 177	1 624	1 553	3 003	1 535	1 468
25-29	4 143	2 108	2 035	4 101	2 094	2 007	3 573	1 824	1 749	3 249	1 658	1 590
30-34	4 193	2 132	2 061	4 201	2 135	2 066	4 159	2 122	2 038	3 632	1 853	1 780
35-39	4 018	2 043	1 975	4 229	2 149	2 080	4 238	2 153	2 085	4 197	2 140	2 058
40-44	3 828	1 916	1 912	4 034	2 050	1 984	4 246	2 156	2 090	4 256	2 161	2 096
45-49	3 998	1 981	2 017	3 825	1 912	1 913	4 032	2 047	1 986	4 245	2 153	2 092
50-54	3 996	1 971	2 025	3 971	1 963	2 009	3 803	1 897	1 906	4 012	2 032	1 980
55-59	3 783	1 856	1 927	3 943	1 935	2 008	3 924	1 931	1 994	3 764	1 869	1 894
60-64	4 111	1 996	2 115	3 708	1 805	1 903	3 873	1 887	1 986	3 860	1 887	1 974
65-69	3 950	1 887	2 063	3 996	1 920	2 076	3 613	1 741	1 872	3 781	1 825	1 956
70-74	3 793	1 777	2 015	3 784	1 778	2 006	3 840	1 817	2 023	3 482	1 654	1 828
75-79	3 361	1 517	1 844	3 531	1 610	1 921	3 540	1 621	1 918	3 607	1 665	1 942
80+	...	...	...	...	...	...	...	...	...	...	...	...
80-84	2 867	1 233	1 634	2 946	1 269	1 678	3 119	1 360	1 759	3 149	1 381	1 768
85-89	2 142	855	1 287	2 216	878	1 338	2 310	918	1 393	2 476	997	1 479
90-94	831	293	538	1 302	451	851	1 383	475	908	1 476	508	968
95-99	307	83	225	339	95	244	555	152	403	614	165	449
100+	68	13	55	78	15	63	90	18	73	147	29	118

年齢	2055			2060		
	総数	男	女	総数	男	女
総数	63 434	30 935	32 498	62 279	30 403	31 875
0-4	2 450	1 256	1 194	2 315	1 186	1 128
5-9	2 670	1 368	1 302	2 465	1 263	1 202
10-14	2 876	1 474	1 402	2 678	1 372	1 306
15-19	3 001	1 536	1 464	2 899	1 484	1 414
20-24	3 051	1 560	1 491	3 053	1 561	1 492
25-29	3 072	1 568	1 504	3 116	1 591	1 525
30-34	3 306	1 686	1 620	3 126	1 594	1 532
35-39	3 670	1 871	1 799	3 342	1 703	1 638
40-44	4 215	2 148	2 068	3 688	1 879	1 809
45-49	4 256	2 159	2 098	4 216	2 146	2 070
50-54	4 226	2 139	2 086	4 239	2 146	2 093
55-59	3 974	2 005	1 969	4 189	2 114	2 075
60-64	3 708	1 831	1 877	3 920	1 967	1 953
65-69	3 777	1 830	1 947	3 634	1 780	1 854
70-74	3 654	1 740	1 914	3 659	1 750	1 908
75-79	3 284	1 524	1 760	3 460	1 612	1 848
80+	...	...	...	...	...	...
80-84	3 231	1 431	1 801	2 962	1 321	1 641
85-89	2 532	1 028	1 504	2 631	1 081	1 549
90-94	1 618	566	1 053	1 693	598	1 095
95-99	682	183	499	776	212	564
100+	182	34	148	217	40	177

French Guiana

性・年齢別人口（千人）

年齢	1960 総数	男	女	1965 総数	男	女	1970 総数	男	女	1975 総数	男	女
総数	32	16	16	39	20	19	48	25	23	56	28	28
0-4	5	2	2	6	3	3	7	3	3	8	4	4
5-9	4	2	2	5	3	3	6	3	3	7	4	4
10-14	3	2	2	4	2	2	5	3	3	7	3	3
15-19	2	1	1	3	2	2	4	2	2	6	3	3
20-24	2	1	1	3	1	1	4	2	2	4	2	2
25-29	2	1	1	3	1	1	3	2	2	5	2	2
30-34	2	1	1	2	1	1	3	2	1	4	2	2
35-39	2	1	1	2	1	1	3	2	1	3	2	2
40-44	2	1	1	2	1	1	3	1	1	3	2	1
45-49	2	1	1	2	1	1	2	1	1	2	1	1
50-54	2	1	1	2	1	1	2	1	1	2	1	1
55-59	1	1	1	1	1	1	1	1	1	2	1	1
60-64	1	1	1	1	1	0	1	1	1	1	1	1
65-69	1	0	0	1	0	0	1	0	1	1	0	1
70-74	1	0	0	1	0	0	1	0	0	1	0	0
75-79	0	0	0	0	0	0	0	0	0	1	0	0
80+	0	0	0	0	0	0	0	0	0	0	0	0
80-84	…	…	…	…	…	…	…	…	…	…	…	…
85-89	…	…	…	…	…	…	…	…	…	…	…	…
90-94	…	…	…	…	…	…	…	…	…	…	…	…
95-99	…	…	…	…	…	…	…	…	…	…	…	…
100+	…	…	…	…	…	…	…	…	…	…	…	…

年齢	1980 総数	男	女	1985 総数	男	女	1990 総数	男	女	1995 総数	男	女
総数	67	35	32	86	45	41	116	60	55	137	71	66
0-4	8	4	4	9	5	5	15	8	8	20	10	10
5-9	8	4	4	10	5	5	13	6	6	16	8	8
10-14	7	4	4	9	5	5	13	6	6	13	7	7
15-19	7	3	3	8	4	4	10	5	5	13	7	6
20-24	6	4	3	9	5	4	9	5	5	10	5	4
25-29	6	3	3	7	4	3	11	6	5	11	5	5
30-34	5	3	3	8	4	4	10	5	5	13	6	6
35-39	4	2	2	6	3	2	10	5	5	10	5	5
40-44	4	2	2	5	3	2	7	4	3	10	5	5
45-49	3	2	1	4	2	2	5	3	2	7	4	3
50-54	2	1	1	3	1	1	4	2	2	5	3	2
55-59	2	1	1	3	1	1	3	1	1	4	2	2
60-64	1	1	1	2	1	1	2	1	1	2	1	1
65-69	1	1	1	1	1	1	1	1	1	2	1	1
70-74	1	0	0	1	1	1	1	1	1	1	1	1
75-79	1	0	0	1	0	0	1	0	1	1	0	0
80+	0	0	0	1	0	0	…	…	…	…	…	…
80-84	…	…	…	…	…	…	0	0	0	1	0	0
85-89	…	…	…	…	…	…	0	0	0	0	0	0
90-94	…	…	…	…	…	…	0	0	0	0	0	0
95-99	…	…	…	…	…	…	0	0	0	0	0	0
100+	…	…	…	…	…	…	0	0	0	0	0	0

年齢	2000 総数	男	女	2005 総数	男	女	2010 総数	男	女	2015 総数	男	女
総数	163	84	79	203	101	103	234	117	117	269	134	134
0-4	22	11	11	27	14	13	31	16	15	33	17	16
5-9	20	10	10	24	12	12	27	14	13	31	16	15
10-14	17	9	8	22	11	11	24	12	12	28	14	13
15-19	13	7	6	18	9	9	20	10	10	24	12	12
20-24	12	7	6	15	7	8	17	8	8	21	11	10
25-29	11	6	6	14	7	7	17	8	9	18	9	9
30-34	13	6	7	16	7	9	18	9	9	18	8	10
35-39	13	7	6	16	7	8	18	9	9	19	9	10
40-44	10	6	5	13	7	6	15	8	8	18	9	9
45-49	10	5	5	11	6	6	12	6	6	16	8	8
50-54	7	4	3	9	5	5	10	5	5	13	6	6
55-59	5	3	2	6	3	3	8	4	4	10	5	5
60-64	4	2	2	5	2	2	5	3	3	8	4	4
65-69	2	1	1	2	1	1	4	2	2	5	3	2
70-74	2	1	1	2	1	1	2	1	1	4	2	2
75-79	1	0	0	2	1	1	2	1	1	2	1	1
80+	…	…	…	…	…	…	…	…	…	…	…	…
80-84	1	0	0	1	0	0	1	1	1	1	0	1
85-89	0	0	0	0	0	0	1	0	0	1	0	1
90-94	0	0	0	0	0	0	0	0	0	0	0	0
95-99	0	0	0	0	0	0	0	0	0	0	0	0
100+	0	0	0	0	0	0	0	0	0	0	0	0

中位予測値

フランス領ギアナ

性・年齢別人口（千人）

年齢	2015			2020			2025			2030		
	総数	男	女	総数	男	女	総数	男	女	総数	男	女
総数	269	134	134	304	152	152	341	171	171	381	190	190
0-4	33	17	16	34	17	17	36	18	18	39	20	19
5-9	31	16	15	33	17	16	34	17	17	36	19	18
10-14	28	14	13	31	16	15	33	17	16	34	17	17
15-19	24	12	12	28	14	14	31	16	15	33	17	16
20-24	21	11	10	25	13	12	29	15	14	32	16	16
25-29	18	9	9	22	11	11	26	13	13	30	15	15
30-34	18	8	10	19	9	9	23	12	11	27	14	13
35-39	19	9	10	19	9	10	19	10	10	24	12	12
40-44	18	9	9	19	9	10	19	9	10	20	10	10
45-49	16	8	8	18	9	9	19	9	10	19	9	10
50-54	13	6	6	16	8	8	18	9	9	20	9	10
55-59	10	5	5	12	6	6	16	8	8	18	9	9
60-64	8	4	4	10	5	5	12	6	6	15	7	8
65-69	5	3	2	8	4	4	10	5	5	12	6	6
70-74	4	2	2	5	2	2	7	3	4	9	4	5
75-79	2	1	1	3	1	2	4	2	2	6	3	3
80+	…	…	…	…	…	…	…	…	…	…	…	…
80-84	1	0	1	1	1	1	3	1	2	3	1	2
85-89	1	0	1	1	0	1	1	0	1	2	1	1
90-94	0	0	0	0	0	0	0	0	0	0	0	0
95-99	0	0	0	0	0	0	0	0	0	0	0	0
100+	0	0	0	0	0	0	0	0	0	0	0	0

年齢	2035			2040			2045			2050		
	総数	男	女	総数	男	女	総数	男	女	総数	男	女
総数	422	211	211	463	232	232	505	253	252	546	273	273
0-4	42	21	20	44	22	21	46	23	22	47	24	23
5-9	39	20	19	42	21	20	44	23	22	46	23	22
10-14	36	19	18	39	20	19	42	22	21	44	23	22
15-19	35	18	17	37	19	18	40	20	19	42	22	21
20-24	34	17	17	35	18	17	38	19	18	40	21	20
25-29	33	17	16	35	18	17	36	19	18	39	20	19
30-34	31	16	15	34	17	17	36	18	18	37	19	18
35-39	28	14	14	31	16	15	35	18	17	37	19	18
40-44	24	12	12	28	14	14	32	16	16	35	18	17
45-49	20	10	10	24	12	12	29	14	14	32	16	16
50-54	19	9	10	20	10	10	24	12	12	29	15	14
55-59	19	9	10	19	9	10	20	10	10	24	12	12
60-64	18	9	9	19	9	10	19	9	10	20	10	10
65-69	15	7	8	17	8	9	19	9	10	19	9	10
70-74	11	5	6	14	7	7	17	8	9	18	8	10
75-79	8	4	5	10	5	5	13	6	7	15	7	8
80+	…	…	…	…	…	…	…	…	…	…	…	…
80-84	5	2	3	7	3	4	8	4	5	11	5	6
85-89	2	1	1	4	2	2	5	2	3	6	3	4
90-94	1	0	1	1	0	1	2	1	1	3	1	2
95-99	0	0	0	0	0	0	1	0	0	1	0	1
100+	0	0	0	0	0	0	0	0	0	0	0	0

年齢	2055			2060		
	総数	男	女	総数	男	女
総数	586	293	293	626	313	312
0-4	48	24	23	49	25	24
5-9	47	24	23	48	25	23
10-14	46	23	22	47	24	23
15-19	45	23	22	46	24	23
20-24	43	22	21	45	23	22
25-29	42	21	20	44	23	22
30-34	40	20	19	42	22	21
35-39	38	19	19	40	20	20
40-44	37	19	18	38	20	19
45-49	36	18	18	37	19	18
50-54	32	16	16	36	18	18
55-59	29	14	14	32	16	16
60-64	24	12	12	28	14	14
65-69	19	9	10	24	12	12
70-74	18	8	10	19	9	10
75-79	17	8	9	17	7	9
80+	…	…	…	…	…	…
80-84	13	6	7	15	6	8
85-89	8	3	5	10	4	6
90-94	4	1	2	5	2	3
95-99	1	0	1	2	1	1
100+	0	0	0	0	0	0

性・年齢別人口（千人）

年齢	2015			2020			2025			2030		
	総数	男	女	総数	男	女	総数	男	女	総数	男	女
総数	269	134	134	307	153	153	349	174	174	394	197	197
0-4	33	17	16	36	19	18	41	21	20	45	23	22
5-9	31	16	15	33	17	16	37	19	18	41	21	20
10-14	28	14	13	31	16	15	33	17	16	37	19	18
15-19	24	12	12	28	14	14	31	16	15	33	17	16
20-24	21	11	10	25	13	12	29	15	14	32	16	16
25-29	18	9	9	22	11	11	26	13	13	30	15	15
30-34	18	8	10	19	9	9	23	12	11	27	14	13
35-39	19	9	10	19	9	10	19	10	10	24	12	12
40-44	18	9	9	19	9	10	19	9	10	20	10	10
45-49	16	8	8	18	9	9	19	9	10	19	9	10
50-54	13	6	6	16	8	8	18	9	9	20	9	10
55-59	10	5	5	12	6	6	16	8	8	18	9	9
60-64	8	4	4	10	5	5	12	6	6	15	7	8
65-69	5	3	2	8	4	4	10	5	5	12	6	6
70-74	4	2	2	5	2	2	7	3	4	9	4	5
75-79	2	1	1	3	1	2	4	2	2	6	3	3
80+	…	…	…	…	…	…	…	…	…	…	…	…
80-84	1	0	1	1	1	1	3	1	2	3	1	2
85-89	1	0	1	1	0	1	1	0	1	2	1	1
90-94	0	0	0	0	0	0	0	0	0	0	0	0
95-99	0	0	0	0	0	0	0	0	0	0	0	0
100+	0	0	0	0	0	0	0	0	0	0	0	0

年齢	2035			2040			2045			2050		
	総数	男	女	総数	男	女	総数	男	女	総数	男	女
総数	443	222	221	493	247	246	545	273	272	599	300	299
0-4	49	25	24	53	27	26	56	29	27	60	30	29
5-9	46	23	22	49	25	24	53	27	26	56	29	27
10-14	41	21	20	46	23	22	49	25	24	53	27	26
15-19	37	19	18	41	21	20	46	24	23	50	25	24
20-24	34	17	17	38	19	19	42	22	21	47	24	23
25-29	33	17	16	35	18	17	39	20	19	43	22	21
30-34	31	16	15	34	17	17	36	18	18	40	20	20
35-39	28	14	14	31	16	15	35	18	17	37	19	18
40-44	24	12	12	28	14	14	32	16	16	35	18	17
45-49	20	10	10	24	12	12	29	14	14	32	16	16
50-54	19	9	10	20	10	10	24	12	12	29	15	14
55-59	19	9	10	19	9	10	20	10	10	24	12	12
60-64	18	9	9	19	9	10	19	9	10	20	10	10
65-69	15	7	8	17	8	9	19	9	10	19	9	10
70-74	11	5	6	14	7	7	17	8	9	18	8	10
75-79	8	4	5	10	5	5	13	6	7	15	7	8
80+	…	…	…	…	…	…	…	…	…	…	…	…
80-84	5	2	3	7	3	4	8	4	5	11	5	6
85-89	2	1	1	4	2	2	5	2	3	6	3	4
90-94	1	0	1	1	0	1	2	1	1	3	1	2
95-99	0	0	0	0	0	0	1	0	0	1	0	1
100+	0	0	0	0	0	0	0	0	0	0	0	0

年齢	2055			2060		
	総数	男	女	総数	男	女
総数	655	329	326	713	358	355
0-4	63	32	31	67	35	33
5-9	60	31	29	64	33	31
10-14	56	29	28	60	31	29
15-19	53	27	26	57	29	28
20-24	51	26	25	54	28	26
25-29	48	24	24	52	26	25
30-34	44	22	22	49	25	24
35-39	41	21	20	45	23	22
40-44	37	19	18	41	21	20
45-49	36	18	18	37	19	18
50-54	32	16	16	36	18	18
55-59	29	14	14	32	16	16
60-64	24	12	12	28	14	14
65-69	19	9	10	24	12	12
70-74	18	8	10	19	9	10
75-79	17	8	9	17	7	9
80+	…	…	…	…	…	…
80-84	13	6	7	15	6	8
85-89	8	3	5	10	4	6
90-94	4	1	2	5	2	3
95-99	1	0	1	2	1	1
100+	0	0	0	0	0	0

フランス領ギアナ

性・年齢別人口（千人）

年齢	2015			2020			2025			2030		
	総数	男	女	総数	男	女	総数	男	女	総数	男	女
総数	269	134	134	302	151	151	334	167	167	367	183	184
0-4	33	17	16	31	16	15	31	16	15	32	17	16
5-9	31	16	15	33	17	16	31	16	15	32	16	15
10-14	28	14	13	31	16	15	33	17	16	32	16	15
15-19	24	12	12	28	14	14	31	16	15	33	17	16
20-24	21	11	10	25	13	12	29	15	14	32	16	16
25-29	18	9	9	22	11	11	26	13	13	30	15	15
30-34	18	8	10	19	9	9	23	12	11	27	14	13
35-39	19	9	10	19	9	10	19	10	10	24	12	12
40-44	18	9	9	19	9	10	19	9	10	20	10	10
45-49	16	8	8	18	9	9	19	9	10	19	9	10
50-54	13	6	6	16	8	8	18	9	9	20	9	10
55-59	10	5	5	12	6	6	16	8	8	18	9	9
60-64	8	4	4	10	5	5	12	6	6	15	7	8
65-69	5	3	2	8	4	4	10	5	5	12	6	6
70-74	4	2	2	5	2	2	7	3	4	9	4	5
75-79	2	1	1	3	1	2	4	2	2	6	3	3
80+	…	…	…	…	…	…	…	…	…	…	…	…
80-84	1	0	1	1	1	1	3	1	2	3	1	2
85-89	1	0	1	1	0	1	1	0	1	2	1	1
90-94	0	0	0	0	0	0	0	0	0	0	0	0
95-99	0	0	0	0	0	0	0	0	0	0	0	0
100+	0	0	0	0	0	0	0	0	0	0	0	0

年齢	2035			2040			2045			2050		
	総数	男	女	総数	男	女	総数	男	女	総数	男	女
総数	400	200	200	434	217	217	466	232	233	495	247	248
0-4	34	18	17	35	18	17	36	18	17	35	18	17
5-9	33	17	16	35	18	17	36	18	17	36	18	18
10-14	32	16	16	33	17	16	35	18	17	36	18	18
15-19	32	16	16	32	16	16	33	17	16	35	18	17
20-24	34	17	17	33	17	16	33	17	16	34	17	17
25-29	33	17	16	35	18	17	34	17	17	34	17	17
30-34	31	16	15	34	17	17	36	18	18	35	18	17
35-39	28	14	14	31	16	15	35	18	17	37	19	18
40-44	24	12	12	28	14	14	32	16	16	35	18	17
45-49	20	10	10	24	12	12	29	14	14	32	16	16
50-54	19	9	10	20	10	10	24	12	12	29	15	14
55-59	19	9	10	19	9	10	20	10	10	24	12	12
60-64	18	9	9	19	9	10	19	9	10	20	10	10
65-69	15	7	8	17	8	9	19	9	10	19	9	10
70-74	11	5	6	14	7	7	17	8	9	18	8	10
75-79	8	4	5	10	5	5	13	6	7	15	7	8
80+	…	…	…	…	…	…	…	…	…	…	…	…
80-84	5	2	3	7	3	4	8	4	5	11	5	6
85-89	2	1	1	4	2	2	5	2	3	6	3	4
90-94	1	0	1	1	0	1	2	1	1	3	1	2
95-99	0	0	0	0	0	0	1	0	0	1	0	1
100+	0	0	0	0	0	0	0	0	0	0	0	0

年齢	2055			2060		
	総数	男	女	総数	男	女
総数	522	260	261	546	273	273
0-4	34	18	17	34	17	16
5-9	35	18	17	34	18	17
10-14	36	18	18	35	18	17
15-19	36	18	18	36	19	18
20-24	36	18	18	37	19	18
25-29	35	18	17	37	19	18
30-34	35	18	17	36	18	18
35-39	35	18	17	36	18	17
40-44	37	19	18	36	18	18
45-49	36	18	18	37	19	18
50-54	32	16	16	36	18	18
55-59	29	14	14	32	16	16
60-64	24	12	12	28	14	14
65-69	19	9	10	24	12	12
70-74	18	8	10	19	9	10
75-79	17	8	9	17	7	9
80+	…	…	…	…	…	…
80-84	13	6	7	15	6	8
85-89	8	3	5	10	4	6
90-94	4	1	2	5	2	3
95-99	1	0	1	2	1	1
100+	0	0	0	0	0	0

性・年齢別人口（千人）

年齢	1960			1965			1970			1975		
	総数	男	女	総数	男	女	総数	男	女	総数	男	女
総数	78	40	38	93	48	46	110	57	54	131	67	63
0-4	13	7	7	16	8	8	19	10	9	19	10	10
5-9	12	6	6	14	7	7	17	8	8	20	10	10
10-14	8	4	4	13	6	6	15	7	7	17	8	8
15-19	8	4	4	8	4	4	11	5	5	15	8	7
20-24	6	3	3	8	4	4	8	4	4	11	6	6
25-29	6	3	3	6	3	3	8	4	4	8	4	4
30-34	5	3	2	6	3	3	7	4	3	8	4	4
35-39	4	2	2	5	3	2	7	3	3	7	4	3
40-44	3	2	1	4	2	2	5	3	2	7	3	3
45-49	4	2	2	3	2	1	4	2	2	5	3	2
50-54	3	2	1	4	2	2	3	2	1	4	2	2
55-59	2	1	1	3	1	1	3	2	1	3	2	1
60-64	1	1	1	2	1	1	2	1	1	3	1	1
65-69	1	1	0	1	1	0	1	1	1	2	1	1
70-74	1	0	0	1	0	0	1	0	0	1	1	1
75-79	0	0	0	1	0	0	0	0	0	1	0	0
80+	0	0	0	0	0	0	0	0	0	0	0	0
80-84	...	...	...	...	...	...	...	...	...	...	...	...
85-89	...	...	...	...	...	...	...	...	...	...	...	...
90-94	...	...	...	...	...	...	...	...	...	...	...	...
95-99	...	...	...	...	...	...	...	...	...	...	...	...
100+	...	...	...	...	...	...	...	...	...	...	...	...

年齢	1980			1985			1990			1995		
	総数	男	女	総数	男	女	総数	男	女	総数	男	女
総数	152	79	73	175	92	84	198	103	95	215	112	103
0-4	21	11	10	22	11	11	27	14	13	24	12	12
5-9	20	10	10	20	10	10	23	12	11	27	14	13
10-14	20	10	10	21	11	10	20	10	10	23	12	11
15-19	17	9	8	21	11	10	20	10	10	20	10	9
20-24	15	8	7	17	9	8	21	11	10	20	10	9
25-29	12	6	6	15	8	7	17	9	8	20	11	10
30-34	9	5	4	14	7	7	15	8	7	18	9	9
35-39	9	5	4	9	5	4	13	7	6	15	8	7
40-44	7	4	3	10	5	4	9	5	4	13	7	6
45-49	6	3	3	6	3	3	9	5	4	9	5	4
50-54	5	2	2	7	4	3	6	3	3	8	5	4
55-59	4	2	2	4	2	2	6	3	3	6	3	3
60-64	2	1	1	4	2	2	4	2	2	5	3	2
65-69	2	1	1	2	1	1	3	1	2	3	2	2
70-74	1	1	1	2	1	1	1	1	1	2	1	1
75-79	1	0	0	1	0	0	1	1	1	1	0	1
80+	0	0	0	1	0	0	...	...	...	...	...	...
80-84	...	...	...	...	...	...	0	0	0	1	0	1
85-89	...	...	...	...	...	...	0	0	0	0	0	0
90-94	...	...	...	...	...	...	0	0	0	0	0	0
95-99	...	...	...	...	...	...	0	0	0	0	0	0
100+	...	...	...	...	...	...	0	0	0	0	0	0

年齢	2000			2005			2010			2015		
	総数	男	女	総数	男	女	総数	男	女	総数	男	女
総数	237	122	115	255	131	124	268	137	131	283	144	138
0-4	23	12	11	22	11	11	17	9	8	23	12	11
5-9	24	13	12	24	12	12	23	11	11	17	9	8
10-14	28	14	13	25	13	12	24	12	11	23	11	11
15-19	23	11	12	27	14	13	25	13	12	23	12	11
20-24	18	9	8	22	11	11	24	12	12	25	13	12
25-29	20	10	10	19	10	9	21	11	11	24	12	12
30-34	21	11	10	20	10	10	20	10	10	21	10	11
35-39	19	10	9	21	11	10	21	10	10	20	10	10
40-44	15	8	7	19	10	9	21	11	10	20	10	10
45-49	13	7	6	15	8	7	18	9	9	21	11	10
50-54	9	5	4	13	7	6	15	8	7	18	9	8
55-59	8	4	4	9	4	4	12	6	6	15	8	7
60-64	6	3	3	7	4	4	8	4	4	11	6	6
65-69	4	2	2	5	3	3	7	4	3	8	4	4
70-74	3	1	1	4	2	2	5	3	2	6	3	3
75-79	2	1	1	2	1	1	3	2	2	4	2	2
80+	...	...	...	...	...	...	...	...	...	...	...	...
80-84	1	0	0	1	0	1	2	1	1	2	1	1
85-89	0	0	0	0	0	0	1	0	0	1	0	1
90-94	0	0	0	0	0	0	0	0	0	0	0	0
95-99	0	0	0	0	0	0	0	0	0	0	0	0
100+	0	0	0	0	0	0	0	0	0	0	0	0

性・年齢別人口（千人）

年齢	2015			2020			2025			2030		
	総数	男	女	総数	男	女	総数	男	女	総数	男	女
総数	283	144	138	296	151	146	303	154	150	313	158	154
0-4	23	12	11	22	11	11	21	11	10	20	10	10
5-9	17	9	8	23	12	11	22	11	11	21	11	10
10-14	23	11	11	17	9	8	22	11	11	22	11	11
15-19	23	12	11	23	11	11	17	9	8	22	11	11
20-24	25	13	12	23	12	11	22	11	11	17	9	8
25-29	24	12	12	25	13	12	22	11	11	22	11	11
30-34	21	10	11	24	12	12	24	12	12	22	11	11
35-39	20	10	10	21	10	11	23	12	11	24	12	12
40-44	20	10	10	20	10	10	20	10	10	23	12	11
45-49	21	11	10	20	10	10	20	10	10	20	10	10
50-54	18	9	8	21	11	10	20	10	10	19	10	9
55-59	15	8	7	17	9	8	20	10	10	19	10	10
60-64	11	6	6	14	7	7	16	8	8	19	10	9
65-69	8	4	4	11	5	5	13	7	6	15	8	8
70-74	6	3	3	7	3	3	9	5	5	12	6	6
75-79	4	2	2	5	2	3	6	3	3	8	4	4
80+	…	…	…	…	…	…	…	…	…	…	…	…
80-84	2	1	1	3	1	2	4	2	2	4	2	2
85-89	1	0	1	1	1	1	2	1	1	2	1	1
90-94	0	0	0	0	0	0	1	0	0	1	0	0
95-99	0	0	0	0	0	0	0	0	0	0	0	0
100+	0	0	0	0	0	0	0	0	0	0	0	0

年齢	2035			2040			2045			2050		
	総数	男	女	総数	男	女	総数	男	女	総数	男	女
総数	320	161	158	325	164	161	328	165	163	330	166	164
0-4	19	10	9	18	9	9	18	9	9	18	9	9
5-9	20	10	10	19	10	9	18	9	9	18	9	9
10-14	21	11	10	20	10	10	19	10	9	18	9	9
15-19	22	11	11	21	11	10	20	10	10	19	9	9
20-24	22	11	11	22	11	11	21	11	10	20	10	10
25-29	16	9	8	22	11	11	22	11	11	21	11	10
30-34	21	11	11	16	8	8	22	11	11	22	11	11
35-39	22	11	11	21	11	11	16	8	8	22	11	11
40-44	24	12	12	22	11	11	21	11	11	16	8	8
45-49	23	12	11	24	12	11	22	11	11	21	11	10
50-54	20	10	10	23	11	11	23	12	11	22	11	11
55-59	19	10	9	20	10	10	22	11	11	23	12	11
60-64	18	9	9	18	9	9	19	9	10	22	11	11
65-69	18	9	9	18	9	9	17	9	9	18	9	9
70-74	14	7	7	17	8	8	16	8	8	16	8	8
75-79	10	5	5	12	6	6	15	7	7	15	7	8
80+	…	…	…	…	…	…	…	…	…	…	…	…
80-84	6	3	3	8	4	4	10	5	5	12	6	6
85-89	3	1	2	4	2	2	5	2	3	7	3	4
90-94	1	0	1	1	1	1	2	1	1	3	1	2
95-99	0	0	0	0	0	0	1	0	0	1	0	1
100+	0	0	0	0	0	0	0	0	0	0	0	0

年齢	2055			2060		
	総数	男	女	総数	男	女
総数	331	167	164	331	167	164
0-4	17	9	8	17	9	8
5-9	18	9	9	17	9	8
10-14	17	9	9	18	9	9
15-19	18	9	9	17	9	9
20-24	18	9	9	18	9	9
25-29	19	10	9	18	9	9
30-34	20	10	10	19	10	9
35-39	22	11	11	20	10	10
40-44	22	11	11	21	11	10
45-49	16	8	8	22	11	11
50-54	21	10	10	16	8	8
55-59	21	11	10	21	10	10
60-64	22	11	11	21	11	10
65-69	21	10	10	22	11	11
70-74	17	8	9	20	10	10
75-79	15	7	7	16	8	8
80+	…	…	…	…	…	…
80-84	12	6	6	12	6	6
85-89	9	4	5	9	4	5
90-94	4	2	2	5	2	3
95-99	1	0	1	2	1	1
100+	0	0	0	0	0	0

高位予測値

性・年齢別人口（千人）

年齢	2015 総数	男	女	2020 総数	男	女	2025 総数	男	女	2030 総数	男	女
総数	283	144	138	299	152	147	311	158	153	325	165	161
0-4	23	12	11	25	13	12	25	13	12	25	13	12
5-9	17	9	8	23	12	11	25	13	12	25	13	12
10-14	23	11	11	17	9	8	22	11	11	25	13	12
15-19	23	12	11	23	11	11	17	9	8	22	11	11
20-24	25	13	12	23	12	11	22	11	11	17	9	8
25-29	24	12	12	25	13	12	22	11	11	22	11	11
30-34	21	10	11	24	12	12	24	12	12	22	11	11
35-39	20	10	10	21	10	11	23	12	11	24	12	12
40-44	20	10	10	20	10	10	20	10	10	23	12	11
45-49	21	11	10	20	10	10	20	10	10	20	10	10
50-54	18	9	8	21	11	10	20	10	10	19	10	9
55-59	15	8	7	17	9	8	20	10	10	19	10	10
60-64	11	6	6	14	7	7	16	8	8	19	10	9
65-69	8	4	4	11	5	5	13	7	6	15	8	8
70-74	6	3	3	7	3	3	9	5	5	12	6	6
75-79	4	2	2	5	2	3	6	3	3	8	4	4
80+	…	…	…	…	…	…	…	…	…	…	…	…
80-84	2	1	1	3	1	2	4	2	2	4	2	2
85-89	1	0	1	1	1	1	2	1	1	2	1	1
90-94	0	0	0	0	0	0	1	0	0	1	0	0
95-99	0	0	0	0	0	0	0	0	0	0	0	0
100+	0	0	0	0	0	0	0	0	0	0	0	0

年齢	2035 総数	男	女	2040 総数	男	女	2045 総数	男	女	2050 総数	男	女
総数	337	171	167	348	176	172	358	180	177	367	185	182
0-4	24	12	12	23	12	11	24	12	12	25	13	12
5-9	25	13	12	24	12	12	23	12	11	24	12	12
10-14	25	13	12	25	13	12	24	12	12	23	12	11
15-19	25	13	12	25	13	12	25	13	12	24	12	12
20-24	22	11	11	25	13	12	25	13	12	25	13	12
25-29	16	9	8	22	11	11	25	13	12	25	13	12
30-34	21	11	11	16	8	8	22	11	11	24	12	12
35-39	22	11	11	21	11	11	16	8	8	22	11	11
40-44	24	12	12	22	11	11	21	11	11	16	8	8
45-49	23	12	11	24	12	11	22	11	11	21	11	10
50-54	20	10	10	23	11	11	23	12	11	22	11	11
55-59	19	10	9	20	10	10	22	11	11	23	12	11
60-64	18	9	9	18	9	9	19	9	10	22	11	11
65-69	18	9	9	18	9	9	17	9	9	18	9	9
70-74	14	7	7	17	8	8	16	8	8	16	8	8
75-79	10	5	5	12	6	6	15	7	7	15	7	8
80+	…	…	…	…	…	…	…	…	…	…	…	…
80-84	6	3	3	8	4	4	10	5	5	12	6	6
85-89	3	1	2	4	2	2	5	2	3	7	3	4
90-94	1	0	1	1	1	1	2	1	1	3	1	2
95-99	0	0	0	0	0	0	1	0	0	1	0	1
100+	0	0	0	0	0	0	0	0	0	0	0	0

年齢	2055 総数	男	女	2060 総数	男	女
総数	377	190	187	386	195	191
0-4	26	13	13	26	14	13
5-9	25	13	12	26	13	13
10-14	24	12	12	25	13	12
15-19	23	12	11	24	12	12
20-24	24	12	12	23	12	11
25-29	25	13	12	24	12	11
30-34	25	13	12	25	13	12
35-39	24	12	12	25	13	12
40-44	22	11	11	24	12	12
45-49	16	8	8	22	11	11
50-54	21	10	10	16	8	8
55-59	21	11	10	21	10	10
60-64	22	11	11	21	11	10
65-69	21	10	10	22	11	11
70-74	17	8	9	20	10	10
75-79	15	7	7	16	8	8
80+	…	…	…	…	…	…
80-84	12	6	6	12	6	6
85-89	9	4	5	9	4	5
90-94	4	2	2	5	2	3
95-99	1	0	1	2	1	1
100+	0	0	0	0	0	0

性・年齢別人口（千人）

年齢	2015			2020			2025			2030		
	総数	男	女	総数	男	女	総数	男	女	総数	男	女
総数	283	144	138	293	149	144	296	150	146	300	152	148
0-4	23	12	11	19	10	9	17	8	8	14	7	7
5-9	17	9	8	23	12	11	19	10	9	16	8	8
10-14	23	11	11	17	9	8	22	11	11	19	10	9
15-19	23	12	11	23	11	11	17	9	8	22	11	11
20-24	25	13	12	23	12	11	22	11	11	17	9	8
25-29	24	12	12	25	13	12	22	11	11	22	11	11
30-34	21	10	11	24	12	12	24	12	12	22	11	11
35-39	20	10	10	21	10	11	23	12	11	24	12	12
40-44	20	10	10	20	10	10	20	10	10	23	12	11
45-49	21	11	10	20	10	10	20	10	10	20	10	10
50-54	18	9	8	21	11	10	20	10	10	19	10	9
55-59	15	8	7	17	9	8	20	10	10	19	10	10
60-64	11	6	6	14	7	7	16	8	8	19	10	9
65-69	8	4	4	11	5	5	13	7	6	15	8	8
70-74	6	3	3	7	3	3	9	5	5	12	6	6
75-79	4	2	2	5	2	3	6	3	3	8	4	4
80+	…	…	…	…	…	…	…	…	…	…	…	…
80-84	2	1	1	3	1	2	4	2	2	4	2	2
85-89	1	0	1	1	1	1	2	1	1	2	1	1
90-94	0	0	0	0	0	0	1	0	0	1	0	0
95-99	0	0	0	0	0	0	0	0	0	0	0	0
100+	0	0	0	0	0	0	0	0	0	0	0	0

年齢	2035			2040			2045			2050		
	総数	男	女	総数	男	女	総数	男	女	総数	男	女
総数	302	152	150	302	152	150	299	151	149	295	148	147
0-4	13	7	7	13	6	6	12	6	6	11	6	5
5-9	14	7	7	13	7	7	12	6	6	12	6	6
10-14	16	8	8	14	7	7	13	7	7	12	6	6
15-19	19	10	9	16	8	8	14	7	7	13	7	7
20-24	22	11	11	19	10	9	16	8	8	14	7	7
25-29	16	9	8	22	11	11	19	10	9	16	8	8
30-34	21	11	11	16	8	8	22	11	11	19	10	9
35-39	22	11	11	21	11	11	16	8	8	22	11	11
40-44	24	12	12	22	11	11	21	11	11	16	8	8
45-49	23	12	11	24	12	11	22	11	11	21	11	10
50-54	20	10	10	23	11	11	23	12	11	22	11	11
55-59	19	10	9	20	10	10	22	11	11	23	12	11
60-64	18	9	9	18	9	9	19	9	10	22	11	11
65-69	18	9	9	18	9	9	17	9	9	18	9	9
70-74	14	7	7	17	8	8	16	8	8	16	8	8
75-79	10	5	5	12	6	6	15	7	7	15	7	8
80+	…	…	…	…	…	…	…	…	…	…	…	…
80-84	6	3	3	8	4	4	10	5	5	12	6	6
85-89	3	1	2	4	2	2	5	2	3	7	3	4
90-94	1	0	1	1	1	1	2	1	1	3	1	2
95-99	0	0	0	0	0	0	1	0	0	1	0	1
100+	0	0	0	0	0	0	0	0	0	0	0	0

年齢	2055			2060		
	総数	男	女	総数	男	女
総数	289	145	144	281	141	140
0-4	10	5	5	9	5	4
5-9	11	6	5	10	5	5
10-14	12	6	6	11	6	5
15-19	12	6	6	12	6	6
20-24	13	7	6	12	6	6
25-29	14	7	7	13	7	6
30-34	16	8	8	14	7	7
35-39	19	10	9	16	8	8
40-44	22	11	11	19	10	9
45-49	16	8	8	22	11	11
50-54	21	10	10	16	8	8
55-59	21	11	10	21	10	10
60-64	22	11	11	21	11	10
65-69	21	10	10	22	11	11
70-74	17	8	9	20	10	10
75-79	15	7	7	16	8	8
80+	…	…	…	…	…	…
80-84	12	6	6	12	6	6
85-89	9	4	5	9	4	5
90-94	4	2	2	5	2	3
95-99	1	0	1	2	1	1
100+	0	0	0	0	0	0

性・年齢別人口（千人）

年齢	1960			1965			1970			1975		
	総数	男	女	総数	男	女	総数	男	女	総数	男	女
総数	499	244	256	533	258	274	590	283	307	650	313	337
0-4	61	31	31	71	35	36	85	43	43	99	50	49
5-9	50	25	25	55	27	27	65	32	32	79	40	40
10-14	45	22	22	48	24	24	53	26	27	63	31	32
15-19	40	20	20	44	22	22	47	23	24	52	26	26
20-24	39	19	20	40	20	21	43	21	21	46	23	23
25-29	37	18	19	39	19	21	41	19	22	42	21	21
30-34	35	17	18	38	18	20	40	19	21	40	19	21
35-39	33	16	17	35	17	18	39	18	21	39	18	21
40-44	30	15	16	31	15	16	36	16	20	38	17	21
45-49	28	14	14	28	14	15	32	14	17	35	16	19
50-54	25	12	13	26	12	13	28	13	15	30	13	16
55-59	22	11	12	23	11	12	23	11	12	26	12	14
60-64	19	9	10	19	9	10	20	9	11	21	10	11
65-69	15	7	8	15	7	8	16	7	9	17	8	9
70-74	10	5	6	11	5	6	11	5	6	12	5	7
75-79	6	3	3	6	3	4	7	3	4	7	3	4
80+	4	1	2	4	1	2	4	2	3	5	2	3
80-84	…	…	…	…	…	…	…	…	…	…	…	…
85-89	…	…	…	…	…	…	…	…	…	…	…	…
90-94	…	…	…	…	…	…	…	…	…	…	…	…
95-99	…	…	…	…	…	…	…	…	…	…	…	…
100+	…	…	…	…	…	…	…	…	…	…	…	…

年齢	1980			1985			1990			1995		
	総数	男	女	総数	男	女	総数	男	女	総数	男	女
総数	729	353	376	830	404	426	952	466	486	1 086	535	552
0-4	115	58	57	135	68	67	155	78	77	172	87	85
5-9	93	47	47	110	56	55	131	66	65	151	76	75
10-14	78	39	39	92	46	46	109	55	54	130	65	65
15-19	62	31	31	77	38	39	91	46	46	108	54	54
20-24	51	26	26	62	31	31	77	38	38	91	45	45
25-29	46	23	23	51	25	26	61	30	31	76	38	38
30-34	42	21	21	45	22	23	51	25	26	61	30	31
35-39	39	18	21	41	20	21	45	22	23	50	25	25
40-44	38	18	20	38	18	20	40	20	20	44	22	22
45-49	36	17	20	37	17	20	37	18	20	39	19	20
50-54	33	15	18	35	16	19	35	16	19	36	17	19
55-59	28	12	15	31	14	17	33	15	18	33	15	18
60-64	23	10	13	25	11	14	29	13	16	30	14	17
65-69	18	8	10	20	9	11	22	10	13	25	11	14
70-74	13	6	7	14	6	8	17	7	9	18	8	10
75-79	8	4	5	9	4	5	10	5	6	12	5	7
80+	6	2	3	7	3	4	…	…	…	…	…	…
80-84	…	…	…	…	…	…	5	2	3	6	3	4
85-89	…	…	…	…	…	…	2	1	1	2	1	1
90-94	…	…	…	…	…	…	0	0	0	1	0	0
95-99	…	…	…	…	…	…	0	0	0	0	0	0
100+	…	…	…	…	…	…	0	0	0	0	0	0

年齢	2000			2005			2010			2015		
	総数	男	女	総数	男	女	総数	男	女	総数	男	女
総数	1 232	611	620	1 378	690	688	1 542	778	764	1 725	872	853
0-4	185	93	91	195	99	97	216	109	107	239	121	118
5-9	167	84	83	180	91	89	191	96	95	212	107	105
10-14	149	75	74	165	83	82	178	90	88	189	96	94
15-19	129	65	64	148	75	73	163	83	81	176	89	87
20-24	108	54	53	127	65	63	147	74	72	162	82	80
25-29	90	45	44	106	54	52	126	64	61	145	74	71
30-34	75	38	37	88	45	43	104	54	50	123	64	60
35-39	61	30	30	73	37	36	86	45	41	100	53	48
40-44	50	25	25	59	30	29	72	37	34	82	43	39
45-49	43	21	22	49	25	24	58	30	28	69	36	33
50-54	38	19	19	42	21	21	47	24	23	56	28	27
55-59	34	16	18	36	18	18	40	20	20	45	23	22
60-64	31	14	17	32	15	17	34	16	17	37	18	19
65-69	27	12	15	28	12	15	29	13	15	30	15	16
70-74	21	9	12	22	10	13	23	10	13	24	11	13
75-79	13	6	8	15	6	9	17	7	10	17	8	10
80+	…	…	…	…	…	…	…	…	…	…	…	…
80-84	7	3	4	8	3	5	10	4	6	11	4	6
85-89	3	1	2	3	1	2	4	1	2	5	2	3
90-94	1	0	0	1	0	1	1	0	1	1	0	1
95-99	0	0	0	0	0	0	0	0	0	0	0	0
100+	0	0	0	0	0	0	0	0	0	0	0	0

性・年齢別人口（千人）

年齢	2015 総数	男	女	2020 総数	男	女	2025 総数	男	女	2030 総数	男	女
総数	1 725	872	853	1 917	970	947	2 116	1 072	1 045	2 321	1 175	1 146
0-4	239	121	118	248	125	122	256	129	127	264	133	130
5-9	212	107	105	236	119	117	245	124	121	254	128	126
10-14	189	96	94	211	106	104	235	118	116	244	123	121
15-19	176	89	87	188	95	93	209	106	104	234	118	116
20-24	162	82	80	175	88	87	187	94	93	208	105	103
25-29	145	74	71	161	81	80	174	88	86	186	94	92
30-34	123	64	60	143	73	70	159	81	79	172	87	85
35-39	100	53	48	121	63	58	141	72	69	157	80	77
40-44	82	43	39	98	51	46	118	61	57	138	71	68
45-49	69	36	33	80	42	38	95	50	45	115	60	55
50-54	56	28	27	67	35	32	77	41	37	92	49	44
55-59	45	23	22	53	27	26	64	33	31	74	39	35
60-64	37	18	19	42	21	21	50	25	25	60	31	29
65-69	30	15	16	34	16	17	38	19	19	46	23	23
70-74	24	11	13	26	12	13	29	14	15	33	16	17
75-79	17	8	10	18	8	10	20	9	11	22	10	12
80+	...	...	...	...	...	...	...	...	...	...	...	...
80-84	11	4	6	11	5	6	12	5	7	13	6	7
85-89	5	2	3	5	2	3	5	2	3	6	2	3
90-94	1	0	1	1	1	1	2	1	1	2	1	1
95-99	0	0	0	0	0	0	0	0	0	0	0	0
100+	0	0	0	0	0	0	0	0	0	0	0	0

年齢	2035 総数	男	女	2040 総数	男	女	2045 総数	男	女	2050 総数	男	女
総数	2 531	1 280	1 251	2 743	1 385	1 358	2 955	1 490	1 466	3 164	1 592	1 572
0-4	272	138	134	280	141	138	286	145	141	291	147	144
5-9	262	132	130	270	137	134	278	141	138	285	144	141
10-14	253	128	125	261	132	129	270	136	133	278	140	137
15-19	243	123	121	252	127	125	261	132	129	269	136	133
20-24	233	117	116	242	122	120	252	127	125	260	131	129
25-29	207	104	103	232	117	115	241	121	120	251	126	124
30-34	184	93	91	206	104	102	230	116	114	240	121	119
35-39	170	86	84	183	92	91	204	103	101	229	115	114
40-44	155	78	76	168	85	83	181	91	90	202	102	100
45-49	136	70	66	152	77	75	166	84	82	178	90	89
50-54	112	58	54	133	68	65	149	75	74	162	82	81
55-59	89	47	42	109	56	53	128	65	63	144	73	72
60-64	70	36	34	84	44	40	103	53	50	123	62	61
65-69	55	28	27	64	33	31	78	40	38	96	48	47
70-74	39	19	20	48	24	24	56	28	28	68	34	34
75-79	26	12	14	31	15	16	38	18	20	45	22	23
80+	...	...	...	...	...	...	...	...	...	...	...	...
80-84	15	7	8	17	8	9	21	10	12	27	12	14
85-89	7	3	4	8	3	4	9	4	5	12	5	7
90-94	2	1	1	2	1	1	3	1	2	4	1	3
95-99	0	0	0	0	0	0	1	0	0	1	0	0
100+	0	0	0	0	0	0	0	0	0	0	0	0

年齢	2055 総数	男	女	2060 総数	男	女
総数	3 364	1 689	1 675	3 551	1 780	1 771
0-4	293	149	145	293	148	144
5-9	290	147	143	292	148	144
10-14	284	144	141	289	146	143
15-19	277	140	137	284	143	140
20-24	268	135	133	276	139	137
25-29	259	131	128	267	135	133
30-34	249	126	124	258	130	128
35-39	239	120	119	248	125	123
40-44	227	114	113	237	119	118
45-49	200	100	99	224	112	112
50-54	175	88	87	196	98	98
55-59	158	79	79	170	85	85
60-64	138	69	69	151	75	76
65-69	114	57	58	129	63	66
70-74	85	42	43	102	49	52
75-79	56	27	28	70	34	36
80+	...	...	...	...	...	...
80-84	32	15	17	40	19	21
85-89	15	6	8	18	8	10
90-94	5	2	3	6	2	4
95-99	1	0	1	1	0	1
100+	0	0	0	0	0	0

性・年齢別人口（千人）

年齢	2015			2020			2025			2030		
	総数	男	女	総数	男	女	総数	男	女	総数	男	女
総数	1 725	872	853	1 934	979	955	2 163	1 095	1 068	2 409	1 219	1 190
0-4	239	121	118	264	134	131	286	145	142	305	154	151
5-9	212	107	105	236	119	117	262	132	130	284	143	140
10-14	189	96	94	211	106	104	235	118	116	261	131	129
15-19	176	89	87	188	95	93	209	106	104	234	118	116
20-24	162	82	80	175	88	87	187	94	93	208	105	103
25-29	145	74	71	161	81	80	174	88	86	186	94	92
30-34	123	64	60	143	73	70	159	81	79	172	87	85
35-39	100	53	48	121	63	58	141	72	69	157	80	77
40-44	82	43	39	98	51	46	118	61	57	138	71	68
45-49	69	36	33	80	42	38	95	50	45	115	60	55
50-54	56	28	27	67	35	32	77	41	37	92	49	44
55-59	45	23	22	53	27	26	64	33	31	74	39	35
60-64	37	18	19	42	21	21	50	25	25	60	31	29
65-69	30	15	16	34	16	17	38	19	19	46	23	23
70-74	24	11	13	26	12	13	29	14	15	33	16	17
75-79	17	8	10	18	8	10	20	9	11	22	10	12
80+	…	…	…	…	…	…	…	…	…	…	…	…
80-84	11	4	6	11	5	6	12	5	7	13	6	7
85-89	5	2	3	5	2	3	5	2	3	6	2	3
90-94	1	0	1	1	1	1	2	1	1	2	1	1
95-99	0	0	0	0	0	0	0	0	0	0	0	0
100+	0	0	0	0	0	0	0	0	0	0	0	0

年齢	2035			2040			2045			2050		
	総数	男	女	総数	男	女	総数	男	女	総数	男	女
総数	2 665	1 348	1 318	2 933	1 481	1 452	3 211	1 619	1 592	3 501	1 762	1 739
0-4	319	161	158	335	170	166	354	179	175	373	189	184
5-9	303	153	150	317	160	157	333	169	165	352	178	174
10-14	283	143	140	303	153	150	316	160	156	333	168	165
15-19	260	131	129	282	142	140	302	152	149	316	159	156
20-24	233	117	116	259	130	128	281	142	139	301	152	149
25-29	207	104	103	232	117	115	258	130	128	280	141	139
30-34	184	93	91	206	104	102	230	116	114	256	129	127
35-39	170	86	84	183	92	91	204	103	101	229	115	114
40-44	155	78	76	168	85	83	181	91	90	202	102	100
45-49	136	70	66	152	77	75	166	84	82	178	90	89
50-54	112	58	54	133	68	65	149	75	74	162	82	81
55-59	89	47	42	109	56	53	128	65	63	144	73	72
60-64	70	36	34	84	44	40	103	53	50	123	62	61
65-69	55	28	27	64	33	31	78	40	38	96	48	47
70-74	39	19	20	48	24	24	56	28	28	68	34	34
75-79	26	12	14	31	15	16	38	18	20	45	22	23
80+	…	…	…	…	…	…	…	…	…	…	…	…
80-84	15	7	8	17	8	9	21	10	12	27	12	14
85-89	7	3	4	8	3	4	9	4	5	12	5	7
90-94	2	1	1	2	1	1	3	1	2	4	1	2
95-99	0	0	0	0	0	0	1	0	0	1	0	0
100+	0	0	0	0	0	0	0	0	0	0	0	0

年齢	2055			2060		
	総数	男	女	総数	男	女
総数	3 797	1 908	1 889	4 095	2 054	2 041
0-4	391	198	193	406	205	200
5-9	372	188	184	390	197	192
10-14	351	177	174	371	188	183
15-19	332	168	164	350	177	173
20-24	315	159	156	331	167	164
25-29	300	151	149	313	158	155
30-34	278	140	138	298	150	148
35-39	255	128	127	277	139	138
40-44	227	114	113	252	127	126
45-49	200	100	99	224	112	112
50-54	175	88	87	196	98	98
55-59	158	79	79	170	85	85
60-64	138	69	69	151	75	76
65-69	114	57	58	129	63	66
70-74	85	42	43	102	49	52
75-79	56	27	28	70	34	36
80+	…	…	…	…	…	…
80-84	32	15	17	40	19	21
85-89	15	6	8	18	8	10
90-94	5	2	3	6	2	4
95-99	1	0	1	1	0	1
100+	0	0	0	0	0	0

性・年齢別人口（千人）

年齢	2015			2020			2025			2030		
	総数	男	女	総数	男	女	総数	男	女	総数	男	女
総数	1 725	872	853	1 900	962	938	2 069	1 048	1 021	2 233	1 130	1 103
0-4	239	121	118	231	117	114	226	114	112	222	112	110
5-9	212	107	105	236	119	117	228	115	113	224	113	111
10-14	189	96	94	211	106	104	235	118	116	227	115	113
15-19	176	89	87	188	95	93	209	106	104	234	118	116
20-24	162	82	80	175	88	87	187	94	93	208	105	103
25-29	145	74	71	161	81	80	174	88	86	186	94	92
30-34	123	64	60	143	73	70	159	81	79	172	87	85
35-39	100	53	48	121	63	58	141	72	69	157	80	77
40-44	82	43	39	98	51	46	118	61	57	138	71	68
45-49	69	36	33	80	42	38	95	50	45	115	60	55
50-54	56	28	27	67	35	32	77	41	37	92	49	44
55-59	45	23	22	53	27	26	64	33	31	74	39	35
60-64	37	18	19	42	21	21	50	25	25	60	31	29
65-69	30	15	16	34	16	17	38	19	19	46	23	23
70-74	24	11	13	26	12	13	29	14	15	33	16	17
75-79	17	8	10	18	8	10	20	9	11	22	10	12
80+	…	…	…	…	…	…	…	…	…	…	…	…
80-84	11	4	6	11	5	6	12	5	7	13	6	7
85-89	5	2	3	5	2	3	5	2	3	6	2	3
90-94	1	0	1	1	1	1	2	1	1	2	1	1
95-99	0	0	0	0	0	0	0	0	0	0	0	0
100+	0	0	0	0	0	0	0	0	0	0	0	0

年齢	2035			2040			2045			2050		
	総数	男	女	総数	男	女	総数	男	女	総数	男	女
総数	2 396	1 212	1 184	2 556	1 290	1 265	2 706	1 364	1 342	2 841	1 429	1 412
0-4	225	114	111	226	114	112	223	113	110	217	110	107
5-9	221	112	109	224	113	111	225	114	111	222	112	110
10-14	223	113	111	220	111	109	223	113	110	224	113	111
15-19	227	114	112	223	112	110	220	111	109	223	113	110
20-24	233	117	116	226	114	112	222	112	110	219	110	109
25-29	207	104	103	232	117	115	225	113	112	221	112	110
30-34	184	93	91	206	104	102	230	116	114	224	113	111
35-39	170	86	84	183	92	91	204	103	101	229	115	114
40-44	155	78	76	168	85	83	181	91	90	202	102	100
45-49	136	70	66	152	77	75	166	84	82	178	90	89
50-54	112	58	54	133	68	65	149	75	74	162	82	81
55-59	89	47	42	109	56	53	128	65	63	144	73	72
60-64	70	36	34	84	44	40	103	53	50	123	62	61
65-69	55	28	27	64	33	31	78	40	38	96	48	47
70-74	39	19	20	48	24	24	56	28	28	68	34	34
75-79	26	12	14	31	15	16	38	18	20	45	22	23
80+	…	…	…	…	…	…	…	…	…	…	…	…
80-84	15	7	8	17	8	9	21	10	12	27	12	14
85-89	7	3	4	8	3	4	9	4	5	12	5	7
90-94	2	1	1	2	1	1	3	1	2	4	1	2
95-99	0	0	0	0	0	0	1	0	0	1	0	0
100+	0	0	0	0	0	0	0	0	0	0	0	0

年齢	2055			2060		
	総数	男	女	総数	男	女
総数	2 958	1 484	1 474	3 053	1 528	1 525
0-4	209	106	103	198	100	98
5-9	216	109	107	208	105	103
10-14	222	112	110	216	109	107
15-19	224	113	111	221	112	109
20-24	222	112	110	223	113	111
25-29	218	110	108	222	112	110
30-34	221	111	109	218	110	108
35-39	223	112	111	219	110	109
40-44	227	114	113	221	111	110
45-49	200	100	99	224	112	112
50-54	175	88	87	196	98	98
55-59	158	79	79	170	85	85
60-64	138	69	69	151	75	76
65-69	114	57	58	129	63	66
70-74	85	42	43	102	49	52
75-79	56	27	28	70	34	36
80+	…	…	…	…	…	…
80-84	32	15	17	40	19	21
85-89	15	6	8	18	8	10
90-94	5	2	3	6	2	4
95-99	1	0	1	1	0	1
100+	0	0	0	0	0	0

性・年齢別人口（千人）

年齢	1960			1965			1970			1975		
	総数	男	女	総数	男	女	総数	男	女	総数	男	女
総数	368	181	187	401	201	200	447	229	218	521	263	258
0-4	66	33	33	69	35	34	86	43	42	99	50	49
5-9	42	21	21	50	25	25	56	29	27	73	37	36
10-14	35	17	18	40	20	21	40	20	20	52	27	25
15-19	35	16	19	40	19	20	39	18	20	50	24	26
20-24	38	17	21	38	18	20	46	22	24	49	22	27
25-29	37	18	19	35	17	18	43	21	22	45	22	23
30-34	28	14	13	31	16	16	31	16	15	38	19	19
35-39	19	10	9	23	12	11	24	13	11	26	14	12
40-44	16	8	8	17	10	8	18	10	7	21	11	10
45-49	14	7	7	15	7	7	15	9	6	16	9	7
50-54	12	7	6	13	7	6	14	7	7	15	9	6
55-59	10	6	5	11	6	5	12	7	6	13	7	6
60-64	7	4	4	8	5	4	10	6	5	11	6	5
65-69	4	2	2	5	3	3	6	3	3	8	4	4
70-74	2	1	1	3	1	1	3	2	2	4	2	2
75-79	1	0	1	1	0	1	1	1	1	2	1	1
80+	0	0	0	0	0	0	0	0	0	1	0	0
80-84	...	...	...	...	...	...	...	...	...	...	...	...
85-89	...	...	...	...	...	...	...	...	...	...	...	...
90-94	...	...	...	...	...	...	...	...	...	...	...	...
95-99	...	...	...	...	...	...	...	...	...	...	...	...
100+	...	...	...	...	...	...	...	...	...	...	...	...

年齢	1980			1985			1990			1995		
	総数	男	女	総数	男	女	総数	男	女	総数	男	女
総数	604	300	305	732	365	367	917	462	455	1 066	533	533
0-4	118	59	59	144	73	72	175	88	87	201	102	100
5-9	85	42	43	110	55	55	137	69	68	159	80	79
10-14	69	35	34	85	42	43	110	55	55	135	68	68
15-19	53	26	27	76	37	39	91	45	45	114	56	58
20-24	62	28	35	60	29	31	93	45	48	90	44	46
25-29	54	24	30	61	28	33	76	36	40	87	41	45
30-34	35	17	18	50	23	27	61	29	31	69	33	36
35-39	31	15	15	32	17	15	44	23	22	55	27	28
40-44	21	12	10	28	15	13	29	16	13	40	21	20
45-49	18	10	8	20	11	9	27	15	12	27	15	12
50-54	14	8	6	17	9	8	19	11	8	25	14	12
55-59	14	8	5	14	8	6	16	9	7	18	10	8
60-64	12	6	6	12	7	5	13	7	6	15	8	7
65-69	9	5	4	10	5	5	11	6	5	12	6	6
70-74	6	3	3	7	3	3	8	4	4	9	5	4
75-79	2	1	1	4	2	2	4	2	2	5	3	3
80+	1	0	0	1	1	1	...	...	...	...	...	...
80-84	...	...	...	...	...	...	2	1	1	2	1	1
85-89	...	...	...	...	...	...	0	0	0	0	0	0
90-94	...	...	...	...	...	...	0	0	0	0	0	0
95-99	...	...	...	...	...	...	0	0	0	0	0	0
100+	...	...	...	...	...	...	0	0	0	0	0	0

年齢	2000			2005			2010			2015		
	総数	男	女	総数	男	女	総数	男	女	総数	男	女
総数	1 229	610	619	1 441	714	726	1 693	838	855	1 991	986	1 005
0-4	231	117	114	271	137	134	315	159	156	366	185	181
5-9	181	91	90	217	110	107	257	130	128	301	152	149
10-14	152	76	76	177	89	88	212	107	105	252	127	125
15-19	136	67	69	152	75	77	177	88	89	212	106	106
20-24	119	56	62	137	66	71	153	74	78	178	87	90
25-29	91	43	48	116	54	61	133	64	70	150	72	78
30-34	79	37	42	86	40	46	110	51	58	128	61	67
35-39	60	29	32	73	35	39	80	38	43	104	49	55
40-44	47	23	23	56	27	29	68	32	36	75	35	40
45-49	36	19	17	43	22	21	52	25	27	64	31	34
50-54	24	14	10	33	17	16	41	20	20	49	23	26
55-59	23	12	11	22	13	10	31	16	15	38	19	19
60-64	17	9	8	21	11	10	21	11	9	28	14	14
65-69	13	7	6	15	8	7	19	10	9	18	10	8
70-74	10	5	5	11	6	5	12	6	6	15	8	7
75-79	6	3	3	7	3	3	7	4	4	8	4	4
80+	...	...	...	...	...	...	...	...	...	...	...	...
80-84	2	1	1	3	2	1	3	2	2	4	2	2
85-89	1	0	0	1	0	0	1	0	0	1	0	1
90-94	0	0	0	0	0	0	0	0	0	0	0	0
95-99	0	0	0	0	0	0	0	0	0	0	0	0
100+	0	0	0	0	0	0	0	0	0	0	0	0

中位予測値   ガンビア

性・年齢別人口（千人）

年齢	2015			2020			2025			2030		
	総数	男	女	総数	男	女	総数	男	女	総数	男	女
総数	1 991	986	1 005	2 326	1 151	1 174	2 698	1 336	1 362	3 105	1 538	1 567
0-4	366	185	181	408	206	202	452	229	224	496	251	245
5-9	301	152	149	352	177	174	394	199	195	438	221	217
10-14	252	127	125	296	149	147	346	174	172	388	196	193
15-19	212	106	106	251	126	126	295	148	147	345	173	172
20-24	178	87	90	212	105	107	251	125	126	295	147	148
25-29	150	72	78	175	85	90	209	103	106	248	122	126
30-34	128	61	67	144	69	75	169	82	87	203	100	103
35-39	104	49	55	121	58	63	138	66	72	162	79	83
40-44	75	35	40	98	46	52	115	55	60	132	64	68
45-49	64	31	34	71	33	37	93	44	49	110	53	58
50-54	49	23	26	61	29	32	67	31	36	89	41	48
55-59	38	19	19	46	22	24	57	27	31	63	29	34
60-64	28	14	14	35	17	18	42	20	23	53	24	29
65-69	18	10	8	25	12	12	31	15	16	37	17	20
70-74	15	8	7	15	8	7	20	10	10	25	12	13
75-79	8	4	4	10	5	5	10	5	5	14	7	7
80+	…	…	…	…	…	…	…	…	…	…	…	…
80-84	4	2	2	4	2	2	5	2	3	5	3	3
85-89	1	0	1	1	1	1	1	1	1	2	1	1
90-94	0	0	0	0	0	0	0	0	0	0	0	0
95-99	0	0	0	0	0	0	0	0	0	0	0	0
100+	0	0	0	0	0	0	0	0	0	0	0	0

年齢	2035			2040			2045			2050		
	総数	男	女	総数	男	女	総数	男	女	総数	男	女
総数	3 544	1 757	1 788	4 010	1 988	2 021	4 492	2 229	2 263	4 981	2 473	2 509
0-4	538	272	266	575	291	284	606	306	299	628	317	310
5-9	481	243	238	523	264	259	561	283	278	591	299	293
10-14	432	218	214	476	240	236	518	261	257	555	280	275
15-19	387	194	193	431	216	214	474	238	236	517	260	257
20-24	344	172	173	386	193	193	430	215	215	473	237	237
25-29	291	144	147	341	169	172	382	190	192	426	212	214
30-34	241	119	122	284	140	143	333	165	168	374	186	189
35-39	196	96	99	234	115	119	276	136	139	325	161	164
40-44	156	76	80	189	93	96	226	111	115	268	132	135
45-49	127	61	66	150	73	77	182	90	93	219	108	111
50-54	106	50	56	121	58	63	144	70	74	176	86	90
55-59	84	39	45	100	47	53	115	54	61	137	66	71
60-64	59	27	32	78	35	42	93	43	50	107	50	57
65-69	47	21	26	52	23	29	69	31	38	82	37	45
70-74	30	14	17	38	17	21	42	18	24	56	24	32
75-79	17	8	9	21	9	12	26	11	15	30	12	17
80+	…	…	…	…	…	…	…	…	…	…	…	…
80-84	7	3	4	9	4	5	11	5	7	14	6	8
85-89	2	1	1	2	1	1	3	1	2	4	2	2
90-94	0	0	0	0	0	0	1	0	0	1	0	0
95-99	0	0	0	0	0	0	0	0	0	0	0	0
100+	0	0	0	0	0	0	0	0	0	0	0	0

年齢	2055			2060		
	総数	男	女	総数	男	女
総数	5 471	2 716	2 755	5 954	2 956	2 998
0-4	644	326	318	657	332	324
5-9	614	310	304	632	319	313
10-14	586	296	291	609	307	302
15-19	554	278	275	585	294	291
20-24	515	258	257	552	276	276
25-29	469	233	235	510	254	256
30-34	418	207	210	461	229	232
35-39	366	181	185	409	203	206
40-44	316	156	160	357	177	180
45-49	260	128	132	308	152	156
50-54	211	103	108	251	123	128
55-59	167	81	86	201	97	104
60-64	127	60	67	155	74	81
65-69	95	43	51	113	52	61
70-74	67	30	37	78	35	43
75-79	40	17	23	47	20	27
80+	…	…	…	…	…	…
80-84	16	6	10	22	9	13
85-89	5	2	3	6	2	4
90-94	1	0	1	1	0	1
95-99	0	0	0	0	0	0
100+	0	0	0	0	0	0

Gambia

高位予測値

性・年齢別人口（千人）

年齢	2015			2020			2025			2030		
	総数	男	女	総数	男	女	総数	男	女	総数	男	女
総数	1 991	986	1 005	2 344	1 160	1 184	2 751	1 362	1 388	3 208	1 590	1 618
0-4	366	185	181	427	216	211	487	246	241	547	277	271
5-9	301	152	149	352	177	174	412	208	204	472	238	234
10-14	252	127	125	296	149	147	346	174	172	406	205	202
15-19	212	106	106	251	126	126	295	148	147	345	173	172
20-24	178	87	90	212	105	107	251	125	126	295	147	148
25-29	150	72	78	175	85	90	209	103	106	248	122	126
30-34	128	61	67	144	69	75	169	82	87	203	100	103
35-39	104	49	55	121	58	63	138	66	72	162	79	83
40-44	75	35	40	98	46	52	115	55	60	132	64	68
45-49	64	31	34	71	33	37	93	44	49	110	53	58
50-54	49	23	26	61	29	32	67	31	36	89	41	48
55-59	38	19	19	46	22	24	57	27	31	63	29	34
60-64	28	14	14	35	17	18	42	20	23	53	24	29
65-69	18	10	8	25	12	12	31	15	16	37	17	20
70-74	15	8	7	15	8	7	20	10	10	25	12	13
75-79	8	4	4	10	5	5	10	5	5	14	7	7
80+	…	…	…	…	…	…	…	…	…	…	…	…
80-84	4	2	2	4	2	2	5	2	3	5	3	3
85-89	1	0	1	1	1	1	1	1	1	2	1	1
90-94	0	0	0	0	0	0	0	0	0	0	0	0
95-99	0	0	0	0	0	0	0	0	0	0	0	0
100+	0	0	0	0	0	0	0	0	0	0	0	0

年齢	2035			2040			2045			2050		
	総数	男	女	総数	男	女	総数	男	女	総数	男	女
総数	3 708	1 839	1 869	4 250	2 110	2 140	4 832	2 401	2 431	5 447	2 708	2 739
0-4	600	303	297	654	331	323	707	358	350	756	382	374
5-9	531	268	263	584	295	289	638	322	316	692	349	343
10-14	466	235	231	525	265	261	578	292	287	632	319	314
15-19	405	203	202	465	233	231	524	263	261	577	290	287
20-24	344	172	173	404	202	202	463	232	232	522	261	261
25-29	291	144	147	341	169	172	399	199	201	458	228	230
30-34	241	119	122	284	140	143	333	165	168	392	194	197
35-39	196	96	99	234	115	119	276	136	139	325	161	164
40-44	156	76	80	189	93	96	226	111	115	268	132	135
45-49	127	61	66	150	73	77	182	90	93	219	108	111
50-54	106	50	56	121	58	63	144	70	74	176	86	90
55-59	84	39	45	100	47	53	115	54	61	137	66	71
60-64	59	27	32	78	35	42	93	43	50	107	50	57
65-69	47	21	26	52	23	29	69	31	38	82	37	45
70-74	30	14	17	38	17	21	42	18	24	56	24	32
75-79	17	8	9	21	9	12	26	11	15	30	12	17
80+	…	…	…	…	…	…	…	…	…	…	…	…
80-84	7	3	4	9	4	5	11	5	7	14	6	8
85-89	2	1	1	2	1	1	3	1	2	4	2	2
90-94	0	0	0	0	0	0	1	0	0	1	0	0
95-99	0	0	0	0	0	0	0	0	0	0	0	0
100+	0	0	0	0	0	0	0	0	0	0	0	0

年齢	2055			2060		
	総数	男	女	総数	男	女
総数	6 090	3 029	3 061	6 755	3 360	3 395
0-4	802	406	396	845	427	417
5-9	741	374	367	788	398	390
10-14	686	346	340	736	371	365
15-19	631	317	313	684	344	340
20-24	575	288	287	628	315	314
25-29	517	258	260	569	284	286
30-34	450	224	227	509	253	256
35-39	383	190	193	441	219	222
40-44	316	156	160	374	185	189
45-49	260	128	132	308	152	156
50-54	211	103	108	251	123	128
55-59	167	81	86	201	97	104
60-64	127	60	67	155	74	81
65-69	95	43	51	113	52	61
70-74	67	30	37	78	35	43
75-79	40	17	23	47	20	27
80+	…	…	…	…	…	…
80-84	16	6	10	22	9	13
85-89	5	2	3	6	2	4
90-94	1	0	1	1	0	1
95-99	0	0	0	0	0	0
100+	0	0	0	0	0	0

性・年齢別人口（千人）

年齢	2015			2020			2025			2030		
	総数	男	女	総数	男	女	総数	男	女	総数	男	女
総数	1 991	986	1 005	2 307	1 142	1 165	2 645	1 309	1 336	3 002	1 486	1 516
0-4	366	185	181	390	197	193	417	211	206	445	225	220
5-9	301	152	149	352	177	174	376	189	186	404	204	200
10-14	252	127	125	296	149	147	346	174	172	370	186	184
15-19	212	106	106	251	126	126	295	148	147	345	173	172
20-24	178	87	90	212	105	107	251	125	126	295	147	148
25-29	150	72	78	175	85	90	209	103	106	248	122	126
30-34	128	61	67	144	69	75	169	82	87	203	100	103
35-39	104	49	55	121	58	63	138	66	72	162	79	83
40-44	75	35	40	98	46	52	115	55	60	132	64	68
45-49	64	31	34	71	33	37	93	44	49	110	53	58
50-54	49	23	26	61	29	32	67	31	36	89	41	48
55-59	38	19	19	46	22	24	57	27	31	63	29	34
60-64	28	14	14	35	17	18	42	20	23	53	24	29
65-69	18	10	8	25	12	12	31	15	16	37	17	20
70-74	15	8	7	15	8	7	20	10	10	25	12	13
75-79	8	4	4	10	5	5	10	5	5	14	7	7
80+	…	…	…	…	…	…	…	…	…	…	…	…
80-84	4	2	2	4	2	2	5	2	3	5	3	3
85-89	1	0	1	1	1	1	1	1	1	2	1	1
90-94	0	0	0	0	0	0	0	0	0	0	0	0
95-99	0	0	0	0	0	0	0	0	0	0	0	0
100+	0	0	0	0	0	0	0	0	0	0	0	0

年齢	2035			2040			2045			2050		
	総数	男	女	総数	男	女	総数	男	女	総数	男	女
総数	3 381	1 674	1 707	3 771	1 868	1 903	4 159	2 061	2 098	4 533	2 247	2 286
0-4	476	241	236	498	252	246	509	257	252	508	257	251
5-9	431	218	213	463	234	229	485	245	240	496	251	246
10-14	398	201	198	426	215	211	458	231	227	480	242	238
15-19	369	185	184	397	199	198	425	213	212	457	229	227
20-24	344	172	173	368	184	185	397	198	199	424	212	212
25-29	291	144	147	341	169	172	365	181	184	393	195	198
30-34	241	119	122	284	140	143	333	165	168	357	177	180
35-39	196	96	99	234	115	119	276	136	139	325	161	164
40-44	156	76	80	189	93	96	226	111	115	268	132	135
45-49	127	61	66	150	73	77	182	90	93	219	108	111
50-54	106	50	56	121	58	63	144	70	74	176	86	90
55-59	84	39	45	100	47	53	115	54	61	137	66	71
60-64	59	27	32	78	35	42	93	43	50	107	50	57
65-69	47	21	26	52	23	29	69	31	38	82	37	45
70-74	30	14	17	38	17	21	42	18	24	56	24	32
75-79	17	8	9	21	9	12	26	11	15	30	12	17
80+	…	…	…	…	…	…	…	…	…	…	…	…
80-84	7	3	4	9	4	5	11	5	7	14	6	8
85-89	2	1	1	2	1	1	3	1	2	4	2	2
90-94	0	0	0	0	0	0	1	0	0	1	0	0
95-99	0	0	0	0	0	0	0	0	0	0	0	0
100+	0	0	0	0	0	0	0	0	0	0	0	0

年齢	2055			2060		
	総数	男	女	総数	男	女
総数	4 885	2 421	2 464	5 208	2 580	2 628
0-4	502	254	248	492	249	243
5-9	497	251	246	491	248	243
10-14	491	248	244	492	248	244
15-19	479	241	238	491	247	244
20-24	456	228	228	478	239	239
25-29	420	209	211	452	225	227
30-34	385	191	194	413	205	208
35-39	349	173	176	377	187	190
40-44	316	156	160	340	168	172
45-49	260	128	132	308	152	156
50-54	211	103	108	251	123	128
55-59	167	81	86	201	97	104
60-64	127	60	67	155	74	81
65-69	95	43	51	113	52	61
70-74	67	30	37	78	35	43
75-79	40	17	23	47	20	27
80+	…	…	…	…	…	…
80-84	16	6	10	22	9	13
85-89	5	2	3	6	2	4
90-94	1	0	1	1	0	1
95-99	0	0	0	0	0	0
100+	0	0	0	0	0	0

性・年齢別人口（千人）

年齢	1960			1965			1970			1975		
	総数	男	女	総数	男	女	総数	男	女	総数	男	女
総数	4 160	1 937	2 223	4 477	2 096	2 381	4 707	2 211	2 496	4 908	2 306	2 603
0-4	491	251	240	518	264	254	435	221	214	444	226	218
5-9	403	205	198	496	252	243	521	265	256	442	223	219
10-14	297	146	151	395	202	193	484	248	236	509	260	249
15-19	287	133	155	305	149	156	404	205	199	470	239	231
20-24	398	190	208	280	129	151	303	148	155	399	195	204
25-29	368	184	184	404	193	211	272	125	147	292	138	154
30-34	365	181	185	356	176	180	408	193	214	272	127	146
35-39	244	107	137	362	178	184	344	169	175	398	190	208
40-44	174	70	104	245	107	138	362	176	186	326	160	166
45-49	238	92	146	162	63	99	233	99	134	352	169	182
50-54	207	86	121	234	89	145	157	60	97	233	93	140
55-59	179	75	104	192	77	115	225	83	141	163	60	104
60-64	131	56	74	165	67	98	171	66	105	193	72	120
65-69	112	52	60	113	47	66	149	58	91	148	55	94
70-74	120	52	68	91	40	51	91	35	55	123	45	78
75-79	81	32	49	86	35	51	68	28	40	62	24	38
80+	64	23	41	72	26	46	81	30	51	83	30	53
80-84	...	...	...	...	...	...	...	...	...	...	...	...
85-89	...	...	...	...	...	...	...	...	...	...	...	...
90-94	...	...	...	...	...	...	...	...	...	...	...	...
95-99	...	...	...	...	...	...	...	...	...	...	...	...
100+	...	...	...	...	...	...	...	...	...	...	...	...

年齢	1980			1985			1990			1995		
	総数	男	女	総数	男	女	総数	男	女	総数	男	女
総数	5 073	2 381	2 692	5 287	2 497	2 790	5 460	2 595	2 865	5 067	2 406	2 661
0-4	434	220	214	459	234	225	458	235	223	387	199	188
5-9	433	218	215	435	220	215	454	231	223	430	220	210
10-14	441	224	217	435	222	213	432	221	212	405	205	200
15-19	479	242	237	423	216	207	413	213	200	383	192	191
20-24	432	213	219	456	226	231	401	203	198	364	185	179
25-29	384	185	200	440	213	227	464	223	241	351	174	177
30-34	311	149	162	383	186	197	436	211	225	414	196	218
35-39	257	119	138	305	146	159	371	180	191	388	186	202
40-44	380	179	201	253	118	136	308	146	162	327	157	170
45-49	331	162	169	379	180	199	246	115	130	272	127	145
50-54	336	161	176	314	150	164	363	171	192	210	97	113
55-59	235	93	143	322	149	174	297	138	159	317	146	171
60-64	159	55	103	222	87	135	306	137	169	249	113	136
65-69	165	58	106	134	44	89	192	73	120	251	109	142
70-74	127	45	82	142	48	94	112	35	77	146	52	94
75-79	91	31	60	94	32	62	110	35	75	75	21	54
80+	78	26	52	90	27	63	...	...	...	...	...	...
80-84	...	...	...	...	...	...	57	18	39	62	18	44
85-89	...	...	...	...	...	...	30	8	22	26	7	18
90-94	...	...	...	...	...	...	7	2	5	10	2	8
95-99	...	...	...	...	...	...	2	0	1	2	0	1
100+	...	...	...	...	...	...	0	0	0	0	0	0

年齢	2000			2005			2010			2015		
	総数	男	女	総数	男	女	総数	男	女	総数	男	女
総数	4 744	2 245	2 499	4 475	2 111	2 364	4 250	2 018	2 232	4 000	1 908	2 092
0-4	276	144	133	235	126	109	265	141	124	275	142	133
5-9	355	180	175	240	127	114	212	113	99	229	121	107
10-14	408	208	200	346	173	173	242	127	116	190	101	89
15-19	374	188	186	393	199	194	324	163	161	245	127	117
20-24	348	171	177	350	174	176	359	182	178	302	153	148
25-29	330	164	166	322	155	167	323	161	162	325	164	161
30-34	316	154	162	303	147	156	303	147	156	295	148	147
35-39	379	177	202	289	137	152	286	138	147	283	139	144
40-44	355	169	186	352	162	190	277	131	146	267	129	138
45-49	297	141	156	330	155	175	323	149	174	264	124	140
50-54	246	113	133	273	128	145	297	138	160	291	134	157
55-59	185	84	101	225	101	123	243	111	132	263	119	144
60-64	280	126	154	164	72	92	188	83	105	209	93	117
65-69	208	91	117	243	105	138	147	61	86	147	63	84
70-74	198	81	117	167	70	98	197	81	117	124	47	77
75-79	103	34	69	145	55	90	122	48	73	143	54	89
80+	...	...	...	...	...	...	...	...	...	...	...	...
80-84	44	11	33	63	18	45	99	34	65	76	28	47
85-89	29	7	22	21	5	17	33	8	25	55	17	38
90-94	9	2	7	11	2	9	8	1	7	13	3	10
95-99	2	0	2	2	0	2	3	0	2	2	0	2
100+	0	0	0	0	0	0	0	0	0	0	0	0

性・年齢別人口（千人）

ジョージア

年齢	2015			2020			2025			2030		
	総数	男	女	総数	男	女	総数	男	女	総数	男	女
総数	4 000	1 908	2 092	3 977	1 903	2 074	3 934	1 887	2 047	3 868	1 860	2 009
0-4	275	142	133	252	132	120	226	118	108	200	104	96
5-9	229	121	107	272	141	131	249	131	119	224	117	107
10-14	190	101	89	227	121	107	271	140	131	248	130	118
15-19	245	127	117	186	99	87	224	119	105	267	138	129
20-24	302	153	148	236	123	114	178	95	83	215	114	101
25-29	325	164	161	291	147	143	226	117	109	168	90	79
30-34	295	148	147	316	158	157	281	142	139	217	112	105
35-39	283	139	144	287	143	144	308	154	154	274	137	136
40-44	267	129	138	277	135	142	281	139	142	301	149	152
45-49	264	124	140	261	125	136	270	131	140	275	135	140
50-54	291	134	157	257	119	138	254	120	134	264	126	138
55-59	263	119	144	281	127	154	248	113	135	246	115	131
60-64	209	93	117	249	110	139	268	118	149	237	106	131
65-69	147	63	84	193	83	110	230	99	132	249	107	142
70-74	124	47	77	128	52	76	169	69	100	204	84	120
75-79	143	54	89	99	35	64	103	39	64	137	53	85
80+	…	…	…	…	…	…	…	…	…	…	…	…
80-84	76	28	47	98	33	65	69	22	48	73	25	48
85-89	55	17	38	41	13	28	55	16	39	40	11	29
90-94	13	3	10	22	6	16	17	5	12	23	6	18
95-99	2	0	2	3	1	3	6	1	5	5	1	4
100+	0	0	0	0	0	0	1	0	0	1	0	1

年齢	2035			2040			2045			2050		
	総数	男	女	総数	男	女	総数	男	女	総数	男	女
総数	3 779	1 819	1 960	3 680	1 774	1 906	3 584	1 733	1 851	3 483	1 691	1 793
0-4	179	93	86	178	92	85	189	98	91	189	98	91
5-9	198	103	95	177	92	85	176	91	84	186	97	90
10-14	223	117	106	197	103	94	175	91	84	174	91	84
15-19	244	128	116	219	115	105	193	101	92	172	90	82
20-24	259	134	125	236	124	113	211	110	101	185	97	89
25-29	205	109	96	249	128	121	226	118	108	201	105	96
30-34	159	85	75	196	104	93	240	123	117	217	113	104
35-39	210	108	102	153	81	72	190	100	90	233	119	114
40-44	268	134	134	204	104	100	148	78	70	185	97	88
45-49	295	145	150	262	130	132	200	101	98	144	75	68
50-54	268	130	138	288	141	148	257	126	130	195	98	97
55-59	256	120	135	260	125	135	281	136	145	250	122	128
60-64	235	108	128	245	114	132	251	119	132	271	129	142
65-69	221	96	125	220	99	122	231	105	126	237	110	127
70-74	222	91	130	199	83	116	199	86	113	210	93	118
75-79	168	65	103	185	72	113	168	66	101	170	70	100
80+	…	…	…	…	…	…	…	…	…	…	…	…
80-84	100	35	65	124	44	80	139	50	89	128	47	81
85-89	43	13	30	60	18	42	77	24	53	88	28	60
90-94	18	4	14	20	5	15	28	7	21	37	10	27
95-99	7	1	5	5	1	4	6	1	5	9	2	7
100+	1	0	1	1	0	1	1	0	1	1	0	1

年齢	2055			2060		
	総数	男	女	総数	男	女
総数	3 371	1 644	1 727	3 247	1 591	1 656
0-4	174	90	84	157	81	76
5-9	186	97	90	172	89	83
10-14	185	96	89	185	96	89
15-19	171	89	82	182	95	88
20-24	165	86	79	164	85	79
25-29	176	92	84	156	81	75
30-34	193	100	93	168	87	81
35-39	211	110	101	187	97	90
40-44	228	116	112	207	107	100
45-49	181	94	86	224	114	110
50-54	140	73	67	177	92	85
55-59	191	95	95	137	71	66
60-64	242	117	125	185	92	93
65-69	257	121	137	231	110	121
70-74	217	98	119	237	109	128
75-79	181	77	104	189	82	106
80+	…	…	…	…	…	…
80-84	131	51	81	142	57	86
85-89	83	27	55	87	31	57
90-94	43	12	32	42	12	30
95-99	12	3	10	15	3	12
100+	2	0	2	3	0	2

性・年齢別人口（千人）

年齢	2015 総数	男	女	2020 総数	男	女	2025 総数	男	女	2030 総数	男	女
総数	4 000	1 908	2 092	4 012	1 921	2 091	4 019	1 932	2 087	4 008	1 933	2 075
0–4	275	142	133	287	150	137	276	144	132	255	133	122
5–9	229	121	107	272	141	131	284	149	135	274	143	131
10–14	190	101	89	227	121	107	271	140	131	283	148	135
15–19	245	127	117	186	99	87	224	119	105	267	138	129
20–24	302	153	148	236	123	114	178	95	83	215	114	101
25–29	325	164	161	291	147	143	226	117	109	168	90	79
30–34	295	148	147	316	158	157	281	142	139	217	112	105
35–39	283	139	144	287	143	144	308	154	154	274	137	136
40–44	267	129	138	277	135	142	281	139	142	301	149	152
45–49	264	124	140	261	125	136	270	131	140	275	135	140
50–54	291	134	157	257	119	138	254	120	134	264	126	138
55–59	263	119	144	281	127	154	248	113	135	246	115	131
60–64	209	93	117	249	110	139	268	118	149	237	106	131
65–69	147	63	84	193	83	110	230	99	132	249	107	142
70–74	124	47	77	128	52	76	169	69	100	204	84	120
75–79	143	54	89	99	35	64	103	39	64	137	53	85
80+	…	…	…	…	…	…	…	…	…	…	…	…
80–84	76	28	47	98	33	65	69	22	48	73	25	48
85–89	55	17	38	41	13	28	55	16	39	40	11	29
90–94	13	3	10	22	6	16	17	5	12	23	6	18
95–99	2	0	2	3	1	3	6	1	5	5	1	4
100+	0	0	0	0	0	0	1	0	0	1	0	1

年齢	2035 総数	男	女	2040 総数	男	女	2045 総数	男	女	2050 総数	男	女
総数	3 967	1 918	2 050	3 920	1 900	2 021	3 888	1 891	1 997	3 868	1 891	1 977
0–4	228	119	109	230	119	110	253	131	122	270	140	130
5–9	253	132	121	226	118	108	227	118	109	251	130	121
10–14	273	143	130	251	131	120	225	117	108	226	118	108
15–19	279	146	133	269	141	128	248	129	118	221	115	106
20–24	259	134	125	271	142	129	261	136	125	240	125	115
25–29	205	109	96	249	128	121	261	136	125	251	131	120
30–34	159	85	75	196	104	93	240	123	117	252	131	121
35–39	210	108	102	153	81	72	190	100	90	233	119	114
40–44	268	134	134	204	104	100	148	78	70	185	97	88
45–49	295	145	150	262	130	132	200	101	98	144	75	68
50–54	268	130	138	288	141	148	257	126	130	195	98	97
55–59	256	120	135	260	125	135	281	136	145	250	122	128
60–64	235	108	128	245	114	132	251	119	132	271	129	142
65–69	221	96	125	220	99	122	231	105	126	237	110	127
70–74	222	91	130	199	83	116	199	86	113	210	93	118
75–79	168	65	103	185	72	113	168	66	101	170	70	100
80+	…	…	…	…	…	…	…	…	…	…	…	…
80–84	100	35	65	124	44	80	139	50	89	128	47	81
85–89	43	13	30	60	18	42	77	24	53	88	28	60
90–94	18	4	14	20	5	15	28	7	21	37	10	27
95–99	7	1	5	5	1	4	6	1	5	9	2	7
100+	1	0	1	1	0	1	1	0	1	1	0	1

年齢	2055 総数	男	女	2060 総数	男	女
総数	3 849	1 892	1 957	3 822	1 890	1 933
0–4	268	139	129	255	132	123
5–9	267	139	129	266	138	128
10–14	249	129	120	266	138	128
15–19	223	116	107	246	128	118
20–24	214	111	102	216	112	104
25–29	230	120	110	205	107	98
30–34	243	126	116	222	116	107
35–39	245	128	118	236	123	114
40–44	228	116	112	241	125	116
45–49	181	94	86	224	114	110
50–54	140	73	67	177	92	85
55–59	191	95	95	137	71	66
60–64	242	117	125	185	92	93
65–69	257	121	137	231	110	121
70–74	217	98	119	237	109	128
75–79	181	77	104	189	82	106
80+	…	…	…	…	…	…
80–84	131	51	81	142	57	86
85–89	83	27	55	87	31	57
90–94	43	12	32	42	12	30
95–99	12	3	10	15	3	12
100+	2	0	2	3	0	2

性・年齢別人口（千人）

年齢	2015			2020			2025			2030		
	総数	男	女	総数	男	女	総数	男	女	総数	男	女
総数	4 000	1 908	2 092	3 942	1 885	2 058	3 850	1 843	2 006	3 729	1 787	1 942
0-4	275	142	133	217	114	103	177	92	84	145	76	69
5-9	229	121	107	272	141	131	215	112	102	174	91	83
10-14	190	101	89	227	121	107	271	140	131	213	112	102
15-19	245	127	117	186	99	87	224	119	105	267	138	129
20-24	302	153	148	236	123	114	178	95	83	215	114	101
25-29	325	164	161	291	147	143	226	117	109	168	90	79
30-34	295	148	147	316	158	157	281	142	139	217	112	105
35-39	283	139	144	287	143	144	308	154	154	274	137	136
40-44	267	129	138	277	135	142	281	139	142	301	149	152
45-49	264	124	140	261	125	136	270	131	140	275	135	140
50-54	291	134	157	257	119	138	254	120	134	264	126	138
55-59	263	119	144	281	127	154	248	113	135	246	115	131
60-64	209	93	117	249	110	139	268	118	149	237	106	131
65-69	147	63	84	193	83	110	230	99	132	249	107	142
70-74	124	47	77	128	52	76	169	69	100	204	84	120
75-79	143	54	89	99	35	64	103	39	64	137	53	85
80+	…	…	…	…	…	…	…	…	…	…	…	…
80-84	76	28	47	98	33	65	69	22	48	73	25	48
85-89	55	17	38	41	13	28	55	16	39	40	11	29
90-94	13	3	10	22	6	16	17	5	12	23	6	18
95-99	2	0	2	3	1	3	6	1	5	5	1	4
100+	0	0	0	0	0	0	1	0	0	1	0	1

年齢	2035			2040			2045			2050		
	総数	男	女	総数	男	女	総数	男	女	総数	男	女
総数	3 590	1 721	1 870	3 441	1 650	1 791	3 287	1 578	1 709	3 118	1 501	1 617
0-4	130	68	62	127	66	61	130	67	62	120	62	58
5-9	143	75	68	128	67	61	125	65	60	128	66	61
10-14	173	91	83	142	74	68	126	66	60	124	65	59
15-19	210	110	100	170	89	81	138	72	66	123	64	59
20-24	259	134	125	202	106	96	162	85	77	130	68	62
25-29	205	109	96	249	128	121	192	100	92	152	79	73
30-34	159	85	75	196	104	93	240	123	117	183	95	88
35-39	210	108	102	153	81	72	190	100	90	233	119	114
40-44	268	134	134	204	104	100	148	78	70	185	97	88
45-49	295	145	150	262	130	132	200	101	98	144	75	68
50-54	268	130	138	288	141	148	257	126	130	195	98	97
55-59	256	120	135	260	125	135	281	136	145	250	122	128
60-64	235	108	128	245	114	132	251	119	132	271	129	142
65-69	221	96	125	220	99	122	231	105	126	237	110	127
70-74	222	91	130	199	83	116	199	86	113	210	93	118
75-79	168	65	103	185	72	113	168	66	101	170	70	100
80+	…	…	…	…	…	…	…	…	…	…	…	…
80-84	100	35	65	124	44	80	139	50	89	128	47	81
85-89	43	13	30	60	18	42	77	24	53	88	28	60
90-94	18	4	14	20	5	15	28	7	21	37	10	27
95-99	7	1	5	5	1	4	6	1	5	9	2	7
100+	1	0	1	1	0	1	1	0	1	1	0	1

年齢	2055			2060		
	総数	男	女	総数	男	女
総数	2 932	1 416	1 516	2 735	1 325	1 410
0-4	100	52	48	83	43	40
5-9	118	61	57	99	51	47
10-14	127	66	61	117	61	56
15-19	121	63	58	123	64	59
20-24	116	60	55	114	59	55
25-29	121	63	58	107	56	51
30-34	144	75	69	114	59	55
35-39	177	92	85	138	72	66
40-44	228	116	112	172	89	83
45-49	181	94	86	224	114	110
50-54	140	73	67	177	92	85
55-59	191	95	95	137	71	66
60-64	242	117	125	185	92	93
65-69	257	121	137	231	110	121
70-74	217	98	119	237	109	128
75-79	181	77	104	189	82	106
80+	…	…	…	…	…	…
80-84	131	51	81	142	57	86
85-89	83	27	55	87	31	57
90-94	43	12	32	42	12	30
95-99	12	3	10	15	3	12
100+	2	0	2	3	0	2

Germany

性・年齢別人口（千人）

年齢	1960			1965			1970			1975		
	総数	男	女	総数	男	女	総数	男	女	総数	男	女
総数	73 180	34 025	39 154	75 991	35 744	40 246	78 367	37 074	41 293	78 667	37 335	41 332
0-4	5 784	2 959	2 824	6 348	3 251	3 097	6 074	3 114	2 960	4 441	2 276	2 164
5-9	5 244	2 681	2 563	5 764	2 948	2 816	6 392	3 272	3 120	6 170	3 163	3 008
10-14	4 660	2 382	2 278	5 270	2 693	2 576	5 821	2 975	2 846	6 450	3 303	3 146
15-19	5 259	2 682	2 577	4 761	2 445	2 316	5 271	2 688	2 583	5 891	3 013	2 878
20-24	6 195	3 157	3 038	5 390	2 775	2 614	4 861	2 504	2 357	5 364	2 735	2 629
25-29	4 862	2 458	2 404	6 229	3 220	3 009	5 599	2 907	2 692	4 955	2 555	2 400
30-34	4 903	2 360	2 543	4 879	2 521	2 359	6 331	3 290	3 040	5 643	2 919	2 724
35-39	4 735	1 961	2 774	4 952	2 442	2 510	4 877	2 525	2 353	6 307	3 261	3 047
40-44	3 315	1 366	1 949	4 708	1 993	2 715	5 000	2 444	2 556	4 827	2 489	2 338
45-49	5 067	2 124	2 943	3 260	1 346	1 914	4 692	1 972	2 721	4 913	2 388	2 525
50-54	5 425	2 378	3 047	4 969	2 069	2 900	3 131	1 282	1 849	4 559	1 894	2 665
55-59	5 102	2 334	2 768	5 211	2 256	2 955	4 766	1 949	2 817	2 982	1 198	1 784
60-64	4 204	1 791	2 412	4 744	2 107	2 637	4 861	2 044	2 817	4 450	1 763	2 687
65-69	3 229	1 281	1 948	3 725	1 506	2 219	4 199	1 779	2 419	4 340	1 737	2 603
70-74	2 457	989	1 468	2 664	991	1 673	3 050	1 146	1 904	3 453	1 363	2 090
75-79	1 576	646	930	1 780	671	1 109	1 924	656	1 268	2 217	754	1 463
80+	1 162	474	687	1 339	512	826	1 518	526	992	1 704	523	1 181
80-84	…	…	…	…	…	…	…	…	…	…	…	…
85-89	…	…	…	…	…	…	…	…	…	…	…	…
90-94	…	…	…	…	…	…	…	…	…	…	…	…
95-99	…	…	…	…	…	…	…	…	…	…	…	…
100+	…	…	…	…	…	…	…	…	…	…	…	…

年齢	1980			1985			1990			1995		
	総数	男	女	総数	男	女	総数	男	女	総数	男	女
総数	78 160	37 244	40 916	77 570	37 077	40 493	78 958	38 125	40 833	81 613	39 772	41 840
0-4	3 957	2 029	1 928	4 100	2 102	1 998	4 335	2 226	2 109	4 047	2 078	1 969
5-9	4 400	2 254	2 146	3 915	2 003	1 912	4 241	2 176	2 065	4 579	2 350	2 229
10-14	6 194	3 177	3 016	4 364	2 234	2 130	3 999	2 052	1 947	4 504	2 311	2 193
15-19	6 586	3 389	3 197	6 213	3 189	3 024	4 480	2 297	2 182	4 271	2 192	2 079
20-24	6 062	3 140	2 922	6 632	3 416	3 216	6 426	3 299	3 128	4 853	2 491	2 362
25-29	5 410	2 782	2 628	6 102	3 165	2 937	6 850	3 532	3 318	6 878	3 554	3 324
30-34	4 887	2 507	2 380	5 403	2 776	2 627	6 257	3 247	3 009	7 228	3 760	3 468
35-39	5 561	2 854	2 707	4 815	2 457	2 358	5 494	2 821	2 673	6 528	3 401	3 127
40-44	6 198	3 175	3 023	5 465	2 779	2 685	4 851	2 479	2 372	5 673	2 915	2 758
45-49	4 698	2 397	2 301	6 060	3 070	2 990	5 491	2 798	2 694	4 919	2 505	2 414
50-54	4 775	2 291	2 484	4 534	2 281	2 253	6 008	3 036	2 973	5 444	2 748	2 696
55-59	4 386	1 787	2 599	4 583	2 157	2 426	4 404	2 199	2 205	5 873	2 922	2 951
60-64	2 792	1 088	1 704	4 140	1 636	2 505	4 378	2 021	2 358	4 228	2 058	2 170
65-69	4 024	1 520	2 504	2 532	942	1 591	3 840	1 463	2 377	4 070	1 809	2 261
70-74	3 651	1 357	2 293	3 451	1 215	2 236	2 202	774	1 428	3 417	1 228	2 189
75-79	2 559	913	1 647	2 800	940	1 860	2 745	883	1 862	1 804	581	1 223
80+	2 020	583	1 437	2 461	716	1 745	…	…	…	…	…	…
80-84	…	…	…	…	…	…	1 880	553	1 326	1 932	545	1 387
85-89	…	…	…	…	…	…	818	217	601	1 018	251	767
90-94	…	…	…	…	…	…	222	47	175	295	64	231
95-99	…	…	…	…	…	…	34	6	27	48	8	39
100+	…	…	…	…	…	…	3	1	2	4	1	3

年齢	2000			2005			2010			2015		
	総数	男	女	総数	男	女	総数	男	女	総数	男	女
総数	81 896	40 040	41 856	81 247	39 785	41 462	80 435	39 412	41 023	80 689	39 653	41 036
0-4	3 892	1 999	1 893	3 559	1 828	1 731	3 339	1 715	1 625	3 384	1 739	1 646
5-9	4 071	2 089	1 982	3 920	2 013	1 908	3 592	1 843	1 749	3 393	1 741	1 651
10-14	4 634	2 378	2 256	4 145	2 123	2 022	3 945	2 025	1 920	3 620	1 857	1 763
15-19	4 597	2 359	2 238	4 754	2 426	2 328	4 213	2 154	2 059	4 024	2 062	1 962
20-24	4 418	2 260	2 158	4 764	2 434	2 330	4 871	2 471	2 400	4 397	2 241	2 156
25-29	5 020	2 565	2 455	4 499	2 294	2 205	4 982	2 526	2 456	5 098	2 579	2 519
30-34	6 950	3 576	3 374	4 926	2 497	2 430	4 605	2 329	2 276	5 171	2 618	2 554
35-39	7 205	3 724	3 480	6 851	3 498	3 353	4 805	2 412	2 393	4 735	2 392	2 343
40-44	6 489	3 354	3 134	7 098	3 640	3 458	6 744	3 415	3 329	4 878	2 447	2 432
45-49	5 623	2 865	2 758	6 347	3 251	3 096	6 972	3 544	3 428	6 749	3 411	3 338
50-54	4 837	2 439	2 398	5 489	2 770	2 719	6 176	3 129	3 047	6 910	3 499	3 411
55-59	5 283	2 634	2 649	4 618	2 305	2 313	5 294	2 651	2 643	6 060	3 050	3 010
60-64	5 607	2 736	2 871	4 982	2 446	2 536	4 325	2 139	2 186	5 130	2 542	2 588
65-69	3 923	1 849	2 074	5 248	2 498	2 750	4 619	2 221	2 398	4 118	2 003	2 115
70-74	3 618	1 531	2 087	3 526	1 598	1 927	4 799	2 212	2 587	4 268	1 997	2 271
75-79	2 843	948	1 895	3 039	1 211	1 828	3 026	1 306	1 720	4 184	1 847	2 337
80+	…	…	…	…	…	…	…	…	…	…	…	…
80-84	1 310	376	934	2 129	646	1 483	2 332	863	1 469	2 370	959	1 410
85-89	1 105	265	840	786	198	589	1 331	364	967	1 494	506	988
90-94	397	79	318	458	91	367	338	74	264	598	144	455
95-99	68	12	56	98	16	82	115	20	96	90	17	73
100+	6	1	5	9	1	7	12	2	11	16	2	14

性・年齢別人口（千人）

年齢	2015			2020			2025			2030		
	総数	男	女	総数	男	女	総数	男	女	総数	男	女
総数	80 689	39 653	41 036	80 392	39 590	40 802	79 960	39 451	40 510	79 294	39 190	40 105
0-4	3 384	1 739	1 646	3 506	1 802	1 704	3 500	1 799	1 701	3 363	1 729	1 634
5-9	3 393	1 741	1 651	3 416	1 755	1 661	3 537	1 817	1 720	3 532	1 815	1 717
10-14	3 620	1 857	1 763	3 409	1 750	1 660	3 433	1 763	1 670	3 554	1 826	1 728
15-19	4 024	2 062	1 962	3 667	1 881	1 786	3 457	1 774	1 682	3 480	1 788	1 692
20-24	4 397	2 241	2 156	4 133	2 117	2 016	3 777	1 938	1 839	3 567	1 831	1 736
25-29	5 098	2 579	2 519	4 531	2 308	2 223	4 268	2 185	2 083	3 914	2 007	1 907
30-34	5 171	2 618	2 554	5 209	2 633	2 576	4 643	2 363	2 280	4 382	2 241	2 140
35-39	4 735	2 392	2 343	5 243	2 651	2 592	5 282	2 668	2 615	4 720	2 400	2 320
40-44	4 878	2 447	2 432	4 772	2 407	2 365	5 281	2 667	2 614	5 322	2 684	2 637
45-49	6 749	3 411	3 338	4 878	2 441	2 437	4 777	2 405	2 372	5 286	2 665	2 621
50-54	6 910	3 499	3 411	6 684	3 365	3 319	4 845	2 417	2 428	4 750	2 385	2 365
55-59	6 060	3 050	3 010	6 783	3 414	3 369	6 576	3 294	3 282	4 781	2 374	2 406
60-64	5 130	2 542	2 588	5 883	2 934	2 950	6 606	3 299	3 307	6 423	3 197	3 226
65-69	4 118	2 003	2 115	4 904	2 394	2 510	5 650	2 783	2 868	6 370	3 149	3 222
70-74	4 268	1 997	2 271	3 832	1 820	2 012	4 596	2 199	2 396	5 328	2 580	2 748
75-79	4 184	1 847	2 337	3 766	1 696	2 069	3 420	1 573	1 847	4 143	1 928	2 215
80+	...	...	...	...	...	...	...	...	...	...	...	...
80-84	2 370	959	1 410	3 338	1 391	1 947	3 059	1 312	1 748	2 825	1 245	1 580
85-89	1 494	506	988	1 559	584	975	2 261	880	1 381	2 130	859	1 271
90-94	598	144	455	696	210	486	758	256	502	1 148	407	742
95-99	90	17	73	169	35	134	208	55	153	240	71	169
100+	16	2	14	14	2	12	26	5	21	35	8	28

年齢	2035			2040			2045			2050		
	総数	男	女	総数	男	女	総数	男	女	総数	男	女
総数	78 403	38 805	39 597	77 300	38 291	39 009	75 999	37 655	38 344	74 513	36 934	37 579
0-4	3 197	1 644	1 554	3 075	1 581	1 495	3 039	1 562	1 477	3 074	1 580	1 494
5-9	3 395	1 745	1 650	3 230	1 660	1 570	3 108	1 597	1 511	3 072	1 578	1 493
10-14	3 549	1 824	1 726	3 412	1 753	1 659	3 247	1 668	1 579	3 125	1 606	1 519
15-19	3 602	1 851	1 751	3 597	1 848	1 748	3 460	1 778	1 682	3 295	1 694	1 602
20-24	3 591	1 845	1 746	3 713	1 908	1 805	3 708	1 906	1 802	3 572	1 836	1 736
25-29	3 705	1 901	1 804	3 729	1 915	1 814	3 852	1 978	1 873	3 847	1 976	1 871
30-34	4 029	2 064	1 965	3 820	1 958	1 862	3 845	1 973	1 873	3 968	2 036	1 931
35-39	4 459	2 279	2 181	4 108	2 102	2 006	3 900	1 997	1 903	3 926	2 012	1 914
40-44	4 762	2 419	2 344	4 504	2 299	2 205	4 155	2 124	2 031	3 949	2 020	1 929
45-49	5 329	2 685	2 645	4 776	2 422	2 353	4 521	2 305	2 216	4 175	2 131	2 043
50-54	5 260	2 646	2 614	5 307	2 669	2 639	4 762	2 411	2 351	4 513	2 297	2 216
55-59	4 695	2 349	2 346	5 204	2 610	2 594	5 257	2 636	2 621	4 724	2 386	2 338
60-64	4 684	2 314	2 371	4 610	2 295	2 315	5 117	2 555	2 562	5 179	2 587	2 592
65-69	6 217	3 067	3 150	4 549	2 229	2 320	4 489	2 219	2 270	4 994	2 478	2 516
70-74	6 039	2 942	3 097	5 920	2 882	3 038	4 351	2 106	2 245	4 308	2 107	2 202
75-79	4 845	2 291	2 555	5 532	2 637	2 895	5 460	2 605	2 855	4 038	1 918	2 120
80+	...	...	...	...	...	...	...	...	...	...	...	...
80-84	3 473	1 557	1 917	4 112	1 877	2 234	4 748	2 190	2 558	4 736	2 191	2 545
85-89	2 015	840	1 175	2 530	1 076	1 454	3 055	1 325	1 729	3 591	1 577	2 014
90-94	1 125	415	710	1 102	422	681	1 432	558	873	1 781	710	1 071
95-99	384	120	265	396	128	268	408	136	272	555	189	366
100+	44	11	33	73	19	54	85	23	62	94	26	68

年齢	2055			2060		
	総数	男	女	総数	男	女
総数	72 923	36 179	36 744	71 391	35 484	35 907
0-4	3 115	1 601	1 514	3 098	1 593	1 506
5-9	3 104	1 595	1 509	3 144	1 616	1 528
10-14	3 088	1 587	1 501	3 120	1 603	1 517
15-19	3 171	1 630	1 541	3 132	1 609	1 522
20-24	3 402	1 749	1 653	3 272	1 682	1 590
25-29	3 704	1 903	1 801	3 527	1 812	1 715
30-34	3 957	2 031	1 926	3 809	1 956	1 853
35-39	4 044	2 073	1 971	4 030	2 067	1 963
40-44	3 972	2 033	1 938	4 088	2 094	1 994
45-49	3 969	2 028	1 941	3 992	2 042	1 950
50-54	4 170	2 126	2 044	3 967	2 024	1 943
55-59	4 481	2 276	2 205	4 145	2 109	2 036
60-64	4 661	2 346	2 315	4 427	2 241	2 186
65-69	5 064	2 514	2 549	4 567	2 286	2 281
70-74	4 808	2 361	2 447	4 890	2 405	2 484
75-79	4 020	1 931	2 089	4 509	2 178	2 330
80+	...	...	...	...	...	...
80-84	3 538	1 631	1 906	3 554	1 661	1 893
85-89	3 645	1 606	2 039	2 769	1 219	1 551
90-94	2 158	870	1 288	2 255	915	1 341
95-99	723	251	472	916	322	594
100+	130	36	94	181	51	130

Germany

性・年齢別人口（千人）

年齢	2015 総数	男	女	2020 総数	男	女	2025 総数	男	女	2030 総数	男	女
総数	80 689	39 653	41 036	80 998	39 902	41 096	81 509	40 247	41 262	81 949	40 554	41 395
0–4	3 384	1 739	1 646	4 112	2 113	1 999	4 443	2 284	2 159	4 469	2 297	2 172
5–9	3 393	1 741	1 651	3 416	1 755	1 661	4 143	2 129	2 014	4 475	2 299	2 175
10–14	3 620	1 857	1 763	3 409	1 750	1 660	3 433	1 763	1 670	4 160	2 137	2 023
15–19	4 024	2 062	1 962	3 667	1 881	1 786	3 457	1 774	1 682	3 480	1 788	1 692
20–24	4 397	2 241	2 156	4 133	2 117	2 016	3 777	1 938	1 839	3 567	1 831	1 736
25–29	5 098	2 579	2 519	4 531	2 308	2 223	4 268	2 185	2 083	3 914	2 007	1 907
30–34	5 171	2 618	2 554	5 209	2 633	2 576	4 643	2 363	2 280	4 382	2 241	2 140
35–39	4 735	2 392	2 343	5 243	2 651	2 592	5 282	2 668	2 615	4 720	2 400	2 320
40–44	4 878	2 447	2 432	4 772	2 407	2 365	5 281	2 667	2 614	5 322	2 684	2 637
45–49	6 749	3 411	3 338	4 878	2 441	2 437	4 777	2 405	2 372	5 286	2 665	2 621
50–54	6 910	3 499	3 411	6 684	3 365	3 319	4 845	2 417	2 428	4 750	2 385	2 365
55–59	6 060	3 050	3 010	6 783	3 414	3 369	6 576	3 294	3 282	4 781	2 374	2 406
60–64	5 130	2 542	2 588	5 883	2 934	2 950	6 606	3 299	3 307	6 423	3 197	3 226
65–69	4 118	2 003	2 115	4 904	2 394	2 510	5 650	2 783	2 868	6 370	3 149	3 222
70–74	4 268	1 997	2 271	3 832	1 820	2 012	4 596	2 199	2 396	5 328	2 580	2 748
75–79	4 184	1 847	2 337	3 766	1 696	2 069	3 420	1 573	1 847	4 143	1 928	2 215
80+	…	…	…	…	…	…	…	…	…	…	…	…
80–84	2 370	959	1 410	3 338	1 391	1 947	3 059	1 312	1 748	2 825	1 245	1 580
85–89	1 494	506	988	1 559	584	975	2 261	880	1 381	2 130	859	1 271
90–94	598	144	455	696	210	486	758	256	502	1 148	407	742
95–99	90	17	73	169	35	134	208	55	153	240	71	169
100+	16	2	14	14	2	12	26	5	21	35	8	28

年齢	2035 総数	男	女	2040 総数	男	女	2045 総数	男	女	2050 総数	男	女
総数	82 090	40 701	41 389	81 989	40 702	41 288	81 765	40 619	41 147	81 595	40 574	41 021
0–4	4 231	2 175	2 056	4 079	2 097	1 982	4 119	2 117	2 001	4 393	2 258	2 135
5–9	4 501	2 313	2 188	4 263	2 191	2 072	4 111	2 113	1 998	4 151	2 133	2 018
10–14	4 492	2 308	2 184	4 518	2 322	2 196	4 280	2 199	2 080	4 128	2 121	2 007
15–19	4 208	2 162	2 045	4 539	2 333	2 206	4 565	2 346	2 219	4 328	2 224	2 103
20–24	3 591	1 845	1 746	4 318	2 219	2 099	4 650	2 390	2 260	4 676	2 404	2 273
25–29	3 705	1 901	1 804	3 729	1 915	1 814	4 456	2 289	2 167	4 788	2 460	2 328
30–34	4 029	2 064	1 965	3 820	1 958	1 862	3 845	1 973	1 873	4 571	2 346	2 225
35–39	4 459	2 279	2 181	4 108	2 102	2 006	3 900	1 997	1 903	3 926	2 012	1 914
40–44	4 762	2 419	2 344	4 504	2 299	2 205	4 155	2 124	2 031	3 949	2 020	1 929
45–49	5 329	2 685	2 645	4 776	2 422	2 353	4 521	2 305	2 216	4 175	2 131	2 043
50–54	5 260	2 646	2 614	5 307	2 669	2 639	4 762	2 411	2 351	4 513	2 297	2 216
55–59	4 695	2 349	2 346	5 204	2 610	2 594	5 257	2 636	2 621	4 724	2 386	2 338
60–64	4 684	2 314	2 371	4 610	2 295	2 315	5 117	2 555	2 562	5 179	2 587	2 592
65–69	6 217	3 067	3 150	4 549	2 229	2 320	4 489	2 219	2 270	4 994	2 478	2 516
70–74	6 039	2 942	3 097	5 920	2 882	3 038	4 351	2 106	2 245	4 308	2 107	2 202
75–79	4 845	2 291	2 555	5 532	2 637	2 895	5 460	2 605	2 855	4 038	1 918	2 120
80+	…	…	…	…	…	…	…	…	…	…	…	…
80–84	3 473	1 557	1 917	4 112	1 877	2 234	4 748	2 190	2 558	4 736	2 191	2 545
85–89	2 015	840	1 175	2 530	1 076	1 454	3 055	1 325	1 729	3 591	1 577	2 014
90–94	1 125	415	710	1 102	422	681	1 432	558	873	1 781	710	1 071
95–99	384	120	265	396	128	268	408	136	272	555	189	366
100+	44	11	33	73	19	54	85	23	62	94	26	68

年齢	2055 総数	男	女	2060 総数	男	女
総数	81 650	40 665	40 986	82 006	40 940	41 067
0–4	4 764	2 449	2 315	4 993	2 566	2 426
5–9	4 423	2 273	2 150	4 793	2 463	2 329
10–14	4 167	2 142	2 026	4 439	2 281	2 157
15–19	4 174	2 145	2 028	4 210	2 164	2 046
20–24	4 433	2 279	2 155	4 274	2 197	2 077
25–29	4 807	2 470	2 337	4 558	2 342	2 216
30–34	4 897	2 514	2 383	4 911	2 522	2 389
35–39	4 647	2 383	2 264	4 968	2 549	2 420
40–44	3 972	2 033	1 938	4 690	2 403	2 287
45–49	3 969	2 028	1 941	3 992	2 042	1 950
50–54	4 170	2 126	2 044	3 967	2 024	1 943
55–59	4 481	2 276	2 205	4 145	2 109	2 036
60–64	4 661	2 346	2 315	4 427	2 241	2 186
65–69	5 064	2 514	2 549	4 567	2 286	2 281
70–74	4 808	2 361	2 447	4 890	2 405	2 484
75–79	4 020	1 931	2 089	4 509	2 178	2 330
80+	…	…	…	…	…	…
80–84	3 538	1 631	1 906	3 554	1 661	1 893
85–89	3 645	1 606	2 039	2 769	1 219	1 551
90–94	2 158	870	1 288	2 255	915	1 341
95–99	723	251	472	916	322	594
100+	130	36	94	181	51	130

性・年齢別人口（千人）

年齢	2015			2020			2025			2030		
	総数	男	女	総数	男	女	総数	男	女	総数	男	女
総数	80 689	39 653	41 036	79 786	39 279	40 507	78 411	38 654	39 757	76 639	37 825	38 815
0-4	3 384	1 739	1 646	2 899	1 490	1 409	2 557	1 314	1 243	2 257	1 160	1 097
5-9	3 393	1 741	1 651	3 416	1 755	1 661	2 931	1 506	1 425	2 589	1 330	1 259
10-14	3 620	1 857	1 763	3 409	1 750	1 660	3 433	1 763	1 670	2 949	1 515	1 434
15-19	4 024	2 062	1 962	3 667	1 881	1 786	3 457	1 774	1 682	3 480	1 788	1 692
20-24	4 397	2 241	2 156	4 133	2 117	2 016	3 777	1 938	1 839	3 567	1 831	1 736
25-29	5 098	2 579	2 519	4 531	2 308	2 223	4 268	2 185	2 083	3 914	2 007	1 907
30-34	5 171	2 618	2 554	5 209	2 633	2 576	4 643	2 363	2 280	4 382	2 241	2 140
35-39	4 735	2 392	2 343	5 243	2 651	2 592	5 282	2 668	2 615	4 720	2 400	2 320
40-44	4 878	2 447	2 432	4 772	2 407	2 365	5 281	2 667	2 614	5 322	2 684	2 637
45-49	6 749	3 411	3 338	4 878	2 441	2 437	4 777	2 405	2 372	5 286	2 665	2 621
50-54	6 910	3 499	3 411	6 684	3 365	3 319	4 845	2 417	2 428	4 750	2 385	2 365
55-59	6 060	3 050	3 010	6 783	3 414	3 369	6 576	3 294	3 282	4 781	2 374	2 406
60-64	5 130	2 542	2 588	5 883	2 934	2 950	6 606	3 299	3 307	6 423	3 197	3 226
65-69	4 118	2 003	2 115	4 904	2 394	2 510	5 650	2 783	2 868	6 370	3 149	3 222
70-74	4 268	1 997	2 271	3 832	1 820	2 012	4 596	2 199	2 396	5 328	2 580	2 748
75-79	4 184	1 847	2 337	3 766	1 696	2 069	3 420	1 573	1 847	4 143	1 928	2 215
80+	…	…	…	…	…	…	…	…	…	…	…	…
80-84	2 370	959	1 410	3 338	1 391	1 947	3 059	1 312	1 748	2 825	1 245	1 580
85-89	1 494	506	988	1 559	584	975	2 261	880	1 381	2 130	859	1 271
90-94	598	144	455	696	210	486	758	256	502	1 148	407	742
95-99	90	17	73	169	35	134	208	55	153	240	71	169
100+	16	2	14	14	2	12	26	5	21	35	8	28

年齢	2035			2040			2045			2050		
	総数	男	女	総数	男	女	総数	男	女	総数	男	女
総数	74 717	36 911	37 807	72 628	35 889	36 739	70 314	34 732	35 581	67 689	33 426	34 263
0-4	2 166	1 113	1 053	2 087	1 073	1 014	2 024	1 040	984	1 932	993	939
5-9	2 289	1 176	1 113	2 198	1 129	1 069	2 120	1 089	1 031	2 056	1 056	1 000
10-14	2 607	1 339	1 268	2 307	1 185	1 122	2 216	1 138	1 078	2 137	1 098	1 039
15-19	2 996	1 540	1 457	2 655	1 364	1 291	2 355	1 210	1 145	2 264	1 164	1 101
20-24	3 591	1 845	1 746	3 108	1 597	1 511	2 767	1 422	1 345	2 468	1 269	1 199
25-29	3 705	1 901	1 804	3 729	1 915	1 814	3 247	1 668	1 579	2 907	1 493	1 413
30-34	4 029	2 064	1 965	3 820	1 958	1 862	3 845	1 973	1 873	3 364	1 726	1 638
35-39	4 459	2 279	2 181	4 108	2 102	2 006	3 900	1 997	1 903	3 926	2 012	1 914
40-44	4 762	2 419	2 344	4 504	2 299	2 205	4 155	2 124	2 031	3 949	2 020	1 929
45-49	5 329	2 685	2 645	4 776	2 422	2 353	4 521	2 305	2 216	4 175	2 131	2 043
50-54	5 260	2 646	2 614	5 307	2 669	2 639	4 762	2 411	2 351	4 513	2 297	2 216
55-59	4 695	2 349	2 346	5 204	2 610	2 594	5 257	2 636	2 621	4 724	2 386	2 338
60-64	4 684	2 314	2 371	4 610	2 295	2 315	5 117	2 555	2 562	5 179	2 587	2 592
65-69	6 217	3 067	3 150	4 549	2 229	2 320	4 489	2 219	2 270	4 994	2 478	2 516
70-74	6 039	2 942	3 097	5 920	2 882	3 038	4 351	2 106	2 245	4 308	2 107	2 202
75-79	4 845	2 291	2 555	5 532	2 637	2 895	5 460	2 605	2 855	4 038	1 918	2 120
80+	…	…	…	…	…	…	…	…	…	…	…	…
80-84	3 473	1 557	1 917	4 112	1 877	2 234	4 748	2 190	2 558	4 736	2 191	2 545
85-89	2 015	840	1 175	2 530	1 076	1 454	3 055	1 325	1 729	3 591	1 577	2 014
90-94	1 125	415	710	1 102	422	681	1 432	558	873	1 781	710	1 071
95-99	384	120	265	396	128	268	408	136	272	555	189	366
100+	44	11	33	73	19	54	85	23	62	94	26	68

年齢	2055			2060		
	総数	男	女	総数	男	女
総数	64 784	31 996	32 788	61 811	30 560	31 250
0-4	1 795	923	873	1 652	849	803
5-9	1 963	1 009	955	1 825	937	887
10-14	2 073	1 065	1 008	1 979	1 017	962
15-19	2 183	1 122	1 061	2 117	1 088	1 029
20-24	2 372	1 219	1 153	2 285	1 175	1 110
25-29	2 601	1 336	1 264	2 498	1 283	1 214
30-34	3 018	1 549	1 469	2 706	1 389	1 317
35-39	3 441	1 764	1 677	3 092	1 585	1 507
40-44	3 972	2 033	1 938	3 486	1 785	1 701
45-49	3 969	2 028	1 941	3 992	2 042	1 950
50-54	4 170	2 126	2 044	3 967	2 024	1 943
55-59	4 481	2 276	2 205	4 145	2 109	2 036
60-64	4 661	2 346	2 315	4 427	2 241	2 186
65-69	5 064	2 514	2 549	4 567	2 286	2 281
70-74	4 808	2 361	2 447	4 890	2 405	2 484
75-79	4 020	1 931	2 089	4 509	2 178	2 330
80+	…	…	…	…	…	…
80-84	3 538	1 631	1 906	3 554	1 661	1 893
85-89	3 645	1 606	2 039	2 769	1 219	1 551
90-94	2 158	870	1 288	2 255	915	1 341
95-99	723	251	472	916	322	594
100+	130	36	94	181	51	130

性・年齢別人口（千人）

年齢	1960			1965			1970			1975		
	総数	男	女	総数	男	女	総数	男	女	総数	男	女
総数	6 652	3 380	3 272	7 711	3 924	3 787	8 597	4 378	4 219	9 831	5 001	4 831
0-4	1 188	607	581	1 429	730	699	1 612	823	789	1 810	920	890
5-9	913	468	445	1 103	565	538	1 279	654	624	1 489	760	729
10-14	848	436	411	891	457	433	1 031	529	502	1 230	630	600
15-19	705	361	344	830	428	402	834	429	405	995	511	484
20-24	590	302	288	683	350	333	773	398	374	797	410	388
25-29	495	252	243	568	291	278	631	324	308	735	379	356
30-34	416	212	205	476	243	233	525	268	256	600	307	292
35-39	350	178	173	400	203	196	438	224	215	497	254	243
40-44	290	146	144	334	169	165	366	186	180	413	210	203
45-49	239	120	120	275	138	137	304	153	151	342	173	170
50-54	193	96	98	224	111	113	247	123	124	281	140	141
55-59	151	74	78	177	86	90	196	96	100	223	109	113
60-64	113	54	59	132	63	69	148	72	77	170	82	88
65-69	78	37	41	92	43	49	103	49	54	120	57	63
70-74	47	22	25	56	26	30	64	30	34	75	35	40
75-79	23	11	13	27	13	15	32	15	17	38	17	21
80+	10	5	6	12	5	7	14	6	8	17	8	10
80-84	...	...	...	...	...	...	...	...	...	...	...	...
85-89	...	...	...	...	...	...	...	...	...	...	...	...
90-94	...	...	...	...	...	...	...	...	...	...	...	...
95-99	...	...	...	...	...	...	...	...	...	...	...	...
100+	...	...	...	...	...	...	...	...	...	...	...	...

年齢	1980			1985			1990			1995		
	総数	男	女	総数	男	女	総数	男	女	総数	男	女
総数	10 802	5 490	5 312	12 716	6 460	6 256	14 628	7 434	7 195	16 761	8 474	8 287
0-4	1 933	983	949	2 211	1 126	1 085	2 456	1 254	1 202	2 694	1 376	1 318
5-9	1 622	824	798	1 871	951	920	2 115	1 077	1 038	2 375	1 211	1 164
10-14	1 384	707	677	1 621	824	797	1 839	936	903	2 089	1 064	1 025
15-19	1 145	587	558	1 387	709	678	1 596	812	784	1 815	921	895
20-24	918	471	447	1 139	584	555	1 356	693	663	1 564	788	776
25-29	731	375	356	909	466	443	1 109	568	541	1 323	668	656
30-34	676	348	328	723	371	352	884	453	431	1 079	545	535
35-39	549	281	268	666	343	323	701	360	342	856	432	424
40-44	452	231	222	538	275	263	643	330	313	674	340	335
45-49	374	189	185	441	223	217	516	262	254	617	312	305
50-54	306	153	153	359	180	179	417	210	208	490	245	245
55-59	245	121	125	288	142	146	334	165	168	386	190	197
60-64	187	90	97	222	108	115	258	125	132	297	143	155
65-69	134	63	70	159	76	84	187	89	98	220	105	115
70-74	84	39	45	102	47	55	121	56	64	150	72	77
75-79	43	19	24	53	24	29	64	29	35	83	40	43
80+	20	9	11	25	11	14	...	...	...	...	...	...
80-84	...	...	...	...	...	...	25	11	14	35	18	18
85-89	...	...	...	...	...	...	6	3	4	9	4	5
90-94	...	...	...	...	...	...	1	0	0	1	0	1
95-99	...	...	...	...	...	...	0	0	0	0	0	0
100+	...	...	...	...	...	...	0	0	0	0	0	0

年齢	2000			2005			2010			2015		
	総数	男	女	総数	男	女	総数	男	女	総数	男	女
総数	18 825	9 507	9 318	21 390	10 686	10 704	24 318	12 035	12 283	27 410	13 635	13 774
0-4	2 860	1 461	1 399	3 201	1 635	1 566	3 578	1 828	1 750	4 056	2 072	1 984
5-9	2 603	1 328	1 275	2 801	1 429	1 372	3 126	1 595	1 530	3 494	1 783	1 711
10-14	2 337	1 193	1 143	2 599	1 328	1 271	2 803	1 432	1 371	3 089	1 578	1 511
15-19	2 054	1 047	1 008	2 325	1 176	1 150	2 611	1 329	1 282	2 770	1 416	1 355
20-24	1 762	891	871	2 033	1 008	1 025	2 305	1 145	1 160	2 563	1 305	1 258
25-29	1 505	755	750	1 730	851	879	2 021	968	1 054	2 252	1 118	1 134
30-34	1 270	637	633	1 460	717	742	1 708	812	896	1 973	944	1 029
35-39	1 034	518	515	1 223	604	620	1 417	681	736	1 663	790	873
40-44	817	409	408	985	486	499	1 176	570	605	1 375	659	715
45-49	640	319	321	785	384	401	934	454	480	1 134	547	587
50-54	581	291	290	606	295	310	752	357	395	892	430	461
55-59	451	222	229	527	260	267	566	269	296	705	331	374
60-64	343	165	178	392	189	203	462	226	235	514	241	273
65-69	249	117	132	299	138	162	322	154	168	397	192	205
70-74	169	80	88	214	95	120	247	106	142	251	118	133
75-79	97	47	50	130	57	73	170	66	104	163	68	95
80+	...	...	...	...	...	...	...	...	...	...	...	...
80-84	41	21	20	63	27	36	92	32	59	85	32	53
85-89	11	6	5	15	7	8	27	9	17	30	10	20
90-94	1	1	1	2	1	1	3	1	2	5	2	3
95-99	0	0	0	0	0	0	0	0	0	0	0	0
100+	0	0	0	0	0	0	0	0	0	0	0	0

性・年齢別人口（千人）

年齢	2015			2020			2025			2030		
	総数	男	女	総数	男	女	総数	男	女	総数	男	女
総数	27 410	13 635	13 774	30 530	15 231	15 300	33 678	16 832	16 847	36 865	18 447	18 418
0-4	4 056	2 072	1 984	4 191	2 141	2 050	4 291	2 192	2 099	4 430	2 263	2 168
5-9	3 494	1 783	1 711	3 968	2 025	1 943	4 107	2 095	2 011	4 211	2 148	2 063
10-14	3 089	1 578	1 511	3 456	1 765	1 691	3 928	2 006	1 923	4 069	2 077	1 992
15-19	2 770	1 416	1 355	3 054	1 560	1 494	3 420	1 746	1 673	3 890	1 986	1 904
20-24	2 563	1 305	1 258	2 715	1 385	1 330	2 997	1 529	1 468	3 362	1 715	1 648
25-29	2 252	1 118	1 134	2 499	1 269	1 229	2 652	1 350	1 301	2 933	1 493	1 440
30-34	1 973	944	1 029	2 194	1 087	1 107	2 438	1 236	1 202	2 592	1 317	1 275
35-39	1 663	790	873	1 919	916	1 003	2 138	1 057	1 081	2 381	1 205	1 176
40-44	1 375	659	715	1 613	764	849	1 865	887	978	2 082	1 026	1 056
45-49	1 134	547	587	1 326	632	694	1 560	735	825	1 807	855	952
50-54	892	430	461	1 083	519	564	1 270	601	669	1 496	699	797
55-59	705	331	374	837	399	437	1 019	482	537	1 197	560	637
60-64	514	241	273	641	297	345	763	359	405	933	435	498
65-69	397	192	205	443	204	239	555	252	303	663	306	357
70-74	251	118	133	311	147	164	349	158	192	441	196	245
75-79	163	68	95	166	76	90	208	96	112	236	103	132
80+	…	…	…	…	…	…	…	…	…	…	…	…
80-84	85	32	53	82	33	49	84	37	47	107	48	59
85-89	30	10	20	28	10	18	27	10	17	29	12	17
90-94	5	2	3	5	2	4	5	2	4	5	2	3
95-99	0	0	0	0	0	0	1	0	0	1	0	0
100+	0	0	0	0	0	0	0	0	0	0	0	0

年齢	2035			2040			2045			2050		
	総数	男	女	総数	男	女	総数	男	女	総数	男	女
総数	40 123	20 098	20 026	43 454	21 783	21 670	46 799	23 475	23 324	50 071	25 129	24 942
0-4	4 629	2 364	2 265	4 848	2 476	2 372	5 029	2 568	2 461	5 139	2 625	2 514
5-9	4 354	2 221	2 133	4 556	2 324	2 232	4 777	2 436	2 341	4 962	2 530	2 432
10-14	4 176	2 131	2 045	4 320	2 204	2 117	4 523	2 307	2 217	4 746	2 420	2 326
15-19	4 032	2 058	1 975	4 141	2 112	2 029	4 287	2 185	2 101	4 490	2 288	2 202
20-24	3 830	1 952	1 878	3 974	2 025	1 950	4 085	2 080	2 005	4 232	2 153	2 079
25-29	3 296	1 677	1 619	3 762	1 913	1 849	3 908	1 986	1 922	4 020	2 041	1 979
30-34	2 872	1 459	1 413	3 233	1 642	1 591	3 696	1 876	1 820	3 843	1 948	1 894
35-39	2 535	1 285	1 250	2 813	1 426	1 387	3 171	1 607	1 565	3 630	1 838	1 792
40-44	2 322	1 172	1 150	2 476	1 252	1 224	2 752	1 391	1 361	3 106	1 569	1 537
45-49	2 020	991	1 029	2 256	1 134	1 123	2 409	1 213	1 196	2 681	1 349	1 331
50-54	1 736	816	921	1 944	947	997	2 175	1 085	1 089	2 324	1 163	1 162
55-59	1 414	654	760	1 644	764	880	1 843	889	954	2 065	1 021	1 044
60-64	1 098	506	592	1 301	593	708	1 516	695	822	1 703	810	893
65-69	813	373	441	961	435	526	1 143	511	632	1 336	601	735
70-74	529	239	290	652	292	359	774	343	431	925	405	521
75-79	300	130	170	362	159	203	450	196	254	540	232	307
80+	…	…	…	…	…	…	…	…	…	…	…	…
80-84	123	52	71	158	66	92	194	82	112	244	102	142
85-89	37	16	21	43	17	26	57	23	35	71	29	43
90-94	6	2	3	8	3	5	9	3	6	12	4	8
95-99	1	0	0	1	0	0	1	0	1	1	0	1
100+	0	0	0	0	0	0	0	0	0	0	0	0

年齢	2055			2060		
	総数	男	女	総数	男	女
総数	53 203	26 709	26 494	56 175	28 202	27 973
0-4	5 188	2 651	2 537	5 223	2 669	2 554
5-9	5 076	2 590	2 487	5 131	2 618	2 513
10-14	4 932	2 514	2 418	5 049	2 575	2 474
15-19	4 714	2 401	2 313	4 902	2 496	2 405
20-24	4 438	2 257	2 181	4 663	2 370	2 293
25-29	4 169	2 115	2 054	4 376	2 219	2 157
30-34	3 957	2 004	1 953	4 109	2 079	2 030
35-39	3 779	1 911	1 868	3 895	1 967	1 928
40-44	3 560	1 797	1 763	3 709	1 870	1 839
45-49	3 029	1 524	1 506	3 477	1 747	1 729
50-54	2 590	1 295	1 295	2 931	1 465	1 467
55-59	2 211	1 095	1 116	2 467	1 222	1 246
60-64	1 912	932	980	2 051	1 002	1 049
65-69	1 504	703	802	1 693	811	882
70-74	1 087	478	609	1 229	562	668
75-79	650	276	374	770	329	441
80+	…	…	…	…	…	…
80-84	297	123	174	362	148	214
85-89	92	37	55	114	45	69
90-94	16	6	10	21	8	13
95-99	2	0	1	2	1	1
100+	0	0	0	0	0	0

性・年齢別人口（千人）

年齢	2015			2020			2025			2030		
	総数	男	女	総数	男	女	総数	男	女	総数	男	女
総数	27 410	13 635	13 774	30 796	15 366	15 430	34 403	17 202	17 202	38 219	19 138	19 081
0-4	4 056	2 072	1 984	4 456	2 276	2 180	4 756	2 429	2 327	5 070	2 589	2 481
5-9	3 494	1 783	1 711	3 968	2 025	1 943	4 367	2 228	2 139	4 668	2 381	2 287
10-14	3 089	1 578	1 511	3 456	1 765	1 691	3 928	2 006	1 923	4 327	2 209	2 118
15-19	2 770	1 416	1 355	3 054	1 560	1 494	3 420	1 746	1 673	3 890	1 986	1 904
20-24	2 563	1 305	1 258	2 715	1 385	1 330	2 997	1 529	1 468	3 362	1 715	1 648
25-29	2 252	1 118	1 134	2 499	1 269	1 229	2 652	1 350	1 301	2 933	1 493	1 440
30-34	1 973	944	1 029	2 194	1 087	1 107	2 438	1 236	1 202	2 592	1 317	1 275
35-39	1 663	790	873	1 919	916	1 003	2 138	1 057	1 081	2 381	1 205	1 176
40-44	1 375	659	715	1 613	764	849	1 865	887	978	2 082	1 026	1 056
45-49	1 134	547	587	1 326	632	694	1 560	735	825	1 807	855	952
50-54	892	430	461	1 083	519	564	1 270	601	669	1 496	699	797
55-59	705	331	374	837	399	437	1 019	482	537	1 197	560	637
60-64	514	241	273	641	297	345	763	359	405	933	435	498
65-69	397	192	205	443	204	239	555	252	303	663	306	357
70-74	251	118	133	311	147	164	349	158	192	441	196	245
75-79	163	68	95	166	76	90	208	96	112	236	103	132
80+	...	...	...	...	...	...	...	...	...	...	...	...
80-84	85	32	53	82	33	49	84	37	47	107	48	59
85-89	30	10	20	28	10	18	27	10	17	29	12	17
90-94	5	2	3	5	2	4	5	2	4	5	2	3
95-99	0	0	0	0	0	0	1	0	0	1	0	0
100+	0	0	0	0	0	0	0	0	0	0	0	0

年齢	2035			2040			2045			2050		
	総数	男	女	総数	男	女	総数	男	女	総数	男	女
総数	42 186	21 150	21 035	46 362	23 267	23 095	50 757	25 494	25 263	55 332	27 812	27 520
0-4	5 354	2 734	2 619	5 715	2 919	2 797	6 107	3 118	2 989	6 479	3 310	3 169
5-9	4 983	2 542	2 441	5 269	2 687	2 582	5 632	2 872	2 760	6 027	3 073	2 954
10-14	4 629	2 362	2 267	4 944	2 522	2 422	5 232	2 668	2 564	5 596	2 853	2 743
15-19	4 288	2 188	2 100	4 591	2 342	2 249	4 907	2 502	2 405	5 195	2 648	2 547
20-24	3 830	1 952	1 878	4 228	2 154	2 074	4 531	2 307	2 224	4 847	2 466	2 381
25-29	3 296	1 677	1 619	3 762	1 913	1 849	4 158	2 113	2 044	4 460	2 265	2 195
30-34	2 872	1 459	1 413	3 233	1 642	1 591	3 696	1 876	1 820	4 090	2 074	2 016
35-39	2 535	1 285	1 250	2 813	1 426	1 387	3 171	1 607	1 565	3 630	1 838	1 792
40-44	2 322	1 172	1 150	2 476	1 252	1 224	2 752	1 391	1 361	3 106	1 569	1 537
45-49	2 020	991	1 029	2 256	1 134	1 123	2 409	1 213	1 196	2 681	1 349	1 331
50-54	1 736	816	921	1 944	947	997	2 175	1 085	1 089	2 324	1 163	1 162
55-59	1 414	654	760	1 644	764	880	1 843	889	954	2 065	1 021	1 044
60-64	1 098	506	592	1 301	593	708	1 516	695	822	1 703	810	893
65-69	813	373	441	961	435	526	1 143	511	632	1 336	601	735
70-74	529	239	290	652	292	359	774	343	431	925	405	521
75-79	300	130	170	362	159	203	450	196	254	540	232	307
80+	...	...	...	...	...	...	...	...	...	...	...	...
80-84	123	52	71	158	66	92	194	82	112	244	102	142
85-89	37	16	21	43	17	26	57	23	35	71	29	43
90-94	6	2	3	8	3	5	9	3	6	12	4	8
95-99	1	0	0	1	0	0	1	0	1	1	0	1
100+	0	0	0	0	0	0	0	0	0	0	0	0

年齢	2055			2060		
	総数	男	女	総数	男	女
総数	60 030	30 189	29 841	64 805	32 599	32 206
0-4	6 800	3 475	3 325	7 086	3 621	3 464
5-9	6 401	3 265	3 136	6 726	3 432	3 294
10-14	5 991	3 054	2 937	6 367	3 247	3 120
15-19	5 560	2 832	2 727	5 955	3 033	2 922
20-24	5 136	2 612	2 524	5 501	2 797	2 705
25-29	4 777	2 425	2 353	5 068	2 571	2 497
30-34	4 393	2 226	2 167	4 710	2 384	2 326
35-39	4 022	2 035	1 988	4 325	2 185	2 139
40-44	3 560	1 797	1 763	3 949	1 991	1 957
45-49	3 029	1 524	1 506	3 477	1 747	1 729
50-54	2 590	1 295	1 295	2 931	1 465	1 467
55-59	2 211	1 095	1 116	2 467	1 222	1 246
60-64	1 912	932	980	2 051	1 002	1 049
65-69	1 504	703	802	1 693	811	882
70-74	1 087	478	609	1 229	562	668
75-79	650	276	374	770	329	441
80+	...	...	...	...	...	...
80-84	297	123	174	362	148	214
85-89	92	37	55	114	45	69
90-94	16	6	10	21	8	13
95-99	2	0	1	2	1	1
100+	0	0	0	0	0	0

性・年齢別人口（千人）

年齢	2015			2020			2025			2030		
	総数	男	女	総数	男	女	総数	男	女	総数	男	女
総数	27 410	13 635	13 774	30 265	15 095	15 170	32 953	16 461	16 492	35 511	17 756	17 755
0-4	4 056	2 072	1 984	3 926	2 005	1 921	3 826	1 954	1 872	3 791	1 936	1 855
5-9	3 494	1 783	1 711	3 968	2 025	1 943	3 847	1 963	1 884	3 755	1 915	1 839
10-14	3 089	1 578	1 511	3 456	1 765	1 691	3 928	2 006	1 923	3 811	1 945	1 866
15-19	2 770	1 416	1 355	3 054	1 560	1 494	3 420	1 746	1 673	3 890	1 986	1 904
20-24	2 563	1 305	1 258	2 715	1 385	1 330	2 997	1 529	1 468	3 362	1 715	1 648
25-29	2 252	1 118	1 134	2 499	1 269	1 229	2 652	1 350	1 301	2 933	1 493	1 440
30-34	1 973	944	1 029	2 194	1 087	1 107	2 438	1 236	1 202	2 592	1 317	1 275
35-39	1 663	790	873	1 919	916	1 003	2 138	1 057	1 081	2 381	1 205	1 176
40-44	1 375	659	715	1 613	764	849	1 865	887	978	2 082	1 026	1 056
45-49	1 134	547	587	1 326	632	694	1 560	735	825	1 807	855	952
50-54	892	430	461	1 083	519	564	1 270	601	669	1 496	699	797
55-59	705	331	374	837	399	437	1 019	482	537	1 197	560	637
60-64	514	241	273	641	297	345	763	359	405	933	435	498
65-69	397	192	205	443	204	239	555	252	303	663	306	357
70-74	251	118	133	311	147	164	349	158	192	441	196	245
75-79	163	68	95	166	76	90	208	96	112	236	103	132
80+	…	…	…	…	…	…	…	…	…	…	…	…
80-84	85	32	53	82	33	49	84	37	47	107	48	59
85-89	30	10	20	28	10	18	27	10	17	29	12	17
90-94	5	2	3	5	2	4	5	2	4	5	2	3
95-99	0	0	0	0	0	0	1	0	0	1	0	0
100+	0	0	0	0	0	0	0	0	0	0	0	0

年齢	2035			2040			2045			2050		
	総数	男	女	総数	男	女	総数	男	女	総数	男	女
総数	38 066	19 047	19 018	40 574	20 314	20 260	42 934	21 504	21 430	45 032	22 559	22 472
0-4	3 909	1 997	1 913	4 005	2 045	1 960	4 016	2 051	1 966	3 928	2 007	1 921
5-9	3 726	1 900	1 825	3 847	1 962	1 885	3 945	2 012	1 934	3 962	2 020	1 942
10-14	3 723	1 900	1 823	3 696	1 886	1 811	3 819	1 948	1 871	3 919	1 998	1 921
15-19	3 776	1 927	1 849	3 691	1 882	1 808	3 667	1 869	1 797	3 790	1 931	1 859
20-24	3 830	1 952	1 878	3 721	1 896	1 826	3 639	1 852	1 787	3 618	1 840	1 778
25-29	3 296	1 677	1 619	3 762	1 913	1 849	3 657	1 858	1 799	3 579	1 817	1 762
30-34	2 872	1 459	1 413	3 233	1 642	1 591	3 696	1 876	1 820	3 596	1 822	1 773
35-39	2 535	1 285	1 250	2 813	1 426	1 387	3 171	1 607	1 565	3 630	1 838	1 792
40-44	2 322	1 172	1 150	2 476	1 252	1 224	2 752	1 391	1 361	3 106	1 569	1 537
45-49	2 020	991	1 029	2 256	1 134	1 123	2 409	1 213	1 196	2 681	1 349	1 331
50-54	1 736	816	921	1 944	947	997	2 175	1 085	1 089	2 324	1 163	1 162
55-59	1 414	654	760	1 644	764	880	1 843	889	954	2 065	1 021	1 044
60-64	1 098	506	592	1 301	593	708	1 516	695	822	1 703	810	893
65-69	813	373	441	961	435	526	1 143	511	632	1 336	601	735
70-74	529	239	290	652	292	359	774	343	431	925	405	521
75-79	300	130	170	362	159	203	450	196	254	540	232	307
80+	…	…	…	…	…	…	…	…	…	…	…	…
80-84	123	52	71	158	66	92	194	82	112	244	102	142
85-89	37	16	21	43	17	26	57	23	35	71	29	43
90-94	6	2	3	8	3	5	9	3	6	12	4	8
95-99	1	0	0	1	0	0	1	0	1	1	0	1
100+	0	0	0	0	0	0	0	0	0	0	0	0

年齢	2055			2060		
	総数	男	女	総数	男	女
総数	46 803	23 446	23 356	48 250	24 164	24 086
0-4	3 781	1 932	1 849	3 643	1 862	1 781
5-9	3 880	1 979	1 901	3 739	1 908	1 831
10-14	3 938	2 007	1 931	3 858	1 967	1 891
15-19	3 892	1 982	1 910	3 912	1 992	1 920
20-24	3 743	1 903	1 840	3 847	1 955	1 892
25-29	3 561	1 806	1 755	3 689	1 870	1 819
30-34	3 522	1 783	1 739	3 507	1 773	1 734
35-39	3 535	1 787	1 748	3 465	1 749	1 716
40-44	3 560	1 797	1 763	3 469	1 748	1 721
45-49	3 029	1 524	1 506	3 477	1 747	1 729
50-54	2 590	1 295	1 295	2 931	1 465	1 467
55-59	2 211	1 095	1 116	2 467	1 222	1 246
60-64	1 912	932	980	2 051	1 002	1 049
65-69	1 504	703	802	1 693	811	882
70-74	1 087	478	609	1 229	562	668
75-79	650	276	374	770	329	441
80+	…	…	…	…	…	…
80-84	297	123	174	362	148	214
85-89	92	37	55	114	45	69
90-94	16	6	10	21	8	13
95-99	2	0	1	2	1	1
100+	0	0	0	0	0	0

性・年齢別人口（千人）

年齢	1960			1965			1970			1975		
	総数	男	女	総数	男	女	総数	男	女	総数	男	女
総数	8 311	4 061	4 251	8 534	4 155	4 380	8 779	4 290	4 488	9 030	4 430	4 601
0-4	755	391	364	720	371	349	770	391	378	686	355	332
5-9	711	370	341	740	382	358	700	361	339	759	392	367
10-14	732	373	358	707	368	339	716	370	346	711	367	344
15-19	626	315	311	723	368	355	650	335	315	705	363	342
20-24	738	360	377	591	294	297	634	328	306	628	331	298
25-29	726	349	376	687	325	362	503	245	258	614	303	311
30-34	682	328	353	686	320	366	606	287	320	519	250	269
35-39	532	258	274	662	315	347	653	315	338	616	291	325
40-44	461	222	239	514	245	269	664	322	343	656	318	338
45-49	495	238	257	448	212	236	513	245	269	637	308	328
50-54	459	226	233	489	236	253	444	205	239	500	241	259
55-59	399	193	207	442	216	226	497	242	255	429	201	229
60-64	317	146	172	374	178	196	451	219	232	465	219	246
65-69	239	104	135	286	129	158	366	173	194	401	189	212
70-74	195	82	112	199	85	114	281	120	161	315	142	173
75-79	138	58	80	142	60	82	152	66	86	201	85	115
80+	105	45	60	124	52	72	178	69	109	188	75	113
80-84	…	…	…	…	…	…	…	…	…	…	…	…
85-89	…	…	…	…	…	…	…	…	…	…	…	…
90-94	…	…	…	…	…	…	…	…	…	…	…	…
95-99	…	…	…	…	…	…	…	…	…	…	…	…
100+	…	…	…	…	…	…	…	…	…	…	…	…

年齢	1980			1985			1990			1995		
	総数	男	女	総数	男	女	総数	男	女	総数	男	女
総数	9 620	4 729	4 891	9 908	4 882	5 026	10 132	5 001	5 131	10 641	5 260	5 381
0-4	711	369	342	683	355	328	549	282	267	521	269	252
5-9	700	362	338	704	366	339	652	337	315	567	293	274
10-14	778	403	376	713	368	345	740	382	359	693	361	332
15-19	725	374	351	775	402	372	755	390	366	799	416	383
20-24	698	356	342	726	378	347	783	396	387	815	423	393
25-29	639	327	312	684	339	345	715	356	358	840	426	414
30-34	657	324	333	650	329	321	722	359	363	763	382	381
35-39	564	273	291	668	333	335	665	337	328	761	379	382
40-44	652	311	341	565	271	294	667	333	334	697	352	344
45-49	681	329	352	678	326	352	555	276	279	686	341	345
50-54	645	311	334	684	328	356	651	316	335	563	277	287
55-59	488	236	253	609	294	315	649	319	329	654	312	342
60-64	416	191	224	449	213	236	639	306	333	649	312	337
65-69	427	197	231	445	203	243	449	208	241	609	283	325
70-74	356	164	192	371	169	202	341	149	192	395	176	219
75-79	257	112	145	269	116	153	293	128	165	275	115	160
80+	225	90	135	235	93	142	…	…	…	…	…	…
80-84	…	…	…	…	…	…	200	89	111	204	84	120
85-89	…	…	…	…	…	…	73	27	45	112	47	65
90-94	…	…	…	…	…	…	29	9	20	29	10	19
95-99	…	…	…	…	…	…	5	1	3	7	2	5
100+	…	…	…	…	…	…	1	0	0	1	0	0

年齢	2000			2005			2010			2015		
	総数	男	女	総数	男	女	総数	男	女	総数	男	女
総数	10 954	5 415	5 539	11 070	5 449	5 620	11 178	5 484	5 694	10 955	5 345	5 609
0-4	522	268	254	527	269	258	558	285	273	533	274	259
5-9	541	279	262	535	272	263	536	274	262	537	276	262
10-14	599	311	288	571	290	281	540	275	265	529	271	258
15-19	733	386	348	629	322	306	585	299	286	511	261	250
20-24	840	439	401	778	404	374	648	332	315	602	309	292
25-29	848	438	410	841	432	408	800	414	386	589	304	285
30-34	867	438	429	847	430	418	855	438	417	782	400	381
35-39	784	391	393	864	433	431	852	430	422	796	403	393
40-44	777	385	392	787	389	398	859	427	432	833	416	418
45-49	706	355	351	758	374	384	773	378	395	817	403	414
50-54	687	338	349	670	334	336	744	362	382	754	360	394
55-59	557	269	288	675	332	343	652	319	333	711	337	374
60-64	642	300	342	543	266	277	651	312	338	617	292	325
65-69	618	290	329	610	286	325	515	246	269	656	307	349
70-74	544	246	298	564	260	304	561	254	307	475	222	253
75-79	323	140	184	456	197	259	486	215	271	507	221	287
80+	…	…	…	…	…	…	…	…	…	…	…	…
80-84	194	77	117	237	94	143	352	147	205	402	181	221
85-89	117	45	72	115	43	72	144	54	90	218	82	136
90-94	46	18	28	50	18	32	51	18	33	68	22	46
95-99	8	2	5	12	4	8	14	5	10	15	4	11
100+	1	0	1	1	0	1	2	1	1	3	1	2

性・年齢別人口（千人）

年齢	2015			2020			2025			2030		
	総数	男	女	総数	男	女	総数	男	女	総数	男	女
総数	10 955	5 345	5 609	10 825	5 273	5 552	10 657	5 190	5 467	10 480	5 110	5 370
0-4	533	274	259	436	225	211	402	207	195	392	202	190
5-9	537	276	262	534	274	260	437	225	212	403	208	195
10-14	529	271	258	538	276	262	535	275	260	438	226	212
15-19	511	261	250	534	274	261	543	278	265	540	277	263
20-24	602	309	292	520	265	255	543	278	265	552	283	270
25-29	589	304	285	610	313	297	528	269	259	552	282	270
30-34	782	400	381	594	306	288	615	315	300	534	271	262
35-39	796	403	393	784	401	383	597	307	290	618	317	302
40-44	833	416	418	795	402	393	783	400	383	598	307	290
45-49	817	403	414	829	412	416	792	400	393	781	398	382
50-54	754	360	394	808	396	411	821	407	414	785	395	390
55-59	711	337	374	739	350	389	794	387	407	808	399	410
60-64	617	292	325	690	323	368	720	337	383	775	374	401
65-69	656	307	349	591	274	317	664	305	359	695	321	374
70-74	475	222	253	613	280	333	556	252	304	628	283	345
75-79	507	221	287	422	190	232	551	244	307	504	223	282
80+	…	…	…	…	…	…	…	…	…	…	…	…
80-84	402	181	221	400	165	235	339	146	193	451	191	259
85-89	218	82	136	258	106	152	267	101	166	232	92	140
90-94	68	22	46	106	34	72	130	47	84	141	46	95
95-99	15	4	11	21	6	15	35	9	26	45	13	32
100+	3	1	2	3	1	2	4	1	4	8	2	6

年齢	2035			2040			2045			2050		
	総数	男	女	総数	男	女	総数	男	女	総数	男	女
総数	10 302	5 030	5 272	10 124	4 950	5 173	9 931	4 864	5 067	9 705	4 763	4 943
0-4	393	203	190	401	207	194	404	208	196	390	201	189
5-9	393	203	191	394	203	191	402	207	195	405	209	196
10-14	404	208	196	394	203	191	395	203	192	403	208	196
15-19	443	228	215	409	211	199	399	206	194	400	206	194
20-24	549	281	268	452	232	220	419	215	204	409	210	199
25-29	561	286	274	558	285	272	461	237	225	427	219	208
30-34	557	285	273	567	289	277	564	288	275	467	240	228
35-39	537	273	264	561	286	275	570	291	279	567	290	277
40-44	619	317	302	538	273	265	562	287	276	572	292	280
45-49	596	306	290	618	316	302	538	273	265	562	286	276
50-54	775	394	380	592	304	289	614	313	301	535	271	264
55-59	774	388	387	765	387	377	586	299	287	608	309	299
60-64	791	387	404	759	377	382	751	378	373	576	292	284
65-69	750	358	392	767	371	396	738	363	375	732	365	367
70-74	661	300	361	715	336	379	734	350	384	708	344	364
75-79	574	252	322	608	269	339	661	304	358	682	318	364
80+	…	…	…	…	…	…	…	…	…	…	…	…
80-84	419	178	241	483	204	279	517	221	296	568	252	316
85-89	317	124	193	301	118	183	355	139	216	387	153	234
90-94	127	44	83	179	61	118	175	60	115	212	73	140
95-99	52	14	38	48	14	35	72	20	51	73	20	53
100+	11	2	8	13	3	11	14	3	11	20	4	16

年齢	2055			2060		
	総数	男	女	総数	男	女
総数	9 435	4 638	4 797	9 135	4 498	4 637
0-4	367	189	178	351	181	170
5-9	391	202	190	368	190	178
10-14	406	209	197	392	202	190
15-19	408	210	198	411	212	200
20-24	409	210	199	417	214	203
25-29	417	214	203	417	214	203
30-34	433	222	211	423	217	206
35-39	471	241	230	437	224	213
40-44	569	291	278	473	242	231
45-49	571	291	280	569	290	278
50-54	560	285	275	569	290	279
55-59	530	268	262	555	282	273
60-64	599	303	296	523	263	260
65-69	563	283	279	586	294	292
70-74	704	347	357	543	270	273
75-79	661	315	346	660	319	341
80+	…	…	…	…	…	…
80-84	591	267	324	578	267	312
85-89	431	178	253	456	192	264
90-94	237	82	155	271	99	172
95-99	92	26	66	107	30	77
100+	23	5	18	29	6	23

Greece

性・年齢別人口（千人）

年齢	2015			2020			2025			2030		
	総数	男	女	総数	男	女	総数	男	女	総数	男	女
総数	10 955	5 345	5 609	10 909	5 316	5 592	10 861	5 296	5 566	10 826	5 288	5 538
0-4	533	274	259	519	268	252	523	270	254	534	275	259
5-9	537	276	262	534	274	260	520	268	252	524	270	254
10-14	529	271	258	538	276	262	535	275	260	521	268	253
15-19	511	261	250	534	274	261	543	278	265	540	277	263
20-24	602	309	292	520	265	255	543	278	265	552	283	270
25-29	589	304	285	610	313	297	528	269	259	552	282	270
30-34	782	400	381	594	306	288	615	315	300	534	271	262
35-39	796	403	393	784	401	383	597	307	290	618	317	302
40-44	833	416	418	795	402	393	783	400	383	598	307	290
45-49	817	403	414	829	412	416	792	400	393	781	398	382
50-54	754	360	394	808	396	411	821	407	414	785	395	390
55-59	711	337	374	739	350	389	794	387	407	808	399	410
60-64	617	292	325	690	323	368	720	337	383	775	374	401
65-69	656	307	349	591	274	317	664	305	359	695	321	374
70-74	475	222	253	613	280	333	556	252	304	628	283	345
75-79	507	221	287	422	190	232	551	244	307	504	223	282
80+	...	...	...	...	...	...	...	...	...	...	...	...
80-84	402	181	221	400	165	235	339	146	193	451	191	259
85-89	218	82	136	258	106	152	267	101	166	232	92	140
90-94	68	22	46	106	34	72	130	47	84	141	46	95
95-99	15	4	11	21	6	15	35	9	26	45	13	32
100+	3	1	2	3	1	2	4	1	4	8	2	6

年齢	2035			2040			2045			2050		
	総数	男	女	総数	男	女	総数	男	女	総数	男	女
総数	10 786	5 280	5 507	10 747	5 272	5 475	10 703	5 263	5 441	10 648	5 248	5 399
0-4	531	274	257	541	279	262	553	285	268	561	289	272
5-9	535	276	259	532	274	258	542	279	263	554	286	269
10-14	525	271	255	536	276	260	533	275	258	543	280	263
15-19	526	271	255	530	273	257	542	279	263	538	277	261
20-24	549	281	268	535	275	260	540	277	262	551	283	268
25-29	561	286	274	558	285	272	544	279	265	548	282	267
30-34	557	285	273	567	289	277	564	288	275	550	282	268
35-39	537	273	264	561	286	275	570	291	279	567	290	277
40-44	619	317	302	538	273	265	562	287	276	572	292	280
45-49	596	306	290	618	316	302	538	273	265	562	286	276
50-54	775	394	380	592	304	289	614	313	301	535	271	264
55-59	774	388	387	765	387	377	586	299	287	608	309	299
60-64	791	387	404	759	377	382	751	378	373	576	292	284
65-69	750	358	392	767	371	396	738	363	375	732	365	367
70-74	661	300	361	715	336	379	734	350	384	708	344	364
75-79	574	252	322	608	269	339	661	304	358	682	318	364
80+	...	...	...	...	...	...	...	...	...	...	...	...
80-84	419	178	241	483	204	279	517	221	296	568	252	316
85-89	317	124	193	301	118	183	355	139	216	387	153	234
90-94	127	44	83	179	61	118	175	60	115	212	73	140
95-99	52	14	38	48	14	35	72	20	51	73	20	53
100+	11	2	8	13	3	11	14	3	11	20	4	16

年齢	2055			2060		
	総数	男	女	総数	男	女
総数	10 579	5 228	5 352	10 506	5 204	5 302
0-4	569	293	276	579	299	281
5-9	562	290	273	570	294	276
10-14	555	286	269	563	290	273
15-19	548	282	266	560	288	272
20-24	547	281	266	556	286	270
25-29	559	287	272	555	285	270
30-34	554	284	270	565	290	275
35-39	554	284	270	558	286	272
40-44	569	291	278	555	285	271
45-49	571	291	280	569	290	278
50-54	560	285	275	569	290	279
55-59	530	268	262	555	282	273
60-64	599	303	296	523	263	260
65-69	563	283	279	586	294	292
70-74	704	347	357	543	270	273
75-79	661	315	346	660	319	341
80+	...	...	...	...	...	...
80-84	591	267	324	578	267	312
85-89	431	178	253	456	192	264
90-94	237	82	155	271	99	172
95-99	92	26	66	107	30	77
100+	23	5	18	29	6	23

性・年齢別人口（千人）

年齢	2015 総数	男	女	2020 総数	男	女	2025 総数	男	女	2030 総数	男	女
総数	10 955	5 345	5 609	10 742	5 230	5 512	10 452	5 085	5 368	10 133	4 931	5 202
0-4	533	274	259	353	182	171	280	145	136	250	129	121
5-9	537	276	262	534	274	260	354	182	172	282	145	137
10-14	529	271	258	538	276	262	535	275	260	355	183	172
15-19	511	261	250	534	274	261	543	278	265	540	277	263
20-24	602	309	292	520	265	255	543	278	265	552	283	270
25-29	589	304	285	610	313	297	528	269	259	552	282	270
30-34	782	400	381	594	306	288	615	315	300	534	271	262
35-39	796	403	393	784	401	383	597	307	290	618	317	302
40-44	833	416	418	795	402	393	783	400	383	598	307	290
45-49	817	403	414	829	412	416	792	400	393	781	398	382
50-54	754	360	394	808	396	411	821	407	414	785	395	390
55-59	711	337	374	739	350	389	794	387	407	808	399	410
60-64	617	292	325	690	323	368	720	337	383	775	374	401
65-69	656	307	349	591	274	317	664	305	359	695	321	374
70-74	475	222	253	613	280	333	556	252	304	628	283	345
75-79	507	221	287	422	190	232	551	244	307	504	223	282
80+	…	…	…	…	…	…	…	…	…	…	…	…
80-84	402	181	221	400	165	235	339	146	193	451	191	259
85-89	218	82	136	258	106	152	267	101	166	232	92	140
90-94	68	22	46	106	34	72	130	47	84	141	46	95
95-99	15	4	11	21	6	15	35	9	26	45	13	32
100+	3	1	2	3	1	2	4	1	4	8	2	6

年齢	2035 総数	男	女	2040 総数	男	女	2045 総数	男	女	2050 総数	男	女
総数	9 818	4 780	5 038	9 502	4 630	4 872	9 170	4 472	4 698	8 796	4 294	4 502
0-4	255	132	124	264	136	128	263	136	128	242	125	117
5-9	251	129	122	257	132	124	265	137	129	265	136	128
10-14	283	145	137	252	130	122	258	133	125	266	137	129
15-19	360	185	175	288	148	140	257	132	125	263	135	128
20-24	549	281	268	370	190	180	297	153	145	267	137	130
25-29	561	286	274	558	285	272	378	194	184	306	157	149
30-34	557	285	273	567	289	277	564	288	275	385	197	188
35-39	537	273	264	561	286	275	570	291	279	567	290	277
40-44	619	317	302	538	273	265	562	287	276	572	292	280
45-49	596	306	290	618	316	302	538	273	265	562	286	276
50-54	775	394	380	592	304	289	614	313	301	535	271	264
55-59	774	388	387	765	387	377	586	299	287	608	309	299
60-64	791	387	404	759	377	382	751	378	373	576	292	284
65-69	750	358	392	767	371	396	738	363	375	732	365	367
70-74	661	300	361	715	336	379	734	350	384	708	344	364
75-79	574	252	322	608	269	339	661	304	358	682	318	364
80+	…	…	…	…	…	…	…	…	…	…	…	…
80-84	419	178	241	483	204	279	517	221	296	568	252	316
85-89	317	124	193	301	118	183	355	139	216	387	153	234
90-94	127	44	83	179	61	118	175	60	115	212	73	140
95-99	52	14	38	48	14	35	72	20	51	73	20	53
100+	11	2	8	13	3	11	14	3	11	20	4	16

年齢	2055 総数	男	女	2060 総数	男	女
総数	8 367	4 087	4 280	7 896	3 859	4 037
0-4	207	107	100	180	93	87
5-9	243	125	118	208	107	101
10-14	266	137	129	244	126	118
15-19	271	139	132	270	139	131
20-24	272	140	133	280	144	136
25-29	276	141	134	280	143	137
30-34	313	160	153	281	144	137
35-39	389	199	190	316	162	154
40-44	569	291	278	390	200	191
45-49	571	291	280	569	290	278
50-54	560	285	275	569	290	279
55-59	530	268	262	555	282	273
60-64	599	303	296	523	263	260
65-69	563	283	279	586	294	292
70-74	704	347	357	543	270	273
75-79	661	315	346	660	319	341
80+	…	…	…	…	…	…
80-84	591	267	324	578	267	312
85-89	431	178	253	456	192	264
90-94	237	82	155	271	99	172
95-99	92	26	66	107	30	77
100+	23	5	18	29	6	23

Grenada

性・年齢別人口（千人）

年齢	1960 総数	男	女	1965 総数	男	女	1970 総数	男	女	1975 総数	男	女
総数	90	42	48	95	44	50	94	45	50	92	44	48
0-4	18	9	9	18	9	9	13	7	6	13	6	6
5-9	14	7	7	17	9	9	17	9	9	12	6	6
10-14	11	6	6	12	6	6	16	8	8	15	7	7
15-19	7	4	4	9	4	5	10	5	5	12	6	6
20-24	7	3	4	6	3	3	7	3	3	8	4	4
25-29	5	2	3	5	2	3	4	2	2	6	3	3
30-34	4	2	3	4	2	2	4	2	2	3	2	2
35-39	4	2	2	4	2	2	3	1	2	3	2	2
40-44	3	2	2	3	1	2	4	2	2	3	1	2
45-49	3	1	2	3	1	2	3	1	2	4	2	2
50-54	3	1	2	3	1	2	3	1	2	3	1	2
55-59	3	1	2	3	1	2	3	1	1	3	1	1
60-64	2	1	1	2	1	1	3	1	1	2	1	1
65-69	2	1	1	2	1	1	2	1	1	2	1	1
70-74	1	0	1	1	0	1	1	0	1	2	1	1
75-79	1	0	0	1	0	1	1	0	0	1	0	1
80+	1	0	0	1	0	0	1	0	1	1	0	1
80-84	...	...	...	...	...	...	...	...	...	...	...	...
85-89	...	...	...	...	...	...	...	...	...	...	...	...
90-94	...	...	...	...	...	...	...	...	...	...	...	...
95-99	...	...	...	...	...	...	...	...	...	...	...	...
100+	...	...	...	...	...	...	...	...	...	...	...	...

年齢	1980 総数	男	女	1985 総数	男	女	1990 総数	男	女	1995 総数	男	女
総数	89	43	46	100	49	51	96	48	49	100	50	51
0-4	12	6	6	15	7	7	15	8	7	12	6	6
5-9	12	6	6	12	6	6	13	7	6	14	7	7
10-14	12	6	6	12	6	6	10	5	5	12	6	6
15-19	12	6	6	12	6	6	10	5	5	10	5	5
20-24	8	4	4	12	6	6	7	4	4	9	5	4
25-29	6	3	3	8	4	4	7	4	4	6	3	3
30-34	4	2	2	6	3	3	6	3	3	7	4	4
35-39	3	1	2	4	2	2	5	3	2	6	3	3
40-44	3	2	2	3	1	1	4	2	2	5	2	2
45-49	3	1	2	3	2	2	3	1	1	3	2	2
50-54	4	2	2	3	1	1	3	2	2	2	1	1
55-59	2	1	1	3	2	2	3	1	1	3	1	1
60-64	2	1	1	2	1	1	3	1	2	2	1	1
65-69	2	1	1	2	1	1	3	1	2	3	1	2
70-74	2	1	1	2	1	1	2	1	2	2	1	1
75-79	1	0	1	1	1	1	1	1	1	2	1	1
80+	1	0	1	1	0	1	...	...	...	...	...	...
80-84	...	...	...	...	...	...	1	0	0	1	0	0
85-89	...	...	...	...	...	...	0	0	0	0	0	0
90-94	...	...	...	...	...	...	0	0	0	0	0	0
95-99	...	...	...	...	...	...	0	0	0	0	0	0
100+	...	...	...	...	...	...	0	0	0	0	0	0

年齢	2000 総数	男	女	2005 総数	男	女	2010 総数	男	女	2015 総数	男	女
総数	102	50	51	103	51	52	105	52	52	107	54	53
0-4	10	5	5	9	5	5	10	5	5	10	5	5
5-9	12	6	6	10	5	5	9	5	4	9	5	5
10-14	14	7	7	11	6	5	10	5	5	9	5	4
15-19	12	6	6	13	7	7	11	6	6	10	5	5
20-24	9	5	5	11	6	5	12	6	6	10	5	5
25-29	7	4	3	8	4	4	10	5	5	11	6	6
30-34	6	3	3	7	3	3	7	4	4	9	5	5
35-39	7	3	3	5	3	3	6	3	3	7	3	3
40-44	5	2	3	6	3	3	5	2	2	6	3	3
45-49	4	2	2	5	2	2	6	3	3	5	2	2
50-54	3	1	1	4	2	2	5	2	2	6	3	3
55-59	3	1	1	3	1	1	3	2	2	4	2	2
60-64	3	1	1	2	1	1	3	1	1	3	2	2
65-69	2	1	1	2	1	1	2	1	1	2	1	1
70-74	2	1	1	2	1	1	2	1	1	2	1	1
75-79	2	1	1	2	1	1	1	1	1	2	1	1
80+	...	...	...	...	...	...	...	...	...	...	...	...
80-84	1	0	1	1	0	1	1	0	1	1	0	1
85-89	0	0	0	1	0	0	1	0	0	1	0	0
90-94	0	0	0	0	0	0	0	0	0	0	0	0
95-99	0	0	0	0	0	0	0	0	0	0	0	0
100+	0	0	0	0	0	0	0	0	0	0	0	0

性・年齢別人口（千人）

年齢	2015 総数	男	女	2020 総数	男	女	2025 総数	男	女	2030 総数	男	女
総数	107	54	53	109	55	54	111	56	55	112	57	56
0-4	10	5	5	10	5	5	9	4	4	8	4	4
5-9	9	5	5	10	5	5	9	5	5	8	4	4
10-14	9	5	4	9	5	5	10	5	5	9	5	5
15-19	10	5	5	9	4	4	9	5	4	9	5	5
20-24	10	5	5	9	5	4	8	4	4	9	4	4
25-29	11	6	6	10	5	5	8	4	4	7	4	4
30-34	9	5	5	11	5	5	9	5	4	8	4	4
35-39	7	3	3	9	5	4	10	5	5	9	4	4
40-44	6	3	3	6	3	3	8	4	4	10	5	5
45-49	5	2	2	5	3	2	6	3	3	8	4	4
50-54	6	3	3	4	2	2	5	3	2	6	3	3
55-59	4	2	2	5	3	3	4	2	2	5	3	2
60-64	3	2	2	4	2	2	5	2	3	4	2	2
65-69	2	1	1	3	1	1	4	2	2	5	2	3
70-74	2	1	1	2	1	1	3	1	1	3	1	2
75-79	2	1	1	1	1	1	2	1	1	2	1	1
80+	...	...	...	...	...	...	...	...	...	...	...	...
80-84	1	0	1	1	0	1	1	0	1	1	0	1
85-89	1	0	0	1	0	0	1	0	0	1	0	0
90-94	0	0	0	0	0	0	0	0	0	0	0	0
95-99	0	0	0	0	0	0	0	0	0	0	0	0
100+	0	0	0	0	0	0	0	0	0	0	0	0

年齢	2035 総数	男	女	2040 総数	男	女	2045 総数	男	女	2050 総数	男	女
総数	112	57	56	112	57	56	112	56	55	110	55	55
0-4	7	4	3	7	4	3	7	3	3	6	3	3
5-9	7	4	4	7	4	3	7	3	3	7	3	3
10-14	8	4	4	7	4	4	7	3	3	7	3	3
15-19	9	5	4	8	4	4	7	4	3	7	3	3
20-24	9	5	4	9	4	4	8	4	4	7	3	3
25-29	8	4	4	8	4	4	8	4	4	7	4	3
30-34	7	4	3	8	4	4	8	4	4	8	4	4
35-39	7	4	4	7	3	3	7	4	3	8	4	4
40-44	8	4	4	7	4	4	6	3	3	7	4	3
45-49	10	5	5	8	4	4	7	4	3	6	3	3
50-54	8	4	4	9	5	5	8	4	4	7	3	3
55-59	6	3	3	8	4	4	9	5	5	8	4	4
60-64	5	2	2	6	3	3	7	4	4	9	4	4
65-69	4	2	2	4	2	2	5	2	3	7	3	3
70-74	4	2	2	3	2	2	4	2	2	5	2	2
75-79	3	1	2	3	1	2	3	1	1	3	2	2
80+	...	...	...	...	...	...	...	...	...	...	...	...
80-84	2	1	1	2	1	1	3	1	2	2	1	1
85-89	1	0	0	1	0	1	1	0	1	2	1	1
90-94	0	0	0	0	0	0	0	0	0	1	0	0
95-99	0	0	0	0	0	0	0	0	0	0	0	0
100+	0	0	0	0	0	0	0	0	0	0	0	0

年齢	2055 総数	男	女	2060 総数	男	女
総数	108	54	54	105	53	52
0-4	6	3	3	5	3	2
5-9	6	3	3	6	3	3
10-14	6	3	3	6	3	3
15-19	6	3	3	6	3	3
20-24	6	3	3	6	3	3
25-29	6	3	3	6	3	3
30-34	7	3	3	6	3	3
35-39	7	4	4	6	3	3
40-44	7	4	4	7	4	3
45-49	7	3	3	7	4	3
50-54	6	3	3	7	3	3
55-59	7	3	3	6	3	3
60-64	7	4	4	6	3	3
65-69	8	4	4	7	3	4
70-74	6	3	3	8	4	4
75-79	4	2	2	5	2	3
80+	...	...	...	...	...	...
80-84	2	1	1	3	1	2
85-89	1	1	1	2	1	1
90-94	0	0	0	1	0	0
95-99	0	0	0	0	0	0
100+	0	0	0	0	0	0

Grenada

性・年齢別人口（千人）

年齢	2015			2020			2025			2030		
	総数	男	女	総数	男	女	総数	男	女	総数	男	女
総数	107	54	53	111	56	55	114	58	57	117	59	58
0-4	10	5	5	11	6	5	10	5	5	10	5	5
5-9	9	5	5	10	5	5	11	5	5	10	5	5
10-14	9	5	4	9	5	5	10	5	5	11	5	5
15-19	10	5	5	9	4	4	9	5	4	9	5	5
20-24	10	5	5	9	5	4	8	4	4	9	4	4
25-29	11	6	6	10	5	5	8	4	4	7	4	4
30-34	9	5	5	11	5	5	9	5	4	8	4	4
35-39	7	3	3	9	5	4	10	5	5	9	4	4
40-44	6	3	3	6	3	3	8	4	4	10	5	5
45-49	5	2	2	5	3	2	6	3	3	8	4	4
50-54	6	3	3	4	2	2	5	3	2	6	3	3
55-59	4	2	2	5	3	3	4	2	2	5	3	2
60-64	3	2	2	4	2	2	5	2	3	4	2	2
65-69	2	1	1	3	1	1	4	2	2	5	2	3
70-74	2	1	1	2	1	1	3	1	1	3	1	2
75-79	2	1	1	1	1	1	2	1	1	2	1	1
80+	…	…	…	…	…	…	…	…	…	…	…	…
80-84	1	0	1	1	0	1	1	0	1	1	0	1
85-89	1	0	0	1	0	0	1	0	0	1	0	0
90-94	0	0	0	0	0	0	0	0	0	0	0	0
95-99	0	0	0	0	0	0	0	0	0	0	0	0
100+	0	0	0	0	0	0	0	0	0	0	0	0

年齢	2035			2040			2045			2050		
	総数	男	女	総数	男	女	総数	男	女	総数	男	女
総数	119	60	59	121	61	60	123	62	61	125	63	62
0-4	9	5	4	9	5	4	9	5	5	9	5	5
5-9	9	5	5	9	5	4	9	5	4	9	5	4
10-14	10	5	5	9	5	5	9	4	4	9	4	4
15-19	10	5	5	10	5	5	9	5	4	9	4	4
20-24	9	5	4	10	5	5	9	5	5	9	4	4
25-29	8	4	4	8	4	4	9	5	5	9	5	4
30-34	7	4	3	8	4	4	8	4	4	9	5	4
35-39	7	4	4	7	3	3	7	4	3	8	4	4
40-44	8	4	4	7	4	4	6	3	3	7	4	3
45-49	10	5	5	8	4	4	7	4	3	6	3	3
50-54	8	4	4	9	5	5	8	4	4	7	3	3
55-59	6	3	3	8	4	4	9	5	5	8	4	4
60-64	5	2	2	6	3	3	7	4	4	9	4	4
65-69	4	2	2	4	2	2	5	2	3	7	3	3
70-74	4	2	2	3	2	2	4	2	2	5	2	2
75-79	3	1	2	3	1	2	3	1	1	3	2	2
80+	…	…	…	…	…	…	…	…	…	…	…	…
80-84	2	1	1	2	1	1	3	1	2	2	1	1
85-89	1	0	0	1	0	1	1	0	1	2	1	1
90-94	0	0	0	0	0	0	0	0	0	1	0	0
95-99	0	0	0	0	0	0	0	0	0	0	0	0
100+	0	0	0	0	0	0	0	0	0	0	0	0

年齢	2055			2060		
	総数	男	女	総数	男	女
総数	126	64	63	127	64	63
0-4	9	5	4	9	4	4
5-9	9	5	5	9	5	4
10-14	9	5	4	9	5	4
15-19	9	4	4	9	5	4
20-24	8	4	4	8	4	4
25-29	8	4	4	8	4	4
30-34	8	4	4	8	4	4
35-39	8	4	4	8	4	4
40-44	7	4	4	8	4	4
45-49	7	3	3	7	4	3
50-54	6	3	3	7	3	3
55-59	7	3	3	6	3	3
60-64	7	4	4	6	3	3
65-69	8	4	4	7	3	4
70-74	6	3	3	8	4	4
75-79	4	2	2	5	2	3
80+	…	…	…	…	…	…
80-84	2	1	1	3	1	2
85-89	1	1	1	2	1	1
90-94	1	0	0	1	0	0
95-99	0	0	0	0	0	0
100+	0	0	0	0	0	0

性・年齢別人口（千人）

年齢	2015			2020			2025			2030		
	総数	男	女	総数	男	女	総数	男	女	総数	男	女
総数	107	54	53	108	54	54	108	55	54	107	54	53
0-4	10	5	5	8	4	4	7	4	3	6	3	3
5-9	9	5	5	10	5	5	8	4	4	7	3	3
10-14	9	5	4	9	5	5	10	5	5	8	4	4
15-19	10	5	5	9	4	4	9	5	4	9	5	5
20-24	10	5	5	9	5	4	8	4	4	9	4	4
25-29	11	6	6	10	5	5	8	4	4	7	4	4
30-34	9	5	5	11	5	5	9	5	4	8	4	4
35-39	7	3	3	9	5	4	10	5	5	9	4	4
40-44	6	3	3	6	3	3	8	4	4	10	5	5
45-49	5	2	2	5	3	2	6	3	3	8	4	4
50-54	6	3	3	4	2	2	5	3	2	6	3	3
55-59	4	2	2	5	3	3	4	2	2	5	3	2
60-64	3	2	2	4	2	2	5	2	3	4	2	2
65-69	2	1	1	3	1	1	4	2	2	5	2	3
70-74	2	1	1	2	1	1	3	1	1	3	1	2
75-79	2	1	1	1	1	1	2	1	1	2	1	1
80+	…	…	…	…	…	…	…	…	…	…	…	…
80-84	1	0	1	1	0	1	1	0	1	1	0	1
85-89	1	0	0	1	0	0	1	0	0	1	0	0
90-94	0	0	0	0	0	0	0	0	0	0	0	0
95-99	0	0	0	0	0	0	0	0	0	0	0	0
100+	0	0	0	0	0	0	0	0	0	0	0	0

年齢	2035			2040			2045			2050		
	総数	男	女	総数	男	女	総数	男	女	総数	男	女
総数	106	53	52	103	52	51	100	50	50	97	48	48
0-4	5	3	2	5	2	2	4	2	2	4	2	2
5-9	5	3	3	5	3	2	5	2	2	4	2	2
10-14	7	3	3	5	3	3	5	2	2	5	2	2
15-19	8	4	4	6	3	3	5	3	2	5	2	2
20-24	9	5	4	8	4	4	6	3	3	5	2	2
25-29	8	4	4	8	4	4	7	4	3	5	3	3
30-34	7	4	3	8	4	4	8	4	4	7	3	3
35-39	7	4	4	7	3	3	7	4	3	8	4	4
40-44	8	4	4	7	4	4	6	3	3	7	4	3
45-49	10	5	5	8	4	4	7	4	3	6	3	3
50-54	8	4	4	9	5	5	8	4	4	7	3	3
55-59	6	3	3	8	4	4	9	5	5	8	4	4
60-64	5	2	2	6	3	3	7	4	4	9	4	4
65-69	4	2	2	4	2	2	5	2	3	7	3	3
70-74	4	2	2	3	2	2	4	2	2	5	2	2
75-79	3	1	2	3	1	2	3	1	1	3	2	2
80+	…	…	…	…	…	…	…	…	…	…	…	…
80-84	2	1	1	2	1	1	3	1	2	2	1	1
85-89	1	0	0	1	0	1	1	0	1	2	1	1
90-94	0	0	0	0	0	0	0	0	0	1	0	0
95-99	0	0	0	0	0	0	0	0	0	0	0	0
100+	0	0	0	0	0	0	0	0	0	0	0	0

年齢	2055			2060		
	総数	男	女	総数	男	女
総数	92	46	46	86	43	43
0-4	3	2	1	2	1	1
5-9	4	2	2	3	1	1
10-14	4	2	2	4	2	2
15-19	4	2	2	4	2	2
20-24	4	2	2	4	2	2
25-29	4	2	2	4	2	2
30-34	5	3	2	4	2	2
35-39	6	3	3	5	2	2
40-44	7	4	4	6	3	3
45-49	7	3	3	7	4	3
50-54	6	3	3	7	3	3
55-59	7	3	3	6	3	3
60-64	7	4	4	6	3	3
65-69	8	4	4	7	3	4
70-74	6	3	3	8	4	4
75-79	4	2	2	5	2	3
80+	…	…	…	…	…	…
80-84	2	1	1	3	1	2
85-89	1	1	1	2	1	1
90-94	1	0	0	1	0	0
95-99	0	0	0	0	0	0
100+	0	0	0	0	0	0

性・年齢別人口（千人）

年齢	1960			1965			1970			1975		
	総数	男	女	総数	男	女	総数	男	女	総数	男	女
総数	275	135	140	300	147	153	319	157	163	328	160	167
0-4	45	23	22	49	25	24	49	25	24	45	22	22
5-9	39	20	19	44	23	21	46	23	22	47	23	23
10-14	34	17	17	39	20	19	42	21	20	46	23	23
15-19	23	11	12	33	16	16	36	18	18	37	19	18
20-24	19	9	10	23	12	12	27	13	14	23	11	12
25-29	17	8	9	16	8	9	17	8	10	19	9	10
30-34	17	8	9	15	7	8	15	7	8	16	7	8
35-39	16	8	8	14	7	8	15	7	8	15	7	8
40-44	14	7	7	14	7	8	14	7	8	15	7	8
45-49	12	6	6	12	6	6	13	7	7	14	7	7
50-54	10	5	5	11	5	6	12	6	6	13	6	7
55-59	8	4	4	10	5	5	11	5	6	10	5	5
60-64	6	3	3	7	3	4	8	4	4	10	5	5
65-69	5	2	3	5	2	3	6	3	3	7	3	4
70-74	5	2	3	3	1	2	4	2	2	5	2	3
75-79	3	1	2	3	1	2	3	1	2	3	1	2
80+	2	0	1	2	1	2	3	1	2	3	1	2
80-84	...	...	...	...	...	...	...	...	...	...	...	...
85-89	...	...	...	...	...	...	...	...	...	...	...	...
90-94	...	...	...	...	...	...	...	...	...	...	...	...
95-99	...	...	...	...	...	...	...	...	...	...	...	...
100+	...	...	...	...	...	...	...	...	...	...	...	...

年齢	1980			1985			1990			1995		
	総数	男	女	総数	男	女	総数	男	女	総数	男	女
総数	331	162	169	359	175	183	390	190	199	408	198	210
0-4	35	18	17	32	16	16	34	17	17	34	17	17
5-9	37	19	18	40	20	20	34	17	17	35	18	17
10-14	42	21	21	38	19	19	39	20	19	34	17	17
15-19	40	20	20	41	21	20	41	21	20	41	21	20
20-24	30	15	14	33	16	16	35	17	18	30	15	15
25-29	22	11	12	28	14	14	36	18	18	34	17	18
30-34	20	10	11	25	12	13	31	15	16	34	16	18
35-39	18	8	9	21	10	11	27	13	14	32	15	16
40-44	15	7	8	19	9	10	23	11	12	27	13	14
45-49	14	7	7	16	8	8	18	9	9	22	10	12
50-54	13	6	7	14	7	7	16	8	8	19	9	10
55-59	12	6	6	13	6	7	14	7	7	16	7	8
60-64	10	5	5	11	5	6	13	6	7	14	7	7
65-69	8	4	4	9	4	5	11	5	6	12	5	6
70-74	6	3	3	7	3	4	8	3	4	10	4	5
75-79	4	2	2	5	2	3	6	3	4	7	3	4
80+	4	1	3	5	2	4	...	...	...	...	...	...
80-84	...	...	...	...	...	...	4	1	2	5	2	3
85-89	...	...	...	...	...	...	2	1	1	2	1	1
90-94	...	...	...	...	...	...	1	0	0	1	0	1
95-99	...	...	...	...	...	...	0	0	0	0	0	0
100+	...	...	...	...	...	...	0	0	0	0	0	0

年齢	2000			2005			2010			2015		
	総数	男	女	総数	男	女	総数	男	女	総数	男	女
総数	431	207	224	451	213	237	457	213	243	468	217	252
0-4	34	18	17	34	18	17	34	17	17	31	16	15
5-9	36	18	18	37	19	18	35	18	17	36	18	18
10-14	35	18	17	38	19	18	35	18	17	36	19	18
15-19	33	17	16	34	17	16	33	17	16	32	16	16
20-24	32	16	16	24	12	12	24	12	12	26	14	12
25-29	32	15	17	30	13	16	23	10	13	24	11	13
30-34	35	16	19	33	14	18	29	12	17	23	9	14
35-39	36	17	19	36	16	20	33	14	19	30	12	17
40-44	31	15	17	37	17	20	36	16	20	33	14	19
45-49	27	13	14	31	14	17	36	17	20	36	16	20
50-54	22	11	12	27	12	14	30	14	16	36	17	20
55-59	18	9	10	23	11	12	27	12	15	30	14	16
60-64	16	7	8	18	9	10	22	10	12	26	12	15
65-69	13	6	7	15	7	8	17	8	9	21	10	12
70-74	11	5	6	13	6	7	14	6	8	16	7	9
75-79	9	4	5	10	4	6	11	5	6	12	5	7
80+	...	...	...	...	...	...	...	...	...	...	...	...
80-84	6	2	4	7	3	4	8	3	5	9	4	6
85-89	3	1	2	4	1	3	5	2	3	5	2	3
90-94	1	0	1	2	1	1	2	1	2	3	1	2
95-99	0	0	0	0	0	0	1	0	0	1	0	1
100+	0	0	0	0	0	0	0	0	0	0	0	0

性・年齢別人口（千人）

年齢	2015			2020			2025			2030		
	総数	男	女	総数	男	女	総数	男	女	総数	男	女
総数	468	217	252	478	219	258	485	222	263	491	224	267
0-4	31	16	15	29	15	14	27	14	13	28	14	13
5-9	36	18	18	32	16	16	29	15	14	28	14	14
10-14	36	19	18	36	18	18	33	17	16	30	15	15
15-19	32	16	16	34	17	17	35	17	18	32	16	16
20-24	26	14	12	27	14	13	30	16	14	32	16	16
25-29	24	11	13	26	13	13	26	13	13	30	15	15
30-34	23	9	14	24	11	13	26	13	13	26	13	14
35-39	30	12	17	24	9	14	24	11	14	26	13	13
40-44	33	14	19	30	12	18	24	9	15	24	11	14
45-49	36	16	20	33	14	19	30	12	18	24	9	15
50-54	36	17	20	36	16	20	33	14	19	30	12	18
55-59	30	14	16	36	16	20	36	15	20	33	14	19
60-64	26	12	15	30	13	16	35	16	19	35	15	20
65-69	21	10	12	25	11	14	29	13	16	34	15	19
70-74	16	7	9	20	9	11	24	10	14	27	12	15
75-79	12	5	7	15	6	8	18	8	10	22	9	13
80+	…	…	…	…	…	…	…	…	…	…	…	…
80-84	9	4	6	10	4	6	12	5	7	15	6	9
85-89	5	2	3	7	2	4	8	3	5	9	3	6
90-94	3	1	2	3	1	2	4	1	3	5	2	3
95-99	1	0	1	1	0	1	2	0	1	2	1	1
100+	0	0	0	0	0	0	0	0	0	1	0	0

年齢	2035			2040			2045			2050		
	総数	男	女	総数	男	女	総数	男	女	総数	男	女
総数	496	226	270	500	227	273	501	227	273	498	226	272
0-4	28	15	14	29	15	14	28	14	13	26	13	12
5-9	28	14	14	29	15	14	29	15	14	28	14	14
10-14	28	14	14	29	14	14	29	15	14	30	15	15
15-19	29	14	14	27	14	14	27	14	14	28	14	14
20-24	28	15	14	26	13	12	24	13	12	24	13	12
25-29	31	15	16	28	14	14	25	13	13	24	12	12
30-34	30	15	15	31	15	16	28	14	14	25	12	13
35-39	27	13	14	30	15	15	32	15	17	29	14	15
40-44	26	13	13	27	13	14	30	15	16	32	15	17
45-49	24	11	14	26	12	13	27	13	14	30	15	16
50-54	24	9	15	24	10	14	26	12	13	27	13	14
55-59	29	12	18	24	9	15	24	10	14	26	12	14
60-64	32	13	19	29	11	18	23	9	15	24	10	14
65-69	34	14	20	31	13	18	28	11	17	23	9	14
70-74	32	14	18	32	13	19	30	12	18	27	10	17
75-79	25	10	14	30	12	17	30	12	18	28	11	17
80+	…	…	…	…	…	…	…	…	…	…	…	…
80-84	19	7	11	22	9	13	26	10	16	27	10	17
85-89	12	4	7	15	5	9	17	6	11	21	8	13
90-94	6	2	4	8	3	5	10	3	7	12	4	8
95-99	2	1	2	3	1	2	4	1	3	5	1	4
100+	1	0	1	1	0	1	1	0	1	2	0	1

年齢	2055			2060		
	総数	男	女	総数	男	女
総数	492	224	268	485	221	264
0-4	24	12	12	24	12	11
5-9	26	13	13	25	12	12
10-14	28	14	14	27	13	13
15-19	28	14	14	27	14	14
20-24	25	13	12	26	13	12
25-29	24	12	12	25	13	12
30-34	24	12	12	24	12	12
35-39	26	12	13	24	12	13
40-44	29	14	15	26	12	14
45-49	32	15	17	29	14	15
50-54	30	15	16	32	15	17
55-59	27	13	14	30	15	16
60-64	26	12	14	26	12	14
65-69	24	10	14	25	12	13
70-74	22	8	14	23	9	14
75-79	26	10	16	21	8	14
80+	…	…	…	…	…	…
80-84	25	9	16	23	8	15
85-89	22	8	14	21	7	14
90-94	15	5	10	16	5	11
95-99	7	2	5	8	2	6
100+	2	0	2	3	1	2

性・年齢別人口（千人）

年齢	2015 総数	男	女	2020 総数	男	女	2025 総数	男	女	2030 総数	男	女
総数	468	217	252	481	221	260	494	226	267	507	232	275
0-4	31	16	15	32	16	16	33	17	16	35	18	17
5-9	36	18	18	32	16	16	33	17	16	33	17	16
10-14	36	19	18	36	18	18	33	17	16	33	17	16
15-19	32	16	16	34	17	17	35	17	18	32	16	16
20-24	26	14	12	27	14	13	30	16	14	32	16	16
25-29	24	11	13	26	13	13	26	13	13	30	15	15
30-34	23	9	14	24	11	13	26	13	13	26	13	14
35-39	30	12	17	24	9	14	24	11	14	26	13	13
40-44	33	14	19	30	12	18	24	9	15	24	11	14
45-49	36	16	20	33	14	19	30	12	18	24	9	15
50-54	36	17	20	36	16	20	33	14	19	30	12	18
55-59	30	14	16	36	16	20	36	15	20	33	14	19
60-64	26	12	15	30	13	16	35	16	19	35	15	20
65-69	21	10	12	25	11	14	29	13	16	34	15	19
70-74	16	7	9	20	9	11	24	10	14	27	12	15
75-79	12	5	7	15	6	8	18	8	10	22	9	13
80+	…	…	…	…	…	…	…	…	…	…	…	…
80-84	9	4	6	10	4	6	12	5	7	15	6	9
85-89	5	2	3	7	2	4	8	3	5	9	3	6
90-94	3	1	2	3	1	2	4	1	3	5	2	3
95-99	1	0	1	1	0	1	2	0	1	2	1	1
100+	0	0	0	0	0	0	0	0	0	1	0	0

年齢	2035 総数	男	女	2040 総数	男	女	2045 総数	男	女	2050 総数	男	女
総数	519	238	282	531	243	288	540	247	292	547	251	296
0-4	36	18	17	36	19	18	36	19	18	36	18	17
5-9	35	18	17	36	18	18	37	19	18	37	19	18
10-14	34	17	17	35	18	17	37	19	18	37	19	18
15-19	32	16	16	33	16	16	34	17	17	35	18	18
20-24	28	15	14	29	15	14	30	15	14	31	16	15
25-29	31	15	16	28	14	14	29	14	14	29	15	15
30-34	30	15	15	31	15	16	28	14	14	29	14	15
35-39	27	13	14	30	15	15	32	15	17	29	14	15
40-44	26	13	13	27	13	14	30	15	16	32	15	17
45-49	24	11	14	26	12	13	27	13	14	30	15	16
50-54	24	9	15	24	10	14	26	12	13	27	13	14
55-59	29	12	18	24	9	15	24	10	14	26	12	14
60-64	32	13	19	29	11	18	23	9	15	24	10	14
65-69	34	14	20	31	13	18	28	11	17	23	9	14
70-74	32	14	18	32	13	19	30	12	18	27	10	17
75-79	25	10	14	30	12	17	30	12	18	28	11	17
80+	…	…	…	…	…	…	…	…	…	…	…	…
80-84	19	7	11	22	9	13	26	10	16	27	10	17
85-89	12	4	7	15	5	9	17	6	11	21	8	13
90-94	6	2	4	8	3	5	10	3	7	12	4	8
95-99	2	1	2	3	1	2	4	1	3	5	1	4
100+	1	0	1	1	0	1	1	0	1	2	0	1

年齢	2055 総数	男	女	2060 総数	男	女
総数	553	255	298	559	259	300
0-4	36	18	18	37	19	18
5-9	36	18	18	36	18	18
10-14	37	19	18	36	19	18
15-19	36	18	18	36	18	18
20-24	32	17	16	33	17	16
25-29	31	16	15	32	16	16
30-34	29	15	15	31	15	16
35-39	29	14	15	30	15	15
40-44	29	14	15	29	14	15
45-49	32	15	17	29	14	15
50-54	30	15	16	32	15	17
55-59	27	13	14	30	15	16
60-64	26	12	14	26	12	14
65-69	24	10	14	25	12	13
70-74	22	8	14	23	9	14
75-79	26	10	16	21	8	14
80+	…	…	…	…	…	…
80-84	25	9	16	23	8	15
85-89	22	8	14	21	7	14
90-94	15	5	10	16	5	11
95-99	7	2	5	8	2	6
100+	2	0	2	3	1	2

性・年齢別人口（千人）

年齢	2015			2020			2025			2030		
	総数	男	女	総数	男	女	総数	男	女	総数	男	女
総数	468	217	252	474	218	256	476	217	259	475	216	259
0-4	31	16	15	25	13	12	22	11	11	21	11	10
5-9	36	18	18	32	16	16	26	13	13	23	11	11
10-14	36	19	18	36	18	18	33	17	16	26	13	13
15-19	32	16	16	34	17	17	35	17	18	32	16	16
20-24	26	14	12	27	14	13	30	16	14	32	16	16
25-29	24	11	13	26	13	13	26	13	13	30	15	15
30-34	23	9	14	24	11	13	26	13	13	26	13	14
35-39	30	12	17	24	9	14	24	11	14	26	13	13
40-44	33	14	19	30	12	18	24	9	15	24	11	14
45-49	36	16	20	33	14	19	30	12	18	24	9	15
50-54	36	17	20	36	16	20	33	14	19	30	12	18
55-59	30	14	16	36	16	20	36	15	20	33	14	19
60-64	26	12	15	30	13	16	35	16	19	35	15	20
65-69	21	10	12	25	11	14	29	13	16	34	15	19
70-74	16	7	9	20	9	11	24	10	14	27	12	15
75-79	12	5	7	15	6	8	18	8	10	22	9	13
80+	…	…	…	…	…	…	…	…	…	…	…	…
80-84	9	4	6	10	4	6	12	5	7	15	6	9
85-89	5	2	3	7	2	4	8	3	5	9	3	6
90-94	3	1	2	3	1	2	4	1	3	5	2	3
95-99	1	0	1	1	0	1	2	0	1	2	1	1
100+	0	0	0	0	0	0	0	0	0	1	0	0

年齢	2035			2040			2045			2050		
	総数	男	女	総数	男	女	総数	男	女	総数	男	女
総数	473	214	259	469	212	258	462	208	254	450	202	248
0-4	21	11	10	21	11	10	20	10	10	17	9	8
5-9	21	11	10	22	11	11	22	11	11	20	10	10
10-14	23	12	11	22	11	11	22	11	11	22	11	11
15-19	25	13	13	22	11	11	21	10	10	21	10	10
20-24	28	15	14	22	11	11	19	10	9	17	9	8
25-29	31	15	16	28	14	14	22	11	11	19	9	9
30-34	30	15	15	31	15	16	28	14	14	22	11	11
35-39	27	13	14	30	15	15	32	15	17	29	14	15
40-44	26	13	13	27	13	14	30	15	16	32	15	16
45-49	24	11	14	26	12	13	27	13	14	30	15	16
50-54	24	9	15	24	10	14	26	12	13	27	13	14
55-59	29	12	18	24	9	15	24	10	14	26	12	14
60-64	32	13	19	29	11	18	23	9	15	24	10	14
65-69	34	14	20	31	13	18	28	11	17	23	9	14
70-74	32	14	18	32	13	19	30	12	18	27	10	17
75-79	25	10	14	30	12	17	30	12	18	28	11	17
80+	…	…	…	…	…	…	…	…	…	…	…	…
80-84	19	7	11	22	9	13	26	10	16	27	10	17
85-89	12	4	7	15	5	9	17	6	11	21	8	13
90-94	6	2	4	8	3	5	10	3	7	12	4	8
95-99	2	1	2	3	1	2	4	1	3	5	1	4
100+	1	0	1	1	0	1	1	0	1	2	0	1

年齢	2055			2060		
	総数	男	女	総数	男	女
総数	435	195	240	418	187	231
0-4	15	8	7	13	7	6
5-9	18	9	9	15	8	7
10-14	20	10	10	18	9	9
15-19	21	10	10	19	10	10
20-24	18	9	9	18	9	8
25-29	17	9	9	18	9	9
30-34	19	9	10	17	8	9
35-39	22	11	12	19	9	10
40-44	29	14	15	23	11	12
45-49	32	15	17	29	14	15
50-54	30	15	16	32	15	17
55-59	27	13	14	30	15	16
60-64	26	12	14	26	12	14
65-69	24	10	14	25	12	13
70-74	22	8	14	23	9	14
75-79	26	10	16	21	8	14
80+	…	…	…	…	…	…
80-84	25	9	16	23	8	15
85-89	22	8	14	21	7	14
90-94	15	5	10	16	5	11
95-99	7	2	5	8	2	6
100+	2	0	2	3	1	2

Guam

性·年齢別人口（千人）

年齢	1960 総数	男	女	1965 総数	男	女	1970 総数	男	女	1975 総数	男	女
総数	67	39	28	75	43	32	84	47	37	93	50	43
0-4	11	5	5	11	6	5	11	6	5	12	6	6
5-9	9	4	4	10	5	5	11	6	6	12	6	6
10-14	7	4	4	8	4	4	10	5	5	11	5	5
15-19	5	3	2	6	4	3	8	4	4	9	5	4
20-24	7	5	2	8	6	3	10	7	4	10	6	4
25-29	6	3	2	6	4	3	6	4	3	8	4	4
30-34	7	5	2	6	4	2	6	4	3	8	4	3
35-39	5	3	2	5	3	2	6	3	2	6	3	3
40-44	3	2	1	4	3	1	5	3	2	5	3	2
45-49	3	2	1	3	2	1	4	2	1	4	2	2
50-54	2	1	1	2	1	1	2	1	1	3	2	1
55-59	1	1	1	1	1	1	2	1	1	2	1	1
60-64	1	0	0	1	0	0	1	1	0	1	1	1
65-69	0	0	0	1	0	0	1	0	0	1	1	1
70-74	0	0	0	0	0	0	0	0	0	1	0	0
75-79	0	0	0	0	0	0	0	0	0	0	0	0
80+	0	0	0	0	0	0	0	0	0	0	0	0
80-84	...	...	...	...	...	...	...	...	...	...	...	...
85-89	...	...	...	...	...	...	...	...	...	...	...	...
90-94	...	...	...	...	...	...	...	...	...	...	...	...
95-99	...	...	...	...	...	...	...	...	...	...	...	...
100+	...	...	...	...	...	...	...	...	...	...	...	...

年齢	1980 総数	男	女	1985 総数	男	女	1990 総数	男	女	1995 総数	男	女
総数	104	54	50	117	62	55	130	70	61	146	76	70
0-4	13	6	6	14	7	7	15	8	7	18	9	9
5-9	12	6	6	13	6	6	13	6	6	15	8	7
10-14	11	6	5	11	6	5	11	6	6	13	6	6
15-19	11	6	5	11	6	5	12	6	5	12	6	6
20-24	11	6	5	12	7	5	14	8	6	12	7	6
25-29	10	5	5	12	6	6	13	7	6	14	8	6
30-34	9	5	4	10	5	5	12	6	5	13	7	6
35-39	6	3	3	8	4	4	10	5	4	11	6	5
40-44	5	3	2	6	3	3	8	4	4	10	5	5
45-49	4	2	2	5	3	2	5	3	2	8	4	4
50-54	4	2	2	4	2	2	5	3	2	5	3	2
55-59	3	2	1	3	2	2	4	2	2	5	2	2
60-64	2	1	1	3	1	1	4	2	2	4	2	2
65-69	1	1	1	2	1	1	2	1	1	3	2	1
70-74	1	0	0	1	1	1	1	1	1	2	1	1
75-79	0	0	0	1	0	0	1	0	0	1	0	1
80+	0	0	0	0	0	0	...	...	...	...	...	...
80-84	...	...	...	...	...	...	0	0	0	0	0	0
85-89	...	...	...	...	...	...	0	0	0	0	0	0
90-94	...	...	...	...	...	...	0	0	0	0	0	0
95-99	...	...	...	...	...	...	0	0	0	0	0	0
100+	...	...	...	...	...	...	0	0	0	0	0	0

年齢	2000 総数	男	女	2005 総数	男	女	2010 総数	男	女	2015 総数	男	女
総数	155	79	76	158	81	78	159	81	78	170	86	84
0-4	17	9	8	16	8	8	14	7	7	14	7	7
5-9	16	8	8	16	8	8	15	8	7	14	7	7
10-14	14	7	7	15	8	7	15	8	7	15	8	7
15-19	12	6	6	13	7	7	14	7	7	15	8	7
20-24	12	6	6	12	6	6	13	6	6	14	7	7
25-29	13	7	6	11	6	5	11	5	5	13	6	6
30-34	13	7	6	12	6	6	10	5	5	11	5	5
35-39	13	7	6	12	6	6	11	6	5	10	5	5
40-44	11	5	5	12	6	6	11	6	5	11	6	5
45-49	9	5	4	10	5	5	11	6	5	11	6	5
50-54	8	4	4	8	4	4	9	5	4	11	6	5
55-59	5	3	2	7	3	3	8	4	4	9	4	4
60-64	5	2	2	4	2	2	6	3	3	7	4	4
65-69	3	2	2	4	2	2	4	2	2	6	3	3
70-74	2	1	1	3	1	2	3	2	2	4	2	2
75-79	1	1	1	2	1	1	2	1	1	3	1	2
80+	...	...	...	...	...	...	...	...	...	...	...	...
80-84	1	0	1	1	0	1	1	1	1	2	1	1
85-89	0	0	0	1	0	0	1	0	1	1	0	0
90-94	0	0	0	0	0	0	0	0	0	0	0	0
95-99	0	0	0	0	0	0	0	0	0	0	0	0
100+	0	0	0	0	0	0	0	0	0	0	0	0

中位予測値 グアム

性・年齢別人口（千人）

年齢	2015 総数	男	女	2020 総数	男	女	2025 総数	男	女	2030 総数	男	女
総数	170	86	84	180	91	89	191	96	94	200	101	99
0-4	14	7	7	15	8	7	15	8	7	15	8	7
5-9	14	7	7	14	7	7	15	8	7	15	8	7
10-14	15	8	7	14	7	7	14	7	7	15	8	7
15-19	15	8	7	15	8	7	14	7	7	14	7	7
20-24	14	7	7	15	8	7	15	8	7	14	7	7
25-29	13	6	6	14	7	7	15	8	7	15	8	7
30-34	11	5	5	13	6	6	14	7	7	15	8	7
35-39	10	5	5	11	5	5	12	6	6	14	7	7
40-44	11	6	5	10	5	5	11	5	5	12	6	6
45-49	11	6	5	11	6	5	10	5	5	11	5	5
50-54	11	6	5	11	6	5	11	6	5	10	5	5
55-59	9	4	4	11	5	5	11	6	5	11	5	5
60-64	7	4	4	8	4	4	10	5	5	11	5	5
65-69	6	3	3	7	3	4	8	4	4	10	5	5
70-74	4	2	2	5	3	3	6	3	3	8	4	4
75-79	3	1	2	3	1	2	5	2	3	6	3	3
80+	…	…	…	…	…	…	…	…	…	…	…	…
80-84	2	1	1	2	1	1	2	1	1	4	2	2
85-89	1	0	0	1	0	1	1	0	1	2	1	1
90-94	0	0	0	0	0	0	1	0	0	1	0	0
95-99	0	0	0	0	0	0	0	0	0	0	0	0
100+	0	0	0	0	0	0	0	0	0	0	0	0

年齢	2035 総数	男	女	2040 総数	男	女	2045 総数	男	女	2050 総数	男	女
総数	209	106	103	216	109	107	222	112	110	228	115	113
0-4	14	7	7	14	7	7	14	7	7	14	7	7
5-9	15	8	7	14	7	7	14	7	7	14	7	7
10-14	15	8	7	15	8	7	14	7	7	14	7	7
15-19	15	8	7	15	8	7	15	8	7	14	7	7
20-24	14	7	7	15	8	7	15	8	7	15	8	7
25-29	14	7	7	14	7	7	15	8	7	15	8	7
30-34	15	8	7	14	7	7	14	7	7	15	8	7
35-39	15	8	7	15	8	7	14	7	7	14	7	7
40-44	14	7	7	15	8	7	15	8	7	14	7	7
45-49	12	6	6	14	7	7	15	8	7	15	8	7
50-54	11	5	5	12	6	6	14	7	7	15	8	7
55-59	10	5	5	11	5	5	12	6	6	14	7	7
60-64	11	5	5	10	5	5	10	5	5	12	6	6
65-69	10	5	5	10	5	5	10	5	5	10	5	5
70-74	9	5	5	10	5	5	10	5	5	9	5	5
75-79	7	3	4	8	4	4	9	4	4	9	4	5
80+	…	…	…	…	…	…	…	…	…	…	…	…
80-84	5	2	3	6	3	3	7	3	4	8	4	4
85-89	3	1	2	3	1	2	4	2	2	5	2	3
90-94	1	0	1	1	1	1	2	1	1	2	1	2
95-99	0	0	0	0	0	0	1	0	0	1	0	1
100+	0	0	0	0	0	0	0	0	0	0	0	0

年齢	2055 総数	男	女	2060 総数	男	女
総数	232	117	115	236	119	117
0-4	13	7	7	13	7	6
5-9	14	7	7	13	7	7
10-14	14	7	7	14	7	7
15-19	14	7	7	14	7	7
20-24	14	7	7	14	7	7
25-29	15	8	7	14	7	7
30-34	15	8	7	15	8	7
35-39	15	7	7	15	8	7
40-44	14	7	7	15	7	7
45-49	14	7	7	14	7	7
50-54	15	7	7	14	7	7
55-59	14	8	7	14	7	7
60-64	14	7	7	14	7	7
65-69	12	6	6	13	7	7
70-74	10	5	5	11	6	6
75-79	9	4	4	9	4	5
80+	…	…	…	…	…	…
80-84	8	4	4	7	4	4
85-89	6	3	3	6	3	3
90-94	3	1	2	4	2	2
95-99	1	0	1	2	1	1
100+	0	0	0	0	0	0

性・年齢別人口（千人）

年齢	2015			2020			2025			2030		
	総数	男	女	総数	男	女	総数	男	女	総数	男	女
総数	170	86	84	182	92	90	195	99	96	208	105	103
0-4	14	7	7	16	8	8	18	9	9	18	9	9
5-9	14	7	7	14	7	7	16	8	8	18	9	9
10-14	15	8	7	14	7	7	14	7	7	16	8	8
15-19	15	8	7	15	8	7	14	7	7	14	7	7
20-24	14	7	7	15	8	7	15	8	7	14	7	7
25-29	13	6	6	14	7	7	15	8	7	15	8	7
30-34	11	5	5	13	6	6	14	7	7	15	8	7
35-39	10	5	5	11	5	5	12	6	6	14	7	7
40-44	11	6	5	10	5	5	11	5	5	12	6	6
45-49	11	6	5	11	6	5	10	5	5	11	5	5
50-54	11	6	5	11	6	5	11	6	5	10	5	5
55-59	9	4	4	11	5	5	11	6	5	11	5	5
60-64	7	4	4	8	4	4	10	5	5	11	5	5
65-69	6	3	3	7	3	4	8	4	4	10	5	5
70-74	4	2	2	5	3	3	6	3	3	8	4	4
75-79	3	1	2	3	1	2	5	2	3	6	3	3
80+	…	…	…	…	…	…	…	…	…	…	…	…
80-84	2	1	1	2	1	1	2	1	1	4	2	2
85-89	1	0	0	1	0	1	1	0	1	2	1	1
90-94	0	0	0	0	0	0	1	0	0	1	0	0
95-99	0	0	0	0	0	0	0	0	0	0	0	0
100+	0	0	0	0	0	0	0	0	0	0	0	0

年齢	2035			2040			2045			2050		
	総数	男	女	総数	男	女	総数	男	女	総数	男	女
総数	220	111	109	231	117	114	242	123	120	253	128	125
0-4	18	9	9	18	9	9	19	10	9	19	10	9
5-9	18	9	9	18	9	9	18	9	9	18	10	9
10-14	18	9	9	18	9	9	18	9	9	18	9	9
15-19	16	8	8	18	9	9	18	9	9	18	9	9
20-24	14	7	7	16	8	8	18	9	9	18	9	9
25-29	14	7	7	14	7	7	16	8	8	18	9	9
30-34	15	8	7	14	7	7	14	7	7	16	8	8
35-39	15	8	7	15	8	7	14	7	7	14	7	7
40-44	14	7	7	15	8	7	15	8	7	14	7	7
45-49	12	6	6	14	7	7	15	8	7	15	8	7
50-54	11	5	5	12	6	6	14	7	7	15	8	7
55-59	10	5	5	11	5	5	12	6	6	14	7	7
60-64	11	5	5	10	5	5	10	5	5	12	6	6
65-69	10	5	5	10	5	5	10	5	5	10	5	5
70-74	9	5	5	10	5	5	10	5	5	9	5	5
75-79	7	3	4	8	4	4	9	4	4	9	4	5
80+	…	…	…	…	…	…	…	…	…	…	…	…
80-84	5	2	3	6	3	3	7	3	4	8	4	4
85-89	3	1	2	3	1	2	4	2	2	5	2	3
90-94	1	0	1	1	1	1	2	1	1	2	1	2
95-99	0	0	0	0	0	0	1	0	0	1	0	1
100+	0	0	0	0	0	0	0	0	0	0	0	0

年齢	2055			2060		
	総数	男	女	総数	男	女
総数	264	134	131	276	140	136
0-4	20	10	10	20	11	10
5-9	19	10	9	20	10	10
10-14	18	10	9	19	10	9
15-19	18	9	9	18	10	9
20-24	18	9	9	18	9	9
25-29	18	9	9	18	9	9
30-34	17	9	9	18	9	9
35-39	16	8	8	17	9	8
40-44	14	7	7	16	8	8
45-49	14	7	7	14	7	7
50-54	15	7	7	14	7	7
55-59	14	8	7	14	7	7
60-64	14	7	7	14	7	7
65-69	12	6	6	13	7	7
70-74	10	5	5	11	6	6
75-79	9	4	4	9	4	5
80+	…	…	…	…	…	…
80-84	8	4	4	7	4	4
85-89	6	3	3	6	3	3
90-94	3	1	2	4	2	2
95-99	1	0	1	2	1	1
100+	0	0	0	0	0	0

性・年齢別人口（千人）

年齢	2015			2020			2025			2030		
	総数	男	女	総数	男	女	総数	男	女	総数	男	女
総数	170	86	84	179	91	88	186	94	92	193	97	95
0-4	14	7	7	13	7	6	12	6	6	11	6	5
5-9	14	7	7	14	7	7	13	7	6	12	6	6
10-14	15	8	7	14	7	7	14	7	7	13	7	6
15-19	15	8	7	15	8	7	14	7	7	14	7	7
20-24	14	7	7	15	8	7	15	8	7	14	7	7
25-29	13	6	6	14	7	7	15	8	7	15	8	7
30-34	11	5	5	13	6	6	14	7	7	15	8	7
35-39	10	5	5	11	5	5	12	6	6	14	7	7
40-44	11	6	5	10	5	5	11	5	5	12	6	6
45-49	11	6	5	11	6	5	10	5	5	11	5	5
50-54	11	6	5	11	6	5	11	6	5	10	5	5
55-59	9	4	4	11	5	5	11	6	5	11	5	5
60-64	7	4	4	8	4	4	10	5	5	11	5	5
65-69	6	3	3	7	3	4	8	4	4	10	5	5
70-74	4	2	2	5	3	3	6	3	3	8	4	4
75-79	3	1	2	3	1	2	5	2	3	6	3	3
80+	…	…	…	…	…	…	…	…	…	…	…	…
80-84	2	1	1	2	1	1	2	1	1	4	2	2
85-89	1	0	0	1	0	1	1	0	1	2	1	1
90-94	0	0	0	0	0	0	1	0	0	1	0	0
95-99	0	0	0	0	0	0	0	0	0	0	0	0
100+	0	0	0	0	0	0	0	0	0	0	0	0

年齢	2035			2040			2045			2050		
	総数	男	女	総数	男	女	総数	男	女	総数	男	女
総数	198	100	98	201	102	100	203	103	101	204	103	101
0-4	11	6	5	10	5	5	10	5	5	9	5	4
5-9	11	6	5	11	6	5	10	5	5	10	5	5
10-14	12	6	6	11	6	5	11	6	5	10	5	5
15-19	13	7	6	12	6	6	11	6	5	11	6	5
20-24	14	7	7	13	7	6	12	6	6	11	6	5
25-29	14	7	7	14	7	7	13	7	6	12	6	6
30-34	15	8	7	14	7	7	14	7	7	13	7	6
35-39	15	8	7	15	8	7	14	7	7	14	7	7
40-44	14	7	7	15	8	7	15	8	7	14	7	7
45-49	12	6	6	14	7	7	15	8	7	15	8	7
50-54	11	5	5	12	6	6	14	7	7	15	8	7
55-59	10	5	5	11	5	5	12	6	6	14	7	7
60-64	11	5	5	10	5	5	10	5	5	12	6	6
65-69	10	5	5	10	5	5	10	5	5	10	5	5
70-74	9	5	5	10	5	5	10	5	5	9	5	5
75-79	7	3	4	8	4	4	9	4	4	9	4	5
80+	…	…	…	…	…	…	…	…	…	…	…	…
80-84	5	2	3	6	3	3	7	3	4	8	4	4
85-89	3	1	2	3	1	2	4	2	2	5	2	3
90-94	1	0	1	1	1	1	2	1	1	2	1	2
95-99	0	0	0	0	0	0	1	0	0	1	0	1
100+	0	0	0	0	0	0	0	0	0	0	0	0

年齢	2055			2060		
	総数	男	女	総数	男	女
総数	203	102	101	201	101	100
0-4	8	4	4	8	4	4
5-9	9	5	4	8	4	4
10-14	10	5	5	9	5	4
15-19	10	5	5	10	5	5
20-24	11	6	5	10	5	5
25-29	11	6	5	11	6	5
30-34	12	6	6	11	6	5
35-39	13	7	6	12	6	6
40-44	14	7	7	13	7	6
45-49	14	7	7	14	7	7
50-54	15	7	7	14	7	7
55-59	14	8	7	14	7	7
60-64	14	7	7	14	7	7
65-69	12	6	6	13	7	7
70-74	10	5	5	11	6	6
75-79	9	4	4	9	4	5
80+	…	…	…	…	…	…
80-84	8	4	4	7	4	4
85-89	6	3	3	6	3	3
90-94	3	1	2	4	2	2
95-99	1	0	1	2	1	1
100+	0	0	0	0	0	0

Guatemala

性・年齢別人口（千人）

年齢	1960 総数	男	女	1965 総数	男	女	1970 総数	男	女	1975 総数	男	女
総数	4 128	2 090	2 038	4 728	2 393	2 335	5 423	2 741	2 682	6 238	3 146	3 092
0-4	747	379	368	849	431	418	966	491	475	1 120	570	550
5-9	622	316	306	684	348	337	788	400	388	910	462	448
10-14	520	264	256	603	306	297	665	337	328	767	388	379
15-19	405	206	200	508	258	250	589	298	290	647	327	320
20-24	348	177	172	391	198	193	489	247	242	562	283	279
25-29	314	159	155	335	170	165	375	189	186	465	234	231
30-34	268	136	132	301	152	149	320	162	159	356	178	178
35-39	216	110	106	256	130	126	288	145	143	305	154	152
40-44	166	85	82	205	104	101	244	123	121	276	138	137
45-49	137	70	67	157	80	77	194	99	96	232	117	115
50-54	106	53	53	127	64	63	146	74	73	182	92	90
55-59	94	47	48	96	48	48	116	58	58	134	67	67
60-64	71	35	36	82	40	42	84	42	43	103	51	52
65-69	49	24	25	58	29	30	68	33	35	71	35	36
70-74	32	16	17	37	18	19	45	22	23	53	25	27
75-79	18	9	9	22	11	11	26	12	13	31	15	16
80+	12	5	6	15	7	8	20	9	11	25	11	13
80-84	...	...	...	...	...	...	...	...	...	...	...	...
85-89	...	...	...	...	...	...	...	...	...	...	...	...
90-94	...	...	...	...	...	...	...	...	...	...	...	...
95-99	...	...	...	...	...	...	...	...	...	...	...	...
100+	...	...	...	...	...	...	...	...	...	...	...	...

年齢	1980 総数	男	女	1985 総数	男	女	1990 総数	男	女	1995 総数	男	女
総数	7 119	3 578	3 541	8 117	4 060	4 057	9 159	4 544	4 615	10 357	5 100	5 258
0-4	1 294	659	635	1 466	747	719	1 545	786	759	1 719	875	843
5-9	1 060	538	521	1 235	627	607	1 410	715	695	1 500	760	740
10-14	881	445	436	1 028	520	509	1 202	606	595	1 378	695	683
15-19	739	372	367	848	425	423	991	496	496	1 161	580	582
20-24	599	298	300	681	336	345	783	382	401	924	449	475
25-29	520	259	261	549	269	280	626	301	325	727	346	381
30-34	433	214	218	482	235	247	508	241	266	583	271	312
35-39	332	166	167	404	198	206	450	216	234	479	223	256
40-44	289	144	144	314	155	159	382	185	198	428	202	226
45-49	260	130	130	272	136	137	297	145	152	363	173	190
50-54	217	108	109	244	121	123	256	126	130	279	135	144
55-59	167	83	83	199	99	101	225	110	115	238	116	122
60-64	119	59	60	149	74	75	180	88	92	204	98	106
65-69	87	43	44	102	50	52	129	63	66	157	75	82
70-74	55	27	28	69	34	35	82	40	42	106	51	56
75-79	37	18	19	39	19	20	50	24	26	62	29	33
80+	31	14	17	37	17	20	...	...	...	...	...	...
80-84	...	...	...	...	...	...	25	11	13	32	15	17
85-89	...	...	...	...	...	...	12	5	6	12	5	7
90-94	...	...	...	...	...	...	4	2	2	4	2	2
95-99	...	...	...	...	...	...	1	0	1	1	0	1
100+	...	...	...	...	...	...	0	0	0	0	0	0

年齢	2000 総数	男	女	2005 総数	男	女	2010 総数	男	女	2015 総数	男	女
総数	11 689	5 714	5 975	13 184	6 434	6 750	14 732	7 197	7 535	16 343	7 993	8 350
0-4	1 873	953	920	1 967	1 001	966	1 996	1 017	979	2 089	1 065	1 024
5-9	1 678	851	828	1 841	934	908	1 941	987	954	1 972	1 004	968
10-14	1 467	739	728	1 653	835	818	1 822	923	899	1 924	977	946
15-19	1 335	666	669	1 434	718	716	1 628	820	808	1 798	909	889
20-24	1 088	528	560	1 278	627	650	1 391	691	700	1 586	794	792
25-29	862	408	455	1 038	495	542	1 236	602	635	1 351	666	685
30-34	680	312	369	824	381	443	1 004	473	532	1 202	578	624
35-39	552	251	301	653	295	359	799	365	434	978	456	522
40-44	457	209	248	533	239	294	635	283	351	778	352	426
45-49	408	190	218	440	199	241	516	229	287	616	273	343
50-54	344	162	182	391	180	211	424	190	233	498	220	279
55-59	262	125	137	328	153	174	374	171	203	406	181	225
60-64	218	105	113	245	116	129	309	143	166	353	160	193
65-69	183	87	96	200	95	104	225	106	120	285	131	154
70-74	134	63	71	160	75	85	176	83	93	200	92	108
75-79	84	39	45	110	51	59	132	61	72	146	67	79
80+	...	...	...	...	...	...	...	...	...	...	...	...
80-84	42	19	23	59	27	33	79	35	44	97	43	54
85-89	16	7	9	23	10	13	34	14	19	46	19	27
90-94	4	2	3	7	3	4	10	4	6	15	6	9
95-99	1	0	1	1	0	1	2	1	1	3	1	2
100+	0	0	0	0	0	0	0	0	0	0	0	0

性・年齢別人口（千人）

年齢	2015 総数	男	女	2020 総数	男	女	2025 総数	男	女	2030 総数	男	女
総数	16 343	7 993	8 350	18 015	8 822	9 193	19 720	9 668	10 052	21 424	10 515	10 909
0-4	2 089	1 065	1 024	2 166	1 105	1 061	2 217	1 132	1 085	2 241	1 145	1 097
5-9	1 972	1 004	968	2 069	1 054	1 015	2 149	1 096	1 053	2 203	1 124	1 079
10-14	1 924	977	946	1 957	996	961	2 057	1 047	1 010	2 139	1 091	1 048
15-19	1 798	909	889	1 903	966	938	1 941	987	954	2 043	1 040	1 004
20-24	1 586	794	792	1 762	886	875	1 873	946	926	1 915	970	945
25-29	1 351	666	685	1 549	771	778	1 728	865	864	1 843	927	916
30-34	1 202	578	624	1 319	644	675	1 519	750	769	1 699	844	855
35-39	978	456	522	1 174	560	614	1 293	626	666	1 492	731	761
40-44	778	352	426	955	442	513	1 150	545	605	1 268	610	658
45-49	616	273	343	758	340	417	932	428	504	1 125	529	596
50-54	498	220	279	597	262	335	736	328	408	908	414	494
55-59	406	181	225	479	209	270	576	250	325	712	314	398
60-64	353	160	193	385	170	216	456	197	259	550	236	314
65-69	285	131	154	328	147	181	359	156	203	427	182	245
70-74	200	92	108	254	114	140	294	129	165	324	138	186
75-79	146	67	79	168	75	92	215	94	121	251	107	144
80+	…	…	…	…	…	…	…	…	…	…	…	…
80-84	97	43	54	108	48	60	125	54	71	163	68	95
85-89	46	19	27	57	23	34	65	26	39	77	30	46
90-94	15	6	9	21	8	13	26	10	17	31	11	20
95-99	3	1	2	5	2	3	7	2	5	9	3	6
100+	0	0	0	1	0	1	1	0	1	2	0	1

年齢	2035 総数	男	女	2040 総数	男	女	2045 総数	男	女	2050 総数	男	女
総数	23 103	11 352	11 752	24 730	12 165	12 564	26 287	12 949	13 338	27 754	13 691	14 063
0-4	2 253	1 151	1 102	2 256	1 153	1 102	2 248	1 150	1 098	2 232	1 142	1 090
5-9	2 230	1 139	1 091	2 243	1 146	1 097	2 246	1 148	1 098	2 239	1 145	1 094
10-14	2 195	1 120	1 075	2 223	1 135	1 088	2 235	1 142	1 094	2 239	1 144	1 095
15-19	2 128	1 084	1 044	2 184	1 114	1 071	2 212	1 129	1 084	2 226	1 136	1 089
20-24	2 022	1 025	996	2 107	1 071	1 036	2 165	1 101	1 064	2 194	1 117	1 077
25-29	1 890	953	937	1 997	1 009	988	2 084	1 055	1 029	2 143	1 087	1 056
30-34	1 817	908	909	1 865	935	930	1 973	992	981	2 061	1 039	1 022
35-39	1 673	826	847	1 791	890	901	1 841	919	922	1 951	977	974
40-44	1 467	715	752	1 647	809	838	1 766	873	892	1 817	903	914
45-49	1 243	594	649	1 440	697	742	1 619	791	828	1 738	856	882
50-54	1 098	513	585	1 215	577	638	1 409	679	731	1 587	771	816
55-59	880	397	483	1 066	494	572	1 182	557	624	1 373	657	716
60-64	682	298	384	845	378	467	1 026	471	555	1 139	533	607
65-69	517	219	298	643	277	366	799	353	446	973	441	532
70-74	388	162	226	472	196	276	589	249	340	735	319	417
75-79	279	115	164	336	136	200	411	166	245	516	212	304
80+	…	…	…	…	…	…	…	…	…	…	…	…
80-84	192	78	114	215	85	131	262	101	161	323	124	199
85-89	101	39	63	121	45	76	139	50	89	171	60	111
90-94	37	13	24	49	16	33	60	19	41	70	22	49
95-99	10	3	7	13	4	9	18	5	13	22	6	16
100+	2	1	2	3	1	2	3	1	3	5	1	4

年齢	2055 総数	男	女	2060 総数	男	女
総数	29 112	14 382	14 730	30 337	15 012	15 324
0-4	2 203	1 128	1 076	2 166	1 109	1 057
5-9	2 224	1 138	1 086	2 196	1 124	1 072
10-14	2 233	1 142	1 091	2 218	1 135	1 083
15-19	2 231	1 139	1 091	2 225	1 138	1 088
20-24	2 209	1 126	1 083	2 215	1 130	1 085
25-29	2 174	1 104	1 070	2 191	1 114	1 077
30-34	2 122	1 072	1 050	2 155	1 091	1 064
35-39	2 040	1 025	1 015	2 103	1 060	1 043
40-44	1 928	962	966	2 019	1 012	1 007
45-49	1 791	887	904	1 903	947	956
50-54	1 706	836	870	1 761	869	892
55-59	1 549	748	801	1 668	814	855
60-64	1 327	630	697	1 501	720	781
65-69	1 084	501	582	1 266	595	671
70-74	899	401	498	1 005	458	547
75-79	647	273	374	795	346	449
80+	…	…	…	…	…	…
80-84	410	160	250	519	209	309
85-89	215	75	140	276	99	177
90-94	89	27	62	113	34	79
95-99	26	6	20	34	8	26
100+	6	1	5	7	1	6

性・年齢別人口（千人）

年齢	2015			2020			2025			2030		
	総数	男	女	総数	男	女	総数	男	女	総数	男	女
総数	16 343	7 993	8 350	18 194	8 913	9 281	20 213	9 920	10 293	22 340	10 983	11 358
0-4	2 089	1 065	1 024	2 344	1 196	1 148	2 532	1 293	1 239	2 666	1 362	1 305
5-9	1 972	1 004	968	2 069	1 054	1 015	2 327	1 187	1 140	2 517	1 285	1 233
10-14	1 924	977	946	1 957	996	961	2 057	1 047	1 010	2 317	1 181	1 135
15-19	1 798	909	889	1 903	966	938	1 941	987	954	2 043	1 040	1 004
20-24	1 586	794	792	1 762	886	875	1 873	946	926	1 915	970	945
25-29	1 351	666	685	1 549	771	778	1 728	865	864	1 843	927	916
30-34	1 202	578	624	1 319	644	675	1 519	750	769	1 699	844	855
35-39	978	456	522	1 174	560	614	1 293	626	666	1 492	731	761
40-44	778	352	426	955	442	513	1 150	545	605	1 268	610	658
45-49	616	273	343	758	340	417	932	428	504	1 125	529	596
50-54	498	220	279	597	262	335	736	328	408	908	414	494
55-59	406	181	225	479	209	270	576	250	325	712	314	398
60-64	353	160	193	385	170	216	456	197	259	550	236	314
65-69	285	131	154	328	147	181	359	156	203	427	182	245
70-74	200	92	108	254	114	140	294	129	165	324	138	186
75-79	146	67	79	168	75	92	215	94	121	251	107	144
80+	...	...	...	...	...	...	...	...	...	...	...	...
80-84	97	43	54	108	48	60	125	54	71	163	68	95
85-89	46	19	27	57	23	34	65	26	39	77	30	46
90-94	15	6	9	21	8	13	26	10	17	31	11	20
95-99	3	1	2	5	2	3	7	2	5	9	3	6
100+	0	0	0	1	0	1	1	0	1	2	0	1

年齢	2035			2040			2045			2050		
	総数	男	女	総数	男	女	総数	男	女	総数	男	女
総数	24 484	12 056	12 428	26 653	13 147	13 506	28 871	14 268	14 603	31 133	15 415	15 718
0-4	2 720	1 390	1 330	2 803	1 433	1 370	2 916	1 491	1 424	3 036	1 553	1 483
5-9	2 653	1 355	1 299	2 708	1 383	1 325	2 792	1 427	1 365	2 905	1 486	1 419
10-14	2 508	1 280	1 229	2 645	1 350	1 295	2 700	1 379	1 321	2 784	1 423	1 361
15-19	2 305	1 174	1 130	2 497	1 273	1 224	2 634	1 344	1 290	2 690	1 373	1 317
20-24	2 022	1 025	996	2 283	1 160	1 123	2 475	1 259	1 216	2 613	1 330	1 283
25-29	1 890	953	937	1 997	1 009	988	2 258	1 143	1 115	2 451	1 243	1 208
30-34	1 817	908	909	1 865	935	930	1 973	992	981	2 234	1 126	1 108
35-39	1 673	826	847	1 791	890	901	1 841	919	922	1 951	977	974
40-44	1 467	715	752	1 647	809	838	1 766	873	892	1 817	903	914
45-49	1 243	594	649	1 440	697	742	1 619	791	828	1 738	856	882
50-54	1 098	513	585	1 215	577	638	1 409	679	731	1 587	771	816
55-59	880	397	483	1 066	494	572	1 182	557	624	1 373	657	716
60-64	682	298	384	845	378	467	1 026	471	555	1 139	533	607
65-69	517	219	298	643	277	366	799	353	446	973	441	532
70-74	388	162	226	472	196	276	589	249	340	735	319	417
75-79	279	115	164	336	136	200	411	166	245	516	212	304
80+	...	...	...	...	...	...	...	...	...	...	...	...
80-84	192	78	114	215	85	131	262	101	161	323	124	199
85-89	101	39	63	121	45	76	139	50	89	171	60	111
90-94	37	13	24	49	16	33	60	19	41	70	22	49
95-99	10	3	7	13	4	9	18	5	13	22	6	16
100+	2	1	2	3	1	2	3	1	3	5	1	4

年齢	2055			2060		
	総数	男	女	総数	男	女
総数	33 411	16 575	16 836	35 664	17 730	17 935
0-4	3 136	1 605	1 531	3 210	1 643	1 567
5-9	3 026	1 548	1 478	3 127	1 600	1 527
10-14	2 898	1 482	1 416	3 019	1 544	1 475
15-19	2 774	1 417	1 357	2 889	1 477	1 412
20-24	2 670	1 361	1 310	2 757	1 406	1 351
25-29	2 591	1 316	1 275	2 650	1 348	1 302
30-34	2 428	1 227	1 201	2 569	1 301	1 268
35-39	2 211	1 111	1 100	2 407	1 213	1 194
40-44	1 928	962	966	2 189	1 097	1 092
45-49	1 791	887	904	1 903	947	956
50-54	1 706	836	870	1 761	869	892
55-59	1 549	748	801	1 668	814	855
60-64	1 327	630	697	1 501	720	781
65-69	1 084	501	582	1 266	595	671
70-74	899	401	498	1 005	458	547
75-79	647	273	374	795	346	449
80+	...	...	...	...	...	...
80-84	410	160	250	519	209	309
85-89	215	75	140	276	99	177
90-94	89	27	62	113	34	79
95-99	26	6	20	34	8	26
100+	6	1	5	7	1	6

性・年齢別人口（千人）

年齢	2015			2020			2025			2030		
	総数	男	女	総数	男	女	総数	男	女	総数	男	女
総数	16 343	7 993	8 350	17 836	8 731	9 106	19 227	9 417	9 810	20 508	10 047	10 460
0-4	2 089	1 065	1 024	1 987	1 014	973	1 902	971	931	1 817	928	889
5-9	1 972	1 004	968	2 069	1 054	1 015	1 971	1 005	966	1 889	964	925
10-14	1 924	977	946	1 957	996	961	2 057	1 047	1 010	1 961	1 000	961
15-19	1 798	909	889	1 903	966	938	1 941	987	954	2 043	1 040	1 004
20-24	1 586	794	792	1 762	886	875	1 873	946	926	1 915	970	945
25-29	1 351	666	685	1 549	771	778	1 728	865	864	1 843	927	916
30-34	1 202	578	624	1 319	644	675	1 519	750	769	1 699	844	855
35-39	978	456	522	1 174	560	614	1 293	626	666	1 492	731	761
40-44	778	352	426	955	442	513	1 150	545	605	1 268	610	658
45-49	616	273	343	758	340	417	932	428	504	1 125	529	596
50-54	498	220	279	597	262	335	736	328	408	908	414	494
55-59	406	181	225	479	209	270	576	250	325	712	314	398
60-64	353	160	193	385	170	216	456	197	259	550	236	314
65-69	285	131	154	328	147	181	359	156	203	427	182	245
70-74	200	92	108	254	114	140	294	129	165	324	138	186
75-79	146	67	79	168	75	92	215	94	121	251	107	144
80+	…	…	…	…	…	…	…	…	…	…	…	…
80-84	97	43	54	108	48	60	125	54	71	163	68	95
85-89	46	19	27	57	23	34	65	26	39	77	30	46
90-94	15	6	9	21	8	13	26	10	17	31	11	20
95-99	3	1	2	5	2	3	7	2	5	9	3	6
100+	0	0	0	1	0	1	1	0	1	2	0	1

年齢	2035			2040			2045			2050		
	総数	男	女	総数	男	女	総数	男	女	総数	男	女
総数	21 728	10 650	11 078	22 836	11 199	11 637	23 795	11 677	12 118	24 578	12 070	12 507
0-4	1 791	915	876	1 734	886	847	1 643	841	803	1 537	787	751
5-9	1 807	923	884	1 782	911	872	1 726	882	844	1 636	837	799
10-14	1 882	960	922	1 800	919	881	1 776	907	869	1 720	879	841
15-19	1 951	994	957	1 872	954	918	1 791	914	877	1 767	902	865
20-24	2 022	1 025	996	1 931	981	950	1 854	943	911	1 774	903	871
25-29	1 890	953	937	1 997	1 009	988	1 909	967	942	1 834	930	904
30-34	1 817	908	909	1 865	935	930	1 973	992	981	1 888	952	936
35-39	1 673	826	847	1 791	890	901	1 841	919	922	1 951	977	974
40-44	1 467	715	752	1 647	809	838	1 766	873	892	1 817	903	914
45-49	1 243	594	649	1 440	697	742	1 619	791	828	1 738	856	882
50-54	1 098	513	585	1 215	577	638	1 409	679	731	1 587	771	816
55-59	880	397	483	1 066	494	572	1 182	557	624	1 373	657	716
60-64	682	298	384	845	378	467	1 026	471	555	1 139	533	607
65-69	517	219	298	643	277	366	799	353	446	973	441	532
70-74	388	162	226	472	196	276	589	249	340	735	319	417
75-79	279	115	164	336	136	200	411	166	245	516	212	304
80+	…	…	…	…	…	…	…	…	…	…	…	…
80-84	192	78	114	215	85	131	262	101	161	323	124	199
85-89	101	39	63	121	45	76	139	50	89	171	60	111
90-94	37	13	24	49	16	33	60	19	41	70	22	49
95-99	10	3	7	13	4	9	18	5	13	22	6	16
100+	2	1	2	3	1	2	3	1	3	5	1	4

年齢	2055			2060		
	総数	男	女	総数	男	女
総数	25 174	12 374	12 800	25 579	12 587	12 992
0-4	1 430	732	698	1 331	681	649
5-9	1 531	783	748	1 424	729	695
10-14	1 631	834	797	1 526	781	745
15-19	1 712	875	837	1 624	830	794
20-24	1 752	893	859	1 698	866	832
25-29	1 757	892	865	1 737	883	854
30-34	1 816	918	899	1 742	882	860
35-39	1 869	939	930	1 800	907	893
40-44	1 928	962	966	1 849	927	922
45-49	1 791	887	904	1 903	947	956
50-54	1 706	836	870	1 761	869	892
55-59	1 549	748	801	1 668	814	855
60-64	1 327	630	697	1 501	720	781
65-69	1 084	501	582	1 266	595	671
70-74	899	401	498	1 005	458	547
75-79	647	273	374	795	346	449
80+	…	…	…	…	…	…
80-84	410	160	250	519	209	309
85-89	215	75	140	276	99	177
90-94	89	27	62	113	34	79
95-99	26	6	20	34	8	26
100+	6	1	5	7	1	6

性・年齢別人口（千人）

年齢	1960 総数	男	女	1965 総数	男	女	1970 総数	男	女	1975 総数	男	女
総数	3 577	1 770	1 808	3 878	1 914	1 963	4 215	2 079	2 136	4 360	2 149	2 211
0-4	594	296	298	635	317	318	684	341	343	725	361	363
5-9	481	238	243	518	257	261	556	276	280	567	282	285
10-14	371	185	186	459	228	232	496	246	250	502	250	253
15-19	339	168	170	357	178	179	443	220	223	452	225	227
20-24	301	148	153	321	160	162	340	169	170	399	198	201
25-29	265	129	135	283	139	144	303	150	153	302	150	152
30-34	237	117	121	249	121	127	266	130	136	269	133	136
35-39	211	105	107	222	109	113	233	114	119	236	116	121
40-44	185	92	93	197	97	100	207	101	106	206	100	106
45-49	158	78	80	170	84	87	182	89	93	181	88	94
50-54	129	63	66	143	70	74	155	75	80	157	75	81
55-59	104	51	53	113	55	59	126	61	66	130	62	68
60-64	80	39	41	86	41	45	94	45	50	100	47	53
65-69	57	28	29	60	29	31	65	31	35	68	32	36
70-74	36	18	18	36	18	19	39	18	20	41	19	22
75-79	21	11	10	18	9	9	18	9	10	19	9	10
80+	9	5	4	8	4	4	8	4	4	7	3	4
80-84	...	...	...	...	...	...	...	...	...	...	...	...
85-89	...	...	...	...	...	...	...	...	...	...	...	...
90-94	...	...	...	...	...	...	...	...	...	...	...	...
95-99	...	...	...	...	...	...	...	...	...	...	...	...
100+	...	...	...	...	...	...	...	...	...	...	...	...

年齢	1980 総数	男	女	1985 総数	男	女	1990 総数	男	女	1995 総数	男	女
総数	4 507	2 222	2 285	5 079	2 507	2 572	6 034	2 984	3 050	7 863	3 900	3 963
0-4	779	389	390	901	451	450	1 079	541	538	1 397	701	696
5-9	598	298	301	701	349	351	855	427	427	1 130	567	563
10-14	506	252	254	578	288	290	709	354	355	948	475	473
15-19	452	225	227	491	245	246	587	292	294	788	394	394
20-24	401	199	202	434	216	218	495	247	248	648	323	325
25-29	353	174	178	383	190	193	435	216	219	545	272	273
30-34	265	131	133	336	166	170	384	190	193	478	238	240
35-39	237	117	120	251	125	127	335	166	170	420	208	212
40-44	206	101	106	224	110	114	250	124	126	365	180	185
45-49	178	86	92	194	94	100	221	108	113	273	135	138
50-54	155	74	81	165	78	86	189	91	98	236	115	121
55-59	130	62	69	140	66	74	158	74	83	198	94	104
60-64	103	48	55	112	52	60	129	60	69	160	74	86
65-69	73	34	39	82	38	44	97	44	53	123	56	67
70-74	43	20	23	51	23	28	64	29	35	84	38	46
75-79	20	9	11	25	11	14	33	15	19	46	21	26
80+	8	4	4	10	4	6	...	...	...	...	...	...
80-84	...	...	...	...	...	...	12	5	7	18	8	10
85-89	...	...	...	...	...	...	3	1	1	4	2	2
90-94	...	...	...	...	...	...	0	0	0	1	0	0
95-99	...	...	...	...	...	...	0	0	0	0	0	0
100+	...	...	...	...	...	...	0	0	0	0	0	0

年齢	2000 総数	男	女	2005 総数	男	女	2010 総数	男	女	2015 総数	男	女
総数	8 799	4 382	4 418	9 669	4 833	4 836	11 012	5 513	5 500	12 609	6 322	6 286
0-4	1 539	773	766	1 658	834	824	1 830	922	909	2 046	1 032	1 014
5-9	1 275	641	634	1 397	704	693	1 573	793	780	1 768	889	879
10-14	1 079	542	536	1 201	606	595	1 368	690	677	1 549	783	767
15-19	907	455	452	1 019	513	505	1 177	594	583	1 349	682	667
20-24	749	375	374	849	427	422	992	500	492	1 154	584	571
25-29	614	306	307	697	350	348	823	414	409	969	489	480
30-34	515	257	258	571	286	285	675	339	336	803	404	399
35-39	451	225	226	478	239	239	551	276	275	657	330	327
40-44	394	196	199	416	207	209	459	229	230	534	267	267
45-49	340	168	173	361	179	183	397	197	200	442	220	222
50-54	251	123	128	308	151	157	341	167	174	377	186	191
55-59	213	103	110	222	108	114	285	138	147	318	155	163
60-64	173	81	91	181	87	95	197	95	103	256	123	134
65-69	131	60	71	137	64	73	152	71	80	167	79	88
70-74	91	41	50	93	42	50	103	47	56	116	54	62
75-79	52	23	28	53	24	29	58	26	32	66	30	36
80+	...	...	...	...	...	...	...	...	...	...	...	...
80-84	21	9	12	22	10	12	24	11	14	28	12	15
85-89	5	2	3	6	2	3	6	3	4	8	3	4
90-94	1	0	0	1	0	0	1	0	1	1	0	1
95-99	0	0	0	0	0	0	0	0	0	0	0	0
100+	0	0	0	0	0	0	0	0	0	0	0	0

性・年齢別人口（千人）

年齢	2015			2020			2025			2030		
	総数	男	女	総数	男	女	総数	男	女	総数	男	女
総数	12 609	6 322	6 286	14 355	7 206	7 149	16 246	8 162	8 085	18 276	9 185	9 091
0-4	2 046	1 032	1 014	2 216	1 118	1 099	2 385	1 203	1 182	2 548	1 286	1 262
5-9	1 768	889	879	1 986	1 000	986	2 163	1 089	1 074	2 337	1 177	1 159
10-14	1 549	783	767	1 745	879	867	1 965	991	974	2 143	1 080	1 063
15-19	1 349	682	667	1 532	775	757	1 729	871	857	1 949	983	966
20-24	1 154	584	571	1 327	671	656	1 510	764	746	1 708	861	847
25-29	969	489	480	1 131	572	559	1 304	660	644	1 488	753	734
30-34	803	404	399	948	479	469	1 110	562	548	1 283	650	633
35-39	657	330	327	784	395	389	928	470	459	1 090	553	537
40-44	534	267	267	639	321	318	764	385	379	908	459	449
45-49	442	220	222	515	257	258	619	310	309	743	374	370
50-54	377	186	191	422	209	213	494	245	249	596	297	299
55-59	318	155	163	354	173	181	397	195	202	467	230	237
60-64	256	123	134	288	139	149	322	156	166	364	177	187
65-69	167	79	88	220	104	116	248	118	130	280	134	147
70-74	116	54	62	130	61	69	172	80	92	197	92	105
75-79	66	30	36	76	35	41	86	39	46	116	53	63
80+	…	…	…	…	…	…	…	…	…	…	…	…
80-84	28	12	15	32	14	18	38	17	21	44	20	24
85-89	8	3	4	9	4	5	10	4	6	13	5	7
90-94	1	0	1	1	1	1	2	1	1	2	1	1
95-99	0	0	0	0	0	0	0	0	0	0	0	0
100+	0	0	0	0	0	0	0	0	0	0	0	0

年齢	2035			2040			2045			2050		
	総数	男	女	総数	男	女	総数	男	女	総数	男	女
総数	20 433	10 271	10 161	22 700	11 411	11 289	25 060	12 594	12 466	27 486	13 805	13 681
0-4	2 708	1 369	1 339	2 856	1 445	1 411	2 989	1 514	1 475	3 109	1 575	1 534
5-9	2 508	1 264	1 243	2 674	1 351	1 323	2 828	1 430	1 397	2 967	1 502	1 464
10-14	2 320	1 170	1 150	2 493	1 258	1 236	2 661	1 345	1 316	2 817	1 425	1 392
15-19	2 129	1 074	1 056	2 307	1 163	1 144	2 482	1 252	1 230	2 651	1 340	1 312
20-24	1 930	973	956	2 111	1 064	1 047	2 291	1 154	1 136	2 467	1 243	1 223
25-29	1 686	850	836	1 909	963	947	2 092	1 053	1 039	2 273	1 144	1 129
30-34	1 467	743	724	1 667	840	827	1 890	952	938	2 074	1 043	1 030
35-39	1 263	640	623	1 447	732	714	1 646	829	817	1 870	941	929
40-44	1 069	541	527	1 241	628	613	1 425	720	705	1 624	816	808
45-49	885	446	439	1 044	527	517	1 215	613	602	1 398	705	694
50-54	717	359	359	857	430	427	1 013	509	504	1 182	593	589
55-59	565	279	286	683	339	344	818	407	411	971	484	487
60-64	430	209	221	523	255	268	635	311	324	765	375	389
65-69	319	153	166	379	182	197	464	223	241	567	273	294
70-74	224	105	119	257	121	136	310	145	164	383	180	203
75-79	134	61	73	155	71	84	182	83	99	223	101	121
80+	…	…	…	…	…	…	…	…	…	…	…	…
80-84	61	27	34	72	32	40	86	38	48	104	46	58
85-89	15	7	9	22	9	13	27	12	16	34	15	20
90-94	3	1	2	3	1	2	5	2	3	7	3	4
95-99	0	0	0	0	0	0	0	0	0	1	0	0
100+	0	0	0	0	0	0	0	0	0	0	0	0

年齢	2055			2060		
	総数	男	女	総数	男	女
総数	29 947	15 031	14 916	32 411	16 256	16 155
0-4	3 205	1 623	1 582	3 286	1 664	1 622
5-9	3 090	1 565	1 525	3 189	1 614	1 574
10-14	2 958	1 498	1 460	3 082	1 561	1 521
15-19	2 808	1 420	1 388	2 949	1 493	1 456
20-24	2 637	1 331	1 306	2 795	1 412	1 383
25-29	2 450	1 233	1 217	2 621	1 321	1 300
30-34	2 255	1 134	1 121	2 433	1 223	1 210
35-39	2 054	1 032	1 022	2 237	1 123	1 114
40-44	1 847	928	919	2 032	1 019	1 013
45-49	1 597	800	797	1 819	911	908
50-54	1 364	684	680	1 561	778	782
55-59	1 137	566	571	1 316	655	661
60-64	913	449	463	1 074	529	545
65-69	689	333	356	830	403	427
70-74	476	224	251	586	278	308
75-79	282	129	153	358	165	193
80+	…	…	…	…	…	…
80-84	132	58	74	173	77	96
85-89	43	18	25	58	25	33
90-94	9	4	5	12	5	7
95-99	1	0	1	1	1	1
100+	0	0	0	0	0	0

Guinea

性・年齢別人口（千人）

年齢	2015			2020			2025			2030		
	総数	男	女	総数	男	女	総数	男	女	総数	男	女
総数	12 609	6 322	6 286	14 472	7 265	7 207	16 580	8 330	8 250	18 921	9 510	9 410
0-4	2 046	1 032	1 014	2 334	1 177	1 157	2 603	1 313	1 290	2 865	1 446	1 419
5-9	1 768	889	879	1 986	1 000	986	2 277	1 147	1 130	2 551	1 285	1 266
10-14	1 549	783	767	1 745	879	867	1 965	991	974	2 257	1 138	1 119
15-19	1 349	682	667	1 532	775	757	1 729	871	857	1 949	983	966
20-24	1 154	584	571	1 327	671	656	1 510	764	746	1 708	861	847
25-29	969	489	480	1 131	572	559	1 304	660	644	1 488	753	734
30-34	803	404	399	948	479	469	1 110	562	548	1 283	650	633
35-39	657	330	327	784	395	389	928	470	459	1 090	553	537
40-44	534	267	267	639	321	318	764	385	379	908	459	449
45-49	442	220	222	515	257	258	619	310	309	743	374	370
50-54	377	186	191	422	209	213	494	245	249	596	297	299
55-59	318	155	163	354	173	181	397	195	202	467	230	237
60-64	256	123	134	288	139	149	322	156	166	364	177	187
65-69	167	79	88	220	104	116	248	118	130	280	134	147
70-74	116	54	62	130	61	69	172	80	92	197	92	105
75-79	66	30	36	76	35	41	86	39	46	116	53	63
80+	...	...	...	...	...	...	...	...	...	...	...	...
80-84	28	12	15	32	14	18	38	17	21	44	20	24
85-89	8	3	4	9	4	5	10	4	6	13	5	7
90-94	1	0	1	1	1	1	2	1	1	2	1	1
95-99	0	0	0	0	0	0	0	0	0	0	0	0
100+	0	0	0	0	0	0	0	0	0	0	0	0

年齢	2035			2040			2045			2050		
	総数	男	女	総数	男	女	総数	男	女	総数	男	女
総数	21 450	10 785	10 665	24 184	12 160	12 024	27 136	13 643	13 493	30 306	15 231	15 075
0-4	3 087	1 561	1 527	3 331	1 685	1 645	3 591	1 819	1 773	3 863	1 957	1 906
5-9	2 819	1 422	1 398	3 049	1 540	1 509	3 298	1 668	1 630	3 565	1 805	1 760
10-14	2 533	1 277	1 256	2 803	1 414	1 389	3 035	1 534	1 501	3 286	1 663	1 624
15-19	2 242	1 130	1 111	2 519	1 270	1 249	2 791	1 408	1 383	3 024	1 528	1 496
20-24	1 930	973	956	2 223	1 120	1 103	2 501	1 260	1 241	2 774	1 398	1 376
25-29	1 686	850	836	1 909	963	947	2 203	1 109	1 094	2 482	1 249	1 233
30-34	1 467	743	724	1 667	840	827	1 890	952	938	2 184	1 099	1 085
35-39	1 263	640	623	1 447	732	714	1 646	829	817	1 870	941	929
40-44	1 069	541	527	1 241	628	613	1 425	720	705	1 624	816	808
45-49	885	446	439	1 044	527	517	1 215	613	602	1 398	705	694
50-54	717	359	359	857	430	427	1 013	509	504	1 182	593	589
55-59	565	279	286	683	339	344	818	407	411	971	484	487
60-64	430	209	221	523	255	268	635	311	324	765	375	389
65-69	319	153	166	379	182	197	464	223	241	567	273	294
70-74	224	105	119	257	121	136	310	145	164	383	180	203
75-79	134	61	73	155	71	84	182	83	99	223	101	121
80+	...	...	...	...	...	...	...	...	...	...	...	...
80-84	61	27	34	72	32	40	86	38	48	104	46	58
85-89	15	7	9	22	9	13	27	12	16	34	15	20
90-94	3	1	2	3	1	2	5	2	3	7	3	4
95-99	0	0	0	0	0	0	0	0	0	1	0	0
100+	0	0	0	0	0	0	0	0	0	0	0	0

年齢	2055			2060		
	総数	男	女	総数	男	女
総数	33 670	16 914	16 756	37 201	18 677	18 524
0-4	4 122	2 087	2 035	4 369	2 212	2 157
5-9	3 840	1 945	1 895	4 102	2 077	2 025
10-14	3 554	1 800	1 754	3 830	1 940	1 890
15-19	3 276	1 657	1 619	3 544	1 794	1 750
20-24	3 008	1 518	1 489	3 261	1 648	1 613
25-29	2 755	1 387	1 368	2 990	1 507	1 483
30-34	2 463	1 238	1 225	2 736	1 375	1 361
35-39	2 163	1 087	1 077	2 442	1 226	1 217
40-44	1 847	928	919	2 139	1 073	1 067
45-49	1 597	800	797	1 819	911	908
50-54	1 364	684	680	1 561	778	782
55-59	1 137	566	571	1 316	655	661
60-64	913	449	463	1 074	529	545
65-69	689	333	356	830	403	427
70-74	476	224	251	586	278	308
75-79	282	129	153	358	165	193
80+	...	...	...	...	...	...
80-84	132	58	74	173	77	96
85-89	43	18	25	58	25	33
90-94	9	4	5	12	5	7
95-99	1	0	1	1	1	1
100+	0	0	0	0	0	0

性・年齢別人口（千人）

年齢	2015			2020			2025			2030		
	総数	男	女	総数	男	女	総数	男	女	総数	男	女
総数	12 609	6 322	6 286	14 238	7 147	7 091	15 913	7 994	7 920	17 631	8 860	8 771
0-4	2 046	1 032	1 014	2 099	1 059	1 041	2 166	1 093	1 073	2 232	1 126	1 105
5-9	1 768	889	879	1 986	1 000	986	2 048	1 031	1 017	2 122	1 069	1 053
10-14	1 549	783	767	1 745	879	867	1 965	991	974	2 030	1 023	1 007
15-19	1 349	682	667	1 532	775	757	1 729	871	857	1 949	983	966
20-24	1 154	584	571	1 327	671	656	1 510	764	746	1 708	861	847
25-29	969	489	480	1 131	572	559	1 304	660	644	1 488	753	734
30-34	803	404	399	948	479	469	1 110	562	548	1 283	650	633
35-39	657	330	327	784	395	389	928	470	459	1 090	553	537
40-44	534	267	267	639	321	318	764	385	379	908	459	449
45-49	442	220	222	515	257	258	619	310	309	743	374	370
50-54	377	186	191	422	209	213	494	245	249	596	297	299
55-59	318	155	163	354	173	181	397	195	202	467	230	237
60-64	256	123	134	288	139	149	322	156	166	364	177	187
65-69	167	79	88	220	104	116	248	118	130	280	134	147
70-74	116	54	62	130	61	69	172	80	92	197	92	105
75-79	66	30	36	76	35	41	86	39	46	116	53	63
80+	…	…	…	…	…	…	…	…	…	…	…	…
80-84	28	12	15	32	14	18	38	17	21	44	20	24
85-89	8	3	4	9	4	5	10	4	6	13	5	7
90-94	1	0	1	1	1	1	2	1	1	2	1	1
95-99	0	0	0	0	0	0	0	0	0	0	0	0
100+	0	0	0	0	0	0	0	0	0	0	0	0

年齢	2035			2040			2045			2050		
	総数	男	女	総数	男	女	総数	男	女	総数	男	女
総数	19 419	9 760	9 659	21 236	10 671	10 564	23 040	11 573	11 467	24 792	12 443	12 349
0-4	2 332	1 179	1 153	2 396	1 213	1 184	2 425	1 228	1 197	2 424	1 228	1 196
5-9	2 196	1 107	1 089	2 302	1 163	1 139	2 373	1 200	1 173	2 406	1 218	1 188
10-14	2 107	1 062	1 045	2 183	1 101	1 082	2 292	1 158	1 134	2 364	1 196	1 168
15-19	2 016	1 017	1 000	2 095	1 056	1 039	2 173	1 096	1 077	2 283	1 153	1 129
20-24	1 930	973	956	1 999	1 008	992	2 080	1 048	1 032	2 160	1 089	1 071
25-29	1 686	850	836	1 909	963	947	1 981	998	984	2 064	1 039	1 025
30-34	1 467	743	724	1 667	840	827	1 890	952	938	1 964	988	976
35-39	1 263	640	623	1 447	732	714	1 646	829	817	1 870	941	929
40-44	1 069	541	527	1 241	628	613	1 425	720	705	1 624	816	808
45-49	885	446	439	1 044	527	517	1 215	613	602	1 398	705	694
50-54	717	359	359	857	430	427	1 013	509	504	1 182	593	589
55-59	565	279	286	683	339	344	818	407	411	971	484	487
60-64	430	209	221	523	255	268	635	311	324	765	375	389
65-69	319	153	166	379	182	197	464	223	241	567	273	294
70-74	224	105	119	257	121	136	310	145	164	383	180	203
75-79	134	61	73	155	71	84	182	83	99	223	101	121
80+	…	…	…	…	…	…	…	…	…	…	…	…
80-84	61	27	34	72	32	40	86	38	48	104	46	58
85-89	15	7	9	22	9	13	27	12	16	34	15	20
90-94	3	1	2	3	1	2	5	2	3	7	3	4
95-99	0	0	0	0	0	0	0	0	0	1	0	0
100+	0	0	0	0	0	0	0	0	0	0	0	0

年齢	2055			2060		
	総数	男	女	総数	男	女
総数	26 457	13 267	13 190	28 010	14 031	13 978
0-4	2 396	1 213	1 183	2 358	1 194	1 164
5-9	2 409	1 220	1 189	2 384	1 207	1 177
10-14	2 398	1 215	1 184	2 402	1 217	1 185
15-19	2 356	1 192	1 164	2 391	1 211	1 181
20-24	2 271	1 146	1 124	2 345	1 185	1 160
25-29	2 145	1 080	1 065	2 257	1 138	1 119
30-34	2 048	1 030	1 018	2 130	1 071	1 059
35-39	1 946	977	968	2 031	1 019	1 012
40-44	1 847	928	919	1 924	965	960
45-49	1 597	800	797	1 819	911	908
50-54	1 364	684	680	1 561	778	782
55-59	1 137	566	571	1 316	655	661
60-64	913	449	463	1 074	529	545
65-69	689	333	356	830	403	427
70-74	476	224	251	586	278	308
75-79	282	129	153	358	165	193
80+	…	…	…	…	…	…
80-84	132	58	74	173	77	96
85-89	43	18	25	58	25	33
90-94	9	4	5	12	5	7
95-99	1	0	1	1	1	1
100+	0	0	0	0	0	0

Guinea-Bissau

性・年齢別人口（千人）

年齢	1960			1965			1970			1975		
	総数	男	女	総数	男	女	総数	男	女	総数	男	女
総数	616	304	312	653	322	331	712	351	361	778	384	395
0-4	98	49	49	102	51	51	113	57	57	129	65	64
5-9	84	42	42	85	42	43	91	45	46	101	50	51
10-14	67	33	33	78	39	40	81	40	41	87	43	44
15-19	59	29	29	63	31	31	76	37	38	78	38	39
20-24	48	24	24	54	27	27	59	30	30	72	35	36
25-29	43	21	21	44	22	22	51	26	26	56	28	28
30-34	41	20	20	39	20	20	41	21	21	48	24	24
35-39	39	19	20	37	18	19	37	18	19	39	19	19
40-44	35	17	18	36	18	18	35	17	18	34	17	17
45-49	31	15	16	32	16	16	33	16	17	32	16	16
50-54	24	12	13	28	13	14	29	14	15	30	15	16
55-59	17	8	9	21	10	11	25	12	13	26	12	14
60-64	13	6	7	14	6	7	18	8	10	21	10	11
65-69	8	4	5	10	5	5	11	5	6	14	6	8
70-74	5	2	3	6	2	3	7	3	4	7	3	4
75-79	3	1	2	3	1	2	3	1	2	4	2	2
80+	1	1	1	1	1	1	1	1	1	2	1	1
80-84	…	…	…	…	…	…	…	…	…	…	…	…
85-89	…	…	…	…	…	…	…	…	…	…	…	…
90-94	…	…	…	…	…	…	…	…	…	…	…	…
95-99	…	…	…	…	…	…	…	…	…	…	…	…
100+	…	…	…	…	…	…	…	…	…	…	…	…

年齢	1980			1985			1990			1995		
	総数	男	女	総数	男	女	総数	男	女	総数	男	女
総数	850	420	430	945	466	479	1 056	521	535	1 181	583	598
0-4	147	74	73	173	87	87	190	95	95	207	103	103
5-9	114	57	57	131	65	66	156	78	79	173	86	87
10-14	95	47	48	108	54	54	125	62	63	150	74	75
15-19	82	41	41	90	45	45	103	51	52	120	60	60
20-24	73	36	37	77	38	39	85	42	43	98	49	49
25-29	67	33	34	68	33	34	73	36	37	81	40	41
30-34	52	26	26	62	31	32	64	31	32	69	34	35
35-39	45	22	22	48	24	24	59	29	30	60	30	31
40-44	35	18	18	41	21	21	45	22	23	55	27	28
45-49	32	16	16	33	16	17	38	19	20	42	21	21
50-54	29	14	15	29	14	15	30	14	15	35	17	18
55-59	27	13	14	26	12	13	26	12	13	27	13	14
60-64	22	10	12	23	11	12	22	10	12	22	10	12
65-69	16	7	9	17	8	9	18	8	10	18	8	10
70-74	10	4	5	12	5	6	13	6	7	13	6	7
75-79	4	2	2	6	2	3	7	3	4	8	3	4
80+	2	1	1	2	1	1	…	…	…	…	…	…
80-84	…	…	…	…	…	…	2	1	1	3	1	2
85-89	…	…	…	…	…	…	0	0	0	1	0	0
90-94	…	…	…	…	…	…	0	0	0	0	0	0
95-99	…	…	…	…	…	…	0	0	0	0	0	0
100+	…	…	…	…	…	…	0	0	0	0	0	0

年齢	2000			2005			2010			2015		
	総数	男	女	総数	男	女	総数	男	女	総数	男	女
総数	1 315	650	665	1 463	725	737	1 634	811	823	1 844	916	929
0-4	220	110	110	237	119	118	260	131	130	289	145	144
5-9	189	94	95	203	101	102	221	110	111	247	123	124
10-14	166	83	83	182	91	91	197	98	98	217	108	109
15-19	144	72	72	160	80	80	177	88	88	193	97	96
20-24	114	57	57	138	69	69	154	77	77	173	86	86
25-29	93	46	47	109	54	55	132	66	66	150	75	75
30-34	77	38	39	89	44	44	104	52	52	129	64	65
35-39	65	32	33	73	36	37	85	42	43	101	50	51
40-44	57	28	29	61	30	31	69	34	35	82	41	41
45-49	52	25	27	53	26	27	58	28	30	66	33	34
50-54	39	19	20	48	23	25	50	24	26	55	27	28
55-59	32	15	17	35	17	18	44	21	23	46	22	24
60-64	23	11	12	28	13	15	31	15	16	39	19	21
65-69	18	8	10	19	9	10	23	11	12	26	12	14
70-74	13	6	7	13	6	7	14	7	8	18	8	10
75-79	8	4	5	8	4	5	8	4	5	9	4	5
80+	…	…	…	…	…	…	…	…	…	…	…	…
80-84	3	1	2	4	2	2	4	2	2	4	2	2
85-89	1	0	1	1	0	1	1	0	1	1	0	1
90-94	0	0	0	0	0	0	0	0	0	0	0	0
95-99	0	0	0	0	0	0	0	0	0	0	0	0
100+	0	0	0	0	0	0	0	0	0	0	0	0

性・年齢別人口（千人）

年齢	2015			2020			2025			2030		
	総数	男	女	総数	男	女	総数	男	女	総数	男	女
総数	1 844	916	929	2 068	1 027	1 042	2 301	1 142	1 159	2 541	1 261	1 280
0-4	289	145	144	308	155	154	323	162	161	337	169	168
5-9	247	123	124	275	137	138	295	147	148	310	155	155
10-14	217	108	109	242	121	121	271	135	136	291	145	145
15-19	193	97	96	213	107	107	239	119	119	267	133	134
20-24	173	86	86	189	94	94	209	104	105	234	117	117
25-29	150	75	75	168	84	84	184	92	92	204	102	102
30-34	129	64	65	146	73	73	164	82	82	180	89	90
35-39	101	50	51	125	62	63	142	70	71	159	79	80
40-44	82	41	41	98	48	49	121	60	61	137	68	69
45-49	66	33	34	78	39	40	94	46	47	116	57	59
50-54	55	27	28	63	31	32	75	37	38	89	44	46
55-59	46	22	24	51	25	27	59	28	30	70	34	36
60-64	39	19	21	42	20	22	46	22	24	53	25	28
65-69	26	12	14	33	15	18	35	16	19	40	18	21
70-74	18	8	10	20	9	11	26	12	14	28	13	15
75-79	9	4	5	11	5	6	13	6	7	17	8	9
80+	…	…	…	…	…	…	…	…	…	…	…	…
80-84	4	2	2	4	2	2	6	2	3	6	3	4
85-89	1	0	1	1	1	1	1	1	1	2	1	1
90-94	0	0	0	0	0	0	0	0	0	0	0	0
95-99	0	0	0	0	0	0	0	0	0	0	0	0
100+	0	0	0	0	0	0	0	0	0	0	0	0

年齢	2035			2040			2045			2050		
	総数	男	女	総数	男	女	総数	男	女	総数	男	女
総数	2 789	1 384	1 405	3 045	1 510	1 535	3 305	1 638	1 667	3 564	1 766	1 798
0-4	352	177	175	367	184	183	381	191	189	390	196	194
5-9	325	162	162	341	170	170	356	178	178	371	186	185
10-14	306	153	153	321	160	160	337	168	168	353	176	176
15-19	287	143	144	303	151	151	317	159	159	333	167	167
20-24	262	131	131	282	141	141	298	149	149	313	156	157
25-29	229	114	115	257	128	129	277	138	139	293	146	147
30-34	200	99	100	225	112	113	252	125	127	273	136	137
35-39	175	87	88	195	97	98	220	109	111	248	123	125
40-44	155	77	78	171	85	86	190	94	96	215	106	108
45-49	133	65	67	150	74	76	166	82	84	185	91	94
50-54	111	55	57	127	62	65	144	71	73	159	78	81
55-59	84	41	43	105	51	54	120	58	62	136	66	70
60-64	64	30	33	77	37	40	96	46	50	110	53	58
65-69	46	22	24	55	26	29	67	32	35	84	40	44
70-74	31	14	17	36	17	20	44	20	24	53	25	29
75-79	18	8	10	21	9	12	25	11	14	30	13	17
80+	…	…	…	…	…	…	…	…	…	…	…	…
80-84	9	4	5	9	4	5	11	5	6	13	6	7
85-89	2	1	1	3	1	2	3	1	2	4	2	2
90-94	0	0	0	0	0	0	1	0	0	1	0	0
95-99	0	0	0	0	0	0	0	0	0	0	0	0
100+	0	0	0	0	0	0	0	0	0	0	0	0

年齢	2055			2060		
	総数	男	女	総数	男	女
総数	3 817	1 890	1 927	4 061	2 009	2 052
0-4	396	199	197	401	202	199
5-9	381	191	190	388	194	193
10-14	367	184	183	378	189	189
15-19	350	175	175	364	182	182
20-24	329	164	165	346	173	173
25-29	308	154	155	325	162	163
30-34	289	144	145	304	151	153
35-39	268	133	135	284	141	143
40-44	242	120	122	262	130	132
45-49	209	103	106	236	116	120
50-54	178	87	91	202	99	103
55-59	151	73	78	169	82	87
60-64	126	60	65	140	67	73
65-69	97	46	51	111	52	58
70-74	68	31	36	78	36	42
75-79	37	16	20	47	21	26
80+	…	…	…	…	…	…
80-84	16	7	9	20	9	11
85-89	5	2	3	6	2	4
90-94	1	0	1	1	0	1
95-99	0	0	0	0	0	0
100+	0	0	0	0	0	0

性・年齢別人口（千人）

年齢	2015			2020			2025			2030		
	総数	男	女	総数	男	女	総数	男	女	総数	男	女
総数	1 844	916	929	2 085	1 035	1 050	2 348	1 166	1 183	2 630	1 305	1 324
0-4	289	145	144	325	163	162	354	177	176	380	191	189
5-9	247	123	124	275	137	138	311	156	156	340	170	170
10-14	217	108	109	242	121	121	271	135	136	307	153	154
15-19	193	97	96	213	107	107	239	119	119	267	133	134
20-24	173	86	86	189	94	94	209	104	105	234	117	117
25-29	150	75	75	168	84	84	184	92	92	204	102	102
30-34	129	64	65	146	73	73	164	82	82	180	89	90
35-39	101	50	51	125	62	63	142	70	71	159	79	80
40-44	82	41	41	98	48	49	121	60	61	137	68	69
45-49	66	33	34	78	39	40	94	46	47	116	57	59
50-54	55	27	28	63	31	32	75	37	38	89	44	46
55-59	46	22	24	51	25	27	59	28	30	70	34	36
60-64	39	19	21	42	20	22	46	22	24	53	25	28
65-69	26	12	14	33	15	18	35	16	19	40	18	21
70-74	18	8	10	20	9	11	26	12	14	28	13	15
75-79	9	4	5	11	5	6	13	6	7	17	8	9
80+	…	…	…	…	…	…	…	…	…	…	…	…
80-84	4	2	2	4	2	2	6	2	3	6	3	4
85-89	1	0	1	1	1	1	1	1	1	2	1	1
90-94	0	0	0	0	0	0	0	0	0	0	0	0
95-99	0	0	0	0	0	0	0	0	0	0	0	0
100+	0	0	0	0	0	0	0	0	0	0	0	0

年齢	2035			2040			2045			2050		
	総数	男	女	総数	男	女	総数	男	女	総数	男	女
総数	2 926	1 452	1 474	3 240	1 608	1 632	3 574	1 773	1 801	3 926	1 947	1 979
0-4	402	202	200	427	215	213	457	230	227	486	245	242
5-9	367	183	183	389	195	194	415	208	207	446	223	222
10-14	336	168	168	362	181	181	385	192	192	411	206	205
15-19	303	151	152	332	166	166	359	179	179	381	191	191
20-24	262	131	131	298	149	149	327	163	164	354	177	177
25-29	229	114	115	257	128	129	293	146	147	322	160	161
30-34	200	99	100	225	112	113	252	125	127	288	143	145
35-39	175	87	88	195	97	98	220	109	111	248	123	125
40-44	155	77	78	171	85	86	190	94	96	215	106	108
45-49	133	65	67	150	74	76	166	82	84	185	91	94
50-54	111	55	57	127	62	65	144	71	73	159	78	81
55-59	84	41	43	105	51	54	120	58	62	136	66	70
60-64	64	30	33	77	37	40	96	46	50	110	53	58
65-69	46	22	24	55	26	29	67	32	35	84	40	44
70-74	31	14	17	36	17	20	44	20	24	53	25	29
75-79	18	8	10	21	9	12	25	11	14	30	13	17
80+	…	…	…	…	…	…	…	…	…	…	…	…
80-84	9	4	5	9	4	5	11	5	6	13	6	7
85-89	2	1	1	3	1	2	3	1	2	4	2	2
90-94	0	0	0	0	0	0	1	0	0	1	0	0
95-99	0	0	0	0	0	0	0	0	0	0	0	0
100+	0	0	0	0	0	0	0	0	0	0	0	0

年齢	2055			2060		
	総数	男	女	総数	男	女
総数	4 291	2 127	2 164	4 665	2 311	2 353
0-4	513	258	255	536	270	266
5-9	475	238	237	502	252	250
10-14	442	221	221	472	236	235
15-19	408	204	204	438	219	219
20-24	377	188	189	403	201	202
25-29	349	174	175	372	185	186
30-34	317	157	159	344	171	173
35-39	283	141	142	311	155	157
40-44	242	120	122	277	137	140
45-49	209	103	106	236	116	120
50-54	178	87	91	202	99	103
55-59	151	73	78	169	82	87
60-64	126	60	65	140	67	73
65-69	97	46	51	111	52	58
70-74	68	31	36	78	36	42
75-79	37	16	20	47	21	26
80+	…	…	…	…	…	…
80-84	16	7	9	20	9	11
85-89	5	2	3	6	2	4
90-94	1	0	1	1	0	1
95-99	0	0	0	0	0	0
100+	0	0	0	0	0	0

性・年齢別人口（千人）

年齢	2015			2020			2025			2030		
	総数	男	女	総数	男	女	総数	男	女	総数	男	女
総数	1 844	916	929	2 051	1 018	1 033	2 254	1 118	1 136	2 451	1 216	1 235
0-4	289	145	144	291	146	145	292	147	146	293	147	146
5-9	247	123	124	275	137	138	279	139	140	281	140	140
10-14	217	108	109	242	121	121	271	135	136	275	137	137
15-19	193	97	96	213	107	107	239	119	119	267	133	134
20-24	173	86	86	189	94	94	209	104	105	234	117	117
25-29	150	75	75	168	84	84	184	92	92	204	102	102
30-34	129	64	65	146	73	73	164	82	82	180	89	90
35-39	101	50	51	125	62	63	142	70	71	159	79	80
40-44	82	41	41	98	48	49	121	60	61	137	68	69
45-49	66	33	34	78	39	40	94	46	47	116	57	59
50-54	55	27	28	63	31	32	75	37	38	89	44	46
55-59	46	22	24	51	25	27	59	28	30	70	34	36
60-64	39	19	21	42	20	22	46	22	24	53	25	28
65-69	26	12	14	33	15	18	35	16	19	40	18	21
70-74	18	8	10	20	9	11	26	12	14	28	13	15
75-79	9	4	5	11	5	6	13	6	7	17	8	9
80+	…	…	…	…	…	…	…	…	…	…	…	…
80-84	4	2	2	4	2	2	6	2	3	6	3	4
85-89	1	0	1	1	1	1	1	1	1	2	1	1
90-94	0	0	0	0	0	0	0	0	0	0	0	0
95-99	0	0	0	0	0	0	0	0	0	0	0	0
100+	0	0	0	0	0	0	0	0	0	0	0	0

年齢	2035			2040			2045			2050		
	総数	男	女	総数	男	女	総数	男	女	総数	男	女
総数	2 652	1 315	1 337	2 851	1 413	1 438	3 042	1 507	1 535	3 217	1 592	1 625
0-4	302	152	151	308	155	153	309	155	154	303	152	150
5-9	283	141	141	293	146	146	299	150	149	300	150	150
10-14	277	138	138	279	140	140	289	145	144	296	148	148
15-19	271	135	136	273	137	137	276	138	138	286	143	143
20-24	262	131	131	267	133	134	269	134	135	272	136	136
25-29	229	114	115	257	128	129	262	131	131	265	132	133
30-34	200	99	100	225	112	113	252	125	127	257	128	129
35-39	175	87	88	195	97	98	220	109	111	248	123	125
40-44	155	77	78	171	85	86	190	94	96	215	106	108
45-49	133	65	67	150	74	76	166	82	84	185	91	94
50-54	111	55	57	127	62	65	144	71	73	159	78	81
55-59	84	41	43	105	51	54	120	58	62	136	66	70
60-64	64	30	33	77	37	40	96	46	50	110	53	58
65-69	46	22	24	55	26	29	67	32	35	84	40	44
70-74	31	14	17	36	17	20	44	20	24	53	25	29
75-79	18	8	10	21	9	12	25	11	14	30	13	17
80+	…	…	…	…	…	…	…	…	…	…	…	…
80-84	9	4	5	9	4	5	11	5	6	13	6	7
85-89	2	1	1	3	1	2	3	1	2	4	2	2
90-94	0	0	0	0	0	0	1	0	0	1	0	0
95-99	0	0	0	0	0	0	0	0	0	0	0	0
100+	0	0	0	0	0	0	0	0	0	0	0	0

年齢	2055			2060		
	総数	男	女	総数	男	女
総数	3 372	1 667	1 705	3 505	1 731	1 774
0-4	293	148	146	285	143	142
5-9	295	148	147	287	144	143
10-14	297	149	149	293	147	146
15-19	293	147	147	295	148	147
20-24	282	141	141	290	145	145
25-29	268	133	134	278	139	140
30-34	260	130	131	264	131	133
35-39	253	126	127	256	127	129
40-44	242	120	122	248	123	125
45-49	209	103	106	236	116	120
50-54	178	87	91	202	99	103
55-59	151	73	78	169	82	87
60-64	126	60	65	140	67	73
65-69	97	46	51	111	52	58
70-74	68	31	36	78	36	42
75-79	37	16	20	47	21	26
80+	…	…	…	…	…	…
80-84	16	7	9	20	9	11
85-89	5	2	3	6	2	4
90-94	1	0	1	1	0	1
95-99	0	0	0	0	0	0
100+	0	0	0	0	0	0

性・年齢別人口（千人）

年齢	1960			1965			1970			1975		
	総数	男	女	総数	男	女	総数	男	女	総数	男	女
総数	564	281	283	650	324	326	696	346	350	740	371	369
0-4	98	49	49	119	60	59	110	56	54	123	64	58
5-9	91	46	45	105	53	52	116	58	58	107	54	53
10-14	71	36	35	86	43	43	100	50	50	101	51	50
15-19	52	26	26	66	33	33	78	39	39	87	43	44
20-24	42	21	22	50	25	25	57	28	29	66	32	34
25-29	36	18	19	38	19	20	40	20	21	49	24	25
30-34	33	16	16	33	17	17	34	16	17	39	19	20
35-39	29	15	15	31	15	15	32	16	16	33	16	17
40-44	24	12	12	26	13	13	28	14	14	29	14	14
45-49	23	12	11	24	12	12	25	13	12	25	13	13
50-54	18	10	9	19	10	9	20	10	10	22	11	11
55-59	15	8	7	17	9	8	18	10	9	18	9	9
60-64	11	6	6	12	6	6	13	7	6	13	7	6
65-69	8	4	4	10	5	5	11	5	6	12	6	6
70-74	5	2	3	6	3	3	7	3	3	7	3	4
75-79	3	1	2	4	1	2	4	1	2	4	2	2
80+	3	1	2	3	1	2	3	1	2	3	1	2
80-84	…	…	…	…	…	…	…	…	…	…	…	…
85-89	…	…	…	…	…	…	…	…	…	…	…	…
90-94	…	…	…	…	…	…	…	…	…	…	…	…
95-99	…	…	…	…	…	…	…	…	…	…	…	…
100+	…	…	…	…	…	…	…	…	…	…	…	…

年齢	1980			1985			1990			1995		
	総数	男	女	総数	男	女	総数	男	女	総数	男	女
総数	787	389	398	765	377	388	720	352	368	727	357	369
0-4	122	61	61	103	51	51	87	43	44	85	41	44
5-9	112	55	57	96	48	48	78	38	41	84	44	40
10-14	104	52	53	102	50	52	87	43	44	85	41	45
15-19	95	47	48	90	43	46	81	40	41	80	37	43
20-24	77	38	39	76	37	39	75	37	38	72	34	38
25-29	57	28	29	63	31	32	66	33	33	64	31	33
30-34	45	22	23	50	25	26	57	28	29	54	28	27
35-39	35	17	18	40	20	20	44	21	23	46	24	22
40-44	29	14	15	33	16	16	36	18	18	37	20	18
45-49	26	13	13	27	13	13	26	13	14	29	16	14
50-54	23	12	12	22	11	11	21	10	11	23	12	11
55-59	18	9	9	18	9	9	17	8	9	18	9	9
60-64	14	7	7	13	7	7	13	7	7	14	7	7
65-69	13	6	6	12	6	6	13	6	7	13	6	7
70-74	7	4	4	7	4	4	7	4	4	10	4	5
75-79	5	2	3	7	3	4	3	1	2	9	4	6
80+	4	2	2	5	2	3	…	…	…	…	…	…
80-84	…	…	…	…	…	…	5	2	3	1	0	0
85-89	…	…	…	…	…	…	1	1	1	2	1	1
90-94	…	…	…	…	…	…	0	0	0	0	0	0
95-99	…	…	…	…	…	…	0	0	0	0	0	0
100+	…	…	…	…	…	…	0	0	0	0	0	0

年齢	2000			2005			2010			2015		
	総数	男	女	総数	男	女	総数	男	女	総数	男	女
総数	742	371	371	742	367	375	753	376	377	767	385	382
0-4	97	49	48	84	43	42	65	33	32	67	34	33
5-9	94	46	48	99	51	48	91	45	45	64	33	32
10-14	75	39	36	91	44	47	99	49	50	90	45	45
15-19	67	34	34	59	29	30	78	39	39	95	48	47
20-24	70	35	35	53	26	28	48	26	22	72	36	36
25-29	66	34	32	51	24	28	44	23	21	42	24	19
30-34	61	31	30	53	26	27	46	22	24	40	21	18
35-39	52	26	26	56	30	26	51	25	26	42	20	22
40-44	44	21	22	52	27	25	57	29	28	49	24	25
45-49	31	15	16	43	22	21	51	26	25	54	28	26
50-54	25	12	12	32	16	16	42	21	22	48	24	24
55-59	15	7	8	23	11	12	28	13	15	39	19	20
60-64	15	7	8	14	7	8	20	10	11	25	12	13
65-69	10	5	5	13	6	7	13	6	7	17	8	9
70-74	9	4	5	7	3	3	10	5	5	10	4	6
75-79	6	3	3	6	3	3	5	2	2	7	3	4
80+	…	…	…	…	…	…	…	…	…	…	…	…
80-84	5	2	3	3	1	2	3	1	2	3	1	1
85-89	0	0	0	2	1	1	1	1	1	1	1	1
90-94	0	0	0	0	0	0	0	0	0	0	0	0
95-99	0	0	0	0	0	0	0	0	0	0	0	0
100+	0	0	0	0	0	0	0	0	0	0	0	0

性・年齢別人口（千人）

年齢	2015 総数	男	女	2020 総数	男	女	2025 総数	男	女	2030 総数	男	女
総数	767	385	382	787	397	389	807	409	398	821	417	404
0-4	67	34	33	73	38	36	75	38	37	71	36	35
5-9	64	33	32	66	34	32	72	37	35	74	38	36
10-14	90	45	45	63	32	31	65	33	32	71	37	35
15-19	95	48	47	86	43	43	61	31	30	63	32	30
20-24	72	36	36	90	45	44	81	41	40	56	29	27
25-29	42	24	19	67	34	33	85	43	41	77	39	38
30-34	40	21	18	38	22	17	63	32	31	81	41	40
35-39	42	20	22	37	20	17	36	21	15	61	31	29
40-44	49	24	25	40	19	21	35	19	16	34	20	14
45-49	54	28	26	46	23	24	38	18	20	33	18	15
50-54	48	24	24	51	26	25	44	21	23	36	17	19
55-59	39	19	20	45	22	22	48	24	24	41	20	22
60-64	25	12	13	36	17	19	41	20	21	44	22	22
65-69	17	8	9	22	10	12	31	14	16	35	17	18
70-74	10	4	6	14	6	7	17	8	9	24	11	13
75-79	7	3	4	7	3	4	9	4	5	12	5	7
80+	…	…	…	…	…	…	…	…	…	…	…	…
80-84	3	1	1	4	2	2	4	1	2	5	2	3
85-89	1	1	1	1	0	1	2	1	1	2	1	1
90-94	0	0	0	0	0	0	0	0	0	0	0	0
95-99	0	0	0	0	0	0	0	0	0	0	0	0
100+	0	0	0	0	0	0	0	0	0	0	0	0

年齢	2035 総数	男	女	2040 総数	男	女	2045 総数	男	女	2050 総数	男	女
総数	826	420	407	824	418	406	816	414	402	806	409	397
0-4	65	33	32	60	31	30	57	29	28	55	28	27
5-9	70	36	34	64	33	31	60	30	29	56	29	28
10-14	73	37	36	69	35	34	64	32	31	59	30	29
15-19	69	35	34	71	36	35	67	34	33	61	31	30
20-24	58	30	28	65	33	31	67	34	32	63	32	30
25-29	52	27	25	54	28	26	61	31	29	63	32	30
30-34	73	37	36	49	26	23	51	27	24	57	30	27
35-39	78	40	38	71	36	35	46	24	22	49	26	23
40-44	58	30	29	76	39	37	69	35	34	45	23	21
45-49	32	19	14	56	29	28	73	37	36	66	34	33
50-54	32	17	15	31	18	13	54	27	27	71	35	35
55-59	34	16	18	30	16	14	29	17	12	51	25	26
60-64	38	18	20	31	14	17	27	14	13	26	15	12
65-69	38	18	19	33	15	18	27	12	15	24	12	11
70-74	28	13	15	31	14	16	27	12	15	22	10	13
75-79	17	8	10	20	9	11	22	10	12	19	8	11
80+	…	…	…	…	…	…	…	…	…	…	…	…
80-84	7	3	4	10	4	6	12	5	7	13	6	7
85-89	2	1	1	3	1	2	4	2	3	5	2	3
90-94	0	0	0	1	0	0	1	0	1	1	0	1
95-99	0	0	0	0	0	0	0	0	0	0	0	0
100+	0	0	0	0	0	0	0	0	0	0	0	0

年齢	2055 総数	男	女	2060 総数	男	女
総数	796	404	392	783	397	386
0-4	53	27	26	50	25	24
5-9	54	28	27	52	27	25
10-14	56	28	27	54	28	26
15-19	57	29	28	54	28	26
20-24	57	29	28	53	27	26
25-29	59	30	28	54	28	26
30-34	59	31	29	56	29	27
35-39	55	29	26	57	30	28
40-44	47	25	22	53	28	26
45-49	43	22	21	45	24	22
50-54	64	32	32	41	21	20
55-59	67	33	34	61	30	31
60-64	47	23	24	62	30	32
65-69	23	13	10	42	20	22
70-74	19	10	10	19	10	9
75-79	16	7	9	14	7	7
80+	…	…	…	…	…	…
80-84	12	5	7	10	4	6
85-89	6	2	3	5	2	3
90-94	1	1	1	2	1	1
95-99	0	0	0	0	0	0
100+	0	0	0	0	0	0

性・年齢別人口（千人）

年齢	2015 総数	男	女	2020 総数	男	女	2025 総数	男	女	2030 総数	男	女
総数	767	385	382	794	401	393	828	420	408	857	435	422
0-4	67	34	33	81	41	39	88	45	43	87	44	43
5-9	64	33	32	66	34	32	80	41	39	87	44	43
10-14	90	45	45	63	32	31	65	33	32	79	40	39
15-19	95	48	47	86	43	43	61	31	30	63	32	30
20-24	72	36	36	90	45	44	81	41	40	56	29	27
25-29	42	24	19	67	34	33	85	43	41	77	39	38
30-34	40	21	18	38	22	17	63	32	31	81	41	40
35-39	42	20	22	37	20	17	36	21	15	61	31	29
40-44	49	24	25	40	19	21	35	19	16	34	20	14
45-49	54	28	26	46	23	24	38	18	20	33	18	15
50-54	48	24	24	51	26	25	44	21	23	36	17	19
55-59	39	19	20	45	22	22	48	24	24	41	20	22
60-64	25	12	13	36	17	19	41	20	21	44	22	22
65-69	17	8	9	22	10	12	31	14	16	35	17	18
70-74	10	4	6	14	6	7	17	8	9	24	11	13
75-79	7	3	4	7	3	4	9	4	5	12	5	7
80+	...	...	...	...	...	...	...	...	...	...	...	...
80-84	3	1	1	4	2	2	4	1	2	5	2	3
85-89	1	1	1	1	0	1	2	1	1	2	1	1
90-94	0	0	0	0	0	0	0	0	0	0	0	0
95-99	0	0	0	0	0	0	0	0	0	0	0	0
100+	0	0	0	0	0	0	0	0	0	0	0	0

年齢	2035 総数	男	女	2040 総数	男	女	2045 総数	男	女	2050 総数	男	女
総数	878	446	432	893	454	440	907	460	447	922	468	454
0-4	81	41	40	78	40	38	79	40	38	80	41	39
5-9	86	44	42	80	41	39	77	39	38	78	40	38
10-14	86	44	42	85	43	42	79	40	39	77	39	38
15-19	76	39	37	84	43	41	83	42	40	77	39	38
20-24	58	30	28	72	37	35	79	41	39	78	40	38
25-29	52	27	25	54	28	26	68	35	33	75	39	36
30-34	73	37	36	49	26	23	51	27	24	65	34	31
35-39	78	40	38	71	36	35	46	24	22	49	26	23
40-44	58	30	29	76	39	37	69	35	34	45	23	21
45-49	32	19	14	56	29	28	73	37	36	66	34	33
50-54	32	17	15	31	18	13	54	27	27	71	35	35
55-59	34	16	18	30	16	14	29	17	12	51	25	26
60-64	38	18	20	31	14	17	27	14	13	26	15	12
65-69	38	18	19	33	15	18	27	12	15	24	12	11
70-74	28	13	15	31	14	16	27	12	15	22	10	13
75-79	17	8	10	20	9	11	22	10	12	19	8	11
80+	...	...	...	...	...	...	...	...	...	...	...	...
80-84	7	3	4	10	4	6	12	5	7	13	6	7
85-89	2	1	1	3	1	2	4	2	3	5	2	3
90-94	0	0	0	1	0	0	1	0	1	1	0	1
95-99	0	0	0	0	0	0	0	0	0	0	0	0
100+	0	0	0	0	0	0	0	0	0	0	0	0

年齢	2055 総数	男	女	2060 総数	男	女
総数	939	476	462	956	484	472
0-4	81	41	40	80	41	39
5-9	80	41	39	80	41	39
10-14	77	39	38	79	40	39
15-19	74	38	36	75	38	37
20-24	73	37	35	70	36	34
25-29	74	38	36	69	36	33
30-34	72	37	35	71	37	35
35-39	62	32	30	70	36	34
40-44	47	25	22	60	31	29
45-49	43	22	21	45	24	22
50-54	64	32	32	41	21	20
55-59	67	33	34	61	30	31
60-64	47	23	24	62	30	32
65-69	23	13	10	42	20	22
70-74	19	10	10	19	10	9
75-79	16	7	9	14	7	7
80+	...	...	...	...	...	...
80-84	12	5	7	10	4	6
85-89	6	2	3	5	2	3
90-94	1	1	1	2	1	1
95-99	0	0	0	0	0	0
100+	0	0	0	0	0	0

性・年齢別人口（千人）

年齢	2015			2020			2025			2030		
	総数	男	女	総数	男	女	総数	男	女	総数	男	女
総数	767	385	382	779	394	386	787	399	388	785	398	386
0-4	67	34	33	66	34	32	62	32	30	55	28	27
5-9	64	33	32	66	34	32	65	33	32	61	31	30
10-14	90	45	45	63	32	31	65	33	32	64	33	31
15-19	95	48	47	86	43	43	61	31	30	63	32	30
20-24	72	36	36	90	45	44	81	41	40	56	29	27
25-29	42	24	19	67	34	33	85	43	41	77	39	38
30-34	40	21	18	38	22	17	63	32	31	81	41	40
35-39	42	20	22	37	20	17	36	21	15	61	31	29
40-44	49	24	25	40	19	21	35	19	16	34	20	14
45-49	54	28	26	46	23	24	38	18	20	33	18	15
50-54	48	24	24	51	26	25	44	21	23	36	17	19
55-59	39	19	20	45	22	22	48	24	24	41	20	22
60-64	25	12	13	36	17	19	41	20	21	44	22	22
65-69	17	8	9	22	10	12	31	14	16	35	17	18
70-74	10	4	6	14	6	7	17	8	9	24	11	13
75-79	7	3	4	7	3	4	9	4	5	12	5	7
80+	…	…	…	…	…	…	…	…	…	…	…	…
80-84	3	1	1	4	2	2	4	1	2	5	2	3
85-89	1	1	1	1	0	1	2	1	1	2	1	1
90-94	0	0	0	0	0	0	0	0	0	0	0	0
95-99	0	0	0	0	0	0	0	0	0	0	0	0
100+	0	0	0	0	0	0	0	0	0	0	0	0

年齢	2035			2040			2045			2050		
	総数	男	女	総数	男	女	総数	男	女	総数	男	女
総数	775	393	381	756	384	372	730	371	359	700	355	344
0-4	49	25	24	44	22	21	39	20	19	35	18	17
5-9	54	28	27	49	25	24	43	22	21	38	19	19
10-14	61	31	30	54	27	26	48	25	24	42	22	21
15-19	62	32	30	58	30	28	51	26	25	46	23	22
20-24	58	30	28	57	30	28	54	28	26	47	24	23
25-29	52	27	25	54	28	26	53	28	25	50	26	24
30-34	73	37	36	49	26	23	51	27	24	50	26	24
35-39	78	40	38	71	36	35	46	24	22	49	26	23
40-44	58	30	29	76	39	37	69	35	34	45	23	21
45-49	32	19	14	56	29	28	73	37	36	66	34	33
50-54	32	17	15	31	18	13	54	27	27	71	35	35
55-59	34	16	18	30	16	14	29	17	12	51	25	26
60-64	38	18	20	31	14	17	27	14	13	26	15	12
65-69	38	18	19	33	15	18	27	12	15	24	12	11
70-74	28	13	15	31	14	16	27	12	15	22	10	13
75-79	17	8	10	20	9	11	22	10	12	19	8	11
80+	…	…	…	…	…	…	…	…	…	…	…	…
80-84	7	3	4	10	4	6	12	5	7	13	6	7
85-89	2	1	1	3	1	2	4	2	3	5	2	3
90-94	0	0	0	1	0	0	1	0	1	1	0	1
95-99	0	0	0	0	0	0	0	0	0	0	0	0
100+	0	0	0	0	0	0	0	0	0	0	0	0

年齢	2055			2060		
	総数	男	女	総数	男	女
総数	667	339	329	633	321	312
0-4	30	16	15	27	14	13
5-9	34	17	17	30	15	15
10-14	37	19	18	33	17	16
15-19	40	21	20	35	18	17
20-24	42	22	20	37	19	17
25-29	43	23	21	38	20	18
30-34	47	25	22	41	21	19
35-39	48	25	23	45	24	21
40-44	47	25	22	46	24	22
45-49	43	22	21	45	24	22
50-54	64	32	32	41	21	20
55-59	67	33	34	61	30	31
60-64	47	23	24	62	30	32
65-69	23	13	10	42	20	22
70-74	19	10	10	19	10	9
75-79	16	7	9	14	7	7
80+	…	…	…	…	…	…
80-84	12	5	7	10	4	6
85-89	6	2	3	5	2	3
90-94	1	1	1	2	1	1
95-99	0	0	0	0	0	0
100+	0	0	0	0	0	0

Haiti

性・年齢別人口（千人）

年齢	1960 総数	男	女	1965 総数	男	女	1970 総数	男	女	1975 総数	男	女
総数	3 866	1 897	1 969	4 271	2 101	2 170	4 709	2 318	2 391	5 140	2 527	2 613
0-4	631	318	313	704	356	349	750	379	371	784	397	387
5-9	514	258	256	581	292	289	657	330	327	700	353	348
10-14	412	206	207	499	249	249	565	283	282	638	319	319
15-19	390	194	196	396	196	200	481	239	242	544	270	274
20-24	343	169	175	369	181	187	374	183	191	454	222	232
25-29	285	139	146	321	156	166	345	167	177	347	167	180
30-34	241	116	125	267	129	137	301	145	156	323	156	166
35-39	213	102	111	224	108	116	251	121	130	282	135	147
40-44	193	92	101	198	95	103	210	101	109	234	112	123
45-49	172	82	90	179	86	94	185	89	96	195	93	102
50-54	146	69	76	157	75	82	165	79	86	169	81	88
55-59	118	56	61	130	62	68	141	67	74	148	70	77
60-64	84	40	44	101	48	53	112	53	59	122	58	64
65-69	54	25	29	68	32	36	82	39	43	91	43	48
70-74	36	16	19	39	18	21	50	24	26	60	28	32
75-79	20	9	11	22	10	12	24	11	13	31	15	17
80+	15	7	9	15	6	8	16	7	9	18	8	10
80-84	...	...	...	...	...	...	...	...	...	...	...	...
85-89	...	...	...	...	...	...	...	...	...	...	...	...
90-94	...	...	...	...	...	...	...	...	...	...	...	...
95-99	...	...	...	...	...	...	...	...	...	...	...	...
100+	...	...	...	...	...	...	...	...	...	...	...	...

年齢	1980 総数	男	女	1985 総数	男	女	1990 総数	男	女	1995 総数	男	女
総数	5 689	2 797	2 892	6 384	3 142	3 242	7 100	3 500	3 600	7 820	3 858	3 962
0-4	914	462	452	1 106	562	543	1 159	590	569	1 186	604	582
5-9	740	373	366	869	439	430	1 057	537	520	1 113	565	547
10-14	683	344	339	719	361	358	846	425	421	1 032	522	510
15-19	614	306	307	656	327	329	691	342	349	817	407	410
20-24	508	250	258	576	282	294	618	302	316	652	317	335
25-29	425	205	220	471	230	241	536	260	276	576	279	297
30-34	325	154	171	395	189	206	437	213	224	498	240	258
35-39	303	146	158	301	142	159	369	177	191	409	199	210
40-44	264	125	139	282	136	147	280	133	148	345	166	179
45-49	218	104	115	246	116	130	263	126	136	261	124	138
50-54	180	86	95	203	96	107	228	107	120	244	117	127
55-59	154	73	80	164	78	87	186	87	98	208	98	111
60-64	129	61	68	136	64	71	146	69	78	166	77	89
65-69	100	48	53	108	51	57	114	53	61	124	57	66
70-74	69	32	37	77	36	41	83	39	45	89	41	48
75-79	39	18	21	46	21	25	52	24	28	57	26	31
80+	23	10	13	30	13	16	...	...	...	...	...	...
80-84	...	...	...	...	...	...	25	11	14	29	13	16
85-89	...	...	...	...	...	...	9	4	5	11	5	6
90-94	...	...	...	...	...	...	2	1	1	3	1	2
95-99	...	...	...	...	...	...	0	0	0	0	0	0
100+	...	...	...	...	...	...	0	0	0	0	0	0

年齢	2000 総数	男	女	2005 総数	男	女	2010 総数	男	女	2015 総数	男	女
総数	8 549	4 221	4 328	9 263	4 577	4 686	10 000	4 943	5 056	10 711	5 297	5 414
0-4	1 219	622	597	1 226	625	601	1 248	636	612	1 238	631	607
5-9	1 143	581	562	1 177	599	578	1 188	604	584	1 212	617	596
10-14	1 086	550	536	1 117	566	551	1 152	585	567	1 164	591	574
15-19	999	502	497	1 053	531	523	1 085	547	538	1 121	566	555
20-24	774	379	395	955	474	481	1 011	504	507	1 043	520	523
25-29	607	290	316	730	354	376	910	449	461	965	478	487
30-34	540	261	280	570	272	299	692	334	357	868	427	441
35-39	469	227	243	508	244	264	538	255	283	657	317	341
40-44	384	187	196	443	214	229	482	232	250	513	243	269
45-49	324	156	168	360	175	185	420	202	217	459	221	238
50-54	244	115	129	304	146	158	340	165	175	398	192	207
55-59	225	107	118	225	105	120	283	135	148	319	154	165
60-64	187	87	100	202	95	107	204	94	110	259	123	137
65-69	142	65	77	160	73	87	176	81	94	180	82	98
70-74	97	44	53	112	50	62	129	57	71	145	65	79
75-79	61	27	34	67	30	37	79	35	45	95	41	54
80+	...	...	...	...	...	...	...	...	...	...	...	...
80-84	32	14	18	35	15	20	40	17	23	49	21	29
85-89	13	5	7	14	6	8	16	7	10	20	8	12
90-94	3	1	2	4	2	2	5	2	3	6	2	4
95-99	1	0	0	1	0	0	1	0	1	1	0	1
100+	0	0	0	0	0	0	0	0	0	0	0	0

性・年齢別人口（千人）

年齢	2015 総数	男	女	2020 総数	男	女	2025 総数	男	女	2030 総数	男	女
総数	10 711	5 297	5 414	11 378	5 624	5 754	12 005	5 929	6 076	12 578	6 207	6 371
0-4	1 238	631	607	1 237	630	606	1 216	620	596	1 187	605	582
5-9	1 212	617	596	1 206	613	592	1 209	615	594	1 191	606	585
10-14	1 164	591	574	1 188	602	586	1 184	600	584	1 188	602	586
15-19	1 121	566	555	1 131	570	561	1 157	582	575	1 153	580	573
20-24	1 043	520	523	1 075	535	540	1 087	540	547	1 114	554	561
25-29	965	478	487	994	492	502	1 028	509	519	1 041	514	527
30-34	868	427	441	920	455	466	951	469	482	987	487	500
35-39	657	317	341	828	406	422	882	434	448	914	449	464
40-44	513	243	269	628	303	325	796	390	406	851	419	432
45-49	459	221	238	489	232	257	602	290	312	767	375	392
50-54	398	192	207	437	210	227	466	221	246	577	277	300
55-59	319	154	165	374	179	195	412	196	216	441	207	234
60-64	259	123	137	293	140	153	345	163	182	381	180	202
65-69	180	82	98	229	106	123	260	122	138	308	143	165
70-74	145	65	79	149	66	83	190	86	104	217	99	117
75-79	95	41	54	107	47	60	111	48	63	142	63	80
80+	…	…	…	…	…	…	…	…	…	…	…	…
80-84	49	21	29	59	25	35	67	28	39	70	29	41
85-89	20	8	12	25	10	15	30	12	19	35	14	21
90-94	6	2	4	8	3	5	10	3	6	12	4	8
95-99	1	0	1	2	1	1	2	1	1	3	1	2
100+	0	0	0	0	0	0	0	0	0	0	0	0

年齢	2035 総数	男	女	2040 総数	男	女	2045 総数	男	女	2050 総数	男	女
総数	13 090	6 453	6 637	13 534	6 662	6 872	13 903	6 833	7 070	14 189	6 960	7 229
0-4	1 155	589	566	1 123	574	549	1 088	556	532	1 050	537	513
5-9	1 165	593	573	1 136	579	557	1 107	564	542	1 073	548	525
10-14	1 172	594	578	1 147	581	566	1 119	568	551	1 091	554	536
15-19	1 159	583	576	1 143	575	568	1 120	564	556	1 093	551	542
20-24	1 112	552	560	1 119	556	563	1 104	548	556	1 082	537	545
25-29	1 070	528	542	1 069	527	542	1 076	531	545	1 063	524	539
30-34	1 002	493	509	1 031	507	524	1 031	507	524	1 039	511	529
35-39	950	467	483	966	473	493	996	488	508	998	488	509
40-44	883	434	449	920	452	468	937	459	478	968	474	494
45-49	821	403	418	854	419	435	892	437	455	910	444	465
50-54	737	360	378	791	387	404	824	403	422	862	421	441
55-59	547	261	286	701	340	362	754	366	388	788	382	406
60-64	409	190	219	510	240	270	655	313	342	707	339	368
65-69	341	158	183	367	167	200	459	212	247	592	277	315
70-74	258	117	141	287	129	158	311	138	174	391	175	216
75-79	163	72	91	196	86	110	220	95	124	240	102	138
80+	…	…	…	…	…	…	…	…	…	…	…	…
80-84	91	38	53	106	45	61	128	53	75	145	60	85
85-89	36	14	22	48	19	29	56	22	34	69	27	42
90-94	14	5	9	15	6	9	19	7	12	23	8	15
95-99	3	1	2	4	1	3	4	1	3	6	2	4
100+	1	0	0	1	0	1	1	0	1	1	0	1

年齢	2055 総数	男	女	2060 総数	男	女
総数	14 395	7 047	7 348	14 523	7 095	7 428
0-4	1 011	517	494	971	497	474
5-9	1 037	530	507	999	511	489
10-14	1 059	538	520	1 023	521	502
15-19	1 066	538	528	1 036	523	512
20-24	1 057	526	531	1 032	514	518
25-29	1 043	514	529	1 021	505	516
30-34	1 029	505	523	1 011	497	514
35-39	1 008	494	514	999	489	510
40-44	971	475	496	983	481	502
45-49	941	459	482	946	461	485
50-54	881	428	453	913	444	470
55-59	826	399	426	846	408	438
60-64	740	354	386	778	372	407
65-69	641	301	340	675	316	359
70-74	507	230	277	553	252	301
75-79	303	130	173	398	174	224
80+	…	…	…	…	…	…
80-84	160	64	96	206	84	123
85-89	79	30	49	89	33	56
90-94	28	10	18	33	11	22
95-99	7	2	5	8	3	6
100+	1	0	1	1	0	1

Haiti

性・年齢別人口（千人）

年齢	2015			2020			2025			2030		
	総数	男	女	総数	男	女	総数	男	女	総数	男	女
総数	10 711	5 297	5 414	11 487	5 679	5 808	12 297	6 078	6 219	13 109	6 477	6 632
0-4	1 238	631	607	1 346	686	660	1 401	714	687	1 429	728	701
5-9	1 212	617	596	1 206	613	592	1 316	669	646	1 373	698	675
10-14	1 164	591	574	1 188	602	586	1 184	600	584	1 294	656	638
15-19	1 121	566	555	1 131	570	561	1 157	582	575	1 153	580	573
20-24	1 043	520	523	1 075	535	540	1 087	540	547	1 114	554	561
25-29	965	478	487	994	492	502	1 028	509	519	1 041	514	527
30-34	868	427	441	920	455	466	951	469	482	987	487	500
35-39	657	317	341	828	406	422	882	434	448	914	449	464
40-44	513	243	269	628	303	325	796	390	406	851	419	432
45-49	459	221	238	489	232	257	602	290	312	767	375	392
50-54	398	192	207	437	210	227	466	221	246	577	277	300
55-59	319	154	165	374	179	195	412	196	216	441	207	234
60-64	259	123	137	293	140	153	345	163	182	381	180	202
65-69	180	82	98	229	106	123	260	122	138	308	143	165
70-74	145	65	79	149	66	83	190	86	104	217	99	117
75-79	95	41	54	107	47	60	111	48	63	142	63	80
80+	…	…	…	…	…	…	…	…	…	…	…	…
80-84	49	21	29	59	25	35	67	28	39	70	29	41
85-89	20	8	12	25	10	15	30	12	19	35	14	21
90-94	6	2	4	8	3	5	10	3	6	12	4	8
95-99	1	0	1	2	1	1	2	1	1	3	1	2
100+	0	0	0	0	0	0	0	0	0	0	0	0

年齢	2035			2040			2045			2050		
	総数	男	女	総数	男	女	総数	男	女	総数	男	女
総数	13 869	6 849	7 020	14 588	7 199	7 390	15 279	7 533	7 746	15 947	7 854	8 093
0-4	1 409	719	690	1 405	718	687	1 418	725	693	1 442	738	705
5-9	1 404	714	690	1 387	707	681	1 385	706	679	1 400	715	686
10-14	1 353	686	667	1 384	702	683	1 369	695	674	1 368	695	672
15-19	1 264	637	627	1 324	667	657	1 356	683	673	1 341	677	664
20-24	1 112	552	560	1 223	608	615	1 283	639	644	1 316	656	661
25-29	1 070	528	542	1 069	527	542	1 179	583	596	1 240	614	627
30-34	1 002	493	509	1 031	507	524	1 031	507	524	1 142	562	579
35-39	950	467	483	966	473	493	996	488	508	998	488	509
40-44	883	434	449	920	452	468	937	459	478	968	474	494
45-49	821	403	418	854	419	435	892	437	455	910	444	465
50-54	737	360	378	791	387	404	824	403	422	862	421	441
55-59	547	261	286	701	340	362	754	366	388	788	382	406
60-64	409	190	219	510	240	270	655	313	342	707	339	368
65-69	341	158	183	367	167	200	459	212	247	592	277	315
70-74	258	117	141	287	129	158	311	138	174	391	175	216
75-79	163	72	91	196	86	110	220	95	124	240	102	138
80+	…	…	…	…	…	…	…	…	…	…	…	…
80-84	91	38	53	106	45	61	128	53	75	145	60	85
85-89	36	14	22	48	19	29	56	22	34	69	27	42
90-94	14	5	9	15	5	9	19	7	12	23	8	15
95-99	3	1	2	4	1	3	4	1	3	6	2	4
100+	1	0	0	1	0	1	1	0	1	1	0	1

年齢	2055			2060		
	総数	男	女	総数	男	女
総数	16 595	8 166	8 429	17 209	8 460	8 749
0-4	1 465	749	715	1 473	753	719
5-9	1 426	728	698	1 450	741	709
10-14	1 384	705	680	1 411	719	692
15-19	1 342	678	663	1 360	688	671
20-24	1 304	651	653	1 306	654	653
25-29	1 275	632	644	1 266	628	637
30-34	1 204	594	610	1 241	613	628
35-39	1 109	544	565	1 172	576	596
40-44	971	475	496	1 082	530	552
45-49	941	459	482	946	461	485
50-54	881	428	453	913	444	470
55-59	826	399	426	846	408	438
60-64	740	354	386	778	372	407
65-69	641	301	340	675	316	359
70-74	507	230	277	553	252	301
75-79	303	130	173	398	174	224
80+	…	…	…	…	…	…
80-84	160	64	96	206	84	123
85-89	79	30	49	89	33	56
90-94	28	10	18	33	11	22
95-99	7	2	5	8	3	6
100+	1	0	1	1	0	1

性・年齢別人口（千人）

年齢	2015			2020			2025			2030		
	総数	男	女	総数	男	女	総数	男	女	総数	男	女
総数	10 711	5 297	5 414	11 269	5 569	5 701	11 712	5 780	5 932	12 048	5 937	6 110
0-4	1 238	631	607	1 128	575	553	1 030	525	505	945	482	463
5-9	1 212	617	596	1 206	613	592	1 102	560	541	1 008	513	496
10-14	1 164	591	574	1 188	602	586	1 184	600	584	1 082	548	534
15-19	1 121	566	555	1 131	570	561	1 157	582	575	1 153	580	573
20-24	1 043	520	523	1 075	535	540	1 087	540	547	1 114	554	561
25-29	965	478	487	994	492	502	1 028	509	519	1 041	514	527
30-34	868	427	441	920	455	466	951	469	482	987	487	500
35-39	657	317	341	828	406	422	882	434	448	914	449	464
40-44	513	243	269	628	303	325	796	390	406	851	419	432
45-49	459	221	238	489	232	257	602	290	312	767	375	392
50-54	398	192	207	437	210	227	466	221	246	577	277	300
55-59	319	154	165	374	179	195	412	196	216	441	207	234
60-64	259	123	137	293	140	153	345	163	182	381	180	202
65-69	180	82	98	229	106	123	260	122	138	308	143	165
70-74	145	65	79	149	66	83	190	86	104	217	99	117
75-79	95	41	54	107	47	60	111	48	63	142	63	80
80+	…	…	…	…	…	…	…	…	…	…	…	…
80-84	49	21	29	59	25	35	67	28	39	70	29	41
85-89	20	8	12	25	10	15	30	12	19	35	14	21
90-94	6	2	4	8	3	5	10	3	6	12	4	8
95-99	1	0	1	2	1	1	2	1	1	3	1	2
100+	0	0	0	0	0	0	0	0	0	0	0	0

年齢	2035			2040			2045			2050		
	総数	男	女	総数	男	女	総数	男	女	総数	男	女
総数	12 312	6 057	6 255	12 491	6 132	6 359	12 565	6 152	6 413	12 521	6 112	6 409
0-4	902	461	442	852	435	416	785	402	384	710	363	347
5-9	926	471	455	886	452	435	838	427	410	773	395	379
10-14	990	502	489	910	461	449	871	442	429	823	418	405
15-19	1 054	530	524	963	484	479	884	444	440	846	425	421
20-24	1 112	552	560	1 014	503	512	926	458	468	848	418	429
25-29	1 070	528	542	1 069	527	542	973	479	494	886	435	451
30-34	1 002	493	509	1 031	507	524	1 031	507	524	937	460	478
35-39	950	467	483	966	473	493	996	488	508	998	488	509
40-44	883	434	449	920	452	468	937	459	478	968	474	494
45-49	821	403	418	854	419	435	892	437	455	910	444	465
50-54	737	360	378	791	387	404	824	403	422	862	421	441
55-59	547	261	286	701	340	362	754	366	388	788	382	406
60-64	409	190	219	510	240	270	655	313	342	707	339	368
65-69	341	158	183	367	167	200	459	212	247	592	277	315
70-74	258	117	141	287	129	158	311	138	174	391	175	216
75-79	163	72	91	196	86	110	220	95	124	240	102	138
80+	…	…	…	…	…	…	…	…	…	…	…	…
80-84	91	38	53	106	45	61	128	53	75	145	60	85
85-89	36	14	22	48	19	29	56	22	34	69	27	42
90-94	14	5	9	15	5	9	19	7	12	23	8	15
95-99	3	1	2	4	1	3	4	1	3	6	2	4
100+	1	0	0	1	0	1	1	0	1	1	0	1

年齢	2055			2060		
	総数	男	女	総数	男	女
総数	12 365	6 015	6 350	12 110	5 869	6 241
0-4	637	326	311	573	294	280
5-9	700	357	342	628	321	307
10-14	760	386	374	687	349	338
15-19	800	402	397	738	372	366
20-24	812	401	411	768	380	388
25-29	811	397	414	777	381	396
30-34	854	417	436	781	381	400
35-39	907	443	464	826	402	424
40-44	971	475	496	884	431	452
45-49	941	459	482	946	461	485
50-54	881	428	453	913	444	470
55-59	826	399	426	846	408	438
60-64	740	354	386	778	372	407
65-69	641	301	340	675	316	359
70-74	507	230	277	553	252	301
75-79	303	130	173	398	174	224
80+	…	…	…	…	…	…
80-84	160	64	96	206	84	123
85-89	79	30	49	89	33	56
90-94	28	10	18	33	11	22
95-99	7	2	5	8	3	6
100+	1	0	1	1	0	1

Honduras

性・年齢別人口（千人）

年齢	1960 総数	男	女	1965 総数	男	女	1970 総数	男	女	1975 総数	男	女
総数	2 002	1 007	995	2 353	1 183	1 170	2 691	1 352	1 339	3 108	1 561	1 547
0-4	388	197	191	452	229	222	520	264	256	579	293	285
5-9	303	153	149	359	182	177	418	211	207	490	248	242
10-14	232	118	114	298	151	147	346	174	171	407	205	202
15-19	189	96	93	230	117	113	285	143	142	335	168	167
20-24	165	84	81	186	95	92	215	108	107	272	136	136
25-29	145	73	72	162	82	80	171	86	85	202	101	101
30-34	120	60	60	141	71	70	147	74	72	159	80	79
35-39	103	51	52	117	58	59	129	65	63	137	69	67
40-44	78	39	39	99	49	50	108	54	54	121	62	59
45-49	72	36	36	74	37	37	92	46	46	102	51	50
50-54	58	29	29	67	33	34	69	34	35	87	43	44
55-59	47	23	24	53	26	27	61	30	31	63	31	32
60-64	39	19	20	41	20	21	47	23	24	55	27	28
65-69	27	13	14	32	15	17	35	16	18	40	19	21
70-74	19	9	10	20	9	11	25	11	14	28	13	15
75-79	10	5	5	13	6	7	14	6	8	18	8	10
80+	8	3	4	7	3	4	10	4	6	12	5	7
80-84	...	...	...	...	...	...	...	...	...	...	...	...
85-89	...	...	...	...	...	...	...	...	...	...	...	...
90-94	...	...	...	...	...	...	...	...	...	...	...	...
95-99	...	...	...	...	...	...	...	...	...	...	...	...
100+	...	...	...	...	...	...	...	...	...	...	...	...

年齢	1980 総数	男	女	1985 総数	男	女	1990 総数	男	女	1995 総数	男	女
総数	3 636	1 826	1 810	4 237	2 126	2 111	4 903	2 459	2 445	5 591	2 800	2 791
0-4	672	341	331	764	388	376	845	430	415	922	470	452
5-9	554	280	274	650	329	321	746	378	368	824	418	406
10-14	481	243	238	543	274	269	638	322	316	729	368	361
15-19	399	201	198	470	236	234	530	266	264	618	310	308
20-24	325	163	163	386	193	193	455	227	228	507	252	255
25-29	262	130	132	312	155	157	370	183	187	430	212	218
30-34	193	96	97	249	123	126	296	146	150	346	170	176
35-39	151	76	75	183	91	92	237	117	120	278	137	141
40-44	131	67	64	144	73	71	175	88	87	225	112	113
45-49	116	59	56	125	64	61	138	70	68	167	84	83
50-54	96	48	48	110	56	54	119	61	58	132	67	65
55-59	81	40	41	90	45	45	104	53	51	113	57	56
60-64	57	28	29	74	36	38	84	41	42	97	49	48
65-69	47	23	25	51	24	26	66	32	35	76	37	39
70-74	33	15	17	40	18	21	43	20	23	57	27	30
75-79	21	9	11	25	11	14	31	14	17	35	16	19
80+	17	7	10	21	9	12	...	...	...	...	...	...
80-84	...	...	...	...	...	...	17	7	10	22	9	12
85-89	...	...	...	...	...	...	7	3	4	9	4	5
90-94	...	...	...	...	...	...	2	1	1	3	1	2
95-99	...	...	...	...	...	...	0	0	0	1	0	0
100+	...	...	...	...	...	...	0	0	0	0	0	0

年齢	2000 総数	男	女	2005 総数	男	女	2010 総数	男	女	2015 総数	男	女
総数	6 243	3 122	3 121	6 880	3 440	3 441	7 504	3 751	3 753	8 075	4 036	4 039
0-4	951	485	466	920	469	451	871	444	427	816	416	400
5-9	898	456	442	930	473	457	904	460	444	857	437	421
10-14	802	405	397	879	445	434	916	465	451	892	453	438
15-19	701	351	350	777	390	387	861	435	426	901	456	445
20-24	585	290	295	673	334	338	757	378	378	843	424	419
25-29	473	232	241	556	273	283	651	322	329	737	367	370
30-34	398	194	203	445	217	228	534	261	273	631	311	320
35-39	322	158	163	376	184	192	428	208	219	518	253	265
40-44	263	131	132	308	153	155	364	179	185	416	203	213
45-49	215	108	107	253	128	126	299	149	150	354	174	180
50-54	160	81	79	207	104	103	245	123	122	290	144	146
55-59	125	63	62	153	77	76	199	100	100	236	118	118
60-64	106	53	53	118	59	59	145	72	73	189	94	96
65-69	89	44	45	97	48	49	109	53	56	134	66	69
70-74	66	32	35	78	38	40	86	42	45	97	47	51
75-79	47	21	26	55	25	30	65	30	34	72	34	38
80+	...	...	...	...	...	...	...	...	...	...	...	...
80-84	25	11	14	34	15	19	41	18	23	49	22	27
85-89	12	5	7	14	6	9	22	9	13	26	11	15
90-94	4	1	2	5	2	3	7	3	4	11	4	7
95-99	1	0	1	1	0	1	2	1	1	2	1	2
100+	0	0	0	0	0	0	0	0	0	0	0	0

性・年齢別人口（千人）

年齢	2015			2020			2025			2030		
	総数	男	女	総数	男	女	総数	男	女	総数	男	女
総数	8 075	4 036	4 039	8 651	4 322	4 328	9 212	4 600	4 612	9 737	4 859	4 877
0-4	816	416	400	823	420	403	817	417	400	791	404	387
5-9	857	437	421	805	410	395	814	415	399	809	413	396
10-14	892	453	438	847	431	416	797	406	391	808	411	396
15-19	901	456	445	880	446	433	838	425	412	789	401	388
20-24	843	424	419	886	448	438	867	439	428	828	420	408
25-29	737	367	370	826	414	412	871	439	432	855	432	423
30-34	631	311	320	720	358	362	810	405	405	858	431	427
35-39	518	253	265	616	303	313	706	350	356	797	398	399
40-44	416	203	213	507	248	259	605	297	307	694	344	350
45-49	354	174	180	407	198	208	496	242	254	593	291	302
50-54	290	144	146	345	169	176	397	193	204	485	236	249
55-59	236	118	118	280	138	142	334	163	171	385	186	199
60-64	189	94	96	225	111	114	268	131	137	320	154	165
65-69	134	66	69	176	86	90	211	103	108	251	121	130
70-74	97	47	51	121	58	63	159	76	83	191	91	100
75-79	72	34	38	82	38	44	102	48	55	136	63	73
80+	...	...	...	...	...	...	...	...	...	...	...	...
80-84	49	22	27	55	25	30	63	28	35	79	35	44
85-89	26	11	15	32	13	18	36	15	21	42	17	24
90-94	11	4	7	13	5	8	16	6	10	19	7	11
95-99	2	1	2	4	1	2	5	2	3	6	2	4
100+	0	0	0	1	0	0	1	0	1	1	0	1

年齢	2035			2040			2045			2050		
	総数	男	女	総数	男	女	総数	男	女	総数	男	女
総数	10 206	5 089	5 116	10 607	5 286	5 321	10 943	5 450	5 493	11 217	5 584	5 633
0-4	753	385	369	717	367	351	688	351	336	664	340	325
5-9	785	401	384	748	382	366	713	364	349	683	349	334
10-14	804	410	394	781	398	382	744	380	364	709	362	347
15-19	802	408	394	799	407	392	775	395	380	739	377	362
20-24	782	397	385	794	404	391	792	403	389	769	391	377
25-29	818	414	404	773	391	381	786	399	387	784	398	386
30-34	844	426	419	808	408	400	764	386	377	777	394	383
35-39	846	425	421	833	420	414	798	403	395	755	382	373
40-44	786	392	394	835	418	416	823	414	409	789	398	391
45-49	682	337	345	773	385	388	823	412	411	812	408	404
50-54	581	284	297	669	330	339	759	377	382	809	404	405
55-59	471	228	243	565	275	290	652	320	333	742	366	375
60-64	369	177	193	454	218	236	545	263	282	630	307	324
65-69	301	143	158	349	165	184	429	204	226	518	247	270
70-74	228	108	120	275	128	146	320	148	171	395	184	211
75-79	164	76	88	197	90	107	239	108	130	280	126	153
80+	...	...	...	...	...	...	...	...	...	...	...	...
80-84	106	47	59	129	57	72	156	69	88	191	83	108
85-89	53	22	31	71	30	42	88	37	51	108	45	63
90-94	22	8	13	28	11	17	38	15	24	48	18	30
95-99	7	2	4	8	3	5	10	3	7	14	5	9
100+	1	0	1	2	0	1	2	1	1	2	1	2

年齢	2055			2060		
	総数	男	女	総数	男	女
総数	11 429	5 689	5 740	11 576	5 765	5 812
0-4	643	329	314	622	318	304
5-9	660	337	323	640	327	313
10-14	680	347	332	657	336	321
15-19	704	359	345	675	345	331
20-24	733	373	360	698	356	343
25-29	761	387	374	726	369	357
30-34	776	394	382	754	383	371
35-39	769	390	380	768	390	378
40-44	747	378	369	762	386	376
45-49	779	393	387	739	373	365
50-54	799	401	398	768	387	382
55-59	791	394	398	783	392	392
60-64	718	353	366	768	380	388
65-69	601	290	311	687	334	352
70-74	479	225	254	558	266	293
75-79	348	158	190	425	195	229
80+	...	...	...	...	...	...
80-84	226	98	128	284	125	159
85-89	134	55	79	160	66	94
90-94	60	23	37	75	28	47
95-99	18	6	12	23	8	15
100+	3	1	2	4	1	3

性・年齢別人口（千人）

年齢	2015			2020			2025			2030		
	総数	男	女	総数	男	女	総数	男	女	総数	男	女
総数	8 075	4 036	4 039	8 742	4 369	4 373	9 459	4 726	4 733	10 182	5 086	5 095
0-4	816	416	400	915	467	448	973	496	476	990	506	485
5-9	857	437	421	805	410	395	905	461	444	964	492	472
10-14	892	453	438	847	431	416	797	406	391	898	458	441
15-19	901	456	445	880	446	433	838	425	412	789	401	388
20-24	843	424	419	886	448	438	867	439	428	828	420	408
25-29	737	367	370	826	414	412	871	439	432	855	432	423
30-34	631	311	320	720	358	362	810	405	405	858	431	427
35-39	518	253	265	616	303	313	706	350	356	797	398	399
40-44	416	203	213	507	248	259	605	297	307	694	344	350
45-49	354	174	180	407	198	208	496	242	254	593	291	302
50-54	290	144	146	345	169	176	397	193	204	485	236	249
55-59	236	118	118	280	138	142	334	163	171	385	186	199
60-64	189	94	96	225	111	114	268	131	137	320	154	165
65-69	134	66	69	176	86	90	211	103	108	251	121	130
70-74	97	47	51	121	58	63	159	76	83	191	91	100
75-79	72	34	38	82	38	44	102	48	55	136	63	73
80+	…	…	…	…	…	…	…	…	…	…	…	…
80-84	49	22	27	55	25	30	63	28	35	79	35	44
85-89	26	11	15	32	13	18	36	15	21	42	17	24
90-94	11	4	7	13	5	8	16	6	10	19	7	11
95-99	2	1	2	4	1	2	5	2	3	6	2	4
100+	0	0	0	1	0	0	1	0	1	1	0	1

年齢	2035			2040			2045			2050		
	総数	男	女	総数	男	女	総数	男	女	総数	男	女
総数	10 854	5 420	5 433	11 478	5 730	5 748	12 072	6 026	6 046	12 648	6 314	6 333
0-4	958	490	469	942	482	461	949	485	464	969	496	474
5-9	983	502	481	952	486	466	937	478	458	944	482	461
10-14	959	489	470	978	499	479	947	483	464	932	476	456
15-19	892	454	438	953	485	467	973	496	477	942	480	462
20-24	782	397	385	885	449	435	945	481	464	965	491	474
25-29	818	414	404	773	391	381	876	444	431	936	476	461
30-34	844	426	419	808	408	400	764	386	377	866	439	427
35-39	846	425	421	833	420	414	798	403	395	755	382	373
40-44	786	392	394	835	418	416	823	414	409	789	398	391
45-49	682	337	345	773	385	388	823	412	411	812	408	404
50-54	581	284	297	669	330	339	759	377	382	809	404	405
55-59	471	228	243	565	275	290	652	320	333	742	366	375
60-64	369	177	193	454	218	236	545	263	282	630	307	324
65-69	301	143	158	349	165	184	429	204	226	518	247	270
70-74	228	108	120	275	128	146	320	148	171	395	184	211
75-79	164	76	88	197	90	107	239	108	130	280	126	153
80+	…	…	…	…	…	…	…	…	…	…	…	…
80-84	106	47	59	129	57	72	156	69	88	191	83	108
85-89	53	22	31	71	30	42	88	37	51	108	45	63
90-94	22	8	13	28	11	17	38	15	24	48	18	30
95-99	7	2	4	8	3	5	10	3	7	14	5	9
100+	1	0	1	2	0	1	2	1	1	2	1	2

年齢	2055			2060		
	総数	男	女	総数	男	女
総数	13 201	6 593	6 607	13 719	6 858	6 861
0-4	989	506	483	999	511	488
5-9	964	493	471	984	503	481
10-14	940	480	460	961	491	470
15-19	927	473	454	935	477	458
20-24	935	476	459	921	470	452
25-29	957	487	470	928	472	456
30-34	927	471	457	949	482	467
35-39	857	434	423	919	466	453
40-44	747	378	369	849	430	419
45-49	779	393	387	739	373	365
50-54	799	401	398	768	387	382
55-59	791	394	398	783	392	392
60-64	718	353	366	768	380	388
65-69	601	290	311	687	334	352
70-74	479	225	254	558	266	293
75-79	348	158	190	425	195	229
80+	…	…	…	…	…	…
80-84	226	98	128	284	125	159
85-89	134	55	79	160	66	94
90-94	60	23	37	75	28	47
95-99	18	6	12	23	8	15
100+	3	1	2	4	1	3

性・年齢別人口（千人）

年齢	2015			2020			2025			2030		
	総数	男	女	総数	男	女	総数	男	女	総数	男	女
総数	8 075	4 036	4 039	8 559	4 275	4 284	8 966	4 475	4 491	9 292	4 632	4 660
0-4	816	416	400	732	373	358	661	337	324	592	302	290
5-9	857	437	421	805	410	395	723	369	354	654	334	321
10-14	892	453	438	847	431	416	797	406	391	717	365	352
15-19	901	456	445	880	446	433	838	425	412	789	401	388
20-24	843	424	419	886	448	438	867	439	428	828	420	408
25-29	737	367	370	826	414	412	871	439	432	855	432	423
30-34	631	311	320	720	358	362	810	405	405	858	431	427
35-39	518	253	265	616	303	313	706	350	356	797	398	399
40-44	416	203	213	507	248	259	605	297	307	694	344	350
45-49	354	174	180	407	198	208	496	242	254	593	291	302
50-54	290	144	146	345	169	176	397	193	204	485	236	249
55-59	236	118	118	280	138	142	334	163	171	385	186	199
60-64	189	94	96	225	111	114	268	131	137	320	154	165
65-69	134	66	69	176	86	90	211	103	108	251	121	130
70-74	97	47	51	121	58	63	159	76	83	191	91	100
75-79	72	34	38	82	38	44	102	48	55	136	63	73
80+	…	…	…	…	…	…	…	…	…	…	…	…
80-84	49	22	27	55	25	30	63	28	35	79	35	44
85-89	26	11	15	32	13	18	36	15	21	42	17	24
90-94	11	4	7	13	5	8	16	6	10	19	7	11
95-99	2	1	2	4	1	2	5	2	3	6	2	4
100+	0	0	0	1	0	0	1	0	1	1	0	1

年齢	2035			2040			2045			2050		
	総数	男	女	総数	男	女	総数	男	女	総数	男	女
総数	9 560	4 760	4 800	9 751	4 849	4 902	9 859	4 897	4 962	9 883	4 904	4 979
0-4	551	282	270	505	258	247	456	233	223	410	210	201
5-9	587	300	287	547	279	268	501	256	245	453	231	221
10-14	650	331	319	583	297	286	543	277	266	497	254	243
15-19	711	362	350	645	328	316	578	294	284	538	274	264
20-24	782	397	385	704	358	347	638	324	314	572	291	281
25-29	818	414	404	773	391	381	696	353	343	631	320	311
30-34	844	426	419	808	408	400	764	386	377	688	349	340
35-39	846	425	421	833	420	414	798	403	395	755	382	373
40-44	786	392	394	835	418	416	823	414	409	789	398	391
45-49	682	337	345	773	385	388	823	412	411	812	408	404
50-54	581	284	297	669	330	339	759	377	382	809	404	405
55-59	471	228	243	565	275	290	652	320	333	742	366	375
60-64	369	177	193	454	218	236	545	263	282	630	307	324
65-69	301	143	158	349	165	184	429	204	226	518	247	270
70-74	228	108	120	275	128	146	320	148	171	395	184	211
75-79	164	76	88	197	90	107	239	108	130	280	126	153
80+	…	…	…	…	…	…	…	…	…	…	…	…
80-84	106	47	59	129	57	72	156	69	88	191	83	108
85-89	53	22	31	71	30	42	88	37	51	108	45	63
90-94	22	8	13	28	11	17	38	15	24	48	18	30
95-99	7	2	4	8	3	5	10	3	7	14	5	9
100+	1	0	1	2	0	1	2	1	1	2	1	2

年齢	2055			2060		
	総数	男	女	総数	男	女
総数	9 826	4 871	4 955	9 693	4 803	4 890
0-4	370	189	181	335	171	164
5-9	407	208	199	367	188	179
10-14	450	230	220	404	207	198
15-19	493	251	242	446	227	218
20-24	533	271	262	488	249	240
25-29	566	287	278	527	268	259
30-34	624	316	307	559	284	275
35-39	681	345	336	617	313	304
40-44	747	378	369	674	342	333
45-49	779	393	387	739	373	365
50-54	799	401	398	768	387	382
55-59	791	394	398	783	392	392
60-64	718	353	366	768	380	388
65-69	601	290	311	687	334	352
70-74	479	225	254	558	266	293
75-79	348	158	190	425	195	229
80+	…	…	…	…	…	…
80-84	226	98	128	284	125	159
85-89	134	55	79	160	66	94
90-94	60	23	37	75	28	47
95-99	18	6	12	23	8	15
100+	3	1	2	4	1	3

性・年齢別人口（千人）

年齢	1960			1965			1970			1975		
	総数	男	女	総数	男	女	総数	男	女	総数	男	女
総数	10 001	4 822	5 179	10 170	4 919	5 251	10 346	5 014	5 331	10 541	5 113	5 429
0-4	817	419	399	637	328	309	713	368	345	774	397	377
5-9	928	474	454	814	417	396	635	327	308	713	367	345
10-14	788	400	387	930	476	454	813	417	395	637	328	309
15-19	757	380	377	783	399	385	929	476	453	809	414	395
20-24	672	325	347	754	380	374	777	395	382	918	468	450
25-29	717	352	365	670	325	345	746	375	371	768	389	379
30-34	748	365	382	714	351	364	665	322	343	738	370	368
35-39	799	379	419	741	362	379	708	347	361	658	318	340
40-44	427	201	227	791	375	416	730	356	375	699	341	358
45-49	719	339	380	420	197	223	776	367	409	716	347	369
50-54	653	310	343	700	328	372	408	191	217	756	355	401
55-59	586	280	306	623	292	331	670	310	359	391	181	211
60-64	492	223	270	543	254	290	579	265	314	624	283	341
65-69	351	149	202	437	191	245	479	216	264	514	227	287
70-74	266	111	155	288	117	171	356	148	208	392	167	225
75-79	172	71	101	189	75	114	206	78	128	257	100	157
80+	111	45	66	136	52	83	155	56	99	177	60	117
80-84	…	…	…	…	…	…	…	…	…	…	…	…
85-89	…	…	…	…	…	…	…	…	…	…	…	…
90-94	…	…	…	…	…	…	…	…	…	…	…	…
95-99	…	…	…	…	…	…	…	…	…	…	…	…
100+	…	…	…	…	…	…	…	…	…	…	…	…

年齢	1980			1985			1990			1995		
	総数	男	女	総数	男	女	総数	男	女	総数	男	女
総数	10 759	5 217	5 542	10 573	5 101	5 472	10 385	4 988	5 397	10 352	4 946	5 406
0-4	877	451	426	642	328	314	615	315	300	597	306	292
5-9	779	400	379	871	447	424	636	325	311	623	318	304
10-14	710	366	344	776	398	378	867	444	423	651	333	318
15-19	635	327	308	698	358	339	774	396	377	860	441	419
20-24	803	410	393	619	316	303	686	350	335	766	391	375
25-29	907	460	447	784	397	387	604	306	299	687	349	337
30-34	758	383	375	885	446	439	763	383	380	607	305	302
35-39	728	364	365	740	371	369	860	430	431	758	377	381
40-44	647	311	337	708	350	358	718	356	362	846	417	429
45-49	683	330	353	624	296	328	681	332	349	700	341	359
50-54	689	330	360	650	308	341	593	275	318	656	312	345
55-59	719	330	389	642	299	344	605	279	326	563	252	311
60-64	361	162	199	650	288	362	581	258	322	559	246	313
65-69	552	240	312	313	133	179	564	236	328	513	214	299
70-74	420	174	246	442	179	263	254	101	153	467	180	287
75-79	278	108	169	295	111	184	319	118	201	191	69	122
80+	213	71	142	234	76	158	…	…	…	…	…	…
80-84	…	…	…	…	…	…	177	59	118	203	67	136
85-89	…	…	…	…	…	…	69	21	48	82	24	59
90-94	…	…	…	…	…	…	18	5	13	21	5	16
95-99	…	…	…	…	…	…	2	0	2	3	1	3
100+	…	…	…	…	…	…	0	0	0	0	0	0

年齢	2000			2005			2010			2015		
	総数	男	女	総数	男	女	総数	男	女	総数	男	女
総数	10 224	4 865	5 359	10 096	4 792	5 304	10 015	4 757	5 258	9 855	4 691	5 164
0-4	494	254	240	475	244	231	490	252	239	463	238	225
5-9	596	305	291	494	254	241	480	247	234	491	252	239
10-14	630	322	308	596	305	291	496	254	241	481	247	234
15-19	666	340	326	632	323	310	601	307	294	499	256	243
20-24	853	437	416	671	342	329	647	330	317	606	309	296
25-29	757	385	372	857	438	419	684	349	335	651	332	319
30-34	686	347	339	760	386	374	863	441	422	686	349	337
35-39	606	302	304	688	347	341	760	386	374	861	439	422
40-44	747	367	380	601	297	303	684	345	339	754	381	373
45-49	822	399	423	729	353	376	591	290	301	671	335	336
50-54	673	320	353	791	376	416	702	334	368	571	276	294
55-59	623	286	337	636	294	342	750	347	403	667	310	357
60-64	523	223	300	579	255	324	591	263	328	699	313	386
65-69	502	208	294	471	190	281	526	220	306	537	228	308
70-74	431	166	266	428	165	263	408	153	255	458	181	278
75-79	356	125	232	336	118	218	342	121	221	330	115	216
80+	…	…	…	…	…	…	…	…	…	…	…	…
80-84	128	42	86	240	75	165	233	73	160	241	77	163
85-89	100	29	70	68	20	48	130	36	94	130	37	94
90-94	27	7	20	36	10	27	26	7	19	52	13	38
95-99	4	1	3	6	1	5	9	2	7	7	2	5
100+	0	0	0	1	0	0	1	0	1	1	0	1

性・年齢別人口（千人）

年齢	2015			2020			2025			2030		
	総数	男	女	総数	男	女	総数	男	女	総数	男	女
総数	9 855	4 691	5 164	9 685	4 622	5 063	9 492	4 540	4 952	9 275	4 446	4 829
0-4	463	238	225	457	235	222	437	225	212	415	213	201
5-9	491	252	239	464	239	225	457	235	222	438	225	213
10-14	481	247	234	491	252	239	464	239	225	458	235	222
15-19	499	256	243	484	248	236	494	253	241	467	240	227
20-24	606	309	296	503	258	246	489	250	238	499	255	243
25-29	651	332	319	610	311	299	508	260	248	493	252	241
30-34	686	349	337	653	332	321	612	312	300	510	261	250
35-39	861	439	422	685	348	337	653	332	321	612	311	301
40-44	754	381	373	854	434	420	681	345	336	649	329	320
45-49	671	335	336	740	371	369	839	424	416	670	338	333
50-54	571	276	294	649	320	329	718	356	362	816	408	409
55-59	667	310	357	544	258	286	621	300	320	689	336	353
60-64	699	313	386	625	282	343	511	236	275	586	277	309
65-69	537	228	308	638	274	364	574	249	324	472	210	261
70-74	458	181	278	471	190	281	564	230	334	510	211	299
75-79	330	115	216	375	138	237	388	146	242	468	179	289
80+	...	...	...	...	...	...	...	...	...	...	...	...
80-84	241	77	163	237	75	162	271	91	180	284	98	186
85-89	130	37	94	138	40	98	138	39	99	161	49	112
90-94	52	13	38	53	14	40	58	15	42	59	15	44
95-99	7	2	5	14	3	10	14	3	11	16	4	12
100+	1	0	1	1	0	1	2	1	2	3	1	2

年齢	2035			2040			2045			2050		
	総数	男	女	総数	男	女	総数	男	女	総数	男	女
総数	9 032	4 339	4 693	8 784	4 231	4 553	8 546	4 128	4 417	8 318	4 030	4 288
0-4	394	203	192	386	198	187	384	197	186	379	195	184
5-9	415	213	202	395	203	192	386	199	188	384	198	187
10-14	438	225	213	416	214	202	395	203	192	387	199	188
15-19	461	237	224	441	227	214	418	215	203	398	205	194
20-24	472	242	230	466	239	227	446	229	217	424	217	206
25-29	503	257	246	477	244	232	470	241	229	451	231	220
30-34	496	253	243	506	258	248	480	246	234	473	242	231
35-39	511	260	251	496	253	243	507	259	248	481	246	235
40-44	609	309	300	509	259	250	495	252	243	506	258	248
45-49	640	322	318	602	304	298	504	255	249	491	249	242
50-54	654	326	328	626	313	313	590	296	294	495	250	246
55-59	786	387	400	632	311	321	607	300	307	574	285	289
60-64	653	312	342	748	361	388	604	292	312	583	283	299
65-69	543	249	294	609	282	327	700	329	371	568	269	300
70-74	421	180	242	488	215	273	550	246	304	637	289	347
75-79	427	166	261	355	143	212	415	173	242	471	200	271
80+	...	...	...	...	...	...	...	...	...	...	...	...
80-84	347	122	225	320	115	205	270	101	169	318	123	194
85-89	171	53	118	213	67	146	200	64	135	171	57	113
90-94	70	19	52	77	21	56	98	27	71	94	26	68
95-99	17	4	13	21	5	16	23	5	18	30	7	23
100+	3	1	2	3	1	2	4	1	3	5	1	4

年齢	2055			2060		
	総数	男	女	総数	男	女
総数	8 095	3 932	4 163	7 865	3 830	4 035
0-4	371	191	180	361	186	175
5-9	379	195	184	372	191	181
10-14	385	198	187	380	195	184
15-19	389	200	189	387	199	188
20-24	403	207	196	394	202	192
25-29	428	220	209	408	209	199
30-34	454	232	221	431	221	210
35-39	475	243	232	455	233	222
40-44	480	245	235	474	242	232
45-49	502	255	247	477	243	234
50-54	483	244	239	495	251	245
55-59	483	241	242	473	237	236
60-64	553	271	282	468	231	237
65-69	551	262	288	525	253	273
70-74	520	239	281	507	235	272
75-79	550	239	311	453	200	253
80+	...	...	...	...	...	...
80-84	365	145	220	431	177	255
85-89	204	72	133	239	87	152
90-94	82	24	58	101	31	70
95-99	30	7	23	27	7	21
100+	6	1	5	6	1	5

Hungary

性・年齢別人口（千人）

年齢	2015 総数	男	女	2020 総数	男	女	2025 総数	男	女	2030 総数	男	女
総数	9 855	4 691	5 164	9 766	4 663	5 103	9 693	4 643	5 049	9 613	4 620	4 993
0-4	463	238	225	538	277	261	557	286	270	552	284	268
5-9	491	252	239	464	239	225	538	277	261	557	286	271
10-14	481	247	234	491	252	239	464	239	225	539	277	262
15-19	499	256	243	484	248	236	494	253	241	467	240	227
20-24	606	309	296	503	258	246	489	250	238	499	255	243
25-29	651	332	319	610	311	299	508	260	248	493	252	241
30-34	686	349	337	653	332	321	612	312	300	510	261	250
35-39	861	439	422	685	348	337	653	332	321	612	311	301
40-44	754	381	373	854	434	420	681	345	336	649	329	320
45-49	671	335	336	740	371	369	839	424	416	670	338	333
50-54	571	276	294	649	320	329	718	356	362	816	408	409
55-59	667	310	357	544	258	286	621	300	320	689	336	353
60-64	699	313	386	625	282	343	511	236	275	586	277	309
65-69	537	228	308	638	274	364	574	249	324	472	210	261
70-74	458	181	278	471	190	281	564	230	334	510	211	299
75-79	330	115	216	375	138	237	388	146	242	468	179	289
80+	…	…	…	…	…	…	…	…	…	…	…	…
80-84	241	77	163	237	75	162	271	91	180	284	98	186
85-89	130	37	94	138	40	98	138	39	99	161	49	112
90-94	52	13	38	53	14	40	58	15	42	59	15	44
95-99	7	2	5	14	3	10	14	3	11	16	4	12
100+	1	0	1	1	0	1	2	1	2	3	1	2

年齢	2035 総数	男	女	2040 総数	男	女	2045 総数	男	女	2050 総数	男	女
総数	9 498	4 579	4 919	9 379	4 537	4 842	9 278	4 505	4 773	9 216	4 492	4 725
0-4	523	269	254	514	264	250	523	269	254	545	280	265
5-9	552	284	268	524	269	254	515	265	250	523	269	254
10-14	557	287	271	553	284	268	524	269	255	515	265	250
15-19	541	278	263	560	288	272	555	285	270	527	271	256
20-24	472	242	230	546	280	266	565	290	275	561	288	273
25-29	503	257	246	477	244	232	551	282	269	570	292	278
30-34	496	253	243	506	258	248	480	246	234	554	284	270
35-39	511	260	251	496	253	243	507	259	248	481	246	235
40-44	609	309	300	509	259	250	495	252	243	506	258	248
45-49	640	322	318	602	304	298	504	255	249	491	249	242
50-54	654	326	328	626	313	313	590	296	294	495	250	246
55-59	786	387	400	632	311	321	607	300	307	574	285	289
60-64	653	312	342	748	361	388	604	292	312	583	283	299
65-69	543	249	294	609	282	327	700	329	371	568	269	300
70-74	421	180	242	488	215	273	550	246	304	637	289	347
75-79	427	166	261	355	143	212	415	173	242	471	200	271
80+	…	…	…	…	…	…	…	…	…	…	…	…
80-84	347	122	225	320	115	205	270	101	169	318	123	194
85-89	171	53	118	213	67	146	200	64	135	171	57	113
90-94	70	19	52	77	21	56	98	27	71	94	26	68
95-99	17	4	13	21	5	16	23	5	18	30	7	23
100+	3	1	2	3	1	2	4	1	3	5	1	4

年齢	2055 総数	男	女	2060 総数	男	女
総数	9 196	4 497	4 698	9 194	4 513	4 681
0-4	575	296	279	591	304	287
5-9	546	281	265	575	296	279
10-14	524	269	254	546	281	265
15-19	518	266	252	526	270	256
20-24	532	273	259	522	268	254
25-29	565	290	275	536	275	261
30-34	572	293	279	568	291	277
35-39	555	284	271	573	294	280
40-44	480	245	235	554	283	271
45-49	502	255	247	477	243	234
50-54	483	244	239	495	251	245
55-59	483	241	242	473	237	236
60-64	553	271	282	468	231	237
65-69	551	262	288	525	253	273
70-74	520	239	281	507	235	272
75-79	550	239	311	453	200	253
80+	…	…	…	…	…	…
80-84	365	145	220	431	177	255
85-89	204	72	133	239	87	152
90-94	82	24	58	101	31	70
95-99	30	7	23	27	7	21
100+	6	1	5	6	1	5

性・年齢別人口（千人）

年齢	2015			2020			2025			2030		
	総数	男	女	総数	男	女	総数	男	女	総数	男	女
総数	9 855	4 691	5 164	9 604	4 580	5 024	9 292	4 437	4 855	8 937	4 272	4 665
0-4	463	238	225	376	193	182	318	163	154	277	143	135
5-9	491	252	239	464	239	225	376	193	183	318	164	155
10-14	481	247	234	491	252	239	464	239	225	377	194	183
15-19	499	256	243	484	248	236	494	253	241	467	240	227
20-24	606	309	296	503	258	246	489	250	238	499	255	243
25-29	651	332	319	610	311	299	508	260	248	493	252	241
30-34	686	349	337	653	332	321	612	312	300	510	261	250
35-39	861	439	422	685	348	337	653	332	321	612	311	301
40-44	754	381	373	854	434	420	681	345	336	649	329	320
45-49	671	335	336	740	371	369	839	424	416	670	338	333
50-54	571	276	294	649	320	329	718	356	362	816	408	409
55-59	667	310	357	544	258	286	621	300	320	689	336	353
60-64	699	313	386	625	282	343	511	236	275	586	277	309
65-69	537	228	308	638	274	364	574	249	324	472	210	261
70-74	458	181	278	471	190	281	564	230	334	510	211	299
75-79	330	115	216	375	138	237	388	146	242	468	179	289
80+	…	…	…	…	…	…	…	…	…	…	…	…
80-84	241	77	163	237	75	162	271	91	180	284	98	186
85-89	130	37	94	138	40	98	138	39	99	161	49	112
90-94	52	13	38	53	14	40	58	15	42	59	15	44
95-99	7	2	5	14	3	10	14	3	11	16	4	12
100+	1	0	1	1	0	1	2	1	2	3	1	2

年齢	2035			2040			2045			2050		
	総数	男	女	総数	男	女	総数	男	女	総数	男	女
総数	8 567	4 100	4 467	8 194	3 928	4 266	7 827	3 759	4 068	7 458	3 587	3 870
0-4	266	137	129	260	134	127	254	131	124	236	122	115
5-9	278	143	135	267	137	130	261	134	127	255	131	124
10-14	319	164	155	278	143	135	268	138	130	262	135	127
15-19	380	195	185	322	165	156	281	145	137	271	139	132
20-24	472	242	230	385	197	187	327	168	159	287	147	140
25-29	503	257	246	477	244	232	390	200	190	332	170	162
30-34	496	253	243	506	258	248	480	246	234	393	201	192
35-39	511	260	251	496	253	243	507	259	248	481	246	235
40-44	609	309	300	509	259	250	495	252	243	506	258	248
45-49	640	322	318	602	304	298	504	255	249	491	249	242
50-54	654	326	328	626	313	313	590	296	294	495	250	246
55-59	786	387	400	632	311	321	607	300	307	574	285	289
60-64	653	312	342	748	361	388	604	292	312	583	283	299
65-69	543	249	294	609	282	327	700	329	371	568	269	300
70-74	421	180	242	488	215	273	550	246	304	637	289	347
75-79	427	166	261	355	143	212	415	173	242	471	200	271
80+	…	…	…	…	…	…	…	…	…	…	…	…
80-84	347	122	225	320	115	205	270	101	169	318	123	194
85-89	171	53	118	213	67	146	200	64	135	171	57	113
90-94	70	19	52	77	21	56	98	27	71	94	26	68
95-99	17	4	13	21	5	16	23	5	18	30	7	23
100+	3	1	2	3	1	2	4	1	3	5	1	4

年齢	2055			2060		
	総数	男	女	総数	男	女
総数	7 075	3 408	3 668	6 674	3 218	3 456
0-4	211	108	102	188	97	91
5-9	237	122	115	211	109	103
10-14	255	131	124	238	122	115
15-19	265	136	129	258	133	126
20-24	276	141	134	270	138	131
25-29	292	149	142	280	144	137
30-34	335	172	164	295	151	144
35-39	394	202	193	337	172	165
40-44	480	245	235	394	201	193
45-49	502	255	247	477	243	234
50-54	483	244	239	495	251	245
55-59	483	241	242	473	237	236
60-64	553	271	282	468	231	237
65-69	551	262	288	525	253	273
70-74	520	239	281	507	235	272
75-79	550	239	311	453	200	253
80+	…	…	…	…	…	…
80-84	365	145	220	431	177	255
85-89	204	72	133	239	87	152
90-94	82	24	58	101	31	70
95-99	30	7	23	27	7	21
100+	6	1	5	6	1	5

Iceland

性・年齢別人口（千人）

年齢	1960			1965			1970			1975		
	総数	男	女	総数	男	女	総数	男	女	総数	男	女
総数	176	89	87	192	97	95	204	103	101	218	110	108
0-4	23	12	11	23	12	11	21	11	10	21	11	10
5-9	20	10	10	23	12	11	23	12	11	21	11	10
10-14	18	9	9	20	10	10	23	12	11	23	12	11
15-19	14	7	7	18	9	9	20	10	10	22	12	11
20-24	11	6	6	14	7	7	17	9	8	20	10	9
25-29	12	6	6	11	6	6	14	7	7	17	9	8
30-34	12	6	6	12	6	6	11	6	5	13	7	7
35-39	11	6	5	12	6	6	12	6	6	11	5	5
40-44	10	5	5	11	5	5	11	6	6	11	6	6
45-49	9	4	4	9	5	5	10	5	5	11	6	5
50-54	8	4	4	9	4	4	9	5	5	10	5	5
55-59	7	4	4	8	4	4	8	4	4	9	4	4
60-64	6	3	3	7	3	3	7	4	4	8	4	4
65-69	5	3	3	6	3	3	6	3	3	7	3	3
70-74	4	2	2	5	2	3	5	2	3	5	3	3
75-79	2	1	1	3	1	2	4	2	2	4	2	2
80+	2	1	2	3	1	2	3	1	2	4	2	2
80-84	...	...	...	...	...	...	...	...	...	...	...	...
85-89	...	...	...	...	...	...	...	...	...	...	...	...
90-94	...	...	...	...	...	...	...	...	...	...	...	...
95-99	...	...	...	...	...	...	...	...	...	...	...	...
100+	...	...	...	...	...	...	...	...	...	...	...	...

年齢	1980			1985			1990			1995		
	総数	男	女	総数	男	女	総数	男	女	総数	男	女
総数	228	115	113	241	121	120	255	128	127	267	134	133
0-4	21	11	10	21	11	10	21	11	10	23	12	11
5-9	21	11	10	21	11	10	21	11	10	21	11	10
10-14	21	11	10	21	11	10	21	11	10	21	11	10
15-19	23	12	11	21	11	10	21	11	10	21	11	10
20-24	21	11	10	22	11	11	21	11	10	21	11	10
25-29	19	10	9	21	11	10	22	11	11	20	10	10
30-34	16	9	8	19	10	9	21	11	10	21	11	11
35-39	13	7	6	16	9	8	19	10	9	21	11	10
40-44	11	5	5	13	7	6	16	8	8	19	10	9
45-49	11	6	6	10	5	5	13	7	6	16	8	8
50-54	11	5	5	11	5	5	10	5	5	13	6	6
55-59	10	5	5	11	5	5	11	5	5	10	5	5
60-64	8	4	4	9	5	5	10	5	5	10	5	5
65-69	7	3	4	8	4	4	9	4	5	10	5	5
70-74	6	3	3	6	3	3	7	3	4	8	4	4
75-79	4	2	2	5	2	3	5	2	3	6	3	3
80+	5	2	3	6	2	4	...	...	...	...	...	...
80-84	...	...	...	...	...	...	3	1	2	4	2	2
85-89	...	...	...	...	...	...	2	1	1	2	1	1
90-94	...	...	...	...	...	...	1	0	1	1	0	1
95-99	...	...	...	...	...	...	0	0	0	0	0	0
100+	...	...	...	...	...	...	0	0	0	0	0	0

年齢	2000			2005			2010			2015		
	総数	男	女	総数	男	女	総数	男	女	総数	男	女
総数	281	141	140	297	149	148	318	160	158	329	165	164
0-4	21	11	11	21	11	10	23	12	11	23	12	11
5-9	23	12	11	21	11	11	21	11	10	23	12	11
10-14	21	11	10	23	12	11	22	11	11	21	10	10
15-19	21	11	11	22	11	11	24	12	11	22	11	11
20-24	21	11	11	22	11	11	23	12	11	25	13	12
25-29	21	11	10	21	11	11	24	12	12	22	11	11
30-34	20	10	10	21	11	11	23	12	11	24	12	12
35-39	21	11	11	21	11	10	22	11	11	21	11	10
40-44	21	11	10	22	11	11	21	11	10	21	11	10
45-49	19	9	9	21	11	10	22	11	11	21	10	11
50-54	16	8	8	19	10	9	21	11	10	22	11	11
55-59	12	6	6	16	8	8	18	9	9	21	10	10
60-64	10	5	5	12	6	6	15	8	8	18	9	9
65-69	10	5	5	9	5	5	11	6	6	15	8	7
70-74	9	4	5	9	4	5	9	4	4	10	5	5
75-79	7	3	4	7	3	4	8	4	4	7	4	4
80+	...	...	...	...	...	...	...	...	...	...	...	...
80-84	4	2	2	5	2	3	6	3	3	6	3	4
85-89	2	1	1	3	1	2	3	1	2	4	2	2
90-94	1	0	1	1	0	1	1	0	1	2	1	1
95-99	0	0	0	0	0	0	0	0	0	0	0	0
100+	0	0	0	0	0	0	0	0	0	0	0	0

性・年齢別人口（千人）

年齢	2015			2020			2025			2030		
	総数	男	女	総数	男	女	総数	男	女	総数	男	女
総数	329	165	164	342	172	171	354	178	176	364	183	181
0-4	23	12	11	22	11	11	22	11	11	21	11	10
5-9	23	12	11	23	12	11	22	11	11	22	11	11
10-14	21	10	10	23	12	11	23	12	11	22	11	11
15-19	22	11	11	21	11	11	23	12	11	23	12	12
20-24	25	13	12	22	11	11	21	11	11	24	12	11
25-29	22	11	11	26	13	12	22	12	11	22	11	11
30-34	24	12	12	23	11	11	26	13	13	23	12	11
35-39	21	11	10	24	12	12	23	12	11	26	13	13
40-44	21	11	10	21	11	11	24	12	12	23	12	11
45-49	21	10	11	21	11	10	21	11	11	24	12	12
50-54	22	11	11	21	10	11	21	11	10	21	11	11
55-59	21	10	10	22	11	11	21	10	11	21	10	10
60-64	18	9	9	20	10	10	21	10	11	20	10	10
65-69	15	8	7	17	9	9	20	10	10	20	10	10
70-74	10	5	5	14	7	7	16	8	8	19	9	9
75-79	7	4	4	9	4	5	13	6	6	15	7	8
80+	…	…	…	…	…	…	…	…	…	…	…	…
80-84	6	3	4	6	3	3	8	4	4	11	5	5
85-89	4	2	2	4	2	3	4	2	2	6	2	3
90-94	2	1	1	2	1	1	2	1	1	2	1	1
95-99	0	0	0	0	0	0	1	0	0	1	0	0
100+	0	0	0	0	0	0	0	0	0	0	0	0

年齢	2035			2040			2045			2050		
	総数	男	女	総数	男	女	総数	男	女	総数	男	女
総数	373	187	186	380	191	189	385	193	192	389	195	193
0-4	20	10	10	20	10	10	21	10	10	20	10	10
5-9	21	11	10	21	10	10	20	10	10	21	10	10
10-14	22	11	11	21	11	10	21	10	10	21	10	10
15-19	22	11	11	22	11	11	21	11	11	21	11	10
20-24	24	12	12	22	11	11	22	11	11	22	11	11
25-29	24	12	12	24	12	12	23	11	11	22	11	11
30-34	22	11	11	24	12	12	24	12	12	23	12	11
35-39	23	12	11	22	11	11	24	12	12	24	12	12
40-44	26	13	13	23	12	11	22	11	11	24	12	12
45-49	23	12	11	26	13	13	23	12	11	22	11	11
50-54	24	12	12	23	12	11	26	13	13	23	12	11
55-59	21	10	10	24	12	12	23	11	11	26	13	13
60-64	21	10	10	21	10	10	24	12	12	22	11	11
65-69	20	10	10	20	10	10	20	10	10	23	12	11
70-74	20	10	10	19	9	10	19	10	10	19	10	10
75-79	17	8	9	18	9	9	18	9	9	18	9	9
80+	…	…	…	…	…	…	…	…	…	…	…	…
80-84	13	6	7	15	7	8	16	8	8	16	7	8
85-89	8	4	4	9	4	5	11	5	6	12	6	7
90-94	3	1	2	4	2	2	6	2	3	7	3	4
95-99	1	0	1	1	0	1	2	1	1	2	1	1
100+	0	0	0	0	0	0	0	0	0	0	0	0

年齢	2055			2060		
	総数	男	女	総数	男	女
総数	391	197	195	393	198	195
0-4	20	10	10	20	10	10
5-9	20	10	10	20	10	10
10-14	21	11	10	21	10	10
15-19	21	11	10	21	11	10
20-24	21	11	10	21	11	10
25-29	22	11	11	21	11	11
30-34	23	12	11	22	11	11
35-39	23	12	11	23	12	11
40-44	24	12	12	23	12	11
45-49	24	13	12	24	12	12
50-54	22	11	11	24	13	12
55-59	23	12	11	22	11	11
60-64	26	13	12	23	12	11
65-69	22	11	11	25	13	12
70-74	22	11	11	21	11	11
75-79	18	9	9	21	11	10
80+	…	…	…	…	…	…
80-84	16	8	8	16	8	8
85-89	12	6	7	13	6	7
90-94	8	3	4	8	3	4
95-99	3	1	2	3	1	2
100+	1	0	0	1	0	1

性・年齢別人口（千人）

年齢	2015			2020			2025			2030		
	総数	男	女	総数	男	女	総数	男	女	総数	男	女
総数	329	165	164	345	173	172	361	182	180	378	190	188
0-4	23	12	11	25	13	12	26	13	13	27	14	13
5-9	23	12	11	23	12	11	25	13	12	26	13	13
10-14	21	10	10	23	12	11	23	12	11	25	13	12
15-19	22	11	11	21	11	11	23	12	11	23	12	12
20-24	25	13	12	22	11	11	21	11	11	24	12	11
25-29	22	11	11	26	13	12	22	12	11	22	11	11
30-34	24	12	12	23	11	11	26	13	13	23	12	11
35-39	21	11	10	24	12	12	23	12	11	26	13	13
40-44	21	11	10	21	11	11	24	12	12	23	12	11
45-49	21	10	11	21	11	10	21	11	11	24	12	12
50-54	22	11	11	21	10	11	21	11	10	21	11	11
55-59	21	10	10	22	11	11	21	10	11	21	10	10
60-64	18	9	9	20	10	10	21	10	11	20	10	10
65-69	15	8	7	17	9	9	20	10	10	20	10	10
70-74	10	5	5	14	7	7	16	8	8	19	9	9
75-79	7	4	4	9	4	5	13	6	6	15	7	8
80+	…	…	…	…	…	…	…	…	…	…	…	…
80-84	6	3	4	6	3	3	8	4	4	11	5	5
85-89	4	2	2	4	2	3	4	2	2	6	2	3
90-94	2	1	1	2	1	1	2	1	1	2	1	1
95-99	0	0	0	0	0	0	1	0	0	1	0	0
100+	0	0	0	0	0	0	0	0	0	0	0	0

年齢	2035			2040			2045			2050		
	総数	男	女	総数	男	女	総数	男	女	総数	男	女
総数	392	197	195	404	203	201	416	209	207	428	215	213
0-4	26	13	13	26	13	13	27	14	13	28	14	14
5-9	27	14	13	26	13	13	26	13	13	27	14	13
10-14	26	13	13	27	14	13	26	13	13	26	13	13
15-19	25	13	12	27	13	13	27	14	13	26	13	13
20-24	24	12	12	25	13	12	27	14	13	27	14	13
25-29	24	12	12	24	12	12	25	13	13	27	14	13
30-34	22	11	11	24	12	12	24	12	12	26	13	13
35-39	23	12	11	22	11	11	24	12	12	24	12	12
40-44	26	13	13	23	12	11	22	11	11	24	12	12
45-49	23	12	11	26	13	13	23	12	11	22	11	11
50-54	24	12	12	23	12	11	26	13	13	23	12	11
55-59	21	10	10	24	12	12	23	11	11	26	13	13
60-64	21	10	10	21	10	10	24	12	12	22	11	11
65-69	20	10	10	20	10	10	20	10	10	23	12	11
70-74	20	10	10	19	9	10	19	10	10	19	10	10
75-79	17	8	9	18	9	9	18	9	9	18	9	9
80+	…	…	…	…	…	…	…	…	…	…	…	…
80-84	13	6	7	15	7	8	16	8	8	16	7	8
85-89	8	4	4	9	4	5	11	5	6	12	6	7
90-94	3	1	2	4	2	2	6	2	3	7	3	4
95-99	1	0	1	1	0	1	2	1	1	2	1	1
100+	0	0	0	0	0	0	0	0	0	0	0	0

年齢	2055			2060		
	総数	男	女	総数	男	女
総数	440	221	218	452	228	224
0-4	30	15	15	30	16	15
5-9	28	14	14	30	15	15
10-14	27	14	13	28	14	14
15-19	27	13	13	27	14	13
20-24	27	14	13	27	14	13
25-29	28	14	14	27	14	13
30-34	27	14	13	28	14	14
35-39	26	13	13	27	14	13
40-44	24	12	12	26	13	13
45-49	24	13	12	24	12	12
50-54	22	11	11	24	13	12
55-59	23	12	11	22	11	11
60-64	26	13	11	23	12	11
65-69	22	11	11	25	13	12
70-74	22	11	11	21	11	11
75-79	18	9	9	21	11	10
80+	…	…	…	…	…	…
80-84	16	8	8	16	8	8
85-89	12	6	7	13	6	7
90-94	8	3	4	8	3	4
95-99	3	1	2	3	1	2
100+	1	0	0	1	0	1

性・年齢別人口（千人）

年齢	2015 総数	男	女	2020 総数	男	女	2025 総数	男	女	2030 総数	男	女
総数	329	165	164	339	170	169	347	174	173	351	176	175
0-4	23	12	11	19	10	9	17	9	8	15	8	8
5-9	23	12	11	23	12	11	19	10	9	17	9	8
10-14	21	10	10	23	12	11	23	12	11	19	10	9
15-19	22	11	11	21	11	11	23	12	11	23	12	12
20-24	25	13	12	22	11	11	21	11	11	24	12	11
25-29	22	11	11	26	13	12	22	12	11	22	11	11
30-34	24	12	12	23	11	11	26	13	13	23	12	11
35-39	21	11	10	24	12	12	23	12	11	26	13	13
40-44	21	11	10	21	11	11	24	12	12	23	12	11
45-49	21	10	11	21	11	10	21	11	11	24	12	12
50-54	22	11	11	21	10	11	21	11	10	21	11	11
55-59	21	10	10	22	11	11	21	10	11	21	10	10
60-64	18	9	9	20	10	10	21	10	11	20	10	10
65-69	15	8	7	17	9	9	20	10	10	20	10	10
70-74	10	5	5	14	7	7	16	8	8	19	9	9
75-79	7	4	4	9	4	5	13	6	6	15	7	8
80+	…	…	…	…	…	…	…	…	…	…	…	…
80-84	6	3	4	6	3	3	8	4	4	11	5	5
85-89	4	2	2	4	2	3	4	2	2	6	2	3
90-94	2	1	1	2	1	1	2	1	1	2	1	1
95-99	0	0	0	0	0	0	1	0	0	1	0	0
100+	0	0	0	0	0	0	0	0	0	0	0	0

年齢	2035 総数	男	女	2040 総数	男	女	2045 総数	男	女	2050 総数	男	女
総数	354	178	176	355	178	177	354	178	177	351	176	175
0-4	15	8	7	15	7	7	14	7	7	13	7	7
5-9	15	8	8	15	8	7	15	8	7	14	7	7
10-14	17	9	8	16	8	8	15	8	7	15	8	7
15-19	19	10	9	17	9	9	16	8	8	15	8	8
20-24	24	12	12	20	10	10	18	9	9	16	8	8
25-29	24	12	12	24	12	12	20	10	10	18	9	9
30-34	22	11	11	24	12	12	24	12	12	20	10	10
35-39	23	12	11	22	11	11	24	12	12	24	12	12
40-44	26	13	13	23	12	11	22	11	11	24	12	12
45-49	23	12	11	26	13	13	23	12	11	22	11	11
50-54	24	12	12	23	12	11	26	13	13	23	12	11
55-59	21	10	10	24	12	12	23	11	11	26	13	13
60-64	21	10	10	21	10	10	24	12	12	22	11	11
65-69	20	10	10	20	10	10	20	10	10	23	12	11
70-74	20	10	10	19	9	10	19	10	10	19	10	10
75-79	17	8	9	18	9	9	18	9	9	18	9	9
80+	…	…	…	…	…	…	…	…	…	…	…	…
80-84	13	6	7	15	7	8	16	8	8	16	7	8
85-89	8	4	4	9	4	5	11	5	6	12	6	7
90-94	3	1	2	4	2	2	6	2	3	7	3	4
95-99	1	0	1	1	0	1	2	1	1	2	1	1
100+	0	0	0	0	0	0	0	0	0	0	0	0

年齢	2055 総数	男	女	2060 総数	男	女
総数	346	174	172	339	170	169
0-4	12	6	6	11	6	5
5-9	14	7	7	12	6	6
10-14	15	7	7	14	7	7
15-19	15	8	7	15	7	7
20-24	15	8	8	15	8	8
25-29	16	8	8	16	8	8
30-34	18	9	9	16	8	8
35-39	20	10	10	18	9	9
40-44	24	12	12	20	10	10
45-49	24	13	12	24	12	12
50-54	22	11	11	24	13	12
55-59	23	12	11	22	11	11
60-64	26	13	12	23	12	11
65-69	22	11	11	25	13	12
70-74	22	11	11	21	11	11
75-79	18	9	9	21	11	10
80+	…	…	…	…	…	…
80-84	16	8	8	16	8	8
85-89	12	6	7	13	6	7
90-94	8	3	4	8	3	4
95-99	3	1	2	3	1	2
100+	1	0	0	1	0	1

性・年齢別人口（千人）

年齢	1960			1965			1970			1975		
	総数	男	女	総数	男	女	総数	男	女	総数	男	女
総数	449 662	232 026	217 636	497 920	257 474	240 446	553 943	286 815	267 128	621 704	322 146	299 558
0-4	72 872	37 483	35 390	79 770	41 013	38 757	86 413	44 434	41 978	94 752	48 773	45 980
5-9	60 993	31 671	29 322	67 324	34 925	32 399	74 272	38 480	35 791	81 353	42 121	39 232
10-14	47 354	24 222	23 132	59 117	30 795	28 322	65 599	34 127	31 472	73 003	37 911	35 092
15-19	41 594	21 240	20 355	46 132	23 618	22 514	57 935	30 217	27 718	64 866	33 795	31 071
20-24	38 924	19 701	19 222	40 326	20 589	19 737	45 034	23 088	21 946	57 176	29 889	27 287
25-29	34 879	17 802	17 078	37 506	19 014	18 492	39 179	20 061	19 118	44 381	22 844	21 538
30-34	30 716	16 058	14 658	33 373	17 112	16 261	36 244	18 459	17 785	38 447	19 789	18 657
35-39	26 693	14 094	12 599	29 120	15 321	13 799	32 015	16 501	15 514	35 317	18 071	17 246
40-44	23 167	12 239	10 929	25 023	13 297	11 725	27 677	14 621	13 056	30 929	15 976	14 953
45-49	19 638	10 317	9 320	21 375	11 347	10 028	23 441	12 480	10 961	26 392	13 930	12 462
50-54	16 566	8 679	7 887	17 729	9 325	8 404	19 603	10 390	9 213	21 907	11 624	10 283
55-59	12 542	6 622	5 920	14 536	7 593	6 943	15 803	8 269	7 534	17 791	9 369	8 422
60-64	9 961	5 129	4 832	10 491	5 514	4 977	12 349	6 407	5 942	13 664	7 084	6 580
65-69	6 106	3 145	2 961	7 738	3 968	3 770	8 284	4 331	3 953	9 955	5 115	4 840
70-74	4 335	2 113	2 222	4 277	2 178	2 099	5 538	2 808	2 730	6 073	3 131	2 942
75-79	1 890	908	982	2 641	1 256	1 386	2 677	1 333	1 343	3 561	1 767	1 794
80+	1 431	604	827	1 441	608	833	1 881	809	1 072	2 137	958	1 179
80-84	...	...	...	...	...	...	...	...	...	...	...	...
85-89	...	...	...	...	...	...	...	...	...	...	...	...
90-94	...	...	...	...	...	...	...	...	...	...	...	...
95-99	...	...	...	...	...	...	...	...	...	...	...	...
100+	...	...	...	...	...	...	...	...	...	...	...	...

年齢	1980			1985			1990			1995		
	総数	男	女	総数	男	女	総数	男	女	総数	男	女
総数	697 230	361 087	336 143	782 085	404 816	377 269	870 602	450 560	420 042	960 875	497 499	463 376
0-4	103 492	53 274	50 218	115 021	59 348	55 673	121 482	62 875	58 607	124 437	65 016	59 420
5-9	89 984	46 595	43 389	99 093	51 278	47 815	110 874	57 470	53 404	117 847	61 230	56 617
10-14	80 155	41 568	38 587	88 769	46 032	42 737	97 859	50 710	47 149	109 671	56 902	52 769
15-19	72 245	37 569	34 677	79 349	41 205	38 143	87 892	45 639	42 253	96 937	50 284	46 653
20-24	63 987	33 427	30 560	71 256	37 157	34 100	78 256	40 748	37 508	86 708	45 119	41 589
25-29	56 285	29 527	26 758	62 989	33 007	29 982	70 137	36 669	33 468	77 034	40 178	36 855
30-34	43 608	22 522	21 086	55 333	29 091	26 242	61 939	32 502	29 437	68 991	36 076	32 915
35-39	37 616	19 399	18 217	42 739	22 086	20 653	54 267	28 524	25 743	60 801	31 863	28 938
40-44	34 312	17 546	16 766	36 642	18 866	17 777	41 687	21 495	20 191	53 026	27 790	25 236
45-49	29 717	15 293	14 424	33 079	16 836	16 243	35 386	18 127	17 258	40 375	20 704	19 671
50-54	24 891	13 057	11 834	28 134	14 371	13 764	31 380	15 844	15 535	33 720	17 128	16 592
55-59	20 075	10 552	9 523	22 897	11 882	11 014	25 944	13 103	12 841	29 148	14 542	14 606
60-64	15 547	8 080	7 468	17 597	9 113	8 484	20 129	10 287	9 842	23 095	11 474	11 621
65-69	11 168	5 693	5 474	12 730	6 491	6 239	14 436	7 331	7 105	16 807	8 406	8 401
70-74	7 427	3 737	3 690	8 355	4 169	4 186	9 534	4 763	4 771	11 062	5 489	5 573
75-79	3 967	1 998	1 969	4 869	2 398	2 471	5 490	2 688	2 802	6 471	3 158	3 313
80+	2 754	1 251	1 502	3 234	1 487	1 746	...	...	...	...	...	...
80-84	...	...	...	...	...	...	2 672	1 260	1 411	3 146	1 471	1 676
85-89	...	...	...	...	...	...	931	411	520	1 216	526	690
90-94	...	...	...	...	...	...	262	99	163	314	122	192
95-99	...	...	...	...	...	...	41	13	29	61	19	42
100+	...	...	...	...	...	...	6	1	5	7	2	5

年齢	2000			2005			2010			2015		
	総数	男	女	総数	男	女	総数	男	女	総数	男	女
総数	1 053 481	545 691	507 790	1 144 326	593 104	551 223	1 230 985	638 355	592 630	1 311 051	679 548	631 502
0-4	127 649	67 024	60 625	129 592	68 284	61 308	128 485	67 698	60 787	123 711	65 115	58 596
5-9	121 456	63 662	57 793	125 166	65 864	59 301	127 620	67 353	60 267	126 965	66 946	60 019
10-14	116 797	60 722	56 075	120 409	63 138	57 272	124 199	65 378	58 820	126 750	66 884	59 866
15-19	108 767	56 474	52 293	115 770	60 225	55 545	119 398	62 650	56 748	123 348	64 948	58 400
20-24	95 770	49 754	46 016	107 344	55 804	51 540	114 298	59 528	54 770	118 192	62 054	56 138
25-29	85 475	44 516	40 959	94 267	48 986	45 282	105 720	54 965	50 755	112 815	58 725	54 090
30-34	75 867	39 545	36 322	84 075	43 720	40 355	92 783	48 131	44 652	104 215	54 067	50 147
35-39	67 808	35 384	32 424	74 499	38 714	35 786	82 608	42 812	39 796	91 289	47 174	44 116
40-44	59 513	31 076	28 438	66 352	34 471	31 881	72 947	37 726	35 221	81 019	41 765	39 254
45-49	51 499	26 835	24 663	57 836	30 017	27 819	64 556	33 329	31 227	71 119	36 526	34 592
50-54	38 653	19 648	19 004	49 406	25 526	23 880	55 625	28 627	26 998	62 296	31 877	30 419
55-59	31 544	15 832	15 712	36 313	18 250	18 063	46 627	23 835	22 792	52 777	26 851	25 927
60-64	26 261	12 889	13 372	28 620	14 163	14 457	33 174	16 469	16 706	42 923	21 659	21 263
65-69	19 629	9 534	10 095	22 542	10 851	11 692	24 785	12 078	12 707	29 039	14 200	14 838
70-74	13 165	6 420	6 746	15 547	7 387	8 161	18 039	8 530	9 509	20 109	9 612	10 497
75-79	7 737	3 736	4 001	9 329	4 446	4 883	11 158	5 203	5 955	13 195	6 086	7 109
80+	...	...	...	...	...	...	...	...	...	...	...	...
80-84	3 860	1 795	2 064	4 694	2 179	2 515	5 755	2 661	3 095	7 112	3 218	3 894
85-89	1 507	648	858	1 887	822	1 064	2 340	1 036	1 304	3 016	1 351	1 666
90-94	436	168	269	552	217	335	705	288	416	934	401	534
95-99	79	26	53	111	38	73	143	52	91	198	79	119
100+	10	3	8	14	4	10	19	6	13	27	10	18

性・年齢別人口（千人）

年齢	2015 総数	男	女	2020 総数	男	女	2025 総数	男	女	2030 総数	男	女
総数	1 311 051	679 548	631 502	1 388 859	719 387	669 472	1 461 625	756 313	705 312	1 527 658	789 429	738 229
0-4	123 711	65 115	58 596	123 938	65 145	58 793	122 777	64 412	58 365	120 528	63 086	57 442
5-9	126 965	66 946	60 019	122 564	64 556	58 008	122 989	64 683	58 306	121 988	64 028	57 960
10-14	126 750	66 884	59 866	126 329	66 615	59 715	122 027	64 276	57 751	122 511	64 432	58 079
15-19	123 348	64 948	58 400	126 041	66 532	59 510	125 710	66 304	59 405	121 476	63 993	57 483
20-24	118 192	62 054	56 138	122 258	64 402	57 857	125 067	66 036	59 031	124 819	65 835	58 984
25-29	112 815	58 725	54 090	116 926	61 353	55 572	121 109	63 757	57 353	123 991	65 411	58 580
30-34	104 215	54 067	50 147	111 542	57 951	53 591	115 764	60 635	55 129	120 007	63 053	56 954
35-39	91 289	47 174	44 116	102 821	53 164	49 657	110 229	57 091	53 138	114 509	59 788	54 720
40-44	81 019	41 765	39 254	89 744	46 150	43 594	101 272	52 132	49 141	108 699	56 050	52 648
45-49	71 119	36 526	34 592	79 179	40 554	38 625	87 896	44 930	42 966	99 340	50 837	48 503
50-54	62 296	31 877	30 419	68 822	35 047	33 775	76 820	39 029	37 790	85 456	43 342	42 115
55-59	52 777	26 851	25 927	59 318	30 013	29 304	65 742	33 114	32 628	73 604	37 004	36 601
60-64	42 923	21 659	21 263	48 837	24 525	24 312	55 132	27 531	27 601	61 393	30 534	30 859
65-69	29 039	14 200	14 838	37 849	18 812	19 037	43 343	21 422	21 921	49 293	24 241	25 052
70-74	20 109	9 612	10 497	23 809	11 414	12 395	31 309	15 241	16 068	36 240	17 559	18 681
75-79	13 195	6 086	7 109	14 921	6 957	7 964	17 880	8 350	9 530	23 827	11 318	12 510
80+	…	…	…	…	…	…	…	…	…	…	…	…
80-84	7 112	3 218	3 894	8 576	3 839	4 737	9 836	4 449	5 387	11 968	5 428	6 540
85-89	3 016	1 351	1 666	3 828	1 683	2 145	4 692	2 042	2 650	5 461	2 402	3 059
90-94	934	401	534	1 243	544	699	1 605	692	913	1 992	849	1 144
95-99	198	79	119	272	116	157	368	161	207	478	205	273
100+	27	10	18	40	16	24	57	25	32	78	34	43

年齢	2035 総数	男	女	2040 総数	男	女	2045 総数	男	女	2050 総数	男	女
総数	1 585 350	817 977	767 373	1 633 728	841 352	792 376	1 673 619	860 257	813 362	1 705 333	875 017	830 316
0-4	116 829	60 983	55 846	112 414	58 520	53 894	109 044	56 644	52 400	106 137	55 131	51 006
5-9	119 875	62 767	57 108	116 270	60 709	55 561	111 929	58 283	53 646	108 613	56 433	52 180
10-14	121 567	63 803	57 764	119 489	62 560	56 929	115 917	60 521	55 396	111 600	58 109	53 491
15-19	122 015	64 170	57 844	121 103	63 559	57 544	119 056	62 334	56 722	115 508	60 309	55 198
20-24	120 689	63 567	57 122	121 269	63 767	57 502	120 400	63 182	57 219	118 390	61 980	56 410
25-29	123 842	65 252	58 591	119 786	63 030	56 756	120 413	63 261	57 152	119 587	62 705	56 882
30-34	122 967	64 739	58 228	122 879	64 620	58 258	118 904	62 456	56 448	119 576	62 720	56 856
35-39	118 822	62 235	56 587	121 835	63 957	57 878	121 826	63 897	57 929	117 950	61 804	56 145
40-44	113 051	58 775	54 276	117 416	61 256	56 160	120 498	63 028	57 470	120 587	63 041	57 546
45-49	106 789	54 754	52 035	111 198	57 509	53 689	115 629	60 035	55 594	118 800	61 870	56 930
50-54	96 788	49 162	47 626	104 233	53 069	51 164	108 721	55 867	52 853	113 238	58 449	54 789
55-59	82 129	41 239	40 890	93 277	46 929	46 349	100 716	50 825	49 891	105 305	53 671	51 634
60-64	69 058	34 303	34 756	77 406	38 411	38 995	88 288	43 924	44 364	95 708	47 788	47 919
65-69	55 295	27 105	28 191	62 662	30 671	31 991	70 727	34 599	36 128	81 192	39 839	41 353
70-74	41 660	20 107	21 553	47 267	22 719	24 548	54 134	25 986	28 148	61 709	29 611	32 097
75-79	27 970	13 241	14 729	32 663	15 370	17 293	37 611	17 615	19 995	43 676	20 422	23 254
80+	…	…	…	…	…	…	…	…	…	…	…	…
80-84	16 198	7 487	8 712	19 390	8 896	10 494	23 069	10 501	12 568	27 037	12 230	14 807
85-89	6 753	2 981	3 772	9 343	4 174	5 169	11 428	5 045	6 383	13 885	6 057	7 828
90-94	2 352	1 012	1 340	2 978	1 270	1 708	4 215	1 806	2 410	5 278	2 216	3 061
95-99	599	252	346	722	302	420	934	382	552	1 351	549	803
100+	101	44	57	129	54	75	159	65	94	207	82	125

年齢	2055 総数	男	女	2060 総数	男	女
総数	1 729 354	886 166	843 188	1 745 182	893 441	851 741
0-4	103 155	53 579	49 576	99 756	51 812	47 944
5-9	105 757	54 945	50 812	102 819	53 415	49 403
10-14	108 314	56 276	52 038	105 486	54 804	50 682
15-19	111 229	57 919	53 310	107 978	56 106	51 872
20-24	114 905	59 994	54 912	110 685	57 638	53 047
25-29	117 653	61 555	56 098	114 240	59 616	54 624
30-34	118 831	62 224	56 606	116 972	61 130	55 843
35-39	118 711	62 140	56 572	118 054	61 712	56 342
40-44	116 867	61 068	55 799	117 728	61 482	56 246
45-49	119 047	62 004	57 043	115 511	60 168	55 343
50-54	116 558	60 394	56 165	116 999	60 669	56 330
55-59	109 974	56 356	53 618	113 478	58 426	55 052
60-64	100 480	50 730	49 750	105 340	53 529	51 812
65-69	88 603	43 688	44 916	93 588	46 720	46 868
70-74	71 558	34 492	37 066	78 824	38 238	40 586
75-79	50 499	23 637	26 862	59 339	27 948	31 392
80+	…	…	…	…	…	…
80-84	31 973	14 451	17 522	37 613	17 043	20 570
85-89	16 633	7 202	9 431	20 090	8 692	11 397
90-94	6 573	2 714	3 859	8 069	3 297	4 772
95-99	1 734	683	1 051	2 216	851	1 365
100+	300	115	184	398	147	251

India

性・年齢別人口（千人）

年齢	2015			2020			2025			2030		
	総数	男	女	総数	男	女	総数	男	女	総数	男	女
総数	1 311 051	679 548	631 502	1 402 091	726 342	675 749	1 496 797	774 781	722 016	1 590 921	822 604	768 317
0-4	123 711	65 115	58 596	137 170	72 100	65 070	144 802	75 967	68 835	148 766	77 866	70 900
5-9	126 965	66 946	60 019	122 564	64 556	58 008	136 136	71 597	64 539	143 899	75 528	68 371
10-14	126 750	66 884	59 866	126 329	66 615	59 715	122 027	64 276	57 751	135 626	71 328	64 298
15-19	123 348	64 948	58 400	126 041	66 532	59 510	125 710	66 304	59 405	121 476	63 993	57 483
20-24	118 192	62 054	56 138	122 258	64 402	57 857	125 067	66 036	59 031	124 819	65 835	58 984
25-29	112 815	58 725	54 090	116 926	61 353	55 572	121 109	63 757	57 353	123 991	65 411	58 580
30-34	104 215	54 067	50 147	111 542	57 951	53 591	115 764	60 635	55 129	120 007	63 053	56 954
35-39	91 289	47 174	44 116	102 821	53 164	49 657	110 229	57 091	53 138	114 509	59 788	54 720
40-44	81 019	41 765	39 254	89 744	46 150	43 594	101 272	52 132	49 141	108 699	56 050	52 648
45-49	71 119	36 526	34 592	79 179	40 554	38 625	87 896	44 930	42 966	99 340	50 837	48 503
50-54	62 296	31 877	30 419	68 822	35 047	33 775	76 820	39 029	37 790	85 456	43 342	42 115
55-59	52 777	26 851	25 927	59 318	30 013	29 304	65 742	33 114	32 628	73 604	37 004	36 601
60-64	42 923	21 659	21 263	48 837	24 525	24 312	55 132	27 531	27 601	61 393	30 534	30 859
65-69	29 039	14 200	14 838	37 849	18 812	19 037	43 343	21 422	21 921	49 293	24 241	25 052
70-74	20 109	9 612	10 497	23 809	11 414	12 395	31 309	15 241	16 068	36 240	17 559	18 681
75-79	13 195	6 086	7 109	14 921	6 957	7 964	17 880	8 350	9 530	23 827	11 318	12 510
80+	…	…	…	…	…	…	…	…	…	…	…	…
80-84	7 112	3 218	3 894	8 576	3 839	4 737	9 836	4 449	5 387	11 968	5 428	6 540
85-89	3 016	1 351	1 666	3 828	1 683	2 145	4 692	2 042	2 650	5 461	2 402	3 059
90-94	934	401	534	1 243	544	699	1 605	692	913	1 992	849	1 144
95-99	198	79	119	272	116	157	368	161	207	478	205	273
100+	27	10	18	40	16	24	57	25	32	78	34	43

年齢	2035			2040			2045			2050		
	総数	男	女	総数	男	女	総数	男	女	総数	男	女
総数	1 677 016	865 979	811 037	1 757 001	905 803	851 198	1 836 286	945 156	891 129	1 916 062	984 852	931 211
0-4	145 429	75 911	69 518	144 272	75 104	69 168	148 772	77 280	71 492	154 646	80 327	74 319
5-9	147 994	77 489	70 505	144 769	75 588	69 181	143 692	74 821	68 870	148 238	77 020	71 218
10-14	143 432	75 277	68 155	147 556	77 253	70 303	144 370	75 375	68 995	143 316	74 622	68 695
15-19	135 097	71 049	64 049	142 919	75 006	67 914	147 068	76 996	70 072	143 911	75 135	68 776
20-24	120 689	63 567	57 122	134 301	70 615	63 686	142 141	74 583	67 558	146 313	76 588	69 725
25-29	123 842	65 252	58 591	119 786	63 030	56 756	133 385	70 070	63 315	141 235	74 046	67 189
30-34	122 967	64 739	58 228	122 879	64 620	58 258	118 904	62 456	56 448	132 481	69 484	62 997
35-39	118 822	62 235	56 587	121 835	63 957	57 878	121 826	63 897	57 929	117 950	61 804	56 145
40-44	113 051	58 775	54 276	117 416	61 256	56 160	120 498	63 028	57 470	120 587	63 041	57 546
45-49	106 789	54 754	52 035	111 198	57 509	53 689	115 629	60 035	55 594	118 800	61 870	56 930
50-54	96 788	49 162	47 626	104 233	53 069	51 164	108 721	55 867	52 853	113 238	58 449	54 789
55-59	82 129	41 239	40 890	93 277	46 929	46 349	100 716	50 825	49 891	105 305	53 671	51 634
60-64	69 058	34 303	34 756	77 406	38 411	38 995	88 288	43 924	44 364	95 708	47 788	47 919
65-69	55 295	27 105	28 191	62 662	30 671	31 991	70 727	34 599	36 128	81 192	39 839	41 353
70-74	41 660	20 107	21 553	47 267	22 719	24 548	54 134	25 986	28 148	61 709	29 611	32 097
75-79	27 970	13 241	14 729	32 663	15 370	17 293	37 611	17 615	19 995	43 676	20 422	23 254
80+	…	…	…	…	…	…	…	…	…	…	…	…
80-84	16 198	7 487	8 712	19 390	8 896	10 494	23 069	10 501	12 568	27 037	12 230	14 807
85-89	6 753	2 981	3 772	9 343	4 174	5 169	11 428	5 045	6 383	13 885	6 057	7 828
90-94	2 352	1 012	1 340	2 978	1 270	1 708	4 215	1 806	2 410	5 278	2 216	3 061
95-99	599	252	346	722	302	420	934	382	552	1 351	549	803
100+	101	44	57	129	54	75	159	65	94	207	82	125

年齢	2055			2060		
	総数	男	女	総数	男	女
総数	1 994 092	1 024 009	970 083	2 066 986	1 060 862	1 006 124
0-4	157 737	81 929	75 809	157 547	81 826	75 720
5-9	154 158	80 090	74 069	157 295	81 714	75 581
10-14	147 889	76 836	71 053	153 834	79 919	73 915
15-19	142 896	74 404	68 492	147 497	76 635	70 862
20-24	143 227	74 771	68 456	142 270	74 075	68 195
25-29	145 469	76 096	69 373	142 464	74 333	68 131
30-34	140 379	73 500	66 878	144 673	75 596	69 077
35-39	131 537	68 850	62 687	139 484	72 909	66 575
40-44	116 867	61 068	55 799	130 457	68 127	62 330
45-49	119 047	62 004	57 043	115 511	60 168	55 343
50-54	116 558	60 394	56 165	116 999	60 669	56 330
55-59	109 974	56 356	53 618	113 478	58 426	55 052
60-64	100 480	50 730	49 750	105 340	53 529	51 812
65-69	88 603	43 688	44 916	93 588	46 720	46 868
70-74	71 558	34 492	37 066	78 824	38 238	40 586
75-79	50 499	23 637	26 862	59 339	27 948	31 392
80+	…	…	…	…	…	…
80-84	31 973	14 451	17 522	37 613	17 043	20 570
85-89	16 633	7 202	9 431	20 090	8 692	11 397
90-94	6 573	2 714	3 859	8 069	3 297	4 772
95-99	1 734	683	1 051	2 216	851	1 365
100+	300	115	184	398	147	251

性・年齢別人口（千人）

年齢	2015 総数	男	女	2020 総数	男	女	2025 総数	男	女	2030 総数	男	女
総数	1 311 051	679 548	631 502	1 375 627	712 432	663 195	1 426 454	737 845	688 609	1 464 395	756 254	708 142
0-4	123 711	65 115	58 596	110 706	58 191	52 516	100 753	52 858	47 894	92 290	48 307	43 983
5-9	126 965	66 946	60 019	122 564	64 556	58 008	109 842	57 770	52 073	100 078	52 529	47 549
10-14	126 750	66 884	59 866	126 329	66 615	59 715	122 027	64 276	57 751	109 397	57 535	51 861
15-19	123 348	64 948	58 400	126 041	66 532	59 510	125 710	66 304	59 405	121 476	63 993	57 483
20-24	118 192	62 054	56 138	122 258	64 402	57 857	125 067	66 036	59 031	124 819	65 835	58 984
25-29	112 815	58 725	54 090	116 926	61 353	55 572	121 109	63 757	57 353	123 991	65 411	58 580
30-34	104 215	54 067	50 147	111 542	57 951	53 591	115 764	60 635	55 129	120 007	63 053	56 954
35-39	91 289	47 174	44 116	102 821	53 164	49 657	110 229	57 091	53 138	114 509	59 788	54 720
40-44	81 019	41 765	39 254	89 744	46 150	43 594	101 272	52 132	49 141	108 699	56 050	52 648
45-49	71 119	36 526	34 592	79 179	40 554	38 625	87 896	44 930	42 966	99 340	50 837	48 503
50-54	62 296	31 877	30 419	68 822	35 047	33 775	76 820	39 029	37 790	85 456	43 342	42 115
55-59	52 777	26 851	25 927	59 318	30 013	29 304	65 742	33 114	32 628	73 604	37 004	36 601
60-64	42 923	21 659	21 263	48 837	24 525	24 312	55 132	27 531	27 601	61 393	30 534	30 859
65-69	29 039	14 200	14 838	37 849	18 812	19 037	43 343	21 422	21 921	49 293	24 241	25 052
70-74	20 109	9 612	10 497	23 809	11 414	12 395	31 309	15 241	16 068	36 240	17 559	18 681
75-79	13 195	6 086	7 109	14 921	6 957	7 964	17 880	8 350	9 530	23 827	11 318	12 510
80+	...	...	...	...	...	...	...	...	...	...	...	...
80-84	7 112	3 218	3 894	8 576	3 839	4 737	9 836	4 449	5 387	11 968	5 428	6 540
85-89	3 016	1 351	1 666	3 828	1 683	2 145	4 692	2 042	2 650	5 461	2 402	3 059
90-94	934	401	534	1 243	544	699	1 605	692	913	1 992	849	1 144
95-99	198	79	119	272	116	157	368	161	207	478	205	273
100+	27	10	18	40	16	24	57	25	32	78	34	43

年齢	2035 総数	男	女	2040 総数	男	女	2045 総数	男	女	2050 総数	男	女
総数	1 493 755	770 012	723 743	1 511 966	777 688	734 278	1 517 202	778 606	738 596	1 509 385	772 862	736 523
0-4	88 300	46 092	42 209	81 997	42 686	39 310	74 060	38 472	35 588	66 174	34 373	31 800
5-9	91 756	48 045	43 711	87 842	45 867	41 975	81 604	42 494	39 110	73 718	38 304	35 414
10-14	99 702	52 329	47 373	91 421	47 867	43 555	87 535	45 704	41 830	81 317	42 343	38 974
15-19	108 932	57 292	51 640	99 286	52 112	47 173	91 044	47 672	43 371	87 176	45 521	41 655
20-24	120 689	63 567	57 122	108 236	56 919	51 318	98 660	51 781	46 879	90 467	47 372	43 096
25-29	123 842	65 252	58 591	119 786	63 030	56 756	107 441	56 452	50 990	97 940	51 364	46 576
30-34	122 967	64 739	58 228	122 879	64 620	58 258	118 904	62 456	56 448	106 672	55 956	50 716
35-39	118 822	62 235	56 587	121 835	63 957	57 878	121 826	63 897	57 929	117 950	61 804	56 145
40-44	113 051	58 775	54 276	117 416	61 256	56 160	120 498	63 028	57 470	120 587	63 041	57 546
45-49	106 789	54 754	52 035	111 198	57 509	53 689	115 629	60 035	55 594	118 800	61 870	56 930
50-54	96 788	49 162	47 626	104 233	53 069	51 164	108 721	55 867	52 853	113 238	58 449	54 789
55-59	82 129	41 239	40 890	93 277	46 929	46 349	100 716	50 825	49 891	105 305	53 671	51 634
60-64	69 058	34 303	34 756	77 406	38 411	38 995	88 288	43 924	44 364	95 708	47 788	47 919
65-69	55 295	27 105	28 191	62 662	30 671	31 991	70 727	34 599	36 128	81 192	39 839	41 353
70-74	41 660	20 107	21 553	47 267	22 719	24 548	54 134	25 986	28 148	61 709	29 611	32 097
75-79	27 970	13 241	14 729	32 663	15 370	17 293	37 611	17 615	19 995	43 676	20 422	23 254
80+	...	...	...	...	...	...	...	...	...	...	...	...
80-84	16 198	7 487	8 712	19 390	8 896	10 494	23 069	10 501	12 568	27 037	12 230	14 807
85-89	6 753	2 981	3 772	9 343	4 174	5 169	11 428	5 045	6 383	13 885	6 057	7 828
90-94	2 352	1 012	1 340	2 978	1 270	1 708	4 215	1 806	2 410	5 278	2 216	3 061
95-99	599	252	346	722	302	420	934	382	552	1 351	549	803
100+	101	44	57	129	54	75	159	65	94	207	82	125

年齢	2055 総数	男	女	2060 総数	男	女
総数	1 490 757	761 904	728 853	1 462 788	746 493	716 295
0-4	59 957	31 143	28 814	55 275	28 710	26 565
5-9	65 883	34 231	31 652	59 705	31 019	28 686
10-14	73 463	38 171	35 292	65 656	34 113	31 543
15-19	80 995	42 180	38 815	73 176	38 028	35 148
20-24	86 655	45 253	41 401	80 528	41 944	38 584
25-29	89 837	47 014	42 823	86 087	44 937	41 150
30-34	97 283	50 949	46 334	89 271	46 663	42 608
35-39	105 885	55 429	50 457	96 624	50 515	46 109
40-44	116 867	61 068	55 799	105 000	54 836	50 163
45-49	119 047	62 004	57 043	115 511	60 168	55 343
50-54	116 558	60 394	56 165	116 999	60 669	56 330
55-59	109 974	56 356	53 618	113 478	58 426	55 052
60-64	100 480	50 730	49 750	105 340	53 529	51 812
65-69	88 603	43 688	44 916	93 588	46 720	46 868
70-74	71 558	34 492	37 066	78 824	38 238	40 586
75-79	50 499	23 637	26 862	59 339	27 948	31 392
80+	...	...	...	...	...	...
80-84	31 973	14 451	17 522	37 613	17 043	20 570
85-89	16 633	7 202	9 431	20 090	8 692	11 397
90-94	6 573	2 714	3 859	8 069	3 297	4 772
95-99	1 734	683	1 051	2 216	851	1 365
100+	300	115	184	398	147	251

性・年齢別人口（千人）

年齢	1960 総数	男	女	1965 総数	男	女	1970 総数	男	女	1975 総数	男	女
総数	87 793	43 637	44 156	100 309	49 940	50 369	114 835	57 246	57 589	130 724	65 241	65 484
0-4	14 900	7 545	7 355	17 154	8 701	8 453	19 241	9 746	9 495	20 773	10 528	10 245
5-9	11 162	5 645	5 516	14 129	7 161	6 969	16 420	8 323	8 097	18 582	9 398	9 184
10-14	8 941	4 373	4 568	11 013	5 574	5 439	13 973	7 083	6 890	16 261	8 243	8 019
15-19	8 569	4 157	4 412	8 833	4 324	4 509	10 905	5 523	5 382	13 849	7 023	6 826
20-24	8 141	3 989	4 152	8 386	4 066	4 320	8 678	4 247	4 431	10 737	5 436	5 301
25-29	7 122	3 514	3 609	7 913	3 872	4 041	8 192	3 968	4 224	8 505	4 158	4 347
30-34	6 022	3 031	2 992	6 897	3 399	3 498	7 704	3 767	3 938	8 005	3 874	4 131
35-39	4 805	2 459	2 346	5 802	2 914	2 888	6 681	3 287	3 394	7 491	3 657	3 833
40-44	4 060	2 056	2 004	4 598	2 343	2 255	5 581	2 793	2 787	6 449	3 164	3 285
45-49	3 710	1 876	1 834	3 851	1 936	1 916	4 380	2 218	2 162	5 334	2 655	2 679
50-54	3 121	1 557	1 564	3 464	1 733	1 732	3 610	1 797	1 813	4 120	2 069	2 051
55-59	2 367	1 148	1 219	2 841	1 397	1 444	3 166	1 563	1 603	3 312	1 629	1 684
60-64	1 727	834	893	2 067	984	1 083	2 496	1 205	1 290	2 795	1 356	1 439
65-69	1 345	630	715	1 413	666	747	1 707	793	914	2 077	979	1 097
70-74	937	439	498	997	453	544	1 059	484	575	1 294	583	711
75-79	546	245	301	591	266	325	640	279	360	690	303	387
80+	317	139	178	360	153	207	403	170	232	450	185	265
80-84	…	…	…	…	…	…	…	…	…	…	…	…
85-89	…	…	…	…	…	…	…	…	…	…	…	…
90-94	…	…	…	…	…	…	…	…	…	…	…	…
95-99	…	…	…	…	…	…	…	…	…	…	…	…
100+	…	…	…	…	…	…	…	…	…	…	…	…

年齢	1980 総数	男	女	1985 総数	男	女	1990 総数	男	女	1995 総数	男	女
総数	147 490	73 681	73 810	165 012	82 501	82 511	181 437	91 116	90 321	196 958	98 526	98 432
0-4	21 964	11 153	10 810	22 826	11 605	11 221	22 253	11 365	10 888	21 891	11 142	10 748
5-9	20 214	10 230	9 984	21 528	10 918	10 610	22 463	11 450	11 012	22 010	11 184	10 826
10-14	18 409	9 309	9 100	20 070	10 153	9 916	21 389	10 885	10 504	22 395	11 363	11 032
15-19	16 114	8 167	7 946	18 276	9 239	9 037	19 924	10 114	9 811	21 228	10 749	10 479
20-24	13 641	6 911	6 730	15 912	8 056	7 857	18 048	9 146	8 902	19 615	9 897	9 718
25-29	10 533	5 325	5 208	13 425	6 791	6 634	15 665	7 947	7 718	17 745	8 931	8 814
30-34	8 321	4 063	4 258	10 343	5 222	5 121	13 192	6 689	6 503	15 391	7 758	7 633
35-39	7 798	3 768	4 030	8 139	3 968	4 171	10 124	5 123	5 000	12 926	6 516	6 410
40-44	7 250	3 530	3 720	7 580	3 654	3 927	7 918	3 867	4 051	9 865	4 964	4 901
45-49	6 182	3 018	3 164	6 982	3 384	3 598	7 309	3 523	3 786	7 646	3 707	3 939
50-54	5 035	2 487	2 548	5 867	2 843	3 024	6 637	3 209	3 428	6 960	3 322	3 638
55-59	3 796	1 884	1 912	4 669	2 280	2 389	5 454	2 626	2 828	6 185	2 950	3 235
60-64	2 942	1 422	1 520	3 398	1 658	1 740	4 195	2 023	2 172	4 919	2 321	2 598
65-69	2 345	1 111	1 234	2 493	1 177	1 317	2 895	1 386	1 509	3 597	1 688	1 908
70-74	1 591	727	864	1 819	835	984	1 951	896	1 055	2 285	1 056	1 229
75-79	856	370	486	1 070	470	601	1 240	548	692	1 350	591	760
80+	499	205	294	614	248	365	…	…	…	…	…	…
80-84	…	…	…	…	…	…	588	245	343	698	289	409
85-89	…	…	…	…	…	…	162	63	99	212	83	129
90-94	…	…	…	…	…	…	27	10	17	36	13	23
95-99	…	…	…	…	…	…	3	1	2	3	1	2
100+	…	…	…	…	…	…	0	0	0	0	0	0

年齢	2000 総数	男	女	2005 総数	男	女	2010 総数	男	女	2015 総数	男	女
総数	211 540	105 868	105 672	226 255	113 587	112 667	241 613	121 773	119 840	257 564	129 688	127 876
0-4	21 307	10 823	10 484	22 222	11 368	10 854	23 058	11 858	11 200	24 864	12 696	12 168
5-9	21 693	11 021	10 672	22 770	11 605	11 165	23 626	12 166	11 460	22 924	11 783	11 140
10-14	21 914	11 129	10 785	22 676	11 568	11 108	23 106	11 850	11 256	23 538	12 119	11 419
15-19	22 252	11 290	10 962	22 142	11 236	10 905	21 289	10 812	10 477	22 937	11 759	11 178
20-24	20 953	10 607	10 346	20 943	10 518	10 425	20 270	10 075	10 196	21 008	10 656	10 352
25-29	19 303	9 728	9 575	20 504	10 296	10 208	21 706	10 836	10 870	19 976	9 913	10 063
30-34	17 454	8 780	8 674	18 774	9 448	9 326	20 183	10 152	10 031	21 409	10 676	10 733
35-39	15 113	7 622	7 491	16 805	8 490	8 315	18 837	9 536	9 301	19 882	9 990	9 892
40-44	12 634	6 375	6 259	14 477	7 308	7 169	16 819	8 497	8 323	18 495	9 348	9 147
45-49	9 551	4 814	4 738	11 584	5 826	5 758	14 287	7 176	7 111	16 407	8 264	8 143
50-54	7 294	3 540	3 754	9 191	4 572	4 619	11 765	5 987	5 778	13 781	6 881	6 899
55-59	6 497	3 096	3 401	7 441	3 705	3 736	8 592	4 494	4 098	11 147	5 611	5 536
60-64	5 613	2 645	2 968	5 869	2 811	3 058	6 153	2 992	3 162	7 869	4 039	3 829
65-69	4 279	1 962	2 317	4 512	2 114	2 398	4 739	2 267	2 472	5 343	2 517	2 826
70-74	2 908	1 302	1 606	3 185	1 424	1 762	3 510	1 563	1 947	3 794	1 736	2 058
75-79	1 650	703	947	1 813	775	1 038	2 024	857	1 168	2 460	1 032	1 428
80+	…	…	…	…	…	…	…	…	…	…	…	…
80-84	812	313	499	965	388	577	1 178	488	690	1 142	448	694
85-89	260	101	159	313	111	202	384	141	243	477	182	296
90-94	49	18	31	62	22	40	78	25	53	98	33	65
95-99	5	2	3	6	2	4	8	3	6	11	3	8
100+	0	0	0	0	0	0	0	0	0	1	0	0

性・年齢別人口（千人）

年齢	2015			2020			2025			2030		
	総数	男	女	総数	男	女	総数	男	女	総数	男	女
総数	257 564	129 688	127 876	271 857	136 695	135 163	284 505	142 793	141 712	295 482	147 976	147 506
0-4	24 864	12 696	12 168	23 902	12 203	11 699	23 172	11 830	11 343	22 628	11 551	11 077
5-9	22 924	11 783	11 140	24 737	12 625	12 112	23 793	12 141	11 652	23 077	11 775	11 302
10-14	23 538	12 119	11 419	22 846	11 742	11 105	24 662	12 584	12 078	23 727	12 105	11 622
15-19	22 937	11 759	11 178	23 378	12 032	11 346	22 697	11 660	11 037	24 515	12 503	12 012
20-24	21 008	10 656	10 352	22 660	11 604	11 057	23 112	11 882	11 230	22 447	11 519	10 928
25-29	19 976	9 913	10 063	20 725	10 498	10 227	22 381	11 446	10 935	22 844	11 730	11 114
30-34	21 409	10 676	10 733	19 714	9 772	9 942	20 472	10 359	10 113	22 132	11 307	10 825
35-39	19 882	9 990	9 892	21 119	10 518	10 600	19 461	9 634	9 827	20 229	10 224	10 006
40-44	18 495	9 348	9 147	19 553	9 808	9 745	20 798	10 340	10 458	19 184	9 480	9 705
45-49	16 407	8 264	8 143	18 078	9 110	8 968	19 145	9 574	9 571	20 396	10 108	10 288
50-54	13 781	6 881	6 899	15 866	7 945	7 922	17 521	8 778	8 743	18 593	9 244	9 349
55-59	11 147	5 611	5 536	13 103	6 471	6 632	15 130	7 494	7 636	16 753	8 304	8 450
60-64	7 869	4 039	3 829	10 266	5 069	5 197	12 123	5 872	6 251	14 053	6 829	7 223
65-69	5 343	2 517	2 826	6 869	3 423	3 446	9 027	4 323	4 704	10 728	5 040	5 689
70-74	3 794	1 736	2 058	4 320	1 946	2 374	5 588	2 670	2 918	7 416	3 401	4 015
75-79	2 460	1 032	1 428	2 691	1 161	1 529	3 103	1 317	1 786	4 049	1 828	2 221
80+	...	...	...	...	...	...	...	...	...	...	...	...
80-84	1 142	448	694	1 414	550	865	1 571	628	942	1 843	724	1 119
85-89	477	182	296	475	170	305	602	213	389	681	248	433
90-94	98	33	65	125	43	82	128	41	87	166	52	114
95-99	11	3	8	14	4	10	18	6	13	19	6	14
100+	1	0	0	1	0	1	1	0	1	1	0	1

年齢	2035			2040			2045			2050		
	総数	男	女	総数	男	女	総数	男	女	総数	男	女
総数	304 847	152 294	152 553	312 439	155 717	156 723	318 216	158 264	159 952	322 237	160 014	162 223
0-4	22 319	11 393	10 926	22 011	11 236	10 775	21 576	11 014	10 562	21 054	10 750	10 305
5-9	22 544	11 503	11 042	22 244	11 349	10 895	21 944	11 196	10 748	21 516	10 979	10 537
10-14	23 018	11 742	11 276	22 491	11 472	11 018	22 195	11 321	10 874	21 900	11 171	10 729
15-19	23 590	12 029	11 560	22 888	11 671	11 218	22 368	11 405	10 963	22 079	11 257	10 822
20-24	24 268	12 364	11 905	23 357	11 898	11 459	22 668	11 546	11 122	22 159	11 287	10 872
25-29	22 196	11 377	10 820	24 019	12 222	11 798	23 125	11 765	11 359	22 449	11 422	11 027
30-34	22 607	11 596	11 011	21 976	11 252	10 724	23 802	12 098	11 704	22 924	11 651	11 273
35-39	21 892	11 171	10 721	22 379	11 465	10 914	21 768	11 132	10 636	23 598	11 980	11 618
40-44	19 964	10 071	9 893	21 628	11 016	10 612	22 130	11 317	10 813	21 542	10 997	10 545
45-49	18 837	9 278	9 559	19 626	9 870	9 756	21 290	10 811	10 479	21 809	11 120	10 689
50-54	19 848	9 779	10 069	18 360	8 990	9 370	19 160	9 581	9 579	20 817	10 513	10 304
55-59	17 826	8 768	9 058	19 073	9 298	9 775	17 685	8 569	9 116	18 493	9 156	9 338
60-64	15 620	7 598	8 022	16 677	8 051	8 626	17 911	8 571	9 340	16 665	7 930	8 735
65-69	12 506	5 896	6 610	13 970	6 594	7 376	14 999	7 028	7 971	16 195	7 525	8 670
70-74	8 891	3 996	4 895	10 435	4 709	5 726	11 744	5 307	6 437	12 705	5 702	7 003
75-79	5 447	2 354	3 094	6 604	2 793	3 811	7 836	3 327	4 509	8 914	3 793	5 121
80+	...	...	...	...	...	...	...	...	...	...	...	...
80-84	2 436	1 019	1 417	3 334	1 331	2 003	4 112	1 602	2 509	4 953	1 938	3 015
85-89	817	291	527	1 097	416	680	1 537	553	984	1 937	679	1 258
90-94	193	62	131	237	75	163	325	109	216	469	148	321
95-99	26	7	19	31	9	22	39	11	28	55	16	39
100+	2	0	1	2	1	2	3	1	2	3	1	3

年齢	2055			2060		
	総数	男	女	総数	男	女
総数	324 727	161 075	163 652	326 038	161 658	164 379
0-4	20 466	10 451	10 015	19 903	10 167	9 736
5-9	21 002	10 718	10 284	20 421	10 424	9 997
10-14	21 477	10 956	10 521	20 968	10 698	10 269
15-19	21 792	11 111	10 681	21 378	10 902	10 477
20-24	21 885	11 148	10 737	21 614	11 012	10 602
25-29	21 958	11 173	10 785	21 702	11 044	10 657
30-34	22 267	11 318	10 949	21 794	11 080	10 714
35-39	22 742	11 545	11 197	22 106	11 225	10 882
40-44	23 379	11 848	11 531	22 551	11 430	11 120
45-49	21 255	10 819	10 436	23 099	11 675	11 424
50-54	21 360	10 834	10 526	20 854	10 564	10 290
55-59	20 138	10 074	10 065	20 714	10 414	10 300
60-64	17 480	8 507	8 974	19 105	9 405	9 700
65-69	15 148	7 003	8 145	15 972	7 567	8 405
70-74	13 825	6 155	7 670	13 039	5 786	7 253
75-79	9 752	4 122	5 631	10 744	4 514	6 230
80+	...	...	...	...	...	...
80-84	5 723	2 244	3 479	6 372	2 487	3 885
85-89	2 383	838	1 544	2 816	995	1 820
90-94	608	186	421	768	237	531
95-99	82	22	59	110	29	81
100+	5	1	4	7	2	6

性・年齢別人口（千人）

年齢	2015			2020			2025			2030		
	総数	男	女	総数	男	女	総数	男	女	総数	男	女
総数	257 564	129 688	127 876	274 398	137 991	136 406	291 181	146 201	144 980	307 427	154 072	153 355
0-4	24 864	12 696	12 168	26 443	13 500	12 942	27 318	13 946	13 372	27 916	14 251	13 665
5-9	22 924	11 783	11 140	24 737	12 625	12 112	26 324	13 433	12 891	27 209	13 883	13 325
10-14	23 538	12 119	11 419	22 846	11 742	11 105	24 662	12 584	12 078	26 252	13 393	12 859
15-19	22 937	11 759	11 178	23 378	12 032	11 346	22 697	11 660	11 037	24 515	12 503	12 012
20-24	21 008	10 656	10 352	22 660	11 604	11 057	23 112	11 882	11 230	22 447	11 519	10 928
25-29	19 976	9 913	10 063	20 725	10 498	10 227	22 381	11 446	10 935	22 844	11 730	11 114
30-34	21 409	10 676	10 733	19 714	9 772	9 942	20 472	10 359	10 113	22 132	11 307	10 825
35-39	19 882	9 990	9 892	21 119	10 518	10 600	19 461	9 634	9 827	20 229	10 224	10 006
40-44	18 495	9 348	9 147	19 553	9 808	9 745	20 798	10 340	10 458	19 184	9 480	9 705
45-49	16 407	8 264	8 143	18 078	9 110	8 968	19 145	9 574	9 571	20 396	10 108	10 288
50-54	13 781	6 881	6 899	15 866	7 945	7 922	17 521	8 778	8 743	18 593	9 244	9 349
55-59	11 147	5 611	5 536	13 103	6 471	6 632	15 130	7 494	7 636	16 753	8 304	8 450
60-64	7 869	4 039	3 829	10 266	5 069	5 197	12 123	5 872	6 251	14 053	6 829	7 223
65-69	5 343	2 517	2 826	6 869	3 423	3 446	9 027	4 323	4 704	10 728	5 040	5 689
70-74	3 794	1 736	2 058	4 320	1 946	2 374	5 588	2 670	2 918	7 416	3 401	4 015
75-79	2 460	1 032	1 428	2 691	1 161	1 529	3 103	1 317	1 786	4 049	1 828	2 221
80+	…	…	…	…	…	…	…	…	…	…	…	…
80-84	1 142	448	694	1 414	550	865	1 571	628	942	1 843	724	1 119
85-89	477	182	296	475	170	305	602	213	389	681	248	433
90-94	98	33	65	125	43	82	128	41	87	166	52	114
95-99	11	3	8	14	4	10	18	6	13	19	6	14
100+	1	0	0	1	0	1	1	0	1	1	0	1

年齢	2035			2040			2045			2050		
	総数	男	女	総数	男	女	総数	男	女	総数	男	女
総数	322 318	161 207	161 110	336 097	167 784	168 314	349 161	174 043	175 118	361 796	180 180	181 616
0-4	27 875	14 229	13 646	28 243	14 417	13 826	28 924	14 765	14 158	29 747	15 188	14 559
5-9	27 817	14 193	13 624	27 786	14 176	13 609	28 162	14 368	13 793	28 850	14 720	14 129
10-14	27 141	13 845	13 296	27 754	14 157	13 597	27 728	14 143	13 585	28 109	14 338	13 771
15-19	26 108	13 313	12 795	27 002	13 768	13 234	27 620	14 082	13 538	27 601	14 072	13 529
20-24	24 268	12 364	11 905	25 865	13 175	12 690	26 766	13 633	13 133	27 393	13 952	13 441
25-29	22 196	11 377	10 820	24 019	12 222	11 798	25 621	13 035	12 586	26 530	13 498	13 033
30-34	22 607	11 596	11 011	21 976	11 252	10 724	23 802	12 098	11 704	25 409	12 914	12 495
35-39	21 892	11 171	10 721	22 379	11 465	10 914	21 768	11 132	10 636	23 598	11 980	11 618
40-44	19 964	10 071	9 893	21 628	11 016	10 612	22 130	11 317	10 813	21 542	10 997	10 545
45-49	18 837	9 278	9 559	19 626	9 870	9 756	21 290	10 811	10 479	21 809	11 120	10 689
50-54	19 848	9 779	10 069	18 360	8 990	9 370	19 160	9 581	9 579	20 817	10 513	10 304
55-59	17 826	8 768	9 058	19 073	9 298	9 775	17 685	8 569	9 116	18 493	9 156	9 338
60-64	15 620	7 598	8 022	16 677	8 051	8 626	17 911	8 571	9 340	16 665	7 930	8 735
65-69	12 506	5 896	6 610	13 970	6 594	7 376	14 999	7 028	7 971	16 195	7 525	8 670
70-74	8 891	3 996	4 895	10 435	4 709	5 726	11 744	5 307	6 437	12 705	5 702	7 003
75-79	5 447	2 354	3 094	6 604	2 793	3 811	7 836	3 327	4 509	8 914	3 793	5 121
80+	…	…	…	…	…	…	…	…	…	…	…	…
80-84	2 436	1 019	1 417	3 334	1 331	2 003	4 112	1 602	2 509	4 953	1 938	3 015
85-89	817	291	527	1 097	416	680	1 537	553	984	1 937	679	1 258
90-94	193	62	131	237	75	163	325	109	216	469	148	321
95-99	26	7	19	31	9	22	39	11	28	55	16	39
100+	2	0	1	2	1	2	3	1	2	3	1	3

年齢	2055			2060		
	総数	男	女	総数	男	女
総数	374 158	186 268	187 890	386 341	192 389	193 952
0-4	30 438	15 543	14 895	30 897	15 783	15 114
5-9	29 681	15 147	14 533	30 380	15 508	14 872
10-14	28 801	14 692	14 109	29 637	15 122	14 516
15-19	27 991	14 272	13 719	28 692	14 631	14 061
20-24	27 390	13 952	13 439	27 796	14 161	13 636
25-29	27 173	13 825	13 347	27 189	13 836	13 353
30-34	26 332	13 383	12 948	26 990	13 720	13 270
35-39	25 214	12 799	12 414	26 152	13 278	12 874
40-44	23 379	11 848	11 531	25 006	12 675	12 332
45-49	21 255	10 819	10 436	23 099	11 675	11 424
50-54	21 360	10 834	10 526	20 854	10 564	10 290
55-59	20 138	10 074	10 065	20 714	10 414	10 300
60-64	17 480	8 507	8 974	19 105	9 405	9 700
65-69	15 148	7 003	8 145	15 972	7 567	8 405
70-74	13 825	6 155	7 670	13 039	5 786	7 253
75-79	9 752	4 122	5 631	10 744	4 514	6 230
80+	…	…	…	…	…	…
80-84	5 723	2 244	3 479	6 372	2 487	3 885
85-89	2 383	838	1 544	2 816	995	1 820
90-94	608	186	421	768	237	531
95-99	82	22	59	110	29	81
100+	5	1	4	7	2	6

性・年齢別人口（千人）

年齢	2015 総数	男	女	2020 総数	男	女	2025 総数	男	女	2030 総数	男	女
総数	257 564	129 688	127 876	269 317	135 398	133 919	277 829	139 386	138 443	283 537	141 880	141 657
0-4	24 864	12 696	12 168	21 362	10 907	10 456	19 027	9 714	9 313	17 340	8 852	8 488
5-9	22 924	11 783	11 140	24 737	12 625	12 112	21 263	10 850	10 412	18 945	9 667	9 278
10-14	23 538	12 119	11 419	22 846	11 742	11 105	24 662	12 584	12 078	21 202	10 817	10 385
15-19	22 937	11 759	11 178	23 378	12 032	11 346	22 697	11 660	11 037	24 515	12 503	12 012
20-24	21 008	10 656	10 352	22 660	11 604	11 057	23 112	11 882	11 230	22 447	11 519	10 928
25-29	19 976	9 913	10 063	20 725	10 498	10 227	22 381	11 446	10 935	22 844	11 730	11 114
30-34	21 409	10 676	10 733	19 714	9 772	9 942	20 472	10 359	10 113	22 132	11 307	10 825
35-39	19 882	9 990	9 892	21 119	10 518	10 600	19 461	9 634	9 827	20 229	10 224	10 006
40-44	18 495	9 348	9 147	19 553	9 808	9 745	20 798	10 340	10 458	19 184	9 480	9 705
45-49	16 407	8 264	8 143	18 078	9 110	8 968	19 145	9 574	9 571	20 396	10 108	10 288
50-54	13 781	6 881	6 899	15 866	7 945	7 922	17 521	8 778	8 743	18 593	9 244	9 349
55-59	11 147	5 611	5 536	13 103	6 471	6 632	15 130	7 494	7 636	16 753	8 304	8 450
60-64	7 869	4 039	3 829	10 266	5 069	5 197	12 123	5 872	6 251	14 053	6 829	7 223
65-69	5 343	2 517	2 826	6 869	3 423	3 446	9 027	4 323	4 704	10 728	5 040	5 689
70-74	3 794	1 736	2 058	4 320	1 946	2 374	5 588	2 670	2 918	7 416	3 401	4 015
75-79	2 460	1 032	1 428	2 691	1 161	1 529	3 103	1 317	1 786	4 049	1 828	2 221
80+	…	…	…	…	…	…	…	…	…	…	…	…
80-84	1 142	448	694	1 414	550	865	1 571	628	942	1 843	724	1 119
85-89	477	182	296	475	170	305	602	213	389	681	248	433
90-94	98	33	65	125	43	82	128	41	87	166	52	114
95-99	11	3	8	14	4	10	18	6	13	19	6	14
100+	1	1	0	1	0	1	1	0	1	1	0	1

年齢	2035 総数	男	女	2040 総数	男	女	2045 総数	男	女	2050 総数	男	女
総数	287 433	143 409	144 024	289 127	143 826	145 301	288 353	143 038	145 316	285 079	141 073	144 006
0-4	16 820	8 586	8 234	16 069	8 203	7 866	14 966	7 640	7 326	13 681	6 986	6 696
5-9	17 271	8 812	8 459	16 758	8 550	8 208	16 015	8 171	7 844	14 919	7 612	7 306
10-14	18 894	9 638	9 256	17 227	8 787	8 439	16 718	8 527	8 191	15 978	8 151	7 828
15-19	21 072	10 745	10 326	18 775	9 573	9 201	17 116	8 727	8 389	16 612	8 470	8 142
20-24	24 268	12 364	11 905	20 850	10 621	10 229	18 571	9 460	9 111	16 925	8 622	8 303
25-29	22 196	11 377	10 820	24 019	12 222	11 798	20 628	10 496	10 133	18 368	9 346	9 022
30-34	22 607	11 596	11 011	21 976	11 252	10 724	23 802	12 098	11 704	20 439	10 389	10 050
35-39	21 892	11 171	10 721	22 379	11 465	10 914	21 768	11 132	10 636	23 598	11 980	11 618
40-44	19 964	10 071	9 893	21 628	11 016	10 612	22 130	11 317	10 813	21 542	10 997	10 545
45-49	18 837	9 278	9 559	19 626	9 870	9 756	21 290	10 811	10 479	21 809	11 120	10 689
50-54	19 848	9 779	10 069	18 360	8 990	9 370	19 160	9 581	9 579	20 817	10 513	10 304
55-59	17 826	8 768	9 058	19 073	9 298	9 775	17 685	8 569	9 116	18 493	9 156	9 338
60-64	15 620	7 598	8 022	16 677	8 051	8 626	17 911	8 571	9 340	16 665	7 930	8 735
65-69	12 506	5 896	6 610	13 970	6 594	7 376	14 999	7 028	7 971	16 195	7 525	8 670
70-74	8 891	3 996	4 895	10 435	4 709	5 726	11 744	5 307	6 437	12 705	5 702	7 003
75-79	5 447	2 354	3 094	6 604	2 793	3 811	7 836	3 327	4 509	8 914	3 793	5 121
80+	…	…	…	…	…	…	…	…	…	…	…	…
80-84	2 436	1 019	1 417	3 334	1 331	2 003	4 112	1 602	2 509	4 953	1 938	3 015
85-89	817	291	527	1 097	416	680	1 537	553	984	1 937	679	1 258
90-94	193	62	131	237	75	163	325	109	216	469	148	321
95-99	26	7	19	31	9	22	39	11	28	55	16	39
100+	2	0	1	2	1	2	3	1	2	3	1	3

年齢	2055 総数	男	女	2060 総数	男	女
総数	279 607	138 082	141 525	272 479	134 370	138 108
0-4	12 408	6 336	6 072	11 350	5 798	5 552
5-9	13 641	6 962	6 679	12 374	6 317	6 057
10-14	14 887	7 594	7 293	13 614	6 947	6 667
15-19	15 881	8 098	7 783	14 799	7 547	7 252
20-24	16 436	8 373	8 063	15 720	8 009	7 710
25-29	16 743	8 520	8 223	16 269	8 281	7 989
30-34	18 203	9 253	8 950	16 597	8 439	8 158
35-39	20 270	10 291	9 979	18 060	9 171	8 889
40-44	23 379	11 848	11 531	20 095	10 186	9 909
45-49	21 255	10 819	10 436	23 099	11 675	11 424
50-54	21 360	10 834	10 526	20 854	10 564	10 290
55-59	20 138	10 074	10 065	20 714	10 414	10 300
60-64	17 480	8 507	8 974	19 105	9 405	9 700
65-69	15 148	7 003	8 145	15 972	7 567	8 405
70-74	13 825	6 155	7 670	13 039	5 786	7 253
75-79	9 752	4 122	5 631	10 744	4 514	6 230
80+	…	…	…	…	…	…
80-84	5 723	2 244	3 479	6 372	2 487	3 885
85-89	2 383	838	1 544	2 816	995	1 820
90-94	608	186	421	768	237	531
95-99	82	22	59	110	29	81
100+	5	1	4	7	2	6

Iran (Islamic Republic of)

性・年齢別人口（千人）

年齢	1960			1965			1970			1975		
	総数	男	女	総数	男	女	総数	男	女	総数	男	女
総数	21 907	11 243	10 664	24 955	12 824	12 131	28 514	14 652	13 862	32 731	16 818	15 912
0-4	3 929	2 021	1 909	4 371	2 245	2 125	4 827	2 477	2 350	5 461	2 807	2 654
5-9	3 204	1 657	1 547	3 671	1 894	1 777	4 143	2 133	2 010	4 635	2 388	2 247
10-14	2 227	1 133	1 094	3 124	1 619	1 504	3 605	1 862	1 742	4 088	2 107	1 981
15-19	1 743	887	856	2 185	1 113	1 072	3 079	1 597	1 482	3 564	1 841	1 722
20-24	1 743	885	858	1 712	873	839	2 154	1 097	1 057	3 039	1 575	1 464
25-29	1 680	856	824	1 710	870	840	1 686	860	827	2 124	1 081	1 043
30-34	1 507	772	735	1 641	838	803	1 678	854	823	1 658	845	813
35-39	1 375	712	663	1 463	753	710	1 601	820	781	1 642	837	805
40-44	991	518	472	1 322	687	634	1 415	730	684	1 554	797	757
45-49	815	442	373	938	492	446	1 260	655	604	1 355	699	656
50-54	740	384	355	755	409	346	875	457	417	1 182	612	569
55-59	616	316	299	662	342	320	681	366	315	796	413	383
60-64	458	221	237	523	266	257	569	290	278	592	315	277
65-69	348	168	180	363	171	193	420	208	211	462	231	231
70-74	271	135	136	249	118	132	264	121	143	309	149	159
75-79	159	82	77	164	82	82	153	71	82	165	73	92
80+	101	53	48	103	53	50	107	52	55	106	48	58
80-84	...	...	...	...	...	...	...	...	...	...	...	...
85-89	...	...	...	...	...	...	...	...	...	...	...	...
90-94	...	...	...	...	...	...	...	...	...	...	...	...
95-99	...	...	...	...	...	...	...	...	...	...	...	...
100+	...	...	...	...	...	...	...	...	...	...	...	...

年齢	1980			1985			1990			1995		
	総数	男	女	総数	男	女	総数	男	女	総数	男	女
総数	38 668	19 925	18 743	47 291	24 147	23 144	56 169	28 617	27 552	60 319	30 591	29 728
0-4	6 850	3 513	3 337	8 978	4 587	4 391	9 346	4 783	4 563	7 590	3 873	3 717
5-9	5 356	2 759	2 597	6 972	3 564	3 408	8 886	4 546	4 340	9 036	4 616	4 419
10-14	4 626	2 388	2 238	5 527	2 845	2 682	7 260	3 725	3 535	8 817	4 510	4 307
15-19	4 099	2 124	1 975	4 764	2 454	2 309	5 776	2 949	2 826	6 821	3 453	3 368
20-24	3 577	1 866	1 711	4 101	2 081	2 020	4 674	2 348	2 327	5 176	2 582	2 593
25-29	3 046	1 596	1 450	3 552	1 820	1 732	4 032	2 011	2 021	4 406	2 194	2 212
30-34	2 120	1 089	1 031	2 988	1 527	1 461	3 507	1 775	1 732	3 879	1 937	1 942
35-39	1 635	835	800	2 074	1 037	1 037	3 005	1 535	1 470	3 365	1 709	1 656
40-44	1 604	818	786	1 616	815	801	2 124	1 079	1 045	2 863	1 460	1 403
45-49	1 503	770	733	1 583	802	781	1 621	828	794	1 956	984	972
50-54	1 290	664	626	1 469	746	722	1 528	773	754	1 470	741	728
55-59	1 098	567	531	1 239	630	609	1 393	710	683	1 397	707	689
60-64	714	369	346	1 036	531	504	1 141	583	557	1 265	650	615
65-69	494	260	234	632	326	306	899	462	437	995	514	482
70-74	346	169	176	379	196	183	508	263	245	718	370	348
75-79	196	91	105	231	112	119	270	142	127	345	176	169
80+	114	48	66	150	72	79	...	...	...	...	...	...
80-84	...	...	...	...	...	...	137	70	67	147	77	70
85-89	...	...	...	...	...	...	50	26	24	57	29	28
90-94	...	...	...	...	...	...	11	6	5	15	8	7
95-99	...	...	...	...	...	...	2	1	1	2	1	1
100+	...	...	...	...	...	...	0	0	0	0	0	0

年齢	2000			2005			2010			2015		
	総数	男	女	総数	男	女	総数	男	女	総数	男	女
総数	65 850	33 373	32 477	70 122	35 797	34 326	74 253	37 543	36 711	79 109	39 835	39 274
0-4	6 379	3 248	3 131	5 494	2 807	2 687	6 403	3 255	3 148	6 855	3 493	3 363
5-9	7 598	3 878	3 720	5 557	2 838	2 718	5 472	2 783	2 690	6 395	3 240	3 156
10-14	9 034	4 616	4 418	7 201	3 685	3 516	5 543	2 882	2 662	5 427	2 804	2 623
15-19	8 781	4 490	4 291	9 300	4 715	4 585	7 137	3 675	3 462	5 479	2 878	2 601
20-24	6 868	3 478	3 390	9 124	4 573	4 550	9 149	4 553	4 595	7 087	3 598	3 489
25-29	5 269	2 632	2 637	6 796	3 408	3 388	8 997	4 363	4 633	9 158	4 447	4 711
30-34	4 420	2 196	2 223	5 157	2 639	2 518	6 759	3 282	3 478	9 046	4 293	4 752
35-39	3 865	1 922	1 943	4 670	2 436	2 235	5 141	2 642	2 498	6 738	3 278	3 460
40-44	3 344	1 690	1 654	4 092	2 131	1 961	4 581	2 443	2 138	5 030	2 644	2 386
45-49	2 832	1 438	1 394	3 394	1 752	1 642	3 920	2 017	1 903	4 455	2 379	2 075
50-54	1 931	968	963	2 777	1 416	1 361	3 228	1 615	1 612	3 813	1 936	1 878
55-59	1 432	720	712	1 767	880	888	2 631	1 304	1 327	3 124	1 541	1 583
60-64	1 323	668	655	1 337	677	660	1 630	788	842	2 498	1 226	1 272
65-69	1 146	589	557	1 258	669	590	1 194	616	578	1 476	730	746
70-74	826	425	401	1 056	571	485	1 055	573	482	1 010	536	474
75-79	509	262	248	655	348	307	780	425	355	785	428	358
80+	...	...	...	...	...	...	...	...	...	...	...	...
80-84	203	104	99	348	181	167	413	217	197	477	256	221
85-89	67	35	33	114	58	56	174	87	87	194	99	96
90-94	18	9	9	23	12	11	40	20	21	54	26	28
95-99	3	2	1	4	2	2	5	2	3	7	3	4
100+	0	0	0	0	0	0	1	0	0	0	0	0

性・年齢別人口（千人）

年齢	2015			2020			2025			2030		
	総数	男	女	総数	男	女	総数	男	女	総数	男	女
総数	79 109	39 835	39 274	83 403	41 940	41 463	86 497	43 439	43 057	88 529	44 407	44 122
0-4	6 855	3 493	3 363	6 228	3 189	3 039	5 198	2 662	2 536	4 453	2 281	2 172
5-9	6 395	3 240	3 156	6 837	3 483	3 354	6 213	3 181	3 032	5 186	2 656	2 530
10-14	5 427	2 804	2 623	6 385	3 234	3 151	6 827	3 478	3 349	6 205	3 176	3 028
15-19	5 479	2 878	2 601	5 407	2 793	2 614	6 366	3 224	3 142	6 809	3 467	3 341
20-24	7 087	3 598	3 489	5 435	2 851	2 583	5 370	2 770	2 599	6 327	3 200	3 127
25-29	9 158	4 447	4 711	7 026	3 560	3 467	5 389	2 823	2 566	5 326	2 743	2 582
30-34	9 046	4 293	4 752	9 097	4 407	4 690	6 980	3 529	3 450	5 349	2 798	2 552
35-39	6 738	3 278	3 460	8 988	4 257	4 731	9 045	4 374	4 671	6 938	3 503	3 435
40-44	5 030	2 644	2 386	6 689	3 248	3 440	8 931	4 223	4 708	8 990	4 342	4 649
45-49	4 455	2 379	2 075	4 979	2 611	2 368	6 629	3 212	3 417	8 859	4 180	4 679
50-54	3 813	1 936	1 878	4 384	2 333	2 051	4 906	2 564	2 342	6 540	3 158	3 382
55-59	3 124	1 541	1 583	3 723	1 881	1 842	4 286	2 272	2 014	4 803	2 501	2 302
60-64	2 498	1 226	1 272	3 010	1 478	1 531	3 594	1 808	1 786	4 145	2 188	1 956
65-69	1 476	730	746	2 338	1 146	1 193	2 828	1 387	1 442	3 389	1 701	1 688
70-74	1 010	536	474	1 300	638	662	2 075	1 008	1 067	2 527	1 228	1 299
75-79	785	428	358	776	407	369	1 016	491	524	1 645	787	858
80+	…	…	…	…	…	…	…	…	…	…	…	…
80-84	477	256	221	495	265	230	502	258	244	674	318	355
85-89	194	99	96	233	121	112	249	128	121	261	128	132
90-94	54	26	28	64	31	32	79	40	39	88	43	44
95-99	7	3	4	10	5	5	12	6	7	16	8	8
100+	0	0	0	1	0	0	1	1	1	1	1	1

年齢	2035			2040			2045			2050		
	総数	男	女	総数	男	女	総数	男	女	総数	男	女
総数	89 996	45 097	44 899	91 205	45 665	45 540	92 060	46 060	45 999	92 219	46 122	46 096
0-4	4 301	2 203	2 098	4 537	2 324	2 213	4 707	2 412	2 296	4 545	2 328	2 217
5-9	4 443	2 275	2 167	4 292	2 198	2 094	4 528	2 319	2 208	4 698	2 407	2 291
10-14	5 178	2 652	2 527	4 436	2 272	2 164	4 286	2 195	2 091	4 522	2 316	2 206
15-19	6 188	3 167	3 021	5 164	2 644	2 520	4 423	2 265	2 158	4 274	2 189	2 085
20-24	6 770	3 445	3 326	6 153	3 147	3 006	5 133	2 626	2 507	4 395	2 249	2 146
25-29	6 282	3 173	3 109	6 725	3 418	3 308	6 112	3 122	2 990	5 096	2 605	2 491
30-34	5 288	2 720	2 568	6 243	3 149	3 094	6 687	3 394	3 293	6 076	3 101	2 975
35-39	5 315	2 776	2 539	5 256	2 700	2 556	6 209	3 128	3 081	6 653	3 374	3 279
40-44	6 896	3 477	3 418	5 282	2 756	2 526	5 225	2 682	2 543	6 176	3 109	3 066
45-49	8 921	4 300	4 621	6 843	3 446	3 398	5 243	2 732	2 511	5 188	2 660	2 528
50-54	8 749	4 115	4 634	8 816	4 237	4 579	6 766	3 399	3 368	5 186	2 697	2 489
55-59	6 413	3 085	3 329	8 590	4 026	4 565	8 665	4 152	4 513	6 656	3 335	3 321
60-64	4 654	2 414	2 240	6 228	2 984	3 244	8 357	3 903	4 454	8 443	4 034	4 409
65-69	3 921	2 066	1 856	4 418	2 287	2 131	5 931	2 836	3 095	7 983	3 722	4 261
70-74	3 048	1 517	1 531	3 548	1 855	1 692	4 021	2 067	1 955	5 434	2 581	2 852
75-79	2 033	973	1 060	2 483	1 219	1 264	2 925	1 510	1 415	3 359	1 707	1 652
80+	…	…	…	…	…	…	…	…	…	…	…	…
80-84	1 117	521	596	1 410	659	751	1 758	843	915	2 112	1 070	1 042
85-89	362	163	199	617	275	343	801	357	444	1 027	472	555
90-94	96	45	51	138	59	79	245	103	143	331	139	192
95-99	19	9	10	21	9	12	33	13	20	61	24	38
100+	2	1	1	2	1	1	3	1	2	5	2	3

年齢	2055			2060		
	総数	男	女	総数	男	女
総数	91 405	45 716	45 689	89 617	44 862	44 755
0-4	4 143	2 122	2 020	3 771	1 932	1 839
5-9	4 537	2 324	2 212	4 135	2 119	2 016
10-14	4 693	2 404	2 289	4 531	2 322	2 210
15-19	4 510	2 310	2 200	4 682	2 398	2 283
20-24	4 248	2 174	2 073	4 485	2 296	2 189
25-29	4 363	2 231	2 132	4 217	2 157	2 060
30-34	5 065	2 587	2 478	4 335	2 215	2 120
35-39	6 046	3 084	2 963	5 040	2 572	2 468
40-44	6 620	3 355	3 265	6 018	3 068	2 950
45-49	6 136	3 086	3 050	6 581	3 333	3 248
50-54	5 135	2 629	2 506	6 079	3 053	3 025
55-59	5 106	2 650	2 455	5 061	2 586	2 475
60-64	6 495	3 247	3 248	4 989	2 586	2 404
65-69	8 088	3 860	4 228	6 239	3 117	3 122
70-74	7 354	3 410	3 944	7 491	3 560	3 931
75-79	4 594	2 161	2 434	6 291	2 894	3 397
80+	…	…	…	…	…	…
80-84	2 473	1 236	1 237	3 453	1 600	1 853
85-89	1 265	618	647	1 523	737	786
90-94	440	192	248	561	262	299
95-99	86	34	53	120	49	72
100+	9	3	6	14	5	9

Iran (Islamic Republic of)

性・年齢別人口（千人）

年齢	2015			2020			2025			2030		
	総数	男	女	総数	男	女	総数	男	女	総数	男	女
総数	79 109	39 835	39 274	84 366	42 433	41 933	88 822	44 630	44 192	92 346	46 361	45 985
0-4	6 855	3 493	3 363	7 191	3 682	3 509	6 562	3 360	3 202	5 948	3 046	2 902
5-9	6 395	3 240	3 156	6 837	3 483	3 354	7 174	3 673	3 501	6 548	3 353	3 195
10-14	5 427	2 804	2 623	6 385	3 234	3 151	6 827	3 478	3 349	7 165	3 668	3 497
15-19	5 479	2 878	2 601	5 407	2 793	2 614	6 366	3 224	3 142	6 809	3 467	3 341
20-24	7 087	3 598	3 489	5 435	2 851	2 583	5 370	2 770	2 599	6 327	3 200	3 127
25-29	9 158	4 447	4 711	7 026	3 560	3 467	5 389	2 823	2 566	5 326	2 743	2 582
30-34	9 046	4 293	4 752	9 097	4 407	4 690	6 980	3 529	3 450	5 349	2 798	2 552
35-39	6 738	3 278	3 460	8 988	4 257	4 731	9 045	4 374	4 671	6 938	3 503	3 435
40-44	5 030	2 644	2 386	6 689	3 248	3 440	8 931	4 223	4 708	8 990	4 342	4 649
45-49	4 455	2 379	2 075	4 979	2 611	2 368	6 629	3 212	3 417	8 859	4 180	4 679
50-54	3 813	1 936	1 878	4 384	2 333	2 051	4 906	2 564	2 342	6 540	3 158	3 382
55-59	3 124	1 541	1 583	3 723	1 881	1 842	4 286	2 272	2 014	4 803	2 501	2 302
60-64	2 498	1 226	1 272	3 010	1 478	1 531	3 594	1 808	1 786	4 145	2 188	1 956
65-69	1 476	730	746	2 338	1 146	1 193	2 828	1 387	1 442	3 389	1 701	1 688
70-74	1 010	536	474	1 300	638	662	2 075	1 008	1 067	2 527	1 228	1 299
75-79	785	428	358	776	407	369	1 016	491	524	1 645	787	858
80+	...	...	...	...	...	...	...	...	...	...	...	...
80-84	477	256	221	495	265	230	502	258	244	674	318	355
85-89	194	99	96	233	121	112	249	128	121	261	128	132
90-94	54	26	28	64	31	32	79	40	39	88	43	44
95-99	7	3	4	10	5	5	12	6	7	16	8	8
100+	0	0	0	1	0	0	1	1	1	1	1	1

年齢	2035			2040			2045			2050		
	総数	男	女	総数	男	女	総数	男	女	総数	男	女
総数	95 267	47 795	47 472	98 086	49 187	48 899	100 827	50 548	50 279	103 205	51 744	51 460
0-4	5 759	2 950	2 810	6 154	3 152	3 002	6 605	3 384	3 222	6 777	3 472	3 305
5-9	5 936	3 040	2 896	5 748	2 944	2 804	6 143	3 147	2 996	6 594	3 378	3 216
10-14	6 539	3 348	3 191	5 928	3 036	2 892	5 741	2 940	2 801	6 136	3 143	2 993
15-19	7 147	3 658	3 489	6 523	3 339	3 184	5 914	3 028	2 886	5 727	2 933	2 794
20-24	6 770	3 445	3 326	7 109	3 636	3 474	6 489	3 320	3 169	5 882	3 010	2 872
25-29	6 282	3 173	3 109	6 725	3 418	3 308	7 065	3 609	3 456	6 448	3 296	3 153
30-34	5 288	2 720	2 568	6 243	3 149	3 094	6 687	3 394	3 293	7 027	3 586	3 441
35-39	5 315	2 776	2 539	5 256	2 700	2 556	6 209	3 128	3 081	6 653	3 374	3 279
40-44	6 896	3 477	3 418	5 282	2 756	2 526	5 225	2 682	2 543	6 176	3 109	3 066
45-49	8 921	4 300	4 621	6 843	3 446	3 398	5 243	2 732	2 511	5 188	2 660	2 528
50-54	8 749	4 115	4 634	8 816	4 237	4 579	6 766	3 399	3 368	5 186	2 697	2 489
55-59	6 413	3 085	3 329	8 590	4 026	4 565	8 665	4 152	4 513	6 656	3 335	3 321
60-64	4 654	2 414	2 240	6 228	2 984	3 244	8 357	3 903	4 454	8 443	4 034	4 409
65-69	3 921	2 066	1 856	4 418	2 287	2 131	5 931	2 836	3 095	7 983	3 722	4 261
70-74	3 048	1 517	1 531	3 548	1 855	1 692	4 021	2 067	1 955	5 434	2 581	2 852
75-79	2 033	973	1 060	2 483	1 219	1 264	2 925	1 510	1 415	3 359	1 707	1 652
80+	...	...	...	...	...	...	...	...	...	...	...	...
80-84	1 117	521	596	1 410	659	751	1 758	843	915	2 112	1 070	1 042
85-89	362	163	199	617	275	343	801	357	444	1 027	472	555
90-94	96	45	51	138	59	79	245	103	143	331	139	192
95-99	19	9	10	21	9	12	33	13	20	61	24	38
100+	2	1	1	2	1	1	3	1	2	5	2	3

年齢	2055			2060		
	総数	男	女	総数	男	女
総数	104 867	52 605	52 262	105 668	53 075	52 593
0-4	6 636	3 400	3 236	6 381	3 269	3 112
5-9	6 766	3 466	3 300	6 626	3 395	3 231
10-14	6 588	3 375	3 213	6 760	3 463	3 297
15-19	6 123	3 136	2 987	6 575	3 368	3 207
20-24	5 698	2 917	2 782	6 095	3 120	2 975
25-29	5 846	2 989	2 857	5 665	2 898	2 767
30-34	6 414	3 276	3 139	5 816	2 972	2 844
35-39	6 995	3 567	3 428	6 386	3 259	3 127
40-44	6 620	3 355	3 265	6 963	3 549	3 414
45-49	6 136	3 086	3 050	6 581	3 333	3 248
50-54	5 135	2 629	2 506	6 079	3 053	3 025
55-59	5 106	2 650	2 455	5 061	2 586	2 475
60-64	6 495	3 247	3 248	4 989	2 586	2 404
65-69	8 088	3 860	4 228	6 239	3 117	3 122
70-74	7 354	3 410	3 944	7 491	3 560	3 931
75-79	4 594	2 161	2 434	6 291	2 894	3 397
80+	...	...	...	...	...	...
80-84	2 473	1 236	1 237	3 453	1 600	1 853
85-89	1 265	618	647	1 523	737	786
90-94	440	192	248	561	262	299
95-99	86	34	53	120	49	72
100+	9	3	6	14	5	9

性・年齢別人口（千人）

年齢	2015			2020			2025			2030		
	総数	男	女	総数	男	女	総数	男	女	総数	男	女
総数	79 109	39 835	39 274	82 441	41 447	40 993	84 171	42 249	41 923	84 711	42 452	42 259
0-4	6 855	3 493	3 363	5 265	2 696	2 570	3 833	1 963	1 870	2 958	1 515	1 443
5-9	6 395	3 240	3 156	6 837	3 483	3 354	5 252	2 689	2 563	3 823	1 958	1 865
10-14	5 427	2 804	2 623	6 385	3 234	3 151	6 827	3 478	3 349	5 244	2 685	2 560
15-19	5 479	2 878	2 601	5 407	2 793	2 614	6 366	3 224	3 142	6 809	3 467	3 341
20-24	7 087	3 598	3 489	5 435	2 851	2 583	5 370	2 770	2 599	6 327	3 200	3 127
25-29	9 158	4 447	4 711	7 026	3 560	3 467	5 389	2 823	2 566	5 326	2 743	2 582
30-34	9 046	4 293	4 752	9 097	4 407	4 690	6 980	3 529	3 450	5 349	2 798	2 552
35-39	6 738	3 278	3 460	8 988	4 257	4 731	9 045	4 374	4 671	6 938	3 503	3 435
40-44	5 030	2 644	2 386	6 689	3 248	3 440	8 931	4 223	4 708	8 990	4 342	4 649
45-49	4 455	2 379	2 075	4 979	2 611	2 368	6 629	3 212	3 417	8 859	4 180	4 679
50-54	3 813	1 936	1 878	4 384	2 333	2 051	4 906	2 564	2 342	6 540	3 158	3 382
55-59	3 124	1 541	1 583	3 723	1 881	1 842	4 286	2 272	2 014	4 803	2 501	2 302
60-64	2 498	1 226	1 272	3 010	1 478	1 531	3 594	1 808	1 786	4 145	2 188	1 956
65-69	1 476	730	746	2 338	1 146	1 193	2 828	1 387	1 442	3 389	1 701	1 688
70-74	1 010	536	474	1 300	638	662	2 075	1 008	1 067	2 527	1 228	1 299
75-79	785	428	358	776	407	369	1 016	491	524	1 645	787	858
80+	...	...	...	...	...	...	...	...	...	...	...	...
80-84	477	256	221	495	265	230	502	258	244	674	318	355
85-89	194	99	96	233	121	112	249	128	121	261	128	132
90-94	54	26	28	64	31	32	79	40	39	88	43	44
95-99	7	3	4	10	5	5	12	6	7	16	8	8
100+	0	0	0	1	0	0	1	1	1	1	1	1

年齢	2035			2040			2045			2050		
	総数	男	女	総数	男	女	総数	男	女	総数	男	女
総数	84 740	42 406	42 334	84 411	42 187	42 224	83 573	41 717	41 856	81 903	40 843	41 060
0-4	2 858	1 464	1 394	2 991	1 532	1 459	3 005	1 539	1 465	2 702	1 384	1 318
5-9	2 949	1 511	1 439	2 851	1 460	1 390	2 984	1 529	1 455	2 997	1 536	1 461
10-14	3 817	1 955	1 863	2 944	1 508	1 436	2 846	1 458	1 388	2 979	1 526	1 453
15-19	5 229	2 677	2 553	3 805	1 948	1 857	2 933	1 502	1 431	2 835	1 452	1 383
20-24	6 770	3 445	3 326	5 197	2 658	2 539	3 777	1 933	1 844	2 908	1 489	1 420
25-29	6 282	3 173	3 109	6 725	3 418	3 308	5 159	2 635	2 523	3 744	1 914	1 830
30-34	5 288	2 720	2 568	6 243	3 149	3 094	6 687	3 394	3 293	5 126	2 616	2 510
35-39	5 315	2 776	2 539	5 256	2 700	2 556	6 209	3 128	3 081	6 653	3 374	3 279
40-44	6 896	3 477	3 418	5 282	2 756	2 526	5 225	2 682	2 543	6 176	3 109	3 066
45-49	8 921	4 300	4 621	6 843	3 446	3 398	5 243	2 732	2 511	5 188	2 660	2 528
50-54	8 749	4 115	4 634	8 816	4 237	4 579	6 766	3 399	3 368	5 186	2 697	2 489
55-59	6 413	3 085	3 329	8 590	4 026	4 565	8 665	4 152	4 513	6 656	3 335	3 321
60-64	4 654	2 414	2 240	6 228	2 984	3 244	8 357	3 903	4 454	8 443	4 034	4 409
65-69	3 921	2 066	1 856	4 418	2 287	2 131	5 931	2 836	3 095	7 983	3 722	4 261
70-74	3 048	1 517	1 531	3 548	1 855	1 692	4 021	2 067	1 955	5 434	2 581	2 852
75-79	2 033	973	1 060	2 483	1 219	1 264	2 925	1 510	1 415	3 359	1 707	1 652
80+	...	...	...	...	...	...	...	...	...	...	...	...
80-84	1 117	521	596	1 410	659	751	1 758	843	915	2 112	1 070	1 042
85-89	362	163	199	617	275	343	801	357	444	1 027	472	555
90-94	96	45	51	138	59	79	245	103	143	331	139	192
95-99	19	9	10	21	9	12	33	13	20	61	24	38
100+	2	1	1	2	1	1	3	1	2	5	2	3

年齢	2055			2060		
	総数	男	女	総数	男	女
総数	79 188	39 465	39 723	75 500	37 639	37 860
0-4	2 225	1 140	1 085	1 851	948	902
5-9	2 695	1 381	1 314	2 219	1 137	1 082
10-14	2 993	1 534	1 459	2 691	1 379	1 312
15-19	2 969	1 521	1 448	2 983	1 529	1 455
20-24	2 812	1 440	1 372	2 947	1 509	1 438
25-29	2 879	1 473	1 407	2 785	1 425	1 360
30-34	3 716	1 898	1 818	2 855	1 459	1 396
35-39	5 098	2 600	2 498	3 694	1 885	1 809
40-44	6 620	3 355	3 265	5 072	2 586	2 487
45-49	6 136	3 086	3 050	6 581	3 333	3 248
50-54	5 135	2 629	2 506	6 079	3 053	3 025
55-59	5 106	2 650	2 455	5 061	2 586	2 475
60-64	6 495	3 247	3 248	4 989	2 586	2 404
65-69	8 088	3 860	4 228	6 239	3 117	3 122
70-74	7 354	3 410	3 944	7 491	3 560	3 931
75-79	4 594	2 161	2 434	6 291	2 894	3 397
80+	...	...	...	...	...	...
80-84	2 473	1 236	1 237	3 453	1 600	1 853
85-89	1 265	618	647	1 523	737	786
90-94	440	192	248	561	262	299
95-99	86	34	53	120	49	72
100+	9	3	6	14	5	9

Iraq

性・年齢別人口（千人）

年齢	1960 総数	男	女	1965 総数	男	女	1970 総数	男	女	1975 総数	男	女
総数	7 290	3 667	3 623	8 376	4 240	4 136	9 918	5 045	4 873	11 685	5 961	5 724
0-4	1 183	603	580	1 454	743	710	1 909	979	930	2 160	1 109	1 051
5-9	1 117	567	550	1 124	574	551	1 404	718	686	1 860	954	906
10-14	722	375	346	1 100	560	540	1 112	569	543	1 391	713	678
15-19	679	348	331	711	371	340	1 087	555	532	1 100	564	537
20-24	578	290	287	664	342	322	697	365	332	1 070	547	523
25-29	497	249	249	562	284	278	649	335	314	684	358	325
30-34	425	213	213	482	243	240	548	278	270	635	329	306
35-39	388	195	193	411	207	204	469	237	232	535	272	263
40-44	378	190	188	372	188	184	397	201	197	455	231	225
45-49	344	172	172	360	181	179	357	181	176	383	193	189
50-54	308	153	155	323	161	162	341	172	169	340	172	168
55-59	257	122	135	282	139	142	299	149	150	317	159	158
60-64	187	87	100	226	107	119	252	124	128	269	133	136
65-69	123	56	66	155	72	83	191	90	101	214	104	110
70-74	55	25	30	92	42	50	120	55	65	149	69	80
75-79	30	14	16	36	16	19	62	28	34	81	36	45
80+	19	8	11	22	10	12	26	12	14	42	19	24
80-84	...	...	...	...	...	...	...	...	...	...	...	...
85-89	...	...	...	...	...	...	...	...	...	...	...	...
90-94	...	...	...	...	...	...	...	...	...	...	...	...
95-99	...	...	...	...	...	...	...	...	...	...	...	...
100+	...	...	...	...	...	...	...	...	...	...	...	...

年齢	1980 総数	男	女	1985 総数	男	女	1990 総数	男	女	1995 総数	男	女
総数	13 653	6 972	6 681	15 576	7 878	7 699	17 478	8 824	8 655	20 218	10 200	10 018
0-4	2 435	1 251	1 184	2 701	1 389	1 312	3 006	1 550	1 456	3 352	1 724	1 628
5-9	2 116	1 086	1 030	2 395	1 230	1 165	2 645	1 361	1 284	2 972	1 532	1 441
10-14	1 844	946	897	2 097	1 076	1 022	2 369	1 217	1 152	2 632	1 354	1 279
15-19	1 376	705	671	1 798	913	885	2 035	1 039	995	2 344	1 200	1 143
20-24	1 079	552	527	1 283	635	649	1 657	827	829	1 980	1 002	978
25-29	1 044	533	510	987	486	501	1 129	547	582	1 599	790	809
30-34	664	348	316	965	478	488	862	417	446	1 087	522	566
35-39	616	319	297	618	318	300	874	427	446	833	400	433
40-44	518	263	255	584	299	284	558	286	272	850	414	435
45-49	438	221	217	491	248	244	540	276	263	540	276	264
50-54	364	183	181	411	205	206	455	228	227	519	265	254
55-59	316	159	157	335	166	170	379	188	191	432	215	217
60-64	286	142	144	285	141	144	302	147	155	351	172	179
65-69	230	112	118	247	120	127	245	118	127	267	127	140
70-74	168	80	88	183	87	96	198	93	104	202	94	108
75-79	102	46	56	117	54	63	129	59	70	144	65	79
80+	59	26	34	79	34	45	...	...	...	...	...	...
80-84	...	...	...	...	...	...	67	29	37	76	33	43
85-89	...	...	...	...	...	...	24	10	14	29	12	17
90-94	...	...	...	...	...	...	5	2	3	7	2	4
95-99	...	...	...	...	...	...	1	0	0	1	0	1
100+	...	...	...	...	...	...	0	0	0	0	0	0

年齢	2000 総数	男	女	2005 総数	男	女	2010 総数	男	女	2015 総数	男	女
総数	23 575	11 899	11 676	27 018	13 660	13 358	30 868	15 608	15 260	36 423	18 437	17 986
0-4	3 841	1 976	1 865	4 241	2 183	2 058	4 950	2 549	2 401	5 727	2 944	2 783
5-9	3 324	1 709	1 615	3 804	1 957	1 847	4 194	2 158	2 036	4 974	2 559	2 415
10-14	2 964	1 526	1 437	3 306	1 699	1 608	3 777	1 940	1 836	4 225	2 172	2 053
15-19	2 619	1 345	1 275	2 934	1 511	1 424	3 259	1 673	1 587	3 814	1 957	1 857
20-24	2 318	1 181	1 138	2 562	1 314	1 248	2 841	1 461	1 381	3 309	1 694	1 615
25-29	1 955	983	972	2 250	1 145	1 105	2 451	1 255	1 196	2 893	1 483	1 410
30-34	1 580	777	803	1 896	952	943	2 153	1 093	1 060	2 490	1 272	1 218
35-39	1 074	513	560	1 532	752	781	1 819	910	909	2 175	1 102	1 073
40-44	822	394	428	1 038	495	544	1 472	717	754	1 827	912	915
45-49	834	406	428	791	377	414	991	467	524	1 466	713	754
50-54	525	268	258	800	386	414	749	352	397	978	459	519
55-59	497	252	246	495	249	246	749	355	394	727	338	388
60-64	404	198	206	457	227	230	449	220	229	703	328	376
65-69	314	150	164	356	170	186	398	191	208	405	193	211
70-74	223	103	121	257	118	139	288	131	157	332	154	179
75-79	149	67	83	161	71	91	183	79	105	212	92	120
80+	...	...	...	...	...	...	...	...	...	...	...	...
80-84	87	37	50	88	37	51	94	37	56	111	45	66
85-89	34	14	20	38	15	23	37	14	23	41	15	26
90-94	8	3	5	9	3	6	10	3	7	10	3	7
95-99	1	0	1	1	0	1	1	0	1	2	0	1
100+	0	0	0	0	0	0	0	0	0	0	0	0

性・年齢別人口（千人）

年齢	2015			2020			2025			2030		
	総数	男	女	総数	男	女	総数	男	女	総数	男	女
総数	36 423	18 437	17 986	41 972	21 265	20 707	47 797	24 232	23 566	54 071	27 423	26 647
0-4	5 727	2 944	2 783	6 306	3 244	3 062	6 802	3 501	3 301	7 358	3 789	3 569
5-9	4 974	2 559	2 415	5 695	2 926	2 769	6 264	3 221	3 044	6 769	3 482	3 287
10-14	4 225	2 172	2 053	4 953	2 547	2 406	5 662	2 907	2 755	6 241	3 207	3 034
15-19	3 814	1 957	1 857	4 208	2 161	2 046	4 921	2 529	2 393	5 637	2 892	2 745
20-24	3 309	1 694	1 615	3 798	1 945	1 853	4 179	2 143	2 036	4 889	2 508	2 381
25-29	2 893	1 483	1 410	3 295	1 683	1 612	3 771	1 928	1 844	4 146	2 122	2 024
30-34	2 490	1 272	1 218	2 878	1 473	1 405	3 267	1 667	1 601	3 738	1 908	1 830
35-39	2 175	1 102	1 073	2 471	1 261	1 210	2 847	1 455	1 392	3 233	1 646	1 587
40-44	1 827	912	915	2 150	1 087	1 063	2 435	1 239	1 196	2 807	1 431	1 376
45-49	1 466	713	754	1 793	892	901	2 105	1 060	1 045	2 387	1 210	1 177
50-54	978	459	519	1 423	687	736	1 736	858	879	2 043	1 022	1 021
55-59	727	338	388	934	433	501	1 356	647	709	1 659	810	849
60-64	703	328	376	675	308	367	867	394	473	1 263	591	673
65-69	405	193	211	626	283	343	601	266	335	775	341	434
70-74	332	154	179	334	154	180	519	225	294	501	212	289
75-79	212	92	120	243	107	136	245	107	138	386	158	228
80+	...	...	...	...	...	...	...	...	...	...	...	...
80-84	111	45	66	127	52	76	147	60	87	150	61	89
85-89	41	15	26	49	18	31	57	21	36	67	25	42
90-94	10	3	7	12	4	8	14	5	10	17	6	11
95-99	2	0	1	2	0	1	2	1	1	2	1	2
100+	0	0	0	0	0	0	0	0	0	0	0	0

年齢	2035			2040			2045			2050		
	総数	男	女	総数	男	女	総数	男	女	総数	男	女
総数	60 873	30 874	29 999	68 127	34 551	33 576	75 758	38 414	37 344	83 652	42 404	41 248
0-4	7 995	4 118	3 877	8 638	4 449	4 189	9 237	4 757	4 479	9 764	5 029	4 735
5-9	7 333	3 775	3 559	7 970	4 104	3 867	8 614	4 435	4 179	9 213	4 744	4 470
10-14	6 754	3 473	3 281	7 318	3 765	3 553	7 955	4 094	3 861	8 599	4 425	4 173
15-19	6 223	3 195	3 028	6 735	3 460	3 274	7 299	3 752	3 547	7 936	4 081	3 855
20-24	5 607	2 872	2 735	6 192	3 174	3 018	6 703	3 439	3 265	7 267	3 731	3 537
25-29	4 856	2 486	2 370	5 572	2 848	2 724	6 155	3 149	3 006	6 666	3 414	3 252
30-34	4 115	2 102	2 013	4 822	2 464	2 358	5 536	2 825	2 711	6 117	3 125	2 993
35-39	3 705	1 887	1 818	4 081	2 081	2 000	4 784	2 440	2 344	5 494	2 799	2 696
40-44	3 195	1 622	1 573	3 664	1 861	1 803	4 037	2 053	1 984	4 736	2 410	2 326
45-49	2 759	1 400	1 358	3 142	1 589	1 553	3 607	1 825	1 782	3 978	2 015	1 962
50-54	2 324	1 170	1 154	2 689	1 356	1 333	3 066	1 541	1 526	3 524	1 772	1 752
55-59	1 958	968	990	2 231	1 111	1 121	2 587	1 290	1 297	2 956	1 469	1 487
60-64	1 551	742	809	1 836	891	946	2 099	1 026	1 073	2 440	1 196	1 245
65-69	1 135	515	621	1 400	651	749	1 665	785	880	1 911	909	1 002
70-74	652	274	377	961	417	544	1 194	532	661	1 429	648	781
75-79	377	150	227	496	196	299	739	303	437	927	390	537
80+	...	...	...	...	...	...	...	...	...	...	...	...
80-84	241	91	150	239	88	151	321	117	204	486	183	302
85-89	69	25	44	115	39	76	117	39	79	161	52	109
90-94	20	7	14	22	7	15	37	11	27	40	11	29
95-99	3	1	2	4	1	3	4	1	3	7	2	6
100+	0	0	0	0	0	0	0	0	0	0	0	0

年齢	2055			2060		
	総数	男	女	総数	男	女
総数	91 728	46 480	45 247	99 958	50 637	49 321
0-4	10 233	5 271	4 962	10 683	5 505	5 178
5-9	9 741	5 016	4 725	10 212	5 259	4 953
10-14	9 199	4 734	4 464	9 727	5 007	4 720
15-19	8 579	4 413	4 167	9 180	4 722	4 458
20-24	7 904	4 059	3 845	8 547	4 391	4 157
25-29	7 229	3 705	3 524	7 866	4 034	3 832
30-34	6 627	3 389	3 239	7 190	3 680	3 510
35-39	6 075	3 098	2 977	6 584	3 361	3 223
40-44	5 443	2 766	2 677	6 021	3 064	2 957
45-49	4 670	2 368	2 302	5 371	2 721	2 651
50-54	3 891	1 959	1 931	4 574	2 306	2 268
55-59	3 403	1 694	1 710	3 765	1 878	1 887
60-64	2 797	1 367	1 430	3 230	1 582	1 648
65-69	2 232	1 065	1 167	2 571	1 225	1 345
70-74	1 651	756	895	1 942	894	1 049
75-79	1 121	480	641	1 309	568	741
80+	...	...	...	...	...	...
80-84	618	240	378	759	301	458
85-89	249	83	165	324	112	211
90-94	56	15	41	89	25	64
95-99	8	2	6	12	3	9
100+	1	0	1	1	0	1

性・年齢別人口（千人）

年齢	2015			2020			2025			2030		
	総数	男	女	総数	男	女	総数	男	女	総数	男	女
総数	36 423	18 437	17 986	42 335	21 452	20 883	48 824	24 760	24 064	56 049	28 441	27 608
0-4	5 727	2 944	2 783	6 669	3 431	3 238	7 468	3 844	3 624	8 313	4 281	4 033
5-9	4 974	2 559	2 415	5 695	2 926	2 769	6 625	3 406	3 219	7 432	3 824	3 609
10-14	4 225	2 172	2 053	4 953	2 547	2 406	5 662	2 907	2 755	6 602	3 392	3 209
15-19	3 814	1 957	1 857	4 208	2 161	2 046	4 921	2 529	2 393	5 637	2 892	2 745
20-24	3 309	1 694	1 615	3 798	1 945	1 853	4 179	2 143	2 036	4 889	2 508	2 381
25-29	2 893	1 483	1 410	3 295	1 683	1 612	3 771	1 928	1 844	4 146	2 122	2 024
30-34	2 490	1 272	1 218	2 878	1 473	1 405	3 267	1 667	1 601	3 738	1 908	1 830
35-39	2 175	1 102	1 073	2 471	1 261	1 210	2 847	1 455	1 392	3 233	1 646	1 587
40-44	1 827	912	915	2 150	1 087	1 063	2 435	1 239	1 196	2 807	1 431	1 376
45-49	1 466	713	754	1 793	892	901	2 105	1 060	1 045	2 387	1 210	1 177
50-54	978	459	519	1 423	687	736	1 736	858	879	2 043	1 022	1 021
55-59	727	338	388	934	433	501	1 356	647	709	1 659	810	849
60-64	703	328	376	675	308	367	867	394	473	1 263	591	673
65-69	405	193	211	626	283	343	601	266	335	775	341	434
70-74	332	154	179	334	154	180	519	225	294	501	212	289
75-79	212	92	120	243	107	136	245	107	138	386	158	228
80+	…	…	…	…	…	…	…	…	…	…	…	…
80-84	111	45	66	127	52	76	147	60	87	150	61	89
85-89	41	15	26	49	18	31	57	21	36	67	25	42
90-94	10	3	7	12	4	8	14	5	10	17	6	11
95-99	2	0	1	2	0	1	2	1	1	2	1	2
100+	0	0	0	0	0	0	0	0	0	0	0	0

年齢	2035			2040			2045			2050		
	総数	男	女	総数	男	女	総数	男	女	総数	男	女
総数	63 983	32 475	31 508	72 684	36 896	35 788	82 214	41 735	40 479	92 540	46 976	45 565
0-4	9 132	4 704	4 429	10 092	5 198	4 894	11 149	5 742	5 407	12 214	6 291	5 923
5-9	8 285	4 265	4 021	9 104	4 687	4 417	10 064	5 182	4 883	11 121	5 726	5 395
10-14	7 416	3 813	3 603	8 268	4 254	4 014	9 087	4 676	4 411	10 047	5 171	4 876
15-19	6 582	3 379	3 202	7 395	3 800	3 596	8 247	4 240	4 007	9 065	4 662	4 403
20-24	5 607	2 872	2 735	6 550	3 357	3 192	7 361	3 776	3 585	8 211	4 215	3 996
25-29	4 856	2 486	2 370	5 572	2 848	2 724	6 511	3 332	3 180	7 321	3 749	3 572
30-34	4 115	2 102	2 013	4 822	2 464	2 358	5 536	2 825	2 711	6 471	3 306	3 165
35-39	3 705	1 887	1 818	4 081	2 081	2 000	4 784	2 440	2 344	5 494	2 799	2 696
40-44	3 195	1 622	1 573	3 664	1 861	1 803	4 037	2 053	1 984	4 736	2 410	2 326
45-49	2 759	1 400	1 358	3 142	1 589	1 553	3 607	1 825	1 782	3 978	2 015	1 962
50-54	2 324	1 170	1 154	2 689	1 356	1 333	3 066	1 541	1 526	3 524	1 772	1 752
55-59	1 958	968	990	2 231	1 111	1 121	2 587	1 290	1 297	2 956	1 469	1 487
60-64	1 551	742	809	1 836	891	946	2 099	1 026	1 073	2 440	1 196	1 245
65-69	1 135	515	621	1 400	651	749	1 665	785	880	1 911	909	1 002
70-74	652	274	377	961	417	544	1 194	532	661	1 429	648	781
75-79	377	150	227	496	196	299	739	303	437	927	390	537
80+	…	…	…	…	…	…	…	…	…	…	…	…
80-84	241	91	150	239	88	151	321	117	204	486	183	302
85-89	69	25	44	115	39	76	117	39	79	161	52	109
90-94	20	7	14	22	7	15	37	11	27	40	11	29
95-99	3	1	2	4	1	3	4	1	3	7	2	6
100+	0	0	0	0	0	0	0	0	0	0	0	0

年齢	2055			2060		
	総数	男	女	総数	男	女
総数	103 601	52 587	51 015	115 371	58 563	56 808
0-4	13 243	6 822	6 421	14 256	7 346	6 910
5-9	12 187	6 275	5 911	13 217	6 807	6 410
10-14	11 103	5 715	5 388	12 169	6 264	5 905
15-19	10 025	5 156	4 869	11 080	5 700	5 381
20-24	9 029	4 637	4 392	9 988	5 131	4 857
25-29	8 169	4 187	3 982	8 986	4 609	4 378
30-34	7 279	3 722	3 557	8 126	4 159	3 967
35-39	6 426	3 277	3 149	7 232	3 692	3 539
40-44	5 443	2 766	2 677	6 370	3 242	3 128
45-49	4 670	2 368	2 302	5 371	2 721	2 651
50-54	3 891	1 959	1 931	4 574	2 306	2 268
55-59	3 403	1 694	1 710	3 765	1 878	1 887
60-64	2 797	1 367	1 430	3 230	1 582	1 648
65-69	2 232	1 065	1 167	2 571	1 225	1 345
70-74	1 651	756	895	1 942	894	1 049
75-79	1 121	480	641	1 309	568	741
80+	…	…	…	…	…	…
80-84	618	240	378	759	301	458
85-89	249	83	165	324	112	211
90-94	56	15	41	89	25	64
95-99	8	2	6	12	3	9
100+	1	0	1	1	0	1

性・年齢別人口（千人）

年齢	2015 総数	男	女	2020 総数	男	女	2025 総数	男	女	2030 総数	男	女
総数	36 423	18 437	17 986	41 610	21 079	20 531	46 770	23 703	23 067	52 092	26 405	25 687
0-4	5 727	2 944	2 783	5 944	3 058	2 886	6 136	3 158	2 978	6 404	3 297	3 106
5-9	4 974	2 559	2 415	5 695	2 926	2 769	5 903	3 035	2 868	6 105	3 141	2 964
10-14	4 225	2 172	2 053	4 953	2 547	2 406	5 662	2 907	2 755	5 881	3 022	2 859
15-19	3 814	1 957	1 857	4 208	2 161	2 046	4 921	2 529	2 393	5 637	2 892	2 745
20-24	3 309	1 694	1 615	3 798	1 945	1 853	4 179	2 143	2 036	4 889	2 508	2 381
25-29	2 893	1 483	1 410	3 295	1 683	1 612	3 771	1 928	1 844	4 146	2 122	2 024
30-34	2 490	1 272	1 218	2 878	1 473	1 405	3 267	1 667	1 601	3 738	1 908	1 830
35-39	2 175	1 102	1 073	2 471	1 261	1 210	2 847	1 455	1 392	3 233	1 646	1 587
40-44	1 827	912	915	2 150	1 087	1 063	2 435	1 239	1 196	2 807	1 431	1 376
45-49	1 466	713	754	1 793	892	901	2 105	1 060	1 045	2 387	1 210	1 177
50-54	978	459	519	1 423	687	736	1 736	858	879	2 043	1 022	1 021
55-59	727	338	388	934	433	501	1 356	647	709	1 659	810	849
60-64	703	328	376	675	308	367	867	394	473	1 263	591	673
65-69	405	193	211	626	283	343	601	266	335	775	341	434
70-74	332	154	179	334	154	180	519	225	294	501	212	289
75-79	212	92	120	243	107	136	245	107	138	386	158	228
80+	...	...	...	...	...	...	...	...	...	...	...	...
80-84	111	45	66	127	52	76	147	60	87	150	61	89
85-89	41	15	26	49	18	31	57	21	36	67	25	42
90-94	10	3	7	12	4	8	14	5	10	17	6	11
95-99	2	0	1	2	0	1	2	1	1	2	1	2
100+	0	0	0	0	0	0	0	0	0	0	0	0

年齢	2035 総数	男	女	2040 総数	男	女	2045 総数	男	女	2050 総数	男	女
総数	57 773	29 279	28 494	63 634	32 239	31 394	69 501	35 195	34 305	75 210	38 062	37 148
0-4	6 868	3 537	3 331	7 236	3 727	3 509	7 460	3 842	3 618	7 562	3 895	3 667
5-9	6 382	3 285	3 097	6 847	3 525	3 322	7 216	3 715	3 501	7 441	3 831	3 610
10-14	6 091	3 132	2 959	6 368	3 276	3 092	6 834	3 517	3 317	7 203	3 707	3 496
15-19	5 864	3 011	2 853	6 074	3 121	2 953	6 351	3 265	3 086	6 817	3 506	3 311
20-24	5 607	2 872	2 735	5 834	2 991	2 844	6 045	3 101	2 944	6 323	3 246	3 077
25-29	4 856	2 486	2 370	5 572	2 848	2 724	5 800	2 967	2 832	6 011	3 078	2 933
30-34	4 115	2 102	2 013	4 822	2 464	2 358	5 536	2 825	2 711	5 763	2 944	2 820
35-39	3 705	1 887	1 818	4 081	2 081	2 000	4 784	2 440	2 344	5 494	2 799	2 696
40-44	3 195	1 622	1 573	3 664	1 861	1 803	4 037	2 053	1 984	4 736	2 410	2 326
45-49	2 759	1 400	1 358	3 142	1 589	1 553	3 607	1 825	1 782	3 978	2 015	1 962
50-54	2 324	1 170	1 154	2 689	1 356	1 333	3 066	1 541	1 526	3 524	1 772	1 752
55-59	1 958	968	990	2 231	1 111	1 121	2 587	1 290	1 297	2 956	1 469	1 487
60-64	1 551	742	809	1 836	891	946	2 099	1 026	1 073	2 440	1 196	1 245
65-69	1 135	515	621	1 400	651	749	1 665	785	880	1 911	909	1 002
70-74	652	274	377	961	417	544	1 194	532	661	1 429	648	781
75-79	377	150	227	496	196	299	739	303	437	927	390	537
80+	...	...	...	...	...	...	...	...	...	...	...	...
80-84	241	91	150	239	88	151	321	117	204	486	183	302
85-89	69	25	44	115	39	76	117	39	79	161	52	109
90-94	20	7	14	22	7	15	37	11	27	40	11	29
95-99	3	1	2	4	1	3	4	1	3	7	2	6
100+	0	0	0	0	0	0	0	0	0	0	0	0

年齢	2055 総数	男	女	2060 総数	男	女
総数	80 681	40 800	39 881	85 905	43 412	42 493
0-4	7 604	3 917	3 687	7 645	3 939	3 706
5-9	7 544	3 885	3 659	7 589	3 908	3 680
10-14	7 429	3 824	3 605	7 533	3 878	3 655
15-19	7 186	3 696	3 490	7 413	3 813	3 600
20-24	6 788	3 486	3 302	7 159	3 677	3 482
25-29	6 289	3 223	3 066	6 755	3 464	3 291
30-34	5 976	3 055	2 921	6 255	3 201	3 054
35-39	5 723	2 918	2 805	5 937	3 030	2 906
40-44	5 443	2 766	2 677	5 672	2 886	2 786
45-49	4 670	2 368	2 302	5 371	2 721	2 651
50-54	3 891	1 959	1 931	4 574	2 306	2 268
55-59	3 403	1 694	1 710	3 765	1 878	1 887
60-64	2 797	1 367	1 430	3 230	1 582	1 648
65-69	2 232	1 065	1 167	2 571	1 225	1 345
70-74	1 651	756	895	1 942	894	1 049
75-79	1 121	480	641	1 309	568	741
80+	...	...	...	...	...	...
80-84	618	240	378	759	301	458
85-89	249	83	165	324	112	211
90-94	56	15	41	89	25	64
95-99	8	2	6	12	3	9
100+	1	0	1	1	0	1

Ireland

性・年齢別人口（千人）

年齢	1960 総数	男	女	1965 総数	男	女	1970 総数	男	女	1975 総数	男	女
総数	2 819	1 418	1 401	2 857	1 435	1 422	2 947	1 480	1 467	3 181	1 598	1 583
0-4	289	148	141	304	156	148	306	157	149	354	182	172
5-9	293	150	144	287	146	141	312	160	153	310	159	151
10-14	290	148	142	291	149	143	288	147	141	323	165	158
15-19	237	121	115	271	139	133	280	143	137	287	146	141
20-24	183	94	90	200	102	98	240	122	118	269	137	132
25-29	146	75	71	156	79	77	173	88	85	236	120	116
30-34	139	68	71	136	70	66	150	76	74	179	91	88
35-39	165	80	85	135	66	69	138	71	66	159	81	78
40-44	167	83	84	161	78	82	135	67	68	142	74	68
45-49	179	91	88	162	81	81	158	77	81	136	67	68
50-54	152	79	73	170	87	83	155	78	77	154	76	79
55-59	140	71	70	140	72	68	159	81	78	148	73	74
60-64	126	63	64	127	63	64	128	65	63	148	74	74
65-69	100	49	51	110	53	57	112	54	58	116	57	59
70-74	89	43	46	84	40	44	93	43	50	93	43	51
75-79	65	30	34	64	29	35	61	27	34	67	29	38
80+	59	26	33	60	25	34	60	25	35	61	24	37
80-84	…	…	…	…	…	…	…	…	…	…	…	…
85-89	…	…	…	…	…	…	…	…	…	…	…	…
90-94	…	…	…	…	…	…	…	…	…	…	…	…
95-99	…	…	…	…	…	…	…	…	…	…	…	…
100+	…	…	…	…	…	…	…	…	…	…	…	…

年齢	1980 総数	男	女	1985 総数	男	女	1990 総数	男	女	1995 総数	男	女
総数	3 431	1 724	1 707	3 560	1 781	1 779	3 563	1 774	1 789	3 645	1 811	1 834
0-4	361	185	175	341	176	166	279	144	135	250	129	121
5-9	361	185	176	363	187	177	342	176	166	287	147	139
10-14	321	165	157	361	185	176	359	184	175	348	179	169
15-19	330	169	161	316	162	154	351	180	171	357	183	174
20-24	281	143	138	305	155	150	277	141	136	325	166	159
25-29	259	131	127	255	128	127	259	129	130	250	126	124
30-34	237	120	117	250	125	124	234	115	119	255	126	129
35-39	189	96	92	235	118	116	243	121	122	239	117	122
40-44	166	85	81	187	95	92	230	115	115	245	122	124
45-49	145	76	69	163	83	80	183	92	90	230	115	115
50-54	134	67	67	140	73	67	158	80	78	181	92	90
55-59	148	72	76	127	63	65	135	69	65	154	78	77
60-64	137	67	70	138	65	72	120	58	62	129	66	64
65-69	133	64	69	125	59	66	126	58	68	112	53	59
70-74	98	46	52	112	52	61	106	48	59	110	48	62
75-79	69	29	40	72	31	41	85	36	49	82	34	48
80+	64	24	40	70	25	45	…	…	…	…	…	…
80-84	…	…	…	…	…	…	47	18	29	56	21	35
85-89	…	…	…	…	…	…	22	7	15	24	8	16
90-94	…	…	…	…	…	…	7	2	5	8	2	6
95-99	…	…	…	…	…	…	1	0	1	1	0	1
100+	…	…	…	…	…	…	0	0	0	0	0	0

年齢	2000 総数	男	女	2005 総数	男	女	2010 総数	男	女	2015 総数	男	女
総数	3 842	1 910	1 931	4 204	2 099	2 104	4 617	2 301	2 316	4 688	2 340	2 348
0-4	269	139	130	306	157	149	362	187	175	353	183	171
5-9	256	131	124	274	140	133	316	162	154	355	184	172
10-14	297	152	145	268	138	130	279	143	136	312	161	152
15-19	349	179	170	301	154	147	276	141	135	269	138	131
20-24	342	174	168	354	179	174	322	161	161	253	130	124
25-29	314	158	156	368	185	183	387	191	196	295	147	147
30-34	263	131	132	357	180	177	400	200	201	364	179	185
35-39	279	138	141	303	153	150	382	192	190	383	190	192
40-44	255	126	129	303	152	150	319	161	158	369	186	184
45-49	251	125	126	264	132	132	312	157	155	310	156	154
50-54	232	116	115	255	128	127	268	134	134	303	152	151
55-59	181	91	90	230	116	115	254	127	127	260	129	131
60-64	151	75	76	177	89	88	226	113	113	245	122	123
65-69	123	61	62	144	71	73	169	84	85	214	105	108
70-74	100	45	55	111	54	57	132	63	69	155	75	80
75-79	87	36	52	83	35	47	95	44	51	114	52	61
80+	…	…	…	…	…	…	…	…	…	…	…	…
80-84	55	21	35	62	23	39	62	25	37	72	31	41
85-89	29	9	20	31	10	21	38	13	26	39	14	25
90-94	9	2	6	12	3	9	14	4	10	18	5	13
95-99	2	0	1	2	0	2	3	1	3	4	1	3
100+	0	0	0	0	0	0	0	0	0	1	0	0

性・年齢別人口（千人）

年齢	2015			2020			2025			2030		
	総数	男	女	総数	男	女	総数	男	女	総数	男	女
総数	4 688	2 340	2 348	4 874	2 435	2 440	5 048	2 522	2 527	5 204	2 600	2 604
0-4	353	183	171	319	164	155	294	150	143	291	149	142
5-9	355	184	172	354	183	171	321	165	156	296	151	144
10-14	312	161	152	356	184	172	355	184	172	322	166	156
15-19	269	138	131	314	161	153	359	185	174	358	185	173
20-24	253	130	124	272	139	133	321	164	156	366	188	177
25-29	295	147	147	257	132	126	281	144	138	329	168	161
30-34	364	179	185	298	148	149	265	135	130	289	147	141
35-39	383	190	192	365	179	186	302	151	152	270	138	132
40-44	369	186	184	383	190	193	368	181	187	305	152	153
45-49	310	156	154	368	185	183	383	190	193	368	181	187
50-54	303	152	151	307	154	153	366	183	182	381	189	192
55-59	260	129	131	299	149	149	304	152	152	362	181	181
60-64	245	122	123	253	125	128	292	145	147	298	149	149
65-69	214	105	108	234	115	119	244	120	124	282	140	143
70-74	155	75	80	198	96	102	219	106	113	230	111	119
75-79	114	52	61	135	64	72	176	83	93	197	93	104
80+	…	…	…	…	…	…	…	…	…	…	…	…
80-84	72	31	41	89	39	50	108	48	60	143	65	78
85-89	39	14	25	47	19	28	59	24	35	75	31	43
90-94	18	5	13	19	6	13	24	9	15	32	12	20
95-99	4	1	3	6	1	4	7	2	5	8	3	6
100+	1	0	0	1	0	1	1	0	1	1	0	1

年齢	2035			2040			2045			2050		
	総数	男	女	総数	男	女	総数	男	女	総数	男	女
総数	5 360	2 680	2 681	5 519	2 761	2 758	5 667	2 837	2 830	5 789	2 900	2 889
0-4	311	159	152	334	171	163	344	176	168	336	172	164
5-9	293	150	143	313	160	153	336	172	164	346	177	169
10-14	297	152	145	294	151	144	314	161	153	337	173	165
15-19	325	167	158	300	153	147	297	152	145	317	162	155
20-24	365	188	177	332	170	162	307	157	150	305	156	149
25-29	374	192	182	374	192	182	341	175	167	316	161	155
30-34	337	172	165	382	196	186	382	196	186	349	178	170
35-39	294	150	144	342	174	167	387	198	188	387	198	188
40-44	273	139	134	297	151	146	345	176	169	389	200	190
45-49	306	152	154	274	140	134	298	152	146	346	176	169
50-54	367	180	187	305	152	153	274	139	134	297	151	146
55-59	378	187	190	363	178	185	303	151	152	272	139	133
60-64	355	177	178	371	184	188	358	175	183	299	149	150
65-69	289	143	145	345	172	174	362	178	184	350	171	179
70-74	268	131	137	275	135	140	330	163	167	347	170	177
75-79	209	99	109	245	118	127	253	123	130	306	149	157
80+	…	…	…	…	…	…	…	…	…	…	…	…
80-84	163	75	88	175	81	94	208	98	111	218	103	115
85-89	102	44	58	119	52	67	130	57	73	157	70	87
90-94	42	16	26	59	23	35	70	28	42	79	32	47
95-99	12	4	8	16	6	11	24	8	15	30	11	19
100+	2	0	1	3	1	2	4	1	3	6	2	4

年齢	2055			2060		
	総数	男	女	総数	男	女
総数	5 879	2 946	2 933	5 943	2 980	2 963
0-4	323	166	158	317	162	155
5-9	338	173	165	325	167	159
10-14	347	178	169	339	174	166
15-19	340	174	166	350	179	171
20-24	324	165	159	347	177	170
25-29	313	160	154	332	169	163
30-34	323	165	159	320	163	157
35-39	353	181	173	328	167	161
40-44	389	200	190	356	182	174
45-49	390	200	190	390	200	190
50-54	345	176	169	389	200	190
55-59	296	150	145	343	175	168
60-64	269	137	132	292	149	144
65-69	293	145	148	263	134	130
70-74	337	163	173	283	139	143
75-79	323	156	167	315	151	164
80+	…	…	…	…	…	…
80-84	266	126	139	284	134	150
85-89	167	76	91	207	95	113
90-94	98	41	57	107	45	62
95-99	35	13	22	45	17	28
100+	8	2	6	10	3	7

Ireland

性・年齢別人口（千人）

年齢	2015			2020			2025			2030		
	総数	男	女	総数	男	女	総数	男	女	総数	男	女
総数	4 688	2 340	2 348	4 914	2 455	2 459	5 147	2 572	2 575	5 376	2 688	2 688
0-4	353	183	171	359	185	174	352	181	172	364	187	178
5-9	355	184	172	354	183	171	361	186	175	355	182	173
10-14	312	161	152	356	184	172	355	184	172	362	186	176
15-19	269	138	131	314	161	153	359	185	174	358	185	173
20-24	253	130	124	272	139	133	321	164	156	366	188	177
25-29	295	147	147	257	132	126	281	144	138	329	168	161
30-34	364	179	185	298	148	149	265	135	130	289	147	141
35-39	383	190	192	365	179	186	302	151	152	270	138	132
40-44	369	186	184	383	190	193	368	181	187	305	152	153
45-49	310	156	154	368	185	183	383	190	193	368	181	187
50-54	303	152	151	307	154	153	366	183	182	381	189	192
55-59	260	129	131	299	149	149	304	152	152	362	181	181
60-64	245	122	123	253	125	128	292	145	147	298	149	149
65-69	214	105	108	234	115	119	244	120	124	282	140	143
70-74	155	75	80	198	96	102	219	106	113	230	111	119
75-79	114	52	61	135	64	72	176	83	93	197	93	104
80+	...	...	...	...	...	...	...	...	...	...	...	...
80-84	72	31	41	89	39	50	108	48	60	143	65	78
85-89	39	14	25	47	19	28	59	24	35	75	31	43
90-94	18	5	13	19	6	13	24	9	15	32	12	20
95-99	4	1	3	6	1	4	7	2	5	8	3	6
100+	1	0	0	1	0	1	1	0	1	1	0	1

年齢	2035			2040			2045			2050		
	総数	男	女	総数	男	女	総数	男	女	総数	男	女
総数	5 611	2 808	2 803	5 859	2 935	2 924	6 109	3 063	3 046	6 351	3 188	3 164
0-4	390	200	190	423	217	206	446	229	218	457	234	223
5-9	367	188	179	392	201	191	425	218	207	448	230	219
10-14	356	182	174	368	188	179	393	201	192	426	218	208
15-19	365	187	177	359	183	175	371	190	181	396	203	193
20-24	365	188	177	372	191	181	366	187	179	378	193	185
25-29	374	192	182	374	192	182	381	195	186	375	191	184
30-34	337	172	165	382	196	186	382	196	186	388	198	190
35-39	294	150	144	342	174	167	387	198	188	387	198	188
40-44	273	139	134	297	151	146	345	176	169	389	200	190
45-49	306	152	154	274	140	134	298	152	146	346	176	169
50-54	367	180	187	305	152	153	274	139	134	297	151	146
55-59	378	187	190	363	178	185	303	151	152	272	139	133
60-64	355	177	178	371	184	188	358	175	183	299	149	150
65-69	289	143	145	345	172	174	362	178	184	350	171	179
70-74	268	131	137	275	135	140	330	163	167	347	170	177
75-79	209	99	109	245	118	127	253	123	130	306	149	157
80+	...	...	...	...	...	...	...	...	...	...	...	...
80-84	163	75	88	175	81	94	208	98	111	218	103	115
85-89	102	44	58	119	52	67	130	57	73	157	70	87
90-94	42	16	26	59	23	35	70	28	42	79	32	47
95-99	12	4	8	16	6	11	24	8	15	30	11	19
100+	2	0	1	3	1	2	4	1	3	6	2	4

年齢	2055			2060		
	総数	男	女	総数	男	女
総数	6 581	3 306	3 275	6 804	3 421	3 383
0-4	464	238	226	476	244	232
5-9	459	235	224	466	239	227
10-14	449	230	219	460	235	224
15-19	429	220	210	452	231	221
20-24	403	206	197	436	223	213
25-29	386	197	189	411	210	201
30-34	382	194	187	393	200	193
35-39	393	201	192	386	197	190
40-44	389	200	190	395	202	193
45-49	390	200	190	390	200	190
50-54	345	176	169	389	200	190
55-59	296	150	145	343	175	168
60-64	269	137	132	292	149	144
65-69	293	145	148	263	134	130
70-74	337	163	173	283	139	143
75-79	323	156	167	315	151	164
80+	...	...	...	...	...	...
80-84	266	126	139	284	134	150
85-89	167	76	91	207	95	113
90-94	98	41	57	107	45	62
95-99	35	13	22	45	17	28
100+	8	2	6	10	3	7

性・年齢別人口（千人）

年齢	2015			2020			2025			2030		
	総数	男	女	総数	男	女	総数	男	女	総数	男	女
総数	4 688	2 340	2 348	4 834	2 414	2 420	4 950	2 471	2 479	5 032	2 512	2 520
0-4	353	183	171	279	144	135	235	120	115	218	112	106
5-9	355	184	172	354	183	171	281	145	137	237	121	116
10-14	312	161	152	356	184	172	355	184	172	282	145	137
15-19	269	138	131	314	161	153	359	185	174	358	185	173
20-24	253	130	124	272	139	133	321	164	156	366	188	177
25-29	295	147	147	257	132	126	281	144	138	329	168	161
30-34	364	179	185	298	148	149	265	135	130	289	147	141
35-39	383	190	192	365	179	186	302	151	152	270	138	132
40-44	369	186	184	383	190	193	368	181	187	305	152	153
45-49	310	156	154	368	185	183	383	190	193	368	181	187
50-54	303	152	151	307	154	153	366	183	182	381	189	192
55-59	260	129	131	299	149	149	304	152	152	362	181	181
60-64	245	122	123	253	125	128	292	145	147	298	149	149
65-69	214	105	108	234	115	119	244	120	124	282	140	143
70-74	155	75	80	198	96	102	219	106	113	230	111	119
75-79	114	52	61	135	64	72	176	83	93	197	93	104
80+	...	...	...	...	...	...	...	...	...	...	...	...
80-84	72	31	41	89	39	50	108	48	60	143	65	78
85-89	39	14	25	47	19	28	59	24	35	75	31	43
90-94	18	5	13	19	6	13	24	9	15	32	12	20
95-99	4	1	3	6	1	4	7	2	5	8	3	6
100+	1	0	0	1	0	1	1	0	1	1	0	1

年齢	2035			2040			2045			2050		
	総数	男	女	総数	男	女	総数	男	女	総数	男	女
総数	5 110	2 551	2 559	5 181	2 588	2 593	5 233	2 615	2 619	5 249	2 623	2 626
0-4	232	119	113	247	126	120	247	127	121	230	118	112
5-9	220	113	107	234	120	114	249	128	122	249	128	122
10-14	238	122	116	221	113	108	235	120	115	250	128	122
15-19	285	147	139	241	123	118	224	115	110	238	122	117
20-24	365	188	177	292	150	143	248	127	122	232	118	113
25-29	374	192	182	374	192	182	302	154	147	258	131	126
30-34	337	172	165	382	196	186	382	196	186	309	158	151
35-39	294	150	144	342	174	167	387	198	188	387	198	188
40-44	273	139	134	297	151	146	345	176	169	389	200	190
45-49	306	152	154	274	140	134	298	152	146	346	176	169
50-54	367	180	187	305	152	153	274	139	134	297	151	146
55-59	378	187	190	363	178	185	303	151	152	272	139	133
60-64	355	177	178	371	184	188	358	175	183	299	149	150
65-69	289	143	145	345	172	174	362	178	184	350	171	179
70-74	268	131	137	275	135	140	330	163	167	347	170	177
75-79	209	99	109	245	118	127	253	123	130	306	149	157
80+	...	...	...	...	...	...	...	...	...	...	...	...
80-84	163	75	88	175	81	94	208	98	111	218	103	115
85-89	102	44	58	119	52	67	130	57	73	157	70	87
90-94	42	16	26	59	23	35	70	28	42	79	32	47
95-99	12	4	8	16	6	11	24	8	15	30	11	19
100+	2	0	1	3	1	2	4	1	3	6	2	4

年齢	2055			2060		
	総数	男	女	総数	男	女
総数	5 223	2 610	2 613	5 161	2 579	2 581
0-4	206	106	101	190	97	93
5-9	232	119	113	208	107	102
10-14	251	128	122	233	119	114
15-19	253	129	124	253	130	124
20-24	245	125	120	260	133	127
25-29	240	122	118	254	129	124
30-34	265	135	130	247	126	122
35-39	314	160	154	269	137	133
40-44	389	200	190	317	162	155
45-49	390	200	190	390	200	190
50-54	345	176	169	389	200	190
55-59	296	150	145	343	175	168
60-64	269	137	132	292	149	144
65-69	293	145	148	263	134	130
70-74	337	163	173	283	139	143
75-79	323	156	167	315	151	164
80+	...	...	...	...	...	...
80-84	266	126	139	284	134	150
85-89	167	76	91	207	95	113
90-94	98	41	57	107	45	62
95-99	35	13	22	45	17	28
100+	8	2	6	10	3	7

Israel

性・年齢別人口(千人)

年齢	1960 総数	男	女	1965 総数	男	女	1970 総数	男	女	1975 総数	男	女
総数	2 090	1 060	1 030	2 523	1 274	1 249	2 850	1 437	1 412	3 337	1 673	1 664
0-4	263	136	127	299	154	145	335	172	163	422	216	205
5-9	273	140	132	289	148	140	305	157	148	347	178	168
10-14	226	117	109	303	156	147	295	152	143	320	165	155
15-19	161	83	77	252	130	122	310	159	150	314	161	153
20-24	150	77	73	173	88	85	258	133	125	323	164	159
25-29	142	72	70	157	78	79	177	90	87	265	134	131
30-34	136	66	70	149	73	76	161	79	81	185	92	92
35-39	137	69	68	147	70	77	153	75	78	171	84	87
40-44	112	55	57	148	74	74	150	71	79	163	80	84
45-49	131	65	67	123	61	62	149	74	75	158	74	84
50-54	113	59	55	139	69	70	123	61	63	153	75	78
55-59	85	44	41	118	61	56	137	68	69	125	60	64
60-64	63	32	30	87	45	42	113	58	55	135	65	70
65-69	40	20	20	61	31	30	79	40	39	108	54	54
70-74	29	13	16	36	17	19	52	26	26	72	35	37
75-79	16	7	9	24	10	14	29	13	15	43	20	23
80+	13	6	7	18	8	10	25	11	14	34	15	19
80-84	…	…	…	…	…	…	…	…	…	…	…	…
85-89	…	…	…	…	…	…	…	…	…	…	…	…
90-94	…	…	…	…	…	…	…	…	…	…	…	…
95-99	…	…	…	…	…	…	…	…	…	…	…	…
100+	…	…	…	…	…	…	…	…	…	…	…	…

年齢	1980 総数	男	女	1985 総数	男	女	1990 総数	男	女	1995 総数	男	女
総数	3 745	1 869	1 875	4 083	2 040	2 042	4 499	2 245	2 254	5 332	2 633	2 698
0-4	458	235	224	458	235	223	483	247	236	529	271	257
5-9	426	218	208	458	234	223	462	237	225	510	261	249
10-14	352	181	171	426	218	208	462	236	226	508	260	248
15-19	325	167	158	352	181	171	430	219	210	495	254	241
20-24	311	157	154	325	166	158	355	181	174	451	229	222
25-29	320	160	160	310	157	153	328	167	161	383	191	191
30-34	270	135	135	319	159	160	315	158	157	360	179	181
35-39	188	93	95	269	134	134	325	162	163	346	169	177
40-44	172	84	88	187	93	95	271	135	136	357	174	182
45-49	164	80	84	170	83	87	188	93	95	304	150	155
50-54	158	73	85	161	78	83	171	83	88	204	99	104
55-59	153	74	79	153	70	83	160	76	84	185	88	97
60-64	122	58	64	144	69	76	150	68	82	182	84	98
65-69	127	60	67	111	52	59	136	63	72	165	72	93
70-74	95	46	49	109	50	59	98	45	53	145	64	81
75-79	56	27	30	73	35	39	87	39	48	97	41	56
80+	45	20	25	58	26	32	…	…	…	…	…	…
80-84	…	…	…	…	…	…	51	23	28	70	29	41
85-89	…	…	…	…	…	…	21	9	12	31	13	18
90-94	…	…	…	…	…	…	6	3	4	8	3	5
95-99	…	…	…	…	…	…	1	0	1	1	1	1
100+	…	…	…	…	…	…	0	0	0	0	0	0

年齢	2000 総数	男	女	2005 総数	男	女	2010 総数	男	女	2015 総数	男	女
総数	6 014	2 964	3 050	6 604	3 258	3 346	7 420	3 665	3 755	8 064	3 999	4 065
0-4	614	315	299	666	342	325	735	377	358	832	427	405
5-9	548	281	267	619	318	301	666	342	325	741	380	360
10-14	527	270	257	554	284	270	619	318	301	672	345	327
15-19	528	271	256	536	273	263	565	290	275	624	321	303
20-24	514	265	249	538	274	264	555	282	274	571	293	278
25-29	463	234	229	523	268	255	557	279	278	564	285	279
30-34	392	192	200	470	237	233	546	273	274	559	280	279
35-39	370	180	191	397	194	203	500	249	250	547	272	275
40-44	359	172	186	375	181	194	424	210	214	502	249	253
45-49	371	179	192	362	173	189	390	191	199	425	209	215
50-54	316	154	162	373	179	194	372	179	193	388	189	199
55-59	215	103	112	315	152	163	387	186	202	363	173	189
60-64	195	90	104	213	101	112	329	158	171	371	175	196
65-69	184	83	101	188	86	102	217	102	115	311	147	164
70-74	161	68	93	170	75	95	183	81	102	194	90	105
75-79	127	54	73	138	56	82	161	67	94	155	67	88
80+	…	…	…	…	…	…	…	…	…	…	…	…
80-84	73	30	43	97	40	57	120	46	73	126	51	74
85-89	43	17	26	46	18	28	66	26	41	79	29	49
90-94	13	5	8	19	7	12	22	8	14	33	12	21
95-99	2	1	1	4	1	2	6	2	4	7	3	5
100+	0	0	0	0	0	0	1	0	0	1	1	1

性・年齢別人口（千人）

年齢	2015 総数	男	女	2020 総数	男	女	2025 総数	男	女	2030 総数	男	女
総数	8 064	3 999	4 065	8 718	4 339	4 380	9 359	4 672	4 687	9 998	5 005	4 994
0-4	832	427	405	823	422	401	824	422	401	841	431	410
5-9	741	380	360	834	428	406	824	423	402	825	423	402
10-14	672	345	327	741	381	361	834	428	406	825	423	402
15-19	624	321	303	675	347	328	744	382	362	837	429	408
20-24	571	293	278	631	324	307	682	350	332	751	385	366
25-29	564	285	279	579	296	283	639	328	312	690	354	337
30-34	559	280	279	571	288	282	586	300	287	646	331	316
35-39	547	272	275	563	282	282	575	290	285	591	302	289
40-44	502	249	253	549	273	276	565	282	283	577	291	286
45-49	425	209	215	502	249	253	549	273	276	565	282	283
50-54	388	189	199	422	208	214	499	247	252	546	271	275
55-59	363	173	189	383	186	197	418	205	213	494	244	250
60-64	371	175	196	354	168	186	375	181	194	410	200	210
65-69	311	147	164	357	167	190	342	161	181	363	174	189
70-74	194	90	105	291	135	156	337	155	181	324	151	173
75-79	155	67	88	174	79	96	264	120	143	307	140	168
80+	...	...	...	...	...	...	...	...	...	...	...	...
80-84	126	51	74	128	54	74	146	64	81	224	100	124
85-89	79	29	49	87	34	53	91	37	54	106	45	61
90-94	33	12	21	40	14	26	47	18	29	51	20	31
95-99	7	3	5	12	4	7	15	5	10	19	7	12
100+	1	1	1	2	1	1	3	1	2	4	2	3

年齢	2035 総数	男	女	2040 総数	男	女	2045 総数	男	女	2050 総数	男	女
総数	10 646	5 340	5 306	11 301	5 680	5 622	11 962	6 023	5 939	12 610	6 360	6 250
0-4	876	449	427	917	470	447	952	488	464	966	495	471
5-9	843	432	411	878	450	428	919	471	448	954	489	465
10-14	826	424	403	844	433	411	879	451	428	920	472	448
15-19	828	424	404	829	425	404	847	434	413	882	452	430
20-24	844	432	412	835	427	408	836	428	408	854	437	416
25-29	760	389	371	853	436	416	844	432	412	845	432	413
30-34	697	357	340	767	392	374	860	440	420	851	435	416
35-39	651	333	318	702	359	343	771	395	377	864	442	422
40-44	593	303	290	653	334	319	704	360	344	774	396	378
45-49	577	291	286	593	303	291	653	334	319	704	360	344
50-54	563	281	282	575	290	285	592	302	290	652	333	319
55-59	541	268	273	558	278	280	571	287	284	587	299	288
60-64	485	239	247	532	263	270	550	273	277	563	283	281
65-69	398	193	205	473	231	242	520	255	265	538	266	272
70-74	346	164	182	381	183	198	454	220	234	501	244	257
75-79	298	137	162	320	150	170	354	168	186	425	203	222
80+	...	...	...	...	...	...	...	...	...	...	...	...
80-84	264	117	147	259	116	143	281	129	152	314	146	168
85-89	167	72	95	200	86	114	200	87	113	221	98	123
90-94	61	25	36	99	41	58	123	50	73	126	52	74
95-99	21	8	13	26	10	16	45	17	27	57	22	35
100+	6	2	3	7	3	4	9	3	5	14	5	9

年齢	2055 総数	男	女	2060 総数	男	女
総数	13 228	6 681	6 547	13 808	6 981	6 828
0-4	960	492	468	951	488	463
5-9	968	496	472	962	493	469
10-14	955	489	465	969	497	472
15-19	923	473	450	957	491	467
20-24	889	455	433	929	476	453
25-29	862	441	421	896	459	438
30-34	852	436	416	868	444	424
35-39	855	437	418	856	438	418
40-44	866	443	423	857	438	419
45-49	774	396	378	866	443	423
50-54	702	359	344	772	394	377
55-59	647	330	317	698	356	342
60-64	580	295	286	640	326	314
65-69	552	276	276	570	288	282
70-74	520	255	265	535	265	269
75-79	471	227	244	491	238	253
80+	...	...	...	...	...	...
80-84	379	178	201	423	200	223
85-89	250	113	137	307	140	167
90-94	142	60	83	166	71	95
95-99	61	24	37	71	28	43
100+	20	7	12	23	9	14

性・年齢別人口（千人）

年齢	2015 総数	男	女	2020 総数	男	女	2025 総数	男	女	2030 総数	男	女
総数	8 064	3 999	4 065	8 788	4 375	4 414	9 546	4 768	4 778	10 340	5 180	5 160
0-4	832	427	405	893	458	435	941	482	458	996	511	485
5-9	741	380	360	834	428	406	894	459	436	942	483	459
10-14	672	345	327	741	381	361	834	428	406	895	459	436
15-19	624	321	303	675	347	328	744	382	362	837	429	408
20-24	571	293	278	631	324	307	682	350	332	751	385	366
25-29	564	285	279	579	296	283	639	328	312	690	354	337
30-34	559	280	279	571	288	282	586	300	287	646	331	316
35-39	547	272	275	563	282	282	575	290	285	591	302	289
40-44	502	249	253	549	273	276	565	282	283	577	291	286
45-49	425	209	215	502	249	253	549	273	276	565	282	283
50-54	388	189	199	422	208	214	499	247	252	546	271	275
55-59	363	173	189	383	186	197	418	205	213	494	244	250
60-64	371	175	196	354	168	186	375	181	194	410	200	210
65-69	311	147	164	357	167	190	342	161	181	363	174	189
70-74	194	90	105	291	135	156	337	155	181	324	151	173
75-79	155	67	88	174	79	96	264	120	143	307	140	168
80+	…	…	…	…	…	…	…	…	…	…	…	…
80-84	126	51	74	128	54	74	146	64	81	224	100	124
85-89	79	29	49	87	34	53	91	37	54	106	45	61
90-94	33	12	21	40	14	26	47	18	29	51	20	31
95-99	7	3	5	12	4	7	15	5	10	19	7	12
100+	1	1	1	2	1	1	3	1	2	4	2	3

年齢	2035 総数	男	女	2040 総数	男	女	2045 総数	男	女	2050 総数	男	女
総数	11 155	5 601	5 554	12 000	6 038	5 962	12 884	6 496	6 388	13 805	6 973	6 832
0-4	1 044	535	508	1 106	567	539	1 176	603	573	1 240	636	604
5-9	997	511	486	1 045	536	509	1 108	568	540	1 178	604	574
10-14	943	484	460	998	512	486	1 046	536	510	1 109	569	540
15-19	898	460	438	946	485	461	1 001	513	488	1 049	538	511
20-24	844	432	412	905	463	442	953	488	465	1 008	516	492
25-29	760	389	371	853	436	416	914	467	446	962	492	470
30-34	697	357	340	767	392	374	860	440	420	921	471	450
35-39	651	333	318	702	359	343	771	395	377	864	442	422
40-44	593	303	290	653	334	319	704	360	344	774	396	378
45-49	577	291	286	593	303	291	653	334	319	704	360	344
50-54	563	281	282	575	290	285	592	302	290	652	333	319
55-59	541	268	273	558	278	280	571	287	284	587	299	288
60-64	485	239	247	532	263	270	550	273	277	563	283	281
65-69	398	193	205	473	231	242	520	255	265	538	266	272
70-74	346	164	182	381	183	198	454	220	234	501	244	257
75-79	298	137	162	320	150	170	354	168	186	425	203	222
80+	…	…	…	…	…	…	…	…	…	…	…	…
80-84	264	117	147	259	116	143	281	129	152	314	146	168
85-89	167	72	95	200	86	114	200	87	113	221	98	123
90-94	61	25	36	99	41	58	123	50	73	126	52	74
95-99	21	8	13	26	10	16	45	17	27	57	22	35
100+	6	2	3	7	3	4	9	3	5	14	5	9

年齢	2055 総数	男	女	2060 総数	男	女
総数	14 753	7 463	7 290	15 714	7 958	7 756
0-4	1 291	662	629	1 332	683	649
5-9	1 241	636	605	1 292	663	630
10-14	1 179	604	574	1 242	637	605
15-19	1 112	570	542	1 181	605	576
20-24	1 056	541	515	1 118	573	545
25-29	1 016	520	496	1 064	544	519
30-34	968	495	473	1 023	523	500
35-39	925	473	452	972	497	475
40-44	866	443	423	927	474	453
45-49	774	396	378	866	443	423
50-54	702	359	344	772	394	377
55-59	647	330	317	698	356	342
60-64	580	295	286	640	326	314
65-69	552	276	276	570	288	282
70-74	520	255	265	535	265	269
75-79	471	227	244	491	238	253
80+	…	…	…	…	…	…
80-84	379	178	201	423	200	223
85-89	250	113	137	307	140	167
90-94	142	60	83	166	71	95
95-99	61	24	37	71	28	43
100+	20	7	12	23	9	14

性・年齢別人口（千人）

年齢	2015 総数	男	女	2020 総数	男	女	2025 総数	男	女	2030 総数	男	女
総数	8 064	3 999	4 065	8 648	4 303	4 345	9 172	4 576	4 596	9 656	4 829	4 827
0-4	832	427	405	752	386	367	707	362	344	686	352	334
5-9	741	380	360	834	428	406	754	387	368	708	363	345
10-14	672	345	327	741	381	361	834	428	406	755	387	368
15-19	624	321	303	675	347	328	744	382	362	837	429	408
20-24	571	293	278	631	324	307	682	350	332	751	385	366
25-29	564	285	279	579	296	283	639	328	312	690	354	337
30-34	559	280	279	571	288	282	586	300	287	646	331	316
35-39	547	272	275	563	282	282	575	290	285	591	302	289
40-44	502	249	253	549	273	276	565	282	283	577	291	286
45-49	425	209	215	502	249	253	549	273	276	565	282	283
50-54	388	189	199	422	208	214	499	247	252	546	271	275
55-59	363	173	189	383	186	197	418	205	213	494	244	250
60-64	371	175	196	354	168	186	375	181	194	410	200	210
65-69	311	147	164	357	167	190	342	161	181	363	174	189
70-74	194	90	105	291	135	156	337	155	181	324	151	173
75-79	155	67	88	174	79	96	264	120	143	307	140	168
80+	...	...	...	...	...	...	...	...	...	...	...	...
80-84	126	51	74	128	54	74	146	64	81	224	100	124
85-89	79	29	49	87	34	53	91	37	54	106	45	61
90-94	33	12	21	40	14	26	47	18	29	51	20	31
95-99	7	3	5	12	4	7	15	5	10	19	7	12
100+	1	1	1	2	1	1	3	1	2	4	2	3

年齢	2035 総数	男	女	2040 総数	男	女	2045 総数	男	女	2050 総数	男	女
総数	10 137	5 079	5 058	10 606	5 323	5 283	11 053	5 557	5 496	11 453	5 767	5 686
0-4	709	363	345	731	375	356	738	378	360	717	368	349
5-9	688	353	335	710	364	346	733	376	357	740	379	361
10-14	709	364	346	689	353	336	712	365	347	734	376	358
15-19	758	388	370	712	365	347	692	355	337	715	366	348
20-24	844	432	412	765	392	373	720	368	351	699	358	341
25-29	760	389	371	853	436	416	774	396	378	728	373	356
30-34	697	357	340	767	392	374	860	440	420	781	399	382
35-39	651	333	318	702	359	343	771	395	377	864	442	422
40-44	593	303	290	653	334	319	704	360	344	774	396	378
45-49	577	291	286	593	303	291	653	334	319	704	360	344
50-54	563	281	282	575	290	285	592	302	290	652	333	319
55-59	541	268	273	558	278	280	571	287	284	587	299	288
60-64	485	239	247	532	263	270	550	273	277	563	283	281
65-69	398	193	205	473	231	242	520	255	265	538	266	272
70-74	346	164	182	381	183	198	454	220	234	501	244	257
75-79	298	137	162	320	150	170	354	168	186	425	203	222
80+	...	...	...	...	...	...	...	...	...	...	...	...
80-84	264	117	147	259	116	143	281	129	152	314	146	168
85-89	167	72	95	200	86	114	200	87	113	221	98	123
90-94	61	25	36	99	41	58	123	50	73	126	52	74
95-99	21	8	13	26	10	16	45	17	27	57	22	35
100+	6	2	3	7	3	4	9	3	5	14	5	9

年齢	2055 総数	男	女	2060 総数	男	女
総数	11 784	5 941	5 843	12 046	6 077	5 969
0-4	674	345	328	631	324	308
5-9	719	369	350	675	346	329
10-14	741	380	361	720	369	351
15-19	737	378	359	744	381	362
20-24	721	369	352	743	381	363
25-29	707	362	346	729	373	356
30-34	735	376	359	714	365	349
35-39	785	401	384	740	378	362
40-44	866	443	423	788	402	385
45-49	774	396	378	866	443	423
50-54	702	359	344	772	394	377
55-59	647	330	317	698	356	342
60-64	580	295	286	640	326	314
65-69	552	276	276	570	288	282
70-74	520	255	265	535	265	269
75-79	471	227	244	491	238	253
80+	...	...	...	...	...	...
80-84	379	178	201	423	200	223
85-89	250	113	137	307	140	167
90-94	142	60	83	166	71	95
95-99	61	24	37	71	28	43
100+	20	7	12	23	9	14

Italy

性・年齢別人口（千人）

年齢	1960			1965			1970			1975		
	総数	男	女	総数	男	女	総数	男	女	総数	男	女
総数	49 715	24 186	25 529	51 693	25 165	26 528	53 523	26 092	27 430	55 269	26 935	28 333
0-4	4 124	2 109	2 015	4 575	2 346	2 229	4 524	2 320	2 204	4 279	2 198	2 081
5-9	4 043	2 063	1 980	4 144	2 117	2 028	4 544	2 328	2 216	4 513	2 313	2 200
10-14	4 291	2 194	2 097	3 979	2 029	1 950	4 127	2 109	2 018	4 550	2 327	2 222
15-19	3 729	1 892	1 836	4 182	2 126	2 056	3 909	1 989	1 921	4 105	2 087	2 018
20-24	3 935	1 966	1 970	3 609	1 813	1 796	4 044	2 038	2 006	3 868	1 951	1 917
25-29	3 714	1 831	1 883	3 850	1 911	1 940	3 482	1 730	1 751	4 011	2 008	2 003
30-34	3 721	1 817	1 904	3 658	1 800	1 858	3 796	1 878	1 918	3 470	1 720	1 750
35-39	3 699	1 766	1 933	3 664	1 790	1 874	3 649	1 801	1 847	3 785	1 873	1 912
40-44	2 514	1 200	1 314	3 636	1 735	1 900	3 635	1 785	1 849	3 627	1 792	1 835
45-49	3 385	1 632	1 753	2 457	1 171	1 286	3 571	1 706	1 865	3 595	1 762	1 833
50-54	3 089	1 500	1 590	3 283	1 574	1 709	2 383	1 132	1 251	3 495	1 659	1 836
55-59	2 583	1 229	1 354	2 966	1 424	1 542	3 139	1 488	1 651	2 301	1 081	1 221
60-64	2 166	969	1 198	2 439	1 137	1 302	2 786	1 311	1 476	2 957	1 371	1 585
65-69	1 744	751	993	1 957	848	1 109	2 231	1 007	1 224	2 513	1 140	1 373
70-74	1 380	587	793	1 461	605	856	1 659	686	974	1 876	800	1 076
75-79	914	393	521	1 025	416	608	1 094	428	666	1 245	477	768
80+	683	286	397	809	324	485	949	356	593	1 079	376	703
80-84	...	...	...	...	...	...	...	...	...	...	...	...
85-89	...	...	...	...	...	...	...	...	...	...	...	...
90-94	...	...	...	...	...	...	...	...	...	...	...	...
95-99	...	...	...	...	...	...	...	...	...	...	...	...
100+	...	...	...	...	...	...	...	...	...	...	...	...

年齢	1980			1985			1990			1995		
	総数	男	女	総数	男	女	総数	男	女	総数	男	女
総数	56 336	27 400	28 936	56 911	27 708	29 203	57 008	27 724	29 284	57 120	27 733	29 387
0-4	3 563	1 831	1 732	3 034	1 560	1 474	2 817	1 450	1 368	2 726	1 403	1 323
5-9	4 250	2 180	2 070	3 556	1 824	1 732	3 018	1 550	1 468	2 810	1 445	1 365
10-14	4 560	2 333	2 227	4 291	2 197	2 094	3 554	1 820	1 734	3 035	1 557	1 478
15-19	4 574	2 332	2 242	4 593	2 343	2 250	4 312	2 201	2 111	3 573	1 825	1 748
20-24	4 079	2 058	2 021	4 584	2 327	2 257	4 600	2 338	2 262	4 311	2 189	2 121
25-29	3 841	1 919	1 923	4 102	2 064	2 037	4 564	2 307	2 257	4 591	2 321	2 270
30-34	4 016	2 000	2 016	3 880	1 940	1 940	4 084	2 047	2 037	4 551	2 289	2 262
35-39	3 496	1 733	1 762	4 041	2 017	2 024	3 869	1 930	1 939	4 064	2 028	2 036
40-44	3 781	1 873	1 908	3 497	1 739	1 758	4 009	1 997	2 012	3 843	1 910	1 933
45-49	3 587	1 767	1 820	3 749	1 858	1 892	3 440	1 704	1 736	3 969	1 969	2 000
50-54	3 528	1 714	1 813	3 521	1 728	1 793	3 664	1 804	1 860	3 387	1 667	1 719
55-59	3 382	1 581	1 801	3 414	1 641	1 773	3 400	1 648	1 752	3 574	1 742	1 832
60-64	2 185	1 003	1 182	3 199	1 465	1 735	3 236	1 522	1 713	3 262	1 555	1 708
65-69	2 702	1 207	1 495	1 995	887	1 108	2 945	1 304	1 641	3 017	1 376	1 640
70-74	2 136	913	1 222	2 331	989	1 343	1 751	743	1 008	2 628	1 110	1 518
75-79	1 410	549	861	1 661	656	1 004	1 886	746	1 140	1 453	576	877
80+	1 248	406	842	1 461	473	987	...	...	...	...	...	...
80-84	...	...	...	...	...	...	1 168	415	753	1 392	497	895
85-89	...	...	...	...	...	...	510	153	357	688	212	476
90-94	...	...	...	...	...	...	153	38	115	206	52	154
95-99	...	...	...	...	...	...	26	6	20	37	8	29
100+	...	...	...	...	...	...	2	1	2	3	1	3

年齢	2000			2005			2010			2015		
	総数	男	女	総数	男	女	総数	男	女	総数	男	女
総数	57 147	27 717	29 430	58 657	28 527	30 130	59 588	28 937	30 651	59 798	29 070	30 728
0-4	2 633	1 355	1 278	2 754	1 416	1 338	2 796	1 439	1 357	2 570	1 324	1 246
5-9	2 735	1 405	1 330	2 709	1 392	1 317	2 789	1 432	1 356	2 817	1 449	1 368
10-14	2 826	1 451	1 375	2 811	1 445	1 366	2 770	1 423	1 348	2 811	1 444	1 367
15-19	3 067	1 571	1 496	2 912	1 496	1 416	2 876	1 478	1 398	2 800	1 438	1 363
20-24	3 597	1 831	1 766	3 163	1 620	1 543	3 008	1 538	1 469	2 931	1 503	1 429
25-29	4 303	2 173	2 130	3 779	1 922	1 857	3 302	1 677	1 625	3 088	1 572	1 516
30-34	4 578	2 302	2 276	4 545	2 300	2 245	3 916	1 978	1 938	3 381	1 713	1 668
35-39	4 544	2 275	2 268	4 790	2 402	2 387	4 650	2 339	2 311	3 971	2 003	1 968
40-44	4 044	2 010	2 034	4 695	2 343	2 352	4 850	2 418	2 432	4 678	2 348	2 330
45-49	3 806	1 882	1 923	4 131	2 052	2 079	4 722	2 338	2 384	4 853	2 412	2 442
50-54	3 913	1 930	1 983	3 818	1 880	1 938	4 139	2 034	2 105	4 698	2 316	2 382
55-59	3 317	1 618	1 699	3 872	1 895	1 977	3 795	1 845	1 950	4 090	1 997	2 092
60-64	3 455	1 660	1 795	3 257	1 568	1 688	3 793	1 829	1 964	3 707	1 785	1 922
65-69	3 081	1 433	1 648	3 312	1 559	1 753	3 130	1 476	1 653	3 642	1 729	1 913
70-74	2 731	1 194	1 537	2 843	1 281	1 563	3 084	1 411	1 673	2 924	1 345	1 579
75-79	2 223	879	1 344	2 362	977	1 385	2 503	1 076	1 427	2 740	1 204	1 536
80+	...	...	...	...	...	...	...	...	...	...	...	...
80-84	1 094	395	699	1 728	631	1 096	1 874	718	1 157	2 031	820	1 211
85-89	849	266	583	703	228	475	1 133	368	764	1 303	456	847
90-94	295	76	219	386	102	284	334	93	241	611	177	434
95-99	53	11	42	80	17	64	112	24	88	125	31	94
100+	5	1	4	7	1	6	12	2	10	25	5	20

性・年齢別人口（千人）

年齢	2015 総数	男	女	2020 総数	男	女	2025 総数	男	女	2030 総数	男	女
総数	59 798	29 070	30 728	59 741	29 097	30 644	59 486	29 020	30 467	59 100	28 866	30 234
0-4	2 570	1 324	1 246	2 481	1 278	1 203	2 425	1 249	1 176	2 422	1 248	1 174
5-9	2 817	1 449	1 368	2 594	1 336	1 258	2 505	1 290	1 215	2 447	1 260	1 187
10-14	2 811	1 444	1 367	2 829	1 455	1 374	2 606	1 342	1 264	2 517	1 296	1 221
15-19	2 800	1 438	1 363	2 844	1 458	1 386	2 862	1 470	1 392	2 637	1 356	1 281
20-24	2 931	1 503	1 429	2 877	1 472	1 405	2 921	1 493	1 428	2 935	1 503	1 432
25-29	3 088	1 572	1 516	3 026	1 546	1 481	2 972	1 515	1 457	3 012	1 534	1 478
30-34	3 381	1 713	1 668	3 167	1 608	1 558	3 106	1 582	1 524	3 048	1 550	1 498
35-39	3 971	2 003	1 968	3 433	1 737	1 697	3 220	1 633	1 587	3 157	1 605	1 551
40-44	4 678	2 348	2 330	3 998	2 015	1 984	3 463	1 750	1 713	3 249	1 646	1 603
45-49	4 853	2 412	2 442	4 679	2 345	2 334	4 005	2 016	1 989	3 472	1 752	1 719
50-54	4 698	2 316	2 382	4 826	2 394	2 433	4 657	2 330	2 327	3 990	2 005	1 985
55-59	4 090	1 997	2 092	4 641	2 279	2 361	4 773	2 360	2 413	4 610	2 300	2 310
60-64	3 707	1 785	1 922	4 001	1 940	2 061	4 549	2 220	2 329	4 687	2 304	2 383
65-69	3 642	1 729	1 913	3 573	1 698	1 875	3 869	1 855	2 015	4 412	2 131	2 281
70-74	2 924	1 345	1 579	3 426	1 592	1 834	3 381	1 576	1 805	3 679	1 733	1 946
75-79	2 740	1 204	1 536	2 629	1 167	1 462	3 108	1 398	1 711	3 094	1 400	1 694
80+	...	...	...	...	...	...	...	...	...	...	...	...
80-84	2 031	820	1 211	2 264	940	1 324	2 207	930	1 277	2 645	1 133	1 512
85-89	1 303	456	847	1 450	539	911	1 656	636	1 020	1 650	644	1 006
90-94	611	177	434	731	229	502	842	281	561	993	342	651
95-99	125	31	94	239	61	178	300	82	218	361	104	256
100+	25	5	20	32	7	25	61	13	47	85	20	65

年齢	2035 総数	男	女	2040 総数	男	女	2045 総数	男	女	2050 総数	男	女
総数	58 635	28 663	29 972	58 078	28 409	29 669	57 380	28 081	29 299	56 513	27 670	28 843
0-4	2 446	1 260	1 186	2 462	1 269	1 194	2 442	1 258	1 184	2 396	1 234	1 162
5-9	2 445	1 259	1 186	2 468	1 271	1 197	2 485	1 280	1 205	2 464	1 269	1 195
10-14	2 459	1 266	1 193	2 456	1 265	1 192	2 480	1 277	1 203	2 496	1 285	1 211
15-19	2 548	1 310	1 238	2 490	1 280	1 210	2 488	1 279	1 209	2 512	1 291	1 221
20-24	2 711	1 389	1 322	2 622	1 343	1 279	2 564	1 314	1 251	2 562	1 313	1 250
25-29	3 026	1 544	1 482	2 802	1 431	1 371	2 713	1 385	1 328	2 656	1 356	1 300
30-34	3 087	1 569	1 518	3 101	1 579	1 522	2 878	1 466	1 412	2 790	1 421	1 369
35-39	3 099	1 574	1 525	3 139	1 593	1 546	3 154	1 603	1 550	2 931	1 491	1 440
40-44	3 186	1 619	1 567	3 130	1 588	1 542	3 170	1 607	1 563	3 185	1 618	1 567
45-49	3 260	1 650	1 610	3 199	1 624	1 575	3 143	1 593	1 550	3 184	1 613	1 571
50-54	3 463	1 746	1 717	3 255	1 646	1 609	3 196	1 620	1 575	3 142	1 591	1 551
55-59	3 956	1 983	1 973	3 438	1 729	1 709	3 235	1 632	1 603	3 178	1 609	1 570
60-64	4 535	2 252	2 284	3 898	1 945	1 953	3 394	1 700	1 694	3 198	1 607	1 591
65-69	4 558	2 220	2 338	4 422	2 177	2 245	3 810	1 887	1 923	3 324	1 653	1 671
70-74	4 213	2 002	2 210	4 369	2 097	2 272	4 253	2 066	2 187	3 677	1 799	1 878
75-79	3 390	1 553	1 837	3 908	1 811	2 097	4 077	1 911	2 165	3 990	1 897	2 093
80+	...	...	...	...	...	...	...	...	...	...	...	...
80-84	2 665	1 151	1 514	2 953	1 295	1 657	3 437	1 530	1 908	3 620	1 634	1 986
85-89	2 016	802	1 214	2 069	833	1 236	2 330	956	1 374	2 756	1 150	1 605
90-94	1 020	357	663	1 281	458	823	1 350	489	861	1 559	577	982
95-99	443	131	312	474	142	332	618	189	429	676	209	467
100+	109	26	83	141	34	107	163	40	124	216	53	163

年齢	2055 総数	男	女	2060 総数	男	女
総数	55 494	27 187	28 308	54 387	26 675	27 712
0-4	2 358	1 215	1 143	2 344	1 207	1 136
5-9	2 418	1 245	1 173	2 378	1 225	1 154
10-14	2 476	1 275	1 201	2 428	1 250	1 178
15-19	2 527	1 299	1 228	2 504	1 288	1 217
20-24	2 583	1 323	1 259	2 594	1 329	1 264
25-29	2 649	1 353	1 297	2 665	1 361	1 304
30-34	2 729	1 390	1 339	2 718	1 385	1 334
35-39	2 840	1 444	1 396	2 777	1 412	1 365
40-44	2 961	1 505	1 456	2 869	1 458	1 411
45-49	3 199	1 624	1 575	2 975	1 511	1 464
50-54	3 183	1 611	1 572	3 198	1 622	1 576
55-59	3 127	1 580	1 546	3 169	1 602	1 568
60-64	3 145	1 586	1 559	3 097	1 561	1 537
65-69	3 138	1 567	1 571	3 092	1 551	1 542
70-74	3 218	1 583	1 636	3 047	1 506	1 541
75-79	3 468	1 663	1 805	3 050	1 473	1 577
80+	...	...	...	...	...	...
80-84	3 575	1 641	1 934	3 132	1 454	1 679
85-89	2 946	1 251	1 695	2 949	1 278	1 671
90-94	1 889	713	1 176	2 065	796	1 269
95-99	810	256	554	1 015	328	687
100+	257	63	194	319	79	240

Italy

性・年齢別人口（千人）

年齢	2015			2020			2025			2030		
	総数	男	女	総数	男	女	総数	男	女	総数	男	女
総数	59 798	29 070	30 728	60 155	29 310	30 844	60 524	29 554	30 970	60 896	29 791	31 105
0-4	2 570	1 324	1 246	2 895	1 491	1 404	3 049	1 571	1 478	3 181	1 639	1 542
5-9	2 817	1 449	1 368	2 594	1 336	1 258	2 918	1 503	1 415	3 071	1 582	1 489
10-14	2 811	1 444	1 367	2 829	1 455	1 374	2 606	1 342	1 264	2 930	1 509	1 421
15-19	2 800	1 438	1 363	2 844	1 458	1 386	2 862	1 470	1 392	2 637	1 356	1 281
20-24	2 931	1 503	1 429	2 877	1 472	1 405	2 921	1 493	1 428	2 935	1 503	1 432
25-29	3 088	1 572	1 516	3 026	1 546	1 481	2 972	1 515	1 457	3 012	1 534	1 478
30-34	3 381	1 713	1 668	3 167	1 608	1 558	3 106	1 582	1 524	3 048	1 550	1 498
35-39	3 971	2 003	1 968	3 433	1 737	1 697	3 220	1 633	1 587	3 157	1 605	1 551
40-44	4 678	2 348	2 330	3 998	2 015	1 984	3 463	1 750	1 713	3 249	1 646	1 603
45-49	4 853	2 412	2 442	4 679	2 345	2 334	4 005	2 016	1 989	3 472	1 752	1 719
50-54	4 698	2 316	2 382	4 826	2 394	2 433	4 657	2 330	2 327	3 990	2 005	1 985
55-59	4 090	1 997	2 092	4 641	2 279	2 361	4 773	2 360	2 413	4 610	2 300	2 310
60-64	3 707	1 785	1 922	4 001	1 940	2 061	4 549	2 220	2 329	4 687	2 304	2 383
65-69	3 642	1 729	1 913	3 573	1 698	1 875	3 869	1 855	2 015	4 412	2 131	2 281
70-74	2 924	1 345	1 579	3 426	1 592	1 834	3 381	1 576	1 805	3 679	1 733	1 946
75-79	2 740	1 204	1 536	2 629	1 167	1 462	3 108	1 398	1 711	3 094	1 400	1 694
80+	…	…	…	…	…	…	…	…	…	…	…	…
80-84	2 031	820	1 211	2 264	940	1 324	2 207	930	1 277	2 645	1 133	1 512
85-89	1 303	456	847	1 450	539	911	1 656	636	1 020	1 650	644	1 006
90-94	611	177	434	731	229	502	842	281	561	993	342	651
95-99	125	31	94	239	61	178	300	82	218	361	104	256
100+	25	5	20	32	7	25	61	13	47	85	20	65

年齢	2035			2040			2045			2050		
	総数	男	女	総数	男	女	総数	男	女	総数	男	女
総数	61 182	29 975	31 207	61 393	30 117	31 276	61 531	30 220	31 312	61 643	30 312	31 330
0-4	3 198	1 648	1 551	3 232	1 665	1 567	3 280	1 690	1 590	3 377	1 740	1 637
5-9	3 203	1 650	1 553	3 220	1 659	1 562	3 254	1 676	1 578	3 302	1 701	1 601
10-14	3 082	1 587	1 495	3 214	1 655	1 559	3 232	1 664	1 568	3 266	1 682	1 584
15-19	2 961	1 523	1 438	3 114	1 601	1 512	3 246	1 669	1 576	3 264	1 679	1 585
20-24	2 711	1 389	1 322	3 035	1 556	1 479	3 187	1 634	1 553	3 319	1 702	1 617
25-29	3 026	1 544	1 482	2 802	1 431	1 371	3 126	1 597	1 528	3 278	1 676	1 602
30-34	3 087	1 569	1 518	3 101	1 579	1 522	2 878	1 466	1 412	3 202	1 632	1 569
35-39	3 099	1 574	1 525	3 139	1 593	1 546	3 154	1 603	1 550	2 931	1 491	1 440
40-44	3 186	1 619	1 567	3 130	1 588	1 542	3 170	1 607	1 563	3 185	1 618	1 567
45-49	3 260	1 650	1 610	3 199	1 624	1 575	3 143	1 593	1 550	3 184	1 613	1 571
50-54	3 463	1 746	1 717	3 255	1 646	1 609	3 196	1 620	1 575	3 142	1 591	1 551
55-59	3 956	1 983	1 973	3 438	1 729	1 709	3 235	1 632	1 603	3 178	1 609	1 570
60-64	4 535	2 252	2 284	3 898	1 945	1 953	3 394	1 700	1 694	3 198	1 607	1 591
65-69	4 558	2 220	2 338	4 422	2 177	2 245	3 810	1 887	1 923	3 324	1 653	1 671
70-74	4 213	2 002	2 210	4 369	2 097	2 272	4 253	2 066	2 187	3 677	1 799	1 878
75-79	3 390	1 553	1 837	3 908	1 811	2 097	4 077	1 911	2 165	3 990	1 897	2 093
80+	…	…	…	…	…	…	…	…	…	…	…	…
80-84	2 665	1 151	1 514	2 953	1 295	1 657	3 437	1 530	1 908	3 620	1 634	1 986
85-89	2 016	802	1 214	2 069	833	1 236	2 330	956	1 374	2 756	1 150	1 605
90-94	1 020	357	663	1 281	458	823	1 350	489	861	1 559	577	982
95-99	443	131	312	474	142	332	618	189	429	676	209	467
100+	109	26	83	141	34	107	163	40	124	216	53	163

年齢	2055			2060		
	総数	男	女	総数	男	女
総数	61 797	30 432	31 364	62 033	30 613	31 420
0-4	3 534	1 821	1 714	3 691	1 902	1 790
5-9	3 398	1 750	1 648	3 554	1 831	1 724
10-14	3 313	1 706	1 607	3 408	1 755	1 653
15-19	3 296	1 695	1 601	3 341	1 719	1 623
20-24	3 333	1 710	1 624	3 362	1 725	1 637
25-29	3 406	1 742	1 664	3 415	1 747	1 668
30-34	3 350	1 709	1 641	3 474	1 773	1 701
35-39	3 251	1 656	1 596	3 397	1 731	1 666
40-44	2 961	1 505	1 456	3 280	1 669	1 611
45-49	3 199	1 624	1 575	2 975	1 511	1 464
50-54	3 183	1 611	1 572	3 198	1 622	1 576
55-59	3 127	1 580	1 546	3 169	1 602	1 568
60-64	3 145	1 586	1 559	3 097	1 561	1 537
65-69	3 138	1 567	1 571	3 092	1 551	1 542
70-74	3 218	1 583	1 636	3 047	1 506	1 541
75-79	3 468	1 663	1 805	3 050	1 473	1 577
80+	…	…	…	…	…	…
80-84	3 575	1 641	1 934	3 132	1 454	1 679
85-89	2 946	1 251	1 695	2 949	1 278	1 671
90-94	1 889	713	1 176	2 065	796	1 269
95-99	810	256	554	1 015	328	687
100+	257	63	194	319	79	240

性・年齢別人口（千人）

年齢	2015			2020			2025			2030		
	総数	男	女	総数	男	女	総数	男	女	総数	男	女
総数	59 798	29 070	30 728	59 328	28 884	30 444	58 449	28 485	29 964	57 305	27 941	29 364
0-4	2 570	1 324	1 246	2 068	1 065	1 003	1 801	928	873	1 664	857	807
5-9	2 817	1 449	1 368	2 594	1 336	1 258	2 091	1 077	1 014	1 823	939	884
10-14	2 811	1 444	1 367	2 829	1 455	1 374	2 606	1 342	1 264	2 103	1 083	1 020
15-19	2 800	1 438	1 363	2 844	1 458	1 386	2 862	1 470	1 392	2 637	1 356	1 281
20-24	2 931	1 503	1 429	2 877	1 472	1 405	2 921	1 493	1 428	2 935	1 503	1 432
25-29	3 088	1 572	1 516	3 026	1 546	1 481	2 972	1 515	1 457	3 012	1 534	1 478
30-34	3 381	1 713	1 668	3 167	1 608	1 558	3 106	1 582	1 524	3 048	1 550	1 498
35-39	3 971	2 003	1 968	3 433	1 737	1 697	3 220	1 633	1 587	3 157	1 605	1 551
40-44	4 678	2 348	2 330	3 998	2 015	1 984	3 463	1 750	1 713	3 249	1 646	1 603
45-49	4 853	2 412	2 442	4 679	2 345	2 334	4 005	2 016	1 989	3 472	1 752	1 719
50-54	4 698	2 316	2 382	4 826	2 394	2 433	4 657	2 330	2 327	3 990	2 005	1 985
55-59	4 090	1 997	2 092	4 641	2 279	2 361	4 773	2 360	2 413	4 610	2 300	2 310
60-64	3 707	1 785	1 922	4 001	1 940	2 061	4 549	2 220	2 329	4 687	2 304	2 383
65-69	3 642	1 729	1 913	3 573	1 698	1 875	3 869	1 855	2 015	4 412	2 131	2 281
70-74	2 924	1 345	1 579	3 426	1 592	1 834	3 381	1 576	1 805	3 679	1 733	1 946
75-79	2 740	1 204	1 536	2 629	1 167	1 462	3 108	1 398	1 711	3 094	1 400	1 694
80+	…	…	…	…	…	…	…	…	…	…	…	…
80-84	2 031	820	1 211	2 264	940	1 324	2 207	930	1 277	2 645	1 133	1 512
85-89	1 303	456	847	1 450	539	911	1 656	636	1 020	1 650	644	1 006
90-94	611	177	434	731	229	502	842	281	561	993	342	651
95-99	125	31	94	239	61	178	300	82	218	361	104	256
100+	25	5	20	32	7	25	61	13	47	85	20	65

年齢	2035			2040			2045			2050		
	総数	男	女	総数	男	女	総数	男	女	総数	男	女
総数	56 090	27 351	28 739	54 778	26 709	28 069	53 298	25 978	27 319	51 581	25 130	26 451
0-4	1 696	874	822	1 707	879	828	1 658	854	804	1 544	795	749
5-9	1 686	868	818	1 718	885	834	1 730	891	839	1 680	865	815
10-14	1 835	945	890	1 698	874	824	1 730	891	840	1 742	896	845
15-19	2 135	1 097	1 038	1 867	959	908	1 731	889	842	1 762	905	857
20-24	2 711	1 389	1 322	2 209	1 131	1 079	1 941	993	949	1 805	923	883
25-29	3 026	1 544	1 482	2 802	1 431	1 371	2 301	1 173	1 128	2 034	1 035	998
30-34	3 087	1 569	1 518	3 101	1 579	1 522	2 878	1 466	1 412	2 378	1 209	1 169
35-39	3 099	1 574	1 525	3 139	1 593	1 546	3 154	1 603	1 550	2 931	1 491	1 440
40-44	3 186	1 619	1 567	3 130	1 588	1 542	3 170	1 607	1 563	3 185	1 618	1 567
45-49	3 260	1 650	1 610	3 199	1 624	1 575	3 143	1 593	1 550	3 184	1 613	1 571
50-54	3 463	1 746	1 717	3 255	1 646	1 609	3 196	1 620	1 575	3 142	1 591	1 551
55-59	3 956	1 983	1 973	3 438	1 729	1 709	3 235	1 632	1 603	3 178	1 609	1 570
60-64	4 535	2 252	2 284	3 898	1 945	1 953	3 394	1 700	1 694	3 198	1 607	1 591
65-69	4 558	2 220	2 338	4 422	2 177	2 245	3 810	1 887	1 923	3 324	1 653	1 671
70-74	4 213	2 002	2 210	4 369	2 097	2 272	4 253	2 066	2 187	3 677	1 799	1 878
75-79	3 390	1 553	1 837	3 908	1 811	2 097	4 077	1 911	2 165	3 990	1 897	2 093
80+	…	…	…	…	…	…	…	…	…	…	…	…
80-84	2 665	1 151	1 514	2 953	1 295	1 657	3 437	1 530	1 908	3 620	1 634	1 986
85-89	2 016	802	1 214	2 069	833	1 236	2 330	956	1 374	2 756	1 150	1 605
90-94	1 020	357	663	1 281	458	823	1 350	489	861	1 559	577	982
95-99	443	131	312	474	142	332	618	189	429	676	209	467
100+	109	26	83	141	34	107	163	40	124	216	53	163

年齢	2055			2060		
	総数	男	女	総数	男	女
総数	49 613	24 158	25 455	47 466	23 112	24 354
0-4	1 406	724	682	1 300	670	630
5-9	1 565	806	759	1 426	734	692
10-14	1 692	871	821	1 576	811	765
15-19	1 772	910	862	1 721	884	837
20-24	1 833	937	896	1 839	941	899
25-29	1 893	963	930	1 917	976	941
30-34	2 107	1 070	1 038	1 963	996	967
35-39	2 429	1 233	1 196	2 156	1 093	1 063
40-44	2 961	1 505	1 456	2 459	1 247	1 212
45-49	3 199	1 624	1 575	2 975	1 511	1 464
50-54	3 183	1 611	1 572	3 198	1 622	1 576
55-59	3 127	1 580	1 546	3 169	1 602	1 568
60-64	3 145	1 586	1 559	3 097	1 561	1 537
65-69	3 138	1 567	1 571	3 092	1 551	1 542
70-74	3 218	1 583	1 636	3 047	1 506	1 541
75-79	3 468	1 663	1 805	3 050	1 473	1 577
80+	…	…	…	…	…	…
80-84	3 575	1 641	1 934	3 132	1 454	1 679
85-89	2 946	1 251	1 695	2 949	1 278	1 671
90-94	1 889	713	1 176	2 065	796	1 269
95-99	810	256	554	1 015	328	687
100+	257	63	194	319	79	240

性・年齢別人口（千人）

年齢	1960 総数	男	女	1965 総数	男	女	1970 総数	男	女	1975 総数	男	女
総数	1 631	785	846	1 763	844	919	1 873	916	957	2 018	989	1 028
0-4	284	144	140	319	160	159	323	163	160	298	151	147
5-9	223	113	110	258	129	129	308	155	153	315	159	155
10-14	174	87	87	190	89	101	250	126	124	301	152	149
15-19	146	69	77	170	79	91	166	81	85	237	119	117
20-24	125	57	68	128	59	69	126	59	67	142	68	73
25-29	112	50	62	100	47	54	100	48	52	103	47	56
30-34	94	43	51	93	43	50	83	40	43	85	40	45
35-39	90	41	49	88	42	46	81	38	43	79	37	42
40-44	82	40	42	77	37	40	79	38	41	79	36	42
45-49	78	39	39	73	35	38	71	34	37	77	36	40
50-54	67	33	34	64	32	32	69	33	36	68	32	35
55-59	48	23	25	60	29	31	59	29	30	65	31	34
60-64	38	18	20	47	23	24	54	26	28	54	27	28
65-69	24	10	14	35	16	18	41	20	21	47	22	25
70-74	23	10	13	28	12	16	28	13	15	33	15	18
75-79	14	5	9	18	7	11	20	8	12	20	9	11
80+	9	3	6	14	5	9	15	5	10	17	6	11
80-84	...	...	...	...	...	...	...	...	...	...	...	...
85-89	...	...	...	...	...	...	...	...	...	...	...	...
90-94	...	...	...	...	...	...	...	...	...	...	...	...
95-99	...	...	...	...	...	...	...	...	...	...	...	...
100+	...	...	...	...	...	...	...	...	...	...	...	...

年齢	1980 総数	男	女	1985 総数	男	女	1990 総数	男	女	1995 総数	男	女
総数	2 142	1 060	1 083	2 312	1 150	1 162	2 386	1 177	1 209	2 490	1 231	1 258
0-4	284	144	140	302	154	147	292	148	144	289	148	142
5-9	291	148	143	273	139	134	285	144	141	281	142	139
10-14	287	146	141	287	146	141	260	131	130	272	137	136
15-19	249	124	125	279	141	138	259	130	130	246	123	123
20-24	198	97	101	236	117	119	240	118	121	237	118	120
25-29	147	72	75	183	90	93	204	99	105	216	105	111
30-34	111	54	57	133	65	68	164	80	85	188	90	98
35-39	92	45	47	103	50	53	124	61	63	155	75	80
40-44	80	39	41	87	43	44	98	49	49	117	58	59
45-49	74	36	38	77	38	39	83	42	41	94	47	47
50-54	68	32	35	71	34	36	72	36	36	79	40	39
55-59	61	29	32	63	30	33	66	32	34	68	34	34
60-64	55	27	29	55	27	29	61	29	32	61	30	31
65-69	50	24	26	49	24	26	54	25	29	56	28	28
70-74	41	20	21	44	21	23	45	21	24	47	23	24
75-79	22	12	11	33	16	18	36	16	19	36	16	20
80+	32	11	21	36	14	22	...	...	...	...	...	...
80-84	...	...	...	...	...	...	25	10	15	27	11	15
85-89	...	...	...	...	...	...	11	5	6	15	6	9
90-94	...	...	...	...	...	...	6	2	4	5	2	3
95-99	...	...	...	...	...	...	1	0	0	2	0	1
100+	...	...	...	...	...	...	0	0	0	0	0	0

年齢	2000 総数	男	女	2005 総数	男	女	2010 総数	男	女	2015 総数	男	女
総数	2 600	1 293	1 307	2 678	1 326	1 352	2 741	1 362	1 379	2 793	1 391	1 402
0-4	286	146	140	252	129	123	225	114	111	204	105	99
5-9	286	146	140	282	144	138	242	124	118	218	111	107
10-14	274	138	136	279	143	136	277	142	135	237	121	116
15-19	250	124	126	260	135	126	275	141	135	273	140	133
20-24	217	107	110	226	112	114	249	127	122	265	134	131
25-29	214	105	109	197	96	101	220	108	112	243	123	119
30-34	203	98	104	189	92	98	183	86	96	207	99	108
35-39	180	87	93	192	91	101	183	88	95	177	83	94
40-44	148	74	74	174	83	91	179	87	92	171	84	87
45-49	110	57	53	137	64	74	158	79	78	164	83	81
50-54	89	46	43	117	59	58	134	64	70	151	76	75
55-59	75	38	37	83	42	41	102	52	50	126	60	66
60-64	64	31	33	72	36	36	83	42	41	102	52	50
65-69	60	29	32	61	30	32	66	33	33	78	39	39
70-74	53	26	27	54	25	29	56	27	29	60	30	31
75-79	39	19	20	45	21	24	46	21	25	48	22	26
80+	...	...	...	...	...	...	...	...	...	...	...	...
80-84	28	13	16	29	14	16	34	15	19	35	15	20
85-89	16	6	9	17	7	10	18	8	10	21	9	12
90-94	6	2	4	7	3	5	8	3	5	9	3	5
95-99	1	1	1	2	1	1	2	1	2	3	1	2
100+	0	0	0	0	0	0	0	0	0	0	0	0

性・年齢別人口（千人）

年齢	2015			2020			2025			2030		
	総数	男	女	総数	男	女	総数	男	女	総数	男	女
総数	2 793	1 391	1 402	2 840	1 413	1 427	2 867	1 425	1 442	2 867	1 422	1 445
0-4	204	105	99	227	116	111	208	106	101	184	94	90
5-9	218	111	107	201	103	98	225	115	110	205	105	100
10-14	237	121	116	216	110	106	199	102	97	222	114	109
15-19	273	140	133	227	116	110	206	105	101	189	97	92
20-24	265	134	131	254	130	124	209	108	102	189	96	93
25-29	243	123	119	247	125	122	237	122	115	193	99	94
30-34	207	99	108	228	115	112	233	117	115	223	114	109
35-39	177	83	94	196	93	103	217	109	107	222	111	111
40-44	171	84	87	169	78	90	188	88	100	209	104	104
45-49	164	83	81	165	80	84	162	75	88	181	84	97
50-54	151	76	75	159	80	79	159	77	82	157	72	86
55-59	126	60	66	145	72	72	153	77	76	154	74	80
60-64	102	52	50	120	57	63	139	69	70	147	73	74
65-69	78	39	39	95	48	47	112	53	60	130	64	66
70-74	60	30	31	70	35	35	85	42	43	102	47	55
75-79	48	22	26	50	24	26	59	28	31	72	35	37
80+	…	…	…	…	…	…	…	…	…	…	…	…
80-84	35	15	20	36	16	20	38	17	21	45	21	24
85-89	21	9	12	23	9	14	23	10	14	25	11	14
90-94	9	3	5	11	4	7	11	4	7	12	4	7
95-99	3	1	2	3	1	2	4	1	2	4	1	3
100+	0	0	0	1	0	0	1	0	0	1	0	1

年齢	2035			2040			2045			2050		
	総数	男	女	総数	男	女	総数	男	女	総数	男	女
総数	2 846	1 410	1 436	2 811	1 391	1 421	2 765	1 367	1 399	2 710	1 339	1 371
0-4	164	84	80	153	78	75	147	75	72	141	72	69
5-9	182	93	89	162	83	79	151	77	74	145	74	71
10-14	203	104	99	180	92	88	161	82	78	149	77	73
15-19	214	110	104	195	100	95	173	89	84	154	79	75
20-24	174	90	84	200	103	97	182	94	88	161	83	78
25-29	174	89	85	160	83	77	187	96	90	170	88	82
30-34	181	93	88	163	83	80	150	78	72	177	91	86
35-39	214	109	105	172	88	84	156	79	77	144	74	69
40-44	215	107	108	207	105	102	167	85	81	151	76	74
45-49	202	101	102	209	104	105	202	102	100	162	83	80
50-54	176	81	95	197	98	99	204	101	103	197	100	98
55-59	152	69	83	171	79	92	192	95	97	199	98	101
60-64	148	71	77	147	66	81	165	75	90	186	91	95
65-69	138	68	70	140	66	74	139	62	77	157	71	86
70-74	118	57	61	126	61	65	128	60	69	129	56	72
75-79	87	39	48	102	48	54	109	52	58	112	51	61
80+	…	…	…	…	…	…	…	…	…	…	…	…
80-84	56	26	30	68	29	39	80	36	44	87	40	48
85-89	30	13	17	37	16	21	46	18	28	55	23	32
90-94	13	5	8	15	6	9	20	8	12	25	9	16
95-99	4	1	3	5	2	3	6	2	4	7	2	5
100+	1	0	1	1	0	1	1	0	1	1	0	1

年齢	2055			2060		
	総数	男	女	総数	男	女
総数	2 641	1 306	1 334	2 558	1 268	1 290
0-4	131	67	64	120	62	59
5-9	139	71	68	130	66	63
10-14	144	74	70	138	71	67
15-19	143	73	69	138	71	67
20-24	142	73	69	132	68	64
25-29	150	77	72	132	68	64
30-34	162	83	78	141	73	68
35-39	171	88	83	156	80	75
40-44	139	72	67	166	85	81
45-49	147	74	73	135	70	66
50-54	159	81	78	143	72	71
55-59	193	97	96	155	79	77
60-64	193	94	99	188	94	94
65-69	177	86	91	185	90	95
70-74	146	65	81	165	80	86
75-79	113	49	65	130	57	73
80+	…	…	…	…	…	…
80-84	90	40	51	93	38	54
85-89	61	26	35	64	27	37
90-94	30	12	19	34	13	21
95-99	10	3	7	12	4	8
100+	2	0	1	2	1	2

Jamaica

高位予測値

性・年齢別人口（千人）

年齢	2015 総数	男	女	2020 総数	男	女	2025 総数	男	女	2030 総数	男	女
総数	2 793	1 391	1 402	2 869	1 428	1 441	2 941	1 463	1 478	2 991	1 486	1 505
0-4	204	105	99	257	131	125	252	129	123	235	120	115
5-9	218	111	107	201	103	98	254	130	124	250	128	122
10-14	237	121	116	216	110	106	199	102	97	252	129	123
15-19	273	140	133	227	116	110	206	105	101	189	97	92
20-24	265	134	131	254	130	124	209	108	102	189	96	93
25-29	243	123	119	247	125	122	237	122	115	193	99	94
30-34	207	99	108	228	115	112	233	117	115	223	114	109
35-39	177	83	94	196	93	103	217	109	107	222	111	111
40-44	171	84	87	169	78	90	188	88	100	209	104	104
45-49	164	83	81	165	80	84	162	75	88	181	84	97
50-54	151	76	75	159	80	79	159	77	82	157	72	86
55-59	126	60	66	145	72	72	153	77	76	154	74	80
60-64	102	52	50	120	57	63	139	69	70	147	73	74
65-69	78	39	39	95	48	47	112	53	60	130	64	66
70-74	60	30	31	70	35	35	85	42	43	102	47	55
75-79	48	22	26	50	24	26	59	28	31	72	35	37
80+	...	...	...	...	...	...	...	...	...	...	...	...
80-84	35	15	20	36	16	20	38	17	21	45	21	24
85-89	21	9	12	23	9	14	23	10	14	25	11	14
90-94	9	3	5	11	4	7	11	4	7	12	4	7
95-99	3	1	2	3	1	2	4	1	2	4	1	3
100+	0	0	0	1	0	0	1	0	0	1	0	1

年齢	2035 総数	男	女	2040 総数	男	女	2045 総数	男	女	2050 総数	男	女
総数	3 019	1 498	1 521	3 036	1 506	1 530	3 054	1 514	1 540	3 073	1 525	1 548
0-4	212	109	104	206	105	100	211	108	103	216	111	106
5-9	233	119	114	210	108	102	204	104	99	209	107	102
10-14	248	127	121	231	118	113	209	107	102	202	104	99
15-19	243	125	118	240	123	117	223	115	109	202	104	98
20-24	174	90	84	229	118	111	226	116	110	211	109	103
25-29	174	89	85	160	83	77	216	111	105	214	110	104
30-34	181	93	88	163	83	80	150	78	72	206	106	100
35-39	214	109	105	172	88	84	156	79	77	144	74	69
40-44	215	107	108	207	105	102	167	85	81	151	76	74
45-49	202	101	102	209	104	105	202	102	100	162	83	80
50-54	176	81	95	197	98	99	204	101	103	197	100	98
55-59	152	69	83	171	79	92	192	95	97	199	98	101
60-64	148	71	77	147	66	81	165	75	90	186	91	95
65-69	138	68	70	140	66	74	139	62	77	157	71	86
70-74	118	57	61	126	61	65	128	60	69	129	56	72
75-79	87	39	48	102	48	54	109	52	58	112	51	61
80+	...	...	...	...	...	...	...	...	...	...	...	...
80-84	56	26	30	68	29	39	80	36	44	87	40	48
85-89	30	13	17	37	16	21	46	18	28	55	23	32
90-94	13	5	8	15	6	9	20	8	12	25	9	16
95-99	4	1	3	5	2	3	6	2	4	7	2	5
100+	1	0	1	1	0	1	1	0	1	1	0	1

年齢	2055 総数	男	女	2060 総数	男	女
総数	3 087	1 535	1 552	3 090	1 540	1 550
0-4	215	110	105	207	106	101
5-9	215	110	105	213	109	104
10-14	208	107	101	213	109	104
15-19	196	100	95	202	104	98
20-24	190	98	92	185	95	90
25-29	200	103	97	180	93	87
30-34	205	106	100	191	99	93
35-39	199	102	97	199	102	97
40-44	139	72	67	194	100	95
45-49	147	74	73	135	70	66
50-54	159	81	78	143	72	71
55-59	193	97	96	155	79	77
60-64	193	94	99	188	94	94
65-69	177	86	91	185	90	95
70-74	146	65	81	165	80	86
75-79	113	49	65	130	57	73
80+	...	...	...	...	...	...
80-84	90	40	51	93	38	54
85-89	61	26	35	64	27	37
90-94	30	12	19	34	13	21
95-99	10	3	7	12	4	8
100+	2	0	1	2	1	2

性・年齢別人口（千人）

年齢	2015			2020			2025			2030		
	総数	男	女	総数	男	女	総数	男	女	総数	男	女
総数	2 793	1 391	1 402	2 811	1 398	1 413	2 793	1 388	1 406	2 742	1 358	1 384
0-4	204	105	99	198	101	97	163	84	80	133	68	65
5-9	218	111	107	201	103	98	195	100	95	161	82	78
10-14	237	121	116	216	110	106	199	102	97	193	99	94
15-19	273	140	133	227	116	110	206	105	101	189	97	92
20-24	265	134	131	254	130	124	209	108	102	189	96	93
25-29	243	123	119	247	125	122	237	122	115	193	99	94
30-34	207	99	108	228	115	112	233	117	115	223	114	109
35-39	177	83	94	196	93	103	217	109	107	222	111	111
40-44	171	84	87	169	78	90	188	88	100	209	104	104
45-49	164	83	81	165	80	84	162	75	88	181	84	97
50-54	151	76	75	159	80	79	159	77	82	157	72	86
55-59	126	60	66	145	72	72	153	77	76	154	74	80
60-64	102	52	50	120	57	63	139	69	70	147	73	74
65-69	78	39	39	95	48	47	112	53	60	130	64	66
70-74	60	30	31	70	35	35	85	42	43	102	47	55
75-79	48	22	26	50	24	26	59	28	31	72	35	37
80+	...	...	...	...	...	...	...	...	...	...	...	...
80-84	35	15	20	36	16	20	38	17	21	45	21	24
85-89	21	9	12	23	9	14	23	10	14	25	11	14
90-94	9	3	5	11	4	7	11	4	7	12	4	7
95-99	3	1	2	3	1	2	4	1	2	4	1	3
100+	0	0	0	1	0	0	1	0	0	1	0	1

年齢	2035			2040			2045			2050		
	総数	男	女	総数	男	女	総数	男	女	総数	男	女
総数	2 675	1 322	1 353	2 591	1 278	1 313	2 491	1 226	1 265	2 376	1 168	1 207
0-4	117	60	57	104	53	51	92	47	45	80	41	39
5-9	131	67	64	115	59	56	102	52	50	91	46	44
10-14	159	81	78	130	66	63	113	58	55	101	52	49
15-19	185	95	90	151	78	73	122	63	59	107	55	52
20-24	174	90	84	171	88	83	138	71	67	110	57	53
25-29	174	89	85	160	83	77	158	82	76	126	65	61
30-34	181	93	88	163	83	80	150	78	72	149	77	72
35-39	214	109	105	172	88	84	156	79	77	144	74	69
40-44	215	107	108	207	105	102	167	85	81	151	76	74
45-49	202	101	102	209	104	105	202	102	100	162	83	80
50-54	176	81	95	197	98	99	204	101	103	197	100	98
55-59	152	69	83	171	79	92	192	95	97	199	98	101
60-64	148	71	77	147	66	81	165	75	90	186	91	95
65-69	138	68	70	140	66	74	139	62	77	157	71	86
70-74	118	57	61	126	61	65	128	60	69	129	56	72
75-79	87	39	48	102	48	54	109	52	58	112	51	61
80+	...	...	...	...	...	...	...	...	...	...	...	...
80-84	56	26	30	68	29	39	80	36	44	87	40	48
85-89	30	13	17	37	16	21	46	18	28	55	23	32
90-94	13	5	8	15	6	9	20	8	12	25	9	16
95-99	4	1	3	5	2	3	6	2	4	7	2	5
100+	1	0	1	1	0	1	1	0	1	1	0	1

年齢	2055			2060		
	総数	男	女	総数	男	女
総数	2 244	1 104	1 141	2 100	1 034	1 066
0-4	68	35	33	57	29	28
5-9	79	40	38	66	34	32
10-14	89	46	44	77	40	38
15-19	94	49	46	83	43	40
20-24	95	49	46	84	43	40
25-29	99	52	48	85	44	41
30-34	118	61	57	91	48	44
35-39	142	73	69	112	58	54
40-44	139	72	67	138	71	67
45-49	147	74	73	135	70	66
50-54	159	81	78	143	72	71
55-59	193	97	96	155	79	77
60-64	193	94	99	188	94	94
65-69	177	86	91	185	90	95
70-74	146	65	81	165	80	86
75-79	113	49	65	130	57	73
80+	...	...	...	...	...	...
80-84	90	40	51	93	38	54
85-89	61	26	35	64	27	37
90-94	30	12	19	34	13	21
95-99	10	3	7	12	4	8
100+	2	0	1	2	1	2

性・年齢別人口（千人）

年齢	1960			1965			1970			1975		
	総数	男	女	総数	男	女	総数	男	女	総数	男	女
総数	92 501	45 380	47 120	97 342	47 744	49 598	103 708	50 852	52 856	110 805	54 485	56 319
0–4	7 751	3 965	3 786	8 106	4 135	3 970	8 902	4 562	4 340	9 914	5 083	4 831
5–9	9 227	4 715	4 512	7 784	3 961	3 823	8 197	4 189	4 008	8 841	4 534	4 307
10–14	10 919	5 570	5 349	9 195	4 675	4 520	7 917	4 035	3 882	8 210	4 200	4 010
15–19	9 226	4 636	4 591	10 745	5 423	5 323	9 180	4 627	4 553	7 887	4 008	3 879
20–24	8 256	4 093	4 163	8 982	4 453	4 529	10 620	5 285	5 335	9 085	4 569	4 516
25–29	8 123	4 050	4 073	8 300	4 124	4 176	9 062	4 501	4 561	10 694	5 373	5 321
30–34	7 428	3 692	3 736	8 170	4 102	4 068	8 377	4 182	4 195	9 165	4 583	4 582
35–39	5 942	2 697	3 245	7 407	3 692	3 715	8 188	4 111	4 077	8 359	4 180	4 179
40–44	4 922	2 228	2 695	5 867	2 665	3 202	7 301	3 635	3 666	8 142	4 083	4 059
45–49	4 759	2 226	2 533	4 824	2 178	2 646	5 826	2 633	3 193	7 274	3 604	3 670
50–54	4 150	2 013	2 137	4 599	2 142	2 457	4 747	2 128	2 620	5 689	2 554	3 135
55–59	3 599	1 779	1 819	3 953	1 904	2 048	4 396	2 025	2 372	4 582	2 029	2 552
60–64	2 901	1 421	1 480	3 302	1 603	1 699	3 701	1 740	1 962	4 230	1 908	2 322
65–69	2 143	1 016	1 127	2 532	1 204	1 329	2 965	1 387	1 577	3 402	1 547	1 855
70–74	1 544	684	860	1 727	779	948	2 123	955	1 169	2 538	1 130	1 409
75–79	946	373	573	1 079	445	635	1 265	529	737	1 618	678	940
80+	664	224	439	768	259	510	940	329	611	1 175	423	753
80–84	…	…	…	…	…	…	…	…	…	…	…	…
85–89	…	…	…	…	…	…	…	…	…	…	…	…
90–94	…	…	…	…	…	…	…	…	…	…	…	…
95–99	…	…	…	…	…	…	…	…	…	…	…	…
100+	…	…	…	…	…	…	…	…	…	…	…	…

年齢	1980			1985			1990			1995		
	総数	男	女	総数	男	女	総数	男	女	総数	男	女
総数	115 912	56 980	58 932	119 989	58 944	61 044	122 249	59 943	62 306	124 483	61 010	63 473
0–4	8 425	4 320	4 106	7 407	3 792	3 615	6 430	3 294	3 136	5 971	3 057	2 913
5–9	10 024	5 138	4 885	8 505	4 360	4 145	7 461	3 819	3 642	6 528	3 343	3 185
10–14	8 862	4 545	4 317	10 034	5 143	4 891	8 498	4 355	4 143	7 472	3 824	3 648
15–19	8 199	4 186	4 013	8 885	4 552	4 333	9 995	5 116	4 879	8 531	4 372	4 159
20–24	7 778	3 927	3 851	8 132	4 131	4 001	8 702	4 418	4 285	9 885	5 035	4 850
25–29	9 055	4 551	4 504	7 766	3 919	3 847	7 997	4 041	3 957	8 695	4 404	4 290
30–34	10 670	5 368	5 302	9 071	4 566	4 505	7 726	3 893	3 833	8 056	4 078	3 978
35–39	9 120	4 553	4 567	10 638	5 346	5 292	9 015	4 530	4 486	7 763	3 916	3 847
40–44	8 274	4 126	4 148	9 054	4 510	4 544	10 555	5 295	5 259	9 019	4 534	4 486
45–49	8 008	3 990	4 017	8 174	4 059	4 115	8 934	4 439	4 495	10 520	5 277	5 242
50–54	7 114	3 495	3 618	7 851	3 884	3 967	8 024	3 963	4 061	8 842	4 381	4 461
55–59	5 524	2 451	3 072	6 915	3 359	3 556	7 641	3 740	3 902	7 892	3 875	4 017
60–64	4 376	1 904	2 471	5 319	2 323	2 996	6 663	3 188	3 474	7 393	3 570	3 823
65–69	3 912	1 717	2 195	4 108	1 742	2 366	5 021	2 142	2 880	6 318	2 954	3 364
70–74	2 978	1 296	1 683	3 515	1 480	2 035	3 738	1 525	2 213	4 619	1 894	2 725
75–79	2 003	833	1 170	2 454	999	1 455	2 975	1 178	1 797	3 217	1 230	1 987
80+	1 591	579	1 013	2 160	779	1 382	…	…	…	…	…	…
80–84	…	…	…	…	…	…	1 780	657	1 122	2 251	803	1 448
85–89	…	…	…	…	…	…	816	271	545	1 087	348	740
90–94	…	…	…	…	…	…	237	69	168	355	98	256
95–99	…	…	…	…	…	…	36	9	27	65	15	49
100+	…	…	…	…	…	…	3	1	2	5	1	4

年齢	2000			2005			2010			2015		
	総数	男	女	総数	男	女	総数	男	女	総数	男	女
総数	125 715	61 490	64 224	126 979	61 956	65 023	127 320	62 018	65 302	126 573	61 559	65 015
0–4	5 858	2 999	2 859	5 639	2 895	2 744	5 393	2 767	2 626	5 269	2 706	2 563
5–9	5 992	3 068	2 924	5 878	3 010	2 868	5 599	2 868	2 731	5 399	2 770	2 629
10–14	6 535	3 347	3 188	6 010	3 079	2 932	5 928	3 038	2 891	5 604	2 870	2 734
15–19	7 482	3 830	3 652	6 582	3 372	3 211	6 056	3 100	2 956	5 961	3 053	2 908
20–24	8 395	4 294	4 101	7 550	3 863	3 687	6 795	3 483	3 312	6 112	3 126	2 986
25–29	9 783	4 961	4 822	8 471	4 328	4 143	7 426	3 796	3 629	6 843	3 504	3 339
30–34	8 684	4 390	4 294	9 789	4 954	4 836	8 338	4 230	4 108	7 456	3 808	3 647
35–39	8 046	4 062	3 984	8 705	4 387	4 318	9 711	4 915	4 797	8 346	4 231	4 115
40–44	7 742	3 895	3 847	8 013	4 032	3 981	8 668	4 365	4 303	9 690	4 898	4 792
45–49	8 929	4 474	4 455	7 724	3 872	3 853	7 940	3 988	3 953	8 623	4 334	4 289
50–54	10 343	5 159	5 184	8 860	4 416	4 444	7 658	3 821	3 836	7 863	3 936	3 927
55–59	8 654	4 250	4 404	10 102	4 995	5 107	8 754	4 331	4 424	7 535	3 739	3 797
60–64	7 674	3 718	3 956	8 454	4 094	4 359	9 842	4 815	5 028	8 531	4 175	4 356
65–69	7 024	3 315	3 709	7 352	3 490	3 862	8 261	3 941	4 320	9 453	4 542	4 911
70–74	5 825	2 628	3 197	6 541	2 985	3 556	6 969	3 232	3 737	7 770	3 607	4 163
75–79	4 083	1 586	2 497	5 172	2 211	2 960	5 927	2 584	3 343	6 298	2 794	3 503
80+	…	…	…	…	…	…	…	…	…	…	…	…
80–84	2 541	901	1 639	3 344	1 190	2 154	4 332	1 704	2 628	4 940	1 989	2 951
85–89	1 476	452	1 024	1 777	546	1 231	2 394	736	1 658	3 116	1 069	2 046
90–94	527	137	391	799	198	601	987	244	743	1 339	332	1 007
95–99	111	23	88	194	38	156	300	55	245	366	67	299
100+	11	2	9	23	4	19	40	6	34	61	8	53

性・年齢別人口（千人）

年齢	2015			2020			2025			2030		
	総数	男	女	総数	男	女	総数	男	女	総数	男	女
総数	126 573	61 559	65 015	125 039	60 717	64 322	122 840	59 565	63 275	120 127	58 183	61 945
0-4	5 269	2 706	2 563	5 083	2 610	2 473	4 873	2 502	2 371	4 716	2 422	2 294
5-9	5 399	2 770	2 629	5 273	2 707	2 565	5 087	2 612	2 475	4 877	2 504	2 373
10-14	5 604	2 870	2 734	5 402	2 771	2 631	5 276	2 709	2 567	5 091	2 614	2 477
15-19	5 961	3 053	2 908	5 626	2 881	2 745	5 425	2 782	2 643	5 299	2 720	2 579
20-24	6 112	3 126	2 986	5 999	3 071	2 928	5 666	2 899	2 767	5 466	2 801	2 665
25-29	6 843	3 504	3 339	6 145	3 140	3 005	6 033	3 085	2 948	5 701	2 915	2 787
30-34	7 456	3 808	3 647	6 862	3 511	3 351	6 166	3 148	3 018	6 056	3 095	2 961
35-39	8 346	4 231	4 115	7 459	3 807	3 652	6 869	3 511	3 357	6 176	3 151	3 025
40-44	9 690	4 898	4 792	8 327	4 216	4 111	7 446	3 796	3 650	6 861	3 503	3 357
45-49	8 623	4 334	4 289	9 639	4 863	4 776	8 289	4 189	4 100	7 417	3 774	3 642
50-54	7 863	3 936	3 927	8 543	4 280	4 263	9 556	4 807	4 749	8 225	4 145	4 080
55-59	7 535	3 739	3 797	7 746	3 856	3 890	8 426	4 200	4 226	9 435	4 723	4 712
60-64	8 531	4 175	4 356	7 358	3 614	3 744	7 577	3 737	3 840	8 257	4 079	4 177
65-69	9 453	4 542	4 911	8 220	3 957	4 264	7 111	3 439	3 672	7 343	3 569	3 774
70-74	7 770	3 607	4 163	8 938	4 188	4 750	7 810	3 672	4 138	6 785	3 210	3 575
75-79	6 298	2 794	3 503	7 085	3 157	3 928	8 212	3 704	4 508	7 227	3 279	3 948
80+	…	…	…	…	…	…	…	…	…	…	…	…
80-84	4 940	1 989	2 951	5 322	2 194	3 128	6 066	2 522	3 544	7 111	3 006	4 105
85-89	3 116	1 069	2 046	3 629	1 286	2 343	3 985	1 457	2 529	4 628	1 716	2 912
90-94	1 339	332	1 007	1 784	502	1 282	2 138	627	1 511	2 409	734	1 674
95-99	366	67	299	519	96	423	712	152	560	883	198	685
100+	61	8	53	80	10	69	116	15	101	166	25	141

年齢	2035			2040			2045			2050		
	総数	男	女	総数	男	女	総数	男	女	総数	男	女
総数	117 063	56 665	60 399	113 788	55 092	58 696	110 521	53 573	56 948	107 411	52 133	55 279
0-4	4 611	2 368	2 243	4 524	2 323	2 201	4 449	2 284	2 164	4 366	2 242	2 124
5-9	4 721	2 424	2 297	4 616	2 370	2 246	4 530	2 326	2 204	4 454	2 287	2 167
10-14	4 881	2 506	2 375	4 725	2 426	2 299	4 620	2 372	2 248	4 534	2 328	2 206
15-19	5 114	2 625	2 489	4 905	2 518	2 387	4 749	2 437	2 311	4 644	2 384	2 260
20-24	5 340	2 739	2 601	5 156	2 645	2 511	4 947	2 538	2 410	4 792	2 458	2 334
25-29	5 502	2 817	2 685	5 378	2 756	2 622	5 195	2 663	2 532	4 987	2 556	2 431
30-34	5 726	2 925	2 801	5 528	2 829	2 699	5 405	2 768	2 636	5 222	2 675	2 547
35-39	6 067	3 098	2 969	5 739	2 930	2 809	5 542	2 834	2 708	5 419	2 774	2 646
40-44	6 172	3 146	3 026	6 065	3 094	2 971	5 739	2 927	2 812	5 544	2 832	2 712
45-49	6 837	3 486	3 351	6 154	3 132	3 023	6 050	3 082	2 968	5 727	2 917	2 810
50-54	7 365	3 738	3 627	6 794	3 455	3 339	6 120	3 107	3 013	6 020	3 059	2 960
55-59	8 130	4 079	4 051	7 287	3 682	3 604	6 728	3 408	3 321	6 066	3 067	2 999
60-64	9 260	4 597	4 663	7 991	3 978	4 013	7 172	3 598	3 574	6 631	3 335	3 296
65-69	8 021	3 909	4 112	9 015	4 418	4 597	7 796	3 834	3 962	7 011	3 478	3 533
70-74	7 034	3 350	3 684	7 710	3 686	4 024	8 693	4 185	4 508	7 540	3 647	3 893
75-79	6 319	2 892	3 427	6 588	3 042	3 547	7 261	3 372	3 889	8 225	3 853	4 372
80+	…	…	…	…	…	…	…	…	…	…	…	…
80-84	6 327	2 701	3 626	5 586	2 414	3 172	5 877	2 570	3 307	6 530	2 881	3 649
85-89	5 518	2 094	3 424	4 988	1 920	3 067	4 470	1 751	2 719	4 767	1 898	2 868
90-94	2 872	894	1 977	3 505	1 124	2 381	3 243	1 061	2 182	2 968	993	1 975
95-99	1 029	242	787	1 268	305	963	1 597	398	1 199	1 523	389	1 134
100+	217	35	182	266	44	222	339	58	281	441	79	362

年齢	2055			2060		
	総数	男	女	総数	男	女
総数	104 453	50 709	53 744	101 440	49 223	52 217
0-4	4 272	2 194	2 078	4 179	2 146	2 033
5-9	4 371	2 244	2 127	4 277	2 196	2 081
10-14	4 458	2 289	2 169	4 375	2 246	2 129
15-19	4 557	2 339	2 218	4 480	2 300	2 181
20-24	4 685	2 403	2 282	4 596	2 358	2 239
25-29	4 830	2 476	2 354	4 721	2 420	2 301
30-34	5 013	2 568	2 445	4 855	2 487	2 368
35-39	5 236	2 680	2 556	5 028	2 574	2 454
40-44	5 422	2 773	2 649	5 240	2 680	2 560
45-49	5 534	2 823	2 711	5 414	2 765	2 649
50-54	5 701	2 897	2 804	5 511	2 806	2 705
55-59	5 971	3 023	2 948	5 659	2 866	2 793
60-64	5 986	3 007	2 979	5 898	2 968	2 930
65-69	6 493	3 232	3 262	5 872	2 920	2 951
70-74	6 798	3 320	3 478	6 313	3 096	3 217
75-79	7 167	3 379	3 788	6 488	3 094	3 394
80+	…	…	…	…	…	…
80-84	7 456	3 329	4 127	6 544	2 948	3 596
85-89	5 368	2 166	3 202	6 204	2 543	3 661
90-94	3 233	1 106	2 127	3 715	1 293	2 422
95-99	1 437	377	1 060	1 610	434	1 176
100+	463	84	379	461	85	376

性・年齢別人口（千人）

年齢	2015			2020			2025			2030		
	総数	男	女	総数	男	女	総数	男	女	総数	男	女
総数	126 573	61 559	65 015	125 905	61 162	64 743	124 984	60 666	64 318	123 772	60 054	63 718
0-4	5 269	2 706	2 563	5 949	3 055	2 894	6 151	3 159	2 993	6 217	3 193	3 025
5-9	5 399	2 770	2 629	5 273	2 707	2 565	5 953	3 057	2 896	6 155	3 161	2 995
10-14	5 604	2 870	2 734	5 402	2 771	2 631	5 276	2 709	2 567	5 956	3 058	2 898
15-19	5 961	3 053	2 908	5 626	2 881	2 745	5 425	2 782	2 643	5 299	2 720	2 579
20-24	6 112	3 126	2 986	5 999	3 071	2 928	5 666	2 899	2 767	5 466	2 801	2 665
25-29	6 843	3 504	3 339	6 145	3 140	3 005	6 033	3 085	2 948	5 701	2 915	2 787
30-34	7 456	3 808	3 647	6 862	3 511	3 351	6 166	3 148	3 018	6 056	3 095	2 961
35-39	8 346	4 231	4 115	7 459	3 807	3 652	6 869	3 511	3 357	6 176	3 151	3 025
40-44	9 690	4 898	4 792	8 327	4 216	4 111	7 446	3 796	3 650	6 861	3 503	3 357
45-49	8 623	4 334	4 289	9 639	4 863	4 776	8 289	4 189	4 100	7 417	3 774	3 642
50-54	7 863	3 936	3 927	8 543	4 280	4 263	9 556	4 807	4 749	8 225	4 145	4 080
55-59	7 535	3 739	3 797	7 746	3 856	3 890	8 426	4 200	4 226	9 435	4 723	4 712
60-64	8 531	4 175	4 356	7 358	3 614	3 744	7 577	3 737	3 840	8 257	4 079	4 177
65-69	9 453	4 542	4 911	8 220	3 957	4 264	7 111	3 439	3 672	7 343	3 569	3 774
70-74	7 770	3 607	4 163	8 938	4 188	4 750	7 810	3 672	4 138	6 785	3 210	3 575
75-79	6 298	2 794	3 503	7 085	3 157	3 928	8 212	3 704	4 508	7 227	3 279	3 948
80+	...	...	...	...	...	...	...	...	...	...	...	...
80-84	4 940	1 989	2 951	5 322	2 194	3 128	6 066	2 522	3 544	7 111	3 006	4 105
85-89	3 116	1 069	2 046	3 629	1 286	2 343	3 985	1 457	2 529	4 628	1 716	2 912
90-94	1 339	332	1 007	1 784	502	1 282	2 138	627	1 511	2 409	734	1 674
95-99	366	67	299	519	96	423	712	152	560	883	198	685
100+	61	8	53	80	10	69	116	15	101	166	25	141

年齢	2035			2040			2045			2050		
	総数	男	女	総数	男	女	総数	男	女	総数	男	女
総数	122 142	59 273	62 869	120 292	58 432	61 860	118 584	57 712	60 871	117 353	57 236	60 117
0-4	6 046	3 105	2 941	5 953	3 057	2 896	6 011	3 087	2 924	6 250	3 209	3 040
5-9	6 221	3 194	3 027	6 050	3 107	2 944	5 957	3 059	2 898	6 016	3 089	2 927
10-14	6 159	3 162	2 997	6 225	3 196	3 029	6 054	3 108	2 946	5 961	3 061	2 901
15-19	5 979	3 069	2 910	6 182	3 173	3 009	6 249	3 207	3 041	6 078	3 120	2 958
20-24	5 340	2 739	2 601	6 020	3 088	2 932	6 224	3 193	3 031	6 290	3 227	3 063
25-29	5 502	2 817	2 685	5 378	2 756	2 622	6 058	3 105	2 952	6 261	3 210	3 051
30-34	5 726	2 925	2 801	5 528	2 829	2 699	5 405	2 768	2 636	6 084	3 117	2 967
35-39	6 067	3 098	2 969	5 739	2 930	2 809	5 542	2 834	2 708	5 419	2 774	2 646
40-44	6 172	3 146	3 026	6 065	3 094	2 971	5 739	2 927	2 812	5 544	2 832	2 712
45-49	6 837	3 486	3 351	6 154	3 132	3 023	6 050	3 082	2 968	5 727	2 917	2 810
50-54	7 365	3 738	3 627	6 794	3 455	3 339	6 120	3 107	3 013	6 020	3 059	2 960
55-59	8 130	4 079	4 051	7 287	3 682	3 604	6 728	3 408	3 321	6 066	3 067	2 999
60-64	9 260	4 597	4 663	7 991	3 978	4 013	7 172	3 598	3 574	6 631	3 335	3 296
65-69	8 021	3 909	4 112	9 015	4 418	4 597	7 796	3 834	3 962	7 011	3 478	3 533
70-74	7 034	3 350	3 684	7 710	3 686	4 024	8 693	4 185	4 508	7 540	3 647	3 893
75-79	6 319	2 892	3 427	6 588	3 042	3 547	7 261	3 372	3 889	8 225	3 853	4 372
80+	...	...	...	...	...	...	...	...	...	...	...	...
80-84	6 327	2 701	3 626	5 586	2 414	3 172	5 877	2 570	3 307	6 530	2 881	3 649
85-89	5 518	2 094	3 424	4 988	1 920	3 067	4 470	1 751	2 719	4 767	1 898	2 868
90-94	2 872	894	1 977	3 505	1 124	2 381	3 243	1 061	2 182	2 968	993	1 975
95-99	1 029	242	787	1 268	305	963	1 597	398	1 199	1 523	389	1 134
100+	217	35	182	266	44	222	339	58	281	441	79	362

年齢	2055			2060		
	総数	男	女	総数	男	女
総数	116 675	56 982	59 693	116 238	56 817	59 421
0-4	6 559	3 368	3 191	6 764	3 473	3 291
5-9	6 254	3 211	3 043	6 563	3 370	3 193
10-14	6 019	3 091	2 929	6 258	3 213	3 045
15-19	5 984	3 072	2 912	6 041	3 101	2 940
20-24	6 118	3 139	2 979	6 022	3 090	2 933
25-29	6 326	3 243	3 083	6 153	3 155	2 998
30-34	6 286	3 221	3 066	6 350	3 254	3 097
35-39	6 097	3 121	2 976	6 299	3 225	3 074
40-44	5 422	2 773	2 649	6 099	3 120	2 979
45-49	5 534	2 823	2 711	5 414	2 765	2 649
50-54	5 701	2 897	2 804	5 511	2 806	2 705
55-59	5 971	3 023	2 948	5 659	2 866	2 793
60-64	5 986	3 007	2 979	5 898	2 968	2 930
65-69	6 493	3 232	3 262	5 872	2 920	2 951
70-74	6 798	3 320	3 478	6 313	3 096	3 217
75-79	7 167	3 379	3 788	6 488	3 094	3 394
80+	...	...	...	...	...	...
80-84	7 456	3 329	4 127	6 544	2 948	3 596
85-89	5 368	2 166	3 202	6 204	2 543	3 661
90-94	3 233	1 106	2 127	3 715	1 293	2 422
95-99	1 437	377	1 060	1 610	434	1 176
100+	463	84	379	461	85	376

性・年齢別人口（千人）

年齢	2015			2020			2025			2030		
	総数	男	女	総数	男	女	総数	男	女	総数	男	女
総数	126 573	61 559	65 015	124 173	60 272	63 900	120 695	58 464	62 231	116 483	56 311	60 172
0-4	5 269	2 706	2 563	4 217	2 165	2 051	3 594	1 846	1 749	3 215	1 651	1 564
5-9	5 399	2 770	2 629	5 273	2 707	2 565	4 221	2 167	2 054	3 599	1 848	1 751
10-14	5 604	2 870	2 734	5 402	2 771	2 631	5 276	2 709	2 567	4 225	2 169	2 056
15-19	5 961	3 053	2 908	5 626	2 881	2 745	5 425	2 782	2 643	5 299	2 720	2 579
20-24	6 112	3 126	2 986	5 999	3 071	2 928	5 666	2 899	2 767	5 466	2 801	2 665
25-29	6 843	3 504	3 339	6 145	3 140	3 005	6 033	3 085	2 948	5 701	2 915	2 787
30-34	7 456	3 808	3 647	6 862	3 511	3 351	6 166	3 148	3 018	6 056	3 095	2 961
35-39	8 346	4 231	4 115	7 459	3 807	3 652	6 869	3 511	3 357	6 176	3 151	3 025
40-44	9 690	4 898	4 792	8 327	4 216	4 111	7 446	3 796	3 650	6 861	3 503	3 357
45-49	8 623	4 334	4 289	9 639	4 863	4 776	8 289	4 189	4 100	7 417	3 774	3 642
50-54	7 863	3 936	3 927	8 543	4 280	4 263	9 556	4 807	4 749	8 225	4 145	4 080
55-59	7 535	3 739	3 797	7 746	3 856	3 890	8 426	4 200	4 226	9 435	4 723	4 712
60-64	8 531	4 175	4 356	7 358	3 614	3 744	7 577	3 737	3 840	8 257	4 079	4 177
65-69	9 453	4 542	4 911	8 220	3 957	4 264	7 111	3 439	3 672	7 343	3 569	3 774
70-74	7 770	3 607	4 163	8 938	4 188	4 750	7 810	3 672	4 138	6 785	3 210	3 575
75-79	6 298	2 794	3 503	7 085	3 157	3 928	8 212	3 704	4 508	7 227	3 279	3 948
80+	...	...	...	...	...	...	...	...	...	...	...	...
80-84	4 940	1 989	2 951	5 322	2 194	3 128	6 066	2 522	3 544	7 111	3 006	4 105
85-89	3 116	1 069	2 046	3 629	1 286	2 343	3 985	1 457	2 529	4 628	1 716	2 912
90-94	1 339	332	1 007	1 784	502	1 282	2 138	627	1 511	2 409	734	1 674
95-99	366	67	299	519	96	423	712	152	560	883	198	685
100+	61	8	53	80	10	69	116	15	101	166	25	141

年齢	2035			2040			2045			2050		
	総数	男	女	総数	男	女	総数	男	女	総数	男	女
総数	111 987	54 058	57 929	107 311	51 766	55 544	102 594	49 503	53 090	97 879	47 239	50 639
0-4	3 178	1 632	1 546	3 121	1 603	1 519	2 995	1 538	1 457	2 755	1 415	1 340
5-9	3 220	1 653	1 567	3 183	1 634	1 549	3 127	1 605	1 522	3 001	1 541	1 460
10-14	3 603	1 850	1 753	3 224	1 655	1 569	3 188	1 636	1 551	3 131	1 608	1 524
15-19	4 249	2 181	2 068	3 628	1 862	1 766	3 249	1 668	1 582	3 213	1 649	1 564
20-24	5 340	2 739	2 601	4 292	2 201	2 091	3 671	1 883	1 789	3 294	1 689	1 605
25-29	5 502	2 817	2 685	5 378	2 756	2 622	4 332	2 220	2 112	3 712	1 902	1 810
30-34	5 726	2 925	2 801	5 528	2 829	2 699	5 405	2 768	2 636	4 360	2 233	2 127
35-39	6 067	3 098	2 969	5 739	2 930	2 809	5 542	2 834	2 708	5 419	2 774	2 646
40-44	6 172	3 146	3 026	6 065	3 094	2 971	5 739	2 927	2 812	5 544	2 832	2 712
45-49	6 837	3 486	3 351	6 154	3 132	3 023	6 050	3 082	2 968	5 727	2 917	2 810
50-54	7 365	3 738	3 627	6 794	3 455	3 339	6 120	3 107	3 013	6 020	3 059	2 960
55-59	8 130	4 079	4 051	7 287	3 682	3 604	6 728	3 408	3 321	6 066	3 067	2 999
60-64	9 260	4 597	4 663	7 991	3 978	4 013	7 172	3 598	3 574	6 631	3 335	3 296
65-69	8 021	3 909	4 112	9 015	4 418	4 597	7 796	3 834	3 962	7 011	3 478	3 533
70-74	7 034	3 350	3 684	7 710	3 686	4 024	8 693	4 185	4 508	7 540	3 647	3 893
75-79	6 319	2 892	3 427	6 588	3 042	3 547	7 261	3 372	3 889	8 225	3 853	4 372
80+	...	...	...	...	...	...	...	...	...	...	...	...
80-84	6 327	2 701	3 626	5 586	2 414	3 172	5 877	2 570	3 307	6 530	2 881	3 649
85-89	5 518	2 094	3 424	4 988	1 920	3 067	4 470	1 751	2 719	4 767	1 898	2 868
90-94	2 872	894	1 977	3 505	1 124	2 381	3 243	1 061	2 182	2 968	993	1 975
95-99	1 029	242	787	1 268	305	963	1 597	398	1 199	1 523	389	1 134
100+	217	35	182	266	44	222	339	58	281	441	79	362

年齢	2055			2060		
	総数	男	女	総数	男	女
総数	93 113	44 889	48 224	88 144	42 400	45 743
0-4	2 457	1 262	1 195	2 214	1 137	1 077
5-9	2 761	1 417	1 343	2 463	1 264	1 198
10-14	3 005	1 543	1 462	2 765	1 419	1 346
15-19	3 155	1 619	1 536	3 027	1 554	1 474
20-24	3 255	1 669	1 586	3 195	1 639	1 557
25-29	3 333	1 708	1 625	3 292	1 687	1 605
30-34	3 740	1 915	1 825	3 360	1 721	1 640
35-39	4 376	2 240	2 136	3 757	1 922	1 834
40-44	5 422	2 773	2 649	4 381	2 240	2 141
45-49	5 534	2 823	2 711	5 414	2 765	2 649
50-54	5 701	2 897	2 804	5 511	2 806	2 705
55-59	5 971	3 023	2 948	5 659	2 866	2 793
60-64	5 986	3 007	2 979	5 898	2 968	2 930
65-69	6 493	3 232	3 262	5 872	2 920	2 951
70-74	6 798	3 320	3 478	6 313	3 096	3 217
75-79	7 167	3 379	3 788	6 488	3 094	3 394
80+	...	...	...	...	...	...
80-84	7 456	3 329	4 127	6 544	2 948	3 596
85-89	5 368	2 166	3 202	6 204	2 543	3 661
90-94	3 233	1 106	2 127	3 715	1 293	2 422
95-99	1 437	377	1 060	1 610	434	1 176
100+	463	84	379	461	85	376

性・年齢別人口（千人）

年齢	1960 総数	男	女	1965 総数	男	女	1970 総数	男	女	1975 総数	男	女
総数	889	465	424	1 120	584	536	1 655	858	796	1 985	1 027	959
0-4	162	85	77	229	119	111	325	168	158	397	204	193
5-9	115	62	53	152	81	72	242	125	117	302	156	146
10-14	108	59	50	122	66	56	192	101	91	238	123	114
15-19	97	50	46	113	62	52	156	84	72	191	100	90
20-24	81	42	39	101	53	48	142	77	66	153	82	71
25-29	66	34	32	85	44	41	126	66	60	140	75	65
30-34	52	26	26	69	35	33	106	55	51	124	65	59
35-39	43	21	22	55	28	27	86	44	41	104	54	50
40-44	34	17	17	44	22	23	68	34	33	84	43	41
45-49	28	14	14	35	17	18	54	27	28	66	33	33
50-54	25	13	12	28	14	14	43	21	22	53	26	27
55-59	21	11	10	24	12	12	34	17	17	41	20	21
60-64	18	9	8	20	10	10	28	14	14	31	15	16
65-69	16	8	8	16	8	8	21	11	11	24	12	12
70-74	12	6	6	12	6	6	16	8	8	17	8	9
75-79	7	4	3	8	4	4	10	5	5	11	6	6
80+	4	2	2	6	3	3	7	3	4	8	4	4
80-84	...	...	...	...	...	...	...	...	...	...	...	...
85-89	...	...	...	...	...	...	...	...	...	...	...	...
90-94	...	...	...	...	...	...	...	...	...	...	...	...
95-99	...	...	...	...	...	...	...	...	...	...	...	...
100+	...	...	...	...	...	...	...	...	...	...	...	...

年齢	1980 総数	男	女	1985 総数	男	女	1990 総数	男	女	1995 総数	男	女
総数	2 281	1 192	1 088	2 783	1 466	1 316	3 358	1 764	1 594	4 320	2 270	2 051
0-4	422	218	203	488	251	237	559	288	271	635	326	309
5-9	384	202	182	431	224	207	536	277	258	565	291	274
10-14	311	165	146	391	209	182	457	238	219	557	287	270
15-19	255	138	118	319	175	143	412	220	192	495	257	238
20-24	192	103	88	250	137	113	325	180	146	466	249	218
25-29	131	69	62	184	99	85	242	134	109	392	217	175
30-34	105	55	50	138	72	65	171	93	78	303	169	134
35-39	97	49	48	114	58	56	127	67	60	211	115	96
40-44	90	45	45	102	51	51	107	55	52	148	80	69
45-49	77	38	39	91	47	44	98	49	49	125	65	61
50-54	61	31	30	73	37	35	89	45	43	115	59	56
55-59	47	24	23	57	29	28	71	36	35	100	53	47
60-64	35	18	17	46	23	23	55	27	27	76	40	37
65-69	26	13	12	32	16	16	42	21	21	54	27	27
70-74	21	10	11	28	15	13	27	13	14	36	17	19
75-79	16	7	8	23	13	10	21	11	10	20	10	11
80+	11	5	5	16	8	7	...	...	...	...	...	...
80-84	...	...	...	...	...	...	14	7	6	13	6	6
85-89	...	...	...	...	...	...	5	3	2	6	3	3
90-94	...	...	...	...	...	...	1	0	0	1	1	1
95-99	...	...	...	...	...	...	0	0	0	0	0	0
100+	...	...	...	...	...	...	0	0	0	0	0	0

年齢	2000 総数	男	女	2005 総数	男	女	2010 総数	男	女	2015 総数	男	女
総数	4 767	2 483	2 284	5 333	2 763	2 570	6 518	3 360	3 158	7 595	3 889	3 706
0-4	694	356	338	730	374	356	868	445	424	980	501	480
5-9	615	316	298	671	345	326	795	407	388	896	456	440
10-14	568	293	275	608	313	295	728	374	355	822	419	403
15-19	559	290	269	569	293	276	658	338	320	756	386	370
20-24	486	255	231	558	290	268	613	315	297	686	350	336
25-29	438	233	205	481	253	228	595	308	287	635	325	311
30-34	356	193	163	426	227	199	513	269	244	609	314	296
35-39	270	145	125	341	183	158	452	240	213	521	271	249
40-44	186	97	89	256	135	121	359	192	167	458	242	216
45-49	133	69	64	175	89	86	268	140	128	364	193	171
50-54	117	59	58	125	64	61	184	93	91	271	141	130
55-59	108	55	53	110	55	55	131	66	65	183	92	91
60-64	90	48	42	101	51	50	111	55	57	126	63	63
65-69	64	33	31	80	42	38	98	48	50	104	50	54
70-74	41	21	20	53	27	26	73	37	36	86	41	45
75-79	24	12	13	29	14	15	43	21	22	57	28	29
80+	...	...	...	...	...	...	...	...	...	...	...	...
80-84	12	5	6	14	7	8	20	9	11	28	13	15
85-89	6	3	3	5	2	3	7	3	4	10	4	6
90-94	2	1	1	2	1	1	2	1	1	2	1	1
95-99	0	0	0	0	0	0	0	0	0	0	0	0
100+	0	0	0	0	0	0	0	0	0	0	0	0

性・年齢別人口（千人）

年齢	2015			2020			2025			2030		
	総数	男	女	総数	男	女	総数	男	女	総数	男	女
総数	7 595	3 889	3 706	8 167	4 181	3 986	8 547	4 379	4 168	9 109	4 664	4 445
0-4	980	501	480	951	487	464	905	463	441	893	457	435
5-9	896	456	440	948	484	464	910	466	444	887	454	433
10-14	822	419	403	864	440	424	906	463	443	893	457	436
15-19	756	386	370	791	403	388	821	419	401	888	454	434
20-24	686	350	336	726	371	356	748	382	366	802	410	392
25-29	635	325	311	659	336	323	686	351	335	729	373	356
30-34	609	314	296	611	313	298	621	318	303	668	342	326
35-39	521	271	249	588	303	285	577	296	281	603	309	294
40-44	458	242	216	502	262	240	560	290	270	561	288	273
45-49	364	193	171	440	232	208	477	250	228	544	282	263
50-54	271	141	130	347	184	163	416	220	196	461	241	220
55-59	183	92	91	255	132	123	323	171	152	397	209	188
60-64	126	63	63	168	83	84	232	119	113	303	159	144
65-69	104	50	54	111	55	57	147	72	75	211	106	104
70-74	86	41	45	87	41	46	92	44	48	126	60	66
75-79	57	28	29	64	29	35	65	29	36	71	33	39
80+	…	…	…	…	…	…	…	…	…	…	…	…
80-84	28	13	15	35	17	19	40	17	23	43	18	25
85-89	10	4	6	14	6	8	17	7	10	21	8	13
90-94	2	1	1	3	1	2	5	2	3	6	2	4
95-99	0	0	0	0	0	0	1	0	0	1	0	1
100+	0	0	0	0	0	0	0	0	0	0	0	0

年齢	2035			2040			2045			2050		
	総数	男	女	総数	男	女	総数	男	女	総数	男	女
総数	9 808	5 014	4 794	10 492	5 355	5 136	11 137	5 675	5 462	11 717	5 961	5 756
0-4	910	467	444	929	476	453	933	478	455	915	469	446
5-9	891	456	434	908	466	443	927	475	452	931	478	454
10-14	886	454	432	889	456	434	907	465	442	925	474	451
15-19	890	455	435	883	452	431	887	454	432	905	464	441
20-24	883	451	432	885	453	432	878	450	429	882	452	430
25-29	795	406	389	877	448	429	879	450	430	872	447	426
30-34	724	370	354	789	403	386	871	445	426	873	447	427
35-39	663	339	323	718	367	351	784	401	383	865	442	423
40-44	598	306	292	657	336	321	713	364	349	778	398	381
45-49	554	284	270	591	303	289	650	333	318	706	360	345
50-54	534	276	259	545	279	266	582	297	285	641	327	314
55-59	448	233	215	521	267	253	532	271	261	569	289	280
60-64	380	198	182	430	221	209	501	255	246	513	260	254
65-69	281	146	136	355	182	172	403	205	198	472	237	235
70-74	186	92	94	251	127	124	318	160	158	364	182	183
75-79	102	47	55	153	73	80	208	102	106	267	131	136
80+	…	…	…	…	…	…	…	…	…	…	…	…
80-84	50	22	28	72	32	41	110	50	60	152	72	81
85-89	23	9	14	28	11	17	41	16	25	64	27	37
90-94	8	3	5	9	3	6	11	4	7	17	6	11
95-99	1	0	1	2	0	1	2	1	2	3	1	2
100+	0	0	0	0	0	0	0	0	0	0	0	0

年齢	2055			2060		
	総数	男	女	総数	男	女
総数	12 217	6 207	6 010	12 644	6 418	6 226
0-4	884	454	431	858	440	418
5-9	913	468	445	883	453	430
10-14	930	477	453	912	468	444
15-19	923	473	450	928	476	452
20-24	900	461	439	919	471	448
25-29	876	449	427	895	459	436
30-34	867	444	423	871	447	425
35-39	868	444	424	862	442	421
40-44	860	439	421	863	441	422
45-49	772	394	378	853	436	417
50-54	697	355	341	762	389	374
55-59	628	319	308	683	347	336
60-64	550	278	272	609	308	301
65-69	486	243	243	523	262	261
70-74	430	213	217	445	220	226
75-79	309	150	159	369	178	191
80+	…	…	…	…	…	…
80-84	199	94	106	235	110	125
85-89	91	40	51	123	54	69
90-94	27	10	17	40	16	25
95-99	4	1	3	7	2	5
100+	0	0	0	1	0	1

性・年齢別人口（千人）

年齢	2015			2020			2025			2030		
	総数	男	女	総数	男	女	総数	男	女	総数	男	女
総数	7 595	3 889	3 706	8 242	4 220	4 023	8 748	4 483	4 266	9 474	4 851	4 623
0-4	980	501	480	1 027	526	501	1 030	528	503	1 057	542	516
5-9	896	456	440	948	484	464	985	504	481	1 013	519	494
10-14	822	419	403	864	440	424	906	463	443	968	495	473
15-19	756	386	370	791	403	388	821	419	401	888	454	434
20-24	686	350	336	726	371	356	748	382	366	802	410	392
25-29	635	325	311	659	336	323	686	351	335	729	373	356
30-34	609	314	296	611	313	298	621	318	303	668	342	326
35-39	521	271	249	588	303	285	577	296	281	603	309	294
40-44	458	242	216	502	262	240	560	290	270	561	288	273
45-49	364	193	171	440	232	208	477	250	228	544	282	263
50-54	271	141	130	347	184	163	416	220	196	461	241	220
55-59	183	92	91	255	132	123	323	171	152	397	209	188
60-64	126	63	63	168	83	84	232	119	113	303	159	144
65-69	104	50	54	111	55	57	147	72	75	211	106	104
70-74	86	41	45	87	41	46	92	44	48	126	60	66
75-79	57	28	29	64	29	35	65	29	36	71	33	39
80+	…	…	…	…	…	…	…	…	…	…	…	…
80-84	28	13	15	35	17	19	40	17	23	43	18	25
85-89	10	4	6	14	6	8	17	7	10	21	8	13
90-94	2	1	1	3	1	2	5	2	3	6	2	4
95-99	0	0	0	0	0	0	1	0	0	1	0	1
100+	0	0	0	0	0	0	0	0	0	0	0	0

年齢	2035			2040			2045			2050		
	総数	男	女	総数	男	女	総数	男	女	総数	男	女
総数	10 352	5 293	5 059	11 239	5 738	5 501	12 130	6 184	5 946	13 010	6 624	6 386
0-4	1 089	558	531	1 133	581	552	1 180	605	575	1 217	624	593
5-9	1 055	541	514	1 087	557	530	1 131	580	551	1 177	604	574
10-14	1 011	518	493	1 053	540	514	1 085	556	529	1 129	579	550
15-19	966	494	472	1 009	516	492	1 051	538	512	1 083	555	528
20-24	883	451	432	960	491	469	1 003	514	490	1 046	536	510
25-29	795	406	389	877	448	429	954	488	466	997	510	487
30-34	724	370	354	789	403	386	871	445	426	948	485	463
35-39	663	339	323	718	367	351	784	401	383	865	442	423
40-44	598	306	292	657	336	321	713	364	349	778	398	381
45-49	554	284	270	591	303	289	650	333	318	706	360	345
50-54	534	276	259	545	279	266	582	297	285	641	327	314
55-59	448	233	215	521	267	253	532	271	261	569	289	280
60-64	380	198	182	430	221	209	501	255	246	513	260	254
65-69	281	146	136	355	182	172	403	205	198	472	237	235
70-74	186	92	94	251	127	124	318	160	158	364	182	183
75-79	102	47	55	153	73	80	208	102	106	267	131	136
80+	…	…	…	…	…	…	…	…	…	…	…	…
80-84	50	22	28	72	32	41	110	50	60	152	72	81
85-89	23	9	14	28	11	17	41	16	25	64	27	37
90-94	8	3	5	9	3	6	11	4	7	17	6	11
95-99	1	0	1	2	0	1	2	1	2	3	1	2
100+	0	0	0	0	0	0	0	0	0	0	0	0

年齢	2055			2060		
	総数	男	女	総数	男	女
総数	13 865	7 052	6 813	14 689	7 466	7 223
0-4	1 242	637	605	1 257	645	612
5-9	1 215	623	592	1 240	636	604
10-14	1 176	603	573	1 214	622	591
15-19	1 127	578	549	1 174	602	572
20-24	1 078	552	526	1 122	575	547
25-29	1 040	533	507	1 072	550	523
30-34	991	508	484	1 034	530	504
35-39	943	482	461	986	505	481
40-44	860	439	421	937	479	458
45-49	772	394	378	853	436	417
50-54	697	355	341	762	389	374
55-59	628	319	308	683	347	336
60-64	550	278	272	609	308	301
65-69	486	243	243	523	262	261
70-74	430	213	217	445	220	226
75-79	309	150	159	369	178	191
80+	…	…	…	…	…	…
80-84	199	94	106	235	110	125
85-89	91	40	51	123	54	69
90-94	27	10	17	40	16	25
95-99	4	1	3	7	2	5
100+	0	0	0	1	0	1

性・年齢別人口（千人）

年齢	2015 総数	男	女	2020 総数	男	女	2025 総数	男	女	2030 総数	男	女
総数	7 595	3 889	3 706	8 091	4 142	3 949	8 346	4 276	4 070	8 744	4 477	4 267
0-4	980	501	480	876	449	427	779	399	380	728	373	355
5-9	896	456	440	948	484	464	834	427	407	762	390	372
10-14	822	419	403	864	440	424	906	463	443	818	418	399
15-19	756	386	370	791	403	388	821	419	401	888	454	434
20-24	686	350	336	726	371	356	748	382	366	802	410	392
25-29	635	325	311	659	336	323	686	351	335	729	373	356
30-34	609	314	296	611	313	298	621	318	303	668	342	326
35-39	521	271	249	588	303	285	577	296	281	603	309	294
40-44	458	242	216	502	262	240	560	290	270	561	288	273
45-49	364	193	171	440	232	208	477	250	228	544	282	263
50-54	271	141	130	347	184	163	416	220	196	461	241	220
55-59	183	92	91	255	132	123	323	171	152	397	209	188
60-64	126	63	63	168	83	84	232	119	113	303	159	144
65-69	104	50	54	111	55	57	147	72	75	211	106	104
70-74	86	41	45	87	41	46	92	44	48	126	60	66
75-79	57	28	29	64	29	35	65	29	36	71	33	39
80+	…	…	…	…	…	…	…	…	…	…	…	…
80-84	28	13	15	35	17	19	40	17	23	43	18	25
85-89	10	4	6	14	6	8	17	7	10	21	8	13
90-94	2	1	1	3	1	2	5	2	3	6	2	4
95-99	0	0	0	0	0	0	1	0	0	1	0	1
100+	0	0	0	0	0	0	0	0	0	0	0	0

年齢	2035 総数	男	女	2040 総数	男	女	2045 総数	男	女	2050 総数	男	女
総数	9 265	4 736	4 529	9 749	4 975	4 774	10 165	5 177	4 988	10 478	5 326	5 152
0-4	732	375	357	729	374	355	702	360	342	647	332	315
5-9	726	372	354	730	374	356	727	373	354	701	359	341
10-14	760	389	371	725	372	354	729	374	355	726	372	354
15-19	815	417	398	758	388	370	723	370	352	727	373	354
20-24	883	451	432	810	414	396	753	386	368	718	368	350
25-29	795	406	389	877	448	429	804	411	393	748	383	365
30-34	724	370	354	789	403	386	871	445	426	799	408	390
35-39	663	339	323	718	367	351	784	401	383	865	442	423
40-44	598	306	292	657	336	321	713	364	349	778	398	381
45-49	554	284	270	591	303	289	650	333	318	706	360	345
50-54	534	276	259	545	279	266	582	297	285	641	327	314
55-59	448	233	215	521	267	253	532	271	261	569	289	280
60-64	380	198	182	430	221	209	501	255	246	513	260	254
65-69	281	146	136	355	182	172	403	205	198	472	237	235
70-74	186	92	94	251	127	124	318	160	158	364	182	183
75-79	102	47	55	153	73	80	208	102	106	267	131	136
80+	…	…	…	…	…	…	…	…	…	…	…	…
80-84	50	22	28	72	32	41	110	50	60	152	72	81
85-89	23	9	14	28	11	17	41	16	25	64	27	37
90-94	8	3	5	9	3	6	11	4	7	17	6	11
95-99	1	0	1	2	0	1	2	1	2	3	1	2
100+	0	0	0	0	0	0	0	0	0	0	0	0

年齢	2055 総数	男	女	2060 総数	男	女
総数	10 679	5 419	5 260	10 784	5 464	5 319
0-4	584	299	284	534	274	260
5-9	645	331	314	582	299	284
10-14	700	359	341	644	330	314
15-19	724	371	353	698	358	340
20-24	723	370	352	720	369	351
25-29	713	365	348	718	368	350
30-34	743	380	363	709	363	346
35-39	794	406	388	739	378	360
40-44	860	439	421	789	403	386
45-49	772	394	378	853	436	417
50-54	697	355	341	762	389	374
55-59	628	319	308	683	347	336
60-64	550	278	272	609	308	301
65-69	486	243	243	523	262	261
70-74	430	213	217	445	220	226
75-79	309	150	159	369	178	191
80+	…	…	…	…	…	…
80-84	199	94	106	235	110	125
85-89	91	40	51	123	54	69
90-94	27	10	17	40	16	25
95-99	4	1	3	7	2	5
100+	0	0	0	1	0	1

性・年齢別人口（千人）

年齢	1960 総数	男	女	1965 総数	男	女	1970 総数	男	女	1975 総数	男	女
総数	9 996	4 813	5 183	11 909	5 736	6 173	13 110	6 315	6 795	14 136	6 816	7 320
0-4	1 521	777	744	1 756	893	862	1 559	791	768	1 639	832	807
5-9	1 208	624	585	1 597	814	783	1 757	892	865	1 541	778	762
10-14	893	458	435	1 282	660	622	1 609	818	791	1 716	870	846
15-19	724	363	361	949	485	464	1 290	663	627	1 579	805	774
20-24	1 138	587	551	773	387	386	951	485	466	1 314	671	643
25-29	706	369	337	1 178	604	574	773	384	389	959	487	471
30-34	845	407	437	747	386	361	1 169	593	575	743	368	375
35-39	495	209	286	870	414	456	742	379	363	1 100	554	547
40-44	378	160	218	516	215	301	856	402	454	690	349	341
45-49	483	194	289	390	161	229	504	206	298	801	367	434
50-54	419	173	246	482	187	294	374	149	225	491	188	303
55-59	360	137	223	409	161	248	450	168	283	355	134	221
60-64	255	108	148	339	121	217	370	137	233	406	145	261
65-69	198	91	107	229	90	139	292	97	195	316	109	207
70-74	182	81	101	164	70	94	183	66	117	231	73	158
75-79	110	46	64	132	53	79	117	45	72	130	44	86
80+	80	30	50	96	35	61	114	40	74	124	42	83
80-84	...	...	...	...	...	...	...	...	...	...	...	...
85-89	...	...	...	...	...	...	...	...	...	...	...	...
90-94	...	...	...	...	...	...	...	...	...	...	...	...
95-99	...	...	...	...	...	...	...	...	...	...	...	...
100+	...	...	...	...	...	...	...	...	...	...	...	...

年齢	1980 総数	男	女	1985 総数	男	女	1990 総数	男	女	1995 総数	男	女
総数	14 919	7 186	7 733	15 780	7 612	8 168	16 530	8 002	8 528	15 926	7 693	8 233
0-4	1 709	866	842	1 819	925	894	1 876	952	924	1 462	748	714
5-9	1 615	819	797	1 657	838	819	1 729	875	854	1 719	873	846
10-14	1 509	763	746	1 581	800	780	1 597	806	791	1 556	789	767
15-19	1 584	803	782	1 427	724	704	1 443	739	704	1 427	716	711
20-24	1 481	755	727	1 544	780	763	1 323	672	651	1 312	662	651
25-29	1 268	634	634	1 445	724	721	1 467	735	732	1 187	596	592
30-34	966	480	486	1 210	600	610	1 412	705	707	1 299	642	656
35-39	649	317	331	912	448	463	1 170	578	592	1 242	611	632
40-44	1 048	515	533	611	295	316	874	427	447	1 054	510	544
45-49	645	318	327	978	472	506	582	278	304	766	367	399
50-54	752	339	413	596	286	311	918	435	483	501	232	269
55-59	468	176	293	689	299	389	550	255	296	805	370	435
60-64	315	112	202	416	148	267	621	257	364	451	201	250
65-69	343	114	229	268	89	179	360	120	239	509	201	308
70-74	253	81	172	275	84	191	218	67	151	277	87	190
75-79	172	50	122	183	53	130	204	56	148	150	42	108
80+	142	44	99	169	45	124	...	...	...	...	...	...
80-84	...	...	...	...	...	...	103	27	76	129	31	98
85-89	...	...	...	...	...	...	56	13	44	52	11	41
90-94	...	...	...	...	...	...	20	4	16	21	4	17
95-99	...	...	...	...	...	...	5	1	4	5	1	4
100+	...	...	...	...	...	...	1	0	1	1	0	1

年齢	2000 総数	男	女	2005 総数	男	女	2010 総数	男	女	2015 総数	男	女
総数	14 957	7 171	7 786	15 452	7 421	8 031	16 311	7 862	8 449	17 625	8 512	9 113
0-4	1 117	575	543	1 245	638	607	1 603	824	778	1 948	1 002	947
5-9	1 411	722	689	1 154	590	564	1 196	613	582	1 619	833	786
10-14	1 606	816	790	1 408	719	689	1 146	586	560	1 142	584	557
15-19	1 417	720	697	1 602	805	797	1 488	752	736	1 133	581	552
20-24	1 273	634	639	1 424	717	707	1 655	820	835	1 507	759	748
25-29	1 195	589	606	1 264	628	636	1 393	694	699	1 688	833	855
30-34	1 079	531	548	1 177	578	599	1 237	610	627	1 362	677	686
35-39	1 145	554	591	1 088	531	557	1 160	566	594	1 211	591	620
40-44	1 066	508	559	1 107	531	576	1 056	510	546	1 138	549	588
45-49	920	426	494	1 019	479	539	1 118	533	586	1 010	480	530
50-54	641	293	348	819	372	447	928	429	499	1 115	521	595
55-59	415	179	235	587	258	329	729	322	407	870	392	479
60-64	651	278	373	374	156	218	492	209	284	695	291	404
65-69	332	135	198	510	204	305	327	128	198	373	150	223
70-74	359	130	230	276	103	173	411	154	257	299	106	193
75-79	175	50	125	238	78	160	175	60	115	321	109	212
80+	...	...	...	...	...	...	...	...	...	...	...	...
80-84	73	18	55	103	24	79	140	43	97	117	37	80
85-89	59	11	48	34	6	27	44	8	37	61	15	46
90-94	16	3	14	19	3	17	9	1	8	13	2	12
95-99	4	1	4	3	0	3	3	0	3	2	0	2
100+	1	0	1	1	0	0	0	0	0	0	0	0

性・年齢別人口（千人）

年齢	2015			2020			2025			2030		
	総数	男	女	総数	男	女	総数	男	女	総数	男	女
総数	17 625	8 512	9 113	18 616	8 992	9 624	19 420	9 372	10 047	20 072	9 674	10 398
0-4	1 948	1 002	947	1 782	916	867	1 632	839	794	1 534	788	746
5-9	1 619	833	786	1 943	999	945	1 778	913	865	1 629	837	792
10-14	1 142	584	557	1 616	831	785	1 941	997	944	1 776	912	864
15-19	1 133	581	552	1 139	583	556	1 613	829	784	1 937	994	942
20-24	1 507	759	748	1 127	577	550	1 134	579	555	1 606	824	782
25-29	1 688	833	855	1 495	750	745	1 119	571	548	1 126	573	553
30-34	1 362	677	686	1 669	819	850	1 479	738	742	1 108	562	546
35-39	1 211	591	620	1 340	659	680	1 643	799	844	1 458	721	736
40-44	1 138	549	588	1 186	572	613	1 313	639	673	1 612	777	835
45-49	1 010	480	530	1 106	526	580	1 154	549	605	1 280	615	664
50-54	1 115	521	595	970	452	518	1 064	496	568	1 112	519	593
55-59	870	392	479	1 050	475	575	915	414	501	1 006	456	550
60-64	695	291	404	795	342	453	963	417	546	842	364	478
65-69	373	150	223	611	240	372	702	283	419	853	346	507
70-74	299	106	193	308	112	195	508	181	328	586	214	372
75-79	321	109	212	217	67	150	226	72	154	377	117	261
80+	…	…	…	…	…	…	…	…	…	…	…	…
80-84	117	37	80	189	55	134	131	34	97	138	37	101
85-89	61	15	46	51	13	38	86	20	66	61	13	49
90-94	13	2	12	18	4	15	16	3	13	28	5	23
95-99	2	0	2	3	0	2	4	0	3	3	0	3
100+	0	0	0	0	0	0	0	0	0	0	0	0

年齢	2035			2040			2045			2050		
	総数	男	女	総数	男	女	総数	男	女	総数	男	女
総数	20 665	9 948	10 717	21 265	10 233	11 032	21 875	10 532	11 343	22 447	10 819	11 628
0-4	1 545	794	751	1 629	837	792	1 707	878	830	1 717	883	834
5-9	1 531	787	745	1 542	792	750	1 626	836	791	1 705	876	829
10-14	1 627	835	792	1 529	785	744	1 540	791	749	1 625	835	790
15-19	1 772	909	863	1 624	834	791	1 527	784	743	1 538	790	748
20-24	1 929	989	940	1 766	905	861	1 619	830	789	1 522	781	742
25-29	1 596	816	779	1 918	981	937	1 757	898	859	1 611	824	787
30-34	1 115	565	550	1 582	806	776	1 903	969	933	1 744	889	855
35-39	1 093	551	542	1 102	555	547	1 564	793	771	1 883	955	928
40-44	1 432	702	729	1 075	537	537	1 085	542	542	1 542	777	766
45-49	1 574	749	825	1 400	679	721	1 052	521	531	1 064	527	537
50-54	1 235	583	652	1 523	712	810	1 356	647	709	1 021	498	523
55-59	1 055	479	576	1 174	540	634	1 451	661	790	1 295	603	692
60-64	928	403	526	976	425	552	1 090	481	609	1 352	592	760
65-69	749	304	445	830	338	492	876	358	518	981	408	574
70-74	716	264	452	633	233	399	705	261	444	748	279	469
75-79	439	140	299	541	174	367	483	155	328	543	175	367
80+	…	…	…	…	…	…	…	…	…	…	…	…
80-84	235	61	175	278	74	204	348	93	255	316	84	232
85-89	66	14	52	116	23	93	140	29	111	180	37	143
90-94	21	3	18	23	3	20	42	6	36	52	8	44
95-99	6	1	5	5	0	4	5	1	5	10	1	9
100+	0	0	0	1	0	1	1	0	1	1	0	1

年齢	2055			2060		
	総数	男	女	総数	男	女
総数	22 921	11 061	11 861	23 282	11 251	12 031
0-4	1 652	849	802	1 565	805	760
5-9	1 714	881	833	1 649	848	802
10-14	1 703	875	828	1 713	880	833
15-19	1 623	833	789	1 701	874	827
20-24	1 534	787	747	1 618	831	788
25-29	1 516	776	740	1 527	782	745
30-34	1 600	817	784	1 507	769	737
35-39	1 728	877	851	1 587	807	780
40-44	1 859	938	921	1 707	862	845
45-49	1 514	756	758	1 827	915	913
50-54	1 034	505	529	1 475	728	747
55-59	977	466	511	993	475	517
60-64	1 210	543	667	916	422	494
65-69	1 223	506	718	1 101	469	632
70-74	842	320	523	1 059	402	657
75-79	582	190	392	663	222	441
80+	…	…	…	…	…	…
80-84	361	97	264	394	108	286
85-89	167	34	133	195	41	154
90-94	69	10	59	66	10	56
95-99	13	1	11	17	2	16
100+	1	0	1	2	0	2

性・年齢別人口（千人）

年齢	2015			2020			2025			2030		
	総数	男	女	総数	男	女	総数	男	女	総数	男	女
総数	17 625	8 512	9 113	18 792	9 082	9 710	19 864	9 600	10 263	20 842	10 069	10 772
0-4	1 948	1 002	947	1 958	1 006	952	1 901	976	924	1 861	956	905
5-9	1 619	833	786	1 943	999	945	1 954	1 003	951	1 897	974	922
10-14	1 142	584	557	1 616	831	785	1 941	997	944	1 951	1 002	950
15-19	1 133	581	552	1 139	583	556	1 613	829	784	1 937	994	942
20-24	1 507	759	748	1 127	577	550	1 134	579	555	1 606	824	782
25-29	1 688	833	855	1 495	750	745	1 119	571	548	1 126	573	553
30-34	1 362	677	686	1 669	819	850	1 479	738	742	1 108	562	546
35-39	1 211	591	620	1 340	659	680	1 643	799	844	1 458	721	736
40-44	1 138	549	588	1 186	572	613	1 313	639	673	1 612	777	835
45-49	1 010	480	530	1 106	526	580	1 154	549	605	1 280	615	664
50-54	1 115	521	595	970	452	518	1 064	496	568	1 112	519	593
55-59	870	392	479	1 050	475	575	915	414	501	1 006	456	550
60-64	695	291	404	795	342	453	963	417	546	842	364	478
65-69	373	150	223	611	240	372	702	283	419	853	346	507
70-74	299	106	193	308	112	195	508	181	328	586	214	372
75-79	321	109	212	217	67	150	226	72	154	377	117	261
80+	…	…	…	…	…	…	…	…	…	…	…	…
80-84	117	37	80	189	55	134	131	34	97	138	37	101
85-89	61	15	46	51	13	38	86	20	66	61	13	49
90-94	13	2	12	18	4	15	16	3	13	28	5	23
95-99	2	0	2	3	0	2	4	0	3	3	0	3
100+	0	0	0	0	0	0	0	0	0	0	0	0

年齢	2035			2040			2045			2050		
	総数	男	女	総数	男	女	総数	男	女	総数	男	女
総数	21 776	10 519	11 258	22 772	11 007	11 765	23 865	11 554	12 311	25 015	12 137	12 878
0-4	1 888	970	918	2 027	1 042	985	2 193	1 127	1 066	2 300	1 182	1 118
5-9	1 857	954	903	1 885	968	916	2 024	1 040	984	2 190	1 125	1 064
10-14	1 894	973	922	1 855	953	902	1 883	967	916	2 022	1 039	983
15-19	1 947	999	948	1 891	970	920	1 852	951	901	1 880	965	915
20-24	1 929	989	940	1 940	994	946	1 884	966	918	1 846	947	899
25-29	1 596	816	779	1 918	981	937	1 930	986	944	1 875	959	916
30-34	1 115	565	550	1 582	806	776	1 903	969	933	1 916	976	940
35-39	1 093	551	542	1 102	555	547	1 564	793	771	1 883	955	928
40-44	1 432	702	729	1 075	537	537	1 085	542	542	1 542	777	766
45-49	1 574	749	825	1 400	679	721	1 052	521	531	1 064	527	537
50-54	1 235	583	652	1 523	712	810	1 356	647	709	1 021	498	523
55-59	1 055	479	576	1 174	540	634	1 451	661	790	1 295	603	692
60-64	928	403	526	976	425	552	1 090	481	609	1 352	592	760
65-69	749	304	445	830	338	492	876	358	518	981	408	574
70-74	716	264	452	633	233	399	705	261	444	748	279	469
75-79	439	140	299	541	174	367	483	155	328	543	175	367
80+	…	…	…	…	…	…	…	…	…	…	…	…
80-84	235	61	175	278	74	204	348	93	255	316	84	232
85-89	66	14	52	116	23	93	140	29	111	180	37	143
90-94	21	3	18	23	3	20	42	6	36	52	8	44
95-99	6	1	5	5	0	4	5	1	5	10	1	9
100+	0	0	0	1	0	1	1	0	1	1	0	1

年齢	2055			2060		
	総数	男	女	総数	男	女
総数	26 150	12 717	13 433	27 234	13 277	13 957
0-4	2 320	1 193	1 127	2 299	1 182	1 117
5-9	2 297	1 181	1 116	2 317	1 191	1 126
10-14	2 188	1 124	1 064	2 295	1 179	1 116
15-19	2 019	1 037	982	2 185	1 122	1 063
20-24	1 875	962	913	2 014	1 033	980
25-29	1 838	941	897	1 867	956	911
30-34	1 863	951	913	1 827	933	894
35-39	1 898	964	935	1 847	939	908
40-44	1 859	938	921	1 876	947	929
45-49	1 514	756	758	1 827	915	913
50-54	1 034	505	529	1 475	728	747
55-59	977	466	511	993	475	517
60-64	1 210	543	667	916	422	494
65-69	1 223	506	718	1 101	469	632
70-74	842	320	523	1 059	402	657
75-79	582	190	392	663	222	441
80+	…	…	…	…	…	…
80-84	361	97	264	394	108	286
85-89	167	34	133	195	41	154
90-94	69	10	59	66	10	56
95-99	13	1	11	17	2	16
100+	1	0	1	2	0	2

性・年齢別人口（千人）

年齢	2015			2020			2025			2030		
	総数	男	女	総数	男	女	総数	男	女	総数	男	女
総数	17 625	8 512	9 113	18 440	8 901	9 539	18 976	9 145	9 832	19 303	9 279	10 024
0-4	1 948	1 002	947	1 606	825	781	1 364	701	663	1 208	621	587
5-9	1 619	833	786	1 943	999	945	1 603	823	780	1 361	699	662
10-14	1 142	584	557	1 616	831	785	1 941	997	944	1 600	822	779
15-19	1 133	581	552	1 139	583	556	1 613	829	784	1 937	994	942
20-24	1 507	759	748	1 127	577	550	1 134	579	555	1 606	824	782
25-29	1 688	833	855	1 495	750	745	1 119	571	548	1 126	573	553
30-34	1 362	677	686	1 669	819	850	1 479	738	742	1 108	562	546
35-39	1 211	591	620	1 340	659	680	1 643	799	844	1 458	721	736
40-44	1 138	549	588	1 186	572	613	1 313	639	673	1 612	777	835
45-49	1 010	480	530	1 106	526	580	1 154	549	605	1 280	615	664
50-54	1 115	521	595	970	452	518	1 064	496	568	1 112	519	593
55-59	870	392	479	1 050	475	575	915	414	501	1 006	456	550
60-64	695	291	404	795	342	453	963	417	546	842	364	478
65-69	373	150	223	611	240	372	702	283	419	853	346	507
70-74	299	106	193	308	112	195	508	181	328	586	214	372
75-79	321	109	212	217	67	150	226	72	154	377	117	261
80+	...	...	...	...	...	...	...	...	...	...	...	...
80-84	117	37	80	189	55	134	131	34	97	138	37	101
85-89	61	15	46	51	13	38	86	20	66	61	13	49
90-94	13	2	12	18	4	15	16	3	13	28	5	23
95-99	2	0	2	3	0	2	4	0	3	3	0	3
100+	0	0	0	0	0	0	0	0	0	0	0	0

年齢	2035			2040			2045			2050		
	総数	男	女	総数	男	女	総数	男	女	総数	男	女
総数	19 555	9 378	10 177	19 770	9 465	10 304	19 931	9 534	10 397	19 993	9 560	10 433
0-4	1 203	618	585	1 242	638	604	1 255	645	610	1 201	617	583
5-9	1 205	619	586	1 200	617	584	1 240	637	603	1 253	644	609
10-14	1 360	698	662	1 204	618	586	1 199	616	583	1 239	636	602
15-19	1 597	820	778	1 357	697	661	1 202	617	585	1 197	615	583
20-24	1 929	989	940	1 592	815	776	1 353	693	659	1 198	615	584
25-29	1 596	816	779	1 918	981	937	1 583	809	774	1 346	689	658
30-34	1 115	565	550	1 582	806	776	1 903	969	933	1 572	801	771
35-39	1 093	551	542	1 102	555	547	1 564	793	771	1 883	955	928
40-44	1 432	702	729	1 075	537	537	1 085	542	542	1 542	777	766
45-49	1 574	749	825	1 400	679	721	1 052	521	531	1 064	527	537
50-54	1 235	583	652	1 523	712	810	1 356	647	709	1 021	498	523
55-59	1 055	479	576	1 174	540	634	1 451	661	790	1 295	603	692
60-64	928	403	526	976	425	552	1 090	481	609	1 352	592	760
65-69	749	304	445	830	338	492	876	358	518	981	408	574
70-74	716	264	452	633	233	399	705	261	444	748	279	469
75-79	439	140	299	541	174	367	483	155	328	543	175	367
80+	...	...	...	...	...	...	...	...	...	...	...	...
80-84	235	61	175	278	74	204	348	93	255	316	84	232
85-89	66	14	52	116	23	93	140	29	111	180	37	143
90-94	21	3	18	23	3	20	42	6	36	52	8	44
95-99	6	1	5	5	0	4	5	1	5	10	1	9
100+	0	0	0	1	0	1	1	0	1	1	0	1

年齢	2055			2060		
	総数	男	女	総数	男	女
総数	19 911	9 516	10 394	19 686	9 407	10 279
0-4	1 088	559	529	969	498	471
5-9	1 199	616	583	1 087	559	528
10-14	1 252	643	609	1 198	616	582
15-19	1 237	635	602	1 250	642	608
20-24	1 194	613	581	1 234	633	601
25-29	1 193	611	582	1 189	609	580
30-34	1 338	682	655	1 186	606	580
35-39	1 557	790	767	1 326	674	652
40-44	1 859	938	921	1 539	777	762
45-49	1 514	756	758	1 827	915	913
50-54	1 034	505	529	1 475	728	747
55-59	977	466	511	993	475	517
60-64	1 210	543	667	916	422	494
65-69	1 223	506	718	1 101	469	632
70-74	842	320	523	1 059	402	657
75-79	582	190	392	663	222	441
80+	...	...	...	...	...	...
80-84	361	97	264	394	108	286
85-89	167	34	133	195	41	154
90-94	69	10	59	66	10	56
95-99	13	1	11	17	2	16
100+	1	0	1	2	0	2

性・年齢別人口（千人）

年齢	1960			1965			1970			1975		
	総数	男	女	総数	男	女	総数	男	女	総数	男	女
総数	8 105	4 065	4 040	9 505	4 752	4 753	11 252	5 613	5 640	13 486	6 718	6 768
0-4	1 612	806	805	1 914	957	957	2 282	1 144	1 139	2 785	1 398	1 387
5-9	1 235	615	621	1 486	740	746	1 787	890	897	2 158	1 077	1 081
10-14	917	458	459	1 201	597	604	1 451	722	729	1 752	871	880
15-19	665	333	332	896	447	449	1 177	585	593	1 425	708	717
20-24	617	307	309	644	321	323	871	433	438	1 149	569	580
25-29	580	292	288	593	294	299	621	308	313	845	418	427
30-34	485	248	237	556	279	277	570	281	289	600	296	304
35-39	400	209	190	463	236	227	534	267	267	550	270	280
40-44	341	179	162	380	198	182	442	225	217	512	255	257
45-49	297	158	139	322	168	154	360	187	174	422	213	209
50-54	260	136	124	277	146	131	302	156	146	340	175	165
55-59	220	108	112	238	123	115	255	132	122	280	143	137
60-64	178	84	94	195	94	100	212	108	104	229	118	111
65-69	131	60	71	149	69	80	164	78	86	181	91	90
70-74	88	39	49	100	44	55	115	52	63	129	60	69
75-79	50	21	29	57	25	33	66	29	38	78	34	44
80+	29	10	19	35	13	22	43	17	26	52	21	31
80-84	...	...	...	...	...	...	...	...	...	...	...	...
85-89	...	...	...	...	...	...	...	...	...	...	...	...
90-94	...	...	...	...	...	...	...	...	...	...	...	...
95-99	...	...	...	...	...	...	...	...	...	...	...	...
100+	...	...	...	...	...	...	...	...	...	...	...	...

年齢	1980			1985			1990			1995		
	総数	男	女	総数	男	女	総数	男	女	総数	男	女
総数	16 268	8 101	8 167	19 661	9 793	9 868	23 446	11 678	11 768	27 373	13 633	13 740
0-4	3 347	1 683	1 664	3 973	2 001	1 971	4 456	2 245	2 211	4 594	2 315	2 279
5-9	2 660	1 331	1 329	3 228	1 620	1 609	3 840	1 930	1 910	4 319	2 171	2 148
10-14	2 122	1 058	1 064	2 623	1 312	1 311	3 186	1 597	1 589	3 797	1 906	1 890
15-19	1 726	858	868	2 096	1 045	1 052	2 593	1 295	1 297	3 163	1 584	1 579
20-24	1 397	692	705	1 697	841	856	2 062	1 024	1 037	2 576	1 284	1 292
25-29	1 121	553	569	1 370	676	693	1 663	822	842	2 042	1 014	1 028
30-34	823	406	417	1 097	539	558	1 339	659	680	1 636	808	828
35-39	583	287	296	803	395	408	1 070	524	546	1 308	641	667
40-44	532	260	271	566	278	288	780	382	397	1 042	507	535
45-49	492	244	248	513	250	263	547	267	279	758	370	388
50-54	401	201	200	470	231	239	490	238	253	527	256	271
55-59	317	162	156	376	187	189	442	216	226	464	223	241
60-64	254	128	125	290	146	144	345	170	175	407	196	211
65-69	197	100	97	221	110	111	254	126	128	303	147	156
70-74	144	71	73	159	79	80	179	88	91	207	101	106
75-79	89	41	49	102	49	53	113	55	58	129	62	67
80+	63	26	37	76	32	44	...	...	...	...	...	...
80-84	...	...	...	...	...	...	60	28	32	67	32	35
85-89	...	...	...	...	...	...	22	9	13	26	12	15
90-94	...	...	...	...	...	...	5	2	3	7	2	4
95-99	...	...	...	...	...	...	1	0	1	1	0	1
100+	...	...	...	...	...	...	0	0	0	0	0	0

年齢	2000			2005			2010			2015		
	総数	男	女	総数	男	女	総数	男	女	総数	男	女
総数	31 066	15 488	15 578	35 349	17 665	17 684	40 328	20 159	20 169	46 050	23 017	23 033
0-4	5 066	2 554	2 512	5 893	2 972	2 922	6 644	3 350	3 294	7 166	3 613	3 553
5-9	4 438	2 232	2 207	4 903	2 466	2 437	5 721	2 878	2 843	6 487	3 263	3 224
10-14	4 264	2 141	2 122	4 370	2 195	2 174	4 819	2 422	2 397	5 646	2 837	2 808
15-19	3 753	1 883	1 870	4 215	2 115	2 100	4 289	2 152	2 137	4 746	2 382	2 364
20-24	3 089	1 546	1 544	3 688	1 847	1 840	4 117	2 059	2 058	4 215	2 108	2 106
25-29	2 438	1 225	1 213	2 947	1 485	1 462	3 549	1 776	1 773	4 020	2 007	2 013
30-34	1 873	941	932	2 226	1 140	1 086	2 777	1 406	1 371	3 439	1 721	1 718
35-39	1 475	727	749	1 652	840	812	2 048	1 056	992	2 663	1 349	1 314
40-44	1 200	579	620	1 326	649	677	1 520	773	747	1 951	1 006	945
45-49	977	470	507	1 118	533	585	1 242	602	639	1 449	734	715
50-54	712	345	367	920	438	482	1 055	498	557	1 183	570	613
55-59	490	236	254	667	320	347	863	407	456	997	466	531
60-64	423	200	222	449	214	236	613	290	322	799	372	427
65-69	355	168	187	371	173	198	396	185	211	544	254	290
70-74	247	117	130	290	135	156	305	139	166	328	150	178
75-79	150	71	78	180	83	96	212	96	116	225	100	125
80+	...	...	...	...	...	...	...	...	...	...	...	...
80-84	77	36	41	90	42	48	108	49	60	130	57	73
85-89	30	13	16	34	15	19	40	18	22	50	21	28
90-94	8	3	4	9	4	5	10	4	6	12	5	7
95-99	1	0	1	1	0	1	2	1	1	2	1	1
100+	0	0	0	0	0	0	0	0	0	0	0	0

中位予測値

性・年齢別人口（千人）

年齢	2015			2020			2025			2030		
	総数	男	女	総数	男	女	総数	男	女	総数	男	女
総数	46 050	23 017	23 033	52 187	26 055	26 132	58 610	29 231	29 379	65 412	32 593	32 819
0-4	7 166	3 613	3 553	7 580	3 818	3 762	8 005	4 032	3 973	8 525	4 295	4 230
5-9	6 487	3 263	3 224	7 023	3 531	3 492	7 453	3 743	3 710	7 894	3 965	3 929
10-14	5 646	2 837	2 808	6 423	3 227	3 196	6 968	3 499	3 469	7 403	3 713	3 690
15-19	4 746	2 382	2 364	5 583	2 802	2 781	6 365	3 193	3 172	6 914	3 466	3 448
20-24	4 215	2 108	2 106	4 670	2 336	2 333	5 502	2 752	2 749	6 283	3 143	3 140
25-29	4 020	2 007	2 013	4 127	2 059	2 068	4 578	2 284	2 293	5 403	2 696	2 707
30-34	3 439	1 721	1 718	3 924	1 954	1 970	4 032	2 007	2 025	4 479	2 230	2 248
35-39	2 663	1 349	1 314	3 343	1 668	1 675	3 820	1 897	1 923	3 932	1 952	1 980
40-44	1 951	1 006	945	2 576	1 300	1 275	3 243	1 612	1 631	3 717	1 839	1 877
45-49	1 449	734	715	1 878	964	913	2 486	1 250	1 236	3 143	1 556	1 587
50-54	1 183	570	613	1 385	697	688	1 797	918	879	2 388	1 194	1 194
55-59	997	466	531	1 120	534	585	1 311	654	657	1 704	864	840
60-64	799	372	427	926	427	499	1 042	491	551	1 221	603	619
65-69	544	254	290	713	327	387	829	376	453	936	434	503
70-74	328	150	178	454	208	246	599	269	330	701	311	390
75-79	225	100	125	244	109	135	341	152	189	455	199	256
80+	…	…	…	…	…	…	…	…	…	…	…	…
80-84	130	57	73	139	60	79	153	66	87	217	93	123
85-89	50	21	28	60	25	35	65	27	39	73	30	43
90-94	12	5	7	15	6	9	19	7	12	21	8	13
95-99	2	1	1	2	1	1	3	1	2	4	1	2
100+	0	0	0	0	0	0	0	0	0	0	0	0

年齢	2035			2040			2045			2050		
	総数	男	女	総数	男	女	総数	男	女	総数	男	女
総数	72 600	36 147	36 452	80 091	39 847	40 244	87 770	43 632	44 139	95 505	47 434	48 071
0-4	9 064	4 571	4 494	9 534	4 811	4 723	9 909	5 004	4 905	10 189	5 148	5 040
5-9	8 427	4 236	4 191	8 981	4 520	4 460	9 465	4 769	4 695	9 848	4 967	4 880
10-14	7 850	3 938	3 911	8 388	4 213	4 175	8 947	4 499	4 447	9 434	4 751	4 683
15-19	7 353	3 683	3 670	7 803	3 910	3 893	8 345	4 186	4 159	8 906	4 474	4 432
20-24	6 835	3 417	3 418	7 277	3 635	3 642	7 731	3 864	3 867	8 275	4 141	4 134
25-29	6 183	3 085	3 098	6 739	3 361	3 378	7 186	3 581	3 605	7 644	3 812	3 833
30-34	5 299	2 639	2 660	6 079	3 027	3 052	6 639	3 305	3 335	7 092	3 528	3 565
35-39	4 378	2 174	2 204	5 195	2 580	2 614	5 975	2 968	3 007	6 540	3 247	3 293
40-44	3 835	1 897	1 938	4 281	2 119	2 162	5 093	2 522	2 571	5 872	2 909	2 963
45-49	3 613	1 782	1 832	3 738	1 842	1 895	4 183	2 063	2 119	4 988	2 462	2 526
50-54	3 030	1 492	1 538	3 495	1 714	1 781	3 625	1 777	1 848	4 066	1 995	2 071
55-59	2 274	1 128	1 146	2 898	1 416	1 482	3 354	1 631	1 722	3 488	1 697	1 791
60-64	1 592	798	794	2 134	1 047	1 087	2 732	1 319	1 413	3 175	1 527	1 648
65-69	1 102	535	567	1 442	711	731	1 944	937	1 007	2 505	1 189	1 316
70-74	797	361	436	944	448	496	1 243	599	644	1 689	796	894
75-79	539	233	306	620	272	348	741	340	401	986	460	527
80+	…	…	…	…	…	…	…	…	…	…	…	…
80-84	294	124	170	355	147	208	416	174	242	506	220	285
85-89	106	43	63	148	58	89	184	71	113	221	85	136
90-94	24	9	15	36	13	23	52	18	34	68	23	45
95-99	4	1	3	5	2	3	8	2	5	12	3	8
100+	0	0	0	0	0	0	1	0	0	1	0	1

年齢	2055			2060		
	総数	男	女	総数	男	女
総数	103 198	51 207	51 991	110 757	54 910	55 847
0-4	10 430	5 273	5 157	10 632	5 378	5 254
5-9	10 132	5 115	5 017	10 377	5 243	5 134
10-14	9 819	4 950	4 869	10 105	5 099	5 006
15-19	9 395	4 726	4 669	9 782	4 927	4 855
20-24	8 838	4 430	4 408	9 330	4 684	4 646
25-29	8 191	4 090	4 101	8 756	4 381	4 375
30-34	7 554	3 760	3 794	8 102	4 039	4 062
35-39	6 996	3 472	3 524	7 459	3 705	3 754
40-44	6 438	3 188	3 249	6 895	3 414	3 481
45-49	5 762	2 845	2 917	6 327	3 124	3 203
50-54	4 860	2 387	2 473	5 625	2 765	2 861
55-59	3 923	1 911	2 012	4 702	2 293	2 409
60-64	3 315	1 595	1 720	3 740	1 802	1 938
65-69	2 927	1 384	1 543	3 071	1 452	1 618
70-74	2 196	1 018	1 179	2 586	1 194	1 393
75-79	1 359	618	741	1 788	799	989
80+	…	…	…	…	…	…
80-84	685	302	382	961	412	549
85-89	277	110	166	384	155	230
90-94	85	28	57	111	38	73
95-99	16	4	12	22	6	16
100+	2	0	1	2	0	2

性・年齢別人口（千人）

年齢	2015			2020			2025			2030		
	総数	男	女	総数	男	女	総数	男	女	総数	男	女
総数	46 050	23 017	23 033	52 649	26 288	26 361	59 906	29 883	30 023	67 891	33 840	34 051
0-4	7 166	3 613	3 553	8 043	4 051	3 991	8 846	4 456	4 391	9 723	4 899	4 824
5-9	6 487	3 263	3 224	7 023	3 531	3 492	7 907	3 971	3 936	8 723	4 381	4 342
10-14	5 646	2 837	2 808	6 423	3 227	3 196	6 968	3 499	3 469	7 855	3 940	3 915
15-19	4 746	2 382	2 364	5 583	2 802	2 781	6 365	3 193	3 172	6 914	3 466	3 448
20-24	4 215	2 108	2 106	4 670	2 336	2 333	5 502	2 752	2 749	6 283	3 143	3 140
25-29	4 020	2 007	2 013	4 127	2 059	2 068	4 578	2 284	2 293	5 403	2 696	2 707
30-34	3 439	1 721	1 718	3 924	1 954	1 970	4 032	2 007	2 025	4 479	2 230	2 248
35-39	2 663	1 349	1 314	3 343	1 668	1 675	3 820	1 897	1 923	3 932	1 952	1 980
40-44	1 951	1 006	945	2 576	1 300	1 275	3 243	1 612	1 631	3 717	1 839	1 877
45-49	1 449	734	715	1 878	964	913	2 486	1 250	1 236	3 143	1 556	1 587
50-54	1 183	570	613	1 385	697	688	1 797	918	879	2 388	1 194	1 194
55-59	997	466	531	1 120	534	585	1 311	654	657	1 704	864	840
60-64	799	372	427	926	427	499	1 042	491	551	1 221	603	619
65-69	544	254	290	713	327	387	829	376	453	936	434	503
70-74	328	150	178	454	208	246	599	269	330	701	311	390
75-79	225	100	125	244	109	135	341	152	189	455	199	256
80+	...	...	...	...	...	...	...	...	...	...	...	...
80-84	130	57	73	139	60	79	153	66	87	217	93	123
85-89	50	21	28	60	25	35	65	27	39	73	30	43
90-94	12	5	7	15	6	9	19	7	12	21	8	13
95-99	2	1	1	2	1	1	3	1	2	4	1	2
100+	0	0	0	0	0	0	0	0	0	0	0	0

年齢	2035			2040			2045			2050		
	総数	男	女	総数	男	女	総数	男	女	総数	男	女
総数	76 456	38 086	38 370	85 644	42 640	43 004	95 487	47 513	47 974	105 933	52 680	53 253
0-4	10 463	5 276	5 187	11 258	5 681	5 577	12 106	6 113	5 993	12 947	6 542	6 405
5-9	9 611	4 832	4 780	10 367	5 218	5 149	11 176	5 632	5 544	12 032	6 069	5 963
10-14	8 675	4 352	4 322	9 567	4 805	4 762	10 328	5 194	5 134	11 140	5 610	5 530
15-19	7 802	3 908	3 894	8 624	4 321	4 303	9 519	4 775	4 744	10 281	5 165	5 116
20-24	6 835	3 417	3 418	7 722	3 857	3 864	8 545	4 270	4 274	9 440	4 724	4 716
25-29	6 183	3 085	3 098	6 739	3 361	3 378	7 626	3 801	3 825	8 450	4 214	4 236
30-34	5 299	2 639	2 660	6 079	3 027	3 052	6 639	3 305	3 335	7 527	3 744	3 783
35-39	4 378	2 174	2 204	5 195	2 580	2 614	5 975	2 968	3 007	6 540	3 247	3 293
40-44	3 835	1 897	1 938	4 281	2 119	2 162	5 093	2 522	2 571	5 872	2 909	2 963
45-49	3 613	1 782	1 832	3 738	1 842	1 895	4 183	2 063	2 119	4 988	2 462	2 526
50-54	3 030	1 492	1 538	3 495	1 714	1 781	3 625	1 777	1 848	4 066	1 995	2 071
55-59	2 274	1 128	1 146	2 898	1 416	1 482	3 354	1 631	1 722	3 488	1 697	1 791
60-64	1 592	798	794	2 134	1 047	1 087	2 732	1 319	1 413	3 175	1 527	1 648
65-69	1 102	535	567	1 442	711	731	1 944	937	1 007	2 505	1 189	1 316
70-74	797	361	436	944	448	496	1 243	599	644	1 689	796	894
75-79	539	233	306	620	272	348	741	340	401	986	460	527
80+	...	...	...	...	...	...	...	...	...	...	...	...
80-84	294	124	170	355	147	208	416	174	242	506	220	285
85-89	106	43	63	148	58	89	184	71	113	221	85	136
90-94	24	9	15	36	13	23	52	18	34	68	23	45
95-99	4	1	3	5	2	3	8	2	5	12	3	8
100+	0	0	0	0	0	0	1	0	0	1	0	1

年齢	2055			2060		
	総数	男	女	総数	男	女
総数	116 890	58 098	58 792	128 230	63 706	64 524
0-4	13 755	6 954	6 801	14 493	7 331	7 162
5-9	12 876	6 500	6 375	13 686	6 915	6 771
10-14	11 997	6 048	5 949	12 842	6 480	6 362
15-19	11 094	5 581	5 513	11 953	6 021	5 933
20-24	10 204	5 115	5 089	11 019	5 532	5 486
25-29	9 345	4 667	4 678	10 110	5 059	5 052
30-34	8 350	4 157	4 194	9 244	4 609	4 635
35-39	7 425	3 685	3 740	8 246	4 096	4 150
40-44	6 438	3 188	3 249	7 318	3 623	3 695
45-49	5 762	2 845	2 917	6 327	3 124	3 203
50-54	4 860	2 387	2 473	5 625	2 765	2 861
55-59	3 923	1 911	2 012	4 702	2 293	2 409
60-64	3 315	1 595	1 720	3 740	1 802	1 938
65-69	2 927	1 384	1 543	3 071	1 452	1 618
70-74	2 196	1 018	1 179	2 586	1 194	1 393
75-79	1 359	618	741	1 788	799	989
80+	...	...	...	...	...	...
80-84	685	302	382	961	412	549
85-89	277	110	166	384	155	230
90-94	85	28	57	111	38	73
95-99	16	4	12	22	6	16
100+	2	0	1	2	0	2

性・年齢別人口（千人）

年齢	2015 総数	男	女	2020 総数	男	女	2025 総数	男	女	2030 総数	男	女
総数	46 050	23 017	23 033	51 724	25 822	25 903	57 315	28 579	28 735	62 933	31 347	31 587
0-4	7 166	3 613	3 553	7 118	3 586	3 533	7 165	3 609	3 556	7 327	3 692	3 635
5-9	6 487	3 263	3 224	7 023	3 531	3 492	6 998	3 515	3 483	7 064	3 548	3 516
10-14	5 646	2 837	2 808	6 423	3 227	3 196	6 968	3 499	3 469	6 951	3 487	3 465
15-19	4 746	2 382	2 364	5 583	2 802	2 781	6 365	3 193	3 172	6 914	3 466	3 448
20-24	4 215	2 108	2 106	4 670	2 336	2 333	5 502	2 752	2 749	6 283	3 143	3 140
25-29	4 020	2 007	2 013	4 127	2 059	2 068	4 578	2 284	2 293	5 403	2 696	2 707
30-34	3 439	1 721	1 718	3 924	1 954	1 970	4 032	2 007	2 025	4 479	2 230	2 248
35-39	2 663	1 349	1 314	3 343	1 668	1 675	3 820	1 897	1 923	3 932	1 952	1 980
40-44	1 951	1 006	945	2 576	1 300	1 275	3 243	1 612	1 631	3 717	1 839	1 877
45-49	1 449	734	715	1 878	964	913	2 486	1 250	1 236	3 143	1 556	1 587
50-54	1 183	570	613	1 385	697	688	1 797	918	879	2 388	1 194	1 194
55-59	997	466	531	1 120	534	585	1 311	654	657	1 704	864	840
60-64	799	372	427	926	427	499	1 042	491	551	1 221	603	619
65-69	544	254	290	713	327	387	829	376	453	936	434	503
70-74	328	150	178	454	208	246	599	269	330	701	311	390
75-79	225	100	125	244	109	135	341	152	189	455	199	256
80+	…	…	…	…	…	…	…	…	…	…	…	…
80-84	130	57	73	139	60	79	153	66	87	217	93	123
85-89	50	21	28	60	25	35	65	27	39	73	30	43
90-94	12	5	7	15	6	9	19	7	12	21	8	13
95-99	2	1	1	2	1	1	3	1	2	4	1	2
100+	0	0	0	0	0	0	0	0	0	0	0	0

年齢	2035 総数	男	女	2040 総数	男	女	2045 総数	男	女	2050 総数	男	女
総数	68 754	34 214	34 541	74 607	37 090	37 517	80 279	39 864	40 415	85 590	42 446	43 144
0-4	7 677	3 871	3 806	7 869	3 971	3 898	7 867	3 973	3 894	7 720	3 901	3 819
5-9	7 243	3 641	3 602	7 606	3 828	3 777	7 811	3 936	3 875	7 818	3 944	3 874
10-14	7 025	3 525	3 500	7 209	3 621	3 589	7 577	3 811	3 766	7 786	3 921	3 865
15-19	6 904	3 458	3 446	6 983	3 499	3 484	7 172	3 597	3 574	7 542	3 789	3 753
20-24	6 835	3 417	3 418	6 832	3 413	3 419	6 918	3 457	3 460	7 111	3 558	3 552
25-29	6 183	3 085	3 098	6 739	3 361	3 378	6 747	3 362	3 384	6 839	3 410	3 429
30-34	5 299	2 639	2 660	6 079	3 027	3 052	6 639	3 305	3 335	6 658	3 311	3 347
35-39	4 378	2 174	2 204	5 195	2 580	2 614	5 975	2 968	3 007	6 540	3 247	3 293
40-44	3 835	1 897	1 938	4 281	2 119	2 162	5 093	2 522	2 571	5 872	2 909	2 963
45-49	3 613	1 782	1 832	3 738	1 842	1 895	4 183	2 063	2 119	4 988	2 462	2 526
50-54	3 030	1 492	1 538	3 495	1 714	1 781	3 625	1 777	1 848	4 066	1 995	2 071
55-59	2 274	1 128	1 146	2 898	1 416	1 482	3 354	1 631	1 722	3 488	1 697	1 791
60-64	1 592	798	794	2 134	1 047	1 087	2 732	1 319	1 413	3 175	1 527	1 648
65-69	1 102	535	567	1 442	711	731	1 944	937	1 007	2 505	1 189	1 316
70-74	797	361	436	944	448	496	1 243	599	644	1 689	796	894
75-79	539	233	306	620	272	348	741	340	401	986	460	527
80+	…	…	…	…	…	…	…	…	…	…	…	…
80-84	294	124	170	355	147	208	416	174	242	506	220	285
85-89	106	43	63	148	58	89	184	71	113	221	85	136
90-94	24	9	15	36	13	23	52	18	34	68	23	45
95-99	4	1	3	5	2	3	8	2	5	12	3	8
100+	0	0	0	0	0	0	1	0	0	1	0	1

年齢	2055 総数	男	女	2060 総数	男	女
総数	90 461	44 799	45 662	94 840	46 900	47 940
0-4	7 548	3 816	3 732	7 377	3 731	3 645
5-9	7 677	3 876	3 801	7 509	3 794	3 715
10-14	7 795	3 930	3 865	7 656	3 863	3 793
15-19	7 753	3 900	3 853	7 765	3 911	3 854
20-24	7 483	3 751	3 732	7 698	3 865	3 833
25-29	7 037	3 514	3 523	7 412	3 708	3 704
30-34	6 757	3 363	3 394	6 959	3 469	3 490
35-39	6 567	3 259	3 308	6 672	3 314	3 358
40-44	6 438	3 188	3 249	6 472	3 204	3 268
45-49	5 762	2 845	2 917	6 327	3 124	3 203
50-54	4 860	2 387	2 473	5 625	2 765	2 861
55-59	3 923	1 911	2 012	4 702	2 293	2 409
60-64	3 315	1 595	1 720	3 740	1 802	1 938
65-69	2 927	1 384	1 543	3 071	1 452	1 618
70-74	2 196	1 018	1 179	2 586	1 194	1 393
75-79	1 359	618	741	1 788	799	989
80+	…	…	…	…	…	…
80-84	685	302	382	961	412	549
85-89	277	110	166	384	155	230
90-94	85	28	57	111	38	73
95-99	16	4	12	22	6	16
100+	2	0	1	2	0	2

Kiribati

性・年齢別人口（千人）

推計値

年齢	1960			1965			1970			1975		
	総数	男	女	総数	男	女	総数	男	女	総数	男	女
総数	41	20	21	46	23	24	51	25	26	55	27	28
0-4	8	4	4	8	4	4	8	4	4	8	4	4
5-9	6	3	3	7	4	4	8	4	4	8	4	4
10-14	5	2	2	6	3	3	7	4	3	8	4	4
15-19	4	2	2	5	2	2	6	3	3	7	3	3
20-24	3	2	2	3	2	2	4	2	2	5	3	3
25-29	3	1	1	3	1	1	3	1	1	4	2	2
30-34	3	1	1	3	1	1	3	1	1	3	1	1
35-39	3	1	1	3	1	1	2	1	1	3	1	1
40-44	2	1	1	3	1	1	2	1	1	2	1	1
45-49	1	1	1	2	1	1	3	1	1	2	1	1
50-54	1	1	1	1	1	1	2	1	1	2	1	1
55-59	1	0	0	1	0	1	1	1	1	1	1	1
60-64	1	0	0	1	0	0	1	0	0	1	0	0
65-69	1	0	0	1	0	0	1	0	0	1	0	0
70-74	0	0	0	1	0	0	1	0	0	1	0	0
75-79	0	0	0	0	0	0	0	0	0	0	0	0
80+	0	0	0	0	0	0	0	0	0	0	0	0
80-84	...	...	...	...	...	...	...	...	...	...	...	...
85-89	...	...	...	...	...	...	...	...	...	...	...	...
90-94	...	...	...	...	...	...	...	...	...	...	...	...
95-99	...	...	...	...	...	...	...	...	...	...	...	...
100+	...	...	...	...	...	...	...	...	...	...	...	...

年齢	1980			1985			1990			1995		
	総数	男	女	総数	男	女	総数	男	女	総数	男	女
総数	59	29	30	64	32	32	72	36	37	78	39	39
0-4	9	5	4	10	5	5	12	6	6	12	6	6
5-9	7	4	4	8	4	4	10	5	5	11	6	5
10-14	7	4	4	7	3	3	8	4	4	9	5	5
15-19	7	4	4	8	4	4	6	3	3	7	4	4
20-24	6	3	3	6	3	3	7	4	4	6	3	3
25-29	4	2	2	5	2	3	6	3	3	7	3	4
30-34	3	2	2	4	2	2	5	2	3	6	3	3
35-39	2	1	1	4	2	2	4	2	2	5	2	3
40-44	2	1	1	3	1	1	3	2	2	4	2	2
45-49	2	1	1	2	1	1	3	1	1	3	2	1
50-54	2	1	1	2	1	1	2	1	1	2	1	1
55-59	2	1	1	2	1	1	2	1	1	2	1	1
60-64	1	1	1	1	1	1	2	1	1	2	1	1
65-69	1	0	0	1	0	1	1	0	1	1	1	1
70-74	1	0	0	1	0	0	1	0	0	1	0	0
75-79	0	0	0	0	0	0	0	0	0	0	0	0
80+	0	0	0	0	0	0	...	...	...	...	...	...
80-84	...	...	...	...	...	...	0	0	0	0	0	0
85-89	...	...	...	...	...	...	0	0	0	0	0	0
90-94	...	...	...	...	...	...	0	0	0	0	0	0
95-99	...	...	...	...	...	...	0	0	0	0	0	0
100+	...	...	...	...	...	...	0	0	0	0	0	0

年齢	2000			2005			2010			2015		
	総数	男	女	総数	男	女	総数	男	女	総数	男	女
総数	84	42	43	92	45	47	103	51	52	112	55	57
0-4	12	6	6	11	6	5	14	7	7	15	8	7
5-9	11	6	5	12	6	6	11	6	5	14	7	7
10-14	11	5	5	11	6	5	12	6	6	11	6	5
15-19	9	4	4	11	6	5	11	6	5	12	6	6
20-24	7	3	3	9	4	4	10	5	5	10	5	5
25-29	6	3	3	7	3	4	8	4	4	10	5	5
30-34	7	3	3	6	3	3	7	3	3	8	4	4
35-39	6	3	3	6	3	3	6	3	3	6	3	3
40-44	5	2	2	5	3	3	6	3	3	6	3	3
45-49	3	2	2	4	2	2	5	3	3	6	3	3
50-54	3	1	1	3	1	2	4	2	2	5	2	3
55-59	2	1	1	2	1	1	3	1	2	4	2	2
60-64	2	1	1	2	1	1	2	1	1	3	1	1
65-69	1	0	1	1	1	1	1	1	1	2	1	1
70-74	1	0	1	1	0	1	1	0	1	1	0	1
75-79	0	0	0	1	0	0	1	0	0	1	0	1
80+	...	...	...	...	...	...	...	...	...	...	...	...
80-84	0	0	0	0	0	0	0	0	0	0	0	0
85-89	0	0	0	0	0	0	0	0	0	0	0	0
90-94	0	0	0	0	0	0	0	0	0	0	0	0
95-99	0	0	0	0	0	0	0	0	0	0	0	0
100+	0	0	0	0	0	0	0	0	0	0	0	0

性・年齢別人口（千人）

年齢	2015			2020			2025			2030		
	総数	男	女	総数	男	女	総数	男	女	総数	男	女
総数	112	55	57	122	60	62	132	65	67	142	70	72
0-4	15	8	7	15	8	8	16	8	8	15	8	8
5-9	14	7	7	15	7	7	15	8	7	15	8	8
10-14	11	6	5	14	7	7	14	7	7	15	8	7
15-19	12	6	6	11	5	5	13	7	7	14	7	7
20-24	10	5	5	11	6	6	10	5	5	13	6	6
25-29	10	5	5	10	5	5	11	5	5	10	5	5
30-34	8	4	4	9	5	5	10	5	5	10	5	5
35-39	6	3	3	8	4	4	9	5	5	9	5	5
40-44	5	3	3	6	3	3	7	4	4	9	4	4
45-49	6	3	3	5	2	3	6	3	3	7	3	4
50-54	5	2	3	6	3	3	5	2	3	6	3	3
55-59	4	2	2	5	2	2	5	2	3	5	2	3
60-64	3	1	1	3	1	2	4	2	2	5	2	3
65-69	2	1	1	2	1	1	3	1	2	4	2	2
70-74	1	0	1	1	1	1	2	1	1	2	1	1
75-79	1	0	1	1	0	1	1	0	1	1	1	1
80+	…	…	…	…	…	…	…	…	…	…	…	…
80-84	0	0	0	0	0	0	0	0	0	1	0	0
85-89	0	0	0	0	0	0	0	0	0	0	0	0
90-94	0	0	0	0	0	0	0	0	0	0	0	0
95-99	0	0	0	0	0	0	0	0	0	0	0	0
100+	0	0	0	0	0	0	0	0	0	0	0	0

年齢	2035			2040			2045			2050		
	総数	男	女	総数	男	女	総数	男	女	総数	男	女
総数	150	74	76	159	78	81	169	83	86	178	88	91
0-4	15	8	8	16	8	8	17	9	8	18	9	9
5-9	15	8	8	15	8	8	16	8	8	17	9	8
10-14	15	8	8	15	8	7	15	8	7	16	8	8
15-19	15	7	7	15	8	7	15	7	7	15	7	7
20-24	14	7	7	14	7	7	14	7	7	14	7	7
25-29	12	6	6	13	7	7	14	7	7	14	7	7
30-34	9	5	4	12	6	6	13	6	6	13	7	7
35-39	10	5	5	9	5	4	12	6	6	13	6	6
40-44	9	4	4	10	5	5	9	4	4	11	6	6
45-49	9	4	4	9	4	4	10	5	5	8	4	4
50-54	7	3	4	8	4	4	8	4	4	9	5	5
55-59	5	2	3	7	3	4	8	4	4	8	4	4
60-64	4	2	2	5	2	3	6	3	3	7	3	4
65-69	4	2	2	4	2	2	4	2	3	5	2	3
70-74	3	1	2	4	1	2	3	1	2	4	2	2
75-79	2	1	1	2	1	1	3	1	2	2	1	1
80+	…	…	…	…	…	…	…	…	…	…	…	…
80-84	1	0	1	1	0	1	1	1	1	2	1	1
85-89	0	0	0	0	0	0	0	0	0	1	0	0
90-94	0	0	0	0	0	0	0	0	0	0	0	0
95-99	0	0	0	0	0	0	0	0	0	0	0	0
100+	0	0	0	0	0	0	0	0	0	0	0	0

年齢	2055			2060		
	総数	男	女	総数	男	女
総数	187	92	95	195	96	99
0-4	17	9	9	17	9	8
5-9	17	9	9	17	9	9
10-14	17	9	8	17	9	9
15-19	16	8	8	17	8	8
20-24	14	7	7	15	8	8
25-29	14	7	7	14	7	7
30-34	14	7	7	14	7	7
35-39	13	7	7	13	7	7
40-44	12	6	6	13	6	7
45-49	11	5	6	12	6	6
50-54	8	4	4	11	5	6
55-59	9	4	5	8	4	4
60-64	7	4	4	8	4	4
65-69	7	3	4	7	3	4
70-74	5	2	3	6	2	3
75-79	3	1	2	4	1	2
80+	…	…	…	…	…	…
80-84	2	1	1	2	1	1
85-89	1	0	1	1	0	1
90-94	0	0	0	0	0	0
95-99	0	0	0	0	0	0
100+	0	0	0	0	0	0

性・年齢別人口（千人）

年齢	2015			2020			2025			2030		
	総数	男	女	総数	男	女	総数	男	女	総数	男	女
総数	112	55	57	124	61	63	135	67	69	147	72	74
0-4	15	8	7	16	8	8	17	9	9	18	9	9
5-9	14	7	7	15	7	7	16	8	8	17	9	9
10-14	11	6	5	14	7	7	14	7	7	16	8	8
15-19	12	6	6	11	5	5	13	7	7	14	7	7
20-24	10	5	5	11	6	6	10	5	5	13	6	6
25-29	10	5	5	10	5	5	11	5	5	10	5	5
30-34	8	4	4	9	5	5	10	5	5	10	5	5
35-39	6	3	3	8	4	4	9	5	5	9	5	5
40-44	5	3	3	6	3	3	7	4	4	9	4	4
45-49	6	3	3	5	2	3	6	3	3	7	3	4
50-54	5	2	3	6	3	3	5	2	3	6	3	3
55-59	4	2	2	5	2	2	5	2	3	5	2	3
60-64	3	1	1	3	1	2	4	2	2	5	2	3
65-69	2	1	1	2	1	1	3	1	2	4	2	2
70-74	1	0	1	1	1	1	2	1	1	2	1	1
75-79	1	0	1	1	0	1	1	0	1	1	1	1
80+	...	...	...	...	...	...	...	...	...	...	...	...
80-84	0	0	0	0	0	0	0	0	0	1	0	0
85-89	0	0	0	0	0	0	0	0	0	0	0	0
90-94	0	0	0	0	0	0	0	0	0	0	0	0
95-99	0	0	0	0	0	0	0	0	0	0	0	0
100+	0	0	0	0	0	0	0	0	0	0	0	0

年齢	2035			2040			2045			2050		
	総数	男	女	総数	男	女	総数	男	女	総数	男	女
総数	158	78	80	170	84	86	183	90	93	197	97	100
0-4	18	9	9	19	10	9	21	10	10	22	11	11
5-9	18	9	9	18	9	9	19	9	9	20	10	10
10-14	17	9	8	18	9	9	18	9	9	19	9	9
15-19	16	8	8	17	8	8	17	9	9	17	9	9
20-24	14	7	7	15	8	8	16	8	8	17	8	8
25-29	12	6	6	13	7	7	15	7	7	16	8	8
30-34	9	5	4	12	6	6	13	6	6	14	7	7
35-39	10	5	5	9	5	4	12	6	6	13	6	6
40-44	9	4	4	10	5	5	9	4	4	11	6	6
45-49	9	4	4	9	4	4	10	5	5	8	4	4
50-54	7	3	4	8	4	4	8	4	4	9	5	5
55-59	5	2	3	7	3	4	8	4	4	8	4	4
60-64	4	2	2	5	2	3	6	3	3	7	3	4
65-69	4	2	2	4	2	2	4	2	3	5	2	3
70-74	3	1	2	4	1	2	3	1	2	4	2	2
75-79	2	1	1	2	1	1	3	1	2	2	1	1
80+	...	...	...	...	...	...	...	...	...	...	...	...
80-84	1	0	1	1	0	1	1	1	1	2	1	1
85-89	0	0	0	0	0	0	0	0	0	1	0	0
90-94	0	0	0	0	0	0	0	0	0	0	0	0
95-99	0	0	0	0	0	0	0	0	0	0	0	0
100+	0	0	0	0	0	0	0	0	0	0	0	0

年齢	2055			2060		
	総数	男	女	総数	男	女
総数	211	104	107	226	111	114
0-4	23	12	11	24	12	12
5-9	22	11	11	23	12	11
10-14	20	10	10	22	11	11
15-19	18	9	9	20	10	10
20-24	17	8	8	18	9	9
25-29	16	8	8	16	8	8
30-34	15	8	8	16	8	8
35-39	14	7	7	15	8	8
40-44	12	6	6	14	7	7
45-49	11	5	6	12	6	6
50-54	8	4	4	11	5	6
55-59	9	4	5	8	4	4
60-64	7	4	4	8	4	4
65-69	7	3	4	7	3	4
70-74	5	2	3	6	2	3
75-79	3	1	2	4	1	2
80+	...	...	...	...	...	...
80-84	2	1	1	2	1	1
85-89	1	0	1	1	0	1
90-94	0	0	0	0	0	0
95-99	0	0	0	0	0	0
100+	0	0	0	0	0	0

性・年齢別人口（千人）

年齢	2015 総数	男	女	2020 総数	男	女	2025 総数	男	女	2030 総数	男	女
総数	112	55	57	121	60	62	129	64	66	136	67	69
0-4	15	8	7	14	7	7	14	7	7	13	7	6
5-9	14	7	7	15	7	7	14	7	7	14	7	7
10-14	11	6	5	14	7	7	14	7	7	14	7	7
15-19	12	6	6	11	5	5	13	7	7	14	7	7
20-24	10	5	5	11	6	6	10	5	5	13	6	6
25-29	10	5	5	10	5	5	11	5	5	10	5	5
30-34	8	4	4	9	5	5	10	5	5	10	5	5
35-39	6	3	3	8	4	4	9	5	5	9	5	5
40-44	5	3	3	6	3	3	7	4	4	9	4	4
45-49	6	3	3	5	2	3	6	3	3	7	3	4
50-54	5	2	3	6	3	3	5	2	3	6	3	3
55-59	4	2	2	5	2	2	5	2	3	5	2	3
60-64	3	1	1	3	1	2	4	2	2	5	2	3
65-69	2	1	1	2	1	1	3	1	2	4	2	2
70-74	1	0	1	1	1	1	2	1	1	2	1	1
75-79	1	0	1	1	0	1	1	0	1	1	1	1
80+	…	…	…	…	…	…	…	…	…	…	…	…
80-84	0	0	0	0	0	0	0	0	0	1	0	0
85-89	0	0	0	0	0	0	0	0	0	0	0	0
90-94	0	0	0	0	0	0	0	0	0	0	0	0
95-99	0	0	0	0	0	0	0	0	0	0	0	0
100+	0	0	0	0	0	0	0	0	0	0	0	0

年齢	2035 総数	男	女	2040 総数	男	女	2045 総数	男	女	2050 総数	男	女
総数	143	70	73	149	73	76	155	76	79	160	78	82
0-4	13	7	6	13	7	7	14	7	7	13	7	7
5-9	13	6	6	13	6	6	13	7	6	14	7	7
10-14	13	7	7	13	6	6	13	6	6	13	7	6
15-19	14	7	7	13	7	7	12	6	6	12	6	6
20-24	14	7	7	13	7	7	13	6	6	12	6	6
25-29	12	6	6	13	7	7	13	6	6	12	6	6
30-34	9	5	4	12	6	6	13	6	6	12	6	6
35-39	10	5	5	9	5	4	12	6	6	13	6	6
40-44	9	4	4	10	5	5	9	4	4	11	6	6
45-49	9	4	4	9	4	4	10	5	5	8	4	4
50-54	7	3	4	8	4	4	8	4	4	9	5	5
55-59	5	2	3	7	3	4	8	4	4	8	4	4
60-64	4	2	2	5	2	3	6	3	3	7	3	4
65-69	4	2	2	4	2	2	4	2	3	5	2	3
70-74	3	1	2	4	1	2	3	1	2	4	2	2
75-79	2	1	1	2	1	1	3	1	2	2	1	1
80+	…	…	…	…	…	…	…	…	…	…	…	…
80-84	1	0	1	1	0	1	1	1	1	2	1	1
85-89	0	0	0	0	0	0	0	0	0	1	0	0
90-94	0	0	0	0	0	0	0	0	0	0	0	0
95-99	0	0	0	0	0	0	0	0	0	0	0	0
100+	0	0	0	0	0	0	0	0	0	0	0	0

年齢	2055 総数	男	女	2060 総数	男	女
総数	164	80	84	167	82	86
0-4	13	6	6	12	6	6
5-9	13	7	7	12	6	6
10-14	14	7	7	13	7	7
15-19	13	6	6	13	7	7
20-24	12	6	6	12	6	6
25-29	12	6	6	12	6	6
30-34	12	6	6	11	6	6
35-39	12	6	6	12	6	6
40-44	12	6	6	12	6	6
45-49	11	5	6	12	6	6
50-54	8	4	4	11	5	6
55-59	9	4	5	8	4	4
60-64	7	4	4	8	4	4
65-69	7	3	4	7	3	4
70-74	5	2	3	6	2	3
75-79	3	1	2	4	1	2
80+	…	…	…	…	…	…
80-84	2	1	1	2	1	1
85-89	1	0	1	1	0	1
90-94	0	0	0	0	0	0
95-99	0	0	0	0	0	0
100+	0	0	0	0	0	0

性・年齢別人口（千人）

年齢	1960 総数	男	女	1965 総数	男	女	1970 総数	男	女	1975 総数	男	女
総数	262	166	96	482	297	185	750	425	325	1 051	572	479
0-4	41	21	20	83	42	41	139	71	69	208	105	102
5-9	31	16	15	60	31	29	110	56	54	148	75	73
10-14	22	11	10	39	21	18	80	41	38	120	61	59
15-19	15	6	8	39	23	16	56	30	26	96	51	45
20-24	29	21	7	61	41	20	80	45	35	85	47	39
25-29	41	33	8	59	42	18	75	46	29	96	54	42
30-34	26	19	7	43	31	12	62	41	22	82	48	35
35-39	15	10	5	31	24	8	51	34	16	66	40	26
40-44	12	8	4	22	16	7	31	21	10	48	32	16
45-49	10	7	3	12	9	4	21	14	6	37	24	13
50-54	7	5	2	12	7	4	18	11	7	22	13	9
55-59	6	4	2	7	4	3	7	4	3	13	8	5
60-64	4	2	2	6	3	3	8	4	3	12	7	5
65-69	2	1	1	4	2	2	5	3	3	6	3	3
70-74	2	1	1	2	1	1	3	2	2	4	2	2
75-79	1	1	1	1	0	1	4	2	2	5	3	3
80+	1	0	0	1	0	0	1	0	0	2	1	1
80-84	...	...	...	...	...	...	...	...	...	...	...	...
85-89	...	...	...	...	...	...	...	...	...	...	...	...
90-94	...	...	...	...	...	...	...	...	...	...	...	...
95-99	...	...	...	...	...	...	...	...	...	...	...	...
100+	...	...	...	...	...	...	...	...	...	...	...	...

年齢	1980 総数	男	女	1985 総数	男	女	1990 総数	男	女	1995 総数	男	女
総数	1 384	793	591	1 735	983	752	2 059	1 098	961	1 637	957	680
0-4	218	111	107	245	125	121	238	121	117	175	89	85
5-9	189	96	93	208	106	102	260	132	128	176	90	86
10-14	153	78	75	183	93	90	220	112	108	140	68	72
15-19	117	63	54	148	74	74	212	102	109	107	55	52
20-24	128	75	53	158	82	76	179	74	106	140	77	63
25-29	141	87	54	186	114	72	173	81	91	212	131	82
30-34	118	76	43	183	115	68	190	113	77	203	132	71
35-39	102	66	36	139	89	51	171	99	72	159	101	57
40-44	78	53	25	99	67	32	134	79	54	127	85	42
45-49	49	33	16	71	46	24	112	73	38	68	45	23
50-54	38	25	13	51	35	16	71	46	25	52	35	17
55-59	18	12	6	24	16	8	42	29	12	27	18	9
60-64	13	7	6	18	10	8	27	19	8	22	13	9
65-69	8	5	3	8	5	4	16	9	7	14	10	3
70-74	5	2	3	5	2	3	7	4	3	9	5	4
75-79	5	3	3	6	3	4	3	2	2	4	2	2
80+	3	2	2	4	2	2	...	...	...	...	...	...
80-84	...	...	...	...	...	...	3	1	2	2	1	1
85-89	...	...	...	...	...	...	1	1	0	1	1	1
90-94	...	...	...	...	...	...	0	0	0	0	0	0
95-99	...	...	...	...	...	...	0	0	0	0	0	0
100+	...	...	...	...	...	...	0	0	0	0	0	0

年齢	2000 総数	男	女	2005 総数	男	女	2010 総数	男	女	2015 総数	男	女
総数	1 929	1 133	797	2 264	1 328	935	3 059	1 724	1 335	3 892	2 186	1 706
0-4	203	104	99	221	113	108	300	152	147	348	177	170
5-9	169	87	83	203	104	99	215	111	105	298	151	147
10-14	159	85	74	170	86	84	206	109	98	223	118	105
15-19	145	72	73	159	85	74	213	99	114	223	118	104
20-24	160	86	74	209	114	95	288	142	146	300	146	153
25-29	242	153	90	270	166	105	401	224	177	449	249	201
30-34	234	148	86	285	189	96	394	240	154	548	330	218
35-39	191	122	69	227	144	83	336	213	123	464	285	179
40-44	160	103	57	176	114	62	252	153	98	355	216	139
45-49	93	62	32	139	88	51	167	108	58	264	152	112
50-54	70	46	24	74	46	28	127	79	48	168	101	66
55-59	40	28	12	50	30	21	62	37	25	119	69	50
60-64	22	14	8	29	18	11	42	24	18	57	31	26
65-69	19	11	8	23	14	8	22	13	9	38	20	17
70-74	11	8	3	17	10	7	17	10	7	19	11	8
75-79	6	3	3	8	6	2	12	7	5	12	7	5
80+	...	...	...	...	...	...	...	...	...	...	...	...
80-84	2	1	1	3	2	2	4	3	1	7	4	3
85-89	1	0	0	1	0	0	1	1	1	1	1	0
90-94	0	0	0	0	0	0	0	0	0	0	0	0
95-99	0	0	0	0	0	0	0	0	0	0	0	0
100+	0	0	0	0	0	0	0	0	0	0	0	0

性・年齢別人口（千人）

年齢	2015			2020			2025			2030		
	総数	男	女	総数	男	女	総数	男	女	総数	男	女
総数	3 892	2 186	1 706	4 317	2 425	1 892	4 672	2 613	2 059	4 987	2 780	2 207
0-4	348	177	170	374	190	183	347	177	170	323	165	158
5-9	298	151	147	345	176	169	371	189	182	344	175	169
10-14	223	118	105	297	150	147	344	176	169	370	189	182
15-19	223	118	104	227	120	106	301	153	148	347	177	170
20-24	300	146	153	294	170	124	296	170	126	350	191	159
25-29	449	249	201	440	251	190	420	262	158	389	243	146
30-34	548	330	218	555	325	230	499	302	196	477	305	172
35-39	464	285	179	519	314	205	520	306	214	488	294	195
40-44	355	216	139	369	223	146	464	270	194	479	275	204
45-49	264	152	112	308	179	129	329	189	140	429	242	187
50-54	168	101	66	233	127	106	271	149	123	300	166	134
55-59	119	69	50	145	84	61	207	106	101	248	130	118
60-64	57	31	26	105	58	47	130	72	58	191	94	97
65-69	38	20	17	50	26	24	95	51	44	118	64	54
70-74	19	11	8	32	17	15	43	22	21	82	43	38
75-79	12	7	5	14	8	6	24	12	11	32	16	16
80+	...	...	...	...	...	...	...	...	...	...	...	...
80-84	7	4	3	7	4	3	8	4	4	14	7	7
85-89	1	1	0	3	1	1	3	2	1	3	2	2
90-94	0	0	0	0	0	0	1	0	0	1	0	0
95-99	0	0	0	0	0	0	0	0	0	0	0	0
100+	0	0	0	0	0	0	0	0	0	0	0	0

年齢	2035			2040			2045			2050		
	総数	男	女	総数	男	女	総数	男	女	総数	男	女
総数	5 252	2 910	2 342	5 499	3 031	2 468	5 725	3 144	2 581	5 924	3 243	2 681
0-4	317	162	156	328	167	161	344	175	169	352	179	172
5-9	322	164	158	316	161	155	326	166	160	343	175	168
10-14	344	175	169	322	164	158	316	161	155	326	166	160
15-19	372	190	182	346	177	170	324	165	159	318	162	156
20-24	386	208	178	411	221	190	383	208	175	361	196	164
25-29	421	250	171	457	267	190	480	280	200	452	267	185
30-34	436	281	155	469	288	180	504	305	199	528	318	209
35-39	474	301	174	434	277	157	466	284	182	502	301	201
40-44	457	267	190	443	274	169	403	250	152	435	258	177
45-49	446	246	200	424	238	185	410	246	164	370	222	148
50-54	397	215	182	414	219	195	392	211	181	379	219	160
55-59	278	148	130	374	196	178	391	200	191	370	193	177
60-64	232	118	114	262	135	126	355	182	173	372	186	186
65-69	175	84	91	214	107	107	243	124	119	332	167	165
70-74	103	55	48	154	73	81	190	93	97	217	109	108
75-79	63	33	30	80	42	38	123	56	66	153	73	80
80+	...	...	...	...	...	...	...	...	...	...	...	...
80-84	20	10	10	40	20	20	52	26	26	83	36	46
85-89	6	3	3	9	4	5	19	9	10	26	12	14
90-94	1	0	0	2	1	1	3	1	2	6	2	3
95-99	0	0	0	0	0	0	0	0	0	0	0	0
100+	0	0	0	0	0	0	0	0	0	0	0	0

年齢	2055			2060		
	総数	男	女	総数	男	女
総数	6 081	3 322	2 759	6 193	3 379	2 814
0-4	347	177	170	335	171	164
5-9	351	179	172	346	176	169
10-14	343	175	168	350	179	172
15-19	328	168	161	345	176	169
20-24	353	192	161	361	196	166
25-29	426	253	174	415	246	170
30-34	497	303	194	469	287	182
35-39	525	314	211	495	299	195
40-44	472	276	196	497	290	207
45-49	404	231	173	443	250	192
50-54	341	197	144	376	207	169
55-59	358	201	157	322	181	141
60-64	353	180	173	342	189	153
65-69	349	172	177	333	168	165
70-74	298	148	150	317	154	163
75-79	177	87	91	248	120	127
80+	...	...	...	...	...	...
80-84	106	48	57	125	59	66
85-89	43	17	25	56	24	32
90-94	8	4	5	15	5	9
95-99	1	0	1	2	1	1
100+	0	0	0	0	0	0

Kuwait

性・年齢別人口（千人）

年齢	2015			2020			2025			2030		
	総数	男	女	総数	男	女	総数	男	女	総数	男	女
総数	3 892	2 186	1 706	4 362	2 448	1 914	4 789	2 672	2 116	5 188	2 882	2 306
0-4	348	177	170	419	214	206	418	213	205	407	208	200
5-9	298	151	147	345	176	169	417	212	204	415	212	204
10-14	223	118	105	297	150	147	344	176	169	416	212	204
15-19	223	118	104	227	120	106	301	153	148	347	177	170
20-24	300	146	153	294	170	124	296	170	126	350	191	159
25-29	449	249	201	440	251	190	420	262	158	389	243	146
30-34	548	330	218	555	325	230	499	302	196	477	305	172
35-39	464	285	179	519	314	205	520	306	214	488	294	195
40-44	355	216	139	369	223	146	464	270	194	479	275	204
45-49	264	152	112	308	179	129	329	189	140	429	242	187
50-54	168	101	66	233	127	106	271	149	123	300	166	134
55-59	119	69	50	145	84	61	207	106	101	248	130	118
60-64	57	31	26	105	58	47	130	72	58	191	94	97
65-69	38	20	17	50	26	24	95	51	44	118	64	54
70-74	19	11	8	32	17	15	43	22	21	82	43	38
75-79	12	7	5	14	8	6	24	12	11	32	16	16
80+	…	…	…	…	…	…	…	…	…	…	…	…
80-84	7	4	3	7	4	3	8	4	4	14	7	7
85-89	1	1	0	3	1	1	3	2	1	3	2	2
90-94	0	0	0	0	0	0	1	0	0	1	0	0
95-99	0	0	0	0	0	0	0	0	0	0	0	0
100+	0	0	0	0	0	0	0	0	0	0	0	0

年齢	2035			2040			2045			2050		
	総数	男	女	総数	男	女	総数	男	女	総数	男	女
総数	5 536	3 055	2 481	5 877	3 223	2 653	6 216	3 394	2 822	6 555	3 564	2 990
0-4	401	205	197	421	215	206	458	234	225	492	251	241
5-9	406	207	199	400	204	196	420	214	206	457	233	224
10-14	415	211	203	406	207	199	400	204	196	419	214	206
15-19	418	213	205	417	213	204	408	208	200	402	205	197
20-24	386	208	178	457	244	213	453	244	210	444	239	205
25-29	421	250	171	457	267	190	526	303	223	522	303	220
30-34	436	281	155	469	288	180	504	305	199	573	341	232
35-39	474	301	174	434	277	157	466	284	182	502	301	201
40-44	457	267	190	443	274	169	403	250	152	435	258	177
45-49	446	246	200	424	238	185	410	246	164	370	222	148
50-54	397	215	182	414	219	195	392	211	181	379	219	160
55-59	278	148	130	374	196	178	391	200	191	370	193	177
60-64	232	118	114	262	135	126	355	182	173	372	186	186
65-69	175	84	91	214	107	107	243	124	119	332	167	165
70-74	103	55	48	154	73	81	190	93	97	217	109	108
75-79	63	33	30	80	42	38	123	56	66	153	73	80
80+	…	…	…	…	…	…	…	…	…	…	…	…
80-84	20	10	10	40	20	20	52	26	26	83	36	46
85-89	6	3	3	9	4	5	19	9	10	26	12	14
90-94	1	0	0	2	1	1	3	1	2	6	2	3
95-99	0	0	0	0	0	0	0	0	0	0	0	0
100+	0	0	0	0	0	0	0	0	0	0	0	0

年齢	2055			2060		
	総数	男	女	総数	男	女
総数	6 874	3 726	3 148	7 162	3 873	3 290
0-4	510	260	250	513	262	251
5-9	490	250	240	508	259	249
10-14	456	233	224	490	250	240
15-19	421	215	206	459	234	225
20-24	437	235	202	454	243	211
25-29	510	295	215	499	288	211
30-34	567	339	228	553	330	223
35-39	571	337	233	565	335	230
40-44	472	276	196	542	313	229
45-49	404	231	173	443	250	192
50-54	341	197	144	376	207	169
55-59	358	201	157	322	181	141
60-64	353	180	173	342	189	153
65-69	349	172	177	333	168	165
70-74	298	148	150	317	154	163
75-79	177	87	91	248	120	127
80+	…	…	…	…	…	…
80-84	106	48	57	125	59	66
85-89	43	17	25	56	24	32
90-94	8	4	5	15	5	9
95-99	1	0	1	2	1	1
100+	0	0	0	0	0	0

性・年齢別人口（千人）

年齢	2015			2020			2025			2030		
	総数	男	女	総数	男	女	総数	男	女	総数	男	女
総数	3 892	2 186	1 706	4 271	2 402	1 869	4 556	2 554	2 002	4 786	2 677	2 109
0-4	348	177	170	328	167	161	276	141	135	239	122	117
5-9	298	151	147	345	176	169	325	166	159	274	139	134
10-14	223	118	105	297	150	147	344	176	169	324	165	159
15-19	223	118	104	227	120	106	301	153	148	347	177	170
20-24	300	146	153	294	170	124	296	170	126	350	191	159
25-29	449	249	201	440	251	190	420	262	158	389	243	146
30-34	548	330	218	555	325	230	499	302	196	477	305	172
35-39	464	285	179	519	314	205	520	306	214	488	294	195
40-44	355	216	139	369	223	146	464	270	194	479	275	204
45-49	264	152	112	308	179	129	329	189	140	429	242	187
50-54	168	101	66	233	127	106	271	149	123	300	166	134
55-59	119	69	50	145	84	61	207	106	101	248	130	118
60-64	57	31	26	105	58	47	130	72	58	191	94	97
65-69	38	20	17	50	26	24	95	51	44	118	64	54
70-74	19	11	8	32	17	15	43	22	21	82	43	38
75-79	12	7	5	14	8	6	24	12	11	32	16	16
80+	…	…	…	…	…	…	…	…	…	…	…	…
80-84	7	4	3	7	4	3	8	4	4	14	7	7
85-89	1	1	0	3	1	1	3	2	1	3	2	2
90-94	0	0	0	0	0	0	1	0	0	1	0	0
95-99	0	0	0	0	0	0	0	0	0	0	0	0
100+	0	0	0	0	0	0	0	0	0	0	0	0

年齢	2035			2040			2045			2050		
	総数	男	女	総数	男	女	総数	男	女	総数	男	女
総数	4 968	2 765	2 202	5 124	2 840	2 284	5 246	2 900	2 346	5 325	2 938	2 387
0-4	234	119	115	237	121	116	239	122	117	231	118	113
5-9	238	121	117	232	118	114	236	120	115	238	121	117
10-14	273	139	134	237	121	116	232	118	114	235	120	115
15-19	327	167	160	276	141	135	240	123	117	235	120	115
20-24	386	208	178	366	198	168	313	172	141	277	154	123
25-29	421	250	171	457	267	190	435	257	178	382	231	150
30-34	436	281	155	469	288	180	504	305	199	482	295	187
35-39	474	301	174	434	277	157	466	284	182	502	301	201
40-44	457	267	190	443	274	169	403	250	152	435	258	177
45-49	446	246	200	424	238	185	410	246	164	370	222	148
50-54	397	215	182	414	219	195	392	211	181	379	219	160
55-59	278	148	130	374	196	178	391	200	191	370	193	177
60-64	232	118	114	262	135	126	355	182	173	372	186	186
65-69	175	84	91	214	107	107	243	124	119	332	167	165
70-74	103	55	48	154	73	81	190	93	97	217	109	108
75-79	63	33	30	80	42	38	123	56	66	153	73	80
80+	…	…	…	…	…	…	…	…	…	…	…	…
80-84	20	10	10	40	20	20	52	26	26	83	36	46
85-89	6	3	3	9	4	5	19	9	10	26	12	14
90-94	1	0	0	2	1	1	3	1	2	6	2	3
95-99	0	0	0	0	0	0	0	0	0	0	0	0
100+	0	0	0	0	0	0	0	0	0	0	0	0

年齢	2055			2060		
	総数	男	女	総数	男	女
総数	5 349	2 950	2 400	5 321	2 935	2 386
0-4	213	109	105	195	99	95
5-9	230	117	113	212	108	104
10-14	238	121	117	230	117	113
15-19	238	121	116	240	123	118
20-24	270	150	120	271	150	121
25-29	343	210	132	332	203	129
30-34	427	268	159	386	245	141
35-39	480	291	189	425	264	161
40-44	472	276	196	452	268	185
45-49	404	231	173	443	250	192
50-54	341	197	144	376	207	169
55-59	358	201	157	322	181	141
60-64	353	180	173	342	189	153
65-69	349	172	177	333	168	165
70-74	298	148	150	317	154	163
75-79	177	87	91	248	120	127
80+	…	…	…	…	…	…
80-84	106	48	57	125	59	66
85-89	43	17	25	56	24	32
90-94	8	4	5	15	5	9
95-99	1	0	1	2	1	1
100+	0	0	0	0	0	0

性・年齢別人口（千人）

年齢	1960			1965			1970			1975		
	総数	男	女	総数	男	女	総数	男	女	総数	男	女
総数	2 173	1 031	1 142	2 573	1 226	1 347	2 964	1 417	1 548	3 299	1 594	1 705
0-4	362	184	178	428	217	211	417	211	206	470	237	233
5-9	262	130	132	370	188	182	436	221	215	416	209	207
10-14	166	79	87	272	135	138	382	194	188	430	217	212
15-19	134	68	66	173	82	91	281	139	142	371	191	180
20-24	204	103	101	140	71	69	179	85	94	276	139	137
25-29	172	87	85	208	104	104	144	72	72	180	88	92
30-34	181	88	92	176	88	88	211	105	106	139	71	69
35-39	113	49	64	182	88	94	179	89	90	204	102	102
40-44	79	33	46	115	49	66	183	87	95	169	83	86
45-49	100	40	60	79	32	47	115	48	67	175	82	93
50-54	90	36	54	98	38	60	78	31	47	115	45	70
55-59	89	34	55	86	33	53	94	35	59	75	28	47
60-64	66	30	36	83	31	52	81	30	51	84	31	53
65-69	52	26	27	59	25	34	75	26	48	69	24	45
70-74	49	22	26	43	19	23	49	19	29	57	20	38
75-79	31	13	18	35	15	20	31	13	18	35	13	22
80+	22	9	13	26	10	16	30	12	19	35	13	22
80-84	...	...	...	...	...	...	...	...	...	...	...	...
85-89	...	...	...	...	...	...	...	...	...	...	...	...
90-94	...	...	...	...	...	...	...	...	...	...	...	...
95-99	...	...	...	...	...	...	...	...	...	...	...	...
100+	...	...	...	...	...	...	...	...	...	...	...	...

年齢	1980			1985			1990			1995		
	総数	男	女	総数	男	女	総数	男	女	総数	男	女
総数	3 627	1 759	1 868	4 013	1 951	2 063	4 395	2 149	2 245	4 592	2 260	2 333
0-4	488	247	241	565	287	279	629	319	310	597	304	292
5-9	450	227	223	476	240	236	549	277	272	601	305	297
10-14	409	206	203	444	224	220	473	238	234	527	266	261
15-19	409	206	203	389	196	193	430	216	214	452	227	224
20-24	354	180	174	399	198	201	366	187	179	409	205	204
25-29	276	138	139	349	175	174	376	186	190	344	175	169
30-34	194	97	97	270	134	136	337	167	170	349	172	178
35-39	125	63	62	187	93	94	261	129	132	309	152	157
40-44	199	98	101	121	61	60	177	87	90	236	115	120
45-49	160	78	82	190	92	98	113	56	56	157	76	81
50-54	172	79	92	153	73	80	178	85	93	93	46	47
55-59	112	43	68	161	73	88	141	66	75	152	71	80
60-64	71	25	46	101	38	63	145	64	81	116	53	63
65-69	73	25	48	62	21	41	85	31	54	116	50	67
70-74	55	18	37	60	20	41	49	16	33	62	21	41
75-79	43	14	29	41	13	28	42	13	29	30	9	22
80+	39	14	25	46	14	32	...	...	...	...	...	...
80-84	...	...	...	...	...	...	21	6	15	21	6	15
85-89	...	...	...	...	...	...	15	4	11	11	3	8
90-94	...	...	...	...	...	...	5	2	4	7	2	5
95-99	...	...	...	...	...	...	2	0	1	2	0	1
100+	...	...	...	...	...	...	0	0	0	0	0	0

年齢	2000			2005			2010			2015		
	総数	男	女	総数	男	女	総数	男	女	総数	男	女
総数	4 955	2 444	2 511	5 115	2 530	2 585	5 465	2 695	2 770	5 940	2 940	3 000
0-4	546	280	266	490	250	239	609	310	299	780	401	380
5-9	590	301	289	514	262	252	500	255	245	602	307	295
10-14	598	302	295	586	297	289	529	270	259	483	246	237
15-19	523	264	260	590	297	293	605	306	299	520	266	255
20-24	447	225	223	497	250	247	613	307	307	570	290	280
25-29	404	202	202	424	214	210	463	234	229	589	293	295
30-34	338	171	167	381	191	190	380	190	190	439	222	217
35-39	342	167	175	339	169	170	349	172	177	361	180	181
40-44	300	146	154	333	163	170	317	155	162	336	164	172
45-49	227	109	117	278	134	144	317	153	165	300	145	155
50-54	149	70	78	198	94	104	253	119	135	308	146	161
55-59	85	41	44	127	59	68	180	82	98	233	108	125
60-64	136	62	74	72	33	39	104	45	59	169	75	94
65-69	99	43	56	106	46	60	64	28	36	82	34	48
70-74	94	38	56	72	30	42	82	33	48	54	22	32
75-79	46	14	31	64	26	38	49	19	30	60	23	37
80+	...	...	...	...	...	...	...	...	...	...	...	...
80-84	18	5	13	33	12	22	33	12	20	39	15	23
85-89	9	2	7	8	2	6	15	5	10	13	4	9
90-94	3	1	3	3	1	2	2	0	2	3	1	3
95-99	1	0	1	1	0	0	0	0	0	0	0	0
100+	0	0	0	0	0	0	0	0	0	0	0	0

中位予測値　　　　　　　　　　　　　　　　　　　　　　　　　　　　　　　　　　　　　キルギスタン

性・年齢別人口（千人）

年齢	2015 総数	男	女	2020 総数	男	女	2025 総数	男	女	2030 総数	男	女
総数	5 940	2 940	3 000	6 384	3 158	3 225	6 766	3 345	3 422	7 097	3 503	3 594
0-4	780	401	380	719	369	350	669	344	326	637	327	310
5-9	602	307	295	775	398	378	714	366	348	665	341	324
10-14	483	246	237	599	305	294	772	396	376	711	365	346
15-19	520	266	255	471	240	231	586	299	288	760	390	370
20-24	570	290	280	499	255	244	450	230	220	565	288	277
25-29	589	293	295	548	279	270	478	244	234	429	219	210
30-34	439	222	217	570	283	287	531	269	262	461	235	226
35-39	361	180	181	424	213	211	554	273	281	515	260	256
40-44	336	164	172	348	172	176	411	205	206	539	264	276
45-49	300	145	155	323	156	167	336	164	172	398	196	202
50-54	308	146	161	287	136	151	310	147	163	323	155	168
55-59	233	108	125	290	135	155	271	125	146	294	136	158
60-64	169	75	94	215	96	119	268	120	148	251	112	139
65-69	82	34	48	150	64	86	192	82	110	240	103	137
70-74	54	22	32	68	26	42	126	50	76	162	65	97
75-79	60	23	37	41	15	25	52	18	34	97	35	62
80+	…	…	…	…	…	…	…	…	…	…	…	…
80-84	39	15	23	36	12	25	25	8	17	33	10	23
85-89	13	4	9	15	5	11	15	4	12	11	3	8
90-94	3	1	3	3	1	3	4	1	3	4	1	4
95-99	0	0	0	0	0	0	0	0	0	1	0	1
100+	0	0	0	0	0	0	0	0	0	0	0	0

年齢	2035 総数	男	女	2040 総数	男	女	2045 総数	男	女	2050 総数	男	女
総数	7 408	3 651	3 757	7 713	3 798	3 916	7 998	3 937	4 061	8 248	4 061	4 187
0-4	647	332	315	674	346	328	686	352	334	674	346	328
5-9	633	325	308	643	330	313	670	344	326	682	350	332
10-14	662	340	322	630	323	307	640	329	311	667	343	325
15-19	699	359	340	650	334	316	618	317	300	628	323	305
20-24	738	379	359	677	348	329	629	323	306	597	307	290
25-29	544	277	267	716	368	349	656	337	319	608	313	296
30-34	413	210	203	527	268	259	699	358	341	639	328	311
35-39	447	227	221	400	203	197	514	260	253	684	349	335
40-44	502	251	251	435	219	216	389	196	193	501	253	249
45-49	524	254	271	488	242	246	423	211	212	378	189	189
50-54	383	186	197	507	242	265	472	231	241	409	202	208
55-59	307	144	163	365	173	191	484	226	258	452	217	235
60-64	273	122	151	286	130	156	341	157	184	455	206	248
65-69	226	96	130	247	105	141	259	112	147	310	137	173
70-74	205	82	123	193	77	116	212	85	127	224	91	133
75-79	126	46	80	160	58	102	152	55	97	169	61	108
80+	…	…	…	…	…	…	…	…	…	…	…	…
80-84	62	19	43	82	25	57	106	32	73	102	31	71
85-89	15	3	12	29	6	23	39	9	30	52	12	40
90-94	3	0	3	5	1	4	9	1	8	13	2	11
95-99	1	0	1	1	0	1	1	0	1	2	0	2
100+	0	0	0	0	0	0	0	0	0	0	0	0

年齢	2055 総数	男	女	2060 総数	男	女
総数	8 454	4 164	4 290	8 618	4 246	4 372
0-4	645	332	314	617	317	300
5-9	671	344	326	642	330	312
10-14	679	349	331	668	343	325
15-19	656	337	319	669	344	325
20-24	608	313	295	637	328	309
25-29	577	297	280	590	303	286
30-34	592	304	288	563	289	273
35-39	626	320	306	580	297	283
40-44	670	341	330	614	312	301
45-49	490	245	244	657	332	325
50-54	366	181	185	476	236	240
55-59	393	190	202	352	171	181
60-64	425	199	227	371	175	196
65-69	417	182	235	392	176	215
70-74	270	113	158	366	151	215
75-79	180	67	113	219	84	135
80+	…	…	…	…	…	…
80-84	115	36	79	125	40	85
85-89	52	12	40	60	14	46
90-94	18	3	15	18	3	15
95-99	3	0	2	4	0	3
100+	0	0	0	0	0	0

Kyrgyzstan

性・年齢別人口（千人）

高位予測値

年齢	2015 総数	男	女	2020 総数	男	女	2025 総数	男	女	2030 総数	男	女
総数	5 940	2 940	3 000	6 445	3 190	3 255	6 926	3 426	3 499	7 377	3 647	3 730
0-4	780	401	380	781	401	380	767	394	373	759	390	369
5-9	602	307	295	775	398	378	776	398	378	762	391	371
10-14	483	246	237	599	305	294	772	396	376	773	396	376
15-19	520	266	255	471	240	231	586	299	288	760	390	370
20-24	570	290	280	499	255	244	450	230	220	565	288	277
25-29	589	293	295	548	279	270	478	244	234	429	219	210
30-34	439	222	217	570	283	287	531	269	262	461	235	226
35-39	361	180	181	424	213	211	554	273	281	515	260	256
40-44	336	164	172	348	172	176	411	205	206	539	264	276
45-49	300	145	155	323	156	167	336	164	172	398	196	202
50-54	308	146	161	287	136	151	310	147	163	323	155	168
55-59	233	108	125	290	135	155	271	125	146	294	136	158
60-64	169	75	94	215	96	119	268	120	148	251	112	139
65-69	82	34	48	150	64	86	192	82	110	240	103	137
70-74	54	22	32	68	26	42	126	50	76	162	65	97
75-79	60	23	37	41	15	25	52	18	34	97	35	62
80+	…	…	…	…	…	…	…	…	…	…	…	…
80-84	39	15	23	36	12	25	25	8	17	33	10	23
85-89	13	4	9	15	5	11	15	4	12	11	3	8
90-94	3	1	3	3	1	3	4	1	3	4	1	4
95-99	0	0	0	0	0	0	0	0	0	1	0	1
100+	0	0	0	0	0	0	0	0	0	0	0	0

年齢	2035 総数	男	女	2040 総数	男	女	2045 総数	男	女	2050 総数	男	女
総数	7 820	3 862	3 958	8 281	4 089	4 192	8 758	4 326	4 431	9 236	4 568	4 669
0-4	779	400	379	831	427	404	879	451	427	905	465	440
5-9	754	387	367	774	398	377	827	424	402	875	449	426
10-14	759	390	370	751	385	366	771	396	375	824	423	401
15-19	760	390	370	747	384	364	739	380	359	759	390	369
20-24	738	379	359	739	379	359	726	373	353	718	369	349
25-29	544	277	267	716	368	349	717	368	349	705	362	343
30-34	413	210	203	527	268	259	699	358	341	700	359	341
35-39	447	227	221	400	203	197	514	260	253	684	349	335
40-44	502	251	251	435	219	216	389	196	193	501	253	249
45-49	524	254	271	488	242	246	423	211	212	378	189	189
50-54	383	186	197	507	242	265	472	231	241	409	202	208
55-59	307	144	163	365	173	191	484	226	258	452	217	235
60-64	273	122	151	286	130	156	341	157	184	455	206	248
65-69	226	96	130	247	105	141	259	112	147	310	137	173
70-74	205	82	123	193	77	116	212	85	127	224	91	133
75-79	126	46	80	160	58	102	152	55	97	169	61	108
80+	…	…	…	…	…	…	…	…	…	…	…	…
80-84	62	19	43	82	25	57	106	32	73	102	31	71
85-89	15	3	12	29	6	23	39	9	30	52	12	40
90-94	3	0	3	5	1	4	9	1	8	13	2	11
95-99	1	0	1	1	0	1	1	0	1	2	0	2
100+	0	0	0	0	0	0	0	0	0	0	0	0

年齢	2055 総数	男	女	2060 総数	男	女
総数	9 703	4 804	4 899	10 154	5 033	5 121
0-4	909	467	442	908	466	441
5-9	901	463	438	905	465	440
10-14	872	448	424	898	461	437
15-19	812	417	395	861	442	419
20-24	739	380	359	793	408	385
25-29	698	359	339	720	370	350
30-34	688	353	335	682	350	332
35-39	686	351	335	675	345	330
40-44	670	341	330	673	343	331
45-49	490	245	244	657	332	325
50-54	366	181	185	476	236	240
55-59	393	190	202	352	171	181
60-64	425	199	227	371	175	196
65-69	417	182	235	392	176	215
70-74	270	113	158	366	151	215
75-79	180	67	113	219	84	135
80+	…	…	…	…	…	…
80-84	115	36	79	125	40	85
85-89	52	12	40	60	14	46
90-94	18	3	15	18	3	15
95-99	3	0	2	4	0	3
100+	0	0	0	0	0	0

性・年齢別人口（千人）

年齢	2015			2020			2025			2030		
	総数	男	女	総数	男	女	総数	男	女	総数	男	女
総数	5 940	2 940	3 000	6 322	3 127	3 195	6 607	3 263	3 344	6 816	3 359	3 457
0-4	780	401	380	657	337	320	572	294	278	515	265	251
5-9	602	307	295	775	398	378	652	335	318	568	291	276
10-14	483	246	237	599	305	294	772	396	376	649	333	316
15-19	520	266	255	471	240	231	586	299	288	760	390	370
20-24	570	290	280	499	255	244	450	230	220	565	288	277
25-29	589	293	295	548	279	270	478	244	234	429	219	210
30-34	439	222	217	570	283	287	531	269	262	461	235	226
35-39	361	180	181	424	213	211	554	273	281	515	260	256
40-44	336	164	172	348	172	176	411	205	206	539	264	276
45-49	300	145	155	323	156	167	336	164	172	398	196	202
50-54	308	146	161	287	136	151	310	147	163	323	155	168
55-59	233	108	125	290	135	155	271	125	146	294	136	158
60-64	169	75	94	215	96	119	268	120	148	251	112	139
65-69	82	34	48	150	64	86	192	82	110	240	103	137
70-74	54	22	32	68	26	42	126	50	76	162	65	97
75-79	60	23	37	41	15	25	52	18	34	97	35	62
80+	…	…	…	…	…	…	…	…	…	…	…	…
80-84	39	15	23	36	12	25	25	8	17	33	10	23
85-89	13	4	9	15	5	11	15	4	12	11	3	8
90-94	3	1	3	3	1	3	4	1	3	4	1	4
95-99	0	0	0	0	0	0	0	0	0	1	0	1
100+	0	0	0	0	0	0	0	0	0	0	0	0

年齢	2035			2040			2045			2050		
	総数	男	女	総数	男	女	総数	男	女	総数	男	女
総数	6 997	3 440	3 557	7 152	3 510	3 642	7 261	3 559	3 702	7 311	3 580	3 731
0-4	516	265	251	523	269	254	509	262	248	473	243	230
5-9	511	262	249	512	263	249	520	267	253	506	260	246
10-14	565	290	275	509	261	248	510	262	248	517	265	251
15-19	637	327	310	553	284	269	497	255	241	498	256	242
20-24	738	379	359	616	316	299	532	274	258	476	245	231
25-29	544	277	267	716	368	349	595	306	289	512	263	249
30-34	413	210	203	527	268	259	699	358	341	578	297	282
35-39	447	227	221	400	203	197	514	260	253	684	349	335
40-44	502	251	251	435	219	216	389	196	193	501	253	249
45-49	524	254	271	488	242	246	423	211	212	378	189	189
50-54	383	186	197	507	242	265	472	231	241	409	202	208
55-59	307	144	163	365	173	191	484	226	258	452	217	235
60-64	273	122	151	286	130	156	341	157	184	455	206	248
65-69	226	96	130	247	105	141	259	112	147	310	137	173
70-74	205	82	123	193	77	116	212	85	127	224	91	133
75-79	126	46	80	160	58	102	152	55	97	169	61	108
80+	…	…	…	…	…	…	…	…	…	…	…	…
80-84	62	19	43	82	25	57	106	32	73	102	31	71
85-89	15	3	12	29	6	23	39	9	30	52	12	40
90-94	3	0	3	5	1	4	9	1	8	13	2	11
95-99	1	0	1	1	0	1	1	0	1	2	0	2
100+	0	0	0	0	0	0	0	0	0	0	0	0

年齢	2055			2060		
	総数	男	女	総数	男	女
総数	7 300	3 572	3 728	7 232	3 535	3 697
0-4	425	218	207	382	196	186
5-9	470	241	228	422	217	205
10-14	503	258	245	467	240	227
15-19	506	260	246	493	253	239
20-24	478	246	232	487	251	236
25-29	457	235	222	460	237	223
30-34	496	255	241	443	228	215
35-39	565	289	276	485	248	236
40-44	670	341	330	554	282	272
45-49	490	245	244	657	332	325
50-54	366	181	185	476	236	240
55-59	393	190	202	352	171	181
60-64	425	199	227	371	175	196
65-69	417	182	235	392	176	215
70-74	270	113	158	366	151	215
75-79	180	67	113	219	84	135
80+	…	…	…	…	…	…
80-84	115	36	79	125	40	85
85-89	52	12	40	60	14	46
90-94	18	3	15	18	3	15
95-99	3	0	2	4	0	3
100+	0	0	0	0	0	0

Lao People's Democratic Republic

性・年齢別人口（千人）

年齢	1960 総数	男	女	1965 総数	男	女	1970 総数	男	女	1975 総数	男	女
総数	2 120	1 042	1 078	2 381	1 172	1 209	2 686	1 326	1 360	3 048	1 509	1 539
0-4	352	177	175	393	198	195	447	226	221	516	261	254
5-9	295	148	147	326	164	162	366	185	182	419	212	207
10-14	246	119	127	289	145	144	320	161	159	360	181	178
15-19	206	101	105	241	116	124	283	142	141	314	158	156
20-24	178	89	90	199	98	102	233	113	120	275	138	137
25-29	156	78	78	172	85	86	192	94	98	225	109	116
30-34	140	69	71	149	74	75	165	82	83	185	90	95
35-39	123	60	63	133	66	68	142	71	71	157	78	79
40-44	107	52	55	116	57	60	126	62	64	135	67	68
45-49	90	43	47	100	48	52	109	53	56	119	58	61
50-54	72	34	38	83	39	44	92	43	48	101	48	53
55-59	58	27	31	65	30	35	74	34	40	83	39	44
60-64	41	19	22	49	23	27	55	25	30	64	29	35
65-69	28	13	15	33	15	18	40	18	22	45	20	25
70-74	16	7	9	20	9	11	24	10	13	29	13	17
75-79	8	4	4	10	4	6	12	5	7	15	6	9
80+	4	2	2	5	2	3	6	3	4	8	3	5
80-84	…	…	…	…	…	…	…	…	…	…	…	…
85-89	…	…	…	…	…	…	…	…	…	…	…	…
90-94	…	…	…	…	…	…	…	…	…	…	…	…
95-99	…	…	…	…	…	…	…	…	…	…	…	…
100+	…	…	…	…	…	…	…	…	…	…	…	…

年齢	1980 総数	男	女	1985 総数	男	女	1990 総数	男	女	1995 総数	男	女
総数	3 253	1 615	1 637	3 680	1 834	1 846	4 248	2 124	2 123	4 858	2 421	2 437
0-4	563	286	277	634	322	312	747	380	367	840	427	413
5-9	477	242	235	532	270	262	606	308	298	717	364	353
10-14	404	204	199	468	237	231	525	267	258	597	303	294
15-19	340	171	168	394	200	195	461	234	227	515	261	254
20-24	275	139	137	326	165	161	386	195	190	445	224	222
25-29	224	112	112	260	131	129	317	160	157	367	182	184
30-34	175	84	91	209	105	104	252	127	125	299	148	151
35-39	148	72	76	164	78	85	202	101	101	238	117	120
40-44	137	68	69	139	67	72	157	75	82	192	95	97
45-49	123	60	63	129	63	66	132	64	69	149	70	79
50-54	110	53	57	114	56	59	121	59	62	125	59	65
55-59	91	43	48	100	47	53	105	50	54	111	53	58
60-64	72	33	39	79	37	43	88	41	47	93	44	49
65-69	52	23	29	59	26	33	66	30	36	73	33	40
70-74	33	14	19	39	17	22	44	19	25	50	22	28
75-79	18	8	11	21	9	12	25	10	15	29	12	17
80+	10	4	6	12	5	8	…	…	…	…	…	…
80-84	…	…	…	…	…	…	11	4	7	13	5	8
85-89	…	…	…	…	…	…	3	1	2	4	1	3
90-94	…	…	…	…	…	…	1	0	0	1	0	1
95-99	…	…	…	…	…	…	0	0	0	0	0	0
100+	…	…	…	…	…	…	0	0	0	0	0	0

年齢	2000 総数	男	女	2005 総数	男	女	2010 総数	男	女	2015 総数	男	女
総数	5 343	2 661	2 682	5 745	2 841	2 904	6 261	3 106	3 154	6 802	3 385	3 417
0-4	801	408	393	757	385	372	811	414	397	839	428	410
5-9	809	411	398	775	393	382	739	376	363	796	406	390
10-14	704	357	347	795	402	393	765	388	377	731	372	359
15-19	582	294	287	686	346	340	782	395	386	753	382	371
20-24	487	245	242	547	273	275	661	333	328	757	383	374
25-29	409	203	205	441	216	225	515	256	259	628	316	312
30-34	331	162	168	364	175	189	409	200	209	483	240	243
35-39	272	133	139	298	141	156	340	163	177	385	188	197
40-44	221	108	113	253	121	132	283	134	149	326	156	170
45-49	181	89	92	210	102	108	243	116	127	274	129	144
50-54	141	66	75	172	84	88	201	97	104	234	111	123
55-59	115	54	61	132	61	71	162	78	84	190	91	99
60-64	99	47	52	104	48	56	120	54	65	148	71	78
65-69	78	36	42	85	39	46	90	41	49	104	46	58
70-74	57	25	32	61	28	34	67	30	37	72	32	40
75-79	34	14	19	39	16	22	43	18	24	47	20	27
80+	…	…	…	…	…	…	…	…	…	…	…	…
80-84	16	6	9	18	7	11	22	9	13	24	10	14
85-89	5	2	3	6	2	4	7	3	5	9	3	5
90-94	1	0	1	1	0	1	2	1	1	2	1	1
95-99	0	0	0	0	0	0	0	0	0	0	0	0
100+	0	0	0	0	0	0	0	0	0	0	0	0

性・年齢別人口（千人）

年齢	2015			2020			2025			2030		
	総数	男	女	総数	男	女	総数	男	女	総数	男	女
総数	6 802	3 385	3 417	7 398	3 691	3 707	7 966	3 982	3 984	8 489	4 249	4 240
0-4	839	428	410	856	437	419	835	426	408	801	409	392
5-9	796	406	390	828	423	405	848	433	415	828	423	405
10-14	731	372	359	789	403	387	823	420	403	842	430	412
15-19	753	382	371	722	367	355	782	399	383	815	416	399
20-24	757	383	374	736	373	363	707	359	348	767	391	376
25-29	628	316	312	734	371	363	715	362	353	687	349	338
30-34	483	240	243	606	305	301	712	360	353	695	352	343
35-39	385	188	197	466	231	234	589	296	292	696	351	344
40-44	326	156	170	374	182	192	455	226	229	577	290	287
45-49	274	129	144	317	151	166	365	178	188	446	221	225
50-54	234	111	123	264	124	140	307	146	161	356	172	183
55-59	190	91	99	222	105	118	252	118	135	295	139	156
60-64	148	71	78	175	82	93	206	96	111	236	108	128
65-69	104	46	58	130	61	70	155	72	84	185	84	101
70-74	72	32	40	85	37	48	107	49	59	130	58	72
75-79	47	20	27	52	22	30	62	26	36	80	35	45
80+	…	…	…	…	…	…	…	…	…	…	…	…
80-84	24	10	14	27	11	16	31	12	18	38	15	23
85-89	9	3	5	10	4	6	12	5	7	13	5	8
90-94	2	1	1	2	1	2	3	1	2	3	1	2
95-99	0	0	0	0	0	0	0	0	0	0	0	0
100+	0	0	0	0	0	0	0	0	0	0	0	0

年齢	2035			2040			2045			2050		
	総数	男	女	総数	男	女	総数	男	女	総数	男	女
総数	8 973	4 495	4 478	9 421	4 722	4 699	9 826	4 927	4 899	10 172	5 102	5 070
0-4	775	396	379	759	388	371	740	379	361	711	364	347
5-9	795	406	389	770	394	376	754	386	368	735	376	359
10-14	823	420	403	790	404	387	766	391	374	750	384	366
15-19	836	426	409	817	417	400	784	400	384	760	388	371
20-24	801	408	393	822	419	403	803	410	393	771	394	377
25-29	747	381	367	782	399	383	803	409	393	785	400	384
30-34	667	339	328	728	371	357	763	389	374	784	400	384
35-39	679	344	336	653	331	321	714	364	350	749	382	367
40-44	685	345	339	669	339	331	643	327	317	705	359	346
45-49	568	285	283	675	340	335	661	334	327	636	323	313
50-54	436	215	220	557	279	278	663	333	330	650	328	323
55-59	343	165	178	421	206	215	540	269	272	646	322	323
60-64	278	129	149	325	154	171	401	194	207	517	254	263
65-69	214	96	118	254	115	139	300	139	161	373	177	196
70-74	157	69	88	184	80	104	221	97	124	264	119	146
75-79	98	42	56	122	51	71	146	60	86	178	74	104
80+	…	…	…	…	…	…	…	…	…	…	…	…
80-84	50	20	29	64	25	38	82	32	50	101	39	62
85-89	17	6	11	24	9	15	32	12	21	43	15	28
90-94	4	1	3	6	2	4	8	3	6	12	4	8
95-99	1	0	0	1	0	1	1	0	1	2	0	1
100+	0	0	0	0	0	0	0	0	0	0	0	0

年齢	2055			2060		
	総数	男	女	総数	男	女
総数	10 456	5 245	5 211	10 673	5 355	5 318
0-4	678	347	331	648	332	316
5-9	707	362	345	674	345	329
10-14	732	374	357	703	360	343
15-19	745	381	364	726	372	354
20-24	747	382	365	733	375	358
25-29	754	385	369	731	374	357
30-34	767	392	376	737	377	361
35-39	771	393	378	755	386	369
40-44	740	378	363	763	389	374
45-49	697	355	342	734	374	360
50-54	627	318	310	689	350	339
55-59	635	319	317	614	309	305
60-64	621	307	314	613	304	309
65-69	484	233	251	584	284	300
70-74	332	153	179	435	204	231
75-79	217	93	124	276	122	154
80+	…	…	…	…	…	…
80-84	127	49	77	157	63	94
85-89	56	19	37	73	26	47
90-94	17	5	12	23	7	16
95-99	3	1	2	4	1	3
100+	0	0	0	0	0	0

Lao People's Democratic Republic

性・年齢別人口（千人）

年齢	2015			2020			2025			2030		
	総数	男	女	総数	男	女	総数	男	女	総数	男	女
総数	6 802	3 385	3 417	7 475	3 731	3 745	8 175	4 089	4 087	8 869	4 443	4 426
0-4	839	428	410	934	477	457	967	494	473	972	497	475
5-9	796	406	390	828	423	405	925	472	453	960	490	470
10-14	731	372	359	789	403	387	823	420	403	919	469	450
15-19	753	382	371	722	367	355	782	399	383	815	416	399
20-24	757	383	374	736	373	363	707	359	348	767	391	376
25-29	628	316	312	734	371	363	715	362	353	687	349	338
30-34	483	240	243	606	305	301	712	360	353	695	352	343
35-39	385	188	197	466	231	234	589	296	292	696	351	344
40-44	326	156	170	374	182	192	455	226	229	577	290	287
45-49	274	129	144	317	151	166	365	178	188	446	221	225
50-54	234	111	123	264	124	140	307	146	161	356	172	183
55-59	190	91	99	222	105	118	252	118	135	295	139	156
60-64	148	71	78	175	82	93	206	96	111	236	108	128
65-69	104	46	58	130	61	70	155	72	84	185	84	101
70-74	72	32	40	85	37	48	107	49	59	130	58	72
75-79	47	20	27	52	22	30	62	26	36	80	35	45
80+	…	…	…	…	…	…	…	…	…	…	…	…
80-84	24	10	14	27	11	16	31	12	18	38	15	23
85-89	9	3	5	10	4	6	12	5	7	13	5	8
90-94	2	1	1	2	1	2	3	1	2	3	1	2
95-99	0	0	0	0	0	0	0	0	0	0	0	0
100+	0	0	0	0	0	0	0	0	0	0	0	0

年齢	2035			2040			2045			2050		
	総数	男	女	総数	男	女	総数	男	女	総数	男	女
総数	9 535	4 782	4 753	10 193	5 116	5 077	10 854	5 452	5 402	11 505	5 783	5 722
0-4	958	490	468	970	496	474	997	511	487	1 018	521	497
5-9	965	493	472	952	487	466	965	494	471	992	508	484
10-14	955	487	467	961	491	470	948	485	463	961	492	469
15-19	912	465	447	948	484	464	954	487	467	942	481	460
20-24	801	408	393	898	458	440	934	477	458	941	480	460
25-29	747	381	367	782	399	383	879	448	431	915	467	448
30-34	667	339	328	728	371	357	763	389	374	860	439	422
35-39	679	344	336	653	331	321	714	364	350	749	382	367
40-44	685	345	339	669	339	331	643	327	317	705	359	346
45-49	568	285	283	675	340	335	661	334	327	636	323	313
50-54	436	215	220	557	279	278	663	333	330	650	328	323
55-59	343	165	178	421	206	215	540	269	272	646	322	323
60-64	278	129	149	325	154	171	401	194	207	517	254	263
65-69	214	96	118	254	115	139	300	139	161	373	177	196
70-74	157	69	88	184	80	104	221	97	124	264	119	146
75-79	98	42	56	122	51	71	146	60	86	178	74	104
80+	…	…	…	…	…	…	…	…	…	…	…	…
80-84	50	20	29	64	25	38	82	32	50	101	39	62
85-89	17	6	11	24	9	15	32	12	21	43	15	28
90-94	4	1	3	6	2	4	8	3	6	12	4	8
95-99	1	0	0	1	0	1	1	0	1	2	0	1
100+	0	0	0	0	0	0	0	0	0	0	0	0

年齢	2055			2060		
	総数	男	女	総数	男	女
総数	12 131	6 102	6 029	12 718	6 401	6 317
0-4	1 023	524	499	1 020	523	498
5-9	1 013	519	494	1 019	522	497
10-14	988	506	482	1 009	517	492
15-19	955	488	466	983	503	480
20-24	929	475	454	943	482	460
25-29	923	471	452	912	466	446
30-34	898	458	440	906	463	443
35-39	847	432	415	885	452	433
40-44	740	378	363	838	428	411
45-49	697	355	342	734	374	360
50-54	627	318	310	689	350	339
55-59	635	319	317	614	309	305
60-64	621	307	314	613	304	309
65-69	484	233	251	584	284	300
70-74	332	153	179	435	204	231
75-79	217	93	124	276	122	154
80+	…	…	…	…	…	…
80-84	127	49	77	157	63	94
85-89	56	19	37	73	26	47
90-94	17	5	12	23	7	16
95-99	3	1	2	4	1	3
100+	0	0	0	0	0	0

性・年齢別人口（千人）

年齢	2015 総数	男	女	2020 総数	男	女	2025 総数	男	女	2030 総数	男	女
総数	6 802	3 385	3 417	7 321	3 651	3 669	7 757	3 875	3 882	8 109	4 055	4 055
0-4	839	428	410	779	398	381	703	359	344	629	322	308
5-9	796	406	390	828	423	405	771	393	377	696	355	341
10-14	731	372	359	789	403	387	823	420	403	766	391	375
15-19	753	382	371	722	367	355	782	399	383	815	416	399
20-24	757	383	374	736	373	363	707	359	348	767	391	376
25-29	628	316	312	734	371	363	715	362	353	687	349	338
30-34	483	240	243	606	305	301	712	360	353	695	352	343
35-39	385	188	197	466	231	234	589	296	292	696	351	344
40-44	326	156	170	374	182	192	455	226	229	577	290	287
45-49	274	129	144	317	151	166	365	178	188	446	221	225
50-54	234	111	123	264	124	140	307	146	161	356	172	183
55-59	190	91	99	222	105	118	252	118	135	295	139	156
60-64	148	71	78	175	82	93	206	96	111	236	108	128
65-69	104	46	58	130	61	70	155	72	84	185	84	101
70-74	72	32	40	85	37	48	107	49	59	130	58	72
75-79	47	20	27	52	22	30	62	26	36	80	35	45
80+	...	...	...	...	...	...	...	...	...	...	...	...
80-84	24	10	14	27	11	16	31	12	18	38	15	23
85-89	9	3	5	10	4	6	12	5	7	13	5	8
90-94	2	1	1	2	1	2	3	1	2	3	1	2
95-99	0	0	0	0	0	0	0	0	0	0	0	0
100+	0	0	0	0	0	0	0	0	0	0	0	0

年齢	2035 総数	男	女	2040 総数	男	女	2045 総数	男	女	2050 総数	男	女
総数	8 413	4 209	4 204	8 662	4 334	4 328	8 839	4 423	4 416	8 930	4 467	4 463
0-4	594	304	291	559	286	273	511	261	249	454	232	221
5-9	624	319	305	589	301	288	554	284	271	506	259	247
10-14	692	353	339	620	316	303	585	299	286	550	282	269
15-19	759	387	372	685	350	336	614	313	300	580	296	283
20-24	801	408	393	745	380	365	672	343	329	601	307	294
25-29	747	381	367	782	399	383	727	371	356	654	334	320
30-34	667	339	328	728	371	357	763	389	374	709	361	347
35-39	679	344	336	653	331	321	714	364	350	749	382	367
40-44	685	345	339	669	339	331	643	327	317	705	359	346
45-49	568	285	283	675	340	335	661	334	327	636	323	313
50-54	436	215	220	557	279	278	663	333	330	650	328	323
55-59	343	165	178	421	206	215	540	269	272	646	322	323
60-64	278	129	149	325	154	171	401	194	207	517	254	263
65-69	214	96	118	254	115	139	300	139	161	373	177	196
70-74	157	69	88	184	80	104	221	97	124	264	119	146
75-79	98	42	56	122	51	71	146	60	86	178	74	104
80+	...	...	...	...	...	...	...	...	...	...	...	...
80-84	50	20	29	64	25	38	82	32	50	101	39	62
85-89	17	6	11	24	9	15	32	12	21	43	15	28
90-94	4	1	3	6	2	4	8	3	6	12	4	8
95-99	1	0	0	1	0	1	1	0	1	2	0	1
100+	0	0	0	0	0	0	0	0	0	0	0	0

年齢	2055 総数	男	女	2060 総数	男	女
総数	8 940	4 470	4 470	8 873	4 434	4 439
0-4	402	206	196	361	185	176
5-9	450	230	219	399	204	194
10-14	503	257	245	447	229	218
15-19	545	279	266	498	255	243
20-24	568	290	277	534	273	260
25-29	584	298	286	552	282	270
30-34	637	325	312	568	290	278
35-39	695	355	340	625	319	306
40-44	740	378	363	688	351	337
45-49	697	355	342	734	374	360
50-54	627	318	310	689	350	339
55-59	635	319	317	614	309	305
60-64	621	307	314	613	304	309
65-69	484	233	251	584	284	300
70-74	332	153	179	435	204	231
75-79	217	93	124	276	122	154
80+	...	...	...	...	...	...
80-84	127	49	77	157	63	94
85-89	56	19	37	73	26	47
90-94	17	5	12	23	7	16
95-99	3	1	2	4	1	3
100+	0	0	0	0	0	0

性・年齢別人口（千人）

年齢	1960			1965			1970			1975		
	総数	男	女	総数	男	女	総数	男	女	総数	男	女
総数	2 132	942	1 190	2 261	1 019	1 242	2 366	1 081	1 285	2 457	1 129	1 328
0-4	167	85	82	170	87	83	164	83	80	178	91	87
5-9	156	80	76	171	88	84	174	89	85	165	84	81
10-14	151	77	74	161	83	78	174	89	85	174	89	85
15-19	159	80	80	160	82	78	167	87	80	187	96	91
20-24	178	87	91	167	84	83	167	86	81	183	95	89
25-29	173	83	90	189	93	96	172	86	86	173	88	85
30-34	180	80	100	177	86	91	197	98	100	173	86	87
35-39	146	55	91	183	82	101	179	87	92	197	96	101
40-44	103	42	61	147	56	91	183	83	100	175	84	91
45-49	134	55	79	102	42	60	148	57	91	178	80	99
50-54	137	58	78	133	54	79	101	41	60	143	53	90
55-59	125	51	74	134	56	78	129	52	78	96	38	58
60-64	97	34	63	119	47	72	127	51	76	120	46	74
65-69	80	28	52	89	29	59	108	41	67	113	43	70
70-74	63	21	42	68	22	46	75	23	52	91	32	59
75-79	45	15	30	48	15	34	51	16	36	56	16	41
80+	38	11	27	44	13	31	50	14	36	55	14	40
80-84	...	...	...	...	...	...	...	...	...	...	...	...
85-89	...	...	...	...	...	...	...	...	...	...	...	...
90-94	...	...	...	...	...	...	...	...	...	...	...	...
95-99	...	...	...	...	...	...	...	...	...	...	...	...
100+	...	...	...	...	...	...	...	...	...	...	...	...

年齢	1980			1985			1990			1995		
	総数	男	女	総数	男	女	総数	男	女	総数	男	女
総数	2 513	1 156	1 357	2 582	1 192	1 390	2 664	1 238	1 426	2 488	1 147	1 341
0-4	173	88	84	193	99	94	208	106	102	141	72	69
5-9	177	90	87	175	89	86	188	96	92	190	97	93
10-14	165	84	81	179	91	87	174	89	86	183	93	90
15-19	184	95	89	171	89	82	184	95	89	164	83	81
20-24	200	102	98	194	98	96	185	96	90	172	88	84
25-29	187	94	93	203	102	101	208	104	104	169	87	82
30-34	172	85	88	186	91	94	199	98	101	179	87	92
35-39	170	82	88	169	82	87	182	89	93	182	88	94
40-44	193	92	101	166	79	87	156	75	81	165	79	86
45-49	170	80	90	187	88	99	178	84	94	150	70	80
50-54	172	75	97	164	75	89	173	80	93	150	68	82
55-59	135	49	87	163	69	95	162	72	90	163	72	91
60-64	89	33	55	126	43	82	149	56	93	138	58	80
65-69	107	38	68	79	28	51	103	34	69	129	48	82
70-74	93	33	61	89	29	60	68	22	46	90	26	64
75-79	67	21	46	70	22	48	70	21	49	48	14	34
80+	59	14	45	68	18	51	...	...	...	...	...	...
80-84	...	...	...	...	...	...	46	13	34	41	11	31
85-89	...	...	...	...	...	...	21	5	16	23	5	17
90-94	...	...	...	...	...	...	6	1	5	7	2	6
95-99	...	...	...	...	...	...	1	0	1	1	0	1
100+	...	...	...	...	...	...	0	0	0	0	0	0

年齢	2000			2005			2010			2015		
	総数	男	女	総数	男	女	総数	男	女	総数	男	女
総数	2 371	1 091	1 280	2 228	1 021	1 207	2 091	955	1 135	1 971	904	1 067
0-4	98	50	48	100	51	49	109	55	53	95	49	46
5-9	141	72	69	95	49	46	96	49	47	107	55	52
10-14	185	94	90	135	69	66	91	47	44	92	47	45
15-19	177	91	87	171	87	84	128	65	63	80	41	38
20-24	160	81	79	163	83	80	157	80	77	125	65	61
25-29	164	83	81	149	75	74	148	75	72	147	75	71
30-34	159	79	80	154	77	77	137	69	68	133	68	65
35-39	174	85	89	151	74	77	144	71	73	127	63	64
40-44	175	84	91	164	79	85	142	69	73	137	67	70
45-49	156	73	83	165	78	87	152	72	80	130	62	67
50-54	141	64	77	145	66	79	153	70	82	149	69	80
55-59	139	61	78	130	57	73	132	58	74	143	65	78
60-64	146	61	85	126	52	74	118	49	69	124	52	72
65-69	120	46	74	128	50	79	110	42	68	95	37	58
70-74	106	35	71	100	35	65	108	38	70	102	36	66
75-79	68	17	51	82	24	57	77	24	53	86	27	59
80+	...	...	...	...	...	...	...	...	...	...	...	...
80-84	33	8	24	46	10	36	56	14	41	57	16	42
85-89	21	5	16	17	4	13	25	4	20	31	7	24
90-94	8	2	6	8	1	6	6	1	5	10	1	8
95-99	2	0	1	2	0	1	2	0	1	1	0	1
100+	0	0	0	0	0	0	0	0	0	0	0	0

性・年齢別人口（千人）

年齢	2015			2020			2025			2030		
	総数	男	女	総数	男	女	総数	男	女	総数	男	女
総数	1 971	904	1 067	1 919	884	1 035	1 865	864	1 001	1 806	840	966
0-4	95	49	46	98	50	48	93	48	45	84	43	41
5-9	107	55	52	95	49	46	98	50	48	93	48	45
10-14	92	47	45	107	55	52	95	49	46	98	50	48
15-19	80	41	38	92	47	45	107	55	52	95	49	46
20-24	125	65	61	79	41	38	91	47	45	106	54	52
25-29	147	75	71	125	64	61	79	41	38	91	46	45
30-34	133	68	65	146	75	71	124	64	60	78	40	38
35-39	127	63	64	132	67	65	144	74	71	123	63	60
40-44	137	67	70	125	62	63	130	66	64	143	72	70
45-49	130	62	67	134	65	69	123	60	63	127	64	63
50-54	149	69	80	126	59	66	130	62	68	119	58	62
55-59	143	65	78	142	64	78	120	55	65	125	58	67
60-64	124	52	72	133	58	75	133	58	75	113	50	62
65-69	95	37	58	112	44	68	121	50	71	121	50	71
70-74	102	36	66	83	30	53	98	36	62	106	41	65
75-79	86	27	59	83	26	57	68	22	46	81	27	54
80+	…	…	…	…	…	…	…	…	…	…	…	…
80-84	57	16	42	61	17	44	60	17	43	50	14	35
85-89	31	7	24	32	8	25	35	9	27	35	9	27
90-94	10	1	8	12	2	10	13	3	10	15	3	12
95-99	1	0	1	2	0	2	3	0	2	3	1	3
100+	0	0	0	0	0	0	0	0	0	0	0	0

年齢	2035			2040			2045			2050		
	総数	男	女	総数	男	女	総数	男	女	総数	男	女
総数	1 747	816	931	1 692	794	898	1 642	774	868	1 593	755	838
0-4	79	41	39	80	41	39	82	42	40	82	42	40
5-9	84	43	41	79	41	39	80	41	39	82	42	40
10-14	93	48	45	84	43	41	79	41	39	80	41	39
15-19	97	50	47	93	48	45	84	43	41	79	40	38
20-24	94	49	46	97	50	47	93	47	45	84	43	41
25-29	106	54	52	94	48	46	97	49	47	92	47	45
30-34	90	46	45	105	54	52	94	48	46	96	49	47
35-39	78	40	38	90	45	44	105	53	52	93	48	45
40-44	121	62	60	77	39	38	89	45	44	104	52	51
45-49	140	70	70	119	60	59	76	38	37	88	44	44
50-54	124	61	63	136	68	69	117	58	58	74	37	37
55-59	115	54	60	119	58	61	132	64	67	113	55	57
60-64	117	53	64	108	50	58	113	54	59	125	60	66
65-69	103	44	59	108	47	61	100	44	56	105	48	57
70-74	107	41	66	92	37	55	97	40	57	90	38	52
75-79	88	31	57	90	32	58	77	29	49	82	31	51
80+	…	…	…	…	…	…	…	…	…	…	…	…
80-84	60	18	42	66	21	45	68	22	46	59	20	39
85-89	30	8	22	37	10	27	41	11	29	43	12	30
90-94	15	3	12	13	3	10	16	4	13	19	4	14
95-99	4	1	3	4	1	3	3	1	3	4	1	4
100+	0	0	0	0	0	0	0	0	0	0	0	0

年齢	2055			2060		
	総数	男	女	総数	男	女
総数	1 548	738	810	1 504	721	783
0-4	79	41	39	76	39	37
5-9	81	42	40	79	41	39
10-14	82	42	40	81	42	40
15-19	80	41	39	82	42	40
20-24	79	40	38	80	41	39
25-29	84	43	41	79	40	38
30-34	92	47	45	83	43	41
35-39	96	49	47	91	47	45
40-44	92	47	45	95	48	47
45-49	102	51	51	91	46	45
50-54	86	43	43	100	50	50
55-59	72	36	36	83	41	43
60-64	108	52	56	69	33	35
65-69	117	54	63	101	47	54
70-74	95	42	53	106	47	59
75-79	77	30	47	82	34	48
80+	…	…	…	…	…	…
80-84	63	22	41	60	22	38
85-89	38	11	26	41	13	28
90-94	20	5	15	18	5	13
95-99	5	1	4	6	1	5
100+	1	0	1	1	0	1

Latvia

性・年齢別人口（千人）

年齢	2015			2020			2025			2030		
	総数	男	女	総数	男	女	総数	男	女	総数	男	女
総数	1 971	904	1 067	1 935	892	1 042	1 904	883	1 020	1 871	873	997
0-4	95	49	46	113	58	55	116	60	57	110	56	54
5-9	107	55	52	95	49	46	113	58	55	116	60	57
10-14	92	47	45	107	55	52	95	49	46	113	58	55
15-19	80	41	38	92	47	45	107	55	52	95	49	46
20-24	125	65	61	79	41	38	91	47	45	106	54	52
25-29	147	75	71	125	64	61	79	41	38	91	46	45
30-34	133	68	65	146	75	71	124	64	60	78	40	38
35-39	127	63	64	132	67	65	144	74	71	123	63	60
40-44	137	67	70	125	62	63	130	66	64	143	72	70
45-49	130	62	67	134	65	69	123	60	63	127	64	63
50-54	149	69	80	126	59	66	130	62	68	119	58	62
55-59	143	65	78	142	64	78	120	55	65	125	58	67
60-64	124	52	72	133	58	75	133	58	75	113	50	62
65-69	95	37	58	112	44	68	121	50	71	121	50	71
70-74	102	36	66	83	30	53	98	36	62	106	41	65
75-79	86	27	59	83	26	57	68	22	46	81	27	54
80+	…	…	…	…	…	…	…	…	…	…	…	…
80-84	57	16	42	61	17	44	60	17	43	50	14	35
85-89	31	7	24	32	8	25	35	9	27	35	9	27
90-94	10	1	8	12	2	10	13	3	10	15	3	12
95-99	1	0	1	2	0	2	3	0	2	3	1	3
100+	0	0	0	0	0	0	0	0	0	0	0	0

年齢	2035			2040			2045			2050		
	総数	男	女	総数	男	女	総数	男	女	総数	男	女
総数	1 835	861	974	1 805	852	953	1 782	846	936	1 769	845	924
0-4	103	53	50	105	54	51	110	57	54	117	60	57
5-9	110	56	53	103	53	50	105	54	51	110	56	54
10-14	116	59	57	110	56	53	103	53	50	105	54	51
15-19	113	58	55	116	59	56	110	56	53	103	53	50
20-24	94	49	46	113	58	55	116	59	56	109	56	53
25-29	106	54	52	94	48	46	112	57	55	115	59	56
30-34	90	46	45	105	54	52	94	48	46	112	57	55
35-39	78	40	38	90	45	44	105	53	52	93	48	45
40-44	121	62	60	77	39	38	89	45	44	104	52	51
45-49	140	70	70	119	60	59	76	38	37	88	44	44
50-54	124	61	63	136	68	69	117	58	58	74	37	37
55-59	115	54	60	119	58	61	132	64	67	113	55	57
60-64	117	53	64	108	50	58	113	54	59	125	60	66
65-69	103	44	59	108	47	61	100	44	56	105	48	57
70-74	107	41	66	92	37	55	97	40	57	90	38	52
75-79	88	31	57	90	32	58	77	29	49	82	31	51
80+	…	…	…	…	…	…	…	…	…	…	…	…
80-84	60	18	42	66	21	45	68	22	46	59	20	39
85-89	30	8	22	37	10	27	41	11	29	43	12	30
90-94	15	3	12	13	3	10	16	4	13	19	4	14
95-99	4	1	3	4	1	3	3	1	3	4	1	4
100+	0	0	0	0	0	0	0	0	0	0	0	0

年齢	2055			2060		
	総数	男	女	総数	男	女
総数	1 765	849	916	1 767	855	911
0-4	121	62	59	122	62	59
5-9	116	60	57	121	62	59
10-14	110	56	54	116	60	57
15-19	104	54	51	110	56	54
20-24	102	52	50	104	53	51
25-29	109	56	53	102	52	50
30-34	115	59	56	109	55	53
35-39	111	57	55	114	58	56
40-44	92	47	45	110	56	54
45-49	102	51	51	91	46	45
50-54	86	43	43	100	50	50
55-59	72	36	36	83	41	43
60-64	108	52	56	69	33	35
65-69	117	54	63	101	47	54
70-74	95	42	53	106	47	59
75-79	77	30	47	82	34	48
80+	…	…	…	…	…	…
80-84	63	22	41	60	22	38
85-89	38	11	26	41	13	28
90-94	20	5	15	18	5	13
95-99	5	1	4	6	1	5
100+	1	0	1	1	0	1

性・年齢別人口（千人）

年齢	2015 総数	男	女	2020 総数	男	女	2025 総数	男	女	2030 総数	男	女
総数	1 971	904	1 067	1 903	876	1 027	1 826	844	982	1 742	807	935
0-4	95	49	46	82	42	40	70	36	34	59	30	29
5-9	107	55	52	95	49	46	82	42	40	70	36	34
10-14	92	47	45	107	55	52	95	49	46	82	42	40
15-19	80	41	38	92	47	45	107	55	52	95	49	46
20-24	125	65	61	79	41	38	91	47	45	106	54	52
25-29	147	75	71	125	64	61	79	41	38	91	46	45
30-34	133	68	65	146	75	71	124	64	60	78	40	38
35-39	127	63	64	132	67	65	144	74	71	123	63	60
40-44	137	67	70	125	62	63	130	66	64	143	72	70
45-49	130	62	67	134	65	69	123	60	63	127	64	63
50-54	149	69	80	126	59	66	130	62	68	119	58	62
55-59	143	65	78	142	64	78	120	55	65	125	58	67
60-64	124	52	72	133	58	75	133	58	75	113	50	62
65-69	95	37	58	112	44	68	121	50	71	121	50	71
70-74	102	36	66	83	30	53	98	36	62	106	41	65
75-79	86	27	59	83	26	57	68	22	46	81	27	54
80+	…	…	…	…	…	…	…	…	…	…	…	…
80-84	57	16	42	61	17	44	60	17	43	50	14	35
85-89	31	7	24	32	8	25	35	9	27	35	9	27
90-94	10	1	8	12	2	10	13	3	10	15	3	12
95-99	1	0	1	2	0	2	3	0	2	3	1	3
100+	0	0	0	0	0	0	0	0	0	0	0	0

年齢	2035 総数	男	女	2040 総数	男	女	2045 総数	男	女	2050 総数	男	女
総数	1 659	771	888	1 581	737	844	1 504	703	800	1 426	670	756
0-4	56	29	27	56	29	27	56	29	27	52	27	25
5-9	59	30	29	56	29	27	56	29	27	56	29	27
10-14	70	36	34	59	30	29	56	28	27	56	29	27
15-19	82	42	40	70	36	34	59	30	29	55	28	27
20-24	94	49	46	81	42	40	70	36	34	58	30	29
25-29	106	54	52	94	48	46	81	41	40	69	35	34
30-34	90	46	45	105	54	52	94	48	46	81	41	40
35-39	78	40	38	90	45	44	105	53	52	93	48	45
40-44	121	62	60	77	39	38	89	45	44	104	52	51
45-49	140	70	70	119	60	59	76	38	37	88	44	44
50-54	124	61	63	136	68	69	117	58	58	74	37	37
55-59	115	54	60	119	58	61	132	64	67	113	55	57
60-64	117	53	64	108	50	58	113	54	59	125	60	66
65-69	103	44	59	108	47	61	100	44	56	105	48	57
70-74	107	41	66	92	37	55	97	40	57	90	38	52
75-79	88	31	57	90	32	58	77	29	49	82	31	51
80+	…	…	…	…	…	…	…	…	…	…	…	…
80-84	60	18	42	66	21	45	68	22	46	59	20	39
85-89	30	8	22	37	10	27	41	11	29	43	12	30
90-94	15	3	12	13	3	10	16	4	13	19	4	14
95-99	4	1	3	4	1	3	3	1	3	4	1	4
100+	0	0	0	0	0	0	0	0	0	0	0	0

年齢	2055 総数	男	女	2060 総数	男	女
総数	1 348	636	712	1 269	601	669
0-4	46	24	22	41	21	20
5-9	52	27	25	46	23	22
10-14	56	29	27	52	26	25
15-19	56	29	27	56	28	27
20-24	55	28	27	56	29	27
25-29	58	30	28	55	28	27
30-34	69	35	34	58	30	28
35-39	80	41	39	69	35	34
40-44	92	47	45	80	40	39
45-49	102	51	51	91	46	45
50-54	86	43	43	100	50	50
55-59	72	36	36	83	41	43
60-64	108	52	56	69	33	35
65-69	117	54	63	101	47	54
70-74	95	42	53	106	47	59
75-79	77	30	47	82	34	48
80+	…	…	…	…	…	…
80-84	63	22	41	60	22	38
85-89	38	11	26	41	13	28
90-94	20	5	15	18	5	13
95-99	5	1	4	6	1	5
100+	1	0	1	1	0	1

性・年齢別人口（千人）

年齢	1960			1965			1970			1975		
	総数	男	女	総数	男	女	総数	男	女	総数	男	女
総数	1 805	908	897	2 092	1 054	1 038	2 297	1 160	1 137	2 576	1 300	1 275
0-4	308	157	151	342	174	168	343	175	168	364	185	178
5-9	265	135	130	305	155	150	326	166	160	339	172	166
10-14	179	91	87	265	135	130	294	150	144	323	164	158
15-19	141	69	72	179	92	88	252	129	124	291	148	143
20-24	137	67	69	142	70	72	170	87	83	250	127	123
25-29	132	67	66	137	68	69	138	68	70	168	85	82
30-34	122	62	60	133	68	65	133	66	67	136	67	69
35-39	96	49	47	121	62	59	128	65	63	131	65	66
40-44	68	34	33	95	48	47	117	59	57	126	64	62
45-49	80	41	40	67	34	33	90	46	44	113	58	56
50-54	68	34	34	78	39	39	62	31	31	87	44	43
55-59	57	28	29	65	32	33	70	35	35	59	29	29
60-64	45	22	23	52	26	27	57	29	29	64	32	33
65-69	40	19	21	39	19	20	45	22	23	50	24	26
70-74	31	14	16	32	15	17	30	15	16	36	17	19
75-79	21	10	11	22	10	12	23	10	12	21	10	11
80+	16	7	9	17	8	10	18	8	10	19	8	11
80-84	…	…	…	…	…	…	…	…	…	…	…	…
85-89	…	…	…	…	…	…	…	…	…	…	…	…
90-94	…	…	…	…	…	…	…	…	…	…	…	…
95-99	…	…	…	…	…	…	…	…	…	…	…	…
100+	…	…	…	…	…	…	…	…	…	…	…	…

年齢	1980			1985			1990			1995		
	総数	男	女	総数	男	女	総数	男	女	総数	男	女
総数	2 605	1 292	1 314	2 677	1 323	1 353	2 703	1 333	1 370	3 033	1 504	1 529
0-4	366	186	179	351	180	171	311	159	152	329	168	160
5-9	338	172	166	329	168	160	311	160	150	313	161	153
10-14	313	159	154	304	155	149	301	155	146	312	161	151
15-19	289	145	144	277	137	140	275	140	135	306	158	148
20-24	247	121	125	255	122	133	244	117	127	287	146	141
25-29	210	101	108	214	102	111	226	103	123	260	125	135
30-34	138	66	73	173	83	90	187	87	100	239	110	129
35-39	113	51	62	127	60	67	144	69	76	196	92	104
40-44	113	54	59	120	57	64	118	56	62	150	72	78
45-49	112	56	56	113	55	58	126	61	65	121	58	63
50-54	100	51	50	106	53	54	112	55	57	125	61	64
55-59	75	38	38	96	49	47	100	49	52	109	53	55
60-64	50	25	25	73	37	36	89	45	44	95	46	49
65-69	55	27	29	46	23	23	67	35	33	81	40	41
70-74	41	19	21	43	20	22	39	19	19	56	28	28
75-79	26	12	14	28	13	15	29	14	16	29	14	15
80+	19	8	11	22	9	12	…	…	…	…	…	…
80-84	…	…	…	…	…	…	16	7	9	18	8	10
85-89	…	…	…	…	…	…	6	3	4	7	3	4
90-94	…	…	…	…	…	…	1	1	1	2	1	1
95-99	…	…	…	…	…	…	0	0	0	0	0	0
100+	…	…	…	…	…	…	0	0	0	0	0	0

年齢	2000			2005			2010			2015		
	総数	男	女	総数	男	女	総数	男	女	総数	男	女
総数	3 235	1 605	1 630	3 987	2 026	1 961	4 337	2 212	2 125	5 851	2 939	2 912
0-4	305	157	148	324	162	161	273	139	134	461	234	228
5-9	310	160	151	375	186	190	347	172	175	439	218	220
10-14	311	160	151	414	202	212	409	200	210	504	248	256
15-19	313	161	152	402	192	210	444	213	231	557	271	286
20-24	304	156	148	381	183	198	424	199	225	583	279	303
25-29	284	144	141	323	162	162	387	185	202	544	256	288
30-34	258	124	134	270	138	132	318	160	158	481	229	252
35-39	235	108	127	271	148	123	273	146	128	392	195	197
40-44	193	89	103	266	157	109	281	164	117	336	175	161
45-49	152	72	79	214	118	96	272	165	106	331	188	143
50-54	117	57	61	170	83	87	218	120	98	310	183	127
55-59	117	57	61	149	78	71	178	88	90	244	132	112
60-64	105	51	54	130	72	59	150	80	69	194	95	99
65-69	90	43	47	117	59	58	128	70	59	159	83	76
70-74	70	34	36	90	42	48	108	53	55	129	68	61
75-79	42	20	22	50	25	24	72	33	39	100	47	53
80+	…	…	…	…	…	…	…	…	…	…	…	…
80-84	17	8	9	27	14	13	35	17	17	59	26	33
85-89	8	3	5	10	5	6	16	8	8	22	10	12
90-94	2	1	1	3	1	2	4	2	2	6	3	4
95-99	0	0	0	0	0	0	1	0	0	1	0	1
100+	0	0	0	0	0	0	0	0	0	0	0	0

性・年齢別人口（千人）

年齢	2015			2020			2025			2030		
	総数	男	女	総数	男	女	総数	男	女	総数	男	女
総数	5 851	2 939	2 912	5 891	2 960	2 931	5 408	2 726	2 682	5 292	2 669	2 622
0-4	461	234	228	434	222	212	383	196	187	345	177	168
5-9	439	218	220	428	217	211	356	182	174	352	180	172
10-14	504	248	256	405	202	203	348	177	171	325	165	159
15-19	557	271	286	472	232	240	323	163	160	316	161	155
20-24	583	279	303	527	256	271	393	194	199	289	147	143
25-29	544	256	288	554	265	288	452	220	232	361	178	182
30-34	481	229	252	518	244	275	483	232	252	422	205	216
35-39	392	195	197	461	220	241	457	215	242	454	218	237
40-44	336	175	161	376	187	189	412	197	215	432	203	229
45-49	331	188	143	321	168	153	336	168	168	391	187	204
50-54	310	183	127	317	181	137	287	152	135	319	160	159
55-59	244	132	112	296	175	121	287	165	122	271	143	127
60-64	194	95	99	231	124	107	268	160	108	270	156	114
65-69	159	83	76	181	87	93	206	110	96	250	149	101
70-74	129	68	61	142	73	69	157	74	82	187	99	88
75-79	100	47	53	108	55	53	115	58	57	135	62	73
80+	…	…	…	…	…	…	…	…	…	…	…	…
80-84	59	26	33	74	33	41	78	38	40	89	43	46
85-89	22	10	12	36	14	22	46	19	27	52	24	28
90-94	6	3	4	10	4	6	17	6	11	24	9	15
95-99	1	0	1	2	1	1	3	1	2	6	2	4
100+	0	0	0	0	0	0	0	0	0	1	0	0

年齢	2035			2040			2045			2050		
	総数	男	女	総数	男	女	総数	男	女	総数	男	女
総数	5 429	2 735	2 695	5 517	2 774	2 743	5 573	2 795	2 778	5 610	2 804	2 806
0-4	309	158	151	275	141	134	263	135	128	267	137	130
5-9	344	176	168	308	158	150	274	141	134	262	134	128
10-14	352	180	172	343	176	167	307	158	150	274	140	133
15-19	323	165	158	350	179	171	342	175	167	306	157	149
20-24	313	159	153	320	163	157	347	177	170	338	173	165
25-29	285	144	141	309	157	151	315	160	155	342	175	168
30-34	357	176	181	281	142	139	305	155	150	312	158	153
35-39	419	204	215	354	175	179	279	141	138	302	154	149
40-44	452	217	235	416	203	214	352	174	178	277	140	137
45-49	430	202	228	449	215	234	414	201	213	350	173	177
50-54	388	185	203	427	200	227	447	214	233	412	200	212
55-59	315	158	158	384	183	201	423	198	225	443	212	231
60-64	266	140	126	310	155	156	379	180	199	417	195	223
65-69	262	150	112	258	136	123	303	150	153	371	175	196
70-74	235	139	96	248	141	107	247	128	118	290	143	147
75-79	168	87	81	213	125	89	227	128	99	228	117	111
80+	…	…	…	…	…	…	…	…	…	…	…	…
80-84	111	50	61	140	72	69	181	104	77	195	108	87
85-89	63	29	34	81	35	46	104	51	53	136	76	60
90-94	28	12	16	36	15	20	48	19	28	63	30	34
95-99	9	3	6	11	4	7	15	6	9	21	8	14
100+	1	0	1	2	1	2	3	1	2	4	1	3

年齢	2055			2060		
	総数	男	女	総数	男	女
総数	5 631	2 805	2 827	5 629	2 794	2 835
0-4	274	140	133	270	139	132
5-9	266	136	130	273	140	133
10-14	261	134	127	266	136	130
15-19	273	140	133	260	133	127
20-24	303	155	148	270	138	131
25-29	334	171	163	299	153	146
30-34	339	173	166	331	169	162
35-39	309	157	152	336	171	165
40-44	300	153	148	307	156	151
45-49	275	139	136	299	152	147
50-54	348	171	177	274	138	136
55-59	409	198	210	346	170	175
60-64	438	209	229	404	196	209
65-69	409	190	219	430	204	226
70-74	357	167	189	395	182	213
75-79	270	131	138	334	155	179
80+	…	…	…	…	…	…
80-84	198	100	98	237	113	124
85-89	149	81	69	155	76	78
90-94	85	45	39	96	49	46
95-99	29	12	17	40	20	20
100+	7	2	5	9	3	6

Lebanon

性・年齢別人口（千人）

年齢	2015 総数	男	女	2020 総数	男	女	2025 総数	男	女	2030 総数	男	女
総数	5 851	2 939	2 912	5 957	2 994	2 964	5 573	2 810	2 762	5 562	2 808	2 754
0–4	461	234	228	500	256	244	482	247	236	451	231	220
5–9	439	218	220	428	217	211	421	215	206	451	231	220
10–14	504	248	256	405	202	203	348	177	171	390	199	191
15–19	557	271	286	472	232	240	323	163	160	316	161	155
20–24	583	279	303	527	256	271	393	194	199	289	147	143
25–29	544	256	288	554	265	288	452	220	232	361	178	182
30–34	481	229	252	518	244	275	483	232	252	422	205	216
35–39	392	195	197	461	220	241	457	215	242	454	218	237
40–44	336	175	161	376	187	189	412	197	215	432	203	229
45–49	331	188	143	321	168	153	336	168	168	391	187	204
50–54	310	183	127	317	181	137	287	152	135	319	160	159
55–59	244	132	112	296	175	121	287	165	122	271	143	127
60–64	194	95	99	231	124	107	268	160	108	270	156	114
65–69	159	83	76	181	87	93	206	110	96	250	149	101
70–74	129	68	61	142	73	69	157	74	82	187	99	88
75–79	100	47	53	108	55	53	115	58	57	135	62	73
80+	…	…	…	…	…	…	…	…	…	…	…	…
80–84	59	26	33	74	33	41	78	38	40	89	43	46
85–89	22	10	12	36	14	22	46	19	27	52	24	28
90–94	6	3	4	10	4	6	17	6	11	24	9	15
95–99	1	0	1	2	1	1	3	1	2	6	2	4
100+	0	0	0	0	0	0	0	0	0	1	0	0

年齢	2035 総数	男	女	2040 総数	男	女	2045 総数	男	女	2050 総数	男	女
総数	5 791	2 920	2 871	5 967	3 004	2 963	6 125	3 078	3 047	6 298	3 157	3 141
0–4	400	205	195	363	186	177	366	187	178	403	206	196
5–9	450	230	219	399	205	195	362	186	177	365	187	178
10–14	451	230	220	449	230	219	399	204	194	362	185	176
15–19	389	198	190	449	230	219	447	229	218	397	204	194
20–24	313	159	153	385	196	189	445	228	218	444	227	217
25–29	285	144	141	309	157	151	381	194	187	441	225	216
30–34	357	176	181	281	142	139	305	155	150	377	192	185
35–39	419	204	215	354	175	179	279	141	138	302	154	149
40–44	452	217	235	416	203	214	352	174	178	277	140	137
45–49	430	202	228	449	215	234	414	201	213	350	173	177
50–54	388	185	203	427	200	227	447	214	233	412	200	212
55–59	315	158	158	384	183	201	423	198	225	443	212	231
60–64	266	140	126	310	155	156	379	180	199	417	195	223
65–69	262	150	112	258	136	123	303	150	153	371	175	196
70–74	235	139	96	248	141	107	247	128	118	290	143	147
75–79	168	87	81	213	125	89	227	128	99	228	117	111
80+	…	…	…	…	…	…	…	…	…	…	…	…
80–84	111	50	61	140	72	69	181	104	77	195	108	87
85–89	63	29	34	81	35	46	104	51	53	136	76	60
90–94	28	12	16	36	15	20	48	19	28	63	30	34
95–99	9	3	6	11	4	7	15	6	9	21	8	14
100+	1	0	1	2	1	2	3	1	2	4	1	3

年齢	2055 総数	男	女	2060 総数	男	女
総数	6 485	3 242	3 243	6 663	3 323	3 339
0–4	440	226	215	450	231	220
5–9	402	206	196	439	225	214
10–14	364	187	178	401	206	196
15–19	360	185	176	363	186	177
20–24	394	202	192	357	183	174
25–29	440	225	215	390	200	190
30–34	437	223	214	436	223	213
35–39	375	191	184	435	222	213
40–44	300	153	148	373	189	183
45–49	275	139	136	299	152	147
50–54	348	171	177	274	138	136
55–59	409	198	210	346	170	175
60–64	438	209	229	404	196	209
65–69	409	190	219	430	204	226
70–74	357	167	189	395	182	213
75–79	270	131	138	334	155	179
80+	…	…	…	…	…	…
80–84	198	100	98	237	113	124
85–89	149	81	69	155	76	78
90–94	85	45	39	96	49	46
95–99	29	12	17	40	20	20
100+	7	2	5	9	3	6

性・年齢別人口（千人）

年齢	2015			2020			2025			2030		
	総数	男	女	総数	男	女	総数	男	女	総数	男	女
総数	5 851	2 939	2 912	5 826	2 926	2 899	5 243	2 642	2 602	5 021	2 531	2 490
0-4	461	234	228	368	188	180	284	145	139	239	122	117
5-9	439	218	220	428	217	211	290	148	142	253	129	124
10-14	504	248	256	405	202	203	348	177	171	259	132	127
15-19	557	271	286	472	232	240	323	163	160	316	161	155
20-24	583	279	303	527	256	271	393	194	199	289	147	143
25-29	544	256	288	554	265	288	452	220	232	361	178	182
30-34	481	229	252	518	244	275	483	232	252	422	205	216
35-39	392	195	197	461	220	241	457	215	242	454	218	237
40-44	336	175	161	376	187	189	412	197	215	432	203	229
45-49	331	188	143	321	168	153	336	168	168	391	187	204
50-54	310	183	127	317	181	137	287	152	135	319	160	159
55-59	244	132	112	296	175	121	287	165	122	271	143	127
60-64	194	95	99	231	124	107	268	160	108	270	156	114
65-69	159	83	76	181	87	93	206	110	96	250	149	101
70-74	129	68	61	142	73	69	157	74	82	187	99	88
75-79	100	47	53	108	55	53	115	58	57	135	62	73
80+	…	…	…	…	…	…	…	…	…	…	…	…
80-84	59	26	33	74	33	41	78	38	40	89	43	46
85-89	22	10	12	36	14	22	46	19	27	52	24	28
90-94	6	3	4	10	4	6	17	6	11	24	9	15
95-99	1	0	1	2	1	1	3	1	2	6	2	4
100+	0	0	0	0	0	0	0	0	0	1	0	0

年齢	2035			2040			2045			2050		
	総数	男	女	総数	男	女	総数	男	女	総数	男	女
総数	5 068	2 550	2 518	5 071	2 545	2 526	5 036	2 520	2 516	4 964	2 473	2 491
0-4	218	112	106	191	98	93	172	88	84	158	81	77
5-9	238	122	116	217	111	106	190	97	93	171	88	83
10-14	253	129	124	238	122	116	216	111	105	189	97	92
15-19	258	131	126	251	128	123	236	121	115	215	110	105
20-24	313	159	153	254	129	125	248	126	121	233	119	114
25-29	285	144	141	309	157	151	250	127	123	243	124	119
30-34	357	176	181	281	142	139	305	155	150	246	125	121
35-39	419	204	215	354	175	179	279	141	138	302	154	149
40-44	452	217	235	416	203	214	352	174	178	277	140	137
45-49	430	202	228	449	215	234	414	201	213	350	173	177
50-54	388	185	203	427	200	227	447	214	233	412	200	212
55-59	315	158	158	384	183	201	423	198	225	443	212	231
60-64	266	140	126	310	155	156	379	180	199	417	195	223
65-69	262	150	112	258	136	123	303	150	153	371	175	196
70-74	235	139	96	248	141	107	247	128	118	290	143	147
75-79	168	87	81	213	125	89	227	128	99	228	117	111
80+	…	…	…	…	…	…	…	…	…	…	…	…
80-84	111	50	61	140	72	69	181	104	77	195	108	87
85-89	63	29	34	81	35	46	104	51	53	136	76	60
90-94	28	12	16	36	15	20	48	19	28	63	30	34
95-99	9	3	6	11	4	7	15	6	9	21	8	14
100+	1	0	1	2	1	2	3	1	2	4	1	3

年齢	2055			2060		
	総数	男	女	総数	男	女
総数	4 858	2 408	2 450	4 723	2 329	2 393
0-4	146	75	71	136	70	66
5-9	157	80	76	145	75	71
10-14	170	87	83	156	80	76
15-19	188	96	92	169	87	82
20-24	212	108	103	185	95	90
25-29	229	117	112	208	106	102
30-34	240	122	118	226	115	111
35-39	244	124	120	238	121	117
40-44	300	153	148	242	123	119
45-49	275	139	136	299	152	147
50-54	348	171	177	274	138	136
55-59	409	198	210	346	170	175
60-64	438	209	229	404	196	209
65-69	409	190	219	430	204	226
70-74	357	167	189	395	182	213
75-79	270	131	138	334	155	179
80+	…	…	…	…	…	…
80-84	198	100	98	237	113	124
85-89	149	81	69	155	76	78
90-94	85	45	39	96	49	46
95-99	29	12	17	40	20	20
100+	7	2	5	9	3	6

性・年齢別人口（千人）

年齢	1960			1965			1970			1975		
	総数	男	女	総数	男	女	総数	男	女	総数	男	女
総数	851	397	454	933	432	502	1 032	479	553	1 149	533	616
0-4	142	71	71	158	79	79	176	88	88	199	100	99
5-9	118	59	59	133	67	66	148	75	74	167	84	83
10-14	107	53	54	116	58	58	130	65	65	146	73	72
15-19	88	42	46	102	49	53	111	55	56	125	62	63
20-24	70	32	38	76	34	43	91	41	50	101	47	54
25-29	55	23	32	60	25	35	64	25	39	79	32	47
30-34	46	19	27	50	20	30	53	21	32	56	19	36
35-39	42	19	24	42	17	26	48	20	28	49	19	30
40-44	38	17	21	40	17	23	41	16	24	46	19	26
45-49	34	16	18	36	15	21	38	16	22	39	16	23
50-54	31	15	16	32	14	18	34	15	20	37	16	21
55-59	25	11	13	28	13	15	29	13	16	33	14	19
60-64	20	8	12	22	10	12	25	11	13	26	11	15
65-69	15	6	9	17	7	10	18	8	10	21	9	11
70-74	11	4	7	12	4	7	13	5	8	14	6	8
75-79	6	2	4	7	2	4	7	3	5	8	3	5
80+	4	1	3	4	1	3	5	2	3	5	2	4
80-84	…	…	…	…	…	…	…	…	…	…	…	…
85-89	…	…	…	…	…	…	…	…	…	…	…	…
90-94	…	…	…	…	…	…	…	…	…	…	…	…
95-99	…	…	…	…	…	…	…	…	…	…	…	…
100+	…	…	…	…	…	…	…	…	…	…	…	…

年齢	1980			1985			1990			1995		
	総数	男	女	総数	男	女	総数	男	女	総数	男	女
総数	1 307	615	693	1 468	696	771	1 598	776	821	1 754	859	894
0-4	224	113	111	245	124	122	253	128	125	262	132	129
5-9	190	96	95	218	110	108	239	121	118	247	125	121
10-14	165	83	82	191	96	95	210	107	103	231	118	112
15-19	142	71	71	161	79	81	177	92	86	199	104	95
20-24	118	57	61	130	60	70	146	75	71	169	88	81
25-29	92	41	51	102	43	59	110	53	57	136	67	68
30-34	72	28	44	81	34	47	87	38	49	100	47	53
35-39	52	18	34	64	28	35	75	32	43	81	36	45
40-44	47	19	28	46	21	24	60	26	34	71	30	41
45-49	45	20	25	50	22	27	44	20	23	57	24	33
50-54	39	17	22	51	21	29	47	21	26	42	19	23
55-59	36	16	20	38	18	21	46	20	26	44	19	25
60-64	29	12	17	33	15	18	35	15	19	41	17	24
65-69	22	9	13	26	10	15	29	12	16	30	13	17
70-74	16	7	9	17	7	10	19	8	11	22	9	13
75-79	9	4	5	11	5	6	11	5	7	13	5	8
80+	6	2	4	7	3	4	…	…	…	…	…	…
80-84	…	…	…	…	…	…	6	2	4	7	3	4
85-89	…	…	…	…	…	…	2	1	1	2	1	1
90-94	…	…	…	…	…	…	0	0	0	0	0	0
95-99	…	…	…	…	…	…	0	0	0	0	0	0
100+	…	…	…	…	…	…	0	0	0	0	0	0

年齢	2000			2005			2010			2015		
	総数	男	女	総数	男	女	総数	男	女	総数	男	女
総数	1 856	899	957	1 926	939	987	2 011	988	1 023	2 135	1 057	1 078
0-4	270	136	134	254	128	126	255	129	127	278	140	138
5-9	255	129	126	262	132	130	247	124	122	249	125	124
10-14	240	122	118	249	126	123	256	129	127	243	122	120
15-19	219	112	107	231	118	114	243	123	120	250	126	124
20-24	182	93	89	207	105	102	227	116	112	237	120	117
25-29	141	71	71	158	81	77	195	100	95	216	111	106
30-34	110	52	58	113	57	56	139	73	66	179	93	86
35-39	88	40	49	88	41	46	91	48	43	122	65	57
40-44	75	31	43	70	30	41	66	31	35	76	40	36
45-49	65	26	39	64	25	39	57	22	34	55	26	29
50-54	53	23	30	59	24	35	56	21	35	48	19	29
55-59	38	17	21	48	21	27	52	20	31	48	18	30
60-64	38	16	22	34	16	18	41	17	24	45	17	28
65-69	34	13	21	33	14	19	28	12	16	34	14	21
70-74	23	9	14	26	10	17	25	10	15	22	9	13
75-79	15	6	9	16	6	10	18	6	12	17	6	11
80+	…	…	…	…	…	…	…	…	…	…	…	…
80-84	8	3	5	10	4	6	10	4	6	10	3	7
85-89	3	1	2	4	1	2	4	2	2	4	2	3
90-94	1	0	0	1	0	0	1	0	1	1	0	1
95-99	0	0	0	0	0	0	0	0	0	0	0	0
100+	0	0	0	0	0	0	0	0	0	0	0	0

性・年齢別人口（千人）

年齢	2015			2020			2025			2030		
	総数	男	女	総数	男	女	総数	男	女	総数	男	女
総数	2 135	1 057	1 078	2 258	1 124	1 133	2 373	1 188	1 186	2 486	1 249	1 237
0-4	278	140	138	286	144	142	281	142	139	275	139	136
5-9	249	125	124	273	137	136	281	142	140	277	139	138
10-14	243	122	120	246	124	122	270	136	134	278	140	138
15-19	250	126	124	237	120	118	241	121	120	265	133	132
20-24	237	120	117	243	123	120	231	116	115	235	118	117
25-29	216	111	106	225	115	110	232	117	114	221	111	109
30-34	179	93	86	198	103	96	208	107	101	216	110	106
35-39	122	65	57	157	82	75	176	92	84	187	97	90
40-44	76	40	36	103	55	48	136	72	64	155	82	73
45-49	55	26	29	65	34	30	89	48	41	119	63	56
50-54	48	19	29	47	22	25	56	29	26	78	42	36
55-59	48	18	30	42	16	26	41	19	22	49	26	23
60-64	45	17	28	42	15	27	36	14	23	36	16	20
65-69	34	14	21	37	14	24	35	12	23	31	11	20
70-74	22	9	13	27	10	17	30	11	19	28	9	19
75-79	17	6	11	15	6	9	19	7	12	21	7	14
80+	…	…	…	…	…	…	…	…	…	…	…	…
80-84	10	3	7	9	3	6	9	3	5	11	4	7
85-89	4	2	3	4	1	3	4	1	3	4	1	2
90-94	1	0	1	1	0	1	1	0	1	1	0	1
95-99	0	0	0	0	0	0	0	0	0	0	0	0
100+	0	0	0	0	0	0	0	0	0	0	0	0

年齢	2035			2040			2045			2050		
	総数	男	女	総数	男	女	総数	男	女	総数	男	女
総数	2 603	1 311	1 292	2 728	1 377	1 352	2 858	1 442	1 415	2 987	1 506	1 481
0-4	274	138	135	275	139	136	273	138	135	269	136	133
5-9	272	137	135	271	137	134	272	137	135	271	137	134
10-14	275	138	137	270	136	134	269	136	133	271	137	134
15-19	275	138	137	271	136	135	267	134	133	267	134	132
20-24	259	130	129	269	135	134	266	134	133	262	132	130
25-29	225	113	112	250	125	125	261	131	130	259	130	129
30-34	207	105	102	213	108	106	239	120	119	251	126	125
35-39	197	101	96	192	98	94	200	101	99	227	114	112
40-44	167	88	80	180	93	87	178	91	87	188	95	93
45-49	138	73	65	153	80	72	166	86	80	167	85	82
50-54	107	56	50	126	67	59	141	74	67	156	80	76
55-59	70	37	33	97	51	46	116	61	55	131	68	63
60-64	43	22	21	63	33	30	88	45	42	106	55	51
65-69	31	13	17	37	19	19	54	28	27	77	39	38
70-74	25	9	16	25	10	15	31	15	16	45	22	23
75-79	20	6	14	18	6	12	18	7	11	23	10	12
80+	…	…	…	…	…	…	…	…	…	…	…	…
80-84	12	4	9	12	4	9	11	3	8	11	4	7
85-89	5	1	3	6	2	4	6	1	4	5	1	4
90-94	1	0	1	1	0	1	2	0	1	2	0	1
95-99	0	0	0	0	0	0	0	0	0	0	0	0
100+	0	0	0	0	0	0	0	0	0	0	0	0

年齢	2055			2060		
	総数	男	女	総数	男	女
総数	3 107	1 563	1 544	3 210	1 610	1 600
0-4	263	133	130	257	130	127
5-9	267	135	132	261	132	129
10-14	270	136	134	266	134	132
15-19	268	135	133	268	135	133
20-24	262	132	130	264	133	131
25-29	255	128	127	256	128	127
30-34	250	125	125	247	124	123
35-39	240	121	119	240	120	119
40-44	215	108	107	228	115	113
45-49	178	90	88	204	103	101
50-54	157	80	77	168	85	83
55-59	146	74	71	148	74	73
60-64	121	62	59	135	68	67
65-69	94	47	47	108	54	54
70-74	65	31	33	80	39	41
75-79	34	16	18	49	23	27
80+	…	…	…	…	…	…
80-84	14	6	8	22	9	12
85-89	5	2	4	7	3	4
90-94	2	0	1	2	0	1
95-99	0	0	0	0	0	0
100+	0	0	0	0	0	0

Lesotho

性・年齢別人口（千人）

年齢	2015			2020			2025			2030		
	総数	男	女	総数	男	女	総数	男	女	総数	男	女
総数	2 135	1 057	1 078	2 281	1 136	1 145	2 437	1 220	1 217	2 601	1 307	1 294
0-4	278	140	138	310	156	154	321	162	159	327	165	162
5-9	249	125	124	273	137	136	305	153	151	317	159	157
10-14	243	122	120	246	124	122	270	136	134	302	152	150
15-19	250	126	124	237	120	118	241	121	120	265	133	132
20-24	237	120	117	243	123	120	231	116	115	235	118	117
25-29	216	111	106	225	115	110	232	117	114	221	111	109
30-34	179	93	86	198	103	96	208	107	101	216	110	106
35-39	122	65	57	157	82	75	176	92	84	187	97	90
40-44	76	40	36	103	55	48	136	72	64	155	82	73
45-49	55	26	29	65	34	30	89	48	41	119	63	56
50-54	48	19	29	47	22	25	56	29	26	78	42	36
55-59	48	18	30	42	16	26	41	19	22	49	26	23
60-64	45	17	28	42	15	27	36	14	23	36	16	20
65-69	34	14	21	37	14	24	35	12	23	31	11	20
70-74	22	9	13	27	10	17	30	11	19	28	9	19
75-79	17	6	11	15	6	9	19	7	12	21	7	14
80+	…	…	…	…	…	…	…	…	…	…	…	…
80-84	10	3	7	9	3	6	9	3	5	11	4	7
85-89	4	2	3	4	1	3	4	1	3	4	1	2
90-94	1	0	1	1	0	1	1	0	1	1	0	1
95-99	0	0	0	0	0	0	0	0	0	0	0	0
100+	0	0	0	0	0	0	0	0	0	0	0	0

年齢	2035			2040			2045			2050		
	総数	男	女	総数	男	女	総数	男	女	総数	男	女
総数	2 775	1 398	1 377	2 968	1 497	1 471	3 181	1 605	1 576	3 409	1 719	1 691
0-4	331	167	164	344	174	170	359	181	177	370	187	183
5-9	323	163	160	328	165	163	341	172	169	356	180	176
10-14	314	158	156	321	162	159	326	164	162	340	171	168
15-19	298	150	148	311	156	154	318	160	158	323	163	160
20-24	259	130	129	292	146	145	305	153	152	313	157	156
25-29	225	113	112	250	125	125	283	142	141	297	149	148
30-34	207	105	102	213	108	106	239	120	119	273	137	136
35-39	197	101	96	192	98	94	200	101	99	227	114	112
40-44	167	88	80	180	93	87	178	91	87	188	95	93
45-49	138	73	65	153	80	72	166	86	80	167	85	82
50-54	107	56	50	126	67	59	141	74	67	156	80	76
55-59	70	37	33	97	51	46	116	61	55	131	68	63
60-64	43	22	21	63	33	30	88	45	42	106	55	51
65-69	31	13	17	37	19	19	54	28	27	77	39	38
70-74	25	9	16	25	10	15	31	15	16	45	22	23
75-79	20	6	14	18	6	12	18	7	11	23	10	12
80+	…	…	…	…	…	…	…	…	…	…	…	…
80-84	12	4	9	12	4	9	11	3	8	11	4	7
85-89	5	1	3	6	2	4	6	1	4	5	1	4
90-94	1	0	1	1	0	1	2	0	1	2	0	1
95-99	0	0	0	0	0	0	0	0	0	0	0	0
100+	0	0	0	0	0	0	0	0	0	0	0	0

年齢	2055			2060		
	総数	男	女	総数	男	女
総数	3 641	1 832	1 809	3 868	1 942	1 926
0-4	378	191	187	385	195	190
5-9	368	186	182	376	190	186
10-14	355	179	176	366	185	181
15-19	337	170	167	352	178	174
20-24	318	160	158	332	167	165
25-29	305	153	152	311	156	155
30-34	287	144	143	296	149	147
35-39	261	131	130	276	139	137
40-44	215	108	107	248	125	123
45-49	178	90	88	204	103	101
50-54	157	80	77	168	85	83
55-59	146	74	71	148	74	73
60-64	121	62	59	135	68	67
65-69	94	47	47	108	54	54
70-74	65	31	33	80	39	41
75-79	34	16	18	49	23	27
80+	…	…	…	…	…	…
80-84	14	6	8	22	9	12
85-89	5	2	4	7	3	4
90-94	2	0	1	2	0	1
95-99	0	0	0	0	0	0
100+	0	0	0	0	0	0

性・年齢別人口（千人）

年齢	2015			2020			2025			2030		
	総数	男	女	総数	男	女	総数	男	女	総数	男	女
総数	2 135	1 057	1 078	2 234	1 112	1 121	2 310	1 156	1 154	2 371	1 191	1 180
0-4	278	140	138	262	132	130	241	121	119	223	112	110
5-9	249	125	124	273	137	136	258	130	128	237	120	118
10-14	243	122	120	246	124	122	270	136	134	255	128	127
15-19	250	126	124	237	120	118	241	121	120	265	133	132
20-24	237	120	117	243	123	120	231	116	115	235	118	117
25-29	216	111	106	225	115	110	232	117	114	221	111	109
30-34	179	93	86	198	103	96	208	107	101	216	110	106
35-39	122	65	57	157	82	75	176	92	84	187	97	90
40-44	76	40	36	103	55	48	136	72	64	155	82	73
45-49	55	26	29	65	34	30	89	48	41	119	63	56
50-54	48	19	29	47	22	25	56	29	26	78	42	36
55-59	48	18	30	42	16	26	41	19	22	49	26	23
60-64	45	17	28	42	15	27	36	14	23	36	16	20
65-69	34	14	21	37	14	24	35	12	23	31	11	20
70-74	22	9	13	27	10	17	30	11	19	28	9	19
75-79	17	6	11	15	6	9	19	7	12	21	7	14
80+	...	...	...	...	...	...	...	...	...	...	...	...
80-84	10	3	7	9	3	6	9	3	5	11	4	7
85-89	4	2	3	4	1	3	4	1	3	4	1	2
90-94	1	0	1	1	0	1	1	0	1	1	0	1
95-99	0	0	0	0	0	0	0	0	0	0	0	0
100+	0	0	0	0	0	0	0	0	0	0	0	0

年齢	2035			2040			2045			2050		
	総数	男	女	総数	男	女	総数	男	女	総数	男	女
総数	2 433	1 226	1 207	2 493	1 258	1 235	2 549	1 286	1 262	2 594	1 307	1 287
0-4	217	110	107	209	106	104	197	100	97	183	92	90
5-9	220	111	109	215	108	106	207	105	103	195	99	97
10-14	235	118	117	218	110	108	213	107	106	206	104	102
15-19	252	126	125	232	117	116	216	109	107	211	106	105
20-24	259	130	129	246	123	123	227	114	113	211	106	105
25-29	225	113	112	250	125	125	238	119	119	220	110	110
30-34	207	105	102	213	108	106	239	120	119	229	115	114
35-39	197	101	96	192	98	94	200	101	99	227	114	112
40-44	167	88	80	180	93	87	178	91	87	188	95	93
45-49	138	73	65	153	80	72	166	86	80	167	85	82
50-54	107	56	50	126	67	59	141	74	67	156	80	76
55-59	70	37	33	97	51	46	116	61	55	131	68	63
60-64	43	22	21	63	33	30	88	45	42	106	55	51
65-69	31	13	17	37	19	19	54	28	27	77	39	38
70-74	25	9	16	25	10	15	31	15	16	45	22	23
75-79	20	6	14	18	6	12	18	7	11	23	10	12
80+	...	...	...	...	...	...	...	...	...	...	...	...
80-84	12	4	9	12	4	9	11	3	8	11	4	7
85-89	5	1	3	6	2	4	6	1	4	5	1	4
90-94	1	0	1	1	0	1	2	0	1	2	0	1
95-99	0	0	0	0	0	0	0	0	0	0	0	0
100+	0	0	0	0	0	0	0	0	0	0	0	0

年齢	2055			2060		
	総数	男	女	総数	男	女
総数	2 623	1 318	1 304	2 630	1 317	1 313
0-4	169	85	83	156	79	77
5-9	181	92	90	167	85	83
10-14	194	98	96	180	91	89
15-19	204	103	101	192	97	95
20-24	207	104	103	200	101	99
25-29	205	103	102	201	101	100
30-34	213	107	106	198	99	99
35-39	219	110	109	203	102	101
40-44	215	108	107	208	105	103
45-49	178	90	88	204	103	101
50-54	157	80	77	168	85	83
55-59	146	74	71	148	74	73
60-64	121	62	59	135	68	67
65-69	94	47	47	108	54	54
70-74	65	31	33	80	39	41
75-79	34	16	18	49	23	27
80+	...	...	...	...	...	...
80-84	14	6	8	22	9	12
85-89	5	2	4	7	3	4
90-94	2	0	1	2	0	1
95-99	0	0	0	0	0	0
100+	0	0	0	0	0	0

　　　　　　　　　　　　　　　　　　　　　　　　　　　　　　　　推計値

性・年齢別人口（千人）

年齢	1960			1965			1970			1975		
	総数	男	女	総数	男	女	総数	男	女	総数	男	女
総数	1 120	568	552	1 253	630	623	1 420	710	709	1 629	813	816
0-4	192	95	97	219	109	110	252	126	126	296	149	147
5-9	149	73	76	172	85	87	199	99	100	232	115	116
10-14	123	61	61	144	71	73	167	82	85	194	96	98
15-19	119	61	59	119	60	60	141	69	72	164	81	83
20-24	103	52	51	114	58	56	115	57	58	136	67	70
25-29	87	44	43	98	49	48	109	55	54	111	55	56
30-34	75	38	37	82	41	41	93	47	46	105	53	52
35-39	65	34	31	71	36	35	78	39	39	89	45	44
40-44	53	29	25	61	31	29	67	33	33	74	37	37
45-49	44	24	20	50	26	23	57	29	28	63	31	32
50-54	35	19	16	40	21	19	46	24	22	53	27	26
55-59	28	15	13	31	16	15	36	19	17	41	21	20
60-64	20	10	10	23	12	11	26	14	13	31	16	15
65-69	14	7	7	15	8	8	18	9	9	21	10	10
70-74	8	4	4	9	4	5	10	5	5	12	6	6
75-79	4	2	2	4	2	2	5	2	2	6	3	3
80+	1	1	1	1	1	1	2	1	1	2	1	1
80-84	…	…	…	…	…	…	…	…	…	…	…	…
85-89	…	…	…	…	…	…	…	…	…	…	…	…
90-94	…	…	…	…	…	…	…	…	…	…	…	…
95-99	…	…	…	…	…	…	…	…	…	…	…	…
100+	…	…	…	…	…	…	…	…	…	…	…	…

年齢	1980			1985			1990			1995		
	総数	男	女	総数	男	女	総数	男	女	総数	男	女
総数	1 893	943	949	2 197	1 095	1 103	2 103	1 047	1 056	2 080	1 035	1 045
0-4	348	175	173	404	204	200	371	188	184	350	177	173
5-9	275	138	137	323	163	161	313	158	155	299	151	149
10-14	227	113	114	269	135	134	264	132	131	266	134	132
15-19	191	95	96	223	111	112	220	110	110	225	113	112
20-24	160	79	81	186	92	94	181	90	91	186	93	93
25-29	132	65	68	155	76	79	150	74	76	152	75	77
30-34	107	53	54	128	62	66	125	61	64	126	62	64
35-39	101	51	50	103	51	52	103	50	53	105	51	53
40-44	86	43	43	97	49	48	82	41	42	86	42	44
45-49	71	35	36	82	41	41	77	39	39	67	33	34
50-54	59	29	30	67	33	34	64	31	33	64	31	32
55-59	49	24	25	54	26	28	51	25	26	51	25	26
60-64	36	18	18	43	21	22	40	19	21	39	19	21
65-69	25	13	13	30	15	15	30	14	16	29	13	16
70-74	15	7	7	19	9	9	18	9	10	19	9	10
75-79	7	3	4	9	4	5	9	4	5	10	5	5
80+	3	1	2	4	2	2	…	…	…	…	…	…
80-84	…	…	…	…	…	…	3	2	2	4	2	2
85-89	…	…	…	…	…	…	1	0	0	1	0	0
90-94	…	…	…	…	…	…	0	0	0	0	0	0
95-99	…	…	…	…	…	…	0	0	0	0	0	0
100+	…	…	…	…	…	…	0	0	0	0	0	0

年齢	2000			2005			2010			2015		
	総数	男	女	総数	男	女	総数	男	女	総数	男	女
総数	2 892	1 445	1 447	3 270	1 639	1 630	3 958	1 990	1 968	4 503	2 270	2 234
0-4	496	252	245	565	288	277	655	335	321	701	358	343
5-9	399	202	197	468	237	230	576	293	283	637	325	312
10-14	355	179	176	384	195	190	484	246	238	567	289	278
15-19	316	159	156	343	173	170	399	202	197	477	242	235
20-24	265	133	132	302	153	150	353	179	175	391	198	193
25-29	219	110	109	253	127	126	310	157	154	345	174	171
30-34	179	89	90	208	104	104	259	131	129	303	153	150
35-39	148	73	75	170	84	85	213	107	106	252	127	125
40-44	122	60	62	140	69	71	173	86	87	206	103	103
45-49	99	48	51	115	56	59	141	69	72	166	82	84
50-54	78	38	40	92	44	48	114	55	59	134	65	69
55-59	71	35	36	70	34	37	90	43	47	107	51	56
60-64	56	27	29	62	30	32	67	32	35	82	38	43
65-69	40	19	21	45	21	24	55	26	29	57	27	30
70-74	27	12	15	29	14	16	36	17	20	43	20	23
75-79	15	7	8	16	7	9	20	9	11	24	11	13
80+	…	…	…	…	…	…	…	…	…	…	…	…
80-84	6	3	3	6	3	4	8	4	5	10	4	5
85-89	1	1	1	2	1	1	2	1	1	3	1	1
90-94	0	0	0	0	0	0	0	0	0	0	0	0
95-99	0	0	0	0	0	0	0	0	0	0	0	0
100+	0	0	0	0	0	0	0	0	0	0	0	0

性・年齢別人口（千人）

年齢	2015			2020			2025			2030		
	総数	男	女	総数	男	女	総数	男	女	総数	男	女
総数	4 503	2 270	2 234	5 091	2 570	2 520	5 728	2 896	2 832	6 414	3 247	3 167
0-4	701	358	343	756	386	370	815	417	399	876	448	428
5-9	637	325	312	684	349	335	740	378	362	801	409	392
10-14	567	289	278	628	321	307	675	345	330	732	374	358
15-19	477	242	235	559	285	274	620	317	303	668	341	327
20-24	391	198	193	468	238	230	550	280	269	611	312	299
25-29	345	174	171	382	194	188	459	233	226	540	276	265
30-34	303	153	150	337	171	167	374	190	185	451	229	222
35-39	252	127	125	295	149	146	329	167	163	367	186	181
40-44	206	103	103	245	123	122	287	145	142	322	163	159
45-49	166	82	84	199	99	100	237	119	118	279	140	139
50-54	134	65	69	159	78	81	191	94	96	227	113	114
55-59	107	51	56	126	61	65	149	73	77	180	88	92
60-64	82	38	43	97	46	51	115	55	60	137	66	71
65-69	57	27	30	70	32	38	84	39	45	100	47	53
70-74	43	20	23	44	20	24	55	25	30	67	30	36
75-79	24	11	13	28	13	15	30	13	16	37	16	21
80+	…	…	…	…	…	…	…	…	…	…	…	…
80-84	10	4	5	12	5	7	14	6	8	15	7	9
85-89	3	1	1	3	1	2	4	2	2	5	2	3
90-94	0	0	0	0	0	0	1	0	0	1	0	0
95-99	0	0	0	0	0	0	0	0	0	0	0	0
100+	0	0	0	0	0	0	0	0	0	0	0	0

年齢	2035			2040			2045			2050		
	総数	男	女	総数	男	女	総数	男	女	総数	男	女
総数	7 140	3 617	3 523	7 892	4 000	3 893	8 661	4 390	4 271	9 436	4 782	4 654
0-4	933	477	455	978	501	477	1 018	522	496	1 052	539	512
5-9	863	441	422	920	471	449	967	495	472	1 007	516	491
10-14	793	405	388	856	437	418	913	467	446	960	492	468
15-19	725	370	355	786	402	385	849	434	415	907	464	443
20-24	659	337	323	717	366	351	778	397	381	841	429	412
25-29	602	307	295	651	332	319	708	361	347	770	392	377
30-34	532	271	261	593	303	291	642	327	315	700	356	344
35-39	443	225	218	523	266	257	585	298	287	633	322	311
40-44	359	182	177	434	220	214	514	261	253	575	292	282
45-49	313	158	155	350	176	173	423	214	210	502	254	248
50-54	268	134	134	302	151	151	338	170	169	410	206	204
55-59	215	106	109	255	126	129	287	143	145	323	160	162
60-64	165	80	85	199	97	102	236	115	121	267	131	136
65-69	119	56	63	145	69	76	176	84	92	209	100	109
70-74	80	37	43	96	44	52	118	55	63	144	67	77
75-79	45	20	25	55	24	31	68	30	37	84	38	46
80+	…	…	…	…	…	…	…	…	…	…	…	…
80-84	20	8	11	24	10	14	30	13	17	38	16	22
85-89	5	2	3	7	3	4	9	4	5	12	5	7
90-94	1	0	1	1	0	1	2	1	1	2	1	1
95-99	0	0	0	0	0	0	0	0	0	0	0	0
100+	0	0	0	0	0	0	0	0	0	0	0	0

年齢	2055			2060		
	総数	男	女	総数	男	女
総数	10 215	5 175	5 041	10 992	5 565	5 427
0-4	1 086	557	529	1 117	573	544
5-9	1 042	535	508	1 078	553	525
10-14	1 001	513	488	1 037	532	505
15-19	954	489	466	996	510	486
20-24	900	460	440	947	484	463
25-29	833	425	408	892	455	437
30-34	761	387	374	825	420	405
35-39	691	351	340	752	382	370
40-44	623	316	307	681	345	336
45-49	563	285	278	611	309	302
50-54	487	245	242	547	275	271
55-59	392	195	197	467	233	234
60-64	301	147	153	367	180	187
65-69	238	114	124	269	129	140
70-74	173	81	92	198	92	105
75-79	103	46	57	126	56	69
80+	…	…	…	…	…	…
80-84	48	21	27	60	26	34
85-89	15	6	9	20	8	12
90-94	3	1	2	4	1	2
95-99	0	0	0	0	0	0
100+	0	0	0	0	0	0

Liberia

性・年齢別人口（千人）

年齢	2015			2020			2025			2030		
	総数	男	女	総数	男	女	総数	男	女	総数	男	女
総数	4 503	2 270	2 234	5 133	2 592	2 541	5 848	2 958	2 891	6 647	3 366	3 281
0-4	701	358	343	799	408	391	894	457	437	990	506	484
5-9	637	325	312	684	349	335	782	399	383	878	449	430
10-14	567	289	278	628	321	307	675	345	330	773	395	378
15-19	477	242	235	559	285	274	620	317	303	668	341	327
20-24	391	198	193	468	238	230	550	280	269	611	312	299
25-29	345	174	171	382	194	188	459	233	226	540	276	265
30-34	303	153	150	337	171	167	374	190	185	451	229	222
35-39	252	127	125	295	149	146	329	167	163	367	186	181
40-44	206	103	103	245	123	122	287	145	142	322	163	159
45-49	166	82	84	199	99	100	237	119	118	279	140	139
50-54	134	65	69	159	78	81	191	94	96	227	113	114
55-59	107	51	56	126	61	65	149	73	77	180	88	92
60-64	82	38	43	97	46	51	115	55	60	137	66	71
65-69	57	27	30	70	32	38	84	39	45	100	47	53
70-74	43	20	23	44	20	24	55	25	30	67	30	36
75-79	24	11	13	28	13	15	30	13	16	37	16	21
80+	...	...	...	...	...	...	...	...	...	...	...	...
80-84	10	4	5	12	5	7	14	6	8	15	7	9
85-89	3	1	1	3	1	2	4	2	2	5	2	3
90-94	0	0	0	0	0	0	1	0	0	1	0	0
95-99	0	0	0	0	0	0	0	0	0	0	0	0
100+	0	0	0	0	0	0	0	0	0	0	0	0

年齢	2035			2040			2045			2050		
	総数	男	女	総数	男	女	総数	男	女	総数	男	女
総数	7 505	3 803	3 701	8 417	4 268	4 149	9 390	4 763	4 627	10 426	5 288	5 137
0-4	1 066	546	520	1 141	585	556	1 225	628	597	1 317	675	641
5-9	975	499	477	1 052	539	514	1 128	578	551	1 214	622	592
10-14	870	444	425	967	494	473	1 045	535	510	1 121	574	547
15-19	766	391	375	863	441	422	961	491	470	1 038	531	507
20-24	659	337	323	758	387	371	854	436	418	952	486	466
25-29	602	307	295	651	332	319	749	382	367	845	431	414
30-34	532	271	261	593	303	291	642	327	315	740	377	363
35-39	443	225	218	523	266	257	585	298	287	633	322	311
40-44	359	182	177	434	220	214	514	261	253	575	292	282
45-49	313	158	155	350	176	173	423	214	210	502	254	248
50-54	268	134	134	302	151	151	338	170	169	410	206	204
55-59	215	106	109	255	126	129	287	143	145	323	160	162
60-64	165	80	85	199	97	102	236	115	121	267	131	136
65-69	119	56	63	145	69	76	176	84	92	209	100	109
70-74	80	37	43	96	44	52	118	55	63	144	67	77
75-79	45	20	25	55	24	31	68	30	37	84	38	46
80+	...	...	...	...	...	...	...	...	...	...	...	...
80-84	20	8	11	24	10	14	30	13	17	38	16	22
85-89	5	2	3	7	3	4	9	4	5	12	5	7
90-94	1	0	1	1	0	1	2	1	1	2	1	1
95-99	0	0	0	0	0	0	0	0	0	0	0	0
100+	0	0	0	0	0	0	0	0	0	0	0	0

年齢	2055			2060		
	総数	男	女	総数	男	女
総数	11 524	5 845	5 680	12 674	6 426	6 248
0-4	1 411	724	687	1 497	768	729
5-9	1 306	670	636	1 401	718	682
10-14	1 207	619	588	1 299	666	633
15-19	1 115	571	544	1 201	615	586
20-24	1 030	526	504	1 107	566	541
25-29	943	481	462	1 021	521	500
30-34	836	426	411	934	475	458
35-39	731	371	359	827	420	407
40-44	623	316	307	720	365	355
45-49	563	285	278	611	309	302
50-54	487	245	242	547	275	271
55-59	392	195	197	467	233	234
60-64	301	147	153	367	180	187
65-69	238	114	124	269	129	140
70-74	173	81	92	198	92	105
75-79	103	46	57	126	56	69
80+	...	...	...	...	...	...
80-84	48	21	27	60	26	34
85-89	15	6	9	20	8	12
90-94	3	1	2	4	1	2
95-99	0	0	0	0	0	0
100+	0	0	0	0	0	0

性・年齢別人口（千人）

年齢	2015			2020			2025			2030		
	総数	男	女	総数	男	女	総数	男	女	総数	男	女
総数	4 503	2 270	2 234	5 048	2 549	2 500	5 608	2 835	2 773	6 181	3 128	3 054
0-4	701	358	343	714	365	349	736	376	360	763	390	373
5-9	637	325	312	684	349	335	699	357	342	723	369	354
10-14	567	289	278	628	321	307	675	345	330	691	353	338
15-19	477	242	235	559	285	274	620	317	303	668	341	327
20-24	391	198	193	468	238	230	550	280	269	611	312	299
25-29	345	174	171	382	194	188	459	233	226	540	276	265
30-34	303	153	150	337	171	167	374	190	185	451	229	222
35-39	252	127	125	295	149	146	329	167	163	367	186	181
40-44	206	103	103	245	123	122	287	145	142	322	163	159
45-49	166	82	84	199	99	100	237	119	118	279	140	139
50-54	134	65	69	159	78	81	191	94	96	227	113	114
55-59	107	51	56	126	61	65	149	73	77	180	88	92
60-64	82	38	43	97	46	51	115	55	60	137	66	71
65-69	57	27	30	70	32	38	84	39	45	100	47	53
70-74	43	20	23	44	20	24	55	25	30	67	30	36
75-79	24	11	13	28	13	15	30	13	16	37	16	21
80+	...	...	...	...	...	...	...	...	...	...	...	...
80-84	10	4	5	12	5	7	14	6	8	15	7	9
85-89	3	1	1	3	1	2	4	2	2	5	2	3
90-94	0	0	0	0	0	0	1	0	0	1	0	0
95-99	0	0	0	0	0	0	0	0	0	0	0	0
100+	0	0	0	0	0	0	0	0	0	0	0	0

年齢	2035			2040			2045			2050		
	総数	男	女	総数	男	女	総数	男	女	総数	男	女
総数	6 777	3 431	3 346	7 373	3 734	3 639	7 950	4 026	3 924	8 490	4 298	4 192
0-4	800	409	390	819	420	400	823	422	401	813	417	396
5-9	751	384	367	789	404	385	809	415	395	814	417	397
10-14	715	366	350	744	380	364	783	400	382	803	411	392
15-19	684	349	335	709	362	347	738	377	361	777	397	380
20-24	659	337	323	676	345	331	702	358	344	731	373	358
25-29	602	307	295	651	332	319	668	340	327	694	354	340
30-34	532	271	261	593	303	291	642	327	315	660	336	324
35-39	443	225	218	523	266	257	585	298	287	633	322	311
40-44	359	182	177	434	220	214	514	261	253	575	292	282
45-49	313	158	155	350	176	173	423	214	210	502	254	248
50-54	268	134	134	302	151	151	338	170	169	410	206	204
55-59	215	106	109	255	126	129	287	143	145	323	160	162
60-64	165	80	85	199	97	102	236	115	121	267	131	136
65-69	119	56	63	145	69	76	176	84	92	209	100	109
70-74	80	37	43	96	44	52	118	55	63	144	67	77
75-79	45	20	25	55	24	31	68	30	37	84	38	46
80+	...	...	...	...	...	...	...	...	...	...	...	...
80-84	20	8	11	24	10	14	30	13	17	38	16	22
85-89	5	2	3	7	3	4	9	4	5	12	5	7
90-94	1	0	1	1	0	1	2	1	1	2	1	1
95-99	0	0	0	0	0	0	0	0	0	0	0	0
100+	0	0	0	0	0	0	0	0	0	0	0	0

年齢	2055			2060		
	総数	男	女	総数	男	女
総数	8 991	4 548	4 443	9 450	4 776	4 675
0-4	802	411	391	793	407	386
5-9	805	413	392	795	408	387
10-14	808	414	394	800	410	390
15-19	798	409	390	804	412	392
20-24	770	394	377	792	405	387
25-29	723	369	355	763	389	374
30-34	686	349	337	716	364	351
35-39	651	331	320	678	345	334
40-44	623	316	307	642	325	316
45-49	563	285	278	611	309	302
50-54	487	245	242	547	275	271
55-59	392	195	197	467	233	234
60-64	301	147	153	367	180	187
65-69	238	114	124	269	129	140
70-74	173	81	92	198	92	105
75-79	103	46	57	126	56	69
80+	...	...	...	...	...	...
80-84	48	21	27	60	26	34
85-89	15	6	9	20	8	12
90-94	3	1	2	4	1	2
95-99	0	0	0	0	0	0
100+	0	0	0	0	0	0

Libya

推計値

性・年齢別人口（千人）

年齢	1960 総数	男	女	1965 総数	男	女	1970 総数	男	女	1975 総数	男	女
総数	1 435	736	698	1 717	883	835	2 114	1 091	1 024	2 622	1 363	1 259
0-4	252	126	125	321	163	159	429	218	211	527	268	259
5-9	195	98	97	238	119	118	311	158	154	420	214	207
10-14	152	79	73	193	97	96	237	119	118	311	157	153
15-19	136	71	66	153	80	73	194	98	96	239	121	118
20-24	120	61	59	140	74	67	157	83	74	200	103	97
25-29	108	56	52	125	65	60	146	78	68	166	91	75
30-34	97	50	47	112	59	53	129	68	61	153	84	68
35-39	85	44	41	99	52	47	114	61	53	133	73	61
40-44	67	34	33	85	45	40	99	53	46	115	63	52
45-49	55	28	27	66	34	32	83	44	39	98	53	45
50-54	46	24	22	53	27	26	63	33	30	81	44	38
55-59	36	18	18	43	22	20	49	25	24	60	31	29
60-64	30	16	14	32	16	16	38	20	18	45	23	22
65-69	24	13	11	25	13	12	27	13	14	33	17	16
70-74	17	9	7	18	10	8	19	10	9	21	10	11
75-79	9	5	4	10	6	4	11	6	5	13	6	6
80+	6	3	2	6	3	3	7	4	3	8	4	4
80-84	…	…	…	…	…	…	…	…	…	…	…	…
85-89	…	…	…	…	…	…	…	…	…	…	…	…
90-94	…	…	…	…	…	…	…	…	…	…	…	…
95-99	…	…	…	…	…	…	…	…	…	…	…	…
100+	…	…	…	…	…	…	…	…	…	…	…	…

年齢	1980 総数	男	女	1985 総数	男	女	1990 総数	男	女	1995 総数	男	女
総数	3 191	1 671	1 520	3 841	2 043	1 797	4 398	2 320	2 079	4 878	2 556	2 322
0-4	589	300	289	616	315	301	638	326	312	569	292	277
5-9	519	264	255	585	298	287	613	313	300	636	325	311
10-14	419	213	206	519	264	255	584	298	287	612	313	300
15-19	312	159	153	423	217	206	517	263	255	583	297	286
20-24	247	129	117	332	179	153	422	217	206	517	263	254
25-29	214	117	97	281	163	118	332	179	153	422	217	206
30-34	175	101	75	237	140	97	280	162	118	331	178	153
35-39	155	88	68	181	107	75	234	138	96	277	160	117
40-44	133	73	60	156	89	67	178	104	74	230	135	95
45-49	113	63	51	131	73	58	151	86	66	173	100	73
50-54	95	51	43	110	61	49	126	69	57	145	81	64
55-59	77	41	36	90	49	42	103	56	47	118	63	55
60-64	55	28	27	71	37	34	82	43	39	95	50	45
65-69	39	20	20	48	24	24	62	31	30	72	37	35
70-74	26	13	13	31	15	16	39	19	20	50	25	26
75-79	14	7	8	18	9	9	22	10	12	28	13	15
80+	9	5	5	11	5	6	…	…	…	…	…	…
80-84	…	…	…	…	…	…	10	5	5	13	6	7
85-89	…	…	…	…	…	…	3	1	2	4	2	2
90-94	…	…	…	…	…	…	1	0	0	1	0	0
95-99	…	…	…	…	…	…	0	0	0	0	0	0
100+	…	…	…	…	…	…	0	0	0	0	0	0

年齢	2000 総数	男	女	2005 総数	男	女	2010 総数	男	女	2015 総数	男	女
総数	5 337	2 784	2 553	5 802	2 999	2 802	6 266	3 207	3 058	6 278	3 157	3 122
0-4	555	285	270	592	304	288	671	344	328	649	333	316
5-9	568	291	277	551	283	268	588	302	286	650	333	317
10-14	636	325	311	565	290	276	549	282	267	574	295	280
15-19	612	312	300	633	323	310	563	288	275	514	262	252
20-24	588	302	286	627	321	306	629	321	308	486	240	246
25-29	527	272	254	615	318	296	622	318	304	532	258	274
30-34	431	226	205	541	283	258	610	315	295	536	263	272
35-39	331	179	152	433	228	205	536	280	256	539	273	266
40-44	269	153	116	319	169	149	421	219	202	482	248	234
45-49	220	126	94	244	132	112	299	154	145	390	199	191
50-54	162	91	71	194	104	90	222	115	107	281	140	140
55-59	133	71	62	140	74	66	171	87	84	206	104	102
60-64	106	54	52	116	59	57	121	60	61	154	77	78
65-69	82	41	41	91	44	47	100	49	51	105	51	54
70-74	59	29	30	67	33	35	75	35	40	81	38	43
75-79	37	17	19	43	21	23	50	23	27	55	24	31
80+	…	…	…	…	…	…	…	…	…	…	…	…
80-84	17	7	9	22	10	12	27	12	15	30	13	17
85-89	5	2	3	7	3	4	10	4	6	12	5	7
90-94	1	0	1	1	1	1	2	1	1	3	1	2
95-99	0	0	0	0	0	0	0	0	0	0	0	0
100+	0	0	0	0	0	0	0	0	0	0	0	0

性・年齢別人口（千人）

年齢	2015			2020			2025			2030		
	総数	男	女	総数	男	女	総数	男	女	総数	男	女
総数	6 278	3 157	3 122	6 700	3 361	3 339	7 086	3 551	3 535	7 418	3 712	3 706
0-4	649	333	316	593	304	289	549	281	267	520	267	253
5-9	650	333	317	646	331	315	592	304	289	548	281	267
10-14	574	295	280	648	332	316	646	331	315	592	303	288
15-19	514	262	252	572	293	279	648	331	316	645	330	315
20-24	486	240	246	510	259	251	572	293	279	648	331	317
25-29	532	258	274	481	237	244	511	259	251	573	293	280
30-34	536	263	272	527	255	272	481	237	244	511	259	252
35-39	539	273	266	531	260	271	526	254	272	480	236	244
40-44	482	248	234	533	269	264	527	258	269	523	252	270
45-49	390	199	191	474	243	231	526	265	262	521	254	267
50-54	281	140	140	380	193	187	465	237	227	516	258	258
55-59	206	104	102	270	133	136	367	185	182	449	227	222
60-64	154	77	78	193	96	98	255	124	131	347	172	175
65-69	105	51	54	139	67	72	176	85	91	233	110	123
70-74	81	38	43	89	41	47	119	55	64	151	70	81
75-79	55	24	31	61	27	34	68	30	38	92	41	52
80+	…	…	…	…	…	…	…	…	…	…	…	…
80-84	30	13	17	34	14	20	39	16	23	44	18	26
85-89	12	5	7	14	5	8	16	6	10	19	7	12
90-94	3	1	2	3	1	2	4	1	3	5	2	4
95-99	0	0	0	0	0	0	1	0	0	1	0	1
100+	0	0	0	0	0	0	0	0	0	0	0	0

年齢	2035			2040			2045			2050		
	総数	男	女	総数	男	女	総数	男	女	総数	男	女
総数	7 713	3 853	3 861	7 980	3 978	4 001	8 207	4 085	4 122	8 375	4 163	4 212
0-4	515	265	251	526	270	256	529	272	257	514	264	250
5-9	519	266	253	515	264	251	525	270	256	529	271	257
10-14	547	281	267	519	266	253	515	264	251	525	270	256
15-19	591	303	288	547	281	267	519	266	253	515	264	251
20-24	646	330	315	592	303	289	549	281	267	521	267	254
25-29	648	331	317	647	331	316	594	304	290	550	282	268
30-34	573	293	280	648	331	317	647	331	316	594	305	290
35-39	510	259	251	572	292	280	647	330	317	646	330	316
40-44	478	235	243	507	257	250	569	291	279	644	329	316
45-49	517	249	268	473	232	241	503	254	248	564	288	277
50-54	511	248	263	508	243	265	465	227	238	495	250	246
55-59	499	248	252	496	239	257	494	235	259	454	220	234
60-64	426	212	214	475	232	243	474	225	249	473	222	252
65-69	319	154	165	393	191	202	441	210	230	442	205	237
70-74	202	92	110	278	130	149	346	162	183	391	180	210
75-79	119	52	67	161	69	91	224	99	125	281	126	155
80+	…	…	…	…	…	…	…	…	…	…	…	…
80-84	61	25	37	80	33	48	111	44	67	157	64	93
85-89	22	8	14	32	11	20	43	15	27	61	21	39
90-94	7	2	5	8	2	6	12	3	8	16	5	11
95-99	1	0	1	1	0	1	2	0	1	3	1	2
100+	0	0	0	0	0	0	0	0	0	0	0	0

年齢	2055			2060		
	総数	男	女	総数	男	女
総数	8 474	4 210	4 264	8 516	4 233	4 283
0-4	487	251	237	463	238	225
5-9	514	264	250	487	250	237
10-14	528	271	257	514	264	250
15-19	526	270	256	529	272	257
20-24	517	265	251	527	271	256
25-29	523	268	254	519	266	252
30-34	551	283	268	524	269	255
35-39	594	304	290	551	283	268
40-44	643	329	314	592	303	289
45-49	639	326	313	639	326	313
50-54	556	283	274	631	321	310
55-59	483	242	241	544	275	269
60-64	436	209	227	466	231	235
65-69	443	203	240	410	193	217
70-74	395	177	217	399	178	221
75-79	321	141	180	329	141	188
80+	…	…	…	…	…	…
80-84	200	83	117	234	96	138
85-89	88	32	56	115	43	72
90-94	24	7	17	36	11	25
95-99	4	1	3	6	1	5
100+	0	0	0	1	0	1

性・年齢別人口（千人）

年齢	2015			2020			2025			2030		
	総数	男	女	総数	男	女	総数	男	女	総数	男	女
総数	6 278	3 157	3 122	6 764	3 394	3 370	7 252	3 637	3 616	7 713	3 863	3 850
0-4	649	333	316	657	337	320	651	334	317	649	333	316
5-9	650	333	317	646	331	315	656	336	320	650	333	317
10-14	574	295	280	648	332	316	646	331	315	655	336	319
15-19	514	262	252	572	293	279	648	331	316	645	330	315
20-24	486	240	246	510	259	251	572	293	279	648	331	317
25-29	532	258	274	481	237	244	511	259	251	573	293	280
30-34	536	263	272	527	255	272	481	237	244	511	259	252
35-39	539	273	266	531	260	271	526	254	272	480	236	244
40-44	482	248	234	533	269	264	527	258	269	523	252	270
45-49	390	199	191	474	243	231	526	265	262	521	254	267
50-54	281	140	140	380	193	187	465	237	227	516	258	258
55-59	206	104	102	270	133	136	367	185	182	449	227	222
60-64	154	77	78	193	96	98	255	124	131	347	172	175
65-69	105	51	54	139	67	72	176	85	91	233	110	123
70-74	81	38	43	89	41	47	119	55	64	151	70	81
75-79	55	24	31	61	27	34	68	30	38	92	41	52
80+	...	...	...	...	...	...	...	...	...	...	...	...
80-84	30	13	17	34	14	20	39	16	23	44	18	26
85-89	12	5	7	14	5	8	16	6	10	19	7	12
90-94	3	1	2	3	1	2	4	1	3	5	2	4
95-99	0	0	0	0	0	0	1	0	0	1	0	1
100+	0	0	0	0	0	0	0	0	0	0	0	0

年齢	2035			2040			2045			2050		
	総数	男	女	総数	男	女	総数	男	女	総数	男	女
総数	8 143	4 073	4 070	8 556	4 274	4 282	8 949	4 465	4 484	9 309	4 642	4 667
0-4	651	334	317	673	346	328	696	357	338	708	364	344
5-9	648	333	316	650	334	316	673	345	327	695	357	338
10-14	649	333	316	648	332	316	650	333	316	672	345	327
15-19	655	336	320	649	333	316	648	332	316	650	333	316
20-24	646	330	315	656	336	320	650	333	317	649	333	316
25-29	648	331	317	647	331	316	657	336	321	651	334	318
30-34	573	293	280	648	331	317	647	331	316	657	337	321
35-39	510	259	251	572	292	280	647	330	317	646	330	316
40-44	478	235	243	507	257	250	569	291	279	644	329	316
45-49	517	249	268	473	232	241	503	254	248	564	288	277
50-54	511	248	263	508	243	265	465	227	238	495	250	246
55-59	499	248	252	496	239	257	494	235	259	454	220	234
60-64	426	212	214	475	232	243	474	225	249	473	222	252
65-69	319	154	165	393	191	202	441	210	230	442	205	237
70-74	202	92	110	278	130	149	346	162	183	391	180	210
75-79	119	52	67	161	69	91	224	99	125	281	126	155
80+	...	...	...	...	...	...	...	...	...	...	...	...
80-84	61	25	37	80	33	48	111	44	67	157	64	93
85-89	22	8	14	32	11	20	43	15	27	61	21	39
90-94	7	2	5	8	2	6	12	3	8	16	5	11
95-99	1	0	1	1	0	1	2	0	1	3	1	2
100+	0	0	0	0	0	0	0	0	0	0	0	0

年齢	2055			2060		
	総数	男	女	総数	男	女
総数	9 628	4 802	4 826	9 917	4 951	4 966
0-4	710	365	345	712	366	346
5-9	707	363	344	710	365	345
10-14	695	357	338	707	363	344
15-19	672	345	327	695	357	338
20-24	651	334	317	674	346	328
25-29	650	334	317	652	335	318
30-34	652	334	318	651	334	317
35-39	657	336	320	651	334	317
40-44	643	329	314	654	335	319
45-49	639	326	313	639	326	313
50-54	556	283	274	631	321	310
55-59	483	242	241	544	275	269
60-64	436	209	227	466	231	235
65-69	443	203	240	410	193	217
70-74	395	177	217	399	178	221
75-79	321	141	180	329	141	188
80+	...	...	...	...	...	...
80-84	200	83	117	234	96	138
85-89	88	32	56	115	43	72
90-94	24	7	17	36	11	25
95-99	4	1	3	6	1	5
100+	0	0	0	1	0	0

性・年齢別人口（千人）

年齢	2015			2020			2025			2030		
	総数	男	女	総数	男	女	総数	男	女	総数	男	女
総数	6 278	3 157	3 122	6 636	3 329	3 307	6 920	3 466	3 454	7 123	3 561	3 562
0-4	649	333	316	529	271	258	446	229	217	391	201	190
5-9	650	333	317	646	331	315	528	271	257	446	229	217
10-14	574	295	280	648	332	316	646	331	315	528	270	257
15-19	514	262	252	572	293	279	648	331	316	645	330	315
20-24	486	240	246	510	259	251	572	293	279	648	331	317
25-29	532	258	274	481	237	244	511	259	251	573	293	280
30-34	536	263	272	527	255	272	481	237	244	511	259	252
35-39	539	273	266	531	260	271	526	254	272	480	236	244
40-44	482	248	234	533	269	264	527	258	269	523	252	270
45-49	390	199	191	474	243	231	526	265	262	521	254	267
50-54	281	140	140	380	193	187	465	237	227	516	258	258
55-59	206	104	102	270	133	136	367	185	182	449	227	222
60-64	154	77	78	193	96	98	255	124	131	347	172	175
65-69	105	51	54	139	67	72	176	85	91	233	110	123
70-74	81	38	43	89	41	47	119	55	64	151	70	81
75-79	55	24	31	61	27	34	68	30	38	92	41	52
80+	…	…	…	…	…	…	…	…	…	…	…	…
80-84	30	13	17	34	14	20	39	16	23	44	18	26
85-89	12	5	7	14	5	8	16	6	10	19	7	12
90-94	3	1	2	3	1	2	4	1	3	5	2	4
95-99	0	0	0	0	0	0	1	0	0	1	0	1
100+	0	0	0	0	0	0	0	0	0	0	0	0

年齢	2035			2040			2045			2050		
	総数	男	女	総数	男	女	総数	男	女	総数	男	女
総数	7 284	3 632	3 651	7 406	3 684	3 722	7 476	3 710	3 766	7 473	3 701	3 772
0-4	380	195	185	380	195	185	370	190	180	342	176	166
5-9	391	200	190	380	195	185	380	195	185	370	190	180
10-14	445	228	217	391	200	190	380	195	185	380	195	185
15-19	528	270	257	446	228	217	391	201	191	381	195	185
20-24	646	330	315	529	271	258	447	229	218	393	202	191
25-29	648	331	317	647	331	316	530	272	259	449	231	219
30-34	573	293	280	648	331	317	647	331	316	532	273	259
35-39	510	259	251	572	292	280	647	330	317	646	330	316
40-44	478	235	243	507	257	250	569	291	279	644	329	316
45-49	517	249	268	473	232	241	503	254	248	564	288	277
50-54	511	248	263	508	243	265	465	227	238	495	250	246
55-59	499	248	252	496	239	257	494	235	259	454	220	234
60-64	426	212	214	475	232	243	474	225	249	473	222	252
65-69	319	154	165	393	191	202	441	210	230	442	205	237
70-74	202	92	110	278	130	149	346	162	183	391	180	210
75-79	119	52	67	161	69	91	224	99	125	281	126	155
80+	…	…	…	…	…	…	…	…	…	…	…	…
80-84	61	25	37	80	33	48	111	44	67	157	64	93
85-89	22	8	14	32	11	20	43	15	27	61	21	39
90-94	7	2	5	8	2	6	12	3	8	16	5	11
95-99	1	0	1	1	0	1	2	0	1	3	1	2
100+	0	0	0	0	0	0	0	0	0	0	0	0

年齢	2055			2060		
	総数	男	女	総数	男	女
総数	7 388	3 653	3 735	7 236	3 577	3 659
0-4	302	155	147	266	137	129
5-9	342	176	166	302	155	147
10-14	370	190	180	342	176	166
15-19	381	195	185	371	191	180
20-24	383	197	186	382	197	186
25-29	395	203	192	385	198	187
30-34	451	232	219	397	204	193
35-39	531	273	259	451	232	219
40-44	643	329	314	530	272	258
45-49	639	326	313	639	326	313
50-54	556	283	274	631	321	310
55-59	483	242	241	544	275	269
60-64	436	209	227	466	231	235
65-69	443	203	240	410	193	217
70-74	395	177	217	399	178	221
75-79	321	141	180	329	141	188
80+	…	…	…	…	…	…
80-84	200	83	117	234	96	138
85-89	88	32	56	115	43	72
90-94	24	7	17	36	11	25
95-99	4	1	3	6	1	5
100+	0	0	0	1	0	0

Lithuania

性・年齢別人口（千人）

年齢	1960			1965			1970			1975		
	総数	男	女	総数	男	女	総数	男	女	総数	男	女
総数	2 771	1 277	1 493	2 967	1 382	1 585	3 137	1 472	1 666	3 300	1 553	1 747
0-4	276	141	136	286	146	140	268	136	132	266	135	131
5-9	246	125	121	282	143	139	293	149	144	270	137	133
10-14	230	116	114	243	124	119	287	146	142	291	149	143
15-19	233	116	117	223	112	111	240	123	117	286	147	139
20-24	233	111	122	230	114	116	217	108	109	244	124	120
25-29	238	112	126	236	113	123	226	111	115	225	111	114
30-34	230	103	127	237	112	125	239	115	124	229	112	117
35-39	183	77	106	230	104	126	236	112	124	239	114	125
40-44	121	51	70	182	77	106	228	103	125	233	110	124
45-49	140	56	84	118	50	68	180	76	105	223	100	123
50-54	165	80	85	138	55	83	115	49	67	178	73	105
55-59	142	62	80	161	77	85	134	52	82	112	46	66
60-64	114	46	68	134	58	77	154	71	83	128	49	80
65-69	89	37	52	103	40	63	123	51	72	138	61	78
70-74	61	21	40	74	30	44	88	32	55	104	41	63
75-79	37	13	24	48	16	32	55	22	34	67	23	44
80+	33	10	22	41	13	28	53	16	37	66	22	44
80-84	...	...	...	...	...	...	...	...	...	...	...	...
85-89	...	...	...	...	...	...	...	...	...	...	...	...
90-94	...	...	...	...	...	...	...	...	...	...	...	...
95-99	...	...	...	...	...	...	...	...	...	...	...	...
100+	...	...	...	...	...	...	...	...	...	...	...	...

年齢	1980			1985			1990			1995		
	総数	男	女	総数	男	女	総数	男	女	総数	男	女
総数	3 432	1 618	1 814	3 564	1 683	1 881	3 697	1 750	1 948	3 628	1 710	1 919
0-4	258	131	127	276	141	135	289	148	142	241	124	118
5-9	270	137	133	262	133	129	281	143	138	278	142	136
10-14	272	139	134	274	139	134	264	134	130	270	137	133
15-19	292	149	143	275	141	134	276	141	135	254	129	126
20-24	286	148	138	299	152	146	279	144	135	268	136	132
25-29	248	124	123	291	147	144	304	154	149	270	138	132
30-34	230	113	117	249	123	125	293	146	148	290	146	144
35-39	229	111	118	227	110	117	247	121	126	276	135	141
40-44	236	112	125	224	107	117	223	107	116	231	111	120
45-49	228	106	122	229	107	122	218	103	115	208	97	111
50-54	215	95	120	220	100	120	220	101	119	204	93	111
55-59	172	68	103	205	88	118	209	92	117	203	89	114
60-64	106	42	64	161	62	99	192	79	113	189	79	110
65-69	117	43	74	95	36	59	146	53	93	169	65	104
70-74	117	48	69	100	34	66	81	28	53	122	41	82
75-79	80	29	51	90	34	55	78	24	54	62	20	42
80+	75	24	52	86	27	59	...	...	...	...	...	...
80-84	...	...	...	...	...	...	59	21	38	50	14	36
85-89	...	...	...	...	...	...	26	8	18	30	10	20
90-94	...	...	...	...	...	...	9	2	7	10	3	7
95-99	...	...	...	...	...	...	2	1	2	2	1	2
100+	...	...	...	...	...	...	0	0	0	0	0	0

年齢	2000			2005			2010			2015		
	総数	男	女	総数	男	女	総数	男	女	総数	男	女
総数	3 486	1 632	1 855	3 343	1 556	1 788	3 123	1 440	1 683	2 878	1 325	1 553
0-4	186	96	91	147	76	72	147	75	72	152	78	74
5-9	230	117	113	179	92	87	141	72	68	133	68	65
10-14	267	136	131	237	121	116	173	89	84	133	68	64
15-19	265	135	130	258	131	127	226	116	111	160	82	77
20-24	240	121	118	237	121	116	229	116	113	207	107	99
25-29	241	120	120	216	108	108	205	104	102	190	98	92
30-34	260	129	131	232	115	118	198	98	100	167	85	82
35-39	265	130	135	240	118	122	216	105	111	172	84	87
40-44	261	126	136	264	129	136	221	107	114	201	97	104
45-49	216	102	114	246	117	129	245	117	128	200	95	105
50-54	200	92	109	202	94	108	229	106	123	237	111	126
55-59	183	81	102	176	78	98	186	83	103	208	94	114
60-64	185	78	107	172	73	99	159	67	92	177	75	102
65-69	169	66	102	170	67	103	151	59	92	131	52	80
70-74	140	50	90	148	54	94	146	53	93	137	49	87
75-79	91	27	63	117	37	80	118	39	79	121	39	81
80+	...	...	...	...	...	...	...	...	...	...	...	...
80-84	48	15	33	66	18	48	86	25	61	93	30	63
85-89	25	5	20	25	6	19	34	7	27	46	10	36
90-94	10	2	7	9	1	8	9	1	7	13	2	11
95-99	2	0	2	2	0	2	2	0	2	2	0	2
100+	0	0	0	0	0	0	0	0	0	0	0	0

性・年齢別人口（千人）

年齢	2015			2020			2025			2030		
	総数	男	女	総数	男	女	総数	男	女	総数	男	女
総数	2 878	1 325	1 553	2 795	1 284	1 511	2 725	1 253	1 471	2 655	1 224	1 431
0-4	152	78	74	146	75	71	148	76	72	138	71	67
5-9	133	68	65	152	78	74	146	75	71	148	76	72
10-14	133	68	64	133	68	65	152	78	74	146	75	71
15-19	160	82	77	132	68	64	133	68	65	151	78	74
20-24	207	107	99	159	82	77	132	68	64	133	67	65
25-29	190	98	92	206	106	99	158	81	77	131	67	64
30-34	167	85	82	189	97	92	204	105	99	157	80	77
35-39	172	84	87	165	83	82	187	95	92	202	104	99
40-44	201	97	104	169	82	87	163	82	81	184	93	91
45-49	200	95	105	196	94	103	165	80	86	160	79	80
50-54	237	111	126	193	90	103	190	89	101	160	76	84
55-59	208	94	114	225	103	123	184	84	100	182	83	99
60-64	177	75	102	194	84	110	211	92	118	173	76	97
65-69	131	52	80	160	64	96	176	72	104	192	80	113
70-74	137	49	87	113	40	73	139	51	88	154	57	96
75-79	121	39	81	108	33	74	90	28	62	111	35	76
80+	…	…	…	…	…	…	…	…	…	…	…	…
80-84	93	30	63	83	21	61	75	18	56	63	16	48
85-89	46	10	36	50	12	38	46	9	38	43	8	35
90-94	13	2	11	18	3	15	20	3	17	19	2	17
95-99	2	0	2	3	0	3	5	0	4	5	1	5
100+	0	0	0	0	0	0	0	0	0	1	0	1

年齢	2035			2040			2045			2050		
	総数	男	女	総数	男	女	総数	男	女	総数	男	女
総数	2 580	1 192	1 388	2 505	1 161	1 344	2 437	1 135	1 302	2 375	1 114	1 262
0-4	125	64	61	121	62	59	125	64	61	128	66	62
5-9	138	71	67	125	64	61	121	62	59	124	64	61
10-14	148	76	72	138	71	67	125	64	61	121	62	59
15-19	146	75	71	148	76	72	138	71	67	125	64	61
20-24	151	77	74	146	74	71	148	76	72	138	70	67
25-29	132	67	65	150	77	74	145	74	71	147	75	72
30-34	131	67	64	131	67	65	150	76	73	144	74	71
35-39	156	79	77	130	66	64	130	66	65	149	76	73
40-44	200	102	98	154	78	76	128	65	63	129	65	64
45-49	181	91	90	196	99	97	152	76	75	126	64	63
50-54	155	76	79	176	87	89	191	96	96	148	74	74
55-59	154	71	82	149	72	77	170	83	87	185	91	94
60-64	171	76	96	146	65	80	141	66	75	162	77	85
65-69	159	66	93	158	67	91	135	58	77	132	59	72
70-74	169	64	104	140	54	86	141	55	85	121	49	72
75-79	124	41	84	138	46	91	115	40	76	117	42	75
80+	…	…	…	…	…	…	…	…	…	…	…	…
80-84	79	20	59	90	24	66	101	29	72	86	25	60
85-89	37	7	30	47	9	38	54	11	43	62	14	48
90-94	19	2	16	16	2	14	21	3	19	25	4	21
95-99	5	0	5	5	0	5	5	0	4	6	1	6
100+	1	0	1	1	0	1	1	0	1	1	0	1

年齢	2055			2060		
	総数	男	女	総数	男	女
総数	2 321	1 097	1 224	2 272	1 081	1 190
0-4	127	65	62	123	63	60
5-9	128	65	62	127	65	62
10-14	124	64	61	128	65	62
15-19	121	62	59	124	64	61
20-24	125	64	61	120	62	59
25-29	137	70	67	124	63	61
30-34	147	75	72	137	70	67
35-39	143	73	71	146	74	72
40-44	147	75	73	142	72	70
45-49	127	64	64	146	73	72
50-54	124	62	62	125	62	63
55-59	144	71	73	120	59	61
60-64	177	85	91	138	66	71
65-69	151	70	81	166	78	88
70-74	118	51	68	137	60	77
75-79	101	38	64	100	40	61
80+	…	…	…	…	…	…
80-84	88	27	61	77	25	52
85-89	53	13	41	56	14	42
90-94	29	5	24	26	4	21
95-99	8	1	7	9	1	8
100+	1	0	1	1	0	1

Lithuania

性・年齢別人口（千人）

年齢	2015 総数	男	女	2020 総数	男	女	2025 総数	男	女	2030 総数	男	女
総数	2 878	1 325	1 553	2 817	1 295	1 522	2 782	1 283	1 499	2 753	1 274	1 479
0-4	152	78	74	169	86	82	184	94	90	179	92	87
5-9	133	68	65	152	78	74	169	86	82	184	94	90
10-14	133	68	64	133	68	65	152	78	74	168	86	82
15-19	160	82	77	132	68	64	133	68	65	151	78	74
20-24	207	107	99	159	82	77	132	68	64	133	67	65
25-29	190	98	92	206	106	99	158	81	77	131	67	64
30-34	167	85	82	189	97	92	204	105	99	157	80	77
35-39	172	84	87	165	83	82	187	95	92	202	104	99
40-44	201	97	104	169	82	87	163	82	81	184	93	91
45-49	200	95	105	196	94	103	165	80	86	160	79	80
50-54	237	111	126	193	90	103	190	89	101	160	76	84
55-59	208	94	114	225	103	123	184	84	100	182	83	99
60-64	177	75	102	194	84	110	211	92	118	173	76	97
65-69	131	52	80	160	64	96	176	72	104	192	80	113
70-74	137	49	87	113	40	73	139	51	88	154	57	96
75-79	121	39	81	108	33	74	90	28	62	111	35	76
80+	...	...	...	...	...	...	...	...	...	...	...	...
80-84	93	30	63	83	21	61	75	18	56	63	16	48
85-89	46	10	36	50	12	38	46	9	38	43	8	35
90-94	13	2	11	18	3	15	20	3	17	19	2	17
95-99	2	0	2	3	0	3	5	0	4	5	1	5
100+	0	0	0	0	0	0	0	0	0	1	0	1

年齢	2035 総数	男	女	2040 総数	男	女	2045 総数	男	女	2050 総数	男	女
総数	2 714	1 261	1 453	2 675	1 248	1 427	2 647	1 243	1 405	2 641	1 249	1 391
0-4	161	83	79	156	80	76	167	85	81	183	94	89
5-9	178	91	87	161	82	78	156	80	76	166	85	81
10-14	183	94	89	178	91	87	161	82	78	156	80	76
15-19	168	86	82	183	94	89	178	91	87	161	82	78
20-24	151	77	74	168	86	82	183	94	89	178	91	87
25-29	132	67	65	150	77	74	167	85	82	182	93	89
30-34	131	67	64	131	67	65	150	76	73	166	85	82
35-39	156	79	77	130	66	64	130	66	65	149	76	73
40-44	200	102	98	154	78	76	128	65	63	129	65	64
45-49	181	91	90	196	99	97	152	76	75	126	64	63
50-54	155	76	79	176	87	89	191	96	96	148	74	74
55-59	154	71	82	149	72	77	170	83	87	185	91	94
60-64	171	76	96	146	65	80	141	66	75	162	77	85
65-69	159	66	93	158	67	91	135	58	77	132	59	72
70-74	169	64	104	140	54	86	141	55	85	121	49	72
75-79	124	41	84	138	46	91	115	40	76	117	42	75
80+	...	...	...	...	...	...	...	...	...	...	...	...
80-84	79	20	59	90	24	66	101	29	72	86	25	60
85-89	37	7	30	47	9	38	54	11	43	62	14	48
90-94	19	2	16	16	2	14	21	3	19	25	4	21
95-99	5	0	5	5	0	5	5	0	4	6	1	6
100+	1	0	1	1	0	1	1	0	1	1	0	1

年齢	2055 総数	男	女	2060 総数	男	女
総数	2 653	1 266	1 387	2 676	1 288	1 388
0-4	195	100	95	196	100	96
5-9	183	94	89	195	100	95
10-14	166	85	81	182	93	89
15-19	156	80	76	166	85	81
20-24	160	82	78	156	80	76
25-29	177	91	87	160	82	78
30-34	181	93	89	177	90	87
35-39	165	84	81	180	92	89
40-44	147	75	73	164	83	81
45-49	127	64	64	146	73	72
50-54	124	62	62	125	62	63
55-59	144	71	73	120	59	61
60-64	177	85	91	138	66	71
65-69	151	70	81	166	78	88
70-74	118	51	68	137	60	77
75-79	101	38	64	100	40	61
80+	...	...	...	...	...	...
80-84	88	27	61	77	25	52
85-89	53	13	41	56	14	42
90-94	29	5	24	26	4	21
95-99	8	1	7	9	1	8
100+	1	0	1	1	0	1

低位予測値

性・年齢別人口（千人）

年齢	2015 総数	男	女	2020 総数	男	女	2025 総数	男	女	2030 総数	男	女
総数	2 878	1 325	1 553	2 772	1 272	1 500	2 667	1 224	1 443	2 557	1 174	1 383
0-4	152	78	74	124	64	60	113	58	55	98	50	48
5-9	133	68	65	152	78	74	124	63	60	113	58	55
10-14	133	68	64	133	68	65	152	78	74	124	63	60
15-19	160	82	77	132	68	64	133	68	65	151	78	74
20-24	207	107	99	159	82	77	132	68	64	133	67	65
25-29	190	98	92	206	106	99	158	81	77	131	67	64
30-34	167	85	82	189	97	92	204	105	99	157	80	77
35-39	172	84	87	165	83	82	187	95	92	202	104	99
40-44	201	97	104	169	82	87	163	82	81	184	93	91
45-49	200	95	105	196	94	103	165	80	86	160	79	80
50-54	237	111	126	193	90	103	190	89	101	160	76	84
55-59	208	94	114	225	103	123	184	84	100	182	83	99
60-64	177	75	102	194	84	110	211	92	118	173	76	97
65-69	131	52	80	160	64	96	176	72	104	192	80	113
70-74	137	49	87	113	40	73	139	51	88	154	57	96
75-79	121	39	81	108	33	74	90	28	62	111	35	76
80+	...	...	...	...	...	...	...	...	...	...	...	...
80-84	93	30	63	83	21	61	75	18	56	63	16	48
85-89	46	10	36	50	12	38	46	9	38	43	8	35
90-94	13	2	11	18	3	15	20	3	17	19	2	17
95-99	2	0	2	3	0	3	5	0	4	5	1	5
100+	0	0	0	0	0	0	0	0	0	1	0	1

年齢	2035 総数	男	女	2040 総数	男	女	2045 総数	男	女	2050 総数	男	女
総数	2 447	1 124	1 323	2 337	1 075	1 262	2 230	1 029	1 201	2 123	984	1 138
0-4	89	46	44	86	44	42	86	44	42	81	42	40
5-9	98	50	48	89	46	44	86	44	42	86	44	42
10-14	113	58	55	98	50	48	89	46	43	86	44	42
15-19	124	63	60	113	58	55	98	50	48	89	46	43
20-24	151	77	74	123	63	60	113	58	55	98	50	48
25-29	132	67	65	150	77	74	123	63	60	112	57	55
30-34	131	67	64	131	67	65	150	76	73	122	62	60
35-39	156	79	77	130	66	64	130	66	65	149	76	73
40-44	200	102	98	154	78	76	128	65	63	129	65	64
45-49	181	91	90	196	99	97	152	76	75	126	64	63
50-54	155	76	79	176	87	89	191	96	96	148	74	74
55-59	154	71	82	149	72	77	170	83	87	185	91	94
60-64	171	76	96	146	65	80	141	66	75	162	77	85
65-69	159	66	93	158	67	91	135	58	77	132	59	72
70-74	169	64	104	140	54	86	141	55	85	121	49	72
75-79	124	41	84	138	46	91	115	40	76	117	42	75
80+	...	...	...	...	...	...	...	...	...	...	...	...
80-84	79	20	59	90	24	66	101	29	72	86	25	60
85-89	37	7	30	47	9	38	54	11	43	62	14	48
90-94	19	2	16	16	2	14	21	3	19	25	4	21
95-99	5	0	5	5	0	5	5	0	4	6	1	6
100+	1	0	1	1	0	1	1	0	1	1	0	1

年齢	2055 総数	男	女	2060 総数	男	女
総数	2 015	940	1 075	1 910	897	1 014
0-4	74	38	36	66	34	32
5-9	81	42	40	74	38	36
10-14	86	44	42	81	42	40
15-19	86	44	42	86	44	42
20-24	89	45	43	86	44	42
25-29	97	50	48	89	45	43
30-34	112	57	55	97	49	48
35-39	122	62	60	111	57	55
40-44	147	75	73	121	61	59
45-49	127	64	64	146	73	72
50-54	124	62	62	125	62	63
55-59	144	71	73	120	59	61
60-64	177	85	91	138	66	71
65-69	151	70	81	166	78	88
70-74	118	51	68	137	60	77
75-79	101	38	64	100	40	61
80+	...	...	...	...	...	...
80-84	88	27	61	77	25	52
85-89	53	13	41	56	14	42
90-94	29	5	24	26	4	21
95-99	8	1	7	9	1	8
100+	1	0	1	1	0	1

Luxembourg

性・年齢別人口（千人）

年齢	1960 総数	男	女	1965 総数	男	女	1970 総数	男	女	1975 総数	男	女
総数	315	155	159	330	162	168	340	166	173	354	174	180
0-4	24	12	12	26	13	13	24	12	12	21	11	10
5-9	22	11	11	25	13	12	26	13	13	25	13	12
10-14	20	10	10	23	12	11	25	13	12	27	14	13
15-19	20	10	10	22	11	11	24	12	12	27	14	13
20-24	22	11	10	22	11	10	23	12	11	27	14	13
25-29	23	12	11	23	12	11	22	12	11	26	13	12
30-34	25	13	12	24	12	12	23	12	11	24	13	12
35-39	21	10	12	25	13	12	24	12	12	24	13	12
40-44	18	9	9	22	10	12	25	13	12	25	13	12
45-49	23	11	11	18	9	9	21	10	12	25	13	12
50-54	23	12	12	22	11	11	17	8	9	21	9	11
55-59	21	10	11	22	11	11	21	10	11	16	8	9
60-64	17	8	9	19	9	10	20	9	11	19	9	10
65-69	13	6	7	15	7	8	17	8	9	18	8	10
70-74	9	4	5	11	5	6	12	5	7	14	6	8
75-79	6	3	4	7	3	4	7	3	4	9	3	5
80+	5	2	3	6	2	3	6	2	4	7	2	5
80-84	...	...	...	...	...	...	...	...	...	...	...	...
85-89	...	...	...	...	...	...	...	...	...	...	...	...
90-94	...	...	...	...	...	...	...	...	...	...	...	...
95-99	...	...	...	...	...	...	...	...	...	...	...	...
100+	...	...	...	...	...	...	...	...	...	...	...	...

年齢	1980 総数	男	女	1985 総数	男	女	1990 総数	男	女	1995 総数	男	女
総数	364	178	186	367	178	189	382	187	195	408	200	208
0-4	21	10	10	21	11	10	23	12	11	27	14	13
5-9	22	11	11	21	11	10	22	11	11	25	13	12
10-14	26	13	13	21	11	10	21	11	10	23	12	11
15-19	28	14	14	26	13	13	22	11	11	22	11	11
20-24	29	14	15	30	15	15	28	14	14	26	13	13
25-29	29	15	14	31	15	15	33	17	16	33	17	16
30-34	28	15	13	29	15	15	33	16	16	36	18	18
35-39	25	13	12	28	14	13	30	16	15	34	17	17
40-44	24	12	12	24	12	12	28	15	13	31	16	15
45-49	24	12	12	24	12	12	24	12	12	28	15	13
50-54	24	12	12	23	12	12	23	12	11	23	12	11
55-59	20	9	11	23	11	12	22	11	11	22	11	11
60-64	15	7	8	18	8	11	21	10	11	21	10	11
65-69	17	7	10	13	6	8	17	7	10	20	9	11
70-74	15	6	9	14	6	9	12	5	7	15	5	9
75-79	10	4	6	11	4	7	11	4	7	9	3	6
80+	8	3	6	10	3	7	...	...	...	...	...	...
80-84	...	...	...	...	...	...	7	2	5	8	3	5
85-89	...	...	...	...	...	...	3	1	2	4	1	3
90-94	...	...	...	...	...	...	1	0	1	1	0	1
95-99	...	...	...	...	...	...	0	0	0	0	0	0
100+	...	...	...	...	...	...	0	0	0	0	0	0

年齢	2000 総数	男	女	2005 総数	男	女	2010 総数	男	女	2015 総数	男	女
総数	436	215	221	458	226	232	508	252	256	567	285	282
0-4	28	15	14	28	14	13	29	15	14	32	16	15
5-9	28	15	14	29	15	14	30	15	14	30	15	15
10-14	26	13	13	29	15	14	31	16	15	31	16	15
15-19	24	12	12	27	14	13	30	15	15	34	17	17
20-24	25	13	13	26	14	13	30	15	15	36	19	17
25-29	31	16	16	29	15	14	35	18	18	40	20	20
30-34	37	19	18	34	17	17	38	19	19	45	22	23
35-39	38	19	19	39	20	20	40	20	20	42	21	21
40-44	35	18	17	39	20	19	43	22	21	44	22	22
45-49	31	16	15	35	18	17	41	21	20	47	25	22
50-54	27	14	13	30	15	15	35	18	17	42	22	21
55-59	23	11	11	26	14	13	30	15	15	36	18	18
60-64	21	10	11	21	10	11	25	13	12	29	15	14
65-69	19	9	10	19	9	10	20	10	10	24	12	12
70-74	17	8	10	17	8	9	17	8	9	18	9	10
75-79	12	4	8	15	6	9	15	6	8	15	6	8
80+	...	...	...	...	...	...	...	...	...	...	...	...
80-84	7	2	4	9	3	6	11	4	7	12	5	7
85-89	4	1	3	4	1	3	6	2	4	7	2	5
90-94	2	0	1	2	0	2	2	0	1	3	1	2
95-99	0	0	0	0	0	0	1	0	0	1	0	0
100+	0	0	0	0	0	0	0	0	0	0	0	0

中位予測値

ルクセンブルク

性・年齢別人口（千人）

年齢	2015			2020			2025			2030		
	総数	男	女	総数	男	女	総数	男	女	総数	男	女
総数	567	285	282	605	304	301	644	324	320	678	341	336
0-4	32	16	15	35	18	17	37	19	18	38	20	19
5-9	30	15	15	33	17	16	37	19	18	38	20	19
10-14	31	16	15	32	16	16	35	18	17	38	20	19
15-19	34	17	17	35	18	17	35	18	17	38	19	18
20-24	36	19	17	39	20	19	39	20	19	39	20	19
25-29	40	20	20	41	21	20	44	22	22	44	22	21
30-34	45	22	23	44	22	22	45	23	22	47	24	23
35-39	42	21	21	47	23	24	46	24	23	47	24	23
40-44	44	22	22	43	22	21	48	24	24	47	24	23
45-49	47	25	22	44	22	22	43	22	21	48	24	24
50-54	42	22	21	46	24	22	44	22	21	43	22	21
55-59	36	18	18	41	21	20	45	23	21	43	22	21
60-64	29	15	14	34	17	17	40	20	19	44	23	21
65-69	24	12	12	27	14	14	32	16	16	38	19	19
70-74	18	9	10	22	11	11	26	13	13	31	15	16
75-79	15	6	8	17	7	9	20	9	10	23	11	12
80+	…	…	…	…	…	…	…	…	…	…	…	…
80-84	12	5	7	12	5	7	14	6	8	17	8	9
85-89	7	2	5	8	3	5	8	3	5	10	4	6
90-94	3	1	2	4	1	3	4	1	3	4	2	3
95-99	1	0	0	1	0	1	1	0	1	1	0	1
100+	0	0	0	0	0	0	0	0	0	0	0	0

年齢	2035			2040			2045			2050		
	総数	男	女	総数	男	女	総数	男	女	総数	男	女
総数	711	358	353	743	374	369	774	389	385	803	404	400
0-4	39	20	19	40	21	20	42	21	20	44	22	21
5-9	39	20	19	40	21	20	41	21	20	43	22	21
10-14	40	20	19	41	21	20	42	21	20	43	22	21
15-19	41	21	20	42	22	21	43	22	21	45	23	22
20-24	41	21	20	45	23	22	46	24	23	47	24	23
25-29	43	22	21	46	23	22	49	25	24	50	26	25
30-34	47	24	23	47	24	23	49	25	24	52	27	26
35-39	49	25	24	49	25	24	48	25	24	51	26	25
40-44	48	25	23	50	26	24	50	25	24	49	25	24
45-49	47	24	23	48	25	23	50	26	25	50	25	24
50-54	48	24	24	47	24	23	48	25	23	50	25	24
55-59	42	21	21	47	23	24	46	23	23	47	24	23
60-64	41	21	21	41	20	20	46	23	23	45	23	22
65-69	42	22	20	40	20	20	39	20	20	44	22	23
70-74	36	18	18	40	20	19	38	19	19	38	19	19
75-79	28	14	15	33	16	17	37	19	18	36	17	18
80+	…	…	…	…	…	…	…	…	…	…	…	…
80-84	20	9	11	24	11	13	29	14	15	33	16	17
85-89	12	5	7	15	6	8	18	8	10	22	10	12
90-94	5	2	4	7	3	4	9	3	5	11	4	7
95-99	2	1	1	2	1	1	3	1	2	4	1	2
100+	0	0	0	0	0	0	0	0	0	1	0	0

年齢	2055			2060		
	総数	男	女	総数	男	女
総数	831	417	414	858	430	427
0-4	46	23	22	47	24	23
5-9	45	23	22	47	24	23
10-14	44	23	22	46	24	23
15-19	45	23	22	47	24	23
20-24	48	25	24	49	25	24
25-29	51	26	25	52	27	25
30-34	53	27	26	54	28	27
35-39	54	28	26	55	28	27
40-44	52	26	25	55	28	27
45-49	49	25	24	52	27	25
50-54	49	25	24	49	25	24
55-59	49	25	24	49	25	24
60-64	46	23	23	48	24	24
65-69	44	22	22	45	23	22
70-74	43	21	22	42	21	21
75-79	36	17	18	40	19	21
80+	…	…	…	…	…	…
80-84	32	15	17	32	15	17
85-89	25	12	14	25	11	14
90-94	14	6	8	16	7	10
95-99	5	2	3	6	2	4
100+	1	0	1	1	0	1

577

Luxembourg

性・年齢別人口（千人）

年齢	2015			2020			2025			2030		
	総数	男	女	総数	男	女	総数	男	女	総数	男	女
総数	567	285	282	610	307	303	658	331	327	703	354	349
0-4	32	16	15	41	21	20	46	23	22	49	25	24
5-9	30	15	15	33	17	16	42	21	21	47	24	23
10-14	31	16	15	32	16	16	35	18	17	44	22	21
15-19	34	17	17	35	18	17	35	18	17	38	19	18
20-24	36	19	17	39	20	19	39	20	19	39	20	19
25-29	40	20	20	41	21	20	44	22	22	44	22	21
30-34	45	22	23	44	22	22	45	23	22	47	24	23
35-39	42	21	21	47	23	24	46	24	23	47	24	23
40-44	44	22	22	43	22	21	48	24	24	47	24	23
45-49	47	25	22	44	22	22	43	22	21	48	24	24
50-54	42	22	21	46	24	22	44	22	21	43	22	21
55-59	36	18	18	41	21	20	45	23	21	43	22	21
60-64	29	15	14	34	17	17	40	20	19	44	23	21
65-69	24	12	12	27	14	14	32	16	16	38	19	19
70-74	18	9	10	22	11	11	26	13	13	31	15	16
75-79	15	6	8	17	7	9	20	9	10	23	11	12
80+	…	…	…	…	…	…	…	…	…	…	…	…
80-84	12	5	7	12	5	7	14	6	8	17	8	9
85-89	7	2	5	8	3	5	8	3	5	10	4	6
90-94	3	1	2	4	1	3	4	1	3	4	2	3
95-99	1	0	0	1	0	1	1	0	1	1	0	1
100+	0	0	0	0	0	0	0	0	0	0	0	0

年齢	2035			2040			2045			2050		
	総数	男	女	総数	男	女	総数	男	女	総数	男	女
総数	747	377	371	791	398	393	835	420	415	880	443	438
0-4	51	26	25	52	27	25	55	28	27	60	31	29
5-9	50	26	25	52	26	25	53	27	26	56	29	27
10-14	48	25	24	52	26	25	53	27	26	55	28	27
15-19	46	24	23	51	26	25	54	28	27	56	28	27
20-24	41	21	20	50	26	24	55	28	27	58	30	29
25-29	43	22	21	46	23	22	54	28	27	59	30	29
30-34	47	24	23	47	24	23	49	25	24	57	29	28
35-39	49	25	24	49	25	24	48	25	24	51	26	25
40-44	48	25	23	50	26	24	50	25	24	49	25	24
45-49	47	24	23	48	25	23	50	26	25	50	25	24
50-54	48	24	24	47	24	23	48	25	23	50	25	24
55-59	42	21	21	47	23	24	46	23	23	47	24	23
60-64	41	21	21	41	20	20	46	23	23	45	23	22
65-69	42	22	20	40	20	20	39	20	20	44	22	23
70-74	36	18	18	40	20	19	38	19	19	38	19	19
75-79	28	14	15	33	16	17	37	19	18	36	17	18
80+	…	…	…	…	…	…	…	…	…	…	…	…
80-84	20	9	11	24	11	13	29	14	15	33	16	17
85-89	12	5	7	15	6	8	18	8	10	22	10	12
90-94	5	2	4	7	3	4	9	3	5	11	4	7
95-99	2	1	1	2	1	1	3	1	2	4	1	2
100+	0	0	0	0	0	0	0	0	0	1	0	0

年齢	2055			2060		
	総数	男	女	総数	男	女
総数	928	467	462	978	492	486
0-4	66	34	32	70	36	34
5-9	61	31	30	67	34	33
10-14	57	29	28	62	32	30
15-19	57	29	28	60	31	29
20-24	59	30	29	61	31	30
25-29	62	32	30	63	32	31
30-34	62	32	30	65	33	32
35-39	59	30	29	64	33	31
40-44	52	26	25	60	31	29
45-49	49	25	24	52	27	25
50-54	49	25	24	49	25	24
55-59	49	25	24	49	25	24
60-64	46	23	23	48	24	24
65-69	44	22	22	45	23	22
70-74	43	21	22	42	21	21
75-79	36	17	18	40	19	21
80+	…	…	…	…	…	…
80-84	32	15	17	32	15	17
85-89	25	12	14	25	11	14
90-94	14	6	8	16	7	10
95-99	5	2	3	6	2	4
100+	1	0	1	1	0	1

性・年齢別人口（千人）

年齢	2015			2020			2025			2030		
	総数	男	女	総数	男	女	総数	男	女	総数	男	女
総数	567	285	282	600	302	298	630	317	313	653	329	324
0-4	32	16	15	30	15	15	28	15	14	27	14	13
5-9	30	15	15	33	17	16	32	16	15	30	15	14
10-14	31	16	15	32	16	16	35	18	17	33	17	16
15-19	34	17	17	35	18	17	35	18	17	38	19	18
20-24	36	19	17	39	20	19	39	20	19	39	20	19
25-29	40	20	20	41	21	20	44	22	22	44	22	21
30-34	45	22	23	44	22	22	45	23	22	47	24	23
35-39	42	21	21	47	23	24	46	24	23	47	24	23
40-44	44	22	22	43	22	21	48	24	24	47	24	23
45-49	47	25	22	44	22	22	43	22	21	48	24	24
50-54	42	22	21	46	24	22	44	22	21	43	22	21
55-59	36	18	18	41	21	20	45	23	21	43	22	21
60-64	29	15	14	34	17	17	40	20	19	44	23	21
65-69	24	12	12	27	14	14	32	16	16	38	19	19
70-74	18	9	10	22	11	11	26	13	13	31	15	16
75-79	15	6	8	17	7	9	20	9	10	23	11	12
80+	…	…	…	…	…	…	…	…	…	…	…	…
80-84	12	5	7	12	5	7	14	6	8	17	8	9
85-89	7	2	5	8	3	5	8	3	5	10	4	6
90-94	3	1	2	4	1	3	4	1	3	4	2	3
95-99	1	0	0	1	0	1	1	0	1	1	0	1
100+	0	0	0	0	0	0	0	0	0	0	0	0

年齢	2035			2040			2045			2050		
	総数	男	女	総数	男	女	総数	男	女	総数	男	女
総数	675	340	335	695	350	346	714	358	355	729	366	364
0-4	28	14	14	29	15	14	29	15	14	30	15	14
5-9	28	14	14	29	15	14	30	15	15	30	16	15
10-14	31	16	15	30	15	15	31	16	15	31	16	15
15-19	36	18	17	34	17	16	32	17	16	33	17	16
20-24	41	21	20	40	20	19	38	19	18	36	19	18
25-29	43	22	21	46	23	22	44	22	21	42	21	20
30-34	47	24	23	47	24	23	49	25	24	47	24	23
35-39	49	25	24	49	25	24	48	25	24	51	26	25
40-44	48	25	23	50	26	24	50	25	24	49	25	24
45-49	47	24	23	48	25	23	50	26	25	50	25	24
50-54	48	24	24	47	24	23	48	25	23	50	25	24
55-59	42	21	21	47	23	24	46	23	23	47	24	23
60-64	41	21	21	41	20	20	46	23	23	45	23	22
65-69	42	22	20	40	20	20	39	20	20	44	22	23
70-74	36	18	18	40	20	19	38	19	19	38	19	19
75-79	28	14	15	33	16	17	37	19	18	36	17	18
80+	…	…	…	…	…	…	…	…	…	…	…	…
80-84	20	9	11	24	11	13	29	14	15	33	16	17
85-89	12	5	7	15	6	8	18	8	10	22	10	12
90-94	5	2	4	7	3	4	9	3	5	11	4	7
95-99	2	1	1	2	1	1	3	1	2	4	1	2
100+	0	0	0	0	0	0	0	0	0	1	0	0

年齢	2055			2060		
	総数	男	女	総数	男	女
総数	740	371	370	748	374	374
0-4	29	15	14	28	15	14
5-9	31	16	15	30	15	15
10-14	32	16	16	32	16	16
15-19	34	17	17	34	17	17
20-24	37	19	18	37	19	18
25-29	40	21	20	41	21	20
30-34	45	23	22	43	22	21
35-39	49	25	24	47	24	23
40-44	52	26	25	50	25	24
45-49	49	25	24	52	27	25
50-54	49	25	24	49	25	24
55-59	49	25	24	49	25	24
60-64	46	23	23	48	24	24
65-69	44	22	22	45	23	22
70-74	43	21	22	42	21	21
75-79	36	17	18	40	19	21
80+	…	…	…	…	…	…
80-84	32	15	17	32	15	17
85-89	25	12	14	25	11	14
90-94	14	6	8	16	7	10
95-99	5	2	3	6	2	4
100+	1	0	1	1	0	1

Madagascar

性・年齢別人口（千人）

年齢	1960			1965			1970			1975		
	総数	男	女	総数	男	女	総数	男	女	総数	男	女
総数	5 099	2 593	2 507	5 769	2 921	2 849	6 576	3 317	3 259	7 576	3 809	3 767
0-4	937	468	469	1 065	532	532	1 223	612	611	1 439	720	720
5-9	723	360	362	836	417	419	962	480	482	1 118	559	559
10-14	518	254	263	689	343	346	802	400	402	927	463	465
15-19	443	215	228	505	248	257	674	335	339	786	391	395
20-24	415	206	209	430	208	221	490	240	250	655	325	330
25-29	380	194	186	399	198	201	413	200	213	471	231	241
30-34	326	174	152	363	185	178	381	189	193	396	191	204
35-39	278	155	123	309	165	144	345	175	170	363	179	184
40-44	222	129	93	261	146	116	292	155	137	327	166	161
45-49	205	115	89	207	120	87	245	136	109	275	146	129
50-54	211	111	100	188	105	82	190	110	80	226	125	101
55-59	162	81	81	188	98	90	168	94	74	171	98	73
60-64	114	54	61	138	68	70	162	84	78	146	81	65
65-69	80	37	43	91	42	49	112	55	57	132	68	64
70-74	49	23	27	57	26	31	65	30	35	82	40	42
75-79	25	11	14	29	13	16	34	15	19	40	18	22
80+	12	5	7	14	6	8	17	8	10	21	9	12
80-84	...	...	...	...	...	...	...	...	...	...	...	...
85-89	...	...	...	...	...	...	...	...	...	...	...	...
90-94	...	...	...	...	...	...	...	...	...	...	...	...
95-99	...	...	...	...	...	...	...	...	...	...	...	...
100+	...	...	...	...	...	...	...	...	...	...	...	...

年齢	1980			1985			1990			1995		
	総数	男	女	総数	男	女	総数	男	女	総数	男	女
総数	8 747	4 386	4 361	9 981	4 993	4 988	11 546	5 765	5 781	13 453	6 704	6 748
0-4	1 647	826	821	1 728	866	862	2 113	1 059	1 054	2 466	1 235	1 230
5-9	1 326	662	664	1 533	769	765	1 610	807	803	1 993	998	995
10-14	1 081	540	541	1 286	642	643	1 488	746	741	1 571	788	783
15-19	910	454	457	1 060	529	531	1 261	630	631	1 463	734	729
20-24	766	381	385	886	441	445	1 031	514	517	1 231	614	618
25-29	633	314	319	740	367	373	857	425	432	1 002	498	504
30-34	453	221	231	610	302	308	714	353	360	830	411	419
35-39	378	183	196	435	212	222	586	290	296	689	341	348
40-44	346	170	175	361	174	187	415	202	213	563	278	285
45-49	308	155	152	327	160	167	342	164	178	396	192	204
50-54	254	134	120	288	144	144	307	149	158	323	154	169
55-59	204	112	92	233	122	111	265	131	133	284	137	147
60-64	148	84	64	181	98	82	207	107	100	237	117	121
65-69	119	65	54	124	70	54	151	81	70	176	90	86
70-74	97	49	48	91	49	42	95	53	42	118	62	55
75-79	51	24	27	64	31	32	59	31	28	64	34	29
80+	26	12	15	36	16	20	...	...	...	...	...	...
80-84	...	...	...	...	...	...	33	16	17	32	16	16
85-89	...	...	...	...	...	...	10	4	6	13	6	7
90-94	...	...	...	...	...	...	2	1	1	3	1	2
95-99	...	...	...	...	...	...	0	0	0	0	0	0
100+	...	...	...	...	...	...	0	0	0	0	0	0

年齢	2000			2005			2010			2015		
	総数	男	女	総数	男	女	総数	男	女	総数	男	女
総数	15 745	7 839	7 905	18 290	9 107	9 183	21 080	10 500	10 580	24 235	12 082	12 153
0-4	2 841	1 425	1 417	3 104	1 561	1 543	3 381	1 706	1 675	3 770	1 908	1 863
5-9	2 365	1 183	1 183	2 761	1 381	1 380	3 039	1 526	1 513	3 328	1 676	1 652
10-14	1 957	979	978	2 332	1 165	1 168	2 730	1 364	1 366	3 010	1 510	1 501
15-19	1 550	777	773	1 932	966	966	2 304	1 150	1 155	2 704	1 350	1 354
20-24	1 439	721	718	1 525	764	761	1 902	950	952	2 275	1 134	1 141
25-29	1 208	602	606	1 413	708	705	1 499	751	748	1 875	937	939
30-34	979	486	493	1 182	589	593	1 385	694	691	1 474	738	736
35-39	807	399	409	953	473	480	1 153	574	579	1 356	679	677
40-44	665	328	337	781	385	396	925	458	467	1 124	558	566
45-49	537	265	273	639	314	326	753	369	384	895	441	454
50-54	373	180	193	511	250	261	610	297	313	721	351	370
55-59	299	142	158	350	167	182	480	233	247	575	277	298
60-64	255	122	133	272	127	145	319	151	169	441	211	230
65-69	201	97	103	219	103	116	236	108	128	279	129	149
70-74	135	68	68	158	75	83	174	80	94	189	85	104
75-79	79	41	38	93	46	47	110	52	59	123	56	68
80+	...	...	...	...	...	...	...	...	...	...	...	...
80-84	35	19	16	45	23	22	54	26	28	65	30	35
85-89	13	7	7	15	8	7	20	10	10	24	11	13
90-94	4	2	2	4	2	2	5	2	2	6	3	3
95-99	0	0	0	1	0	0	1	0	0	1	0	0
100+	0	0	0	0	0	0	0	0	0	0	0	0

性・年齢別人口（千人）

年齢	2015			2020			2025			2030		
	総数	男	女	総数	男	女	総数	男	女	総数	男	女
総数	24 235	12 082	12 153	27 799	13 870	13 929	31 728	15 840	15 887	35 960	17 961	17 999
0-4	3 770	1 908	1 863	4 214	2 132	2 081	4 629	2 345	2 285	4 996	2 532	2 464
5-9	3 328	1 676	1 652	3 722	1 880	1 842	4 173	2 109	2 064	4 594	2 325	2 269
10-14	3 010	1 510	1 501	3 303	1 662	1 641	3 700	1 867	1 833	4 153	2 097	2 056
15-19	2 704	1 350	1 354	2 987	1 496	1 490	3 282	1 649	1 633	3 681	1 856	1 825
20-24	2 275	1 134	1 141	2 676	1 335	1 341	2 962	1 482	1 480	3 259	1 636	1 623
25-29	1 875	937	939	2 249	1 121	1 129	2 651	1 321	1 330	2 938	1 468	1 470
30-34	1 474	738	736	1 850	923	927	2 223	1 106	1 117	2 625	1 306	1 319
35-39	1 356	679	677	1 448	724	724	1 822	908	914	2 195	1 090	1 105
40-44	1 124	558	566	1 326	662	664	1 420	708	712	1 791	890	901
45-49	895	441	454	1 091	539	552	1 291	642	649	1 387	688	698
50-54	721	351	370	860	421	440	1 052	516	536	1 249	616	633
55-59	575	277	298	683	329	354	818	396	422	1 004	488	516
60-64	441	211	230	530	253	278	632	301	332	761	364	397
65-69	279	129	149	387	182	205	468	219	249	562	262	300
70-74	189	85	104	225	102	123	315	145	170	385	176	209
75-79	123	56	68	135	59	76	162	72	90	230	103	127
80+	...	...	...	...	...	...	...	...	...	...	...	...
80-84	65	30	35	73	32	41	82	35	47	100	43	57
85-89	24	11	13	30	13	17	34	15	20	39	16	23
90-94	6	3	3	8	4	4	10	4	6	12	5	7
95-99	1	0	0	1	1	1	2	1	1	2	1	1
100+	0	0	0	0	0	0	0	0	0	0	0	0

年齢	2035			2040			2045			2050		
	総数	男	女	総数	男	女	総数	男	女	総数	男	女
総数	40 450	20 208	20 243	45 177	22 569	22 608	50 139	25 045	25 094	55 294	27 614	27 680
0-4	5 335	2 704	2 630	5 673	2 876	2 797	6 024	3 055	2 969	6 356	3 223	3 133
5-9	4 966	2 515	2 451	5 308	2 689	2 619	5 650	2 863	2 787	6 002	3 042	2 960
10-14	4 577	2 314	2 262	4 950	2 505	2 445	5 294	2 680	2 614	5 636	2 854	2 782
15-19	4 135	2 086	2 049	4 560	2 304	2 256	4 934	2 495	2 439	5 278	2 670	2 608
20-24	3 660	1 843	1 817	4 114	2 073	2 041	4 539	2 290	2 249	4 913	2 481	2 432
25-29	3 237	1 623	1 614	3 638	1 829	1 809	4 091	2 059	2 033	4 515	2 275	2 240
30-34	2 913	1 454	1 459	3 213	1 608	1 605	3 613	1 814	1 799	4 065	2 042	2 023
35-39	2 595	1 289	1 306	2 884	1 436	1 448	3 183	1 590	1 593	3 582	1 795	1 787
40-44	2 161	1 070	1 091	2 560	1 268	1 292	2 848	1 414	1 434	3 146	1 567	1 579
45-49	1 753	867	886	2 120	1 045	1 075	2 514	1 239	1 275	2 801	1 385	1 416
50-54	1 345	663	682	1 704	837	867	2 065	1 012	1 054	2 454	1 202	1 252
55-59	1 195	584	611	1 291	630	660	1 641	799	842	1 993	968	1 025
60-64	937	449	488	1 121	541	581	1 217	586	630	1 552	746	807
65-69	680	318	361	843	396	447	1 016	481	536	1 110	525	585
70-74	466	212	254	570	260	310	716	328	388	872	402	470
75-79	285	126	159	351	155	196	438	194	244	558	247	311
80+	...	...	...	...	...	...	...	...	...	...	...	...
80-84	145	62	82	183	78	105	231	98	133	293	124	169
85-89	49	20	29	73	30	42	95	39	56	123	49	74
90-94	14	6	8	17	7	10	27	11	16	36	14	22
95-99	3	1	2	3	1	2	4	2	3	7	2	4
100+	0	0	0	0	0	0	0	0	0	1	0	0

年齢	2055			2060		
	総数	男	女	総数	男	女
総数	60 597	30 256	30 341	65 972	32 934	33 038
0-4	6 652	3 374	3 278	6 895	3 497	3 398
5-9	6 337	3 212	3 124	6 635	3 364	3 271
10-14	5 990	3 034	2 955	6 325	3 205	3 120
15-19	5 622	2 845	2 777	5 976	3 026	2 950
20-24	5 258	2 657	2 601	5 602	2 832	2 769
25-29	4 890	2 466	2 423	5 235	2 643	2 593
30-34	4 489	2 259	2 230	4 864	2 450	2 413
35-39	4 034	2 023	2 011	4 457	2 240	2 218
40-44	3 544	1 771	1 773	3 994	1 999	1 995
45-49	3 098	1 537	1 561	3 494	1 740	1 754
50-54	2 739	1 346	1 392	3 034	1 498	1 537
55-59	2 375	1 154	1 221	2 656	1 295	1 360
60-64	1 893	907	986	2 263	1 086	1 177
65-69	1 425	672	753	1 748	823	925
70-74	962	443	519	1 246	573	673
75-79	690	307	383	771	343	428
80+	...	...	...	...	...	...
80-84	382	161	221	481	204	277
85-89	161	64	97	215	85	130
90-94	49	18	30	65	24	41
95-99	9	3	6	13	4	8
100+	1	0	1	1	0	1

Madagascar

性・年齢別人口（千人）

高位予測値

年齢	2015 総数	男	女	2020 総数	男	女	2025 総数	男	女	2030 総数	男	女
総数	24 235	12 082	12 153	28 049	13 997	14 052	32 445	16 203	16 242	37 346	18 663	18 683
0-4	3 770	1 908	1 863	4 464	2 259	2 205	5 099	2 583	2 516	5 668	2 872	2 796
5-9	3 328	1 676	1 652	3 722	1 880	1 842	4 421	2 234	2 186	5 060	2 561	2 499
10-14	3 010	1 510	1 501	3 303	1 662	1 641	3 700	1 867	1 833	4 400	2 222	2 178
15-19	2 704	1 350	1 354	2 987	1 496	1 490	3 282	1 649	1 633	3 681	1 856	1 825
20-24	2 275	1 134	1 141	2 676	1 335	1 341	2 962	1 482	1 480	3 259	1 636	1 623
25-29	1 875	937	939	2 249	1 121	1 129	2 651	1 321	1 330	2 938	1 468	1 470
30-34	1 474	738	736	1 850	923	927	2 223	1 106	1 117	2 625	1 306	1 319
35-39	1 356	679	677	1 448	724	724	1 822	908	914	2 195	1 090	1 105
40-44	1 124	558	566	1 326	662	664	1 420	708	712	1 791	890	901
45-49	895	441	454	1 091	539	552	1 291	642	649	1 387	688	698
50-54	721	351	370	860	421	440	1 052	516	536	1 249	616	633
55-59	575	277	298	683	329	354	818	396	422	1 004	488	516
60-64	441	211	230	530	253	278	632	301	332	761	364	397
65-69	279	129	149	387	182	205	468	219	249	562	262	300
70-74	189	85	104	225	102	123	315	145	170	385	176	209
75-79	123	56	68	135	59	76	162	72	90	230	103	127
80+	...	...	...	...	...	...	...	...	...	...	...	...
80-84	65	30	35	73	32	41	82	35	47	100	43	57
85-89	24	11	13	30	13	17	34	15	20	39	16	23
90-94	6	3	3	8	4	4	10	4	6	12	5	7
95-99	1	0	0	1	1	1	2	1	1	2	1	1
100+	0	0	0	0	0	0	0	0	0	0	0	0

年齢	2035 総数	男	女	2040 総数	男	女	2045 総数	男	女	2050 総数	男	女
総数	42 617	21 305	21 313	48 322	24 161	24 161	54 565	27 285	27 280	61 371	30 690	30 681
0-4	6 123	3 104	3 019	6 660	3 376	3 283	7 317	3 710	3 607	8 022	4 068	3 954
5-9	5 634	2 853	2 781	6 093	3 086	3 006	6 632	3 361	3 272	7 291	3 695	3 596
10-14	5 041	2 549	2 492	5 616	2 842	2 774	6 076	3 076	3 000	6 616	3 351	3 266
15-19	4 381	2 210	2 171	5 023	2 537	2 485	5 599	2 831	2 768	6 058	3 065	2 994
20-24	3 660	1 843	1 817	4 359	2 196	2 163	4 999	2 523	2 477	5 575	2 815	2 759
25-29	3 237	1 623	1 614	3 638	1 829	1 809	4 335	2 181	2 154	4 974	2 506	2 467
30-34	2 913	1 454	1 459	3 213	1 608	1 605	3 613	1 814	1 799	4 307	2 164	2 143
35-39	2 595	1 289	1 306	2 884	1 436	1 448	3 183	1 590	1 593	3 582	1 795	1 787
40-44	2 161	1 070	1 091	2 560	1 268	1 292	2 848	1 414	1 434	3 146	1 567	1 579
45-49	1 753	867	886	2 120	1 045	1 075	2 514	1 239	1 275	2 801	1 385	1 416
50-54	1 345	663	682	1 704	837	867	2 065	1 012	1 054	2 454	1 202	1 252
55-59	1 195	584	611	1 291	630	660	1 641	799	842	1 993	968	1 025
60-64	937	449	488	1 121	541	581	1 217	586	630	1 552	746	807
65-69	680	318	361	843	396	447	1 016	481	536	1 110	525	585
70-74	466	212	254	570	260	310	716	328	388	872	402	470
75-79	285	126	159	351	155	196	438	194	244	558	247	311
80+	...	...	...	...	...	...	...	...	...	...	...	...
80-84	145	62	82	183	78	105	231	98	133	293	124	169
85-89	49	20	29	73	30	42	95	39	56	123	49	74
90-94	14	6	8	17	7	10	27	11	16	36	14	22
95-99	3	1	2	3	1	2	4	2	3	7	2	4
100+	0	0	0	0	0	0	0	0	0	1	0	0

年齢	2055 総数	男	女	2060 総数	男	女
総数	68 691	34 352	34 339	76 428	38 225	38 203
0-4	8 690	4 407	4 283	9 284	4 709	4 575
5-9	7 998	4 054	3 943	8 667	4 395	4 273
10-14	7 276	3 686	3 590	7 983	4 045	3 938
15-19	6 599	3 340	3 260	7 260	3 675	3 584
20-24	6 035	3 050	2 985	6 576	3 325	3 251
25-29	5 549	2 799	2 750	6 009	3 033	2 976
30-34	4 945	2 488	2 456	5 519	2 781	2 739
35-39	4 274	2 143	2 130	4 910	2 467	2 443
40-44	3 544	1 771	1 773	4 232	2 118	2 114
45-49	3 098	1 537	1 561	3 494	1 740	1 754
50-54	2 739	1 346	1 392	3 034	1 498	1 537
55-59	2 375	1 154	1 221	2 656	1 295	1 360
60-64	1 893	907	986	2 263	1 086	1 177
65-69	1 425	672	753	1 748	823	925
70-74	962	443	519	1 246	573	673
75-79	690	307	383	771	343	428
80+	...	...	...	...	...	...
80-84	382	161	221	481	204	277
85-89	161	64	97	215	85	130
90-94	49	18	30	65	24	41
95-99	9	3	6	13	4	8
100+	1	0	1	1	0	1

582

性・年齢別人口（千人）

年齢	2015			2020			2025			2030		
	総数	男	女	総数	男	女	総数	男	女	総数	男	女
総数	24 235	12 082	12 153	27 549	13 744	13 805	31 010	15 477	15 533	34 575	17 260	17 315
0-4	3 770	1 908	1 863	3 964	2 006	1 958	4 160	2 107	2 053	4 323	2 191	2 132
5-9	3 328	1 676	1 652	3 722	1 880	1 842	3 925	1 984	1 941	4 128	2 089	2 039
10-14	3 010	1 510	1 501	3 303	1 662	1 641	3 700	1 867	1 833	3 906	1 972	1 934
15-19	2 704	1 350	1 354	2 987	1 496	1 490	3 282	1 649	1 633	3 681	1 856	1 825
20-24	2 275	1 134	1 141	2 676	1 335	1 341	2 962	1 482	1 480	3 259	1 636	1 623
25-29	1 875	937	939	2 249	1 121	1 129	2 651	1 321	1 330	2 938	1 468	1 470
30-34	1 474	738	736	1 850	923	927	2 223	1 106	1 117	2 625	1 306	1 319
35-39	1 356	679	677	1 448	724	724	1 822	908	914	2 195	1 090	1 105
40-44	1 124	558	566	1 326	662	664	1 420	708	712	1 791	890	901
45-49	895	441	454	1 091	539	552	1 291	642	649	1 387	688	698
50-54	721	351	370	860	421	440	1 052	516	536	1 249	616	633
55-59	575	277	298	683	329	354	818	396	422	1 004	488	516
60-64	441	211	230	530	253	278	632	301	332	761	364	397
65-69	279	129	149	387	182	205	468	219	249	562	262	300
70-74	189	85	104	225	102	123	315	145	170	385	176	209
75-79	123	56	68	135	59	76	162	72	90	230	103	127
80+	…	…	…	…	…	…	…	…	…	…	…	…
80-84	65	30	35	73	32	41	82	35	47	100	43	57
85-89	24	11	13	30	13	17	34	15	20	39	16	23
90-94	6	3	3	8	4	4	10	4	6	12	5	7
95-99	1	0	0	1	1	1	2	1	1	2	1	1
100+	0	0	0	0	0	0	0	0	0	0	0	0

年齢	2035			2040			2045			2050		
	総数	男	女	総数	男	女	総数	男	女	総数	男	女
総数	38 291	19 114	19 176	42 075	20 999	21 076	45 848	22 873	22 975	49 527	24 696	24 831
0-4	4 553	2 308	2 245	4 722	2 394	2 328	4 824	2 446	2 378	4 865	2 467	2 398
5-9	4 297	2 176	2 121	4 531	2 295	2 236	4 702	2 382	2 320	4 807	2 436	2 371
10-14	4 112	2 080	2 033	4 283	2 167	2 116	4 518	2 287	2 231	4 691	2 375	2 315
15-19	3 890	1 962	1 927	4 098	2 070	2 027	4 269	2 159	2 111	4 505	2 279	2 226
20-24	3 660	1 843	1 817	3 870	1 950	1 920	4 078	2 058	2 020	4 251	2 147	2 104
25-29	3 237	1 623	1 614	3 638	1 829	1 809	3 848	1 936	1 912	4 057	2 045	2 013
30-34	2 913	1 454	1 459	3 213	1 608	1 605	3 613	1 814	1 799	3 824	1 921	1 903
35-39	2 595	1 289	1 306	2 884	1 436	1 448	3 183	1 590	1 593	3 582	1 795	1 787
40-44	2 161	1 070	1 091	2 560	1 268	1 292	2 848	1 414	1 434	3 146	1 567	1 579
45-49	1 753	867	886	2 120	1 045	1 075	2 514	1 239	1 275	2 801	1 385	1 416
50-54	1 345	663	682	1 704	837	867	2 065	1 012	1 054	2 454	1 202	1 252
55-59	1 195	584	611	1 291	630	660	1 641	799	842	1 993	968	1 025
60-64	937	449	488	1 121	541	581	1 217	586	630	1 552	746	807
65-69	680	318	361	843	396	447	1 016	481	536	1 110	525	585
70-74	466	212	254	570	260	310	716	328	388	872	402	470
75-79	285	126	159	351	155	196	438	194	244	558	247	311
80+	…	…	…	…	…	…	…	…	…	…	…	…
80-84	145	62	82	183	78	105	231	98	133	293	124	169
85-89	49	20	29	73	30	42	95	39	56	123	49	74
90-94	14	6	8	17	7	10	27	11	16	36	14	22
95-99	3	1	2	3	1	2	4	2	3	7	2	4
100+	0	0	0	0	0	0	0	0	0	1	0	0

年齢	2055			2060		
	総数	男	女	総数	男	女
総数	53 078	26 451	26 627	56 454	28 118	28 337
0-4	4 880	2 475	2 405	4 871	2 471	2 400
5-9	4 851	2 459	2 392	4 867	2 468	2 399
10-14	4 797	2 430	2 367	4 842	2 453	2 388
15-19	4 679	2 368	2 311	4 786	2 423	2 363
20-24	4 488	2 268	2 220	4 662	2 357	2 305
25-29	4 231	2 134	2 097	4 468	2 256	2 213
30-34	4 034	2 030	2 004	4 208	2 120	2 088
35-39	3 794	1 903	1 891	4 005	2 012	1 993
40-44	3 544	1 771	1 773	3 757	1 880	1 877
45-49	3 098	1 537	1 561	3 494	1 740	1 754
50-54	2 739	1 346	1 392	3 034	1 498	1 537
55-59	2 375	1 154	1 221	2 656	1 295	1 360
60-64	1 893	907	986	2 263	1 086	1 177
65-69	1 425	672	753	1 748	823	925
70-74	962	443	519	1 246	573	673
75-79	690	307	383	771	343	428
80+	…	…	…	…	…	…
80-84	382	161	221	481	204	277
85-89	161	64	97	215	85	130
90-94	49	18	30	65	24	41
95-99	9	3	6	13	4	8
100+	1	0	1	1	0	1

性・年齢別人口（千人）

年齢	1960			1965			1970			1975		
	総数	男	女	総数	男	女	総数	男	女	総数	男	女
総数	3 619	1 752	1 867	4 059	1 969	2 090	4 604	2 239	2 365	5 293	2 582	2 711
0-4	648	325	323	755	378	377	881	441	440	1 028	515	513
5-9	492	247	245	568	285	283	666	334	332	788	395	393
10-14	478	233	244	478	240	237	552	278	274	650	327	323
15-19	400	194	206	462	226	236	462	233	230	537	270	267
20-24	322	155	167	375	181	194	436	212	224	439	220	219
25-29	261	125	136	296	140	156	347	165	182	409	197	212
30-34	216	102	114	240	113	127	273	128	145	325	153	172
35-39	181	85	97	198	92	106	221	103	118	256	118	137
40-44	166	79	88	167	77	90	183	84	99	207	95	112
45-49	123	57	67	153	71	82	154	70	84	171	77	94
50-54	89	41	48	112	51	62	140	64	76	142	63	79
55-59	81	37	44	79	36	43	101	45	56	127	57	70
60-64	62	28	34	70	32	38	69	31	38	88	38	50
65-69	46	21	25	49	22	27	56	25	31	56	24	31
70-74	30	13	16	32	14	18	35	15	19	40	17	23
75-79	15	7	9	16	7	9	18	8	10	20	9	11
80+	7	3	4	8	3	4	8	4	5	9	4	5
80-84	...	...	...	...	...	...	...	...	...	...	...	...
85-89	...	...	...	...	...	...	...	...	...	...	...	...
90-94	...	...	...	...	...	...	...	...	...	...	...	...
95-99	...	...	...	...	...	...	...	...	...	...	...	...
100+	...	...	...	...	...	...	...	...	...	...	...	...

年齢	1980			1985			1990			1995		
	総数	男	女	総数	男	女	総数	男	女	総数	男	女
総数	6 163	3 018	3 145	7 206	3 541	3 665	9 409	4 623	4 786	9 823	4 860	4 963
0-4	1 209	606	603	1 405	704	701	1 752	878	874	1 816	909	907
5-9	931	467	464	1 106	555	551	1 364	684	681	1 509	751	757
10-14	772	388	384	914	459	455	1 191	598	593	1 228	612	616
15-19	635	319	316	756	380	376	999	497	502	1 065	530	535
20-24	516	259	257	613	308	306	826	406	420	885	436	449
25-29	418	208	209	493	247	247	689	339	350	710	350	360
30-34	389	186	203	398	198	200	577	284	293	551	277	274
35-39	309	145	164	371	177	194	469	229	240	435	218	217
40-44	242	111	131	293	137	157	418	197	221	355	176	180
45-49	195	89	106	229	104	125	316	147	169	339	163	175
50-54	159	71	88	182	82	100	232	108	125	270	129	141
55-59	130	57	73	146	64	82	180	83	97	205	97	107
60-64	112	50	62	115	49	65	142	64	78	157	75	82
65-69	72	31	41	93	40	52	109	48	61	122	57	65
70-74	40	17	23	53	22	31	82	36	46	89	41	49
75-79	24	10	14	24	10	14	42	18	24	59	26	33
80+	11	5	6	13	5	8	...	...	...	...	...	...
80-84	...	...	...	...	...	...	16	7	9	24	10	14
85-89	...	...	...	...	...	...	4	1	2	6	2	3
90-94	...	...	...	...	...	...	0	0	0	1	0	0
95-99	...	...	...	...	...	...	0	0	0	0	0	0
100+	...	...	...	...	...	...	0	0	0	0	0	0

年齢	2000			2005			2010			2015		
	総数	男	女	総数	男	女	総数	男	女	総数	男	女
総数	11 193	5 551	5 643	12 748	6 342	6 406	14 770	7 356	7 413	17 215	8 593	8 622
0-4	2 043	1 026	1 017	2 291	1 151	1 140	2 655	1 335	1 321	2 954	1 494	1 460
5-9	1 724	862	862	1 965	985	979	2 233	1 120	1 113	2 613	1 313	1 300
10-14	1 484	738	746	1 695	846	849	1 934	969	965	2 207	1 107	1 100
15-19	1 209	602	607	1 456	724	732	1 664	829	834	1 904	953	951
20-24	1 039	518	522	1 184	589	594	1 434	712	721	1 644	819	825
25-29	831	414	417	983	494	488	1 141	571	570	1 404	699	706
30-34	630	317	313	741	378	363	912	464	448	1 098	552	546
35-39	469	238	231	531	273	258	660	340	320	859	440	419
40-44	372	184	188	392	199	193	467	240	227	616	317	298
45-49	319	154	165	327	158	169	354	178	177	440	225	215
50-54	311	147	164	290	137	153	304	144	159	337	167	170
55-59	248	117	131	287	133	154	273	126	146	290	136	154
60-64	184	86	99	226	104	122	267	121	146	257	117	140
65-69	135	63	72	161	73	88	203	91	112	245	109	136
70-74	96	44	52	109	49	60	136	59	76	175	76	99
75-79	60	26	34	67	29	38	81	35	46	104	43	60
80+	...	...	...	...	...	...	...	...	...	...	...	...
80-84	30	13	17	32	13	19	39	16	23	49	20	29
85-89	8	3	5	11	4	6	13	5	8	16	6	10
90-94	1	0	1	2	1	1	2	1	2	3	1	2
95-99	0	0	0	0	0	0	0	0	0	0	0	0
100+	0	0	0	0	0	0	0	0	0	0	0	0

性・年齢別人口（千人）

年齢	2015			2020			2025			2030		
	総数	男	女	総数	男	女	総数	男	女	総数	男	女
総数	17 215	8 593	8 622	20 022	10 016	10 007	23 134	11 589	11 545	26 584	13 331	13 253
0-4	2 954	1 494	1 460	3 300	1 669	1 631	3 630	1 836	1 793	3 956	2 001	1 955
5-9	2 613	1 313	1 300	2 921	1 476	1 444	3 272	1 655	1 617	3 605	1 823	1 782
10-14	2 207	1 107	1 100	2 593	1 302	1 291	2 907	1 469	1 438	3 262	1 649	1 613
15-19	1 904	953	951	2 177	1 091	1 086	2 566	1 288	1 278	2 890	1 460	1 430
20-24	1 644	819	825	1 880	939	940	2 150	1 077	1 073	2 545	1 276	1 268
25-29	1 404	699	706	1 616	805	811	1 850	925	925	2 125	1 065	1 060
30-34	1 098	552	546	1 370	683	687	1 582	789	793	1 820	911	909
35-39	859	440	419	1 059	535	524	1 332	666	666	1 550	775	775
40-44	616	317	298	822	423	399	1 023	518	505	1 300	650	650
45-49	440	225	215	590	304	286	793	407	386	997	503	494
50-54	337	167	170	422	214	208	568	291	277	770	393	377
55-59	290	136	154	323	158	165	404	203	201	547	277	270
60-64	257	117	140	274	126	148	306	147	158	384	189	195
65-69	245	109	136	237	105	131	254	114	139	284	134	150
70-74	175	76	99	213	92	122	208	90	118	224	98	126
75-79	104	43	60	136	56	80	168	69	99	166	68	98
80+	...	...	...	...	...	...	...	...	...	...	...	...
80-84	49	20	29	65	25	40	87	34	54	110	42	68
85-89	16	6	10	21	8	14	29	10	19	41	14	27
90-94	3	1	2	4	1	3	6	2	4	8	2	6
95-99	0	0	0	0	0	0	1	0	0	1	0	1
100+	0	0	0	0	0	0	0	0	0	0	0	0

年齢	2035			2040			2045			2050		
	総数	男	女	総数	男	女	総数	男	女	総数	男	女
総数	30 331	15 221	15 110	34 360	17 249	17 111	38 651	19 403	19 248	43 155	21 657	21 497
0-4	4 275	2 163	2 112	4 588	2 323	2 266	4 899	2 481	2 418	5 184	2 626	2 558
5-9	3 932	1 989	1 943	4 252	2 152	2 100	4 566	2 311	2 254	4 877	2 470	2 407
10-14	3 598	1 819	1 778	3 926	1 985	1 940	4 246	2 148	2 098	4 560	2 308	2 252
15-19	3 251	1 643	1 608	3 588	1 814	1 775	3 918	1 981	1 937	4 238	2 144	2 094
20-24	2 871	1 449	1 422	3 235	1 634	1 601	3 574	1 806	1 768	3 903	1 973	1 931
25-29	2 519	1 264	1 255	2 848	1 438	1 410	3 213	1 623	1 590	3 553	1 795	1 758
30-34	2 095	1 051	1 044	2 490	1 250	1 240	2 821	1 425	1 396	3 188	1 611	1 577
35-39	1 788	896	891	2 064	1 036	1 028	2 459	1 235	1 224	2 793	1 410	1 382
40-44	1 520	760	760	1 759	881	878	2 036	1 021	1 015	2 431	1 219	1 212
45-49	1 275	636	639	1 495	745	750	1 734	866	867	2 010	1 005	1 005
50-54	974	489	485	1 250	620	630	1 469	728	740	1 705	848	857
55-59	745	376	369	946	470	476	1 218	599	619	1 434	705	729
60-64	521	260	262	713	355	358	909	446	464	1 175	570	605
65-69	357	173	185	487	238	249	669	327	343	858	413	445
70-74	252	115	137	319	150	169	437	208	229	604	287	317
75-79	181	75	106	205	89	115	261	117	144	360	164	197
80+	...	...	...	...	...	...	...	...	...	...	...	...
80-84	111	42	69	122	47	76	141	57	84	182	76	106
85-89	53	18	35	55	18	37	62	21	41	73	26	47
90-94	12	3	9	16	4	12	17	4	13	20	5	15
95-99	1	0	1	2	0	2	3	0	2	3	1	3
100+	0	0	0	0	0	0	0	0	0	0	0	0

年齢	2055			2060		
	総数	男	女	総数	男	女
総数	47 810	23 982	23 828	52 546	26 342	26 204
0-4	5 445	2 759	2 686	5 670	2 873	2 797
5-9	5 164	2 616	2 547	5 425	2 750	2 675
10-14	4 872	2 467	2 405	5 159	2 614	2 545
15-19	4 552	2 304	2 248	4 864	2 463	2 401
20-24	4 224	2 136	2 088	4 539	2 297	2 242
25-29	3 884	1 963	1 921	4 206	2 127	2 079
30-34	3 530	1 784	1 746	3 861	1 952	1 909
35-39	3 161	1 597	1 564	3 503	1 770	1 733
40-44	2 765	1 395	1 370	3 133	1 581	1 552
45-49	2 404	1 203	1 201	2 737	1 378	1 359
50-54	1 980	986	994	2 370	1 181	1 189
55-59	1 668	823	845	1 939	958	980
60-64	1 387	674	713	1 615	788	827
65-69	1 113	531	582	1 318	630	688
70-74	779	366	414	1 017	473	544
75-79	503	229	274	655	294	361
80+	...	...	...	...	...	...
80-84	255	107	147	360	152	208
85-89	96	35	61	138	51	87
90-94	25	7	18	34	10	24
95-99	4	1	3	5	1	4
100+	0	0	0	0	0	0

Malawi

高位予測値

性・年齢別人口（千人）

年齢	2015 総数	男	女	2020 総数	男	女	2025 総数	男	女	2030 総数	男	女
総数	17 215	8 593	8 622	20 192	10 101	10 090	23 622	11 836	11 786	27 537	13 813	13 723
0-4	2 954	1 494	1 460	3 470	1 755	1 715	3 950	1 998	1 952	4 423	2 238	2 186
5-9	2 613	1 313	1 300	2 921	1 476	1 444	3 440	1 739	1 700	3 923	1 984	1 939
10-14	2 207	1 107	1 100	2 593	1 302	1 291	2 907	1 469	1 438	3 430	1 734	1 696
15-19	1 904	953	951	2 177	1 091	1 086	2 566	1 288	1 278	2 890	1 460	1 430
20-24	1 644	819	825	1 880	939	940	2 150	1 077	1 073	2 545	1 276	1 268
25-29	1 404	699	706	1 616	805	811	1 850	925	925	2 125	1 065	1 060
30-34	1 098	552	546	1 370	683	687	1 582	789	793	1 820	911	909
35-39	859	440	419	1 059	535	524	1 332	666	666	1 550	775	775
40-44	616	317	298	822	423	399	1 023	518	505	1 300	650	650
45-49	440	225	215	590	304	286	793	407	386	997	503	494
50-54	337	167	170	422	214	208	568	291	277	770	393	377
55-59	290	136	154	323	158	165	404	203	201	547	277	270
60-64	257	117	140	274	126	148	306	147	158	384	189	195
65-69	245	109	136	237	105	131	254	114	139	284	134	150
70-74	175	76	99	213	92	122	208	90	118	224	98	126
75-79	104	43	60	136	56	80	168	69	99	166	68	98
80+	…	…	…	…	…	…	…	…	…	…	…	…
80-84	49	20	29	65	25	40	87	34	54	110	42	68
85-89	16	6	10	21	8	14	29	10	19	41	14	27
90-94	3	1	2	4	1	3	6	2	4	8	2	6
95-99	0	0	0	0	0	0	1	0	0	1	0	1
100+	0	0	0	0	0	0	0	0	0	0	0	0

年齢	2035 総数	男	女	2040 総数	男	女	2045 総数	男	女	2050 総数	男	女
総数	31 843	15 986	15 857	36 587	18 376	18 212	41 806	20 999	20 806	47 483	23 848	23 635
0-4	4 838	2 449	2 390	5 308	2 687	2 621	5 832	2 953	2 879	6 368	3 225	3 142
5-9	4 397	2 224	2 173	4 812	2 435	2 377	5 282	2 674	2 608	5 806	2 941	2 866
10-14	3 915	1 980	1 935	4 390	2 220	2 170	4 806	2 432	2 374	5 276	2 671	2 605
15-19	3 417	1 727	1 690	3 905	1 974	1 931	4 381	2 215	2 166	4 797	2 427	2 371
20-24	2 871	1 449	1 422	3 401	1 718	1 683	3 890	1 965	1 924	4 366	2 207	2 159
25-29	2 519	1 264	1 255	2 848	1 438	1 410	3 379	1 707	1 672	3 868	1 954	1 914
30-34	2 095	1 051	1 044	2 490	1 250	1 240	2 821	1 425	1 396	3 352	1 694	1 658
35-39	1 788	896	891	2 064	1 036	1 028	2 459	1 235	1 224	2 793	1 410	1 382
40-44	1 520	760	760	1 759	881	878	2 036	1 021	1 015	2 431	1 219	1 212
45-49	1 275	636	639	1 495	745	750	1 734	866	867	2 010	1 005	1 005
50-54	974	489	485	1 250	620	630	1 469	728	740	1 705	848	857
55-59	745	376	369	946	470	476	1 218	599	619	1 434	705	729
60-64	521	260	262	713	355	358	909	446	464	1 175	570	605
65-69	357	173	185	487	238	249	669	327	343	858	413	445
70-74	252	115	137	319	150	169	437	208	229	604	287	317
75-79	181	75	106	205	89	115	261	117	144	360	164	197
80+	…	…	…	…	…	…	…	…	…	…	…	…
80-84	111	42	69	122	47	76	141	57	84	182	76	106
85-89	53	18	35	55	18	37	62	21	41	73	26	47
90-94	12	3	9	16	4	12	17	4	13	20	5	15
95-99	1	0	1	2	0	2	3	0	2	3	1	3
100+	0	0	0	0	0	0	0	0	0	0	0	0

年齢	2055 総数	男	女	2060 総数	男	女
総数	53 583	26 905	26 678	60 042	30 138	29 904
0-4	6 901	3 496	3 404	7 409	3 755	3 655
5-9	6 343	3 213	3 129	6 876	3 485	3 391
10-14	5 800	2 937	2 863	6 336	3 210	3 126
15-19	5 267	2 666	2 602	5 791	2 932	2 859
20-24	4 782	2 418	2 364	5 253	2 658	2 595
25-29	4 345	2 196	2 149	4 762	2 408	2 353
30-34	3 842	1 942	1 900	4 319	2 184	2 135
35-39	3 324	1 679	1 645	3 814	1 927	1 886
40-44	2 765	1 395	1 370	3 295	1 663	1 632
45-49	2 404	1 203	1 201	2 737	1 378	1 359
50-54	1 980	986	994	2 370	1 181	1 189
55-59	1 668	823	845	1 939	958	980
60-64	1 387	674	713	1 615	788	827
65-69	1 113	531	582	1 318	630	688
70-74	779	366	414	1 017	473	544
75-79	503	229	274	655	294	361
80+	…	…	…	…	…	…
80-84	255	107	147	360	152	208
85-89	96	35	61	138	51	87
90-94	25	7	18	34	10	24
95-99	4	1	3	5	1	4
100+	0	0	0	0	0	0

586

性・年齢別人口（千人）

年齢	2015			2020			2025			2030		
	総数	男	女	総数	男	女	総数	男	女	総数	男	女
総数	17 215	8 593	8 622	19 853	9 930	9 923	22 646	11 342	11 304	25 631	12 849	12 782
0-4	2 954	1 494	1 460	3 131	1 584	1 547	3 310	1 674	1 635	3 488	1 765	1 724
5-9	2 613	1 313	1 300	2 921	1 476	1 444	3 104	1 570	1 534	3 287	1 662	1 624
10-14	2 207	1 107	1 100	2 593	1 302	1 291	2 907	1 469	1 438	3 095	1 565	1 530
15-19	1 904	953	951	2 177	1 091	1 086	2 566	1 288	1 278	2 890	1 460	1 430
20-24	1 644	819	825	1 880	939	940	2 150	1 077	1 073	2 545	1 276	1 268
25-29	1 404	699	706	1 616	805	811	1 850	925	925	2 125	1 065	1 060
30-34	1 098	552	546	1 370	683	687	1 582	789	793	1 820	911	909
35-39	859	440	419	1 059	535	524	1 332	666	666	1 550	775	775
40-44	616	317	298	822	423	399	1 023	518	505	1 300	650	650
45-49	440	225	215	590	304	286	793	407	386	997	503	494
50-54	337	167	170	422	214	208	568	291	277	770	393	377
55-59	290	136	154	323	158	165	404	203	201	547	277	270
60-64	257	117	140	274	126	148	306	147	158	384	189	195
65-69	245	109	136	237	105	131	254	114	139	284	134	150
70-74	175	76	99	213	92	122	208	90	118	224	98	126
75-79	104	43	60	136	56	80	168	69	99	166	68	98
80+	…	…	…	…	…	…	…	…	…	…	…	…
80-84	49	20	29	65	25	40	87	34	54	110	42	68
85-89	16	6	10	21	8	14	29	10	19	41	14	27
90-94	3	1	2	4	1	3	6	2	4	8	2	6
95-99	0	0	0	0	0	0	1	0	0	1	0	1
100+	0	0	0	0	0	0	0	0	0	0	0	0

年齢	2035			2040			2045			2050		
	総数	男	女	総数	男	女	総数	男	女	総数	男	女
総数	28 823	14 458	14 365	32 161	16 136	16 025	35 585	17 852	17 733	39 019	19 564	19 455
0-4	3 717	1 881	1 836	3 892	1 970	1 922	4 024	2 038	1 987	4 107	2 080	2 027
5-9	3 467	1 754	1 713	3 696	1 871	1 826	3 873	1 961	1 912	4 006	2 029	1 977
10-14	3 280	1 659	1 622	3 462	1 751	1 711	3 691	1 868	1 824	3 868	1 958	1 910
15-19	3 084	1 558	1 525	3 272	1 654	1 618	3 454	1 746	1 708	3 684	1 864	1 821
20-24	2 871	1 449	1 422	3 068	1 550	1 518	3 258	1 646	1 612	3 441	1 739	1 702
25-29	2 519	1 264	1 255	2 848	1 438	1 410	3 047	1 539	1 508	3 239	1 636	1 603
30-34	2 095	1 051	1 044	2 490	1 250	1 240	2 821	1 425	1 396	3 023	1 527	1 496
35-39	1 788	896	891	2 064	1 036	1 028	2 459	1 235	1 224	2 793	1 410	1 382
40-44	1 520	760	760	1 759	881	878	2 036	1 021	1 015	2 431	1 219	1 212
45-49	1 275	636	639	1 495	745	750	1 734	866	867	2 010	1 005	1 005
50-54	974	489	485	1 250	620	630	1 469	728	740	1 705	848	857
55-59	745	376	369	946	470	476	1 218	599	619	1 434	705	729
60-64	521	260	262	713	355	358	909	446	464	1 175	570	605
65-69	357	173	185	487	238	249	669	327	343	858	413	445
70-74	252	115	137	319	150	169	437	208	229	604	287	317
75-79	181	75	106	205	89	115	261	117	144	360	164	197
80+	…	…	…	…	…	…	…	…	…	…	…	…
80-84	111	42	69	122	47	76	141	57	84	182	76	106
85-89	53	18	35	55	18	37	62	21	41	73	26	47
90-94	12	3	9	16	4	12	17	4	13	20	5	15
95-99	1	0	1	2	0	2	3	0	2	3	1	3
100+	0	0	0	0	0	0	0	0	0	0	0	0

年齢	2055			2060		
	総数	男	女	総数	男	女
総数	42 396	21 241	21 155	45 645	22 847	22 798
0-4	4 154	2 105	2 049	4 167	2 112	2 056
5-9	4 090	2 072	2 018	4 139	2 098	2 041
10-14	4 002	2 027	1 975	4 086	2 070	2 016
15-19	3 862	1 954	1 907	3 995	2 023	1 972
20-24	3 672	1 857	1 815	3 850	1 948	1 902
25-29	3 423	1 730	1 693	3 655	1 848	1 806
30-34	3 217	1 626	1 591	3 402	1 720	1 682
35-39	2 998	1 514	1 483	3 192	1 613	1 579
40-44	2 765	1 395	1 370	2 971	1 500	1 472
45-49	2 404	1 203	1 201	2 737	1 378	1 359
50-54	1 980	986	994	2 370	1 181	1 189
55-59	1 668	823	845	1 939	958	980
60-64	1 387	674	713	1 615	788	827
65-69	1 113	531	582	1 318	630	688
70-74	779	366	414	1 017	473	544
75-79	503	229	274	655	294	361
80+	…	…	…	…	…	…
80-84	255	107	147	360	152	208
85-89	96	35	61	138	51	87
90-94	25	7	18	34	10	24
95-99	4	1	3	5	1	4
100+	0	0	0	0	0	0

性・年齢別人口（千人）

年齢	1960 総数	男	女	1965 総数	男	女	1970 総数	男	女	1975 総数	男	女
総数	8 161	4 150	4 011	9 570	4 857	4 713	10 909	5 511	5 397	12 312	6 202	6 110
0-4	1 482	756	726	1 720	880	840	1 715	877	838	1 811	927	884
5-9	1 261	633	628	1 486	756	730	1 735	879	855	1 736	886	851
10-14	971	476	495	1 237	621	616	1 436	718	718	1 671	842	829
15-19	717	362	355	958	469	488	1 196	593	603	1 377	675	701
20-24	698	354	344	704	355	349	931	458	473	1 147	560	587
25-29	549	272	277	682	346	337	691	353	338	913	451	463
30-34	486	246	240	535	265	271	667	340	327	698	361	338
35-39	410	206	204	472	239	233	517	257	260	669	344	325
40-44	371	191	179	395	198	197	455	231	224	510	255	255
45-49	308	166	142	354	182	172	378	189	189	444	225	218
50-54	284	153	131	290	156	135	334	171	164	361	180	181
55-59	190	108	82	262	140	122	266	140	126	308	155	152
60-64	154	82	72	168	95	74	230	120	109	234	121	113
65-69	98	50	48	129	67	61	142	78	64	190	97	93
70-74	80	42	39	75	38	38	108	55	53	110	59	51
75-79	54	29	25	57	29	28	59	28	31	80	39	41
80+	47	23	24	44	22	22	48	23	25	54	25	29
80-84	...	...	...	...	...	...	...	...	...	...	...	...
85-89	...	...	...	...	...	...	...	...	...	...	...	...
90-94	...	...	...	...	...	...	...	...	...	...	...	...
95-99	...	...	...	...	...	...	...	...	...	...	...	...
100+	...	...	...	...	...	...	...	...	...	...	...	...

年齢	1980 総数	男	女	1985 総数	男	女	1990 総数	男	女	1995 総数	男	女
総数	13 834	6 970	6 864	15 764	7 949	7 816	18 211	9 244	8 967	20 725	10 530	10 195
0-4	1 867	958	910	2 270	1 166	1 104	2 446	1 258	1 187	2 652	1 362	1 290
5-9	1 804	922	882	1 995	1 024	971	2 284	1 172	1 112	2 460	1 264	1 196
10-14	1 723	879	845	1 779	909	870	2 026	1 034	992	2 285	1 170	1 115
15-19	1 660	836	824	1 701	867	834	1 830	927	902	2 039	1 036	1 003
20-24	1 364	668	696	1 636	822	814	1 670	839	831	1 856	936	920
25-29	1 134	553	581	1 341	656	685	1 649	828	821	1 708	857	852
30-34	901	444	457	1 113	542	571	1 411	712	700	1 689	849	840
35-39	687	354	333	882	434	448	1 190	605	586	1 444	731	713
40-44	655	337	319	668	344	324	927	469	458	1 208	616	592
45-49	496	247	248	634	324	309	679	355	324	930	474	457
50-54	426	216	211	473	234	238	617	318	300	670	352	318
55-59	340	168	172	397	199	198	455	227	228	593	305	288
60-64	281	140	141	305	148	156	370	185	185	420	208	212
65-69	203	103	99	236	116	121	258	125	134	322	159	163
70-74	153	77	76	157	78	79	190	92	98	210	99	110
75-79	79	41	38	111	54	58	119	58	62	139	66	73
80+	61	28	33	68	33	36	...	...	...	...	...	...
80-84	...	...	...	...	...	...	66	30	36	68	32	36
85-89	...	...	...	...	...	...	19	9	10	27	12	15
90-94	...	...	...	...	...	...	4	2	2	5	2	2
95-99	...	...	...	...	...	...	0	0	0	1	0	0
100+	...	...	...	...	...	...	0	0	0	0	0	0

年齢	2000 総数	男	女	2005 総数	男	女	2010 総数	男	女	2015 総数	男	女
総数	23 421	11 909	11 511	25 796	12 995	12 801	28 120	13 956	14 163	30 331	15 026	15 305
0-4	2 721	1 397	1 324	2 527	1 269	1 258	2 321	1 134	1 187	2 477	1 273	1 204
5-9	2 613	1 340	1 273	2 640	1 316	1 324	2 620	1 269	1 351	2 330	1 138	1 192
10-14	2 469	1 264	1 205	2 601	1 296	1 305	2 733	1 328	1 405	2 626	1 271	1 355
15-19	2 315	1 176	1 139	2 576	1 330	1 246	2 836	1 409	1 427	2 774	1 347	1 427
20-24	2 092	1 053	1 039	2 473	1 268	1 205	2 854	1 458	1 396	2 909	1 443	1 467
25-29	1 934	973	960	2 322	1 179	1 144	2 711	1 359	1 352	2 924	1 490	1 433
30-34	1 795	905	890	1 960	1 003	957	2 125	1 076	1 049	2 759	1 379	1 380
35-39	1 759	890	869	1 838	910	928	1 917	979	938	2 152	1 086	1 066
40-44	1 486	757	729	1 629	817	812	1 772	878	894	1 926	979	947
45-49	1 221	628	593	1 414	700	714	1 607	773	834	1 765	869	895
50-54	922	473	448	1 145	569	576	1 368	664	704	1 581	753	827
55-59	646	341	305	856	430	425	1 065	520	545	1 324	634	690
60-64	549	280	269	686	344	342	824	408	416	1 009	484	525
65-69	366	178	188	452	223	229	538	267	270	755	365	390
70-74	261	127	135	336	168	168	410	209	201	465	224	240
75-79	154	72	82	197	101	96	240	131	109	319	159	160
80+	...	...	...	...	...	...	...	...	...	...	...	...
80-84	82	38	44	101	52	49	120	65	54	157	86	71
85-89	29	14	15	35	16	19	47	25	22	60	34	26
90-94	7	3	4	8	4	4	11	5	6	17	9	7
95-99	1	0	0	1	1	1	1	1	1	2	1	1
100+	0	0	0	0	0	0	0	0	0	0	0	0

性・年齢別人口（千人）

年齢	2015			2020			2025			2030		
	総数	男	女	総数	男	女	総数	男	女	総数	男	女
総数	30 331	15 026	15 305	32 374	16 010	16 364	34 334	16 955	17 379	36 107	17 811	18 295
0-4	2 477	1 273	1 204	2 600	1 336	1 264	2 630	1 352	1 278	2 571	1 322	1 250
5-9	2 330	1 138	1 192	2 480	1 274	1 206	2 604	1 338	1 266	2 634	1 354	1 281
10-14	2 626	1 271	1 355	2 332	1 139	1 193	2 483	1 275	1 208	2 607	1 339	1 268
15-19	2 774	1 347	1 427	2 647	1 281	1 367	2 355	1 149	1 206	2 506	1 286	1 220
20-24	2 909	1 443	1 467	2 812	1 363	1 449	2 687	1 299	1 389	2 397	1 168	1 228
25-29	2 924	1 490	1 433	2 945	1 458	1 487	2 849	1 380	1 469	2 726	1 316	1 410
30-34	2 759	1 379	1 380	2 945	1 497	1 448	2 968	1 466	1 502	2 875	1 390	1 485
35-39	2 152	1 086	1 066	2 765	1 378	1 388	2 953	1 497	1 456	2 978	1 467	1 511
40-44	1 926	979	947	2 148	1 080	1 069	2 759	1 370	1 390	2 948	1 489	1 459
45-49	1 765	869	895	1 910	966	944	2 133	1 066	1 066	2 740	1 354	1 386
50-54	1 581	753	827	1 733	846	886	1 878	942	936	2 101	1 043	1 058
55-59	1 324	634	690	1 530	720	810	1 681	811	870	1 827	906	921
60-64	1 009	484	525	1 256	592	665	1 458	674	784	1 607	763	844
65-69	755	365	390	928	434	494	1 162	534	628	1 356	612	744
70-74	465	224	240	656	307	349	814	369	445	1 028	458	570
75-79	319	159	160	366	172	194	524	238	286	659	290	369
80+	…	…	…	…	…	…	…	…	…	…	…	…
80-84	157	86	71	212	105	107	248	116	132	361	163	198
85-89	60	34	26	81	46	35	111	57	54	133	64	69
90-94	17	9	7	22	14	9	31	18	12	43	23	20
95-99	2	1	1	4	2	1	5	4	2	8	5	3
100+	0	0	0	0	0	0	1	0	0	1	1	0

年齢	2035			2040			2045			2050		
	総数	男	女	総数	男	女	総数	男	女	総数	男	女
総数	37 618	18 545	19 073	38 853	19 149	19 704	39 862	19 649	20 213	40 725	20 084	20 641
0-4	2 454	1 261	1 193	2 332	1 198	1 133	2 262	1 162	1 099	2 262	1 162	1 099
5-9	2 576	1 324	1 252	2 459	1 264	1 196	2 337	1 201	1 136	2 267	1 165	1 102
10-14	2 638	1 355	1 283	2 580	1 325	1 255	2 464	1 266	1 198	2 342	1 203	1 139
15-19	2 630	1 350	1 280	2 662	1 366	1 296	2 605	1 337	1 267	2 489	1 278	1 211
20-24	2 548	1 305	1 243	2 673	1 370	1 303	2 706	1 387	1 319	2 649	1 358	1 291
25-29	2 437	1 187	1 250	2 589	1 324	1 265	2 715	1 390	1 325	2 748	1 407	1 341
30-34	2 753	1 328	1 426	2 466	1 200	1 266	2 619	1 338	1 281	2 745	1 404	1 342
35-39	2 887	1 393	1 494	2 768	1 333	1 436	2 483	1 207	1 276	2 637	1 345	1 292
40-44	2 976	1 462	1 514	2 889	1 391	1 498	2 773	1 332	1 441	2 490	1 208	1 282
45-49	2 931	1 474	1 456	2 963	1 450	1 513	2 880	1 381	1 498	2 767	1 325	1 441
50-54	2 703	1 326	1 377	2 896	1 447	1 448	2 933	1 427	1 506	2 855	1 363	1 493
55-59	2 049	1 006	1 043	2 643	1 284	1 359	2 837	1 406	1 432	2 882	1 391	1 491
60-64	1 753	856	897	1 973	955	1 018	2 554	1 224	1 330	2 750	1 346	1 404
65-69	1 502	697	805	1 646	787	859	1 863	884	979	2 423	1 140	1 283
70-74	1 210	529	681	1 350	608	742	1 489	693	796	1 699	786	913
75-79	843	364	479	1 004	426	579	1 134	496	638	1 265	573	692
80+	…	…	…	…	…	…	…	…	…	…	…	…
80-84	462	201	261	602	256	346	731	305	426	840	362	478
85-89	199	92	107	260	115	145	348	150	197	433	183	249
90-94	53	27	26	81	39	42	109	51	58	150	68	82
95-99	11	6	4	13	7	6	21	11	10	29	15	14
100+	1	1	0	2	1	1	2	1	1	3	2	1

年齢	2055			2060		
	総数	男	女	総数	男	女
総数	41 448	20 458	20 990	41 995	20 754	21 242
0-4	2 278	1 171	1 107	2 260	1 162	1 098
5-9	2 267	1 165	1 102	2 283	1 173	1 110
10-14	2 272	1 167	1 105	2 271	1 167	1 104
15-19	2 365	1 215	1 151	2 294	1 178	1 116
20-24	2 531	1 298	1 233	2 406	1 234	1 172
25-29	2 690	1 378	1 312	2 570	1 317	1 253
30-34	2 777	1 421	1 356	2 718	1 391	1 327
35-39	2 762	1 410	1 352	2 794	1 428	1 366
40-44	2 644	1 346	1 298	2 769	1 412	1 357
45-49	2 487	1 204	1 284	2 641	1 342	1 299
50-54	2 747	1 310	1 437	2 472	1 192	1 280
55-59	2 811	1 332	1 479	2 709	1 284	1 426
60-64	2 803	1 338	1 465	2 743	1 287	1 456
65-69	2 621	1 262	1 359	2 685	1 263	1 422
70-74	2 227	1 024	1 204	2 427	1 145	1 282
75-79	1 461	659	802	1 938	871	1 068
80+	…	…	…	…	…	…
80-84	955	427	528	1 123	501	622
85-89	510	223	287	595	270	325
90-94	193	86	107	235	108	127
95-99	42	21	21	56	27	29
100+	5	3	2	7	4	3

性・年齢別人口（千人）

年齢	2015			2020			2025			2030		
	総数	男	女	総数	男	女	総数	男	女	総数	男	女
総数	30 331	15 026	15 305	32 715	16 185	16 530	35 245	17 423	17 822	37 732	18 647	19 085
0-4	2 477	1 273	1 204	2 941	1 511	1 429	3 201	1 645	1 556	3 286	1 689	1 597
5-9	2 330	1 138	1 192	2 480	1 274	1 206	2 944	1 513	1 431	3 205	1 647	1 558
10-14	2 626	1 271	1 355	2 332	1 139	1 193	2 483	1 275	1 208	2 947	1 514	1 433
15-19	2 774	1 347	1 427	2 647	1 281	1 367	2 355	1 149	1 206	2 506	1 286	1 220
20-24	2 909	1 443	1 467	2 812	1 363	1 449	2 687	1 299	1 389	2 397	1 168	1 228
25-29	2 924	1 490	1 433	2 945	1 458	1 487	2 849	1 380	1 469	2 726	1 316	1 410
30-34	2 759	1 379	1 380	2 945	1 497	1 448	2 968	1 466	1 502	2 875	1 390	1 485
35-39	2 152	1 086	1 066	2 765	1 378	1 388	2 953	1 497	1 456	2 978	1 467	1 511
40-44	1 926	979	947	2 148	1 080	1 069	2 759	1 370	1 390	2 948	1 489	1 459
45-49	1 765	869	895	1 910	966	944	2 133	1 066	1 066	2 740	1 354	1 386
50-54	1 581	753	827	1 733	846	886	1 878	942	936	2 101	1 043	1 058
55-59	1 324	634	690	1 530	720	810	1 681	811	870	1 827	906	921
60-64	1 009	484	525	1 256	592	665	1 458	674	784	1 607	763	844
65-69	755	365	390	928	434	494	1 162	534	628	1 356	612	744
70-74	465	224	240	656	307	349	814	369	445	1 028	458	570
75-79	319	159	160	366	172	194	524	238	286	659	290	369
80+	…	…	…	…	…	…	…	…	…	…	…	…
80-84	157	86	71	212	105	107	248	116	132	361	163	198
85-89	60	34	26	81	46	35	111	57	54	133	64	69
90-94	17	9	7	22	14	9	31	18	12	43	23	20
95-99	2	1	1	4	2	1	5	4	2	8	5	3
100+	0	0	0	0	0	0	1	0	0	1	1	0

年齢	2035			2040			2045			2050		
	総数	男	女	総数	男	女	総数	男	女	総数	男	女
総数	39 944	19 741	20 204	41 885	20 707	21 178	43 672	21 606	22 066	45 482	22 527	22 954
0-4	3 157	1 623	1 534	3 039	1 562	1 477	3 042	1 563	1 478	3 211	1 651	1 561
5-9	3 291	1 691	1 600	3 161	1 625	1 537	3 044	1 564	1 480	3 047	1 566	1 481
10-14	3 208	1 648	1 560	3 294	1 692	1 602	3 166	1 626	1 539	3 048	1 566	1 482
15-19	2 970	1 524	1 446	3 231	1 659	1 573	3 318	1 704	1 615	3 190	1 638	1 552
20-24	2 548	1 305	1 243	3 013	1 544	1 469	3 274	1 679	1 595	3 362	1 724	1 638
25-29	2 437	1 187	1 250	2 589	1 324	1 265	3 054	1 563	1 490	3 316	1 699	1 617
30-34	2 753	1 328	1 426	2 466	1 200	1 266	2 619	1 338	1 281	3 084	1 577	1 507
35-39	2 887	1 393	1 494	2 768	1 333	1 436	2 483	1 207	1 276	2 637	1 345	1 292
40-44	2 976	1 462	1 514	2 889	1 391	1 498	2 773	1 332	1 441	2 490	1 208	1 282
45-49	2 931	1 474	1 456	2 963	1 450	1 513	2 880	1 381	1 498	2 767	1 325	1 441
50-54	2 703	1 326	1 377	2 896	1 447	1 448	2 933	1 427	1 506	2 855	1 363	1 493
55-59	2 049	1 006	1 043	2 643	1 284	1 359	2 837	1 406	1 432	2 882	1 391	1 491
60-64	1 753	856	897	1 973	955	1 018	2 554	1 224	1 330	2 750	1 346	1 404
65-69	1 502	697	805	1 646	787	859	1 863	884	979	2 423	1 140	1 283
70-74	1 210	529	681	1 350	608	742	1 489	693	796	1 699	786	913
75-79	843	364	479	1 004	426	579	1 134	496	638	1 265	573	692
80+	…	…	…	…	…	…	…	…	…	…	…	…
80-84	462	201	261	602	256	346	731	305	426	840	362	478
85-89	199	92	107	260	115	145	348	150	197	433	183	249
90-94	53	27	26	81	39	42	109	51	58	150	68	82
95-99	11	6	4	13	7	6	21	11	10	29	15	14
100+	1	1	0	2	1	1	2	1	1	3	2	1

年齢	2055			2060		
	総数	男	女	総数	男	女
総数	47 358	23 492	23 865	49 210	24 458	24 752
0-4	3 434	1 765	1 669	3 569	1 835	1 734
5-9	3 216	1 653	1 563	3 439	1 767	1 671
10-14	3 051	1 568	1 483	3 220	1 655	1 566
15-19	3 072	1 577	1 494	3 074	1 579	1 495
20-24	3 232	1 658	1 574	3 112	1 597	1 515
25-29	3 402	1 743	1 658	3 270	1 676	1 594
30-34	3 345	1 712	1 633	3 429	1 756	1 673
35-39	3 100	1 583	1 517	3 360	1 718	1 643
40-44	2 644	1 346	1 298	3 106	1 584	1 522
45-49	2 487	1 204	1 284	2 641	1 342	1 299
50-54	2 747	1 310	1 437	2 472	1 192	1 280
55-59	2 811	1 332	1 479	2 709	1 284	1 426
60-64	2 803	1 338	1 465	2 743	1 287	1 456
65-69	2 621	1 262	1 359	2 685	1 263	1 422
70-74	2 227	1 024	1 204	2 427	1 145	1 282
75-79	1 461	659	802	1 938	871	1 068
80+	…	…	…	…	…	…
80-84	955	427	528	1 123	501	622
85-89	510	223	287	595	270	325
90-94	193	86	107	235	108	127
95-99	42	21	21	56	27	29
100+	5	3	2	7	4	3

性・年齢別人口（千人）

年齢	2015			2020			2025			2030		
	総数	男	女	総数	男	女	総数	男	女	総数	男	女
総数	30 331	15 026	15 305	32 034	15 835	16 199	33 422	16 486	16 936	34 481	16 976	17 505
0-4	2 477	1 273	1 204	2 259	1 161	1 098	2 059	1 058	1 001	1 856	954	902
5-9	2 330	1 138	1 192	2 480	1 274	1 206	2 263	1 163	1 100	2 064	1 060	1 004
10-14	2 626	1 271	1 355	2 332	1 139	1 193	2 483	1 275	1 208	2 267	1 164	1 102
15-19	2 774	1 347	1 427	2 647	1 281	1 367	2 355	1 149	1 206	2 506	1 286	1 220
20-24	2 909	1 443	1 467	2 812	1 363	1 449	2 687	1 299	1 389	2 397	1 168	1 228
25-29	2 924	1 490	1 433	2 945	1 458	1 487	2 849	1 380	1 469	2 726	1 316	1 410
30-34	2 759	1 379	1 380	2 945	1 497	1 448	2 968	1 466	1 502	2 875	1 390	1 485
35-39	2 152	1 086	1 066	2 765	1 378	1 388	2 953	1 497	1 456	2 978	1 467	1 511
40-44	1 926	979	947	2 148	1 080	1 069	2 759	1 370	1 390	2 948	1 489	1 459
45-49	1 765	869	895	1 910	966	944	2 133	1 066	1 066	2 740	1 354	1 386
50-54	1 581	753	827	1 733	846	886	1 878	942	936	2 101	1 043	1 058
55-59	1 324	634	690	1 530	720	810	1 681	811	870	1 827	906	921
60-64	1 009	484	525	1 256	592	665	1 458	674	784	1 607	763	844
65-69	755	365	390	928	434	494	1 162	534	628	1 356	612	744
70-74	465	224	240	656	307	349	814	369	445	1 028	458	570
75-79	319	159	160	366	172	194	524	238	286	659	290	369
80+	…	…	…	…	…	…	…	…	…	…	…	…
80-84	157	86	71	212	105	107	248	116	132	361	163	198
85-89	60	34	26	81	46	35	111	57	54	133	64	69
90-94	17	9	7	22	14	9	31	18	12	43	23	20
95-99	2	1	1	4	2	1	5	4	2	8	5	3
100+	0	0	0	0	0	0	1	0	0	1	1	0

年齢	2035			2040			2045			2050		
	総数	男	女	総数	男	女	総数	男	女	総数	男	女
総数	35 294	17 351	17 943	35 842	17 602	18 240	36 131	17 732	18 399	36 181	17 751	18 431
0-4	1 755	902	853	1 643	844	798	1 540	791	748	1 446	743	703
5-9	1 862	957	905	1 761	905	856	1 648	847	801	1 546	794	752
10-14	2 068	1 062	1 006	1 866	959	908	1 765	907	859	1 653	849	804
15-19	2 290	1 175	1 115	2 092	1 074	1 019	1 891	971	920	1 791	919	871
20-24	2 548	1 305	1 243	2 334	1 196	1 138	2 137	1 095	1 042	1 936	993	944
25-29	2 437	1 187	1 250	2 589	1 324	1 265	2 376	1 216	1 160	2 180	1 116	1 064
30-34	2 753	1 328	1 426	2 466	1 200	1 266	2 619	1 338	1 281	2 407	1 230	1 176
35-39	2 887	1 393	1 494	2 768	1 333	1 436	2 483	1 207	1 276	2 637	1 345	1 292
40-44	2 976	1 462	1 514	2 889	1 391	1 498	2 773	1 332	1 441	2 490	1 208	1 282
45-49	2 931	1 474	1 456	2 963	1 450	1 513	2 880	1 381	1 498	2 767	1 325	1 441
50-54	2 703	1 326	1 377	2 896	1 447	1 448	2 933	1 427	1 506	2 855	1 363	1 493
55-59	2 049	1 006	1 043	2 643	1 284	1 359	2 837	1 406	1 432	2 882	1 391	1 491
60-64	1 753	856	897	1 973	955	1 018	2 554	1 224	1 330	2 750	1 346	1 404
65-69	1 502	697	805	1 646	787	859	1 863	884	979	2 423	1 140	1 283
70-74	1 210	529	681	1 350	608	742	1 489	693	796	1 699	786	913
75-79	843	364	479	1 004	426	579	1 134	496	638	1 265	573	692
80+	…	…	…	…	…	…	…	…	…	…	…	…
80-84	462	201	261	602	256	346	731	305	426	840	362	478
85-89	199	92	107	260	115	145	348	150	197	433	183	249
90-94	53	27	26	81	39	42	109	51	58	150	68	82
95-99	11	6	4	13	7	6	21	11	10	29	15	14
100+	1	1	0	2	1	1	2	1	1	3	2	1

年齢	2055			2060		
	総数	男	女	総数	男	女
総数	35 977	17 648	18 329	35 518	17 428	18 090
0-4	1 347	692	655	1 248	642	607
5-9	1 452	746	706	1 352	695	657
10-14	1 550	796	754	1 456	748	708
15-19	1 677	861	816	1 573	808	766
20-24	1 834	940	894	1 718	881	837
25-29	1 977	1 013	965	1 873	959	914
30-34	2 210	1 130	1 080	2 006	1 026	980
35-39	2 424	1 238	1 187	2 227	1 138	1 090
40-44	2 644	1 346	1 298	2 432	1 240	1 193
45-49	2 487	1 204	1 284	2 641	1 342	1 299
50-54	2 747	1 310	1 437	2 472	1 192	1 280
55-59	2 811	1 332	1 479	2 709	1 284	1 426
60-64	2 803	1 338	1 465	2 743	1 287	1 456
65-69	2 621	1 262	1 359	2 685	1 263	1 422
70-74	2 227	1 024	1 204	2 427	1 145	1 282
75-79	1 461	659	802	1 938	871	1 068
80+	…	…	…	…	…	…
80-84	955	427	528	1 123	501	622
85-89	510	223	287	595	270	325
90-94	193	86	107	235	108	127
95-99	42	21	21	56	27	29
100+	5	3	2	7	4	3

Maldives

性・年齢別人口（千人）

年齢	1960 総数	男	女	1965 総数	男	女	1970 総数	男	女	1975 総数	男	女
総数	90	49	41	103	55	48	116	60	56	136	72	65
0-4	16	8	8	19	10	10	22	11	11	25	13	12
5-9	10	5	5	14	7	7	18	9	9	21	10	10
10-14	9	4	4	10	5	5	14	7	7	17	9	9
15-19	10	5	5	8	4	4	9	4	5	14	7	7
20-24	10	5	5	10	5	5	7	3	4	9	5	4
25-29	8	4	4	9	5	4	8	4	4	7	4	3
30-34	6	4	3	8	4	4	8	4	4	8	4	4
35-39	5	3	2	6	3	3	7	4	3	9	5	4
40-44	4	3	2	5	3	2	6	3	2	8	4	3
45-49	3	2	1	4	2	2	5	3	2	6	3	2
50-54	3	2	1	3	2	1	4	2	1	4	3	2
55-59	2	1	1	2	2	1	3	2	1	3	2	1
60-64	2	1	1	2	1	1	2	1	1	2	2	1
65-69	1	1	0	1	1	0	1	1	0	2	1	1
70-74	1	0	0	1	0	0	1	1	0	1	1	0
75-79	0	0	0	0	0	0	0	0	0	0	0	0
80+	0	0	0	0	0	0	0	0	0	0	0	0
80-84	...	...	...	...	...	...	...	...	...	...	...	...
85-89	...	...	...	...	...	...	...	...	...	...	...	...
90-94	...	...	...	...	...	...	...	...	...	...	...	...
95-99	...	...	...	...	...	...	...	...	...	...	...	...
100+	...	...	...	...	...	...	...	...	...	...	...	...

年齢	1980 総数	男	女	1985 総数	男	女	1990 総数	男	女	1995 総数	男	女
総数	158	83	76	190	99	91	223	114	109	254	129	125
0-4	28	14	14	37	19	18	43	22	21	40	21	19
5-9	23	12	12	27	14	13	37	19	18	42	21	21
10-14	20	10	10	23	12	11	27	14	13	36	19	18
15-19	17	9	8	20	10	10	23	12	11	26	13	13
20-24	14	7	7	17	9	8	19	9	10	22	10	11
25-29	9	4	4	13	7	7	16	8	8	18	9	10
30-34	7	3	3	9	4	4	12	6	6	16	7	8
35-39	8	4	4	7	3	3	8	4	4	12	6	6
40-44	9	5	4	8	4	4	6	3	3	8	4	4
45-49	7	4	3	8	4	4	8	4	4	6	3	3
50-54	5	3	2	7	4	3	8	4	4	7	4	4
55-59	4	2	2	5	3	2	6	4	3	7	4	3
60-64	3	2	1	4	2	1	4	3	2	6	3	2
65-69	2	1	1	2	2	1	3	2	1	4	2	1
70-74	1	1	0	1	1	1	2	1	1	2	1	1
75-79	1	0	0	1	0	0	1	1	0	1	1	0
80+	0	0	0	0	0	0	...	...	...	...	...	...
80-84	...	...	...	...	...	...	0	0	0	0	0	0
85-89	...	...	...	...	...	...	0	0	0	0	0	0
90-94	...	...	...	...	...	...	0	0	0	0	0	0
95-99	...	...	...	...	...	...	0	0	0	0	0	0
100+	...	...	...	...	...	...	0	0	0	0	0	0

年齢	2000 総数	男	女	2005 総数	男	女	2010 総数	男	女	2015 総数	男	女
総数	280	142	138	305	153	152	333	167	166	364	182	181
0-4	33	17	16	30	15	15	33	17	16	37	20	18
5-9	40	20	19	33	17	16	30	15	15	33	17	16
10-14	42	21	20	39	20	19	33	17	16	30	15	15
15-19	36	18	18	41	21	20	39	20	19	32	17	16
20-24	25	12	13	35	17	18	40	20	20	38	20	19
25-29	21	10	11	25	12	13	35	17	18	40	20	20
30-34	18	9	9	21	10	11	25	12	13	35	17	18
35-39	16	8	8	19	9	10	21	10	11	25	12	13
40-44	13	6	6	16	8	8	18	9	10	21	10	11
45-49	8	4	4	13	6	6	16	8	8	18	9	10
50-54	6	3	3	8	4	4	13	6	6	16	8	8
55-59	7	4	3	6	3	3	8	4	4	12	6	6
60-64	7	4	3	6	3	3	6	3	3	8	4	4
65-69	5	3	2	6	3	3	6	3	3	5	3	3
70-74	3	2	1	4	2	2	5	3	2	5	2	3
75-79	1	1	1	2	1	1	3	2	1	4	2	2
80+	...	...	...	...	...	...	...	...	...	...	...	...
80-84	1	0	0	1	1	0	1	1	1	2	1	1
85-89	0	0	0	0	0	0	1	0	0	1	0	0
90-94	0	0	0	0	0	0	0	0	0	0	0	0
95-99	0	0	0	0	0	0	0	0	0	0	0	0
100+	0	0	0	0	0	0	0	0	0	0	0	0

性・年齢別人口（千人）

年齢	2015			2020			2025			2030		
	総数	男	女	総数	男	女	総数	男	女	総数	男	女
総数	364	182	181	393	197	196	417	209	208	437	219	218
0-4	37	20	18	36	19	17	32	17	15	28	14	13
5-9	33	17	16	37	20	18	36	19	17	32	17	15
10-14	30	15	15	33	17	16	37	20	18	36	19	17
15-19	32	17	16	29	15	14	32	17	16	37	19	18
20-24	38	20	19	32	16	16	29	15	14	32	16	16
25-29	40	20	20	38	19	19	32	16	16	29	14	15
30-34	35	17	18	41	20	20	39	20	19	32	16	16
35-39	25	12	13	35	17	18	41	20	20	39	20	19
40-44	21	10	11	25	12	13	35	17	18	41	20	20
45-49	18	9	10	21	10	11	25	12	13	35	17	18
50-54	16	8	8	18	9	10	21	10	11	25	12	13
55-59	12	6	6	15	7	8	18	9	9	21	10	11
60-64	8	4	4	12	6	6	15	7	8	17	8	9
65-69	5	3	3	7	3	4	11	5	6	14	7	7
70-74	5	2	3	4	2	2	6	3	3	10	5	5
75-79	4	2	2	4	2	2	3	2	2	5	2	3
80+	…	…	…	…	…	…	…	…	…	…	…	…
80-84	2	1	1	3	1	1	3	1	1	3	1	1
85-89	1	0	0	1	1	1	2	1	1	2	1	1
90-94	0	0	0	0	0	0	1	0	0	1	0	0
95-99	0	0	0	0	0	0	0	0	0	0	0	0
100+	0	0	0	0	0	0	0	0	0	0	0	0

年齢	2035			2040			2045			2050		
	総数	男	女	総数	男	女	総数	男	女	総数	男	女
総数	453	227	226	469	235	234	483	242	241	494	248	246
0-4	26	14	13	27	14	13	28	14	13	27	14	13
5-9	28	14	13	26	14	13	27	14	13	28	14	13
10-14	32	16	15	28	14	13	26	14	13	27	14	13
15-19	36	19	17	31	16	15	27	14	13	26	13	12
20-24	36	19	18	35	18	17	31	16	15	27	14	13
25-29	32	16	16	36	19	18	35	18	17	31	16	15
30-34	29	15	15	32	16	16	37	19	18	36	18	17
35-39	32	16	16	29	15	15	32	16	16	37	19	18
40-44	39	20	19	32	16	16	29	15	15	32	16	16
45-49	40	20	20	39	20	19	32	16	16	29	15	15
50-54	35	17	18	40	20	20	38	19	19	32	16	16
55-59	25	12	13	34	17	18	40	20	20	38	19	19
60-64	20	10	10	24	11	13	33	16	17	39	19	19
65-69	16	8	9	19	9	10	23	11	12	32	15	16
70-74	12	6	7	15	7	8	17	8	9	21	10	11
75-79	8	4	4	10	5	5	13	6	7	15	7	8
80+	…	…	…	…	…	…	…	…	…	…	…	…
80-84	4	2	2	6	3	3	8	4	4	10	5	5
85-89	2	1	1	2	1	1	4	2	2	6	3	3
90-94	1	0	0	1	0	0	1	1	1	2	1	1
95-99	0	0	0	0	0	0	0	0	0	0	0	0
100+	0	0	0	0	0	0	0	0	0	0	0	0

年齢	2055			2060		
	総数	男	女	総数	男	女
総数	501	252	249	503	253	250
0-4	25	13	12	23	12	11
5-9	27	14	13	25	13	12
10-14	28	14	13	27	14	13
15-19	27	14	13	27	14	13
20-24	25	13	12	26	13	13
25-29	27	14	13	25	13	13
30-34	31	16	15	27	14	13
35-39	36	18	18	31	16	16
40-44	37	19	18	36	18	18
45-49	32	16	16	37	19	18
50-54	29	15	15	32	16	16
55-59	32	16	16	29	14	14
60-64	37	19	18	31	16	16
65-69	37	18	19	36	18	18
70-74	30	14	15	35	17	18
75-79	18	9	10	26	13	13
80+	…	…	…	…	…	…
80-84	12	6	6	15	7	8
85-89	7	3	4	9	4	5
90-94	3	1	2	4	2	2
95-99	1	0	1	1	1	1
100+	0	0	0	0	0	0

Maldives

性・年齢別人口（千人）

年齢	2015 総数	男	女	2020 総数	男	女	2025 総数	男	女	2030 総数	男	女
総数	364	182	181	398	199	198	429	215	214	456	229	228
0-4	37	20	18	41	21	20	39	20	19	36	19	17
5-9	33	17	16	37	20	18	41	21	20	39	20	19
10-14	30	15	15	33	17	16	37	20	18	41	21	20
15-19	32	17	16	29	15	14	32	17	16	37	19	18
20-24	38	20	19	32	16	16	29	15	14	32	16	16
25-29	40	20	20	38	19	19	32	16	16	29	14	15
30-34	35	17	18	41	20	20	39	20	19	32	16	16
35-39	25	12	13	35	17	18	41	20	20	39	20	19
40-44	21	10	11	25	12	13	35	17	18	41	20	20
45-49	18	9	10	21	10	11	25	12	13	35	17	18
50-54	16	8	8	18	9	10	21	10	11	25	12	13
55-59	12	6	6	15	7	8	18	9	9	21	10	11
60-64	8	4	4	12	6	6	15	7	8	17	8	9
65-69	5	3	3	7	3	4	11	5	6	14	7	7
70-74	5	2	3	4	2	2	6	3	3	10	5	5
75-79	4	2	2	4	2	2	3	2	2	5	2	3
80+	…	…	…	…	…	…	…	…	…	…	…	…
80-84	2	1	1	3	1	1	3	1	1	3	1	1
85-89	1	0	0	1	1	1	2	1	1	2	1	1
90-94	0	0	0	0	0	0	1	0	0	1	0	0
95-99	0	0	0	0	0	0	0	0	0	0	0	0
100+	0	0	0	0	0	0	0	0	0	0	0	0

年齢	2035 総数	男	女	2040 総数	男	女	2045 総数	男	女	2050 総数	男	女
総数	481	241	240	505	253	252	530	266	264	554	279	275
0-4	34	18	16	36	18	17	39	20	19	40	21	19
5-9	36	19	17	34	18	16	36	18	17	38	20	19
10-14	39	20	19	36	19	17	34	18	16	36	18	17
15-19	40	21	19	38	20	19	35	18	17	34	17	16
20-24	36	19	18	40	20	19	38	19	19	35	18	17
25-29	32	16	16	36	19	18	40	20	20	38	19	19
30-34	29	15	15	32	16	16	37	19	18	40	20	20
35-39	32	16	16	29	15	15	32	16	16	37	19	18
40-44	39	20	19	32	16	16	29	15	15	32	16	16
45-49	40	20	20	39	20	19	32	16	16	29	15	15
50-54	35	17	18	40	20	20	38	19	19	32	16	16
55-59	25	12	13	34	17	18	40	20	20	38	19	19
60-64	20	10	10	24	11	13	33	16	17	39	19	19
65-69	16	8	9	19	9	10	23	11	12	32	15	16
70-74	12	6	7	15	7	8	17	8	9	21	10	11
75-79	8	4	4	10	5	5	13	6	7	15	7	8
80+	…	…	…	…	…	…	…	…	…	…	…	…
80-84	4	2	2	6	3	3	8	4	4	10	5	5
85-89	2	1	1	2	1	1	4	2	2	6	3	3
90-94	1	0	0	1	0	0	1	1	1	2	1	1
95-99	0	0	0	0	0	0	0	0	0	0	0	0
100+	0	0	0	0	0	0	0	0	0	0	0	0

年齢	2055 総数	男	女	2060 総数	男	女
総数	575	290	285	592	299	293
0-4	39	20	19	38	20	18
5-9	40	21	19	39	20	19
10-14	38	20	19	40	21	19
15-19	35	18	17	38	20	19
20-24	33	17	16	35	18	17
25-29	35	18	17	33	17	16
30-34	38	19	19	35	18	17
35-39	40	21	20	38	19	19
40-44	37	19	18	40	20	20
45-49	32	16	16	37	19	18
50-54	29	15	15	32	16	16
55-59	32	16	16	29	14	14
60-64	37	19	18	31	16	16
65-69	37	18	19	36	18	18
70-74	30	14	15	35	17	18
75-79	18	9	10	26	13	13
80+	…	…	…	…	…	…
80-84	12	6	6	15	7	8
85-89	7	3	4	9	4	5
90-94	3	1	2	4	2	2
95-99	1	0	1	1	1	1
100+	0	0	0	0	0	0

性・年齢別人口（千人）

年齢	2015			2020			2025			2030		
	総数	男	女	総数	男	女	総数	男	女	総数	男	女
総数	364	182	181	389	195	194	406	203	203	417	209	209
0-4	37	20	18	32	16	15	25	13	12	20	10	10
5-9	33	17	16	37	20	18	32	16	15	25	13	12
10-14	30	15	15	33	17	16	37	20	18	32	16	15
15-19	32	17	16	29	15	14	32	17	16	37	19	18
20-24	38	20	19	32	16	16	29	15	14	32	16	16
25-29	40	20	20	38	19	19	32	16	16	29	14	15
30-34	35	17	18	41	20	20	39	20	19	32	16	16
35-39	25	12	13	35	17	18	41	20	20	39	20	19
40-44	21	10	11	25	12	13	35	17	18	41	20	20
45-49	18	9	10	21	10	11	25	12	13	35	17	18
50-54	16	8	8	18	9	10	21	10	11	25	12	13
55-59	12	6	6	15	7	8	18	9	9	21	10	11
60-64	8	4	4	12	6	6	15	7	8	17	8	9
65-69	5	3	3	7	3	4	11	5	6	14	7	7
70-74	5	2	3	4	2	2	6	3	3	10	5	5
75-79	4	2	2	4	2	2	3	2	2	5	2	3
80+	…	…	…	…	…	…	…	…	…	…	…	…
80-84	2	1	1	3	1	1	3	1	1	3	1	1
85-89	1	0	0	1	1	1	2	1	1	2	1	1
90-94	0	0	0	0	0	0	1	0	0	1	0	0
95-99	0	0	0	0	0	0	0	0	0	0	0	0
100+	0	0	0	0	0	0	0	0	0	0	0	0

年齢	2035			2040			2045			2050		
	総数	男	女	総数	男	女	総数	男	女	総数	男	女
総数	426	213	213	433	216	217	437	218	219	438	219	219
0-4	18	9	9	18	9	9	18	9	9	16	8	8
5-9	20	10	10	18	9	9	18	9	9	18	9	9
10-14	25	13	12	20	10	9	18	9	9	18	9	9
15-19	31	16	15	25	13	12	19	10	9	18	9	9
20-24	36	19	18	31	16	15	24	12	12	19	10	9
25-29	32	16	16	36	19	18	31	16	15	24	12	12
30-34	29	15	15	32	16	16	37	19	18	31	16	15
35-39	32	16	16	29	15	15	32	16	16	37	19	18
40-44	39	20	19	32	16	16	29	15	15	32	16	16
45-49	40	20	20	39	20	19	32	16	16	29	15	15
50-54	35	17	18	40	20	20	38	19	19	32	16	16
55-59	25	12	13	34	17	18	40	20	20	38	19	19
60-64	20	10	10	24	11	13	33	16	17	39	19	19
65-69	16	8	9	19	9	10	23	11	12	32	15	16
70-74	12	6	7	15	7	8	17	8	9	21	10	11
75-79	8	4	4	10	5	5	13	6	7	15	7	8
80+	…	…	…	…	…	…	…	…	…	…	…	…
80-84	4	2	2	6	3	3	8	4	4	10	5	5
85-89	2	1	1	2	1	1	4	2	2	6	3	3
90-94	1	0	0	1	0	0	1	1	1	2	1	1
95-99	0	0	0	0	0	0	0	0	0	0	0	0
100+	0	0	0	0	0	0	0	0	0	0	0	0

年齢	2055			2060		
	総数	男	女	総数	男	女
総数	433	217	217	424	213	212
0-4	14	7	7	12	6	6
5-9	16	8	8	14	7	7
10-14	18	9	9	16	8	8
15-19	18	9	9	18	9	9
20-24	17	9	9	18	9	9
25-29	19	9	9	18	9	9
30-34	24	12	12	19	10	10
35-39	31	16	15	24	12	12
40-44	37	19	18	31	16	15
45-49	32	16	16	37	19	18
50-54	29	15	15	32	16	16
55-59	32	16	16	29	14	14
60-64	37	19	18	31	16	16
65-69	37	18	19	36	18	18
70-74	30	14	15	35	17	18
75-79	18	9	10	26	13	13
80+	…	…	…	…	…	…
80-84	12	6	6	15	7	8
85-89	7	3	4	9	4	5
90-94	3	1	2	4	2	2
95-99	1	0	1	1	1	1
100+	0	0	0	0	0	0

性・年齢別人口（千人）

年齢	1960			1965			1970			1975		
	総数	男	女	総数	男	女	総数	男	女	総数	男	女
総数	5 264	2 661	2 603	5 568	2 799	2 769	5 949	2 978	2 971	6 482	3 238	3 245
0-4	891	451	440	949	480	469	1 035	524	511	1 157	586	570
5-9	689	349	340	725	367	358	780	395	385	873	442	431
10-14	569	286	282	651	330	321	689	349	339	747	379	369
15-19	532	267	264	540	272	268	620	315	305	661	335	325
20-24	434	219	216	488	244	244	496	248	248	577	291	286
25-29	377	190	186	390	194	196	438	216	222	450	223	227
30-34	341	175	167	338	169	169	349	172	177	399	195	204
35-39	313	162	151	307	156	151	304	151	153	317	155	162
40-44	288	148	140	282	144	137	277	139	138	277	136	141
45-49	248	126	122	258	130	128	253	128	125	252	125	127
50-54	203	101	103	218	108	110	229	113	115	228	113	115
55-59	155	76	79	173	83	89	188	91	97	200	97	103
60-64	103	50	53	123	58	64	139	66	74	156	74	82
65-69	65	32	33	72	34	38	89	41	48	105	48	57
70-74	36	18	17	37	18	19	43	20	23	57	26	31
75-79	15	7	7	15	7	7	17	8	9	21	10	12
80+	5	2	2	4	2	2	5	2	2	6	3	3
80-84	…	…	…	…	…	…	…	…	…	…	…	…
85-89	…	…	…	…	…	…	…	…	…	…	…	…
90-94	…	…	…	…	…	…	…	…	…	…	…	…
95-99	…	…	…	…	…	…	…	…	…	…	…	…
100+	…	…	…	…	…	…	…	…	…	…	…	…

年齢	1980			1985			1990			1995		
	総数	男	女	総数	男	女	総数	男	女	総数	男	女
総数	7 090	3 531	3 559	7 832	3 893	3 939	8 482	4 197	4 285	9 641	4 791	4 850
0-4	1 287	653	634	1 438	730	708	1 580	803	777	1 804	917	887
5-9	996	505	491	1 133	574	558	1 278	650	629	1 433	728	704
10-14	841	427	415	966	490	476	1 100	559	540	1 252	638	614
15-19	716	363	353	809	410	399	917	465	452	1 071	546	525
20-24	608	306	302	659	332	328	712	356	356	868	439	429
25-29	517	258	259	543	270	273	545	267	278	658	327	331
30-34	401	196	206	462	227	235	446	214	232	500	243	258
35-39	359	173	186	359	172	187	388	185	204	411	195	215
40-44	286	138	149	325	154	171	306	142	165	360	170	191
45-49	250	121	130	260	122	138	285	131	154	284	130	155
50-54	227	110	117	227	107	120	229	104	124	264	120	144
55-59	201	98	103	202	96	106	198	91	107	208	94	114
60-64	169	80	89	172	82	90	174	80	94	177	81	96
65-69	120	56	64	136	64	73	144	67	77	147	68	79
70-74	71	32	39	87	40	47	103	49	55	108	51	58
75-79	30	13	17	41	18	23	54	25	29	64	31	34
80+	9	4	5	15	6	8	…	…	…	…	…	…
80-84	…	…	…	…	…	…	18	8	10	25	12	13
85-89	…	…	…	…	…	…	3	1	2	5	2	3
90-94	…	…	…	…	…	…	0	0	0	1	0	0
95-99	…	…	…	…	…	…	0	0	0	0	0	0
100+	…	…	…	…	…	…	0	0	0	0	0	0

年齢	2000			2005			2010			2015		
	総数	男	女	総数	男	女	総数	男	女	総数	男	女
総数	11 047	5 517	5 530	12 881	6 465	6 417	15 167	7 644	7 523	17 600	8 885	8 715
0-4	2 083	1 059	1 024	2 451	1 247	1 204	2 912	1 481	1 431	3 271	1 661	1 610
5-9	1 652	840	812	1 931	982	948	2 327	1 186	1 141	2 803	1 432	1 371
10-14	1 402	716	687	1 623	829	794	1 902	971	931	2 291	1 171	1 120
15-19	1 222	624	597	1 376	704	672	1 596	817	779	1 860	951	909
20-24	1 022	521	501	1 182	605	577	1 335	684	651	1 523	778	744
25-29	815	411	403	984	501	483	1 137	582	555	1 250	638	612
30-34	614	304	310	784	396	389	944	481	463	1 063	542	521
35-39	466	225	241	590	292	298	752	380	373	886	450	437
40-44	384	181	203	446	215	231	565	279	286	707	355	352
45-49	337	157	180	365	172	193	425	204	221	529	260	270
50-54	264	119	145	317	147	170	345	161	184	395	187	208
55-59	240	108	133	243	109	134	294	135	159	316	146	170
60-64	184	82	102	214	95	119	218	97	121	262	119	143
65-69	148	68	80	154	69	86	181	80	101	184	81	103
70-74	110	51	59	111	51	60	118	52	66	139	61	78
75-79	67	32	35	69	32	37	71	33	39	75	33	42
80+	…	…	…	…	…	…	…	…	…	…	…	…
80-84	29	14	15	31	15	16	33	15	17	34	15	18
85-89	7	3	4	8	4	4	9	5	5	10	5	5
90-94	1	0	0	1	1	1	1	1	1	2	1	1
95-99	0	0	0	0	0	0	0	0	0	0	0	0
100+	0	0	0	0	0	0	0	0	0	0	0	0

性・年齢別人口（千人）

年齢	2015 総数	男	女	2020 総数	男	女	2025 総数	男	女	2030 総数	男	女
総数	17 600	8 885	8 715	20 457	10 350	10 107	23 702	12 013	11 689	27 370	13 891	13 479
0-4	3 271	1 661	1 610	3 609	1 832	1 776	4 012	2 041	1 971	4 459	2 271	2 188
5-9	2 803	1 432	1 371	3 174	1 617	1 556	3 521	1 793	1 728	3 933	2 005	1 928
10-14	2 291	1 171	1 120	2 768	1 418	1 350	3 141	1 604	1 537	3 491	1 780	1 711
15-19	1 860	951	909	2 255	1 154	1 101	2 733	1 401	1 331	3 107	1 588	1 519
20-24	1 523	778	744	1 802	921	881	2 197	1 125	1 072	2 674	1 371	1 303
25-29	1 250	638	612	1 457	744	714	1 737	887	850	2 131	1 090	1 041
30-34	1 063	542	521	1 194	608	585	1 401	714	687	1 680	857	823
35-39	886	450	437	1 017	518	500	1 148	584	564	1 356	690	666
40-44	707	355	352	848	429	419	979	497	482	1 110	564	546
45-49	529	260	270	675	337	338	814	411	403	944	478	466
50-54	395	187	208	500	244	257	642	319	323	779	391	388
55-59	316	146	170	367	173	195	469	226	242	605	299	307
60-64	262	119	143	285	130	155	334	155	179	429	205	224
65-69	184	81	103	224	101	123	246	111	135	290	134	157
70-74	139	61	78	142	62	80	176	79	97	195	87	108
75-79	75	33	42	90	39	51	94	41	54	119	52	66
80+	…	…	…	…	…	…	…	…	…	…	…	…
80-84	34	15	18	37	16	21	45	20	26	49	21	28
85-89	10	5	5	11	5	6	12	5	7	15	7	9
90-94	2	1	1	2	1	1	2	1	1	2	1	1
95-99	0	0	0	0	0	0	0	0	0	0	0	0
100+	0	0	0	0	0	0	0	0	0	0	0	0

年齢	2035 総数	男	女	2040 総数	男	女	2045 総数	男	女	2050 総数	男	女
総数	31 441	15 975	15 467	35 854	18 231	17 623	40 535	20 621	19 914	45 404	23 099	22 305
0-4	4 902	2 503	2 399	5 295	2 709	2 586	5 628	2 884	2 745	5 898	3 021	2 877
5-9	4 390	2 240	2 149	4 842	2 477	2 365	5 244	2 687	2 557	5 584	2 864	2 720
10-14	3 906	1 993	1 912	4 365	2 230	2 136	4 820	2 467	2 353	5 224	2 678	2 547
15-19	3 459	1 765	1 694	3 876	1 978	1 897	4 336	2 215	2 122	4 792	2 452	2 340
20-24	3 050	1 558	1 492	3 404	1 735	1 669	3 822	1 949	1 873	4 284	2 185	2 099
25-29	2 607	1 335	1 272	2 985	1 522	1 463	3 340	1 699	1 641	3 759	1 913	1 846
30-34	2 074	1 059	1 015	2 549	1 303	1 246	2 927	1 490	1 437	3 282	1 666	1 616
35-39	1 634	832	802	2 025	1 032	993	2 499	1 276	1 223	2 876	1 461	1 415
40-44	1 317	669	648	1 593	810	784	1 982	1 009	974	2 453	1 249	1 204
45-49	1 075	544	531	1 279	648	631	1 554	787	767	1 939	983	955
50-54	907	457	450	1 036	522	514	1 238	624	614	1 508	761	748
55-59	737	368	370	862	432	431	989	495	494	1 186	594	592
60-64	557	272	285	683	337	345	802	398	405	926	459	467
65-69	376	178	198	492	238	254	607	296	311	721	353	367
70-74	233	106	127	305	143	162	404	193	211	506	244	262
75-79	134	59	75	163	73	90	217	100	117	295	139	156
80+	…	…	…	…	…	…	…	…	…	…	…	…
80-84	63	27	36	73	32	41	91	40	51	126	57	69
85-89	17	7	10	23	10	13	28	12	16	37	16	21
90-94	3	1	2	4	2	2	5	2	3	7	3	4
95-99	0	0	0	0	0	0	0	0	0	1	0	0
100+	0	0	0	0	0	0	0	0	0	0	0	0

年齢	2055 総数	男	女	2060 総数	男	女
総数	50 427	25 651	24 776	55 560	28 252	27 308
0-4	6 145	3 147	2 998	6 367	3 260	3 107
5-9	5 859	3 003	2 856	6 111	3 131	2 980
10-14	5 566	2 855	2 711	5 843	2 995	2 848
15-19	5 198	2 663	2 535	5 541	2 841	2 700
20-24	4 741	2 423	2 318	5 150	2 635	2 515
25-29	4 222	2 149	2 073	4 682	2 388	2 294
30-34	3 702	1 880	1 823	4 167	2 117	2 051
35-39	3 233	1 638	1 595	3 654	1 851	1 803
40-44	2 830	1 434	1 396	3 186	1 610	1 576
45-49	2 406	1 222	1 184	2 781	1 405	1 376
50-54	1 888	954	934	2 349	1 188	1 161
55-59	1 451	727	724	1 823	916	907
60-64	1 117	555	562	1 373	683	690
65-69	839	412	427	1 020	502	517
70-74	609	296	313	718	349	368
75-79	378	180	197	464	223	240
80+	…	…	…	…	…	…
80-84	177	83	95	234	111	123
85-89	54	24	30	79	37	42
90-94	10	4	5	15	7	8
95-99	1	0	1	1	1	1
100+	0	0	0	0	0	0

Mali

性・年齢別人口（千人）

年齢	2015			2020			2025			2030		
	総数	男	女	総数	男	女	総数	男	女	総数	男	女
総数	17 600	8 885	8 715	20 610	10 427	10 182	24 145	12 238	11 907	28 250	14 339	13 911
0-4	3 271	1 661	1 610	3 761	1 910	1 851	4 306	2 190	2 116	4 903	2 497	2 406
5-9	2 803	1 432	1 371	3 174	1 617	1 556	3 670	1 869	1 801	4 221	2 152	2 069
10-14	2 291	1 171	1 120	2 768	1 418	1 350	3 141	1 604	1 537	3 639	1 856	1 783
15-19	1 860	951	909	2 255	1 154	1 101	2 733	1 401	1 331	3 107	1 588	1 519
20-24	1 523	778	744	1 802	921	881	2 197	1 125	1 072	2 674	1 371	1 303
25-29	1 250	638	612	1 457	744	714	1 737	887	850	2 131	1 090	1 041
30-34	1 063	542	521	1 194	608	585	1 401	714	687	1 680	857	823
35-39	886	450	437	1 017	518	500	1 148	584	564	1 356	690	666
40-44	707	355	352	848	429	419	979	497	482	1 110	564	546
45-49	529	260	270	675	337	338	814	411	403	944	478	466
50-54	395	187	208	500	244	257	642	319	323	779	391	388
55-59	316	146	170	367	173	195	469	226	242	605	299	307
60-64	262	119	143	285	130	155	334	155	179	429	205	224
65-69	184	81	103	224	101	123	246	111	135	290	134	157
70-74	139	61	78	142	62	80	176	79	97	195	87	108
75-79	75	33	42	90	39	51	94	41	54	119	52	66
80+	…	…	…	…	…	…	…	…	…	…	…	…
80-84	34	15	18	37	16	21	45	20	26	49	21	28
85-89	10	5	5	11	5	6	12	5	7	15	7	9
90-94	2	1	1	2	1	1	2	1	1	2	1	1
95-99	0	0	0	0	0	0	0	0	0	0	0	0
100+	0	0	0	0	0	0	0	0	0	0	0	0

年齢	2035			2040			2045			2050		
	総数	男	女	総数	男	女	総数	男	女	総数	男	女
総数	32 870	16 704	16 166	37 998	19 327	18 671	43 623	22 201	21 422	49 703	25 300	24 403
0-4	5 459	2 788	2 671	6 022	3 081	2 941	6 584	3 373	3 211	7 125	3 649	3 476
5-9	4 827	2 463	2 364	5 392	2 758	2 634	5 965	3 056	2 909	6 533	3 350	3 183
10-14	4 193	2 140	2 053	4 801	2 452	2 349	5 369	2 748	2 621	5 943	3 046	2 897
15-19	3 606	1 840	1 766	4 161	2 124	2 037	4 770	2 436	2 334	5 339	2 732	2 607
20-24	3 050	1 558	1 492	3 550	1 810	1 741	4 106	2 094	2 012	4 715	2 405	2 310
25-29	2 607	1 335	1 272	2 985	1 522	1 463	3 485	1 773	1 712	4 041	2 057	1 984
30-34	2 074	1 059	1 015	2 549	1 303	1 246	2 927	1 490	1 437	3 426	1 740	1 686
35-39	1 634	832	802	2 025	1 032	993	2 499	1 276	1 223	2 876	1 461	1 415
40-44	1 317	669	648	1 593	810	784	1 982	1 009	974	2 453	1 249	1 204
45-49	1 075	544	531	1 279	648	631	1 554	787	767	1 939	983	955
50-54	907	457	450	1 036	522	514	1 238	624	614	1 508	761	748
55-59	737	368	370	862	432	431	989	495	494	1 186	594	592
60-64	557	272	285	683	337	345	802	398	405	926	459	467
65-69	376	178	198	492	238	254	607	296	311	721	353	367
70-74	233	106	127	305	143	162	404	193	211	506	244	262
75-79	134	59	75	163	73	90	217	100	117	295	139	156
80+	…	…	…	…	…	…	…	…	…	…	…	…
80-84	63	27	36	73	32	41	91	40	51	126	57	69
85-89	17	7	10	23	10	13	28	12	16	37	16	21
90-94	3	1	2	4	2	2	5	2	3	7	3	4
95-99	0	0	0	0	0	0	0	0	0	1	0	0
100+	0	0	0	0	0	0	0	0	0	0	0	0

年齢	2055			2060		
	総数	男	女	総数	男	女
総数	56 228	28 621	27 606	63 160	32 143	31 017
0-4	7 665	3 926	3 739	8 190	4 194	3 996
5-9	7 080	3 629	3 451	7 624	3 907	3 717
10-14	6 513	3 341	3 172	7 061	3 620	3 442
15-19	5 915	3 031	2 884	6 486	3 326	3 160
20-24	5 286	2 702	2 584	5 863	3 000	2 863
25-29	4 651	2 368	2 283	5 224	2 665	2 559
30-34	3 983	2 023	1 960	4 594	2 334	2 260
35-39	3 376	1 711	1 665	3 932	1 993	1 939
40-44	2 830	1 434	1 396	3 328	1 683	1 645
45-49	2 406	1 222	1 184	2 781	1 405	1 376
50-54	1 888	954	934	2 349	1 188	1 161
55-59	1 451	727	724	1 823	916	907
60-64	1 117	555	562	1 373	683	690
65-69	839	412	427	1 020	502	517
70-74	609	296	313	718	349	368
75-79	378	180	197	464	223	240
80+	…	…	…	…	…	…
80-84	177	83	95	234	111	123
85-89	54	24	30	79	37	42
90-94	10	4	5	15	7	8
95-99	1	0	1	1	1	1
100+	0	0	0	0	0	0

性・年齢別人口（千人）

年齢	2015			2020			2025			2030		
	総数	男	女	総数	男	女	総数	男	女	総数	男	女
総数	17 600	8 885	8 715	20 304	10 272	10 032	23 259	11 788	11 472	26 490	13 442	13 047
0-4	3 271	1 661	1 610	3 456	1 755	1 701	3 718	1 891	1 827	4 016	2 045	1 970
5-9	2 803	1 432	1 371	3 174	1 617	1 556	3 372	1 717	1 655	3 644	1 858	1 787
10-14	2 291	1 171	1 120	2 768	1 418	1 350	3 141	1 604	1 537	3 343	1 705	1 638
15-19	1 860	951	909	2 255	1 154	1 101	2 733	1 401	1 331	3 107	1 588	1 519
20-24	1 523	778	744	1 802	921	881	2 197	1 125	1 072	2 674	1 371	1 303
25-29	1 250	638	612	1 457	744	714	1 737	887	850	2 131	1 090	1 041
30-34	1 063	542	521	1 194	608	585	1 401	714	687	1 680	857	823
35-39	886	450	437	1 017	518	500	1 148	584	564	1 356	690	666
40-44	707	355	352	848	429	419	979	497	482	1 110	564	546
45-49	529	260	270	675	337	338	814	411	403	944	478	466
50-54	395	187	208	500	244	257	642	319	323	779	391	388
55-59	316	146	170	367	173	195	469	226	242	605	299	307
60-64	262	119	143	285	130	155	334	155	179	429	205	224
65-69	184	81	103	224	101	123	246	111	135	290	134	157
70-74	139	61	78	142	62	80	176	79	97	195	87	108
75-79	75	33	42	90	39	51	94	41	54	119	52	66
80+	…	…	…	…	…	…	…	…	…	…	…	…
80-84	34	15	18	37	16	21	45	20	26	49	21	28
85-89	10	5	5	11	5	6	12	5	7	15	7	9
90-94	2	1	1	2	1	1	2	1	1	2	1	1
95-99	0	0	0	0	0	0	0	0	0	0	0	0
100+	0	0	0	0	0	0	0	0	0	0	0	0

年齢	2035			2040			2045			2050		
	総数	男	女	総数	男	女	総数	男	女	総数	男	女
総数	30 018	15 248	14 770	33 735	17 148	16 588	37 526	19 081	18 445	41 281	20 988	20 293
0-4	4 350	2 221	2 129	4 590	2 348	2 242	4 725	2 421	2 304	4 770	2 443	2 327
5-9	3 952	2 017	1 935	4 296	2 197	2 098	4 545	2 328	2 216	4 687	2 404	2 283
10-14	3 619	1 847	1 772	3 930	2 007	1 923	4 276	2 189	2 087	4 527	2 320	2 207
15-19	3 312	1 689	1 622	3 590	1 832	1 758	3 903	1 993	1 909	4 250	2 175	2 075
20-24	3 050	1 558	1 492	3 258	1 660	1 597	3 538	1 804	1 734	3 852	1 965	1 887
25-29	2 607	1 335	1 272	2 985	1 522	1 463	3 195	1 625	1 570	3 477	1 769	1 708
30-34	2 074	1 059	1 015	2 549	1 303	1 246	2 927	1 490	1 437	3 138	1 593	1 545
35-39	1 634	832	802	2 025	1 032	993	2 499	1 276	1 223	2 876	1 461	1 415
40-44	1 317	669	648	1 593	810	784	1 982	1 009	974	2 453	1 249	1 204
45-49	1 075	544	531	1 279	648	631	1 554	787	767	1 939	983	955
50-54	907	457	450	1 036	522	514	1 238	624	614	1 508	761	748
55-59	737	368	370	862	432	431	989	495	494	1 186	594	592
60-64	557	272	285	683	337	345	802	398	405	926	459	467
65-69	376	178	198	492	238	254	607	296	311	721	353	367
70-74	233	106	127	305	143	162	404	193	211	506	244	262
75-79	134	59	75	163	73	90	217	100	117	295	139	156
80+	…	…	…	…	…	…	…	…	…	…	…	…
80-84	63	27	36	73	32	41	91	40	51	126	57	69
85-89	17	7	10	23	10	13	28	12	16	37	16	21
90-94	3	1	2	4	2	2	5	2	3	7	3	4
95-99	0	0	0	0	0	0	0	0	0	1	0	0
100+	0	0	0	0	0	0	0	0	0	0	0	0

年齢	2055			2060		
	総数	男	女	総数	男	女
総数	44 961	22 852	22 109	48 523	24 649	23 874
0-4	4 783	2 450	2 333	4 774	2 445	2 330
5-9	4 737	2 428	2 309	4 755	2 437	2 319
10-14	4 671	2 396	2 275	4 723	2 421	2 302
15-19	4 502	2 307	2 196	4 648	2 383	2 265
20-24	4 202	2 147	2 055	4 457	2 280	2 177
25-29	3 793	1 930	1 863	4 145	2 113	2 032
30-34	3 422	1 737	1 685	3 741	1 899	1 842
35-39	3 090	1 565	1 525	3 376	1 709	1 666
40-44	2 830	1 434	1 396	3 045	1 538	1 507
45-49	2 406	1 222	1 184	2 781	1 405	1 376
50-54	1 888	954	934	2 349	1 188	1 161
55-59	1 451	727	724	1 823	916	907
60-64	1 117	555	562	1 373	683	690
65-69	839	412	427	1 020	502	517
70-74	609	296	313	718	349	368
75-79	378	180	197	464	223	240
80+	…	…	…	…	…	…
80-84	177	83	95	234	111	123
85-89	54	24	30	79	37	42
90-94	10	4	5	15	7	8
95-99	1	0	1	1	1	1
100+	0	0	0	0	0	0

性・年齢別人口（千人）

年齢	1960 総数	男	女	1965 総数	男	女	1970 総数	男	女	1975 総数	男	女
総数	313	151	161	306	148	158	304	147	157	308	149	159
0-4	40	20	20	32	16	16	23	12	11	25	13	12
5-9	43	22	22	38	20	18	31	16	15	23	12	11
10-14	43	21	22	39	20	19	35	18	17	31	16	15
15-19	22	10	11	39	20	19	35	18	17	33	17	16
20-24	24	12	13	20	10	10	35	18	18	31	15	16
25-29	20	10	11	21	10	11	17	8	9	31	15	16
30-34	18	8	10	16	7	9	20	9	11	16	7	9
35-39	16	7	9	16	6	9	16	7	9	20	9	11
40-44	13	7	6	15	6	9	15	7	8	17	8	9
45-49	14	7	7	12	5	7	14	6	8	15	7	8
50-54	15	7	8	13	6	7	11	6	6	14	7	8
55-59	12	6	6	14	6	8	12	6	6	12	6	6
60-64	10	5	5	11	5	5	13	6	7	12	6	6
65-69	8	4	4	8	4	4	10	5	5	11	5	6
70-74	7	3	4	6	3	3	8	4	4	8	4	4
75-79	4	2	2	5	2	3	5	2	3	5	2	3
80+	3	1	1	3	1	2	4	1	2	4	2	2
80-84	...	...	...	...	...	...	...	...	...	...	...	...
85-89	...	...	...	...	...	...	...	...	...	...	...	...
90-94	...	...	...	...	...	...	...	...	...	...	...	...
95-99	...	...	...	...	...	...	...	...	...	...	...	...
100+	...	...	...	...	...	...	...	...	...	...	...	...

年齢	1980 総数	男	女	1985 総数	男	女	1990 総数	男	女	1995 総数	男	女
総数	320	155	165	338	166	173	356	175	181	372	184	189
0-4	29	15	14	28	14	13	29	15	14	27	14	13
5-9	25	13	12	29	15	14	28	14	13	29	15	14
10-14	23	12	11	25	13	12	29	15	14	28	14	14
15-19	30	15	14	24	12	11	26	13	12	30	15	14
20-24	31	16	15	30	15	15	24	12	11	26	13	13
25-29	29	14	15	31	15	15	30	15	15	23	12	11
30-34	31	15	16	28	14	15	31	15	16	30	15	15
35-39	16	7	9	30	15	15	28	14	15	31	15	15
40-44	20	9	11	16	7	9	30	15	15	28	14	15
45-49	16	8	9	20	10	11	16	7	8	30	15	15
50-54	15	7	8	17	8	9	20	9	10	16	7	9
55-59	14	7	8	15	7	8	16	8	8	20	9	10
60-64	11	5	6	14	6	8	14	7	7	16	8	8
65-69	11	5	6	10	5	6	13	6	7	13	6	7
70-74	9	4	5	9	4	5	9	4	5	11	5	7
75-79	6	3	3	7	3	4	7	3	4	7	3	4
80+	4	2	2	5	2	3	...	...	...	...	...	...
80-84	...	...	...	...	...	...	5	2	3	5	2	3
85-89	...	...	...	...	...	...	2	1	1	2	1	1
90-94	...	...	...	...	...	...	0	0	0	1	0	0
95-99	...	...	...	...	...	...	0	0	0	0	0	0
100+	...	...	...	...	...	...	0	0	0	0	0	0

年齢	2000 総数	男	女	2005 総数	男	女	2010 総数	男	女	2015 総数	男	女
総数	387	192	196	397	196	201	412	205	207	419	208	210
0-4	24	13	12	20	10	10	19	10	9	19	10	9
5-9	27	14	13	25	13	12	22	11	11	20	10	10
10-14	29	15	14	27	14	13	26	12	14	22	11	11
15-19	28	14	14	28	15	13	27	13	14	26	12	14
20-24	30	15	14	27	14	12	25	15	10	28	14	15
25-29	26	13	13	29	15	14	26	15	11	26	15	11
30-34	24	12	12	27	14	13	32	16	16	27	16	11
35-39	30	15	15	25	12	13	28	14	14	33	17	17
40-44	31	15	15	30	15	15	26	13	13	28	14	14
45-49	28	14	15	30	15	15	29	15	14	26	13	13
50-54	30	15	15	27	14	14	28	14	14	28	15	14
55-59	16	7	8	29	14	14	27	14	14	28	14	14
60-64	19	9	10	18	7	11	30	15	15	26	13	13
65-69	15	7	8	20	8	11	23	10	12	29	14	15
70-74	12	6	6	14	6	8	19	9	10	21	9	12
75-79	9	4	6	11	5	7	10	4	5	16	8	9
80+	...	...	...	...	...	...	...	...	...	...	...	...
80-84	5	2	3	7	3	5	9	3	6	7	3	4
85-89	3	1	2	3	1	2	4	1	3	5	2	4
90-94	1	0	1	1	0	1	1	0	1	2	1	1
95-99	0	0	0	0	0	0	0	0	0	0	0	0
100+	0	0	0	0	0	0	0	0	0	0	0	0

中位予測値 マルタ

性・年齢別人口（千人）

年齢	2015			2020			2025			2030		
	総数	男	女	総数	男	女	総数	男	女	総数	男	女
総数	419	208	210	423	211	212	426	213	213	428	214	214
0-4	19	10	9	19	10	9	20	10	10	22	11	10
5-9	20	10	10	19	10	9	19	10	9	20	10	10
10-14	22	11	11	20	10	10	19	10	9	19	10	9
15-19	26	12	14	22	11	12	20	10	10	19	10	9
20-24	28	14	15	27	13	14	23	11	12	21	11	10
25-29	26	15	11	29	14	15	28	13	15	24	11	12
30-34	27	16	11	27	16	11	30	14	15	28	13	15
35-39	33	16	17	27	16	12	27	16	11	30	15	15
40-44	28	14	14	33	16	17	28	16	12	27	16	11
45-49	26	13	13	28	14	14	33	16	17	28	16	12
50-54	28	15	14	26	13	13	28	14	14	33	16	17
55-59	28	14	14	28	14	14	26	13	13	28	14	14
60-64	26	13	13	27	14	14	27	14	14	25	12	13
65-69	29	14	15	25	12	13	26	13	13	27	13	13
70-74	21	9	12	27	13	14	24	11	12	25	12	13
75-79	16	8	9	18	8	10	23	11	12	21	10	11
80+	…	…	…	…	…	…	…	…	…	…	…	…
80-84	7	3	4	12	6	7	14	6	8	19	9	10
85-89	5	2	4	4	2	3	8	3	5	9	4	6
90-94	2	1	1	2	1	2	2	1	1	4	2	2
95-99	0	0	0	0	0	0	1	0	0	1	0	0
100+	0	0	0	0	0	0	0	0	0	0	0	0

年齢	2035			2040			2045			2050		
	総数	男	女	総数	男	女	総数	男	女	総数	男	女
総数	427	214	213	423	213	210	417	210	207	411	208	203
0-4	21	11	10	19	10	9	17	9	8	17	9	8
5-9	22	11	10	21	11	10	19	10	9	18	9	9
10-14	20	10	10	22	11	10	21	11	10	19	10	9
15-19	19	10	9	20	10	10	22	11	11	21	11	10
20-24	19	10	9	20	10	10	21	11	10	22	11	11
25-29	21	11	10	20	10	10	20	10	10	21	11	10
30-34	24	11	12	21	11	10	20	10	10	20	10	10
35-39	28	13	15	24	12	12	21	11	10	20	10	10
40-44	30	15	16	28	13	15	24	12	12	21	11	10
45-49	27	16	11	30	15	16	28	13	15	24	12	12
50-54	27	16	12	27	16	11	30	14	15	28	13	15
55-59	32	16	17	27	16	12	27	16	11	30	14	15
60-64	28	13	14	32	16	16	27	15	11	27	15	11
65-69	25	12	13	27	13	14	31	15	16	26	15	11
70-74	25	12	13	23	11	12	26	12	13	30	14	15
75-79	22	11	12	23	11	12	21	10	11	24	11	12
80+	…	…	…	…	…	…	…	…	…	…	…	…
80-84	17	8	9	18	9	10	19	9	10	18	9	10
85-89	13	6	7	12	5	7	13	6	7	14	7	7
90-94	5	2	3	7	3	4	7	3	4	8	3	4
95-99	1	0	1	2	1	1	2	1	1	2	1	1
100+	0	0	0	0	0	0	0	0	0	1	0	0

年齢	2055			2060		
	総数	男	女	総数	男	女
総数	405	205	200	400	202	197
0-4	18	9	9	18	9	9
5-9	17	9	8	18	9	9
10-14	18	9	9	17	9	8
15-19	19	10	9	18	9	9
20-24	22	11	10	20	10	9
25-29	22	11	11	22	11	11
30-34	21	11	10	23	12	11
35-39	20	10	10	22	11	10
40-44	20	10	10	21	11	10
45-49	21	11	10	20	10	10
50-54	24	12	12	21	11	10
55-59	28	13	15	24	12	12
60-64	29	14	15	28	13	15
65-69	26	15	11	29	14	15
70-74	25	14	11	25	14	11
75-79	28	13	14	23	13	10
80+	…	…	…	…	…	…
80-84	20	10	11	24	11	13
85-89	14	6	7	16	7	8
90-94	8	4	5	8	4	5
95-99	3	1	2	3	1	2
100+	1	0	0	1	0	1

Malta

性・年齢別人口（千人）

年齢	2015 総数	男	女	2020 総数	男	女	2025 総数	男	女	2030 総数	男	女
総数	419	208	210	426	213	213	434	217	217	443	222	221
0-4	19	10	9	22	11	11	25	13	12	28	15	14
5-9	20	10	10	19	10	9	22	11	11	25	13	12
10-14	22	11	11	20	10	10	19	10	9	22	12	11
15-19	26	12	14	22	11	12	20	10	10	19	10	9
20-24	28	14	15	27	13	14	23	11	12	21	11	10
25-29	26	15	11	29	14	15	28	13	15	24	11	12
30-34	27	16	11	27	16	11	30	14	15	28	13	15
35-39	33	16	17	27	16	12	27	16	11	30	15	15
40-44	28	14	14	33	16	17	28	16	12	27	16	11
45-49	26	13	13	28	14	14	33	16	17	28	16	12
50-54	28	15	14	26	13	13	28	14	14	33	16	17
55-59	28	14	14	28	14	14	26	13	13	28	14	14
60-64	26	13	13	27	14	14	27	14	14	25	12	13
65-69	29	14	15	25	12	13	26	13	13	27	13	13
70-74	21	9	12	27	13	14	24	11	12	25	12	13
75-79	16	8	9	18	8	10	23	11	12	21	10	11
80+	…	…	…	…	…	…	…	…	…	…	…	…
80-84	7	3	4	12	6	7	14	6	8	19	9	10
85-89	5	2	4	4	2	3	8	3	5	9	4	6
90-94	2	1	1	2	1	2	2	1	1	4	2	2
95-99	0	0	0	0	0	0	1	0	0	1	0	0
100+	0	0	0	0	0	0	0	0	0	0	0	0

年齢	2035 総数	男	女	2040 総数	男	女	2045 総数	男	女	2050 総数	男	女
総数	449	226	223	451	227	224	451	228	223	452	229	223
0-4	28	14	13	25	13	12	24	12	11	24	13	12
5-9	28	15	14	28	14	13	25	13	12	24	12	11
10-14	25	13	12	28	15	14	28	14	13	25	13	12
15-19	23	12	11	26	13	12	29	15	14	28	14	13
20-24	19	10	9	23	12	11	26	13	13	29	15	14
25-29	21	11	10	20	10	10	23	12	11	26	13	13
30-34	24	11	12	21	11	10	20	10	10	23	12	11
35-39	28	13	15	24	12	12	21	11	10	20	10	10
40-44	30	15	16	28	13	15	24	12	12	21	11	10
45-49	27	16	11	30	15	16	28	13	15	24	12	12
50-54	27	16	12	27	16	11	30	14	15	28	13	15
55-59	32	16	17	27	16	12	27	16	11	30	14	15
60-64	28	13	14	32	16	16	27	15	11	27	15	11
65-69	25	12	13	27	13	14	31	15	16	26	15	11
70-74	25	12	13	23	11	12	26	12	13	30	14	15
75-79	22	11	12	23	11	12	21	10	11	24	11	12
80+	…	…	…	…	…	…	…	…	…	…	…	…
80-84	17	8	9	18	9	10	19	9	10	18	9	10
85-89	13	6	7	12	5	7	13	6	7	14	7	7
90-94	5	2	3	7	3	4	7	3	4	8	3	4
95-99	1	0	1	2	1	1	2	1	1	2	1	1
100+	0	0	0	0	0	0	0	0	0	1	0	0

年齢	2055 総数	男	女	2060 総数	男	女
総数	456	231	225	461	234	227
0-4	27	14	13	29	15	14
5-9	24	13	12	27	14	13
10-14	24	12	12	25	13	12
15-19	25	13	12	24	12	12
20-24	28	14	14	26	13	12
25-29	29	15	14	28	15	14
30-34	27	14	13	29	15	14
35-39	24	12	12	27	14	13
40-44	20	10	10	24	12	12
45-49	21	11	10	20	10	10
50-54	24	12	12	21	11	10
55-59	28	13	15	24	12	12
60-64	29	14	15	28	13	15
65-69	26	15	11	29	14	15
70-74	25	14	11	25	14	11
75-79	28	13	14	23	13	10
80+	…	…	…	…	…	…
80-84	20	10	11	24	11	13
85-89	14	6	7	16	7	8
90-94	8	4	5	8	4	5
95-99	3	1	2	3	1	2
100+	1	0	0	1	0	1

性・年齢別人口（千人）

年齢	2015 総数	男	女	2020 総数	男	女	2025 総数	男	女	2030 総数	男	女
総数	419	208	210	420	209	210	418	209	209	413	207	206
0-4	19	10	9	16	8	8	15	8	7	15	8	7
5-9	20	10	10	19	10	9	16	8	8	15	8	7
10-14	22	11	11	20	10	10	19	10	9	16	8	8
15-19	26	12	14	22	11	12	20	10	10	19	10	9
20-24	28	14	15	27	13	14	23	11	12	21	11	10
25-29	26	15	11	29	14	15	28	13	15	24	11	12
30-34	27	16	11	27	16	11	30	14	15	28	13	15
35-39	33	16	17	27	16	12	27	16	11	30	15	15
40-44	28	14	14	33	16	17	28	16	12	27	16	11
45-49	26	13	13	28	14	14	33	16	17	28	16	12
50-54	28	15	14	26	13	13	28	14	14	33	16	17
55-59	28	14	14	28	14	14	26	13	13	28	14	14
60-64	26	13	13	27	14	14	27	14	14	25	12	13
65-69	29	14	15	25	12	13	26	13	13	27	13	13
70-74	21	9	12	27	13	14	24	11	12	25	12	13
75-79	16	8	9	18	8	10	23	11	12	21	10	11
80+	…	…	…	…	…	…	…	…	…	…	…	…
80-84	7	3	4	12	6	7	14	6	8	19	9	10
85-89	5	2	4	4	2	3	8	3	5	9	4	6
90-94	2	1	1	2	1	2	2	1	1	4	2	2
95-99	0	0	0	0	0	0	1	0	0	1	0	0
100+	0	0	0	0	0	0	0	0	0	0	0	0

年齢	2035 総数	男	女	2040 総数	男	女	2045 総数	男	女	2050 総数	男	女
総数	405	203	202	396	199	197	384	193	191	372	187	184
0-4	14	7	7	13	7	6	12	6	6	11	6	5
5-9	15	8	7	15	7	7	13	7	6	12	6	6
10-14	15	8	7	15	8	7	15	8	7	13	7	6
15-19	16	8	8	15	8	7	15	8	7	15	8	7
20-24	19	10	9	16	8	8	15	8	8	15	8	7
25-29	21	11	10	20	10	10	17	9	8	16	8	8
30-34	24	11	12	21	11	10	20	10	10	17	9	8
35-39	28	13	15	24	12	12	21	11	10	20	10	10
40-44	30	15	16	28	13	16	24	12	12	21	11	10
45-49	27	16	11	30	15	16	28	13	15	24	12	12
50-54	27	16	12	27	16	11	30	14	15	28	13	15
55-59	32	16	17	27	16	12	27	16	11	30	14	15
60-64	28	13	14	32	16	16	27	15	11	27	15	11
65-69	25	12	13	27	13	14	31	15	16	26	15	11
70-74	25	12	13	23	11	12	26	12	13	30	14	15
75-79	22	11	12	23	11	12	21	10	11	24	11	12
80+	…	…	…	…	…	…	…	…	…	…	…	…
80-84	17	8	9	18	9	10	19	9	10	18	9	10
85-89	13	6	7	12	5	7	13	6	7	14	7	7
90-94	5	2	3	7	3	4	7	3	4	8	3	4
95-99	1	0	1	2	1	1	2	1	1	2	1	1
100+	0	0	0	0	0	0	0	0	0	1	0	0

年齢	2055 総数	男	女	2060 総数	男	女
総数	358	181	177	344	174	170
0-4	10	5	5	10	5	5
5-9	11	6	5	10	5	5
10-14	12	6	6	11	6	5
15-19	13	7	6	12	6	6
20-24	15	8	7	14	7	7
25-29	16	8	8	15	8	7
30-34	16	8	8	16	8	8
35-39	17	9	8	16	8	8
40-44	20	10	10	17	9	9
45-49	21	11	10	20	10	10
50-54	24	12	12	21	11	10
55-59	28	13	15	24	12	12
60-64	29	14	15	28	13	15
65-69	26	15	11	29	14	15
70-74	25	14	11	25	14	11
75-79	28	13	14	23	13	10
80+	…	…	…	…	…	…
80-84	20	10	11	24	11	13
85-89	14	6	7	16	7	8
90-94	8	4	5	8	4	5
95-99	3	1	2	3	1	2
100+	1	0	0	1	0	1

Martinique

性・年齢別人口（千人）

推計値

年齢	1960			1965			1970			1975		
	総数	男	女	総数	男	女	総数	男	女	総数	男	女
総数	282	138	144	311	150	161	325	159	166	328	159	169
0-4	45	23	23	51	25	25	49	25	23	40	20	20
5-9	42	21	21	47	23	23	45	22	22	45	23	22
10-14	32	17	16	41	20	20	41	21	20	47	23	23
15-19	26	14	12	30	15	15	34	17	17	40	20	20
20-24	24	12	12	19	9	10	25	12	14	24	12	12
25-29	19	9	10	18	8	10	19	9	10	17	8	9
30-34	16	7	9	17	8	9	18	9	9	15	7	8
35-39	15	7	8	17	8	9	17	8	9	16	8	9
40-44	13	6	7	15	7	8	15	7	8	15	7	8
45-49	13	6	7	12	6	6	15	7	8	15	7	8
50-54	11	5	6	12	6	6	12	6	6	13	6	7
55-59	8	4	4	10	5	5	12	6	6	11	5	5
60-64	7	3	4	7	3	4	9	4	5	10	5	5
65-69	5	2	3	5	2	3	7	3	4	8	4	4
70-74	3	1	2	5	2	3	5	2	3	6	2	3
75-79	3	1	2	3	1	2	3	1	2	3	1	2
80+	2	1	1	2	1	1	2	1	1	4	1	2
80-84	…	…	…	…	…	…	…	…	…	…	…	…
85-89	…	…	…	…	…	…	…	…	…	…	…	…
90-94	…	…	…	…	…	…	…	…	…	…	…	…
95-99	…	…	…	…	…	…	…	…	…	…	…	…
100+	…	…	…	…	…	…	…	…	…	…	…	…

年齢	1980			1985			1990			1995		
	総数	男	女	総数	男	女	総数	男	女	総数	男	女
総数	325	158	168	340	164	175	358	173	185	369	176	193
0-4	26	13	13	28	14	14	30	15	15	28	14	14
5-9	32	16	16	30	15	15	29	15	14	30	15	15
10-14	41	21	20	35	17	17	29	15	14	30	15	15
15-19	42	21	21	38	19	19	36	18	18	31	16	15
20-24	31	16	15	33	17	16	33	16	17	27	13	14
25-29	22	10	12	27	13	14	33	16	17	30	15	16
30-34	19	9	11	23	11	12	27	13	14	30	14	16
35-39	17	8	9	20	9	11	24	11	13	29	13	15
40-44	16	7	8	18	8	9	20	10	11	24	11	13
45-49	16	7	8	16	8	9	17	8	9	20	9	11
50-54	14	7	7	15	7	8	17	8	9	18	9	10
55-59	13	6	7	14	6	7	15	7	8	16	7	8
60-64	11	5	6	12	6	7	14	6	7	15	7	8
65-69	9	4	5	10	5	6	12	5	6	13	6	7
70-74	7	3	4	8	3	4	9	4	5	10	5	6
75-79	5	2	3	6	2	3	7	3	4	8	3	5
80+	5	2	3	6	2	4	…	…	…	…	…	…
80-84	…	…	…	…	…	…	4	2	3	5	2	3
85-89	…	…	…	…	…	…	2	1	2	3	1	2
90-94	…	…	…	…	…	…	1	0	1	1	0	1
95-99	…	…	…	…	…	…	0	0	0	0	0	0
100+	…	…	…	…	…	…	0	0	0	0	0	0

年齢	2000			2005			2010			2015		
	総数	男	女	総数	男	女	総数	男	女	総数	男	女
総数	387	182	205	397	185	212	395	182	212	396	182	215
0-4	27	14	14	25	13	12	24	12	11	20	11	10
5-9	30	15	15	28	14	14	26	13	13	22	12	11
10-14	32	16	16	31	16	15	27	14	13	26	13	13
15-19	24	12	12	32	16	16	28	14	14	24	12	12
20-24	28	13	15	21	11	10	24	11	12	24	11	13
25-29	27	13	15	19	8	11	19	9	10	22	10	12
30-34	31	14	17	27	12	15	19	8	11	14	5	9
35-39	33	15	18	32	14	18	27	11	16	15	3	12
40-44	29	14	15	34	15	19	32	14	18	24	9	15
45-49	25	11	13	30	14	16	33	15	18	33	14	18
50-54	21	10	11	25	11	14	29	13	15	37	18	19
55-59	17	8	9	22	10	12	25	12	13	32	16	16
60-64	16	7	9	18	8	9	22	10	12	28	14	14
65-69	14	6	8	16	7	9	16	8	9	23	11	12
70-74	12	5	7	14	6	8	15	7	8	15	7	8
75-79	9	4	5	10	4	6	12	5	7	16	7	8
80+	…	…	…	…	…	…	…	…	…	…	…	…
80-84	6	3	4	7	3	5	9	4	5	12	5	6
85-89	3	1	2	4	1	3	5	2	3	6	2	4
90-94	1	0	1	2	0	1	2	1	2	3	1	2
95-99	0	0	0	0	0	0	1	0	0	1	0	1
100+	0	0	0	0	0	0	0	0	0	0	0	0

性・年齢別人口（千人）

年齢	2015			2020			2025			2030		
	総数	男	女	総数	男	女	総数	男	女	総数	男	女
総数	396	182	215	395	180	215	393	178	215	391	176	215
0-4	20	11	10	21	11	10	21	11	10	21	11	10
5-9	22	12	11	20	11	10	21	10	10	21	10	10
10-14	26	13	13	22	12	11	20	11	10	21	10	10
15-19	24	12	12	25	12	13	22	11	10	20	10	9
20-24	24	11	13	23	11	12	24	12	12	21	11	10
25-29	22	10	12	23	11	12	22	11	12	24	12	12
30-34	14	5	9	21	9	11	22	10	12	22	10	11
35-39	15	3	12	13	5	8	20	9	11	22	10	12
40-44	24	9	15	14	3	11	13	5	8	20	9	11
45-49	33	14	18	24	9	15	14	3	11	13	5	8
50-54	37	18	19	32	14	18	23	9	15	14	3	11
55-59	32	16	16	36	17	19	32	14	18	23	9	14
60-64	28	14	14	31	15	16	36	17	19	31	13	18
65-69	23	11	12	27	13	14	30	14	16	35	16	18
70-74	15	7	8	22	10	11	25	12	14	28	13	15
75-79	16	7	8	14	6	8	19	9	11	23	10	13
80+	…	…	…	…	…	…	…	…	…	…	…	…
80-84	12	5	6	13	6	7	11	5	7	16	7	9
85-89	6	2	4	8	3	5	9	4	6	9	3	5
90-94	3	1	2	3	1	2	5	2	3	6	2	4
95-99	1	0	1	1	0	1	1	0	1	2	1	2
100+	0	0	0	0	0	0	0	0	0	0	0	0

年齢	2035			2040			2045			2050		
	総数	男	女	総数	男	女	総数	男	女	総数	男	女
総数	387	173	213	380	169	210	370	164	206	358	158	200
0-4	20	10	10	19	10	9	17	9	9	17	9	8
5-9	21	10	10	20	10	10	19	9	9	17	9	8
10-14	20	10	10	20	10	10	20	10	10	19	9	9
15-19	20	10	10	20	10	10	20	10	10	19	10	10
20-24	19	10	9	19	10	10	19	10	10	19	10	10
25-29	20	10	10	18	10	9	19	9	9	19	9	9
30-34	23	11	12	20	10	10	18	9	9	18	9	9
35-39	22	10	11	23	11	12	20	10	10	18	9	9
40-44	22	10	12	21	10	11	22	11	12	19	10	10
45-49	20	9	11	21	10	12	21	10	11	22	11	12
50-54	13	4	8	20	9	11	21	10	12	21	10	11
55-59	14	3	11	12	4	8	19	8	11	21	9	12
60-64	23	8	14	14	3	11	12	4	8	19	8	11
65-69	30	13	17	22	8	14	13	3	11	12	4	8
70-74	33	15	18	29	12	17	21	8	14	13	2	11
75-79	26	12	14	30	13	17	27	11	16	20	7	13
80+	…	…	…	…	…	…	…	…	…	…	…	…
80-84	20	9	11	23	10	13	27	11	15	24	9	15
85-89	13	5	8	15	6	9	18	7	11	21	8	13
90-94	5	2	4	8	3	5	10	3	7	12	4	8
95-99	3	1	2	3	1	2	4	1	3	5	1	4
100+	1	0	1	1	0	1	1	0	1	1	0	1

年齢	2055			2060		
	総数	男	女	総数	男	女
総数	346	153	193	336	150	186
0-4	17	8	8	17	8	8
5-9	17	8	8	17	8	8
10-14	17	9	8	17	8	8
15-19	18	9	9	17	8	8
20-24	19	9	9	18	9	9
25-29	19	9	9	18	9	9
30-34	18	9	9	18	9	9
35-39	18	9	9	18	9	9
40-44	17	9	9	18	9	9
45-49	19	10	10	17	9	9
50-54	22	10	12	19	9	10
55-59	21	10	11	22	10	11
60-64	21	9	11	20	9	11
65-69	19	8	11	20	9	11
70-74	12	4	8	18	8	11
75-79	12	2	10	11	4	7
80+	…	…	…	…	…	…
80-84	18	6	12	11	2	9
85-89	20	7	13	15	5	11
90-94	15	5	10	14	4	10
95-99	6	2	5	8	2	6
100+	2	0	2	3	0	2

Martinique

性・年齢別人口（千人）

年齢	2015			2020			2025			2030		
	総数	男	女	総数	男	女	総数	男	女	総数	男	女
総数	396	182	215	398	181	217	401	182	219	404	183	221
0-4	20	11	10	23	12	12	25	13	12	26	13	13
5-9	22	12	11	20	11	10	23	12	11	25	13	12
10-14	26	13	13	22	12	11	20	11	10	23	12	11
15-19	24	12	12	25	12	13	22	11	10	20	10	9
20-24	24	11	13	23	11	12	24	12	12	21	11	10
25-29	22	10	12	23	11	12	22	11	12	24	12	12
30-34	14	5	9	21	9	11	22	10	12	22	10	11
35-39	15	3	12	13	5	8	20	9	11	22	10	12
40-44	24	9	15	14	3	11	13	5	8	20	9	11
45-49	33	14	18	24	9	15	14	3	11	13	5	8
50-54	37	18	19	32	14	18	23	9	15	14	3	11
55-59	32	16	16	36	17	19	32	14	18	23	9	14
60-64	28	14	14	31	15	16	36	17	19	31	13	18
65-69	23	11	12	27	13	14	30	14	16	35	16	18
70-74	15	7	8	22	10	11	25	12	14	28	13	15
75-79	16	7	8	14	6	8	19	9	11	23	10	13
80+	...	...	...	...	...	...	...	...	...	...	...	...
80-84	12	5	6	13	6	7	11	5	7	16	7	9
85-89	6	2	4	8	3	5	9	4	6	9	3	5
90-94	3	1	2	3	1	2	5	2	3	6	2	4
95-99	1	0	1	1	0	1	1	0	1	2	1	2
100+	0	0	0	0	0	0	0	0	0	0	0	0

年齢	2035			2040			2045			2050		
	総数	男	女	総数	男	女	総数	男	女	総数	男	女
総数	405	183	223	404	181	222	400	179	221	395	177	218
0-4	26	13	13	24	12	12	23	12	11	24	12	12
5-9	26	13	13	25	13	12	24	12	12	23	12	11
10-14	25	13	12	26	13	13	25	13	12	24	12	12
15-19	23	12	11	25	12	12	26	13	13	25	13	12
20-24	19	10	9	22	11	11	24	12	12	25	13	13
25-29	20	10	10	18	10	9	22	11	11	23	12	12
30-34	23	11	12	20	10	10	18	9	9	21	10	11
35-39	22	10	11	23	11	12	20	10	10	18	9	9
40-44	22	10	12	21	10	11	22	11	12	19	10	10
45-49	20	9	11	21	10	12	21	10	11	22	11	12
50-54	13	4	8	20	9	11	21	10	12	21	10	11
55-59	14	3	11	12	4	8	19	8	11	21	9	12
60-64	23	8	14	14	3	11	12	4	8	19	8	11
65-69	30	13	17	22	8	14	13	3	11	12	4	8
70-74	33	15	18	29	12	17	21	8	14	13	2	11
75-79	26	12	14	30	13	17	27	11	16	20	7	13
80+	...	...	...	...	...	...	...	...	...	...	...	...
80-84	20	9	11	23	10	13	27	11	15	24	9	15
85-89	13	5	8	15	6	9	18	7	11	21	8	13
90-94	5	2	4	8	3	5	10	3	7	12	4	8
95-99	3	1	2	3	1	2	4	1	3	5	1	4
100+	1	0	1	1	0	1	1	0	1	1	0	1

年齢	2055			2060		
	総数	男	女	総数	男	女
総数	393	177	216	392	179	214
0-4	25	13	12	27	14	13
5-9	24	12	12	25	13	12
10-14	23	12	11	24	12	12
15-19	24	12	12	23	12	11
20-24	24	12	12	23	12	11
25-29	25	12	12	24	12	12
30-34	23	11	12	24	12	12
35-39	21	10	11	23	11	11
40-44	17	9	9	21	10	11
45-49	19	10	10	17	9	9
50-54	22	10	12	19	9	10
55-59	21	10	11	22	10	11
60-64	21	9	11	20	9	11
65-69	19	8	11	20	9	11
70-74	12	4	8	18	8	11
75-79	12	2	10	11	4	7
80+	...	...	...	...	...	...
80-84	18	6	12	11	2	9
85-89	20	7	13	15	5	11
90-94	15	5	10	14	4	10
95-99	6	2	5	8	2	6
100+	2	0	2	3	0	2

性・年齢別人口（千人）

年齢	2015			2020			2025			2030		
	総数	男	女	総数	男	女	総数	男	女	総数	男	女
総数	396	182	215	392	178	214	386	174	212	378	169	209
0-4	20	11	10	18	9	9	16	8	8	15	8	7
5-9	22	12	11	20	11	10	18	9	9	16	8	8
10-14	26	13	13	22	12	11	20	11	10	18	9	9
15-19	24	12	12	25	12	13	22	11	10	20	10	9
20-24	24	11	13	23	11	12	24	12	12	21	11	10
25-29	22	10	12	23	11	12	22	11	12	24	12	12
30-34	14	5	9	21	9	11	22	10	12	22	10	11
35-39	15	3	12	13	5	8	20	9	11	22	10	12
40-44	24	9	15	14	3	11	13	5	8	20	9	11
45-49	33	14	18	24	9	15	14	3	11	13	5	8
50-54	37	18	19	32	14	18	23	9	15	14	3	11
55-59	32	16	16	36	17	19	32	14	18	23	9	14
60-64	28	14	14	31	15	16	36	17	19	31	13	18
65-69	23	11	12	27	13	14	30	14	16	35	16	18
70-74	15	7	8	22	10	11	25	12	14	28	13	15
75-79	16	7	8	14	6	8	19	9	11	23	10	13
80+	…	…	…	…	…	…	…	…	…	…	…	…
80-84	12	5	6	13	6	7	11	5	7	16	7	9
85-89	6	2	4	8	3	5	9	4	6	9	3	5
90-94	3	1	2	3	1	2	5	2	3	6	2	4
95-99	1	0	1	1	0	1	1	0	1	2	1	2
100+	0	0	0	0	0	0	0	0	0	0	0	0

年齢	2035			2040			2045			2050		
	総数	男	女	総数	男	女	総数	男	女	総数	男	女
総数	368	164	204	355	157	199	340	149	191	322	140	182
0-4	14	7	7	13	7	6	12	6	6	11	5	5
5-9	15	8	7	14	7	7	13	7	6	12	6	6
10-14	16	8	8	15	8	7	14	7	7	13	7	6
15-19	17	9	9	16	8	8	14	7	7	14	7	7
20-24	19	10	9	17	8	8	15	7	7	14	7	7
25-29	20	10	10	18	10	9	16	8	8	14	7	7
30-34	23	11	12	20	10	10	18	9	9	16	8	8
35-39	22	10	11	23	11	12	20	10	10	18	9	9
40-44	22	10	12	21	10	11	22	11	12	19	10	10
45-49	20	9	11	21	10	12	21	10	11	22	11	12
50-54	13	4	8	20	9	11	21	10	12	21	10	11
55-59	14	3	11	12	4	8	19	8	11	21	9	12
60-64	23	8	14	14	3	11	12	4	8	19	8	11
65-69	30	13	17	22	8	14	13	3	11	12	4	8
70-74	33	15	18	29	12	17	21	8	14	13	2	11
75-79	26	12	14	30	13	17	27	11	16	20	7	13
80+	…	…	…	…	…	…	…	…	…	…	…	…
80-84	20	9	11	23	10	13	27	11	15	24	9	15
85-89	13	5	8	15	6	9	18	7	11	21	8	13
90-94	5	2	4	8	3	5	10	3	7	12	4	8
95-99	3	1	2	3	1	2	4	1	3	5	1	4
100+	1	0	1	1	0	1	1	0	1	1	0	1

年齢	2055			2060		
	総数	男	女	総数	男	女
総数	304	132	172	286	124	161
0-4	10	5	5	9	5	4
5-9	11	5	5	10	5	5
10-14	12	6	6	10	5	5
15-19	13	6	6	11	6	6
20-24	13	7	7	12	6	6
25-29	13	6	7	13	6	6
30-34	14	7	7	13	6	7
35-39	15	7	8	14	7	7
40-44	17	9	9	15	7	8
45-49	19	10	10	17	9	9
50-54	22	10	12	19	9	10
55-59	21	10	11	22	10	11
60-64	21	9	11	20	9	11
65-69	19	8	11	20	9	11
70-74	12	4	8	18	8	11
75-79	12	2	10	11	4	7
80+	…	…	…	…	…	…
80-84	18	6	12	11	2	9
85-89	20	7	13	15	5	11
90-94	15	5	10	14	4	10
95-99	6	2	5	8	2	6
100+	2	0	2	3	0	2

Mauritania

推計値

性・年齢別人口（千人）

年齢	1960			1965			1970			1975		
	総数	男	女	総数	男	女	総数	男	女	総数	男	女
総数	858	425	433	992	493	499	1 149	572	577	1 329	662	667
0-4	162	83	79	186	95	91	212	108	104	241	123	118
5-9	122	62	59	148	76	72	172	88	85	198	101	97
10-14	100	49	51	118	61	58	145	74	71	169	86	83
15-19	87	42	44	97	47	50	116	59	57	142	73	69
20-24	75	36	39	83	41	43	94	46	48	112	57	55
25-29	64	31	33	72	35	37	80	39	41	90	43	47
30-34	54	26	28	61	29	31	68	33	36	75	36	40
35-39	46	23	24	52	25	27	58	28	30	65	31	34
40-44	39	19	20	44	21	23	50	24	26	56	27	29
45-49	32	16	17	37	18	19	42	20	22	48	23	25
50-54	26	13	14	30	15	16	35	17	18	40	19	21
55-59	20	10	10	24	11	12	28	13	15	32	15	17
60-64	15	7	7	18	8	9	21	10	11	25	12	13
65-69	9	5	5	12	6	6	15	7	8	18	8	9
70-74	5	2	2	7	3	3	9	4	4	11	5	6
75-79	2	1	1	3	1	1	4	2	2	5	2	3
80+	1	0	0	1	0	0	1	1	1	2	1	1
80-84	...	...	...	...	...	...	...	...	...	...	...	...
85-89	...	...	...	...	...	...	...	...	...	...	...	...
90-94	...	...	...	...	...	...	...	...	...	...	...	...
95-99	...	...	...	...	...	...	...	...	...	...	...	...
100+	...	...	...	...	...	...	...	...	...	...	...	...

年齢	1980			1985			1990			1995		
	総数	男	女	総数	男	女	総数	男	女	総数	男	女
総数	1 534	764	770	1 767	881	886	2 024	1 009	1 015	2 334	1 165	1 169
0-4	273	139	134	308	157	151	350	178	172	394	201	193
5-9	228	116	112	261	132	128	295	150	145	337	171	166
10-14	195	99	96	224	114	110	257	131	126	292	148	144
15-19	166	85	81	191	97	94	220	112	108	254	129	125
20-24	138	70	68	161	82	79	184	93	91	215	109	106
25-29	108	55	53	132	67	65	152	77	75	178	90	88
30-34	86	41	45	103	52	51	124	62	62	147	74	73
35-39	72	34	38	82	39	43	97	48	48	120	60	60
40-44	62	29	33	69	32	37	77	36	41	93	46	47
45-49	53	25	28	59	27	32	65	30	35	74	34	40
50-54	45	21	23	50	24	27	55	25	30	62	28	34
55-59	37	17	19	42	20	22	47	22	25	52	23	28
60-64	29	13	15	33	15	18	38	17	20	42	19	23
65-69	21	9	11	24	11	13	28	13	15	32	15	18
70-74	13	6	7	16	7	9	19	8	11	22	10	12
75-79	7	3	4	9	4	5	10	4	6	13	5	7
80+	3	1	2	4	2	2	...	...	...	...	...	...
80-84	...	...	...	...	...	...	4	2	2	5	2	3
85-89	...	...	...	...	...	...	1	0	1	1	1	1
90-94	...	...	...	...	...	...	0	0	0	0	0	0
95-99	...	...	...	...	...	...	0	0	0	0	0	0
100+	...	...	...	...	...	...	0	0	0	0	0	0

年齢	2000			2005			2010			2015		
	総数	男	女	総数	男	女	総数	男	女	総数	男	女
総数	2 711	1 358	1 354	3 154	1 584	1 570	3 591	1 805	1 786	4 068	2 047	2 021
0-4	445	226	219	502	255	247	554	281	273	601	305	296
5-9	383	195	188	434	220	214	488	248	241	542	275	267
10-14	334	170	164	380	193	187	430	218	212	484	246	239
15-19	290	148	143	333	170	164	376	191	185	425	216	210
20-24	252	128	124	291	148	143	326	166	161	369	187	181
25-29	213	108	105	254	129	125	283	144	139	318	161	157
30-34	176	89	87	214	109	106	246	125	121	276	140	136
35-39	145	73	72	176	89	87	208	105	103	240	122	118
40-44	118	59	59	144	72	72	171	86	85	202	102	100
45-49	91	45	46	116	58	58	139	69	69	165	83	82
50-54	72	33	39	88	44	45	111	55	56	133	66	67
55-59	59	26	32	68	31	37	83	40	43	104	51	53
60-64	48	21	26	54	24	30	63	28	35	76	37	40
65-69	37	16	20	42	18	23	47	21	27	55	24	31
70-74	26	11	14	30	13	17	33	14	19	38	16	22
75-79	15	6	9	18	8	10	20	9	12	23	10	14
80+	...	...	...	...	...	...	...	...	...	...	...	...
80-84	6	3	4	8	3	5	9	4	5	11	4	6
85-89	2	1	1	2	1	1	3	1	2	3	1	2
90-94	0	0	0	0	0	0	0	0	0	1	0	0
95-99	0	0	0	0	0	0	0	0	0	0	0	0
100+	0	0	0	0	0	0	0	0	0	0	0	0

608

性・年齢別人口（千人）

年齢	2015			2020			2025			2030		
	総数	男	女	総数	男	女	総数	男	女	総数	男	女
総数	4 068	2 047	2 021	4 573	2 303	2 270	5 107	2 572	2 534	5 666	2 854	2 812
0-4	601	305	296	643	327	316	686	349	337	730	371	359
5-9	542	275	267	589	299	290	631	320	311	674	342	332
10-14	484	246	239	538	273	265	585	297	288	627	318	309
15-19	425	216	210	480	243	236	534	271	263	580	295	286
20-24	369	187	181	418	212	206	472	239	233	526	267	259
25-29	318	161	157	360	183	177	409	207	202	463	234	229
30-34	276	140	136	311	157	153	352	179	174	401	203	198
35-39	240	122	118	269	136	133	304	154	150	345	175	170
40-44	202	102	100	234	118	116	263	133	130	297	150	147
45-49	165	83	82	196	99	97	227	114	113	255	128	127
50-54	133	66	67	159	79	80	189	94	94	219	109	109
55-59	104	51	53	126	62	64	150	74	76	179	89	90
60-64	76	37	40	96	46	50	116	56	60	139	68	71
65-69	55	24	31	67	32	36	85	40	45	102	49	54
70-74	38	16	22	44	19	25	54	25	29	69	32	37
75-79	23	10	14	26	11	16	31	13	18	38	17	21
80+	...	...	...	...	...	...	...	...	...	...	...	...
80-84	11	4	6	12	5	7	14	6	9	17	7	10
85-89	3	1	2	4	1	2	4	2	3	5	2	3
90-94	1	0	0	1	0	0	1	0	0	1	0	1
95-99	0	0	0	0	0	0	0	0	0	0	0	0
100+	0	0	0	0	0	0	0	0	0	0	0	0

年齢	2035			2040			2045			2050		
	総数	男	女	総数	男	女	総数	男	女	総数	男	女
総数	6 248	3 146	3 102	6 844	3 444	3 400	7 446	3 744	3 702	8 049	4 044	4 005
0-4	773	393	380	811	412	399	844	429	415	873	444	429
5-9	718	364	353	761	386	375	800	406	394	833	423	410
10-14	670	340	330	714	362	351	757	384	373	796	404	392
15-19	622	316	306	665	338	328	709	360	349	752	381	371
20-24	572	290	282	614	311	303	657	333	324	701	355	346
25-29	517	261	255	563	285	278	604	306	299	647	327	320
30-34	454	230	225	508	257	251	554	280	274	595	301	295
35-39	393	198	195	446	225	221	499	252	247	545	275	270
40-44	337	170	167	385	194	191	437	220	217	490	246	243
45-49	289	145	144	329	165	163	376	188	187	427	214	213
50-54	246	123	123	279	139	140	318	159	159	364	181	183
55-59	208	103	105	234	116	118	266	131	134	303	150	153
60-64	166	81	85	193	94	98	218	106	111	247	121	127
65-69	123	59	64	147	70	77	171	82	89	194	93	101
70-74	84	39	45	101	47	54	121	57	64	141	66	75
75-79	48	22	27	59	27	32	72	32	39	86	39	47
80+	...	...	...	...	...	...	...	...	...	...	...	...
80-84	21	9	12	27	12	15	33	14	19	40	18	23
85-89	6	2	4	8	3	5	10	4	6	13	5	7
90-94	1	0	1	1	0	1	2	1	1	2	1	1
95-99	0	0	0	0	0	0	0	0	0	0	0	0
100+	0	0	0	0	0	0	0	0	0	0	0	0

年齢	2055			2060		
	総数	男	女	総数	男	女
総数	8 649	4 341	4 308	9 242	4 634	4 608
0-4	899	458	442	924	470	453
5-9	863	438	425	890	452	437
10-14	829	421	408	859	436	423
15-19	791	401	390	825	418	406
20-24	744	377	367	783	396	387
25-29	691	349	342	734	371	363
30-34	638	322	316	681	344	338
35-39	586	295	291	629	316	312
40-44	535	269	266	576	289	287
45-49	478	240	239	523	262	261
50-54	414	206	208	464	231	233
55-59	347	171	176	396	195	201
60-64	283	138	145	324	158	167
65-69	221	106	115	253	121	132
70-74	160	75	85	183	86	98
75-79	102	46	55	116	53	64
80+	...	...	...	...	...	...
80-84	49	21	28	59	25	33
85-89	16	6	9	20	8	12
90-94	3	1	2	4	1	2
95-99	0	0	0	0	0	0
100+	0	0	0	0	0	0

Mauritania

性・年齢別人口（千人）

年齢	2015			2020			2025			2030		
	総数	男	女	総数	男	女	総数	男	女	総数	男	女
総数	4 068	2 047	2 021	4 610	2 321	2 288	5 210	2 625	2 585	5 863	2 954	2 909
0-4	601	305	296	680	345	334	753	383	370	824	419	405
5-9	542	275	267	589	299	290	667	339	328	740	376	364
10-14	484	246	239	538	273	265	585	297	288	663	337	326
15-19	425	216	210	480	243	236	534	271	263	580	295	286
20-24	369	187	181	418	212	206	472	239	233	526	267	259
25-29	318	161	157	360	183	177	409	207	202	463	234	229
30-34	276	140	136	311	157	153	352	179	174	401	203	198
35-39	240	122	118	269	136	133	304	154	150	345	175	170
40-44	202	102	100	234	118	116	263	133	130	297	150	147
45-49	165	83	82	196	99	97	227	114	113	255	128	127
50-54	133	66	67	159	79	80	189	94	94	219	109	109
55-59	104	51	53	126	62	64	150	74	76	179	89	90
60-64	76	37	40	96	46	50	116	56	60	139	68	71
65-69	55	24	31	67	32	36	85	40	45	102	49	54
70-74	38	16	22	44	19	25	54	25	29	69	32	37
75-79	23	10	14	26	11	16	31	13	18	38	17	21
80+	...	...	...	...	...	...	...	...	...	...	...	...
80-84	11	4	6	12	5	7	14	6	9	17	7	10
85-89	3	1	2	4	1	2	4	2	3	5	2	3
90-94	1	0	0	1	0	0	1	0	0	1	0	1
95-99	0	0	0	0	0	0	0	0	0	0	0	0
100+	0	0	0	0	0	0	0	0	0	0	0	0

年齢	2035			2040			2045			2050		
	総数	男	女	総数	男	女	総数	男	女	総数	男	女
総数	6 551	3 300	3 251	7 276	3 663	3 613	8 039	4 045	3 994	8 843	4 447	4 396
0-4	882	448	434	943	479	464	1 008	513	496	1 079	549	530
5-9	811	412	399	869	441	428	930	472	458	996	506	490
10-14	735	373	362	806	409	397	864	439	426	925	469	456
15-19	658	334	324	730	370	360	801	406	395	859	436	423
20-24	572	290	282	649	329	320	721	366	356	792	401	391
25-29	517	261	255	563	285	278	639	324	316	711	360	351
30-34	454	230	225	508	257	251	554	280	274	630	318	312
35-39	393	198	195	446	225	221	499	252	247	545	275	270
40-44	337	170	167	385	194	191	437	220	217	490	246	243
45-49	289	145	144	329	165	163	376	188	187	427	214	213
50-54	246	123	123	279	139	140	318	159	159	364	181	183
55-59	208	103	105	234	116	118	266	131	134	303	150	153
60-64	166	81	85	193	94	98	218	106	111	247	121	127
65-69	123	59	64	147	70	77	171	82	89	194	93	101
70-74	84	39	45	101	47	54	121	57	64	141	66	75
75-79	48	22	27	59	27	32	72	32	39	86	39	47
80+	...	...	...	...	...	...	...	...	...	...	...	...
80-84	21	9	12	27	12	15	33	14	19	40	18	23
85-89	6	2	4	8	3	5	10	4	6	13	5	7
90-94	1	0	1	1	0	1	2	1	1	2	1	1
95-99	0	0	0	0	0	0	0	0	0	0	0	0
100+	0	0	0	0	0	0	0	0	0	0	0	0

年齢	2055			2060		
	総数	男	女	総数	男	女
総数	9 688	4 868	4 820	10 569	5 308	5 262
0-4	1 151	586	565	1 220	621	599
5-9	1 066	542	525	1 138	578	560
10-14	991	503	488	1 062	539	522
15-19	920	466	453	985	500	486
20-24	850	430	419	911	461	450
25-29	782	395	386	839	424	415
30-34	701	354	347	771	389	382
35-39	620	313	308	691	348	343
40-44	535	269	266	610	306	303
45-49	478	240	239	523	262	261
50-54	414	206	208	464	231	233
55-59	347	171	176	396	195	201
60-64	283	138	145	324	158	167
65-69	221	106	115	253	121	132
70-74	160	75	85	183	86	98
75-79	102	46	55	116	53	64
80+	...	...	...	...	...	...
80-84	49	21	28	59	25	33
85-89	16	6	9	20	8	12
90-94	3	1	2	4	1	2
95-99	0	0	0	0	0	0
100+	0	0	0	0	0	0

性・年齢別人口（千人）

年齢	2015			2020			2025			2030		
	総数	男	女	総数	男	女	総数	男	女	総数	男	女
総数	4 068	2 047	2 021	4 537	2 284	2 252	5 004	2 520	2 484	5 470	2 755	2 716
0-4	601	305	296	606	308	298	619	315	304	635	323	312
5-9	542	275	267	589	299	290	595	302	293	608	309	300
10-14	484	246	239	538	273	265	585	297	288	591	300	291
15-19	425	216	210	480	243	236	534	271	263	580	295	286
20-24	369	187	181	418	212	206	472	239	233	526	267	259
25-29	318	161	157	360	183	177	409	207	202	463	234	229
30-34	276	140	136	311	157	153	352	179	174	401	203	198
35-39	240	122	118	269	136	133	304	154	150	345	175	170
40-44	202	102	100	234	118	116	263	133	130	297	150	147
45-49	165	83	82	196	99	97	227	114	113	255	128	127
50-54	133	66	67	159	79	80	189	94	94	219	109	109
55-59	104	51	53	126	62	64	150	74	76	179	89	90
60-64	76	37	40	96	46	50	116	56	60	139	68	71
65-69	55	24	31	67	32	36	85	40	45	102	49	54
70-74	38	16	22	44	19	25	54	25	29	69	32	37
75-79	23	10	14	26	11	16	31	13	18	38	17	21
80+	...	...	...	...	...	...	...	...	...	...	...	...
80-84	11	4	6	12	5	7	14	6	9	17	7	10
85-89	3	1	2	4	1	2	4	2	3	5	2	3
90-94	1	0	0	1	0	0	1	0	0	1	0	1
95-99	0	0	0	0	0	0	0	0	0	0	0	0
100+	0	0	0	0	0	0	0	0	0	0	0	0

年齢	2035			2040			2045			2050		
	総数	男	女	総数	男	女	総数	男	女	総数	男	女
総数	5 945	2 992	2 953	6 416	3 227	3 189	6 867	3 450	3 417	7 287	3 657	3 630
0-4	664	338	327	683	347	336	689	350	339	686	349	337
5-9	625	317	308	654	332	322	674	342	332	680	345	335
10-14	605	307	298	621	315	306	651	330	320	670	340	330
15-19	587	298	289	600	305	296	617	313	304	646	328	318
20-24	572	290	282	579	293	285	592	300	292	609	308	301
25-29	517	261	255	563	285	278	570	288	281	583	295	288
30-34	454	230	225	508	257	251	554	280	274	561	283	277
35-39	393	198	195	446	225	221	499	252	247	545	275	270
40-44	337	170	167	385	194	191	437	220	217	490	246	243
45-49	289	145	144	329	165	163	376	188	187	427	214	213
50-54	246	123	123	279	139	140	318	159	159	364	181	183
55-59	208	103	105	234	116	118	266	131	134	303	150	153
60-64	166	81	85	193	94	98	218	106	111	247	121	127
65-69	123	59	64	147	70	77	171	82	89	194	93	101
70-74	84	39	45	101	47	54	121	57	64	141	66	75
75-79	48	22	27	59	27	32	72	32	39	86	39	47
80+	...	...	...	...	...	...	...	...	...	...	...	...
80-84	21	9	12	27	12	15	33	14	19	40	18	23
85-89	6	2	4	8	3	5	10	4	6	13	5	7
90-94	1	0	1	1	0	1	2	1	1	2	1	1
95-99	0	0	0	0	0	0	0	0	0	0	0	0
100+	0	0	0	0	0	0	0	0	0	0	0	0

年齢	2055			2060		
	総数	男	女	総数	男	女
総数	7 670	3 844	3 826	8 015	4 012	4 004
0-4	677	345	333	668	340	328
5-9	677	344	333	670	340	329
10-14	677	344	333	674	342	332
15-19	666	338	328	673	341	331
20-24	639	323	315	658	333	325
25-29	600	303	297	630	318	312
30-34	575	290	285	592	298	293
35-39	552	278	274	566	285	281
40-44	535	269	266	542	272	270
45-49	478	240	239	523	262	261
50-54	414	206	208	464	231	233
55-59	347	171	176	396	195	201
60-64	283	138	145	324	158	167
65-69	221	106	115	253	121	132
70-74	160	75	85	183	86	98
75-79	102	46	55	116	53	64
80+	...	...	...	...	...	...
80-84	49	21	28	59	25	33
85-89	16	6	9	20	8	12
90-94	3	1	2	4	1	2
95-99	0	0	0	0	0	0
100+	0	0	0	0	0	0

Mauritius

性・年齢別人口（千人）

年齢	1960 総数	男	女	1965 総数	男	女	1970 総数	男	女	1975 総数	男	女
総数	660	329	331	753	377	377	826	413	413	892	440	452
0-4	123	63	60	135	69	66	115	59	56	102	52	50
5-9	102	53	50	117	60	57	132	67	65	118	59	58
10-14	82	42	41	99	51	48	114	58	56	134	68	66
15-19	68	34	34	78	40	39	92	48	44	103	53	50
20-24	56	28	28	64	32	32	73	36	37	82	40	42
25-29	47	23	24	53	26	27	62	31	31	71	35	37
30-34	40	20	20	45	22	23	51	25	25	60	30	30
35-39	33	16	17	38	19	19	43	21	22	50	24	26
40-44	28	13	14	32	16	16	37	18	19	44	21	23
45-49	22	11	11	26	12	13	30	15	15	36	17	18
50-54	18	9	9	21	10	11	24	12	13	29	14	15
55-59	14	7	7	16	8	8	19	9	10	22	11	12
60-64	10	5	6	12	5	7	14	6	8	16	7	9
65-69	7	3	4	8	4	5	10	4	6	11	5	7
70-74	5	2	3	5	2	3	6	2	4	7	3	5
75-79	3	1	2	3	1	2	3	1	2	4	1	3
80+	1	1	1	2	1	1	2	1	1	2	1	2
80-84	...	...	...	...	...	...	...	...	...	...	...	...
85-89	...	...	...	...	...	...	...	...	...	...	...	...
90-94	...	...	...	...	...	...	...	...	...	...	...	...
95-99	...	...	...	...	...	...	...	...	...	...	...	...
100+	...	...	...	...	...	...	...	...	...	...	...	...

年齢	1980 総数	男	女	1985 総数	男	女	1990 総数	男	女	1995 総数	男	女
総数	966	476	490	1 016	504	512	1 056	527	529	1 129	563	566
0-4	109	55	54	104	53	51	98	50	48	111	56	55
5-9	115	58	57	107	54	53	102	52	50	97	49	48
10-14	120	61	60	114	57	57	106	53	52	102	52	50
15-19	110	56	54	118	60	58	112	56	55	105	53	52
20-24	96	47	49	105	54	51	113	58	55	110	56	54
25-29	84	42	43	90	45	45	99	52	47	111	57	54
30-34	73	36	36	79	40	40	84	43	42	97	51	46
35-39	57	28	29	69	35	34	75	38	37	83	42	41
40-44	46	22	24	54	26	28	65	33	32	73	37	37
45-49	39	19	20	43	21	23	51	25	26	63	32	32
50-54	32	16	16	37	18	19	41	19	21	49	23	26
55-59	28	14	15	29	14	15	34	16	18	38	18	20
60-64	21	10	12	25	12	13	26	12	14	31	14	16
65-69	16	7	9	18	8	10	21	10	12	23	10	13
70-74	10	4	6	12	5	7	14	6	8	17	7	10
75-79	6	2	4	7	3	4	9	3	5	10	4	7
80+	4	1	3	5	1	4	...	...	...	...	...	...
80-84	...	...	...	...	...	...	4	1	3	5	2	4
85-89	...	...	...	...	...	...	1	0	1	2	1	2
90-94	...	...	...	...	...	...	0	0	0	1	0	0
95-99	...	...	...	...	...	...	0	0	0	0	0	0
100+	...	...	...	...	...	...	0	0	0	0	0	0

年齢	2000 総数	男	女	2005 総数	男	女	2010 総数	男	女	2015 総数	男	女
総数	1 185	588	597	1 222	606	616	1 248	619	629	1 273	629	644
0-4	99	50	49	95	48	47	81	41	40	71	36	35
5-9	109	55	54	98	50	48	95	48	47	81	41	40
10-14	98	49	48	109	55	54	95	48	47	95	48	46
15-19	102	52	50	96	49	48	105	53	52	98	50	48
20-24	111	55	56	97	49	48	94	48	47	105	53	52
25-29	94	47	47	107	54	53	91	46	46	94	47	47
30-34	100	50	50	91	46	46	103	52	51	91	45	45
35-39	102	52	50	94	48	47	89	45	44	102	51	51
40-44	90	46	45	100	50	49	90	45	44	88	44	44
45-49	78	39	39	87	44	43	97	49	49	88	44	44
50-54	57	28	29	74	37	37	84	42	42	95	47	48
55-59	40	19	21	56	27	29	70	34	36	80	39	41
60-64	33	15	18	37	17	20	55	26	29	66	31	34
65-69	26	12	14	29	13	16	34	15	19	50	23	27
70-74	22	9	12	21	9	12	25	11	14	30	13	17
75-79	15	6	9	15	6	9	18	7	11	20	8	12
80+	...	...	...	...	...	...	...	...	...	...	...	...
80-84	7	3	5	10	4	6	11	4	7	13	5	8
85-89	2	1	2	4	1	3	5	2	3	6	2	4
90-94	1	0	1	1	0	1	2	1	1	2	1	2
95-99	0	0	0	0	0	0	0	0	0	1	0	0
100+	0	0	0	0	0	0	0	0	0	0	0	0

性・年齢別人口（千人）

年齢	2015			2020			2025			2030		
	総数	男	女	総数	男	女	総数	男	女	総数	男	女
総数	1 273	629	644	1 291	636	656	1 304	639	664	1 310	640	669
0-4	71	36	35	69	35	34	68	35	33	68	34	33
5-9	81	41	40	71	36	35	69	35	34	68	35	33
10-14	95	48	46	81	41	40	70	36	35	68	35	34
15-19	98	50	48	95	48	46	80	41	39	70	36	35
20-24	105	53	52	98	49	48	94	48	46	80	41	39
25-29	94	47	47	104	52	52	97	49	48	94	48	46
30-34	91	45	45	93	47	46	103	52	52	97	49	48
35-39	102	51	51	90	45	45	92	46	46	103	51	51
40-44	88	44	44	101	50	50	89	44	45	91	46	46
45-49	88	44	44	86	43	43	99	49	50	87	43	44
50-54	95	47	48	85	42	43	84	41	43	97	48	49
55-59	80	39	41	91	44	46	82	40	42	81	40	42
60-64	66	31	34	75	36	39	86	41	45	78	38	40
65-69	50	23	27	60	28	32	69	32	37	79	37	42
70-74	30	13	17	44	19	24	53	24	29	61	28	33
75-79	20	8	12	24	10	14	36	15	21	44	19	25
80+	…	…	…	…	…	…	…	…	…	…	…	…
80-84	13	5	8	15	5	9	18	7	11	27	10	16
85-89	6	2	4	8	2	5	9	3	6	11	4	7
90-94	2	1	2	3	1	2	4	1	3	4	1	3
95-99	1	0	0	1	0	1	1	0	1	1	0	1
100+	0	0	0	0	0	0	0	0	0	0	0	0

年齢	2035			2040			2045			2050		
	総数	男	女	総数	男	女	総数	男	女	総数	男	女
総数	1 307	637	670	1 295	630	665	1 274	619	655	1 249	607	642
0-4	65	33	32	61	31	30	57	29	28	55	28	27
5-9	68	34	33	65	33	32	61	31	30	57	29	28
10-14	68	35	33	67	34	33	65	33	32	61	31	30
15-19	68	35	34	68	35	33	67	34	33	65	33	32
20-24	70	36	34	68	35	33	68	34	33	67	34	33
25-29	80	41	39	70	36	34	68	35	33	68	34	33
30-34	93	47	46	80	40	39	70	35	34	68	34	33
35-39	96	48	48	93	47	46	79	40	39	69	35	34
40-44	102	50	51	95	48	48	92	46	46	78	40	39
45-49	90	45	45	100	50	51	94	47	47	91	46	45
50-54	85	42	44	88	43	45	98	48	50	92	46	47
55-59	94	46	48	83	40	43	86	42	44	96	47	49
60-64	77	37	40	89	43	47	79	38	42	83	40	43
65-69	72	34	38	72	34	38	84	40	44	75	35	40
70-74	70	32	38	65	30	35	65	30	35	76	35	41
75-79	51	22	29	60	26	34	55	25	31	56	25	31
80+	…	…	…	…	…	…	…	…	…	…	…	…
80-84	33	13	20	39	16	23	46	19	27	43	18	25
85-89	17	6	11	21	8	14	26	9	16	31	11	19
90-94	5	2	4	8	2	6	11	3	8	13	4	9
95-99	2	0	1	2	0	2	3	1	2	4	1	3
100+	0	0	0	0	0	0	1	0	0	1	0	1

年齢	2055			2060		
	総数	男	女	総数	男	女
総数	1 222	594	628	1 194	582	612
0-4	54	28	26	54	27	26
5-9	55	28	27	54	28	26
10-14	57	29	28	55	28	27
15-19	61	31	30	57	29	28
20-24	65	33	32	60	31	30
25-29	67	34	33	64	33	32
30-34	67	34	33	67	34	33
35-39	67	34	33	67	34	33
40-44	69	35	34	67	34	33
45-49	78	39	39	68	34	34
50-54	90	45	45	77	38	38
55-59	90	45	46	88	44	44
60-64	93	45	48	87	43	45
65-69	78	37	41	88	42	46
70-74	69	32	37	72	34	38
75-79	67	30	37	60	27	33
80+	…	…	…	…	…	…
80-84	45	19	26	54	23	31
85-89	29	11	18	31	12	19
90-94	16	5	11	16	5	11
95-99	5	1	4	7	2	5
100+	1	0	1	1	0	1

Mauritius

性・年齢別人口（千人）

年齢	2015 総数	男	女	2020 総数	男	女	2025 総数	男	女	2030 総数	男	女
総数	1 273	629	644	1 303	642	662	1 334	655	679	1 363	668	695
0-4	71	36	35	81	41	39	87	44	43	91	46	44
5-9	81	41	40	71	36	35	80	41	39	87	44	43
10-14	95	48	46	81	41	40	70	36	35	80	41	39
15-19	98	50	48	95	48	46	80	41	39	70	36	35
20-24	105	53	52	98	49	48	94	48	46	80	41	39
25-29	94	47	47	104	52	52	97	49	48	94	48	46
30-34	91	45	45	93	47	46	103	52	52	97	49	48
35-39	102	51	51	90	45	45	92	46	46	103	51	51
40-44	88	44	44	101	50	50	89	44	45	91	46	46
45-49	88	44	44	86	43	43	99	49	50	87	43	44
50-54	95	47	48	85	42	43	84	41	43	97	48	49
55-59	80	39	41	91	44	46	82	40	42	81	40	42
60-64	66	31	34	75	36	39	86	41	45	78	38	40
65-69	50	23	27	60	28	32	69	32	37	79	37	42
70-74	30	13	17	44	19	24	53	24	29	61	28	33
75-79	20	8	12	24	10	14	36	15	21	44	19	25
80+	…	…	…	…	…	…	…	…	…	…	…	…
80-84	13	5	8	15	5	9	18	7	11	27	10	16
85-89	6	2	4	8	2	5	9	3	6	11	4	7
90-94	2	1	2	3	1	2	4	1	3	4	1	3
95-99	1	0	0	1	0	1	1	0	1	1	0	1
100+	0	0	0	0	0	0	0	0	0	0	0	0

年齢	2035 総数	男	女	2040 総数	男	女	2045 総数	男	女	2050 総数	男	女
総数	1 383	676	707	1 392	680	712	1 395	681	714	1 398	683	715
0-4	87	44	43	82	42	40	80	41	39	83	42	41
5-9	90	46	44	87	44	42	82	42	40	80	41	39
10-14	87	44	43	90	46	44	87	44	42	82	42	40
15-19	80	41	39	87	44	43	90	46	44	87	44	42
20-24	70	36	34	80	41	39	87	44	43	90	46	44
25-29	80	41	39	70	36	34	80	41	39	86	44	42
30-34	93	47	46	80	40	39	70	35	34	80	40	39
35-39	96	48	48	93	47	46	79	40	39	69	35	34
40-44	102	50	51	95	48	48	92	46	46	78	40	39
45-49	90	45	45	100	50	51	94	47	47	91	46	45
50-54	85	42	44	88	43	45	98	48	50	92	46	47
55-59	94	46	48	83	40	43	86	42	44	96	47	49
60-64	77	37	40	89	43	47	79	38	42	83	40	43
65-69	72	34	38	72	34	38	84	40	44	75	35	40
70-74	70	32	38	65	30	35	65	30	35	76	35	41
75-79	51	22	29	60	26	34	55	25	31	56	25	31
80+	…	…	…	…	…	…	…	…	…	…	…	…
80-84	33	13	20	39	16	23	46	19	27	43	18	25
85-89	17	6	11	21	8	14	26	9	16	31	11	19
90-94	5	2	4	8	2	6	11	3	8	13	4	9
95-99	2	0	1	2	0	2	3	1	2	4	1	3
100+	0	0	0	0	0	0	1	0	0	1	0	1

年齢	2055 総数	男	女	2060 総数	男	女
総数	1 404	687	717	1 414	694	720
0-4	88	45	43	91	47	45
5-9	83	42	41	88	45	43
10-14	80	41	39	83	42	41
15-19	82	42	40	80	41	39
20-24	86	44	42	82	42	40
25-29	90	46	44	86	44	42
30-34	86	44	42	90	46	44
35-39	79	40	39	86	44	42
40-44	69	35	34	79	40	39
45-49	78	39	39	68	34	34
50-54	90	45	45	77	38	38
55-59	90	45	46	88	44	44
60-64	93	45	48	87	43	45
65-69	78	37	41	88	42	46
70-74	69	32	37	72	34	38
75-79	67	30	37	60	27	33
80+	…	…	…	…	…	…
80-84	45	19	26	54	23	31
85-89	29	11	18	31	12	19
90-94	16	5	11	16	5	11
95-99	5	1	4	7	2	5
100+	1	0	1	1	0	1

性・年齢別人口（千人）

年齢	2015			2020			2025			2030		
	総数	男	女	総数	男	女	総数	男	女	総数	男	女
総数	1 273	629	644	1 279	630	650	1 273	624	649	1 256	613	643
0-4	71	36	35	57	29	28	49	25	24	45	23	22
5-9	81	41	40	71	36	35	57	29	28	49	25	24
10-14	95	48	46	81	41	40	70	36	35	57	29	28
15-19	98	50	48	95	48	46	80	41	39	70	36	35
20-24	105	53	52	98	49	48	94	48	46	80	41	39
25-29	94	47	47	104	52	52	97	49	48	94	48	46
30-34	91	45	45	93	47	46	103	52	52	97	49	48
35-39	102	51	51	90	45	45	92	46	46	103	51	51
40-44	88	44	44	101	50	50	89	44	45	91	46	46
45-49	88	44	44	86	43	43	99	49	50	87	43	44
50-54	95	47	48	85	42	43	84	41	43	97	48	49
55-59	80	39	41	91	44	46	82	40	42	81	40	42
60-64	66	31	34	75	36	39	86	41	45	78	38	40
65-69	50	23	27	60	28	32	69	32	37	79	37	42
70-74	30	13	17	44	19	24	53	24	29	61	28	33
75-79	20	8	12	24	10	14	36	15	21	44	19	25
80+	…	…	…	…	…	…	…	…	…	…	…	…
80-84	13	5	8	15	5	9	18	7	11	27	10	16
85-89	6	2	4	8	2	5	9	3	6	11	4	7
90-94	2	1	2	3	1	2	4	1	3	4	1	3
95-99	1	0	0	1	0	1	1	0	1	1	0	1
100+	0	0	0	0	0	0	0	0	0	0	0	0

年齢	2035			2040			2045			2050		
	総数	男	女	総数	男	女	総数	男	女	総数	男	女
総数	1 231	599	633	1 199	581	618	1 158	560	598	1 109	536	574
0-4	43	22	21	40	20	20	36	18	18	32	16	16
5-9	45	23	22	43	22	21	40	20	20	36	18	18
10-14	49	25	24	44	23	22	43	22	21	40	20	20
15-19	57	29	28	49	25	24	44	23	22	43	22	21
20-24	70	36	34	56	29	28	49	25	24	44	23	22
25-29	80	41	39	70	36	34	56	29	28	49	25	24
30-34	93	47	46	80	40	39	70	35	34	56	28	28
35-39	96	48	48	93	47	46	79	40	39	69	35	34
40-44	102	50	51	95	48	48	92	46	46	78	40	39
45-49	90	45	45	100	50	51	94	47	47	91	46	45
50-54	85	42	44	88	43	45	98	48	50	92	46	47
55-59	94	46	48	83	40	43	86	42	44	96	47	49
60-64	77	37	40	89	43	47	79	38	42	83	40	43
65-69	72	34	38	72	34	38	84	40	44	75	35	40
70-74	70	32	38	65	30	35	65	30	35	76	35	41
75-79	51	22	29	60	26	34	55	25	31	56	25	31
80+	…	…	…	…	…	…	…	…	…	…	…	…
80-84	33	13	20	39	16	23	46	19	27	43	18	25
85-89	17	6	11	21	8	14	26	9	16	31	11	19
90-94	5	2	4	8	2	6	11	3	8	13	4	9
95-99	2	0	1	2	0	2	3	1	2	4	1	3
100+	0	0	0	0	0	0	1	0	0	1	0	1

年齢	2055			2060		
	総数	男	女	総数	男	女
総数	1 057	510	547	1 002	484	518
0-4	28	15	14	26	13	13
5-9	32	16	16	28	14	14
10-14	36	18	18	32	16	16
15-19	40	20	20	36	18	18
20-24	43	22	21	40	20	20
25-29	44	23	22	43	22	21
30-34	48	25	24	44	22	22
35-39	56	28	27	48	25	24
40-44	69	35	34	55	28	27
45-49	78	39	39	68	34	34
50-54	90	45	45	77	38	38
55-59	90	45	46	88	44	44
60-64	93	45	48	87	43	45
65-69	78	37	41	88	42	46
70-74	69	32	37	72	34	38
75-79	67	30	37	60	27	33
80+	…	…	…	…	…	…
80-84	45	19	26	54	23	31
85-89	29	11	18	31	12	19
90-94	16	5	11	16	5	11
95-99	5	1	4	7	2	5
100+	1	0	1	1	0	1

性・年齢別人口（千人）

年齢	1960			1965			1970			1975		
	総数	男	女	総数	男	女	総数	男	女	総数	男	女
総数	24	13	11	31	16	14	37	19	18	45	24	22
0-4	4	2	2	6	3	3	7	4	4	9	5	5
5-9	3	2	2	4	2	2	6	3	3	7	4	4
10-14	3	1	1	4	2	2	4	2	2	6	3	3
15-19	2	1	1	3	2	1	4	2	2	4	2	2
20-24	2	1	1	2	1	1	3	2	1	4	2	2
25-29	1	1	1	2	1	1	2	1	1	3	2	1
30-34	1	1	1	2	1	1	2	1	1	2	1	1
35-39	1	1	0	1	1	1	2	1	1	2	1	1
40-44	1	0	0	1	1	1	1	1	1	2	1	1
45-49	1	1	0	1	0	0	1	1	1	1	1	1
50-54	1	1	0	1	1	0	1	0	0	1	1	0
55-59	1	1	0	1	1	0	1	1	0	1	0	0
60-64	1	0	0	1	1	0	1	0	0	1	1	0
65-69	1	0	0	1	0	0	1	0	0	1	0	0
70-74	0	0	0	1	0	0	1	0	0	1	0	0
75-79	0	0	0	0	0	0	0	0	0	0	0	0
80+	0	0	0	0	0	0	0	0	0	0	0	0
80-84	…	…	…	…	…	…	…	…	…	…	…	…
85-89	…	…	…	…	…	…	…	…	…	…	…	…
90-94	…	…	…	…	…	…	…	…	…	…	…	…
95-99	…	…	…	…	…	…	…	…	…	…	…	…
100+	…	…	…	…	…	…	…	…	…	…	…	…

年齢	1980			1985			1990			1995		
	総数	男	女	総数	男	女	総数	男	女	総数	男	女
総数	55	28	27	72	37	35	95	48	46	123	63	61
0-4	11	6	6	14	7	7	18	9	9	20	10	10
5-9	9	4	4	11	6	6	15	8	7	20	10	10
10-14	7	4	4	9	5	5	12	6	6	16	8	8
15-19	6	3	3	8	4	4	10	5	5	14	7	7
20-24	4	2	2	6	3	3	9	4	4	11	6	6
25-29	4	2	2	5	2	2	7	3	3	9	5	5
30-34	3	2	1	4	2	2	5	3	3	7	4	4
35-39	2	1	1	3	2	1	4	2	2	6	3	3
40-44	2	1	1	3	1	1	3	2	2	5	2	2
45-49	2	1	1	2	1	1	3	2	1	4	2	2
50-54	1	1	1	2	1	1	2	1	1	3	2	1
55-59	1	1	0	1	1	1	2	1	1	2	1	1
60-64	1	0	0	1	1	0	1	1	1	2	1	1
65-69	1	1	0	1	0	0	1	1	0	1	1	1
70-74	1	0	0	1	0	0	1	0	0	1	0	1
75-79	0	0	0	0	0	0	1	0	0	1	0	0
80+	0	0	0	0	0	0	…	…	…	…	…	…
80-84	…	…	…	…	…	…	0	0	0	0	0	0
85-89	…	…	…	…	…	…	0	0	0	0	0	0
90-94	…	…	…	…	…	…	0	0	0	0	0	0
95-99	…	…	…	…	…	…	0	0	0	0	0	0
100+	…	…	…	…	…	…	0	0	0	0	0	0

年齢	2000			2005			2010			2015		
	総数	男	女	総数	男	女	総数	男	女	総数	男	女
総数	150	76	74	178	88	90	209	102	107	240	118	122
0-4	25	13	12	30	15	15	35	18	17	35	18	17
5-9	21	11	10	25	13	12	30	15	15	35	18	17
10-14	20	10	10	21	11	10	25	13	12	30	15	15
15-19	17	9	8	20	10	10	21	11	10	25	13	12
20-24	14	7	7	17	8	9	19	9	10	19	9	10
25-29	12	6	6	14	6	8	15	6	9	17	8	10
30-34	10	5	5	12	6	6	14	6	8	16	7	9
35-39	8	4	4	10	5	5	12	6	6	15	7	8
40-44	6	3	3	7	4	4	10	5	5	13	6	6
45-49	5	3	2	6	3	3	7	4	4	9	5	5
50-54	4	2	2	5	2	2	6	3	3	7	4	4
55-59	3	2	1	4	2	2	5	2	2	5	3	3
60-64	2	1	1	3	1	1	3	2	2	4	2	2
65-69	2	1	1	2	1	1	3	1	1	3	2	2
70-74	1	1	1	1	1	1	2	1	1	2	1	1
75-79	1	0	0	1	0	1	1	1	1	2	1	1
80+	…	…	…	…	…	…	…	…	…	…	…	…
80-84	0	0	0	1	0	0	1	0	0	1	0	1
85-89	0	0	0	0	0	0	0	0	0	1	0	0
90-94	0	0	0	0	0	0	0	0	0	0	0	0
95-99	0	0	0	0	0	0	0	0	0	0	0	0
100+	0	0	0	0	0	0	0	0	0	0	0	0

中位予測値

性・年齢別人口（千人）

年齢	2015			2020			2025			2030		
	総数	男	女	総数	男	女	総数	男	女	総数	男	女
総数	240	118	122	273	134	139	308	152	156	344	170	174
0-4	35	18	17	36	18	18	38	19	19	40	20	20
5-9	35	18	17	35	18	17	36	18	18	38	19	19
10-14	30	15	15	35	18	17	35	18	17	36	18	18
15-19	25	13	12	30	15	15	35	18	17	35	18	17
20-24	19	9	10	25	13	12	30	15	15	35	18	17
25-29	17	8	10	19	9	10	25	13	12	30	15	15
30-34	16	7	9	17	8	10	19	9	10	25	12	12
35-39	15	7	8	16	7	9	17	7	10	19	9	10
40-44	13	6	6	15	7	8	16	7	9	17	7	10
45-49	9	5	5	12	6	6	15	7	8	16	7	9
50-54	7	4	4	9	5	5	12	6	6	15	7	8
55-59	5	3	3	7	3	4	9	4	5	12	6	6
60-64	4	2	2	5	3	3	7	3	3	9	4	5
65-69	3	2	2	4	2	2	5	2	3	6	3	3
70-74	2	1	1	3	1	2	4	2	2	5	2	2
75-79	2	1	1	2	1	1	3	1	1	3	2	2
80+	…	…	…	…	…	…	…	…	…	…	…	…
80-84	1	0	1	1	1	1	2	1	1	2	1	1
85-89	1	0	0	1	0	0	1	0	1	1	1	1
90-94	0	0	0	0	0	0	0	0	0	1	0	0
95-99	0	0	0	0	0	0	0	0	0	0	0	0
100+	0	0	0	0	0	0	0	0	0	0	0	0

年齢	2035			2040			2045			2050		
	総数	男	女	総数	男	女	総数	男	女	総数	男	女
総数	382	189	193	421	208	213	460	228	232	497	246	251
0-4	43	22	21	44	22	22	45	23	22	45	23	22
5-9	40	20	20	43	22	21	44	22	22	45	23	22
10-14	38	19	19	40	20	20	43	22	21	44	22	22
15-19	36	18	18	38	19	19	40	20	20	43	22	21
20-24	35	18	17	36	18	18	38	19	19	40	20	20
25-29	35	18	17	35	18	17	36	18	18	38	19	19
30-34	29	15	15	35	18	17	35	18	17	36	18	18
35-39	25	12	12	29	15	15	35	17	17	35	18	17
40-44	19	9	10	25	12	12	29	15	15	34	17	17
45-49	17	7	10	18	9	10	24	12	12	29	15	14
50-54	15	7	9	17	7	9	18	9	10	24	12	12
55-59	14	7	8	15	6	9	16	7	9	18	8	10
60-64	12	6	6	14	7	8	15	6	9	16	7	9
65-69	8	4	4	11	6	6	14	6	7	14	6	8
70-74	6	3	3	8	4	4	11	5	6	13	6	7
75-79	4	2	2	6	3	3	7	3	4	10	5	5
80+	…	…	…	…	…	…	…	…	…	…	…	…
80-84	3	1	2	4	2	2	5	2	3	6	3	4
85-89	2	1	1	2	1	1	3	1	2	4	2	2
90-94	1	0	0	1	0	1	1	1	1	2	1	1
95-99	0	0	0	0	0	0	0	0	0	1	0	0
100+	0	0	0	0	0	0	0	0	0	0	0	0

年齢	2055			2060		
	総数	男	女	総数	男	女
総数	533	264	269	567	281	286
0-4	44	23	22	44	22	22
5-9	45	23	22	44	23	22
10-14	45	23	22	45	23	22
15-19	44	22	22	45	23	22
20-24	43	22	21	44	22	22
25-29	40	20	20	42	22	21
30-34	38	19	19	40	20	20
35-39	36	18	18	38	19	19
40-44	35	18	17	36	18	18
45-49	34	17	17	35	18	17
50-54	29	14	14	34	17	17
55-59	24	12	12	29	14	14
60-64	18	8	9	24	12	12
65-69	16	7	9	17	8	9
70-74	14	6	8	15	6	9
75-79	12	5	7	13	5	8
80+	…	…	…	…	…	…
80-84	9	4	5	11	5	6
85-89	5	2	3	7	3	4
90-94	2	1	2	3	1	2
95-99	1	0	1	1	0	1
100+	0	0	0	0	0	0

性・年齢別人口（千人）

年齢	2015 総数	男	女	2020 総数	男	女	2025 総数	男	女	2030 総数	男	女
総数	240	118	122	276	136	140	315	155	159	357	177	181
0-4	35	18	17	39	20	19	42	21	21	47	24	23
5-9	35	18	17	35	18	17	39	20	19	42	21	21
10-14	30	15	15	35	18	17	35	18	17	39	20	19
15-19	25	13	12	30	15	15	35	18	17	35	18	17
20-24	19	9	10	25	13	12	30	15	15	35	18	17
25-29	17	8	10	19	9	10	25	13	12	30	15	15
30-34	16	7	9	17	8	10	19	9	10	25	12	12
35-39	15	7	8	16	7	9	17	7	10	19	9	10
40-44	13	6	6	15	7	8	16	7	9	17	7	10
45-49	9	5	5	12	6	6	15	7	8	16	7	9
50-54	7	4	4	9	5	5	12	6	6	15	7	8
55-59	5	3	3	7	3	4	9	4	5	12	6	6
60-64	4	2	2	5	3	3	7	3	3	9	4	5
65-69	3	2	2	4	2	2	5	2	3	6	3	3
70-74	2	1	1	3	1	2	4	2	2	5	2	2
75-79	2	1	1	2	1	1	3	1	1	3	2	2
80+	...	...	...	...	...	...	...	...	...	...	...	...
80-84	1	0	1	1	1	1	2	1	1	2	1	1
85-89	1	0	0	1	0	0	1	0	1	1	1	1
90-94	0	0	0	0	0	0	0	0	0	1	0	0
95-99	0	0	0	0	0	0	0	0	0	0	0	0
100+	0	0	0	0	0	0	0	0	0	0	0	0

年齢	2035 総数	男	女	2040 総数	男	女	2045 総数	男	女	2050 総数	男	女
総数	403	199	203	450	223	227	499	248	252	550	273	277
0-4	50	25	25	53	27	26	55	28	27	58	29	28
5-9	47	24	23	50	25	25	53	27	26	55	28	27
10-14	42	21	21	47	24	23	50	25	25	53	27	26
15-19	38	20	19	42	21	21	47	24	23	50	25	25
20-24	35	18	17	38	19	19	42	21	21	47	24	23
25-29	35	18	17	35	18	17	38	19	19	42	21	21
30-34	29	15	15	35	18	17	35	18	17	38	19	19
35-39	25	12	12	29	15	15	35	17	17	35	18	17
40-44	19	9	10	25	12	12	29	15	15	34	17	17
45-49	17	7	10	18	9	10	24	12	12	29	15	14
50-54	15	7	9	17	7	9	18	9	10	24	12	12
55-59	14	7	8	15	6	9	16	7	9	18	8	10
60-64	12	6	6	14	7	8	15	6	9	16	7	9
65-69	8	4	4	11	6	6	14	6	7	14	6	8
70-74	6	3	3	8	4	4	11	5	6	13	6	7
75-79	4	2	2	6	3	3	7	3	4	10	5	5
80+	...	...	...	...	...	...	...	...	...	...	...	...
80-84	3	1	2	4	2	2	5	2	3	6	3	4
85-89	2	1	1	2	1	1	3	1	2	4	2	2
90-94	1	0	0	1	0	1	1	1	1	2	1	1
95-99	0	0	0	0	0	0	0	0	0	1	0	0
100+	0	0	0	0	0	0	0	0	0	0	0	0

年齢	2055 総数	男	女	2060 総数	男	女
総数	601	299	302	653	325	328
0-4	60	30	29	62	32	31
5-9	58	29	28	60	30	29
10-14	55	28	27	58	29	28
15-19	53	27	26	55	28	27
20-24	50	25	25	53	27	26
25-29	47	24	23	50	25	25
30-34	42	21	21	46	24	23
35-39	38	19	19	42	21	21
40-44	35	18	17	38	19	19
45-49	34	17	17	35	18	17
50-54	29	14	14	34	17	17
55-59	24	12	12	29	14	14
60-64	18	8	9	24	12	12
65-69	16	7	9	17	8	9
70-74	14	6	8	15	6	9
75-79	12	5	7	13	5	8
80+	...	...	...	...	...	...
80-84	9	4	5	11	5	6
85-89	5	2	3	7	3	4
90-94	2	1	2	3	1	2
95-99	1	0	1	1	0	1
100+	0	0	0	0	0	0

性・年齢別人口（千人）

年齢	2015			2020			2025			2030		
	総数	男	女	総数	男	女	総数	男	女	総数	男	女
総数	240	118	122	271	133	138	301	148	153	331	163	168
0-4	35	18	17	34	17	17	33	17	16	34	17	17
5-9	35	18	17	35	18	17	34	17	17	33	17	16
10-14	30	15	15	35	18	17	35	18	17	34	17	17
15-19	25	13	12	30	15	15	35	18	17	35	18	17
20-24	19	9	10	25	13	12	30	15	15	35	18	17
25-29	17	8	10	19	9	10	25	13	12	30	15	15
30-34	16	7	9	17	8	10	19	9	10	25	12	12
35-39	15	7	8	16	7	9	17	7	10	19	9	10
40-44	13	6	6	15	7	8	16	7	9	17	7	10
45-49	9	5	5	12	6	6	15	7	8	16	7	9
50-54	7	4	4	9	5	5	12	6	6	15	7	8
55-59	5	3	3	7	3	4	9	4	5	12	6	6
60-64	4	2	2	5	3	3	7	3	3	9	4	5
65-69	3	2	2	4	2	2	5	2	3	6	3	3
70-74	2	1	1	3	1	2	4	2	2	5	2	2
75-79	2	1	1	2	1	1	3	1	1	3	2	2
80+	…	…	…	…	…	…	…	…	…	…	…	…
80-84	1	0	1	1	1	1	2	1	1	2	1	1
85-89	1	0	0	1	0	0	1	0	1	1	1	1
90-94	0	0	0	0	0	0	0	0	0	1	0	0
95-99	0	0	0	0	0	0	0	0	0	0	0	0
100+	0	0	0	0	0	0	0	0	0	0	0	0

年齢	2035			2040			2045			2050		
	総数	男	女	総数	男	女	総数	男	女	総数	男	女
総数	362	179	183	392	194	199	421	208	213	446	221	226
0-4	35	18	17	36	18	18	35	18	17	33	17	16
5-9	34	17	17	35	18	17	36	18	18	35	18	17
10-14	33	17	16	34	17	17	35	18	17	36	18	18
15-19	34	17	17	33	17	16	34	17	17	35	18	17
20-24	35	18	17	34	17	17	33	17	16	34	17	17
25-29	35	18	17	35	18	17	34	17	17	33	17	16
30-34	29	15	15	35	18	17	35	18	17	34	17	17
35-39	25	12	12	29	15	15	35	17	17	35	18	17
40-44	19	9	10	25	12	12	29	15	15	34	17	17
45-49	17	7	10	18	9	10	24	12	12	29	15	14
50-54	15	7	9	17	7	9	18	9	10	24	12	12
55-59	14	7	8	15	6	9	16	7	9	18	8	10
60-64	12	6	6	14	7	8	15	6	9	16	7	9
65-69	8	4	4	11	6	6	14	7	7	14	6	8
70-74	6	3	3	8	4	4	11	5	6	13	6	7
75-79	4	2	2	6	3	3	7	3	4	10	5	5
80+	…	…	…	…	…	…	…	…	…	…	…	…
80-84	3	1	2	4	2	2	5	2	3	6	3	4
85-89	2	1	1	2	1	1	3	1	2	4	2	2
90-94	1	0	0	1	0	1	1	1	1	2	1	1
95-99	0	0	0	0	0	0	0	0	0	1	0	0
100+	0	0	0	0	0	0	0	0	0	0	0	0

年齢	2055			2060		
	総数	男	女	総数	男	女
総数	469	232	237	488	241	247
0-4	31	16	15	29	15	14
5-9	33	17	16	31	15	15
10-14	35	18	17	33	17	16
15-19	36	18	18	35	18	17
20-24	35	18	17	36	18	18
25-29	34	17	17	35	18	17
30-34	33	17	16	34	17	17
35-39	33	17	17	33	17	16
40-44	35	18	17	33	17	16
45-49	34	17	17	35	18	17
50-54	29	14	14	34	17	17
55-59	24	12	12	29	14	14
60-64	18	8	9	24	12	12
65-69	16	7	9	17	8	9
70-74	14	6	8	15	6	9
75-79	12	5	7	13	5	8
80+	…	…	…	…	…	…
80-84	9	4	5	11	5	6
85-89	5	2	3	7	3	4
90-94	2	1	2	3	1	2
95-99	1	0	1	1	0	1
100+	0	0	0	0	0	0

性・年齢別人口（千人）

年齢	1960			1965			1970			1975		
	総数	男	女	総数	男	女	総数	男	女	総数	男	女
総数	38 174	19 018	19 157	44 623	22 244	22 379	52 030	25 949	26 081	60 872	30 361	30 512
0-4	7 192	3 638	3 553	8 216	4 159	4 057	9 500	4 819	4 681	11 305	5 741	5 564
5-9	5 910	2 990	2 919	6 910	3 493	3 418	7 930	4 010	3 920	9 225	4 672	4 552
10-14	4 432	2 268	2 164	5 801	2 928	2 873	6 774	3 413	3 361	7 761	3 909	3 852
15-19	3 720	1 891	1 828	4 315	2 200	2 115	5 637	2 832	2 805	6 554	3 283	3 271
20-24	2 971	1 504	1 467	3 574	1 809	1 765	4 118	2 088	2 031	5 365	2 675	2 689
25-29	2 653	1 289	1 364	2 841	1 435	1 406	3 402	1 718	1 683	3 891	1 967	1 924
30-34	2 317	1 119	1 198	2 551	1 238	1 313	2 719	1 374	1 345	3 245	1 639	1 606
35-39	1 964	949	1 015	2 245	1 082	1 163	2 472	1 199	1 273	2 634	1 332	1 303
40-44	1 488	718	770	1 899	914	985	2 174	1 044	1 130	2 398	1 158	1 239
45-49	1 366	657	709	1 429	685	744	1 827	874	953	2 096	1 000	1 096
50-54	1 131	543	588	1 298	619	679	1 360	647	713	1 743	826	917
55-59	988	478	510	1 055	502	554	1 214	573	641	1 276	599	677
60-64	760	368	392	897	430	468	961	451	510	1 110	516	594
65-69	532	255	277	662	317	346	785	370	414	846	390	455
70-74	361	170	190	437	207	230	546	257	289	653	302	351
75-79	224	104	120	271	126	145	331	154	177	419	193	226
80+	167	76	91	221	101	120	280	126	153	352	157	194
80-84	...	...	...	...	...	...	...	...	...	...	...	...
85-89	...	...	...	...	...	...	...	...	...	...	...	...
90-94	...	...	...	...	...	...	...	...	...	...	...	...
95-99	...	...	...	...	...	...	...	...	...	...	...	...
100+	...	...	...	...	...	...	...	...	...	...	...	...

年齢	1980			1985			1990			1995		
	総数	男	女	総数	男	女	総数	男	女	総数	男	女
総数	69 331	34 577	34 754	77 323	38 498	38 825	85 609	42 577	43 033	94 427	46 886	47 541
0-4	11 294	5 740	5 555	11 186	5 692	5 495	11 568	5 898	5 670	11 971	6 090	5 881
5-9	11 064	5 612	5 452	11 086	5 622	5 463	10 976	5 573	5 403	11 402	5 799	5 604
10-14	9 024	4 555	4 469	10 826	5 466	5 360	10 819	5 459	5 360	10 797	5 478	5 319
15-19	7 481	3 749	3 733	8 683	4 349	4 333	10 432	5 230	5 202	10 553	5 310	5 243
20-24	6 203	3 087	3 116	7 055	3 499	3 556	8 179	4 067	4 111	10 065	5 017	5 048
25-29	5 064	2 520	2 544	5 844	2 892	2 952	6 786	3 348	3 438	7 938	3 915	4 023
30-34	3 696	1 871	1 825	4 829	2 397	2 432	5 680	2 792	2 888	6 603	3 232	3 371
35-39	3 145	1 589	1 556	3 589	1 816	1 773	4 741	2 347	2 394	5 545	2 701	2 843
40-44	2 558	1 287	1 270	3 063	1 540	1 523	3 507	1 775	1 732	4 628	2 271	2 357
45-49	2 318	1 111	1 207	2 480	1 239	1 241	2 990	1 496	1 494	3 406	1 709	1 698
50-54	2 007	947	1 060	2 228	1 056	1 172	2 395	1 186	1 209	2 883	1 428	1 455
55-59	1 642	768	875	1 900	884	1 016	2 122	994	1 128	2 281	1 116	1 165
60-64	1 173	542	631	1 520	699	821	1 772	812	960	1 984	916	1 069
65-69	985	449	536	1 050	475	575	1 372	619	753	1 609	724	885
70-74	712	321	391	839	373	466	904	400	504	1 191	525	667
75-79	510	230	280	565	248	317	674	291	383	735	316	419
80+	455	201	254	580	250	330	...	...	...	...	...	...
80-84	...	...	...	...	...	...	400	169	231	484	201	282
85-89	...	...	...	...	...	...	203	84	118	232	93	139
90-94	...	...	...	...	...	...	71	29	42	91	36	55
95-99	...	...	...	...	...	...	17	7	10	24	9	15
100+	...	...	...	...	...	...	3	1	2	4	2	3

年齢	2000			2005			2010			2015		
	総数	男	女	総数	男	女	総数	男	女	総数	男	女
総数	102 809	51 040	51 769	109 748	54 535	55 213	118 618	58 988	59 629	127 017	63 181	63 836
0-4	12 219	6 197	6 022	11 947	6 083	5 864	11 654	5 959	5 695	11 617	5 935	5 682
5-9	11 832	6 011	5 821	12 059	6 128	5 931	11 891	6 056	5 835	11 607	5 933	5 674
10-14	11 216	5 708	5 508	11 579	5 896	5 683	12 008	6 102	5 906	11 840	6 028	5 812
15-19	10 627	5 330	5 297	10 818	5 499	5 319	11 494	5 847	5 647	11 914	6 047	5 867
20-24	10 080	4 997	5 083	10 095	5 048	5 047	10 700	5 426	5 275	11 362	5 766	5 596
25-29	9 270	4 593	4 677	9 536	4 712	4 824	9 967	4 967	5 001	10 557	5 334	5 223
30-34	7 909	3 941	3 968	8 835	4 360	4 475	9 418	4 634	4 784	9 836	4 880	4 956
35-39	6 426	3 129	3 297	7 600	3 768	3 832	8 727	4 288	4 438	9 297	4 553	4 744
40-44	5 396	2 625	2 771	6 192	2 996	3 197	7 494	3 698	3 796	8 604	4 208	4 396
45-49	4 498	2 206	2 291	5 198	2 512	2 686	6 084	2 928	3 156	7 363	3 616	3 746
50-54	3 291	1 654	1 638	4 317	2 105	2 212	5 074	2 437	2 636	5 940	2 844	3 096
55-59	2 763	1 370	1 393	3 125	1 562	1 564	4 169	2 018	2 151	4 903	2 341	2 562
60-64	2 133	1 033	1 099	2 583	1 271	1 312	2 965	1 468	1 497	3 963	1 904	2 059
65-69	1 808	821	987	1 937	927	1 011	2 385	1 159	1 226	2 744	1 345	1 399
70-74	1 407	619	787	1 576	700	876	1 716	807	909	2 121	1 016	1 105
75-79	980	421	559	1 154	493	661	1 311	568	743	1 435	660	775
80+	...	...	...	...	...	...	...	...	...	...	...	...
80-84	534	221	313	713	293	421	872	361	512	1 002	420	582
85-89	282	112	170	315	123	191	467	184	283	583	231	352
90-94	103	39	64	127	46	80	165	61	104	252	94	159
95-99	29	11	19	33	11	22	48	16	32	65	22	43
100+	6	2	4	7	2	5	8	3	5	11	4	8

性・年齢別人口（千人）

年齢	2015 総数	男	女	2020 総数	男	女	2025 総数	男	女	2030 総数	男	女
総数	127 017	63 181	63 836	134 837	67 078	67 759	141 924	70 601	71 322	148 133	73 682	74 451
0-4	11 617	5 935	5 682	11 366	5 807	5 559	10 986	5 615	5 370	10 508	5 374	5 134
5-9	11 607	5 933	5 674	11 574	5 911	5 663	11 328	5 786	5 542	10 952	5 597	5 354
10-14	11 840	6 028	5 812	11 554	5 903	5 650	11 521	5 882	5 639	11 276	5 758	5 518
15-19	11 914	6 047	5 867	11 746	5 973	5 772	11 460	5 849	5 611	11 428	5 828	5 600
20-24	11 362	5 766	5 596	11 779	5 965	5 814	11 612	5 893	5 719	11 328	5 770	5 558
25-29	10 557	5 334	5 223	11 215	5 673	5 542	11 633	5 874	5 759	11 470	5 806	5 664
30-34	9 836	4 880	4 956	10 424	5 247	5 177	11 083	5 588	5 495	11 505	5 793	5 712
35-39	9 297	4 553	4 744	9 717	4 801	4 916	10 307	5 170	5 137	10 969	5 514	5 455
40-44	8 604	4 208	4 396	9 175	4 474	4 701	9 598	4 725	4 874	10 191	5 096	5 095
45-49	7 363	3 616	3 746	8 464	4 122	4 343	9 038	4 390	4 648	9 466	4 644	4 822
50-54	5 940	2 844	3 096	7 202	3 521	3 681	8 295	4 022	4 273	8 871	4 293	4 577
55-59	4 903	2 341	2 562	5 756	2 740	3 015	6 996	3 403	3 592	8 077	3 899	4 178
60-64	3 963	1 904	2 059	4 679	2 218	2 461	5 513	2 607	2 906	6 724	3 252	3 472
65-69	2 744	1 345	1 399	3 692	1 757	1 935	4 384	2 059	2 325	5 191	2 434	2 757
70-74	2 121	1 016	1 105	2 460	1 191	1 270	3 340	1 568	1 771	3 994	1 852	2 142
75-79	1 435	660	775	1 796	843	952	2 105	999	1 106	2 888	1 330	1 558
80+	…	…	…	…	…	…	…	…	…	…	…	…
80-84	1 002	420	582	1 113	497	616	1 411	643	768	1 674	771	903
85-89	583	231	352	682	274	408	768	328	439	986	430	556
90-94	252	94	159	323	120	202	384	145	240	438	175	263
95-99	65	22	43	103	35	68	133	45	88	161	55	106
100+	11	4	8	17	6	12	28	9	20	39	12	27

年齢	2035 総数	男	女	2040 総数	男	女	2045 総数	男	女	2050 総数	男	女
総数	153 404	76 302	77 102	157 762	78 486	79 276	161 213	80 257	80 956	163 754	81 614	82 140
0-4	10 033	5 133	4 900	9 606	4 916	4 691	9 239	4 728	4 511	8 919	4 565	4 354
5-9	10 476	5 357	5 119	10 002	5 117	4 885	9 577	4 901	4 676	9 210	4 714	4 496
10-14	10 898	5 568	5 330	10 423	5 328	5 095	9 949	5 088	4 861	9 524	4 872	4 652
15-19	11 180	5 703	5 477	10 803	5 514	5 289	10 329	5 275	5 054	9 856	5 035	4 821
20-24	11 293	5 749	5 544	11 047	5 626	5 421	10 673	5 439	5 234	10 201	5 201	4 999
25-29	11 186	5 686	5 500	11 155	5 669	5 487	10 914	5 549	5 365	10 544	5 366	5 178
30-34	11 345	5 729	5 616	11 069	5 615	5 454	11 044	5 603	5 441	10 808	5 489	5 320
35-39	11 394	5 723	5 672	11 244	5 666	5 578	10 976	5 559	5 417	10 958	5 553	5 405
40-44	10 856	5 443	5 413	11 288	5 658	5 631	11 148	5 609	5 539	10 890	5 509	5 381
45-49	10 061	5 018	5 043	10 731	5 369	5 362	11 170	5 589	5 581	11 041	5 548	5 493
50-54	9 304	4 551	4 753	9 904	4 928	4 976	10 580	5 284	5 296	11 027	5 511	5 517
55-59	8 655	4 174	4 482	9 098	4 437	4 661	9 704	4 818	4 887	10 386	5 178	5 208
60-64	7 789	3 741	4 048	8 373	4 020	4 354	8 827	4 290	4 537	9 442	4 675	4 767
65-69	6 361	3 054	3 307	7 405	3 533	3 871	7 996	3 819	4 177	8 464	4 097	4 367
70-74	4 762	2 207	2 555	5 876	2 793	3 083	6 886	3 259	3 627	7 481	3 550	3 931
75-79	3 488	1 588	1 900	4 199	1 915	2 285	5 230	2 453	2 777	6 184	2 895	3 289
80+	…	…	…	…	…	…	…	…	…	…	…	…
80-84	2 328	1 042	1 287	2 850	1 263	1 586	3 476	1 549	1 927	4 380	2 017	2 363
85-89	1 187	524	663	1 680	721	959	2 091	893	1 198	2 591	1 118	1 473
90-94	572	233	339	701	290	411	1 014	409	605	1 287	520	767
95-99	186	67	119	248	91	157	311	117	194	461	170	292
100+	49	14	35	59	18	41	78	25	54	101	32	68

年齢	2055 総数	男	女	2060 総数	男	女
総数	165 390	82 556	82 834	166 111	83 053	83 058
0-4	8 606	4 405	4 201	8 295	4 246	4 049
5-9	8 891	4 551	4 340	8 579	4 392	4 188
10-14	9 159	4 685	4 473	8 841	4 523	4 318
15-19	9 435	4 821	4 614	9 074	4 637	4 437
20-24	9 735	4 966	4 769	9 320	4 756	4 564
25-29	10 080	5 134	4 946	9 622	4 904	4 718
30-34	10 447	5 311	5 135	9 991	5 085	4 906
35-39	10 731	5 445	5 287	10 378	5 273	5 105
40-44	10 880	5 508	5 372	10 662	5 406	5 256
45-49	10 795	5 456	5 339	10 794	5 461	5 332
50-54	10 912	5 479	5 434	10 680	5 395	5 285
55-59	10 844	5 412	5 432	10 747	5 391	5 357
60-64	10 131	5 041	5 090	10 602	5 283	5 319
65-69	9 087	4 486	4 601	9 783	4 856	4 927
70-74	7 962	3 835	4 127	8 589	4 223	4 366
75-79	6 772	3 186	3 587	7 257	3 469	3 788
80+	…	…	…	…	…	…
80-84	5 238	2 415	2 823	5 794	2 688	3 106
85-89	3 312	1 483	1 828	4 015	1 804	2 210
90-94	1 625	667	959	2 113	904	1 209
95-99	600	222	378	774	293	482
100+	148	48	101	201	65	136

性・年齢別人口（千人）

年齢	2015			2020			2025			2030		
	総数	男	女	総数	男	女	総数	男	女	総数	男	女
総数	127 017	63 181	63 836	136 164	67 757	68 408	145 434	72 396	73 039	154 400	76 886	77 514
0-4	11 617	5 935	5 682	12 693	6 485	6 208	13 173	6 733	6 439	13 272	6 787	6 485
5-9	11 607	5 933	5 674	11 574	5 911	5 663	12 651	6 462	6 189	13 134	6 712	6 421
10-14	11 840	6 028	5 812	11 554	5 903	5 650	11 521	5 882	5 639	12 598	6 433	6 165
15-19	11 914	6 047	5 867	11 746	5 973	5 772	11 460	5 849	5 611	11 428	5 828	5 600
20-24	11 362	5 766	5 596	11 779	5 965	5 814	11 612	5 893	5 719	11 328	5 770	5 558
25-29	10 557	5 334	5 223	11 215	5 673	5 542	11 633	5 874	5 759	11 470	5 806	5 664
30-34	9 836	4 880	4 956	10 424	5 247	5 177	11 083	5 588	5 495	11 505	5 793	5 712
35-39	9 297	4 553	4 744	9 717	4 801	4 916	10 307	5 170	5 137	10 969	5 514	5 455
40-44	8 604	4 208	4 396	9 175	4 474	4 701	9 598	4 725	4 874	10 191	5 096	5 095
45-49	7 363	3 616	3 746	8 464	4 122	4 343	9 038	4 390	4 648	9 466	4 644	4 822
50-54	5 940	2 844	3 096	7 202	3 521	3 681	8 295	4 022	4 273	8 871	4 293	4 577
55-59	4 903	2 341	2 562	5 756	2 740	3 015	6 996	3 403	3 592	8 077	3 899	4 178
60-64	3 963	1 904	2 059	4 679	2 218	2 461	5 513	2 607	2 906	6 724	3 252	3 472
65-69	2 744	1 345	1 399	3 692	1 757	1 935	4 384	2 059	2 325	5 191	2 434	2 757
70-74	2 121	1 016	1 105	2 460	1 191	1 270	3 340	1 568	1 771	3 994	1 852	2 142
75-79	1 435	660	775	1 796	843	952	2 105	999	1 106	2 888	1 330	1 558
80+	...	...	...	...	...	...	...	...	...	...	...	...
80-84	1 002	420	582	1 113	497	616	1 411	643	768	1 674	771	903
85-89	583	231	352	682	274	408	768	328	439	986	430	556
90-94	252	94	159	323	120	202	384	145	240	438	175	263
95-99	65	22	43	103	35	68	133	45	88	161	55	106
100+	11	4	8	17	6	12	28	9	20	39	12	27

年齢	2035			2040			2045			2050		
	総数	男	女	総数	男	女	総数	男	女	総数	男	女
総数	162 508	80 957	81 551	169 994	84 740	85 254	177 105	88 381	88 724	183 937	91 932	92 005
0-4	12 879	6 589	6 290	12 748	6 523	6 225	12 917	6 611	6 306	13 234	6 774	6 460
5-9	13 234	6 767	6 467	12 844	6 571	6 273	12 714	6 506	6 208	12 883	6 594	6 290
10-14	13 078	6 682	6 396	13 178	6 737	6 441	12 788	6 541	6 248	12 658	6 475	6 183
15-19	12 500	6 377	6 123	12 980	6 626	6 354	13 081	6 682	6 400	12 692	6 486	6 206
20-24	11 293	5 749	5 544	12 365	6 298	6 067	12 846	6 548	6 298	12 948	6 605	6 343
25-29	11 186	5 686	5 500	11 155	5 669	5 487	12 228	6 219	6 009	12 711	6 471	6 240
30-34	11 345	5 729	5 616	11 069	5 615	5 454	11 044	5 603	5 441	12 118	6 155	5 963
35-39	11 394	5 723	5 672	11 244	5 666	5 578	10 976	5 559	5 417	10 958	5 553	5 405
40-44	10 856	5 443	5 413	11 288	5 658	5 631	11 148	5 609	5 539	10 890	5 509	5 381
45-49	10 061	5 018	5 043	10 731	5 369	5 362	11 170	5 589	5 581	11 041	5 548	5 493
50-54	9 304	4 551	4 753	9 904	4 928	4 976	10 580	5 284	5 296	11 027	5 511	5 517
55-59	8 655	4 174	4 482	9 098	4 437	4 661	9 704	4 818	4 887	10 386	5 178	5 208
60-64	7 789	3 741	4 048	8 373	4 020	4 354	8 827	4 290	4 537	9 442	4 675	4 767
65-69	6 361	3 054	3 307	7 405	3 533	3 871	7 996	3 819	4 177	8 464	4 097	4 367
70-74	4 762	2 207	2 555	5 876	2 793	3 083	6 886	3 259	3 627	7 481	3 550	3 931
75-79	3 488	1 588	1 900	4 199	1 915	2 285	5 230	2 453	2 777	6 184	2 895	3 289
80+	...	...	...	...	...	...	...	...	...	...	...	...
80-84	2 328	1 042	1 287	2 850	1 263	1 586	3 476	1 549	1 927	4 380	2 017	2 363
85-89	1 187	524	663	1 680	721	959	2 091	893	1 198	2 591	1 118	1 473
90-94	572	233	339	701	290	411	1 014	409	605	1 287	520	767
95-99	186	67	119	248	91	157	311	117	194	461	170	292
100+	49	14	35	59	18	41	78	25	54	101	32	68

年齢	2055			2060		
	総数	男	女	総数	男	女
総数	190 413	95 348	95 065	196 362	98 517	97 845
0-4	13 477	6 899	6 578	13 563	6 943	6 620
5-9	13 201	6 757	6 444	13 444	6 882	6 562
10-14	12 829	6 564	6 265	13 149	6 728	6 421
15-19	12 566	6 423	6 143	12 742	6 514	6 228
20-24	12 567	6 414	6 153	12 447	6 355	6 092
25-29	12 822	6 534	6 288	12 449	6 348	6 101
30-34	12 608	6 413	6 196	12 726	6 480	6 246
35-39	12 036	6 108	5 928	12 532	6 370	6 162
40-44	10 880	5 508	5 372	11 961	6 066	5 895
45-49	10 795	5 456	5 339	10 794	5 461	5 332
50-54	10 912	5 479	5 434	10 680	5 395	5 285
55-59	10 844	5 412	5 432	10 747	5 391	5 357
60-64	10 131	5 041	5 090	10 602	5 283	5 319
65-69	9 087	4 486	4 601	9 783	4 856	4 927
70-74	7 962	3 835	4 127	8 589	4 223	4 366
75-79	6 772	3 186	3 587	7 257	3 469	3 788
80+	...	...	...	...	...	...
80-84	5 238	2 415	2 823	5 794	2 688	3 106
85-89	3 312	1 483	1 828	4 015	1 804	2 210
90-94	1 625	667	959	2 113	904	1 209
95-99	600	222	378	774	293	482
100+	148	48	101	201	65	136

性・年齢別人口（千人）

年齢	2015			2020			2025			2030		
	総数	男	女	総数	男	女	総数	男	女	総数	男	女
総数	127 017	63 181	63 836	133 510	66 400	67 110	138 413	68 807	69 606	141 865	70 478	71 387
0-4	11 617	5 935	5 682	10 039	5 129	4 910	8 799	4 497	4 301	7 744	3 960	3 784
5-9	11 607	5 933	5 674	11 574	5 911	5 663	10 005	5 110	4 894	8 770	4 482	4 288
10-14	11 840	6 028	5 812	11 554	5 903	5 650	11 521	5 882	5 639	9 954	5 083	4 871
15-19	11 914	6 047	5 867	11 746	5 973	5 772	11 460	5 849	5 611	11 428	5 828	5 600
20-24	11 362	5 766	5 596	11 779	5 965	5 814	11 612	5 893	5 719	11 328	5 770	5 558
25-29	10 557	5 334	5 223	11 215	5 673	5 542	11 633	5 874	5 759	11 470	5 806	5 664
30-34	9 836	4 880	4 956	10 424	5 247	5 177	11 083	5 588	5 495	11 505	5 793	5 712
35-39	9 297	4 553	4 744	9 717	4 801	4 916	10 307	5 170	5 137	10 969	5 514	5 455
40-44	8 604	4 208	4 396	9 175	4 474	4 701	9 598	4 725	4 874	10 191	5 096	5 095
45-49	7 363	3 616	3 746	8 464	4 122	4 343	9 038	4 390	4 648	9 466	4 644	4 822
50-54	5 940	2 844	3 096	7 202	3 521	3 681	8 295	4 022	4 273	8 871	4 293	4 577
55-59	4 903	2 341	2 562	5 756	2 740	3 015	6 996	3 403	3 592	8 077	3 899	4 178
60-64	3 963	1 904	2 059	4 679	2 218	2 461	5 513	2 607	2 906	6 724	3 252	3 472
65-69	2 744	1 345	1 399	3 692	1 757	1 935	4 384	2 059	2 325	5 191	2 434	2 757
70-74	2 121	1 016	1 105	2 460	1 191	1 270	3 340	1 568	1 771	3 994	1 852	2 142
75-79	1 435	660	775	1 796	843	952	2 105	999	1 106	2 888	1 330	1 558
80+	...	...	...	...	...	...	...	...	...	...	...	...
80-84	1 002	420	582	1 113	497	616	1 411	643	768	1 674	771	903
85-89	583	231	352	682	274	408	768	328	439	986	430	556
90-94	252	94	159	323	120	202	384	145	240	438	175	263
95-99	65	22	43	103	35	68	133	45	88	161	55	106
100+	11	4	8	17	6	12	28	9	20	39	12	27

年齢	2035			2040			2045			2050		
	総数	男	女	総数	男	女	総数	男	女	総数	男	女
総数	144 340	71 668	72 671	145 756	72 348	73 408	145 999	72 479	73 520	145 024	72 040	72 985
0-4	7 226	3 696	3 529	6 651	3 403	3 248	6 013	3 077	2 936	5 380	2 753	2 627
5-9	7 718	3 947	3 771	7 201	3 684	3 517	6 627	3 391	3 236	5 989	3 065	2 924
10-14	8 719	4 454	4 264	7 668	3 919	3 748	7 150	3 656	3 494	6 575	3 363	3 213
15-19	9 860	5 029	4 831	8 626	4 402	4 224	7 577	3 868	3 709	7 059	3 605	3 454
20-24	11 293	5 749	5 544	9 730	4 954	4 776	8 500	4 330	4 170	7 453	3 798	3 655
25-29	11 186	5 686	5 500	11 155	5 669	5 487	9 601	4 880	4 721	8 376	4 261	4 116
30-34	11 345	5 729	5 616	11 069	5 615	5 454	11 044	5 603	5 441	9 499	4 822	4 677
35-39	11 394	5 723	5 672	11 244	5 666	5 578	10 976	5 559	5 417	10 958	5 553	5 405
40-44	10 856	5 443	5 413	11 288	5 658	5 631	11 148	5 609	5 539	10 890	5 509	5 381
45-49	10 061	5 018	5 043	10 731	5 369	5 362	11 170	5 589	5 581	11 041	5 548	5 493
50-54	9 304	4 551	4 753	9 904	4 928	4 976	10 580	5 284	5 296	11 027	5 511	5 517
55-59	8 655	4 174	4 482	9 098	4 437	4 661	9 704	4 818	4 887	10 386	5 178	5 208
60-64	7 789	3 741	4 048	8 373	4 020	4 354	8 827	4 290	4 537	9 442	4 675	4 767
65-69	6 361	3 054	3 307	7 405	3 533	3 871	7 996	3 819	4 177	8 464	4 097	4 367
70-74	4 762	2 207	2 555	5 876	2 793	3 083	6 886	3 259	3 627	7 481	3 550	3 931
75-79	3 488	1 588	1 900	4 199	1 915	2 285	5 230	2 453	2 777	6 184	2 895	3 289
80+	...	...	...	...	...	...	...	...	...	...	...	...
80-84	2 328	1 042	1 287	2 850	1 263	1 586	3 476	1 549	1 927	4 380	2 017	2 363
85-89	1 187	524	663	1 680	721	959	2 091	893	1 198	2 591	1 118	1 473
90-94	572	233	339	701	290	411	1 014	409	605	1 287	520	767
95-99	186	67	119	248	91	157	311	117	194	461	170	292
100+	49	14	35	59	18	41	78	25	54	101	32	68

年齢	2055			2060		
	総数	男	女	総数	男	女
総数	142 895	71 058	71 837	139 708	69 558	70 150
0-4	4 811	2 462	2 349	4 350	2 226	2 124
5-9	5 357	2 742	2 615	4 788	2 451	2 337
10-14	5 940	3 038	2 902	5 309	2 715	2 594
15-19	6 489	3 314	3 175	5 858	2 991	2 866
20-24	6 942	3 539	3 404	6 378	3 251	3 127
25-29	7 338	3 735	3 604	6 835	3 480	3 355
30-34	8 285	4 210	4 075	7 256	3 690	3 566
35-39	9 426	4 781	4 645	8 223	4 176	4 047
40-44	10 880	5 508	5 372	9 362	4 746	4 617
45-49	10 795	5 456	5 339	10 794	5 461	5 332
50-54	10 912	5 479	5 434	10 680	5 395	5 285
55-59	10 844	5 412	5 432	10 747	5 391	5 357
60-64	10 131	5 041	5 090	10 602	5 283	5 319
65-69	9 087	4 486	4 601	9 783	4 856	4 927
70-74	7 962	3 835	4 127	8 589	4 223	4 366
75-79	6 772	3 186	3 587	7 257	3 469	3 788
80+	...	...	...	...	...	...
80-84	5 238	2 415	2 823	5 794	2 688	3 106
85-89	3 312	1 483	1 828	4 015	1 804	2 210
90-94	1 625	667	959	2 113	904	1 209
95-99	600	222	378	774	293	482
100+	148	48	101	201	65	136

Micronesia (Fed. States of)

性・年齢別人口（千人）

年齢	1960 総数	男	女	1965 総数	男	女	1970 総数	男	女	1975 総数	男	女
総数	45	23	22	52	27	25	61	32	30	63	33	31
0-4	8	4	4	9	5	5	11	6	5	11	6	6
5-9	7	4	3	8	4	4	9	5	4	10	5	5
10-14	5	2	2	7	4	3	8	4	4	8	4	4
15-19	4	2	2	5	2	2	7	4	3	7	4	3
20-24	4	2	2	4	2	2	5	2	2	6	3	3
25-29	3	2	1	4	2	2	4	2	2	3	2	2
30-34	3	1	1	3	2	1	3	2	2	3	1	1
35-39	2	1	1	3	1	1	3	2	1	2	1	1
40-44	2	1	1	2	1	1	3	1	1	2	1	1
45-49	2	1	1	2	1	1	2	1	1	2	1	1
50-54	1	1	1	2	1	1	2	1	1	2	1	1
55-59	1	1	1	1	1	1	1	1	1	2	1	1
60-64	1	0	0	1	1	1	1	1	1	1	1	1
65-69	1	0	0	1	0	0	1	0	0	1	1	1
70-74	0	0	0	1	0	0	1	0	0	1	0	0
75-79	0	0	0	0	0	0	0	0	0	1	0	0
80+	0	0	0	0	0	0	0	0	0	0	0	0
80-84	...	...	...	...	...	...	...	...	...	...	...	...
85-89	...	...	...	...	...	...	...	...	...	...	...	...
90-94	...	...	...	...	...	...	...	...	...	...	...	...
95-99	...	...	...	...	...	...	...	...	...	...	...	...
100+	...	...	...	...	...	...	...	...	...	...	...	...

年齢	1980 総数	男	女	1985 総数	男	女	1990 総数	男	女	1995 総数	男	女
総数	73	37	36	86	44	42	96	49	47	108	55	53
0-4	13	7	6	15	8	7	15	8	7	16	8	8
5-9	12	6	6	13	7	6	15	8	7	16	8	7
10-14	10	5	5	12	6	6	12	6	6	15	8	7
15-19	8	4	4	10	5	5	11	6	5	13	7	6
20-24	6	3	3	8	4	4	9	5	4	9	4	4
25-29	5	3	3	6	3	3	7	4	3	7	3	4
30-34	4	2	2	5	3	3	6	3	3	7	4	3
35-39	3	2	1	4	2	2	5	3	3	6	3	3
40-44	2	1	1	3	2	1	3	2	2	5	3	2
45-49	2	1	1	2	1	1	3	1	2	4	2	2
50-54	2	1	1	2	1	1	2	1	1	2	1	1
55-59	2	1	1	2	1	1	2	1	1	2	1	1
60-64	1	1	1	2	1	1	2	1	1	2	1	1
65-69	1	1	1	1	1	1	1	1	1	1	1	1
70-74	1	0	0	1	0	0	1	0	1	1	1	1
75-79	0	0	0	0	0	0	1	0	0	1	0	0
80+	0	0	0	0	0	0	...	...	...	...	...	...
80-84	...	...	...	...	...	...	0	0	0	0	0	0
85-89	...	...	...	...	...	...	0	0	0	0	0	0
90-94	...	...	...	...	...	...	0	0	0	0	0	0
95-99	...	...	...	...	...	...	0	0	0	0	0	0
100+	...	...	...	...	...	...	0	0	0	0	0	0

年齢	2000 総数	男	女	2005 総数	男	女	2010 総数	男	女	2015 総数	男	女
総数	107	54	53	106	54	52	104	53	51	104	54	51
0-4	15	8	7	13	7	6	12	6	6	12	6	6
5-9	14	7	7	14	7	7	13	7	6	12	6	6
10-14	14	7	7	14	7	7	14	7	7	12	6	6
15-19	13	7	7	13	7	6	13	7	6	13	7	6
20-24	10	5	5	11	6	6	11	6	5	12	6	6
25-29	7	3	4	7	4	4	9	5	4	10	5	4
30-34	7	3	4	5	3	3	5	3	3	8	4	4
35-39	6	3	3	5	2	3	4	2	2	4	2	2
40-44	5	3	3	5	3	2	4	2	2	3	1	2
45-49	5	2	2	5	2	2	4	2	2	4	2	2
50-54	3	2	2	4	2	2	4	2	2	4	2	2
55-59	2	1	1	3	1	1	4	2	2	4	2	2
60-64	2	1	1	2	1	1	2	1	1	3	2	2
65-69	2	1	1	1	1	1	1	1	1	2	1	1
70-74	1	0	0	1	1	1	1	0	1	1	1	0
75-79	1	0	0	1	0	0	1	0	0	1	0	0
80+	...	...	...	...	...	...	...	...	...	...	...	...
80-84	0	0	0	1	0	0	0	0	0	1	0	0
85-89	0	0	0	0	0	0	0	0	0	0	0	0
90-94	0	0	0	0	0	0	0	0	0	0	0	0
95-99	0	0	0	0	0	0	0	0	0	0	0	0
100+	0	0	0	0	0	0	0	0	0	0	0	0

性・年齢別人口（千人）

年齢	2015			2020			2025			2030		
	総数	男	女	総数	男	女	総数	男	女	総数	男	女
総数	104	54	51	108	55	52	112	58	55	118	60	57
0-4	12	6	6	12	6	6	12	6	6	12	6	6
5-9	12	6	6	11	6	5	12	6	6	12	6	6
10-14	12	6	6	11	6	5	11	6	5	12	6	6
15-19	13	7	6	12	6	6	11	6	5	11	6	5
20-24	12	6	6	12	6	6	11	6	5	10	5	5
25-29	10	5	4	11	6	5	11	6	5	10	5	5
30-34	8	4	4	9	5	4	10	5	5	10	5	5
35-39	4	2	2	7	4	3	8	4	4	9	5	4
40-44	3	1	2	4	2	2	6	3	3	8	4	3
45-49	4	2	2	3	1	1	4	2	2	6	3	3
50-54	4	2	2	3	1	2	3	1	1	3	2	2
55-59	4	2	2	4	2	2	3	1	2	2	1	1
60-64	3	2	2	3	2	2	3	2	2	3	1	2
65-69	2	1	1	3	1	1	3	1	2	3	1	1
70-74	1	0	1	2	1	1	2	1	1	2	1	1
75-79	1	0	0	1	0	0	1	1	1	2	1	1
80+	...	...	...	...	...	...	...	...	...	...	...	...
80-84	1	0	0	0	0	0	0	0	0	1	0	0
85-89	0	0	0	0	0	0	0	0	0	0	0	0
90-94	0	0	0	0	0	0	0	0	0	0	0	0
95-99	0	0	0	0	0	0	0	0	0	0	0	0
100+	0	0	0	0	0	0	0	0	0	0	0	0

年齢	2035			2040			2045			2050		
	総数	男	女	総数	男	女	総数	男	女	総数	男	女
総数	122	63	59	125	64	61	127	65	62	129	66	63
0-4	12	6	6	11	5	5	10	5	5	10	5	5
5-9	12	6	6	12	6	6	11	5	5	10	5	5
10-14	12	6	6	12	6	6	11	6	6	10	5	5
15-19	11	6	5	12	6	6	12	6	6	11	6	5
20-24	10	5	5	11	5	5	11	6	5	11	6	5
25-29	10	5	5	9	5	5	10	5	5	10	5	5
30-34	10	5	5	9	5	4	9	5	4	9	5	4
35-39	10	5	5	9	5	4	8	4	4	8	4	4
40-44	9	5	4	9	5	5	9	5	4	8	4	4
45-49	7	4	3	9	4	4	9	5	4	8	4	4
50-54	6	3	3	7	4	3	8	4	4	9	4	4
55-59	3	2	1	6	3	3	7	4	3	8	4	4
60-64	2	1	1	3	1	1	5	3	2	6	3	3
65-69	2	1	1	2	1	1	2	1	1	5	2	2
70-74	2	1	1	2	1	1	2	1	1	2	1	1
75-79	2	1	1	2	1	1	2	1	1	1	0	1
80+	...	...	...	...	...	...	...	...	...	...	...	...
80-84	1	0	1	1	0	1	1	0	1	1	0	1
85-89	0	0	0	0	0	0	0	0	0	1	0	0
90-94	0	0	0	0	0	0	0	0	0	0	0	0
95-99	0	0	0	0	0	0	0	0	0	0	0	0
100+	0	0	0	0	0	0	0	0	0	0	0	0

年齢	2055			2060		
	総数	男	女	総数	男	女
総数	131	67	64	132	67	65
0-4	10	5	5	10	5	5
5-9	10	5	5	10	5	5
10-14	10	5	5	10	5	5
15-19	10	5	5	9	5	5
20-24	11	5	5	10	5	5
25-29	10	5	5	10	5	5
30-34	10	5	5	10	5	5
35-39	9	5	4	9	5	5
40-44	8	4	4	8	4	4
45-49	8	4	4	8	4	4
50-54	8	4	4	7	4	4
55-59	8	4	4	8	4	4
60-64	7	4	4	8	4	4
65-69	6	3	3	7	3	3
70-74	4	2	2	5	2	2
75-79	2	1	1	3	1	2
80+	...	...	...	...	...	...
80-84	1	0	0	1	0	1
85-89	0	0	0	0	0	0
90-94	0	0	0	0	0	0
95-99	0	0	0	0	0	0
100+	0	0	0	0	0	0

Micronesia (Fed. States of)

性・年齢別人口（千人）

年齢	2015			2020			2025			2030		
	総数	男	女	総数	男	女	総数	男	女	総数	男	女
総数	104	54	51	109	56	53	115	59	56	123	63	60
0-4	12	6	6	13	7	6	14	7	7	15	8	7
5-9	12	6	6	11	6	5	13	7	6	14	7	7
10-14	12	6	6	11	6	5	11	6	5	13	6	6
15-19	13	7	6	12	6	6	11	6	5	11	6	5
20-24	12	6	6	12	6	6	11	6	5	10	5	5
25-29	10	5	4	11	6	5	11	6	5	10	5	5
30-34	8	4	4	9	5	4	10	5	5	10	5	5
35-39	4	2	2	7	4	3	8	4	4	9	5	4
40-44	3	1	2	4	2	2	6	3	3	8	4	3
45-49	4	2	2	3	1	1	4	2	2	6	3	3
50-54	4	2	2	3	1	2	3	1	1	3	2	2
55-59	4	2	2	4	2	2	3	1	2	2	1	1
60-64	3	2	2	3	2	2	3	2	2	3	1	2
65-69	2	1	1	3	1	1	3	1	2	3	1	1
70-74	1	0	1	2	1	1	2	1	1	2	1	1
75-79	1	0	0	1	0	0	1	1	1	2	1	1
80+	...	...	...	...	...	...	...	...	...	...	...	...
80-84	1	0	0	0	0	0	0	0	0	1	0	0
85-89	0	0	0	0	0	0	0	0	0	0	0	0
90-94	0	0	0	0	0	0	0	0	0	0	0	0
95-99	0	0	0	0	0	0	0	0	0	0	0	0
100+	0	0	0	0	0	0	0	0	0	0	0	0

年齢	2035			2040			2045			2050		
	総数	男	女	総数	男	女	総数	男	女	総数	男	女
総数	129	66	63	135	69	66	139	72	68	144	74	70
0-4	14	7	7	13	7	6	13	6	6	13	7	6
5-9	15	7	7	14	7	7	13	7	6	12	6	6
10-14	14	7	7	14	7	7	14	7	7	13	7	6
15-19	12	6	6	14	7	7	14	7	7	13	7	7
20-24	10	5	5	12	6	6	13	7	6	14	7	7
25-29	10	5	5	9	5	5	11	6	5	12	6	6
30-34	10	5	5	9	5	4	9	5	4	10	5	5
35-39	10	5	5	9	5	4	8	4	4	8	4	4
40-44	9	5	4	9	5	5	9	5	4	8	4	4
45-49	7	4	3	9	4	4	9	5	4	8	4	4
50-54	6	3	3	7	4	3	8	4	4	9	4	4
55-59	3	2	1	6	3	3	7	4	3	8	4	4
60-64	2	1	1	3	1	1	5	3	2	6	3	3
65-69	2	1	1	2	1	1	2	1	1	5	2	2
70-74	2	1	1	2	1	1	2	1	1	2	1	1
75-79	2	1	1	2	1	1	2	1	1	1	0	1
80+	...	...	...	...	...	...	...	...	...	...	...	...
80-84	1	0	1	1	0	1	1	0	1	1	0	1
85-89	0	0	0	0	0	0	0	0	0	1	0	0
90-94	0	0	0	0	0	0	0	0	0	0	0	0
95-99	0	0	0	0	0	0	0	0	0	0	0	0
100+	0	0	0	0	0	0	0	0	0	0	0	0

年齢	2055			2060		
	総数	男	女	総数	男	女
総数	150	77	73	156	80	77
0-4	14	7	7	14	7	7
5-9	13	7	6	14	7	7
10-14	12	6	6	13	7	6
15-19	12	6	6	12	6	6
20-24	13	7	6	12	6	6
25-29	13	7	6	12	6	6
30-34	11	6	6	12	6	6
35-39	10	5	5	11	6	5
40-44	8	4	4	9	5	5
45-49	8	4	4	8	4	4
50-54	8	4	4	7	4	4
55-59	8	4	4	8	4	4
60-64	7	4	4	8	4	4
65-69	6	3	3	7	3	3
70-74	4	2	2	5	2	2
75-79	2	1	1	3	1	2
80+	...	...	...	...	...	...
80-84	1	0	0	1	0	1
85-89	0	0	0	0	0	0
90-94	0	0	0	0	0	0
95-99	0	0	0	0	0	0
100+	0	0	0	0	0	0

性・年齢別人口（千人）

年齢	2015			2020			2025			2030		
	総数	男	女	総数	男	女	総数	男	女	総数	男	女
総数	104	54	51	107	55	52	110	56	53	113	58	55
0-4	12	6	6	11	6	5	11	5	5	10	5	5
5-9	12	6	6	11	6	5	11	6	5	10	5	5
10-14	12	6	6	11	6	5	11	6	5	11	5	5
15-19	13	7	6	12	6	6	11	6	5	11	6	5
20-24	12	6	6	12	6	6	11	6	5	10	5	5
25-29	10	5	4	11	6	5	11	6	5	10	5	5
30-34	8	4	4	9	5	4	10	5	5	10	5	5
35-39	4	2	2	7	4	3	8	4	4	9	5	4
40-44	3	1	2	4	2	2	6	3	3	8	4	3
45-49	4	2	2	3	1	1	4	2	2	6	3	3
50-54	4	2	2	3	1	2	3	1	1	3	2	2
55-59	4	2	2	4	2	2	3	1	2	2	1	1
60-64	3	2	2	3	2	2	3	2	2	3	1	2
65-69	2	1	1	3	1	1	3	1	2	3	1	1
70-74	1	0	1	2	1	1	2	1	1	2	1	1
75-79	1	0	0	1	0	0	1	1	1	2	1	1
80+	…	…	…	…	…	…	…	…	…	…	…	…
80-84	1	0	0	0	0	0	0	0	0	1	0	0
85-89	0	0	0	0	0	0	0	0	0	0	0	0
90-94	0	0	0	0	0	0	0	0	0	0	0	0
95-99	0	0	0	0	0	0	0	0	0	0	0	0
100+	0	0	0	0	0	0	0	0	0	0	0	0

年齢	2035			2040			2045			2050		
	総数	男	女	総数	男	女	総数	男	女	総数	男	女
総数	115	59	56	115	59	56	115	59	56	114	59	56
0-4	9	5	5	8	4	4	8	4	4	7	4	3
5-9	10	5	5	9	5	5	8	4	4	7	4	4
10-14	10	5	5	10	5	5	9	5	4	8	4	4
15-19	10	5	5	10	5	5	10	5	5	9	5	4
20-24	10	5	5	10	5	5	9	5	5	9	5	4
25-29	10	5	5	9	5	5	9	5	4	9	4	4
30-34	10	5	5	9	5	4	9	5	4	8	4	4
35-39	10	5	5	9	5	4	8	4	4	8	4	4
40-44	9	5	4	9	5	5	9	5	4	8	4	4
45-49	7	4	3	9	4	4	9	5	4	8	4	4
50-54	6	3	3	7	4	3	8	4	4	9	4	4
55-59	3	2	1	6	3	3	7	4	3	8	4	4
60-64	2	1	1	3	1	1	5	3	2	6	3	3
65-69	2	1	1	2	1	1	2	1	1	5	2	2
70-74	2	1	1	2	1	1	2	1	1	2	1	1
75-79	2	1	1	2	1	1	2	1	1	1	0	1
80+	…	…	…	…	…	…	…	…	…	…	…	…
80-84	1	0	1	1	0	1	1	0	1	1	0	1
85-89	0	0	0	0	0	0	0	0	0	1	0	0
90-94	0	0	0	0	0	0	0	0	0	0	0	0
95-99	0	0	0	0	0	0	0	0	0	0	0	0
100+	0	0	0	0	0	0	0	0	0	0	0	0

年齢	2055			2060		
	総数	男	女	総数	男	女
総数	113	58	55	110	56	54
0-4	6	3	3	6	3	3
5-9	7	3	3	6	3	3
10-14	7	4	4	7	3	3
15-19	8	4	4	7	4	3
20-24	8	4	4	7	4	4
25-29	8	4	4	8	4	4
30-34	8	4	4	8	4	4
35-39	8	4	4	8	4	4
40-44	8	4	4	7	4	4
45-49	8	4	4	8	4	4
50-54	8	4	4	7	4	4
55-59	8	4	4	8	4	4
60-64	7	4	4	8	4	4
65-69	6	3	3	7	3	3
70-74	4	2	2	5	2	2
75-79	2	1	1	3	1	2
80+	…	…	…	…	…	…
80-84	1	0	0	1	0	1
85-89	0	0	0	0	0	0
90-94	0	0	0	0	0	0
95-99	0	0	0	0	0	0
100+	0	0	0	0	0	0

性・年齢別人口（千人）

年齢	1960			1965			1970			1975		
	総数	男	女	総数	男	女	総数	男	女	総数	男	女
総数	956	470	486	1 107	545	562	1 279	630	649	1 480	729	750
0-4	154	76	78	206	103	103	229	114	114	259	130	129
5-9	115	57	58	144	71	73	195	97	98	218	109	110
10-14	84	42	42	113	56	58	142	70	72	193	96	97
15-19	79	39	40	84	42	42	112	55	57	141	69	72
20-24	75	38	38	78	39	39	83	41	42	111	55	57
25-29	69	35	34	74	37	37	77	38	39	82	41	41
30-34	62	31	31	67	34	33	73	36	37	76	38	38
35-39	56	28	28	61	31	30	66	33	33	72	36	36
40-44	55	27	28	55	28	27	59	30	30	65	32	32
45-49	45	23	22	53	26	27	53	26	26	58	29	29
50-54	47	22	25	42	22	21	50	24	26	51	25	26
55-59	36	17	19	44	20	24	39	20	19	47	22	24
60-64	31	14	17	32	15	17	39	17	21	35	17	18
65-69	23	11	12	26	11	14	26	12	14	32	14	18
70-74	13	6	8	17	7	9	19	8	11	20	9	11
75-79	7	3	4	8	3	5	11	4	6	12	5	7
80+	3	1	2	4	1	3	5	2	3	7	3	4
80-84	...	...	...	...	...	...	...	...	...	...	...	...
85-89	...	...	...	...	...	...	...	...	...	...	...	...
90-94	...	...	...	...	...	...	...	...	...	...	...	...
95-99	...	...	...	...	...	...	...	...	...	...	...	...
100+	...	...	...	...	...	...	...	...	...	...	...	...

年齢	1980			1985			1990			1995		
	総数	男	女	総数	男	女	総数	男	女	総数	男	女
総数	1 690	833	856	1 922	948	974	2 184	1 078	1 106	2 298	1 138	1 160
0-4	275	137	137	302	151	151	332	167	165	282	142	140
5-9	248	123	124	263	131	132	291	145	146	325	162	162
10-14	216	107	109	245	122	123	261	130	131	281	141	140
15-19	192	95	97	215	107	108	244	121	123	248	124	125
20-24	140	69	71	191	94	96	214	106	108	232	115	116
25-29	110	54	56	139	68	71	189	94	96	201	100	101
30-34	81	40	41	109	53	56	137	67	70	180	89	91
35-39	75	37	38	80	40	40	108	53	55	132	64	68
40-44	70	35	35	73	36	37	79	39	40	98	48	50
45-49	63	31	32	68	34	35	71	35	36	68	33	35
50-54	55	27	28	60	30	30	66	32	34	62	30	32
55-59	47	23	24	51	25	26	56	27	29	54	27	27
60-64	42	20	22	42	20	22	46	22	24	47	22	25
65-69	29	14	15	35	16	19	36	17	19	36	16	19
70-74	25	11	14	23	11	12	27	12	15	24	11	13
75-79	13	6	8	16	7	10	15	7	8	17	7	10
80+	9	3	5	9	4	6	...	...	...	...	...	...
80-84	...	...	...	...	...	...	9	3	5	7	3	4
85-89	...	...	...	...	...	...	2	1	1	3	1	2
90-94	...	...	...	...	...	...	0	0	0	0	0	0
95-99	...	...	...	...	...	...	0	0	0	0	0	0
100+	...	...	...	...	...	...	0	0	0	0	0	0

年齢	2000			2005			2010			2015		
	総数	男	女	総数	男	女	総数	男	女	総数	男	女
総数	2 397	1 196	1 202	2 526	1 257	1 270	2 713	1 346	1 367	2 959	1 465	1 494
0-4	234	118	116	222	112	110	280	142	138	338	171	167
5-9	278	140	138	232	117	115	220	111	109	278	141	138
10-14	321	161	160	278	140	138	231	116	115	219	111	108
15-19	270	137	132	319	160	159	275	139	136	229	115	113
20-24	239	120	119	265	135	130	314	158	156	271	137	134
25-29	220	111	109	235	118	117	260	133	128	310	156	154
30-34	192	96	96	215	108	107	230	115	115	256	130	126
35-39	176	87	89	188	93	94	210	105	105	225	113	113
40-44	128	62	66	171	83	87	182	90	93	205	102	103
45-49	89	44	45	122	58	64	164	79	85	176	86	91
50-54	61	30	31	83	40	43	115	54	61	156	74	82
55-59	54	27	28	56	27	29	77	36	40	107	49	59
60-64	46	23	23	48	23	25	50	23	27	69	31	38
65-69	37	17	20	38	18	20	42	19	22	44	19	24
70-74	25	11	14	29	12	16	30	13	17	34	15	19
75-79	15	6	9	16	7	10	19	8	12	23	9	13
80+	...	...	...	...	...	...	...	...	...	...	...	...
80-84	8	3	5	8	3	5	9	3	6	13	5	8
85-89	2	1	1	3	1	2	3	1	2	5	2	3
90-94	0	0	0	0	0	0	1	0	1	1	0	1
95-99	0	0	0	0	0	0	0	0	0	0	0	0
100+	0	0	0	0	0	0	0	0	0	0	0	0

性・年齢別人口（千人）

年齢	2015			2020			2025			2030		
	総数	男	女	総数	男	女	総数	男	女	総数	男	女
総数	2 959	1 465	1 494	3 179	1 570	1 609	3 364	1 657	1 707	3 519	1 729	1 790
0-4	338	171	167	321	162	158	297	150	146	279	141	137
5-9	278	141	138	336	170	166	320	162	158	296	150	146
10-14	219	111	108	278	140	137	335	170	166	319	161	158
15-19	229	115	113	217	110	107	275	139	136	333	169	165
20-24	271	137	134	225	114	111	213	108	105	272	138	134
25-29	310	156	154	267	135	132	221	112	109	210	107	103
30-34	256	130	126	305	153	152	263	133	130	218	110	107
35-39	225	113	113	251	127	124	300	150	150	258	130	128
40-44	205	102	103	220	109	111	246	124	122	294	146	148
45-49	176	86	91	198	97	101	213	104	109	239	119	120
50-54	156	74	82	168	80	88	190	91	98	204	98	106
55-59	107	49	59	146	67	79	157	73	84	178	83	95
60-64	69	31	38	97	42	55	133	58	74	144	64	80
65-69	44	19	24	61	26	34	86	36	50	119	50	69
70-74	34	15	19	37	15	21	52	21	30	74	30	45
75-79	23	9	13	26	11	15	29	12	17	42	17	25
80+	…	…	…	…	…	…	…	…	…	…	…	…
80-84	13	5	8	16	6	10	19	7	12	22	8	13
85-89	5	2	3	8	3	5	10	4	6	13	5	8
90-94	1	0	1	2	1	2	4	1	3	6	2	4
95-99	0	0	0	0	0	0	1	0	1	2	0	1
100+	0	0	0	0	0	0	0	0	0	0	0	0

年齢	2035			2040			2045			2050		
	総数	男	女	総数	男	女	総数	男	女	総数	男	女
総数	3 657	1 792	1 864	3 785	1 852	1 933	3 909	1 911	1 998	4 028	1 970	2 058
0-4	274	139	135	278	141	137	286	145	141	293	149	144
5-9	278	141	137	273	139	135	278	141	137	286	145	141
10-14	295	149	146	277	141	137	273	138	134	277	141	137
15-19	317	161	156	293	149	144	276	140	136	271	138	133
20-24	330	167	162	313	159	154	290	148	142	272	139	133
25-29	268	136	132	326	166	160	310	158	152	286	146	140
30-34	206	105	101	264	135	130	322	164	158	306	156	150
35-39	214	108	106	203	103	100	261	132	128	318	161	157
40-44	253	127	126	210	105	104	199	101	98	256	129	127
45-49	286	140	145	246	122	124	204	102	102	194	97	97
50-54	229	112	117	274	132	142	237	116	121	196	96	100
55-59	192	90	102	215	103	112	259	122	137	224	107	117
60-64	163	74	89	177	80	97	199	92	107	240	110	130
65-69	129	56	74	147	65	83	161	71	90	181	82	100
70-74	103	42	61	114	47	66	131	56	75	144	62	82
75-79	61	24	38	87	34	53	97	39	57	113	47	66
80+	…	…	…	…	…	…	…	…	…	…	…	…
80-84	32	12	20	49	18	31	71	27	44	80	32	48
85-89	15	6	10	24	9	15	37	14	24	55	21	34
90-94	8	3	5	10	4	6	16	6	10	26	10	17
95-99	2	1	2	4	1	2	5	2	3	8	3	5
100+	0	0	0	1	0	0	1	0	1	1	0	1

年齢	2055			2060		
	総数	男	女	総数	男	女
総数	4 135	2 024	2 111	4 218	2 069	2 150
0-4	291	148	143	278	141	137
5-9	292	148	144	290	147	143
10-14	285	145	140	292	148	144
15-19	275	140	135	284	144	139
20-24	268	137	131	273	139	134
25-29	269	137	132	265	135	129
30-34	283	145	139	266	136	130
35-39	303	154	149	280	143	137
40-44	313	158	155	298	151	147
45-49	250	125	125	305	153	153
50-54	187	92	94	241	119	122
55-59	186	89	96	177	86	91
60-64	208	97	111	173	81	92
65-69	220	98	122	192	87	105
70-74	164	72	91	200	88	112
75-79	125	53	72	144	63	81
80+	…	…	…	…	…	…
80-84	95	39	56	107	45	62
85-89	64	26	39	78	33	45
90-94	41	16	25	49	20	29
95-99	14	5	9	22	8	14
100+	2	1	2	4	1	3

性・年齢別人口（千人）

年齢	2015			2020			2025			2030		
	総数	男	女	総数	男	女	総数	男	女	総数	男	女
総数	2 959	1 465	1 494	3 211	1 586	1 625	3 445	1 697	1 747	3 660	1 800	1 860
0-4	338	171	167	353	179	174	346	175	171	339	172	167
5-9	278	141	138	336	170	166	351	178	174	345	175	170
10-14	219	111	108	278	140	137	335	170	166	351	177	173
15-19	229	115	113	217	110	107	275	139	136	333	169	165
20-24	271	137	134	225	114	111	213	108	105	272	138	134
25-29	310	156	154	267	135	132	221	112	109	210	107	103
30-34	256	130	126	305	153	152	263	133	130	218	110	107
35-39	225	113	113	251	127	124	300	150	150	258	130	128
40-44	205	102	103	220	109	111	246	124	122	294	146	148
45-49	176	86	91	198	97	101	213	104	109	239	119	120
50-54	156	74	82	168	80	88	190	91	98	204	98	106
55-59	107	49	59	146	67	79	157	73	84	178	83	95
60-64	69	31	38	97	42	55	133	58	74	144	64	80
65-69	44	19	24	61	26	34	86	36	50	119	50	69
70-74	34	15	19	37	15	21	52	21	30	74	30	45
75-79	23	9	13	26	11	15	29	12	17	42	17	25
80+	…	…	…	…	…	…	…	…	…	…	…	…
80-84	13	5	8	16	6	10	19	7	12	22	8	13
85-89	5	2	3	8	3	5	10	4	6	13	5	8
90-94	1	0	1	2	1	2	4	1	3	6	2	4
95-99	0	0	0	0	0	0	1	0	1	2	0	1
100+	0	0	0	0	0	0	0	0	0	0	0	0

年齢	2035			2040			2045			2050		
	総数	男	女	総数	男	女	総数	男	女	総数	男	女
総数	3 858	1 894	1 964	4 055	1 989	2 066	4 259	2 089	2 171	4 475	2 196	2 279
0-4	335	170	165	346	176	170	367	186	181	391	198	192
5-9	338	171	167	334	170	165	345	175	170	367	186	181
10-14	344	174	170	337	171	166	334	169	164	345	175	170
15-19	349	177	172	342	174	169	335	170	165	332	169	163
20-24	330	167	162	345	175	170	339	172	166	332	169	163
25-29	268	136	132	326	166	160	341	174	168	335	171	164
30-34	206	105	101	264	135	130	322	164	158	338	172	166
35-39	214	108	106	203	103	100	261	132	128	318	161	157
40-44	253	127	126	210	105	104	199	101	98	256	129	127
45-49	286	140	145	246	122	124	204	102	102	194	97	97
50-54	229	112	117	274	132	142	237	116	121	196	96	100
55-59	192	90	102	215	103	112	259	122	137	224	107	117
60-64	163	74	89	177	80	97	199	92	107	240	110	130
65-69	129	56	74	147	65	83	161	71	90	181	82	100
70-74	103	42	61	114	47	66	131	56	75	144	62	82
75-79	61	24	38	87	34	53	97	39	57	113	47	66
80+	…	…	…	…	…	…	…	…	…	…	…	…
80-84	32	12	20	49	18	31	71	27	44	80	32	48
85-89	15	6	10	24	9	15	37	14	24	55	21	34
90-94	8	3	5	10	4	6	16	6	10	26	10	17
95-99	2	1	2	4	1	2	5	2	3	8	3	5
100+	0	0	0	1	0	0	1	0	1	1	0	1

年齢	2055			2060		
	総数	男	女	総数	男	女
総数	4 696	2 308	2 388	4 907	2 417	2 489
0-4	405	206	200	407	207	200
5-9	390	198	192	405	206	199
10-14	366	186	180	390	198	192
15-19	343	174	169	364	185	179
20-24	329	167	161	340	173	167
25-29	329	168	161	326	166	159
30-34	332	169	163	326	166	159
35-39	334	169	164	328	167	161
40-44	313	158	155	328	166	163
45-49	250	125	125	305	153	153
50-54	187	92	94	241	119	122
55-59	186	89	96	177	86	91
60-64	208	97	111	173	81	92
65-69	220	98	122	192	87	105
70-74	164	72	91	200	88	112
75-79	125	53	72	144	63	81
80+	…	…	…	…	…	…
80-84	95	39	56	107	45	62
85-89	64	26	39	78	33	45
90-94	41	16	25	49	20	29
95-99	14	5	9	22	8	14
100+	2	1	2	4	1	3

性・年齢別人口（千人）

年齢	2015			2020			2025			2030		
	総数	男	女	総数	男	女	総数	男	女	総数	男	女
総数	2 959	1 465	1 494	3 147	1 554	1 594	3 283	1 616	1 667	3 378	1 657	1 721
0-4	338	171	167	289	146	143	248	125	122	219	111	108
5-9	278	141	138	336	170	166	288	146	142	247	125	122
10-14	219	111	108	278	140	137	335	170	166	287	145	142
15-19	229	115	113	217	110	107	275	139	136	333	169	165
20-24	271	137	134	225	114	111	213	108	105	272	138	134
25-29	310	156	154	267	135	132	221	112	109	210	107	103
30-34	256	130	126	305	153	152	263	133	130	218	110	107
35-39	225	113	113	251	127	124	300	150	150	258	130	128
40-44	205	102	103	220	109	111	246	124	122	294	146	148
45-49	176	86	91	198	97	101	213	104	109	239	119	120
50-54	156	74	82	168	80	88	190	91	98	204	98	106
55-59	107	49	59	146	67	79	157	73	84	178	83	95
60-64	69	31	38	97	42	55	133	58	74	144	64	80
65-69	44	19	24	61	26	34	86	36	50	119	50	69
70-74	34	15	19	37	15	21	52	21	30	74	30	45
75-79	23	9	13	26	11	15	29	12	17	42	17	25
80+	…	…	…	…	…	…	…	…	…	…	…	…
80-84	13	5	8	16	6	10	19	7	12	22	8	13
85-89	5	2	3	8	3	5	10	4	6	13	5	8
90-94	1	0	1	2	1	2	4	1	3	6	2	4
95-99	0	0	0	0	0	0	1	0	1	2	0	1
100+	0	0	0	0	0	0	0	0	0	0	0	0

年齢	2035			2040			2045			2050		
	総数	男	女	総数	男	女	総数	男	女	総数	男	女
総数	3 455	1 690	1 765	3 518	1 717	1 801	3 566	1 737	1 829	3 598	1 752	1 846
0-4	213	108	105	212	108	105	210	107	104	205	104	101
5-9	218	111	108	212	108	104	212	107	104	210	107	103
10-14	246	125	121	218	110	107	212	107	104	211	107	104
15-19	285	145	141	244	124	120	216	110	106	210	107	103
20-24	330	167	162	282	143	139	241	123	118	213	109	104
25-29	268	136	132	326	166	160	278	142	137	238	121	116
30-34	206	105	101	264	135	130	322	164	158	275	140	135
35-39	214	108	106	203	103	100	261	132	128	318	161	157
40-44	253	127	126	210	105	104	199	101	98	256	129	127
45-49	286	140	145	246	122	124	204	102	102	194	97	97
50-54	229	112	117	274	132	142	237	116	121	196	96	100
55-59	192	90	102	215	103	112	259	122	137	224	107	117
60-64	163	74	89	177	80	97	199	92	107	240	110	130
65-69	129	56	74	147	65	83	161	71	90	181	82	100
70-74	103	42	61	114	47	66	131	56	75	144	62	82
75-79	61	24	38	87	34	53	97	39	57	113	47	66
80+	…	…	…	…	…	…	…	…	…	…	…	…
80-84	32	12	20	49	18	31	71	27	44	80	32	48
85-89	15	6	10	24	9	15	37	14	24	55	21	34
90-94	8	3	5	10	4	6	16	6	10	26	10	17
95-99	2	1	2	4	1	2	5	2	3	8	3	5
100+	0	0	0	1	0	0	1	0	1	1	0	1

年齢	2055			2060		
	総数	男	女	総数	男	女
総数	3 608	1 757	1 851	3 588	1 750	1 839
0-4	193	98	95	174	88	86
5-9	205	104	101	193	98	95
10-14	209	106	103	204	104	101
15-19	209	107	103	208	106	102
20-24	207	106	101	207	106	101
25-29	209	107	102	204	105	99
30-34	235	120	115	207	106	101
35-39	272	138	133	232	118	113
40-44	313	158	155	267	135	132
45-49	250	125	125	305	153	153
50-54	187	92	94	241	119	122
55-59	186	89	96	177	86	91
60-64	208	97	111	173	81	92
65-69	220	98	122	192	87	105
70-74	164	72	91	200	88	112
75-79	125	53	72	144	63	81
80+	…	…	…	…	…	…
80-84	95	39	56	107	45	62
85-89	64	26	39	78	33	45
90-94	41	16	25	49	20	29
95-99	14	5	9	22	8	14
100+	2	1	2	4	1	3

性・年齢別人口（千人）

年齢	1960			1965			1970			1975		
	総数	男	女	総数	男	女	総数	男	女	総数	男	女
総数	487	237	250	534	262	272	520	254	266	554	271	283
0-4	64	33	31	66	34	32	54	28	26	53	28	26
5-9	58	30	28	63	33	30	59	31	29	54	28	26
10-14	48	24	23	58	30	28	58	30	28	59	31	28
15-19	46	24	23	48	24	23	54	28	26	57	30	28
20-24	48	24	24	46	23	22	42	21	21	54	28	26
25-29	43	21	22	47	24	23	36	18	19	42	21	21
30-34	36	17	19	43	21	22	38	19	20	36	17	18
35-39	26	12	15	36	17	19	36	17	19	38	18	19
40-44	19	8	11	26	12	14	31	15	16	35	17	18
45-49	20	8	11	18	8	10	22	10	12	30	14	16
50-54	19	9	10	19	8	11	15	6	9	21	10	12
55-59	16	8	9	18	8	10	18	7	10	15	6	9
60-64	13	6	8	15	7	8	18	8	10	17	7	10
65-69	11	5	7	12	5	7	15	7	8	16	7	9
70-74	9	4	5	9	4	6	10	4	6	13	5	7
75-79	5	2	3	6	2	4	7	3	4	8	3	5
80+	5	2	3	5	2	3	6	2	3	7	2	5
80-84	…	…	…	…	…	…	…	…	…	…	…	…
85-89	…	…	…	…	…	…	…	…	…	…	…	…
90-94	…	…	…	…	…	…	…	…	…	…	…	…
95-99	…	…	…	…	…	…	…	…	…	…	…	…
100+	…	…	…	…	…	…	…	…	…	…	…	…

年齢	1980			1985			1990			1995		
	総数	男	女	総数	男	女	総数	男	女	総数	男	女
総数	581	285	296	614	303	311	615	306	309	620	308	312
0-4	52	27	25	54	28	26	52	27	25	46	24	22
5-9	53	28	26	51	27	25	54	28	26	48	25	23
10-14	54	28	26	53	28	26	51	27	25	51	26	24
15-19	59	31	28	54	28	26	52	27	25	48	25	23
20-24	56	29	27	58	30	28	50	26	24	49	25	24
25-29	52	26	25	55	28	27	52	26	25	46	24	23
30-34	39	20	20	51	26	25	49	25	24	49	25	24
35-39	34	17	18	39	19	19	46	24	23	47	24	23
40-44	37	18	19	34	16	18	35	18	18	46	24	23
45-49	35	17	18	36	17	19	30	14	16	35	17	18
50-54	29	14	15	34	16	18	34	17	18	29	14	15
55-59	20	9	12	28	13	15	33	16	17	33	16	17
60-64	14	5	8	19	8	11	26	13	13	31	15	17
65-69	15	6	9	12	5	8	17	8	9	24	11	13
70-74	14	6	8	13	5	8	11	4	6	15	7	8
75-79	10	4	6	11	4	7	11	4	7	9	3	5
80+	8	2	6	10	3	7	…	…	…	…	…	…
80-84	…	…	…	…	…	…	8	3	5	7	2	5
85-89	…	…	…	…	…	…	4	1	3	4	1	3
90-94	…	…	…	…	…	…	1	0	1	1	0	1
95-99	…	…	…	…	…	…	0	0	0	0	0	0
100+	…	…	…	…	…	…	0	0	0	0	0	0

年齢	2000			2005			2010			2015		
	総数	男	女	総数	男	女	総数	男	女	総数	男	女
総数	614	303	311	616	303	314	622	307	315	626	309	317
0-4	42	22	20	40	21	19	40	21	19	37	19	18
5-9	44	23	21	41	21	20	40	21	19	40	21	19
10-14	46	24	22	43	22	21	43	22	21	40	21	19
15-19	49	25	24	46	24	22	43	23	21	43	22	21
20-24	45	23	22	50	26	24	42	22	21	43	22	21
25-29	44	22	22	45	23	23	47	24	23	42	21	20
30-34	41	21	21	42	21	22	44	22	22	47	24	23
35-39	46	23	23	39	19	20	42	21	21	43	22	22
40-44	45	23	22	43	21	21	40	20	20	42	20	21
45-49	46	24	23	43	22	21	44	22	22	40	20	20
50-54	35	17	18	46	23	23	42	21	21	43	21	22
55-59	27	13	15	33	16	17	44	22	22	40	20	20
60-64	31	15	17	25	11	14	30	14	16	41	20	21
65-69	28	13	15	29	13	15	23	10	13	28	13	15
70-74	21	9	11	24	11	13	25	11	14	20	8	12
75-79	12	5	7	16	7	9	17	7	10	20	8	12
80+	…	…	…	…	…	…	…	…	…	…	…	…
80-84	5	2	3	8	3	5	10	4	6	12	5	7
85-89	3	1	3	3	1	2	4	1	2	5	2	3
90-94	1	0	1	1	0	1	1	0	1	1	0	1
95-99	0	0	0	0	0	0	0	0	0	0	0	0
100+	0	0	0	0	0	0	0	0	0	0	0	0

性・年齢別人口（千人）

年齢	2015			2020			2025			2030		
	総数	男	女	総数	男	女	総数	男	女	総数	男	女
総数	626	309	317	626	309	316	623	308	315	618	306	312
0-4	37	19	18	35	18	17	33	17	16	32	16	16
5-9	40	21	19	37	19	18	34	18	17	33	17	16
10-14	40	21	19	40	21	19	37	19	18	34	18	17
15-19	43	22	21	40	21	19	39	20	19	36	19	18
20-24	43	22	21	42	22	20	40	20	19	39	20	19
25-29	42	21	20	42	22	20	42	21	20	39	20	19
30-34	47	24	23	41	21	20	42	22	20	41	21	20
35-39	43	22	22	46	23	23	41	21	20	41	21	20
40-44	42	20	21	43	21	22	46	23	23	40	21	20
45-49	40	20	20	41	20	21	42	21	21	45	23	22
50-54	43	21	22	39	19	20	40	20	21	42	20	21
55-59	40	20	20	42	20	21	38	18	19	39	19	20
60-64	41	20	21	38	19	20	40	19	21	36	17	19
65-69	28	13	15	38	18	20	36	17	19	37	17	20
70-74	20	8	12	25	11	14	34	15	18	32	15	17
75-79	20	8	12	16	6	10	20	8	12	28	12	16
80+	…	…	…	…	…	…	…	…	…	…	…	…
80-84	12	5	7	14	5	8	11	4	7	14	6	9
85-89	5	2	3	6	2	4	7	3	4	6	2	4
90-94	1	0	1	2	1	1	2	1	1	2	1	1
95-99	0	0	0	0	0	0	0	0	0	0	0	0
100+	0	0	0	0	0	0	0	0	0	0	0	0

年齢	2035			2040			2045			2050		
	総数	男	女	総数	男	女	総数	男	女	総数	男	女
総数	610	302	308	600	297	303	588	292	296	574	286	289
0-4	31	16	15	30	15	15	29	15	14	27	14	13
5-9	32	16	16	31	16	15	30	15	15	29	15	14
10-14	33	17	16	32	16	16	31	16	15	30	15	15
15-19	34	18	17	33	17	16	32	16	15	31	16	15
20-24	36	19	17	34	17	16	32	16	16	31	16	15
25-29	38	20	18	35	18	17	33	17	16	32	16	15
30-34	38	20	19	38	20	18	35	18	17	33	17	16
35-39	41	21	20	38	20	18	38	19	18	35	18	17
40-44	41	21	20	40	21	19	38	19	18	37	19	18
45-49	40	20	19	41	21	20	40	20	19	37	19	18
50-54	44	22	22	39	20	19	40	20	19	39	20	19
55-59	40	20	21	43	22	22	38	19	19	39	20	19
60-64	38	18	20	39	19	20	42	21	21	37	18	18
65-69	34	16	18	35	16	19	37	17	19	40	19	20
70-74	33	15	18	30	14	16	32	15	17	34	16	18
75-79	26	12	15	28	12	16	26	11	14	27	12	15
80+	…	…	…	…	…	…	…	…	…	…	…	…
80-84	20	8	12	19	8	11	21	9	12	20	8	11
85-89	8	3	5	12	4	7	11	5	7	13	5	8
90-94	2	1	1	3	1	2	4	2	3	5	2	3
95-99	0	0	0	0	0	0	1	0	0	1	0	1
100+	0	0	0	0	0	0	0	0	0	0	0	0

年齢	2055			2060		
	総数	男	女	総数	男	女
総数	561	279	281	547	273	273
0-4	26	13	13	26	13	12
5-9	27	14	13	26	13	13
10-14	28	15	14	27	14	13
15-19	30	15	14	28	14	14
20-24	30	15	15	29	15	14
25-29	31	16	15	30	15	15
30-34	31	16	15	30	16	15
35-39	32	17	16	31	16	15
40-44	34	18	17	32	17	16
45-49	37	19	18	34	17	16
50-54	37	19	18	36	19	18
55-59	38	20	19	36	19	18
60-64	38	19	19	37	19	18
65-69	35	17	18	36	18	18
70-74	36	17	19	32	16	17
75-79	29	13	16	32	15	17
80+	…	…	…	…	…	…
80-84	21	9	12	23	10	13
85-89	12	5	7	13	5	8
90-94	5	2	3	5	2	3
95-99	1	0	1	1	1	1
100+	0	0	0	0	0	0

Montenegro

性・年齢別人口（千人）

年齢	2015			2020			2025			2030		
	総数	男	女	総数	男	女	総数	男	女	総数	男	女
総数	626	309	317	631	312	319	636	315	321	641	318	323
0-4	37	19	18	40	20	19	41	21	20	42	21	20
5-9	40	21	19	37	19	18	40	20	19	41	21	20
10-14	40	21	19	40	21	19	37	19	18	40	20	19
15-19	43	22	21	40	21	19	39	20	19	36	19	18
20-24	43	22	21	42	22	20	40	20	19	39	20	19
25-29	42	21	20	42	22	20	42	21	20	39	20	19
30-34	47	24	23	41	21	20	42	22	20	41	21	20
35-39	43	22	22	46	23	23	41	21	20	41	21	20
40-44	42	20	21	43	21	22	46	23	23	40	21	20
45-49	40	20	20	41	20	21	42	21	21	45	23	22
50-54	43	21	22	39	19	20	40	20	21	42	20	21
55-59	40	20	20	42	20	21	38	18	19	39	19	20
60-64	41	20	21	38	19	20	40	19	21	36	17	19
65-69	28	13	15	38	18	20	36	17	19	37	17	20
70-74	20	8	12	25	11	14	34	15	18	32	15	17
75-79	20	8	12	16	6	10	20	8	12	28	12	16
80+	...	...	...	...	...	...	...	...	...	...	...	...
80-84	12	5	7	14	5	8	11	4	7	14	6	9
85-89	5	2	3	6	2	4	7	3	4	6	2	4
90-94	1	0	1	2	1	1	2	1	1	2	1	1
95-99	0	0	0	0	0	0	0	0	0	0	0	0
100+	0	0	0	0	0	0	0	0	0	0	0	0

年齢	2035			2040			2045			2050		
	総数	男	女	総数	男	女	総数	男	女	総数	男	女
総数	643	319	324	642	319	323	640	319	322	639	319	321
0-4	41	21	20	39	20	19	39	20	19	40	20	19
5-9	42	21	20	40	21	20	39	20	19	39	20	19
10-14	41	21	20	42	21	20	40	21	20	39	20	19
15-19	39	20	19	41	21	20	41	21	20	40	21	20
20-24	36	19	17	39	20	19	40	21	20	41	21	20
25-29	38	20	18	35	18	17	38	20	19	40	20	19
30-34	38	20	19	38	20	18	35	18	17	38	20	18
35-39	41	21	20	38	20	18	38	19	18	35	18	17
40-44	41	21	20	40	21	19	38	19	18	37	19	18
45-49	40	20	19	41	21	20	40	20	19	37	19	18
50-54	44	22	22	39	20	19	40	20	19	39	20	19
55-59	40	20	21	43	22	22	38	19	19	39	20	19
60-64	38	18	20	39	19	20	42	21	21	37	18	18
65-69	34	16	18	35	16	19	37	17	19	40	19	20
70-74	33	15	18	30	14	16	32	15	17	34	16	18
75-79	26	12	15	28	12	16	26	11	14	27	12	15
80+	...	...	...	...	...	...	...	...	...	...	...	...
80-84	20	8	12	19	8	11	21	9	12	20	8	11
85-89	8	3	5	12	4	7	11	5	7	13	5	8
90-94	2	1	1	3	1	2	4	2	3	5	2	3
95-99	0	0	0	0	0	0	1	0	0	1	0	1
100+	0	0	0	0	0	0	0	0	0	0	0	0

年齢	2055			2060		
	総数	男	女	総数	男	女
総数	641	320	320	643	323	321
0-4	41	21	20	42	22	21
5-9	40	20	19	41	21	20
10-14	39	20	19	40	20	19
15-19	39	20	19	39	20	19
20-24	40	20	19	39	20	19
25-29	40	21	20	39	20	19
30-34	39	20	19	40	20	19
35-39	38	19	18	39	20	19
40-44	34	18	17	37	19	18
45-49	37	19	18	34	17	16
50-54	37	19	18	36	19	18
55-59	38	20	19	36	19	18
60-64	38	19	19	37	19	18
65-69	35	17	18	36	18	18
70-74	36	17	19	32	16	17
75-79	29	13	16	32	15	17
80+	...	...	...	...	...	...
80-84	21	9	12	23	10	13
85-89	12	5	7	13	5	8
90-94	5	2	3	5	2	3
95-99	1	0	1	1	1	1
100+	0	0	0	0	0	0

性・年齢別人口（千人）

年齢	2015			2020			2025			2030		
	総数	男	女	総数	男	女	総数	男	女	総数	男	女
総数	626	309	317	621	307	314	610	301	308	595	294	301
0-4	37	19	18	29	15	14	25	13	12	22	11	11
5-9	40	21	19	37	19	18	29	15	14	25	13	12
10-14	40	21	19	40	21	19	37	19	18	29	15	14
15-19	43	22	21	40	21	19	39	20	19	36	19	18
20-24	43	22	21	42	22	20	40	20	19	39	20	19
25-29	42	21	20	42	22	20	42	21	20	39	20	19
30-34	47	24	23	41	21	20	42	22	20	41	21	20
35-39	43	22	22	46	23	23	41	21	20	41	21	20
40-44	42	20	21	43	21	22	46	23	23	40	21	20
45-49	40	20	20	41	20	21	42	21	21	45	23	22
50-54	43	21	22	39	19	20	40	20	21	42	20	21
55-59	40	20	20	42	20	21	38	18	19	39	19	20
60-64	41	20	21	38	19	20	40	19	21	36	17	19
65-69	28	13	15	38	18	20	36	17	19	37	17	20
70-74	20	8	12	25	11	14	34	15	18	32	15	17
75-79	20	8	12	16	6	10	20	8	12	28	12	16
80+	…	…	…	…	…	…	…	…	…	…	…	…
80-84	12	5	7	14	5	8	11	4	7	14	6	9
85-89	5	2	3	6	2	4	7	3	4	6	2	4
90-94	1	0	1	2	1	1	2	1	1	2	1	1
95-99	0	0	0	0	0	0	0	0	0	0	0	0
100+	0	0	0	0	0	0	0	0	0	0	0	0

年齢	2035			2040			2045			2050		
	総数	男	女	総数	男	女	総数	男	女	総数	男	女
総数	578	286	292	558	276	282	537	266	271	513	254	259
0-4	22	11	11	21	11	10	19	10	9	17	9	8
5-9	22	11	11	21	11	10	21	11	10	19	10	9
10-14	25	13	12	22	11	11	21	11	10	20	10	10
15-19	29	15	14	25	13	12	22	11	11	21	11	10
20-24	36	19	17	29	15	14	24	12	12	21	11	10
25-29	38	20	18	35	18	17	28	14	14	24	12	11
30-34	38	20	19	38	20	18	35	18	17	28	14	13
35-39	41	21	20	38	20	18	38	19	18	35	18	17
40-44	41	21	20	40	21	19	38	19	18	37	19	18
45-49	40	20	19	41	21	20	40	20	19	37	19	18
50-54	44	22	22	39	20	19	40	20	19	39	20	19
55-59	40	20	21	43	22	22	38	19	19	39	20	19
60-64	38	18	20	39	19	20	42	21	21	37	18	18
65-69	34	16	18	35	16	19	37	17	19	40	19	20
70-74	33	15	18	30	14	16	32	15	17	34	16	18
75-79	26	12	15	28	12	16	26	11	14	27	12	15
80+	…	…	…	…	…	…	…	…	…	…	…	…
80-84	20	8	12	19	8	11	21	9	12	20	8	11
85-89	8	3	5	12	4	7	11	5	7	13	5	8
90-94	2	1	1	3	1	2	4	2	3	5	2	3
95-99	0	0	0	0	0	0	1	0	0	1	0	1
100+	0	0	0	0	0	0	0	0	0	0	0	0

年齢	2055			2060		
	総数	男	女	総数	男	女
総数	487	242	245	461	229	232
0-4	15	7	7	13	7	6
5-9	17	9	8	15	7	7
10-14	19	10	9	17	9	8
15-19	20	10	10	19	10	9
20-24	21	11	10	20	10	10
25-29	21	11	10	20	10	10
30-34	23	12	11	21	11	10
35-39	27	14	13	23	12	11
40-44	34	18	17	27	14	13
45-49	37	19	18	34	17	16
50-54	37	19	18	36	19	18
55-59	38	20	19	36	19	18
60-64	38	19	19	37	19	18
65-69	35	17	18	36	18	18
70-74	36	17	19	32	16	17
75-79	29	13	16	32	15	17
80+	…	…	…	…	…	…
80-84	21	9	12	23	10	13
85-89	12	5	7	13	5	8
90-94	5	2	3	5	2	3
95-99	1	0	1	1	1	1
100+	0	0	0	0	0	0

性・年齢別人口（千人）

年齢	1960 総数	男	女	1965 総数	男	女	1970 総数	男	女	1975 総数	男	女
総数	12 329	6 143	6 186	14 248	7 034	7 215	16 040	7 932	8 108	17 855	8 855	8 999
0-4	2 404	1 216	1 188	2 759	1 406	1 353	2 896	1 476	1 419	2 969	1 515	1 454
5-9	1 858	937	921	2 232	1 131	1 101	2 573	1 314	1 260	2 718	1 388	1 331
10-14	1 249	636	613	1 823	919	904	2 185	1 108	1 077	2 521	1 288	1 233
15-19	1 064	528	536	1 199	599	600	1 671	844	827	2 083	1 057	1 026
20-24	1 023	511	512	985	464	522	995	488	507	1 498	756	742
25-29	972	485	488	948	450	498	896	411	485	869	422	447
30-34	898	446	452	914	440	474	912	431	480	831	376	455
35-39	692	339	353	851	413	438	874	416	457	856	402	454
40-44	477	235	242	655	315	340	813	391	422	829	392	436
45-49	367	181	186	452	220	233	625	298	327	779	372	407
50-54	357	175	183	346	169	177	429	206	222	594	281	313
55-59	338	162	176	330	159	171	323	156	167	400	190	210
60-64	261	123	138	301	142	159	297	141	156	292	139	153
65-69	182	86	96	219	101	118	255	118	137	253	118	135
70-74	99	46	54	137	63	74	168	76	92	197	89	108
75-79	61	28	33	62	28	34	88	40	49	110	48	62
80+	26	9	16	36	15	20	41	17	23	56	24	32
80-84	…	…	…	…	…	…	…	…	…	…	…	…
85-89	…	…	…	…	…	…	…	…	…	…	…	…
90-94	…	…	…	…	…	…	…	…	…	…	…	…
95-99	…	…	…	…	…	…	…	…	…	…	…	…
100+	…	…	…	…	…	…	…	…	…	…	…	…

年齢	1980 総数	男	女	1985 総数	男	女	1990 総数	男	女	1995 総数	男	女
総数	20 072	9 984	10 088	22 596	11 260	11 336	24 950	12 449	12 501	27 162	13 513	13 649
0-4	3 200	1 633	1 567	3 519	1 793	1 725	3 426	1 752	1 674	3 349	1 715	1 635
5-9	2 824	1 442	1 383	3 088	1 575	1 513	3 419	1 742	1 677	3 353	1 713	1 640
10-14	2 677	1 367	1 310	2 792	1 424	1 367	3 050	1 555	1 495	3 382	1 722	1 660
15-19	2 437	1 244	1 193	2 601	1 327	1 273	2 708	1 377	1 330	2 950	1 497	1 454
20-24	1 943	978	965	2 294	1 168	1 126	2 443	1 236	1 207	2 524	1 267	1 257
25-29	1 405	703	702	1 827	912	915	2 155	1 088	1 067	2 253	1 123	1 130
30-34	835	405	430	1 352	671	681	1 760	875	885	2 045	1 025	1 019
35-39	800	361	439	809	391	418	1 321	656	665	1 722	854	868
40-44	824	385	439	774	347	427	790	384	406	1 315	646	669
45-49	796	374	421	796	370	426	753	337	415	805	383	422
50-54	742	352	390	762	356	406	767	355	413	756	333	423
55-59	560	264	296	703	332	371	727	338	389	752	343	410
60-64	371	178	193	520	245	275	655	308	347	686	316	369
65-69	255	121	134	326	155	171	461	215	246	584	271	313
70-74	198	90	108	203	94	109	264	123	142	378	172	206
75-79	131	57	74	136	60	76	143	64	79	189	85	104
80+	74	31	43	94	39	56	…	…	…	…	…	…
80-84	…	…	…	…	…	…	75	32	44	81	35	47
85-89	…	…	…	…	…	…	27	11	16	30	12	18
90-94	…	…	…	…	…	…	5	2	3	7	2	4
95-99	…	…	…	…	…	…	0	0	0	1	0	0
100+	…	…	…	…	…	…	0	0	0	0	0	0

年齢	2000 総数	男	女	2005 総数	男	女	2010 総数	男	女	2015 総数	男	女
総数	28 951	14 345	14 605	30 385	14 986	15 400	32 108	15 803	16 305	34 378	16 989	17 388
0-4	3 094	1 587	1 507	2 913	1 495	1 417	3 117	1 598	1 518	3 421	1 756	1 665
5-9	3 303	1 689	1 613	3 047	1 562	1 486	2 869	1 471	1 398	3 086	1 582	1 504
10-14	3 322	1 696	1 626	3 282	1 678	1 604	3 029	1 551	1 478	2 852	1 462	1 390
15-19	3 277	1 655	1 622	3 201	1 615	1 586	3 203	1 625	1 578	2 975	1 524	1 451
20-24	2 764	1 376	1 388	3 027	1 487	1 540	3 035	1 503	1 533	3 105	1 576	1 530
25-29	2 356	1 153	1 203	2 527	1 206	1 321	2 856	1 368	1 488	2 956	1 462	1 493
30-34	2 114	1 029	1 084	2 177	1 009	1 168	2 412	1 128	1 284	2 813	1 347	1 467
35-39	1 957	972	984	2 004	949	1 055	2 112	971	1 141	2 383	1 114	1 270
40-44	1 689	836	853	1 915	950	964	1 962	925	1 036	2 089	960	1 129
45-49	1 294	633	660	1 666	824	841	1 887	940	947	1 937	913	1 024
50-54	803	384	420	1 294	647	647	1 640	817	823	1 853	922	931
55-59	748	335	413	829	422	407	1 259	632	627	1 591	789	802
60-64	712	323	389	754	362	393	788	401	387	1 196	596	600
65-69	611	275	335	663	307	356	684	324	360	721	363	359
70-74	482	218	264	511	225	286	560	254	306	587	273	314
75-79	273	120	153	355	155	200	383	164	220	430	191	239
80+	…	…	…	…	…	…	…	…	…	…	…	…
80-84	110	47	63	164	69	95	219	93	126	246	103	143
85-89	33	13	20	48	20	28	75	31	44	108	46	62
90-94	8	3	5	9	4	6	15	6	9	25	10	15
95-99	1	0	1	1	0	1	2	1	1	3	1	2
100+	0	0	0	0	0	0	0	0	0	0	0	0

性・年齢別人口（千人）

年齢	2015			2020			2025			2030		
	総数	男	女	総数	男	女	総数	男	女	総数	男	女
総数	34 378	16 989	17 388	36 444	18 063	18 381	38 255	18 950	19 304	39 787	19 693	20 094
0-4	3 421	1 756	1 665	3 293	1 691	1 602	3 119	1 602	1 517	2 950	1 516	1 434
5-9	3 086	1 582	1 504	3 391	1 740	1 651	3 271	1 679	1 592	3 100	1 592	1 508
10-14	2 852	1 462	1 390	3 068	1 573	1 495	3 378	1 733	1 645	3 259	1 673	1 586
15-19	2 975	1 524	1 451	2 799	1 435	1 364	3 017	1 540	1 477	3 327	1 700	1 627
20-24	3 105	1 576	1 530	2 879	1 475	1 404	2 706	1 374	1 331	2 924	1 479	1 445
25-29	2 956	1 462	1 493	3 026	1 535	1 491	2 794	1 417	1 377	2 622	1 317	1 305
30-34	2 813	1 347	1 467	2 914	1 441	1 472	2 978	1 503	1 476	2 748	1 385	1 363
35-39	2 383	1 114	1 270	2 784	1 332	1 452	2 890	1 429	1 461	2 955	1 491	1 464
40-44	2 089	960	1 129	2 360	1 102	1 258	2 762	1 321	1 441	2 869	1 418	1 451
45-49	1 937	913	1 024	2 065	948	1 117	2 335	1 090	1 245	2 735	1 308	1 428
50-54	1 853	922	931	1 905	897	1 008	2 032	932	1 101	2 302	1 073	1 229
55-59	1 591	789	802	1 802	893	909	1 855	870	985	1 985	906	1 078
60-64	1 196	596	600	1 517	746	771	1 724	847	877	1 782	829	953
65-69	721	363	359	1 103	542	560	1 407	683	724	1 608	781	828
70-74	587	273	314	626	309	317	967	467	500	1 247	595	652
75-79	430	191	239	460	209	251	498	240	258	783	368	415
80+	...	...	...	...	...	...	...	...	...	...	...	...
80-84	246	103	143	284	123	161	312	137	175	347	162	185
85-89	108	46	62	126	52	74	151	63	88	172	73	99
90-94	25	10	15	38	16	22	47	19	28	59	24	35
95-99	3	1	2	5	2	3	9	4	5	12	4	7
100+	0	0	0	0	0	0	1	0	0	1	0	1

年齢	2035			2040			2045			2050		
	総数	男	女	総数	男	女	総数	男	女	総数	男	女
総数	41 073	20 311	20 763	42 148	20 828	21 321	43 027	21 258	21 768	43 696	21 601	22 095
0-4	2 842	1 460	1 382	2 793	1 435	1 357	2 763	1 420	1 342	2 701	1 389	1 312
5-9	2 932	1 506	1 426	2 824	1 451	1 373	2 776	1 427	1 349	2 746	1 412	1 335
10-14	3 087	1 585	1 502	2 920	1 500	1 420	2 813	1 445	1 368	2 764	1 420	1 344
15-19	3 208	1 640	1 568	3 037	1 553	1 485	2 870	1 467	1 403	2 763	1 413	1 351
20-24	3 234	1 639	1 595	3 116	1 579	1 536	2 946	1 493	1 453	2 779	1 408	1 372
25-29	2 840	1 421	1 419	3 150	1 582	1 568	3 033	1 522	1 510	2 863	1 436	1 427
30-34	2 576	1 285	1 291	2 795	1 390	1 405	3 105	1 550	1 554	2 988	1 491	1 496
35-39	2 726	1 374	1 352	2 556	1 275	1 281	2 774	1 379	1 395	3 084	1 540	1 544
40-44	2 934	1 480	1 455	2 708	1 364	1 344	2 539	1 266	1 273	2 757	1 371	1 387
45-49	2 843	1 405	1 438	2 910	1 467	1 443	2 687	1 353	1 334	2 521	1 256	1 264
50-54	2 699	1 289	1 411	2 809	1 387	1 422	2 878	1 450	1 428	2 660	1 339	1 321
55-59	2 252	1 046	1 206	2 646	1 259	1 387	2 758	1 358	1 400	2 830	1 423	1 407
60-64	1 913	867	1 046	2 178	1 005	1 173	2 565	1 214	1 351	2 681	1 314	1 367
65-69	1 674	769	905	1 807	810	997	2 066	944	1 122	2 445	1 148	1 297
70-74	1 440	687	753	1 513	684	829	1 647	727	920	1 898	856	1 042
75-79	1 026	478	549	1 203	561	642	1 283	567	715	1 416	613	803
80+	...	...	...	...	...	...	...	...	...	...	...	...
80-84	559	255	304	749	338	412	897	406	491	979	421	558
85-89	197	89	109	328	144	185	454	197	257	562	245	316
90-94	70	29	42	84	36	48	146	61	85	210	86	124
95-99	16	6	10	19	7	12	24	10	14	44	17	27
100+	2	1	1	3	1	2	3	1	2	5	2	3

年齢	2055			2060		
	総数	男	女	総数	男	女
総数	44 144	21 854	22 290	44 364	22 011	22 352
0-4	2 598	1 336	1 262	2 478	1 274	1 204
5-9	2 686	1 381	1 305	2 584	1 328	1 255
10-14	2 735	1 406	1 329	2 676	1 375	1 300
15-19	2 718	1 390	1 328	2 691	1 377	1 314
20-24	2 677	1 356	1 321	2 636	1 337	1 299
25-29	2 701	1 354	1 347	2 604	1 306	1 298
30-34	2 821	1 407	1 414	2 662	1 327	1 335
35-39	2 969	1 481	1 487	2 803	1 398	1 405
40-44	3 067	1 531	1 536	2 953	1 473	1 480
45-49	2 739	1 361	1 378	3 048	1 521	1 527
50-54	2 498	1 245	1 253	2 716	1 350	1 366
55-59	2 620	1 317	1 303	2 464	1 227	1 237
60-64	2 759	1 382	1 377	2 560	1 283	1 277
65-69	2 566	1 250	1 316	2 651	1 322	1 329
70-74	2 262	1 051	1 210	2 389	1 155	1 234
75-79	1 651	734	917	1 989	915	1 075
80+	...	...	...	...	...	...
80-84	1 103	467	635	1 309	573	736
85-89	632	264	368	732	304	429
90-94	270	113	157	316	127	189
95-99	66	25	41	89	35	54
100+	8	3	5	13	5	9

Morocco

性・年齢別人口（千人）

年齢	2015			2020			2025			2030		
	総数	男	女	総数	男	女	総数	男	女	総数	男	女
総数	34 378	16 989	17 388	36 792	18 241	18 550	39 159	19 415	19 744	41 384	20 513	20 871
0-4	3 421	1 756	1 665	3 640	1 869	1 771	3 677	1 889	1 788	3 644	1 872	1 772
5-9	3 086	1 582	1 504	3 391	1 740	1 651	3 618	1 857	1 760	3 656	1 878	1 779
10-14	2 852	1 462	1 390	3 068	1 573	1 495	3 378	1 733	1 645	3 605	1 850	1 754
15-19	2 975	1 524	1 451	2 799	1 435	1 364	3 017	1 540	1 477	3 327	1 700	1 627
20-24	3 105	1 576	1 530	2 879	1 475	1 404	2 706	1 374	1 331	2 924	1 479	1 445
25-29	2 956	1 462	1 493	3 026	1 535	1 491	2 794	1 417	1 377	2 622	1 317	1 305
30-34	2 813	1 347	1 467	2 914	1 441	1 472	2 978	1 503	1 476	2 748	1 385	1 363
35-39	2 383	1 114	1 270	2 784	1 332	1 452	2 890	1 429	1 461	2 955	1 491	1 464
40-44	2 089	960	1 129	2 360	1 102	1 258	2 762	1 321	1 441	2 869	1 418	1 451
45-49	1 937	913	1 024	2 065	948	1 117	2 335	1 090	1 245	2 735	1 308	1 428
50-54	1 853	922	931	1 905	897	1 008	2 032	932	1 101	2 302	1 073	1 229
55-59	1 591	789	802	1 802	893	909	1 855	870	985	1 985	906	1 078
60-64	1 196	596	600	1 517	746	771	1 724	847	877	1 782	829	953
65-69	721	363	359	1 103	542	560	1 407	683	724	1 608	781	828
70-74	587	273	314	626	309	317	967	467	500	1 247	595	652
75-79	430	191	239	460	209	251	498	240	258	783	368	415
80+	...	...	...	...	...	...	...	...	...	...	...	...
80-84	246	103	143	284	123	161	312	137	175	347	162	185
85-89	108	46	62	126	52	74	151	63	88	172	73	99
90-94	25	10	15	38	16	22	47	19	28	59	24	35
95-99	3	1	2	5	2	3	9	4	5	12	4	7
100+	0	0	0	0	0	0	1	0	0	1	0	1

年齢	2035			2040			2045			2050		
	総数	男	女	総数	男	女	総数	男	女	総数	男	女
総数	43 379	21 495	21 884	45 230	22 411	22 819	47 015	23 308	23 708	48 760	24 202	24 557
0-4	3 552	1 825	1 727	3 572	1 836	1 736	3 673	1 889	1 785	3 780	1 944	1 836
5-9	3 625	1 862	1 763	3 533	1 815	1 718	3 554	1 826	1 728	3 656	1 879	1 776
10-14	3 644	1 871	1 773	3 612	1 855	1 757	3 521	1 809	1 712	3 542	1 820	1 722
15-19	3 554	1 818	1 737	3 593	1 838	1 755	3 562	1 823	1 740	3 471	1 777	1 695
20-24	3 234	1 639	1 595	3 461	1 757	1 705	3 501	1 778	1 723	3 470	1 762	1 708
25-29	2 840	1 421	1 419	3 150	1 582	1 568	3 377	1 699	1 678	3 418	1 721	1 697
30-34	2 576	1 285	1 291	2 795	1 390	1 405	3 105	1 550	1 554	3 332	1 668	1 664
35-39	2 726	1 374	1 352	2 556	1 275	1 281	2 774	1 379	1 395	3 084	1 540	1 544
40-44	2 934	1 480	1 455	2 708	1 364	1 344	2 539	1 266	1 273	2 757	1 371	1 387
45-49	2 843	1 405	1 438	2 910	1 467	1 443	2 687	1 353	1 334	2 521	1 256	1 264
50-54	2 699	1 289	1 411	2 809	1 387	1 422	2 878	1 450	1 428	2 660	1 339	1 321
55-59	2 252	1 046	1 206	2 646	1 259	1 387	2 758	1 358	1 400	2 830	1 423	1 407
60-64	1 913	867	1 046	2 178	1 005	1 173	2 565	1 214	1 351	2 681	1 314	1 367
65-69	1 674	769	905	1 807	810	997	2 066	944	1 122	2 445	1 148	1 297
70-74	1 440	687	753	1 513	684	829	1 647	727	920	1 898	856	1 042
75-79	1 026	478	549	1 203	561	642	1 283	567	715	1 416	613	803
80+	...	...	...	...	...	...	...	...	...	...	...	...
80-84	559	255	304	749	338	412	897	406	491	979	421	558
85-89	197	89	109	328	144	185	454	197	257	562	245	316
90-94	70	29	42	84	36	48	146	61	85	210	86	124
95-99	16	6	10	19	7	12	24	10	14	44	17	27
100+	2	1	1	3	1	2	3	1	2	5	2	3

年齢	2055			2060		
	総数	男	女	総数	男	女
総数	50 443	25 091	25 352	52 021	25 947	26 074
0-4	3 840	1 974	1 865	3 844	1 977	1 867
5-9	3 763	1 935	1 829	3 824	1 966	1 858
10-14	3 644	1 873	1 771	3 753	1 929	1 824
15-19	3 495	1 789	1 705	3 599	1 844	1 755
20-24	3 384	1 719	1 665	3 412	1 735	1 677
25-29	3 391	1 708	1 683	3 310	1 669	1 641
30-34	3 374	1 691	1 683	3 351	1 680	1 670
35-39	3 312	1 657	1 654	3 355	1 681	1 674
40-44	3 067	1 531	1 536	3 295	1 649	1 646
45-49	2 739	1 361	1 378	3 048	1 521	1 527
50-54	2 498	1 245	1 253	2 716	1 350	1 366
55-59	2 620	1 317	1 303	2 464	1 227	1 237
60-64	2 759	1 382	1 377	2 560	1 283	1 277
65-69	2 566	1 250	1 316	2 651	1 322	1 329
70-74	2 262	1 051	1 210	2 389	1 155	1 234
75-79	1 651	734	917	1 989	915	1 075
80+	...	...	...	...	...	...
80-84	1 103	467	635	1 309	573	736
85-89	632	264	368	732	304	429
90-94	270	113	157	316	127	189
95-99	66	25	41	89	35	54
100+	8	3	5	13	5	9

性・年齢別人口（千人）

年齢	2015			2020			2025			2030		
	総数	男	女	総数	男	女	総数	男	女	総数	男	女
総数	34 378	16 989	17 388	36 097	17 885	18 212	37 350	18 486	18 864	38 190	18 872	19 317
0-4	3 421	1 756	1 665	2 946	1 513	1 433	2 561	1 316	1 246	2 256	1 159	1 097
5-9	3 086	1 582	1 504	3 391	1 740	1 651	2 925	1 502	1 423	2 543	1 306	1 237
10-14	2 852	1 462	1 390	3 068	1 573	1 495	3 378	1 733	1 645	2 913	1 495	1 418
15-19	2 975	1 524	1 451	2 799	1 435	1 364	3 017	1 540	1 477	3 327	1 700	1 627
20-24	3 105	1 576	1 530	2 879	1 475	1 404	2 706	1 374	1 331	2 924	1 479	1 445
25-29	2 956	1 462	1 493	3 026	1 535	1 491	2 794	1 417	1 377	2 622	1 317	1 305
30-34	2 813	1 347	1 467	2 914	1 441	1 472	2 978	1 503	1 476	2 748	1 385	1 363
35-39	2 383	1 114	1 270	2 784	1 332	1 452	2 890	1 429	1 461	2 955	1 491	1 464
40-44	2 089	960	1 129	2 360	1 102	1 258	2 762	1 321	1 441	2 869	1 418	1 451
45-49	1 937	913	1 024	2 065	948	1 117	2 335	1 090	1 245	2 735	1 308	1 428
50-54	1 853	922	931	1 905	897	1 008	2 032	932	1 101	2 302	1 073	1 229
55-59	1 591	789	802	1 802	893	909	1 855	870	985	1 985	906	1 078
60-64	1 196	596	600	1 517	746	771	1 724	847	877	1 782	829	953
65-69	721	363	359	1 103	542	560	1 407	683	724	1 608	781	828
70-74	587	273	314	626	309	317	967	467	500	1 247	595	652
75-79	430	191	239	460	209	251	498	240	258	783	368	415
80+	…	…	…	…	…	…	…	…	…	…	…	…
80-84	246	103	143	284	123	161	312	137	175	347	162	185
85-89	108	46	62	126	52	74	151	63	88	172	73	99
90-94	25	10	15	38	16	22	47	19	28	59	24	35
95-99	3	1	2	5	2	3	9	4	5	12	4	7
100+	0	0	0	0	0	0	1	0	0	1	0	1

年齢	2035			2040			2045			2050		
	総数	男	女	総数	男	女	総数	男	女	総数	男	女
総数	38 773	19 129	19 644	39 099	19 261	19 838	39 148	19 266	19 882	38 894	19 133	19 760
0-4	2 137	1 098	1 039	2 041	1 049	992	1 930	992	938	1 772	911	861
5-9	2 239	1 150	1 089	2 120	1 089	1 031	2 026	1 041	985	1 914	984	930
10-14	2 531	1 300	1 231	2 227	1 144	1 084	2 109	1 083	1 026	2 015	1 035	980
15-19	2 863	1 463	1 400	2 481	1 267	1 214	2 178	1 112	1 066	2 060	1 052	1 009
20-24	3 234	1 639	1 595	2 771	1 402	1 368	2 390	1 208	1 183	2 088	1 053	1 035
25-29	2 840	1 421	1 419	3 150	1 582	1 568	2 688	1 346	1 342	2 309	1 152	1 157
30-34	2 576	1 285	1 291	2 795	1 390	1 405	3 105	1 550	1 554	2 644	1 315	1 329
35-39	2 726	1 374	1 352	2 556	1 275	1 281	2 774	1 379	1 395	3 084	1 540	1 544
40-44	2 934	1 480	1 455	2 708	1 364	1 344	2 539	1 266	1 273	2 757	1 371	1 387
45-49	2 843	1 405	1 438	2 910	1 467	1 443	2 687	1 353	1 334	2 521	1 256	1 264
50-54	2 699	1 289	1 411	2 809	1 387	1 422	2 878	1 450	1 428	2 660	1 339	1 321
55-59	2 252	1 046	1 206	2 646	1 259	1 387	2 758	1 358	1 400	2 830	1 423	1 407
60-64	1 913	867	1 046	2 178	1 005	1 173	2 565	1 214	1 351	2 681	1 314	1 367
65-69	1 674	769	905	1 807	810	997	2 066	944	1 122	2 445	1 148	1 297
70-74	1 440	687	753	1 513	684	829	1 647	727	920	1 898	856	1 042
75-79	1 026	478	549	1 203	561	642	1 283	567	715	1 416	613	803
80+	…	…	…	…	…	…	…	…	…	…	…	…
80-84	559	255	304	749	338	412	897	406	491	979	421	558
85-89	197	89	109	328	144	185	454	197	257	562	245	316
90-94	70	29	42	84	36	48	146	61	85	210	86	124
95-99	16	6	10	19	7	12	24	10	14	44	17	27
100+	2	1	1	3	1	2	3	1	2	5	2	3

年齢	2055			2060		
	総数	男	女	総数	男	女
総数	38 335	18 869	19 466	37 494	18 481	19 013
0-4	1 586	815	770	1 410	725	685
5-9	1 758	904	854	1 572	808	764
10-14	1 904	979	925	1 748	899	850
15-19	1 968	1 005	963	1 860	950	910
20-24	1 975	996	979	1 887	952	936
25-29	2 011	1 000	1 011	1 902	946	957
30-34	2 268	1 123	1 145	1 973	973	1 000
35-39	2 626	1 306	1 320	2 251	1 114	1 137
40-44	3 067	1 531	1 536	2 611	1 298	1 313
45-49	2 739	1 361	1 378	3 048	1 521	1 527
50-54	2 498	1 245	1 253	2 716	1 350	1 366
55-59	2 620	1 317	1 303	2 464	1 227	1 237
60-64	2 759	1 382	1 377	2 560	1 283	1 277
65-69	2 566	1 250	1 316	2 651	1 322	1 329
70-74	2 262	1 051	1 210	2 389	1 155	1 234
75-79	1 651	734	917	1 989	915	1 075
80+	…	…	…	…	…	…
80-84	1 103	467	635	1 309	573	736
85-89	632	264	368	732	304	429
90-94	270	113	157	316	127	189
95-99	66	25	41	89	35	54
100+	8	3	5	13	5	9

Mozambique

性・年齢別人口（千人）

推計値

年齢	1960			1965			1970			1975		
	総数	男	女	総数	男	女	総数	男	女	総数	男	女
総数	7 493	3 661	3 832	8 303	4 058	4 245	9 262	4 529	4 733	10 405	5 091	5 314
0-4	1 313	654	658	1 472	735	737	1 649	823	826	1 857	928	929
5-9	999	496	503	1 136	565	571	1 289	642	648	1 463	728	735
10-14	855	424	431	953	473	479	1 087	541	547	1 239	616	623
15-19	756	374	382	824	409	416	921	457	464	1 054	524	530
20-24	656	322	333	721	355	366	789	389	400	884	437	448
25-29	565	275	290	619	302	317	683	333	350	750	367	383
30-34	486	236	250	531	257	274	583	282	301	647	314	333
35-39	417	202	215	453	219	235	497	240	258	550	265	285
40-44	354	171	183	386	186	200	422	202	219	465	223	242
45-49	297	142	155	325	155	169	356	170	186	391	186	205
50-54	245	115	129	268	127	142	295	139	156	326	153	172
55-59	195	91	105	215	100	115	238	110	127	264	123	141
60-64	148	67	81	164	74	89	182	83	99	204	93	111
65-69	103	46	57	115	51	64	129	58	72	146	65	81
70-74	62	27	35	70	31	40	80	35	45	92	40	52
75-79	30	12	17	35	14	20	41	17	24	48	20	28
80+	13	5	8	16	6	10	20	7	12	24	9	15
80-84	...	...	...	...	...	...	...	...	...	...	...	...
85-89	...	...	...	...	...	...	...	...	...	...	...	...
90-94	...	...	...	...	...	...	...	...	...	...	...	...
95-99	...	...	...	...	...	...	...	...	...	...	...	...
100+	...	...	...	...	...	...	...	...	...	...	...	...

年齢	1980			1985			1990			1995		
	総数	男	女	総数	男	女	総数	男	女	総数	男	女
総数	11 936	5 837	6 099	13 103	6 387	6 716	13 372	6 390	6 982	15 913	7 596	8 317
0-4	2 172	1 087	1 086	2 377	1 191	1 186	2 409	1 206	1 203	2 868	1 437	1 431
5-9	1 671	833	838	1 930	962	968	2 091	1 046	1 046	2 276	1 137	1 139
10-14	1 412	703	709	1 602	799	804	1 834	913	921	1 993	981	1 012
15-19	1 214	602	612	1 348	669	679	1 472	726	746	1 692	813	878
20-24	1 035	508	527	1 115	547	568	1 105	527	577	1 368	628	740
25-29	867	422	445	922	444	478	827	375	451	1 130	504	626
30-34	738	357	381	768	366	402	675	297	378	945	436	509
35-39	627	302	325	657	313	345	582	256	327	786	369	417
40-44	520	249	271	562	266	296	521	231	290	664	313	351
45-49	436	207	229	467	219	248	461	206	255	559	259	300
50-54	362	170	192	390	181	209	389	173	216	468	213	256
55-59	294	136	158	318	146	172	324	143	181	379	169	210
60-64	229	105	124	249	113	136	258	113	145	298	131	167
65-69	165	74	91	182	81	101	191	83	109	218	95	123
70-74	106	46	60	118	52	66	126	53	72	143	61	82
75-79	57	24	33	64	27	37	69	28	41	80	33	47
80+	30	12	19	35	13	22	...	...	...	...	...	...
80-84	...	...	...	...	...	...	28	11	18	34	13	21
85-89	...	...	...	...	...	...	8	3	5	10	3	6
90-94	...	...	...	...	...	...	2	0	1	2	1	1
95-99	...	...	...	...	...	...	0	0	0	0	0	0
100+	...	...	...	...	...	...	0	0	0	0	0	0

年齢	2000			2005			2010			2015		
	総数	男	女	総数	男	女	総数	男	女	総数	男	女
総数	18 265	8 766	9 498	21 127	10 213	10 914	24 321	11 821	12 500	27 978	13 666	14 312
0-4	3 332	1 672	1 660	3 856	1 938	1 918	4 346	2 187	2 159	4 816	2 426	2 390
5-9	2 660	1 330	1 331	3 160	1 581	1 579	3 702	1 855	1 847	4 204	2 110	2 094
10-14	2 217	1 107	1 110	2 611	1 304	1 307	3 113	1 556	1 557	3 655	1 830	1 825
15-19	1 949	958	991	2 184	1 090	1 094	2 573	1 282	1 291	3 075	1 535	1 540
20-24	1 635	781	854	1 904	934	970	2 126	1 056	1 070	2 520	1 252	1 268
25-29	1 302	592	710	1 567	749	818	1 810	887	924	2 047	1 016	1 032
30-34	1 065	470	595	1 220	557	663	1 451	696	756	1 705	837	868
35-39	887	405	482	986	433	552	1 109	504	605	1 338	641	697
40-44	737	342	395	824	372	452	900	390	511	1 019	459	560
45-49	623	290	333	692	317	375	767	340	427	841	358	482
50-54	522	239	283	583	268	315	648	293	355	720	315	405
55-59	430	193	237	482	218	264	542	247	295	606	271	335
60-64	337	148	189	386	171	216	437	195	242	495	223	273
65-69	251	108	143	288	124	164	334	145	189	382	167	215
70-74	167	71	96	197	83	114	230	97	134	271	115	156
75-79	94	39	55	114	47	67	139	57	82	166	68	98
80+	...	...	...	...	...	...	...	...	...	...	...	...
80-84	42	16	25	52	21	32	66	26	40	82	32	50
85-89	13	5	8	17	6	11	22	8	14	29	11	18
90-94	2	1	2	3	1	2	5	2	3	6	2	4
95-99	0	0	0	0	0	0	1	0	0	1	0	1
100+	0	0	0	0	0	0	0	0	0	0	0	0

性・年齢別人口（千人）

年齢	2015			2020			2025			2030		
	総数	男	女	総数	男	女	総数	男	女	総数	男	女
総数	27 978	13 666	14 312	31 993	15 704	16 289	36 462	17 967	18 495	41 437	20 479	20 958
0-4	4 816	2 426	2 390	5 271	2 656	2 615	5 801	2 924	2 878	6 353	3 203	3 151
5-9	4 204	2 110	2 094	4 685	2 354	2 331	5 152	2 589	2 563	5 693	2 862	2 832
10-14	3 655	1 830	1 825	4 159	2 085	2 074	4 643	2 330	2 313	5 113	2 567	2 547
15-19	3 075	1 535	1 540	3 617	1 808	1 809	4 121	2 063	2 058	4 606	2 308	2 298
20-24	2 520	1 252	1 268	3 020	1 503	1 517	3 559	1 774	1 786	4 062	2 027	2 034
25-29	2 047	1 016	1 032	2 438	1 210	1 228	2 934	1 458	1 476	3 471	1 727	1 744
30-34	1 705	837	868	1 939	966	973	2 326	1 158	1 167	2 820	1 404	1 416
35-39	1 338	641	697	1 577	778	799	1 811	906	905	2 199	1 097	1 101
40-44	1 019	459	560	1 226	587	639	1 457	719	738	1 697	849	849
45-49	841	358	482	947	422	524	1 142	544	598	1 372	674	698
50-54	720	315	405	788	332	456	888	392	496	1 077	509	568
55-59	606	271	335	674	292	383	740	308	432	836	366	470
60-64	495	223	273	556	245	311	622	265	357	685	281	404
65-69	382	167	215	436	192	244	492	213	279	554	232	322
70-74	271	115	156	313	134	179	361	156	205	411	174	237
75-79	166	68	98	198	82	116	231	96	135	270	114	156
80+	…	…	…	…	…	…	…	…	…	…	…	…
80-84	82	32	50	100	39	61	121	48	73	144	58	86
85-89	29	11	18	37	14	23	46	17	29	57	21	35
90-94	6	2	4	9	3	6	11	4	7	14	5	9
95-99	1	0	1	1	0	1	2	0	1	2	1	1
100+	0	0	0	0	0	0	0	0	0	0	0	0

年齢	2035			2040			2045			2050		
	総数	男	女	総数	男	女	総数	男	女	総数	男	女
総数	46 896	23 228	23 668	52 777	26 184	26 593	59 009	29 313	29 696	65 544	32 586	32 958
0-4	6 880	3 469	3 411	7 348	3 707	3 642	7 764	3 919	3 845	8 141	4 112	4 029
5-9	6 257	3 146	3 111	6 797	3 419	3 378	7 274	3 662	3 611	7 698	3 880	3 818
10-14	5 657	2 840	2 817	6 223	3 126	3 097	6 765	3 400	3 365	7 244	3 644	3 600
15-19	5 077	2 545	2 532	5 621	2 818	2 803	6 188	3 104	3 084	6 730	3 378	3 352
20-24	4 547	2 271	2 275	5 018	2 508	2 510	5 562	2 781	2 781	6 129	3 066	3 063
25-29	3 974	1 980	1 994	4 461	2 224	2 237	4 936	2 462	2 474	5 483	2 735	2 748
30-34	3 357	1 672	1 685	3 865	1 926	1 939	4 359	2 172	2 187	4 842	2 412	2 430
35-39	2 693	1 342	1 352	3 234	1 610	1 625	3 750	1 866	1 884	4 254	2 115	2 138
40-44	2 087	1 040	1 047	2 582	1 283	1 299	3 125	1 551	1 574	3 647	1 809	1 838
45-49	1 616	804	812	2 004	994	1 010	2 496	1 235	1 261	3 038	1 502	1 536
50-54	1 304	637	667	1 547	765	782	1 930	951	978	2 414	1 187	1 227
55-59	1 018	477	541	1 239	600	639	1 477	725	752	1 849	904	945
60-64	777	335	441	950	440	510	1 162	556	605	1 391	675	716
65-69	614	247	367	700	297	403	860	391	468	1 056	497	559
70-74	467	191	276	521	205	316	597	247	350	738	328	410
75-79	311	128	183	357	142	215	403	154	249	466	187	279
80+	…	…	…	…	…	…	…	…	…	…	…	…
80-84	170	69	101	199	79	120	232	89	143	266	97	169
85-89	68	26	42	82	32	50	98	37	61	117	42	75
90-94	18	6	12	22	8	14	27	10	18	34	12	22
95-99	3	1	2	3	1	2	4	1	3	6	2	4
100+	0	0	0	0	0	0	0	0	0	0	0	0

年齢	2055			2060		
	総数	男	女	総数	男	女
総数	72 293	35 957	36 336	79 139	39 366	39 774
0-4	8 488	4 289	4 199	8 791	4 443	4 347
5-9	8 084	4 078	4 006	8 437	4 259	4 178
10-14	7 671	3 864	3 808	8 059	4 063	3 996
15-19	7 211	3 623	3 588	7 640	3 843	3 796
20-24	6 673	3 341	3 332	7 154	3 586	3 568
25-29	6 051	3 021	3 030	6 594	3 295	3 299
30-34	5 391	2 686	2 705	5 955	2 969	2 986
35-39	4 739	2 356	2 383	5 282	2 627	2 655
40-44	4 151	2 059	2 092	4 630	2 296	2 334
45-49	3 555	1 757	1 798	4 052	2 002	2 050
50-54	2 946	1 448	1 498	3 453	1 697	1 755
55-59	2 320	1 132	1 188	2 836	1 384	1 453
60-64	1 747	845	903	2 199	1 061	1 138
65-69	1 271	606	665	1 604	762	841
70-74	913	420	493	1 106	515	590
75-79	581	250	331	725	323	403
80+	…	…	…	…	…	…
80-84	313	120	193	396	162	234
85-89	138	47	91	166	59	107
90-94	42	13	28	51	15	36
95-99	7	2	5	9	2	7
100+	1	0	1	1	0	1

Mozambique

性・年齢別人口（千人）

年齢	2015			2020			2025			2030		
	総数	男	女	総数	男	女	総数	男	女	総数	男	女
総数	27 978	13 666	14 312	32 250	15 834	16 417	37 198	18 337	18 860	42 873	21 202	21 671
0-4	4 816	2 426	2 390	5 529	2 786	2 743	6 286	3 168	3 118	7 065	3 561	3 503
5-9	4 204	2 110	2 094	4 685	2 354	2 331	5 404	2 716	2 688	6 169	3 101	3 068
10-14	3 655	1 830	1 825	4 159	2 085	2 074	4 643	2 330	2 313	5 363	2 692	2 671
15-19	3 075	1 535	1 540	3 617	1 808	1 809	4 121	2 063	2 058	4 606	2 308	2 298
20-24	2 520	1 252	1 268	3 020	1 503	1 517	3 559	1 774	1 786	4 062	2 027	2 034
25-29	2 047	1 016	1 032	2 438	1 210	1 228	2 934	1 458	1 476	3 471	1 727	1 744
30-34	1 705	837	868	1 939	966	973	2 326	1 158	1 167	2 820	1 404	1 416
35-39	1 338	641	697	1 577	778	799	1 811	906	905	2 199	1 097	1 101
40-44	1 019	459	560	1 226	587	639	1 457	719	738	1 697	849	849
45-49	841	358	482	947	422	524	1 142	544	598	1 372	674	698
50-54	720	315	405	788	332	456	888	392	496	1 077	509	568
55-59	606	271	335	674	292	383	740	308	432	836	366	470
60-64	495	223	273	556	245	311	622	265	357	685	281	404
65-69	382	167	215	436	192	244	492	213	279	554	232	322
70-74	271	115	156	313	134	179	361	156	205	411	174	237
75-79	166	68	98	198	82	116	231	96	135	270	114	156
80+	…	…	…	…	…	…	…	…	…	…	…	…
80-84	82	32	50	100	39	61	121	48	73	144	58	86
85-89	29	11	18	37	14	23	46	17	29	57	21	35
90-94	6	2	4	9	3	6	11	4	7	14	5	9
95-99	1	0	1	1	0	1	2	0	1	2	1	1
100+	0	0	0	0	0	0	0	0	0	0	0	0

年齢	2035			2040			2045			2050		
	総数	男	女	総数	男	女	総数	男	女	総数	男	女
総数	49 171	24 372	24 799	56 106	27 858	28 247	63 693	31 669	32 024	71 948	35 807	36 141
0-4	7 734	3 899	3 834	8 422	4 248	4 174	9 146	4 616	4 529	9 898	4 999	4 899
5-9	6 957	3 498	3 459	7 641	3 844	3 797	8 336	4 197	4 139	9 068	4 570	4 498
10-14	6 130	3 078	3 052	6 920	3 475	3 444	7 605	3 822	3 783	8 302	4 177	4 126
15-19	5 325	2 669	2 656	6 091	3 054	3 037	6 881	3 451	3 429	7 566	3 798	3 768
20-24	4 547	2 271	2 275	5 263	2 631	2 633	6 028	3 014	3 014	6 816	3 410	3 406
25-29	3 974	1 980	1 994	4 461	2 224	2 237	5 177	2 582	2 595	5 942	2 965	2 977
30-34	3 357	1 672	1 685	3 865	1 926	1 939	4 359	2 172	2 187	5 079	2 530	2 549
35-39	2 693	1 342	1 352	3 234	1 610	1 625	3 750	1 866	1 884	4 254	2 115	2 138
40-44	2 087	1 040	1 047	2 582	1 283	1 299	3 125	1 551	1 574	3 647	1 809	1 838
45-49	1 616	804	812	2 004	994	1 010	2 496	1 235	1 261	3 038	1 502	1 536
50-54	1 304	637	667	1 547	765	782	1 930	951	978	2 414	1 187	1 227
55-59	1 018	477	541	1 239	600	639	1 477	725	752	1 849	904	945
60-64	777	335	441	950	440	510	1 162	556	605	1 391	675	716
65-69	614	247	367	700	297	403	860	391	468	1 056	497	559
70-74	467	191	276	521	205	316	597	247	350	738	328	410
75-79	311	128	183	357	142	215	403	154	249	466	187	279
80+	…	…	…	…	…	…	…	…	…	…	…	…
80-84	170	69	101	199	79	120	232	89	143	266	97	169
85-89	68	26	42	82	32	50	98	37	61	117	42	75
90-94	18	6	12	22	8	14	27	10	18	34	12	22
95-99	3	1	2	3	1	2	4	1	3	6	2	4
100+	0	0	0	0	0	0	0	0	0	0	0	0

年齢	2055			2060		
	総数	男	女	総数	男	女
総数	80 817	40 246	40 571	90 185	44 925	45 260
0-4	10 657	5 385	5 272	11 377	5 751	5 626
5-9	9 828	4 958	4 870	10 593	5 347	5 246
10-14	9 037	4 551	4 485	9 798	4 940	4 858
15-19	8 265	4 153	4 112	9 000	4 528	4 472
20-24	7 502	3 757	3 745	8 200	4 111	4 089
25-29	6 730	3 360	3 370	7 414	3 705	3 708
30-34	5 843	2 911	2 932	6 624	3 303	3 321
35-39	4 972	2 472	2 500	5 725	2 848	2 877
40-44	4 151	2 059	2 092	4 857	2 409	2 448
45-49	3 555	1 757	1 798	4 052	2 002	2 050
50-54	2 946	1 448	1 498	3 453	1 697	1 755
55-59	2 320	1 132	1 188	2 836	1 384	1 453
60-64	1 747	845	903	2 199	1 061	1 138
65-69	1 271	606	665	1 604	762	841
70-74	913	420	493	1 106	515	590
75-79	581	250	331	725	323	403
80+	…	…	…	…	…	…
80-84	313	120	193	396	162	234
85-89	138	47	91	166	59	107
90-94	42	13	28	51	15	36
95-99	7	2	5	9	2	7
100+	1	0	1	1	0	1

性・年齢別人口（千人）

年齢	2015			2020			2025			2030		
	総数	男	女	総数	男	女	総数	男	女	総数	男	女
総数	27 978	13 666	14 312	31 736	15 574	16 161	35 725	17 596	18 129	40 000	19 756	20 244
0-4	4 816	2 426	2 390	5 014	2 526	2 488	5 317	2 680	2 637	5 642	2 844	2 798
5-9	4 204	2 110	2 094	4 685	2 354	2 331	4 901	2 463	2 438	5 218	2 623	2 595
10-14	3 655	1 830	1 825	4 159	2 085	2 074	4 643	2 330	2 313	4 864	2 441	2 422
15-19	3 075	1 535	1 540	3 617	1 808	1 809	4 121	2 063	2 058	4 606	2 308	2 298
20-24	2 520	1 252	1 268	3 020	1 503	1 517	3 559	1 774	1 786	4 062	2 027	2 034
25-29	2 047	1 016	1 032	2 438	1 210	1 228	2 934	1 458	1 476	3 471	1 727	1 744
30-34	1 705	837	868	1 939	966	973	2 326	1 158	1 167	2 820	1 404	1 416
35-39	1 338	641	697	1 577	778	799	1 811	906	905	2 199	1 097	1 101
40-44	1 019	459	560	1 226	587	639	1 457	719	738	1 697	849	849
45-49	841	358	482	947	422	524	1 142	544	598	1 372	674	698
50-54	720	315	405	788	332	456	888	392	496	1 077	509	568
55-59	606	271	335	674	292	383	740	308	432	836	366	470
60-64	495	223	273	556	245	311	622	265	357	685	281	404
65-69	382	167	215	436	192	244	492	213	279	554	232	322
70-74	271	115	156	313	134	179	361	156	205	411	174	237
75-79	166	68	98	198	82	116	231	96	135	270	114	156
80+	…	…	…	…	…	…	…	…	…	…	…	…
80-84	82	32	50	100	39	61	121	48	73	144	58	86
85-89	29	11	18	37	14	23	46	17	29	57	21	35
90-94	6	2	4	9	3	6	11	4	7	14	5	9
95-99	1	0	1	1	0	1	2	0	1	2	1	1
100+	0	0	0	0	0	0	0	0	0	0	0	0

年齢	2035			2040			2045			2050		
	総数	男	女	総数	男	女	総数	男	女	総数	男	女
総数	44 627	22 087	22 540	49 482	24 527	24 955	54 435	27 013	27 422	59 393	29 492	29 901
0-4	6 032	3 041	2 990	6 304	3 180	3 124	6 458	3 259	3 198	6 528	3 297	3 231
5-9	5 557	2 794	2 763	5 959	2 998	2 961	6 240	3 141	3 098	6 403	3 227	3 176
10-14	5 185	2 603	2 581	5 526	2 776	2 751	5 931	2 981	2 950	6 214	3 126	3 088
15-19	4 829	2 420	2 409	5 152	2 583	2 569	5 495	2 756	2 739	5 900	2 962	2 939
20-24	4 547	2 271	2 275	4 773	2 385	2 388	5 097	2 548	2 549	5 442	2 722	2 720
25-29	3 974	1 980	1 994	4 461	2 224	2 237	4 694	2 341	2 353	5 024	2 506	2 518
30-34	3 357	1 672	1 685	3 865	1 926	1 939	4 359	2 172	2 187	4 605	2 293	2 311
35-39	2 693	1 342	1 352	3 234	1 610	1 625	3 750	1 866	1 884	4 254	2 115	2 138
40-44	2 087	1 040	1 047	2 582	1 283	1 299	3 125	1 551	1 574	3 647	1 809	1 838
45-49	1 616	804	812	2 004	994	1 010	2 496	1 235	1 261	3 038	1 502	1 536
50-54	1 304	637	667	1 547	765	782	1 930	951	978	2 414	1 187	1 227
55-59	1 018	477	541	1 239	600	639	1 477	725	752	1 849	904	945
60-64	777	335	441	950	440	510	1 162	556	605	1 391	675	716
65-69	614	247	367	700	297	403	860	391	468	1 056	497	559
70-74	467	191	276	521	205	316	597	247	350	738	328	410
75-79	311	128	183	357	142	215	403	154	249	466	187	279
80+	…	…	…	…	…	…	…	…	…	…	…	…
80-84	170	69	101	199	79	120	232	89	143	266	97	169
85-89	68	26	42	82	32	50	98	37	61	117	42	75
90-94	18	6	12	22	8	14	27	10	18	34	12	22
95-99	3	1	2	3	1	2	4	1	3	6	2	4
100+	0	0	0	0	0	0	0	0	0	0	0	0

年齢	2055			2060		
	総数	男	女	総数	男	女
総数	64 249	31 910	32 339	68 901	34 214	34 687
0-4	6 549	3 309	3 240	6 534	3 303	3 232
5-9	6 482	3 270	3 212	6 509	3 286	3 223
10-14	6 380	3 214	3 167	6 462	3 258	3 204
15-19	6 186	3 108	3 078	6 354	3 196	3 157
20-24	5 849	2 928	2 921	6 136	3 076	3 061
25-29	5 372	2 681	2 691	5 779	2 888	2 892
30-34	4 939	2 460	2 479	5 287	2 635	2 651
35-39	4 507	2 240	2 267	4 839	2 406	2 433
40-44	4 151	2 059	2 092	4 403	2 183	2 220
45-49	3 555	1 757	1 798	4 052	2 002	2 050
50-54	2 946	1 448	1 498	3 453	1 697	1 755
55-59	2 320	1 132	1 188	2 836	1 384	1 453
60-64	1 747	845	903	2 199	1 061	1 138
65-69	1 271	606	665	1 604	762	841
70-74	913	420	493	1 106	515	590
75-79	581	250	331	725	323	403
80+	…	…	…	…	…	…
80-84	313	120	193	396	162	234
85-89	138	47	91	166	59	107
90-94	42	13	28	51	15	36
95-99	7	2	5	9	2	7
100+	1	0	1	1	0	1

性・年齢別人口（千人）

年齢	1960 総数	男	女	1965 総数	男	女	1970 総数	男	女	1975 総数	男	女
総数	21 486	10 513	10 974	24 024	11 720	12 304	27 166	13 254	13 912	30 641	14 959	15 682
0-4	3 619	1 779	1 840	3 960	1 956	2 004	4 463	2 220	2 243	4 862	2 425	2 437
5-9	2 984	1 442	1 542	3 360	1 642	1 719	3 751	1 844	1 907	4 260	2 110	2 149
10-14	2 102	1 042	1 060	2 922	1 411	1 511	3 307	1 615	1 692	3 699	1 817	1 881
15-19	1 816	909	907	2 055	1 018	1 037	2 871	1 386	1 485	3 256	1 589	1 667
20-24	1 701	846	854	1 759	878	880	2 003	991	1 012	2 807	1 353	1 454
25-29	1 632	810	822	1 636	811	824	1 705	849	855	1 948	961	987
30-34	1 549	769	780	1 563	773	790	1 580	782	798	1 652	821	831
35-39	1 307	651	655	1 474	728	746	1 501	740	762	1 524	752	772
40-44	1 162	575	587	1 232	609	623	1 406	690	716	1 439	705	734
45-49	949	464	485	1 085	530	555	1 164	570	594	1 335	649	685
50-54	800	384	416	870	418	452	1 009	487	522	1 089	526	562
55-59	658	310	348	714	335	378	790	373	417	921	437	484
60-64	487	223	264	562	257	304	622	286	337	694	320	374
65-69	340	151	189	388	172	217	460	205	256	515	229	285
70-74	213	91	122	245	104	141	289	123	166	347	148	198
75-79	110	45	65	130	52	78	156	63	93	187	76	111
80+	58	21	37	70	26	45	88	32	56	109	40	69
80-84	...	...	...	...	...	...	...	...	...	...	...	...
85-89	...	...	...	...	...	...	...	...	...	...	...	...
90-94	...	...	...	...	...	...	...	...	...	...	...	...
95-99	...	...	...	...	...	...	...	...	...	...	...	...
100+	...	...	...	...	...	...	...	...	...	...	...	...

年齢	1980 総数	男	女	1985 総数	男	女	1990 総数	男	女	1995 総数	男	女
総数	34 471	16 848	17 623	38 509	18 837	19 671	42 007	20 571	21 437	44 711	21 911	22 800
0-4	5 288	2 643	2 645	5 624	2 817	2 808	5 294	2 656	2 639	5 026	2 525	2 502
5-9	4 671	2 321	2 350	5 108	2 545	2 563	5 456	2 725	2 731	5 146	2 575	2 571
10-14	4 207	2 083	2 124	4 619	2 294	2 325	5 055	2 517	2 538	5 396	2 694	2 702
15-19	3 648	1 791	1 856	4 150	2 052	2 097	4 547	2 257	2 290	4 930	2 455	2 475
20-24	3 190	1 554	1 636	3 571	1 749	1 822	4 044	1 997	2 046	4 345	2 155	2 190
25-29	2 738	1 317	1 421	3 110	1 510	1 600	3 464	1 693	1 771	3 844	1 895	1 949
30-34	1 894	933	961	2 663	1 277	1 386	3 014	1 461	1 553	3 301	1 610	1 691
35-39	1 600	793	807	1 835	901	935	2 576	1 232	1 344	2 880	1 391	1 489
40-44	1 466	720	746	1 541	760	781	1 766	863	903	2 461	1 171	1 290
45-49	1 372	667	705	1 401	682	718	1 472	721	751	1 674	812	862
50-54	1 253	603	650	1 292	622	671	1 322	638	684	1 382	670	711
55-59	999	476	523	1 155	547	608	1 194	566	628	1 218	579	639
60-64	814	378	436	888	414	474	1 031	479	552	1 067	495	571
65-69	578	259	319	683	308	375	750	340	410	874	395	479
70-74	392	168	223	444	192	252	529	230	299	583	255	328
75-79	227	93	135	260	106	153	297	123	175	357	148	209
80+	134	49	84	165	61	104	...	...	...	...	...	...
80-84	...	...	...	...	...	...	139	54	85	160	62	98
85-89	...	...	...	...	...	...	46	16	30	54	19	35
90-94	...	...	...	...	...	...	9	3	6	12	4	8
95-99	...	...	...	...	...	...	1	0	1	1	0	1
100+	...	...	...	...	...	...	0	0	0	0	0	0

年齢	2000 総数	男	女	2005 総数	男	女	2010 総数	男	女	2015 総数	男	女
総数	47 670	23 301	24 369	49 985	24 420	25 564	51 733	25 252	26 481	53 897	26 335	27 562
0-4	5 203	2 617	2 586	5 422	2 730	2 692	5 052	2 547	2 505	4 565	2 301	2 264
5-9	4 912	2 462	2 450	5 079	2 550	2 530	5 325	2 678	2 646	4 988	2 511	2 477
10-14	5 099	2 549	2 549	4 852	2 430	2 422	5 034	2 525	2 508	5 296	2 662	2 634
15-19	5 289	2 630	2 659	4 903	2 450	2 453	4 711	2 350	2 361	4 983	2 494	2 488
20-24	4 757	2 349	2 408	4 953	2 455	2 498	4 464	2 214	2 250	4 622	2 300	2 322
25-29	4 173	2 049	2 124	4 430	2 177	2 253	4 420	2 194	2 226	4 322	2 137	2 185
30-34	3 700	1 808	1 892	3 912	1 913	2 000	4 208	2 061	2 147	4 239	2 105	2 135
35-39	3 180	1 538	1 642	3 505	1 702	1 804	3 754	1 821	1 933	4 021	1 969	2 052
40-44	2 772	1 328	1 444	3 024	1 452	1 572	3 370	1 623	1 746	3 661	1 774	1 886
45-49	2 356	1 110	1 246	2 633	1 250	1 383	2 897	1 379	1 518	3 274	1 569	1 704
50-54	1 582	758	824	2 220	1 034	1 186	2 500	1 175	1 325	2 783	1 315	1 468
55-59	1 281	612	670	1 461	689	772	2 073	951	1 121	2 358	1 095	1 263
60-64	1 095	509	586	1 149	537	612	1 321	610	711	1 898	855	1 043
65-69	911	411	500	936	423	513	990	450	540	1 152	519	633
70-74	686	299	387	718	312	405	744	324	419	796	350	446
75-79	398	166	232	472	196	276	498	207	291	524	219	305
80+	...	...	...	...	...	...	...	...	...	...	...	...
80-84	195	76	119	219	86	132	262	103	160	283	112	172
85-89	64	23	41	78	28	50	89	33	56	108	39	68
90-94	14	4	9	16	5	11	20	7	14	23	8	15
95-99	2	0	1	2	1	1	2	1	2	3	1	2
100+	0	0	0	0	0	0	0	0	0	0	0	0

性・年齢別人口（千人）

年齢	2015			2020			2025			2030		
	総数	男	女	総数	男	女	総数	男	女	総数	男	女
総数	53 897	26 335	27 562	56 242	27 497	28 745	58 373	28 545	29 828	60 242	29 459	30 783
0-4	4 565	2 301	2 264	4 477	2 257	2 220	4 466	2 251	2 215	4 453	2 245	2 209
5-9	4 988	2 511	2 477	4 517	2 274	2 243	4 436	2 233	2 203	4 430	2 229	2 200
10-14	5 296	2 662	2 634	4 966	2 498	2 468	4 499	2 263	2 236	4 419	2 223	2 196
15-19	4 983	2 494	2 488	5 263	2 642	2 621	4 937	2 481	2 456	4 473	2 247	2 226
20-24	4 622	2 300	2 322	4 932	2 464	2 468	5 213	2 611	2 602	4 893	2 453	2 440
25-29	4 322	2 137	2 185	4 566	2 267	2 299	4 877	2 431	2 446	5 159	2 578	2 581
30-34	4 239	2 105	2 135	4 267	2 107	2 161	4 513	2 237	2 276	4 824	2 400	2 424
35-39	4 021	1 969	2 052	4 178	2 071	2 108	4 210	2 075	2 136	4 457	2 205	2 252
40-44	3 661	1 774	1 886	3 948	1 929	2 019	4 107	2 030	2 076	4 143	2 036	2 106
45-49	3 274	1 569	1 704	3 569	1 723	1 846	3 854	1 876	1 978	4 014	1 977	2 037
50-54	2 783	1 315	1 468	3 155	1 502	1 652	3 444	1 652	1 792	3 724	1 802	1 923
55-59	2 358	1 095	1 263	2 632	1 230	1 403	2 990	1 408	1 581	3 270	1 552	1 718
60-64	1 898	855	1 043	2 166	988	1 178	2 424	1 113	1 312	2 760	1 277	1 483
65-69	1 152	519	633	1 662	730	932	1 903	846	1 057	2 137	956	1 181
70-74	796	350	446	931	406	526	1 351	574	777	1 553	667	886
75-79	524	219	305	564	238	326	664	277	387	970	394	576
80+	…	…	…	…	…	…	…	…	…	…	…	…
80-84	283	112	172	300	119	181	326	130	195	386	153	234
85-89	108	39	68	117	43	74	125	46	79	137	51	86
90-94	23	8	15	28	9	19	31	10	21	33	11	22
95-99	3	1	2	3	1	2	4	1	3	5	1	3
100+	0	0	0	0	0	0	0	0	0	0	0	0

年齢	2035			2040			2045			2050		
	総数	男	女	総数	男	女	総数	男	女	総数	男	女
総数	61 752	30 194	31 558	62 804	30 699	32 104	63 387	30 968	32 419	63 575	31 031	32 544
0-4	4 374	2 205	2 169	4 200	2 118	2 083	3 994	2 014	1 980	3 823	1 928	1 895
5-9	4 421	2 225	2 196	4 345	2 187	2 157	4 176	2 102	2 073	3 972	2 000	1 972
10-14	4 415	2 220	2 194	4 407	2 217	2 190	4 332	2 180	2 153	4 164	2 095	2 069
15-19	4 396	2 208	2 188	4 393	2 206	2 186	4 386	2 203	2 183	4 313	2 167	2 146
20-24	4 435	2 223	2 212	4 360	2 185	2 175	4 359	2 184	2 175	4 354	2 182	2 172
25-29	4 845	2 423	2 422	4 393	2 196	2 197	4 322	2 160	2 161	4 322	2 161	2 162
30-34	5 108	2 548	2 560	4 799	2 396	2 404	4 354	2 172	2 182	4 285	2 138	2 147
35-39	4 769	2 368	2 401	5 053	2 516	2 537	4 751	2 367	2 384	4 312	2 148	2 165
40-44	4 390	2 167	2 223	4 702	2 329	2 372	4 987	2 477	2 509	4 692	2 333	2 360
45-49	4 054	1 986	2 069	4 301	2 115	2 186	4 612	2 276	2 335	4 896	2 424	2 473
50-54	3 885	1 902	1 983	3 930	1 913	2 017	4 175	2 040	2 134	4 482	2 199	2 283
55-59	3 543	1 695	1 848	3 702	1 793	1 909	3 752	1 806	1 946	3 993	1 930	2 063
60-64	3 026	1 411	1 615	3 287	1 545	1 742	3 442	1 638	1 805	3 498	1 653	1 844
65-69	2 441	1 101	1 340	2 686	1 220	1 466	2 927	1 340	1 587	3 076	1 424	1 651
70-74	1 752	757	995	2 011	876	1 135	2 223	974	1 249	2 434	1 073	1 361
75-79	1 122	461	661	1 275	526	749	1 472	611	861	1 640	683	957
80+	…	…	…	…	…	…	…	…	…	…	…	…
80-84	570	219	351	665	257	407	761	295	466	890	345	544
85-89	164	60	103	245	87	158	288	103	185	336	119	216
90-94	37	12	24	45	15	30	68	22	46	81	26	56
95-99	5	1	4	6	2	4	7	2	5	11	3	8
100+	0	0	0	0	0	0	0	0	0	1	0	0

年齢	2055			2060		
	総数	男	女	総数	男	女
総数	63 483	30 951	32 532	63 171	30 756	32 415
0-4	3 732	1 883	1 849	3 676	1 855	1 821
5-9	3 804	1 916	1 888	3 715	1 873	1 843
10-14	3 962	1 994	1 968	3 795	1 911	1 885
15-19	4 147	2 084	2 063	3 947	1 984	1 963
20-24	4 283	2 147	2 136	4 120	2 066	2 054
25-29	4 320	2 160	2 160	4 252	2 127	2 125
30-34	4 288	2 140	2 149	4 289	2 141	2 148
35-39	4 247	2 115	2 132	4 253	2 118	2 134
40-44	4 262	2 118	2 144	4 201	2 088	2 113
45-49	4 612	2 285	2 327	4 193	2 076	2 117
50-54	4 766	2 345	2 421	4 494	2 213	2 281
55-59	4 295	2 084	2 211	4 575	2 226	2 348
60-64	3 732	1 771	1 961	4 024	1 917	2 108
65-69	3 138	1 443	1 695	3 360	1 550	1 810
70-74	2 572	1 146	1 426	2 638	1 165	1 473
75-79	1 810	757	1 053	1 927	813	1 115
80+	…	…	…	…	…	…
80-84	1 003	389	614	1 120	434	686
85-89	399	141	258	457	160	297
90-94	97	30	67	118	36	82
95-99	13	3	10	16	4	12
100+	1	0	1	1	0	1

Myanmar

性・年齢別人口（千人）

年齢	2015 総数	男	女	2020 総数	男	女	2025 総数	男	女	2030 総数	男	女
総数	53 897	26 335	27 562	56 767	27 761	29 006	59 772	29 249	30 522	62 771	30 733	32 039
0-4	4 565	2 301	2 264	5 002	2 521	2 480	5 344	2 694	2 651	5 594	2 819	2 774
5-9	4 988	2 511	2 477	4 517	2 274	2 243	4 956	2 494	2 461	5 301	2 668	2 633
10-14	5 296	2 662	2 634	4 966	2 498	2 468	4 499	2 263	2 236	4 937	2 483	2 454
15-19	4 983	2 494	2 488	5 263	2 642	2 621	4 937	2 481	2 456	4 473	2 247	2 226
20-24	4 622	2 300	2 322	4 932	2 464	2 468	5 213	2 611	2 602	4 893	2 453	2 440
25-29	4 322	2 137	2 185	4 566	2 267	2 299	4 877	2 431	2 446	5 159	2 578	2 581
30-34	4 239	2 105	2 135	4 267	2 107	2 161	4 513	2 237	2 276	4 824	2 400	2 424
35-39	4 021	1 969	2 052	4 178	2 071	2 108	4 210	2 075	2 136	4 457	2 205	2 252
40-44	3 661	1 774	1 886	3 948	1 929	2 019	4 107	2 030	2 076	4 143	2 036	2 106
45-49	3 274	1 569	1 704	3 569	1 723	1 846	3 854	1 876	1 978	4 014	1 977	2 037
50-54	2 783	1 315	1 468	3 155	1 502	1 652	3 444	1 652	1 792	3 724	1 802	1 923
55-59	2 358	1 095	1 263	2 632	1 230	1 403	2 990	1 408	1 581	3 270	1 552	1 718
60-64	1 898	855	1 043	2 166	988	1 178	2 424	1 113	1 312	2 760	1 277	1 483
65-69	1 152	519	633	1 662	730	932	1 903	846	1 057	2 137	956	1 181
70-74	796	350	446	931	406	526	1 351	574	777	1 553	667	886
75-79	524	219	305	564	238	326	664	277	387	970	394	576
80+	…	…	…	…	…	…	…	…	…	…	…	…
80-84	283	112	172	300	119	181	326	130	195	386	153	234
85-89	108	39	68	117	43	74	125	46	79	137	51	86
90-94	23	8	15	28	9	19	31	10	21	33	11	22
95-99	3	1	2	3	1	2	4	1	3	5	1	3
100+	0	0	0	0	0	0	0	0	0	0	0	0

年齢	2035 総数	男	女	2040 総数	男	女	2045 総数	男	女	2050 総数	男	女
総数	65 434	32 048	33 387	67 682	33 154	34 528	69 585	34 085	35 500	71 316	34 922	36 394
0-4	5 540	2 793	2 747	5 413	2 729	2 684	5 335	2 690	2 645	5 395	2 721	2 674
5-9	5 553	2 795	2 758	5 504	2 771	2 733	5 382	2 710	2 672	5 306	2 672	2 634
10-14	5 283	2 657	2 626	5 536	2 784	2 751	5 488	2 761	2 727	5 367	2 701	2 667
15-19	4 912	2 467	2 444	5 258	2 641	2 617	5 511	2 769	2 743	5 465	2 746	2 719
20-24	4 435	2 223	2 212	4 873	2 442	2 431	5 219	2 616	2 603	5 473	2 743	2 730
25-29	4 845	2 423	2 422	4 393	2 196	2 197	4 831	2 416	2 416	5 177	2 589	2 589
30-34	5 108	2 548	2 560	4 799	2 396	2 404	4 354	2 172	2 182	4 791	2 391	2 400
35-39	4 769	2 368	2 401	5 053	2 516	2 537	4 751	2 367	2 384	4 312	2 148	2 165
40-44	4 390	2 167	2 223	4 702	2 329	2 372	4 987	2 477	2 509	4 692	2 333	2 360
45-49	4 054	1 986	2 069	4 301	2 115	2 186	4 612	2 276	2 335	4 896	2 424	2 473
50-54	3 885	1 902	1 983	3 930	1 913	2 017	4 175	2 040	2 134	4 482	2 199	2 283
55-59	3 543	1 695	1 848	3 702	1 793	1 909	3 752	1 806	1 946	3 993	1 930	2 063
60-64	3 026	1 411	1 615	3 287	1 545	1 742	3 442	1 638	1 805	3 498	1 653	1 844
65-69	2 441	1 101	1 340	2 686	1 220	1 466	2 927	1 340	1 587	3 076	1 424	1 651
70-74	1 752	757	995	2 011	876	1 135	2 223	974	1 249	2 434	1 073	1 361
75-79	1 122	461	661	1 275	526	749	1 472	611	861	1 640	683	957
80+	…	…	…	…	…	…	…	…	…	…	…	…
80-84	570	219	351	665	257	407	761	295	466	890	345	544
85-89	164	60	103	245	87	158	288	103	185	336	119	216
90-94	37	12	24	45	15	30	68	22	46	81	26	56
95-99	5	1	4	6	2	4	7	2	5	11	3	8
100+	0	0	0	0	0	0	0	0	0	1	0	0

年齢	2055 総数	男	女	2060 総数	男	女
総数	73 048	35 758	37 290	74 792	36 596	38 196
0-4	5 590	2 821	2 770	5 776	2 915	2 861
5-9	5 369	2 705	2 664	5 566	2 806	2 761
10-14	5 293	2 664	2 630	5 357	2 697	2 660
15-19	5 346	2 687	2 660	5 274	2 651	2 623
20-24	5 430	2 723	2 707	5 314	2 665	2 649
25-29	5 433	2 717	2 716	5 393	2 699	2 694
30-34	5 138	2 565	2 573	5 395	2 694	2 701
35-39	4 749	2 366	2 383	5 096	2 540	2 557
40-44	4 262	2 118	2 144	4 698	2 335	2 362
45-49	4 612	2 285	2 327	4 193	2 076	2 117
50-54	4 766	2 345	2 421	4 494	2 213	2 281
55-59	4 295	2 084	2 211	4 575	2 226	2 348
60-64	3 732	1 771	1 961	4 024	1 917	2 108
65-69	3 138	1 443	1 695	3 360	1 550	1 810
70-74	2 572	1 146	1 426	2 638	1 165	1 473
75-79	1 810	757	1 053	1 927	813	1 115
80+	…	…	…	…	…	…
80-84	1 003	389	614	1 120	434	686
85-89	399	141	258	457	160	297
90-94	97	30	67	118	36	82
95-99	13	3	10	16	4	12
100+	1	0	1	1	0	1

性・年齢別人口（千人）

年齢	2015			2020			2025			2030		
	総数	男	女	総数	男	女	総数	男	女	総数	男	女
総数	53 897	26 335	27 562	55 718	27 232	28 485	56 975	27 841	29 135	57 713	28 185	29 528
0-4	4 565	2 301	2 264	3 952	1 992	1 960	3 588	1 809	1 780	3 313	1 670	1 643
5-9	4 988	2 511	2 477	4 517	2 274	2 243	3 916	1 971	1 945	3 559	1 791	1 767
10-14	5 296	2 662	2 634	4 966	2 498	2 468	4 499	2 263	2 236	3 901	1 962	1 939
15-19	4 983	2 494	2 488	5 263	2 642	2 621	4 937	2 481	2 456	4 473	2 247	2 226
20-24	4 622	2 300	2 322	4 932	2 464	2 468	5 213	2 611	2 602	4 893	2 453	2 440
25-29	4 322	2 137	2 185	4 566	2 267	2 299	4 877	2 431	2 446	5 159	2 578	2 581
30-34	4 239	2 105	2 135	4 267	2 107	2 161	4 513	2 237	2 276	4 824	2 400	2 424
35-39	4 021	1 969	2 052	4 178	2 071	2 108	4 210	2 075	2 136	4 457	2 205	2 252
40-44	3 661	1 774	1 886	3 948	1 929	2 019	4 107	2 030	2 076	4 143	2 036	2 106
45-49	3 274	1 569	1 704	3 569	1 723	1 846	3 854	1 876	1 978	4 014	1 977	2 037
50-54	2 783	1 315	1 468	3 155	1 502	1 652	3 444	1 652	1 792	3 724	1 802	1 923
55-59	2 358	1 095	1 263	2 632	1 230	1 403	2 990	1 408	1 581	3 270	1 552	1 718
60-64	1 898	855	1 043	2 166	988	1 178	2 424	1 113	1 312	2 760	1 277	1 483
65-69	1 152	519	633	1 662	730	932	1 903	846	1 057	2 137	956	1 181
70-74	796	350	446	931	406	526	1 351	574	777	1 553	667	886
75-79	524	219	305	564	238	326	664	277	387	970	394	576
80+	…	…	…	…	…	…	…	…	…	…	…	…
80-84	283	112	172	300	119	181	326	130	195	386	153	234
85-89	108	39	68	117	43	74	125	46	79	137	51	86
90-94	23	8	15	28	9	19	31	10	21	33	11	22
95-99	3	1	2	3	1	2	4	1	3	5	1	3
100+	0	0	0	0	0	0	0	0	0	0	0	0

年齢	2035			2040			2045			2050		
	総数	男	女	総数	男	女	総数	男	女	総数	男	女
総数	58 073	28 342	29 731	57 960	28 262	29 698	57 327	27 920	29 407	56 190	27 319	28 872
0-4	3 211	1 619	1 592	3 019	1 522	1 497	2 756	1 389	1 366	2 470	1 246	1 225
5-9	3 289	1 655	1 633	3 190	1 606	1 584	3 000	1 511	1 490	2 741	1 380	1 361
10-14	3 546	1 784	1 763	3 278	1 649	1 629	3 180	1 600	1 580	2 992	1 505	1 487
15-19	3 880	1 949	1 931	3 528	1 772	1 756	3 262	1 638	1 623	3 165	1 590	1 575
20-24	4 435	2 223	2 212	3 847	1 927	1 919	3 498	1 752	1 746	3 235	1 621	1 614
25-29	4 845	2 423	2 422	4 393	2 196	2 197	3 812	1 905	1 907	3 467	1 732	1 735
30-34	5 108	2 548	2 560	4 799	2 396	2 404	4 354	2 172	2 182	3 779	1 885	1 894
35-39	4 769	2 368	2 401	5 053	2 516	2 537	4 751	2 367	2 384	4 312	2 148	2 165
40-44	4 390	2 167	2 223	4 702	2 329	2 372	4 987	2 477	2 509	4 692	2 333	2 360
45-49	4 054	1 986	2 069	4 301	2 115	2 186	4 612	2 276	2 335	4 896	2 424	2 473
50-54	3 885	1 902	1 983	3 930	1 913	2 017	4 175	2 040	2 134	4 482	2 199	2 283
55-59	3 543	1 695	1 848	3 702	1 793	1 909	3 752	1 806	1 946	3 993	1 930	2 063
60-64	3 026	1 411	1 615	3 287	1 545	1 742	3 442	1 638	1 805	3 498	1 653	1 844
65-69	2 441	1 101	1 340	2 686	1 220	1 466	2 927	1 340	1 587	3 076	1 424	1 651
70-74	1 752	757	995	2 011	876	1 135	2 223	974	1 249	2 434	1 073	1 361
75-79	1 122	461	661	1 275	526	749	1 472	611	861	1 640	683	957
80+	…	…	…	…	…	…	…	…	…	…	…	…
80-84	570	219	351	665	257	407	761	295	466	890	345	544
85-89	164	60	103	245	87	158	288	103	185	336	119	216
90-94	37	12	24	45	15	30	68	22	46	81	26	56
95-99	5	1	4	6	2	4	7	2	5	11	3	8
100+	0	0	0	0	0	0	0	0	0	1	0	0

年齢	2055			2060		
	総数	男	女	総数	男	女
総数	54 629	26 502	28 127	52 729	25 511	27 218
0-4	2 229	1 124	1 104	2 047	1 033	1 014
5-9	2 458	1 238	1 220	2 218	1 118	1 100
10-14	2 734	1 376	1 358	2 452	1 234	1 218
15-19	2 978	1 496	1 482	2 721	1 367	1 354
20-24	3 140	1 574	1 567	2 956	1 482	1 474
25-29	3 208	1 603	1 605	3 115	1 557	1 558
30-34	3 439	1 715	1 724	3 182	1 587	1 595
35-39	3 745	1 864	1 880	3 409	1 697	1 712
40-44	4 262	2 118	2 144	3 704	1 840	1 864
45-49	4 612	2 285	2 327	4 193	2 076	2 117
50-54	4 766	2 345	2 421	4 494	2 213	2 281
55-59	4 295	2 084	2 211	4 575	2 226	2 348
60-64	3 732	1 771	1 961	4 024	1 917	2 108
65-69	3 138	1 443	1 695	3 360	1 550	1 810
70-74	2 572	1 146	1 426	2 638	1 165	1 473
75-79	1 810	757	1 053	1 927	813	1 115
80+	…	…	…	…	…	…
80-84	1 003	389	614	1 120	434	686
85-89	399	141	258	457	160	297
90-94	97	30	67	118	36	82
95-99	13	3	10	16	4	12
100+	1	0	1	1	0	1

Namibia

性・年齢別人口（千人）

年齢	1960			1965			1970			1975		
	総数	男	女	総数	男	女	総数	男	女	総数	男	女
総数	603	297	305	683	337	346	780	385	395	906	448	458
0-4	100	50	50	115	57	58	134	67	67	164	82	82
5-9	82	41	42	94	47	48	109	54	55	129	64	64
10-14	69	35	34	81	40	41	93	46	47	108	54	54
15-19	58	29	29	67	34	33	79	39	40	92	45	46
20-24	48	25	24	57	29	28	66	33	32	77	38	39
25-29	43	22	21	47	24	23	55	28	27	63	32	31
30-34	40	20	20	42	21	21	45	23	22	53	27	26
35-39	34	17	17	39	19	19	40	20	20	43	22	22
40-44	29	14	15	33	16	16	37	18	19	38	19	19
45-49	25	12	13	28	13	14	31	15	16	35	17	18
50-54	20	9	11	23	11	12	26	12	14	29	14	15
55-59	17	8	9	18	8	10	21	10	11	24	11	13
60-64	13	6	7	15	7	8	16	7	9	18	8	10
65-69	9	4	5	11	5	6	12	5	7	13	6	8
70-74	7	3	4	7	3	4	8	3	5	9	4	5
75-79	4	2	2	4	2	3	4	2	3	5	2	3
80+	2	1	1	3	1	2	3	1	2	3	1	2
80-84	…	…	…	…	…	…	…	…	…	…	…	…
85-89	…	…	…	…	…	…	…	…	…	…	…	…
90-94	…	…	…	…	…	…	…	…	…	…	…	…
95-99	…	…	…	…	…	…	…	…	…	…	…	…
100+	…	…	…	…	…	…	…	…	…	…	…	…

年齢	1980			1985			1990			1995		
	総数	男	女	総数	男	女	総数	男	女	総数	男	女
総数	1 013	495	518	1 149	559	590	1 415	692	724	1 654	811	843
0-4	188	95	93	202	102	101	234	117	117	264	132	131
5-9	158	79	79	182	91	90	201	101	101	231	116	115
10-14	127	63	63	156	78	78	182	91	91	201	100	100
15-19	104	51	53	123	61	62	159	80	80	182	91	91
20-24	83	40	43	98	48	50	133	66	67	161	80	81
25-29	67	32	36	76	36	40	110	53	57	135	67	69
30-34	55	26	28	61	28	33	86	41	46	111	54	57
35-39	46	22	24	50	23	27	68	31	37	87	41	46
40-44	38	19	20	42	20	22	54	26	29	68	31	37
45-49	34	17	18	36	17	19	45	21	23	53	25	28
50-54	32	15	16	32	15	17	36	17	19	43	20	23
55-59	26	12	14	29	14	15	31	15	16	34	16	18
60-64	21	9	11	23	11	12	27	13	14	28	13	15
65-69	15	7	9	17	7	10	20	9	11	23	11	13
70-74	10	4	6	12	5	7	14	6	8	16	7	9
75-79	6	2	4	7	3	4	8	3	5	10	4	6
80+	4	1	2	4	2	3	…	…	…	…	…	…
80-84	…	…	…	…	…	…	4	1	2	5	2	3
85-89	…	…	…	…	…	…	1	0	1	2	1	1
90-94	…	…	…	…	…	…	0	0	0	0	0	0
95-99	…	…	…	…	…	…	0	0	0	0	0	0
100+	…	…	…	…	…	…	0	0	0	0	0	0

年齢	2000			2005			2010			2015		
	総数	男	女	総数	男	女	総数	男	女	総数	男	女
総数	1 898	933	965	2 027	990	1 037	2 194	1 064	1 129	2 459	1 197	1 262
0-4	276	139	137	278	140	138	295	148	146	338	170	168
5-9	261	131	130	270	136	135	273	137	136	292	147	145
10-14	230	115	115	259	129	129	268	134	134	272	136	136
15-19	202	101	101	226	112	113	254	127	127	266	133	133
20-24	186	93	93	191	94	97	216	106	110	252	125	127
25-29	163	81	82	169	83	86	178	86	92	213	104	108
30-34	135	67	69	145	71	74	155	75	80	174	84	90
35-39	110	53	57	117	57	61	131	62	68	149	72	77
40-44	84	40	45	95	45	50	106	50	56	125	59	65
45-49	65	30	35	73	33	40	86	39	47	101	47	54
50-54	51	24	27	57	25	32	67	30	37	81	37	45
55-59	40	19	22	44	20	24	52	22	29	63	27	35
60-64	31	14	17	35	16	19	40	17	22	47	20	28
65-69	25	11	14	26	12	15	30	13	17	35	15	20
70-74	19	8	11	19	8	11	21	9	12	25	10	14
75-79	11	5	7	13	5	8	14	5	8	15	6	9
80+	…	…	…	…	…	…	…	…	…	…	…	…
80-84	6	2	3	6	2	4	7	3	5	8	3	5
85-89	2	1	1	2	1	1	3	1	2	3	1	2
90-94	0	0	0	0	0	0	1	0	0	1	0	0
95-99	0	0	0	0	0	0	0	0	0	0	0	0
100+	0	0	0	0	0	0	0	0	0	0	0	0

性・年齢別人口（千人）

年齢	2015			2020			2025			2030		
	総数	男	女	総数	男	女	総数	男	女	総数	男	女
総数	2 459	1 197	1 262	2 731	1 334	1 398	3 002	1 470	1 532	3 272	1 606	1 666
0-4	338	170	168	354	179	176	361	182	179	366	185	181
5-9	292	147	145	336	169	167	352	177	175	360	181	178
10-14	272	136	136	291	146	145	335	168	167	352	177	175
15-19	266	133	133	270	135	135	289	145	144	334	168	166
20-24	252	125	127	264	132	132	268	134	134	287	144	144
25-29	213	104	108	248	123	125	260	130	131	265	132	133
30-34	174	84	90	209	102	106	244	121	123	256	128	128
35-39	149	72	77	168	81	87	202	99	103	237	118	119
40-44	125	59	65	142	68	74	161	78	84	195	96	100
45-49	101	47	54	118	56	62	135	65	71	154	74	80
50-54	81	37	45	95	44	51	111	52	59	128	61	68
55-59	63	27	35	76	34	42	89	40	49	105	48	56
60-64	47	20	28	57	24	33	70	30	40	82	36	46
65-69	35	15	20	42	17	25	51	21	30	62	26	36
70-74	25	10	14	29	12	17	35	14	21	43	17	26
75-79	15	6	9	18	7	11	21	8	13	26	10	17
80+	…	…	…	…	…	…	…	…	…	…	…	…
80-84	8	3	5	9	3	6	11	4	7	13	5	9
85-89	3	1	2	4	1	2	4	1	3	5	2	4
90-94	1	0	0	1	0	1	1	0	1	1	0	1
95-99	0	0	0	0	0	0	0	0	0	0	0	0
100+	0	0	0	0	0	0	0	0	0	0	0	0

年齢	2035			2040			2045			2050		
	総数	男	女	総数	男	女	総数	男	女	総数	男	女
総数	3 539	1 742	1 798	3 805	1 877	1 928	4 068	2 010	2 058	4 322	2 139	2 183
0-4	372	188	184	381	192	188	388	196	192	390	198	193
5-9	365	184	181	371	187	184	379	192	188	387	196	191
10-14	359	181	178	364	184	180	370	187	183	379	191	187
15-19	351	176	174	358	180	178	363	183	180	370	187	183
20-24	332	167	166	349	175	174	357	180	177	362	182	180
25-29	285	142	142	329	165	164	347	174	172	355	178	176
30-34	261	130	130	280	140	140	325	163	162	343	172	170
35-39	250	125	125	255	127	127	274	138	137	319	160	159
40-44	230	114	116	242	121	121	248	124	124	268	134	133
45-49	188	92	96	222	110	112	235	117	118	241	120	120
50-54	147	70	77	181	88	93	214	105	108	227	113	114
55-59	121	57	64	140	66	74	172	83	90	205	100	105
60-64	97	44	53	112	52	61	131	61	70	162	77	86
65-69	73	31	42	87	38	49	102	45	56	119	54	66
70-74	52	21	31	62	25	37	74	31	43	87	37	50
75-79	32	12	21	40	15	25	48	18	30	58	23	35
80+	…	…	…	…	…	…	…	…	…	…	…	…
80-84	17	6	11	21	7	14	27	9	18	32	11	21
85-89	6	2	4	8	2	6	11	3	8	14	4	10
90-94	2	0	1	2	1	2	3	1	2	4	1	3
95-99	0	0	0	0	0	0	0	0	0	1	0	1
100+	0	0	0	0	0	0	0	0	0	0	0	0

年齢	2055			2060		
	総数	男	女	総数	男	女
総数	4 560	2 259	2 301	4 780	2 370	2 411
0-4	387	196	191	382	193	188
5-9	390	197	192	387	196	191
10-14	386	195	191	389	197	192
15-19	378	191	187	386	195	191
20-24	369	186	183	377	190	187
25-29	360	181	179	367	185	182
30-34	351	177	174	356	180	177
35-39	337	170	167	346	174	172
40-44	312	157	155	331	167	164
45-49	261	131	130	305	153	152
50-54	233	116	117	254	127	127
55-59	218	107	111	225	111	114
60-64	194	93	101	207	100	107
65-69	149	69	80	179	84	95
70-74	104	45	59	130	58	73
75-79	69	28	41	83	34	49
80+	…	…	…	…	…	…
80-84	39	14	25	48	18	30
85-89	17	5	12	21	7	15
90-94	5	1	4	6	2	5
95-99	1	0	1	1	0	1
100+	0	0	0	0	0	0

性・年齢別人口（千人）

年齢	2015 総数	男	女	2020 総数	男	女	2025 総数	男	女	2030 総数	男	女
総数	2 459	1 197	1 262	2 758	1 347	1 411	3 076	1 507	1 569	3 409	1 676	1 734
0-4	338	170	168	381	192	189	408	206	202	430	217	213
5-9	292	147	145	336	169	167	379	191	188	407	205	202
10-14	272	136	136	291	146	145	335	168	167	378	190	188
15-19	266	133	133	270	135	135	289	145	144	334	168	166
20-24	252	125	127	264	132	132	268	134	134	287	144	144
25-29	213	104	108	248	123	125	260	130	131	265	132	133
30-34	174	84	90	209	102	106	244	121	123	256	128	128
35-39	149	72	77	168	81	87	202	99	103	237	118	119
40-44	125	59	65	142	68	74	161	78	84	195	96	100
45-49	101	47	54	118	56	62	135	65	71	154	74	80
50-54	81	37	45	95	44	51	111	52	59	128	61	68
55-59	63	27	35	76	34	42	89	40	49	105	48	56
60-64	47	20	28	57	24	33	70	30	40	82	36	46
65-69	35	15	20	42	17	25	51	21	30	62	26	36
70-74	25	10	14	29	12	17	35	14	21	43	17	26
75-79	15	6	9	18	7	11	21	8	13	26	10	17
80+	...	...	...	...	...	...	...	...	...	...	...	...
80-84	8	3	5	9	3	6	11	4	7	13	5	9
85-89	3	1	2	4	1	2	4	1	3	5	2	4
90-94	1	0	0	1	0	1	1	0	1	1	0	1
95-99	0	0	0	0	0	0	0	0	0	0	0	0
100+	0	0	0	0	0	0	0	0	0	0	0	0

年齢	2035 総数	男	女	2040 総数	男	女	2045 総数	男	女	2050 総数	男	女
総数	3 747	1 846	1 900	4 096	2 024	2 073	4 463	2 210	2 254	4 845	2 403	2 442
0-4	443	224	219	465	235	230	493	249	244	519	263	256
5-9	428	216	212	442	223	219	464	234	229	492	249	243
10-14	406	205	201	427	215	212	441	223	218	463	234	229
15-19	377	190	187	405	204	201	426	215	211	440	222	218
20-24	332	167	166	376	189	187	403	203	200	425	214	211
25-29	285	142	142	329	165	164	373	187	185	401	202	199
30-34	261	130	130	280	140	140	325	163	162	368	185	183
35-39	250	125	125	255	127	127	274	138	137	319	160	159
40-44	230	114	116	242	121	121	248	124	124	268	134	133
45-49	188	92	96	222	110	112	235	117	118	241	120	120
50-54	147	70	77	181	88	93	214	105	108	227	113	114
55-59	121	57	64	140	66	74	172	83	90	205	100	105
60-64	97	44	53	112	52	61	131	61	70	162	77	86
65-69	73	31	42	87	38	49	102	45	56	119	54	66
70-74	52	21	31	62	25	37	74	31	43	87	37	50
75-79	32	12	21	40	15	25	48	18	30	58	23	35
80+	...	...	...	...	...	...	...	...	...	...	...	...
80-84	17	6	11	21	7	14	27	9	18	32	11	21
85-89	6	2	4	8	2	6	11	3	8	14	4	10
90-94	2	0	1	2	1	2	3	1	2	4	1	3
95-99	0	0	0	0	0	0	0	0	0	1	0	1
100+	0	0	0	0	0	0	0	0	0	0	0	0

年齢	2055 総数	男	女	2060 総数	男	女
総数	5 233	2 599	2 634	5 620	2 794	2 826
0-4	539	273	266	552	280	272
5-9	518	262	256	538	272	265
10-14	491	248	243	517	262	256
15-19	462	233	229	490	248	242
20-24	439	221	217	461	233	228
25-29	422	213	210	436	220	216
30-34	397	200	197	418	211	207
35-39	363	183	180	391	197	194
40-44	312	157	155	356	179	177
45-49	261	131	130	305	153	152
50-54	233	116	117	254	127	127
55-59	218	107	111	225	111	114
60-64	194	93	101	207	100	107
65-69	149	69	80	179	84	95
70-74	104	45	59	130	58	73
75-79	69	28	41	83	34	49
80+	...	...	...	...	...	...
80-84	39	14	25	48	18	30
85-89	17	5	12	21	7	15
90-94	5	1	4	6	2	5
95-99	1	0	1	1	0	1
100+	0	0	0	0	0	0

性・年齢別人口（千人）

年齢	2015			2020			2025			2030		
	総数	男	女	総数	男	女	総数	男	女	総数	男	女
総数	2 459	1 197	1 262	2 704	1 320	1 384	2 929	1 433	1 496	3 135	1 537	1 598
0-4	338	170	168	327	165	162	314	159	156	302	153	150
5-9	292	147	145	336	169	167	326	164	162	313	158	155
10-14	272	136	136	291	146	145	335	168	167	325	164	161
15-19	266	133	133	270	135	135	289	145	144	334	168	166
20-24	252	125	127	264	132	132	268	134	134	287	144	144
25-29	213	104	108	248	123	125	260	130	131	265	132	133
30-34	174	84	90	209	102	106	244	121	123	256	128	128
35-39	149	72	77	168	81	87	202	99	103	237	118	119
40-44	125	59	65	142	68	74	161	78	84	195	96	100
45-49	101	47	54	118	56	62	135	65	71	154	74	80
50-54	81	37	45	95	44	51	111	52	59	128	61	68
55-59	63	27	35	76	34	42	89	40	49	105	48	56
60-64	47	20	28	57	24	33	70	30	40	82	36	46
65-69	35	15	20	42	17	25	51	21	30	62	26	36
70-74	25	10	14	29	12	17	35	14	21	43	17	26
75-79	15	6	9	18	7	11	21	8	13	26	10	17
80+	…	…	…	…	…	…	…	…	…	…	…	…
80-84	8	3	5	9	3	6	11	4	7	13	5	9
85-89	3	1	2	4	1	2	4	1	3	5	2	4
90-94	1	0	0	1	0	1	1	0	1	1	0	1
95-99	0	0	0	0	0	0	0	0	0	0	0	0
100+	0	0	0	0	0	0	0	0	0	0	0	0

年齢	2035			2040			2045			2050		
	総数	男	女	総数	男	女	総数	男	女	総数	男	女
総数	3 333	1 637	1 695	3 518	1 732	1 786	3 685	1 817	1 868	3 827	1 889	1 938
0-4	302	153	149	299	151	148	292	148	144	278	141	137
5-9	301	152	149	301	152	149	299	151	148	291	147	144
10-14	312	157	155	301	152	149	301	152	149	298	151	148
15-19	324	163	161	312	157	155	300	151	149	300	151	149
20-24	332	167	166	323	162	161	310	156	154	299	151	148
25-29	285	142	142	329	165	164	320	161	159	308	155	153
30-34	261	130	130	280	140	140	325	163	162	317	159	157
35-39	250	125	125	255	127	127	274	138	137	319	160	159
40-44	230	114	116	242	121	121	248	124	124	268	134	133
45-49	188	92	96	222	110	112	235	117	118	241	120	120
50-54	147	70	77	181	88	93	214	105	108	227	113	114
55-59	121	57	64	140	66	74	172	83	90	205	100	105
60-64	97	44	53	112	52	61	131	61	70	162	77	86
65-69	73	31	42	87	38	49	102	45	56	119	54	66
70-74	52	21	31	62	25	37	74	31	43	87	37	50
75-79	32	12	21	40	15	25	48	18	30	58	23	35
80+	…	…	…	…	…	…	…	…	…	…	…	…
80-84	17	6	11	21	7	14	27	9	18	32	11	21
85-89	6	2	4	8	2	6	11	3	8	14	4	10
90-94	2	0	1	2	1	2	3	1	2	4	1	3
95-99	0	0	0	0	0	0	0	0	0	1	0	1
100+	0	0	0	0	0	0	0	0	0	0	0	0

年齢	2055			2060		
	総数	男	女	総数	男	女
総数	3 941	1 946	1 995	4 025	1 988	2 037
0-4	260	132	128	243	123	120
5-9	277	140	137	259	131	128
10-14	290	147	144	277	140	137
15-19	298	150	147	290	147	143
20-24	299	151	148	297	150	147
25-29	297	150	147	298	150	147
30-34	305	154	152	295	148	146
35-39	312	157	155	301	152	149
40-44	312	157	155	306	154	152
45-49	261	131	130	305	153	152
50-54	233	116	117	254	127	127
55-59	218	107	111	225	111	114
60-64	194	93	101	207	100	107
65-69	149	69	80	179	84	95
70-74	104	45	59	130	58	73
75-79	69	28	41	83	34	49
80+	…	…	…	…	…	…
80-84	39	14	25	48	18	30
85-89	17	5	12	21	7	15
90-94	5	1	4	6	2	5
95-99	1	0	1	1	0	1
100+	0	0	0	0	0	0

性・年齢別人口（千人）

年齢	1960			1965			1970			1975		
	総数	男	女	総数	男	女	総数	男	女	総数	男	女
総数	10 057	5 009	5 048	10 905	5 428	5 477	11 987	5 959	6 028	13 313	6 641	6 672
0-4	1 626	827	799	1 728	879	849	1 911	973	939	2 147	1 093	1 054
5-9	1 372	701	671	1 457	744	712	1 572	803	769	1 759	899	860
10-14	1 053	543	509	1 331	682	649	1 419	727	692	1 536	786	750
15-19	992	511	481	1 015	524	491	1 290	661	629	1 382	709	673
20-24	886	450	437	938	480	457	967	494	473	1 242	636	606
25-29	773	384	389	826	414	412	889	447	441	925	471	454
30-34	703	342	361	716	351	365	782	385	397	847	425	422
35-39	613	294	319	648	312	336	673	325	348	740	363	377
40-44	514	246	269	560	265	295	602	286	316	631	303	328
45-49	436	205	231	466	219	247	515	240	275	559	263	296
50-54	361	169	191	387	179	209	420	194	226	469	216	254
55-59	280	131	149	311	143	168	339	153	185	372	169	203
60-64	194	90	104	229	105	124	258	116	142	286	127	159
65-69	130	60	70	147	66	80	176	79	97	203	90	114
70-74	78	35	43	87	39	48	101	44	56	124	54	70
75-79	40	17	22	43	19	24	50	22	28	60	26	34
80+	7	3	4	18	8	11	24	10	14	30	12	18
80-84	…	…	…	…	…	…	…	…	…	…	…	…
85-89	…	…	…	…	…	…	…	…	…	…	…	…
90-94	…	…	…	…	…	…	…	…	…	…	…	…
95-99	…	…	…	…	…	…	…	…	…	…	…	…
100+	…	…	…	…	…	…	…	…	…	…	…	…

年齢	1980			1985			1990			1995		
	総数	男	女	総数	男	女	総数	男	女	総数	男	女
総数	14 890	7 447	7 444	16 714	8 347	8 367	18 742	9 299	9 443	21 391	10 796	10 595
0-4	2 445	1 245	1 199	2 753	1 403	1 350	3 059	1 560	1 500	3 353	1 715	1 637
5-9	1 997	1 021	977	2 304	1 178	1 126	2 629	1 343	1 286	2 950	1 505	1 446
10-14	1 723	882	842	1 963	1 004	959	2 271	1 161	1 110	2 598	1 328	1 270
15-19	1 499	768	731	1 684	860	824	1 918	976	942	2 267	1 171	1 096
20-24	1 333	682	651	1 442	732	710	1 610	807	803	1 935	1 015	919
25-29	1 188	605	583	1 270	640	629	1 359	669	690	1 605	837	768
30-34	880	446	435	1 128	567	562	1 195	585	610	1 324	671	652
35-39	802	400	402	832	415	417	1 062	520	542	1 155	576	578
40-44	696	339	357	755	372	384	779	379	400	1 024	508	516
45-49	588	280	309	650	312	338	705	339	366	746	365	381
50-54	513	238	275	542	254	289	601	282	319	667	321	346
55-59	419	190	230	461	210	251	490	224	266	555	259	296
60-64	318	142	176	363	161	202	402	179	224	437	197	240
65-69	229	99	129	258	112	146	298	128	170	339	148	191
70-74	147	63	84	168	71	97	193	81	112	230	96	133
75-79	76	32	44	92	38	54	108	43	64	128	52	76
80+	38	15	22	49	20	30	…	…	…	…	…	…
80-84	…	…	…	…	…	…	47	18	28	57	22	35
85-89	…	…	…	…	…	…	14	5	8	18	7	11
90-94	…	…	…	…	…	…	2	1	2	3	1	2
95-99	…	…	…	…	…	…	0	0	0	0	0	0
100+	…	…	…	…	…	…	0	0	0	0	0	0

年齢	2000			2005			2010			2015		
	総数	男	女	総数	男	女	総数	男	女	総数	男	女
総数	23 740	11 806	11 935	25 507	12 641	12 866	26 876	13 091	13 785	28 514	13 816	14 697
0-4	3 572	1 843	1 729	3 439	1 774	1 665	3 160	1 617	1 543	2 807	1 445	1 362
5-9	3 277	1 678	1 599	3 519	1 816	1 703	3 406	1 757	1 649	3 139	1 606	1 533
10-14	2 890	1 462	1 428	3 201	1 614	1 587	3 425	1 736	1 689	3 367	1 728	1 640
15-19	2 497	1 241	1 257	2 619	1 266	1 353	2 903	1 385	1 518	3 256	1 647	1 609
20-24	2 138	1 045	1 092	2 105	958	1 146	2 357	1 078	1 279	2 709	1 281	1 428
25-29	1 810	885	925	1 907	868	1 039	1 984	882	1 102	2 273	1 009	1 265
30-34	1 531	755	776	1 708	839	869	1 766	782	985	1 940	838	1 102
35-39	1 271	629	642	1 467	752	716	1 562	734	828	1 719	755	965
40-44	1 079	538	540	1 236	627	609	1 335	648	687	1 520	714	806
45-49	953	477	476	991	499	492	1 155	575	580	1 303	632	671
50-54	705	346	359	898	454	444	932	469	463	1 117	558	559
55-59	622	297	325	689	345	344	870	444	426	906	452	455
60-64	501	231	271	614	309	305	685	341	344	874	415	459
65-69	374	165	209	473	235	239	557	275	283	652	300	353
70-74	266	113	153	310	144	165	388	194	194	457	219	237
75-79	157	63	93	203	90	113	226	106	120	279	135	144
80+	…	…	…	…	…	…	…	…	…	…	…	…
80-84	70	27	43	93	38	55	118	52	67	132	59	73
85-89	23	8	14	28	10	18	39	15	24	50	21	29
90-94	4	1	3	6	2	4	8	3	5	10	4	7
95-99	0	0	0	1	0	1	1	0	1	1	0	1
100+	0	0	0	0	0	0	0	0	0	0	0	0

性・年齢別人口（千人）

年齢	2015			2020			2025			2030		
	総数	男	女	総数	男	女	総数	男	女	総数	男	女
総数	28 514	13 816	14 697	30 184	14 667	15 517	31 754	15 467	16 287	33 104	16 158	16 947
0-4	2 807	1 445	1 362	2 828	1 455	1 374	2 772	1 426	1 345	2 607	1 342	1 265
5-9	3 139	1 606	1 533	2 789	1 433	1 356	2 813	1 445	1 368	2 759	1 418	1 341
10-14	3 367	1 728	1 640	3 125	1 599	1 526	2 778	1 428	1 350	2 803	1 440	1 363
15-19	3 256	1 647	1 609	3 298	1 711	1 587	3 058	1 584	1 475	2 712	1 414	1 299
20-24	2 709	1 281	1 428	3 152	1 612	1 541	3 197	1 677	1 520	2 960	1 552	1 409
25-29	2 273	1 009	1 265	2 638	1 239	1 399	3 082	1 570	1 512	3 129	1 636	1 492
30-34	1 940	838	1 102	2 222	974	1 249	2 587	1 204	1 384	3 032	1 534	1 498
35-39	1 719	755	965	1 900	810	1 090	2 184	946	1 238	2 549	1 176	1 373
40-44	1 520	714	806	1 685	732	953	1 867	788	1 079	2 151	924	1 227
45-49	1 303	632	671	1 484	691	793	1 650	710	939	1 833	767	1 066
50-54	1 117	558	559	1 261	606	655	1 442	666	776	1 609	687	922
55-59	906	452	455	1 065	526	538	1 209	575	634	1 388	634	754
60-64	874	415	459	842	413	429	997	485	512	1 139	533	606
65-69	652	300	353	780	362	417	758	364	394	905	431	474
70-74	457	219	237	541	241	300	656	296	360	645	300	345
75-79	279	135	144	335	155	179	406	174	232	502	216	286
80+	…	…	…	…	…	…	…	…	…	…	…	…
80-84	132	59	73	167	78	89	206	91	115	258	104	154
85-89	50	21	29	57	24	33	75	33	42	97	39	58
90-94	10	4	7	14	5	9	17	6	10	23	9	14
95-99	1	0	1	2	1	1	2	1	2	3	1	2
100+	0	0	0	0	0	0	0	0	0	0	0	0

年齢	2035			2040			2045			2050		
	総数	男	女	総数	男	女	総数	男	女	総数	男	女
総数	34 187	16 719	17 469	35 027	17 162	17 865	35 688	17 524	18 164	36 159	17 803	18 356
0-4	2 382	1 227	1 155	2 210	1 138	1 071	2 104	1 084	1 020	2 012	1 036	975
5-9	2 596	1 335	1 261	2 373	1 221	1 152	2 201	1 132	1 069	2 096	1 079	1 018
10-14	2 749	1 413	1 336	2 587	1 331	1 256	2 364	1 217	1 148	2 193	1 129	1 064
15-19	2 742	1 427	1 315	2 689	1 401	1 288	2 528	1 319	1 209	2 306	1 205	1 101
20-24	2 622	1 384	1 238	2 652	1 399	1 254	2 601	1 373	1 228	2 440	1 292	1 149
25-29	2 898	1 515	1 383	2 562	1 349	1 213	2 593	1 364	1 230	2 542	1 339	1 204
30-34	3 082	1 603	1 479	2 854	1 483	1 371	2 520	1 318	1 202	2 552	1 333	1 219
35-39	2 995	1 507	1 488	3 047	1 577	1 470	2 821	1 458	1 363	2 490	1 295	1 195
40-44	2 517	1 155	1 362	2 962	1 485	1 477	3 016	1 556	1 461	2 793	1 438	1 355
45-49	2 118	904	1 213	2 482	1 133	1 349	2 926	1 462	1 464	2 983	1 534	1 449
50-54	1 793	745	1 048	2 076	881	1 195	2 439	1 108	1 331	2 881	1 434	1 446
55-59	1 556	658	899	1 741	716	1 024	2 022	851	1 171	2 381	1 075	1 306
60-64	1 317	592	724	1 484	618	867	1 669	677	992	1 946	809	1 137
65-69	1 044	478	566	1 217	536	681	1 384	564	820	1 566	623	943
70-74	781	360	421	912	404	508	1 077	460	617	1 239	490	749
75-79	503	223	279	619	273	346	738	314	425	887	364	523
80+	…	…	…	…	…	…	…	…	…	…	…	…
80-84	329	133	196	338	141	197	429	178	251	526	211	315
85-89	127	46	81	169	62	107	181	69	113	240	91	149
90-94	32	11	20	44	14	31	63	19	43	71	23	48
95-99	4	1	3	6	2	5	10	2	8	15	4	11
100+	0	0	0	0	0	0	1	0	1	1	0	1

年齢	2055			2060		
	総数	男	女	総数	男	女
総数	36 416	17 989	18 427	36 439	18 076	18 362
0-4	1 898	978	920	1 784	919	865
5-9	2 004	1 031	973	1 891	973	918
10-14	2 089	1 075	1 014	1 997	1 028	969
15-19	2 138	1 118	1 020	2 037	1 065	972
20-24	2 223	1 180	1 043	2 060	1 094	966
25-29	2 386	1 259	1 126	2 172	1 150	1 022
30-34	2 504	1 310	1 194	2 350	1 233	1 117
35-39	2 524	1 311	1 212	2 477	1 290	1 187
40-44	2 465	1 277	1 188	2 501	1 295	1 206
45-49	2 764	1 419	1 345	2 441	1 261	1 180
50-54	2 941	1 508	1 433	2 728	1 397	1 331
55-59	2 818	1 396	1 422	2 883	1 472	1 410
60-64	2 299	1 028	1 272	2 729	1 342	1 388
65-69	1 837	751	1 086	2 181	962	1 219
70-74	1 416	549	867	1 674	670	1 005
75-79	1 038	396	643	1 204	452	752
80+	…	…	…	…	…	…
80-84	648	252	396	778	283	495
85-89	305	113	192	390	141	249
90-94	99	33	66	132	43	89
95-99	18	5	14	27	7	20
100+	2	0	2	3	1	2

性・年齢別人口（千人）

年齢	2015 総数	男	女	2020 総数	男	女	2025 総数	男	女	2030 総数	男	女
総数	28 514	13 816	14 697	30 523	14 841	15 681	32 661	15 934	16 727	34 716	16 988	17 728
0–4	2 807	1 445	1 362	3 167	1 629	1 538	3 341	1 720	1 622	3 314	1 706	1 608
5–9	3 139	1 606	1 533	2 789	1 433	1 356	3 150	1 619	1 532	3 327	1 711	1 617
10–14	3 367	1 728	1 640	3 125	1 599	1 526	2 778	1 428	1 350	3 139	1 613	1 526
15–19	3 256	1 647	1 609	3 298	1 711	1 587	3 058	1 584	1 475	2 712	1 414	1 299
20–24	2 709	1 281	1 428	3 152	1 612	1 541	3 197	1 677	1 520	2 960	1 552	1 409
25–29	2 273	1 009	1 265	2 638	1 239	1 399	3 082	1 570	1 512	3 129	1 636	1 492
30–34	1 940	838	1 102	2 222	974	1 249	2 587	1 204	1 384	3 032	1 534	1 498
35–39	1 719	755	965	1 900	810	1 090	2 184	946	1 238	2 549	1 176	1 373
40–44	1 520	714	806	1 685	732	953	1 867	788	1 079	2 151	924	1 227
45–49	1 303	632	671	1 484	691	793	1 650	710	939	1 833	767	1 066
50–54	1 117	558	559	1 261	606	655	1 442	666	776	1 609	687	922
55–59	906	452	455	1 065	526	538	1 209	575	634	1 388	634	754
60–64	874	415	459	842	413	429	997	485	512	1 139	533	606
65–69	652	300	353	780	362	417	758	364	394	905	431	474
70–74	457	219	237	541	241	300	656	296	360	645	300	345
75–79	279	135	144	335	155	179	406	174	232	502	216	286
80+	…	…	…	…	…	…	…	…	…	…	…	…
80–84	132	59	73	167	78	89	206	91	115	258	104	154
85–89	50	21	29	57	24	33	75	33	42	97	39	58
90–94	10	4	7	14	5	9	17	6	10	23	9	14
95–99	1	0	1	2	1	1	2	1	2	3	1	2
100+	0	0	0	0	0	0	0	0	0	0	0	0

年齢	2035 総数	男	女	2040 総数	男	女	2045 総数	男	女	2050 総数	男	女
総数	36 496	17 908	18 588	38 118	18 755	19 364	39 733	19 608	20 125	41 308	20 456	20 852
0–4	3 082	1 588	1 494	2 996	1 544	1 453	3 063	1 578	1 485	3 122	1 609	1 514
5–9	3 302	1 699	1 603	3 071	1 581	1 491	2 986	1 537	1 449	3 053	1 572	1 481
10–14	3 317	1 705	1 611	3 292	1 694	1 598	3 062	1 576	1 486	2 977	1 533	1 444
15–19	3 078	1 600	1 478	3 256	1 692	1 563	3 232	1 681	1 550	3 003	1 564	1 438
20–24	2 622	1 384	1 238	2 988	1 571	1 417	3 166	1 664	1 502	3 143	1 653	1 489
25–29	2 898	1 515	1 383	2 562	1 349	1 213	2 927	1 535	1 392	3 106	1 629	1 478
30–34	3 082	1 603	1 479	2 854	1 483	1 371	2 520	1 318	1 202	2 886	1 505	1 381
35–39	2 995	1 507	1 488	3 047	1 577	1 470	2 821	1 458	1 363	2 490	1 295	1 195
40–44	2 517	1 155	1 362	2 962	1 485	1 477	3 016	1 556	1 461	2 793	1 438	1 355
45–49	2 118	904	1 213	2 482	1 133	1 349	2 926	1 462	1 464	2 983	1 534	1 449
50–54	1 793	745	1 048	2 076	881	1 195	2 439	1 108	1 331	2 881	1 434	1 446
55–59	1 556	658	899	1 741	716	1 024	2 022	851	1 171	2 381	1 075	1 306
60–64	1 317	592	724	1 484	618	867	1 669	677	992	1 946	809	1 137
65–69	1 044	478	566	1 217	536	681	1 384	564	820	1 566	623	943
70–74	781	360	421	912	404	508	1 077	460	617	1 239	490	749
75–79	503	223	279	619	273	346	738	314	425	887	364	523
80+	…	…	…	…	…	…	…	…	…	…	…	…
80–84	329	133	196	338	141	197	429	178	251	526	211	315
85–89	127	46	81	169	62	107	181	69	113	240	91	149
90–94	32	11	20	44	14	31	63	19	43	71	23	48
95–99	4	1	3	6	2	5	10	2	8	15	4	11
100+	0	0	0	0	0	0	1	0	1	1	0	1

年齢	2055 総数	男	女	2060 総数	男	女
総数	42 754	21 255	21 498	44 018	21 982	22 035
0–4	3 095	1 595	1 500	3 036	1 564	1 471
5–9	3 113	1 603	1 510	3 087	1 589	1 497
10–14	3 045	1 568	1 477	3 105	1 599	1 506
15–19	2 921	1 522	1 399	2 992	1 558	1 434
20–24	2 919	1 538	1 381	2 842	1 497	1 345
25–29	3 086	1 620	1 466	2 866	1 507	1 359
30–34	3 067	1 600	1 467	3 049	1 593	1 456
35–39	2 856	1 482	1 374	3 038	1 578	1 460
40–44	2 465	1 277	1 188	2 832	1 465	1 367
45–49	2 764	1 419	1 345	2 441	1 261	1 180
50–54	2 941	1 508	1 433	2 728	1 397	1 331
55–59	2 818	1 396	1 422	2 883	1 472	1 410
60–64	2 299	1 028	1 272	2 729	1 342	1 388
65–69	1 837	751	1 086	2 181	962	1 219
70–74	1 416	549	867	1 674	670	1 005
75–79	1 038	396	643	1 204	452	752
80+	…	…	…	…	…	…
80–84	648	252	396	778	283	495
85–89	305	113	192	390	141	249
90–94	99	33	66	132	43	89
95–99	18	5	14	27	7	20
100+	2	0	2	3	1	2

性・年齢別人口（千人）

年齢	2015			2020			2025			2030		
	総数	男	女	総数	男	女	総数	男	女	総数	男	女
総数	28 514	13 816	14 697	29 846	14 493	15 353	30 847	15 000	15 847	31 492	15 328	16 165
0-4	2 807	1 445	1 362	2 490	1 281	1 210	2 202	1 133	1 069	1 900	978	922
5-9	3 139	1 606	1 533	2 789	1 433	1 356	2 476	1 272	1 205	2 191	1 125	1 065
10-14	3 367	1 728	1 640	3 125	1 599	1 526	2 778	1 428	1 350	2 466	1 267	1 199
15-19	3 256	1 647	1 609	3 298	1 711	1 587	3 058	1 584	1 475	2 712	1 414	1 299
20-24	2 709	1 281	1 428	3 152	1 612	1 541	3 197	1 677	1 520	2 960	1 552	1 409
25-29	2 273	1 009	1 265	2 638	1 239	1 399	3 082	1 570	1 512	3 129	1 636	1 492
30-34	1 940	838	1 102	2 222	974	1 249	2 587	1 204	1 384	3 032	1 534	1 498
35-39	1 719	755	965	1 900	810	1 090	2 184	946	1 238	2 549	1 176	1 373
40-44	1 520	714	806	1 685	732	953	1 867	788	1 079	2 151	924	1 227
45-49	1 303	632	671	1 484	691	793	1 650	710	939	1 833	767	1 066
50-54	1 117	558	559	1 261	606	655	1 442	666	776	1 609	687	922
55-59	906	452	455	1 065	526	538	1 209	575	634	1 388	634	754
60-64	874	415	459	842	413	429	997	485	512	1 139	533	606
65-69	652	300	353	780	362	417	758	364	394	905	431	474
70-74	457	219	237	541	241	300	656	296	360	645	300	345
75-79	279	135	144	335	155	179	406	174	232	502	216	286
80+	…	…	…	…	…	…	…	…	…	…	…	…
80-84	132	59	73	167	78	89	206	91	115	258	104	154
85-89	50	21	29	57	24	33	75	33	42	97	39	58
90-94	10	4	7	14	5	9	17	6	10	23	9	14
95-99	1	0	1	2	1	1	2	1	2	3	1	2
100+	0	0	0	0	0	0	0	0	0	0	0	0

年齢	2035			2040			2045			2050		
	総数	男	女	総数	男	女	総数	男	女	総数	男	女
総数	31 891	15 536	16 355	32 013	15 610	16 404	31 875	15 560	16 315	31 478	15 391	16 087
0-4	1 695	872	822	1 489	766	722	1 300	669	631	1 136	585	552
5-9	1 891	972	919	1 687	867	820	1 481	761	720	1 293	664	629
10-14	2 182	1 121	1 061	1 883	968	915	1 679	863	815	1 474	758	716
15-19	2 406	1 254	1 152	2 123	1 109	1 013	1 825	957	868	1 621	852	769
20-24	2 622	1 384	1 238	2 317	1 226	1 091	2 035	1 082	953	1 738	930	808
25-29	2 898	1 515	1 383	2 562	1 349	1 213	2 259	1 192	1 067	1 978	1 048	930
30-34	3 082	1 603	1 479	2 854	1 483	1 371	2 520	1 318	1 202	2 219	1 162	1 057
35-39	2 995	1 507	1 488	3 047	1 577	1 470	2 821	1 458	1 363	2 490	1 295	1 195
40-44	2 517	1 155	1 362	2 962	1 485	1 477	3 016	1 556	1 461	2 793	1 438	1 355
45-49	2 118	904	1 213	2 482	1 133	1 349	2 926	1 462	1 464	2 983	1 534	1 449
50-54	1 793	745	1 048	2 076	881	1 195	2 439	1 108	1 331	2 881	1 434	1 446
55-59	1 556	658	899	1 741	716	1 024	2 022	851	1 171	2 381	1 075	1 306
60-64	1 317	592	724	1 484	618	867	1 669	677	992	1 946	809	1 137
65-69	1 044	478	566	1 217	536	681	1 384	564	820	1 566	623	943
70-74	781	360	421	912	404	508	1 077	460	617	1 239	490	749
75-79	503	223	279	619	273	346	738	314	425	887	364	523
80+	…	…	…	…	…	…	…	…	…	…	…	…
80-84	329	133	196	338	141	197	429	178	251	526	211	315
85-89	127	46	81	169	62	107	181	69	113	240	91	149
90-94	32	11	20	44	14	31	63	19	43	71	23	48
95-99	4	1	3	6	2	5	10	2	8	15	4	11
100+	0	0	0	0	0	0	1	0	1	1	0	1

年齢	2055			2060		
	総数	男	女	総数	男	女
総数	30 839	15 115	15 724	29 964	14 740	15 225
0-4	995	512	483	877	451	426
5-9	1 130	581	550	989	508	481
10-14	1 286	661	625	1 124	578	546
15-19	1 419	748	672	1 235	652	583
20-24	1 540	828	712	1 343	725	618
25-29	1 685	899	786	1 490	798	692
30-34	1 941	1 021	920	1 651	873	778
35-39	2 191	1 141	1 051	1 916	1 001	915
40-44	2 465	1 277	1 188	2 169	1 124	1 045
45-49	2 764	1 419	1 345	2 441	1 261	1 180
50-54	2 941	1 508	1 433	2 728	1 397	1 331
55-59	2 818	1 396	1 422	2 883	1 472	1 410
60-64	2 299	1 028	1 272	2 729	1 342	1 388
65-69	1 837	751	1 086	2 181	962	1 219
70-74	1 416	549	867	1 674	670	1 005
75-79	1 038	396	643	1 204	452	752
80+	…	…	…	…	…	…
80-84	648	252	396	778	283	495
85-89	305	113	192	390	141	249
90-94	99	33	66	132	43	89
95-99	18	5	14	27	7	20
100+	2	0	2	3	1	2

Netherlands

性・年齢別人口（千人）

年齢	1960 総数	男	女	1965 総数	男	女	1970 総数	男	女	1975 総数	男	女
総数	11 419	5 687	5 732	12 216	6 092	6 124	12 965	6 469	6 496	13 611	6 778	6 833
0-4	1 154	592	563	1 220	625	595	1 191	611	581	1 033	529	504
5-9	1 102	565	537	1 145	586	559	1 220	624	596	1 223	626	597
10-14	1 175	603	572	1 101	564	537	1 146	586	560	1 234	631	603
15-19	906	463	443	1 175	602	573	1 104	565	539	1 160	592	567
20-24	800	407	393	904	462	441	1 175	603	573	1 118	570	548
25-29	786	398	388	797	409	388	905	467	438	1 190	611	579
30-34	754	376	378	785	401	383	800	415	385	917	476	441
35-39	763	373	390	753	377	376	787	405	382	808	420	388
40-44	651	320	332	759	372	387	752	377	375	788	404	384
45-49	660	322	338	644	316	329	751	367	384	745	371	374
50-54	621	300	321	648	314	333	632	307	324	737	357	380
55-59	553	266	288	600	287	313	625	299	326	610	293	318
60-64	471	224	248	522	246	276	566	264	301	590	276	315
65-69	381	180	201	428	197	231	473	215	259	514	230	283
70-74	290	137	153	326	149	177	364	160	204	404	173	231
75-79	193	90	103	223	102	121	250	108	142	282	115	167
80+	155	71	85	187	83	104	223	95	127	259	103	155
80-84	…	…	…	…	…	…	…	…	…	…	…	…
85-89	…	…	…	…	…	…	…	…	…	…	…	…
90-94	…	…	…	…	…	…	…	…	…	…	…	…
95-99	…	…	…	…	…	…	…	…	…	…	…	…
100+	…	…	…	…	…	…	…	…	…	…	…	…

年齢	1980 総数	男	女	1985 総数	男	女	1990 総数	男	女	1995 総数	男	女
総数	14 103	7 001	7 102	14 472	7 160	7 312	14 915	7 372	7 544	15 451	7 643	7 808
0-4	876	449	427	871	446	425	928	475	453	981	503	478
5-9	1 054	539	515	884	452	432	881	450	431	949	485	464
10-14	1 245	637	608	1 062	543	519	897	459	438	898	459	440
15-19	1 255	642	613	1 254	641	613	1 077	550	527	916	468	448
20-24	1 185	604	581	1 270	648	622	1 278	652	626	1 106	563	543
25-29	1 144	583	560	1 200	610	590	1 296	662	635	1 316	671	645
30-34	1 205	620	585	1 148	585	563	1 217	620	596	1 326	678	648
35-39	921	477	443	1 200	616	584	1 152	587	565	1 232	628	604
40-44	806	416	390	913	470	442	1 196	612	584	1 156	587	569
45-49	781	398	383	796	408	388	905	464	441	1 189	607	583
50-54	731	362	370	765	386	379	781	398	384	891	455	437
55-59	714	341	372	708	346	362	741	369	372	759	383	377
60-64	578	271	308	677	317	360	672	321	351	706	346	360
65-69	539	241	298	530	238	292	624	281	343	622	288	334
70-74	443	186	257	469	197	273	465	196	269	551	235	316
75-79	318	124	194	354	134	220	379	144	235	379	146	233
80+	309	112	197	369	122	247	…	…	…	…	…	…
80-84	…	…	…	…	…	…	250	82	168	271	90	181
85-89	…	…	…	…	…	…	125	36	89	142	39	103
90-94	…	…	…	…	…	…	42	11	31	49	11	38
95-99	…	…	…	…	…	…	8	2	6	10	2	8
100+	…	…	…	…	…	…	1	0	1	1	0	1

年齢	2000 総数	男	女	2005 総数	男	女	2010 総数	男	女	2015 総数	男	女
総数	15 894	7 864	8 030	16 332	8 081	8 251	16 632	8 235	8 396	16 925	8 401	8 524
0-4	978	502	476	996	510	485	916	470	446	885	454	430
5-9	994	509	485	990	506	483	988	505	482	920	472	448
10-14	964	492	471	1 001	512	489	985	504	481	992	508	484
15-19	917	469	448	977	499	478	1 004	513	490	993	509	484
20-24	944	480	464	947	481	466	1 000	508	491	1 024	524	500
25-29	1 138	576	563	983	495	488	979	494	485	1 029	523	506
30-34	1 337	680	657	1 164	585	579	991	498	494	1 004	506	498
35-39	1 332	679	653	1 343	679	664	1 147	574	572	1 001	502	499
40-44	1 228	623	605	1 327	673	654	1 323	666	657	1 143	571	571
45-49	1 145	579	566	1 216	614	602	1 312	662	650	1 314	660	653
50-54	1 168	593	575	1 125	566	558	1 200	603	597	1 296	653	643
55-59	866	438	428	1 137	573	563	1 096	549	547	1 176	589	587
60-64	726	360	365	830	415	415	1 105	553	552	1 063	529	534
65-69	655	312	343	679	331	348	800	395	405	1 053	521	532
70-74	552	244	308	587	270	318	626	297	329	740	357	383
75-79	453	178	275	460	191	269	507	223	284	546	249	297
80+	…	…	…	…	…	…	…	…	…	…	…	…
80-84	273	92	181	332	118	215	357	137	220	397	163	235
85-89	155	43	112	160	46	114	209	65	144	230	79	152
90-94	56	12	44	63	14	49	70	17	53	97	25	71
95-99	11	2	9	13	2	11	16	3	13	19	4	16
100+	1	0	1	1	0	1	2	0	1	2	0	2

性・年齢別人口（千人）

年齢	2015 総数	男	女	2020 総数	男	女	2025 総数	男	女	2030 総数	男	女
総数	16 925	8 401	8 524	17 185	8 545	8 640	17 418	8 673	8 746	17 605	8 775	8 829
0-4	885	454	430	898	460	437	917	470	447	926	474	452
5-9	920	472	448	889	457	432	902	463	439	922	473	449
10-14	992	508	484	924	475	449	893	459	434	906	466	441
15-19	993	509	484	999	513	487	932	480	452	901	464	437
20-24	1 024	524	500	1 013	519	494	1 020	523	497	953	491	462
25-29	1 029	523	506	1 054	539	515	1 043	534	509	1 050	538	512
30-34	1 004	506	498	1 054	535	519	1 078	551	527	1 068	547	522
35-39	1 001	502	499	1 014	510	504	1 064	540	524	1 089	556	533
40-44	1 143	571	571	998	500	499	1 011	508	503	1 061	538	524
45-49	1 314	660	653	1 136	567	568	993	496	496	1 006	505	501
50-54	1 296	653	643	1 299	652	647	1 124	561	563	983	491	492
55-59	1 176	589	587	1 273	640	633	1 278	641	637	1 107	552	555
60-64	1 063	529	534	1 144	571	573	1 241	622	619	1 249	624	624
65-69	1 053	521	532	1 018	502	516	1 100	545	555	1 198	597	601
70-74	740	357	383	981	477	504	954	464	491	1 038	508	530
75-79	546	249	297	653	305	348	876	414	462	861	408	452
80+	...	...	...	...	...	...	...	...	...	...	...	...
80-84	397	163	235	435	187	248	529	235	295	722	327	395
85-89	230	79	152	263	98	165	295	117	178	368	152	216
90-94	97	25	71	110	32	78	130	42	88	151	53	98
95-99	19	4	16	28	6	22	33	8	25	41	11	30
100+	2	0	2	3	0	3	5	1	4	6	1	5

年齢	2035 総数	男	女	2040 総数	男	女	2045 総数	男	女	2050 総数	男	女
総数	17 715	8 839	8 876	17 738	8 859	8 879	17 686	8 843	8 843	17 602	8 813	8 789
0-4	919	471	448	898	460	438	878	450	428	876	449	427
5-9	930	477	453	923	473	450	902	463	440	883	453	430
10-14	926	475	451	935	480	455	928	476	452	906	465	441
15-19	914	470	444	934	480	454	943	485	458	936	481	455
20-24	922	475	447	935	481	454	955	491	464	964	496	468
25-29	983	506	477	952	490	462	965	497	469	985	506	479
30-34	1 075	551	524	1 008	518	490	977	503	474	991	509	481
35-39	1 079	551	527	1 086	555	530	1 019	523	496	988	508	480
40-44	1 086	554	533	1 076	549	527	1 084	554	530	1 017	522	496
45-49	1 056	535	522	1 081	551	531	1 072	547	525	1 079	551	528
50-54	997	500	496	1 047	530	517	1 073	546	526	1 064	543	521
55-59	969	484	485	984	493	490	1 034	523	511	1 061	540	521
60-64	1 084	539	545	950	474	477	966	484	482	1 017	514	503
65-69	1 209	602	607	1 052	521	531	924	459	465	942	470	471
70-74	1 136	560	575	1 152	568	583	1 006	494	511	887	437	450
75-79	944	453	492	1 041	505	537	1 063	516	547	934	452	482
80+	...	...	...	...	...	...	...	...	...	...	...	...
80-84	720	329	391	801	371	430	893	419	474	921	434	487
85-89	514	218	296	524	226	298	594	260	334	674	301	373
90-94	195	73	122	281	109	173	296	116	180	344	138	206
95-99	50	15	35	67	22	46	101	34	67	111	38	73
100+	8	2	6	10	3	7	14	4	10	21	6	15

年齢	2055 総数	男	女	2060 総数	男	女
総数	17 513	8 782	8 731	17 435	8 759	8 675
0-4	887	454	432	894	458	436
5-9	881	452	429	891	457	434
10-14	887	455	432	885	454	431
15-19	914	470	444	894	460	434
20-24	956	491	464	933	480	453
25-29	992	510	482	983	505	478
30-34	1 009	518	491	1 015	521	494
35-39	1 001	514	487	1 019	523	496
40-44	987	507	480	1 000	513	487
45-49	1 013	519	494	983	504	479
50-54	1 072	547	524	1 007	516	491
55-59	1 053	537	516	1 061	542	519
60-64	1 044	531	513	1 037	529	509
65-69	994	501	493	1 022	519	503
70-74	907	450	457	959	481	479
75-79	828	403	425	851	417	434
80+	...	...	...	...	...	...
80-84	818	386	432	732	347	385
85-89	708	318	390	639	287	352
90-94	402	165	238	434	179	255
95-99	134	47	88	163	58	105
100+	26	7	18	32	9	23

性・年齢別人口（千人）

年齢	2015			2020			2025			2030		
	総数	男	女	総数	男	女	総数	男	女	総数	男	女
総数	16 925	8 401	8 524	17 312	8 610	8 702	17 750	8 843	8 907	18 193	9 077	9 116
0-4	885	454	430	1 024	525	499	1 123	575	548	1 183	606	577
5-9	920	472	448	889	457	432	1 028	528	501	1 127	578	549
10-14	992	508	484	924	475	449	893	459	434	1 033	530	502
15-19	993	509	484	999	513	487	932	480	452	901	464	437
20-24	1 024	524	500	1 013	519	494	1 020	523	497	953	491	462
25-29	1 029	523	506	1 054	539	515	1 043	534	509	1 050	538	512
30-34	1 004	506	498	1 054	535	519	1 078	551	527	1 068	547	522
35-39	1 001	502	499	1 014	510	504	1 064	540	524	1 089	556	533
40-44	1 143	571	571	998	500	499	1 011	508	503	1 061	538	524
45-49	1 314	660	653	1 136	567	568	993	496	496	1 006	505	501
50-54	1 296	653	643	1 299	652	647	1 124	561	563	983	491	492
55-59	1 176	589	587	1 273	640	633	1 278	641	637	1 107	552	555
60-64	1 063	529	534	1 144	571	573	1 241	622	619	1 249	624	624
65-69	1 053	521	532	1 018	502	516	1 100	545	555	1 198	597	601
70-74	740	357	383	981	477	504	954	464	491	1 038	508	530
75-79	546	249	297	653	305	348	876	414	462	861	408	452
80+	...	...	...	...	...	...	...	...	...	...	...	...
80-84	397	163	235	435	187	248	529	235	295	722	327	395
85-89	230	79	152	263	98	165	295	117	178	368	152	216
90-94	97	25	71	110	32	78	130	42	88	151	53	98
95-99	19	4	16	28	6	22	33	8	25	41	11	30
100+	2	0	2	3	0	3	5	1	4	6	1	5

年齢	2035			2040			2045			2050		
	総数	男	女	総数	男	女	総数	男	女	総数	男	女
総数	18 558	9 271	9 287	18 835	9 421	9 414	19 065	9 549	9 516	19 331	9 698	9 632
0-4	1 173	601	572	1 153	590	562	1 160	594	566	1 228	629	599
5-9	1 187	609	579	1 178	604	574	1 157	593	564	1 164	597	568
10-14	1 131	580	551	1 192	611	580	1 182	606	576	1 161	596	565
15-19	1 040	535	505	1 139	585	554	1 199	616	583	1 190	611	579
20-24	922	475	447	1 061	546	515	1 160	596	564	1 220	627	593
25-29	983	506	477	952	490	462	1 091	561	530	1 190	611	579
30-34	1 075	551	524	1 008	518	490	977	503	474	1 117	574	543
35-39	1 079	551	527	1 086	555	530	1 019	523	496	988	508	480
40-44	1 086	554	533	1 076	549	527	1 084	554	530	1 017	522	496
45-49	1 056	535	522	1 081	551	531	1 072	547	525	1 079	551	528
50-54	997	500	496	1 047	530	517	1 073	546	526	1 064	543	521
55-59	969	484	485	984	493	490	1 034	523	511	1 061	540	521
60-64	1 084	539	545	950	474	477	966	484	482	1 017	514	503
65-69	1 209	602	607	1 052	521	531	924	459	465	942	470	471
70-74	1 136	560	575	1 152	568	583	1 006	494	511	887	437	450
75-79	944	453	492	1 041	505	537	1 063	516	547	934	452	482
80+	...	...	...	...	...	...	...	...	...	...	...	...
80-84	720	329	391	801	371	430	893	419	474	921	434	487
85-89	514	218	296	524	226	298	594	260	334	674	301	373
90-94	195	73	122	281	109	173	296	116	180	344	138	206
95-99	50	15	35	67	22	46	101	34	67	111	38	73
100+	8	2	6	10	3	7	14	4	10	21	6	15

年齢	2055			2060		
	総数	男	女	総数	男	女
総数	19 678	9 890	9 787	20 097	10 122	9 974
0-4	1 323	678	645	1 392	713	679
5-9	1 232	631	600	1 327	680	647
10-14	1 169	599	569	1 236	634	602
15-19	1 169	600	568	1 175	604	572
20-24	1 210	622	588	1 188	610	577
25-29	1 249	641	608	1 237	635	602
30-34	1 214	623	591	1 272	653	619
35-39	1 127	578	549	1 223	627	596
40-44	987	507	480	1 125	577	548
45-49	1 013	519	494	983	504	479
50-54	1 072	547	524	1 007	516	491
55-59	1 053	537	516	1 061	542	519
60-64	1 044	531	513	1 037	529	509
65-69	994	501	493	1 022	519	503
70-74	907	450	457	959	481	479
75-79	828	403	425	851	417	434
80+	...	...	...	...	...	...
80-84	818	386	432	732	347	385
85-89	708	318	390	639	287	352
90-94	402	165	238	434	179	255
95-99	134	47	88	163	58	105
100+	26	7	18	32	9	23

性・年齢別人口（千人）

年齢	2015			2020			2025			2030		
	総数	男	女	総数	男	女	総数	男	女	総数	男	女
総数	16 925	8 401	8 524	17 059	8 480	8 578	17 087	8 503	8 584	17 016	8 474	8 542
0-4	885	454	430	771	396	376	712	365	347	669	343	326
5-9	920	472	448	889	457	432	776	398	377	717	368	349
10-14	992	508	484	924	475	449	893	459	434	780	401	379
15-19	993	509	484	999	513	487	932	480	452	901	464	437
20-24	1 024	524	500	1 013	519	494	1 020	523	497	953	491	462
25-29	1 029	523	506	1 054	539	515	1 043	534	509	1 050	538	512
30-34	1 004	506	498	1 054	535	519	1 078	551	527	1 068	547	522
35-39	1 001	502	499	1 014	510	504	1 064	540	524	1 089	556	533
40-44	1 143	571	571	998	500	499	1 011	508	503	1 061	538	524
45-49	1 314	660	653	1 136	567	568	993	496	496	1 006	505	501
50-54	1 296	653	643	1 299	652	647	1 124	561	563	983	491	492
55-59	1 176	589	587	1 273	640	633	1 278	641	637	1 107	552	555
60-64	1 063	529	534	1 144	571	573	1 241	622	619	1 249	624	624
65-69	1 053	521	532	1 018	502	516	1 100	545	555	1 198	597	601
70-74	740	357	383	981	477	504	954	464	491	1 038	508	530
75-79	546	249	297	653	305	348	876	414	462	861	408	452
80+	…	…	…	…	…	…	…	…	…	…	…	…
80-84	397	163	235	435	187	248	529	235	295	722	327	395
85-89	230	79	152	263	98	165	295	117	178	368	152	216
90-94	97	25	71	110	32	78	130	42	88	151	53	98
95-99	19	4	16	28	6	22	33	8	25	41	11	30
100+	2	0	2	3	0	3	5	1	4	6	1	5

年齢	2035			2040			2045			2050		
	総数	男	女	総数	男	女	総数	男	女	総数	男	女
総数	16 873	8 408	8 465	16 645	8 299	8 346	16 330	8 148	8 181	15 943	7 963	7 979
0-4	665	341	324	646	331	315	614	315	300	573	294	280
5-9	673	345	328	669	343	326	651	334	317	619	318	301
10-14	721	370	351	678	348	330	674	346	328	655	337	319
15-19	788	406	382	729	375	354	686	353	333	682	351	331
20-24	922	475	447	809	417	392	750	386	364	707	364	343
25-29	983	506	477	952	490	462	839	432	407	781	402	379
30-34	1 075	551	524	1 008	518	490	977	503	474	865	445	420
35-39	1 079	551	527	1 086	555	530	1 019	523	496	988	508	480
40-44	1 086	554	533	1 076	549	527	1 084	554	530	1 017	522	496
45-49	1 056	535	522	1 081	551	531	1 072	547	525	1 079	551	528
50-54	997	500	496	1 047	530	517	1 073	546	526	1 064	543	521
55-59	969	484	485	984	493	490	1 034	523	511	1 061	540	521
60-64	1 084	539	545	950	474	477	966	484	482	1 017	514	503
65-69	1 209	602	607	1 052	521	531	924	459	465	942	470	471
70-74	1 136	560	575	1 152	568	583	1 006	494	511	887	437	450
75-79	944	453	492	1 041	505	537	1 063	516	547	934	452	482
80+	…	…	…	…	…	…	…	…	…	…	…	…
80-84	720	329	391	801	371	430	893	419	474	921	434	487
85-89	514	218	296	524	226	298	594	260	334	674	301	373
90-94	195	73	122	281	109	173	296	116	180	344	138	206
95-99	50	15	35	67	22	46	101	34	67	111	38	73
100+	8	2	6	10	3	7	14	4	10	21	6	15

年齢	2055			2060		
	総数	男	女	総数	男	女
総数	15 502	7 752	7 750	15 037	7 532	7 505
0-4	534	274	260	506	259	247
5-9	578	296	281	538	276	262
10-14	623	320	303	582	299	283
15-19	663	341	322	630	325	306
20-24	702	362	340	682	351	331
25-29	736	379	357	729	375	354
30-34	805	414	391	759	390	369
35-39	875	450	426	815	418	397
40-44	987	507	480	874	448	426
45-49	1 013	519	494	983	504	479
50-54	1 072	547	524	1 007	516	491
55-59	1 053	537	516	1 061	542	519
60-64	1 044	531	513	1 037	529	509
65-69	994	501	493	1 022	519	503
70-74	907	450	457	959	481	479
75-79	828	403	425	851	417	434
80+	…	…	…	…	…	…
80-84	818	386	432	732	347	385
85-89	708	318	390	639	287	352
90-94	402	165	238	434	179	255
95-99	134	47	88	163	58	105
100+	26	7	18	32	9	23

New Caledonia

推計値

性・年齢別人口（千人）

年齢	1960			1965			1970			1975		
	総数	男	女	総数	男	女	総数	男	女	総数	男	女
総数	78	41	37	91	48	43	105	55	50	128	67	62
0-4	11	6	5	13	7	7	16	8	8	19	10	9
5-9	10	5	5	11	6	6	13	6	6	15	7	7
10-14	8	4	4	10	5	5	11	6	6	14	7	7
15-19	7	4	4	9	4	4	10	5	5	13	6	6
20-24	6	3	3	8	4	4	9	5	4	11	6	5
25-29	6	3	3	7	4	3	8	4	4	10	5	5
30-34	5	3	2	6	3	3	7	4	3	9	5	4
35-39	5	3	2	6	3	2	7	3	3	8	4	4
40-44	4	3	2	5	3	2	6	3	3	7	4	3
45-49	4	2	2	4	2	2	5	3	2	6	3	3
50-54	4	2	2	4	2	2	4	2	2	5	3	2
55-59	2	1	1	3	2	1	3	2	2	4	2	2
60-64	2	1	1	2	1	1	3	2	1	3	2	1
65-69	1	1	1	1	1	1	2	1	1	3	1	1
70-74	1	0	0	1	0	0	1	1	1	1	1	1
75-79	1	0	0	1	0	0	1	0	0	1	0	0
80+	0	0	0	0	0	0	0	0	0	1	0	0
80-84	…	…	…	…	…	…	…	…	…	…	…	…
85-89	…	…	…	…	…	…	…	…	…	…	…	…
90-94	…	…	…	…	…	…	…	…	…	…	…	…
95-99	…	…	…	…	…	…	…	…	…	…	…	…
100+	…	…	…	…	…	…	…	…	…	…	…	…

年齢	1980			1985			1990			1995		
	総数	男	女	総数	男	女	総数	男	女	総数	男	女
総数	142	73	69	154	79	75	169	86	83	189	97	93
0-4	18	9	9	18	9	9	18	9	9	20	10	10
5-9	18	9	9	18	9	9	18	9	9	18	9	9
10-14	15	8	8	19	9	9	18	9	9	19	9	9
15-19	14	7	7	15	8	8	19	9	9	18	9	9
20-24	12	6	6	13	7	7	15	7	7	18	9	9
25-29	11	5	5	11	6	6	13	6	7	15	8	8
30-34	10	5	5	11	5	5	12	6	6	14	7	7
35-39	9	5	4	10	5	5	11	6	6	13	7	7
40-44	8	4	4	9	5	4	10	5	5	12	6	6
45-49	7	4	3	8	4	4	9	5	4	10	6	5
50-54	5	3	2	6	3	3	7	4	3	9	5	4
55-59	4	2	2	5	3	2	6	3	3	7	4	3
60-64	3	2	2	4	2	2	4	2	2	5	3	3
65-69	3	1	1	3	1	1	3	2	2	4	2	2
70-74	2	1	1	2	1	1	2	1	1	3	1	1
75-79	1	0	1	1	1	1	2	1	1	2	1	1
80+	1	0	0	1	0	1	…	…	…	…	…	…
80-84	…	…	…	…	…	…	1	0	1	1	0	1
85-89	…	…	…	…	…	…	0	0	0	0	0	0
90-94	…	…	…	…	…	…	0	0	0	0	0	0
95-99	…	…	…	…	…	…	0	0	0	0	0	0
100+	…	…	…	…	…	…	0	0	0	0	0	0

年齢	2000			2005			2010			2015		
	総数	男	女	総数	男	女	総数	男	女	総数	男	女
総数	210	106	104	229	115	114	246	125	121	263	133	130
0-4	21	11	10	20	10	10	19	10	9	20	10	10
5-9	21	11	10	21	11	10	19	10	9	19	10	9
10-14	19	10	9	21	11	10	20	10	10	19	10	10
15-19	19	10	9	19	10	9	21	11	10	20	10	10
20-24	18	9	9	19	10	9	19	10	9	22	11	11
25-29	18	9	9	18	9	9	17	9	8	20	10	10
30-34	16	8	8	19	9	10	18	9	9	18	9	9
35-39	15	8	8	16	8	8	19	9	10	18	9	9
40-44	14	7	7	16	8	8	18	9	9	19	10	10
45-49	12	6	6	14	7	7	17	9	8	18	9	9
50-54	10	6	5	12	6	6	14	7	7	17	9	8
55-59	9	5	4	10	5	5	12	6	6	14	7	7
60-64	7	3	3	8	4	4	10	5	5	11	6	6
65-69	5	2	2	6	3	3	8	4	4	9	5	5
70-74	3	2	2	4	2	2	6	3	3	7	4	4
75-79	2	1	1	3	1	2	4	2	2	5	2	3
80+	…	…	…	…	…	…	…	…	…	…	…	…
80-84	1	1	1	2	1	1	3	1	2	3	1	2
85-89	0	0	0	1	0	0	1	0	1	2	1	1
90-94	0	0	0	0	0	0	0	0	0	0	0	0
95-99	0	0	0	0	0	0	0	0	0	0	0	0
100+	0	0	0	0	0	0	0	0	0	0	0	0

性・年齢別人口（千人）

年齢	2015			2020			2025			2030		
	総数	男	女	総数	男	女	総数	男	女	総数	男	女
総数	263	133	130	280	140	139	296	148	148	311	155	156
0-4	20	10	10	20	10	10	20	10	10	21	11	10
5-9	19	10	9	20	10	10	20	10	10	21	11	10
10-14	19	10	9	19	10	9	20	10	10	21	11	10
15-19	20	10	10	20	10	10	20	10	10	21	11	10
20-24	22	11	11	21	11	10	21	11	10	21	11	10
25-29	20	10	10	23	12	11	22	11	11	22	11	11
30-34	18	9	9	21	10	10	24	12	12	23	12	11
35-39	18	9	9	18	9	9	21	11	10	24	12	12
40-44	19	10	10	18	9	9	19	9	9	21	11	11
45-49	18	9	9	20	10	10	19	9	9	19	9	9
50-54	17	9	8	18	9	9	19	10	10	19	9	9
55-59	14	7	7	17	8	8	18	9	9	19	9	10
60-64	11	6	6	14	7	7	16	8	8	17	8	9
65-69	9	5	5	11	5	5	13	6	7	15	7	8
70-74	7	4	4	8	4	4	10	5	5	12	5	6
75-79	5	2	3	6	3	3	7	3	4	8	4	4
80+	…	…	…	…	…	…	…	…	…	…	…	…
80-84	3	1	2	4	2	2	4	2	2	5	2	3
85-89	2	1	1	2	1	1	2	1	1	3	1	2
90-94	0	0	0	1	0	0	1	0	0	1	0	1
95-99	0	0	0	0	0	0	0	0	0	0	0	0
100+	0	0	0	0	0	0	0	0	0	0	0	0

年齢	2035			2040			2045			2050		
	総数	男	女	総数	男	女	総数	男	女	総数	男	女
総数	326	162	163	339	169	170	352	176	176	363	182	182
0-4	21	11	10	21	11	10	21	11	10	21	11	10
5-9	21	11	10	21	11	10	21	11	10	21	11	10
10-14	21	11	10	21	11	10	21	11	10	21	11	10
15-19	21	11	10	21	11	10	21	11	10	22	11	11
20-24	22	11	11	22	11	11	22	11	11	22	11	11
25-29	22	11	11	23	12	11	23	12	11	23	12	11
30-34	22	11	11	23	12	11	24	12	12	24	12	12
35-39	23	12	11	23	12	11	23	12	11	24	12	12
40-44	24	12	12	24	12	12	23	12	11	24	12	12
45-49	21	11	11	24	12	12	24	12	12	23	12	11
50-54	19	9	9	21	11	11	24	12	12	24	12	12
55-59	18	9	9	19	9	9	21	11	11	24	12	12
60-64	19	9	10	18	9	9	18	9	9	21	10	10
65-69	16	8	8	18	9	9	17	8	9	18	9	9
70-74	14	7	7	15	7	8	17	8	9	16	8	8
75-79	10	5	6	12	6	7	13	6	7	15	7	8
80+	…	…	…	…	…	…	…	…	…	…	…	…
80-84	6	3	4	8	3	4	10	4	5	11	5	6
85-89	3	1	2	4	2	2	5	2	3	7	3	4
90-94	1	0	1	2	0	1	2	1	1	3	1	2
95-99	0	0	0	0	0	0	1	0	0	1	0	1
100+	0	0	0	0	0	0	0	0	0	0	0	0

年齢	2055			2060		
	総数	男	女	総数	男	女
総数	374	187	187	383	192	191
0-4	21	11	10	21	11	10
5-9	21	11	10	21	11	10
10-14	21	11	10	21	11	10
15-19	21	11	10	21	11	10
20-24	22	11	11	22	11	11
25-29	23	12	11	23	12	11
30-34	24	12	12	24	12	12
35-39	24	12	12	24	12	12
40-44	24	12	12	25	13	12
45-49	24	12	12	25	12	12
50-54	23	12	11	24	12	12
55-59	24	12	12	23	12	11
60-64	24	12	12	23	12	12
65-69	20	10	10	23	12	12
70-74	17	8	9	19	9	10
75-79	15	7	8	15	7	8
80+	…	…	…	…	…	…
80-84	12	5	7	12	6	7
85-89	8	3	4	9	4	5
90-94	4	1	2	4	2	3
95-99	1	0	1	1	0	1
100+	0	0	0	0	0	0

New Caledonia

性・年齢別人口（千人）

年齢	2015 総数	男	女	2020 総数	男	女	2025 総数	男	女	2030 総数	男	女
総数	263	133	130	282	142	140	302	151	151	323	161	161
0-4	20	10	10	23	12	11	25	13	12	26	13	13
5-9	19	10	9	20	10	10	23	12	11	25	13	12
10-14	19	10	9	19	10	9	20	10	10	23	12	11
15-19	20	10	10	20	10	10	20	10	10	21	11	10
20-24	22	11	11	21	11	10	21	11	10	21	11	10
25-29	20	10	10	23	12	11	22	11	11	22	11	11
30-34	18	9	9	21	10	10	24	12	12	23	12	11
35-39	18	9	9	18	9	9	21	11	10	24	12	12
40-44	19	10	10	18	9	9	19	9	9	21	11	11
45-49	18	9	9	20	10	10	19	9	9	19	9	9
50-54	17	9	8	18	9	9	19	10	10	19	9	9
55-59	14	7	7	17	8	8	18	9	9	19	9	10
60-64	11	6	6	14	7	7	16	8	8	17	8	9
65-69	9	5	5	11	5	5	13	6	7	15	7	8
70-74	7	4	4	8	4	4	10	5	5	12	5	6
75-79	5	2	3	6	3	3	7	3	4	8	4	4
80+	…	…	…	…	…	…	…	…	…	…	…	…
80-84	3	1	2	4	2	2	4	2	2	5	2	3
85-89	2	1	1	2	1	1	2	1	1	3	1	2
90-94	0	0	0	1	0	0	1	0	0	1	0	1
95-99	0	0	0	0	0	0	0	0	0	0	0	0
100+	0	0	0	0	0	0	0	0	0	0	0	0

年齢	2035 総数	男	女	2040 総数	男	女	2045 総数	男	女	2050 総数	男	女
総数	343	171	172	363	181	181	382	191	191	401	201	200
0-4	26	13	13	27	14	13	27	14	13	29	15	14
5-9	26	13	13	26	13	13	27	14	13	27	14	13
10-14	25	13	12	26	13	13	26	14	13	27	14	13
15-19	24	12	12	25	13	12	27	14	13	27	14	13
20-24	22	11	11	25	13	12	26	13	13	28	14	14
25-29	22	11	11	23	12	11	26	13	13	27	14	13
30-34	22	11	11	23	12	11	24	12	12	26	13	13
35-39	23	12	11	23	12	11	23	12	11	24	12	12
40-44	24	12	12	24	12	12	23	12	11	24	12	12
45-49	21	11	11	24	12	12	24	12	12	23	12	11
50-54	19	9	9	21	11	11	24	12	12	24	12	12
55-59	18	9	9	19	9	9	21	11	11	24	12	12
60-64	19	9	10	18	9	9	18	9	9	21	10	10
65-69	16	8	8	18	9	9	17	8	9	18	9	9
70-74	14	7	7	15	7	8	17	8	9	16	8	8
75-79	10	5	6	12	6	7	13	6	7	15	7	8
80+	…	…	…	…	…	…	…	…	…	…	…	…
80-84	6	3	4	8	3	4	10	4	5	11	5	6
85-89	3	1	2	4	2	2	5	2	3	7	3	4
90-94	1	0	1	2	0	1	2	1	1	3	1	2
95-99	0	0	0	0	0	0	1	0	0	1	0	1
100+	0	0	0	0	0	0	0	0	0	0	0	0

年齢	2055 総数	男	女	2060 総数	男	女
総数	421	211	210	441	222	219
0-4	30	16	15	32	16	15
5-9	29	15	14	30	16	15
10-14	28	14	13	29	15	14
15-19	27	14	13	28	14	14
20-24	28	14	14	28	14	14
25-29	29	15	14	29	15	14
30-34	28	14	14	29	15	14
35-39	27	14	13	29	15	14
40-44	24	12	12	27	14	13
45-49	24	12	12	25	12	12
50-54	23	12	11	24	12	12
55-59	24	12	12	23	12	11
60-64	24	12	12	23	12	12
65-69	20	10	10	23	12	12
70-74	17	8	9	19	9	10
75-79	15	7	8	15	7	8
80+	…	…	…	…	…	…
80-84	12	5	7	12	6	7
85-89	8	3	4	9	4	5
90-94	4	1	2	4	2	3
95-99	1	0	1	1	0	1
100+	0	0	0	0	0	0

性・年齢別人口（千人）

年齢	2015 総数	男	女	2020 総数	男	女	2025 総数	男	女	2030 総数	男	女
総数	263	133	130	277	139	138	289	145	144	299	149	150
0-4	20	10	10	18	9	9	16	8	8	15	8	7
5-9	19	10	9	20	10	10	18	9	9	17	8	8
10-14	19	10	9	19	10	9	20	10	10	18	9	9
15-19	20	10	10	20	10	10	20	10	10	21	11	10
20-24	22	11	11	21	11	10	21	11	10	21	11	10
25-29	20	10	10	23	12	11	22	11	11	22	11	11
30-34	18	9	9	21	10	10	24	12	12	23	12	11
35-39	18	9	9	18	9	9	21	11	10	24	12	12
40-44	19	10	10	18	9	9	19	9	9	21	11	11
45-49	18	9	9	20	10	10	19	9	9	19	9	9
50-54	17	9	8	18	9	9	19	10	10	19	9	9
55-59	14	7	7	17	8	8	18	9	9	19	9	10
60-64	11	6	6	14	7	7	16	8	8	17	8	9
65-69	9	5	5	11	5	5	13	6	7	15	7	8
70-74	7	4	4	8	4	4	10	5	5	12	5	6
75-79	5	2	3	6	3	3	7	3	4	8	4	4
80+	...	...	...	...	...	...	...	...	...	...	...	...
80-84	3	1	2	4	2	2	4	2	2	5	2	3
85-89	2	1	1	2	1	1	2	1	1	3	1	2
90-94	0	0	0	1	0	0	1	0	0	1	0	1
95-99	0	0	0	0	0	0	0	0	0	0	0	0
100+	0	0	0	0	0	0	0	0	0	0	0	0

年齢	2035 総数	男	女	2040 総数	男	女	2045 総数	男	女	2050 総数	男	女
総数	308	154	155	316	157	159	323	161	162	327	163	164
0-4	15	8	7	15	8	7	14	7	7	14	7	7
5-9	15	8	8	15	8	7	15	8	7	15	7	7
10-14	17	8	8	16	8	8	15	8	8	15	8	7
15-19	19	10	9	17	9	8	16	8	8	16	8	8
20-24	22	11	11	20	10	10	18	9	9	17	9	8
25-29	22	11	11	23	12	11	21	11	10	19	10	9
30-34	22	11	11	23	12	11	24	12	12	21	11	11
35-39	23	12	11	23	12	11	23	12	11	24	12	12
40-44	24	12	12	24	12	12	23	12	11	24	12	12
45-49	21	11	11	24	12	12	24	12	12	23	12	11
50-54	19	9	9	21	11	11	24	12	12	24	12	12
55-59	18	9	9	19	9	9	21	11	11	24	12	12
60-64	19	9	10	18	9	9	18	9	9	21	10	10
65-69	16	8	8	18	9	9	17	8	9	18	9	9
70-74	14	7	7	15	7	8	17	8	9	16	8	8
75-79	10	5	6	12	6	7	13	6	7	15	7	8
80+	...	...	...	...	...	...	...	...	...	...	...	...
80-84	6	3	4	8	3	4	10	4	5	11	5	6
85-89	3	1	2	4	2	2	5	2	3	7	3	4
90-94	1	0	1	2	0	1	2	1	1	3	1	2
95-99	0	0	0	0	0	0	1	0	0	1	0	1
100+	0	0	0	0	0	0	0	0	0	0	0	0

年齢	2055 総数	男	女	2060 総数	男	女
総数	330	165	165	331	165	166
0-4	13	7	7	13	6	6
5-9	14	7	7	13	7	7
10-14	15	8	7	14	7	7
15-19	16	8	8	15	8	7
20-24	17	9	8	17	9	8
25-29	18	9	9	18	9	9
30-34	20	10	10	19	10	9
35-39	22	11	11	20	10	10
40-44	24	12	12	22	11	11
45-49	24	12	12	25	12	12
50-54	23	12	11	24	12	12
55-59	24	12	12	23	12	11
60-64	24	12	12	23	12	12
65-69	20	10	10	23	12	12
70-74	17	8	9	19	9	10
75-79	15	7	8	15	7	8
80+	...	...	...	...	...	...
80-84	12	5	7	12	6	7
85-89	8	3	4	9	4	5
90-94	4	1	2	4	2	3
95-99	1	0	1	1	0	1
100+	0	0	0	0	0	0

New Zealand

性・年齢別人口（千人）

年齢	1960 総数	男	女	1965 総数	男	女	1970 総数	男	女	1975 総数	男	女
総数	2 372	1 192	1 180	2 628	1 318	1 310	2 820	1 409	1 410	3 083	1 538	1 545
0-4	289	148	141	303	155	148	297	151	146	302	154	149
5-9	254	129	125	293	149	144	304	155	148	304	154	149
10-14	237	121	116	261	134	127	295	150	145	318	163	156
15-19	183	94	89	243	124	119	262	134	127	298	152	146
20-24	152	77	75	187	96	91	230	118	112	256	131	125
25-29	146	75	71	164	83	81	183	92	91	242	122	120
30-34	158	82	76	148	76	72	164	82	81	199	101	98
35-39	154	78	76	162	84	78	148	75	73	167	85	83
40-44	143	71	72	158	80	78	160	83	78	156	80	77
45-49	139	70	69	143	71	72	156	79	77	159	81	78
50-54	124	63	61	136	68	68	139	69	71	156	78	78
55-59	103	52	51	119	60	59	131	64	66	132	64	68
60-64	85	41	44	97	48	49	112	55	57	124	60	65
65-69	69	31	38	78	36	42	88	42	46	101	47	54
70-74	58	26	32	57	23	34	66	28	37	75	33	42
75-79	43	19	24	41	16	25	43	16	27	48	19	29
80+	35	15	20	38	15	23	43	15	27	45	15	30
80-84	…	…	…	…	…	…	…	…	…	…	…	…
85-89	…	…	…	…	…	…	…	…	…	…	…	…
90-94	…	…	…	…	…	…	…	…	…	…	…	…
95-99	…	…	…	…	…	…	…	…	…	…	…	…
100+	…	…	…	…	…	…	…	…	…	…	…	…

年齢	1980 総数	男	女	1985 総数	男	女	1990 総数	男	女	1995 総数	男	女
総数	3 147	1 564	1 583	3 268	1 619	1 650	3 398	1 672	1 725	3 675	1 811	1 864
0-4	256	130	126	252	129	123	277	142	135	296	153	144
5-9	295	150	146	256	130	126	254	130	124	286	147	140
10-14	304	155	149	297	151	146	259	132	127	263	135	128
15-19	313	160	153	303	154	149	293	148	146	271	138	134
20-24	268	136	131	291	148	143	275	137	138	285	142	143
25-29	239	119	120	262	130	131	280	137	143	280	137	143
30-34	235	117	118	254	125	129	275	135	140	302	148	154
35-39	191	96	95	234	118	117	243	121	123	285	140	145
40-44	165	83	83	189	95	94	236	117	119	257	128	130
45-49	149	76	73	163	82	81	187	95	93	241	121	120
50-54	156	80	76	145	74	71	155	78	78	187	94	93
55-59	145	72	73	148	74	74	146	73	73	159	79	80
60-64	124	59	64	137	67	71	140	70	69	138	69	69
65-69	111	52	59	114	52	62	127	60	67	134	66	69
70-74	86	38	48	94	41	53	98	43	55	116	52	64
75-79	57	23	33	66	27	39	76	31	45	80	33	47
80+	53	17	36	63	20	42	…	…	…	…	…	…
80-84	…	…	…	…	…	…	46	17	30	55	20	35
85-89	…	…	…	…	…	…	20	6	14	27	8	19
90-94	…	…	…	…	…	…	7	2	5	9	2	6
95-99	…	…	…	…	…	…	1	0	1	2	0	2
100+	…	…	…	…	…	…	0	0	0	0	0	0

年齢	2000 総数	男	女	2005 総数	男	女	2010 総数	男	女	2015 総数	男	女
総数	3 858	1 893	1 965	4 135	2 025	2 110	4 369	2 145	2 224	4 529	2 213	2 315
0-4	284	146	138	285	146	139	312	160	152	309	158	150
5-9	302	156	146	293	150	143	287	147	140	311	159	151
10-14	292	149	143	314	161	153	297	152	145	296	151	144
15-19	277	141	136	306	155	151	322	165	156	308	158	150
20-24	253	126	127	288	145	143	317	162	154	322	163	160
25-29	268	130	139	256	125	131	287	143	145	284	138	146
30-34	293	141	153	294	140	154	269	129	140	277	133	144
35-39	309	150	159	309	148	161	302	143	159	263	125	138
40-44	292	143	149	319	154	165	310	147	162	317	150	167
45-49	257	128	130	303	149	154	326	158	168	306	146	159
50-54	238	119	119	252	125	127	289	141	148	328	158	170
55-59	186	92	94	239	118	121	252	124	128	287	139	148
60-64	153	75	78	181	89	92	232	114	118	248	121	127
65-69	131	64	67	147	71	76	173	85	89	230	113	118
70-74	121	57	63	120	57	63	141	67	73	165	79	85
75-79	94	40	54	102	46	55	102	48	55	116	54	62
80+	…	…	…	…	…	…	…	…	…	…	…	…
80-84	60	22	38	72	29	43	83	36	47	78	35	43
85-89	33	11	23	38	13	25	47	17	30	56	22	34
90-94	12	3	9	15	4	11	18	5	12	22	7	15
95-99	2	1	2	3	1	3	4	1	3	5	1	4
100+	0	0	0	0	0	0	1	0	0	1	0	0

性・年齢別人口（千人）

年齢	2015			2020			2025			2030		
	総数	男	女	総数	男	女	総数	男	女	総数	男	女
総数	4 529	2 213	2 315	4 730	2 312	2 417	4 923	2 408	2 515	5 103	2 497	2 606
0-4	309	158	150	301	154	146	304	156	148	307	158	149
5-9	311	159	151	313	161	153	305	156	149	309	158	150
10-14	296	151	144	316	162	154	318	163	155	310	159	151
15-19	308	158	150	301	153	147	321	163	157	323	165	159
20-24	322	163	160	313	160	153	305	155	151	326	165	161
25-29	284	138	146	329	165	164	319	162	158	312	157	155
30-34	277	133	144	291	141	150	336	167	168	326	164	162
35-39	263	125	138	283	135	148	297	144	154	342	170	172
40-44	317	150	167	267	127	140	287	137	150	301	145	156
45-49	306	146	159	318	150	168	268	128	141	288	138	150
50-54	328	158	170	304	145	159	317	150	167	268	127	140
55-59	287	139	148	324	155	169	301	144	157	314	148	166
60-64	248	121	127	281	136	145	318	152	166	296	141	155
65-69	230	113	118	240	116	124	273	131	142	310	147	162
70-74	165	79	85	217	105	112	227	109	119	260	124	136
75-79	116	54	62	148	70	78	197	93	104	208	98	110
80+	…	…	…	…	…	…	…	…	…	…	…	…
80-84	78	35	43	96	43	53	124	57	67	167	77	90
85-89	56	22	34	54	23	31	68	29	39	90	39	51
90-94	22	7	15	28	10	18	28	11	17	37	14	22
95-99	5	1	4	7	2	5	9	3	6	9	3	6
100+	1	0	0	1	0	1	1	0	1	1	0	1

年齢	2035			2040			2045			2050		
	総数	男	女	総数	男	女	総数	男	女	総数	男	女
総数	5 261	2 575	2 686	5 395	2 642	2 753	5 509	2 701	2 809	5 607	2 752	2 855
0-4	307	157	149	306	157	149	307	158	149	307	158	149
5-9	311	160	152	311	160	151	310	159	151	312	160	152
10-14	314	161	153	317	162	154	316	162	154	315	161	154
15-19	315	161	154	319	163	156	322	164	158	321	164	157
20-24	328	166	162	320	162	158	324	164	160	327	166	161
25-29	332	167	165	335	168	166	327	164	162	330	166	164
30-34	319	159	160	339	170	170	342	171	171	334	167	167
35-39	332	167	166	325	162	163	345	172	173	348	174	175
40-44	346	171	174	337	169	168	329	164	165	350	174	176
45-49	303	146	157	347	172	175	338	169	169	331	165	166
50-54	288	137	150	302	146	156	346	172	175	338	169	169
55-59	266	126	140	286	136	149	301	145	156	344	171	174
60-64	309	146	164	263	125	138	283	135	148	298	143	154
65-69	289	137	152	303	142	161	258	122	136	278	132	146
70-74	296	140	156	278	131	147	292	136	156	249	117	132
75-79	239	112	127	274	128	146	259	121	138	273	126	147
80+	…	…	…	…	…	…	…	…	…	…	…	…
80-84	179	82	97	208	95	113	241	110	131	229	104	125
85-89	124	54	70	135	59	76	159	70	89	188	82	106
90-94	50	20	30	71	29	42	80	33	47	97	40	58
95-99	13	4	8	18	7	12	27	10	17	32	12	20
100+	2	1	1	2	1	2	4	1	3	6	2	4

年齢	2055			2060		
	総数	男	女	総数	男	女
総数	5 690	2 801	2 888	5 762	2 847	2 915
0-4	306	157	148	304	156	148
5-9	311	160	151	310	160	150
10-14	316	162	154	316	163	154
15-19	320	164	157	321	164	157
20-24	326	166	160	325	165	159
25-29	333	168	165	332	168	164
30-34	337	169	168	339	171	168
35-39	340	170	170	343	172	171
40-44	352	176	176	344	172	172
45-49	351	175	176	354	177	177
50-54	331	165	166	351	175	176
55-59	336	168	168	330	164	166
60-64	341	169	172	333	167	167
65-69	293	141	152	336	166	170
70-74	269	127	142	284	136	148
75-79	235	109	125	255	119	135
80+	…	…	…	…	…	…
80-84	244	110	134	211	96	115
85-89	181	79	102	196	85	111
90-94	117	48	70	117	48	69
95-99	41	15	26	52	19	33
100+	8	2	5	10	3	7

New Zealand

性・年齢別人口（千人）

年齢	2015 総数	男	女	2020 総数	男	女	2025 総数	男	女	2030 総数	男	女
総数	4 529	2 213	2 315	4 767	2 332	2 435	5 022	2 459	2 563	5 282	2 589	2 694
0-4	309	158	150	338	173	164	366	188	178	387	199	188
5-9	311	159	151	313	161	153	342	176	167	371	190	181
10-14	296	151	144	316	162	154	318	163	155	347	178	170
15-19	308	158	150	301	153	147	321	163	157	323	165	159
20-24	322	163	160	313	160	153	305	155	151	326	165	161
25-29	284	138	146	329	165	164	319	162	158	312	157	155
30-34	277	133	144	291	141	150	336	167	168	326	164	162
35-39	263	125	138	283	135	148	297	144	154	342	170	172
40-44	317	150	167	267	127	140	287	137	150	301	145	156
45-49	306	146	159	318	150	168	268	128	141	288	138	150
50-54	328	158	170	304	145	159	317	150	167	268	127	140
55-59	287	139	148	324	155	169	301	144	157	314	148	166
60-64	248	121	127	281	136	145	318	152	166	296	141	155
65-69	230	113	118	240	116	124	273	131	142	310	147	162
70-74	165	79	85	217	105	112	227	109	119	260	124	136
75-79	116	54	62	148	70	78	197	93	104	208	98	110
80+	...	...	...	...	...	...	...	...	...	...	...	...
80-84	78	35	43	96	43	53	124	57	67	167	77	90
85-89	56	22	34	54	23	31	68	29	39	90	39	51
90-94	22	7	15	28	10	18	28	11	17	37	14	22
95-99	5	1	4	7	2	5	9	3	6	9	3	6
100+	1	0	0	1	0	1	1	0	1	1	0	1

年齢	2035 総数	男	女	2040 総数	男	女	2045 総数	男	女	2050 総数	男	女
総数	5 522	2 709	2 813	5 743	2 821	2 922	5 957	2 930	3 027	6 173	3 042	3 130
0-4	388	199	189	393	202	191	406	209	198	425	218	207
5-9	391	201	191	393	202	191	398	204	194	411	211	200
10-14	376	192	183	396	203	193	398	204	194	403	206	197
15-19	352	180	173	381	194	186	401	205	196	403	206	197
20-24	328	166	162	357	181	176	386	196	190	406	206	200
25-29	332	167	165	335	168	166	364	183	181	392	198	194
30-34	319	159	160	339	170	170	342	171	171	371	186	185
35-39	332	167	166	325	162	163	345	172	173	348	174	175
40-44	346	171	174	337	169	168	329	164	165	350	174	176
45-49	303	146	157	347	172	175	338	169	169	331	165	166
50-54	288	137	150	302	146	156	346	172	175	338	169	169
55-59	266	126	140	286	136	149	301	145	156	344	171	174
60-64	309	146	164	263	125	138	283	135	148	298	143	154
65-69	289	137	152	303	142	161	258	122	136	278	132	146
70-74	296	140	156	278	131	147	292	136	156	249	117	132
75-79	239	112	127	274	128	146	259	121	138	273	126	147
80+	...	...	...	...	...	...	...	...	...	...	...	...
80-84	179	82	97	208	95	113	241	110	131	229	104	125
85-89	124	54	70	135	59	76	159	70	89	188	82	106
90-94	50	20	30	71	29	42	80	33	47	97	40	58
95-99	13	4	8	18	7	12	27	10	17	32	12	20
100+	2	1	1	2	1	2	4	1	3	6	2	4

年齢	2055 総数	男	女	2060 総数	男	女
総数	6 395	3 163	3 232	6 627	3 291	3 336
0-4	446	229	217	464	238	225
5-9	429	221	209	450	232	219
10-14	416	213	202	434	223	211
15-19	408	209	199	420	215	205
20-24	408	208	200	412	210	202
25-29	412	209	204	413	210	204
30-34	399	201	198	419	212	207
35-39	377	189	188	405	204	201
40-44	352	176	176	381	191	190
45-49	351	175	176	354	177	177
50-54	331	165	166	351	175	176
55-59	336	168	168	330	164	166
60-64	341	169	172	333	167	167
65-69	293	141	152	336	166	170
70-74	269	127	142	284	136	148
75-79	235	109	125	255	119	135
80+	...	...	...	...	...	...
80-84	244	110	134	211	96	115
85-89	181	79	102	196	85	111
90-94	117	48	70	117	48	69
95-99	41	15	26	52	19	33
100+	8	2	5	10	3	7

性・年齢別人口（千人）

年齢	2015			2020			2025			2030		
	総数	男	女	総数	男	女	総数	男	女	総数	男	女
総数	4 529	2 213	2 315	4 692	2 293	2 399	4 824	2 357	2 467	4 924	2 405	2 519
0-4	309	158	150	263	135	128	242	124	118	227	117	111
5-9	311	159	151	313	161	153	268	137	130	247	127	120
10-14	296	151	144	316	162	154	318	163	155	273	140	133
15-19	308	158	150	301	153	147	321	163	157	323	165	159
20-24	322	163	160	313	160	153	305	155	151	326	165	161
25-29	284	138	146	329	165	164	319	162	158	312	157	155
30-34	277	133	144	291	141	150	336	167	168	326	164	162
35-39	263	125	138	283	135	148	297	144	154	342	170	172
40-44	317	150	167	267	127	140	287	137	150	301	145	156
45-49	306	146	159	318	150	168	268	128	141	288	138	150
50-54	328	158	170	304	145	159	317	150	167	268	127	140
55-59	287	139	148	324	155	169	301	144	157	314	148	166
60-64	248	121	127	281	136	145	318	152	166	296	141	155
65-69	230	113	118	240	116	124	273	131	142	310	147	162
70-74	165	79	85	217	105	112	227	109	119	260	124	136
75-79	116	54	62	148	70	78	197	93	104	208	98	110
80+	…	…	…	…	…	…	…	…	…	…	…	…
80-84	78	35	43	96	43	53	124	57	67	167	77	90
85-89	56	22	34	54	23	31	68	29	39	90	39	51
90-94	22	7	15	28	10	18	28	11	17	37	14	22
95-99	5	1	4	7	2	5	9	3	6	9	3	6
100+	1	0	0	1	0	1	1	0	1	1	0	1

年齢	2035			2040			2045			2050		
	総数	男	女	総数	男	女	総数	男	女	総数	男	女
総数	5 000	2 441	2 559	5 049	2 465	2 584	5 071	2 476	2 595	5 067	2 475	2 592
0-4	225	116	109	221	113	107	215	110	104	204	105	99
5-9	232	119	113	229	118	112	225	116	110	219	113	107
10-14	252	129	123	237	121	116	235	120	115	230	118	112
15-19	278	142	136	257	131	126	242	123	119	240	122	118
20-24	328	166	162	283	143	140	262	132	130	247	125	122
25-29	332	167	165	335	168	166	289	145	144	269	135	134
30-34	319	159	160	339	170	170	342	171	171	297	148	149
35-39	332	167	166	325	162	163	345	172	173	348	174	175
40-44	346	171	174	337	169	168	329	164	165	350	174	176
45-49	303	146	157	347	172	175	338	169	169	331	165	166
50-54	288	137	150	302	146	156	346	172	175	338	169	169
55-59	266	126	140	286	136	149	301	145	156	344	171	174
60-64	309	146	164	263	125	138	283	135	148	298	143	154
65-69	289	137	152	303	142	161	258	122	136	278	132	146
70-74	296	140	156	278	131	147	292	136	156	249	117	132
75-79	239	112	127	274	128	146	259	121	138	273	126	147
80+	…	…	…	…	…	…	…	…	…	…	…	…
80-84	179	82	97	208	95	113	241	110	131	229	104	125
85-89	124	54	70	135	59	76	159	70	89	188	82	106
90-94	50	20	30	71	29	42	80	33	47	97	40	58
95-99	13	4	8	18	7	12	27	10	17	32	12	20
100+	2	1	1	2	1	2	4	1	3	6	2	4

年齢	2055			2060		
	総数	男	女	総数	男	女
総数	5 034	2 465	2 569	4 980	2 446	2 534
0-4	190	98	92	177	91	86
5-9	208	107	101	194	100	94
10-14	224	115	109	213	110	103
15-19	235	120	115	229	117	112
20-24	245	124	121	240	122	118
25-29	253	127	126	250	126	124
30-34	276	138	138	260	130	130
35-39	303	151	152	281	141	141
40-44	352	176	176	307	153	154
45-49	351	175	176	354	177	177
50-54	331	165	166	351	175	176
55-59	336	168	168	330	164	166
60-64	341	169	172	333	167	167
65-69	293	141	152	336	166	170
70-74	269	127	142	284	136	148
75-79	235	109	125	255	119	135
80+	…	…	…	…	…	…
80-84	244	110	134	211	96	115
85-89	181	79	102	196	85	111
90-94	117	48	70	117	48	69
95-99	41	15	26	52	19	33
100+	8	2	5	10	3	7

Nicaragua

性·年齢別人口（千人）

推計値

年齢	1960			1965			1970			1975		
	総数	男	女	総数	男	女	総数	男	女	総数	男	女
総数	1 775	886	889	2 063	1 031	1 032	2 398	1 199	1 199	2 797	1 402	1 395
0-4	365	185	180	391	199	193	444	225	219	527	268	259
5-9	286	145	141	343	174	169	371	188	183	423	215	208
10-14	190	98	92	279	142	138	336	170	166	363	184	179
15-19	174	90	85	184	95	89	272	137	134	326	165	161
20-24	148	75	73	167	86	82	177	91	86	260	131	129
25-29	127	63	63	141	72	70	160	81	78	166	85	81
30-34	109	52	57	120	60	61	135	68	67	151	77	74
35-39	91	43	48	103	49	54	115	57	58	128	64	63
40-44	72	35	37	86	41	46	98	46	52	109	54	55
45-49	58	28	30	67	32	35	81	38	43	93	44	49
50-54	46	22	25	54	25	28	62	29	33	76	35	41
55-59	36	17	19	42	19	23	49	23	26	58	27	31
60-64	27	13	14	32	15	17	37	17	20	44	20	24
65-69	19	9	11	23	11	12	27	12	15	32	14	18
70-74	14	6	8	15	6	8	17	8	9	21	9	12
75-79	8	3	4	9	4	5	10	4	6	12	5	7
80+	4	2	3	5	2	3	7	3	4	9	3	5
80-84	...	...	...	...	...	...	...	...	...	...	...	...
85-89	...	...	...	...	...	...	...	...	...	...	...	...
90-94	...	...	...	...	...	...	...	...	...	...	...	...
95-99	...	...	...	...	...	...	...	...	...	...	...	...
100+	...	...	...	...	...	...	...	...	...	...	...	...

年齢	1980			1985			1990			1995		
	総数	男	女	総数	男	女	総数	男	女	総数	男	女
総数	3 250	1 627	1 623	3 709	1 849	1 860	4 145	2 055	2 089	4 612	2 285	2 328
0-4	607	308	299	674	342	332	694	353	341	689	350	338
5-9	505	256	248	580	294	286	647	329	318	676	345	331
10-14	413	210	203	487	247	240	555	282	273	626	319	307
15-19	350	177	173	392	198	194	457	230	228	530	268	262
20-24	310	156	154	327	163	164	362	179	183	432	214	218
25-29	245	122	123	289	143	146	301	147	154	342	166	176
30-34	156	79	77	228	112	116	268	130	138	285	137	148
35-39	142	72	70	143	71	72	211	101	110	255	122	132
40-44	121	60	60	131	65	66	131	63	68	201	95	106
45-49	102	50	52	111	55	56	122	59	63	124	59	65
50-54	87	41	46	94	46	49	104	51	53	115	55	60
55-59	70	32	38	80	37	43	87	42	46	97	46	50
60-64	52	24	28	64	29	35	72	33	39	80	38	42
65-69	38	17	21	46	21	25	56	25	31	64	29	35
70-74	26	11	15	31	14	17	37	16	21	47	20	26
75-79	15	6	9	19	8	11	23	9	13	29	12	16
80+	11	4	7	14	5	8	...	...	...	...	...	...
80-84	...	...	...	...	...	...	11	4	7	15	6	9
85-89	...	...	...	...	...	...	4	2	3	6	2	3
90-94	...	...	...	...	...	...	1	0	1	2	1	1
95-99	...	...	...	...	...	...	0	0	0	0	0	0
100+	...	...	...	...	...	...	0	0	0	0	0	0

年齢	2000			2005			2010			2015		
	総数	男	女	総数	男	女	総数	男	女	総数	男	女
総数	5 027	2 487	2 540	5 379	2 655	2 724	5 738	2 827	2 911	6 082	2 998	3 084
0-4	666	340	326	637	325	312	630	322	308	606	309	296
5-9	671	343	328	650	333	317	623	319	304	617	317	300
10-14	655	335	320	648	331	316	628	323	306	604	311	292
15-19	598	304	294	623	318	305	619	317	303	603	311	292
20-24	499	249	250	562	282	279	590	298	292	591	301	290
25-29	405	197	208	466	229	238	532	264	268	564	283	281
30-34	322	154	168	380	182	199	443	214	229	512	251	261
35-39	271	129	142	305	143	161	363	171	192	428	204	224
40-44	243	116	127	258	121	137	292	136	156	351	164	188
45-49	190	89	101	231	109	123	247	115	132	282	129	152
50-54	116	54	62	181	83	98	222	103	119	238	109	129
55-59	108	51	57	110	50	59	173	78	94	213	98	116
60-64	89	42	47	101	47	54	103	47	56	163	73	90
65-69	71	33	38	81	38	43	92	42	50	95	43	53
70-74	54	24	30	62	28	33	71	33	38	82	37	45
75-79	37	16	21	44	19	25	51	23	28	60	27	33
80+	...	...	...	...	...	...	...	...	...	...	...	...
80-84	20	8	12	27	11	16	33	14	19	39	17	22
85-89	8	3	5	12	5	7	17	6	10	21	8	13
90-94	2	1	1	4	1	2	6	2	4	9	3	6
95-99	0	0	0	1	0	1	2	0	1	2	1	2
100+	0	0	0	0	0	0	0	0	0	0	0	0

性・年齢別人口（千人）

年齢	2015			2020			2025			2030		
	総数	男	女	総数	男	女	総数	男	女	総数	男	女
総数	6 082	2 998	3 084	6 418	3 165	3 253	6 736	3 323	3 413	7 033	3 472	3 561
0-4	606	309	296	580	296	284	550	281	269	522	267	255
5-9	617	317	300	595	306	290	572	294	279	544	279	265
10-14	604	311	292	602	311	291	584	301	283	564	290	274
15-19	603	311	292	584	302	282	587	304	283	573	296	277
20-24	591	301	290	581	299	282	567	293	274	574	297	277
25-29	564	283	281	570	289	281	564	289	275	554	285	269
30-34	512	251	261	547	272	275	556	280	276	554	282	271
35-39	428	204	224	498	242	256	536	265	271	547	274	273
40-44	351	164	188	416	197	219	487	235	252	526	259	268
45-49	282	129	152	341	157	184	407	191	216	478	230	249
50-54	238	109	129	273	124	149	332	152	180	397	185	212
55-59	213	98	116	230	104	126	264	119	145	322	146	176
60-64	163	73	90	203	92	111	220	99	121	253	113	140
65-69	95	43	53	152	67	85	190	85	105	207	92	115
70-74	82	37	45	86	38	48	138	60	78	174	77	97
75-79	60	27	33	70	31	39	74	32	42	121	52	69
80+	…	…	…	…	…	…	…	…	…	…	…	…
80-84	39	17	22	47	20	26	55	24	32	59	25	35
85-89	21	8	13	26	11	15	32	13	19	38	15	23
90-94	9	3	6	12	4	7	14	5	9	18	7	11
95-99	2	1	2	4	1	3	5	2	4	6	2	4
100+	0	0	0	1	0	1	1	0	1	2	0	1

年齢	2035			2040			2045			2050		
	総数	男	女	総数	男	女	総数	男	女	総数	男	女
総数	7 306	3 610	3 696	7 537	3 728	3 809	7 723	3 826	3 897	7 863	3 903	3 960
0-4	498	255	243	477	244	233	457	234	223	437	224	213
5-9	517	265	252	494	253	241	473	243	230	453	233	221
10-14	538	276	261	511	263	249	488	251	237	467	240	227
15-19	556	286	269	530	273	257	504	259	245	481	248	233
20-24	563	290	273	546	281	265	521	268	253	495	255	240
25-29	565	291	274	554	285	269	538	276	262	513	263	250
30-34	546	280	266	557	286	271	547	280	266	531	272	259
35-39	546	277	269	539	275	264	550	282	269	541	277	264
40-44	539	269	270	539	273	266	533	271	261	544	278	266
45-49	518	253	264	531	264	267	532	268	264	526	267	259
50-54	468	224	245	508	247	261	522	258	264	524	263	260
55-59	387	179	208	457	217	240	497	241	256	512	252	259
60-64	310	140	171	374	172	202	443	209	233	483	233	250
65-69	240	106	134	295	132	163	357	163	193	424	200	225
70-74	190	84	107	222	97	125	275	122	153	334	152	182
75-79	153	66	87	169	73	96	199	86	113	248	108	140
80+	…	…	…	…	…	…	…	…	…	…	…	…
80-84	98	40	57	125	52	73	140	59	81	166	70	97
85-89	42	16	25	70	27	43	91	36	55	103	41	62
90-94	22	8	14	25	9	16	42	15	27	56	20	35
95-99	8	3	5	10	3	7	12	4	8	20	6	14
100+	2	1	2	3	1	2	4	1	3	5	1	3

年齢	2055			2060		
	総数	男	女	総数	男	女
総数	7 958	3 961	3 998	8 006	3 995	4 011
0-4	419	214	204	401	205	196
5-9	434	223	211	415	213	202
10-14	448	231	217	429	221	208
15-19	460	237	223	441	228	214
20-24	473	243	229	453	233	219
25-29	488	250	237	466	239	226
30-34	507	259	247	482	247	235
35-39	526	269	257	502	256	245
40-44	535	273	262	521	266	255
45-49	538	274	264	530	270	260
50-54	519	263	256	532	270	261
55-59	514	258	256	510	258	252
60-64	499	245	253	502	251	251
65-69	464	223	241	481	236	245
70-74	399	187	212	439	210	228
75-79	303	136	167	365	169	196
80+	…	…	…	…	…	…
80-84	210	90	120	259	114	145
85-89	124	50	74	159	65	93
90-94	64	24	41	79	30	49
95-99	27	9	18	32	10	21
100+	7	2	5	10	3	8

Nicaragua

性・年齢別人口（千人）

年齢	2015			2020			2025			2030		
	総数	男	女	総数	男	女	総数	男	女	総数	男	女
総数	6 082	2 998	3 084	6 485	3 199	3 286	6 912	3 413	3 498	7 344	3 631	3 713
0-4	606	309	296	647	331	316	658	336	322	657	336	321
5-9	617	317	300	595	306	290	639	328	311	652	334	318
10-14	604	311	292	602	311	291	584	301	283	631	324	306
15-19	603	311	292	584	302	282	587	304	283	573	296	277
20-24	591	301	290	581	299	282	567	293	274	574	297	277
25-29	564	283	281	570	289	281	564	289	275	554	285	269
30-34	512	251	261	547	272	275	556	280	276	554	282	271
35-39	428	204	224	498	242	256	536	265	271	547	274	273
40-44	351	164	188	416	197	219	487	235	252	526	259	268
45-49	282	129	152	341	157	184	407	191	216	478	230	249
50-54	238	109	129	273	124	149	332	152	180	397	185	212
55-59	213	98	116	230	104	126	264	119	145	322	146	176
60-64	163	73	90	203	92	111	220	99	121	253	113	140
65-69	95	43	53	152	67	85	190	85	105	207	92	115
70-74	82	37	45	86	38	48	138	60	78	174	77	97
75-79	60	27	33	70	31	39	74	32	42	121	52	69
80+	…	…	…	…	…	…	…	…	…	…	…	…
80-84	39	17	22	47	20	26	55	24	32	59	25	35
85-89	21	8	13	26	11	15	32	13	19	38	15	23
90-94	9	3	6	12	4	7	14	5	9	18	7	11
95-99	2	1	2	4	1	3	5	2	4	6	2	4
100+	0	0	0	1	0	1	1	0	1	2	0	1

年齢	2035			2040			2045			2050		
	総数	男	女	総数	男	女	総数	男	女	総数	男	女
総数	7 757	3 841	3 917	8 145	4 039	4 106	8 513	4 230	4 283	8 862	4 414	4 448
0-4	639	327	312	635	325	310	640	328	312	648	332	316
5-9	652	334	318	635	326	309	631	324	307	636	326	310
10-14	646	332	314	646	332	315	629	323	306	625	321	304
15-19	623	320	302	638	328	310	639	328	310	621	320	302
20-24	563	290	273	613	315	298	629	323	306	630	323	306
25-29	565	291	274	554	285	269	604	310	294	620	318	302
30-34	546	280	266	557	286	271	547	280	266	597	306	292
35-39	546	277	269	539	275	264	550	282	269	541	277	264
40-44	539	269	270	539	273	266	533	271	261	544	278	266
45-49	518	253	264	531	264	267	532	268	264	526	267	259
50-54	468	224	245	508	247	261	522	258	264	524	263	260
55-59	387	179	208	457	217	240	497	241	256	512	252	259
60-64	310	140	171	374	172	202	443	209	233	483	233	250
65-69	240	106	134	295	132	163	357	163	193	424	200	225
70-74	190	84	107	222	97	125	275	122	153	334	152	182
75-79	153	66	87	169	73	96	199	86	113	248	108	140
80+	…	…	…	…	…	…	…	…	…	…	…	…
80-84	98	40	57	125	52	73	140	59	81	166	70	97
85-89	42	16	25	70	27	43	91	36	55	103	41	62
90-94	22	8	14	25	9	16	42	15	27	56	20	35
95-99	8	3	5	10	3	7	12	4	8	20	6	14
100+	2	1	2	3	1	2	4	1	3	5	1	3

年齢	2055			2060		
	総数	男	女	総数	男	女
総数	9 191	4 591	4 600	9 493	4 755	4 738
0-4	655	335	320	657	336	321
5-9	644	330	314	651	334	317
10-14	631	324	307	639	328	311
15-19	618	318	300	624	321	303
20-24	613	315	298	610	314	296
25-29	622	319	303	606	311	295
30-34	614	314	300	616	315	301
35-39	591	302	290	608	311	298
40-44	535	273	262	586	299	287
45-49	538	274	264	530	270	260
50-54	519	263	256	532	270	261
55-59	514	258	256	510	258	252
60-64	499	245	253	502	251	251
65-69	464	223	241	481	236	245
70-74	399	187	212	439	210	228
75-79	303	136	167	365	169	196
80+	…	…	…	…	…	…
80-84	210	90	120	259	114	145
85-89	124	50	74	159	65	93
90-94	64	24	41	79	30	49
95-99	27	9	18	32	10	21
100+	7	2	5	10	3	8

性・年齢別人口（千人）

年齢	2015			2020			2025			2030		
	総数	男	女	総数	男	女	総数	男	女	総数	男	女
総数	6 082	2 998	3 084	6 351	3 131	3 220	6 561	3 234	3 327	6 723	3 313	3 409
0-4	606	309	296	513	262	251	441	226	216	386	198	189
5-9	617	317	300	595	306	290	505	259	246	436	224	212
10-14	604	311	292	602	311	291	584	301	283	497	256	241
15-19	603	311	292	584	302	282	587	304	283	573	296	277
20-24	591	301	290	581	299	282	567	293	274	574	297	277
25-29	564	283	281	570	289	281	564	289	275	554	285	269
30-34	512	251	261	547	272	275	556	280	276	554	282	271
35-39	428	204	224	498	242	256	536	265	271	547	274	273
40-44	351	164	188	416	197	219	487	235	252	526	259	268
45-49	282	129	152	341	157	184	407	191	216	478	230	249
50-54	238	109	129	273	124	149	332	152	180	397	185	212
55-59	213	98	116	230	104	126	264	119	145	322	146	176
60-64	163	73	90	203	92	111	220	99	121	253	113	140
65-69	95	43	53	152	67	85	190	85	105	207	92	115
70-74	82	37	45	86	38	48	138	60	78	174	77	97
75-79	60	27	33	70	31	39	74	32	42	121	52	69
80+	…	…	…	…	…	…	…	…	…	…	…	…
80-84	39	17	22	47	20	26	55	24	32	59	25	35
85-89	21	8	13	26	11	15	32	13	19	38	15	23
90-94	9	3	6	12	4	7	14	5	9	18	7	11
95-99	2	1	2	4	1	3	5	2	4	6	2	4
100+	0	0	0	1	0	1	1	0	1	2	0	1

年齢	2035			2040			2045			2050		
	総数	男	女	総数	男	女	総数	男	女	総数	男	女
総数	6 858	3 381	3 477	6 942	3 424	3 518	6 970	3 441	3 529	6 939	3 431	3 508
0-4	360	184	176	330	169	161	298	152	145	265	136	129
5-9	382	196	186	356	183	173	326	168	159	294	151	143
10-14	430	221	209	377	194	183	350	180	170	321	165	155
15-19	489	252	237	422	218	204	369	190	179	343	177	166
20-24	563	290	273	480	247	233	414	213	200	361	186	175
25-29	565	291	274	554	285	269	472	242	229	406	209	197
30-34	546	280	266	557	286	271	547	280	266	465	238	227
35-39	546	277	269	539	275	264	550	282	269	541	277	264
40-44	539	269	270	539	273	266	533	271	261	544	278	266
45-49	518	253	264	531	264	267	532	268	264	526	267	259
50-54	468	224	245	508	247	261	522	258	264	524	263	260
55-59	387	179	208	457	217	240	497	241	256	512	252	259
60-64	310	140	171	374	172	202	443	209	233	483	233	250
65-69	240	106	134	295	132	163	357	163	193	424	200	225
70-74	190	84	107	222	97	125	275	122	153	334	152	182
75-79	153	66	87	169	73	96	199	86	113	248	108	140
80+	…	…	…	…	…	…	…	…	…	…	…	…
80-84	98	40	57	125	52	73	140	59	81	166	70	97
85-89	42	16	25	70	27	43	91	36	55	103	41	62
90-94	22	8	14	25	9	16	42	15	27	56	20	35
95-99	8	3	5	10	3	7	12	4	8	20	6	14
100+	2	1	2	3	1	2	4	1	3	5	1	3

年齢	2055			2060		
	総数	男	女	総数	男	女
総数	6 852	3 395	3 457	6 712	3 334	3 378
0-4	235	120	115	210	108	103
5-9	261	134	127	232	119	113
10-14	289	149	140	256	132	124
15-19	314	162	152	282	146	136
20-24	335	173	162	307	159	148
25-29	354	182	172	329	169	159
30-34	400	205	195	349	179	170
35-39	460	235	225	396	202	193
40-44	535	273	262	456	233	223
45-49	538	274	264	530	270	260
50-54	519	263	256	532	270	261
55-59	514	258	256	510	258	252
60-64	499	245	253	502	251	251
65-69	464	223	241	481	236	245
70-74	399	187	212	439	210	228
75-79	303	136	167	365	169	196
80+	…	…	…	…	…	…
80-84	210	90	120	259	114	145
85-89	124	50	74	159	65	93
90-94	64	24	41	79	30	49
95-99	27	9	18	32	10	21
100+	7	2	5	10	3	8

Niger

性・年齢別人口（千人）

年齢	1960			1965			1970			1975		
	総数	男	女	総数	男	女	総数	男	女	総数	男	女
総数	3 395	1 606	1 789	3 922	1 885	2 037	4 497	2 190	2 308	5 171	2 542	2 629
0-4	695	355	341	807	412	395	900	459	441	1 037	529	508
5-9	516	265	251	599	307	292	694	356	338	773	396	377
10-14	423	191	233	495	255	240	575	296	279	669	344	325
15-19	382	176	206	409	184	224	479	247	232	539	269	270
20-24	303	139	164	361	166	195	387	174	213	424	204	221
25-29	240	109	131	283	129	154	339	155	183	361	160	201
30-34	193	88	106	224	101	123	265	120	145	334	162	173
35-39	162	74	88	180	81	98	209	94	115	260	125	136
40-44	135	61	74	150	68	82	167	75	92	204	96	108
45-49	111	50	61	125	56	69	139	63	77	162	76	86
50-54	88	39	48	102	45	56	115	51	64	133	62	71
55-59	64	28	35	78	35	43	91	40	51	105	47	58
60-64	43	16	27	53	24	30	66	29	37	77	34	43
65-69	25	9	16	33	12	21	41	18	23	51	22	29
70-74	9	4	5	16	6	10	21	8	13	27	12	15
75-79	3	2	2	4	2	2	8	3	5	11	4	7
80+	1	1	1	1	1	1	2	1	1	3	1	2
80-84	…	…	…	…	…	…	…	…	…	…	…	…
85-89	…	…	…	…	…	…	…	…	…	…	…	…
90-94	…	…	…	…	…	…	…	…	…	…	…	…
95-99	…	…	…	…	…	…	…	…	…	…	…	…
100+	…	…	…	…	…	…	…	…	…	…	…	…

年齢	1980			1985			1990			1995		
	総数	男	女	総数	男	女	総数	男	女	総数	男	女
総数	5 963	2 953	3 010	6 838	3 372	3 466	7 912	3 890	4 021	9 362	4 636	4 726
0-4	1 195	609	586	1 364	695	669	1 573	801	772	1 883	959	924
5-9	889	455	434	1 034	529	505	1 184	605	579	1 389	709	681
10-14	748	384	364	866	444	422	1 015	520	495	1 166	596	569
15-19	585	270	315	717	363	354	759	346	414	975	487	487
20-24	438	180	258	541	238	303	599	254	344	706	301	405
25-29	435	226	209	423	177	246	604	311	293	573	237	336
30-34	394	204	190	420	221	199	488	250	237	598	313	285
35-39	331	168	163	360	179	181	389	197	191	497	266	231
40-44	257	129	128	299	144	155	330	157	174	397	212	185
45-49	202	100	101	231	109	121	275	126	149	329	162	168
50-54	160	79	81	183	87	96	213	97	116	267	125	142
55-59	125	60	65	146	71	75	169	79	89	200	92	109
60-64	90	40	50	109	52	57	130	63	67	151	70	81
65-69	61	26	34	73	32	41	91	43	48	110	53	57
70-74	35	15	20	44	19	25	55	24	31	70	32	37
75-79	15	6	8	20	9	12	27	12	16	35	15	20
80+	5	2	3	7	3	4	…	…	…	…	…	…
80-84	…	…	…	…	…	…	9	4	5	13	5	7
85-89	…	…	…	…	…	…	2	1	1	3	1	2
90-94	…	…	…	…	…	…	0	0	0	0	0	0
95-99	…	…	…	…	…	…	0	0	0	0	0	0
100+	…	…	…	…	…	…	0	0	0	0	0	0

年齢	2000			2005			2010			2015		
	総数	男	女	総数	男	女	総数	男	女	総数	男	女
総数	11 225	5 612	5 613	13 485	6 768	6 717	16 292	8 202	8 090	19 899	10 029	9 870
0-4	2 309	1 177	1 132	2 802	1 431	1 372	3 388	1 731	1 657	4 145	2 114	2 031
5-9	1 702	868	834	2 138	1 091	1 047	2 641	1 349	1 292	3 280	1 677	1 603
10-14	1 369	700	669	1 678	858	820	2 110	1 079	1 031	2 617	1 338	1 279
15-19	1 070	510	560	1 296	638	659	1 604	795	809	2 037	1 016	1 021
20-24	864	387	477	983	435	548	1 207	561	646	1 516	718	798
25-29	719	325	395	871	407	464	990	454	535	1 215	580	635
30-34	627	301	327	746	362	384	896	443	453	1 017	492	525
35-39	632	355	277	621	304	317	738	364	373	889	445	444
40-44	511	288	223	619	351	268	609	302	308	727	362	365
45-49	393	214	179	494	279	215	599	340	259	594	294	299
50-54	319	159	160	377	206	171	474	268	206	578	328	250
55-59	251	118	133	299	149	150	354	193	161	448	252	196
60-64	180	82	99	227	105	121	271	134	137	324	175	149
65-69	128	59	69	153	69	84	194	89	104	236	115	121
70-74	84	40	44	99	45	53	119	53	66	154	70	84
75-79	44	21	24	54	26	28	64	29	35	80	35	45
80+	…	…	…	…	…	…	…	…	…	…	…	…
80-84	17	7	9	21	10	11	26	12	14	33	15	18
85-89	4	2	2	5	2	3	7	3	4	9	4	5
90-94	0	0	0	1	0	0	1	0	1	1	1	1
95-99	0	0	0	0	0	0	0	0	0	0	0	0
100+	0	0	0	0	0	0	0	0	0	0	0	0

性・年齢別人口（千人）

年齢	2015			2020			2025			2030		
	総数	男	女	総数	男	女	総数	男	女	総数	男	女
総数	19 899	10 029	9 870	24 315	12 267	12 048	29 645	14 968	14 677	35 966	18 171	17 795
0-4	4 145	2 114	2 031	5 007	2 555	2 453	5 980	3 052	2 928	7 042	3 599	3 443
5-9	3 280	1 677	1 603	4 035	2 058	1 977	4 898	2 499	2 399	5 874	2 998	2 876
10-14	2 617	1 338	1 279	3 255	1 665	1 590	4 009	2 046	1 963	4 872	2 486	2 385
15-19	2 037	1 016	1 021	2 543	1 274	1 269	3 180	1 601	1 580	3 933	1 981	1 953
20-24	1 516	718	798	1 947	938	1 009	2 452	1 195	1 257	3 088	1 521	1 567
25-29	1 215	580	635	1 522	736	786	1 952	955	997	2 455	1 210	1 244
30-34	1 017	492	525	1 241	617	625	1 547	772	775	1 975	989	986
35-39	889	445	444	1 010	494	516	1 233	618	615	1 537	772	765
40-44	727	362	365	877	442	435	998	491	507	1 219	613	606
45-49	594	294	299	710	354	356	858	433	425	978	481	497
50-54	578	328	250	575	285	290	689	343	346	833	420	414
55-59	448	252	196	548	309	239	548	270	278	658	325	332
60-64	324	175	149	412	229	183	506	282	223	508	247	261
65-69	236	115	121	283	151	133	362	199	163	446	246	200
70-74	154	70	84	189	90	99	229	120	109	294	159	135
75-79	80	35	45	105	47	59	131	61	70	159	82	78
80+	…	…	…	…	…	…	…	…	…	…	…	…
80-84	33	15	18	42	18	24	56	24	32	71	32	39
85-89	9	4	5	11	5	6	15	6	9	20	8	12
90-94	1	1	1	2	1	1	2	1	1	3	1	2
95-99	0	0	0	0	0	0	0	0	0	0	0	0
100+	0	0	0	0	0	0	0	0	0	0	0	0

年齢	2035			2040			2045			2050		
	総数	男	女	総数	男	女	総数	男	女	総数	男	女
総数	43 358	21 917	21 441	51 878	26 236	25 642	61 523	31 128	30 395	72 238	36 567	35 671
0-4	8 194	4 191	4 002	9 414	4 819	4 595	10 641	5 449	5 192	11 838	6 065	5 774
5-9	6 940	3 547	3 393	8 095	4 141	3 954	9 319	4 771	4 548	10 550	5 403	5 147
10-14	5 847	2 985	2 863	6 913	3 533	3 380	8 068	4 127	3 941	9 291	4 756	4 535
15-19	4 795	2 420	2 375	5 770	2 918	2 852	6 834	3 465	3 369	7 988	4 058	3 929
20-24	3 839	1 899	1 940	4 698	2 336	2 362	5 670	2 832	2 838	6 732	3 377	3 354
25-29	3 088	1 534	1 554	3 836	1 910	1 926	4 692	2 345	2 347	5 660	2 838	2 822
30-34	2 475	1 243	1 233	3 105	1 563	1 541	3 849	1 937	1 912	4 701	2 369	2 332
35-39	1 961	987	975	2 458	1 238	1 220	3 084	1 556	1 528	3 824	1 927	1 897
40-44	1 520	765	755	1 940	978	962	2 433	1 226	1 207	3 053	1 541	1 512
45-49	1 196	601	595	1 493	751	742	1 907	959	948	2 394	1 204	1 190
50-54	951	467	485	1 165	584	581	1 456	729	726	1 862	933	929
55-59	797	399	399	912	444	468	1 119	557	562	1 400	696	704
60-64	612	299	313	744	367	377	854	411	444	1 050	516	535
65-69	452	216	235	546	263	284	667	324	344	770	363	407
70-74	365	198	167	373	175	198	455	214	241	559	265	294
75-79	207	109	98	260	138	123	271	123	148	333	152	182
80+	…	…	…	…	…	…	…	…	…	…	…	…
80-84	88	44	44	116	60	57	149	76	73	159	69	89
85-89	26	11	15	34	16	18	46	23	23	61	30	31
90-94	4	2	3	6	2	4	8	4	4	11	5	6
95-99	0	0	0	1	0	0	1	0	0	1	0	1
100+	0	0	0	0	0	0	0	0	0	0	0	0

年齢	2055			2060		
	総数	男	女	総数	男	女
総数	83 917	42 494	41 423	96 461	48 851	47 610
0-4	12 953	6 634	6 319	14 007	7 172	6 835
5-9	11 750	6 019	5 731	12 867	6 588	6 278
10-14	10 522	5 388	5 134	11 721	6 003	5 718
15-19	9 213	4 689	4 524	10 445	5 322	5 123
20-24	7 886	3 971	3 915	9 111	4 602	4 509
25-29	6 717	3 379	3 338	7 865	3 967	3 898
30-34	5 663	2 857	2 806	6 712	3 392	3 321
35-39	4 671	2 355	2 315	5 626	2 838	2 788
40-44	3 786	1 907	1 879	4 625	2 330	2 295
45-49	3 006	1 513	1 493	3 730	1 874	1 857
50-54	2 338	1 171	1 168	2 939	1 473	1 466
55-59	1 794	892	902	2 257	1 121	1 136
60-64	1 319	647	671	1 694	832	862
65-69	951	459	492	1 199	579	620
70-74	650	300	350	809	382	427
75-79	416	191	225	490	219	271
80+	…	…	…	…	…	…
80-84	200	87	112	254	112	142
85-89	67	28	39	87	36	51
90-94	16	7	8	18	7	11
95-99	2	1	1	2	1	1
100+	0	0	0	0	0	0

性・年齢別人口（千人）

年齢	2015			2020			2025			2030		
	総数	男	女	総数	男	女	総数	男	女	総数	男	女
総数	19 899	10 029	9 870	24 483	12 353	12 130	30 144	15 223	14 921	36 986	18 692	18 294
0-4	4 145	2 114	2 031	5 175	2 640	2 535	6 316	3 223	3 092	7 569	3 868	3 701
5-9	3 280	1 677	1 603	4 035	2 058	1 977	5 062	2 583	2 479	6 204	3 167	3 037
10-14	2 617	1 338	1 279	3 255	1 665	1 590	4 009	2 046	1 963	5 035	2 570	2 465
15-19	2 037	1 016	1 021	2 543	1 274	1 269	3 180	1 601	1 580	3 933	1 981	1 953
20-24	1 516	718	798	1 947	938	1 009	2 452	1 195	1 257	3 088	1 521	1 567
25-29	1 215	580	635	1 522	736	786	1 952	955	997	2 455	1 210	1 244
30-34	1 017	492	525	1 241	617	625	1 547	772	775	1 975	989	986
35-39	889	445	444	1 010	494	516	1 233	618	615	1 537	772	765
40-44	727	362	365	877	442	435	998	491	507	1 219	613	606
45-49	594	294	299	710	354	356	858	433	425	978	481	497
50-54	578	328	250	575	285	290	689	343	346	833	420	414
55-59	448	252	196	548	309	239	548	270	278	658	325	332
60-64	324	175	149	412	229	183	506	282	223	508	247	261
65-69	236	115	121	283	151	133	362	199	163	446	246	200
70-74	154	70	84	189	90	99	229	120	109	294	159	135
75-79	80	35	45	105	47	59	131	61	70	159	82	78
80+	...	...	...	...	...	...	...	...	...	...	...	...
80-84	33	15	18	42	18	24	56	24	32	71	32	39
85-89	9	4	5	11	5	6	15	6	9	20	8	12
90-94	1	1	1	2	1	1	2	1	1	3	1	2
95-99	0	0	0	0	0	0	0	0	0	0	0	0
100+	0	0	0	0	0	0	0	0	0	0	0	0

年齢	2035			2040			2045			2050		
	総数	男	女	総数	男	女	総数	男	女	総数	男	女
総数	45 058	22 786	22 272	54 525	27 590	26 936	65 494	33 159	32 335	77 998	39 514	38 484
0-4	8 884	4 545	4 340	10 372	5 310	5 063	11 982	6 136	5 846	13 651	6 993	6 658
5-9	7 459	3 812	3 647	8 777	4 490	4 287	10 268	5 257	5 012	11 879	6 084	5 795
10-14	6 176	3 152	3 023	7 430	3 797	3 632	8 748	4 475	4 273	10 238	5 241	4 997
15-19	4 958	2 503	2 455	6 097	3 085	3 012	7 349	3 728	3 621	8 666	4 405	4 261
20-24	3 839	1 899	1 940	4 860	2 419	2 441	5 995	2 998	2 997	7 245	3 639	3 605
25-29	3 088	1 534	1 554	3 836	1 910	1 926	4 852	2 426	2 426	5 983	3 002	2 981
30-34	2 475	1 243	1 233	3 105	1 563	1 541	3 849	1 937	1 912	4 861	2 450	2 410
35-39	1 961	987	975	2 458	1 238	1 220	3 084	1 556	1 528	3 824	1 927	1 897
40-44	1 520	765	755	1 940	978	962	2 433	1 226	1 207	3 053	1 541	1 512
45-49	1 196	601	595	1 493	751	742	1 907	959	948	2 394	1 204	1 190
50-54	951	467	485	1 165	584	581	1 456	729	726	1 862	933	929
55-59	797	399	399	912	444	468	1 119	557	562	1 400	696	704
60-64	612	299	313	744	367	377	854	411	444	1 050	516	535
65-69	452	216	235	546	263	284	667	324	344	770	363	407
70-74	365	198	167	373	175	198	455	214	241	559	265	294
75-79	207	109	98	260	138	123	271	123	148	333	152	182
80+	...	...	...	...	...	...	...	...	...	...	...	...
80-84	88	44	44	116	60	57	149	76	73	159	69	89
85-89	26	11	15	34	16	18	46	23	23	61	30	31
90-94	4	2	3	6	2	4	8	4	4	11	5	6
95-99	0	0	0	1	0	0	1	0	0	1	0	1
100+	0	0	0	0	0	0	0	0	0	0	0	0

年齢	2055			2060		
	総数	男	女	総数	男	女
総数	92 001	46 629	45 371	107 459	54 476	52 983
0-4	15 305	7 839	7 467	16 960	8 684	8 277
5-9	13 549	6 940	6 609	15 204	7 785	7 419
10-14	11 847	6 067	5 781	13 516	6 922	6 594
15-19	10 156	5 172	4 985	11 767	5 999	5 768
20-24	8 561	4 316	4 245	10 051	5 083	4 968
25-29	7 226	3 638	3 588	8 536	4 310	4 226
30-34	5 984	3 020	2 964	7 219	3 649	3 569
35-39	4 828	2 435	2 393	5 944	2 999	2 945
40-44	3 786	1 907	1 879	4 782	2 409	2 373
45-49	3 006	1 513	1 493	3 730	1 874	1 857
50-54	2 338	1 171	1 168	2 939	1 473	1 466
55-59	1 794	892	902	2 257	1 121	1 136
60-64	1 319	647	671	1 694	832	862
65-69	951	459	492	1 199	579	620
70-74	650	300	350	809	382	427
75-79	416	191	225	490	219	271
80+	...	...	...	...	...	...
80-84	200	87	112	254	112	142
85-89	67	28	39	87	36	51
90-94	16	7	8	18	7	11
95-99	2	1	1	2	1	1
100+	0	0	0	0	0	0

性・年齢別人口（千人）

年齢	2015 総数	男	女	2020 総数	男	女	2025 総数	男	女	2030 総数	男	女
総数	19 899	10 029	9 870	24 147	12 182	11 965	29 145	14 713	14 432	34 946	17 650	17 296
0-4	4 145	2 114	2 031	4 839	2 469	2 370	5 644	2 881	2 763	6 515	3 330	3 185
5-9	3 280	1 677	1 603	4 035	2 058	1 977	4 734	2 415	2 318	5 545	2 830	2 714
10-14	2 617	1 338	1 279	3 255	1 665	1 590	4 009	2 046	1 963	4 708	2 403	2 305
15-19	2 037	1 016	1 021	2 543	1 274	1 269	3 180	1 601	1 580	3 933	1 981	1 953
20-24	1 516	718	798	1 947	938	1 009	2 452	1 195	1 257	3 088	1 521	1 567
25-29	1 215	580	635	1 522	736	786	1 952	955	997	2 455	1 210	1 244
30-34	1 017	492	525	1 241	617	625	1 547	772	775	1 975	989	986
35-39	889	445	444	1 010	494	516	1 233	618	615	1 537	772	765
40-44	727	362	365	877	442	435	998	491	507	1 219	613	606
45-49	594	294	299	710	354	356	858	433	425	978	481	497
50-54	578	328	250	575	285	290	689	343	346	833	420	414
55-59	448	252	196	548	309	239	548	270	278	658	325	332
60-64	324	175	149	412	229	183	506	282	223	508	247	261
65-69	236	115	121	283	151	133	362	199	163	446	246	200
70-74	154	70	84	189	90	99	229	120	109	294	159	135
75-79	80	35	45	105	47	59	131	61	70	159	82	78
80+	…	…	…	…	…	…	…	…	…	…	…	…
80-84	33	15	18	42	18	24	56	24	32	71	32	39
85-89	9	4	5	11	5	6	15	6	9	20	8	12
90-94	1	1	1	2	1	1	2	1	1	3	1	2
95-99	0	0	0	0	0	0	0	0	0	0	0	0
100+	0	0	0	0	0	0	0	0	0	0	0	0

年齢	2035 総数	男	女	2040 総数	男	女	2045 総数	男	女	2050 総数	男	女
総数	41 662	21 050	20 612	49 259	24 897	24 362	57 637	29 140	28 497	66 673	33 720	32 953
0-4	7 507	3 840	3 667	8 477	4 340	4 138	9 359	4 793	4 566	10 138	5 193	4 944
5-9	6 421	3 281	3 139	7 417	3 794	3 623	8 392	4 296	4 096	9 279	4 752	4 527
10-14	5 519	2 817	2 702	6 396	3 269	3 127	7 392	3 781	3 611	8 367	4 283	4 084
15-19	4 632	2 337	2 295	5 443	2 751	2 692	6 319	3 202	3 117	7 314	3 714	3 600
20-24	3 839	1 899	1 940	4 536	2 254	2 283	5 345	2 666	2 679	6 219	3 116	3 103
25-29	3 088	1 534	1 554	3 836	1 910	1 926	4 531	2 263	2 268	5 338	2 674	2 664
30-34	2 475	1 243	1 233	3 105	1 563	1 541	3 849	1 937	1 912	4 542	2 288	2 254
35-39	1 961	987	975	2 458	1 238	1 220	3 084	1 556	1 528	3 824	1 927	1 897
40-44	1 520	765	755	1 940	978	962	2 433	1 226	1 207	3 053	1 541	1 512
45-49	1 196	601	595	1 493	751	742	1 907	959	948	2 394	1 204	1 190
50-54	951	467	485	1 165	584	581	1 456	729	726	1 862	933	929
55-59	797	399	399	912	444	468	1 119	557	562	1 400	696	704
60-64	612	299	313	744	367	377	854	411	444	1 050	516	535
65-69	452	216	235	546	263	284	667	324	344	770	363	407
70-74	365	198	167	373	175	198	455	214	241	559	265	294
75-79	207	109	98	260	138	123	271	123	148	333	152	182
80+	…	…	…	…	…	…	…	…	…	…	…	…
80-84	88	44	44	116	60	57	149	76	73	159	69	89
85-89	26	11	15	34	16	18	46	23	23	61	30	31
90-94	4	2	3	6	2	4	8	4	4	11	5	6
95-99	0	0	0	1	0	0	1	0	0	1	0	1
100+	0	0	0	0	0	0	0	0	0	0	0	0

年齢	2055 総数	男	女	2060 総数	男	女
総数	76 214	38 553	37 661	86 126	43 565	42 561
0-4	10 785	5 524	5 262	11 338	5 805	5 533
5-9	10 062	5 154	4 908	10 714	5 486	5 228
10-14	9 255	4 739	4 516	10 037	5 141	4 897
15-19	8 291	4 217	4 074	9 181	4 675	4 506
20-24	7 215	3 629	3 587	8 194	4 133	4 060
25-29	6 207	3 119	3 088	7 198	3 627	3 571
30-34	5 342	2 694	2 649	6 206	3 134	3 072
35-39	4 513	2 275	2 238	5 308	2 676	2 632
40-44	3 786	1 907	1 879	4 469	2 251	2 218
45-49	3 006	1 513	1 493	3 730	1 874	1 857
50-54	2 338	1 171	1 168	2 939	1 473	1 466
55-59	1 794	892	902	2 257	1 121	1 136
60-64	1 319	647	671	1 694	832	862
65-69	951	459	492	1 199	579	620
70-74	650	300	350	809	382	427
75-79	416	191	225	490	219	271
80+	…	…	…	…	…	…
80-84	200	87	112	254	112	142
85-89	67	28	39	87	36	51
90-94	16	7	8	18	7	11
95-99	2	1	1	2	1	1
100+	0	0	0	0	0	0

性・年齢別人口（千人）

年齢	1960			1965			1970			1975		
	総数	男	女	総数	男	女	総数	男	女	総数	男	女
総数	45 212	22 604	22 608	50 239	25 154	25 085	56 132	28 144	27 988	63 566	31 925	31 640
0-4	7 585	3 830	3 755	8 568	4 337	4 231	9 642	4 889	4 753	11 327	5 757	5 571
5-9	5 948	2 992	2 957	6 774	3 418	3 356	7 715	3 903	3 812	8 768	4 442	4 326
10-14	5 283	2 693	2 590	5 729	2 886	2 843	6 541	3 305	3 236	7 473	3 786	3 687
15-19	4 700	2 396	2 304	5 126	2 617	2 510	5 566	2 807	2 759	6 371	3 223	3 148
20-24	4 030	2 045	1 985	4 494	2 288	2 206	4 911	2 504	2 408	5 352	2 696	2 656
25-29	3 407	1 718	1 690	3 821	1 933	1 888	4 270	2 168	2 102	4 686	2 383	2 303
30-34	2 930	1 473	1 457	3 228	1 626	1 602	3 626	1 833	1 794	4 070	2 065	2 005
35-39	2 533	1 270	1 263	2 767	1 390	1 377	3 056	1 537	1 519	3 448	1 741	1 707
40-44	2 150	1 068	1 082	2 377	1 187	1 190	2 605	1 303	1 302	2 890	1 448	1 441
45-49	1 768	862	905	2 001	985	1 016	2 221	1 099	1 122	2 445	1 213	1 232
50-54	1 463	701	762	1 619	780	840	1 841	895	946	2 053	1 005	1 049
55-59	1 180	553	627	1 302	613	689	1 449	686	762	1 658	794	864
60-64	959	443	516	994	457	537	1 106	512	594	1 242	579	664
65-69	663	299	364	735	333	402	772	349	423	872	396	476
70-74	380	166	214	437	193	244	495	220	274	531	236	296
75-79	169	71	98	195	83	112	232	100	131	271	118	153
80+	63	25	38	71	29	42	86	36	51	108	45	63
80-84	...	...	...	...	...	...	...	...	...	...	...	...
85-89	...	...	...	...	...	...	...	...	...	...	...	...
90-94	...	...	...	...	...	...	...	...	...	...	...	...
95-99	...	...	...	...	...	...	...	...	...	...	...	...
100+	...	...	...	...	...	...	...	...	...	...	...	...

年齢	1980			1985			1990			1995		
	総数	男	女	総数	男	女	総数	男	女	総数	男	女
総数	73 698	37 166	36 532	83 902	42 310	41 592	95 617	48 276	47 341	108 425	54 793	53 632
0-4	13 373	6 806	6 567	15 225	7 757	7 468	16 809	8 564	8 245	18 592	9 474	9 118
5-9	10 463	5 315	5 148	12 335	6 275	6 059	14 085	7 174	6 911	15 543	7 915	7 628
10-14	8 575	4 350	4 225	10 157	5 166	4 991	12 015	6 121	5 894	13 719	6 997	6 722
15-19	7 383	3 753	3 630	8 328	4 223	4 104	9 932	5 057	4 875	11 748	5 991	5 757
20-24	6 285	3 191	3 093	7 047	3 570	3 477	8 050	4 079	3 971	9 601	4 885	4 716
25-29	5 280	2 669	2 611	5 935	2 999	2 936	6 766	3 422	3 344	7 729	3 910	3 819
30-34	4 625	2 369	2 256	4 972	2 499	2 473	5 692	2 874	2 818	6 489	3 279	3 210
35-39	3 980	2 031	1 949	4 364	2 224	2 140	4 757	2 388	2 369	5 446	2 747	2 699
40-44	3 322	1 677	1 646	3 760	1 910	1 851	4 157	2 112	2 045	4 531	2 267	2 264
45-49	2 757	1 375	1 382	3 121	1 562	1 559	3 555	1 793	1 762	3 930	1 983	1 947
50-54	2 297	1 130	1 168	2 556	1 261	1 296	2 911	1 442	1 469	3 316	1 655	1 660
55-59	1 873	904	969	2 085	1 011	1 074	2 328	1 133	1 196	2 650	1 295	1 355
60-64	1 439	678	761	1 631	774	857	1 818	867	950	2 029	971	1 058
65-69	996	456	540	1 163	538	624	1 318	615	703	1 468	689	780
70-74	614	274	340	711	320	391	830	377	452	940	431	509
75-79	301	130	170	355	155	200	411	181	230	479	213	266
80+	134	56	78	157	66	91	...	...	...	...	...	...
80-84	...	...	...	...	...	...	148	63	85	171	73	98
85-89	...	...	...	...	...	...	32	13	19	38	16	23
90-94	...	...	...	...	...	...	4	1	2	5	2	3
95-99	...	...	...	...	...	...	0	0	0	0	0	0
100+	...	...	...	...	...	...	0	0	0	0	0	0

年齢	2000			2005			2010			2015		
	総数	男	女	総数	男	女	総数	男	女	総数	男	女
総数	122 877	62 210	60 667	139 611	70 832	68 780	159 425	81 051	78 374	182 202	92 789	89 413
0-4	21 084	10 751	10 332	24 326	12 422	11 904	27 699	14 164	13 535	31 109	15 935	15 174
5-9	17 255	8 795	8 460	19 753	10 083	9 670	23 089	11 806	11 283	26 488	13 564	12 924
10-14	15 118	7 716	7 401	16 753	8 564	8 188	19 236	9 850	9 386	22 552	11 565	10 988
15-19	13 402	6 847	6 555	14 745	7 540	7 206	16 368	8 383	7 985	18 834	9 660	9 174
20-24	11 344	5 786	5 558	12 909	6 597	6 312	14 233	7 282	6 951	15 839	8 114	7 725
25-29	9 207	4 681	4 526	10 845	5 529	5 316	12 373	6 323	6 050	13 678	6 995	6 683
30-34	7 402	3 746	3 657	8 790	4 471	4 319	10 379	5 294	5 085	11 874	6 068	5 805
35-39	6 199	3 133	3 067	7 051	3 569	3 482	8 395	4 271	4 124	9 942	5 070	4 872
40-44	5 178	2 606	2 572	5 877	2 965	2 912	6 707	3 390	3 317	8 011	4 069	3 942
45-49	4 277	2 127	2 149	4 874	2 439	2 435	5 553	2 787	2 766	6 359	3 198	3 161
50-54	3 658	1 829	1 829	3 968	1 957	2 012	4 542	2 255	2 287	5 199	2 590	2 609
55-59	3 011	1 486	1 525	3 309	1 636	1 673	3 612	1 762	1 849	4 159	2 044	2 114
60-64	2 299	1 109	1 191	2 598	1 267	1 332	2 882	1 409	1 473	3 172	1 530	1 642
65-69	1 628	770	859	1 831	874	957	2 097	1 013	1 085	2 353	1 139	1 214
70-74	1 037	481	556	1 136	533	603	1 304	618	686	1 517	726	791
75-79	535	242	293	580	267	313	655	305	350	767	360	407
80+	...	...	...	...	...	...	...	...	...	...	...	...
80-84	195	86	109	213	96	117	240	110	130	278	128	149
85-89	43	18	25	48	21	27	55	24	30	63	29	35
90-94	5	2	3	6	2	3	7	3	4	8	3	4
95-99	0	0	0	0	0	0	0	0	0	1	0	0
100+	0	0	0	0	0	0	0	0	0	0	0	0

性・年齢別人口（千人）

年齢	2015			2020			2025			2030		
	総数	男	女	総数	男	女	総数	男	女	総数	男	女
総数	182 202	92 789	89 413	206 831	105 463	101 368	233 558	119 199	114 359	262 599	134 094	128 505
0-4	31 109	15 935	15 174	33 642	17 244	16 398	36 396	18 674	17 721	39 372	20 187	19 185
5-9	26 488	13 564	12 924	29 888	15 330	14 558	32 455	16 656	15 799	35 232	18 091	17 140
10-14	22 552	11 565	10 988	25 923	13 309	12 614	29 312	15 067	14 245	31 892	16 397	15 495
15-19	18 834	9 660	9 174	22 114	11 356	10 758	25 462	13 086	12 376	28 843	14 839	14 004
20-24	15 839	8 114	7 725	18 260	9 367	8 894	21 494	11 032	10 461	24 820	12 751	12 069
25-29	13 678	6 995	6 683	15 252	7 807	7 444	17 631	9 030	8 600	20 827	10 677	10 150
30-34	11 874	6 068	5 805	13 151	6 724	6 427	14 701	7 518	7 183	17 055	8 729	8 326
35-39	9 942	5 070	4 872	11 397	5 821	5 576	12 654	6 462	6 192	14 192	7 251	6 941
40-44	8 011	4 069	3 942	9 509	4 839	4 669	10 928	5 569	5 359	12 172	6 203	5 969
45-49	6 359	3 198	3 161	7 616	3 848	3 767	9 064	4 590	4 474	10 451	5 301	5 149
50-54	5 199	2 590	2 609	5 973	2 981	2 992	7 176	3 600	3 576	8 570	4 311	4 259
55-59	4 159	2 044	2 114	4 780	2 357	2 422	5 514	2 727	2 787	6 649	3 308	3 341
60-64	3 172	1 530	1 642	3 673	1 786	1 887	4 245	2 073	2 172	4 920	2 410	2 510
65-69	2 353	1 139	1 214	2 611	1 247	1 364	3 047	1 468	1 579	3 544	1 715	1 829
70-74	1 517	726	791	1 721	825	896	1 931	915	1 016	2 274	1 086	1 188
75-79	767	360	407	906	429	477	1 044	496	548	1 187	556	631
80+	…	…	…	…	…	…	…	…	…	…	…	…
80-84	278	128	149	331	154	177	400	187	212	470	220	250
85-89	63	29	35	75	34	41	92	42	50	114	52	62
90-94	8	3	4	9	4	5	11	5	6	14	6	8
95-99	1	0	0	1	0	0	1	0	0	1	0	1
100+	0	0	0	0	0	0	0	0	0	0	0	0

年齢	2035			2040			2045			2050		
	総数	男	女	総数	男	女	総数	男	女	総数	男	女
総数	293 965	150 135	143 831	327 406	167 206	160 199	362 396	185 029	177 367	398 508	203 388	195 120
0-4	42 454	21 753	20 700	45 296	23 209	22 087	47 749	24 469	23 280	49 848	25 551	24 297
5-9	38 236	19 611	18 625	41 357	21 194	20 163	44 251	22 672	21 579	46 773	23 965	22 808
10-14	34 683	17 835	16 847	37 706	19 362	18 345	40 848	20 952	19 896	43 770	22 442	21 328
15-19	31 429	16 170	15 259	34 233	17 613	16 620	37 268	19 143	18 125	40 425	20 740	19 686
20-24	28 184	14 492	13 692	30 786	15 829	14 957	33 604	17 277	16 327	36 656	18 814	17 842
25-29	24 121	12 376	11 746	27 472	14 108	13 364	30 085	15 449	14 636	32 918	16 903	16 015
30-34	20 207	10 351	9 856	23 474	12 034	11 440	26 807	13 755	13 051	29 428	15 099	14 329
35-39	16 512	8 444	8 069	19 625	10 044	9 581	22 860	11 709	11 151	26 172	13 418	12 754
40-44	13 692	6 983	6 709	15 979	8 158	7 822	19 043	9 730	9 313	22 241	11 374	10 866
45-49	11 675	5 925	5 749	13 174	6 693	6 481	15 418	7 842	7 576	18 424	9 381	9 043
50-54	9 913	4 998	4 915	11 113	5 608	5 505	12 577	6 354	6 223	14 763	7 468	7 295
55-59	7 971	3 978	3 993	9 258	4 632	4 626	10 414	5 215	5 200	11 828	5 929	5 899
60-64	5 962	2 939	3 023	7 187	3 554	3 633	8 386	4 155	4 230	9 477	4 698	4 779
65-69	4 136	2 008	2 128	5 050	2 465	2 584	6 127	2 997	3 130	7 197	3 524	3 673
70-74	2 670	1 280	1 390	3 149	1 512	1 637	3 882	1 871	2 011	4 757	2 294	2 463
75-79	1 417	669	749	1 691	799	892	2 024	955	1 069	2 533	1 197	1 336
80+	…	…	…	…	…	…	…	…	…	…	…	…
80-84	546	252	294	666	308	358	813	375	438	996	458	538
85-89	138	63	75	165	73	91	208	93	115	262	116	146
90-94	18	8	10	23	10	13	29	12	17	38	16	22
95-99	1	0	1	2	1	1	2	1	1	3	1	2
100+	0	0	0	0	0	0	0	0	0	0	0	0

年齢	2055			2060		
	総数	男	女	総数	男	女
総数	435 496	222 162	213 333	473 123	241 210	231 913
0-4	51 740	26 529	25 211	53 501	27 434	26 067
5-9	48 956	25 089	23 867	50 939	26 107	24 831
10-14	46 329	23 751	22 578	48 556	24 891	23 665
15-19	43 371	22 240	21 131	45 962	23 561	22 401
20-24	39 838	20 422	19 416	42 820	21 936	20 884
25-29	35 992	18 452	17 540	39 204	20 070	19 134
30-34	32 276	16 561	15 715	35 372	18 116	17 256
35-39	28 802	14 765	14 036	31 663	16 229	15 434
40-44	25 528	13 068	12 459	28 160	14 414	13 746
45-49	21 575	10 998	10 578	24 825	12 669	12 156
50-54	17 693	8 961	8 732	20 775	10 535	10 239
55-59	13 933	6 993	6 940	16 751	8 420	8 331
60-64	10 815	5 365	5 450	12 793	6 355	6 438
65-69	8 190	4 008	4 182	9 401	4 603	4 798
70-74	5 645	2 720	2 925	6 480	3 119	3 361
75-79	3 153	1 487	1 666	3 793	1 787	2 006
80+	…	…	…	…	…	…
80-84	1 276	585	690	1 621	742	879
85-89	331	146	185	437	192	245
90-94	49	20	29	65	27	38
95-99	4	1	2	5	2	3
100+	0	0	0	0	0	0

性・年齢別人口（千人）

年齢	2015 総数	男	女	2020 総数	男	女	2025 総数	男	女	2030 総数	男	女
総数	182 202	92 789	89 413	208 387	106 260	102 126	237 932	121 443	116 489	271 014	138 413	132 602
0-4	31 109	15 935	15 174	35 198	18 042	17 156	39 268	20 148	19 120	43 528	22 318	21 211
5-9	26 488	13 564	12 924	29 888	15 330	14 558	33 957	17 427	16 530	38 014	19 520	18 494
10-14	22 552	11 565	10 988	25 923	13 309	12 614	29 312	15 067	14 245	33 368	17 156	16 212
15-19	18 834	9 660	9 174	22 114	11 356	10 758	25 462	13 086	12 376	28 843	14 839	14 004
20-24	15 839	8 114	7 725	18 260	9 367	8 894	21 494	11 032	10 461	24 820	12 751	12 069
25-29	13 678	6 995	6 683	15 252	7 807	7 444	17 631	9 030	8 600	20 827	10 677	10 150
30-34	11 874	6 068	5 805	13 151	6 724	6 427	14 701	7 518	7 183	17 055	8 729	8 326
35-39	9 942	5 070	4 872	11 397	5 821	5 576	12 654	6 462	6 192	14 192	7 251	6 941
40-44	8 011	4 069	3 942	9 509	4 839	4 669	10 928	5 569	5 359	12 172	6 203	5 969
45-49	6 359	3 198	3 161	7 616	3 848	3 767	9 064	4 590	4 474	10 451	5 301	5 149
50-54	5 199	2 590	2 609	5 973	2 981	2 992	7 176	3 600	3 576	8 570	4 311	4 259
55-59	4 159	2 044	2 114	4 780	2 357	2 422	5 514	2 727	2 787	6 649	3 308	3 341
60-64	3 172	1 530	1 642	3 673	1 786	1 887	4 245	2 073	2 172	4 920	2 410	2 510
65-69	2 353	1 139	1 214	2 611	1 247	1 364	3 047	1 468	1 579	3 544	1 715	1 829
70-74	1 517	726	791	1 721	825	896	1 931	915	1 016	2 274	1 086	1 188
75-79	767	360	407	906	429	477	1 044	496	548	1 187	556	631
80+	...	...	...	...	...	...	...	...	...	...	...	...
80-84	278	128	149	331	154	177	400	187	212	470	220	250
85-89	63	29	35	75	34	41	92	42	50	114	52	62
90-94	8	3	4	9	4	5	11	5	6	14	6	8
95-99	1	0	0	1	0	0	1	0	0	1	0	1
100+	0	0	0	0	0	0	0	0	0	0	0	0

年齢	2035 総数	男	女	2040 総数	男	女	2045 総数	男	女	2050 総数	男	女
総数	307 146	156 898	150 248	346 548	177 028	169 520	389 197	198 777	190 421	434 989	222 097	212 891
0-4	47 399	24 287	23 112	51 497	26 387	25 111	55 726	28 557	27 169	59 935	30 722	29 213
5-9	42 275	21 682	20 592	46 177	23 664	22 513	50 312	25 778	24 535	54 590	27 970	26 619
10-14	37 423	19 244	18 179	41 691	21 408	20 283	45 611	23 395	22 216	49 768	25 517	24 251
15-19	32 886	16 919	15 966	36 940	19 006	17 934	41 210	21 168	20 042	45 142	23 160	21 982
20-24	28 184	14 492	13 692	32 215	16 563	15 651	36 265	18 645	17 620	40 538	20 807	19 731
25-29	24 121	12 376	11 746	27 472	14 108	13 364	31 484	16 167	15 316	35 528	18 244	17 284
30-34	20 207	10 351	9 856	23 474	12 034	11 440	26 807	13 755	13 051	30 798	15 803	14 995
35-39	16 512	8 444	8 069	19 625	10 044	9 581	22 860	11 709	11 151	26 172	13 418	12 754
40-44	13 692	6 983	6 709	15 979	8 158	7 822	19 043	9 730	9 313	22 241	11 374	10 866
45-49	11 675	5 925	5 749	13 174	6 693	6 481	15 418	7 842	7 576	18 424	9 381	9 043
50-54	9 913	4 998	4 915	11 113	5 608	5 505	12 577	6 354	6 223	14 763	7 468	7 295
55-59	7 971	3 978	3 993	9 258	4 632	4 626	10 414	5 215	5 200	11 828	5 929	5 899
60-64	5 962	2 939	3 023	7 187	3 554	3 633	8 386	4 155	4 230	9 477	4 698	4 779
65-69	4 136	2 008	2 128	5 050	2 465	2 584	6 127	2 997	3 130	7 197	3 524	3 673
70-74	2 670	1 280	1 390	3 149	1 512	1 637	3 882	1 871	2 011	4 757	2 294	2 463
75-79	1 417	669	749	1 691	799	892	2 024	955	1 069	2 533	1 197	1 336
80+	...	...	...	...	...	...	...	...	...	...	...	...
80-84	546	252	294	666	308	358	813	375	438	996	458	538
85-89	138	63	75	165	73	91	208	93	115	262	116	146
90-94	18	8	10	23	10	13	29	12	17	38	16	22
95-99	1	0	1	2	1	1	2	1	1	3	1	2
100+	0	0	0	0	0	0	0	0	0	0	0	0

年齢	2055 総数	男	女	2060 総数	男	女
総数	483 862	246 963	236 899	535 670	273 273	262 397
0-4	64 129	32 881	31 248	68 279	35 012	33 268
5-9	58 866	30 168	28 699	63 139	32 361	30 779
10-14	54 075	27 722	26 353	58 389	29 932	28 457
15-19	49 318	25 290	24 028	53 650	27 502	26 148
20-24	44 491	22 809	21 683	48 697	24 947	23 750
25-29	39 808	20 410	19 399	43 789	22 419	21 370
30-34	34 839	17 877	16 962	39 128	20 041	19 086
35-39	30 144	15 454	14 690	34 180	17 521	16 659
40-44	25 528	13 068	12 459	29 473	15 087	14 386
45-49	21 575	10 998	10 578	24 825	12 669	12 156
50-54	17 693	8 961	8 732	20 775	10 535	10 239
55-59	13 933	6 993	6 940	16 751	8 420	8 331
60-64	10 815	5 365	5 450	12 793	6 355	6 438
65-69	8 190	4 008	4 182	9 401	4 603	4 798
70-74	5 645	2 720	2 925	6 480	3 119	3 361
75-79	3 153	1 487	1 666	3 793	1 787	2 006
80+	...	...	...	...	...	...
80-84	1 276	585	690	1 621	742	879
85-89	331	146	185	437	192	245
90-94	49	20	29	65	27	38
95-99	4	1	2	5	2	3
100+	0	0	0	0	0	0

性・年齢別人口（千人）

年齢	2015 総数	男	女	2020 総数	男	女	2025 総数	男	女	2030 総数	男	女
総数	182 202	92 789	89 413	205 275	104 665	100 610	229 183	116 954	112 229	254 184	129 775	124 409
0-4	31 109	15 935	15 174	32 087	16 447	15 640	33 523	17 200	16 323	35 215	18 055	17 160
5-9	26 488	13 564	12 924	29 888	15 330	14 558	30 953	15 885	15 068	32 450	16 663	15 787
10-14	22 552	11 565	10 988	25 923	13 309	12 614	29 312	15 067	14 245	30 415	15 638	14 777
15-19	18 834	9 660	9 174	22 114	11 356	10 758	25 462	13 086	12 376	28 843	14 839	14 004
20-24	15 839	8 114	7 725	18 260	9 367	8 894	21 494	11 032	10 461	24 820	12 751	12 069
25-29	13 678	6 995	6 683	15 252	7 807	7 444	17 631	9 030	8 600	20 827	10 677	10 150
30-34	11 874	6 068	5 805	13 151	6 724	6 427	14 701	7 518	7 183	17 055	8 729	8 326
35-39	9 942	5 070	4 872	11 397	5 821	5 576	12 654	6 462	6 192	14 192	7 251	6 941
40-44	8 011	4 069	3 942	9 509	4 839	4 669	10 928	5 569	5 359	12 172	6 203	5 969
45-49	6 359	3 198	3 161	7 616	3 848	3 767	9 064	4 590	4 474	10 451	5 301	5 149
50-54	5 199	2 590	2 609	5 973	2 981	2 992	7 176	3 600	3 576	8 570	4 311	4 259
55-59	4 159	2 044	2 114	4 780	2 357	2 422	5 514	2 727	2 787	6 649	3 308	3 341
60-64	3 172	1 530	1 642	3 673	1 786	1 887	4 245	2 073	2 172	4 920	2 410	2 510
65-69	2 353	1 139	1 214	2 611	1 247	1 364	3 047	1 468	1 579	3 544	1 715	1 829
70-74	1 517	726	791	1 721	825	896	1 931	915	1 016	2 274	1 086	1 188
75-79	767	360	407	906	429	477	1 044	496	548	1 187	556	631
80+	...	...	...	...	...	...	...	...	...	...	...	...
80-84	278	128	149	331	154	177	400	187	212	470	220	250
85-89	63	29	35	75	34	41	92	42	50	114	52	62
90-94	8	3	4	9	4	5	11	5	6	14	6	8
95-99	1	0	0	1	0	0	1	0	0	1	0	1
100+	0	0	0	0	0	0	0	0	0	0	0	0

年齢	2035 総数	男	女	2040 総数	男	女	2045 総数	男	女	2050 総数	男	女
総数	280 813	143 385	137 428	308 444	157 477	150 967	336 177	171 579	164 598	363 370	185 368	178 003
0-4	37 537	19 234	18 303	39 247	20 109	19 137	40 179	20 590	19 589	40 532	20 776	19 756
5-9	34 197	17 539	16 658	36 566	18 738	17 827	38 339	19 643	18 696	39 354	20 164	19 190
10-14	31 942	16 426	15 516	33 722	17 316	16 406	36 113	18 523	17 590	37 920	19 442	18 477
15-19	29 973	15 421	14 552	31 526	16 220	15 306	33 327	17 118	16 209	35 736	18 334	17 403
20-24	28 184	14 492	13 692	29 357	15 094	14 263	30 943	15 908	15 035	32 775	16 821	15 953
25-29	24 121	12 376	11 746	27 472	14 108	13 364	28 686	14 730	13 956	30 307	15 562	14 745
30-34	20 207	10 351	9 856	23 474	12 034	11 440	26 807	13 755	13 051	28 058	14 395	13 662
35-39	16 512	8 444	8 069	19 625	10 044	9 581	22 860	11 709	11 151	26 172	13 418	12 754
40-44	13 692	6 983	6 709	15 979	8 158	7 822	19 043	9 730	9 313	22 241	11 374	10 866
45-49	11 675	5 925	5 749	13 174	6 693	6 481	15 418	7 842	7 576	18 424	9 381	9 043
50-54	9 913	4 998	4 915	11 113	5 608	5 505	12 577	6 354	6 223	14 763	7 468	7 295
55-59	7 971	3 978	3 993	9 258	4 632	4 626	10 414	5 215	5 200	11 828	5 929	5 899
60-64	5 962	2 939	3 023	7 187	3 554	3 633	8 386	4 155	4 230	9 477	4 698	4 779
65-69	4 136	2 008	2 128	5 050	2 465	2 584	6 127	2 997	3 130	7 197	3 524	3 673
70-74	2 670	1 280	1 390	3 149	1 512	1 637	3 882	1 871	2 011	4 757	2 294	2 463
75-79	1 417	669	749	1 691	799	892	2 024	955	1 069	2 533	1 197	1 336
80+	...	...	...	...	...	...	...	...	...	...	...	...
80-84	546	252	294	666	308	358	813	375	438	996	458	538
85-89	138	63	75	165	73	91	208	93	115	262	116	146
90-94	18	8	10	23	10	13	29	12	17	38	16	22
95-99	1	0	1	2	1	1	2	1	1	3	1	2
100+	0	0	0	0	0	0	0	0	0	0	0	0

年齢	2055 総数	男	女	2060 総数	男	女
総数	389 684	198 671	191 013	414 883	211 355	203 528
0-4	40 583	20 808	19 775	40 505	20 770	19 735
5-9	39 803	20 398	19 405	39 950	20 475	19 474
10-14	38 978	19 982	18 996	39 475	20 236	19 239
15-19	37 570	19 265	18 305	38 665	19 820	18 845
20-24	35 212	18 050	17 162	37 087	18 998	18 089
25-29	32 175	16 494	15 681	34 646	17 736	16 910
30-34	29 713	15 244	14 469	31 617	16 191	15 426
35-39	27 459	14 076	13 383	29 146	14 938	14 208
40-44	25 528	13 068	12 459	26 846	13 741	13 106
45-49	21 575	10 998	10 578	24 825	12 669	12 156
50-54	17 693	8 961	8 732	20 775	10 535	10 239
55-59	13 933	6 993	6 940	16 751	8 420	8 331
60-64	10 815	5 365	5 450	12 793	6 355	6 438
65-69	8 190	4 008	4 182	9 401	4 603	4 798
70-74	5 645	2 720	2 925	6 480	3 119	3 361
75-79	3 153	1 487	1 666	3 793	1 787	2 006
80+	...	...	...	...	...	...
80-84	1 276	585	690	1 621	742	879
85-89	331	146	185	437	192	245
90-94	49	20	29	65	27	38
95-99	4	1	2	5	2	3
100+	0	0	0	0	0	0

性・年齢別人口（千人）

年齢	1960 総数	男	女	1965 総数	男	女	1970 総数	男	女	1975 総数	男	女
総数	3 582	1 784	1 798	3 724	1 855	1 869	3 876	1 928	1 948	4 006	1 990	2 016
0-4	309	158	151	312	160	152	330	169	160	309	158	151
5-9	302	155	147	308	158	150	311	160	152	331	170	161
10-14	317	163	154	302	155	147	308	158	150	313	160	152
15-19	259	132	126	316	162	154	302	155	147	309	158	151
20-24	208	106	102	256	132	124	314	162	152	302	155	147
25-29	201	102	99	205	104	101	253	130	123	315	163	152
30-34	225	114	110	200	101	98	204	103	100	253	130	123
35-39	260	132	129	223	113	110	199	101	98	204	103	100
40-44	254	127	127	258	130	128	222	112	109	198	100	98
45-49	243	122	121	251	125	126	255	128	127	219	111	109
50-54	224	110	113	238	119	119	245	122	124	250	125	125
55-59	204	98	106	216	105	111	230	113	117	237	116	121
60-64	180	86	95	193	91	101	204	97	107	218	105	113
65-69	144	68	76	165	76	89	176	80	96	187	86	101
70-74	107	48	59	123	56	67	141	62	79	152	66	86
75-79	73	32	41	83	36	47	96	41	55	110	45	65
80+	71	30	41	76	31	45	85	34	52	98	37	61
80-84	...	...	...	...	...	...	...	...	...	...	...	...
85-89	...	...	...	...	...	...	...	...	...	...	...	...
90-94	...	...	...	...	...	...	...	...	...	...	...	...
95-99	...	...	...	...	...	...	...	...	...	...	...	...
100+	...	...	...	...	...	...	...	...	...	...	...	...

年齢	1980 総数	男	女	1985 総数	男	女	1990 総数	男	女	1995 総数	男	女
総数	4 083	2 023	2 059	4 148	2 051	2 098	4 240	2 096	2 145	4 360	2 155	2 205
0-4	261	134	127	254	130	124	280	144	137	304	156	148
5-9	312	159	152	263	135	129	258	132	126	285	146	139
10-14	333	171	162	313	160	153	266	136	130	261	134	127
15-19	314	161	153	335	172	163	315	161	154	269	138	132
20-24	310	158	151	316	162	154	338	173	165	320	163	157
25-29	304	156	148	313	160	153	323	166	157	344	176	168
30-34	316	163	153	306	157	149	317	163	155	327	168	160
35-39	253	130	123	317	164	153	307	157	149	319	163	156
40-44	203	103	100	253	130	123	315	162	153	306	157	150
45-49	196	99	97	201	102	100	250	128	122	313	160	152
50-54	215	108	107	192	96	96	197	99	99	246	125	121
55-59	242	119	123	208	103	105	186	92	94	192	96	97
60-64	225	108	117	229	110	119	197	96	102	178	87	91
65-69	200	93	107	207	96	111	211	98	113	183	86	97
70-74	163	71	92	175	77	98	182	80	102	187	83	104
75-79	120	48	72	131	53	78	141	57	84	149	61	89
80+	116	42	74	136	46	90	...	...	...	...	...	...
80-84	...	...	...	...	...	...	93	33	60	100	36	64
85-89	...	...	...	...	...	...	46	14	32	53	16	37
90-94	...	...	...	...	...	...	15	4	11	18	4	14
95-99	...	...	...	...	...	...	3	1	2	4	1	3
100+	...	...	...	...	...	...	0	0	0	0	0	0

年齢	2000 総数	男	女	2005 総数	男	女	2010 総数	男	女	2015 総数	男	女
総数	4 492	2 224	2 268	4 624	2 293	2 332	4 891	2 444	2 447	5 211	2 625	2 586
0-4	302	155	147	288	147	141	306	157	149	315	161	153
5-9	309	159	150	307	157	149	298	152	146	316	162	154
10-14	288	148	141	313	161	152	315	162	153	305	156	150
15-19	266	136	130	294	151	143	323	166	156	327	168	159
20-24	277	141	136	275	139	135	312	159	153	356	183	173
25-29	330	167	163	289	145	144	310	157	153	357	182	175
30-34	351	180	172	339	171	167	319	163	156	351	181	169
35-39	331	169	161	356	181	175	358	183	175	337	174	163
40-44	319	163	157	332	169	163	368	189	179	379	195	184
45-49	304	155	149	318	162	157	339	174	165	380	197	184
50-54	308	157	151	301	153	148	320	163	157	335	172	163
55-59	240	121	119	301	153	148	297	151	146	319	161	157
60-64	185	91	94	231	116	116	292	147	145	283	142	140
65-69	167	79	88	174	84	90	219	108	111	301	150	151
70-74	164	75	90	151	70	82	161	76	85	194	94	100
75-79	156	65	91	140	60	80	132	58	74	136	62	74
80+	...	...	...	...	...	...	...	...	...	...	...	...
80-84	110	40	70	119	45	74	109	44	65	106	44	62
85-89	58	18	40	66	21	45	76	25	50	71	26	45
90-94	21	5	16	25	6	19	30	8	22	35	10	25
95-99	4	1	4	5	1	4	7	1	5	8	2	6
100+	0	0	0	1	0	0	1	0	1	1	0	1

性・年齢別人口（千人）

年齢	2015			2020			2025			2030		
	総数	男	女	総数	男	女	総数	男	女	総数	男	女
総数	5 211	2 625	2 586	5 494	2 770	2 723	5 725	2 888	2 836	5 945	2 999	2 946
0-4	315	161	153	339	174	165	346	178	169	349	179	170
5-9	316	162	154	329	169	160	348	178	169	355	182	173
10-14	305	156	150	329	169	160	337	173	164	356	183	173
15-19	327	168	159	321	163	158	339	174	166	347	178	169
20-24	356	183	173	347	178	170	334	169	165	353	180	173
25-29	357	182	175	382	196	187	364	186	179	351	177	174
30-34	351	181	169	380	193	187	397	203	194	380	193	186
35-39	337	174	163	365	188	177	389	197	192	406	208	199
40-44	379	195	184	346	178	167	370	191	179	394	200	194
45-49	380	197	184	382	196	185	347	179	168	371	191	180
50-54	335	172	163	379	196	184	380	195	185	346	178	168
55-59	319	161	157	332	170	162	375	193	182	377	193	184
60-64	283	142	140	312	157	155	325	166	159	368	189	179
65-69	301	150	151	272	136	136	301	150	150	315	160	155
70-74	194	94	100	281	138	143	256	126	130	284	141	144
75-79	136	62	74	173	82	92	253	121	131	232	112	120
80+	…	…	…	…	…	…	…	…	…	…	…	…
80-84	106	44	62	109	47	62	142	64	78	210	97	113
85-89	71	26	45	71	27	44	75	30	45	99	42	58
90-94	35	10	25	34	11	23	35	12	23	39	14	25
95-99	8	2	6	9	2	7	10	3	7	11	3	8
100+	1	0	1	1	0	1	1	0	1	1	0	1

年齢	2035			2040			2045			2050		
	総数	男	女	総数	男	女	総数	男	女	総数	男	女
総数	6 142	3 098	3 045	6 321	3 186	3 135	6 491	3 271	3 220	6 658	3 354	3 304
0-4	349	179	170	354	182	172	364	187	177	375	193	183
5-9	358	184	174	358	184	174	363	186	177	373	192	182
10-14	364	187	177	366	188	178	367	188	178	372	191	181
15-19	366	188	179	374	192	182	377	193	183	377	193	184
20-24	360	184	177	380	194	186	387	198	190	390	199	191
25-29	370	188	182	378	192	186	397	202	195	405	206	199
30-34	366	185	181	385	196	189	393	200	193	412	210	203
35-39	389	198	191	376	190	186	395	200	194	402	204	198
40-44	412	210	202	394	200	194	381	192	189	400	203	197
45-49	396	200	195	413	210	203	396	201	195	383	193	190
50-54	371	190	180	395	200	195	412	210	203	395	201	195
55-59	343	176	167	368	189	179	392	198	194	410	209	202
60-64	370	189	181	338	173	165	363	186	177	388	195	192
65-69	357	182	175	360	183	177	330	168	162	355	181	174
70-74	299	150	149	341	172	168	345	174	171	317	160	156
75-79	260	126	133	275	136	139	315	157	158	321	160	161
80+	…	…	…	…	…	…	…	…	…	…	…	…
80-84	195	91	104	221	104	117	236	113	123	273	133	141
85-89	150	65	85	142	63	80	164	73	91	179	81	97
90-94	53	20	33	83	33	50	81	33	49	96	39	57
95-99	12	4	9	18	6	12	29	10	19	30	10	20
100+	2	0	1	2	0	1	3	1	2	5	1	4

年齢	2055			2060		
	総数	男	女	総数	男	女
総数	6 816	3 432	3 384	6 961	3 503	3 458
0-4	384	197	187	387	199	188
5-9	384	197	187	392	201	191
10-14	381	196	185	392	201	191
15-19	381	196	186	391	200	190
20-24	389	199	190	393	201	192
25-29	406	207	199	405	206	199
30-34	419	213	206	420	214	206
35-39	421	214	207	428	218	210
40-44	408	207	201	426	216	210
45-49	402	204	198	409	208	202
50-54	383	193	190	401	203	198
55-59	393	199	194	381	192	189
60-64	405	206	200	389	197	192
65-69	379	191	189	397	201	196
70-74	342	173	169	366	183	184
75-79	296	148	148	321	161	160
80+	…	…	…	…	…	…
80-84	281	136	145	261	127	134
85-89	210	97	113	219	101	118
90-94	107	45	63	130	55	75
95-99	37	13	24	43	16	28
100+	6	2	4	8	2	6

Norway

性・年齢別人口（千人）

年齢	2015			2020			2025			2030		
	総数	男	女	総数	男	女	総数	男	女	総数	男	女
総数	5 211	2 625	2 586	5 538	2 793	2 745	5 842	2 949	2 893	6 153	3 106	3 047
0-4	315	161	153	383	196	186	420	215	204	441	226	214
5-9	316	162	154	329	169	160	392	201	191	429	220	209
10-14	305	156	150	329	169	160	337	173	164	400	205	195
15-19	327	168	159	321	163	158	339	174	166	347	178	169
20-24	356	183	173	347	178	170	334	169	165	353	180	173
25-29	357	182	175	382	196	187	364	186	179	351	177	174
30-34	351	181	169	380	193	187	397	203	194	380	193	186
35-39	337	174	163	365	188	177	389	197	192	406	208	199
40-44	379	195	184	346	178	167	370	191	179	394	200	194
45-49	380	197	184	382	196	185	347	179	168	371	191	180
50-54	335	172	163	379	196	184	380	195	185	346	178	168
55-59	319	161	157	332	170	162	375	193	182	377	193	184
60-64	283	142	140	312	157	155	325	166	159	368	189	179
65-69	301	150	151	272	136	136	301	150	150	315	160	155
70-74	194	94	100	281	138	143	256	126	130	284	141	144
75-79	136	62	74	173	82	92	253	121	131	232	112	120
80+	...	...	...	...	...	...	...	...	...	...	...	...
80-84	106	44	62	109	47	62	142	64	78	210	97	113
85-89	71	26	45	71	27	44	75	30	45	99	42	58
90-94	35	10	25	34	11	23	35	12	23	39	14	25
95-99	8	2	6	9	2	7	10	3	7	11	3	8
100+	1	0	1	1	0	1	1	0	1	1	0	1

年齢	2035			2040			2045			2050		
	総数	男	女	総数	男	女	総数	男	女	総数	男	女
総数	6 443	3 252	3 191	6 718	3 390	3 327	6 999	3 532	3 467	7 306	3 687	3 619
0-4	441	226	214	450	231	219	476	245	232	516	265	251
5-9	450	231	219	450	231	219	460	236	224	485	249	236
10-14	437	225	213	458	235	223	458	235	223	468	240	228
15-19	410	210	200	447	229	218	468	240	228	468	240	228
20-24	360	184	177	423	216	207	460	235	225	481	246	235
25-29	370	188	182	378	192	186	441	225	216	478	244	234
30-34	366	185	181	385	196	189	393	200	193	456	232	224
35-39	389	198	191	376	190	186	395	200	194	402	204	198
40-44	412	210	202	394	200	194	381	192	189	400	203	197
45-49	396	200	195	413	210	203	396	201	195	383	193	190
50-54	371	190	180	395	200	195	412	210	203	395	201	195
55-59	343	176	167	368	189	179	392	198	194	410	209	202
60-64	370	189	181	338	173	165	363	186	177	388	195	192
65-69	357	182	175	360	183	177	330	168	162	355	181	174
70-74	299	150	149	341	172	168	345	174	171	317	160	156
75-79	260	126	133	275	136	139	315	157	158	321	160	161
80+	...	...	...	...	...	...	...	...	...	...	...	...
80-84	195	91	104	221	104	117	236	113	123	273	133	141
85-89	150	65	85	142	63	80	164	73	91	179	81	97
90-94	53	20	33	83	33	50	81	33	49	96	39	57
95-99	12	4	9	18	6	12	29	10	19	30	10	20
100+	2	0	1	2	0	1	3	1	2	5	1	4

年齢	2055			2060		
	総数	男	女	総数	男	女
総数	7 635	3 853	3 782	7 973	4 023	3 950
0-4	555	285	270	581	298	283
5-9	524	269	255	563	289	274
10-14	493	253	240	532	273	259
15-19	478	245	233	503	258	245
20-24	481	246	235	490	251	239
25-29	498	254	244	497	253	243
30-34	492	251	241	512	261	251
35-39	465	237	228	501	255	246
40-44	408	207	201	470	239	231
45-49	402	204	198	409	208	202
50-54	383	193	190	401	203	198
55-59	393	199	194	381	192	189
60-64	405	206	200	389	197	192
65-69	379	191	189	397	201	196
70-74	342	173	169	366	183	184
75-79	296	148	148	321	161	160
80+	...	...	...	...	...	...
80-84	281	136	145	261	127	134
85-89	210	97	113	219	101	118
90-94	107	45	63	130	55	75
95-99	37	13	24	43	16	28
100+	6	2	4	8	2	6

性・年齢別人口（千人）

年齢	2015			2020			2025			2030		
	総数	男	女	総数	男	女	総数	男	女	総数	男	女
総数	5 211	2 625	2 586	5 450	2 748	2 702	5 607	2 828	2 779	5 736	2 892	2 844
0-4	315	161	153	295	151	144	273	140	133	257	132	125
5-9	316	162	154	329	169	160	304	156	148	282	145	137
10-14	305	156	150	329	169	160	337	173	164	312	160	152
15-19	327	168	159	321	163	158	339	174	166	347	178	169
20-24	356	183	173	347	178	170	334	169	165	353	180	173
25-29	357	182	175	382	196	187	364	186	179	351	177	174
30-34	351	181	169	380	193	187	397	203	194	380	193	186
35-39	337	174	163	365	188	177	389	197	192	406	208	199
40-44	379	195	184	346	178	167	370	191	179	394	200	194
45-49	380	197	184	382	196	185	347	179	168	371	191	180
50-54	335	172	163	379	196	184	380	195	185	346	178	168
55-59	319	161	157	332	170	162	375	193	182	377	193	184
60-64	283	142	140	312	157	155	325	166	159	368	189	179
65-69	301	150	151	272	136	136	301	150	150	315	160	155
70-74	194	94	100	281	138	143	256	126	130	284	141	144
75-79	136	62	74	173	82	92	253	121	131	232	112	120
80+	…	…	…	…	…	…	…	…	…	…	…	…
80-84	106	44	62	109	47	62	142	64	78	210	97	113
85-89	71	26	45	71	27	44	75	30	45	99	42	58
90-94	35	10	25	34	11	23	35	12	23	39	14	25
95-99	8	2	6	9	2	7	10	3	7	11	3	8
100+	1	0	1	1	0	1	1	0	1	1	0	1

年齢	2035			2040			2045			2050		
	総数	男	女	総数	男	女	総数	男	女	総数	男	女
総数	5 842	2 943	2 899	5 926	2 983	2 943	5 991	3 014	2 977	6 036	3 035	3 002
0-4	257	132	125	259	133	126	259	133	126	253	130	123
5-9	266	137	130	266	137	130	268	138	131	268	138	131
10-14	291	149	142	275	141	134	275	141	134	277	142	135
15-19	322	165	157	301	154	147	285	146	139	285	146	139
20-24	360	184	177	336	171	164	314	160	154	298	152	146
25-29	370	188	182	378	192	186	353	180	174	332	169	163
30-34	366	185	181	385	196	189	393	200	193	368	187	181
35-39	389	198	191	376	190	186	395	200	194	402	204	198
40-44	412	210	202	394	200	194	381	192	189	400	203	197
45-49	396	200	195	413	210	203	396	201	195	383	193	190
50-54	371	190	180	395	200	195	412	210	203	395	201	195
55-59	343	176	167	368	189	179	392	198	194	410	209	202
60-64	370	189	181	338	173	165	363	186	177	388	195	192
65-69	357	182	175	360	183	177	330	168	162	355	181	174
70-74	299	150	149	341	172	168	345	174	171	317	160	156
75-79	260	126	133	275	136	139	315	157	158	321	160	161
80+	…	…	…	…	…	…	…	…	…	…	…	…
80-84	195	91	104	221	104	117	236	113	123	273	133	141
85-89	150	65	85	142	63	80	164	73	91	179	81	97
90-94	53	20	33	83	33	50	81	33	49	96	39	57
95-99	12	4	9	18	6	12	29	10	19	30	10	20
100+	2	0	1	2	0	1	3	1	2	5	1	4

年齢	2055			2060		
	総数	男	女	総数	男	女
総数	6 054	3 040	3 013	6 045	3 033	3 012
0-4	243	125	118	233	120	114
5-9	262	134	128	251	129	122
10-14	277	142	135	270	138	131
15-19	287	147	140	286	147	139
20-24	298	152	146	299	152	146
25-29	315	160	155	314	160	154
30-34	346	176	170	329	167	162
35-39	377	192	186	355	180	175
40-44	408	207	201	382	194	188
45-49	402	204	198	409	208	202
50-54	383	193	190	401	203	198
55-59	393	199	194	381	192	189
60-64	405	206	200	389	197	192
65-69	379	191	189	397	201	196
70-74	342	173	169	366	183	184
75-79	296	148	148	321	161	160
80+	…	…	…	…	…	…
80-84	281	136	145	261	127	134
85-89	210	97	113	219	101	118
90-94	107	45	63	130	55	75
95-99	37	13	24	43	16	28
100+	6	2	4	8	2	6

Oman

性・年齢別人口（千人）

年齢	1960 総数	男	女	1965 総数	男	女	1970 総数	男	女	1975 総数	男	女
総数	552	273	278	625	307	318	724	356	368	882	445	437
0-4	99	51	49	116	59	57	137	70	67	167	85	82
5-9	76	39	37	91	46	45	109	55	53	130	66	64
10-14	66	34	32	74	38	36	89	45	44	107	54	53
15-19	58	29	29	64	33	31	72	37	35	89	46	43
20-24	49	24	24	55	28	28	62	31	30	73	38	35
25-29	39	19	21	45	21	23	52	26	27	66	36	30
30-34	31	14	18	35	15	20	42	19	23	59	32	27
35-39	27	12	15	28	12	17	33	14	19	45	22	23
40-44	24	12	13	25	11	14	27	11	16	34	15	19
45-49	21	10	11	22	11	12	23	10	13	27	11	16
50-54	18	9	9	20	10	10	21	10	11	22	10	13
55-59	15	7	8	17	8	9	18	9	10	20	9	11
60-64	12	6	6	13	6	7	15	7	8	16	8	9
65-69	8	4	4	10	5	5	11	5	6	12	6	7
70-74	5	2	3	6	3	3	7	3	4	8	4	4
75-79	2	1	1	3	1	2	3	2	2	4	2	2
80+	1	1	1	1	1	1	2	1	1	2	1	1
80-84	…	…	…	…	…	…	…	…	…	…	…	…
85-89	…	…	…	…	…	…	…	…	…	…	…	…
90-94	…	…	…	…	…	…	…	…	…	…	…	…
95-99	…	…	…	…	…	…	…	…	…	…	…	…
100+	…	…	…	…	…	…	…	…	…	…	…	…

年齢	1980 総数	男	女	1985 総数	男	女	1990 総数	男	女	1995 総数	男	女
総数	1 154	608	546	1 498	810	689	1 812	1 009	803	2 192	1 300	892
0-4	230	117	113	298	152	146	323	165	158	308	157	150
5-9	161	82	79	225	115	111	279	142	137	296	151	144
10-14	129	65	63	160	81	79	218	111	107	268	137	131
15-19	109	56	53	131	67	64	150	77	73	203	103	100
20-24	95	51	44	115	61	54	138	78	60	151	89	62
25-29	91	54	36	113	68	46	138	85	53	210	147	63
30-34	88	56	32	114	75	38	135	89	46	212	151	61
35-39	69	41	28	99	66	34	121	84	37	164	116	48
40-44	50	26	24	74	45	30	95	64	31	125	91	34
45-49	37	17	19	52	28	24	70	43	27	81	57	24
50-54	26	11	15	36	17	19	48	27	21	60	39	21
55-59	21	9	12	25	11	14	32	16	16	42	25	17
60-64	18	8	10	19	8	11	23	10	13	28	15	13
65-69	14	6	7	15	7	8	17	7	10	18	8	9
70-74	10	4	5	11	5	6	12	5	7	12	5	7
75-79	5	2	3	6	3	4	8	3	4	9	4	5
80+	3	1	2	4	2	2	…	…	…	…	…	…
80-84	…	…	…	…	…	…	4	2	2	5	2	3
85-89	…	…	…	…	…	…	1	0	1	2	1	1
90-94	…	…	…	…	…	…	0	0	0	0	0	0
95-99	…	…	…	…	…	…	0	0	0	0	0	0
100+	…	…	…	…	…	…	0	0	0	0	0	0

年齢	2000 総数	男	女	2005 総数	男	女	2010 総数	男	女	2015 総数	男	女
総数	2 239	1 255	985	2 507	1 401	1 106	2 944	1 756	1 188	4 491	2 979	1 512
0-4	279	143	137	267	136	130	303	155	148	385	198	188
5-9	284	145	139	288	147	141	240	122	118	306	154	152
10-14	269	138	131	298	152	146	237	122	115	230	116	114
15-19	243	122	121	279	143	136	266	133	133	246	134	112
20-24	234	127	107	256	130	126	347	215	132	484	307	177
25-29	208	129	79	252	142	110	395	263	132	741	550	191
30-34	197	128	68	203	131	72	314	198	116	680	516	164
35-39	155	100	55	179	117	62	229	157	72	437	309	128
40-44	109	72	37	146	96	50	186	129	57	299	228	71
45-49	78	52	26	111	74	37	131	85	47	230	174	55
50-54	49	28	20	80	51	28	100	65	35	147	103	44
55-59	45	25	20	44	26	19	74	46	27	110	76	34
60-64	35	20	16	38	22	16	41	23	18	80	51	29
65-69	23	12	11	27	16	11	33	19	14	47	26	21
70-74	15	7	8	16	9	7	22	13	9	35	20	15
75-79	9	4	5	11	5	6	13	7	6	18	10	8
80+	…	…	…	…	…	…	…	…	…	…	…	…
80-84	6	2	3	6	2	4	8	3	4	9	5	4
85-89	2	1	1	3	1	2	4	1	2	5	2	3
90-94	1	0	0	1	0	1	1	0	1	2	0	1
95-99	0	0	0	0	0	0	0	0	0	1	0	0
100+	0	0	0	0	0	0	0	0	0	0	0	0

性・年齢別人口（千人）

年齢	2015			2020			2025			2030		
	総数	男	女	総数	男	女	総数	男	女	総数	男	女
総数	4 491	2 979	1 512	4 816	3 125	1 691	5 058	3 212	1 846	5 238	3 266	1 972
0-4	385	198	188	405	207	198	361	185	176	310	159	151
5-9	306	154	152	386	198	188	406	208	198	362	185	176
10-14	230	116	114	308	155	152	387	198	188	407	208	198
15-19	246	134	112	253	136	117	321	168	153	396	207	189
20-24	484	307	177	340	218	122	328	205	123	372	214	159
25-29	741	550	191	567	380	187	438	308	131	401	269	132
30-34	680	516	164	693	507	186	560	374	186	443	311	131
35-39	437	309	128	584	433	151	593	417	176	490	313	178
40-44	299	228	71	389	267	122	497	351	146	517	348	169
45-49	230	174	55	279	208	70	349	227	122	455	313	142
50-54	147	103	44	213	159	54	264	195	69	337	217	120
55-59	110	76	34	134	92	42	204	151	53	255	187	67
60-64	80	51	29	102	69	33	127	87	40	194	143	50
65-69	47	26	21	72	46	26	93	63	30	117	80	38
70-74	35	20	15	41	23	18	64	40	24	84	56	27
75-79	18	10	8	29	16	13	34	19	16	54	33	21
80+	...	...	...	...	...	...	...	...	...	...	...	...
80-84	9	5	4	13	7	6	21	11	10	26	14	12
85-89	5	2	3	6	3	3	8	4	4	14	7	7
90-94	2	0	1	2	1	2	3	1	2	4	2	2
95-99	1	0	0	1	0	1	1	0	1	1	0	1
100+	0	0	0	0	0	0	0	0	0	0	0	0

年齢	2035			2040			2045			2050		
	総数	男	女	総数	男	女	総数	男	女	総数	男	女
総数	5 376	3 296	2 080	5 507	3 320	2 187	5 659	3 361	2 298	5 844	3 435	2 409
0-4	283	145	138	294	150	143	316	162	154	324	166	158
5-9	311	159	152	284	145	139	295	151	144	317	162	154
10-14	363	186	177	312	160	152	285	146	139	296	151	144
15-19	411	212	199	365	187	178	314	161	153	287	147	140
20-24	443	248	195	428	225	202	381	201	181	328	172	156
25-29	436	268	168	472	272	199	457	250	207	406	220	185
30-34	407	273	133	445	272	173	486	284	202	476	264	212
35-39	411	285	125	389	256	133	434	264	170	485	283	201
40-44	429	259	171	385	267	119	368	240	127	417	253	164
45-49	454	291	163	401	236	165	364	249	115	353	229	124
50-54	431	292	139	423	263	160	379	216	162	353	240	113
55-59	326	209	117	410	274	137	398	242	157	370	210	160
60-64	244	179	65	314	201	114	390	257	133	388	235	153
65-69	181	133	47	230	168	61	298	190	108	373	246	127
70-74	106	72	35	166	122	44	212	156	57	278	177	101
75-79	72	48	24	93	62	30	146	107	39	190	139	51
80+	...	...	...	...	...	...	...	...	...	...	...	...
80-84	42	25	17	57	37	20	75	49	25	120	87	32
85-89	17	9	9	29	16	12	40	25	15	54	35	19
90-94	8	3	4	10	4	6	16	9	8	23	14	9
95-99	2	1	1	3	1	2	4	2	3	7	3	4
100+	0	0	0	1	0	1	1	0	1	2	0	1

年齢	2055			2060		
	総数	男	女	総数	男	女
総数	5 986	3 482	2 504	6 070	3 494	2 575
0-4	313	160	152	289	148	141
5-9	325	167	159	313	160	153
10-14	317	163	155	326	167	159
15-19	297	152	145	319	164	156
20-24	300	157	143	310	162	148
25-29	351	191	160	322	175	147
30-34	424	234	190	368	204	165
35-39	475	264	211	423	234	190
40-44	469	273	196	460	254	206
45-49	403	242	161	455	263	192
50-54	342	220	122	393	234	159
55-59	344	233	111	335	215	120
60-64	360	204	156	336	228	108
65-69	372	225	147	347	197	150
70-74	350	231	119	351	213	138
75-79	251	160	91	319	211	108
80+	...	...	...	...	...	...
80-84	158	115	43	212	135	78
85-89	87	63	25	118	84	33
90-94	32	20	13	53	37	17
95-99	10	5	5	15	8	7
100+	3	1	2	4	1	2

性・年齢別人口（千人）

年齢	2015			2020			2025			2030		
	総数	男	女	総数	男	女	総数	男	女	総数	男	女
総数	4 491	2 979	1 512	4 856	3 145	1 711	5 162	3 266	1 897	5 417	3 358	2 059
0-4	385	198	188	445	228	217	425	218	207	385	197	188
5-9	306	154	152	386	198	188	446	228	218	425	218	208
10-14	230	116	114	308	155	152	387	198	188	447	229	218
15-19	246	134	112	253	136	117	321	168	153	396	207	189
20-24	484	307	177	340	218	122	328	205	123	372	214	159
25-29	741	550	191	567	380	187	438	308	131	401	269	132
30-34	680	516	164	693	507	186	560	374	186	443	311	131
35-39	437	309	128	584	433	151	593	417	176	490	313	178
40-44	299	228	71	389	267	122	497	351	146	517	348	169
45-49	230	174	55	279	208	70	349	227	122	455	313	142
50-54	147	103	44	213	159	54	264	195	69	337	217	120
55-59	110	76	34	134	92	42	204	151	53	255	187	67
60-64	80	51	29	102	69	33	127	87	40	194	143	50
65-69	47	26	21	72	46	26	93	63	30	117	80	38
70-74	35	20	15	41	23	18	64	40	24	84	56	27
75-79	18	10	8	29	16	13	34	19	16	54	33	21
80+	…	…	…	…	…	…	…	…	…	…	…	…
80-84	9	5	4	13	7	6	21	11	10	26	14	12
85-89	5	2	3	6	3	3	8	4	4	14	7	7
90-94	2	0	1	2	1	2	3	1	2	4	2	2
95-99	1	0	0	1	0	1	1	0	1	1	0	1
100+	0	0	0	0	0	0	0	0	0	0	0	0

年齢	2035			2040			2045			2050		
	総数	男	女	総数	男	女	総数	男	女	総数	男	女
総数	5 629	3 425	2 204	5 844	3 492	2 352	6 099	3 586	2 513	6 413	3 726	2 687
0-4	357	183	174	378	194	185	420	215	205	453	232	221
5-9	385	197	188	358	183	175	379	194	185	421	215	205
10-14	426	218	208	386	198	188	359	184	175	380	194	185
15-19	451	233	219	429	220	209	389	200	189	361	185	176
20-24	443	248	195	468	246	222	445	233	212	402	210	192
25-29	436	268	168	472	272	199	497	270	226	469	253	216
30-34	407	273	133	445	272	173	486	284	202	516	285	231
35-39	411	285	125	389	256	133	434	264	170	485	283	201
40-44	429	259	171	385	267	119	368	240	127	417	253	164
45-49	454	291	163	401	236	165	364	249	115	353	229	124
50-54	431	292	139	423	263	160	379	216	162	353	240	113
55-59	326	209	117	410	274	137	398	242	157	370	210	160
60-64	244	179	65	314	201	114	390	257	133	388	235	153
65-69	181	133	47	230	168	61	298	190	108	373	246	127
70-74	106	72	35	166	122	44	212	156	57	278	177	101
75-79	72	48	24	93	62	30	146	107	39	190	139	51
80+	…	…	…	…	…	…	…	…	…	…	…	…
80-84	42	25	17	57	37	20	75	49	25	120	87	32
85-89	17	9	9	29	16	12	40	25	15	54	35	19
90-94	8	3	4	10	4	6	16	9	8	23	14	9
95-99	2	1	1	3	1	2	4	2	3	7	3	4
100+	0	0	0	1	0	1	1	0	1	2	0	1

年齢	2055			2060		
	総数	男	女	総数	男	女
総数	6 702	3 849	2 854	6 942	3 941	3 001
0-4	460	236	225	445	228	217
5-9	454	232	221	461	236	225
10-14	421	216	206	454	233	222
15-19	382	195	186	423	217	206
20-24	374	195	179	394	205	189
25-29	426	229	197	396	213	183
30-34	487	266	221	443	242	201
35-39	515	284	231	487	266	221
40-44	469	273	196	500	274	226
45-49	403	242	161	455	263	192
50-54	342	220	122	393	234	159
55-59	344	233	111	335	215	120
60-64	360	204	156	336	228	108
65-69	372	225	147	347	197	150
70-74	350	231	119	351	213	138
75-79	251	160	91	319	211	108
80+	…	…	…	…	…	…
80-84	158	115	43	212	135	78
85-89	87	63	25	118	84	33
90-94	32	20	13	53	37	17
95-99	10	5	5	15	8	7
100+	3	1	2	4	1	2

性・年齢別人口（千人）

年齢	2015 総数	男	女	2020 総数	男	女	2025 総数	男	女	2030 総数	男	女
総数	4 491	2 979	1 512	4 776	3 104	1 672	4 954	3 159	1 795	5 059	3 174	1 885
0-4	385	198	188	365	187	178	297	152	145	235	120	115
5-9	306	154	152	386	198	188	365	187	178	298	152	145
10-14	230	116	114	308	155	152	387	198	188	366	188	179
15-19	246	134	112	253	136	117	321	168	153	396	207	189
20-24	484	307	177	340	218	122	328	205	123	372	214	159
25-29	741	550	191	567	380	187	438	308	131	401	269	132
30-34	680	516	164	693	507	186	560	374	186	443	311	131
35-39	437	309	128	584	433	151	593	417	176	490	313	178
40-44	299	228	71	389	267	122	497	351	146	517	348	169
45-49	230	174	55	279	208	70	349	227	122	455	313	142
50-54	147	103	44	213	159	54	264	195	69	337	217	120
55-59	110	76	34	134	92	42	204	151	53	255	187	67
60-64	80	51	29	102	69	33	127	87	40	194	143	50
65-69	47	26	21	72	46	26	93	63	30	117	80	38
70-74	35	20	15	41	23	18	64	40	24	84	56	27
75-79	18	10	8	29	16	13	34	19	16	54	33	21
80+	...	...	...	...	...	...	...	...	...	...	...	...
80-84	9	5	4	13	7	6	21	11	10	26	14	12
85-89	5	2	3	6	3	3	8	4	4	14	7	7
90-94	2	0	1	2	1	2	3	1	2	4	2	2
95-99	1	0	0	1	0	1	1	0	1	1	0	1
100+	0	0	0	0	0	0	0	0	0	0	0	0

年齢	2035 総数	男	女	2040 総数	男	女	2045 総数	男	女	2050 総数	男	女
総数	5 123	3 166	1 957	5 171	3 148	2 024	5 225	3 139	2 086	5 297	3 155	2 142
0-4	209	107	102	211	108	103	217	111	106	211	108	103
5-9	236	121	115	210	108	103	212	108	103	218	112	107
10-14	299	153	146	237	121	115	211	108	103	213	109	104
15-19	371	192	180	301	155	147	239	123	116	213	109	104
20-24	443	248	195	387	205	183	318	168	150	253	134	119
25-29	436	268	168	472	272	199	417	229	187	342	188	154
30-34	407	273	133	445	272	173	486	284	202	436	244	192
35-39	411	285	125	389	256	133	434	264	170	485	283	201
40-44	429	259	171	385	267	119	368	240	127	417	253	164
45-49	454	291	163	401	236	165	364	249	115	353	229	124
50-54	431	292	139	423	263	160	379	216	162	353	240	113
55-59	326	209	117	410	274	137	398	242	157	370	210	160
60-64	244	179	65	314	201	114	390	257	133	388	235	153
65-69	181	133	47	230	168	61	298	190	108	373	246	127
70-74	106	72	35	166	122	44	212	156	57	278	177	101
75-79	72	48	24	93	62	30	146	107	39	190	139	51
80+	...	...	...	...	...	...	...	...	...	...	...	...
80-84	42	25	17	57	37	20	75	49	25	120	87	32
85-89	17	9	9	29	16	12	40	25	15	54	35	19
90-94	8	3	4	10	4	6	16	9	8	23	14	9
95-99	2	1	1	3	1	2	4	2	3	7	3	4
100+	0	0	0	1	0	1	1	0	1	2	0	1

年齢	2055 総数	男	女	2060 総数	男	女
総数	5 317	3 139	2 177	5 278	3 089	2 189
0-4	190	97	93	165	85	81
5-9	212	108	103	191	98	93
10-14	219	112	107	213	109	104
15-19	214	110	105	221	113	108
20-24	226	120	107	227	120	107
25-29	276	152	124	249	137	111
30-34	361	202	159	294	166	128
35-39	435	243	192	360	201	159
40-44	469	273	196	421	234	187
45-49	403	242	161	455	263	192
50-54	342	220	122	393	234	159
55-59	344	233	111	335	215	120
60-64	360	204	156	336	228	108
65-69	372	225	147	347	197	150
70-74	350	231	119	351	213	138
75-79	251	160	91	319	211	108
80+	...	...	...	...	...	...
80-84	158	115	43	212	135	78
85-89	87	63	25	118	84	33
90-94	32	20	13	53	37	17
95-99	10	5	5	15	8	7
100+	3	1	2	4	1	2

Pakistan

性・年齢別人口（千人）

年齢	1960 総数	男	女	1965 総数	男	女	1970 総数	男	女	1975 総数	男	女
総数	44 912	24 058	20 854	50 849	27 046	23 803	58 094	30 714	27 380	66 791	35 132	31 660
0-4	7 172	3 666	3 506	8 561	4 387	4 174	9 921	5 091	4 830	11 309	5 808	5 501
5-9	5 394	2 748	2 646	6 718	3 438	3 280	8 115	4 165	3 950	9 481	4 875	4 607
10-14	5 021	2 601	2 420	5 270	2 682	2 587	6 592	3 373	3 220	7 996	4 104	3 892
15-19	4 725	2 483	2 242	4 903	2 550	2 353	5 156	2 633	2 523	6 487	3 326	3 161
20-24	4 038	2 167	1 871	4 576	2 414	2 162	4 750	2 479	2 271	5 034	2 577	2 456
25-29	3 475	1 885	1 590	3 905	2 101	1 803	4 429	2 342	2 087	4 631	2 423	2 209
30-34	2 992	1 652	1 339	3 358	1 827	1 531	3 782	2 040	1 742	4 319	2 288	2 031
35-39	2 576	1 446	1 130	2 882	1 596	1 287	3 246	1 770	1 477	3 680	1 988	1 692
40-44	2 186	1 247	939	2 469	1 388	1 081	2 774	1 538	1 236	3 145	1 716	1 429
45-49	1 829	1 054	776	2 078	1 187	891	2 358	1 327	1 031	2 668	1 480	1 188
50-54	1 468	852	616	1 716	988	728	1 960	1 119	841	2 241	1 260	981
55-59	1 181	686	494	1 348	780	567	1 585	911	674	1 826	1 040	785
60-64	908	526	381	1 053	608	444	1 210	698	513	1 437	823	614
65-69	711	405	306	773	443	330	904	518	386	1 051	602	449
70-74	540	299	241	554	310	244	609	344	264	722	410	312
75-79	356	189	167	365	197	168	379	208	171	424	237	187
80+	339	150	189	321	149	172	324	159	165	340	174	166
80-84	...	...	...	...	...	...	...	...	...	...	...	...
85-89	...	...	...	...	...	...	...	...	...	...	...	...
90-94	...	...	...	...	...	...	...	...	...	...	...	...
95-99	...	...	...	...	...	...	...	...	...	...	...	...
100+	...	...	...	...	...	...	...	...	...	...	...	...

年齢	1980 総数	男	女	1985 総数	男	女	1990 総数	男	女	1995 総数	男	女
総数	78 072	40 841	37 231	92 165	47 965	44 201	107 608	55 779	51 829	122 600	63 357	59 243
0-4	13 217	6 788	6 429	15 631	8 024	7 607	18 428	9 458	8 970	19 509	10 018	9 491
5-9	10 900	5 608	5 292	12 811	6 591	6 221	15 142	7 787	7 355	17 857	9 178	8 679
10-14	9 391	4 828	4 563	10 833	5 573	5 260	12 710	6 539	6 171	14 999	7 715	7 285
15-19	7 986	4 101	3 885	9 456	4 859	4 597	10 761	5 537	5 224	12 491	6 429	6 062
20-24	6 544	3 359	3 184	8 181	4 202	3 979	9 384	4 826	4 558	10 412	5 358	5 053
25-29	5 081	2 607	2 474	6 703	3 447	3 256	8 107	4 166	3 941	9 070	4 657	4 413
30-34	4 620	2 419	2 200	5 142	2 642	2 500	6 622	3 404	3 218	7 883	4 043	3 840
35-39	4 275	2 264	2 011	4 625	2 420	2 205	5 065	2 600	2 465	6 443	3 308	3 136
40-44	3 622	1 954	1 668	4 246	2 244	2 003	4 536	2 370	2 166	4 908	2 517	2 391
45-49	3 070	1 672	1 398	3 568	1 918	1 650	4 135	2 180	1 955	4 373	2 282	2 091
50-54	2 572	1 422	1 150	2 986	1 619	1 368	3 436	1 841	1 595	3 950	2 078	1 873
55-59	2 116	1 185	931	2 450	1 347	1 103	2 822	1 523	1 299	3 228	1 724	1 504
60-64	1 677	950	727	1 960	1 090	870	2 255	1 232	1 023	2 583	1 385	1 198
65-69	1 264	718	546	1 488	835	653	1 731	954	777	1 978	1 070	909
70-74	850	482	368	1 032	579	453	1 211	672	539	1 406	768	638
75-79	510	286	224	607	339	268	734	407	328	867	480	387
80+	377	199	178	447	238	209	...	...	...	...	...	...
80-84	...	...	...	...	...	...	354	193	160	433	239	193
85-89	...	...	...	...	...	...	134	70	64	159	85	74
90-94	...	...	...	...	...	...	35	17	18	42	21	21
95-99	...	...	...	...	...	...	6	3	4	7	3	4
100+	...	...	...	...	...	...	1	0	1	1	0	1

年齢	2000 総数	男	女	2005 総数	男	女	2010 総数	男	女	2015 総数	男	女
総数	138 250	71 330	66 921	153 356	79 029	74 327	170 044	87 415	82 629	188 925	97 052	91 873
0-4	20 102	10 399	9 703	20 052	10 441	9 610	22 400	11 609	10 791	24 664	12 792	11 871
5-9	18 997	9 765	9 232	19 638	10 163	9 475	19 626	10 217	9 409	21 990	11 393	10 596
10-14	17 717	9 107	8 610	18 856	9 692	9 164	19 492	10 085	9 408	19 489	10 141	9 347
15-19	14 822	7 624	7 199	17 517	8 998	8 519	18 617	9 553	9 064	19 308	9 983	9 325
20-24	12 227	6 291	5 936	14 515	7 452	7 063	17 116	8 758	8 358	18 320	9 391	8 929
25-29	10 172	5 228	4 944	11 949	6 129	5 820	14 153	7 227	6 926	16 791	8 571	8 220
30-34	8 888	4 555	4 332	9 971	5 108	4 863	11 700	5 972	5 728	13 881	7 066	6 815
35-39	7 722	3 954	3 768	8 712	4 454	4 258	9 765	4 984	4 781	11 478	5 844	5 634
40-44	6 289	3 223	3 065	7 545	3 854	3 691	8 507	4 334	4 173	9 567	4 869	4 698
45-49	4 758	2 435	2 323	6 105	3 120	2 985	7 324	3 727	3 596	8 299	4 213	4 085
50-54	4 197	2 183	2 014	4 569	2 330	2 240	5 864	2 984	2 880	7 082	3 590	3 492
55-59	3 729	1 953	1 776	3 964	2 052	1 912	4 313	2 187	2 126	5 582	2 826	2 756
60-64	2 967	1 573	1 394	3 427	1 784	1 643	3 641	1 872	1 768	3 989	2 010	1 979
65-69	2 274	1 206	1 069	2 607	1 371	1 236	3 009	1 553	1 456	3 221	1 644	1 577
70-74	1 613	864	749	1 858	975	883	2 127	1 107	1 019	2 483	1 271	1 211
75-79	1 010	550	460	1 171	619	551	1 346	697	648	1 561	808	754
80+	...	...	...	...	...	...	...	...	...	...	...	...
80-84	512	284	229	605	325	280	699	364	335	816	423	393
85-89	194	106	89	229	125	104	269	143	127	315	167	148
90-94	49	25	24	57	31	26	67	36	31	79	44	35
95-99	8	4	5	8	4	4	10	5	4	11	7	5
100+	1	0	1	1	0	0	1	0	0	1	1	0

性・年齢別人口（千人）

年齢	2015			2020			2025			2030		
	総数	男	女	総数	男	女	総数	男	女	総数	男	女
総数	188 925	97 052	91 873	208 437	107 063	101 374	227 182	116 657	110 525	244 916	125 688	119 228
0-4	24 664	12 792	11 871	25 497	13 230	12 267	25 339	13 150	12 189	25 024	12 968	12 056
5-9	21 990	11 393	10 596	24 280	12 594	11 687	25 143	13 045	12 098	25 023	12 984	12 040
10-14	19 489	10 141	9 347	21 864	11 325	10 539	24 154	12 525	11 630	25 022	12 977	12 045
15-19	19 308	9 983	9 325	19 337	10 059	9 278	21 711	11 241	10 469	23 997	12 438	11 560
20-24	18 320	9 391	8 929	19 065	9 854	9 212	19 106	9 935	9 171	21 473	11 113	10 360
25-29	16 791	8 571	8 220	18 058	9 244	8 814	18 812	9 711	9 101	18 864	9 796	9 068
30-34	13 881	7 066	6 815	16 557	8 435	8 122	17 826	9 108	8 718	18 588	9 575	9 013
35-39	11 478	5 844	5 634	13 676	6 949	6 727	16 333	8 305	8 028	17 600	8 974	8 627
40-44	9 567	4 869	4 698	11 281	5 732	5 550	13 455	6 821	6 634	16 084	8 159	7 925
45-49	8 299	4 213	4 085	9 356	4 748	4 607	11 041	5 593	5 448	13 179	6 661	6 518
50-54	7 082	3 590	3 492	8 043	4 069	3 974	9 074	4 587	4 487	10 717	5 406	5 311
55-59	5 582	2 826	2 756	6 758	3 409	3 349	7 682	3 865	3 816	8 674	4 360	4 314
60-64	3 989	2 010	1 979	5 183	2 608	2 575	6 284	3 148	3 136	7 153	3 572	3 581
65-69	3 221	1 644	1 577	3 545	1 772	1 773	4 616	2 303	2 314	5 608	2 782	2 826
70-74	2 483	1 271	1 211	2 669	1 351	1 318	2 944	1 457	1 487	3 843	1 896	1 947
75-79	1 561	808	754	1 833	933	901	1 976	992	984	2 186	1 071	1 114
80+	…	…	…	…	…	…	…	…	…	…	…	…
80-84	816	423	393	954	494	460	1 123	571	552	1 215	608	607
85-89	315	167	148	371	196	175	435	229	206	515	265	249
90-94	79	44	35	94	52	42	111	61	50	131	72	59
95-99	11	7	5	13	8	5	16	10	6	19	11	8
100+	1	1	0	1	1	0	1	1	0	2	1	1

年齢	2035			2040			2045			2050		
	総数	男	女	総数	男	女	総数	男	女	総数	男	女
総数	262 127	134 425	127 702	278 987	142 963	136 024	295 089	151 069	144 020	309 640	158 342	151 298
0-4	25 251	13 088	12 163	25 858	13 407	12 451	26 175	13 554	12 622	25 815	13 368	12 447
5-9	24 746	12 820	11 926	24 999	12 953	12 046	25 629	13 284	12 346	25 967	13 440	12 527
10-14	24 912	12 921	11 991	24 642	12 761	11 882	24 901	12 897	12 005	25 536	13 229	12 307
15-19	24 873	12 894	11 979	24 769	12 840	11 929	24 506	12 684	11 822	24 769	12 822	11 947
20-24	23 766	12 311	11 455	24 646	12 768	11 878	24 551	12 719	11 832	24 297	12 567	11 730
25-29	21 235	10 974	10 261	23 524	12 168	11 356	24 409	12 627	11 782	24 322	12 581	11 741
30-34	18 652	9 666	8 986	21 015	10 838	10 177	23 299	12 028	11 272	24 188	12 488	11 700
35-39	18 367	9 442	8 925	18 440	9 537	8 903	20 795	10 703	10 092	23 071	11 886	11 185
40-44	17 348	8 824	8 524	18 115	9 291	8 825	18 198	9 390	8 808	20 540	10 547	9 993
45-49	15 773	7 976	7 797	17 026	8 632	8 394	17 793	9 096	8 697	17 887	9 200	8 687
50-54	12 808	6 445	6 363	15 345	7 724	7 621	16 580	8 367	8 213	17 344	8 825	8 519
55-59	10 258	5 143	5 115	12 275	6 137	6 139	14 727	7 362	7 365	15 933	7 983	7 950
60-64	8 091	4 032	4 059	9 586	4 761	4 824	11 492	5 688	5 804	13 813	6 832	6 981
65-69	6 399	3 160	3 239	7 254	3 571	3 684	8 617	4 222	4 395	10 358	5 051	5 307
70-74	4 685	2 294	2 391	5 363	2 608	2 754	6 101	2 952	3 149	7 274	3 496	3 778
75-79	2 867	1 396	1 471	3 511	1 692	1 819	4 040	1 929	2 112	4 621	2 187	2 434
80+	…	…	…	…	…	…	…	…	…	…	…	…
80-84	1 353	658	694	1 787	861	926	2 205	1 047	1 158	2 556	1 196	1 360
85-89	561	284	278	630	308	322	840	404	436	1 047	493	554
90-94	156	83	73	172	89	82	195	98	97	263	129	134
95-99	23	13	9	27	16	12	30	17	14	35	18	16
100+	2	1	1	2	2	1	3	2	1	3	2	1

年齢	2055			2060		
	総数	男	女	総数	男	女
総数	322 270	164 614	157 656	332 978	169 877	163 100
0-4	25 046	12 967	12 079	24 348	12 603	11 745
5-9	25 631	13 266	12 365	24 886	12 877	12 009
10-14	25 880	13 389	12 491	25 552	13 218	12 333
15-19	25 410	13 157	12 253	25 762	13 320	12 441
20-24	24 571	12 710	11 861	25 222	13 049	12 173
25-29	24 082	12 436	11 646	24 367	12 584	11 783
30-34	24 115	12 449	11 665	23 888	12 311	11 576
35-39	23 967	12 349	11 618	23 907	12 317	11 590
40-44	22 808	11 722	11 085	23 710	12 187	11 523
45-49	20 209	10 343	9 866	22 462	11 506	10 956
50-54	17 455	8 935	8 519	19 745	10 057	9 688
55-59	16 693	8 433	8 260	16 826	8 552	8 275
60-64	14 982	7 426	7 556	15 735	7 863	7 872
65-69	12 500	6 090	6 410	13 610	6 644	6 966
70-74	8 795	4 206	4 589	10 675	5 097	5 578
75-79	5 556	2 610	2 946	6 775	3 162	3 613
80+	…	…	…	…	…	…
80-84	2 957	1 370	1 587	3 597	1 650	1 948
85-89	1 232	570	662	1 447	660	787
90-94	333	159	174	398	185	213
95-99	48	25	23	62	30	31
100+	4	2	2	5	3	2

性・年齢別人口（千人）

年齢	2015			2020			2025			2030		
	総数	男	女	総数	男	女	総数	男	女	総数	男	女
総数	188 925	97 052	91 873	210 326	108 043	102 283	232 321	119 324	112 997	254 362	130 587	123 775
0-4	24 664	12 792	11 871	27 386	14 210	13 176	28 611	14 849	13 762	29 374	15 222	14 151
5-9	21 990	11 393	10 596	24 280	12 594	11 687	27 010	14 013	12 996	28 260	14 663	13 597
10-14	19 489	10 141	9 347	21 864	11 325	10 539	24 154	12 525	11 630	26 882	13 942	12 940
15-19	19 308	9 983	9 325	19 337	10 059	9 278	21 711	11 241	10 469	23 997	12 438	11 560
20-24	18 320	9 391	8 929	19 065	9 854	9 212	19 106	9 935	9 171	21 473	11 113	10 360
25-29	16 791	8 571	8 220	18 058	9 244	8 814	18 812	9 711	9 101	18 864	9 796	9 068
30-34	13 881	7 066	6 815	16 557	8 435	8 122	17 826	9 108	8 718	18 588	9 575	9 013
35-39	11 478	5 844	5 634	13 676	6 949	6 727	16 333	8 305	8 028	17 600	8 974	8 627
40-44	9 567	4 869	4 698	11 281	5 732	5 550	13 455	6 821	6 634	16 084	8 159	7 925
45-49	8 299	4 213	4 085	9 356	4 748	4 607	11 041	5 593	5 448	13 179	6 661	6 518
50-54	7 082	3 590	3 492	8 043	4 069	3 974	9 074	4 587	4 487	10 717	5 406	5 311
55-59	5 582	2 826	2 756	6 758	3 409	3 349	7 682	3 865	3 816	8 674	4 360	4 314
60-64	3 989	2 010	1 979	5 183	2 608	2 575	6 284	3 148	3 136	7 153	3 572	3 581
65-69	3 221	1 644	1 577	3 545	1 772	1 773	4 616	2 303	2 314	5 608	2 782	2 826
70-74	2 483	1 271	1 211	2 669	1 351	1 318	2 944	1 457	1 487	3 843	1 896	1 947
75-79	1 561	808	754	1 833	933	901	1 976	992	984	2 186	1 071	1 114
80+	…	…	…	…	…	…	…	…	…	…	…	…
80-84	816	423	393	954	494	460	1 123	571	552	1 215	608	607
85-89	315	167	148	371	196	175	435	229	206	515	265	249
90-94	79	44	35	94	52	42	111	61	50	131	72	59
95-99	11	7	5	13	8	5	16	10	6	19	11	8
100+	1	1	0	1	1	0	1	1	0	2	1	1

年齢	2035			2040			2045			2050		
	総数	男	女	総数	男	女	総数	男	女	総数	男	女
総数	276 264	141 754	134 510	298 659	153 160	145 500	321 681	164 844	156 838	344 749	176 518	168 231
0-4	30 000	15 550	14 450	31 464	16 314	15 150	33 184	17 183	16 001	34 443	17 836	16 607
5-9	29 055	15 053	14 002	29 709	15 394	14 315	31 194	16 168	15 026	32 931	17 045	15 886
10-14	28 138	14 594	13 544	28 938	14 986	13 952	29 598	15 330	14 268	31 086	16 105	14 981
15-19	26 726	13 855	12 872	27 985	14 508	13 477	28 789	14 902	13 888	29 453	15 248	14 206
20-24	23 766	12 311	11 455	26 492	13 725	12 767	27 755	14 379	13 376	28 564	14 774	13 790
25-29	21 235	10 974	10 261	23 524	12 168	11 356	26 245	13 577	12 668	27 511	14 232	13 279
30-34	18 652	9 666	8 986	21 015	10 838	10 177	23 299	12 028	11 272	26 014	13 432	12 583
35-39	18 367	9 442	8 925	18 440	9 537	8 903	20 795	10 703	10 092	23 071	11 886	11 185
40-44	17 348	8 824	8 524	18 115	9 291	8 825	18 198	9 390	8 808	20 540	10 547	9 993
45-49	15 773	7 976	7 797	17 026	8 632	8 394	17 793	9 096	8 697	17 887	9 200	8 687
50-54	12 808	6 445	6 363	15 345	7 724	7 621	16 580	8 367	8 213	17 344	8 825	8 519
55-59	10 258	5 143	5 115	12 275	6 137	6 139	14 727	7 362	7 365	15 933	7 983	7 950
60-64	8 091	4 032	4 059	9 586	4 761	4 824	11 492	5 688	5 804	13 813	6 832	6 981
65-69	6 399	3 160	3 239	7 254	3 571	3 684	8 617	4 222	4 395	10 358	5 051	5 307
70-74	4 685	2 294	2 391	5 363	2 608	2 754	6 101	2 952	3 149	7 274	3 496	3 778
75-79	2 867	1 396	1 471	3 511	1 692	1 819	4 040	1 929	2 112	4 621	2 187	2 434
80+	…	…	…	…	…	…	…	…	…	…	…	…
80-84	1 353	658	694	1 787	861	926	2 205	1 047	1 158	2 556	1 196	1 360
85-89	561	284	278	630	308	322	840	404	436	1 047	493	554
90-94	156	83	73	172	89	82	195	98	97	263	129	134
95-99	23	13	9	27	16	12	30	17	14	35	18	16
100+	2	1	1	2	2	1	3	2	1	3	2	1

年齢	2055			2060		
	総数	男	女	総数	男	女
総数	367 261	187 892	179 368	388 863	198 775	190 088
0-4	35 069	18 157	16 912	35 420	18 335	17 085
5-9	34 211	17 707	16 504	34 859	18 039	16 820
10-14	32 828	16 984	15 844	34 114	17 649	16 465
15-19	30 948	16 025	14 923	32 695	16 906	15 789
20-24	29 239	15 125	14 114	30 741	15 905	14 837
25-29	28 331	14 631	13 699	29 017	14 986	14 030
30-34	27 286	14 088	13 198	28 115	14 492	13 623
35-39	25 780	13 284	12 496	27 058	13 942	13 116
40-44	22 808	11 722	11 085	25 506	13 111	12 395
45-49	20 209	10 343	9 866	22 462	11 506	10 956
50-54	17 455	8 935	8 519	19 745	10 057	9 688
55-59	16 693	8 433	8 260	16 826	8 552	8 275
60-64	14 982	7 426	7 556	15 735	7 863	7 872
65-69	12 500	6 090	6 410	13 610	6 644	6 966
70-74	8 795	4 206	4 589	10 675	5 097	5 578
75-79	5 556	2 610	2 946	6 775	3 162	3 613
80+	…	…	…	…	…	…
80-84	2 957	1 370	1 587	3 597	1 650	1 948
85-89	1 232	570	662	1 447	660	787
90-94	333	159	174	398	185	213
95-99	48	25	23	62	30	31
100+	4	2	2	5	3	2

性・年齢別人口（千人）

年齢	2015			2020			2025			2030		
	総数	男	女	総数	男	女	総数	男	女	総数	男	女
総数	188 925	97 052	91 873	206 547	106 083	100 465	222 044	113 990	108 054	235 470	120 789	114 680
0-4	24 664	12 792	11 871	23 608	12 250	11 358	22 067	11 452	10 615	20 674	10 714	9 961
5-9	21 990	11 393	10 596	24 280	12 594	11 687	23 277	12 076	11 201	21 786	11 304	10 483
10-14	19 489	10 141	9 347	21 864	11 325	10 539	24 154	12 525	11 630	23 163	12 013	11 150
15-19	19 308	9 983	9 325	19 337	10 059	9 278	21 711	11 241	10 469	23 997	12 438	11 560
20-24	18 320	9 391	8 929	19 065	9 854	9 212	19 106	9 935	9 171	21 473	11 113	10 360
25-29	16 791	8 571	8 220	18 058	9 244	8 814	18 812	9 711	9 101	18 864	9 796	9 068
30-34	13 881	7 066	6 815	16 557	8 435	8 122	17 826	9 108	8 718	18 588	9 575	9 013
35-39	11 478	5 844	5 634	13 676	6 949	6 727	16 333	8 305	8 028	17 600	8 974	8 627
40-44	9 567	4 869	4 698	11 281	5 732	5 550	13 455	6 821	6 634	16 084	8 159	7 925
45-49	8 299	4 213	4 085	9 356	4 748	4 607	11 041	5 593	5 448	13 179	6 661	6 518
50-54	7 082	3 590	3 492	8 043	4 069	3 974	9 074	4 587	4 487	10 717	5 406	5 311
55-59	5 582	2 826	2 756	6 758	3 409	3 349	7 682	3 865	3 816	8 674	4 360	4 314
60-64	3 989	2 010	1 979	5 183	2 608	2 575	6 284	3 148	3 136	7 153	3 572	3 581
65-69	3 221	1 644	1 577	3 545	1 772	1 773	4 616	2 303	2 314	5 608	2 782	2 826
70-74	2 483	1 271	1 211	2 669	1 351	1 318	2 944	1 457	1 487	3 843	1 896	1 947
75-79	1 561	808	754	1 833	933	901	1 976	992	984	2 186	1 071	1 114
80+	...	...	...	...	...	...	...	...	...	...	...	...
80-84	816	423	393	954	494	460	1 123	571	552	1 215	608	607
85-89	315	167	148	371	196	175	435	229	206	515	265	249
90-94	79	44	35	94	52	42	111	61	50	131	72	59
95-99	11	7	5	13	8	5	16	10	6	19	11	8
100+	1	1	0	1	1	0	1	1	0	2	1	1

年齢	2035			2040			2045			2050		
	総数	男	女	総数	男	女	総数	男	女	総数	男	女
総数	248 011	127 107	120 904	259 511	132 869	126 642	269 238	137 679	131 559	276 349	141 107	135 242
0-4	20 524	10 638	9 886	20 427	10 591	9 836	19 714	10 208	9 506	18 267	9 459	8 808
5-9	20 438	10 588	9 850	20 311	10 524	9 788	20 238	10 489	9 749	19 547	10 117	9 431
10-14	21 686	11 247	10 439	20 347	10 536	9 811	20 226	10 475	9 752	20 158	10 442	9 716
15-19	23 020	11 933	11 087	21 552	11 172	10 380	20 223	10 467	9 756	20 106	10 408	9 698
20-24	23 766	12 311	11 455	22 801	11 812	10 989	21 348	11 059	10 288	20 029	10 360	9 670
25-29	21 235	10 974	10 261	23 524	12 168	11 356	22 573	11 677	10 896	21 134	10 931	10 202
30-34	18 652	9 666	8 986	21 015	10 838	10 177	23 299	12 028	11 272	22 363	11 545	10 818
35-39	18 367	9 442	8 925	18 440	9 537	8 903	20 795	10 703	10 092	23 071	11 886	11 185
40-44	17 348	8 824	8 524	18 115	9 291	8 825	18 198	9 390	8 808	20 540	10 547	9 993
45-49	15 773	7 976	7 797	17 026	8 632	8 394	17 793	9 096	8 697	17 887	9 200	8 687
50-54	12 808	6 445	6 363	15 345	7 724	7 621	16 580	8 367	8 213	17 344	8 825	8 519
55-59	10 258	5 143	5 115	12 275	6 137	6 139	14 727	7 362	7 365	15 933	7 983	7 950
60-64	8 091	4 032	4 059	9 586	4 761	4 824	11 492	5 688	5 804	13 813	6 832	6 981
65-69	6 399	3 160	3 239	7 254	3 571	3 684	8 617	4 222	4 395	10 358	5 051	5 307
70-74	4 685	2 294	2 391	5 363	2 608	2 754	6 101	2 952	3 149	7 274	3 496	3 778
75-79	2 867	1 396	1 471	3 511	1 692	1 819	4 040	1 929	2 112	4 621	2 187	2 434
80+	...	...	...	...	...	...	...	...	...	...	...	...
80-84	1 353	658	694	1 787	861	926	2 205	1 047	1 158	2 556	1 196	1 360
85-89	561	284	278	630	308	322	840	404	436	1 047	493	554
90-94	156	83	73	172	89	82	195	98	97	263	129	134
95-99	23	13	9	27	16	12	30	17	14	35	18	16
100+	2	1	1	2	2	1	3	2	1	3	2	1

年齢	2055			2060		
	総数	男	女	総数	男	女
総数	280 702	143 107	137 595	282 571	143 815	138 756
0-4	16 635	8 612	8 023	15 344	7 942	7 402
5-9	18 126	9 380	8 745	16 516	8 545	7 971
10-14	19 474	10 074	9 401	18 061	9 342	8 719
15-19	20 045	10 379	9 666	19 370	10 015	9 355
20-24	19 924	10 306	9 618	19 874	10 282	9 592
25-29	19 833	10 241	9 592	19 739	10 193	9 546
30-34	20 943	10 810	10 132	19 660	10 131	9 529
35-39	22 154	11 414	10 740	20 756	10 692	10 063
40-44	22 808	11 722	11 085	21 913	11 263	10 650
45-49	20 209	10 343	9 866	22 462	11 506	10 956
50-54	17 455	8 935	8 519	19 745	10 057	9 688
55-59	16 693	8 433	8 260	16 826	8 552	8 275
60-64	14 982	7 426	7 556	15 735	7 863	7 872
65-69	12 500	6 090	6 410	13 610	6 644	6 966
70-74	8 795	4 206	4 589	10 675	5 097	5 578
75-79	5 556	2 610	2 946	6 775	3 162	3 613
80+	...	...	...	...	...	...
80-84	2 957	1 370	1 587	3 597	1 650	1 948
85-89	1 232	570	662	1 447	660	787
90-94	333	159	174	398	185	213
95-99	48	25	23	62	30	31
100+	4	2	2	5	3	2

性・年齢別人口（千人）

年齢	1960			1965			1970			1975		
	総数	男	女	総数	男	女	総数	男	女	総数	男	女
総数	1 133	578	555	1 315	670	645	1 519	773	747	1 745	886	859
0-4	199	101	98	230	117	113	255	130	125	278	141	136
5-9	163	82	80	193	98	95	223	114	110	250	127	123
10-14	136	69	67	161	81	79	191	97	94	221	112	109
15-19	115	58	57	134	68	66	159	80	78	189	96	93
20-24	97	49	48	112	57	56	131	66	65	156	79	77
25-29	81	41	40	94	47	46	109	55	54	128	65	63
30-34	68	35	33	78	40	38	91	46	45	106	54	53
35-39	58	30	28	65	33	32	75	38	37	88	45	43
40-44	50	26	24	55	29	27	62	32	30	72	37	35
45-49	42	22	20	47	24	23	53	27	26	60	31	29
50-54	35	18	17	40	21	19	45	23	22	51	26	25
55-59	28	15	14	32	17	16	38	19	18	43	22	21
60-64	22	12	11	26	13	12	30	15	15	35	18	17
65-69	17	9	8	19	10	9	23	12	11	27	14	13
70-74	12	6	6	14	7	7	16	8	8	19	10	10
75-79	7	4	4	9	4	4	10	5	5	12	6	6
80+	5	3	3	7	3	3	8	4	4	10	5	5
80-84	...	...	...	...	...	...	...	...	...	...	...	...
85-89	...	...	...	...	...	...	...	...	...	...	...	...
90-94	...	...	...	...	...	...	...	...	...	...	...	...
95-99	...	...	...	...	...	...	...	...	...	...	...	...
100+	...	...	...	...	...	...	...	...	...	...	...	...

年齢	1980			1985			1990			1995		
	総数	男	女	総数	男	女	総数	男	女	総数	男	女
総数	1 979	1 002	976	2 219	1 124	1 095	2 471	1 249	1 222	2 738	1 381	1 357
0-4	288	147	141	296	152	145	310	158	152	319	163	156
5-9	273	139	134	285	145	140	294	150	143	308	157	151
10-14	247	126	122	271	138	133	283	144	139	293	150	143
15-19	219	111	108	245	124	120	269	137	132	282	144	139
20-24	185	94	92	215	109	106	242	123	119	268	136	132
25-29	152	77	76	182	92	90	212	107	105	240	121	119
30-34	125	63	62	149	75	74	179	90	89	210	106	105
35-39	103	52	51	122	61	61	146	73	73	177	88	88
40-44	85	43	42	101	51	50	119	60	60	145	72	73
45-49	70	36	35	83	42	41	99	50	49	117	59	59
50-54	59	30	29	69	35	34	81	41	41	97	48	48
55-59	49	25	24	56	29	28	66	33	33	79	39	40
60-64	40	21	20	46	23	23	53	27	26	63	31	32
65-69	31	16	16	37	18	18	42	21	21	49	24	25
70-74	23	11	11	27	13	14	32	16	16	37	18	19
75-79	15	7	8	18	9	9	22	10	12	26	12	14
80+	13	6	7	17	8	9	...	...	...	...	...	...
80-84	...	...	...	...	...	...	13	6	7	16	7	9
85-89	...	...	...	...	...	...	6	3	3	8	3	4
90-94	...	...	...	...	...	...	2	1	1	3	1	2
95-99	...	...	...	...	...	...	0	0	0	1	0	0
100+	...	...	...	...	...	...	0	0	0	0	0	0

年齢	2000			2005			2010			2015		
	総数	男	女	総数	男	女	総数	男	女	総数	男	女
総数	3 029	1 526	1 503	3 319	1 670	1 649	3 621	1 819	1 802	3 929	1 970	1 959
0-4	342	174	168	343	175	168	357	182	175	368	188	180
5-9	318	162	156	341	173	167	342	174	168	356	182	174
10-14	308	157	151	319	162	156	341	174	168	343	175	168
15-19	294	150	143	309	157	151	320	163	157	343	175	169
20-24	282	143	139	294	150	144	310	157	153	322	163	159
25-29	267	135	132	282	143	139	295	149	145	311	157	154
30-34	239	120	119	267	134	132	283	142	140	296	149	147
35-39	209	105	105	239	120	119	267	134	133	284	143	141
40-44	176	88	88	209	104	104	239	119	119	268	134	134
45-49	143	71	72	174	86	87	207	103	104	238	118	119
50-54	115	57	58	140	69	71	171	84	86	204	101	103
55-59	94	46	47	112	55	57	136	67	69	166	82	84
60-64	75	37	38	90	44	46	107	52	55	130	63	67
65-69	58	29	30	70	34	36	84	41	43	100	48	52
70-74	44	21	22	52	25	27	63	30	33	76	36	40
75-79	31	15	16	37	17	19	45	21	24	54	25	29
80+	...	...	...	...	...	...	...	...	...	...	...	...
80-84	19	9	10	24	11	13	29	13	16	36	16	20
85-89	10	4	6	13	6	7	16	7	9	20	9	11
90-94	4	2	2	5	2	3	7	3	4	10	4	5
95-99	1	0	1	1	1	1	2	1	1	3	1	2
100+	0	0	0	0	0	0	0	0	0	1	0	0

性・年齢別人口（千人）

年齢	2015			2020			2025			2030		
	総数	男	女	総数	男	女	総数	男	女	総数	男	女
総数	3 929	1 970	1 959	4 231	2 118	2 113	4 517	2 258	2 259	4 781	2 388	2 393
0-4	368	188	180	370	189	181	369	189	180	367	188	179
5-9	356	182	174	367	187	180	369	188	180	368	188	180
10-14	343	175	168	357	182	175	368	188	180	369	189	181
15-19	343	175	169	345	176	170	359	183	176	370	188	181
20-24	322	163	159	346	175	171	348	176	171	361	183	177
25-29	311	157	154	324	163	161	348	175	172	349	176	173
30-34	296	149	147	313	158	156	326	164	162	349	175	174
35-39	284	143	141	298	150	148	315	158	157	327	163	163
40-44	268	134	134	285	143	142	299	150	149	315	158	158
45-49	238	118	119	267	133	134	284	142	142	297	149	149
50-54	204	101	103	234	116	118	263	131	132	280	139	141
55-59	166	82	84	198	98	101	228	113	116	257	127	130
60-64	130	63	67	160	78	82	191	93	98	221	108	113
65-69	100	48	52	123	59	64	151	73	78	181	87	94
70-74	76	36	40	92	43	48	113	53	60	139	66	73
75-79	54	25	29	66	31	36	80	37	43	99	46	53
80+	…	…	…	…	…	…	…	…	…	…	…	…
80-84	36	16	20	44	20	24	54	24	30	65	29	36
85-89	20	9	11	25	11	14	32	14	18	39	17	22
90-94	10	4	5	12	5	7	15	6	9	19	8	11
95-99	3	1	2	4	2	3	6	2	3	7	3	4
100+	1	0	0	1	0	1	1	1	1	2	1	1

年齢	2035			2040			2045			2050		
	総数	男	女	総数	男	女	総数	男	女	総数	男	女
総数	5 020	2 506	2 514	5 238	2 613	2 624	5 431	2 710	2 721	5 599	2 795	2 804
0-4	364	186	178	359	184	175	354	181	173	348	178	170
5-9	366	187	179	363	186	177	359	184	175	353	181	173
10-14	369	188	180	367	188	179	364	186	178	359	184	175
15-19	370	189	181	370	189	181	368	188	180	365	187	178
20-24	371	188	182	371	189	182	371	189	182	369	188	181
25-29	361	183	178	371	188	183	372	189	183	372	189	183
30-34	349	176	173	362	183	179	372	188	184	373	189	184
35-39	349	175	174	349	176	174	362	183	180	373	188	184
40-44	326	163	163	348	174	174	349	175	174	362	182	180
45-49	313	156	157	324	162	163	347	173	174	348	174	173
50-54	293	146	147	309	154	155	321	160	161	343	171	172
55-59	274	136	138	287	143	145	304	151	153	315	156	159
60-64	248	122	127	266	131	135	279	138	141	296	146	150
65-69	210	102	108	237	115	122	254	124	130	268	132	137
70-74	168	80	88	195	93	102	221	106	115	239	115	123
75-79	123	57	66	149	70	80	175	82	93	200	95	105
80+	…	…	…	…	…	…	…	…	…	…	…	…
80-84	82	37	45	102	46	56	125	57	68	148	68	80
85-89	48	21	27	61	26	35	77	33	43	95	42	53
90-94	24	10	14	30	12	18	38	16	23	49	20	29
95-99	9	4	5	11	4	7	14	6	9	18	7	11
100+	2	1	2	3	1	2	4	2	3	5	2	3

年齢	2055			2060		
	総数	男	女	総数	男	女
総数	5 740	2 868	2 872	5 854	2 927	2 927
0-4	342	175	167	336	172	164
5-9	347	178	170	341	175	166
10-14	354	181	173	348	178	170
15-19	361	184	176	355	182	174
20-24	366	187	179	362	185	177
25-29	371	189	182	367	187	180
30-34	373	190	184	372	189	183
35-39	374	189	185	374	190	184
40-44	373	188	185	374	189	185
45-49	361	182	179	371	187	184
50-54	345	172	172	358	180	178
55-59	338	168	170	339	170	170
60-64	308	152	156	330	164	167
65-69	285	140	145	297	146	151
70-74	253	123	130	269	131	138
75-79	217	103	113	230	111	120
80+	…	…	…	…	…	…
80-84	170	79	91	186	87	99
85-89	113	50	63	131	59	72
90-94	61	26	35	73	31	42
95-99	24	9	14	30	12	18
100+	7	2	4	9	3	5

Panama

性・年齢別人口（千人）

年齢	2015 総数	男	女	2020 総数	男	女	2025 総数	男	女	2030 総数	男	女
総数	3 929	1 970	1 959	4 270	2 138	2 132	4 622	2 312	2 310	4 970	2 484	2 485
0-4	368	188	180	409	209	200	435	222	212	452	231	221
5-9	356	182	174	367	187	180	408	208	199	434	222	212
10-14	343	175	168	357	182	175	368	188	180	408	209	200
15-19	343	175	169	345	176	170	359	183	176	370	188	181
20-24	322	163	159	346	175	171	348	176	171	361	183	177
25-29	311	157	154	324	163	161	348	175	172	349	176	173
30-34	296	149	147	313	158	156	326	164	162	349	175	174
35-39	284	143	141	298	150	148	315	158	157	327	163	163
40-44	268	134	134	285	143	142	299	150	149	315	158	158
45-49	238	118	119	267	133	134	284	142	142	297	149	149
50-54	204	101	103	234	116	118	263	131	132	280	139	141
55-59	166	82	84	198	98	101	228	113	116	257	127	130
60-64	130	63	67	160	78	82	191	93	98	221	108	113
65-69	100	48	52	123	59	64	151	73	78	181	87	94
70-74	76	36	40	92	43	48	113	53	60	139	66	73
75-79	54	25	29	66	31	36	80	37	43	99	46	53
80+	…	…	…	…	…	…	…	…	…	…	…	…
80-84	36	16	20	44	20	24	54	24	30	65	29	36
85-89	20	9	11	25	11	14	32	14	18	39	17	22
90-94	10	4	5	12	5	7	15	6	9	19	8	11
95-99	3	1	2	4	2	3	6	2	3	7	3	4
100+	1	0	0	1	0	1	1	1	1	2	1	1

年齢	2035 総数	男	女	2040 総数	男	女	2045 総数	男	女	2050 総数	男	女
総数	5 299	2 648	2 651	5 620	2 809	2 811	5 939	2 970	2 969	6 256	3 131	3 125
0-4	454	232	222	463	237	226	480	246	234	498	255	243
5-9	451	231	220	453	232	221	463	237	226	479	245	234
10-14	434	222	212	451	231	221	454	232	222	463	237	226
15-19	409	209	200	435	222	213	453	231	221	455	233	222
20-24	371	188	182	410	209	201	436	222	214	454	231	222
25-29	361	183	178	371	188	183	411	209	202	437	222	215
30-34	349	176	173	362	183	179	372	188	184	412	209	203
35-39	349	175	174	349	176	174	362	183	180	373	188	184
40-44	326	163	163	348	174	174	349	175	174	362	182	180
45-49	313	156	157	324	162	163	347	173	174	348	174	173
50-54	293	146	147	309	154	155	321	160	161	343	171	172
55-59	274	136	138	287	143	145	304	151	153	315	156	159
60-64	248	122	127	266	131	135	279	138	141	296	146	150
65-69	210	102	108	237	115	122	254	124	130	268	132	137
70-74	168	80	88	195	93	102	221	106	115	239	115	123
75-79	123	57	66	149	70	80	175	82	93	200	95	105
80+	…	…	…	…	…	…	…	…	…	…	…	…
80-84	82	37	45	102	46	56	125	57	68	148	68	80
85-89	48	21	27	61	26	35	77	33	43	95	42	53
90-94	24	10	14	30	12	18	38	16	23	49	20	29
95-99	9	4	5	11	4	7	14	6	9	18	7	11
100+	2	1	2	3	1	2	4	2	3	5	2	3

年齢	2055 総数	男	女	2060 総数	男	女
総数	6 566	3 290	3 276	6 866	3 444	3 422
0-4	513	263	250	523	268	255
5-9	497	255	243	512	262	250
10-14	479	245	234	498	255	243
15-19	464	237	227	481	246	235
20-24	456	233	223	465	238	228
25-29	455	231	223	457	233	224
30-34	438	222	215	455	232	224
35-39	412	209	203	438	222	216
40-44	373	188	185	412	209	203
45-49	361	182	179	371	187	184
50-54	345	172	172	358	180	178
55-59	338	168	170	339	170	170
60-64	308	152	156	330	164	167
65-69	285	140	145	297	146	151
70-74	253	123	130	269	131	138
75-79	217	103	113	230	111	120
80+	…	…	…	…	…	…
80-84	170	79	91	186	87	99
85-89	113	50	63	131	59	72
90-94	61	26	35	73	31	42
95-99	24	9	14	30	12	18
100+	7	2	4	9	3	5

性・年齢別人口（千人）

年齢	2015			2020			2025			2030		
	総数	男	女	総数	男	女	総数	男	女	総数	男	女
総数	3 929	1 970	1 959	4 192	2 098	2 094	4 412	2 205	2 208	4 591	2 291	2 300
0-4	368	188	180	330	169	162	304	155	148	282	144	138
5-9	356	182	174	367	187	180	330	168	161	303	155	148
10-14	343	175	168	357	182	175	368	188	180	330	169	162
15-19	343	175	169	345	176	170	359	183	176	370	188	181
20-24	322	163	159	346	175	171	348	176	171	361	183	177
25-29	311	157	154	324	163	161	348	175	172	349	176	173
30-34	296	149	147	313	158	156	326	164	162	349	175	174
35-39	284	143	141	298	150	148	315	158	157	327	163	163
40-44	268	134	134	285	143	142	299	150	149	315	158	158
45-49	238	118	119	267	133	134	284	142	142	297	149	149
50-54	204	101	103	234	116	118	263	131	132	280	139	141
55-59	166	82	84	198	98	101	228	113	116	257	127	130
60-64	130	63	67	160	78	82	191	93	98	221	108	113
65-69	100	48	52	123	59	64	151	73	78	181	87	94
70-74	76	36	40	92	43	48	113	53	60	139	66	73
75-79	54	25	29	66	31	36	80	37	43	99	46	53
80+	…	…	…	…	…	…	…	…	…	…	…	…
80-84	36	16	20	44	20	24	54	24	30	65	29	36
85-89	20	9	11	25	11	14	32	14	18	39	17	22
90-94	10	4	5	12	5	7	15	6	9	19	8	11
95-99	3	1	2	4	2	3	6	2	3	7	3	4
100+	1	0	0	1	0	1	1	1	1	2	1	1

年齢	2035			2040			2045			2050		
	総数	男	女	総数	男	女	総数	男	女	総数	男	女
総数	4 742	2 363	2 378	4 862	2 421	2 441	4 945	2 462	2 483	4 989	2 484	2 506
0-4	275	140	134	261	134	128	243	124	118	222	114	109
5-9	282	144	138	274	140	134	261	134	127	242	124	118
10-14	303	155	148	282	144	138	275	140	134	262	134	128
15-19	331	169	162	305	156	149	284	145	139	276	141	135
20-24	371	188	182	333	169	163	306	156	150	285	145	140
25-29	361	183	178	371	188	183	334	169	164	308	156	151
30-34	349	176	173	362	183	179	372	188	184	335	170	165
35-39	349	175	174	349	176	174	362	183	180	373	188	184
40-44	326	163	163	348	174	174	349	175	174	362	182	180
45-49	313	156	157	324	162	163	347	173	174	348	174	173
50-54	293	146	147	309	154	155	321	160	161	343	171	172
55-59	274	136	138	287	143	145	304	151	153	315	156	159
60-64	248	122	127	266	131	135	279	138	141	296	146	150
65-69	210	102	108	237	115	122	254	124	130	268	132	137
70-74	168	80	88	195	93	102	221	106	115	239	115	123
75-79	123	57	66	149	70	80	175	82	93	200	95	105
80+	…	…	…	…	…	…	…	…	…	…	…	…
80-84	82	37	45	102	46	56	125	57	68	148	68	80
85-89	48	21	27	61	26	35	77	33	43	95	42	53
90-94	24	10	14	30	12	18	38	16	23	49	20	29
95-99	9	4	5	11	4	7	14	6	9	18	7	11
100+	2	1	2	3	1	2	4	2	3	5	2	3

年齢	2055			2060		
	総数	男	女	総数	男	女
総数	4 994	2 487	2 508	4 965	2 473	2 492
0-4	205	105	100	191	98	93
5-9	222	114	108	204	105	100
10-14	243	124	119	223	114	109
15-19	263	135	129	244	125	119
20-24	278	142	136	265	135	130
25-29	287	146	141	279	142	137
30-34	309	157	152	288	146	142
35-39	336	170	166	310	157	153
40-44	373	188	185	336	170	166
45-49	361	182	179	371	187	184
50-54	345	172	172	358	180	178
55-59	338	168	170	339	170	170
60-64	308	152	156	330	164	167
65-69	285	140	145	297	146	151
70-74	253	123	130	269	131	138
75-79	217	103	113	230	111	120
80+	…	…	…	…	…	…
80-84	170	79	91	186	87	99
85-89	113	50	63	131	59	72
90-94	61	26	35	73	31	42
95-99	24	9	14	30	12	18
100+	7	2	4	9	3	5

Papua New Guinea

性・年齢別人口（千人）

年齢	1960 総数	男	女	1965 総数	男	女	1970 総数	男	女	1975 総数	男	女
総数	1 967	1 021	946	2 161	1 118	1 043	2 435	1 257	1 178	2 810	1 449	1 360
0-4	326	167	159	361	186	176	420	217	203	525	271	253
5-9	276	141	136	303	155	148	343	176	167	401	207	194
10-14	230	118	112	269	137	132	298	152	146	337	173	164
15-19	201	105	96	223	114	109	263	134	129	292	149	143
20-24	176	93	83	191	100	91	215	111	104	254	130	125
25-29	151	81	70	165	88	77	182	96	86	206	106	100
30-34	131	71	60	141	76	65	156	83	73	173	91	82
35-39	112	61	52	121	65	55	132	71	61	148	79	69
40-44	94	50	44	102	55	47	112	60	52	123	66	57
45-49	78	41	37	84	44	40	92	49	43	102	55	48
50-54	62	32	30	67	34	32	74	38	35	82	43	39
55-59	48	24	24	51	25	25	56	28	28	63	32	31
60-64	34	17	17	36	18	19	40	19	21	45	22	23
65-69	19	9	10	24	11	13	26	12	14	29	14	16
70-74	13	6	7	12	5	6	15	6	9	17	7	10
75-79	9	4	5	7	3	4	6	3	4	9	3	5
80+	6	3	3	6	2	3	5	2	3	4	2	3
80-84	...	...	...	...	...	...	...	...	...	...	...	...
85-89	...	...	...	...	...	...	...	...	...	...	...	...
90-94	...	...	...	...	...	...	...	...	...	...	...	...
95-99	...	...	...	...	...	...	...	...	...	...	...	...
100+	...	...	...	...	...	...	...	...	...	...	...	...

年齢	1980 総数	男	女	1985 総数	男	女	1990 総数	男	女	1995 総数	男	女
総数	3 215	1 657	1 559	3 678	1 886	1 791	4 158	2 126	2 032	4 716	2 406	2 310
0-4	556	288	268	599	309	291	635	328	308	722	372	349
5-9	505	262	244	541	279	262	584	300	284	621	320	302
10-14	395	204	191	501	259	242	536	276	260	580	297	282
15-19	330	169	161	390	201	189	495	255	240	531	273	258
20-24	284	145	139	324	166	158	383	197	186	487	251	236
25-29	246	125	120	277	141	136	317	162	155	375	192	183
30-34	198	102	96	239	121	117	269	137	132	309	157	151
35-39	165	87	78	191	98	93	231	117	114	261	132	129
40-44	139	74	65	158	83	75	183	93	89	221	112	110
45-49	114	61	53	130	69	62	148	77	71	173	87	85
50-54	92	48	44	104	55	50	120	62	58	137	70	67
55-59	71	36	35	81	42	39	92	47	45	107	54	53
60-64	51	25	26	59	29	30	68	34	34	78	39	39
65-69	34	16	18	40	18	21	46	21	25	53	25	28
70-74	20	8	11	24	10	14	28	12	16	33	14	19
75-79	10	4	6	12	5	8	14	5	9	17	7	11
80+	6	2	4	7	2	5	...	...	...	...	...	...
80-84	...	...	...	...	...	...	6	2	4	8	2	5
85-89	...	...	...	...	...	...	2	1	1	3	1	2
90-94	...	...	...	...	...	...	0	0	0	1	0	0
95-99	...	...	...	...	...	...	0	0	0	0	0	0
100+	...	...	...	...	...	...	0	0	0	0	0	0

年齢	2000 総数	男	女	2005 総数	男	女	2010 総数	男	女	2015 総数	男	女
総数	5 374	2 740	2 634	6 087	3 104	2 983	6 848	3 493	3 355	7 619	3 887	3 733
0-4	835	432	403	902	468	434	960	498	462	996	517	479
5-9	708	365	343	821	425	396	890	461	429	948	492	456
10-14	617	317	300	704	362	341	817	422	395	886	459	427
15-19	575	294	280	612	314	298	699	360	339	812	420	393
20-24	524	269	255	568	290	277	606	311	295	692	356	337
25-29	478	246	232	515	264	251	560	286	274	598	307	292
30-34	367	188	179	469	241	228	507	260	247	551	282	270
35-39	300	153	148	358	183	175	459	236	224	497	254	242
40-44	252	127	125	291	147	143	348	177	171	447	229	218
45-49	210	105	105	240	120	120	279	140	138	335	170	165
50-54	160	80	80	196	97	99	226	112	114	263	131	132
55-59	123	61	61	145	71	74	179	87	92	207	101	106
60-64	91	45	46	106	51	55	127	60	66	157	74	83
65-69	62	29	33	73	34	39	86	40	46	104	47	57
70-74	38	17	22	45	20	26	54	24	31	65	28	37
75-79	21	8	13	25	10	15	30	12	18	36	14	22
80+	...	...	...	...	...	...	...	...	...	...	...	...
80-84	9	3	6	11	4	7	14	5	9	17	6	11
85-89	3	1	2	4	1	3	5	1	3	6	2	4
90-94	1	0	1	1	0	1	1	0	1	2	0	1
95-99	0	0	0	0	0	0	0	0	0	0	0	0
100+	0	0	0	0	0	0	0	0	0	0	0	0

性・年齢別人口（千人）

年齢	2015			2020			2025			2030		
	総数	男	女	総数	男	女	総数	男	女	総数	男	女
総数	7 619	3 887	3 733	8 413	4 291	4 121	9 228	4 706	4 522	10 057	5 127	4 929
0-4	996	517	479	1 043	541	502	1 095	568	526	1 142	593	549
5-9	948	492	456	985	511	474	1 032	536	497	1 085	563	522
10-14	886	459	427	944	489	455	981	509	472	1 029	534	495
15-19	812	420	393	881	456	425	940	487	453	976	506	471
20-24	692	356	337	805	415	390	874	452	422	933	483	450
25-29	598	307	292	684	351	333	797	411	386	866	447	419
30-34	551	282	270	590	302	288	676	347	329	787	405	382
35-39	497	254	242	542	276	265	580	297	284	665	341	325
40-44	447	229	218	484	247	237	529	269	260	568	289	278
45-49	335	170	165	431	219	212	468	238	230	512	259	253
50-54	263	131	132	316	159	158	409	206	203	445	224	221
55-59	207	101	106	242	119	123	292	144	148	378	188	191
60-64	157	74	83	182	86	96	214	102	112	260	125	135
65-69	104	47	57	130	58	72	152	68	83	179	82	98
70-74	65	28	37	79	33	45	99	42	58	117	49	67
75-79	36	14	22	44	17	27	54	21	33	68	26	42
80+	…	…	…	…	…	…	…	…	…	…	…	…
80-84	17	6	11	21	7	13	25	9	16	31	11	21
85-89	6	2	4	7	2	5	9	3	6	12	4	8
90-94	2	0	1	2	1	1	2	1	2	3	1	2
95-99	0	0	0	0	0	0	0	0	0	1	0	0
100+	0	0	0	0	0	0	0	0	0	0	0	0

年齢	2035			2040			2045			2050		
	総数	男	女	総数	男	女	総数	男	女	総数	男	女
総数	10 885	5 547	5 338	11 699	5 958	5 741	12 486	6 353	6 132	13 240	6 732	6 509
0-4	1 179	612	567	1 205	626	579	1 223	635	588	1 238	643	595
5-9	1 132	588	545	1 170	607	563	1 197	621	576	1 215	631	584
10-14	1 081	561	520	1 129	586	543	1 167	605	561	1 194	620	575
15-19	1 025	531	494	1 077	558	519	1 125	583	542	1 163	603	560
20-24	970	502	468	1 018	527	491	1 071	555	517	1 119	580	540
25-29	924	478	447	962	497	465	1 011	523	488	1 064	550	514
30-34	856	442	415	915	472	443	953	492	461	1 002	518	485
35-39	776	399	377	845	435	410	904	466	438	943	486	456
40-44	652	333	319	762	391	371	830	427	404	889	457	432
45-49	551	279	271	633	322	311	741	378	363	809	414	395
50-54	488	245	243	526	265	262	607	306	301	712	360	351
55-59	414	205	209	455	225	230	492	244	248	570	283	287
60-64	338	163	175	371	179	192	410	198	213	446	215	230
65-69	219	100	118	286	132	154	316	146	170	351	162	189
70-74	139	59	80	171	73	97	225	97	128	251	109	142
75-79	81	31	50	98	38	60	121	47	74	161	64	98
80+	…	…	…	…	…	…	…	…	…	…	…	…
80-84	41	14	27	49	17	32	59	20	39	74	26	48
85-89	15	4	10	19	6	14	23	7	16	29	9	20
90-94	4	1	3	5	1	4	7	2	5	8	2	6
95-99	1	0	1	1	0	1	1	0	1	2	0	1
100+	0	0	0	0	0	0	0	0	0	0	0	0

年齢	2055			2060		
	総数	男	女	総数	男	女
総数	13 958	7 089	6 868	14 634	7 425	7 209
0-4	1 249	649	600	1 258	653	604
5-9	1 231	639	592	1 243	645	597
10-14	1 213	629	583	1 228	637	591
15-19	1 191	617	573	1 209	627	582
20-24	1 158	600	558	1 185	614	571
25-29	1 112	575	537	1 151	595	555
30-34	1 056	545	510	1 104	571	534
35-39	992	512	480	1 046	540	506
40-44	928	478	451	978	503	475
45-49	868	445	424	908	465	442
50-54	779	395	384	837	426	412
55-59	670	334	335	735	368	367
60-64	517	251	267	611	298	313
65-69	383	178	206	448	208	240
70-74	281	121	159	309	134	174
75-79	181	72	109	205	81	124
80+	…	…	…	…	…	…
80-84	100	35	65	114	40	74
85-89	37	11	26	50	15	35
90-94	11	3	8	14	3	10
95-99	2	0	2	3	0	2
100+	0	0	0	0	0	0

Papua New Guinea

高位予測値

性・年齢別人口（千人）

年齢	2015 総数	男	女	2020 総数	男	女	2025 総数	男	女	2030 総数	男	女
総数	7 619	3 887	3 733	8 485	4 329	4 156	9 430	4 811	4 619	10 438	5 325	5 113
0-4	996	517	479	1 116	579	537	1 225	636	589	1 322	686	636
5-9	948	492	456	985	511	474	1 104	573	531	1 214	630	584
10-14	886	459	427	944	489	455	981	509	472	1 101	571	530
15-19	812	420	393	881	456	425	940	487	453	976	506	471
20-24	692	356	337	805	415	390	874	452	422	933	483	450
25-29	598	307	292	684	351	333	797	411	386	866	447	419
30-34	551	282	270	590	302	288	676	347	329	787	405	382
35-39	497	254	242	542	276	265	580	297	284	665	341	325
40-44	447	229	218	484	247	237	529	269	260	568	289	278
45-49	335	170	165	431	219	212	468	238	230	512	259	253
50-54	263	131	132	316	159	158	409	206	203	445	224	221
55-59	207	101	106	242	119	123	292	144	148	378	188	191
60-64	157	74	83	182	86	96	214	102	112	260	125	135
65-69	104	47	57	130	58	72	152	68	83	179	82	98
70-74	65	28	37	79	33	45	99	42	58	117	49	67
75-79	36	14	22	44	17	27	54	21	33	68	26	42
80+	...	...	...	...	...	...	...	...	...	...	...	...
80-84	17	6	11	21	7	13	25	9	16	31	11	21
85-89	6	2	4	7	2	5	9	3	6	12	4	8
90-94	2	0	1	2	1	1	2	1	2	3	1	2
95-99	0	0	0	0	0	0	0	0	0	1	0	0
100+	0	0	0	0	0	0	0	0	0	0	0	0

年齢	2035 総数	男	女	2040 総数	男	女	2045 総数	男	女	2050 総数	男	女
総数	11 464	5 848	5 616	12 509	6 378	6 130	13 578	6 920	6 658	14 679	7 477	7 201
0-4	1 379	716	663	1 439	747	692	1 510	784	726	1 589	825	764
5-9	1 311	680	630	1 369	710	658	1 430	742	687	1 500	779	721
10-14	1 210	628	582	1 307	678	629	1 365	708	657	1 426	740	686
15-19	1 096	568	528	1 205	625	581	1 302	675	627	1 361	705	655
20-24	970	502	468	1 089	564	525	1 199	621	578	1 296	671	625
25-29	924	478	447	962	497	465	1 081	559	522	1 190	616	575
30-34	856	442	415	915	472	443	953	492	461	1 072	554	518
35-39	776	399	377	845	435	410	904	466	438	943	486	456
40-44	652	333	319	762	391	371	830	427	404	889	457	432
45-49	551	279	271	633	322	311	741	378	363	809	414	395
50-54	488	245	243	526	265	262	607	306	301	712	360	351
55-59	414	205	209	455	225	230	492	244	248	570	283	287
60-64	338	163	175	371	179	192	410	198	213	446	215	230
65-69	219	100	118	286	132	154	316	146	170	351	162	189
70-74	139	59	80	171	73	97	225	97	128	251	109	142
75-79	81	31	50	98	38	60	121	47	74	161	64	98
80+	...	...	...	...	...	...	...	...	...	...	...	...
80-84	41	14	27	49	17	32	59	20	39	74	26	48
85-89	15	4	10	19	6	14	23	7	16	29	9	20
90-94	4	1	3	5	1	4	7	2	5	8	2	6
95-99	1	0	1	1	0	1	1	0	1	2	0	1
100+	0	0	0	0	0	0	0	0	0	0	0	0

年齢	2055 総数	男	女	2060 総数	男	女
総数	15 807	8 048	7 759	16 954	8 628	8 326
0-4	1 667	866	801	1 737	902	835
5-9	1 580	820	760	1 658	861	797
10-14	1 497	777	720	1 577	818	758
15-19	1 422	737	685	1 493	774	719
20-24	1 354	701	653	1 416	733	682
25-29	1 288	666	622	1 346	697	650
30-34	1 181	610	571	1 278	661	618
35-39	1 061	547	514	1 170	604	566
40-44	928	478	451	1 046	538	508
45-49	868	445	424	908	465	442
50-54	779	395	384	837	426	412
55-59	670	334	335	735	368	367
60-64	517	251	267	611	298	313
65-69	383	178	206	448	208	240
70-74	281	121	159	309	134	174
75-79	181	72	109	205	81	124
80+	...	...	...	...	...	...
80-84	100	35	65	114	40	74
85-89	37	11	26	50	15	35
90-94	11	3	8	14	3	10
95-99	2	0	2	3	0	2
100+	0	0	0	0	0	0

性・年齢別人口（千人）

年齢	2015			2020			2025			2030		
	総数	男	女	総数	男	女	総数	男	女	総数	男	女
総数	7 619	3 887	3 733	8 340	4 253	4 086	9 026	4 602	4 425	9 676	4 930	4 746
0-4	996	517	479	970	504	467	965	501	464	962	499	462
5-9	948	492	456	985	511	474	960	498	462	956	496	460
10-14	886	459	427	944	489	455	981	509	472	957	496	461
15-19	812	420	393	881	456	425	940	487	453	976	506	471
20-24	692	356	337	805	415	390	874	452	422	933	483	450
25-29	598	307	292	684	351	333	797	411	386	866	447	419
30-34	551	282	270	590	302	288	676	347	329	787	405	382
35-39	497	254	242	542	276	265	580	297	284	665	341	325
40-44	447	229	218	484	247	237	529	269	260	568	289	278
45-49	335	170	165	431	219	212	468	238	230	512	259	253
50-54	263	131	132	316	159	158	409	206	203	445	224	221
55-59	207	101	106	242	119	123	292	144	148	378	188	191
60-64	157	74	83	182	86	96	214	102	112	260	125	135
65-69	104	47	57	130	58	72	152	68	83	179	82	98
70-74	65	28	37	79	33	45	99	42	58	117	49	67
75-79	36	14	22	44	17	27	54	21	33	68	26	42
80+	…	…	…	…	…	…	…	…	…	…	…	…
80-84	17	6	11	21	7	13	25	9	16	31	11	21
85-89	6	2	4	7	2	5	9	3	6	12	4	8
90-94	2	0	1	2	1	1	2	1	2	3	1	2
95-99	0	0	0	0	0	0	0	0	0	1	0	0
100+	0	0	0	0	0	0	0	0	0	0	0	0

年齢	2035			2040			2045			2050		
	総数	男	女	総数	男	女	総数	男	女	総数	男	女
総数	10 308	5 248	5 060	10 897	5 542	5 355	11 421	5 801	5 620	11 867	6 019	5 848
0-4	980	509	471	978	508	470	956	496	459	924	480	444
5-9	954	495	459	972	505	468	971	504	467	950	493	457
10-14	953	494	459	951	493	458	970	503	467	969	503	466
15-19	953	494	459	949	492	457	948	491	456	967	501	465
20-24	970	502	468	947	490	457	944	489	455	943	488	455
25-29	924	478	447	962	497	465	940	486	454	937	485	453
30-34	856	442	415	915	472	443	953	492	461	932	482	451
35-39	776	399	377	845	435	410	904	466	438	943	486	456
40-44	652	333	319	762	391	371	830	427	404	889	457	432
45-49	551	279	271	633	322	311	741	378	363	809	414	395
50-54	488	245	243	526	265	262	607	306	301	712	360	351
55-59	414	205	209	455	225	230	492	244	248	570	283	287
60-64	338	163	175	371	179	192	410	198	213	446	215	230
65-69	219	100	118	286	132	154	316	146	170	351	162	189
70-74	139	59	80	171	73	97	225	97	128	251	109	142
75-79	81	31	50	98	38	60	121	47	74	161	64	98
80+	…	…	…	…	…	…	…	…	…	…	…	…
80-84	41	14	27	49	17	32	59	20	39	74	26	48
85-89	15	4	10	19	6	14	23	7	16	29	9	20
90-94	4	1	3	5	1	4	7	2	5	8	2	6
95-99	1	0	1	1	0	1	1	0	1	2	0	1
100+	0	0	0	0	0	0	0	0	0	0	0	0

年齢	2055			2060		
	総数	男	女	総数	男	女
総数	12 230	6 194	6 036	12 513	6 325	6 187
0-4	888	461	427	855	444	411
5-9	918	477	442	883	459	425
10-14	948	492	456	917	476	441
15-19	966	501	465	945	490	455
20-24	962	498	464	962	498	464
25-29	937	485	452	957	495	462
30-34	930	481	450	930	481	450
35-39	923	476	447	921	475	446
40-44	928	478	451	910	468	441
45-49	868	445	424	908	465	442
50-54	779	395	384	837	426	412
55-59	670	334	335	735	368	367
60-64	517	251	267	611	298	313
65-69	383	178	206	448	208	240
70-74	281	121	159	309	134	174
75-79	181	72	109	205	81	124
80+	…	…	…	…	…	…
80-84	100	35	65	114	40	74
85-89	37	11	26	50	15	35
90-94	11	3	8	14	3	10
95-99	2	0	2	3	0	2
100+	0	0	0	0	0	0

性・年齢別人口（千人）

年齢	1960			1965			1970			1975		
	総数	男	女	総数	男	女	総数	男	女	総数	男	女
総数	1 903	937	966	2 171	1 075	1 096	2 474	1 234	1 240	2 791	1 401	1 390
0-4	350	178	172	389	198	191	427	217	209	440	224	216
5-9	311	158	153	343	174	169	382	194	188	420	214	206
10-14	250	128	122	300	153	147	332	170	163	371	189	181
15-19	191	95	96	227	114	113	278	140	138	312	158	154
20-24	150	74	77	170	84	86	206	103	103	257	130	127
25-29	113	54	59	136	66	70	156	77	79	193	97	96
30-34	108	51	57	107	51	55	131	65	66	152	77	76
35-39	92	44	48	105	50	55	105	51	54	130	65	65
40-44	78	37	41	90	43	46	103	50	53	104	52	52
45-49	65	31	34	76	36	39	87	42	45	101	49	52
50-54	54	25	29	63	30	33	73	36	38	85	41	43
55-59	44	21	24	51	24	27	60	29	31	70	34	36
60-64	35	16	19	41	19	22	48	22	25	55	26	29
65-69	26	11	14	31	14	17	36	16	20	42	19	23
70-74	17	7	10	21	9	12	25	11	14	30	13	16
75-79	11	4	6	12	5	7	15	6	8	18	8	10
80+	8	3	5	9	3	6	11	4	7	13	5	8
80-84	...	...	...	...	...	...	...	...	...	...	...	...
85-89	...	...	...	...	...	...	...	...	...	...	...	...
90-94	...	...	...	...	...	...	...	...	...	...	...	...
95-99	...	...	...	...	...	...	...	...	...	...	...	...
100+	...	...	...	...	...	...	...	...	...	...	...	...

年齢	1980			1985			1990			1995		
	総数	男	女	総数	男	女	総数	男	女	総数	男	女
総数	3 181	1 604	1 576	3 672	1 856	1 816	4 214	2 130	2 084	4 761	2 407	2 354
0-4	508	258	250	595	302	292	654	332	321	684	348	336
5-9	434	220	214	501	255	247	588	298	289	647	329	318
10-14	410	209	201	428	217	210	497	252	245	585	297	288
15-19	352	179	173	399	203	196	421	213	207	490	249	242
20-24	293	149	144	340	173	167	387	196	191	409	207	202
25-29	246	125	120	286	145	141	331	168	163	370	187	183
30-34	189	97	93	242	124	118	281	143	138	320	163	157
35-39	151	77	74	188	96	91	239	123	116	276	141	136
40-44	130	65	64	151	77	74	187	96	91	237	122	115
45-49	103	51	51	128	65	63	148	76	73	183	94	89
50-54	99	48	50	100	50	50	125	63	62	144	73	71
55-59	81	40	41	94	46	48	96	48	48	119	60	59
60-64	65	31	34	75	36	39	88	43	45	90	44	45
65-69	49	23	26	58	27	30	67	32	35	79	38	41
70-74	35	16	19	41	19	22	49	23	26	57	27	31
75-79	22	9	12	26	11	15	31	14	17	38	17	21
80+	16	6	9	20	8	12	...	...	...	...	...	...
80-84	...	...	...	...	...	...	17	7	10	21	9	12
85-89	...	...	...	...	...	...	6	2	4	8	3	5
90-94	...	...	...	...	...	...	2	1	1	2	1	1
95-99	...	...	...	...	...	...	0	0	0	0	0	0
100+	...	...	...	...	...	...	0	0	0	0	0	0

年齢	2000			2005			2010			2015		
	総数	男	女	総数	男	女	総数	男	女	総数	男	女
総数	5 303	2 683	2 619	5 795	2 935	2 861	6 210	3 150	3 059	6 639	3 369	3 270
0-4	705	359	346	669	341	328	675	344	331	674	343	330
5-9	678	345	333	700	356	344	663	337	325	670	341	329
10-14	644	327	317	676	344	332	693	353	340	657	335	322
15-19	580	294	285	639	324	315	665	339	327	685	349	336
20-24	480	243	236	568	288	280	622	316	306	652	332	320
25-29	392	198	195	461	234	227	547	279	269	605	308	297
30-34	351	177	174	372	188	184	439	224	215	530	270	260
35-39	309	157	152	339	171	168	350	178	172	421	215	206
40-44	270	138	132	303	154	149	321	163	158	336	171	165
45-49	231	119	112	264	135	129	286	145	140	307	156	151
50-54	178	91	87	224	115	109	247	126	121	271	137	133
55-59	138	70	68	171	87	83	211	108	103	234	119	115
60-64	112	56	56	130	65	64	159	81	78	198	101	98
65-69	81	39	41	102	50	51	118	59	59	145	73	72
70-74	68	32	36	70	34	37	89	43	46	104	51	53
75-79	46	21	25	56	25	30	58	27	31	74	35	39
80+	...	...	...	...	...	...	...	...	...	...	...	...
80-84	26	11	15	33	14	18	40	18	23	43	19	24
85-89	11	4	6	14	6	8	18	8	11	23	10	14
90-94	3	1	2	4	2	3	6	2	4	8	3	5
95-99	1	0	0	1	0	1	1	0	1	2	1	1
100+	0	0	0	0	0	0	0	0	0	0	0	0

性・年齢別人口（千人）

年齢	2015			2020			2025			2030		
	総数	男	女	総数	男	女	総数	男	女	総数	男	女
総数	6 639	3 369	3 270	7 067	3 581	3 486	7 474	3 780	3 693	7 845	3 960	3 884
0-4	674	343	330	688	351	338	684	348	336	666	339	327
5-9	670	341	329	669	340	328	683	348	336	680	346	334
10-14	657	335	322	665	339	326	664	338	326	679	346	333
15-19	685	349	336	650	331	319	657	335	323	657	335	323
20-24	652	332	320	672	342	330	638	325	313	646	329	317
25-29	605	308	297	636	323	312	656	334	323	624	317	307
30-34	530	270	260	588	299	289	619	314	305	641	325	315
35-39	421	215	206	511	260	251	570	289	281	602	305	297
40-44	336	171	165	407	208	199	496	252	244	555	281	274
45-49	307	156	151	322	163	158	392	200	193	482	244	238
50-54	271	137	133	292	147	145	307	155	152	377	191	186
55-59	234	119	115	258	130	128	279	140	139	294	148	146
60-64	198	101	98	221	111	109	243	122	121	264	131	133
65-69	145	73	72	182	91	91	203	101	102	225	111	114
70-74	104	51	53	128	63	65	161	79	82	181	88	93
75-79	74	35	39	87	41	46	108	51	57	136	65	71
80+	...	...	...	...	...	...	...	...	...	...	...	...
80-84	43	19	24	55	25	30	65	29	35	80	37	44
85-89	23	10	14	25	11	14	32	14	18	38	16	22
90-94	8	3	5	10	4	6	11	4	7	14	6	9
95-99	2	1	1	2	1	2	3	1	2	3	1	2
100+	0	0	0	0	0	0	1	0	0	1	0	0

年齢	2035			2040			2045			2050		
	総数	男	女	総数	男	女	総数	男	女	総数	男	女
総数	8 175	4 119	4 056	8 458	4 253	4 205	8 697	4 365	4 333	8 895	4 455	4 440
0-4	645	329	316	626	319	307	611	311	299	596	304	292
5-9	662	337	325	641	326	315	622	317	305	607	309	298
10-14	676	344	332	658	335	323	638	325	313	619	315	304
15-19	673	342	331	670	341	329	653	332	321	632	322	310
20-24	647	329	318	663	337	326	660	336	325	643	327	316
25-29	634	322	312	635	322	312	651	330	320	648	329	319
30-34	610	309	300	620	314	305	621	315	306	637	323	314
35-39	625	317	308	594	301	293	605	306	298	606	307	299
40-44	588	297	291	611	309	302	582	294	288	592	299	293
45-49	541	273	268	573	289	284	597	301	296	568	286	281
50-54	465	234	231	523	263	260	556	279	277	579	291	288
55-59	362	183	180	448	225	224	505	252	253	537	268	269
60-64	279	139	140	344	172	172	427	212	215	482	239	243
65-69	244	120	124	258	127	132	320	158	163	398	195	203
70-74	200	97	104	218	105	114	232	111	121	288	138	150
75-79	153	72	81	170	79	91	186	86	100	198	92	107
80+	...	...	...	...	...	...	...	...	...	...	...	...
80-84	102	46	55	115	51	63	128	57	71	141	62	79
85-89	48	20	27	61	26	35	69	29	40	78	32	46
90-94	17	7	10	22	8	13	28	11	17	32	12	20
95-99	5	2	3	5	2	3	7	3	4	9	3	6
100+	1	0	1	1	0	1	1	0	1	2	1	1

年齢	2055			2060		
	総数	男	女	総数	男	女
総数	9 052	4 526	4 526	9 162	4 572	4 590
0-4	579	296	284	559	286	274
5-9	594	303	291	576	294	282
10-14	604	308	296	590	301	289
15-19	614	312	301	599	305	294
20-24	624	317	306	606	308	297
25-29	632	321	311	613	312	301
30-34	636	322	313	620	315	306
35-39	624	316	308	623	315	307
40-44	595	301	294	612	310	303
45-49	579	292	287	582	294	288
50-54	552	277	275	564	283	280
55-59	561	280	281	535	267	268
60-64	514	254	260	538	266	271
65-69	451	220	231	482	235	247
70-74	360	172	188	409	195	214
75-79	247	115	133	310	143	167
80+	...	...	...	...	...	...
80-84	152	67	85	191	84	107
85-89	87	35	52	95	38	57
90-94	37	14	23	42	15	27
95-99	11	4	7	12	4	8
100+	2	1	1	3	1	2

性・年齢別人口（千人）

年齢	2015			2020			2025			2030		
	総数	男	女	総数	男	女	総数	男	女	総数	男	女
総数	6 639	3 369	3 270	7 138	3 617	3 521	7 662	3 876	3 786	8 182	4 132	4 050
0-4	674	343	330	759	386	372	802	409	394	817	416	401
5-9	670	341	329	669	340	328	754	383	370	797	406	392
10-14	657	335	322	665	339	326	664	338	326	749	381	368
15-19	685	349	336	650	331	319	657	335	323	657	335	323
20-24	652	332	320	672	342	330	638	325	313	646	329	317
25-29	605	308	297	636	323	312	656	334	323	624	317	307
30-34	530	270	260	588	299	289	619	314	305	641	325	315
35-39	421	215	206	511	260	251	570	289	281	602	305	297
40-44	336	171	165	407	208	199	496	252	244	555	281	274
45-49	307	156	151	322	163	158	392	200	193	482	244	238
50-54	271	137	133	292	147	145	307	155	152	377	191	186
55-59	234	119	115	258	130	128	279	140	139	294	148	146
60-64	198	101	98	221	111	109	243	122	121	264	131	133
65-69	145	73	72	182	91	91	203	101	102	225	111	114
70-74	104	51	53	128	63	65	161	79	82	181	88	93
75-79	74	35	39	87	41	46	108	51	57	136	65	71
80+	…	…	…	…	…	…	…	…	…	…	…	…
80-84	43	19	24	55	25	30	65	29	35	80	37	44
85-89	23	10	14	25	11	14	32	14	18	38	16	22
90-94	8	3	5	10	4	6	11	4	7	14	6	9
95-99	2	1	1	2	1	2	3	1	2	3	1	2
100+	0	0	0	0	0	0	1	0	0	1	0	0

年齢	2035			2040			2045			2050		
	総数	男	女	総数	男	女	総数	男	女	総数	男	女
総数	8 667	4 369	4 298	9 123	4 591	4 532	9 567	4 807	4 760	10 009	5 022	4 987
0-4	801	408	393	800	408	392	817	417	401	843	430	413
5-9	812	413	399	797	406	391	796	405	391	814	415	399
10-14	793	404	389	808	411	397	793	404	389	792	403	389
15-19	743	378	365	787	400	387	802	408	394	787	401	386
20-24	647	329	318	733	372	360	777	395	382	792	403	389
25-29	634	322	312	635	322	312	720	365	354	764	388	376
30-34	610	309	300	620	314	305	621	315	306	706	358	348
35-39	625	317	308	594	301	293	605	306	298	606	307	299
40-44	588	297	291	611	309	302	582	294	288	592	299	293
45-49	541	273	268	573	289	284	597	301	296	568	286	281
50-54	465	234	231	523	263	260	556	279	277	579	291	288
55-59	362	183	180	448	225	224	505	252	253	537	268	269
60-64	279	139	140	344	172	172	427	212	215	482	239	243
65-69	244	120	124	258	127	132	320	158	163	398	195	203
70-74	200	97	104	218	105	114	232	111	121	288	138	150
75-79	153	72	81	170	79	91	186	86	100	198	92	107
80+	…	…	…	…	…	…	…	…	…	…	…	…
80-84	102	46	55	115	51	63	128	57	71	141	62	79
85-89	48	20	27	61	26	35	69	29	40	78	32	46
90-94	17	7	10	22	8	13	28	11	17	32	12	20
95-99	5	2	3	5	2	3	7	3	4	9	3	6
100+	1	0	1	1	0	1	1	0	1	2	1	1

年齢	2055			2060		
	総数	男	女	総数	男	女
総数	10 444	5 234	5 210	10 859	5 436	5 424
0-4	862	440	422	869	444	425
5-9	840	428	412	859	438	421
10-14	810	413	397	836	426	410
15-19	786	400	386	805	410	395
20-24	778	396	382	778	396	382
25-29	780	396	384	766	389	377
30-34	750	380	370	767	389	378
35-39	691	350	341	737	373	364
40-44	595	301	294	680	343	336
45-49	579	292	287	582	294	288
50-54	552	277	275	564	283	280
55-59	561	280	281	535	267	268
60-64	514	254	260	538	266	271
65-69	451	220	231	482	235	247
70-74	360	172	188	409	195	214
75-79	247	115	133	310	143	167
80+	…	…	…	…	…	…
80-84	152	67	85	191	84	107
85-89	87	35	52	95	38	57
90-94	37	14	23	42	15	27
95-99	11	4	7	12	4	8
100+	2	1	1	3	1	2

性・年齢別人口（千人）

年齢	2015			2020			2025			2030		
	総数	男	女	総数	男	女	総数	男	女	総数	男	女
総数	6 639	3 369	3 270	6 997	3 545	3 452	7 286	3 685	3 601	7 507	3 788	3 719
0-4	674	343	330	618	315	303	566	288	278	516	263	253
5-9	670	341	329	669	340	328	613	312	301	562	286	276
10-14	657	335	322	665	339	326	664	338	326	609	310	299
15-19	685	349	336	650	331	319	657	335	323	657	335	323
20-24	652	332	320	672	342	330	638	325	313	646	329	317
25-29	605	308	297	636	323	312	656	334	323	624	317	307
30-34	530	270	260	588	299	289	619	314	305	641	325	315
35-39	421	215	206	511	260	251	570	289	281	602	305	297
40-44	336	171	165	407	208	199	496	252	244	555	281	274
45-49	307	156	151	322	163	158	392	200	193	482	244	238
50-54	271	137	133	292	147	145	307	155	152	377	191	186
55-59	234	119	115	258	130	128	279	140	139	294	148	146
60-64	198	101	98	221	111	109	243	122	121	264	131	133
65-69	145	73	72	182	91	91	203	101	102	225	111	114
70-74	104	51	53	128	63	65	161	79	82	181	88	93
75-79	74	35	39	87	41	46	108	51	57	136	65	71
80+	…	…	…	…	…	…	…	…	…	…	…	…
80-84	43	19	24	55	25	30	65	29	35	80	37	44
85-89	23	10	14	25	11	14	32	14	18	38	16	22
90-94	8	3	5	10	4	6	11	4	7	14	6	9
95-99	2	1	1	2	1	2	3	1	2	3	1	2
100+	0	0	0	0	0	0	1	0	0	1	0	0

年齢	2035			2040			2045			2050		
	総数	男	女	総数	男	女	総数	男	女	総数	男	女
総数	7 684	3 869	3 815	7 802	3 919	3 883	7 859	3 938	3 921	7 851	3 924	3 927
0-4	491	250	241	460	234	226	425	217	208	388	198	190
5-9	512	261	252	488	248	239	457	233	224	422	215	207
10-14	559	284	274	509	259	250	484	247	238	454	231	223
15-19	603	307	296	553	281	272	504	256	247	479	244	235
20-24	647	329	318	594	302	292	544	277	267	495	252	243
25-29	634	322	312	635	322	312	582	295	287	533	271	262
30-34	610	309	300	620	314	305	621	315	306	569	289	280
35-39	625	317	308	594	301	293	605	306	298	606	307	299
40-44	588	297	291	611	309	302	582	294	288	592	299	293
45-49	541	273	268	573	289	284	597	301	296	568	286	281
50-54	465	234	231	523	263	260	556	279	277	579	291	288
55-59	362	183	180	448	225	224	505	252	253	537	268	269
60-64	279	139	140	344	172	172	427	212	215	482	239	243
65-69	244	120	124	258	127	132	320	158	163	398	195	203
70-74	200	97	104	218	105	114	232	111	121	288	138	150
75-79	153	72	81	170	79	91	186	86	100	198	92	107
80+	…	…	…	…	…	…	…	…	…	…	…	…
80-84	102	46	55	115	51	63	128	57	71	141	62	79
85-89	48	20	27	61	26	35	69	29	40	78	32	46
90-94	17	7	10	22	8	13	28	11	17	32	12	20
95-99	5	2	3	5	2	3	7	3	4	9	3	6
100+	1	0	1	1	0	1	1	0	1	2	1	1

年齢	2055			2060		
	総数	男	女	総数	男	女
総数	7 784	3 880	3 903	7 658	3 807	3 851
0-4	351	179	172	318	163	156
5-9	385	196	189	349	178	171
10-14	419	214	206	383	195	187
15-19	449	229	220	415	211	203
20-24	471	240	231	442	225	217
25-29	485	246	238	461	235	227
30-34	521	264	257	474	241	233
35-39	556	281	274	509	258	251
40-44	595	301	294	545	276	269
45-49	579	292	287	582	294	288
50-54	552	277	275	564	283	280
55-59	561	280	281	535	267	268
60-64	514	254	260	538	266	271
65-69	451	220	231	482	235	247
70-74	360	172	188	409	195	214
75-79	247	115	133	310	143	167
80+	…	…	…	…	…	…
80-84	152	67	85	191	84	107
85-89	87	35	52	95	38	57
90-94	37	14	23	42	15	27
95-99	11	4	7	12	4	8
100+	2	1	1	3	1	2

性・年齢別人口（千人）

年齢	1960			1965			1970			1975		
	総数	男	女	総数	男	女	総数	男	女	総数	男	女
総数	10 062	5 057	5 005	11 608	5 833	5 774	13 341	6 700	6 641	15 230	7 636	7 594
0–4	1 801	914	887	2 091	1 062	1 029	2 323	1 180	1 142	2 497	1 270	1 228
5–9	1 434	726	708	1 675	848	827	1 964	995	970	2 207	1 115	1 092
10–14	1 158	586	571	1 403	708	695	1 635	820	815	1 924	966	958
15–19	973	493	480	1 139	577	562	1 377	692	685	1 601	796	805
20–24	855	432	423	950	481	469	1 114	565	550	1 345	673	672
25–29	737	371	366	828	418	410	923	467	456	1 087	551	536
30–34	612	308	304	714	359	354	804	406	398	899	456	443
35–39	509	256	252	591	297	294	692	348	344	782	396	387
40–44	432	217	215	490	246	244	571	286	285	671	338	334
45–49	386	193	193	413	206	207	470	235	235	550	275	275
50–54	332	165	168	364	181	184	391	194	197	448	223	225
55–59	267	130	137	307	150	157	338	166	173	366	180	186
60–64	221	106	115	238	114	124	276	133	143	307	148	159
65–69	161	76	85	185	87	98	201	95	107	237	112	125
70–74	104	48	56	122	56	66	142	65	77	158	73	86
75–79	52	23	28	65	29	36	79	35	43	95	42	53
80+	29	12	17	32	14	19	41	17	24	53	22	31
80–84	...	...	...	...	...	...	...	...	...	...	...	...
85–89	...	...	...	...	...	...	...	...	...	...	...	...
90–94	...	...	...	...	...	...	...	...	...	...	...	...
95–99	...	...	...	...	...	...	...	...	...	...	...	...
100+	...	...	...	...	...	...	...	...	...	...	...	...

年齢	1980			1985			1990			1995		
	総数	男	女	総数	男	女	総数	男	女	総数	男	女
総数	17 359	8 690	8 670	19 545	9 772	9 773	21 827	10 906	10 921	24 039	12 013	12 026
0–4	2 753	1 400	1 352	2 836	1 442	1 394	3 009	1 529	1 480	3 071	1 562	1 509
5–9	2 405	1 220	1 184	2 667	1 354	1 313	2 762	1 401	1 361	2 938	1 491	1 447
10–14	2 185	1 103	1 082	2 378	1 205	1 173	2 635	1 335	1 300	2 725	1 382	1 343
15–19	1 902	953	949	2 160	1 088	1 072	2 347	1 186	1 161	2 596	1 313	1 284
20–24	1 568	776	792	1 866	932	934	2 117	1 064	1 054	2 290	1 155	1 135
25–29	1 303	646	657	1 530	751	779	1 815	902	913	2 048	1 026	1 022
30–34	1 052	529	523	1 268	626	642	1 486	727	759	1 753	871	883
35–39	871	439	432	1 023	512	511	1 232	605	627	1 440	701	739
40–44	758	381	377	845	423	422	991	494	497	1 191	583	608
45–49	648	324	324	734	367	367	817	408	410	955	474	481
50–54	526	260	265	621	308	313	704	350	354	780	386	394
55–59	421	207	214	496	243	253	586	288	298	664	328	336
60–64	335	162	174	386	186	199	456	220	236	541	264	277
65–69	268	127	142	295	139	155	340	162	178	407	193	214
70–74	190	87	103	218	100	118	243	112	131	285	133	152
75–79	108	48	60	136	60	76	162	72	90	187	84	103
80+	67	28	39	88	36	52	...	...	...	...	...	...
80–84	...	...	...	...	...	...	85	36	49	108	46	62
85–89	...	...	...	...	...	...	30	12	18	45	18	27
90–94	...	...	...	...	...	...	7	3	5	12	5	7
95–99	...	...	...	...	...	...	1	0	1	2	1	1
100+	...	...	...	...	...	...	0	0	0	0	0	0

年齢	2000			2005			2010			2015		
	総数	男	女	総数	男	女	総数	男	女	総数	男	女
総数	25 915	12 951	12 964	27 610	13 796	13 814	29 374	14 676	14 698	31 377	15 673	15 704
0–4	3 009	1 532	1 477	2 961	1 508	1 453	2 951	1 505	1 446	3 020	1 541	1 479
5–9	3 004	1 527	1 477	2 890	1 480	1 410	2 866	1 465	1 400	2 904	1 481	1 423
10–14	2 890	1 467	1 423	2 899	1 478	1 421	2 808	1 441	1 367	2 829	1 447	1 382
15–19	2 665	1 347	1 318	2 829	1 436	1 393	2 853	1 455	1 398	2 777	1 425	1 352
20–24	2 497	1 261	1 236	2 576	1 301	1 274	2 761	1 398	1 363	2 810	1 431	1 379
25–29	2 168	1 092	1 076	2 385	1 206	1 178	2 492	1 258	1 233	2 711	1 370	1 340
30–34	1 939	967	973	2 076	1 046	1 031	2 312	1 168	1 144	2 444	1 232	1 212
35–39	1 681	830	851	1 867	921	946	2 020	1 009	1 011	2 269	1 142	1 127
40–44	1 384	669	715	1 614	791	823	1 813	889	924	1 979	985	994
45–49	1 146	559	588	1 320	636	685	1 561	762	799	1 771	865	906
50–54	915	452	462	1 090	528	562	1 268	606	661	1 516	736	780
55–59	736	362	374	860	423	437	1 041	499	542	1 220	578	642
60–64	614	301	313	679	334	345	807	393	414	986	467	519
65–69	485	235	250	555	270	286	622	300	322	744	356	388
70–74	345	162	183	427	199	228	486	230	256	548	258	291
75–79	226	102	124	318	127	191	348	156	192	400	182	218
80+	...	...	...	...	...	...	...	...	...	...	...	...
80–84	130	56	73	161	70	90	229	86	143	255	108	147
85–89	58	23	35	72	30	43	93	38	55	137	48	89
90–94	18	7	11	25	9	15	33	12	20	43	17	27
95–99	4	1	2	6	2	4	8	3	5	11	4	7
100+	0	0	0	1	0	1	1	0	1	2	1	1

性・年齢別人口（千人）

年齢	2015			2020			2025			2030		
	総数	男	女	総数	男	女	総数	男	女	総数	男	女
総数	31 377	15 673	15 704	33 317	16 638	16 679	35 152	17 549	17 603	36 855	18 396	18 460
0-4	3 020	1 541	1 479	2 965	1 514	1 451	2 884	1 474	1 410	2 795	1 429	1 366
5-9	2 904	1 481	1 423	2 990	1 524	1 466	2 941	1 501	1 440	2 866	1 464	1 403
10-14	2 829	1 447	1 382	2 880	1 469	1 412	2 972	1 515	1 457	2 928	1 494	1 434
15-19	2 777	1 425	1 352	2 801	1 432	1 369	2 859	1 457	1 402	2 956	1 506	1 450
20-24	2 810	1 431	1 379	2 741	1 405	1 336	2 772	1 416	1 356	2 837	1 445	1 392
25-29	2 711	1 370	1 340	2 767	1 407	1 360	2 708	1 386	1 322	2 747	1 401	1 345
30-34	2 444	1 232	1 212	2 668	1 346	1 322	2 733	1 387	1 345	2 680	1 370	1 310
35-39	2 269	1 142	1 127	2 404	1 209	1 195	2 633	1 326	1 307	2 704	1 371	1 334
40-44	1 979	985	994	2 230	1 120	1 111	2 369	1 188	1 181	2 602	1 307	1 295
45-49	1 771	865	906	1 940	962	978	2 193	1 097	1 096	2 335	1 168	1 167
50-54	1 516	736	780	1 727	839	888	1 897	936	961	2 150	1 072	1 079
55-59	1 220	578	642	1 465	705	760	1 675	808	868	1 846	905	941
60-64	986	467	519	1 162	544	618	1 402	667	734	1 609	768	841
65-69	744	356	388	916	426	490	1 086	500	586	1 317	618	699
70-74	548	258	291	663	309	354	823	374	449	985	444	541
75-79	400	182	218	459	208	251	562	253	309	707	311	396
80+	…	…	…	…	…	…	…	…	…	…	…	…
80-84	255	108	147	298	129	169	348	150	198	434	186	248
85-89	137	48	89	157	62	94	188	76	112	225	91	134
90-94	43	17	27	67	22	45	78	29	49	96	36	60
95-99	11	4	7	16	6	10	25	7	17	30	10	20
100+	2	1	1	3	1	2	4	1	3	7	2	5

年齢	2035			2040			2045			2050		
	総数	男	女	総数	男	女	総数	男	女	総数	男	女
総数	38 391	19 162	19 229	39 754	19 849	19 905	40 928	20 449	20 479	41 899	20 957	20 942
0-4	2 721	1 392	1 329	2 660	1 361	1 299	2 595	1 328	1 267	2 524	1 292	1 232
5-9	2 779	1 420	1 359	2 707	1 384	1 323	2 647	1 354	1 293	2 584	1 322	1 262
10-14	2 854	1 457	1 397	2 767	1 414	1 353	2 696	1 378	1 318	2 637	1 349	1 288
15-19	2 913	1 486	1 427	2 839	1 450	1 390	2 754	1 407	1 347	2 682	1 371	1 311
20-24	2 935	1 494	1 440	2 893	1 475	1 418	2 821	1 439	1 381	2 736	1 397	1 339
25-29	2 813	1 431	1 382	2 911	1 481	1 430	2 871	1 463	1 408	2 800	1 428	1 372
30-34	2 721	1 387	1 334	2 789	1 417	1 371	2 888	1 468	1 420	2 849	1 451	1 398
35-39	2 654	1 355	1 299	2 697	1 373	1 324	2 766	1 405	1 361	2 866	1 456	1 410
40-44	2 675	1 354	1 322	2 628	1 340	1 288	2 673	1 359	1 313	2 743	1 392	1 351
45-49	2 568	1 287	1 281	2 643	1 335	1 308	2 600	1 324	1 276	2 646	1 345	1 302
50-54	2 294	1 143	1 151	2 527	1 263	1 264	2 606	1 313	1 292	2 566	1 304	1 262
55-59	2 097	1 039	1 058	2 243	1 113	1 130	2 476	1 233	1 243	2 558	1 285	1 272
60-64	1 779	865	914	2 028	998	1 030	2 176	1 073	1 103	2 409	1 194	1 215
65-69	1 521	717	804	1 690	813	877	1 935	943	992	2 085	1 021	1 064
70-74	1 205	554	650	1 401	649	752	1 567	743	824	1 806	870	936
75-79	856	374	482	1 057	473	584	1 241	561	680	1 401	651	750
80+	…	…	…	…	…	…	…	…	…	…	…	…
80-84	555	233	323	683	286	398	856	369	488	1 020	446	574
85-89	287	115	172	376	148	228	474	186	287	606	248	358
90-94	118	44	74	155	57	98	210	76	134	271	99	172
95-99	37	13	25	47	16	32	64	21	43	89	29	60
100+	9	3	6	11	3	8	15	4	10	20	6	14

年齢	2055			2060		
	総数	男	女	総数	男	女
総数	42 656	21 367	21 289	43 196	21 677	21 519
0-4	2 439	1 248	1 190	2 355	1 206	1 149
5-9	2 514	1 287	1 227	2 430	1 244	1 186
10-14	2 574	1 317	1 257	2 505	1 282	1 223
15-19	2 624	1 342	1 282	2 562	1 311	1 251
20-24	2 666	1 363	1 303	2 609	1 334	1 275
25-29	2 717	1 387	1 330	2 649	1 353	1 295
30-34	2 780	1 418	1 362	2 699	1 378	1 321
35-39	2 829	1 440	1 389	2 762	1 408	1 354
40-44	2 845	1 445	1 400	2 810	1 430	1 380
45-49	2 719	1 379	1 340	2 823	1 433	1 390
50-54	2 615	1 327	1 288	2 690	1 363	1 327
55-59	2 524	1 280	1 244	2 576	1 305	1 271
60-64	2 495	1 249	1 246	2 468	1 248	1 220
65-69	2 318	1 142	1 176	2 410	1 201	1 209
70-74	1 958	949	1 009	2 189	1 071	1 119
75-79	1 630	773	857	1 781	853	929
80+	…	…	…	…	…	…
80-84	1 168	528	640	1 375	638	737
85-89	737	309	428	859	375	484
90-94	356	136	220	443	175	268
95-99	119	39	80	161	56	104
100+	28	8	20	39	11	28

性・年齢別人口（千人）

年齢	2015			2020			2025			2030		
	総数	男	女	総数	男	女	総数	男	女	総数	男	女
総数	31 377	15 673	15 704	33 633	16 799	16 834	35 985	17 974	18 011	38 346	19 157	19 189
0-4	3 020	1 541	1 479	3 280	1 675	1 605	3 403	1 739	1 664	3 456	1 767	1 689
5-9	2 904	1 481	1 423	2 990	1 524	1 466	3 255	1 661	1 594	3 383	1 728	1 655
10-14	2 829	1 447	1 382	2 880	1 469	1 412	2 972	1 515	1 457	3 241	1 654	1 588
15-19	2 777	1 425	1 352	2 801	1 432	1 369	2 859	1 457	1 402	2 956	1 506	1 450
20-24	2 810	1 431	1 379	2 741	1 405	1 336	2 772	1 416	1 356	2 837	1 445	1 392
25-29	2 711	1 370	1 340	2 767	1 407	1 360	2 708	1 386	1 322	2 747	1 401	1 345
30-34	2 444	1 232	1 212	2 668	1 346	1 322	2 733	1 387	1 345	2 680	1 370	1 310
35-39	2 269	1 142	1 127	2 404	1 209	1 195	2 633	1 326	1 307	2 704	1 371	1 334
40-44	1 979	985	994	2 230	1 120	1 111	2 369	1 188	1 181	2 602	1 307	1 295
45-49	1 771	865	906	1 940	962	978	2 193	1 097	1 096	2 335	1 168	1 167
50-54	1 516	736	780	1 727	839	888	1 897	936	961	2 150	1 072	1 079
55-59	1 220	578	642	1 465	705	760	1 675	808	868	1 846	905	941
60-64	986	467	519	1 162	544	618	1 402	667	734	1 609	768	841
65-69	744	356	388	916	426	490	1 086	500	586	1 317	618	699
70-74	548	258	291	663	309	354	823	374	449	985	444	541
75-79	400	182	218	459	208	251	562	253	309	707	311	396
80+	...	...	...	...	...	...	...	...	...	...	...	...
80-84	255	108	147	298	129	169	348	150	198	434	186	248
85-89	137	48	89	157	62	94	188	76	112	225	91	134
90-94	43	17	27	67	22	45	78	29	49	96	36	60
95-99	11	4	7	16	6	10	25	7	17	30	10	20
100+	2	1	1	3	1	2	4	1	3	7	2	5

年齢	2035			2040			2045			2050		
	総数	男	女	総数	男	女	総数	男	女	総数	男	女
総数	40 567	20 274	20 293	42 685	21 347	21 339	44 740	22 397	22 343	46 750	23 436	23 313
0-4	3 410	1 744	1 666	3 420	1 750	1 670	3 481	1 781	1 699	3 570	1 827	1 743
5-9	3 438	1 757	1 681	3 394	1 735	1 659	3 406	1 742	1 664	3 467	1 774	1 693
10-14	3 370	1 721	1 649	3 425	1 750	1 675	3 382	1 729	1 653	3 394	1 736	1 658
15-19	3 225	1 645	1 580	3 354	1 712	1 642	3 410	1 742	1 668	3 367	1 721	1 646
20-24	2 935	1 494	1 440	3 205	1 634	1 571	3 335	1 702	1 633	3 391	1 732	1 659
25-29	2 813	1 431	1 382	2 911	1 481	1 430	3 182	1 621	1 561	3 312	1 690	1 623
30-34	2 721	1 387	1 334	2 789	1 417	1 371	2 888	1 468	1 420	3 159	1 609	1 550
35-39	2 654	1 355	1 299	2 697	1 373	1 324	2 766	1 405	1 361	2 866	1 456	1 410
40-44	2 675	1 354	1 322	2 628	1 340	1 288	2 673	1 359	1 313	2 743	1 392	1 351
45-49	2 568	1 287	1 281	2 643	1 335	1 308	2 600	1 324	1 276	2 646	1 345	1 302
50-54	2 294	1 143	1 151	2 527	1 263	1 264	2 606	1 313	1 292	2 566	1 304	1 262
55-59	2 097	1 039	1 058	2 243	1 113	1 130	2 476	1 233	1 243	2 558	1 285	1 272
60-64	1 779	865	914	2 028	998	1 030	2 176	1 073	1 103	2 409	1 194	1 215
65-69	1 521	717	804	1 690	813	877	1 935	943	992	2 085	1 021	1 064
70-74	1 205	554	650	1 401	649	752	1 567	743	824	1 806	870	936
75-79	856	374	482	1 057	473	584	1 241	561	680	1 401	651	750
80+	...	...	...	...	...	...	...	...	...	...	...	...
80-84	555	233	323	683	286	398	856	369	488	1 020	446	574
85-89	287	115	172	376	148	228	474	186	287	606	248	358
90-94	118	44	74	155	57	98	210	76	134	271	99	172
95-99	37	13	25	47	16	32	64	21	43	89	29	60
100+	9	3	6	11	3	8	15	4	10	20	6	14

年齢	2055			2060		
	総数	男	女	総数	男	女
総数	48 700	24 457	24 243	50 554	25 439	25 115
0-4	3 642	1 864	1 777	3 680	1 884	1 796
5-9	3 558	1 821	1 737	3 630	1 858	1 772
10-14	3 456	1 769	1 688	3 548	1 816	1 732
15-19	3 381	1 729	1 652	3 444	1 762	1 682
20-24	3 350	1 712	1 638	3 365	1 721	1 644
25-29	3 371	1 721	1 650	3 331	1 702	1 629
30-34	3 291	1 678	1 613	3 351	1 711	1 641
35-39	3 138	1 598	1 541	3 272	1 668	1 604
40-44	2 845	1 445	1 400	3 118	1 587	1 531
45-49	2 719	1 379	1 340	2 823	1 433	1 390
50-54	2 615	1 327	1 288	2 690	1 363	1 327
55-59	2 524	1 280	1 244	2 576	1 305	1 271
60-64	2 495	1 249	1 246	2 468	1 248	1 220
65-69	2 318	1 142	1 176	2 410	1 201	1 209
70-74	1 958	949	1 009	2 189	1 071	1 119
75-79	1 630	773	857	1 781	853	929
80+	...	...	...	...	...	...
80-84	1 168	528	640	1 375	638	737
85-89	737	309	428	859	375	484
90-94	356	136	220	443	175	268
95-99	119	39	80	161	56	104
100+	28	8	20	39	11	28

性・年齢別人口（千人）

年齢	2015			2020			2025			2030		
	総数	男	女	総数	男	女	総数	男	女	総数	男	女
総数	31 377	15 673	15 704	33 001	16 476	16 525	34 319	17 123	17 196	35 364	17 634	17 730
0-4	3 020	1 541	1 479	2 649	1 353	1 296	2 365	1 209	1 157	2 134	1 091	1 043
5-9	2 904	1 481	1 423	2 990	1 524	1 466	2 627	1 341	1 287	2 350	1 200	1 150
10-14	2 829	1 447	1 382	2 880	1 469	1 412	2 972	1 515	1 457	2 614	1 334	1 280
15-19	2 777	1 425	1 352	2 801	1 432	1 369	2 859	1 457	1 402	2 956	1 506	1 450
20-24	2 810	1 431	1 379	2 741	1 405	1 336	2 772	1 416	1 356	2 837	1 445	1 392
25-29	2 711	1 370	1 340	2 767	1 407	1 360	2 708	1 386	1 322	2 747	1 401	1 345
30-34	2 444	1 232	1 212	2 668	1 346	1 322	2 733	1 387	1 345	2 680	1 370	1 310
35-39	2 269	1 142	1 127	2 404	1 209	1 195	2 633	1 326	1 307	2 704	1 371	1 334
40-44	1 979	985	994	2 230	1 120	1 111	2 369	1 188	1 181	2 602	1 307	1 295
45-49	1 771	865	906	1 940	962	978	2 193	1 097	1 096	2 335	1 168	1 167
50-54	1 516	736	780	1 727	839	888	1 897	936	961	2 150	1 072	1 079
55-59	1 220	578	642	1 465	705	760	1 675	808	868	1 846	905	941
60-64	986	467	519	1 162	544	618	1 402	667	734	1 609	768	841
65-69	744	356	388	916	426	490	1 086	500	586	1 317	618	699
70-74	548	258	291	663	309	354	823	374	449	985	444	541
75-79	400	182	218	459	208	251	562	253	309	707	311	396
80+	...	...	...	...	...	...	...	...	...	...	...	...
80-84	255	108	147	298	129	169	348	150	198	434	186	248
85-89	137	48	89	157	62	94	188	76	112	225	91	134
90-94	43	17	27	67	22	45	78	29	49	96	36	60
95-99	11	4	7	16	6	10	25	7	17	30	10	20
100+	2	1	1	3	1	2	4	1	3	7	2	5

年齢	2035			2040			2045			2050		
	総数	男	女	総数	男	女	総数	男	女	総数	男	女
総数	36 221	18 053	18 168	36 860	18 370	18 490	37 238	18 563	18 675	37 324	18 619	18 705
0-4	2 039	1 043	996	1 931	988	943	1 793	917	875	1 632	835	797
5-9	2 121	1 084	1 037	2 027	1 036	991	1 921	983	938	1 783	912	871
10-14	2 338	1 194	1 144	2 110	1 078	1 032	2 016	1 031	986	1 911	977	933
15-19	2 600	1 326	1 274	2 324	1 187	1 137	2 097	1 071	1 025	2 004	1 024	979
20-24	2 935	1 494	1 440	2 581	1 316	1 265	2 307	1 177	1 129	2 080	1 063	1 018
25-29	2 813	1 431	1 382	2 911	1 481	1 430	2 560	1 304	1 255	2 287	1 167	1 120
30-34	2 721	1 387	1 334	2 789	1 417	1 371	2 888	1 468	1 420	2 539	1 293	1 246
35-39	2 654	1 355	1 299	2 697	1 373	1 324	2 766	1 405	1 361	2 866	1 456	1 410
40-44	2 675	1 354	1 322	2 628	1 340	1 288	2 673	1 359	1 313	2 743	1 392	1 351
45-49	2 568	1 287	1 281	2 643	1 335	1 308	2 600	1 324	1 276	2 646	1 345	1 302
50-54	2 294	1 143	1 151	2 527	1 263	1 264	2 606	1 313	1 292	2 566	1 304	1 262
55-59	2 097	1 039	1 058	2 243	1 113	1 130	2 476	1 233	1 243	2 558	1 285	1 272
60-64	1 779	865	914	2 028	998	1 030	2 176	1 073	1 103	2 409	1 194	1 215
65-69	1 521	717	804	1 690	813	877	1 935	943	992	2 085	1 021	1 064
70-74	1 205	554	650	1 401	649	752	1 567	743	824	1 806	870	936
75-79	856	374	482	1 057	473	584	1 241	561	680	1 401	651	750
80+	...	...	...	...	...	...	...	...	...	...	...	...
80-84	555	233	323	683	286	398	856	369	488	1 020	446	574
85-89	287	115	172	376	148	228	474	186	287	606	248	358
90-94	118	44	74	155	57	98	210	76	134	271	99	172
95-99	37	13	25	47	16	32	64	21	43	89	29	60
100+	9	3	6	11	3	8	15	4	10	20	6	14

年齢	2055			2060		
	総数	男	女	総数	男	女
総数	37 116	18 536	18 580	36 638	18 325	18 313
0-4	1 466	751	716	1 326	679	647
5-9	1 624	831	793	1 459	747	712
10-14	1 774	908	866	1 615	827	788
15-19	1 899	971	928	1 763	902	861
20-24	1 989	1 017	972	1 885	964	921
25-29	2 063	1 053	1 009	1 973	1 008	964
30-34	2 269	1 157	1 112	2 047	1 045	1 002
35-39	2 520	1 283	1 237	2 253	1 149	1 104
40-44	2 845	1 445	1 400	2 503	1 274	1 229
45-49	2 719	1 379	1 340	2 823	1 433	1 390
50-54	2 615	1 327	1 288	2 690	1 363	1 327
55-59	2 524	1 280	1 244	2 576	1 305	1 271
60-64	2 495	1 249	1 246	2 468	1 248	1 220
65-69	2 318	1 142	1 176	2 410	1 201	1 209
70-74	1 958	949	1 009	2 189	1 071	1 119
75-79	1 630	773	857	1 781	853	929
80+	...	...	...	...	...	...
80-84	1 168	528	640	1 375	638	737
85-89	737	309	428	859	375	484
90-94	356	136	220	443	175	268
95-99	119	39	80	161	56	104
100+	28	8	20	39	11	28

性・年齢別人口（千人）

年齢	1960			1965			1970			1975		
	総数	男	女	総数	男	女	総数	男	女	総数	男	女
総数	26 273	13 222	13 051	30 914	15 617	15 297	35 805	18 114	17 691	41 295	20 901	20 394
0-4	4 978	2 548	2 429	5 601	2 869	2 732	6 196	3 173	3 023	6 860	3 512	3 348
5-9	4 269	2 184	2 085	4 850	2 483	2 367	5 473	2 803	2 671	6 078	3 110	2 968
10-14	3 102	1 607	1 495	4 223	2 161	2 062	4 799	2 457	2 342	5 424	2 777	2 647
15-19	2 575	1 321	1 254	3 070	1 590	1 480	4 154	2 125	2 030	4 734	2 422	2 312
20-24	2 141	1 085	1 056	2 535	1 300	1 235	2 974	1 538	1 436	4 055	2 070	1 985
25-29	1 804	925	879	2 101	1 064	1 037	2 441	1 248	1 193	2 883	1 487	1 396
30-34	1 384	684	701	1 766	905	861	2 023	1 021	1 002	2 364	1 206	1 158
35-39	1 256	604	653	1 351	667	684	1 700	869	831	1 957	985	972
40-44	1 069	517	552	1 219	585	634	1 296	637	659	1 639	834	805
45-49	977	479	498	1 029	496	533	1 164	554	609	1 240	605	635
50-54	828	419	409	927	451	476	970	463	507	1 101	519	582
55-59	607	310	297	768	385	383	857	412	445	899	423	477
60-64	466	227	239	544	274	270	687	338	349	769	362	407
65-69	337	139	198	395	189	207	460	226	234	584	279	304
70-74	235	88	147	262	105	157	307	142	165	359	171	189
75-79	145	51	94	159	57	102	178	68	110	210	93	117
80+	100	34	66	113	37	76	125	41	84	140	48	92
80-84	...	...	...	...	...	...	...	...	...	...	...	...
85-89	...	...	...	...	...	...	...	...	...	...	...	...
90-94	...	...	...	...	...	...	...	...	...	...	...	...
95-99	...	...	...	...	...	...	...	...	...	...	...	...
100+	...	...	...	...	...	...	...	...	...	...	...	...

年齢	1980			1985			1990			1995		
	総数	男	女	総数	男	女	総数	男	女	総数	男	女
総数	47 397	23 976	23 421	54 324	27 462	26 861	61 947	31 293	30 655	69 836	35 227	34 609
0-4	7 678	3 925	3 752	8 503	4 347	4 156	9 450	4 837	4 613	10 067	5 155	4 912
5-9	6 728	3 440	3 288	7 556	3 858	3 698	8 402	4 291	4 112	9 349	4 780	4 569
10-14	6 028	3 084	2 944	6 682	3 416	3 266	7 508	3 833	3 676	8 353	4 264	4 089
15-19	5 350	2 737	2 613	5 969	3 052	2 918	6 611	3 376	3 234	7 415	3 780	3 635
20-24	4 619	2 358	2 261	5 260	2 685	2 575	5 855	2 986	2 869	6 458	3 287	3 171
25-29	3 939	2 003	1 935	4 524	2 302	2 222	5 141	2 614	2 526	5 697	2 890	2 807
30-34	2 791	1 434	1 357	3 852	1 953	1 899	4 417	2 238	2 179	5 002	2 530	2 472
35-39	2 286	1 161	1 125	2 720	1 393	1 327	3 753	1 895	1 859	4 294	2 163	2 130
40-44	1 886	944	942	2 218	1 121	1 097	2 637	1 343	1 294	3 637	1 824	1 813
45-49	1 570	793	776	1 816	903	913	2 134	1 071	1 063	2 534	1 279	1 255
50-54	1 172	566	607	1 490	745	745	1 724	847	877	2 023	1 002	1 022
55-59	1 021	473	547	1 091	517	573	1 386	681	705	1 603	772	831
60-64	808	371	437	920	416	504	983	454	529	1 249	597	652
65-69	655	299	356	691	307	384	789	344	445	843	375	468
70-74	458	211	247	517	226	291	548	232	316	629	260	368
75-79	247	112	135	318	139	179	363	150	213	388	154	234
80+	163	64	99	194	81	113	...	...	...	...	...	...
80-84	...	...	...	...	...	...	179	74	105	206	79	127
85-89	...	...	...	...	...	...	55	22	32	72	29	44
90-94	...	...	...	...	...	...	11	4	7	14	6	8
95-99	...	...	...	...	...	...	1	0	1	2	1	1
100+	...	...	...	...	...	...	0	0	0	0	0	0

年齢	2000			2005			2010			2015		
	総数	男	女	総数	男	女	総数	男	女	総数	男	女
総数	77 932	39 249	38 683	86 141	43 293	42 848	93 039	47 060	45 979	100 699	50 813	49 887
0-4	10 739	5 499	5 239	11 409	5 844	5 565	10 731	5 502	5 228	11 255	5 775	5 480
5-9	9 969	5 099	4 870	10 640	5 443	5 197	10 308	5 374	4 934	10 652	5 457	5 195
10-14	9 294	4 750	4 544	9 909	5 067	4 842	10 232	5 283	4 949	10 265	5 351	4 914
15-19	8 229	4 196	4 033	9 132	4 662	4 470	9 768	4 967	4 802	10 124	5 224	4 900
20-24	7 207	3 661	3 545	7 951	4 039	3 912	8 386	4 273	4 113	9 580	4 861	4 719
25-29	6 247	3 162	3 084	6 928	3 499	3 429	7 416	3 761	3 655	8 189	4 158	4 031
30-34	5 517	2 783	2 734	6 015	3 025	2 991	6 807	3 465	3 342	7 238	3 655	3 583
35-39	4 846	2 436	2 410	5 324	2 666	2 658	6 076	3 085	2 991	6 641	3 364	3 277
40-44	4 151	2 077	2 074	4 674	2 331	2 343	5 542	2 804	2 738	5 911	2 983	2 928
45-49	3 494	1 736	1 759	3 982	1 972	2 010	4 729	2 388	2 341	5 354	2 685	2 669
50-54	2 399	1 194	1 205	3 310	1 620	1 690	3 927	1 969	1 958	4 504	2 242	2 262
55-59	1 879	911	968	2 226	1 084	1 142	2 991	1 486	1 504	3 666	1 798	1 868
60-64	1 445	675	770	1 693	795	898	2 262	1 071	1 191	2 709	1 304	1 405
65-69	1 071	492	579	1 240	555	685	1 508	684	824	1 954	884	1 069
70-74	673	283	390	856	371	484	1 163	495	668	1 217	520	697
75-79	447	173	275	481	188	293	721	288	433	845	334	511
80+	...	...	...	...	...	...	...	...	...	...	...	...
80-84	222	82	140	258	92	166	341	119	222	425	158	267
85-89	84	31	53	91	32	59	106	36	70	141	48	94
90-94	18	7	11	21	8	13	23	8	15	27	9	17
95-99	2	1	1	2	1	1	3	1	2	3	1	2
100+	0	0	0	0	0	0	0	0	0	0	0	0

性・年齢別人口（千人）

年齢	2015 総数	男	女	2020 総数	男	女	2025 総数	男	女	2030 総数	男	女
総数	100 699	50 813	49 887	108 436	54 579	53 857	116 151	58 308	57 843	123 575	61 866	61 709
0-4	11 255	5 775	5 480	11 568	5 934	5 634	11 733	6 017	5 715	11 849	6 076	5 773
5-9	10 652	5 457	5 195	11 182	5 733	5 450	11 505	5 896	5 609	11 675	5 982	5 693
10-14	10 265	5 351	4 914	10 613	5 436	5 177	11 149	5 714	5 435	11 473	5 878	5 595
15-19	10 124	5 224	4 900	10 171	5 299	4 871	10 541	5 395	5 145	11 078	5 674	5 404
20-24	9 580	4 861	4 719	9 956	5 129	4 827	10 044	5 225	4 820	10 416	5 322	5 094
25-29	8 189	4 158	4 031	9 397	4 752	4 644	9 811	5 038	4 773	9 903	5 136	4 767
30-34	7 238	3 655	3 583	8 023	4 057	3 966	9 253	4 661	4 592	9 670	4 947	4 723
35-39	6 641	3 364	3 277	7 084	3 560	3 524	7 885	3 968	3 916	9 108	4 566	4 541
40-44	5 911	2 983	2 928	6 480	3 263	3 217	6 937	3 465	3 471	7 733	3 869	3 863
45-49	5 354	2 685	2 669	5 726	2 865	2 861	6 299	3 144	3 154	6 754	3 345	3 409
50-54	4 504	2 242	2 262	5 117	2 530	2 587	5 491	2 709	2 782	6 053	2 980	3 073
55-59	3 666	1 798	1 868	4 222	2 056	2 166	4 815	2 330	2 485	5 182	2 502	2 679
60-64	2 709	1 304	1 405	3 338	1 586	1 752	3 862	1 822	2 040	4 422	2 073	2 349
65-69	1 954	884	1 069	2 352	1 083	1 268	2 916	1 326	1 590	3 392	1 532	1 860
70-74	1 217	520	697	1 589	678	911	1 925	837	1 088	2 405	1 031	1 374
75-79	845	334	511	893	354	539	1 177	466	711	1 438	580	857
80+	…	…	…	…	…	…	…	…	…	…	…	…
80-84	425	158	267	506	185	320	541	199	342	724	265	459
85-89	141	48	94	179	64	115	217	76	141	236	83	154
90-94	27	9	17	36	13	24	47	17	30	58	21	37
95-99	3	1	2	4	1	2	5	2	3	7	3	4
100+	0	0	0	0	0	0	0	0	0	0	0	0

年齢	2035 総数	男	女	2040 総数	男	女	2045 総数	男	女	2050 総数	男	女
総数	130 556	65 189	65 366	137 020	68 244	68 776	142 921	71 022	71 899	148 260	73 531	74 730
0-4	11 859	6 080	5 779	11 833	6 066	5 767	11 764	6 031	5 733	11 666	5 982	5 684
5-9	11 796	6 043	5 753	11 810	6 050	5 760	11 788	6 038	5 750	11 724	6 006	5 718
10-14	11 644	5 964	5 680	11 767	6 026	5 741	11 783	6 034	5 749	11 764	6 023	5 740
15-19	11 404	5 839	5 565	11 577	5 926	5 651	11 701	5 989	5 713	11 720	5 998	5 722
20-24	10 955	5 601	5 354	11 283	5 768	5 516	11 459	5 857	5 603	11 587	5 922	5 666
25-29	10 279	5 236	5 042	10 819	5 516	5 303	11 150	5 684	5 466	11 331	5 777	5 554
30-34	9 768	5 048	4 719	10 147	5 151	4 996	10 689	5 432	5 258	11 025	5 603	5 422
35-39	9 527	4 853	4 674	9 631	4 957	4 674	10 015	5 063	4 952	10 561	5 346	5 215
40-44	8 947	4 460	4 487	9 369	4 747	4 622	9 480	4 854	4 626	9 870	4 965	4 905
45-49	7 542	3 743	3 800	8 741	4 322	4 419	9 165	4 607	4 558	9 287	4 720	4 566
50-54	6 506	3 179	3 327	7 280	3 564	3 716	8 454	4 126	4 329	8 881	4 409	4 472
55-59	5 729	2 762	2 967	6 174	2 954	3 220	6 925	3 322	3 603	8 066	3 859	4 207
60-64	4 776	2 236	2 540	5 299	2 477	2 822	5 730	2 659	3 071	6 451	3 005	3 447
65-69	3 904	1 752	2 152	4 237	1 899	2 338	4 723	2 114	2 608	5 134	2 284	2 850
70-74	2 816	1 199	1 617	3 263	1 380	1 883	3 562	1 505	2 057	3 997	1 689	2 308
75-79	1 813	721	1 092	2 143	845	1 297	2 504	981	1 523	2 759	1 081	1 678
80+	…	…	…	…	…	…	…	…	…	…	…	…
80-84	895	334	561	1 144	419	725	1 369	497	872	1 622	584	1 037
85-89	322	112	210	405	143	262	527	182	345	642	219	424
90-94	65	23	42	90	31	59	116	41	75	154	53	101
95-99	8	3	5	10	4	6	14	5	9	18	7	11
100+	1	0	0	1	0	0	1	0	0	1	0	1

年齢	2055 総数	男	女	2060 総数	男	女
総数	152 971	75 730	77 241	157 074	77 635	79 439
0-4	11 481	5 887	5 593	11 283	5 787	5 496
5-9	11 630	5 959	5 671	11 449	5 867	5 582
10-14	11 701	5 992	5 709	11 609	5 946	5 663
15-19	11 704	5 990	5 715	11 646	5 961	5 685
20-24	11 613	5 935	5 678	11 604	5 931	5 673
25-29	11 467	5 846	5 620	11 501	5 865	5 635
30-34	11 213	5 700	5 513	11 358	5 775	5 582
35-39	10 904	5 521	5 382	11 101	5 624	5 477
40-44	10 421	5 250	5 171	10 772	5 430	5 342
45-49	9 685	4 836	4 848	10 240	5 124	5 117
50-54	9 014	4 528	4 486	9 422	4 652	4 770
55-59	8 492	4 137	4 354	8 641	4 264	4 377
60-64	7 540	3 505	4 035	7 964	3 776	4 188
65-69	5 807	2 595	3 212	6 823	3 047	3 776
70-74	4 375	1 838	2 537	4 981	2 105	2 875
75-79	3 122	1 224	1 898	3 450	1 346	2 104
80+	…	…	…	…	…	…
80-84	1 810	651	1 158	2 077	748	1 328
85-89	775	261	514	883	296	586
90-94	192	65	128	238	79	159
95-99	25	9	16	32	11	21
100+	1	1	1	2	1	1

Philippines

高位予測値

性・年齢別人口（千人）

年齢	2015 総数	男	女	2020 総数	男	女	2025 総数	男	女	2030 総数	男	女
総数	100 699	50 813	49 887	109 448	55 098	54 350	118 889	59 712	59 178	128 597	64 440	64 157
0-4	11 255	5 775	5 480	12 580	6 453	6 127	13 463	6 905	6 558	14 141	7 251	6 890
5-9	10 652	5 457	5 195	11 182	5 733	5 450	12 513	6 413	6 100	13 398	6 865	6 533
10-14	10 265	5 351	4 914	10 613	5 436	5 177	11 149	5 714	5 435	12 479	6 393	6 086
15-19	10 124	5 224	4 900	10 171	5 299	4 871	10 541	5 395	5 145	11 078	5 674	5 404
20-24	9 580	4 861	4 719	9 956	5 129	4 827	10 044	5 225	4 820	10 416	5 322	5 094
25-29	8 189	4 158	4 031	9 397	4 752	4 644	9 811	5 038	4 773	9 903	5 136	4 767
30-34	7 238	3 655	3 583	8 023	4 057	3 966	9 253	4 661	4 592	9 670	4 947	4 723
35-39	6 641	3 364	3 277	7 084	3 560	3 524	7 885	3 968	3 916	9 108	4 566	4 541
40-44	5 911	2 983	2 928	6 480	3 263	3 217	6 937	3 465	3 471	7 733	3 869	3 863
45-49	5 354	2 685	2 669	5 726	2 865	2 861	6 299	3 144	3 154	6 754	3 345	3 409
50-54	4 504	2 242	2 262	5 117	2 530	2 587	5 491	2 709	2 782	6 053	2 980	3 073
55-59	3 666	1 798	1 868	4 222	2 056	2 166	4 815	2 330	2 485	5 182	2 502	2 679
60-64	2 709	1 304	1 405	3 338	1 586	1 752	3 862	1 822	2 040	4 422	2 073	2 349
65-69	1 954	884	1 069	2 352	1 083	1 268	2 916	1 326	1 590	3 392	1 532	1 860
70-74	1 217	520	697	1 589	678	911	1 925	837	1 088	2 405	1 031	1 374
75-79	845	334	511	893	354	539	1 177	466	711	1 438	580	857
80+	…	…	…	…	…	…	…	…	…	…	…	…
80-84	425	158	267	506	185	320	541	199	342	724	265	459
85-89	141	48	94	179	64	115	217	76	141	236	83	154
90-94	27	9	17	36	13	24	47	17	30	58	21	37
95-99	3	1	2	4	1	2	5	2	3	7	3	4
100+	0	0	0	0	0	0	0	0	0	0	0	0

年齢	2035 総数	男	女	2040 総数	男	女	2045 総数	男	女	2050 総数	男	女
総数	138 066	69 037	69 029	147 432	73 576	73 856	156 789	78 120	78 669	166 210	82 713	83 497
0-4	14 362	7 364	6 999	14 754	7 564	7 190	15 249	7 818	7 431	15 787	8 095	7 692
5-9	14 079	7 213	6 867	14 305	7 328	6 978	14 701	7 530	7 171	15 200	7 786	7 414
10-14	13 365	6 846	6 519	14 047	7 194	6 853	14 275	7 310	6 965	14 672	7 512	7 160
15-19	12 407	6 352	6 054	13 293	6 805	6 489	13 977	7 153	6 824	14 207	7 271	6 936
20-24	10 955	5 601	5 354	12 282	6 278	6 004	13 170	6 731	6 439	13 855	7 080	6 775
25-29	10 279	5 236	5 042	10 819	5 516	5 303	12 144	6 191	5 953	13 033	6 644	6 389
30-34	9 768	5 048	4 719	10 147	5 151	4 996	10 689	5 432	5 258	12 013	6 105	5 908
35-39	9 527	4 853	4 674	9 631	4 957	4 674	10 015	5 063	4 952	10 561	5 346	5 215
40-44	8 947	4 460	4 487	9 369	4 747	4 622	9 480	4 854	4 626	9 870	4 965	4 905
45-49	7 542	3 743	3 800	8 741	4 322	4 419	9 165	4 607	4 558	9 287	4 720	4 566
50-54	6 506	3 179	3 327	7 280	3 564	3 716	8 454	4 126	4 329	8 881	4 409	4 472
55-59	5 729	2 762	2 967	6 174	2 954	3 220	6 925	3 322	3 603	8 066	3 859	4 207
60-64	4 776	2 236	2 540	5 299	2 477	2 822	5 730	2 659	3 071	6 451	3 005	3 447
65-69	3 904	1 752	2 152	4 237	1 899	2 338	4 723	2 114	2 608	5 134	2 284	2 850
70-74	2 816	1 199	1 617	3 263	1 380	1 883	3 562	1 505	2 057	3 997	1 689	2 308
75-79	1 813	721	1 092	2 143	845	1 297	2 504	981	1 523	2 759	1 081	1 678
80+	…	…	…	…	…	…	…	…	…	…	…	…
80-84	895	334	561	1 144	419	725	1 369	497	872	1 622	584	1 037
85-89	322	112	210	405	143	262	527	182	345	642	219	424
90-94	65	23	42	90	31	59	116	41	75	154	53	101
95-99	8	3	5	10	4	6	14	5	9	18	7	11
100+	1	0	0	1	0	0	1	0	0	1	0	1

年齢	2055 総数	男	女	2060 総数	男	女
総数	175 641	87 321	88 320	185 057	91 934	93 123
0-4	16 254	8 335	7 919	16 666	8 548	8 118
5-9	15 742	8 065	7 677	16 213	8 308	7 905
10-14	15 173	7 770	7 403	15 717	8 050	7 667
15-19	14 608	7 475	7 132	15 113	7 735	7 378
20-24	14 092	7 202	6 890	14 500	7 411	7 089
25-29	13 724	6 997	6 727	13 970	7 124	6 846
30-34	12 905	6 560	6 346	13 603	6 917	6 687
35-39	11 883	6 017	5 866	12 781	6 475	6 306
40-44	10 421	5 250	5 171	11 742	5 919	5 823
45-49	9 685	4 836	4 848	10 240	5 124	5 117
50-54	9 014	4 528	4 486	9 422	4 652	4 770
55-59	8 492	4 137	4 354	8 641	4 264	4 377
60-64	7 540	3 505	4 035	7 964	3 776	4 188
65-69	5 807	2 595	3 212	6 823	3 047	3 776
70-74	4 375	1 838	2 537	4 981	2 105	2 875
75-79	3 122	1 224	1 898	3 450	1 346	2 104
80+	…	…	…	…	…	…
80-84	1 810	651	1 158	2 077	748	1 328
85-89	775	261	514	883	296	586
90-94	192	65	128	238	79	159
95-99	25	9	16	32	11	21
100+	1	1	1	2	1	1

性・年齢別人口（千人）

年齢	2015			2020			2025			2030		
	総数	男	女	総数	男	女	総数	男	女	総数	男	女
総数	100 699	50 813	49 887	107 424	54 060	53 364	113 413	56 904	56 509	118 554	59 293	59 261
0-4	11 255	5 775	5 480	10 556	5 415	5 141	10 002	5 130	4 872	9 557	4 900	4 656
5-9	10 652	5 457	5 195	11 182	5 733	5 450	10 498	5 380	5 118	9 951	5 099	4 852
10-14	10 265	5 351	4 914	10 613	5 436	5 177	11 149	5 714	5 435	10 468	5 363	5 105
15-19	10 124	5 224	4 900	10 171	5 299	4 871	10 541	5 395	5 145	11 078	5 674	5 404
20-24	9 580	4 861	4 719	9 956	5 129	4 827	10 044	5 225	4 820	10 416	5 322	5 094
25-29	8 189	4 158	4 031	9 397	4 752	4 644	9 811	5 038	4 773	9 903	5 136	4 767
30-34	7 238	3 655	3 583	8 023	4 057	3 966	9 253	4 661	4 592	9 670	4 947	4 723
35-39	6 641	3 364	3 277	7 084	3 560	3 524	7 885	3 968	3 916	9 108	4 566	4 541
40-44	5 911	2 983	2 928	6 480	3 263	3 217	6 937	3 465	3 471	7 733	3 869	3 863
45-49	5 354	2 685	2 669	5 726	2 865	2 861	6 299	3 144	3 154	6 754	3 345	3 409
50-54	4 504	2 242	2 262	5 117	2 530	2 587	5 491	2 709	2 782	6 053	2 980	3 073
55-59	3 666	1 798	1 868	4 222	2 056	2 166	4 815	2 330	2 485	5 182	2 502	2 679
60-64	2 709	1 304	1 405	3 338	1 586	1 752	3 862	1 822	2 040	4 422	2 073	2 349
65-69	1 954	884	1 069	2 352	1 083	1 268	2 916	1 326	1 590	3 392	1 532	1 860
70-74	1 217	520	697	1 589	678	911	1 925	837	1 088	2 405	1 031	1 374
75-79	845	334	511	893	354	539	1 177	466	711	1 438	580	857
80+	...	...	...	...	...	...	...	...	...	...	...	...
80-84	425	158	267	506	185	320	541	199	342	724	265	459
85-89	141	48	94	179	64	115	217	76	141	236	83	154
90-94	27	9	17	36	13	24	47	17	30	58	21	37
95-99	3	1	2	4	1	2	5	2	3	7	3	4
100+	0	0	0	0	0	0	0	0	0	0	0	0

年齢	2035			2040			2045			2050		
	総数	男	女	総数	男	女	総数	男	女	総数	男	女
総数	123 078	61 359	61 720	126 789	63 004	63 785	129 556	64 181	65 375	131 357	64 884	66 472
0-4	9 389	4 814	4 575	9 059	4 644	4 415	8 603	4 411	4 192	8 088	4 147	3 941
5-9	9 512	4 873	4 639	9 348	4 789	4 559	9 022	4 621	4 401	8 570	4 390	4 180
10-14	9 924	5 083	4 841	9 487	4 859	4 629	9 325	4 775	4 550	9 001	4 609	4 392
15-19	10 401	5 325	5 075	9 860	5 048	4 813	9 426	4 825	4 602	9 266	4 743	4 524
20-24	10 955	5 601	5 354	10 284	5 257	5 027	9 749	4 983	4 766	9 320	4 763	4 556
25-29	10 279	5 236	5 042	10 819	5 516	5 303	10 157	5 178	4 979	9 629	4 909	4 720
30-34	9 768	5 048	4 719	10 147	5 151	4 996	10 689	5 432	5 258	10 038	5 101	4 936
35-39	9 527	4 853	4 674	9 631	4 957	4 674	10 015	5 063	4 952	10 561	5 346	5 215
40-44	8 947	4 460	4 487	9 369	4 747	4 622	9 480	4 854	4 626	9 870	4 965	4 905
45-49	7 542	3 743	3 800	8 741	4 322	4 419	9 165	4 607	4 558	9 287	4 720	4 566
50-54	6 506	3 179	3 327	7 280	3 564	3 716	8 454	4 126	4 329	8 881	4 409	4 472
55-59	5 729	2 762	2 967	6 174	2 954	3 220	6 925	3 322	3 603	8 066	3 859	4 207
60-64	4 776	2 236	2 540	5 299	2 477	2 822	5 730	2 659	3 071	6 451	3 005	3 447
65-69	3 904	1 752	2 152	4 237	1 899	2 338	4 723	2 114	2 608	5 134	2 284	2 850
70-74	2 816	1 199	1 617	3 263	1 380	1 883	3 562	1 505	2 057	3 997	1 689	2 308
75-79	1 813	721	1 092	2 143	845	1 297	2 504	981	1 523	2 759	1 081	1 678
80+	...	...	...	...	...	...	...	...	...	...	...	...
80-84	895	334	561	1 144	419	725	1 369	497	872	1 622	584	1 037
85-89	322	112	210	405	143	262	527	182	345	642	219	424
90-94	65	23	42	90	31	59	116	41	75	154	53	101
95-99	8	3	5	10	4	6	14	5	9	18	7	11
100+	1	0	0	1	0	0	1	0	0	1	0	1

年齢	2055			2060		
	総数	男	女	総数	男	女
総数	132 145	65 084	67 061	132 003	64 828	67 175
0-4	7 506	3 849	3 657	6 971	3 576	3 395
5-9	8 060	4 130	3 930	7 482	3 834	3 648
10-14	8 552	4 379	4 172	8 044	4 120	3 924
15-19	8 947	4 579	4 368	8 502	4 352	4 150
20-24	9 166	4 685	4 481	8 854	4 526	4 328
25-29	9 209	4 696	4 513	9 064	4 623	4 441
30-34	9 521	4 840	4 681	9 112	4 634	4 478
35-39	9 924	5 025	4 899	9 420	4 773	4 647
40-44	10 421	5 250	5 171	9 802	4 941	4 860
45-49	9 685	4 836	4 848	10 240	5 124	5 117
50-54	9 014	4 528	4 486	9 422	4 652	4 770
55-59	8 492	4 137	4 354	8 641	4 264	4 377
60-64	7 540	3 505	4 035	7 964	3 776	4 188
65-69	5 807	2 595	3 212	6 823	3 047	3 776
70-74	4 375	1 838	2 537	4 981	2 105	2 875
75-79	3 122	1 224	1 898	3 450	1 346	2 104
80+	...	...	...	...	...	...
80-84	1 810	651	1 158	2 077	748	1 328
85-89	775	261	514	883	296	586
90-94	192	65	128	238	79	159
95-99	25	9	16	32	11	21
100+	1	1	1	2	1	1

Poland

性・年齢別人口（千人）

年齢	1960 総数	男	女	1965 総数	男	女	1970 総数	男	女	1975 総数	男	女
総数	29 716	14 373	15 343	31 540	15 302	16 237	32 817	15 940	16 877	34 168	16 625	17 543
0-4	3 641	1 860	1 781	2 869	1 468	1 401	2 564	1 310	1 253	2 828	1 448	1 380
5-9	3 517	1 790	1 727	3 633	1 858	1 776	2 842	1 451	1 392	2 537	1 296	1 240
10-14	2 851	1 448	1 403	3 504	1 783	1 721	3 610	1 843	1 767	2 830	1 446	1 385
15-19	1 955	989	966	2 835	1 438	1 397	3 481	1 770	1 711	3 583	1 832	1 751
20-24	2 226	1 123	1 102	1 939	978	962	2 802	1 418	1 384	3 429	1 742	1 687
25-29	2 329	1 166	1 162	2 204	1 106	1 097	1 910	959	950	2 760	1 394	1 366
30-34	2 313	1 129	1 184	2 302	1 149	1 153	2 177	1 087	1 090	1 881	943	939
35-39	2 058	964	1 094	2 281	1 112	1 169	2 272	1 129	1 143	2 147	1 067	1 080
40-44	1 272	580	692	2 031	949	1 083	2 241	1 089	1 152	2 230	1 102	1 129
45-49	1 669	768	901	1 250	566	684	1 984	922	1 062	2 186	1 055	1 132
50-54	1 702	806	897	1 614	736	878	1 210	544	667	1 917	881	1 036
55-59	1 421	650	771	1 619	755	864	1 537	690	847	1 152	509	643
60-64	1 067	457	610	1 315	586	729	1 499	680	819	1 432	626	806
65-69	705	285	420	945	389	557	1 164	498	667	1 335	580	755
70-74	505	190	315	582	222	359	777	301	477	962	385	577
75-79	286	103	182	369	130	240	427	151	276	566	200	366
80+	201	66	135	248	80	168	319	99	220	392	120	272
80-84	...	...	...	...	...	...	...	...	...	...	...	...
85-89	...	...	...	...	...	...	...	...	...	...	...	...
90-94	...	...	...	...	...	...	...	...	...	...	...	...
95-99	...	...	...	...	...	...	...	...	...	...	...	...
100+	...	...	...	...	...	...	...	...	...	...	...	...

年齢	1980 総数	男	女	1985 総数	男	女	1990 総数	男	女	1995 総数	男	女
総数	35 783	17 420	18 363	37 486	18 265	19 221	38 195	18 572	19 623	38 592	18 728	19 864
0-4	3 245	1 659	1 586	3 474	1 779	1 696	2 978	1 526	1 452	2 561	1 313	1 249
5-9	2 831	1 444	1 386	3 242	1 656	1 586	3 418	1 749	1 669	2 963	1 518	1 446
10-14	2 537	1 294	1 243	2 816	1 437	1 380	3 227	1 648	1 579	3 399	1 738	1 660
15-19	2 822	1 443	1 379	2 523	1 286	1 237	2 805	1 430	1 375	3 194	1 630	1 564
20-24	3 547	1 814	1 734	2 801	1 429	1 373	2 470	1 257	1 214	2 763	1 407	1 356
25-29	3 372	1 710	1 662	3 516	1 793	1 723	2 659	1 346	1 313	2 426	1 231	1 195
30-34	2 715	1 367	1 348	3 334	1 686	1 648	3 366	1 698	1 668	2 616	1 320	1 296
35-39	1 848	922	926	2 677	1 343	1 334	3 257	1 632	1 624	3 305	1 659	1 646
40-44	2 105	1 039	1 066	1 812	898	914	2 629	1 309	1 321	3 180	1 578	1 602
45-49	2 168	1 059	1 108	2 049	1 001	1 048	1 767	866	901	2 546	1 249	1 297
50-54	2 102	999	1 103	2 086	1 003	1 082	1 973	946	1 027	1 690	813	877
55-59	1 817	818	999	1 988	922	1 067	1 971	923	1 048	1 861	868	993
60-64	1 064	456	608	1 679	729	950	1 828	815	1 014	1 812	814	998
65-69	1 279	534	745	947	387	560	1 484	610	874	1 616	678	939
70-74	1 109	450	658	1 068	416	652	788	299	489	1 236	468	768
75-79	711	258	453	826	305	522	799	282	517	594	203	391
80+	512	154	358	646	196	450	...	...	...	...	...	...
80-84	...	...	...	...	...	...	513	166	347	508	157	352
85-89	...	...	...	...	...	...	204	56	148	247	68	179
90-94	...	...	...	...	...	...	51	12	39	65	15	49
95-99	...	...	...	...	...	...	7	2	6	9	2	7
100+	...	...	...	...	...	...	1	0	1	1	0	1

年齢	2000 総数	男	女	2005 総数	男	女	2010 総数	男	女	2015 総数	男	女
総数	38 486	18 681	19 805	38 464	18 643	19 820	38 575	18 671	19 904	38 612	18 674	19 938
0-4	1 998	1 027	972	1 769	908	861	2 014	1 034	980	1 994	1 024	971
5-9	2 523	1 293	1 229	1 995	1 025	970	1 767	907	860	2 011	1 032	979
10-14	2 971	1 523	1 449	2 513	1 288	1 226	1 990	1 021	969	1 766	906	860
15-19	3 381	1 732	1 649	2 954	1 510	1 444	2 500	1 278	1 222	1 985	1 017	968
20-24	3 115	1 590	1 525	3 357	1 713	1 643	2 932	1 494	1 438	2 487	1 269	1 218
25-29	2 674	1 361	1 313	3 111	1 583	1 528	3 331	1 693	1 638	2 920	1 484	1 436
30-34	2 359	1 197	1 162	2 683	1 363	1 320	3 107	1 575	1 532	3 314	1 680	1 634
35-39	2 560	1 290	1 270	2 345	1 188	1 157	2 688	1 361	1 326	3 080	1 557	1 523
40-44	3 234	1 611	1 623	2 527	1 270	1 257	2 323	1 172	1 151	2 654	1 338	1 315
45-49	3 109	1 524	1 585	3 173	1 571	1 602	2 478	1 237	1 241	2 279	1 143	1 136
50-54	2 480	1 199	1 281	3 036	1 471	1 565	3 082	1 508	1 574	2 413	1 193	1 220
55-59	1 624	762	861	2 387	1 131	1 256	2 913	1 383	1 530	2 957	1 425	1 532
60-64	1 745	785	960	1 519	690	829	2 247	1 029	1 217	2 755	1 279	1 476
65-69	1 636	701	935	1 584	678	906	1 388	601	787	2 069	915	1 154
70-74	1 371	540	831	1 415	567	848	1 387	558	829	1 217	498	719
75-79	957	333	624	1 094	394	700	1 151	427	725	1 155	430	725
80+	...	...	...	...	...	...	...	...	...	...	...	...
80-84	394	120	273	666	208	458	780	255	524	862	290	572
85-89	258	70	189	217	59	158	380	107	273	485	142	343
90-94	84	20	64	98	23	75	89	22	67	178	44	133
95-99	13	3	10	19	4	15	26	6	20	27	6	21
100+	1	0	1	1	0	1	3	1	2	5	1	4

性・年齢別人口（千人）

年齢	2015 総数	男	女	2020 総数	男	女	2025 総数	男	女	2030 総数	男	女
総数	38 612	18 674	19 938	38 407	18 561	19 846	37 924	18 319	19 605	37 207	17 965	19 242
0-4	1 994	1 024	971	1 823	936	887	1 624	834	790	1 465	752	713
5-9	2 011	1 032	979	1 992	1 023	970	1 821	935	886	1 623	833	790
10-14	1 766	906	860	2 009	1 031	978	1 991	1 022	969	1 819	934	885
15-19	1 985	1 017	968	1 761	903	858	2 004	1 028	976	1 986	1 019	967
20-24	2 487	1 269	1 218	1 974	1 010	964	1 751	897	854	1 994	1 022	972
25-29	2 920	1 484	1 436	2 472	1 259	1 213	1 961	1 002	959	1 739	890	849
30-34	3 314	1 680	1 634	2 903	1 472	1 431	2 458	1 249	1 209	1 949	994	955
35-39	3 080	1 557	1 523	3 293	1 665	1 628	2 885	1 460	1 426	2 443	1 239	1 204
40-44	2 654	1 338	1 315	3 052	1 537	1 515	3 265	1 645	1 620	2 863	1 444	1 419
45-49	2 279	1 143	1 136	2 616	1 311	1 305	3 013	1 508	1 504	3 227	1 618	1 609
50-54	2 413	1 193	1 220	2 227	1 106	1 121	2 562	1 273	1 289	2 956	1 469	1 487
55-59	2 957	1 425	1 532	2 326	1 132	1 194	2 154	1 055	1 099	2 485	1 220	1 266
60-64	2 755	1 279	1 476	2 799	1 317	1 482	2 212	1 054	1 158	2 057	989	1 068
65-69	2 069	915	1 154	2 547	1 143	1 404	2 603	1 189	1 415	2 069	960	1 109
70-74	1 217	498	719	1 853	781	1 072	2 299	988	1 311	2 367	1 040	1 326
75-79	1 155	430	725	1 032	395	637	1 586	629	957	1 987	808	1 178
80+	…	…	…	…	…	…	…	…	…	…	…	…
80-84	862	290	572	882	300	581	799	282	517	1 244	458	787
85-89	485	142	343	550	167	383	574	177	398	531	170	361
90-94	178	44	133	234	61	173	273	74	200	293	80	213
95-99	27	6	21	57	13	44	78	18	60	94	22	72
100+	5	1	4	5	1	4	11	2	9	16	3	13

年齢	2035 総数	男	女	2040 総数	男	女	2045 総数	男	女	2050 総数	男	女
総数	36 297	17 527	18 771	35 286	17 058	18 228	34 228	16 585	17 643	33 136	16 104	17 032
0-4	1 366	701	665	1 365	701	664	1 390	714	676	1 365	701	664
5-9	1 463	751	712	1 364	701	664	1 363	700	663	1 389	713	676
10-14	1 621	832	789	1 462	750	711	1 363	700	663	1 362	699	663
15-19	1 815	932	883	1 617	830	787	1 458	748	710	1 360	698	662
20-24	1 976	1 014	963	1 806	926	880	1 609	826	784	1 450	744	706
25-29	1 982	1 015	967	1 965	1 007	958	1 795	920	875	1 599	820	779
30-34	1 728	883	845	1 971	1 008	963	1 955	1 000	954	1 786	914	871
35-39	1 938	987	951	1 718	876	842	1 961	1 002	959	1 945	994	950
40-44	2 426	1 227	1 198	1 924	978	946	1 707	869	838	1 949	994	955
45-49	2 833	1 423	1 410	2 402	1 211	1 191	1 907	966	941	1 692	859	833
50-54	3 172	1 580	1 592	2 789	1 393	1 396	2 368	1 189	1 180	1 882	950	932
55-59	2 876	1 414	1 462	3 095	1 528	1 567	2 727	1 352	1 375	2 320	1 157	1 163
60-64	2 383	1 151	1 232	2 769	1 344	1 426	2 991	1 460	1 531	2 643	1 297	1 346
65-69	1 935	909	1 026	2 255	1 068	1 187	2 633	1 256	1 377	2 855	1 373	1 482
70-74	1 894	850	1 044	1 784	814	969	2 092	966	1 126	2 456	1 146	1 311
75-79	2 065	864	1 200	1 668	717	950	1 584	696	888	1 873	836	1 036
80+	…	…	…	…	…	…	…	…	…	…	…	…
80-84	1 580	601	979	1 664	656	1 008	1 361	555	806	1 307	547	760
85-89	842	283	559	1 090	382	708	1 168	427	741	971	370	602
90-94	278	79	199	452	136	316	600	189	411	658	218	440
95-99	104	25	79	102	25	77	171	45	126	233	64	169
100+	21	4	17	25	5	20	26	5	20	41	9	32

年齢	2055 総数	男	女	2060 総数	男	女
総数	32 010	15 596	16 413	30 827	15 042	15 785
0-4	1 283	659	624	1 195	613	581
5-9	1 363	700	663	1 282	658	624
10-14	1 388	713	675	1 362	699	663
15-19	1 359	698	661	1 385	711	674
20-24	1 353	694	658	1 352	694	658
25-29	1 441	739	702	1 344	689	655
30-34	1 590	815	775	1 433	734	698
35-39	1 777	909	868	1 582	810	772
40-44	1 934	987	947	1 768	903	864
45-49	1 934	985	950	1 920	979	942
50-54	1 672	846	826	1 913	971	942
55-59	1 846	927	920	1 643	827	815
60-64	2 254	1 114	1 140	1 798	895	903
65-69	2 532	1 227	1 306	2 167	1 058	1 109
70-74	2 677	1 261	1 415	2 384	1 134	1 251
75-79	2 214	1 001	1 212	2 427	1 112	1 315
80+	…	…	…	…	…	…
80-84	1 562	667	895	1 864	808	1 056
85-89	948	372	576	1 149	461	688
90-94	559	193	366	557	199	358
95-99	264	76	188	231	69	162
100+	59	14	46	72	17	55

Poland

性・年齢別人口（千人）

年齢	2015 総数	男	女	2020 総数	男	女	2025 総数	男	女	2030 総数	男	女
総数	38 612	18 674	19 938	38 751	18 738	20 013	38 754	18 746	20 009	38 566	18 663	19 904
0-4	1 994	1 024	971	2 166	1 112	1 054	2 112	1 084	1 028	1 994	1 024	970
5-9	2 011	1 032	979	1 992	1 023	970	2 164	1 111	1 053	2 110	1 083	1 027
10-14	1 766	906	860	2 009	1 031	978	1 991	1 022	969	2 162	1 110	1 052
15-19	1 985	1 017	968	1 761	903	858	2 004	1 028	976	1 986	1 019	967
20-24	2 487	1 269	1 218	1 974	1 010	964	1 751	897	854	1 994	1 022	972
25-29	2 920	1 484	1 436	2 472	1 259	1 213	1 961	1 002	959	1 739	890	849
30-34	3 314	1 680	1 634	2 903	1 472	1 431	2 458	1 249	1 209	1 949	994	955
35-39	3 080	1 557	1 523	3 293	1 665	1 628	2 885	1 460	1 426	2 443	1 239	1 204
40-44	2 654	1 338	1 315	3 052	1 537	1 515	3 265	1 645	1 620	2 863	1 444	1 419
45-49	2 279	1 143	1 136	2 616	1 311	1 305	3 013	1 508	1 504	3 227	1 618	1 609
50-54	2 413	1 193	1 220	2 227	1 106	1 121	2 562	1 273	1 289	2 956	1 469	1 487
55-59	2 957	1 425	1 532	2 326	1 132	1 194	2 154	1 055	1 099	2 485	1 220	1 266
60-64	2 755	1 279	1 476	2 799	1 317	1 482	2 212	1 054	1 158	2 057	989	1 068
65-69	2 069	915	1 154	2 547	1 143	1 404	2 603	1 189	1 415	2 069	960	1 109
70-74	1 217	498	719	1 853	781	1 072	2 299	988	1 311	2 367	1 040	1 326
75-79	1 155	430	725	1 032	395	637	1 586	629	957	1 987	808	1 178
80+	...	...	...	...	...	...	...	...	...	...	...	...
80-84	862	290	572	882	300	581	799	282	517	1 244	458	787
85-89	485	142	343	550	167	383	574	177	398	531	170	361
90-94	178	44	133	234	61	173	273	74	200	293	80	213
95-99	27	6	21	57	13	44	78	18	60	94	22	72
100+	5	1	4	5	1	4	11	2	9	16	3	13

年齢	2035 総数	男	女	2040 総数	男	女	2045 総数	男	女	2050 総数	男	女
総数	38 139	18 472	19 667	37 615	18 253	19 362	37 109	18 064	19 045	36 689	17 927	18 762
0-4	1 849	949	899	1 854	952	902	1 944	998	946	2 039	1 047	992
5-9	1 992	1 023	969	1 847	948	899	1 852	951	901	1 943	998	945
10-14	2 108	1 082	1 026	1 990	1 022	969	1 845	947	898	1 851	950	900
15-19	2 158	1 107	1 050	2 104	1 080	1 024	1 986	1 020	967	1 842	945	896
20-24	1 976	1 014	963	2 148	1 102	1 046	2 095	1 075	1 020	1 978	1 015	963
25-29	1 982	1 015	967	1 965	1 007	958	2 137	1 095	1 042	2 084	1 068	1 016
30-34	1 728	883	845	1 971	1 008	963	1 955	1 000	954	2 127	1 089	1 038
35-39	1 938	987	951	1 718	876	842	1 961	1 002	959	1 945	994	950
40-44	2 426	1 227	1 198	1 924	978	946	1 707	869	838	1 949	994	955
45-49	2 833	1 423	1 410	2 402	1 211	1 191	1 907	966	941	1 692	859	833
50-54	3 172	1 580	1 592	2 789	1 393	1 396	2 368	1 189	1 180	1 882	950	932
55-59	2 876	1 414	1 462	3 095	1 528	1 567	2 727	1 352	1 375	2 320	1 157	1 163
60-64	2 383	1 151	1 232	2 769	1 344	1 426	2 991	1 460	1 531	2 643	1 297	1 346
65-69	1 935	909	1 026	2 255	1 068	1 187	2 633	1 256	1 377	2 855	1 373	1 482
70-74	1 894	850	1 044	1 784	814	969	2 092	966	1 126	2 456	1 146	1 311
75-79	2 065	864	1 200	1 668	717	950	1 584	696	888	1 873	836	1 036
80+	...	...	...	...	...	...	...	...	...	...	...	...
80-84	1 580	601	979	1 664	656	1 008	1 361	555	806	1 307	547	760
85-89	842	283	559	1 090	382	708	1 168	427	741	971	370	602
90-94	278	79	199	452	136	316	600	189	411	658	218	440
95-99	104	25	79	102	25	77	171	45	126	233	64	169
100+	21	4	17	25	5	20	26	5	20	41	9	32

年齢	2055 総数	男	女	2060 総数	男	女
総数	36 354	17 825	18 529	36 023	17 707	18 316
0-4	2 079	1 068	1 012	2 051	1 053	998
5-9	2 038	1 046	991	2 078	1 067	1 011
10-14	1 941	997	945	2 036	1 046	991
15-19	1 847	948	899	1 938	995	943
20-24	1 834	941	893	1 840	944	895
25-29	1 968	1 009	959	1 825	936	889
30-34	2 075	1 063	1 012	1 959	1 004	955
35-39	2 117	1 083	1 034	2 066	1 057	1 008
40-44	1 934	987	947	2 106	1 076	1 030
45-49	1 934	985	950	1 920	979	942
50-54	1 672	846	826	1 913	971	942
55-59	1 846	927	920	1 643	827	815
60-64	2 254	1 114	1 140	1 798	895	903
65-69	2 532	1 227	1 306	2 167	1 058	1 109
70-74	2 677	1 261	1 415	2 384	1 134	1 251
75-79	2 214	1 001	1 212	2 427	1 112	1 315
80+	...	...	...	...	...	...
80-84	1 562	667	895	1 864	808	1 056
85-89	948	372	576	1 149	461	688
90-94	559	193	366	557	199	358
95-99	264	76	188	231	69	162
100+	59	14	46	72	17	55

性・年齢別人口（千人）

年齢	2015			2020			2025			2030		
	総数	男	女	総数	男	女	総数	男	女	総数	男	女
総数	38 612	18 674	19 938	38 064	18 385	19 679	37 093	17 893	19 201	35 847	17 267	18 581
0-4	1 994	1 024	971	1 479	760	720	1 137	584	553	935	480	455
5-9	2 011	1 032	979	1 992	1 023	970	1 477	759	719	1 135	583	552
10-14	1 766	906	860	2 009	1 031	978	1 991	1 022	969	1 476	758	718
15-19	1 985	1 017	968	1 761	903	858	2 004	1 028	976	1 986	1 019	967
20-24	2 487	1 269	1 218	1 974	1 010	964	1 751	897	854	1 994	1 022	972
25-29	2 920	1 484	1 436	2 472	1 259	1 213	1 961	1 002	959	1 739	890	849
30-34	3 314	1 680	1 634	2 903	1 472	1 431	2 458	1 249	1 209	1 949	994	955
35-39	3 080	1 557	1 523	3 293	1 665	1 628	2 885	1 460	1 426	2 443	1 239	1 204
40-44	2 654	1 338	1 315	3 052	1 537	1 515	3 265	1 645	1 620	2 863	1 444	1 419
45-49	2 279	1 143	1 136	2 616	1 311	1 305	3 013	1 508	1 504	3 227	1 618	1 609
50-54	2 413	1 193	1 220	2 227	1 106	1 121	2 562	1 273	1 289	2 956	1 469	1 487
55-59	2 957	1 425	1 532	2 326	1 132	1 194	2 154	1 055	1 099	2 485	1 220	1 266
60-64	2 755	1 279	1 476	2 799	1 317	1 482	2 212	1 054	1 158	2 057	989	1 068
65-69	2 069	915	1 154	2 547	1 143	1 404	2 603	1 189	1 415	2 069	960	1 109
70-74	1 217	498	719	1 853	781	1 072	2 299	988	1 311	2 367	1 040	1 326
75-79	1 155	430	725	1 032	395	637	1 586	629	957	1 987	808	1 178
80+	...	...	...	...	...	...	...	...	...	...	...	...
80-84	862	290	572	882	300	581	799	282	517	1 244	458	787
85-89	485	142	343	550	167	383	574	177	398	531	170	361
90-94	178	44	133	234	61	173	273	74	200	293	80	213
95-99	27	6	21	57	13	44	78	18	60	94	22	72
100+	5	1	4	5	1	4	11	2	9	16	3	13

年齢	2035			2040			2045			2050		
	総数	男	女	総数	男	女	総数	男	女	総数	男	女
総数	34 459	16 583	17 876	32 975	15 871	17 103	31 413	15 140	16 272	29 764	14 374	15 390
0-4	886	455	431	890	457	433	885	454	430	805	414	392
5-9	934	480	454	885	454	431	889	456	432	883	454	430
10-14	1 134	582	552	933	479	454	884	454	430	888	456	432
15-19	1 472	756	717	1 131	580	550	930	477	452	881	452	429
20-24	1 976	1 014	963	1 464	751	713	1 123	576	547	922	473	449
25-29	1 982	1 015	967	1 965	1 007	958	1 454	745	709	1 114	571	543
30-34	1 728	883	845	1 971	1 008	963	1 955	1 000	954	1 445	740	705
35-39	1 938	987	951	1 718	876	842	1 961	1 002	959	1 945	994	950
40-44	2 426	1 227	1 198	1 924	978	946	1 707	869	838	1 949	994	955
45-49	2 833	1 423	1 410	2 402	1 211	1 191	1 907	966	941	1 692	859	833
50-54	3 172	1 580	1 592	2 789	1 393	1 396	2 368	1 189	1 180	1 882	950	932
55-59	2 876	1 414	1 462	3 095	1 528	1 567	2 727	1 352	1 375	2 320	1 157	1 163
60-64	2 383	1 151	1 232	2 769	1 344	1 426	2 991	1 460	1 531	2 643	1 297	1 346
65-69	1 935	909	1 026	2 255	1 068	1 187	2 633	1 256	1 377	2 855	1 373	1 482
70-74	1 894	850	1 044	1 784	814	969	2 092	966	1 126	2 456	1 146	1 311
75-79	2 065	864	1 200	1 668	717	950	1 584	696	888	1 873	836	1 036
80+	...	...	...	...	...	...	...	...	...	...	...	...
80-84	1 580	601	979	1 664	656	1 008	1 361	555	806	1 307	547	760
85-89	842	283	559	1 090	382	708	1 168	427	741	971	370	602
90-94	278	79	199	452	136	316	600	189	411	658	218	440
95-99	104	25	79	102	25	77	171	45	126	233	64	169
100+	21	4	17	25	5	20	26	5	20	41	9	32

年齢	2055			2060		
	総数	男	女	総数	男	女
総数	28 033	13 557	14 477	26 230	12 685	13 546
0-4	675	347	328	569	292	277
5-9	804	413	391	674	346	328
10-14	882	453	429	803	412	391
15-19	885	454	431	880	452	428
20-24	874	449	426	878	451	428
25-29	914	469	445	866	444	422
30-34	1 106	567	539	907	465	442
35-39	1 437	735	702	1 099	563	536
40-44	1 934	987	947	1 429	730	699
45-49	1 934	985	950	1 920	979	942
50-54	1 672	846	826	1 913	971	942
55-59	1 846	927	920	1 643	827	815
60-64	2 254	1 114	1 140	1 798	895	903
65-69	2 532	1 227	1 306	2 167	1 058	1 109
70-74	2 677	1 261	1 415	2 384	1 134	1 251
75-79	2 214	1 001	1 212	2 427	1 112	1 315
80+	...	...	...	...	...	...
80-84	1 562	667	895	1 864	808	1 056
85-89	948	372	576	1 149	461	688
90-94	559	193	366	557	199	358
95-99	264	76	188	231	69	162
100+	59	14	46	72	17	55

Portugal

性・年齢別人口（千人）

年齢	1960			1965			1970			1975		
	総数	男	女	総数	男	女	総数	男	女	総数	男	女
総数	8 875	4 245	4 630	8 889	4 242	4 646	8 670	4 115	4 555	9 186	4 390	4 796
0-4	910	466	444	949	486	463	825	421	404	839	429	409
5-9	850	433	417	845	430	415	857	436	421	823	419	404
10-14	832	419	413	791	395	396	805	406	399	851	431	419
15-19	737	361	376	731	360	371	730	355	375	780	393	387
20-24	709	340	370	635	305	330	621	295	326	700	342	358
25-29	679	328	351	628	298	330	526	246	280	612	293	320
30-34	638	307	331	622	297	324	544	256	289	534	252	283
35-39	594	286	308	593	283	310	565	267	298	557	263	294
40-44	491	236	255	558	267	291	550	261	289	574	272	302
45-49	519	247	273	466	222	244	519	246	273	557	264	294
50-54	471	219	252	488	231	258	436	206	230	523	247	276
55-59	413	185	228	441	203	238	451	210	241	431	202	230
60-64	322	141	181	378	166	211	401	180	221	435	199	236
65-69	267	112	154	280	119	161	329	140	188	368	160	208
70-74	201	82	119	215	87	128	223	90	132	277	113	165
75-79	132	50	82	144	55	89	150	57	93	168	63	105
80+	111	35	76	125	39	85	140	44	96	157	49	108
80-84	…	…	…	…	…	…	…	…	…	…	…	…
85-89	…	…	…	…	…	…	…	…	…	…	…	…
90-94	…	…	…	…	…	…	…	…	…	…	…	…
95-99	…	…	…	…	…	…	…	…	…	…	…	…
100+	…	…	…	…	…	…	…	…	…	…	…	…

年齢	1980			1985			1990			1995		
	総数	男	女	総数	男	女	総数	男	女	総数	男	女
総数	9 756	4 693	5 062	9 929	4 784	5 145	9 890	4 762	5 128	10 078	4 856	5 222
0-4	804	412	392	701	361	341	565	290	275	542	278	264
5-9	853	435	418	794	405	389	670	343	326	566	290	276
10-14	851	433	418	846	430	416	791	403	388	682	349	333
15-19	851	429	422	813	412	401	833	422	411	791	402	389
20-24	755	379	376	796	398	398	762	384	378	818	413	405
25-29	673	333	340	723	359	364	732	363	370	756	379	377
30-34	615	298	318	663	326	337	691	339	352	742	366	376
35-39	554	263	290	620	300	320	656	320	336	701	344	358
40-44	578	275	303	557	266	292	622	300	322	666	324	342
45-49	585	277	308	576	274	302	557	266	291	627	302	325
50-54	566	266	300	577	272	305	567	269	298	559	266	294
55-59	524	246	279	553	258	295	562	263	299	564	265	299
60-64	422	194	228	500	231	269	531	244	287	551	255	296
65-69	409	182	227	387	174	213	463	209	254	498	223	275
70-74	320	133	187	350	149	200	335	145	190	410	178	232
75-79	214	81	133	247	96	150	273	110	163	271	111	161
80+	181	57	124	226	72	153	…	…	…	…	…	…
80-84	…	…	…	…	…	…	179	63	116	205	75	130
85-89	…	…	…	…	…	…	77	23	54	94	29	65
90-94	…	…	…	…	…	…	20	5	15	28	7	21
95-99	…	…	…	…	…	…	3	1	2	4	1	3
100+	…	…	…	…	…	…	0	0	0	0	0	0

年齢	2000			2005			2010			2015		
	総数	男	女	総数	男	女	総数	男	女	総数	男	女
総数	10 279	4 959	5 320	10 480	5 069	5 411	10 585	5 065	5 520	10 350	4 901	5 449
0-4	531	272	259	550	284	266	490	250	240	439	226	213
5-9	533	273	261	528	270	258	529	271	258	489	250	239
10-14	584	299	285	540	276	264	561	287	275	527	270	257
15-19	702	358	344	593	303	290	569	291	278	545	273	272
20-24	791	400	390	713	363	350	595	301	294	540	266	273
25-29	803	404	400	805	406	398	680	339	342	566	277	289
30-34	759	377	381	822	412	410	784	385	399	658	320	338
35-39	765	376	389	776	386	390	829	405	424	766	370	396
40-44	717	352	366	781	384	397	768	373	396	814	393	421
45-49	677	329	348	724	355	369	772	372	400	754	362	392
50-54	629	302	328	676	327	349	716	344	373	756	359	396
55-59	559	263	296	623	296	326	673	320	353	696	329	367
60-64	557	259	298	549	255	294	630	296	334	649	303	346
65-69	533	241	291	532	242	290	544	249	295	599	275	324
70-74	449	194	254	485	212	273	497	221	276	504	223	280
75-79	339	139	200	374	152	221	428	179	249	436	185	251
80+	…	…	…	…	…	…	…	…	…	…	…	…
80-84	197	74	123	246	94	152	315	118	197	335	131	204
85-89	112	36	76	112	37	75	147	50	97	198	66	132
90-94	35	10	26	43	12	31	47	14	33	66	19	47
95-99	6	1	5	8	2	6	11	3	8	13	3	10
100+	0	0	0	1	0	1	1	0	1	2	0	1

性・年齢別人口（千人）

年齢	2015			2020			2025			2030		
	総数	男	女	総数	男	女	総数	男	女	総数	男	女
総数	10 350	4 901	5 449	10 161	4 804	5 357	9 991	4 734	5 257	9 845	4 680	5 165
0-4	439	226	213	389	200	189	360	185	175	361	185	175
5-9	489	250	239	438	225	213	389	200	189	361	186	175
10-14	527	270	257	488	249	239	439	226	213	390	201	189
15-19	545	273	272	523	267	257	491	251	240	445	229	216
20-24	540	266	273	538	268	271	528	269	259	503	257	245
25-29	566	277	289	533	261	272	543	270	272	539	276	263
30-34	658	320	338	560	272	288	536	263	273	550	275	275
35-39	766	370	396	652	316	337	561	273	289	540	265	275
40-44	814	393	421	760	366	394	651	315	336	563	274	289
45-49	754	362	392	805	387	418	755	362	393	649	313	336
50-54	756	359	396	742	354	389	795	380	415	748	358	390
55-59	696	329	367	739	348	391	729	345	384	784	372	411
60-64	649	303	346	676	316	360	721	336	385	713	335	379
65-69	599	275	324	622	286	337	652	300	352	698	322	376
70-74	504	223	280	560	251	309	586	263	323	618	279	339
75-79	436	185	251	449	191	257	505	219	286	534	233	301
80+	…	…	…	…	…	…	…	…	…	…	…	…
80-84	335	131	204	350	140	210	368	149	219	422	174	248
85-89	198	66	132	219	77	142	238	87	151	258	96	162
90-94	66	19	47	94	27	67	110	34	76	125	40	85
95-99	13	3	10	20	5	15	31	7	24	38	9	29
100+	2	0	1	2	0	2	4	1	3	6	1	5

年齢	2035			2040			2045			2050		
	総数	男	女	総数	男	女	総数	男	女	総数	男	女
総数	9 713	4 635	5 078	9 576	4 589	4 987	9 411	4 530	4 882	9 216	4 456	4 760
0-4	367	189	178	368	189	179	360	185	175	346	178	168
5-9	362	186	176	369	190	179	370	190	180	362	186	176
10-14	363	187	176	364	187	177	371	191	180	372	191	181
15-19	399	206	193	373	193	181	375	193	181	382	197	185
20-24	462	239	223	418	217	201	392	204	188	394	205	189
25-29	518	267	251	479	250	230	436	228	208	410	215	196
30-34	550	282	267	531	274	256	492	257	235	449	236	214
35-39	557	279	278	558	287	271	539	279	260	501	263	238
40-44	543	267	276	561	282	280	562	290	272	544	282	261
45-49	563	274	289	544	268	276	562	282	280	564	291	273
50-54	645	310	334	560	272	288	542	267	276	561	281	280
55-59	739	352	387	638	306	332	555	269	287	538	264	274
60-64	769	363	406	726	344	383	628	300	328	548	264	284
65-69	693	321	371	749	350	399	709	332	377	615	291	324
70-74	665	301	364	663	303	360	719	331	388	683	316	367
75-79	568	249	318	615	272	344	617	275	342	673	303	370
80+	…	…	…	…	…	…	…	…	…	…	…	…
80-84	453	189	264	487	205	282	534	226	308	541	232	309
85-89	303	115	188	333	128	205	366	142	223	409	160	248
90-94	141	46	96	172	57	115	196	65	130	222	75	147
95-99	46	12	34	55	14	41	70	18	52	84	22	61
100+	9	2	7	11	2	9	14	3	12	19	4	16

年齢	2055			2060		
	総数	男	女	総数	男	女
総数	8 990	4 368	4 622	8 752	4 275	4 477
0-4	333	172	162	329	169	160
5-9	348	179	169	335	172	163
10-14	364	187	177	350	180	170
15-19	382	197	185	374	193	181
20-24	400	208	192	399	207	192
25-29	411	215	196	416	217	199
30-34	423	222	201	423	222	201
35-39	457	241	217	430	227	204
40-44	505	266	240	462	244	218
45-49	545	283	262	507	267	241
50-54	562	290	272	544	283	262
55-59	557	278	278	559	287	271
60-64	532	260	272	551	274	276
65-69	537	257	280	522	253	269
70-74	594	278	316	521	246	275
75-79	643	291	352	562	258	304
80+	…	…	…	…	…	…
80-84	596	258	337	574	251	323
85-89	422	168	254	472	191	281
90-94	256	88	168	272	95	177
95-99	99	27	72	119	33	87
100+	25	5	20	31	6	25

Portugal

性・年齢別人口（千人）

年齢	2015			2020			2025			2030		
	総数	男	女	総数	男	女	総数	男	女	総数	男	女
総数	10 350	4 901	5 449	10 239	4 844	5 395	10 185	4 834	5 351	10 175	4 850	5 325
0-4	439	226	213	467	240	227	475	244	231	497	256	241
5-9	489	250	239	438	225	213	468	241	227	476	245	231
10-14	527	270	257	488	249	239	439	226	213	469	241	227
15-19	545	273	272	523	267	257	491	251	240	445	229	216
20-24	540	266	273	538	268	271	528	269	259	503	257	245
25-29	566	277	289	533	261	272	543	270	272	539	276	263
30-34	658	320	338	560	272	288	536	263	273	550	275	275
35-39	766	370	396	652	316	337	561	273	289	540	265	275
40-44	814	393	421	760	366	394	651	315	336	563	274	289
45-49	754	362	392	805	387	418	755	362	393	649	313	336
50-54	756	359	396	742	354	389	795	380	415	748	358	390
55-59	696	329	367	739	348	391	729	345	384	784	372	411
60-64	649	303	346	676	316	360	721	336	385	713	335	379
65-69	599	275	324	622	286	337	652	300	352	698	322	376
70-74	504	223	280	560	251	309	586	263	323	618	279	339
75-79	436	185	251	449	191	257	505	219	286	534	233	301
80+	…	…	…	…	…	…	…	…	…	…	…	…
80-84	335	131	204	350	140	210	368	149	219	422	174	248
85-89	198	66	132	219	77	142	238	87	151	258	96	162
90-94	66	19	47	94	27	67	110	34	76	125	40	85
95-99	13	3	10	20	5	15	31	7	24	38	9	29
100+	2	0	1	2	0	2	4	1	3	6	1	5

年齢	2035			2040			2045			2050		
	総数	男	女	総数	男	女	総数	男	女	総数	男	女
総数	10 176	4 874	5 303	10 171	4 895	5 276	10 145	4 907	5 238	10 108	4 915	5 193
0-4	500	257	243	501	258	243	499	257	242	505	260	245
5-9	499	257	242	502	258	244	503	259	244	501	258	243
10-14	478	246	232	501	258	243	504	259	245	505	260	245
15-19	478	246	231	488	252	236	511	264	248	515	265	249
20-24	462	239	223	497	257	239	507	263	244	530	275	255
25-29	518	267	251	479	250	230	514	268	246	525	273	251
30-34	550	282	267	531	274	256	492	257	235	527	276	252
35-39	557	279	278	558	287	271	539	279	260	501	263	238
40-44	543	267	276	561	282	280	562	290	272	544	282	261
45-49	563	274	289	544	268	276	562	282	280	564	291	273
50-54	645	310	334	560	272	288	542	267	276	561	281	280
55-59	739	352	387	638	306	332	555	269	287	538	264	274
60-64	769	363	406	726	344	383	628	300	328	548	264	284
65-69	693	321	371	749	350	399	709	332	377	615	291	324
70-74	665	301	364	663	303	360	719	331	388	683	316	367
75-79	568	249	318	615	272	344	617	275	342	673	303	370
80+	…	…	…	…	…	…	…	…	…	…	…	…
80-84	453	189	264	487	205	282	534	226	308	541	232	309
85-89	303	115	188	333	128	205	366	142	223	409	160	248
90-94	141	46	96	172	57	115	196	65	130	222	75	147
95-99	46	12	34	55	14	41	70	18	52	84	22	61
100+	9	2	7	11	2	9	14	3	12	19	4	16

年齢	2055			2060		
	総数	男	女	総数	男	女
総数	10 074	4 926	5 148	10 054	4 945	5 109
0-4	525	270	255	548	282	266
5-9	507	261	246	527	271	256
10-14	502	258	244	509	262	247
15-19	515	265	249	512	264	248
20-24	533	276	257	532	275	256
25-29	547	285	262	549	286	263
30-34	537	281	256	559	292	267
35-39	535	281	255	545	286	259
40-44	505	266	240	540	283	256
45-49	545	283	262	507	267	241
50-54	562	290	272	544	283	262
55-59	557	278	278	559	287	271
60-64	532	260	272	551	274	276
65-69	537	257	280	522	253	269
70-74	594	278	316	521	246	275
75-79	643	291	352	562	258	304
80+	…	…	…	…	…	…
80-84	596	258	337	574	251	323
85-89	422	168	254	472	191	281
90-94	256	88	168	272	95	177
95-99	99	27	72	119	33	87
100+	25	5	20	31	6	25

性・年齢別人口（千人）

年齢	2015 総数	男	女	2020 総数	男	女	2025 総数	男	女	2030 総数	男	女
総数	10 350	4 901	5 449	10 082	4 764	5 319	9 798	4 635	5 163	9 515	4 511	5 004
0-4	439	226	213	310	160	151	245	126	119	224	115	109
5-9	489	250	239	438	225	213	311	160	151	246	127	120
10-14	527	270	257	488	249	239	439	226	213	312	160	151
15-19	545	273	272	523	267	257	491	251	240	445	229	216
20-24	540	266	273	538	268	271	528	269	259	503	257	245
25-29	566	277	289	533	261	272	543	270	272	539	276	263
30-34	658	320	338	560	272	288	536	263	273	550	275	275
35-39	766	370	396	652	316	337	561	273	289	540	265	275
40-44	814	393	421	760	366	394	651	315	336	563	274	289
45-49	754	362	392	805	387	418	755	362	393	649	313	336
50-54	756	359	396	742	354	389	795	380	415	748	358	390
55-59	696	329	367	739	348	391	729	345	384	784	372	411
60-64	649	303	346	676	316	360	721	336	385	713	335	379
65-69	599	275	324	622	286	337	652	300	352	698	322	376
70-74	504	223	280	560	251	309	586	263	323	618	279	339
75-79	436	185	251	449	191	257	505	219	286	534	233	301
80+	…	…	…	…	…	…	…	…	…	…	…	…
80-84	335	131	204	350	140	210	368	149	219	422	174	248
85-89	198	66	132	219	77	142	238	87	151	258	96	162
90-94	66	19	47	94	27	67	110	34	76	125	40	85
95-99	13	3	10	20	5	15	31	7	24	38	9	29
100+	2	0	1	2	0	2	4	1	3	6	1	5

年齢	2035 総数	男	女	2040 総数	男	女	2045 総数	男	女	2050 総数	男	女
総数	9 250	4 397	4 853	8 984	4 284	4 700	8 690	4 158	4 531	8 358	4 015	4 344
0-4	234	121	114	238	123	116	231	119	112	210	108	102
5-9	226	116	110	236	122	115	240	124	117	233	120	113
10-14	248	127	120	228	117	111	238	123	116	242	125	118
15-19	321	166	155	258	134	125	238	123	115	249	129	120
20-24	462	239	223	340	177	163	277	145	133	257	134	123
25-29	518	267	251	479	250	230	358	188	170	296	156	140
30-34	550	282	267	531	274	256	492	257	235	371	196	176
35-39	557	279	278	558	287	271	539	279	260	501	263	238
40-44	543	267	276	561	282	280	562	290	272	544	282	261
45-49	563	274	289	544	268	276	562	282	280	564	291	273
50-54	645	310	334	560	272	288	542	267	276	561	281	280
55-59	739	352	387	638	306	332	555	269	287	538	264	274
60-64	769	363	406	726	344	383	628	300	328	548	264	284
65-69	693	321	371	749	350	399	709	332	377	615	291	324
70-74	665	301	364	663	303	360	719	331	388	683	316	367
75-79	568	249	318	615	272	344	617	275	342	673	303	370
80+	…	…	…	…	…	…	…	…	…	…	…	…
80-84	453	189	264	487	205	282	534	226	308	541	232	309
85-89	303	115	188	333	128	205	366	142	223	409	160	248
90-94	141	46	96	172	57	115	196	65	130	222	75	147
95-99	46	12	34	55	14	41	70	18	52	84	22	61
100+	9	2	7	11	2	9	14	3	12	19	4	16

年齢	2055 総数	男	女	2060 総数	男	女
総数	7 984	3 851	4 134	7 583	3 674	3 909
0-4	184	95	89	166	85	81
5-9	212	109	103	186	95	90
10-14	235	121	114	214	110	104
15-19	252	130	122	244	126	118
20-24	267	139	128	270	141	129
25-29	275	145	130	283	149	134
30-34	308	163	145	287	152	135
35-39	379	201	179	316	168	148
40-44	505	266	240	384	204	181
45-49	545	283	262	507	267	241
50-54	562	290	272	544	283	262
55-59	557	278	278	559	287	271
60-64	532	260	272	551	274	276
65-69	537	257	280	522	253	269
70-74	594	278	316	521	246	275
75-79	643	291	352	562	258	304
80+	…	…	…	…	…	…
80-84	596	258	337	574	251	323
85-89	422	168	254	472	191	281
90-94	256	88	168	272	95	177
95-99	99	27	72	119	33	87
100+	25	5	20	31	6	25

Puerto Rico

性・年齢別人口（千人）

年齢	1960 総数	男	女	1965 総数	男	女	1970 総数	男	女	1975 総数	男	女
総数	2 356	1 164	1 191	2 578	1 262	1 316	2 710	1 328	1 382	2 932	1 433	1 499
0-4	356	181	175	359	182	177	318	161	157	328	166	162
5-9	328	166	161	326	165	162	338	171	167	328	167	161
10-14	321	162	158	312	158	154	334	169	164	328	166	162
15-19	251	125	126	245	118	127	290	143	147	326	165	161
20-24	171	79	92	206	98	108	233	108	126	290	141	149
25-29	135	61	74	178	81	97	183	85	98	241	111	129
30-34	127	58	68	158	71	88	157	74	83	185	86	98
35-39	130	61	69	142	66	77	145	68	77	155	73	82
40-44	108	53	55	135	66	70	129	62	67	141	66	75
45-49	106	54	52	121	61	60	122	60	63	124	59	65
50-54	77	40	36	105	54	51	106	53	53	116	56	60
55-59	67	35	32	80	41	39	97	49	47	98	48	50
60-64	58	29	29	65	32	33	82	41	41	87	44	44
65-69	48	24	24	52	26	26	67	33	33	70	34	36
70-74	31	16	15	40	20	20	43	22	22	53	26	27
75-79	22	11	11	27	15	12	28	14	14	30	14	16
80+	22	9	13	27	11	16	38	16	22	31	12	19
80-84	...	...	...	...	...	...	...	...	...	...	...	...
85-89	...	...	...	...	...	...	...	...	...	...	...	...
90-94	...	...	...	...	...	...	...	...	...	...	...	...
95-99	...	...	...	...	...	...	...	...	...	...	...	...
100+	...	...	...	...	...	...	...	...	...	...	...	...

年齢	1980 総数	男	女	1985 総数	男	女	1990 総数	男	女	1995 総数	男	女
総数	3 188	1 552	1 636	3 370	1 646	1 723	3 518	1 704	1 814	3 690	1 780	1 909
0-4	339	173	167	326	165	160	301	153	148	314	161	153
5-9	329	168	162	329	167	161	316	161	155	300	152	147
10-14	337	172	165	342	175	168	339	172	166	318	162	156
15-19	336	168	168	338	169	168	326	165	161	336	170	166
20-24	271	129	143	283	136	147	287	141	146	298	149	149
25-29	234	110	125	254	122	132	270	129	141	259	124	135
30-34	229	107	122	242	115	127	253	119	135	262	123	138
35-39	194	91	103	214	102	113	235	110	126	255	119	136
40-44	166	78	88	191	91	100	225	105	120	235	109	126
45-49	145	68	77	167	80	87	194	92	103	225	104	121
50-54	130	61	69	144	70	75	162	76	86	197	92	105
55-59	120	57	62	132	63	69	141	66	75	164	77	88
60-64	105	51	54	114	54	60	125	58	67	140	65	75
65-69	95	46	49	103	49	53	113	52	60	121	55	66
70-74	66	32	34	75	36	40	87	40	46	102	46	56
75-79	45	22	24	57	27	30	68	32	36	72	32	40
80+	46	20	27	58	26	32	...	...	...	...	...	...
80-84	...	...	...	...	...	...	44	20	24	54	24	31
85-89	...	...	...	...	...	...	20	9	11	26	11	15
90-94	...	...	...	...	...	...	9	4	6	9	4	5
95-99	...	...	...	...	...	...	1	0	1	3	1	2
100+	...	...	...	...	...	...	0	0	0	0	0	0

年齢	2000 総数	男	女	2005 総数	男	女	2010 総数	男	女	2015 総数	男	女
総数	3 797	1 828	1 969	3 761	1 806	1 956	3 710	1 783	1 927	3 683	1 771	1 913
0-4	285	146	139	257	132	125	234	120	114	221	113	108
5-9	304	156	149	280	144	136	249	130	119	228	118	110
10-14	305	156	149	297	151	147	277	144	133	247	129	117
15-19	313	159	154	303	154	149	296	149	146	275	143	133
20-24	300	149	151	293	146	147	282	142	140	280	140	140
25-29	271	133	138	275	137	139	269	133	136	264	132	132
30-34	263	126	136	258	125	133	264	130	134	260	128	132
35-39	264	124	140	258	123	136	252	121	131	260	127	133
40-44	250	116	134	250	117	133	250	117	133	246	117	129
45-49	232	107	125	234	108	126	236	110	127	239	112	128
50-54	230	106	124	225	102	123	230	106	123	232	108	125
55-59	189	87	102	200	91	110	198	88	109	208	95	113
60-64	161	75	87	173	80	93	192	87	105	190	85	106
65-69	134	61	73	142	65	77	150	69	81	172	77	95
70-74	107	48	60	112	49	63	117	51	66	128	56	72
75-79	83	36	47	86	37	49	88	38	51	96	40	56
80+	...	...	...	...	...	...	...	...	...	...	...	...
80-84	56	25	31	59	24	36	61	25	37	66	26	40
85-89	34	13	20	36	15	21	39	14	25	41	15	26
90-94	12	5	8	17	6	11	19	7	12	21	7	15
95-99	3	1	2	4	2	3	6	2	4	7	2	5
100+	1	0	0	1	0	0	1	0	1	2	0	1

性・年齢別人口（千人）

年齢	2015			2020			2025			2030		
	総数	男	女	総数	男	女	総数	男	女	総数	男	女
総数	3 683	1 771	1 913	3 675	1 768	1 907	3 660	1 764	1 897	3 638	1 756	1 882
0-4	221	113	108	207	106	101	195	100	95	183	94	89
5-9	228	118	110	217	112	105	204	105	98	192	99	93
10-14	247	129	117	226	118	108	216	112	103	203	105	97
15-19	275	143	133	246	129	117	225	117	108	215	111	103
20-24	280	140	140	265	136	128	236	123	113	218	113	105
25-29	264	132	132	267	133	134	254	131	123	228	118	109
30-34	260	128	132	258	128	129	262	130	132	250	128	122
35-39	260	127	133	257	125	131	255	126	128	260	128	131
40-44	246	117	129	255	124	131	252	123	130	251	124	127
45-49	239	112	128	238	113	125	248	120	128	246	119	127
50-54	232	108	125	236	110	126	235	111	124	244	118	127
55-59	208	95	113	216	99	117	221	102	119	222	104	118
60-64	190	85	106	201	91	109	209	96	114	215	99	116
65-69	172	77	95	174	76	98	186	84	102	196	88	107
70-74	128	56	72	152	66	86	156	66	90	169	74	95
75-79	96	40	56	108	46	62	131	54	76	136	56	80
80+	…	…	…	…	…	…	…	…	…	…	…	…
80-84	66	26	40	74	29	45	85	34	51	105	41	64
85-89	41	15	26	46	16	29	52	18	34	61	22	39
90-94	21	7	15	23	7	16	26	8	18	30	9	21
95-99	7	2	5	9	2	6	10	3	7	11	3	8
100+	2	0	1	2	1	2	3	1	2	3	1	2

年齢	2035			2040			2045			2050		
	総数	男	女	総数	男	女	総数	男	女	総数	男	女
総数	3 597	1 741	1 856	3 536	1 716	1 820	3 459	1 684	1 775	3 367	1 644	1 723
0-4	172	88	84	162	83	79	154	79	75	147	75	71
5-9	181	93	87	169	88	82	159	82	77	151	78	73
10-14	191	99	92	180	93	86	168	87	81	158	82	76
15-19	202	105	97	190	99	92	179	93	86	168	87	81
20-24	207	107	100	194	100	94	183	94	89	172	89	83
25-29	209	108	101	199	103	96	186	96	90	174	90	85
30-34	223	116	108	205	106	99	195	100	95	182	93	89
35-39	247	126	121	221	114	107	203	105	99	193	99	94
40-44	256	126	130	244	124	120	218	112	106	200	103	97
45-49	245	121	124	250	123	127	238	121	117	213	110	103
50-54	243	118	126	243	120	123	248	122	126	236	120	116
55-59	232	112	121	232	112	120	231	114	118	237	116	121
60-64	217	101	115	227	108	118	226	109	118	226	111	115
65-69	202	92	110	204	95	109	214	102	112	214	103	112
70-74	179	79	100	186	83	103	188	86	103	198	93	106
75-79	148	63	86	159	68	91	166	72	94	169	75	94
80+	…	…	…	…	…	…	…	…	…	…	…	…
80-84	111	43	68	123	49	73	132	54	79	139	58	82
85-89	77	27	49	82	29	53	92	34	58	100	38	63
90-94	36	11	25	47	15	32	51	16	35	58	19	39
95-99	13	3	10	16	4	12	22	5	16	24	6	18
100+	4	1	3	4	1	4	5	1	4	7	1	6

年齢	2055			2060		
	総数	男	女	総数	男	女
総数	3 265	1 600	1 666	3 155	1 550	1 605
0-4	140	72	68	133	68	65
5-9	144	75	70	137	71	66
10-14	150	78	72	143	75	69
15-19	157	82	76	150	78	72
20-24	161	83	78	151	78	73
25-29	164	84	79	153	79	74
30-34	171	88	83	160	82	78
35-39	180	92	88	169	87	83
40-44	190	97	93	178	91	87
45-49	196	101	95	186	95	91
50-54	211	109	102	194	100	94
55-59	226	115	111	202	104	98
60-64	232	113	118	222	112	109
65-69	215	105	110	221	108	113
70-74	200	94	106	201	97	104
75-79	179	82	98	181	83	98
80+	…	…	…	…	…	…
80-84	143	61	83	153	67	86
85-89	107	41	66	111	43	68
90-94	64	21	43	69	23	46
95-99	28	7	20	31	8	23
100+	9	2	7	10	2	8

性・年齢別人口（千人）

年齢	2015			2020			2025			2030		
	総数	男	女	総数	男	女	総数	男	女	総数	男	女
総数	3 683	1 771	1 913	3 708	1 785	1 923	3 743	1 806	1 937	3 780	1 829	1 951
0-4	221	113	108	240	123	117	245	126	119	242	124	118
5-9	228	118	110	217	112	105	236	122	114	242	125	117
10-14	247	129	117	226	118	108	216	112	103	235	122	113
15-19	275	143	133	246	129	117	225	117	108	215	111	103
20-24	280	140	140	265	136	128	236	123	113	218	113	105
25-29	264	132	132	267	133	134	254	131	123	228	118	109
30-34	260	128	132	258	128	129	262	130	132	250	128	122
35-39	260	127	133	257	125	131	255	126	128	260	128	131
40-44	246	117	129	255	124	131	252	123	130	251	124	127
45-49	239	112	128	238	113	125	248	120	128	246	119	127
50-54	232	108	125	236	110	126	235	111	124	244	118	127
55-59	208	95	113	216	99	117	221	102	119	222	104	118
60-64	190	85	106	201	91	109	209	96	114	215	99	116
65-69	172	77	95	174	76	98	186	84	102	196	88	107
70-74	128	56	72	152	66	86	156	66	90	169	74	95
75-79	96	40	56	108	46	62	131	54	76	136	56	80
80+	…	…	…	…	…	…	…	…	…	…	…	…
80-84	66	26	40	74	29	45	85	34	51	105	41	64
85-89	41	15	26	46	16	29	52	18	34	61	22	39
90-94	21	7	15	23	7	16	26	8	18	30	9	21
95-99	7	2	5	9	2	6	10	3	7	11	3	8
100+	2	0	1	2	1	2	3	1	2	3	1	2

年齢	2035			2040			2045			2050		
	総数	男	女	総数	男	女	総数	男	女	総数	男	女
総数	3 794	1 841	1 952	3 789	1 846	1 944	3 776	1 846	1 930	3 761	1 846	1 915
0-4	228	117	111	219	112	106	218	112	106	224	115	109
5-9	239	123	116	225	116	109	216	111	104	216	111	104
10-14	241	125	116	238	123	115	224	116	108	215	111	103
15-19	235	121	113	240	124	116	237	123	115	223	115	108
20-24	207	107	100	227	117	110	233	120	113	230	118	112
25-29	209	108	101	199	103	96	218	112	106	224	115	109
30-34	223	116	108	205	106	99	195	100	95	214	110	104
35-39	247	126	121	221	114	107	203	105	99	193	99	94
40-44	256	126	130	244	124	120	218	112	106	200	103	97
45-49	245	121	124	250	123	127	238	121	117	213	110	103
50-54	243	118	126	243	120	123	248	122	126	236	120	116
55-59	232	112	121	232	112	120	231	114	118	237	116	121
60-64	217	101	115	227	108	118	226	109	118	226	111	115
65-69	202	92	110	204	95	109	214	102	112	214	103	112
70-74	179	79	100	186	83	103	188	86	103	198	93	106
75-79	148	63	86	159	68	91	166	72	94	169	75	94
80+	…	…	…	…	…	…	…	…	…	…	…	…
80-84	111	43	68	123	49	73	132	54	79	139	58	82
85-89	77	27	49	82	29	53	92	34	58	100	38	63
90-94	36	11	25	47	15	32	51	16	35	58	19	39
95-99	13	3	10	16	4	12	22	5	16	24	6	18
100+	4	1	3	4	1	4	5	1	4	7	1	6

年齢	2055			2060		
	総数	男	女	総数	男	女
総数	3 748	1 847	1 901	3 733	1 846	1 887
0-4	229	117	111	228	117	111
5-9	221	114	107	226	117	109
10-14	214	111	103	220	114	106
15-19	214	111	103	214	111	103
20-24	216	111	105	207	107	100
25-29	222	114	108	208	107	101
30-34	220	113	107	218	112	106
35-39	213	109	104	219	112	107
40-44	190	97	93	210	107	103
45-49	196	101	95	186	95	91
50-54	211	109	102	194	100	94
55-59	226	115	111	202	104	98
60-64	232	113	118	222	112	109
65-69	215	105	110	221	108	113
70-74	200	94	106	201	97	104
75-79	179	82	98	181	83	98
80+	…	…	…	…	…	…
80-84	143	61	83	153	67	86
85-89	107	41	66	111	43	68
90-94	64	21	43	69	23	46
95-99	28	7	20	31	8	23
100+	9	2	7	10	2	8

性・年齢別人口（千人）

年齢	2015			2020			2025			2030		
	総数	男	女	総数	男	女	総数	男	女	総数	男	女
総数	3 683	1 771	1 913	3 642	1 751	1 891	3 578	1 721	1 857	3 497	1 684	1 813
0-4	221	113	108	174	89	85	145	74	71	125	64	61
5-9	228	118	110	217	112	105	171	89	82	142	74	68
10-14	247	129	117	226	118	108	216	112	103	170	88	81
15-19	275	143	133	246	129	117	225	117	108	215	111	103
20-24	280	140	140	265	136	128	236	123	113	218	113	105
25-29	264	132	132	267	133	134	254	131	123	228	118	109
30-34	260	128	132	258	128	129	262	130	132	250	128	122
35-39	260	127	133	257	125	131	255	126	128	260	128	131
40-44	246	117	129	255	124	131	252	123	130	251	124	127
45-49	239	112	128	238	113	125	248	120	128	246	119	127
50-54	232	108	125	236	110	126	235	111	124	244	118	127
55-59	208	95	113	216	99	117	221	102	119	222	104	118
60-64	190	85	106	201	91	109	209	96	114	215	99	116
65-69	172	77	95	174	76	98	186	84	102	196	88	107
70-74	128	56	72	152	66	86	156	66	90	169	74	95
75-79	96	40	56	108	46	62	131	54	76	136	56	80
80+	…	…	…	…	…	…	…	…	…	…	…	…
80-84	66	26	40	74	29	45	85	34	51	105	41	64
85-89	41	15	26	46	16	29	52	18	34	61	22	39
90-94	21	7	15	23	7	16	26	8	18	30	9	21
95-99	7	2	5	9	2	6	10	3	7	11	3	8
100+	2	0	1	2	1	2	3	1	2	3	1	2

年齢	2035			2040			2045			2050		
	総数	男	女	総数	男	女	総数	男	女	総数	男	女
総数	3 401	1 640	1 761	3 286	1 588	1 699	3 153	1 527	1 626	3 000	1 456	1 544
0-4	117	60	57	108	55	53	97	50	47	85	44	41
5-9	122	63	59	114	59	55	105	55	51	95	49	45
10-14	141	73	67	121	63	58	113	59	54	104	55	50
15-19	169	88	81	140	73	67	120	63	58	113	59	54
20-24	207	107	100	162	84	78	133	69	64	113	59	55
25-29	209	108	101	199	103	96	153	79	74	125	64	60
30-34	223	116	108	205	106	99	195	100	95	150	77	73
35-39	247	126	121	221	114	107	203	105	99	193	99	94
40-44	256	126	130	244	124	120	218	112	106	200	103	97
45-49	245	121	124	250	123	127	238	121	117	213	110	103
50-54	243	118	126	243	120	123	248	122	126	236	120	116
55-59	232	112	121	232	112	120	231	114	118	237	116	121
60-64	217	101	115	227	108	118	226	109	118	226	111	115
65-69	202	92	110	204	95	109	214	102	112	214	103	112
70-74	179	79	100	186	83	103	188	86	103	198	93	106
75-79	148	63	86	159	68	91	166	72	94	169	75	94
80+	…	…	…	…	…	…	…	…	…	…	…	…
80-84	111	43	68	123	49	73	132	54	79	139	58	82
85-89	77	27	49	82	29	53	92	34	58	100	38	63
90-94	36	11	25	47	15	32	51	16	35	58	19	39
95-99	13	3	10	16	4	12	22	5	16	24	6	18
100+	4	1	3	4	1	4	5	1	4	7	1	6

年齢	2055			2060		
	総数	男	女	総数	男	女
総数	2 831	1 377	1 454	2 652	1 293	1 360
0-4	73	37	35	63	32	31
5-9	82	43	39	70	37	34
10-14	94	49	44	81	43	38
15-19	104	54	50	93	49	44
20-24	106	55	51	97	50	47
25-29	105	54	51	98	51	47
30-34	121	62	59	102	53	50
35-39	148	76	72	120	61	58
40-44	190	97	93	146	74	71
45-49	196	101	95	186	95	91
50-54	211	109	102	194	100	94
55-59	226	115	111	202	104	98
60-64	232	113	118	222	112	109
65-69	215	105	110	221	108	113
70-74	200	94	106	201	97	104
75-79	179	82	98	181	83	98
80+	…	…	…	…	…	…
80-84	143	61	83	153	67	86
85-89	107	41	66	111	43	68
90-94	64	21	43	69	23	46
95-99	28	7	20	31	8	23
100+	9	2	7	10	2	8

Qatar

性・年齢別人口（千人）

年齢	1960 総数	男	女	1965 総数	男	女	1970 総数	男	女	1975 総数	男	女
総数	47	27	21	74	45	29	109	70	39	164	109	55
0-4	8	4	4	12	6	6	17	9	8	23	12	11
5-9	6	3	3	9	5	4	13	7	6	17	9	8
10-14	5	3	2	8	4	3	10	5	5	14	8	6
15-19	5	3	2	7	5	3	10	7	4	16	10	5
20-24	5	3	2	8	5	2	12	9	3	19	14	5
25-29	4	3	1	7	5	2	12	9	3	19	15	4
30-34	3	2	1	6	4	2	10	7	3	16	13	4
35-39	3	2	1	5	3	1	8	6	2	12	10	3
40-44	2	1	1	3	2	1	5	4	1	9	7	2
45-49	2	1	1	3	2	1	4	3	1	6	5	2
50-54	1	1	1	2	1	1	3	2	1	4	3	1
55-59	1	1	0	1	1	1	2	1	1	3	2	1
60-64	1	0	0	1	1	0	1	1	1	2	1	1
65-69	1	0	0	1	0	0	1	0	0	1	1	1
70-74	0	0	0	0	0	0	1	0	0	1	1	0
75-79	0	0	0	0	0	0	0	0	0	1	0	0
80+	0	0	0	0	0	0	0	0	0	0	0	0
80-84	...	...	...	...	...	...	...	...	...	...	...	...
85-89	...	...	...	...	...	...	...	...	...	...	...	...
90-94	...	...	...	...	...	...	...	...	...	...	...	...
95-99	...	...	...	...	...	...	...	...	...	...	...	...
100+	...	...	...	...	...	...	...	...	...	...	...	...

年齢	1980 総数	男	女	1985 総数	男	女	1990 総数	男	女	1995 総数	男	女
総数	224	141	83	371	248	123	476	319	157	501	330	171
0-4	34	17	17	49	25	24	52	27	25	49	25	24
5-9	24	12	11	34	18	17	49	25	24	46	24	22
10-14	18	9	9	24	13	12	35	18	17	38	19	19
15-19	19	11	8	22	11	11	30	17	12	27	13	14
20-24	26	17	8	36	26	10	36	23	13	40	30	10
25-29	28	20	8	54	43	11	50	38	13	57	42	15
30-34	23	17	6	53	40	13	64	50	14	66	46	21
35-39	17	12	5	38	28	9	60	45	15	65	48	18
40-44	12	9	3	23	18	5	41	32	10	47	35	11
45-49	8	6	2	16	12	4	25	19	5	28	21	7
50-54	5	4	1	9	7	2	16	12	4	16	12	4
55-59	3	2	1	5	4	1	9	6	2	10	7	3
60-64	2	2	1	3	2	1	5	3	1	6	4	2
65-69	1	1	1	2	1	1	3	2	1	3	2	1
70-74	1	1	0	1	1	0	2	1	1	2	1	1
75-79	1	0	0	1	0	0	1	0	0	1	1	0
80+	0	0	0	1	1	0	...	...	...	...	...	...
80-84	...	...	...	...	...	...	1	0	0	1	0	0
85-89	...	...	...	...	...	...	0	0	0	0	0	0
90-94	...	...	...	...	...	...	0	0	0	0	0	0
95-99	...	...	...	...	...	...	0	0	0	0	0	0
100+	...	...	...	...	...	...	0	0	0	0	0	0

年齢	2000 総数	男	女	2005 総数	男	女	2010 総数	男	女	2015 総数	男	女
総数	593	386	208	837	558	279	1 766	1 330	435	2 235	1 624	612
0-4	56	28	27	72	37	35	89	45	44	132	68	65
5-9	50	26	24	70	36	34	82	42	40	112	57	55
10-14	48	26	22	55	28	27	67	32	35	103	58	45
15-19	46	25	21	43	23	20	63	38	25	110	72	38
20-24	40	23	17	69	47	22	192	150	41	216	175	41
25-29	53	39	14	99	69	30	302	238	64	391	317	74
30-34	67	49	18	106	73	32	280	225	55	384	290	94
35-39	70	48	22	90	66	24	248	206	42	261	192	69
40-44	65	48	17	79	59	20	180	149	31	205	155	50
45-49	44	34	10	68	53	15	117	96	21	138	103	35
50-54	25	19	6	43	34	9	75	58	17	82	63	19
55-59	13	10	3	24	19	5	38	29	10	51	40	11
60-64	7	5	2	10	8	2	13	10	4	24	18	6
65-69	5	3	1	5	3	2	7	4	3	10	6	3
70-74	3	2	1	3	2	1	8	6	2	8	5	3
75-79	1	1	1	1	1	1	2	1	1	6	5	2
80+	...	...	...	...	...	...	...	...	...	...	...	...
80-84	1	0	0	1	0	0	1	1	1	1	1	1
85-89	0	0	0	1	0	0	0	0	0	1	0	0
90-94	0	0	0	0	0	0	0	0	0	0	0	0
95-99	0	0	0	0	0	0	0	0	0	0	0	0
100+	0	0	0	0	0	0	0	0	0	0	0	0

性・年齢別人口（千人）

年齢	2015			2020			2025			2030		
	総数	男	女	総数	男	女	総数	男	女	総数	男	女
総数	2 235	1 624	612	2 452	1 744	708	2 640	1 851	789	2 781	1 926	855
0-4	132	68	65	135	69	66	134	69	66	130	66	63
5-9	112	57	55	134	68	66	136	69	67	135	69	66
10-14	103	58	45	113	58	55	135	69	66	137	70	67
15-19	110	72	38	106	61	45	115	60	55	137	70	66
20-24	216	175	41	226	175	50	203	145	58	184	124	60
25-29	391	317	74	403	336	66	395	320	75	329	262	68
30-34	384	290	94	412	320	92	422	340	82	427	344	83
35-39	261	192	69	295	202	94	329	240	90	362	279	82
40-44	205	155	50	190	131	59	247	163	84	266	181	84
45-49	138	103	35	162	119	43	144	98	46	203	125	78
50-54	82	63	19	123	92	31	132	98	34	127	85	42
55-59	51	40	11	69	52	17	115	86	30	124	92	32
60-64	24	18	6	41	31	11	61	45	16	106	78	28
65-69	10	6	3	20	14	6	37	27	10	55	40	15
70-74	8	5	3	9	6	3	19	13	6	34	24	9
75-79	6	5	2	7	4	2	7	5	3	16	11	5
80+	…	…	…	…	…	…	…	…	…	…	…	…
80-84	1	1	1	5	3	1	5	3	2	6	4	2
85-89	1	0	0	1	0	0	3	2	1	3	2	1
90-94	0	0	0	0	0	0	0	0	0	1	1	0
95-99	0	0	0	0	0	0	0	0	0	0	0	0
100+	0	0	0	0	0	0	0	0	0	0	0	0

年齢	2035			2040			2045			2050		
	総数	男	女	総数	男	女	総数	男	女	総数	男	女
総数	2 902	1 985	917	3 013	2 037	977	3 115	2 082	1 033	3 205	2 118	1 086
0-4	126	64	62	126	65	62	129	66	63	133	68	65
5-9	131	67	64	127	65	62	127	65	62	130	66	64
10-14	136	70	67	131	67	64	128	65	63	128	65	63
15-19	139	72	67	138	71	67	133	69	65	130	67	63
20-24	193	122	71	192	120	72	192	120	72	180	110	69
25-29	281	211	70	280	199	81	280	197	82	264	182	82
30-34	354	279	75	311	233	78	310	221	89	302	212	90
35-39	384	300	84	324	248	76	283	205	79	288	198	90
40-44	311	234	77	333	255	79	278	208	71	248	174	74
45-49	232	153	79	275	203	72	297	224	73	250	184	65
50-54	189	114	74	215	140	75	252	184	68	279	210	69
55-59	117	76	41	177	105	72	201	128	73	240	175	66
60-64	115	84	31	108	69	39	168	98	70	191	120	71
65-69	98	71	27	107	78	30	101	64	38	159	92	67
70-74	51	37	14	91	66	25	100	72	28	95	60	35
75-79	29	21	8	44	32	12	80	58	22	89	64	25
80+	…	…	…	…	…	…	…	…	…	…	…	…
80-84	12	8	4	23	16	7	35	25	10	65	47	18
85-89	4	2	1	8	5	3	15	11	5	25	17	7
90-94	1	1	1	2	1	1	4	3	1	8	6	3
95-99	0	0	0	1	0	0	1	0	0	2	1	1
100+	0	0	0	0	0	0	0	0	0	0	0	0

年齢	2055			2060		
	総数	男	女	総数	男	女
総数	3 278	2 144	1 134	3 332	2 158	1 175
0-4	134	69	66	134	68	65
5-9	134	68	65	135	69	66
10-14	131	67	64	134	69	66
15-19	130	67	63	133	68	64
20-24	174	106	67	172	104	67
25-29	248	169	79	239	162	76
30-34	285	196	89	269	183	86
35-39	281	190	90	265	176	90
40-44	254	169	85	249	163	86
45-49	221	152	69	229	149	80
50-54	234	172	62	206	140	65
55-59	268	201	68	224	163	60
60-64	230	166	64	259	193	66
65-69	182	114	69	221	159	62
70-74	150	86	63	173	108	65
75-79	85	54	32	136	78	57
80+	…	…	…	…	…	…
80-84	73	53	21	71	45	27
85-89	46	33	13	53	38	15
90-94	14	9	4	27	19	8
95-99	3	2	1	6	4	2
100+	0	0	0	1	0	0

Qatar

性・年齢別人口（千人）

年齢	2015			2020			2025			2030		
	総数	男	女	総数	男	女	総数	男	女	総数	男	女
総数	2 235	1 624	612	2 469	1 753	717	2 686	1 874	811	2 864	1 969	896
0-4	132	68	65	152	78	74	163	84	80	166	85	81
5-9	112	57	55	134	68	66	153	78	75	164	84	80
10-14	103	58	45	113	58	55	135	69	66	154	79	75
15-19	110	72	38	106	61	45	115	60	55	137	70	66
20-24	216	175	41	226	175	50	203	145	58	184	124	60
25-29	391	317	74	403	336	66	395	320	75	329	262	68
30-34	384	290	94	412	320	92	422	340	82	427	344	83
35-39	261	192	69	295	202	94	329	240	90	362	279	82
40-44	205	155	50	190	131	59	247	163	84	266	181	84
45-49	138	103	35	162	119	43	144	98	46	203	125	78
50-54	82	63	19	123	92	31	132	98	34	127	85	42
55-59	51	40	11	69	52	17	115	86	30	124	92	32
60-64	24	18	6	41	31	11	61	45	16	106	78	28
65-69	10	6	3	20	14	6	37	27	10	55	40	15
70-74	8	5	3	9	6	3	19	13	6	34	24	9
75-79	6	5	2	7	4	2	7	5	3	16	11	5
80+	...	...	...	...	...	...	...	...	...	...	...	...
80-84	1	1	1	5	3	1	5	3	2	6	4	2
85-89	1	0	0	1	0	0	3	2	1	3	2	1
90-94	0	0	0	0	0	0	0	0	0	1	1	0
95-99	0	0	0	0	0	0	0	0	0	0	0	0
100+	0	0	0	0	0	0	0	0	0	0	0	0

年齢	2035			2040			2045			2050		
	総数	男	女	総数	男	女	総数	男	女	総数	男	女
総数	3 022	2 046	976	3 174	2 119	1 055	3 323	2 188	1 135	3 471	2 254	1 216
0-4	163	83	80	167	85	82	177	91	87	190	97	93
5-9	167	85	82	164	84	80	168	86	82	178	91	87
10-14	165	84	81	168	86	82	165	84	81	169	86	83
15-19	156	80	76	167	86	81	170	87	82	167	86	81
20-24	193	122	71	210	129	81	221	135	86	216	129	87
25-29	281	211	70	280	199	81	297	206	90	293	197	96
30-34	354	279	75	311	233	78	310	221	89	319	221	98
35-39	384	300	84	324	248	76	283	205	79	288	198	90
40-44	311	234	77	333	255	79	278	208	71	248	174	74
45-49	232	153	79	275	203	72	297	224	73	250	184	65
50-54	189	114	74	215	140	75	252	184	68	279	210	69
55-59	117	76	41	177	105	72	201	128	73	240	175	66
60-64	115	84	31	108	69	39	168	98	70	191	120	71
65-69	98	71	27	107	78	30	101	64	38	159	92	67
70-74	51	37	14	91	66	25	100	72	28	95	60	35
75-79	29	21	8	44	32	12	80	58	22	89	64	25
80+	...	...	...	...	...	...	...	...	...	...	...	...
80-84	12	8	4	23	16	7	35	25	10	65	47	18
85-89	4	2	1	8	5	3	15	11	5	25	17	7
90-94	1	1	1	2	1	1	4	3	1	8	6	3
95-99	0	0	0	1	0	0	1	0	0	2	1	1
100+	0	0	0	0	0	0	0	0	0	0	0	0

年齢	2055			2060		
	総数	男	女	総数	男	女
総数	3 610	2 314	1 297	3 738	2 365	1 373
0-4	201	103	98	208	106	102
5-9	191	98	93	202	103	99
10-14	179	91	88	192	98	94
15-19	171	88	83	181	93	88
20-24	211	125	85	212	125	87
25-29	285	188	97	276	181	94
30-34	314	211	103	305	201	104
35-39	298	199	99	294	190	104
40-44	254	169	85	266	172	94
45-49	221	152	69	229	149	80
50-54	234	172	62	206	140	65
55-59	268	201	68	224	163	60
60-64	230	166	64	259	193	66
65-69	182	114	69	221	159	62
70-74	150	86	63	173	108	65
75-79	85	54	32	136	78	57
80+	...	...	...	...	...	...
80-84	73	53	21	71	45	27
85-89	46	33	13	53	38	15
90-94	14	9	4	27	19	8
95-99	3	2	1	6	4	2
100+	0	0	0	1	0	0

性・年齢別人口（千人）

年齢	2015 総数	男	女	2020 総数	男	女	2025 総数	男	女	2030 総数	男	女
総数	2 235	1 624	612	2 435	1 735	700	2 593	1 827	766	2 699	1 884	815
0-4	132	68	65	118	60	58	105	54	52	93	48	45
5-9	112	57	55	134	68	66	119	61	58	106	54	52
10-14	103	58	45	113	58	55	135	69	66	120	61	59
15-19	110	72	38	106	61	45	115	60	55	137	70	66
20-24	216	175	41	226	175	50	203	145	58	184	124	60
25-29	391	317	74	403	336	66	395	320	75	329	262	68
30-34	384	290	94	412	320	92	422	340	82	427	344	83
35-39	261	192	69	295	202	94	329	240	90	362	279	82
40-44	205	155	50	190	131	59	247	163	84	266	181	84
45-49	138	103	35	162	119	43	144	98	46	203	125	78
50-54	82	63	19	123	92	31	132	98	34	127	85	42
55-59	51	40	11	69	52	17	115	86	30	124	92	32
60-64	24	18	6	41	31	11	61	45	16	106	78	28
65-69	10	6	3	20	14	6	37	27	10	55	40	15
70-74	8	5	3	9	6	3	19	13	6	34	24	9
75-79	6	5	2	7	4	2	7	5	3	16	11	5
80+	…	…	…	…	…	…	…	…	…	…	…	…
80-84	1	1	1	5	3	1	5	3	2	6	4	2
85-89	1	0	0	1	0	0	3	2	1	3	2	1
90-94	0	0	0	0	0	0	0	0	0	1	1	0
95-99	0	0	0	0	0	0	0	0	0	0	0	0
100+	0	0	0	0	0	0	0	0	0	0	0	0

年齢	2035 総数	男	女	2040 総数	男	女	2045 総数	男	女	2050 総数	男	女
総数	2 782	1 924	859	2 855	1 956	899	2 912	1 978	934	2 953	1 990	963
0-4	89	46	44	87	44	43	85	44	42	83	43	41
5-9	94	48	46	90	46	44	88	45	43	86	44	42
10-14	107	55	52	95	48	46	91	46	45	89	45	44
15-19	122	63	59	109	56	53	97	50	47	93	48	45
20-24	193	122	71	175	112	64	163	105	58	143	92	52
25-29	281	211	70	280	199	81	262	189	74	235	168	68
30-34	354	279	75	311	233	78	310	221	89	285	203	82
35-39	384	300	84	324	248	76	283	205	79	288	198	90
40-44	311	234	77	333	255	79	278	208	71	248	174	74
45-49	232	153	79	275	203	72	297	224	73	250	184	65
50-54	189	114	74	215	140	75	252	184	68	279	210	69
55-59	117	76	41	177	105	72	201	128	73	240	175	66
60-64	115	84	31	108	69	39	168	98	70	191	120	71
65-69	98	71	27	107	78	30	101	64	38	159	92	67
70-74	51	37	14	91	66	25	100	72	28	95	60	35
75-79	29	21	8	44	32	12	80	58	22	89	64	25
80+	…	…	…	…	…	…	…	…	…	…	…	…
80-84	12	8	4	23	16	7	35	25	10	65	47	18
85-89	4	2	1	8	5	3	15	11	5	25	17	7
90-94	1	1	1	2	1	1	4	3	1	8	6	3
95-99	0	0	0	1	0	0	1	0	0	2	1	1
100+	0	0	0	0	0	0	0	0	0	0	0	0

年齢	2055 総数	男	女	2060 総数	男	女
総数	2 972	1 988	984	2 968	1 972	996
0-4	80	41	39	76	39	37
5-9	84	43	41	81	41	39
10-14	87	44	43	85	43	42
15-19	91	47	44	89	46	43
20-24	137	88	49	133	84	48
25-29	212	151	61	202	144	58
30-34	257	181	75	232	164	68
35-39	264	182	82	236	161	75
40-44	254	169	85	232	154	77
45-49	221	152	69	229	149	80
50-54	234	172	62	206	140	65
55-59	268	201	68	224	163	60
60-64	230	166	64	259	193	66
65-69	182	114	69	221	159	62
70-74	150	86	63	173	108	65
75-79	85	54	32	136	78	57
80+	…	…	…	…	…	…
80-84	73	53	21	71	45	27
85-89	46	33	13	53	38	15
90-94	14	9	4	27	19	8
95-99	3	2	1	6	4	2
100+	0	0	0	1	0	0

Republic of Korea

推計値

性・年齢別人口（千人）

年齢	1960			1965			1970			1975		
	総数	男	女	総数	男	女	総数	男	女	総数	男	女
総数	25 074	12 565	12 509	28 393	14 265	14 128	31 437	15 756	15 681	34 713	17 439	17 274
0-4	3 646	1 870	1 776	4 296	2 220	2 076	4 317	2 229	2 088	4 266	2 209	2 057
5-9	3 787	1 940	1 847	4 467	2 315	2 152	4 533	2 350	2 183	4 453	2 302	2 151
10-14	2 824	1 481	1 343	3 450	1 768	1 682	4 394	2 275	2 119	4 527	2 349	2 179
15-19	2 377	1 245	1 132	2 653	1 374	1 279	3 089	1 552	1 536	4 148	2 125	2 023
20-24	2 279	1 175	1 103	2 289	1 195	1 094	2 525	1 300	1 225	3 124	1 591	1 532
25-29	1 913	917	996	2 184	1 080	1 105	2 198	1 094	1 105	2 509	1 273	1 236
30-34	1 556	727	829	1 885	929	956	2 192	1 108	1 084	2 218	1 128	1 090
35-39	1 417	688	729	1 529	726	803	1 854	915	939	2 188	1 111	1 077
40-44	1 187	599	589	1 319	649	670	1 462	691	771	1 800	885	915
45-49	1 034	518	516	1 102	553	550	1 285	629	656	1 399	650	749
50-54	885	444	440	937	462	475	1 025	507	518	1 197	577	621
55-59	665	319	346	767	366	400	855	408	447	939	449	490
60-64	567	257	309	554	250	304	665	302	363	738	334	403
65-69	405	174	231	432	181	250	435	181	253	543	230	313
70-74	294	121	173	272	107	164	315	121	195	325	123	202
75-79	141	56	85	166	61	105	175	61	114	204	68	136
80+	99	35	64	92	29	63	117	33	84	134	35	100
80-84	...	...	...	...	...	...	...	...	...	...	...	...
85-89	...	...	...	...	...	...	...	...	...	...	...	...
90-94	...	...	...	...	...	...	...	...	...	...	...	...
95-99	...	...	...	...	...	...	...	...	...	...	...	...
100+	...	...	...	...	...	...	...	...	...	...	...	...

年齢	1980			1985			1990			1995		
	総数	男	女	総数	男	女	総数	男	女	総数	男	女
総数	37 451	18 750	18 701	40 502	20 248	20 254	42 972	21 523	21 449	44 653	22 361	22 292
0-4	3 836	1 985	1 851	3 758	1 952	1 806	3 241	1 717	1 524	3 414	1 801	1 613
5-9	4 430	2 287	2 142	3 937	2 036	1 901	3 808	1 974	1 834	3 115	1 648	1 467
10-14	4 438	2 292	2 146	4 483	2 314	2 169	3 966	2 045	1 921	3 728	1 928	1 799
15-19	4 240	2 187	2 053	4 314	2 226	2 088	4 460	2 286	2 173	3 896	2 008	1 888
20-24	4 055	2 068	1 986	4 245	2 186	2 059	4 342	2 252	2 090	4 377	2 265	2 113
25-29	3 083	1 521	1 562	4 071	2 028	2 044	4 275	2 164	2 111	4 201	2 136	2 065
30-34	2 521	1 294	1 226	3 116	1 570	1 546	4 122	2 073	2 049	4 209	2 146	2 063
35-39	2 218	1 124	1 094	2 583	1 325	1 257	3 141	1 586	1 555	4 067	2 040	2 027
40-44	2 131	1 080	1 051	2 182	1 106	1 076	2 540	1 305	1 235	3 055	1 537	1 518
45-49	1 782	869	913	2 088	1 043	1 046	2 150	1 082	1 068	2 476	1 258	1 218
50-54	1 326	609	717	1 695	810	886	2 012	991	1 020	2 060	1 022	1 038
55-59	1 125	522	604	1 268	561	707	1 614	754	860	1 918	924	995
60-64	822	373	449	1 007	440	566	1 162	495	667	1 498	675	823
65-69	620	261	360	723	307	416	892	370	522	1 049	423	625
70-74	425	162	263	501	191	311	593	232	361	756	291	465
75-79	229	74	155	312	104	209	372	126	246	453	160	293
80+	172	41	130	219	52	167	...	...	...	...	...	...
80-84	...	...	...	...	...	...	197	55	142	254	73	181
85-89	...	...	...	...	...	...	66	13	53	101	23	77
90-94	...	...	...	...	...	...	17	2	15	23	4	20
95-99	...	...	...	...	...	...	2	0	2	4	0	3
100+	...	...	...	...	...	...	0	0	0	0	0	0

年齢	2000			2005			2010			2015		
	総数	男	女	総数	男	女	総数	男	女	総数	男	女
総数	46 206	23 179	23 027	47 606	23 790	23 816	49 090	24 422	24 668	50 293	24 995	25 298
0-4	3 145	1 649	1 496	2 705	1 408	1 297	2 266	1 167	1 099	2 287	1 182	1 106
5-9	3 460	1 840	1 620	2 966	1 562	1 404	2 473	1 284	1 189	2 272	1 170	1 102
10-14	3 080	1 623	1 457	3 156	1 655	1 501	3 233	1 688	1 546	2 478	1 287	1 191
15-19	3 711	1 924	1 787	3 592	1 883	1 709	3 472	1 841	1 631	3 262	1 702	1 560
20-24	3 868	2 039	1 829	3 546	1 872	1 673	3 222	1 706	1 517	3 523	1 866	1 657
25-29	4 115	2 066	2 049	3 905	1 979	1 927	3 693	1 890	1 803	3 269	1 728	1 541
30-34	4 111	2 077	2 034	3 978	2 014	1 964	3 846	1 952	1 894	3 723	1 903	1 820
35-39	4 208	2 128	2 080	4 210	2 127	2 084	4 217	2 127	2 089	3 860	1 957	1 903
40-44	4 017	2 040	1 977	4 128	2 085	2 043	4 236	2 128	2 108	4 212	2 121	2 091
45-49	2 967	1 504	1 463	3 567	1 798	1 769	4 165	2 091	2 074	4 211	2 108	2 103
50-54	2 364	1 192	1 172	3 092	1 546	1 546	3 821	1 900	1 921	4 117	2 054	2 063
55-59	1 973	962	1 011	2 389	1 171	1 217	2 796	1 377	1 420	3 753	1 848	1 905
60-64	1 797	840	957	1 996	952	1 045	2 206	1 068	1 138	2 723	1 321	1 401
65-69	1 383	597	786	1 607	719	888	1 827	839	988	2 116	1 004	1 113
70-74	923	350	573	1 245	511	734	1 566	671	895	1 702	755	946
75-79	604	212	391	840	309	531	1 076	406	670	1 376	556	820
80+	...	...	...	...	...	...	...	...	...	...	...	...
80-84	305	95	211	449	140	309	592	185	407	852	292	560
85-89	134	33	101	172	47	125	281	78	204	389	105	284
90-94	36	7	29	54	12	43	81	19	62	138	31	106
95-99	5	1	4	10	2	8	18	3	14	27	5	22
100+	0	0	0	1	0	1	2	0	2	3	0	3

性・年齢別人口（千人）

年齢	2015			2020			2025			2030		
	総数	男	女	総数	男	女	総数	男	女	総数	男	女
総数	50 293	24 995	25 298	51 251	25 458	25 793	51 982	25 803	26 180	52 519	26 039	26 480
0-4	2 287	1 182	1 106	2 307	1 192	1 115	2 294	1 185	1 109	2 323	1 201	1 123
5-9	2 272	1 170	1 102	2 291	1 184	1 108	2 311	1 194	1 117	2 299	1 188	1 111
10-14	2 478	1 287	1 191	2 276	1 172	1 104	2 295	1 185	1 110	2 315	1 196	1 119
15-19	3 262	1 702	1 560	2 497	1 296	1 201	2 295	1 181	1 114	2 315	1 195	1 120
20-24	3 523	1 866	1 657	3 295	1 718	1 578	2 532	1 313	1 219	2 331	1 199	1 132
25-29	3 269	1 728	1 541	3 553	1 880	1 673	3 327	1 732	1 594	2 565	1 329	1 236
30-34	3 723	1 903	1 820	3 289	1 736	1 552	3 573	1 888	1 685	3 348	1 742	1 606
35-39	3 860	1 957	1 903	3 730	1 905	1 825	3 299	1 740	1 559	3 584	1 892	1 692
40-44	4 212	2 121	2 091	3 855	1 951	1 904	3 728	1 901	1 827	3 300	1 738	1 562
45-49	4 211	2 108	2 103	4 190	2 104	2 086	3 839	1 938	1 901	3 716	1 891	1 826
50-54	4 117	2 054	2 063	4 170	2 077	2 093	4 155	2 077	2 079	3 813	1 916	1 896
55-59	3 753	1 848	1 905	4 055	2 007	2 048	4 116	2 035	2 081	4 109	2 040	2 069
60-64	2 723	1 321	1 401	3 669	1 786	1 883	3 977	1 947	2 029	4 047	1 982	2 065
65-69	2 116	1 004	1 113	2 629	1 254	1 375	3 559	1 706	1 854	3 873	1 870	2 003
70-74	1 702	755	946	1 989	917	1 072	2 490	1 158	1 332	3 392	1 588	1 804
75-79	1 376	556	820	1 516	640	876	1 792	790	1 002	2 266	1 010	1 255
80+	…	…	…	…	…	…	…	…	…	…	…	…
80-84	852	292	560	1 110	413	697	1 244	487	757	1 491	612	879
85-89	389	105	284	576	173	403	768	253	515	880	307	573
90-94	138	31	106	200	45	155	305	77	228	419	117	302
95-99	27	5	22	48	9	39	73	13	60	117	24	93
100+	3	0	3	5	1	5	10	1	9	17	2	14

年齢	2035			2040			2045			2050		
	総数	男	女	総数	男	女	総数	男	女	総数	男	女
総数	52 715	26 090	26 624	52 398	25 865	26 533	51 649	25 422	26 228	50 593	24 844	25 749
0-4	2 224	1 149	1 075	1 998	1 032	966	1 882	973	910	1 892	978	915
5-9	2 328	1 203	1 125	2 229	1 152	1 078	2 003	1 035	968	1 887	975	912
10-14	2 302	1 189	1 113	2 332	1 205	1 127	2 233	1 154	1 080	2 007	1 037	970
15-19	2 335	1 206	1 129	2 322	1 199	1 123	2 352	1 215	1 138	2 253	1 164	1 090
20-24	2 351	1 213	1 138	2 371	1 223	1 147	2 359	1 217	1 142	2 389	1 233	1 156
25-29	2 365	1 215	1 149	2 385	1 229	1 155	2 405	1 240	1 165	2 393	1 234	1 159
30-34	2 589	1 340	1 248	2 389	1 227	1 162	2 409	1 241	1 168	2 430	1 252	1 178
35-39	3 360	1 747	1 613	2 603	1 346	1 257	2 404	1 234	1 171	2 425	1 248	1 177
40-44	3 586	1 891	1 695	3 365	1 747	1 618	2 610	1 348	1 262	2 412	1 237	1 176
45-49	3 293	1 730	1 562	3 579	1 884	1 696	3 361	1 742	1 619	2 610	1 346	1 264
50-54	3 695	1 873	1 822	3 277	1 716	1 561	3 564	1 870	1 694	3 350	1 731	1 618
55-59	3 776	1 887	1 889	3 664	1 847	1 817	3 253	1 696	1 557	3 542	1 850	1 692
60-64	4 049	1 993	2 056	3 728	1 849	1 879	3 623	1 814	1 809	3 221	1 669	1 552
65-69	3 955	1 913	2 042	3 968	1 931	2 037	3 663	1 798	1 865	3 568	1 770	1 798
70-74	3 712	1 755	1 957	3 808	1 806	2 003	3 837	1 834	2 003	3 555	1 716	1 839
75-79	3 115	1 403	1 713	3 435	1 565	1 869	3 551	1 627	1 924	3 601	1 667	1 934
80+	…	…	…	…	…	…	…	…	…	…	…	…
80-84	1 913	798	1 115	2 665	1 125	1 540	2 974	1 275	1 699	3 109	1 344	1 765
85-89	1 077	397	680	1 411	529	882	2 004	764	1 241	2 277	884	1 393
90-94	495	147	348	622	196	427	839	269	570	1 224	400	824
95-99	167	37	129	204	49	156	267	68	199	373	97	276
100+	28	4	23	42	7	35	55	10	45	75	15	60

年齢	2055			2060		
	総数	男	女	総数	男	女
総数	49 321	24 191	25 130	47 926	23 512	24 415
0-4	1 926	995	931	1 948	1 006	941
5-9	1 897	980	917	1 930	997	933
10-14	1 891	977	914	1 901	982	919
15-19	2 026	1 046	980	1 910	986	924
20-24	2 288	1 181	1 108	2 060	1 063	997
25-29	2 421	1 249	1 173	2 320	1 196	1 124
30-34	2 417	1 245	1 172	2 444	1 260	1 185
35-39	2 445	1 259	1 186	2 432	1 252	1 180
40-44	2 433	1 251	1 182	2 453	1 262	1 191
45-49	2 414	1 235	1 178	2 435	1 250	1 185
50-54	2 604	1 339	1 264	2 409	1 230	1 179
55-59	3 332	1 715	1 617	2 593	1 329	1 264
60-64	3 511	1 824	1 687	3 307	1 694	1 613
65-69	3 177	1 633	1 544	3 469	1 789	1 680
70-74	3 473	1 697	1 777	3 101	1 572	1 529
75-79	3 356	1 572	1 784	3 295	1 566	1 730
80+	…	…	…	…	…	…
80-84	3 185	1 395	1 791	2 995	1 331	1 664
85-89	2 423	951	1 472	2 521	1 005	1 516
90-94	1 427	476	951	1 555	525	1 030
95-99	565	149	416	681	183	498
100+	109	22	87	169	35	135

Republic of Korea

性・年齢別人口（千人）

年齢	2015			2020			2025			2030		
	総数	男	女	総数	男	女	総数	男	女	総数	男	女
総数	50 293	24 995	25 298	51 683	25 681	26 002	53 069	26 364	26 705	54 403	27 013	27 390
0-4	2 287	1 182	1 106	2 738	1 415	1 323	2 949	1 524	1 425	3 122	1 613	1 509
5-9	2 272	1 170	1 102	2 291	1 184	1 108	2 742	1 417	1 325	2 954	1 526	1 428
10-14	2 478	1 287	1 191	2 276	1 172	1 104	2 295	1 185	1 110	2 746	1 419	1 327
15-19	3 262	1 702	1 560	2 497	1 296	1 201	2 295	1 181	1 114	2 315	1 195	1 120
20-24	3 523	1 866	1 657	3 295	1 718	1 578	2 532	1 313	1 219	2 331	1 199	1 132
25-29	3 269	1 728	1 541	3 553	1 880	1 673	3 327	1 732	1 594	2 565	1 329	1 236
30-34	3 723	1 903	1 820	3 289	1 736	1 552	3 573	1 888	1 685	3 348	1 742	1 606
35-39	3 860	1 957	1 903	3 730	1 905	1 825	3 299	1 740	1 559	3 584	1 892	1 692
40-44	4 212	2 121	2 091	3 855	1 951	1 904	3 728	1 901	1 827	3 300	1 738	1 562
45-49	4 211	2 108	2 103	4 190	2 104	2 086	3 839	1 938	1 901	3 716	1 891	1 826
50-54	4 117	2 054	2 063	4 170	2 077	2 093	4 155	2 077	2 079	3 813	1 916	1 896
55-59	3 753	1 848	1 905	4 055	2 007	2 048	4 116	2 035	2 081	4 109	2 040	2 069
60-64	2 723	1 321	1 401	3 669	1 786	1 883	3 977	1 947	2 029	4 047	1 982	2 065
65-69	2 116	1 004	1 113	2 629	1 254	1 375	3 559	1 706	1 854	3 873	1 870	2 003
70-74	1 702	755	946	1 989	917	1 072	2 490	1 158	1 332	3 392	1 588	1 804
75-79	1 376	556	820	1 516	640	876	1 792	790	1 002	2 266	1 010	1 255
80+	...	...	...	...	...	...	...	...	...	...	...	...
80-84	852	292	560	1 110	413	697	1 244	487	757	1 491	612	879
85-89	389	105	284	576	173	403	768	253	515	880	307	573
90-94	138	31	106	200	45	155	305	77	228	419	117	302
95-99	27	5	22	48	9	39	73	13	60	117	24	93
100+	3	0	3	5	1	5	10	1	9	17	2	14

年齢	2035			2040			2045			2050		
	総数	男	女	総数	男	女	総数	男	女	総数	男	女
総数	55 340	27 447	27 893	55 677	27 560	28 118	55 563	27 444	28 119	55 276	27 263	28 013
0-4	2 965	1 532	1 433	2 653	1 371	1 282	2 518	1 301	1 217	2 663	1 376	1 287
5-9	3 126	1 615	1 511	2 970	1 534	1 435	2 658	1 373	1 285	2 523	1 303	1 219
10-14	2 957	1 528	1 430	3 130	1 617	1 513	2 973	1 536	1 437	2 662	1 375	1 287
15-19	2 766	1 428	1 337	2 977	1 538	1 440	3 150	1 627	1 523	2 994	1 546	1 448
20-24	2 351	1 213	1 138	2 801	1 446	1 356	3 013	1 555	1 458	3 186	1 645	1 542
25-29	2 365	1 215	1 149	2 385	1 229	1 155	2 835	1 462	1 373	3 047	1 572	1 476
30-34	2 589	1 340	1 248	2 389	1 227	1 162	2 409	1 241	1 168	2 860	1 474	1 386
35-39	3 360	1 747	1 613	2 603	1 346	1 257	2 404	1 234	1 171	2 425	1 248	1 177
40-44	3 586	1 891	1 695	3 365	1 747	1 618	2 610	1 348	1 262	2 412	1 237	1 176
45-49	3 293	1 730	1 562	3 579	1 884	1 696	3 361	1 742	1 619	2 610	1 346	1 264
50-54	3 695	1 873	1 822	3 277	1 716	1 561	3 564	1 870	1 694	3 350	1 731	1 618
55-59	3 776	1 887	1 889	3 664	1 847	1 817	3 253	1 696	1 557	3 542	1 850	1 692
60-64	4 049	1 993	2 056	3 728	1 849	1 879	3 623	1 814	1 809	3 221	1 669	1 552
65-69	3 955	1 913	2 042	3 968	1 931	2 037	3 663	1 798	1 865	3 568	1 770	1 798
70-74	3 712	1 755	1 957	3 808	1 806	2 003	3 837	1 834	2 003	3 555	1 716	1 839
75-79	3 115	1 403	1 713	3 435	1 565	1 869	3 551	1 627	1 924	3 601	1 667	1 934
80+	...	...	...	...	...	...	...	...	...	...	...	...
80-84	1 913	798	1 115	2 665	1 125	1 540	2 974	1 275	1 699	3 109	1 344	1 765
85-89	1 077	397	680	1 411	529	882	2 004	764	1 241	2 277	884	1 393
90-94	495	147	348	622	196	427	839	269	570	1 224	400	824
95-99	167	37	129	204	49	156	267	68	199	373	97	276
100+	28	4	23	42	7	35	55	10	45	75	15	60

年齢	2055			2060		
	総数	男	女	総数	男	女
総数	55 035	27 143	27 893	54 897	27 112	27 785
0-4	2 960	1 529	1 430	3 206	1 657	1 550
5-9	2 668	1 378	1 289	2 964	1 532	1 433
10-14	2 526	1 305	1 221	2 671	1 380	1 291
15-19	2 681	1 385	1 297	2 545	1 314	1 230
20-24	3 028	1 563	1 465	2 714	1 401	1 313
25-29	3 219	1 660	1 558	3 059	1 578	1 481
30-34	3 071	1 583	1 488	3 241	1 671	1 570
35-39	2 875	1 480	1 394	3 085	1 589	1 496
40-44	2 433	1 251	1 182	2 882	1 483	1 399
45-49	2 414	1 235	1 178	2 435	1 250	1 185
50-54	2 604	1 339	1 264	2 409	1 230	1 179
55-59	3 332	1 715	1 617	2 593	1 329	1 264
60-64	3 511	1 824	1 687	3 307	1 694	1 613
65-69	3 177	1 633	1 544	3 469	1 789	1 680
70-74	3 473	1 697	1 777	3 101	1 572	1 529
75-79	3 356	1 572	1 784	3 295	1 566	1 730
80+	...	...	...	...	...	...
80-84	3 185	1 395	1 791	2 995	1 331	1 664
85-89	2 423	951	1 472	2 521	1 005	1 516
90-94	1 427	476	951	1 555	525	1 030
95-99	565	149	416	681	183	498
100+	109	22	87	169	35	135

性・年齢別人口（千人）

年齢	2015			2020			2025			2030		
	総数	男	女	総数	男	女	総数	男	女	総数	男	女
総数	50 293	24 995	25 298	50 820	25 235	25 585	50 896	25 241	25 655	50 634	25 065	25 569
0-4	2 287	1 182	1 106	1 875	969	906	1 639	847	792	1 525	788	737
5-9	2 272	1 170	1 102	2 291	1 184	1 108	1 880	971	909	1 643	849	794
10-14	2 478	1 287	1 191	2 276	1 172	1 104	2 295	1 185	1 110	1 883	973	911
15-19	3 262	1 702	1 560	2 497	1 296	1 201	2 295	1 181	1 114	2 315	1 195	1 120
20-24	3 523	1 866	1 657	3 295	1 718	1 578	2 532	1 313	1 219	2 331	1 199	1 132
25-29	3 269	1 728	1 541	3 553	1 880	1 673	3 327	1 732	1 594	2 565	1 329	1 236
30-34	3 723	1 903	1 820	3 289	1 736	1 552	3 573	1 888	1 685	3 348	1 742	1 606
35-39	3 860	1 957	1 903	3 730	1 905	1 825	3 299	1 740	1 559	3 584	1 892	1 692
40-44	4 212	2 121	2 091	3 855	1 951	1 904	3 728	1 901	1 827	3 300	1 738	1 562
45-49	4 211	2 108	2 103	4 190	2 104	2 086	3 839	1 938	1 901	3 716	1 891	1 826
50-54	4 117	2 054	2 063	4 170	2 077	2 093	4 155	2 077	2 079	3 813	1 916	1 896
55-59	3 753	1 848	1 905	4 055	2 007	2 048	4 116	2 035	2 081	4 109	2 040	2 069
60-64	2 723	1 321	1 401	3 669	1 786	1 883	3 977	1 947	2 029	4 047	1 982	2 065
65-69	2 116	1 004	1 113	2 629	1 254	1 375	3 559	1 706	1 854	3 873	1 870	2 003
70-74	1 702	755	946	1 989	917	1 072	2 490	1 158	1 332	3 392	1 588	1 804
75-79	1 376	556	820	1 516	640	876	1 792	790	1 002	2 266	1 010	1 255
80+	...	...	...	...	...	...	...	...	...	...	...	...
80-84	852	292	560	1 110	413	697	1 244	487	757	1 491	612	879
85-89	389	105	284	576	173	403	768	253	515	880	307	573
90-94	138	31	106	200	45	155	305	77	228	419	117	302
95-99	27	5	22	48	9	39	73	13	60	117	24	93
100+	3	0	3	5	1	5	10	1	9	17	2	14

年齢	2035			2040			2045			2050		
	総数	男	女	総数	男	女	総数	男	女	総数	男	女
総数	50 090	24 734	25 356	49 124	24 173	24 950	47 761	23 412	24 348	46 023	22 483	23 540
0-4	1 484	767	718	1 347	696	651	1 267	654	612	1 209	625	585
5-9	1 530	790	740	1 489	769	720	1 352	699	654	1 272	657	615
10-14	1 647	851	796	1 534	792	742	1 493	771	722	1 356	700	656
15-19	1 904	983	921	1 668	861	807	1 554	802	752	1 514	782	732
20-24	2 351	1 213	1 138	1 940	1 001	939	1 704	879	825	1 591	821	771
25-29	2 365	1 215	1 149	2 385	1 229	1 155	1 975	1 018	957	1 739	896	843
30-34	2 589	1 340	1 248	2 389	1 227	1 162	2 409	1 241	1 168	2 000	1 030	970
35-39	3 360	1 747	1 613	2 603	1 346	1 257	2 404	1 234	1 171	2 425	1 248	1 177
40-44	3 586	1 891	1 695	3 365	1 747	1 618	2 610	1 348	1 262	2 412	1 237	1 176
45-49	3 293	1 730	1 562	3 579	1 884	1 696	3 361	1 742	1 619	2 610	1 346	1 264
50-54	3 695	1 873	1 822	3 277	1 716	1 561	3 564	1 870	1 694	3 350	1 731	1 618
55-59	3 776	1 887	1 889	3 664	1 847	1 817	3 253	1 696	1 557	3 542	1 850	1 692
60-64	4 049	1 993	2 056	3 728	1 849	1 879	3 623	1 814	1 809	3 221	1 669	1 552
65-69	3 955	1 913	2 042	3 968	1 931	2 037	3 663	1 798	1 865	3 568	1 770	1 798
70-74	3 712	1 755	1 957	3 808	1 806	2 003	3 837	1 834	2 003	3 555	1 716	1 839
75-79	3 115	1 403	1 713	3 435	1 565	1 869	3 551	1 627	1 924	3 601	1 667	1 934
80+	...	...	...	...	...	...	...	...	...	...	...	...
80-84	1 913	798	1 115	2 665	1 125	1 540	2 974	1 275	1 699	3 109	1 344	1 765
85-89	1 077	397	680	1 411	529	882	2 004	764	1 241	2 277	884	1 393
90-94	495	147	348	622	196	427	839	269	570	1 224	400	824
95-99	167	37	129	204	49	156	267	68	199	373	97	276
100+	28	4	23	42	7	35	55	10	45	75	15	60

年齢	2055			2060		
	総数	男	女	総数	男	女
総数	43 929	21 406	22 523	41 591	20 240	21 352
0-4	1 102	569	532	1 002	518	484
5-9	1 214	627	587	1 106	571	535
10-14	1 276	659	617	1 218	629	589
15-19	1 376	710	666	1 294	668	626
20-24	1 549	799	750	1 409	727	683
25-29	1 624	837	787	1 581	815	766
30-34	1 764	908	856	1 648	848	800
35-39	2 016	1 037	978	1 779	915	864
40-44	2 433	1 251	1 182	2 024	1 041	984
45-49	2 414	1 235	1 178	2 435	1 250	1 185
50-54	2 604	1 339	1 264	2 409	1 230	1 179
55-59	3 332	1 715	1 617	2 593	1 329	1 264
60-64	3 511	1 824	1 687	3 307	1 694	1 613
65-69	3 177	1 633	1 544	3 469	1 789	1 680
70-74	3 473	1 697	1 777	3 101	1 572	1 529
75-79	3 356	1 572	1 784	3 295	1 566	1 730
80+	...	...	...	...	...	...
80-84	3 185	1 395	1 791	2 995	1 331	1 664
85-89	2 423	951	1 472	2 521	1 005	1 516
90-94	1 427	476	951	1 555	525	1 030
95-99	565	149	416	681	183	498
100+	109	22	87	169	35	135

性・年齢別人口（千人）

年齢	1960 総数	男	女	1965 総数	男	女	1970 総数	男	女	1975 総数	男	女
総数	3 004	1 405	1 598	3 336	1 561	1 774	3 595	1 681	1 914	3 839	1 804	2 035
0-4	398	203	196	393	200	193	340	173	167	371	187	183
5-9	334	170	164	407	207	200	399	203	196	339	171	168
10-14	222	113	109	343	174	169	415	211	204	398	202	197
15-19	225	105	120	230	106	123	349	167	182	399	201	198
20-24	270	127	144	230	107	123	233	108	126	353	170	184
25-29	240	115	125	275	128	147	233	108	126	244	116	128
30-34	240	111	129	245	116	128	277	128	149	233	108	125
35-39	212	95	117	242	111	131	246	116	130	273	126	147
40-44	139	64	75	213	94	119	242	110	132	240	113	127
45-49	185	82	102	139	63	76	209	91	118	237	107	130
50-54	140	63	77	178	77	100	134	59	75	209	88	121
55-59	126	53	72	132	58	74	167	71	96	129	55	74
60-64	86	35	51	114	47	67	120	51	69	153	64	89
65-69	62	25	37	74	29	45	99	39	60	106	42	64
70-74	57	21	36	50	19	31	60	22	38	76	29	47
75-79	38	13	25	40	14	26	36	13	23	43	15	28
80+	29	9	20	31	10	21	33	11	22	37	12	25
80-84	...	...	...	...	...	...	...	...	...	...	...	...
85-89	...	...	...	...	...	...	...	...	...	...	...	...
90-94	...	...	...	...	...	...	...	...	...	...	...	...
95-99	...	...	...	...	...	...	...	...	...	...	...	...
100+	...	...	...	...	...	...	...	...	...	...	...	...

年齢	1980 総数	男	女	1985 総数	男	女	1990 総数	男	女	1995 総数	男	女
総数	4 010	1 896	2 114	4 215	2 002	2 213	4 364	2 080	2 284	4 339	2 073	2 267
0-4	378	192	186	419	213	206	427	218	209	328	168	161
5-9	360	182	178	376	191	185	415	211	204	418	213	205
10-14	333	168	165	352	179	173	376	191	185	408	207	201
15-19	379	189	190	336	167	169	340	171	170	366	185	181
20-24	367	179	188	352	172	179	292	147	145	319	159	160
25-29	346	168	178	373	183	190	340	164	176	279	140	139
30-34	266	129	137	346	169	177	375	182	193	328	158	171
35-39	218	103	116	262	127	135	344	167	177	360	174	187
40-44	265	123	142	212	99	113	254	122	132	327	157	170
45-49	232	109	123	251	116	136	202	94	109	237	112	125
50-54	232	104	128	221	101	120	236	107	129	188	85	103
55-59	197	81	117	219	95	123	204	91	113	213	94	119
60-64	124	51	73	178	71	107	197	83	114	177	77	101
65-69	130	52	78	106	42	64	152	59	94	163	66	97
70-74	85	33	53	104	40	65	83	31	52	116	42	74
75-79	55	20	35	61	22	39	73	26	47	56	20	36
80+	40	13	27	47	15	32	...	...	...	...	...	...
80-84	...	...	...	...	...	...	35	12	23	36	12	24
85-89	...	...	...	...	...	...	15	4	10	15	4	11
90-94	...	...	...	...	...	...	3	1	2	4	1	3
95-99	...	...	...	...	...	...	1	0	0	1	0	0
100+	...	...	...	...	...	...	0	0	0	0	0	0

年齢	2000 総数	男	女	2005 総数	男	女	2010 総数	男	女	2015 総数	男	女
総数	4 201	2 011	2 190	4 158	1 991	2 166	4 084	1 964	2 121	4 069	1 956	2 113
0-4	241	123	118	205	106	99	220	113	107	223	115	108
5-9	326	166	159	240	122	118	210	108	102	216	111	105
10-14	419	213	206	324	166	158	245	124	120	201	104	97
15-19	400	202	198	417	212	205	332	169	163	243	123	119
20-24	357	182	175	398	201	198	412	209	202	332	169	163
25-29	295	146	149	354	181	174	363	185	178	426	217	209
30-34	253	124	129	292	144	148	312	157	155	359	183	175
35-39	315	151	164	248	121	127	277	136	140	305	152	153
40-44	338	162	176	307	146	161	255	124	131	265	129	135
45-49	315	149	166	324	153	171	305	145	160	241	115	126
50-54	197	91	106	301	139	161	304	141	162	306	142	164
55-59	172	76	96	183	82	101	273	124	149	279	126	153
60-64	179	77	102	151	64	87	161	72	89	269	116	153
65-69	145	59	85	150	61	89	130	54	76	121	52	70
70-74	124	47	77	112	43	69	118	45	73	108	41	66
75-79	80	28	52	87	31	56	84	30	53	86	30	56
80+	...	...	...	...	...	...	...	...	...	...	...	...
80-84	26	9	18	46	15	31	57	19	38	57	20	36
85-89	16	5	11	12	3	8	21	6	15	26	7	19
90-94	5	1	3	5	1	4	4	1	3	6	1	5
95-99	1	0	1	1	0	1	1	0	1	1	0	1
100+	0	0	0	0	0	0	0	0	0	0	0	0

性・年齢別人口（千人）

年齢	2015			2020			2025			2030		
	総数	男	女	総数	男	女	総数	男	女	総数	男	女
総数	4 069	1 956	2 113	4 021	1 927	2 094	3 945	1 883	2 061	3 839	1 826	2 013
0-4	223	115	108	200	103	97	177	91	86	158	81	77
5-9	216	111	105	222	114	107	199	102	97	176	90	86
10-14	201	104	97	215	110	105	220	114	107	198	102	96
15-19	243	123	119	199	103	96	212	109	103	218	113	105
20-24	332	169	163	239	122	118	196	101	95	209	107	102
25-29	426	217	209	329	167	162	237	120	116	193	100	94
30-34	359	183	175	422	215	208	326	165	160	234	119	115
35-39	305	152	153	354	180	174	418	211	206	322	163	159
40-44	265	129	135	300	148	151	349	177	172	411	207	205
45-49	241	115	126	258	125	133	293	143	149	341	171	170
50-54	306	142	164	232	109	123	249	118	131	283	136	146
55-59	279	126	153	290	131	158	220	100	120	236	110	127
60-64	269	116	153	256	111	145	266	116	150	203	89	114
65-69	121	52	70	236	96	140	226	93	133	236	97	139
70-74	108	41	66	100	40	61	197	74	123	189	71	118
75-79	86	30	56	79	27	52	75	26	49	148	49	99
80+	…	…	…	…	…	…	…	…	…	…	…	…
80-84	57	20	36	53	16	37	50	14	35	47	14	33
85-89	26	7	19	26	8	19	25	6	19	24	6	19
90-94	6	1	5	9	2	7	9	2	7	9	2	7
95-99	1	0	1	1	0	1	2	0	2	2	0	2
100+	0	0	0	0	0	0	0	0	0	0	0	0

年齢	2035			2040			2045			2050		
	総数	男	女	総数	男	女	総数	男	女	総数	男	女
総数	3 707	1 757	1 950	3 557	1 682	1 875	3 402	1 607	1 795	3 243	1 532	1 712
0-4	145	74	71	141	72	68	139	72	68	135	69	66
5-9	157	81	76	144	74	70	140	72	68	138	71	67
10-14	175	90	85	156	80	76	143	73	69	138	71	67
15-19	196	100	95	172	88	84	154	79	75	141	72	68
20-24	215	111	104	193	99	94	170	87	82	151	77	73
25-29	207	106	101	212	110	103	190	97	93	167	86	81
30-34	191	98	93	204	105	100	210	108	102	188	96	92
35-39	231	117	114	188	97	92	202	103	99	208	107	101
40-44	318	160	158	228	115	113	186	95	91	199	101	98
45-49	403	201	202	311	155	156	223	111	112	182	92	90
50-54	330	163	167	391	192	199	302	149	153	217	107	110
55-59	269	127	142	315	152	163	373	180	194	289	140	150
60-64	218	98	121	249	113	136	292	137	156	348	163	186
65-69	180	75	106	195	82	112	224	97	127	264	118	146
70-74	199	75	123	153	58	94	166	65	101	192	77	115
75-79	144	48	96	152	51	101	118	40	78	130	46	84
80+	…	…	…	…	…	…	…	…	…	…	…	…
80-84	96	27	69	94	26	67	101	29	72	79	23	56
85-89	24	6	18	49	11	38	49	11	38	53	12	41
90-94	9	1	7	9	1	7	18	3	15	19	3	16
95-99	2	0	2	2	0	2	2	0	2	4	0	4
100+	0	0	0	0	0	0	0	0	0	0	0	0

年齢	2055			2060		
	総数	男	女	総数	男	女
総数	3 079	1 453	1 627	2 909	1 370	1 539
0-4	126	65	61	117	60	57
5-9	134	69	65	126	65	61
10-14	137	70	67	133	68	65
15-19	136	70	66	135	69	66
20-24	138	71	67	134	69	65
25-29	148	76	72	136	70	66
30-34	165	85	80	147	75	72
35-39	186	95	91	163	83	80
40-44	205	105	100	183	93	90
45-49	195	99	97	202	102	99
50-54	177	89	88	190	95	95
55-59	208	101	108	170	84	86
60-64	271	127	144	196	92	104
65-69	316	141	175	247	111	136
70-74	227	95	132	274	115	159
75-79	151	55	96	180	69	112
80+	…	…	…	…	…	…
80-84	88	27	61	104	33	71
85-89	43	10	33	48	12	37
90-94	21	3	17	17	3	14
95-99	5	1	4	5	1	5
100+	1	0	1	1	0	1

Republic of Moldova

性・年齢別人口（千人）

年齢	2015 総数	男	女	2020 総数	男	女	2025 総数	男	女	2030 総数	男	女
総数	4 069	1 956	2 113	4 062	1 948	2 114	4 043	1 934	2 109	3 998	1 908	2 090
0-4	223	115	108	241	124	117	234	120	114	219	113	107
5-9	216	111	105	222	114	107	240	123	117	233	120	113
10-14	201	104	97	215	110	105	220	114	107	239	123	116
15-19	243	123	119	199	103	96	212	109	103	218	113	105
20-24	332	169	163	239	122	118	196	101	95	209	107	102
25-29	426	217	209	329	167	162	237	120	116	193	100	94
30-34	359	183	175	422	215	208	326	165	160	234	119	115
35-39	305	152	153	354	180	174	418	211	206	322	163	159
40-44	265	129	135	300	148	151	349	177	172	411	207	205
45-49	241	115	126	258	125	133	293	143	149	341	171	170
50-54	306	142	164	232	109	123	249	118	131	283	136	146
55-59	279	126	153	290	131	158	220	100	120	236	110	127
60-64	269	116	153	256	111	145	266	116	150	203	89	114
65-69	121	52	70	236	96	140	226	93	133	236	97	139
70-74	108	41	66	100	40	61	197	74	123	189	71	118
75-79	86	30	56	79	27	52	75	26	49	148	49	99
80+	…	…	…	…	…	…	…	…	…	…	…	…
80-84	57	20	36	53	16	37	50	14	35	47	14	33
85-89	26	7	19	26	8	19	25	6	19	24	6	19
90-94	6	1	5	9	2	7	9	2	7	9	2	7
95-99	1	0	1	1	0	1	2	0	2	2	0	2
100+	0	0	0	0	0	0	0	0	0	0	0	0

年齢	2035 総数	男	女	2040 総数	男	女	2045 総数	男	女	2050 総数	男	女
総数	3 920	1 867	2 054	3 826	1 820	2 006	3 734	1 778	1 956	3 653	1 742	1 911
0-4	199	102	97	196	101	95	204	105	99	212	109	103
5-9	218	112	106	198	102	97	195	100	95	203	104	99
10-14	232	119	113	217	111	105	197	101	96	194	100	94
15-19	236	121	115	229	118	112	214	110	104	195	100	95
20-24	215	111	104	233	120	114	227	116	110	212	109	103
25-29	207	106	101	212	110	103	231	118	112	224	115	109
30-34	191	98	93	204	105	100	210	108	102	228	117	111
35-39	231	117	114	188	97	92	202	103	99	208	107	101
40-44	318	160	158	228	115	113	186	95	91	199	101	98
45-49	403	201	202	311	155	156	223	111	112	182	92	90
50-54	330	163	167	391	192	199	302	149	153	217	107	110
55-59	269	127	142	315	152	163	373	180	194	289	140	150
60-64	218	98	121	249	113	136	292	137	156	348	163	186
65-69	180	75	106	195	82	112	224	97	127	264	118	146
70-74	199	75	123	153	58	94	166	65	101	192	77	115
75-79	144	48	96	152	51	101	118	40	78	130	46	84
80+	…	…	…	…	…	…	…	…	…	…	…	…
80-84	96	27	69	94	26	67	101	29	72	79	23	56
85-89	24	6	18	49	11	38	49	11	38	53	12	41
90-94	9	1	7	9	1	7	18	3	15	19	3	16
95-99	2	0	2	2	0	2	2	0	2	4	0	4
100+	0	0	0	0	0	0	0	0	0	0	0	0

年齢	2055 総数	男	女	2060 総数	男	女
総数	3 576	1 707	1 869	3 497	1 671	1 826
0-4	214	110	104	210	108	102
5-9	211	109	103	214	110	104
10-14	202	103	98	210	108	102
15-19	192	98	93	199	102	97
20-24	192	99	93	189	97	92
25-29	209	107	102	190	97	92
30-34	222	114	108	207	106	101
35-39	226	115	111	220	112	107
40-44	205	105	100	223	114	110
45-49	195	99	97	202	102	99
50-54	177	89	88	190	95	95
55-59	208	101	108	170	84	86
60-64	271	127	144	196	92	104
65-69	316	141	175	247	111	136
70-74	227	95	132	274	115	159
75-79	151	55	96	180	69	112
80+	…	…	…	…	…	…
80-84	88	27	61	104	33	71
85-89	43	10	33	48	12	37
90-94	21	3	18	17	3	14
95-99	5	1	4	5	1	5
100+	1	0	1	1	0	1

性・年齢別人口（千人）

年齢	2015			2020			2025			2030		
	総数	男	女	総数	男	女	総数	男	女	総数	男	女
総数	4 069	1 956	2 113	3 980	1 906	2 075	3 846	1 833	2 013	3 680	1 744	1 935
0-4	223	115	108	159	82	77	120	61	58	97	50	47
5-9	216	111	105	222	114	107	158	81	77	119	61	58
10-14	201	104	97	215	110	105	220	114	107	157	81	76
15-19	243	123	119	199	103	96	212	109	103	218	113	105
20-24	332	169	163	239	122	118	196	101	95	209	107	102
25-29	426	217	209	329	167	162	237	120	116	193	100	94
30-34	359	183	175	422	215	208	326	165	160	234	119	115
35-39	305	152	153	354	180	174	418	211	206	322	163	159
40-44	265	129	135	300	148	151	349	177	172	411	207	205
45-49	241	115	126	258	125	133	293	143	149	341	171	170
50-54	306	142	164	232	109	123	249	118	131	283	136	146
55-59	279	126	153	290	131	158	220	100	120	236	110	127
60-64	269	116	153	256	111	145	266	116	150	203	89	114
65-69	121	52	70	236	96	140	226	93	133	236	97	139
70-74	108	41	66	100	40	61	197	74	123	189	71	118
75-79	86	30	56	79	27	52	75	26	49	148	49	99
80+	…	…	…	…	…	…	…	…	…	…	…	…
80-84	57	20	36	53	16	37	50	14	35	47	14	33
85-89	26	7	19	26	8	19	25	6	19	24	6	19
90-94	6	1	5	9	2	7	9	2	7	9	2	7
95-99	1	0	1	1	0	1	2	0	2	2	0	2
100+	0	0	0	0	0	0	0	0	0	0	0	0

年齢	2035			2040			2045			2050		
	総数	男	女	総数	男	女	総数	男	女	総数	男	女
総数	3 494	1 648	1 846	3 292	1 546	1 746	3 081	1 443	1 638	2 862	1 336	1 526
0-4	91	47	44	88	45	43	83	43	41	74	38	36
5-9	96	49	47	90	46	44	87	45	42	83	42	40
10-14	117	60	57	95	49	46	89	46	43	86	44	42
15-19	155	79	75	115	59	56	93	48	45	87	45	42
20-24	215	111	104	152	78	74	112	58	55	90	46	44
25-29	207	106	101	212	110	103	149	77	73	110	57	54
30-34	191	98	93	204	105	100	210	108	102	147	76	72
35-39	231	117	114	188	97	92	202	103	99	208	107	101
40-44	318	160	158	228	115	113	186	95	91	199	101	98
45-49	403	201	202	311	155	156	223	111	112	182	92	90
50-54	330	163	167	391	192	199	302	149	153	217	107	110
55-59	269	127	142	315	152	163	373	180	194	289	140	150
60-64	218	98	121	249	113	136	292	137	156	348	163	186
65-69	180	75	106	195	82	112	224	97	127	264	118	146
70-74	199	75	123	153	58	94	166	65	101	192	77	115
75-79	144	48	96	152	51	101	118	40	78	130	46	84
80+	…	…	…	…	…	…	…	…	…	…	…	…
80-84	96	27	69	94	26	67	101	29	72	79	23	56
85-89	24	6	18	49	11	38	49	11	38	53	12	41
90-94	9	1	7	9	1	7	18	3	15	19	3	16
95-99	2	0	2	2	0	2	2	0	2	4	0	4
100+	0	0	0	0	0	0	0	0	0	0	0	0

年齢	2055			2060		
	総数	男	女	総数	男	女
総数	2 634	1 224	1 410	2 399	1 108	1 291
0-4	61	31	30	51	26	25
5-9	73	37	35	61	31	29
10-14	81	42	40	72	37	35
15-19	84	43	41	79	41	39
20-24	84	43	41	82	42	40
25-29	88	45	43	82	42	40
30-34	108	56	53	86	44	42
35-39	146	74	71	107	55	52
40-44	205	105	100	144	73	70
45-49	195	99	97	202	102	99
50-54	177	89	88	190	95	95
55-59	208	101	108	170	84	86
60-64	271	127	144	196	92	104
65-69	316	141	175	247	111	136
70-74	227	95	132	274	115	159
75-79	151	55	96	180	69	112
80+	…	…	…	…	…	…
80-84	88	27	61	104	33	71
85-89	43	10	33	48	12	37
90-94	21	3	17	17	3	14
95-99	5	1	4	5	1	5
100+	1	0	1	1	0	1

性・年齢別人口（千人）

年齢	1960			1965			1970			1975		
	総数	男	女	総数	男	女	総数	男	女	総数	男	女
総数	336	163	172	391	190	201	462	223	239	485	235	250
0-4	60	30	30	68	34	34	75	37	37	61	31	30
5-9	52	26	26	57	28	29	72	35	37	73	36	36
10-14	40	20	20	53	27	27	63	31	32	69	34	35
15-19	31	15	15	40	20	20	52	26	27	58	29	30
20-24	24	11	13	29	14	15	33	16	17	44	21	23
25-29	23	11	12	23	10	13	26	12	14	28	13	15
30-34	20	10	10	23	12	12	25	12	14	25	12	13
35-39	19	10	10	20	10	10	25	12	12	24	11	13
40-44	16	8	8	18	9	9	21	10	10	23	12	11
45-49	14	7	7	15	7	7	19	9	10	19	9	10
50-54	11	5	6	13	6	6	14	7	7	17	8	9
55-59	9	4	5	10	5	5	12	6	7	13	6	7
60-64	6	3	4	8	3	4	9	4	5	11	5	6
65-69	5	2	3	5	2	3	6	3	4	8	3	4
70-74	4	1	2	4	1	2	4	1	3	5	2	3
75-79	2	1	1	2	1	2	3	1	2	3	1	2
80+	2	0	1	2	0	2	2	1	2	3	1	2
80-84	…	…	…	…	…	…	…	…	…	…	…	…
85-89	…	…	…	…	…	…	…	…	…	…	…	…
90-94	…	…	…	…	…	…	…	…	…	…	…	…
95-99	…	…	…	…	…	…	…	…	…	…	…	…
100+	…	…	…	…	…	…	…	…	…	…	…	…

年齢	1980			1985			1990			1995		
	総数	男	女	総数	男	女	総数	男	女	総数	男	女
総数	509	249	261	559	273	286	611	299	312	674	329	345
0-4	57	29	28	62	31	31	68	34	33	69	35	34
5-9	63	32	31	60	30	30	60	30	30	68	34	34
10-14	71	36	35	64	32	32	61	30	30	63	31	31
15-19	66	33	33	67	33	34	64	32	32	62	31	31
20-24	50	25	26	58	28	30	66	33	34	61	30	31
25-29	37	18	19	48	23	24	57	28	29	63	31	33
30-34	27	13	14	41	20	21	47	23	24	60	29	31
35-39	25	12	13	30	15	15	40	20	20	51	25	26
40-44	23	11	12	26	13	13	29	15	15	41	20	21
45-49	22	11	11	23	11	12	25	12	13	30	15	15
50-54	18	9	9	21	11	11	22	11	12	25	12	13
55-59	16	7	8	17	8	9	20	10	10	22	10	12
60-64	12	5	6	15	7	8	16	7	8	19	9	10
65-69	9	4	5	10	4	6	13	6	7	14	6	8
70-74	6	2	4	8	3	5	9	4	5	12	5	7
75-79	4	1	2	5	2	3	6	2	4	7	3	5
80+	4	1	3	5	1	4	…	…	…	…	…	…
80-84	…	…	…	…	…	…	4	1	2	4	1	3
85-89	…	…	…	…	…	…	2	0	1	2	1	2
90-94	…	…	…	…	…	…	1	0	1	1	0	1
95-99	…	…	…	…	…	…	0	0	0	0	0	0
100+	…	…	…	…	…	…	0	0	0	0	0	0

年齢	2000			2005			2010			2015		
	総数	男	女	総数	男	女	総数	男	女	総数	男	女
総数	737	360	377	792	388	403	831	402	428	861	417	444
0-4	71	36	35	75	38	37	71	36	35	65	33	32
5-9	70	35	35	69	35	34	72	37	35	68	35	33
10-14	70	35	35	69	36	34	68	35	33	70	36	34
15-19	64	32	32	73	37	36	70	36	34	67	34	32
20-24	59	30	29	65	33	32	66	33	33	63	32	31
25-29	58	28	29	56	28	28	52	25	28	56	27	29
30-34	66	32	35	53	26	28	50	23	27	49	22	26
35-39	64	31	33	64	31	33	56	26	30	53	24	29
40-44	52	26	26	63	30	32	68	32	36	59	28	31
45-49	41	20	21	51	25	27	64	31	33	68	33	35
50-54	29	14	15	43	21	22	51	25	26	62	30	32
55-59	24	11	13	30	15	15	42	20	22	50	25	26
60-64	20	9	11	23	11	12	30	15	15	42	20	22
65-69	17	8	9	19	9	11	24	11	13	30	14	15
70-74	13	5	7	15	7	9	19	8	11	22	10	12
75-79	10	4	6	10	4	6	13	6	8	17	7	10
80+	…	…	…	…	…	…	…	…	…	…	…	…
80-84	5	2	4	7	3	5	8	3	5	11	4	6
85-89	3	1	2	3	1	2	5	2	3	5	2	4
90-94	1	0	1	1	0	1	2	0	1	3	1	2
95-99	0	0	0	0	0	0	1	0	0	1	0	1
100+	0	0	0	0	0	0	0	0	0	0	0	0

中位予測値 レユニオン

性・年齢別人口（千人）

年齢	2015			2020			2025			2030		
	総数	男	女	総数	男	女	総数	男	女	総数	男	女
総数	861	417	444	892	431	460	921	446	476	947	458	489
0-4	65	33	32	62	31	30	60	31	30	59	30	29
5-9	68	35	33	64	32	31	61	31	30	60	30	29
10-14	70	36	34	67	34	33	63	32	31	61	31	30
15-19	67	34	32	70	36	34	67	34	33	63	32	31
20-24	63	32	31	63	32	31	68	35	33	65	33	32
25-29	56	27	29	58	29	29	60	31	30	65	33	32
30-34	49	22	26	54	26	28	57	28	29	59	30	29
35-39	53	24	29	50	23	27	55	26	29	57	28	29
40-44	59	28	31	55	25	30	51	23	27	55	26	29
45-49	68	33	35	59	28	31	54	25	29	51	23	27
50-54	62	30	32	67	32	35	58	27	31	54	24	29
55-59	50	25	26	62	29	32	66	31	35	57	27	31
60-64	42	20	22	50	24	26	60	29	32	65	30	34
65-69	30	14	15	40	19	21	47	23	25	58	27	31
70-74	22	10	12	28	13	15	38	17	20	44	21	24
75-79	17	7	10	20	9	11	25	11	13	34	15	19
80+	…	…	…	…	…	…	…	…	…	…	…	…
80-84	11	4	6	14	5	8	16	7	9	20	9	11
85-89	5	2	4	7	3	5	10	4	6	12	5	7
90-94	3	1	2	3	1	2	4	1	3	6	2	4
95-99	1	0	1	1	0	1	1	0	1	2	0	1
100+	0	0	0	0	0	0	0	0	0	0	0	0

年齢	2035			2040			2045			2050		
	総数	男	女	総数	男	女	総数	男	女	総数	男	女
総数	967	468	499	981	474	507	988	478	511	989	478	511
0-4	58	29	29	56	28	28	53	27	26	51	26	25
5-9	59	30	29	57	29	28	55	28	27	53	27	26
10-14	59	30	29	58	30	29	57	29	28	55	28	27
15-19	60	31	30	59	30	29	58	29	28	56	29	28
20-24	61	31	30	58	30	29	57	29	28	56	28	28
25-29	62	32	31	58	29	29	56	28	28	54	27	27
30-34	64	32	32	61	31	31	57	29	29	55	27	27
35-39	60	30	30	65	33	32	62	31	31	58	29	29
40-44	58	29	29	61	31	30	65	33	32	63	32	31
45-49	55	26	29	58	29	29	61	31	30	65	33	32
50-54	50	23	27	54	26	29	57	28	29	60	30	30
55-59	53	24	29	50	23	27	54	26	28	57	28	29
60-64	56	26	30	52	24	29	49	22	27	53	25	28
65-69	62	29	33	55	25	30	51	23	28	48	22	26
70-74	54	25	29	59	27	32	52	24	29	49	21	27
75-79	40	18	22	50	22	27	54	24	30	48	21	27
80+	…	…	…	…	…	…	…	…	…	…	…	…
80-84	29	13	16	34	15	19	43	19	24	47	21	27
85-89	15	6	9	22	9	13	26	11	15	34	14	20
90-94	7	3	5	10	4	6	14	5	9	17	7	11
95-99	3	1	2	3	1	2	4	1	3	7	2	5
100+	1	0	1	1	0	1	1	0	1	2	0	1

年齢	2055			2060		
	総数	男	女	総数	男	女
総数	984	476	508	976	473	503
0-4	50	25	24	48	24	24
5-9	51	26	25	49	25	24
10-14	52	27	26	50	26	25
15-19	54	28	27	52	26	26
20-24	55	28	27	53	27	26
25-29	54	27	27	52	26	26
30-34	53	27	27	53	26	26
35-39	56	28	28	54	27	27
40-44	59	30	29	56	28	28
45-49	63	32	31	59	30	29
50-54	65	33	32	62	31	31
55-59	60	30	29	64	32	32
60-64	56	28	29	59	30	29
65-69	52	25	28	55	27	28
70-74	46	21	25	50	23	27
75-79	45	20	26	43	19	24
80+	…	…	…	…	…	…
80-84	42	18	24	40	17	23
85-89	38	16	22	34	14	20
90-94	22	8	14	26	10	16
95-99	9	2	6	11	3	8
100+	2	0	2	3	0	3

Réunion

性・年齢別人口（千人）

年齢	2015			2020			2025			2030		
	総数	男	女	総数	男	女	総数	男	女	総数	男	女
総数	861	417	444	899	435	464	941	456	485	981	476	506
0-4	65	33	32	69	35	34	72	37	36	75	38	37
5-9	68	35	33	64	32	31	68	35	34	71	36	35
10-14	70	36	34	67	34	33	63	32	31	68	35	33
15-19	67	34	32	70	36	34	67	34	33	63	32	31
20-24	63	32	31	63	32	31	68	35	33	65	33	32
25-29	56	27	29	58	29	29	60	31	30	65	33	32
30-34	49	22	26	54	26	28	57	28	29	59	30	29
35-39	53	24	29	50	23	27	55	26	29	57	28	29
40-44	59	28	31	55	25	30	51	23	27	55	26	29
45-49	68	33	35	59	28	31	54	25	29	51	23	27
50-54	62	30	32	67	32	35	58	27	31	54	24	29
55-59	50	25	26	62	29	32	66	31	35	57	27	31
60-64	42	20	22	50	24	26	60	29	32	65	30	34
65-69	30	14	15	40	19	21	47	23	25	58	27	31
70-74	22	10	12	28	13	15	38	17	20	44	21	24
75-79	17	7	10	20	9	11	25	11	13	34	15	19
80+	…	…	…	…	…	…	…	…	…	…	…	…
80-84	11	4	6	14	5	8	16	7	9	20	9	11
85-89	5	2	4	7	3	5	10	4	6	12	5	7
90-94	3	1	2	3	1	2	4	1	3	6	2	4
95-99	1	0	1	1	0	1	1	0	1	2	0	1
100+	0	0	0	0	0	0	0	0	0	0	0	0

年齢	2035			2040			2045			2050		
	総数	男	女	総数	男	女	総数	男	女	総数	男	女
総数	1 018	493	524	1 049	509	540	1 076	522	554	1 100	534	566
0-4	74	37	36	73	37	36	74	37	36	75	38	37
5-9	74	38	36	73	37	36	73	37	36	73	37	36
10-14	71	36	35	73	37	36	73	37	36	72	37	35
15-19	68	34	33	71	36	35	73	37	36	72	37	35
20-24	61	31	30	66	33	32	69	35	34	71	36	35
25-29	62	32	31	58	29	29	63	32	31	66	33	33
30-34	64	32	32	61	31	31	57	29	29	62	31	31
35-39	60	30	30	65	33	32	62	31	31	58	29	29
40-44	58	29	29	61	31	30	65	33	32	63	32	31
45-49	55	26	29	58	29	29	61	31	30	65	33	32
50-54	50	23	27	54	26	29	57	28	29	60	30	30
55-59	53	24	29	50	23	27	54	26	28	57	28	29
60-64	56	26	30	52	24	29	49	22	27	53	25	28
65-69	62	29	33	55	25	30	51	23	28	48	22	26
70-74	54	25	29	59	27	32	52	24	29	49	21	27
75-79	40	18	22	50	22	27	54	24	30	48	21	27
80+	…	…	…	…	…	…	…	…	…	…	…	…
80-84	29	13	16	34	15	19	43	19	24	47	21	27
85-89	15	6	9	22	9	13	26	11	15	34	14	20
90-94	7	3	5	10	4	6	14	5	9	17	7	11
95-99	3	1	2	3	1	2	4	1	3	7	2	5
100+	1	0	1	1	0	1	1	0	1	2	0	1

年齢	2055			2060		
	総数	男	女	総数	男	女
総数	1 122	546	576	1 144	558	586
0-4	77	39	38	78	40	38
5-9	74	38	37	76	39	37
10-14	72	37	36	74	38	36
15-19	72	37	35	72	37	35
20-24	70	36	35	70	36	35
25-29	69	35	34	68	34	34
30-34	65	33	33	68	34	34
35-39	63	31	31	66	33	33
40-44	59	30	29	64	32	32
45-49	63	32	31	59	30	29
50-54	65	33	32	62	31	31
55-59	60	30	29	64	32	32
60-64	56	28	29	59	30	29
65-69	52	25	28	55	27	28
70-74	46	21	25	50	23	27
75-79	45	20	26	43	19	24
80+	…	…	…	…	…	…
80-84	42	18	24	40	17	23
85-89	38	16	22	34	14	20
90-94	22	8	14	26	10	16
95-99	9	2	6	11	3	8
100+	2	0	2	3	0	3

性・年齢別人口（千人）

年齢	2015			2020			2025			2030		
	総数	男	女	総数	男	女	総数	男	女	総数	男	女
総数	861	417	444	885	428	457	902	436	466	912	441	472
0-4	65	33	32	54	28	27	48	24	24	44	22	22
5-9	68	35	33	64	32	31	54	27	26	48	24	23
10-14	70	36	34	67	34	33	63	32	31	53	27	26
15-19	67	34	32	70	36	34	67	34	33	63	32	31
20-24	63	32	31	63	32	31	68	35	33	65	33	32
25-29	56	27	29	58	29	29	60	31	30	65	33	32
30-34	49	22	26	54	26	28	57	28	29	59	30	29
35-39	53	24	29	50	23	27	55	26	29	57	28	29
40-44	59	28	31	55	25	30	51	23	27	55	26	29
45-49	68	33	35	59	28	31	54	25	29	51	23	27
50-54	62	30	32	67	32	35	58	27	31	54	24	29
55-59	50	25	26	62	29	32	66	31	35	57	27	31
60-64	42	20	22	50	24	26	60	29	32	65	30	34
65-69	30	14	15	40	19	21	47	23	25	58	27	31
70-74	22	10	12	28	13	15	38	17	20	44	21	24
75-79	17	7	10	20	9	11	25	11	13	34	15	19
80+	…	…	…	…	…	…	…	…	…	…	…	…
80-84	11	4	6	14	5	8	16	7	9	20	9	11
85-89	5	2	4	7	3	5	10	4	6	12	5	7
90-94	3	1	2	3	1	2	4	1	3	6	2	4
95-99	1	0	1	1	0	1	1	0	1	2	0	1
100+	0	0	0	0	0	0	0	0	0	0	0	0

年齢	2035			2040			2045			2050		
	総数	男	女	総数	男	女	総数	男	女	総数	男	女
総数	917	442	475	915	441	474	904	435	469	885	425	460
0-4	42	21	21	40	20	19	36	18	18	32	16	16
5-9	43	22	21	42	21	20	39	20	19	35	18	17
10-14	47	24	23	43	22	21	41	21	20	38	20	19
15-19	53	27	26	47	24	23	43	22	21	41	21	20
20-24	61	31	30	51	26	25	45	23	22	41	21	20
25-29	62	32	31	58	29	29	49	24	24	42	21	21
30-34	64	32	32	61	31	31	57	29	29	48	24	24
35-39	60	30	30	65	33	32	62	31	31	58	29	29
40-44	58	29	29	61	31	30	65	33	32	63	32	31
45-49	55	26	29	58	29	29	61	31	30	65	33	32
50-54	50	23	27	54	26	29	57	28	29	60	30	30
55-59	53	24	29	50	23	27	54	26	28	57	28	29
60-64	56	26	30	52	24	29	49	22	27	53	25	28
65-69	62	29	33	55	25	30	51	23	28	48	22	26
70-74	54	25	29	59	27	32	52	24	29	49	21	27
75-79	40	18	22	50	22	27	54	24	30	48	21	27
80+	…	…	…	…	…	…	…	…	…	…	…	…
80-84	29	13	16	34	15	19	43	19	24	47	21	27
85-89	15	6	9	22	9	13	26	11	15	34	14	20
90-94	7	3	5	10	4	6	14	5	9	17	7	11
95-99	3	1	2	3	1	2	4	1	3	7	2	5
100+	1	0	1	1	0	1	1	0	1	2	0	1

年齢	2055			2060		
	総数	男	女	総数	男	女
総数	859	412	446	828	398	430
0-4	28	14	14	26	13	13
5-9	31	16	15	28	14	14
10-14	35	18	17	31	16	15
15-19	38	19	19	34	17	17
20-24	39	20	19	36	18	18
25-29	38	19	19	37	18	18
30-34	42	21	21	38	19	19
35-39	48	24	24	42	21	21
40-44	59	30	29	49	25	25
45-49	63	32	31	59	30	29
50-54	65	33	32	62	31	31
55-59	60	30	29	64	32	32
60-64	56	28	29	59	30	29
65-69	52	25	28	55	27	28
70-74	46	21	25	50	23	27
75-79	45	20	26	43	19	24
80+	…	…	…	…	…	…
80-84	42	18	24	40	17	23
85-89	38	16	22	34	14	20
90-94	22	8	14	26	10	16
95-99	9	2	6	11	3	8
100+	2	0	2	3	0	3

Romania

性・年齢別人口（千人）

年齢	1960 総数	男	女	1965 総数	男	女	1970 総数	男	女	1975 総数	男	女
総数	18 614	9 090	9 524	19 380	9 492	9 887	20 549	10 094	10 455	21 666	10 669	10 997
0–4	1 863	953	911	1 476	755	720	2 028	1 038	990	2 020	1 035	985
5–9	1 911	975	935	1 846	943	903	1 462	748	714	2 014	1 030	984
10–14	1 601	814	787	1 905	972	933	1 840	940	901	1 458	745	712
15–19	1 287	653	635	1 595	810	785	1 898	967	931	1 834	936	898
20–24	1 618	795	823	1 280	648	632	1 586	804	782	1 888	961	927
25–29	1 578	798	780	1 607	789	818	1 271	642	629	1 576	798	778
30–34	1 542	775	767	1 566	791	775	1 594	781	814	1 262	637	625
35–39	1 336	636	699	1 527	766	761	1 551	781	769	1 580	772	808
40–44	790	356	433	1 319	627	692	1 507	753	753	1 531	769	762
45–49	1 163	541	623	775	349	427	1 294	613	681	1 479	736	743
50–54	1 067	523	544	1 130	522	608	752	336	416	1 258	591	667
55–59	862	422	440	1 020	495	525	1 079	492	587	720	317	402
60–64	726	331	395	802	386	416	946	450	496	1 006	450	556
65–69	527	220	306	645	287	358	706	330	377	842	390	453
70–74	373	152	221	434	176	258	519	221	298	580	261	319
75–79	233	95	138	268	106	162	302	117	185	371	151	220
80+	138	51	87	186	70	115	212	79	133	247	91	157
80–84	...	...	...	...	...	...	...	...	...	...	...	...
85–89	...	...	...	...	...	...	...	...	...	...	...	...
90–94	...	...	...	...	...	...	...	...	...	...	...	...
95–99	...	...	...	...	...	...	...	...	...	...	...	...
100+	...	...	...	...	...	...	...	...	...	...	...	...

年齢	1980 総数	男	女	1985 総数	男	女	1990 総数	男	女	1995 総数	男	女
総数	22 612	11 152	11 460	23 104	11 394	11 710	23 489	11 580	11 910	22 965	11 284	11 681
0–4	2 050	1 051	999	1 795	920	875	1 785	915	870	1 267	650	617
5–9	2 003	1 026	977	2 029	1 040	989	1 775	909	865	1 754	898	855
10–14	2 006	1 025	981	1 992	1 019	973	2 018	1 034	985	1 758	900	857
15–19	1 446	739	707	1 987	1 015	972	1 973	1 009	964	1 979	1 014	965
20–24	1 810	923	888	1 409	720	689	1 948	994	953	1 886	966	920
25–29	1 858	945	913	1 761	897	865	1 363	696	667	1 839	939	900
30–34	1 549	783	766	1 812	920	893	1 716	872	844	1 270	647	623
35–39	1 239	623	616	1 511	761	750	1 770	895	875	1 637	827	809
40–44	1 551	754	797	1 205	603	602	1 472	737	735	1 699	852	847
45–49	1 496	746	749	1 507	726	781	1 166	578	589	1 407	696	711
50–54	1 431	706	725	1 439	709	730	1 447	687	760	1 104	537	567
55–59	1 199	556	643	1 356	657	699	1 360	657	703	1 355	626	729
60–64	669	289	381	1 110	502	608	1 251	590	662	1 245	582	664
65–69	897	389	508	595	248	347	987	430	557	1 103	498	605
70–74	695	309	386	741	307	434	493	196	297	817	337	479
75–79	418	179	239	504	213	291	542	213	329	362	135	227
80+	294	111	184	349	137	212	...	...	...	...	...	...
80–84	...	...	...	...	...	...	297	119	178	324	119	205
85–89	...	...	...	...	...	...	101	39	61	129	49	80
90–94	...	...	...	...	...	...	23	8	14	29	11	18
95–99	...	...	...	...	...	...	3	1	2	4	1	2
100+	...	...	...	...	...	...	0	0	0	0	0	0

年齢	2000 総数	男	女	2005 総数	男	女	2010 総数	男	女	2015 総数	男	女
総数	22 128	10 825	11 303	21 408	10 439	10 969	20 299	9 860	10 439	19 511	9 451	10 060
0–4	1 120	575	545	1 065	546	519	1 055	542	513	924	475	449
5–9	1 242	637	605	1 109	569	540	1 057	542	515	1 050	539	511
10–14	1 738	890	848	1 230	630	599	1 102	565	537	1 054	541	513
15–19	1 725	884	841	1 706	874	832	1 135	583	552	1 054	541	513
20–24	1 862	953	910	1 596	820	776	1 418	731	687	990	511	479
25–29	1 702	870	832	1 696	869	827	1 306	672	634	1 271	656	615
30–34	1 709	872	838	1 620	829	792	1 551	784	767	1 232	629	603
35–39	1 208	613	595	1 674	851	822	1 562	789	772	1 519	763	756
40–44	1 574	789	785	1 178	594	584	1 652	836	816	1 548	779	768
45–49	1 629	806	824	1 521	753	767	1 144	571	573	1 620	814	806
50–54	1 336	648	688	1 555	755	799	1 455	709	746	1 101	541	560
55–59	1 030	487	543	1 256	594	662	1 475	702	773	1 386	661	725
60–64	1 239	551	688	947	432	515	1 174	543	631	1 385	642	743
65–69	1 097	489	608	1 102	466	635	856	377	479	1 071	477	594
70–74	912	389	522	919	387	532	943	378	565	743	310	433
75–79	606	235	371	689	276	413	716	283	434	758	284	474
80+	...	...	...	...	...	...	...	...	...	...	...	...
80–84	219	76	143	385	139	246	455	170	285	492	181	311
85–89	139	48	91	107	35	72	194	66	128	237	84	154
90–94	35	13	22	47	16	31	37	12	25	68	23	45
95–99	4	2	3	8	3	5	10	4	6	8	3	5
100+	0	0	0	1	0	0	1	0	1	1	1	1

性・年齢別人口（千人）

年齢	2015			2020			2025			2030		
	総数	男	女	総数	男	女	総数	男	女	総数	男	女
総数	19 511	9 451	10 060	18 848	9 113	9 734	18 229	8 802	9 427	17 639	8 509	9 131
0-4	924	475	449	855	439	416	795	408	386	760	391	370
5-9	1 050	539	511	921	473	448	853	438	415	793	408	386
10-14	1 054	541	513	1 048	538	510	920	472	447	852	438	414
15-19	1 054	541	513	1 029	528	501	1 035	531	504	913	469	444
20-24	990	511	479	980	504	476	991	509	482	1 015	521	494
25-29	1 271	656	615	916	473	443	941	484	458	970	498	473
30-34	1 232	629	603	1 232	633	599	895	461	435	930	477	453
35-39	1 519	763	756	1 214	617	598	1 220	625	596	889	456	433
40-44	1 548	779	768	1 506	754	752	1 205	610	595	1 211	618	593
45-49	1 620	814	806	1 520	760	760	1 482	737	745	1 187	597	590
50-54	1 101	541	560	1 568	776	792	1 476	728	748	1 443	708	734
55-59	1 386	661	725	1 052	506	546	1 502	729	773	1 419	687	732
60-64	1 385	642	743	1 304	605	699	993	466	527	1 423	674	749
65-69	1 071	477	594	1 268	566	702	1 200	537	663	918	416	502
70-74	743	310	433	936	395	541	1 116	473	642	1 064	454	610
75-79	758	284	474	602	236	367	766	304	462	922	369	553
80+	…	…	…	…	…	…	…	…	…	…	…	…
80-84	492	181	311	530	184	346	427	156	272	552	204	348
85-89	237	84	154	263	91	172	291	95	197	240	82	159
90-94	68	23	45	86	30	56	99	33	65	113	35	78
95-99	8	3	5	15	5	10	20	7	13	23	8	15
100+	1	1	1	1	0	1	2	1	1	3	1	2

年齢	2035			2040			2045			2050		
	総数	男	女	総数	男	女	総数	男	女	総数	男	女
総数	17 046	8 218	8 829	16 449	7 931	8 518	15 835	7 644	8 191	15 207	7 353	7 854
0-4	758	389	368	758	390	368	731	376	355	686	353	333
5-9	759	390	369	756	389	368	757	389	368	730	375	355
10-14	792	407	385	758	390	369	756	388	367	756	389	368
15-19	845	434	411	786	404	382	752	386	366	749	385	364
20-24	893	458	434	826	424	402	767	394	373	733	377	356
25-29	994	510	485	873	448	425	806	414	392	747	384	364
30-34	959	490	468	983	503	480	862	441	421	796	407	388
35-39	923	472	451	952	486	466	976	498	478	856	437	419
40-44	882	451	431	917	468	449	946	482	465	971	494	476
45-49	1 195	606	588	871	443	428	906	460	446	936	475	461
50-54	1 157	576	581	1 167	586	580	852	430	422	888	447	441
55-59	1 391	671	719	1 118	548	570	1 130	560	570	827	413	415
60-64	1 349	639	710	1 327	627	699	1 070	515	555	1 085	530	556
65-69	1 321	607	715	1 259	579	679	1 244	573	671	1 008	474	534
70-74	819	355	463	1 187	523	664	1 138	504	634	1 132	504	628
75-79	888	358	530	690	284	406	1 009	424	586	977	414	563
80+	…	…	…	…	…	…	…	…	…	…	…	…
80-84	675	252	423	660	249	411	521	201	319	773	305	467
85-89	318	110	209	399	138	261	400	140	260	323	116	207
90-94	97	31	65	133	43	90	172	56	116	178	58	121
95-99	28	9	19	25	8	17	36	11	25	49	15	34
100+	4	1	2	4	1	3	4	1	3	6	2	4

年齢	2055			2060		
	総数	男	女	総数	男	女
総数	14 567	7 060	7 507	13 932	6 777	7 155
0-4	646	332	314	622	320	302
5-9	685	352	333	645	331	313
10-14	729	375	354	685	352	333
15-19	750	386	365	724	372	352
20-24	731	376	355	733	377	356
25-29	714	367	347	714	367	347
30-34	737	378	360	705	362	344
35-39	790	404	386	733	375	358
40-44	852	434	417	787	402	385
45-49	961	488	473	844	429	415
50-54	919	463	456	945	477	468
55-59	865	431	433	897	448	449
60-64	797	392	405	836	412	424
65-69	1 027	491	536	757	366	391
70-74	923	421	502	946	440	506
75-79	982	419	563	807	355	452
80+	…	…	…	…	…	…
80-84	759	304	455	773	313	460
85-89	490	180	310	492	184	308
90-94	149	49	100	233	79	154
95-99	53	16	37	46	14	32
100+	9	2	6	10	3	7

Romania

性・年齢別人口（千人）

年齢	2015 総数	男	女	2020 総数	男	女	2025 総数	男	女	2030 総数	男	女
総数	19 511	9 451	10 060	18 987	9 185	9 802	18 569	8 977	9 592	18 214	8 804	9 410
0-4	924	475	449	995	511	484	996	512	484	996	512	484
5-9	1 050	539	511	921	473	448	992	510	483	994	511	483
10-14	1 054	541	513	1 048	538	510	920	472	447	991	509	482
15-19	1 054	541	513	1 029	528	501	1 035	531	504	913	469	444
20-24	990	511	479	980	504	476	991	509	482	1 015	521	494
25-29	1 271	656	615	916	473	443	941	484	458	970	498	473
30-34	1 232	629	603	1 232	633	599	895	461	435	930	477	453
35-39	1 519	763	756	1 214	617	598	1 220	625	596	889	456	433
40-44	1 548	779	768	1 506	754	752	1 205	610	595	1 211	618	593
45-49	1 620	814	806	1 520	760	760	1 482	737	745	1 187	597	590
50-54	1 101	541	560	1 568	776	792	1 476	728	748	1 443	708	734
55-59	1 386	661	725	1 052	506	546	1 502	729	773	1 419	687	732
60-64	1 385	642	743	1 304	605	699	993	466	527	1 423	674	749
65-69	1 071	477	594	1 268	566	702	1 200	537	663	918	416	502
70-74	743	310	433	936	395	541	1 116	473	642	1 064	454	610
75-79	758	284	474	602	236	367	766	304	462	922	369	553
80+	…	…	…	…	…	…	…	…	…	…	…	…
80-84	492	181	311	530	184	346	427	156	272	552	204	348
85-89	237	84	154	263	91	172	291	95	197	240	82	159
90-94	68	23	45	86	30	56	99	33	65	113	35	78
95-99	8	3	5	15	5	10	20	7	13	23	8	15
100+	1	1	1	1	0	1	2	1	1	3	1	2

年齢	2035 総数	男	女	2040 総数	男	女	2045 総数	男	女	2050 総数	男	女
総数	17 855	8 633	9 222	17 500	8 471	9 029	17 152	8 320	8 832	16 836	8 190	8 646
0-4	992	510	482	1 002	515	487	998	513	485	1 000	514	486
5-9	994	511	483	990	509	481	1 001	514	486	996	512	484
10-14	993	510	483	993	510	483	990	509	481	1 000	514	486
15-19	984	506	479	986	507	480	986	507	480	983	505	478
20-24	893	458	434	964	495	469	967	496	470	967	497	470
25-29	994	510	485	873	448	425	945	485	460	947	486	461
30-34	959	490	468	983	503	480	862	441	421	934	478	456
35-39	923	472	451	952	486	466	976	498	478	856	437	419
40-44	882	451	431	917	468	449	946	482	465	971	494	476
45-49	1 195	606	588	871	443	428	906	460	446	936	475	461
50-54	1 157	576	581	1 167	586	580	852	430	422	888	447	441
55-59	1 391	671	719	1 118	548	570	1 130	560	570	827	413	415
60-64	1 349	639	710	1 327	627	699	1 070	515	555	1 085	530	556
65-69	1 321	607	715	1 259	579	679	1 244	573	671	1 008	474	534
70-74	819	355	463	1 187	523	664	1 138	504	634	1 132	504	628
75-79	888	358	530	690	284	406	1 009	424	586	977	414	563
80+	…	…	…	…	…	…	…	…	…	…	…	…
80-84	675	252	423	660	249	411	521	201	319	773	305	467
85-89	318	110	209	399	138	261	400	140	260	323	116	207
90-94	97	31	65	133	43	90	172	56	116	178	58	121
95-99	28	9	19	25	8	17	36	11	25	49	15	34
100+	4	1	2	4	1	3	4	1	3	6	2	4

年齢	2055 総数	男	女	2060 総数	男	女
総数	16 565	8 086	8 479	16 337	8 012	8 326
0-4	1 017	523	494	1 032	530	501
5-9	999	514	485	1 016	522	493
10-14	996	512	484	998	513	485
15-19	994	511	483	990	509	481
20-24	964	496	469	976	502	474
25-29	948	487	461	947	486	460
30-34	937	480	457	938	481	457
35-39	928	474	454	931	476	455
40-44	852	434	417	924	471	452
45-49	961	488	473	844	429	415
50-54	919	463	456	945	477	468
55-59	865	431	433	897	448	449
60-64	797	392	405	836	412	424
65-69	1 027	491	536	757	366	391
70-74	923	421	502	946	440	506
75-79	982	419	563	807	355	452
80+	…	…	…	…	…	…
80-84	759	304	455	773	313	460
85-89	490	180	310	492	184	308
90-94	149	49	100	233	79	154
95-99	53	16	37	46	14	32
100+	9	2	6	10	3	7

性・年齢別人口（千人）

年齢	2015			2020			2025			2030		
	総数	男	女	総数	男	女	総数	男	女	総数	男	女
総数	19 511	9 451	10 060	18 708	9 041	9 667	17 889	8 628	9 261	17 064	8 213	8 851
0-4	924	475	449	716	368	348	594	305	289	525	270	255
5-9	1 050	539	511	921	473	448	714	367	347	592	304	288
10-14	1 054	541	513	1 048	538	510	920	472	447	713	366	347
15-19	1 054	541	513	1 029	528	501	1 035	531	504	913	469	444
20-24	990	511	479	980	504	476	991	509	482	1 015	521	494
25-29	1 271	656	615	916	473	443	941	484	458	970	498	473
30-34	1 232	629	603	1 232	633	599	895	461	435	930	477	453
35-39	1 519	763	756	1 214	617	598	1 220	625	596	889	456	433
40-44	1 548	779	768	1 506	754	752	1 205	610	595	1 211	618	593
45-49	1 620	814	806	1 520	760	760	1 482	737	745	1 187	597	590
50-54	1 101	541	560	1 568	776	792	1 476	728	748	1 443	708	734
55-59	1 386	661	725	1 052	506	546	1 502	729	773	1 419	687	732
60-64	1 385	642	743	1 304	605	699	993	466	527	1 423	674	749
65-69	1 071	477	594	1 268	566	702	1 200	537	663	918	416	502
70-74	743	310	433	936	395	541	1 116	473	642	1 064	454	610
75-79	758	284	474	602	236	367	766	304	462	922	369	553
80+	…	…	…	…	…	…	…	…	…	…	…	…
80-84	492	181	311	530	184	346	427	156	272	552	204	348
85-89	237	84	154	263	91	172	291	95	197	240	82	159
90-94	68	23	45	86	30	56	99	33	65	113	35	78
95-99	8	3	5	15	5	10	20	7	13	23	8	15
100+	1	1	1	1	0	1	2	1	1	3	1	2

年齢	2035			2040			2045			2050		
	総数	男	女	総数	男	女	総数	男	女	総数	男	女
総数	16 240	7 803	8 436	15 407	7 396	8 011	14 552	6 985	7 567	13 663	6 560	7 103
0-4	526	270	255	522	269	254	488	251	237	424	218	206
5-9	524	269	255	525	270	255	521	268	253	487	250	237
10-14	592	304	288	524	269	255	524	269	255	521	268	253
15-19	707	363	344	585	301	285	517	266	252	518	266	252
20-24	893	458	434	687	353	334	566	291	275	499	256	242
25-29	994	510	485	873	448	425	668	343	325	547	281	266
30-34	959	490	468	983	503	480	862	441	421	658	337	321
35-39	923	472	451	952	486	466	976	498	478	856	437	419
40-44	882	451	431	917	468	449	946	482	465	971	494	476
45-49	1 195	606	588	871	443	428	906	460	446	936	475	461
50-54	1 157	576	581	1 167	586	580	852	430	422	888	447	441
55-59	1 391	671	719	1 118	548	570	1 130	560	570	827	413	415
60-64	1 349	639	710	1 327	627	699	1 070	515	555	1 085	530	556
65-69	1 321	607	715	1 259	579	679	1 244	573	671	1 008	474	534
70-74	819	355	463	1 187	523	664	1 138	504	634	1 132	504	628
75-79	888	358	530	690	284	406	1 009	424	586	977	414	563
80+	…	…	…	…	…	…	…	…	…	…	…	…
80-84	675	252	423	660	249	411	521	201	319	773	305	467
85-89	318	110	209	399	138	261	400	140	260	323	116	207
90-94	97	31	65	133	43	90	172	56	116	178	58	121
95-99	28	9	19	25	8	17	36	11	25	49	15	34
100+	4	1	2	4	1	3	4	1	3	6	2	4

年齢	2055			2060		
	総数	男	女	総数	男	女
総数	12 737	6 120	6 617	11 800	5 682	6 118
0-4	357	184	174	316	163	154
5-9	423	217	206	357	183	173
10-14	487	250	236	423	217	205
15-19	515	265	250	481	247	234
20-24	500	257	243	498	256	242
25-29	481	247	234	483	249	235
30-34	538	276	262	472	242	230
35-39	653	334	319	534	273	261
40-44	852	434	417	650	332	318
45-49	961	488	473	844	429	415
50-54	919	463	456	945	477	468
55-59	865	431	433	897	448	449
60-64	797	392	405	836	412	424
65-69	1 027	491	536	757	366	391
70-74	923	421	502	946	440	506
75-79	982	419	563	807	355	452
80+	…	…	…	…	…	…
80-84	759	304	455	773	313	460
85-89	490	180	310	492	184	308
90-94	149	49	100	233	79	154
95-99	53	16	37	46	14	32
100+	9	2	6	10	3	7

Russian Federation

性・年齢別人口（千人）

年齢	1960 総数	男	女	1965 総数	男	女	1970 総数	男	女	1975 総数	男	女
総数	119 860	53 682	66 178	126 484	57 317	69 167	130 126	59 395	70 731	133 788	61 317	72 471
0-4	13 274	6 768	6 507	11 616	5 932	5 684	9 386	4 751	4 636	10 046	5 103	4 943
5-9	12 569	6 397	6 172	13 214	6 728	6 486	11 640	5 905	5 736	9 300	4 697	4 603
10-14	10 554	5 366	5 188	12 395	6 328	6 067	13 082	6 686	6 396	11 463	5 820	5 643
15-19	6 855	3 436	3 419	10 469	5 365	5 105	12 175	6 240	5 935	12 837	6 557	6 280
20-24	12 356	6 206	6 150	6 772	3 401	3 371	10 330	5 312	5 018	12 019	6 124	5 895
25-29	9 795	4 872	4 923	12 103	6 043	6 060	6 656	3 345	3 311	10 139	5 159	4 980
30-34	11 719	5 574	6 145	9 508	4 712	4 797	11 810	5 870	5 940	6 547	3 259	3 288
35-39	7 497	2 940	4 557	11 443	5 399	6 044	9 135	4 538	4 597	11 581	5 687	5 894
40-44	5 613	2 164	3 449	7 309	2 828	4 481	11 042	5 179	5 862	8 869	4 337	4 531
45-49	7 297	2 715	4 582	5 418	2 061	3 357	7 196	2 698	4 498	10 679	4 933	5 746
50-54	6 233	2 276	3 957	7 098	2 571	4 527	5 199	1 933	3 266	6 994	2 538	4 456
55-59	5 070	1 627	3 443	5 982	2 105	3 877	6 814	2 362	4 452	4 952	1 762	3 190
60-64	3 736	1 177	2 559	4 716	1 449	3 267	5 614	1 853	3 761	6 280	2 085	4 196
65-69	2 861	909	1 952	3 290	969	2 321	4 189	1 202	2 987	4 987	1 516	3 471
70-74	2 094	616	1 478	2 327	692	1 635	2 680	725	1 955	3 479	897	2 582
75-79	1 333	377	956	1 548	415	1 133	1 627	450	1 177	1 937	468	1 470
80+	1 007	264	742	1 274	320	954	1 549	346	1 203	1 680	376	1 304
80-84	…	…	…	…	…	…	…	…	…	…	…	…
85-89	…	…	…	…	…	…	…	…	…	…	…	…
90-94	…	…	…	…	…	…	…	…	…	…	…	…
95-99	…	…	…	…	…	…	…	…	…	…	…	…
100+	…	…	…	…	…	…	…	…	…	…	…	…

年齢	1980 総数	男	女	1985 総数	男	女	1990 総数	男	女	1995 総数	男	女
総数	138 063	63 710	74 353	142 976	66 387	76 589	147 569	69 087	78 481	148 293	69 571	78 723
0-4	10 547	5 361	5 186	11 600	5 898	5 703	11 524	5 884	5 640	8 053	4 132	3 921
5-9	9 962	5 059	4 903	10 597	5 381	5 216	11 614	5 899	5 714	11 807	6 036	5 771
10-14	9 259	4 680	4 579	10 000	5 092	4 908	10 660	5 408	5 251	11 849	6 031	5 818
15-19	11 525	5 848	5 677	9 354	4 756	4 598	10 140	5 170	4 970	10 794	5 494	5 300
20-24	12 986	6 674	6 312	11 756	5 949	5 807	9 456	4 821	4 636	10 252	5 219	5 033
25-29	11 994	6 109	5 885	13 025	6 629	6 396	11 718	5 910	5 808	9 598	4 862	4 736
30-34	9 987	5 032	4 956	11 916	6 020	5 897	12 935	6 540	6 396	11 759	5 874	5 885
35-39	6 425	3 160	3 266	9 795	4 880	4 916	11 780	5 912	5 869	12 838	6 398	6 439
40-44	11 286	5 461	5 825	6 276	3 047	3 229	9 608	4 741	4 867	11 578	5 715	5 863
45-49	8 556	4 098	4 458	10 884	5 158	5 726	6 081	2 920	3 161	9 293	4 473	4 820
50-54	10 199	4 589	5 610	8 134	3 790	4 344	10 431	4 843	5 588	5 806	2 694	3 112
55-59	6 580	2 296	4 285	9 529	4 119	5 409	7 682	3 454	4 228	9 712	4 325	5 388
60-64	4 554	1 530	3 024	6 018	1 978	4 040	8 732	3 597	5 135	6 959	2 949	4 010
65-69	5 554	1 709	3 845	4 005	1 242	2 764	5 315	1 629	3 686	7 571	2 874	4 697
70-74	4 152	1 139	3 013	4 588	1 269	3 319	3 306	932	2 374	4 343	1 196	3 147
75-79	2 598	586	2 012	3 088	738	2 350	3 484	849	2 635	2 499	619	1 880
80+	1 898	381	1 518	2 411	442	1 968	…	…	…	…	…	…
80-84	…	…	…	…	…	…	2 075	421	1 653	2 298	483	1 815
85-89	…	…	…	…	…	…	780	124	656	981	161	820
90-94	…	…	…	…	…	…	199	27	172	257	31	226
95-99	…	…	…	…	…	…	42	6	36	40	4	36
100+	…	…	…	…	…	…	6	1	6	5	1	5

年齢	2000 総数	男	女	2005 総数	男	女	2010 総数	男	女	2015 総数	男	女
総数	146 401	68 511	77 890	143 623	66 836	76 786	143 158	66 390	76 768	143 457	66 644	76 813
0-4	6 435	3 298	3 137	6 945	3 559	3 386	7 958	4 077	3 881	9 166	4 709	4 457
5-9	8 180	4 189	3 992	6 521	3 343	3 177	6 921	3 545	3 376	7 938	4 062	3 876
10-14	12 093	6 178	5 915	8 326	4 267	4 059	6 439	3 299	3 140	6 928	3 549	3 379
15-19	12 112	6 154	5 959	12 179	6 209	5 970	8 808	4 516	4 292	6 324	3 244	3 080
20-24	10 910	5 520	5 389	12 256	6 220	6 036	12 502	6 351	6 150	8 940	4 586	4 354
25-29	10 317	5 198	5 118	10 947	5 490	5 457	12 052	6 078	5 974	12 589	6 378	6 211
30-34	9 656	4 830	4 827	10 235	5 098	5 136	10 826	5 359	5 467	11 934	5 991	5 943
35-39	11 671	5 746	5 925	9 493	4 656	4 837	10 076	4 955	5 121	10 675	5 224	5 451
40-44	12 550	6 124	6 426	11 378	5 492	5 886	8 941	4 300	4 641	9 961	4 849	5 112
45-49	11 185	5 375	5 809	12 004	5 684	6 321	11 327	5 355	5 972	8 519	4 034	4 485
50-54	8 832	4 097	4 735	10 488	4 814	5 674	11 462	5 238	6 223	10 990	5 083	5 907
55-59	5 464	2 406	3 058	8 176	3 613	4 563	10 118	4 435	5 683	10 763	4 744	6 020
60-64	8 780	3 669	5 110	4 826	1 957	2 870	6 993	2 935	4 059	9 556	3 957	5 599
65-69	6 001	2 337	3 664	7 604	2 887	4 717	4 555	1 685	2 870	5 842	2 301	3 541
70-74	6 113	2 076	4 037	4 796	1 669	3 127	6 384	2 195	4 189	3 981	1 328	2 654
75-79	3 163	762	2 401	4 421	1 310	3 112	3 597	1 100	2 497	4 954	1 515	3 439
80+	…	…	…	…	…	…	…	…	…	…	…	…
80-84	1 518	328	1 191	1 938	394	1 544	2 939	768	2 172	2 531	672	1 859
85-89	1 064	183	881	702	126	576	954	162	792	1 503	356	1 148
90-94	306	38	268	327	43	284	234	32	202	316	56	260
95-99	48	4	43	55	5	50	66	6	59	41	8	34
100+	4	0	4	5	0	4	6	0	6	5	1	4

性・年齢別人口（千人）

年齢	2015 総数	男	女	2020 総数	男	女	2025 総数	男	女	2030 総数	男	女
総数	143 457	66 644	76 813	142 898	66 373	76 525	141 205	65 498	75 707	138 652	64 182	74 470
0-4	9 166	4 709	4 457	8 819	4 520	4 300	8 006	4 104	3 902	7 145	3 663	3 483
5-9	7 938	4 062	3 876	9 170	4 709	4 461	8 818	4 517	4 301	8 007	4 103	3 904
10-14	6 928	3 549	3 379	7 944	4 063	3 881	9 169	4 706	4 463	8 818	4 516	4 302
15-19	6 324	3 244	3 080	7 009	3 589	3 420	7 986	4 082	3 904	9 210	4 725	4 485
20-24	8 940	4 586	4 354	6 420	3 285	3 135	7 054	3 604	3 450	8 029	4 096	3 933
25-29	12 589	6 378	6 211	8 985	4 586	4 398	6 443	3 282	3 161	7 076	3 601	3 476
30-34	11 934	5 991	5 943	12 499	6 282	6 217	8 921	4 521	4 400	6 424	3 251	3 172
35-39	10 675	5 224	5 451	11 761	5 841	5 920	12 304	6 123	6 181	8 809	4 426	4 383
40-44	9 961	4 849	5 112	10 472	5 059	5 413	11 523	5 655	5 868	12 074	5 943	6 131
45-49	8 519	4 034	4 485	9 687	4 638	5 049	10 185	4 842	5 343	11 223	5 427	5 795
50-54	10 990	5 083	5 907	8 184	3 784	4 400	9 307	4 355	4 953	9 806	4 561	5 246
55-59	10 763	4 744	6 020	10 347	4 621	5 726	7 722	3 450	4 271	8 799	3 984	4 814
60-64	9 556	3 957	5 599	9 856	4 118	5 738	9 497	4 026	5 470	7 110	3 020	4 090
65-69	5 842	2 301	3 541	8 482	3 265	5 218	8 773	3 409	5 364	8 477	3 348	5 129
70-74	3 981	1 328	2 654	4 932	1 767	3 165	7 200	2 514	4 685	7 474	2 637	4 837
75-79	4 954	1 515	3 439	3 102	911	2 191	3 849	1 216	2 633	5 661	1 738	3 923
80+	…	…	…	…	…	…	…	…	…	…	…	…
80-84	2 531	672	1 859	3 336	885	2 451	2 115	534	1 580	2 636	717	1 920
85-89	1 503	356	1 148	1 318	313	1 005	1 765	414	1 352	1 138	251	887
90-94	316	56	260	514	124	389	461	110	352	632	145	487
95-99	41	8	34	59	14	45	101	30	70	93	27	66
100+	5	1	4	4	1	3	6	2	4	11	5	6

年齢	2035 総数	男	女	2040 総数	男	女	2045 総数	男	女	2050 総数	男	女
総数	135 674	62 692	72 982	132 892	61 427	71 465	130 588	60 529	70 060	128 599	59 825	68 775
0-4	6 819	3 496	3 323	7 191	3 686	3 504	7 718	3 957	3 761	7 831	4 015	3 816
5-9	7 148	3 663	3 485	6 823	3 497	3 326	7 194	3 687	3 507	7 721	3 958	3 764
10-14	8 009	4 102	3 906	7 151	3 663	3 488	6 827	3 497	3 329	7 198	3 688	3 510
15-19	8 861	4 536	4 325	8 055	4 124	3 930	7 199	3 687	3 512	6 876	3 522	3 354
20-24	9 250	4 737	4 513	8 906	4 552	4 354	8 106	4 145	3 961	7 256	3 711	3 544
25-29	8 049	4 091	3 958	9 267	4 730	4 537	8 931	4 551	4 379	8 140	4 152	3 988
30-34	7 056	3 570	3 486	8 026	4 059	3 967	9 240	4 696	4 544	8 915	4 527	4 389
35-39	6 366	3 198	3 168	6 999	3 517	3 482	7 965	4 005	3 960	9 174	4 638	4 535
40-44	8 668	4 312	4 356	6 286	3 130	3 156	6 917	3 449	3 468	7 878	3 934	3 945
45-49	11 777	5 718	6 059	8 477	4 165	4 312	6 166	3 036	3 130	6 793	3 353	3 440
50-54	10 821	5 127	5 695	11 378	5 419	5 959	8 212	3 964	4 247	5 990	2 902	3 088
55-59	9 294	4 188	5 106	10 276	4 726	5 550	10 831	5 016	5 816	7 837	3 685	4 152
60-64	8 121	3 502	4 619	8 607	3 698	4 909	9 540	4 193	5 347	10 084	4 472	5 612
65-69	6 368	2 523	3 846	7 295	2 940	4 355	7 762	3 122	4 640	8 625	3 558	5 067
70-74	7 245	2 601	4 644	5 467	1 971	3 496	6 284	2 310	3 974	6 716	2 467	4 250
75-79	5 908	1 832	4 076	5 756	1 819	3 937	4 369	1 387	2 982	5 046	1 637	3 410
80+	…	…	…	…	…	…	…	…	…	…	…	…
80-84	3 919	1 030	2 889	4 125	1 093	3 032	4 052	1 093	2 959	3 103	840	2 262
85-89	1 435	338	1 096	2 168	490	1 678	2 315	524	1 791	2 304	528	1 776
90-94	417	89	329	538	120	417	832	175	657	909	189	720
95-99	131	35	95	89	22	67	118	30	89	189	43	145
100+	11	5	6	15	6	9	11	4	7	14	5	9

年齢	2055 総数	男	女	2060 総数	男	女
総数	126 655	59 118	67 537	124 604	58 376	66 228
0-4	7 502	3 847	3 655	7 044	3 612	3 432
5-9	7 834	4 016	3 819	7 505	3 847	3 658
10-14	7 724	3 958	3 766	7 837	4 016	3 821
15-19	7 245	3 712	3 534	7 769	3 980	3 788
20-24	6 932	3 547	3 385	7 297	3 735	3 562
25-29	7 295	3 724	3 571	6 971	3 561	3 411
30-34	8 136	4 137	3 999	7 299	3 716	3 583
35-39	8 863	4 481	4 382	8 097	4 102	3 995
40-44	9 079	4 563	4 516	8 780	4 415	4 365
45-49	7 746	3 833	3 913	8 934	4 453	4 481
50-54	6 611	3 215	3 396	7 549	3 685	3 864
55-59	5 734	2 711	3 023	6 346	3 018	3 328
60-64	7 319	3 305	4 014	5 379	2 450	2 928
65-69	9 150	3 818	5 332	6 673	2 850	3 823
70-74	7 488	2 831	4 657	7 994	3 077	4 917
75-79	5 430	1 762	3 668	6 096	2 055	4 041
80+	…	…	…	…	…	…
80-84	3 613	1 001	2 612	3 931	1 098	2 834
85-89	1 791	411	1 380	2 116	498	1 617
90-94	926	193	733	736	152	585
95-99	213	47	166	224	48	175
100+	23	7	16	27	8	19

Russian Federation

性・年齢別人口（千人）

年齢	2015			2020			2025			2030		
	総数	男	女	総数	男	女	総数	男	女	総数	男	女
総数	143 457	66 644	76 813	144 175	67 027	77 147	144 292	67 081	77 211	143 720	66 780	76 940
0-4	9 166	4 709	4 457	10 096	5 174	4 922	9 819	5 033	4 785	9 130	4 680	4 449
5-9	7 938	4 062	3 876	9 170	4 709	4 461	10 093	5 171	4 922	9 817	5 031	4 786
10-14	6 928	3 549	3 379	7 944	4 063	3 881	9 169	4 706	4 463	10 091	5 168	4 923
15-19	6 324	3 244	3 080	7 009	3 589	3 420	7 986	4 082	3 904	9 210	4 725	4 485
20-24	8 940	4 586	4 354	6 420	3 285	3 135	7 054	3 604	3 450	8 029	4 096	3 933
25-29	12 589	6 378	6 211	8 985	4 586	4 398	6 443	3 282	3 161	7 076	3 601	3 476
30-34	11 934	5 991	5 943	12 499	6 282	6 217	8 921	4 521	4 400	6 424	3 251	3 172
35-39	10 675	5 224	5 451	11 761	5 841	5 920	12 304	6 123	6 181	8 809	4 426	4 383
40-44	9 961	4 849	5 112	10 472	5 059	5 413	11 523	5 655	5 868	12 074	5 943	6 131
45-49	8 519	4 034	4 485	9 687	4 638	5 049	10 185	4 842	5 343	11 223	5 427	5 795
50-54	10 990	5 083	5 907	8 184	3 784	4 400	9 307	4 355	4 953	9 806	4 561	5 246
55-59	10 763	4 744	6 020	10 347	4 621	5 726	7 722	3 450	4 271	8 799	3 984	4 814
60-64	9 556	3 957	5 599	9 856	4 118	5 738	9 497	4 026	5 470	7 110	3 020	4 090
65-69	5 842	2 301	3 541	8 482	3 265	5 218	8 773	3 409	5 364	8 477	3 348	5 129
70-74	3 981	1 328	2 654	4 932	1 767	3 165	7 200	2 514	4 685	7 474	2 637	4 837
75-79	4 954	1 515	3 439	3 102	911	2 191	3 849	1 216	2 633	5 661	1 738	3 923
80+	...	...	...	...	...	...	...	...	...	...	...	...
80-84	2 531	672	1 859	3 336	885	2 451	2 115	534	1 580	2 636	717	1 920
85-89	1 503	356	1 148	1 318	313	1 005	1 765	414	1 352	1 138	251	887
90-94	316	56	260	514	124	389	461	110	352	632	145	487
95-99	41	8	34	59	14	45	101	30	70	93	27	66
100+	5	1	4	4	1	3	6	2	4	11	5	6

年齢	2035			2040			2045			2050		
	総数	男	女	総数	男	女	総数	男	女	総数	男	女
総数	142 625	66 255	76 370	141 916	66 050	75 866	142 154	66 452	75 702	143 326	67 362	75 964
0-4	8 710	4 465	4 245	9 277	4 756	4 521	10 281	5 272	5 010	11 028	5 655	5 373
5-9	9 130	4 679	4 451	8 711	4 465	4 247	9 278	4 755	4 522	10 282	5 270	5 011
10-14	9 816	5 028	4 788	9 131	4 678	4 453	8 713	4 464	4 249	9 280	4 755	4 525
15-19	10 132	5 186	4 945	9 859	5 049	4 811	9 176	4 700	4 476	8 760	4 487	4 273
20-24	9 250	4 737	4 513	10 172	5 199	4 973	9 903	5 064	4 839	9 226	4 719	4 506
25-29	8 049	4 091	3 958	9 267	4 730	4 537	10 188	5 192	4 996	9 927	5 064	4 863
30-34	7 056	3 570	3 486	8 026	4 059	3 967	9 240	4 696	4 544	10 162	5 160	5 002
35-39	6 366	3 198	3 168	6 999	3 517	3 482	7 965	4 005	3 960	9 174	4 638	4 535
40-44	8 668	4 312	4 356	6 286	3 130	3 156	6 917	3 449	3 468	7 878	3 934	3 945
45-49	11 777	5 718	6 059	8 477	4 165	4 312	6 166	3 036	3 130	6 793	3 353	3 440
50-54	10 821	5 127	5 695	11 378	5 419	5 959	8 212	3 964	4 247	5 990	2 902	3 088
55-59	9 294	4 188	5 106	10 276	4 726	5 550	10 831	5 016	5 816	7 837	3 685	4 152
60-64	8 121	3 502	4 619	8 607	3 698	4 909	9 540	4 193	5 347	10 084	4 472	5 612
65-69	6 368	2 523	3 846	7 295	2 940	4 355	7 762	3 122	4 640	8 625	3 558	5 067
70-74	7 245	2 601	4 644	5 467	1 971	3 496	6 284	2 310	3 974	6 716	2 467	4 250
75-79	5 908	1 832	4 076	5 756	1 819	3 937	4 369	1 387	2 982	5 046	1 637	3 410
80+	...	...	...	...	...	...	...	...	...	...	...	...
80-84	3 919	1 030	2 889	4 125	1 093	3 032	4 052	1 093	2 959	3 103	840	2 262
85-89	1 435	338	1 096	2 168	490	1 678	2 315	524	1 791	2 304	528	1 776
90-94	417	89	329	538	120	417	832	175	657	909	189	720
95-99	131	35	95	89	22	67	118	30	89	189	43	145
100+	11	5	6	15	6	9	11	4	7	14	5	9

年齢	2055			2060		
	総数	男	女	総数	男	女
総数	145 038	68 521	76 516	146 865	69 754	77 110
0-4	11 210	5 748	5 462	10 996	5 639	5 357
5-9	11 028	5 653	5 374	11 210	5 747	5 463
10-14	10 283	5 270	5 013	11 028	5 652	5 376
15-19	9 324	4 777	4 547	10 324	5 290	5 034
20-24	8 810	4 509	4 302	9 370	4 796	4 574
25-29	9 255	4 724	4 530	8 840	4 515	4 325
30-34	9 909	5 039	4 870	9 244	4 706	4 538
35-39	10 095	5 104	4 992	9 852	4 990	4 861
40-44	9 079	4 563	4 516	9 996	5 026	4 970
45-49	7 746	3 833	3 913	8 934	4 453	4 481
50-54	6 611	3 215	3 396	7 549	3 685	3 864
55-59	5 734	2 711	3 023	6 346	3 018	3 328
60-64	7 319	3 305	4 014	5 379	2 450	2 928
65-69	9 150	3 818	5 332	6 673	2 850	3 823
70-74	7 488	2 831	4 657	7 994	3 077	4 917
75-79	5 430	1 762	3 668	6 096	2 055	4 041
80+	...	...	...	...	...	...
80-84	3 613	1 001	2 612	3 931	1 098	2 834
85-89	1 791	411	1 380	2 116	498	1 617
90-94	926	193	733	736	152	585
95-99	213	47	166	224	48	175
100+	23	7	16	27	8	19

性・年齢別人口（千人）

年齢	2015 総数	2015 男	2015 女	2020 総数	2020 男	2020 女	2025 総数	2025 男	2025 女	2030 総数	2030 男	2030 女
総数	143 457	66 644	76 813	141 622	65 718	75 903	138 118	63 916	74 203	133 585	61 585	72 000
0-4	9 166	4 709	4 457	7 543	3 865	3 677	6 194	3 175	3 019	5 161	2 645	2 516
5-9	7 938	4 062	3 876	9 170	4 709	4 461	7 543	3 864	3 679	6 198	3 175	3 022
10-14	6 928	3 549	3 379	7 944	4 063	3 881	9 169	4 706	4 463	7 545	3 863	3 681
15-19	6 324	3 244	3 080	7 009	3 589	3 420	7 986	4 082	3 904	9 210	4 725	4 485
20-24	8 940	4 586	4 354	6 420	3 285	3 135	7 054	3 604	3 450	8 029	4 096	3 933
25-29	12 589	6 378	6 211	8 985	4 586	4 398	6 443	3 282	3 161	7 076	3 601	3 476
30-34	11 934	5 991	5 943	12 499	6 282	6 217	8 921	4 521	4 400	6 424	3 251	3 172
35-39	10 675	5 224	5 451	11 761	5 841	5 920	12 304	6 123	6 181	8 809	4 426	4 383
40-44	9 961	4 849	5 112	10 472	5 059	5 413	11 523	5 655	5 868	12 074	5 943	6 131
45-49	8 519	4 034	4 485	9 687	4 638	5 049	10 185	4 842	5 343	11 223	5 427	5 795
50-54	10 990	5 083	5 907	8 184	3 784	4 400	9 307	4 355	4 953	9 806	4 561	5 246
55-59	10 763	4 744	6 020	10 347	4 621	5 726	7 722	3 450	4 271	8 799	3 984	4 814
60-64	9 556	3 957	5 599	9 856	4 118	5 738	9 497	4 026	5 470	7 110	3 020	4 090
65-69	5 842	2 301	3 541	8 482	3 265	5 218	8 773	3 409	5 364	8 477	3 348	5 129
70-74	3 981	1 328	2 654	4 932	1 767	3 165	7 200	2 514	4 685	7 474	2 637	4 837
75-79	4 954	1 515	3 439	3 102	911	2 191	3 849	1 216	2 633	5 661	1 738	3 923
80+	…	…	…	…	…	…	…	…	…	…	…	…
80-84	2 531	672	1 859	3 336	885	2 451	2 115	534	1 580	2 636	717	1 920
85-89	1 503	356	1 148	1 318	313	1 005	1 765	414	1 352	1 138	251	887
90-94	316	56	260	514	124	389	461	110	352	632	145	487
95-99	41	8	34	59	14	45	101	30	70	93	27	66
100+	5	1	4	4	1	3	6	2	4	11	5	6

年齢	2035 総数	2035 男	2035 女	2040 総数	2040 男	2040 女	2045 総数	2045 男	2045 女	2050 総数	2050 男	2050 女
総数	128 734	59 135	69 599	123 938	56 839	67 099	119 301	54 748	64 553	114 618	52 670	61 949
0-4	4 939	2 532	2 407	5 164	2 647	2 517	5 362	2 749	2 613	5 102	2 616	2 486
5-9	5 166	2 647	2 519	4 945	2 534	2 411	5 170	2 649	2 521	5 369	2 751	2 617
10-14	6 201	3 176	3 025	5 171	2 648	2 523	4 951	2 536	2 415	5 176	2 651	2 524
15-19	7 590	3 885	3 705	6 250	3 200	3 050	5 223	2 674	2 548	5 003	2 562	2 441
20-24	9 250	4 737	4 513	7 641	3 905	3 736	6 308	3 225	3 082	5 286	2 704	2 582
25-29	8 049	4 091	3 958	9 267	4 730	4 537	7 673	3 910	3 763	6 352	3 240	3 112
30-34	7 056	3 570	3 486	8 026	4 059	3 967	9 240	4 696	4 544	7 669	3 894	3 775
35-39	6 366	3 198	3 168	6 999	3 517	3 482	7 965	4 005	3 960	9 174	4 638	4 535
40-44	8 668	4 312	4 356	6 286	3 130	3 156	6 917	3 449	3 468	7 878	3 934	3 945
45-49	11 777	5 718	6 059	8 477	4 165	4 312	6 166	3 036	3 130	6 793	3 353	3 440
50-54	10 821	5 127	5 695	11 378	5 419	5 959	8 212	3 964	4 247	5 990	2 902	3 088
55-59	9 294	4 188	5 106	10 276	4 726	5 550	10 831	5 016	5 816	7 837	3 685	4 152
60-64	8 121	3 502	4 619	8 607	3 698	4 909	9 540	4 193	5 347	10 084	4 472	5 612
65-69	6 368	2 523	3 846	7 295	2 940	4 355	7 762	3 122	4 640	8 625	3 558	5 067
70-74	7 245	2 601	4 644	5 467	1 971	3 496	6 284	2 310	3 974	6 716	2 467	4 250
75-79	5 908	1 832	4 076	5 756	1 819	3 937	4 369	1 387	2 982	5 046	1 637	3 410
80+	…	…	…	…	…	…	…	…	…	…	…	…
80-84	3 919	1 030	2 889	4 125	1 093	3 032	4 052	1 093	2 959	3 103	840	2 262
85-89	1 435	338	1 096	2 168	490	1 678	2 315	524	1 791	2 304	528	1 776
90-94	417	89	329	538	120	417	832	175	657	909	189	720
95-99	131	35	95	89	22	67	118	30	89	189	43	145
100+	11	5	6	15	6	9	11	4	7	14	5	9

年齢	2055 総数	2055 男	2055 女	2060 総数	2060 男	2060 女
総数	109 741	50 469	59 272	104 693	48 203	56 490
0-4	4 517	2 316	2 201	3 975	2 038	1 937
5-9	5 108	2 618	2 490	4 524	2 318	2 205
10-14	5 374	2 753	2 621	5 114	2 620	2 494
15-19	5 226	2 677	2 549	5 421	2 777	2 644
20-24	5 065	2 591	2 473	5 283	2 704	2 579
25-29	5 335	2 723	2 612	5 113	2 611	2 501
30-34	6 363	3 236	3 127	5 354	2 725	2 628
35-39	7 630	3 858	3 773	6 342	3 213	3 129
40-44	9 079	4 563	4 516	7 564	3 804	3 761
45-49	7 746	3 833	3 913	8 934	4 453	4 481
50-54	6 611	3 215	3 396	7 549	3 685	3 864
55-59	5 734	2 711	3 023	6 346	3 018	3 328
60-64	7 319	3 305	4 014	5 379	2 450	2 928
65-69	9 150	3 818	5 332	6 673	2 850	3 823
70-74	7 488	2 831	4 657	7 994	3 077	4 917
75-79	5 430	1 762	3 668	6 096	2 055	4 041
80+	…	…	…	…	…	…
80-84	3 613	1 001	2 612	3 931	1 098	2 834
85-89	1 791	411	1 380	2 116	498	1 617
90-94	926	193	733	736	152	585
95-99	213	47	166	224	48	175
100+	23	7	16	27	8	19

性・年齢別人口（千人）

年齢	1960			1965			1970			1975		
	総数	男	女	総数	男	女	総数	男	女	総数	男	女
総数	2 933	1 440	1 494	3 233	1 586	1 647	3 755	1 843	1 912	4 359	2 141	2 218
0-4	591	293	298	631	313	318	712	353	359	858	425	433
5-9	451	223	229	528	261	267	572	283	289	646	320	326
10-14	359	179	180	433	213	219	511	252	259	553	273	280
15-19	260	131	129	334	167	167	424	209	215	496	245	251
20-24	230	116	114	224	113	111	328	163	164	407	200	207
25-29	228	115	113	195	98	97	219	110	109	312	155	157
30-34	201	101	100	199	100	99	190	95	95	207	104	104
35-39	147	72	75	178	90	89	192	96	96	180	90	90
40-44	99	46	53	130	63	67	170	85	85	180	90	90
45-49	87	38	49	87	40	48	123	60	63	159	79	80
50-54	77	34	43	77	33	44	82	37	45	114	54	59
55-59	63	29	34	67	29	38	70	29	40	74	33	41
60-64	54	24	30	53	24	29	59	25	34	61	25	36
65-69	39	17	22	43	19	24	44	19	24	48	20	28
70-74	28	13	16	28	12	16	32	14	18	32	14	18
75-79	14	7	7	17	7	10	18	7	10	20	8	12
80+	6	2	4	8	3	5	11	4	7	12	5	7
80-84	…	…	…	…	…	…	…	…	…	…	…	…
85-89	…	…	…	…	…	…	…	…	…	…	…	…
90-94	…	…	…	…	…	…	…	…	…	…	…	…
95-99	…	…	…	…	…	…	…	…	…	…	…	…
100+	…	…	…	…	…	…	…	…	…	…	…	…

年齢	1980			1985			1990			1995		
	総数	男	女	総数	男	女	総数	男	女	総数	男	女
総数	5 141	2 527	2 613	6 118	3 011	3 107	7 260	3 565	3 695	5 913	2 839	3 074
0-4	1 061	527	534	1 289	642	647	1 458	725	733	745	359	387
5-9	782	386	395	985	488	497	1 196	594	602	948	463	485
10-14	626	310	316	761	376	385	959	476	484	898	444	453
15-19	538	266	272	608	301	307	748	370	379	720	354	366
20-24	478	235	243	514	253	261	597	294	303	559	270	289
25-29	389	190	198	454	222	231	500	244	256	462	226	236
30-34	297	147	150	368	179	189	437	211	226	389	187	202
35-39	197	98	98	280	138	142	351	168	183	321	149	172
40-44	169	85	85	185	92	93	266	129	137	236	107	130
45-49	169	84	85	159	79	80	175	85	89	185	82	103
50-54	147	73	75	157	77	80	149	73	76	130	56	75
55-59	103	49	54	135	66	69	144	70	74	96	44	52
60-64	65	28	36	91	43	49	119	57	62	94	42	53
65-69	50	20	30	54	23	31	76	35	41	68	32	36
70-74	36	15	21	38	15	23	41	17	24	35	16	19
75-79	21	9	12	24	9	14	25	10	16	18	8	10
80+	14	5	9	15	6	10	…	…	…	…	…	…
80-84	…	…	…	…	…	…	13	5	8	4	1	3
85-89	…	…	…	…	…	…	4	2	3	2	1	1
90-94	…	…	…	…	…	…	1	0	1	0	0	0
95-99	…	…	…	…	…	…	0	0	0	0	0	0
100+	…	…	…	…	…	…	0	0	0	0	0	0

年齢	2000			2005			2010			2015		
	総数	男	女	総数	男	女	総数	男	女	総数	男	女
総数	8 022	3 847	4 175	9 008	4 297	4 711	10 294	4 915	5 379	11 610	5 560	6 050
0-4	1 334	666	668	1 484	740	744	1 683	842	841	1 695	850	844
5-9	1 083	531	552	1 263	629	633	1 440	718	722	1 645	822	823
10-14	1 194	599	595	1 061	519	541	1 247	621	626	1 426	710	716
15-19	1 006	477	529	1 166	584	582	1 041	509	532	1 228	611	617
20-24	725	349	376	969	457	512	1 132	565	567	1 012	493	519
25-29	549	257	292	687	326	361	934	437	497	1 098	546	552
30-34	429	206	223	513	232	281	657	307	351	904	419	486
35-39	452	217	235	391	178	214	485	213	273	632	290	342
40-44	324	145	180	409	183	226	367	160	207	464	199	266
45-49	256	112	144	296	124	171	384	166	218	350	149	201
50-54	180	75	104	235	98	137	278	114	165	366	155	211
55-59	142	60	82	164	67	97	220	90	130	262	105	157
60-64	88	38	50	127	52	75	151	60	90	203	82	121
65-69	114	51	63	74	31	43	111	45	67	134	52	81
70-74	43	19	25	89	39	50	60	25	36	92	36	56
75-79	73	35	38	30	12	17	64	27	37	45	18	27
80+	…	…	…	…	…	…	…	…	…	…	…	…
80-84	27	12	15	40	18	21	18	7	10	39	16	23
85-89	2	0	1	11	4	6	18	8	10	8	3	5
90-94	0	0	0	0	0	0	3	1	2	5	2	3
95-99	0	0	0	0	0	0	0	0	0	1	0	0
100+	0	0	0	0	0	0	0	0	0	0	0	0

性・年齢別人口（千人）

年齢	2015			2020			2025			2030		
	総数	男	女	総数	男	女	総数	男	女	総数	男	女
総数	11 610	5 560	6 050	12 997	6 247	6 750	14 377	6 933	7 444	15 785	7 634	8 150
0-4	1 695	850	844	1 731	871	860	1 741	879	862	1 794	906	888
5-9	1 645	822	823	1 665	834	831	1 708	858	850	1 723	869	854
10-14	1 426	710	716	1 633	815	818	1 655	828	827	1 700	853	847
15-19	1 228	611	617	1 411	701	710	1 618	806	812	1 642	820	822
20-24	1 012	493	519	1 205	597	608	1 388	687	702	1 595	791	804
25-29	1 098	546	552	989	479	510	1 182	582	600	1 365	671	693
30-34	904	419	486	1 074	530	543	969	466	503	1 161	568	593
35-39	632	290	342	883	405	478	1 051	515	536	950	454	497
40-44	464	199	266	615	279	336	862	392	470	1 029	501	528
45-49	350	149	201	449	190	259	598	269	329	842	380	462
50-54	366	155	211	336	142	195	434	182	252	579	258	321
55-59	262	105	157	348	146	202	321	133	187	416	172	244
60-64	203	82	121	245	97	148	326	135	191	302	124	178
65-69	134	52	81	182	72	110	221	86	135	296	120	176
70-74	92	36	56	112	43	69	155	60	95	189	72	117
75-79	45	18	27	69	27	43	86	32	54	119	45	74
80+	...	...	...	...	...	...	...	...	...	...	...	...
80-84	39	16	23	28	11	17	44	16	28	56	20	36
85-89	8	3	5	18	7	11	13	5	8	22	8	14
90-94	5	2	3	3	1	2	6	2	4	4	2	3
95-99	1	0	0	1	0	1	0	0	0	1	0	1
100+	0	0	0	0	0	0	0	0	0	0	0	0

年齢	2035			2040			2045			2050		
	総数	男	女	総数	男	女	総数	男	女	総数	男	女
総数	17 223	8 353	8 871	18 644	9 062	9 582	19 977	9 727	10 250	21 187	10 331	10 856
0-4	1 858	939	919	1 880	950	930	1 841	931	910	1 776	899	877
5-9	1 779	898	881	1 846	932	914	1 869	944	925	1 831	926	906
10-14	1 716	864	852	1 773	894	879	1 840	928	911	1 864	941	923
15-19	1 687	845	842	1 704	857	847	1 762	887	875	1 829	921	907
20-24	1 620	806	814	1 667	832	835	1 685	844	841	1 743	874	868
25-29	1 571	775	796	1 598	791	807	1 646	818	828	1 664	831	834
30-34	1 344	658	686	1 550	761	789	1 578	778	800	1 627	805	821
35-39	1 142	556	586	1 324	645	680	1 530	748	782	1 560	766	794
40-44	933	443	490	1 124	544	580	1 305	632	673	1 510	736	775
45-49	1 008	488	520	915	432	483	1 104	532	572	1 285	620	665
50-54	818	367	452	982	473	509	894	419	475	1 081	518	563
55-59	557	246	311	790	351	439	950	454	497	867	404	464
60-64	393	161	233	529	231	298	754	331	423	909	429	480
65-69	276	111	165	362	145	217	490	210	280	701	302	399
70-74	256	101	154	241	94	147	319	124	195	434	181	253
75-79	148	54	94	204	78	126	195	73	121	261	98	164
80+	...	...	...	...	...	...	...	...	...	...	...	...
80-84	79	29	51	101	35	66	142	51	91	139	49	90
85-89	28	10	19	42	14	28	56	18	38	80	26	54
90-94	8	2	5	10	3	7	16	5	12	23	6	16
95-99	1	0	1	2	0	1	2	1	2	4	1	3
100+	0	0	0	0	0	0	0	0	0	0	0	0

年齢	2055			2060		
	総数	男	女	総数	男	女
総数	22 267	10 868	11 399	23 222	11 342	11 880
0-4	1 713	867	846	1 669	845	824
5-9	1 768	894	874	1 706	863	842
10-14	1 826	923	904	1 763	892	872
15-19	1 853	934	919	1 817	917	900
20-24	1 811	909	901	1 836	923	913
25-29	1 723	862	862	1 792	897	895
30-34	1 646	819	828	1 706	850	856
35-39	1 609	793	815	1 630	808	822
40-44	1 541	754	787	1 591	782	809
45-49	1 489	722	766	1 520	741	779
50-54	1 259	605	655	1 461	705	756
55-59	1 050	500	551	1 227	585	642
60-64	832	383	449	1 011	476	535
65-69	849	394	455	780	353	427
70-74	627	263	364	763	346	417
75-79	360	144	216	524	212	313
80+	...	...	...	...	...	...
80-84	190	66	123	265	100	165
85-89	81	26	55	114	36	78
90-94	34	9	25	36	10	26
95-99	6	1	5	10	2	8
100+	1	0	1	1	0	1

性・年齢別人口（千人）

年齢	2015			2020			2025			2030		
	総数	男	女	総数	男	女	総数	男	女	総数	男	女
総数	11 610	5 560	6 050	13 116	6 307	6 809	14 709	7 100	7 609	16 415	7 952	8 463
0-4	1 695	850	844	1 850	931	919	1 954	987	968	2 095	1 058	1 037
5-9	1 645	822	823	1 665	834	831	1 827	918	909	1 934	975	959
10-14	1 426	710	716	1 633	815	818	1 655	828	827	1 818	912	905
15-19	1 228	611	617	1 411	701	710	1 618	806	812	1 642	820	822
20-24	1 012	493	519	1 205	597	608	1 388	687	702	1 595	791	804
25-29	1 098	546	552	989	479	510	1 182	582	600	1 365	671	693
30-34	904	419	486	1 074	530	543	969	466	503	1 161	568	593
35-39	632	290	342	883	405	478	1 051	515	536	950	454	497
40-44	464	199	266	615	279	336	862	392	470	1 029	501	528
45-49	350	149	201	449	190	259	598	269	329	842	380	462
50-54	366	155	211	336	142	195	434	182	252	579	258	321
55-59	262	105	157	348	146	202	321	133	187	416	172	244
60-64	203	82	121	245	97	148	326	135	191	302	124	178
65-69	134	52	81	182	72	110	221	86	135	296	120	176
70-74	92	36	56	112	43	69	155	60	95	189	72	117
75-79	45	18	27	69	27	43	86	32	54	119	45	74
80+	…	…	…	…	…	…	…	…	…	…	…	…
80-84	39	16	23	28	11	17	44	16	28	56	20	36
85-89	8	3	5	18	7	11	13	5	8	22	8	14
90-94	5	2	3	3	1	2	6	2	4	4	2	3
95-99	1	0	0	1	0	1	0	0	0	1	0	1
100+	0	0	0	0	0	0	0	0	0	0	0	0

年齢	2035			2040			2045			2050		
	総数	男	女	総数	男	女	総数	男	女	総数	男	女
総数	18 191	8 841	9 350	20 000	9 746	10 254	21 800	10 647	11 153	23 580	11 537	12 042
0-4	2 199	1 111	1 087	2 273	1 149	1 124	2 314	1 170	1 144	2 354	1 191	1 163
5-9	2 078	1 048	1 029	2 184	1 103	1 082	2 260	1 142	1 118	2 302	1 164	1 139
10-14	1 926	970	956	2 071	1 044	1 027	2 178	1 099	1 079	2 253	1 138	1 116
15-19	1 804	904	900	1 914	962	951	2 058	1 036	1 022	2 166	1 091	1 074
20-24	1 620	806	814	1 783	890	893	1 893	949	944	2 038	1 023	1 015
25-29	1 571	775	796	1 598	791	807	1 761	876	886	1 871	934	937
30-34	1 344	658	686	1 550	761	789	1 578	778	800	1 741	862	879
35-39	1 142	556	586	1 324	645	680	1 530	748	782	1 560	766	794
40-44	933	443	490	1 124	544	580	1 305	632	673	1 510	736	775
45-49	1 008	488	520	915	432	483	1 104	532	572	1 285	620	665
50-54	818	367	452	982	473	509	894	419	475	1 081	518	563
55-59	557	246	311	790	351	439	950	454	497	867	404	464
60-64	393	161	233	529	231	298	754	331	423	909	429	480
65-69	276	111	165	362	145	217	490	210	280	701	302	399
70-74	256	101	154	241	94	147	319	124	195	434	181	253
75-79	148	54	94	204	78	126	195	73	121	261	98	164
80+	…	…	…	…	…	…	…	…	…	…	…	…
80-84	79	29	51	101	35	66	142	51	91	139	49	90
85-89	28	10	19	42	14	28	56	18	38	80	26	54
90-94	8	2	5	10	3	7	16	5	12	23	6	16
95-99	1	0	1	2	0	1	2	1	2	4	1	3
100+	0	0	0	0	0	0	0	0	0	0	0	0

年齢	2055			2060		
	総数	男	女	総数	男	女
総数	25 329	12 412	12 916	27 035	13 265	13 770
0-4	2 394	1 212	1 182	2 435	1 233	1 202
5-9	2 343	1 185	1 158	2 383	1 206	1 177
10-14	2 296	1 160	1 136	2 338	1 182	1 156
15-19	2 242	1 130	1 111	2 285	1 153	1 132
20-24	2 146	1 078	1 068	2 223	1 118	1 105
25-29	2 017	1 009	1 008	2 125	1 065	1 061
30-34	1 852	922	930	1 997	996	1 001
35-39	1 722	850	873	1 834	909	924
40-44	1 541	754	787	1 703	837	866
45-49	1 489	722	766	1 520	741	779
50-54	1 259	605	655	1 461	705	756
55-59	1 050	500	551	1 227	585	642
60-64	832	383	449	1 011	476	535
65-69	849	394	455	780	353	427
70-74	627	263	364	763	346	417
75-79	360	144	216	524	212	313
80+	…	…	…	…	…	…
80-84	190	66	123	265	100	165
85-89	81	26	55	114	36	78
90-94	34	9	25	36	10	26
95-99	6	1	5	10	2	8
100+	1	0	1	1	0	1

性・年齢別人口（千人）

年齢	2015			2020			2025			2030		
	総数	男	女	総数	男	女	総数	男	女	総数	男	女
総数	11 610	5 560	6 050	12 877	6 186	6 690	14 046	6 766	7 280	15 154	7 317	7 838
0-4	1 695	850	844	1 611	811	800	1 527	771	756	1 492	754	739
5-9	1 645	822	823	1 665	834	831	1 590	799	791	1 512	762	750
10-14	1 426	710	716	1 633	815	818	1 655	828	827	1 582	794	788
15-19	1 228	611	617	1 411	701	710	1 618	806	812	1 642	820	822
20-24	1 012	493	519	1 205	597	608	1 388	687	702	1 595	791	804
25-29	1 098	546	552	989	479	510	1 182	582	600	1 365	671	693
30-34	904	419	486	1 074	530	543	969	466	503	1 161	568	593
35-39	632	290	342	883	405	478	1 051	515	536	950	454	497
40-44	464	199	266	615	279	336	862	392	470	1 029	501	528
45-49	350	149	201	449	190	259	598	269	329	842	380	462
50-54	366	155	211	336	142	195	434	182	252	579	258	321
55-59	262	105	157	348	146	202	321	133	187	416	172	244
60-64	203	82	121	245	97	148	326	135	191	302	124	178
65-69	134	52	81	182	72	110	221	86	135	296	120	176
70-74	92	36	56	112	43	69	155	60	95	189	72	117
75-79	45	18	27	69	27	43	86	32	54	119	45	74
80+	…	…	…	…	…	…	…	…	…	…	…	…
80-84	39	16	23	28	11	17	44	16	28	56	20	36
85-89	8	3	5	18	7	11	13	5	8	22	8	14
90-94	5	2	3	3	1	2	6	2	4	4	2	3
95-99	1	0	0	1	0	1	0	0	0	1	0	1
100+	0	0	0	0	0	0	0	0	0	0	0	0

年齢	2035			2040			2045			2050		
	総数	男	女	総数	男	女	総数	男	女	総数	男	女
総数	16 257	7 865	8 392	17 297	8 383	8 914	18 192	8 827	9 365	18 897	9 176	9 721
0-4	1 517	767	750	1 495	756	739	1 397	706	690	1 263	639	624
5-9	1 480	747	733	1 507	761	746	1 486	751	735	1 389	702	687
10-14	1 505	758	747	1 475	744	731	1 502	758	744	1 482	748	734
15-19	1 570	787	784	1 494	751	743	1 465	737	728	1 492	752	741
20-24	1 620	806	814	1 551	774	777	1 476	739	737	1 448	726	722
25-29	1 571	775	796	1 598	791	807	1 530	760	770	1 457	727	730
30-34	1 344	658	686	1 550	761	789	1 578	778	800	1 512	748	764
35-39	1 142	556	586	1 324	645	680	1 530	748	782	1 560	766	794
40-44	933	443	490	1 124	544	580	1 305	632	673	1 510	736	775
45-49	1 008	488	520	915	432	483	1 104	532	572	1 285	620	665
50-54	818	367	452	982	473	509	894	419	475	1 081	518	563
55-59	557	246	311	790	351	439	950	454	497	867	404	464
60-64	393	161	233	529	231	298	754	331	423	909	429	480
65-69	276	111	165	362	145	217	490	210	280	701	302	399
70-74	256	101	154	241	94	147	319	124	195	434	181	253
75-79	148	54	94	204	78	126	195	73	121	261	98	164
80+	…	…	…	…	…	…	…	…	…	…	…	…
80-84	79	29	51	101	35	66	142	51	91	139	49	90
85-89	28	10	19	42	14	28	56	18	38	80	26	54
90-94	8	2	5	10	3	7	16	5	12	23	6	16
95-99	1	0	1	2	0	1	2	1	2	4	1	3
100+	0	0	0	0	0	0	0	0	0	0	0	0

年齢	2055			2060		
	総数	男	女	総数	男	女
総数	19 411	9 428	9 982	19 752	9 593	10 159
0-4	1 137	575	561	1 043	528	515
5-9	1 257	636	621	1 131	573	559
10-14	1 385	700	685	1 253	634	620
15-19	1 472	742	730	1 377	695	682
20-24	1 476	741	735	1 457	732	725
25-29	1 430	714	716	1 460	730	729
30-34	1 441	716	725	1 415	704	710
35-39	1 495	737	758	1 426	706	720
40-44	1 541	754	787	1 478	726	752
45-49	1 489	722	766	1 520	741	779
50-54	1 259	605	655	1 461	705	756
55-59	1 050	500	551	1 227	585	642
60-64	832	383	449	1 011	476	535
65-69	849	394	455	780	353	427
70-74	627	263	364	763	346	417
75-79	360	144	216	524	212	313
80+	…	…	…	…	…	…
80-84	190	66	123	265	100	165
85-89	81	26	55	114	36	78
90-94	34	9	25	36	10	26
95-99	6	1	5	10	2	8
100+	1	0	1	1	0	1

性・年齢別人口（千人）

年齢	1960 総数	男	女	1965 総数	男	女	1970 総数	男	女	1975 総数	男	女
総数	90	43	47	96	46	50	104	50	54	110	53	57
0-4	16	8	8	17	9	9	19	10	9	17	9	9
5-9	13	7	6	15	8	7	19	10	9	18	9	9
10-14	11	6	5	13	7	6	14	7	7	16	8	8
15-19	9	4	4	10	5	5	10	5	5	12	6	6
20-24	7	3	4	7	3	4	7	3	4	9	4	5
25-29	5	2	3	5	2	3	5	2	3	6	3	3
30-34	5	2	3	4	2	2	4	2	2	5	2	3
35-39	5	2	3	4	2	2	4	2	2	4	2	2
40-44	4	2	2	4	2	2	4	2	2	4	2	2
45-49	4	2	2	4	2	2	4	2	2	4	2	2
50-54	3	1	2	3	2	2	3	2	2	3	2	2
55-59	2	1	1	3	1	1	3	1	2	3	1	2
60-64	2	1	1	2	1	1	3	1	1	3	1	2
65-69	1	1	1	2	1	1	2	1	1	2	1	1
70-74	1	0	1	1	0	1	1	1	1	2	1	1
75-79	1	0	0	1	0	1	1	0	1	1	0	1
80+	1	0	0	1	0	0	1	0	0	1	0	0
80-84	...	...	...	...	...	...	...	...	...	...	...	...
85-89	...	...	...	...	...	...	...	...	...	...	...	...
90-94	...	...	...	...	...	...	...	...	...	...	...	...
95-99	...	...	...	...	...	...	...	...	...	...	...	...
100+	...	...	...	...	...	...	...	...	...	...	...	...

年齢	1980 総数	男	女	1985 総数	男	女	1990 総数	男	女	1995 総数	男	女
総数	118	58	60	126	62	64	138	68	70	147	72	75
0-4	17	8	8	17	8	8	18	9	9	18	9	9
5-9	18	9	9	18	9	9	17	9	9	17	9	9
10-14	17	9	9	17	9	8	16	8	8	16	8	8
15-19	15	7	7	15	8	7	15	7	8	14	7	7
20-24	10	5	5	12	6	6	13	6	7	13	6	7
25-29	7	4	4	9	4	5	11	6	6	12	6	6
30-34	6	3	3	7	3	4	9	4	5	11	6	6
35-39	5	2	2	6	3	3	7	4	3	9	4	5
40-44	4	2	2	5	2	2	6	3	3	7	3	3
45-49	4	2	2	4	2	2	5	2	2	6	3	3
50-54	4	2	2	4	2	2	4	2	2	4	2	2
55-59	3	1	2	3	2	2	4	2	2	4	2	2
60-64	3	1	2	3	1	2	4	2	2	4	2	2
65-69	2	1	1	3	1	1	3	2	2	3	2	2
70-74	2	1	1	2	1	1	3	1	2	3	1	2
75-79	1	0	1	1	1	1	2	1	1	3	1	1
80+	1	0	0	1	0	0	...	...	...	...	...	...
80-84	...	...	...	...	...	...	1	0	1	1	1	1
85-89	...	...	...	...	...	...	0	0	0	1	0	0
90-94	...	...	...	...	...	...	0	0	0	0	0	0
95-99	...	...	...	...	...	...	0	0	0	0	0	0
100+	...	...	...	...	...	...	0	0	0	0	0	0

年齢	2000 総数	男	女	2005 総数	男	女	2010 総数	男	女	2015 総数	男	女
総数	157	77	80	165	81	84	177	87	90	185	91	94
0-4	16	8	8	14	7	7	14	7	7	14	7	7
5-9	17	9	9	16	8	8	15	7	7	14	7	7
10-14	17	9	9	17	9	9	16	8	8	15	8	7
15-19	16	8	8	17	9	9	17	9	8	16	8	8
20-24	14	7	7	16	8	8	14	7	7	16	8	8
25-29	13	6	7	13	7	7	14	7	7	14	7	7
30-34	12	6	6	13	6	7	13	6	7	14	7	7
35-39	11	5	6	12	6	6	13	6	7	13	6	7
40-44	9	4	5	11	5	6	13	6	6	13	6	7
45-49	7	3	3	9	4	4	12	6	6	13	6	6
50-54	5	3	3	6	3	3	9	4	5	11	6	6
55-59	4	2	2	5	2	3	7	4	3	9	4	5
60-64	4	2	2	4	2	2	6	3	3	7	3	3
65-69	4	2	2	4	2	2	5	2	2	5	2	3
70-74	3	1	1	3	1	2	4	2	2	4	2	2
75-79	2	1	1	2	1	1	3	1	1	3	1	2
80+	...	...	...	...	...	...	...	...	...	...	...	...
80-84	2	1	1	2	1	1	2	1	1	2	1	1
85-89	1	0	1	1	0	1	1	0	1	1	1	1
90-94	0	0	0	0	0	0	1	0	0	1	0	0
95-99	0	0	0	0	0	0	0	0	0	0	0	0
100+	0	0	0	0	0	0	0	0	0	0	0	0

性・年齢別人口（千人）

年齢	2015			2020			2025			2030		
	総数	男	女	総数	男	女	総数	男	女	総数	男	女
総数	185	91	94	192	94	98	197	97	101	202	99	103
0-4	14	7	7	13	7	7	13	6	6	12	6	6
5-9	14	7	7	14	7	7	13	7	7	13	6	6
10-14	15	8	7	14	7	7	14	7	7	13	7	7
15-19	16	8	8	15	8	8	14	7	7	14	7	7
20-24	16	8	8	15	8	8	15	7	7	14	7	7
25-29	14	7	7	16	8	8	15	8	8	14	7	7
30-34	14	7	7	14	7	7	16	8	8	15	7	7
35-39	13	6	7	14	7	7	14	7	7	16	8	8
40-44	13	6	7	13	6	7	14	7	7	14	7	7
45-49	13	6	6	13	6	7	13	6	7	14	7	7
50-54	11	6	6	12	6	6	12	6	6	13	6	7
55-59	9	4	5	11	5	6	12	6	6	12	6	6
60-64	7	3	3	8	4	4	10	5	5	11	5	6
65-69	5	2	3	6	3	3	8	4	4	10	5	5
70-74	4	2	2	5	2	3	5	3	3	7	3	4
75-79	3	1	2	3	1	2	4	2	2	5	2	2
80+	…	…	…	…	…	…	…	…	…	…	…	…
80-84	2	1	1	2	1	1	3	1	1	3	1	2
85-89	1	1	1	1	1	1	2	1	1	2	1	1
90-94	1	0	0	1	0	0	1	0	0	1	0	1
95-99	0	0	0	0	0	0	0	0	0	0	0	0
100+	0	0	0	0	0	0	0	0	0	0	0	0

年齢	2035			2040			2045			2050		
	総数	男	女	総数	男	女	総数	男	女	総数	男	女
総数	205	100	105	207	101	106	208	101	106	207	101	106
0-4	11	6	6	11	6	5	11	5	5	10	5	5
5-9	12	6	6	11	6	6	11	5	5	10	5	5
10-14	13	6	6	12	6	6	12	6	6	11	6	5
15-19	14	7	7	13	7	6	12	6	6	12	6	6
20-24	14	7	7	13	7	6	13	6	6	12	6	6
25-29	14	7	7	13	7	7	13	6	6	12	6	6
30-34	14	7	7	13	7	7	13	7	6	13	6	6
35-39	15	7	8	14	7	7	14	7	7	13	7	7
40-44	16	8	8	15	7	8	14	7	7	14	7	7
45-49	14	7	7	16	8	8	15	7	7	14	7	7
50-54	14	7	7	13	7	7	15	8	8	15	7	7
55-59	12	6	6	13	6	7	13	6	7	15	7	8
60-64	11	5	6	12	6	6	13	6	7	13	6	7
65-69	11	5	6	11	5	6	11	5	6	12	6	6
70-74	9	4	5	10	4	5	10	4	5	10	5	5
75-79	6	3	3	7	3	4	8	4	5	9	4	5
80+	…	…	…	…	…	…	…	…	…	…	…	…
80-84	4	2	2	5	2	3	6	2	3	7	3	4
85-89	2	1	1	2	1	1	3	1	2	4	2	2
90-94	1	0	1	1	0	1	1	0	1	2	1	1
95-99	0	0	0	0	0	0	0	0	0	1	0	0
100+	0	0	0	0	0	0	0	0	0	0	0	0

年齢	2055			2060		
	総数	男	女	総数	男	女
総数	206	100	105	203	99	104
0-4	10	5	5	9	5	5
5-9	10	5	5	10	5	5
10-14	11	5	5	10	5	5
15-19	11	6	6	11	5	5
20-24	11	6	6	11	5	5
25-29	12	6	6	11	6	5
30-34	12	6	6	11	6	6
35-39	13	6	6	12	6	6
40-44	13	7	7	13	6	6
45-49	13	7	7	13	7	6
50-54	14	7	7	13	7	7
55-59	14	7	7	14	7	7
60-64	15	7	7	14	7	7
65-69	12	6	6	14	7	7
70-74	11	5	6	11	5	6
75-79	9	4	5	10	4	5
80+	…	…	…	…	…	…
80-84	7	3	4	7	3	4
85-89	5	2	3	5	2	3
90-94	2	1	2	3	1	2
95-99	1	0	1	1	0	1
100+	0	0	0	0	0	0

Saint Lucia

性・年齢別人口（千人）

年齢	2015 総数	男	女	2020 総数	男	女	2025 総数	男	女	2030 総数	男	女
総数	185	91	94	194	95	99	202	99	103	210	103	107
0-4	14	7	7	15	8	7	16	8	8	16	8	8
5-9	14	7	7	14	7	7	15	8	7	16	8	8
10-14	15	8	7	14	7	7	14	7	7	15	8	8
15-19	16	8	8	15	8	8	14	7	7	14	7	7
20-24	16	8	8	15	8	8	15	7	7	14	7	7
25-29	14	7	7	16	8	8	15	8	8	14	7	7
30-34	14	7	7	14	7	7	16	8	8	15	7	7
35-39	13	6	7	14	7	7	14	7	7	16	8	8
40-44	13	6	7	13	6	7	14	7	7	14	7	7
45-49	13	6	6	13	6	7	13	6	7	14	7	7
50-54	11	6	6	12	6	6	12	6	6	13	6	7
55-59	9	4	5	11	5	6	12	6	6	12	6	6
60-64	7	3	3	8	4	4	10	5	5	11	5	6
65-69	5	2	3	6	3	3	8	4	4	10	5	5
70-74	4	2	2	5	2	3	5	3	3	7	3	4
75-79	3	1	2	3	1	2	4	2	2	5	2	2
80+	...	...	...	...	...	...	...	...	...	...	...	...
80-84	2	1	1	2	1	1	3	1	1	3	1	2
85-89	1	1	1	1	1	1	2	1	1	2	1	1
90-94	1	0	0	1	0	0	1	0	0	1	0	1
95-99	0	0	0	0	0	0	0	0	0	0	0	0
100+	0	0	0	0	0	0	0	0	0	0	0	0

年齢	2035 総数	男	女	2040 総数	男	女	2045 総数	男	女	2050 総数	男	女
総数	217	106	111	223	109	114	228	111	116	232	114	119
0-4	15	8	7	15	7	7	15	8	7	15	8	8
5-9	16	8	8	15	8	7	15	7	7	15	7	7
10-14	16	8	8	16	8	8	15	8	7	15	8	7
15-19	15	8	8	16	8	8	16	8	8	15	8	8
20-24	14	7	7	15	8	7	15	8	8	16	8	8
25-29	14	7	7	13	7	7	15	7	7	15	8	7
30-34	14	7	7	13	7	7	13	7	6	14	7	7
35-39	15	7	8	14	7	7	14	7	7	13	7	7
40-44	16	8	8	15	7	8	14	7	7	14	7	7
45-49	14	7	7	16	8	8	15	7	7	14	7	7
50-54	14	7	7	13	7	7	15	8	8	15	7	7
55-59	12	6	6	13	6	7	13	6	7	15	7	8
60-64	11	5	6	12	6	6	13	6	7	13	6	7
65-69	11	5	6	11	5	6	11	5	6	12	6	6
70-74	9	4	5	10	4	5	10	4	5	10	5	5
75-79	6	3	3	7	3	4	8	4	5	9	4	5
80+	...	...	...	...	...	...	...	...	...	...	...	...
80-84	4	2	2	5	2	3	6	2	3	7	3	4
85-89	2	1	1	2	1	1	3	1	2	4	2	2
90-94	1	0	1	1	0	1	1	0	1	2	1	1
95-99	0	0	0	0	0	0	0	0	0	1	0	0
100+	0	0	0	0	0	0	0	0	0	0	0	0

年齢	2055 総数	男	女	2060 総数	男	女
総数	237	116	121	241	118	122
0-4	16	8	8	16	8	8
5-9	15	8	7	16	8	8
10-14	15	8	7	15	8	8
15-19	15	8	7	15	8	7
20-24	15	8	7	15	7	7
25-29	15	8	8	15	7	7
30-34	15	8	7	15	8	7
35-39	15	7	7	15	7	7
40-44	13	7	7	15	7	7
45-49	13	7	7	13	7	6
50-54	14	7	7	13	7	7
55-59	14	7	7	14	7	7
60-64	15	7	7	14	7	7
65-69	12	6	6	14	7	7
70-74	11	5	6	11	5	6
75-79	9	4	5	10	4	5
80+	...	...	...	...	...	...
80-84	7	3	4	7	3	4
85-89	5	2	3	5	2	3
90-94	2	1	2	3	1	2
95-99	1	0	1	1	0	1
100+	0	0	0	0	0	0

性・年齢別人口（千人）

年齢	2015			2020			2025			2030		
	総数	男	女	総数	男	女	総数	男	女	総数	男	女
総数	185	91	94	190	93	97	193	94	98	194	94	99
0-4	14	7	7	12	6	6	10	5	5	9	4	4
5-9	14	7	7	14	7	7	11	6	6	10	5	5
10-14	15	8	7	14	7	7	14	7	7	12	6	6
15-19	16	8	8	15	8	8	14	7	7	14	7	7
20-24	16	8	8	15	8	8	15	7	7	14	7	7
25-29	14	7	7	16	8	8	15	8	8	14	7	7
30-34	14	7	7	14	7	7	16	8	8	15	7	7
35-39	13	6	7	14	7	7	14	7	7	16	8	8
40-44	13	6	7	13	6	7	14	7	7	14	7	7
45-49	13	6	6	13	6	7	13	6	7	14	7	7
50-54	11	6	6	12	6	6	12	6	6	13	6	7
55-59	9	4	5	11	5	6	12	6	6	12	6	6
60-64	7	3	3	8	4	4	10	5	5	11	5	6
65-69	5	2	3	6	3	3	8	4	4	10	5	5
70-74	4	2	2	5	2	3	5	3	3	7	3	4
75-79	3	1	2	3	1	2	4	2	2	5	2	2
80+	...	...	...	...	...	...	...	...	...	...	...	...
80-84	2	1	1	2	1	1	3	1	1	3	1	2
85-89	1	1	1	1	1	1	2	1	1	2	1	1
90-94	1	0	0	1	0	0	1	0	0	1	0	1
95-99	0	0	0	0	0	0	0	0	0	0	0	0
100+	0	0	0	0	0	0	0	0	0	0	0	0

年齢	2035			2040			2045			2050		
	総数	男	女	総数	男	女	総数	男	女	総数	男	女
総数	193	94	99	191	93	98	188	91	97	184	89	94
0-4	8	4	4	7	4	4	7	3	3	6	3	3
5-9	8	4	4	8	4	4	7	4	4	7	3	3
10-14	10	5	5	9	4	4	8	4	4	7	4	4
15-19	12	6	6	10	5	5	9	4	4	8	4	4
20-24	14	7	7	11	6	6	10	5	5	8	4	4
25-29	14	7	7	13	7	7	11	6	5	9	5	5
30-34	14	7	7	13	7	7	13	7	6	11	5	5
35-39	15	7	8	14	7	7	14	7	7	13	7	7
40-44	16	8	8	15	7	8	14	7	7	14	7	7
45-49	14	7	7	16	8	8	15	7	7	14	7	7
50-54	14	7	7	13	7	7	15	8	8	15	7	7
55-59	12	6	6	13	6	7	13	6	7	15	7	8
60-64	11	5	6	12	6	6	13	6	7	13	6	7
65-69	11	5	6	11	5	6	11	5	6	12	6	6
70-74	9	4	5	10	4	5	10	4	5	10	5	5
75-79	6	3	3	7	3	4	8	4	5	9	4	5
80+	...	...	...	...	...	...	...	...	...	...	...	...
80-84	4	2	2	5	2	3	6	2	3	7	3	4
85-89	2	1	1	2	1	1	3	1	2	4	2	2
90-94	1	0	1	1	0	1	1	0	1	2	1	1
95-99	0	0	0	0	0	0	0	0	0	1	0	0
100+	0	0	0	0	0	0	0	0	0	0	0	0

年齢	2055			2060		
	総数	男	女	総数	男	女
総数	178	86	91	171	83	88
0-4	5	3	3	5	2	2
5-9	6	3	3	5	3	3
10-14	7	3	3	6	3	3
15-19	8	4	4	7	3	3
20-24	8	4	4	7	4	4
25-29	8	4	4	7	4	4
30-34	9	5	4	8	4	4
35-39	11	6	5	9	5	5
40-44	13	7	7	11	6	5
45-49	13	7	7	13	7	6
50-54	14	7	7	13	7	7
55-59	14	7	7	14	7	7
60-64	15	7	7	14	7	7
65-69	12	6	6	14	7	7
70-74	11	5	6	11	5	6
75-79	9	4	5	10	4	5
80+	...	...	...	...	...	...
80-84	7	3	4	7	3	4
85-89	5	2	3	5	2	3
90-94	2	1	2	3	1	2
95-99	1	0	1	1	0	1
100+	0	0	0	0	0	0

Saint Vincent and the Grenadines

性・年齢別人口（千人）

年齢	1960 総数	男	女	1965 総数	男	女	1970 総数	男	女	1975 総数	男	女
総数	81	38	43	86	40	46	90	43	48	96	46	50
0-4	16	8	8	17	8	8	17	8	8	16	8	8
5-9	14	7	7	15	7	7	15	8	8	15	8	8
10-14	11	5	5	12	6	6	13	7	6	14	7	7
15-19	7	4	4	9	4	4	10	5	5	12	6	6
20-24	6	3	3	6	3	3	7	4	4	8	4	4
25-29	4	2	2	5	2	3	5	2	3	5	2	3
30-34	4	2	2	3	1	2	4	1	2	4	2	2
35-39	3	1	2	3	1	2	3	1	2	3	1	2
40-44	3	1	2	3	1	2	2	1	1	2	1	1
45-49	3	1	2	3	1	2	2	1	1	2	1	1
50-54	3	1	2	3	1	2	3	1	2	2	1	1
55-59	2	1	1	3	1	1	3	1	2	3	1	1
60-64	2	1	1	2	1	1	3	1	1	3	1	2
65-69	1	0	1	2	1	1	2	1	1	2	1	1
70-74	1	0	1	1	0	1	1	0	1	2	1	1
75-79	1	0	0	1	0	0	1	0	0	1	0	1
80+	1	0	0	1	0	0	1	0	0	1	0	0
80-84	…	…	…	…	…	…	…	…	…	…	…	…
85-89	…	…	…	…	…	…	…	…	…	…	…	…
90-94	…	…	…	…	…	…	…	…	…	…	…	…
95-99	…	…	…	…	…	…	…	…	…	…	…	…
100+	…	…	…	…	…	…	…	…	…	…	…	…

年齢	1980 総数	男	女	1985 総数	男	女	1990 総数	男	女	1995 総数	男	女
総数	101	49	52	104	51	53	108	53	54	108	54	54
0-4	15	7	7	14	7	7	13	7	7	12	6	6
5-9	15	8	7	14	7	7	14	7	7	12	6	6
10-14	14	7	7	14	7	7	13	7	7	13	6	6
15-19	13	7	6	13	7	6	12	6	6	12	6	6
20-24	10	5	5	11	6	6	10	5	5	11	5	5
25-29	6	3	4	8	4	4	10	5	5	9	5	4
30-34	4	2	2	6	3	3	7	4	4	9	4	4
35-39	3	2	2	4	2	2	5	3	3	7	3	3
40-44	3	2	2	3	2	2	4	2	2	5	2	2
45-49	3	1	2	4	2	2	3	2	1	4	2	2
50-54	3	1	2	3	1	2	3	2	2	3	1	1
55-59	2	1	1	3	1	1	3	1	1	3	2	2
60-64	2	1	1	2	1	1	3	1	1	3	1	1
65-69	2	1	1	2	1	1	2	1	1	2	1	1
70-74	2	1	1	2	1	1	2	1	1	2	1	1
75-79	1	0	1	1	1	1	1	1	1	2	1	1
80+	1	0	1	1	0	1	…	…	…	…	…	…
80-84	…	…	…	…	…	…	1	0	0	1	0	0
85-89	…	…	…	…	…	…	0	0	0	0	0	0
90-94	…	…	…	…	…	…	0	0	0	0	0	0
95-99	…	…	…	…	…	…	0	0	0	0	0	0
100+	…	…	…	…	…	…	0	0	0	0	0	0

年齢	2000 総数	男	女	2005 総数	男	女	2010 総数	男	女	2015 総数	男	女
総数	108	54	54	109	55	54	109	55	54	109	55	54
0-4	11	6	5	10	5	5	9	5	5	9	4	4
5-9	11	6	6	10	5	5	9	5	5	9	5	5
10-14	12	6	6	11	5	5	10	5	5	9	5	5
15-19	11	6	6	11	5	5	11	5	5	10	5	5
20-24	10	5	5	10	5	5	10	5	5	10	5	5
25-29	9	5	4	9	5	4	9	5	5	9	4	4
30-34	8	4	4	8	4	4	8	4	4	8	4	4
35-39	8	4	4	7	4	4	7	4	4	8	4	4
40-44	6	3	3	8	4	4	7	4	3	7	4	3
45-49	5	2	2	6	3	3	7	4	4	7	3	3
50-54	4	2	2	5	2	2	6	3	3	7	4	3
55-59	3	1	1	3	2	2	4	2	2	6	3	3
60-64	3	1	2	2	1	1	3	2	2	4	2	2
65-69	2	1	1	3	1	1	2	1	1	3	1	1
70-74	2	1	1	2	1	1	2	1	1	2	1	1
75-79	1	1	1	2	1	1	1	1	1	2	1	1
80+	…	…	…	…	…	…	…	…	…	…	…	…
80-84	1	0	1	1	0	1	1	0	0	1	0	1
85-89	0	0	0	1	0	0	0	0	0	0	0	0
90-94	0	0	0	0	0	0	0	0	0	0	0	0
95-99	0	0	0	0	0	0	0	0	0	0	0	0
100+	0	0	0	0	0	0	0	0	0	0	0	0

性・年齢別人口（千人）

年齢	2015			2020			2025			2030		
	総数	男	女	総数	男	女	総数	男	女	総数	男	女
総数	109	55	54	111	56	55	112	56	56	112	56	56
0-4	9	4	4	8	4	4	7	4	4	7	4	3
5-9	9	5	5	8	4	4	8	4	4	7	4	4
10-14	9	5	5	9	5	4	8	4	4	8	4	4
15-19	10	5	5	9	5	4	9	4	4	8	4	4
20-24	10	5	5	9	5	5	8	4	4	8	4	4
25-29	9	4	4	9	5	4	9	4	4	8	4	4
30-34	8	4	4	8	4	4	9	4	4	8	4	4
35-39	8	4	4	8	4	4	8	4	4	8	4	4
40-44	7	4	3	7	4	4	8	4	4	8	4	4
45-49	7	3	3	7	3	3	7	4	4	8	4	4
50-54	7	4	3	6	3	3	6	3	3	7	3	3
55-59	6	3	3	7	3	3	6	3	3	6	3	3
60-64	4	2	2	5	3	3	6	3	3	6	3	3
65-69	3	1	1	4	2	2	5	2	2	6	3	3
70-74	2	1	1	2	1	1	3	1	2	4	2	2
75-79	2	1	1	1	1	1	2	1	1	2	1	1
80+	…	…	…	…	…	…	…	…	…	…	…	…
80-84	1	0	1	1	1	1	1	0	1	1	1	1
85-89	0	0	0	1	0	0	1	0	0	1	0	0
90-94	0	0	0	0	0	0	0	0	0	0	0	0
95-99	0	0	0	0	0	0	0	0	0	0	0	0
100+	0	0	0	0	0	0	0	0	0	0	0	0

年齢	2035			2040			2045			2050		
	総数	男	女	総数	男	女	総数	男	女	総数	男	女
総数	112	56	56	112	56	56	111	55	56	109	54	55
0-4	7	3	3	6	3	3	6	3	3	6	3	3
5-9	7	3	3	7	3	3	6	3	3	6	3	3
10-14	7	4	4	7	3	3	6	3	3	6	3	3
15-19	8	4	4	7	4	4	7	3	3	6	3	3
20-24	8	4	4	7	4	4	7	3	3	6	3	3
25-29	8	4	4	8	4	4	7	4	4	7	3	3
30-34	8	4	4	8	4	4	7	4	4	7	4	3
35-39	8	4	4	8	4	4	8	4	4	7	4	4
40-44	8	4	4	8	4	4	7	4	4	7	4	4
45-49	8	4	4	8	4	4	8	4	4	7	4	4
50-54	7	4	4	7	4	4	8	4	4	8	4	4
55-59	7	3	3	7	3	4	7	4	4	7	4	4
60-64	6	3	3	6	3	3	7	3	3	7	3	4
65-69	5	3	3	5	3	3	6	3	3	6	3	3
70-74	5	2	3	5	2	2	5	2	2	5	2	3
75-79	3	2	2	4	2	2	4	2	2	4	2	2
80+	…	…	…	…	…	…	…	…	…	…	…	…
80-84	2	1	1	2	1	1	3	1	2	3	1	2
85-89	1	0	0	1	0	1	1	1	1	2	1	1
90-94	0	0	0	0	0	0	1	0	0	1	0	0
95-99	0	0	0	0	0	0	0	0	0	0	0	0
100+	0	0	0	0	0	0	0	0	0	0	0	0

年齢	2055			2060		
	総数	男	女	総数	男	女
総数	107	53	54	104	51	53
0-4	5	3	3	5	3	2
5-9	6	3	3	5	3	3
10-14	6	3	3	6	3	3
15-19	6	3	3	6	3	3
20-24	6	3	3	6	3	3
25-29	6	3	3	6	3	3
30-34	6	3	3	6	3	3
35-39	7	3	3	6	3	3
40-44	7	4	4	7	3	3
45-49	7	4	4	7	4	4
50-54	7	4	4	7	4	4
55-59	7	4	4	7	3	4
60-64	7	4	4	7	4	4
65-69	6	3	3	7	3	3
70-74	6	3	3	6	3	3
75-79	4	2	2	5	2	3
80+	…	…	…	…	…	…
80-84	3	1	2	3	1	2
85-89	2	1	1	2	1	1
90-94	1	0	1	1	0	1
95-99	0	0	0	0	0	0
100+	0	0	0	0	0	0

性・年齢別人口（千人）

年齢	2015 総数	男	女	2020 総数	男	女	2025 総数	男	女	2030 総数	男	女
総数	109	55	54	112	56	55	114	57	57	117	59	58
0-4	9	4	4	9	5	4	9	5	5	9	5	4
5-9	9	5	5	8	4	4	9	5	4	9	5	4
10-14	9	5	5	9	5	4	8	4	4	9	5	4
15-19	10	5	5	9	5	4	9	4	4	8	4	4
20-24	10	5	5	9	5	5	8	4	4	8	4	4
25-29	9	4	4	9	5	4	9	4	4	8	4	4
30-34	8	4	4	8	4	4	9	4	4	8	4	4
35-39	8	4	4	8	4	4	8	4	4	8	4	4
40-44	7	4	3	7	4	4	8	4	4	8	4	4
45-49	7	3	3	7	3	3	7	4	4	8	4	4
50-54	7	4	3	6	3	3	6	3	3	7	3	3
55-59	6	3	3	7	3	3	6	3	3	6	3	3
60-64	4	2	2	5	3	3	6	3	3	6	3	3
65-69	3	1	1	4	2	2	5	2	2	6	3	3
70-74	2	1	1	2	1	1	3	1	2	4	2	2
75-79	2	1	1	1	1	1	2	1	1	2	1	1
80+	…	…	…	…	…	…	…	…	…	…	…	…
80-84	1	0	1	1	1	1	1	0	1	1	1	1
85-89	0	0	0	1	0	0	1	0	0	1	0	0
90-94	0	0	0	0	0	0	0	0	0	0	0	0
95-99	0	0	0	0	0	0	0	0	0	0	0	0
100+	0	0	0	0	0	0	0	0	0	0	0	0

年齢	2035 総数	男	女	2040 総数	男	女	2045 総数	男	女	2050 総数	男	女
総数	119	59	59	121	60	61	122	61	62	123	61	62
0-4	9	4	4	8	4	4	9	4	4	9	4	4
5-9	9	5	4	9	4	4	8	4	4	8	4	4
10-14	9	5	4	9	4	4	8	4	4	8	4	4
15-19	9	4	4	9	4	4	9	4	4	8	4	4
20-24	8	4	4	8	4	4	9	4	4	8	4	4
25-29	8	4	4	8	4	4	8	4	4	8	4	4
30-34	8	4	4	8	4	4	7	4	4	8	4	4
35-39	8	4	4	8	4	4	8	4	4	7	4	4
40-44	8	4	4	8	4	4	7	4	4	8	4	4
45-49	8	4	4	8	4	4	8	4	4	7	4	4
50-54	7	4	4	7	4	4	8	4	4	8	4	4
55-59	7	3	3	7	3	4	7	4	4	7	4	4
60-64	6	3	3	6	3	3	7	3	3	7	3	4
65-69	5	3	3	5	3	3	6	3	3	6	3	3
70-74	5	2	3	5	2	2	5	2	2	5	2	3
75-79	3	2	2	4	2	2	4	2	2	4	2	2
80+	…	…	…	…	…	…	…	…	…	…	…	…
80-84	2	1	1	2	1	1	3	1	2	3	1	2
85-89	1	0	0	1	0	1	1	1	1	2	1	1
90-94	0	0	0	0	0	0	1	0	0	1	0	0
95-99	0	0	0	0	0	0	0	0	0	0	0	0
100+	0	0	0	0	0	0	0	0	0	0	0	0

年齢	2055 総数	男	女	2060 総数	男	女
総数	125	62	63	125	62	63
0-4	9	4	4	9	4	4
5-9	9	4	4	9	4	4
10-14	8	4	4	9	4	4
15-19	8	4	4	8	4	4
20-24	8	4	4	8	4	4
25-29	8	4	4	8	4	4
30-34	8	4	4	8	4	4
35-39	8	4	4	8	4	4
40-44	7	4	4	8	4	4
45-49	7	4	4	7	4	4
50-54	7	4	4	7	4	4
55-59	7	4	4	7	3	4
60-64	7	4	4	7	4	4
65-69	6	3	3	7	3	3
70-74	6	3	3	6	3	3
75-79	4	2	2	5	2	3
80+	…	…	…	…	…	…
80-84	3	1	2	3	1	2
85-89	2	1	1	2	1	1
90-94	1	0	1	1	0	1
95-99	0	0	0	0	0	0
100+	0	0	0	0	0	0

性・年齢別人口（千人）

年齢	2015			2020			2025			2030		
	総数	男	女	総数	男	女	総数	男	女	総数	男	女
総数	109	55	54	110	55	54	109	55	54	107	54	54
0-4	9	4	4	7	4	3	6	3	3	5	2	2
5-9	9	5	5	8	4	4	7	3	3	6	3	3
10-14	9	5	5	9	5	4	8	4	4	7	3	3
15-19	10	5	5	9	5	4	9	4	4	8	4	4
20-24	10	5	5	9	5	5	8	4	4	8	4	4
25-29	9	4	4	9	5	4	9	4	4	8	4	4
30-34	8	4	4	8	4	4	9	4	4	8	4	4
35-39	8	4	4	8	4	4	8	4	4	8	4	4
40-44	7	4	3	7	4	4	7	4	4	8	4	4
45-49	7	3	3	7	3	3	7	4	4	8	4	4
50-54	7	4	3	6	3	3	6	3	3	7	3	3
55-59	6	3	3	7	3	3	6	3	3	6	3	3
60-64	4	2	2	5	3	3	6	3	3	6	3	3
65-69	3	1	1	4	2	2	5	2	2	6	3	3
70-74	2	1	1	2	1	1	3	1	2	4	2	2
75-79	2	1	1	1	1	1	2	1	1	2	1	1
80+	...	...	...	...	...	...	...	...	...	...	...	...
80-84	1	0	1	1	1	1	1	0	1	1	1	1
85-89	0	0	0	1	0	0	1	0	0	1	0	0
90-94	0	0	0	0	0	0	0	0	0	0	0	0
95-99	0	0	0	0	0	0	0	0	0	0	0	0
100+	0	0	0	0	0	0	0	0	0	0	0	0

年齢	2035			2040			2045			2050		
	総数	男	女	総数	男	女	総数	男	女	総数	男	女
総数	105	53	53	103	51	52	100	49	50	96	47	49
0-4	5	2	2	4	2	2	4	2	2	3	2	2
5-9	5	2	2	5	2	2	4	2	2	4	2	2
10-14	6	3	3	5	2	2	5	2	2	4	2	2
15-19	7	3	3	5	3	3	5	2	2	4	2	2
20-24	8	4	4	6	3	3	5	3	3	4	2	2
25-29	8	4	4	8	4	4	6	3	3	5	3	2
30-34	8	4	4	8	4	4	7	4	4	6	3	3
35-39	8	4	4	8	4	4	8	4	4	7	4	4
40-44	8	4	4	8	4	4	7	4	4	8	4	4
45-49	8	4	4	8	4	4	8	4	4	7	4	4
50-54	7	4	4	7	4	4	8	4	4	8	4	4
55-59	7	3	3	7	3	4	7	4	4	7	4	4
60-64	6	3	3	6	3	3	7	3	3	7	3	4
65-69	5	3	3	5	3	3	6	3	3	6	3	3
70-74	5	2	3	5	2	2	5	2	2	5	2	3
75-79	3	2	2	4	2	2	4	2	2	4	2	2
80+	...	...	...	...	...	...	...	...	...	...	...	...
80-84	2	1	1	2	1	1	3	1	2	3	1	2
85-89	1	0	0	1	0	1	1	1	1	2	1	1
90-94	0	0	0	0	0	0	1	0	0	1	0	0
95-99	0	0	0	0	0	0	0	0	0	0	0	0
100+	0	0	0	0	0	0	0	0	0	0	0	0

年齢	2055			2060		
	総数	男	女	総数	男	女
総数	91	45	46	86	42	44
0-4	3	1	1	2	1	1
5-9	3	2	2	3	1	1
10-14	4	2	2	3	2	2
15-19	4	2	2	4	2	2
20-24	4	2	2	4	2	2
25-29	4	2	2	4	2	2
30-34	5	2	2	4	2	2
35-39	6	3	3	5	2	2
40-44	7	4	4	6	3	3
45-49	7	4	4	7	4	4
50-54	7	4	4	7	4	4
55-59	7	4	4	7	3	4
60-64	7	4	4	7	4	4
65-69	6	3	3	7	3	3
70-74	6	3	3	6	3	3
75-79	4	2	2	5	2	3
80+	...	...	...	...	...	...
80-84	3	1	2	3	1	2
85-89	2	1	1	2	1	1
90-94	1	0	1	1	0	1
95-99	0	0	0	0	0	0
100+	0	0	0	0	0	0

Samoa

性・年齢別人口（千人）

年齢	1960 総数	男	女	1965 総数	男	女	1970 総数	男	女	1975 総数	男	女
総数	109	55	53	127	64	63	143	73	70	151	77	75
0-4	21	11	10	26	13	13	27	14	13	26	13	13
5-9	19	9	9	22	11	11	25	13	12	26	13	12
10-14	14	7	7	18	9	9	21	11	10	24	12	12
15-19	11	6	5	12	6	6	17	9	8	18	10	9
20-24	9	5	4	10	5	5	9	5	5	12	6	6
25-29	7	3	4	8	4	4	9	4	4	7	3	4
30-34	6	3	3	7	3	4	7	4	3	7	3	4
35-39	5	3	3	6	3	3	6	3	3	6	3	3
40-44	4	2	2	5	2	2	5	2	3	6	3	3
45-49	4	2	2	4	2	2	5	2	2	5	2	2
50-54	2	1	1	3	2	2	4	2	2	4	2	2
55-59	2	1	1	2	1	1	3	1	1	3	2	2
60-64	2	1	1	2	1	1	2	1	1	3	1	1
65-69	1	0	0	1	1	1	2	1	1	2	1	1
70-74	1	0	0	1	0	0	1	0	1	1	1	1
75-79	0	0	0	0	0	0	0	0	0	1	0	0
80+	0	0	0	0	0	0	0	0	0	0	0	0
80-84	...	...	...	...	...	...	...	...	...	...	...	...
85-89	...	...	...	...	...	...	...	...	...	...	...	...
90-94	...	...	...	...	...	...	...	...	...	...	...	...
95-99	...	...	...	...	...	...	...	...	...	...	...	...
100+	...	...	...	...	...	...	...	...	...	...	...	...

年齢	1980 総数	男	女	1985 総数	男	女	1990 総数	男	女	1995 総数	男	女
総数	156	80	76	160	83	77	163	85	78	170	88	82
0-4	24	13	11	23	12	11	23	12	11	25	13	12
5-9	24	13	11	23	12	11	21	11	10	23	12	11
10-14	24	12	11	22	12	11	21	11	10	21	11	10
15-19	21	11	10	22	12	10	21	11	10	19	11	9
20-24	14	7	7	16	8	8	16	9	7	16	8	7
25-29	9	5	5	10	5	5	13	7	6	13	7	6
30-34	6	3	3	9	4	5	9	4	4	12	6	5
35-39	7	3	3	6	3	3	8	4	4	8	4	4
40-44	6	3	3	6	3	3	6	3	3	8	4	4
45-49	5	2	3	5	3	2	6	3	3	5	3	3
50-54	4	2	2	5	2	3	5	2	2	5	3	3
55-59	4	2	2	4	2	2	4	2	2	4	2	2
60-64	3	1	1	3	2	2	3	2	2	4	2	2
65-69	2	1	1	2	1	1	3	1	1	3	1	2
70-74	1	1	1	1	1	1	2	1	1	2	1	1
75-79	1	0	0	1	0	0	1	0	1	1	1	1
80+	0	0	0	1	0	0	...	...	...	...	...	...
80-84	...	...	...	...	...	...	0	0	0	1	0	0
85-89	...	...	...	...	...	...	0	0	0	0	0	0
90-94	...	...	...	...	...	...	0	0	0	0	0	0
95-99	...	...	...	...	...	...	0	0	0	0	0	0
100+	...	...	...	...	...	...	0	0	0	0	0	0

年齢	2000 総数	男	女	2005 総数	男	女	2010 総数	男	女	2015 総数	男	女
総数	175	91	84	180	93	87	186	96	90	193	100	94
0-4	26	13	12	25	13	12	26	13	12	24	13	12
5-9	25	13	12	24	12	11	23	12	11	25	13	12
10-14	21	11	10	22	12	11	22	11	11	23	12	11
15-19	18	10	8	18	9	8	19	10	9	21	11	10
20-24	14	8	7	14	7	7	15	8	7	17	9	8
25-29	13	7	6	13	7	6	13	7	6	12	6	6
30-34	12	6	6	12	6	6	12	6	6	11	6	5
35-39	10	5	5	11	6	5	11	6	5	10	5	5
40-44	9	4	4	10	5	5	10	5	5	10	5	5
45-49	7	3	3	8	4	4	9	5	4	10	5	4
50-54	5	3	3	6	3	3	7	4	4	8	4	4
55-59	4	2	2	5	2	2	6	3	3	7	4	3
60-64	4	2	2	4	2	2	4	2	2	5	3	3
65-69	3	1	2	3	2	2	3	2	2	3	2	2
70-74	2	1	1	2	1	1	3	1	1	3	1	2
75-79	2	1	1	2	1	1	2	1	1	2	1	1
80+	...	...	...	...	...	...	...	...	...	...	...	...
80-84	1	0	0	1	0	1	1	0	1	1	0	1
85-89	0	0	0	0	0	0	0	0	0	0	0	0
90-94	0	0	0	0	0	0	0	0	0	0	0	0
95-99	0	0	0	0	0	0	0	0	0	0	0	0
100+	0	0	0	0	0	0	0	0	0	0	0	0

性・年齢別人口（千人）

年齢	2015			2020			2025			2030		
	総数	男	女	総数	男	女	総数	男	女	総数	男	女
総数	193	100	94	199	103	96	205	106	99	210	109	102
0-4	24	13	12	22	12	11	22	12	11	23	12	11
5-9	25	13	12	24	12	11	22	11	11	22	11	10
10-14	23	12	11	25	13	12	23	12	11	22	11	10
15-19	21	11	10	21	11	10	24	12	11	22	12	11
20-24	17	9	8	18	10	9	19	10	9	21	11	10
25-29	12	6	6	15	8	7	16	8	7	16	9	8
30-34	11	6	5	11	6	5	13	7	6	14	8	6
35-39	10	5	5	10	5	5	9	5	4	12	6	5
40-44	10	5	5	10	5	5	9	5	4	8	5	4
45-49	10	5	4	9	5	4	9	5	4	8	4	4
50-54	8	4	4	9	5	4	9	5	4	8	4	4
55-59	7	4	3	8	4	4	9	4	4	8	4	4
60-64	5	3	3	6	3	3	7	4	4	8	4	4
65-69	3	2	2	5	2	2	6	3	3	6	3	3
70-74	3	1	2	3	1	2	4	2	2	5	2	3
75-79	2	1	1	2	1	1	2	1	1	3	1	2
80+	…	…	…	…	…	…	…	…	…	…	…	…
80-84	1	0	1	1	1	1	2	1	1	2	1	1
85-89	1	0	0	1	0	0	1	0	1	1	0	1
90-94	0	0	0	0	0	0	0	0	0	0	0	0
95-99	0	0	0	0	0	0	0	0	0	0	0	0
100+	0	0	0	0	0	0	0	0	0	0	0	0

年齢	2035			2040			2045			2050		
	総数	男	女	総数	男	女	総数	男	女	総数	男	女
総数	219	113	106	228	118	110	235	122	113	241	125	116
0-4	24	12	11	24	12	11	23	12	11	22	11	10
5-9	22	12	11	23	12	11	24	12	11	23	12	11
10-14	22	11	10	22	12	11	23	12	11	23	12	11
15-19	21	11	10	20	11	10	21	11	10	22	12	10
20-24	20	11	10	19	10	9	19	10	9	19	10	9
25-29	19	10	9	18	10	9	17	9	8	17	9	8
30-34	15	8	7	18	9	8	17	9	8	15	8	7
35-39	13	7	6	14	7	7	17	9	8	16	8	7
40-44	11	6	5	12	7	6	13	7	6	16	9	8
45-49	8	4	4	10	6	5	12	6	5	13	7	6
50-54	8	4	4	8	4	4	10	5	5	11	6	5
55-59	8	4	4	7	4	4	7	4	3	10	5	4
60-64	8	4	4	8	4	4	7	4	4	7	4	3
65-69	7	4	4	7	4	4	7	3	4	7	3	3
70-74	6	3	3	6	3	3	7	3	3	6	3	3
75-79	4	2	2	5	2	3	5	3	3	6	3	3
80+	…	…	…	…	…	…	…	…	…	…	…	…
80-84	2	1	1	3	1	2	4	1	2	4	2	2
85-89	1	0	1	2	1	1	2	1	1	2	1	2
90-94	0	0	0	1	0	0	1	0	1	1	0	1
95-99	0	0	0	0	0	0	0	0	0	0	0	0
100+	0	0	0	0	0	0	0	0	0	0	0	0

年齢	2055			2060		
	総数	男	女	総数	男	女
総数	245	127	118	249	130	120
0-4	20	11	10	20	10	10
5-9	21	11	10	20	11	10
10-14	23	12	11	21	11	10
15-19	22	12	11	22	11	10
20-24	20	11	10	21	11	10
25-29	17	9	8	18	10	9
30-34	15	8	7	16	9	8
35-39	14	8	7	14	8	7
40-44	15	8	7	14	7	6
45-49	16	8	7	15	8	7
50-54	13	7	6	15	8	7
55-59	11	6	5	12	6	6
60-64	9	5	4	11	6	5
65-69	6	3	3	9	5	4
70-74	6	3	3	6	3	3
75-79	6	3	3	5	3	3
80+	…	…	…	…	…	…
80-84	5	2	3	5	2	3
85-89	3	1	2	3	1	2
90-94	1	0	1	2	1	1
95-99	0	0	0	1	0	0
100+	0	0	0	0	0	0

Samoa

性・年齢別人口（千人）

年齢	2015 総数	男	女	2020 総数	男	女	2025 総数	男	女	2030 総数	男	女
総数	193	100	94	201	103	97	209	108	101	218	112	105
0-4	24	13	12	24	12	11	25	13	12	26	14	13
5-9	25	13	12	24	12	11	23	12	11	24	13	12
10-14	23	12	11	25	13	12	23	12	11	23	12	11
15-19	21	11	10	21	11	10	24	12	11	22	12	11
20-24	17	9	8	18	10	9	19	10	9	21	11	10
25-29	12	6	6	15	8	7	16	8	7	16	9	8
30-34	11	6	5	11	6	5	13	7	6	14	8	6
35-39	10	5	5	10	5	5	9	5	4	12	6	5
40-44	10	5	5	10	5	5	9	5	4	8	5	4
45-49	10	5	4	9	5	4	9	5	4	8	4	4
50-54	8	4	4	9	5	4	9	5	4	8	4	4
55-59	7	4	3	8	4	4	9	4	4	8	4	4
60-64	5	3	3	6	3	3	7	4	4	8	4	4
65-69	3	2	2	5	2	2	6	3	3	6	3	3
70-74	3	1	2	3	1	2	4	2	2	5	2	3
75-79	2	1	1	2	1	1	2	1	1	3	1	2
80+	…	…	…	…	…	…	…	…	…	…	…	…
80-84	1	0	1	1	1	1	2	1	1	2	1	1
85-89	1	0	0	1	0	0	1	0	1	1	0	1
90-94	0	0	0	0	0	0	0	0	0	0	0	0
95-99	0	0	0	0	0	0	0	0	0	0	0	0
100+	0	0	0	0	0	0	0	0	0	0	0	0

年齢	2035 総数	男	女	2040 総数	男	女	2045 総数	男	女	2050 総数	男	女
総数	230	119	111	243	126	117	255	132	123	267	138	128
0-4	27	14	13	28	15	13	28	15	13	28	14	13
5-9	26	13	12	27	14	13	28	14	13	28	14	13
10-14	24	13	12	26	13	12	27	14	13	27	14	13
15-19	22	12	11	23	12	11	24	13	12	26	13	12
20-24	20	11	10	20	11	10	21	11	10	22	12	11
25-29	19	10	9	18	10	9	18	10	9	19	10	9
30-34	15	8	7	18	9	8	17	9	8	17	9	8
35-39	13	7	6	14	7	7	17	9	8	16	8	7
40-44	11	6	5	12	7	6	13	7	6	16	9	8
45-49	8	4	4	10	6	5	12	6	5	13	7	6
50-54	8	4	4	8	4	4	10	5	5	11	6	5
55-59	8	4	4	7	4	4	7	4	3	10	5	4
60-64	8	4	4	8	4	4	7	4	4	7	4	3
65-69	7	4	4	7	4	4	7	3	4	7	3	3
70-74	6	3	3	6	3	3	7	3	3	6	3	3
75-79	4	2	2	5	2	3	5	3	3	6	3	3
80+	…	…	…	…	…	…	…	…	…	…	…	…
80-84	2	1	1	3	1	2	4	1	2	4	2	2
85-89	1	0	1	2	1	1	2	1	1	2	1	2
90-94	0	0	0	1	0	0	1	0	1	1	0	1
95-99	0	0	0	0	0	0	0	0	0	0	0	0
100+	0	0	0	0	0	0	0	0	0	0	0	0

年齢	2055 総数	男	女	2060 総数	男	女
総数	278	145	134	291	151	140
0-4	28	14	13	28	15	14
5-9	27	14	13	27	14	13
10-14	27	14	13	27	14	13
15-19	26	14	13	26	14	13
20-24	24	13	11	25	13	12
25-29	21	11	10	22	12	10
30-34	18	9	8	19	10	9
35-39	16	8	7	17	9	8
40-44	15	8	7	15	8	7
45-49	16	8	7	15	8	7
50-54	13	7	6	15	8	7
55-59	11	6	5	12	6	6
60-64	9	5	4	11	6	5
65-69	6	3	3	9	5	4
70-74	6	3	3	6	3	3
75-79	6	3	3	5	3	3
80+	…	…	…	…	…	…
80-84	5	2	3	5	2	3
85-89	3	1	2	3	1	2
90-94	1	0	1	2	1	1
95-99	0	0	0	1	0	0
100+	0	0	0	0	0	0

性・年齢別人口（千人）

年齢	2015			2020			2025			2030		
	総数	男	女	総数	男	女	総数	男	女	総数	男	女
総数	193	100	94	198	102	96	201	104	97	203	105	98
0-4	24	13	12	21	11	10	20	10	9	19	10	9
5-9	25	13	12	24	12	11	21	11	10	19	10	9
10-14	23	12	11	25	13	12	23	12	11	20	11	10
15-19	21	11	10	21	11	10	24	12	11	22	12	11
20-24	17	9	8	18	10	9	19	10	9	21	11	10
25-29	12	6	6	15	8	7	16	8	7	16	9	8
30-34	11	6	5	11	6	5	13	7	6	14	8	6
35-39	10	5	5	10	5	5	9	5	4	12	6	5
40-44	10	5	5	10	5	5	9	5	4	8	5	4
45-49	10	5	4	9	5	4	9	5	4	8	4	4
50-54	8	4	4	9	5	4	9	5	4	8	4	4
55-59	7	4	3	8	4	4	9	4	4	8	4	4
60-64	5	3	3	6	3	3	7	4	4	8	4	4
65-69	3	2	2	5	2	2	6	3	3	6	3	3
70-74	3	1	2	3	1	2	4	2	2	5	2	3
75-79	2	1	1	2	1	1	2	1	1	3	1	2
80+	...	...	...	...	...	...	...	...	...	...	...	...
80-84	1	0	1	1	1	1	2	1	1	2	1	1
85-89	1	0	0	1	0	0	1	0	1	1	0	1
90-94	0	0	0	0	0	0	0	0	0	0	0	0
95-99	0	0	0	0	0	0	0	0	0	0	0	0
100+	0	0	0	0	0	0	0	0	0	0	0	0

年齢	2035			2040			2045			2050		
	総数	男	女	総数	男	女	総数	男	女	総数	男	女
総数	208	107	101	213	110	103	215	111	104	216	112	104
0-4	20	10	10	20	10	10	18	10	9	16	8	8
5-9	19	10	9	20	10	9	19	10	9	18	9	9
10-14	19	10	9	19	10	9	19	10	9	19	10	9
15-19	19	10	9	18	9	9	18	9	8	18	10	9
20-24	20	11	10	17	9	8	16	8	8	16	8	7
25-29	19	10	9	18	10	9	15	8	7	14	8	7
30-34	15	8	7	18	9	8	17	9	8	14	7	6
35-39	13	7	6	14	7	7	17	9	8	16	8	7
40-44	11	6	5	12	7	6	13	7	6	16	9	8
45-49	8	4	4	10	6	5	12	6	5	13	7	6
50-54	8	4	4	8	4	4	10	5	5	11	6	5
55-59	8	4	4	7	4	4	7	4	3	10	5	4
60-64	8	4	4	8	4	4	7	4	4	7	4	3
65-69	7	4	4	7	4	4	7	3	4	7	3	3
70-74	6	3	3	6	3	3	7	3	3	6	3	3
75-79	4	2	2	5	2	3	5	3	3	6	3	3
80+	...	...	...	...	...	...	...	...	...	...	...	...
80-84	2	1	1	3	1	2	4	1	2	4	2	2
85-89	1	0	1	2	1	1	2	1	1	2	1	2
90-94	0	0	0	1	0	0	1	0	1	1	0	1
95-99	0	0	0	0	0	0	0	0	0	0	0	0
100+	0	0	0	0	0	0	0	0	0	0	0	0

年齢	2055			2060		
	総数	男	女	総数	男	女
総数	214	111	103	211	110	101
0-4	14	7	7	13	7	6
5-9	16	8	8	14	7	7
10-14	18	9	9	16	8	8
15-19	18	10	9	17	9	8
20-24	16	9	8	16	9	8
25-29	14	7	7	15	8	7
30-34	13	7	6	13	7	6
35-39	13	7	6	12	6	6
40-44	15	8	7	12	7	6
45-49	16	8	7	15	8	7
50-54	13	7	6	15	8	7
55-59	11	6	5	12	6	6
60-64	9	5	4	11	6	5
65-69	6	3	3	9	5	4
70-74	6	3	3	6	3	3
75-79	6	3	3	5	3	3
80+	...	...	...	...	...	...
80-84	5	2	3	5	2	3
85-89	3	1	2	3	1	2
90-94	1	0	1	2	1	1
95-99	0	0	0	1	0	0
100+	0	0	0	0	0	0

性・年齢別人口（千人）

年齢	1960			1965			1970			1975		
	総数	男	女	総数	男	女	総数	男	女	総数	男	女
総数	64	36	29	65	34	31	74	37	37	83	41	42
0-4	10	5	5	12	6	6	15	8	7	16	8	8
5-9	7	3	3	8	4	4	11	6	5	13	6	6
10-14	4	2	2	6	3	3	9	5	5	10	5	5
15-19	4	2	2	5	3	3	8	4	4	9	4	5
20-24	8	5	3	7	4	3	6	3	3	7	3	3
25-29	8	5	3	6	3	3	4	2	2	5	2	2
30-34	6	4	2	4	3	2	3	1	2	3	2	2
35-39	4	2	2	3	2	2	2	1	1	3	1	1
40-44	3	2	1	3	2	1	3	1	1	3	2	2
45-49	3	1	1	3	1	1	3	1	1	3	2	2
50-54	2	1	1	2	1	1	2	1	1	3	1	1
55-59	2	1	1	2	1	1	2	1	1	2	1	1
60-64	1	1	1	1	0	0	2	1	1	2	1	1
65-69	1	0	0	1	0	0	1	1	1	1	1	1
70-74	1	0	0	0	0	0	1	0	1	1	0	1
75-79	0	0	0	0	0	0	1	0	0	1	0	0
80+	0	0	0	0	0	0	1	0	0	0	0	0
80-84	…	…	…	…	…	…	…	…	…	…	…	…
85-89	…	…	…	…	…	…	…	…	…	…	…	…
90-94	…	…	…	…	…	…	…	…	…	…	…	…
95-99	…	…	…	…	…	…	…	…	…	…	…	…
100+	…	…	…	…	…	…	…	…	…	…	…	…

年齢	1980			1985			1990			1995		
	総数	男	女	総数	男	女	総数	男	女	総数	男	女
総数	95	47	48	104	51	52	114	56	57	126	62	63
0-4	19	10	9	18	9	9	20	10	10	22	11	11
5-9	14	7	7	18	9	9	17	9	9	19	10	9
10-14	12	6	6	13	7	6	17	9	9	16	8	8
15-19	10	5	5	11	6	5	12	6	6	16	8	8
20-24	8	4	4	9	4	5	10	5	5	11	6	5
25-29	5	3	3	7	3	4	8	4	4	9	5	4
30-34	4	2	2	5	2	2	6	3	3	7	3	4
35-39	3	2	2	3	1	2	4	2	2	5	2	3
40-44	4	2	2	3	1	2	3	1	2	4	2	2
45-49	4	2	2	4	2	2	3	1	1	2	1	1
50-54	3	2	2	3	2	2	3	2	2	2	1	1
55-59	3	1	1	3	1	1	3	2	2	3	2	2
60-64	2	1	1	2	1	1	3	1	1	3	1	1
65-69	2	1	1	2	1	1	2	1	1	2	1	1
70-74	1	1	1	1	1	1	1	1	1	2	1	1
75-79	1	0	1	1	0	1	1	0	0	1	0	1
80+	1	0	0	1	0	1	…	…	…	…	…	…
80-84	…	…	…	…	…	…	1	0	0	1	0	0
85-89	…	…	…	…	…	…	0	0	0	0	0	0
90-94	…	…	…	…	…	…	0	0	0	0	0	0
95-99	…	…	…	…	…	…	0	0	0	0	0	0
100+	…	…	…	…	…	…	0	0	0	0	0	0

年齢	2000			2005			2010			2015		
	総数	男	女	総数	男	女	総数	男	女	総数	男	女
総数	137	68	69	153	76	77	171	85	86	190	95	96
0-4	22	11	11	26	13	13	28	14	14	30	15	15
5-9	20	10	10	22	11	11	25	13	13	27	14	13
10-14	19	10	9	19	9	9	21	11	10	25	12	12
15-19	15	8	7	18	9	9	18	9	9	20	10	10
20-24	15	8	7	14	7	7	17	9	8	17	8	8
25-29	10	5	5	14	7	7	13	6	6	16	8	8
30-34	8	4	4	9	5	4	13	7	7	12	6	6
35-39	6	3	3	7	4	4	8	4	4	12	6	6
40-44	5	2	3	6	3	3	7	4	3	8	4	4
45-49	3	2	2	4	2	2	6	3	3	7	3	3
50-54	2	1	1	3	1	2	4	2	2	5	2	3
55-59	2	1	1	2	1	1	3	1	2	4	2	2
60-64	3	1	1	2	1	1	2	1	1	3	1	1
65-69	2	1	1	2	1	1	2	1	1	2	1	1
70-74	2	1	1	2	1	1	2	1	1	1	1	1
75-79	1	1	1	1	1	1	1	1	1	1	1	1
80+	…	…	…	…	…	…	…	…	…	…	…	…
80-84	1	0	0	1	0	0	1	0	0	1	0	0
85-89	0	0	0	0	0	0	0	0	0	0	0	0
90-94	0	0	0	0	0	0	0	0	0	0	0	0
95-99	0	0	0	0	0	0	0	0	0	0	0	0
100+	0	0	0	0	0	0	0	0	0	0	0	0

性・年齢別人口（千人）

年齢	2015 総数	男	女	2020 総数	男	女	2025 総数	男	女	2030 総数	男	女
総数	190	95	96	211	105	106	233	116	117	256	128	129
0-4	30	15	15	30	15	15	32	16	16	33	17	16
5-9	27	14	13	29	15	14	30	15	15	31	16	15
10-14	25	12	12	27	13	13	29	14	14	30	15	15
15-19	20	10	10	24	12	12	26	13	13	28	14	14
20-24	17	8	8	19	10	9	23	11	11	25	13	12
25-29	16	8	8	16	8	8	18	9	9	22	11	11
30-34	12	6	6	15	7	7	15	7	7	17	9	9
35-39	12	6	6	11	6	6	14	7	7	14	7	7
40-44	8	4	4	12	6	6	11	5	5	14	7	7
45-49	7	3	3	8	4	4	11	6	6	10	5	5
50-54	5	2	3	6	3	3	7	4	4	11	5	6
55-59	4	2	2	5	2	3	6	3	3	7	3	3
60-64	3	1	1	4	2	2	5	2	3	5	3	3
65-69	2	1	1	2	1	1	3	1	2	4	2	2
70-74	1	1	1	1	1	1	2	1	1	3	1	2
75-79	1	1	1	1	0	1	1	0	1	1	1	1
80+	...	...	...	...	...	...	...	...	...	...	...	...
80-84	1	0	0	1	0	0	1	0	0	1	0	0
85-89	0	0	0	0	0	0	0	0	0	0	0	0
90-94	0	0	0	0	0	0	0	0	0	0	0	0
95-99	0	0	0	0	0	0	0	0	0	0	0	0
100+	0	0	0	0	0	0	0	0	0	0	0	0

年齢	2035 総数	男	女	2040 総数	男	女	2045 総数	男	女	2050 総数	男	女
総数	280	140	141	305	152	153	329	164	166	353	175	178
0-4	35	18	17	36	18	18	37	19	18	38	19	19
5-9	33	16	16	34	17	17	36	18	18	37	18	18
10-14	31	16	15	32	16	16	34	17	17	35	18	18
15-19	29	15	14	30	15	15	32	16	16	33	17	17
20-24	27	13	13	28	14	14	29	15	15	31	15	15
25-29	24	12	12	26	13	13	27	13	13	28	14	14
30-34	21	10	10	23	11	11	25	12	12	26	13	13
35-39	16	8	8	20	10	10	22	11	11	24	12	12
40-44	14	7	7	16	8	8	19	10	10	22	11	11
45-49	13	7	7	13	7	7	15	8	8	19	9	10
50-54	10	5	5	13	6	6	13	6	6	15	7	8
55-59	10	5	5	9	5	5	12	6	6	12	6	6
60-64	6	3	3	10	5	5	9	4	5	11	6	6
65-69	5	2	3	6	3	3	9	4	5	8	4	4
70-74	4	2	2	4	2	2	5	2	3	8	4	4
75-79	2	1	1	3	1	2	3	1	2	4	2	2
80+	...	...	...	...	...	...	...	...	...	...	...	...
80-84	1	0	1	1	1	1	2	1	1	2	1	1
85-89	0	0	0	0	0	0	1	0	0	1	0	1
90-94	0	0	0	0	0	0	0	0	0	0	0	0
95-99	0	0	0	0	0	0	0	0	0	0	0	0
100+	0	0	0	0	0	0	0	0	0	0	0	0

年齢	2055 総数	男	女	2060 総数	男	女
総数	376	187	190	399	198	201
0-4	38	19	19	39	20	19
5-9	37	19	19	38	19	19
10-14	37	18	18	37	19	19
15-19	35	17	17	36	18	18
20-24	32	16	16	34	17	17
25-29	30	15	15	31	16	16
30-34	27	14	14	29	14	14
35-39	25	12	13	26	13	13
40-44	24	12	12	24	12	12
45-49	21	10	11	23	11	12
50-54	18	9	9	20	10	10
55-59	14	7	7	18	9	9
60-64	11	6	6	13	6	7
65-69	10	5	5	10	5	5
70-74	7	3	4	9	4	5
75-79	6	3	3	5	2	3
80+	...	...	...	...	...	...
80-84	2	1	1	4	2	2
85-89	1	0	1	1	1	1
90-94	0	0	0	0	0	0
95-99	0	0	0	0	0	0
100+	0	0	0	0	0	0

Sao Tome and Principe

高位予測値

性・年齢別人口（千人）

年齢	2015			2020			2025			2030		
	総数	男	女	総数	男	女	総数	男	女	総数	男	女
総数	190	95	96	213	106	107	238	119	119	265	132	133
0-4	30	15	15	32	16	16	35	18	17	38	19	19
5-9	27	14	13	29	15	14	32	16	16	34	17	17
10-14	25	12	12	27	13	13	29	14	14	31	16	16
15-19	20	10	10	24	12	12	26	13	13	28	14	14
20-24	17	8	8	19	10	9	23	11	11	25	13	12
25-29	16	8	8	16	8	8	18	9	9	22	11	11
30-34	12	6	6	15	7	7	15	7	7	17	9	9
35-39	12	6	6	11	6	6	14	7	7	14	7	7
40-44	8	4	4	12	6	6	11	5	5	14	7	7
45-49	7	3	3	8	4	4	11	6	6	10	5	5
50-54	5	2	3	6	3	3	7	4	4	11	5	6
55-59	4	2	2	5	2	3	6	3	3	7	3	3
60-64	3	1	1	4	2	2	5	2	3	5	3	3
65-69	2	1	1	2	1	1	3	1	2	4	2	2
70-74	1	1	1	1	1	1	2	1	1	3	1	2
75-79	1	1	1	1	0	1	1	0	1	1	1	1
80+	…	…	…	…	…	…	…	…	…	…	…	…
80-84	1	0	0	1	0	0	1	0	0	1	0	0
85-89	0	0	0	0	0	0	0	0	0	0	0	0
90-94	0	0	0	0	0	0	0	0	0	0	0	0
95-99	0	0	0	0	0	0	0	0	0	0	0	0
100+	0	0	0	0	0	0	0	0	0	0	0	0

年齢	2035			2040			2045			2050		
	総数	男	女	総数	男	女	総数	男	女	総数	男	女
総数	294	147	148	325	162	163	357	178	179	390	194	196
0-4	40	20	20	42	21	21	45	23	22	47	24	23
5-9	37	19	18	39	20	19	42	21	21	44	22	22
10-14	34	17	17	37	18	18	39	20	19	41	21	21
15-19	31	15	15	33	17	17	36	18	18	38	19	19
20-24	27	13	13	29	15	15	32	16	16	35	17	17
25-29	24	12	12	26	13	13	28	14	14	31	15	15
30-34	21	10	10	23	11	11	25	12	12	27	14	14
35-39	16	8	8	20	10	10	22	11	11	24	12	12
40-44	14	7	7	16	8	8	19	10	10	22	11	11
45-49	13	7	7	13	7	7	15	8	8	19	9	10
50-54	10	5	5	13	6	6	13	6	6	15	7	8
55-59	10	5	5	9	5	5	12	6	6	12	6	6
60-64	6	3	3	10	5	5	9	4	5	11	6	6
65-69	5	2	3	6	3	3	9	4	5	8	4	4
70-74	4	2	2	4	2	2	5	2	3	8	4	4
75-79	2	1	1	3	1	2	3	1	2	4	2	2
80+	…	…	…	…	…	…	…	…	…	…	…	…
80-84	1	0	1	1	1	1	2	1	1	2	1	1
85-89	0	0	0	0	0	0	1	0	0	1	0	1
90-94	0	0	0	0	0	0	0	0	0	0	0	0
95-99	0	0	0	0	0	0	0	0	0	0	0	0
100+	0	0	0	0	0	0	0	0	0	0	0	0

年齢	2055			2060		
	総数	男	女	総数	男	女
総数	424	210	213	459	227	231
0-4	49	25	24	52	26	26
5-9	47	23	23	49	25	24
10-14	44	22	22	46	23	23
15-19	41	20	20	43	22	22
20-24	37	19	19	40	20	20
25-29	34	17	17	36	18	18
30-34	30	15	15	33	16	16
35-39	27	13	13	29	15	15
40-44	24	12	12	26	13	13
45-49	21	10	11	23	11	12
50-54	18	9	9	20	10	10
55-59	14	7	7	18	9	9
60-64	11	6	6	13	6	7
65-69	10	5	5	10	5	5
70-74	7	3	4	9	4	5
75-79	6	3	3	5	2	3
80+	…	…	…	…	…	…
80-84	2	1	1	4	2	2
85-89	1	0	1	1	1	1
90-94	0	0	0	0	0	0
95-99	0	0	0	0	0	0
100+	0	0	0	0	0	0

性・年齢別人口（千人）

年齢	2015 総数	男	女	2020 総数	男	女	2025 総数	男	女	2030 総数	男	女
総数	190	95	96	209	104	105	228	114	114	247	123	124
0-4	30	15	15	29	14	14	29	14	14	29	15	14
5-9	27	14	13	29	15	14	28	14	14	28	14	14
10-14	25	12	12	27	13	13	29	14	14	28	14	14
15-19	20	10	10	24	12	12	26	13	13	28	14	14
20-24	17	8	8	19	10	9	23	11	11	25	13	12
25-29	16	8	8	16	8	8	18	9	9	22	11	11
30-34	12	6	6	15	7	7	15	7	7	17	9	9
35-39	12	6	6	11	6	6	14	7	7	14	7	7
40-44	8	4	4	12	6	6	11	5	5	14	7	7
45-49	7	3	3	8	4	4	11	6	6	10	5	5
50-54	5	2	3	6	3	3	7	4	4	11	5	6
55-59	4	2	2	5	2	3	6	3	3	7	3	3
60-64	3	1	1	4	2	2	5	2	3	5	3	3
65-69	2	1	1	2	1	1	3	1	2	4	2	2
70-74	1	1	1	1	1	1	2	1	1	3	1	2
75-79	1	1	1	1	0	1	1	0	1	1	1	1
80+	…	…	…	…	…	…	…	…	…	…	…	…
80-84	1	0	0	1	0	0	1	0	0	1	0	0
85-89	0	0	0	0	0	0	0	0	0	0	0	0
90-94	0	0	0	0	0	0	0	0	0	0	0	0
95-99	0	0	0	0	0	0	0	0	0	0	0	0
100+	0	0	0	0	0	0	0	0	0	0	0	0

年齢	2035 総数	男	女	2040 総数	男	女	2045 総数	男	女	2050 総数	男	女
総数	266	132	134	285	142	143	302	150	152	318	158	160
0-4	30	15	15	30	15	15	30	15	15	30	15	15
5-9	28	14	14	29	15	15	30	15	15	30	15	15
10-14	28	14	14	28	14	14	29	15	14	30	15	15
15-19	27	14	14	27	14	14	27	14	14	28	14	14
20-24	27	13	13	26	13	13	26	13	13	26	13	13
25-29	24	12	12	26	13	13	25	12	12	25	12	12
30-34	21	10	10	23	11	11	25	12	12	24	12	12
35-39	16	8	8	20	10	10	22	11	11	24	12	12
40-44	14	7	7	16	8	8	19	10	10	22	11	11
45-49	13	7	7	13	7	7	15	8	8	19	9	10
50-54	10	5	5	13	6	6	13	6	6	15	7	8
55-59	10	5	5	9	5	5	12	6	6	12	6	6
60-64	6	3	3	10	5	5	9	4	5	11	6	6
65-69	5	2	3	6	3	3	9	4	5	8	4	4
70-74	4	2	2	4	2	2	5	2	3	8	4	4
75-79	2	1	1	3	1	2	3	1	2	4	2	2
80+	…	…	…	…	…	…	…	…	…	…	…	…
80-84	1	0	1	1	1	1	2	1	1	2	1	1
85-89	0	0	0	0	0	0	1	0	0	1	0	1
90-94	0	0	0	0	0	0	0	0	0	0	0	0
95-99	0	0	0	0	0	0	0	0	0	0	0	0
100+	0	0	0	0	0	0	0	0	0	0	0	0

年齢	2055 総数	男	女	2060 総数	男	女
総数	332	164	168	344	170	174
0-4	29	14	14	28	14	14
5-9	29	15	15	28	14	14
10-14	30	15	15	29	15	14
15-19	29	15	14	29	15	14
20-24	27	14	14	28	14	14
25-29	25	13	13	26	13	13
30-34	24	12	12	25	12	12
35-39	23	12	12	23	12	12
40-44	24	12	12	23	11	12
45-49	21	10	11	23	11	12
50-54	18	9	9	20	10	10
55-59	14	7	7	18	9	9
60-64	11	6	6	13	6	7
65-69	10	5	5	10	5	5
70-74	7	3	4	9	4	5
75-79	6	3	3	5	2	3
80+	…	…	…	…	…	…
80-84	2	1	1	4	2	2
85-89	1	0	1	1	1	1
90-94	0	0	0	0	0	0
95-99	0	0	0	0	0	0
100+	0	0	0	0	0	0

性・年齢別人口（千人）

年齢	1960 総数	男	女	1965 総数	男	女	1970 総数	男	女	1975 総数	男	女
総数	4 087	2 052	2 034	4 844	2 444	2 399	5 836	2 972	2 865	7 429	3 865	3 564
0-4	715	356	358	870	436	434	1 063	535	528	1 365	690	675
5-9	564	280	284	681	341	340	838	422	416	1 055	534	521
10-14	485	246	239	562	280	282	680	341	339	863	437	426
15-19	404	205	198	486	248	238	571	288	283	721	374	348
20-24	343	174	169	407	209	197	501	262	239	633	340	294
25-29	293	149	144	347	179	168	424	224	200	569	315	254
30-34	250	127	123	297	153	144	359	190	170	476	264	213
35-39	212	108	105	252	130	122	303	159	144	393	216	177
40-44	181	92	89	212	109	103	254	133	122	325	176	149
45-49	155	79	77	178	91	88	210	108	102	264	140	123
50-54	134	67	66	150	76	74	174	89	86	214	112	103
55-59	112	56	57	126	63	63	143	71	71	172	87	84
60-64	90	44	46	102	50	52	115	56	59	136	67	69
65-69	68	32	35	77	37	40	88	42	46	104	50	54
70-74	45	21	24	52	24	28	60	28	32	71	33	38
75-79	24	11	13	29	13	16	34	15	19	42	19	23
80+	12	5	7	15	7	9	19	8	11	24	10	14
80-84	…	…	…	…	…	…	…	…	…	…	…	…
85-89	…	…	…	…	…	…	…	…	…	…	…	…
90-94	…	…	…	…	…	…	…	…	…	…	…	…
95-99	…	…	…	…	…	…	…	…	…	…	…	…
100+	…	…	…	…	…	…	…	…	…	…	…	…

年齢	1980 総数	男	女	1985 総数	男	女	1990 総数	男	女	1995 総数	男	女
総数	9 913	5 304	4 609	13 361	7 320	6 041	16 361	9 155	7 207	18 854	10 504	8 350
0-4	1 839	923	915	2 332	1 178	1 154	2 725	1 378	1 347	2 744	1 390	1 354
5-9	1 465	735	729	1 863	935	929	2 369	1 195	1 173	2 651	1 341	1 310
10-14	1 112	563	548	1 528	766	761	1 788	891	896	2 420	1 236	1 185
15-19	915	470	445	1 213	620	593	1 455	773	681	1 758	872	886
20-24	823	459	364	1 162	633	529	1 558	955	603	1 401	747	654
25-29	797	487	310	1 185	719	466	1 596	995	601	1 620	1 037	583
30-34	707	438	269	1 106	713	393	1 359	856	503	1 676	1 083	593
35-39	548	325	224	890	572	318	1 044	685	360	1 403	899	504
40-44	426	241	184	607	379	228	674	429	245	1 010	662	348
45-49	339	186	153	409	246	163	477	287	190	583	367	216
50-54	270	144	125	302	174	128	340	200	139	440	262	178
55-59	214	111	103	232	128	103	275	157	118	340	198	143
60-64	165	83	82	186	96	90	243	132	112	262	144	118
65-69	123	60	63	143	70	73	202	102	100	219	115	105
70-74	87	41	46	99	47	52	134	64	70	166	81	85
75-79	52	23	29	62	28	34	72	33	39	97	45	52
80+	32	14	18	42	17	24	…	…	…	…	…	…
80-84	…	…	…	…	…	…	36	16	21	43	19	25
85-89	…	…	…	…	…	…	13	5	8	16	6	9
90-94	…	…	…	…	…	…	3	1	2	3	1	2
95-99	…	…	…	…	…	…	0	0	0	0	0	0
100+	…	…	…	…	…	…	0	0	0	0	0	0

年齢	2000 総数	男	女	2005 総数	男	女	2010 総数	男	女	2015 総数	男	女
総数	21 392	11 782	9 610	24 745	13 810	10 935	28 091	15 820	12 271	31 540	17 836	13 704
0-4	2 805	1 421	1 384	2 772	1 406	1 366	2 990	1 525	1 465	3 161	1 608	1 554
5-9	2 719	1 379	1 340	2 810	1 423	1 386	2 824	1 442	1 382	3 100	1 586	1 514
10-14	2 453	1 238	1 215	2 701	1 367	1 334	2 730	1 383	1 347	2 753	1 407	1 346
15-19	1 907	920	987	2 407	1 218	1 189	2 513	1 258	1 255	2 531	1 265	1 266
20-24	1 844	949	895	2 025	1 008	1 017	2 469	1 296	1 173	2 398	1 212	1 186
25-29	2 147	1 315	832	2 339	1 305	1 034	2 514	1 414	1 101	2 746	1 564	1 182
30-34	1 949	1 255	694	2 625	1 734	891	2 854	1 687	1 168	2 906	1 734	1 172
35-39	1 597	977	620	2 110	1 461	648	2 776	1 814	962	2 994	1 768	1 226
40-44	1 254	804	450	1 561	970	591	2 022	1 404	619	2 816	1 818	998
45-49	907	578	329	1 119	696	423	1 470	936	535	2 056	1 428	628
50-54	516	284	232	788	479	309	1 037	658	378	1 479	957	522
55-59	373	190	183	452	231	221	722	441	281	1 017	652	364
60-64	296	160	136	338	163	175	390	192	198	680	414	266
65-69	235	126	108	260	134	125	289	133	156	353	170	183
70-74	181	92	90	195	102	93	215	108	108	242	107	135
75-79	122	57	65	134	65	69	143	72	71	161	77	84
80+	…	…	…	…	…	…	…	…	…	…	…	…
80-84	60	26	34	77	34	42	84	39	45	91	44	47
85-89	20	8	12	28	11	17	36	15	21	41	18	23
90-94	5	2	3	6	2	4	10	4	6	13	5	8
95-99	1	0	0	1	0	1	1	0	1	2	1	1
100+	0	0	0	0	0	0	0	0	0	0	0	0

性・年齢別人口（千人）

年齢	2015			2020			2025			2030		
	総数	男	女	総数	男	女	総数	男	女	総数	男	女
総数	31 540	17 836	13 704	34 366	19 295	15 071	36 847	20 524	16 323	39 132	21 625	17 507
0-4	3 161	1 608	1 554	3 020	1 533	1 487	2 934	1 489	1 445	2 891	1 466	1 425
5-9	3 100	1 586	1 514	3 168	1 613	1 555	3 020	1 535	1 485	2 931	1 487	1 444
10-14	2 753	1 407	1 346	3 103	1 588	1 514	3 167	1 614	1 553	3 016	1 532	1 484
15-19	2 531	1 265	1 266	2 757	1 410	1 348	3 099	1 587	1 512	3 155	1 605	1 550
20-24	2 398	1 212	1 186	2 603	1 330	1 273	2 847	1 489	1 358	3 137	1 615	1 522
25-29	2 746	1 564	1 182	2 621	1 411	1 211	2 824	1 503	1 321	3 009	1 617	1 392
30-34	2 906	1 734	1 172	3 040	1 821	1 219	2 849	1 586	1 262	3 049	1 689	1 360
35-39	2 994	1 768	1 226	3 013	1 830	1 183	3 102	1 875	1 227	2 894	1 626	1 268
40-44	2 816	1 818	998	2 881	1 663	1 218	2 888	1 730	1 158	2 993	1 792	1 200
45-49	2 056	1 428	628	2 618	1 628	990	2 698	1 515	1 183	2 796	1 661	1 134
50-54	1 479	957	522	1 895	1 282	612	2 446	1 492	955	2 596	1 435	1 161
55-59	1 017	652	364	1 415	908	507	1 796	1 206	590	2 342	1 409	933
60-64	680	414	266	964	615	349	1 346	858	487	1 687	1 121	567
65-69	353	170	183	616	370	246	878	553	325	1 229	773	456
70-74	242	107	135	299	139	160	523	307	217	752	464	288
75-79	161	77	84	184	78	106	231	103	128	406	230	176
80+	…	…	…	…	…	…	…	…	…	…	…	…
80-84	91	44	47	105	48	57	124	50	74	158	67	91
85-89	41	18	23	46	21	25	54	23	31	66	25	41
90-94	13	5	8	15	6	9	17	7	10	21	8	13
95-99	2	1	1	3	1	2	4	1	2	4	2	3
100+	0	0	0	0	0	0	0	0	0	1	0	0

年齢	2035			2040			2045			2050		
	総数	男	女	総数	男	女	総数	男	女	総数	男	女
総数	41 235	22 600	18 635	43 136	23 439	19 696	44 763	24 116	20 647	46 059	24 609	21 450
0-4	2 904	1 473	1 431	2 926	1 484	1 442	2 895	1 469	1 427	2 811	1 426	1 385
5-9	2 888	1 465	1 423	2 902	1 472	1 430	2 924	1 483	1 441	2 894	1 468	1 426
10-14	2 928	1 485	1 442	2 886	1 463	1 422	2 899	1 470	1 429	2 922	1 482	1 440
15-19	3 005	1 524	1 481	2 918	1 478	1 440	2 876	1 456	1 420	2 890	1 464	1 427
20-24	3 199	1 641	1 558	3 003	1 513	1 490	2 917	1 468	1 449	2 877	1 447	1 429
25-29	3 300	1 751	1 549	3 307	1 722	1 585	3 112	1 596	1 517	3 027	1 551	1 476
30-34	3 226	1 802	1 424	3 504	1 923	1 581	3 509	1 893	1 616	3 316	1 767	1 549
35-39	3 152	1 784	1 368	3 299	1 868	1 432	3 572	1 984	1 588	3 578	1 953	1 624
40-44	2 789	1 537	1 252	3 088	1 737	1 351	3 231	1 816	1 415	3 503	1 932	1 571
45-49	2 843	1 662	1 181	2 709	1 476	1 233	3 013	1 681	1 332	3 156	1 760	1 396
50-54	2 695	1 581	1 114	2 749	1 588	1 161	2 626	1 414	1 212	2 928	1 617	1 311
55-59	2 492	1 356	1 136	2 609	1 518	1 091	2 665	1 527	1 138	2 547	1 358	1 190
60-64	2 216	1 317	899	2 380	1 283	1 098	2 498	1 442	1 056	2 559	1 455	1 104
65-69	1 549	1 017	532	2 051	1 203	848	2 218	1 179	1 039	2 336	1 333	1 003
70-74	1 062	655	407	1 349	870	479	1 809	1 041	768	1 977	1 030	947
75-79	591	354	237	846	507	339	1 088	686	402	1 485	833	652
80+	…	…	…	…	…	…	…	…	…	…	…	…
80-84	279	152	127	412	238	174	602	349	252	786	481	305
85-89	86	34	52	154	79	75	233	128	105	348	192	156
90-94	26	9	17	35	13	22	64	31	33	99	51	48
95-99	5	2	3	7	2	5	10	3	7	18	8	10
100+	1	0	0	1	0	1	1	0	1	2	1	1

年齢	2055			2060		
	総数	男	女	総数	男	女
総数	47 021	24 939	22 082	47 686	25 136	22 550
0-4	2 706	1 373	1 333	2 625	1 332	1 293
5-9	2 810	1 425	1 384	2 706	1 373	1 333
10-14	2 892	1 467	1 426	2 808	1 425	1 384
15-19	2 914	1 476	1 438	2 885	1 461	1 424
20-24	2 891	1 455	1 436	2 915	1 468	1 447
25-29	2 982	1 526	1 455	2 991	1 530	1 460
30-34	3 221	1 714	1 506	3 165	1 681	1 484
35-39	3 381	1 825	1 556	3 283	1 769	1 514
40-44	3 513	1 905	1 608	3 321	1 779	1 541
45-49	3 431	1 878	1 552	3 444	1 854	1 589
50-54	3 075	1 699	1 375	3 351	1 820	1 531
55-59	2 849	1 561	1 288	2 998	1 645	1 353
60-64	2 453	1 297	1 156	2 752	1 498	1 254
65-69	2 406	1 355	1 052	2 318	1 214	1 104
70-74	2 097	1 178	919	2 177	1 208	969
75-79	1 649	838	811	1 767	972	794
80+	…	…	…	…	…	…
80-84	1 098	597	501	1 245	613	632
85-89	466	274	192	672	350	323
90-94	154	80	74	211	118	93
95-99	29	14	15	46	22	24
100+	3	1	2	5	2	3

Saudi Arabia

性・年齢別人口（千人）

年齢	2015			2020			2025			2030		
	総数	男	女	総数	男	女	総数	男	女	総数	男	女
総数	31 540	17 836	13 704	34 657	19 442	15 214	37 627	20 919	16 708	40 558	22 348	18 210
0-4	3 161	1 608	1 554	3 310	1 680	1 630	3 424	1 737	1 686	3 538	1 795	1 744
5-9	3 100	1 586	1 514	3 168	1 613	1 555	3 310	1 682	1 628	3 420	1 735	1 685
10-14	2 753	1 407	1 346	3 103	1 588	1 514	3 167	1 614	1 553	3 305	1 679	1 626
15-19	2 531	1 265	1 266	2 757	1 410	1 348	3 099	1 587	1 512	3 155	1 605	1 550
20-24	2 398	1 212	1 186	2 603	1 330	1 273	2 847	1 489	1 358	3 137	1 615	1 522
25-29	2 746	1 564	1 182	2 621	1 411	1 211	2 824	1 503	1 321	3 009	1 617	1 392
30-34	2 906	1 734	1 172	3 040	1 821	1 219	2 849	1 586	1 262	3 049	1 689	1 360
35-39	2 994	1 768	1 226	3 013	1 830	1 183	3 102	1 875	1 227	2 894	1 626	1 268
40-44	2 816	1 818	998	2 881	1 663	1 218	2 888	1 730	1 158	2 993	1 792	1 200
45-49	2 056	1 428	628	2 618	1 628	990	2 698	1 515	1 183	2 796	1 661	1 134
50-54	1 479	957	522	1 895	1 282	612	2 446	1 492	955	2 596	1 435	1 161
55-59	1 017	652	364	1 415	908	507	1 796	1 206	590	2 342	1 409	933
60-64	680	414	266	964	615	349	1 346	858	487	1 687	1 121	567
65-69	353	170	183	616	370	246	878	553	325	1 229	773	456
70-74	242	107	135	299	139	160	523	307	217	752	464	288
75-79	161	77	84	184	78	106	231	103	128	406	230	176
80+	…	…	…	…	…	…	…	…	…	…	…	…
80-84	91	44	47	105	48	57	124	50	74	158	67	91
85-89	41	18	23	46	21	25	54	23	31	66	25	41
90-94	13	5	8	15	6	9	17	7	10	21	8	13
95-99	2	1	1	3	1	2	4	1	2	4	2	3
100+	0	0	0	0	0	0	0	0	0	1	0	0

年齢	2035			2040			2045			2050		
	総数	男	女	総数	男	女	総数	男	女	総数	男	女
総数	43 351	23 673	19 678	45 997	24 890	21 107	48 472	25 996	22 476	50 773	26 998	23 775
0-4	3 595	1 824	1 772	3 676	1 864	1 811	3 749	1 901	1 847	3 821	1 938	1 883
5-9	3 535	1 793	1 742	3 593	1 822	1 771	3 673	1 863	1 810	3 746	1 900	1 846
10-14	3 416	1 733	1 683	3 531	1 791	1 741	3 589	1 820	1 769	3 670	1 861	1 809
15-19	3 294	1 670	1 623	3 405	1 725	1 680	3 521	1 783	1 738	3 579	1 813	1 767
20-24	3 199	1 641	1 558	3 291	1 659	1 632	3 402	1 714	1 689	3 519	1 773	1 747
25-29	3 300	1 751	1 549	3 307	1 722	1 585	3 399	1 741	1 659	3 512	1 796	1 715
30-34	3 226	1 802	1 424	3 504	1 923	1 581	3 509	1 893	1 616	3 602	1 912	1 690
35-39	3 152	1 784	1 368	3 299	1 868	1 432	3 572	1 984	1 588	3 578	1 953	1 624
40-44	2 789	1 537	1 252	3 088	1 737	1 351	3 231	1 816	1 415	3 503	1 932	1 571
45-49	2 843	1 662	1 181	2 709	1 476	1 233	3 013	1 681	1 332	3 156	1 760	1 396
50-54	2 695	1 581	1 114	2 749	1 588	1 161	2 626	1 414	1 212	2 928	1 617	1 311
55-59	2 492	1 356	1 136	2 609	1 518	1 091	2 665	1 527	1 138	2 547	1 358	1 190
60-64	2 216	1 317	899	2 380	1 283	1 098	2 498	1 442	1 056	2 559	1 455	1 104
65-69	1 549	1 017	532	2 051	1 203	848	2 218	1 179	1 039	2 336	1 333	1 003
70-74	1 062	655	407	1 349	870	479	1 809	1 041	768	1 977	1 030	947
75-79	591	354	237	846	507	339	1 088	686	402	1 485	833	652
80+	…	…	…	…	…	…	…	…	…	…	…	…
80-84	279	152	127	412	238	174	602	349	252	786	481	305
85-89	86	34	52	154	79	75	233	128	105	348	192	156
90-94	26	9	17	35	13	22	64	31	33	99	51	48
95-99	5	2	3	7	2	5	10	3	7	18	8	10
100+	1	0	0	1	0	1	1	0	1	2	1	1

年齢	2055			2060		
	総数	男	女	総数	男	女
総数	52 913	27 925	24 988	54 908	28 797	26 111
0-4	3 893	1 975	1 918	3 966	2 012	1 954
5-9	3 819	1 937	1 882	3 891	1 974	1 917
10-14	3 744	1 899	1 845	3 817	1 936	1 881
15-19	3 661	1 854	1 807	3 735	1 892	1 843
20-24	3 578	1 803	1 775	3 660	1 845	1 814
25-29	3 623	1 851	1 772	3 676	1 877	1 799
30-34	3 704	1 959	1 745	3 805	2 005	1 800
35-39	3 667	1 970	1 698	3 765	2 013	1 752
40-44	3 513	1 905	1 608	3 605	1 923	1 682
45-49	3 431	1 878	1 552	3 444	1 854	1 589
50-54	3 075	1 699	1 375	3 351	1 820	1 531
55-59	2 849	1 561	1 288	2 998	1 645	1 353
60-64	2 453	1 297	1 156	2 752	1 498	1 254
65-69	2 406	1 355	1 052	2 318	1 214	1 104
70-74	2 097	1 178	919	2 177	1 208	969
75-79	1 649	838	811	1 767	972	794
80+	…	…	…	…	…	…
80-84	1 098	597	501	1 245	613	632
85-89	466	274	192	672	350	323
90-94	154	80	74	211	118	93
95-99	29	14	15	46	22	24
100+	3	1	2	5	2	3

性・年齢別人口（千人）

年齢	2015			2020			2025			2030		
	総数	男	女	総数	男	女	総数	男	女	総数	男	女
総数	31 540	17 836	13 704	34 076	19 148	14 928	36 067	20 128	15 939	37 706	20 902	16 805
0-4	3 161	1 608	1 554	2 730	1 385	1 344	2 444	1 241	1 204	2 243	1 138	1 105
5-9	3 100	1 586	1 514	3 168	1 613	1 555	2 730	1 388	1 343	2 442	1 239	1 203
10-14	2 753	1 407	1 346	3 103	1 588	1 514	3 167	1 614	1 553	2 727	1 386	1 341
15-19	2 531	1 265	1 266	2 757	1 410	1 348	3 099	1 587	1 512	3 155	1 605	1 550
20-24	2 398	1 212	1 186	2 603	1 330	1 273	2 847	1 489	1 358	3 137	1 615	1 522
25-29	2 746	1 564	1 182	2 621	1 411	1 211	2 824	1 503	1 321	3 009	1 617	1 392
30-34	2 906	1 734	1 172	3 040	1 821	1 219	2 849	1 586	1 262	3 049	1 689	1 360
35-39	2 994	1 768	1 226	3 013	1 830	1 183	3 102	1 875	1 227	2 894	1 626	1 268
40-44	2 816	1 818	998	2 881	1 663	1 218	2 888	1 730	1 158	2 993	1 792	1 200
45-49	2 056	1 428	628	2 618	1 628	990	2 698	1 515	1 183	2 796	1 661	1 134
50-54	1 479	957	522	1 895	1 282	612	2 446	1 492	955	2 596	1 435	1 161
55-59	1 017	652	364	1 415	908	507	1 796	1 206	590	2 342	1 409	933
60-64	680	414	266	964	615	349	1 346	858	487	1 687	1 121	567
65-69	353	170	183	616	370	246	878	553	325	1 229	773	456
70-74	242	107	135	299	139	160	523	307	217	752	464	288
75-79	161	77	84	184	78	106	231	103	128	406	230	176
80+	…	…	…	…	…	…	…	…	…	…	…	…
80-84	91	44	47	105	48	57	124	50	74	158	67	91
85-89	41	18	23	46	21	25	54	23	31	66	25	41
90-94	13	5	8	15	6	9	17	7	10	21	8	13
95-99	2	1	1	3	1	2	4	1	2	4	2	3
100+	0	0	0	0	0	0	0	0	0	1	0	0

年齢	2035			2040			2045			2050		
	総数	男	女	総数	男	女	総数	男	女	総数	男	女
総数	39 121	21 528	17 593	40 282	21 993	18 289	41 100	22 259	18 841	41 499	22 298	19 201
0-4	2 212	1 122	1 090	2 182	1 107	1 075	2 081	1 056	1 026	1 906	967	939
5-9	2 242	1 137	1 105	2 211	1 121	1 090	2 182	1 106	1 075	2 081	1 055	1 025
10-14	2 440	1 238	1 202	2 240	1 136	1 104	2 210	1 121	1 089	2 181	1 106	1 075
15-19	2 716	1 378	1 339	2 431	1 231	1 200	2 232	1 130	1 102	2 202	1 115	1 088
20-24	3 199	1 641	1 558	2 715	1 368	1 348	2 431	1 222	1 209	2 234	1 122	1 112
25-29	3 300	1 751	1 549	3 307	1 722	1 585	2 826	1 451	1 375	2 543	1 306	1 237
30-34	3 226	1 802	1 424	3 504	1 923	1 581	3 509	1 893	1 616	3 029	1 622	1 407
35-39	3 152	1 784	1 368	3 299	1 868	1 432	3 572	1 984	1 588	3 578	1 953	1 624
40-44	2 789	1 537	1 252	3 088	1 737	1 351	3 231	1 816	1 415	3 503	1 932	1 571
45-49	2 843	1 662	1 181	2 709	1 476	1 233	3 013	1 681	1 332	3 156	1 760	1 396
50-54	2 695	1 581	1 114	2 749	1 588	1 161	2 626	1 414	1 212	2 928	1 617	1 311
55-59	2 492	1 356	1 136	2 609	1 518	1 091	2 665	1 527	1 138	2 547	1 358	1 190
60-64	2 216	1 317	899	2 380	1 283	1 098	2 498	1 442	1 056	2 559	1 455	1 104
65-69	1 549	1 017	532	2 051	1 203	848	2 218	1 179	1 039	2 336	1 333	1 003
70-74	1 062	655	407	1 349	870	479	1 809	1 041	768	1 977	1 030	947
75-79	591	354	237	846	507	339	1 088	686	402	1 485	833	652
80+	…	…	…	…	…	…	…	…	…	…	…	…
80-84	279	152	127	412	238	174	602	349	252	786	481	305
85-89	86	34	52	154	79	75	233	128	105	348	192	156
90-94	26	9	17	35	13	22	64	31	33	99	51	48
95-99	5	2	3	7	2	5	10	3	7	18	8	10
100+	1	0	0	1	0	1	1	0	1	2	1	1

年齢	2055			2060		
	総数	男	女	総数	男	女
総数	41 471	22 126	19 345	41 068	21 782	19 286
0-4	1 709	867	842	1 549	786	763
5-9	1 906	967	939	1 709	867	842
10-14	2 080	1 055	1 025	1 906	967	939
15-19	2 174	1 100	1 073	2 074	1 050	1 024
20-24	2 204	1 107	1 097	2 176	1 094	1 082
25-29	2 341	1 202	1 139	2 306	1 183	1 122
30-34	2 737	1 469	1 268	2 525	1 357	1 168
35-39	3 096	1 681	1 415	2 801	1 525	1 276
40-44	3 513	1 905	1 608	3 036	1 635	1 401
45-49	3 431	1 878	1 552	3 444	1 854	1 589
50-54	3 075	1 699	1 375	3 351	1 820	1 531
55-59	2 849	1 561	1 288	2 998	1 645	1 353
60-64	2 453	1 297	1 156	2 752	1 498	1 254
65-69	2 406	1 355	1 052	2 318	1 214	1 104
70-74	2 097	1 178	919	2 177	1 208	969
75-79	1 649	838	811	1 767	972	794
80+	…	…	…	…	…	…
80-84	1 098	597	501	1 245	613	632
85-89	466	274	192	672	350	323
90-94	154	80	74	211	118	93
95-99	29	14	15	46	22	24
100+	3	1	2	5	2	3

性・年齢別人口（千人）

年齢	1960			1965			1970			1975		
	総数	男	女	総数	男	女	総数	男	女	総数	男	女
総数	3 178	1 579	1 599	3 649	1 824	1 825	4 218	2 123	2 095	4 900	2 475	2 426
0-4	596	300	295	686	346	340	786	396	390	933	470	462
5-9	440	222	219	517	260	257	592	298	294	690	347	343
10-14	343	170	173	426	215	211	500	253	248	575	290	285
15-19	307	153	154	336	168	168	419	213	206	492	249	243
20-24	272	136	136	302	151	151	335	169	166	414	211	202
25-29	238	119	119	268	135	133	303	154	149	333	170	163
30-34	207	104	103	234	118	116	268	137	131	300	154	146
35-39	176	88	88	202	102	100	232	119	113	263	136	127
40-44	148	73	75	170	85	84	197	101	96	225	116	109
45-49	124	60	63	141	70	71	163	82	81	188	96	92
50-54	101	49	53	115	56	59	132	65	67	153	77	76
55-59	80	38	42	91	43	48	105	51	54	121	59	62
60-64	60	28	32	69	32	37	78	37	42	91	43	48
65-69	41	19	22	47	22	25	54	25	29	62	29	33
70-74	25	11	14	27	12	15	32	15	17	37	17	20
75-79	13	6	7	13	6	7	15	7	8	18	8	10
80+	5	2	3	6	3	3	6	3	3	7	3	4
80-84	...	...	...	...	...	...	...	...	...	...	...	...
85-89	...	...	...	...	...	...	...	...	...	...	...	...
90-94	...	...	...	...	...	...	...	...	...	...	...	...
95-99	...	...	...	...	...	...	...	...	...	...	...	...
100+	...	...	...	...	...	...	...	...	...	...	...	...

年齢	1980			1985			1990			1995		
	総数	男	女	総数	男	女	総数	男	女	総数	男	女
総数	5 569	2 789	2 780	6 438	3 212	3 226	7 514	3 740	3 774	8 711	4 325	4 386
0-4	1 087	549	538	1 224	619	605	1 388	702	686	1 541	780	762
5-9	842	424	418	1 007	507	500	1 159	584	574	1 322	667	655
10-14	672	338	334	826	416	410	994	501	493	1 145	577	568
15-19	555	279	276	657	330	327	813	409	404	980	493	487
20-24	457	229	229	530	264	266	637	318	319	791	394	396
25-29	374	187	187	429	211	217	508	250	258	612	302	310
30-34	299	149	150	350	172	177	410	200	210	487	237	250
35-39	273	137	136	280	138	143	334	163	172	393	189	204
40-44	241	122	119	257	128	129	268	130	138	320	154	166
45-49	206	104	102	227	113	113	245	120	124	256	122	133
50-54	172	86	86	192	96	97	214	106	109	232	112	120
55-59	137	67	70	157	77	80	179	88	91	200	97	103
60-64	104	50	55	121	58	63	142	68	74	162	78	84
65-69	73	34	39	87	40	46	104	49	55	122	57	65
70-74	45	20	24	55	25	30	67	30	37	81	37	44
75-79	22	10	12	28	12	16	36	15	20	45	19	25
80+	9	4	5	12	5	7	...	...	...	...	...	...
80-84	...	...	...	...	...	...	14	6	8	18	7	10
85-89	...	...	...	...	...	...	3	1	2	4	2	3
90-94	...	...	...	...	...	...	0	0	0	1	0	0
95-99	...	...	...	...	...	...	0	0	0	0	0	0
100+	...	...	...	...	...	...	0	0	0	0	0	0

年齢	2000			2005			2010			2015		
	総数	男	女	総数	男	女	総数	男	女	総数	男	女
総数	9 861	4 853	5 008	11 269	5 527	5 742	12 957	6 344	6 613	15 129	7 429	7 701
0-4	1 684	851	833	1 910	967	944	2 197	1 113	1 084	2 601	1 318	1 283
5-9	1 460	736	724	1 616	815	801	1 863	941	922	2 171	1 099	1 072
10-14	1 304	658	646	1 442	726	715	1 598	806	793	1 848	933	915
15-19	1 120	562	558	1 281	644	637	1 419	713	706	1 581	796	786
20-24	933	461	472	1 080	536	544	1 239	616	623	1 389	695	694
25-29	736	357	379	886	430	456	1 031	503	528	1 204	595	609
30-34	566	270	296	696	330	366	844	402	442	1 001	484	516
35-39	451	212	239	535	249	286	663	309	355	819	387	432
40-44	366	170	195	427	197	231	509	233	277	642	296	346
45-49	299	139	159	346	158	188	406	183	223	491	222	269
50-54	237	110	127	280	128	152	327	146	181	388	173	215
55-59	213	100	113	220	100	120	261	117	145	308	135	173
60-64	179	85	94	192	88	104	199	88	111	240	105	135
65-69	138	64	74	153	70	83	166	74	92	175	75	100
70-74	95	43	51	107	48	59	121	54	67	134	58	76
75-79	53	23	30	62	27	35	72	31	41	84	36	48
80+	...	...	...	...	...	...	...	...	...	...	...	...
80-84	22	9	13	26	11	15	32	13	18	38	16	23
85-89	6	2	4	7	3	4	9	3	5	11	4	7
90-94	1	0	1	1	0	1	1	0	1	2	1	1
95-99	0	0	0	0	0	0	0	0	0	0	0	0
100+	0	0	0	0	0	0	0	0	0	0	0	0

性・年齢別人口（千人）

年齢	2015			2020			2025			2030		
	総数	男	女	総数	男	女	総数	男	女	総数	男	女
総数	15 129	7 429	7 701	17 487	8 609	8 879	20 037	9 886	10 150	22 802	11 273	11 528
0-4	2 601	1 318	1 283	2 806	1 425	1 381	3 017	1 535	1 483	3 261	1 660	1 601
5-9	2 171	1 099	1 072	2 578	1 306	1 272	2 786	1 414	1 371	3 001	1 526	1 475
10-14	1 848	933	915	2 158	1 092	1 066	2 566	1 299	1 266	2 775	1 408	1 367
15-19	1 581	796	786	1 832	924	909	2 143	1 083	1 060	2 551	1 290	1 261
20-24	1 389	695	694	1 553	778	775	1 804	906	898	2 115	1 065	1 050
25-29	1 204	595	609	1 355	674	682	1 520	757	763	1 772	885	887
30-34	1 001	484	516	1 174	577	598	1 326	655	671	1 491	739	753
35-39	819	387	432	975	469	506	1 149	560	588	1 301	639	662
40-44	642	296	346	797	373	424	953	455	498	1 125	546	580
45-49	491	222	269	623	284	338	775	360	415	930	440	489
50-54	388	173	215	472	211	261	601	271	330	751	345	406
55-59	308	135	173	368	161	207	450	197	252	575	255	319
60-64	240	105	135	285	122	163	342	147	196	420	181	240
65-69	175	75	100	212	90	122	254	106	148	308	128	180
70-74	134	58	76	143	59	83	176	72	104	212	85	127
75-79	84	36	48	94	39	55	102	40	62	128	50	78
80+	…	…	…	…	…	…	…	…	…	…	…	…
80-84	38	16	23	45	18	27	53	21	32	59	22	37
85-89	11	4	7	14	5	9	17	6	11	21	8	14
90-94	2	1	1	2	1	1	3	1	2	4	1	3
95-99	0	0	0	0	0	0	0	0	0	0	0	0
100+	0	0	0	0	0	0	0	0	0	0	0	0

年齢	2035			2040			2045			2050		
	総数	男	女	総数	男	女	総数	男	女	総数	男	女
総数	25 816	12 786	13 030	29 086	14 427	14 658	32 571	16 177	16 394	36 223	18 011	18 211
0-4	3 549	1 806	1 743	3 857	1 963	1 894	4 136	2 105	2 031	4 379	2 228	2 150
5-9	3 246	1 652	1 594	3 535	1 799	1 736	3 844	1 956	1 888	4 124	2 098	2 026
10-14	2 991	1 520	1 471	3 237	1 647	1 590	3 526	1 794	1 733	3 836	1 951	1 885
15-19	2 761	1 399	1 361	2 977	1 511	1 466	3 223	1 638	1 585	3 513	1 785	1 728
20-24	2 523	1 272	1 251	2 733	1 381	1 352	2 949	1 493	1 456	3 196	1 620	1 576
25-29	2 082	1 043	1 039	2 489	1 249	1 240	2 699	1 359	1 341	2 916	1 471	1 445
30-34	1 743	866	877	2 052	1 023	1 029	2 457	1 228	1 229	2 667	1 337	1 330
35-39	1 466	722	744	1 716	848	868	2 024	1 005	1 019	2 427	1 208	1 219
40-44	1 277	623	654	1 442	706	736	1 691	832	859	1 997	987	1 010
45-49	1 102	530	571	1 252	607	645	1 417	690	727	1 664	814	850
50-54	904	424	480	1 073	512	561	1 223	589	635	1 387	670	716
55-59	722	327	394	871	404	467	1 038	490	548	1 187	566	621
60-64	541	236	305	683	304	379	829	378	450	992	462	530
65-69	381	160	222	495	211	284	631	275	355	771	345	425
70-74	261	105	156	329	133	195	433	179	254	558	237	321
75-79	159	61	98	201	77	124	259	101	159	348	138	210
80+	…	…	…	…	…	…	…	…	…	…	…	…
80-84	77	28	49	100	36	64	132	47	84	176	64	112
85-89	25	9	17	35	12	23	48	16	33	67	22	45
90-94	5	2	4	7	2	5	11	3	8	16	5	11
95-99	1	0	0	1	0	1	1	0	1	2	1	2
100+	0	0	0	0	0	0	0	0	0	0	0	0

年齢	2055			2060		
	総数	男	女	総数	男	女
総数	39 986	19 904	20 082	43 835	21 843	21 992
0-4	4 577	2 330	2 248	4 763	2 424	2 339
5-9	4 368	2 223	2 145	4 567	2 324	2 243
10-14	4 116	2 094	2 022	4 361	2 219	2 142
15-19	3 823	1 943	1 880	4 104	2 086	2 018
20-24	3 486	1 768	1 719	3 797	1 926	1 871
25-29	3 163	1 598	1 565	3 455	1 747	1 708
30-34	2 884	1 450	1 434	3 132	1 578	1 554
35-39	2 638	1 318	1 320	2 856	1 431	1 425
40-44	2 399	1 190	1 209	2 610	1 300	1 310
45-49	1 969	968	1 000	2 368	1 170	1 198
50-54	1 632	794	839	1 935	947	988
55-59	1 349	647	702	1 592	769	824
60-64	1 139	537	603	1 300	617	683
65-69	929	426	503	1 073	498	575
70-74	689	302	388	839	377	462
75-79	458	187	270	575	243	331
80+	…	…	…	…	…	…
80-84	244	92	153	329	128	201
85-89	94	32	63	137	47	89
90-94	24	7	17	36	10	25
95-99	3	1	3	5	1	4
100+	0	0	0	0	0	0

性・年齢別人口（千人）

年齢	2015			2020			2025			2030		
	総数	男	女	総数	男	女	総数	男	女	総数	男	女
総数	15 129	7 429	7 701	17 633	8 682	8 950	20 449	10 096	10 353	23 599	11 679	11 920
0-4	2 601	1 318	1 283	2 951	1 499	1 452	3 285	1 671	1 614	3 647	1 857	1 791
5-9	2 171	1 099	1 072	2 578	1 306	1 272	2 930	1 488	1 443	3 267	1 662	1 606
10-14	1 848	933	915	2 158	1 092	1 066	2 566	1 299	1 266	2 919	1 482	1 438
15-19	1 581	796	786	1 832	924	909	2 143	1 083	1 060	2 551	1 290	1 261
20-24	1 389	695	694	1 553	778	775	1 804	906	898	2 115	1 065	1 050
25-29	1 204	595	609	1 355	674	682	1 520	757	763	1 772	885	887
30-34	1 001	484	516	1 174	577	598	1 326	655	671	1 491	739	753
35-39	819	387	432	975	469	506	1 149	560	588	1 301	639	662
40-44	642	296	346	797	373	424	953	455	498	1 125	546	580
45-49	491	222	269	623	284	338	775	360	415	930	440	489
50-54	388	173	215	472	211	261	601	271	330	751	345	406
55-59	308	135	173	368	161	207	450	197	252	575	255	319
60-64	240	105	135	285	122	163	342	147	196	420	181	240
65-69	175	75	100	212	90	122	254	106	148	308	128	180
70-74	134	58	76	143	59	83	176	72	104	212	85	127
75-79	84	36	48	94	39	55	102	40	62	128	50	78
80+	...	...	...	...	...	...	...	...	...	...	...	...
80-84	38	16	23	45	18	27	53	21	32	59	22	37
85-89	11	4	7	14	5	9	17	6	11	21	8	14
90-94	2	1	1	2	1	1	3	1	2	4	1	3
95-99	0	0	0	0	0	0	0	0	0	0	0	0
100+	0	0	0	0	0	0	0	0	0	0	0	0

年齢	2035			2040			2045			2050		
	総数	男	女	総数	男	女	総数	男	女	総数	男	女
総数	27 068	13 423	13 645	30 903	15 351	15 552	35 117	17 471	17 646	39 701	19 779	19 922
0-4	4 006	2 039	1 967	4 426	2 252	2 174	4 870	2 478	2 392	5 319	2 707	2 612
5-9	3 631	1 848	1 783	3 991	2 031	1 960	4 411	2 244	2 167	4 856	2 471	2 385
10-14	3 257	1 656	1 601	3 621	1 842	1 779	3 981	2 025	1 956	4 402	2 239	2 163
15-19	2 904	1 472	1 432	3 242	1 646	1 596	3 606	1 833	1 774	3 967	2 016	1 951
20-24	2 523	1 272	1 251	2 876	1 454	1 423	3 214	1 627	1 586	3 578	1 814	1 764
25-29	2 082	1 043	1 039	2 489	1 249	1 240	2 841	1 430	1 411	3 178	1 604	1 575
30-34	1 743	866	877	2 052	1 023	1 029	2 457	1 228	1 229	2 808	1 409	1 400
35-39	1 466	722	744	1 716	848	868	2 024	1 005	1 019	2 427	1 208	1 219
40-44	1 277	623	654	1 442	706	736	1 691	832	859	1 997	987	1 010
45-49	1 102	530	571	1 252	607	645	1 417	690	727	1 664	814	850
50-54	904	424	480	1 073	512	561	1 223	589	635	1 387	670	716
55-59	722	327	394	871	404	467	1 038	490	548	1 187	566	621
60-64	541	236	305	683	304	379	829	378	450	992	462	530
65-69	381	160	222	495	211	284	631	275	355	771	345	425
70-74	261	105	156	329	133	195	433	179	254	558	237	321
75-79	159	61	98	201	77	124	259	101	159	348	138	210
80+	...	...	...	...	...	...	...	...	...	...	...	...
80-84	77	28	49	100	36	64	132	47	84	176	64	112
85-89	25	9	17	35	12	23	48	16	33	67	22	45
90-94	5	2	4	7	2	5	11	3	8	16	5	11
95-99	1	0	0	1	0	1	1	0	1	2	1	2
100+	0	0	0	0	0	0	0	0	0	0	0	0

年齢	2055			2060		
	総数	男	女	総数	男	女
総数	44 622	22 260	22 362	49 855	24 902	24 953
0-4	5 744	2 924	2 821	6 160	3 135	3 025
5-9	5 306	2 700	2 606	5 732	2 917	2 815
10-14	4 847	2 466	2 382	5 298	2 695	2 602
15-19	4 388	2 230	2 158	4 834	2 457	2 376
20-24	3 939	1 998	1 941	4 361	2 212	2 148
25-29	3 543	1 791	1 752	3 905	1 975	1 930
30-34	3 146	1 582	1 564	3 511	1 770	1 741
35-39	2 779	1 389	1 390	3 116	1 563	1 554
40-44	2 399	1 190	1 209	2 750	1 370	1 380
45-49	1 969	968	1 000	2 368	1 170	1 198
50-54	1 632	794	839	1 935	947	988
55-59	1 349	647	702	1 592	769	824
60-64	1 139	537	603	1 300	617	683
65-69	929	426	503	1 073	498	575
70-74	689	302	388	839	377	462
75-79	458	187	270	575	243	331
80+	...	...	...	...	...	...
80-84	244	92	153	329	128	201
85-89	94	32	63	137	47	89
90-94	24	7	17	36	10	25
95-99	3	1	3	5	1	4
100+	0	0	0	0	0	0

低位予測値

セネガル

性・年齢別人口（千人）

年齢	2015			2020			2025			2030		
	総数	男	女	総数	男	女	総数	男	女	総数	男	女
総数	15 129	7 429	7 701	17 342	8 535	8 807	19 624	9 677	9 948	22 004	10 868	11 136
0-4	2 601	1 318	1 283	2 660	1 351	1 309	2 749	1 398	1 351	2 874	1 463	1 411
5-9	2 171	1 099	1 072	2 578	1 306	1 272	2 641	1 341	1 300	2 734	1 390	1 344
10-14	1 848	933	915	2 158	1 092	1 066	2 566	1 299	1 266	2 631	1 335	1 296
15-19	1 581	796	786	1 832	924	909	2 143	1 083	1 060	2 551	1 290	1 261
20-24	1 389	695	694	1 553	778	775	1 804	906	898	2 115	1 065	1 050
25-29	1 204	595	609	1 355	674	682	1 520	757	763	1 772	885	887
30-34	1 001	484	516	1 174	577	598	1 326	655	671	1 491	739	753
35-39	819	387	432	975	469	506	1 149	560	588	1 301	639	662
40-44	642	296	346	797	373	424	953	455	498	1 125	546	580
45-49	491	222	269	623	284	338	775	360	415	930	440	489
50-54	388	173	215	472	211	261	601	271	330	751	345	406
55-59	308	135	173	368	161	207	450	197	252	575	255	319
60-64	240	105	135	285	122	163	342	147	196	420	181	240
65-69	175	75	100	212	90	122	254	106	148	308	128	180
70-74	134	58	76	143	59	83	176	72	104	212	85	127
75-79	84	36	48	94	39	55	102	40	62	128	50	78
80+	…	…	…	…	…	…	…	…	…	…	…	…
80-84	38	16	23	45	18	27	53	21	32	59	22	37
85-89	11	4	7	14	5	9	17	6	11	21	8	14
90-94	2	1	1	2	1	1	3	1	2	4	1	3
95-99	0	0	0	0	0	0	0	0	0	0	0	0
100+	0	0	0	0	0	0	0	0	0	0	0	0

年齢	2035			2040			2045			2050		
	総数	男	女	総数	男	女	総数	男	女	総数	男	女
総数	24 566	12 151	12 416	27 283	13 511	13 773	30 077	14 909	15 168	32 870	16 307	16 563
0-4	3 094	1 575	1 519	3 300	1 679	1 621	3 439	1 750	1 689	3 514	1 788	1 726
5-9	2 861	1 456	1 405	3 082	1 568	1 513	3 289	1 673	1 616	3 429	1 745	1 684
10-14	2 725	1 385	1 340	2 852	1 451	1 401	3 074	1 564	1 510	3 282	1 669	1 612
15-19	2 617	1 326	1 291	2 712	1 377	1 335	2 840	1 443	1 397	3 061	1 556	1 506
20-24	2 523	1 272	1 251	2 590	1 309	1 281	2 685	1 359	1 326	2 814	1 426	1 388
25-29	2 082	1 043	1 039	2 489	1 249	1 240	2 557	1 287	1 270	2 653	1 338	1 315
30-34	1 743	866	877	2 052	1 023	1 029	2 457	1 228	1 229	2 526	1 266	1 260
35-39	1 466	722	744	1 716	848	868	2 024	1 005	1 019	2 427	1 208	1 219
40-44	1 277	623	654	1 442	706	736	1 691	832	859	1 997	987	1 010
45-49	1 102	530	571	1 252	607	645	1 417	690	727	1 664	814	850
50-54	904	424	480	1 073	512	561	1 223	589	635	1 387	670	716
55-59	722	327	394	871	404	467	1 038	490	548	1 187	566	621
60-64	541	236	305	683	304	379	829	378	450	992	462	530
65-69	381	160	222	495	211	284	631	275	355	771	345	425
70-74	261	105	156	329	133	195	433	179	254	558	237	321
75-79	159	61	98	201	77	124	259	101	159	348	138	210
80+	…	…	…	…	…	…	…	…	…	…	…	…
80-84	77	28	49	100	36	64	132	47	84	176	64	112
85-89	25	9	17	35	12	23	48	16	33	67	22	45
90-94	5	2	4	7	2	5	11	3	8	16	5	11
95-99	1	0	0	1	0	1	1	0	1	2	1	2
100+	0	0	0	0	0	0	0	0	0	0	0	0

年齢	2055			2060		
	総数	男	女	総数	男	女
総数	35 598	17 674	17 924	38 239	19 000	19 239
0-4	3 533	1 798	1 735	3 543	1 803	1 740
5-9	3 504	1 783	1 721	3 525	1 794	1 731
10-14	3 422	1 741	1 681	3 498	1 780	1 718
15-19	3 270	1 662	1 608	3 411	1 734	1 677
20-24	3 036	1 539	1 497	3 246	1 646	1 600
25-29	2 782	1 405	1 377	3 006	1 519	1 487
30-34	2 623	1 318	1 305	2 754	1 387	1 368
35-39	2 498	1 247	1 250	2 596	1 300	1 296
40-44	2 399	1 190	1 209	2 471	1 230	1 241
45-49	1 969	968	1 000	2 368	1 170	1 198
50-54	1 632	794	839	1 935	947	988
55-59	1 349	647	702	1 592	769	824
60-64	1 139	537	603	1 300	617	683
65-69	929	426	503	1 073	498	575
70-74	689	302	388	839	377	462
75-79	458	187	270	575	243	331
80+	…	…	…	…	…	…
80-84	244	92	153	329	128	201
85-89	94	32	63	137	47	89
90-94	24	7	17	36	10	25
95-99	3	1	3	5	1	4
100+	0	0	0	0	0	0

Serbia

性・年齢別人口（千人）

年齢	1960			1965			1970			1975		
	総数	男	女	総数	男	女	総数	男	女	総数	男	女
総数	7 557	3 718	3 839	7 835	3 868	3 967	8 120	4 014	4 106	8 497	4 203	4 294
0-4	711	361	350	682	347	335	691	353	338	739	377	361
5-9	818	414	403	693	352	342	668	340	328	685	350	335
10-14	729	372	357	807	409	398	684	347	337	665	338	327
15-19	520	263	257	720	367	353	797	404	393	681	345	336
20-24	611	307	305	511	258	253	710	362	348	792	401	391
25-29	681	343	339	600	301	299	502	254	249	706	359	347
30-34	676	335	341	669	336	333	589	295	294	498	251	247
35-39	549	259	290	663	329	334	656	329	326	583	292	292
40-44	315	150	166	536	252	283	647	320	327	646	323	323
45-49	373	178	195	304	144	160	520	244	276	633	312	321
50-54	422	212	209	354	168	186	290	136	153	502	234	268
55-59	362	181	182	393	196	197	332	156	176	275	128	147
60-64	292	137	155	327	161	167	357	175	182	305	140	165
65-69	176	77	100	251	115	136	284	135	149	314	149	165
70-74	148	61	87	141	60	81	204	90	114	233	107	126
75-79	92	39	53	103	42	62	100	41	59	147	62	85
80+	80	29	51	80	31	49	89	33	55	92	34	58
80-84	…	…	…	…	…	…	…	…	…	…	…	…
85-89	…	…	…	…	…	…	…	…	…	…	…	…
90-94	…	…	…	…	…	…	…	…	…	…	…	…
95-99	…	…	…	…	…	…	…	…	…	…	…	…
100+	…	…	…	…	…	…	…	…	…	…	…	…

年齢	1980			1985			1990			1995		
	総数	男	女	総数	男	女	総数	男	女	総数	男	女
総数	8 908	4 404	4 504	9 253	4 574	4 680	9 518	4 698	4 820	9 884	4 871	5 014
0-4	780	398	382	763	390	373	732	376	356	667	341	326
5-9	736	376	360	776	396	380	758	387	371	744	381	362
10-14	685	350	335	734	375	359	772	394	379	770	392	378
15-19	665	338	327	683	349	334	731	373	358	784	399	385
20-24	679	344	335	662	336	326	678	346	333	742	378	364
25-29	790	399	390	675	341	334	657	333	324	688	350	338
30-34	702	357	346	785	396	389	670	338	332	665	336	329
35-39	495	249	246	697	353	344	777	391	386	678	341	337
40-44	577	288	289	489	245	244	687	347	340	780	391	389
45-49	634	316	318	565	280	285	478	238	240	681	342	340
50-54	613	299	314	613	303	311	546	268	278	470	232	238
55-59	478	219	259	583	281	302	582	283	299	531	257	274
60-64	254	115	139	442	198	245	538	252	286	552	261	290
65-69	271	120	151	225	98	127	392	167	224	488	220	269
70-74	259	118	141	224	95	129	186	77	109	333	135	197
75-79	169	74	96	189	82	108	164	65	99	142	55	86
80+	121	46	76	148	57	91	…	…	…	…	…	…
80-84	…	…	…	…	…	…	113	44	69	102	37	65
85-89	…	…	…	…	…	…	45	16	29	51	18	33
90-94	…	…	…	…	…	…	11	4	8	13	4	9
95-99	…	…	…	…	…	…	1	0	1	2	1	1
100+	…	…	…	…	…	…	0	0	0	0	0	0

年齢	2000			2005			2010			2015		
	総数	男	女	総数	男	女	総数	男	女	総数	男	女
総数	9 463	4 644	4 819	9 187	4 491	4 696	9 059	4 428	4 631	8 851	4 320	4 531
0-4	620	318	302	533	273	260	475	243	232	451	231	220
5-9	644	330	314	587	302	285	525	269	256	469	240	229
10-14	695	357	338	612	315	298	562	290	272	522	268	255
15-19	673	344	330	668	343	325	579	298	281	555	286	269
20-24	689	350	340	644	326	318	619	319	300	563	290	273
25-29	667	336	330	662	333	329	590	300	289	598	308	290
30-34	628	316	312	642	322	320	637	321	316	572	291	281
35-39	609	305	304	601	300	301	638	318	320	622	313	309
40-44	626	313	314	577	286	291	607	301	307	625	310	315
45-49	738	367	371	590	291	298	578	285	293	594	292	301
50-54	645	320	325	702	345	357	580	285	295	561	274	287
55-59	438	213	225	610	298	312	694	337	357	556	270	286
60-64	490	231	259	402	190	212	607	289	318	651	309	342
65-69	492	224	268	435	197	238	389	176	213	550	253	297
70-74	409	175	234	409	177	232	388	168	220	334	145	189
75-79	248	95	153	302	121	181	321	133	189	300	122	178
80+	…	…	…	…	…	…	…	…	…	…	…	…
80-84	87	31	56	152	53	99	186	70	116	209	79	131
85-89	46	15	31	40	13	27	69	22	47	93	31	61
90-94	15	5	10	14	4	10	12	4	9	23	7	17
95-99	2	1	2	3	1	2	2	1	2	2	1	2
100+	0	0	0	0	0	0	0	0	0	0	0	0

性・年齢別人口（千人）

年齢	2015 総数	男	女	2020 総数	男	女	2025 総数	男	女	2030 総数	男	女
総数	8 851	4 320	4 531	8 674	4 231	4 443	8 485	4 138	4 347	8 281	4 038	4 243
0-4	451	231	220	442	226	216	431	221	210	416	213	203
5-9	469	240	229	448	229	219	439	225	214	428	219	209
10-14	522	268	255	468	239	229	447	229	218	438	224	214
15-19	555	286	269	519	266	253	464	237	227	443	227	216
20-24	563	290	273	546	282	265	510	261	249	456	233	223
25-29	598	308	290	552	284	267	535	276	259	499	256	244
30-34	572	291	281	588	303	285	542	279	263	526	271	255
35-39	622	313	309	563	286	277	580	298	282	534	275	259
40-44	625	310	315	613	308	306	555	281	274	572	293	279
45-49	594	292	301	614	303	310	603	301	302	546	276	270
50-54	561	274	287	579	283	296	599	294	305	590	293	297
55-59	556	270	286	540	261	280	559	270	289	580	282	298
60-64	651	309	342	524	249	275	511	242	270	531	252	279
65-69	550	253	297	594	273	321	481	221	259	472	217	255
70-74	334	145	189	476	210	266	518	229	289	423	188	236
75-79	300	122	178	262	107	155	379	157	221	418	175	243
80+	…	…	…	…	…	…	…	…	…	…	…	…
80-84	209	79	131	200	74	126	178	67	112	263	100	163
85-89	93	31	61	108	37	71	106	35	71	97	32	65
90-94	23	7	17	32	10	23	39	12	28	40	12	29
95-99	2	1	2	5	1	4	7	2	5	9	2	7
100+	0	0	0	0	0	0	1	0	0	1	0	1

年齢	2035 総数	男	女	2040 総数	男	女	2045 総数	男	女	2050 総数	男	女
総数	8 058	3 931	4 126	7 817	3 819	3 997	7 570	3 707	3 864	7 331	3 599	3 732
0-4	397	203	194	375	192	183	356	182	174	344	176	168
5-9	413	212	202	395	202	193	373	191	182	354	181	172
10-14	427	219	208	412	211	201	393	201	192	371	190	181
15-19	434	222	212	423	217	206	408	209	199	390	200	190
20-24	434	222	212	426	218	208	415	213	202	400	205	195
25-29	445	228	217	424	217	207	415	213	203	405	207	197
30-34	490	251	239	436	223	213	415	213	202	406	208	198
35-39	518	267	251	482	247	236	429	219	210	408	209	199
40-44	527	270	256	511	263	248	476	243	233	423	216	207
45-49	563	288	275	519	266	253	504	258	246	469	239	230
50-54	535	268	266	552	281	271	509	260	250	495	253	242
55-59	572	281	291	520	259	261	538	271	266	497	252	245
60-64	553	264	289	547	265	282	499	245	254	518	259	259
65-69	493	228	265	516	241	276	513	243	270	470	227	243
70-74	419	186	233	441	197	244	465	211	255	466	215	251
75-79	346	145	200	347	146	200	369	157	212	394	171	223
80+	…	…	…	…	…	…	…	…	…	…	…	…
80-84	296	114	182	250	97	153	255	100	155	276	110	166
85-89	148	50	97	171	59	112	148	52	96	155	55	100
90-94	38	11	27	60	18	43	73	21	51	65	20	46
95-99	10	2	7	10	2	7	16	4	12	20	5	15
100+	1	0	1	1	0	1	1	0	1	2	0	2

年齢	2055 総数	男	女	2060 総数	男	女
総数	7 099	3 494	3 605	6 870	3 392	3 478
0-4	336	172	164	327	167	159
5-9	342	175	167	334	171	163
10-14	352	180	172	341	175	166
15-19	368	189	179	349	179	170
20-24	382	196	186	361	185	176
25-29	390	200	190	373	191	181
30-34	396	203	193	382	196	186
35-39	400	205	195	390	200	190
40-44	403	206	197	395	202	193
45-49	417	213	205	398	203	195
50-54	462	235	227	411	209	202
55-59	484	246	238	453	229	224
60-64	480	241	239	470	237	233
65-69	490	241	249	457	226	231
70-74	430	202	227	451	217	234
75-79	399	177	221	372	170	202
80+	…	…	…	…	…	…
80-84	300	123	178	309	130	178
85-89	173	63	110	192	72	120
90-94	71	22	49	82	26	56
95-99	19	5	14	22	5	16
100+	3	1	3	4	1	3

性・年齢別人口（千人）

年齢	2015			2020			2025			2030		
	総数	男	女	総数	男	女	総数	男	女	総数	男	女
総数	8 851	4 320	4 531	8 743	4 266	4 477	8 661	4 228	4 433	8 583	4 193	4 391
0-4	451	231	220	511	262	250	537	275	262	542	278	265
5-9	469	240	229	448	229	219	509	260	248	535	274	261
10-14	522	268	255	468	239	229	447	229	218	507	260	248
15-19	555	286	269	519	266	253	464	237	227	443	227	216
20-24	563	290	273	546	282	265	510	261	249	456	233	223
25-29	598	308	290	552	284	267	535	276	259	499	256	244
30-34	572	291	281	588	303	285	542	279	263	526	271	255
35-39	622	313	309	563	286	277	580	298	282	534	275	259
40-44	625	310	315	613	308	306	555	281	274	572	293	279
45-49	594	292	301	614	303	310	603	301	302	546	276	270
50-54	561	274	287	579	283	296	599	294	305	590	293	297
55-59	556	270	286	540	261	280	559	270	289	580	282	298
60-64	651	309	342	524	249	275	511	242	270	531	252	279
65-69	550	253	297	594	273	321	481	221	259	472	217	255
70-74	334	145	189	476	210	266	518	229	289	423	188	236
75-79	300	122	178	262	107	155	379	157	221	418	175	243
80+	…	…	…	…	…	…	…	…	…	…	…	…
80-84	209	79	131	200	74	126	178	67	112	263	100	163
85-89	93	31	61	108	37	71	106	35	71	97	32	65
90-94	23	7	17	32	10	23	39	12	28	40	12	29
95-99	2	1	2	5	1	4	7	2	5	9	2	7
100+	0	0	0	0	0	0	1	0	0	1	0	1

年齢	2035			2040			2045			2050		
	総数	男	女	総数	男	女	総数	男	女	総数	男	女
総数	8 481	4 148	4 333	8 358	4 096	4 261	8 239	4 049	4 190	8 156	4 021	4 135
0-4	518	265	253	494	253	241	485	248	236	502	257	245
5-9	540	276	263	515	264	251	491	251	239	482	247	235
10-14	533	273	260	538	276	263	514	263	251	489	251	239
15-19	503	258	246	529	271	258	534	274	261	510	261	249
20-24	434	222	212	495	253	241	521	267	254	526	270	257
25-29	445	228	217	424	217	207	484	248	236	511	262	249
30-34	490	251	239	436	223	213	415	213	202	475	243	232
35-39	518	267	251	482	247	236	429	219	210	408	209	199
40-44	527	270	256	511	263	248	476	243	233	423	216	207
45-49	563	288	275	519	266	253	504	258	246	469	239	230
50-54	535	268	266	552	281	271	509	260	250	495	253	242
55-59	572	281	291	520	259	261	538	271	266	497	252	245
60-64	553	264	289	547	265	282	499	245	254	518	259	259
65-69	493	228	265	516	241	276	513	243	270	470	227	243
70-74	419	186	233	441	197	244	465	211	255	466	215	251
75-79	346	145	200	347	146	200	369	157	212	394	171	223
80+	…	…	…	…	…	…	…	…	…	…	…	…
80-84	296	114	182	250	97	153	255	100	155	276	110	166
85-89	148	50	97	171	59	112	148	52	96	155	55	100
90-94	38	11	27	60	18	43	73	21	51	65	20	46
95-99	10	2	7	10	2	7	16	4	12	20	5	15
100+	1	0	1	1	0	1	1	0	1	2	0	2

年齢	2055			2060		
	総数	男	女	総数	男	女
総数	8 116	4 015	4 101	8 100	4 021	4 079
0-4	529	271	258	542	277	264
5-9	500	256	244	526	270	257
10-14	480	246	234	498	255	243
15-19	486	249	237	477	244	233
20-24	502	257	245	478	245	233
25-29	516	265	252	493	253	240
30-34	502	257	245	508	260	248
35-39	469	240	229	496	254	242
40-44	403	206	197	463	237	226
45-49	417	213	205	398	203	195
50-54	462	235	227	411	209	202
55-59	484	246	238	453	229	224
60-64	480	241	239	470	237	233
65-69	490	241	249	457	226	231
70-74	430	202	227	451	217	234
75-79	399	177	221	372	170	202
80+	…	…	…	…	…	…
80-84	300	123	178	309	130	178
85-89	173	63	110	192	72	120
90-94	71	22	49	82	26	56
95-99	19	5	14	22	5	16
100+	3	1	3	4	1	3

性・年齢別人口（千人）

年齢	2015			2020			2025			2030		
	総数	男	女	総数	男	女	総数	男	女	総数	男	女
総数	8 851	4 320	4 531	8 604	4 195	4 409	8 309	4 047	4 261	7 979	3 883	4 095
0-4	451	231	220	372	191	182	324	166	158	289	148	141
5-9	469	240	229	448	229	219	370	189	180	322	165	157
10-14	522	268	255	468	239	229	447	229	218	368	189	180
15-19	555	286	269	519	266	253	464	237	227	443	227	216
20-24	563	290	273	546	282	265	510	261	249	456	233	223
25-29	598	308	290	552	284	267	535	276	259	499	256	244
30-34	572	291	281	588	303	285	542	279	263	526	271	255
35-39	622	313	309	563	286	277	580	298	282	534	275	259
40-44	625	310	315	613	308	306	555	281	274	572	293	279
45-49	594	292	301	614	303	310	603	301	302	546	276	270
50-54	561	274	287	579	283	296	599	294	305	590	293	297
55-59	556	270	286	540	261	280	559	270	289	580	282	298
60-64	651	309	342	524	249	275	511	242	270	531	252	279
65-69	550	253	297	594	273	321	481	221	259	472	217	255
70-74	334	145	189	476	210	266	518	229	289	423	188	236
75-79	300	122	178	262	107	155	379	157	221	418	175	243
80+	…	…	…	…	…	…	…	…	…	…	…	…
80-84	209	79	131	200	74	126	178	67	112	263	100	163
85-89	93	31	61	108	37	71	106	35	71	97	32	65
90-94	23	7	17	32	10	23	39	12	28	40	12	29
95-99	2	1	2	5	1	4	7	2	5	9	2	7
100+	0	0	0	0	0	0	1	0	0	1	0	1

年齢	2035			2040			2045			2050		
	総数	男	女	総数	男	女	総数	男	女	総数	男	女
総数	7 636	3 715	3 920	7 280	3 545	3 735	6 917	3 372	3 545	6 546	3 197	3 349
0-4	277	142	135	260	133	127	239	122	116	213	109	104
5-9	287	147	140	275	141	134	258	132	126	236	121	115
10-14	320	164	156	285	146	139	273	140	133	256	131	125
15-19	365	187	178	317	162	155	282	144	137	270	138	132
20-24	434	222	212	356	183	174	309	158	150	274	141	133
25-29	445	228	217	424	217	207	346	178	169	299	153	145
30-34	490	251	239	436	223	213	415	213	202	338	173	164
35-39	518	267	251	482	247	236	429	219	210	408	209	199
40-44	527	270	256	511	263	248	476	243	233	423	216	207
45-49	563	288	275	519	266	253	504	258	246	469	239	230
50-54	535	268	266	552	281	271	509	260	250	495	253	242
55-59	572	281	291	520	259	261	538	271	266	497	252	245
60-64	553	264	289	547	265	282	499	245	254	518	259	259
65-69	493	228	265	516	241	276	513	243	270	470	227	243
70-74	419	186	233	441	197	244	465	211	255	466	215	251
75-79	346	145	200	347	146	200	369	157	212	394	171	223
80+	…	…	…	…	…	…	…	…	…	…	…	…
80-84	296	114	182	250	97	153	255	100	155	276	110	166
85-89	148	50	97	171	59	112	148	52	96	155	55	100
90-94	38	11	27	60	18	43	73	21	51	65	20	46
95-99	10	2	7	10	2	7	16	4	12	20	5	15
100+	1	0	1	1	0	1	1	0	1	2	0	2

年齢	2055			2060		
	総数	男	女	総数	男	女
総数	6 165	3 017	3 149	5 777	2 832	2 945
0-4	187	96	91	166	85	81
5-9	210	108	103	184	94	90
10-14	235	120	115	209	107	102
15-19	253	130	123	232	119	113
20-24	262	135	128	246	126	120
25-29	264	136	129	253	130	123
30-34	291	149	141	257	132	125
35-39	331	170	161	285	146	139
40-44	403	206	197	326	167	159
45-49	417	213	205	398	203	195
50-54	462	235	227	411	209	202
55-59	484	246	238	453	229	224
60-64	480	241	239	470	237	233
65-69	490	241	249	457	226	231
70-74	430	202	227	451	217	234
75-79	399	177	221	372	170	202
80+	…	…	…	…	…	…
80-84	300	123	178	309	130	178
85-89	173	63	110	192	72	120
90-94	71	22	49	82	26	56
95-99	19	5	14	22	5	16
100+	3	1	3	4	1	3

Sierra Leone

性・年齢別人口(千人)

年齢	1960 総数	男	女	1965 総数	男	女	1970 総数	男	女	1975 総数	男	女
総数	2 182	1 064	1 118	2 333	1 136	1 197	2 514	1 225	1 290	2 766	1 355	1 411
0-4	339	162	177	366	176	190	400	193	206	462	226	236
5-9	263	123	139	284	134	150	311	148	163	351	169	182
10-14	244	120	123	250	118	132	272	129	143	299	144	155
15-19	221	111	110	235	116	118	242	115	127	264	126	137
20-24	193	97	97	209	105	104	223	111	112	231	110	121
25-29	169	84	85	181	91	90	197	99	98	211	106	106
30-34	149	74	75	158	79	79	170	86	85	186	95	92
35-39	132	65	66	139	70	70	148	75	74	161	82	79
40-44	114	56	58	122	61	62	130	65	65	139	70	69
45-49	98	48	50	105	52	54	113	56	57	121	60	60
50-54	82	39	43	88	43	46	95	46	49	103	51	52
55-59	66	31	35	72	34	38	78	37	41	85	41	44
60-64	49	23	27	54	25	29	59	28	31	65	31	34
65-69	33	15	18	36	17	19	40	19	21	45	22	23
70-74	19	9	10	20	9	11	23	11	12	26	13	13
75-79	8	4	4	9	4	4	10	5	5	11	6	6
80+	3	1	1	3	1	1	3	2	2	4	2	2
80-84	…	…	…	…	…	…	…	…	…	…	…	…
85-89	…	…	…	…	…	…	…	…	…	…	…	…
90-94	…	…	…	…	…	…	…	…	…	…	…	…
95-99	…	…	…	…	…	…	…	…	…	…	…	…
100+	…	…	…	…	…	…	…	…	…	…	…	…

年齢	1980 総数	男	女	1985 総数	男	女	1990 総数	男	女	1995 総数	男	女
総数	3 086	1 516	1 570	3 466	1 708	1 758	3 931	1 942	1 990	3 838	1 895	1 943
0-4	535	263	272	616	305	312	701	347	354	667	330	337
5-9	415	202	212	485	239	247	566	280	286	556	275	281
10-14	339	165	174	400	196	204	474	234	239	480	239	242
15-19	291	141	150	329	161	169	394	194	200	406	201	204
20-24	253	122	131	279	135	144	319	156	163	331	163	168
25-29	220	106	114	241	116	124	268	130	138	265	129	135
30-34	201	101	100	209	101	108	231	112	119	222	108	114
35-39	177	90	86	190	96	94	200	97	103	191	93	98
40-44	151	77	74	166	85	81	181	92	89	164	79	85
45-49	130	66	64	141	72	70	157	80	77	147	74	73
50-54	111	55	56	120	60	60	131	66	65	125	63	62
55-59	92	45	47	99	49	50	107	54	54	101	50	51
60-64	72	35	37	78	38	40	84	41	43	77	38	39
65-69	50	24	26	56	27	28	60	29	30	54	26	28
70-74	30	15	15	34	17	17	36	18	18	32	16	16
75-79	14	7	7	16	8	8	17	9	8	14	7	7
80+	5	3	2	6	3	3	…	…	…	…	…	…
80-84	…	…	…	…	…	…	5	3	2	4	2	2
85-89	…	…	…	…	…	…	1	1	0	1	0	0
90-94	…	…	…	…	…	…	0	0	0	0	0	0
95-99	…	…	…	…	…	…	0	0	0	0	0	0
100+	…	…	…	…	…	…	0	0	0	0	0	0

年齢	2000 総数	男	女	2005 総数	男	女	2010 総数	男	女	2015 総数	男	女
総数	4 061	2 005	2 056	5 071	2 501	2 570	5 776	2 852	2 924	6 453	3 193	3 260
0-4	708	351	357	875	437	438	965	482	483	1 004	503	501
5-9	578	286	292	728	360	368	830	413	417	921	460	462
10-14	509	253	256	623	308	315	715	353	362	808	402	406
15-19	444	221	223	552	274	278	615	304	312	699	345	353
20-24	368	182	185	473	235	238	537	266	271	594	293	301
25-29	296	146	151	388	192	196	457	226	230	515	255	260
30-34	237	116	121	313	153	159	375	185	190	437	217	221
35-39	198	96	102	250	122	128	301	148	154	358	177	181
40-44	169	82	87	207	100	106	239	116	122	286	140	146
45-49	144	69	75	174	84	90	195	95	101	224	109	115
50-54	127	63	64	145	69	76	161	77	84	180	87	93
55-59	104	52	52	124	61	63	131	62	69	144	69	75
60-64	78	38	40	96	47	49	106	52	54	112	53	59
65-69	53	26	27	65	32	34	75	37	38	84	41	43
70-74	31	15	16	38	18	20	45	22	23	53	26	27
75-79	13	7	7	17	8	9	21	10	11	25	12	13
80+	…	…	…	…	…	…	…	…	…	…	…	…
80-84	4	2	2	5	2	3	7	3	4	8	4	4
85-89	1	0	0	1	0	0	1	1	1	2	1	1
90-94	0	0	0	0	0	0	0	0	0	0	0	0
95-99	0	0	0	0	0	0	0	0	0	0	0	0
100+	0	0	0	0	0	0	0	0	0	0	0	0

性・年齢別人口（千人）

年齢	2015			2020			2025			2030		
	総数	男	女	総数	男	女	総数	男	女	総数	男	女
総数	6 453	3 193	3 260	7 160	3 549	3 612	7 874	3 907	3 967	8 598	4 270	4 328
0-4	1 004	503	501	1 051	527	524	1 082	544	539	1 106	555	551
5-9	921	460	462	965	483	482	1 014	508	506	1 048	526	522
10-14	808	402	406	899	448	451	943	472	471	993	498	496
15-19	699	345	353	791	394	397	881	439	442	925	463	463
20-24	594	293	301	676	334	342	766	381	385	856	426	430
25-29	515	255	260	570	281	289	650	320	330	740	367	373
30-34	437	217	221	494	245	250	548	270	279	628	309	319
35-39	358	177	181	419	207	212	474	234	240	528	260	269
40-44	286	140	146	340	168	172	399	197	202	454	224	230
45-49	224	109	115	269	131	137	321	158	163	378	187	192
50-54	180	87	93	207	101	106	250	122	128	300	147	153
55-59	144	69	75	162	78	84	188	91	97	228	111	117
60-64	112	53	59	125	60	65	141	68	73	165	80	85
65-69	84	41	43	90	42	47	101	48	53	116	56	60
70-74	53	26	27	60	29	30	65	30	34	74	35	39
75-79	25	12	13	30	15	16	35	17	18	39	18	21
80+	...	...	...	...	...	...	...	...	...	...	...	...
80-84	8	4	4	11	5	6	13	6	7	15	7	8
85-89	2	1	1	2	1	1	3	1	1	4	2	2
90-94	0	0	0	0	0	0	0	0	0	0	0	0
95-99	0	0	0	0	0	0	0	0	0	0	0	0
100+	0	0	0	0	0	0	0	0	0	0	0	0

年齢	2035			2040			2045			2050		
	総数	男	女	総数	男	女	総数	男	女	総数	男	女
総数	9 325	4 635	4 690	10 041	4 993	5 048	10 734	5 337	5 396	11 392	5 664	5 728
0-4	1 125	564	560	1 133	569	565	1 134	569	565	1 129	567	563
5-9	1 075	539	536	1 096	549	547	1 108	555	553	1 111	557	554
10-14	1 029	516	513	1 058	530	528	1 081	541	540	1 094	548	546
15-19	977	489	488	1 014	508	506	1 044	523	521	1 068	535	534
20-24	902	451	452	955	478	478	994	498	496	1 025	513	512
25-29	830	413	417	878	438	440	932	466	467	972	486	486
30-34	717	356	362	807	401	406	856	427	429	911	455	457
35-39	607	298	308	696	345	351	785	390	395	835	416	419
40-44	507	249	258	585	287	298	673	333	340	762	378	384
45-49	432	213	219	485	238	247	562	276	286	648	320	328
50-54	356	175	180	408	201	207	460	225	235	534	262	273
55-59	276	135	140	328	162	167	379	186	193	429	209	220
60-64	202	98	104	245	120	125	294	144	150	341	166	175
65-69	136	66	71	168	81	87	207	100	106	250	121	129
70-74	86	41	45	102	49	54	128	61	67	159	76	83
75-79	45	21	24	53	25	28	65	30	35	82	38	44
80+	...	...	...	...	...	...	...	...	...	...	...	...
80-84	17	8	10	21	10	11	25	11	14	31	14	17
85-89	4	2	2	5	2	3	6	3	4	8	3	4
90-94	1	0	0	1	0	0	1	0	0	1	0	1
95-99	0	0	0	0	0	0	0	0	0	0	0	0
100+	0	0	0	0	0	0	0	0	0	0	0	0

年齢	2055			2060		
	総数	男	女	総数	男	女
総数	12 004	5 966	6 038	12 562	6 241	6 321
0-4	1 118	561	557	1 104	555	550
5-9	1 109	556	553	1 100	551	548
10-14	1 099	550	549	1 098	550	548
15-19	1 082	542	541	1 088	544	544
20-24	1 051	525	526	1 067	533	534
25-29	1 005	502	503	1 033	516	517
30-34	953	476	477	987	492	494
35-39	891	444	447	933	465	468
40-44	812	404	408	868	432	436
45-49	736	364	371	786	390	396
50-54	619	305	314	704	348	356
55-59	500	244	256	581	285	296
60-64	388	188	200	455	220	235
65-69	292	141	151	334	160	174
70-74	194	93	101	228	108	120
75-79	104	48	55	128	60	68
80+	...	...	...	...	...	...
80-84	41	18	22	52	24	29
85-89	10	4	6	14	6	8
90-94	1	1	1	2	1	1
95-99	0	0	0	0	0	0
100+	0	0	0	0	0	0

性・年齢別人口（千人）

年齢	2015			2020			2025			2030		
	総数	男	女	総数	男	女	総数	男	女	総数	男	女
総数	6 453	3 193	3 260	7 222	3 580	3 642	8 047	3 994	4 053	8 928	4 436	4 492
0-4	1 004	503	501	1 113	558	554	1 196	601	595	1 267	636	631
5-9	921	460	462	965	483	482	1 073	538	535	1 158	581	577
10-14	808	402	406	899	448	451	943	472	471	1 052	527	525
15-19	699	345	353	791	394	397	881	439	442	925	463	463
20-24	594	293	301	676	334	342	766	381	385	856	426	430
25-29	515	255	260	570	281	289	650	320	330	740	367	373
30-34	437	217	221	494	245	250	548	270	279	628	309	319
35-39	358	177	181	419	207	212	474	234	240	528	260	269
40-44	286	140	146	340	168	172	399	197	202	454	224	230
45-49	224	109	115	269	131	137	321	158	163	378	187	192
50-54	180	87	93	207	101	106	250	122	128	300	147	153
55-59	144	69	75	162	78	84	188	91	97	228	111	117
60-64	112	53	59	125	60	65	141	68	73	165	80	85
65-69	84	41	43	90	42	47	101	48	53	116	56	60
70-74	53	26	27	60	29	30	65	30	34	74	35	39
75-79	25	12	13	30	15	16	35	17	18	39	18	21
80+	…	…	…	…	…	…	…	…	…	…	…	…
80-84	8	4	4	11	5	6	13	6	7	15	7	8
85-89	2	1	1	2	1	1	3	1	1	4	2	2
90-94	0	0	0	0	0	0	0	0	0	0	0	0
95-99	0	0	0	0	0	0	0	0	0	0	0	0
100+	0	0	0	0	0	0	0	0	0	0	0	0

年齢	2035			2040			2045			2050		
	総数	男	女	総数	男	女	総数	男	女	総数	男	女
総数	9 834	4 890	4 944	10 766	5 356	5 410	11 725	5 834	5 891	12 707	6 323	6 384
0-4	1 311	658	653	1 357	681	676	1 411	708	703	1 467	737	731
5-9	1 232	618	614	1 278	640	638	1 327	665	662	1 383	693	690
10-14	1 138	571	567	1 213	608	605	1 261	631	629	1 311	657	655
15-19	1 035	518	517	1 122	562	559	1 198	600	598	1 246	624	623
20-24	902	451	452	1 012	506	506	1 100	550	549	1 177	589	588
25-29	830	413	417	878	438	440	988	494	494	1 076	538	538
30-34	717	356	362	807	401	406	856	427	429	966	482	484
35-39	607	298	308	696	345	351	785	390	395	835	416	419
40-44	507	249	258	585	287	298	673	333	340	762	378	384
45-49	432	213	219	485	238	247	562	276	286	648	320	328
50-54	356	175	180	408	201	207	460	225	235	534	262	273
55-59	276	135	140	328	162	167	379	186	193	429	209	220
60-64	202	98	104	245	120	125	294	144	150	341	166	175
65-69	136	66	71	168	81	87	207	100	106	250	121	129
70-74	86	41	45	102	49	54	128	61	67	159	76	83
75-79	45	21	24	53	25	28	65	30	35	82	38	44
80+	…	…	…	…	…	…	…	…	…	…	…	…
80-84	17	8	10	21	10	11	25	11	14	31	14	17
85-89	4	2	2	5	2	3	6	3	4	8	3	4
90-94	1	0	0	1	0	0	1	0	0	1	0	1
95-99	0	0	0	0	0	0	0	0	0	0	0	0
100+	0	0	0	0	0	0	0	0	0	0	0	0

年齢	2055			2060		
	総数	男	女	総数	男	女
総数	13 699	6 815	6 884	14 687	7 305	7 382
0-4	1 515	761	755	1 555	781	774
5-9	1 442	723	719	1 492	748	744
10-14	1 368	685	683	1 428	715	713
15-19	1 298	650	648	1 356	678	677
20-24	1 227	613	614	1 280	640	640
25-29	1 154	576	578	1 206	602	604
30-34	1 054	526	528	1 133	565	568
35-39	944	470	473	1 033	515	518
40-44	812	404	408	920	458	462
45-49	736	364	371	786	390	396
50-54	619	305	314	704	348	356
55-59	500	244	256	581	285	296
60-64	388	188	200	455	220	235
65-69	292	141	151	334	160	174
70-74	194	93	101	228	108	120
75-79	104	48	55	128	60	68
80+	…	…	…	…	…	…
80-84	41	18	22	52	24	29
85-89	10	4	6	14	6	8
90-94	1	1	1	2	1	1
95-99	0	0	0	0	0	0
100+	0	0	0	0	0	0

性・年齢別人口（千人）

年齢	2015			2020			2025			2030		
	総数	男	女	総数	男	女	総数	男	女	総数	男	女
総数	6 453	3 193	3 260	7 099	3 518	3 581	7 701	3 820	3 881	8 268	4 104	4 163
0-4	1 004	503	501	990	497	493	969	487	482	945	474	470
5-9	921	460	462	965	483	482	954	478	476	938	470	467
10-14	808	402	406	899	448	451	943	472	471	935	468	467
15-19	699	345	353	791	394	397	881	439	442	925	463	463
20-24	594	293	301	676	334	342	766	381	385	856	426	430
25-29	515	255	260	570	281	289	650	320	330	740	367	373
30-34	437	217	221	494	245	250	548	270	279	628	309	319
35-39	358	177	181	419	207	212	474	234	240	528	260	269
40-44	286	140	146	340	168	172	399	197	202	454	224	230
45-49	224	109	115	269	131	137	321	158	163	378	187	192
50-54	180	87	93	207	101	106	250	122	128	300	147	153
55-59	144	69	75	162	78	84	188	91	97	228	111	117
60-64	112	53	59	125	60	65	141	68	73	165	80	85
65-69	84	41	43	90	42	47	101	48	53	116	56	60
70-74	53	26	27	60	29	30	65	30	34	74	35	39
75-79	25	12	13	30	15	16	35	17	18	39	18	21
80+	…	…	…	…	…	…	…	…	…	…	…	…
80-84	8	4	4	11	5	6	13	6	7	15	7	8
85-89	2	1	1	2	1	1	3	1	1	4	2	2
90-94	0	0	0	0	0	0	0	0	0	0	0	0
95-99	0	0	0	0	0	0	0	0	0	0	0	0
100+	0	0	0	0	0	0	0	0	0	0	0	0

年齢	2035			2040			2045			2050		
	総数	男	女	総数	男	女	総数	男	女	総数	男	女
総数	8 817	4 380	4 437	9 325	4 634	4 691	9 772	4 856	4 917	10 144	5 039	5 105
0-4	940	472	468	917	460	457	877	440	437	829	416	413
5-9	918	460	458	916	459	457	896	449	447	859	430	429
10-14	921	462	459	903	452	450	903	452	451	884	443	442
15-19	919	460	459	907	454	452	890	446	445	892	446	445
20-24	902	451	452	899	450	449	888	445	444	874	437	437
25-29	830	413	417	878	438	440	877	438	439	869	434	434
30-34	717	356	362	807	401	406	856	427	429	857	428	429
35-39	607	298	308	696	345	351	785	390	395	835	416	419
40-44	507	249	258	585	287	298	673	333	340	762	378	384
45-49	432	213	219	485	238	247	562	276	286	648	320	328
50-54	356	175	180	408	201	207	460	225	235	534	262	273
55-59	276	135	140	328	162	167	379	186	193	429	209	220
60-64	202	98	104	245	120	125	294	144	150	341	166	175
65-69	136	66	71	168	81	87	207	100	106	250	121	129
70-74	86	41	45	102	49	54	128	61	67	159	76	83
75-79	45	21	24	53	25	28	65	30	35	82	38	44
80+	…	…	…	…	…	…	…	…	…	…	…	…
80-84	17	8	10	21	10	11	25	11	14	31	14	17
85-89	4	2	2	5	2	3	6	3	4	8	3	4
90-94	1	0	0	1	0	0	1	0	0	1	0	1
95-99	0	0	0	0	0	0	0	0	0	0	0	0
100+	0	0	0	0	0	0	0	0	0	0	0	0

年齢	2055			2060		
	総数	男	女	総数	男	女
総数	10 432	5 179	5 253	10 637	5 277	5 359
0-4	778	390	387	731	367	364
5-9	813	408	406	764	383	381
10-14	849	425	424	805	403	402
15-19	874	438	437	840	420	420
20-24	877	438	438	861	431	431
25-29	857	428	429	861	430	431
30-34	851	425	426	841	419	421
35-39	837	417	420	833	416	418
40-44	812	404	408	816	406	410
45-49	736	364	371	786	390	396
50-54	619	305	314	704	348	356
55-59	500	244	256	581	285	296
60-64	388	188	200	455	220	235
65-69	292	141	151	334	160	174
70-74	194	93	101	228	108	120
75-79	104	48	55	128	60	68
80+	…	…	…	…	…	…
80-84	41	18	22	52	24	29
85-89	10	4	6	14	6	8
90-94	1	1	1	2	1	1
95-99	0	0	0	0	0	0
100+	0	0	0	0	0	0

性・年齢別人口（千人）

年齢	1960 総数	男	女	1965 総数	男	女	1970 総数	男	女	1975 総数	男	女
総数	1 634	861	773	1 880	969	910	2 074	1 062	1 012	2 262	1 156	1 107
0-4	302	156	146	283	145	137	235	121	114	225	116	109
5-9	234	121	114	297	153	144	281	144	137	235	120	114
10-14	170	88	83	241	123	118	289	148	140	284	146	138
15-19	145	75	71	191	98	93	247	126	120	292	150	142
20-24	139	72	67	139	69	70	204	103	101	250	128	122
25-29	122	66	57	138	69	69	133	67	66	207	105	102
30-34	105	58	47	117	62	55	136	69	68	134	68	66
35-39	93	52	41	102	55	47	113	58	55	134	68	66
40-44	87	49	38	84	45	38	101	54	47	110	57	54
45-49	75	43	32	77	42	34	82	44	38	98	52	46
50-54	59	33	26	70	38	32	71	38	34	77	41	36
55-59	42	23	19	53	28	26	65	34	31	67	35	32
60-64	27	13	15	38	19	19	49	25	24	59	30	29
65-69	14	6	8	23	11	13	34	17	17	44	22	22
70-74	9	4	5	13	6	8	19	8	11	26	12	14
75-79	6	2	4	8	3	5	10	4	6	14	6	8
80+	5	1	3	6	1	4	6	2	5	9	3	6
80-84	...	...	...	...	...	...	...	...	...	...	...	...
85-89	...	...	...	...	...	...	...	...	...	...	...	...
90-94	...	...	...	...	...	...	...	...	...	...	...	...
95-99	...	...	...	...	...	...	...	...	...	...	...	...
100+	...	...	...	...	...	...	...	...	...	...	...	...

年齢	1980 総数	男	女	1985 総数	男	女	1990 総数	男	女	1995 総数	男	女
総数	2 415	1 232	1 183	2 709	1 379	1 329	3 016	1 518	1 499	3 483	1 753	1 730
0-4	194	101	93	216	111	105	229	118	110	299	155	144
5-9	224	116	108	206	107	99	212	110	102	247	128	119
10-14	236	121	115	237	122	114	207	107	100	229	119	110
15-19	287	148	139	250	128	122	253	129	124	224	116	108
20-24	296	153	143	303	156	147	310	153	157	273	139	134
25-29	254	129	124	312	161	151	345	173	172	333	164	169
30-34	211	107	104	267	136	131	338	170	168	370	185	185
35-39	136	69	67	222	113	109	282	143	139	362	182	180
40-44	132	67	65	143	73	71	223	113	110	303	153	150
45-49	107	55	53	137	69	68	138	70	68	238	121	118
50-54	93	48	45	111	56	55	123	62	61	147	75	73
55-59	71	37	34	94	48	46	103	51	52	129	65	65
60-64	60	30	30	70	35	35	85	42	43	106	52	54
65-69	49	24	26	56	27	29	61	30	31	84	41	44
70-74	35	16	19	43	20	23	46	21	25	57	27	30
75-79	18	7	11	27	12	15	33	14	19	39	17	22
80+	12	4	8	17	6	11	...	...	...	...	...	...
80-84	...	...	...	...	...	...	20	8	12	24	10	14
85-89	...	...	...	...	...	...	6	2	4	13	5	8
90-94	...	...	...	...	...	...	2	0	1	3	1	2
95-99	...	...	...	...	...	...	0	0	0	1	0	0
100+	...	...	...	...	...	...	0	0	0	0	0	0

年齢	2000 総数	男	女	2005 総数	男	女	2010 総数	男	女	2015 総数	男	女
総数	3 918	1 957	1 961	4 496	2 231	2 264	5 079	2 506	2 573	5 604	2 765	2 839
0-4	256	132	124	259	133	126	262	133	129	269	139	130
5-9	303	156	147	296	152	144	290	148	142	285	145	140
10-14	283	146	136	306	157	148	329	169	160	317	162	155
15-19	254	131	123	304	156	149	355	180	175	357	183	175
20-24	255	128	127	294	147	147	333	167	166	381	193	188
25-29	321	155	166	344	166	178	367	177	190	360	180	180
30-34	349	171	178	376	182	194	402	193	209	397	191	205
35-39	388	195	193	409	203	207	431	210	220	434	209	226
40-44	376	190	186	396	198	198	416	206	211	462	226	236
45-49	315	159	156	375	189	186	435	220	216	449	222	227
50-54	249	125	124	328	165	163	408	206	202	464	233	230
55-59	150	75	76	243	121	121	335	168	167	428	215	213
60-64	133	65	68	196	96	99	258	128	131	346	172	174
65-69	107	51	56	129	62	67	150	72	78	258	126	132
70-74	82	38	43	103	48	55	125	58	67	148	69	79
75-79	48	21	27	68	30	38	88	38	50	115	52	64
80+	...	...	...	...	...	...	...	...	...	...	...	...
80-84	30	12	18	42	16	25	54	21	33	73	30	43
85-89	14	5	9	19	7	12	28	10	18	37	13	25
90-94	6	2	4	7	2	5	10	3	7	17	5	12
95-99	1	0	1	2	1	1	3	1	2	5	1	4
100+	0	0	0	0	0	0	1	0	0	1	0	1

性・年齢別人口（千人）

年齢	2015 総数	男	女	2020 総数	男	女	2025 総数	男	女	2030 総数	男	女
総数	5 604	2 765	2 839	6 007	2 962	3 045	6 231	3 068	3 164	6 418	3 153	3 265
0-4	269	139	130	267	138	129	261	135	126	259	134	125
5-9	285	145	140	286	148	139	276	143	134	270	139	131
10-14	317	162	155	305	155	150	296	152	144	286	148	139
15-19	357	183	175	338	172	166	316	160	156	307	158	149
20-24	381	193	188	377	192	184	348	177	171	325	165	161
25-29	360	180	180	401	203	198	387	197	189	358	182	176
30-34	397	191	205	382	191	191	412	208	204	397	202	195
35-39	434	209	226	421	203	217	394	197	197	423	214	210
40-44	462	226	236	457	220	238	432	209	223	405	202	203
45-49	449	222	227	486	237	248	468	225	243	443	214	229
50-54	464	233	230	470	232	238	494	241	253	477	229	248
55-59	428	215	213	477	239	238	473	233	241	498	242	256
60-64	346	172	174	433	216	217	474	236	238	472	231	241
65-69	258	126	132	340	167	173	421	207	214	462	228	234
70-74	148	69	79	247	118	129	323	156	167	400	194	207
75-79	115	52	64	136	62	74	224	104	120	294	138	156
80+	...	...	...	...	...	...	...	...	...	...	...	...
80-84	73	30	43	96	40	55	113	48	64	187	82	105
85-89	37	13	25	52	19	33	70	27	43	84	33	51
90-94	17	5	12	23	7	17	33	10	23	46	15	31
95-99	5	1	4	9	2	7	13	3	10	19	4	14
100+	1	0	1	2	0	2	4	1	3	6	1	5

年齢	2035 総数	男	女	2040 総数	男	女	2045 総数	男	女	2050 総数	男	女
総数	6 558	3 214	3 345	6 647	3 247	3 400	6 686	3 256	3 429	6 681	3 246	3 435
0-4	252	130	122	243	126	117	235	122	114	230	119	111
5-9	268	138	130	261	135	126	252	130	122	244	126	118
10-14	280	144	136	278	143	135	271	140	131	262	135	127
15-19	297	153	144	291	150	141	289	149	140	282	145	137
20-24	317	163	154	307	158	149	300	155	146	298	154	145
25-29	335	170	166	327	167	159	317	163	154	311	160	151
30-34	369	187	182	346	175	171	338	173	165	328	168	160
35-39	409	208	201	380	193	188	358	181	177	350	179	171
40-44	435	219	215	420	213	207	392	198	193	370	187	183
45-49	416	208	209	446	225	221	432	219	213	404	204	200
50-54	452	218	234	426	212	214	456	229	226	442	224	218
55-59	482	231	251	458	220	237	432	215	217	462	232	230
60-64	497	240	256	482	230	252	458	220	239	433	214	219
65-69	461	223	238	487	233	253	473	224	249	451	215	236
70-74	441	214	227	442	211	231	468	222	247	457	213	244
75-79	367	173	194	407	192	214	410	191	219	437	202	235
80+	...	...	...	...	...	...	...	...	...	...	...	...
80-84	248	110	137	312	140	172	350	158	191	356	159	197
85-89	141	57	85	190	78	112	243	101	142	276	116	160
90-94	56	19	37	97	34	63	133	48	85	173	64	109
95-99	26	7	19	33	9	24	59	17	42	82	25	58
100+	10	1	8	15	2	12	20	4	17	34	7	28

年齢	2055 総数	男	女	2060 総数	男	女
総数	6 636	3 220	3 416	6 561	3 182	3 379
0-4	227	117	110	224	116	108
5-9	239	123	115	235	121	114
10-14	254	131	123	248	128	120
15-19	272	140	132	263	136	128
20-24	291	150	141	281	145	136
25-29	308	158	150	300	154	146
30-34	321	165	156	318	163	155
35-39	339	173	166	332	170	162
40-44	361	184	177	349	179	171
45-49	381	192	189	371	189	182
50-54	413	209	205	390	196	194
55-59	448	226	222	419	211	208
60-64	463	231	232	449	226	223
65-69	427	210	217	457	227	230
70-74	437	206	231	415	202	213
75-79	428	196	232	411	190	222
80+	...	...	...	...	...	...
80-84	382	170	212	377	166	211
85-89	284	118	166	309	128	180
90-94	200	75	124	209	79	131
95-99	110	34	76	129	41	88
100+	52	11	41	73	16	58

Singapore

性・年齢別人口（千人）

年齢	2015			2020			2025			2030		
	総数	男	女	総数	男	女	総数	男	女	総数	男	女
総数	5 604	2 765	2 839	6 057	2 987	3 069	6 360	3 134	3 226	6 643	3 270	3 373
0-4	269	139	130	317	164	153	340	176	164	355	184	171
5-9	285	145	140	286	148	139	326	168	158	349	180	169
10-14	317	162	155	305	155	150	296	152	144	336	173	163
15-19	357	183	175	338	172	166	316	160	156	307	158	149
20-24	381	193	188	377	192	184	348	177	171	325	165	161
25-29	360	180	180	401	203	198	387	197	189	358	182	176
30-34	397	191	205	382	191	191	412	208	204	397	202	195
35-39	434	209	226	421	203	217	394	197	197	423	214	210
40-44	462	226	236	457	220	238	432	209	223	405	202	203
45-49	449	222	227	486	237	248	468	225	243	443	214	229
50-54	464	233	230	470	232	238	494	241	253	477	229	248
55-59	428	215	213	477	239	238	473	233	241	498	242	256
60-64	346	172	174	433	216	217	474	236	238	472	231	241
65-69	258	126	132	340	167	173	421	207	214	462	228	234
70-74	148	69	79	247	118	129	323	156	167	400	194	207
75-79	115	52	64	136	62	74	224	104	120	294	138	156
80+	…	…	…	…	…	…	…	…	…	…	…	…
80-84	73	30	43	96	40	55	113	48	64	187	82	105
85-89	37	13	25	52	19	33	70	27	43	84	33	51
90-94	17	5	12	23	7	17	33	10	23	46	15	31
95-99	5	1	4	9	2	7	13	3	10	19	4	14
100+	1	0	1	2	0	2	4	1	3	6	1	5

年齢	2035			2040			2045			2050		
	総数	男	女	総数	男	女	総数	男	女	総数	男	女
総数	6 875	3 377	3 498	7 053	3 457	3 596	7 187	3 516	3 671	7 296	3 565	3 732
0-4	344	178	166	333	172	161	331	171	160	344	178	166
5-9	364	188	176	353	183	171	342	177	165	340	176	164
10-14	359	185	174	374	193	181	363	187	176	352	182	170
15-19	347	179	168	369	190	179	384	198	186	374	193	181
20-24	317	163	154	356	183	173	379	195	184	394	203	191
25-29	335	170	166	327	167	159	366	188	178	389	200	189
30-34	369	187	182	346	175	171	338	173	165	377	193	184
35-39	409	208	201	380	193	188	358	181	177	350	179	171
40-44	435	219	215	420	213	207	392	198	193	370	187	183
45-49	416	208	209	446	225	221	432	219	213	404	204	200
50-54	452	218	234	426	212	214	456	229	226	442	224	218
55-59	482	231	251	458	220	237	432	215	217	462	232	230
60-64	497	240	256	482	230	252	458	220	239	433	214	219
65-69	461	223	238	487	233	253	473	224	249	451	215	236
70-74	441	214	227	442	211	231	468	222	247	457	213	244
75-79	367	173	194	407	192	214	410	191	219	437	202	235
80+	…	…	…	…	…	…	…	…	…	…	…	…
80-84	248	110	137	312	140	172	350	158	191	356	159	197
85-89	141	57	85	190	78	112	243	101	142	276	116	160
90-94	56	19	37	97	34	63	133	48	85	173	64	109
95-99	26	7	19	33	9	24	59	17	42	82	25	58
100+	10	1	8	15	2	12	20	4	17	34	7	28

年齢	2055			2060		
	総数	男	女	総数	男	女
総数	7 388	3 609	3 779	7 466	3 650	3 816
0-4	364	188	176	378	195	182
5-9	353	182	170	372	192	180
10-14	349	180	169	362	187	175
15-19	362	187	175	359	185	174
20-24	383	197	186	371	191	180
25-29	404	208	196	392	202	190
30-34	399	205	194	413	212	201
35-39	389	199	189	410	210	200
40-44	361	184	177	399	204	195
45-49	381	192	189	371	189	182
50-54	413	209	205	390	196	194
55-59	448	226	222	419	211	208
60-64	463	231	232	449	226	223
65-69	427	210	217	457	227	230
70-74	437	206	231	415	202	213
75-79	428	196	232	411	190	222
80+	…	…	…	…	…	…
80-84	382	170	212	377	166	211
85-89	284	118	166	309	128	180
90-94	200	75	124	209	79	131
95-99	110	34	76	129	41	88
100+	52	11	41	73	16	58

性・年齢別人口（千人）

年齢	2015 総数	男	女	2020 総数	男	女	2025 総数	男	女	2030 総数	男	女
総数	5 604	2 765	2 839	5 957	2 936	3 021	6 103	3 001	3 101	6 194	3 037	3 157
0-4	269	139	130	218	112	105	183	94	88	163	84	79
5-9	285	145	140	286	148	139	226	117	110	191	99	93
10-14	317	162	155	305	155	150	296	152	144	236	122	115
15-19	357	183	175	338	172	166	316	160	156	307	158	149
20-24	381	193	188	377	192	184	348	177	171	325	165	161
25-29	360	180	180	401	203	198	387	197	189	358	182	176
30-34	397	191	205	382	191	191	412	208	204	397	202	195
35-39	434	209	226	421	203	217	394	197	197	423	214	210
40-44	462	226	236	457	220	238	432	209	223	405	202	203
45-49	449	222	227	486	237	248	468	225	243	443	214	229
50-54	464	233	230	470	232	238	494	241	253	477	229	248
55-59	428	215	213	477	239	238	473	233	241	498	242	256
60-64	346	172	174	433	216	217	474	236	238	472	231	241
65-69	258	126	132	340	167	173	421	207	214	462	228	234
70-74	148	69	79	247	118	129	323	156	167	400	194	207
75-79	115	52	64	136	62	74	224	104	120	294	138	156
80+	…	…	…	…	…	…	…	…	…	…	…	…
80-84	73	30	43	96	40	55	113	48	64	187	82	105
85-89	37	13	25	52	19	33	70	27	43	84	33	51
90-94	17	5	12	23	7	17	33	10	23	46	15	31
95-99	5	1	4	9	2	7	13	3	10	19	4	14
100+	1	0	1	2	0	2	4	1	3	6	1	5

年齢	2035 総数	男	女	2040 総数	男	女	2045 総数	男	女	2050 総数	男	女
総数	6 242	3 050	3 192	6 242	3 038	3 204	6 192	3 001	3 191	6 092	2 942	3 150
0-4	160	83	78	155	80	75	146	76	71	134	69	65
5-9	172	89	83	169	87	82	164	84	79	155	80	75
10-14	201	104	98	182	94	88	179	92	87	174	89	84
15-19	247	127	120	212	109	103	193	99	94	190	98	92
20-24	317	163	154	257	132	125	222	114	108	203	104	99
25-29	335	170	166	327	167	159	267	137	130	232	119	113
30-34	369	187	182	346	175	171	338	173	165	278	142	136
35-39	409	208	201	380	193	188	358	181	177	350	179	171
40-44	435	219	215	420	213	207	392	198	193	370	187	183
45-49	416	208	209	446	225	221	432	219	213	404	204	200
50-54	452	218	234	426	212	214	456	229	226	442	224	218
55-59	482	231	251	458	220	237	432	215	217	462	232	230
60-64	497	240	256	482	230	252	458	220	239	433	214	219
65-69	461	223	238	487	233	253	473	224	249	451	215	236
70-74	441	214	227	442	211	231	468	222	247	457	213	244
75-79	367	173	194	407	192	214	410	191	219	437	202	235
80+	…	…	…	…	…	…	…	…	…	…	…	…
80-84	248	110	137	312	140	172	350	158	191	356	159	197
85-89	141	57	85	190	78	112	243	101	142	276	116	160
90-94	56	19	37	97	34	63	133	48	85	173	64	109
95-99	26	7	19	33	9	24	59	17	42	82	25	58
100+	10	1	8	15	2	12	20	4	17	34	7	28

年齢	2055 総数	男	女	2060 総数	男	女
総数	5 941	2 860	3 081	5 754	2 764	2 990
0-4	121	62	58	111	57	54
5-9	143	74	69	129	66	62
10-14	165	85	80	152	78	74
15-19	184	95	89	174	90	85
20-24	199	102	97	193	99	94
25-29	212	109	104	209	107	102
30-34	243	124	118	222	114	109
35-39	290	148	142	254	130	124
40-44	361	184	177	300	153	147
45-49	381	192	189	371	189	182
50-54	413	209	205	390	196	194
55-59	448	226	222	419	211	208
60-64	463	231	232	449	226	223
65-69	427	210	217	457	227	230
70-74	437	206	231	415	202	213
75-79	428	196	232	411	190	222
80+	…	…	…	…	…	…
80-84	382	170	212	377	166	211
85-89	284	118	166	309	128	180
90-94	200	75	124	209	79	131
95-99	110	34	76	129	41	88
100+	52	11	41	73	16	58

Slovakia

推計値

性・年齢別人口（千人）

年齢	1960 総数	男	女	1965 総数	男	女	1970 総数	男	女	1975 総数	男	女
総数	4 137	2 044	2 094	4 379	2 166	2 213	4 532	2 237	2 295	4 744	2 337	2 407
0-4	456	233	223	418	214	204	384	196	187	438	224	214
5-9	468	240	229	450	230	220	409	210	200	382	195	187
10-14	378	192	186	467	238	228	450	230	221	408	209	199
15-19	324	165	159	373	189	183	463	237	226	447	228	218
20-24	286	144	142	314	159	155	358	182	177	453	232	222
25-29	295	147	148	277	138	139	298	148	150	353	178	175
30-34	300	149	151	292	145	147	269	132	137	297	147	150
35-39	321	157	164	296	147	149	288	143	145	265	130	136
40-44	160	79	81	318	155	163	287	141	146	282	139	143
45-49	248	122	126	157	77	79	312	151	161	280	136	144
50-54	245	121	124	243	119	124	151	74	77	304	145	158
55-59	203	98	104	235	115	120	232	112	120	143	69	74
60-64	176	81	95	191	91	100	218	104	113	216	102	114
65-69	106	46	60	157	71	86	169	78	92	192	89	104
70-74	82	34	48	88	37	51	128	55	73	139	60	79
75-79	52	21	30	61	24	37	63	25	38	91	36	55
80+	38	15	23	43	17	26	51	19	32	56	20	36
80-84	...	...	...	...	...	...	...	...	...	...	...	...
85-89	...	...	...	...	...	...	...	...	...	...	...	...
90-94	...	...	...	...	...	...	...	...	...	...	...	...
95-99	...	...	...	...	...	...	...	...	...	...	...	...
100+	...	...	...	...	...	...	...	...	...	...	...	...

年齢	1980 総数	男	女	1985 総数	男	女	1990 総数	男	女	1995 総数	男	女
総数	4 989	2 453	2 536	5 158	2 528	2 630	5 278	2 578	2 700	5 363	2 611	2 752
0-4	485	247	237	452	231	221	414	212	203	363	186	177
5-9	439	224	215	482	246	236	447	228	219	411	210	201
10-14	379	194	185	435	222	213	478	244	234	446	228	218
15-19	406	208	198	373	190	183	432	220	212	478	244	234
20-24	443	226	216	400	204	196	369	188	181	427	217	210
25-29	446	227	218	434	221	213	393	200	193	364	184	180
30-34	347	174	173	437	222	215	425	215	210	389	197	192
35-39	292	143	149	343	171	172	429	217	212	420	212	209
40-44	261	127	134	289	141	148	336	166	170	424	212	211
45-49	276	134	141	254	122	132	281	135	146	330	161	168
50-54	270	129	141	266	127	139	244	115	129	270	128	143
55-59	288	135	153	256	119	137	250	116	134	230	105	125
60-64	132	62	70	265	119	145	234	104	130	229	102	127
65-69	192	87	105	116	52	64	232	99	133	206	86	119
70-74	159	69	90	158	67	91	95	40	56	191	75	116
75-79	101	40	61	115	45	69	116	45	71	71	27	44
80+	74	26	48	85	29	56	...	...	...	...	...	...
80-84	...	...	...	...	...	...	69	24	44	73	25	47
85-89	...	...	...	...	...	...	25	8	18	32	10	22
90-94	...	...	...	...	...	...	6	2	5	8	2	6
95-99	...	...	...	...	...	...	1	0	1	1	0	1
100+	...	...	...	...	...	...	0	0	0	0	0	0

年齢	2000 総数	男	女	2005 総数	男	女	2010 総数	男	女	2015 総数	男	女
総数	5 386	2 616	2 770	5 385	2 612	2 774	5 407	2 621	2 786	5 426	2 630	2 796
0-4	286	146	139	258	132	126	280	143	137	283	145	138
5-9	361	185	176	285	146	139	258	132	126	280	143	137
10-14	413	211	202	361	185	176	285	146	139	258	132	126
15-19	449	229	220	412	210	202	361	185	176	285	146	139
20-24	478	244	234	448	229	220	413	210	202	361	184	176
25-29	422	214	208	477	243	234	449	229	220	412	210	202
30-34	359	181	178	421	213	208	476	242	234	447	228	220
35-39	387	195	192	357	180	178	419	212	207	474	240	234
40-44	414	207	207	383	192	191	355	178	177	416	209	206
45-49	414	205	209	406	202	205	377	187	189	349	174	175
50-54	320	154	166	402	196	206	395	193	202	367	180	187
55-59	257	119	139	305	143	162	385	184	201	380	183	198
60-64	212	93	119	240	106	133	286	130	156	363	169	194
65-69	203	85	118	191	79	112	218	92	126	262	114	148
70-74	171	66	105	172	67	105	164	64	101	191	76	115
75-79	144	51	93	133	47	86	136	48	88	133	47	86
80+	...	...	...	...	...	...	...	...	...	...	...	...
80-84	46	16	31	95	30	65	89	28	61	95	30	64
85-89	36	11	25	24	7	16	49	14	35	49	14	35
90-94	10	3	7	13	3	9	9	2	6	19	5	14
95-99	1	0	1	2	1	2	3	1	2	2	1	1
100+	0	0	0	0	0	0	0	0	0	0	0	0

性・年齢別人口（千人）

年齢	2015 総数	男	女	2020 総数	男	女	2025 総数	男	女	2030 総数	男	女
総数	5 426	2 630	2 796	5 435	2 634	2 801	5 414	2 622	2 792	5 353	2 591	2 762
0-4	283	145	138	281	144	137	264	135	129	241	123	118
5-9	280	143	137	283	145	138	281	144	137	264	135	129
10-14	258	132	126	279	143	136	283	145	138	281	144	137
15-19	285	146	139	258	132	126	280	143	137	283	145	138
20-24	361	184	176	285	146	139	258	132	126	280	143	137
25-29	412	210	202	361	184	176	286	146	140	259	132	127
30-34	447	228	220	411	209	202	360	184	177	286	146	140
35-39	474	240	234	446	226	219	410	208	202	359	183	176
40-44	416	209	206	470	238	233	443	224	219	407	206	201
45-49	349	174	175	410	205	205	464	233	231	438	220	217
50-54	367	180	187	341	168	173	401	199	202	455	227	228
55-59	380	183	198	354	171	183	330	160	170	389	190	199
60-64	363	169	194	360	169	192	337	159	178	315	149	165
65-69	262	114	148	335	150	185	334	151	183	314	143	170
70-74	191	76	115	231	96	136	297	126	171	298	129	170
75-79	133	47	86	156	58	99	191	73	117	247	99	149
80+	…	…	…	…	…	…	…	…	…	…	…	…
80-84	95	30	64	94	30	64	113	38	75	140	49	91
85-89	49	14	35	54	15	38	55	16	39	67	20	47
90-94	19	5	14	20	5	15	22	6	17	23	6	18
95-99	2	1	1	5	1	4	5	1	4	6	1	5
100+	0	0	0	0	0	0	1	0	0	1	0	1

年齢	2035 総数	男	女	2040 総数	男	女	2045 総数	男	女	2050 総数	男	女
総数	5 255	2 542	2 713	5 136	2 485	2 652	5 013	2 428	2 585	4 892	2 374	2 518
0-4	223	114	109	219	112	107	224	115	109	226	116	110
5-9	241	123	118	223	114	109	219	112	107	224	115	109
10-14	264	135	129	241	123	118	223	114	109	219	112	107
15-19	281	144	137	265	135	129	241	123	118	223	114	109
20-24	283	145	138	281	144	138	265	135	129	242	124	118
25-29	280	143	137	284	145	139	282	144	138	265	136	130
30-34	259	132	127	280	143	137	284	145	139	282	144	138
35-39	285	145	140	259	132	127	280	143	137	284	144	139
40-44	357	181	176	284	144	140	258	131	127	279	142	137
45-49	403	203	200	354	179	175	281	143	139	256	130	126
50-54	430	215	215	397	199	198	349	175	173	278	140	138
55-59	443	218	225	419	207	212	387	192	195	342	170	171
60-64	373	179	194	425	206	219	404	197	207	375	184	191
65-69	295	136	159	350	164	187	402	190	212	383	183	200
70-74	282	124	159	267	119	148	319	144	175	369	169	199
75-79	251	102	149	240	99	140	229	97	132	276	119	157
80+	…	…	…	…	…	…	…	…	…	…	…	…
80-84	184	67	116	189	71	118	183	70	113	177	70	107
85-89	84	26	58	113	37	76	119	40	79	118	41	77
90-94	29	8	22	38	10	28	53	15	38	57	17	40
95-99	6	1	5	8	2	7	11	3	9	16	4	13
100+	1	0	1	1	0	1	2	0	1	2	0	2

年齢	2055 総数	男	女	2060 総数	男	女
総数	4 766	2 317	2 449	4 628	2 256	2 372
0-4	221	113	108	210	108	103
5-9	226	116	110	221	113	108
10-14	224	115	109	226	116	110
15-19	219	112	107	224	115	109
20-24	223	114	109	220	112	107
25-29	242	124	118	224	114	110
30-34	266	136	130	243	124	119
35-39	282	144	138	266	136	130
40-44	283	144	139	281	143	138
45-49	277	141	137	281	143	138
50-54	253	128	125	274	139	136
55-59	273	137	136	249	125	124
60-64	331	164	168	265	132	134
65-69	357	172	185	317	154	163
70-74	354	165	189	332	156	176
75-79	322	142	180	311	140	171
80+	…	…	…	…	…	…
80-84	217	88	129	256	107	149
85-89	116	42	74	145	54	91
90-94	58	18	40	59	19	40
95-99	19	5	14	20	5	15
100+	3	1	3	4	1	3

Slovakia

性・年齢別人口（千人）

年齢	2015			2020			2025			2030		
	総数	男	女	総数	男	女	総数	男	女	総数	男	女
総数	5 426	2 630	2 796	5 484	2 659	2 825	5 533	2 684	2 850	5 550	2 692	2 858
0-4	283	145	138	330	169	161	335	172	164	319	163	156
5-9	280	143	137	283	145	138	330	169	161	335	171	164
10-14	258	132	126	279	143	136	283	145	138	330	169	161
15-19	285	146	139	258	132	126	280	143	137	283	145	138
20-24	361	184	176	285	146	139	258	132	126	280	143	137
25-29	412	210	202	361	184	176	286	146	140	259	132	127
30-34	447	228	220	411	209	202	360	184	177	286	146	140
35-39	474	240	234	446	226	219	410	208	202	359	183	176
40-44	416	209	206	470	238	233	443	224	219	407	206	201
45-49	349	174	175	410	205	205	464	233	231	438	220	217
50-54	367	180	187	341	168	173	401	199	202	455	227	228
55-59	380	183	198	354	171	183	330	160	170	389	190	199
60-64	363	169	194	360	169	192	337	159	178	315	149	165
65-69	262	114	148	335	150	185	334	151	183	314	143	170
70-74	191	76	115	231	96	136	297	126	171	298	129	170
75-79	133	47	86	156	58	99	191	73	117	247	99	149
80+	…	…	…	…	…	…	…	…	…	…	…	…
80-84	95	30	64	94	30	64	113	38	75	140	49	91
85-89	49	14	35	54	15	38	55	16	39	67	20	47
90-94	19	5	14	20	5	15	22	6	17	23	6	18
95-99	2	1	1	5	1	4	5	1	4	6	1	5
100+	0	0	0	0	0	0	1	0	0	1	0	1

年齢	2035			2040			2045			2050		
	総数	男	女	総数	男	女	総数	男	女	総数	男	女
総数	5 523	2 679	2 844	5 476	2 659	2 818	5 435	2 644	2 791	5 415	2 641	2 774
0-4	294	151	143	291	149	142	306	157	149	328	168	160
5-9	319	163	156	294	150	143	291	149	142	306	157	149
10-14	335	171	164	319	163	156	294	150	143	291	149	142
15-19	330	169	161	335	171	164	319	163	156	294	150	144
20-24	283	145	138	330	169	161	335	171	164	319	163	156
25-29	280	143	137	284	145	139	330	169	162	336	171	164
30-34	259	132	127	280	143	137	284	145	139	331	169	162
35-39	285	145	140	259	132	127	280	143	137	284	144	139
40-44	357	181	176	284	144	140	258	131	127	279	142	137
45-49	403	203	200	354	179	175	281	143	139	256	130	126
50-54	430	215	215	397	199	198	349	175	173	278	140	138
55-59	443	218	225	419	207	212	387	192	195	342	170	171
60-64	373	179	194	425	206	219	404	197	207	375	184	191
65-69	295	136	159	350	164	187	402	190	212	383	183	200
70-74	282	124	159	267	119	148	319	144	175	369	169	199
75-79	251	102	149	240	99	140	229	97	132	276	119	157
80+	…	…	…	…	…	…	…	…	…	…	…	…
80-84	184	67	116	189	71	118	183	70	113	177	70	107
85-89	84	26	58	113	37	76	119	40	79	118	41	77
90-94	29	8	22	38	10	28	53	15	38	57	17	40
95-99	6	1	5	8	2	7	11	3	9	16	4	13
100+	1	0	1	1	0	1	2	0	1	2	0	2

年齢	2055			2060		
	総数	男	女	総数	男	女
総数	5 413	2 648	2 765	5 409	2 655	2 754
0-4	345	176	168	346	177	169
5-9	328	168	160	345	176	168
10-14	306	157	149	328	168	160
15-19	291	149	142	306	157	149
20-24	294	151	144	291	149	142
25-29	320	163	156	295	151	144
30-34	336	171	164	320	163	157
35-39	330	168	162	336	171	164
40-44	283	144	139	329	168	162
45-49	277	141	137	281	143	138
50-54	253	128	125	274	139	136
55-59	273	137	136	249	125	124
60-64	331	164	168	265	132	134
65-69	357	172	185	317	154	163
70-74	354	165	189	332	156	176
75-79	322	142	180	311	140	171
80+	…	…	…	…	…	…
80-84	217	88	129	256	107	149
85-89	116	42	74	145	54	91
90-94	58	18	40	59	19	40
95-99	19	5	14	20	5	15
100+	3	1	3	4	1	3

性・年齢別人口（千人）

年齢	2015			2020			2025			2030		
	総数	男	女	総数	男	女	総数	男	女	総数	男	女
総数	5 426	2 630	2 796	5 386	2 609	2 777	5 295	2 561	2 733	5 156	2 490	2 666
0-4	283	145	138	232	119	113	194	99	95	163	84	80
5-9	280	143	137	283	145	138	232	119	113	194	99	95
10-14	258	132	126	279	143	136	283	145	138	232	119	113
15-19	285	146	139	258	132	126	280	143	137	283	145	138
20-24	361	184	176	285	146	139	258	132	126	280	143	137
25-29	412	210	202	361	184	176	286	146	140	259	132	127
30-34	447	228	220	411	209	202	360	184	177	286	146	140
35-39	474	240	234	446	226	219	410	208	202	359	183	176
40-44	416	209	206	470	238	233	443	224	219	407	206	201
45-49	349	174	175	410	205	205	464	233	231	438	220	217
50-54	367	180	187	341	168	173	401	199	202	455	227	228
55-59	380	183	198	354	171	183	330	160	170	389	190	199
60-64	363	169	194	360	169	192	337	159	178	315	149	165
65-69	262	114	148	335	150	185	334	151	183	314	143	170
70-74	191	76	115	231	96	136	297	126	171	298	129	170
75-79	133	47	86	156	58	99	191	73	117	247	99	149
80+	…	…	…	…	…	…	…	…	…	…	…	…
80-84	95	30	64	94	30	64	113	38	75	140	49	91
85-89	49	14	35	54	15	38	55	16	39	67	20	47
90-94	19	5	14	20	5	15	22	6	17	23	6	18
95-99	2	1	1	5	1	4	5	1	4	6	1	5
100+	0	0	0	0	0	0	1	0	0	1	0	1

年齢	2035			2040			2045			2050		
	総数	男	女	総数	男	女	総数	男	女	総数	男	女
総数	4 987	2 404	2 582	4 799	2 312	2 487	4 601	2 217	2 384	4 394	2 119	2 275
0-4	152	78	74	149	76	73	148	76	72	140	72	68
5-9	163	84	80	152	78	74	149	76	73	149	76	73
10-14	194	99	95	163	84	80	152	78	74	149	76	73
15-19	232	119	113	194	99	95	163	84	80	152	78	74
20-24	283	145	138	233	119	114	195	99	95	164	84	80
25-29	280	143	137	284	145	139	233	119	114	195	100	95
30-34	259	132	127	280	143	137	284	145	139	234	119	114
35-39	285	145	140	259	132	127	280	143	137	284	144	139
40-44	357	181	176	284	144	140	258	131	127	279	142	137
45-49	403	203	200	354	179	175	281	143	139	256	130	126
50-54	430	215	215	397	199	198	349	175	173	278	140	138
55-59	443	218	225	419	207	212	387	192	195	342	170	171
60-64	373	179	194	425	206	219	404	197	207	375	184	191
65-69	295	136	159	350	164	187	402	190	212	383	183	200
70-74	282	124	159	267	119	148	319	144	175	369	169	199
75-79	251	102	149	240	99	140	229	97	132	276	119	157
80+	…	…	…	…	…	…	…	…	…	…	…	…
80-84	184	67	116	189	71	118	183	70	113	177	70	107
85-89	84	26	58	113	37	76	119	40	79	118	41	77
90-94	29	8	22	38	10	28	53	15	38	57	17	40
95-99	6	1	5	8	2	7	11	3	9	16	4	13
100+	1	0	1	1	0	1	2	0	1	2	0	2

年齢	2055			2060		
	総数	男	女	総数	男	女
総数	4 172	2 013	2 158	3 932	1 900	2 033
0-4	124	63	60	108	55	53
5-9	140	72	68	124	63	60
10-14	149	76	73	140	72	68
15-19	149	76	73	149	76	73
20-24	153	78	75	150	77	73
25-29	165	84	81	154	78	75
30-34	196	100	96	165	84	81
35-39	234	119	114	196	100	96
40-44	283	144	139	233	119	114
45-49	277	141	137	281	143	138
50-54	253	128	125	274	139	136
55-59	273	137	136	249	125	124
60-64	331	164	168	265	132	134
65-69	357	172	185	317	154	163
70-74	354	165	189	332	156	176
75-79	322	142	180	311	140	171
80+	…	…	…	…	…	…
80-84	217	88	129	256	107	149
85-89	116	42	74	145	54	91
90-94	58	18	40	59	19	40
95-99	19	5	14	20	5	15
100+	3	1	3	4	1	3

性・年齢別人口（千人）

年齢	1960			1965			1970			1975		
	総数	男	女	総数	男	女	総数	男	女	総数	男	女
総数	1 587	760	827	1 629	780	849	1 670	808	861	1 743	844	899
0-4	141	73	69	138	71	67	134	69	65	141	72	69
5-9	151	77	73	137	69	67	136	70	67	135	69	66
10-14	147	74	73	148	76	73	132	68	65	137	70	67
15-19	122	62	60	142	72	70	148	76	72	133	68	65
20-24	124	63	61	120	61	59	142	74	68	149	76	72
25-29	129	65	64	122	62	60	116	60	56	143	74	68
30-34	128	62	65	127	64	63	121	63	58	116	60	56
35-39	108	46	62	125	61	64	124	63	61	121	62	58
40-44	67	29	37	105	45	61	121	58	63	123	62	61
45-49	91	42	49	64	28	36	102	43	59	119	57	62
50-54	97	45	52	86	39	47	62	27	35	99	41	58
55-59	87	40	47	91	41	49	82	36	46	59	25	34
60-64	71	31	40	79	35	44	84	37	46	76	33	43
65-69	49	20	29	62	26	36	68	29	39	75	32	43
70-74	36	14	22	39	15	24	50	19	31	57	22	34
75-79	23	9	14	26	9	17	27	9	17	37	13	24
80+	16	6	10	19	7	12	20	7	13	23	7	16
80-84	...	...	...	...	...	...	...	...	...	...	...	...
85-89	...	...	...	...	...	...	...	...	...	...	...	...
90-94	...	...	...	...	...	...	...	...	...	...	...	...
95-99	...	...	...	...	...	...	...	...	...	...	...	...
100+	...	...	...	...	...	...	...	...	...	...	...	...

年齢	1980			1985			1990			1995		
	総数	男	女	総数	男	女	総数	男	女	総数	男	女
総数	1 836	885	951	1 945	945	1 000	2 007	974	1 033	1 991	965	1 026
0-4	149	77	73	142	73	69	123	63	60	100	51	49
5-9	143	73	70	152	79	73	141	72	69	123	63	60
10-14	137	70	67	143	74	69	152	78	74	140	72	69
15-19	141	71	69	145	74	71	145	74	71	152	78	74
20-24	147	73	74	149	75	75	151	75	76	142	72	69
25-29	157	81	76	158	80	78	156	78	78	149	74	75
30-34	138	71	67	166	86	81	163	83	80	152	76	77
35-39	110	56	54	135	70	65	168	87	82	157	80	78
40-44	119	59	59	124	63	60	135	69	65	165	85	81
45-49	119	58	61	120	61	59	124	63	61	128	65	63
50-54	115	54	62	122	59	63	117	59	58	119	60	60
55-59	96	39	57	108	48	60	117	55	62	110	54	56
60-64	57	23	34	90	35	55	101	43	58	109	50	59
65-69	70	29	41	44	17	27	81	30	52	91	37	54
70-74	63	25	38	65	25	40	37	14	24	72	24	48
75-79	42	15	27	46	17	30	50	18	33	29	10	19
80+	33	10	23	36	11	26	...	...	...	...	...	...
80-84	...	...	...	...	...	...	30	9	20	34	10	23
85-89	...	...	...	...	...	...	11	3	8	15	4	11
90-94	...	...	...	...	...	...	3	1	3	4	1	3
95-99	...	...	...	...	...	...	0	0	0	1	0	0
100+	...	...	...	...	...	...	0	0	0	0	0	0

年齢	2000			2005			2010			2015		
	総数	男	女	総数	男	女	総数	男	女	総数	男	女
総数	1 989	971	1 018	1 997	975	1 022	2 052	1 017	1 036	2 068	1 025	1 043
0-4	90	46	44	88	45	43	102	53	50	111	57	54
5-9	101	52	49	91	47	44	91	47	44	104	53	51
10-14	123	63	60	101	52	49	93	48	45	91	47	44
15-19	140	71	68	125	64	61	104	53	51	94	48	45
20-24	152	79	73	142	73	70	131	69	62	105	54	51
25-29	143	74	69	154	80	75	149	78	71	131	68	63
30-34	151	76	75	144	74	70	160	84	76	149	78	71
35-39	154	78	76	151	76	75	148	78	71	159	83	75
40-44	157	81	77	154	77	76	155	79	75	146	76	69
45-49	161	83	77	156	80	76	156	79	76	154	78	75
50-54	121	62	60	157	81	76	155	79	76	153	77	75
55-59	112	55	57	117	59	59	154	78	75	151	76	75
60-64	103	49	54	106	51	55	112	55	57	149	75	74
65-69	98	43	56	95	43	52	100	46	53	102	49	53
70-74	79	30	49	87	36	51	86	38	49	93	42	51
75-79	58	18	40	65	23	43	74	28	46	74	31	44
80+	...	...	...	...	...	...	...	...	...	...	...	...
80-84	21	6	15	42	11	31	50	16	34	58	20	38
85-89	18	5	13	12	3	9	26	6	20	32	9	23
90-94	5	1	4	7	2	6	5	1	4	11	2	9
95-99	1	0	1	1	0	1	2	0	2	1	0	1
100+	0	0	0	0	0	0	0	0	0	0	0	0

性・年齢別人口（千人）

年齢	2015			2020			2025			2030		
	総数	男	女	総数	男	女	総数	男	女	総数	男	女
総数	2 068	1 025	1 043	2 075	1 031	1 044	2 070	1 030	1 040	2 054	1 023	1 031
0-4	111	57	54	105	54	51	97	50	47	89	46	43
5-9	104	53	51	111	57	54	105	54	51	97	50	47
10-14	91	47	44	104	53	51	111	57	54	105	54	51
15-19	94	48	45	91	47	44	104	54	51	112	57	54
20-24	105	54	51	95	49	46	93	48	45	105	54	51
25-29	131	68	63	106	54	52	96	49	46	93	48	45
30-34	149	78	71	132	68	63	106	54	52	96	49	47
35-39	159	83	75	149	78	71	132	69	64	107	54	52
40-44	146	76	69	158	83	75	149	78	71	132	68	64
45-49	154	78	75	145	76	69	157	82	75	148	77	71
50-54	153	77	75	152	77	75	143	75	69	156	81	75
55-59	151	76	75	150	75	74	149	75	74	141	73	68
60-64	149	75	74	146	73	73	145	72	73	145	72	73
65-69	102	49	53	141	70	72	139	68	71	139	68	71
70-74	93	42	51	94	44	51	132	63	68	130	62	68
75-79	74	31	44	82	35	47	84	37	47	118	55	63
80+	…	…	…	…	…	…	…	…	…	…	…	…
80-84	58	20	38	59	23	36	66	26	40	69	29	40
85-89	32	9	23	38	12	26	39	14	25	45	17	29
90-94	11	2	9	14	3	11	18	5	13	19	6	13
95-99	1	0	1	3	1	3	4	1	3	6	1	4
100+	0	0	0	0	0	0	1	0	0	1	0	1

年齢	2035			2040			2045			2050		
	総数	男	女	総数	男	女	総数	男	女	総数	男	女
総数	2 030	1 011	1 019	2 003	998	1 006	1 974	983	992	1 942	966	976
0-4	87	44	42	90	46	44	95	49	46	96	49	47
5-9	89	46	43	87	45	42	90	46	44	95	49	46
10-14	97	50	47	89	46	43	87	45	42	90	46	44
15-19	106	54	51	97	50	47	90	46	44	87	45	43
20-24	113	58	55	107	55	52	99	50	48	91	46	44
25-29	106	54	52	114	58	55	108	55	53	99	51	49
30-34	94	48	46	107	55	52	114	59	56	108	55	53
35-39	97	50	47	95	48	46	107	55	53	115	59	56
40-44	107	54	52	97	50	47	95	48	46	108	55	53
45-49	131	68	63	106	54	52	96	49	47	94	48	46
50-54	147	77	70	131	67	63	106	54	52	96	49	47
55-59	154	80	74	145	75	70	129	66	63	105	53	52
60-64	137	70	67	150	77	73	142	73	69	126	65	62
65-69	140	69	71	132	67	65	145	74	71	138	70	67
70-74	131	63	68	132	64	68	126	63	63	139	70	69
75-79	118	55	63	120	56	64	121	57	64	116	57	60
80+	…	…	…	…	…	…	…	…	…	…	…	…
80-84	98	43	55	99	44	55	101	45	56	104	47	57
85-89	48	19	29	70	29	41	72	30	43	75	31	44
90-94	23	8	16	26	9	17	39	14	24	41	15	26
95-99	6	2	5	8	2	6	9	3	7	15	5	10
100+	1	0	1	1	0	1	2	0	2	2	0	2

年齢	2055			2060		
	総数	男	女	総数	男	女
総数	1 905	948	957	1 865	928	937
0-4	93	47	45	88	45	43
5-9	96	49	47	93	48	45
10-14	95	49	46	96	49	47
15-19	91	47	44	96	49	47
20-24	89	45	43	92	47	45
25-29	92	47	45	89	46	44
30-34	100	51	49	92	47	45
35-39	109	56	53	101	51	49
40-44	115	59	56	109	56	53
45-49	107	55	53	115	59	56
50-54	94	48	46	107	54	52
55-59	95	48	47	93	47	46
60-64	103	52	51	93	47	46
65-69	123	62	61	100	50	50
70-74	132	66	66	118	59	59
75-79	129	63	65	123	61	62
80+	…	…	…	…	…	…
80-84	101	47	53	112	53	59
85-89	79	33	45	77	34	43
90-94	44	17	28	47	18	29
95-99	16	5	11	18	6	13
100+	4	1	3	5	1	4

Slovenia

性・年齢別人口（千人）

年齢	2015			2020			2025			2030		
	総数	男	女	総数	男	女	総数	男	女	総数	男	女
総数	2 068	1 025	1 043	2 091	1 039	1 052	2 108	1 050	1 059	2 118	1 056	1 062
0-4	111	57	54	121	62	59	119	61	58	114	59	56
5-9	104	53	51	111	57	54	121	62	59	119	61	58
10-14	91	47	44	104	53	51	111	57	54	121	62	59
15-19	94	48	45	91	47	44	104	54	51	112	57	54
20-24	105	54	51	95	49	46	93	48	45	105	54	51
25-29	131	68	63	106	54	52	96	49	46	93	48	45
30-34	149	78	71	132	68	63	106	54	52	96	49	47
35-39	159	83	75	149	78	71	132	69	64	107	54	52
40-44	146	76	69	158	83	75	149	78	71	132	68	64
45-49	154	78	75	145	76	69	157	82	75	148	77	71
50-54	153	77	75	152	77	75	143	75	69	156	81	75
55-59	151	76	75	150	75	74	149	75	74	141	73	68
60-64	149	75	74	146	73	73	145	72	73	145	72	73
65-69	102	49	53	141	70	72	139	68	71	139	68	71
70-74	93	42	51	94	44	51	132	63	68	130	62	68
75-79	74	31	44	82	35	47	84	37	47	118	55	63
80+	...	...	...	...	...	...	...	...	...	...	...	...
80-84	58	20	38	59	23	36	66	26	40	69	29	40
85-89	32	9	23	38	12	26	39	14	25	45	17	29
90-94	11	2	9	14	3	11	18	5	13	19	6	13
95-99	1	0	1	3	1	3	4	1	3	6	1	4
100+	0	0	0	0	0	0	1	0	0	1	0	1

年齢	2035			2040			2045			2050		
	総数	男	女	総数	男	女	総数	男	女	総数	男	女
総数	2 118	1 057	1 062	2 117	1 056	1 061	2 119	1 057	1 062	2 124	1 060	1 065
0-4	111	57	54	116	60	57	126	64	61	134	69	65
5-9	114	59	56	111	57	54	116	60	57	126	64	61
10-14	119	61	58	115	59	56	111	57	54	116	60	57
15-19	121	62	59	120	62	59	115	59	56	112	57	55
20-24	113	58	55	122	63	60	121	62	59	116	60	57
25-29	106	54	52	114	58	55	123	63	60	122	62	60
30-34	94	48	46	107	55	52	114	59	56	124	63	61
35-39	97	50	47	95	48	46	107	55	53	115	59	56
40-44	107	54	52	97	50	47	95	48	46	108	55	53
45-49	131	68	63	106	54	52	96	49	47	94	48	46
50-54	147	77	70	131	67	63	106	54	52	96	49	47
55-59	154	80	74	145	75	70	129	66	63	105	53	52
60-64	137	70	67	150	77	73	142	73	69	126	65	62
65-69	140	69	71	132	67	65	145	74	71	138	70	67
70-74	131	63	68	132	64	68	126	63	63	139	70	69
75-79	118	55	63	120	56	64	121	57	64	116	57	60
80+	...	...	...	...	...	...	...	...	...	...	...	...
80-84	98	43	55	99	44	55	101	45	56	104	47	57
85-89	48	19	29	70	29	41	72	30	43	75	31	44
90-94	23	8	16	26	9	17	39	14	24	41	15	26
95-99	6	2	5	8	2	6	9	3	7	15	5	10
100+	1	0	1	1	0	1	2	0	2	2	0	2

年齢	2055			2060		
	総数	男	女	総数	男	女
総数	2 133	1 065	1 068	2 142	1 070	1 072
0-4	138	71	67	137	70	67
5-9	134	69	65	138	71	67
10-14	126	65	61	134	69	65
15-19	117	60	57	126	65	62
20-24	113	58	55	118	60	58
25-29	117	60	57	114	58	56
30-34	123	63	60	118	60	58
35-39	124	64	61	123	63	60
40-44	115	59	56	124	64	61
45-49	107	55	53	115	59	56
50-54	94	48	46	107	54	52
55-59	95	48	47	93	47	46
60-64	103	52	51	93	47	46
65-69	123	62	61	100	50	50
70-74	132	66	66	118	59	59
75-79	129	63	65	123	61	62
80+	...	...	...	...	...	...
80-84	101	47	53	112	53	59
85-89	79	33	45	77	34	43
90-94	44	17	28	47	18	29
95-99	16	5	11	18	6	13
100+	4	1	3	5	1	4

性・年齢別人口（千人）

年齢	2015 総数	男	女	2020 総数	男	女	2025 総数	男	女	2030 総数	男	女
総数	2 068	1 025	1 043	2 059	1 023	1 037	2 031	1 010	1 021	1 990	990	999
0-4	111	57	54	89	46	43	74	38	36	63	33	31
5-9	104	53	51	111	57	54	89	46	43	74	38	36
10-14	91	47	44	104	53	51	111	57	54	89	46	43
15-19	94	48	45	91	47	44	104	54	51	112	57	54
20-24	105	54	51	95	49	46	93	48	45	105	54	51
25-29	131	68	63	106	54	52	96	49	46	93	48	45
30-34	149	78	71	132	68	63	106	54	52	96	49	47
35-39	159	83	75	149	78	71	132	69	64	107	54	52
40-44	146	76	69	158	83	75	149	78	71	132	68	64
45-49	154	78	75	145	76	69	157	82	75	148	77	71
50-54	153	77	75	152	77	75	143	75	69	156	81	75
55-59	151	76	75	150	75	74	149	75	74	141	73	68
60-64	149	75	74	146	73	73	145	72	73	145	72	73
65-69	102	49	53	141	70	72	139	68	71	139	68	71
70-74	93	42	51	94	44	51	132	63	68	130	62	68
75-79	74	31	44	82	35	47	84	37	47	118	55	63
80+	...	...	...	...	...	...	...	...	...	...	...	...
80-84	58	20	38	59	23	36	66	26	40	69	29	40
85-89	32	9	23	38	12	26	39	14	25	45	17	29
90-94	11	2	9	14	3	11	18	5	13	19	6	13
95-99	1	0	1	3	1	3	4	1	3	6	1	4
100+	0	0	0	0	0	0	1	0	0	1	0	1

年齢	2035 総数	男	女	2040 総数	男	女	2045 総数	男	女	2050 総数	男	女
総数	1 942	966	976	1 889	939	950	1 832	910	922	1 767	876	890
0-4	62	32	30	65	33	32	66	34	32	63	32	31
5-9	64	33	31	62	32	30	65	33	32	67	34	32
10-14	74	38	36	64	33	31	62	32	30	65	33	32
15-19	90	46	44	75	38	36	64	33	31	63	32	31
20-24	113	58	55	91	46	44	76	39	37	65	33	32
25-29	106	54	52	114	58	55	92	47	45	77	39	38
30-34	94	48	46	107	55	52	114	59	56	93	47	45
35-39	97	50	47	95	48	46	107	55	53	115	59	56
40-44	107	54	52	97	50	47	95	48	46	108	55	53
45-49	131	68	63	106	54	52	96	49	47	94	48	46
50-54	147	77	70	131	67	63	106	54	52	96	49	47
55-59	154	80	74	145	75	70	129	66	63	105	53	52
60-64	137	70	67	150	77	73	142	73	69	126	65	62
65-69	140	69	71	132	67	65	145	74	71	138	70	67
70-74	131	63	68	132	64	68	126	63	63	139	70	69
75-79	118	55	63	120	56	64	121	57	64	116	57	60
80+	...	...	...	...	...	...	...	...	...	...	...	...
80-84	98	43	55	99	44	55	101	45	56	104	47	57
85-89	48	19	29	70	29	41	72	30	43	75	31	44
90-94	23	8	16	26	9	17	39	14	24	41	15	26
95-99	6	2	5	8	2	6	9	3	7	15	5	10
100+	1	0	1	1	0	1	2	0	2	2	0	2

年齢	2055 総数	男	女	2060 総数	男	女
総数	1 694	839	854	1 615	800	815
0-4	56	29	27	49	25	24
5-9	63	32	31	56	29	27
10-14	67	34	33	63	33	31
15-19	66	34	32	67	34	33
20-24	64	33	31	67	34	33
25-29	66	34	32	65	33	32
30-34	78	40	38	67	34	33
35-39	93	47	45	78	40	38
40-44	115	59	56	93	48	46
45-49	107	55	53	115	59	56
50-54	94	48	46	107	54	52
55-59	95	48	47	93	47	46
60-64	103	52	51	93	47	46
65-69	123	62	61	100	50	50
70-74	132	66	66	118	59	59
75-79	129	63	65	123	61	62
80+	...	...	...	...	...	...
80-84	101	47	53	112	53	59
85-89	79	33	45	77	34	43
90-94	44	17	28	47	18	29
95-99	16	5	11	18	6	13
100+	4	1	3	5	1	4

Solomon Islands

性・年齢別人口（千人）

年齢	1960 総数	男	女	1965 総数	男	女	1970 総数	男	女	1975 総数	男	女
総数	118	63	55	137	72	65	160	84	76	193	100	93
0-4	19	10	9	23	12	11	28	14	13	39	20	19
5-9	16	9	8	20	10	9	22	11	11	29	15	14
10-14	14	7	7	17	9	8	20	10	9	24	12	12
15-19	13	7	6	14	7	7	17	9	8	19	10	9
20-24	10	5	5	13	6	6	14	7	7	15	8	7
25-29	9	5	4	10	5	5	13	6	6	13	6	7
30-34	7	4	3	9	5	4	9	5	4	12	6	6
35-39	6	3	3	7	4	3	9	5	4	9	5	4
40-44	5	3	2	6	3	3	7	3	3	8	4	4
45-49	4	2	2	5	3	2	6	3	3	6	3	3
50-54	3	2	1	4	2	2	4	2	2	5	3	3
55-59	3	2	1	3	2	1	4	2	2	4	2	2
60-64	3	2	1	2	1	1	3	2	1	3	2	1
65-69	2	1	1	3	2	1	2	1	1	3	2	1
70-74	1	1	0	1	1	0	2	1	1	2	1	1
75-79	0	0	0	0	0	0	1	1	0	1	1	0
80+	0	0	0	0	0	0	0	0	0	1	0	0
80-84	...	...	...	...	...	...	...	...	...	...	...	...
85-89	...	...	...	...	...	...	...	...	...	...	...	...
90-94	...	...	...	...	...	...	...	...	...	...	...	...
95-99	...	...	...	...	...	...	...	...	...	...	...	...
100+	...	...	...	...	...	...	...	...	...	...	...	...

年齢	1980 総数	男	女	1985 総数	男	女	1990 総数	男	女	1995 総数	男	女
総数	231	119	111	271	140	131	312	160	152	359	185	175
0-4	45	23	22	49	25	23	53	27	26	59	31	28
5-9	37	19	18	43	22	21	46	24	22	51	26	25
10-14	27	14	13	37	19	18	43	22	21	45	23	22
15-19	23	12	11	27	14	13	36	19	18	42	22	20
20-24	19	10	9	23	12	11	27	14	13	36	18	17
25-29	15	7	8	19	9	9	22	12	11	26	13	13
30-34	13	6	7	15	7	8	18	9	9	22	11	11
35-39	12	6	6	13	6	7	14	7	7	18	9	9
40-44	9	5	4	12	6	6	13	6	7	14	7	7
45-49	8	4	4	8	5	4	11	6	6	12	6	6
50-54	6	3	3	8	4	4	8	4	4	11	5	5
55-59	5	3	2	5	3	2	7	4	3	7	4	3
60-64	4	2	2	4	2	2	5	2	2	6	3	3
65-69	3	2	1	3	2	1	4	2	2	4	2	2
70-74	2	1	1	2	1	1	2	1	1	3	1	1
75-79	1	1	0	1	1	1	1	1	1	2	1	1
80+	1	1	0	1	1	0	...	...	...	...	...	...
80-84	...	...	...	...	...	...	1	0	0	1	0	0
85-89	...	...	...	...	...	...	0	0	0	0	0	0
90-94	...	...	...	...	...	...	0	0	0	0	0	0
95-99	...	...	...	...	...	...	0	0	0	0	0	0
100+	...	...	...	...	...	...	0	0	0	0	0	0

年齢	2000 総数	男	女	2005 総数	男	女	2010 総数	男	女	2015 総数	男	女
総数	412	212	201	469	239	230	526	267	259	584	296	287
0-4	65	33	31	72	37	35	79	41	38	82	42	40
5-9	57	30	28	64	33	31	71	37	35	78	40	38
10-14	51	26	24	58	30	28	64	33	31	71	36	34
15-19	45	23	22	49	25	24	54	28	26	63	33	30
20-24	42	21	20	43	22	21	46	23	23	52	27	25
25-29	35	18	17	40	20	20	42	20	22	43	21	22
30-34	26	13	12	33	16	16	39	19	20	40	19	21
35-39	21	11	10	25	13	13	33	17	17	37	18	19
40-44	17	9	9	22	11	11	24	12	12	32	16	16
45-49	13	7	7	17	8	8	20	10	10	23	12	12
50-54	12	5	6	13	7	7	15	8	7	18	9	9
55-59	10	5	5	11	5	5	11	6	6	14	7	7
60-64	7	4	3	9	4	4	9	5	5	10	5	5
65-69	5	3	3	6	3	3	7	4	4	8	4	4
70-74	3	2	2	4	2	2	5	2	2	6	3	3
75-79	2	1	1	2	1	1	3	2	2	3	2	2
80+	...	...	...	...	...	...	...	...	...	...	...	...
80-84	1	0	0	1	1	1	2	1	1	2	1	1
85-89	0	0	0	0	0	0	1	0	0	1	0	0
90-94	0	0	0	0	0	0	0	0	0	0	0	0
95-99	0	0	0	0	0	0	0	0	0	0	0	0
100+	0	0	0	0	0	0	0	0	0	0	0	0

性・年齢別人口（千人）

年齢	2015			2020			2025			2030		
	総数	男	女	総数	男	女	総数	男	女	総数	男	女
総数	584	296	287	640	325	315	698	354	343	757	384	373
0-4	82	42	40	82	42	40	84	43	41	88	45	43
5-9	78	40	38	81	42	39	81	42	39	83	43	41
10-14	71	36	34	77	40	38	80	41	39	80	41	39
15-19	63	33	30	70	36	34	76	39	37	79	41	38
20-24	52	27	25	61	31	29	68	35	33	74	38	36
25-29	43	21	22	50	26	24	58	30	28	65	33	31
30-34	40	19	21	41	20	21	47	24	23	56	29	27
35-39	37	18	19	38	18	20	39	19	20	46	24	22
40-44	32	16	16	36	17	18	36	17	19	38	19	19
45-49	23	12	12	31	15	15	34	17	18	35	17	18
50-54	18	9	9	22	11	11	29	15	15	33	16	17
55-59	14	7	7	17	9	9	21	10	10	28	14	14
60-64	10	5	5	13	7	6	16	8	8	19	9	10
65-69	8	4	4	9	5	5	11	6	6	14	7	7
70-74	6	3	3	7	3	3	7	4	4	9	4	5
75-79	3	2	2	4	2	2	5	2	3	5	3	3
80+	...	...	...	...	...	...	...	...	...	...	...	...
80-84	2	1	1	2	1	1	2	1	1	3	1	2
85-89	1	0	0	1	0	0	1	0	0	1	0	1
90-94	0	0	0	0	0	0	0	0	0	0	0	0
95-99	0	0	0	0	0	0	0	0	0	0	0	0
100+	0	0	0	0	0	0	0	0	0	0	0	0

年齢	2035			2040			2045			2050		
	総数	男	女	総数	男	女	総数	男	女	総数	男	女
総数	818	414	403	878	445	434	937	474	463	992	502	491
0-4	91	47	45	93	48	46	94	48	46	94	48	46
5-9	87	44	42	90	46	44	93	47	45	93	48	46
10-14	83	42	40	86	44	42	90	46	44	92	47	45
15-19	79	41	39	82	42	40	85	44	42	89	45	44
20-24	77	40	37	77	40	38	80	41	39	83	43	41
25-29	72	37	35	74	38	36	75	38	36	77	40	38
30-34	63	32	30	69	36	34	72	37	35	73	37	35
35-39	54	28	26	61	31	29	68	35	33	70	36	34
40-44	44	23	21	52	27	25	59	31	29	66	34	32
45-49	36	18	18	43	22	21	51	26	25	58	30	28
50-54	34	16	18	35	17	18	42	21	20	50	26	24
55-59	32	15	16	32	15	17	34	16	17	40	20	20
60-64	26	13	13	29	14	16	30	14	16	32	15	16
65-69	17	8	9	23	11	12	27	12	14	27	12	15
70-74	12	5	6	14	7	8	20	9	11	23	10	13
75-79	7	3	4	9	4	5	11	5	6	15	7	8
80+	...	...	...	...	...	...	...	...	...	...	...	...
80-84	3	1	2	4	2	2	5	2	3	7	3	4
85-89	1	1	1	1	1	1	2	1	1	3	1	2
90-94	0	0	0	0	0	0	0	0	0	1	0	0
95-99	0	0	0	0	0	0	0	0	0	0	0	0
100+	0	0	0	0	0	0	0	0	0	0	0	0

年齢	2055			2060		
	総数	男	女	総数	男	女
総数	1 045	528	517	1 095	553	542
0-4	94	48	46	94	48	46
5-9	93	48	46	93	48	46
10-14	93	47	45	93	48	45
15-19	91	47	45	92	47	45
20-24	87	44	43	89	46	44
25-29	81	41	40	85	43	42
30-34	75	38	37	79	40	39
35-39	71	36	34	74	38	36
40-44	69	36	33	70	36	34
45-49	65	33	31	68	35	33
50-54	56	29	28	63	32	31
55-59	48	24	23	54	28	27
60-64	38	19	19	45	23	22
65-69	29	13	15	34	17	18
70-74	24	10	13	25	11	14
75-79	18	7	10	19	8	11
80+	...	...	...	...	...	...
80-84	10	4	6	12	5	7
85-89	3	1	2	5	2	3
90-94	1	0	1	1	0	1
95-99	0	0	0	0	0	0
100+	0	0	0	0	0	0

Solomon Islands

性・年齢別人口（千人）

年齢	2015 総数	男	女	2020 総数	男	女	2025 総数	男	女	2030 総数	男	女
総数	584	296	287	646	328	318	713	362	351	785	399	387
0–4	82	42	40	87	45	42	94	48	46	101	52	49
5–9	78	40	38	81	42	39	86	44	42	93	48	45
10–14	71	36	34	77	40	38	80	41	39	86	44	42
15–19	63	33	30	70	36	34	76	39	37	79	41	38
20–24	52	27	25	61	31	29	68	35	33	74	38	36
25–29	43	21	22	50	26	24	58	30	28	65	33	31
30–34	40	19	21	41	20	21	47	24	23	56	29	27
35–39	37	18	19	38	18	20	39	19	20	46	24	22
40–44	32	16	16	36	17	18	36	17	19	38	19	19
45–49	23	12	12	31	15	15	34	17	18	35	17	18
50–54	18	9	9	22	11	11	29	15	15	33	16	17
55–59	14	7	7	17	9	9	21	10	10	28	14	14
60–64	10	5	5	13	7	6	16	8	8	19	9	10
65–69	8	4	4	9	5	5	11	6	6	14	7	7
70–74	6	3	3	7	3	3	7	4	4	9	4	5
75–79	3	2	2	4	2	2	5	2	3	5	3	3
80+	…	…	…	…	…	…	…	…	…	…	…	…
80–84	2	1	1	2	1	1	2	1	1	3	1	2
85–89	1	0	0	1	0	0	1	0	0	1	0	1
90–94	0	0	0	0	0	0	0	0	0	0	0	0
95–99	0	0	0	0	0	0	0	0	0	0	0	0
100+	0	0	0	0	0	0	0	0	0	0	0	0

年齢	2035 総数	男	女	2040 総数	男	女	2045 総数	男	女	2050 総数	男	女
総数	861	437	424	939	476	463	1 018	516	503	1 099	556	543
0–4	106	54	52	111	57	54	115	59	56	120	61	59
5–9	100	51	49	105	54	51	110	56	54	114	58	56
10–14	92	47	45	100	51	49	105	53	51	109	56	54
15–19	85	44	41	91	47	45	99	50	48	104	53	51
20–24	77	40	37	83	43	40	89	46	44	97	49	47
25–29	72	37	35	74	38	36	80	41	39	87	44	42
30–34	63	32	30	69	36	34	72	37	35	78	40	38
35–39	54	28	26	61	31	29	68	35	33	70	36	34
40–44	44	23	21	52	27	25	59	31	29	66	34	32
45–49	36	18	18	43	22	21	51	26	25	58	30	28
50–54	34	16	18	35	17	18	42	21	20	50	26	24
55–59	32	15	16	32	15	17	34	16	17	40	20	20
60–64	26	13	13	29	14	16	30	14	16	32	15	16
65–69	17	8	9	23	11	12	27	12	14	27	12	15
70–74	12	5	6	14	7	8	20	9	11	23	10	13
75–79	7	3	4	9	4	5	11	5	6	15	7	8
80+	…	…	…	…	…	…	…	…	…	…	…	…
80–84	3	1	2	4	2	2	5	2	3	7	3	4
85–89	1	1	1	1	1	1	2	1	1	3	1	2
90–94	0	0	0	0	0	0	0	0	0	1	0	0
95–99	0	0	0	0	0	0	0	0	0	0	0	0
100+	0	0	0	0	0	0	0	0	0	0	0	0

年齢	2055 総数	男	女	2060 総数	男	女
総数	1 182	598	584	1 268	641	626
0–4	125	64	61	129	66	63
5–9	119	61	58	124	63	61
10–14	114	58	56	119	61	58
15–19	109	55	53	113	58	55
20–24	102	52	50	107	54	52
25–29	94	48	46	99	51	49
30–34	85	43	41	92	47	45
35–39	76	39	37	83	42	40
40–44	69	36	33	75	38	36
45–49	65	33	31	68	35	33
50–54	56	29	28	63	32	31
55–59	48	24	23	54	28	27
60–64	38	19	19	45	23	22
65–69	29	13	15	34	17	18
70–74	24	10	13	25	11	14
75–79	18	7	10	19	8	11
80+	…	…	…	…	…	…
80–84	10	4	6	12	5	7
85–89	3	1	2	5	2	3
90–94	1	0	1	1	0	1
95–99	0	0	0	0	0	0
100+	0	0	0	0	0	0

性・年齢別人口（千人）

年齢	2015			2020			2025			2030		
	総数	男	女	総数	男	女	総数	男	女	総数	男	女
総数	584	296	287	635	322	312	682	346	336	728	369	359
0-4	82	42	40	76	39	37	75	38	36	74	38	36
5-9	78	40	38	81	42	39	75	39	37	74	38	36
10-14	71	36	34	77	40	38	80	41	39	75	39	36
15-19	63	33	30	70	36	34	76	39	37	79	41	38
20-24	52	27	25	61	31	29	68	35	33	74	38	36
25-29	43	21	22	50	26	24	58	30	28	65	33	31
30-34	40	19	21	41	20	21	47	24	23	56	29	27
35-39	37	18	19	38	18	20	39	19	20	46	24	22
40-44	32	16	16	36	17	18	36	17	19	38	19	19
45-49	23	12	12	31	15	15	34	17	18	35	17	18
50-54	18	9	9	22	11	11	29	15	15	33	16	17
55-59	14	7	7	17	9	9	21	10	10	28	14	14
60-64	10	5	5	13	7	6	16	8	8	19	9	10
65-69	8	4	4	9	5	5	11	6	6	14	7	7
70-74	6	3	3	7	3	3	7	4	4	9	4	5
75-79	3	2	2	4	2	2	5	2	3	5	3	3
80+	…	…	…	…	…	…	…	…	…	…	…	…
80-84	2	1	1	2	1	1	2	1	1	3	1	2
85-89	1	0	0	1	0	0	1	0	0	1	0	1
90-94	0	0	0	0	0	0	0	0	0	0	0	0
95-99	0	0	0	0	0	0	0	0	0	0	0	0
100+	0	0	0	0	0	0	0	0	0	0	0	0

年齢	2035			2040			2045			2050		
	総数	男	女	総数	男	女	総数	男	女	総数	男	女
総数	775	392	382	818	414	404	858	433	424	890	449	441
0-4	76	39	37	76	39	37	74	38	36	71	36	35
5-9	73	38	36	75	39	37	76	39	37	74	38	36
10-14	73	38	36	73	37	36	75	38	37	75	38	37
15-19	74	38	36	72	37	35	72	37	35	74	38	36
20-24	77	40	37	72	37	35	70	36	34	70	36	34
25-29	72	37	35	74	38	36	69	36	34	68	35	33
30-34	63	32	30	69	36	34	72	37	35	67	35	33
35-39	54	28	26	61	31	29	68	35	33	70	36	34
40-44	44	23	21	52	27	25	59	31	29	66	34	32
45-49	36	18	18	43	22	21	51	26	25	58	30	28
50-54	34	16	18	35	17	18	42	21	20	50	26	24
55-59	32	15	16	32	15	17	34	16	17	40	20	20
60-64	26	13	13	29	14	16	30	14	16	32	15	16
65-69	17	8	9	23	11	12	27	12	14	27	12	15
70-74	12	5	6	14	7	8	20	9	11	23	10	13
75-79	7	3	4	9	4	5	11	5	6	15	7	8
80+	…	…	…	…	…	…	…	…	…	…	…	…
80-84	3	1	2	4	2	2	5	2	3	7	3	4
85-89	1	1	1	1	1	1	2	1	1	3	1	2
90-94	0	0	0	0	0	0	0	0	0	1	0	0
95-99	0	0	0	0	0	0	0	0	0	0	0	0
100+	0	0	0	0	0	0	0	0	0	0	0	0

年齢	2055			2060		
	総数	男	女	総数	男	女
総数	916	462	454	936	472	464
0-4	67	34	33	64	33	31
5-9	70	36	34	67	34	33
10-14	73	37	36	70	36	34
15-19	74	38	36	72	37	35
20-24	72	37	35	73	37	36
25-29	68	35	33	70	36	34
30-34	66	34	32	66	34	32
35-39	66	34	32	64	33	31
40-44	69	36	33	64	33	31
45-49	65	33	31	68	35	33
50-54	56	29	28	63	32	31
55-59	48	24	23	54	28	27
60-64	38	19	19	45	23	22
65-69	29	13	15	34	17	18
70-74	24	10	13	25	11	14
75-79	18	7	10	19	8	11
80+	…	…	…	…	…	…
80-84	10	4	6	12	5	7
85-89	3	1	2	5	2	3
90-94	1	0	1	1	0	1
95-99	0	0	0	0	0	0
100+	0	0	0	0	0	0

性・年齢別人口（千人）

年齢	1960			1965			1970			1975		
	総数	男	女	総数	男	女	総数	男	女	総数	男	女
総数	2 756	1 364	1 392	3 070	1 518	1 552	3 445	1 703	1 742	3 881	1 918	1 962
0-4	482	240	242	539	269	270	610	305	305	683	342	341
5-9	376	186	189	422	209	212	478	238	240	546	272	274
10-14	316	158	158	360	178	181	405	201	204	460	229	231
15-19	263	131	132	306	153	153	349	173	176	394	195	198
20-24	238	118	121	252	125	127	295	147	148	337	167	171
25-29	198	100	98	227	112	116	242	119	122	283	141	142
30-34	175	88	87	188	94	93	216	106	110	231	114	117
35-39	153	77	76	165	83	82	178	89	88	206	101	105
40-44	133	66	66	143	71	72	154	77	77	167	84	84
45-49	113	56	57	123	61	62	133	66	67	144	72	73
50-54	94	46	49	103	50	53	112	55	57	122	60	62
55-59	76	36	40	83	40	44	92	44	48	101	49	52
60-64	58	27	31	65	30	34	72	34	38	80	38	42
65-69	41	19	22	46	21	25	52	24	28	58	27	31
70-74	24	10	14	28	13	16	33	15	18	38	17	21
75-79	12	5	7	14	6	8	17	7	10	20	9	11
80+	5	2	3	6	2	4	8	3	5	11	4	6
80-84	…	…	…	…	…	…	…	…	…	…	…	…
85-89	…	…	…	…	…	…	…	…	…	…	…	…
90-94	…	…	…	…	…	…	…	…	…	…	…	…
95-99	…	…	…	…	…	…	…	…	…	…	…	…
100+	…	…	…	…	…	…	…	…	…	…	…	…

年齢	1980			1985			1990			1995		
	総数	男	女	総数	男	女	総数	男	女	総数	男	女
総数	6 090	3 011	3 078	6 068	3 003	3 066	6 322	3 130	3 191	6 346	3 144	3 202
0-4	1 076	539	537	1 096	550	547	1 181	593	589	1 214	609	605
5-9	856	427	429	855	428	428	907	454	453	935	468	466
10-14	730	364	366	723	361	362	749	374	374	762	381	381
15-19	621	309	312	621	310	312	637	318	319	633	316	317
20-24	528	262	267	525	260	265	545	271	274	536	267	269
25-29	449	221	228	444	219	225	457	226	231	456	226	230
30-34	375	186	190	376	185	192	385	190	196	381	188	193
35-39	307	151	156	313	155	158	325	159	166	319	157	162
40-44	268	131	137	253	124	129	269	132	136	268	131	137
45-49	218	108	110	221	107	114	215	105	110	219	107	112
50-54	185	91	94	177	87	90	186	89	97	173	83	90
55-59	153	74	79	147	71	75	145	71	75	147	70	77
60-64	122	58	64	117	56	61	117	56	61	110	53	57
65-69	90	42	48	88	41	47	88	41	47	83	39	44
70-74	59	27	32	59	27	32	60	27	32	57	26	31
75-79	32	14	18	33	14	18	34	15	19	33	15	18
80+	18	7	11	20	8	12	…	…	…	…	…	…
80-84	…	…	…	…	…	…	15	6	9	15	6	9
85-89	…	…	…	…	…	…	5	2	3	5	2	3
90-94	…	…	…	…	…	…	1	0	1	1	0	1
95-99	…	…	…	…	…	…	0	0	0	0	0	0
100+	…	…	…	…	…	…	0	0	0	0	0	0

年齢	2000			2005			2010			2015		
	総数	男	女	総数	男	女	総数	男	女	総数	男	女
総数	7 385	3 663	3 722	8 467	4 205	4 262	9 582	4 764	4 818	10 787	5 368	5 419
0-4	1 469	739	730	1 628	819	809	1 816	915	901	1 971	994	977
5-9	1 117	559	558	1 348	676	672	1 483	745	739	1 670	840	830
10-14	898	450	448	1 064	533	531	1 271	638	633	1 397	701	696
15-19	736	368	368	859	430	429	1 005	503	502	1 202	603	599
20-24	608	303	305	700	350	351	808	404	405	946	472	474
25-29	512	254	258	576	286	290	656	326	329	757	377	380
30-34	433	214	219	482	239	243	536	266	270	611	303	308
35-39	359	177	183	405	200	205	446	221	226	497	246	251
40-44	299	146	153	334	164	170	373	183	189	411	202	209
45-49	250	121	129	276	134	142	305	149	157	341	167	175
50-54	202	98	104	229	110	119	251	121	130	277	134	143
55-59	156	75	82	182	88	95	204	97	107	224	107	117
60-64	129	60	69	136	64	72	158	75	83	177	83	94
65-69	91	43	48	107	49	58	112	52	60	130	61	69
70-74	63	29	34	69	32	37	81	36	44	85	39	46
75-79	37	17	21	42	19	23	45	21	25	54	24	30
80+	…	…	…	…	…	…	…	…	…	…	…	…
80-84	17	7	10	20	9	11	22	10	13	25	11	14
85-89	6	2	3	7	3	4	8	3	5	9	4	5
90-94	1	0	0	2	1	1	2	1	1	2	1	1
95-99	0	0	0	0	0	0	0	0	0	0	0	0
100+	0	0	0	0	0	0	0	0	0	0	0	0

性・年齢別人口（千人）

年齢	2015 総数	男	女	2020 総数	男	女	2025 総数	男	女	2030 総数	男	女
総数	10 787	5 368	5 419	12 423	6 187	6 235	14 344	7 148	7 195	16 493	8 224	8 270
0-4	1 971	994	977	2 247	1 134	1 113	2 518	1 270	1 248	2 780	1 402	1 378
5-9	1 670	840	830	1 862	937	924	2 147	1 082	1 065	2 420	1 219	1 202
10-14	1 397	701	696	1 612	810	801	1 813	912	901	2 098	1 057	1 041
15-19	1 202	603	599	1 352	678	674	1 572	790	783	1 774	892	882
20-24	946	472	474	1 160	580	580	1 314	657	657	1 534	769	765
25-29	757	377	380	908	451	456	1 122	559	563	1 276	637	640
30-34	611	303	308	723	359	364	875	434	441	1 086	540	546
35-39	497	246	251	580	287	293	693	343	350	842	417	426
40-44	411	202	209	469	231	238	553	273	281	664	328	336
45-49	341	167	175	386	189	197	444	218	227	527	258	268
50-54	277	134	143	318	154	164	362	176	186	419	204	215
55-59	224	107	117	254	122	132	294	141	153	336	162	174
60-64	177	83	94	200	94	105	228	108	120	265	126	139
65-69	130	61	69	150	70	80	171	79	91	196	91	105
70-74	85	39	46	102	47	55	118	54	64	135	62	73
75-79	54	24	30	58	26	32	70	32	39	82	36	46
80+	…	…	…	…	…	…	…	…	…	…	…	…
80-84	25	11	14	30	13	17	33	14	19	40	17	22
85-89	9	4	5	10	4	6	13	5	7	14	6	8
90-94	2	1	1	2	1	2	3	1	2	4	1	2
95-99	0	0	0	0	0	0	0	0	0	0	0	0
100+	0	0	0	0	0	0	0	0	0	0	0	0

年齢	2035 総数	男	女	2040 総数	男	女	2045 総数	男	女	2050 総数	男	女
総数	18 844	9 399	9 445	21 388	10 670	10 718	24 119	12 032	12 086	27 030	13 483	13 547
0-4	3 018	1 522	1 496	3 253	1 641	1 612	3 488	1 760	1 728	3 723	1 878	1 844
5-9	2 687	1 353	1 334	2 931	1 476	1 455	3 172	1 598	1 575	3 414	1 720	1 694
10-14	2 373	1 194	1 179	2 641	1 329	1 312	2 888	1 453	1 435	3 132	1 576	1 556
15-19	2 059	1 036	1 023	2 334	1 173	1 160	2 603	1 309	1 294	2 851	1 433	1 418
20-24	1 735	871	864	2 019	1 014	1 005	2 293	1 151	1 142	2 563	1 287	1 277
25-29	1 494	747	747	1 695	849	846	1 978	992	986	2 253	1 128	1 124
30-34	1 240	617	623	1 457	727	730	1 657	828	829	1 939	971	968
35-39	1 051	521	529	1 203	598	605	1 418	707	712	1 618	808	811
40-44	810	400	411	1 015	502	513	1 166	578	588	1 379	685	694
45-49	635	312	323	778	382	396	977	482	496	1 126	556	570
50-54	499	243	256	603	294	309	742	362	380	935	458	477
55-59	391	188	202	467	225	241	566	274	292	698	337	360
60-64	305	145	160	355	169	186	426	203	223	518	247	271
65-69	229	107	122	264	124	141	309	145	165	372	174	198
70-74	156	71	85	183	84	100	213	97	116	250	114	136
75-79	94	42	53	110	49	61	130	57	72	151	67	84
80+	…	…	…	…	…	…	…	…	…	…	…	…
80-84	47	20	27	54	23	31	63	27	37	75	32	43
85-89	17	7	10	20	8	12	23	9	14	27	11	16
90-94	4	1	2	5	2	3	6	2	3	7	2	4
95-99	1	0	0	1	0	0	1	0	1	1	0	1
100+	0	0	0	0	0	0	0	0	0	0	0	0

年齢	2055 総数	男	女	2060 総数	男	女
総数	30 101	15 010	15 091	33 285	16 591	16 694
0-4	3 941	1 988	1 953	4 130	2 085	2 045
5-9	3 656	1 842	1 814	3 882	1 955	1 926
10-14	3 377	1 700	1 677	3 623	1 823	1 799
15-19	3 098	1 557	1 540	3 345	1 682	1 663
20-24	2 813	1 412	1 401	3 061	1 536	1 525
25-29	2 523	1 264	1 259	2 774	1 390	1 385
30-34	2 213	1 107	1 107	2 484	1 242	1 242
35-39	1 899	949	950	2 173	1 085	1 088
40-44	1 578	785	793	1 857	925	931
45-49	1 336	661	675	1 533	760	773
50-54	1 080	530	550	1 285	632	653
55-59	882	428	454	1 022	497	525
60-64	641	306	335	813	389	424
65-69	454	213	242	564	263	300
70-74	302	137	164	370	169	202
75-79	178	78	100	217	95	121
80+	…	…	…	…	…	…
80-84	88	37	51	105	44	61
85-89	32	13	19	38	15	23
90-94	8	3	5	9	3	6
95-99	1	0	1	1	0	1
100+	0	0	0	0	0	0

性・年齢別人口（千人）

年齢	2015			2020			2025			2030		
	総数	男	女	総数	男	女	総数	男	女	総数	男	女
総数	10 787	5 368	5 419	12 515	6 234	6 281	14 612	7 284	7 328	17 023	8 491	8 532
0-4	1 971	994	977	2 339	1 181	1 158	2 697	1 360	1 337	3 048	1 537	1 511
5-9	1 670	840	830	1 862	937	924	2 237	1 127	1 109	2 594	1 306	1 288
10-14	1 397	701	696	1 612	810	801	1 813	912	901	2 187	1 102	1 085
15-19	1 202	603	599	1 352	678	674	1 572	790	783	1 774	892	882
20-24	946	472	474	1 160	580	580	1 314	657	657	1 534	769	765
25-29	757	377	380	908	451	456	1 122	559	563	1 276	637	640
30-34	611	303	308	723	359	364	875	434	441	1 086	540	546
35-39	497	246	251	580	287	293	693	343	350	842	417	426
40-44	411	202	209	469	231	238	553	273	281	664	328	336
45-49	341	167	175	386	189	197	444	218	227	527	258	268
50-54	277	134	143	318	154	164	362	176	186	419	204	215
55-59	224	107	117	254	122	132	294	141	153	336	162	174
60-64	177	83	94	200	94	105	228	108	120	265	126	139
65-69	130	61	69	150	70	80	171	79	91	196	91	105
70-74	85	39	46	102	47	55	118	54	64	135	62	73
75-79	54	24	30	58	26	32	70	32	39	82	36	46
80+	…	…	…	…	…	…	…	…	…	…	…	…
80-84	25	11	14	30	13	17	33	14	19	40	17	22
85-89	9	4	5	10	4	6	13	5	7	14	6	8
90-94	2	1	1	2	1	2	3	1	2	4	1	2
95-99	0	0	0	0	0	0	0	0	0	0	0	0
100+	0	0	0	0	0	0	0	0	0	0	0	0

年齢	2035			2040			2045			2050		
	総数	男	女	総数	男	女	総数	男	女	総数	男	女
総数	19 687	9 824	9 863	22 631	11 296	11 336	25 902	12 930	12 972	29 534	14 744	14 791
0-4	3 342	1 686	1 656	3 666	1 849	1 817	4 043	2 040	2 003	4 463	2 252	2 211
5-9	2 948	1 484	1 463	3 247	1 635	1 612	3 577	1 801	1 775	3 960	1 995	1 965
10-14	2 545	1 281	1 264	2 900	1 459	1 440	3 202	1 611	1 590	3 533	1 778	1 755
15-19	2 146	1 080	1 066	2 504	1 259	1 245	2 859	1 438	1 421	3 163	1 590	1 573
20-24	1 735	871	864	2 105	1 058	1 048	2 462	1 236	1 226	2 817	1 414	1 403
25-29	1 494	747	747	1 695	849	846	2 063	1 035	1 029	2 419	1 212	1 207
30-34	1 240	617	623	1 457	727	730	1 657	828	829	2 023	1 012	1 010
35-39	1 051	521	529	1 203	598	605	1 418	707	712	1 618	808	811
40-44	810	400	411	1 015	502	513	1 166	578	588	1 379	685	694
45-49	635	312	323	778	382	396	977	482	496	1 126	556	570
50-54	499	243	256	603	294	309	742	362	380	935	458	477
55-59	391	188	202	467	225	241	566	274	292	698	337	360
60-64	305	145	160	355	169	186	426	203	223	518	247	271
65-69	229	107	122	264	124	141	309	145	165	372	174	198
70-74	156	71	85	183	84	100	213	97	116	250	114	136
75-79	94	42	53	110	49	61	130	57	72	151	67	84
80+	…	…	…	…	…	…	…	…	…	…	…	…
80-84	47	20	27	54	23	31	63	27	37	75	32	43
85-89	17	7	10	20	8	12	23	9	14	27	11	16
90-94	4	1	2	5	2	3	6	2	3	7	2	4
95-99	1	0	0	1	0	0	1	0	1	1	0	1
100+	0	0	0	0	0	0	0	0	0	0	0	0

年齢	2055			2060		
	総数	男	女	総数	男	女
総数	33 514	16 727	16 787	37 789	18 857	18 933
0-4	4 874	2 459	2 415	5 249	2 650	2 600
5-9	4 387	2 210	2 177	4 805	2 421	2 385
10-14	3 920	1 973	1 947	4 349	2 189	2 160
15-19	3 497	1 758	1 739	3 885	1 954	1 932
20-24	3 122	1 567	1 555	3 457	1 735	1 722
25-29	2 774	1 390	1 385	3 080	1 543	1 538
30-34	2 378	1 189	1 189	2 733	1 367	1 366
35-39	1 982	990	992	2 335	1 166	1 170
40-44	1 578	785	793	1 938	966	972
45-49	1 336	661	675	1 533	760	773
50-54	1 080	530	550	1 285	632	653
55-59	882	428	454	1 022	497	525
60-64	641	306	335	813	389	424
65-69	454	213	242	564	263	300
70-74	302	137	164	370	169	202
75-79	178	78	100	217	95	121
80+	…	…	…	…	…	…
80-84	88	37	51	105	44	61
85-89	32	13	19	38	15	23
90-94	8	3	5	9	3	6
95-99	1	0	1	1	0	1
100+	0	0	0	0	0	0

性・年齢別人口（千人）

年齢	2015			2020			2025			2030		
	総数	男	女	総数	男	女	総数	男	女	総数	男	女
総数	10 787	5 368	5 419	12 330	6 141	6 190	14 075	7 013	7 062	15 963	7 957	8 007
0-4	1 971	994	977	2 154	1 087	1 067	2 339	1 179	1 159	2 512	1 267	1 245
5-9	1 670	840	830	1 862	937	924	2 058	1 037	1 021	2 246	1 131	1 115
10-14	1 397	701	696	1 612	810	801	1 813	912	901	2 010	1 013	998
15-19	1 202	603	599	1 352	678	674	1 572	790	783	1 774	892	882
20-24	946	472	474	1 160	580	580	1 314	657	657	1 534	769	765
25-29	757	377	380	908	451	456	1 122	559	563	1 276	637	640
30-34	611	303	308	723	359	364	875	434	441	1 086	540	546
35-39	497	246	251	580	287	293	693	343	350	842	417	426
40-44	411	202	209	469	231	238	553	273	281	664	328	336
45-49	341	167	175	386	189	197	444	218	227	527	258	268
50-54	277	134	143	318	154	164	362	176	186	419	204	215
55-59	224	107	117	254	122	132	294	141	153	336	162	174
60-64	177	83	94	200	94	105	228	108	120	265	126	139
65-69	130	61	69	150	70	80	171	79	91	196	91	105
70-74	85	39	46	102	47	55	118	54	64	135	62	73
75-79	54	24	30	58	26	32	70	32	39	82	36	46
80+	…	…	…	…	…	…	…	…	…	…	…	…
80-84	25	11	14	30	13	17	33	14	19	40	17	22
85-89	9	4	5	10	4	6	13	5	7	14	6	8
90-94	2	1	1	2	1	2	3	1	2	4	1	2
95-99	0	0	0	0	0	0	0	0	0	0	0	0
100+	0	0	0	0	0	0	0	0	0	0	0	0

年齢	2035			2040			2045			2050		
	総数	男	女	総数	男	女	総数	男	女	総数	男	女
総数	18 002	8 975	9 027	20 155	10 049	10 106	22 374	11 154	11 220	24 622	12 271	12 350
0-4	2 697	1 360	1 336	2 850	1 438	1 413	2 961	1 494	1 467	3 040	1 534	1 506
5-9	2 426	1 221	1 204	2 616	1 317	1 299	2 776	1 398	1 378	2 895	1 458	1 437
10-14	2 201	1 108	1 093	2 383	1 199	1 184	2 575	1 296	1 279	2 739	1 378	1 360
15-19	1 972	992	979	2 163	1 088	1 075	2 346	1 180	1 167	2 541	1 278	1 263
20-24	1 735	871	864	1 933	971	962	2 125	1 067	1 058	2 309	1 159	1 150
25-29	1 494	747	747	1 695	849	846	1 893	949	944	2 086	1 045	1 041
30-34	1 240	617	623	1 457	727	730	1 657	828	829	1 855	929	927
35-39	1 051	521	529	1 203	598	605	1 418	707	712	1 618	808	811
40-44	810	400	411	1 015	502	513	1 166	578	588	1 379	685	694
45-49	635	312	323	778	382	396	977	482	496	1 126	556	570
50-54	499	243	256	603	294	309	742	362	380	935	458	477
55-59	391	188	202	467	225	241	566	274	292	698	337	360
60-64	305	145	160	355	169	186	426	203	223	518	247	271
65-69	229	107	122	264	124	141	309	145	165	372	174	198
70-74	156	71	85	183	84	100	213	97	116	250	114	136
75-79	94	42	53	110	49	61	130	57	72	151	67	84
80+	…	…	…	…	…	…	…	…	…	…	…	…
80-84	47	20	27	54	23	31	63	27	37	75	32	43
85-89	17	7	10	20	8	12	23	9	14	27	11	16
90-94	4	1	2	5	2	3	6	2	3	7	2	4
95-99	1	0	0	1	0	0	1	0	1	1	0	1
100+	0	0	0	0	0	0	0	0	0	0	0	0

年齢	2055			2060		
	総数	男	女	総数	男	女
総数	26 875	13 387	13 488	29 101	14 487	14 614
0-4	3 100	1 564	1 536	3 144	1 587	1 557
5-9	2 983	1 502	1 480	3 051	1 537	1 514
10-14	2 861	1 440	1 421	2 952	1 486	1 466
15-19	2 707	1 361	1 346	2 832	1 424	1 408
20-24	2 505	1 257	1 248	2 673	1 342	1 332
25-29	2 272	1 138	1 134	2 470	1 237	1 233
30-34	2 049	1 025	1 024	2 236	1 118	1 118
35-39	1 817	908	909	2 011	1 004	1 007
40-44	1 578	785	793	1 776	885	891
45-49	1 336	661	675	1 533	760	773
50-54	1 080	530	550	1 285	632	653
55-59	882	428	454	1 022	497	525
60-64	641	306	335	813	389	424
65-69	454	213	242	564	263	300
70-74	302	137	164	370	169	202
75-79	178	78	100	217	95	121
80+	…	…	…	…	…	…
80-84	88	37	51	105	44	61
85-89	32	13	19	38	15	23
90-94	8	3	5	9	3	6
95-99	1	0	1	1	0	1
100+	0	0	0	0	0	0

性・年齢別人口（千人）

年齢	1960			1965			1970			1975		
	総数	男	女	総数	男	女	総数	男	女	総数	男	女
総数	17 396	8 697	8 699	19 814	9 848	9 966	22 503	11 201	11 302	25 699	12 805	12 894
0-4	2 840	1 455	1 385	3 179	1 613	1 566	3 651	1 836	1 815	4 142	2 084	2 058
5-9	2 352	1 219	1 133	2 756	1 393	1 363	3 086	1 561	1 524	3 558	1 784	1 774
10-14	1 931	973	958	2 356	1 191	1 166	2 729	1 377	1 352	3 060	1 545	1 515
15-19	1 673	834	839	1 907	958	949	2 336	1 180	1 156	2 711	1 367	1 343
20-24	1 443	717	727	1 648	818	830	1 896	956	940	2 326	1 178	1 148
25-29	1 285	652	634	1 420	701	718	1 640	819	821	1 893	960	933
30-34	1 122	582	540	1 257	634	623	1 405	699	706	1 629	819	811
35-39	973	492	481	1 088	561	527	1 230	623	607	1 382	690	692
40-44	879	439	440	931	467	464	1 047	539	508	1 190	602	588
45-49	743	368	374	827	409	419	878	437	441	993	507	486
50-54	621	296	326	681	333	348	757	368	389	809	397	413
55-59	480	223	257	568	265	303	599	286	313	672	319	353
60-64	382	173	209	423	191	232	473	212	260	503	231	272
65-69	287	125	162	318	139	179	324	138	187	367	155	212
70-74	195	81	114	221	91	130	219	87	132	227	88	139
75-79	113	44	69	135	51	83	132	49	84	134	47	86
80+	77	27	51	98	33	66	100	32	68	102	32	70
80-84	…	…	…	…	…	…	…	…	…	…	…	…
85-89	…	…	…	…	…	…	…	…	…	…	…	…
90-94	…	…	…	…	…	…	…	…	…	…	…	…
95-99	…	…	…	…	…	…	…	…	…	…	…	…
100+	…	…	…	…	…	…	…	…	…	…	…	…

年齢	1980			1985			1990			1995		
	総数	男	女	総数	男	女	総数	男	女	総数	男	女
総数	29 077	14 463	14 615	32 983	16 395	16 588	36 793	18 204	18 589	41 427	20 409	21 018
0-4	4 505	2 265	2 239	4 912	2 474	2 438	5 110	2 575	2 535	5 066	2 554	2 512
5-9	4 047	2 029	2 018	4 422	2 215	2 207	4 829	2 424	2 405	5 045	2 535	2 511
10-14	3 530	1 766	1 764	4 018	2 011	2 007	4 387	2 194	2 193	4 806	2 409	2 398
15-19	3 032	1 529	1 503	3 511	1 755	1 757	3 981	1 986	1 995	4 399	2 194	2 205
20-24	2 675	1 348	1 327	3 018	1 522	1 496	3 456	1 716	1 740	4 044	2 005	2 040
25-29	2 289	1 158	1 131	2 663	1 343	1 320	2 960	1 480	1 480	3 527	1 734	1 793
30-34	1 856	940	916	2 270	1 150	1 120	2 610	1 306	1 304	3 009	1 489	1 520
35-39	1 585	795	791	1 828	926	902	2 212	1 110	1 102	2 643	1 304	1 340
40-44	1 329	659	669	1 543	770	773	1 760	881	879	2 224	1 096	1 128
45-49	1 125	563	563	1 273	626	647	1 463	719	744	1 771	873	897
50-54	915	459	456	1 052	518	534	1 182	569	614	1 463	709	753
55-59	720	344	376	827	405	422	952	454	497	1 148	541	607
60-64	568	259	309	620	285	335	718	337	381	876	406	470
65-69	394	170	224	455	195	261	505	217	288	614	276	338
70-74	261	100	161	287	113	175	340	132	208	392	157	236
75-79	142	48	93	168	57	111	190	66	124	231	80	151
80+	106	31	74	116	33	84	…	…	…	…	…	…
80-84	…	…	…	…	…	…	95	27	67	110	34	77
85-89	…	…	…	…	…	…	34	8	26	43	10	33
90-94	…	…	…	…	…	…	9	2	7	11	2	9
95-99	…	…	…	…	…	…	2	0	1	2	0	2
100+	…	…	…	…	…	…	0	0	0	0	0	0

年齢	2000			2005			2010			2015		
	総数	男	女	総数	男	女	総数	男	女	総数	男	女
総数	44 897	22 103	22 794	48 353	23 744	24 609	51 622	25 322	26 300	54 490	26 797	27 693
0-4	5 415	2 940	2 475	5 198	2 619	2 579	5 575	2 840	2 735	5 370	2 709	2 661
5-9	5 159	2 677	2 482	5 334	2 889	2 444	5 113	2 570	2 543	5 512	2 802	2 710
10-14	5 080	2 579	2 501	5 196	2 694	2 502	5 283	2 859	2 425	5 051	2 535	2 515
15-19	4 633	2 232	2 401	5 215	2 661	2 553	5 200	2 693	2 507	5 277	2 849	2 428
20-24	4 064	1 910	2 154	4 743	2 298	2 444	5 356	2 745	2 612	5 265	2 721	2 544
25-29	3 870	1 963	1 907	3 956	1 859	2 097	4 747	2 326	2 421	5 353	2 746	2 606
30-34	3 556	1 877	1 679	3 690	1 865	1 825	3 706	1 759	1 947	4 634	2 284	2 350
35-39	3 048	1 563	1 485	3 338	1 750	1 588	3 345	1 677	1 668	3 515	1 680	1 835
40-44	2 527	1 167	1 361	2 853	1 435	1 419	3 022	1 550	1 473	3 107	1 561	1 546
45-49	2 023	865	1 158	2 332	1 054	1 278	2 678	1 301	1 376	2 794	1 425	1 369
50-54	1 469	551	917	1 842	771	1 070	2 143	942	1 201	2 456	1 179	1 278
55-59	1 253	512	740	1 343	493	850	1 654	665	989	1 949	838	1 111
60-64	1 012	448	563	1 081	421	660	1 192	413	779	1 466	567	899
65-69	772	367	405	874	367	507	883	315	568	1 012	327	685
70-74	508	241	267	634	275	359	723	286	438	696	225	471
75-79	289	125	163	450	194	256	493	194	299	511	178	333
80+	…	…	…	…	…	…	…	…	…	…	…	…
80-84	150	68	82	183	69	114	395	152	243	299	101	198
85-89	51	13	38	70	27	43	85	27	58	189	61	127
90-94	15	3	12	18	4	15	23	7	16	30	8	23
95-99	3	0	2	4	0	3	4	1	4	5	1	4
100+	0	0	0	0	0	0	1	0	0	1	0	1

性・年齢別人口（千人）

年齢	2015			2020			2025			2030		
	総数	男	女	総数	男	女	総数	男	女	総数	男	女
総数	54 490	26 797	27 693	56 669	27 962	28 707	58 436	28 938	29 498	60 034	29 820	30 215
0-4	5 370	2 709	2 661	5 297	2 676	2 621	5 090	2 574	2 516	4 941	2 500	2 440
5-9	5 512	2 802	2 710	5 323	2 681	2 642	5 263	2 656	2 607	5 063	2 558	2 505
10-14	5 051	2 535	2 515	5 448	2 767	2 681	5 289	2 662	2 627	5 245	2 645	2 600
15-19	5 277	2 849	2 428	4 989	2 501	2 488	5 383	2 731	2 652	5 262	2 646	2 616
20-24	5 265	2 721	2 544	5 258	2 834	2 424	4 952	2 480	2 472	5 351	2 712	2 639
25-29	5 353	2 746	2 606	5 197	2 690	2 507	5 172	2 791	2 381	4 876	2 446	2 430
30-34	4 634	2 284	2 350	5 173	2 667	2 506	5 018	2 611	2 407	5 006	2 715	2 292
35-39	3 515	1 680	1 835	4 351	2 159	2 192	4 868	2 528	2 340	4 747	2 488	2 260
40-44	3 107	1 561	1 546	3 227	1 549	1 677	4 008	2 000	2 008	4 523	2 361	2 161
45-49	2 794	1 425	1 369	2 836	1 421	1 416	2 950	1 416	1 534	3 698	1 846	1 852
50-54	2 456	1 179	1 278	2 534	1 279	1 255	2 574	1 278	1 296	2 699	1 286	1 413
55-59	1 949	838	1 111	2 217	1 042	1 174	2 289	1 135	1 154	2 339	1 143	1 196
60-64	1 466	567	899	1 721	713	1 008	1 959	892	1 068	2 033	979	1 054
65-69	1 012	327	685	1 242	450	792	1 463	571	892	1 672	722	951
70-74	696	225	471	807	235	572	995	329	667	1 180	423	757
75-79	511	178	333	505	142	363	598	151	447	743	216	527
80+	…	…	…	…	…	…	…	…	…	…	…	…
80-84	299	101	198	319	94	225	327	77	249	396	84	312
85-89	189	61	127	149	42	107	164	40	124	175	33	142
90-94	30	8	23	69	18	51	57	12	44	65	12	53
95-99	5	1	4	7	1	6	17	3	14	15	2	13
100+	1	0	1	1	0	1	1	0	1	3	0	2

年齢	2035			2040			2045			2050		
	総数	男	女	総数	男	女	総数	男	女	総数	男	女
総数	61 551	30 640	30 911	63 001	31 407	31 594	64 348	32 101	32 247	65 540	32 688	32 852
0-4	4 860	2 461	2 399	4 791	2 428	2 362	4 689	2 378	2 310	4 550	2 309	2 241
5-9	4 919	2 487	2 431	4 842	2 451	2 391	4 776	2 420	2 356	4 676	2 372	2 305
10-14	5 049	2 550	2 499	4 908	2 481	2 427	4 834	2 446	2 388	4 769	2 416	2 353
15-19	5 233	2 637	2 596	5 042	2 544	2 497	4 904	2 478	2 426	4 832	2 444	2 388
20-24	5 247	2 636	2 610	5 225	2 631	2 594	5 038	2 541	2 497	4 904	2 476	2 427
25-29	5 280	2 680	2 600	5 194	2 614	2 581	5 186	2 615	2 571	5 009	2 529	2 480
30-34	4 736	2 387	2 349	5 150	2 625	2 525	5 091	2 571	2 520	5 103	2 580	2 523
35-39	4 768	2 600	2 167	4 539	2 301	2 238	4 969	2 544	2 425	4 945	2 506	2 439
40-44	4 451	2 344	2 107	4 510	2 469	2 041	4 329	2 201	2 127	4 775	2 450	2 325
45-49	4 218	2 203	2 015	4 191	2 207	1 983	4 281	2 344	1 938	4 140	2 104	2 036
50-54	3 420	1 697	1 723	3 940	2 048	1 893	3 950	2 071	1 879	4 063	2 214	1 849
55-59	2 477	1 163	1 314	3 167	1 551	1 616	3 679	1 890	1 790	3 714	1 925	1 789
60-64	2 095	995	1 099	2 239	1 023	1 216	2 887	1 380	1 507	3 379	1 697	1 682
65-69	1 746	801	945	1 814	823	991	1 960	856	1 104	2 549	1 169	1 380
70-74	1 356	542	814	1 425	609	815	1 496	634	861	1 636	669	967
75-79	888	282	606	1 025	368	658	1 085	420	665	1 153	444	709
80+	…	…	…	…	…	…	…	…	…	…	…	…
80-84	497	122	375	601	163	437	698	217	482	745	252	493
85-89	219	37	181	278	56	223	341	76	265	401	103	298
90-94	73	10	62	94	12	82	122	18	104	153	25	127
95-99	18	2	16	21	2	19	29	2	26	38	4	34
100+	3	0	2	3	0	3	4	0	4	6	0	6

年齢	2055			2060		
	総数	男	女	総数	男	女
総数	66 493	33 127	33 366	67 183	33 409	33 774
0-4	4 402	2 234	2 168	4 276	2 171	2 105
5-9	4 539	2 303	2 236	4 392	2 229	2 163
10-14	4 671	2 368	2 303	4 535	2 300	2 235
15-19	4 769	2 415	2 354	4 672	2 368	2 304
20-24	4 834	2 444	2 390	4 771	2 415	2 356
25-29	4 880	2 466	2 414	4 813	2 435	2 378
30-34	4 940	2 500	2 440	4 819	2 441	2 378
35-39	4 975	2 523	2 452	4 826	2 449	2 377
40-44	4 776	2 425	2 351	4 819	2 449	2 371
45-49	4 587	2 352	2 236	4 605	2 336	2 268
50-54	3 948	1 996	1 952	4 389	2 240	2 150
55-59	3 836	2 068	1 767	3 743	1 873	1 870
60-64	3 431	1 741	1 690	3 556	1 881	1 675
65-69	3 004	1 453	1 551	3 070	1 504	1 567
70-74	2 146	927	1 220	2 548	1 166	1 382
75-79	1 280	476	804	1 694	670	1 024
80+	…	…	…	…	…	…
80-84	804	272	532	907	297	611
85-89	433	122	311	475	134	341
90-94	182	35	147	199	43	157
95-99	49	5	43	59	8	52
100+	8	0	8	11	1	10

性・年齢別人口（千人）

年齢	2015			2020			2025			2030		
	総数	男	女	総数	男	女	総数	男	女	総数	男	女
総数	54 490	26 797	27 693	57 248	28 254	28 993	59 944	29 700	30 244	62 714	31 174	31 540
0-4	5 370	2 709	2 661	5 876	2 969	2 908	6 023	3 046	2 977	6 119	3 097	3 023
5-9	5 512	2 802	2 710	5 323	2 681	2 642	5 838	2 946	2 892	5 991	3 027	2 964
10-14	5 051	2 535	2 515	5 448	2 767	2 681	5 289	2 662	2 627	5 818	2 934	2 884
15-19	5 277	2 849	2 428	4 989	2 501	2 488	5 383	2 731	2 652	5 262	2 646	2 616
20-24	5 265	2 721	2 544	5 258	2 834	2 424	4 952	2 480	2 472	5 351	2 712	2 639
25-29	5 353	2 746	2 606	5 197	2 690	2 507	5 172	2 791	2 381	4 876	2 446	2 430
30-34	4 634	2 284	2 350	5 173	2 667	2 506	5 018	2 611	2 407	5 006	2 715	2 292
35-39	3 515	1 680	1 835	4 351	2 159	2 192	4 868	2 528	2 340	4 747	2 488	2 260
40-44	3 107	1 561	1 546	3 227	1 549	1 677	4 008	2 000	2 008	4 523	2 361	2 161
45-49	2 794	1 425	1 369	2 836	1 421	1 416	2 950	1 416	1 534	3 698	1 846	1 852
50-54	2 456	1 179	1 278	2 534	1 279	1 255	2 574	1 278	1 296	2 699	1 286	1 413
55-59	1 949	838	1 111	2 217	1 042	1 174	2 289	1 135	1 154	2 339	1 143	1 196
60-64	1 466	567	899	1 721	713	1 008	1 959	892	1 068	2 033	979	1 054
65-69	1 012	327	685	1 242	450	792	1 463	571	892	1 672	722	951
70-74	696	225	471	807	235	572	995	329	667	1 180	423	757
75-79	511	178	333	505	142	363	598	151	447	743	216	527
80+	...	...	...	...	...	...	...	...	...	...	...	...
80-84	299	101	198	319	94	225	327	77	249	396	84	312
85-89	189	61	127	149	42	107	164	40	124	175	33	142
90-94	30	8	23	69	18	51	57	12	44	65	12	53
95-99	5	1	4	7	1	6	17	3	14	15	2	13
100+	1	0	1	1	0	1	1	0	1	3	0	2

年齢	2035			2040			2045			2050		
	総数	男	女	総数	男	女	総数	男	女	総数	男	女
総数	65 446	32 609	32 837	68 254	34 063	34 190	71 228	35 582	35 646	74 352	37 150	37 202
0-4	6 086	3 082	3 004	6 164	3 124	3 040	6 338	3 215	3 123	6 516	3 306	3 210
5-9	6 092	3 081	3 011	6 063	3 069	2 994	6 144	3 114	3 031	6 320	3 205	3 115
10-14	5 974	3 017	2 957	6 078	3 072	3 005	6 052	3 062	2 990	6 135	3 108	3 027
15-19	5 803	2 924	2 879	5 963	3 009	2 954	6 070	3 067	3 003	6 047	3 059	2 989
20-24	5 247	2 636	2 610	5 792	2 917	2 875	5 956	3 004	2 951	6 065	3 063	3 002
25-29	5 280	2 680	2 600	5 194	2 614	2 581	5 747	2 898	2 849	5 917	2 988	2 930
30-34	4 736	2 387	2 349	5 150	2 625	2 525	5 091	2 571	2 520	5 653	2 858	2 795
35-39	4 768	2 600	2 167	4 539	2 301	2 238	4 969	2 544	2 425	4 945	2 506	2 439
40-44	4 451	2 344	2 107	4 510	2 469	2 041	4 329	2 201	2 127	4 775	2 450	2 325
45-49	4 218	2 203	2 015	4 191	2 207	1 983	4 281	2 344	1 938	4 140	2 104	2 036
50-54	3 420	1 697	1 723	3 940	2 048	1 893	3 950	2 071	1 879	4 063	2 214	1 849
55-59	2 477	1 163	1 314	3 167	1 551	1 616	3 679	1 890	1 790	3 714	1 925	1 789
60-64	2 095	995	1 099	2 239	1 023	1 216	2 887	1 380	1 507	3 379	1 697	1 682
65-69	1 746	801	945	1 814	823	991	1 960	856	1 104	2 549	1 169	1 380
70-74	1 356	542	814	1 425	609	815	1 496	634	861	1 636	669	967
75-79	888	282	606	1 025	368	658	1 085	420	665	1 153	444	709
80+	...	...	...	...	...	...	...	...	...	...	...	...
80-84	497	122	375	601	163	437	698	217	482	745	252	493
85-89	219	37	181	278	56	223	341	76	265	401	103	298
90-94	73	10	62	94	12	82	122	18	104	153	25	127
95-99	18	2	16	21	2	19	29	2	26	38	4	34
100+	3	0	2	3	0	3	4	0	4	6	0	6

年齢	2055			2060		
	総数	男	女	総数	男	女
総数	77 482	38 695	38 787	80 511	40 167	40 344
0-4	6 633	3 367	3 267	6 696	3 399	3 297
5-9	6 500	3 298	3 202	6 618	3 359	3 259
10-14	6 312	3 201	3 112	6 493	3 294	3 199
15-19	6 133	3 106	3 027	6 310	3 198	3 112
20-24	6 044	3 056	2 988	6 130	3 103	3 027
25-29	6 031	3 048	2 983	6 014	3 043	2 972
30-34	5 833	2 952	2 881	5 953	3 015	2 938
35-39	5 511	2 795	2 716	5 698	2 892	2 806
40-44	4 776	2 425	2 351	5 338	2 712	2 626
45-49	4 587	2 352	2 236	4 605	2 336	2 268
50-54	3 948	1 996	1 952	4 389	2 240	2 150
55-59	3 836	2 068	1 767	3 743	1 873	1 870
60-64	3 431	1 741	1 690	3 556	1 881	1 675
65-69	3 004	1 453	1 551	3 070	1 504	1 567
70-74	2 146	927	1 220	2 548	1 166	1 382
75-79	1 280	476	804	1 694	670	1 024
80+	...	...	...	...	...	...
80-84	804	272	532	907	297	611
85-89	433	122	311	475	134	341
90-94	182	35	147	199	43	157
95-99	49	5	43	59	8	52
100+	8	0	8	11	1	10

性・年齢別人口（千人）

年齢	2015			2020			2025			2030		
	総数	男	女	総数	男	女	総数	男	女	総数	男	女
総数	54 490	26 797	27 693	56 090	27 669	28 420	56 928	28 176	28 752	57 355	28 466	28 890
0-4	5 370	2 709	2 661	4 718	2 384	2 335	4 156	2 102	2 054	3 762	1 904	1 858
5-9	5 512	2 802	2 710	5 323	2 681	2 642	4 688	2 366	2 322	4 135	2 089	2 046
10-14	5 051	2 535	2 515	5 448	2 767	2 681	5 289	2 662	2 627	4 672	2 356	2 316
15-19	5 277	2 849	2 428	4 989	2 501	2 488	5 383	2 731	2 652	5 262	2 646	2 616
20-24	5 265	2 721	2 544	5 258	2 834	2 424	4 952	2 480	2 472	5 351	2 712	2 639
25-29	5 353	2 746	2 606	5 197	2 690	2 507	5 172	2 791	2 381	4 876	2 446	2 430
30-34	4 634	2 284	2 350	5 173	2 667	2 506	5 018	2 611	2 407	5 006	2 715	2 292
35-39	3 515	1 680	1 835	4 351	2 159	2 192	4 868	2 528	2 340	4 747	2 488	2 260
40-44	3 107	1 561	1 546	3 227	1 549	1 677	4 008	2 000	2 008	4 523	2 361	2 161
45-49	2 794	1 425	1 369	2 836	1 421	1 416	2 950	1 416	1 534	3 698	1 846	1 852
50-54	2 456	1 179	1 278	2 534	1 279	1 255	2 574	1 278	1 296	2 699	1 286	1 413
55-59	1 949	838	1 111	2 217	1 042	1 174	2 289	1 135	1 154	2 339	1 143	1 196
60-64	1 466	567	899	1 721	713	1 008	1 959	892	1 068	2 033	979	1 054
65-69	1 012	327	685	1 242	450	792	1 463	571	892	1 672	722	951
70-74	696	225	471	807	235	572	995	329	667	1 180	423	757
75-79	511	178	333	505	142	363	598	151	447	743	216	527
80+	...	...	...	...	...	...	...	...	...	...	...	...
80-84	299	101	198	319	94	225	327	77	249	396	84	312
85-89	189	61	127	149	42	107	164	40	124	175	33	142
90-94	30	8	23	69	18	51	57	12	44	65	12	53
95-99	5	1	4	7	1	6	17	3	14	15	2	13
100+	1	0	1	1	0	1	1	0	1	3	0	2

年齢	2035			2040			2045			2050		
	総数	男	女	総数	男	女	総数	男	女	総数	男	女
総数	57 666	28 676	28 990	57 818	28 786	29 032	57 712	28 744	28 969	57 289	28 510	28 778
0-4	3 643	1 845	1 798	3 478	1 763	1 715	3 215	1 631	1 584	2 900	1 472	1 429
5-9	3 746	1 894	1 852	3 630	1 838	1 793	3 468	1 757	1 711	3 207	1 626	1 580
10-14	4 124	2 082	2 042	3 738	1 889	1 849	3 624	1 834	1 791	3 464	1 755	1 709
15-19	4 663	2 350	2 313	4 120	2 079	2 041	3 738	1 888	1 849	3 626	1 834	1 792
20-24	5 247	2 636	2 610	4 658	2 346	2 312	4 121	2 079	2 042	3 742	1 890	1 852
25-29	5 280	2 680	2 600	5 194	2 614	2 581	4 624	2 332	2 293	4 100	2 070	2 030
30-34	4 736	2 387	2 349	5 150	2 625	2 525	5 091	2 571	2 520	4 552	2 302	2 250
35-39	4 768	2 600	2 167	4 539	2 301	2 238	4 969	2 544	2 425	4 945	2 506	2 439
40-44	4 451	2 344	2 107	4 510	2 469	2 041	4 329	2 201	2 127	4 775	2 450	2 325
45-49	4 218	2 203	2 015	4 191	2 207	1 983	4 281	2 344	1 938	4 140	2 104	2 036
50-54	3 420	1 697	1 723	3 940	2 048	1 893	3 950	2 071	1 879	4 063	2 214	1 849
55-59	2 477	1 163	1 314	3 167	1 551	1 616	3 679	1 890	1 790	3 714	1 925	1 789
60-64	2 095	995	1 099	2 239	1 023	1 216	2 887	1 380	1 507	3 379	1 697	1 682
65-69	1 746	801	945	1 814	823	991	1 960	856	1 104	2 549	1 169	1 380
70-74	1 356	542	814	1 425	609	815	1 496	634	861	1 636	669	967
75-79	888	282	606	1 025	368	658	1 085	420	665	1 153	444	709
80+	...	...	...	...	...	...	...	...	...	...	...	...
80-84	497	122	375	601	163	437	698	217	482	745	252	493
85-89	219	37	181	278	56	223	341	76	265	401	103	298
90-94	73	10	62	94	12	82	122	18	104	153	25	127
95-99	18	2	16	21	2	19	29	2	26	38	4	34
100+	3	0	2	3	0	3	4	0	4	6	0	6

年齢	2055			2060		
	総数	男	女	総数	男	女
総数	56 509	28 068	28 440	55 406	27 437	27 969
0-4	2 615	1 327	1 288	2 403	1 220	1 183
5-9	2 894	1 468	1 426	2 610	1 325	1 286
10-14	3 204	1 624	1 579	2 892	1 467	1 425
15-19	3 467	1 755	1 711	3 208	1 626	1 582
20-24	3 632	1 836	1 796	3 473	1 758	1 715
25-29	3 728	1 884	1 844	3 621	1 832	1 789
30-34	4 046	2 048	1 998	3 684	1 866	1 818
35-39	4 439	2 252	2 188	3 955	2 007	1 948
40-44	4 776	2 425	2 351	4 301	2 185	2 116
45-49	4 587	2 352	2 236	4 605	2 336	2 268
50-54	3 948	1 996	1 952	4 389	2 240	2 150
55-59	3 836	2 068	1 767	3 743	1 873	1 870
60-64	3 431	1 741	1 690	3 556	1 881	1 675
65-69	3 004	1 453	1 551	3 070	1 504	1 567
70-74	2 146	927	1 220	2 548	1 166	1 382
75-79	1 280	476	804	1 694	670	1 024
80+	...	...	...	...	...	...
80-84	804	272	532	907	297	611
85-89	433	122	311	475	134	341
90-94	182	35	147	199	43	157
95-99	49	5	43	59	8	52
100+	8	0	8	11	1	10

South Sudan

性・年齢別人口（千人）

年齢	1960 総数	男	女	1965 総数	男	女	1970 総数	男	女	1975 総数	男	女
総数	2 955	1 484	1 471	3 264	1 632	1 631	3 647	1 819	1 828	4 117	2 050	2 068
0-4	510	255	256	588	294	294	672	336	335	747	375	372
5-9	363	180	183	431	214	217	505	252	253	594	297	297
10-14	353	178	175	344	171	174	411	204	206	483	241	242
15-19	325	165	160	340	171	168	332	165	167	399	198	201
20-24	277	140	137	309	156	153	325	163	162	321	158	162
25-29	235	117	118	261	131	130	293	147	146	311	156	155
30-34	195	98	97	220	109	111	247	124	123	279	140	139
35-39	163	83	79	182	91	90	206	102	104	233	117	117
40-44	134	68	65	150	76	73	168	84	84	193	95	98
45-49	111	56	55	122	62	60	137	69	68	156	78	78
50-54	89	45	44	99	49	50	110	55	55	125	63	63
55-59	69	34	35	77	38	39	87	42	44	98	48	50
60-64	52	26	26	57	28	29	64	31	33	74	35	38
65-69	38	19	19	39	19	20	44	21	23	51	24	26
70-74	24	12	12	25	12	13	26	13	14	30	14	16
75-79	12	6	6	13	6	7	14	6	7	15	7	8
80+	6	3	3	6	3	3	7	3	4	8	3	4
80-84	…	…	…	…	…	…	…	…	…	…	…	…
85-89	…	…	…	…	…	…	…	…	…	…	…	…
90-94	…	…	…	…	…	…	…	…	…	…	…	…
95-99	…	…	…	…	…	…	…	…	…	…	…	…
100+	…	…	…	…	…	…	…	…	…	…	…	…

年齢	1980 総数	男	女	1985 総数	男	女	1990 総数	男	女	1995 総数	男	女
総数	4 701	2 338	2 363	5 445	2 706	2 739	5 762	2 864	2 898	5 453	2 713	2 740
0-4	846	425	421	962	484	479	1 046	527	520	989	499	490
5-9	673	337	336	777	390	388	808	405	403	794	399	395
10-14	575	287	288	663	332	331	695	348	347	642	322	320
15-19	474	236	238	574	287	287	599	300	299	559	280	279
20-24	389	193	196	471	234	237	516	257	259	480	239	240
25-29	311	153	158	383	189	194	420	208	212	411	204	207
30-34	300	150	150	305	150	155	340	168	173	332	164	168
35-39	267	134	133	292	145	146	268	131	137	268	132	136
40-44	221	110	111	258	129	129	256	127	129	208	101	106
45-49	181	89	92	212	105	107	224	111	113	200	99	101
50-54	145	71	74	171	83	88	181	89	92	173	85	88
55-59	113	56	57	133	64	68	143	69	75	136	66	70
60-64	84	41	43	100	48	51	107	51	56	104	49	55
65-69	59	28	31	69	33	36	75	36	39	73	34	39
70-74	36	17	19	43	20	23	46	22	25	46	22	24
75-79	18	8	10	22	10	12	24	11	13	24	11	13
80+	9	4	5	11	5	6	…	…	…	…	…	…
80-84	…	…	…	…	…	…	10	4	5	10	4	6
85-89	…	…	…	…	…	…	3	1	2	3	1	2
90-94	…	…	…	…	…	…	0	0	0	0	0	0
95-99	…	…	…	…	…	…	0	0	0	0	0	0
100+	…	…	…	…	…	…	0	0	0	0	0	0

年齢	2000 総数	男	女	2005 総数	男	女	2010 総数	男	女	2015 総数	男	女
総数	6 693	3 334	3 359	8 100	4 041	4 059	10 056	5 027	5 030	12 340	6 179	6 161
0-4	1 193	603	590	1 377	697	680	1 656	839	817	1 956	992	964
5-9	984	496	488	1 192	602	590	1 431	723	707	1 718	870	848
10-14	824	414	410	1 018	513	505	1 273	642	631	1 519	768	751
15-19	672	337	335	857	431	427	1 093	550	543	1 355	683	672
20-24	582	291	291	696	349	348	915	459	456	1 158	582	576
25-29	495	246	249	597	298	299	738	369	369	963	482	481
30-34	422	209	213	504	251	253	625	312	313	772	386	386
35-39	339	167	172	426	211	215	523	261	263	647	323	324
40-44	272	134	139	341	168	173	439	218	221	537	268	270
45-49	210	102	108	272	133	139	350	172	178	448	222	227
50-54	199	97	101	208	100	108	276	134	142	355	174	181
55-59	169	82	87	193	94	99	210	101	109	277	134	143
60-64	129	62	67	159	77	83	188	91	98	206	98	108
65-69	93	43	50	116	55	61	148	70	78	175	83	92
70-74	59	27	32	76	35	41	99	46	53	127	60	68
75-79	32	15	18	42	19	23	57	25	32	75	34	41
80+	…	…	…	…	…	…	…	…	…	…	…	…
80-84	14	6	8	18	8	10	26	11	14	35	15	20
85-89	4	2	2	6	2	3	8	3	5	12	5	7
90-94	1	0	1	1	0	1	2	1	1	3	1	2
95-99	0	0	0	0	0	0	0	0	0	0	0	0
100+	0	0	0	0	0	0	0	0	0	0	0	0

性・年齢別人口（千人）

年齢	2015			2020			2025			2030		
	総数	男	女	総数	男	女	総数	男	女	総数	男	女
総数	12 340	6 179	6 161	14 122	7 082	7 041	15 951	8 008	7 943	17 810	8 949	8 861
0-4	1 956	992	964	2 163	1 097	1 066	2 333	1 183	1 150	2 467	1 251	1 216
5-9	1 718	870	848	1 911	968	942	2 106	1 067	1 039	2 271	1 151	1 121
10-14	1 519	768	751	1 711	866	845	1 892	958	933	2 079	1 053	1 027
15-19	1 355	683	672	1 517	766	751	1 697	859	839	1 870	947	923
20-24	1 158	582	576	1 347	678	669	1 499	756	743	1 672	845	828
25-29	963	482	481	1 144	574	570	1 324	666	658	1 470	740	729
30-34	772	386	386	944	473	471	1 117	561	556	1 290	649	641
35-39	647	323	324	750	376	375	915	459	456	1 082	544	538
40-44	537	268	270	624	312	312	722	362	361	880	441	439
45-49	448	222	227	516	257	260	598	298	300	691	346	346
50-54	355	174	181	428	211	217	491	243	248	568	282	286
55-59	277	134	143	335	163	172	401	196	205	460	226	234
60-64	206	98	108	255	122	133	306	147	159	367	178	189
65-69	175	83	92	181	85	96	223	105	118	268	127	141
70-74	127	60	68	142	67	76	147	68	79	180	83	97
75-79	75	34	41	91	42	49	101	46	55	104	47	58
80+	…	…	…	…	…	…	…	…	…	…	…	…
80-84	35	15	20	44	19	25	53	23	30	59	26	33
85-89	12	5	7	15	6	9	19	8	11	23	10	13
90-94	3	1	2	3	1	2	4	2	3	5	2	3
95-99	0	0	0	0	0	0	1	0	0	1	0	0
100+	0	0	0	0	0	0	0	0	0	0	0	0

年齢	2035			2040			2045			2050		
	総数	男	女	総数	男	女	総数	男	女	総数	男	女
総数	19 747	9 929	9 818	21 744	10 937	10 807	23 786	11 966	11 820	25 855	13 007	12 848
0-4	2 581	1 310	1 271	2 688	1 365	1 323	2 790	1 417	1 373	2 886	1 466	1 420
5-9	2 411	1 222	1 189	2 531	1 283	1 247	2 643	1 341	1 302	2 750	1 396	1 355
10-14	2 246	1 138	1 109	2 388	1 210	1 178	2 510	1 272	1 238	2 625	1 331	1 294
15-19	2 059	1 042	1 017	2 227	1 127	1 099	2 370	1 200	1 170	2 493	1 263	1 230
20-24	1 846	934	912	2 035	1 029	1 006	2 204	1 114	1 089	2 348	1 187	1 160
25-29	1 643	829	814	1 818	919	899	2 007	1 014	993	2 177	1 100	1 077
30-34	1 437	724	713	1 612	813	798	1 787	903	884	1 977	998	979
35-39	1 254	631	623	1 402	707	695	1 577	796	781	1 752	885	867
40-44	1 046	525	520	1 217	612	604	1 364	687	677	1 538	776	762
45-49	846	423	423	1 008	506	503	1 177	591	586	1 323	665	657
50-54	659	328	331	809	403	406	966	482	484	1 130	565	565
55-59	534	263	270	621	307	314	764	378	386	914	453	461
60-64	422	205	216	491	240	251	572	279	292	705	345	360
65-69	322	154	168	371	178	193	432	208	224	504	242	262
70-74	217	101	116	262	122	140	302	142	161	353	166	187
75-79	129	58	71	156	70	86	189	85	103	218	99	119
80+	…	…	…	…	…	…	…	…	…	…	…	…
80-84	61	26	35	76	33	43	92	40	52	111	48	63
85-89	25	11	15	26	11	16	33	13	19	40	16	24
90-94	7	3	4	7	3	4	8	3	5	9	4	6
95-99	1	0	1	1	0	1	1	0	1	1	0	1
100+	0	0	0	0	0	0	0	0	0	0	0	0

年齢	2055			2060		
	総数	男	女	総数	男	女
総数	27 920	14 043	13 877	29 941	15 053	14 888
0-4	2 962	1 506	1 456	3 010	1 530	1 479
5-9	2 851	1 447	1 403	2 931	1 489	1 442
10-14	2 733	1 386	1 347	2 836	1 439	1 397
15-19	2 609	1 322	1 287	2 719	1 378	1 341
20-24	2 472	1 251	1 221	2 589	1 310	1 279
25-29	2 322	1 173	1 149	2 448	1 237	1 211
30-34	2 147	1 084	1 063	2 294	1 158	1 136
35-39	1 943	981	962	2 114	1 067	1 047
40-44	1 714	865	848	1 904	960	944
45-49	1 495	753	742	1 669	841	828
50-54	1 273	638	635	1 441	723	719
55-59	1 072	532	539	1 209	601	608
60-64	845	414	431	992	487	505
65-69	623	300	323	749	361	388
70-74	413	194	219	512	241	271
75-79	256	116	139	300	137	164
80+	…	…	…	…	…	…
80-84	129	56	73	152	66	86
85-89	48	20	29	56	23	33
90-94	11	4	7	14	5	9
95-99	2	1	1	2	1	1
100+	0	0	0	0	0	0

South Sudan

性・年齢別人口（千人）

年齢	2015			2020			2025			2030		
	総数	男	女	総数	男	女	総数	男	女	総数	男	女
総数	12 340	6 179	6 161	14 236	7 139	7 097	16 275	8 172	8 103	18 436	9 266	9 170
0-4	1 956	992	964	2 276	1 154	1 122	2 548	1 292	1 256	2 776	1 408	1 368
5-9	1 718	870	848	1 911	968	942	2 217	1 123	1 094	2 480	1 256	1 224
10-14	1 519	768	751	1 711	866	845	1 892	958	933	2 188	1 108	1 080
15-19	1 355	683	672	1 517	766	751	1 697	859	839	1 870	947	923
20-24	1 158	582	576	1 347	678	669	1 499	756	743	1 672	845	828
25-29	963	482	481	1 144	574	570	1 324	666	658	1 470	740	729
30-34	772	386	386	944	473	471	1 117	561	556	1 290	649	641
35-39	647	323	324	750	376	375	915	459	456	1 082	544	538
40-44	537	268	270	624	312	312	722	362	361	880	441	439
45-49	448	222	227	516	257	260	598	298	300	691	346	346
50-54	355	174	181	428	211	217	491	243	248	568	282	286
55-59	277	134	143	335	163	172	401	196	205	460	226	234
60-64	206	98	108	255	122	133	306	147	159	367	178	189
65-69	175	83	92	181	85	96	223	105	118	268	127	141
70-74	127	60	68	142	67	76	147	68	79	180	83	97
75-79	75	34	41	91	42	49	101	46	55	104	47	58
80+	...	...	...	...	...	...	...	...	...	...	...	...
80-84	35	15	20	44	19	25	53	23	30	59	26	33
85-89	12	5	7	15	6	9	19	8	11	23	10	13
90-94	3	1	2	3	1	2	4	2	3	5	2	3
95-99	0	0	0	0	0	0	1	0	0	1	0	0
100+	0	0	0	0	0	0	0	0	0	0	0	0

年齢	2035			2040			2045			2050		
	総数	男	女	総数	男	女	総数	男	女	総数	男	女
総数	20 717	10 420	10 297	23 125	11 637	11 488	25 693	12 933	12 761	28 446	14 320	14 126
0-4	2 935	1 490	1 445	3 110	1 579	1 531	3 331	1 692	1 640	3 588	1 823	1 765
5-9	2 713	1 375	1 338	2 878	1 459	1 418	3 058	1 551	1 507	3 284	1 666	1 618
10-14	2 453	1 242	1 211	2 687	1 361	1 326	2 855	1 447	1 408	3 037	1 540	1 497
15-19	2 167	1 097	1 070	2 432	1 231	1 201	2 667	1 350	1 317	2 836	1 437	1 399
20-24	1 846	934	912	2 142	1 083	1 059	2 407	1 217	1 190	2 642	1 336	1 306
25-29	1 643	829	814	1 818	919	899	2 113	1 067	1 046	2 378	1 201	1 177
30-34	1 437	724	713	1 612	813	798	1 787	903	884	2 081	1 051	1 030
35-39	1 254	631	623	1 402	707	695	1 577	796	781	1 752	885	867
40-44	1 046	525	520	1 217	612	604	1 364	687	677	1 538	776	762
45-49	846	423	423	1 008	506	503	1 177	591	586	1 323	665	657
50-54	659	328	331	809	403	406	966	482	484	1 130	565	565
55-59	534	263	270	621	307	314	764	378	386	914	453	461
60-64	422	205	216	491	240	251	572	279	292	705	345	360
65-69	322	154	168	371	178	193	432	208	224	504	242	262
70-74	217	101	116	262	122	140	302	142	161	353	166	187
75-79	129	58	71	156	70	86	189	85	103	218	99	119
80+	...	...	...	...	...	...	...	...	...	...	...	...
80-84	61	26	35	76	33	43	92	40	52	111	48	63
85-89	25	11	15	26	11	16	33	13	19	40	16	24
90-94	7	3	4	7	3	4	8	3	5	9	4	6
95-99	1	0	1	1	0	1	1	0	1	1	0	1
100+	0	0	0	0	0	0	0	0	0	0	0	0

年齢	2055			2060		
	総数	男	女	総数	男	女
総数	31 352	15 783	15 569	34 345	17 286	17 059
0-4	3 826	1 945	1 881	4 010	2 039	1 971
5-9	3 545	1 800	1 745	3 787	1 924	1 863
10-14	3 264	1 656	1 609	3 527	1 790	1 737
15-19	3 019	1 530	1 489	3 247	1 646	1 601
20-24	2 812	1 423	1 389	2 996	1 517	1 480
25-29	2 614	1 320	1 293	2 785	1 407	1 377
30-34	2 346	1 184	1 162	2 582	1 304	1 279
35-39	2 045	1 032	1 013	2 310	1 166	1 144
40-44	1 714	865	848	2 004	1 011	994
45-49	1 495	753	742	1 669	841	828
50-54	1 273	638	635	1 441	723	719
55-59	1 072	532	539	1 209	601	608
60-64	845	414	431	992	487	505
65-69	623	300	323	749	361	388
70-74	413	194	219	512	241	271
75-79	256	116	139	300	137	164
80+	...	...	...	...	...	...
80-84	129	56	73	152	66	86
85-89	48	20	29	56	23	33
90-94	11	4	7	14	5	9
95-99	2	1	1	2	1	1
100+	0	0	0	0	0	0

性・年齢別人口（千人）

年齢	2015			2020			2025			2030		
	総数	男	女	総数	男	女	総数	男	女	総数	男	女
総数	12 340	6 179	6 161	14 009	7 024	6 985	15 626	7 843	7 783	17 183	8 631	8 552
0-4	1 956	992	964	2 049	1 039	1 010	2 119	1 075	1 044	2 159	1 095	1 064
5-9	1 718	870	848	1 911	968	942	1 996	1 011	985	2 062	1 045	1 017
10-14	1 519	768	751	1 711	866	845	1 892	958	933	1 970	998	973
15-19	1 355	683	672	1 517	766	751	1 697	859	839	1 870	947	923
20-24	1 158	582	576	1 347	678	669	1 499	756	743	1 672	845	828
25-29	963	482	481	1 144	574	570	1 324	666	658	1 470	740	729
30-34	772	386	386	944	473	471	1 117	561	556	1 290	649	641
35-39	647	323	324	750	376	375	915	459	456	1 082	544	538
40-44	537	268	270	624	312	312	722	362	361	880	441	439
45-49	448	222	227	516	257	260	598	298	300	691	346	346
50-54	355	174	181	428	211	217	491	243	248	568	282	286
55-59	277	134	143	335	163	172	401	196	205	460	226	234
60-64	206	98	108	255	122	133	306	147	159	367	178	189
65-69	175	83	92	181	85	96	223	105	118	268	127	141
70-74	127	60	68	142	67	76	147	68	79	180	83	97
75-79	75	34	41	91	42	49	101	46	55	104	47	58
80+	...	...	...	...	...	...	...	...	...	...	...	...
80-84	35	15	20	44	19	25	53	23	30	59	26	33
85-89	12	5	7	15	6	9	19	8	11	23	10	13
90-94	3	1	2	3	1	2	4	2	3	5	2	3
95-99	0	0	0	0	0	0	1	0	0	1	0	0
100+	0	0	0	0	0	0	0	0	0	0	0	0

年齢	2035			2040			2045			2050		
	総数	男	女	総数	男	女	総数	男	女	総数	男	女
総数	18 778	9 437	9 340	20 372	10 242	10 131	21 916	11 018	10 898	23 364	11 744	11 620
0-4	2 229	1 131	1 098	2 274	1 155	1 120	2 278	1 157	1 121	2 247	1 141	1 106
5-9	2 109	1 069	1 040	2 185	1 108	1 077	2 236	1 134	1 102	2 244	1 139	1 106
10-14	2 039	1 033	1 007	2 089	1 058	1 031	2 167	1 098	1 068	2 219	1 125	1 094
15-19	1 951	987	963	2 021	1 023	998	2 072	1 049	1 023	2 152	1 090	1 062
20-24	1 846	934	912	1 928	975	953	2 000	1 011	989	2 053	1 038	1 015
25-29	1 643	829	814	1 818	919	899	1 902	960	941	1 976	998	978
30-34	1 437	724	713	1 612	813	798	1 787	903	884	1 873	946	927
35-39	1 254	631	623	1 402	707	695	1 577	796	781	1 752	885	867
40-44	1 046	525	520	1 217	612	604	1 364	687	677	1 538	776	762
45-49	846	423	423	1 008	506	503	1 177	591	586	1 323	665	657
50-54	659	328	331	809	403	406	966	482	484	1 130	565	565
55-59	534	263	270	621	307	314	764	378	386	914	453	461
60-64	422	205	216	491	240	251	572	279	292	705	345	360
65-69	322	154	168	371	178	193	432	208	224	504	242	262
70-74	217	101	116	262	122	140	302	142	161	353	166	187
75-79	129	58	71	156	70	86	189	85	103	218	99	119
80+	...	...	...	...	...	...	...	...	...	...	...	...
80-84	61	26	35	76	33	43	92	40	52	111	48	63
85-89	25	11	15	26	11	16	33	13	19	40	16	24
90-94	7	3	4	7	3	4	8	3	5	9	4	6
95-99	1	0	1	1	0	1	1	0	1	1	0	1
100+	0	0	0	0	0	0	0	0	0	0	0	0

年齢	2055			2060		
	総数	男	女	総数	男	女
総数	24 689	12 405	12 284	25 876	12 992	12 884
0-4	2 201	1 119	1 082	2 150	1 093	1 057
5-9	2 219	1 126	1 093	2 177	1 106	1 071
10-14	2 230	1 131	1 099	2 207	1 120	1 087
15-19	2 206	1 118	1 088	2 218	1 124	1 094
20-24	2 133	1 079	1 054	2 188	1 108	1 081
25-29	2 030	1 025	1 005	2 112	1 067	1 045
30-34	1 949	984	965	2 005	1 012	993
35-39	1 840	929	911	1 919	968	951
40-44	1 714	865	848	1 803	909	894
45-49	1 495	753	742	1 669	841	828
50-54	1 273	638	635	1 441	723	719
55-59	1 072	532	539	1 209	601	608
60-64	845	414	431	992	487	505
65-69	623	300	323	749	361	388
70-74	413	194	219	512	241	271
75-79	256	116	139	300	137	164
80+	...	...	...	...	...	...
80-84	129	56	73	152	66	86
85-89	48	20	29	56	23	33
90-94	11	4	7	14	5	9
95-99	2	1	1	2	1	1
100+	0	0	0	0	0	0

性・年齢別人口（千人）

年齢	1960			1965			1970			1975		
	総数	男	女	総数	男	女	総数	男	女	総数	男	女
総数	30 451	14 788	15 663	32 192	15 674	16 518	33 923	16 551	17 373	35 909	17 578	18 331
0-4	3 019	1 545	1 474	3 208	1 643	1 565	3 235	1 660	1 575	3 320	1 706	1 614
5-9	2 673	1 363	1 310	3 041	1 553	1 488	3 245	1 661	1 585	3 257	1 671	1 587
10-14	2 638	1 345	1 293	2 671	1 359	1 312	3 057	1 562	1 496	3 268	1 671	1 597
15-19	2 463	1 252	1 211	2 598	1 320	1 278	2 672	1 355	1 316	3 047	1 552	1 496
20-24	2 288	1 154	1 134	2 375	1 201	1 173	2 547	1 288	1 259	2 623	1 325	1 298
25-29	2 561	1 265	1 296	2 186	1 089	1 097	2 273	1 143	1 130	2 501	1 259	1 242
30-34	2 376	1 174	1 203	2 485	1 220	1 265	2 075	1 019	1 057	2 262	1 138	1 124
35-39	2 135	1 032	1 103	2 332	1 154	1 178	2 410	1 174	1 236	2 079	1 024	1 055
40-44	1 748	818	930	2 098	1 015	1 083	2 294	1 137	1 158	2 405	1 172	1 232
45-49	1 767	824	943	1 710	800	910	2 062	998	1 065	2 276	1 127	1 149
50-54	1 633	781	853	1 716	796	919	1 665	777	888	2 024	975	1 049
55-59	1 488	689	799	1 570	742	828	1 649	758	891	1 610	743	867
60-64	1 169	530	639	1 400	635	765	1 481	686	795	1 561	703	857
65-69	951	409	541	1 048	462	586	1 274	558	716	1 348	604	743
70-74	723	303	420	787	326	461	882	372	510	1 080	450	629
75-79	449	178	271	532	210	323	583	228	355	664	261	403
80+	370	126	244	434	147	287	517	176	341	583	195	388
80-84	...	...	...	...	...	...	...	...	...	...	...	...
85-89	...	...	...	...	...	...	...	...	...	...	...	...
90-94	...	...	...	...	...	...	...	...	...	...	...	...
95-99	...	...	...	...	...	...	...	...	...	...	...	...
100+	...	...	...	...	...	...	...	...	...	...	...	...

年齢	1980			1985			1990			1995		
	総数	男	女	総数	男	女	総数	男	女	総数	男	女
総数	37 705	18 498	19 207	38 734	19 005	19 729	39 192	19 195	19 997	39 764	19 466	20 298
0-4	3 174	1 634	1 540	2 548	1 315	1 234	2 104	1 082	1 021	1 948	1 004	944
5-9	3 316	1 707	1 609	3 184	1 639	1 545	2 541	1 305	1 236	2 116	1 088	1 028
10-14	3 284	1 687	1 597	3 328	1 709	1 620	3 194	1 638	1 557	2 574	1 320	1 253
15-19	3 295	1 682	1 613	3 276	1 679	1 598	3 340	1 709	1 631	3 214	1 646	1 568
20-24	3 021	1 530	1 491	3 248	1 653	1 595	3 257	1 662	1 596	3 331	1 701	1 630
25-29	2 556	1 286	1 269	2 968	1 499	1 469	3 186	1 615	1 571	3 245	1 649	1 596
30-34	2 442	1 224	1 218	2 525	1 268	1 257	2 910	1 465	1 445	3 189	1 609	1 579
35-39	2 242	1 124	1 118	2 417	1 209	1 209	2 497	1 251	1 247	2 921	1 465	1 456
40-44	2 081	1 028	1 053	2 217	1 107	1 110	2 393	1 192	1 201	2 515	1 256	1 260
45-49	2 392	1 165	1 227	2 051	1 008	1 043	2 183	1 085	1 099	2 397	1 190	1 207
50-54	2 242	1 105	1 137	2 342	1 133	1 210	2 005	978	1 027	2 154	1 064	1 090
55-59	1 965	937	1 028	2 175	1 060	1 115	2 268	1 084	1 185	1 969	951	1 018
60-64	1 535	694	840	1 881	880	1 001	2 079	995	1 085	2 198	1 033	1 165
65-69	1 443	629	813	1 431	628	803	1 761	800	961	1 958	912	1 046
70-74	1 174	502	672	1 275	531	744	1 284	539	745	1 585	691	894
75-79	845	329	516	944	378	566	1 048	409	639	1 077	425	652
80+	700	235	465	923	309	614	...	...	...	...	...	...
80-84	...	...	...	...	...	...	684	249	435	792	282	510
85-89	...	...	...	...	...	...	342	107	235	413	134	279
90-94	...	...	...	...	...	...	96	27	69	143	40	103
95-99	...	...	...	...	...	...	16	4	12	24	6	18
100+	...	...	...	...	...	...	1	0	1	2	1	2

年齢	2000			2005			2010			2015		
	総数	男	女	総数	男	女	総数	男	女	総数	男	女
総数	40 750	20 000	20 749	43 855	21 634	22 221	46 601	23 044	23 557	46 122	22 624	23 498
0-4	1 886	971	915	2 184	1 124	1 060	2 447	1 260	1 187	2 144	1 105	1 039
5-9	1 964	1 010	954	1 986	1 021	966	2 285	1 175	1 110	2 437	1 255	1 182
10-14	2 169	1 117	1 052	2 108	1 083	1 025	2 071	1 064	1 007	2 282	1 174	1 108
15-19	2 643	1 360	1 283	2 319	1 193	1 125	2 198	1 130	1 068	2 091	1 073	1 018
20-24	3 286	1 685	1 601	2 876	1 477	1 399	2 497	1 282	1 214	2 234	1 133	1 100
25-29	3 406	1 740	1 666	3 670	1 887	1 783	3 197	1 641	1 556	2 463	1 237	1 226
30-34	3 321	1 687	1 634	3 832	1 976	1 856	4 046	2 089	1 957	3 050	1 532	1 518
35-39	3 268	1 649	1 619	3 660	1 877	1 783	4 097	2 121	1 976	3 869	1 960	1 909
40-44	2 991	1 500	1 491	3 511	1 780	1 731	3 819	1 960	1 858	3 952	2 013	1 939
45-49	2 558	1 276	1 282	3 155	1 583	1 572	3 623	1 832	1 791	3 706	1 876	1 830
50-54	2 409	1 192	1 217	2 658	1 320	1 338	3 209	1 600	1 609	3 528	1 762	1 766
55-59	2 140	1 049	1 091	2 455	1 201	1 254	2 662	1 309	1 354	3 120	1 537	1 583
60-64	1 928	920	1 009	2 148	1 036	1 112	2 452	1 183	1 269	2 580	1 250	1 330
65-69	2 103	967	1 136	1 892	882	1 010	2 113	998	1 115	2 354	1 114	1 240
70-74	1 802	811	991	1 973	876	1 097	1 795	811	984	1 980	909	1 071
75-79	1 351	556	795	1 571	669	902	1 766	746	1 020	1 602	692	910
80+	...	...	...	...	...	...	...	...	...	...	...	...
80-84	818	296	522	1 058	401	657	1 276	505	771	1 436	566	869
85-89	487	154	333	524	170	354	715	245	470	859	307	551
90-94	179	51	128	221	62	159	259	74	184	348	105	243
95-99	37	9	28	49	13	36	68	17	51	77	19	58
100+	3	1	2	5	1	4	8	2	6	10	2	8

性・年齢別人口（千人）

年齢	2015			2020			2025			2030		
	総数	男	女	総数	男	女	総数	男	女	総数	男	女
総数	46 122	22 624	23 498	46 194	22 679	23 515	46 095	22 641	23 454	45 920	22 552	23 368
0-4	2 144	1 105	1 039	1 985	1 023	962	1 825	941	884	1 754	904	850
5-9	2 437	1 255	1 182	2 152	1 109	1 043	1 997	1 029	968	1 840	948	892
10-14	2 282	1 174	1 108	2 441	1 257	1 184	2 158	1 112	1 046	2 005	1 033	972
15-19	2 091	1 073	1 018	2 294	1 180	1 114	2 458	1 265	1 194	2 180	1 122	1 058
20-24	2 234	1 133	1 100	2 119	1 086	1 034	2 334	1 197	1 136	2 509	1 288	1 222
25-29	2 463	1 237	1 226	2 268	1 149	1 120	2 169	1 108	1 060	2 397	1 226	1 170
30-34	3 050	1 532	1 518	2 491	1 250	1 241	2 309	1 167	1 141	2 222	1 133	1 089
35-39	3 869	1 960	1 909	3 066	1 539	1 527	2 517	1 262	1 255	2 344	1 184	1 160
40-44	3 952	2 013	1 939	3 870	1 958	1 911	3 077	1 543	1 534	2 536	1 270	1 266
45-49	3 706	1 876	1 830	3 936	2 001	1 935	3 860	1 951	1 910	3 078	1 541	1 537
50-54	3 528	1 762	1 766	3 672	1 852	1 820	3 905	1 980	1 926	3 837	1 933	1 903
55-59	3 120	1 537	1 583	3 471	1 723	1 748	3 620	1 816	1 804	3 857	1 945	1 911
60-64	2 580	1 250	1 330	3 042	1 482	1 560	3 393	1 668	1 725	3 547	1 764	1 783
65-69	2 354	1 114	1 240	2 484	1 183	1 301	2 940	1 411	1 529	3 289	1 595	1 694
70-74	1 980	909	1 071	2 220	1 024	1 196	2 355	1 096	1 259	2 799	1 315	1 484
75-79	1 602	692	910	1 791	791	1 000	2 024	901	1 124	2 163	973	1 189
80+	...	...	...	...	...	...	...	...	...	...	...	...
80-84	1 436	566	869	1 330	541	789	1 506	629	877	1 724	727	997
85-89	859	307	551	999	360	640	948	353	595	1 097	420	677
90-94	348	105	243	438	139	299	532	169	363	524	172	352
95-99	77	19	58	110	29	81	147	40	107	190	51	139
100+	10	2	8	13	3	10	20	5	16	29	7	23

年齢	2035			2040			2045			2050		
	総数	男	女	総数	男	女	総数	男	女	総数	男	女
総数	45 819	22 486	23 333	45 647	22 377	23 271	45 347	22 202	23 145	44 840	21 925	22 915
0-4	1 784	919	864	1 859	958	901	1 905	982	923	1 875	967	909
5-9	1 776	915	861	1 806	930	876	1 881	969	912	1 927	993	934
10-14	1 852	954	898	1 788	921	867	1 818	936	882	1 893	975	918
15-19	2 037	1 048	989	1 884	969	916	1 820	936	885	1 850	951	899
20-24	2 255	1 156	1 098	2 112	1 082	1 030	1 959	1 003	956	1 895	970	925
25-29	2 601	1 330	1 271	2 347	1 199	1 148	2 204	1 125	1 079	2 052	1 047	1 005
30-34	2 474	1 263	1 211	2 678	1 367	1 311	2 424	1 236	1 188	2 282	1 162	1 120
35-39	2 275	1 158	1 116	2 527	1 288	1 239	2 731	1 392	1 339	2 478	1 262	1 216
40-44	2 376	1 199	1 177	2 307	1 174	1 133	2 559	1 304	1 256	2 764	1 408	1 356
45-49	2 549	1 275	1 274	2 390	1 205	1 185	2 323	1 181	1 142	2 575	1 310	1 265
50-54	3 068	1 533	1 536	2 546	1 271	1 275	2 390	1 203	1 187	2 324	1 179	1 145
55-59	3 797	1 905	1 892	3 042	1 514	1 529	2 529	1 258	1 271	2 377	1 192	1 185
60-64	3 788	1 896	1 892	3 736	1 861	1 875	2 999	1 483	1 516	2 498	1 235	1 262
65-69	3 448	1 694	1 754	3 691	1 827	1 864	3 648	1 799	1 849	2 936	1 438	1 498
70-74	3 144	1 495	1 649	3 306	1 595	1 711	3 550	1 728	1 822	3 520	1 709	1 811
75-79	2 586	1 178	1 409	2 921	1 349	1 571	3 087	1 450	1 637	3 330	1 581	1 749
80+	...	...	...	...	...	...	...	...	...	...	...	...
80-84	1 862	796	1 066	2 248	975	1 273	2 561	1 130	1 431	2 729	1 227	1 502
85-89	1 282	497	785	1 409	555	854	1 729	692	1 037	2 001	817	1 184
90-94	627	211	416	756	257	499	855	296	559	1 079	380	700
95-99	197	54	143	247	69	178	312	87	225	369	104	265
100+	41	9	32	47	10	37	62	13	49	83	17	65

年齢	2055			2060		
	総数	男	女	総数	男	女
総数	44 076	21 528	22 548	43 114	21 047	22 067
0-4	1 804	930	874	1 750	902	848
5-9	1 897	977	920	1 824	940	884
10-14	1 939	999	940	1 907	982	925
15-19	1 924	989	935	1 968	1 012	956
20-24	1 922	984	938	1 991	1 020	971
25-29	1 984	1 012	972	2 005	1 023	982
30-34	2 126	1 082	1 044	2 054	1 045	1 009
35-39	2 333	1 187	1 147	2 175	1 105	1 070
40-44	2 510	1 277	1 233	2 364	1 201	1 162
45-49	2 778	1 414	1 364	2 525	1 284	1 241
50-54	2 575	1 309	1 267	2 778	1 412	1 366
55-59	2 313	1 170	1 143	2 564	1 299	1 264
60-64	2 351	1 173	1 178	2 291	1 153	1 137
65-69	2 450	1 202	1 249	2 310	1 144	1 167
70-74	2 842	1 372	1 470	2 378	1 151	1 227
75-79	3 318	1 573	1 745	2 691	1 270	1 421
80+	...	...	...	...	...	...
80-84	2 968	1 353	1 616	2 981	1 359	1 622
85-89	2 165	904	1 261	2 387	1 013	1 375
90-94	1 283	462	822	1 422	525	898
95-99	487	140	347	603	177	427
100+	106	22	84	146	31	115

Spain

性・年齢別人口（千人）

高位予測値

年齢	2015			2020			2025			2030		
	総数	男	女	総数	男	女	総数	男	女	総数	男	女
総数	46 122	22 624	23 498	46 552	22 863	23 688	46 959	23 087	23 872	47 373	23 301	24 072
0-4	2 144	1 105	1 039	2 343	1 208	1 136	2 331	1 202	1 130	2 343	1 208	1 135
5-9	2 437	1 255	1 182	2 152	1 109	1 043	2 355	1 213	1 141	2 347	1 209	1 137
10-14	2 282	1 174	1 108	2 441	1 257	1 184	2 158	1 112	1 046	2 363	1 217	1 145
15-19	2 091	1 073	1 018	2 294	1 180	1 114	2 458	1 265	1 194	2 180	1 122	1 058
20-24	2 234	1 133	1 100	2 119	1 086	1 034	2 334	1 197	1 136	2 509	1 288	1 222
25-29	2 463	1 237	1 226	2 268	1 149	1 120	2 169	1 108	1 060	2 397	1 226	1 170
30-34	3 050	1 532	1 518	2 491	1 250	1 241	2 309	1 167	1 141	2 222	1 133	1 089
35-39	3 869	1 960	1 909	3 066	1 539	1 527	2 517	1 262	1 255	2 344	1 184	1 160
40-44	3 952	2 013	1 939	3 870	1 958	1 911	3 077	1 543	1 534	2 536	1 270	1 266
45-49	3 706	1 876	1 830	3 936	2 001	1 935	3 860	1 951	1 910	3 078	1 541	1 537
50-54	3 528	1 762	1 766	3 672	1 852	1 820	3 905	1 980	1 926	3 837	1 933	1 903
55-59	3 120	1 537	1 583	3 471	1 723	1 748	3 620	1 816	1 804	3 857	1 945	1 911
60-64	2 580	1 250	1 330	3 042	1 482	1 560	3 393	1 668	1 725	3 547	1 764	1 783
65-69	2 354	1 114	1 240	2 484	1 183	1 301	2 940	1 411	1 529	3 289	1 595	1 694
70-74	1 980	909	1 071	2 220	1 024	1 196	2 355	1 096	1 259	2 799	1 315	1 484
75-79	1 602	692	910	1 791	791	1 000	2 024	901	1 124	2 163	973	1 189
80+	...	...	...	...	...	...	...	...	...	...	...	...
80-84	1 436	566	869	1 330	541	789	1 506	629	877	1 724	727	997
85-89	859	307	551	999	360	640	948	353	595	1 097	420	677
90-94	348	105	243	438	139	299	532	169	363	524	172	352
95-99	77	19	58	110	29	81	147	40	107	190	51	139
100+	10	2	8	13	3	10	20	5	16	29	7	23

年齢	2035			2040			2045			2050		
	総数	男	女	総数	男	女	総数	男	女	総数	男	女
総数	47 858	23 537	24 321	48 308	23 748	24 560	48 695	23 928	24 767	48 972	24 054	24 917
0-4	2 370	1 221	1 149	2 481	1 279	1 202	2 594	1 337	1 257	2 660	1 371	1 289
5-9	2 365	1 219	1 146	2 392	1 232	1 160	2 503	1 290	1 213	2 616	1 348	1 268
10-14	2 358	1 215	1 143	2 377	1 224	1 152	2 404	1 238	1 166	2 515	1 296	1 219
15-19	2 395	1 232	1 163	2 390	1 229	1 161	2 409	1 239	1 170	2 436	1 253	1 183
20-24	2 255	1 156	1 098	2 469	1 266	1 203	2 465	1 264	1 201	2 484	1 273	1 210
25-29	2 601	1 330	1 271	2 347	1 199	1 148	2 561	1 309	1 252	2 557	1 307	1 250
30-34	2 474	1 263	1 211	2 678	1 367	1 311	2 424	1 236	1 188	2 639	1 346	1 293
35-39	2 275	1 158	1 116	2 527	1 288	1 239	2 731	1 392	1 339	2 478	1 262	1 216
40-44	2 376	1 199	1 177	2 307	1 174	1 133	2 559	1 304	1 256	2 764	1 408	1 356
45-49	2 549	1 275	1 274	2 390	1 205	1 185	2 323	1 181	1 142	2 575	1 310	1 265
50-54	3 068	1 533	1 536	2 546	1 271	1 275	2 390	1 203	1 187	2 324	1 179	1 145
55-59	3 797	1 905	1 892	3 042	1 514	1 529	2 529	1 258	1 271	2 377	1 192	1 185
60-64	3 788	1 896	1 892	3 736	1 861	1 875	2 999	1 483	1 516	2 498	1 235	1 262
65-69	3 448	1 694	1 754	3 691	1 827	1 864	3 648	1 799	1 849	2 936	1 438	1 498
70-74	3 144	1 495	1 649	3 306	1 595	1 711	3 550	1 728	1 822	3 520	1 709	1 811
75-79	2 586	1 178	1 409	2 921	1 349	1 571	3 087	1 450	1 637	3 330	1 581	1 749
80+	...	...	...	...	...	...	...	...	...	...	...	...
80-84	1 862	796	1 066	2 248	975	1 273	2 561	1 130	1 431	2 729	1 227	1 502
85-89	1 282	497	785	1 409	555	854	1 729	692	1 037	2 001	817	1 184
90-94	627	211	416	756	257	499	855	296	559	1 079	380	700
95-99	197	54	143	247	69	178	312	87	225	369	104	265
100+	41	9	32	47	10	37	62	13	49	83	17	65

年齢	2055			2060		
	総数	男	女	総数	男	女
総数	49 119	24 127	24 992	49 188	24 177	25 012
0-4	2 718	1 401	1 317	2 784	1 435	1 349
5-9	2 681	1 381	1 300	2 738	1 411	1 327
10-14	2 627	1 353	1 274	2 692	1 387	1 305
15-19	2 546	1 310	1 236	2 656	1 367	1 290
20-24	2 507	1 286	1 221	2 613	1 340	1 272
25-29	2 572	1 314	1 257	2 590	1 324	1 266
30-34	2 631	1 342	1 289	2 641	1 347	1 294
35-39	2 690	1 370	1 320	2 679	1 365	1 314
40-44	2 510	1 277	1 233	2 719	1 384	1 335
45-49	2 778	1 414	1 364	2 525	1 284	1 241
50-54	2 575	1 309	1 267	2 778	1 412	1 366
55-59	2 313	1 170	1 143	2 564	1 299	1 264
60-64	2 351	1 173	1 178	2 291	1 153	1 137
65-69	2 450	1 202	1 249	2 310	1 144	1 167
70-74	2 842	1 372	1 470	2 378	1 151	1 227
75-79	3 318	1 573	1 745	2 691	1 270	1 421
80+	...	...	...	...	...	...
80-84	2 968	1 353	1 616	2 981	1 359	1 622
85-89	2 165	904	1 261	2 387	1 013	1 375
90-94	1 283	462	822	1 422	525	898
95-99	487	140	347	603	177	427
100+	106	22	84	146	31	115

性・年齢別人口（千人）

年齢	2015			2020			2025			2030		
	総数	男	女	総数	男	女	総数	男	女	総数	男	女
総数	46 122	22 624	23 498	45 835	22 494	23 341	45 230	22 195	23 035	44 466	21 803	22 664
0-4	2 144	1 105	1 039	1 627	839	789	1 318	679	639	1 165	600	565
5-9	2 437	1 255	1 182	2 152	1 109	1 043	1 639	844	794	1 334	687	647
10-14	2 282	1 174	1 108	2 441	1 257	1 184	2 158	1 112	1 046	1 647	848	799
15-19	2 091	1 073	1 018	2 294	1 180	1 114	2 458	1 265	1 194	2 180	1 122	1 058
20-24	2 234	1 133	1 100	2 119	1 086	1 034	2 334	1 197	1 136	2 509	1 288	1 222
25-29	2 463	1 237	1 226	2 268	1 149	1 120	2 169	1 108	1 060	2 397	1 226	1 170
30-34	3 050	1 532	1 518	2 491	1 250	1 241	2 309	1 167	1 141	2 222	1 133	1 089
35-39	3 869	1 960	1 909	3 066	1 539	1 527	2 517	1 262	1 255	2 344	1 184	1 160
40-44	3 952	2 013	1 939	3 870	1 958	1 911	3 077	1 543	1 534	2 536	1 270	1 266
45-49	3 706	1 876	1 830	3 936	2 001	1 935	3 860	1 951	1 910	3 078	1 541	1 537
50-54	3 528	1 762	1 766	3 672	1 852	1 820	3 905	1 980	1 926	3 837	1 933	1 903
55-59	3 120	1 537	1 583	3 471	1 723	1 748	3 620	1 816	1 804	3 857	1 945	1 911
60-64	2 580	1 250	1 330	3 042	1 482	1 560	3 393	1 668	1 725	3 547	1 764	1 783
65-69	2 354	1 114	1 240	2 484	1 183	1 301	2 940	1 411	1 529	3 289	1 595	1 694
70-74	1 980	909	1 071	2 220	1 024	1 196	2 355	1 096	1 259	2 799	1 315	1 484
75-79	1 602	692	910	1 791	791	1 000	2 024	901	1 124	2 163	973	1 189
80+	…	…	…	…	…	…	…	…	…	…	…	…
80-84	1 436	566	869	1 330	541	789	1 506	629	877	1 724	727	997
85-89	859	307	551	999	360	640	948	353	595	1 097	420	677
90-94	348	105	243	438	139	299	532	169	363	524	172	352
95-99	77	19	58	110	29	81	147	40	107	190	51	139
100+	10	2	8	13	3	10	20	5	16	29	7	23

年齢	2035			2040			2045			2050		
	総数	男	女	総数	男	女	総数	男	女	総数	男	女
総数	43 782	21 436	22 346	43 003	21 014	21 989	42 059	20 508	21 551	40 868	19 878	20 990
0-4	1 200	618	581	1 250	644	606	1 261	650	611	1 189	613	576
5-9	1 187	611	576	1 222	629	593	1 273	656	617	1 283	661	622
10-14	1 346	693	653	1 199	617	582	1 234	635	599	1 285	661	623
15-19	1 679	863	816	1 378	708	670	1 232	632	599	1 267	650	616
20-24	2 255	1 156	1 098	1 754	898	857	1 453	743	711	1 307	667	640
25-29	2 601	1 330	1 271	2 347	1 199	1 148	1 847	941	906	1 547	786	760
30-34	2 474	1 263	1 211	2 678	1 367	1 311	2 424	1 236	1 188	1 925	978	947
35-39	2 275	1 158	1 116	2 527	1 288	1 239	2 731	1 392	1 339	2 478	1 262	1 216
40-44	2 376	1 199	1 177	2 307	1 174	1 133	2 559	1 304	1 256	2 764	1 408	1 356
45-49	2 549	1 275	1 274	2 390	1 205	1 185	2 323	1 181	1 142	2 575	1 310	1 265
50-54	3 068	1 533	1 536	2 546	1 271	1 275	2 390	1 203	1 187	2 324	1 179	1 145
55-59	3 797	1 905	1 892	3 042	1 514	1 529	2 529	1 258	1 271	2 377	1 192	1 185
60-64	3 788	1 896	1 892	3 736	1 861	1 875	2 999	1 483	1 516	2 498	1 235	1 262
65-69	3 448	1 694	1 754	3 691	1 827	1 864	3 648	1 799	1 849	2 936	1 438	1 498
70-74	3 144	1 495	1 649	3 306	1 595	1 711	3 550	1 728	1 822	3 520	1 709	1 811
75-79	2 586	1 178	1 409	2 921	1 349	1 571	3 087	1 450	1 637	3 330	1 581	1 749
80+	…	…	…	…	…	…	…	…	…	…	…	…
80-84	1 862	796	1 066	2 248	975	1 273	2 561	1 130	1 431	2 729	1 227	1 502
85-89	1 282	497	785	1 409	555	854	1 729	692	1 037	2 001	817	1 184
90-94	627	211	416	756	257	499	855	296	559	1 079	380	700
95-99	197	54	143	247	69	178	312	87	225	369	104	265
100+	41	9	32	47	10	37	62	13	49	83	17	65

年齢	2055			2060		
	総数	男	女	総数	男	女
総数	39 364	19 100	20 264	37 608	18 209	19 398
0-4	1 062	547	515	953	491	462
5-9	1 211	624	587	1 083	558	525
10-14	1 295	667	628	1 222	629	593
15-19	1 316	676	640	1 324	680	644
20-24	1 338	683	655	1 384	707	677
25-29	1 396	709	687	1 422	723	700
30-34	1 621	822	799	1 467	742	724
35-39	1 977	1 003	974	1 671	846	825
40-44	2 510	1 277	1 233	2 008	1 018	990
45-49	2 778	1 414	1 364	2 525	1 284	1 241
50-54	2 575	1 309	1 267	2 778	1 412	1 366
55-59	2 313	1 170	1 143	2 564	1 299	1 264
60-64	2 351	1 173	1 178	2 291	1 153	1 137
65-69	2 450	1 202	1 249	2 310	1 144	1 167
70-74	2 842	1 372	1 470	2 378	1 151	1 227
75-79	3 318	1 573	1 745	2 691	1 270	1 421
80+	…	…	…	…	…	…
80-84	2 968	1 353	1 616	2 981	1 359	1 622
85-89	2 165	904	1 261	2 387	1 013	1 375
90-94	1 283	462	822	1 422	525	898
95-99	487	140	347	603	177	427
100+	106	22	84	146	31	115

Sri Lanka

性・年齢別人口（千人）

年齢	1960 総数	男	女	1965 総数	男	女	1970 総数	男	女	1975 総数	男	女
総数	9 896	5 196	4 700	11 118	5 768	5 349	12 487	6 430	6 057	13 756	7 040	6 716
0-4	1 627	822	805	1 704	862	842	1 799	911	888	1 788	908	879
5-9	1 342	682	659	1 580	797	783	1 666	843	823	1 759	891	868
10-14	1 182	602	579	1 324	672	652	1 564	789	775	1 641	830	811
15-19	950	485	465	1 168	594	573	1 311	665	646	1 542	777	764
20-24	810	418	392	935	477	458	1 152	586	566	1 286	651	634
25-29	708	372	336	792	408	383	918	468	450	1 123	570	553
30-34	640	344	296	690	362	328	776	400	377	890	452	438
35-39	557	305	252	623	334	289	675	353	322	750	384	366
40-44	463	259	204	539	293	246	606	324	283	649	337	312
45-49	389	219	169	445	247	198	521	282	239	581	307	273
50-54	316	178	137	369	206	163	425	234	191	494	264	229
55-59	254	143	111	293	163	130	345	190	155	395	215	180
60-64	191	107	84	228	126	102	267	146	121	313	169	143
65-69	150	83	67	161	87	74	197	106	91	232	124	108
70-74	110	61	49	112	59	53	125	66	59	158	83	75
75-79	84	45	39	71	37	35	76	38	38	89	45	44
80+	124	68	56	85	42	42	63	30	33	67	31	36
80-84	…	…	…	…	…	…	…	…	…	…	…	…
85-89	…	…	…	…	…	…	…	…	…	…	…	…
90-94	…	…	…	…	…	…	…	…	…	…	…	…
95-99	…	…	…	…	…	…	…	…	…	…	…	…
100+	…	…	…	…	…	…	…	…	…	…	…	…

年齢	1980 総数	男	女	1985 総数	男	女	1990 総数	男	女	1995 総数	男	女
総数	15 037	7 667	7 370	16 181	8 217	7 963	17 331	8 750	8 580	18 248	9 166	9 083
0-4	1 911	972	939	1 940	989	951	1 780	908	872	1 717	873	844
5-9	1 753	891	863	1 874	953	921	1 922	979	943	1 762	899	863
10-14	1 733	878	855	1 720	874	846	1 861	946	915	1 904	970	934
15-19	1 614	817	797	1 696	860	836	1 703	865	839	1 837	933	904
20-24	1 503	758	745	1 558	789	769	1 662	840	822	1 657	839	818
25-29	1 236	625	611	1 429	718	711	1 512	762	750	1 595	802	792
30-34	1 071	542	529	1 160	585	575	1 384	692	692	1 446	725	721
35-39	846	429	416	1 005	509	497	1 123	562	561	1 329	660	669
40-44	717	366	351	800	404	396	975	489	486	1 083	537	546
45-49	622	321	302	682	345	337	773	386	387	940	466	474
50-54	552	289	263	589	300	289	654	326	328	740	364	376
55-59	461	244	217	515	266	249	557	278	278	620	303	316
60-64	360	193	167	421	219	202	475	239	236	515	251	264
65-69	275	146	128	317	166	151	373	188	185	420	206	214
70-74	191	101	91	227	118	109	262	133	129	307	150	157
75-79	112	57	55	145	74	71	172	86	85	196	97	99
80+	78	37	41	102	50	52	…	…	…	…	…	…
80-84	…	…	…	…	…	…	94	47	48	112	55	57
85-89	…	…	…	…	…	…	37	18	19	51	25	26
90-94	…	…	…	…	…	…	9	4	5	16	8	8
95-99	…	…	…	…	…	…	2	1	1	3	1	1
100+	…	…	…	…	…	…	0	0	0	0	0	0

年齢	2000 総数	男	女	2005 総数	男	女	2010 総数	男	女	2015 総数	男	女
総数	18 784	9 369	9 415	19 526	9 626	9 900	20 201	9 830	10 371	20 715	9 979	10 736
0-4	1 642	837	804	1 743	887	856	1 787	904	883	1 643	834	809
5-9	1 652	840	812	1 617	821	796	1 726	868	858	1 749	880	869
10-14	1 731	883	848	1 636	830	807	1 623	821	802	1 699	850	848
15-19	1 862	946	916	1 691	855	836	1 630	815	815	1 585	796	789
20-24	1 730	869	861	1 773	883	890	1 587	774	813	1 535	750	785
25-29	1 494	741	753	1 649	813	837	1 625	786	840	1 449	679	770
30-34	1 466	723	742	1 435	702	733	1 612	790	822	1 517	710	807
35-39	1 384	685	699	1 408	689	719	1 402	692	709	1 551	746	804
40-44	1 293	636	657	1 333	653	680	1 345	662	683	1 365	666	699
45-49	1 082	534	548	1 245	604	641	1 279	618	661	1 324	646	678
50-54	967	478	489	1 042	505	537	1 188	562	626	1 259	604	655
55-59	741	362	379	929	447	481	1 013	477	536	1 153	539	614
60-64	570	275	295	686	324	363	902	419	484	960	444	516
65-69	435	208	228	494	229	265	595	266	329	822	371	451
70-74	325	154	171	355	161	194	354	155	199	509	219	290
75-79	215	102	114	244	109	136	257	108	149	280	118	162
80+	…	…	…	…	…	…	…	…	…	…	…	…
80-84	118	57	61	145	65	80	168	67	101	180	72	108
85-89	54	27	27	68	32	36	76	31	44	95	37	58
90-94	18	10	9	24	12	12	25	11	14	32	13	19
95-99	4	2	2	6	3	3	5	3	3	7	3	4
100+	0	0	0	1	1	0	1	0	0	1	1	0

性・年齢別人口（千人）

年齢	2015			2020			2025			2030		
	総数	男	女	総数	男	女	総数	男	女	総数	男	女
総数	20 715	9 979	10 736	21 157	10 151	11 007	21 417	10 234	11 183	21 536	10 251	11 284
0-4	1 643	834	809	1 531	781	751	1 425	726	699	1 366	696	670
5-9	1 749	880	869	1 613	817	795	1 502	764	737	1 396	710	686
10-14	1 699	850	848	1 727	868	859	1 592	806	786	1 481	753	728
15-19	1 585	796	789	1 668	833	835	1 697	851	847	1 562	789	773
20-24	1 535	750	785	1 510	750	760	1 594	788	806	1 623	806	817
25-29	1 449	679	770	1 427	684	743	1 403	686	717	1 487	724	764
30-34	1 517	710	807	1 365	628	737	1 344	633	710	1 321	636	685
35-39	1 551	746	804	1 468	679	789	1 319	598	720	1 298	605	694
40-44	1 365	666	699	1 518	724	794	1 438	659	779	1 291	580	711
45-49	1 324	646	678	1 345	650	694	1 497	708	788	1 420	646	774
50-54	1 259	604	655	1 302	629	673	1 324	635	689	1 475	693	783
55-59	1 153	539	614	1 221	579	643	1 265	604	661	1 290	612	678
60-64	960	444	516	1 096	503	593	1 165	543	622	1 211	570	641
65-69	822	371	451	882	398	483	1 013	455	558	1 082	494	588
70-74	509	219	290	715	313	402	774	340	434	898	392	506
75-79	280	118	162	411	171	241	585	248	338	642	272	370
80+	…	…	…	…	…	…	…	…	…	…	…	…
80-84	180	72	108	200	81	119	299	119	180	434	176	258
85-89	95	37	58	105	41	64	120	47	73	183	70	113
90-94	32	13	19	42	16	26	48	18	29	56	21	35
95-99	7	3	4	10	4	6	13	5	8	15	6	9
100+	1	1	0	1	1	1	2	1	1	3	1	2

年齢	2035			2040			2045			2050		
	総数	男	女	総数	男	女	総数	男	女	総数	男	女
総数	21 546	10 224	11 322	21 446	10 152	11 295	21 211	10 022	11 189	20 836	9 831	11 004
0-4	1 342	684	658	1 308	667	642	1 234	629	605	1 138	580	558
5-9	1 336	680	657	1 313	668	645	1 280	651	629	1 205	613	592
10-14	1 376	699	677	1 316	669	647	1 293	657	636	1 260	640	619
15-19	1 452	736	716	1 347	683	665	1 288	653	636	1 266	641	624
20-24	1 490	746	744	1 381	694	687	1 277	641	636	1 219	611	607
25-29	1 518	743	775	1 386	684	703	1 278	633	646	1 176	581	595
30-34	1 406	674	732	1 437	694	743	1 307	635	671	1 200	585	614
35-39	1 276	608	669	1 361	647	715	1 393	667	727	1 264	610	655
40-44	1 272	588	684	1 251	592	660	1 337	631	706	1 370	652	718
45-49	1 277	571	707	1 260	579	681	1 241	584	657	1 327	624	703
50-54	1 403	634	769	1 266	563	703	1 250	572	678	1 233	579	654
55-59	1 441	670	771	1 374	616	758	1 243	549	694	1 229	560	670
60-64	1 239	580	659	1 388	637	751	1 329	589	740	1 205	527	678
65-69	1 131	522	609	1 162	534	628	1 309	591	718	1 258	549	709
70-74	967	430	537	1 018	458	559	1 054	474	580	1 196	529	667
75-79	754	318	436	821	353	467	873	382	491	913	399	514
80+	…	…	…	…	…	…	…	…	…	…	…	…
80-84	483	196	287	577	233	344	638	264	374	688	289	398
85-89	272	105	167	310	120	190	378	145	233	426	167	259
90-94	88	32	56	135	50	85	158	58	100	197	71	126
95-99	18	7	12	30	11	19	47	17	31	57	20	37
100+	3	1	2	4	2	3	7	2	4	11	4	7

年齢	2055			2060		
	総数	男	女	総数	男	女
総数	20 362	9 626	10 735	19 824	9 400	10 425
0-4	1 051	536	514	987	504	483
5-9	1 110	567	544	1 025	524	501
10-14	1 186	604	582	1 092	558	534
15-19	1 233	627	607	1 162	591	570
20-24	1 200	607	593	1 172	594	577
25-29	1 123	561	562	1 110	559	551
30-34	1 102	541	561	1 054	524	530
35-39	1 161	564	597	1 066	521	544
40-44	1 243	597	646	1 141	553	588
45-49	1 360	645	715	1 236	592	643
50-54	1 319	618	701	1 353	640	713
55-59	1 214	567	647	1 300	607	693
60-64	1 194	540	655	1 182	549	634
65-69	1 145	495	651	1 140	510	630
70-74	1 158	496	661	1 060	451	609
75-79	1 047	452	595	1 024	429	595
80+	…	…	…	…	…	…
80-84	730	308	422	850	355	495
85-89	469	188	281	508	205	303
90-94	228	84	144	257	97	160
95-99	74	25	49	88	30	58
100+	14	5	10	19	6	13

Sri Lanka

性・年齢別人口（千人）

年齢	2015 総数	男	女	2020 総数	男	女	2025 総数	男	女	2030 総数	男	女
総数	20 715	9 979	10 736	21 348	10 248	11 100	21 903	10 481	11 421	22 384	10 684	11 700
0-4	1 643	834	809	1 722	878	844	1 720	877	843	1 729	881	848
5-9	1 749	880	869	1 613	817	795	1 692	862	831	1 691	861	830
10-14	1 699	850	848	1 727	868	859	1 592	806	786	1 671	850	821
15-19	1 585	796	789	1 668	833	835	1 697	851	847	1 562	789	773
20-24	1 535	750	785	1 510	750	760	1 594	788	806	1 623	806	817
25-29	1 449	679	770	1 427	684	743	1 403	686	717	1 487	724	764
30-34	1 517	710	807	1 365	628	737	1 344	633	710	1 321	636	685
35-39	1 551	746	804	1 468	679	789	1 319	598	720	1 298	605	694
40-44	1 365	666	699	1 518	724	794	1 438	659	779	1 291	580	711
45-49	1 324	646	678	1 345	650	694	1 497	708	788	1 420	646	774
50-54	1 259	604	655	1 302	629	673	1 324	635	689	1 475	693	783
55-59	1 153	539	614	1 221	579	643	1 265	604	661	1 290	612	678
60-64	960	444	516	1 096	503	593	1 165	543	622	1 211	570	641
65-69	822	371	451	882	398	483	1 013	455	558	1 082	494	588
70-74	509	219	290	715	313	402	774	340	434	898	392	506
75-79	280	118	162	411	171	241	585	248	338	642	272	370
80+	…	…	…	…	…	…	…	…	…	…	…	…
80-84	180	72	108	200	81	119	299	119	180	434	176	258
85-89	95	37	58	105	41	64	120	47	73	183	70	113
90-94	32	13	19	42	16	26	48	18	29	56	21	35
95-99	7	3	4	10	4	6	13	5	8	15	6	9
100+	1	1	0	1	1	1	2	1	1	3	1	2

年齢	2035 総数	男	女	2040 総数	男	女	2045 総数	男	女	2050 総数	男	女
総数	22 760	10 844	11 916	23 033	10 961	12 072	23 205	11 039	12 166	23 315	11 095	12 220
0-4	1 709	872	838	1 683	858	825	1 644	838	806	1 627	830	798
5-9	1 699	865	834	1 680	855	825	1 654	842	812	1 615	822	793
10-14	1 670	849	821	1 679	854	825	1 660	844	815	1 633	831	803
15-19	1 642	833	809	1 641	833	809	1 650	837	813	1 632	828	803
20-24	1 490	746	744	1 570	790	780	1 570	790	780	1 579	795	784
25-29	1 518	743	775	1 386	684	703	1 467	729	739	1 467	729	738
30-34	1 406	674	732	1 437	694	743	1 307	635	671	1 388	681	707
35-39	1 276	608	669	1 361	647	715	1 393	667	727	1 264	610	655
40-44	1 272	588	684	1 251	592	660	1 337	631	706	1 370	652	718
45-49	1 277	571	707	1 260	579	681	1 241	584	657	1 327	624	703
50-54	1 403	634	769	1 266	563	703	1 250	572	678	1 233	579	654
55-59	1 441	670	771	1 374	616	758	1 243	549	694	1 229	560	670
60-64	1 239	580	659	1 388	637	751	1 329	589	740	1 205	527	678
65-69	1 131	522	609	1 162	534	628	1 309	591	718	1 258	549	709
70-74	967	430	537	1 018	458	559	1 054	474	580	1 196	529	667
75-79	754	318	436	821	353	467	873	382	491	913	399	514
80+	…	…	…	…	…	…	…	…	…	…	…	…
80-84	483	196	287	577	233	344	638	264	374	688	289	398
85-89	272	105	167	310	120	190	378	145	233	426	167	259
90-94	88	32	56	135	50	85	158	58	100	197	71	126
95-99	18	7	12	30	11	19	47	17	31	57	20	37
100+	3	1	2	4	2	3	7	2	4	11	4	7

年齢	2055 総数	男	女	2060 総数	男	女
総数	23 413	11 181	12 232	23 508	11 276	12 232
0-4	1 628	831	797	1 624	829	795
5-9	1 600	816	783	1 602	819	783
10-14	1 595	813	783	1 582	808	774
15-19	1 607	817	790	1 570	800	770
20-24	1 565	793	772	1 544	784	760
25-29	1 483	744	739	1 474	745	729
30-34	1 393	689	704	1 412	706	706
35-39	1 348	659	689	1 355	668	687
40-44	1 243	597	646	1 328	647	681
45-49	1 360	645	715	1 236	592	643
50-54	1 319	618	701	1 353	640	713
55-59	1 214	567	647	1 300	607	693
60-64	1 194	540	655	1 182	549	634
65-69	1 145	495	651	1 140	510	630
70-74	1 158	496	661	1 060	451	609
75-79	1 047	452	595	1 024	429	595
80+	…	…	…	…	…	…
80-84	730	308	422	850	355	495
85-89	469	188	281	508	205	303
90-94	228	84	144	257	97	160
95-99	74	25	49	88	30	58
100+	14	5	10	19	6	13

性・年齢別人口（千人）

年齢	2015			2020			2025			2030		
	総数	男	女	総数	男	女	総数	男	女	総数	男	女
総数	20 715	9 979	10 736	20 966	10 053	10 913	20 932	9 986	10 946	20 688	9 819	10 869
0-4	1 643	834	809	1 340	683	657	1 131	576	555	1 003	511	492
5-9	1 749	880	869	1 613	817	795	1 311	667	644	1 102	560	542
10-14	1 699	850	848	1 727	868	859	1 592	806	786	1 290	656	635
15-19	1 585	796	789	1 668	833	835	1 697	851	847	1 562	789	773
20-24	1 535	750	785	1 510	750	760	1 594	788	806	1 623	806	817
25-29	1 449	679	770	1 427	684	743	1 403	686	717	1 487	724	764
30-34	1 517	710	807	1 365	628	737	1 344	633	710	1 321	636	685
35-39	1 551	746	804	1 468	679	789	1 319	598	720	1 298	605	694
40-44	1 365	666	699	1 518	724	794	1 438	659	779	1 291	580	711
45-49	1 324	646	678	1 345	650	694	1 497	708	788	1 420	646	774
50-54	1 259	604	655	1 302	629	673	1 324	635	689	1 475	693	783
55-59	1 153	539	614	1 221	579	643	1 265	604	661	1 290	612	678
60-64	960	444	516	1 096	503	593	1 165	543	622	1 211	570	641
65-69	822	371	451	882	398	483	1 013	455	558	1 082	494	588
70-74	509	219	290	715	313	402	774	340	434	898	392	506
75-79	280	118	162	411	171	241	585	248	338	642	272	370
80+	…	…	…	…	…	…	…	…	…	…	…	…
80-84	180	72	108	200	81	119	299	119	180	434	176	258
85-89	95	37	58	105	41	64	120	47	73	183	70	113
90-94	32	13	19	42	16	26	48	18	29	56	21	35
95-99	7	3	4	10	4	6	13	5	8	15	6	9
100+	1	1	0	1	1	1	2	1	1	3	1	2

年齢	2035			2040			2045			2050		
	総数	男	女	総数	男	女	総数	男	女	総数	男	女
総数	20 333	9 605	10 727	19 866	9 346	10 520	19 252	9 024	10 229	18 465	8 623	9 842
0-4	976	497	479	940	479	461	853	434	418	722	367	354
5-9	974	495	479	948	482	466	911	463	448	824	419	406
10-14	1 081	549	532	954	484	470	928	471	457	891	452	439
15-19	1 262	639	623	1 054	533	521	926	468	458	900	455	445
20-24	1 490	746	744	1 191	597	594	984	492	492	858	428	430
25-29	1 518	743	775	1 386	684	703	1 090	537	553	884	432	451
30-34	1 406	674	732	1 437	694	743	1 307	635	671	1 012	490	522
35-39	1 276	608	669	1 361	647	715	1 393	667	727	1 264	610	655
40-44	1 272	588	684	1 251	592	660	1 337	631	706	1 370	652	718
45-49	1 277	571	707	1 260	579	681	1 241	584	657	1 327	624	703
50-54	1 403	634	769	1 266	563	703	1 250	572	678	1 233	579	654
55-59	1 441	670	771	1 374	616	758	1 243	549	694	1 229	560	670
60-64	1 239	580	659	1 388	637	751	1 329	589	740	1 205	527	678
65-69	1 131	522	609	1 162	534	628	1 309	591	718	1 258	549	709
70-74	967	430	537	1 018	458	559	1 054	474	580	1 196	529	667
75-79	754	318	436	821	353	467	873	382	491	913	399	514
80+	…	…	…	…	…	…	…	…	…	…	…	…
80-84	483	196	287	577	233	344	638	264	374	688	289	398
85-89	272	105	167	310	120	190	378	145	233	426	167	259
90-94	88	32	56	135	50	85	158	58	100	197	71	126
95-99	18	7	12	30	11	19	47	17	31	57	20	37
100+	3	1	2	4	2	3	7	2	4	11	4	7

年齢	2055			2060		
	総数	男	女	総数	男	女
総数	17 540	8 189	9 351	16 528	7 721	8 807
0-4	595	304	291	506	258	247
5-9	695	354	340	570	292	278
10-14	806	410	396	677	346	331
15-19	866	439	427	781	397	384
20-24	836	421	415	805	407	397
25-29	764	378	386	747	374	372
30-34	811	394	418	695	342	354
35-39	974	469	504	776	375	401
40-44	1 243	597	646	955	459	496
45-49	1 360	645	715	1 236	592	643
50-54	1 319	618	701	1 353	640	713
55-59	1 214	567	647	1 300	607	693
60-64	1 194	540	655	1 182	549	634
65-69	1 145	495	651	1 140	510	630
70-74	1 158	496	661	1 060	451	609
75-79	1 047	452	595	1 024	429	595
80+	…	…	…	…	…	…
80-84	730	308	422	850	355	495
85-89	469	188	281	508	205	303
90-94	228	84	144	257	97	160
95-99	74	25	49	88	30	58
100+	14	5	10	19	6	13

性・年齢別人口（千人）

年齢	1960			1965			1970			1975		
	総数	男	女	総数	男	女	総数	男	女	総数	男	女
総数	1 069	545	524	1 192	604	587	1 125	569	556	1 322	668	654
0-4	200	101	99	246	124	122	234	119	115	266	135	131
5-9	156	78	78	177	89	88	186	94	92	221	112	109
10-14	138	73	65	143	72	72	136	68	68	179	90	89
15-19	114	59	55	127	68	59	110	55	55	131	66	65
20-24	96	49	47	104	54	50	98	52	46	105	52	53
25-29	75	39	37	87	45	42	79	41	38	93	50	44
30-34	58	29	29	68	35	33	67	34	32	76	39	37
35-39	48	22	25	52	26	26	52	26	25	63	32	31
40-44	38	18	19	43	20	23	39	19	20	49	25	24
45-49	31	16	15	33	16	17	32	15	17	37	18	19
50-54	28	14	13	27	14	14	24	12	13	29	13	16
55-59	23	12	11	24	12	12	19	10	10	22	10	12
60-64	20	11	9	19	10	9	16	8	8	17	8	9
65-69	18	9	9	15	8	7	12	6	6	13	7	7
70-74	12	6	6	13	6	6	9	5	4	9	5	5
75-79	7	4	4	7	4	4	7	3	3	6	3	3
80+	5	2	3	5	2	3	4	2	2	5	2	3
80-84	...	...	...	...	...	...	...	...	...	...	...	...
85-89	...	...	...	...	...	...	...	...	...	...	...	...
90-94	...	...	...	...	...	...	...	...	...	...	...	...
95-99	...	...	...	...	...	...	...	...	...	...	...	...
100+	...	...	...	...	...	...	...	...	...	...	...	...

年齢	1980			1985			1990			1995		
	総数	男	女	総数	男	女	総数	男	女	総数	男	女
総数	1 509	763	747	1 759	889	870	2 101	1 063	1 038	2 618	1 327	1 292
0-4	300	153	148	340	173	166	412	210	202	523	267	256
5-9	245	124	121	285	145	140	330	168	162	416	212	204
10-14	207	105	102	235	119	116	278	142	137	334	170	164
15-19	168	85	83	198	100	98	229	116	113	282	143	139
20-24	121	61	60	160	81	80	193	97	95	231	117	114
25-29	98	48	49	115	58	57	155	78	77	194	98	96
30-34	87	46	40	93	46	47	112	56	56	156	79	78
35-39	70	36	34	82	44	38	90	44	45	112	56	56
40-44	58	30	28	66	34	32	79	42	37	90	44	45
45-49	44	23	22	54	28	27	63	32	31	79	42	37
50-54	33	16	17	41	21	20	51	26	25	62	32	30
55-59	26	12	14	30	14	15	38	19	19	50	25	25
60-64	19	9	10	23	10	13	27	13	14	36	18	18
65-69	14	6	7	16	7	9	20	8	11	24	11	13
70-74	10	5	5	10	5	6	12	5	7	16	7	10
75-79	6	3	3	7	3	4	7	3	4	9	4	5
80+	5	2	2	5	2	3	...	...	...	...	...	...
80-84	...	...	...	...	...	...	4	2	2	4	2	2
85-89	...	...	...	...	...	...	1	1	1	2	1	1
90-94	...	...	...	...	...	...	0	0	0	0	0	0
95-99	...	...	...	...	...	...	0	0	0	0	0	0
100+	...	...	...	...	...	...	0	0	0	0	0	0

年齢	2000			2005			2010			2015		
	総数	男	女	総数	男	女	総数	男	女	総数	男	女
総数	3 224	1 634	1 589	3 579	1 815	1 764	4 069	2 063	2 006	4 668	2 367	2 302
0-4	585	299	286	578	295	283	627	320	307	703	359	344
5-9	532	272	261	551	281	270	562	287	275	619	316	303
10-14	425	217	208	503	257	246	537	274	263	555	283	272
15-19	341	173	167	400	204	196	491	250	240	530	271	260
20-24	287	146	141	320	163	157	389	198	191	484	247	237
25-29	235	119	116	270	137	133	311	158	153	383	195	188
30-34	197	99	98	221	112	109	262	133	129	306	155	151
35-39	159	80	79	185	93	92	214	108	106	258	130	127
40-44	114	57	57	149	75	74	179	90	89	210	106	104
45-49	90	45	46	105	53	53	143	72	71	175	88	87
50-54	78	42	37	83	41	42	100	50	50	138	69	69
55-59	61	31	30	71	37	33	78	38	40	96	47	48
60-64	47	23	24	53	27	27	65	34	31	72	35	38
65-69	33	16	17	40	19	21	47	23	24	58	30	28
70-74	20	9	11	26	12	14	33	15	17	39	19	21
75-79	12	5	7	14	6	8	19	8	10	24	11	13
80+	...	...	...	...	...	...	...	...	...	...	...	...
80-84	6	2	3	7	3	4	9	3	5	12	5	7
85-89	2	1	1	2	1	1	3	1	2	4	1	2
90-94	0	0	0	1	0	0	1	0	1	1	0	1
95-99	0	0	0	0	0	0	0	0	0	0	0	0
100+	0	0	0	0	0	0	0	0	0	0	0	0

性・年齢別人口（千人）

年齢	2015			2020			2025			2030		
	総数	男	女	総数	男	女	総数	男	女	総数	男	女
総数	4 668	2 367	2 302	5 333	2 703	2 630	6 040	3 060	2 979	6 765	3 427	3 338
0-4	703	359	344	768	393	376	814	416	398	846	433	414
5-9	619	316	303	697	356	341	763	390	373	809	414	396
10-14	555	283	272	614	313	301	693	354	339	759	388	371
15-19	530	271	260	551	281	270	610	311	299	689	352	337
20-24	484	247	237	525	268	258	546	278	268	606	309	297
25-29	383	195	188	479	244	235	521	265	256	542	276	266
30-34	306	155	151	379	193	186	475	242	233	517	263	254
35-39	258	130	127	303	153	149	375	191	185	471	239	231
40-44	210	106	104	254	128	125	299	152	147	371	189	183
45-49	175	88	87	206	104	102	250	126	124	294	149	145
50-54	138	69	69	170	85	85	201	101	100	244	123	121
55-59	96	47	48	132	65	67	164	81	82	194	96	97
60-64	72	35	38	90	44	46	125	61	64	155	76	79
65-69	58	30	28	65	31	35	82	39	43	114	54	60
70-74	39	19	21	49	24	25	56	25	31	70	32	38
75-79	24	11	13	30	13	16	38	18	20	44	19	25
80+	...	...	...	...	...	...	...	...	...	...	...	...
80-84	12	5	7	15	7	9	19	8	11	25	11	14
85-89	4	1	2	5	2	3	7	3	5	10	4	6
90-94	1	0	1	1	0	1	2	1	1	3	1	2
95-99	0	0	0	0	0	0	0	0	0	0	0	0
100+	0	0	0	0	0	0	0	0	0	0	0	0

年齢	2035			2040			2045			2050		
	総数	男	女	総数	男	女	総数	男	女	総数	男	女
総数	7 504	3 800	3 704	8 259	4 181	4 078	9 025	4 568	4 457	9 791	4 955	4 836
0-4	877	449	428	911	466	445	946	484	462	973	498	474
5-9	842	430	411	873	446	426	907	464	443	942	482	460
10-14	806	412	394	838	429	410	869	445	425	904	463	441
15-19	755	386	370	802	410	392	835	427	408	866	443	423
20-24	685	349	335	751	383	368	798	408	390	831	425	406
25-29	602	307	295	681	347	334	747	381	366	794	405	389
30-34	539	274	264	598	305	294	677	345	332	743	379	364
35-39	513	261	252	535	272	263	594	303	292	673	343	330
40-44	466	237	229	509	259	250	531	270	261	590	300	290
45-49	366	186	181	461	234	227	503	256	247	525	267	258
50-54	288	146	143	360	182	178	453	229	224	495	251	244
55-59	237	118	118	280	140	140	350	176	174	442	222	219
60-64	184	90	94	226	111	114	268	133	135	336	167	169
65-69	143	68	74	171	82	89	210	101	109	251	122	129
70-74	100	46	54	125	58	67	151	70	81	187	88	100
75-79	56	24	32	80	35	45	102	45	57	124	55	69
80+	...	...	...	...	...	...	...	...	...	...	...	...
80-84	30	12	18	38	15	23	56	23	34	73	30	43
85-89	13	5	8	16	5	10	21	7	14	32	11	20
90-94	3	1	2	5	1	3	6	2	4	8	2	6
95-99	1	0	0	1	0	1	1	0	1	2	0	1
100+	0	0	0	0	0	0	0	0	0	0	0	0

年齢	2055			2060		
	総数	男	女	総数	男	女
総数	10 544	5 335	5 209	11 273	5 704	5 569
0-4	989	507	482	998	511	487
5-9	969	496	473	986	505	481
10-14	939	481	458	966	495	471
15-19	901	461	440	936	479	457
20-24	862	441	421	898	459	438
25-29	827	423	405	859	439	420
30-34	790	403	387	824	421	403
35-39	739	377	362	787	402	385
40-44	668	341	328	735	375	360
45-49	584	297	287	663	338	325
50-54	518	263	255	577	293	284
55-59	484	244	240	507	256	251
60-64	426	212	213	468	234	234
65-69	316	154	162	402	198	205
70-74	226	107	119	286	137	150
75-79	156	70	86	190	87	104
80+	...	...	...	...	...	...
80-84	91	38	53	116	49	67
85-89	42	16	27	54	20	34
90-94	13	4	9	18	6	13
95-99	2	0	2	4	1	3
100+	0	0	0	0	0	0

State of Palestine

性・年齢別人口（千人）

年齢	2015			2020			2025			2030		
	総数	男	女	総数	男	女	総数	男	女	総数	男	女
総数	4 668	2 367	2 302	5 382	2 728	2 654	6 178	3 131	3 047	7 027	3 561	3 466
0-4	703	359	344	817	418	400	904	462	442	971	497	475
5-9	619	316	303	697	356	341	812	415	397	899	459	439
10-14	555	283	272	614	313	301	693	354	339	808	413	395
15-19	530	271	260	551	281	270	610	311	299	689	352	337
20-24	484	247	237	525	268	258	546	278	268	606	309	297
25-29	383	195	188	479	244	235	521	265	256	542	276	266
30-34	306	155	151	379	193	186	475	242	233	517	263	254
35-39	258	130	127	303	153	149	375	191	185	471	239	231
40-44	210	106	104	254	128	125	299	152	147	371	189	183
45-49	175	88	87	206	104	102	250	126	124	294	149	145
50-54	138	69	69	170	85	85	201	101	100	244	123	121
55-59	96	47	48	132	65	67	164	81	82	194	96	97
60-64	72	35	38	90	44	46	125	61	64	155	76	79
65-69	58	30	28	65	31	35	82	39	43	114	54	60
70-74	39	19	21	49	24	25	56	25	31	70	32	38
75-79	24	11	13	30	13	16	38	18	20	44	19	25
80+	…	…	…	…	…	…	…	…	…	…	…	…
80-84	12	5	7	15	7	9	19	8	11	25	11	14
85-89	4	1	2	5	2	3	7	3	5	10	4	6
90-94	1	0	1	1	0	1	2	1	1	3	1	2
95-99	0	0	0	0	0	0	0	0	0	0	0	0
100+	0	0	0	0	0	0	0	0	0	0	0	0

年齢	2035			2040			2045			2050		
	総数	男	女	総数	男	女	総数	男	女	総数	男	女
総数	7 907	4 006	3 901	8 831	4 474	4 357	9 811	4 970	4 841	10 845	5 494	5 351
0-4	1 018	521	497	1 081	553	528	1 161	594	566	1 242	636	606
5-9	966	494	472	1 013	518	495	1 077	551	526	1 156	592	564
10-14	895	457	437	963	492	470	1 010	517	493	1 073	549	524
15-19	804	411	393	891	455	436	959	490	469	1 006	515	492
20-24	685	349	335	800	408	392	887	453	434	955	488	467
25-29	602	307	295	681	347	334	796	406	390	883	451	432
30-34	539	274	264	598	305	294	677	345	332	792	404	388
35-39	513	261	252	535	272	263	594	303	292	673	343	330
40-44	466	237	229	509	259	250	531	270	261	590	300	290
45-49	366	186	181	461	234	227	503	256	247	525	267	258
50-54	288	146	143	360	182	178	453	229	224	495	251	244
55-59	237	118	118	280	140	140	350	176	174	442	222	219
60-64	184	90	94	226	111	114	268	133	135	336	167	169
65-69	143	68	74	171	82	89	210	101	109	251	122	129
70-74	100	46	54	125	58	67	151	70	81	187	88	100
75-79	56	24	32	80	35	45	102	45	57	124	55	69
80+	…	…	…	…	…	…	…	…	…	…	…	…
80-84	30	12	18	38	15	23	56	23	34	73	30	43
85-89	13	5	8	16	5	10	21	7	14	32	11	20
90-94	3	1	2	5	1	3	6	2	4	8	2	6
95-99	1	0	0	1	0	1	1	0	1	2	0	1
100+	0	0	0	0	0	0	0	0	0	0	0	0

年齢	2055			2060		
	総数	男	女	総数	男	女
総数	11 921	6 040	5 881	13 023	6 599	6 423
0-4	1 313	673	641	1 372	703	669
5-9	1 238	634	604	1 310	671	639
10-14	1 153	590	563	1 235	633	603
15-19	1 070	548	522	1 150	589	561
20-24	1 002	513	490	1 066	546	521
25-29	951	486	465	999	511	488
30-34	879	449	430	947	484	463
35-39	788	402	386	875	447	428
40-44	668	341	328	783	399	384
45-49	584	297	287	663	338	325
50-54	518	263	255	577	293	284
55-59	484	244	240	507	256	251
60-64	426	212	213	468	234	234
65-69	316	154	162	402	198	205
70-74	226	107	119	286	137	150
75-79	156	70	86	190	87	104
80+	…	…	…	…	…	…
80-84	91	38	53	116	49	67
85-89	42	16	27	54	20	34
90-94	13	4	9	18	6	13
95-99	2	0	2	4	1	3
100+	0	0	0	0	0	0

低位予測値

パレスチナ自治領

性・年齢別人口（千人）

年齢	2015			2020			2025			2030		
	総数	男	女	総数	男	女	総数	男	女	総数	男	女
総数	4 668	2 367	2 302	5 285	2 678	2 606	5 902	2 990	2 912	6 502	3 292	3 210
0-4	703	359	344	720	368	352	725	371	354	722	369	353
5-9	619	316	303	697	356	341	714	365	349	720	368	352
10-14	555	283	272	614	313	301	693	354	339	711	363	348
15-19	530	271	260	551	281	270	610	311	299	689	352	337
20-24	484	247	237	525	268	258	546	278	268	606	309	297
25-29	383	195	188	479	244	235	521	265	256	542	276	266
30-34	306	155	151	379	193	186	475	242	233	517	263	254
35-39	258	130	127	303	153	149	375	191	185	471	239	231
40-44	210	106	104	254	128	125	299	152	147	371	189	183
45-49	175	88	87	206	104	102	250	126	124	294	149	145
50-54	138	69	69	170	85	85	201	101	100	244	123	121
55-59	96	47	48	132	65	67	164	81	82	194	96	97
60-64	72	35	38	90	44	46	125	61	64	155	76	79
65-69	58	30	28	65	31	35	82	39	43	114	54	60
70-74	39	19	21	49	24	25	56	25	31	70	32	38
75-79	24	11	13	30	13	16	38	18	20	44	19	25
80+	...	...	...	...	...	...	...	...	...	...	...	...
80-84	12	5	7	15	7	9	19	8	11	25	11	14
85-89	4	1	2	5	2	3	7	3	5	10	4	6
90-94	1	0	1	1	0	1	2	1	1	3	1	2
95-99	0	0	0	0	0	0	0	0	0	0	0	0
100+	0	0	0	0	0	0	0	0	0	0	0	0

年齢	2035			2040			2045			2050		
	総数	男	女	総数	男	女	総数	男	女	総数	男	女
総数	7 102	3 595	3 507	7 693	3 892	3 801	8 259	4 176	4 083	8 785	4 440	4 345
0-4	737	377	360	747	382	365	745	382	364	731	374	357
5-9	717	367	350	733	375	358	743	380	363	742	380	362
10-14	717	366	350	714	365	349	730	373	356	740	379	361
15-19	707	361	346	713	364	349	711	363	347	726	372	355
20-24	685	349	335	703	359	344	709	362	347	707	361	346
25-29	602	307	295	681	347	334	699	357	342	705	360	345
30-34	539	274	264	598	305	294	677	345	332	695	355	341
35-39	513	261	252	535	272	263	594	303	292	673	343	330
40-44	466	237	229	509	259	250	531	270	261	590	300	290
45-49	366	186	181	461	234	227	503	256	247	525	267	258
50-54	288	146	143	360	182	178	453	229	224	495	251	244
55-59	237	118	118	280	140	140	350	176	174	442	222	219
60-64	184	90	94	226	111	114	268	133	135	336	167	169
65-69	143	68	74	171	82	89	210	101	109	251	122	129
70-74	100	46	54	125	58	67	151	70	81	187	88	100
75-79	56	24	32	80	35	45	102	45	57	124	55	69
80+	...	...	...	...	...	...	...	...	...	...	...	...
80-84	30	12	18	38	15	23	56	23	34	73	30	43
85-89	13	5	8	16	5	10	21	7	14	32	11	20
90-94	3	1	2	5	1	3	6	2	4	8	2	6
95-99	1	0	0	1	0	1	1	0	1	2	0	1
100+	0	0	0	0	0	0	0	0	0	0	0	0

年齢	2055			2060		
	総数	男	女	総数	男	女
総数	9 258	4 677	4 581	9 675	4 886	4 789
0-4	708	363	345	683	350	333
5-9	728	373	355	705	361	344
10-14	739	378	361	725	371	354
15-19	737	377	360	736	377	359
20-24	723	370	353	734	376	359
25-29	704	359	344	720	368	352
30-34	702	358	344	700	358	343
35-39	691	353	339	698	357	342
40-44	668	341	328	687	351	337
45-49	584	297	287	663	338	325
50-54	518	263	255	577	293	284
55-59	484	244	240	507	256	251
60-64	426	212	213	468	234	234
65-69	316	154	162	402	198	205
70-74	226	107	119	286	137	150
75-79	156	70	86	190	87	104
80+	...	...	...	...	...	...
80-84	91	38	53	116	49	67
85-89	42	16	27	54	20	34
90-94	13	4	9	18	6	13
95-99	2	0	2	4	1	3
100+	0	0	0	0	0	0

性・年齢別人口（千人）

年齢	1960			1965			1970			1975		
	総数	男	女	総数	男	女	総数	男	女	総数	男	女
総数	7 527	3 777	3 751	8 739	4 383	4 355	10 233	5 134	5 099	12 076	6 060	6 016
0-4	1 379	696	683	1 629	823	806	1 941	982	959	2 308	1 169	1 140
5-9	1 091	549	542	1 280	645	634	1 525	770	756	1 837	927	909
10-14	908	461	447	1 063	535	528	1 250	630	620	1 495	755	740
15-19	757	384	373	889	452	438	1 043	525	518	1 230	620	610
20-24	641	324	317	737	373	364	868	439	428	1 021	513	509
25-29	542	273	269	621	313	308	716	361	355	846	427	419
30-34	459	230	228	524	263	261	601	302	299	696	350	346
35-39	387	194	194	441	221	220	505	253	252	582	292	290
40-44	322	161	161	370	185	185	423	212	212	487	243	243
45-49	268	134	134	305	152	153	352	175	177	405	202	203
50-54	221	108	113	251	124	127	287	142	145	333	164	169
55-59	174	84	90	203	98	105	232	114	118	267	131	136
60-64	135	65	70	155	74	81	182	87	95	209	101	108
65-69	105	49	56	113	54	59	131	62	69	155	73	82
70-74	72	34	38	80	37	43	87	41	47	103	47	55
75-79	42	19	22	48	22	26	53	24	30	59	27	32
80+	25	11	15	30	13	17	36	15	20	43	18	24
80-84	...	...	...	...	...	...	...	...	...	...	...	...
85-89	...	...	...	...	...	...	...	...	...	...	...	...
90-94	...	...	...	...	...	...	...	...	...	...	...	...
95-99	...	...	...	...	...	...	...	...	...	...	...	...
100+	...	...	...	...	...	...	...	...	...	...	...	...

年齢	1980			1985			1990			1995		
	総数	男	女	総数	男	女	総数	男	女	総数	男	女
総数	14 418	7 237	7 181	17 098	8 584	8 514	20 009	10 047	9 962	24 692	12 398	12 294
0-4	2 729	1 382	1 347	3 119	1 580	1 540	3 505	1 776	1 729	4 298	2 179	2 120
5-9	2 218	1 120	1 098	2 627	1 328	1 300	2 993	1 513	1 480	3 558	1 800	1 758
10-14	1 824	921	902	2 205	1 114	1 090	2 598	1 313	1 285	3 124	1 580	1 544
15-19	1 490	752	738	1 819	919	901	2 187	1 105	1 083	2 718	1 373	1 345
20-24	1 221	614	607	1 480	745	735	1 797	905	892	2 279	1 148	1 131
25-29	1 009	505	504	1 207	605	602	1 455	731	725	1 864	936	928
30-34	833	420	414	995	497	498	1 184	592	592	1 506	754	752
35-39	683	343	340	819	412	407	973	485	488	1 221	609	613
40-44	568	285	284	668	335	333	797	400	397	998	496	502
45-49	472	235	237	552	275	277	645	322	323	812	405	407
50-54	388	192	196	453	224	229	527	261	266	651	323	328
55-59	314	153	160	366	179	186	425	209	216	522	257	265
60-64	244	118	126	287	139	148	334	162	172	410	199	211
65-69	181	87	94	212	101	111	249	119	130	306	146	160
70-74	124	57	66	145	68	77	169	79	90	210	99	112
75-79	71	32	39	86	39	47	100	46	54	125	57	67
80+	49	21	28	58	25	33	...	...	...	...	...	...
80-84	...	...	...	...	...	...	49	21	27	61	27	34
85-89	...	...	...	...	...	...	17	7	10	22	9	13
90-94	...	...	...	...	...	...	4	2	2	5	2	3
95-99	...	...	...	...	...	...	1	0	0	1	0	0
100+	...	...	...	...	...	...	0	0	0	0	0	0

年齢	2000			2005			2010			2015		
	総数	男	女	総数	男	女	総数	男	女	総数	男	女
総数	28 080	14 094	13 986	31 990	16 050	15 940	36 115	18 120	17 995	40 235	20 197	20 038
0-4	4 793	2 431	2 362	5 326	2 703	2 623	5 655	2 871	2 784	5 952	3 027	2 925
5-9	4 049	2 050	1 999	4 558	2 309	2 249	5 092	2 582	2 511	5 410	2 746	2 663
10-14	3 438	1 739	1 699	3 937	1 993	1 945	4 439	2 248	2 191	4 935	2 501	2 434
15-19	3 024	1 528	1 496	3 346	1 691	1 655	3 837	1 940	1 897	4 305	2 179	2 126
20-24	2 620	1 320	1 300	2 932	1 478	1 454	3 247	1 638	1 610	3 711	1 873	1 838
25-29	2 187	1 098	1 089	2 530	1 271	1 259	2 836	1 426	1 410	3 130	1 574	1 555
30-34	1 783	892	891	2 104	1 053	1 051	2 441	1 223	1 218	2 727	1 368	1 359
35-39	1 434	714	720	1 707	849	858	2 021	1 007	1 014	2 338	1 167	1 171
40-44	1 156	573	583	1 365	675	690	1 630	807	824	1 927	956	971
45-49	940	464	476	1 095	538	557	1 297	637	659	1 546	761	785
50-54	757	375	382	882	432	451	1 032	504	528	1 219	595	623
55-59	595	293	302	698	344	354	818	398	420	956	464	493
60-64	467	226	241	538	261	277	634	308	325	742	357	385
65-69	348	166	182	401	191	210	466	223	243	551	265	286
70-74	240	113	128	278	130	147	323	152	171	377	178	199
75-79	145	66	78	169	77	91	197	91	107	233	107	126
80+	...	...	...	...	...	...	...	...	...	...	...	...
80-84	71	32	39	84	38	47	100	45	55	119	53	66
85-89	26	11	15	31	14	18	38	16	21	46	20	26
90-94	6	3	4	8	3	5	10	4	6	12	5	7
95-99	1	0	1	1	0	1	1	1	1	2	1	1
100+	0	0	0	0	0	0	0	0	0	0	0	0

性・年齢別人口（千人）

年齢	2015 総数	男	女	2020 総数	男	女	2025 総数	男	女	2030 総数	男	女
総数	40 235	20 197	20 038	45 308	22 747	22 561	50 740	25 471	25 269	56 443	28 325	28 118
0-4	5 952	3 027	2 925	6 367	3 237	3 130	6 804	3 458	3 346	7 224	3 670	3 555
5-9	5 410	2 746	2 663	5 815	2 956	2 859	6 245	3 173	3 072	6 692	3 398	3 294
10-14	4 935	2 501	2 434	5 345	2 713	2 633	5 761	2 927	2 834	6 195	3 146	3 050
15-19	4 305	2 179	2 126	4 880	2 472	2 409	5 299	2 687	2 612	5 717	2 902	2 815
20-24	3 711	1 873	1 838	4 247	2 145	2 101	4 827	2 440	2 387	5 247	2 655	2 591
25-29	3 130	1 574	1 555	3 649	1 838	1 812	4 188	2 111	2 077	4 767	2 405	2 363
30-34	2 727	1 368	1 359	3 071	1 541	1 530	3 592	1 805	1 787	4 129	2 076	2 052
35-39	2 338	1 167	1 171	2 666	1 333	1 333	3 012	1 507	1 505	3 529	1 768	1 761
40-44	1 927	956	971	2 275	1 131	1 144	2 602	1 295	1 307	2 945	1 468	1 478
45-49	1 546	761	785	1 864	920	945	2 208	1 092	1 117	2 531	1 254	1 277
50-54	1 219	595	623	1 483	725	757	1 794	880	914	2 129	1 047	1 082
55-59	956	464	493	1 153	560	594	1 407	684	724	1 705	830	875
60-64	742	357	385	885	425	460	1 070	514	556	1 307	628	679
65-69	551	265	286	658	313	346	788	373	415	953	451	502
70-74	377	178	199	455	215	240	545	255	291	653	304	350
75-79	233	107	126	277	128	149	336	156	180	403	184	219
80+	…	…	…	…	…	…	…	…	…	…	…	…
80-84	119	53	66	143	64	79	171	77	94	207	94	114
85-89	46	20	26	56	24	32	68	29	38	81	35	46
90-94	12	5	7	15	6	9	19	8	11	23	9	13
95-99	2	1	1	3	1	2	3	1	2	4	2	2
100+	0	0	0	0	0	0	0	0	0	0	0	0

年齢	2035 総数	男	女	2040 総数	男	女	2045 総数	男	女	2050 総数	男	女
総数	62 331	31 266	31 065	68 311	34 244	34 066	74 307	37 222	37 085	80 284	40 182	40 102
0-4	7 585	3 854	3 731	7 873	4 002	3 872	8 120	4 128	3 992	8 355	4 248	4 107
5-9	7 123	3 615	3 508	7 494	3 804	3 690	7 792	3 957	3 836	8 049	4 088	3 961
10-14	6 645	3 372	3 274	7 080	3 590	3 489	7 455	3 782	3 673	7 757	3 936	3 821
15-19	6 153	3 121	3 032	6 605	3 348	3 257	7 041	3 567	3 474	7 419	3 760	3 659
20-24	5 666	2 871	2 795	6 103	3 090	3 013	6 556	3 317	3 239	6 994	3 537	3 457
25-29	5 188	2 620	2 568	5 608	2 835	2 773	6 047	3 055	2 992	6 501	3 282	3 219
30-34	4 705	2 368	2 338	5 127	2 583	2 544	5 548	2 798	2 750	5 988	3 018	2 970
35-39	4 063	2 037	2 026	4 637	2 327	2 310	5 058	2 542	2 517	5 481	2 757	2 724
40-44	3 457	1 725	1 732	3 986	1 991	1 995	4 556	2 278	2 278	4 978	2 492	2 485
45-49	2 869	1 423	1 446	3 373	1 675	1 698	3 895	1 936	1 958	4 458	2 219	2 239
50-54	2 443	1 203	1 240	2 774	1 367	1 406	3 265	1 612	1 654	3 776	1 866	1 910
55-59	2 026	988	1 037	2 328	1 137	1 191	2 647	1 294	1 353	3 121	1 527	1 594
60-64	1 586	763	822	1 887	909	978	2 171	1 047	1 125	2 473	1 192	1 281
65-69	1 166	551	615	1 417	670	747	1 689	799	890	1 948	921	1 027
70-74	792	368	424	971	450	522	1 183	547	637	1 414	652	762
75-79	484	220	264	589	266	323	725	325	399	886	396	490
80+	…	…	…	…	…	…	…	…	…	…	…	…
80-84	249	111	139	300	132	168	367	160	207	453	195	258
85-89	98	43	55	118	51	67	143	60	82	175	73	102
90-94	27	11	16	33	14	19	39	16	23	47	19	28
95-99	5	2	3	6	2	3	7	3	4	8	3	5
100+	1	0	0	1	0	0	1	0	1	1	0	1

年齢	2055 総数	男	女	2060 総数	男	女
総数	86 212	43 106	43 106	92 015	45 957	46 059
0-4	8 580	4 362	4 218	8 762	4 454	4 307
5-9	8 293	4 212	4 081	8 525	4 331	4 195
10-14	8 017	4 069	3 948	8 264	4 195	4 069
15-19	7 723	3 915	3 808	7 986	4 050	3 937
20-24	7 374	3 731	3 644	7 681	3 887	3 794
25-29	6 941	3 503	3 438	7 324	3 698	3 626
30-34	6 445	3 247	3 198	6 887	3 469	3 418
35-39	5 923	2 978	2 944	6 381	3 208	3 173
40-44	5 401	2 708	2 693	5 844	2 930	2 914
45-49	4 878	2 431	2 446	5 300	2 646	2 654
50-54	4 329	2 141	2 188	4 744	2 350	2 394
55-59	3 616	1 770	1 845	4 152	2 034	2 117
60-64	2 921	1 408	1 513	3 390	1 634	1 755
65-69	2 224	1 050	1 174	2 634	1 242	1 392
70-74	1 637	752	885	1 876	858	1 017
75-79	1 064	472	592	1 237	545	692
80+	…	…	…	…	…	…
80-84	557	238	320	673	284	390
85-89	218	89	128	269	109	161
90-94	58	23	35	73	29	44
95-99	10	4	6	13	5	8
100+	1	1	1	2	1	1

Sudan

高位予測値

性・年齢別人口（千人）

年齢	2015 総数	男	女	2020 総数	男	女	2025 総数	男	女	2030 総数	男	女
総数	40 235	20 197	20 038	45 694	22 943	22 751	51 830	26 025	25 805	58 529	29 385	29 145
0-4	5 952	3 027	2 925	6 752	3 433	3 319	7 514	3 819	3 696	8 235	4 183	4 052
5-9	5 410	2 746	2 663	5 815	2 956	2 859	6 624	3 366	3 259	7 391	3 753	3 638
10-14	4 935	2 501	2 434	5 345	2 713	2 633	5 761	2 927	2 834	6 572	3 337	3 235
15-19	4 305	2 179	2 126	4 880	2 472	2 409	5 299	2 687	2 612	5 717	2 902	2 815
20-24	3 711	1 873	1 838	4 247	2 145	2 101	4 827	2 440	2 387	5 247	2 655	2 591
25-29	3 130	1 574	1 555	3 649	1 838	1 812	4 188	2 111	2 077	4 767	2 405	2 363
30-34	2 727	1 368	1 359	3 071	1 541	1 530	3 592	1 805	1 787	4 129	2 076	2 052
35-39	2 338	1 167	1 171	2 666	1 333	1 333	3 012	1 507	1 505	3 529	1 768	1 761
40-44	1 927	956	971	2 275	1 131	1 144	2 602	1 295	1 307	2 945	1 468	1 478
45-49	1 546	761	785	1 864	920	945	2 208	1 092	1 117	2 531	1 254	1 277
50-54	1 219	595	623	1 483	725	757	1 794	880	914	2 129	1 047	1 082
55-59	956	464	493	1 153	560	594	1 407	684	724	1 705	830	875
60-64	742	357	385	885	425	460	1 070	514	556	1 307	628	679
65-69	551	265	286	658	313	346	788	373	415	953	451	502
70-74	377	178	199	455	215	240	545	255	291	653	304	350
75-79	233	107	126	277	128	149	336	156	180	403	184	219
80+	…	…	…	…	…	…	…	…	…	…	…	…
80-84	119	53	66	143	64	79	171	77	94	207	94	114
85-89	46	20	26	56	24	32	68	29	38	81	35	46
90-94	12	5	7	15	6	9	19	8	11	23	9	13
95-99	2	1	1	3	1	2	3	1	2	4	2	2
100+	0	0	0	0	0	0	0	0	0	0	0	0

年齢	2035 総数	男	女	2040 総数	男	女	2045 総数	男	女	2050 総数	男	女
総数	65 549	32 900	32 650	72 864	36 555	36 309	80 535	40 382	40 153	88 653	44 426	44 226
0-4	8 738	4 440	4 298	9 233	4 693	4 540	9 826	4 995	4 831	10 535	5 356	5 179
5-9	8 120	4 121	3 999	8 634	4 383	4 251	9 138	4 640	4 498	9 741	4 947	4 794
10-14	7 340	3 724	3 616	8 072	4 093	3 978	8 589	4 357	4 232	9 097	4 616	4 481
15-19	6 527	3 311	3 216	7 296	3 698	3 598	8 029	4 068	3 961	8 548	4 332	4 216
20-24	5 666	2 871	2 795	6 474	3 278	3 196	7 243	3 664	3 578	7 975	4 033	3 942
25-29	5 188	2 620	2 568	5 608	2 835	2 773	6 415	3 240	3 174	7 182	3 626	3 557
30-34	4 705	2 368	2 338	5 127	2 583	2 544	5 548	2 798	2 750	6 353	3 202	3 150
35-39	4 063	2 037	2 026	4 637	2 327	2 310	5 058	2 542	2 517	5 481	2 757	2 724
40-44	3 457	1 725	1 732	3 986	1 991	1 995	4 556	2 278	2 278	4 978	2 492	2 485
45-49	2 869	1 423	1 446	3 373	1 675	1 698	3 895	1 936	1 958	4 458	2 219	2 239
50-54	2 443	1 203	1 240	2 774	1 367	1 406	3 265	1 612	1 654	3 776	1 866	1 910
55-59	2 026	988	1 037	2 328	1 137	1 191	2 647	1 294	1 353	3 121	1 527	1 594
60-64	1 586	763	822	1 887	909	978	2 171	1 047	1 125	2 473	1 192	1 281
65-69	1 166	551	615	1 417	670	747	1 689	799	890	1 948	921	1 027
70-74	792	368	424	971	450	522	1 183	547	637	1 414	652	762
75-79	484	220	264	589	266	323	725	325	399	886	396	490
80+	…	…	…	…	…	…	…	…	…	…	…	…
80-84	249	111	139	300	132	168	367	160	207	453	195	258
85-89	98	43	55	118	51	67	143	60	82	175	73	102
90-94	27	11	16	33	14	19	39	16	23	47	19	28
95-99	5	2	3	6	2	3	7	3	4	8	3	5
100+	1	0	0	1	0	0	1	0	1	1	0	1

年齢	2055 総数	男	女	2060 総数	男	女
総数	97 208	48 681	48 528	106 059	53 074	52 986
0-4	11 256	5 722	5 534	11 870	6 034	5 835
5-9	10 458	5 312	5 146	11 185	5 682	5 504
10-14	9 703	4 924	4 778	10 423	5 291	5 132
15-19	9 059	4 592	4 467	9 666	4 901	4 765
20-24	8 497	4 299	4 199	9 010	4 560	4 450
25-29	7 916	3 995	3 921	8 440	4 261	4 179
30-34	7 120	3 587	3 533	7 854	3 956	3 898
35-39	6 284	3 160	3 124	7 050	3 544	3 506
40-44	5 401	2 708	2 693	6 200	3 108	3 092
45-49	4 878	2 431	2 446	5 300	2 646	2 654
50-54	4 329	2 141	2 188	4 744	2 350	2 394
55-59	3 616	1 770	1 845	4 152	2 034	2 117
60-64	2 921	1 408	1 513	3 390	1 634	1 755
65-69	2 224	1 050	1 174	2 634	1 242	1 392
70-74	1 637	752	885	1 876	858	1 017
75-79	1 064	472	592	1 237	545	692
80+	…	…	…	…	…	…
80-84	557	238	320	673	284	390
85-89	218	89	128	269	109	161
90-94	58	23	35	73	29	44
95-99	10	4	6	13	5	8
100+	1	1	1	2	1	1

826

性・年齢別人口（千人）

年齢	2015			2020			2025			2030		
	総数	男	女	総数	男	女	総数	男	女	総数	男	女
総数	40 235	20 197	20 038	44 922	22 551	22 372	49 651	24 918	24 733	54 357	27 266	27 091
0-4	5 952	3 027	2 925	5 981	3 041	2 940	6 094	3 097	2 997	6 214	3 156	3 057
5-9	5 410	2 746	2 663	5 815	2 956	2 859	5 866	2 980	2 886	5 993	3 043	2 950
10-14	4 935	2 501	2 434	5 345	2 713	2 633	5 761	2 927	2 834	5 819	2 955	2 864
15-19	4 305	2 179	2 126	4 880	2 472	2 409	5 299	2 687	2 612	5 717	2 902	2 815
20-24	3 711	1 873	1 838	4 247	2 145	2 101	4 827	2 440	2 387	5 247	2 655	2 591
25-29	3 130	1 574	1 555	3 649	1 838	1 812	4 188	2 111	2 077	4 767	2 405	2 363
30-34	2 727	1 368	1 359	3 071	1 541	1 530	3 592	1 805	1 787	4 129	2 076	2 052
35-39	2 338	1 167	1 171	2 666	1 333	1 333	3 012	1 507	1 505	3 529	1 768	1 761
40-44	1 927	956	971	2 275	1 131	1 144	2 602	1 295	1 307	2 945	1 468	1 478
45-49	1 546	761	785	1 864	920	945	2 208	1 092	1 117	2 531	1 254	1 277
50-54	1 219	595	623	1 483	725	757	1 794	880	914	2 129	1 047	1 082
55-59	956	464	493	1 153	560	594	1 407	684	724	1 705	830	875
60-64	742	357	385	885	425	460	1 070	514	556	1 307	628	679
65-69	551	265	286	658	313	346	788	373	415	953	451	502
70-74	377	178	199	455	215	240	545	255	291	653	304	350
75-79	233	107	126	277	128	149	336	156	180	403	184	219
80+	…	…	…	…	…	…	…	…	…	…	…	…
80-84	119	53	66	143	64	79	171	77	94	207	94	114
85-89	46	20	26	56	24	32	68	29	38	81	35	46
90-94	12	5	7	15	6	9	19	8	11	23	9	13
95-99	2	1	1	3	1	2	3	1	2	4	2	2
100+	0	0	0	0	0	0	0	0	0	0	0	0

年齢	2035			2040			2045			2050		
	総数	男	女	総数	男	女	総数	男	女	総数	男	女
総数	59 117	29 634	29 483	63 793	31 952	31 842	68 215	34 132	34 083	72 262	36 114	36 147
0-4	6 438	3 271	3 167	6 545	3 326	3 218	6 514	3 311	3 203	6 387	3 247	3 140
5-9	6 125	3 108	3 017	6 360	3 229	3 131	6 476	3 289	3 188	6 456	3 279	3 177
10-14	5 951	3 019	2 931	6 088	3 087	3 000	6 326	3 209	3 117	6 446	3 271	3 175
15-19	5 779	2 931	2 848	5 914	2 998	2 917	6 054	3 067	2 987	6 295	3 190	3 105
20-24	5 666	2 871	2 795	5 732	2 902	2 830	5 870	2 970	2 900	6 013	3 041	2 972
25-29	5 188	2 620	2 568	5 608	2 835	2 773	5 679	2 869	2 810	5 820	2 938	2 882
30-34	4 705	2 368	2 338	5 127	2 583	2 544	5 548	2 798	2 750	5 623	2 835	2 789
35-39	4 063	2 037	2 026	4 637	2 327	2 310	5 058	2 542	2 517	5 481	2 757	2 724
40-44	3 457	1 725	1 732	3 986	1 991	1 995	4 556	2 278	2 278	4 978	2 492	2 485
45-49	2 869	1 423	1 446	3 373	1 675	1 698	3 895	1 936	1 958	4 458	2 219	2 239
50-54	2 443	1 203	1 240	2 774	1 367	1 406	3 265	1 612	1 654	3 776	1 866	1 910
55-59	2 026	988	1 037	2 328	1 137	1 191	2 647	1 294	1 353	3 121	1 527	1 594
60-64	1 586	763	822	1 887	909	978	2 171	1 047	1 125	2 473	1 192	1 281
65-69	1 166	551	615	1 417	670	747	1 689	799	890	1 948	921	1 027
70-74	792	368	424	971	450	522	1 183	547	637	1 414	652	762
75-79	484	220	264	589	266	323	725	325	399	886	396	490
80+	…	…	…	…	…	…	…	…	…	…	…	…
80-84	249	111	139	300	132	168	367	160	207	453	195	258
85-89	98	43	55	118	51	67	143	60	82	175	73	102
90-94	27	11	16	33	14	19	39	16	23	47	19	28
95-99	5	2	3	6	2	3	7	3	4	8	3	5
100+	1	0	0	1	0	0	1	0	1	1	0	1

年齢	2055			2060		
	総数	男	女	総数	男	女
総数	75 902	37 881	38 022	79 121	39 424	39 697
0-4	6 247	3 176	3 071	6 120	3 111	3 008
5-9	6 339	3 220	3 119	6 206	3 152	3 054
10-14	6 430	3 263	3 166	6 316	3 206	3 110
15-19	6 418	3 253	3 164	6 404	3 247	3 157
20-24	6 256	3 165	3 091	6 382	3 230	3 152
25-29	5 967	3 011	2 956	6 213	3 137	3 076
30-34	5 769	2 907	2 863	5 920	2 982	2 938
35-39	5 562	2 797	2 765	5 712	2 871	2 841
40-44	5 401	2 708	2 693	5 488	2 751	2 736
45-49	4 878	2 431	2 446	5 300	2 646	2 654
50-54	4 329	2 141	2 188	4 744	2 350	2 394
55-59	3 616	1 770	1 845	4 152	2 034	2 117
60-64	2 921	1 408	1 513	3 390	1 634	1 755
65-69	2 224	1 050	1 174	2 634	1 242	1 392
70-74	1 637	752	885	1 876	858	1 017
75-79	1 064	472	592	1 237	545	692
80+	…	…	…	…	…	…
80-84	557	238	320	673	284	390
85-89	218	89	128	269	109	161
90-94	58	23	35	73	29	44
95-99	10	4	6	13	5	8
100+	1	1	1	2	1	1

性・年齢別人口（千人）

推計値

年齢	1960 総数	男	女	1965 総数	男	女	1970 総数	男	女	1975 総数	男	女
総数	290	145	145	332	165	166	371	185	186	363	182	181
0-4	59	30	29	64	32	31	63	32	31	56	28	28
5-9	45	23	22	54	27	27	62	32	31	61	31	30
10-14	34	17	17	42	21	21	53	27	27	55	28	27
15-19	24	12	12	30	15	15	40	21	20	42	21	21
20-24	21	10	11	23	11	12	27	13	14	27	13	13
25-29	20	10	10	21	10	11	20	9	11	20	10	10
30-34	17	8	9	19	9	10	19	9	10	18	9	9
35-39	14	7	7	17	8	8	18	9	9	18	9	9
40-44	11	5	6	14	7	7	16	8	8	15	7	7
45-49	11	6	5	10	5	5	13	6	6	13	6	6
50-54	8	4	4	10	5	5	10	5	5	9	5	5
55-59	8	4	4	8	4	4	9	5	4	8	4	4
60-64	6	3	3	7	3	3	7	3	4	7	4	4
65-69	4	2	2	5	3	3	6	3	3	5	3	3
70-74	4	2	2	4	2	2	4	2	2	4	2	2
75-79	2	1	1	2	1	1	3	1	1	3	1	1
80+	2	1	1	2	1	1	2	1	1	1	1	1
80-84	…	…	…	…	…	…	…	…	…	…	…	…
85-89	…	…	…	…	…	…	…	…	…	…	…	…
90-94	…	…	…	…	…	…	…	…	…	…	…	…
95-99	…	…	…	…	…	…	…	…	…	…	…	…
100+	…	…	…	…	…	…	…	…	…	…	…	…

年齢	1980 総数	男	女	1985 総数	男	女	1990 総数	男	女	1995 総数	男	女
総数	363	183	180	371	189	183	408	207	201	446	226	220
0-4	45	23	22	48	25	23	53	27	26	55	28	27
5-9	49	25	24	40	20	19	47	24	23	53	27	26
10-14	50	25	25	43	22	21	39	20	19	46	24	22
15-19	48	24	24	42	22	20	42	22	21	38	20	19
20-24	35	18	17	41	21	20	41	21	20	42	21	20
25-29	25	13	12	31	16	15	40	21	19	40	21	19
30-34	19	10	9	23	12	12	30	15	15	39	20	19
35-39	17	9	9	19	9	9	23	12	11	29	15	14
40-44	16	8	8	17	8	8	18	9	9	22	11	11
45-49	15	7	7	16	8	8	16	8	8	18	9	9
50-54	12	6	6	14	7	7	15	7	8	16	8	8
55-59	10	5	5	11	6	6	13	7	7	14	7	7
60-64	7	3	3	9	4	4	10	5	5	12	6	6
65-69	5	3	3	6	3	3	8	4	4	9	4	5
70-74	4	2	2	4	2	2	5	2	3	6	3	3
75-79	3	1	2	3	1	2	3	2	2	3	2	2
80+	3	1	2	3	1	2	…	…	…	…	…	…
80-84	…	…	…	…	…	…	2	1	1	2	1	1
85-89	…	…	…	…	…	…	1	0	1	1	0	1
90-94	…	…	…	…	…	…	0	0	0	0	0	0
95-99	…	…	…	…	…	…	0	0	0	0	0	0
100+	…	…	…	…	…	…	0	0	0	0	0	0

年齢	2000 総数	男	女	2005 総数	男	女	2010 総数	男	女	2015 総数	男	女
総数	481	243	238	492	247	245	518	260	258	543	272	271
0-4	53	28	26	51	26	25	49	25	24	48	25	23
5-9	55	28	27	50	25	25	50	25	25	49	25	23
10-14	53	27	26	45	23	22	49	25	24	49	25	24
15-19	45	23	22	47	24	24	44	22	22	48	24	23
20-24	37	19	18	44	22	21	46	23	23	43	22	21
25-29	40	21	20	36	19	18	42	22	21	45	23	22
30-34	38	20	18	39	20	19	35	18	18	42	21	20
35-39	37	19	18	36	19	17	28	14	14	35	18	17
40-44	28	14	14	36	18	17	36	18	17	37	19	18
45-49	22	11	11	27	14	14	35	18	17	35	18	17
50-54	17	8	9	21	10	11	26	13	13	34	17	17
55-59	15	7	8	16	8	8	20	10	10	25	12	13
60-64	13	6	7	14	6	7	15	7	8	18	9	10
65-69	11	5	6	11	5	6	12	5	7	13	6	7
70-74	8	3	4	9	4	5	10	4	6	10	4	6
75-79	5	2	3	6	2	3	7	3	4	7	3	4
80+	…	…	…	…	…	…	…	…	…	…	…	…
80-84	2	1	1	3	1	2	4	1	2	4	2	3
85-89	1	0	1	1	0	1	2	1	1	2	1	1
90-94	0	0	0	0	0	0	0	0	0	0	0	0
95-99	0	0	0	0	0	0	0	0	0	0	0	0
100+	0	0	0	0	0	0	0	0	0	0	0	0

性・年齢別人口（千人）

年齢	2015			2020			2025			2030		
	総数	男	女	総数	男	女	総数	男	女	総数	男	女
総数	543	272	271	565	283	282	584	291	292	599	298	301
0-4	48	25	23	47	24	23	46	24	22	44	23	22
5-9	49	25	23	48	25	23	47	24	23	45	23	22
10-14	49	25	24	48	25	23	48	25	23	46	24	22
15-19	48	24	23	48	24	24	48	25	23	47	24	22
20-24	43	22	21	46	24	23	47	24	23	47	24	22
25-29	45	23	22	41	21	20	45	23	22	46	23	23
30-34	42	21	20	44	22	22	40	20	20	44	22	22
35-39	35	18	17	41	21	20	43	21	22	39	20	20
40-44	37	19	18	34	17	17	40	20	20	42	21	21
45-49	35	18	17	36	18	18	33	16	17	39	19	19
50-54	34	17	17	33	17	16	35	17	18	32	16	16
55-59	25	12	13	32	16	16	32	16	16	34	16	17
60-64	18	9	10	23	11	12	30	14	15	30	15	15
65-69	13	6	7	16	7	9	21	10	11	27	12	14
70-74	10	4	6	11	5	6	14	6	8	17	8	10
75-79	7	3	4	8	3	5	8	3	5	11	4	6
80+	…	…	…	…	…	…	…	…	…	…	…	…
80-84	4	2	3	5	2	3	5	2	3	6	2	4
85-89	2	1	1	2	1	2	3	1	2	3	1	2
90-94	1	0	0	1	0	1	1	0	1	1	0	1
95-99	0	0	0	0	0	0	0	0	0	0	0	0
100+	0	0	0	0	0	0	0	0	0	0	0	0

年齢	2035			2040			2045			2050		
	総数	男	女	総数	男	女	総数	男	女	総数	男	女
総数	611	303	308	619	306	313	624	308	316	624	308	317
0-4	43	22	21	41	21	20	40	20	19	38	20	19
5-9	44	23	22	43	22	21	41	21	20	39	20	19
10-14	45	23	22	44	23	21	43	22	21	41	21	20
15-19	46	24	22	45	23	22	43	22	21	42	21	20
20-24	46	24	22	45	23	22	44	22	21	42	22	21
25-29	45	23	22	45	23	22	43	22	21	42	22	21
30-34	45	22	22	44	23	21	44	23	21	43	22	21
35-39	43	22	21	44	22	22	43	22	21	43	22	21
40-44	39	19	19	42	21	21	43	21	22	43	22	21
45-49	41	20	21	38	19	19	41	21	21	42	21	21
50-54	37	19	19	40	19	20	37	18	19	40	20	20
55-59	31	15	16	36	18	18	38	18	20	35	17	18
60-64	31	15	16	29	14	15	34	16	18	36	17	19
65-69	27	13	14	28	13	15	26	12	14	31	14	17
70-74	23	10	12	23	10	13	25	11	14	23	10	13
75-79	14	6	8	18	7	10	18	8	11	20	8	12
80+	…	…	…	…	…	…	…	…	…	…	…	…
80-84	7	3	5	9	4	6	13	5	8	13	5	8
85-89	3	1	2	4	1	3	6	2	4	7	2	5
90-94	1	0	1	1	0	1	2	1	1	3	1	2
95-99	0	0	0	0	0	0	0	0	0	1	0	0
100+	0	0	0	0	0	0	0	0	0	0	0	0

年齢	2055			2060		
	総数	男	女	総数	男	女
総数	623	306	316	620	305	315
0-4	37	19	18	36	18	17
5-9	38	19	19	37	19	18
10-14	39	20	19	38	19	18
15-19	40	21	20	39	20	19
20-24	41	21	20	39	20	19
25-29	41	21	20	40	20	19
30-34	42	21	20	40	21	20
35-39	42	21	20	41	21	20
40-44	42	22	21	41	21	20
45-49	42	21	21	41	21	20
50-54	41	20	21	41	21	20
55-59	39	19	20	40	19	20
60-64	34	16	17	37	18	19
65-69	33	15	18	31	15	17
70-74	27	12	15	29	13	17
75-79	19	8	11	22	9	13
80+	…	…	…	…	…	…
80-84	14	5	9	14	5	8
85-89	8	3	5	9	3	6
90-94	3	1	2	4	1	3
95-99	1	0	1	1	0	1
100+	0	0	0	0	0	0

Suriname

性・年齢別人口（千人）

年齢	2015			2020			2025			2030		
	総数	男	女	総数	男	女	総数	男	女	総数	男	女
総数	543	272	271	570	285	285	597	298	299	624	311	313
0-4	48	25	23	52	27	25	54	28	26	55	28	27
5-9	49	25	23	48	25	23	52	27	25	54	28	26
10-14	49	25	24	48	25	23	48	25	23	52	27	25
15-19	48	24	23	48	24	24	48	25	23	47	24	23
20-24	43	22	21	46	24	23	47	24	23	47	24	22
25-29	45	23	22	41	21	20	45	23	22	46	23	23
30-34	42	21	20	44	22	22	40	20	20	44	22	22
35-39	35	18	17	41	21	20	43	21	22	39	20	20
40-44	37	19	18	34	17	17	40	20	20	42	21	21
45-49	35	18	17	36	18	18	33	16	17	39	19	19
50-54	34	17	17	33	17	16	35	17	18	32	16	16
55-59	25	12	13	32	16	16	32	16	16	34	16	17
60-64	18	9	10	23	11	12	30	14	15	30	15	15
65-69	13	6	7	16	7	9	21	10	11	27	12	14
70-74	10	4	6	11	5	6	14	6	8	17	8	10
75-79	7	3	4	8	3	5	8	3	5	11	4	6
80+	…	…	…	…	…	…	…	…	…	…	…	…
80-84	4	2	3	5	2	3	5	2	3	6	2	4
85-89	2	1	1	2	1	2	3	1	2	3	1	2
90-94	1	0	0	1	0	1	1	0	1	1	0	1
95-99	0	0	0	0	0	0	0	0	0	0	0	0
100+	0	0	0	0	0	0	0	0	0	0	0	0

年齢	2035			2040			2045			2050		
	総数	男	女	総数	男	女	総数	男	女	総数	男	女
総数	647	321	325	667	331	336	685	339	346	701	347	355
0-4	54	28	26	53	27	26	54	27	26	54	28	27
5-9	55	28	27	54	27	26	53	27	26	53	27	26
10-14	54	28	26	55	28	27	54	27	26	53	27	26
15-19	51	26	25	53	27	26	54	28	26	53	27	26
20-24	46	24	22	50	26	24	52	27	25	53	27	26
25-29	45	23	22	45	23	22	49	25	24	51	26	25
30-34	45	22	22	44	23	21	44	23	21	48	25	23
35-39	43	22	21	44	22	22	43	22	21	43	22	21
40-44	39	19	19	42	21	21	43	21	22	43	22	21
45-49	41	20	21	38	19	19	41	21	21	42	21	21
50-54	37	19	19	40	19	20	37	18	19	40	20	20
55-59	31	15	16	36	18	18	38	18	20	35	17	18
60-64	31	15	16	29	14	15	34	16	18	36	17	19
65-69	27	13	14	28	13	15	26	12	14	31	14	17
70-74	23	10	12	23	10	13	25	11	14	23	10	13
75-79	14	6	8	18	7	10	18	8	11	20	8	12
80+	…	…	…	…	…	…	…	…	…	…	…	…
80-84	7	3	5	9	4	6	13	5	8	13	5	8
85-89	3	1	2	4	1	3	6	2	4	7	2	5
90-94	1	0	1	1	0	1	2	1	1	3	1	2
95-99	0	0	0	0	0	0	0	0	0	1	0	0
100+	0	0	0	0	0	0	0	0	0	0	0	0

年齢	2055			2060		
	総数	男	女	総数	男	女
総数	718	355	363	735	364	372
0-4	55	28	27	56	29	27
5-9	54	28	26	55	28	27
10-14	53	27	26	54	28	26
15-19	52	27	26	53	27	26
20-24	52	27	25	51	26	25
25-29	52	27	25	51	26	25
30-34	50	26	24	51	26	25
35-39	47	24	23	49	25	24
40-44	42	22	21	46	24	22
45-49	42	21	21	41	21	20
50-54	41	20	21	41	21	20
55-59	39	19	20	40	19	20
60-64	34	16	17	37	18	19
65-69	33	15	18	31	15	17
70-74	27	12	15	29	13	17
75-79	19	8	11	22	9	13
80+	…	…	…	…	…	…
80-84	14	5	9	14	5	8
85-89	8	3	5	9	3	6
90-94	3	1	2	4	1	3
95-99	1	0	1	1	0	1
100+	0	0	0	0	0	0

性・年齢別人口（千人）

年齢	2015			2020			2025			2030		
	総数	男	女	総数	男	女	総数	男	女	総数	男	女
総数	543	272	271	560	280	280	570	284	286	575	286	289
0-4	48	25	23	42	22	20	37	19	18	34	17	16
5-9	49	25	23	48	25	23	41	21	20	37	19	18
10-14	49	25	24	48	25	23	48	25	23	41	21	20
15-19	48	24	23	48	24	24	48	25	23	47	24	23
20-24	43	22	21	46	24	23	47	24	23	47	24	22
25-29	45	23	22	41	21	20	45	23	22	46	23	23
30-34	42	21	20	44	22	22	40	20	20	44	22	22
35-39	35	18	17	41	21	20	43	21	22	39	20	20
40-44	37	19	18	34	17	17	40	20	20	42	21	21
45-49	35	18	17	36	18	18	33	16	17	39	19	19
50-54	34	17	17	33	17	16	35	17	18	32	16	16
55-59	25	12	13	32	16	16	32	16	16	34	16	17
60-64	18	9	10	23	11	12	30	14	15	30	15	15
65-69	13	6	7	16	7	9	21	10	11	27	12	14
70-74	10	4	6	11	5	6	14	6	8	17	8	10
75-79	7	3	4	8	3	5	8	3	5	11	4	6
80+	…	…	…	…	…	…	…	…	…	…	…	…
80-84	4	2	3	5	2	3	5	2	3	6	2	4
85-89	2	1	1	2	1	2	3	1	2	3	1	2
90-94	1	0	0	1	0	1	1	0	1	1	0	1
95-99	0	0	0	0	0	0	0	0	0	0	0	0
100+	0	0	0	0	0	0	0	0	0	0	0	0

年齢	2035			2040			2045			2050		
	総数	男	女	総数	男	女	総数	男	女	総数	男	女
総数	576	285	291	573	282	290	565	277	287	552	270	281
0-4	32	16	16	30	15	15	27	14	13	24	13	12
5-9	33	17	16	32	16	16	30	15	14	27	14	13
10-14	37	19	18	33	17	16	32	16	15	29	15	14
15-19	41	21	20	36	19	18	33	17	16	31	16	15
20-24	46	24	22	40	20	19	35	18	17	32	16	15
25-29	45	23	22	45	23	22	38	20	19	34	18	17
30-34	45	22	22	44	23	21	44	23	21	37	19	18
35-39	43	22	21	44	22	22	43	22	21	43	22	21
40-44	39	19	19	42	21	21	43	21	22	43	22	21
45-49	41	20	21	38	19	19	41	21	21	42	21	21
50-54	37	19	19	40	19	20	37	18	19	40	20	20
55-59	31	15	16	36	18	18	38	18	20	35	17	18
60-64	31	15	16	29	14	15	34	16	18	36	17	19
65-69	27	13	14	28	13	15	26	12	14	31	14	17
70-74	23	10	12	23	10	13	25	11	14	23	10	13
75-79	14	6	8	18	7	10	18	8	11	20	8	12
80+	…	…	…	…	…	…	…	…	…	…	…	…
80-84	7	3	5	9	4	6	13	5	8	13	5	8
85-89	3	1	2	4	1	3	6	2	4	7	2	5
90-94	1	0	1	1	0	1	2	1	1	3	1	2
95-99	0	0	0	0	0	0	0	0	0	1	0	0
100+	0	0	0	0	0	0	0	0	0	0	0	0

年齢	2055			2060		
	総数	男	女	総数	男	女
総数	536	262	274	517	252	265
0-4	22	11	11	20	10	10
5-9	24	12	12	22	11	11
10-14	27	14	13	24	12	12
15-19	29	15	14	26	14	13
20-24	30	15	15	28	14	14
25-29	31	16	15	29	15	14
30-34	33	17	16	30	15	15
35-39	37	19	18	33	17	16
40-44	42	22	21	36	18	18
45-49	42	21	21	41	21	20
50-54	41	20	21	41	21	20
55-59	39	19	20	40	19	20
60-64	34	16	17	37	18	19
65-69	33	15	18	31	15	17
70-74	27	12	15	29	13	17
75-79	19	8	11	22	9	13
80+	…	…	…	…	…	…
80-84	14	5	9	14	5	8
85-89	8	3	5	9	3	6
90-94	3	1	2	4	1	3
95-99	1	0	1	1	0	1
100+	0	0	0	0	0	0

Swaziland

性・年齢別人口（千人）

年齢	1960			1965			1970			1975		
	総数	男	女	総数	男	女	総数	男	女	総数	男	女
総数	349	169	180	392	187	205	446	212	234	517	246	271
0-4	63	32	32	73	36	37	85	43	43	101	51	51
5-9	51	25	26	59	29	30	68	34	34	80	40	40
10-14	43	21	22	50	25	25	57	28	29	67	33	33
15-19	35	17	18	41	20	21	48	23	25	55	27	28
20-24	30	14	15	32	15	17	37	17	20	42	19	24
25-29	25	12	13	26	12	14	28	12	16	33	13	19
30-34	21	10	11	22	10	12	24	11	13	27	11	15
35-39	18	9	10	19	9	10	21	10	11	25	12	13
40-44	15	7	8	17	8	9	18	8	10	21	10	11
45-49	13	6	7	14	7	8	16	7	8	17	8	9
50-54	10	5	6	12	5	6	13	6	7	14	7	8
55-59	8	4	4	9	4	5	11	5	6	12	6	6
60-64	6	3	3	7	3	4	8	3	4	9	4	5
65-69	4	2	2	5	2	3	5	2	3	6	3	4
70-74	3	1	2	3	1	2	3	1	2	4	2	2
75-79	2	1	1	2	1	1	2	1	1	2	1	1
80+	1	0	1	1	0	1	1	0	1	1	0	1
80-84	…	…	…	…	…	…	…	…	…	…	…	…
85-89	…	…	…	…	…	…	…	…	…	…	…	…
90-94	…	…	…	…	…	…	…	…	…	…	…	…
95-99	…	…	…	…	…	…	…	…	…	…	…	…
100+	…	…	…	…	…	…	…	…	…	…	…	…

年齢	1980			1985			1990			1995		
	総数	男	女	総数	男	女	総数	男	女	総数	男	女
総数	603	287	317	705	333	372	863	407	456	963	463	500
0-4	119	59	59	139	70	69	166	84	82	165	83	82
5-9	97	48	48	112	56	56	137	69	68	159	80	79
10-14	79	39	40	93	46	47	112	56	56	134	67	67
15-19	64	32	33	76	37	39	93	45	48	106	52	54
20-24	51	23	27	59	26	32	76	34	42	82	38	44
25-29	38	16	23	45	18	27	58	25	34	64	28	37
30-34	30	12	19	37	14	22	46	19	27	52	22	30
35-39	25	11	14	31	13	18	38	15	23	44	19	25
40-44	24	12	12	26	12	14	32	13	19	37	17	20
45-49	20	10	10	23	12	12	27	12	15	31	15	16
50-54	16	7	9	19	9	10	23	12	12	25	12	13
55-59	13	6	7	15	7	8	18	9	9	21	11	10
60-64	10	5	6	12	5	6	13	6	8	16	7	8
65-69	7	3	4	9	4	5	10	4	6	11	5	6
70-74	5	2	3	6	2	3	7	3	4	8	3	5
75-79	3	1	2	3	1	2	4	2	2	5	2	3
80+	2	1	1	2	1	1	…	…	…	…	…	…
80-84	…	…	…	…	…	…	2	1	1	2	1	1
85-89	…	…	…	…	…	…	1	0	0	1	0	0
90-94	…	…	…	…	…	…	0	0	0	0	0	0
95-99	…	…	…	…	…	…	0	0	0	0	0	0
100+	…	…	…	…	…	…	0	0	0	0	0	0

年齢	2000			2005			2010			2015		
	総数	男	女	総数	男	女	総数	男	女	総数	男	女
総数	1 064	515	549	1 105	540	565	1 193	587	607	1 287	636	651
0-4	157	79	78	155	78	77	164	83	81	173	87	86
5-9	160	81	79	152	76	75	150	75	74	160	80	79
10-14	157	79	78	155	78	77	150	75	74	148	74	73
15-19	131	65	66	146	73	72	154	77	76	147	74	73
20-24	98	48	51	114	56	58	142	71	70	150	75	74
25-29	74	34	39	82	39	42	106	53	53	134	68	66
30-34	59	26	33	62	30	32	72	35	37	96	49	47
35-39	49	21	27	52	24	27	53	26	27	62	31	31
40-44	42	19	23	43	19	23	44	21	23	45	22	22
45-49	35	16	19	36	16	20	38	17	21	38	18	20
50-54	29	14	15	30	14	17	33	14	19	34	15	19
55-59	23	11	12	25	11	13	28	12	16	30	13	17
60-64	19	9	9	19	9	10	22	10	12	25	11	14
65-69	13	6	7	15	7	8	16	7	9	19	8	11
70-74	9	4	5	10	4	6	12	5	7	13	6	7
75-79	5	2	3	6	2	4	7	3	4	8	3	5
80+	…	…	…	…	…	…	…	…	…	…	…	…
80-84	3	1	2	3	1	2	3	1	2	4	1	2
85-89	1	0	1	1	0	1	1	0	1	1	0	1
90-94	0	0	0	0	0	0	0	0	0	0	0	0
95-99	0	0	0	0	0	0	0	0	0	0	0	0
100+	0	0	0	0	0	0	0	0	0	0	0	0

性・年齢別人口（千人）

年齢	2015			2020			2025			2030		
	総数	男	女	総数	男	女	総数	男	女	総数	男	女
総数	1 287	636	651	1 366	679	687	1 438	718	721	1 507	754	753
0-4	173	87	86	175	88	87	171	86	85	168	84	83
5-9	160	80	79	170	85	84	172	87	86	169	85	84
10-14	148	74	73	158	79	79	168	85	84	171	86	85
15-19	147	74	73	145	73	72	156	78	78	166	83	83
20-24	150	75	74	143	71	72	141	70	71	152	75	76
25-29	134	68	66	142	71	71	136	67	68	134	66	68
30-34	96	49	47	122	63	59	131	66	65	126	63	64
35-39	62	31	31	82	43	39	108	57	51	118	60	58
40-44	45	22	22	51	26	25	70	37	33	95	50	44
45-49	38	18	20	37	19	18	42	22	20	60	33	27
50-54	34	15	19	32	15	17	31	16	15	36	19	17
55-59	30	13	17	30	12	17	28	13	15	26	13	13
60-64	25	11	14	27	11	16	26	11	15	24	11	13
65-69	19	8	11	22	9	13	23	9	14	22	9	13
70-74	13	6	7	15	7	9	18	7	11	19	7	12
75-79	8	3	5	9	4	5	11	4	6	12	5	8
80+	…	…	…	…	…	…	…	…	…	…	…	…
80-84	4	1	2	5	2	3	5	2	3	6	2	4
85-89	1	0	1	2	1	1	2	1	1	2	1	1
90-94	0	0	0	0	0	0	0	0	0	1	0	0
95-99	0	0	0	0	0	0	0	0	0	0	0	0
100+	0	0	0	0	0	0	0	0	0	0	0	0

年齢	2035			2040			2045			2050		
	総数	男	女	総数	男	女	総数	男	女	総数	男	女
総数	1 576	789	787	1 648	825	823	1 722	861	861	1 792	894	898
0-4	167	84	83	167	84	83	166	84	82	162	82	80
5-9	166	83	82	165	83	82	166	84	82	165	83	82
10-14	168	84	84	165	83	82	164	83	82	165	83	82
15-19	169	85	84	166	83	83	163	82	81	163	82	81
20-24	162	81	82	166	82	83	163	81	82	160	80	81
25-29	145	72	74	157	77	79	160	79	81	158	78	80
30-34	126	62	64	138	68	70	149	73	76	153	75	78
35-39	116	58	58	117	58	59	129	63	65	141	69	71
40-44	106	55	51	105	53	53	107	53	54	120	59	61
45-49	83	45	39	95	49	46	96	48	48	99	49	50
50-54	52	29	24	74	40	34	87	45	42	89	44	44
55-59	31	17	14	46	25	21	67	36	31	79	40	39
60-64	22	11	11	27	14	13	41	22	19	60	32	29
65-69	20	9	11	19	9	10	23	12	11	35	19	17
70-74	18	7	11	16	7	9	15	7	8	19	10	9
75-79	13	5	9	13	5	8	12	5	7	11	5	6
80+	…	…	…	…	…	…	…	…	…	…	…	…
80-84	7	3	5	8	3	5	8	3	5	7	3	5
85-89	3	1	2	3	1	2	4	1	2	4	1	3
90-94	1	0	0	1	0	1	1	0	1	1	0	1
95-99	0	0	0	0	0	0	0	0	0	0	0	0
100+	0	0	0	0	0	0	0	0	0	0	0	0

年齢	2055			2060		
	総数	男	女	総数	男	女
総数	1 857	924	934	1 915	948	967
0-4	156	79	77	151	77	75
5-9	161	81	80	155	78	77
10-14	164	83	81	160	81	79
15-19	164	82	82	163	82	81
20-24	160	80	80	162	81	81
25-29	156	77	79	156	77	79
30-34	152	75	77	150	74	76
35-39	145	72	74	145	71	74
40-44	132	65	67	137	68	70
45-49	112	55	57	124	61	63
50-54	92	45	47	105	51	54
55-59	82	40	42	86	42	44
60-64	72	36	36	75	36	39
65-69	53	27	26	64	31	33
70-74	30	15	14	45	22	23
75-79	14	7	7	22	11	11
80+	…	…	…	…	…	…
80-84	7	3	4	9	4	5
85-89	3	1	2	3	1	2
90-94	1	0	1	1	0	1
95-99	0	0	0	0	0	0
100+	0	0	0	0	0	0

Swaziland

性・年齢別人口（千人）

年齢	2015 総数	男	女	2020 総数	男	女	2025 総数	男	女	2030 総数	男	女
総数	1 287	636	651	1 381	686	694	1 477	737	740	1 577	789	788
0-4	173	87	86	190	96	94	196	99	97	199	100	99
5-9	160	80	79	170	85	84	186	94	93	193	97	96
10-14	148	74	73	158	79	79	168	85	84	185	93	92
15-19	147	74	73	145	73	72	156	78	78	166	83	83
20-24	150	75	74	143	71	72	141	70	71	152	75	76
25-29	134	68	66	142	71	71	136	67	68	134	66	68
30-34	96	49	47	122	63	59	131	66	65	126	63	64
35-39	62	31	31	82	43	39	108	57	51	118	60	58
40-44	45	22	22	51	26	25	70	37	33	95	50	44
45-49	38	18	20	37	19	18	42	22	20	60	33	27
50-54	34	15	19	32	15	17	31	16	15	36	19	17
55-59	30	13	17	30	12	17	28	13	15	26	13	13
60-64	25	11	14	27	11	16	26	11	15	24	11	13
65-69	19	8	11	22	9	13	23	9	14	22	9	13
70-74	13	6	7	15	7	9	18	7	11	19	7	12
75-79	8	3	5	9	4	5	11	4	6	12	5	8
80+	…	…	…	…	…	…	…	…	…	…	…	…
80-84	4	1	2	5	2	3	5	2	3	6	2	4
85-89	1	0	1	2	1	1	2	1	1	2	1	1
90-94	0	0	0	0	0	0	0	0	0	1	0	0
95-99	0	0	0	0	0	0	0	0	0	0	0	0
100+	0	0	0	0	0	0	0	0	0	0	0	0

年齢	2035 総数	男	女	2040 総数	男	女	2045 総数	男	女	2050 総数	男	女
総数	1 680	841	838	1 791	897	894	1 913	957	956	2 042	1 020	1 022
0-4	201	101	100	208	105	103	216	109	107	222	112	110
5-9	197	99	98	199	100	99	206	104	102	214	108	106
10-14	192	96	95	196	99	98	198	100	99	205	103	102
15-19	183	92	91	190	95	95	195	98	97	197	99	98
20-24	162	81	82	179	89	90	187	93	94	191	95	96
25-29	145	72	74	157	77	79	174	86	88	181	90	92
30-34	126	62	64	138	68	70	149	73	76	166	82	84
35-39	116	58	58	117	58	59	129	63	65	141	69	71
40-44	106	55	51	105	53	53	107	53	54	120	59	61
45-49	83	45	39	95	49	46	96	48	48	99	49	50
50-54	52	29	24	74	40	34	87	45	42	89	44	44
55-59	31	17	14	46	25	21	67	36	31	79	40	39
60-64	22	11	11	27	14	13	41	22	19	60	32	29
65-69	20	9	11	19	9	10	23	12	11	35	19	17
70-74	18	7	11	16	7	9	15	7	8	19	10	9
75-79	13	5	9	13	5	8	12	5	7	11	5	6
80+	…	…	…	…	…	…	…	…	…	…	…	…
80-84	7	3	5	8	3	5	8	3	5	7	3	5
85-89	3	1	2	3	1	2	4	1	2	4	1	3
90-94	1	0	0	1	0	1	1	0	1	1	0	1
95-99	0	0	0	0	0	0	0	0	0	0	0	0
100+	0	0	0	0	0	0	0	0	0	0	0	0

年齢	2055 総数	男	女	2060 総数	男	女
総数	2 173	1 083	1 090	2 302	1 144	1 158
0-4	225	114	111	226	114	112
5-9	220	111	109	223	113	111
10-14	213	108	106	220	111	109
15-19	204	102	101	212	107	105
20-24	194	97	97	201	101	101
25-29	186	92	94	189	94	95
30-34	174	86	88	180	89	91
35-39	158	78	80	166	82	84
40-44	132	65	67	149	74	76
45-49	112	55	57	124	61	63
50-54	92	45	47	105	51	54
55-59	82	40	42	86	42	44
60-64	72	36	36	75	36	39
65-69	53	27	26	64	31	33
70-74	30	15	14	45	22	23
75-79	14	7	7	22	11	11
80+	…	…	…	…	…	…
80-84	7	3	4	9	4	5
85-89	3	1	2	3	1	2
90-94	1	0	1	1	0	1
95-99	0	0	0	0	0	0
100+	0	0	0	0	0	0

性・年齢別人口（千人）

年齢	2015			2020			2025			2030		
	総数	男	女	総数	男	女	総数	男	女	総数	男	女
総数	1 287	636	651	1 352	672	680	1 400	698	702	1 437	718	718
0-4	173	87	86	161	81	80	147	74	73	136	68	67
5-9	160	80	79	170	85	84	158	79	79	145	73	72
10-14	148	74	73	158	79	79	168	85	84	157	79	78
15-19	147	74	73	145	73	72	156	78	78	166	83	83
20-24	150	75	74	143	71	72	141	70	71	152	75	76
25-29	134	68	66	142	71	71	136	67	68	134	66	68
30-34	96	49	47	122	63	59	131	66	65	126	63	64
35-39	62	31	31	82	43	39	108	57	51	118	60	58
40-44	45	22	22	51	26	25	70	37	33	95	50	44
45-49	38	18	20	37	19	18	42	22	20	60	33	27
50-54	34	15	19	32	15	17	31	16	15	36	19	17
55-59	30	13	17	30	12	17	28	13	15	26	13	13
60-64	25	11	14	27	11	16	26	11	15	24	11	13
65-69	19	8	11	22	9	13	23	9	14	22	9	13
70-74	13	6	7	15	7	9	18	7	11	19	7	12
75-79	8	3	5	9	4	5	11	4	6	12	5	8
80+	…	…	…	…	…	…	…	…	…	…	…	…
80-84	4	1	2	5	2	3	5	2	3	6	2	4
85-89	1	0	1	2	1	1	2	1	1	2	1	1
90-94	0	0	0	0	0	0	0	0	0	1	0	0
95-99	0	0	0	0	0	0	0	0	0	0	0	0
100+	0	0	0	0	0	0	0	0	0	0	0	0

年齢	2035			2040			2045			2050		
	総数	男	女	総数	男	女	総数	男	女	総数	男	女
総数	1 473	737	736	1 507	754	753	1 536	768	769	1 557	776	781
0-4	133	67	66	129	65	64	121	61	60	110	56	55
5-9	134	67	67	131	66	65	128	64	63	120	61	60
10-14	144	72	72	133	67	66	131	66	65	127	64	63
15-19	155	78	77	143	71	71	132	66	66	130	65	65
20-24	162	81	82	152	76	76	140	69	70	129	64	65
25-29	145	72	74	157	77	79	147	72	74	135	66	69
30-34	126	62	64	138	68	70	149	73	76	140	69	71
35-39	116	58	58	117	58	59	129	63	65	141	69	71
40-44	106	55	51	105	53	53	107	53	54	120	59	61
45-49	83	45	39	95	49	46	96	48	48	99	49	50
50-54	52	29	24	74	40	34	87	45	42	89	44	44
55-59	31	17	14	46	25	21	67	36	31	79	40	39
60-64	22	11	11	27	14	13	41	22	19	60	32	29
65-69	20	9	11	19	9	10	23	12	11	35	19	17
70-74	18	7	11	16	7	9	15	7	8	19	10	9
75-79	13	5	9	13	5	8	12	5	7	11	5	6
80+	…	…	…	…	…	…	…	…	…	…	…	…
80-84	7	3	5	8	3	5	8	3	5	7	3	5
85-89	3	1	2	3	1	2	4	1	2	4	1	3
90-94	1	0	0	1	0	1	1	0	1	1	0	1
95-99	0	0	0	0	0	0	0	0	0	0	0	0
100+	0	0	0	0	0	0	0	0	0	0	0	0

年齢	2055			2060		
	総数	男	女	総数	男	女
総数	1 568	778	790	1 569	774	796
0-4	100	50	49	92	46	45
5-9	109	55	54	99	50	49
10-14	120	60	59	109	55	54
15-19	126	63	63	119	60	59
20-24	127	63	64	124	62	62
25-29	125	62	64	123	61	63
30-34	129	63	66	120	59	62
35-39	133	65	68	123	60	63
40-44	132	65	67	125	62	64
45-49	112	55	57	124	61	63
50-54	92	45	47	105	51	54
55-59	82	40	42	86	42	44
60-64	72	36	36	75	36	39
65-69	53	27	26	64	31	33
70-74	30	15	14	45	22	23
75-79	14	7	7	22	11	11
80+	…	…	…	…	…	…
80-84	7	3	4	9	4	5
85-89	3	1	2	3	1	2
90-94	1	0	1	1	0	1
95-99	0	0	0	0	0	0
100+	0	0	0	0	0	0

性・年齢別人口（千人）

年齢	1960 総数	男	女	1965 総数	男	女	1970 総数	男	女	1975 総数	男	女
総数	7 480	3 731	3 748	7 741	3 866	3 875	8 049	4 020	4 029	8 193	4 075	4 118
0-4	522	269	254	555	285	270	582	299	283	551	282	268
5-9	537	276	261	526	270	255	564	289	275	581	298	283
10-14	619	317	302	539	277	262	532	273	258	563	289	274
15-19	576	294	282	628	321	307	554	283	271	536	275	261
20-24	461	233	228	596	306	289	663	339	324	565	288	277
25-29	438	221	217	475	244	231	613	319	295	663	340	323
30-34	474	238	236	443	224	219	483	249	234	605	313	292
35-39	545	275	270	475	239	236	447	227	220	477	244	232
40-44	526	265	261	543	273	270	476	239	237	441	222	219
45-49	536	270	266	521	262	259	538	270	268	468	234	234
50-54	518	259	259	526	264	262	512	256	255	526	262	264
55-59	458	224	233	501	248	253	510	254	256	495	245	249
60-64	391	188	203	433	209	224	476	232	244	484	237	247
65-69	320	150	171	357	168	189	396	186	210	436	206	229
70-74	250	115	136	274	124	150	306	138	168	342	154	189
75-79	168	76	92	190	83	107	210	90	120	239	101	138
80+	139	61	78	160	68	92	187	76	111	221	84	137
80-84	...	...	...	...	...	...	...	...	...	...	...	...
85-89	...	...	...	...	...	...	...	...	...	...	...	...
90-94	...	...	...	...	...	...	...	...	...	...	...	...
95-99	...	...	...	...	...	...	...	...	...	...	...	...
100+	...	...	...	...	...	...	...	...	...	...	...	...

年齢	1980 総数	男	女	1985 総数	男	女	1990 総数	男	女	1995 総数	男	女
総数	8 311	4 118	4 193	8 351	4 124	4 227	8 559	4 228	4 331	8 827	4 361	4 466
0-4	487	250	238	473	243	230	553	284	269	594	305	289
5-9	557	285	272	488	250	238	486	249	236	570	292	277
10-14	584	300	284	556	284	272	497	254	242	500	257	243
15-19	569	291	278	585	300	285	565	289	276	509	261	248
20-24	556	284	272	578	295	283	607	311	296	583	297	286
25-29	583	298	285	562	288	275	604	311	293	629	322	307
30-34	668	342	326	582	297	285	577	296	281	621	319	302
35-39	604	312	292	662	338	324	588	300	288	588	301	287
40-44	474	242	232	598	307	291	662	337	325	591	301	290
45-49	436	219	217	468	237	230	594	304	290	658	334	324
50-54	459	228	232	428	213	215	461	233	229	586	299	288
55-59	509	251	259	446	218	227	417	206	212	452	226	226
60-64	470	229	241	485	235	251	427	206	221	403	196	208
65-69	445	211	234	434	205	229	452	213	239	402	189	213
70-74	379	171	209	391	177	214	386	174	212	406	184	223
75-79	271	113	158	306	128	178	320	135	185	322	136	186
80+	259	94	165	309	108	200	...	...	...	...	...	...
80-84	...	...	...	...	...	...	219	82	136	234	89	145
85-89	...	...	...	...	...	...	105	34	72	126	41	85
90-94	...	...	...	...	...	...	33	9	24	42	11	31
95-99	...	...	...	...	...	...	6	1	5	8	2	6
100+	...	...	...	...	...	...	1	0	0	1	0	1

年齢	2000 総数	男	女	2005 総数	男	女	2010 総数	男	女	2015 総数	男	女
総数	8 872	4 387	4 486	9 030	4 477	4 554	9 382	4 672	4 711	9 779	4 887	4 893
0-4	463	238	226	491	252	239	555	285	270	590	303	287
5-9	597	306	291	474	243	231	507	260	247	581	299	282
10-14	575	295	280	607	311	296	486	250	237	519	267	253
15-19	507	260	246	587	301	285	645	331	313	505	262	244
20-24	519	264	254	525	268	257	615	315	301	698	357	340
25-29	594	302	292	545	277	268	575	295	280	657	335	322
30-34	635	325	310	611	311	301	577	295	282	610	312	298
35-39	622	318	303	645	329	316	633	321	312	599	305	294
40-44	585	298	287	626	320	306	667	340	327	630	318	312
45-49	586	297	289	586	297	288	625	318	307	706	359	347
50-54	648	327	321	581	293	288	586	296	290	607	308	299
55-59	573	290	283	637	320	317	569	286	283	579	291	288
60-64	437	216	221	556	280	276	634	316	318	547	273	274
65-69	380	181	199	415	202	212	526	262	264	639	316	323
70-74	364	165	199	347	161	186	382	183	199	481	237	245
75-79	344	147	196	313	136	177	303	135	168	331	154	177
80+	...	...	...	...	...	...	...	...	...	...	...	...
80-84	240	93	147	263	104	159	246	100	145	240	102	139
85-89	140	46	94	148	51	97	167	60	108	162	61	101
90-94	52	14	38	60	17	43	65	19	46	77	24	53
95-99	10	2	8	13	3	11	16	4	12	17	4	13
100+	1	0	1	1	0	1	2	0	2	2	0	1

性・年齢別人口（千人）

年齢	2015 総数	男	女	2020 総数	男	女	2025 総数	男	女	2030 総数	男	女
総数	9 779	4 887	4 893	10 120	5 066	5 054	10 463	5 243	5 220	10 766	5 396	5 370
0-4	590	303	287	620	318	302	631	324	307	618	317	301
5-9	581	299	282	604	310	294	634	325	309	645	331	314
10-14	519	267	253	599	307	291	622	318	303	652	334	318
15-19	505	262	244	543	278	265	622	318	304	645	330	316
20-24	698	357	340	531	274	257	569	290	279	648	331	317
25-29	657	335	322	723	370	354	557	286	271	595	303	292
30-34	610	312	298	676	344	332	743	379	364	578	296	282
35-39	599	305	294	623	318	305	690	350	340	756	384	372
40-44	630	318	312	605	307	298	630	321	310	697	353	344
45-49	706	359	347	631	318	313	606	307	299	631	320	311
50-54	607	308	299	702	356	347	628	316	313	604	305	299
55-59	579	291	288	601	304	297	695	351	344	623	312	311
60-64	547	273	274	568	284	284	590	297	293	684	345	340
65-69	639	316	323	526	260	266	548	272	276	572	286	285
70-74	481	237	245	600	293	307	497	244	254	521	257	264
75-79	331	154	177	432	208	224	544	261	283	455	220	235
80+	...	...	...	...	...	...	...	...	...	...	...	...
80-84	240	102	139	271	122	149	359	168	191	459	214	244
85-89	162	61	101	163	64	99	189	80	109	256	113	143
90-94	77	24	53	78	26	53	82	29	53	99	38	61
95-99	17	4	13	21	5	16	23	6	17	26	8	18
100+	2	0	1	2	0	2	3	1	2	3	1	3

年齢	2035 総数	男	女	2040 総数	男	女	2045 総数	男	女	2050 総数	男	女
総数	11 030	5 528	5 502	11 290	5 659	5 631	11 574	5 803	5 772	11 881	5 958	5 923
0-4	615	316	299	642	329	312	678	348	330	704	361	342
5-9	632	324	308	629	322	306	656	336	320	692	355	337
10-14	663	339	324	650	333	317	646	331	316	673	345	329
15-19	675	345	330	686	351	336	673	344	329	670	342	328
20-24	671	342	329	701	357	344	712	363	349	699	356	343
25-29	674	343	331	697	355	343	727	370	358	739	376	363
30-34	615	312	303	694	353	341	718	364	353	748	379	368
35-39	591	302	289	629	318	310	708	359	349	731	370	361
40-44	763	387	376	599	305	294	636	321	315	715	362	353
45-49	698	352	345	764	387	377	600	305	295	638	321	316
50-54	630	319	311	696	351	345	762	385	377	600	304	296
55-59	600	302	298	626	316	310	692	348	344	758	382	376
60-64	614	307	308	593	298	295	618	312	307	684	344	341
65-69	665	333	331	598	298	301	579	290	289	605	304	301
70-74	545	271	274	637	317	319	575	284	291	558	278	280
75-79	480	234	246	506	249	257	593	292	301	539	264	275
80+	...	...	...	...	...	...	...	...	...	...	...	...
80-84	389	183	206	414	197	217	441	212	229	522	252	270
85-89	335	149	186	289	130	159	314	143	171	340	157	183
90-94	139	56	83	188	76	112	168	69	99	187	78	109
95-99	33	11	22	49	17	32	69	24	45	65	23	42
100+	4	1	3	5	1	4	9	2	6	13	4	10

年齢	2055 総数	男	女	2060 総数	男	女
総数	12 182	6 113	6 068	12 463	6 259	6 203
0-4	716	368	348	716	368	348
5-9	717	368	349	728	374	354
10-14	709	363	345	733	376	357
15-19	696	356	340	730	374	356
20-24	695	355	340	719	368	351
25-29	725	369	355	719	367	352
30-34	758	386	373	743	379	364
35-39	761	386	375	770	391	379
40-44	738	373	365	767	389	379
45-49	717	362	355	740	373	366
50-54	637	320	317	716	361	355
55-59	597	302	295	635	319	316
60-64	750	378	373	592	299	293
65-69	671	336	335	737	370	367
70-74	585	292	293	650	324	326
75-79	525	259	266	553	274	279
80+	...	...	...	...	...	...
80-84	479	230	249	470	228	242
85-89	409	189	219	380	176	205
90-94	208	88	120	258	110	147
95-99	76	27	49	88	32	56
100+	14	4	10	17	5	12

性・年齢別人口（千人）

年齢	2015			2020			2025			2030		
	総数	男	女	総数	男	女	総数	男	女	総数	男	女
総数	9 779	4 887	4 893	10 199	5 106	5 093	10 670	5 349	5 321	11 129	5 583	5 546
0-4	590	303	287	699	359	340	759	390	369	774	398	377
5-9	581	299	282	604	310	294	713	366	347	773	397	377
10-14	519	267	253	599	307	291	622	318	303	730	374	356
15-19	505	262	244	543	278	265	622	318	304	645	330	316
20-24	698	357	340	531	274	257	569	290	279	648	331	317
25-29	657	335	322	723	370	354	557	286	271	595	303	292
30-34	610	312	298	676	344	332	743	379	364	578	296	282
35-39	599	305	294	623	318	305	690	350	340	756	384	372
40-44	630	318	312	605	307	298	630	321	310	697	353	344
45-49	706	359	347	631	318	313	606	307	299	631	320	311
50-54	607	308	299	702	356	347	628	316	313	604	305	299
55-59	579	291	288	601	304	297	695	351	344	623	312	311
60-64	547	273	274	568	284	284	590	297	293	684	345	340
65-69	639	316	323	526	260	266	548	272	276	572	286	285
70-74	481	237	245	600	293	307	497	244	254	521	257	264
75-79	331	154	177	432	208	224	544	261	283	455	220	235
80+	...	...	...	...	...	...	...	...	...	...	...	...
80-84	240	102	139	271	122	149	359	168	191	459	214	244
85-89	162	61	101	163	64	99	189	80	109	256	113	143
90-94	77	24	53	78	26	53	82	29	53	99	38	61
95-99	17	4	13	21	5	16	23	6	17	26	8	18
100+	2	0	1	2	0	2	3	1	2	3	1	3

年齢	2035			2040			2045			2050		
	総数	男	女	総数	男	女	総数	男	女	総数	男	女
総数	11 549	5 795	5 754	11 979	6 013	5 966	12 464	6 260	6 204	13 023	6 545	6 478
0-4	771	396	375	811	417	395	880	452	428	957	492	465
5-9	788	404	384	785	403	382	825	423	402	894	459	435
10-14	791	405	386	806	413	393	802	411	391	843	432	411
15-19	754	385	369	814	416	398	830	424	405	826	422	404
20-24	671	342	329	780	398	382	840	429	412	856	437	419
25-29	674	343	331	697	355	343	806	410	396	867	441	425
30-34	615	312	303	694	353	341	718	364	353	826	420	406
35-39	591	302	289	629	318	310	708	359	349	731	370	361
40-44	763	387	376	599	305	294	636	321	315	715	362	353
45-49	698	352	345	764	387	377	600	305	295	638	321	316
50-54	630	319	311	696	351	345	762	385	377	600	304	296
55-59	600	302	298	626	316	310	692	348	344	758	382	376
60-64	614	307	308	593	298	295	618	312	307	684	344	341
65-69	665	333	331	598	298	301	579	290	289	605	304	301
70-74	545	271	274	637	317	319	575	284	291	558	278	280
75-79	480	234	246	506	249	257	593	292	301	539	264	275
80+	...	...	...	...	...	...	...	...	...	...	...	...
80-84	389	183	206	414	197	217	441	212	229	522	252	270
85-89	335	149	186	289	130	159	314	143	171	340	157	183
90-94	139	56	83	188	76	112	168	69	99	187	78	109
95-99	33	11	22	49	17	32	69	24	45	65	23	42
100+	4	1	3	5	1	4	9	2	6	13	4	10

年齢	2055			2060		
	総数	男	女	総数	男	女
総数	13 631	6 859	6 772	14 255	7 181	7 074
0-4	1 022	526	497	1 061	546	515
5-9	970	498	472	1 035	532	503
10-14	911	467	443	986	507	479
15-19	865	443	422	932	478	454
20-24	851	435	416	889	455	433
25-29	881	449	431	874	447	427
30-34	886	451	435	899	459	440
35-39	839	426	413	898	457	441
40-44	738	373	365	845	429	417
45-49	717	362	355	740	373	366
50-54	637	320	317	716	361	355
55-59	597	302	295	635	319	316
60-64	750	378	373	592	299	293
65-69	671	336	335	737	370	367
70-74	585	292	293	650	324	326
75-79	525	259	266	553	274	279
80+	...	...	...	...	...	...
80-84	479	230	249	470	228	242
85-89	409	189	219	380	176	205
90-94	208	88	120	258	110	147
95-99	76	27	49	88	32	56
100+	14	4	10	17	5	12

性・年齢別人口（千人）

年齢	2015			2020			2025			2030		
	総数	男	女	総数	男	女	総数	男	女	総数	男	女
総数	9 779	4 887	4 893	10 042	5 025	5 016	10 256	5 136	5 120	10 403	5 210	5 194
0-4	590	303	287	541	278	264	503	258	245	462	237	225
5-9	581	299	282	604	310	294	555	285	271	517	265	252
10-14	519	267	253	599	307	291	622	318	303	573	293	280
15-19	505	262	244	543	278	265	622	318	304	645	330	316
20-24	698	357	340	531	274	257	569	290	279	648	331	317
25-29	657	335	322	723	370	354	557	286	271	595	303	292
30-34	610	312	298	676	344	332	743	379	364	578	296	282
35-39	599	305	294	623	318	305	690	350	340	756	384	372
40-44	630	318	312	605	307	298	630	321	310	697	353	344
45-49	706	359	347	631	318	313	606	307	299	631	320	311
50-54	607	308	299	702	356	347	628	316	313	604	305	299
55-59	579	291	288	601	304	297	695	351	344	623	312	311
60-64	547	273	274	568	284	284	590	297	293	684	345	340
65-69	639	316	323	526	260	266	548	272	276	572	286	285
70-74	481	237	245	600	293	307	497	244	254	521	257	264
75-79	331	154	177	432	208	224	544	261	283	455	220	235
80+	…	…	…	…	…	…	…	…	…	…	…	…
80-84	240	102	139	271	122	149	359	168	191	459	214	244
85-89	162	61	101	163	64	99	189	80	109	256	113	143
90-94	77	24	53	78	26	53	82	29	53	99	38	61
95-99	17	4	13	21	5	16	23	6	17	26	8	18
100+	2	0	1	2	0	2	3	1	2	3	1	3

年齢	2035			2040			2045			2050		
	総数	男	女	総数	男	女	総数	男	女	総数	男	女
総数	10 511	5 261	5 250	10 605	5 307	5 299	10 700	5 353	5 347	10 785	5 394	5 390
0-4	459	235	224	475	244	231	488	251	238	482	247	234
5-9	476	244	232	473	242	231	489	251	239	502	257	245
10-14	535	274	261	493	252	241	491	251	240	507	259	248
15-19	596	304	292	558	285	274	517	263	253	514	262	252
20-24	671	342	329	623	317	306	585	297	287	543	276	267
25-29	674	343	331	697	355	343	649	330	319	611	310	301
30-34	615	312	303	694	353	341	718	364	353	669	339	330
35-39	591	302	289	629	318	310	708	359	349	731	370	361
40-44	763	387	376	599	305	294	636	321	315	715	362	353
45-49	698	352	345	764	387	377	600	305	295	638	321	316
50-54	630	319	311	696	351	345	762	385	377	600	304	296
55-59	600	302	298	626	316	310	692	348	344	758	382	376
60-64	614	307	308	593	298	295	618	312	307	684	344	341
65-69	665	333	331	598	298	301	579	290	289	605	304	301
70-74	545	271	274	637	317	319	575	284	291	558	278	280
75-79	480	234	246	506	249	257	593	292	301	539	264	275
80+	…	…	…	…	…	…	…	…	…	…	…	…
80-84	389	183	206	414	197	217	441	212	229	522	252	270
85-89	335	149	186	289	130	159	314	143	171	340	157	183
90-94	139	56	83	188	76	112	168	69	99	187	78	109
95-99	33	11	22	49	17	32	69	24	45	65	23	42
100+	4	1	3	5	1	4	9	2	6	13	4	10

年齢	2055			2060		
	総数	男	女	総数	男	女
総数	10 831	5 419	5 413	10 835	5 422	5 413
0-4	460	237	224	439	225	213
5-9	495	254	241	473	243	230
10-14	519	266	253	511	262	249
15-19	529	271	259	540	277	264
20-24	539	275	265	553	283	270
25-29	569	289	279	563	287	276
30-34	631	320	311	587	298	289
35-39	682	345	337	643	326	317
40-44	738	373	365	689	348	341
45-49	717	362	355	740	373	366
50-54	637	320	317	716	361	355
55-59	597	302	295	635	319	316
60-64	750	378	373	592	299	293
65-69	671	336	335	737	370	367
70-74	585	292	293	650	324	326
75-79	525	259	266	553	274	279
80+	…	…	…	…	…	…
80-84	479	230	249	470	228	242
85-89	409	189	219	380	176	205
90-94	208	88	120	258	110	147
95-99	76	27	49	88	32	56
100+	14	4	10	17	5	12

性・年齢別人口（千人）

年齢	1960 総数	男	女	1965 総数	男	女	1970 総数	男	女	1975 総数	男	女
総数	5 296	2 565	2 731	5 830	2 839	2 991	6 169	3 014	3 155	6 356	3 100	3 257
0-4	441	226	215	508	259	249	506	259	247	436	224	212
5-9	411	210	201	451	230	221	501	255	246	502	257	245
10-14	427	218	209	446	226	220	457	233	224	502	256	246
15-19	396	199	197	491	248	243	455	231	224	466	235	231
20-24	387	191	196	474	240	234	512	256	256	468	229	239
25-29	389	194	196	422	213	208	498	254	244	522	262	260
30-34	370	181	189	404	202	202	434	222	213	490	250	240
35-39	366	177	189	380	185	195	409	205	204	427	217	210
40-44	310	152	158	373	182	191	383	187	196	405	202	202
45-49	350	170	179	309	151	157	373	182	191	379	184	194
50-54	344	165	179	345	167	178	304	148	156	364	176	188
55-59	308	143	165	330	155	175	333	159	174	294	142	152
60-64	258	116	143	289	131	158	311	142	169	314	146	168
65-69	202	87	114	232	100	132	261	114	148	283	125	158
70-74	152	64	88	170	70	100	196	80	116	225	92	132
75-79	105	43	62	113	45	69	128	49	79	152	58	94
80+	81	30	51	94	35	60	108	38	70	128	43	84
80-84	...	...	...	...	...	...	...	...	...	...	...	...
85-89	...	...	...	...	...	...	...	...	...	...	...	...
90-94	...	...	...	...	...	...	...	...	...	...	...	...
95-99	...	...	...	...	...	...	...	...	...	...	...	...
100+	...	...	...	...	...	...	...	...	...	...	...	...

年齢	1980 総数	男	女	1985 総数	男	女	1990 総数	男	女	1995 総数	男	女
総数	6 304	3 066	3 237	6 456	3 145	3 310	6 674	3 258	3 416	7 017	3 427	3 590
0-4	356	182	174	368	189	179	385	196	188	425	218	207
5-9	415	213	202	362	185	177	380	194	185	411	210	201
10-14	490	251	239	418	215	203	372	191	182	402	207	195
15-19	499	254	245	496	254	242	434	223	211	396	203	193
20-24	461	230	232	511	258	253	514	259	254	458	229	228
25-29	464	229	235	489	245	244	546	275	271	567	281	285
30-34	504	255	249	482	242	241	521	265	257	606	306	299
35-39	466	236	229	508	258	250	498	252	246	552	282	270
40-44	406	204	202	464	235	229	511	259	252	507	256	251
45-49	388	192	196	401	201	200	461	233	228	507	256	251
50-54	363	175	188	379	187	192	392	195	197	449	225	224
55-59	346	165	181	349	166	183	363	177	186	372	183	189
60-64	275	129	145	325	151	174	326	152	175	338	161	177
65-69	285	127	158	252	114	138	297	133	164	298	133	165
70-74	246	102	143	251	106	145	223	96	127	266	113	153
75-79	179	68	111	199	77	123	208	81	127	188	75	113
80+	161	52	109	200	64	136	...	...	...	...	...	...
80-84	...	...	...	...	...	...	145	50	95	156	54	102
85-89	...	...	...	...	...	...	72	21	51	86	25	61
90-94	...	...	...	...	...	...	22	5	17	30	7	22
95-99	...	...	...	...	...	...	4	1	3	5	1	4
100+	...	...	...	...	...	...	0	0	0	0	0	0

年齢	2000 総数	男	女	2005 総数	男	女	2010 総数	男	女	2015 総数	男	女
総数	7 166	3 501	3 665	7 409	3 626	3 782	7 831	3 855	3 975	8 299	4 109	4 189
0-4	401	206	195	366	188	178	384	198	186	423	218	206
5-9	428	220	207	403	207	196	379	195	184	405	208	197
10-14	421	216	205	438	225	213	416	214	202	398	204	194
15-19	415	214	201	434	222	212	457	235	222	435	223	212
20-24	412	207	204	441	222	219	474	240	235	510	259	250
25-29	483	239	245	464	230	234	512	257	255	557	282	275
30-34	588	292	296	533	265	268	524	261	263	592	300	291
35-39	610	308	302	618	309	309	566	284	282	558	281	277
40-44	546	277	269	621	313	308	645	325	320	589	296	293
45-49	498	250	248	549	277	271	645	327	319	677	343	335
50-54	491	247	244	490	245	245	557	282	275	651	329	322
55-59	428	213	215	475	237	238	483	241	242	548	278	270
60-64	348	168	180	405	199	206	464	229	234	458	226	232
65-69	313	144	169	323	152	171	391	188	202	445	217	229
70-74	271	117	155	286	128	158	302	139	163	362	171	191
75-79	227	91	137	238	97	141	256	110	146	273	122	151
80+	...	...	...	...	...	...	...	...	...	...	...	...
80-84	145	53	92	178	66	112	198	75	123	209	86	123
85-89	96	29	67	93	30	63	119	40	79	136	47	89
90-94	36	9	27	43	11	32	45	13	32	58	17	41
95-99	7	1	6	9	2	7	12	3	10	12	3	9
100+	1	0	0	1	0	1	1	0	1	2	0	1

性・年齢別人口（千人）

年齢	2015			2020			2025			2030		
	総数	男	女	総数	男	女	総数	男	女	総数	男	女
総数	8 299	4 109	4 189	8 654	4 295	4 359	8 952	4 449	4 503	9 223	4 586	4 637
0-4	423	218	206	459	235	224	469	240	229	468	240	228
5-9	405	208	197	430	221	209	464	238	227	474	243	231
10-14	398	204	194	411	210	200	434	223	211	468	239	229
15-19	435	223	212	425	217	208	432	221	212	456	233	223
20-24	510	259	250	483	246	237	463	235	229	471	239	232
25-29	557	282	275	555	281	274	519	263	256	500	252	247
30-34	592	300	291	590	299	292	581	294	287	546	276	270
35-39	558	281	277	614	311	303	608	307	301	599	303	296
40-44	589	296	293	571	287	284	624	316	308	618	312	306
45-49	677	343	335	596	300	296	576	290	286	629	319	310
50-54	651	329	322	678	342	335	596	300	297	577	290	287
55-59	548	278	270	646	325	321	672	339	333	593	297	296
60-64	458	226	232	538	272	266	635	318	316	661	332	329
65-69	445	217	229	443	217	227	522	261	260	617	307	310
70-74	362	171	191	422	202	219	422	203	218	498	247	252
75-79	273	122	151	330	152	178	387	181	206	390	184	206
80+	…	…	…	…	…	…	…	…	…	…	…	…
80-84	209	86	123	229	98	131	280	124	157	332	150	183
85-89	136	47	89	147	56	91	165	66	100	206	85	122
90-94	58	17	41	69	21	48	77	26	51	90	31	59
95-99	12	3	9	17	4	13	22	5	16	25	7	19
100+	2	0	1	2	0	2	3	0	2	4	1	3

年齢	2035			2040			2045			2050		
	総数	男	女	総数	男	女	総数	男	女	総数	男	女
総数	9 457	4 702	4 755	9 660	4 801	4 859	9 845	4 890	4 955	10 019	4 973	5 046
0-4	463	237	226	466	238	227	480	246	234	502	257	245
5-9	473	242	231	468	240	228	471	241	230	485	248	237
10-14	478	245	233	477	244	233	472	242	231	475	243	232
15-19	490	250	240	500	255	245	499	254	245	494	252	242
20-24	494	251	243	529	268	261	539	273	265	538	273	265
25-29	507	256	251	531	269	262	565	285	280	575	291	284
30-34	526	265	261	534	269	264	557	282	276	592	299	293
35-39	564	285	279	544	274	270	552	278	273	575	291	284
40-44	609	308	301	575	291	284	555	280	275	563	284	279
45-49	624	315	309	615	311	304	581	294	287	562	283	278
50-54	630	319	311	625	316	310	617	312	305	583	295	288
55-59	574	288	286	627	317	310	623	314	309	615	310	305
60-64	584	292	292	567	284	284	620	313	308	617	310	307
65-69	645	322	323	571	284	288	556	276	279	609	305	303
70-74	592	291	300	620	306	314	551	271	280	538	265	273
75-79	463	224	238	553	267	286	582	283	300	520	252	268
80+	…	…	…	…	…	…	…	…	…	…	…	…
80-84	338	154	184	406	190	215	489	229	260	520	245	275
85-89	249	105	144	259	110	148	315	139	176	386	171	215
90-94	116	42	74	145	54	91	155	59	96	195	77	118
95-99	31	9	23	43	12	30	56	17	39	63	19	44
100+	5	1	4	7	1	5	9	2	8	13	3	11

年齢	2055			2060		
	総数	男	女	総数	男	女
総数	10 172	5 047	5 126	10 304	5 113	5 191
0-4	520	267	254	529	271	258
5-9	507	259	247	525	269	256
10-14	489	250	239	510	261	249
15-19	496	253	243	509	259	249
20-24	531	269	262	531	269	261
25-29	572	289	283	564	285	279
30-34	600	303	297	597	301	295
35-39	609	307	302	616	311	305
40-44	586	296	290	619	312	307
45-49	569	287	282	591	299	292
50-54	564	284	280	571	288	283
55-59	582	294	288	563	284	279
60-64	610	307	303	577	291	286
65-69	606	304	303	600	301	299
70-74	591	294	297	590	293	297
75-79	510	248	262	562	276	286
80+	…	…	…	…	…	…
80-84	468	221	248	462	219	243
85-89	417	186	231	381	171	211
90-94	246	98	148	273	110	163
95-99	83	27	56	110	36	74
100+	17	4	13	23	5	17

Switzerland

高位予測値

性・年齢別人口（千人）

年齢	2015 総数	男	女	2020 総数	男	女	2025 総数	男	女	2030 総数	男	女
総数	8 299	4 109	4 189	8 725	4 331	4 393	9 135	4 543	4 592	9 544	4 751	4 793
0-4	423	218	206	529	271	258	582	298	284	606	310	295
5-9	405	208	197	430	221	209	535	274	261	587	300	286
10-14	398	204	194	411	210	200	434	223	211	539	276	263
15-19	435	223	212	425	217	208	432	221	212	456	233	223
20-24	510	259	250	483	246	237	463	235	229	471	239	232
25-29	557	282	275	555	281	274	519	263	256	500	252	247
30-34	592	300	291	590	299	292	581	294	287	546	276	270
35-39	558	281	277	614	311	303	608	307	301	599	303	296
40-44	589	296	293	571	287	284	624	316	308	618	312	306
45-49	677	343	335	596	300	296	576	290	286	629	319	310
50-54	651	329	322	678	342	335	596	300	297	577	290	287
55-59	548	278	270	646	325	321	672	339	333	593	297	296
60-64	458	226	232	538	272	266	635	318	316	661	332	329
65-69	445	217	229	443	217	227	522	261	260	617	307	310
70-74	362	171	191	422	202	219	422	203	218	498	247	252
75-79	273	122	151	330	152	178	387	181	206	390	184	206
80+	…	…	…	…	…	…	…	…	…	…	…	…
80-84	209	86	123	229	98	131	280	124	157	332	150	183
85-89	136	47	89	147	56	91	165	66	100	206	85	122
90-94	58	17	41	69	21	48	77	26	51	90	31	59
95-99	12	3	9	17	4	13	22	5	16	25	7	19
100+	2	0	1	2	0	2	3	0	2	4	1	3

年齢	2035 総数	男	女	2040 総数	男	女	2045 総数	男	女	2050 総数	男	女
総数	9 912	4 935	4 977	10 251	5 103	5 147	10 586	5 270	5 316	10 946	5 448	5 498
0-4	597	306	291	601	308	293	631	323	308	688	352	335
5-9	611	313	298	602	308	294	606	311	296	636	326	310
10-14	591	302	288	615	315	300	606	310	296	611	313	298
15-19	560	286	275	613	313	300	637	325	312	628	320	308
20-24	494	251	243	599	304	295	651	331	320	676	343	332
25-29	507	256	251	531	269	262	635	321	314	688	348	339
30-34	526	265	261	534	269	264	557	282	276	662	335	327
35-39	564	285	279	544	274	270	552	278	273	575	291	284
40-44	609	308	301	575	291	284	555	280	275	563	284	279
45-49	624	315	309	615	311	304	581	294	287	562	283	278
50-54	630	319	311	625	316	310	617	312	305	583	295	288
55-59	574	288	286	627	317	310	623	314	309	615	310	305
60-64	584	292	292	567	284	284	620	313	308	617	310	307
65-69	645	322	323	571	284	288	556	276	279	609	305	303
70-74	592	291	300	620	306	314	551	271	280	538	265	273
75-79	463	224	238	553	267	286	582	283	300	520	252	268
80+	…	…	…	…	…	…	…	…	…	…	…	…
80-84	338	154	184	406	190	215	489	229	260	520	245	275
85-89	249	105	144	259	110	148	315	139	176	386	171	215
90-94	116	42	74	145	54	91	155	59	96	195	77	118
95-99	31	9	23	43	12	30	56	17	39	63	19	44
100+	5	1	4	7	1	5	9	2	8	13	3	11

年齢	2055 総数	男	女	2060 総数	男	女
総数	11 332	5 641	5 691	11 734	5 845	5 889
0-4	753	386	367	800	410	390
5-9	693	355	338	758	388	370
10-14	640	328	312	696	357	340
15-19	631	322	309	660	337	323
20-24	665	338	327	666	339	327
25-29	710	360	350	697	354	344
30-34	713	361	352	734	372	362
35-39	679	343	336	729	369	360
40-44	586	296	290	689	348	341
45-49	569	287	282	591	299	292
50-54	564	284	280	571	288	283
55-59	582	294	288	563	284	279
60-64	610	307	303	577	291	286
65-69	606	304	303	600	301	299
70-74	591	294	297	590	293	297
75-79	510	248	262	562	276	286
80+	…	…	…	…	…	…
80-84	468	221	248	462	219	243
85-89	417	186	231	381	171	211
90-94	246	98	148	273	110	163
95-99	83	27	56	110	36	74
100+	17	4	13	23	5	17

性・年齢別人口（千人）

年齢	2015			2020			2025			2030		
	総数	男	女	総数	男	女	総数	男	女	総数	男	女
総数	8 299	4 109	4 189	8 584	4 259	4 325	8 768	4 355	4 413	8 902	4 422	4 480
0-4	423	218	206	389	199	190	356	182	174	330	169	161
5-9	405	208	197	430	221	209	394	201	192	361	185	176
10-14	398	204	194	411	210	200	434	223	211	398	203	194
15-19	435	223	212	425	217	208	432	221	212	456	233	223
20-24	510	259	250	483	246	237	463	235	229	471	239	232
25-29	557	282	275	555	281	274	519	263	256	500	252	247
30-34	592	300	291	590	299	292	581	294	287	546	276	270
35-39	558	281	277	614	311	303	608	307	301	599	303	296
40-44	589	296	293	571	287	284	624	316	308	618	312	306
45-49	677	343	335	596	300	296	576	290	286	629	319	310
50-54	651	329	322	678	342	335	596	300	297	577	290	287
55-59	548	278	270	646	325	321	672	339	333	593	297	296
60-64	458	226	232	538	272	266	635	318	316	661	332	329
65-69	445	217	229	443	217	227	522	261	260	617	307	310
70-74	362	171	191	422	202	219	422	203	218	498	247	252
75-79	273	122	151	330	152	178	387	181	206	390	184	206
80+	…	…	…	…	…	…	…	…	…	…	…	…
80-84	209	86	123	229	98	131	280	124	157	332	150	183
85-89	136	47	89	147	56	91	165	66	100	206	85	122
90-94	58	17	41	69	21	48	77	26	51	90	31	59
95-99	12	3	9	17	4	13	22	5	16	25	7	19
100+	2	0	1	2	0	2	3	0	2	4	1	3

年齢	2035			2040			2045			2050		
	総数	男	女	総数	男	女	総数	男	女	総数	男	女
総数	9 002	4 469	4 533	9 071	4 499	4 572	9 112	4 514	4 598	9 121	4 513	4 608
0-4	329	168	161	331	170	162	336	172	164	336	172	164
5-9	336	172	164	334	171	163	336	172	164	341	175	167
10-14	365	187	178	340	174	166	338	173	165	341	174	167
15-19	420	214	206	387	197	190	362	184	178	360	183	177
20-24	494	251	243	458	232	227	426	215	211	400	202	198
25-29	507	256	251	531	269	262	495	249	245	462	233	229
30-34	526	265	261	534	269	264	557	282	276	522	263	259
35-39	564	285	279	544	274	270	552	278	273	575	291	284
40-44	609	308	301	575	291	284	555	280	275	563	284	279
45-49	624	315	309	615	311	304	581	294	287	562	283	278
50-54	630	319	311	625	316	310	617	312	305	583	295	288
55-59	574	288	286	627	317	310	623	314	309	615	310	305
60-64	584	292	292	567	284	284	620	313	308	617	310	307
65-69	645	322	323	571	284	288	556	276	279	609	305	303
70-74	592	291	300	620	306	314	551	271	280	538	265	273
75-79	463	224	238	553	267	286	582	283	300	520	252	268
80+	…	…	…	…	…	…	…	…	…	…	…	…
80-84	338	154	184	406	190	215	489	229	260	520	245	275
85-89	249	105	144	259	110	148	315	139	176	386	171	215
90-94	116	42	74	145	54	91	155	59	96	195	77	118
95-99	31	9	23	43	12	30	56	17	39	63	19	44
100+	5	1	4	7	1	5	9	2	8	13	3	11

年齢	2055			2060		
	総数	男	女	総数	男	女
総数	9 081	4 487	4 594	8 998	4 443	4 555
0-4	327	167	159	313	160	153
5-9	341	175	167	331	170	162
10-14	345	177	169	345	176	169
15-19	362	184	178	365	186	179
20-24	397	201	196	396	200	196
25-29	435	219	216	430	217	213
30-34	488	245	242	459	231	228
35-39	539	271	267	504	254	250
40-44	586	296	290	549	276	272
45-49	569	287	282	591	299	292
50-54	564	284	280	571	288	283
55-59	582	294	288	563	284	279
60-64	610	307	303	577	291	286
65-69	606	304	303	600	301	299
70-74	591	294	297	590	293	297
75-79	510	248	262	562	276	286
80+	…	…	…	…	…	…
80-84	468	221	248	462	219	243
85-89	417	186	231	381	171	211
90-94	246	98	148	273	110	163
95-99	83	27	56	110	36	74
100+	17	4	13	23	5	17

性・年齢別人口（千人）

年齢	1960			1965			1970			1975		
	総数	男	女	総数	男	女	総数	男	女	総数	男	女
総数	4 593	2 360	2 233	5 398	2 763	2 636	6 379	3 255	3 124	7 564	3 853	3 711
0-4	891	450	442	1 032	522	510	1 207	612	595	1 470	747	723
5-9	733	369	365	854	430	424	998	504	494	1 177	597	580
10-14	504	265	239	724	365	359	845	427	419	989	500	489
15-19	400	208	192	496	261	235	716	361	355	833	421	412
20-24	344	177	167	390	203	188	486	256	230	693	350	344
25-29	331	167	164	333	171	162	379	197	183	461	243	219
30-34	285	149	136	320	161	159	323	166	157	358	185	173
35-39	240	129	111	275	144	131	310	156	154	307	157	150
40-44	188	96	92	230	124	107	266	139	127	296	149	147
45-49	156	79	77	180	91	88	221	119	102	253	132	121
50-54	132	67	65	147	74	73	170	86	84	210	112	97
55-59	111	58	54	122	62	60	136	69	68	159	80	79
60-64	93	49	44	99	51	48	109	55	54	124	62	62
65-69	76	41	35	78	41	37	84	43	41	94	47	47
70-74	53	28	24	58	31	27	61	31	30	66	33	33
75-79	31	17	14	35	19	16	39	21	19	42	21	21
80+	22	12	10	24	13	11	27	14	13	31	16	15
80-84	...	...	...	...	...	...	...	...	...	...	...	...
85-89	...	...	...	...	...	...	...	...	...	...	...	...
90-94	...	...	...	...	...	...	...	...	...	...	...	...
95-99	...	...	...	...	...	...	...	...	...	...	...	...
100+	...	...	...	...	...	...	...	...	...	...	...	...

年齢	1980			1985			1990			1995		
	総数	男	女	総数	男	女	総数	男	女	総数	男	女
総数	8 956	4 550	4 407	10 667	5 419	5 248	12 452	6 326	6 125	14 332	7 281	7 051
0-4	1 753	893	860	1 999	1 020	979	2 137	1 092	1 046	2 177	1 112	1 065
5-9	1 442	734	709	1 732	883	849	1 981	1 011	970	2 125	1 085	1 039
10-14	1 168	593	575	1 435	730	705	1 724	879	845	1 974	1 008	967
15-19	973	492	481	1 157	587	570	1 420	723	697	1 714	874	841
20-24	798	402	396	951	481	470	1 126	571	555	1 402	713	689
25-29	650	326	325	772	388	384	913	461	452	1 104	559	544
30-34	425	222	203	627	314	314	739	371	368	893	451	443
35-39	331	170	161	409	213	195	602	301	302	724	363	361
40-44	288	147	141	319	164	155	392	205	187	590	294	296
45-49	280	140	140	277	141	136	306	157	149	381	199	183
50-54	240	125	115	269	134	135	266	135	131	296	151	145
55-59	198	105	92	228	118	110	257	127	129	254	128	126
60-64	146	73	73	182	96	86	212	109	103	240	118	122
65-69	108	53	55	128	63	65	162	84	78	190	96	94
70-74	75	37	39	87	42	45	106	51	55	135	69	66
75-79	46	23	24	54	25	28	63	30	34	78	37	41
80+	34	17	18	39	18	21	...	...	...	...	...	...
80-84	...	...	...	...	...	...	32	15	17	38	17	21
85-89	...	...	...	...	...	...	11	5	6	14	6	8
90-94	...	...	...	...	...	...	3	1	1	3	1	2
95-99	...	...	...	...	...	...	0	0	0	0	0	0
100+	...	...	...	...	...	...	0	0	0	0	0	0

年齢	2000			2005			2010			2015		
	総数	男	女	総数	男	女	総数	男	女	総数	男	女
総数	16 354	8 303	8 051	18 133	9 277	8 856	20 721	10 479	10 242	18 502	9 367	9 136
0-4	2 399	1 227	1 172	2 427	1 245	1 182	2 530	1 291	1 239	2 192	1 124	1 068
5-9	2 165	1 107	1 058	2 407	1 239	1 168	2 438	1 246	1 192	2 342	1 199	1 143
10-14	2 118	1 082	1 036	2 183	1 126	1 056	2 412	1 239	1 173	2 335	1 196	1 139
15-19	1 961	1 000	960	2 119	1 091	1 028	2 204	1 130	1 073	2 134	1 107	1 027
20-24	1 684	857	827	1 935	987	948	2 170	1 102	1 069	1 563	824	739
25-29	1 365	693	672	1 557	788	769	1 998	1 000	998	1 376	716	660
30-34	1 072	543	530	1 197	603	594	1 608	798	810	1 312	655	657
35-39	870	438	432	990	499	491	1 231	609	622	1 115	545	569
40-44	706	353	353	850	431	419	1 009	501	508	901	439	462
45-49	574	285	289	672	343	329	856	428	429	786	383	402
50-54	369	191	178	533	272	261	668	335	332	699	341	358
55-59	284	143	140	357	188	168	523	263	260	556	272	284
60-64	239	118	120	290	146	143	344	178	166	439	214	225
65-69	217	105	112	229	116	113	269	133	137	278	138	139
70-74	160	79	81	189	97	92	200	98	103	208	96	112
75-79	101	50	51	115	63	52	149	73	76	139	61	77
80+	...	...	...	...	...	...	...	...	...	...	...	...
80-84	49	22	27	56	31	25	76	39	37	86	36	49
85-89	17	8	10	23	10	12	27	14	14	33	14	19
90-94	4	2	2	6	2	3	8	3	5	8	3	5
95-99	1	0	0	1	0	1	1	0	1	1	0	1
100+	0	0	0	0	0	0	0	0	0	0	0	0

性・年齢別人口（千人）

年齢	2015			2020			2025			2030		
	総数	男	女	総数	男	女	総数	男	女	総数	男	女
総数	18 502	9 367	9 136	20 994	10 527	10 467	25 559	12 710	12 849	28 647	14 163	14 485
0-4	2 192	1 124	1 068	2 152	1 102	1 051	2 604	1 334	1 270	2 673	1 369	1 304
5-9	2 342	1 199	1 143	2 302	1 180	1 122	2 594	1 331	1 263	2 767	1 419	1 348
10-14	2 335	1 196	1 139	2 372	1 213	1 159	2 581	1 322	1 258	2 760	1 417	1 343
15-19	2 134	1 107	1 027	2 339	1 194	1 146	2 444	1 244	1 200	2 676	1 368	1 308
20-24	1 563	824	739	2 149	1 099	1 050	2 350	1 186	1 164	2 444	1 233	1 211
25-29	1 376	716	660	1 643	844	799	2 229	1 117	1 112	2 323	1 157	1 166
30-34	1 312	655	657	1 485	750	735	1 894	941	953	2 231	1 099	1 132
35-39	1 115	545	569	1 411	693	719	1 817	893	925	1 974	966	1 008
40-44	901	439	462	1 188	577	611	1 698	823	875	1 931	938	993
45-49	786	383	402	945	458	487	1 390	672	718	1 787	859	928
50-54	699	341	358	803	388	415	1 068	514	554	1 439	688	751
55-59	556	272	284	697	336	361	870	416	454	1 086	515	571
60-64	439	214	225	542	261	282	723	344	380	863	405	458
65-69	278	138	139	411	194	217	536	250	285	688	316	372
70-74	208	96	112	244	115	128	378	171	208	478	212	267
75-79	139	61	77	164	70	94	204	90	114	306	126	180
80+	...	...	...	...	...	...	...	...	...	...	...	...
80-84	86	36	49	92	36	56	116	44	72	140	54	86
85-89	33	14	19	42	14	27	48	15	33	61	18	43
90-94	8	3	5	10	3	7	14	3	11	17	3	13
95-99	1	0	1	1	0	1	2	0	2	3	0	3
100+	0	0	0	0	0	0	0	0	0	0	0	0

年齢	2035			2040			2045			2050		
	総数	男	女	総数	男	女	総数	男	女	総数	男	女
総数	30 424	14 965	15 459	32 070	15 706	16 365	33 571	16 382	17 189	34 902	16 984	17 919
0-4	2 604	1 334	1 270	2 578	1 321	1 257	2 546	1 305	1 241	2 492	1 278	1 215
5-9	2 667	1 366	1 301	2 599	1 331	1 268	2 573	1 319	1 254	2 541	1 302	1 238
10-14	2 763	1 417	1 346	2 663	1 364	1 299	2 595	1 329	1 266	2 570	1 317	1 253
15-19	2 749	1 408	1 341	2 753	1 409	1 344	2 654	1 357	1 297	2 586	1 323	1 263
20-24	2 647	1 343	1 303	2 722	1 387	1 335	2 727	1 389	1 338	2 631	1 339	1 291
25-29	2 406	1 201	1 205	2 610	1 313	1 297	2 686	1 358	1 328	2 695	1 363	1 331
30-34	2 284	1 123	1 160	2 369	1 170	1 199	2 573	1 283	1 290	2 651	1 330	1 322
35-39	2 200	1 074	1 126	2 254	1 100	1 154	2 340	1 148	1 192	2 544	1 261	1 283
40-44	1 950	948	1 001	2 175	1 057	1 119	2 230	1 083	1 147	2 317	1 132	1 185
45-49	1 901	917	984	1 922	929	993	2 146	1 037	1 110	2 202	1 064	1 138
50-54	1 745	829	916	1 859	887	972	1 881	901	981	2 105	1 008	1 097
55-59	1 391	654	737	1 690	790	899	1 804	849	955	1 830	865	965
60-64	1 034	480	554	1 328	611	717	1 618	741	877	1 732	800	932
65-69	795	359	436	957	427	530	1 235	548	687	1 513	671	842
70-74	599	259	341	698	296	402	847	356	491	1 103	463	640
75-79	380	152	228	481	187	294	569	219	350	700	269	432
80+	...	...	...	...	...	...	...	...	...	...	...	...
80-84	208	73	135	263	89	174	342	113	228	412	136	276
85-89	74	22	52	114	30	84	149	39	111	200	51	149
90-94	23	4	18	29	5	23	47	8	39	64	11	53
95-99	4	0	4	6	1	5	8	1	7	13	1	12
100+	0	0	0	1	0	1	1	0	1	1	0	1

年齢	2055			2060		
	総数	男	女	総数	男	女
総数	36 039	17 501	18 538	36 958	17 924	19 034
0-4	2 416	1 239	1 178	2 326	1 193	1 134
5-9	2 488	1 275	1 212	2 412	1 237	1 175
10-14	2 538	1 301	1 237	2 485	1 274	1 211
15-19	2 562	1 311	1 250	2 531	1 296	1 235
20-24	2 566	1 308	1 258	2 544	1 298	1 246
25-29	2 602	1 317	1 285	2 541	1 289	1 252
30-34	2 663	1 339	1 325	2 575	1 296	1 279
35-39	2 625	1 310	1 315	2 640	1 321	1 319
40-44	2 521	1 245	1 276	2 603	1 295	1 309
45-49	2 290	1 114	1 176	2 495	1 227	1 268
50-54	2 163	1 037	1 126	2 253	1 088	1 165
55-59	2 051	971	1 080	2 113	1 003	1 110
60-64	1 763	819	943	1 982	924	1 058
65-69	1 628	730	898	1 665	754	911
70-74	1 363	575	788	1 478	634	844
75-79	924	357	567	1 155	452	704
80+	...	...	...	...	...	...
80-84	517	172	345	695	236	459
85-89	248	64	184	319	85	235
90-94	88	15	74	114	20	94
95-99	19	2	17	27	2	25
100+	2	0	2	4	0	3

性・年齢別人口（千人）

年齢	2015			2020			2025			2030		
	総数	男	女	総数	男	女	総数	男	女	総数	男	女
総数	18 502	9 367	9 136	21 179	10 622	10 557	26 116	12 995	13 121	29 745	14 724	15 020
0-4	2 192	1 124	1 068	2 338	1 197	1 141	2 975	1 524	1 451	3 214	1 646	1 568
5-9	2 342	1 199	1 143	2 302	1 180	1 122	2 779	1 426	1 354	3 138	1 609	1 529
10-14	2 335	1 196	1 139	2 372	1 213	1 159	2 581	1 322	1 258	2 945	1 512	1 434
15-19	2 134	1 107	1 027	2 339	1 194	1 146	2 444	1 244	1 200	2 676	1 368	1 308
20-24	1 563	824	739	2 149	1 099	1 050	2 350	1 186	1 164	2 444	1 233	1 211
25-29	1 376	716	660	1 643	844	799	2 229	1 117	1 112	2 323	1 157	1 166
30-34	1 312	655	657	1 485	750	735	1 894	941	953	2 231	1 099	1 132
35-39	1 115	545	569	1 411	693	719	1 817	893	925	1 974	966	1 008
40-44	901	439	462	1 188	577	611	1 698	823	875	1 931	938	993
45-49	786	383	402	945	458	487	1 390	672	718	1 787	859	928
50-54	699	341	358	803	388	415	1 068	514	554	1 439	688	751
55-59	556	272	284	697	336	361	870	416	454	1 086	515	571
60-64	439	214	225	542	261	282	723	344	380	863	405	458
65-69	278	138	139	411	194	217	536	250	285	688	316	372
70-74	208	96	112	244	115	128	378	171	208	478	212	267
75-79	139	61	77	164	70	94	204	90	114	306	126	180
80+	...	...	...	...	...	...	...	...	...	...	...	...
80-84	86	36	49	92	36	56	116	44	72	140	54	86
85-89	33	14	19	42	14	27	48	15	33	61	18	43
90-94	8	3	5	10	3	7	14	3	11	17	3	13
95-99	1	0	1	1	0	1	2	0	2	3	0	3
100+	0	0	0	0	0	0	0	0	0	0	0	0

年齢	2035			2040			2045			2050		
	総数	男	女	総数	男	女	総数	男	女	総数	男	女
総数	32 107	15 826	16 281	34 401	16 898	17 503	36 654	17 958	18 696	38 881	19 016	19 866
0-4	3 191	1 634	1 557	3 229	1 655	1 574	3 305	1 694	1 611	3 398	1 742	1 656
5-9	3 207	1 643	1 565	3 185	1 631	1 554	3 223	1 652	1 571	3 300	1 691	1 608
10-14	3 134	1 606	1 527	3 203	1 640	1 563	3 181	1 629	1 552	3 220	1 650	1 570
15-19	2 933	1 502	1 431	3 122	1 598	1 525	3 192	1 632	1 560	3 171	1 622	1 549
20-24	2 647	1 343	1 303	2 905	1 479	1 426	3 094	1 576	1 519	3 166	1 612	1 554
25-29	2 406	1 201	1 205	2 610	1 313	1 297	2 868	1 449	1 418	3 058	1 547	1 511
30-34	2 284	1 123	1 160	2 369	1 170	1 199	2 573	1 283	1 290	2 831	1 419	1 411
35-39	2 200	1 074	1 126	2 254	1 100	1 154	2 340	1 148	1 192	2 544	1 261	1 283
40-44	1 950	948	1 001	2 175	1 057	1 119	2 230	1 083	1 147	2 317	1 132	1 185
45-49	1 901	917	984	1 922	929	993	2 146	1 037	1 110	2 202	1 064	1 138
50-54	1 745	829	916	1 859	887	972	1 881	901	981	2 105	1 008	1 097
55-59	1 391	654	737	1 690	790	899	1 804	849	955	1 830	865	965
60-64	1 034	480	554	1 328	611	717	1 618	741	877	1 732	800	932
65-69	795	359	436	957	427	530	1 235	548	687	1 513	671	842
70-74	599	259	341	698	296	402	847	356	491	1 103	463	640
75-79	380	152	228	481	187	294	569	219	350	700	269	432
80+	...	...	...	...	...	...	...	...	...	...	...	...
80-84	208	73	135	263	89	174	342	113	228	412	136	276
85-89	74	22	52	114	30	84	149	39	111	200	51	149
90-94	23	4	18	29	5	23	47	8	39	64	11	53
95-99	4	0	4	6	1	5	8	1	7	13	1	12
100+	0	0	0	1	0	1	1	0	1	1	0	1

年齢	2055			2060		
	総数	男	女	総数	男	女
総数	41 061	20 064	20 998	43 148	21 080	22 068
0-4	3 475	1 781	1 693	3 510	1 800	1 710
5-9	3 393	1 739	1 653	3 470	1 779	1 691
10-14	3 296	1 690	1 607	3 390	1 738	1 652
15-19	3 211	1 644	1 567	3 288	1 684	1 604
20-24	3 148	1 604	1 544	3 190	1 628	1 562
25-29	3 134	1 587	1 547	3 119	1 582	1 537
30-34	3 024	1 519	1 505	3 103	1 562	1 541
35-39	2 803	1 398	1 405	2 998	1 500	1 498
40-44	2 521	1 245	1 276	2 780	1 382	1 398
45-49	2 290	1 114	1 176	2 495	1 227	1 268
50-54	2 163	1 037	1 126	2 253	1 088	1 165
55-59	2 051	971	1 080	2 113	1 003	1 110
60-64	1 763	819	943	1 982	924	1 058
65-69	1 628	730	898	1 665	754	911
70-74	1 363	575	788	1 478	634	844
75-79	924	357	567	1 155	452	704
80+	...	...	...	...	...	...
80-84	517	172	345	695	236	459
85-89	248	64	184	319	85	235
90-94	88	15	74	114	20	94
95-99	19	2	17	27	2	25
100+	2	0	2	4	0	3

性・年齢別人口（千人）

年齢	2015			2020			2025			2030		
	総数	男	女	総数	男	女	総数	男	女	総数	男	女
総数	18 502	9 367	9 136	20 808	10 432	10 376	25 002	12 425	12 577	27 550	13 601	13 949
0-4	2 192	1 124	1 068	1 966	1 007	960	2 232	1 144	1 088	2 131	1 092	1 040
5-9	2 342	1 199	1 143	2 302	1 180	1 122	2 409	1 236	1 172	2 397	1 229	1 167
10-14	2 335	1 196	1 139	2 372	1 213	1 159	2 581	1 322	1 258	2 575	1 322	1 253
15-19	2 134	1 107	1 027	2 339	1 194	1 146	2 444	1 244	1 200	2 676	1 368	1 308
20-24	1 563	824	739	2 149	1 099	1 050	2 350	1 186	1 164	2 444	1 233	1 211
25-29	1 376	716	660	1 643	844	799	2 229	1 117	1 112	2 323	1 157	1 166
30-34	1 312	655	657	1 485	750	735	1 894	941	953	2 231	1 099	1 132
35-39	1 115	545	569	1 411	693	719	1 817	893	925	1 974	966	1 008
40-44	901	439	462	1 188	577	611	1 698	823	875	1 931	938	993
45-49	786	383	402	945	458	487	1 390	672	718	1 787	859	928
50-54	699	341	358	803	388	415	1 068	514	554	1 439	688	751
55-59	556	272	284	697	336	361	870	416	454	1 086	515	571
60-64	439	214	225	542	261	282	723	344	380	863	405	458
65-69	278	138	139	411	194	217	536	250	285	688	316	372
70-74	208	96	112	244	115	128	378	171	208	478	212	267
75-79	139	61	77	164	70	94	204	90	114	306	126	180
80+	…	…	…	…	…	…	…	…	…	…	…	…
80-84	86	36	49	92	36	56	116	44	72	140	54	86
85-89	33	14	19	42	14	27	48	15	33	61	18	43
90-94	8	3	5	10	3	7	14	3	11	17	3	13
95-99	1	0	1	1	0	1	2	0	2	3	0	3
100+	0	0	0	0	0	0	0	0	0	0	0	0

年齢	2035			2040			2045			2050		
	総数	男	女	総数	男	女	総数	男	女	総数	男	女
総数	28 744	14 105	14 639	29 759	14 523	15 236	30 558	14 842	15 716	31 102	15 043	16 059
0-4	2 019	1 034	985	1 943	996	947	1 837	941	895	1 694	868	825
5-9	2 127	1 089	1 037	2 015	1 032	983	1 939	994	945	1 833	939	893
10-14	2 393	1 227	1 166	2 123	1 088	1 036	2 012	1 030	981	1 936	992	944
15-19	2 564	1 314	1 250	2 384	1 221	1 163	2 115	1 082	1 033	2 004	1 025	979
20-24	2 647	1 343	1 303	2 539	1 294	1 245	2 360	1 203	1 158	2 095	1 067	1 028
25-29	2 406	1 201	1 205	2 610	1 313	1 297	2 505	1 266	1 238	2 331	1 180	1 151
30-34	2 284	1 123	1 160	2 369	1 170	1 199	2 573	1 283	1 290	2 472	1 240	1 232
35-39	2 200	1 074	1 126	2 254	1 100	1 154	2 340	1 148	1 192	2 544	1 261	1 283
40-44	1 950	948	1 001	2 175	1 057	1 119	2 230	1 083	1 147	2 317	1 132	1 185
45-49	1 901	917	984	1 922	929	993	2 146	1 037	1 110	2 202	1 064	1 138
50-54	1 745	829	916	1 859	887	972	1 881	901	981	2 105	1 008	1 097
55-59	1 391	654	737	1 690	790	899	1 804	849	955	1 830	865	965
60-64	1 034	480	554	1 328	611	717	1 618	741	877	1 732	800	932
65-69	795	359	436	957	427	530	1 235	548	687	1 513	671	842
70-74	599	259	341	698	296	402	847	356	491	1 103	463	640
75-79	380	152	228	481	187	294	569	219	350	700	269	432
80+	…	…	…	…	…	…	…	…	…	…	…	…
80-84	208	73	135	263	89	174	342	113	228	412	136	276
85-89	74	22	52	114	30	84	149	39	111	200	51	149
90-94	23	4	18	29	5	23	47	8	39	64	11	53
95-99	4	0	4	6	1	5	8	1	7	13	1	12
100+	0	0	0	1	0	1	1	0	1	1	0	1

年齢	2055			2060		
	総数	男	女	総数	男	女
総数	31 368	15 118	16 249	31 357	15 069	16 288
0-4	1 533	786	747	1 380	707	672
5-9	1 690	866	824	1 529	784	745
10-14	1 830	938	892	1 688	865	823
15-19	1 929	988	942	1 824	934	890
20-24	1 987	1 013	974	1 914	977	937
25-29	2 071	1 048	1 022	1 966	997	969
30-34	2 303	1 158	1 145	2 048	1 031	1 017
35-39	2 447	1 221	1 226	2 282	1 142	1 140
40-44	2 521	1 245	1 276	2 426	1 207	1 219
45-49	2 290	1 114	1 176	2 495	1 227	1 268
50-54	2 163	1 037	1 126	2 253	1 088	1 165
55-59	2 051	971	1 080	2 113	1 003	1 110
60-64	1 763	819	943	1 982	924	1 058
65-69	1 628	730	898	1 665	754	911
70-74	1 363	575	788	1 478	634	844
75-79	924	357	567	1 155	452	704
80+	…	…	…	…	…	…
80-84	517	172	345	695	236	459
85-89	248	64	184	319	85	235
90-94	88	15	74	114	20	94
95-99	19	2	17	27	2	25
100+	2	0	2	4	0	3

性・年齢別人口（千人）

年齢	1960			1965			1970			1975		
	総数	男	女	総数	男	女	総数	男	女	総数	男	女
総数	2 064	1 007	1 057	2 490	1 222	1 268	2 920	1 437	1 482	3 413	1 685	1 728
0-4	383	198	185	493	252	241	502	255	247	578	292	286
5-9	258	128	130	372	191	180	482	246	236	507	256	250
10-14	165	77	88	259	129	131	373	192	181	467	238	229
15-19	150	78	72	166	77	89	260	129	131	357	182	175
20-24	198	100	97	150	78	72	167	78	89	268	131	136
25-29	171	85	86	197	100	97	150	78	72	177	87	90
30-34	160	82	78	170	84	86	196	99	96	150	80	71
35-39	102	45	57	158	81	78	169	83	85	194	98	96
40-44	73	30	42	100	44	56	156	79	77	161	79	82
45-49	87	36	51	71	29	41	98	43	55	149	75	74
50-54	82	36	46	83	34	49	68	28	40	105	42	64
55-59	78	36	42	77	33	44	79	32	47	68	26	42
60-64	57	27	30	71	32	39	71	30	41	71	30	42
65-69	37	19	18	50	23	27	62	27	35	59	24	35
70-74	33	16	17	30	15	16	42	18	23	48	21	27
75-79	18	8	10	24	11	13	23	11	12	27	12	15
80+	12	5	7	16	7	9	22	9	13	27	11	16
80-84	...	...	...	...	...	...	...	...	...	...	...	...
85-89	...	...	...	...	...	...	...	...	...	...	...	...
90-94	...	...	...	...	...	...	...	...	...	...	...	...
95-99	...	...	...	...	...	...	...	...	...	...	...	...
100+	...	...	...	...	...	...	...	...	...	...	...	...

年齢	1980			1985			1990			1995		
	総数	男	女	総数	男	女	総数	男	女	総数	男	女
総数	3 918	1 937	1 980	4 541	2 255	2 286	5 297	2 631	2 666	5 784	2 893	2 891
0-4	626	316	310	777	395	383	955	484	470	933	475	458
5-9	557	282	275	609	308	301	754	382	372	906	459	448
10-14	500	253	247	551	278	273	603	304	298	725	367	358
15-19	463	234	229	488	245	243	536	271	265	574	289	285
20-24	356	174	182	457	229	227	472	232	240	502	253	249
25-29	263	130	134	354	175	179	442	217	225	438	215	224
30-34	182	91	91	257	127	130	350	174	176	412	204	209
35-39	137	73	63	176	88	88	248	123	125	323	161	162
40-44	189	96	93	131	71	61	169	84	84	223	110	112
45-49	157	77	79	180	91	89	126	68	58	149	74	74
50-54	146	73	73	150	73	77	171	85	85	111	60	51
55-59	98	40	58	139	68	70	141	68	73	150	75	75
60-64	65	24	40	88	36	53	128	62	66	117	57	60
65-69	61	25	36	56	21	36	77	30	47	102	50	52
70-74	48	20	28	50	20	30	47	17	30	57	22	34
75-79	37	16	21	35	14	21	37	14	23	29	10	19
80+	33	14	19	42	17	24	...	...	...	...	...	...
80-84	...	...	...	...	...	...	22	9	13	17	7	10
85-89	...	...	...	...	...	...	14	5	9	11	4	7
90-94	...	...	...	...	...	...	5	2	3	5	2	4
95-99	...	...	...	...	...	...	1	0	1	1	0	1
100+	...	...	...	...	...	...	0	0	0	0	0	0

年齢	2000			2005			2010			2015		
	総数	男	女	総数	男	女	総数	男	女	総数	男	女
総数	6 186	3 100	3 086	6 806	3 421	3 385	7 582	3 812	3 769	8 482	4 296	4 186
0-4	888	452	435	861	441	420	981	503	479	1 176	605	570
5-9	891	453	438	874	446	428	842	432	411	941	492	450
10-14	875	442	433	876	445	431	870	444	426	838	430	408
15-19	692	349	342	853	430	424	869	441	428	869	445	424
20-24	534	267	267	667	337	330	842	423	419	847	428	419
25-29	464	231	234	518	260	258	654	330	324	840	420	420
30-34	409	200	209	450	223	227	509	255	254	616	313	302
35-39	386	192	194	403	198	205	440	218	223	480	241	239
40-44	290	144	146	372	184	188	396	194	202	430	213	217
45-49	193	94	99	286	142	144	361	177	183	388	189	199
50-54	128	64	64	186	91	95	278	136	141	371	183	188
55-59	94	51	43	121	60	61	176	85	91	262	129	133
60-64	123	60	62	84	45	39	111	54	57	170	82	88
65-69	86	42	43	102	50	52	73	38	35	81	40	41
70-74	71	36	36	69	33	35	82	39	43	67	35	32
75-79	36	14	22	50	26	25	50	23	27	56	27	29
80+	...	...	...	...	...	...	...	...	...	...	...	...
80-84	11	4	7	23	7	16	31	15	16	28	16	12
85-89	9	3	6	6	2	4	12	3	9	17	7	10
90-94	4	1	3	4	1	3	2	1	2	5	1	4
95-99	2	0	1	1	0	1	1	0	1	1	0	1
100+	0	0	0	0	0	0	0	0	0	0	0	0

性・年齢別人口（千人）

年齢	2015			2020			2025			2030		
	総数	男	女	総数	男	女	総数	男	女	総数	男	女
総数	8 482	4 296	4 186	9 419	4 746	4 673	10 300	5 167	5 133	11 102	5 547	5 555
0-4	1 176	605	570	1 227	626	601	1 197	611	586	1 153	589	564
5-9	941	492	450	1 162	598	564	1 215	619	596	1 186	605	581
10-14	838	430	408	935	488	447	1 156	594	562	1 209	615	593
15-19	869	445	424	825	423	402	922	481	442	1 143	586	556
20-24	847	428	419	846	431	415	803	410	393	900	467	432
25-29	840	420	420	824	414	410	824	418	406	781	397	384
30-34	616	313	302	820	408	412	805	402	402	805	406	399
35-39	480	241	239	601	304	297	803	397	406	788	392	396
40-44	430	213	217	467	233	235	587	295	292	787	387	400
45-49	388	189	199	417	205	212	454	224	230	572	285	286
50-54	371	183	188	373	180	193	402	195	207	438	214	224
55-59	262	129	133	351	170	181	354	168	187	382	182	200
60-64	170	82	88	241	115	126	325	153	172	329	151	178
65-69	81	40	41	151	70	81	214	98	116	290	131	159
70-74	67	35	32	67	31	36	126	55	71	180	78	102
75-79	56	27	29	50	24	26	51	22	29	97	38	58
80+	…	…	…	…	…	…	…	…	…	…	…	…
80-84	28	16	12	37	16	21	33	14	19	34	13	21
85-89	17	7	10	15	7	8	20	7	13	18	7	11
90-94	5	1	4	7	3	5	6	3	4	9	3	6
95-99	1	0	1	2	0	2	2	1	2	2	1	1
100+	0	0	0	0	0	0	0	0	0	1	0	0

年齢	2035			2040			2045			2050		
	総数	男	女	総数	男	女	総数	男	女	総数	男	女
総数	11 878	5 914	5 964	12 685	6 296	6 389	13 511	6 691	6 820	14 288	7 063	7 225
0-4	1 169	597	572	1 247	637	610	1 317	673	644	1 317	673	644
5-9	1 143	583	560	1 160	592	568	1 238	632	606	1 309	668	640
10-14	1 181	602	579	1 138	580	558	1 155	589	566	1 233	630	604
15-19	1 195	608	587	1 168	594	574	1 125	573	552	1 142	582	560
20-24	1 120	573	547	1 172	594	578	1 145	581	564	1 103	560	543
25-29	877	454	423	1 097	559	538	1 149	580	569	1 122	567	555
30-34	762	385	377	858	442	416	1 077	547	530	1 130	568	561
35-39	789	396	393	747	376	371	843	432	410	1 060	536	524
40-44	773	382	390	774	387	387	733	367	366	828	423	405
45-49	769	376	393	755	371	384	757	376	381	718	357	361
50-54	553	273	280	746	361	385	734	357	377	736	362	374
55-59	418	200	217	528	256	272	714	340	375	704	337	367
60-64	355	164	191	389	181	208	493	233	260	671	311	360
65-69	294	130	165	319	142	178	351	157	194	447	203	244
70-74	245	104	141	250	103	147	273	114	159	302	127	175
75-79	139	55	84	191	74	117	197	74	123	217	82	134
80+	…	…	…	…	…	…	…	…	…	…	…	…
80-84	66	23	43	96	33	63	133	45	88	139	46	93
85-89	19	6	13	38	11	27	56	16	40	79	22	57
90-94	8	2	6	9	2	7	18	4	14	26	6	20
95-99	3	1	2	3	1	2	3	1	2	6	1	5
100+	0	0	0	1	0	1	1	0	1	1	0	1

年齢	2055			2060		
	総数	男	女	総数	男	女
総数	14 973	7 391	7 582	15 577	7 679	7 898
0-4	1 271	650	621	1 234	631	603
5-9	1 309	669	640	1 265	646	618
10-14	1 304	666	638	1 305	667	639
15-19	1 221	622	599	1 292	659	633
20-24	1 121	569	551	1 201	610	590
25-29	1 081	547	534	1 100	557	543
30-34	1 104	556	548	1 064	536	528
35-39	1 113	558	555	1 089	546	542
40-44	1 044	526	518	1 098	549	549
45-49	812	413	399	1 026	515	511
50-54	698	344	354	792	399	393
55-59	707	343	364	673	327	346
60-64	663	310	353	668	317	351
65-69	611	273	338	606	274	332
70-74	386	166	220	532	225	307
75-79	241	93	148	312	124	188
80+	…	…	…	…	…	…
80-84	154	52	102	173	59	114
85-89	83	23	60	93	26	67
90-94	37	8	29	40	9	31
95-99	9	2	7	13	2	11
100+	1	0	1	2	0	2

性・年齢別人口（千人）

年齢	2015			2020			2025			2030		
	総数	男	女	総数	男	女	総数	男	女	総数	男	女
総数	8 482	4 296	4 186	9 512	4 794	4 718	10 546	5 293	5 253	11 544	5 772	5 771
0-4	1 176	605	570	1 320	673	646	1 352	690	662	1 349	689	660
5-9	941	492	450	1 162	598	564	1 307	666	641	1 340	683	657
10-14	838	430	408	935	488	447	1 156	594	562	1 300	662	638
15-19	869	445	424	825	423	402	922	481	442	1 143	586	556
20-24	847	428	419	846	431	415	803	410	393	900	467	432
25-29	840	420	420	824	414	410	824	418	406	781	397	384
30-34	616	313	302	820	408	412	805	402	402	805	406	399
35-39	480	241	239	601	304	297	803	397	406	788	392	396
40-44	430	213	217	467	233	235	587	295	292	787	387	400
45-49	388	189	199	417	205	212	454	224	230	572	285	286
50-54	371	183	188	373	180	193	402	195	207	438	214	224
55-59	262	129	133	351	170	181	354	168	187	382	182	200
60-64	170	82	88	241	115	126	325	153	172	329	151	178
65-69	81	40	41	151	70	81	214	98	116	290	131	159
70-74	67	35	32	67	31	36	126	55	71	180	78	102
75-79	56	27	29	50	24	26	51	22	29	97	38	58
80+	…	…	…	…	…	…	…	…	…	…	…	…
80-84	28	16	12	37	16	21	33	14	19	34	13	21
85-89	17	7	10	15	7	8	20	7	13	18	7	11
90-94	5	1	4	7	3	5	6	3	4	9	3	6
95-99	1	0	1	2	0	2	2	1	2	2	1	1
100+	0	0	0	0	0	0	0	0	0	1	0	0

年齢	2035			2040			2045			2050		
	総数	男	女	総数	男	女	総数	男	女	総数	男	女
総数	12 531	6 247	6 284	13 597	6 762	6 835	14 762	7 329	7 433	15 960	7 916	8 044
0-4	1 382	706	676	1 508	771	738	1 658	847	811	1 743	891	852
5-9	1 338	683	656	1 372	700	672	1 498	765	733	1 648	842	806
10-14	1 334	680	654	1 333	680	653	1 366	697	669	1 493	762	731
15-19	1 287	654	632	1 320	672	648	1 320	672	648	1 353	689	664
20-24	1 120	573	547	1 264	641	623	1 297	658	639	1 297	659	638
25-29	877	454	423	1 097	559	538	1 240	627	614	1 274	644	630
30-34	762	385	377	858	442	416	1 077	547	530	1 220	614	606
35-39	789	396	393	747	376	371	843	432	410	1 060	536	524
40-44	773	382	390	774	387	387	733	367	366	828	423	405
45-49	769	376	393	755	371	384	757	376	381	718	357	361
50-54	553	273	280	746	361	385	734	357	377	736	362	374
55-59	418	200	217	528	256	272	714	340	375	704	337	367
60-64	355	164	191	389	181	208	493	233	260	671	311	360
65-69	294	130	165	319	142	178	351	157	194	447	203	244
70-74	245	104	141	250	103	147	273	114	159	302	127	175
75-79	139	55	84	191	74	117	197	74	123	217	82	134
80+	…	…	…	…	…	…	…	…	…	…	…	…
80-84	66	23	43	96	33	63	133	45	88	139	46	93
85-89	19	6	13	38	11	27	56	16	40	79	22	57
90-94	8	2	6	9	2	7	18	4	14	26	6	20
95-99	3	1	2	3	1	2	3	1	2	6	1	5
100+	0	0	0	1	0	1	1	0	1	1	0	1

年齢	2055			2060		
	総数	男	女	総数	男	女
総数	17 131	8 492	8 640	18 267	9 051	9 216
0-4	1 762	901	861	1 772	906	866
5-9	1 734	886	848	1 753	896	857
10-14	1 643	839	804	1 729	883	846
15-19	1 480	755	726	1 631	832	799
20-24	1 331	677	655	1 459	742	717
25-29	1 275	645	629	1 310	664	646
30-34	1 255	632	622	1 256	634	622
35-39	1 203	604	599	1 238	622	616
40-44	1 044	526	518	1 187	594	593
45-49	812	413	399	1 026	515	511
50-54	698	344	354	792	399	393
55-59	707	343	364	673	327	346
60-64	663	310	353	668	317	351
65-69	611	273	338	606	274	332
70-74	386	166	220	532	225	307
75-79	241	93	148	312	124	188
80+	…	…	…	…	…	…
80-84	154	52	102	173	59	114
85-89	83	23	60	93	26	67
90-94	37	8	29	40	9	31
95-99	9	2	7	13	2	11
100+	1	0	1	2	0	2

性・年齢別人口（千人）

年齢	2015			2020			2025			2030		
	総数	男	女	総数	男	女	総数	男	女	総数	男	女
総数	8 482	4 296	4 186	9 326	4 699	4 627	10 053	5 041	5 012	10 661	5 322	5 338
0-4	1 176	605	570	1 134	579	556	1 043	532	511	956	488	468
5-9	941	492	450	1 162	598	564	1 123	572	550	1 033	527	506
10-14	838	430	408	935	488	447	1 156	594	562	1 117	569	548
15-19	869	445	424	825	423	402	922	481	442	1 143	586	556
20-24	847	428	419	846	431	415	803	410	393	900	467	432
25-29	840	420	420	824	414	410	824	418	406	781	397	384
30-34	616	313	302	820	408	412	805	402	402	805	406	399
35-39	480	241	239	601	304	297	803	397	406	788	392	396
40-44	430	213	217	467	233	235	587	295	292	787	387	400
45-49	388	189	199	417	205	212	454	224	230	572	285	286
50-54	371	183	188	373	180	193	402	195	207	438	214	224
55-59	262	129	133	351	170	181	354	168	187	382	182	200
60-64	170	82	88	241	115	126	325	153	172	329	151	178
65-69	81	40	41	151	70	81	214	98	116	290	131	159
70-74	67	35	32	67	31	36	126	55	71	180	78	102
75-79	56	27	29	50	24	26	51	22	29	97	38	58
80+	…	…	…	…	…	…	…	…	…	…	…	…
80-84	28	16	12	37	16	21	33	14	19	34	13	21
85-89	17	7	10	15	7	8	20	7	13	18	7	11
90-94	5	1	4	7	3	5	6	3	4	9	3	6
95-99	1	0	1	2	0	2	2	1	2	2	1	1
100+	0	0	0	0	0	0	0	0	0	1	0	0

年齢	2035			2040			2045			2050		
	総数	男	女	総数	男	女	総数	男	女	総数	男	女
総数	11 226	5 581	5 645	11 783	5 836	5 947	12 298	6 072	6 226	12 705	6 255	6 450
0-4	957	489	468	994	508	486	1 003	512	490	944	483	462
5-9	948	484	464	949	484	464	987	504	483	996	509	487
10-14	1 028	524	504	943	481	462	944	482	463	982	501	481
15-19	1 104	561	543	1 015	516	499	931	474	457	932	475	457
20-24	1 120	573	547	1 081	548	533	993	503	490	909	461	448
25-29	877	454	423	1 097	559	538	1 058	534	524	971	490	481
30-34	762	385	377	858	442	416	1 077	547	530	1 039	522	517
35-39	789	396	393	747	376	371	843	432	410	1 060	536	524
40-44	773	382	390	774	387	387	733	367	366	828	423	405
45-49	769	376	393	755	371	384	757	376	381	718	357	361
50-54	553	273	280	746	361	385	734	357	377	736	362	374
55-59	418	200	217	528	256	272	714	340	375	704	337	367
60-64	355	164	191	389	181	208	493	233	260	671	311	360
65-69	294	130	165	319	142	178	351	157	194	447	203	244
70-74	245	104	141	250	103	147	273	114	159	302	127	175
75-79	139	55	84	191	74	117	197	74	123	217	82	134
80+	…	…	…	…	…	…	…	…	…	…	…	…
80-84	66	23	43	96	33	63	133	45	88	139	46	93
85-89	19	6	13	38	11	27	56	16	40	79	22	57
90-94	8	2	6	9	2	7	18	4	14	26	6	20
95-99	3	1	2	3	1	2	3	1	2	6	1	5
100+	0	0	0	1	0	1	1	0	1	1	0	1

年齢	2055			2060		
	総数	男	女	総数	男	女
総数	12 983	6 375	6 607	13 153	6 442	6 710
0-4	858	439	419	793	406	388
5-9	938	479	459	853	436	417
10-14	992	507	485	935	477	457
15-19	971	495	476	981	500	481
20-24	911	462	449	951	483	468
25-29	888	448	440	891	451	441
30-34	953	479	474	871	438	433
35-39	1 023	513	511	939	470	468
40-44	1 044	526	518	1 009	504	505
45-49	812	413	399	1 026	515	511
50-54	698	344	354	792	399	393
55-59	707	343	364	673	327	346
60-64	663	310	353	668	317	351
65-69	611	273	338	606	274	332
70-74	386	166	220	532	225	307
75-79	241	93	148	312	124	188
80+	…	…	…	…	…	…
80-84	154	52	102	173	59	114
85-89	83	23	60	93	26	67
90-94	37	8	29	40	9	31
95-99	9	2	7	13	2	11
100+	1	0	1	2	0	2

TFYR Macedonia

性・年齢別人口（千人）

年齢	1960			1965			1970			1975		
	総数	男	女	総数	男	女	総数	男	女	総数	男	女
総数	1 489	753	735	1 592	806	786	1 721	873	848	1 803	915	888
0-4	200	102	97	196	101	95	203	105	99	189	97	92
5-9	202	104	99	194	99	94	190	98	92	198	102	96
10-14	163	84	80	200	103	97	192	98	93	182	94	88
15-19	138	71	67	162	83	79	197	101	96	180	93	88
20-24	136	69	67	135	69	66	155	80	76	189	97	92
25-29	123	63	61	130	65	65	128	65	62	145	74	71
30-34	106	52	55	115	59	57	125	63	62	115	59	56
35-39	89	45	45	98	48	51	113	57	56	119	60	59
40-44	56	28	28	83	41	41	96	47	50	111	56	55
45-49	70	36	33	51	25	26	80	40	40	94	45	49
50-54	59	31	28	65	34	31	49	24	25	77	38	39
55-59	45	23	22	54	28	26	61	32	30	46	23	24
60-64	32	15	17	40	20	19	49	25	24	56	29	28
65-69	24	11	13	27	13	14	34	17	17	44	22	22
70-74	19	9	10	18	8	10	22	10	12	28	14	14
75-79	14	6	8	13	6	7	13	6	7	16	7	9
80+	13	6	7	12	5	7	12	5	7	12	5	7
80-84	...	...	...	...	...	...	...	...	...	...	...	...
85-89	...	...	...	...	...	...	...	...	...	...	...	...
90-94	...	...	...	...	...	...	...	...	...	...	...	...
95-99	...	...	...	...	...	...	...	...	...	...	...	...
100+	...	...	...	...	...	...	...	...	...	...	...	...

年齢	1980			1985			1990			1995		
	総数	男	女	総数	男	女	総数	男	女	総数	男	女
総数	1 924	975	949	1 982	1 001	981	1 996	1 004	992	1 954	979	975
0-4	189	97	92	188	96	92	174	89	85	155	79	75
5-9	189	97	92	179	92	88	179	92	87	162	83	79
10-14	197	101	95	179	92	87	171	87	83	171	88	83
15-19	180	92	87	187	96	91	168	86	82	163	83	80
20-24	176	90	85	171	88	84	173	89	85	157	80	77
25-29	183	94	89	167	86	82	159	81	78	157	80	77
30-34	144	74	70	175	89	85	157	80	77	148	75	73
35-39	115	59	57	136	69	67	162	83	79	149	76	73
40-44	112	56	56	109	55	54	125	62	62	148	75	73
45-49	108	54	54	108	54	54	103	51	52	112	55	57
50-54	95	45	50	103	51	52	104	51	53	97	47	50
55-59	74	36	37	89	42	47	97	48	49	95	46	49
60-64	43	20	22	68	33	35	82	38	44	83	40	43
65-69	51	25	25	38	18	20	61	29	32	67	30	37
70-74	36	18	18	40	20	20	31	14	17	47	21	26
75-79	21	10	11	26	12	14	29	14	15	19	9	11
80+	14	6	8	18	8	10	...	...	...	...	...	...
80-84	...	...	...	...	...	...	16	7	8	16	7	8
85-89	...	...	...	...	...	...	5	2	3	7	3	4
90-94	...	...	...	...	...	...	1	1	1	2	1	1
95-99	...	...	...	...	...	...	0	0	0	0	0	0
100+	...	...	...	...	...	...	0	0	0	0	0	0

年齢	2000			2005			2010			2015		
	総数	男	女	総数	男	女	総数	男	女	総数	男	女
総数	2 012	1 006	1 006	2 043	1 019	1 024	2 062	1 028	1 035	2 078	1 035	1 044
0-4	138	71	67	125	64	61	112	58	55	115	59	56
5-9	154	79	75	137	70	67	125	64	61	112	57	55
10-14	161	83	79	152	78	74	137	70	67	125	64	61
15-19	170	87	83	158	81	77	152	78	74	136	70	67
20-24	162	83	79	168	86	82	157	81	77	151	77	74
25-29	155	79	76	159	81	78	167	85	81	156	80	76
30-34	156	79	77	152	77	74	158	80	77	165	84	81
35-39	147	74	73	154	78	76	150	76	74	157	80	77
40-44	147	75	72	146	74	72	152	77	75	149	76	73
45-49	145	73	72	145	74	71	144	72	71	150	76	74
50-54	109	53	56	142	71	71	141	71	70	140	70	70
55-59	93	45	48	104	50	54	136	67	69	136	68	68
60-64	89	42	47	87	41	46	98	46	52	129	63	66
65-69	75	35	40	80	37	44	79	36	43	90	41	48
70-74	56	24	32	63	28	35	68	30	38	68	30	38
75-79	34	15	19	41	17	25	47	20	27	52	22	30
80+	...	...	...	...	...	...	...	...	...	...	...	...
80-84	11	5	7	21	9	13	26	10	16	30	12	18
85-89	7	3	4	5	2	3	10	4	6	13	5	8
90-94	2	1	1	2	1	1	2	1	1	3	1	2
95-99	0	0	0	0	0	0	0	0	0	0	0	0
100+	0	0	0	0	0	0	0	0	0	0	0	0

マケドニア旧ユーゴスラビア

性・年齢別人口（千人）

年齢	2015 総数	男	女	2020 総数	男	女	2025 総数	男	女	2030 総数	男	女
総数	2 078	1 035	1 044	2 088	1 039	1 049	2 089	1 039	1 051	2 078	1 033	1 046
0-4	115	59	56	115	59	56	112	57	54	106	54	52
5-9	112	57	55	115	59	56	115	59	56	111	57	54
10-14	125	64	61	112	57	55	115	59	56	115	59	56
15-19	136	70	67	124	64	61	112	57	54	114	59	56
20-24	151	77	74	135	69	66	123	63	60	111	57	54
25-29	156	80	76	150	77	73	134	69	66	122	63	60
30-34	165	84	81	155	79	76	148	76	72	133	68	65
35-39	157	80	77	164	84	80	154	78	75	147	75	72
40-44	149	76	73	155	79	76	163	83	80	152	78	75
45-49	150	76	74	147	74	73	153	78	76	161	82	79
50-54	140	70	70	147	74	73	144	72	72	151	76	75
55-59	136	68	68	136	67	69	143	71	72	140	70	70
60-64	129	63	66	129	63	66	129	63	66	136	67	70
65-69	90	41	48	118	56	62	120	57	62	120	57	63
70-74	68	30	38	78	34	43	103	47	56	105	49	56
75-79	52	22	30	53	22	30	61	26	35	83	37	46
80+	…	…	…	…	…	…	…	…	…	…	…	…
80-84	30	12	18	34	14	21	36	14	21	42	17	25
85-89	13	5	8	16	6	10	18	7	12	20	7	12
90-94	3	1	2	4	1	3	6	2	4	7	2	5
95-99	0	0	0	1	0	0	1	0	1	1	0	1
100+	0	0	0	0	0	0	0	0	0	0	0	0

年齢	2035 総数	男	女	2040 総数	男	女	2045 総数	男	女	2050 総数	男	女
総数	2 055	1 020	1 035	2 021	1 003	1 018	1 981	984	997	1 938	963	975
0-4	99	51	48	94	48	46	92	47	45	91	47	44
5-9	106	54	51	99	51	48	94	48	46	91	47	45
10-14	111	57	54	105	54	51	99	51	48	94	48	46
15-19	114	59	56	111	57	54	105	54	51	98	50	48
20-24	114	58	55	113	58	55	110	56	54	104	53	51
25-29	109	56	53	112	58	55	112	58	55	109	56	53
30-34	121	62	59	108	56	53	111	57	54	111	57	54
35-39	132	67	65	120	61	59	108	55	53	111	57	54
40-44	146	75	72	131	67	64	119	61	58	107	55	52
45-49	151	77	74	145	74	71	130	66	64	118	60	58
50-54	158	80	78	148	75	73	143	72	70	128	65	63
55-59	147	73	73	154	78	77	145	73	72	140	71	69
60-64	134	66	68	141	70	71	149	74	75	141	70	70
65-69	127	61	66	126	61	65	133	65	68	141	69	72
70-74	107	50	57	114	54	61	114	54	60	122	58	64
75-79	86	38	47	89	40	49	96	44	52	97	45	52
80+	…	…	…	…	…	…	…	…	…	…	…	…
80-84	59	24	34	62	26	36	66	28	38	73	32	41
85-89	24	9	15	34	13	21	38	15	23	41	16	25
90-94	8	3	5	10	3	7	15	5	10	17	6	11
95-99	2	0	1	2	1	1	3	1	2	4	1	3
100+	0	0	0	0	0	0	0	0	0	0	0	0

年齢	2055 総数	男	女	2060 総数	男	女
総数	1 893	942	951	1 846	920	925
0-4	90	46	44	87	45	42
5-9	91	47	44	90	46	44
10-14	91	47	44	91	47	44
15-19	93	48	45	91	47	44
20-24	98	50	48	93	47	45
25-29	103	53	50	97	50	47
30-34	108	55	53	102	52	50
35-39	111	57	54	107	55	52
40-44	110	56	54	110	56	54
45-49	106	54	52	109	56	53
50-54	117	59	57	105	53	51
55-59	126	64	62	115	58	57
60-64	136	68	68	122	61	61
65-69	134	66	68	130	65	65
70-74	130	63	67	124	61	64
75-79	105	49	56	113	54	60
80+	…	…	…	…	…	…
80-84	75	33	42	82	37	45
85-89	46	19	27	49	21	29
90-94	19	7	12	22	8	14
95-99	5	2	3	6	2	4
100+	1	0	0	1	0	1

TFYR Macedonia

性・年齢別人口（千人）　　　　　　　　　　　　　　　　　　　　高位予測値

年齢	2015 総数	男	女	2020 総数	男	女	2025 総数	男	女	2030 総数	男	女
総数	2 078	1 035	1 044	2 107	1 048	1 059	2 136	1 063	1 073	2 158	1 073	1 085
0-4	115	59	56	134	69	65	140	72	68	139	71	68
5-9	112	57	55	115	59	56	133	68	65	139	72	68
10-14	125	64	61	112	57	55	115	59	56	133	68	65
15-19	136	70	67	124	64	61	112	57	54	114	59	56
20-24	151	77	74	135	69	66	123	63	60	111	57	54
25-29	156	80	76	150	77	73	134	69	66	122	63	60
30-34	165	84	81	155	79	76	148	76	72	133	68	65
35-39	157	80	77	164	84	80	154	78	75	147	75	72
40-44	149	76	73	155	79	76	163	83	80	152	78	75
45-49	150	76	74	147	74	73	153	78	76	161	82	79
50-54	140	70	70	147	74	73	144	72	72	151	76	75
55-59	136	68	68	136	67	69	143	71	72	140	70	70
60-64	129	63	66	129	63	66	129	63	66	136	67	70
65-69	90	41	48	118	56	62	120	57	62	120	57	63
70-74	68	30	38	78	34	43	103	47	56	105	49	56
75-79	52	22	30	53	22	30	61	26	35	83	37	46
80+	…	…	…	…	…	…	…	…	…	…	…	…
80-84	30	12	18	34	14	21	36	14	21	42	17	25
85-89	13	5	8	16	6	10	18	7	12	20	7	12
90-94	3	1	2	4	1	3	6	2	4	7	2	5
95-99	0	0	0	1	0	0	1	0	1	1	0	1
100+	0	0	0	0	0	0	0	0	0	0	0	0

年齢	2035 総数	男	女	2040 総数	男	女	2045 総数	男	女	2050 総数	男	女
総数	2 165	1 077	1 088	2 161	1 075	1 086	2 154	1 072	1 082	2 153	1 073	1 080
0-4	130	67	63	124	64	60	125	64	61	133	68	65
5-9	138	71	67	130	66	63	124	64	60	125	64	61
10-14	139	71	68	138	71	67	129	66	63	124	63	60
15-19	133	68	65	139	71	68	138	71	67	129	66	63
20-24	114	58	55	132	68	64	138	71	67	137	70	67
25-29	109	56	53	112	58	55	131	67	64	137	70	67
30-34	121	62	59	108	56	53	111	57	54	130	66	63
35-39	132	67	65	120	61	59	108	55	53	111	57	54
40-44	146	75	72	131	67	64	119	61	58	107	55	52
45-49	151	77	74	145	74	71	130	66	64	118	60	58
50-54	158	80	78	148	75	73	143	72	70	128	65	63
55-59	147	73	73	154	78	77	145	73	72	140	71	69
60-64	134	66	68	141	70	71	149	74	75	141	70	70
65-69	127	61	66	126	61	65	133	65	68	141	69	72
70-74	107	50	57	114	54	61	114	54	60	122	58	64
75-79	86	38	47	89	40	49	96	44	52	97	45	52
80+	…	…	…	…	…	…	…	…	…	…	…	…
80-84	59	24	34	62	26	36	66	28	38	73	32	41
85-89	24	9	15	34	13	21	38	15	23	41	16	25
90-94	8	3	5	10	3	7	15	5	10	17	6	11
95-99	2	0	1	2	1	1	3	1	2	4	1	3
100+	0	0	0	0	0	0	0	0	0	0	0	0

年齢	2055 総数	男	女	2060 総数	男	女
総数	2 159	1 079	1 081	2 168	1 086	1 082
0-4	141	72	69	143	74	70
5-9	133	68	65	141	72	69
10-14	125	64	61	133	68	65
15-19	123	63	60	125	64	61
20-24	128	66	62	123	63	60
25-29	136	70	66	127	65	62
30-34	136	70	66	135	69	66
35-39	129	66	63	135	69	66
40-44	110	56	54	128	66	63
45-49	106	54	52	109	56	53
50-54	117	59	57	105	53	51
55-59	126	64	62	115	58	57
60-64	136	68	68	122	61	61
65-69	134	66	68	130	65	65
70-74	130	63	67	124	61	64
75-79	105	49	56	113	54	60
80+	…	…	…	…	…	…
80-84	75	33	42	82	37	45
85-89	46	19	27	49	21	29
90-94	19	7	12	22	8	14
95-99	5	2	3	6	2	4
100+	1	0	0	1	0	1

性・年齢別人口（千人）

年齢	2015			2020			2025			2030		
	総数	男	女	総数	男	女	総数	男	女	総数	男	女
総数	2 078	1 035	1 044	2 070	1 029	1 040	2 043	1 015	1 028	1 999	992	1 007
0-4	115	59	56	97	50	47	83	43	41	73	37	36
5-9	112	57	55	115	59	56	96	49	47	83	43	41
10-14	125	64	61	112	57	55	115	59	56	96	49	47
15-19	136	70	67	124	64	61	112	57	54	114	59	56
20-24	151	77	74	135	69	66	123	63	60	111	57	54
25-29	156	80	76	150	77	73	134	69	66	122	63	60
30-34	165	84	81	155	79	76	148	76	72	133	68	65
35-39	157	80	77	164	84	80	154	78	75	147	75	72
40-44	149	76	73	155	79	76	163	83	80	152	78	75
45-49	150	76	74	147	74	73	153	78	76	161	82	79
50-54	140	70	70	147	74	73	144	72	72	151	76	75
55-59	136	68	68	136	67	69	143	71	72	140	70	70
60-64	129	63	66	129	63	66	129	63	66	136	67	70
65-69	90	41	48	118	56	62	120	57	62	120	57	63
70-74	68	30	38	78	34	43	103	47	56	105	49	56
75-79	52	22	30	53	22	30	61	26	35	83	37	46
80+	…	…	…	…	…	…	…	…	…	…	…	…
80-84	30	12	18	34	14	21	36	14	21	42	17	25
85-89	13	5	8	16	6	10	18	7	12	20	7	12
90-94	3	1	2	4	1	3	6	2	4	7	2	5
95-99	0	0	0	1	0	0	1	0	1	1	0	1
100+	0	0	0	0	0	0	0	0	0	0	0	0

年齢	2035			2040			2045			2050		
	総数	男	女	総数	男	女	総数	男	女	総数	男	女
総数	1 945	964	981	1 882	932	950	1 811	897	915	1 733	858	875
0-4	69	35	34	65	33	32	61	31	30	56	29	27
5-9	73	37	35	69	35	33	65	33	31	61	31	30
10-14	83	43	40	73	37	35	68	35	33	64	33	31
15-19	96	49	47	83	42	40	72	37	35	68	35	33
20-24	114	58	55	95	49	46	82	42	40	71	37	35
25-29	109	56	53	112	58	55	94	48	46	81	41	39
30-34	121	62	59	108	56	53	111	57	54	93	48	45
35-39	132	67	65	120	61	59	108	55	53	111	57	54
40-44	146	75	72	131	67	64	119	61	58	107	55	52
45-49	151	77	74	145	74	71	130	66	64	118	60	58
50-54	158	80	78	148	75	73	143	72	70	128	65	63
55-59	147	73	73	154	78	77	145	73	72	140	71	69
60-64	134	66	68	141	70	71	149	74	75	141	70	70
65-69	127	61	66	126	61	65	133	65	68	141	69	72
70-74	107	50	57	114	54	61	114	54	60	122	58	64
75-79	86	38	47	89	40	49	96	44	52	97	45	52
80+	…	…	…	…	…	…	…	…	…	…	…	…
80-84	59	24	34	62	26	36	66	28	38	73	32	41
85-89	24	9	15	34	13	21	38	15	23	41	16	25
90-94	8	3	5	10	3	7	15	5	10	17	6	11
95-99	2	0	1	2	1	1	3	1	2	4	1	3
100+	0	0	0	0	0	0	0	0	0	0	0	0

年齢	2055			2060		
	総数	男	女	総数	男	女
総数	1 649	817	832	1 559	774	786
0-4	50	26	24	45	23	22
5-9	56	29	27	50	26	24
10-14	61	31	30	56	29	27
15-19	64	33	31	60	31	29
20-24	67	35	33	63	33	31
25-29	70	36	34	66	34	32
30-34	80	41	39	70	36	34
35-39	92	47	45	79	41	39
40-44	110	56	54	91	47	45
45-49	106	54	52	109	56	53
50-54	117	59	57	105	53	51
55-59	126	64	62	115	58	57
60-64	136	68	68	122	61	61
65-69	134	66	68	130	65	65
70-74	130	63	67	124	61	64
75-79	105	49	56	113	54	60
80+	…	…	…	…	…	…
80-84	75	33	42	82	37	45
85-89	46	19	27	49	21	29
90-94	19	7	12	22	8	14
95-99	5	2	3	6	2	4
100+	1	0	0	1	0	0

性・年齢別人口（千人）

年齢	1960 総数	男	女	1965 総数	男	女	1970 総数	男	女	1975 総数	男	女
総数	27 397	13 719	13 678	31 823	15 939	15 883	36 885	18 486	18 399	42 335	21 218	21 117
0-4	4 777	2 423	2 354	5 578	2 838	2 741	6 317	3 219	3 098	6 414	3 271	3 142
5-9	3 805	1 919	1 886	4 587	2 317	2 270	5 401	2 740	2 661	6 206	3 156	3 050
10-14	3 127	1 572	1 554	3 729	1 871	1 858	4 508	2 268	2 240	5 347	2 704	2 643
15-19	2 615	1 326	1 289	3 082	1 546	1 536	3 682	1 843	1 839	4 541	2 279	2 262
20-24	2 507	1 254	1 253	2 575	1 305	1 269	3 036	1 521	1 515	3 776	1 887	1 890
25-29	2 159	1 073	1 085	2 460	1 231	1 229	2 529	1 281	1 247	3 062	1 530	1 531
30-34	1 821	921	900	2 111	1 051	1 060	2 410	1 206	1 204	2 480	1 254	1 226
35-39	1 424	724	700	1 769	896	873	2 057	1 023	1 033	2 354	1 175	1 179
40-44	1 168	589	579	1 371	697	674	1 709	864	845	1 994	989	1 005
45-49	1 003	507	495	1 114	560	555	1 311	664	648	1 641	825	815
50-54	855	420	435	944	473	471	1 051	523	528	1 241	623	618
55-59	690	338	352	790	382	408	874	431	442	976	480	496
60-64	540	259	281	620	296	324	710	336	374	789	382	407
65-69	365	173	192	465	216	249	533	247	286	614	282	332
70-74	252	107	145	292	133	159	372	166	206	428	190	238
75-79	166	67	99	182	72	109	208	90	119	268	113	156
80+	125	46	79	154	57	98	178	64	113	204	78	126
80-84	...	...	...	...	...	...	...	...	...	...	...	...
85-89	...	...	...	...	...	...	...	...	...	...	...	...
90-94	...	...	...	...	...	...	...	...	...	...	...	...
95-99	...	...	...	...	...	...	...	...	...	...	...	...
100+	...	...	...	...	...	...	...	...	...	...	...	...

年齢	1980 総数	男	女	1985 総数	男	女	1990 総数	男	女	1995 総数	男	女
総数	47 385	23 729	23 656	52 041	25 945	26 097	56 583	28 027	28 556	59 266	29 476	29 790
0-4	6 159	3 134	3 025	5 738	2 926	2 812	5 354	2 731	2 623	5 099	2 609	2 491
5-9	6 356	3 237	3 119	6 082	3 090	2 992	5 691	2 898	2 792	5 323	2 711	2 612
10-14	6 172	3 130	3 041	6 301	3 202	3 099	6 049	3 069	2 980	5 665	2 881	2 784
15-19	5 314	2 682	2 632	6 068	3 073	2 995	6 159	3 127	3 032	5 941	3 009	2 932
20-24	4 566	2 286	2 280	5 163	2 599	2 564	5 836	2 950	2 885	5 820	2 944	2 876
25-29	3 785	1 884	1 902	4 515	2 235	2 280	5 082	2 529	2 553	5 470	2 754	2 716
30-34	3 008	1 498	1 511	3 821	1 869	1 952	4 588	2 221	2 367	4 890	2 434	2 456
35-39	2 428	1 222	1 206	3 030	1 487	1 543	3 915	1 874	2 042	4 480	2 196	2 285
40-44	2 290	1 137	1 152	2 450	1 215	1 236	3 096	1 494	1 603	3 859	1 888	1 971
45-49	1 922	948	974	2 291	1 121	1 170	2 515	1 223	1 292	3 037	1 493	1 544
50-54	1 561	779	782	1 900	925	975	2 328	1 118	1 210	2 426	1 183	1 243
55-59	1 160	576	584	1 523	750	773	1 905	915	990	2 220	1 054	1 166
60-64	888	430	458	1 086	530	556	1 508	731	776	1 781	843	938
65-69	690	326	364	784	370	414	1 014	485	530	1 363	647	715
70-74	503	223	280	575	262	313	671	307	364	868	404	465
75-79	319	136	183	387	164	223	454	199	255	530	234	297
80+	263	101	162	327	126	201	...	...	...	...	...	...
80-84	...	...	...	...	...	...	259	102	157	300	124	176
85-89	...	...	...	...	...	...	112	40	72	135	49	86
90-94	...	...	...	...	...	...	38	12	26	46	15	31
95-99	...	...	...	...	...	...	8	2	5	11	3	8
100+	...	...	...	...	...	...	1	0	1	1	0	1

年齢	2000 総数	男	女	2005 総数	男	女	2010 総数	男	女	2015 総数	男	女
総数	62 693	31 005	31 688	65 864	32 544	33 320	66 692	32 938	33 754	67 959	33 495	34 465
0-4	4 654	2 392	2 262	4 462	2 292	2 171	3 999	2 058	1 941	3 799	1 951	1 848
5-9	5 076	2 595	2 481	4 924	2 524	2 400	4 271	2 185	2 086	4 036	2 071	1 965
10-14	5 302	2 697	2 605	5 209	2 657	2 551	4 532	2 304	2 228	4 201	2 142	2 059
15-19	5 458	2 778	2 679	5 280	2 686	2 594	4 750	2 393	2 357	4 403	2 229	2 174
20-24	5 312	2 687	2 626	5 292	2 692	2 600	4 729	2 368	2 361	4 558	2 283	2 276
25-29	5 371	2 652	2 719	5 364	2 703	2 662	4 957	2 491	2 466	4 648	2 314	2 334
30-34	5 594	2 710	2 884	5 544	2 735	2 809	5 514	2 761	2 753	5 027	2 518	2 509
35-39	5 304	2 570	2 734	5 596	2 706	2 890	5 701	2 830	2 872	5 528	2 765	2 763
40-44	4 954	2 419	2 535	5 207	2 508	2 699	5 689	2 802	2 887	5 657	2 807	2 850
45-49	4 111	2 045	2 067	4 840	2 346	2 494	5 316	2 611	2 706	5 627	2 767	2 860
50-54	3 032	1 503	1 529	3 980	1 961	2 019	4 747	2 307	2 440	5 181	2 528	2 654
55-59	2 323	1 120	1 203	2 900	1 422	1 478	3 815	1 858	1 957	4 563	2 193	2 370
60-64	2 085	977	1 109	2 187	1 040	1 148	2 736	1 323	1 413	3 614	1 737	1 877
65-69	1 623	753	870	1 909	876	1 033	2 012	938	1 074	2 531	1 201	1 330
70-74	1 184	549	635	1 416	639	777	1 673	747	926	1 778	808	970
75-79	699	315	384	955	427	528	1 151	501	650	1 378	594	784
80+	...	...	...	...	...	...	...	...	...	...	...	...
80-84	368	154	214	493	212	281	684	293	391	841	350	491
85-89	168	65	103	212	84	128	292	120	171	416	170	245
90-94	58	20	39	73	26	47	96	37	60	137	54	83
95-99	14	4	10	17	5	12	23	8	15	31	12	20
100+	2	1	2	3	1	2	3	1	2	5	2	3

性・年齢別人口（千人）

年齢	2015			2020			2025			2030		
	総数	男	女	総数	男	女	総数	男	女	総数	男	女
総数	67 959	33 495	34 465	68 581	33 729	34 852	68 637	33 684	34 952	68 250	33 424	34 827
0-4	3 799	1 951	1 848	3 413	1 753	1 660	3 126	1 606	1 520	2 976	1 529	1 447
5-9	4 036	2 071	1 965	3 836	1 965	1 872	3 452	1 768	1 684	3 165	1 621	1 544
10-14	4 201	2 142	2 059	3 970	2 031	1 939	3 773	1 926	1 847	3 392	1 732	1 661
15-19	4 403	2 229	2 174	4 078	2 071	2 007	3 851	1 962	1 889	3 659	1 861	1 798
20-24	4 558	2 283	2 276	4 219	2 124	2 095	3 900	1 970	1 931	3 681	1 866	1 815
25-29	4 648	2 314	2 334	4 482	2 232	2 251	4 149	2 077	2 072	3 836	1 927	1 909
30-34	5 027	2 518	2 509	4 721	2 343	2 378	4 560	2 265	2 295	4 230	2 113	2 117
35-39	5 528	2 765	2 763	5 048	2 526	2 522	4 751	2 359	2 392	4 595	2 284	2 311
40-44	5 657	2 807	2 850	5 490	2 746	2 744	5 024	2 517	2 507	4 736	2 356	2 380
45-49	5 627	2 767	2 860	5 601	2 775	2 826	5 444	2 720	2 723	4 992	2 501	2 490
50-54	5 181	2 528	2 654	5 493	2 684	2 809	5 476	2 698	2 778	5 332	2 651	2 681
55-59	4 563	2 193	2 370	4 993	2 411	2 583	5 306	2 568	2 739	5 303	2 589	2 714
60-64	3 614	1 737	1 877	4 339	2 059	2 280	4 763	2 272	2 491	5 077	2 428	2 649
65-69	2 531	1 201	1 330	3 360	1 587	1 774	4 053	1 891	2 162	4 467	2 096	2 371
70-74	1 778	808	970	2 253	1 044	1 209	3 012	1 389	1 623	3 657	1 667	1 990
75-79	1 378	594	784	1 481	650	831	1 894	848	1 045	2 555	1 140	1 416
80+	...	...	...	...	...	...	...	...	...	...	...	...
80-84	841	350	491	1 025	423	603	1 116	469	647	1 445	619	826
85-89	416	170	245	524	208	316	650	254	395	719	286	433
90-94	137	54	83	201	79	123	259	97	161	328	120	208
95-99	31	12	20	46	17	28	68	26	43	90	32	58
100+	5	2	3	7	3	4	10	4	6	16	6	10

年齢	2035			2040			2045			2050		
	総数	男	女	総数	男	女	総数	男	女	総数	男	女
総数	67 442	32 966	34 475	66 190	32 310	33 879	64 507	31 473	33 035	62 452	30 488	31 964
0-4	2 869	1 475	1 395	2 754	1 415	1 338	2 636	1 355	1 281	2 511	1 290	1 220
5-9	3 016	1 545	1 471	2 910	1 491	1 419	2 795	1 432	1 363	2 678	1 372	1 306
10-14	3 107	1 586	1 521	2 959	1 511	1 448	2 853	1 457	1 396	2 739	1 399	1 341
15-19	3 281	1 668	1 613	2 997	1 524	1 473	2 851	1 450	1 401	2 746	1 397	1 349
20-24	3 492	1 767	1 725	3 117	1 577	1 540	2 836	1 435	1 401	2 691	1 362	1 329
25-29	3 620	1 826	1 794	3 435	1 730	1 705	3 063	1 543	1 521	2 785	1 402	1 383
30-34	3 923	1 968	1 955	3 712	1 870	1 842	3 531	1 777	1 754	3 164	1 593	1 571
35-39	4 273	2 138	2 135	3 973	1 998	1 975	3 768	1 905	1 863	3 592	1 816	1 776
40-44	4 587	2 286	2 300	4 274	2 147	2 127	3 983	2 014	1 969	3 784	1 925	1 859
45-49	4 716	2 349	2 366	4 576	2 286	2 290	4 273	2 155	2 119	3 991	2 027	1 964
50-54	4 898	2 445	2 454	4 636	2 302	2 334	4 506	2 246	2 260	4 216	2 123	2 093
55-59	5 174	2 551	2 622	4 764	2 360	2 404	4 519	2 230	2 290	4 402	2 182	2 220
60-64	5 088	2 458	2 630	4 978	2 432	2 547	4 597	2 258	2 339	4 372	2 140	2 232
65-69	4 781	2 253	2 529	4 810	2 291	2 518	4 723	2 278	2 446	4 377	2 125	2 252
70-74	4 055	1 861	2 194	4 365	2 014	2 351	4 416	2 063	2 352	4 359	2 066	2 293
75-79	3 132	1 381	1 750	3 502	1 558	1 944	3 800	1 703	2 098	3 874	1 761	2 112
80+	...	...	...	...	...	...	...	...	...	...	...	...
80-84	1 975	843	1 133	2 452	1 034	1 418	2 773	1 182	1 592	3 044	1 309	1 735
85-89	947	383	564	1 316	529	787	1 660	659	1 001	1 907	766	1 141
90-94	370	137	233	496	186	311	703	260	443	905	330	575
95-99	117	40	77	135	45	90	185	62	122	268	89	179
100+	21	7	14	29	9	20	34	10	24	47	14	33

年齢	2055			2060		
	総数	男	女	総数	男	女
総数	60 133	29 414	30 719	57 698	28 307	29 391
0-4	2 386	1 227	1 160	2 287	1 176	1 111
5-9	2 551	1 307	1 244	2 424	1 242	1 182
10-14	2 625	1 340	1 284	2 501	1 277	1 224
15-19	2 638	1 342	1 296	2 529	1 287	1 242
20-24	2 595	1 314	1 281	2 496	1 264	1 232
25-29	2 644	1 332	1 312	2 552	1 287	1 265
30-34	2 884	1 452	1 431	2 739	1 381	1 358
35-39	3 227	1 633	1 593	2 945	1 492	1 453
40-44	3 611	1 838	1 773	3 249	1 657	1 591
45-49	3 796	1 942	1 855	3 626	1 856	1 770
50-54	3 944	2 002	1 942	3 756	1 921	1 835
55-59	4 126	2 068	2 058	3 867	1 955	1 912
60-64	4 270	2 102	2 167	4 012	1 999	2 013
65-69	4 179	2 025	2 154	4 095	1 999	2 096
70-74	4 062	1 942	2 120	3 898	1 864	2 035
75-79	3 854	1 783	2 071	3 618	1 693	1 925
80+	...	...	...	...	...	...
80-84	3 137	1 375	1 763	3 156	1 412	1 744
85-89	2 125	865	1 261	2 225	926	1 299
90-94	1 059	392	668	1 205	453	752
95-99	353	115	238	424	140	284
100+	68	20	48	93	27	67

Thailand

性・年齢別人口（千人）

年齢	2015			2020			2025			2030		
	総数	男	女	総数	男	女	総数	男	女	総数	男	女
総数	67 959	33 495	34 465	69 154	34 024	35 131	70 072	34 422	35 649	70 697	34 682	36 015
0-4	3 799	1 951	1 848	3 986	2 048	1 938	3 989	2 050	1 939	3 991	2 051	1 939
5-9	4 036	2 071	1 965	3 836	1 965	1 872	4 024	2 062	1 962	4 026	2 064	1 962
10-14	4 201	2 142	2 059	3 970	2 031	1 939	3 773	1 926	1 847	3 963	2 025	1 938
15-19	4 403	2 229	2 174	4 078	2 071	2 007	3 851	1 962	1 889	3 659	1 861	1 798
20-24	4 558	2 283	2 276	4 219	2 124	2 095	3 900	1 970	1 931	3 681	1 866	1 815
25-29	4 648	2 314	2 334	4 482	2 232	2 251	4 149	2 077	2 072	3 836	1 927	1 909
30-34	5 027	2 518	2 509	4 721	2 343	2 378	4 560	2 265	2 295	4 230	2 113	2 117
35-39	5 528	2 765	2 763	5 048	2 526	2 522	4 751	2 359	2 392	4 595	2 284	2 311
40-44	5 657	2 807	2 850	5 490	2 746	2 744	5 024	2 517	2 507	4 736	2 356	2 380
45-49	5 627	2 767	2 860	5 601	2 775	2 826	5 444	2 720	2 723	4 992	2 501	2 490
50-54	5 181	2 528	2 654	5 493	2 684	2 809	5 476	2 698	2 778	5 332	2 651	2 681
55-59	4 563	2 193	2 370	4 993	2 411	2 583	5 306	2 568	2 739	5 303	2 589	2 714
60-64	3 614	1 737	1 877	4 339	2 059	2 280	4 763	2 272	2 491	5 077	2 428	2 649
65-69	2 531	1 201	1 330	3 360	1 587	1 774	4 053	1 891	2 162	4 467	2 096	2 371
70-74	1 778	808	970	2 253	1 044	1 209	3 012	1 389	1 623	3 657	1 667	1 990
75-79	1 378	594	784	1 481	650	831	1 894	848	1 045	2 555	1 140	1 416
80+	...	...	...	...	...	...	...	...	...	...	...	...
80-84	841	350	491	1 025	423	603	1 116	469	647	1 445	619	826
85-89	416	170	245	524	208	316	650	254	395	719	286	433
90-94	137	54	83	201	79	123	259	97	161	328	120	208
95-99	31	12	20	46	17	28	68	26	43	90	32	58
100+	5	2	3	7	3	4	10	4	6	16	6	10

年齢	2035			2040			2045			2050		
	総数	男	女	総数	男	女	総数	男	女	総数	男	女
総数	70 870	34 729	36 141	70 638	34 597	36 041	70 084	34 338	35 745	69 330	34 021	35 309
0-4	3 856	1 983	1 873	3 781	1 944	1 837	3 775	1 941	1 833	3 827	1 968	1 858
5-9	4 029	2 066	1 963	3 895	1 998	1 897	3 821	1 960	1 861	3 815	1 957	1 858
10-14	3 966	2 028	1 939	3 970	2 031	1 939	3 838	1 963	1 874	3 764	1 926	1 838
15-19	3 850	1 960	1 890	3 855	1 964	1 891	3 860	1 968	1 892	3 728	1 902	1 827
20-24	3 492	1 767	1 725	3 684	1 867	1 817	3 691	1 873	1 818	3 697	1 878	1 819
25-29	3 620	1 826	1 794	3 435	1 730	1 705	3 627	1 831	1 797	3 636	1 838	1 798
30-34	3 923	1 968	1 955	3 712	1 870	1 842	3 531	1 777	1 754	3 725	1 879	1 846
35-39	4 273	2 138	2 135	3 973	1 998	1 975	3 768	1 905	1 863	3 592	1 816	1 776
40-44	4 587	2 286	2 300	4 274	2 147	2 127	3 983	2 014	1 969	3 784	1 925	1 859
45-49	4 716	2 349	2 366	4 576	2 286	2 290	4 273	2 155	2 119	3 991	2 027	1 964
50-54	4 898	2 445	2 454	4 636	2 302	2 334	4 506	2 246	2 260	4 216	2 123	2 093
55-59	5 174	2 551	2 622	4 764	2 360	2 404	4 519	2 230	2 290	4 402	2 182	2 220
60-64	5 088	2 458	2 630	4 978	2 432	2 547	4 597	2 258	2 339	4 372	2 140	2 232
65-69	4 781	2 253	2 529	4 810	2 291	2 518	4 723	2 278	2 446	4 377	2 125	2 252
70-74	4 055	1 861	2 194	4 365	2 014	2 351	4 416	2 063	2 352	4 359	2 066	2 293
75-79	3 132	1 381	1 750	3 502	1 558	1 944	3 800	1 703	2 098	3 874	1 761	2 112
80+	...	...	...	...	...	...	...	...	...	...	...	...
80-84	1 975	843	1 133	2 452	1 034	1 418	2 773	1 182	1 592	3 044	1 309	1 735
85-89	947	383	564	1 316	529	787	1 660	659	1 001	1 907	766	1 141
90-94	370	137	233	496	186	311	703	260	443	905	330	575
95-99	117	40	77	135	45	90	185	62	122	268	89	179
100+	21	7	14	29	9	20	34	10	24	47	14	33

年齢	2055			2060		
	総数	男	女	総数	男	女
総数	68 496	33 709	34 787	67 667	33 426	34 241
0-4	3 889	2 001	1 888	3 916	2 015	1 901
5-9	3 865	1 984	1 881	3 926	2 016	1 910
10-14	3 761	1 925	1 836	3 814	1 954	1 861
15-19	3 661	1 868	1 793	3 664	1 871	1 793
20-24	3 575	1 817	1 758	3 516	1 788	1 728
25-29	3 646	1 846	1 801	3 528	1 787	1 741
30-34	3 730	1 885	1 845	3 737	1 891	1 845
35-39	3 784	1 917	1 867	3 788	1 922	1 866
40-44	3 611	1 838	1 773	3 802	1 938	1 864
45-49	3 796	1 942	1 855	3 626	1 856	1 770
50-54	3 944	2 002	1 942	3 756	1 921	1 835
55-59	4 126	2 068	2 058	3 867	1 955	1 912
60-64	4 270	2 102	2 167	4 012	1 999	2 013
65-69	4 179	2 025	2 154	4 095	1 999	2 096
70-74	4 062	1 942	2 120	3 898	1 864	2 035
75-79	3 854	1 783	2 071	3 618	1 693	1 925
80+	...	...	...	...	...	...
80-84	3 137	1 375	1 763	3 156	1 412	1 744
85-89	2 125	865	1 261	2 225	926	1 299
90-94	1 059	392	668	1 205	453	752
95-99	353	115	238	424	140	284
100+	68	20	48	93	27	67

性・年齢別人口（千人）

年齢	2015			2020			2025			2030		
	総数	男	女	総数	男	女	総数	男	女	総数	男	女
総数	67 959	33 495	34 465	68 008	33 434	34 574	67 202	32 946	34 255	65 804	32 165	33 638
0-4	3 799	1 951	1 848	2 840	1 458	1 382	2 263	1 162	1 101	1 962	1 007	955
5-9	4 036	2 071	1 965	3 836	1 965	1 872	2 880	1 474	1 406	2 303	1 178	1 126
10-14	4 201	2 142	2 059	3 970	2 031	1 939	3 773	1 926	1 847	2 821	1 438	1 383
15-19	4 403	2 229	2 174	4 078	2 071	2 007	3 851	1 962	1 889	3 659	1 861	1 798
20-24	4 558	2 283	2 276	4 219	2 124	2 095	3 900	1 970	1 931	3 681	1 866	1 815
25-29	4 648	2 314	2 334	4 482	2 232	2 251	4 149	2 077	2 072	3 836	1 927	1 909
30-34	5 027	2 518	2 509	4 721	2 343	2 378	4 560	2 265	2 295	4 230	2 113	2 117
35-39	5 528	2 765	2 763	5 048	2 526	2 522	4 751	2 359	2 392	4 595	2 284	2 311
40-44	5 657	2 807	2 850	5 490	2 746	2 744	5 024	2 517	2 507	4 736	2 356	2 380
45-49	5 627	2 767	2 860	5 601	2 775	2 826	5 444	2 720	2 723	4 992	2 501	2 490
50-54	5 181	2 528	2 654	5 493	2 684	2 809	5 476	2 698	2 778	5 332	2 651	2 681
55-59	4 563	2 193	2 370	4 993	2 411	2 583	5 306	2 568	2 739	5 303	2 589	2 714
60-64	3 614	1 737	1 877	4 339	2 059	2 280	4 763	2 272	2 491	5 077	2 428	2 649
65-69	2 531	1 201	1 330	3 360	1 587	1 774	4 053	1 891	2 162	4 467	2 096	2 371
70-74	1 778	808	970	2 253	1 044	1 209	3 012	1 389	1 623	3 657	1 667	1 990
75-79	1 378	594	784	1 481	650	831	1 894	848	1 045	2 555	1 140	1 416
80+	...	...	...	...	...	...	...	...	...	...	...	...
80-84	841	350	491	1 025	423	603	1 116	469	647	1 445	619	826
85-89	416	170	245	524	208	316	650	254	395	719	286	433
90-94	137	54	83	201	79	123	259	97	161	328	120	208
95-99	31	12	20	46	17	28	68	26	43	90	32	58
100+	5	2	3	7	3	4	10	4	6	16	6	10

年齢	2035			2040			2045			2050		
	総数	男	女	総数	男	女	総数	男	女	総数	男	女
総数	64 031	31 213	32 819	61 828	30 068	31 760	59 169	28 730	30 439	56 074	27 212	28 862
0-4	1 901	976	925	1 796	922	874	1 648	846	802	1 457	748	709
5-9	2 004	1 024	979	1 942	993	949	1 838	939	899	1 691	864	827
10-14	2 247	1 144	1 103	1 948	991	957	1 887	960	927	1 783	907	877
15-19	2 712	1 376	1 336	2 139	1 083	1 056	1 842	931	911	1 782	901	881
20-24	3 492	1 767	1 725	2 550	1 287	1 264	1 981	996	985	1 685	846	840
25-29	3 620	1 826	1 794	3 435	1 730	1 705	2 499	1 254	1 245	1 934	967	967
30-34	3 923	1 968	1 955	3 712	1 870	1 842	3 531	1 777	1 754	2 603	1 307	1 296
35-39	4 273	2 138	2 135	3 973	1 998	1 975	3 768	1 905	1 863	3 592	1 816	1 776
40-44	4 587	2 286	2 300	4 274	2 147	2 127	3 983	2 014	1 969	3 784	1 925	1 859
45-49	4 716	2 349	2 366	4 576	2 286	2 290	4 273	2 155	2 119	3 991	2 027	1 964
50-54	4 898	2 445	2 454	4 636	2 302	2 334	4 506	2 246	2 260	4 216	2 123	2 093
55-59	5 174	2 551	2 622	4 764	2 360	2 404	4 519	2 230	2 290	4 402	2 182	2 220
60-64	5 088	2 458	2 630	4 978	2 432	2 547	4 597	2 258	2 339	4 372	2 140	2 232
65-69	4 781	2 253	2 529	4 810	2 291	2 518	4 723	2 278	2 446	4 377	2 125	2 252
70-74	4 055	1 861	2 194	4 365	2 014	2 351	4 416	2 063	2 352	4 359	2 066	2 293
75-79	3 132	1 381	1 750	3 502	1 558	1 944	3 800	1 703	2 098	3 874	1 761	2 112
80+	...	...	...	...	...	...	...	...	...	...	...	...
80-84	1 975	843	1 133	2 452	1 034	1 418	2 773	1 182	1 592	3 044	1 309	1 735
85-89	947	383	564	1 316	529	787	1 660	659	1 001	1 907	766	1 141
90-94	370	137	233	496	186	311	703	260	443	905	330	575
95-99	117	40	77	135	45	90	185	62	122	268	89	179
100+	21	7	14	29	9	20	34	10	24	47	14	33

年齢	2055			2060		
	総数	男	女	総数	男	女
総数	52 644	25 569	27 075	49 054	23 870	25 184
0-4	1 257	645	612	1 110	570	541
5-9	1 497	764	733	1 296	661	635
10-14	1 640	833	806	1 449	736	713
15-19	1 684	851	833	1 545	781	765
20-24	1 634	820	813	1 544	775	769
25-29	1 642	819	823	1 593	795	798
30-34	2 037	1 020	1 017	1 741	871	871
35-39	2 669	1 349	1 320	2 103	1 063	1 040
40-44	3 611	1 838	1 773	2 695	1 376	1 319
45-49	3 796	1 942	1 855	3 626	1 856	1 770
50-54	3 944	2 002	1 942	3 756	1 921	1 835
55-59	4 126	2 068	2 058	3 867	1 955	1 912
60-64	4 270	2 102	2 167	4 012	1 999	2 013
65-69	4 179	2 025	2 154	4 095	1 999	2 096
70-74	4 062	1 942	2 120	3 898	1 864	2 035
75-79	3 854	1 783	2 071	3 618	1 693	1 925
80+	...	...	...	...	...	...
80-84	3 137	1 375	1 763	3 156	1 412	1 744
85-89	2 125	865	1 261	2 225	926	1 299
90-94	1 059	392	668	1 205	453	752
95-99	353	115	238	424	140	284
100+	68	20	48	93	27	67

Timor-Leste　　　　　　　　　　　　　　　　　　　　　　　　

性・年齢別人口（千人）

年齢	1960 総数	男	女	1965 総数	男	女	1970 総数	男	女	1975 総数	男	女
総数	500	253	246	547	278	269	603	306	297	662	336	326
0-4	81	41	40	90	46	44	98	50	48	100	51	49
5-9	67	34	33	74	37	36	83	42	41	91	46	45
10-14	62	31	30	65	33	32	72	37	35	81	41	40
15-19	51	26	25	59	30	29	63	32	31	70	36	34
20-24	45	23	22	48	25	24	57	29	28	60	31	30
25-29	39	20	19	42	21	21	46	23	22	54	28	26
30-34	35	18	17	36	18	17	39	20	19	43	22	21
35-39	28	15	14	32	16	15	33	17	16	37	19	18
40-44	25	13	12	26	13	13	29	15	14	31	16	15
45-49	19	10	9	22	11	11	24	12	12	27	14	13
50-54	15	8	7	16	9	8	20	10	10	21	11	10
55-59	13	6	7	12	7	6	14	7	7	17	9	8
60-64	9	4	5	11	5	6	10	5	5	12	6	6
65-69	5	2	3	7	3	4	8	4	4	8	4	4
70-74	5	2	3	3	1	2	4	2	3	6	2	3
75-79	2	1	1	3	1	1	2	1	1	3	1	2
80+	1	0	1	1	1	1	1	1	1	1	1	1
80-84	...	...	...	...	...	...	...	...	...	...	...	...
85-89	...	...	...	...	...	...	...	...	...	...	...	...
90-94	...	...	...	...	...	...	...	...	...	...	...	...
95-99	...	...	...	...	...	...	...	...	...	...	...	...
100+	...	...	...	...	...	...	...	...	...	...	...	...

年齢	1980 総数	男	女	1985 総数	男	女	1990 総数	男	女	1995 総数	男	女
総数	578	293	285	657	333	324	740	374	366	856	433	424
0-4	73	36	36	112	57	55	123	62	61	151	77	75
5-9	78	40	39	72	36	36	99	50	49	115	58	57
10-14	73	37	36	77	39	38	70	35	35	98	50	48
15-19	74	38	36	71	37	35	85	43	42	69	35	34
20-24	65	33	32	71	36	35	75	39	37	82	42	41
25-29	50	26	25	62	31	30	67	34	33	73	37	36
30-34	42	22	21	48	24	23	55	28	27	64	33	31
35-39	33	17	16	40	21	19	44	22	21	53	27	26
40-44	26	13	13	31	16	15	36	19	18	42	21	20
45-49	18	9	9	24	12	12	28	14	14	34	17	17
50-54	15	7	8	17	8	8	21	10	11	26	13	13
55-59	10	5	5	13	6	7	14	7	7	19	9	10
60-64	7	3	4	8	4	4	11	5	6	12	6	6
65-69	5	3	3	6	3	3	6	3	3	9	4	5
70-74	4	2	2	4	2	2	4	2	2	5	2	3
75-79	2	1	1	2	1	1	2	1	1	3	1	1
80+	1	0	1	1	0	1	...	...	...	...	...	...
80-84	...	...	...	...	...	...	1	0	0	1	0	1
85-89	...	...	...	...	...	...	0	0	0	0	0	0
90-94	...	...	...	...	...	...	0	0	0	0	0	0
95-99	...	...	...	...	...	...	0	0	0	0	0	0
100+	...	...	...	...	...	...	0	0	0	0	0	0

年齢	2000 総数	男	女	2005 総数	男	女	2010 総数	男	女	2015 総数	男	女
総数	847	430	418	989	502	488	1 057	537	520	1 185	602	583
0-4	174	89	85	167	85	82	152	78	74	204	104	100
5-9	141	72	69	171	87	84	151	77	74	149	76	73
10-14	109	55	54	140	71	69	133	68	65	150	76	73
15-19	89	45	44	108	55	53	117	60	58	127	65	62
20-24	49	25	24	88	45	43	95	48	47	107	54	53
25-29	51	26	25	48	24	24	78	40	39	85	43	42
30-34	44	23	21	50	26	25	52	26	26	71	36	35
35-39	43	22	21	43	22	21	56	29	28	47	24	23
40-44	36	19	18	42	21	20	47	24	23	52	27	26
45-49	30	15	15	35	18	17	38	20	18	44	23	21
50-54	26	13	13	29	15	14	30	15	15	36	18	17
55-59	20	10	10	25	12	12	21	11	11	27	14	14
60-64	14	7	8	18	9	9	40	20	20	19	10	10
65-69	9	4	5	12	6	7	22	11	11	35	17	18
70-74	6	3	3	7	3	4	12	6	6	18	8	9
75-79	3	1	2	4	2	2	7	3	4	8	4	5
80+	...	...	...	...	...	...	...	...	...	...	...	...
80-84	1	0	1	2	1	1	3	2	2	4	2	2
85-89	0	0	0	0	0	0	1	0	0	1	1	1
90-94	0	0	0	0	0	0	0	0	0	0	0	0
95-99	0	0	0	0	0	0	0	0	0	0	0	0
100+	0	0	0	0	0	0	0	0	0	0	0	0

性・年齢別人口（千人）

年齢	2015			2020			2025			2030		
	総数	男	女	総数	男	女	総数	男	女	総数	男	女
総数	1 185	602	583	1 315	667	647	1 445	734	712	1 577	800	777
0-4	204	104	100	208	106	102	211	108	104	213	109	105
5-9	149	76	73	201	102	98	206	105	101	209	107	103
10-14	150	76	73	148	76	72	199	102	98	204	104	100
15-19	127	65	62	144	73	70	142	73	69	193	99	95
20-24	107	54	53	117	60	57	133	68	65	132	67	64
25-29	85	43	42	97	49	48	107	55	52	123	63	60
30-34	71	36	35	78	39	38	90	46	44	99	51	48
35-39	47	24	23	65	33	32	72	37	36	84	43	41
40-44	52	27	26	43	22	22	62	31	30	69	35	34
45-49	44	23	21	49	25	24	41	20	20	59	30	29
50-54	36	18	17	42	21	20	47	24	23	38	19	19
55-59	27	14	14	33	17	16	39	20	19	44	22	22
60-64	19	10	10	25	13	12	30	15	15	36	18	18
65-69	35	17	18	17	8	8	22	11	11	27	13	14
70-74	18	8	9	28	13	15	14	6	7	18	9	9
75-79	8	4	5	13	6	7	20	9	11	10	5	5
80+	…	…	…	…	…	…	…	…	…	…	…	…
80-84	4	2	2	5	2	3	8	3	4	12	5	7
85-89	1	1	1	2	1	1	2	1	1	3	1	2
90-94	0	0	0	0	0	0	0	0	0	1	0	0
95-99	0	0	0	0	0	0	0	0	0	0	0	0
100+	0	0	0	0	0	0	0	0	0	0	0	0

年齢	2035			2040			2045			2050		
	総数	男	女	総数	男	女	総数	男	女	総数	男	女
総数	1 712	869	843	1 856	941	915	2 009	1 019	991	2 162	1 096	1 066
0-4	218	111	107	229	117	112	240	122	117	242	124	119
5-9	211	108	104	216	110	106	227	116	111	238	121	117
10-14	208	106	102	210	107	103	215	110	105	226	115	111
15-19	198	101	97	202	103	99	204	104	100	209	107	103
20-24	183	93	90	188	96	92	192	98	94	194	99	95
25-29	122	63	59	173	88	85	178	91	87	182	93	89
30-34	116	59	57	114	59	56	166	84	81	171	87	84
35-39	94	48	46	111	56	54	109	56	53	160	82	79
40-44	80	41	40	90	46	44	107	54	52	105	54	51
45-49	66	33	33	77	39	38	87	45	43	104	53	51
50-54	56	28	28	63	32	31	75	38	37	85	43	41
55-59	36	18	18	53	27	27	60	30	30	72	36	36
60-64	41	21	21	34	16	17	50	25	25	57	28	29
65-69	32	16	16	37	18	19	31	15	16	46	22	24
70-74	23	11	12	27	13	14	32	15	17	26	12	14
75-79	14	6	7	17	8	9	21	10	11	25	11	13
80+	…	…	…	…	…	…	…	…	…	…	…	…
80-84	6	3	3	8	4	5	11	5	6	14	6	8
85-89	6	2	3	3	1	2	4	2	2	5	2	3
90-94	1	0	1	2	1	1	1	0	1	1	0	1
95-99	0	0	0	0	0	0	0	0	0	0	0	0
100+	0	0	0	0	0	0	0	0	0	0	0	0

年齢	2055			2060		
	総数	男	女	総数	男	女
総数	2 309	1 170	1 139	2 448	1 240	1 208
0-4	238	122	117	233	119	114
5-9	241	123	118	237	121	116
10-14	237	121	116	240	122	117
15-19	220	112	108	231	118	113
20-24	200	102	98	211	108	104
25-29	185	94	91	191	97	94
30-34	175	89	86	178	91	87
35-39	166	84	81	170	87	83
40-44	156	80	77	162	82	80
45-49	103	53	50	153	78	76
50-54	101	51	50	100	51	49
55-59	82	42	40	98	49	48
60-64	68	34	34	78	39	39
65-69	52	25	27	63	31	32
70-74	40	19	21	46	22	24
75-79	21	9	11	32	15	17
80+	…	…	…	…	…	…
80-84	16	7	9	14	6	8
85-89	7	3	4	8	3	5
90-94	2	1	1	2	1	2
95-99	0	0	0	0	0	0
100+	0	0	0	0	0	0

性・年齢別人口（千人）

年齢	2015 総数	男	女	2020 総数	男	女	2025 総数	男	女	2030 総数	男	女
総数	1 185	602	583	1 324	672	652	1 473	748	725	1 629	827	802
0-4	204	104	100	218	111	107	229	117	112	238	122	117
5-9	149	76	73	201	102	98	215	110	106	227	116	111
10-14	150	76	73	148	76	72	199	102	98	214	109	105
15-19	127	65	62	144	73	70	142	73	69	193	99	95
20-24	107	54	53	117	60	57	133	68	65	132	67	64
25-29	85	43	42	97	49	48	107	55	52	123	63	60
30-34	71	36	35	78	39	38	90	46	44	99	51	48
35-39	47	24	23	65	33	32	72	37	36	84	43	41
40-44	52	27	26	43	22	22	62	31	30	69	35	34
45-49	44	23	21	49	25	24	41	20	20	59	30	29
50-54	36	18	17	42	21	20	47	24	23	38	19	19
55-59	27	14	14	33	17	16	39	20	19	44	22	22
60-64	19	10	10	25	13	12	30	15	15	36	18	18
65-69	35	17	18	17	8	8	22	11	11	27	13	14
70-74	18	8	9	28	13	15	14	6	7	18	9	9
75-79	8	4	5	13	6	7	20	9	11	10	5	5
80+	…	…	…	…	…	…	…	…	…	…	…	…
80-84	4	2	2	5	2	3	8	3	4	12	5	7
85-89	1	1	1	2	1	1	2	1	1	3	1	2
90-94	0	0	0	0	0	0	0	0	0	1	0	0
95-99	0	0	0	0	0	0	0	0	0	0	0	0
100+	0	0	0	0	0	0	0	0	0	0	0	0

年齢	2035 総数	男	女	2040 総数	男	女	2045 総数	男	女	2050 総数	男	女
総数	1 793	910	883	1 973	1 001	972	2 171	1 101	1 070	2 382	1 208	1 174
0-4	247	126	121	264	135	129	285	146	140	301	154	147
5-9	236	120	116	245	125	120	262	134	129	283	145	139
10-14	225	115	111	235	120	115	244	124	120	261	133	128
15-19	208	106	102	220	112	108	229	117	112	238	121	117
20-24	183	93	90	198	101	97	209	107	103	219	111	107
25-29	122	63	59	173	88	85	188	96	92	200	102	98
30-34	116	59	57	114	59	56	166	84	81	180	92	89
35-39	94	48	46	111	56	54	109	56	53	160	82	79
40-44	80	41	40	90	46	44	107	54	52	105	54	51
45-49	66	33	33	77	39	38	87	45	43	104	53	51
50-54	56	28	28	63	32	31	75	38	37	85	43	41
55-59	36	18	18	53	27	27	60	30	30	72	36	36
60-64	41	21	21	34	16	17	50	25	25	57	28	29
65-69	32	16	16	37	18	19	31	15	16	46	22	24
70-74	23	11	12	27	13	14	32	15	17	26	12	14
75-79	14	6	7	17	8	9	21	10	11	25	11	13
80+	…	…	…	…	…	…	…	…	…	…	…	…
80-84	6	3	3	8	4	5	11	5	6	14	6	8
85-89	6	2	3	3	1	2	4	2	2	5	2	3
90-94	1	0	1	2	1	1	1	0	1	1	0	1
95-99	0	0	0	0	0	0	0	0	0	0	0	0
100+	0	0	0	0	0	0	0	0	0	0	0	0

年齢	2055 総数	男	女	2060 総数	男	女
総数	2 599	1 318	1 281	2 818	1 429	1 389
0-4	309	158	151	313	160	153
5-9	299	153	147	307	157	150
10-14	282	144	138	298	152	146
15-19	255	130	125	277	141	136
20-24	228	116	112	246	126	121
25-29	209	107	103	220	112	108
30-34	192	98	94	203	103	99
35-39	175	89	86	188	95	92
40-44	156	80	77	172	87	84
45-49	103	53	50	153	78	76
50-54	101	51	50	100	51	49
55-59	82	42	40	98	49	48
60-64	68	34	34	78	39	39
65-69	52	25	27	63	31	32
70-74	40	19	21	46	22	24
75-79	21	9	11	32	15	17
80+	…	…	…	…	…	…
80-84	16	7	9	14	6	8
85-89	7	3	4	8	3	5
90-94	2	1	1	2	1	2
95-99	0	0	0	0	0	0
100+	0	0	0	0	0	0

性・年齢別人口（千人）

年齢	2015 総数	男	女	2020 総数	男	女	2025 総数	男	女	2030 総数	男	女
総数	1 185	602	583	1 305	662	642	1 418	720	698	1 524	773	751
0-4	204	104	100	198	101	97	194	99	95	188	96	92
5-9	149	76	73	201	102	98	196	100	96	191	97	94
10-14	150	76	73	148	76	72	199	102	98	194	99	95
15-19	127	65	62	144	73	70	142	73	69	193	99	95
20-24	107	54	53	117	60	57	133	68	65	132	67	64
25-29	85	43	42	97	49	48	107	55	52	123	63	60
30-34	71	36	35	78	39	38	90	46	44	99	51	48
35-39	47	24	23	65	33	32	72	37	36	84	43	41
40-44	52	27	26	43	22	22	62	31	30	69	35	34
45-49	44	23	21	49	25	24	41	20	20	59	30	29
50-54	36	18	17	42	21	20	47	24	23	38	19	19
55-59	27	14	14	33	17	16	39	20	19	44	22	22
60-64	19	10	10	25	13	12	30	15	15	36	18	18
65-69	35	17	18	17	8	8	22	11	11	27	13	14
70-74	18	8	9	28	13	15	14	6	7	18	9	9
75-79	8	4	5	13	6	7	20	9	11	10	5	5
80+	...	...	...	...	...	...	...	...	...	...	...	...
80-84	4	2	2	5	2	3	8	3	4	12	5	7
85-89	1	1	1	2	1	1	2	1	1	3	1	2
90-94	0	0	0	0	0	0	0	0	0	1	0	0
95-99	0	0	0	0	0	0	0	0	0	0	0	0
100+	0	0	0	0	0	0	0	0	0	0	0	0

年齢	2035 総数	男	女	2040 総数	男	女	2045 総数	男	女	2050 総数	男	女
総数	1 630	827	803	1 740	882	858	1 850	938	912	1 949	987	962
0-4	190	97	93	194	99	95	196	100	96	189	96	92
5-9	186	95	91	188	96	92	192	98	94	194	99	95
10-14	190	97	93	185	94	91	186	95	91	191	97	94
15-19	189	96	92	184	94	90	179	91	88	181	92	89
20-24	183	93	90	178	91	87	174	89	85	169	86	83
25-29	122	63	59	173	88	85	169	86	83	164	84	81
30-34	116	59	57	114	59	56	166	84	81	161	82	79
35-39	94	48	46	111	56	54	109	56	53	160	82	79
40-44	80	41	40	90	46	44	107	54	52	105	54	51
45-49	66	33	33	77	39	38	87	45	43	104	53	51
50-54	56	28	28	63	32	31	75	38	37	85	43	41
55-59	36	18	18	53	27	27	60	30	30	72	36	36
60-64	41	21	21	34	16	17	50	25	25	57	28	29
65-69	32	16	16	37	18	19	31	15	16	46	22	24
70-74	23	11	12	27	13	14	32	15	17	26	12	14
75-79	14	6	7	17	8	9	21	10	11	25	11	13
80+	...	...	...	...	...	...	...	...	...	...	...	...
80-84	6	3	3	8	4	5	11	5	6	14	6	8
85-89	6	2	3	3	1	2	4	2	2	5	2	3
90-94	1	0	1	2	1	1	1	0	1	1	0	1
95-99	0	0	0	0	0	0	0	0	0	0	0	0
100+	0	0	0	0	0	0	0	0	0	0	0	0

年齢	2055 総数	男	女	2060 総数	男	女
総数	2 034	1 030	1 004	2 105	1 065	1 039
0-4	176	90	86	163	84	80
5-9	187	96	92	175	89	85
10-14	193	98	95	186	95	91
15-19	186	95	91	188	96	92
20-24	171	87	84	177	90	87
25-29	160	82	78	163	83	80
30-34	157	80	77	153	78	75
35-39	156	79	77	152	78	75
40-44	156	80	77	152	78	75
45-49	103	53	50	153	78	76
50-54	101	51	50	100	51	49
55-59	82	42	40	98	49	48
60-64	68	34	34	78	39	39
65-69	52	25	27	63	31	32
70-74	40	19	21	46	22	24
75-79	21	9	11	32	15	17
80+	...	...	...	...	...	...
80-84	16	7	9	14	6	8
85-89	7	3	4	8	3	5
90-94	2	1	1	2	1	2
95-99	0	0	0	0	0	0
100+	0	0	0	0	0	0

Togo

性・年齢別人口（千人）

年齢	1960			1965			1970			1975		
	総数	男	女	総数	男	女	総数	男	女	総数	男	女
総数	1 581	779	802	1 709	843	866	2 116	1 044	1 072	2 410	1 190	1 220
0-4	277	138	139	309	154	155	392	196	196	456	228	229
5-9	217	108	109	239	119	120	304	151	153	355	177	178
10-14	185	92	93	200	100	101	250	125	125	291	145	146
15-19	159	80	80	172	86	86	211	105	106	240	120	120
20-24	135	67	68	146	73	73	179	89	90	201	100	101
25-29	115	57	58	123	61	63	152	76	76	169	84	85
30-34	99	49	50	105	52	53	128	63	65	143	71	72
35-39	85	42	43	90	44	46	108	53	55	120	59	61
40-44	73	36	37	77	38	39	92	45	47	102	50	52
45-49	62	30	33	66	32	34	78	38	40	86	42	44
50-54	51	24	27	55	26	29	66	32	34	72	34	37
55-59	40	19	21	43	20	23	54	25	29	59	28	31
60-64	31	14	17	33	15	18	41	19	22	47	21	25
65-69	23	11	12	23	11	13	28	13	16	33	15	18
70-74	16	8	8	15	7	8	18	8	10	20	9	11
75-79	8	4	4	8	4	4	9	4	5	11	5	6
80+	4	2	2	4	2	2	5	2	2	5	2	3
80-84	...	...	...	...	...	...	...	...	...	...	...	...
85-89	...	...	...	...	...	...	...	...	...	...	...	...
90-94	...	...	...	...	...	...	...	...	...	...	...	...
95-99	...	...	...	...	...	...	...	...	...	...	...	...
100+	...	...	...	...	...	...	...	...	...	...	...	...

年齢	1980			1985			1990			1995		
	総数	男	女	総数	男	女	総数	男	女	総数	男	女
総数	2 721	1 344	1 377	3 253	1 607	1 645	3 787	1 868	1 919	4 284	2 092	2 192
0-4	517	258	259	607	303	304	684	342	342	740	370	370
5-9	410	204	206	497	247	249	577	287	289	651	324	326
10-14	335	167	168	411	205	207	490	244	246	567	283	285
15-19	275	137	138	336	167	169	405	201	204	478	237	241
20-24	226	113	113	275	137	138	328	162	165	383	186	197
25-29	188	93	94	224	112	113	265	131	134	302	144	158
30-34	158	79	80	186	93	94	216	107	110	243	116	128
35-39	134	66	67	157	78	79	179	88	91	199	95	104
40-44	112	55	57	132	65	66	150	74	77	166	80	87
45-49	93	46	48	109	53	56	126	62	64	140	67	73
50-54	78	38	40	90	44	47	103	50	54	117	56	61
55-59	64	30	34	74	35	39	84	40	44	95	44	50
60-64	51	24	27	59	27	31	67	31	36	75	34	40
65-69	38	17	21	44	20	24	50	23	27	56	25	31
70-74	24	10	13	29	13	17	34	15	19	38	17	21
75-79	12	5	7	15	6	9	19	8	11	22	9	12
80+	6	2	4	8	3	5	...	...	...	...	...	...
80-84	...	...	...	...	...	...	8	3	4	9	4	5
85-89	...	...	...	...	...	...	2	1	1	2	1	1
90-94	...	...	...	...	...	...	0	0	0	0	0	0
95-99	...	...	...	...	...	...	0	0	0	0	0	0
100+	...	...	...	...	...	...	0	0	0	0	0	0

年齢	2000			2005			2010			2015		
	総数	男	女	総数	男	女	総数	男	女	総数	男	女
総数	4 875	2 383	2 492	5 578	2 737	2 841	6 391	3 148	3 243	7 305	3 609	3 695
0-4	817	408	408	937	469	468	1 065	533	531	1 160	582	578
5-9	707	353	354	783	391	391	905	453	452	1 033	518	515
10-14	638	319	319	693	346	347	768	385	383	892	448	445
15-19	556	277	279	627	313	313	681	341	340	758	380	378
20-24	462	228	234	541	270	272	610	305	305	667	334	333
25-29	367	177	190	446	220	227	524	261	263	595	297	297
30-34	288	136	152	354	170	183	431	212	219	510	254	256
35-39	232	109	123	277	131	146	341	164	177	419	206	213
40-44	190	89	100	222	104	118	266	125	141	330	158	171
45-49	158	74	83	180	84	96	212	99	113	256	120	136
50-54	131	62	69	148	69	79	170	79	91	202	93	108
55-59	107	50	57	121	56	65	137	63	74	159	73	86
60-64	84	39	45	95	44	51	107	49	58	123	56	67
65-69	62	28	34	69	31	38	79	36	43	91	41	50
70-74	41	18	23	46	20	25	51	23	28	60	27	33
75-79	23	10	13	25	11	14	28	12	16	33	15	18
80+	...	...	...	...	...	...	...	...	...	...	...	...
80-84	10	4	6	10	4	6	11	5	6	13	6	8
85-89	3	1	2	3	1	2	3	1	2	4	1	2
90-94	0	0	0	0	0	0	0	0	0	1	0	0
95-99	0	0	0	0	0	0	0	0	0	0	0	0
100+	0	0	0	0	0	0	0	0	0	0	0	0

中位予測値

トーゴ

性・年齢別人口（千人）

年齢	2015			2020			2025			2030		
	総数	男	女	総数	男	女	総数	男	女	総数	男	女
総数	7 305	3 609	3 695	8 294	4 109	4 185	9 352	4 643	4 709	10 489	5 216	5 274
0-4	1 160	582	578	1 247	626	621	1 330	668	662	1 427	717	710
5-9	1 033	518	515	1 131	567	564	1 220	612	608	1 307	656	651
10-14	892	448	445	1 021	512	509	1 120	562	557	1 210	608	602
15-19	758	380	378	882	443	439	1 011	508	503	1 111	558	553
20-24	667	334	333	744	373	371	869	436	432	998	501	497
25-29	595	297	297	652	327	326	730	366	364	855	429	426
30-34	510	254	256	581	290	290	639	320	319	717	360	357
35-39	419	206	213	497	247	249	568	284	284	627	314	313
40-44	330	158	171	407	200	207	484	241	243	555	277	278
45-49	256	120	136	318	152	166	394	193	201	470	233	237
50-54	202	93	108	244	114	131	305	145	160	379	184	195
55-59	159	73	86	189	86	102	230	106	124	288	136	152
60-64	123	56	67	144	65	79	172	78	95	211	96	115
65-69	91	41	50	106	47	58	124	55	69	150	66	83
70-74	60	27	33	71	31	39	83	36	46	98	43	55
75-79	33	15	18	39	17	22	47	20	26	55	24	32
80+	…	…	…	…	…	…	…	…	…	…	…	…
80-84	13	6	8	16	7	9	20	8	11	24	10	14
85-89	4	1	2	4	2	2	5	2	3	7	3	4
90-94	1	0	0	1	0	0	1	0	0	1	0	1
95-99	0	0	0	0	0	0	0	0	0	0	0	0
100+	0	0	0	0	0	0	0	0	0	0	0	0

年齢	2035			2040			2045			2050		
	総数	男	女	総数	男	女	総数	男	女	総数	男	女
総数	11 706	5 827	5 880	12 991	6 470	6 521	14 322	7 135	7 187	15 681	7 810	7 870
0-4	1 528	768	760	1 625	817	807	1 706	859	847	1 777	895	882
5-9	1 406	706	700	1 510	758	752	1 609	809	800	1 693	852	841
10-14	1 298	652	646	1 398	702	696	1 503	755	748	1 603	806	797
15-19	1 202	604	598	1 290	648	643	1 391	698	693	1 497	751	745
20-24	1 099	552	547	1 191	598	593	1 280	642	638	1 381	693	689
25-29	984	494	490	1 086	545	541	1 178	591	588	1 268	635	633
30-34	842	423	419	971	487	484	1 073	538	535	1 166	584	582
35-39	705	354	352	830	416	413	959	480	479	1 060	531	530
40-44	614	307	307	693	347	346	816	409	407	945	472	473
45-49	541	269	271	600	299	301	678	338	339	800	399	401
50-54	454	224	230	523	259	264	581	288	293	658	327	332
55-59	359	173	186	431	211	221	499	245	254	556	273	283
60-64	265	123	142	332	158	174	400	193	207	465	225	240
65-69	184	82	102	233	106	127	294	137	156	356	168	188
70-74	119	52	68	148	65	84	190	85	105	241	110	131
75-79	67	28	38	82	35	48	104	44	60	135	58	77
80+	…	…	…	…	…	…	…	…	…	…	…	…
80-84	29	12	17	36	15	21	45	18	27	59	24	35
85-89	8	3	5	10	4	6	13	5	8	18	7	11
90-94	1	0	1	2	1	1	2	1	1	3	1	2
95-99	0	0	0	0	0	0	0	0	0	0	0	0
100+	0	0	0	0	0	0	0	0	0	0	0	0

年齢	2055			2060		
	総数	男	女	総数	男	女
総数	17 055	8 491	8 563	18 434	9 174	9 261
0-4	1 842	929	913	1 899	957	942
5-9	1 766	889	876	1 831	923	908
10-14	1 687	849	838	1 761	887	874
15-19	1 597	802	794	1 682	846	836
20-24	1 487	746	741	1 588	797	791
25-29	1 370	686	684	1 476	739	737
30-34	1 256	629	628	1 359	679	679
35-39	1 154	577	577	1 244	621	623
40-44	1 046	522	524	1 140	568	571
45-49	927	462	466	1 029	512	517
50-54	779	386	392	904	448	457
55-59	631	310	321	749	368	381
60-64	520	252	268	593	288	306
65-69	416	197	219	469	223	246
70-74	295	136	159	349	161	188
75-79	175	77	98	218	97	121
80+	…	…	…	…	…	…
80-84	78	32	46	104	44	60
85-89	24	9	15	33	13	20
90-94	4	2	3	6	2	4
95-99	0	0	0	1	0	0
100+	0	0	0	0	0	0

Togo

性・年齢別人口（千人）

年齢	2015 総数	男	女	2020 総数	男	女	2025 総数	男	女	2030 総数	男	女
総数	7 305	3 609	3 695	8 365	4 145	4 220	9 554	4 744	4 809	10 878	5 411	5 467
0-4	1 160	582	578	1 318	662	656	1 462	734	728	1 616	812	804
5-9	1 033	518	515	1 131	567	564	1 290	648	643	1 436	721	715
10-14	892	448	445	1 021	512	509	1 120	562	557	1 280	643	637
15-19	758	380	378	882	443	439	1 011	508	503	1 111	558	553
20-24	667	334	333	744	373	371	869	436	432	998	501	497
25-29	595	297	297	652	327	326	730	366	364	855	429	426
30-34	510	254	256	581	290	290	639	320	319	717	360	357
35-39	419	206	213	497	247	249	568	284	284	627	314	313
40-44	330	158	171	407	200	207	484	241	243	555	277	278
45-49	256	120	136	318	152	166	394	193	201	470	233	237
50-54	202	93	108	244	114	131	305	145	160	379	184	195
55-59	159	73	86	189	86	102	230	106	124	288	136	152
60-64	123	56	67	144	65	79	172	78	95	211	96	115
65-69	91	41	50	106	47	58	124	55	69	150	66	83
70-74	60	27	33	71	31	39	83	36	46	98	43	55
75-79	33	15	18	39	17	22	47	20	26	55	24	32
80+	…	…	…	…	…	…	…	…	…	…	…	…
80-84	13	6	8	16	7	9	20	8	11	24	10	14
85-89	4	1	2	4	2	2	5	2	3	7	3	4
90-94	1	0	0	1	0	0	1	0	0	1	0	1
95-99	0	0	0	0	0	0	0	0	0	0	0	0
100+	0	0	0	0	0	0	0	0	0	0	0	0

年齢	2035 総数	男	女	2040 総数	男	女	2045 総数	男	女	2050 総数	男	女
総数	12 315	6 132	6 182	13 874	6 914	6 960	15 560	7 757	7 803	17 370	8 660	8 710
0-4	1 752	881	872	1 905	958	947	2 068	1 041	1 027	2 235	1 126	1 109
5-9	1 593	800	793	1 731	870	862	1 886	948	938	2 051	1 032	1 019
10-14	1 426	716	710	1 584	795	788	1 723	865	858	1 879	945	934
15-19	1 271	638	633	1 418	712	706	1 576	791	785	1 716	862	855
20-24	1 099	552	547	1 259	632	627	1 407	706	701	1 565	785	780
25-29	984	494	490	1 086	545	541	1 246	625	621	1 394	698	696
30-34	842	423	419	971	487	484	1 073	538	535	1 234	618	616
35-39	705	354	352	830	416	413	959	480	479	1 060	531	530
40-44	614	307	307	693	347	346	816	409	407	945	472	473
45-49	541	269	271	600	299	301	678	338	339	800	399	401
50-54	454	224	230	523	259	264	581	288	293	658	327	332
55-59	359	173	186	431	211	221	499	245	254	556	273	283
60-64	265	123	142	332	158	174	400	193	207	465	225	240
65-69	184	82	102	233	106	127	294	137	156	356	168	188
70-74	119	52	68	148	65	84	190	85	105	241	110	131
75-79	67	28	38	82	35	48	104	44	60	135	58	77
80+	…	…	…	…	…	…	…	…	…	…	…	…
80-84	29	12	17	36	15	21	45	18	27	59	24	35
85-89	8	3	5	10	4	6	13	5	8	18	7	11
90-94	1	0	1	2	1	1	2	1	1	3	1	2
95-99	0	0	0	0	0	0	0	0	0	0	0	0
100+	0	0	0	0	0	0	0	0	0	0	0	0

年齢	2055 総数	男	女	2060 総数	男	女
総数	19 293	9 617	9 676	21 318	10 624	10 694
0-4	2 400	1 210	1 190	2 556	1 289	1 267
5-9	2 221	1 119	1 102	2 387	1 203	1 184
10-14	2 045	1 029	1 016	2 215	1 115	1 099
15-19	1 872	941	931	2 038	1 025	1 013
20-24	1 706	855	850	1 862	934	927
25-29	1 552	777	775	1 693	848	845
30-34	1 381	691	690	1 540	770	770
35-39	1 221	610	611	1 368	683	685
40-44	1 046	522	524	1 206	601	604
45-49	927	462	466	1 029	512	517
50-54	779	386	392	904	448	457
55-59	631	310	321	749	368	381
60-64	520	252	268	593	288	306
65-69	416	197	219	469	223	246
70-74	295	136	159	349	161	188
75-79	175	77	98	218	97	121
80+	…	…	…	…	…	…
80-84	78	32	46	104	44	60
85-89	24	9	15	33	13	20
90-94	4	2	3	6	2	4
95-99	0	0	0	1	0	0
100+	0	0	0	0	0	0

性・年齢別人口（千人）

年齢	2015			2020			2025			2030		
	総数	男	女	総数	男	女	総数	男	女	総数	男	女
総数	7 305	3 609	3 695	8 222	4 073	4 149	9 150	4 542	4 608	10 101	5 021	5 080
0-4	1 160	582	578	1 175	590	585	1 199	602	597	1 238	622	616
5-9	1 033	518	515	1 131	567	564	1 150	577	573	1 177	591	586
10-14	892	448	445	1 021	512	509	1 120	562	557	1 140	573	568
15-19	758	380	378	882	443	439	1 011	508	503	1 111	558	553
20-24	667	334	333	744	373	371	869	436	432	998	501	497
25-29	595	297	297	652	327	326	730	366	364	855	429	426
30-34	510	254	256	581	290	290	639	320	319	717	360	357
35-39	419	206	213	497	247	249	568	284	284	627	314	313
40-44	330	158	171	407	200	207	484	241	243	555	277	278
45-49	256	120	136	318	152	166	394	193	201	470	233	237
50-54	202	93	108	244	114	131	305	145	160	379	184	195
55-59	159	73	86	189	86	102	230	106	124	288	136	152
60-64	123	56	67	144	65	79	172	78	95	211	96	115
65-69	91	41	50	106	47	58	124	55	69	150	66	83
70-74	60	27	33	71	31	39	83	36	46	98	43	55
75-79	33	15	18	39	17	22	47	20	26	55	24	32
80+	…	…	…	…	…	…	…	…	…	…	…	…
80-84	13	6	8	16	7	9	20	8	11	24	10	14
85-89	4	1	2	4	2	2	5	2	3	7	3	4
90-94	1	0	0	1	0	0	1	0	0	1	0	1
95-99	0	0	0	0	0	0	0	0	0	0	0	0
100+	0	0	0	0	0	0	0	0	0	0	0	0

年齢	2035			2040			2045			2050		
	総数	男	女	総数	男	女	総数	男	女	総数	男	女
総数	11 100	5 522	5 578	12 119	6 032	6 087	13 119	6 530	6 589	14 073	7 003	7 071
0-4	1 306	657	650	1 354	681	673	1 370	690	680	1 365	688	677
5-9	1 219	612	607	1 291	648	643	1 341	674	667	1 359	684	675
10-14	1 169	587	582	1 213	609	604	1 285	645	640	1 336	672	664
15-19	1 133	569	564	1 162	584	579	1 207	606	601	1 279	642	637
20-24	1 099	552	547	1 122	563	559	1 153	578	575	1 198	601	597
25-29	984	494	490	1 086	545	541	1 110	556	554	1 142	572	570
30-34	842	423	419	971	487	484	1 073	538	535	1 099	550	549
35-39	705	354	352	830	416	413	959	480	479	1 060	531	530
40-44	614	307	307	693	347	346	816	409	407	945	472	473
45-49	541	269	271	600	299	301	678	338	339	800	399	401
50-54	454	224	230	523	259	264	581	288	293	658	327	332
55-59	359	173	186	431	211	221	499	245	254	556	273	283
60-64	265	123	142	332	158	174	400	193	207	465	225	240
65-69	184	82	102	233	106	127	294	137	156	356	168	188
70-74	119	52	68	148	65	84	190	85	105	241	110	131
75-79	67	28	38	82	35	48	104	44	60	135	58	77
80+	…	…	…	…	…	…	…	…	…	…	…	…
80-84	29	12	17	36	15	21	45	18	27	59	24	35
85-89	8	3	5	10	4	6	13	5	8	18	7	11
90-94	1	0	1	2	1	1	2	1	1	3	1	2
95-99	0	0	0	0	0	0	0	0	0	0	0	0
100+	0	0	0	0	0	0	0	0	0	0	0	0

年齢	2055			2060		
	総数	男	女	総数	男	女
総数	14 969	7 443	7 526	15 802	7 850	7 952
0-4	1 355	683	672	1 342	677	665
5-9	1 356	683	673	1 347	679	668
10-14	1 355	682	673	1 352	681	671
15-19	1 331	669	662	1 350	679	671
20-24	1 271	637	634	1 323	664	659
25-29	1 188	595	593	1 261	631	630
30-34	1 131	566	565	1 178	589	589
35-39	1 087	543	544	1 120	560	561
40-44	1 046	522	524	1 074	535	538
45-49	927	462	466	1 029	512	517
50-54	779	386	392	904	448	457
55-59	631	310	321	749	368	381
60-64	520	252	268	593	288	306
65-69	416	197	219	469	223	246
70-74	295	136	159	349	161	188
75-79	175	77	98	218	97	121
80+	…	…	…	…	…	…
80-84	78	32	46	104	44	60
85-89	24	9	15	33	13	20
90-94	4	2	3	6	2	4
95-99	0	0	0	1	0	0
100+	0	0	0	0	0	0

Tonga

性・年齢別人口（千人）

年齢	1960 総数	男	女	1965 総数	男	女	1970 総数	男	女	1975 総数	男	女
総数	62	31	30	74	38	36	84	43	41	88	45	43
0-4	12	6	6	15	8	7	15	8	7	13	7	6
5-9	9	5	4	11	6	5	14	7	7	14	7	7
10-14	7	4	4	9	4	4	11	6	5	13	7	6
15-19	6	3	3	7	4	4	8	4	4	10	5	5
20-24	5	3	3	6	3	3	7	4	3	7	4	3
25-29	4	2	2	5	3	3	5	3	3	5	3	3
30-34	4	2	2	4	2	2	5	2	2	5	2	2
35-39	3	2	2	4	2	2	4	2	2	4	2	2
40-44	3	1	1	3	2	2	4	2	2	4	2	2
45-49	2	1	1	3	1	1	3	2	2	3	2	2
50-54	2	1	1	2	1	1	2	1	1	3	2	1
55-59	1	1	1	2	1	1	2	1	1	2	1	1
60-64	1	1	1	1	1	1	1	1	1	1	1	1
65-69	1	0	0	1	0	1	1	1	1	1	1	1
70-74	1	0	0	1	0	0	1	0	0	1	0	0
75-79	0	0	0	0	0	0	0	0	0	0	0	0
80+	0	0	0	0	0	0	0	0	0	0	0	0
80-84	...	...	...	...	...	...	...	...	...	...	...	...
85-89	...	...	...	...	...	...	...	...	...	...	...	...
90-94	...	...	...	...	...	...	...	...	...	...	...	...
95-99	...	...	...	...	...	...	...	...	...	...	...	...
100+	...	...	...	...	...	...	...	...	...	...	...	...

年齢	1980 総数	男	女	1985 総数	男	女	1990 総数	男	女	1995 総数	男	女
総数	93	47	46	94	47	46	95	48	47	96	49	47
0-4	13	7	6	14	7	7	13	7	6	13	7	6
5-9	12	6	6	12	6	6	13	7	6	12	6	6
10-14	14	7	7	12	6	6	11	6	5	12	7	6
15-19	12	6	6	13	7	6	11	6	5	10	5	5
20-24	8	4	4	9	5	5	11	6	5	8	4	4
25-29	6	3	3	6	3	3	7	4	3	8	4	4
30-34	5	3	3	5	2	3	5	2	2	5	3	3
35-39	5	2	2	5	2	2	5	2	2	5	2	2
40-44	4	2	2	4	2	2	4	2	2	4	2	2
45-49	4	2	2	3	2	2	3	1	2	3	2	2
50-54	3	2	2	3	1	2	3	1	1	3	1	2
55-59	3	1	1	3	1	1	3	1	1	3	1	1
60-64	2	1	1	2	1	1	2	1	1	2	1	1
65-69	1	1	1	1	1	1	2	1	1	2	1	1
70-74	1	0	0	1	0	0	1	1	1	1	1	1
75-79	1	0	0	1	0	0	1	0	0	1	0	0
80+	0	0	0	1	0	0	...	...	...	...	...	...
80-84	...	...	...	...	...	...	0	0	0	0	0	0
85-89	...	...	...	...	...	...	0	0	0	0	0	0
90-94	...	...	...	...	...	...	0	0	0	0	0	0
95-99	...	...	...	...	...	...	0	0	0	0	0	0
100+	...	...	...	...	...	...	0	0	0	0	0	0

年齢	2000 総数	男	女	2005 総数	男	女	2010 総数	男	女	2015 総数	男	女
総数	98	50	48	101	51	50	104	52	52	106	53	53
0-4	13	7	6	14	7	7	14	7	7	13	7	6
5-9	13	7	6	13	7	6	13	7	6	13	7	6
10-14	11	6	5	12	6	6	12	6	6	13	7	6
15-19	12	6	5	10	5	5	11	6	5	11	6	5
20-24	9	5	4	10	5	5	8	4	4	10	5	5
25-29	7	4	3	7	3	4	8	4	4	7	3	3
30-34	6	3	3	7	3	3	7	3	4	7	3	3
35-39	4	2	2	6	3	3	7	3	3	6	3	3
40-44	4	2	2	5	2	2	5	3	3	6	3	3
45-49	4	2	2	4	2	2	4	2	2	5	2	2
50-54	3	1	2	3	2	2	4	2	2	4	2	2
55-59	3	1	1	2	1	1	3	1	1	4	2	2
60-64	2	1	1	2	1	1	2	1	1	2	1	1
65-69	2	1	1	2	1	1	2	1	1	2	1	1
70-74	2	1	1	2	1	1	2	1	1	2	1	1
75-79	1	0	1	1	1	1	1	1	1	1	1	1
80+	...	...	...	...	...	...	...	...	...	...	...	...
80-84	1	0	0	1	0	0	1	0	1	1	0	1
85-89	0	0	0	0	0	0	0	0	0	0	0	0
90-94	0	0	0	0	0	0	0	0	0	0	0	0
95-99	0	0	0	0	0	0	0	0	0	0	0	0
100+	0	0	0	0	0	0	0	0	0	0	0	0

性・年齢別人口（千人）

年齢	2015			2020			2025			2030		
	総数	男	女	総数	男	女	総数	男	女	総数	男	女
総数	106	53	53	111	56	55	115	58	57	121	61	60
0-4	13	7	6	12	6	6	12	6	6	13	7	6
5-9	13	7	6	13	6	6	12	6	6	12	6	6
10-14	13	7	6	13	7	6	13	6	6	12	6	6
15-19	11	6	5	12	7	6	13	7	6	12	6	6
20-24	10	5	5	11	6	5	12	6	6	12	6	6
25-29	7	3	3	9	4	4	10	5	5	11	6	5
30-34	7	3	3	6	3	3	8	4	4	9	5	4
35-39	6	3	3	6	3	3	5	3	3	7	4	3
40-44	6	3	3	5	3	3	5	3	3	5	3	2
45-49	5	2	2	5	3	3	5	2	3	5	3	3
50-54	4	2	2	4	2	2	5	2	3	5	2	3
55-59	4	2	2	4	2	2	4	2	2	5	2	3
60-64	2	1	1	4	2	2	3	2	2	4	2	2
65-69	2	1	1	2	1	1	3	1	2	3	1	2
70-74	2	1	1	2	1	1	2	1	1	3	1	2
75-79	1	1	1	1	1	1	1	0	1	1	1	1
80+	…	…	…	…	…	…	…	…	…	…	…	…
80-84	1	0	1	1	0	1	1	0	1	1	0	1
85-89	0	0	0	0	0	0	0	0	0	0	0	0
90-94	0	0	0	0	0	0	0	0	0	0	0	0
95-99	0	0	0	0	0	0	0	0	0	0	0	0
100+	0	0	0	0	0	0	0	0	0	0	0	0

年齢	2035			2040			2045			2050		
	総数	男	女	総数	男	女	総数	男	女	総数	男	女
総数	126	64	63	132	66	65	136	69	67	140	71	69
0-4	14	7	7	14	7	7	13	7	6	12	6	6
5-9	13	7	6	13	7	7	13	7	7	13	7	6
10-14	12	6	6	13	7	6	13	7	6	13	7	6
15-19	11	6	6	12	6	6	12	6	6	13	7	6
20-24	11	6	6	11	6	5	11	6	5	12	6	6
25-29	11	6	5	10	5	5	10	5	5	10	5	5
30-34	10	5	5	10	5	5	10	5	5	9	5	4
35-39	8	4	4	9	5	4	10	5	5	9	5	4
40-44	7	4	3	8	4	4	9	5	4	9	5	4
45-49	5	2	2	6	3	3	8	4	3	8	5	4
50-54	5	2	3	4	2	2	6	3	3	7	4	3
55-59	5	2	2	5	2	2	4	2	2	6	3	3
60-64	5	2	2	4	2	2	4	2	2	4	2	2
65-69	4	2	2	4	2	2	4	2	2	4	2	2
70-74	3	1	2	3	1	2	4	2	2	4	1	2
75-79	2	1	1	2	1	1	3	1	2	3	1	2
80+	…	…	…	…	…	…	…	…	…	…	…	…
80-84	1	0	1	2	1	1	2	1	1	2	1	1
85-89	1	0	0	1	0	0	1	0	1	1	0	1
90-94	0	0	0	0	0	0	0	0	0	0	0	0
95-99	0	0	0	0	0	0	0	0	0	0	0	0
100+	0	0	0	0	0	0	0	0	0	0	0	0

年齢	2055			2060		
	総数	男	女	総数	男	女
総数	143	72	70	146	74	72
0-4	12	6	6	12	6	6
5-9	12	6	6	12	6	6
10-14	13	7	6	12	6	6
15-19	13	7	6	12	6	6
20-24	12	6	6	12	6	6
25-29	11	6	5	11	6	5
30-34	9	5	4	10	5	5
35-39	8	4	4	9	5	4
40-44	9	4	4	8	4	4
45-49	9	5	4	8	4	4
50-54	8	4	4	9	4	4
55-59	7	4	3	8	4	4
60-64	6	3	3	7	3	3
65-69	4	2	2	5	3	3
70-74	4	2	2	3	2	2
75-79	3	1	2	3	1	2
80+	…	…	…	…	…	…
80-84	2	1	1	2	1	1
85-89	1	0	1	2	0	1
90-94	0	0	0	1	0	0
95-99	0	0	0	0	0	0
100+	0	0	0	0	0	0

Tonga

性・年齢別人口（千人）

年齢	2015 総数	男	女	2020 総数	男	女	2025 総数	男	女	2030 総数	男	女
総数	106	53	53	112	56	56	118	59	59	125	63	62
0-4	13	7	6	13	7	6	14	7	7	15	8	7
5-9	13	7	6	13	6	6	13	7	6	14	7	7
10-14	13	7	6	13	7	6	13	6	6	13	7	6
15-19	11	6	5	12	7	6	13	7	6	12	6	6
20-24	10	5	5	11	6	5	12	6	6	12	6	6
25-29	7	3	3	9	4	4	10	5	5	11	6	5
30-34	7	3	3	6	3	3	8	4	4	9	5	4
35-39	6	3	3	6	3	3	5	3	3	7	4	3
40-44	6	3	3	5	3	3	5	3	3	5	3	2
45-49	5	2	2	5	3	3	5	2	3	5	3	3
50-54	4	2	2	4	2	2	5	2	3	5	2	3
55-59	4	2	2	4	2	2	4	2	2	5	2	3
60-64	2	1	1	4	2	2	3	2	2	4	2	2
65-69	2	1	1	2	1	1	3	1	2	3	1	2
70-74	2	1	1	2	1	1	2	1	1	3	1	2
75-79	1	1	1	1	1	1	1	0	1	1	1	1
80+	…	…	…	…	…	…	…	…	…	…	…	…
80-84	1	0	1	1	0	1	1	0	1	1	0	1
85-89	0	0	0	0	0	0	0	0	0	0	0	0
90-94	0	0	0	0	0	0	0	0	0	0	0	0
95-99	0	0	0	0	0	0	0	0	0	0	0	0
100+	0	0	0	0	0	0	0	0	0	0	0	0

年齢	2035 総数	男	女	2040 総数	男	女	2045 総数	男	女	2050 総数	男	女
総数	133	67	66	141	71	70	148	75	73	155	79	76
0-4	16	8	8	16	8	8	16	8	8	16	8	8
5-9	15	8	7	16	8	8	16	8	8	16	8	8
10-14	14	7	7	15	8	7	16	8	8	16	8	8
15-19	12	6	6	13	7	6	14	7	7	15	8	7
20-24	11	6	6	12	6	6	12	6	6	14	7	7
25-29	11	6	5	10	5	5	11	5	5	11	6	6
30-34	10	5	5	10	5	5	10	5	5	10	5	5
35-39	8	4	4	9	5	4	10	5	5	9	5	4
40-44	7	4	3	8	4	4	9	5	4	9	5	4
45-49	5	2	2	6	3	3	8	4	3	8	5	4
50-54	5	2	3	4	2	2	6	3	3	7	4	3
55-59	5	2	2	5	2	2	4	2	2	6	3	3
60-64	5	2	2	4	2	2	4	2	2	4	2	2
65-69	4	2	2	4	2	2	4	2	2	4	2	2
70-74	3	1	2	3	1	2	4	2	2	4	1	2
75-79	2	1	1	2	1	1	3	1	2	3	1	2
80+	…	…	…	…	…	…	…	…	…	…	…	…
80-84	1	0	1	2	1	1	2	1	1	2	1	1
85-89	1	0	0	1	0	0	1	0	1	1	0	1
90-94	0	0	0	0	0	0	0	0	0	0	0	0
95-99	0	0	0	0	0	0	0	0	0	0	0	0
100+	0	0	0	0	0	0	0	0	0	0	0	0

年齢	2055 総数	男	女	2060 総数	男	女
総数	162	82	80	171	87	84
0-4	16	8	8	17	9	8
5-9	16	8	8	16	8	8
10-14	16	8	8	15	8	8
15-19	15	8	7	15	8	7
20-24	14	7	7	15	8	7
25-29	13	7	6	14	7	7
30-34	11	6	5	12	6	6
35-39	9	5	4	10	5	5
40-44	9	4	4	9	5	4
45-49	9	5	4	8	4	4
50-54	8	4	4	9	4	4
55-59	7	4	3	8	4	4
60-64	6	3	3	7	3	3
65-69	4	2	2	5	3	3
70-74	4	2	2	3	2	2
75-79	3	1	2	3	1	2
80+	…	…	…	…	…	…
80-84	2	1	1	2	1	1
85-89	1	0	1	2	0	1
90-94	1	0	0	1	0	0
95-99	0	0	0	0	0	0
100+	0	0	0	0	0	0

性・年齢別人口（千人）

年齢	2015			2020			2025			2030		
	総数	男	女	総数	男	女	総数	男	女	総数	男	女
総数	106	53	53	110	55	55	113	57	56	116	58	58
0-4	13	7	6	11	6	6	11	6	5	11	6	5
5-9	13	7	6	13	6	6	11	6	5	11	5	5
10-14	13	7	6	13	7	6	13	6	6	11	6	5
15-19	11	6	5	12	7	6	13	7	6	12	6	6
20-24	10	5	5	11	6	5	12	6	6	12	6	6
25-29	7	3	3	9	4	4	10	5	5	11	6	5
30-34	7	3	3	6	3	3	8	4	4	9	5	4
35-39	6	3	3	6	3	3	5	3	3	7	4	3
40-44	6	3	3	5	3	3	5	3	3	5	3	2
45-49	5	2	2	5	3	3	5	2	3	5	3	3
50-54	4	2	2	4	2	2	5	2	3	5	2	3
55-59	4	2	2	4	2	2	4	2	2	5	2	3
60-64	2	1	1	4	2	2	3	2	2	4	2	2
65-69	2	1	1	2	1	1	3	1	2	3	1	2
70-74	2	1	1	2	1	1	2	1	1	3	1	2
75-79	1	1	1	1	1	1	1	0	1	1	1	1
80+	…	…	…	…	…	…	…	…	…	…	…	…
80-84	1	0	1	1	0	1	1	0	1	1	0	1
85-89	0	0	0	0	0	0	0	0	0	0	0	0
90-94	0	0	0	0	0	0	0	0	0	0	0	0
95-99	0	0	0	0	0	0	0	0	0	0	0	0
100+	0	0	0	0	0	0	0	0	0	0	0	0

年齢	2035			2040			2045			2050		
	総数	男	女	総数	男	女	総数	男	女	総数	男	女
総数	120	60	59	123	62	61	124	63	62	125	63	62
0-4	11	6	6	11	6	5	10	5	5	9	5	5
5-9	11	6	5	11	6	5	11	6	5	10	5	5
10-14	11	5	5	11	5	5	11	6	5	11	6	5
15-19	11	5	5	10	5	5	10	5	5	11	5	5
20-24	11	6	6	10	5	5	9	5	5	10	5	5
25-29	11	6	5	10	5	5	9	5	4	9	4	4
30-34	10	5	5	10	5	5	10	5	5	8	4	4
35-39	8	4	4	9	5	4	10	5	5	9	5	4
40-44	7	4	3	8	4	4	9	5	4	9	5	4
45-49	5	2	2	6	3	3	8	4	3	8	5	4
50-54	5	2	3	4	2	2	6	3	3	7	4	3
55-59	5	2	2	5	2	2	4	2	2	6	3	3
60-64	5	2	2	4	2	2	4	2	2	4	2	2
65-69	4	2	2	4	2	2	4	2	2	4	2	2
70-74	3	1	2	3	1	2	4	2	2	4	1	2
75-79	2	1	1	2	1	1	3	1	2	3	1	2
80+	…	…	…	…	…	…	…	…	…	…	…	…
80-84	1	0	1	2	1	1	2	1	1	2	1	1
85-89	1	0	0	1	0	0	1	0	1	1	0	1
90-94	0	0	0	0	0	0	0	0	0	0	0	0
95-99	0	0	0	0	0	0	0	0	0	0	0	0
100+	0	0	0	0	0	0	0	0	0	0	0	0

年齢	2055			2060		
	総数	男	女	総数	男	女
総数	125	63	61	124	63	61
0-4	8	4	4	8	4	4
5-9	9	5	4	8	4	4
10-14	10	5	5	9	5	4
15-19	11	5	5	10	5	5
20-24	10	5	5	10	5	5
25-29	9	5	4	9	5	4
30-34	8	4	4	8	4	4
35-39	7	4	4	7	4	3
40-44	9	4	4	7	4	3
45-49	9	5	4	8	4	4
50-54	8	4	4	9	4	4
55-59	7	4	3	8	4	4
60-64	6	3	3	7	3	3
65-69	4	2	2	5	3	3
70-74	4	2	2	3	2	2
75-79	3	1	2	3	1	2
80+	…	…	…	…	…	…
80-84	2	1	1	2	1	1
85-89	1	0	1	2	0	1
90-94	1	0	0	1	0	0
95-99	0	0	0	0	0	0
100+	0	0	0	0	0	0

Trinidad and Tobago

性・年齢別人口（千人）

年齢	1960			1965			1970			1975		
	総数	男	女	総数	男	女	総数	男	女	総数	男	女
総数	848	426	423	912	455	457	946	470	476	1 011	502	510
0-4	139	70	68	146	74	72	121	61	60	122	62	60
5-9	122	62	60	134	68	66	143	72	71	118	60	59
10-14	103	51	51	116	58	57	128	64	64	141	71	70
15-19	83	42	41	92	46	47	106	53	53	122	61	61
20-24	64	32	32	77	38	39	81	40	42	100	50	50
25-29	53	26	27	58	29	29	63	31	32	74	37	37
30-34	51	24	27	50	24	26	50	24	26	60	29	31
35-39	48	24	24	47	22	24	44	21	23	48	23	25
40-44	44	22	21	43	22	22	42	20	22	42	20	22
45-49	39	20	19	37	19	19	39	19	20	40	19	21
50-54	32	16	15	34	17	16	34	17	17	37	18	19
55-59	25	13	12	27	13	13	30	16	15	31	16	16
60-64	18	9	9	21	10	10	24	12	12	28	14	14
65-69	12	6	6	14	7	7	18	9	9	21	10	11
70-74	8	4	4	8	4	4	11	5	6	14	7	8
75-79	6	3	3	4	2	2	6	3	3	8	4	5
80+	5	2	3	4	2	3	5	2	3	6	2	3
80-84	…	…	…	…	…	…	…	…	…	…	…	…
85-89	…	…	…	…	…	…	…	…	…	…	…	…
90-94	…	…	…	…	…	…	…	…	…	…	…	…
95-99	…	…	…	…	…	…	…	…	…	…	…	…
100+	…	…	…	…	…	…	…	…	…	…	…	…

年齢	1980			1985			1990			1995		
	総数	男	女	総数	男	女	総数	男	女	総数	男	女
総数	1 085	539	546	1 171	582	589	1 222	609	613	1 255	625	630
0-4	132	67	65	154	78	76	133	68	66	106	54	52
5-9	119	60	59	129	66	63	150	76	74	131	67	65
10-14	117	59	58	119	60	59	127	65	63	149	75	73
15-19	136	68	68	114	57	57	116	58	57	122	62	60
20-24	115	57	58	129	65	65	104	52	52	107	54	53
25-29	92	46	46	102	51	51	113	57	57	95	47	48
30-34	71	35	36	85	43	42	96	48	47	108	54	54
35-39	58	29	30	68	34	34	81	40	40	91	46	45
40-44	48	24	24	57	28	29	66	33	33	78	40	39
45-49	40	19	21	46	23	23	55	27	28	64	33	32
50-54	37	18	19	38	18	20	44	22	22	53	26	27
55-59	33	16	17	34	16	18	36	17	19	42	20	21
60-64	28	14	14	30	14	15	31	15	17	33	15	17
65-69	24	12	12	24	11	13	26	12	14	27	12	15
70-74	17	8	9	19	9	10	19	9	11	21	9	12
75-79	10	5	6	12	5	7	14	6	8	14	6	8
80+	8	3	5	10	4	6	…	…	…	…	…	…
80-84	…	…	…	…	…	…	8	3	5	9	3	5
85-89	…	…	…	…	…	…	3	1	2	4	1	2
90-94	…	…	…	…	…	…	1	0	1	1	0	1
95-99	…	…	…	…	…	…	0	0	0	0	0	0
100+	…	…	…	…	…	…	0	0	0	0	0	0

年齢	2000			2005			2010			2015		
	総数	男	女	総数	男	女	総数	男	女	総数	男	女
総数	1 268	631	637	1 297	643	654	1 328	657	671	1 360	671	689
0-4	90	45	44	91	46	45	97	49	48	96	49	47
5-9	105	53	52	88	45	44	90	46	45	96	49	48
10-14	130	66	64	103	52	51	88	44	43	90	46	44
15-19	143	72	71	126	64	62	100	51	49	86	44	43
20-24	113	57	56	136	68	68	120	60	59	97	49	48
25-29	97	49	48	106	53	53	129	65	64	116	59	58
30-34	90	45	45	95	47	48	104	52	52	127	64	64
35-39	103	51	52	88	44	45	93	47	47	103	51	51
40-44	89	45	44	102	50	51	87	43	44	92	46	46
45-49	76	39	37	87	44	43	100	49	50	85	42	43
50-54	62	31	31	74	37	37	85	42	42	97	47	49
55-59	50	25	26	59	29	30	71	35	36	81	40	41
60-64	38	18	20	47	22	24	55	27	28	65	32	34
65-69	29	13	16	34	16	19	42	20	23	49	23	26
70-74	23	10	13	24	11	14	29	13	16	35	15	20
75-79	16	6	9	17	7	10	19	8	11	22	9	13
80+	…	…	…	…	…	…	…	…	…	…	…	…
80-84	9	4	6	11	4	7	12	5	8	13	5	8
85-89	5	2	3	5	2	3	6	2	4	6	2	4
90-94	1	0	1	2	0	1	2	0	1	2	1	2
95-99	0	0	0	0	0	0	0	0	0	1	0	0
100+	0	0	0	0	0	0	0	0	0	0	0	0

性・年齢別人口（千人）

年齢	2015 総数	男	女	2020 総数	男	女	2025 総数	男	女	2030 総数	男	女
総数	1 360	671	689	1 378	677	701	1 380	675	706	1 372	667	705
0-4	96	49	47	87	44	43	78	40	38	73	37	36
5-9	96	49	48	95	48	47	86	44	43	77	39	38
10-14	90	46	44	96	49	47	95	48	47	86	44	43
15-19	86	44	43	89	45	44	95	48	47	94	48	47
20-24	97	49	48	83	42	41	87	44	43	93	47	46
25-29	116	59	58	93	47	46	81	41	40	86	43	42
30-34	127	64	64	115	58	57	92	46	46	80	40	40
35-39	103	51	51	126	63	63	114	57	57	91	46	46
40-44	92	46	46	101	50	51	124	61	63	112	56	56
45-49	85	42	43	90	45	46	99	49	50	122	60	62
50-54	97	47	49	83	40	42	88	43	45	96	47	49
55-59	81	40	41	92	44	48	79	38	41	84	40	43
60-64	65	32	34	75	36	39	86	40	45	73	34	39
65-69	49	23	26	58	27	31	67	31	36	76	34	42
70-74	35	15	20	41	18	23	49	21	27	56	24	31
75-79	22	9	13	27	11	16	31	13	18	37	15	22
80+	…	…	…	…	…	…	…	…	…	…	…	…
80-84	13	5	8	15	6	9	18	6	11	21	7	13
85-89	6	2	4	7	2	5	8	3	6	10	3	7
90-94	2	1	2	3	1	2	3	1	2	3	1	3
95-99	1	0	0	1	0	1	1	0	1	1	0	1
100+	0	0	0	0	0	0	0	0	0	0	0	0

年齢	2035 総数	男	女	2040 総数	男	女	2045 総数	男	女	2050 総数	男	女
総数	1 359	657	702	1 341	645	696	1 319	632	686	1 291	618	674
0-4	72	37	35	72	37	36	71	36	35	68	35	34
5-9	72	37	36	71	36	35	72	37	35	71	36	35
10-14	77	39	38	72	37	36	71	36	35	72	36	35
15-19	86	43	42	77	39	38	72	36	35	71	36	35
20-24	93	47	46	84	43	42	75	38	37	70	36	35
25-29	92	46	46	92	46	45	83	42	41	74	37	37
30-34	85	43	42	91	46	45	91	46	45	82	41	41
35-39	79	40	40	84	42	42	90	45	45	90	45	45
40-44	90	45	45	78	39	39	83	41	42	89	45	45
45-49	110	55	56	88	44	45	77	38	39	82	41	41
50-54	118	58	61	107	53	55	86	42	44	75	37	38
55-59	92	44	48	113	54	59	103	50	53	83	40	43
60-64	78	37	41	86	40	45	106	50	56	96	46	51
65-69	66	30	36	70	32	38	77	35	42	96	43	53
70-74	64	27	37	55	23	32	59	25	34	66	28	38
75-79	43	17	26	49	19	30	43	17	27	47	18	29
80+	…	…	…	…	…	…	…	…	…	…	…	…
80-84	25	9	16	29	10	19	34	11	23	30	10	20
85-89	11	3	8	14	4	10	16	5	12	20	6	14
90-94	4	1	3	5	1	4	6	1	5	7	2	6
95-99	1	0	1	1	0	1	2	0	1	2	0	2
100+	0	0	0	0	0	0	0	0	0	0	0	0

年齢	2055 総数	男	女	2060 総数	男	女
総数	1 259	601	658	1 223	583	640
0-4	64	33	31	61	31	30
5-9	68	34	33	64	32	31
10-14	71	36	35	68	34	33
15-19	71	36	35	70	36	35
20-24	70	35	34	70	36	35
25-29	69	35	34	69	35	34
30-34	74	37	36	69	35	34
35-39	82	41	41	73	37	36
40-44	89	45	44	81	40	40
45-49	88	44	44	88	44	44
50-54	80	39	40	86	42	44
55-59	72	35	37	77	37	39
60-64	78	37	41	68	32	36
65-69	87	40	48	71	32	39
70-74	82	35	47	76	33	43
75-79	52	20	32	66	26	40
80+	…	…	…	…	…	…
80-84	33	11	22	37	13	24
85-89	17	5	13	19	5	14
90-94	9	2	7	8	2	6
95-99	2	0	2	3	0	2
100+	0	0	0	0	0	0

Trinidad and Tobago

高位予測値

性・年齢別人口（千人）

年齢	2015			2020			2025			2030		
	総数	男	女	総数	男	女	総数	男	女	総数	男	女
総数	1 360	671	689	1 390	683	707	1 411	690	721	1 425	694	731
0-4	96	49	47	100	51	49	96	49	47	95	48	47
5-9	96	49	48	95	48	47	99	50	49	96	49	47
10-14	90	46	44	96	49	47	95	48	47	99	50	49
15-19	86	44	43	89	45	44	95	48	47	94	48	47
20-24	97	49	48	83	42	41	87	44	43	93	47	46
25-29	116	59	58	93	47	46	81	41	40	86	43	42
30-34	127	64	64	115	58	57	92	46	46	80	40	40
35-39	103	51	51	126	63	63	114	57	57	91	46	46
40-44	92	46	46	101	50	51	124	61	63	112	56	56
45-49	85	42	43	90	45	46	99	49	50	122	60	62
50-54	97	47	49	83	40	42	88	43	45	96	47	49
55-59	81	40	41	92	44	48	79	38	41	84	40	43
60-64	65	32	34	75	36	39	86	40	45	73	34	39
65-69	49	23	26	58	27	31	67	31	36	76	34	42
70-74	35	15	20	41	18	23	49	21	27	56	24	31
75-79	22	9	13	27	11	16	31	13	18	37	15	22
80+	…	…	…	…	…	…	…	…	…	…	…	…
80-84	13	5	8	15	6	9	18	6	11	21	7	13
85-89	6	2	4	7	2	5	8	3	6	10	3	7
90-94	2	1	2	3	1	2	3	1	2	3	1	3
95-99	1	0	0	1	0	1	1	0	1	1	0	1
100+	0	0	0	0	0	0	0	0	0	0	0	0

年齢	2035			2040			2045			2050		
	総数	男	女	総数	男	女	総数	男	女	総数	男	女
総数	1 433	695	738	1 438	695	744	1 443	695	747	1 446	696	750
0-4	94	48	46	96	49	47	98	50	48	99	51	49
5-9	94	48	46	93	47	46	95	48	47	98	50	48
10-14	96	48	47	94	48	46	93	47	46	95	48	47
15-19	98	50	48	95	48	47	93	47	46	93	47	46
20-24	93	47	46	97	49	48	94	47	46	92	47	45
25-29	92	46	46	92	46	45	95	48	47	92	47	46
30-34	85	43	42	91	46	45	91	46	45	95	48	47
35-39	79	40	40	84	42	42	90	45	45	90	45	45
40-44	90	45	45	78	39	39	83	41	42	89	45	45
45-49	110	55	56	88	44	45	77	38	39	82	41	41
50-54	118	58	61	107	53	55	86	42	44	75	37	38
55-59	92	44	48	113	54	59	103	50	53	83	40	43
60-64	78	37	41	86	40	45	106	50	56	96	46	51
65-69	66	30	36	70	32	38	77	35	42	96	43	53
70-74	64	27	37	55	23	32	59	25	34	66	28	38
75-79	43	17	26	49	19	30	43	17	27	47	18	29
80+	…	…	…	…	…	…	…	…	…	…	…	…
80-84	25	9	16	29	10	19	34	11	23	30	10	20
85-89	11	3	8	14	4	10	16	5	12	20	6	14
90-94	4	1	3	5	1	4	6	1	5	7	2	6
95-99	1	0	1	1	0	1	2	0	1	2	0	2
100+	0	0	0	0	0	0	0	0	0	0	0	0

年齢	2055			2060		
	総数	男	女	総数	男	女
総数	1 449	697	752	1 451	699	753
0-4	100	51	49	99	51	49
5-9	99	50	49	99	50	49
10-14	97	50	48	99	50	49
15-19	95	48	47	97	49	48
20-24	91	46	45	93	47	46
25-29	91	46	45	90	46	44
30-34	92	46	45	90	45	45
35-39	94	47	47	91	46	45
40-44	89	44	44	93	47	46
45-49	88	44	44	88	44	44
50-54	80	39	40	86	42	44
55-59	72	35	37	77	37	39
60-64	78	37	41	68	32	36
65-69	87	40	48	71	32	39
70-74	82	35	47	76	33	43
75-79	52	20	32	66	26	40
80+	…	…	…	…	…	…
80-84	33	11	22	37	13	24
85-89	17	5	13	19	5	14
90-94	9	2	7	8	2	6
95-99	2	0	2	3	0	2
100+	0	0	0	0	0	0

性・年齢別人口（千人）

年齢	2015			2020			2025			2030		
	総数	男	女	総数	男	女	総数	男	女	総数	男	女
総数	1 360	671	689	1 365	670	695	1 349	659	690	1 320	640	679
0-4	96	49	47	74	38	37	59	30	29	51	26	25
5-9	96	49	48	95	48	47	74	37	36	59	30	29
10-14	90	46	44	96	49	47	95	48	47	74	37	36
15-19	86	44	43	89	45	44	95	48	47	94	48	47
20-24	97	49	48	83	42	41	87	44	43	93	47	46
25-29	116	59	58	93	47	46	81	41	40	86	43	42
30-34	127	64	64	115	58	57	92	46	46	80	40	40
35-39	103	51	51	126	63	63	114	57	57	91	46	46
40-44	92	46	46	101	50	51	124	61	63	112	56	56
45-49	85	42	43	90	45	46	99	49	50	122	60	62
50-54	97	47	49	83	40	42	88	43	45	96	47	49
55-59	81	40	41	92	44	48	79	38	41	84	40	43
60-64	65	32	34	75	36	39	86	40	45	73	34	39
65-69	49	23	26	58	27	31	67	31	36	76	34	42
70-74	35	15	20	41	18	23	49	21	27	56	24	31
75-79	22	9	13	27	11	16	31	13	18	37	15	22
80+	…	…	…	…	…	…	…	…	…	…	…	…
80-84	13	5	8	15	6	9	18	6	11	21	7	13
85-89	6	2	4	7	2	5	8	3	6	10	3	7
90-94	2	1	2	3	1	2	3	1	2	3	1	3
95-99	1	0	0	1	0	1	1	0	1	1	0	1
100+	0	0	0	0	0	0	0	0	0	0	0	0

年齢	2035			2040			2045			2050		
	総数	男	女	総数	男	女	総数	男	女	総数	男	女
総数	1 284	619	665	1 244	596	648	1 198	571	627	1 145	543	602
0-4	50	26	25	50	25	24	47	24	23	42	21	21
5-9	51	26	25	50	25	25	49	25	24	47	24	23
10-14	59	30	29	51	26	25	50	25	25	49	25	24
15-19	73	37	36	58	30	29	50	25	25	49	25	24
20-24	93	47	46	72	36	35	57	29	28	49	25	24
25-29	92	46	46	92	46	45	70	36	35	56	28	28
30-34	85	43	42	91	46	45	91	46	45	70	35	35
35-39	79	40	40	84	42	42	90	45	45	90	45	45
40-44	90	45	45	78	39	39	83	41	42	89	45	45
45-49	110	55	56	88	44	45	77	38	39	82	41	41
50-54	118	58	61	107	53	55	86	42	44	75	37	38
55-59	92	44	48	113	54	59	103	50	53	83	40	43
60-64	78	37	41	86	40	45	106	50	56	96	46	51
65-69	66	30	36	70	32	38	77	35	42	96	43	53
70-74	64	27	37	55	23	32	59	25	34	66	28	38
75-79	43	17	26	49	19	30	43	17	27	47	18	29
80+	…	…	…	…	…	…	…	…	…	…	…	…
80-84	25	9	16	29	10	19	34	11	23	30	10	20
85-89	11	3	8	14	4	10	16	5	12	20	6	14
90-94	4	1	3	5	1	4	6	1	5	7	2	6
95-99	1	0	1	1	0	1	2	0	1	2	0	2
100+	0	0	0	0	0	0	0	0	0	0	0	0

年齢	2055			2060		
	総数	男	女	総数	男	女
総数	1 085	513	572	1 021	480	540
0-4	36	18	18	31	16	15
5-9	42	21	20	36	18	18
10-14	47	24	23	42	21	21
15-19	49	25	24	46	24	23
20-24	48	24	24	48	24	24
25-29	48	24	24	47	24	23
30-34	56	28	28	48	24	24
35-39	69	35	35	55	28	27
40-44	89	45	44	69	34	34
45-49	88	44	44	88	44	44
50-54	80	39	40	86	42	44
55-59	72	35	37	77	37	39
60-64	78	37	41	68	32	36
65-69	87	40	48	71	32	39
70-74	82	35	47	76	33	43
75-79	52	20	32	66	26	40
80+	…	…	…	…	…	…
80-84	33	11	22	37	13	24
85-89	17	5	13	19	5	14
90-94	9	2	7	8	2	6
95-99	2	0	2	3	0	2
100+	0	0	0	0	0	0

Tunisia

性・年齢別人口（千人）

年齢	1960			1965			1970			1975		
	総数	男	女	総数	男	女	総数	男	女	総数	男	女
総数	4 176	2 082	2 094	4 545	2 282	2 263	5 060	2 538	2 523	5 652	2 842	2 810
0-4	700	356	344	824	420	404	844	430	415	892	453	439
5-9	592	299	293	682	346	336	786	401	386	817	416	401
10-14	524	263	261	587	297	290	671	341	331	759	388	371
15-19	389	196	194	365	184	181	557	281	276	637	324	313
20-24	301	149	152	320	159	162	335	165	170	519	261	257
25-29	285	139	146	297	139	158	297	146	151	311	148	162
30-34	263	130	133	292	143	149	275	128	147	273	129	144
35-39	234	119	115	253	124	129	274	133	141	281	135	147
40-44	195	98	97	207	106	101	237	115	121	269	132	136
45-49	180	89	91	173	91	82	193	99	94	229	112	116
50-54	147	72	75	158	82	76	159	83	76	182	93	89
55-59	118	58	60	131	69	62	142	73	69	147	78	70
60-64	93	44	48	96	48	49	113	60	54	130	69	61
65-69	67	32	36	72	35	37	78	38	40	94	49	45
70-74	47	21	26	44	20	24	53	26	27	59	29	30
75-79	23	10	13	28	12	15	27	13	15	34	16	18
80+	19	8	11	17	7	9	18	8	10	20	9	11
80-84	...	...	...	...	...	...	...	...	...	...	...	...
85-89	...	...	...	...	...	...	...	...	...	...	...	...
90-94	...	...	...	...	...	...	...	...	...	...	...	...
95-99	...	...	...	...	...	...	...	...	...	...	...	...
100+	...	...	...	...	...	...	...	...	...	...	...	...

年齢	1980			1985			1990			1995		
	総数	男	女	総数	男	女	総数	男	女	総数	男	女
総数	6 368	3 201	3 167	7 322	3 675	3 647	8 233	4 139	4 093	9 114	4 590	4 524
0-4	979	499	480	1 048	534	514	1 065	543	522	957	489	469
5-9	868	441	428	962	490	472	1 039	529	510	1 070	545	524
10-14	810	412	398	862	438	425	958	488	470	1 051	536	516
15-19	731	373	357	803	408	395	847	434	413	961	491	470
20-24	600	304	296	705	359	346	773	383	391	836	423	413
25-29	501	250	251	574	289	285	686	347	338	772	375	397
30-34	298	141	157	485	241	244	578	292	286	682	339	343
35-39	266	126	140	308	146	162	490	244	245	583	293	289
40-44	278	133	145	278	132	146	315	151	164	497	249	248
45-49	262	129	133	291	140	151	284	137	148	329	159	171
50-54	220	108	112	277	136	141	297	145	152	285	141	144
55-59	172	87	84	223	109	114	286	144	142	294	147	147
60-64	135	70	64	179	90	89	214	108	106	289	151	139
65-69	113	59	54	133	66	67	173	85	87	205	108	97
70-74	72	37	35	107	56	51	108	52	56	157	78	79
75-79	39	19	20	54	26	27	76	38	38	81	37	44
80+	25	12	13	32	15	17	...	...	...	...	...	...
80-84	...	...	...	...	...	...	32	15	17	47	21	25
85-89	...	...	...	...	...	...	10	4	6	14	6	8
90-94	...	...	...	...	...	...	2	1	1	3	1	2
95-99	...	...	...	...	...	...	0	0	0	0	0	0
100+	...	...	...	...	...	...	0	0	0	0	0	0

年齢	2000			2005			2010			2015		
	総数	男	女	総数	男	女	総数	男	女	総数	男	女
総数	9 699	4 866	4 833	10 102	5 032	5 071	10 639	5 276	5 363	11 254	5 561	5 692
0-4	840	430	410	798	408	390	861	440	420	982	502	480
5-9	951	487	464	831	425	406	793	405	387	856	438	418
10-14	1 073	547	527	946	485	462	829	424	405	791	405	386
15-19	1 041	525	516	1 064	542	523	944	484	460	827	424	403
20-24	928	466	462	1 025	513	512	1 049	528	522	929	470	459
25-29	802	398	404	876	426	450	993	487	506	1 017	502	515
30-34	757	365	392	741	360	381	850	408	442	966	469	497
35-39	679	339	340	733	351	382	737	358	379	845	405	440
40-44	588	297	291	675	337	338	737	355	382	741	362	380
45-49	498	251	247	587	295	291	680	340	340	742	359	384
50-54	326	156	170	490	246	245	582	292	290	674	336	338
55-59	279	138	141	321	154	167	480	238	242	569	283	287
60-64	282	140	142	268	131	137	308	146	162	459	225	234
65-69	268	138	130	261	126	135	250	120	130	286	133	153
70-74	182	96	86	232	115	117	226	105	121	216	100	117
75-79	124	61	63	141	70	70	180	84	96	175	77	99
80+	...	...	...	...	...	...	...	...	...	...	...	...
80-84	51	21	30	80	36	44	91	42	49	116	50	67
85-89	22	9	13	25	9	16	39	16	23	45	18	26
90-94	5	2	3	7	3	5	9	3	6	13	5	9
95-99	1	0	0	1	0	1	2	0	1	2	1	1
100+	0	0	0	0	0	0	0	0	0	0	0	0

性・年齢別人口（千人）

年齢	2015			2020			2025			2030		
	総数	男	女	総数	男	女	総数	男	女	総数	男	女
総数	11 254	5 561	5 692	11 835	5 846	5 989	12 320	6 084	6 236	12 686	6 262	6 424
0-4	982	502	480	962	492	470	894	457	436	813	416	397
5-9	856	438	418	980	501	479	960	491	469	892	456	436
10-14	791	405	386	854	437	417	978	500	478	959	490	468
15-19	827	424	403	787	403	384	851	435	416	975	498	476
20-24	929	470	459	821	421	401	781	400	382	845	432	413
25-29	1 017	502	515	923	466	456	815	417	398	776	397	379
30-34	966	469	497	1 011	499	512	917	463	454	810	414	396
35-39	845	405	440	960	466	494	1 005	496	510	912	460	452
40-44	741	362	380	838	402	437	953	462	491	998	492	506
45-49	742	359	384	733	357	376	829	396	433	943	456	487
50-54	674	336	338	729	350	379	720	349	371	816	388	428
55-59	569	283	287	654	322	331	708	337	371	701	337	364
60-64	459	225	234	542	265	277	624	303	321	679	319	360
65-69	286	133	153	424	203	222	503	240	263	583	277	305
70-74	216	100	117	251	112	138	374	173	201	447	207	240
75-79	175	77	99	171	74	96	201	86	116	304	134	170
80+	…	…	…	…	…	…	…	…	…	…	…	…
80-84	116	50	67	117	47	70	117	47	70	140	55	85
85-89	45	18	26	60	23	37	62	23	40	64	23	41
90-94	13	5	9	16	6	10	22	8	15	24	8	17
95-99	2	1	1	3	1	2	4	1	3	6	2	4
100+	0	0	0	0	0	0	0	0	0	1	0	0

年齢	2035			2040			2045			2050		
	総数	男	女	総数	男	女	総数	男	女	総数	男	女
総数	12 955	6 393	6 562	13 166	6 498	6 668	13 342	6 590	6 752	13 476	6 667	6 808
0-4	765	391	373	766	392	374	789	404	385	796	408	389
5-9	811	415	396	763	391	373	764	391	373	787	403	384
10-14	890	456	435	810	415	396	762	390	372	763	391	373
15-19	955	489	467	887	454	433	807	413	394	759	389	371
20-24	969	495	473	950	486	464	882	451	431	802	410	392
25-29	839	429	410	963	492	471	944	483	461	877	448	428
30-34	771	394	377	834	426	408	958	489	469	939	480	459
35-39	805	412	393	766	391	375	830	424	406	953	487	466
40-44	906	457	449	800	409	391	762	389	373	825	421	404
45-49	989	486	502	898	452	445	793	405	388	756	386	370
50-54	929	448	481	975	478	497	886	445	441	784	399	384
55-59	797	376	420	908	435	473	955	466	489	869	435	434
60-64	674	320	354	768	359	409	878	417	461	925	448	478
65-69	637	293	343	635	296	339	727	334	392	834	391	443
70-74	522	242	280	575	258	317	577	263	314	665	300	365
75-79	368	163	205	435	193	241	485	210	275	492	217	274
80+	…	…	…	…	…	…	…	…	…	…	…	…
80-84	216	89	127	266	111	155	321	135	186	365	150	215
85-89	79	28	51	125	47	78	158	61	98	196	76	119
90-94	26	8	18	33	10	23	54	18	36	71	24	47
95-99	6	2	5	7	2	5	9	2	7	16	4	11
100+	1	0	1	1	0	1	1	0	1	2	0	1

年齢	2055			2060		
	総数	男	女	総数	男	女
総数	13 541	6 717	6 824	13 530	6 732	6 797
0-4	771	395	376	727	372	355
5-9	795	407	388	769	394	376
10-14	786	402	384	794	406	388
15-19	760	389	371	784	401	383
20-24	755	386	368	756	387	369
25-29	797	408	389	750	384	366
30-34	872	446	426	793	406	387
35-39	935	478	457	868	444	424
40-44	948	484	464	931	476	455
45-49	819	418	401	942	481	461
50-54	747	381	367	811	413	398
55-59	770	391	379	735	373	362
60-64	844	420	424	749	378	371
65-69	882	422	460	808	398	410
70-74	768	353	414	817	385	431
75-79	573	251	321	668	300	367
80+	…	…	…	…	…	…
80-84	376	159	217	445	188	257
85-89	228	88	140	241	96	145
90-94	90	32	58	109	38	71
95-99	21	6	15	28	9	20
100+	3	1	2	4	1	3

Tunisia

性・年齢別人口（千人）

年齢	2015			2020			2025			2030		
	総数	男	女	総数	男	女	総数	男	女	総数	男	女
総数	11 254	5 561	5 692	11 952	5 906	6 046	12 616	6 235	6 381	13 193	6 522	6 671
0-4	982	502	480	1 079	552	527	1 074	549	524	1 024	524	500
5-9	856	438	418	980	501	479	1 077	551	526	1 071	548	523
10-14	791	405	386	854	437	417	978	500	478	1 075	550	525
15-19	827	424	403	787	403	384	851	435	416	975	498	476
20-24	929	470	459	821	421	401	781	400	382	845	432	413
25-29	1 017	502	515	923	466	456	815	417	398	776	397	379
30-34	966	469	497	1 011	499	512	917	463	454	810	414	396
35-39	845	405	440	960	466	494	1 005	496	510	912	460	452
40-44	741	362	380	838	402	437	953	462	491	998	492	506
45-49	742	359	384	733	357	376	829	396	433	943	456	487
50-54	674	336	338	729	350	379	720	349	371	816	388	428
55-59	569	283	287	654	322	331	708	337	371	701	337	364
60-64	459	225	234	542	265	277	624	303	321	679	319	360
65-69	286	133	153	424	203	222	503	240	263	583	277	305
70-74	216	100	117	251	112	138	374	173	201	447	207	240
75-79	175	77	99	171	74	96	201	86	116	304	134	170
80+	…	…	…	…	…	…	…	…	…	…	…	…
80-84	116	50	67	117	47	70	117	47	70	140	55	85
85-89	45	18	26	60	23	37	62	23	40	64	23	41
90-94	13	5	9	16	6	10	22	8	15	24	8	17
95-99	2	1	1	3	1	2	4	1	3	6	2	4
100+	0	0	0	0	0	0	0	0	0	1	0	0

年齢	2035			2040			2045			2050		
	総数	男	女	総数	男	女	総数	男	女	総数	男	女
総数	13 665	6 757	6 909	14 094	6 972	7 121	14 529	7 197	7 332	14 978	7 436	7 542
0-4	969	496	473	984	504	480	1 048	537	512	1 114	570	544
5-9	1 022	523	499	967	495	472	982	503	480	1 047	536	511
10-14	1 070	547	523	1 021	522	499	966	494	472	981	502	479
15-19	1 071	548	523	1 066	546	521	1 018	521	497	963	493	470
20-24	969	495	473	1 066	545	521	1 061	543	518	1 012	518	494
25-29	839	429	410	963	492	471	1 060	542	518	1 055	540	516
30-34	771	394	377	834	426	408	958	489	469	1 055	539	516
35-39	805	412	393	766	391	375	830	424	406	953	487	466
40-44	906	457	449	800	409	391	762	389	373	825	421	404
45-49	989	486	502	898	452	445	793	405	388	756	386	370
50-54	929	448	481	975	478	497	886	445	441	784	399	384
55-59	797	376	420	908	435	473	955	466	489	869	435	434
60-64	674	320	354	768	359	409	878	417	461	925	448	478
65-69	637	293	343	635	296	339	727	334	392	834	391	443
70-74	522	242	280	575	258	317	577	263	314	665	300	365
75-79	368	163	205	435	193	241	485	210	275	492	217	274
80+	…	…	…	…	…	…	…	…	…	…	…	…
80-84	216	89	127	266	111	155	321	135	186	365	150	215
85-89	79	28	51	125	47	78	158	61	98	196	76	119
90-94	26	8	18	33	10	23	54	18	36	71	24	47
95-99	6	2	5	7	2	5	9	2	7	16	4	11
100+	1	0	1	1	0	1	1	0	1	2	0	1

年齢	2055			2060		
	総数	男	女	総数	男	女
総数	15 414	7 675	7 739	15 806	7 897	7 909
0-4	1 143	585	558	1 133	580	553
5-9	1 112	569	543	1 141	584	557
10-14	1 046	535	510	1 111	569	542
15-19	978	501	478	1 043	534	509
20-24	958	490	468	973	498	475
25-29	1 007	515	492	953	488	465
30-34	1 050	537	513	1 003	513	490
35-39	1 050	537	513	1 046	535	511
40-44	948	484	464	1 045	534	511
45-49	819	418	401	942	481	461
50-54	747	381	367	811	413	398
55-59	770	391	379	735	373	362
60-64	844	420	424	749	378	371
65-69	882	422	460	808	398	410
70-74	768	353	414	817	385	431
75-79	573	251	321	668	300	367
80+	…	…	…	…	…	…
80-84	376	159	217	445	188	257
85-89	228	88	140	241	96	145
90-94	90	32	58	109	38	71
95-99	21	6	15	28	9	20
100+	3	1	2	4	1	3

性・年齢別人口（千人）

年齢	2015 総数	男	女	2020 総数	男	女	2025 総数	男	女	2030 総数	男	女
総数	11 254	5 561	5 692	11 719	5 787	5 932	12 024	5 933	6 091	12 179	6 003	6 176
0-4	982	502	480	846	433	413	714	365	349	602	308	294
5-9	856	438	418	980	501	479	844	432	412	712	364	348
10-14	791	405	386	854	437	417	978	500	478	843	431	412
15-19	827	424	403	787	403	384	851	435	416	975	498	476
20-24	929	470	459	821	421	401	781	400	382	845	432	413
25-29	1 017	502	515	923	466	456	815	417	398	776	397	379
30-34	966	469	497	1 011	499	512	917	463	454	810	414	396
35-39	845	405	440	960	466	494	1 005	496	510	912	460	452
40-44	741	362	380	838	402	437	953	462	491	998	492	506
45-49	742	359	384	733	357	376	829	396	433	943	456	487
50-54	674	336	338	729	350	379	720	349	371	816	388	428
55-59	569	283	287	654	322	331	708	337	371	701	337	364
60-64	459	225	234	542	265	277	624	303	321	679	319	360
65-69	286	133	153	424	203	222	503	240	263	583	277	305
70-74	216	100	117	251	112	138	374	173	201	447	207	240
75-79	175	77	99	171	74	96	201	86	116	304	134	170
80+	…	…	…	…	…	…	…	…	…	…	…	…
80-84	116	50	67	117	47	70	117	47	70	140	55	85
85-89	45	18	26	60	23	37	62	23	40	64	23	41
90-94	13	5	9	16	6	10	22	8	15	24	8	17
95-99	2	1	1	3	1	2	4	1	3	6	2	4
100+	0	0	0	0	0	0	0	0	0	1	0	0

年齢	2035 総数	男	女	2040 総数	男	女	2045 総数	男	女	2050 総数	男	女
総数	12 245	6 030	6 215	12 244	6 026	6 218	12 181	5 996	6 185	12 040	5 933	6 107
0-4	561	287	274	552	283	270	548	281	268	521	267	254
5-9	601	307	293	560	286	273	551	282	269	547	280	267
10-14	711	364	347	600	307	293	559	286	273	550	282	269
15-19	839	429	410	708	362	346	597	305	291	556	285	271
20-24	969	495	473	834	427	408	703	360	343	592	303	289
25-29	839	429	410	963	492	471	829	424	405	698	357	341
30-34	771	394	377	834	426	408	958	489	469	824	421	403
35-39	805	412	393	766	391	375	830	424	406	953	487	466
40-44	906	457	449	800	409	391	762	389	373	825	421	404
45-49	989	486	502	898	452	445	793	405	388	756	386	370
50-54	929	448	481	975	478	497	886	445	441	784	399	384
55-59	797	376	420	908	435	473	955	466	489	869	435	434
60-64	674	320	354	768	359	409	878	417	461	925	448	478
65-69	637	293	343	635	296	339	727	334	392	834	391	443
70-74	522	242	280	575	258	317	577	263	314	665	300	365
75-79	368	163	205	435	193	241	485	210	275	492	217	274
80+	…	…	…	…	…	…	…	…	…	…	…	…
80-84	216	89	127	266	111	155	321	135	186	365	150	215
85-89	79	28	51	125	47	78	158	61	98	196	76	119
90-94	26	8	18	33	10	23	54	18	36	71	24	47
95-99	6	2	5	7	2	5	9	2	7	16	4	11
100+	1	0	1	1	0	1	1	0	1	2	0	1

年齢	2055 総数	男	女	2060 総数	男	女
総数	11 805	5 829	5 976	11 479	5 683	5 796
0-4	468	239	228	410	210	200
5-9	520	266	254	467	239	228
10-14	546	280	267	519	266	254
15-19	548	280	267	544	278	265
20-24	552	282	269	544	278	265
25-29	588	301	287	547	280	267
30-34	694	355	339	584	299	285
35-39	820	419	401	691	353	337
40-44	948	484	464	816	417	399
45-49	819	418	401	942	481	461
50-54	747	381	367	811	413	398
55-59	770	391	379	735	373	362
60-64	844	420	424	749	378	371
65-69	882	422	460	808	398	410
70-74	768	353	414	817	385	431
75-79	573	251	321	668	300	367
80+	…	…	…	…	…	…
80-84	376	159	217	445	188	257
85-89	228	88	140	241	96	145
90-94	90	32	58	109	38	71
95-99	21	6	15	28	9	20
100+	3	1	2	4	1	3

Turkey

性・年齢別人口（千人）

年齢	1960 総数	男	女	1965 総数	男	女	1970 総数	男	女	1975 総数	男	女
総数	27 553	13 729	13 824	31 000	15 404	15 597	34 772	17 245	17 527	39 186	19 449	19 737
0-4	4 855	2 408	2 448	5 166	2 584	2 582	5 530	2 783	2 747	6 130	3 078	3 052
5-9	4 001	1 966	2 035	4 443	2 197	2 247	4 803	2 397	2 407	5 220	2 623	2 598
10-14	2 890	1 468	1 422	3 862	1 894	1 968	4 309	2 128	2 181	4 673	2 330	2 343
15-19	2 499	1 291	1 208	2 805	1 420	1 385	3 755	1 835	1 920	4 153	2 028	2 126
20-24	2 266	1 219	1 047	2 394	1 228	1 166	2 684	1 347	1 337	3 521	1 688	1 833
25-29	2 251	1 189	1 062	2 185	1 167	1 018	2 308	1 173	1 135	2 587	1 285	1 303
30-34	1 843	923	920	2 181	1 145	1 036	2 117	1 123	994	2 235	1 127	1 109
35-39	1 385	675	710	1 784	888	896	2 121	1 105	1 016	2 051	1 082	969
40-44	1 034	480	555	1 331	643	688	1 726	851	875	2 089	1 118	971
45-49	1 172	616	556	983	450	533	1 272	608	664	1 681	844	837
50-54	1 016	476	540	1 099	571	528	928	419	508	1 240	606	634
55-59	796	408	388	931	430	501	1 015	523	493	884	407	478
60-64	678	291	387	702	352	350	834	377	457	971	491	480
65-69	381	142	239	568	237	332	597	292	304	754	334	420
70-74	292	108	184	289	104	186	444	179	265	515	243	271
75-79	121	43	77	190	66	123	196	65	130	317	120	197
80+	75	27	48	87	28	59	134	40	94	164	46	118
80-84	…	…	…	…	…	…	…	…	…	…	…	…
85-89	…	…	…	…	…	…	…	…	…	…	…	…
90-94	…	…	…	…	…	…	…	…	…	…	…	…
95-99	…	…	…	…	…	…	…	…	…	…	…	…
100+	…	…	…	…	…	…	…	…	…	…	…	…

年齢	1980 総数	男	女	1985 総数	男	女	1990 総数	男	女	1995 総数	男	女
総数	43 906	21 755	22 150	49 178	24 290	24 888	53 995	26 637	27 358	58 522	28 820	29 702
0-4	6 641	3 355	3 287	6 844	3 466	3 378	6 648	3 373	3 276	6 465	3 285	3 180
5-9	5 858	2 935	2 923	6 389	3 219	3 170	6 650	3 363	3 286	6 495	3 290	3 206
10-14	5 089	2 554	2 535	5 723	2 860	2 863	6 277	3 159	3 118	6 543	3 304	3 239
15-19	4 547	2 259	2 288	4 989	2 495	2 494	5 644	2 813	2 832	6 186	3 105	3 081
20-24	4 011	1 941	2 070	4 436	2 190	2 246	4 904	2 440	2 464	5 545	2 749	2 797
25-29	3 418	1 622	1 796	3 924	1 885	2 039	4 362	2 142	2 221	4 823	2 385	2 438
30-34	2 515	1 238	1 276	3 347	1 578	1 770	3 859	1 844	2 016	4 292	2 095	2 197
35-39	2 185	1 100	1 085	2 553	1 226	1 327	3 288	1 541	1 747	3 794	1 801	1 992
40-44	1 996	1 051	945	2 201	1 091	1 110	2 499	1 192	1 306	3 223	1 500	1 723
45-49	2 011	1 068	943	2 038	1 070	968	2 142	1 053	1 088	2 437	1 153	1 283
50-54	1 602	796	806	1 989	1 039	950	1 966	1 023	943	2 073	1 010	1 063
55-59	1 162	561	601	1 515	744	771	1 892	977	915	1 879	966	913
60-64	806	363	444	1 071	506	564	1 408	677	731	1 769	896	873
65-69	848	417	430	714	312	403	959	440	519	1 272	594	678
70-74	610	260	351	696	329	366	598	249	349	812	355	457
75-79	362	160	202	442	174	267	510	225	286	450	172	278
80+	245	75	170	308	107	202	…	…	…	…	…	…
80-84	…	…	…	…	…	…	266	92	175	311	120	191
85-89	…	…	…	…	…	…	93	30	64	122	33	88
90-94	…	…	…	…	…	…	24	5	19	27	6	21
95-99	…	…	…	…	…	…	3	0	2	4	1	4
100+	…	…	…	…	…	…	0	0	0	0	0	0

年齢	2000 総数	男	女	2005 総数	男	女	2010 総数	男	女	2015 総数	男	女
総数	63 240	31 114	32 126	67 861	33 364	34 496	72 310	35 525	36 786	78 666	38 675	39 991
0-4	6 636	3 380	3 257	6 520	3 326	3 194	6 415	3 276	3 139	6 821	3 491	3 330
5-9	6 368	3 233	3 135	6 574	3 347	3 227	6 476	3 303	3 173	6 670	3 404	3 267
10-14	6 425	3 249	3 176	6 330	3 213	3 117	6 544	3 330	3 213	6 703	3 418	3 285
15-19	6 460	3 254	3 206	6 371	3 218	3 153	6 291	3 189	3 101	6 694	3 405	3 289
20-24	6 097	3 050	3 047	6 393	3 211	3 182	6 321	3 186	3 136	6 357	3 217	3 140
25-29	5 470	2 701	2 769	6 033	3 006	3 027	6 340	3 174	3 165	6 380	3 207	3 173
30-34	4 756	2 343	2 414	5 409	2 660	2 749	5 978	2 969	3 009	6 391	3 191	3 200
35-39	4 228	2 054	2 174	4 697	2 304	2 394	5 353	2 622	2 731	6 025	2 983	3 042
40-44	3 728	1 760	1 968	4 168	2 015	2 152	4 639	2 265	2 374	5 396	2 634	2 762
45-49	3 155	1 457	1 698	3 663	1 719	1 944	4 103	1 973	2 130	4 677	2 273	2 404
50-54	2 368	1 110	1 258	3 082	1 412	1 670	3 588	1 671	1 917	4 129	1 974	2 155
55-59	1 992	958	1 034	2 289	1 061	1 228	2 991	1 355	1 636	3 596	1 663	1 933
60-64	1 768	892	876	1 890	893	997	2 186	996	1 191	2 898	1 295	1 603
65-69	1 610	793	817	1 624	797	826	1 754	806	948	2 065	919	1 146
70-74	1 091	485	605	1 393	655	738	1 424	669	755	1 577	697	880
75-79	620	249	370	845	345	500	1 099	478	621	1 158	509	649
80+	…	…	…	…	…	…	…	…	…	…	…	…
80-84	283	93	190	396	137	259	559	199	360	759	295	464
85-89	143	44	99	135	35	100	198	55	143	293	86	208
90-94	37	7	29	43	10	33	44	8	36	69	14	55
95-99	5	1	4	6	1	5	8	1	6	9	1	8
100+	0	0	0	0	0	0	1	0	0	1	0	1

中位予測値   トルコ

性・年齢別人口（千人）

年齢	2015			2020			2025			2030		
	総数	男	女	総数	男	女	総数	男	女	総数	男	女
総数	78 666	38 675	39 991	82 256	40 428	41 828	84 862	41 698	43 163	87 717	43 117	44 600
0-4	6 821	3 491	3 330	6 252	3 197	3 056	6 002	3 071	2 931	5 803	2 971	2 833
5-9	6 670	3 404	3 267	6 708	3 431	3 278	6 215	3 176	3 038	5 977	3 057	2 920
10-14	6 703	3 418	3 285	6 586	3 360	3 227	6 495	3 318	3 177	6 193	3 164	3 028
15-19	6 694	3 405	3 289	6 626	3 376	3 249	6 426	3 276	3 150	6 411	3 273	3 138
20-24	6 357	3 217	3 140	6 626	3 365	3 260	6 475	3 295	3 180	6 355	3 237	3 118
25-29	6 380	3 207	3 173	6 298	3 180	3 118	6 503	3 296	3 207	6 403	3 253	3 150
30-34	6 391	3 191	3 200	6 314	3 166	3 148	6 209	3 129	3 081	6 438	3 257	3 181
35-39	6 025	2 983	3 042	6 318	3 145	3 173	6 218	3 110	3 109	6 152	3 093	3 059
40-44	5 396	2 634	2 762	5 944	2 932	3 012	6 212	3 082	3 130	6 152	3 068	3 083
45-49	4 677	2 273	2 404	5 307	2 578	2 729	5 828	2 863	2 965	6 131	3 032	3 099
50-54	4 129	1 974	2 155	4 578	2 212	2 366	5 178	2 502	2 676	5 731	2 803	2 928
55-59	3 596	1 663	1 933	4 011	1 902	2 109	4 431	2 125	2 306	5 060	2 430	2 630
60-64	2 898	1 295	1 603	3 446	1 572	1 874	3 830	1 794	2 036	4 281	2 032	2 248
65-69	2 065	919	1 146	2 728	1 192	1 536	3 218	1 438	1 780	3 630	1 672	1 958
70-74	1 577	697	880	1 860	798	1 062	2 474	1 045	1 429	2 938	1 273	1 665
75-79	1 158	509	649	1 301	540	762	1 558	629	929	2 110	843	1 267
80+	…	…	…	…	…	…	…	…	…	…	…	…
80-84	759	295	464	813	322	492	939	350	589	1 161	425	737
85-89	293	86	208	414	135	279	463	155	308	558	177	382
90-94	69	14	55	109	24	85	161	41	121	190	49	141
95-99	9	1	8	14	2	12	25	4	21	39	7	32
100+	1	0	1	1	0	1	2	0	2	3	0	3

年齢	2035			2040			2045			2050		
	総数	男	女	総数	男	女	総数	男	女	総数	男	女
総数	90 461	44 508	45 953	92 744	45 688	47 056	94 544	46 660	47 884	95 819	47 392	48 427
0-4	5 646	2 891	2 755	5 503	2 818	2 685	5 352	2 741	2 612	5 187	2 656	2 531
5-9	5 787	2 962	2 825	5 633	2 884	2 749	5 492	2 812	2 680	5 342	2 736	2 607
10-14	5 954	3 045	2 909	5 776	2 956	2 820	5 623	2 879	2 745	5 484	2 808	2 676
15-19	6 167	3 151	3 016	5 934	3 034	2 900	5 757	2 946	2 811	5 606	2 870	2 737
20-24	6 385	3 258	3 128	6 139	3 133	3 006	5 909	3 019	2 890	5 734	2 932	2 802
25-29	6 326	3 218	3 108	6 357	3 238	3 118	6 114	3 117	2 997	5 887	3 005	2 882
30-34	6 370	3 232	3 138	6 296	3 198	3 098	6 330	3 221	3 109	6 091	3 103	2 989
35-39	6 398	3 232	3 167	6 335	3 209	3 126	6 266	3 180	3 086	6 303	3 205	3 098
40-44	6 107	3 064	3 043	6 356	3 205	3 151	6 298	3 187	3 112	6 233	3 160	3 073
45-49	6 094	3 031	3 063	6 055	3 031	3 024	6 309	3 176	3 133	6 256	3 161	3 095
50-54	6 054	2 983	3 071	6 025	2 988	3 037	5 994	2 994	2 999	6 251	3 141	3 110
55-59	5 628	2 738	2 889	5 956	2 922	3 033	5 937	2 935	3 002	5 914	2 947	2 967
60-64	4 921	2 343	2 578	5 488	2 652	2 836	5 823	2 841	2 981	5 816	2 863	2 954
65-69	4 093	1 916	2 177	4 725	2 223	2 502	5 291	2 532	2 759	5 633	2 727	2 905
70-74	3 357	1 508	1 849	3 811	1 746	2 065	4 431	2 048	2 382	4 989	2 354	2 635
75-79	2 543	1 051	1 492	2 938	1 268	1 671	3 376	1 496	1 879	3 966	1 784	2 182
80+	…	…	…	…	…	…	…	…	…	…	…	…
80-84	1 616	591	1 025	1 985	760	1 225	2 338	947	1 391	2 732	1 149	1 583
85-89	717	225	492	1 031	328	703	1 304	443	861	1 575	577	998
90-94	243	60	183	328	81	246	494	127	366	648	184	464
95-99	49	9	40	67	12	56	97	17	79	154	30	124
100+	6	1	5	8	1	7	11	1	10	17	2	15

年齢	2055			2060		
	総数	男	女	総数	男	女
総数	96 588	47 889	48 700	96 856	48 129	48 727
0-4	5 019	2 570	2 449	4 870	2 494	2 376
5-9	5 178	2 651	2 527	5 012	2 566	2 445
10-14	5 335	2 732	2 603	5 172	2 648	2 524
15-19	5 468	2 799	2 669	5 321	2 724	2 597
20-24	5 585	2 857	2 728	5 449	2 788	2 661
25-29	5 715	2 920	2 795	5 568	2 846	2 722
30-34	5 867	2 993	2 875	5 698	2 909	2 788
35-39	6 068	3 089	2 979	5 847	2 981	2 866
40-44	6 274	3 188	3 086	6 043	3 074	2 969
45-49	6 196	3 138	3 058	6 240	3 168	3 072
50-54	6 204	3 131	3 073	6 149	3 111	3 038
55-59	6 176	3 098	3 079	6 136	3 092	3 044
60-64	5 806	2 883	2 923	6 072	3 037	3 036
65-69	5 644	2 761	2 883	5 648	2 790	2 858
70-74	5 339	2 556	2 784	5 373	2 603	2 771
75-79	4 508	2 080	2 428	4 862	2 284	2 578
80+	…	…	…	…	…	…
80-84	3 263	1 406	1 858	3 760	1 671	2 088
85-89	1 889	731	1 158	2 309	924	1 385
90-94	811	256	556	1 006	341	666
95-99	212	47	166	278	70	208
100+	28	4	25	42	7	36

Turkey

性・年齢別人口（千人）

高位予測値

年齢	2015			2020			2025			2030		
	総数	男	女	総数	男	女	総数	男	女	総数	男	女
総数	78 666	38 675	39 991	83 036	40 827	42 209	86 890	42 736	44 154	91 300	44 950	46 350
0-4	6 821	3 491	3 330	7 033	3 596	3 437	7 253	3 711	3 542	7 363	3 769	3 594
5-9	6 670	3 404	3 267	6 708	3 431	3 278	6 992	3 573	3 419	7 224	3 695	3 529
10-14	6 703	3 418	3 285	6 586	3 360	3 227	6 495	3 318	3 177	6 968	3 561	3 408
15-19	6 694	3 405	3 289	6 626	3 376	3 249	6 426	3 276	3 150	6 411	3 273	3 138
20-24	6 357	3 217	3 140	6 626	3 365	3 260	6 475	3 295	3 180	6 355	3 237	3 118
25-29	6 380	3 207	3 173	6 298	3 180	3 118	6 503	3 296	3 207	6 403	3 253	3 150
30-34	6 391	3 191	3 200	6 314	3 166	3 148	6 209	3 129	3 081	6 438	3 257	3 181
35-39	6 025	2 983	3 042	6 318	3 145	3 173	6 218	3 110	3 109	6 152	3 093	3 059
40-44	5 396	2 634	2 762	5 944	2 932	3 012	6 212	3 082	3 130	6 152	3 068	3 083
45-49	4 677	2 273	2 404	5 307	2 578	2 729	5 828	2 863	2 965	6 131	3 032	3 099
50-54	4 129	1 974	2 155	4 578	2 212	2 366	5 178	2 502	2 676	5 731	2 803	2 928
55-59	3 596	1 663	1 933	4 011	1 902	2 109	4 431	2 125	2 306	5 060	2 430	2 630
60-64	2 898	1 295	1 603	3 446	1 572	1 874	3 830	1 794	2 036	4 281	2 032	2 248
65-69	2 065	919	1 146	2 728	1 192	1 536	3 218	1 438	1 780	3 630	1 672	1 958
70-74	1 577	697	880	1 860	798	1 062	2 474	1 045	1 429	2 938	1 273	1 665
75-79	1 158	509	649	1 301	540	762	1 558	629	929	2 110	843	1 267
80+	...	...	...	...	...	...	...	...	...	...	...	...
80-84	759	295	464	813	322	492	939	350	589	1 161	425	737
85-89	293	86	208	414	135	279	463	155	308	558	177	382
90-94	69	14	55	109	24	85	161	41	121	190	49	141
95-99	9	1	8	14	2	12	25	4	21	39	7	32
100+	1	0	1	1	0	1	2	0	2	3	0	3

年齢	2035			2040			2045			2050		
	総数	男	女	総数	男	女	総数	男	女	総数	男	女
総数	95 608	47 141	48 467	99 542	49 167	50 376	103 238	51 108	52 130	106 790	53 005	53 785
0-4	7 219	3 696	3 523	7 165	3 669	3 496	7 260	3 718	3 542	7 479	3 830	3 649
5-9	7 343	3 758	3 585	7 202	3 687	3 515	7 150	3 661	3 489	7 247	3 711	3 536
10-14	7 199	3 682	3 517	7 329	3 751	3 578	7 190	3 681	3 509	7 140	3 656	3 484
15-19	6 941	3 546	3 395	7 177	3 670	3 507	7 308	3 740	3 569	7 171	3 670	3 501
20-24	6 385	3 258	3 128	6 911	3 527	3 384	7 149	3 653	3 496	7 282	3 724	3 558
25-29	6 326	3 218	3 108	6 357	3 238	3 118	6 884	3 510	3 374	7 124	3 637	3 487
30-34	6 370	3 232	3 138	6 296	3 198	3 098	6 330	3 221	3 109	6 859	3 494	3 365
35-39	6 398	3 232	3 167	6 335	3 209	3 126	6 266	3 180	3 086	6 303	3 205	3 098
40-44	6 107	3 064	3 043	6 356	3 205	3 151	6 298	3 187	3 112	6 233	3 160	3 073
45-49	6 094	3 031	3 063	6 055	3 031	3 024	6 309	3 176	3 133	6 256	3 161	3 095
50-54	6 054	2 983	3 071	6 025	2 988	3 037	5 994	2 994	2 999	6 251	3 141	3 110
55-59	5 628	2 738	2 889	5 956	2 922	3 033	5 937	2 935	3 002	5 914	2 947	2 967
60-64	4 921	2 343	2 578	5 488	2 652	2 836	5 823	2 841	2 981	5 816	2 863	2 954
65-69	4 093	1 916	2 177	4 725	2 223	2 502	5 291	2 532	2 759	5 633	2 727	2 905
70-74	3 357	1 508	1 849	3 811	1 746	2 065	4 431	2 048	2 382	4 989	2 354	2 635
75-79	2 543	1 051	1 492	2 938	1 268	1 671	3 376	1 496	1 879	3 966	1 784	2 182
80+	...	...	...	...	...	...	...	...	...	...	...	...
80-84	1 616	591	1 025	1 985	760	1 225	2 338	947	1 391	2 732	1 149	1 583
85-89	717	225	492	1 031	328	703	1 304	443	861	1 575	577	998
90-94	243	60	183	328	81	246	494	127	366	648	184	464
95-99	49	9	40	67	12	56	97	17	79	154	30	124
100+	6	1	5	8	1	7	11	1	10	17	2	15

年齢	2055			2060		
	総数	男	女	総数	男	女
総数	110 213	54 860	55 354	113 390	56 588	56 802
0-4	7 693	3 939	3 753	7 803	3 996	3 807
5-9	7 467	3 824	3 643	7 681	3 933	3 748
10-14	7 238	3 706	3 532	7 459	3 819	3 639
15-19	7 122	3 646	3 476	7 222	3 698	3 524
20-24	7 148	3 656	3 491	7 101	3 634	3 467
25-29	7 260	3 709	3 550	7 127	3 644	3 484
30-34	7 101	3 622	3 478	7 239	3 697	3 542
35-39	6 833	3 478	3 355	7 077	3 608	3 469
40-44	6 274	3 188	3 086	6 805	3 462	3 343
45-49	6 196	3 138	3 058	6 240	3 168	3 072
50-54	6 204	3 131	3 073	6 149	3 111	3 038
55-59	6 176	3 098	3 079	6 136	3 092	3 044
60-64	5 806	2 883	2 923	6 072	3 037	3 036
65-69	5 644	2 761	2 883	5 648	2 790	2 858
70-74	5 339	2 556	2 784	5 373	2 603	2 771
75-79	4 508	2 080	2 428	4 862	2 284	2 578
80+	...	...	...	...	...	...
80-84	3 263	1 406	1 858	3 760	1 671	2 088
85-89	1 889	731	1 158	2 309	924	1 385
90-94	811	256	556	1 006	341	666
95-99	212	47	166	278	70	208
100+	28	4	25	42	7	36

882

性・年齢別人口（千人）

年齢	2015			2020			2025			2030		
	総数	男	女	総数	男	女	総数	男	女	総数	男	女
総数	78 666	38 675	39 991	81 476	40 029	41 446	82 833	40 661	42 172	84 134	41 284	42 850
0-4	6 821	3 491	3 330	5 472	2 798	2 674	4 751	2 431	2 320	4 243	2 172	2 071
5-9	6 670	3 404	3 267	6 708	3 431	3 278	5 437	2 779	2 658	4 730	2 419	2 310
10-14	6 703	3 418	3 285	6 586	3 360	3 227	6 495	3 318	3 177	5 417	2 768	2 649
15-19	6 694	3 405	3 289	6 626	3 376	3 249	6 426	3 276	3 150	6 411	3 273	3 138
20-24	6 357	3 217	3 140	6 626	3 365	3 260	6 475	3 295	3 180	6 355	3 237	3 118
25-29	6 380	3 207	3 173	6 298	3 180	3 118	6 503	3 296	3 207	6 403	3 253	3 150
30-34	6 391	3 191	3 200	6 314	3 166	3 148	6 209	3 129	3 081	6 438	3 257	3 181
35-39	6 025	2 983	3 042	6 318	3 145	3 173	6 218	3 110	3 109	6 152	3 093	3 059
40-44	5 396	2 634	2 762	5 944	2 932	3 012	6 212	3 082	3 130	6 152	3 068	3 083
45-49	4 677	2 273	2 404	5 307	2 578	2 729	5 828	2 863	2 965	6 131	3 032	3 099
50-54	4 129	1 974	2 155	4 578	2 212	2 366	5 178	2 502	2 676	5 731	2 803	2 928
55-59	3 596	1 663	1 933	4 011	1 902	2 109	4 431	2 125	2 306	5 060	2 430	2 630
60-64	2 898	1 295	1 603	3 446	1 572	1 874	3 830	1 794	2 036	4 281	2 032	2 248
65-69	2 065	919	1 146	2 728	1 192	1 536	3 218	1 438	1 780	3 630	1 672	1 958
70-74	1 577	697	880	1 860	798	1 062	2 474	1 045	1 429	2 938	1 273	1 665
75-79	1 158	509	649	1 301	540	762	1 558	629	929	2 110	843	1 267
80+	...	...	...	...	...	...	...	...	...	...	...	...
80-84	759	295	464	813	322	492	939	350	589	1 161	425	737
85-89	293	86	208	414	135	279	463	155	308	558	177	382
90-94	69	14	55	109	24	85	161	41	121	190	49	141
95-99	9	1	8	14	2	12	25	4	21	39	7	32
100+	1	0	1	1	0	1	2	0	2	3	0	3

年齢	2035			2040			2045			2050		
	総数	男	女	総数	男	女	総数	男	女	総数	男	女
総数	85 322	41 879	43 443	86 006	42 241	43 765	86 083	42 331	43 752	85 441	42 082	43 359
0-4	4 082	2 090	1 992	3 894	1 994	1 900	3 617	1 852	1 765	3 255	1 667	1 588
5-9	4 231	2 166	2 065	4 072	2 085	1 987	3 886	1 990	1 896	3 609	1 848	1 761
10-14	4 710	2 409	2 301	4 222	2 161	2 061	4 065	2 081	1 984	3 879	1 986	1 893
15-19	5 393	2 755	2 638	4 691	2 399	2 292	4 206	2 152	2 054	4 049	2 073	1 977
20-24	6 385	3 258	3 128	5 367	2 739	2 628	4 669	2 385	2 284	4 186	2 140	2 046
25-29	6 326	3 218	3 108	6 357	3 238	3 118	5 345	2 725	2 620	4 650	2 373	2 277
30-34	6 370	3 232	3 138	6 296	3 198	3 098	6 330	3 221	3 109	5 324	2 711	2 613
35-39	6 398	3 232	3 167	6 335	3 209	3 126	6 266	3 180	3 086	6 303	3 205	3 098
40-44	6 107	3 064	3 043	6 356	3 205	3 151	6 298	3 187	3 112	6 233	3 160	3 073
45-49	6 094	3 031	3 063	6 055	3 031	3 024	6 309	3 176	3 133	6 256	3 161	3 095
50-54	6 054	2 983	3 071	6 025	2 988	3 037	5 994	2 994	2 999	6 251	3 141	3 110
55-59	5 628	2 738	2 889	5 956	2 922	3 033	5 937	2 935	3 002	5 914	2 947	2 967
60-64	4 921	2 343	2 578	5 488	2 652	2 836	5 823	2 841	2 981	5 816	2 863	2 954
65-69	4 093	1 916	2 177	4 725	2 223	2 502	5 291	2 532	2 759	5 633	2 727	2 905
70-74	3 357	1 508	1 849	3 811	1 746	2 065	4 431	2 048	2 382	4 989	2 354	2 635
75-79	2 543	1 051	1 492	2 938	1 268	1 671	3 376	1 496	1 879	3 966	1 784	2 182
80+	...	...	...	...	...	...	...	...	...	...	...	...
80-84	1 616	591	1 025	1 985	760	1 225	2 338	947	1 391	2 732	1 149	1 583
85-89	717	225	492	1 031	328	703	1 304	443	861	1 575	577	998
90-94	243	60	183	328	81	246	494	127	366	648	184	464
95-99	49	9	40	67	12	56	97	17	79	154	30	124
100+	6	1	5	8	1	7	11	1	10	17	2	15

年齢	2055			2060		
	総数	男	女	総数	男	女
総数	84 106	41 503	42 603	82 153	40 607	41 546
0-4	2 897	1 484	1 413	2 628	1 346	1 282
5-9	3 249	1 664	1 585	2 892	1 481	1 411
10-14	3 604	1 846	1 759	3 244	1 661	1 583
15-19	3 866	1 979	1 887	3 592	1 839	1 753
20-24	4 031	2 062	1 969	3 849	1 969	1 880
25-29	4 170	2 130	2 040	4 017	2 053	1 964
30-34	4 634	2 363	2 271	4 157	2 122	2 035
35-39	5 303	2 699	2 604	4 617	2 353	2 264
40-44	6 274	3 188	3 086	5 281	2 686	2 595
45-49	6 196	3 138	3 058	6 240	3 168	3 072
50-54	6 204	3 131	3 073	6 149	3 111	3 038
55-59	6 176	3 098	3 079	6 136	3 092	3 044
60-64	5 806	2 883	2 923	6 072	3 037	3 036
65-69	5 644	2 761	2 883	5 648	2 790	2 858
70-74	5 339	2 556	2 784	5 373	2 603	2 771
75-79	4 508	2 080	2 428	4 862	2 284	2 578
80+	...	...	...	...	...	...
80-84	3 263	1 406	1 858	3 760	1 671	2 088
85-89	1 889	731	1 158	2 309	924	1 385
90-94	811	256	556	1 006	341	666
95-99	212	47	166	278	70	208
100+	28	4	25	42	7	36

Turkmenistan

推計値

性・年齢別人口（千人）

年齢	1960 総数	男	女	1965 総数	男	女	1970 総数	男	女	1975 総数	男	女
総数	1 594	782	812	1 890	929	961	2 188	1 077	1 111	2 520	1 241	1 279
0-4	286	146	140	351	179	173	354	179	175	399	201	197
5-9	204	105	99	281	144	138	346	176	171	356	180	176
10-14	139	71	68	206	106	100	284	145	139	341	173	168
15-19	112	58	54	141	72	69	208	106	101	282	143	139
20-24	146	75	71	113	58	54	141	72	69	216	108	108
25-29	122	63	59	146	75	71	113	58	55	144	73	71
30-34	120	60	60	122	62	60	146	75	71	111	57	54
35-39	79	34	45	119	59	60	121	62	60	143	73	70
40-44	60	25	35	78	33	44	117	58	59	115	58	57
45-49	76	31	45	59	24	35	76	32	44	112	54	58
50-54	67	29	38	72	29	44	57	23	34	76	31	45
55-59	58	26	32	62	26	35	67	26	41	55	21	34
60-64	40	19	22	52	23	29	55	23	33	58	23	35
65-69	29	14	15	34	15	19	44	18	26	45	18	27
70-74	27	13	15	22	10	12	27	11	16	32	13	19
75-79	16	7	9	19	8	11	16	7	9	18	7	11
80+	11	5	6	13	5	8	16	6	9	18	7	11
80-84	…	…	…	…	…	…	…	…	…	…	…	…
85-89	…	…	…	…	…	…	…	…	…	…	…	…
90-94	…	…	…	…	…	…	…	…	…	…	…	…
95-99	…	…	…	…	…	…	…	…	…	…	…	…
100+	…	…	…	…	…	…	…	…	…	…	…	…

年齢	1980 総数	男	女	1985 総数	男	女	1990 総数	男	女	1995 総数	男	女
総数	2 861	1 406	1 455	3 229	1 587	1 642	3 668	1 809	1 859	4 188	2 068	2 120
0-4	437	220	217	497	252	245	579	294	285	594	301	293
5-9	391	197	195	425	214	211	484	244	240	575	291	284
10-14	354	179	175	386	194	192	421	212	209	487	246	242
15-19	333	168	165	343	174	169	375	189	186	425	214	211
20-24	288	146	143	333	166	168	339	172	166	377	190	187
25-29	214	105	108	284	141	143	325	158	167	339	172	167
30-34	148	74	74	206	101	106	276	136	140	324	157	167
35-39	100	51	49	139	69	71	200	98	102	274	134	140
40-44	137	69	68	95	48	47	134	66	68	198	96	102
45-49	108	54	54	129	64	65	91	46	46	131	63	67
50-54	107	51	56	102	50	52	122	59	62	88	44	45
55-59	71	28	43	99	47	53	94	45	49	115	55	60
60-64	50	18	31	63	25	39	89	40	48	87	41	46
65-69	47	18	29	42	15	27	54	20	34	78	34	44
70-74	34	13	21	38	13	24	34	11	22	44	15	29
75-79	23	9	14	24	8	15	27	9	18	25	8	17
80+	19	7	12	22	8	14	…	…	…	…	…	…
80-84	…	…	…	…	…	…	15	5	10	16	5	11
85-89	…	…	…	…	…	…	7	2	5	7	2	5
90-94	…	…	…	…	…	…	2	1	1	2	1	2
95-99	…	…	…	…	…	…	0	0	0	0	0	0
100+	…	…	…	…	…	…	0	0	0	0	0	0

年齢	2000 総数	男	女	2005 総数	男	女	2010 総数	男	女	2015 総数	男	女
総数	4 501	2 222	2 279	4 748	2 342	2 406	5 042	2 483	2 559	5 374	2 641	2 733
0-4	490	249	241	505	257	249	506	257	249	528	268	260
5-9	578	293	286	479	243	236	496	252	244	498	252	245
10-14	566	286	280	567	287	281	472	239	233	491	249	242
15-19	480	242	238	552	278	274	559	282	277	468	237	231
20-24	417	210	208	462	231	231	541	272	269	554	279	275
25-29	369	185	184	398	198	200	451	224	227	533	267	266
30-34	331	167	164	351	174	177	387	191	196	443	219	224
35-39	315	152	164	314	157	157	340	167	172	378	186	193
40-44	265	128	137	299	143	156	303	150	152	330	161	169
45-49	189	90	99	249	119	130	286	134	151	291	143	149
50-54	123	59	64	174	82	92	234	110	124	272	125	146
55-59	81	39	42	111	52	58	161	74	87	218	100	118
60-64	103	48	55	70	33	37	99	45	53	145	65	81
65-69	74	33	41	86	39	48	59	27	32	85	37	48
70-74	62	25	37	58	25	33	69	29	40	48	20	27
75-79	32	10	22	44	17	27	41	16	25	49	19	30
80+	…	…	…	…	…	…	…	…	…	…	…	…
80-84	15	4	11	19	6	14	26	9	17	25	9	16
85-89	8	2	6	7	2	5	9	2	7	13	4	9
90-94	2	1	2	3	1	2	2	0	2	3	1	3
95-99	0	0	0	0	0	0	1	0	0	1	0	0
100+	0	0	0	0	0	0	0	0	0	0	0	0

性・年齢別人口（千人）

年齢	2015			2020			2025			2030		
	総数	男	女	総数	男	女	総数	男	女	総数	男	女
総数	5 374	2 641	2 733	5 685	2 787	2 898	5 952	2 909	3 042	6 160	3 001	3 158
0-4	528	268	260	525	266	258	499	253	246	465	236	229
5-9	498	252	245	520	263	256	517	262	255	492	249	243
10-14	491	249	242	493	250	244	515	261	255	513	260	253
15-19	468	237	231	487	247	241	489	247	242	512	259	253
20-24	554	279	275	463	234	229	482	244	239	485	245	240
25-29	533	267	266	546	274	272	457	230	227	476	240	236
30-34	443	219	224	525	261	263	538	268	269	450	225	224
35-39	378	186	193	434	213	221	515	255	260	528	262	266
40-44	330	161	169	369	179	190	423	206	217	503	247	256
45-49	291	143	149	319	154	165	356	171	185	410	197	213
50-54	272	125	146	277	134	144	304	144	160	341	161	180
55-59	218	100	118	254	114	139	259	122	137	285	132	153
60-64	145	65	81	198	88	110	231	100	130	236	108	129
65-69	85	37	48	126	53	73	172	72	100	202	83	118
70-74	48	20	27	69	28	41	102	41	62	140	55	85
75-79	49	19	30	34	14	21	50	19	31	75	27	48
80+	…	…	…	…	…	…	…	…	…	…	…	…
80-84	25	9	16	30	10	20	21	7	13	31	10	20
85-89	13	4	9	12	4	8	15	4	10	10	3	7
90-94	3	1	3	4	1	3	4	1	3	5	1	4
95-99	1	0	0	1	0	1	1	0	1	1	0	1
100+	0	0	0	0	0	0	0	0	0	0	0	0

年齢	2035			2040			2045			2050		
	総数	男	女	総数	男	女	総数	男	女	総数	男	女
総数	6 316	3 067	3 249	6 432	3 113	3 318	6 513	3 144	3 369	6 555	3 155	3 400
0-4	443	225	218	434	220	214	430	218	212	419	213	206
5-9	459	232	226	437	221	216	429	217	212	425	215	210
10-14	488	247	241	455	230	225	434	219	214	425	215	210
15-19	509	258	252	484	245	240	452	228	223	430	218	213
20-24	507	256	251	505	255	250	480	242	238	448	226	222
25-29	478	241	238	501	252	249	499	251	248	475	239	236
30-34	469	235	234	472	236	235	494	248	246	493	247	246
35-39	442	220	221	461	230	231	464	232	233	487	243	244
40-44	517	255	262	433	214	218	452	224	228	456	226	230
45-49	489	237	251	502	245	258	421	206	214	440	216	224
50-54	393	186	207	469	224	245	483	232	251	405	195	209
55-59	320	148	173	370	171	199	443	207	236	457	215	242
60-64	261	117	144	293	131	163	340	152	188	408	185	223
65-69	207	90	117	229	98	131	259	110	149	301	128	172
70-74	165	64	101	170	69	101	189	75	114	214	85	129
75-79	103	37	66	122	43	79	126	47	79	141	51	90
80+	…	…	…	…	…	…	…	…	…	…	…	…
80-84	47	15	32	65	21	44	77	24	53	80	26	54
85-89	15	4	11	23	6	17	32	9	24	39	10	29
90-94	4	1	3	5	1	4	8	2	6	12	3	9
95-99	1	0	1	1	0	1	1	0	1	2	0	2
100+	0	0	0	0	0	0	0	0	0	0	0	0

年齢	2055			2060		
	総数	男	女	総数	男	女
総数	6 555	3 146	3 409	6 514	3 116	3 398
0-4	402	204	198	381	194	187
5-9	415	210	204	397	202	196
10-14	422	213	208	412	208	203
15-19	422	214	209	419	212	207
20-24	427	215	211	419	211	207
25-29	443	223	220	422	212	210
30-34	469	235	234	437	219	218
35-39	486	242	243	463	231	232
40-44	478	237	241	477	237	241
45-49	444	218	226	467	229	238
50-54	424	205	219	429	207	221
55-59	383	181	202	403	191	212
60-64	422	192	230	354	162	192
65-69	361	156	206	375	162	212
70-74	250	99	150	302	121	180
75-79	161	58	103	189	68	121
80+	…	…	…	…	…	…
80-84	90	29	61	104	33	71
85-89	40	11	29	46	12	34
90-94	14	3	11	15	3	12
95-99	3	1	2	3	1	3
100+	0	0	0	0	0	0

性・年齢別人口（千人）

年齢	2015			2020			2025			2030		
	総数	男	女	総数	男	女	総数	男	女	総数	男	女
総数	5 374	2 641	2 733	5 745	2 817	2 927	6 106	2 987	3 118	6 428	3 137	3 291
0-4	528	268	260	584	297	288	594	301	292	581	295	286
5-9	498	252	245	520	263	256	576	292	284	586	297	289
10-14	491	249	242	493	250	244	515	261	255	572	289	282
15-19	468	237	231	487	247	241	489	247	242	512	259	253
20-24	554	279	275	463	234	229	482	244	239	485	245	240
25-29	533	267	266	546	274	272	457	230	227	476	240	236
30-34	443	219	224	525	261	263	538	268	269	450	225	224
35-39	378	186	193	434	213	221	515	255	260	528	262	266
40-44	330	161	169	369	179	190	423	206	217	503	247	256
45-49	291	143	149	319	154	165	356	171	185	410	197	213
50-54	272	125	146	277	134	144	304	144	160	341	161	180
55-59	218	100	118	254	114	139	259	122	137	285	132	153
60-64	145	65	81	198	88	110	231	100	130	236	108	129
65-69	85	37	48	126	53	73	172	72	100	202	83	118
70-74	48	20	27	69	28	41	102	41	62	140	55	85
75-79	49	19	30	34	14	21	50	19	31	75	27	48
80+	…	…	…	…	…	…	…	…	…	…	…	…
80-84	25	9	16	30	10	20	21	7	13	31	10	20
85-89	13	4	9	12	4	8	15	4	10	10	3	7
90-94	3	1	3	4	1	3	4	1	3	5	1	4
95-99	1	0	0	1	0	1	1	0	1	1	0	1
100+	0	0	0	0	0	0	0	0	0	0	0	0

年齢	2035			2040			2045			2050		
	総数	男	女	総数	男	女	総数	男	女	総数	男	女
総数	6 698	3 260	3 438	6 936	3 369	3 568	7 161	3 471	3 689	7 377	3 571	3 806
0-4	558	283	275	558	283	275	576	292	284	596	303	294
5-9	574	291	283	552	279	272	552	279	272	570	289	281
10-14	582	294	287	569	288	281	548	277	271	548	277	271
15-19	568	287	281	578	292	286	566	286	280	544	275	269
20-24	507	256	251	563	284	279	573	289	284	561	283	278
25-29	478	241	238	501	252	249	557	280	277	567	285	282
30-34	469	235	234	472	236	235	494	248	246	550	276	274
35-39	442	220	221	461	230	231	464	232	233	487	243	244
40-44	517	255	262	433	214	218	452	224	228	456	226	230
45-49	489	237	251	502	245	258	421	206	214	440	216	224
50-54	393	186	207	469	224	245	483	232	251	405	195	209
55-59	320	148	173	370	171	199	443	207	236	457	215	242
60-64	261	117	144	293	131	163	340	152	188	408	185	223
65-69	207	90	117	229	98	131	259	110	149	301	128	172
70-74	165	64	101	170	69	101	189	75	114	214	85	129
75-79	103	37	66	122	43	79	126	47	79	141	51	90
80+	…	…	…	…	…	…	…	…	…	…	…	…
80-84	47	15	32	65	21	44	77	24	53	80	26	54
85-89	15	4	11	23	6	17	32	9	24	39	10	29
90-94	4	1	3	5	1	4	8	2	6	12	3	9
95-99	1	0	1	1	0	1	1	0	1	2	0	2
100+	0	0	0	0	0	0	0	0	0	0	0	0

年齢	2055			2060		
	総数	男	女	総数	男	女
総数	7 578	3 663	3 916	7 754	3 742	4 012
0-4	607	308	299	603	307	297
5-9	591	299	291	602	305	297
10-14	566	287	280	587	297	290
15-19	545	275	269	563	285	278
20-24	540	272	268	541	273	268
25-29	556	280	276	535	269	266
30-34	561	281	280	549	276	274
35-39	542	271	272	553	276	277
40-44	478	237	241	533	265	269
45-49	444	218	226	467	229	238
50-54	424	205	219	429	207	221
55-59	383	181	202	403	191	212
60-64	422	192	230	354	162	192
65-69	361	156	206	375	162	212
70-74	250	99	150	302	121	180
75-79	161	58	103	189	68	121
80+	…	…	…	…	…	…
80-84	90	29	61	104	33	71
85-89	40	11	29	46	12	34
90-94	14	3	11	15	3	12
95-99	3	1	2	3	1	3
100+	0	0	0	0	0	0

性・年齢別人口（千人）

年齢	2015			2020			2025			2030		
	総数	男	女	総数	男	女	総数	男	女	総数	男	女
総数	5 374	2 641	2 733	5 626	2 757	2 869	5 798	2 831	2 966	5 891	2 865	3 026
0-4	528	268	260	465	236	229	404	205	199	349	177	172
5-9	498	252	245	520	263	256	458	232	226	398	202	196
10-14	491	249	242	493	250	244	515	261	255	454	230	224
15-19	468	237	231	487	247	241	489	247	242	512	259	253
20-24	554	279	275	463	234	229	482	244	239	485	245	240
25-29	533	267	266	546	274	272	457	230	227	476	240	236
30-34	443	219	224	525	261	263	538	268	269	450	225	224
35-39	378	186	193	434	213	221	515	255	260	528	262	266
40-44	330	161	169	369	179	190	423	206	217	503	247	256
45-49	291	143	149	319	154	165	356	171	185	410	197	213
50-54	272	125	146	277	134	144	304	144	160	341	161	180
55-59	218	100	118	254	114	139	259	122	137	285	132	153
60-64	145	65	81	198	88	110	231	100	130	236	108	129
65-69	85	37	48	126	53	73	172	72	100	202	83	118
70-74	48	20	27	69	28	41	102	41	62	140	55	85
75-79	49	19	30	34	14	21	50	19	31	75	27	48
80+	...	...	...	...	...	...	...	...	...	...	...	...
80-84	25	9	16	30	10	20	21	7	13	31	10	20
85-89	13	4	9	12	4	8	15	4	10	10	3	7
90-94	3	1	3	4	1	3	4	1	3	5	1	4
95-99	1	0	0	1	0	1	1	0	1	1	0	1
100+	0	0	0	0	0	0	0	0	0	0	0	0

年齢	2035			2040			2045			2050		
	総数	男	女	総数	男	女	総数	男	女	総数	男	女
総数	5 934	2 873	3 061	5 931	2 860	3 071	5 881	2 824	3 057	5 775	2 761	3 014
0-4	328	166	162	314	159	155	297	150	146	268	136	132
5-9	344	174	170	323	164	160	309	157	153	292	148	144
10-14	394	199	195	341	172	168	320	162	158	306	155	151
15-19	451	228	223	391	198	193	338	171	167	317	160	157
20-24	507	256	251	446	225	221	387	195	192	334	169	165
25-29	478	241	238	501	252	249	441	222	219	382	192	190
30-34	469	235	234	472	236	235	494	248	246	435	218	217
35-39	442	220	221	461	230	231	464	232	233	487	243	244
40-44	517	255	262	433	214	218	452	224	228	456	226	230
45-49	489	237	251	502	245	258	421	206	214	440	216	224
50-54	393	186	207	469	224	245	483	232	251	405	195	209
55-59	320	148	173	370	171	199	443	207	236	457	215	242
60-64	261	117	144	293	131	163	340	152	188	408	185	223
65-69	207	90	117	229	98	131	259	110	149	301	128	172
70-74	165	64	101	170	69	101	189	75	114	214	85	129
75-79	103	37	66	122	43	79	126	47	79	141	51	90
80+	...	...	...	...	...	...	...	...	...	...	...	...
80-84	47	15	32	65	21	44	77	24	53	80	26	54
85-89	15	4	11	23	6	17	32	9	24	39	10	29
90-94	4	1	3	5	1	4	8	2	6	12	3	9
95-99	1	0	1	1	0	1	1	0	1	2	0	2
100+	0	0	0	0	0	0	0	0	0	0	0	0

年齢	2055			2060		
	総数	男	女	総数	男	女
総数	5 615	2 671	2 944	5 407	2 558	2 849
0-4	237	120	116	209	106	103
5-9	265	134	131	233	118	115
10-14	289	146	143	262	133	129
15-19	304	153	150	287	145	142
20-24	314	158	155	300	152	149
25-29	330	166	164	310	156	154
30-34	377	189	188	325	163	162
35-39	429	214	215	372	186	186
40-44	478	237	241	421	209	212
45-49	444	218	226	467	229	238
50-54	424	205	219	429	207	221
55-59	383	181	202	403	191	212
60-64	422	192	230	354	162	192
65-69	361	156	206	375	162	212
70-74	250	99	150	302	121	180
75-79	161	58	103	189	68	121
80+	...	...	...	...	...	...
80-84	90	29	61	104	33	71
85-89	40	11	29	46	12	34
90-94	14	3	11	15	3	12
95-99	3	1	2	3	1	3
100+	0	0	0	0	0	0

Uganda

性・年齢別人口（千人）

年齢	1960			1965			1970			1975		
	総数	男	女	総数	男	女	総数	男	女	総数	男	女
総数	6 788	3 374	3 414	8 014	3 982	4 032	9 446	4 695	4 751	10 827	5 384	5 443
0-4	1 294	648	646	1 534	769	765	1 830	919	911	2 093	1 052	1 041
5-9	1 014	506	509	1 198	598	600	1 425	713	712	1 659	832	827
10-14	808	406	402	1 000	498	502	1 173	586	587	1 355	678	677
15-19	675	340	335	802	403	399	984	490	494	1 122	560	562
20-24	520	260	260	666	334	332	785	393	392	936	465	471
25-29	518	257	261	510	254	256	648	324	324	742	370	372
30-34	438	217	221	506	250	256	495	246	249	611	305	306
35-39	365	181	185	426	211	215	489	241	248	464	230	234
40-44	295	147	148	353	174	179	409	202	207	457	225	232
45-49	235	116	119	283	140	143	336	165	171	379	186	193
50-54	188	92	97	223	109	114	266	131	136	308	150	158
55-59	148	71	77	174	84	90	205	99	106	239	116	123
60-64	111	53	58	132	63	70	155	74	82	178	85	93
65-69	77	36	41	93	44	49	111	52	59	127	60	68
70-74	52	24	28	59	27	32	71	33	38	83	38	45
75-79	30	13	16	34	15	19	39	17	21	46	20	25
80+	18	7	10	21	9	12	25	10	14	28	12	16
80-84	...	...	...	...	...	...	...	...	...	...	...	...
85-89	...	...	...	...	...	...	...	...	...	...	...	...
90-94	...	...	...	...	...	...	...	...	...	...	...	...
95-99	...	...	...	...	...	...	...	...	...	...	...	...
100+	...	...	...	...	...	...	...	...	...	...	...	...

年齢	1980			1985			1990			1995		
	総数	男	女	総数	男	女	総数	男	女	総数	男	女
総数	12 548	6 242	6 306	14 631	7 276	7 355	17 384	8 635	8 750	20 413	10 133	10 280
0-4	2 438	1 225	1 212	2 861	1 438	1 423	3 421	1 721	1 701	4 077	2 052	2 025
5-9	1 918	962	955	2 248	1 128	1 120	2 705	1 358	1 347	3 227	1 620	1 607
10-14	1 594	799	795	1 853	930	923	2 226	1 117	1 109	2 659	1 334	1 325
15-19	1 309	655	654	1 549	776	772	1 844	925	919	2 200	1 103	1 096
20-24	1 077	536	541	1 262	630	632	1 525	763	762	1 803	903	900
25-29	894	442	451	1 031	511	520	1 221	607	614	1 446	724	721
30-34	706	351	355	851	419	432	981	483	498	1 113	555	558
35-39	579	289	291	669	331	338	802	389	413	873	424	449
40-44	437	216	221	547	270	276	631	306	325	718	338	380
45-49	427	209	218	410	201	209	518	252	266	580	274	306
50-54	350	170	180	397	192	204	387	188	199	479	229	250
55-59	279	134	145	319	153	166	368	176	192	355	170	185
60-64	209	100	109	246	117	129	287	136	151	328	154	174
65-69	148	69	78	174	82	92	209	97	112	243	112	130
70-74	96	44	52	112	52	60	136	63	73	163	74	89
75-79	54	24	30	63	28	35	75	34	42	92	41	51
80+	33	14	19	39	16	23	...	...	...	...	...	...
80-84	...	...	...	...	...	...	34	15	19	41	18	23
85-89	...	...	...	...	...	...	11	4	7	13	5	8
90-94	...	...	...	...	...	...	2	1	1	3	1	2
95-99	...	...	...	...	...	...	0	0	0	0	0	0
100+	...	...	...	...	...	...	0	0	0	0	0	0

年齢	2000			2005			2010			2015		
	総数	男	女	総数	男	女	総数	男	女	総数	男	女
総数	23 758	11 809	11 949	28 042	13 971	14 072	33 149	16 553	16 596	39 032	19 507	19 525
0-4	4 726	2 380	2 346	5 579	2 812	2 767	6 443	3 252	3 191	7 278	3 674	3 604
5-9	3 841	1 929	1 912	4 523	2 273	2 250	5 365	2 700	2 665	6 227	3 139	3 089
10-14	3 142	1 577	1 566	3 757	1 886	1 872	4 424	2 222	2 202	5 266	2 649	2 617
15-19	2 603	1 305	1 298	3 076	1 542	1 534	3 668	1 840	1 829	4 337	2 176	2 161
20-24	2 142	1 072	1 070	2 547	1 275	1 273	3 002	1 502	1 500	3 585	1 794	1 791
25-29	1 708	858	850	2 067	1 036	1 031	2 463	1 233	1 230	2 907	1 453	1 454
30-34	1 305	662	644	1 598	810	789	1 969	990	979	2 359	1 181	1 178
35-39	963	482	481	1 172	601	571	1 491	759	732	1 863	935	928
40-44	753	359	394	849	425	424	1 076	553	523	1 400	709	691
45-49	643	294	349	679	318	361	784	390	394	1 012	517	495
50-54	528	244	284	591	265	326	631	292	338	736	363	373
55-59	437	206	231	488	222	266	549	243	306	589	270	319
60-64	316	149	167	395	184	211	445	200	245	502	220	283
65-69	278	128	150	273	126	147	345	158	187	390	173	217
70-74	190	86	104	223	100	122	221	100	121	281	127	155
75-79	111	49	62	134	59	75	160	70	89	160	71	89
80+	...	...	...	...	...	...	...	...	...	...	...	...
80-84	51	22	29	64	27	37	79	34	45	95	41	55
85-89	17	7	10	22	9	13	28	11	17	35	14	21
90-94	4	1	2	5	2	3	6	2	4	8	3	5
95-99	0	0	0	1	0	0	1	0	0	1	0	1
100+	0	0	0	0	0	0	0	0	0	0	0	0

性・年齢別人口（千人）

年齢	2015 総数	男	女	2020 総数	男	女	2025 総数	男	女	2030 総数	男	女
総数	39 032	19 507	19 525	45 856	22 916	22 940	53 497	26 729	26 768	61 929	30 927	31 002
0-4	7 278	3 674	3 604	8 177	4 127	4 050	9 078	4 580	4 497	9 997	5 045	4 952
5-9	6 227	3 139	3 089	7 066	3 561	3 505	7 965	4 012	3 952	8 877	4 470	4 407
10-14	5 266	2 649	2 617	6 132	3 088	3 043	6 975	3 513	3 463	7 878	3 965	3 913
15-19	4 337	2 176	2 161	5 187	2 606	2 581	6 051	3 044	3 007	6 896	3 469	3 427
20-24	3 585	1 794	1 791	4 252	2 128	2 124	5 094	2 552	2 541	5 951	2 986	2 965
25-29	2 907	1 453	1 454	3 495	1 744	1 751	4 159	2 075	2 084	4 990	2 493	2 497
30-34	2 359	1 181	1 178	2 820	1 405	1 415	3 408	1 694	1 713	4 062	2 019	2 043
35-39	1 863	935	928	2 277	1 134	1 143	2 741	1 359	1 382	3 317	1 640	1 677
40-44	1 400	709	691	1 791	893	898	2 204	1 091	1 113	2 658	1 309	1 348
45-49	1 012	517	495	1 343	676	667	1 728	856	872	2 131	1 049	1 082
50-54	736	363	373	964	488	475	1 285	642	643	1 658	816	842
55-59	589	270	319	692	338	354	909	457	452	1 216	603	614
60-64	502	220	283	542	245	296	638	308	330	842	418	424
65-69	390	173	217	443	191	253	479	214	266	567	270	297
70-74	281	127	155	320	139	181	366	154	211	398	174	224
75-79	160	71	89	205	90	115	235	100	135	272	112	160
80+	...	...	...	...	...	...	...	...	...	...	...	...
80-84	95	41	55	96	42	55	125	53	71	145	60	85
85-89	35	14	21	43	17	25	44	18	26	57	23	34
90-94	8	3	5	10	4	7	13	5	8	13	5	8
95-99	1	0	1	1	0	1	2	1	1	2	1	2
100+	0	0	0	0	0	0	0	0	0	0	0	0

年齢	2035 総数	男	女	2040 総数	男	女	2045 総数	男	女	2050 総数	男	女
総数	71 102	35 485	35 617	80 904	40 342	40 562	91 190	45 432	45 758	101 873	50 714	51 159
0-4	10 868	5 485	5 382	11 659	5 885	5 774	12 351	6 238	6 113	13 001	6 571	6 430
5-9	9 815	4 944	4 872	10 703	5 392	5 312	11 509	5 800	5 709	12 217	6 163	6 054
10-14	8 795	4 425	4 370	9 738	4 900	4 838	10 630	5 350	5 280	11 440	5 761	5 679
15-19	7 802	3 923	3 880	8 720	4 382	4 338	9 664	4 857	4 806	10 558	5 308	5 249
20-24	6 795	3 409	3 386	7 701	3 862	3 839	8 618	4 321	4 297	9 561	4 795	4 766
25-29	5 840	2 921	2 919	6 681	3 342	3 339	7 585	3 794	3 791	8 499	4 250	4 249
30-34	4 883	2 430	2 453	5 724	2 852	2 872	6 560	3 270	3 290	7 459	3 718	3 740
35-39	3 962	1 958	2 004	4 771	2 360	2 411	5 601	2 775	2 826	6 429	3 188	3 241
40-44	3 224	1 584	1 640	3 858	1 893	1 964	4 654	2 287	2 366	5 472	2 695	2 777
45-49	2 576	1 262	1 315	3 132	1 529	1 603	3 755	1 832	1 923	4 537	2 217	2 320
50-54	2 051	1 002	1 049	2 485	1 208	1 277	3 028	1 468	1 560	3 637	1 762	1 875
55-59	1 575	768	807	1 954	947	1 008	2 375	1 145	1 230	2 902	1 395	1 507
60-64	1 132	554	577	1 471	710	762	1 832	877	955	2 234	1 065	1 169
65-69	752	368	384	1 016	490	526	1 328	631	697	1 662	783	878
70-74	475	222	253	634	305	329	863	409	454	1 135	529	606
75-79	299	128	171	359	164	195	484	228	256	665	308	357
80+	...	...	...	...	...	...	...	...	...	...	...	...
80-84	170	68	102	189	78	111	230	102	128	314	143	171
85-89	68	27	41	81	31	50	92	37	56	114	48	65
90-94	18	7	11	22	8	14	27	9	17	31	11	19
95-99	2	1	2	3	1	2	4	1	3	5	2	4
100+	0	0	0	0	0	0	0	0	0	0	0	0

年齢	2055 総数	男	女	2060 総数	男	女
総数	112 864	56 145	56 718	124 029	61 660	62 369
0-4	13 598	6 876	6 721	14 111	7 138	6 973
5-9	12 883	6 506	6 378	13 493	6 819	6 675
10-14	12 154	6 127	6 026	12 826	6 473	6 353
15-19	11 371	5 721	5 650	12 088	6 089	6 000
20-24	10 457	5 247	5 210	11 273	5 660	5 613
25-29	9 441	4 724	4 717	10 337	5 175	5 162
30-34	8 369	4 173	4 196	9 309	4 646	4 663
35-39	7 322	3 634	3 688	8 227	4 086	4 141
40-44	6 292	3 103	3 189	7 177	3 544	3 633
45-49	5 344	2 617	2 727	6 155	3 020	3 135
50-54	4 404	2 138	2 266	5 196	2 529	2 667
55-59	3 494	1 679	1 816	4 240	2 042	2 199
60-64	2 739	1 301	1 438	3 309	1 572	1 737
65-69	2 036	955	1 082	2 508	1 172	1 336
70-74	1 430	661	769	1 765	810	955
75-79	885	402	484	1 128	506	622
80+	...	...	...	...	...	...
80-84	439	196	243	594	259	335
85-89	159	69	90	227	96	131
90-94	39	15	24	56	22	34
95-99	6	2	4	8	3	6
100+	1	0	0	1	0	1

Uganda

性・年齢別人口（千人）

年齢	2015 総数	男	女	2020 総数	男	女	2025 総数	男	女	2030 総数	男	女
総数	39 032	19 507	19 525	46 232	23 105	23 126	54 587	27 279	27 308	64 086	32 014	32 072
0-4	7 278	3 674	3 604	8 552	4 316	4 236	9 801	4 945	4 856	11 081	5 592	5 489
5-9	6 227	3 139	3 089	7 066	3 561	3 505	8 331	4 197	4 134	9 586	4 828	4 759
10-14	5 266	2 649	2 617	6 132	3 088	3 043	6 975	3 513	3 463	8 242	4 148	4 093
15-19	4 337	2 176	2 161	5 187	2 606	2 581	6 051	3 044	3 007	6 896	3 469	3 427
20-24	3 585	1 794	1 791	4 252	2 128	2 124	5 094	2 552	2 541	5 951	2 986	2 965
25-29	2 907	1 453	1 454	3 495	1 744	1 751	4 159	2 075	2 084	4 990	2 493	2 497
30-34	2 359	1 181	1 178	2 820	1 405	1 415	3 408	1 694	1 713	4 062	2 019	2 043
35-39	1 863	935	928	2 277	1 134	1 143	2 741	1 359	1 382	3 317	1 640	1 677
40-44	1 400	709	691	1 791	893	898	2 204	1 091	1 113	2 658	1 309	1 348
45-49	1 012	517	495	1 343	676	667	1 728	856	872	2 131	1 049	1 082
50-54	736	363	373	964	488	475	1 285	642	643	1 658	816	842
55-59	589	270	319	692	338	354	909	457	452	1 216	603	614
60-64	502	220	283	542	245	296	638	308	330	842	418	424
65-69	390	173	217	443	191	253	479	214	266	567	270	297
70-74	281	127	155	320	139	181	366	154	211	398	174	224
75-79	160	71	89	205	90	115	235	100	135	272	112	160
80+	…	…	…	…	…	…	…	…	…	…	…	…
80-84	95	41	55	96	42	55	125	53	71	145	60	85
85-89	35	14	21	43	17	25	44	18	26	57	23	34
90-94	8	3	5	10	4	7	13	5	8	13	5	8
95-99	1	0	1	1	0	1	2	1	1	2	1	2
100+	0	0	0	0	0	0	0	0	0	0	0	0

年齢	2035 総数	男	女	2040 総数	男	女	2045 総数	男	女	2050 総数	男	女
総数	74 542	37 218	37 324	85 983	42 900	43 083	98 461	49 093	49 368	112 009	55 819	56 190
0-4	12 176	6 146	6 030	13 330	6 729	6 601	14 585	7 367	7 218	15 925	8 049	7 877
5-9	10 881	5 481	5 401	11 994	6 042	5 952	13 162	6 633	6 529	14 430	7 279	7 151
10-14	9 500	4 780	4 720	10 798	5 433	5 365	11 914	5 997	5 917	13 086	6 590	6 496
15-19	8 163	4 104	4 059	9 420	4 734	4 686	10 718	5 387	5 331	11 835	5 951	5 884
20-24	6 795	3 409	3 386	8 058	4 041	4 017	9 311	4 668	4 643	10 606	5 319	5 287
25-29	5 840	2 921	2 919	6 681	3 342	3 339	7 937	3 970	3 967	9 184	4 593	4 591
30-34	4 883	2 430	2 453	5 724	2 852	2 872	6 560	3 270	3 290	7 806	3 891	3 914
35-39	3 962	1 958	2 004	4 771	2 360	2 411	5 601	2 775	2 826	6 429	3 188	3 241
40-44	3 224	1 584	1 640	3 858	1 893	1 964	4 654	2 287	2 366	5 472	2 695	2 777
45-49	2 576	1 262	1 315	3 132	1 529	1 603	3 755	1 832	1 923	4 537	2 217	2 320
50-54	2 051	1 002	1 049	2 485	1 208	1 277	3 028	1 468	1 560	3 637	1 762	1 875
55-59	1 575	768	807	1 954	947	1 008	2 375	1 145	1 230	2 902	1 395	1 507
60-64	1 132	554	577	1 471	710	762	1 832	877	955	2 234	1 065	1 169
65-69	752	368	384	1 016	490	526	1 328	631	697	1 662	783	878
70-74	475	222	253	634	305	329	863	409	454	1 135	529	606
75-79	299	128	171	359	164	195	484	228	256	665	308	357
80+	…	…	…	…	…	…	…	…	…	…	…	…
80-84	170	68	102	189	78	111	230	102	128	314	143	171
85-89	68	27	41	81	31	50	92	37	56	114	48	65
90-94	18	7	11	22	8	14	27	9	17	31	11	19
95-99	2	1	2	3	1	2	4	1	3	5	2	4
100+	0	0	0	0	0	0	0	0	0	0	0	0

年齢	2055 総数	男	女	2060 総数	男	女
総数	126 543	63 035	63 508	141 890	70 656	71 235
0-4	17 218	8 707	8 511	18 391	9 303	9 088
5-9	15 784	7 971	7 814	17 090	8 636	8 454
10-14	14 359	7 239	7 120	15 717	7 932	7 785
15-19	13 009	6 545	6 464	14 284	7 195	7 089
20-24	11 724	5 882	5 841	12 898	6 476	6 422
25-29	10 474	5 241	5 233	11 591	5 803	5 788
30-34	9 044	4 510	4 534	10 328	5 154	5 174
35-39	7 663	3 803	3 860	8 891	4 416	4 476
40-44	6 292	3 103	3 189	7 512	3 709	3 802
45-49	5 344	2 617	2 727	6 155	3 020	3 135
50-54	4 404	2 138	2 266	5 196	2 529	2 667
55-59	3 494	1 679	1 816	4 240	2 042	2 199
60-64	2 739	1 301	1 438	3 309	1 572	1 737
65-69	2 036	955	1 082	2 508	1 172	1 336
70-74	1 430	661	769	1 765	810	955
75-79	885	402	484	1 128	506	622
80+	…	…	…	…	…	…
80-84	439	196	243	594	259	335
85-89	159	69	90	227	96	131
90-94	39	15	24	56	22	34
95-99	6	2	4	8	3	6
100+	1	0	0	1	0	1

性・年齢別人口（千人）

年齢	2015			2020			2025			2030		
	総数	男	女	総数	男	女	総数	男	女	総数	男	女
総数	39 032	19 507	19 525	45 481	22 727	22 754	52 406	26 179	26 227	59 773	29 840	29 933
0-4	7 278	3 674	3 604	7 802	3 938	3 864	8 354	4 215	4 139	8 914	4 498	4 416
5-9	6 227	3 139	3 089	7 066	3 561	3 505	7 598	3 828	3 770	8 167	4 113	4 054
10-14	5 266	2 649	2 617	6 132	3 088	3 043	6 975	3 513	3 463	7 515	3 782	3 732
15-19	4 337	2 176	2 161	5 187	2 606	2 581	6 051	3 044	3 007	6 896	3 469	3 427
20-24	3 585	1 794	1 791	4 252	2 128	2 124	5 094	2 552	2 541	5 951	2 986	2 965
25-29	2 907	1 453	1 454	3 495	1 744	1 751	4 159	2 075	2 084	4 990	2 493	2 497
30-34	2 359	1 181	1 178	2 820	1 405	1 415	3 408	1 694	1 713	4 062	2 019	2 043
35-39	1 863	935	928	2 277	1 134	1 143	2 741	1 359	1 382	3 317	1 640	1 677
40-44	1 400	709	691	1 791	893	898	2 204	1 091	1 113	2 658	1 309	1 348
45-49	1 012	517	495	1 343	676	667	1 728	856	872	2 131	1 049	1 082
50-54	736	363	373	964	488	475	1 285	642	643	1 658	816	842
55-59	589	270	319	692	338	354	909	457	452	1 216	603	614
60-64	502	220	283	542	245	296	638	308	330	842	418	424
65-69	390	173	217	443	191	253	479	214	266	567	270	297
70-74	281	127	155	320	139	181	366	154	211	398	174	224
75-79	160	71	89	205	90	115	235	100	135	272	112	160
80+	…	…	…	…	…	…	…	…	…	…	…	…
80-84	95	41	55	96	42	55	125	53	71	145	60	85
85-89	35	14	21	43	17	25	44	18	26	57	23	34
90-94	8	3	5	10	4	7	13	5	8	13	5	8
95-99	1	0	1	1	0	1	2	1	1	2	1	2
100+	0	0	0	0	0	0	0	0	0	0	0	0

年齢	2035			2040			2045			2050		
	総数	男	女	総数	男	女	総数	男	女	総数	男	女
総数	67 668	33 754	33 913	75 871	37 807	38 064	84 094	41 859	42 236	92 167	45 827	46 340
0-4	9 565	4 828	4 737	10 028	5 062	4 966	10 245	5 175	5 070	10 335	5 223	5 111
5-9	8 749	4 407	4 342	9 418	4 744	4 674	9 897	4 988	4 909	10 130	5 110	5 020
10-14	8 091	4 071	4 020	8 678	4 367	4 311	9 351	4 707	4 645	9 835	4 953	4 882
15-19	7 441	3 741	3 700	8 020	4 031	3 990	8 610	4 328	4 282	9 286	4 669	4 617
20-24	6 795	3 409	3 386	7 344	3 683	3 661	7 925	3 973	3 952	8 517	4 271	4 246
25-29	5 840	2 921	2 919	6 681	3 342	3 339	7 233	3 617	3 615	7 815	3 908	3 907
30-34	4 883	2 430	2 453	5 724	2 852	2 872	6 560	3 270	3 290	7 112	3 546	3 566
35-39	3 962	1 958	2 004	4 771	2 360	2 411	5 601	2 775	2 826	6 429	3 188	3 241
40-44	3 224	1 584	1 640	3 858	1 893	1 964	4 654	2 287	2 366	5 472	2 695	2 777
45-49	2 576	1 262	1 315	3 132	1 529	1 603	3 755	1 832	1 923	4 537	2 217	2 320
50-54	2 051	1 002	1 049	2 485	1 208	1 277	3 028	1 468	1 560	3 637	1 762	1 875
55-59	1 575	768	807	1 954	947	1 008	2 375	1 145	1 230	2 902	1 395	1 507
60-64	1 132	554	577	1 471	710	762	1 832	877	955	2 234	1 065	1 169
65-69	752	368	384	1 016	490	526	1 328	631	697	1 662	783	878
70-74	475	222	253	634	305	329	863	409	454	1 135	529	606
75-79	299	128	171	359	164	195	484	228	256	665	308	357
80+	…	…	…	…	…	…	…	…	…	…	…	…
80-84	170	68	102	189	78	111	230	102	128	314	143	171
85-89	68	27	41	81	31	50	92	37	56	114	48	65
90-94	18	7	11	22	8	14	27	9	17	31	11	19
95-99	2	1	2	3	1	2	4	1	3	5	2	4
100+	0	0	0	0	0	0	0	0	0	0	0	0

年齢	2055			2060		
	総数	男	女	総数	男	女
総数	100 014	49 675	50 339	107 556	53 366	54 190
0-4	10 380	5 249	5 131	10 393	5 257	5 136
5-9	10 237	5 169	5 068	10 297	5 203	5 093
10-14	10 075	5 080	4 996	10 189	5 142	5 047
15-19	9 774	4 917	4 856	10 019	5 046	4 972
20-24	9 195	4 614	4 582	9 687	4 864	4 823
25-29	8 409	4 207	4 202	9 089	4 550	4 538
30-34	7 694	3 837	3 858	8 290	4 137	4 153
35-39	6 981	3 464	3 517	7 563	3 756	3 807
40-44	6 292	3 103	3 189	6 843	3 379	3 464
45-49	5 344	2 617	2 727	6 155	3 020	3 135
50-54	4 404	2 138	2 266	5 196	2 529	2 667
55-59	3 494	1 679	1 816	4 240	2 042	2 199
60-64	2 739	1 301	1 438	3 309	1 572	1 737
65-69	2 036	955	1 082	2 508	1 172	1 336
70-74	1 430	661	769	1 765	810	955
75-79	885	402	484	1 128	506	622
80+	…	…	…	…	…	…
80-84	439	196	243	594	259	335
85-89	159	69	90	227	96	131
90-94	39	15	24	56	22	34
95-99	6	2	4	8	3	6
100+	1	0	0	1	0	1

性・年齢別人口（千人）

年齢	1960			1965			1970			1975		
	総数	男	女	総数	男	女	総数	男	女	総数	男	女
総数	42 662	19 032	23 630	45 262	20 395	24 867	47 087	21 411	25 676	48 759	22 286	26 473
0-4	4 009	2 048	1 961	3 865	1 978	1 887	3 441	1 761	1 681	3 723	1 889	1 834
5-9	4 257	2 170	2 086	4 034	2 033	2 000	3 922	2 020	1 902	3 428	1 749	1 679
10-14	3 361	1 705	1 656	4 244	2 163	2 081	4 124	2 118	2 007	3 909	2 020	1 889
15-19	2 905	1 455	1 451	3 369	1 722	1 648	4 217	2 139	2 078	4 060	2 083	1 978
20-24	4 396	2 149	2 246	2 888	1 454	1 434	3 283	1 642	1 641	4 141	2 070	2 071
25-29	3 093	1 516	1 577	4 400	2 157	2 243	2 788	1 368	1 421	3 286	1 640	1 646
30-34	3 847	1 732	2 115	3 067	1 504	1 563	4 330	2 091	2 240	2 780	1 354	1 426
35-39	2 946	1 173	1 774	3 825	1 710	2 115	3 004	1 460	1 544	4 298	2 060	2 238
40-44	2 055	816	1 239	2 926	1 152	1 774	3 865	1 761	2 104	2 966	1 428	1 538
45-49	2 704	987	1 718	2 016	796	1 220	2 903	1 132	1 771	3 794	1 713	2 081
50-54	2 448	949	1 498	2 669	948	1 721	1 924	721	1 203	2 868	1 092	1 776
55-59	2 045	738	1 307	2 400	895	1 505	2 643	945	1 698	1 873	679	1 195
60-64	1 554	558	995	1 924	670	1 254	2 280	834	1 447	2 486	863	1 622
65-69	1 229	431	799	1 404	484	919	1 759	597	1 162	2 039	703	1 336
70-74	893	305	587	1 028	350	679	1 160	382	778	1 454	464	990
75-79	527	180	347	681	221	460	756	247	509	864	260	604
80+	394	121	274	522	158	364	686	196	491	791	221	571
80-84	…	…	…	…	…	…	…	…	…	…	…	…
85-89	…	…	…	…	…	…	…	…	…	…	…	…
90-94	…	…	…	…	…	…	…	…	…	…	…	…
95-99	…	…	…	…	…	…	…	…	…	…	…	…
100+	…	…	…	…	…	…	…	…	…	…	…	…

年齢	1980			1985			1990			1995		
	総数	男	女	総数	男	女	総数	男	女	総数	男	女
総数	49 969	22 949	27 020	50 921	23 510	27 410	51 370	23 885	27 485	50 812	23 684	27 128
0-4	3 717	1 880	1 838	3 778	1 927	1 852	3 364	1 723	1 640	2 795	1 434	1 361
5-9	3 633	1 843	1 790	3 711	1 873	1 837	3 764	1 918	1 846	3 405	1 744	1 661
10-14	3 395	1 731	1 664	3 635	1 846	1 789	3 703	1 868	1 834	3 816	1 947	1 870
15-19	3 843	1 978	1 866	3 372	1 721	1 652	3 625	1 839	1 786	3 687	1 852	1 834
20-24	3 948	1 988	1 960	3 737	1 901	1 836	3 355	1 708	1 647	3 539	1 786	1 752
25-29	4 116	2 034	2 082	3 908	1 945	1 964	3 711	1 881	1 830	3 331	1 684	1 646
30-34	3 292	1 643	1 648	4 104	2 017	2 087	3 875	1 919	1 956	3 708	1 860	1 848
35-39	2 763	1 339	1 425	3 252	1 612	1 640	4 057	1 983	2 075	3 847	1 881	1 966
40-44	4 239	2 015	2 225	2 723	1 307	1 416	3 198	1 572	1 626	3 986	1 917	2 069
45-49	2 921	1 390	1 531	4 128	1 938	2 190	2 655	1 259	1 396	3 107	1 497	1 610
50-54	3 691	1 638	2 053	2 821	1 313	1 508	3 976	1 832	2 144	2 542	1 170	1 372
55-59	2 746	1 017	1 729	3 519	1 511	2 008	2 670	1 210	1 460	3 737	1 660	2 077
60-64	1 758	609	1 149	2 539	901	1 637	3 248	1 340	1 908	2 423	1 047	1 376
65-69	2 233	734	1 498	1 560	507	1 053	2 260	756	1 504	2 821	1 089	1 732
70-74	1 712	551	1 161	1 856	563	1 293	1 305	392	913	1 842	562	1 280
75-79	1 087	321	767	1 268	369	899	1 395	383	1 012	948	255	692
80+	875	239	635	1 009	258	751	…	…	…	…	…	…
80-84	…	…	…	…	…	…	793	205	588	810	194	616
85-89	…	…	…	…	…	…	316	76	240	358	80	278
90-94	…	…	…	…	…	…	82	17	65	94	19	75
95-99	…	…	…	…	…	…	16	3	14	15	3	12
100+	…	…	…	…	…	…	2	0	2	2	0	2

年齢	2000			2005			2010			2015		
	総数	男	女	総数	男	女	総数	男	女	総数	男	女
総数	48 746	22 686	26 060	46 795	21 701	25 095	45 647	21 095	24 553	44 824	20 759	24 064
0-4	2 161	1 109	1 051	1 979	1 019	961	2 367	1 219	1 148	2 461	1 269	1 192
5-9	2 743	1 407	1 337	2 153	1 103	1 050	1 842	949	893	2 393	1 231	1 162
10-14	3 363	1 725	1 638	2 722	1 396	1 327	2 129	1 090	1 039	1 837	946	891
15-19	3 788	1 935	1 854	3 342	1 714	1 628	2 749	1 409	1 339	2 117	1 084	1 033
20-24	3 594	1 805	1 790	3 761	1 919	1 842	3 521	1 802	1 718	2 771	1 420	1 351
25-29	3 394	1 698	1 697	3 526	1 760	1 766	3 700	1 885	1 815	3 589	1 830	1 759
30-34	3 236	1 622	1 615	3 307	1 636	1 671	3 455	1 708	1 748	3 649	1 852	1 797
35-39	3 597	1 783	1 814	3 155	1 562	1 593	3 222	1 578	1 644	3 373	1 657	1 716
40-44	3 706	1 782	1 924	3 482	1 696	1 786	2 943	1 433	1 511	3 169	1 535	1 634
45-49	3 798	1 784	2 014	3 546	1 663	1 883	3 519	1 672	1 847	2 830	1 352	1 478
50-54	2 918	1 364	1 554	3 576	1 623	1 953	3 333	1 508	1 826	3 408	1 579	1 829
55-59	2 346	1 033	1 313	2 693	1 207	1 487	3 540	1 536	2 004	3 107	1 360	1 747
60-64	3 361	1 411	1 950	2 101	870	1 232	2 035	864	1 171	3 257	1 345	1 912
65-69	2 079	836	1 243	2 902	1 127	1 775	1 983	749	1 233	1 799	715	1 084
70-74	2 273	799	1 474	1 677	614	1 063	2 460	880	1 580	1 667	575	1 092
75-79	1 338	363	975	1 659	519	1 140	1 237	403	834	1 883	605	1 278
80+	…	…	…	…	…	…	…	…	…	…	…	…
80-84	573	135	438	828	197	631	1 105	306	799	809	235	574
85-89	359	74	285	262	54	208	399	86	313	549	136	412
90-94	101	19	82	105	19	86	86	16	70	135	28	107
95-99	16	3	13	17	3	14	21	3	17	17	3	13
100+	1	0	1	1	0	1	2	0	2	2	0	2

性・年齢別人口（千人）

年齢	2015 総数	男	女	2020 総数	男	女	2025 総数	男	女	2030 総数	男	女
総数	44 824	20 759	24 064	43 679	20 254	23 426	42 373	19 656	22 718	40 892	18 965	21 928
0-4	2 461	1 269	1 192	2 337	1 202	1 135	2 121	1 091	1 030	1 891	973	918
5-9	2 393	1 231	1 162	2 456	1 266	1 190	2 332	1 199	1 133	2 117	1 089	1 028
10-14	1 837	946	891	2 389	1 229	1 160	2 452	1 263	1 189	2 329	1 197	1 131
15-19	2 117	1 084	1 033	1 829	941	888	2 381	1 224	1 156	2 443	1 258	1 185
20-24	2 771	1 420	1 351	2 101	1 075	1 027	1 814	933	882	2 364	1 214	1 150
25-29	3 589	1 830	1 759	2 745	1 403	1 343	2 081	1 061	1 020	1 796	921	875
30-34	3 649	1 852	1 797	3 544	1 797	1 747	2 711	1 378	1 333	2 055	1 043	1 012
35-39	3 373	1 657	1 716	3 585	1 804	1 781	3 486	1 754	1 731	2 668	1 347	1 321
40-44	3 169	1 535	1 634	3 298	1 603	1 695	3 509	1 749	1 760	3 416	1 703	1 713
45-49	2 830	1 352	1 478	3 078	1 469	1 609	3 208	1 537	1 671	3 416	1 680	1 736
50-54	3 408	1 579	1 829	2 719	1 270	1 448	2 962	1 383	1 578	3 091	1 451	1 639
55-59	3 107	1 360	1 747	3 217	1 443	1 773	2 570	1 164	1 406	2 805	1 271	1 534
60-64	3 257	1 345	1 912	2 857	1 190	1 666	2 962	1 267	1 695	2 371	1 025	1 346
65-69	1 799	715	1 084	2 889	1 114	1 775	2 541	989	1 552	2 639	1 057	1 582
70-74	1 667	575	1 092	1 507	548	959	2 435	856	1 578	2 148	763	1 385
75-79	1 883	605	1 278	1 275	393	882	1 156	376	781	1 882	589	1 292
80+	...	...	...	...	...	...	...	...	...	...	...	...
80-84	809	235	574	1 226	349	877	840	227	613	766	218	548
85-89	549	136	412	408	106	302	627	158	470	436	103	333
90-94	135	28	107	189	45	145	143	35	108	224	52	172
95-99	17	3	13	27	6	21	40	10	30	31	8	23
100+	2	0	2	2	1	1	3	1	2	5	1	3

年齢	2035 総数	男	女	2040 総数	男	女	2045 総数	男	女	2050 総数	男	女
総数	39 329	18 234	21 095	37 818	17 547	20 271	36 423	16 936	19 486	35 117	16 374	18 743
0-4	1 772	912	860	1 808	930	878	1 895	975	920	1 890	973	917
5-9	1 887	971	917	1 769	910	859	1 805	928	876	1 891	973	918
10-14	2 114	1 087	1 027	1 884	969	915	1 766	908	858	1 802	927	875
15-19	2 320	1 193	1 128	2 106	1 083	1 023	1 877	965	912	1 759	904	854
20-24	2 427	1 249	1 179	2 305	1 184	1 122	2 092	1 074	1 018	1 864	958	906
25-29	2 344	1 201	1 143	2 407	1 236	1 172	2 287	1 172	1 115	2 075	1 064	1 011
30-34	1 774	906	868	2 318	1 183	1 135	2 383	1 219	1 164	2 265	1 157	1 108
35-39	2 023	1 020	1 003	1 748	888	861	2 288	1 162	1 126	2 353	1 199	1 155
40-44	2 617	1 310	1 307	1 986	994	992	1 718	866	852	2 251	1 136	1 115
45-49	3 330	1 640	1 690	2 555	1 264	1 291	1 941	961	980	1 681	839	842
50-54	3 295	1 590	1 705	3 217	1 557	1 661	2 472	1 203	1 269	1 881	917	964
55-59	2 933	1 337	1 596	3 131	1 470	1 661	3 063	1 444	1 620	2 358	1 119	1 239
60-64	2 595	1 124	1 471	2 719	1 187	1 532	2 908	1 310	1 598	2 852	1 292	1 560
65-69	2 118	858	1 260	2 325	945	1 380	2 444	1 002	1 441	2 618	1 112	1 506
70-74	2 236	819	1 417	1 801	668	1 133	1 985	739	1 246	2 094	789	1 306
75-79	1 669	528	1 141	1 745	569	1 176	1 412	467	945	1 566	520	1 046
80+	...	...	...	...	...	...	...	...	...	...	...	...
80-84	1 261	344	917	1 128	310	818	1 187	336	851	969	278	691
85-89	402	99	302	672	158	514	609	143	465	648	157	491
90-94	159	34	125	149	33	116	254	53	201	235	48	186
95-99	49	12	37	36	8	28	34	7	27	59	12	48
100+	4	1	3	6	2	4	5	1	4	5	1	3

年齢	2055 総数	男	女	2060 総数	男	女
総数	33 829	15 817	18 012	32 542	15 263	17 279
0-4	1 788	920	868	1 665	857	808
5-9	1 887	971	916	1 785	918	867
10-14	1 889	971	917	1 884	969	915
15-19	1 795	923	872	1 882	968	914
20-24	1 747	898	849	1 784	917	867
25-29	1 849	949	901	1 733	890	844
30-34	2 056	1 052	1 005	1 833	938	895
35-39	2 239	1 139	1 099	2 034	1 036	997
40-44	2 319	1 175	1 144	2 208	1 118	1 090
45-49	2 206	1 104	1 103	2 275	1 143	1 132
50-54	1 631	803	829	2 145	1 058	1 086
55-59	1 798	856	942	1 563	752	810
60-64	2 201	1 006	1 195	1 684	774	910
65-69	2 577	1 102	1 474	1 997	864	1 132
70-74	2 249	880	1 369	2 226	881	1 345
75-79	1 661	559	1 102	1 793	631	1 162
80+	...	...	...	...	...	...
80-84	1 083	312	771	1 161	340	820
85-89	535	131	404	607	149	458
90-94	254	54	200	214	45	169
95-99	56	11	45	62	12	50
100+	8	2	6	8	2	6

性・年齢別人口（千人）

年齢	2015			2020			2025			2030		
	総数	男	女	総数	男	女	総数	男	女	総数	男	女
総数	44 824	20 759	24 064	44 055	20 447	23 608	43 277	20 121	23 157	42 369	19 724	22 645
0-4	2 461	1 269	1 192	2 713	1 395	1 317	2 649	1 363	1 286	2 464	1 268	1 197
5-9	2 393	1 231	1 162	2 456	1 266	1 190	2 708	1 393	1 315	2 645	1 360	1 284
10-14	1 837	946	891	2 389	1 229	1 160	2 452	1 263	1 189	2 704	1 390	1 314
15-19	2 117	1 084	1 033	1 829	941	888	2 381	1 224	1 156	2 443	1 258	1 185
20-24	2 771	1 420	1 351	2 101	1 075	1 027	1 814	933	882	2 364	1 214	1 150
25-29	3 589	1 830	1 759	2 745	1 403	1 343	2 081	1 061	1 020	1 796	921	875
30-34	3 649	1 852	1 797	3 544	1 797	1 747	2 711	1 378	1 333	2 055	1 043	1 012
35-39	3 373	1 657	1 716	3 585	1 804	1 781	3 486	1 754	1 731	2 668	1 347	1 321
40-44	3 169	1 535	1 634	3 298	1 603	1 695	3 509	1 749	1 760	3 416	1 703	1 713
45-49	2 830	1 352	1 478	3 078	1 469	1 609	3 208	1 537	1 671	3 416	1 680	1 736
50-54	3 408	1 579	1 829	2 719	1 270	1 448	2 962	1 383	1 578	3 091	1 451	1 639
55-59	3 107	1 360	1 747	3 217	1 443	1 773	2 570	1 164	1 406	2 805	1 271	1 534
60-64	3 257	1 345	1 912	2 857	1 190	1 666	2 962	1 267	1 695	2 371	1 025	1 346
65-69	1 799	715	1 084	2 889	1 114	1 775	2 541	989	1 552	2 639	1 057	1 582
70-74	1 667	575	1 092	1 507	548	959	2 435	856	1 578	2 148	763	1 385
75-79	1 883	605	1 278	1 275	393	882	1 156	376	781	1 882	589	1 292
80+	...	...	...	...	...	...	...	...	...	...	...	...
80-84	809	235	574	1 226	349	877	840	227	613	766	218	548
85-89	549	136	412	408	106	302	627	158	470	436	103	333
90-94	135	28	107	189	45	145	143	35	108	224	52	172
95-99	17	3	13	27	6	21	40	10	30	31	8	23
100+	2	0	2	2	1	1	3	1	2	5	1	3

年齢	2035			2040			2045			2050		
	総数	男	女	総数	男	女	総数	男	女	総数	男	女
総数	41 337	19 266	22 070	40 391	18 870	21 521	39 673	18 607	21 066	39 203	18 473	20 730
0-4	2 305	1 186	1 119	2 376	1 223	1 154	2 578	1 326	1 251	2 735	1 407	1 327
5-9	2 460	1 265	1 195	2 301	1 184	1 118	2 372	1 220	1 152	2 573	1 324	1 250
10-14	2 641	1 358	1 283	2 457	1 263	1 193	2 298	1 182	1 116	2 369	1 219	1 151
15-19	2 695	1 385	1 310	2 632	1 353	1 279	2 448	1 259	1 190	2 291	1 178	1 113
20-24	2 427	1 249	1 179	2 679	1 375	1 303	2 617	1 344	1 273	2 434	1 250	1 184
25-29	2 344	1 201	1 143	2 407	1 236	1 172	2 658	1 362	1 296	2 597	1 332	1 266
30-34	1 774	906	868	2 318	1 183	1 135	2 383	1 219	1 164	2 633	1 345	1 288
35-39	2 023	1 020	1 003	1 748	888	861	2 288	1 162	1 126	2 353	1 199	1 155
40-44	2 617	1 310	1 307	1 986	994	992	1 718	866	852	2 251	1 136	1 115
45-49	3 330	1 640	1 690	2 555	1 264	1 291	1 941	961	980	1 681	839	842
50-54	3 295	1 590	1 705	3 217	1 557	1 661	2 472	1 203	1 269	1 881	917	964
55-59	2 933	1 337	1 596	3 131	1 470	1 661	3 063	1 444	1 620	2 358	1 119	1 239
60-64	2 595	1 124	1 471	2 719	1 187	1 532	2 908	1 310	1 598	2 852	1 292	1 560
65-69	2 118	858	1 260	2 325	945	1 380	2 444	1 002	1 441	2 618	1 112	1 506
70-74	2 236	819	1 417	1 801	668	1 133	1 985	739	1 246	2 094	789	1 306
75-79	1 669	528	1 141	1 745	569	1 176	1 412	467	945	1 566	520	1 046
80+	...	...	...	...	...	...	...	...	...	...	...	...
80-84	1 261	344	917	1 128	310	818	1 187	336	851	969	278	691
85-89	402	99	302	672	158	514	609	143	465	648	157	491
90-94	159	34	125	149	33	116	254	53	201	235	48	186
95-99	49	12	37	36	8	28	34	7	27	59	12	48
100+	4	1	3	6	2	4	5	1	4	5	1	3

年齢	2055			2060		
	総数	男	女	総数	男	女
総数	38 881	18 411	20 470	38 614	18 378	20 236
0-4	2 767	1 424	1 343	2 704	1 391	1 312
5-9	2 730	1 405	1 326	2 763	1 422	1 341
10-14	2 570	1 322	1 248	2 727	1 403	1 324
15-19	2 362	1 215	1 147	2 563	1 318	1 245
20-24	2 277	1 170	1 107	2 349	1 207	1 142
25-29	2 417	1 240	1 177	2 261	1 160	1 101
30-34	2 575	1 317	1 258	2 397	1 226	1 170
35-39	2 604	1 325	1 279	2 548	1 298	1 250
40-44	2 319	1 175	1 144	2 568	1 300	1 268
45-49	2 206	1 104	1 103	2 275	1 143	1 132
50-54	1 631	803	829	2 145	1 058	1 086
55-59	1 798	856	942	1 563	752	810
60-64	2 201	1 006	1 195	1 684	774	910
65-69	2 577	1 102	1 474	1 997	864	1 132
70-74	2 249	880	1 369	2 226	881	1 345
75-79	1 661	559	1 102	1 793	631	1 162
80+	...	...	...	...	...	...
80-84	1 083	312	771	1 161	340	820
85-89	535	131	404	607	149	458
90-94	254	54	200	214	45	169
95-99	56	11	45	62	12	50
100+	8	2	6	8	2	6

低位予測値 ウクライナ

性・年齢別人口（千人）

年齢	2015 総数	男	女	2020 総数	男	女	2025 総数	男	女	2030 総数	男	女
総数	44 824	20 759	24 064	43 303	20 060	23 243	41 470	19 191	22 279	39 416	18 206	21 211
0-4	2 461	1 269	1 192	1 961	1 009	952	1 593	819	773	1 317	678	640
5-9	2 393	1 231	1 162	2 456	1 266	1 190	1 957	1 006	950	1 589	818	772
10-14	1 837	946	891	2 389	1 229	1 160	2 452	1 263	1 189	1 954	1 004	949
15-19	2 117	1 084	1 033	1 829	941	888	2 381	1 224	1 156	2 443	1 258	1 185
20-24	2 771	1 420	1 351	2 101	1 075	1 027	1 814	933	882	2 364	1 214	1 150
25-29	3 589	1 830	1 759	2 745	1 403	1 343	2 081	1 061	1 020	1 796	921	875
30-34	3 649	1 852	1 797	3 544	1 797	1 747	2 711	1 378	1 333	2 055	1 043	1 012
35-39	3 373	1 657	1 716	3 585	1 804	1 781	3 486	1 754	1 731	2 668	1 347	1 321
40-44	3 169	1 535	1 634	3 298	1 603	1 695	3 509	1 749	1 760	3 416	1 703	1 713
45-49	2 830	1 352	1 478	3 078	1 469	1 609	3 208	1 537	1 671	3 416	1 680	1 736
50-54	3 408	1 579	1 829	2 719	1 270	1 448	2 962	1 383	1 578	3 091	1 451	1 639
55-59	3 107	1 360	1 747	3 217	1 443	1 773	2 570	1 164	1 406	2 805	1 271	1 534
60-64	3 257	1 345	1 912	2 857	1 190	1 666	2 962	1 267	1 695	2 371	1 025	1 346
65-69	1 799	715	1 084	2 889	1 114	1 775	2 541	989	1 552	2 639	1 057	1 582
70-74	1 667	575	1 092	1 507	548	959	2 435	856	1 578	2 148	763	1 385
75-79	1 883	605	1 278	1 275	393	882	1 156	376	781	1 882	589	1 292
80+	…	…	…	…	…	…	…	…	…	…	…	…
80-84	809	235	574	1 226	349	877	840	227	613	766	218	548
85-89	549	136	412	408	106	302	627	158	470	436	103	333
90-94	135	28	107	189	45	145	143	35	108	224	52	172
95-99	17	3	13	27	6	21	40	10	30	31	8	23
100+	2	0	2	2	1	1	3	1	2	5	1	3

年齢	2035 総数	男	女	2040 総数	男	女	2045 総数	男	女	2050 総数	男	女
総数	37 325	17 203	20 122	35 267	16 235	19 032	33 256	15 309	17 947	31 250	14 388	16 862
0-4	1 242	639	603	1 258	647	611	1 273	655	618	1 181	608	573
5-9	1 315	676	638	1 239	637	602	1 255	646	610	1 271	654	617
10-14	1 587	816	771	1 312	675	637	1 237	636	601	1 253	645	609
15-19	1 946	1 000	946	1 580	812	768	1 306	672	634	1 231	633	598
20-24	2 427	1 249	1 179	1 932	992	940	1 567	805	762	1 295	665	629
25-29	2 344	1 201	1 143	2 407	1 236	1 172	1 915	981	934	1 553	796	757
30-34	1 774	906	868	2 318	1 183	1 135	2 383	1 219	1 164	1 896	969	927
35-39	2 023	1 020	1 003	1 748	888	861	2 288	1 162	1 126	2 353	1 199	1 155
40-44	2 617	1 310	1 307	1 986	994	992	1 718	866	852	2 251	1 136	1 115
45-49	3 330	1 640	1 690	2 555	1 264	1 291	1 941	961	980	1 681	839	842
50-54	3 295	1 590	1 705	3 217	1 557	1 661	2 472	1 203	1 269	1 881	917	964
55-59	2 933	1 337	1 596	3 131	1 470	1 661	3 063	1 444	1 620	2 358	1 119	1 239
60-64	2 595	1 124	1 471	2 719	1 187	1 532	2 908	1 310	1 598	2 852	1 292	1 560
65-69	2 118	858	1 260	2 325	945	1 380	2 444	1 002	1 441	2 618	1 112	1 506
70-74	2 236	819	1 417	1 801	668	1 133	1 985	739	1 246	2 094	789	1 306
75-79	1 669	528	1 141	1 745	569	1 176	1 412	467	945	1 566	520	1 046
80+	…	…	…	…	…	…	…	…	…	…	…	…
80-84	1 261	344	917	1 128	310	818	1 187	336	851	969	278	691
85-89	402	99	302	672	158	514	609	143	465	648	157	491
90-94	159	34	125	149	33	116	254	53	201	235	48	186
95-99	49	12	37	36	8	28	34	7	27	59	12	48
100+	4	1	3	6	2	4	5	1	4	5	1	3

年齢	2055 総数	男	女	2060 総数	男	女
総数	29 205	13 444	15 761	27 150	12 498	14 652
0-4	1 018	524	494	878	452	426
5-9	1 179	607	572	1 016	523	493
10-14	1 269	653	616	1 177	606	572
15-19	1 247	642	606	1 263	650	613
20-24	1 220	627	593	1 237	636	601
25-29	1 282	658	624	1 209	621	588
30-34	1 537	786	751	1 269	650	619
35-39	1 874	954	920	1 520	775	745
40-44	2 319	1 175	1 144	1 847	935	912
45-49	2 206	1 104	1 103	2 275	1 143	1 132
50-54	1 631	803	829	2 145	1 058	1 086
55-59	1 798	856	942	1 563	752	810
60-64	2 201	1 006	1 195	1 684	774	910
65-69	2 577	1 102	1 474	1 997	864	1 132
70-74	2 249	880	1 369	2 226	881	1 345
75-79	1 661	559	1 102	1 793	631	1 162
80+	…	…	…	…	…	…
80-84	1 083	312	771	1 161	340	820
85-89	535	131	404	607	149	458
90-94	254	54	200	214	45	169
95-99	56	11	45	62	12	50
100+	8	2	6	8	2	6

United Arab Emirates

性・年齢別人口（千人）

推計値

年齢	1960 総数	男	女	1965 総数	男	女	1970 総数	男	女	1975 総数	男	女
総数	93	46	46	150	88	62	235	149	86	531	369	162
0-4	17	9	9	24	12	12	37	19	18	63	32	31
5-9	13	7	7	18	10	8	25	13	12	50	26	24
10-14	11	5	5	16	9	7	21	12	8	37	20	17
15-19	9	5	4	17	10	7	21	14	7	40	27	13
20-24	8	4	4	18	12	6	27	19	8	73	58	15
25-29	7	3	3	15	10	5	30	22	8	84	69	15
30-34	6	3	3	12	8	4	23	16	6	54	42	12
35-39	5	2	2	9	6	3	17	12	5	41	33	9
40-44	4	2	2	7	4	2	12	9	4	34	26	8
45-49	3	2	2	5	3	2	8	6	3	18	13	5
50-54	3	1	1	3	2	2	6	4	2	16	11	5
55-59	2	1	1	2	1	1	3	2	1	7	4	2
60-64	2	1	1	1	1	1	2	1	1	7	4	3
65-69	1	1	1	1	1	1	1	1	0	6	4	2
70-74	1	0	1	1	0	1	1	0	1	1	0	0
75-79	1	0	0	1	0	0	1	0	0	1	0	0
80+	0	0	0	0	0	0	0	0	0	1	0	0
80-84	…	…	…	…	…	…	…	…	…	…	…	…
85-89	…	…	…	…	…	…	…	…	…	…	…	…
90-94	…	…	…	…	…	…	…	…	…	…	…	…
95-99	…	…	…	…	…	…	…	…	…	…	…	…
100+	…	…	…	…	…	…	…	…	…	…	…	…

年齢	1980 総数	男	女	1985 総数	男	女	1990 総数	男	女	1995 総数	男	女
総数	1 017	709	307	1 350	880	470	1 811	1 192	620	2 350	1 566	784
0-4	130	66	64	185	95	91	224	115	109	217	111	106
5-9	96	49	46	147	75	72	188	96	92	213	110	103
10-14	59	31	28	95	49	45	143	73	70	196	101	95
15-19	58	34	24	68	36	32	133	78	55	153	80	73
20-24	127	93	34	128	79	48	152	102	50	213	139	74
25-29	180	145	35	204	146	57	187	131	55	316	230	86
30-34	137	113	24	186	143	43	238	178	60	307	228	79
35-39	85	69	16	131	102	29	208	162	46	270	207	63
40-44	60	49	11	86	68	18	141	110	31	203	162	41
45-49	33	26	7	50	39	10	91	72	19	122	98	24
50-54	20	14	6	30	21	8	47	37	10	67	53	14
55-59	12	9	4	15	11	5	25	17	8	30	22	7
60-64	6	3	2	10	6	4	12	8	5	17	11	6
65-69	9	5	3	6	3	3	9	5	4	9	5	4
70-74	5	3	2	7	4	3	4	2	2	8	4	4
75-79	1	0	0	3	2	1	5	3	2	3	1	2
80+	1	0	0	1	0	0	…	…	…	…	…	…
80-84	…	…	…	…	…	…	2	1	1	3	2	1
85-89	…	…	…	…	…	…	0	0	0	1	1	0
90-94	…	…	…	…	…	…	0	0	0	0	0	0
95-99	…	…	…	…	…	…	0	0	0	0	0	0
100+	…	…	…	…	…	…	0	0	0	0	0	0

年齢	2000 総数	男	女	2005 総数	男	女	2010 総数	男	女	2015 総数	男	女
総数	3 050	2 066	984	4 482	3 186	1 296	8 329	6 232	2 097	9 157	6 708	2 449
0-4	260	134	127	286	146	140	425	217	208	491	251	240
5-9	269	139	130	264	138	126	348	179	169	432	220	212
10-14	249	132	117	265	143	122	338	180	159	353	181	172
15-19	203	109	93	307	184	123	482	277	204	428	256	172
20-24	286	192	94	479	333	145	970	692	278	735	501	234
25-29	410	300	110	707	538	169	1 306	1 018	288	1 239	927	313
30-34	402	301	101	700	546	154	1 399	1 150	249	1 372	1 052	320
35-39	364	281	83	543	430	113	1 212	1 008	204	1 314	1 046	268
40-44	273	219	53	406	322	84	791	646	144	1 128	923	205
45-49	154	126	28	244	192	52	531	441	90	726	589	137
50-54	89	70	19	133	106	27	279	231	48	476	392	84
55-59	40	31	9	77	59	17	124	101	23	246	202	44
60-64	20	13	7	32	24	8	67	52	15	111	90	21
65-69	15	9	6	16	11	6	28	21	7	59	46	13
70-74	7	4	3	13	8	5	14	9	5	24	18	6
75-79	6	3	3	5	3	2	10	6	4	11	7	4
80+	…	…	…	…	…	…	…	…	…	…	…	…
80-84	2	1	1	4	2	2	4	2	2	7	4	3
85-89	2	1	1	1	0	1	2	1	1	2	1	1
90-94	0	0	0	1	0	0	0	0	0	1	0	0
95-99	0	0	0	0	0	0	0	0	0	0	0	0
100+	0	0	0	0	0	0	0	0	0	0	0	0

896

性・年齢別人口（千人）

年齢	2015			2020			2025			2030		
	総数	男	女	総数	男	女	総数	男	女	総数	男	女
総数	9 157	6 708	2 449	9 822	7 032	2 790	10 434	7 320	3 114	10 977	7 550	3 427
0-4	491	251	240	473	241	231	448	229	219	441	225	216
5-9	432	220	212	489	250	239	470	240	230	446	228	218
10-14	353	181	172	432	220	212	489	250	239	471	240	230
15-19	428	256	172	417	244	173	521	308	213	493	253	240
20-24	735	501	234	732	522	210	734	523	211	717	466	251
25-29	1 239	927	313	1 220	911	309	1 190	905	285	1 116	830	285
30-34	1 372	1 052	320	1 416	1 049	367	1 414	1 051	363	1 365	1 025	339
35-39	1 314	1 046	268	1 161	832	329	1 285	908	377	1 361	988	373
40-44	1 128	923	205	1 050	797	253	967	654	313	1 201	840	361
45-49	726	589	137	941	752	189	804	567	237	867	570	297
50-54	476	392	84	637	514	122	751	577	174	637	416	221
55-59	246	202	44	443	368	75	584	471	113	624	461	164
60-64	111	90	21	228	187	41	417	346	71	551	443	108
65-69	59	46	13	100	81	18	208	171	37	386	320	66
70-74	24	18	6	52	40	12	88	72	17	187	153	34
75-79	11	7	4	19	15	5	42	33	10	73	59	14
80+	…	…	…	…	…	…	…	…	…	…	…	…
80-84	7	4	3	8	5	3	14	10	4	31	24	7
85-89	2	1	1	4	2	2	5	3	2	8	6	2
90-94	1	0	0	1	0	0	2	1	1	2	1	1
95-99	0	0	0	0	0	0	0	0	0	0	0	0
100+	0	0	0	0	0	0	0	0	0	0	0	0

年齢	2035			2040			2045			2050		
	総数	男	女	総数	男	女	総数	男	女	総数	男	女
総数	11 500	7 758	3 742	11 995	7 954	4 041	12 430	8 105	4 325	12 789	8 205	4 584
0-4	467	238	228	495	253	242	503	257	246	502	257	246
5-9	439	224	215	464	237	227	493	252	241	501	256	245
10-14	446	228	218	439	224	215	465	237	227	493	252	241
15-19	475	243	231	450	231	219	443	228	216	469	241	228
20-24	663	385	278	632	365	267	608	353	255	601	350	251
25-29	1 035	710	325	964	621	343	933	602	331	909	590	319
30-34	1 272	933	340	1 190	815	375	1 119	727	393	1 089	708	381
35-39	1 323	975	349	1 239	887	352	1 165	778	387	1 094	689	405
40-44	1 265	908	357	1 232	899	333	1 139	802	336	1 082	711	371
45-49	1 100	756	344	1 164	823	341	1 105	788	317	1 029	709	320
50-54	766	485	281	1 000	672	328	1 074	750	324	1 004	703	301
55-59	566	355	211	703	433	270	955	638	317	1 012	698	314
60-64	585	428	157	537	335	203	673	411	261	915	607	307
65-69	514	413	101	550	402	148	508	316	192	640	391	249
70-74	349	289	60	470	377	93	507	370	137	473	294	179
75-79	157	128	29	299	247	52	408	326	82	446	325	121
80+	…	…	…	…	…	…	…	…	…	…	…	…
80-84	55	44	11	120	97	23	234	192	42	326	260	66
85-89	19	14	5	35	27	7	79	63	16	157	128	29
90-94	4	3	1	9	7	2	17	13	4	40	32	9
95-99	1	0	0	1	1	0	3	2	1	6	4	1
100+	0	0	0	0	0	0	0	0	0	1	0	0

年齢	2055			2060		
	総数	男	女	総数	男	女
総数	13 068	8 254	4 814	13 283	8 269	5 014
0-4	507	259	248	521	266	255
5-9	500	256	245	505	258	247
10-14	501	256	245	501	256	245
15-19	497	255	242	505	259	246
20-24	619	357	262	639	365	274
25-29	887	575	313	890	570	320
30-34	1 057	690	367	1 027	670	357
35-39	1 065	672	392	1 034	657	377
40-44	1 016	626	390	991	613	378
45-49	979	623	356	918	543	375
50-54	934	629	305	889	548	341
55-59	946	655	291	881	585	296
60-64	974	669	305	913	629	283
65-69	876	582	294	936	644	292
70-74	600	367	233	825	549	277
75-79	422	261	160	540	330	210
80+	…	…	…	…	…	…
80-84	364	264	100	349	216	133
85-89	226	179	47	259	187	72
90-94	84	67	16	125	98	27
95-99	14	11	3	31	24	7
100+	1	1	0	3	2	1

性・年齢別人口（千人）

年齢	2015 総数	男	女	2020 総数	男	女	2025 総数	男	女	2030 総数	男	女
総数	9 157	6 708	2 449	9 890	7 067	2 824	10 611	7 410	3 201	11 290	7 710	3 580
0-4	491	251	240	541	276	265	556	284	272	577	295	283
5-9	432	220	212	489	250	239	539	275	264	554	283	271
10-14	353	181	172	432	220	212	489	250	239	539	275	264
15-19	428	256	172	417	244	173	521	308	213	493	253	240
20-24	735	501	234	732	522	210	734	523	211	717	466	251
25-29	1 239	927	313	1 220	911	309	1 190	905	285	1 116	830	285
30-34	1 372	1 052	320	1 416	1 049	367	1 414	1 051	363	1 365	1 025	339
35-39	1 314	1 046	268	1 161	832	329	1 285	908	377	1 361	988	373
40-44	1 128	923	205	1 050	797	253	967	654	313	1 201	840	361
45-49	726	589	137	941	752	189	804	567	237	867	570	297
50-54	476	392	84	637	514	122	751	577	174	637	416	221
55-59	246	202	44	443	368	75	584	471	113	624	461	164
60-64	111	90	21	228	187	41	417	346	71	551	443	108
65-69	59	46	13	100	81	18	208	171	37	386	320	66
70-74	24	18	6	52	40	12	88	72	17	187	153	34
75-79	11	7	4	19	15	5	42	33	10	73	59	14
80+	…	…	…	…	…	…	…	…	…	…	…	…
80-84	7	4	3	8	5	3	14	10	4	31	24	7
85-89	2	1	1	4	2	2	5	3	2	8	6	2
90-94	1	0	0	1	0	0	2	1	1	2	1	1
95-99	0	0	0	0	0	0	0	0	0	0	0	0
100+	0	0	0	0	0	0	0	0	0	0	0	0

年齢	2035 総数	男	女	2040 総数	男	女	2045 総数	男	女	2050 総数	男	女
総数	11 962	7 994	3 968	12 629	8 278	4 351	13 272	8 535	4 737	13 879	8 761	5 118
0-4	616	315	301	668	341	327	712	364	348	751	384	367
5-9	575	294	281	614	313	300	666	340	326	709	363	347
10-14	554	283	271	575	294	281	614	314	300	666	340	326
15-19	543	278	265	558	286	272	580	297	283	618	317	301
20-24	663	385	278	700	400	300	716	408	307	737	419	318
25-29	1 035	710	325	964	621	343	1 001	637	365	1 017	645	372
30-34	1 272	933	340	1 190	815	375	1 119	727	393	1 157	742	414
35-39	1 323	975	349	1 239	887	352	1 165	778	387	1 094	689	405
40-44	1 265	908	357	1 232	899	333	1 139	802	336	1 082	711	371
45-49	1 100	756	344	1 164	823	341	1 105	788	317	1 029	709	320
50-54	766	485	281	1 000	672	328	1 074	750	324	1 004	703	301
55-59	566	355	211	703	433	270	955	638	317	1 012	698	314
60-64	585	428	157	537	335	203	673	411	261	915	607	307
65-69	514	413	101	550	402	148	508	316	192	640	391	249
70-74	349	289	60	470	377	93	507	370	137	473	294	179
75-79	157	128	29	299	247	52	408	326	82	446	325	121
80+	…	…	…	…	…	…	…	…	…	…	…	…
80-84	55	44	11	120	97	23	234	192	42	326	260	66
85-89	19	14	5	35	27	7	79	63	16	157	128	29
90-94	4	3	1	9	7	2	17	13	4	40	32	9
95-99	1	0	0	1	1	0	3	2	1	6	4	1
100+	0	0	0	0	0	0	0	0	0	1	0	0

年齢	2055 総数	男	女	2060 総数	男	女
総数	14 438	8 954	5 484	14 960	9 126	5 834
0-4	787	402	385	828	423	405
5-9	749	383	366	785	401	384
10-14	710	363	347	749	383	366
15-19	670	343	327	713	366	348
20-24	768	433	335	812	453	358
25-29	1 023	644	379	1 039	646	393
30-34	1 164	745	419	1 163	739	424
35-39	1 133	707	426	1 142	712	430
40-44	1 016	626	390	1 059	647	412
45-49	979	623	356	918	543	375
50-54	934	629	305	889	548	341
55-59	946	655	291	881	585	296
60-64	974	669	305	913	629	283
65-69	876	582	294	936	644	292
70-74	600	367	233	825	549	277
75-79	422	261	160	540	330	210
80+	…	…	…	…	…	…
80-84	364	264	100	349	216	133
85-89	226	179	47	259	187	72
90-94	84	67	16	125	98	27
95-99	14	11	3	31	24	7
100+	1	1	0	3	2	1

性・年齢別人口（千人）

年齢	2015			2020			2025			2030		
	総数	男	女	総数	男	女	総数	男	女	総数	男	女
総数	9 157	6 708	2 449	9 754	6 997	2 757	10 258	7 230	3 028	10 664	7 390	3 274
0-4	491	251	240	404	206	198	340	174	166	305	156	149
5-9	432	220	212	489	250	239	402	205	197	338	172	165
10-14	353	181	172	432	220	212	489	250	239	402	205	197
15-19	428	256	172	417	244	173	521	308	213	493	253	240
20-24	735	501	234	732	522	210	734	523	211	717	466	251
25-29	1 239	927	313	1 220	911	309	1 190	905	285	1 116	830	285
30-34	1 372	1 052	320	1 416	1 049	367	1 414	1 051	363	1 365	1 025	339
35-39	1 314	1 046	268	1 161	832	329	1 285	908	377	1 361	988	373
40-44	1 128	923	205	1 050	797	253	967	654	313	1 201	840	361
45-49	726	589	137	941	752	189	804	567	237	867	570	297
50-54	476	392	84	637	514	122	751	577	174	637	416	221
55-59	246	202	44	443	368	75	584	471	113	624	461	164
60-64	111	90	21	228	187	41	417	346	71	551	443	108
65-69	59	46	13	100	81	18	208	171	37	386	320	66
70-74	24	18	6	52	40	12	88	72	17	187	153	34
75-79	11	7	4	19	15	5	42	33	10	73	59	14
80+	…	…	…	…	…	…	…	…	…	…	…	…
80-84	7	4	3	8	5	3	14	10	4	31	24	7
85-89	2	1	1	4	2	2	5	3	2	8	6	2
90-94	1	0	0	1	0	0	2	1	1	2	1	1
95-99	0	0	0	0	0	0	0	0	0	0	0	0
100+	0	0	0	0	0	0	0	0	0	0	0	0

年齢	2035			2040			2045			2050		
	総数	男	女	総数	男	女	総数	男	女	総数	男	女
総数	11 040	7 523	3 517	11 371	7 635	3 735	11 622	7 693	3 929	11 778	7 689	4 090
0-4	319	163	156	331	169	162	319	163	156	298	152	146
5-9	302	155	148	317	162	155	329	168	161	317	162	155
10-14	338	173	165	303	155	148	317	162	155	329	168	161
15-19	406	208	198	342	176	166	307	158	149	322	165	156
20-24	663	385	278	564	331	233	500	298	202	465	280	185
25-29	1 035	710	325	964	621	343	865	567	298	802	535	267
30-34	1 272	933	340	1 190	815	375	1 119	727	393	1 020	673	348
35-39	1 323	975	349	1 239	887	352	1 165	778	387	1 094	689	405
40-44	1 265	908	357	1 232	899	333	1 139	802	336	1 082	711	371
45-49	1 100	756	344	1 164	823	341	1 105	788	317	1 029	709	320
50-54	766	485	281	1 000	672	328	1 074	750	324	1 004	703	301
55-59	566	355	211	703	433	270	955	638	317	1 012	698	314
60-64	585	428	157	537	335	203	673	411	261	915	607	307
65-69	514	413	101	550	402	148	508	316	192	640	391	249
70-74	349	289	60	470	377	93	507	370	137	473	294	179
75-79	157	128	29	299	247	52	408	326	82	446	325	121
80+	…	…	…	…	…	…	…	…	…	…	…	…
80-84	55	44	11	120	97	23	234	192	42	326	260	66
85-89	19	14	5	35	27	7	79	63	16	157	128	29
90-94	4	3	1	9	7	2	17	13	4	40	32	9
95-99	1	0	0	1	1	0	3	2	1	6	4	1
100+	0	0	0	0	0	0	0	0	0	1	0	0

年齢	2055			2060		
	総数	男	女	総数	男	女
総数	11 837	7 626	4 211	11 816	7 520	4 296
0-4	285	146	140	285	145	139
5-9	296	151	145	284	145	139
10-14	318	162	155	297	152	145
15-19	333	171	162	322	165	156
20-24	472	282	190	475	282	194
25-29	752	505	246	743	495	248
30-34	949	635	314	892	601	291
35-39	997	638	359	927	602	325
40-44	1 016	626	390	923	578	345
45-49	979	623	356	918	543	375
50-54	934	629	305	889	548	341
55-59	946	655	291	881	585	296
60-64	974	669	305	913	629	283
65-69	876	582	294	936	644	292
70-74	600	367	233	825	549	277
75-79	422	261	160	540	330	210
80+	…	…	…	…	…	…
80-84	364	264	100	349	216	133
85-89	226	179	47	259	187	72
90-94	84	67	16	125	98	27
95-99	14	11	3	31	24	7
100+	1	1	0	3	2	1

性・年齢別人口（千人）

年齢	1960			1965			1970			1975		
	総数	男	女	総数	男	女	総数	男	女	総数	男	女
総数	52 410	25 312	27 099	54 278	26 324	27 954	55 611	26 989	28 622	56 180	27 325	28 854
0-4	4 105	2 107	1 998	4 793	2 452	2 342	4 664	2 381	2 283	3 908	2 008	1 900
5-9	3 753	1 922	1 831	4 078	2 102	1 976	4 717	2 411	2 306	4 588	2 354	2 233
10-14	4 273	2 187	2 086	3 762	1 932	1 831	4 053	2 092	1 961	4 702	2 413	2 289
15-19	3 632	1 832	1 800	4 233	2 159	2 074	3 785	1 934	1 851	4 070	2 081	1 989
20-24	3 314	1 648	1 666	3 588	1 799	1 789	4 248	2 141	2 108	3 813	1 937	1 876
25-29	3 276	1 650	1 626	3 360	1 696	1 664	3 563	1 800	1 763	4 221	2 133	2 088
30-34	3 418	1 709	1 709	3 273	1 658	1 615	3 296	1 673	1 623	3 512	1 778	1 733
35-39	3 758	1 868	1 890	3 418	1 711	1 707	3 213	1 621	1 592	3 248	1 644	1 603
40-44	3 382	1 663	1 719	3 730	1 850	1 880	3 362	1 675	1 687	3 165	1 594	1 571
45-49	3 692	1 801	1 890	3 305	1 623	1 682	3 648	1 799	1 850	3 298	1 639	1 659
50-54	3 613	1 759	1 854	3 591	1 749	1 843	3 188	1 550	1 638	3 542	1 738	1 804
55-59	3 307	1 581	1 726	3 466	1 665	1 801	3 416	1 641	1 776	3 042	1 459	1 583
60-64	2 727	1 207	1 520	3 063	1 419	1 644	3 208	1 498	1 710	3 175	1 486	1 689
65-69	2 218	920	1 297	2 395	1 005	1 390	2 697	1 186	1 512	2 844	1 270	1 574
70-74	1 729	676	1 052	1 812	702	1 110	1 966	759	1 208	2 229	908	1 321
75-79	1 194	441	753	1 277	453	824	1 331	463	868	1 456	502	954
80+	1 019	338	682	1 135	352	783	1 255	367	888	1 368	381	988
80-84	...	...	...	...	...	...	...	...	...	...	...	...
85-89	...	...	...	...	...	...	...	...	...	...	...	...
90-94	...	...	...	...	...	...	...	...	...	...	...	...
95-99	...	...	...	...	...	...	...	...	...	...	...	...
100+	...	...	...	...	...	...	...	...	...	...	...	...

年齢	1980			1985			1990			1995		
	総数	男	女	総数	男	女	総数	男	女	総数	男	女
総数	56 222	27 349	28 873	56 415	27 417	28 998	57 110	27 750	29 360	57 904	28 143	29 761
0-4	3 381	1 735	1 646	3 587	1 837	1 750	3 823	1 954	1 869	3 812	1 952	1 860
5-9	3 861	1 984	1 877	3 372	1 730	1 642	3 613	1 848	1 765	3 833	1 959	1 873
10-14	4 576	2 349	2 227	3 845	1 972	1 874	3 398	1 741	1 657	3 629	1 854	1 775
15-19	4 738	2 423	2 314	4 572	2 333	2 239	3 870	1 979	1 891	3 400	1 725	1 675
20-24	4 102	2 083	2 018	4 756	2 403	2 353	4 562	2 300	2 262	3 900	1 964	1 936
25-29	3 773	1 904	1 868	4 033	2 029	2 004	4 705	2 352	2 352	4 566	2 275	2 291
30-34	4 170	2 102	2 069	3 708	1 865	1 842	4 021	2 005	2 016	4 663	2 315	2 348
35-39	3 472	1 751	1 721	4 132	2 068	2 064	3 705	1 848	1 857	4 013	1 992	2 022
40-44	3 207	1 616	1 591	3 429	1 724	1 705	4 111	2 053	2 058	3 696	1 837	1 859
45-49	3 117	1 562	1 555	3 152	1 580	1 572	3 387	1 695	1 692	4 069	2 027	2 043
50-54	3 208	1 584	1 623	3 042	1 515	1 527	3 087	1 540	1 547	3 338	1 661	1 676
55-59	3 381	1 637	1 743	3 083	1 507	1 575	2 938	1 452	1 486	3 007	1 489	1 518
60-64	2 833	1 326	1 507	3 162	1 501	1 662	2 906	1 397	1 509	2 796	1 362	1 435
65-69	2 837	1 275	1 562	2 547	1 151	1 396	2 868	1 319	1 549	2 660	1 245	1 415
70-74	2 379	994	1 385	2 397	1 015	1 382	2 182	935	1 247	2 480	1 088	1 392
75-79	1 676	613	1 063	1 821	688	1 133	1 875	728	1 147	1 742	693	1 048
80+	1 513	410	1 103	1 777	500	1 277	...	...	...	...	...	...
80-84	...	...	...	...	...	...	1 234	407	827	1 308	452	855
85-89	...	...	...	...	...	...	594	155	439	695	193	502
90-94	...	...	...	...	...	...	189	36	153	243	50	192
95-99	...	...	...	...	...	...	38	6	32	48	7	41
100+	...	...	...	...	...	...	4	1	4	5	1	5

年齢	2000			2005			2010			2015		
	総数	男	女	総数	男	女	総数	男	女	総数	男	女
総数	58 867	28 677	30 190	60 210	29 474	30 736	62 717	30 813	31 903	64 716	31 899	32 817
0-4	3 551	1 820	1 732	3 452	1 768	1 684	3 954	2 022	1 931	4 058	2 078	1 980
5-9	3 809	1 952	1 857	3 557	1 820	1 736	3 453	1 767	1 686	3 975	2 033	1 942
10-14	3 853	1 974	1 879	3 824	1 963	1 860	3 691	1 890	1 801	3 470	1 775	1 694
15-19	3 621	1 843	1 778	3 957	2 035	1 922	4 066	2 064	2 002	3 782	1 935	1 847
20-24	3 503	1 751	1 752	3 903	1 984	1 920	4 283	2 174	2 109	4 227	2 143	2 084
25-29	4 046	2 009	2 037	3 752	1 871	1 881	4 237	2 123	2 114	4 435	2 247	2 188
30-34	4 645	2 304	2 341	4 167	2 067	2 100	3 956	1 983	1 973	4 348	2 176	2 172
35-39	4 656	2 304	2 352	4 693	2 329	2 364	4 214	2 088	2 127	4 025	2 015	2 010
40-44	4 017	1 992	2 025	4 652	2 299	2 353	4 721	2 332	2 389	4 247	2 101	2 146
45-49	3 680	1 825	1 855	3 986	1 975	2 012	4 689	2 314	2 375	4 718	2 326	2 392
50-54	4 012	1 990	2 021	3 613	1 786	1 827	3 958	1 962	1 996	4 651	2 289	2 362
55-59	3 264	1 615	1 650	3 900	1 925	1 976	3 498	1 727	1 771	3 891	1 921	1 970
60-64	2 893	1 417	1 476	3 125	1 528	1 597	3 851	1 890	1 961	3 395	1 664	1 731
65-69	2 607	1 241	1 365	2 704	1 299	1 405	2 926	1 418	1 508	3 662	1 776	1 886
70-74	2 341	1 057	1 285	2 338	1 080	1 258	2 425	1 144	1 282	2 691	1 280	1 412
75-79	2 008	828	1 180	1 947	838	1 109	1 976	887	1 089	2 102	962	1 141
80+	...	...	...	...	...	...	...	...	...	...	...	...
80-84	1 257	458	799	1 476	564	912	1 420	574	846	1 536	656	880
85-89	751	225	527	757	247	510	933	327	607	920	345	576
90-94	286	65	221	324	83	241	357	105	252	455	145	310
95-99	61	10	51	75	14	61	96	22	75	110	29	81
100+	7	1	6	8	1	7	12	2	10	16	3	13

性・年齢別人口（千人）

年齢	2015			2020			2025			2030		
	総数	男	女	総数	男	女	総数	男	女	総数	男	女
総数	64 716	31 899	32 817	66 700	32 956	33 744	68 527	33 925	34 602	70 113	34 770	35 342
0-4	4 058	2 078	1 980	4 116	2 108	2 008	4 095	2 098	1 997	3 980	2 039	1 941
5-9	3 975	2 033	1 942	4 079	2 089	1 991	4 137	2 118	2 018	4 115	2 108	2 007
10-14	3 470	1 775	1 694	3 992	2 041	1 951	4 095	2 096	1 999	4 153	2 126	2 026
15-19	3 782	1 935	1 847	3 561	1 821	1 740	4 078	2 084	1 994	4 181	2 139	2 042
20-24	4 227	2 143	2 084	3 944	2 015	1 929	3 715	1 896	1 819	4 232	2 160	2 072
25-29	4 435	2 247	2 188	4 381	2 218	2 163	4 090	2 086	2 004	3 862	1 968	1 893
30-34	4 348	2 176	2 172	4 546	2 301	2 246	4 486	2 268	2 218	4 197	2 138	2 059
35-39	4 025	2 015	2 010	4 417	2 208	2 209	4 611	2 330	2 280	4 552	2 299	2 253
40-44	4 247	2 101	2 146	4 061	2 030	2 031	4 449	2 222	2 227	4 644	2 345	2 299
45-49	4 718	2 326	2 392	4 251	2 100	2 151	4 067	2 030	2 037	4 455	2 222	2 233
50-54	4 651	2 289	2 362	4 684	2 305	2 380	4 226	2 083	2 143	4 047	2 017	2 030
55-59	3 891	1 921	1 970	4 578	2 245	2 332	4 617	2 265	2 352	4 173	2 053	2 121
60-64	3 395	1 664	1 731	3 786	1 858	1 928	4 463	2 178	2 285	4 513	2 205	2 308
65-69	3 662	1 776	1 886	3 243	1 574	1 669	3 630	1 766	1 864	4 295	2 081	2 214
70-74	2 691	1 280	1 412	3 391	1 617	1 774	3 023	1 446	1 577	3 405	1 637	1 768
75-79	2 102	962	1 141	2 358	1 091	1 267	3 003	1 399	1 604	2 704	1 268	1 436
80+	…	…	…	…	…	…	…	…	…	…	…	…
80-84	1 536	656	880	1 662	727	936	1 897	843	1 053	2 453	1 105	1 349
85-89	920	345	576	1 019	406	613	1 131	465	666	1 322	557	765
90-94	455	145	310	463	159	304	531	195	335	609	233	376
95-99	110	29	81	147	42	105	156	48	108	186	62	124
100+	16	3	13	20	5	16	29	7	22	33	9	25

年齢	2035			2040			2045			2050		
	総数	男	女	総数	男	女	総数	男	女	総数	男	女
総数	71 511	35 530	35 980	72 840	36 265	36 575	74 144	36 992	37 152	75 361	37 674	37 687
0-4	3 937	2 017	1 920	4 035	2 067	1 968	4 172	2 138	2 035	4 244	2 174	2 070
5-9	4 001	2 049	1 952	3 958	2 027	1 931	4 056	2 078	1 978	4 194	2 148	2 045
10-14	4 132	2 116	2 016	4 018	2 057	1 960	3 974	2 036	1 939	4 072	2 086	1 986
15-19	4 239	2 169	2 070	4 218	2 159	2 059	4 104	2 101	2 004	4 061	2 079	1 982
20-24	4 335	2 215	2 120	4 393	2 245	2 148	4 373	2 236	2 137	4 260	2 178	2 082
25-29	4 378	2 231	2 147	4 482	2 287	2 195	4 540	2 318	2 223	4 520	2 308	2 212
30-34	3 970	2 021	1 949	4 486	2 284	2 202	4 590	2 340	2 250	4 649	2 371	2 278
35-39	4 265	2 170	2 095	4 040	2 055	1 985	4 555	2 317	2 238	4 660	2 374	2 286
40-44	4 587	2 315	2 272	4 303	2 188	2 115	4 080	2 073	2 006	4 594	2 336	2 259
45-49	4 651	2 346	2 305	4 597	2 318	2 279	4 316	2 193	2 123	4 095	2 080	2 015
50-54	4 436	2 210	2 226	4 634	2 335	2 298	4 583	2 309	2 274	4 307	2 187	2 120
55-59	4 003	1 992	2 012	4 391	2 185	2 207	4 591	2 311	2 280	4 546	2 288	2 257
60-64	4 090	2 005	2 085	3 931	1 951	1 981	4 318	2 144	2 175	4 521	2 271	2 250
65-69	4 359	2 117	2 242	3 964	1 934	2 030	3 820	1 888	1 932	4 205	2 080	2 125
70-74	4 052	1 944	2 108	4 133	1 991	2 142	3 774	1 829	1 945	3 651	1 793	1 857
75-79	3 075	1 454	1 621	3 689	1 746	1 944	3 789	1 803	1 986	3 481	1 668	1 813
80+	…	…	…	…	…	…	…	…	…	…	…	…
80-84	2 245	1 023	1 222	2 588	1 194	1 394	3 141	1 453	1 688	3 259	1 519	1 740
85-89	1 752	753	999	1 638	716	922	1 924	854	1 070	2 374	1 059	1 315
90-94	736	291	445	1 007	408	599	968	401	568	1 166	490	675
95-99	224	78	146	283	102	181	403	149	253	402	152	250
100+	41	12	30	52	16	37	69	22	48	101	32	69

年齢	2055			2060		
	総数	男	女	総数	男	女
総数	76 397	38 263	38 134	77 255	38 766	38 489
0-4	4 233	2 169	2 064	4 187	2 145	2 042
5-9	4 264	2 184	2 080	4 252	2 178	2 074
10-14	4 209	2 156	2 053	4 279	2 192	2 087
15-19	4 155	2 127	2 028	4 287	2 195	2 092
20-24	4 209	2 152	2 057	4 294	2 196	2 098
25-29	4 400	2 247	2 153	4 342	2 217	2 124
30-34	4 624	2 359	2 265	4 498	2 295	2 203
35-39	4 715	2 403	2 313	4 687	2 389	2 297
40-44	4 697	2 391	2 306	4 750	2 419	2 331
45-49	4 607	2 341	2 266	4 709	2 396	2 313
50-54	4 089	2 076	2 013	4 598	2 335	2 263
55-59	4 275	2 169	2 107	4 062	2 060	2 002
60-64	4 481	2 252	2 229	4 220	2 138	2 083
65-69	4 411	2 209	2 202	4 381	2 195	2 186
70-74	4 031	1 983	2 048	4 241	2 113	2 128
75-79	3 385	1 646	1 739	3 757	1 831	1 926
80+	…	…	…	…	…	…
80-84	3 022	1 420	1 602	2 965	1 416	1 549
85-89	2 502	1 127	1 375	2 355	1 072	1 284
90-94	1 474	624	850	1 591	681	910
95-99	502	193	308	658	255	403
100+	112	36	76	143	47	96

性・年齢別人口（千人）

年齢	2015			2020			2025			2030		
	総数	男	女	総数	男	女	総数	男	女	総数	男	女
総数	64 716	31 899	32 817	67 232	33 229	34 004	69 909	34 633	35 276	72 529	36 009	36 521
0-4	4 058	2 078	1 980	4 648	2 381	2 267	4 945	2 533	2 412	5 016	2 569	2 446
5-9	3 975	2 033	1 942	4 079	2 089	1 991	4 668	2 391	2 278	4 965	2 543	2 422
10-14	3 470	1 775	1 694	3 992	2 041	1 951	4 095	2 096	1 999	4 684	2 399	2 286
15-19	3 782	1 935	1 847	3 561	1 821	1 740	4 078	2 084	1 994	4 181	2 139	2 042
20-24	4 227	2 143	2 084	3 944	2 015	1 929	3 715	1 896	1 819	4 232	2 160	2 072
25-29	4 435	2 247	2 188	4 381	2 218	2 163	4 090	2 086	2 004	3 862	1 968	1 893
30-34	4 348	2 176	2 172	4 546	2 301	2 246	4 486	2 268	2 218	4 197	2 138	2 059
35-39	4 025	2 015	2 010	4 417	2 208	2 209	4 611	2 330	2 280	4 552	2 299	2 253
40-44	4 247	2 101	2 146	4 061	2 030	2 031	4 449	2 222	2 227	4 644	2 345	2 299
45-49	4 718	2 326	2 392	4 251	2 100	2 151	4 067	2 030	2 037	4 455	2 222	2 233
50-54	4 651	2 289	2 362	4 684	2 305	2 380	4 226	2 083	2 143	4 047	2 017	2 030
55-59	3 891	1 921	1 970	4 578	2 245	2 332	4 617	2 265	2 352	4 173	2 053	2 121
60-64	3 395	1 664	1 731	3 786	1 858	1 928	4 463	2 178	2 285	4 513	2 205	2 308
65-69	3 662	1 776	1 886	3 243	1 574	1 669	3 630	1 766	1 864	4 295	2 081	2 214
70-74	2 691	1 280	1 412	3 391	1 617	1 774	3 023	1 446	1 577	3 405	1 637	1 768
75-79	2 102	962	1 141	2 358	1 091	1 267	3 003	1 399	1 604	2 704	1 268	1 436
80+	...	...	...	...	...	...	...	...	...	...	...	...
80-84	1 536	656	880	1 662	727	936	1 897	843	1 053	2 453	1 105	1 349
85-89	920	345	576	1 019	406	613	1 131	465	666	1 322	557	765
90-94	455	145	310	463	159	304	531	195	335	609	233	376
95-99	110	29	81	147	42	105	156	48	108	186	62	124
100+	16	3	13	20	5	16	29	7	22	33	9	25

年齢	2035			2040			2045			2050		
	総数	男	女	総数	男	女	総数	男	女	総数	男	女
総数	74 958	37 297	37 661	77 393	38 598	38 795	80 000	39 993	40 008	82 839	41 505	41 334
0-4	4 969	2 546	2 423	5 142	2 634	2 507	5 479	2 807	2 672	5 870	3 008	2 863
5-9	5 036	2 580	2 457	4 989	2 556	2 434	5 162	2 645	2 518	5 500	2 818	2 682
10-14	4 981	2 551	2 430	5 052	2 588	2 465	5 006	2 564	2 442	5 178	2 653	2 526
15-19	4 770	2 441	2 329	5 067	2 594	2 473	5 138	2 630	2 508	5 092	2 607	2 485
20-24	4 335	2 215	2 120	4 924	2 517	2 407	5 221	2 670	2 551	5 293	2 707	2 586
25-29	4 378	2 231	2 147	4 482	2 287	2 195	5 070	2 589	2 481	5 367	2 742	2 626
30-34	3 970	2 021	1 949	4 486	2 284	2 202	4 590	2 340	2 250	5 178	2 641	2 536
35-39	4 265	2 170	2 095	4 040	2 055	1 985	4 555	2 317	2 238	4 660	2 374	2 286
40-44	4 587	2 315	2 272	4 303	2 188	2 115	4 080	2 073	2 006	4 594	2 336	2 259
45-49	4 651	2 346	2 305	4 597	2 318	2 279	4 316	2 193	2 123	4 095	2 080	2 015
50-54	4 436	2 210	2 226	4 634	2 335	2 298	4 583	2 309	2 274	4 307	2 187	2 120
55-59	4 003	1 992	2 012	4 391	2 185	2 207	4 591	2 311	2 280	4 546	2 288	2 257
60-64	4 090	2 005	2 085	3 931	1 951	1 981	4 318	2 144	2 175	4 521	2 271	2 250
65-69	4 359	2 117	2 242	3 964	1 934	2 030	3 820	1 888	1 932	4 205	2 080	2 125
70-74	4 052	1 944	2 108	4 133	1 991	2 142	3 774	1 829	1 945	3 651	1 793	1 857
75-79	3 075	1 454	1 621	3 689	1 746	1 944	3 789	1 803	1 986	3 481	1 668	1 813
80+	...	...	...	...	...	...	...	...	...	...	...	...
80-84	2 245	1 023	1 222	2 588	1 194	1 394	3 141	1 453	1 688	3 259	1 519	1 740
85-89	1 752	753	999	1 638	716	922	1 924	854	1 070	2 374	1 059	1 315
90-94	736	291	445	1 007	408	599	968	401	568	1 166	490	675
95-99	224	78	146	283	102	181	403	149	253	402	152	250
100+	41	12	30	52	16	37	69	22	48	101	32	69

年齢	2055			2060		
	総数	男	女	総数	男	女
総数	85 823	43 091	42 731	88 847	44 704	44 143
0-4	6 187	3 170	3 017	6 362	3 260	3 102
5-9	5 890	3 018	2 872	6 205	3 179	3 026
10-14	5 515	2 825	2 690	5 904	3 025	2 879
15-19	5 260	2 693	2 567	5 592	2 864	2 729
20-24	5 238	2 679	2 559	5 399	2 762	2 637
25-29	5 431	2 775	2 657	5 370	2 744	2 626
30-34	5 469	2 791	2 678	5 528	2 822	2 706
35-39	5 243	2 673	2 570	5 530	2 821	2 710
40-44	4 697	2 391	2 306	5 276	2 688	2 588
45-49	4 607	2 341	2 266	4 709	2 396	2 313
50-54	4 089	2 076	2 013	4 598	2 335	2 263
55-59	4 275	2 169	2 107	4 062	2 060	2 002
60-64	4 481	2 252	2 229	4 220	2 138	2 083
65-69	4 411	2 209	2 202	4 381	2 195	2 186
70-74	4 031	1 983	2 048	4 241	2 113	2 128
75-79	3 385	1 646	1 739	3 757	1 831	1 926
80+	...	...	...	...	...	...
80-84	3 022	1 420	1 602	2 965	1 416	1 549
85-89	2 502	1 127	1 375	2 355	1 072	1 284
90-94	1 474	624	850	1 591	681	910
95-99	502	193	308	658	255	403
100+	112	36	76	143	47	96

性・年齢別人口（千人）

年齢	2015 総数	男	女	2020 総数	男	女	2025 総数	男	女	2030 総数	男	女
総数	64 716	31 899	32 817	66 168	32 683	33 485	67 145	33 217	33 928	67 696	33 532	34 164
0-4	4 058	2 078	1 980	3 584	1 835	1 748	3 245	1 662	1 582	2 945	1 508	1 437
5-9	3 975	2 033	1 942	4 079	2 089	1 991	3 605	1 846	1 759	3 266	1 673	1 593
10-14	3 470	1 775	1 694	3 992	2 041	1 951	4 095	2 096	1 999	3 621	1 854	1 767
15-19	3 782	1 935	1 847	3 561	1 821	1 740	4 078	2 084	1 994	4 181	2 139	2 042
20-24	4 227	2 143	2 084	3 944	2 015	1 929	3 715	1 896	1 819	4 232	2 160	2 072
25-29	4 435	2 247	2 188	4 381	2 218	2 163	4 090	2 086	2 004	3 862	1 968	1 893
30-34	4 348	2 176	2 172	4 546	2 301	2 246	4 486	2 268	2 218	4 197	2 138	2 059
35-39	4 025	2 015	2 010	4 417	2 208	2 209	4 611	2 330	2 280	4 552	2 299	2 253
40-44	4 247	2 101	2 146	4 061	2 030	2 031	4 449	2 222	2 227	4 644	2 345	2 299
45-49	4 718	2 326	2 392	4 251	2 100	2 151	4 067	2 030	2 037	4 455	2 222	2 233
50-54	4 651	2 289	2 362	4 684	2 305	2 380	4 226	2 083	2 143	4 047	2 017	2 030
55-59	3 891	1 921	1 970	4 578	2 245	2 332	4 617	2 265	2 352	4 173	2 053	2 121
60-64	3 395	1 664	1 731	3 786	1 858	1 928	4 463	2 178	2 285	4 513	2 205	2 308
65-69	3 662	1 776	1 886	3 243	1 574	1 669	3 630	1 766	1 864	4 295	2 081	2 214
70-74	2 691	1 280	1 412	3 391	1 617	1 774	3 023	1 446	1 577	3 405	1 637	1 768
75-79	2 102	962	1 141	2 358	1 091	1 267	3 003	1 399	1 604	2 704	1 268	1 436
80+	...	...	...	...	...	...	...	...	...	...	...	...
80-84	1 536	656	880	1 662	727	936	1 897	843	1 053	2 453	1 105	1 349
85-89	920	345	576	1 019	406	613	1 131	465	666	1 322	557	765
90-94	455	145	310	463	159	304	531	195	335	609	233	376
95-99	110	29	81	147	42	105	156	48	108	186	62	124
100+	16	3	13	20	5	16	29	7	22	33	9	25

年齢	2035 総数	男	女	2040 総数	男	女	2045 総数	男	女	2050 総数	男	女
総数	68 066	33 765	34 300	68 313	33 946	34 367	68 404	34 052	34 353	68 216	34 014	34 202
0-4	2 908	1 489	1 418	2 951	1 511	1 439	2 957	1 515	1 442	2 834	1 452	1 382
5-9	2 966	1 519	1 447	2 929	1 500	1 429	2 972	1 522	1 450	2 978	1 525	1 453
10-14	3 282	1 681	1 601	2 983	1 527	1 456	2 946	1 508	1 437	2 989	1 531	1 458
15-19	3 708	1 897	1 811	3 369	1 724	1 645	3 070	1 571	1 499	3 033	1 552	1 481
20-24	4 335	2 215	2 120	3 863	1 974	1 889	3 525	1 801	1 724	3 227	1 649	1 578
25-29	4 378	2 231	2 147	4 482	2 287	2 195	4 011	2 047	1 964	3 674	1 875	1 799
30-34	3 970	2 021	1 949	4 486	2 284	2 202	4 590	2 340	2 250	4 120	2 100	2 020
35-39	4 265	2 170	2 095	4 040	2 055	1 985	4 555	2 317	2 238	4 660	2 374	2 286
40-44	4 587	2 315	2 272	4 303	2 188	2 115	4 080	2 073	2 006	4 594	2 336	2 259
45-49	4 651	2 346	2 305	4 597	2 318	2 279	4 316	2 193	2 123	4 095	2 080	2 015
50-54	4 436	2 210	2 226	4 634	2 335	2 298	4 583	2 309	2 274	4 307	2 187	2 120
55-59	4 003	1 992	2 012	4 391	2 185	2 207	4 591	2 311	2 280	4 546	2 288	2 257
60-64	4 090	2 005	2 085	3 931	1 951	1 981	4 318	2 144	2 175	4 521	2 271	2 250
65-69	4 359	2 117	2 242	3 964	1 934	2 030	3 820	1 888	1 932	4 205	2 080	2 125
70-74	4 052	1 944	2 108	4 133	1 991	2 142	3 774	1 829	1 945	3 651	1 793	1 857
75-79	3 075	1 454	1 621	3 689	1 746	1 944	3 789	1 803	1 986	3 481	1 668	1 813
80+	...	...	...	...	...	...	...	...	...	...	...	...
80-84	2 245	1 023	1 222	2 588	1 194	1 394	3 141	1 453	1 688	3 259	1 519	1 740
85-89	1 752	753	999	1 638	716	922	1 924	854	1 070	2 374	1 059	1 315
90-94	736	291	445	1 007	408	599	968	401	568	1 166	490	675
95-99	224	78	146	283	102	181	403	149	253	402	152	250
100+	41	12	30	52	16	37	69	22	48	101	32	69

年齢	2055 総数	男	女	2060 総数	男	女
総数	67 659	33 787	33 872	66 805	33 414	33 392
0-4	2 633	1 349	1 284	2 466	1 263	1 203
5-9	2 855	1 462	1 393	2 653	1 359	1 294
10-14	2 994	1 533	1 461	2 870	1 470	1 400
15-19	3 072	1 572	1 500	3 073	1 573	1 500
20-24	3 182	1 626	1 556	3 213	1 642	1 571
25-29	3 368	1 719	1 650	3 316	1 692	1 624
30-34	3 778	1 926	1 852	3 468	1 768	1 700
35-39	4 188	2 133	2 055	3 843	1 958	1 885
40-44	4 697	2 391	2 306	4 224	2 150	2 074
45-49	4 607	2 341	2 266	4 709	2 396	2 313
50-54	4 089	2 076	2 013	4 598	2 335	2 263
55-59	4 275	2 169	2 107	4 062	2 060	2 002
60-64	4 481	2 252	2 229	4 220	2 138	2 083
65-69	4 411	2 209	2 202	4 381	2 195	2 186
70-74	4 031	1 983	2 048	4 241	2 113	2 128
75-79	3 385	1 646	1 739	3 757	1 831	1 926
80+	...	...	...	...	...	...
80-84	3 022	1 420	1 602	2 965	1 416	1 549
85-89	2 502	1 127	1 375	2 355	1 072	1 284
90-94	1 474	624	850	1 591	681	910
95-99	502	193	308	658	255	403
100+	112	36	76	143	47	96

United Republic of Tanzania

推計値

性・年齢別人口（千人）

年齢	1960 総数	男	女	1965 総数	男	女	1970 総数	男	女	1975 総数	男	女
総数	10 074	4 935	5 139	11 684	5 734	5 949	13 606	6 691	6 915	15 980	7 874	8 107
0-4	1 900	950	950	2 216	1 109	1 107	2 587	1 296	1 291	3 036	1 523	1 513
5-9	1 457	726	731	1 725	860	865	2 027	1 012	1 015	2 400	1 199	1 201
10-14	1 258	619	638	1 413	704	709	1 677	836	841	1 986	991	995
15-19	1 048	516	533	1 229	605	624	1 383	689	695	1 653	824	829
20-24	881	432	449	1 018	499	519	1 196	587	609	1 355	673	683
25-29	739	361	378	850	415	435	984	481	504	1 165	569	595
30-34	618	301	317	710	346	365	819	399	420	956	466	490
35-39	513	249	264	591	287	304	682	331	350	792	385	407
40-44	423	205	218	487	236	251	563	273	290	655	317	338
45-49	344	165	179	398	191	207	461	222	239	537	258	278
50-54	276	131	145	320	152	168	372	177	195	434	207	227
55-59	216	101	115	251	118	133	292	137	155	343	161	182
60-64	162	74	88	189	87	102	221	102	119	261	121	140
65-69	113	51	62	133	60	73	157	71	86	186	84	102
70-74	70	31	40	84	37	47	100	44	56	120	53	67
75-79	37	15	21	44	19	26	54	23	31	66	28	38
80+	19	7	12	24	9	15	30	12	19	38	15	23
80-84	…	…	…	…	…	…	…	…	…	…	…	…
85-89	…	…	…	…	…	…	…	…	…	…	…	…
90-94	…	…	…	…	…	…	…	…	…	…	…	…
95-99	…	…	…	…	…	…	…	…	…	…	…	…
100+	…	…	…	…	…	…	…	…	…	…	…	…

年齢	1980 総数	男	女	1985 総数	男	女	1990 総数	男	女	1995 総数	男	女
総数	18 685	9 223	9 462	21 842	10 801	11 041	25 458	12 608	12 850	29 903	14 835	15 068
0-4	3 537	1 776	1 761	4 056	2 038	2 018	4 641	2 334	2 307	5 327	2 679	2 647
5-9	2 827	1 414	1 412	3 314	1 662	1 652	3 822	1 916	1 906	4 458	2 236	2 221
10-14	2 338	1 168	1 170	2 765	1 383	1 382	3 250	1 629	1 621	3 816	1 912	1 904
15-19	1 944	970	974	2 297	1 147	1 150	2 723	1 361	1 362	3 257	1 632	1 625
20-24	1 608	799	809	1 899	945	955	2 247	1 119	1 128	2 709	1 351	1 357
25-29	1 312	649	664	1 563	774	789	1 845	915	930	2 209	1 099	1 111
30-34	1 125	548	576	1 271	627	644	1 511	746	764	1 792	889	903
35-39	919	447	473	1 085	528	557	1 222	601	621	1 453	718	735
40-44	757	367	390	881	427	454	1 037	503	534	1 167	573	594
45-49	621	299	322	721	347	373	837	403	434	985	475	510
50-54	504	240	263	585	279	305	677	323	353	788	377	411
55-59	399	188	211	465	220	245	540	255	285	629	298	331
60-64	305	142	164	357	166	191	417	194	222	489	228	260
65-69	219	100	119	258	118	140	303	139	164	359	165	194
70-74	143	63	79	169	76	94	201	90	111	239	107	132
75-79	79	34	45	95	41	54	114	50	65	138	60	78
80+	48	19	29	59	24	35	…	…	…	…	…	…
80-84	…	…	…	…	…	…	52	21	30	64	27	37
85-89	…	…	…	…	…	…	17	6	10	20	8	13
90-94	…	…	…	…	…	…	3	1	2	4	1	3
95-99	…	…	…	…	…	…	0	0	0	1	0	0
100+	…	…	…	…	…	…	0	0	0	0	0	0

年齢	2000 総数	男	女	2005 総数	男	女	2010 総数	男	女	2015 総数	男	女
総数	33 992	16 911	17 081	39 066	19 395	19 671	45 649	22 666	22 983	53 470	26 574	26 896
0-4	5 908	2 977	2 931	7 008	3 489	3 519	8 136	4 106	4 030	9 398	4 753	4 645
5-9	5 032	2 526	2 506	5 696	2 871	2 825	6 817	3 387	3 430	8 019	4 042	3 977
10-14	4 344	2 178	2 166	4 902	2 423	2 479	5 626	2 831	2 794	6 750	3 352	3 398
15-19	3 734	1 870	1 864	4 192	2 060	2 132	4 812	2 369	2 443	5 541	2 784	2 757
20-24	3 166	1 583	1 583	3 600	1 768	1 832	4 108	1 999	2 109	4 718	2 314	2 404
25-29	2 590	1 294	1 297	3 031	1 503	1 529	3 503	1 708	1 795	4 006	1 943	2 062
30-34	2 067	1 033	1 034	2 430	1 228	1 202	2 918	1 444	1 474	3 394	1 651	1 743
35-39	1 647	820	826	1 898	967	931	2 309	1 168	1 142	2 798	1 381	1 417
40-44	1 322	654	669	1 489	755	733	1 787	911	876	2 194	1 106	1 088
45-49	1 062	520	542	1 215	607	609	1 404	710	694	1 695	860	835
50-54	891	428	463	976	465	512	1 142	569	573	1 329	667	662
55-59	709	337	372	822	393	429	903	429	475	1 077	532	545
60-64	555	260	295	643	297	347	756	360	396	839	394	445
65-69	412	190	222	485	235	251	565	258	307	678	318	360
70-74	279	126	154	340	164	176	408	195	213	477	214	263
75-79	163	71	92	200	115	85	258	123	135	310	145	165
80+	…	…	…	…	…	…	…	…	…	…	…	…
80-84	76	32	44	97	41	56	141	77	64	164	76	88
85-89	26	10	16	34	13	20	45	18	27	68	36	32
90-94	5	2	4	8	3	5	10	4	7	14	5	9
95-99	1	0	1	1	0	1	1	0	1	2	1	1
100+	0	0	0	0	0	0	0	0	0	0	0	0

性・年齢別人口（千人）

年齢	2015			2020			2025			2030		
	総数	男	女	総数	男	女	総数	男	女	総数	男	女
総数	53 470	26 574	26 896	62 267	30 992	31 275	72 033	35 900	36 133	82 927	41 371	41 556
0-4	9 398	4 753	4 645	10 428	5 276	5 152	11 486	5 814	5 673	12 727	6 442	6 285
5-9	8 019	4 042	3 977	9 297	4 698	4 599	10 338	5 227	5 110	11 404	5 769	5 635
10-14	6 750	3 352	3 398	7 961	4 011	3 951	9 249	4 671	4 577	10 296	5 204	5 092
15-19	5 541	2 784	2 757	6 664	3 305	3 359	7 881	3 965	3 915	9 178	4 631	4 548
20-24	4 718	2 314	2 404	5 441	2 726	2 716	6 559	3 244	3 316	7 776	3 903	3 873
25-29	4 006	1 943	2 062	4 615	2 257	2 358	5 334	2 666	2 668	6 446	3 180	3 266
30-34	3 394	1 651	1 743	3 901	1 889	2 012	4 508	2 201	2 307	5 223	2 606	2 617
35-39	2 798	1 381	1 417	3 282	1 595	1 687	3 792	1 834	1 958	4 397	2 144	2 253
40-44	2 194	1 106	1 088	2 687	1 325	1 362	3 175	1 541	1 634	3 685	1 780	1 906
45-49	1 695	860	835	2 101	1 057	1 044	2 592	1 276	1 316	3 078	1 490	1 588
50-54	1 329	667	662	1 615	816	799	2 014	1 009	1 005	2 498	1 224	1 274
55-59	1 077	532	545	1 260	628	632	1 538	772	766	1 927	959	968
60-64	839	394	445	1 006	492	514	1 182	583	598	1 449	720	729
65-69	678	318	360	758	351	407	913	440	473	1 078	525	553
70-74	477	214	263	577	266	311	650	295	355	789	373	416
75-79	310	145	165	367	161	206	449	202	247	512	226	286
80+	…	…	…	…	…	…	…	…	…	…	…	…
80-84	164	76	88	200	91	109	241	102	138	300	130	170
85-89	68	36	32	80	36	44	100	44	57	124	50	74
90-94	14	5	9	22	11	11	27	11	16	35	14	21
95-99	2	1	1	3	1	2	4	2	2	6	2	4
100+	0	0	0	0	0	0	0	0	0	0	0	0

年齢	2035			2040			2045			2050		
	総数	男	女	総数	男	女	総数	男	女	総数	男	女
総数	95 005	47 426	47 579	108 174	54 022	54 152	122 259	61 072	61 187	137 136	68 517	68 619
0-4	14 059	7 115	6 945	15 344	7 767	7 577	16 494	8 352	8 142	17 564	8 897	8 667
5-9	12 647	6 397	6 249	13 979	7 070	6 909	15 264	7 723	7 541	16 414	8 310	8 105
10-14	11 364	5 746	5 618	12 607	6 374	6 233	13 939	7 047	6 892	15 223	7 700	7 523
15-19	10 232	5 166	5 066	11 300	5 708	5 592	12 542	6 336	6 206	13 872	7 008	6 864
20-24	9 073	4 567	4 507	10 127	5 102	5 025	11 194	5 643	5 551	12 433	6 269	6 164
25-29	7 659	3 835	3 824	8 954	4 497	4 457	10 008	5 032	4 976	11 073	5 572	5 501
30-34	6 330	3 117	3 213	7 539	3 769	3 770	8 832	4 429	4 403	9 887	4 963	4 924
35-39	5 111	2 546	2 565	6 213	3 054	3 159	7 419	3 702	3 717	8 710	4 360	4 350
40-44	4 289	2 087	2 202	5 001	2 487	2 514	6 098	2 991	3 106	7 299	3 636	3 663
45-49	3 587	1 728	1 859	4 188	2 033	2 155	4 897	2 429	2 468	5 986	2 930	3 056
50-54	2 979	1 436	1 543	3 484	1 671	1 813	4 078	1 971	2 107	4 780	2 362	2 418
55-59	2 399	1 168	1 231	2 871	1 375	1 496	3 367	1 605	1 763	3 952	1 899	2 053
60-64	1 823	899	924	2 279	1 099	1 180	2 738	1 299	1 439	3 221	1 521	1 700
65-69	1 329	651	677	1 680	817	864	2 111	1 004	1 108	2 547	1 191	1 356
70-74	938	448	490	1 164	560	604	1 482	706	775	1 875	874	1 001
75-79	626	289	338	753	349	403	943	441	502	1 213	562	651
80+	…	…	…	…	…	…	…	…	…	…	…	…
80-84	348	147	200	432	191	241	527	234	293	671	300	371
85-89	158	65	93	188	75	113	239	98	141	299	123	175
90-94	45	16	29	59	22	38	73	26	48	96	35	61
95-99	8	3	5	10	3	7	14	4	10	19	5	13
100+	1	0	0	1	0	1	1	0	1	2	0	2

年齢	2055			2060		
	総数	男	女	総数	男	女
総数	152 692	76 317	76 375	168 831	84 414	84 418
0-4	18 582	9 417	9 165	19 579	9 925	9 654
5-9	17 486	8 857	8 629	18 507	9 379	9 127
10-14	16 374	8 288	8 086	17 446	8 836	8 611
15-19	15 157	7 663	7 494	16 309	8 251	8 058
20-24	13 763	6 944	6 819	15 048	7 599	7 449
25-29	12 312	6 200	6 112	13 641	6 874	6 767
30-34	10 953	5 506	5 448	12 190	6 133	6 057
35-39	9 766	4 896	4 870	10 830	5 437	5 393
40-44	8 585	4 291	4 294	9 637	4 825	4 812
45-49	7 178	3 569	3 609	8 453	4 218	4 236
50-54	5 855	2 855	3 000	7 031	3 484	3 547
55-59	4 641	2 280	2 361	5 694	2 762	2 933
60-64	3 789	1 804	1 984	4 459	2 172	2 286
65-69	3 008	1 400	1 607	3 549	1 667	1 883
70-74	2 275	1 043	1 232	2 701	1 232	1 468
75-79	1 550	701	848	1 898	844	1 053
80+	…	…	…	…	…	…
80-84	876	388	488	1 136	491	645
85-89	389	162	227	519	213	305
90-94	124	45	79	167	61	106
95-99	25	7	18	34	10	24
100+	3	1	2	4	1	3

United Republic of Tanzania

性・年齢別人口（千人）

年齢	2015 総数	男	女	2020 総数	男	女	2025 総数	男	女	2030 総数	男	女
総数	53 470	26 574	26 896	62 798	31 261	31 537	73 556	36 671	36 885	85 912	42 882	43 031
0-4	9 398	4 753	4 645	10 958	5 544	5 414	12 483	6 318	6 165	14 198	7 187	7 011
5-9	8 019	4 042	3 977	9 297	4 698	4 599	10 864	5 493	5 371	12 394	6 270	6 124
10-14	6 750	3 352	3 398	7 961	4 011	3 951	9 249	4 671	4 577	10 820	5 469	5 352
15-19	5 541	2 784	2 757	6 664	3 305	3 359	7 881	3 965	3 915	9 178	4 631	4 548
20-24	4 718	2 314	2 404	5 441	2 726	2 716	6 559	3 244	3 316	7 776	3 903	3 873
25-29	4 006	1 943	2 062	4 615	2 257	2 358	5 334	2 666	2 668	6 446	3 180	3 266
30-34	3 394	1 651	1 743	3 901	1 889	2 012	4 508	2 201	2 307	5 223	2 606	2 617
35-39	2 798	1 381	1 417	3 282	1 595	1 687	3 792	1 834	1 958	4 397	2 144	2 253
40-44	2 194	1 106	1 088	2 687	1 325	1 362	3 175	1 541	1 634	3 685	1 780	1 906
45-49	1 695	860	835	2 101	1 057	1 044	2 592	1 276	1 316	3 078	1 490	1 588
50-54	1 329	667	662	1 615	816	799	2 014	1 009	1 005	2 498	1 224	1 274
55-59	1 077	532	545	1 260	628	632	1 538	772	766	1 927	959	968
60-64	839	394	445	1 006	492	514	1 182	583	598	1 449	720	729
65-69	678	318	360	758	351	407	913	440	473	1 078	525	553
70-74	477	214	263	577	266	311	650	295	355	789	373	416
75-79	310	145	165	367	161	206	449	202	247	512	226	286
80+	…	…	…	…	…	…	…	…	…	…	…	…
80-84	164	76	88	200	91	109	241	102	138	300	130	170
85-89	68	36	32	80	36	44	100	44	57	124	50	74
90-94	14	5	9	22	11	11	27	11	16	35	14	21
95-99	2	1	1	3	1	2	4	2	2	6	2	4
100+	0	0	0	0	0	0	0	0	0	0	0	0

年齢	2035 総数	男	女	2040 総数	男	女	2045 総数	男	女	2050 総数	男	女
総数	99 770	49 836	49 934	115 240	57 595	57 645	132 386	66 193	66 193	151 245	75 651	75 594
0-4	15 854	8 023	7 831	17 665	8 941	8 723	19 586	9 918	9 668	21 591	10 937	10 654
5-9	14 109	7 137	6 972	15 764	7 973	7 791	17 573	8 891	8 682	19 493	9 868	9 625
10-14	12 351	6 245	6 106	14 065	7 111	6 954	15 719	7 947	7 772	17 527	8 865	8 661
15-19	10 754	5 430	5 324	12 283	6 205	6 078	13 995	7 070	6 925	15 647	7 904	7 742
20-24	9 073	4 567	4 507	10 646	5 363	5 283	12 171	6 136	6 035	13 878	6 998	6 880
25-29	7 659	3 835	3 824	8 954	4 497	4 457	10 522	5 291	5 231	12 044	6 061	5 983
30-34	6 330	3 117	3 213	7 539	3 769	3 770	8 832	4 429	4 403	10 397	5 219	5 177
35-39	5 111	2 546	2 565	6 213	3 054	3 159	7 419	3 702	3 717	8 710	4 360	4 350
40-44	4 289	2 087	2 202	5 001	2 487	2 514	6 098	2 991	3 106	7 299	3 636	3 663
45-49	3 587	1 728	1 859	4 188	2 033	2 155	4 897	2 429	2 468	5 986	2 930	3 056
50-54	2 979	1 436	1 543	3 484	1 671	1 813	4 078	1 971	2 107	4 780	2 362	2 418
55-59	2 399	1 168	1 231	2 871	1 375	1 496	3 367	1 605	1 763	3 952	1 899	2 053
60-64	1 823	899	924	2 279	1 099	1 180	2 738	1 299	1 439	3 221	1 521	1 700
65-69	1 329	651	677	1 680	817	864	2 111	1 004	1 108	2 547	1 191	1 356
70-74	938	448	490	1 164	560	604	1 482	706	775	1 875	874	1 001
75-79	626	289	338	753	349	403	943	441	502	1 213	562	651
80+	…	…	…	…	…	…	…	…	…	…	…	…
80-84	348	147	200	432	191	241	527	234	293	671	300	371
85-89	158	65	93	188	75	113	239	98	141	299	123	175
90-94	45	16	29	59	22	38	73	26	48	96	35	61
95-99	8	3	5	10	3	7	14	4	10	19	5	13
100+	1	0	0	1	0	1	1	0	1	2	0	2

年齢	2055 総数	男	女	2060 総数	男	女
総数	171 739	85 950	85 789	193 779	97 032	96 747
0-4	23 584	11 951	11 633	25 565	12 959	12 605
5-9	21 496	10 888	10 608	23 489	11 904	11 585
10-14	19 445	9 842	9 603	21 448	10 862	10 586
15-19	17 454	8 824	8 630	19 372	9 801	9 571
20-24	15 528	7 834	7 694	17 334	8 753	8 581
25-29	13 747	6 923	6 824	15 395	7 758	7 637
30-34	11 915	5 990	5 926	13 614	6 849	6 764
35-39	10 270	5 149	5 121	11 782	5 915	5 867
40-44	8 585	4 291	4 294	10 135	5 075	5 061
45-49	7 178	3 569	3 609	8 453	4 218	4 236
50-54	5 855	2 855	3 000	7 031	3 484	3 547
55-59	4 641	2 280	2 361	5 694	2 762	2 933
60-64	3 789	1 804	1 984	4 459	2 172	2 286
65-69	3 008	1 400	1 607	3 549	1 667	1 883
70-74	2 275	1 043	1 232	2 701	1 232	1 468
75-79	1 550	701	848	1 898	844	1 053
80+	…	…	…	…	…	…
80-84	876	388	488	1 136	491	645
85-89	389	162	227	519	213	305
90-94	124	45	79	167	61	106
95-99	25	7	18	34	10	24
100+	3	1	2	4	1	3

低位予測値

タンザニア共和国連邦

性・年齢別人口（千人）

年齢	2015			2020			2025			2030		
	総数	男	女	総数	男	女	総数	男	女	総数	男	女
総数	53 470	26 574	26 896	61 737	30 724	31 013	70 510	35 130	35 380	79 942	39 861	40 081
0-4	9 398	4 753	4 645	9 897	5 007	4 890	10 490	5 309	5 180	11 256	5 697	5 558
5-9	8 019	4 042	3 977	9 297	4 698	4 599	9 812	4 961	4 850	10 414	5 268	5 145
10-14	6 750	3 352	3 398	7 961	4 011	3 951	9 249	4 671	4 577	9 772	4 939	4 833
15-19	5 541	2 784	2 757	6 664	3 305	3 359	7 881	3 965	3 915	9 178	4 631	4 548
20-24	4 718	2 314	2 404	5 441	2 726	2 716	6 559	3 244	3 316	7 776	3 903	3 873
25-29	4 006	1 943	2 062	4 615	2 257	2 358	5 334	2 666	2 668	6 446	3 180	3 266
30-34	3 394	1 651	1 743	3 901	1 889	2 012	4 508	2 201	2 307	5 223	2 606	2 617
35-39	2 798	1 381	1 417	3 282	1 595	1 687	3 792	1 834	1 958	4 397	2 144	2 253
40-44	2 194	1 106	1 088	2 687	1 325	1 362	3 175	1 541	1 634	3 685	1 780	1 906
45-49	1 695	860	835	2 101	1 057	1 044	2 592	1 276	1 316	3 078	1 490	1 588
50-54	1 329	667	662	1 615	816	799	2 014	1 009	1 005	2 498	1 224	1 274
55-59	1 077	532	545	1 260	628	632	1 538	772	766	1 927	959	968
60-64	839	394	445	1 006	492	514	1 182	583	598	1 449	720	729
65-69	678	318	360	758	351	407	913	440	473	1 078	525	553
70-74	477	214	263	577	266	311	650	295	355	789	373	416
75-79	310	145	165	367	161	206	449	202	247	512	226	286
80+	…	…	…	…	…	…	…	…	…	…	…	…
80-84	164	76	88	200	91	109	241	102	138	300	130	170
85-89	68	36	32	80	36	44	100	44	57	124	50	74
90-94	14	5	9	22	11	11	27	11	16	35	14	21
95-99	2	1	1	3	1	2	4	2	2	6	2	4
100+	0	0	0	0	0	0	0	0	0	0	0	0

年齢	2035			2040			2045			2050		
	総数	男	女	総数	男	女	総数	男	女	総数	男	女
総数	90 253	45 022	45 231	101 196	50 493	50 702	112 415	56 095	56 320	123 682	61 714	61 968
0-4	12 279	6 214	6 065	13 096	6 629	6 467	13 598	6 886	6 712	13 910	7 046	6 864
5-9	11 184	5 658	5 527	12 208	6 175	6 034	13 027	6 591	6 436	13 531	6 850	6 681
10-14	10 377	5 247	5 130	11 149	5 637	5 512	12 173	6 154	6 018	12 992	6 571	6 420
15-19	9 710	4 902	4 808	10 317	5 211	5 105	11 088	5 601	5 487	12 112	6 118	5 993
20-24	9 073	4 567	4 507	9 609	4 840	4 768	10 216	5 150	5 066	10 988	5 540	5 448
25-29	7 659	3 835	3 824	8 954	4 497	4 457	9 493	4 773	4 720	10 103	5 083	5 020
30-34	6 330	3 117	3 213	7 539	3 769	3 770	8 832	4 429	4 403	9 377	4 707	4 671
35-39	5 111	2 546	2 565	6 213	3 054	3 159	7 419	3 702	3 717	8 710	4 360	4 350
40-44	4 289	2 087	2 202	5 001	2 487	2 514	6 098	2 991	3 106	7 299	3 636	3 663
45-49	3 587	1 728	1 859	4 188	2 033	2 155	4 897	2 429	2 468	5 986	2 930	3 056
50-54	2 979	1 436	1 543	3 484	1 671	1 813	4 078	1 971	2 107	4 780	2 362	2 418
55-59	2 399	1 168	1 231	2 871	1 375	1 496	3 367	1 605	1 763	3 952	1 899	2 053
60-64	1 823	899	924	2 279	1 099	1 180	2 738	1 299	1 439	3 221	1 521	1 700
65-69	1 329	651	677	1 680	817	864	2 111	1 004	1 108	2 547	1 191	1 356
70-74	938	448	490	1 164	560	604	1 482	706	775	1 875	874	1 001
75-79	626	289	338	753	349	403	943	441	502	1 213	562	651
80+	…	…	…	…	…	…	…	…	…	…	…	…
80-84	348	147	200	432	191	241	527	234	293	671	300	371
85-89	158	65	93	188	75	113	239	98	141	299	123	175
90-94	45	16	29	59	22	38	73	26	48	96	35	61
95-99	8	3	5	10	3	7	14	4	10	19	5	13
100+	1	0	0	1	0	1	1	0	1	2	0	2

年齢	2055			2060		
	総数	男	女	総数	男	女
総数	134 876	67 308	67 568	145 930	72 832	73 098
0-4	14 160	7 176	6 984	14 412	7 306	7 106
5-9	13 847	7 014	6 833	14 101	7 147	6 954
10-14	13 497	6 832	6 666	13 815	6 997	6 818
15-19	12 932	6 538	6 394	13 440	6 800	6 640
20-24	12 012	6 060	5 952	12 834	6 481	6 353
25-29	10 877	5 477	5 400	11 901	5 997	5 904
30-34	9 991	5 021	4 970	10 766	5 416	5 350
35-39	9 262	4 642	4 619	9 877	4 958	4 919
40-44	8 585	4 291	4 294	9 139	4 575	4 564
45-49	7 178	3 569	3 609	8 453	4 218	4 236
50-54	5 855	2 855	3 000	7 031	3 484	3 547
55-59	4 641	2 280	2 361	5 694	2 762	2 933
60-64	3 789	1 804	1 984	4 459	2 172	2 286
65-69	3 008	1 400	1 607	3 549	1 667	1 883
70-74	2 275	1 043	1 232	2 701	1 232	1 468
75-79	1 550	701	848	1 898	844	1 053
80+	…	…	…	…	…	…
80-84	876	388	488	1 136	491	645
85-89	389	162	227	519	213	305
90-94	124	45	79	167	61	106
95-99	25	7	18	34	10	24
100+	3	1	2	4	1	3

性・年齢別人口（千人）

年齢	1960			1965			1970			1975		
	総数	男	女	総数	男	女	総数	男	女	総数	男	女
総数	186 177	92 321	93 856	199 404	98 596	100 808	209 486	103 141	106 344	218 964	107 640	111 324
0-4	20 744	10 582	10 162	19 791	10 002	9 789	17 667	9 007	8 661	16 479	8 429	8 050
5-9	19 295	9 839	9 456	20 885	10 665	10 220	20 348	10 332	10 016	17 838	9 067	8 771
10-14	17 308	8 846	8 462	19 455	9 938	9 517	21 053	10 771	10 283	20 554	10 422	10 132
15-19	13 722	6 951	6 771	17 346	8 810	8 535	19 492	9 900	9 592	21 208	10 799	10 409
20-24	11 540	5 733	5 806	13 907	6 923	6 984	16 834	8 197	8 637	19 695	9 940	9 755
25-29	11 444	5 774	5 671	11 852	5 968	5 884	14 111	7 121	6 989	17 450	8 689	8 761
30-34	12 428	6 209	6 219	11 622	5 910	5 712	12 088	6 125	5 963	14 423	7 259	7 163
35-39	12 897	6 420	6 476	12 422	6 208	6 214	11 588	5 849	5 739	12 038	6 069	5 969
40-44	11 990	5 957	6 033	12 799	6 357	6 443	12 395	6 191	6 204	11 567	5 852	5 715
45-49	11 284	5 576	5 708	11 782	5 822	5 960	12 618	6 255	6 363	12 176	6 053	6 123
50-54	10 361	5 047	5 314	10 890	5 351	5 539	11 433	5 616	5 817	12 194	5 982	6 212
55-59	8 531	4 208	4 323	10 032	4 794	5 238	10 372	4 991	5 381	10 866	5 237	5 630
60-64	7 606	3 580	4 025	7 705	3 699	4 006	9 075	4 213	4 862	9 546	4 482	5 064
65-69	6 400	2 993	3 407	6 733	3 048	3 686	6 948	3 189	3 759	8 266	3 636	4 631
70-74	4 737	2 147	2 590	5 335	2 339	2 995	5 583	2 352	3 231	5 663	2 457	3 206
75-79	3 266	1 403	1 863	3 672	1 563	2 109	4 061	1 650	2 411	4 373	1 682	2 691
80+	2 625	1 056	1 569	3 175	1 198	1 977	3 819	1 383	2 436	4 627	1 586	3 041
80-84	…	…	…	…	…	…	…	…	…	…	…	…
85-89	…	…	…	…	…	…	…	…	…	…	…	…
90-94	…	…	…	…	…	…	…	…	…	…	…	…
95-99	…	…	…	…	…	…	…	…	…	…	…	…
100+	…	…	…	…	…	…	…	…	…	…	…	…

年齢	1980			1985			1990			1995		
	総数	男	女	総数	男	女	総数	男	女	総数	男	女
総数	229 588	112 514	117 075	240 692	117 980	122 711	252 848	123 979	128 868	266 276	130 962	135 313
0-4	16 645	8 582	8 063	17 871	9 142	8 729	18 933	9 695	9 238	19 446	9 951	9 496
5-9	16 802	8 672	8 130	16 891	8 714	8 178	18 144	9 280	8 864	19 291	9 888	9 403
10-14	18 679	9 711	8 968	17 280	8 926	8 354	17 536	9 033	8 503	19 171	9 820	9 351
15-19	21 302	10 953	10 350	19 170	9 951	9 218	18 071	9 325	8 746	18 570	9 607	8 963
20-24	21 614	10 960	10 654	21 522	10 979	10 544	19 613	10 119	9 495	18 440	9 437	9 003
25-29	19 950	10 004	9 946	21 936	11 122	10 814	21 541	10 923	10 618	19 965	10 196	9 769
30-34	17 737	8 743	8 994	20 341	10 181	10 161	22 307	11 225	11 082	22 508	11 407	11 100
35-39	13 966	6 795	7 171	17 650	8 674	8 975	20 320	10 143	10 177	22 568	11 369	11 200
40-44	11 981	5 960	6 021	14 026	6 820	7 206	17 894	8 791	9 102	20 310	10 112	10 198
45-49	11 162	5 444	5 718	11 874	5 898	5 976	13 812	6 709	7 103	17 421	8 523	8 898
50-54	11 760	5 664	6 096	10 974	5 319	5 655	11 692	5 768	5 924	13 652	6 595	7 056
55-59	11 667	5 539	6 128	11 328	5 387	5 940	10 575	5 069	5 506	11 307	5 525	5 782
60-64	10 250	4 799	5 451	10 968	5 118	5 850	10 747	5 020	5 727	10 093	4 778	5 316
65-69	8 990	4 105	4 885	9 482	4 288	5 194	10 153	4 572	5 580	9 952	4 540	5 412
70-74	7 061	2 930	4 131	7 667	3 317	4 351	8 161	3 525	4 636	8 814	3 849	4 965
75-79	4 848	2 028	2 820	5 723	2 185	3 537	6 279	2 537	3 742	6 716	2 746	3 970
80+	5 174	1 624	3 549	5 988	1 959	4 029	…	…	…	…	…	…
80-84	…	…	…	…	…	…	4 056	1 378	2 678	4 358	1 598	2 760
85-89	…	…	…	…	…	…	2 005	642	1 364	2 488	727	1 761
90-94	…	…	…	…	…	…	757	173	583	922	244	678
95-99	…	…	…	…	…	…	219	45	174	239	43	195
100+	…	…	…	…	…	…	32	6	26	44	7	36

年齢	2000			2005			2010			2015		
	総数	男	女	総数	男	女	総数	男	女	総数	男	女
総数	282 896	139 559	143 337	296 140	146 375	149 764	309 876	153 292	156 584	321 774	159 494	162 280
0-4	19 247	9 844	9 403	19 898	10 154	9 744	20 178	10 293	9 885	19 701	10 071	9 630
5-9	20 361	10 431	9 930	19 460	9 957	9 504	20 322	10 373	9 949	20 633	10 529	10 104
10-14	20 532	10 539	9 993	21 138	10 857	10 281	20 711	10 626	10 085	20 643	10 538	10 105
15-19	20 283	10 436	9 846	21 448	11 083	10 365	21 839	11 250	10 589	20 721	10 644	10 078
20-24	19 387	9 977	9 410	21 022	10 799	10 223	21 644	11 105	10 539	23 289	12 010	11 279
25-29	19 525	9 934	9 591	19 793	10 027	9 766	21 200	10 735	10 464	21 990	11 267	10 723
30-34	20 884	10 662	10 222	19 969	10 086	9 883	20 294	10 252	10 042	22 032	11 127	10 905
35-39	22 893	11 546	11 347	21 154	10 721	10 433	20 299	10 188	10 112	19 725	9 944	9 781
40-44	22 629	11 353	11 276	22 879	11 472	11 408	21 245	10 732	10 513	20 795	10 402	10 393
45-49	20 355	10 098	10 257	22 486	11 228	11 259	22 791	11 388	11 403	20 624	10 390	10 234
50-54	17 576	8 571	9 005	20 167	9 947	10 219	22 406	11 125	11 281	22 946	11 400	11 545
55-59	13 384	6 412	6 971	17 278	8 362	8 916	19 861	9 707	10 154	22 129	10 884	11 245
60-64	10 992	5 309	5 683	12 959	6 145	6 814	16 763	8 032	8 731	18 967	9 155	9 812
65-69	9 511	4 409	5 102	10 406	4 952	5 454	12 341	5 771	6 570	16 029	7 627	8 402
70-74	8 837	3 910	4 927	8 592	3 888	4 705	9 443	4 398	5 045	11 428	5 253	6 175
75-79	7 399	3 063	4 337	7 438	3 164	4 273	7 305	3 196	4 110	8 021	3 622	4 399
80+	…	…	…	…	…	…	…	…	…	…	…	…
80-84	5 000	1 875	3 125	5 399	2 095	3 304	5 818	2 339	3 479	5 938	2 491	3 447
85-89	2 654	853	1 801	3 090	1 042	2 048	3 510	1 253	2 258	3 878	1 452	2 425
90-94	1 127	272	855	1 189	325	864	1 477	436	1 041	1 736	554	1 182
95-99	274	58	216	325	63	261	368	84	284	477	121	357
100+	46	6	39	48	8	40	61	10	51	72	13	59

性・年齢別人口（千人）

年齢	2015			2020			2025			2030		
	総数	男	女	総数	男	女	総数	男	女	総数	男	女
総数	321 774	159 494	162 280	333 546	165 372	168 174	345 085	171 086	173 999	355 765	176 368	179 397
0-4	19 701	10 071	9 630	20 673	10 568	10 104	21 282	10 881	10 401	21 467	10 977	10 490
5-9	20 633	10 529	10 104	20 095	10 263	9 832	21 067	10 761	10 307	21 678	11 074	10 603
10-14	20 643	10 538	10 105	21 203	10 808	10 394	20 666	10 543	10 123	21 638	11 041	10 597
15-19	20 721	10 644	10 078	21 288	10 848	10 440	21 850	11 120	10 730	21 316	10 856	10 460
20-24	23 289	12 010	11 279	21 339	10 921	10 418	21 911	11 130	10 781	22 477	11 405	11 072
25-29	21 990	11 267	10 723	23 830	12 236	11 594	21 899	11 162	10 737	22 477	11 376	11 101
30-34	22 032	11 127	10 905	22 421	11 444	10 977	24 263	12 416	11 848	22 351	11 355	10 995
35-39	19 725	9 944	9 781	22 298	11 231	11 067	22 697	11 555	11 142	24 542	12 529	12 012
40-44	20 795	10 402	10 393	19 832	9 975	9 857	22 400	11 261	11 140	22 811	11 593	11 218
45-49	20 624	10 390	10 234	20 729	10 341	10 387	19 797	9 934	9 862	22 357	11 218	11 140
50-54	22 946	11 400	11 545	20 374	10 221	10 153	20 509	10 195	10 314	19 621	9 816	9 805
55-59	22 129	10 884	11 245	22 406	11 055	11 351	19 949	9 946	10 003	20 125	9 950	10 174
60-64	18 967	9 155	9 812	21 326	10 378	10 949	21 657	10 583	11 074	19 348	9 565	9 782
65-69	16 029	7 627	8 402	17 961	8 550	9 411	20 267	9 738	10 528	20 660	9 983	10 676
70-74	11 428	5 253	6 175	14 733	6 883	7 849	16 595	7 767	8 828	18 818	8 906	9 912
75-79	8 021	3 622	4 399	9 978	4 463	5 515	12 956	5 902	7 054	14 702	6 723	7 979
80+	…	…	…	…	…	…	…	…	…	…	…	…
80-84	5 938	2 491	3 447	6 399	2 771	3 628	8 051	3 458	4 593	10 561	4 633	5 928
85-89	3 878	1 452	2 425	4 025	1 578	2 447	4 400	1 785	2 615	5 625	2 267	3 358
90-94	1 736	554	1 182	1 965	660	1 305	2 081	732	1 349	2 322	848	1 474
95-99	477	121	357	576	158	419	670	192	478	728	218	509
100+	72	13	59	96	20	76	120	26	93	144	33	111

年齢	2035			2040			2045			2050		
	総数	男	女	総数	男	女	総数	男	女	総数	男	女
総数	365 266	181 111	184 156	373 767	185 474	188 293	381 474	189 551	191 923	388 865	193 557	195 308
0-4	21 575	11 034	10 541	21 831	11 166	10 665	22 134	11 322	10 812	22 545	11 533	11 012
5-9	21 863	11 171	10 692	21 973	11 228	10 745	22 229	11 360	10 868	22 533	11 517	11 016
10-14	22 249	11 355	10 894	22 436	11 452	10 984	22 546	11 510	11 036	22 803	11 643	11 160
15-19	22 290	11 355	10 934	22 902	11 671	11 231	23 090	11 769	11 322	23 202	11 828	11 374
20-24	21 950	11 147	10 803	22 927	11 649	11 278	23 543	11 967	11 576	23 735	12 068	11 667
25-29	23 050	11 657	11 393	22 532	11 406	11 126	23 513	11 911	11 602	24 134	12 233	11 901
30-34	22 936	11 576	11 360	23 516	11 862	11 654	23 008	11 618	11 389	23 992	12 126	11 866
35-39	22 650	11 484	11 166	23 243	11 711	11 533	23 830	12 002	11 828	23 331	11 765	11 567
40-44	24 658	12 570	12 088	22 791	11 541	11 250	23 393	11 775	11 618	23 988	12 072	11 916
45-49	22 783	11 560	11 223	24 635	12 542	12 093	22 800	11 534	11 266	23 414	11 776	11 638
50-54	22 171	11 096	11 075	22 620	11 453	11 167	24 477	12 440	12 036	22 688	11 462	11 226
55-59	19 296	9 610	9 687	21 834	10 887	10 948	22 314	11 263	11 051	24 174	12 255	11 919
60-64	19 573	9 607	9 966	18 823	9 316	9 507	21 342	10 585	10 756	21 856	10 983	10 873
65-69	18 531	9 072	9 459	18 819	9 160	9 659	18 163	8 925	9 238	20 648	10 179	10 468
70-74	19 279	9 192	10 087	17 387	8 416	8 971	17 745	8 552	9 192	17 200	8 381	8 819
75-79	16 788	7 781	9 007	17 333	8 117	9 216	15 742	7 502	8 240	16 170	7 688	8 482
80+	…	…	…	…	…	…	…	…	…	…	…	…
80-84	12 108	5 347	6 760	13 981	6 286	7 695	14 586	6 649	7 937	13 370	6 224	7 147
85-89	7 483	3 093	4 390	8 726	3 653	5 073	10 233	4 384	5 849	10 830	4 726	6 104
90-94	3 036	1 104	1 932	4 137	1 557	2 580	4 941	1 896	3 044	5 922	2 342	3 580
95-99	833	260	573	1 128	353	775	1 585	518	1 066	1 951	655	1 296
100+	163	39	124	192	48	144	262	67	196	378	101	278

年齢	2055			2060		
	総数	男	女	総数	男	女
総数	396 125	197 508	198 617	403 504	201 506	201 998
0-4	22 983	11 757	11 226	23 290	11 915	11 375
5-9	22 923	11 718	11 206	23 342	11 933	11 409
10-14	23 078	11 785	11 293	23 440	11 972	11 468
15-19	23 426	11 945	11 481	23 669	12 071	11 598
20-24	23 816	12 113	11 703	24 009	12 216	11 793
25-29	24 298	12 322	11 976	24 351	12 356	11 995
30-34	24 590	12 439	12 151	24 732	12 519	12 214
35-39	24 300	12 266	12 034	24 883	12 572	12 310
40-44	23 487	11 835	11 652	24 447	12 334	12 114
45-49	24 009	12 076	11 933	23 515	11 843	11 671
50-54	23 309	11 711	11 598	23 911	12 016	11 895
55-59	22 440	11 312	11 129	23 076	11 572	11 504
60-64	23 711	11 974	11 738	22 052	11 078	10 975
65-69	21 194	10 593	10 601	23 040	11 579	11 461
70-74	19 617	9 597	10 019	20 201	10 028	10 173
75-79	15 756	7 583	8 173	18 060	8 736	9 325
80+	…	…	…	…	…	…
80-84	13 848	6 440	7 409	13 598	6 412	7 187
85-89	10 050	4 490	5 560	10 542	4 715	5 827
90-94	6 393	2 584	3 809	6 047	2 512	3 535
95-99	2 404	835	1 569	2 669	951	1 718
100+	492	134	358	630	177	453

United States of America

高位予測値

性・年齢別人口（千人）

年齢	2015 総数	男	女	2020 総数	男	女	2025 総数	男	女	2030 総数	男	女
総数	321 774	159 494	162 280	336 245	166 753	169 492	352 216	174 734	177 482	368 468	182 866	185 602
0-4	19 701	10 071	9 630	23 372	11 949	11 423	25 716	13 149	12 566	27 043	13 830	13 213
5-9	20 633	10 529	10 104	20 095	10 263	9 832	23 765	12 140	11 624	26 108	13 341	12 768
10-14	20 643	10 538	10 105	21 203	10 808	10 394	20 666	10 543	10 123	24 334	12 420	11 915
15-19	20 721	10 644	10 078	21 288	10 848	10 440	21 850	11 120	10 730	21 316	10 856	10 460
20-24	23 289	12 010	11 279	21 339	10 921	10 418	21 911	11 130	10 781	22 477	11 405	11 072
25-29	21 990	11 267	10 723	23 830	12 236	11 594	21 899	11 162	10 737	22 477	11 376	11 101
30-34	22 032	11 127	10 905	22 421	11 444	10 977	24 263	12 416	11 848	22 351	11 355	10 995
35-39	19 725	9 944	9 781	22 298	11 231	11 067	22 697	11 555	11 142	24 542	12 529	12 012
40-44	20 795	10 402	10 393	19 832	9 975	9 857	22 400	11 261	11 140	22 811	11 593	11 218
45-49	20 624	10 390	10 234	20 729	10 341	10 387	19 797	9 934	9 862	22 357	11 218	11 140
50-54	22 946	11 400	11 545	20 374	10 221	10 153	20 509	10 195	10 314	19 621	9 816	9 805
55-59	22 129	10 884	11 245	22 406	11 055	11 351	19 949	9 946	10 003	20 125	9 950	10 174
60-64	18 967	9 155	9 812	21 326	10 378	10 949	21 657	10 583	11 074	19 348	9 565	9 782
65-69	16 029	7 627	8 402	17 961	8 550	9 411	20 267	9 738	10 528	20 660	9 983	10 676
70-74	11 428	5 253	6 175	14 733	6 883	7 849	16 595	7 767	8 828	18 818	8 906	9 912
75-79	8 021	3 622	4 399	9 978	4 463	5 515	12 956	5 902	7 054	14 702	6 723	7 979
80+	…	…	…	…	…	…	…	…	…	…	…	…
80-84	5 938	2 491	3 447	6 399	2 771	3 628	8 051	3 458	4 593	10 561	4 633	5 928
85-89	3 878	1 452	2 425	4 025	1 578	2 447	4 400	1 785	2 615	5 625	2 267	3 358
90-94	1 736	554	1 182	1 965	660	1 305	2 081	732	1 349	2 322	848	1 474
95-99	477	121	357	576	158	419	670	192	478	728	218	509
100+	72	13	59	96	20	76	120	26	93	144	33	111

年齢	2035 総数	男	女	2040 総数	男	女	2045 総数	男	女	2050 総数	男	女
総数	383 590	190 484	193 106	398 008	197 874	200 134	412 542	205 442	207 100	428 443	213 799	214 643
0-4	27 204	13 914	13 290	27 763	14 201	13 561	28 984	14 827	14 157	31 089	15 906	15 184
5-9	27 436	14 022	13 414	27 598	14 107	13 492	28 158	14 394	13 763	29 379	15 020	14 359
10-14	26 678	13 621	13 058	28 007	14 302	13 704	28 170	14 387	13 782	28 730	14 675	14 054
15-19	24 983	12 733	12 251	27 327	13 934	13 394	28 657	14 616	14 041	28 822	14 703	14 119
20-24	21 950	11 147	10 803	25 616	13 023	12 593	27 961	14 225	13 736	29 293	14 910	14 383
25-29	23 050	11 657	11 393	22 532	11 406	11 126	26 195	13 280	12 915	28 542	14 484	14 057
30-34	22 936	11 576	11 360	23 516	11 862	11 654	23 008	11 618	11 389	26 667	13 491	13 176
35-39	22 650	11 484	11 166	23 243	11 711	11 533	23 830	12 002	11 828	23 331	11 765	11 567
40-44	24 658	12 570	12 088	22 791	11 541	11 250	23 393	11 775	11 618	23 988	12 072	11 916
45-49	22 783	11 560	11 223	24 635	12 542	12 093	22 800	11 534	11 266	23 414	11 776	11 638
50-54	22 171	11 096	11 075	22 620	11 453	11 167	24 477	12 440	12 036	22 688	11 462	11 226
55-59	19 296	9 610	9 687	21 834	10 887	10 948	22 314	11 263	11 051	24 174	12 255	11 919
60-64	19 573	9 607	9 966	18 823	9 316	9 507	21 342	10 585	10 756	21 856	10 983	10 873
65-69	18 531	9 072	9 459	18 819	9 160	9 659	18 163	8 925	9 238	20 648	10 179	10 468
70-74	19 279	9 192	10 087	17 387	8 416	8 971	17 745	8 552	9 192	17 200	8 381	8 819
75-79	16 788	7 781	9 007	17 333	8 117	9 216	15 742	7 502	8 240	16 170	7 688	8 482
80+	…	…	…	…	…	…	…	…	…	…	…	…
80-84	12 108	5 347	6 760	13 981	6 286	7 695	14 586	6 649	7 937	13 370	6 224	7 147
85-89	7 483	3 093	4 390	8 726	3 653	5 073	10 233	4 384	5 849	10 830	4 726	6 104
90-94	3 036	1 104	1 932	4 137	1 557	2 580	4 941	1 896	3 044	5 922	2 342	3 580
95-99	833	260	573	1 128	353	775	1 585	518	1 066	1 951	655	1 296
100+	163	39	124	192	48	144	262	67	196	378	101	278

年齢	2055 総数	男	女	2060 総数	男	女
総数	446 109	223 072	223 038	465 281	233 100	232 181
0-4	33 436	17 107	16 329	35 145	17 983	17 162
5-9	31 464	16 089	15 375	33 790	17 280	16 510
10-14	29 922	15 287	14 635	31 978	16 342	15 636
15-19	29 349	14 975	14 374	30 509	15 571	14 938
20-24	29 428	14 983	14 445	29 924	15 242	14 683
25-29	29 845	15 157	14 688	29 953	15 219	14 734
30-34	28 988	14 684	14 304	30 268	15 346	14 922
35-39	26 967	13 627	13 340	29 269	14 811	14 458
40-44	23 487	11 835	11 652	27 104	13 689	13 416
45-49	24 009	12 076	11 933	23 515	11 843	11 671
50-54	23 309	11 711	11 598	23 911	12 016	11 895
55-59	22 440	11 312	11 129	23 076	11 572	11 504
60-64	23 711	11 974	11 738	22 052	11 078	10 975
65-69	21 194	10 593	10 601	23 040	11 579	11 461
70-74	19 617	9 597	10 019	20 201	10 028	10 173
75-79	15 756	7 583	8 173	18 060	8 736	9 325
80+	…	…	…	…	…	…
80-84	13 848	6 440	7 409	13 598	6 412	7 187
85-89	10 050	4 490	5 560	10 542	4 715	5 827
90-94	6 393	2 584	3 809	6 047	2 512	3 535
95-99	2 404	835	1 569	2 669	951	1 718
100+	492	134	358	630	177	453

910

性・年齢別人口（千人）

年齢	2015 総数	男	女	2020 総数	男	女	2025 総数	男	女	2030 総数	男	女
総数	321 774	159 494	162 280	330 846	163 991	166 855	337 953	167 438	170 515	343 062	169 870	173 192
0-4	19 701	10 071	9 630	17 973	9 187	8 786	16 848	8 613	8 235	15 891	8 124	7 766
5-9	20 633	10 529	10 104	20 095	10 263	9 832	18 370	9 381	8 989	17 247	8 808	8 439
10-14	20 643	10 538	10 105	21 203	10 808	10 394	20 666	10 543	10 123	18 943	9 662	9 280
15-19	20 721	10 644	10 078	21 288	10 848	10 440	21 850	11 120	10 730	21 316	10 856	10 460
20-24	23 289	12 010	11 279	21 339	10 921	10 418	21 911	11 130	10 781	22 477	11 405	11 072
25-29	21 990	11 267	10 723	23 830	12 236	11 594	21 899	11 162	10 737	22 477	11 376	11 101
30-34	22 032	11 127	10 905	22 421	11 444	10 977	24 263	12 416	11 848	22 351	11 355	10 995
35-39	19 725	9 944	9 781	22 298	11 231	11 067	22 697	11 555	11 142	24 542	12 529	12 012
40-44	20 795	10 402	10 393	19 832	9 975	9 857	22 400	11 261	11 140	22 811	11 593	11 218
45-49	20 624	10 390	10 234	20 729	10 341	10 387	19 797	9 934	9 862	22 357	11 218	11 140
50-54	22 946	11 400	11 545	20 374	10 221	10 153	20 509	10 195	10 314	19 621	9 816	9 805
55-59	22 129	10 884	11 245	22 406	11 055	11 351	19 949	9 946	10 003	20 125	9 950	10 174
60-64	18 967	9 155	9 812	21 326	10 378	10 949	21 657	10 583	11 074	19 348	9 565	9 782
65-69	16 029	7 627	8 402	17 961	8 550	9 411	20 267	9 738	10 528	20 660	9 983	10 676
70-74	11 428	5 253	6 175	14 733	6 883	7 849	16 595	7 767	8 828	18 818	8 906	9 912
75-79	8 021	3 622	4 399	9 978	4 463	5 515	12 956	5 902	7 054	14 702	6 723	7 979
80+	...	...	...	...	...	...	...	...	...	...	...	...
80-84	5 938	2 491	3 447	6 399	2 771	3 628	8 051	3 458	4 593	10 561	4 633	5 928
85-89	3 878	1 452	2 425	4 025	1 578	2 447	4 400	1 785	2 615	5 625	2 267	3 358
90-94	1 736	554	1 182	1 965	660	1 305	2 081	732	1 349	2 322	848	1 474
95-99	477	121	357	576	158	419	670	192	478	728	218	509
100+	72	13	59	96	20	76	120	26	93	144	33	111

年齢	2035 総数	男	女	2040 総数	男	女	2045 総数	男	女	2050 総数	男	女
総数	346 956	171 744	175 212	349 655	173 140	176 515	351 004	173 966	177 038	351 010	174 197	176 813
0-4	15 960	8 161	7 799	16 015	8 190	7 825	15 752	8 055	7 696	15 126	7 736	7 391
5-9	16 291	8 320	7 971	16 361	8 357	8 004	16 417	8 386	8 030	16 154	8 252	7 901
10-14	17 821	9 090	8 731	16 866	8 603	8 263	16 937	8 640	8 297	16 993	8 670	8 323
15-19	19 596	9 978	9 618	18 477	9 407	9 069	17 524	8 921	8 602	17 596	8 960	8 636
20-24	21 950	11 147	10 803	20 239	10 275	9 963	19 125	9 709	9 416	18 177	9 227	8 950
25-29	23 050	11 657	11 393	22 532	11 406	11 126	20 831	10 542	10 289	19 726	9 981	9 744
30-34	22 936	11 576	11 360	23 516	11 862	11 654	23 008	11 618	11 389	21 317	10 761	10 556
35-39	22 650	11 484	11 166	23 243	11 711	11 533	23 830	12 002	11 828	23 331	11 765	11 567
40-44	24 658	12 570	12 088	22 791	11 541	11 250	23 393	11 775	11 618	23 988	12 072	11 916
45-49	22 783	11 560	11 223	24 635	12 542	12 093	22 800	11 534	11 266	23 414	11 776	11 638
50-54	22 171	11 096	11 075	22 620	11 453	11 167	24 477	12 440	12 036	22 688	11 462	11 226
55-59	19 296	9 610	9 687	21 834	10 887	10 948	22 314	11 263	11 051	24 174	12 255	11 919
60-64	19 573	9 607	9 966	18 823	9 316	9 507	21 342	10 585	10 756	21 856	10 983	10 873
65-69	18 531	9 072	9 459	18 819	9 160	9 659	18 163	8 925	9 238	20 648	10 179	10 468
70-74	19 279	9 192	10 087	17 387	8 416	8 971	17 745	8 552	9 192	17 200	8 381	8 819
75-79	16 788	7 781	9 007	17 333	8 117	9 216	15 742	7 502	8 240	16 170	7 688	8 482
80+	...	...	...	...	...	...	...	...	...	...	...	...
80-84	12 108	5 347	6 760	13 981	6 286	7 695	14 586	6 649	7 937	13 370	6 224	7 147
85-89	7 483	3 093	4 390	8 726	3 653	5 073	10 233	4 384	5 849	10 830	4 726	6 104
90-94	3 036	1 104	1 932	4 137	1 557	2 580	4 941	1 896	3 044	5 922	2 342	3 580
95-99	833	260	573	1 128	353	775	1 585	518	1 066	1 951	655	1 296
100+	163	39	124	192	48	144	262	67	196	378	101	278

年齢	2055 総数	男	女	2060 総数	男	女
総数	349 731	173 782	175 949	347 739	172 989	174 750
0-4	14 398	7 364	7 035	13 859	7 088	6 771
5-9	15 509	7 923	7 586	14 761	7 541	7 220
10-14	16 701	8 522	8 180	16 028	8 178	7 849
15-19	17 619	8 973	8 646	17 295	8 810	8 485
20-24	18 218	9 251	8 967	18 209	9 250	8 959
25-29	18 751	9 488	9 263	18 763	9 499	9 263
30-34	20 192	10 193	9 999	19 197	9 692	9 505
35-39	21 633	10 906	10 727	20 497	10 334	10 163
40-44	23 487	11 835	11 652	21 790	10 978	10 811
45-49	24 009	12 076	11 933	23 515	11 843	11 671
50-54	23 309	11 711	11 598	23 911	12 016	11 895
55-59	22 440	11 312	11 129	23 076	11 572	11 504
60-64	23 711	11 974	11 738	22 052	11 078	10 975
65-69	21 194	10 593	10 601	23 040	11 579	11 461
70-74	19 617	9 597	10 019	20 201	10 028	10 173
75-79	15 756	7 583	8 173	18 060	8 736	9 325
80+	...	...	...	...	...	...
80-84	13 848	6 440	7 409	13 598	6 412	7 187
85-89	10 050	4 490	5 560	10 542	4 715	5 827
90-94	6 393	2 584	3 809	6 047	2 512	3 535
95-99	2 404	835	1 569	2 669	951	1 718
100+	492	134	358	630	177	453

United States Virgin Islands

性・年齢別人口（千人）

年齢	1960 総数	男	女	1965 総数	男	女	1970 総数	男	女	1975 総数	男	女
総数	33	16	16	50	25	25	64	32	32	86	42	44
0-4	5	3	3	9	5	4	9	4	4	16	8	8
5-9	4	2	2	6	3	3	8	4	4	11	5	5
10-14	4	2	2	5	2	3	7	3	3	10	5	5
15-19	3	2	2	5	2	2	5	2	3	7	3	4
20-24	2	1	1	5	2	2	6	3	3	5	2	3
25-29	2	1	1	4	2	2	6	3	3	7	3	4
30-34	2	1	1	3	2	2	6	3	3	7	3	4
35-39	2	1	1	3	1	1	4	2	2	6	3	3
40-44	2	1	1	2	1	1	3	2	2	4	2	2
45-49	2	1	1	2	1	1	3	1	1	3	2	2
50-54	1	1	1	2	1	1	2	1	1	3	1	2
55-59	1	1	1	1	1	1	2	1	1	2	1	1
60-64	1	0	0	1	0	0	1	1	1	2	1	1
65-69	1	0	0	1	0	0	1	0	0	1	1	1
70-74	1	0	0	1	0	0	1	0	0	1	0	0
75-79	0	0	0	0	0	0	0	0	0	0	0	0
80+	0	0	0	0	0	0	0	0	0	1	0	0
80-84	...	...	...	...	...	...	...	...	...	...	...	...
85-89	...	...	...	...	...	...	...	...	...	...	...	...
90-94	...	...	...	...	...	...	...	...	...	...	...	...
95-99	...	...	...	...	...	...	...	...	...	...	...	...
100+	...	...	...	...	...	...	...	...	...	...	...	...

年齢	1980 総数	男	女	1985 総数	男	女	1990 総数	男	女	1995 総数	男	女
総数	98	47	51	105	51	54	103	50	53	107	51	56
0-4	11	6	5	14	7	7	9	5	5	11	6	6
5-9	11	6	6	10	5	5	10	5	5	9	4	4
10-14	13	7	7	11	6	5	10	5	5	9	5	5
15-19	11	5	6	11	5	5	10	5	5	8	4	4
20-24	7	3	4	8	4	4	7	4	4	8	4	4
25-29	6	3	4	7	3	4	7	4	4	7	3	4
30-34	9	4	5	7	3	4	7	3	4	8	4	4
35-39	7	3	4	9	4	5	7	3	4	8	4	4
40-44	6	3	3	7	3	4	8	4	4	7	3	4
45-49	4	2	2	6	3	3	7	4	4	8	4	4
50-54	4	2	2	4	2	2	6	3	3	7	4	4
55-59	3	1	2	4	2	2	4	2	2	5	3	3
60-64	2	1	1	3	1	1	3	2	2	4	2	2
65-69	2	1	1	2	1	1	2	1	1	3	1	2
70-74	1	1	1	2	1	1	2	1	1	2	1	1
75-79	1	0	0	1	0	0	1	1	1	1	1	1
80+	1	0	0	1	0	0	...	...	...	...	...	...
80-84	...	...	...	...	...	...	0	0	0	1	0	1
85-89	...	...	...	...	...	...	0	0	0	0	0	0
90-94	...	...	...	...	...	...	0	0	0	0	0	0
95-99	...	...	...	...	...	...	0	0	0	0	0	0
100+	...	...	...	...	...	...	0	0	0	0	0	0

年齢	2000 総数	男	女	2005 総数	男	女	2010 総数	男	女	2015 総数	男	女
総数	109	52	57	108	52	56	106	51	56	106	51	56
0-4	8	4	4	7	4	4	7	4	4	7	4	3
5-9	10	5	5	8	4	4	7	4	3	7	4	4
10-14	10	5	5	9	4	4	7	4	4	7	4	3
15-19	9	4	4	8	4	4	8	4	4	7	3	3
20-24	6	3	3	7	3	4	6	3	3	7	3	3
25-29	6	3	4	6	3	3	6	3	3	5	2	3
30-34	7	3	4	7	3	4	6	3	3	5	2	3
35-39	8	4	4	7	3	4	7	3	4	6	3	3
40-44	8	4	4	8	4	4	7	3	4	6	3	3
45-49	8	3	4	8	4	4	8	4	4	7	3	3
50-54	8	4	4	7	3	4	8	4	4	8	4	4
55-59	7	3	3	8	4	4	7	3	4	8	4	4
60-64	5	2	2	6	3	3	7	4	4	7	3	4
65-69	3	2	2	4	2	2	6	3	3	7	3	4
70-74	2	1	1	3	1	2	4	2	2	5	3	3
75-79	2	1	1	2	1	1	2	1	1	3	1	2
80+	...	...	...	...	...	...	...	...	...	...	...	...
80-84	1	0	1	1	0	1	1	1	1	2	1	1
85-89	1	0	0	1	0	0	1	0	1	1	0	0
90-94	0	0	0	0	0	0	0	0	0	0	0	0
95-99	0	0	0	0	0	0	0	0	0	0	0	0
100+	0	0	0	0	0	0	0	0	0	0	0	0

性・年齢別人口（千人）

年齢	2015			2020			2025			2030		
	総数	男	女	総数	男	女	総数	男	女	総数	男	女
総数	106	51	56	107	51	56	107	51	56	106	50	56
0-4	7	4	3	7	3	3	6	3	3	6	3	3
5-9	7	4	4	7	4	3	7	3	3	6	3	3
10-14	7	4	3	7	4	4	7	4	3	7	3	3
15-19	7	4	3	7	4	3	7	4	4	7	4	3
20-24	7	3	3	7	3	3	7	3	3	7	3	3
25-29	5	2	3	7	3	3	6	3	3	6	3	3
30-34	5	2	3	5	2	3	6	3	3	6	3	3
35-39	6	3	3	5	2	3	5	2	3	6	3	3
40-44	6	3	3	6	3	3	5	2	3	5	2	3
45-49	7	3	4	6	3	3	6	3	3	5	2	3
50-54	8	4	4	7	3	4	6	3	3	5	2	3
55-59	8	4	4	7	3	4	7	3	4	6	3	3
60-64	7	3	4	7	4	4	7	3	4	7	3	4
65-69	7	3	4	6	3	4	7	3	4	7	3	4
70-74	5	3	3	6	3	3	6	3	3	7	3	4
75-79	3	1	2	5	2	3	6	2	3	5	2	3
80+	...	...	...	...	...	...	...	...	...	...	...	...
80-84	2	1	1	3	1	1	4	2	2	5	2	3
85-89	1	0	0	1	0	1	2	1	1	3	1	2
90-94	0	0	0	0	0	0	1	0	0	1	0	1
95-99	0	0	0	0	0	0	0	0	0	0	0	0
100+	0	0	0	0	0	0	0	0	0	0	0	0

年齢	2035			2040			2045			2050		
	総数	男	女	総数	男	女	総数	男	女	総数	男	女
総数	105	50	55	103	49	54	100	48	52	97	47	50
0-4	6	3	3	6	3	3	5	3	3	5	3	2
5-9	6	3	3	6	3	3	6	3	3	5	3	3
10-14	6	3	3	6	3	3	6	3	3	5	3	3
15-19	6	3	3	6	3	3	6	3	3	6	3	3
20-24	7	3	3	6	3	3	6	3	3	5	3	3
25-29	6	3	3	6	3	3	6	3	3	5	3	3
30-34	6	3	3	6	3	3	6	3	3	5	3	3
35-39	6	3	3	6	3	3	6	3	3	6	3	3
40-44	6	3	3	6	3	3	6	3	3	6	3	3
45-49	4	2	2	6	3	3	6	3	3	6	3	3
50-54	5	2	3	4	2	2	6	3	3	6	3	3
55-59	5	2	3	5	2	3	4	2	2	6	3	3
60-64	6	3	3	5	2	3	5	2	3	4	2	2
65-69	7	3	4	6	3	3	5	2	3	5	2	3
70-74	6	3	3	6	3	3	5	2	3	5	2	3
75-79	6	3	3	6	3	3	6	2	3	5	2	3
80+	...	...	...	...	...	...	...	...	...	...	...	...
80-84	4	2	3	5	2	3	5	2	3	5	2	3
85-89	3	1	2	3	1	2	4	1	2	4	1	2
90-94	2	1	1	2	1	1	2	1	1	2	1	2
95-99	1	0	0	1	0	1	1	0	1	1	0	1
100+	0	0	0	0	0	0	0	0	0	0	0	0

年齢	2055			2060		
	総数	男	女	総数	男	女
総数	94	46	48	91	44	46
0-4	5	2	2	4	2	2
5-9	5	2	2	5	2	2
10-14	5	3	2	5	2	2
15-19	5	3	3	5	3	2
20-24	5	3	3	5	3	2
25-29	5	3	2	5	3	2
30-34	5	3	2	5	3	2
35-39	5	3	3	5	3	2
40-44	6	3	3	5	3	2
45-49	6	3	3	6	3	3
50-54	5	3	3	6	3	3
55-59	5	3	3	5	3	3
60-64	6	3	3	5	3	3
65-69	4	2	2	5	3	3
70-74	4	2	3	4	2	2
75-79	4	2	3	4	2	2
80+	...	...	...	...	...	...
80-84	4	2	2	4	2	2
85-89	4	1	2	3	1	2
90-94	3	1	2	3	1	2
95-99	1	0	1	1	0	1
100+	0	0	0	1	0	0

United States Virgin Islands

性・年齢別人口（千人）

年齢	2015			2020			2025			2030		
	総数	男	女	総数	男	女	総数	男	女	総数	男	女
総数	106	51	56	108	51	57	109	52	57	110	52	57
0-4	7	4	3	7	4	4	8	4	4	8	4	4
5-9	7	4	4	7	4	3	7	4	4	7	4	4
10-14	7	4	3	7	4	4	7	4	3	7	4	4
15-19	7	4	3	7	4	3	7	4	4	7	4	3
20-24	7	4	3	7	3	3	7	3	3	7	3	3
25-29	5	2	3	7	3	3	6	3	3	6	3	3
30-34	5	2	3	5	2	3	6	3	3	6	3	3
35-39	6	3	3	5	2	3	5	2	3	6	3	3
40-44	6	3	3	6	3	3	5	2	3	5	2	3
45-49	7	3	4	6	3	3	6	3	3	5	2	3
50-54	8	4	4	7	3	4	6	3	3	5	2	3
55-59	8	4	4	7	3	4	7	3	4	6	3	3
60-64	7	3	4	7	4	4	7	3	4	7	3	4
65-69	7	3	4	6	3	4	7	3	4	7	3	4
70-74	5	3	3	6	3	3	6	3	3	7	3	4
75-79	3	1	2	5	2	3	6	2	3	5	2	3
80+	…	…	…	…	…	…	…	…	…	…	…	…
80-84	2	1	1	3	1	1	4	2	2	5	2	3
85-89	1	0	0	1	0	1	2	1	1	3	1	2
90-94	0	0	0	0	0	0	1	0	0	1	0	1
95-99	0	0	0	0	0	0	0	0	0	0	0	0
100+	0	0	0	0	0	0	0	0	0	0	0	0

年齢	2035			2040			2045			2050		
	総数	男	女	総数	男	女	総数	男	女	総数	男	女
総数	110	52	57	109	52	57	109	52	56	108	52	56
0-4	7	4	4	7	4	4	7	4	4	7	4	4
5-9	8	4	4	7	4	4	7	4	4	7	4	3
10-14	7	4	4	8	4	4	7	4	4	7	4	3
15-19	7	4	3	7	4	3	7	4	4	7	4	3
20-24	7	3	3	7	4	3	7	4	3	7	4	3
25-29	6	3	3	6	3	3	6	3	3	7	3	3
30-34	6	3	3	6	3	3	6	3	3	6	3	3
35-39	6	3	3	6	3	3	6	3	3	6	3	3
40-44	6	3	3	6	3	3	6	3	3	6	3	3
45-49	4	2	2	6	3	3	6	3	3	6	3	3
50-54	5	2	3	4	2	2	6	3	3	6	3	3
55-59	5	2	3	5	2	3	4	2	2	6	3	3
60-64	6	3	3	5	2	3	5	2	3	4	2	2
65-69	7	3	4	6	3	3	5	2	3	5	2	3
70-74	6	3	3	6	3	3	5	2	3	5	2	3
75-79	6	3	3	6	3	3	6	2	3	5	2	3
80+	…	…	…	…	…	…	…	…	…	…	…	…
80-84	4	2	3	5	2	3	5	2	3	5	2	3
85-89	3	1	2	3	1	2	4	1	2	4	1	2
90-94	2	1	1	2	1	1	2	1	1	2	1	2
95-99	1	0	0	1	0	1	1	0	1	1	0	1
100+	0	0	0	0	0	0	0	0	0	0	0	0

年齢	2055			2060		
	総数	男	女	総数	男	女
総数	108	53	55	108	53	55
0-4	7	4	4	7	4	3
5-9	7	4	3	7	4	3
10-14	7	4	3	7	4	3
15-19	7	4	3	7	4	3
20-24	7	4	3	7	3	3
25-29	7	3	3	7	3	3
30-34	6	3	3	6	3	3
35-39	6	3	3	6	3	3
40-44	6	3	3	6	3	3
45-49	6	3	3	6	3	3
50-54	5	3	3	6	3	3
55-59	5	3	3	5	3	3
60-64	6	3	3	5	3	3
65-69	4	2	2	5	3	3
70-74	4	2	3	4	2	2
75-79	4	2	3	4	2	2
80+	…	…	…	…	…	…
80-84	4	2	2	4	2	2
85-89	4	1	2	3	1	2
90-94	3	1	2	3	1	2
95-99	1	0	1	1	0	1
100+	0	0	0	1	0	0

性・年齢別人口（千人）

年齢	2015			2020			2025			2030		
	総数	男	女	総数	男	女	総数	男	女	総数	男	女
総数	106	51	56	106	50	56	105	50	55	103	49	54
0-4	7	4	3	6	3	3	5	3	2	5	2	2
5-9	7	4	4	7	4	3	6	3	3	5	3	2
10-14	7	4	3	7	4	4	7	4	3	6	3	3
15-19	7	4	3	7	4	3	7	4	4	7	4	3
20-24	7	3	3	7	3	3	7	3	3	6	3	3
25-29	5	2	3	7	3	3	6	3	3	6	3	3
30-34	5	2	3	5	2	3	6	3	3	6	3	3
35-39	6	3	3	5	2	3	5	2	3	6	3	3
40-44	6	3	3	6	3	3	5	2	3	5	2	3
45-49	7	3	4	6	3	3	6	3	3	5	2	3
50-54	8	4	4	7	3	4	6	3	3	5	2	3
55-59	8	4	4	7	3	4	7	3	4	6	3	3
60-64	7	3	4	7	4	4	7	3	4	7	3	4
65-69	7	3	4	6	3	4	7	3	4	7	3	4
70-74	5	3	3	6	3	3	6	3	3	7	3	4
75-79	3	1	2	5	2	3	6	2	3	5	2	3
80+	…	…	…	…	…	…	…	…	…	…	…	…
80-84	2	1	1	3	1	1	4	2	2	5	2	3
85-89	1	0	0	1	0	1	2	1	1	3	1	2
90-94	0	0	0	0	0	0	1	0	0	1	0	1
95-99	0	0	0	0	0	0	0	0	0	0	0	0
100+	0	0	0	0	0	0	0	0	0	0	0	0

年齢	2035			2040			2045			2050		
	総数	男	女	総数	男	女	総数	男	女	総数	男	女
総数	100	47	52	96	45	50	91	44	48	86	41	45
0-4	4	2	2	4	2	2	3	2	2	3	2	1
5-9	4	2	2	4	2	2	4	2	2	3	2	2
10-14	5	3	2	4	2	2	4	2	2	4	2	2
15-19	6	3	3	5	2	2	4	2	2	4	2	2
20-24	7	3	3	5	3	3	4	2	2	4	2	2
25-29	6	3	3	6	3	3	5	3	2	4	2	2
30-34	6	3	3	6	3	3	6	3	3	5	2	2
35-39	6	3	3	6	3	3	6	3	3	6	3	3
40-44	6	3	3	6	3	3	6	3	3	6	3	3
45-49	4	2	2	6	3	3	6	3	3	6	3	3
50-54	5	2	3	4	2	2	6	3	3	6	3	3
55-59	5	2	3	5	2	3	4	2	2	6	3	3
60-64	6	3	3	5	2	3	5	2	3	4	2	2
65-69	7	3	4	6	3	3	5	2	3	5	2	3
70-74	6	3	3	6	3	3	5	2	3	5	2	3
75-79	6	3	3	6	3	3	6	2	3	5	2	3
80+	…	…	…	…	…	…	…	…	…	…	…	…
80-84	4	2	3	5	2	3	5	2	3	5	2	3
85-89	3	1	2	3	1	2	4	1	2	4	1	2
90-94	2	1	1	2	1	1	2	1	1	2	1	2
95-99	1	0	0	1	0	1	1	0	1	1	0	1
100+	0	0	0	0	0	0	0	0	0	0	0	0

年齢	2055			2060		
	総数	男	女	総数	男	女
総数	81	39	42	76	37	39
0-4	3	1	1	2	1	1
5-9	3	1	1	2	1	1
10-14	3	2	2	3	1	1
15-19	4	2	2	3	2	2
20-24	4	2	2	3	2	2
25-29	4	2	2	3	2	2
30-34	4	2	2	3	2	2
35-39	5	2	2	4	2	2
40-44	6	3	3	4	2	2
45-49	6	3	3	6	3	3
50-54	5	3	3	6	3	3
55-59	5	3	3	5	3	3
60-64	6	3	3	5	3	3
65-69	4	2	3	5	3	3
70-74	4	2	3	4	2	2
75-79	4	2	3	4	2	2
80+	…	…	…	…	…	…
80-84	4	2	2	4	2	2
85-89	4	1	2	3	1	2
90-94	3	1	2	3	1	2
95-99	1	0	1	1	0	1
100+	0	0	0	1	0	0

性・年齢別人口（千人）

年齢	1960			1965			1970			1975		
	総数	男	女	総数	男	女	総数	男	女	総数	男	女
総数	2 539	1 270	1 268	2 695	1 344	1 351	2 810	1 397	1 413	2 830	1 402	1 428
0-4	256	130	125	272	139	133	266	136	130	276	140	135
5-9	231	118	114	253	129	124	267	136	131	250	127	122
10-14	220	111	110	231	117	113	251	128	123	258	132	127
15-19	204	103	102	219	110	109	227	115	111	237	120	117
20-24	201	101	100	202	102	101	212	106	106	204	103	101
25-29	202	101	101	198	99	99	196	98	98	190	95	96
30-34	196	98	98	200	100	100	193	96	97	180	89	90
35-39	177	89	88	194	97	97	194	97	97	179	90	89
40-44	153	78	75	174	87	87	189	94	95	184	91	92
45-49	153	77	76	149	75	74	169	84	84	179	89	91
50-54	130	67	63	148	74	74	143	72	71	159	79	80
55-59	115	59	56	123	62	61	139	68	71	134	66	68
60-64	94	46	47	105	52	53	113	56	57	127	61	67
65-69	75	36	39	83	39	43	93	44	48	99	47	52
70-74	56	26	31	62	28	34	68	31	37	76	35	42
75-79	39	17	22	42	18	24	46	19	27	51	21	30
80+	37	15	22	40	15	25	44	16	28	48	17	31
80-84	...	...	...	...	...	...	...	...	...	...	...	...
85-89	...	...	...	...	...	...	...	...	...	...	...	...
90-94	...	...	...	...	...	...	...	...	...	...	...	...
95-99	...	...	...	...	...	...	...	...	...	...	...	...
100+	...	...	...	...	...	...	...	...	...	...	...	...

年齢	1980			1985			1990			1995		
	総数	男	女	総数	男	女	総数	男	女	総数	男	女
総数	2 916	1 430	1 486	3 012	1 469	1 543	3 110	1 508	1 601	3 225	1 562	1 663
0-4	277	141	136	263	134	129	271	139	133	281	144	137
5-9	267	137	131	281	143	138	260	133	127	268	137	131
10-14	241	123	118	264	135	129	278	141	136	257	131	126
15-19	246	124	122	235	118	116	260	132	128	275	140	135
20-24	222	110	112	232	115	117	229	114	115	257	130	126
25-29	199	99	100	218	107	111	225	111	115	225	112	113
30-34	186	91	95	196	97	99	214	104	110	222	109	113
35-39	175	86	89	183	89	94	192	94	98	211	102	108
40-44	171	84	87	172	84	88	179	87	92	188	92	96
45-49	178	88	90	165	80	86	167	81	86	175	84	91
50-54	173	84	88	171	84	88	159	76	83	162	78	84
55-59	151	73	78	164	78	85	163	78	85	152	71	81
60-64	123	59	64	139	66	74	152	70	81	151	70	81
65-69	113	52	62	110	50	60	125	56	69	137	61	76
70-74	83	37	46	96	41	54	93	40	53	107	45	62
75-79	58	24	34	63	26	37	74	29	45	73	29	45
80+	53	19	34	61	22	40	...	...	...	...	...	...
80-84	...	...	...	...	...	...	42	15	27	51	18	33
85-89	...	...	...	...	...	...	20	7	13	23	8	16
90-94	...	...	...	...	...	...	7	2	5	9	3	6
95-99	...	...	...	...	...	...	2	0	1	2	1	2
100+	...	...	...	...	...	...	0	0	0	0	0	0

年齢	2000			2005			2010			2015		
	総数	男	女	総数	男	女	総数	男	女	総数	男	女
総数	3 321	1 607	1 714	3 326	1 605	1 720	3 374	1 627	1 747	3 432	1 656	1 775
0-4	271	139	133	255	130	125	247	126	121	241	123	118
5-9	279	142	136	264	135	129	252	129	123	245	125	119
10-14	266	136	130	271	138	133	260	133	128	250	127	122
15-19	255	130	125	257	131	126	267	136	131	258	131	127
20-24	271	137	133	240	122	118	250	127	123	262	133	128
25-29	251	127	124	251	126	125	230	116	114	243	123	120
30-34	220	109	111	234	117	117	242	121	121	225	113	112
35-39	218	106	112	208	102	107	228	113	115	238	118	120
40-44	207	100	107	211	102	109	205	100	105	224	111	113
45-49	184	90	95	201	97	104	206	100	107	201	98	103
50-54	170	81	89	177	86	92	195	93	102	201	97	104
55-59	155	73	82	161	76	85	170	81	89	188	89	99
60-64	142	64	77	144	66	78	152	70	82	161	76	86
65-69	137	61	76	128	56	72	131	59	73	140	63	77
70-74	118	49	69	119	50	69	112	46	66	116	50	66
75-79	85	33	52	96	37	59	97	38	59	93	36	57
80+	...	...	...	...	...	...	...	...	...	...	...	...
80-84	51	18	34	61	21	40	70	24	46	73	25	48
85-89	29	9	20	30	9	21	39	11	28	46	13	33
90-94	10	3	7	13	3	10	15	3	12	21	4	16
95-99	3	1	2	3	1	3	5	1	4	6	1	5
100+	1	0	0	1	0	1	1	0	1	1	0	1

性・年齢別人口（千人）

年齢	2015			2020			2025			2030		
	総数	男	女	総数	男	女	総数	男	女	総数	男	女
総数	3 432	1 656	1 775	3 495	1 691	1 804	3 550	1 722	1 828	3 596	1 749	1 847
0-4	241	123	118	237	121	116	232	119	114	226	116	110
5-9	245	125	119	239	122	117	236	120	115	231	118	113
10-14	250	127	122	243	124	119	238	122	117	234	120	115
15-19	258	131	127	248	127	121	242	124	118	237	121	116
20-24	262	133	128	255	130	125	245	125	120	239	122	117
25-29	243	123	120	258	131	127	251	128	124	242	123	119
30-34	225	113	112	240	121	119	255	129	126	248	126	123
35-39	238	118	120	222	111	111	237	119	118	252	127	125
40-44	224	111	113	235	117	119	219	109	110	235	118	117
45-49	201	98	103	221	109	112	232	115	117	217	108	109
50-54	201	97	104	197	95	102	217	107	110	228	112	116
55-59	188	89	99	195	93	102	191	91	99	211	103	108
60-64	161	76	86	179	84	95	186	88	99	183	87	96
65-69	140	63	77	150	69	81	167	76	91	174	80	94
70-74	116	50	66	124	54	70	134	59	75	151	67	84
75-79	93	36	57	97	39	58	105	43	62	114	48	66
80+	…	…	…	…	…	…	…	…	…	…	…	…
80-84	73	25	48	71	24	46	74	27	47	82	30	51
85-89	46	13	33	48	14	35	48	14	34	51	16	35
90-94	21	4	16	25	5	20	27	6	21	27	6	21
95-99	6	1	5	9	1	8	11	1	9	12	2	10
100+	1	0	1	2	0	2	3	0	2	3	0	3

年齢	2035			2040			2045			2050		
	総数	男	女	総数	男	女	総数	男	女	総数	男	女
総数	3 630	1 770	1 860	3 653	1 786	1 868	3 665	1 796	1 869	3 667	1 801	1 866
0-4	218	112	107	211	108	103	205	105	100	199	102	97
5-9	225	115	110	217	111	106	210	107	103	204	104	100
10-14	230	118	112	224	114	109	216	111	106	209	107	102
15-19	233	119	114	229	117	112	223	114	109	215	110	105
20-24	234	119	115	231	118	113	226	116	111	220	113	108
25-29	236	120	116	231	118	113	227	116	111	223	114	109
30-34	239	121	118	233	119	114	228	116	112	225	114	110
35-39	246	124	122	236	120	117	231	117	114	226	114	111
40-44	250	126	124	244	123	121	234	119	116	229	116	113
45-49	232	116	116	247	124	123	241	122	120	232	117	115
50-54	213	105	107	228	114	114	243	122	121	238	120	118
55-59	222	109	113	208	103	105	223	111	112	238	119	119
60-64	203	98	105	214	104	110	201	98	103	217	107	109
65-69	172	80	92	191	91	100	203	97	106	192	93	99
70-74	158	71	87	157	71	86	176	82	94	188	89	99
75-79	129	55	75	137	59	78	138	60	77	156	70	85
80+	…	…	…	…	…	…	…	…	…	…	…	…
80-84	90	35	55	103	40	63	111	45	66	112	46	66
85-89	56	18	38	63	21	42	73	25	48	80	29	51
90-94	29	7	22	32	8	24	37	10	27	43	12	31
95-99	12	2	10	13	2	11	14	2	12	16	3	13
100+	4	0	4	4	0	4	5	0	4	5	0	5

年齢	2055			2060		
	総数	男	女	総数	男	女
総数	3 659	1 802	1 857	3 642	1 798	1 844
0-4	194	99	95	189	97	92
5-9	198	101	97	193	99	94
10-14	203	104	99	197	101	96
15-19	208	106	101	202	103	98
20-24	213	109	104	206	105	100
25-29	217	111	106	210	107	103
30-34	220	112	108	215	110	105
35-39	222	113	109	219	111	107
40-44	224	114	111	221	112	109
45-49	227	115	112	222	113	110
50-54	229	116	114	224	114	111
55-59	234	117	116	225	114	112
60-64	232	116	116	228	114	114
65-69	207	102	106	223	110	112
70-74	179	85	93	194	94	100
75-79	168	77	91	160	75	85
80+	…	…	…	…	…	…
80-84	128	55	73	140	61	79
85-89	82	31	51	95	37	57
90-94	48	14	34	50	16	34
95-99	20	4	16	22	5	17
100+	6	1	5	7	1	6

性・年齢別人口（千人）

年齢	2015			2020			2025			2030		
	総数	男	女	総数	男	女	総数	男	女	総数	男	女
総数	3 432	1 656	1 775	3 525	1 706	1 819	3 628	1 762	1 866	3 733	1 819	1 914
0-4	241	123	118	267	136	130	281	144	137	286	146	140
5-9	245	125	119	239	122	117	265	136	130	279	143	136
10-14	250	127	122	243	124	119	238	122	117	264	135	129
15-19	258	131	127	248	127	121	242	124	118	237	121	116
20-24	262	133	128	255	130	125	245	125	120	239	122	117
25-29	243	123	120	258	131	127	251	128	124	242	123	119
30-34	225	113	112	240	121	119	255	129	126	248	126	123
35-39	238	118	120	222	111	111	237	119	118	252	127	125
40-44	224	111	113	235	117	119	219	109	110	235	118	117
45-49	201	98	103	221	109	112	232	115	117	217	108	109
50-54	201	97	104	197	95	102	217	107	110	228	112	116
55-59	188	89	99	195	93	102	191	91	99	211	103	108
60-64	161	76	86	179	84	95	186	88	99	183	87	96
65-69	140	63	77	150	69	81	167	76	91	174	80	94
70-74	116	50	66	124	54	70	134	59	75	151	67	84
75-79	93	36	57	97	39	58	105	43	62	114	48	66
80+	…	…	…	…	…	…	…	…	…	…	…	…
80-84	73	25	48	71	24	46	74	27	47	82	30	51
85-89	46	13	33	48	14	35	48	14	34	51	16	35
90-94	21	4	16	25	5	20	27	6	21	27	6	21
95-99	6	1	5	9	1	8	11	1	9	12	2	10
100+	1	0	1	2	0	2	3	0	2	3	0	3

年齢	2035			2040			2045			2050		
	総数	男	女	総数	男	女	総数	男	女	総数	男	女
総数	3 828	1 871	1 957	3 917	1 921	1 996	4 005	1 970	2 035	4 097	2 022	2 076
0-4	279	143	136	277	142	135	282	144	138	290	148	142
5-9	284	146	139	278	142	136	276	141	135	280	143	137
10-14	278	142	136	283	145	138	277	142	135	275	141	134
15-19	263	134	128	277	142	135	282	144	138	275	141	134
20-24	234	119	115	260	133	127	274	140	134	280	143	137
25-29	236	120	116	231	118	113	257	131	126	271	138	133
30-34	239	121	118	233	119	114	228	116	112	254	130	125
35-39	246	124	122	236	120	117	231	117	114	226	114	111
40-44	250	126	124	244	123	121	234	119	116	229	116	113
45-49	232	116	116	247	124	123	241	122	120	232	117	115
50-54	213	105	107	228	114	114	243	122	121	238	120	118
55-59	222	109	113	208	103	105	223	111	112	238	119	119
60-64	203	98	105	214	104	110	201	98	103	217	107	109
65-69	172	80	92	191	91	100	203	97	106	192	93	99
70-74	158	71	87	157	71	86	176	82	94	188	89	99
75-79	129	55	75	137	59	78	138	60	77	156	70	85
80+	…	…	…	…	…	…	…	…	…	…	…	…
80-84	90	35	55	103	40	63	111	45	66	112	46	66
85-89	56	18	38	63	21	42	73	25	48	80	29	51
90-94	29	7	22	32	8	24	37	10	27	43	12	31
95-99	12	2	10	13	2	11	14	2	12	16	3	13
100+	4	0	4	4	0	4	5	0	4	5	0	5

年齢	2055			2060		
	総数	男	女	総数	男	女
総数	4 193	2 076	2 118	4 289	2 130	2 160
0-4	299	153	146	303	155	148
5-9	289	148	141	297	152	145
10-14	279	143	136	288	147	140
15-19	273	140	134	278	142	136
20-24	273	140	133	271	139	132
25-29	276	141	135	270	138	132
30-34	268	137	131	274	140	134
35-39	252	128	124	266	135	131
40-44	224	114	111	250	127	123
45-49	227	115	112	222	113	110
50-54	229	116	114	224	114	111
55-59	234	117	116	225	114	112
60-64	232	116	116	228	114	114
65-69	207	102	106	223	110	112
70-74	179	85	93	194	94	100
75-79	168	77	91	160	75	85
80+	…	…	…	…	…	…
80-84	128	55	73	140	61	79
85-89	82	31	51	95	37	57
90-94	48	14	34	50	16	34
95-99	20	4	16	22	5	17
100+	6	1	5	7	1	6

性・年齢別人口（千人）

年齢	2015			2020			2025			2030		
	総数	男	女	総数	男	女	総数	男	女	総数	男	女
総数	3 432	1 656	1 775	3 465	1 675	1 789	3 472	1 682	1 790	3 458	1 678	1 779
0-4	241	123	118	207	106	101	184	94	90	167	85	81
5-9	245	125	119	239	122	117	206	105	100	183	94	89
10-14	250	127	122	243	124	119	238	122	117	204	105	100
15-19	258	131	127	248	127	121	242	124	118	237	121	116
20-24	262	133	128	255	130	125	245	125	120	239	122	117
25-29	243	123	120	258	131	127	251	128	124	242	123	119
30-34	225	113	112	240	121	119	255	129	126	248	126	123
35-39	238	118	120	222	111	111	237	119	118	252	127	125
40-44	224	111	113	235	117	119	219	109	110	235	118	117
45-49	201	98	103	221	109	112	232	115	117	217	108	109
50-54	201	97	104	197	95	102	217	107	110	228	112	116
55-59	188	89	99	195	93	102	191	91	99	211	103	108
60-64	161	76	86	179	84	95	186	88	99	183	87	96
65-69	140	63	77	150	69	81	167	76	91	174	80	94
70-74	116	50	66	124	54	70	134	59	75	151	67	84
75-79	93	36	57	97	39	58	105	43	62	114	48	66
80+	…	…	…	…	…	…	…	…	…	…	…	…
80-84	73	25	48	71	24	46	74	27	47	82	30	51
85-89	46	13	33	48	14	35	48	14	34	51	16	35
90-94	21	4	16	25	5	20	27	6	21	27	6	21
95-99	6	1	5	9	1	8	11	1	9	12	2	10
100+	1	0	1	2	0	2	3	0	2	3	0	3

年齢	2035			2040			2045			2050		
	総数	男	女	総数	男	女	総数	男	女	総数	男	女
総数	3 433	1 669	1 764	3 394	1 653	1 741	3 338	1 629	1 710	3 265	1 596	1 670
0-4	159	81	78	149	76	73	137	70	67	124	64	61
5-9	165	85	81	158	81	77	148	76	72	136	70	67
10-14	182	93	89	164	84	80	156	80	76	147	75	72
15-19	203	104	99	181	92	88	163	83	80	155	79	76
20-24	234	119	115	201	103	98	178	91	87	161	82	79
25-29	236	120	116	231	118	113	197	101	97	175	89	86
30-34	239	121	118	233	119	114	228	116	112	195	99	96
35-39	246	124	122	236	120	117	231	117	114	226	114	111
40-44	250	126	124	244	123	121	234	119	116	229	116	113
45-49	232	116	116	247	124	123	241	122	120	232	117	115
50-54	213	105	107	228	114	114	243	122	121	238	120	118
55-59	222	109	113	208	103	105	223	111	112	238	119	119
60-64	203	98	105	214	104	110	201	98	103	217	107	109
65-69	172	80	92	191	91	100	203	97	106	192	93	99
70-74	158	71	87	157	71	86	176	82	94	188	89	99
75-79	129	55	75	137	59	78	138	60	77	156	70	85
80+	…	…	…	…	…	…	…	…	…	…	…	…
80-84	90	35	55	103	40	63	111	45	66	112	46	66
85-89	56	18	38	63	21	42	73	25	48	80	29	51
90-94	29	7	22	32	8	24	37	10	27	43	12	31
95-99	12	2	10	13	2	11	14	2	12	16	3	13
100+	4	0	4	4	0	4	5	0	4	5	0	5

年齢	2055			2060		
	総数	男	女	総数	男	女
総数	3 176	1 555	1 621	3 073	1 507	1 566
0-4	112	57	55	102	52	50
5-9	123	63	60	111	57	54
10-14	135	69	66	122	62	60
15-19	146	74	71	134	69	66
20-24	153	78	75	144	73	70
25-29	158	81	77	150	77	74
30-34	173	88	85	156	79	76
35-39	193	98	95	171	87	84
40-44	224	114	111	191	97	94
45-49	227	115	112	222	113	110
50-54	229	116	114	224	114	111
55-59	234	117	116	225	114	112
60-64	232	116	116	228	114	114
65-69	207	102	106	223	110	112
70-74	179	85	93	194	94	100
75-79	168	77	91	160	75	85
80+	…	…	…	…	…	…
80-84	128	55	73	140	61	79
85-89	82	31	51	95	37	57
90-94	48	14	34	50	16	34
95-99	20	4	16	22	5	17
100+	6	1	5	7	1	6

性・年齢別人口（千人）

年齢	1960 総数	男	女	1965 総数	男	女	1970 総数	男	女	1975 総数	男	女
総数	8 789	4 237	4 552	10 234	4 970	5 264	11 973	5 830	6 143	13 981	6 863	7 118
0-4	1 312	673	639	1 894	965	929	1 916	969	948	2 192	1 110	1 081
5-9	983	485	497	1 562	797	765	1 901	966	935	1 960	990	971
10-14	734	347	387	1 084	536	548	1 591	811	780	1 907	972	936
15-19	646	331	315	684	323	361	1 105	546	560	1 598	812	786
20-24	867	443	423	599	307	292	696	329	367	1 176	589	588
25-29	713	360	353	795	406	389	608	310	297	739	367	372
30-34	697	352	345	654	329	325	801	408	394	605	310	296
35-39	440	190	251	634	319	316	658	330	329	791	402	389
40-44	316	127	190	400	171	229	633	316	317	637	318	319
45-49	410	160	250	285	113	173	396	167	229	608	297	312
50-54	427	183	244	361	138	223	279	108	171	410	161	248
55-59	418	189	228	367	153	214	345	128	216	272	101	172
60-64	299	142	157	345	152	193	338	137	201	309	114	195
65-69	197	98	99	237	109	128	304	130	175	281	112	169
70-74	167	82	85	146	70	76	195	86	109	240	101	140
75-79	97	44	52	109	50	58	107	48	59	132	58	75
80+	67	29	37	78	33	45	100	42	57	120	50	70
80-84	...	...	...	...	...	...	...	...	...	...	...	...
85-89	...	...	...	...	...	...	...	...	...	...	...	...
90-94	...	...	...	...	...	...	...	...	...	...	...	...
95-99	...	...	...	...	...	...	...	...	...	...	...	...
100+	...	...	...	...	...	...	...	...	...	...	...	...

年齢	1980 総数	男	女	1985 総数	男	女	1990 総数	男	女	1995 総数	男	女
総数	15 952	7 844	8 108	18 174	8 968	9 206	20 515	10 141	10 374	22 687	11 258	11 430
0-4	2 415	1 220	1 194	2 856	1 447	1 409	3 270	1 663	1 607	3 134	1 610	1 524
5-9	2 161	1 090	1 070	2 362	1 193	1 169	2 779	1 403	1 375	3 219	1 635	1 583
10-14	1 953	986	967	2 140	1 079	1 061	2 344	1 183	1 160	2 757	1 392	1 366
15-19	1 904	967	937	1 907	957	950	2 101	1 058	1 043	2 291	1 157	1 134
20-24	1 589	789	801	1 875	950	925	1 829	907	922	2 011	1 013	999
25-29	1 157	579	579	1 558	780	778	1 798	889	909	1 741	861	879
30-34	773	388	385	1 132	564	567	1 520	757	763	1 725	850	875
35-39	549	282	267	746	372	374	1 095	542	552	1 463	725	738
40-44	779	394	385	535	275	260	710	351	359	1 050	516	533
45-49	610	304	306	748	374	375	509	261	249	675	330	345
50-54	593	285	308	586	286	300	699	344	354	479	241	237
55-59	399	156	242	564	266	298	538	258	280	652	315	337
60-64	260	92	169	363	139	224	502	233	269	488	228	260
65-69	266	95	171	229	78	151	304	114	190	437	195	241
70-74	222	86	136	219	75	144	180	59	122	249	88	161
75-79	180	72	108	166	62	104	154	51	102	135	41	94
80+	142	59	83	188	71	116	...	...	...	...	...	...
80-84	...	...	...	...	...	...	91	34	57	100	31	69
85-89	...	...	...	...	...	...	66	23	43	49	17	32
90-94	...	...	...	...	...	...	20	8	13	27	9	18
95-99	...	...	...	...	...	...	6	2	4	6	2	4
100+	...	...	...	...	...	...	1	0	1	1	0	1

年齢	2000 総数	男	女	2005 総数	男	女	2010 総数	男	女	2015 総数	男	女
総数	24 518	12 144	12 374	25 922	12 782	13 140	27 740	13 651	14 088	29 893	14 699	15 194
0-4	2 741	1 404	1 337	2 537	1 296	1 240	2 868	1 466	1 402	3 195	1 633	1 562
5-9	3 093	1 588	1 505	2 704	1 383	1 320	2 506	1 279	1 227	2 838	1 449	1 389
10-14	3 199	1 624	1 575	3 071	1 575	1 496	2 687	1 373	1 313	2 492	1 271	1 221
15-19	2 716	1 365	1 351	3 138	1 585	1 553	3 028	1 548	1 481	2 656	1 354	1 302
20-24	2 221	1 112	1 109	2 611	1 298	1 314	3 064	1 538	1 527	2 974	1 513	1 462
25-29	1 940	966	974	2 118	1 044	1 074	2 537	1 249	1 288	3 006	1 499	1 506
30-34	1 682	823	860	1 857	911	946	2 057	1 004	1 053	2 486	1 216	1 270
35-39	1 675	816	858	1 617	779	838	1 806	877	929	2 013	975	1 038
40-44	1 418	695	723	1 616	777	838	1 570	749	822	1 763	849	914
45-49	1 010	490	520	1 361	658	704	1 562	743	820	1 524	718	805
50-54	641	308	333	959	456	502	1 302	619	683	1 500	702	797
55-59	446	220	226	597	279	318	900	419	481	1 228	572	656
60-64	594	279	315	403	193	210	544	247	297	825	374	451
65-69	425	192	234	517	234	283	352	162	189	478	209	268
70-74	358	153	205	348	149	199	425	184	241	289	127	162
75-79	187	62	125	266	107	160	260	105	155	319	130	189
80+	...	...	...	...	...	...	...	...	...	...	...	...
80-84	89	24	64	122	37	86	175	65	110	172	64	107
85-89	54	15	39	49	12	36	68	19	49	96	33	64
90-94	20	6	14	23	6	17	21	5	16	29	7	22
95-99	8	2	5	6	2	4	7	2	6	7	1	5
100+	1	0	1	2	0	1	2	0	1	2	0	1

性・年齢別人口（千人）

年齢	2015			2020			2025			2030		
	総数	男	女	総数	男	女	総数	男	女	総数	男	女
総数	29 893	14 699	15 194	31 767	15 637	16 131	33 254	16 369	16 885	34 397	16 919	17 477
0-4	3 195	1 633	1 562	3 055	1 562	1 494	2 776	1 419	1 357	2 560	1 309	1 251
5-9	2 838	1 449	1 389	3 154	1 610	1 544	3 018	1 541	1 477	2 742	1 400	1 342
10-14	2 492	1 271	1 221	2 815	1 436	1 379	3 130	1 597	1 533	2 995	1 528	1 467
15-19	2 656	1 354	1 302	2 466	1 258	1 208	2 788	1 423	1 365	3 103	1 583	1 519
20-24	2 974	1 513	1 462	2 610	1 331	1 279	2 421	1 236	1 185	2 742	1 400	1 342
25-29	3 006	1 499	1 506	2 907	1 478	1 429	2 546	1 299	1 247	2 359	1 205	1 154
30-34	2 486	1 216	1 270	2 941	1 465	1 476	2 845	1 445	1 400	2 487	1 268	1 220
35-39	2 013	975	1 038	2 435	1 186	1 248	2 886	1 433	1 453	2 792	1 414	1 378
40-44	1 763	849	914	1 969	948	1 021	2 385	1 155	1 230	2 831	1 397	1 434
45-49	1 524	718	805	1 713	818	895	1 915	914	1 002	2 323	1 116	1 208
50-54	1 500	702	797	1 465	682	783	1 650	777	872	1 847	870	977
55-59	1 228	572	656	1 417	651	765	1 386	633	753	1 562	723	840
60-64	825	374	451	1 125	511	614	1 301	583	718	1 275	567	708
65-69	478	209	268	726	318	408	992	435	557	1 152	497	654
70-74	289	127	162	394	165	229	601	251	350	825	345	481
75-79	319	130	189	217	90	127	298	117	181	457	178	279
80+	…	…	…	…	…	…	…	…	…	…	…	…
80-84	172	64	107	211	80	131	144	55	89	198	71	127
85-89	96	33	64	95	33	63	117	41	77	80	28	52
90-94	29	7	22	42	13	29	41	13	29	51	16	35
95-99	7	1	5	9	2	7	13	4	10	13	4	10
100+	2	0	1	2	0	1	2	0	2	3	1	2

年齢	2035			2040			2045			2050		
	総数	男	女	総数	男	女	総数	男	女	総数	男	女
総数	35 349	17 370	17 980	36 168	17 753	18 415	36 792	18 040	18 752	37 126	18 182	18 944
0-4	2 527	1 292	1 235	2 569	1 314	1 255	2 546	1 302	1 244	2 414	1 235	1 178
5-9	2 529	1 292	1 238	2 498	1 276	1 222	2 540	1 298	1 243	2 519	1 287	1 232
10-14	2 721	1 388	1 333	2 509	1 280	1 229	2 478	1 265	1 213	2 521	1 287	1 234
15-19	2 968	1 515	1 454	2 695	1 376	1 319	2 485	1 269	1 216	2 454	1 253	1 201
20-24	3 056	1 560	1 496	2 923	1 492	1 431	2 651	1 354	1 297	2 442	1 247	1 194
25-29	2 678	1 368	1 311	2 991	1 526	1 465	2 859	1 459	1 400	2 590	1 323	1 267
30-34	2 303	1 175	1 127	2 621	1 337	1 284	2 932	1 495	1 438	2 802	1 429	1 373
35-39	2 439	1 239	1 199	2 257	1 149	1 108	2 573	1 309	1 264	2 883	1 466	1 417
40-44	2 739	1 380	1 360	2 393	1 210	1 183	2 215	1 122	1 093	2 528	1 280	1 248
45-49	2 761	1 351	1 410	2 673	1 336	1 338	2 336	1 172	1 164	2 163	1 087	1 076
50-54	2 243	1 064	1 180	2 669	1 290	1 379	2 586	1 277	1 309	2 261	1 121	1 140
55-59	1 752	810	942	2 131	992	1 139	2 539	1 205	1 334	2 463	1 195	1 268
60-64	1 440	649	792	1 619	729	890	1 974	895	1 080	2 357	1 090	1 267
65-69	1 131	485	647	1 281	556	725	1 443	625	818	1 766	770	996
70-74	961	394	567	947	385	562	1 076	442	633	1 218	499	719
75-79	629	245	384	736	282	455	729	275	454	833	317	516
80+	…	…	…	…	…	…	…	…	…	…	…	…
80-84	306	110	196	423	151	271	498	173	324	497	170	327
85-89	111	36	74	171	56	115	238	77	161	283	88	195
90-94	35	11	24	48	14	34	75	22	53	105	30	75
95-99	16	5	12	11	3	8	15	4	11	24	6	18
100+	3	1	2	4	1	3	3	1	2	4	1	3

年齢	2055			2060		
	総数	男	女	総数	男	女
総数	37 160	18 172	18 988	36 953	18 040	18 913
0-4	2 248	1 151	1 097	2 134	1 093	1 041
5-9	2 389	1 222	1 168	2 226	1 139	1 087
10-14	2 501	1 277	1 224	2 373	1 213	1 160
15-19	2 498	1 276	1 222	2 479	1 267	1 213
20-24	2 413	1 233	1 180	2 459	1 257	1 202
25-29	2 385	1 219	1 166	2 359	1 206	1 153
30-34	2 537	1 295	1 242	2 336	1 193	1 142
35-39	2 757	1 402	1 354	2 496	1 271	1 225
40-44	2 837	1 435	1 401	2 714	1 375	1 339
45-49	2 473	1 243	1 230	2 778	1 396	1 382
50-54	2 096	1 042	1 054	2 400	1 193	1 207
55-59	2 157	1 051	1 106	2 002	978	1 024
60-64	2 290	1 082	1 207	2 009	954	1 055
65-69	2 114	940	1 174	2 058	936	1 122
70-74	1 497	616	880	1 798	755	1 042
75-79	948	359	589	1 171	445	727
80+	…	…	…	…	…	…
80-84	571	196	375	654	222	432
85-89	285	86	198	329	100	230
90-94	126	35	91	128	34	94
95-99	34	9	25	41	10	31
100+	6	1	4	8	2	6

性・年齢別人口（千人）

年齢	2015			2020			2025			2030		
	総数	男	女	総数	男	女	総数	男	女	総数	男	女
総数	29 893	14 699	15 194	32 098	15 806	16 292	34 088	16 795	17 293	35 836	17 655	18 181
0–4	3 195	1 633	1 562	3 385	1 730	1 655	3 282	1 678	1 604	3 170	1 621	1 549
5–9	2 838	1 449	1 389	3 154	1 610	1 544	3 345	1 708	1 637	3 244	1 657	1 587
10–14	2 492	1 271	1 221	2 815	1 436	1 379	3 130	1 597	1 533	3 321	1 694	1 627
15–19	2 656	1 354	1 302	2 466	1 258	1 208	2 788	1 423	1 365	3 103	1 583	1 519
20–24	2 974	1 513	1 462	2 610	1 331	1 279	2 421	1 236	1 185	2 742	1 400	1 342
25–29	3 006	1 499	1 506	2 907	1 478	1 429	2 546	1 299	1 247	2 359	1 205	1 154
30–34	2 486	1 216	1 270	2 941	1 465	1 476	2 845	1 445	1 400	2 487	1 268	1 220
35–39	2 013	975	1 038	2 435	1 186	1 248	2 886	1 433	1 453	2 792	1 414	1 378
40–44	1 763	849	914	1 969	948	1 021	2 385	1 155	1 230	2 831	1 397	1 434
45–49	1 524	718	805	1 713	818	895	1 915	914	1 002	2 323	1 116	1 208
50–54	1 500	702	797	1 465	682	783	1 650	777	872	1 847	870	977
55–59	1 228	572	656	1 417	651	765	1 386	633	753	1 562	723	840
60–64	825	374	451	1 125	511	614	1 301	583	718	1 275	567	708
65–69	478	209	268	726	318	408	992	435	557	1 152	497	654
70–74	289	127	162	394	165	229	601	251	350	825	345	481
75–79	319	130	189	217	90	127	298	117	181	457	178	279
80+	…	…	…	…	…	…	…	…	…	…	…	…
80–84	172	64	107	211	80	131	144	55	89	198	71	127
85–89	96	33	64	95	33	63	117	41	77	80	28	52
90–94	29	7	22	42	13	29	41	13	29	51	16	35
95–99	7	1	5	9	2	7	13	4	10	13	4	10
100+	2	0	1	2	0	1	2	0	2	3	1	2

年齢	2035			2040			2045			2050		
	総数	男	女	総数	男	女	総数	男	女	総数	男	女
総数	37 414	18 424	18 990	38 957	19 177	19 780	40 464	19 914	20 549	41 839	20 587	21 252
0–4	3 158	1 615	1 543	3 300	1 688	1 612	3 440	1 760	1 680	3 470	1 776	1 694
5–9	3 136	1 602	1 534	3 125	1 596	1 529	3 268	1 670	1 598	3 409	1 742	1 667
10–14	3 222	1 644	1 578	3 114	1 589	1 525	3 104	1 584	1 520	3 247	1 658	1 590
15–19	3 294	1 681	1 613	3 195	1 630	1 564	3 088	1 576	1 512	3 079	1 572	1 507
20–24	3 056	1 560	1 496	3 247	1 657	1 590	3 149	1 607	1 541	3 042	1 553	1 489
25–29	2 678	1 368	1 311	2 991	1 526	1 465	3 182	1 623	1 559	3 085	1 575	1 510
30–34	2 303	1 175	1 127	2 621	1 337	1 284	2 932	1 495	1 438	3 123	1 591	1 531
35–39	2 439	1 239	1 199	2 257	1 149	1 108	2 573	1 309	1 264	2 883	1 466	1 417
40–44	2 739	1 380	1 360	2 393	1 210	1 183	2 215	1 122	1 093	2 528	1 280	1 248
45–49	2 761	1 351	1 410	2 673	1 336	1 338	2 336	1 172	1 164	2 163	1 087	1 076
50–54	2 243	1 064	1 180	2 669	1 290	1 379	2 586	1 277	1 309	2 261	1 121	1 140
55–59	1 752	810	942	2 131	992	1 139	2 539	1 205	1 334	2 463	1 195	1 268
60–64	1 440	649	792	1 619	729	890	1 974	895	1 080	2 357	1 090	1 267
65–69	1 131	485	647	1 281	556	725	1 443	625	818	1 766	770	996
70–74	961	394	567	947	385	562	1 076	442	633	1 218	499	719
75–79	629	245	384	736	282	455	729	275	454	833	317	516
80+	…	…	…	…	…	…	…	…	…	…	…	…
80–84	306	110	196	423	151	271	498	173	324	497	170	327
85–89	111	36	74	171	56	115	238	77	161	283	88	195
90–94	35	11	24	48	14	34	75	22	53	105	30	75
95–99	16	5	12	11	3	8	15	4	11	24	6	18
100+	3	1	2	4	1	3	3	1	2	4	1	3

年齢	2055			2060		
	総数	男	女	総数	男	女
総数	43 025	21 164	21 861	44 043	21 655	22 387
0–4	3 420	1 751	1 668	3 384	1 734	1 650
5–9	3 441	1 759	1 681	3 393	1 736	1 657
10–14	3 389	1 731	1 658	3 422	1 749	1 673
15–19	3 223	1 646	1 577	3 365	1 719	1 646
20–24	3 035	1 550	1 485	3 181	1 625	1 556
25–29	2 982	1 523	1 460	2 979	1 521	1 458
30–34	3 029	1 545	1 484	2 930	1 495	1 435
35–39	3 074	1 563	1 511	2 984	1 518	1 466
40–44	2 837	1 435	1 401	3 028	1 533	1 495
45–49	2 473	1 243	1 230	2 778	1 396	1 382
50–54	2 096	1 042	1 054	2 400	1 193	1 207
55–59	2 157	1 051	1 106	2 002	978	1 024
60–64	2 290	1 082	1 207	2 009	954	1 055
65–69	2 114	940	1 174	2 058	936	1 122
70–74	1 497	616	880	1 798	755	1 042
75–79	948	359	589	1 171	445	727
80+	…	…	…	…	…	…
80–84	571	196	375	654	222	432
85–89	285	86	198	329	100	230
90–94	126	35	91	128	34	94
95–99	34	9	25	41	10	31
100+	6	1	4	8	2	6

性・年齢別人口（千人）

年齢	2015			2020			2025			2030		
	総数	男	女	総数	男	女	総数	男	女	総数	男	女
総数	29 893	14 699	15 194	31 437	15 468	15 969	32 421	15 943	16 478	32 958	16 184	16 774
0-4	3 195	1 633	1 562	2 725	1 393	1 332	2 270	1 160	1 109	1 950	997	953
5-9	2 838	1 449	1 389	3 154	1 610	1 544	2 690	1 374	1 317	2 240	1 144	1 096
10-14	2 492	1 271	1 221	2 815	1 436	1 379	3 130	1 597	1 533	2 668	1 361	1 307
15-19	2 656	1 354	1 302	2 466	1 258	1 208	2 788	1 423	1 365	3 103	1 583	1 519
20-24	2 974	1 513	1 462	2 610	1 331	1 279	2 421	1 236	1 185	2 742	1 400	1 342
25-29	3 006	1 499	1 506	2 907	1 478	1 429	2 546	1 299	1 247	2 359	1 205	1 154
30-34	2 486	1 216	1 270	2 941	1 465	1 476	2 845	1 445	1 400	2 487	1 268	1 220
35-39	2 013	975	1 038	2 435	1 186	1 248	2 886	1 433	1 453	2 792	1 414	1 378
40-44	1 763	849	914	1 969	948	1 021	2 385	1 155	1 230	2 831	1 397	1 434
45-49	1 524	718	805	1 713	818	895	1 915	914	1 002	2 323	1 116	1 208
50-54	1 500	702	797	1 465	682	783	1 650	777	872	1 847	870	977
55-59	1 228	572	656	1 417	651	765	1 386	633	753	1 562	723	840
60-64	825	374	451	1 125	511	614	1 301	583	718	1 275	567	708
65-69	478	209	268	726	318	408	992	435	557	1 152	497	654
70-74	289	127	162	394	165	229	601	251	350	825	345	481
75-79	319	130	189	217	90	127	298	117	181	457	178	279
80+	...	...	...	...	...	...	...	...	...	...	...	...
80-84	172	64	107	211	80	131	144	55	89	198	71	127
85-89	96	33	64	95	33	63	117	41	77	80	28	52
90-94	29	7	22	42	13	29	41	13	29	51	16	35
95-99	7	1	5	9	2	7	13	4	10	13	4	10
100+	2	0	1	2	0	1	2	0	2	3	1	2

年齢	2035			2040			2045			2050		
	総数	男	女	総数	男	女	総数	男	女	総数	男	女
総数	33 288	16 317	16 971	33 414	16 347	17 067	33 248	16 232	17 017	32 713	15 930	16 783
0-4	1 898	970	927	1 868	955	913	1 746	893	853	1 530	783	747
5-9	1 923	982	941	1 872	956	916	1 843	942	902	1 723	881	843
10-14	2 220	1 133	1 087	1 905	972	933	1 855	946	908	1 826	932	894
15-19	2 643	1 349	1 294	2 196	1 121	1 075	1 882	961	921	1 832	936	896
20-24	3 056	1 560	1 496	2 598	1 327	1 272	2 153	1 100	1 053	1 841	941	899
25-29	2 678	1 368	1 311	2 991	1 526	1 465	2 537	1 296	1 241	2 095	1 071	1 024
30-34	2 303	1 175	1 127	2 621	1 337	1 284	2 932	1 495	1 438	2 482	1 267	1 215
35-39	2 439	1 239	1 199	2 257	1 149	1 108	2 573	1 309	1 264	2 883	1 466	1 417
40-44	2 739	1 380	1 360	2 393	1 210	1 183	2 215	1 122	1 093	2 528	1 280	1 248
45-49	2 761	1 351	1 410	2 673	1 336	1 338	2 336	1 172	1 164	2 163	1 087	1 076
50-54	2 243	1 064	1 180	2 669	1 290	1 379	2 586	1 277	1 309	2 261	1 121	1 140
55-59	1 752	810	942	2 131	992	1 139	2 539	1 205	1 334	2 463	1 195	1 268
60-64	1 440	649	792	1 619	729	890	1 974	895	1 080	2 357	1 090	1 267
65-69	1 131	485	647	1 281	556	725	1 443	625	818	1 766	770	996
70-74	961	394	567	947	385	562	1 076	442	633	1 218	499	719
75-79	629	245	384	736	282	455	729	275	454	833	317	516
80+	...	...	...	...	...	...	...	...	...	...	...	...
80-84	306	110	196	423	151	271	498	173	324	497	170	327
85-89	111	36	74	171	56	115	238	77	161	283	88	195
90-94	35	11	24	48	14	34	75	22	53	105	30	75
95-99	16	5	12	11	3	8	15	4	11	24	6	18
100+	3	1	2	4	1	3	3	1	2	4	1	3

年齢	2055			2060		
	総数	男	女	総数	男	女
総数	31 833	15 455	16 378	30 689	14 847	15 842
0-4	1 315	673	642	1 173	601	572
5-9	1 510	772	738	1 297	664	634
10-14	1 707	872	836	1 496	764	732
15-19	1 804	922	882	1 687	862	825
20-24	1 793	917	876	1 768	904	863
25-29	1 787	915	872	1 742	892	850
30-34	2 045	1 046	999	1 742	892	850
35-39	2 439	1 242	1 197	2 008	1 025	983
40-44	2 837	1 435	1 401	2 400	1 217	1 183
45-49	2 473	1 243	1 230	2 778	1 396	1 382
50-54	2 096	1 042	1 054	2 400	1 193	1 207
55-59	2 157	1 051	1 106	2 002	978	1 024
60-64	2 290	1 082	1 207	2 009	954	1 055
65-69	2 114	940	1 174	2 058	936	1 122
70-74	1 497	616	880	1 798	755	1 042
75-79	948	359	589	1 171	445	727
80+	...	...	...	...	...	...
80-84	571	196	375	654	222	432
85-89	285	86	198	329	100	230
90-94	126	35	91	128	34	94
95-99	34	9	25	41	10	31
100+	6	1	4	8	2	6

性・年齢別人口（千人）

年齢	1960 総数	男	女	1965 総数	男	女	1970 総数	男	女	1975 総数	男	女
総数	64	33	31	74	38	36	85	45	40	100	53	47
0-4	12	6	6	14	7	7	15	8	7	17	9	8
5-9	9	5	5	11	6	6	13	7	6	15	8	7
10-14	8	4	4	9	5	5	11	6	5	13	7	6
15-19	7	4	3	8	4	4	9	5	4	11	6	5
20-24	6	3	3	7	3	3	7	4	3	9	4	4
25-29	5	2	2	5	3	3	6	3	3	7	4	4
30-34	4	2	2	5	2	2	5	3	3	6	3	3
35-39	3	2	2	4	2	2	4	2	2	5	3	2
40-44	3	1	1	3	2	1	4	2	2	4	2	2
45-49	2	1	1	3	1	1	3	2	1	3	2	1
50-54	2	1	1	2	1	1	2	1	1	3	2	1
55-59	1	1	1	2	1	1	2	1	1	2	1	1
60-64	1	0	0	1	1	1	1	1	1	2	1	1
65-69	1	0	0	1	0	0	1	1	0	1	1	0
70-74	0	0	0	1	0	0	1	0	0	1	0	0
75-79	0	0	0	0	0	0	0	0	0	1	0	0
80+	0	0	0	0	0	0	0	0	0	0	0	0
80-84	...	...	...	...	...	...	...	...	...	...	...	...
85-89	...	...	...	...	...	...	...	...	...	...	...	...
90-94	...	...	...	...	...	...	...	...	...	...	...	...
95-99	...	...	...	...	...	...	...	...	...	...	...	...
100+	...	...	...	...	...	...	...	...	...	...	...	...

年齢	1980 総数	男	女	1985 総数	男	女	1990 総数	男	女	1995 総数	男	女
総数	116	61	55	130	68	62	147	75	71	168	86	82
0-4	19	10	9	22	11	10	24	12	11	26	14	13
5-9	17	9	8	19	10	9	22	11	10	24	12	11
10-14	15	8	7	16	9	8	19	10	9	22	11	11
15-19	13	7	6	13	7	6	15	8	7	17	9	8
20-24	10	5	5	12	6	6	12	6	6	14	7	7
25-29	9	4	4	10	5	5	12	6	6	13	6	7
30-34	7	4	3	8	4	4	10	5	5	12	6	6
35-39	6	3	3	7	4	3	8	4	4	9	5	5
40-44	5	3	2	6	3	3	6	3	3	8	4	4
45-49	4	2	2	4	2	2	5	3	2	6	3	3
50-54	3	2	1	3	2	2	4	2	2	5	3	2
55-59	2	1	1	3	1	1	3	2	1	4	2	2
60-64	2	1	1	2	1	1	2	1	1	3	2	1
65-69	1	1	1	2	1	1	2	1	1	2	1	1
70-74	1	1	0	1	1	0	1	1	1	2	1	1
75-79	1	0	0	1	1	0	1	1	0	1	1	0
80+	1	0	0	1	0	0	...	...	...	...	...	...
80-84	...	...	...	...	...	...	1	0	0	1	0	0
85-89	...	...	...	...	...	...	0	0	0	0	0	0
90-94	...	...	...	...	...	...	0	0	0	0	0	0
95-99	...	...	...	...	...	...	0	0	0	0	0	0
100+	...	...	...	...	...	...	0	0	0	0	0	0

年齢	2000 総数	男	女	2005 総数	男	女	2010 総数	男	女	2015 総数	男	女
総数	185	95	90	209	107	103	236	120	116	265	134	131
0-4	28	15	14	30	15	14	34	18	16	35	18	17
5-9	26	13	12	28	14	14	29	15	14	33	17	16
10-14	23	12	11	25	13	12	28	15	13	28	15	13
15-19	20	11	10	22	12	11	22	11	11	26	13	12
20-24	16	8	8	20	10	10	23	11	12	23	11	12
25-29	14	7	7	16	8	8	20	10	10	23	11	12
30-34	13	6	6	14	7	7	16	8	8	20	10	10
35-39	11	5	6	12	6	6	14	7	7	16	8	8
40-44	9	4	4	11	5	5	12	6	6	13	7	7
45-49	7	3	3	8	4	4	11	5	6	12	6	6
50-54	5	3	3	6	3	3	8	4	4	10	5	5
55-59	4	2	2	5	3	2	7	3	3	7	4	4
60-64	3	2	1	4	2	2	4	2	2	6	3	3
65-69	2	1	1	3	1	1	4	2	2	4	2	2
70-74	2	1	1	2	1	1	3	1	1	4	2	2
75-79	1	1	0	1	1	1	1	1	1	2	1	1
80+	...	...	...	...	...	...	...	...	...	...	...	...
80-84	1	0	0	1	0	0	1	0	0	1	0	0
85-89	0	0	0	0	0	0	0	0	0	0	0	0
90-94	0	0	0	0	0	0	0	0	0	0	0	0
95-99	0	0	0	0	0	0	0	0	0	0	0	0
100+	0	0	0	0	0	0	0	0	0	0	0	0

性・年齢別人口（千人）

年齢	2015 総数	男	女	2020 総数	男	女	2025 総数	男	女	2030 総数	男	女
総数	265	134	131	294	149	145	324	164	160	354	179	176
0-4	35	18	17	37	19	18	38	19	18	39	20	19
5-9	33	17	16	34	18	16	36	19	17	37	19	18
10-14	28	15	13	33	17	16	34	18	16	36	19	17
15-19	26	13	12	27	14	13	32	16	15	32	17	16
20-24	23	11	12	26	13	13	27	14	13	32	16	16
25-29	23	11	12	23	11	12	26	13	13	27	14	13
30-34	20	10	10	23	11	12	22	11	12	26	13	13
35-39	16	8	8	20	10	10	23	11	12	23	11	12
40-44	13	7	7	16	8	8	19	10	9	23	11	11
45-49	12	6	6	14	7	7	16	8	8	20	10	10
50-54	10	5	5	11	5	6	13	6	7	15	8	8
55-59	7	4	4	10	5	5	11	5	6	13	6	7
60-64	6	3	3	7	3	3	9	4	5	10	5	5
65-69	4	2	2	6	3	3	7	3	3	9	4	5
70-74	4	2	2	4	2	2	5	2	3	6	3	3
75-79	2	1	1	3	1	1	3	1	2	4	2	2
80+	...	...	...	...	...	...	...	...	...	...	...	...
80-84	1	0	0	1	1	1	2	1	1	2	1	1
85-89	0	0	0	0	0	0	1	0	0	1	0	1
90-94	0	0	0	0	0	0	0	0	0	0	0	0
95-99	0	0	0	0	0	0	0	0	0	0	0	0
100+	0	0	0	0	0	0	0	0	0	0	0	0

年齢	2035 総数	男	女	2040 総数	男	女	2045 総数	男	女	2050 総数	男	女
総数	385	194	191	416	209	207	446	224	222	476	239	237
0-4	40	21	20	42	21	20	42	22	21	43	22	21
5-9	39	20	19	40	21	19	41	21	20	42	22	20
10-14	37	19	18	38	20	18	40	21	19	41	21	20
15-19	34	18	17	35	18	17	37	19	18	38	19	19
20-24	33	17	16	34	17	17	36	18	18	37	19	18
25-29	32	16	16	33	17	16	34	17	17	36	18	18
30-34	27	14	13	32	16	16	33	17	16	34	17	17
35-39	26	13	13	27	14	13	32	16	16	33	17	16
40-44	22	11	11	26	13	13	27	14	13	31	15	15
45-49	23	11	12	22	11	12	26	13	13	27	14	13
50-54	19	10	9	22	11	11	22	10	11	25	13	12
55-59	15	8	7	19	9	9	22	11	11	21	10	11
60-64	12	6	6	14	7	7	18	9	9	21	10	11
65-69	10	5	5	11	5	6	14	7	7	17	8	9
70-74	8	4	5	9	4	5	10	5	6	12	6	7
75-79	5	2	3	7	3	4	7	3	4	9	4	5
80+	...	...	...	...	...	...	...	...	...	...	...	...
80-84	3	1	2	3	1	2	5	2	3	5	2	3
85-89	1	0	1	1	1	1	2	1	1	3	1	2
90-94	0	0	0	0	0	0	1	0	0	1	0	1
95-99	0	0	0	0	0	0	0	0	0	0	0	0
100+	0	0	0	0	0	0	0	0	0	0	0	0

年齢	2055 総数	男	女	2060 総数	男	女
総数	504	253	251	531	267	264
0-4	43	22	21	43	22	21
5-9	43	22	21	43	22	21
10-14	42	22	20	42	22	20
15-19	39	20	19	40	21	20
20-24	38	19	19	40	20	20
25-29	37	19	18	38	19	19
30-34	36	18	18	37	19	18
35-39	34	17	17	36	18	18
40-44	32	16	16	34	17	17
45-49	32	16	15	32	16	16
50-54	26	13	13	31	16	15
55-59	25	13	12	26	13	13
60-64	20	10	11	24	12	12
65-69	20	9	10	20	9	11
70-74	16	7	8	18	8	10
75-79	10	5	6	13	6	7
80+	...	...	...	...	...	...
80-84	6	3	4	8	3	4
85-89	3	1	2	4	1	2
90-94	1	0	1	1	0	1
95-99	0	0	0	0	0	0
100+	0	0	0	0	0	0

Vanuatu

性・年齢別人口（千人）

年齢	2015 総数	男	女	2020 総数	男	女	2025 総数	男	女	2030 総数	男	女
総数	265	134	131	297	150	147	331	167	164	368	186	183
0-4	35	18	17	39	20	19	42	22	21	45	23	22
5-9	33	17	16	34	18	16	39	20	19	42	22	20
10-14	28	15	13	33	17	16	34	18	16	38	20	18
15-19	26	13	12	27	14	13	32	16	15	32	17	16
20-24	23	11	12	26	13	13	27	14	13	32	16	16
25-29	23	11	12	23	11	12	26	13	13	27	14	13
30-34	20	10	10	23	11	12	22	11	12	26	13	13
35-39	16	8	8	20	10	10	23	11	12	23	11	12
40-44	13	7	7	16	8	8	19	10	9	23	11	11
45-49	12	6	6	14	7	7	16	8	8	20	10	10
50-54	10	5	5	11	5	6	13	6	7	15	8	8
55-59	7	4	4	10	5	5	11	5	6	13	6	7
60-64	6	3	3	7	3	3	9	4	5	10	5	5
65-69	4	2	2	6	3	3	7	3	3	9	4	5
70-74	4	2	2	4	2	2	5	2	3	6	3	3
75-79	2	1	1	3	1	1	3	1	2	4	2	2
80+	...	...	...	...	...	...	...	...	...	...	...	...
80-84	1	0	0	1	1	1	2	1	1	2	1	1
85-89	0	0	0	0	0	0	1	0	0	1	0	1
90-94	0	0	0	0	0	0	0	0	0	0	0	0
95-99	0	0	0	0	0	0	0	0	0	0	0	0
100+	0	0	0	0	0	0	0	0	0	0	0	0

年齢	2035 総数	男	女	2040 総数	男	女	2045 総数	男	女	2050 総数	男	女
総数	406	204	201	445	224	221	485	244	241	527	265	262
0-4	47	24	23	50	26	24	53	27	26	56	29	27
5-9	45	23	22	47	24	23	49	25	24	52	27	25
10-14	42	22	20	45	23	21	47	24	22	49	25	24
15-19	37	19	18	40	21	19	43	22	21	45	23	22
20-24	33	17	16	37	19	18	40	20	20	43	22	21
25-29	32	16	16	33	17	16	37	19	18	40	20	20
30-34	27	14	13	32	16	16	33	17	16	37	19	18
35-39	26	13	13	27	14	13	32	16	16	33	17	16
40-44	22	11	11	26	13	13	27	14	13	31	16	15
45-49	23	11	12	22	11	12	26	13	13	27	14	13
50-54	19	10	9	22	11	11	22	10	11	25	13	12
55-59	15	8	7	19	9	9	22	11	11	21	10	11
60-64	12	6	6	14	7	7	18	9	9	21	10	11
65-69	10	5	5	11	5	6	14	7	7	17	8	9
70-74	8	4	5	9	4	5	10	5	6	12	6	7
75-79	5	2	3	7	3	4	7	3	4	9	4	5
80+	...	...	...	...	...	...	...	...	...	...	...	...
80-84	3	1	2	3	1	2	5	2	3	5	2	3
85-89	1	0	1	1	1	1	2	1	1	3	1	2
90-94	0	0	0	0	0	0	1	0	0	1	0	1
95-99	0	0	0	0	0	0	0	0	0	0	0	0
100+	0	0	0	0	0	0	0	0	0	0	0	0

年齢	2055 総数	男	女	2060 総数	男	女
総数	571	287	283	615	310	305
0-4	58	30	28	60	31	29
5-9	55	28	27	58	30	28
10-14	52	27	25	55	28	26
15-19	48	24	23	50	26	25
20-24	45	23	22	48	24	24
25-29	43	22	21	45	23	22
30-34	40	20	20	43	22	21
35-39	37	19	18	40	21	20
40-44	32	16	16	37	19	18
45-49	32	16	15	32	16	16
50-54	26	13	13	31	16	15
55-59	25	13	12	26	13	13
60-64	20	10	11	24	12	12
65-69	20	9	10	20	9	11
70-74	16	7	8	18	8	10
75-79	10	5	6	13	6	7
80+	...	...	...	...	...	...
80-84	6	3	4	8	3	4
85-89	3	1	2	4	1	2
90-94	1	0	1	1	0	1
95-99	0	0	0	0	0	0
100+	0	0	0	0	0	0

性・年齢別人口（千人）

年齢	2015			2020			2025			2030		
	総数	男	女	総数	男	女	総数	男	女	総数	男	女
総数	265	134	131	291	147	144	317	160	157	341	171	169
0-4	35	18	17	34	17	16	33	17	16	33	17	16
5-9	33	17	16	34	18	16	33	17	16	33	17	16
10-14	28	15	13	33	17	16	34	18	16	33	17	16
15-19	26	13	12	27	14	13	32	16	15	32	17	16
20-24	23	11	12	26	13	13	27	14	13	32	16	16
25-29	23	11	12	23	11	12	26	13	13	27	14	13
30-34	20	10	10	23	11	12	22	11	12	26	13	13
35-39	16	8	8	20	10	10	23	11	12	23	11	12
40-44	13	7	7	16	8	8	19	10	9	23	11	11
45-49	12	6	6	14	7	7	16	8	8	20	10	10
50-54	10	5	5	11	5	6	13	6	7	15	8	8
55-59	7	4	4	10	5	5	11	5	6	13	6	7
60-64	6	3	3	7	3	3	9	4	5	10	5	5
65-69	4	2	2	6	3	3	7	3	3	9	4	5
70-74	4	2	2	4	2	2	5	2	3	6	3	3
75-79	2	1	1	3	2	1	3	1	2	4	2	2
80+	…	…	…	…	…	…	…	…	…	…	…	…
80-84	1	0	0	1	1	1	2	1	1	2	1	1
85-89	0	0	0	0	0	0	1	0	0	1	0	1
90-94	0	0	0	0	0	0	0	0	0	0	0	0
95-99	0	0	0	0	0	0	0	0	0	0	0	0
100+	0	0	0	0	0	0	0	0	0	0	0	0

年齢	2035			2040			2045			2050		
	総数	男	女	総数	男	女	総数	男	女	総数	男	女
総数	364	183	181	387	194	193	408	205	203	426	214	213
0-4	33	17	16	34	17	16	33	17	16	32	16	15
5-9	32	17	16	33	17	16	33	17	16	32	17	16
10-14	32	17	15	32	17	15	33	17	16	33	17	16
15-19	31	16	15	31	16	15	30	16	15	31	16	15
20-24	33	17	16	32	16	16	31	16	15	31	15	15
25-29	32	16	16	33	17	16	32	16	16	31	16	15
30-34	27	14	13	32	16	16	33	17	16	32	16	16
35-39	26	13	13	27	14	13	32	16	16	33	17	16
40-44	22	11	11	26	13	13	27	14	13	31	16	15
45-49	23	11	12	22	11	11	26	13	13	27	14	13
50-54	19	10	9	22	11	11	22	10	11	25	13	12
55-59	15	8	7	19	9	9	22	11	11	21	10	11
60-64	12	6	6	14	7	7	18	9	9	21	10	11
65-69	10	5	5	11	5	6	14	7	7	17	8	9
70-74	8	4	5	9	4	5	10	5	6	12	6	7
75-79	5	2	3	7	3	4	7	3	4	9	4	5
80+	…	…	…	…	…	…	…	…	…	…	…	…
80-84	3	1	2	3	1	2	5	2	3	5	2	3
85-89	1	0	1	1	1	1	2	1	1	3	1	2
90-94	0	0	0	0	0	0	1	0	0	1	0	1
95-99	0	0	0	0	0	0	0	0	0	0	0	0
100+	0	0	0	0	0	0	0	0	0	0	0	0

年齢	2055			2060		
	総数	男	女	総数	男	女
総数	442	222	221	455	228	227
0-4	30	16	15	29	15	14
5-9	31	16	15	30	16	14
10-14	32	17	15	31	16	15
15-19	31	16	15	31	16	15
20-24	31	16	16	32	16	16
25-29	31	15	15	31	16	16
30-34	31	16	15	31	15	15
35-39	32	16	16	31	16	15
40-44	32	16	15	31	16	15
45-49	32	16	15	32	16	16
50-54	26	13	13	31	16	15
55-59	25	13	12	26	13	13
60-64	20	10	11	24	12	12
65-69	20	9	10	20	9	11
70-74	16	7	8	18	8	10
75-79	10	5	6	13	6	7
80+	…	…	…	…	…	…
80-84	6	3	4	8	3	4
85-89	3	1	2	4	1	2
90-94	0	0	1	1	0	1
95-99	0	0	0	0	0	0
100+	0	0	0	0	0	0

性・年齢別人口（千人）

年齢	1960 総数	男	女	1965 総数	男	女	1970 総数	男	女	1975 総数	男	女
総数	8 147	4 152	3 995	9 825	4 998	4 827	11 588	5 883	5 705	13 361	6 768	6 593
0-4	1 530	780	750	1 896	967	929	2 016	1 028	988	2 047	1 044	1 003
5-9	1 205	615	590	1 494	761	733	1 860	948	912	1 987	1 013	975
10-14	996	507	489	1 200	612	587	1 487	757	730	1 853	943	909
15-19	825	421	404	992	505	487	1 193	608	585	1 480	753	727
20-24	694	354	340	819	417	402	984	499	484	1 184	602	582
25-29	591	302	290	687	350	338	810	412	398	973	493	481
30-34	507	259	249	585	298	287	678	344	334	800	405	395
35-39	433	221	212	500	254	246	575	292	284	668	338	331
40-44	363	186	177	424	215	208	489	247	241	564	285	280
45-49	293	149	144	350	178	172	410	207	203	475	239	236
50-54	227	116	112	278	141	137	334	169	166	393	197	196
55-59	171	88	83	211	106	104	259	130	129	314	157	158
60-64	123	63	60	153	78	75	190	95	96	237	117	120
65-69	83	42	41	104	53	52	132	66	66	166	81	85
70-74	52	26	27	66	32	33	84	41	43	108	52	56
75-79	30	14	16	37	18	20	48	23	25	62	29	33
80+	23	10	13	29	13	16	37	16	21	48	21	28
80-84	...	...	...	...	...	...	...	...	...	...	...	...
85-89	...	...	...	...	...	...	...	...	...	...	...	...
90-94	...	...	...	...	...	...	...	...	...	...	...	...
95-99	...	...	...	...	...	...	...	...	...	...	...	...
100+	...	...	...	...	...	...	...	...	...	...	...	...

年齢	1980 総数	男	女	1985 総数	男	女	1990 総数	男	女	1995 総数	男	女
総数	15 344	7 756	7 588	17 508	8 833	8 675	19 862	10 008	9 854	22 189	11 165	11 023
0-4	2 288	1 167	1 121	2 513	1 282	1 231	2 764	1 411	1 353	2 803	1 431	1 372
5-9	2 025	1 032	993	2 272	1 158	1 114	2 498	1 274	1 224	2 751	1 404	1 347
10-14	1 981	1 009	972	2 020	1 029	991	2 268	1 156	1 113	2 495	1 273	1 223
15-19	1 844	938	907	1 972	1 003	969	2 012	1 023	989	2 259	1 149	1 110
20-24	1 468	744	724	1 830	927	903	1 960	993	966	1 998	1 012	986
25-29	1 172	594	578	1 455	734	721	1 816	916	900	1 942	979	963
30-34	963	486	477	1 161	586	575	1 442	725	717	1 798	903	895
35-39	790	398	391	952	478	474	1 148	578	571	1 426	714	712
40-44	657	330	326	777	390	387	938	470	468	1 132	567	565
45-49	550	276	274	642	321	321	761	380	381	919	457	461
50-54	457	228	229	531	264	267	621	308	313	738	366	372
55-59	372	184	188	434	213	220	505	248	257	592	290	302
60-64	289	142	147	342	166	175	397	192	205	464	224	240
65-69	208	100	108	253	121	132	296	141	155	345	163	182
70-74	137	64	72	170	79	91	201	94	107	236	110	127
75-79	81	37	43	102	46	56	123	55	68	147	66	81
80+	63	27	36	82	34	47	...	...	...	...	...	...
80-84	...	...	...	...	...	...	67	28	38	82	35	47
85-89	...	...	...	...	...	...	30	12	18	40	16	24
90-94	...	...	...	...	...	...	11	4	7	16	6	10
95-99	...	...	...	...	...	...	3	1	2	5	1	3
100+	...	...	...	...	...	...	0	0	0	1	0	1

年齢	2000 総数	男	女	2005 総数	男	女	2010 総数	男	女	2015 総数	男	女
総数	24 481	12 291	12 191	26 769	13 399	13 370	28 996	14 474	14 522	31 108	15 487	15 621
0-4	2 817	1 439	1 377	2 878	1 471	1 408	2 932	1 498	1 434	2 960	1 513	1 447
5-9	2 792	1 425	1 367	2 808	1 434	1 374	2 870	1 465	1 405	2 923	1 492	1 431
10-14	2 748	1 402	1 346	2 789	1 423	1 365	2 802	1 431	1 371	2 860	1 459	1 401
15-19	2 484	1 264	1 220	2 735	1 391	1 343	2 772	1 411	1 361	2 780	1 415	1 365
20-24	2 238	1 131	1 107	2 458	1 242	1 216	2 703	1 366	1 337	2 735	1 382	1 353
25-29	1 976	993	983	2 210	1 108	1 103	2 425	1 215	1 210	2 662	1 334	1 328
30-34	1 921	962	958	1 952	974	978	2 182	1 086	1 096	2 390	1 190	1 200
35-39	1 777	887	890	1 897	944	953	1 927	957	971	2 151	1 066	1 085
40-44	1 406	700	706	1 753	870	883	1 872	928	945	1 900	939	961
45-49	1 110	552	557	1 381	683	698	1 724	851	873	1 842	908	933
50-54	892	441	451	1 080	534	547	1 347	661	686	1 684	825	859
55-59	706	346	360	857	419	438	1 039	507	531	1 297	630	667
60-64	552	266	285	663	320	343	804	387	417	975	469	506
65-69	414	196	218	500	237	263	601	284	317	730	344	386
70-74	286	133	153	351	163	189	428	197	230	517	238	279
75-79	181	80	101	225	99	126	278	123	155	341	150	191
80+	...	...	...	...	...	...	...	...	...	...	...	...
80-84	102	43	59	128	53	76	160	65	95	199	81	118
85-89	51	20	31	64	24	40	80	28	52	101	35	66
90-94	22	7	14	28	9	19	34	10	24	43	12	31
95-99	7	2	5	10	2	7	12	3	10	15	3	12
100+	1	0	1	2	0	2	3	1	3	4	1	3

性・年齢別人口（千人）

年齢	2015			2020			2025			2030		
	総数	男	女	総数	男	女	総数	男	女	総数	男	女
総数	31 108	15 487	15 621	33 116	16 449	16 667	34 978	17 338	17 640	36 673	18 145	18 529
0-4	2 960	1 513	1 447	2 939	1 502	1 436	2 886	1 476	1 410	2 824	1 445	1 379
5-9	2 923	1 492	1 431	2 952	1 508	1 444	2 933	1 498	1 434	2 880	1 472	1 408
10-14	2 860	1 459	1 401	2 913	1 486	1 427	2 944	1 503	1 441	2 926	1 494	1 432
15-19	2 780	1 415	1 365	2 842	1 447	1 395	2 897	1 475	1 422	2 930	1 493	1 437
20-24	2 735	1 382	1 353	2 745	1 389	1 357	2 811	1 423	1 388	2 870	1 454	1 416
25-29	2 662	1 334	1 328	2 696	1 352	1 344	2 711	1 362	1 349	2 780	1 399	1 381
30-34	2 390	1 190	1 200	2 626	1 309	1 318	2 664	1 329	1 335	2 683	1 341	1 342
35-39	2 151	1 066	1 085	2 359	1 169	1 190	2 597	1 288	1 308	2 638	1 311	1 327
40-44	1 900	939	961	2 123	1 048	1 075	2 332	1 151	1 180	2 570	1 271	1 299
45-49	1 842	908	933	1 871	921	950	2 093	1 029	1 064	2 301	1 132	1 169
50-54	1 684	825	859	1 802	882	919	1 833	896	936	2 053	1 003	1 050
55-59	1 297	630	667	1 625	789	837	1 743	846	897	1 776	862	915
60-64	975	469	506	1 223	586	637	1 538	737	802	1 656	794	862
65-69	730	344	386	891	420	470	1 124	528	595	1 422	669	753
70-74	517	238	279	634	291	343	781	360	421	994	456	537
75-79	341	150	191	417	184	233	518	228	290	645	285	359
80+	…	…	…	…	…	…	…	…	…	…	…	…
80-84	199	81	118	249	101	148	309	126	183	389	159	230
85-89	101	35	66	128	45	83	162	57	105	204	73	131
90-94	43	12	31	55	15	40	71	19	52	91	25	66
95-99	15	3	12	20	4	16	25	5	21	33	6	27
100+	4	1	3	5	1	5	7	1	6	9	1	8

年齢	2035			2040			2045			2050		
	総数	男	女	総数	男	女	総数	男	女	総数	男	女
総数	38 191	18 866	19 325	39 513	19 495	20 018	40 636	20 031	20 605	41 562	20 480	21 083
0-4	2 761	1 413	1 348	2 699	1 381	1 317	2 634	1 349	1 286	2 568	1 315	1 253
5-9	2 819	1 442	1 377	2 757	1 410	1 346	2 695	1 379	1 316	2 631	1 346	1 284
10-14	2 875	1 469	1 406	2 814	1 439	1 375	2 752	1 407	1 344	2 690	1 376	1 314
15-19	2 914	1 486	1 428	2 865	1 462	1 403	2 804	1 432	1 372	2 743	1 402	1 341
20-24	2 907	1 475	1 432	2 893	1 470	1 424	2 846	1 448	1 398	2 788	1 420	1 368
25-29	2 843	1 433	1 410	2 883	1 456	1 427	2 872	1 453	1 418	2 827	1 434	1 393
30-34	2 755	1 380	1 375	2 820	1 416	1 404	2 861	1 441	1 421	2 852	1 440	1 412
35-39	2 659	1 325	1 334	2 733	1 365	1 368	2 799	1 402	1 397	2 842	1 428	1 414
40-44	2 612	1 294	1 318	2 636	1 310	1 326	2 711	1 351	1 360	2 779	1 389	1 390
45-49	2 539	1 251	1 288	2 583	1 276	1 307	2 609	1 293	1 316	2 686	1 336	1 350
50-54	2 260	1 106	1 155	2 497	1 224	1 273	2 544	1 251	1 293	2 573	1 271	1 302
55-59	1 995	967	1 028	2 200	1 069	1 131	2 436	1 187	1 249	2 487	1 217	1 270
60-64	1 694	812	882	1 909	916	993	2 113	1 017	1 095	2 346	1 135	1 212
65-69	1 539	726	813	1 582	748	835	1 792	849	943	1 993	948	1 045
70-74	1 267	583	684	1 381	638	743	1 431	664	767	1 632	760	872
75-79	829	367	463	1 069	475	594	1 177	526	651	1 232	555	678
80+	…	…	…	…	…	…	…	…	…	…	…	…
80-84	491	202	289	640	264	375	835	348	487	931	393	538
85-89	261	93	167	333	121	212	440	161	279	583	217	366
90-94	116	33	84	150	43	108	194	56	138	260	77	183
95-99	43	8	35	55	10	44	71	14	57	93	18	74
100+	12	1	10	15	2	14	20	2	18	26	3	23

年齢	2055			2060		
	総数	男	女	総数	男	女
総数	42 295	20 846	21 449	42 847	21 136	21 711
0-4	2 497	1 279	1 218	2 427	1 243	1 184
5-9	2 565	1 313	1 252	2 494	1 277	1 217
10-14	2 626	1 344	1 282	2 561	1 311	1 250
15-19	2 682	1 371	1 311	2 619	1 340	1 280
20-24	2 729	1 391	1 338	2 670	1 362	1 308
25-29	2 771	1 408	1 363	2 714	1 381	1 333
30-34	2 810	1 422	1 388	2 756	1 398	1 358
35-39	2 835	1 429	1 406	2 795	1 412	1 382
40-44	2 824	1 417	1 407	2 818	1 419	1 399
45-49	2 755	1 375	1 380	2 802	1 404	1 398
50-54	2 652	1 315	1 337	2 723	1 356	1 367
55-59	2 520	1 239	1 281	2 602	1 286	1 316
60-64	2 403	1 168	1 235	2 442	1 194	1 248
65-69	2 224	1 065	1 159	2 288	1 103	1 185
70-74	1 828	858	971	2 054	971	1 083
75-79	1 419	644	775	1 605	736	869
80+	…	…	…	…	…	…
80-84	987	422	566	1 152	499	653
85-89	660	251	409	709	276	433
90-94	349	106	243	400	126	274
95-99	125	26	99	169	37	133
100+	34	4	30	46	6	40

Venezuela (Bolivarian Republic of)

性・年齢別人口（千人）

年齢	2015			2020			2025			2030		
	総数	男	女	総数	男	女	総数	男	女	総数	男	女
総数	31 108	15 487	15 621	33 438	16 614	16 825	35 831	17 775	18 057	38 205	18 928	19 277
0-4	2 960	1 513	1 447	3 261	1 667	1 594	3 417	1 748	1 670	3 503	1 792	1 711
5-9	2 923	1 492	1 431	2 952	1 508	1 444	3 254	1 663	1 591	3 411	1 744	1 667
10-14	2 860	1 459	1 401	2 913	1 486	1 427	2 944	1 503	1 441	3 247	1 658	1 589
15-19	2 780	1 415	1 365	2 842	1 447	1 395	2 897	1 475	1 422	2 930	1 493	1 437
20-24	2 735	1 382	1 353	2 745	1 389	1 357	2 811	1 423	1 388	2 870	1 454	1 416
25-29	2 662	1 334	1 328	2 696	1 352	1 344	2 711	1 362	1 349	2 780	1 399	1 381
30-34	2 390	1 190	1 200	2 626	1 309	1 318	2 664	1 329	1 335	2 683	1 341	1 342
35-39	2 151	1 066	1 085	2 359	1 169	1 190	2 597	1 288	1 308	2 638	1 311	1 327
40-44	1 900	939	961	2 123	1 048	1 075	2 332	1 151	1 180	2 570	1 271	1 299
45-49	1 842	908	933	1 871	921	950	2 093	1 029	1 064	2 301	1 132	1 169
50-54	1 684	825	859	1 802	882	919	1 833	896	936	2 053	1 003	1 050
55-59	1 297	630	667	1 625	789	837	1 743	846	897	1 776	862	915
60-64	975	469	506	1 223	586	637	1 538	737	802	1 656	794	862
65-69	730	344	386	891	420	470	1 124	528	595	1 422	669	753
70-74	517	238	279	634	291	343	781	360	421	994	456	537
75-79	341	150	191	417	184	233	518	228	290	645	285	359
80+	…	…	…	…	…	…	…	…	…	…	…	…
80-84	199	81	118	249	101	148	309	126	183	389	159	230
85-89	101	35	66	128	45	83	162	57	105	204	73	131
90-94	43	12	31	55	15	40	71	19	52	91	25	66
95-99	15	3	12	20	4	16	25	5	21	33	6	27
100+	4	1	3	5	1	5	7	1	6	9	1	8

年齢	2035			2040			2045			2050		
	総数	男	女	総数	男	女	総数	男	女	総数	男	女
総数	40 441	20 016	20 424	42 577	21 061	21 516	44 655	22 085	22 571	46 703	23 105	23 598
0-4	3 482	1 782	1 700	3 517	1 800	1 717	3 597	1 842	1 755	3 699	1 894	1 805
5-9	3 497	1 789	1 708	3 477	1 779	1 698	3 513	1 798	1 715	3 593	1 839	1 754
10-14	3 405	1 740	1 665	3 492	1 785	1 706	3 471	1 776	1 696	3 507	1 795	1 713
15-19	3 235	1 650	1 585	3 394	1 732	1 662	3 481	1 778	1 703	3 461	1 769	1 692
20-24	2 907	1 475	1 432	3 212	1 632	1 580	3 373	1 716	1 657	3 462	1 763	1 698
25-29	2 843	1 433	1 410	2 883	1 456	1 427	3 188	1 614	1 575	3 351	1 699	1 651
30-34	2 755	1 380	1 375	2 820	1 416	1 404	2 861	1 441	1 421	3 168	1 599	1 568
35-39	2 659	1 325	1 334	2 733	1 365	1 368	2 799	1 402	1 397	2 842	1 428	1 414
40-44	2 612	1 294	1 318	2 636	1 310	1 326	2 711	1 351	1 360	2 779	1 389	1 390
45-49	2 539	1 251	1 288	2 583	1 276	1 307	2 609	1 293	1 316	2 686	1 336	1 350
50-54	2 260	1 106	1 155	2 497	1 224	1 273	2 544	1 251	1 293	2 573	1 271	1 302
55-59	1 995	967	1 028	2 200	1 069	1 131	2 436	1 187	1 249	2 487	1 217	1 270
60-64	1 694	812	882	1 909	916	993	2 113	1 017	1 095	2 346	1 135	1 212
65-69	1 539	726	813	1 582	748	835	1 792	849	943	1 993	948	1 045
70-74	1 267	583	684	1 381	638	743	1 431	664	767	1 632	760	872
75-79	829	367	463	1 069	475	594	1 177	526	651	1 232	555	678
80+	…	…	…	…	…	…	…	…	…	…	…	…
80-84	491	202	289	640	264	375	835	348	487	931	393	538
85-89	261	93	167	333	121	212	440	161	279	583	217	366
90-94	116	33	84	150	43	108	194	56	138	260	77	183
95-99	43	8	35	55	10	44	71	14	57	93	18	74
100+	12	1	10	15	2	14	20	2	18	26	3	23

年齢	2055			2060		
	総数	男	女	総数	男	女
総数	48 712	24 122	24 590	50 662	25 125	25 537
0-4	3 785	1 938	1 847	3 840	1 966	1 874
5-9	3 695	1 892	1 803	3 781	1 936	1 846
10-14	3 588	1 836	1 752	3 690	1 889	1 801
15-19	3 498	1 789	1 710	3 580	1 831	1 749
20-24	3 444	1 756	1 688	3 483	1 778	1 706
25-29	3 442	1 749	1 693	3 427	1 744	1 683
30-34	3 331	1 686	1 645	3 424	1 737	1 687
35-39	3 149	1 587	1 562	3 314	1 675	1 639
40-44	2 824	1 417	1 407	3 130	1 576	1 554
45-49	2 755	1 375	1 380	2 802	1 404	1 398
50-54	2 652	1 315	1 337	2 723	1 356	1 367
55-59	2 520	1 239	1 281	2 602	1 286	1 316
60-64	2 403	1 168	1 235	2 442	1 194	1 248
65-69	2 224	1 065	1 159	2 288	1 103	1 185
70-74	1 828	858	971	2 054	971	1 083
75-79	1 419	644	775	1 605	736	869
80+	…	…	…	…	…	…
80-84	987	422	566	1 152	499	653
85-89	660	251	409	709	276	433
90-94	349	106	243	400	126	274
95-99	125	26	99	169	37	133
100+	34	4	30	46	6	40

性・年齢別人口（千人）

年齢	2015			2020			2025			2030		
	総数	男	女	総数	男	女	総数	男	女	総数	男	女
総数	31 108	15 487	15 621	32 794	16 284	16 510	34 125	16 902	17 223	35 142	17 362	17 781
0-4	2 960	1 513	1 447	2 617	1 338	1 279	2 354	1 204	1 150	2 145	1 097	1 047
5-9	2 923	1 492	1 431	2 952	1 508	1 444	2 611	1 334	1 277	2 350	1 201	1 149
10-14	2 860	1 459	1 401	2 913	1 486	1 427	2 944	1 503	1 441	2 604	1 330	1 275
15-19	2 780	1 415	1 365	2 842	1 447	1 395	2 897	1 475	1 422	2 930	1 493	1 437
20-24	2 735	1 382	1 353	2 745	1 389	1 357	2 811	1 423	1 388	2 870	1 454	1 416
25-29	2 662	1 334	1 328	2 696	1 352	1 344	2 711	1 362	1 349	2 780	1 399	1 381
30-34	2 390	1 190	1 200	2 626	1 309	1 318	2 664	1 329	1 335	2 683	1 341	1 342
35-39	2 151	1 066	1 085	2 359	1 169	1 190	2 597	1 288	1 308	2 638	1 311	1 327
40-44	1 900	939	961	2 123	1 048	1 075	2 332	1 151	1 180	2 570	1 271	1 299
45-49	1 842	908	933	1 871	921	950	2 093	1 029	1 064	2 301	1 132	1 169
50-54	1 684	825	859	1 802	882	919	1 833	896	936	2 053	1 003	1 050
55-59	1 297	630	667	1 625	789	837	1 743	846	897	1 776	862	915
60-64	975	469	506	1 223	586	637	1 538	737	802	1 656	794	862
65-69	730	344	386	891	420	470	1 124	528	595	1 422	669	753
70-74	517	238	279	634	291	343	781	360	421	994	456	537
75-79	341	150	191	417	184	233	518	228	290	645	285	359
80+	…	…	…	…	…	…	…	…	…	…	…	…
80-84	199	81	118	249	101	148	309	126	183	389	159	230
85-89	101	35	66	128	45	83	162	57	105	204	73	131
90-94	43	12	31	55	15	40	71	19	52	91	25	66
95-99	15	3	12	20	4	16	25	5	21	33	6	27
100+	4	1	3	5	1	5	7	1	6	9	1	8

年齢	2035			2040			2045			2050		
	総数	男	女	総数	男	女	総数	男	女	総数	男	女
総数	35 953	17 722	18 232	36 511	17 960	18 551	36 789	18 066	18 723	36 781	18 038	18 743
0-4	2 052	1 050	1 002	1 930	988	942	1 782	912	870	1 624	831	792
5-9	2 141	1 095	1 046	2 049	1 048	1 001	1 927	986	941	1 779	911	869
10-14	2 345	1 198	1 147	2 136	1 092	1 044	2 045	1 046	999	1 923	983	939
15-19	2 594	1 323	1 271	2 335	1 192	1 144	2 128	1 087	1 041	2 037	1 041	996
20-24	2 907	1 475	1 432	2 575	1 308	1 267	2 319	1 180	1 140	2 115	1 077	1 038
25-29	2 843	1 433	1 410	2 883	1 456	1 427	2 555	1 293	1 262	2 303	1 168	1 135
30-34	2 755	1 380	1 375	2 820	1 416	1 404	2 861	1 441	1 421	2 537	1 281	1 257
35-39	2 659	1 325	1 334	2 733	1 365	1 368	2 799	1 402	1 397	2 842	1 428	1 414
40-44	2 612	1 294	1 318	2 636	1 310	1 326	2 711	1 351	1 360	2 779	1 389	1 390
45-49	2 539	1 251	1 288	2 583	1 276	1 307	2 609	1 293	1 316	2 686	1 336	1 350
50-54	2 260	1 106	1 155	2 497	1 224	1 273	2 544	1 251	1 293	2 573	1 271	1 302
55-59	1 995	967	1 028	2 200	1 069	1 131	2 436	1 187	1 249	2 487	1 217	1 270
60-64	1 694	812	882	1 909	916	993	2 113	1 017	1 095	2 346	1 135	1 212
65-69	1 539	726	813	1 582	748	835	1 792	849	943	1 993	948	1 045
70-74	1 267	583	684	1 381	638	743	1 431	664	767	1 632	760	872
75-79	829	367	463	1 069	475	594	1 177	526	651	1 232	555	678
80+	…	…	…	…	…	…	…	…	…	…	…	…
80-84	491	202	289	640	264	375	835	348	487	931	393	538
85-89	261	93	167	333	121	212	440	161	279	583	217	366
90-94	116	33	84	150	43	108	194	56	138	260	77	183
95-99	43	8	35	55	10	44	71	14	57	93	18	74
100+	12	1	10	15	2	14	20	2	18	26	3	23

年齢	2055			2060		
	総数	男	女	総数	男	女
総数	36 500	17 889	18 612	35 985	17 635	18 350
0-4	1 472	754	718	1 346	689	657
5-9	1 621	830	792	1 470	752	717
10-14	1 776	908	867	1 618	828	790
15-19	1 916	979	937	1 770	905	865
20-24	2 026	1 033	993	1 906	972	934
25-29	2 101	1 067	1 034	2 014	1 024	989
30-34	2 288	1 158	1 130	2 089	1 059	1 029
35-39	2 522	1 271	1 251	2 275	1 150	1 125
40-44	2 824	1 417	1 407	2 506	1 262	1 245
45-49	2 755	1 375	1 380	2 802	1 404	1 398
50-54	2 652	1 315	1 337	2 723	1 356	1 367
55-59	2 520	1 239	1 281	2 602	1 286	1 316
60-64	2 403	1 168	1 235	2 442	1 194	1 248
65-69	2 224	1 065	1 159	2 288	1 103	1 185
70-74	1 828	858	971	2 054	971	1 083
75-79	1 419	644	775	1 605	736	869
80+	…	…	…	…	…	…
80-84	987	422	566	1 152	499	653
85-89	660	251	409	709	276	433
90-94	349	106	243	400	126	274
95-99	125	26	99	169	37	133
100+	34	4	30	46	6	40

性・年齢別人口（千人）

年齢	1960			1965			1970			1975		
	総数	男	女	総数	男	女	総数	男	女	総数	男	女
総数	32 671	16 116	16 555	37 860	18 681	19 179	43 407	21 396	22 011	48 729	23 939	24 790
0-4	5 842	2 974	2 868	6 571	3 346	3 226	7 065	3 597	3 468	7 658	3 896	3 761
5-9	4 410	2 243	2 167	5 646	2 871	2 774	6 391	3 248	3 142	6 862	3 481	3 381
10-14	2 860	1 422	1 438	4 328	2 198	2 130	5 548	2 815	2 733	6 237	3 153	3 084
15-19	2 356	1 167	1 189	2 823	1 400	1 423	4 271	2 162	2 108	5 437	2 741	2 696
20-24	2 318	1 150	1 169	2 335	1 155	1 180	2 797	1 384	1 413	4 208	2 120	2 088
25-29	2 474	1 228	1 245	2 294	1 134	1 160	2 310	1 139	1 172	2 752	1 351	1 400
30-34	2 127	1 051	1 076	2 438	1 203	1 235	2 262	1 110	1 152	2 261	1 100	1 161
35-39	1 965	967	998	2 084	1 023	1 062	2 391	1 171	1 221	2 199	1 064	1 135
40-44	1 676	830	846	1 913	932	981	2 033	987	1 045	2 307	1 110	1 197
45-49	1 572	768	804	1 620	792	828	1 853	891	962	1 940	921	1 018
50-54	1 328	643	685	1 508	728	780	1 557	752	806	1 749	821	928
55-59	1 255	604	651	1 257	603	655	1 430	683	747	1 440	678	762
60-64	945	440	504	1 157	544	613	1 162	543	619	1 273	579	694
65-69	689	301	388	818	362	457	1 009	448	561	960	414	546
70-74	443	181	262	542	218	325	653	262	391	740	294	446
75-79	247	94	154	310	111	199	388	133	255	413	141	272
80+	163	53	110	214	62	152	288	73	215	295	74	222
80-84	…	…	…	…	…	…	…	…	…	…	…	…
85-89	…	…	…	…	…	…	…	…	…	…	…	…
90-94	…	…	…	…	…	…	…	…	…	…	…	…
95-99	…	…	…	…	…	…	…	…	…	…	…	…
100+	…	…	…	…	…	…	…	…	…	…	…	…

年齢	1980			1985			1990			1995		
	総数	男	女	総数	男	女	総数	男	女	総数	男	女
総数	54 373	26 716	27 657	61 049	30 027	31 023	68 210	33 584	34 626	75 199	37 054	38 145
0-4	7 991	4 067	3 924	8 630	4 400	4 230	9 212	4 701	4 511	9 200	4 712	4 488
5-9	7 473	3 793	3 681	7 855	3 991	3 865	8 513	4 334	4 179	9 099	4 636	4 463
10-14	6 754	3 417	3 337	7 375	3 733	3 641	7 770	3 939	3 831	8 447	4 294	4 154
15-19	6 113	3 080	3 033	6 657	3 359	3 299	7 277	3 672	3 605	7 702	3 895	3 807
20-24	5 266	2 647	2 619	6 027	3 027	3 000	6 571	3 305	3 266	7 140	3 591	3 549
25-29	4 015	2 013	2 002	5 175	2 587	2 588	5 939	2 971	2 968	6 397	3 204	3 193
30-34	2 589	1 259	1 330	3 928	1 954	1 974	5 080	2 522	2 557	5 823	2 893	2 930
35-39	2 134	1 026	1 108	2 517	1 213	1 304	3 843	1 899	1 944	5 007	2 467	2 540
40-44	2 094	1 000	1 094	2 067	985	1 082	2 448	1 171	1 277	3 781	1 855	1 926
45-49	2 206	1 047	1 160	2 026	958	1 069	2 004	946	1 058	2 394	1 134	1 260
50-54	1 850	865	985	2 127	996	1 131	1 956	913	1 044	1 947	907	1 040
55-59	1 654	764	890	1 764	812	952	2 033	937	1 096	1 879	862	1 017
60-64	1 336	612	724	1 549	698	851	1 658	746	912	1 921	866	1 056
65-69	1 131	492	640	1 200	527	673	1 403	607	796	1 512	654	858
70-74	794	321	474	952	389	563	1 021	423	599	1 208	493	715
75-79	558	202	355	612	227	386	747	280	467	814	310	503
80+	415	113	302	588	172	417	…	…	…	…	…	…
80-84	…	…	…	…	…	…	427	141	286	532	178	353
85-89	…	…	…	…	…	…	222	61	160	259	74	185
90-94	…	…	…	…	…	…	70	15	55	108	25	83
95-99	…	…	…	…	…	…	15	2	13	25	4	21
100+	…	…	…	…	…	…	2	0	2	4	0	3

年齢	2000			2005			2010			2015		
	総数	男	女	総数	男	女	総数	男	女	総数	男	女
総数	80 286	39 551	40 734	84 204	41 470	42 734	88 358	43 627	44 731	93 448	46 224	47 223
0-4	7 245	3 719	3 525	6 752	3 475	3 277	7 265	3 800	3 465	7 741	4 079	3 662
5-9	9 119	4 664	4 455	7 131	3 659	3 472	6 648	3 426	3 222	7 221	3 775	3 447
10-14	9 053	4 607	4 446	8 983	4 593	4 390	7 006	3 603	3 403	6 615	3 407	3 208
15-19	8 402	4 263	4 139	8 941	4 546	4 395	8 878	4 542	4 336	6 973	3 583	3 390
20-24	7 610	3 834	3 776	8 242	4 163	4 079	8 765	4 445	4 320	8 803	4 490	4 313
25-29	7 019	3 513	3 507	7 408	3 704	3 705	8 022	4 032	3 990	8 664	4 374	4 290
30-34	6 300	3 140	3 161	6 864	3 419	3 445	7 224	3 607	3 617	7 933	3 971	3 962
35-39	5 747	2 840	2 907	6 191	3 090	3 100	6 718	3 360	3 359	7 146	3 555	3 591
40-44	4 938	2 418	2 521	5 663	2 810	2 853	6 097	3 055	3 042	6 640	3 306	3 334
45-49	3 711	1 804	1 906	4 881	2 387	2 494	5 593	2 767	2 826	6 005	2 988	3 017
50-54	2 332	1 090	1 241	3 658	1 755	1 903	4 802	2 313	2 489	5 467	2 672	2 795
55-59	1 874	858	1 016	2 224	1 007	1 217	3 502	1 635	1 867	4 626	2 186	2 440
60-64	1 779	797	983	1 723	759	964	2 055	898	1 157	3 314	1 509	1 806
65-69	1 760	763	997	1 599	682	918	1 552	652	900	1 894	798	1 097
70-74	1 314	536	778	1 520	609	911	1 390	548	842	1 370	543	827
75-79	978	368	610	1 073	399	675	1 255	459	795	1 159	423	735
80+	…	…	…	…	…	…	…	…	…	…	…	…
80-84	593	203	391	727	245	481	809	271	538	957	318	640
85-89	334	97	237	383	114	269	479	142	338	541	160	382
90-94	131	31	100	176	43	133	208	53	156	266	67	198
95-99	40	8	33	52	10	42	74	15	58	89	19	70
100+	6	1	6	11	2	10	17	3	14	24	4	20

性・年齢別人口（千人）

年齢	2015 総数	男	女	2020 総数	男	女	2025 総数	男	女	2030 総数	男	女
総数	93 448	46 224	47 223	98 157	48 590	49 566	102 093	50 511	51 582	105 220	51 971	53 249
0-4	7 741	4 079	3 662	7 602	3 969	3 632	7 108	3 676	3 432	6 621	3 390	3 231
5-9	7 221	3 775	3 447	7 698	4 054	3 644	7 562	3 948	3 615	7 073	3 657	3 416
10-14	6 615	3 407	3 208	7 188	3 756	3 431	7 665	4 036	3 629	7 531	3 931	3 600
15-19	6 973	3 583	3 390	6 584	3 388	3 196	7 156	3 737	3 419	7 634	4 017	3 616
20-24	8 803	4 490	4 313	6 909	3 540	3 369	6 523	3 348	3 175	7 095	3 697	3 398
25-29	8 664	4 374	4 290	8 705	4 423	4 282	6 824	3 483	3 341	6 442	3 294	3 147
30-34	7 933	3 971	3 962	8 573	4 312	4 261	8 616	4 362	4 254	6 749	3 434	3 315
35-39	7 146	3 555	3 591	7 851	3 916	3 935	8 489	4 256	4 233	8 535	4 309	4 226
40-44	6 640	3 306	3 334	7 066	3 501	3 565	7 767	3 859	3 908	8 402	4 197	4 206
45-49	6 005	2 988	3 017	6 544	3 235	3 308	6 969	3 430	3 539	7 666	3 786	3 880
50-54	5 467	2 672	2 795	5 876	2 890	2 986	6 411	3 135	3 275	6 836	3 331	3 505
55-59	4 626	2 186	2 440	5 276	2 533	2 743	5 681	2 749	2 932	6 213	2 994	3 219
60-64	3 314	1 509	1 806	4 392	2 029	2 363	5 023	2 363	2 661	5 426	2 577	2 849
65-69	1 894	798	1 097	3 067	1 351	1 716	4 082	1 830	2 252	4 688	2 147	2 541
70-74	1 370	543	827	1 683	672	1 010	2 739	1 152	1 587	3 668	1 577	2 091
75-79	1 159	423	735	1 151	425	726	1 425	533	892	2 335	926	1 409
80+	…	…	…	…	…	…	…	…	…	…	…	…
80-84	957	318	640	894	297	596	896	303	593	1 120	386	735
85-89	541	160	382	650	191	459	614	181	432	622	188	434
90-94	266	67	198	305	78	228	371	94	277	355	91	264
95-99	89	19	70	115	25	90	134	29	105	164	35	129
100+	24	4	20	30	5	25	39	7	32	47	8	38

年齢	2035 総数	男	女	2040 総数	男	女	2045 総数	男	女	2050 総数	男	女
総数	107 773	53 135	54 638	109 925	54 108	55 817	111 642	54 895	56 747	112 783	55 450	57 334
0-4	6 438	3 298	3 140	6 491	3 326	3 165	6 555	3 359	3 195	6 473	3 318	3 155
5-9	6 589	3 374	3 216	6 408	3 283	3 125	6 463	3 312	3 151	6 528	3 346	3 182
10-14	7 043	3 642	3 401	6 561	3 359	3 202	6 381	3 269	3 111	6 436	3 299	3 137
15-19	7 501	3 914	3 588	7 016	3 626	3 390	6 536	3 345	3 191	6 357	3 256	3 100
20-24	7 572	3 977	3 595	7 442	3 875	3 567	6 960	3 591	3 370	6 483	3 312	3 171
25-29	7 012	3 642	3 370	7 490	3 922	3 567	7 363	3 824	3 540	6 886	3 543	3 343
30-34	6 372	3 249	3 123	6 942	3 596	3 346	7 420	3 877	3 542	7 297	3 782	3 515
35-39	6 684	3 393	3 292	6 313	3 213	3 100	6 883	3 560	3 323	7 361	3 842	3 520
40-44	8 453	4 253	4 200	6 624	3 353	3 270	6 260	3 179	3 080	6 829	3 526	3 303
45-49	8 299	4 123	4 176	8 357	4 185	4 172	6 555	3 306	3 249	6 200	3 139	3 061
50-54	7 529	3 685	3 844	8 161	4 022	4 139	8 228	4 091	4 136	6 463	3 240	3 223
55-59	6 639	3 192	3 447	7 326	3 543	3 783	7 958	3 881	4 077	8 039	3 961	4 077
60-64	5 952	2 820	3 132	6 380	3 021	3 358	7 061	3 370	3 691	7 692	3 708	3 983
65-69	5 085	2 357	2 727	5 603	2 597	3 005	6 031	2 801	3 230	6 703	3 146	3 558
70-74	4 237	1 869	2 368	4 624	2 074	2 550	5 127	2 307	2 820	5 554	2 513	3 041
75-79	3 150	1 284	1 866	3 666	1 542	2 124	4 033	1 733	2 300	4 509	1 954	2 555
80+	…	…	…	…	…	…	…	…	…	…	…	…
80-84	1 850	681	1 169	2 520	959	1 561	2 961	1 171	1 790	3 290	1 339	1 952
85-89	787	243	544	1 311	437	874	1 806	628	1 178	2 147	782	1 365
90-94	364	95	269	466	125	340	784	230	554	1 094	337	756
95-99	159	34	125	165	36	129	215	49	166	365	91	274
100+	58	10	48	60	11	49	63	11	51	78	14	63

年齢	2055 総数	男	女	2060 総数	男	女
総数	113 299	55 743	57 556	113 233	55 774	57 459
0-4	6 276	3 217	3 059	6 056	3 105	2 951
5-9	6 447	3 306	3 142	6 253	3 206	3 047
10-14	6 503	3 334	3 169	6 424	3 294	3 130
15-19	6 414	3 287	3 127	6 482	3 322	3 159
20-24	6 308	3 226	3 082	6 368	3 258	3 110
25-29	6 415	3 269	3 146	6 244	3 186	3 058
30-34	6 827	3 506	3 320	6 362	3 237	3 125
35-39	7 244	3 750	3 494	6 779	3 479	3 300
40-44	7 308	3 809	3 499	7 196	3 722	3 474
45-49	6 769	3 486	3 283	7 249	3 769	3 480
50-54	6 121	3 083	3 038	6 688	3 429	3 260
55-59	6 326	3 146	3 180	6 000	3 001	3 000
60-64	7 790	3 801	3 989	6 143	3 028	3 115
65-69	7 330	3 483	3 847	7 449	3 588	3 861
70-74	6 208	2 848	3 360	6 823	3 177	3 646
75-79	4 924	2 155	2 768	5 543	2 468	3 075
80+	…	…	…	…	…	…
80-84	3 718	1 534	2 184	4 100	1 715	2 385
85-89	2 414	912	1 502	2 762	1 063	1 699
90-94	1 317	430	887	1 501	511	991
95-99	515	136	380	629	176	453
100+	125	25	99	182	39	143

Viet Nam

性・年齢別人口（千人）

年齢	2015 総数	男	女	2020 総数	男	女	2025 総数	男	女	2030 総数	男	女
総数	93 448	46 224	47 223	99 131	49 099	50 032	104 529	51 776	52 754	109 365	54 109	55 255
0-4	7 741	4 079	3 662	8 577	4 478	4 098	8 573	4 434	4 140	8 335	4 267	4 067
5-9	7 221	3 775	3 447	7 698	4 054	3 644	8 534	4 455	4 079	8 534	4 412	4 121
10-14	6 615	3 407	3 208	7 188	3 756	3 431	7 665	4 036	3 629	8 501	4 437	4 064
15-19	6 973	3 583	3 390	6 584	3 388	3 196	7 156	3 737	3 419	7 634	4 017	3 616
20-24	8 803	4 490	4 313	6 909	3 540	3 369	6 523	3 348	3 175	7 095	3 697	3 398
25-29	8 664	4 374	4 290	8 705	4 423	4 282	6 824	3 483	3 341	6 442	3 294	3 147
30-34	7 933	3 971	3 962	8 573	4 312	4 261	8 616	4 362	4 254	6 749	3 434	3 315
35-39	7 146	3 555	3 591	7 851	3 916	3 935	8 489	4 256	4 233	8 535	4 309	4 226
40-44	6 640	3 306	3 334	7 066	3 501	3 565	7 767	3 859	3 908	8 402	4 197	4 206
45-49	6 005	2 988	3 017	6 544	3 235	3 308	6 969	3 430	3 539	7 666	3 786	3 880
50-54	5 467	2 672	2 795	5 876	2 890	2 986	6 411	3 135	3 275	6 836	3 331	3 505
55-59	4 626	2 186	2 440	5 276	2 533	2 743	5 681	2 749	2 932	6 213	2 994	3 219
60-64	3 314	1 509	1 806	4 392	2 029	2 363	5 023	2 363	2 661	5 426	2 577	2 849
65-69	1 894	798	1 097	3 067	1 351	1 716	4 082	1 830	2 252	4 688	2 147	2 541
70-74	1 370	543	827	1 683	672	1 010	2 739	1 152	1 587	3 668	1 577	2 091
75-79	1 159	423	735	1 151	425	726	1 425	533	892	2 335	926	1 409
80+	...	...	...	...	...	...	...	...	...	...	...	...
80-84	957	318	640	894	297	596	896	303	593	1 120	386	735
85-89	541	160	382	650	191	459	614	181	432	622	188	434
90-94	266	67	198	305	78	228	371	94	277	355	91	264
95-99	89	19	70	115	25	90	134	29	105	164	35	129
100+	24	4	20	30	5	25	39	7	32	47	8	38

年齢	2035 総数	男	女	2040 総数	男	女	2045 総数	男	女	2050 総数	男	女
総数	113 632	56 151	57 481	117 696	58 102	59 594	121 705	60 061	61 644	125 606	62 026	63 580
0-4	8 161	4 181	3 980	8 415	4 312	4 103	8 865	4 543	4 322	9 256	4 745	4 512
5-9	8 299	4 249	4 050	8 128	4 164	3 964	8 383	4 296	4 087	8 833	4 528	4 306
10-14	8 502	4 395	4 106	8 268	4 233	4 035	8 098	4 149	3 949	8 354	4 281	4 073
15-19	8 469	4 418	4 051	8 472	4 378	4 094	8 240	4 217	4 023	8 072	4 134	3 938
20-24	7 572	3 977	3 595	8 407	4 377	4 030	8 412	4 339	4 072	8 183	4 180	4 002
25-29	7 012	3 642	3 370	7 490	3 922	3 567	8 324	4 323	4 001	8 332	4 287	4 044
30-34	6 372	3 249	3 123	6 942	3 596	3 346	7 420	3 877	3 542	8 253	4 278	3 976
35-39	6 684	3 393	3 292	6 313	3 213	3 100	6 883	3 560	3 323	7 361	3 842	3 520
40-44	8 453	4 253	4 200	6 624	3 353	3 270	6 260	3 179	3 080	6 829	3 526	3 303
45-49	8 299	4 123	4 176	8 357	4 185	4 172	6 555	3 306	3 249	6 200	3 139	3 061
50-54	7 529	3 685	3 844	8 161	4 022	4 139	8 228	4 091	4 136	6 463	3 240	3 223
55-59	6 639	3 192	3 447	7 326	3 543	3 783	7 958	3 881	4 077	8 039	3 961	4 077
60-64	5 952	2 820	3 132	6 380	3 021	3 358	7 061	3 370	3 691	7 692	3 708	3 983
65-69	5 085	2 357	2 727	5 603	2 597	3 005	6 031	2 801	3 230	6 703	3 146	3 558
70-74	4 237	1 869	2 368	4 624	2 074	2 550	5 127	2 307	2 820	5 554	2 513	3 041
75-79	3 150	1 284	1 866	3 666	1 542	2 124	4 033	1 733	2 300	4 509	1 954	2 555
80+	...	...	...	...	...	...	...	...	...	...	...	...
80-84	1 850	681	1 169	2 520	959	1 561	2 961	1 171	1 790	3 290	1 339	1 952
85-89	787	243	544	1 311	437	874	1 806	628	1 178	2 147	782	1 365
90-94	364	95	269	466	125	340	784	230	554	1 094	337	756
95-99	159	34	125	165	36	129	215	49	166	365	91	274
100+	58	10	48	60	11	49	63	11	51	78	14	63

年齢	2055 総数	男	女	2060 総数	男	女
総数	129 273	63 930	65 344	132 602	65 694	66 908
0-4	9 459	4 849	4 610	9 491	4 865	4 625
5-9	9 226	4 730	4 496	9 431	4 835	4 595
10-14	8 806	4 514	4 292	9 200	4 717	4 483
15-19	8 329	4 267	4 061	8 782	4 500	4 281
20-24	8 018	4 100	3 918	8 278	4 235	4 043
25-29	8 109	4 133	3 976	7 949	4 057	3 893
30-34	8 266	4 246	4 020	8 048	4 096	3 953
35-39	8 195	4 242	3 953	8 212	4 214	3 998
40-44	7 308	3 809	3 499	8 141	4 209	3 932
45-49	6 769	3 486	3 283	7 249	3 769	3 480
50-54	6 121	3 083	3 038	6 688	3 429	3 260
55-59	6 326	3 146	3 180	6 000	3 001	3 000
60-64	7 790	3 801	3 989	6 143	3 028	3 115
65-69	7 330	3 483	3 847	7 449	3 588	3 861
70-74	6 208	2 848	3 360	6 823	3 177	3 646
75-79	4 924	2 155	2 768	5 543	2 468	3 075
80+	...	...	...	...	...	...
80-84	3 718	1 534	2 184	4 100	1 715	2 385
85-89	2 414	912	1 502	2 762	1 063	1 699
90-94	1 317	430	887	1 501	511	991
95-99	515	136	380	629	176	453
100+	125	25	99	182	39	143

性・年齢別人口（千人）

年齢	2015			2020			2025			2030		
	総数	男	女	総数	男	女	総数	男	女	総数	男	女
総数	93 448	46 224	47 223	97 182	48 081	49 100	99 656	49 246	50 410	101 076	49 832	51 244
0-4	7 741	4 079	3 662	6 627	3 460	3 167	5 643	2 918	2 725	4 907	2 512	2 395
5-9	7 221	3 775	3 447	7 698	4 054	3 644	6 591	3 441	3 150	5 612	2 902	2 710
10-14	6 615	3 407	3 208	7 188	3 756	3 431	7 665	4 036	3 629	6 561	3 425	3 136
15-19	6 973	3 583	3 390	6 584	3 388	3 196	7 156	3 737	3 419	7 634	4 017	3 616
20-24	8 803	4 490	4 313	6 909	3 540	3 369	6 523	3 348	3 175	7 095	3 697	3 398
25-29	8 664	4 374	4 290	8 705	4 423	4 282	6 824	3 483	3 341	6 442	3 294	3 147
30-34	7 933	3 971	3 962	8 573	4 312	4 261	8 616	4 362	4 254	6 749	3 434	3 315
35-39	7 146	3 555	3 591	7 851	3 916	3 935	8 489	4 256	4 233	8 535	4 309	4 226
40-44	6 640	3 306	3 334	7 066	3 501	3 565	7 767	3 859	3 908	8 402	4 197	4 206
45-49	6 005	2 988	3 017	6 544	3 235	3 308	6 969	3 430	3 539	7 666	3 786	3 880
50-54	5 467	2 672	2 795	5 876	2 890	2 986	6 411	3 135	3 275	6 836	3 331	3 505
55-59	4 626	2 186	2 440	5 276	2 533	2 743	5 681	2 749	2 932	6 213	2 994	3 219
60-64	3 314	1 509	1 806	4 392	2 029	2 363	5 023	2 363	2 661	5 426	2 577	2 849
65-69	1 894	798	1 097	3 067	1 351	1 716	4 082	1 830	2 252	4 688	2 147	2 541
70-74	1 370	543	827	1 683	672	1 010	2 739	1 152	1 587	3 668	1 577	2 091
75-79	1 159	423	735	1 151	425	726	1 425	533	892	2 335	926	1 409
80+	…	…	…	…	…	…	…	…	…	…	…	…
80-84	957	318	640	894	297	596	896	303	593	1 120	386	735
85-89	541	160	382	650	191	459	614	181	432	622	188	434
90-94	266	67	198	305	78	228	371	94	277	355	91	264
95-99	89	19	70	115	25	90	134	29	105	164	35	129
100+	24	4	20	30	5	25	39	7	32	47	8	38

年齢	2035			2040			2045			2050		
	総数	男	女	総数	男	女	総数	男	女	総数	男	女
総数	101 935	50 129	51 805	102 273	50 175	52 098	101 946	49 918	52 029	100 781	49 294	51 487
0-4	4 735	2 426	2 309	4 664	2 390	2 274	4 493	2 303	2 191	4 142	2 123	2 019
5-9	4 880	2 499	2 381	4 710	2 413	2 297	4 640	2 378	2 262	4 471	2 292	2 179
10-14	5 585	2 888	2 697	4 854	2 486	2 368	4 685	2 401	2 284	4 616	2 366	2 250
15-19	6 533	3 409	3 124	5 560	2 875	2 686	4 832	2 474	2 358	4 664	2 390	2 274
20-24	7 572	3 977	3 595	6 478	3 373	3 105	5 509	2 842	2 667	4 784	2 444	2 340
25-29	7 012	3 642	3 370	7 490	3 922	3 567	6 403	3 325	3 078	5 440	2 799	2 641
30-34	6 372	3 249	3 123	6 942	3 596	3 346	7 420	3 877	3 542	6 341	3 286	3 055
35-39	6 684	3 393	3 292	6 313	3 213	3 100	6 883	3 560	3 323	7 361	3 842	3 520
40-44	8 453	4 253	4 200	6 624	3 353	3 270	6 260	3 179	3 080	6 829	3 526	3 303
45-49	8 299	4 123	4 176	8 357	4 185	4 172	6 555	3 306	3 249	6 200	3 139	3 061
50-54	7 529	3 685	3 844	8 161	4 022	4 139	8 228	4 091	4 136	6 463	3 240	3 223
55-59	6 639	3 192	3 447	7 326	3 543	3 783	7 958	3 881	4 077	8 039	3 961	4 077
60-64	5 952	2 820	3 132	6 380	3 021	3 358	7 061	3 370	3 691	7 692	3 708	3 983
65-69	5 085	2 357	2 727	5 603	2 597	3 005	6 031	2 801	3 230	6 703	3 146	3 558
70-74	4 237	1 869	2 368	4 624	2 074	2 550	5 127	2 307	2 820	5 554	2 513	3 041
75-79	3 150	1 284	1 866	3 666	1 542	2 124	4 033	1 733	2 300	4 509	1 954	2 555
80+	…	…	…	…	…	…	…	…	…	…	…	…
80-84	1 850	681	1 169	2 520	959	1 561	2 961	1 171	1 790	3 290	1 339	1 952
85-89	787	243	544	1 311	437	874	1 806	628	1 178	2 147	782	1 365
90-94	364	95	269	466	125	340	784	230	554	1 094	337	756
95-99	159	34	125	165	36	129	215	49	166	365	91	274
100+	58	10	48	60	11	49	63	11	51	78	14	63

年齢	2055			2060		
	総数	男	女	総数	男	女
総数	98 786	48 306	50 481	96 103	47 001	49 102
0-4	3 735	1 915	1 820	3 400	1 743	1 657
5-9	4 121	2 113	2 008	3 716	1 906	1 810
10-14	4 448	2 281	2 167	4 100	2 103	1 997
15-19	4 596	2 356	2 240	4 429	2 271	2 158
20-24	4 619	2 362	2 257	4 554	2 330	2 224
25-29	4 722	2 406	2 316	4 561	2 327	2 234
30-34	5 387	2 767	2 620	4 675	2 378	2 297
35-39	6 293	3 258	3 034	5 347	2 745	2 602
40-44	7 308	3 809	3 499	6 251	3 234	3 017
45-49	6 769	3 486	3 283	7 249	3 769	3 480
50-54	6 121	3 083	3 038	6 688	3 429	3 260
55-59	6 326	3 146	3 180	6 000	3 001	3 000
60-64	7 790	3 801	3 989	6 143	3 028	3 115
65-69	7 330	3 483	3 847	7 449	3 588	3 861
70-74	6 208	2 848	3 360	6 823	3 177	3 646
75-79	4 924	2 155	2 768	5 543	2 468	3 075
80+	…	…	…	…	…	…
80-84	3 718	1 534	2 184	4 100	1 715	2 385
85-89	2 414	912	1 502	2 762	1 063	1 699
90-94	1 317	430	887	1 501	511	991
95-99	515	136	380	629	176	453
100+	125	25	99	182	39	143

性・年齢別人口（千人）

年齢	1960			1965			1970			1975		
	総数	男	女	総数	男	女	総数	男	女	総数	男	女
総数	33	18	15	51	28	23	77	42	35	75	40	35
0-4	5	3	3	9	4	4	13	7	7	13	7	7
5-9	3	2	2	6	3	3	10	5	5	12	6	6
10-14	3	2	2	5	2	2	8	4	4	10	5	5
15-19	4	2	2	5	3	2	7	4	3	8	5	4
20-24	4	2	2	6	3	3	8	4	3	7	4	3
25-29	3	2	2	6	3	2	8	4	3	5	3	2
30-34	2	1	1	4	2	2	6	4	3	5	2	2
35-39	2	1	1	3	2	1	5	3	2	3	2	2
40-44	1	1	1	2	1	1	4	2	1	3	2	1
45-49	1	1	0	2	1	1	3	2	1	3	2	1
50-54	1	0	0	1	1	1	2	1	1	2	1	1
55-59	1	0	0	1	1	0	1	1	1	2	1	1
60-64	1	0	0	1	0	0	1	1	0	1	1	0
65-69	0	0	0	1	0	0	1	0	0	1	0	0
70-74	0	0	0	0	0	0	1	0	0	1	0	0
75-79	0	0	0	0	0	0	0	0	0	0	0	0
80+	0	0	0	0	0	0	0	0	0	0	0	0
80-84	...	...	...	...	...	...	...	...	...	...	...	...
85-89	...	...	...	...	...	...	...	...	...	...	...	...
90-94	...	...	...	...	...	...	...	...	...	...	...	...
95-99	...	...	...	...	...	...	...	...	...	...	...	...
100+	...	...	...	...	...	...	...	...	...	...	...	...

年齢	1980			1985			1990			1995		
	総数	男	女	総数	男	女	総数	男	女	総数	男	女
総数	151	81	70	182	97	86	217	114	103	253	132	122
0-4	23	12	11	29	15	15	31	16	16	34	17	17
5-9	17	8	8	23	11	11	29	14	14	31	16	15
10-14	16	8	8	18	9	9	24	12	12	30	15	15
15-19	16	8	8	17	8	8	20	10	10	26	13	13
20-24	17	9	8	17	9	8	20	10	10	23	12	11
25-29	15	8	6	18	10	8	19	10	9	23	12	11
30-34	11	6	5	15	9	7	19	11	9	21	11	10
35-39	9	5	4	12	7	5	17	10	7	21	11	9
40-44	7	4	3	9	5	4	12	7	5	16	9	7
45-49	5	3	2	7	4	3	7	4	3	10	5	4
50-54	4	3	2	5	3	2	5	3	2	6	3	3
55-59	3	2	1	4	3	2	4	2	2	4	2	2
60-64	3	2	1	3	2	1	3	2	1	3	2	2
65-69	2	1	1	2	1	1	2	1	1	3	1	1
70-74	1	1	1	2	1	1	2	1	1	2	1	1
75-79	1	0	0	1	0	0	1	1	0	1	1	1
80+	1	0	0	1	0	0	...	...	...	...	...	...
80-84	...	...	...	...	...	...	1	0	0	1	0	0
85-89	...	...	...	...	...	...	0	0	0	0	0	0
90-94	...	...	...	...	...	...	0	0	0	0	0	0
95-99	...	...	...	...	...	...	0	0	0	0	0	0
100+	...	...	...	...	...	...	0	0	0	0	0	0

年齢	2000			2005			2010			2015		
	総数	男	女	総数	男	女	総数	男	女	総数	男	女
総数	306	160	146	428	226	202	512	270	242	573	300	273
0-4	35	17	17	45	23	22	49	25	24	50	25	25
5-9	35	18	17	42	21	21	46	23	23	50	25	25
10-14	33	17	16	43	22	21	43	21	21	47	24	23
15-19	32	16	16	41	21	20	46	23	23	44	22	22
20-24	30	16	15	43	22	21	48	25	23	49	25	24
25-29	29	15	13	44	23	21	51	26	24	52	27	25
30-34	28	15	13	41	22	19	51	27	24	54	28	26
35-39	25	14	11	36	20	17	46	25	22	53	28	25
40-44	21	11	9	30	17	13	40	22	18	48	25	22
45-49	14	8	6	23	13	10	31	18	14	40	22	18
50-54	8	4	4	15	9	6	24	14	10	31	18	14
55-59	5	3	2	9	5	4	16	9	6	23	13	10
60-64	4	2	2	6	3	2	9	5	4	15	8	6
65-69	3	2	2	4	2	2	5	3	2	8	4	3
70-74	2	1	1	3	2	1	4	2	2	4	2	2
75-79	2	1	1	2	1	1	2	1	1	3	1	1
80+	...	...	...	...	...	...	...	...	...	...	...	...
80-84	1	0	0	1	1	1	1	1	1	1	1	1
85-89	0	0	0	0	0	0	0	0	0	0	0	0
90-94	0	0	0	0	0	0	0	0	0	0	0	0
95-99	0	0	0	0	0	0	0	0	0	0	0	0
100+	0	0	0	0	0	0	0	0	0	0	0	0

性・年齢別人口（千人）

年齢	2015 総数	男	女	2020 総数	男	女	2025 総数	男	女	2030 総数	男	女
総数	573	300	273	631	329	302	687	356	330	738	381	357
0-4	50	25	25	51	26	25	50	25	25	49	25	24
5-9	50	25	25	51	26	25	51	26	26	51	26	25
10-14	47	24	23	50	25	25	52	26	26	52	26	26
15-19	44	22	22	48	24	24	52	26	26	53	27	26
20-24	49	25	24	47	24	23	52	26	26	55	28	27
25-29	52	27	25	53	27	26	51	26	25	55	28	27
30-34	54	28	26	55	28	27	56	29	28	55	28	27
35-39	53	28	25	56	30	27	58	30	28	59	30	29
40-44	48	25	22	54	29	25	58	30	27	59	31	28
45-49	40	22	18	48	26	22	55	29	26	58	30	28
50-54	31	18	14	40	22	18	47	25	22	54	29	25
55-59	23	13	10	30	17	13	38	21	18	46	24	22
60-64	15	8	6	22	12	10	28	16	13	36	19	17
65-69	8	4	3	13	7	6	20	11	9	26	14	12
70-74	4	2	2	7	4	3	11	6	5	17	9	8
75-79	3	1	1	3	2	2	5	3	2	8	4	4
80+	…	…	…	…	…	…	…	…	…	…	…	…
80-84	1	1	1	2	1	1	2	1	1	3	2	1
85-89	0	0	0	1	0	0	1	0	0	1	0	0
90-94	0	0	0	0	0	0	0	0	0	0	0	0
95-99	0	0	0	0	0	0	0	0	0	0	0	0
100+	0	0	0	0	0	0	0	0	0	0	0	0

年齢	2035 総数	男	女	2040 総数	男	女	2045 総数	男	女	2050 総数	男	女
総数	785	403	382	828	423	405	867	440	426	901	456	445
0-4	49	25	24	50	25	25	51	26	25	51	26	25
5-9	50	25	25	50	25	25	51	26	25	52	26	25
10-14	51	26	25	51	26	25	51	26	25	51	26	25
15-19	53	27	26	53	27	26	52	26	26	52	26	26
20-24	56	29	28	57	29	28	56	28	28	56	28	27
25-29	59	30	29	60	31	30	61	31	30	60	31	30
30-34	59	30	29	63	32	31	64	33	31	64	33	31
35-39	57	29	28	62	32	30	65	33	32	67	34	32
40-44	60	31	29	59	30	28	63	32	31	67	34	32
45-49	60	31	29	61	32	29	59	31	29	64	33	31
50-54	58	30	27	59	31	28	61	31	29	59	31	29
55-59	53	28	25	56	29	27	58	30	28	60	31	29
60-64	44	23	21	50	26	24	54	28	26	56	28	27
65-69	33	17	16	40	21	20	46	24	23	50	25	25
70-74	22	12	10	29	15	14	35	17	18	41	20	21
75-79	13	6	6	17	9	9	23	11	12	28	13	15
80+	…	…	…	…	…	…	…	…	…	…	…	…
80-84	5	3	3	8	4	4	11	5	6	16	7	9
85-89	1	1	1	3	1	1	4	2	2	6	3	3
90-94	0	0	0	0	0	0	1	0	1	2	1	1
95-99	0	0	0	0	0	0	0	0	0	0	0	0
100+	0	0	0	0	0	0	0	0	0	0	0	0

年齢	2055 総数	男	女	2060 総数	男	女
総数	930	469	461	955	481	474
0-4	51	26	25	51	26	25
5-9	52	26	26	52	26	26
10-14	52	26	26	52	27	26
15-19	53	27	26	53	27	26
20-24	56	28	27	56	28	28
25-29	59	30	29	59	30	29
30-34	64	32	31	63	32	31
35-39	67	34	33	66	34	32
40-44	68	35	33	68	35	33
45-49	67	35	33	69	35	33
50-54	64	33	31	67	35	33
55-59	58	30	28	63	32	31
60-64	58	29	28	57	29	28
65-69	52	26	26	54	27	27
70-74	45	22	23	47	23	24
75-79	33	16	18	37	17	20
80+	…	…	…	…	…	…
80-84	20	9	11	24	11	13
85-89	9	3	5	11	4	7
90-94	2	1	1	3	1	2
95-99	0	0	0	1	0	0
100+	0	0	0	0	0	0

937

性・年齢別人口（千人）

年齢	2015 総数	男	女	2020 総数	男	女	2025 総数	男	女	2030 総数	男	女
総数	573	300	273	637	332	305	703	364	338	767	396	372
0-4	50	25	25	57	29	28	60	30	30	63	32	31
5-9	50	25	25	51	26	25	57	29	28	61	31	30
10-14	47	24	23	50	25	25	52	26	26	58	29	29
15-19	44	22	22	48	24	24	52	26	26	53	27	26
20-24	49	25	24	47	24	23	52	26	26	55	28	27
25-29	52	27	25	53	27	26	51	26	25	55	28	27
30-34	54	28	26	55	28	27	56	29	28	55	28	27
35-39	53	28	25	56	30	27	58	30	28	59	30	29
40-44	48	25	22	54	29	25	58	30	27	59	31	28
45-49	40	22	18	48	26	22	55	29	26	58	30	28
50-54	31	18	14	40	22	18	47	25	22	54	29	25
55-59	23	13	10	30	17	13	38	21	18	46	24	22
60-64	15	8	6	22	12	10	28	16	13	36	19	17
65-69	8	4	3	13	7	6	20	11	9	26	14	12
70-74	4	2	2	7	4	3	11	6	5	17	9	8
75-79	3	1	1	3	2	2	5	3	2	8	4	4
80+	…	…	…	…	…	…	…	…	…	…	…	…
80-84	1	1	1	2	1	1	2	1	1	3	2	1
85-89	0	0	0	1	0	0	1	0	0	1	0	0
90-94	0	0	0	0	0	0	0	0	0	0	0	0
95-99	0	0	0	0	0	0	0	0	0	0	0	0
100+	0	0	0	0	0	0	0	0	0	0	0	0

年齢	2035 総数	男	女	2040 総数	男	女	2045 総数	男	女	2050 総数	男	女
総数	828	425	403	886	452	434	942	478	463	997	504	492
0-4	63	32	31	65	33	32	68	34	34	71	36	35
5-9	63	32	31	64	32	32	66	33	33	69	35	34
10-14	61	31	30	64	32	32	65	33	32	66	34	33
15-19	59	30	29	63	32	31	65	33	32	66	33	33
20-24	56	29	28	63	32	31	66	34	33	69	35	34
25-29	59	30	29	60	31	30	67	34	33	70	36	35
30-34	59	30	29	63	32	31	64	33	31	70	36	34
35-39	57	29	28	62	32	30	65	33	32	67	34	32
40-44	60	31	29	59	30	28	63	32	31	67	34	32
45-49	60	31	29	61	32	29	59	31	29	64	33	31
50-54	58	30	27	59	31	28	61	31	29	59	31	29
55-59	53	28	25	56	29	27	58	30	28	60	31	29
60-64	44	23	21	50	26	24	54	28	26	56	28	27
65-69	33	17	16	40	21	20	46	24	23	50	25	25
70-74	22	12	10	29	15	14	35	17	18	41	20	21
75-79	13	6	6	17	9	9	23	11	12	28	13	15
80+	…	…	…	…	…	…	…	…	…	…	…	…
80-84	5	3	3	8	4	4	11	5	6	16	7	9
85-89	1	1	1	3	1	1	4	2	2	6	3	3
90-94	0	0	0	0	0	0	1	0	1	2	1	1
95-99	0	0	0	0	0	0	0	0	0	0	0	0
100+	0	0	0	0	0	0	0	0	0	0	0	0

年齢	2055 総数	男	女	2060 総数	男	女
総数	1 049	530	520	1 101	555	546
0-4	75	38	37	78	40	38
5-9	72	37	36	76	38	37
10-14	69	35	34	73	37	36
15-19	68	34	33	71	36	35
20-24	69	35	34	71	36	35
25-29	73	37	36	73	37	36
30-34	74	38	36	76	39	37
35-39	73	37	35	76	39	37
40-44	68	35	33	74	38	36
45-49	67	35	33	69	35	33
50-54	64	33	31	67	35	33
55-59	58	30	28	63	32	31
60-64	58	29	28	57	29	28
65-69	52	26	26	54	27	27
70-74	45	22	23	47	23	24
75-79	33	16	18	37	17	20
80+	…	…	…	…	…	…
80-84	20	9	11	24	11	13
85-89	9	3	5	11	4	7
90-94	2	1	1	3	1	2
95-99	0	0	0	1	0	0
100+	0	0	0	0	0	0

性・年齢別人口（千人）

年齢	2015			2020			2025			2030		
	総数	男	女	総数	男	女	総数	男	女	総数	男	女
総数	573	300	273	625	326	299	670	348	322	709	366	343
0-4	50	25	25	45	23	22	40	20	20	36	18	18
5-9	50	25	25	51	26	25	45	23	23	41	21	20
10-14	47	24	23	50	25	25	52	26	26	46	23	23
15-19	44	22	22	48	24	24	52	26	26	53	27	26
20-24	49	25	24	47	24	23	52	26	26	55	28	27
25-29	52	27	25	53	27	26	51	26	25	55	28	27
30-34	54	28	26	55	28	27	56	29	28	55	28	27
35-39	53	28	25	56	30	27	58	30	28	59	30	29
40-44	48	25	22	54	29	25	58	30	27	59	31	28
45-49	40	22	18	48	26	22	55	29	26	58	30	28
50-54	31	18	14	40	22	18	47	25	22	54	29	25
55-59	23	13	10	30	17	13	38	21	18	46	24	22
60-64	15	8	6	22	12	10	28	16	13	36	19	17
65-69	8	4	3	13	7	6	20	11	9	26	14	12
70-74	4	2	2	7	4	3	11	6	5	17	9	8
75-79	3	1	1	3	2	2	5	3	2	8	4	4
80+	…	…	…	…	…	…	…	…	…	…	…	…
80-84	1	1	1	2	1	1	2	1	1	3	2	1
85-89	0	0	0	1	0	0	1	0	0	1	0	0
90-94	0	0	0	0	0	0	0	0	0	0	0	0
95-99	0	0	0	0	0	0	0	0	0	0	0	0
100+	0	0	0	0	0	0	0	0	0	0	0	0

年齢	2035			2040			2045			2050		
	総数	男	女	総数	男	女	総数	男	女	総数	男	女
総数	742	381	361	770	394	377	793	403	390	810	410	400
0-4	36	18	18	35	18	17	35	18	17	33	17	16
5-9	37	19	18	37	18	18	36	18	18	36	18	18
10-14	41	21	20	38	19	19	37	19	18	37	19	18
15-19	47	24	23	43	22	21	39	20	19	39	20	19
20-24	56	29	28	51	26	25	46	23	23	43	22	21
25-29	59	30	29	60	31	30	55	28	27	50	26	25
30-34	59	30	29	63	32	31	64	33	31	58	30	28
35-39	57	29	28	62	32	30	65	33	32	67	34	32
40-44	60	31	29	59	30	28	63	32	31	67	34	32
45-49	60	31	29	61	32	29	59	31	29	64	33	31
50-54	58	30	27	59	31	28	61	31	29	59	31	29
55-59	53	28	25	56	29	27	58	30	28	60	31	29
60-64	44	23	21	50	26	24	54	28	26	56	28	27
65-69	33	17	16	40	21	20	46	24	23	50	25	25
70-74	22	12	10	29	15	14	35	17	18	41	20	21
75-79	13	6	6	17	9	9	23	11	12	28	13	15
80+	…	…	…	…	…	…	…	…	…	…	…	…
80-84	5	3	3	8	4	4	11	5	6	16	7	9
85-89	1	1	1	3	1	1	4	2	2	6	3	3
90-94	0	0	0	0	0	0	1	0	1	2	1	1
95-99	0	0	0	0	0	0	0	0	0	0	0	0
100+	0	0	0	0	0	0	0	0	0	0	0	0

年齢	2055			2060		
	総数	男	女	総数	男	女
総数	819	413	406	823	414	409
0-4	31	16	15	30	15	15
5-9	34	17	17	32	16	16
10-14	36	18	18	35	18	17
15-19	38	19	19	37	19	18
20-24	42	21	21	41	21	20
25-29	46	24	23	46	23	22
30-34	54	27	26	50	26	24
35-39	61	31	30	56	29	27
40-44	68	35	33	62	32	30
45-49	67	35	33	69	35	33
50-54	64	33	31	67	35	33
55-59	58	30	28	63	32	31
60-64	58	29	28	57	29	28
65-69	52	26	26	54	27	27
70-74	45	22	23	47	23	24
75-79	33	16	18	37	17	20
80+	…	…	…	…	…	…
80-84	20	9	11	24	11	13
85-89	9	3	5	11	4	7
90-94	2	1	1	3	1	2
95-99	0	0	0	1	0	0
100+	0	0	0	0	0	0

性・年齢別人口（千人）

年齢	1960			1965			1970			1975		
	総数	男	女	総数	男	女	総数	男	女	総数	男	女
総数	5 166	2 586	2 580	5 619	2 801	2 819	6 156	3 033	3 123	6 794	3 306	3 488
0-4	854	430	425	959	482	476	1 158	584	574	1 348	682	666
5-9	683	344	340	750	377	373	857	431	426	1 054	532	523
10-14	657	333	324	662	333	329	718	361	357	823	414	409
15-19	549	279	270	632	321	311	621	312	309	671	336	335
20-24	458	232	226	513	259	253	577	287	289	553	270	283
25-29	382	192	190	418	210	209	453	220	233	495	235	259
30-34	320	160	160	346	172	174	366	175	191	383	175	208
35-39	271	136	135	290	144	147	304	145	159	314	141	173
40-44	229	114	114	245	121	124	255	122	133	263	119	144
45-49	193	96	97	206	101	105	216	103	112	222	102	120
50-54	161	79	81	171	83	88	180	86	95	188	87	101
55-59	130	63	67	139	67	72	147	69	78	155	71	84
60-64	103	49	54	108	51	57	115	53	61	122	56	67
65-69	75	34	41	79	37	43	83	38	46	90	40	50
70-74	53	24	29	51	23	29	55	24	31	59	26	34
75-79	31	13	17	31	13	17	30	13	18	33	14	20
80+	18	8	11	19	8	11	19	8	12	20	7	13
80-84	…	…	…	…	…	…	…	…	…	…	…	…
85-89	…	…	…	…	…	…	…	…	…	…	…	…
90-94	…	…	…	…	…	…	…	…	…	…	…	…
95-99	…	…	…	…	…	…	…	…	…	…	…	…
100+	…	…	…	…	…	…	…	…	…	…	…	…

年齢	1980			1985			1990			1995		
	総数	男	女	総数	男	女	総数	男	女	総数	男	女
総数	8 059	3 943	4 117	9 774	4 812	4 962	11 961	5 924	6 037	15 266	7 741	7 525
0-4	1 685	854	830	2 101	1 068	1 033	2 579	1 313	1 266	3 077	1 568	1 509
5-9	1 261	638	624	1 606	814	792	2 027	1 029	997	2 540	1 292	1 248
10-14	1 036	522	514	1 245	629	615	1 589	805	784	2 038	1 037	1 001
15-19	805	405	401	1 020	514	506	1 228	620	608	1 587	823	763
20-24	644	321	323	782	392	391	996	501	495	1 116	585	532
25-29	523	253	270	620	307	313	758	378	380	893	435	459
30-34	467	220	247	501	241	260	599	295	304	788	367	421
35-39	360	163	197	447	209	238	483	231	252	735	357	379
40-44	295	131	164	344	154	190	430	200	230	654	324	331
45-49	246	110	136	279	123	157	328	146	182	508	259	249
50-54	205	93	113	230	101	129	264	114	149	370	191	179
55-59	170	77	93	188	83	105	213	92	121	255	132	123
60-64	135	60	75	150	66	84	168	73	95	217	117	100
65-69	100	44	56	113	49	64	127	55	72	181	96	85
70-74	67	29	38	77	33	44	88	37	51	137	72	64
75-79	38	16	22	44	18	26	51	21	30	88	46	42
80+	23	9	15	28	10	17	…	…	…	…	…	…
80-84	…	…	…	…	…	…	24	9	14	59	30	29
85-89	…	…	…	…	…	…	8	3	5	21	9	11
90-94	…	…	…	…	…	…	2	1	1	2	1	1
95-99	…	…	…	…	…	…	0	0	0	0	0	0
100+	…	…	…	…	…	…	0	0	0	0	0	0

年齢	2000			2005			2010			2015		
	総数	男	女	総数	男	女	総数	男	女	総数	男	女
総数	17 795	9 001	8 794	20 504	10 356	10 149	23 592	11 918	11 674	26 832	13 553	13 279
0-4	3 138	1 600	1 538	3 348	1 708	1 640	3 677	1 876	1 801	3 925	2 003	1 921
5-9	2 997	1 527	1 471	3 067	1 563	1 504	3 285	1 676	1 609	3 616	1 845	1 771
10-14	2 517	1 280	1 237	2 972	1 513	1 459	3 044	1 551	1 493	3 263	1 664	1 599
15-19	2 013	1 024	989	2 489	1 265	1 224	2 948	1 501	1 447	3 020	1 538	1 481
20-24	1 550	802	748	1 972	1 000	972	2 459	1 249	1 210	2 909	1 479	1 430
25-29	1 079	563	516	1 507	777	730	1 943	985	958	2 417	1 226	1 191
30-34	861	416	445	1 044	542	502	1 482	764	718	1 907	965	941
35-39	760	351	408	832	400	432	1 024	532	492	1 451	747	704
40-44	708	341	367	733	337	396	812	390	422	998	517	481
45-49	627	308	319	680	326	354	710	325	385	786	376	410
50-54	481	243	238	595	290	305	650	309	340	679	309	370
55-59	343	175	168	447	223	224	557	269	288	610	287	322
60-64	229	117	112	308	155	153	405	199	206	506	240	266
65-69	184	97	87	195	97	98	265	130	135	349	168	181
70-74	141	73	68	144	74	70	154	75	79	210	101	110
75-79	92	47	45	96	48	48	99	49	50	106	50	57
80+	…	…	…	…	…	…	…	…	…	…	…	…
80-84	48	24	24	50	25	26	53	25	27	55	26	29
85-89	23	11	12	19	9	10	20	9	11	21	10	11
90-94	5	2	3	6	3	3	5	2	3	5	2	3
95-99	0	0	0	1	0	0	1	0	1	1	0	0
100+	0	0	0	0	0	0	0	0	0	0	0	0

性・年齢別人口（千人）

年齢	2015			2020			2025			2030		
	総数	男	女	総数	男	女	総数	男	女	総数	男	女
総数	26 832	13 553	13 279	30 030	15 150	14 879	33 181	16 724	16 457	36 335	18 311	18 024
0-4	3 925	2 003	1 921	4 102	2 093	2 008	4 141	2 113	2 028	4 142	2 113	2 028
5-9	3 616	1 845	1 771	3 864	1 972	1 892	4 045	2 064	1 981	4 091	2 087	2 004
10-14	3 263	1 664	1 599	3 582	1 826	1 756	3 831	1 954	1 878	4 019	2 050	1 970
15-19	3 020	1 538	1 481	3 210	1 633	1 577	3 530	1 795	1 734	3 796	1 933	1 863
20-24	2 909	1 479	1 430	2 948	1 496	1 453	3 140	1 591	1 549	3 480	1 766	1 714
25-29	2 417	1 226	1 191	2 839	1 438	1 400	2 881	1 456	1 425	3 091	1 563	1 528
30-34	1 907	965	941	2 359	1 193	1 166	2 778	1 404	1 374	2 836	1 431	1 404
35-39	1 451	747	704	1 860	939	921	2 308	1 165	1 144	2 732	1 379	1 353
40-44	998	517	481	1 410	724	687	1 814	913	901	2 261	1 139	1 123
45-49	786	376	410	963	497	466	1 366	698	668	1 765	885	880
50-54	679	309	370	750	356	394	922	472	449	1 314	668	646
55-59	610	287	322	637	286	351	705	331	374	869	441	428
60-64	506	240	266	554	257	298	581	256	325	646	298	348
65-69	349	168	181	438	203	235	481	217	264	507	218	289
70-74	210	101	110	278	130	148	351	158	193	387	170	218
75-79	106	50	57	146	67	79	194	87	107	247	107	140
80+	...	...	...	...	...	...	...	...	...	...	...	...
80-84	55	26	29	60	27	33	82	36	46	111	47	63
85-89	21	10	11	22	10	12	24	10	14	34	14	20
90-94	5	2	3	5	2	3	6	2	3	6	2	4
95-99	1	0	0	1	0	0	1	0	1	1	0	1
100+	0	0	0	0	0	0	0	0	0	0	0	0

年齢	2035			2040			2045			2050		
	総数	男	女	総数	男	女	総数	男	女	総数	男	女
総数	39 361	19 832	19 530	42 211	21 257	20 954	44 839	22 559	22 281	47 170	23 695	23 475
0-4	4 128	2 108	2 020	4 080	2 084	1 996	4 007	2 047	1 960	3 893	1 989	1 903
5-9	4 097	2 090	2 007	4 089	2 087	2 002	4 045	2 065	1 980	3 977	2 031	1 946
10-14	4 068	2 074	1 994	4 075	2 077	1 998	4 068	2 075	1 993	4 026	2 054	1 972
15-19	3 984	2 029	1 955	4 034	2 054	1 980	4 043	2 058	1 985	4 037	2 056	1 981
20-24	3 747	1 904	1 843	3 936	2 000	1 936	3 988	2 025	1 962	3 999	2 030	1 968
25-29	3 431	1 737	1 694	3 697	1 874	1 823	3 887	1 970	1 917	3 941	1 996	1 944
30-34	3 046	1 538	1 508	3 385	1 710	1 674	3 651	1 847	1 804	3 842	1 943	1 898
35-39	2 791	1 406	1 385	3 001	1 512	1 489	3 338	1 684	1 654	3 604	1 820	1 784
40-44	2 680	1 350	1 331	2 741	1 378	1 363	2 950	1 483	1 468	3 285	1 653	1 632
45-49	2 204	1 106	1 098	2 616	1 312	1 303	2 678	1 341	1 337	2 886	1 445	1 441
50-54	1 700	848	853	2 127	1 061	1 066	2 527	1 260	1 267	2 591	1 289	1 301
55-59	1 242	625	617	1 611	795	816	2 018	996	1 022	2 403	1 186	1 217
60-64	797	398	399	1 141	565	576	1 484	720	764	1 864	905	959
65-69	564	254	310	697	341	357	1 003	485	518	1 308	620	689
70-74	410	171	239	457	199	258	567	268	298	819	383	435
75-79	274	115	159	292	116	176	328	137	191	408	185	223
80+	...	...	...	...	...	...	...	...	...	...	...	...
80-84	142	58	83	159	63	95	171	64	106	193	76	117
85-89	46	19	27	60	23	37	68	25	42	74	26	48
90-94	9	3	6	12	5	8	16	6	11	19	6	13
95-99	1	0	1	1	1	1	2	1	1	3	1	2
100+	0	0	0	0	0	0	0	0	0	0	0	0

年齢	2055			2060		
	総数	男	女	総数	男	女
総数	49 126	24 628	24 499	50 657	25 336	25 321
0-4	3 734	1 909	1 825	3 561	1 821	1 740
5-9	3 866	1 975	1 891	3 712	1 897	1 815
10-14	3 960	2 021	1 939	3 851	1 966	1 885
15-19	3 997	2 036	1 961	3 933	2 004	1 929
20-24	3 996	2 030	1 966	3 959	2 012	1 947
25-29	3 955	2 003	1 952	3 955	2 004	1 951
30-34	3 898	1 971	1 927	3 915	1 979	1 936
35-39	3 797	1 917	1 880	3 855	1 945	1 910
40-44	3 551	1 788	1 762	3 744	1 885	1 858
45-49	3 217	1 612	1 605	3 481	1 747	1 734
50-54	2 796	1 391	1 405	3 122	1 555	1 567
55-59	2 467	1 215	1 253	2 668	1 313	1 355
60-64	2 225	1 079	1 145	2 290	1 108	1 182
65-69	1 649	780	869	1 975	934	1 041
70-74	1 074	492	583	1 361	621	739
75-79	594	266	328	785	343	443
80+	...	...	...	...	...	...
80-84	242	104	138	356	150	206
85-89	85	31	54	107	43	64
90-94	21	7	14	25	8	16
95-99	3	1	2	4	1	3
100+	0	0	0	0	0	0

性・年齢別人口（千人）

年齢	2015			2020			2025			2030		
	総数	男	女	総数	男	女	総数	男	女	総数	男	女
総数	26 832	13 553	13 279	30 301	15 289	15 012	33 942	17 113	16 829	37 775	19 046	18 729
0-4	3 925	2 003	1 921	4 373	2 232	2 141	4 634	2 365	2 269	4 827	2 463	2 364
5-9	3 616	1 845	1 771	3 864	1 972	1 892	4 312	2 201	2 112	4 579	2 336	2 243
10-14	3 263	1 664	1 599	3 582	1 826	1 756	3 831	1 954	1 878	4 286	2 186	2 100
15-19	3 020	1 538	1 481	3 210	1 633	1 577	3 530	1 795	1 734	3 796	1 933	1 863
20-24	2 909	1 479	1 430	2 948	1 496	1 453	3 140	1 591	1 549	3 480	1 766	1 714
25-29	2 417	1 226	1 191	2 839	1 438	1 400	2 881	1 456	1 425	3 091	1 563	1 528
30-34	1 907	965	941	2 359	1 193	1 166	2 778	1 404	1 374	2 836	1 431	1 404
35-39	1 451	747	704	1 860	939	921	2 308	1 165	1 144	2 732	1 379	1 353
40-44	998	517	481	1 410	724	687	1 814	913	901	2 261	1 139	1 123
45-49	786	376	410	963	497	466	1 366	698	668	1 765	885	880
50-54	679	309	370	750	356	394	922	472	449	1 314	668	646
55-59	610	287	322	637	286	351	705	331	374	869	441	428
60-64	506	240	266	554	257	298	581	256	325	646	298	348
65-69	349	168	181	438	203	235	481	217	264	507	218	289
70-74	210	101	110	278	130	148	351	158	193	387	170	218
75-79	106	50	57	146	67	79	194	87	107	247	107	140
80+	…	…	…	…	…	…	…	…	…	…	…	…
80-84	55	26	29	60	27	33	82	36	46	111	47	63
85-89	21	10	11	22	10	12	24	10	14	34	14	20
90-94	5	2	3	5	2	3	6	2	3	6	2	4
95-99	1	0	0	1	0	0	1	0	1	1	0	1
100+	0	0	0	0	0	0	0	0	0	0	0	0

年齢	2035			2040			2045			2050		
	総数	男	女	総数	男	女	総数	男	女	総数	男	女
総数	41 557	20 952	20 605	45 286	22 825	22 461	48 974	24 668	24 306	52 567	26 447	26 119
0-4	4 894	2 499	2 395	4 973	2 540	2 433	5 085	2 598	2 487	5 177	2 646	2 531
5-9	4 776	2 436	2 340	4 848	2 474	2 374	4 931	2 517	2 414	5 047	2 577	2 470
10-14	4 553	2 322	2 232	4 752	2 422	2 329	4 825	2 461	2 364	4 909	2 504	2 404
15-19	4 249	2 164	2 085	4 517	2 300	2 217	4 717	2 401	2 315	4 791	2 440	2 351
20-24	3 747	1 904	1 843	4 199	2 134	2 066	4 468	2 270	2 198	4 668	2 371	2 297
25-29	3 431	1 737	1 694	3 697	1 874	1 823	4 149	2 103	2 045	4 418	2 239	2 179
30-34	3 046	1 538	1 508	3 385	1 710	1 674	3 651	1 847	1 804	4 101	2 075	2 026
35-39	2 791	1 406	1 385	3 001	1 512	1 489	3 338	1 684	1 654	3 604	1 820	1 784
40-44	2 680	1 350	1 331	2 741	1 378	1 363	2 950	1 483	1 468	3 285	1 653	1 632
45-49	2 204	1 106	1 098	2 616	1 312	1 303	2 678	1 341	1 337	2 886	1 445	1 441
50-54	1 700	848	853	2 127	1 061	1 066	2 527	1 260	1 267	2 591	1 289	1 301
55-59	1 242	625	617	1 611	795	816	2 018	996	1 022	2 403	1 186	1 217
60-64	797	398	399	1 141	565	576	1 484	720	764	1 864	905	959
65-69	564	254	310	697	341	357	1 003	485	518	1 308	620	689
70-74	410	171	239	457	199	258	567	268	298	819	383	435
75-79	274	115	159	292	116	176	328	137	191	408	185	223
80+	…	…	…	…	…	…	…	…	…	…	…	…
80-84	142	58	83	159	63	95	171	64	106	193	76	117
85-89	46	19	27	60	23	37	68	25	42	74	26	48
90-94	9	3	6	12	5	8	16	6	11	19	6	13
95-99	1	0	1	1	1	1	2	1	1	3	1	2
100+	0	0	0	0	0	0	0	0	0	0	0	0

年齢	2055			2060		
	総数	男	女	総数	男	女
総数	55 975	28 120	27 855	59 121	29 652	29 469
0-4	5 216	2 666	2 549	5 212	2 665	2 547
5-9	5 142	2 627	2 516	5 185	2 649	2 536
10-14	5 027	2 566	2 461	5 124	2 616	2 508
15-19	4 877	2 485	2 392	4 997	2 547	2 450
20-24	4 745	2 412	2 334	4 834	2 458	2 377
25-29	4 620	2 341	2 279	4 700	2 383	2 317
30-34	4 371	2 211	2 160	4 575	2 314	2 261
35-39	4 053	2 047	2 006	4 324	2 183	2 141
40-44	3 551	1 788	1 762	3 997	2 014	1 983
45-49	3 217	1 612	1 605	3 481	1 747	1 734
50-54	2 796	1 391	1 405	3 122	1 555	1 567
55-59	2 467	1 215	1 253	2 668	1 313	1 355
60-64	2 225	1 079	1 145	2 290	1 108	1 182
65-69	1 649	780	869	1 975	934	1 041
70-74	1 074	492	583	1 361	621	739
75-79	594	266	328	785	343	443
80+	…	…	…	…	…	…
80-84	242	104	138	356	150	206
85-89	85	31	54	107	43	64
90-94	21	7	14	25	8	16
95-99	3	1	2	4	1	3
100+	0	0	0	0	0	0

性・年齢別人口（千人）

年齢	2015			2020			2025			2030		
	総数	男	女	総数	男	女	総数	男	女	総数	男	女
総数	26 832	13 553	13 279	29 759	15 012	14 747	32 420	16 336	16 084	34 895	17 576	17 319
0-4	3 925	2 003	1 921	3 831	1 955	1 875	3 647	1 861	1 786	3 456	1 763	1 692
5-9	3 616	1 845	1 771	3 864	1 972	1 892	3 777	1 928	1 850	3 604	1 838	1 765
10-14	3 263	1 664	1 599	3 582	1 826	1 756	3 831	1 954	1 878	3 753	1 914	1 839
15-19	3 020	1 538	1 481	3 210	1 633	1 577	3 530	1 795	1 734	3 796	1 933	1 863
20-24	2 909	1 479	1 430	2 948	1 496	1 453	3 140	1 591	1 549	3 480	1 766	1 714
25-29	2 417	1 226	1 191	2 839	1 438	1 400	2 881	1 456	1 425	3 091	1 563	1 528
30-34	1 907	965	941	2 359	1 193	1 166	2 778	1 404	1 374	2 836	1 431	1 404
35-39	1 451	747	704	1 860	939	921	2 308	1 165	1 144	2 732	1 379	1 353
40-44	998	517	481	1 410	724	687	1 814	913	901	2 261	1 139	1 123
45-49	786	376	410	963	497	466	1 366	698	668	1 765	885	880
50-54	679	309	370	750	356	394	922	472	449	1 314	668	646
55-59	610	287	322	637	286	351	705	331	374	869	441	428
60-64	506	240	266	554	257	298	581	256	325	646	298	348
65-69	349	168	181	438	203	235	481	217	264	507	218	289
70-74	210	101	110	278	130	148	351	158	193	387	170	218
75-79	106	50	57	146	67	79	194	87	107	247	107	140
80+	…	…	…	…	…	…	…	…	…	…	…	…
80-84	55	26	29	60	27	33	82	36	46	111	47	63
85-89	21	10	11	22	10	12	24	10	14	34	14	20
90-94	5	2	3	5	2	3	6	2	3	6	2	4
95-99	1	0	0	1	0	0	1	0	1	1	0	1
100+	0	0	0	0	0	0	0	0	0	0	0	0

年齢	2035			2040			2045			2050		
	総数	男	女	総数	男	女	総数	男	女	総数	男	女
総数	37 170	18 714	18 456	39 168	19 704	19 464	40 812	20 504	20 308	42 025	21 071	20 954
0-4	3 367	1 719	1 648	3 214	1 642	1 573	3 006	1 536	1 470	2 752	1 406	1 346
5-9	3 419	1 744	1 675	3 334	1 702	1 633	3 186	1 627	1 560	2 983	1 523	1 459
10-14	3 582	1 826	1 756	3 399	1 733	1 666	3 316	1 691	1 625	3 170	1 617	1 553
15-19	3 719	1 894	1 825	3 550	1 807	1 743	3 369	1 715	1 655	3 288	1 674	1 614
20-24	3 747	1 904	1 843	3 673	1 866	1 807	3 507	1 780	1 726	3 329	1 689	1 640
25-29	3 431	1 737	1 694	3 697	1 874	1 823	3 626	1 838	1 789	3 463	1 754	1 710
30-34	3 046	1 538	1 508	3 385	1 710	1 674	3 651	1 847	1 804	3 583	1 812	1 771
35-39	2 791	1 406	1 385	3 001	1 512	1 489	3 338	1 684	1 654	3 604	1 820	1 784
40-44	2 680	1 350	1 331	2 741	1 378	1 363	2 950	1 483	1 468	3 285	1 653	1 632
45-49	2 204	1 106	1 098	2 616	1 312	1 303	2 678	1 341	1 337	2 886	1 445	1 441
50-54	1 700	848	853	2 127	1 061	1 066	2 527	1 260	1 267	2 591	1 289	1 301
55-59	1 242	625	617	1 611	795	816	2 018	996	1 022	2 403	1 186	1 217
60-64	797	398	399	1 141	565	576	1 484	720	764	1 864	905	959
65-69	564	254	310	697	341	357	1 003	485	518	1 308	620	689
70-74	410	171	239	457	199	258	567	268	298	819	383	435
75-79	274	115	159	292	116	176	328	137	191	408	185	223
80+	…	…	…	…	…	…	…	…	…	…	…	…
80-84	142	58	83	159	63	95	171	64	106	193	76	117
85-89	46	19	27	60	23	37	68	25	42	74	26	48
90-94	9	3	6	12	5	8	16	6	11	19	6	13
95-99	1	0	1	1	1	1	2	1	1	3	1	2
100+	0	0	0	0	0	0	0	0	0	0	0	0

年齢	2055			2060		
	総数	男	女	総数	男	女
総数	42 749	21 376	21 373	42 964	21 415	21 549
0-4	2 475	1 265	1 210	2 212	1 131	1 081
5-9	2 733	1 396	1 337	2 459	1 257	1 203
10-14	2 968	1 515	1 453	2 720	1 389	1 332
15-19	3 144	1 601	1 543	2 945	1 500	1 444
20-24	3 251	1 651	1 600	3 110	1 579	1 530
25-29	3 290	1 665	1 625	3 214	1 628	1 587
30-34	3 424	1 730	1 694	3 254	1 644	1 611
35-39	3 540	1 787	1 753	3 386	1 707	1 678
40-44	3 551	1 788	1 762	3 491	1 757	1 734
45-49	3 217	1 612	1 605	3 481	1 747	1 734
50-54	2 796	1 391	1 405	3 122	1 555	1 567
55-59	2 467	1 215	1 253	2 668	1 313	1 355
60-64	2 225	1 079	1 145	2 290	1 108	1 182
65-69	1 649	780	869	1 975	934	1 041
70-74	1 074	492	583	1 361	621	739
75-79	594	266	328	785	343	443
80+	…	…	…	…	…	…
80-84	242	104	138	356	150	206
85-89	85	31	54	107	43	64
90-94	21	7	14	25	8	16
95-99	3	1	2	4	1	3
100+	0	0	0	0	0	0

性・年齢別人口（千人）

年齢	1960 総数	男	女	1965 総数	男	女	1970 総数	男	女	1975 総数	男	女
総数	3 050	1 515	1 535	3 560	1 768	1 791	4 185	2 080	2 106	4 983	2 476	2 507
0-4	575	288	287	690	346	344	829	416	413	987	496	491
5-9	441	220	221	525	263	262	635	318	317	775	388	386
10-14	372	189	183	428	214	214	510	255	255	621	311	310
15-19	311	157	154	364	185	179	418	209	209	502	251	251
20-24	264	132	131	302	152	150	353	179	174	411	205	207
25-29	222	109	113	255	127	127	292	146	145	347	175	172
30-34	187	91	95	214	105	109	245	122	123	286	143	143
35-39	157	76	81	179	87	92	205	100	104	239	119	120
40-44	131	64	66	150	72	78	170	83	87	198	97	101
45-49	108	53	55	123	61	63	142	68	74	163	79	84
50-54	87	43	45	101	49	52	115	56	59	134	64	70
55-59	68	32	36	80	38	41	92	44	48	107	51	55
60-64	51	24	27	60	28	32	70	33	37	82	39	43
65-69	33	15	18	42	20	23	50	23	27	59	28	32
70-74	23	11	12	25	11	13	32	15	17	39	17	21
75-79	13	6	7	15	7	8	16	7	9	21	9	12
80+	8	3	4	9	4	5	10	4	6	12	5	7
80-84	...	...	...	...	...	...	...	...	...	...	...	...
85-89	...	...	...	...	...	...	...	...	...	...	...	...
90-94	...	...	...	...	...	...	...	...	...	...	...	...
95-99	...	...	...	...	...	...	...	...	...	...	...	...
100+	...	...	...	...	...	...	...	...	...	...	...	...

年齢	1980 総数	男	女	1985 総数	男	女	1990 総数	男	女	1995 総数	男	女
総数	5 929	2 947	2 983	7 017	3 484	3 533	8 143	4 039	4 104	9 254	4 589	4 664
0-4	1 170	588	582	1 329	669	661	1 540	775	765	1 698	854	843
5-9	928	465	463	1 103	553	549	1 246	625	620	1 439	722	717
10-14	758	380	378	909	455	454	1 078	541	537	1 215	609	605
15-19	610	305	305	748	374	374	892	447	446	1 057	530	527
20-24	493	245	248	604	301	303	727	363	364	863	432	432
25-29	403	199	203	487	241	246	574	285	289	678	340	338
30-34	339	170	169	396	194	201	453	223	230	511	256	255
35-39	278	138	140	330	164	166	364	176	188	391	191	200
40-44	230	114	116	269	133	136	304	148	156	317	149	168
45-49	189	92	97	221	109	113	251	121	129	274	130	145
50-54	154	74	80	180	86	93	206	100	106	228	108	120
55-59	124	58	66	144	68	75	165	78	87	186	89	98
60-64	96	45	50	112	52	60	128	59	68	145	68	78
65-69	70	33	37	82	38	43	94	43	51	107	49	58
70-74	46	21	25	55	25	30	63	29	34	73	32	41
75-79	26	11	15	31	14	17	37	16	20	43	19	24
80+	16	7	9	20	8	12	...	...	...	...	...	...
80-84	...	...	...	...	...	...	17	7	10	20	9	11
85-89	...	...	...	...	...	...	6	2	3	7	3	4
90-94	...	...	...	...	...	...	1	0	1	1	0	1
95-99	...	...	...	...	...	...	0	0	0	0	0	0
100+	...	...	...	...	...	...	0	0	0	0	0	0

年齢	2000 総数	男	女	2005 総数	男	女	2010 総数	男	女	2015 総数	男	女
総数	10 585	5 257	5 328	12 044	5 998	6 046	13 917	6 943	6 975	16 212	8 094	8 118
0-4	1 917	965	952	2 222	1 120	1 102	2 556	1 289	1 267	2 851	1 438	1 412
5-9	1 602	804	798	1 831	920	911	2 142	1 077	1 065	2 488	1 252	1 235
10-14	1 404	704	700	1 562	784	779	1 790	898	892	2 105	1 058	1 048
15-19	1 194	598	596	1 365	684	681	1 523	763	760	1 758	881	877
20-24	1 040	520	520	1 152	576	576	1 319	659	660	1 492	746	747
25-29	828	415	412	972	488	484	1 090	545	544	1 280	639	641
30-34	617	314	303	737	376	361	900	455	445	1 046	524	522
35-39	443	223	220	523	270	253	668	342	325	854	431	422
40-44	337	162	175	371	186	184	470	242	227	629	321	307
45-49	284	130	154	293	138	155	338	169	169	445	228	217
50-54	251	116	135	255	114	141	271	126	145	320	158	162
55-59	209	98	111	228	104	125	236	104	133	255	117	138
60-64	167	78	89	188	86	101	208	93	115	218	94	124
65-69	124	56	68	144	66	78	164	74	90	184	81	103
70-74	84	37	47	99	44	55	117	53	64	136	60	76
75-79	50	22	29	60	26	34	72	31	41	86	38	48
80+	...	...	...	...	...	...	...	...	...	...	...	...
80-84	24	10	14	29	12	17	36	15	21	44	18	26
85-89	8	3	5	10	4	6	13	5	8	16	6	10
90-94	2	1	1	2	1	1	3	1	2	4	1	3
95-99	0	0	0	0	0	0	0	0	0	1	0	0
100+	0	0	0	0	0	0	0	0	0	0	0	0

性・年齢別人口（千人）

年齢	2015			2020			2025			2030		
	総数	男	女	総数	男	女	総数	男	女	総数	男	女
総数	16 212	8 094	8 118	18 882	9 423	9 460	21 892	10 921	10 971	25 313	12 614	12 699
0-4	2 851	1 438	1 412	3 219	1 625	1 595	3 601	1 817	1 784	4 019	2 029	1 990
5-9	2 488	1 252	1 235	2 793	1 406	1 386	3 169	1 596	1 573	3 556	1 791	1 765
10-14	2 105	1 058	1 048	2 457	1 236	1 221	2 766	1 391	1 375	3 148	1 584	1 564
15-19	1 758	881	877	2 074	1 041	1 033	2 425	1 219	1 206	2 739	1 377	1 362
20-24	1 492	746	747	1 726	862	864	2 039	1 020	1 019	2 391	1 198	1 193
25-29	1 280	639	641	1 456	724	732	1 688	838	850	2 002	996	1 006
30-34	1 046	524	522	1 241	617	624	1 415	700	715	1 651	813	838
35-39	854	431	422	1 006	501	505	1 197	592	605	1 375	674	702
40-44	629	321	307	816	409	407	964	478	486	1 156	567	589
45-49	445	228	217	601	305	296	782	391	392	931	459	472
50-54	320	158	162	423	215	208	574	289	285	752	373	379
55-59	255	117	138	302	148	154	401	202	199	546	273	274
60-64	218	94	124	236	107	129	281	136	145	374	186	188
65-69	184	81	103	195	83	112	212	94	118	253	120	133
70-74	136	60	76	154	66	88	164	68	96	180	78	101
75-79	86	38	48	102	44	58	116	49	67	125	51	74
80+	…	…	…	…	…	…	…	…	…	…	…	…
80-84	44	18	26	54	23	31	64	27	37	74	30	44
85-89	16	6	10	20	8	12	25	10	15	31	12	19
90-94	4	1	3	5	2	3	6	2	4	8	3	5
95-99	1	0	0	1	0	0	1	0	1	1	0	1
100+	0	0	0	0	0	0	0	0	0	0	0	0

年齢	2035			2040			2045			2050		
	総数	男	女	総数	男	女	総数	男	女	総数	男	女
総数	29 141	14 502	14 639	33 371	16 586	16 785	37 990	18 861	19 130	42 975	21 316	21 660
0-4	4 459	2 252	2 207	4 908	2 480	2 428	5 365	2 712	2 652	5 823	2 944	2 879
5-9	3 978	2 005	1 973	4 421	2 230	2 191	4 874	2 461	2 413	5 332	2 693	2 639
10-14	3 539	1 781	1 758	3 961	1 995	1 966	4 405	2 221	2 184	4 858	2 451	2 407
15-19	3 126	1 571	1 555	3 519	1 769	1 750	3 942	1 983	1 959	4 386	2 209	2 177
20-24	2 705	1 356	1 350	3 094	1 550	1 543	3 488	1 749	1 739	3 910	1 962	1 948
25-29	2 352	1 172	1 179	2 666	1 330	1 337	3 056	1 525	1 531	3 450	1 723	1 727
30-34	1 963	968	994	2 311	1 144	1 167	2 626	1 301	1 324	3 016	1 496	1 519
35-39	1 611	784	827	1 922	938	984	2 269	1 112	1 156	2 584	1 270	1 313
40-44	1 337	647	689	1 573	757	816	1 881	909	972	2 226	1 083	1 144
45-49	1 122	546	576	1 303	625	677	1 537	734	804	1 843	884	959
50-54	898	440	459	1 087	525	562	1 265	603	663	1 497	709	788
55-59	718	353	365	861	418	444	1 046	500	546	1 220	575	645
60-64	512	252	260	676	328	348	814	390	424	992	468	524
65-69	338	165	173	465	225	240	617	294	323	748	351	396
70-74	215	100	115	290	138	151	402	190	212	537	250	287
75-79	138	59	80	167	76	92	227	105	122	319	146	173
80+	…	…	…	…	…	…	…	…	…	…	…	…
80-84	81	32	49	91	37	54	112	48	63	154	68	86
85-89	37	14	22	41	15	26	47	18	29	59	24	35
90-94	10	4	6	13	4	8	14	5	10	17	6	11
95-99	2	1	1	2	1	1	3	1	2	3	1	2
100+	0	0	0	0	0	0	0	0	0	0	0	0

年齢	2055			2060		
	総数	男	女	総数	男	女
総数	48 282	23 932	24 350	53 885	26 700	27 185
0-4	6 271	3 172	3 099	6 717	3 399	3 318
5-9	5 791	2 926	2 865	6 238	3 154	3 085
10-14	5 317	2 684	2 632	5 775	2 916	2 859
15-19	4 839	2 439	2 400	5 297	2 672	2 625
20-24	4 354	2 188	2 166	4 806	2 418	2 388
25-29	3 871	1 936	1 935	4 313	2 161	2 152
30-34	3 409	1 695	1 714	3 827	1 907	1 920
35-39	2 972	1 465	1 507	3 362	1 662	1 700
40-44	2 539	1 239	1 300	2 925	1 433	1 492
45-49	2 184	1 055	1 129	2 494	1 211	1 284
50-54	1 797	856	941	2 133	1 024	1 109
55-59	1 446	678	768	1 740	821	918
60-64	1 161	540	620	1 380	639	741
65-69	915	424	491	1 076	492	584
70-74	655	301	355	808	366	442
75-79	431	194	237	532	236	296
80+	…	…	…	…	…	…
80-84	220	96	124	303	129	173
85-89	83	34	49	122	49	73
90-94	22	8	14	32	12	21
95-99	4	1	3	5	2	4
100+	0	0	0	1	0	0

Zambia

性・年齢別人口（千人）

年齢	2015 総数	男	女	2020 総数	男	女	2025 総数	男	女	2030 総数	男	女
総数	16 212	8 094	8 118	19 039	9 502	9 537	22 344	11 149	11 195	26 197	13 060	13 137
0-4	2 851	1 438	1 412	3 376	1 704	1 672	3 898	1 967	1 931	4 457	2 250	2 207
5-9	2 488	1 252	1 235	2 793	1 406	1 386	3 323	1 673	1 650	3 850	1 939	1 911
10-14	2 105	1 058	1 048	2 457	1 236	1 221	2 766	1 391	1 375	3 301	1 661	1 640
15-19	1 758	881	877	2 074	1 041	1 033	2 425	1 219	1 206	2 739	1 377	1 362
20-24	1 492	746	747	1 726	862	864	2 039	1 020	1 019	2 391	1 198	1 193
25-29	1 280	639	641	1 456	724	732	1 688	838	850	2 002	996	1 006
30-34	1 046	524	522	1 241	617	624	1 415	700	715	1 651	813	838
35-39	854	431	422	1 006	501	505	1 197	592	605	1 375	674	702
40-44	629	321	307	816	409	407	964	478	486	1 156	567	589
45-49	445	228	217	601	305	296	782	391	392	931	459	472
50-54	320	158	162	423	215	208	574	289	285	752	373	379
55-59	255	117	138	302	148	154	401	202	199	546	273	274
60-64	218	94	124	236	107	129	281	136	145	374	186	188
65-69	184	81	103	195	83	112	212	94	118	253	120	133
70-74	136	60	76	154	66	88	164	68	96	180	78	101
75-79	86	38	48	102	44	58	116	49	67	125	51	74
80+	…	…	…	…	…	…	…	…	…	…	…	…
80-84	44	18	26	54	23	31	64	27	37	74	30	44
85-89	16	6	10	20	8	12	25	10	15	31	12	19
90-94	4	1	3	5	2	3	6	2	4	8	3	5
95-99	1	0	0	1	0	0	1	0	1	1	0	1
100+	0	0	0	0	0	0	0	0	0	0	0	0

年齢	2035 総数	男	女	2040 総数	男	女	2045 総数	男	女	2050 総数	男	女
総数	30 542	15 209	15 333	35 432	17 625	17 807	40 947	20 351	20 596	47 128	23 408	23 720
0-4	4 983	2 517	2 466	5 577	2 818	2 759	6 273	3 172	3 102	7 036	3 558	3 479
5-9	4 411	2 223	2 188	4 940	2 492	2 448	5 538	2 796	2 742	6 235	3 150	3 086
10-14	3 830	1 928	1 903	4 392	2 212	2 180	4 922	2 482	2 441	5 521	2 786	2 735
15-19	3 278	1 647	1 630	3 810	1 915	1 894	4 372	2 200	2 172	4 901	2 469	2 433
20-24	2 705	1 356	1 350	3 245	1 626	1 619	3 776	1 893	1 883	4 337	2 176	2 161
25-29	2 352	1 172	1 179	2 666	1 330	1 337	3 205	1 599	1 606	3 736	1 866	1 870
30-34	1 963	968	994	2 311	1 144	1 167	2 626	1 301	1 324	3 163	1 570	1 593
35-39	1 611	784	827	1 922	938	984	2 269	1 112	1 156	2 584	1 270	1 313
40-44	1 337	647	689	1 573	757	816	1 881	909	972	2 226	1 083	1 144
45-49	1 122	546	576	1 303	625	677	1 537	734	804	1 843	884	959
50-54	898	440	459	1 087	525	562	1 265	603	663	1 497	709	788
55-59	718	353	365	861	418	444	1 046	500	546	1 220	575	645
60-64	512	252	260	676	328	348	814	390	424	992	468	524
65-69	338	165	173	465	225	240	617	294	323	748	351	396
70-74	215	100	115	290	138	151	402	190	212	537	250	287
75-79	138	59	80	167	76	92	227	105	122	319	146	173
80+	…	…	…	…	…	…	…	…	…	…	…	…
80-84	81	32	49	91	37	54	112	48	63	154	68	86
85-89	37	14	22	41	15	26	47	18	29	59	24	35
90-94	10	4	6	13	4	8	14	5	10	17	6	11
95-99	2	1	1	2	1	1	3	1	2	3	1	2
100+	0	0	0	0	0	0	0	0	0	0	0	0

年齢	2055 総数	男	女	2060 総数	男	女
総数	53 939	26 783	27 157	61 348	30 460	30 888
0-4	7 799	3 945	3 854	8 556	4 329	4 226
5-9	6 997	3 535	3 462	7 759	3 922	3 836
10-14	6 217	3 139	3 078	6 978	3 524	3 454
15-19	5 499	2 772	2 727	6 195	3 125	3 070
20-24	4 866	2 445	2 421	5 462	2 747	2 714
25-29	4 294	2 148	2 146	4 821	2 415	2 405
30-34	3 691	1 835	1 856	4 245	2 115	2 130
35-39	3 117	1 537	1 581	3 641	1 800	1 841
40-44	2 539	1 239	1 300	3 068	1 503	1 565
45-49	2 184	1 055	1 129	2 494	1 211	1 284
50-54	1 797	856	941	2 133	1 024	1 109
55-59	1 446	678	768	1 740	821	918
60-64	1 161	540	620	1 380	639	741
65-69	915	424	491	1 076	492	584
70-74	655	301	355	808	366	442
75-79	431	194	237	532	236	296
80+	…	…	…	…	…	…
80-84	220	96	124	303	129	173
85-89	83	34	49	122	49	73
90-94	22	8	14	32	12	21
95-99	4	1	3	5	2	4
100+	0	0	0	1	0	0

性・年齢別人口（千人）

年齢	2015			2020			2025			2030		
	総数	男	女	総数	男	女	総数	男	女	総数	男	女
総数	16 212	8 094	8 118	18 726	9 344	9 382	21 441	10 694	10 748	24 428	12 168	12 260
0-4	2 851	1 438	1 412	3 063	1 546	1 517	3 304	1 667	1 637	3 581	1 808	1 773
5-9	2 488	1 252	1 235	2 793	1 406	1 386	3 015	1 518	1 497	3 263	1 644	1 620
10-14	2 105	1 058	1 048	2 457	1 236	1 221	2 766	1 391	1 375	2 994	1 506	1 488
15-19	1 758	881	877	2 074	1 041	1 033	2 425	1 219	1 206	2 739	1 377	1 362
20-24	1 492	746	747	1 726	862	864	2 039	1 020	1 019	2 391	1 198	1 193
25-29	1 280	639	641	1 456	724	732	1 688	838	850	2 002	996	1 006
30-34	1 046	524	522	1 241	617	624	1 415	700	715	1 651	813	838
35-39	854	431	422	1 006	501	505	1 197	592	605	1 375	674	702
40-44	629	321	307	816	409	407	964	478	486	1 156	567	589
45-49	445	228	217	601	305	296	782	391	392	931	459	472
50-54	320	158	162	423	215	208	574	289	285	752	373	379
55-59	255	117	138	302	148	154	401	202	199	546	273	274
60-64	218	94	124	236	107	129	281	136	145	374	186	188
65-69	184	81	103	195	83	112	212	94	118	253	120	133
70-74	136	60	76	154	66	88	164	68	96	180	78	101
75-79	86	38	48	102	44	58	116	49	67	125	51	74
80+	…	…	…	…	…	…	…	…	…	…	…	…
80-84	44	18	26	54	23	31	64	27	37	74	30	44
85-89	16	6	10	20	8	12	25	10	15	31	12	19
90-94	4	1	3	5	2	3	6	2	4	8	3	5
95-99	1	0	0	1	0	0	1	0	1	1	0	1
100+	0	0	0	0	0	0	0	0	0	0	0	0

年齢	2035			2040			2045			2050		
	総数	男	女	総数	男	女	総数	男	女	総数	男	女
総数	27 742	13 797	13 945	31 328	15 556	15 772	35 101	17 404	17 697	38 993	19 309	19 684
0-4	3 938	1 989	1 949	4 255	2 150	2 105	4 507	2 279	2 228	4 713	2 383	2 330
5-9	3 544	1 786	1 758	3 904	1 970	1 935	4 225	2 133	2 092	4 479	2 263	2 217
10-14	3 247	1 634	1 613	3 529	1 777	1 752	3 890	1 961	1 929	4 212	2 125	2 087
15-19	2 973	1 494	1 479	3 229	1 623	1 606	3 512	1 767	1 745	3 873	1 951	1 923
20-24	2 705	1 356	1 350	2 943	1 475	1 468	3 200	1 604	1 596	3 483	1 748	1 735
25-29	2 352	1 172	1 179	2 666	1 330	1 337	2 907	1 450	1 456	3 165	1 581	1 584
30-34	1 963	968	994	2 311	1 144	1 167	2 626	1 301	1 324	2 868	1 423	1 445
35-39	1 611	784	827	1 922	938	984	2 269	1 112	1 156	2 584	1 270	1 313
40-44	1 337	647	689	1 573	757	816	1 881	909	972	2 226	1 083	1 144
45-49	1 122	546	576	1 303	625	677	1 537	734	804	1 843	884	959
50-54	898	440	459	1 087	525	562	1 265	603	663	1 497	709	788
55-59	718	353	365	861	418	444	1 046	500	546	1 220	575	645
60-64	512	252	260	676	328	348	814	390	424	992	468	524
65-69	338	165	173	465	225	240	617	294	323	748	351	396
70-74	215	100	115	290	138	151	402	190	212	537	250	287
75-79	138	59	80	167	76	92	227	105	122	319	146	173
80+	…	…	…	…	…	…	…	…	…	…	…	…
80-84	81	32	49	91	37	54	112	48	63	154	68	86
85-89	37	14	22	41	15	26	47	18	29	59	24	35
90-94	10	4	6	13	4	8	14	5	10	17	6	11
95-99	2	1	1	2	1	1	3	1	2	3	1	2
100+	0	0	0	0	0	0	0	0	0	0	0	0

年齢	2055			2060		
	総数	男	女	総数	男	女
総数	42 955	21 248	21 706	46 974	23 220	23 755
0-4	4 903	2 480	2 423	5 103	2 582	2 520
5-9	4 686	2 368	2 319	4 878	2 466	2 412
10-14	4 466	2 255	2 211	4 674	2 360	2 313
15-19	4 195	2 115	2 080	4 449	2 244	2 205
20-24	3 844	1 932	1 913	4 166	2 095	2 070
25-29	3 448	1 725	1 723	3 808	1 908	1 900
30-34	3 127	1 554	1 572	3 408	1 698	1 710
35-39	2 826	1 393	1 433	3 084	1 524	1 559
40-44	2 539	1 239	1 300	2 781	1 363	1 419
45-49	2 184	1 055	1 129	2 494	1 211	1 284
50-54	1 797	856	941	2 133	1 024	1 109
55-59	1 446	678	768	1 740	821	918
60-64	1 161	540	620	1 380	639	741
65-69	915	424	491	1 076	492	584
70-74	655	301	355	808	366	442
75-79	431	194	237	532	236	296
80+	…	…	…	…	…	…
80-84	220	96	124	303	129	173
85-89	83	34	49	122	49	73
90-94	22	8	14	32	12	21
95-99	4	1	3	5	2	4
100+	0	0	0	1	0	0

Zimbabwe

性・年齢別人口（千人）

年齢	1960 総数	男	女	1965 総数	男	女	1970 総数	男	女	1975 総数	男	女
総数	3 752	1 871	1 881	4 422	2 205	2 217	5 206	2 596	2 611	6 170	3 076	3 095
0-4	726	365	361	867	436	431	1 016	511	504	1 215	612	603
5-9	574	288	286	683	343	340	820	412	408	967	486	481
10-14	398	202	197	562	281	280	669	336	334	805	404	401
15-19	372	188	183	391	198	193	551	276	275	657	329	328
20-24	306	155	151	361	183	179	378	190	188	535	267	268
25-29	261	131	130	296	149	147	347	174	173	363	182	181
30-34	228	113	115	251	125	126	283	142	141	333	166	166
35-39	186	92	93	219	108	111	240	119	121	271	136	136
40-44	172	86	87	178	88	90	209	103	106	230	114	116
45-49	132	65	66	164	81	83	169	83	86	199	97	101
50-54	108	53	55	124	61	63	154	76	79	159	78	81
55-59	91	43	47	100	48	52	114	56	59	143	70	74
60-64	73	34	39	81	38	43	90	43	47	103	50	54
65-69	55	26	30	62	28	33	69	32	37	77	36	41
70-74	37	16	21	43	19	24	48	22	27	55	25	30
75-79	21	9	12	25	11	14	29	13	16	33	15	19
80+	13	5	8	16	6	9	19	8	12	23	10	14
80-84	...	...	...	...	...	...	...	...	...	...	...	...
85-89	...	...	...	...	...	...	...	...	...	...	...	...
90-94	...	...	...	...	...	...	...	...	...	...	...	...
95-99	...	...	...	...	...	...	...	...	...	...	...	...
100+	...	...	...	...	...	...	...	...	...	...	...	...

年齢	1980 総数	男	女	1985 総数	男	女	1990 総数	男	女	1995 総数	男	女
総数	7 289	3 624	3 665	8 863	4 411	4 452	10 485	5 219	5 265	11 683	5 806	5 878
0-4	1 454	729	725	1 681	844	838	1 787	897	890	1 824	917	907
5-9	1 163	584	578	1 414	708	706	1 644	823	821	1 747	876	872
10-14	950	477	473	1 152	579	573	1 403	701	701	1 629	815	814
15-19	788	395	393	949	476	473	1 149	576	573	1 381	689	691
20-24	630	314	316	797	399	399	953	477	476	1 100	550	550
25-29	504	249	255	645	321	324	804	401	403	882	440	442
30-34	338	168	171	517	255	261	649	322	327	728	362	366
35-39	312	155	158	347	172	175	516	255	261	582	286	295
40-44	255	126	129	315	156	159	345	171	174	460	225	236
45-49	216	106	110	254	126	128	309	153	156	308	151	157
50-54	186	90	96	211	103	108	246	121	125	277	135	141
55-59	147	71	76	178	86	92	202	98	104	221	108	113
60-64	129	62	67	137	65	71	166	79	87	181	86	94
65-69	89	42	47	115	54	60	122	58	64	144	68	77
70-74	61	28	33	73	34	39	95	44	51	100	46	54
75-79	38	17	21	44	20	24	54	25	29	70	32	38
80+	28	11	16	34	14	20	...	...	...	...	...	...
80-84	...	...	...	...	...	...	27	12	15	33	15	19
85-89	...	...	...	...	...	...	10	4	6	13	5	7
90-94	...	...	...	...	...	...	3	1	2	3	1	2
95-99	...	...	...	...	...	...	0	0	0	0	0	0
100+	...	...	...	...	...	...	0	0	0	0	0	0

年齢	2000 総数	男	女	2005 総数	男	女	2010 総数	男	女	2015 総数	男	女
総数	12 500	6 220	6 280	12 984	6 436	6 548	13 974	6 905	7 069	15 603	7 688	7 915
0-4	1 838	923	914	1 941	975	966	2 210	1 109	1 100	2 505	1 257	1 248
5-9	1 774	890	884	1 767	886	881	1 873	939	935	2 151	1 077	1 074
10-14	1 726	864	862	1 733	868	865	1 721	862	859	1 835	918	917
15-19	1 604	801	803	1 669	830	839	1 668	831	837	1 669	832	836
20-24	1 323	659	664	1 492	733	759	1 575	772	802	1 593	784	809
25-29	992	499	493	1 136	558	578	1 351	654	697	1 477	715	762
30-34	744	375	369	790	398	392	984	481	502	1 256	602	654
35-39	590	294	296	564	286	278	646	327	319	898	437	461
40-44	464	227	237	434	215	219	440	223	217	574	289	285
45-49	373	180	193	351	169	182	345	169	176	390	195	195
50-54	250	121	129	288	137	151	288	136	152	309	149	160
55-59	233	113	120	204	98	106	247	116	132	261	121	140
60-64	188	91	97	194	93	101	176	83	93	223	103	121
65-69	151	71	80	155	74	82	164	77	87	154	71	83
70-74	115	52	63	118	54	64	124	57	67	135	62	73
75-79	71	32	40	81	35	45	85	37	48	91	41	50
80+	...	...	...	...	...	...	...	...	...	...	...	...
80-84	42	18	24	42	18	24	49	20	28	52	22	30
85-89	16	7	9	20	8	12	19	8	12	23	9	14
90-94	4	2	3	5	2	3	6	2	4	6	2	4
95-99	1	0	0	1	0	0	1	0	1	1	0	1
100+	0	0	0	0	0	0	0	0	0	0	0	0

性・年齢別人口（千人）

年齢	2015			2020			2025			2030		
	総数	男	女	総数	男	女	総数	男	女	総数	男	女
総数	15 603	7 688	7 915	17 471	8 609	8 861	19 370	9 551	9 819	21 353	10 538	10 815
0-4	2 505	1 257	1 248	2 549	1 280	1 269	2 546	1 279	1 268	2 597	1 305	1 292
5-9	2 151	1 077	1 074	2 459	1 231	1 228	2 514	1 260	1 254	2 519	1 264	1 256
10-14	1 835	918	917	2 121	1 061	1 060	2 437	1 218	1 218	2 500	1 251	1 248
15-19	1 669	832	836	1 796	897	899	2 090	1 045	1 046	2 416	1 206	1 210
20-24	1 593	784	809	1 620	804	815	1 755	873	882	2 058	1 026	1 032
25-29	1 477	715	762	1 532	750	781	1 569	777	792	1 715	851	864
30-34	1 256	602	654	1 413	681	732	1 475	721	754	1 522	753	769
35-39	898	437	461	1 193	570	623	1 353	651	702	1 422	695	727
40-44	574	289	285	844	409	434	1 135	541	595	1 298	623	675
45-49	390	195	195	537	269	268	801	387	415	1 089	517	572
50-54	309	149	160	363	180	183	507	252	255	765	367	398
55-59	261	121	140	287	137	151	341	167	173	480	236	244
60-64	223	103	121	240	110	130	265	125	141	317	154	163
65-69	154	71	83	198	89	109	214	96	118	239	110	129
70-74	135	62	73	128	58	70	167	74	93	182	80	102
75-79	91	41	50	101	45	56	97	43	55	128	55	73
80+	...	...	...	...	...	...	...	...	...	...	...	...
80-84	52	22	30	57	25	32	65	28	37	63	27	36
85-89	23	9	14	25	10	15	28	11	16	32	13	19
90-94	6	2	4	7	3	5	8	3	5	9	4	6
95-99	1	0	1	1	0	1	1	0	1	2	1	1
100+	0	0	0	0	0	0	0	0	0	0	0	0

年齢	2035			2040			2045			2050		
	総数	男	女	総数	男	女	総数	男	女	総数	男	女
総数	23 405	11 558	11 848	25 510	12 602	12 909	27 606	13 638	13 969	29 615	14 628	14 987
0-4	2 696	1 355	1 341	2 794	1 406	1 389	2 847	1 432	1 414	2 836	1 427	1 409
5-9	2 573	1 292	1 282	2 676	1 344	1 332	2 776	1 395	1 381	2 829	1 423	1 407
10-14	2 507	1 256	1 251	2 563	1 285	1 277	2 667	1 338	1 328	2 766	1 389	1 377
15-19	2 483	1 242	1 241	2 493	1 248	1 245	2 549	1 277	1 272	2 653	1 331	1 323
20-24	2 386	1 188	1 197	2 456	1 225	1 230	2 466	1 232	1 235	2 524	1 262	1 262
25-29	2 017	1 003	1 013	2 344	1 166	1 178	2 417	1 204	1 213	2 430	1 212	1 219
30-34	1 669	828	841	1 969	979	990	2 295	1 141	1 155	2 372	1 181	1 191
35-39	1 471	728	744	1 619	802	816	1 917	952	965	2 242	1 113	1 129
40-44	1 369	668	701	1 421	702	719	1 569	777	792	1 865	925	939
45-49	1 250	598	651	1 322	643	678	1 376	678	698	1 524	753	771
50-54	1 044	493	552	1 203	573	630	1 275	618	658	1 332	653	679
55-59	728	346	382	998	467	531	1 153	545	608	1 226	590	636
60-64	449	219	231	685	322	363	943	436	507	1 094	511	583
65-69	287	137	150	409	195	214	627	289	338	869	395	474
70-74	204	92	112	247	115	132	355	165	189	549	247	302
75-79	142	60	81	160	70	91	196	88	108	284	128	156
80+	...	...	...	...	...	...	...	...	...	...	...	...
80-84	85	35	50	95	39	56	109	45	64	136	58	78
85-89	32	13	19	44	17	27	50	19	31	60	23	37
90-94	11	4	7	11	4	7	16	6	11	19	6	13
95-99	2	1	1	2	1	2	3	1	2	4	1	3
100+	0	0	0	0	0	0	0	0	0	0	0	0

年齢	2055			2060		
	総数	男	女	総数	男	女
総数	31 472	15 541	15 931	33 146	16 363	16 782
0-4	2 793	1 406	1 387	2 742	1 381	1 361
5-9	2 820	1 418	1 402	2 778	1 398	1 380
10-14	2 821	1 417	1 403	2 812	1 414	1 398
15-19	2 754	1 382	1 372	2 809	1 410	1 398
20-24	2 629	1 316	1 313	2 730	1 368	1 363
25-29	2 489	1 243	1 247	2 596	1 297	1 299
30-34	2 388	1 190	1 198	2 449	1 222	1 227
35-39	2 322	1 155	1 167	2 340	1 165	1 175
40-44	2 187	1 085	1 102	2 267	1 127	1 140
45-49	1 816	899	916	2 133	1 057	1 076
50-54	1 478	727	751	1 764	870	893
55-59	1 283	625	658	1 426	697	729
60-64	1 166	555	611	1 223	590	633
65-69	1 011	465	547	1 082	507	575
70-74	766	340	426	897	403	494
75-79	446	194	252	628	269	359
80+	...	...	...	...	...	...
80-84	200	86	114	319	132	187
85-89	75	30	46	114	45	69
90-94	24	8	16	31	11	20
95-99	5	1	4	6	2	4
100+	1	0	0	1	0	1

Zimbabwe

性・年齢別人口（千人）

年齢	2015 総数	男	女	2020 総数	男	女	2025 総数	男	女	2030 総数	男	女
総数	15 603	7 688	7 915	17 646	8 697	8 948	19 848	9 791	10 057	22 246	10 986	11 260
0-4	2 505	1 257	1 248	2 724	1 368	1 356	2 851	1 432	1 419	3 016	1 515	1 500
5-9	2 151	1 077	1 074	2 459	1 231	1 228	2 687	1 347	1 340	2 821	1 415	1 406
10-14	1 835	918	917	2 121	1 061	1 060	2 437	1 218	1 218	2 672	1 338	1 334
15-19	1 669	832	836	1 796	897	899	2 090	1 045	1 046	2 416	1 206	1 210
20-24	1 593	784	809	1 620	804	815	1 755	873	882	2 058	1 026	1 032
25-29	1 477	715	762	1 532	750	781	1 569	777	792	1 715	851	864
30-34	1 256	602	654	1 413	681	732	1 475	721	754	1 522	753	769
35-39	898	437	461	1 193	570	623	1 353	651	702	1 422	695	727
40-44	574	289	285	844	409	434	1 135	541	595	1 298	623	675
45-49	390	195	195	537	269	268	801	387	415	1 089	517	572
50-54	309	149	160	363	180	183	507	252	255	765	367	398
55-59	261	121	140	287	137	151	341	167	173	480	236	244
60-64	223	103	121	240	110	130	265	125	141	317	154	163
65-69	154	71	83	198	89	109	214	96	118	239	110	129
70-74	135	62	73	128	58	70	167	74	93	182	80	102
75-79	91	41	50	101	45	56	97	43	55	128	55	73
80+	...	...	...	...	...	...	...	...	...	...	...	...
80-84	52	22	30	57	25	32	65	28	37	63	27	36
85-89	23	9	14	25	10	15	28	11	16	32	13	19
90-94	6	2	4	7	3	5	8	3	5	9	4	6
95-99	1	0	1	1	0	1	1	0	1	2	1	1
100+	0	0	0	0	0	0	0	0	0	0	0	0

年齢	2035 総数	男	女	2040 総数	男	女	2045 総数	男	女	2050 総数	男	女
総数	24 779	12 247	12 532	27 474	13 587	13 887	30 304	14 991	15 312	33 196	16 425	16 771
0-4	3 182	1 600	1 583	3 392	1 706	1 686	3 591	1 807	1 784	3 737	1 881	1 856
5-9	2 989	1 500	1 489	3 159	1 587	1 572	3 370	1 694	1 677	3 569	1 795	1 775
10-14	2 808	1 407	1 401	2 977	1 493	1 484	3 148	1 580	1 568	3 359	1 687	1 672
15-19	2 654	1 328	1 327	2 792	1 397	1 394	2 961	1 484	1 478	3 133	1 571	1 562
20-24	2 386	1 188	1 197	2 625	1 310	1 315	2 763	1 380	1 383	2 933	1 467	1 467
25-29	2 017	1 003	1 013	2 344	1 166	1 178	2 585	1 288	1 297	2 724	1 358	1 366
30-34	1 669	828	841	1 969	979	990	2 295	1 141	1 155	2 537	1 263	1 274
35-39	1 471	728	744	1 619	802	816	1 917	952	965	2 242	1 113	1 129
40-44	1 369	668	701	1 421	702	719	1 569	777	792	1 865	925	939
45-49	1 250	598	651	1 322	643	678	1 376	678	698	1 524	753	771
50-54	1 044	493	552	1 203	573	630	1 275	618	658	1 332	653	679
55-59	728	346	382	998	467	531	1 153	545	608	1 226	590	636
60-64	449	219	231	685	322	363	943	436	507	1 094	511	583
65-69	287	137	150	409	195	214	627	289	338	869	395	474
70-74	204	92	112	247	115	132	355	165	189	549	247	302
75-79	142	60	81	160	70	91	196	88	108	284	128	156
80+	...	...	...	...	...	...	...	...	...	...	...	...
80-84	85	35	50	95	39	56	109	45	64	136	58	78
85-89	32	13	19	44	17	27	50	19	31	60	23	37
90-94	11	4	7	11	4	7	16	6	11	19	6	13
95-99	2	1	1	2	1	2	3	1	2	4	1	3
100+	0	0	0	0	0	0	0	0	0	0	0	0

年齢	2055 総数	男	女	2060 総数	男	女
総数	36 081	17 855	18 227	38 915	19 260	19 655
0-4	3 844	1 935	1 909	3 934	1 981	1 953
5-9	3 716	1 869	1 847	3 824	1 924	1 900
10-14	3 559	1 788	1 770	3 706	1 863	1 843
15-19	3 344	1 678	1 666	3 544	1 780	1 764
20-24	3 106	1 554	1 551	3 318	1 662	1 656
25-29	2 895	1 445	1 450	3 068	1 533	1 534
30-34	2 678	1 334	1 343	2 849	1 422	1 427
35-39	2 484	1 236	1 248	2 624	1 307	1 317
40-44	2 187	1 085	1 102	2 426	1 206	1 219
45-49	1 816	899	916	2 133	1 057	1 076
50-54	1 478	727	751	1 764	870	893
55-59	1 283	625	658	1 426	697	729
60-64	1 166	555	611	1 223	590	633
65-69	1 011	465	547	1 082	507	575
70-74	766	340	426	897	403	494
75-79	446	194	252	628	269	359
80+	...	...	...	...	...	...
80-84	200	86	114	319	132	187
85-89	75	30	46	114	45	69
90-94	24	8	16	31	11	20
95-99	5	1	4	6	2	4
100+	1	0	0	1	0	1

性・年齢別人口（千人）

年齢	2015			2020			2025			2030		
	総数	男	女	総数	男	女	総数	男	女	総数	男	女
総数	15 603	7 688	7 915	17 296	8 522	8 774	18 892	9 311	9 581	20 461	10 090	10 371
0-4	2 505	1 257	1 248	2 374	1 192	1 182	2 242	1 126	1 116	2 178	1 094	1 083
5-9	2 151	1 077	1 074	2 459	1 231	1 228	2 341	1 174	1 168	2 218	1 112	1 105
10-14	1 835	918	917	2 121	1 061	1 060	2 437	1 218	1 218	2 328	1 165	1 162
15-19	1 669	832	836	1 796	897	899	2 090	1 045	1 046	2 416	1 206	1 210
20-24	1 593	784	809	1 620	804	815	1 755	873	882	2 058	1 026	1 032
25-29	1 477	715	762	1 532	750	781	1 569	777	792	1 715	851	864
30-34	1 256	602	654	1 413	681	732	1 475	721	754	1 522	753	769
35-39	898	437	461	1 193	570	623	1 353	651	702	1 422	695	727
40-44	574	289	285	844	409	434	1 135	541	595	1 298	623	675
45-49	390	195	195	537	269	268	801	387	415	1 089	517	572
50-54	309	149	160	363	180	183	507	252	255	765	367	398
55-59	261	121	140	287	137	151	341	167	173	480	236	244
60-64	223	103	121	240	110	130	265	125	141	317	154	163
65-69	154	71	83	198	89	109	214	96	118	239	110	129
70-74	135	62	73	128	58	70	167	74	93	182	80	102
75-79	91	41	50	101	45	56	97	43	55	128	55	73
80+	...	...	...	...	...	...	...	...	...	...	...	...
80-84	52	22	30	57	25	32	65	28	37	63	27	36
85-89	23	9	14	25	10	15	28	11	16	32	13	19
90-94	6	2	4	7	3	5	8	3	5	9	4	6
95-99	1	0	1	1	0	1	1	0	1	2	1	1
100+	0	0	0	0	0	0	0	0	0	0	0	0

年齢	2035			2040			2045			2050		
	総数	男	女	総数	男	女	総数	男	女	総数	男	女
総数	22 038	10 872	11 166	23 578	11 632	11 946	25 003	12 331	12 672	26 235	12 932	13 304
0-4	2 216	1 114	1 102	2 222	1 118	1 104	2 165	1 089	1 075	2 044	1 029	1 016
5-9	2 158	1 083	1 075	2 199	1 105	1 095	2 207	1 109	1 098	2 151	1 081	1 069
10-14	2 207	1 106	1 101	2 149	1 078	1 071	2 191	1 100	1 091	2 199	1 105	1 095
15-19	2 312	1 156	1 156	2 193	1 098	1 096	2 137	1 070	1 066	2 180	1 093	1 087
20-24	2 386	1 188	1 197	2 286	1 141	1 145	2 169	1 083	1 086	2 114	1 057	1 057
25-29	2 017	1 003	1 013	2 344	1 166	1 178	2 249	1 120	1 129	2 137	1 065	1 072
30-34	1 669	828	841	1 969	979	990	2 295	1 141	1 155	2 207	1 098	1 109
35-39	1 471	728	744	1 619	802	816	1 917	952	965	2 242	1 113	1 129
40-44	1 369	668	701	1 421	702	719	1 569	777	792	1 865	925	939
45-49	1 250	598	651	1 322	643	678	1 376	678	698	1 524	753	771
50-54	1 044	493	552	1 203	573	630	1 275	618	658	1 332	653	679
55-59	728	346	382	998	467	531	1 153	545	608	1 226	590	636
60-64	449	219	231	685	322	363	943	436	507	1 094	511	583
65-69	287	137	150	409	195	214	627	289	338	869	395	474
70-74	204	92	112	247	115	132	355	165	189	549	247	302
75-79	142	60	81	160	70	91	196	88	108	284	128	156
80+	...	...	...	...	...	...	...	...	...	...	...	...
80-84	85	35	50	95	39	56	109	45	64	136	58	78
85-89	32	13	19	44	17	27	50	19	31	60	23	37
90-94	11	4	7	11	4	7	16	6	11	19	6	13
95-99	2	1	1	2	1	2	3	1	2	4	1	3
100+	0	0	0	0	0	0	0	0	0	0	0	0

年齢	2055			2060		
	総数	男	女	総数	男	女
総数	27 224	13 409	13 815	27 956	13 758	14 198
0-4	1 902	958	945	1 769	891	878
5-9	2 032	1 022	1 010	1 892	952	940
10-14	2 144	1 077	1 067	2 026	1 019	1 008
15-19	2 189	1 098	1 090	2 134	1 072	1 063
20-24	2 159	1 080	1 078	2 169	1 086	1 083
25-29	2 084	1 040	1 044	2 130	1 064	1 066
30-34	2 099	1 045	1 053	2 049	1 022	1 027
35-39	2 160	1 074	1 085	2 055	1 023	1 032
40-44	2 187	1 085	1 102	2 109	1 048	1 060
45-49	1 816	899	916	2 133	1 057	1 076
50-54	1 478	727	751	1 764	870	893
55-59	1 283	625	658	1 426	697	729
60-64	1 166	555	611	1 223	590	633
65-69	1 011	465	547	1 082	507	575
70-74	766	340	426	897	403	494
75-79	446	194	252	628	269	359
80+	...	...	...	...	...	...
80-84	200	86	114	319	132	187
85-89	75	30	46	114	45	69
90-94	24	8	16	31	11	20
95-99	5	1	4	6	2	4
100+	1	0	0	1	0	1

こくさいれんごう　せ かいじんこう よ そく
国際連合・世界人口予測1960-2060 **2015年改訂版 第Ⅱ分冊**
〔世界人口年鑑・別巻〕

2015年12月30日　発　行

原著編集　　　国際連合経済社会情報・政策分析局 人口部

翻　　訳　　　原書房編集部

発 行 者　　　成 瀬 雅 人

発 行 所　　㈱ 原 書 房

〒160-0022　東京都新宿区新宿1-25-13
電話・代表03(3354)0685　振替・00150-6-151594
http://www.harashobo.co.jp

VOL.Ⅱ（分売はいたしません）

印刷・製本　明光社
©2015 Printed in Japan

ISBN978-4-562-05268-4